MW00880498

Bíblia Livre
The Holy Bible in Brazilian Portuguese, updated from from the 1819 translation by João Ferreira de Almeida, Textus Receptus edition
A Bíblia Sagrada em português do Brasil, atualizada a partir da tradução de 1819 de João Ferreira de Almeida, edição Textus Receptus

Language: Português (Portuguese)

Dialect: Brasil

Contents

Gênesis

¹ No princípio criou Deus os céus e a terra. ² E a terra estava desordenada e vazia, e as trevas estavam sobre a face do abismo, e o Espírito de Deus se movia sobre a face das águas. ³ E disse Deus: Haja luz; e houve luz. ⁴ E viu Deus que a luz era boa: e separou Deus a luz das trevas. ⁵ E chamou Deus à luz Dia, e às trevas chamou Noite: e foi a tarde e a manhã o primeiro dia. ⁶ E disse Deus: Haja expansão em meio das águas, e separe as águas das águas. ⁷ E fez Deus a expansão, e separou as águas que estavam debaixo da expansão, das águas que estavam sobre a expansão: e foi assim. ⁸ E chamou Deus à expansão Céus: e foi a tarde e a manhã, o dia segundo. ⁹ E disse Deus: Juntem-se as águas que estão debaixo dos céus em um lugar, e descubra-se a porção seca; e foi assim. ¹⁰ E chamou Deus à porção seca Terra, e à reunião das águas chamou Mares; e viu Deus que era bom. ¹¹ E disse Deus: Produza a terra erva verde, erva que dê semente; árvore de fruto que dê fruto segundo a sua espécie, que sua semente esteja nela, sobre a terra: e foi assim. ¹² E produziu a terra erva verde, erva que dá semente segundo sua natureza, e árvore que dá fruto, cuja semente está nele, segundo a sua espécie; e viu Deus que era bom. ¹³ E foi a tarde e a manhã, o dia terceiro. ¹⁴ E disse Deus: Haja luminares na expansão dos céus para separar o dia e a noite: e sejam por sinais, e para as estações, e para dias e anos; ¹⁵ E sejam por luminares na expansão dos céus para iluminar sobre a terra: e foi. ¹⁶ E fez Deus os dois grandes luminares; o luminar maior para que exerça domínio no dia, e o luminar menor para que exerça domínio na noite; fez também as estrelas. ¹⁷ E as pôs Deus na expansão dos céus, para iluminar sobre a terra, ¹⁸ E para exercer domínio no dia e na noite, e para separar a luz e as trevas: e viu Deus que era bom. ¹⁹ E foi a tarde e a manhã, o dia quarto. ²⁰ E disse Deus: Produzam as águas répteis de alma vivente, e aves que voem sobre a terra, na expansão aberta dos céus. ²¹ E criou Deus as grandes criaturas marinhas, e toda coisa viva que anda arrastando, que as águas produziram segundo a sua espécie, e toda ave de asas segundo sua espécie: e viu Deus que era bom. ²² E Deus os abençoou dizendo: Frutificai e multiplicai, e enchei as águas nos mares, e as aves se multipliquem na terra. ²³ E foi a tarde e a manhã, o dia quinto. ²⁴ E disse Deus: Produza a terra seres viventes segundo a sua espécie, animais e serpentes e animais da terra segundo sua espécie: e foi assim. ²⁵ E fez Deus animais da terra segundo a sua espécie, e gado segundo a sua espécie, e todo animal que anda arrastando sobre a terra segundo sua espécie: e viu Deus que era bom. ²⁶ E disse Deus: Façamos ao ser humano à nossa imagem, conforme nossa semelhança; e domine os peixes do mar, e as aves dos céus, e os animais, e toda a terra, e todo animal que anda arrastando sobre a terra. ²⁷ E criou Deus o ser humano à sua imagem, à imagem de Deus o criou; macho e fêmea os criou. ²⁸ E Deus os abençoou; e disse-lhes Deus: Frutificai e multiplicai, e enchei a terra, e subjugai-a, e dominai os peixes do mar, as aves dos céus, e todos os animais que se movem sobre a terra. ²⁹ E disse Deus: Eis que vos dei toda erva que dá semente, que está sobre a face de toda a terra; e toda árvore em que há fruto de árvore que dá semente, vos será para comer. ³⁰ E a todo animal da terra, e a todas as aves dos céus, e a tudo o que se move sobre a terra, em que há vida, toda erva verde lhes será para comer: e foi assim. ³¹ E viu Deus tudo o que havia feito, e eis que era bom em grande maneira. E foi a tarde e a manhã, o dia sexto.

2

[1] E foram concluídos os céus e a terra, e tudo o que neles há. [2] E acabou Deus no dia sétimo sua obra que fez, e repousou o dia sétimo de toda sua obra que havia feito. [3] E abençoou Deus ao dia sétimo, e o santificou, porque nele repousou de toda sua obra que havia Deus criado e feito. [4] Estas são as origens dos céus e da terra quando foram criados, no dia que o SENHOR Deus fez a terra e os céus, [5] E antes que toda planta do campo existisse na terra, e antes que toda erva do campo nascesse; porque ainda não havia o SENHOR Deus feito chover sobre a terra, nem havia homem para que lavrasse a terra; [6] Mas subia da terra um vapor, que regava toda a face da terra. [7] Formou, pois, o SENHOR Deus ao homem do pó da terra, e assoprou em seu nariz sopro de vida; e foi o homem em alma vivente. [8] E havia o SENHOR Deus plantado um jardim em Éden ao oriente, e pôs ali ao homem que havia formado. [9] E havia o SENHOR Deus feito nascer da terra toda árvore agradável à vista, e boa para comer: também a árvore da vida em meio do jardim, e a árvore do conhecimento do bem e do mal. [10] E saía de Éden um rio para regar o jardim, e dali se repartia em quatro ramificações. [11] O nome de um era Pisom: este é o que cerca toda a terra de Havilá, onde há ouro: [12] E o ouro daquela terra é bom; há ali também bdélio e pedra ônix. [13] O nome do segundo rio é Giom; este é o que rodeia toda a terra de Cuxe. [14] E o nome do terceiro rio é Tigre; este é o que vai diante da Assíria. E o quarto rio é o Eufrates. [15] Então o SENHOR Deus tomou o homem, e o pôs no jardim de Éden, para que o lavrasse e o guardasse. [16] E mandou o SENHOR Deus ao homem, dizendo: De toda árvore do jardim comerás; [17] Mas da árvore do conhecimento do bem e do mal não comerás dela; porque no dia que dela comeres, morrerás. [18] E disse o SENHOR Deus: Não é bom que o homem esteja só; farei para ele ajuda idônea para ele. [19] Formou, pois, o SENHOR Deus da terra todo animal do campo, e toda ave dos céus, e trouxe-os a Adão, para que visse como lhes havia de chamar; e tudo o que Adão chamou aos animais viventes, esse é seu nome. [20] E pôs Adão nomes a todo animal e ave dos céus e a todo animal do campo: mas para Adão não achou ajuda que estivesse idônea para ele. [21] E o SENHOR Deus fez cair sonho sobre Adão, e ele adormeceu: então tomou uma de suas costelas, e fechou a carne em seu lugar; [22] E da costela que o SENHOR Deus tomou do homem, fez uma mulher, e trouxe-a ao homem. [23] E disse Adão: Esta é agora osso de meus ossos, e carne de minha carne: esta será chamada Mulher, porque do homem foi tomada. [24] Portanto, deixará o homem a seu pai e a sua mãe, e se achegará à sua mulher, e serão uma só carne. [25] E estavam ambos nus, Adão e sua mulher, e não se envergonhavam.

3

[1] Porém a serpente era astuta, mais que todos os animais do campo que o SENHOR Deus havia feito. E ela disse à mulher: Deus vos disse: Não comais de toda árvore do jardim? [2] E a mulher respondeu à serpente: Do fruto das árvores do jardim podemos comer; [3] mas do fruto da árvore que está no meio do jardim, Deus disse: Não comereis dele, nem o tocareis, para que não morrais. [4] Então a serpente disse à mulher: Não morrereis; [5] Mas Deus sabe que no dia que comerdes dele, vossos olhos serão abertos, e sereis como deuses, * sabendo o bem e o mal. [6] E a mulher viu que a árvore era boa para se comer, agradável aos olhos, e árvore desejável para se obter conhecimento. E ela tomou de seu fruto, e comeu; e deu também ao seu marido com ela, e ele comeu. [7] E foram abertos os olhos de ambos, e conheceram que estavam nus. Então coseram folhas de figueira, e fizeram para si aventais. [8] E ouviram a voz do SENHOR Deus, que passeava no jardim à brisa do dia; e o homem e sua mulher esconderam-se da

---

* **3:5** Ou: sereis como Deus

presença do SENHOR Deus entre as árvores do jardim. ⁹ E o SENHOR Deus chamou ao homem, e lhe disse: "Onde estás? ¹⁰ E ele respondeu: "Ouvi tua voz no jardim, e tive medo, porque estava nu; e me escondi". ¹¹ E disse-lhe: "Quem te ensinou que estavas nu? Comeste da árvore de que te mandei que não comesses?" ¹² E o homem respondeu: "A mulher que me deste por companheira me deu da árvore, e eu comi". ¹³ Então o SENHOR Deus disse à mulher: "Por que fizeste isto?" E a mulher disse: "A serpente me enganou, e comi". ¹⁴ E o SENHOR Deus disse à serpente: "Porque fizeste isto, maldita serás entre todos os animais selvagens e entre todos os animais do campo; sobre teu ventre andarás, e pó comerás todos os dias da tua vida. ¹⁵ E porei inimizade entre ti e a mulher, e entre tua descendência e a descendência dela; esta † te ferirá a cabeça, e tu lhe ferirás o calcanhar". ¹⁶ E para a mulher disse: "Multiplicarei grandemente as tuas dores e teus sofrimentos de parto; com dor darás à luz filhos; e o teu desejo será para o teu marido, e ele te dominará". ¹⁷ E ao homem disse: "Porque deste ouvidos à voz de tua mulher, e comeste da árvore de que te mandei dizendo, 'Não comerás dela', maldita será a terra por causa de ti; com dor comerás dela todos os dias da tua vida; ¹⁸ Espinhos e cardos te produzirá, e comerás erva do campo. ¹⁹ No suor do teu rosto comerás o pão até que voltes à terra, porque dela foste tomado; porque pó és, e ao pó voltarás". ²⁰ E chamou o homem o nome de sua mulher, Eva; porquanto ela era mãe de todos o viventes. ²¹ E o SENHOR Deus fez ao homem e à sua mulher túnicas de peles, e os vestiu. ²² E disse o SENHOR Deus: Eis que o homem é como um de Nos sabendo o bem e o mal; agora, pois, para que não estenda sua mão, e tome também da árvore da vida, e coma, e viva para sempre: ²³ E tirou-o o SENHOR do jardim de Éden, para que lavrasse a terra de que foi tomado. ²⁴ Lançou, pois, fora ao homem, e pôs ao oriente do jardim de Éden querubins, e uma espada acesa que se revolvia a todos os lados, para guardar o caminho da árvore da vida.

4

¹ E Adão conheceu a sua mulher Eva, a qual concebeu e deu à luz a Caim, e disse: Obtive um homem pelo SENHOR. ² E depois deu à luz a seu irmão Abel. E foi Abel pastor de ovelhas, e Caim foi lavrador da terra. ³ E aconteceu, decorrendo o tempo, que Caim trouxe do fruto da terra uma oferta ao SENHOR. ⁴ E Abel trouxe também dos primogênitos de suas ovelhas, e de sua gordura. E olhou o SENHOR com agrado a Abel e à sua oferta; ⁵ mas não olhou com bons olhos a Caim e à sua oferta. Caim irritou-se muito, e descaiu-lhe o semblante. ⁶ Então o SENHOR disse a Caim: Por que te irritaste, e por que o teu semblante descaiu? ⁷ Se bem fizeres, não serás aceito? E se não fizeres bem, o pecado está à porta; contra ti será o seu desejo, porém tu deves dominá-lo. ⁸ Depois Caim falou a seu irmão Abel; e aconteceu que, estando eles no campo, Caim se levantou contra seu irmão Abel, e o matou. ⁹ E o SENHOR disse a Caim: Onde está teu irmão Abel? E ele respondeu: Não sei; sou eu guarda do meu irmão? ¹⁰ E ele lhe disse: Que fizeste? A voz do sangue do teu irmão clama a mim desde a terra. ¹¹ Agora, pois, maldito sejas tu da terra que abriu sua boca para receber o sangue de teu irmão de tua mão: ¹² Quando lavrares a terra, não te voltará a dar sua força: errante e fugitivo serás na terra. ¹³ E disse Caim ao SENHOR: Grande é minha iniquidade para ser perdoada. ¹⁴ Eis que me expulsas hoje da face da terra, e de tua presença me esconderei; e serei errante e fugitivo na terra; e sucederá que qualquer um que me achar, me matará. ¹⁵ E respondeu-lhe o SENHOR: Certo que qualquer um que matar a Caim, sete vezes será castigado. Então o SENHOR pôs sinal em Caim, para que não o ferisse qualquer um que o achasse. ¹⁶ E saiu Caim de

---

† **3:15** Lit. ele

diante do SENHOR, e habitou na terra de Node, ao oriente de Éden. [17] E conheceu Caim a sua mulher, a qual concebeu e deu à luz a Enoque: e edificou uma cidade, e chamou o nome da cidade do nome de seu filho, Enoque. [18] E a Enoque nasceu Irade, e Irade gerou a Meujael, e Meujael gerou a Metusael, e Metusael gerou a Lameque. [19] E tomou para si Lameque duas mulheres; o nome de uma foi Ada, e o nome da outra Zilá. [20] E Ada deu à luz a Jabal, o qual foi pai dos que habitam em tendas, e criam gados. [21] E o nome de seu irmão foi Jubal, o qual foi pai de todos os que manejam harpa e flauta. [22] E Zilá também deu à luz a Tubalcaim, feitor de toda obra de bronze e de ferro: e a irmã de Tubalcaim foi Naamá. [23] E disse Lameque a suas mulheres: Ada e Zilá, ouvi minha voz; Mulheres de Lameque, escutai meu dito: Que matei um homem por ter me ferido, E um rapaz por ter me golpeado: [24] Se sete vezes será vingado Caim, Lameque em verdade setenta vezes sete o será. [25] E conheceu de novo Adão à sua mulher, a qual deu à luz um filho, e chamou seu nome Sete: Porque Deus (disse ela) me substituiu outra descendência em lugar de Abel, a quem matou Caim. [26] E a Sete também lhe nasceu um filho, e chamou seu nome Enos. Então os homens começaram a invocar o nome do SENHOR.

5

[1] Este é o livro das gerações de Adão. No dia em que criou Deus ao ser humano, à semelhança de Deus o fez; [2] Macho e fêmea os criou; e os abençoou, e chamou o nome deles Adão, no dia em que foram criados. [3] E viveu Adão cento e trinta anos, e gerou um filho à sua semelhança, conforme sua imagem, e chamou seu nome Sete. [4] E foram os dias de Adão, depois que gerou a Sete, oitocentos anos: e gerou filhos e filhas. [5] E foram todos os dias que viveu Adão novecentos e trinta anos, e morreu. [6] E viveu Sete cento e cinco anos, e gerou a Enos. [7] E viveu Sete, depois que gerou a Enos, oitocentos e sete anos: e gerou filhos e filhas. [8] E foram todos os dias de Sete novecentos e doze anos; e morreu. [9] E viveu Enos noventa anos, e gerou a Cainã. [10] E viveu Enos depois que gerou a Cainã, oitocentos e quinze anos: e gerou filhos e filhas. [11] E foram todos os dias de Enos novecentos e cinco anos; e morreu. [12] E viveu Cainã setenta anos, e gerou a Maalalel. [13] E viveu Cainã, depois que gerou a Maalalel, oitocentos e quarenta anos: e gerou filhos e filhas. [14] E foram todos os dias de Cainã novecentos e dez anos; e morreu. [15] E viveu Maalalel sessenta e cinco anos, e gerou a Jarede. [16] E viveu Maalalel, depois que gerou a Jarede, oitocentos e trinta anos: e gerou filhos e filhas. [17] E foram todos os dias de Maalalel oitocentos noventa e cinco anos; e morreu. [18] E viveu Jarede cento e sessenta e dois anos, e gerou a Enoque. [19] E viveu Jarede, depois que gerou a Enoque, oitocentos anos: e gerou filhos e filhas. [20] E foram todos os dias de Jarede novecentos e sessenta e dois anos; e morreu. [21] E viveu Enoque sessenta e cinco anos, e gerou a Matusalém. [22] E caminhou Enoque com Deus, depois que gerou a Matusalém, trezentos anos: e gerou filhos e filhas. [23] E foram todos os dias de Enoque trezentos sessenta e cinco anos. [24] Caminhou, pois, Enoque com Deus, e desapareceu, porque Deus o levou. [25] E viveu Matusalém cento e oitenta e sete anos, e gerou a Lameque. [26] E viveu Matusalém, depois que gerou a Lameque, setecentos e oitenta e dois anos: e gerou filhos e filhas. [27] Foram, pois, todos os dias de Matusalém, novecentos e sessenta e nove anos; e morreu. [28] E viveu Lameque cento e oitenta e dois anos, e gerou um filho: [29] E chamou seu nome Noé, dizendo: Este nos aliviará de nossas obras, e do trabalho de nossas mãos, por causa da terra que o SENHOR amaldiçoou. [30] E viveu Lameque, depois que gerou a Noé, quinhentos noventa e cinco anos: e gerou filhos e filhas. [31] E foram todos os dias de Lameque setecentos e setenta e sete anos; e morreu. [32] E sendo Noé de quinhentos anos, gerou a Sem, Cam, e a Jafé.

6

¹ E aconteceu que, quando começaram os homens a multiplicar-se sobre a face da terra, e lhes nasceram filhas, ² Vendo os filhos de Deus que as filhas dos homens eram belas, tomaram para si mulheres, escolhendo entre todas. ³ E disse o SENHOR: Não brigará meu espírito com o ser humano para sempre, porque certamente ele é carne: mas serão seus dias cento e vinte anos. ⁴ Havia gigantes na terra naqueles dias, e também depois que entraram os filhos de Deus às filhas dos homens, e lhes geraram filhos: estes foram os valentes que desde a antiguidade foram homens de renome. ⁵ E o SENHOR viu que a maldade dos seres humanos era muita na terra, e que todo desígnio dos pensamentos dos seus corações era só mau continuamente. ⁶ E o SENHOR se arrependeu de haver feito o ser humano na terra, e pesou-lhe em seu coração. ⁷ E disse o SENHOR: Apagarei os seres humanos que criei de sobre a face da terra, desde o ser humano até o animal, e até o réptil e as aves do céu; porque me arrependo de havê-los feito. ⁸ Porém Noé achou favor aos olhos do SENHOR. ⁹ Estas são as gerações de Noé: Noé, homem justo, foi íntegro em suas gerações; Noé andava com Deus. ¹⁰ E gerou Noé três filhos: a Sem, a Cam, e a Jafé. ¹¹ Porém a terra se corrompeu diante de Deus, e a terra encheu-se de violência. ¹² E Deus olhou a terra, e eis que estava corrompida; porque toda carne * havia corrompido seu caminho sobre a terra. ¹³ E disse Deus a Noé: O fim de toda carne veio diante de mim; porque a terra está cheia de violência por causa deles; e eis que eu os destruirei com a terra. ¹⁴ Faze-te uma arca de madeira de gôfer: farás aposentos na arca e a selarás com betume por dentro e por fora. ¹⁵ E desta maneira a farás: de trezentos côvados o comprimento da arca, de cinquenta côvados sua largura, e de trinta côvados sua altura. ¹⁶ Uma janela farás à arca, e a acabarás a um côvado de elevação pela parte de cima: e porás a porta da arca a seu lado; e lhe farás piso abaixo, segundo e terceiro. ¹⁷ E eu, eis que eu trago um dilúvio de águas sobre a terra, para destruir toda carne em que haja espírito de vida debaixo do céu; tudo o que há na terra morrerá. ¹⁸ Mas estabelecerei meu pacto contigo, e entrarás na arca tu, e teus filhos e tua mulher, e as mulheres de teus filhos contigo. ¹⁹ E de tudo o que vive, de toda carne, dois de cada espécie porás na arca, para que tenham vida contigo; macho e fêmea serão. ²⁰ Das aves segundo sua espécie, e dos animais segundo sua espécie, de todo réptil da terra segundo sua espécie, dois de cada espécie entrarão contigo para que tenham vida. ²¹ E toma contigo de toda comida que se come, e traga-a a ti; servirá de alimento para ti e para eles. ²² E o fez assim Noé; fez conforme tudo o que Deus lhe mandou.

7

¹ E o SENHOR disse a Noé: Entra tu e toda tua casa na arca porque a ti vi justo diante de mim nesta geração. ² De todo animal limpo tomarás de sete em sete, macho e sua fêmea; mas dos animais que não são limpos, dois, macho e sua fêmea. ³ Também das aves dos céus de sete em sete, macho e fêmea; para guardar em vida a descendência sobre a face de toda a terra. ⁴ Porque passados ainda sete dias, eu farei chover sobre a terra quarenta dias e quarenta noites; e apagarei toda criatura que fiz de sobre a face da terra. ⁵ E fez Noé conforme tudo o que lhe mandou o SENHOR. ⁶ E sendo Noé de seiscentos anos, o dilúvio das águas foi sobre a terra. ⁷ E veio Noé, e seus filhos, e sua mulher, e as mulheres de seus filhos com ele à arca, por causa das águas do dilúvio. ⁸ Dos animais limpos, e dos animais que não eram limpos, e das aves, e de todo o que anda arrastando sobre a terra, ⁹ De dois em dois entraram a Noé na arca: macho e fêmea, como mandou Deus a Noé. ¹⁰ E sucedeu que ao sétimo dia as águas do dilúvio foram sobre a terra. ¹¹ No ano seiscentos da vida de Noé, no mês segundo, no dia

---

* **6:12** Isto é, todo ser humano

dezessete do mês, naquele dia foram rompidas todas as fontes do grande abismo, e as comportas dos céus foram abertas; [12] E houve chuva sobre a terra quarenta dias e quarenta noites. [13] Neste mesmo dia entrou Noé, e Sem, e Cam e Jafé, filhos de Noé, a mulher de Noé, e as três mulheres de seus filhos com ele na arca; [14] Eles e todos os animais silvestres segundo suas espécies, e todos os animais mansos segundo suas espécies, e todo réptil que anda arrastando sobre a terra segundo sua espécie, e toda ave segundo sua espécie, todo pássaro, toda espécie de animal voador. [15] E vieram a Noé à arca, de dois em dois de toda carne em que havia espírito de vida. [16] E os que vieram, macho e fêmea de toda carne vieram, como lhe havia mandado Deus: e o SENHOR lhe fechou a porta [17] E foi o dilúvio quarenta dias sobre a terra; e as águas cresceram, e levantaram a arca, e se elevou sobre a terra. [18] E prevaleceram as águas, e cresceram em grande maneira sobre a terra; e andava a arca sobre a face das águas. [19] E as águas prevaleceram muito em extremo sobre a terra; e todos os montes altos que havia debaixo de todos os céus, foram cobertos. [20] Quinze côvados em altura prevaleceram as águas; e foram cobertos os montes. [21] E morreu toda carne que se move sobre a terra, tanto de aves como de gados, e de animais, e de todo réptil que anda arrastando sobre a terra, e todo ser humano: [22] Tudo o que tinha fôlego de espírito de vida em suas narinas, de tudo o que havia na terra, morreu. [23] Assim foi destruída toda criatura que vivia sobre a face da terra, desde o ser humano até o animal, e os répteis, e as aves do céu; e foram apagados da terra; e restou somente Noé, e os que com ele estavam na arca. [24] E prevaleceram as águas sobre a terra cento e cinquenta dias.

8

[1] E lembrou-se Deus de Noé, e de todos os animais, selvagens e domésticos que estavam com ele na arca; e fez passar Deus um vento sobre a terra, e diminuíram as águas. [2] E se fecharam as fontes do abismo, e as comportas dos céus; e a chuva dos céus foi detida. [3] E voltaram-se as águas de sobre a terra, indo e voltando; e decresceram as águas ao fim de cento e cinquenta dias. [4] E repousou a arca no mês sétimo, a dezessete dias do mês, sobre os montes de Ararate. [5] E as águas foram decrescendo até o mês décimo: no décimo, ao primeiro dia do mês, se revelaram os cumes dos montes. [6] E sucedeu que, ao fim de quarenta dias, abriu Noé a janela da arca que havia feito, [7] E enviou ao corvo, o qual saiu, e esteve indo e voltando até que as águas se secaram de sobre a terra. [8] Enviou também de si à pomba, para ver se as águas se haviam retirado de sobre a face da terra; [9] E não achou a pomba onde sentar a planta de seu pé, e voltou-se a ele à arca, porque as águas estavam ainda sobre a face de toda a terra: então ele estendeu sua mão e recolhendo-a, a fez entrar consigo na arca. [10] E esperou ainda outros sete dias, e voltou a enviar a pomba fora da arca. [11] E a pomba voltou a ele à hora da tarde; e eis que trazia uma folha de oliveira tomada em seu bico; então Noé entendeu que as águas haviam se retirado de sobre a terra. [12] E esperou ainda outros sete dias, e enviou a pomba, a qual não voltou já mais a ele. [13] E sucedeu que no ano seiscentos e um de Noé, no mês primeiro, ao primeiro do mês, as águas se enxugaram de sobre a terra e tirou Noé a cobertura da arca, e olhou, e eis que a face da terra estava enxuta. [14] E no mês segundo, aos vinte e sete dias do mês, se secou a terra. [15] E falou Deus a Noé dizendo: [16] Sai da arca tu, a tua mulher, os teus filhos, e as mulheres dos teus filhos contigo. [17] Todos os animais que estão contigo de toda carne, de aves e de animais e de todo réptil que anda arrastando sobre a terra, tirarás contigo; e vão pela terra, e frutifiquem, e multipliquem-se sobre a terra. [18] Então saiu Noé, e seus filhos, e sua mulher, e as mulheres de seus filhos com ele. [19] Todos os animais, e todo réptil e toda ave, tudo o

que se move sobre a terra segundo suas espécies, saíram da arca. ²⁰ E edificou Noé um altar ao SENHOR e tomou de todo animal limpo e de toda ave limpa, e ofereceu holocaustos sobre o altar. ²¹ E percebeu o SENHOR cheiro suave; e o SENHOR disse em seu coração: Não voltarei mais a amaldiçoar a terra por causa do ser humano; porque o intento do coração do ser humano é mau desde sua juventude: nem voltarei mais a destruir todo vivente, como fiz. ²² Enquanto a terra durar, a sementeira e a colheita, o frio e calor, verão e inverno, dia e noite, não cessarão.

9

¹ E Deus abençoou Noé e seus filhos, e disse-lhes: Frutificai, e multiplicai, e enchei a terra: ² E vosso temor e vosso pavor será sobre todo animal da terra, e sobre toda ave dos céus, em tudo o que se mover na terra, e em todos os peixes do mar: em vossa mão são entregues. ³ Tudo o que se move e vive vos será para mantimento: assim como os legumes e ervas, vos dei disso tudo. ⁴ Porém a carne com sua vida, que é seu sangue, não comereis. ⁵ Porque certamente exigirei o sangue de vossas vidas; da mão de todo animal o exigirei, e da mão do ser humano; da mão do homem seu irmão exigirei a vida do ser humano. ⁶ O que derramar sangue humano, pelo ser humano seu sangue será derramado; porque à imagem de Deus o ser humano foi feito. ⁷ Mas vós frutificai, e multiplicai-vos; procriai abundantemente na terra, e multiplicai-vos nela. ⁸ E falou Deus a Noé e a seus filhos com ele, dizendo: ⁹ Eis que eu mesmo estabeleço meu pacto convosco, e com vossa descendência depois de vós; ¹⁰ E com toda alma vivente que está convosco, de aves, de animais, e de toda fera da terra que está convosco; desde todos os que saíram da arca até todo animal da terra. ¹¹ Estabelecerei meu pacto convosco, e não será mais exterminada toda carne com águas de dilúvio; nem haverá mais dilúvio para destruir a terra. ¹² E disse Deus: Este será o sinal do pacto que estabeleço entre mim e vós e toda alma vivente que está convosco, por tempos perpétuos: ¹³ Meu arco porei nas nuvens, o qual será por sinal de aliança entre mim e a terra. ¹⁴ E será que quando fizer vir nuvens sobre a terra, se deixará ver então meu arco nas nuvens. ¹⁵ E me lembrarei do meu pacto, que há entre mim e vós e toda alma vivente de toda carne; e não serão mais as águas por dilúvio para destruir toda carne. ¹⁶ E estará o arco nas nuvens, e o verei para me lembrar do pacto perpétuo entre Deus e toda alma vivente, com toda carne que há sobre a terra. ¹⁷ Disse, pois, Deus a Noé: Este será o sinal do pacto que estabeleci entre mim e toda carne que está sobre a terra. ¹⁸ E os filhos de Noé que saíram da arca foram Sem, Cam e Jafé: e Cam é o pai de Canaã. ¹⁹ Estes três são os filhos de Noé; e deles foi cheia toda a terra. ²⁰ E começou Noé a lavrar a terra, e plantou uma vinha; ²¹ E bebeu do vinho, e se embriagou, e estava descoberto dentro de sua tenda. ²² E Cam, pai de Canaã, viu a nudez de seu pai, e disse-o aos seus dois irmãos do lado de fora. ²³ Então Sem e Jafé tomaram a roupa, e a puseram sobre seus próprios ombros, e andando para trás, cobriram a nudez de seu pai tendo seus rostos virados, e assim não viram a nudez de seu pai. ²⁴ E despertou Noé de seu vinho, e soube o que havia feito com ele seu filho o mais jovem; ²⁵ E disse: Maldito seja Canaã; Servo de servos será a seus irmãos. ²⁶ Disse mais: Bendito o SENHOR o Deus de Sem, E seja-lhe Canaã servo. ²⁷ Engrandeça Deus a Jafé, E habite nas tendas de Sem, E seja-lhe Canaã servo. ²⁸ E viveu Noé depois do dilúvio trezentos e cinquenta anos. ²⁹ E foram todos os dias de Noé novecentos e cinquenta anos; e morreu.

10

¹ Estas são as gerações dos filhos de Noé: Sem, Cam e Jafé, aos quais nasceram filhos depois do dilúvio. ² Os filhos de Jafé: Gômer, e Magogue, e Madai, e Javã, e Tubal, e

Meseque, e Tiras. ³ E os filhos de Gômer: Asquenaz, e Rifate, e Togarma. ⁴ E os filhos de Javã: Elisá, e Társis, Quitim, e Dodanim. ⁵ Por estes foram repartidas as ilhas das nações em suas terras, cada qual segundo sua língua, conforme suas famílias em suas nações. ⁶ Os filhos de Cam: Cuxe, e Mizraim, e Pute, e Canaã. ⁷ E os filhos de Cuxe: Sebá, Havilá, e Sabtá, e Raamá, e Sabtecá. E os filhos de Raamá: Sabá e Dedã. ⁸ E Cuxe gerou a Ninrode, este começou a ser poderoso na terra. ⁹ Este foi vigoroso caçador diante do SENHOR; pelo qual se diz: Assim como Ninrode, vigoroso caçador diante do SENHOR. ¹⁰ E foi a cabeceira de seu reino Babel, e Ereque, e Acade, e Calné, na terra de Sinear. ¹¹ De esta terra saiu Assur, e edificou a Nínive, e a Reobote-Ir, e a Calá, ¹² E a Resém entre Nínive e Calá; a qual é cidade grande. ¹³ E Mizraim gerou a Ludim, e a Anamim, e a Leabim, e a Naftuim, ¹⁴ E a Patrusim, e a Casluim de onde saíram os filisteus, e a Caftorim. ¹⁵ E Canaã gerou a Sidom, seu primogênito e a Hete, ¹⁶ E aos jebuseus, e aos amorreus, e aos gergeseus, ¹⁷ E aos heveus, e aos arqueus, e aos sineus, ¹⁸ E aos arvadeus e aos zemareus, e aos hamateus: e depois se derramaram as famílias dos cananeus. ¹⁹ E foi o termo dos cananeus desde Sidom, vindo a Gerar até Gaza, até entrar em Sodoma e Gomorra, Admá, e Zeboim até Lasa. ²⁰ Estes são os filhos de Cam por suas famílias, por suas línguas, em suas terras, em suas nações. ²¹ Também lhe nasceram filhos a Sem, pai de todos os filhos de Héber, e irmão mais velho de Jafé. ²² E os filhos de Sem: Elão, e Assur, e Arfaxade, e Lude, e Arã. ²³ E os filhos de Arã: Uz, e Hul, e Géter, e Mas. ²⁴ E Arfaxade gerou a Salá, e Salá gerou a Héber. ²⁵ E a Héber nasceram dois filhos: o nome de um foi Pelegue, porque em seus dias foi repartida a terra; e o nome de seu irmão, Joctã. ²⁶ E Joctã gerou a Almodá, e a Salefe, e Hazarmavé, e a Jerá, ²⁷ E a Hadorão, e a Uzal, e a Dicla, ²⁸ E a Obal, e a Abimael, e a Sabá, ²⁹ E a Ofir, e a Havilá, e a Jobabe: todos estes foram filhos de Joctã. ³⁰ E foi sua habitação desde Messa vindo de Sefar, monte à parte do oriente. ³¹ Estes foram os filhos de Sem por suas famílias, por suas línguas, em suas terras, em suas nações. ³² Estas são as famílias de Noé por suas descendências, em suas nações; e destes foram divididas os povos na terra depois do dilúvio.

11

¹ Era, então, toda a terra de uma língua e umas mesmas palavras. ² E aconteceu que, quando se partiram do oriente, acharam um vale na terra de Sinear; e ali passaram a habitar. ³ E disseram uns aos outros: Vinde, façamos tijolos e o cozamos com fogo. E foi-lhes os tijolos em lugar de pedra, e o betume em lugar de argamassa. ⁴ E disseram: Vamos, edifiquemo-nos uma cidade e uma torre, cuja ponta chegue ao céu; e façamo-nos um nome, para que não sejamos espalhados sobre a face de toda a terra. ⁵ E desceu o SENHOR para ver a cidade e a torre que edificavam os filhos dos homens. ⁶ E disse o SENHOR: Eis que o povo é um, e todos estes têm uma língua; e começaram a agir, e nada lhes restringirá agora do que pensaram fazer. ⁷ Agora, pois, desçamos, e confundamos ali suas línguas, para que ninguém entenda a fala de seu companheiro. ⁸ Assim os espalhou o SENHOR desde ali sobre a face de toda a terra, e deixaram de edificar a cidade. ⁹ Por isto foi chamado o nome dela Babel, porque ali confundiu o SENHOR a língua de toda a terra, e desde ali os espalhou sobre a face de toda a terra. ¹⁰ Estas são as gerações de Sem: Sem, de idade de cem anos, gerou a Arfaxade, dois anos depois do dilúvio. ¹¹ E viveu Sem, depois que gerou a Arfaxade quinhentos anos, e gerou filhos e filhas. ¹² E Arfaxade viveu trinta e cinco anos, e gerou a Salá. ¹³ E viveu Arfaxade, depois que gerou a Salá, quatrocentos e três anos, e gerou filhos e filhas. ¹⁴ E viveu Salá trinta anos, e gerou a Héber. ¹⁵ E viveu Salá, depois que gerou a Héber, quatrocentos e três anos, e gerou filhos e filhas. ¹⁶ E viveu Héber trinta e quatro anos, e gerou a Pelegue. ¹⁷ E viveu Héber, depois que gerou a Pelegue,

quatrocentos e trinta anos, e gerou filhos e filhas. [18] E viveu Pelegue, trinta anos, e gerou a Reú. [19] E viveu Pelegue, depois que gerou a Reú, duzentos e nove anos, e gerou filhos e filhas. [20] E Reú viveu trinta e dois anos, e gerou a Serugue. [21] E viveu Reú, depois que gerou a Serugue, duzentos e sete anos, e gerou filhos e filhas. [22] E viveu Serugue trinta anos, e gerou a Naor. [23] E viveu Serugue, depois que gerou a Naor, duzentos anos, e gerou filhos e filhas. [24] E viveu Naor vinte e nove anos, e gerou a Terá. [25] E viveu Naor, depois que gerou a Terá, cento e dezenove anos, e gerou filhos e filhas. [26] E viveu Terá setenta anos, e gerou a Abrão, e a Naor, e a Harã. [27] Estas são as gerações de Terá: Terá gerou a Abrão, e a Naor, e a Harã; e Harã gerou a Ló. [28] E morreu Harã antes que seu pai Terá na terra de seu nascimento, em Ur dos caldeus. [29] E tomaram Abrão e Naor para si mulheres: o nome da mulher de Abrão foi Sarai, e o nome da mulher de Naor, Milca, filha de Harã, pai de Milca e de Iscá. [30] Mas Sarai era estéril, e não tinha filho. [31] E tomou Terá a Abrão seu filho, e a Ló filho de Harã, filho de seu filho, e a Sarai sua nora, mulher de Abrão seu filho: e saiu com eles de Ur dos caldeus, para ir à terra de Canaã: e vieram até Harã, e assentaram ali. [32] E foram os dias de Terá duzentos e cinco anos; e morreu Terá em Harã.

12

[1] O SENHOR disse a Abrão: "Sai da tua terra, e da tua parentela, e da casa de teu pai, para terra que eu te mostrarei. [2] E farei de ti uma grande nação, e te abençoarei, e engrandecerei o teu nome, e tu serás uma bênção. [3] E abençoarei os que te abençoarem, e amaldiçoarei os que te amaldiçoarem; e em ti todas as famílias da terra serão benditas." [4] Assim se foi Abrão, como o SENHOR lhe dissera; e Ló foi com ele. Abrão tinha setenta e cinco anos de idade quando saiu de Harã. [5] E Abrão tomou a Sarai, sua mulher, e a Ló, filho de seu irmão, e todos os seus pertences que haviam ganhado, e as pessoas * que eles haviam adquirido em Harã, e saíram para ir à terra de Canaã; e à terra de Canaã chegaram. [6] E passou Abrão por aquela terra até o lugar de Siquém, até o carvalho de Moré; e os cananeus estavam então na terra. [7] E o SENHOR apareceu a Abrão, e lhe disse: À tua descendência darei esta terra. E ele edificou ali um altar ao SENHOR, que lhe havia aparecido. [8] E passou-se dali a um monte ao oriente de Betel, e estendeu sua tenda, tendo a Betel ao ocidente e Ai ao oriente: e edificou ali altar ao SENHOR e invocou o nome do SENHOR. [9] E moveu Abrão dali, caminhando e indo até o Sul. [10] E houve fome na terra, e desceu Abrão ao Egito para peregrinar ali; porque era grande a fome na terra. [11] E aconteceu que quando estava para entrar no Egito, disse a Sarai sua mulher: Eis que, agora conheço que és mulher bela à vista; [12] E será que quando te houverem visto os egípcios, dirão: Sua mulher é: e matarão a mim, e a ti te preservarão a vida. [13] Agora, pois, dize que és minha irmã, para que eu vá bem por tua causa, e viva minha alma por causa de ti. [14] E aconteceu que, quando entrou Abrão no Egito, os egípcios viram a mulher que era bela em grande maneira. [15] Viram-na também os príncipes de Faraó, e a elogiaram; e foi levada a mulher a casa de Faraó: [16] E fez bem a Abrão por causa dela; e teve ovelhas, e vacas, e asnos, e servos, e criadas, e asnas e camelos. [17] Mas o SENHOR feriu a Faraó e à sua casa com grandes pragas, por causa de Sarai mulher de Abrão. [18] Então Faraó chamou a Abrão e lhe disse: Que é isto que fizeste comigo? Por que não me declaraste que era tua mulher? [19] Por que disseste: "É minha irmã", pondo-me em risco de tomá-la para mim por mulher? Agora, pois, eis aqui tua mulher, toma-a e vai-te. [20] Então Faraó deu ordem a seus homens acerca de Abrão; e lhe acompanharam, e à sua mulher com tudo o que tinha.

---

* **12:5** Lit. almas

13

¹ Subiu, pois, Abrão do Egito até o Sul de Canaã, ele e sua mulher, com tudo o que tinha, e com ele Ló. ² E Abrão era riquíssimo em gado, em prata e ouro. ³ E voltou por suas jornadas da parte do Sul até Betel, até o lugar onde havia estado antes sua tenda entre Betel e Ai; ⁴ Ao lugar do altar que havia feito ali antes: e invocou ali Abrão o nome do SENHOR. ⁵ E também Ló, que andava com Abrão, tinha ovelhas, e vacas, e tendas. ⁶ E a terra não os podia sustentar para que habitassem juntos; porque a riqueza deles era muita, e não podiam morar num mesmo lugar. ⁷ E houve briga entre os pastores do gado de Abrão e os pastores do gado de Ló: e os cananeus e os ferezeus habitavam então na terra. ⁸ Então Abrão disse a Ló: Não haja agora briga entre mim e ti, entre meus pastores e os teus, porque somos irmãos. ⁹ Não está toda a terra diante de ti? Eu te rogo que te separes de mim. Se fores à esquerda, eu irei à direita: e se tu à direita, eu irei à esquerda. ¹⁰ E levantou Ló seus olhos, e viu toda a planície do Jordão, que toda ela era bem regada, antes que destruísse o SENHOR a Sodoma e a Gomorra, como o jardim do SENHOR, como a terra do Egito entrando em Zoar. ¹¹ Então Ló escolheu para si toda a planície do Jordão: e partiu-se Ló ao Oriente, e separaram-se um do outro. ¹² Abrão assentou na terra de Canaã, e Ló assentou nas cidades da planície, e foi pondo suas tendas até Sodoma. ¹³ Mas os homens de Sodoma eram maus e pecadores para com o SENHOR em grande maneira. ¹⁴ E o SENHOR disse a Abrão, depois que Ló se separou dele: Levanta agora teus olhos, e olha desde o lugar onde estás até o norte, e ao sul, e ao oriente e ao ocidente; ¹⁵ Porque toda a terra que vês, a darei a ti e à tua descendência para sempre. ¹⁶ E farei tua descendência como o pó da terra: que se alguém puder contar o pó da terra, também tua descendência será contada. ¹⁷ Levanta-te, vai pela terra ao longo dela e à sua largura; porque a ti a tenho de dar. ¹⁸ Abrão, pois, removendo sua tenda, veio e morou nos carvalhos de Manre, que é em Hebrom, e edificou ali altar ao SENHOR.

14

¹ E aconteceu nos dias de Anrafel, rei de Sinear, Arioque, rei de Elasar, Quedorlaomer, rei de Elão, e Tidal, rei de nações, ² Que estes fizeram guerra contra Bera, rei de Sodoma, e contra Birsa, rei de Gomorra, e contra Sinabe, rei de Admá, e contra Semeber, rei de Zeboim, e contra o rei de Belá, a qual é Zoar. ³ Todos estes se juntaram no vale de Sidim, que é o mar salgado. ⁴ Doze anos haviam servido a Quedorlaomer, e ao décimo terceiro ano se rebelaram. ⁵ E no ano décimo quarto veio Quedorlaomer, e os reis que estavam de sua parte, e derrotaram aos refains em Asterote-Carnaim, aos zuzins em Hã, e aos emins em Savé-Quiriataim. ⁶ E aos horeus no monte de Seir, até a El-Parã, que está junto ao deserto. ⁷ E voltaram e vieram a En-Mispate, que é Cades, e devastaram todas as terras dos amalequitas, e também aos amorreus, que habitavam em Hazazom-Tamar. ⁸ E saiu o rei de Sodoma, e o rei de Gomorra, e o rei de Admá, e o rei de Zeboim, e o rei de Belá, que é Zoar, e ordenaram contra eles batalha no vale de Sidim; ⁹ A saber, contra Quedorlaomer, rei de Elão, e Tidal, rei de nações, e Anrafel, rei de Sinear, e Arioque, rei de Elasar; quatro reis contra cinco. ¹⁰ E o vale de Sidim estava cheio de poços de betume: e fugiram o rei de Sodoma e o de Gomorra, e caíram ali; e os demais fugiram ao monte. ¹¹ E tomaram toda a riqueza de Sodoma e de Gomorra, e todos os seus mantimentos, e se foram. ¹² Tomaram também Ló, filho do irmão de Abrão, que morava em Sodoma, e sua riqueza, e se foram. ¹³ E veio um dos que escaparam, e denunciou-o a Abrão o hebreu, que habitava no vale de Manre, amorreu, irmão de Escol e irmão de Aner, os quais tinham feito pacto com Abrão. ¹⁴ E ouviu Abrão que seu irmão estava prisioneiro, e armou seus criados, os criados de sua casa, trezentos e dezoito, e seguiu-os até Dã.

¹⁵ E derramou-se sobre eles de noite ele e seus servos, e feriu-os, e foi os seguindo até Hobá, que está à esquerda de Damasco. ¹⁶ E recuperou todos os bens, e também a Ló seu irmão e sua riqueza, e também as mulheres e gente. ¹⁷ E saiu o rei de Sodoma a recebê-lo, quando voltava da derrota de Quedorlaomer e dos reis que com ele estavam, ao vale de Savé, que é o vale do Rei. ¹⁸ Então Melquisedeque, rei de Salém, tirou pão e vinho; o qual era sacerdote do Deus altíssimo; ¹⁹ E abençoou-lhe, e disse: Bendito seja Abrão do Deus altíssimo, possuidor dos céus e da terra; ²⁰ E bendito seja o Deus altíssimo, que entregou teus inimigos em tua mão. ²¹ Então o rei de Sodoma disse a Abrão: Dá-me as pessoas, e toma para ti a riqueza. ²² E respondeu Abrão ao rei de Sodoma: Levantei minha mão ao SENHOR Deus altíssimo, possuidor dos céus e da terra, ²³ Que desde um fio até a correia de um calçado, nada tomarei de tudo o que é teu, para que não digas: Eu enriqueci a Abrão: ²⁴ Tirando somente o que os rapazes comeram, e a porção dos homens que foram comigo, Aner, Escol, e Manre; eles tomem a sua parte.

15

¹ Depois destas coisas a palavra do SENHOR veio a Abrão em visão, dizendo: Não temas, Abrão; eu sou o teu escudo; a tua recompensa será muito grande. * ² Abrão respondeu: Senhor DEUS, que me darás, sendo que não tenho filho, e o herdeiro † da minha casa é Eliézer de Damasco? ³ Disse mais Abrão: Eis que não me deste descendência, e eis que meu herdeiro é um nascido em minha casa. ⁴ E logo a palavra do SENHOR veio a ele dizendo: Não esse não herdará de ti, mas sim o que sairá de tuas entranhas será o que de ti herdará. ⁵ E tirou-lhe fora, e disse: Olha agora aos céus, e conta as estrelas, se as podes contar. E lhe disse: Assim será tua descendência. ⁶ E creu ao SENHOR, e contou-lhe por justiça. ⁷ E disse-lhe: Eu sou o SENHOR, que te tirei de Ur dos caldeus, para dar-te a herdar esta terra. ⁸ E ele respondeu: Senhor DEUS, com que saberei que a vou herdar? ⁹ E lhe disse: Separa-me uma bezerra de três anos, e uma cabra de três anos, e um carneiro de três anos, uma rolinha também, e um pombinho. ¹⁰ E tomou ele todas estas coisas, e partiu-as pela metade, e pôs cada metade uma em frente de outra; mas não partiu as aves. ¹¹ E desciam aves sobre os corpos mortos, e enxotava-as Abrão. ¹² Mas ao pôr do sol veio o sono a Abrão, e eis que o pavor de uma grande escuridão caiu sobre ele. ¹³ Então disse a Abrão: Tem certeza que a tua descendência será peregrina em terra que não é sua, e serão escravizados e afligidos por quatrocentos anos. ¹⁴ Mas também a nação a quem servirão, eu julgarei; e depois disto sairão com grande riqueza. ¹⁵ Tu, porém, virás aos teus pais em paz, e serás sepultado em boa velhice. ¹⁶ E na quarta geração voltarão para cá; porque ainda não está completa a maldade dos amorreus até aqui. ¹⁷ E sucedeu que, depois de posto o sol, e já estando escuro, apareceu um fogo fumegando, e uma tocha de fogo que passou por entre os animais divididos. ¹⁸ Naquele dia fez o SENHOR um pacto com Abrão dizendo: À tua descendência darei esta terra desde o rio do Egito até o rio grande, o rio Eufrates; ¹⁹ Os queneus, e os quenezeus, e os cadmoneus, ²⁰ E os heteus, e os perizeus, e os refains, ²¹ E os amorreus, e os cananeus, e os girgaseus, e os jebuseus.

16

¹ E Sarai, mulher de Abrão não lhe dava filho: e ela tinha uma serva egípcia, que se chamava Agar. ² Disse, pois, Sarai a Abrão: Já vês que o SENHOR me fez estéril: rogo-te que entres a minha serva; talvez terei filhos dela. E atendeu Abrão ao dito

---

* **15:1** Ou: eu sou o teu escudo, e tua muito grande recompensa   † **15:2** Ou: mordomo

de Sarai. ³ E Sarai, mulher de Abrão, tomou a Agar sua serva egípcia, ao fim de dez anos que havia habitado Abrão na terra de Canaã, e deu-a a Abrão seu marido por mulher. ⁴ E ele se deitou com Agar, a qual concebeu: e quando viu que havia concebido, olhava com desprezo à sua senhora. ⁵ Então Sarai disse a Abrão: Minha afronta seja sobre ti; eu pus minha serva em teus braços, e vendo-se grávida, me olha com desprezo; julgue o SENHOR entre mim e ti. ⁶ E respondeu Abrão a Sarai: Eis aí tua serva em tua mão, faze com ela o que bem te parecer. E quando Sarai a afligiu, fugiu de sua presença. ⁷ E o anjo do SENHOR a achou junto a uma fonte de água no deserto, junto à fonte que está no caminho de Sur. ⁸ E lhe disse: Agar, serva de Sarai, de onde vens tu, e para onde vais? E ela respondeu: Fujo de diante de Sarai, minha senhora. ⁹ E disse-lhe o anjo do SENHOR: Volta à tua senhora, e põe-te submissa sob a mão dela. ¹⁰ Disse-lhe também o anjo do SENHOR: Multiplicarei tanto tua linhagem, que não será contada por causa da multidão. ¹¹ Disse-lhe ainda o anjo do SENHOR: Eis que concebeste, e darás à luz um filho, e chamarás seu nome Ismael, porque o SENHOR ouviu a tua aflição. ¹² E ele será homem como um jumento selvagem; sua mão será contra todos, as mãos de todos serão contra ele, e habitará à margem * de todos os seus irmãos. ¹³ Então chamou o nome do SENHOR que com ela falava: Tu és o Deus da vista; porque disse: Não vi também aqui ao que me vê? ¹⁴ Pelo qual chamou ao poço, Poço do Vivente que me vê. Eis que está entre Cades e Berede. ¹⁵ E Agar deu à luz um filho a Abrão, e Abrão chamou o nome do seu filho que Agar lhe deu à luz Ismael. ¹⁶ E era Abrão de idade de oitenta e seis anos, quando deu à luz Agar a Ismael.

17

¹ Quando Abrão tinha a idade de noventa e nove anos, o SENHOR lhe apareceu, e disse-lhe: Eu sou o Deus Todo-Poderoso; anda diante de mim, e sê íntegro. ² E constituirei meu pacto entre mim e ti, e te multiplicarei em grandíssima maneira. ³ Então Abrão prostrou-se com o rosto ao chão, e Deus falou com ele, dizendo: ⁴ Quanto a mim, este é o meu pacto contigo: Serás pai de multidão de nações: ⁵ E não se chamará mais teu nome Abrão, mas sim que será teu nome Abraão, porque te pus por pai de multidão de nações. ⁶ E te multiplicarei muito em grande maneira, e te porei em nações, e reis sairão de ti. ⁷ E estabelecerei meu pacto entre mim e ti, e tua descendência depois de ti em suas gerações, por aliança perpétua, para ser para ti por Deus, e à tua descendência depois de ti. ⁸ E darei a ti, e à tua descendência depois de ti, a terra de tuas peregrinações, toda a terra de Canaã em herança perpétua; e serei o Deus deles. ⁹ Disse de novo Deus a Abraão: Tu, porém, guardarás meu pacto, tu e tua descendência depois de ti por suas gerações. ¹⁰ Este será meu pacto, que guardareis entre mim e vós e tua descendência depois de ti: Será circuncidado todo macho dentre vós. ¹¹ Circuncidareis, pois, a carne de vosso prepúcio, e será por sinal do pacto entre mim e vós. ¹² E de idade de oito dias será circuncidado todo macho entre vós por vossas gerações: o nascido em casa, e o comprado a dinheiro de qualquer estrangeiro, que não for de tua descendência. ¹³ Deve ser circuncidado o nascido em tua casa, e o comprado por teu dinheiro: e estará meu pacto em vossa carne para aliança perpétua. ¹⁴ E o macho incircunciso que não houver circuncidado a carne de seu prepúcio, aquela pessoa será exterminada de seu povo; violou meu pacto. ¹⁵ Disse também Deus a Abraão: A Sarai tua mulher não a chamarás Sarai, mas Sara será seu nome. ¹⁶ E a abençoarei, e também te darei dela filho; sim, a abençoarei, e virá a ser mãe de nações; dela surgirão reis de povos. ¹⁷ Então Abraão prostrou-se com o rosto ao chão, riu, e disse em seu coração: A um homem de cem

---

* **16:12** Ou: em oposição

anos nasceráfilho? E Sara, já de noventa anos, há de dar à luz? ¹⁸ E disse Abraão a Deus: Que Ismael viva diante de ti! ¹⁹ E respondeu Deus: Certamente Sara tua mulher te dará à luz um filho, e chamarás seu nome Isaque; e confirmarei meu pacto com ele por aliança perpétua para sua descendência depois dele. ²⁰ E quanto a Ismael, também te ouvi; eis que o abençoarei, e lhe farei frutificar e multiplicar em grandíssima maneira; doze príncipes gerará, e dele farei grande nação. ²¹ Mas meu pacto estabelecerei com Isaque, ao qual Sara te dará à luz por este tempo no ano seguinte. ²² E acabou de falar com ele, e Deus subiu da presença de Abraão. ²³ Então tomou Abraão a Ismael seu filho, e a todos os servos nascidos em sua casa, e a todos os comprados por seu dinheiro, a todo homem entre os domésticos da casa de Abraão, e circuncidou a carne do prepúcio deles naquele mesmo dia, como Deus lhe havia dito. ²⁴ Era Abraão de idade de noventa e nove anos quando circuncidou a carne de seu prepúcio. ²⁵ E Ismael seu filho era de treze anos quando foi circuncidada a carne de seu prepúcio. ²⁶ No mesmo dia foi circuncidado Abraão e Ismael seu filho. ²⁷ E todos os homens de sua casa, o servo nascido em casa, e o comprado por dinheiro do estrangeiro, foram circuncidados com ele.

18

¹ E apareceu-lhe o SENHOR nos carvalhos de Manre, estando ele sentado à porta de sua tenda no calor do dia. ² E levantou seus olhos e olhou, e eis que três homens que estavam junto a ele: e quando os viu, saiu correndo da porta de sua tenda a recebê-los, e inclinou-se até a terra, ³ E disse: Senhor, se agora achei favor aos teus olhos, rogo-te que não passes de teu servo. ⁴ Que se traga agora um pouco de água, e lavai vossos pés; e recostai-vos debaixo de uma árvore, ⁵ E trarei um bocado de pão, e confortai vosso coração; depois passareis; pois por isso passastes perto de vosso servo. ⁶ Então Abraão foi depressa à tenda a Sara, e lhe disse: Toma logo três medidas de boa farinha, amassa e faz pães cozidos. ⁷ E correu Abraão às vacas, e tomou um bezerro tenro e bom, e deu-o ao jovem, e deu-se este pressa a prepará-lo. ⁸ Tomou também manteiga e leite, e o bezerro que havia preparado, e o pôs diante deles; e ele estava junto a eles debaixo da árvore; e comeram. ⁹ E lhe disseram: Onde está Sara tua mulher? E ele respondeu: Aqui na tenda. ¹⁰ Então disse: De certo voltarei a ti segundo o tempo da vida, e eis que Sara, tua mulher, terá um filho. ¹¹ Abraão e Sara eram idosos, avançados em dias; a Sara já havia cessado o costume das mulheres. ¹² Riu, pois, Sara consigo mesma, dizendo: Depois que envelheci terei prazer, sendo também meu senhor já velho? ¹³ Então o SENHOR disse a Abraão: Por que Sara riu dizendo: Será verdade que darei à luz, sendo já velha? ¹⁴ Há para Deus alguma coisa difícil? Ao tempo assinalado voltarei a ti, segundo o tempo da vida, e Sara terá um filho. ¹⁵ Então Sara negou dizendo: Não ri; pois teve medo. Mas ele disse: Não é assim, mas riste. ¹⁶ E os homens se levantaram dali, e olharam até Sodoma: e Abraão ia com eles acompanhando-os. ¹⁷ E o SENHOR disse: Encobrirei eu a Abraão o que vou a fazer, ¹⁸ Havendo de ser Abraão em uma nação grande e forte, e havendo de ser benditas nele todas as nações da terra? ¹⁹ Porque eu o conheci, sei que mandará a seus filhos e a sua casa depois de si, que guardem o caminho do SENHOR, fazendo justiça e juízo, para que faça vir o SENHOR sobre Abraão o que falou acerca dele. ²⁰ Então o SENHOR lhe disse: Porquanto o clamor de Sodoma e Gomorra se aumenta mais e mais, e o pecado deles se agravou em extremo, ²¹ Descerei agora, e verei se consumaram sua obra segundo o clamor que veio até mim; e se não, eu o saberei. ²² E apartaram-se dali os homens, e foram até Sodoma: mas Abraão estava ainda diante do SENHOR. ²³ E aproximou-se Abraão e disse: Destruirás também ao justo com o ímpio? ²⁴ Talvez haja cinquenta justos dentro da cidade: destruirás também

e não perdoarás ao lugar por cinquenta justos que estejam dentro dela? ²⁵ Longe de ti o fazer tal, que faças morrer ao justo com o ímpio e que seja o justo tratado como o ímpio; nunca faças tal. O juiz de toda a terra, não há de fazer o que é justo? ²⁶ Então respondeu o SENHOR: Se achar em Sodoma cinquenta justos dentro da cidade, perdoarei a todo este lugar por causa deles. ²⁷ E Abraão replicou e disse: Eis que agora que comecei a falar a meu Senhor, ainda que sou pó e cinza: ²⁸ Talvez faltem de cinquenta justos cinco; destruirás por aqueles cinco toda a cidade? E disse: Não a destruirei, se achar ali quarenta e cinco. ²⁹ E voltou a falar-lhe, e disse: Talvez se acharão ali quarenta. E respondeu: Não o farei por causa dos quarenta. ³⁰ E disse: Não se ire agora meu Senhor, se falar: talvez se achem ali trinta. E respondeu: Não o farei se achar ali trinta. ³¹ E disse: Eis que agora que me empreendi em falar a meu Senhor: talvez se achem ali vinte. Não a destruirei, respondeu, por causa dos vinte. ³² E voltou a dizer: Não se ire agora meu Senhor, se falar somente uma vez: talvez se achem ali dez. Não a destruirei, respondeu, por causa dos dez. ³³ E foi-se o SENHOR, logo que acabou de falar a Abraão: e Abraão se voltou a seu lugar.

19

¹ Chegaram, pois, os dois anjos a Sodoma ao cair da tarde; e Ló estava sentado à porta de Sodoma. E vendo-os Ló, levantou-se a recebê-los, e inclinou-se até o chão; ² E disse: Agora, pois, meus senhores, vos rogo que venhais à casa de vosso servo e vos hospedeis, e lavareis vossos pés: e pela manhã vos levantareis, e seguireis vosso caminho. E eles responderam: Não, que na praça nos ficaremos esta noite. ³ Mas ele insistiu com eles muito, e se vieram com ele, e entraram em sua casa; e fez-lhes banquete, e cozeu pães sem levedura e comeram. ⁴ E antes que se deitassem, cercaram a casa os homens da cidade, os homens de Sodoma, todo o povo junto, desde o mais jovem até o mais velho; ⁵ E chamaram a Ló, e lhe disseram: Onde estão os homens que vieram a ti esta noite? tira-os a nós, para que os conheçamos. ⁶ Então Ló saiu a eles à porta, e fechou as portas atrás de si, ⁷ E disse: Eu vos rogo, meus irmãos, que não façais tal maldade. ⁸ Eis aqui agora eu tenho duas filhas que não conheceram homem; eu as tirarei fora para vós, e fazei delas como bem vos parecer: somente a estes homens não façais nada, pois que vieram à sombra de meu telhado. ⁹ E eles responderam: Sai daí: e acrescentaram: Veio este aqui para habitar como um estrangeiro, e haverá de levantar-se como juiz? Agora te faremos mais mal que a eles. E faziam grande violência ao homem, a Ló, e se aproximaram para romper as portas. ¹⁰ Então os homens estenderam a mão, e meteram a Ló em casa com eles, e fecharam as portas. ¹¹ E aos homens que estavam à porta da casa desde o menor até o maior, feriram com cegueira; mas eles se cansavam tentando achar a porta. ¹² E disseram os homens a Ló: Tens aqui alguém mais? Genros, e teus filhos e tuas filhas, e tudo o que tens na cidade, tira-o deste lugar: ¹³ Porque vamos destruir este lugar, porquanto o clamor deles subiu demais diante do SENHOR; portanto o SENHOR nos enviou para destruí-lo. ¹⁴ Então saiu Ló, e falou a seus genros, os que haviam de se casar com suas filhas, e lhes disse: Levantai-vos, saí deste lugar; porque o SENHOR vai destruir esta cidade. Mas pareceu a seus genros como que se ridicularizava. ¹⁵ E ao raiar a alva, os anjos davam pressa a Ló, dizendo: Levanta-te, toma tua mulher, e teus dois filhas que se acham aqui, para que não pereças no castigo da cidade. ¹⁶ E demorando-se ele, os homens pegaram por sua mão, e pela mão de sua mulher, e pelas mãos de suas duas filhas segundo a misericórdia do SENHOR para com ele; e o tiraram, e o puseram fora da cidade. ¹⁷ E foi que quando os tirou fora, disse: Escapa por tua vida; não olhes atrás de ti, nem pares toda esta planície; escapa ao monte, não seja que pereças. ¹⁸ E Ló lhes disse: Não, eu vos rogo, senhores meus; ¹⁹ Eis que

agora achou teu servo favor em teus olhos, e engrandeceste tua misericórdia que fizeste comigo dando-me a vida; mas eu não poderei escapar ao monte, não seja caso que me alcance o mal e morra. ²⁰ Eis que agora esta cidade está próxima para fugir ali, a qual é pequena; escaparei agora ali, (não é ela pequena?) e viverá minha alma. ²¹ E lhe respondeu: Eis que recebi também tua súplica sobre isto, e não destruirei a cidade de que falaste. ²² Apressa-te, escapa-te ali; porque nada poderei fazer até que ali tenhas chegado. Por isto foi chamado o nome da cidade, Zoar. ²³ O sol saía sobre a terra, quando Ló chegou a Zoar. ²⁴ Então choveu o SENHOR sobre Sodoma e sobre Gomorra enxofre e fogo da parte do SENHOR desde os céus; ²⁵ E destruiu as cidades, e toda aquela planície, com todos os moradores daquelas cidades, e o fruto da terra. ²⁶ Então a mulher de Ló olhou atrás, às costas dele, e se tornou estátua de sal. ²⁷ E subiu Abraão pela manhã ao lugar onde havia estado diante do SENHOR: ²⁸ E olhou até Sodoma e Gomorra, e até toda a terra daquela planície olhou; e eis que a fumaça subia da terra como a fumaça de um forno. ²⁹ Assim foi que, quando destruiu Deus as cidades da planície, lembrou-se Deus de Abraão, e enviou fora a Ló do meio da destruição, ao assolar as cidades onde Ló estava. ³⁰ Porém Ló subiu de Zoar, e assentou no monte, e suas duas filhas com ele; porque teve medo de ficar em Zoar, e se abrigou em uma caverna ele e suas duas filhas. ³¹ Então a maior disse à menor: Nosso pai é velho, e não resta homem na terra que entre a nós conforme o costume de toda a terra: ³² Vem, demos a beber vinho a nosso pai, e durmamos com ele, e conservaremos de nosso pai geração. ³³ E deram a beber vinho a seu pai aquela noite: e entrou a maior, e dormiu com seu pai; mas ele não sentiu quando se deitou com ela nem quando se levantou. ³⁴ O dia seguinte disse a maior à menor: Eis que eu dormi a noite passada com meu pai; demos a ele de beber vinho também esta noite, e entra e dorme com ele, para que conservemos de nosso pai geração. ³⁵ E deram a beber vinho a seu pai também aquela noite: e levantou-se a menor, e dormiu com ele; mas não conseguiu perceber quando se deitou com ela, nem quando se levantou. ³⁶ E conceberam as duas filhas de Ló, de seu pai. ³⁷ E deu à luz a maior um filho, e chamou seu nome Moabe, o qual é pai dos moabitas até hoje. ³⁸ A menor também deu à luz um filho, e chamou seu nome Ben-Ami, o qual é pai dos amonitas até hoje.

20

¹ De ali partiu Abraão à terra do Sul, e assentou entre Cades e Sur, e habitou como peregrino em Gerar. ² E disse Abraão de Sara sua mulher: É minha irmã. E Abimeleque, rei de Gerar, enviou e tomou a Sara. ³ Porém Deus veio a Abimeleque em sonhos de noite, e lhe disse: Eis que morto és por causa da mulher que tomaste, a qual é casada com marido. ⁴ Mas Abimeleque não havia chegado a ela, e disse: Senhor, matarás também a gente justa? ⁵ Não me disse ele: É minha irmã; e ela também disse: É meu irmão? Com sinceridade de meu coração, e com limpeza de minhas mãos fiz isto. ⁶ E disse-lhe Deus em sonhos: Eu também sei que com integridade de teu coração fizeste isto; e eu também te detive de pecar contra mim, e assim não te permiti que a tocasses. ⁷ Agora, pois, devolve a mulher a seu marido; porque é profeta, e orará por ti, e viverás. E se tu não a devolveres, sabe que certamente morrerás, com tudo o que for teu. ⁸ Então Abimeleque se levantou de manhã, e chamou a todos os seus servos, e disse todas estas palavras aos ouvidos deles; e temeram os homens em grande maneira. ⁹ Depois chamou Abimeleque a Abraão e lhe disse: Que nos fizeste? e em que pequei eu contra ti, que atraíste sobre mim e sobre meu reino tão grande pecado? o que não devias fazer fizeste comigo. ¹⁰ E disse mais Abimeleque a Abraão: Que viste para que fizesses isto? ¹¹ E Abraão respondeu: Porque disse

para mim: Certamente não há temor de Deus neste lugar, e me matarão por causa de minha mulher. ¹² E na verdade também é minha irmã, filha de meu pai, mas não filha de minha mãe, e tomei-a por mulher. ¹³ E foi que, quando Deus me fez sair sem rumo da casa de meu pai, eu lhe disse: Esta é a lealdade que tu me farás, que em todos os lugares onde chegarmos, digas de mim: É meu irmão. ¹⁴ Então Abimeleque tomou ovelhas e vacas, e servos e servas, e deu-o a Abraão, e devolveu-lhe a Sara sua mulher. ¹⁵ E disse Abimeleque: Eis que minha terra está diante de ti, habita onde bem te parecer. ¹⁶ E a Sara disse: Eis que dei mil moedas de prata a teu irmão; olha que ele te é por véu de olhos para todos os que estão contigo, e para com todos: assim foi repreendida. ¹⁷ Então Abraão orou a Deus; e Deus sanou a Abimeleque e a sua mulher, e a suas servas, e voltaram a ter filhos. ¹⁸ Porque havia por completo fechado o SENHOR toda madre da casa de Abimeleque, por causa de Sara, mulher de Abraão.

21

¹ E o SENHOR visitou Sara, como disse, e o SENHOR fez com Sara como havia falado. ² E concebeu e deu à luz Sara a Abraão um filho em sua velhice, no tempo que Deus lhe havia dito. ³ E chamou Abraão o nome de seu filho que lhe nasceu, que lhe deu à luz Sara, Isaque. ⁴ E circuncidou Abraão a seu filho Isaque de oito dias, como Deus lhe havia mandado. ⁵ E era Abraão de cem anos, quando lhe nasceu Isaque seu filho. ⁶ Então disse Sara: Deus me fez rir, e qualquer um que o ouvir, se rirá comigo. ⁷ E acrescentou: Quem diria a Abraão que Sara havia de dar de mamar a filhos? pois que lhe dei um filho em sua velhice. ⁸ E cresceu o menino, e foi desmamado; e fez Abraão grande banquete no dia que foi desmamado Isaque. ⁹ E viu Sara ao filho de Agar a egípcia, o qual havia esta dado a Abraão, que o ridicularizava. ¹⁰ Portanto disse a Abraão: Expulsa a esta serva e a seu filho; que o filho desta serva não herdará com meu filho, com Isaque. ¹¹ Este dito pareceu grave em grande maneira a Abraão por causa de seu filho. ¹² Então disse Deus a Abraão: Não te pareça grave por causa do jovem e de tua serva; em tudo o que te disser Sara, ouve sua voz, porque em Isaque será chamada tua descendência. ¹³ E também do filho da serva farei nação, porque é descendência tua. ¹⁴ Então Abraão se levantou manhã muito cedo, e tomou pão, e um odre de água, e deu-o a Agar, pondo-o sobre seu ombro, e entregou-lhe o jovem, e despediu-a. E ela partiu, e andava errante pelo deserto de Berseba. ¹⁵ E faltou a água do odre, e deitou ao jovem debaixo de uma árvore; ¹⁶ E foi-se e sentou-se em frente, afastando-se como um tiro de arco; porque dizia: Não verei quando o jovem morrer: e sentou-se em frente, e levantou sua voz e chorou. ¹⁷ E ouviu Deus a voz do jovem; e o anjo de Deus chamou a Agar desde o céu, e lhe disse: Que tens, Agar? Não temas; porque Deus ouviu a voz do jovem onde está. ¹⁸ Levanta-te, ergue ao jovem, e pegue-o por tua mão, porque farei dele uma grande nação. ¹⁹ Então abriu Deus os olhos dela, e ela viu uma fonte de água; e foi, e encheu o odre de água, e deu de beber ao jovem. ²⁰ E foi Deus com o jovem; e cresceu, e habitou no deserto, e foi atirador de arco. ²¹ E habitou no deserto de Parã; e sua mãe lhe tomou mulher da terra do Egito. ²² E aconteceu naquele mesmo tempo que falou Abimeleque, e Ficol, príncipe de seu exército, a Abraão dizendo: Deus é contigo em tudo quanto fazes. ²³ Agora, pois, jura-me aqui por Deus, que não tratarás com falsidade a mim, nem a meu filho, nem a meu neto; mas sim que conforme a bondade que eu fiz contigo, farás tu comigo e com a terra onde peregrinaste. ²⁴ E respondeu Abraão: Eu jurarei. ²⁵ E Abraão reclamou com Abimeleque por causa de um poço de água, que os servos de Abimeleque lhe haviam tirado. ²⁶ E respondeu Abimeleque: Não sei quem tenha feito isto, nem tampouco tu me fizeste saber, nem eu o ouvi até hoje. ²⁷ E tomou Abraão ovelhas e vacas, e deu a Abimeleque; e fizeram ambos aliança.

²⁸ E pôs Abraão sete cordeiras do rebanho à parte. ²⁹ E disse Abimeleque a Abraão: Que significam essas sete cordeiras que puseste à parte? ³⁰ E ele respondeu: Que estas sete cordeiras tomarás de minha mão, para que me sejam em testemunho de que eu cavei este poço. ³¹ Por isto chamou a aquele lugar Berseba; porque ali ambos juraram. ³² Assim fizeram aliança em Berseba: e levantaram-se Abimeleque e Ficol, príncipe de seu exército, e se voltaram à terra dos filisteus. ³³ E plantou Abraão um bosque em Berseba, e invocou ali o nome do SENHOR Deus eterno. ³⁴ E morou Abraão na terra dos filisteus por muitos dias.

22

¹ E aconteceu, depois dessas coisas, que Deus provou Abraão, e disse-lhe: Abraão. E ele respondeu: Eis-me aqui. ² E disse: Toma agora teu filho, teu único, Isaque, a quem amas, e vai à terra de Moriá, e oferece-o ali em holocausto sobre um dos montes que eu te direi. ³ E Abraão se levantou manhã muito cedo, e preparou seu asno, e tomou consigo dois servos seus, e a Isaque seu filho: e cortou lenha para o holocausto, e levantou-se, e foi ao lugar que Deus lhe disse. ⁴ Ao terceiro dia levantou Abraão seus olhos, e viu o lugar de longe. ⁵ Então disse Abraão a seus servos: Esperai aqui com o asno, e eu e o jovem iremos até ali, e adoraremos, e voltaremos a vós. ⁶ E tomou Abraão a lenha do holocausto, e a pôs sobre Isaque seu filho: e ele tomou em sua mão o fogo e a espada; e foram ambos juntos. ⁷ Então falou Isaque a Abraão seu pai, e disse: Meu pai. e ele respondeu: Eis-me aqui, meu filho. E ele disse: Eis aqui o fogo e a lenha; mas onde está o cordeiro para o holocausto? ⁸ E respondeu Abraão: Deus se proverá de cordeiro para o holocausto, filho meu. E iam juntos. ⁹ E quando chegaram ao lugar que Deus lhe havia dito, edificou ali Abraão um altar, e compôs a lenha, e amarrou a Isaque seu filho, e pôs-lhe no altar sobre a lenha. ¹⁰ E estendeu Abraão sua mão, e tomou a espada, para degolar a seu filho. ¹¹ Então o anjo do SENHOR lhe gritou do céu, e disse: Abraão, Abraão. E ele respondeu: Eis-me aqui. ¹² E disse: Não estendas tua mão sobre o jovem, nem lhe faças nada; que já conheço que temes a Deus, pois que não me recusaste o teu filho, o teu único; ¹³ Então levantou Abraão seus olhos, e olhou, e eis um carneiro a suas costas preso em um arbusto por seus chifres: e foi Abraão, e tomou o carneiro, e ofereceu-lhe em holocausto em lugar de seu filho. ¹⁴ E chamou Abraão o nome daquele lugar, O SENHOR proverá. Portanto se diz hoje: No monte do SENHOR se proverá. ¹⁵ E chamou o anjo do SENHOR a Abraão segunda vez desde o céu, ¹⁶ E disse: Por mim mesmo jurei, diz o SENHOR, que porquanto fizeste isto, e não me recusaste teu filho, teu único; ¹⁷ certamente te abençoarei, e multiplicarei tua descendência como as estrelas do céu, e como a areia que está na beira do mar; e tua descendência possuirá as portas de seus inimigos: ¹⁸ Em tua descendência serão abençoadas todas as nações da terra, porquanto obedeceste à minha voz. ¹⁹ E voltou Abraão a seus servos, e levantaram-se e se foram juntos a Berseba; e habitou Abraão em Berseba. ²⁰ E aconteceu depois destas coisas, que foi dada notícia a Abraão, dizendo: Eis que também Milca havia dado à luz filhos a teu irmão Naor: ²¹ A Uz, seu primogênito, e a Buz, seu irmão, e a Quemuel, pai de Arã. ²² E a Quésede, e a Hazo, e a Pildas, e a Jidlafe, e a Betuel. ²³ E Betuel gerou Rebeca. Milca deu à luz estes oito de Naor, irmão de Abraão. ²⁴ E sua concubina, que se chamava Reumá, deu à luz também a Tebá, e a Gaã, e a Taás, e a Maaca.

23

¹ E foi a vida de Sara cento e vinte e sete anos; estes foram os anos da vida de Sara. ² E morreu Sara em Quiriate-Arba, que é Hebrom, na terra de Canaã; e Abraão veio para ficar de luto por Sara e para chorar por ela. ³ E levantou-se Abraão de diante de

sua morta, e falou aos filhos de Hete, dizendo: 4 Peregrino e estrangeiro sou entre vós; dá-me propriedade de sepultura convosco, e sepultarei minha falecida de diante de mim. 5 E responderam os filhos de Hete a Abraão, e disseram-lhe: 6 Ouve-nos, senhor meu, és um príncipe de Deus entre nós; no melhor de nossas sepulturas sepulta a tua falecida; nenhum de nós te impedirá sua sepultura, para que enterres tua falecida. 7 E Abraão se levantou, e inclinou-se ao povo daquela terra, aos filhos de Hete; 8 E falou com eles, dizendo: Se queres que eu sepulte minha falecida de diante de mim, ouvi-me, e intercedei por mim com Efrom, filho de Zoar, 9 Para que me dê a caverna de Macpela, que tem na extremidade de sua propriedade: que por seu justo preço a dê a mim, para possessão de sepultura em meio de vós. 10 Este Efrom achava-se entre os filhos de Hete: e respondeu Efrom Heteu a Abraão, aos ouvidos dos filhos de Hete, de todos os que entravam pela porta de sua cidade, dizendo: 11 Não, senhor meu, ouve-me: eu te dou a propriedade, e te dou também a caverna que está nela; diante dos filhos de meu povo a dou a ti; sepulta tua falecida. 12 E Abraão se inclinou diante do povo da terra. 13 E respondeu a Efrom aos ouvidos do povo da terra, dizendo: Antes, se for do teu agrado, rogo-te que me ouças; eu darei o preço da propriedade, toma-o de mim, e sepultarei nela minha falecida. 14 E respondeu Efrom a Abraão, dizendo-lhe: 15 Senhor meu, escuta-me: a terra vale quatrocentos siclos de prata: que é isto entre mim e ti? Enterra, pois, tua falecida. 16 Então Abraão concordou com Efrom, e pesou Abraão a Efrom o dinheiro que disse, ouvindo-o os filhos de Hete, quatrocentos siclos de prata, de acordo com o padrão dos mercadores. 17 E ficou a propriedade de Efrom que estava em Macpela em frente de Manre, a propriedade e a caverna que estava nela, e todas as árvores que havia na herança, e em todo o seu termo ao derredor, 18 Para Abraão em possessão, à vista dos filhos de Hete, e de todos os que entravam pela porta da cidade. 19 E depois disto sepultou Abraão a Sara, sua mulher, na caverna da propriedade de Macpela em frente de Manre, que é Hebrom na terra de Canaã. 20 E ficou a propriedade e a caverna que nela havia, para Abraão, em possessão de sepultura adquirida dos filhos de Hete.

24

1 E Abraão era velho, e cheio de dias; e o SENHOR havia abençoado a Abraão em tudo. 2 E disse Abraão a um criado seu, o mais velho de sua casa, que era o que governava em tudo o que tinha: Põe agora tua mão debaixo de minha coxa, 3 E te juramentarei pelo SENHOR, Deus dos céus e Deus da terra, que não tomarás mulher para meu filho das filhas dos cananeus, entre os quais eu habito; 4 Em vez disso irás à minha terra e à minha parentela, e tomarás mulher para meu filho Isaque. 5 E o criado lhe respondeu: Talvez a mulher não queira vir atrás de mim a esta terra; farei voltar, pois, teu filho à terra de onde saíste? 6 E Abraão lhe disse: Guarda-te que não faças voltar a meu filho ali. 7 O SENHOR, Deus dos céus, que me tomou da casa de meu pai e da terra de minha parentela, e me falou e me jurou, dizendo: À tua descendência darei esta terra; ele enviará seu anjo diante de ti, e tu tomarás dali mulher para meu filho. 8 E se a mulher não quiser vir atrás de ti, serás livre deste meu juramento; somente que não faças voltar ali a meu filho. 9 Então o criado pôs sua mão debaixo da coxa de Abraão seu senhor, e jurou-lhe sobre este negócio. 10 E o criado tomou dez camelos dos camelos de seu senhor, e foi-se, pois tinha à sua disposição todos os bens de seu senhor: e posto em caminho, chegou à Mesopotâmia, à cidade de Naor. 11 E fez ajoelhar os camelos fora da cidade, junto a um poço de água, à hora da tarde, à hora em que saem as moças por água. 12 E disse: SENHOR, Deus de meu senhor Abraão, dá-me, te rogo, o ter hoje bom encontro, e faze misericórdia com meu senhor Abraão. 13 Eis que eu estou junto à fonte de água, e as filhas dos homens desta

cidade saem por água: [14] Seja, pois, que a moça a quem eu disser: Baixa teu cântaro, te rogo, para que eu beba; e ela responder: Bebe, e também darei de beber a teus camelos: que seja esta a que tu destinaste para teu servo Isaque; e nisto conhecerei que haverás feito misericórdia com meu senhor. [15] E aconteceu que antes que ele acabasse de falar, eis que Rebeca, que havia nascido a Betuel, filho de Milca, mulher de Naor irmão de Abraão, a qual saía com seu cântaro sobre seu ombro. [16] E a moça era de muito belo aspecto, virgem, à que homem não havia conhecido; a qual desceu à fonte, e encheu seu cântaro, e se voltava. [17] Então o criado correu até ela, e disse: Rogo-te que me dês a beber um pouco de água de teu cântaro. [18] E ela respondeu: Bebe, meu senhor; e apressou-se a baixar seu cântaro sobre sua mão, e lhe deu a beber. [19] E quando acabou de dar-lhe de beber, disse: Também para teus camelos tirarei água, até que acabem de beber. [20] E apressou-se, e esvaziou seu cântaro no bebedouro, e correu outra vez ao poço para tirar água, e tirou para todos os seus camelos. [21] E o homem estava maravilhado dela, permanecendo calado, para saber se o SENHOR havia prosperado ou não sua viagem. [22] E foi que quando os camelos acabaram de beber, presenteou-lhe o homem um pendente de ouro que pesava meio siclo, e dois braceletes que pesavam dez; [23] E disse: De quem és filha? Rogo-te me digas, há lugar em casa de teu pai onde possamos passar a noite? [24] E ela respondeu: Sou filha de Betuel, filho de Milca, o qual deu à luz ela a Naor. [25] E acrescentou: Também há em nossa casa palha e muita forragem, e lugar para passar a noite. [26] O homem então se inclinou, e adorou ao SENHOR. [27] E disse: Bendito seja o SENHOR, Deus de meu senhor Abraão, que não afastou sua misericórdia e sua verdade de meu senhor, guiando-me o SENHOR no caminho à casa dos irmãos de meu senhor. [28] E a moça correu, e fez saber na casa de sua mãe estas coisas. [29] E Rebeca tinha um irmão que se chamava Labão, o qual correu fora ao homem, à fonte; [30] E foi que quando viu o pendente e os braceletes nas mãos de sua irmã, que dizia, Assim me falou aquele homem; veio a ele: e eis que estava junto aos camelos à fonte. [31] E disse-lhe: Vem, bendito do SENHOR; por que estás fora? eu limpei a casa, e o lugar para os camelos. [32] Então o homem veio à casa, e Labão desatou os camelos; e deu-lhes palha e forragem, e água para lavar os pés dele, e os pés dos homens que com ele vinham. [33] E puseram diante dele comida; mas ele disse: Não comerei até que tenha dito minha mensagem. E ele lhe disse: Fala. [34] Então disse: Eu sou criado de Abraão; [35] E o SENHOR abençoou muito a meu senhor, e ele se engrandeceu: e lhe deu ovelhas e vacas, prata e ouro, servos e servas, camelos e asnos. [36] E Sara, mulher de meu senhor, deu à luz em sua velhice um filho a meu senhor, quem lhe deu tudo quanto tem. [37] E meu senhor me fez jurar, dizendo: Não tomarás mulher para meu filho das filhas dos cananeus, em cuja terra habito; [38] Em vez disso irás à casa de meu pai, e à minha parentela, e tomarás mulher para meu filho. [39] E eu disse: Talvez a mulher não queira me seguir. [40] Então ele me respondeu: O SENHOR, em cuja presença tenho andado, enviará seu anjo contigo, e fará teu caminho ser bem-sucedido; e tomarás mulher para meu filho de minha linhagem e da casa de meu pai; [41] Então serás livre de meu juramento, quando houveres chegado à minha linhagem; e se não a derem a ti, serás livre de meu juramento. [42] Cheguei, pois, hoje à fonte, e disse: SENHOR, Deus de meu senhor Abraão, se tu fazes bem-sucedido agora meu caminho pelo qual ando; [43] Eis que eu estou junto à fonte de água; seja, pois, que a virgem que sair por água, à qual disser: Dá-me de beber, te rogo, um pouco de água de teu cântaro; [44] E ela me responder, Bebe tu, e também para teus camelos tirarei água: esta seja a mulher que destinou o SENHOR para o filho de meu senhor. [45] E antes que acabasse de falar em meu coração, eis que Rebeca saía com seu cântaro sobre seu ombro; e desceu à fonte, e tirou água; e lhe disse: Rogo-te que me dês de beber. [46] E prontamente baixou seu cântaro de cima de si, e disse: Bebe, e também a teus camelos darei a beber. E bebi, e deu também de beber a meus camelos. ⁴⁷ Então lhe perguntei, e disse: De quem és filha? E ela respondeu: Filha de Betuel, filho de Naor, que Milca lhe deu. Então pus nela um pendente sobre seu nariz, e braceletes sobre suas mãos; ⁴⁸ E inclinei-me, e adorei ao SENHOR, e bendisse ao SENHOR, Deus de meu senhor Abraão, que me havia guiado pelo caminho de verdade para tomar a filha do irmão de meu senhor para seu filho. ⁴⁹ Agora, pois, se vós fazeis misericórdia e verdade com meu senhor, declarai-o a mim; e se não, declarai-o a mim; e irei embora à direita ou à esquerda. ⁵⁰ Então Labão e Betuel responderam e disseram: Do SENHOR saiu isto; não podemos falar-te mal nem bem. ⁵¹ Eis aí Rebeca diante de ti; toma-a e vai-te, e seja mulher do filho de teu senhor, como o disse o SENHOR. ⁵² E foi, que quando o criado de Abraão ouviu suas palavras, inclinou-se à terra ao SENHOR. ⁵³ E o criado tirou objetos de prata, objetos de ouro e roupas, e deu a Rebeca: também deu coisas preciosas a seu irmão e a sua mãe. ⁵⁴ E comeram e beberam ele e os homens que vinham com ele, e dormiram; e levantando-se de manhã, disse: Autorizai-me voltar a meu senhor. ⁵⁵ Então respondeu seu irmão e sua mãe: Espere a moça conosco ao menos dez dias, e depois irá. ⁵⁶ E ele lhes disse: Não me detenhais, pois que o SENHOR fez prosperar meu caminho; despede-me para que me vá a meu senhor. ⁵⁷ Eles responderam então: Chamemos a moça e perguntemos a ela. ⁵⁸ E chamaram a Rebeca, e disseram-lhe: Irás tu com este homem? E ela respondeu: Sim, irei. ⁵⁹ Então deixaram ir a Rebeca sua irmã, e à sua criada, e ao criado de Abraão e a seus homens. ⁶⁰ E abençoaram a Rebeca, e disseram-lhe: És nossa irmã; sejas em milhares de milhares, e tua geração possua a porta de seus inimigos. ⁶¹ Levantou-se então Rebeca e suas moças, e subiram sobre os camelos, e seguiram ao homem; e o criado tomou a Rebeca, e foi embora. ⁶² E vinha Isaque do poço do Vivente que me vê; porque ele habitava na terra do Sul; ⁶³ E havia saído Isaque a orar ao campo, à hora da tarde; e levantando seus olhos, olhou, e eis os camelos que vinham. ⁶⁴ Rebeca também levantou seus olhos, e viu a Isaque, e desceu do camelo; ⁶⁵ Porque havia perguntado ao criado: Quem é este homem que vem pelo campo até nós? E o servo havia respondido: Este é meu senhor. Ela então tomou o véu, e cobriu-se. ⁶⁶ Então o criado contou a Isaque tudo o que havia feito. ⁶⁷ E trouxe-a Isaque à tenda de sua mãe Sara, e tomou a Rebeca por mulher; e amou-a: e consolou-se Isaque depois da morte de sua mãe.

25

¹ E Abraão tomou outra mulher, cujo nome foi Quetura; ² A qual lhe deu à luz a Zinrã, e a Jocsã, e a Medã, e a Midiã, e a Jisbaque, e a Suá. ³ E Jocsã gerou a Seba, e a Dedã: e filhos de Dedã foram Assurim, e Letusim, e Leummim. ⁴ E filhos de Midiã: Efá, e Efer, e Enoque, e Abida, e Elda. Todos estes foram filhos de Quetura. ⁵ Mas Abraão deu tudo quanto tinha a Isaque. ⁶ E aos filhos de suas concubinas deu Abraão presentes, e enviou-os para longe de Isaque seu filho, enquanto ele vivia, até o oriente, à terra oriental. ⁷ E estes foram os dias de vida que viveu Abraão: cento e setenta e cinco anos. ⁸ E expirou, e morreu Abraão em boa velhice, ancião e cheio de dias e foi unido a seu povo. ⁹ E sepultaram-no Isaque e Ismael seus filhos na caverna de Macpela, na propriedade de Efrom, filho de Zoar Heteu, que está em frente de Manre; ¹⁰ Herança que comprou Abraão dos filhos de Hete; ali foi Abraão sepultado, e Sara sua mulher. ¹¹ E sucedeu, depois de morto Abraão, que Deus abençoou a Isaque seu filho: e habitou Isaque junto a Beer-Laai-Roi. * ¹² E estas são as gerações de Ismael, filho de Abraão, que lhe deu à luz Agar egípcia, serva de Sara: ¹³ Estes, pois, são

---

* **25:11** Isto é, o poço do Vivente que me vê (16:14)

os nomes dos filhos de Ismael, por seus nomes, por suas linhagens: O primogênito de Ismael, Nebaiote; logo Quedar, e Adbeel, e Mibsão, [14] E Misma, e Dumá, e Massá, [15] Hadade, e Tema, e Jetur, e Nafis, e Quedemá. [16] Estes são os filhos de Ismael, e estes seus nomes por suas vilas e por seus acampamentos; doze príncipes por suas famílias. [17] E estes foram os anos da vida de Ismael, cento e trinta e sete anos: e expirou Ismael, e morreu; e foi unido a seu povo. [18] E habitaram desde Havilá até Sur, que está em frente do Egito vindo a Assíria; e morreu em presença de todos os seus irmãos. [19] E estas são as gerações de Isaque, filho de Abraão. Abraão gerou a Isaque: [20] E era Isaque de quarenta anos quando tomou por mulher a Rebeca, filha de Betuel arameu de Padã-Arã, irmã de Labão arameu. [21] E orou Isaque ao SENHOR por sua mulher, que era estéril; e aceitou-o o SENHOR, e concebeu Rebeca sua mulher. [22] E os filhos se combatiam dentro dela; e disse: Se é assim para que vivo eu? E foi consultar ao SENHOR. [23] E respondeu-lhe o SENHOR: Duas nações há em teu ventre, E dois povos serão divididos desde tuas entranhas: E um povo será mais forte que o outro povo, e o maior servirá ao menor. [24] E quando se cumpriram seus dias para dar à luz, eis que havia gêmeos em seu ventre. [25] E saiu o primeiro ruivo, e todo ele peludo como uma veste; e chamaram seu nome Esaú. [26] E depois saiu seu irmão, pegando com sua mão o calcanhar de Esaú: e foi chamado seu nome Jacó. E era Isaque de idade de sessenta anos quando ela os deu à luz. [27] E cresceram os meninos, e Esaú foi hábil na caça, homem do campo: Jacó porém era homem quieto, que habitava em tendas. [28] E amou Isaque a Esaú, porque comia de sua caça; mas Rebeca amava a Jacó. [29] E cozinhou Jacó um guisado; e voltando Esaú do campo cansado, [30] Disse a Jacó: Rogo-te que me dês a comer disso vermelho, pois estou muito cansado. Portanto foi chamado seu nome Edom. [31] E Jacó respondeu: Vende-me neste dia tua primogenitura. [32] Então disse Esaú: Eis que vou morrer; para que, pois, me servirá a primogenitura? [33] E disse Jacó: Jura-me hoje. E ele lhe jurou, e vendeu a Jacó sua primogenitura. [34] Então Jacó deu a Esaú pão e do guisado das lentilhas; e ele comeu e bebeu, e levantou-se, e foi-se. Assim menosprezou Esaú a primogenitura.

26

[1] E houve fome na terra, além da primeira fome que foi nos dias de Abraão: e foi-se Isaque a Abimeleque rei dos filisteus, em Gerar. [2] E apareceu-lhe o SENHOR, e disse-lhe: Não desças ao Egito: habita na terra que eu te disser; [3] Habita nesta terra, e serei contigo, e te abençoarei; porque a ti e à tua descendência darei todas estas terras, e confirmarei o juramento que jurei a Abraão teu pai: [4] E multiplicarei tua descendência como as estrelas do céu, e darei à tua descendência todas estas terras; e todas as nações da terra serão abençoadas em tua descendência. [5] Porquanto ouviu Abraão minha voz, e guardou meu preceito, meus mandamentos, meus estatutos e minhas leis. [6] Habitou, pois, Isaque em Gerar. [7] E os homens daquele lugar lhe perguntaram acerca de sua mulher; e ele respondeu: É minha irmã; porque teve medo de dizer: É minha mulher; que talvez, disse, os homens do lugar me matem por causa de Rebeca; porque era de belo aspecto. [8] E sucedeu que, depois que ele esteve ali muitos dias, Abimeleque, rei dos filisteus, olhando por uma janela, viu a Isaque que acariciava Rebeca sua mulher. [9] E chamou Abimeleque a Isaque, e disse: Eis que ela é certamente tua mulher: como, pois, disseste: É minha irmã? E Isaque lhe respondeu: Porque disse: Talvez eu morra por causa dela. [10] E Abimeleque disse: Por que nos fizeste isto? Por pouco haveria dormido alguém do povo com tua mulher, e haverias trazido sobre nós o pecado. [11] Então Abimeleque mandou a todo o povo, dizendo: O que tocar a este homem ou a sua mulher certamente morrerá.

[12] E semeou Isaque naquela terra, e achou aquele ano cem por um: e o SENHOR o abençoou. [13] E o homem se engrandeceu, e foi engrandecendo-se cada vez mais, até fazer-se muito poderoso: [14] E teve rebanho de ovelhas, e rebanho de vacas, e grande número de servos; e os filisteus tiveram inveja dele. [15] E todos os poços que os criados de Abraão seu pai haviam aberto em seus dias, os filisteus os haviam fechado e enchido da terra. [16] E disse Abimeleque a Isaque: Aparta-te de nós, porque muito mais poderoso que nós te fizeste. [17] E Isaque se foi dali; e assentou suas tendas no vale de Gerar, e habitou ali. [18] E voltou a abrir Isaque os poços de água que haviam aberto nos dias de Abraão seu pai, e que os filisteus haviam fechado, depois de Abraão ter morrido; e chamou-os pelos nomes que seu pai os havia chamado. [19] E os servos de Isaque cavaram no vale, e acharam ali um poço de águas vivas. [20] E os pastores de Gerar brigaram com os pastores de Isaque, dizendo: A água é nossa: por isso chamou o nome do poço Eseque, porque haviam brigado com ele. [21] E abriram outro poço, e também brigaram sobre ele: e chamou seu nome Sitna. [22] E apartou-se dali, e abriu outro poço, e não brigaram sobre ele: e chamou seu nome Reobote, e disse: Porque agora nos fez alargar o SENHOR e frutificaremos na terra. [23] E dali subiu a Berseba. [24] E apareceu-lhe o SENHOR aquela noite, e disse: Eu sou o Deus de Abraão teu pai: não temas, que eu sou contigo, e eu te abençoarei, e multiplicarei tua descendência por causa do meu servo Abraão. [25] E edificou ali um altar, e invocou o nome do SENHOR, e estendeu ali sua tenda: e abriram ali os servos de Isaque um poço. [26] E Abimeleque veio a ele desde Gerar, e Auzate, amigo seu, e Ficol, capitão de seu exército. [27] E disse-lhes Isaque: Por que vindes a mim, pois que haveis me odiado, e me expulsastes dentre vós? [28] E eles responderam: Vimos que o SENHOR é contigo; e dissemos: Haja agora juramento entre nós, entre nós e ti, e faremos aliança contigo: [29] Que não nos faças mal, como nós não te tocamos, y como somente te fizemos bem, e te enviamos em paz: tu agora, bendito do SENHOR. [30] Então ele lhes fez banquete, e comeram e beberam. [31] E se levantaram de madrugada, e juraram um ao outro; e Isaque os despediu, e eles se partiram dele em paz. [32] E naquele dia sucedeu que vieram os criados de Isaque, e deram-lhe notícias acerca do poço que haviam aberto, e lhe disseram: Achamos água. [33] E chamou-o Seba: por cuja causa o nome daquela cidade é Berseba até hoje. [34] E quando Esaú foi de quarenta anos, tomou por mulher a Judite filha de Beeri heteu, e a Basemate filha de Elom heteu: [35] E foram amargura de espírito a Isaque e a Rebeca.

27

[1] E aconteceu que quando havia Isaque envelhecido, e seus olhos se ofuscaram ficando sem vista, chamou a Esaú, seu filho o maior, e disse-lhe: Meu filho. E ele respondeu: Eis-me aqui. [2] E ele disse: Eis que já sou velho, não sei o dia de minha morte; [3] Toma, pois, agora tuas armas, tua aljava e teu arco, e sai ao campo, e pega-me caça; [4] E faze-me um guisado, como eu gosto, e traze-o a mim, e comerei: para que te abençoe minha alma antes que morra. [5] E Rebeca estava ouvindo, quando falava Isaque a Esaú seu filho: e foi-se Esaú ao campo para pegar a caça que havia de trazer. [6] Então Rebeca falou a Jacó seu filho, dizendo: Eis que eu ouvi a teu pai que falava com Esaú teu irmão, dizendo: [7] Traze-me caça, e faze-me um guisado, para que coma, e te abençoe diante do SENHOR antes que eu morra. [8] Agora, pois, filho meu, obedece à minha voz no que te mando; [9] Vai agora ao gado, e traze-me dali dois bons cabritos das cabras, e farei deles iguarias para teu pai, como ele gosta; [10] E tu as levarás a teu pai, e comerá, para que te abençoe antes de sua morte. [11] E Jacó disse a Rebeca sua mãe: Eis que Esaú meu irmão é homem peludo, e eu liso: [12] Talvez meu pai me apalpe, e me terá por enganador, e trarei sobre mim maldição e

não bênção. [13] E sua mãe respondeu: Filho meu, sobre mim tua maldição: somente obedece à minha voz, e vai e traze-os a mim. [14] Então ele foi, e tomou, e trouxe-os à sua mãe: e sua mãe fez guisados, como seu pai gostava. [15] E tomou Rebeca as roupas de Esaú seu filho maior, as melhores, que ela tinha em casa, e vestiu a Jacó seu filho menor: [16] E fez-lhe vestir sobre suas mãos e sobre o pescoço onde não tinha pelo, as peles dos cabritos das cabras; [17] E entregou os guisados e o pão que havia preparado, em mão de Jacó seu filho. [18] E ele foi a seu pai, e disse: Meu pai: e ele respondeu: Eis-me aqui, quem és, filho meu? [19] E Jacó disse a seu pai: Eu sou Esaú teu primogênito; fiz como me disseste: levanta-te agora, e senta, e come de minha caça, para que me abençoe tua alma. [20] Então Isaque disse a seu filho: Como é que a achaste tão depressa, filho meu? E ele respondeu: Porque o SENHOR teu Deus fez que se encontrasse diante de mim. [21] E Isaque disse a Jacó: Aproxima-te agora, e te apalparei, filho meu, para *que eu saiba* se és meu filho Esaú ou não. [22] E chegou-se Jacó a seu pai Isaque; e ele lhe apalpou, e disse: A voz é a voz de Jacó, mas as mãos, as mãos de Esaú. [23] E não lhe reconheceu, porque suas mãos eram peludas como as mãos de Esaú: e lhe abençoou. [24] E disse: És tu meu filho Esaú? E ele respondeu: Eu sou. [25] E disse: Aproxima-a a mim, e comerei da caça de meu filho, para que te abençoe minha alma; e ele a aproximou, e comeu: trouxe-lhe também vinho, e bebeu. [26] E disse-lhe Isaque seu pai: Aproxima-te agora, e beija-me, filho meu. [27] E ele se chegou, e lhe beijou; e cheirou Isaque o cheiro de suas roupas, e lhe abençoou, e disse: Eis que o cheiro de meu filho é como o cheiro do campo que o SENHOR abençoou; [28] Deus, pois, te dê do orvalho do céu, e das gorduras da terra, e abundância de trigo e de mosto. [29] Sirvam-te povos, E nações se inclinem a ti: Sê senhor de teus irmãos, e inclinem-se a ti os filhos de tua mãe; malditos os que te amaldiçoarem, e benditos os que te abençoarem. [30] E aconteceu, logo que havia Isaque de abençoar a Jacó, e apenas havia saído Jacó de diante de Isaque seu pai, que Esaú seu irmão veio de sua caça. [31] E também ele fez guisado, e trouxe a seu pai, e disse-lhe: Levante-se meu pai, e coma da caça de seu filho, para que me abençoe tua alma. [32] Então Isaque seu pai lhe disse: Quem és tu? E ele disse: Eu sou teu filho, teu primogênito, Esaú. [33] E Estremeceu-se Isaque com grande estremecimento, e disse: Quem é o que veio aqui, que agarrou caça, e me trouxe, e comi de tudo antes que viesses? Eu o abençoei, e será bendito. [34] Quando Esaú ouviu as palavras de seu pai clamou com uma muito grande e muito amarga exclamação, e lhe disse: Abençoa também a mim, meu pai. [35] E ele disse: Veio teu irmão com engano, e tomou tua bênção. [36] E ele respondeu: Bem chamaram seu nome Jacó, que já me enganou duas vezes; tirou minha primogenitura, e eis que agora tomou minha bênção. E disse: Não guardaste bênção para mim? [37] Isaque respondeu e disse a Esaú: Eis que eu o pus por senhor teu, e lhe dei por servos a todos os seus irmãos: de trigo e de vinho lhe provi: que, pois, farei a ti agora, filho meu? [38] E Esaú respondeu a seu pai: Não tens mais que uma só bênção, meu pai? Abençoa também a mim, meu pai. E levantou Esaú sua voz, e chorou. [39] Então Isaque seu pai falou e disse-lhe: Eis que será tua habitação sem gorduras da terra, E sem orvalho dos céus de acima; [40] E por tua espada viverás, e a teu irmão servirás: E sucederá quando te dominares, Que descarregarás seu jugo de teu pescoço. [41] E odiou Esaú a Jacó pela bênção com que lhe havia abençoado, e disse em seu coração: Chegarão os dias do luto de meu pai, e eu matarei a Jacó meu irmão. [42] E foram ditas a Rebeca as palavras de Esaú seu filho mais velho: e ela enviou e chamou a Jacó seu filho mais novo, e disse-lhe: Eis que, Esaú teu irmão se consola acerca de ti com a ideia de matar-te. [43] Agora, pois, filho meu, obedece à minha voz; levanta-te, e foge-te a Labão meu irmão, a Harã. [44] E mora com ele alguns dias, até que a ira de teu irmão se diminua; [45] Até que se aplaque a ira de teu irmão contra ti, e se esqueça do que lhe fizeste: eu enviarei então, e te trarei dali: por que serei privada de vós ambos em um dia? [46] E disse Rebeca a Isaque: Desgosto tenho de minha vida, por causa das filhas de Hete. Se Jacó toma mulher das filhas de Hete, como estas, das filhas desta terra, para que quero a vida?

28

[1] Então Isaque chamou a Jacó, e o abençoou, e mandou-lhe dizendo: Não tomes mulher das filhas de Canaã. [2] Levanta-te, vai a Padã-Arã, à casa de Betuel, pai de tua mãe, e toma ali mulher das filhas de Labão, irmão de tua mãe. [3] E o Deus Todo-Poderoso te abençoe e te faça frutificar, e te multiplique, até vir a ser congregação de povos; [4] E te dê a bênção de Abraão, e à tua descendência contigo, para que herdes a terra de tuas peregrinações, que Deus deu a Abraão. [5] Assim enviou Isaque a Jacó, o qual foi a Padã-Arã, a Labão, filho de Betuel arameu, irmão de Rebeca, mãe de Jacó e de Esaú. [6] E viu Esaú como Isaque havia abençoado a Jacó, e lhe havia enviado a Padã-Arã, para tomar para si mulher dali; e que quando lhe abençoou, lhe havia mandado, dizendo: Não tomarás mulher das filhas de Canaã; [7] E que Jacó havia obedecido a seu pai e a sua mãe, e se havia ido a Padã-Arã. [8] Esaú viu que as filhas de Canaã pareciam mal ao seu pai Isaque. [9] Então Esaú foi a Ismael, e tomou para si por mulher, além de suas outras mulheres, a Maalate, filha de Ismael, filho de Abraão, irmã de Nebaiote. [10] E Jacó saiu de Berseba, e foi a Harã; [11] ele chegou a um lugar, e ali dormiu, porque o sol já se havia posto. E tomou uma das pedras daquele lugar e a pôs por sua cabeceira, e deitou-se naquele lugar. [12] E sonhou, e eis uma escada que estava posta na terra, e seu topo tocava no céu; e eis que anjos de Deus subiam e desciam por ela. [13] E eis que o SENHOR estava no alto dela, e disse: "Eu sou o SENHOR, o Deus de teu pai Abraão, e o Deus de Isaque; a terra em que estás deitado, eu a darei a ti e à tua descendência. [14] E a tua descendência será como o pó da terra, e te estenderás ao ocidente, ao oriente, ao norte, e ao sul; e todas as famílias da terra serão abençoadas em ti e na tua descendência. [15] E eis que eu estou contigo, e te guardarei por onde quer que fores, e te farei voltar a esta terra; porque não te deixarei, até que eu tenha feito o que te disse." [16] Jacó despertou-se de seu sonho, e disse: "Certamente o SENHOR está neste lugar, e eu não sabia." [17] E teve medo, e disse: "Quão temível é este lugar! Não é outra coisa, senão casa de Deus e porta do céu." [18] Jacó levantou-se de manhã cedo, tomou a pedra que havia colocado de cabeceira, e a pôs por coluna, e derramou azeite sobre ela. [19] E chamou o nome daquele lugar Betel, porém antes o nome da cidade era Luz. [20] E Jacó fez um voto, dizendo: "Se Deus for comigo, e me guardar nesta viagem que vou, e me der pão para comer e roupa para vestir, [21] e se eu voltar em paz à casa de meu pai, o SENHOR será meu Deus, [22] e esta pedra que pus por coluna será casa de Deus; e de tudo o que me deres, darei a ti o dízimo.

29

[1] E Jacó seguiu o seu caminho, e foi à terra dos filhos do oriente. [2] E olhou, e viu um poço no campo: e eis três rebanhos de ovelhas que estavam deitados próximo dele; porque daquele poço davam de beber aos gados: e havia uma grande pedra sobre a boca do poço. [3] E juntavam-se ali todos os rebanhos; e revolviam a pedra de sobre a boca do poço, e davam de beber às ovelhas; e voltavam a pedra sobre a boca do poço a seu lugar. [4] E disse-lhes Jacó: Irmãos meus, de onde sois? E eles responderam: De Harã somos. [5] E ele lhes disse: Conheceis a Labão, filho de Naor? E eles disseram: Sim, nós o conhecemos. [6] E ele lhes disse: Ele está bem? E eles disseram: Está bem;

e eis que Raquel sua filha vem com o gado. ⁷ E ele disse: Eis que ainda é cedo do dia; não é hora de recolher o gado; dai de beber às ovelhas, e ide apascentá-las. ⁸ E eles responderam: Não podemos, até que se juntem todos os gados, e removam a pedra de sobre a boca do poço, para que demos de beber às ovelhas. ⁹ Estando ainda ele falando com eles Raquel veio com o gado de seu pai, porque ela era a pastora. ¹⁰ E sucedeu que, quando Jacó viu Raquel, filha de Labão irmão de sua mãe, e as ovelhas de Labão, o irmão de sua mãe, chegou-se Jacó, e removeu a pedra de sobre a boca do poço, e deu de beber ao gado de Labão irmão de sua mãe. ¹¹ E Jacó beijou a Raquel, e levantou sua voz, e chorou. ¹² E Jacó disse a Raquel como ele era irmão de seu pai, e como era filho de Rebeca: e ela correu, e deu as novas a seu pai. ¹³ E assim que ouviu Labão as novas de Jacó, filho de sua irmã, correu a recebê-lo, e abraçou-o, e beijou-o, e trouxe-lhe à sua casa: e ele contou a Labão todas estas coisas. ¹⁴ E Labão lhe disse: Certamente és osso meu e carne minha. E esteve com ele durante um mês. ¹⁵ Então disse Labão a Jacó: Por ser tu meu irmão, me hás de servir de graça? Declara-me o que será teu salário. ¹⁶ E Labão tinha duas filhas: o nome da mais velha era Lia, e o nome da mais nova, Raquel. ¹⁷ E os olhos de Lia eram tenros, mas Raquel era de lindo semblante e de bela aparência. ¹⁸ E Jacó amou a Raquel, e disse: Eu te servirei sete anos por Raquel tua filha mais nova. ¹⁹ E Labão respondeu: Melhor é que a dê a ti, que não que a dê a outro homem: fica-te comigo. ²⁰ Assim serviu Jacó por Raquel sete anos: e pareceram-lhe como poucos dias, porque a amava. ²¹ E disse Jacó a Labão: Dá-me minha mulher, porque meu tempo é cumprido para que me deite com ela. ²² Então Labão juntou a todos os homens daquele lugar, e fez banquete. ²³ E sucedeu que à noite tomou sua filha Lia, e a trouxe; e ele se deitou com ela. ²⁴ E deu Labão sua serva Zilpa à sua filha Lia por criada. ²⁵ E vinda a manhã, eis que era Lia: e ele disse a Labão: Que é isto que me fizeste? Não te servi por Raquel? Por que, pois, me enganaste? ²⁶ E Labão respondeu: Não se faz assim em nosso lugar, que se dê a mais nova antes da mais velha. ²⁷ Cumpre a semana desta, e se te dará também a outra, pelo serviço que fizeres comigo por outros sete anos. ²⁸ E fez Jacó assim, e cumpriu a semana daquela; e ele lhe deu a sua filha Raquel por mulher. ²⁹ E deu Labão a Raquel sua filha por criada a sua serva Bila. ³⁰ E deitou-se também com Raquel: e amou-a também mais que a Lia: e serviu a ele ainda outros sete anos. ³¹ E viu o SENHOR que Lia era mal-amada, e abriu sua madre; mas Raquel era estéril. ³² E concebeu Lia, e deu à luz um filho, e chamou seu nome Rúben, porque disse: Já que olhou o SENHOR minha aflição; agora, portanto, meu marido me amará. ³³ E concebeu outra vez, e deu à luz um filho, e disse: Porquanto ouviu o SENHOR que eu era mal-amada, me deu também este. E chamou seu nome Simeão. ³⁴ E concebeu outra vez, e deu à luz um filho, e disse: Agora esta vez meu marido se apegará a mim, porque lhe dei três filhos; portanto, chamou seu nome Levi. ³⁵ E concebeu outra vez, e deu à luz um filho, e disse: Esta vez louvarei ao SENHOR; por isto chamou seu nome Judá; e deixou de dar à luz.

30

¹ E vendo Raquel que não dava filhos a Jacó, teve inveja de sua irmã, e dizia a Jacó: Dá-me filhos, ou senão, morro. ² E Jacó se irritava contra Raquel, e dizia: Estou eu em lugar de Deus, que te impediu o fruto de teu ventre? ³ E ela disse: Eis aqui minha serva Bila; deita-te com ela, e dará à luz sobre meus joelhos, e eu também terei filhos por meio dela. ⁴ Assim lhe deu a Bila sua serva por mulher; e Jacó se deitou com ela. ⁵ E concebeu Bila, e deu à luz a Jacó um filho. ⁶ E disse Raquel: Julgou-me Deus, e também ouviu minha voz, e deu-me um filho. Portanto chamou seu nome Dã. ⁷ E concebeu outra vez Bila, a serva de Raquel, e deu à luz o segundo filho a Jacó. ⁸ E

disse Raquel: Com lutas de Deus disputei com minha irmã, e venci. E chamou seu nome Naftali. ⁹ E vendo Lia que havia deixado de dar à luz, tomou a Zilpa sua serva, e deu-a a Jacó por mulher. ¹⁰ E Zilpa, serva de Lia, deu à luz a Jacó um filho. ¹¹ E disse Lia: Veio a boa sorte. E chamou seu nome Gade. ¹² E Zilpa, a sirva de Lia, deu à luz outro filho a Jacó. ¹³ E disse Lia: Para alegria minha; porque as mulheres me chamarão de feliz; * e chamou seu nome Aser. ¹⁴ E foi Rúben em tempo da colheita dos trigos, e achou mandrágoras no campo, e trouxe-as a sua mãe Lia; e disse Raquel a Lia: Rogo-te que me dês das mandrágoras de teu filho. ¹⁵ E ela respondeu: É pouco que tenhas tomado meu marido, mas também levarás as mandrágoras de meu filho? E disse Raquel: Ele, pois, dormirá contigo esta noite pelas mandrágoras de teu filho. ¹⁶ E quando Jacó voltava do campo à tarde, Lia saiu ao encontro dele, e lhe disse: Deitarás comigo, porque em verdade te aluguei em troca das mandrágoras de meu filho. E dormiu com ela naquela noite. ¹⁷ E ouviu Deus a Lia; e concebeu, e deu à luz a Jacó o quinto filho. ¹⁸ E disse Lia: Deus me deu minha recompensa, porque dei minha serva a meu marido; por isso chamou seu nome Issacar. ¹⁹ E concebeu Lia outra vez, e deu à luz o sexto filho a Jacó. ²⁰ E disse Lia: Deus me deu uma boa dádiva: agora meu marido morará comigo, porque lhe dei seis filhos; e chamou seu nome Zebulom. ²¹ E depois deu à luz uma filha, e chamou seu nome Diná. ²² E lembrou-se Deus de Raquel, e Deus a ouviu, e abriu sua madre. ²³ E concebeu, e deu à luz um filho: e disse: Deus tirou minha humilhação; ²⁴ E chamou seu nome José, dizendo: Acrescente-me o SENHOR outro filho. ²⁵ E aconteceu, quando Raquel havia dado à luz a José, que Jacó disse a Labão: Permite-me ir embora, e irei a meu lugar, e à minha terra. ²⁶ Dá-me minhas mulheres e meus filhos, pelas quais servi contigo, e deixa-me ir; pois tu sabes os serviços que te fiz. ²⁷ E Labão lhe respondeu: Ache eu agora favor em teus olhos, e fica-te; experimentei que o SENHOR me abençoou por tua causa. ²⁸ E disse: Define-me teu salário, que eu o darei. ²⁹ E ele respondeu: Tu sabes como te servi, e como esteve teu gado comigo; ³⁰ Porque pouco tinhas antes de minha vinda, e cresceu em grande número; e o SENHOR te abençoou com minha chegada: e agora quando tenho de fazer eu também por minha própria casa? ³¹ E ele disse: Que te darei? E respondeu Jacó: Não me dês nada; se fizeres por mim isto, voltarei a apascentar tuas ovelhas. ³² Eu passarei hoje por todas tuas ovelhas, pondo à parte todas as reses manchadas e de cor variada, e todas as reses de cor escura entre as ovelhas, e as manchadas e de cor variada entre as cabras; e isto será meu salário. ³³ Assim responderá por mim minha justiça amanhã quando me vier meu salário diante de ti: toda a que não for pintada nem manchada nas cabras e de cor escura nas ovelhas minhas, se me há de ter para furto. ³⁴ E disse Labão: Eis que seja como tu dizes. ³⁵ Porém ele separou naquele mesmo dia os machos de bode rajados e manchados; e todas as cabras manchadas e de cor variada, e toda rês que tinha em si algo de branco, e todas as de cor escura entre as ovelhas, e as pôs em mãos de seus filhos; ³⁶ E pôs três dias de caminho entre si e Jacó: e Jacó apascentava as outras ovelhas de Labão. ³⁷ E tomou para si Jacó varas de álamo verdes, e de aveleira, e de plátano, e descascou nelas mondaduras brancas, descobrindo assim o branco das varas. ³⁸ E pôs as varas que havia riscado nos bebedouros, diante do gado, nos bebedouros da água aonde vinham a beber as ovelhas, as quais se aqueciam vindo a beber. ³⁹ E concebiam as ovelhas diante das varas, e geravam crias listradas, pintadas e salpicadas de diversas cores. ⁴⁰ E separava Jacó os cordeiros, e os punha com seu rebanho, os listradas, e tudo o que era escuro no rebanho de Labão. E punha seu rebanho à parte, e não o punha com as ovelhas de Labão. ⁴¹ E sucedia que quantas

---

* **30:13** ou: bem-aventurada

vezes se aqueciam as fortes, Jacó punha as varas diante das ovelhas nos bebedouros, para que concebessem à vista das varas. [42] E quando vinham as ovelhas fracas, não as punha: assim eram as fracas para Labão, e as fortes para Jacó. [43] E cresceu o homem muito, e teve muitas ovelhas, e servas, servos, camelos, e asnos.

31

[1] E ouvia ele as palavras dos filhos de Labão que diziam: Jacó tomou tudo o que era de nosso pai; e do que era de nosso pai adquiriu toda esta grandeza. [2] Olhava também Jacó o semblante de Labão, e via que não era para com ele como antes. [3] Também o SENHOR disse a Jacó: Volta-te à terra de teus pais, e à tua parentela; que eu serei contigo. [4] E enviou Jacó, e chamou a Raquel e a Lia ao campo a suas ovelhas, [5] E disse-lhes: Vejo que o semblante de vosso pai não é para comigo como antes: mas o Deus de meu pai tem sido comigo. [6] E vós sabeis que com todas minhas forças servi a vosso pai: [7] E vosso pai me enganou, e me mudou o salário dez vezes: mas Deus não lhe permitiu que me fizesse mal. [8] Se ele dizia assim: Os pintados serão teu salário; então todas as ovelhas geravam pintados: e se dizia assim: Os listrados serão teu salário; então todas as ovelhas geravam listrados. [9] Assim tirou Deus o gado de vosso pai, e deu-o a mim. [10] E sucedeu que ao tempo que as ovelhas se aqueciam, levantei eu meus olhos e vi em sonhos, e eis que os machos que cobriam às fêmeas eram listrados, pintados e malhados. [11] E disse-me o anjo de Deus em sonhos: Jacó. E eu disse: Eis-me aqui. [12] E ele disse: Levanta agora teus olhos, e verás todos os machos que cobrem às ovelhas são listrados, pintados e malhados; porque eu vi tudo o que Labão te fez. [13] Eu sou o Deus de Betel, onde tu ungiste a coluna, e onde me fizeste um voto. Levanta-te agora, e sai desta terra, e volta-te à terra de teu nascimento. [14] E respondeu Raquel e Lia, e disseram-lhe: Temos ainda parte ou herança na casa de nosso pai? [15] Não nos tem já como por estranhas, pois que nos vendeu, e ainda consumiu de todo nosso valor? [16] Porque toda a riqueza que Deus tirou a nosso pai, nossa é e de nossos filhos: agora, pois, faze tudo o que Deus te disse. [17] Então se levantou Jacó, e subiu seus filhos e suas mulheres sobre os camelos. [18] E pôs em caminho todo seu gado, e todos os seus pertences que havia adquirido, o gado de seu ganho que havia obtido em Padã-Arã, para voltar-se a Isaque seu pai na terra de Canaã. [19] E Labão havia ido tosquiar suas ovelhas; e Raquel furtou os ídolos de seu pai. [20] E enganou Jacó o coração de Labão arameu, em não lhe fazer saber que se fugia. [21] Fugiu, pois, com tudo o que tinha; e levantou-se, e passou o rio, e pôs seu rosto ao monte de Gileade. [22] E foi dito a Labão ao terceiro dia como Jacó havia fugido. [23] Então tomou a seus irmãos consigo, e foi atrás dele caminho de sete dias, e alcançou-lhe no monte de Gileade. [24] E veio Deus a Labão arameu em sonhos aquela noite, e lhe disse: Guarda-te que não fales a Jacó descomedidamente. [25] Alcançou, pois, Labão a Jacó, e este havia fixado sua tenda no monte: e Labão pôs a sua com seus irmãos no monte de Gileade. [26] E disse Labão a Jacó: Que fizeste, que me furtaste o coração, e trouxeste a minhas filhas como prisioneiras de guerra? [27] Por que te escondeste para fugir, e me furtaste, e não me deste notícia, para que eu te enviasse com alegria e com cantares, com tamborim e harpa? [28] Que ainda não me deixaste beijar meus filhos e minhas filhas. Agora loucamente fizeste. [29] Poder há em minha mão para fazer-vos mal; mas o Deus de vosso pai me falou de noite dizendo: Guarda-te que não fales a Jacó descomedidamente. [30] E já que te ias, porque tinhas saudade da casa de teu pai, por que me furtaste meus deuses? [31] E Jacó respondeu, e disse a Labão: Pois tive medo; porque disse, que talvez me tirasse à força tuas filhas. [32] Em quem achares teus deuses, não viva: diante de nossos irmãos reconhece o que eu tiver teu, e leva-o. Jacó não sabia que Raquel havia os furtado. [33] E entrou Labão

na tenda de Jacó, e na tenda de Lia, e na tenda das duas servas, e não os achou, e saiu da tenda de Lia, e veio à tenda de Raquel. [34] E tomou Raquel os ídolos, e os pôs em uma albarda de um camelo, e sentou-se sobre eles: e provou Labão toda a tenda e não os achou. [35] E ela disse a seu pai: Não se ire meu senhor, porque não me posso levantar diante de ti; pois estou com o costume das mulheres. E ele buscou, mas não achou os ídolos. [36] Então Jacó se irou, e brigou com Labão; e respondeu Jacó e disse a Labão: Que transgressão é a minha? Qual é meu pecado, que com tanto ardor vieste a me perseguir? [37] Depois que apalpaste todos os meus móveis, acaso achaste algum dos objetos de tua casa? Põe-o aqui diante de meus irmãos e teus, e julguem entre nós ambos. [38] Estes vinte anos estive contigo; tuas ovelhas e tuas cabras nunca abortaram, nem eu comi carneiro de tuas ovelhas. [39] Nunca te trouxe o arrebatado pelas feras; eu pagava o dano; o furtado tanto de dia como de noite, de minha mão o exigias. [40] De dia me consumia o calor, e de noite a geada, e o sono se fugia de meus olhos. [41] Assim estive vinte anos em tua casa: catorze anos te servi por tuas duas filhas, e seis anos por teu gado; e mudaste meu salário dez vezes. [42] Se o Deus de meu pai, o Deus de Abraão, e o temor de Isaque, não fossem comigo, certamente me enviarias agora vazio; Deus viu minha aflição e o trabalho de minhas mãos, e repreendeu-te de noite. [43] E respondeu Labão, e disse a Jacó: As filhas são filhas minhas, e os filhos, filhos meus são, e as ovelhas são minhas ovelhas, e tudo o que tu vês é meu; e que posso eu fazer hoje a estas minhas filhas, ou a seus filhos que elas geraram? [44] Vem, pois, agora, façamos aliança eu e tu; e seja em testemunho entre mim e ti. [45] Então Jacó tomou uma pedra, e levantou-a por coluna. [46] E disse Jacó a seus irmãos: Recolhei pedras. E tomaram pedras e fizeram um amontoado; e comeram ali sobre aquele amontoado. [47] E Labão o chamou Jegar-Saaduta; e Jacó o chamou Galeede. [48] Porque Labão disse: Este amontoado é testemunha hoje entre mim e entre ti; por isso foi chamado seu nome Galeede. [49] E Mispá, porquanto disse: Vigie o SENHOR entre mim e entre ti, quando nos separarmos um do outro. [50] Se afligires minhas filhas, ou se tomares outras mulheres além de minhas filhas, ninguém está conosco; olha, Deus é testemunha entre mim e ti. [51] Disse mais Labão a Jacó: Eis que este amontoado, e eis que esta coluna, que erigi entre mim e ti. [52] Testemunha seja este amontoado, e testemunha seja esta coluna, que nem eu passarei contra ti este amontoado, nem tu passarás contra mim este amontoado nem esta coluna, para o mal. [53] O Deus de Abraão, e o Deus de Naor julgue entre nós, o Deus de seus pais. E Jacó jurou pelo temor de Isaque seu pai. [54] Então Jacó ofereceu sacrifícios no monte, e chamou seus parentes para comer pão; e comeram pão, e dormiram aquela noite no monte. [55] E levantou-se Labão de manhã, beijou seus filhos e suas filhas, e os abençoou; e retrocedeu e voltou a seu lugar.

32

[1] E Jacó se foi seu caminho, e saíram-lhe ao encontro anjos de Deus. [2] E disse Jacó quando os viu: Este é o acampamento de Deus; e chamou o nome daquele lugar Maanaim. [3] E enviou Jacó mensageiros diante de si a Esaú seu irmão, à terra de Seir, campo de Edom. [4] E mandou-lhes dizendo: Assim direis a mim senhor Esaú: Assim diz teu servo Jacó: Com Labão morei, e detive-me até agora; [5] E tenho vacas, e asnos, e ovelhas, e servos, e servas; e envio a dizê-lo a meu senhor, para achar favor em teus olhos. [6] E os mensageiros voltaram a Jacó, dizendo: Viemos a teu irmão Esaú, e ele também veio a receber-te, e quatrocentos homens com ele. [7] Então Jacó teve grande temor, e angustiou-se; e partiu o povo que tinha consigo, e as ovelhas e as vacas e os camelos, em dois grupos; [8] E disse: Se vier Esaú a um grupo e o ferir, o outro grupo escapará. [9] E disse Jacó: Deus de meu pai Abraão, e Deus de meu pai Isaque,

o SENHOR, que me disseste: Volta-te à tua terra e à tua parentela, e eu te farei bem. ¹⁰ Menor sou que todas as misericórdias, e que toda a verdade que usaste para com teu servo; que com meu bordão passei este Jordão, e agora estou sobre dois grupos. ¹¹ Livra-me agora da mão de meu irmão, da mão de Esaú, porque o temo; não venha talvez, e me fira a mãe com os filhos. ¹² E tu disseste: Eu te farei bem, e tornarei tua descendência como a areia do mar, que não se pode contar de tão numerosa. ¹³ E dormiu ali aquela noite, e tomou do que lhe veio à mão um presente para seu irmão Esaú. ¹⁴ Duzentas cabras e vinte machos de bode, duzentas ovelhas e vinte carneiros, ¹⁵ Trinta camelas de cria, com seus filhotes, quarenta vacas e dez novilhos, vinte asnas e dez jumentos. ¹⁶ E entregou-o em mão de seus servos, cada manada à parte; e disse a seus servos: Passai diante de mim, e ponde espaço entre manada e manada. ¹⁷ E mandou ao primeiro, dizendo: Se meu irmão Esaú te encontrar, e te perguntar, dizendo De quem és? E: Para onde vais? E: para quem é isto que levas diante de ti? ¹⁸ Então dirás: Presente é de teu servo Jacó, que envia a meu senhor Esaú; e eis que também ele vem atrás de nós. ¹⁹ E mandou também ao segundo, e ao terceiro, e a todos os que iam atrás aquelas manadas, dizendo: Conforme isto falareis a Esaú, quando o achardes. ²⁰ E direis também: Eis que teu servo Jacó vem atrás de nós. Porque disse: Apaziguarei sua ira com o presente que vai adiante de mim, e depois verei seu rosto; talvez lhe serei aceito. ²¹ E passou o presente adiante dele; e ele dormiu aquela noite no acampamento. ²² E levantou-se aquela noite, e tomou suas duas mulheres, e suas duas servas, e seus onze filhos, e passou o vau de Jaboque. ²³ Tomou-os, pois, e passou-os o ribeiro, e fez passar o que tinha. ²⁴ E ficou Jacó sozinho, e lutou com ele um homem até que raiava a alva. ²⁵ E quando viu que não podia com ele, tocou no lugar da juntura de sua coxa, e desconjuntou-se a coxa de Jacó enquanto com ele lutava. ²⁶ E disse: Deixa-me, que raia a alva. E ele disse: Não te deixarei, se não me abençoares. ²⁷ E ele lhe disse: Qual é teu nome? E ele respondeu: Jacó. ²⁸ E ele disse: Não se dirá mais teu nome Jacó, mas sim Israel: porque lutaste com Deus e com os homens, e venceste. ²⁹ Então Jacó lhe perguntou, e disse: Declara-me agora teu nome. E ele respondeu: Por que perguntas por meu nome? E abençoou-o ali. ³⁰ E chamou Jacó o nome daquele lugar Peniel: porque vi a Deus face a face, e foi livrada minha alma. ³¹ E saiu-lhe o sol quando passou a Peniel; e andava mancando de sua coxa. ³² Por isto até o dia de hoje os filhos de Israel não comem do tendão que se contrai, o qual está na juntura da coxa; porque o homem tocou a Jacó este lugar de sua coxa no tendão que se contrai.

33

¹ E levantando Jacó seus olhos, olhou, e eis que vinha Esaú, e os quatrocentos homens com ele: então repartiu ele os filhos entre Lia e Raquel e as duas servas. ² E pôs as servas e seus filhos adiante; logo a Lia e a seus filhos; e a Raquel e a José os últimos. ³ E ele passou diante deles, e inclinou-se à terra sete vezes, até que chegou a seu irmão. ⁴ E Esaú correu a seu encontro, e abraçou-lhe, e lançou-se sobre seu pescoço, e o beijou; e choraram. ⁵ E levantou seus olhos, e viu as mulheres e os filhos, e disse: Quem são estes que estão contigo? E ele respondeu: São os filhos que Deus deu a teu servo. ⁶ E se chegaram as servas, elas e seus meninos, e inclinaram-se. ⁷ E chegou-se Lia com seus filhos, e inclinaram-se: e depois chegou José e Raquel, e também se inclinaram. ⁸ E ele disse: Qual é a tua intenção com todos estes grupos que encontrei? E ele respondeu: Achar favor aos olhos de meu senhor. ⁹ E disse Esaú: Tenho o bastante, meu irmão; seja para ti o que é teu. ¹⁰ E disse Jacó: Não, eu te rogo, se achei agora favor em teus olhos, toma meu presente de minha mão, pois vi teu rosto como se houvesse visto o rosto de Deus; e me aceitaste. ¹¹ Toma, eu te

rogo, minha dádiva que te é trazida; porque Deus me fez misericórdia, e tudo o que há aqui é meu. E insistiu com ele, e tomou-a. ^{12} E disse: Anda, e vamos; e eu irei adiante de ti. ^{13} E ele lhe disse: Meu senhor sabe que os meninos são tenros, e que tenho ovelhas e vacas de cria; e se as cansam, em um dia morrerão todas as ovelhas. ^{14} Passe agora meu senhor diante de seu servo, e eu me irei pouco a pouco ao passo do gado que vai adiante de mim, e à passagem dos meninos, até que chegue a meu senhor a Seir. ^{15} E Esaú disse: Deixarei agora contigo da gente que vem comigo. E ele disse: Para que isto? ache eu favor aos olhos de meu senhor. ^{16} Assim se voltou Esaú aquele dia por seu caminho a Seir. ^{17} E Jacó se partiu a Sucote, e edificou ali casa para si, e fez abrigos para seu gado; por isso chamou o nome daquele lugar Sucote. ^{18} E veio Jacó são à cidade de Siquém, que está na terra de Canaã, quando vinha de Padã-Arã; e acampou diante da cidade. ^{19} E comprou uma parte do campo, onde estendeu sua tenda, da mão dos filhos de Hamor, pai de Siquém, por cem peças de moeda. ^{20} E erigiu ali um altar, e chamou-lhe: Deus, o Deus de Israel. *

34

^{1} E saiu Diná a filha de Lia, a qual esta havia dado a Jacó, para ver as mulheres nativas. ^{2} E viu-a Siquém, filho de Hamor heveu, príncipe daquela terra, e tomou-a, e deitou-se com ela, e a desonrou. ^{3} Mas sua alma se apegou a Diná a filha de Lia, e apaixonou-se pela moça, e falou ao coração da jovem. ^{4} E falou Siquém a Hamor seu pai, dizendo: Toma-me por mulher esta moça. ^{5} E ouviu Jacó que havia Siquém violado a Diná sua filha: e estando seus filhos com seu gado no campo, Jacó ficou em silêncio até que eles viessem. ^{6} E dirigiu-se Hamor pai de Siquém a Jacó, para falar com ele. ^{7} E os filhos de Jacó vieram do campo quando o souberam; e se entristeceram os homens, e se irritaram muito, porque fez depravação em Israel por ter se deitado com a filha de Jacó, o que não se devia haver feito. ^{8} E Hamor falou com eles, dizendo: A alma de meu filho Siquém se apegou à vossa filha; rogo-vos que a deis por mulher. ^{9} E aparentai-vos conosco; dai-nos vossas filhas, e tomai vós as nossas. ^{10} E habitai conosco; porque a terra estará diante de vós; morai e negociai nela, e tomai nela possessão. ^{11} Siquém também disse a seu pai e a seus irmãos: Ache eu favor em vossos olhos, e darei o que me disserdes. ^{12} Aumentai muito a exigência de meu dote e presentes, que eu darei quanto me disserdes, e dá-me a moça por mulher. ^{13} E responderam os filhos de Jacó a Siquém e a Hamor seu pai com engano; e falaram, porquanto havia violado a sua irmã Diná. ^{14} E disseram-lhes: Não podemos fazer isto de dar nossa irmã a homem que tem prepúcio; porque entre nós é abominação. ^{15} Mas com esta condição vos consentiremos: se haveis de ser como nós, que se circuncide entre vós todo homem; ^{16} Então vos daremos nossas filhas, e tomaremos nós as vossas; e habitaremos convosco, e seremos um povo. ^{17} Mas se não nos prestardes ouvido para vos circuncidar, tomaremos nossa filha, e nos iremos. ^{18} E pareceram bem seus palavras a Hamor e a Siquém, filho de Hamor. ^{19} E não tardou o jovem fazer aquilo, porque a filha de Jacó lhe havia agradado: e ele era o mais honrado de toda a casa de seu pai. ^{20} Então Hamor e Siquém seu filho vieram à porta de sua cidade, e falaram aos homens de sua cidade, dizendo: ^{21} Estes homens são pacíficos conosco, e habitarão nesta terra, e comercializarão nela; pois eis que a terra é bastante ampla para eles; nós tomaremos suas filhas por mulheres, e lhes daremos as nossas. ^{22} Mas com esta condição nos estes homens consentirão em habitar conosco, para que sejamos um povo: se se circuncidar em nós todo homem, assim como eles são circuncidados. ^{23} Seus gados, e sua riqueza e todos seus animais, serão nossas; somente concordemos com eles, e habitarão conosco. ^{24} E

---

* **33:20** Hebraico: El-Eloé-Israel

obedeceram a Hamor e a Siquém seu filho todos os que saíam pela porta da cidade, e circuncidaram a todo homem, dentre os que saíam pela porta de sua cidade. ²⁵ E sucedeu que ao terceiro dia, quando sentiam eles a maior dor, os dois filhos de Jacó, Simeão e Levi, irmãos de Diná, tomaram cada um sua espada, e vieram contra a cidade animosamente, e mataram a todo homem. ²⁶ E a Hamor e a seu filho Siquém mataram a fio de espada; e tomaram a Diná de casa de Siquém, e saíram. ²⁷ E os filhos de Jacó vieram aos mortos e saquearam a cidade; porquanto haviam violado à sua irmã. ²⁸ Tomaram suas ovelhas e vacas e seus asnos, e o que havia na cidade e no campo, ²⁹ E todos os seus pertences; se levaram cativos a todos as suas crianças e suas mulheres, e roubaram tudo o que havia nas casas. ³⁰ Então disse Jacó a Simeão e a Levi: Vós me perturbastes em fazer-me detestável aos moradores desta terra, os cananeus e os ferezeus; e tendo eu poucos homens, se juntarão contra mim, e me ferirão, e serei destruído eu e minha casa. ³¹ E eles responderam Havia ele de tratar à nossa irmã como à uma prostituta?

35

¹ E disse Deus a Jacó: Levanta-te, sobe a Betel, e fica ali; e faze ali um altar ao Deus que te apareceu quando fugias de teu irmão Esaú. ² Então Jacó disse à sua família e a todos os que com ele estavam: Tirai os deuses alheios que há entre vós, e limpai-vos, e mudai vossas roupas. ³ E levantemo-nos, e subamos a Betel; e farei ali altar ao Deus que me respondeu no dia de minha angústia, e foi comigo no caminho que andei. ⁴ Assim deram a Jacó todos os deuses alheios que havia em poder deles, e os brincos que estavam em suas orelhas; e Jacó os escondeu debaixo de um carvalho, que estava junto a Siquém. ⁵ E partiram-se, e o terror de Deus foi sobre as cidades que havia em seus arredores, e não seguiram atrás dos filhos de Jacó. ⁶ E chegou Jacó a Luz, que está em terra de Canaã, (esta é Betel) ele e todo o povo que com ele estava; ⁷ E edificou ali um altar, e chamou o lugar El-Betel, porque ali lhe havia aparecido Deus, quando fugia de seu irmão. ⁸ Então morreu Débora, ama de Rebeca, e foi sepultada às raízes de Betel, debaixo de um carvalho: e chamou-se seu nome Alom-Bacute. ⁹ E apareceu-se outra vez Deus a Jacó, quando se havia voltado de Padã-Arã, e abençoou-lhe. ¹⁰ E disse-lhe Deus: Teu nome é Jacó; não se chamará mais teu nome Jacó, mas sim Israel será teu nome: e chamou seu nome Israel. ¹¹ E disse-lhe Deus: Eu sou o Deus Todo-Poderoso: cresce e multiplica-te; uma nação e conjunto de nações procederá de ti, e reis sairão de teus lombos: ¹² E a terra que eu dei a Abraão e a Isaque, a darei a ti: e à tua descendência depois de ti darei a terra. ¹³ E foi-se dele Deus, do lugar onde com ele havia falado. ¹⁴ E Jacó erigiu uma coluna no lugar onde havia falado com ele, uma coluna de pedra, e derramou sobre ela libação, e deitou sobre ela azeite. ¹⁵ E chamou Jacó o nome daquele lugar onde Deus havia falado com ele, Betel. ¹⁶ E partiram de Betel, e havia ainda como alguma distância para chegar a Efrata, quando deu à luz Raquel, e houve trabalho em seu parto. ¹⁷ E aconteceu, que quando havia trabalho em seu parto, disse-lhe a parteira: Não temas, que também terás este filho. ¹⁸ E aconteceu que ao sair dela a alma, (pois morreu) chamou seu nome Benoni; mas seu pai o chamou Benjamim. ¹⁹ Assim morreu Raquel, e foi sepultada no caminho de Efrata, a qual é Belém. ²⁰ E pôs Jacó uma coluna sobre sua sepultura: esta é a coluna da sepultura de Raquel até hoje. ²¹ E partiu Israel, e estendeu sua tenda da outra parte de Migdal-Eder. ²² E aconteceu, morando Israel naquela terra, que foi Rúben e dormiu com Bila a concubina de seu pai; o qual chegou a entender Israel. Agora bem, os filhos de Israel foram doze: ²³ Os filhos de Lia: Rúben o primogênito de Jacó, e Simeão, e Levi, e Judá, e Issacar, e Zebulom. ²⁴ Os filhos de Raquel: José, e Benjamim. ²⁵ E os filhos de Bila, serva de Raquel: Dã, e Naftali. ²⁶ E os filhos de

Zilpa, serva de Lia: Gade, e Aser. Estes foram os filhos de Jacó, que lhe nasceram em Padã-Arã. ²⁷ E veio Jacó a Isaque seu pai a Manre, à cidade de Arba, que é Hebrom, onde habitaram Abraão e Isaque. ²⁸ E foram os dias de Isaque cento e oitenta anos. ²⁹ E expirou Isaque, e morreu, e foi recolhido a seus povos, velho e farto de dias; e sepultaram-no Esaú e Jacó seus filhos.

36

¹ E estas são as gerações de Esaú, o qual é Edom. ² Esaú tomou suas mulheres das filhas de Canaã: a Ada, filha de Elom heteu, e a Oolibama, filha de Aná, filha de Zibeão os heveus; ³ E a Basemate, filha de Ismael, irmã de Nebaiote. ⁴ E Ada deu à luz de Esaú a Elifaz; e Basemate deu à luz a Reuel. ⁵ E Oolibama deu à luz a Jeús, e a Jalão, e a Corá: estes são os filhos de Esaú, que lhe nasceram na terra de Canaã. ⁶ E Esaú tomou suas mulheres, e seus filhos, e suas filhas, e todas as pessoas de sua casa, e seus gados, e todos seus animais, e todos os seus pertences que havia adquirido na terra de Canaã, e foi-se a outra terra de diante de Jacó seu irmão. ⁷ Porque a riqueza deles era grande, e não podiam habitar juntos, nem a terra de sua peregrinação os podia sustentar por causa de seus gados. ⁸ E Esaú habitou no monte de Seir: Esaú é Edom. ⁹ Estas são as linhagens de Esaú, pai de Edom, no monte de Seir. ¹⁰ Estes são os nomes dos filhos de Esaú: Elifaz, filho de Ada, mulher de Esaú; Reuel, filho de Basemate, mulher de Esaú. ¹¹ E os filhos de Elifaz foram Temã, Omar, Zefô, Gatã, e Quenaz. ¹² E Timna foi concubina de Elifaz, filho de Esaú, a qual lhe deu à luz a Amaleque: estes são os filhos de Ada, mulher de Esaú. ¹³ E os filhos de Reuel foram Naate, Zerá, Samá, e Mizá: estes são os filhos de Basemate, mulher de Esaú. ¹⁴ Estes foram os filhos de Oolibama, mulher de Esaú, filha de Aná, que foi filha de Zibeão: ela deu à luz de Esaú a Jeús, Jalão, e Corá. ¹⁵ Estes são os duques dos filhos de Esaú. Filhos de Elifaz, primogênito de Esaú: o duque Temã, o duque Omar, o duque Zefô, o duque Quenaz, ¹⁶ O duque Corá, o duque Gatã, e o duque Amaleque: estes são os duques de Elifaz na terra de Edom; estes foram os filhos de Ada. ¹⁷ E estes são os filhos de Reuel, filho de Esaú: o duque Naate, o duque Zerá, o duque Samá, e o duque Mizá: estes são os duques da linha de Reuel na terra de Edom; estes filhos vêm de Basemate, mulher de Esaú. ¹⁸ E estes são os filhos de Oolibama, mulher de Esaú: o duque Jeús, o duque Jalão, e o duque Corá: estes foram os duques que saíram de Oolibama, mulher de Esaú, filha de Aná. ¹⁹ Estes, pois, são os filhos de Esaú, e seus duques: ele é Edom. ²⁰ E estes são os filhos de Seir horeu, moradores daquela terra: Lotã, Sobal, Zibeão, Aná, ²¹ Disom, Eser, e Disã: estes são os duques dos horeus, filhos de Seir na terra de Edom. ²² Os filhos de Lotã foram Hori e Hemã; e Timna foi irmã de Lotã. ²³ E os filhos de Sobal foram Alvã, Manaate, Ebal, Sefô, e Onã. ²⁴ E os filhos de Zibeão foram Aiá, e Aná. Este Aná é o que descobriu as fontes termais no deserto, quando apascentava os asnos de Zibeão seu pai. ²⁵ Os filhos de Aná foram Disom, e Oolibama, filha de Aná. ²⁶ E estes foram os filhos de Disom: Hendã, Esbã, Itrã, e Querã. ²⁷ E estes foram os filhos de Eser: Bilã, Zaavã, e Acã. ²⁸ Estes foram os filhos de Disã: Uz, e Harã. ²⁹ E estes foram os duques dos horeus: o duque Lotã, o duque Sobal, o duque Zibeão, o duque Aná. ³⁰ O duque Disom, o duque Eser, o duque Disã: estes foram os duques dos horeus: por seus ducados na terra de Seir. ³¹ E os reis que reinaram na terra de Edom, antes que reinasse rei sobre os filhos de Israel, foram estes: ³² Belá, filho de Beor, reinou em Edom: e o nome de sua cidade foi Dinabá. ³³ E morreu Belá, e reinou em seu lugar Jobabe, filho de Zerá, de Bozra. ³⁴ E morreu Jobabe, e em seu lugar reinou Husão, da terra de Temã. ³⁵ E morreu Husão, e reinou em seu lugar Hadade, filho de Bedade, o que feriu a Midiã no campo de Moabe: e o nome de sua cidade foi Avite. ³⁶ E morreu Hadade, e em seu lugar reinou Samlá, de Masreca. ³⁷ E

morreu Samlá, e reinou em seu lugar Saul, de Reobote do rio. ³⁸ E morreu Saul, e em seu lugar reinou Baal-Hanã, filho de Acbor. ³⁹ E morreu Baal-Hanã, filho de Acbor, e reinou Hadar em seu lugar: e o nome de sua cidade foi Paú; e o nome de sua mulher Meetabel, filha de Matrede, filha de Mezaabe. ⁴⁰ Estes, pois, são os nomes dos duques de Esaú por suas linhagens, por seus lugares, e seus nomes: o duque Timna, o duque Alva, o duque Jetete, ⁴¹ O duque Oolibama, o duque Elá, o duque Pinom, ⁴² O duque Quenaz, o duque Temã, o duque Mibzar, ⁴³ O duque Magdiel, e o duque Hirão. Estes foram os duques de Edom por suas habitações na terra de sua possessão. Edom é o mesmo Esaú, pai dos edomitas.

37

¹ E habitou Jacó na terra onde peregrinou seu pai, na terra de Canaã. ² Estas foram as gerações de Jacó. José, sendo de idade de dezessete anos apascentava as ovelhas com seus irmãos; e o jovem estava com os filhos de Bila, e com os filhos de Zilpa, mulheres de seu pai: e contava José a seu pai as más notícias acerca deles. ³ E amava Israel a José mais que a todos os seus filhos, porque lhe havia tido em sua velhice: e lhe fez uma roupa de diversas cores. ⁴ E vendo seus irmãos que seu pai o amava mais que a todos os seus irmãos, odiavam-lhe, e não lhe podiam falar pacificamente. ⁵ E sonhou José um sonho e contou-o a seus irmãos; e eles vieram a odiar-lhe mais ainda. ⁶ E ele lhes disse: Ouvi agora este sonho que sonhei: ⁷ Eis que atávamos feixes no meio do campo, e eis que meu feixe se levantava, e estava em pé, e que vossos feixes estavam ao redor, e se inclinavam ao meu. ⁸ E responderam-lhe seus irmãos: Reinarás tu sobre nós, ou serás tu senhor sobre nós? E o odiaram ainda mais por causa de seus sonhos e de suas palavras. ⁹ E sonhou ainda outro sonho, e contou-o a seus irmãos, dizendo: Eis que sonhei outro sonho, e eis que o sol e a lua e onze estrelas se inclinavam a mim. ¹⁰ E contou-o a seu pai e a seus irmãos: e seu pai lhe repreendeu, e disse-lhe: Que sonho é este que sonhaste? Viremos eu e tua mãe, e teus irmãos, a nos inclinarmos a ti em terra? ¹¹ E seus irmãos lhe tinham inveja, mas seu pai guardava isso em mente. ¹² E foram seus irmãos a apascentar as ovelhas de seu pai em Siquém. ¹³ E disse Israel a José: Teus irmãos apascentam as ovelhas em Siquém: vem, e te enviarei a eles. E ele respondeu: Eis-me aqui. ¹⁴ E ele lhe disse: Vai agora, olha como estão teus irmãos e como estão as ovelhas, e traze-me a resposta. E enviou-o do vale de Hebrom, e chegou a Siquém. ¹⁵ E achou-o um homem, andando ele perdido pelo campo, e perguntou-lhe aquele homem, dizendo: Que buscas? ¹⁶ E ele respondeu: Busco a meus irmãos: rogo-te que me mostres onde apascentam. ¹⁷ E aquele homem respondeu: Já se foram daqui; eu lhes ouvi dizer: Vamos a Dotã. Então José foi atrás de seus irmãos, e achou-os em Dotã. ¹⁸ E quando eles o viram de longe, antes que perto deles chegasse, tramaram contra ele para matar-lhe. ¹⁹ E disseram um ao outro: Eis que vem o sonhador; ²⁰ Agora, pois, vinde, e o matemos e o lancemos em uma cisterna, e diremos: Alguma fera selvagem o devorou: e veremos que serão seus sonhos. ²¹ E quando Rúben ouviu isto, livrou-o de suas mãos e disse: Não o matemos. ²² E disse-lhes Rúben: Não derrameis sangue; lançai-o nesta cisterna que está no deserto, e não ponhais mão nele; para livrá-lo assim de suas mãos, para fazê-lo virar a seu pai. ²³ E sucedeu que, quando chegou José a seus irmãos, eles fizeram desnudar a José sua roupa, a roupa de cores que tinha sobre si; ²⁴ E tomaram-no, e lançaram-lhe na cisterna; mas a cisterna estava vazia, não havia nela água. ²⁵ E sentaram-se a comer pão: e levantando os olhos olharam, e eis uma companhia de ismaelitas que vinha de Gileade, e seus camelos traziam aromas e bálsamo e mirra, e iam a levá-lo ao Egito. ²⁶ Então Judá disse a seus irmãos: Que proveito há em que matemos a nosso irmão e encubramos sua morte?

²⁷ Vinde, e o vendamos aos ismaelitas, e não seja nossa mão sobre ele; que nosso irmão é nossa carne. E seus irmãos concordaram com ele. ²⁸ E quando passavam os midianitas mercadores, tiraram eles a José da cisterna, e trouxeram-lhe acima, e o venderam aos ismaelitas por vinte peças de prata. E levaram a José ao Egito. ²⁹ E Rúben voltou à cisterna, e não achou a José dentro, e rasgou suas roupas. ³⁰ E voltou a seus irmãos e disse: O jovem não aparece; e eu, aonde irei eu? ³¹ Então eles tomaram a roupa de José, e degolaram um cabrito das cabras, e tingiram a roupa com o sangue; ³² E enviaram a roupa de cores e trouxeram-na a seu pai, e disseram: Achamos isto, reconhece agora se é ou não a roupa de teu filho. ³³ E ele a reconheceu, e disse: A roupa de meu filho é; alguma fera selvagem o devorou; José foi despedaçado. ³⁴ Então Jacó rasgou suas roupas, e pôs saco sobre seus lombos, e fez luto por seu filho muitos dias. ³⁵ E levantaram-se todos os seus filhos e todas as suas filhas para consolá-lo; mas ele não quis receber consolação, e disse: Porque eu tenho de descer ao meu filho com luto ao Xeol. * E seu pai chorou por ele. ³⁶ E os midianitas o venderam no Egito a Potifar, oficial de Faraó, capitão dos da guarda.

38

¹ E aconteceu naquele tempo, que Judá desceu da presença de seus irmãos, e foi-se a um homem adulamita, que se chamava Hira. ² E viu ali Judá a filha de um homem cananeu, o qual se chamava Suá; e tomou-a, e se deitou com ela: ³ A qual concebeu, e deu à luz um filho; e chamou seu nome Er. ⁴ E concebeu outra vez, e deu à luz um filho, e chamou seu nome Onã. ⁵ E voltou a conceber, e deu à luz um filho, e chamou seu nome Selá. E estava em Quezibe quando o deu à luz. ⁶ E Judá tomou mulher para seu primogênito Er, a qual se chamava Tamar. ⁷ E Er, o primogênito de Judá, foi mau aos olhos do SENHOR, e tirou-lhe o SENHOR a vida. ⁸ Então Judá disse a Onã: Deita-te com mulher de teu irmão, e casa-te com ela, e suscita descendência a teu irmão. ⁹ E sabendo Onã que a descendência não havia de ser sua, sucedia que quando se deitava com mulher de seu irmão derramava em terra, para não dar descendência a seu irmão. ¹⁰ E desagradou aos olhos do SENHOR o que fazia, e também tirou a ele a vida. ¹¹ E Judá disse a Tamar sua nora: Fica-te viúva em casa de teu pai, até que cresça Selá meu filho; porque disse: Para que não aconteça que morra ele também como seus irmãos. E foi-se Tamar, e ficou em casa de seu pai. ¹² E passaram muitos dias, e morreu a filha de Suá, mulher de Judá; e Judá se consolou, e subia aos tosquiadores de suas ovelhas a Timna, ele e seu amigo Hira o adulamita. ¹³ E foi dado aviso a Tamar, dizendo: Eis que teu sogro sobe a Timna a tosquiar suas ovelhas. ¹⁴ Então tirou ela de sobre si as roupas de sua viuvez, e cobriu-se com um véu, e envolveu-se, e se pôs à porta das águas que estão junto ao caminho de Timna; porque via que havia crescido Selá, e ela não era dada a ele por mulher. ¹⁵ E viu-a Judá, e teve-a por prostituta, porque havia ela coberto seu rosto. ¹⁶ E desviou-se do caminho até ela, e disse-lhe: Eia, pois, agora deitarei contigo; porque não sabia que era sua nora; e ela disse: Que me darás, se deitares comigo? ¹⁷ Ele respondeu: Eu te enviarei do gado um cabrito das cabras. E ela disse: Terás de me dar penhor até que o envies. ¹⁸ Então ele disse: Que penhor te darei? Ela respondeu: Teu anel, e teu manto, e teu bordão que tens em tua mão. E ele lhe deu, e se deitou com ela, a qual concebeu dele. ¹⁹ E levantou-se, e foi-se: e tirou o véu de sobre si, e vestiu-se das roupas de sua viuvez. ²⁰ E Judá enviou o cabrito das cabras por meio de seu amigo o adulamita, para que tomasse o penhor da mão da mulher; mas não a achou. ²¹ E perguntou aos homens daquele lugar, dizendo: Onde está a prostituta das águas junto ao caminho? E eles lhe disseram: Não esteve aqui prostituta. ²² Então ele se voltou a Judá, e disse: Não

* **37:35** Xeol é o lugar dos mortos

a achei; e também os homens do lugar disseram: Aqui não esteve prostituta. ²³ E Judá disse: Tome ela dessas coisas para si, para que não sejamos menosprezados: eis que eu enviei este cabrito, e tu não a achaste. ²⁴ E aconteceu que ao fim de uns três meses foi dado aviso a Judá, dizendo: Tamar tua nora cometeu imoralidade sexual, e além disso está grávida das promiscuidades. E Judá disse: Tirai-a, e seja queimada. ²⁵ E ela quando a tiravam, enviou a dizer a seu sogro: Do homem a quem pertence estas coisas, estou grávida: e disse mais: Olha agora a quem pertence estas coisas, o anel, e o manto, e o bordão. ²⁶ Então Judá os reconheceu, e disse: Mais justa é que eu, porquanto não a dei a Selá meu filho. E nunca mais a conheceu. ²⁷ E aconteceu que ao tempo de dar à luz, eis que havia dois em seu ventre. ²⁸ E sucedeu, quando dava à luz, que tirou a mão um, e a parteira tomou e amarrou à sua mão um fio de escarlate, dizendo: Este saiu primeiro. ²⁹ Porém foi que voltando ele a recolher a mão, eis que seu irmão saiu; e ela disse: Como fizeste sobre ti rompimento? E chamou seu nome Perez. ³⁰ E depois saiu seu irmão, o que tinha em sua mão o fio de escarlate, e chamou seu nome Zerá.

39

¹ E levado José ao Egito, comprou-o Potifar, oficial de Faraó, capitão dos da guarda, homem egípcio, da mão dos ismaelitas que o haviam levado ali. ² Mas o SENHOR foi com José, e foi homem próspero: e estava na casa de seu senhor o egípcio. ³ E viu seu senhor que o SENHOR era com ele, e que tudo o que ele fazia, o SENHOR o fazia prosperar em sua mão. ⁴ Assim achou José favor em seus olhos, e servia-lhe; e ele lhe fez mordomo de sua casa, e entregou em seu poder tudo o que tinha. ⁵ E aconteceu que, desde quando lhe deu o encargo de sua casa, e de tudo o que tinha, o SENHOR abençoou a casa do egípcio por causa de José; e a bênção do SENHOR foi sobre tudo o que tinha, tanto em casa como no campo. ⁶ E deixou tudo o que tinha em mão de José; nem com ele sabia de nada mais que do pão que comia. E era José de belo semblante e bela presença. ⁷ E aconteceu depois disto, que a mulher de seu senhor pôs seus olhos em José, e disse: Dorme comigo. ⁸ E ele não quis, e disse à mulher de seu senhor: Eis que meu senhor não sabe comigo o que há em casa, e pôs em minha mão tudo o que tem: ⁹ Não há outro maior que eu nesta casa, e nenhuma coisa me há reservado a não ser a ti, porquanto tu és sua mulher; como, pois, faria eu este grande mal e pecaria contra Deus? ¹⁰ E foi que falando ela a José cada dia, e não escutando-a ele para deitar-se ao lado dela, para estar com ela. ¹¹ Aconteceu que entrou ele um dia em casa para fazer seu ofício, e não havia ninguém dos da casa ali em casa. ¹² E pegou-o ela por sua roupa, dizendo: Dorme comigo. Então ele deixou sua roupa nas mãos dela, e fugiu, e saiu-se fora. ¹³ E aconteceu que quando viu ela que lhe havia deixado sua roupa em suas mãos, e havia fugido fora, ¹⁴ Chamou aos de casa, e falou-lhes dizendo: Olhai que ele nos trouxe um hebreu, para que fizesse zombaria de nós: veio ele a mim para dormir comigo, e eu dei grandes vozes; ¹⁵ E vendo que eu erguia a voz e gritava, deixou junto a mim sua roupa, e fugiu, e saiu-se fora. ¹⁶ E ela pôs junto a si a roupa dele, até que veio seu senhor à sua casa. ¹⁷ Então lhe falou ela semelhantes palavras, dizendo: O servo hebreu que nos trouxeste, veio a mim para desonrar-me; ¹⁸ E quando eu levantei minha voz e gritei, ele deixou sua roupa junto a mim, e fugiu fora. ¹⁹ E sucedeu que quando ouviu seu senhor as palavras que sua mulher lhe falara, dizendo: Assim me tratou teu servo; acendeu-se seu furor. ²⁰ E tomou seu senhor a José, e pôs-lhe na casa do cárcere, onde estavam os presos do rei, e esteve ali na casa do cárcere. ²¹ Mas o SENHOR foi com José, e estendeu a ele sua misericórdia, e deu-lhe favor aos olhos do chefe da casa do cárcere. ²² E o chefe da casa do cárcere entregou em mão de José todos os presos que havia naquela

prisão; tudo o que faziam ali, ele o fazia. [23] Não via o chefe do cárcere coisa alguma que em sua mão estava; porque o SENHOR era com ele, e o que ele fazia, o SENHOR o fazia prosperar.

40

[1] E aconteceu depois destas coisas, que o copeiro do rei do Egito e o padeiro transgrediram contra seu senhor o rei do Egito. [2] E irou-se Faraó contra seus dois eunucos, contra o principal dos copeiros, e contra o principal dos padeiros: [3] E os pôs em prisão na casa do capitão dos da guarda, na casa do cárcere onde José estava preso. [4] E o capitão dos da guarda deu responsabilidade deles a José, e ele lhes servia: e estiveram dias na prisão. [5] E ambos, o copeiro e o padeiro do rei do Egito, que estavam detidos na prisão, viram um sonho, cada um seu sonho em uma mesma noite, cada um conforme a declaração de seu sonho. [6] E veio a eles José pela manhã, e olhou-os, e eis que estavam tristes. [7] E ele perguntou àqueles oficiais de Faraó, que estavam com ele na prisão da casa de seu senhor, dizendo: Por que parecem hoje mal vossos semblantes? [8] E eles lhe disseram: Tivemos um sonho, e não há quem o declare. Então lhes disse José: Não são de Deus as interpretações? Contai-o a mim agora. [9] Então o chefe dos copeiros contou seu sonho a José, e disse-lhe: Eu sonhava que via uma vide diante de mim, [10] E na vide três sarmentos; e ela como que brotava, e surgia sua flor, vindo a amadurecer seus cachos de uvas: [11] E que o copo de Faraó estava em minha mão, e tomava eu as uvas, e as espremia no copo de Faraó, e dava eu o copo em mão de Faraó. [12] E disse-lhe José: Esta é sua declaração: Os três sarmentos são três dias: [13] Ao fim de três dias Faraó te fará levantar a cabeça, e te restituirá a teu posto: e darás o copo a Faraó em sua mão, como costumavas quando eras seu copeiro. [14] Lembra-te, pois, de mim para contigo quando tiveres esse bem, e rogo-te que uses comigo de misericórdia, e faças menção de mim a Faraó, e me tires desta prisão: [15] Porque furtado fui da terra dos hebreus; e tampouco fiz aqui para que me houvessem de pôr no cárcere. [16] E vendo o chefe dos padeiros que havia interpretado para o bem, disse a José: Também eu sonhava que via três cestos brancos sobre minha cabeça; [17] E no cesto mais alto havia de todos os alimentos de Faraó, obra de padeiro; e que as aves as comiam do cesto de sobre minha cabeça. [18] Então respondeu José, e disse: Esta é sua declaração: Os três cestos três dias são; [19] Ao fim de três dias tirará Faraó tua cabeça de sobre ti, e te fará enforcar na forca, e as aves comerão tua carne de sobre ti. [20] E foi o terceiro dia o dia do aniversário de Faraó, e fez banquete a todos os seus servos: e levantou a cabeça do chefe dos copeiros, e a cabeça do chefe dos padeiros, entre seus servos. [21] E fez voltar a seu ofício ao chefe dos copeiros; e deu ele o copo em mão de Faraó. [22] Mas fez enforcar ao principal dos padeiros, como lhe havia declarado José. [23] E o chefe dos copeiros não se lembrou de José, ao invés disso lhe esqueceu.

41

[1] E aconteceu que passados dois anos teve Faraó um sonho: Parecia-lhe que estava junto ao rio; [2] E que do rio subiam sete vacas, belas à vista, e muito gordas, e pastavam entre os juncos: [3] E que outras sete vacas subiam depois delas do rio, de feia aparência, e magras de carne, e pararam perto das vacas belas à beira do rio; [4] E que as vacas de feia aparência e magras de carne devoravam as sete vacas belas e muito gordas. E despertou Faraó. [5] Dormiu de novo, e sonhou a segunda vez: Que sete espigas cheias e belas subiam de uma só haste: [6] E que outras sete espigas miúdas e abatidas do vento oriental, saíam depois delas: [7] E as sete espigas miúdas devoravam as sete espigas espessas e cheias. E despertou Faraó, e eis que

era sonho. [8] E aconteceu que à manhã estava movido seu espírito; e enviou e fez chamar a todos os magos do Egito, e a todos os seus sábios: e contou-lhes Faraó seus sonhos, mas não havia quem a Faraó os interpretasse. [9] Então o chefe dos copeiros falou a Faraó, dizendo: Lembro-me hoje de minhas faltas: [10] Faraó se irou contra seus servos, e a mim me lançou à prisão da casa do capitão dos da guarda, a mim e ao chefe dos padeiros: [11] E eu e ele vimos um sonho uma mesma noite: cada um sonhou conforme a interpretação de seu sonho. [12] E estava ali conosco um jovem hebreu, servente do capitão dos da guarda; e o contamos a ele, e ele nos interpretou nossos sonhos, e interpretou a cada um conforme seu sonho. [13] E aconteceu que como ele nos interpretou, assim foi: a mim me fez voltar a meu posto, e fez enforcar ao outro. [14] Então Faraó enviou e chamou a José; e fizeram-lhe sair correndo do cárcere; e ele rapou-se a barba, mudou-se de roupas, e veio a Faraó. [15] E disse Faraó a José: Eu tive um sonho, e não há quem o interprete; mas ouvi dizer de ti, que ouves sonhos para os interpretar. [16] E respondeu José a Faraó, dizendo: Não está em mim; Deus será o que responda paz a Faraó. [17] Então Faraó disse a José: Em meu sonho parecia-me que estava à beira do rio: [18] E que do rio subiam sete vacas de gordas carnes e bela aparência, que pastavam entre os juncos: [19] E que outras sete vacas subiam depois delas, magras e de muito feio aspecto; tão abatidas, que não vi outras semelhantes em toda a terra do Egito em feiura: [20] E as vacas magras e feias devoravam as sete primeiras vacas gordas: [21] E entravam em suas entranhas, mas não se conhecia que houvesse entrado nelas, porque sua aparência era ainda má, como de antes. E eu despertei. [22] Vi também sonhando, que sete espigas subiam em uma mesma haste, cheias e belas; [23] E que outras sete espigas miúdas, definhadas, abatidas do vento oriental, subiam depois delas: [24] E as espigas miúdas devoravam as sete espigas belas: e disse-o aos magos, mas não há quem me interprete a mim. [25] Então respondeu José a Faraó: O sonho de Faraó é um mesmo: Deus mostrou a Faraó o que vai fazer. [26] As sete vacas belas são sete anos, e as espigas belas são sete anos; o sonho é um mesmo. [27] Também as sete vacas magras e feias que subiam atrás elas, são sete anos; e as sete espigas miúdas e definhadas do vento oriental serão sete anos de fome. [28] Isto é o que respondo a Faraó. O que Deus vai fazer, mostrou-o a Faraó. [29] Eis que vêm sete anos de grande fartura toda a terra do Egito: [30] E se levantarão depois eles sete anos de fome; e toda a fartura será esquecida na terra do Egito; e a fome consumirá a terra; [31] E aquela abundância não mais será vista por causa da fome seguinte, a qual será gravíssima. [32] E o suceder o sonho a Faraó duas vezes, significa que a coisa é firme da parte de Deus, e que Deus se apressa a fazê-la. [33] Portanto, providencie Faraó agora um homem prudente e sábio, e ponha-o sobre a terra do Egito. [34] Faça isto Faraó, e ponha governadores sobre esta terra, e tome a quinta parte da terra do Egito nos sete anos da fartura; [35] E juntem toda a provisão destes bons anos que vêm, e acumulem o trigo sob a mão de Faraó para mantimento das cidades; e guardem-no. [36] E esteja aquela provisão em depósito para esta terra, para os sete anos de fome que serão na terra do Egito; e esta terra não perecerá de fome. [37] E o negócio pareceu bem a Faraó, e a seus servos. [38] E disse Faraó a seus servos: Acharemos outro homem como este, em quem haja espírito de Deus? [39] E disse Faraó a José: Pois que Deus te fez saber tudo isto, não há entendido nem sábio como tu: [40] Tu serás sobre minha casa, e pelo que disseres se governará todo o meu povo; somente no trono serei eu maior que tu. [41] Disse mais Faraó a José: Eis que te pus sobre toda a terra do Egito. [42] Então Faraó tirou seu anel de sua mão, e o pôs na mão de José, e fez-lhe vestir de roupas de linho finíssimo, e pôs um colar de ouro em seu pescoço; [43] E o fez subir em seu segundo carro, e proclamaram diante dele:

Dobrai os joelhos; e pôs-lhe sobre toda a terra do Egito. ⁴⁴ E disse Faraó a José: Eu sou Faraó; e sem ti ninguém levantará sua mão nem seu pé toda a terra do Egito. ⁴⁵ E chamou Faraó o nome de José, Zefenate-Paneia; e deu-lhe por mulher a Azenate, filha de Potífera, sacerdote de Om. E saiu José por toda a terra do Egito. ⁴⁶ E era José de idade de trinta anos quando foi apresentado diante de Faraó, rei do Egito: e saiu José de diante de Faraó, e transitou por toda a terra do Egito. ⁴⁷ E fez a terra naqueles sete anos de fartura a amontoados. ⁴⁸ E ele juntou todo o mantimento dos sete anos que foram na terra do Egito, e guardou mantimento nas cidades, pondo em cada cidade o mantimento do campo de seus arredores. ⁴⁹ E ajuntou José trigo como areia do mar, muito em extremo, até não se poder contar, porque não tinha número. ⁵⁰ E nasceram a José dois filhos antes que viesse o primeiro ano da fome, os quais lhe deu à luz Azenate, filha de Potífera, sacerdote de Om. ⁵¹ E chamou José o nome do primogênito Manassés; porque disse: Deus me fez esquecer todo o meu sofrimento, e toda a casa de meu pai. ⁵² E o nome do segundo chamou-o Efraim; porque disse: "Deus me fez frutífero na terra de minha aflição". ⁵³ E cumpriram-se os sete anos da fartura, que houve na terra do Egito. ⁵⁴ E começaram a vir os sete anos de fome, como José havia dito; e houve fome em todos os países, mas em toda a terra do Egito havia pão. ⁵⁵ E quando se sentiu a fome toda a terra do Egito, o povo clamou a Faraó por pão. E disse Faraó a todos os egípcios: Ide a José, e fazei o que ele vos disser. ⁵⁶ E a fome estava por toda a extensão daquela terra. Então abriu José todo depósito de grãos onde havia, e vendia aos egípcios; porque havia crescido a fome na terra do Egito. ⁵⁷ E toda a terra vinha ao Egito para comprar de José, porque por toda a terra havia aumentado a fome.

42

¹ E vendo Jacó que no Egito havia alimentos, disse a seus filhos: Por que estais olhando uns para os outros? ² E disse: Eis que, eu ouvi que há alimentos no Egito; descei ali, e comprai dali para nós, para que possamos viver, e não nos morramos. ³ E desceram os dez irmãos de José a comprar trigo ao Egito. ⁴ Mas Jacó não enviou a Benjamim irmão de José com seus irmãos; porque disse: Não seja acaso que lhe aconteça algum desastre. ⁵ E vieram os filhos de Israel a comprar entre os que vinham: porque havia fome na terra de Canaã. ⁶ E José era o senhor da terra, que vendia a todo o povo da terra: e chegaram os irmãos de José, e inclinaram-se a ele rosto por terra. ⁷ E José quando viu seus irmãos, reconheceu-os; mas fez que não os conhecesse, e falou-lhes asperamente, e lhes disse: De onde viestes? Eles responderam: Da terra de Canaã, para comprar alimentos. ⁸ José, pois, reconheceu a seus irmãos; mas eles não o reconheceram. ⁹ Então se lembrou José dos sonhos que havia tido deles, e disse-lhes: Sois espias; viestes ver a fraqueza desta terra. ¹⁰ E eles lhe responderam: Não, meu senhor; teus servos vieram comprar alimentos. ¹¹ Todos nós somos filhos de um homem; somos homens honestos; teus servos nunca foram espias. ¹² E ele lhes disse: Não; viestes ver a fraqueza desta terra. ¹³ E eles responderam: Teus servos somos doze irmãos, filhos de um homem na terra de Canaã; e eis que o menor está hoje com nosso pai, e outro desapareceu. ¹⁴ E José lhes disse: Isso é o que vos disse, afirmando que sois espias; ¹⁵ Nisto sereis provados: Vive Faraó que não saireis daqui, a não ser quando vosso irmão menor vier aqui. ¹⁶ Enviai um de vós, e traga a vosso irmão; e vós ficai presos, e vossas palavras serão provadas, se há verdade convosco: e se não, vive Faraó, que sois espias. ¹⁷ E juntou-os no cárcere por três dias. ¹⁸ E ao terceiro dia disse-lhes José: Fazei isto, e vivei; eu temo a Deus; ¹⁹ Se sois homens honestos, fique preso na casa de vosso cárcere um de vossos irmãos; e vós ide, levai o alimento para a fome de vossa casa; ²⁰ Porém

haveis de trazer-me a vosso irmão mais novo, e serão comprovadas vossas palavras, e não morrereis. E eles o fizeram assim. [21] E diziam um ao outro: Verdadeiramente pecamos contra nosso irmão, que vimos a angústia de sua alma quando nos rogava, e não o ouvimos; por isso veio sobre nós esta angústia. [22] Então Rúben lhes respondeu, dizendo: Não vos falei eu e disse: Não pequeis contra o jovem; e não escutastes? Eis que também o sangue dele é requerido. [23] E eles não sabiam que os entendia José, porque havia intérprete entre eles. [24] E apartou-se ele deles, e chorou: depois voltou a eles, e lhes falou, e tomou dentre eles a Simeão, e aprisionou-lhe à vista deles. [25] E mandou José que enchessem seus sacos de trigo, e devolvessem o dinheiro de cada um deles, pondo-o em seu saco, e lhes dessem comida para o caminho; e fez-se assim com eles. [26] E eles puseram seu trigo sobre seus asnos, e foram-se dali. [27] E abrindo um deles seu saco para dar de comer a seu asno no lugar de parada, viu seu dinheiro que estava na boca de seu saco. [28] E disse a seus irmãos: Meu dinheiro se me foi devolvido, e ainda ei-lo aqui em meu saco. Alarmou-se, então, o coração deles e, espantados, disseram um ao outro: Que é isto que Deus nos fez? [29] E vindos a Jacó seu pai em terra de Canaã, contaram-lhe tudo o que lhes havia acontecido, dizendo: [30] Aquele homem, senhor da terra, nos falou asperamente, e nos tratou como espias da terra: [31] E nós lhe dissemos: Somos homens honestos, nunca fomos espias: [32] Somos doze irmãos, filhos de nosso pai; um desapareceu, e o menor está hoje com nosso pai na terra de Canaã. [33] E aquele homem, senhor da terra, nos disse: Nisto conhecerei que sois homens honestos; deixai comigo um de vossos irmãos, e tomai para a fome de vossas casas, e ide, [34] E trazei-me a vosso irmão o mais novo, para que eu saiba que não sois espias, mas sim homens honestos: assim vos darei a vosso irmão, e negociareis na terra. [35] E aconteceu que esvaziando eles seus sacos, eis que no saco de cada um estava o pacote de seu dinheiro: e vendo eles e seu pai os pacotes de seu dinheiro, tiveram temor. [36] Então seu pai Jacó lhes disse: Vós me privastes de meus filhos; José desapareceu, nem Simeão tampouco, e a Benjamim o levareis; contra mim são todas estas coisas. [37] E Rúben falou a seu pai, dizendo: Podes matar meus dois filhos, se eu não o devolver a ti; entrega-o em minha mão, que eu o devolverei a ti. [38] E ele disse: Não descerá meu filho convosco; que seu irmão é morto, e ele somente restou; e se lhe acontecer algum desastre no caminho por onde vades, fareis descer meus cabelos brancos com tristeza ao Xeol. *

43

[1] E a fome era grande na terra. [2] E aconteceu que quando acabaram de comer o trigo que trouxeram do Egito, disse-lhes seu pai: Voltai, e comprai para nós um pouco de alimento. [3] E respondeu Judá, dizendo: Aquele homem nos advertiu com ânimo decidido, dizendo: Não vereis meu rosto sem vosso irmão convosco. [4] Se enviares a nosso irmão conosco, desceremos e te compraremos alimento: [5] Porém se não lhe enviares, não desceremos: porque aquele homem nos disse: Não vereis meu rosto sem vosso irmão convosco. [6] E disse Israel: Por que me fizestes tanto mal, declarando ao homem que tínheis mais irmão? [7] E eles responderam: Aquele homem nos perguntou expressamente por nós, e por nossa parentela, dizendo: Vive ainda vosso pai? Tendes outro irmão? E lhe declaramos conforme estas palavras. Podíamos nós saber que havia de dizer: Fazei vir a vosso irmão? [8] Então Judá disse a Israel seu pai: Envia ao jovem comigo, e nos levantaremos e iremos, a fim que vivamos e não morramos nós, e tu, e nossos filhos. [9] Eu sou fiador dele; a mim me pedirás conta dele; se eu não o devolver a ti e o puser diante de ti, serei para ti o culpado todos os dias: [10] Que se não nos tivéssemos detido, certo agora teríamos já voltado

---

* **42:38** Xeol é o lugar dos mortos

duas vezes. [11] Então Israel seu pai lhes respondeu: Pois que assim é, fazei-o; tomai do melhor da terra em vossos vasos, e levai àquele homem um presente, um pouco de bálsamo, e um pouco de mel, aromas e mirra, nozes e amêndoas. [12] E tomai em vossas mãos dobrado dinheiro, e levai em vossa mão o dinheiro que voltou nas bocas de vossos sacos; talvez tenha sido erro. [13] Tomai também a vosso irmão, e levantai-vos, e voltai àquele homem. [14] E o Deus Todo-Poderoso vos dê misericórdias diante daquele homem, e vos solte ao outro vosso irmão, e a este Benjamim. E se eu tiver de ser privado de meus filhos, assim seja. [15] Então tomaram aqueles homens o presente, e tomaram em sua mão dobrado dinheiro, e a Benjamim; e se levantaram, e desceram ao Egito, e apresentaram-se diante de José. [16] E viu José a Benjamim com eles, e disse ao mordomo de sua casa: Mete em casa a esses homens, e degola um animal, e prepara-o; porque estes homens comerão comigo ao meio-dia. [17] E fez o homem como José disse; e meteu aquele homem aos homens em casa de José. [18] E aqueles homens tiveram temor, quando foram metidos na casa de José, e diziam: Pelo dinheiro que voltou em nossos sacos a primeira vez nos trouxeram aqui, para virem contra nós, e nos atacar, e tomar por servos a nós, e a nossos asnos. [19] E aproximaram-se do mordomo da casa de José, e lhe falaram à entrada da casa. [20] E disseram: Ai, senhor meu, nós em realidade de verdade descemos ao princípio a comprar alimentos: [21] E aconteceu que quando viemos ao lugar de parada e abrimos nossos sacos, eis que o dinheiro de cada um estava na boca de seu saco, nosso dinheiro em seu justo peso; e o devolvemos em nossas mãos. [22] Trouxemos também em nossas mãos outro dinheiro para comprar alimentos: nós não sabemos quem pôs nosso dinheiro em nossos sacos. [23] E ele respondeu: Paz a vós, não temais; vosso Deus e o Deus de vosso pai vos deu o tesouro em vossos sacos: vosso dinheiro veio a mim. E tirou a Simeão a eles. [24] E aquele homem levou àqueles homens na casa de José: e deu-lhes água, e lavaram seus pés: e deu de comer a seus asnos. [25] E eles prepararam o presente antes que viesse José ao meio-dia, porque haviam ouvido que ali haviam de comer pão. [26] E veio José a casa, e eles lhe trouxeram o presente que tinham em sua mão dentro de casa, e inclinaram-se a ele em terra. [27] Então ele lhes perguntou como estavam, e disse: Vosso pai, o ancião que dissestes, passa bem? Vive ainda? [28] E eles responderam: Bem vai a teu servo nosso pai; ainda vive. E se inclinaram, e fizeram reverência. [29] E levantando ele seus olhos viu Benjamim seu irmão, filho de sua mãe, e disse: É este vosso irmão mais novo, de quem me falastes? E disse: Deus tenha misericórdia de ti, filho meu. [30] Então José se apressou, porque se comoveram suas entranhas por causa de seu irmão, e procurou onde chorar: e entrou-se em sua câmara, e chorou ali. [31] E lavou seu rosto, e saiu fora, e controlou-se, e disse: Ponde pão. [32] E puseram para ele à parte, e separadamente para eles, e à parte para os egípcios que com ele comiam: porque os egípcios não podem comer pão com os hebreus, o qual é abominação aos egípcios. [33] E sentaram-se diante dele, o mais velho conforme sua primogenitura, e o mais novo conforme sua idade menor; e estavam aqueles homens atônitos olhando-se um ao outro. [34] E ele tomou iguarias de diante de si para eles; mas a porção de Benjamim era cinco vezes como qualquer uma das deles. E beberam, e alegraram-se com ele.

44

[1] E mandou José ao mordomo de sua casa, dizendo: Enche os sacos destes homens de alimentos, quanto puderem levar, e põe o dinheiro de cada um na boca de seu saco: [2] E porás meu copo, o copo de prata, na boca do saco do mais novo, com o dinheiro de seu trigo. E ele fez como disse José. [3] Vinda a manhã, os homens foram despedidos com seus asnos. [4] Havendo eles saído da cidade, da qual ainda não haviam

se afastado, disse José a seu mordomo: Levanta-te, e segue a esses homens; e quando os alcançares, dize-lhes: Por que retribuístes com o mal pelo bem? ⁵ Não é isto no que bebe meu senhor, e pelo que costuma adivinhar? Fizestes mal no que fizestes. ⁶ E quando ele os alcançou, disse-lhes estas palavras. ⁷ E eles lhe responderam: Por que diz meu senhor tais coisas? Nunca tal façam teus servos. ⁸ Eis que, o dinheiro que achamos na boca de nossos sacos, o voltamos a trazer a ti desde a terra de Canaã; como, pois, havíamos de furtar da casa de teu senhor prata nem ouro? ⁹ Aquele de teus servos em quem for achado o copo, que morra, e ainda nós seremos servos de meu senhor. ¹⁰ E ele disse: Também agora seja conforme vossas palavras; aquele em quem se achar, será meu servo, e vós sereis sem culpa. ¹¹ Eles então se deram pressa, e derrubando cada um seu saco em terra, abriu cada qual o seu saco. ¹² E buscou; desde o mais velho começou, e acabou no mais novo; e o copo foi achado no saco de Benjamim. ¹³ Então eles rasgaram suas roupas, e carregou cada um seu asno, e voltaram à cidade. ¹⁴ E chegou Judá com seus irmãos à casa de José, que ainda estava ali, e prostraram-se diante dele em terra. ¹⁵ E disse-lhes José: Que obra é esta que fizestes? Não sabeis que um homem como eu sabe adivinhar? ¹⁶ Então disse Judá: Que diremos a meu senhor? Que falaremos? Ou com que nos justificaremos? Deus achou a maldade de teus servos: eis que, nós somos servos de meu senhor, nós, e também aquele em cujo poder foi achado o copo. ¹⁷ E ele respondeu: Nunca eu tal faça: o homem em cujo poder foi achado o copo, ele será meu servo; vós ide em paz a vosso pai. ¹⁸ Então Judá se chegou a ele, e disse: Ai senhor meu, rogo-te que fale teu servo uma palavra aos ouvidos de meu senhor, e não se acenda tua ira contra teu servo, pois que tu és como Faraó. ¹⁹ Meu senhor perguntou a seus servos, dizendo: Tendes pai ou irmão? ²⁰ E nós respondemos a meu senhor: Temos um pai ancião, e um jovem que lhe nasceu em sua velhice, pequeno ainda; e um irmão seu morreu, e ele restou sozinho de sua mãe, e seu pai o ama. ²¹ E tu disseste a teus servos: Trazei-o a mim, e porei meus olhos sobre ele. ²² E nós dissemos a meu senhor: O jovem não pode deixar a seu pai, porque se o deixar, seu pai morrerá. ²³ E disseste a teus servos: Se vosso irmão mais novo não descer convosco, não vejais mais meu rosto. ²⁴ Aconteceu, pois, que quando chegamos a meu pai teu servo, nós lhe contamos as palavras de meu senhor. ²⁵ E disse nosso pai: Voltai a comprar-nos um pouco de alimento. ²⁶ E nós respondemos: Não podemos ir: se nosso irmão for conosco, iremos; porque não podemos ver o rosto do homem, não estando conosco nosso irmão o mais novo. ²⁷ Então teu servo meu pai nos disse: Vós sabeis que dois me deu minha mulher; ²⁸ E um saiu de minha presença, e penso certamente que foi despedaçado, e até agora não o vi; ²⁹ E se tomardes também este de diante de mim, e lhe acontecer algum desastre, fareis descer meus cabelos grisalhos com tristeza ao Xeol. * ³⁰ Agora, pois, quando chegar eu a teu servo meu pai, e o jovem não for comigo, como sua alma está ligada à alma dele, ³¹ Sucederá que quando perceber a ausência do jovem, morrerá; e teus servos farão descer os cabelos grisalhos de teu servo, nosso pai, com tristeza ao Xeol. ³² Como teu servo saiu por fiador do jovem com meu pai, dizendo: Se eu não o devolver a ti, então eu serei culpável para meu pai todos os dias; ³³ Rogo-te, portanto, que fique agora teu servo pelo jovem por servo de meu senhor, e que o jovem vá com seus irmãos. ³⁴ Porque como irei eu a meu pai sem o jovem? Não poderei, por não ver o mal que sobrevirá a meu pai.

45

¹ Não podia já José se conter diante de todos os que estavam ao seu lado, e clamou: Fazei sair de minha presença a todos. E não ficou ninguém com ele, ao dar-se a

---

* **44:29** Xeol é o lugar dos mortos

conhecer José a seus irmãos. ² Então se deu a chorar por voz em grito; e ouviram os egípcios, e ouviu também a casa de Faraó. ³ E disse José a seus irmãos: Eu sou José: vive ainda meu pai? E seus irmãos não puderam lhe responder, porque estavam perturbados diante dele. ⁴ Então disse José a seus irmãos: Achegai-vos agora a mim. E eles se achegaram. E ele disse: Eu sou José vosso irmão o que vendestes para o Egito. ⁵ Agora, pois, não vos entristeçais, nem vos pese de haver me vendido aqui; que para preservação de vida me enviou Deus diante de vós: ⁶ Que já houve dois anos de fome em meio da terra, e ainda restam cinco anos em que nem haverá arada nem colheita. ⁷ E Deus me enviou adiante de vós, para que vós restásseis na terra, e para vos dar vida por meio de grande salvamento. ⁸ Assim, pois, não me enviastes vós aqui, mas sim Deus, que me pôs por pai de Faraó, e por senhor de toda sua casa, e por governador de toda a terra do Egito. ⁹ Apressai-vos, ide a meu pai e dizei-lhe: Assim diz teu filho José: Deus me pôs por senhor de todo Egito; vem a mim, não te detenhas: ¹⁰ E habitarás na terra de Gósen, e estarás perto de mim, tu e teus filhos, e os filhos de teus filhos, teus gados e tuas vacas, e tudo o que tens. ¹¹ E ali te alimentarei, pois ainda restam cinco anos de fome, para que não pereças de pobreza tu e tua casa, e tudo o que tens: ¹² E eis que, vossos olhos veem, e os olhos de meu irmão Benjamim, que meu boca vos fala. ¹³ Fareis pois saber a meu pai toda minha glória no Egito, e tudo o que vistes: e apressai-vos, e trazei a meu pai aqui. ¹⁴ E lançou-se sobre o pescoço de Benjamim seu irmão, e chorou; e também Benjamim chorou sobre seu pescoço. ¹⁵ E beijou a todos os seus irmãos, e chorou sobre eles: e depois seus irmãos falaram com ele. ¹⁶ E ouviu-se a notícia na casa de Faraó, dizendo: Os irmãos de José vieram. E pareceu bem aos olhos de Faraó e de seus servos. ¹⁷ E disse Faraó a José: Dize a teus irmãos: Fazei isto: carregai vossos animais, e ide, voltai à terra de Canaã; ¹⁸ E tomai a vosso pai e vossas famílias, e vinde a mim, que eu vos darei o bom da terra do Egito e comereis a gordura da terra. ¹⁹ E tu manda: Fazei isto: tomai para vós da terra do Egito carros para vossos filhos e vossas mulheres; e tomai a vosso pai, e vinde. ²⁰ E não se vos dê nada de vossos pertences, porque o bem da terra do Egito será vosso. ²¹ E fizeram-no assim os filhos de Israel: e deu-lhes José carros conforme a ordem de Faraó, e deu alimentos para o caminho. ²² A cada um de todos eles deu mudas de roupas, e a Benjamim deu trezentas peças de prata, e cinco mudas de roupas. ²³ E a seu pai enviou isto: dez asnos carregados do melhor do Egito, e dez asnas carregadas de trigo, e pão e comida, para seu pai no caminho. ²⁴ E despediu a seus irmãos, e foram-se. E ele lhes disse: Não brigais pelo caminho. ²⁵ E subiram do Egito, e chegaram à terra de Canaã a Jacó seu pai. ²⁶ E deram-lhe as novas, dizendo: José vive ainda; e ele é senhor toda a terra do Egito. E seu coração se desmaiou; pois não cria neles. ²⁷ E eles lhe contaram todas as palavras de José, que ele lhes havia falado; e vendo ele os carros que José enviava para levá-lo, o espírito de Jacó seu pai reviveu. ²⁸ Então disse Israel: Basta; José meu filho vive ainda: irei, e lhe verei antes que eu morra.

46

¹ E partiu-se Israel com tudo o que tinha, e veio a Berseba, e ofereceu sacrifícios ao Deus de seu pai Isaque. ² E falou Deus a Israel em visões de noite, e disse: Jacó, Jacó. E ele respondeu: Eis-me aqui. ³ E disse: Eu sou Deus, o Deus de teu pai; não temas de descer ao Egito, porque eu te farei ali em grande nação. ⁴ Eu descerei contigo ao Egito, e eu também te farei voltar; e José porá sua mão sobre teus olhos. ⁵ E levantou-se Jacó de Berseba; e tomaram os filhos de Israel a seu pai Jacó, e a seus filhos, e a suas mulheres, nos carros que Faraó havia enviado para levá-lo. ⁶ E tomaram seus gados, e sua riqueza que havia adquirido na terra de Canaã, e vieram-se ao Egito, Jacó, e

toda sua descendência consigo; ⁷ Seus filhos, e os filhos de seus filhos consigo; suas filhas, e as filhas de seus filhos, e a toda sua descendência trouxe consigo ao Egito. ⁸ E estes são os nomes dos filhos de Israel, que entraram no Egito, Jacó e seus filhos: Rúben, o primogênito de Jacó. ⁹ E os filhos de Rúben: Enoque, e Palu, e Hezrom, e Carmi. ¹⁰ E os filhos de Simeão: Jemuel, e Jamim, e Oade, e Jaquim, e Zoar, e Saul, filho da cananeia. ¹¹ E os filhos de Levi: Gérson, Coate, e Merari. ¹² E os filhos de Judá: Er, e Onã, e Selá, e Perez, e Zerá: mas Er e Onã, morreram na terra de Canaã. E os filhos de Perez foram Hezrom e Hamul. ¹³ E os filhos de Issacar: Tola, e Puva, e Jó, e Sinrom. ¹⁴ E os filhos de Zebulom: Serede e Elom, e Jaleel. ¹⁵ Estes foram os filhos de Lia, os que deu a Jacó em Padã-Arã, e além de sua filha Diná: trinta e três as almas todas de seus filhos e filhas. ¹⁶ E os filhos de Gade: Zifiom, e Hagi, e Suni, e Ezbom, e Eri, e Arodi, e Areli. ¹⁷ E os filhos de Aser: Imna, e Isva, e Isvi y Berias, e Sera, irmã deles. Os filhos de Berias: Héber, e Malquiel. ¹⁸ Estes foram os filhos de Zilpa, a que Labão deu a sua filha Lia, e deu estes a Jacó; todas dezesseis almas. ¹⁹ E os filhos de Raquel, mulher de Jacó: José e Benjamim. ²⁰ E nasceram a José na terra do Egito Manassés e Efraim, os que lhe deu Azenate, filha Potífera, sacerdote de Om. ²¹ E os filhos de Benjamim foram Belá, e Bequer e Asbel, e Gera, e Naamã, e Eí, e Rôs e Mupim, e Hupim, e Arde. ²² Estes foram os filhos de Raquel, que nasceram a Jacó: ao todo, catorze almas. ²³ E os filhos de Dã: Husim. ²⁴ E os filhos de Naftali: Jazeel, e Guni, e Jezer, e Silém. ²⁵ Estes foram os filhos de Bila, a que deu Labão a Raquel sua filha, e ela deu à luz estes a Jacó; todas sete almas. ²⁶ Todas as pessoas que vieram com Jacó ao Egito, procedentes de seus lombos, sem as mulheres dos filhos de Jacó, todas as pessoas foram sessenta e seis. ²⁷ E os filhos de José, que lhe nasceram no Egito, duas pessoas. Todas as almas da casa de Jacó, que entraram no Egito, foram setenta. ²⁸ E enviou a Judá adiante de si a José, para que lhe viesse a ver a Gósen; e chegaram à terra de Gósen. ²⁹ E José preparou seu carro e veio a receber a Israel seu pai a Gósen; e se manifestou a ele, e lançou-se sobre seu pescoço, e chorou sobre seu pescoço bastante. ³⁰ Então Israel disse a José: Morra eu agora, já que vi teu rosto, pois ainda vives. ³¹ E José disse a seus irmãos, e à casa de seu pai: Subirei e farei saber a Faraó, e lhe direi: Meus irmãos e a casa de meu pai, que estavam na terra de Canaã, vieram a mim; ³² E os homens são pastores de ovelhas, porque são homens criadores de gado: e trouxeram suas ovelhas e suas vacas, e tudo o que tinham. ³³ E quando Faraó vos chamar e disser: qual é vosso ofício? ³⁴ Então direis: Homens de criação de gado foram teus servos desde nossa juventude até agora, nós e nossos pais; a fim que moreis na terra de Gósen, porque os egípcios abominam todo pastor de ovelhas.

47

¹ E José veio, e fez saber a Faraó, e disse: Meu pai e meus irmãos, e suas ovelhas e suas vacas, com tudo o que têm, vieram da terra de Canaã, e eis que, estão na terra de Gósen. ² E dentre seus irmãos tomou cinco homens, e os apresentou diante de Faraó. ³ E Faraó disse a seus irmãos: Qual é vosso ofício? E eles responderam a Faraó: Pastores de ovelhas são teus servos, tanto nós como nossos pais. ⁴ Disseram ademais a Faraó: Por morar nesta terra viemos; porque não há pasto para as ovelhas de teus servos, pois a fome é grave na terra de Canaã: portanto, te rogamos agora que habitem teus servos na terra de Gósen. ⁵ Então Faraó falou a José, dizendo: Teu pai e teus irmãos vieram a ti; ⁶ A terra do Egito diante de ti está; no melhor da terra faze habitar a teu pai e a teus irmãos; habitem na terra de Gósen; e se entendes que há entre eles homens competentes, põe-os por administradores do meu gado. ⁷ E José introduziu a seu pai, e apresentou-o diante de Faraó; e Jacó abençoou a Faraó. ⁸ E disse Faraó a Jacó: Quantos são os dias dos anos de tua vida? ⁹ E Jacó respondeu

a Faraó: Os dias dos anos de minha peregrinação são cento e trinta anos; poucos e maus foram os dias dos anos de minha vida, e não chegaram aos dias dos anos da vida de meus pais nos dias de sua peregrinação. ¹⁰ E Jacó abençoou a Faraó, e saiu-se de diante de Faraó. ¹¹ Assim José fez habitar a seu pai e a seus irmãos, e deu-lhes possessão na terra do Egito, no melhor da terra, na terra de Ramessés como mandou Faraó. ¹² E alimentava José a seu pai e a seus irmãos, e a toda a casa de seu pai, de pão, segundo o número de seus filhos. ¹³ E não havia pão toda a terra, e a fome era muito grave; pelo que desfaleceu de fome a terra do Egito e a terra de Canaã. ¹⁴ E recolheu José todo o dinheiro que se achou na terra do Egito e na terra de Canaã, pelos alimentos que dele compravam; e meteu José o dinheiro na casa de Faraó. ¹⁵ E acabado o dinheiro da terra do Egito e da terra de Canaã, veio todo Egito a José dizendo: Dá-nos pão: por que morreremos diante de ti, por haver-se acabado o dinheiro? ¹⁶ E José disse: Dai vossos gados, e eu vos darei por vossos gados, se se acabou o dinheiro. ¹⁷ E eles trouxeram seus gados a José; e José lhes deu alimentos por cavalos, e pelo rebanho das ovelhas, e pelo rebanho das vacas, e por asnos: e sustentou-os de pão por todos os seus gados aquele ano. ¹⁸ E acabado aquele ano, vieram a ele o segundo ano, e lhe disseram: Não encobriremos a nosso senhor que o dinheiro certamente se acabou; também o gado é já de nosso senhor; nada restou diante de nosso senhor a não ser nossos corpos e nossa terra. ¹⁹ Por que morreremos diante de teus olhos, tanto nós como nossa terra? Compra a nós e a nossa terra por pão, e seremos nós e nossa terra servos de Faraó; e dá-nos semente para que vivamos e não morramos, e não seja assolada a terra. ²⁰ Então comprou José toda a terra do Egito para Faraó; pois os egípcios venderam cada um suas terras, porque se agravou a fome sobre eles: e a terra veio a ser de Faraó. ²¹ E ao povo o fez passar às cidades desde um fim do termo do Egito até o outro fim. ²² Somente a terra dos sacerdotes não comprou, porquanto os sacerdotes tinham ração de Faraó, e eles comiam sua ração que Faraó lhes dava: por isso não venderam sua terra. ²³ E José disse ao povo: Eis que comprei hoje vós e vossa terra para Faraó: vede aqui semente, e semeareis a terra. ²⁴ E será que dos frutos dareis o quinto a Faraó, e as quatro partes serão vossas para semear as terras, e para vosso mantimento, e dos que estão em vossas casas, e para que comam vossos meninos. ²⁵ E eles responderam: A vida nos deste: achemos favor aos olhos de meu senhor, e sejamos servos de Faraó. ²⁶ Então José o pôs por estatuto até hoje sobre a terra do Egito, assinalando para Faraó o quinto; exceto somente a terra dos sacerdotes, que não foi de Faraó. ²⁷ Assim habitou Israel na terra do Egito, na terra de Gósen; e apossaram-se nela, y se aumentaram, e multiplicaram em grande maneira. ²⁸ E viveu Jacó na terra do Egito dezessete anos: e foram os dias de Jacó, os anos de sua vida, cento quarenta e sete anos. ²⁹ E achegaram-se os dias de Israel para morrer, e chamou a José seu filho, e lhe disse: Se achei agora favor em teus olhos, rogo-te que ponhas tua mão debaixo de minha coxa, e farás comigo misericórdia e verdade; rogo-te que não me enterres no Egito; ³⁰ Mas quando dormir com meus pais, me levarás de Egito, e me sepultarás no sepulcro deles. E ele respondeu: Eu farei como tu dizes. ³¹ E ele disse: Jura-me isso. E ele lhe jurou. Então Israel se inclinou sobre a cabeceira da cama.

48

¹ E sucedeu depois destas coisas que foi dito a José: Eis que teu pai está enfermo. E ele tomou consigo seus dois filhos Manassés e Efraim. ² E se fez saber a Jacó, dizendo: Eis que teu filho José vem a ti. Então se esforçou Israel, e sentou-se sobre a cama; ³ E disse a José: O Deus Todo-Poderoso me apareceu em Luz na terra de Canaã, e me abençoou, ⁴ E disse-me: Eis que, eu te farei crescer, e te multiplicarei, e te porei por

conjunto de povos: e darei esta terra à tua descendência depois de ti por herança perpétua. ⁵ E agora teus dois filhos Efraim e Manassés, que te nasceram na terra do Egito, antes que viesse a ti à terra do Egito, meus são; como Rúben e Simeão, serão meus: ⁶ E os que depois deles geraste, serão teus; pelo nome de seus irmãos serão chamados em suas propriedades. ⁷ Porque quando eu vinha de Padã-Arã, se me morreu Raquel na terra de Canaã, no caminho, como certa distância vindo a Efrata; e sepultei-a ali no caminho de Efrata, que é Belém. ⁸ E viu Israel os filhos de José, e disse: Quem são estes? ⁹ E respondeu José a seu pai: São meus filhos, que Deus me deu aqui. E ele disse: Achegai-os agora a mim, e os abençoarei. ¹⁰ E os olhos de Israel estavam tão agravados da velhice, que não podia ver. Fez-lhes, pois, chegar a ele, e ele os beijou e abraçou. ¹¹ E disse Israel a José: Não pensava eu ver teu rosto, e eis que Deus me fez ver também tua descendência. ¹² Então José os tirou dentre seus joelhos, e inclinou-se à terra. ¹³ E tomou-os José a ambos, Efraim à sua direita, à esquerda de Israel; e a Manassés à sua esquerda, à direita de Israel; e fez-lhes chegar a ele. ¹⁴ Então Israel estendeu sua mão direita, e a pôs sobre a cabeça de Efraim, que era o mais novo, e sua esquerda sobre a cabeça de Manassés, colocando assim suas mãos propositadamente, ainda que Manassés era o primogênito. ¹⁵ E abençoou a José, e disse: O Deus em cuja presença andaram meus pais Abraão e Isaque, o Deus que me mantém desde que eu sou até hoje, ¹⁶ O Anjo que me liberta de todo mal abençoe a estes moços: e meu nome seja chamado neles, e o nome de meus pais Abraão e Isaque: e multipliquem em grande maneira em meio da terra. ¹⁷ Então vendo José que seu pai punha a direita sobre a cabeça de Efraim, causou-lhe isto desgosto; e pegou a mão de seu pai, para mudá-la de sobre a cabeça de Efraim à cabeça de Manassés. ¹⁸ E disse José a seu pai: Não assim, meu pai, porque este é o primogênito; põe tua mão direita sobre sua cabeça. ¹⁹ Mas seu pai não quis, e disse: Eu sei, meu filho, eu sei: também ele virá a ser um povo, e será também acrescentado; porém seu irmão mais novo será maior que ele, e sua descendência será plenitude de povos. ²⁰ E abençoou-os aquele dia, dizendo: Em ti Israel abençoará, dizendo: Deus faça de ti Deus como a Efraim e como a Manassés. E pôs a Efraim diante de Manassés. ²¹ E disse Israel a José: Eis que eu morro, mas Deus será convosco, e vos fará voltar à terra de vossos pais. ²² E eu dei a ti uma parte sobre teus irmãos, a qual tomei eu da mão dos amorreus com minha espada e com meu arco.

49

¹ E chamou Jacó a seus filhos, e disse: Juntai-vos, e vos declararei o que vos há de acontecer nos últimos dias. ² Juntai-vos e ouvi, filhos de Jacó; E escutai a vosso pai Israel. ³ Rúben, tu és meu primogênito, minha força, e o princípio do meu vigor; Principal em dignidade, principal em poder. ⁴ Corrente como as águas, não sejas o principal; Porquanto subiste ao leito de teu pai: Então te contaminaste, subindo a meu estrado. ⁵ Simeão e Levi, irmãos: Armas de violência são suas armas. ⁶ Em seu secreto não entre minha alma, nem minha honra se junte em sua companhia; Que em seu furor mataram homem, E em sua vontade aleijaram bois. ⁷ Maldito seu furor, que foi bravio; E sua ira, que foi dura: Eu os dividirei em Jacó, E os espalharei em Israel. ⁸ Judá, teus irmãos te louvarão: Tua mão esterá sobre o pescoço de teus inimigos: Os filhos de teu pai se inclinarão a ti. ⁹ Jovem leão é Judá: Da presa subiste, filho meu: Encurvou-se, lançou-se como leão, Assim como leão velho; quem o despertará? ¹⁰ Não será tirado o cetro de Judá, E o legislador dentre seus pés, Até que venha Siló; E a ele se congregarão os povos. ¹¹ Atando à vide seu jumentinho, E à videira o filho de sua jumenta, Lavou no veio sua roupa, E no sangue de uvas seu manto: ¹² Seus olhos mais vermelhos que o vinho, E os dentes mais brancos que o leite. ¹³ Zebulom

em portos de mar habitará, E será para porto de navios; E seu termo até Sidom. [14] Issacar, asno de forte estrutura deitado entre dois apriscos: [15] E viu que o descanso era bom, E que a terra era deleitosa; E baixou seu ombro para levar, E serviu em tributo. [16] Dã julgará a seu povo, Como uma das tribos de Israel. [17] Será Dã serpente junto ao caminho, víbora junto à vereda, que morde os calcanhares dos cavalos, e faz cair por detrás ao cavaleiro deles. [18] Tua salvação espero, ó SENHOR. [19] Gade, exército o atacará; mas ele contra-atacará ao fim. [20] O pão de Aser será espesso, E ele dará deleites ao rei. [21] Naftali, serva solta, que diz belas coisas. [22] Ramo frutífero é José, ramo frutífero é junto à fonte, cujos ramos se estendem sobre o muro; [23] E causaram-lhe amargura, e flecharam-lhe, e os arqueiros o odiaram; [24] Mas seu arco manteve-se forte, E os braços de suas mãos se fortaleceram pelas mãos do Forte de Jacó, (Dali é o Pastor, e a Pedra de Israel,) [25] Do Deus de teu pai, o qual te ajudará, E do Todo-Poderoso, o qual te abençoará com bênçãos dos céus de acima, com bênçãos do abismo que está abaixo, Com bênçãos do seio e da madre. [26] As bênçãos de teu pai Foram maiores que as bênçãos de meus progenitores: Até o termo das colinas eternas serão sobre a cabeça de José, E sobre o topo da cabeça do que foi separado de seus irmãos. [27] Benjamim, lobo arrebatador; de manhã comerá a presa, e à tarde repartirá os despojos. [28] Todos estes foram as doze tribos de Israel: e isto foi o que seu pai lhes disse, e os abençoou; a cada um por sua bênção os abençoou. [29] Mandou-lhes logo, e disse-lhes: Eu vou a ser reunido com meu povo: sepultai-me com meus pais na caverna que está no campo de Efrom os heteus; [30] Na caverna que está no campo de Macpela, que está diante de Manre na terra de Canaã, a qual comprou Abraão com o mesmo campo de Efrom os heteus, para herança de sepultura. [31] Ali sepultaram a Abraão e a Sara sua mulher; ali sepultaram a Isaque e a Rebeca sua mulher; ali também sepultei Lia. [32] O campo e a cova que nele está foram comprados dos filhos de Hete. [33] E quando acabou Jacó de dar ordens a seus filhos, encolheu seus pés na cama, e expirou; e foi reunido com seus pais.

50

[1] Então se lançou José sobre o rosto de seu pai, e chorou sobre ele, e o beijou. [2] E mandou José a seus servos médicos que embalsamassem a seu pai; e os médicos embalsamaram a Israel. [3] E cumpriam-lhe quarenta dias, porque assim cumpriam os dias dos embalsamados, e choraram-no os egípcios setenta dias. [4] E passados os dias de seu luto, falou José aos da casa de Faraó, dizendo: Se achei agora favor em vossos olhos, vos rogo que faleis aos ouvidos de Faraó, dizendo: [5] Meu pai me fez jurar dizendo: Eis que eu morro; em meu sepulcro que eu cavei para mim na terra de Canaã, ali me sepultarás; rogo, pois, que vá eu agora, e sepultarei a meu pai, e voltarei. [6] E Faraó disse: Vai, e sepulta a teu pai, como ele te fez jurar. [7] Então José subiu a sepultar a seu pai; e subiram com ele todos os servos de Faraó, os anciãos de sua casa, e todos os anciãos da terra do Egito. [8] E toda a casa de José, e seus irmãos, e a casa de seu pai: somente deixaram na terra de Gósen seus filhos, e suas ovelhas e suas vacas. [9] E subiram também com ele os carros e cavaleiros, e fez-se um esquadrão muito grande. [10] E chegaram até a eira de Atade, que está à outra parte do Jordão, e lamentaram ali com grande e muito grave lamentação: e José fez a seu pai luto por sete dias. [11] E vendo os moradores da terra, os cananeus, o pranto na eira de Atade, disseram: Pranto grande é este dos egípcios: por isso foi chamado seu nome Abel-Mizraim, que está à outra parte do Jordão. [12] Fizeram, pois, seus filhos com ele, segundo lhes havia mandado: [13] Pois seus filhos o levaram à terra de Canaã, e o sepultaram na caverna do campo de Macpela, a que havia comprado Abraão com o mesmo campo, para herança de sepultura, de Efrom o heteu, diante de Manre. [14] E

voltou José ao Egito, ele e seus irmãos, e todos os que subiram com ele a sepultar a seu pai, depois que o sepultou. [15] E vendo os irmãos de José que seu pai era morto, disseram: Talvez José nos odeie, e nos retribua de todo o mal que lhe fizemos. [16] E enviaram a dizer a José: Teu pai mandou antes de sua morte, dizendo: [17] Assim direis a José: Rogo-te que perdoes agora a maldade de teus irmãos e seu pecado, porque mal te trataram: portanto agora te rogamos que perdoes a maldade dos servos do Deus de teu pai. E José chorou enquanto falavam. [18] E vieram também seus irmãos, e prostraram-se diante dele, e disseram: Eis-nos aqui por teus servos. [19] E respondeu-lhes José: Não temais: estou eu em lugar de Deus? [20] Vós pensastes mal sobre mim, mas Deus o encaminhou para o bem, para fazer o que vemos hoje, para manter em vida muito povo. [21] Agora, pois, não tenhais medo; eu sustentarei a vós e a vossos filhos. Assim os consolou, e lhes falou ao coração. [22] E esteve José no Egito, ele e a casa de seu pai; e viveu José cento dez anos. [23] E viu José os filhos de Efraim até a terceira geração: também os filhos de Maquir, filho de Manassés, foram criados sobre os joelhos de José. [24] E José disse a seus irmãos: Eu me morro; mas Deus certamente vos visitará, e vos fará subir desta terra à terra que jurou a Abraão, a Isaque, e a Jacó. [25] E fez jurar José aos filhos de Israel, dizendo: Deus certamente vos visitará, e fareis levar daqui meus ossos. [26] E morreu José da idade de cento e dez anos; e embalsamaram-no, e foi posto num caixão no Egito.

Livro do Êxodo

[1] Estes são os nomes dos filhos de Israel que entraram em Egito com Jacó; cada um entrou com sua família: [2] Rúben, Simeão, Levi e Judá; [3] Issacar, Zebulom e Benjamim; [4] Dã e Naftali, Gade e Aser. [5] Assim, todas as pessoas que descenderam do corpo * de Jacó foram setenta. Porém José estava no Egito. [6] Depois que morreram José, todos os seus irmãos, e toda aquela geração, [7] os filhos de Israel cresceram e multiplicaram, e foram aumentados e fortalecidos grandemente; de maneira que a terra encheu-se deles. [8] Levantou-se, entretanto, um novo rei sobre o Egito, que não conhecia José. [9] Ele disse ao seu povo: Eis que o povo dos filhos de Israel é maior e mais forte que nós; [10] Agora, pois, sejamos astutos para com ele, a fim de que não se multiplique, e aconteça que caso venha guerra, ele se alie aos nossos inimigos, lute contra nós, e saia desta terra. [11] Então puseram sobre *o povo de Israel* capatazes para os oprimirem com trabalhos forçados; † e edificaram a Faraó as cidades de armazenamento, Pitom e Ramessés. [12] Porém, quanto mais os oprimiam, mais se multiplicavam e cresciam. Por isso eles detestavam ‡ os filhos de Israel. [13] Assim os egípcios fizeram os filhos de Israel servirem duramente, [14] e amargaram a vida deles com dura servidão, em fazerem barro e tijolos, em todo trabalho do campo, e em todo o seu serviço, ao qual os obrigavam com rigor. [15] E o rei do Egito falou às parteiras das hebreias, uma das quais se chamava Sifrá, e outra Puá, e disse-lhes: [16] Quando fizerdes o parto das hebreias, e olhardes os assentos, se for filho, matai-o; e se for filha, então viva. [17] Mas as parteiras temeram a Deus, e não fizeram como o rei do Egito lhes mandara; em vez disso, preservaram a vida dos meninos. [18] E o rei do Egito mandou chamar às parteiras e lhes perguntou: Por que fizestes isto, que preservastes a vida dos meninos? [19] As parteiras responderam a Faraó: As mulheres hebreias não são como as egípcias; pois são fortes, de maneira que dão à luz antes que a parteira chegue a elas. [20] E Deus fez bem às parteiras. E o povo se multiplicou, e se fortaleceu muito. [21] E por as parteiras terem temido a Deus, ele constituiu famílias a elas. [22] Então Faraó deu a todo o seu povo a seguinte ordem: Lançai no rio todo filho que nascer, e a toda filha preservai a vida.

2

[1] Um homem da família de Levi foi, e tomou por mulher uma filha de Levi: [2] A qual concebeu, e deu à luz um filho: e vendo-o que era belo, teve-lhe escondido três meses. [3] Porém não podendo ocultar-lhe mais tempo, tomou uma cesta de juncos, e vedou-a com piche e betume, e colocou nela ao menino, e o pôs entre os juncos à beira do rio: [4] E ficou parada uma irmã sua ao longe, para ver o que lhe aconteceria. [5] E a filha de Faraó desceu a lavar-se ao rio, e passeando suas virgens pela beira do rio, viu ela a cesta entre os juncos, e enviou uma criada sua a que a tomasse. [6] E quando a abriu, viu ao menino; e eis que o menino chorava. E tendo compaixão dele, disse: Dos meninos dos hebreus é este. [7] Então sua irmã disse à filha de Faraó: Irei a chamar-te uma ama das hebreias, para que te crie este menino? [8] E a filha de Faraó respondeu: Vai. Então foi a virgem, e chamou à mãe do menino; [9] À qual disse a filha de Faraó: Leva este menino, e cria-o para mim, e eu te o pagarei. E a mulher tomou ao menino, e o criou. [10] E quando cresceu o menino, ela o trouxe à filha de

---

* **1:5** descenderam do corpo lit. procederam das coxas, i.e., são descendentes biológicos de Jacó   † **1:11** trabalhos forçados lit. suas cargas   ‡ **1:12** detestavam ou: temiam

Faraó, a qual o adotou, e pôs-lhe por nome Moisés, dizendo: Porque das águas o tirei. ¹¹ E naqueles dias aconteceu que, crescido já Moisés, saiu a seus irmãos, e viu suas cargas: e observou a um egípcio que feria a um dos hebreus, seus irmãos. ¹² E olhou a todas as partes, e vendo que não parecia ninguém, matou ao egípcio, e escondeu-o na areia. ¹³ E saiu ao dia seguinte, e vendo a dois hebreus que brigavam, disse ao que fazia a injúria: Por que feres a teu próximo? ¹⁴ E ele respondeu: Quem te pôs a ti por príncipe e juiz sobre nós? Pensas matar-me como mataste ao egípcio? Então Moisés teve medo, e disse: Certamente esta coisa é descoberta. ¹⁵ E ouvindo Faraó este negócio, procurou matar a Moisés: mas Moisés fugiu de diante de Faraó, e habitou na terra de Midiã; e sentou-se junto a um poço. ¹⁶ Tinha o sacerdote de Midiã sete filhas, as quais vieram a tirar água, para encher os bebedouros e dar de beber as ovelhas de seu pai. ¹⁷ Mas os pastores vieram, e expulsaram-nas: Então Moisés se levantou e defendeu-as, e deu de beber às suas ovelhas. ¹⁸ E voltando elas a Reuel seu pai, disse-lhes ele: Por que viestes hoje tão cedo? ¹⁹ E elas responderam: Um homem egípcio nos defendeu da mão dos pastores, e também tirou a água, e deu de beber as as ovelhas. ²⁰ E disse a suas filhas: E onde está? Por que deixastes esse homem? Chamai-lhe para que coma pão. ²¹ E Moisés concordou em morar com aquele homem; e ele deu a Moisés a sua filha Zípora: ²² A qual lhe deu à luz um filho, e ele lhe pôs por nome Gérson: porque disse: Peregrino sou em terra alheia. ²³ E aconteceu que depois de muitos dias morreu o rei do Egito, e os filhos de Israel suspiraram por causa da servidão, e clamaram: e subiu a Deus o clamor deles com motivo de sua servidão. ²⁴ E ouviu Deus o gemido deles, e lembrou-se de seu pacto com Abraão, Isaque e Jacó. ²⁵ Deus olhou os filhos de Israel, e Deus os reconheceu.

3

¹ E apascentando Moisés as ovelhas de Jetro seu sogro, sacerdote de Midiã, levou as ovelhas ao outro lado do deserto, e veio a Horebe, monte de Deus. ² E apareceu-lhe o anjo do SENHOR em uma chama de fogo em meio de uma sarça: e ele olhou, e viu que a sarça ardia em fogo, e a sarça não se consumia. ³ Então Moisés disse: Irei eu agora, e verei esta grande visão, por que causa a sarça não se queima. ⁴ E quando o SENHOR viu que ia ver, Deus o chamou do meio da sarça, e disse: Moisés, Moisés! E ele respondeu: Eis-me aqui. ⁵ E disse: Não te aproximes daqui; tira teus calçados de teus pés, porque o lugar em que estás é terra santa. ⁶ E disse: Eu sou o Deus de teu pai, Deus de Abraão, Deus de Isaque, Deus de Jacó. Então Moisés cobriu seu rosto, porque teve medo de olhar a Deus. ⁷ E disse o SENHOR: Vi a aflição do meu povo que está no Egito, e ouvi seu clamor por causa de seus opressores; pois conheço suas angústias. ⁸ Por isso desci para livrá-los da mão dos egípcios, e tirá-los daquela terra, fazendo-os subir para uma terra boa e larga, para uma terra que flui leite e mel, para o lugar dos cananeus, dos heteus, dos amorreus, dos perizeus, dos heveus e dos jebuseus. ⁹ Eis que o clamor dos filhos de Israel veio a mim, e tenho visto a opressão com que os egípcios os oprimem. ¹⁰ Vem, pois, agora, e te enviarei a Faraó, para que tires meu povo, os filhos de Israel, do Egito. ¹¹ Então Moisés respondeu a Deus: Quem sou eu, para que vá a Faraó, e tire do Egito aos filhos de Israel? ¹² E ele lhe respondeu: Vai, porque eu serei contigo; e isto te será por sinal de que eu te enviei: logo que houveres tirado este povo do Egito, servireis a Deus sobre este monte. ¹³ E disse Moisés a Deus: Eis que, quando eu chegar aos filhos de Israel, e lhes disser, O Deus de vossos pais me enviou a vós; se eles me perguntarem: Qual é seu nome? que lhes responderei? ¹⁴ Deus respondeu a Moisés: EU SOU O QUE SOU. E disse: Assim dirás aos filhos de Israel: EU SOU me enviou a vós. ¹⁵ E disse mais Deus a Moisés: Assim dirás aos filhos de Israel: o SENHOR, o Deus de vossos pais, o

Deus de Abraão, Deus de Isaque e Deus de Jacó, me enviou a vós. Este é meu nome para sempre, este é meu memorial por todos os séculos. ¹⁶ Vai, e junta os anciãos de Israel, e dize-lhes: O SENHOR, o Deus de vossos pais, o Deus de Abraão, de Isaque, e de Jacó, me apareceu, dizendo: Certamente vos visitei, e vi o que se faz convosco no Egito; ¹⁷ E disse: Eu vos tirarei da aflição do Egito à terra dos cananeus, e dos heteus, e dos amorreus, e dos perizeus, e dos heveus, e dos jebuseus, a uma terra que flui leite e mel. ¹⁸ E ouvirão tua voz; e irás tu, e os anciãos de Israel, ao rei do Egito, e lhe direis: O SENHOR, o Deus dos hebreus, nos encontrou; portanto nós iremos agora caminho de três dias pelo deserto, para que sacrifiquemos ao SENHOR nosso Deus. ¹⁹ Mas eu sei que o rei do Egito não vos deixará ir a não ser por mão forte. ²⁰ Porém eu estenderei minha mão, e ferirei ao Egito com todas minhas maravilhas que farei nele, e então vos deixará ir. ²¹ E eu darei a este povo favor aos olhos dos egípcios, para que quando vos partirdes, não saiais vazios: ²² Em vez disso pedirá cada mulher à sua vizinha e à sua visitante vasos de prata, vasos de ouro, e roupas; os quais poreis sobre vossos filhos e vossas filhas, e despojareis ao Egito.

4

¹ Então Moisés respondeu, e disse: Eis que eles não crerão em mim, nem ouvirão minha voz; porque dirão: O SENHOR não apareceu a ti. ² E o SENHOR disse: Que é isso que tens em tua mão? E ele respondeu: Uma vara. ³ E ele lhe disse: Lança-a em terra. E ele a lançou em terra, e tornou-se uma cobra: e Moisés fugia dela. ⁴ Então disse o SENHOR a Moisés: Estende tua mão, e toma-a pela cauda. E ele estendeu sua mão, e tomou-a, e tornou-se vara em sua mão. ⁵ Por isto crerão que se te apareceu o SENHOR, o Deus de teus pais, o Deus de Abraão, Deus de Isaque, e Deus de Jacó. ⁶ E disse-lhe mais o SENHOR: Mete agora tua mão em teu peito. E ele meteu a mão em seu peito; e quando a tirou, eis que sua mão estava leprosa como a neve. ⁷ E disse: Volta a meter tua mão em teu peito; e ele voltou a meter sua mão em seu peito; e voltando-a a tirar do peito, eis que se havia voltado como a outra carne. ⁸ Se acontecer, que não te crerem, nem obedecerem à voz do primeiro sinal, crerão à voz do último. ⁹ E se ainda não crerem nestes dois sinais, nem ouvirem tua voz, tomarás das águas do rio, e as derramará em terra; e se tornarão aquelas águas que tomarás do rio, se tornarão sangue na terra. ¹⁰ Então disse Moisés ao SENHOR: Ai Senhor! Eu não sou homem de palavras de ontem nem de anteontem, nem ainda desde que tu falas a teu servo; porque sou lento no fala e incômodo de língua. ¹¹ E o SENHOR lhe respondeu: Quem deu a boca ao homem? Ou quem fez ao mudo e ao surdo, ao que vai e ao cego? não sou eu, o SENHOR? ¹² Agora pois, vai, que eu serei em tua boca, e te ensinarei o que tenhas de falar. ¹³ E ele disse: Ai Senhor! envia por meio do que hás de enviar. ¹⁴ Então o SENHOR se irou contra Moisés, e disse: Não conheço eu a teu irmão Arão, levita, e que ele fala bem? E ainda eis que ele sairá para te receber, e vendo-te, se alegrará em seu coração. ¹⁵ Tu falarás a ele, e porás em sua boca as palavras, e eu serei em tua boca e na sua, e vos ensinarei o que deveis fazer. ¹⁶ E ele falará por ti ao povo; e ele te será a ti em lugar de boca, e tu serás para ele em lugar de Deus. ¹⁷ E tomarás esta vara em tua mão, com a qual farás os sinais. ¹⁸ Assim se foi Moisés, e voltando a seu sogro Jetro, disse-lhe: Irei agora, e voltarei a meus irmãos que estão em Egito, para ver se ainda vivem. E Jetro disse a Moisés: Vai em paz. ¹⁹ Disse também o SENHOR a Moisés em Midiã: Vai, e volta-te ao Egito, porque mataram todos os que procuravam tua morte. ²⁰ Então Moisés tomou sua mulher e seus filhos, e os pôs sobre um asno, e voltou-se à terra do Egito: tomou também Moisés a vara de Deus em sua mão. ²¹ E disse o SENHOR a Moisés: Quando houverdes voltado ao Egito, olha que faças diante de Faraó todas as maravilhas que pus em tua

mão: eu, porém, endurecerei seu coração, de modo que não deixará ir ao povo. ²² E dirás a Faraó: O SENHOR disse assim: Israel é meu filho, meu primogênito. ²³ Já te disse que deixes ir a meu filho, para que me sirva, mas não quiseste deixá-lo ir: eis que eu vou a matar a teu filho, o teu primogênito. ²⁴ E aconteceu no caminho, que em uma parada o SENHOR lhe saiu ao encontro, e quis matá-lo. ²⁵ Então Zípora agarrou uma pedra afiada, e cortou o prepúcio de seu filho, e lançou-o a seus pés, dizendo: Em verdade tu me és um esposo de sangue. ²⁶ Assim lhe deixou logo ir. E ela disse: Esposo de sangue, por causa da circuncisão. ²⁷ E o SENHOR disse a Arão: Vai receber a Moisés ao deserto. E ele foi, e encontrou-o no monte de Deus, e beijou-lhe. ²⁸ Então contou Moisés a Arão todas as palavras do SENHOR que lhe enviava, e todas o sinais que lhe havia dado. ²⁹ E foram Moisés e Arão, e juntaram todos os anciãos dos filhos de Israel: ³⁰ E falou Arão todas as palavras que o SENHOR havia dito a Moisés, e fez o sinais diante dos olhos do povo. ³¹ E o povo creu; e ouvindo que o SENHOR havia visitado os filhos de Israel, e que havia visto sua aflição, inclinaram-se e adoraram.

5

¹ Depois entraram Moisés e Arão a Faraó, e lhe disseram: O SENHOR, o Deus de Israel, disse assim: Deixa ir meu povo a celebrar-me festa no deserto. ² E Faraó respondeu: Quem é o SENHOR, para que eu ouça sua voz e deixe ir a Israel? Não conheço o SENHOR, nem tampouco deixarei Israel ir. ³ E eles disseram: O Deus dos hebreus nos encontrou: iremos, pois, agora caminho de três dias pelo deserto, e sacrificaremos ao SENHOR nosso Deus; para que não venha sobre nós com pestilência ou com espada. ⁴ Então o rei do Egito lhes disse: Moisés e Arão, por que fazeis cessar ao povo de sua obra? Ide a vossas cargas. ⁵ Disse também Faraó: Eis que o povo da terra é agora muito, e vós lhes fazeis cessar de suas cargas. ⁶ E mandou Faraó aquele mesmo dia aos capatazes do povo que o tinham à sua responsabilidade, e a seus governadores, dizendo: ⁷ De aqui adiante não dareis palha ao povo para fazer tijolos, como ontem e antes de ontem; vão eles e recolham por si mesmos a palha; ⁸ E haveis de pôr-lhes a tarefa dos tijolos que faziam antes, e não lhes diminuireis nada; porque estão ociosos, e por isso levantam a voz dizendo: Vamos e sacrificaremos a nosso Deus. ⁹ Agrave-se a servidão sobre eles, para que se ocupem nela, e não atendam a palavras de mentira. ¹⁰ E saindo os capatazes do povo e seus governadores, falaram ao povo, dizendo: Assim disse Faraó: Eu não vos dou palha. ¹¹ Ide vós, e recolhei palha de onde a achardes; que nada se diminuirá de vossa tarefa. ¹² Então o povo se espalhou por toda a terra do Egito a colher restolho em lugar de palha. ¹³ E os capatazes os apressavam, dizendo: Acabai vossa obra, a tarefa do dia em seu dia, como quando se vos dava palha. ¹⁴ E açoitavam aos supervisores dos filhos de Israel, que os capatazes de Faraó haviam posto sobre eles, dizendo: Por que não cumpristes vossa tarefa de tijolos nem ontem nem hoje, como antes? ¹⁵ E os supervisores dos filhos de Israel vieram a Faraó, e se queixaram a ele, dizendo: Por que o fazes assim com teus servos? ¹⁶ Não se dá palha a teus servos, e, contudo, nos dizem: Fazei os tijolos. E eis que teus servos são açoitados; e teu povo cai em falta. ¹⁷ E ele respondeu: Estais ociosos, sim, ociosos, e por isso dizeis: Vamos e sacrifiquemos ao SENHOR. ¹⁸ Ide, pois, agora, e trabalhai. Não se vos dará palha, e haveis de dar a tarefa dos tijolos. ¹⁹ Então os supervisores dos filhos de Israel se viram em aflição, tendo lhes dito: Não se diminuirá nada de vossos tijolos, da tarefa de cada dia. ²⁰ E encontrando a Moisés e a Arão, que estavam à vista deles quando saíam de Faraó, ²¹ Disseram-lhes: Olhe o SENHOR sobre vós, e julgue; pois nos fizestes repulsivos diante de Faraó e de seus servos, dando-lhes a espada nas mãos para que nos matem. ²² Então Moisés se voltou ao SENHOR, e disse: Senhor, por que afliges a este povo?

para que me enviaste? [23] Porque desde que vim a Faraó para falar-lhe em teu nome, afligiu a este povo; e tu tampouco livraste a teu povo.

6

[1] O SENHOR respondeu a Moisés: Agora verás o que eu farei a Faraó; porque com mão forte os deixará ir; e com mão forte os expulsará de sua terra. [2] Falou, todavia, Deus a Moisés, e disse-lhe: Eu sou o SENHOR; [3] E apareci a Abraão, a Isaque e a Jacó sob o nome de Deus Todo-Poderoso, mas em meu nome, EU-SOU, não me notifiquei a eles. [4] E também estabeleci meu pacto com eles, de dar-lhes a terra de Canaã, a terra em que foram estrangeiros, e na qual peregrinaram. [5] E também eu ouvi o gemido dos filhos de Israel, aos quais fazem servir os egípcios, e lembrei-me de meu pacto. [6] Portanto dirás aos filhos de Israel: EU SOU O SENHOR; e eu vos tirarei de debaixo das cargas do Egito, e vos livrarei de sua servidão, e vos resgatarei com braço estendido, e com grandes juízos; [7] E vos tomarei por meu povo e serei vosso Deus: e vós sabereis que eu sou o SENHOR vosso Deus, que vos tiro de debaixo das cargas do Egito: [8] E vos meterei na terra, pela qual levantei minha mão que a daria a Abraão, a Isaque e a Jacó: e eu vos a darei por herança. EU SOU O SENHOR. [9] Desta maneira falou Moisés aos filhos de Israel: mas eles não escutavam a Moisés por causa da angústia de espírito, e da dura servidão. [10] E falou o SENHOR a Moisés, dizendo: [11] Entra, e fala a Faraó rei do Egito, que deixe ir de sua terra aos filhos de Israel. [12] E respondeu Moisés diante do SENHOR, dizendo: Eis que os filhos de Israel não me escutam: como, pois, me escutará Faraó, ainda mais sendo eu incircunciso de lábios? [13] Então o SENHOR falou a Moisés e a Arão, e deu-lhes mandamento para os filhos de Israel, e para Faraó rei do Egito, para que tirassem aos filhos de Israel da terra do Egito. [14] Estes são os chefes das famílias de seus pais. Os filhos de Rúben, o primogênito de Israel: Enoque e Palu, Hezrom e Carmi: estas são as famílias de Rúben. [15] Os filhos de Simeão: Jemuel, e Jamim, e Oade, e Jaquim, e Zoar, e Saul, filho de uma cananeia: estas são as famílias de Simeão. [16] E estes são os nomes dos filhos de Levi por suas linhagens: Gérson, e Coate, e Merari: E os anos da vida de Levi foram cento trinta e sete anos. [17] E os filhos de Gérson: Libni, e Simei, por suas famílias. [18] E os filhos de Coate: Anrão, e Izar, e Hebrom, e Uziel. E os anos da vida de Coate foram cento e trinta e três anos. [19] E os filhos de Merari: Mali, e Musi: estas são as famílias de Levi por suas linhagens. [20] E Anrão tomou por mulher a Joquebede sua tia, a qual lhe deu à luz a Arão e a Moisés. E os anos da vida de Anrão foram cento e trinta e sete anos. [21] E os filhos de Izar: Corá, e Nefegue e Zicri. [22] E os filhos de Uziel: Misael, e Elzafã e Sitri. [23] E tomou para si Arão por mulher a Eliseba, filha de Aminadabe, irmã de Naassom; a qual lhe deu à luz a Nadabe, e a Abiú, e a Eleazar, e a Itamar. [24] E os filhos de Corá: Assir, e Elcana, e Abiasafe: estas são as famílias dos coraítas. [25] E Eleazar, filho de Arão, tomou para si mulher das filhas de Putiel, a qual lhe deu à luz a Fineias: E estes são os chefes dos pais dos levitas por suas famílias. [26] Este é aquele Arão e aquele Moisés, aos quais o SENHOR disse: Tirai aos filhos de Israel da terra do Egito por seus esquadrões. [27] Estes são os que falaram a Faraó rei do Egito, para tirar do Egito aos filhos de Israel. Moisés e Arão foram estes. [28] Quando o SENHOR falou a Moisés na terra do Egito, [29] Então o SENHOR falou a Moisés, dizendo: Eu sou o SENHOR; dize a Faraó rei do Egito todas as coisas que eu te digo. [30] E Moisés respondeu diante do SENHOR: Eis que sou incircunciso de lábios; como, pois, Faraó me ouvirá?

7

[1] O SENHOR disse a Moisés: Olha, eu te constituí como um deus para Faraó, e teu

irmão Arão será teu profeta. ² Tu dirás todas as coisas que eu te mandarei, e Arão teu irmão falará a Faraó, para que deixe os filhos de Israel saírem de sua terra. ³ E eu endurecerei o coração de Faraó, e multiplicarei na terra do Egito meus sinais e minhas maravilhas. ⁴ E Faraó não vos ouvirá; mas eu porei minha mão sobre o Egito, e tirarei meus exércitos, meu povo, os filhos de Israel, da terra do Egito, com grandes juízos. ⁵ E os egípcios saberão que eu sou o SENHOR, quando eu estender minha mão sobre o Egito, e tirar os filhos de Israel do meio deles. ⁶ E fez Moisés e Arão como o SENHOR lhes mandou; fizeram-no assim. ⁷ E era Moisés de idade de oitenta anos, e Arão de idade de oitenta e três, quando falaram a Faraó. ⁸ E falou o SENHOR a Moisés e a Arão, dizendo: ⁹ Se Faraó vos responder dizendo, Mostrai milagre; dirás a Arão: Toma tua vara, e lança-a diante de Faraó, para que se torne cobra. ¹⁰ Vieram, pois, Moisés e Arão a Faraó, e fizeram como o SENHOR o havia mandado; e Arão lançou sua vara diante de Faraó e de seus servos, e tornou-se cobra. ¹¹ Então Faraó chamou também sábios e encantadores; e os encantadores do Egito com seus encantamentos fizeram também o mesmo; ¹² Pois lançou cada um sua vara, as quais se tornaram cobras; mas a vara de Arão devorou as varas deles. ¹³ E o coração de Faraó se endureceu, e não os escutou; como o SENHOR o havia dito. ¹⁴ Então o SENHOR disse a Moisés: O coração de Faraó está endurecido, que não quer deixar o povo ir. ¹⁵ Vai pela manhã a Faraó, eis que ele estará saindo às águas; e põe-te à beira do rio diante dele, e toma em tua mão a vara que se tornou cobra, ¹⁶ E dize-lhe: O SENHOR, o Deus dos hebreus, me enviou a ti, dizendo: Deixa meu povo ir, para que me sirvam no deserto; e eis que até agora não quiseste ouvir. ¹⁷ Assim disse o SENHOR: Nisto conhecerás que eu sou o SENHOR: eis que ferirei com a vara que tenho em minha mão a água que está no rio, e se converterá em sangue: ¹⁸ E os peixes que há no rio morrerão, e federá o rio, e os egípcios terão asco de beber a água do rio. ¹⁹ E o SENHOR disse a Moisés: Dize a Arão: Toma tua vara, e estende tua mão sobre as águas do Egito, sobre seus rios, sobre seus ribeiros e sobre seus tanques, e sobre todos os seus depósitos de águas, para que se convertam em sangue, e haja sangue por toda a região do Egito, tanto nos vasos de madeira como nos de pedra. ²⁰ E Moisés e Arão fizeram como o SENHOR havia mandado; e levantando a vara feriu as águas que havia no rio, em presença de Faraó e de seus servos; e todas as águas que havia no rio se converteram em sangue. ²¹ Assim os peixes que havia no rio morreram; e o rio se contaminou, que os egípcios não podiam beber dele; e houve sangue por toda a terra do Egito. ²² E os encantadores do Egito fizeram o mesmo com seus encantamentos: e o coração de Faraó se endureceu, e não os escutou; como o SENHOR o havia dito. ²³ E Faraó, tornando, voltou-se a sua casa, e não pôs seu coração ainda nisto. ²⁴ E por todo o Egito fizeram poços ao redor do rio para beber, porque não podiam beber das águas do rio. ²⁵ E cumpriram-se sete dias depois que o SENHOR feriu o rio.

8

¹ Então o SENHOR disse a Moisés: Entra à presença de Faraó, e dize-lhe: O SENHOR disse assim: Deixa meu povo ir, para que me sirvam. ² E se não o quiseres deixar ir, eis que ferirei com rãs todo os teu território; ³ E o rio criará rãs, que subirão, e entrarão em tua casa, e no teu quarto, e sobre tua cama, e nas casas de teus servos, e em teu povo, e em teus fornos, e em tuas amassadeiras; ⁴ E as rãs subirão sobre ti, e sobre teu povo, e sobre todos os teus servos. ⁵ E o SENHOR disse a Moisés: Dize a Arão: Estende tua mão com tua vara sobre os rios, ribeiros, e tanques, para que faça vir rãs sobre a terra do Egito. ⁶ Então Arão estendeu sua mão sobre as águas do Egito, e subiram rãs que cobriram a terra do Egito. ⁷ E os encantadores fizeram o mesmo com seus encantamentos, e fizeram vir rãs sobre a terra do Egito. ⁸ Então

Faraó chamou Moisés e Arão, e disse-lhes: Orai ao SENHOR que tire as rãs de mim e de meu povo; e deixarei ir ao povo, para que sacrifique ao SENHOR. [9] E disse Moisés a Faraó: Tem a honra em meu lugar *de dizer* quando orarei por ti, e por teus servos, e por teu povo, para que as rãs sejam tiradas de ti, e de tuas casas, e que somente se restem no rio. [10] E ele disse: Amanhã. E Moisés respondeu: Será feito conforme tua palavra, para que conheças que não há ninguém como o SENHOR nosso Deus; [11] E as rãs se irão de ti, e de tuas casas, e de teus servos, e de teu povo, e somente se ficarão no rio. [12] Então saíram Moisés e Arão da presença de Faraó, e clamou Moisés ao SENHOR acerca das rãs que havia posto a Faraó. [13] E o SENHOR fez conforme a palavra de Moisés, e morreram as rãs das casas, dos pátios, e dos campos. [14] E as juntaram em amontoados, e faziam cheirar mal a terra. [15] E vendo Faraó que lhe haviam dado repouso, agravou seu coração, e não os escutou; como o SENHOR o havia dito. [16] Então o SENHOR disse a Moisés: Dize a Arão: Estende a tua vara, e fere o pó da terra, para que se voltem piolhos por toda a terra do Egito. [17] E eles o fizeram assim; e Arão estendeu sua mão com sua vara, e feriu o pó da terra, o qual se tornou piolhos, tanto nos homens como nos animais; todo o pó da terra se tornou piolhos em toda a terra do Egito. [18] E os encantadores tentaram fizeram assim também, para tirar piolhos com seus encantamentos; mas não puderam. E havia piolhos tanto nos homens como nos animais. [19] Então os magos disseram a Faraó: Dedo de Deus é este. Mas o coração de Faraó se endureceu, e não os escutou; como o SENHOR o havia dito. [20] E o SENHOR disse a Moisés: Levanta-te de manhã e põe-te diante de Faraó, eis que ele estará saindo às águas; e dize-lhe: o SENHOR disse assim: Deixa meu povo ir, para que me sirva. [21] Porque se não deixares meu povo ir, eis que enviarei sobre ti, e sobre teus servos, e sobre teu povo, e sobre tuas casas toda variedade de moscas; e as casas dos egípcios se encherão de toda variedade de moscas, e também a terra onde eles estiverem. [22] E naquele dia separarei a terra de Gósen, na qual meu povo habita, para que nenhuma variedade de moscas haja nela; a fim de que saibas que eu sou o SENHOR no meio da terra. [23] E eu porei remissão entre meu povo e o teu. Amanhã será este sinal. [24] E o SENHOR o fez assim: veio toda variedade de moscas incômodas sobre a casa de Faraó, e sobre as casas de seus servos, e sobre toda a terra do Egito; e a terra foi contaminada por causa delas. [25] Então Faraó chamou a Moisés e a Arão, e disse-lhes: Andai, sacrificai a vosso Deus nesta terra. [26] E Moisés respondeu: Não convém que façamos assim, porque sacrificaríamos ao SENHOR nosso Deus a abominação dos egípcios. Eis que, se sacrificássemos a abominação dos egípcios diante deles, não nos apedrejariam? [27] Caminho de três dias iremos pelo deserto, e sacrificaremos ao SENHOR nosso Deus, como ele nos dirá. [28] E disse Faraó: Eu vos deixarei ir para que sacrifiqueis ao SENHOR vosso Deus no deserto, contanto que não vades mais longe; orai por mim. [29] E respondeu Moisés: Eis que, quando eu sair de tua presença, rogarei ao SENHOR que as diversas variedades de moscas se afastem de Faraó, e de seus servos, e de seu povo amanhã; contanto que Faraó não falte mais, não deixando o povo ir sacrificar ao SENHOR. [30] Então Moisés saiu da presença de Faraó, e orou ao SENHOR. [31] E o SENHOR fez conforme a palavra de Moisés; e tirou todas aquelas moscas de Faraó, e de seus servos, e de seu povo, sem que restasse uma. [32] Mas Faraó agravou ainda esta vez seu coração, e não deixou o povo ir.

9

[1] Então o SENHOR disse a Moisés: Entra a Faraó, e dize-lhe: o SENHOR, o Deus dos hebreus, diz assim: Deixa ir a meu povo, para que me sirvam; [2] Porque se não o queres deixar ir, e os detiverdes ainda, [3] Eis que a mão do SENHOR será sobre teus gados que estão no campo, cavalos, asnos, camelos, vacas e ovelhas, com pestilência

gravíssima: ⁴ E o SENHOR fará separação entre os gados de Israel e os do Egito, de modo que nada morra de todo o dos filhos de Israel. ⁵ E o SENHOR assinalou tempo, dizendo: Amanhã fará o SENHOR esta coisa na terra. ⁶ E o dia seguinte o SENHOR fez aquilo, e morreu todo o gado do Egito; mas do gado dos filhos de Israel não morreu um. ⁷ Então Faraó enviou, e eis que do gado dos filhos de Israel não havia um morto sequer. Mas o coração de Faraó se agravou, e não deixou ir ao povo. ⁸ E o SENHOR disse a Moisés e a Arão: Tomai punhados de cinza de um forno, e espalha-a Moisés até o céu diante de Faraó: ⁹ E virá a ser pó sobre toda a terra do Egito, o qual originará sarna que cause feridas com ulcerações nos homens e nos animais, por toda a terra do Egito. ¹⁰ E tomaram a cinza do forno, e puseram-se diante de Faraó, e espalhou-a Moisés até o céu; e veio uma sarna que causava feridas com ulcerações tanto nos homens como nos animais. ¹¹ E os magos não podiam estar diante de Moisés por causa das feridas, porque houve sarna nos magos e em todos os egípcios. ¹² E o SENHOR endureceu o coração de Faraó, e não os ouviu; como o SENHOR o disse a Moisés. ¹³ Então o SENHOR disse a Moisés: Levanta-te de manhã, e põe-te diante de Faraó, e dize-lhe: o SENHOR, o Deus dos hebreus, disse assim: Deixa ir a meu povo, para que me sirva. ¹⁴ Porque eu enviarei esta vez todas minhas pragas a teu coração, sobre teus servos, e sobre teu povo, para que entendas que não há outro como eu em toda a terra. ¹⁵ Porque agora eu estenderei minha mão para ferir a ti e a teu povo de pestilência, e serás tirado da terra. ¹⁶ E à verdade eu te pus para declarar em ti meu poder, e que meu Nome seja contado em toda a terra. ¹⁷ Todavia te exaltas tu contra meu povo, para não deixá-los ir? ¹⁸ Eis que amanhã a estas horas eu farei chover granizo muito grave, qual nunca foi em Egito, desde o dia que se fundou até agora. ¹⁹ Envia, pois, a recolher teu gado, e tudo o que tens no campo; porque todo homem ou animal que se achar no campo, e não for recolhido a casa, o granizo descerá sobre ele, e morrerá. ²⁰ Dos servos de Faraó o que temeu a palavra do SENHOR, fez fugir seus criados e seu gado a casa: ²¹ Mas o que não pôs em seu coração a palavra do SENHOR, deixou seus criados e seus gados no campo. ²² E o SENHOR disse a Moisés: Estende a tua mão até o céu, para que venha granizo em toda a terra do Egito sobre os homens, e sobre os animais, e sobre toda a erva do campo na terra do Egito. ²³ E Moisés estendeu sua vara até o céu, e o SENHOR fez trovejar e cair granizo, e o fogo corria pela terra; e choveu o SENHOR granizo sobre a terra do Egito. ²⁴ Houve, pois, granizo, e fogo misturado com o granizo, tão grande, qual nunca houve em toda a terra do Egito desde que foi habitada. ²⁵ E aquele granizo feriu em toda a terra do Egito todo o que estava no campo, tanto homens como animais; o granizo também feriu toda erva do campo, e quebrou os galhos de todas as árvores daquela terra. ²⁶ Somente na terra de Gósen, onde os filhos de Israel estavam, não houve granizo. ²⁷ Então Faraó mandou chamar a Moisés e a Arão, e lhes disse: Pequei esta vez: o SENHOR é justo, e eu e meu povo ímpios. ²⁸ Orai ao SENHOR: e cessem os trovões de Deus e o granizo; e eu vos deixarei ir, e não vos detereis mais. ²⁹ E respondeu-lhe Moisés: Em saindo eu da cidade estenderei minhas mãos ao SENHOR, e os trovões cessarão, e não haverá mais granizo; para que saibas que do SENHOR é a terra. ³⁰ Mas eu sei que nem tu nem teus servos temereis todavia a presença do Deus o SENHOR. ³¹ O linho, pois, e a cevada foram feridos; porque a cevada estava já espigada, e o linho em flor. ³² Mas o trigo e o centeio não foram feridos; porque eram tardios. ³³ E saído Moisés da presença de Faraó da cidade, estendeu suas mãos ao SENHOR, e cessaram os trovões e o granizo; e a chuva não caiu mais sobre a terra. ³⁴ E vendo Faraó que a chuva havia cessado e o granizo e os trovões, perseverou em pecar, e agravou seu coração, ele e seus servos. ³⁵ E o coração de Faraó se endureceu, e não deixou ir aos filhos de Israel; como o SENHOR o havia dito por meio de Moisés.

10

¹ E o SENHOR disse a Moisés: Vai à presença de Faraó; porque agravei o coração dele, e o coração de seus servos, para fazer entre eles estes meus sinais; ² e para que contes a teus filhos e a teus netos as coisas que eu fiz em Egito, e meus sinais que realizei entre eles; e para que saibais que eu sou o SENHOR. ³ Então vieram Moisés e Arão a Faraó, e lhe disseram: O SENHOR, o Deus dos hebreus disse assim: Até quando não quererás te humilhar diante de mim? Deixa ir a meu povo para que me sirvam. ⁴ E se ainda recusas deixá-lo ir, eis que trarei amanhã gafanhotos em teu território, ⁵ os quais cobrirão a face da terra, de modo que não se possa ver a terra; e ela comerá o que restou salvo, o que vos restou do granizo; comerão também toda árvore que vos produz fruto no campo; ⁶ e encherão tuas casas, e as casas de todos os teus servos, e as casas de todos os egípcios, que nunca viram teus pais nem teus avós, desde que eles existiram sobre a terra até hoje. E voltou-se, e saiu da presença de Faraó. ⁷ Então os servos de Faraó lhe disseram: Até quando este nos será por laço? Deixa ir a estes homens, para que sirvam ao SENHOR seu Deus; ainda não sabes que Egito está destruído? ⁸ E Moisés e Arão voltaram a ser chamados a Faraó, o qual lhes disse: Andai, servi ao SENHOR vosso Deus. Quem e quem são os que irão? ⁹ E Moisés respondeu: Iremos com nossos meninos e com nossos idosos, com nossos filhos e com nossas filhas; iremos com nossas ovelhas e com nossas vacas, porque temos solenidade do SENHOR. ¹⁰ E ele lhes disse: Assim esteja o SENHOR convosco se eu vos deixar ir a vós e a vossos meninos; olhai como o mal está diante de vosso rosto. ¹¹ Não será assim: ide agora vós, os homens, e servi ao SENHOR; pois isto é o que vós pedistes. E eles foram expulsos de diante de Faraó. ¹² Então o SENHOR disse a Moisés: Estende tua mão sobre a terra do Egito para gafanhotos, a fim de que subam sobre a terra do Egito, e consumam tudo o que o granizo deixou. ¹³ E estendeu Moisés sua vara sobre a terra do Egito, e o SENHOR trouxe um vento oriental sobre aquela terra durante todo aquele dia e toda aquela noite; e na manhã o vento oriental trouxe os gafanhotos; ¹⁴ E os gafanhotos subiram sobre toda a terra do Egito, e pousaram em todos os termos do Egito, em gravíssima maneira; antes dela não houve gafanhotos semelhantes, nem depois deles vieram outros tais; ¹⁵ E cobriram a face de todo o país, e aquela terra se escureceu; e consumiram toda a erva da terra, e todo o fruto das árvores que o granizo havia deixado; que não restou coisa verde em árvores nem em erva do campo, por toda a terra do Egito. ¹⁶ Então Faraó fez chamar depressa a Moisés e a Arão, e disse: Pequei contra o SENHOR vosso Deus, e contra vós. ¹⁷ Mas rogo agora que perdoes meu pecado somente esta vez, e que oreis ao SENHOR vosso Deus que tire de mim somente esta morte. ¹⁸ E saiu da presença de Faraó, e orou ao SENHOR. ¹⁹ E o SENHOR voltou um vento ocidental fortíssimo, e tirou os gafanhotos, e lançou-os ao mar Vermelho; nem um gafanhoto restou ao todo o território do Egito. ²⁰ Mas o SENHOR endureceu o coração de Faraó; e não permitiu a saída dos filhos de Israel. ²¹ E o SENHOR disse a Moisés: Estende tua mão até o céu, para que haja trevas sobre a terra do Egito, tão intensas que qualquer um as apalpe. ²² E estendeu Moisés sua mão até o céu, e houve densas durante trevas três dias por toda a terra do Egito. ²³ Nenhum podia ver seu próximo, nem ninguém se levantou de seu lugar em três dias; mas todos os filhos de Israel tinham luz em suas habitações. ²⁴ Então Faraó fez chamar a Moisés, e disse: Ide, servi ao SENHOR; somente restem vossas ovelhas e vossas vacas; vão também vossas crianças convosco. ²⁵ E Moisés respondeu: Tu também nos entregarás sacrifícios e holocaustos para que sacrifiquemos ao SENHOR nosso Deus. ²⁶ Nossos gados irão também conosco; não ficará nem uma casco; porque deles tomaremos para servir ao SENHOR nosso Deus; e não sabemos com que serviremos ao SENHOR, até que cheguemos ali. ²⁷ Mas o

SENHOR endureceu o coração de Faraó, e não quis deixá-los ir. ²⁸ E disse-lhe Faraó: Retira-te de mim; guarda-te que não vejas mais meu rosto, porque em qualquer dia que vires meu rosto, morrerás. ²⁹ E Moisés respondeu: Bem disseste; não verei mais teu rosto.

11

¹ E o SENHOR disse a Moisés: Uma praga trarei ainda sobre Faraó, e sobre o Egito; depois da qual ele vos deixará ir daqui; e seguramente vos expulsará daqui de todo. ² Fala agora ao povo, e que cada um peça a seu vizinho, e cada uma à sua vizinha, objetos de prata e de ouro. ³ E o SENHOR fez o povo ser favorecido aos olhos dos egípcios. Também Moisés era muito grande homem na terra do Egito, aos olhos dos servos de Faraó, e aos olhos do povo. ⁴ E disse Moisés: o SENHOR disse assim: À meia noite eu sairei por meio do Egito, ⁵ E morrerá todo primogênito na terra do Egito, desde o primogênito de Faraó que se assenta em seu trono, até o primogênito da serva que está atrás do moinho; e todo primogênito dos animais. ⁶ E haverá grande clamor por toda a terra do Egito, qual nunca foi, nem jamais será. ⁷ Mas entre todos os filhos de Israel, desde o homem até o animal, nem um cão moverá sua língua; para que saibais que o SENHOR fará diferença entre os egípcios e os israelitas. ⁸ E descerão a mim todos estes teus servos, e inclinados diante de mim dirão: Sai tu, e todo o povo que está abaixo de ti; e depois disto eu sairei. E saiu-se muito irado da presença de Faraó. ⁹ E o SENHOR disse a Moisés: Faraó não vos ouvirá, para que minhas maravilhas se multipliquem na terra do Egito. ¹⁰ E Moisés e Arão fizeram todos estes prodígios diante de Faraó; mas o SENHOR havia endurecido o coração de Faraó, e não permitiu que os filhos de Israel saíssem da sua terra.

12

¹ E falou o SENHOR a Moisés e a Arão na terra do Egito, dizendo: ² Este mês vos será o princípio dos meses; será este para vós o primeiro nos meses do ano. ³ Falai a toda a congregação de Israel, dizendo: No *dia* dez deste mês tome para si cada um um cordeiro pelas famílias dos pais, um cordeiro por família: ⁴ Mas se a família for pequena que não seja capaz de comer o cordeiro inteiro, então tomará a seu vizinho imediato à sua casa, e segundo o número das pessoas, cada um conforme seu comer, fareis a conta sobre o cordeiro. ⁵ O cordeiro será sem defeito, macho de um ano; vós o tomareis das ovelhas ou das cabras: ⁶ E o guardareis até o dia catorze desse mês; e toda a congregação do povo de Israel o imolará ao entardecer. [*] ⁷ E tomarão do sangue, e o porão nos dois postes e na verga das casas em que o comerão. ⁸ E naquela noite comerão a carne assada ao fogo, e pães sem levedura; com ervas amargas o comerão. ⁹ Nenhuma coisa comereis dele crua, nem cozida em água, mas sim assada ao fogo; sua cabeça com seus pés e seus intestinos. ¹⁰ Nenhuma coisa deixareis dele até a manhã; e o que houver restado até a manhã, queimareis no fogo. ¹¹ E assim tereis de comê-lo: cingidos vossos lombos, vossos calçados em vossos pés, e vosso bordão em vossa mão; e o comereis apressadamente: é a Páscoa do SENHOR. ¹² Pois eu passarei naquela noite pela terra do Egito, e ferirei todo primogênito na terra do Egito, tanto nos homens como nos animais; e executarei juízos em todos os deuses do Egito. EU SOU O SENHOR. ¹³ E o sangue vos será por sinal nas casas onde vós estejais; e verei o sangue, e passarei de vós, e não haverá em vós praga de mortandade, quando ferirei a terra do Egito. ¹⁴ E hoje vos será em memória, e tereis de celebrá-lo como solenidade ao SENHOR durante vossas gerações; por estatuto perpétuo o celebrareis. ¹⁵ Sete dias comereis pães sem levedura; e assim o primeiro dia fareis que

---

[*] **12:6** Lit. entre as duas tardes

não haja levedura em vossas casas; porque qualquer um que comer levedado desde o primeiro dia até o sétimo, aquela alma será eliminada de Israel. ¹⁶ No primeiro dia haverá santa convocação, e também no sétimo dia tereis uma santa convocação; nenhuma obra se fará neles, exceto somente que prepareis o que cada qual houver de comer. ¹⁷ E guardareis a festa dos pães ázimos, porque em este mesmo dia tirei vossos exércitos da terra do Egito: portanto guardareis hoje em vossas gerações por costume perpétuo. ¹⁸ No mês primeiro, o dia catorze do mês pela tarde, comereis os pães sem levedura, até o vinte e um do mês pela tarde. ¹⁹ Por sete dias não se achará levedura em vossas casas, porque qualquer um que comer algo levedado, tanto o estrangeiro como o natural da terra, tal alma será eliminada da congregação de Israel. ²⁰ Nenhuma coisa levedada comereis; em todas as vossas habitações comereis pães sem levedura. ²¹ E Moisés convocou a todos os anciãos de Israel, e disse-lhes: Tirai, e tomai para vós cordeiros por vossas famílias, e sacrificai a páscoa. ²² E tomai um molho de hissopo, e molhai-lhe no sangue que estará em uma bacia, e untai a verga e os dois postes com o sangue que estará na bacia; e nenhum de vós saia das portas de sua casa até a manhã. ²³ Porque o SENHOR passará ferindo os egípcios; e quando vir o sangue na verga e nos dois postes, passará o SENHOR aquela porta, e não deixará entrar o feridor em vossas casas para ferir. ²⁴ E guardareis isto por estatuto para vós e para vossos filhos para sempre. ²⁵ E será que quando houverdes entrado na terra que o SENHOR vos dará, como tem falado, que guardareis este rito. ²⁶ E quando vos perguntarem vossos filhos: Que rito é este vosso? ²⁷ Respondereis: É o sacrifício da Páscoa do SENHOR, que passou nas casas dos filhos de Israel no Egito, quando feriu os egípcios, e livrou nossas casas. Então o povo se inclinou e adorou. ²⁸ E os filhos de Israel se foram, e fizeram exatamente assim, como o SENHOR havia mandado a Moisés e a Arão. ²⁹ E aconteceu que à meia-noite o SENHOR feriu todo primogênito na terra do Egito, desde o primogênito de Faraó que se sentava sobre seu trono, até o primogênito do prisioneiro que estava no cárcere, e todo primogênito dos animais. ³⁰ E levantou-se naquela noite Faraó, ele e todos os seus servos, e todos os egípcios; e havia um grande clamor no Egito, porque não havia casa onde não houvesse morto. ³¹ E fez chamar a Moisés e a Arão de noite, e disse-lhes: Saí do meio de meu povo vós, e os filhos de Israel; e ide, servi ao SENHOR, como dissestes. ³² Tomai também vossas ovelhas e vossas vacas, como dissestes, e ide; e abençoai também a mim. ³³ E os egípcios apressavam ao povo, dando pressa a expulsá-los da terra; porque diziam: Todos seremos mortos. ³⁴ E levou o povo sua massa antes que se levedasse, suas massas envoltas em suas mantas sobre seus ombros. ³⁵ E fizeram os filhos de Israel conforme o mandamento de Moisés, pedindo aos egípcios objetos de prata, e objetos de ouro, e roupas. ³⁶ E o SENHOR deu favor ao povo diante dos egípcios, e deram-lhes; e eles despojaram os egípcios. ³⁷ E partiram os filhos de Israel de Ramessés a Sucote, como seiscentos mil homens a pé, sem contar os meninos. ³⁸ E também subiu com eles grande multidão de diversa variedade de gentes; e ovelhas, e gados muito muitos. ³⁹ E cozeram tortas sem levedura da massa que haviam tirado do Egito; porque não havia levedado, porquanto expulsando-os os egípcios, não haviam podido deter-se, nem ainda preparar para si comida. ⁴⁰ O tempo que os filhos de Israel habitaram no Egito foi quatrocentos e trinta anos. ⁴¹ E passados quatrocentos e trinta anos, no mesmo dia saíram todos os exércitos do SENHOR da terra do Egito. ⁴² É noite de guardar ao SENHOR, por havê-los tirado nela da terra do Egito. Esta noite devem guardar ao SENHOR todos os filhos de Israel em suas gerações. ⁴³ E o SENHOR disse a Moisés e a Arão: Esta é a ordenança da Páscoa: Nenhum estrangeiro comerá dela; ⁴⁴ Mas todo servo humano comprado por dinheiro, comerá dela depois que o houveres circuncidado. ⁴⁵ O estrangeiro e o assalariado não comerão dela.

⁴⁶ Em uma casa se comerá, e não levarás daquela carne fora de casa, nem quebrareis osso seu. ⁴⁷ Toda a congregação de Israel o sacrificará. ⁴⁸ Mas se algum estrangeiro peregrinar contigo, e quiser fazer a páscoa ao SENHOR, seja-lhe circuncidado todo homem, e então se chegará a fazê-la, e será como o natural da terra; mas nenhum incircunciso comerá dela. ⁴⁹ A mesma lei será para o natural e para o estrangeiro que peregrinar entre vós. ⁵⁰ Assim o fizeram todos os filhos de Israel; como mandou o SENHOR a Moisés e a Arão, assim o fizeram. ⁵¹ E naquele mesmo dia o SENHOR tirou os filhos de Israel da terra do Egito, agrupados em seus esquadrões.

13

¹ E o SENHOR falou a Moisés, dizendo: ² Santifica para mim todo primogênito, qualquer um que abre madre entre os filhos de Israel, tanto dos homens como dos animais: meu é. ³ E Moisés disse ao povo: Tende memória deste dia, no qual saístes do Egito, da casa de servidão; pois o SENHOR vos tirou daqui com mão forte; portanto, não comereis levedado. ⁴ Vós saís hoje no mês de Abibe. ⁵ E quando o SENHOR te houver posto na terra dos cananeus, e dos heteus, e dos amorreus, e dos heveus, e dos jebuseus, a qual jurou a teus pais que te daria, terra que destila leite e mel, farás este serviço em este mês. ⁶ Sete dias comerás sem levedar, e o sétimo dia será festa ao SENHOR. ⁷ Por os sete dias se comerão os pães sem levedura; e não se verá contigo levedado, nem levedura ao todo teu termo. ⁸ E contarás naquele dia a teu filho, dizendo: Isto se faz por causa do que o SENHOR fez comigo quando me tirou do Egito. ⁹ E será para ti como um sinal sobre tua mão, e como uma memória diante de teus olhos, para que a lei do SENHOR esteja na tua boca; pois com mão forte te tirou o SENHOR do Egito. ¹⁰ Portanto, tu guardarás este rito em seu tempo de ano em ano. ¹¹ E quando o SENHOR te houver posto na terra dos cananeus, como jurou a ti e a teus pais, e quando te a houver dado, ¹² Farás passar ao SENHOR todo o que abrir a madre, também todo primeiro que abrir a madre de teus animais: os machos serão do SENHOR. ¹³ Mas todo primogênito de asno resgatarás com um cordeiro; e se não o resgatares, o degolarás: também resgatarás todo homem primogênito de teus filhos. ¹⁴ E quando amanhã te perguntar teu filho, dizendo: Que é isto? Tu lhe dirás: o SENHOR tirou com mão forte do Egito, de casa de servidão; ¹⁵ E endurecendo-se Faraó em não nos deixar ir, o SENHOR matou na terra do Egito a todo primogênito, desde o primogênito homem até o primogênito do animal; e por esta causa eu sacrifico ao SENHOR todo primogênito macho, e resgato todo primogênito de meus filhos. ¹⁶ Será para ti, pois, como um sinal sobre tua mão, e por uma memória diante de teus olhos; já que o SENHOR tirou do Egito com mão forte. ¹⁷ E logo que Faraó deixou ir ao povo, Deus não os levou pelo caminho da terra dos filisteus, que estava próxima; porque disse Deus: Que talvez não se arrependa o povo quando virem a guerra, e se voltem ao Egito: ¹⁸ Mas fez Deus ao povo que rodeasse pelo caminho do deserto do mar Vermelho. E subiram os filhos de Israel do Egito armados. ¹⁹ Tomou também consigo Moisés os ossos de José, o qual havia juramentado aos filhos de Israel, dizendo: Deus certamente vos visitará, e fareis subir meus ossos daqui convosco. ²⁰ E partidos de Sucote, assentaram acampamento em Etã, à entrada do deserto. ²¹ E o SENHOR ia diante deles de dia em uma coluna de nuvem, para guiá-los pelo caminho; e de noite em uma coluna de fogo para iluminá-los, a fim de que andassem de dia e de noite. ²² Nunca se partiu de diante do povo a coluna de nuvem de dia, nem de noite a coluna de fogo.

14

¹ E falou o SENHOR a Moisés, dizendo: ² Fala aos filhos de Israel que deem a volta,

e assentem seu acampamento diante de Pi-Hairote, entre Migdol e o mar até Baal-Zefom: diante dele assentareis o campo, junto ao mar. ³ Porque Faraó dirá dos filhos de Israel: Estão andando confusos na terra, o deserto os encurralou. ⁴ E eu endurecerei o coração de Faraó para que os siga; e serei glorificado em Faraó e em todo o seu exército; e saberão os egípcios que eu sou o SENHOR. E eles o fizeram assim. ⁵ E foi dado aviso ao rei do Egito como o povo se fugia: e o coração de Faraó e de seus servos se voltou contra o povo, e disseram: Como fizemos isto de haver deixado ir a Israel, para que não nos sirva? ⁶ E preparou seu carro, e tomou consigo seu povo; ⁷ e tomou seiscentos carros escolhidos, e todos os carros do Egito, e os capitães sobre eles. ⁸ E endureceu o SENHOR o coração de Faraó rei do Egito, e seguiu aos filhos de Israel; mas os filhos de Israel haviam saído com mão poderosa. ⁹ Seguindo-os, pois, os egípcios, com toda a cavalaria e carros de Faraó, seus cavaleiros, e todo seu exército, alcançaram-nos assentando o acampamento junto ao mar, ao lado de Pi-Hairote, diante de Baal-Zefom. ¹⁰ E quando Faraó se aproximou, os filhos de Israel levantaram seus olhos, e eis que os egípcios vinham atrás deles; por isso temeram muito, e os filhos de Israel clamaram ao SENHOR. ¹¹ E disseram a Moisés: Não havia sepulcros no Egito, que nos tiraste para morrermos no deserto? Por que o fizeste assim conosco, que nos tiraste do Egito? ¹² Não é isto o que te falamos no Egito, dizendo: Deixa-nos servir aos egípcios? Pois melhor nos teria sido servir aos egípcios, que morrermos no deserto. ¹³ E Moisés disse ao povo: Não temais; ficai quietos, e vede a salvação do SENHOR, que ele fará hoje convosco; porque os egípcios que hoje vistes, nunca mais para sempre os vereis. ¹⁴ O SENHOR lutará por vós, e vós ficai quietos. ¹⁵ Então o SENHOR disse a Moisés: "Por que clamas a mim? Diz aos filhos de Israel que marchem. ¹⁶ Quanto a ti, ergue a tua vara, estende a tua mão sobre o mar, e divide-o. Que os filhos de Israel entre por meio do mar em seco. ¹⁷ E eu, eis que endurecerei o coração dos egípcios, para que os sigam. E eu me glorificarei em Faraó, e em todo o seu exército, e em suas carruagens, e em sua cavalaria; ¹⁸ E os egípcios saberão que eu sou o SENHOR, quando eu me glorificar em Faraó, em seus carros, e em seus cavaleiros." ¹⁹ E o anjo de Deus que ia diante do acampamento de Israel, se separou, e ia detrás deles; e também a coluna de nuvem que ia diante deles, separou-se, e pôs-se atrás deles; ²⁰ e ia entre o acampamento dos egípcios e o acampamento de Israel; e era nuvem e trevas para aqueles, e iluminava a Israel de noite; e em toda aquela noite não se aproximaram uns dos outros. ²¹ E estendeu Moisés sua mão sobre o mar, e fez o SENHOR que o mar se retirasse por forte vento oriental toda aquela noite; e tornou o mar em seco, e as águas restaram divididas. ²² Então os filhos de Israel entraram por meio do mar em seco, tendo as águas como muro à sua direita e à sua esquerda; ²³ E seguindo-os os egípcios, entraram atrás deles até o meio do mar, toda a cavalaria de Faraó, seus carros, e seus cavaleiros. ²⁴ E aconteceu à vigília da manhã, que o SENHOR olhou ao campo dos egípcios desde a coluna de fogo e nuvem, e perturbou o acampamento dos egípcios. ²⁵ E tirou-lhes as rodas de seus carros, e transtornou-os gravemente. Então os egípcios disseram: Fujamos de diante de Israel, porque o SENHOR luta por eles contra os egípcios. ²⁶ E o SENHOR disse a Moisés: Estende tua mão sobre o mar, para que as águas voltem sobre os egípcios, sobre seus carros, e sobre sua cavalaria. ²⁷ E Moisés estendeu sua mão sobre o mar, e o mar se voltou em sua força quando amanhecia; e os egípcios iam até ela: e o SENHOR derrubou aos egípcios em meio do mar. ²⁸ E voltaram as águas, e cobriram os carros e a cavalaria, e todo o exército de Faraó que havia entrado atrás eles no mar; não restou deles nenhum. ²⁹ E os filhos de Israel foram por meio do mar em seco, tendo as águas por muro à sua direita e à sua esquerda. ³⁰ Assim salvou o SENHOR aquele dia a Israel da mão dos egípcios; e Israel viu aos egípcios mortos à beira do mar. ³¹ E viu Israel aquele grande feito que o SENHOR executou contra os egípcios: e o povo temeu ao SENHOR, e creram no SENHOR e em Moisés seu servo.

15

¹ Então cantou Moisés e os filhos de Israel este cântico ao SENHOR, e disseram: Cantarei eu ao SENHOR, porque se triunfou grandemente, Lançando no mar ao cavalo e ao que nele subia. ² O SENHOR é minha força, e minha canção, E foi-me por salvação: Este é meu Deus, e a este engrandecerei; Deus de meu pai, e a este exaltarei. ³ O SENHOR, homem de guerra; o SENHOR é seu nome. ⁴ Os carros de Faraó e a seu exército lançou no mar; E seus escolhidos príncipes foram afundados no mar Vermelho. ⁵ Os abismos os cobriram; Como pedra desceram aos profundos. ⁶ Tua mão direita, ó SENHOR, foi engrandecida em força; Tua mão direita, ó SENHOR, quebrantou ao inimigo. ⁷ E com a grandeza de tua poder transtornaste aos que se levantaram contra ti: Enviaste teu furor; os tragou como o restolho. ⁸ Com o sopro de tuas narinas se amontoaram as águas; Pararam-se as correntezas como em um amontoado; Os abismos se solidificaram em meio do mar. ⁹ O inimigo disse: Perseguirei, prenderei, repartirei despojos; Minha alma se encherá deles; Tirarei minha espada, minha mão os destruirá. ¹⁰ Sopraste com teu vento, cobriu-os o mar: Afundaram-se como chumbo nas impetuosas águas. ¹¹ Quem como tu, SENHOR, entre os deuses? Quem como tu, magnífico em santidade, Terrível em louvores, autor de maravilhas? ¹² Estendeste a tua mão direita; a terra os tragou. ¹³ Conduziste em tua misericórdia a este povo, ao qual salvaste; Levaste-o com tua força à habitação de teu santuário. ¹⁴ Ouviram-no os povos, e tremerão; Dor se apoderará dos moradores da filístia. ¹⁵ Então os príncipes de Edom se perturbarão; Aos robustos de Moabe os ocupará tremor; Todos os moradores de Canaã se abaterão. ¹⁶ Caia sobre eles tremor e espanto; À grandeza de teu braço emudeçam como uma pedra; Até que tenha passado teu povo, ó SENHOR, Até que tenha passado este povo que tu resgataste. ¹⁷ Tu os introduzirás e os plantarás no monte de tua herança, No lugar de tua morada, que tu preparaste, ó SENHOR; No santuário do Senhor, que firmaram tuas mãos. ¹⁸ O SENHOR reinará pelos séculos dos séculos. ¹⁹ Porque Faraó entrou cavalgando com seus carros e seus cavaleiros no mar, e o SENHOR voltou a trazer as águas do mar sobre eles; mas os filhos de Israel foram a seco por meio do mar. ²⁰ E Miriã a profetisa, irmã de Arão, tomou um pandeiro em sua mão, e todas as mulheres saíram atrás dela com pandeiros e danças. ²¹ E Miriã lhes respondia: Cantai ao SENHOR; porque em extremo se engrandeceu, Lançando no mar ao cavalo, e ao que nele subia. ²² E fez Moisés que partisse Israel do mar Vermelho, e saíram ao deserto de Sur; e andaram três dias pelo deserto sem achar água. ²³ E chegaram a Mara, e não puderam beber as águas de Mara, porque eram amargas; por isso lhe puseram o nome de Mara. ²⁴ Então o povo murmurou contra Moisés, e disse: Que beberemos? ²⁵ E Moisés clamou ao SENHOR; e o SENHOR lhe mostrou uma árvore, a qual quando a meteu dentro das águas, as águas se tornaram doces. Ali lhes deu estatutos e ordenanças, e ali os provou; ²⁶ E disse: Se ouvires atentamente a voz do SENHOR teu Deus, e fizeres o correto diante de seus olhos, e deres ouvido a seus mandamentos, e guardares todos os seus estatutos, nenhuma enfermidade das que enviei aos egípcios te enviarei a ti; porque eu sou o SENHOR que te sara. ²⁷ E chegaram a Elim, onde havia doze fontes de águas, e setenta palmeiras; e assentaram ali junto às águas.

16

¹ Depois que partiram de Elim, toda a congregação dos filhos de Israel veio ao deserto de Sim, que está entre Elim e Sinai, aos quinze dias do segundo mês depois

que saíram da terra do Egito. ² E toda a congregação dos filhos de Israel murmurou contra Moisés e Arão no deserto; ³ E diziam-lhes os filhos de Israel: Bom seria se tivéssemos morrido por meio do SENHOR na terra do Egito, quando nos sentávamos junto às panelas das carnes, quando comíamos pão em fartura; pois nos tirastes a este deserto, para matar de fome a toda esta multidão. ⁴ E o SENHOR disse a Moisés: Eis que eu vos farei chover pão do céu; e o povo sairá, e colherá para cada um dia, para que eu lhe prove se anda em minha lei, ou não. ⁵ Mas ao sexto dia prepararão o que coletarem, que será o dobro do que costumam colher cada dia.

⁶ Então disse Moisés e Arão a todos os filhos de Israel: À tarde sabereis que o SENHOR vos tirou da terra do Egito; ⁷ E à próxima manhã vereis a glória do SENHOR; porque ele ouviu as vossas murmurações contra o SENHOR; pois quem somos nós, para que vós murmureis contra nós? ⁸ E disse Moisés: o SENHOR vos dará à tarde carne para comer, e à manhã pão em fartura; pois o SENHOR ouviu as vossas murmurações com que murmurais contra ele; pois quem somos nós? As vossas murmurações não são contra nós, mas sim contra o SENHOR. ⁹ E disse Moisés a Arão: Dize a toda a congregação dos filhos de Israel: Aproximai-vos à presença do SENHOR; que ele ouviu vossas murmurações. ¹⁰ E falando Arão a toda a congregação dos filhos de Israel, olharam até o deserto, e eis a glória do SENHOR, que apareceu na nuvem. ¹¹ E o SENHOR falou a Moisés, dizendo: ¹² Eu ouvi as murmurações dos filhos de Israel; fala-lhes, dizendo: Ao entardecer comereis carne, e pela manhã vos fartareis de pão, e sabereis que eu sou o SENHOR vosso Deus. ¹³ E vinda a tarde subiram codornizes que cobriram o acampamento; e à manhã desceu orvalho em derredor do acampamento. ¹⁴ E quando o orvalho cessou de descer, eis sobre a face do deserto uma coisa miúda, redonda, miúda como uma geada sobre a terra. ¹⁵ E vendo-o os filhos de Israel, se disseram uns aos outros: Que é isto? porque não sabiam que era. Então Moisés lhes disse: É o pão que o SENHOR vos dá para comer. ¹⁶ Isto é o que o SENHOR mandou: Colhereis dele cada um segundo puder comer; um gômer por cabeça, conforme o número de vossas pessoas, tomareis cada um para os que estão em sua tenda. ¹⁷ E os filhos de Israel o fizeram assim: e recolheram uns mais, outros menos: ¹⁸ E mediam-no por gômer, e não sobrava ao que havia recolhido muito, nem faltava ao que havia recolhido pouco: cada um recolheu conforme o que havia de comer. ¹⁹ E disse-lhes Moisés: Nenhum deixe nada disso para amanhã. ²⁰ Mas eles não obedeceram a Moisés, mas sim que alguns deixaram dele para outro dia, e criou bichos, e apodreceu-se; e irou-se contra eles Moisés. ²¹ E recolhiam-no cada manhã, cada um segundo o que havia de comer: e logo que o sol aquecia, derretia-se. ²² No sexto dia recolheram comida em dobro, dois gômeres para cada um; e todos os príncipes da congregação vieram a Moisés, e contaram-lhe isso. ²³ E ele lhes disse: Isto é o que o SENHOR disse: Amanhã é o repouso, o santo sábado do SENHOR; o que houverdes de assar, assai-o hoje, e o que houverdes de cozinhar, cozinhai-o; e tudo o que vos sobrar, guardai-o para amanhã. ²⁴ E eles o guardaram até a manhã, segundo que Moisés havia mandado, e não se apodreceu, nem houve nele bicho. ²⁵ E disse Moisés: Comei-o hoje, porque hoje é sábado do SENHOR: hoje não achareis no campo. ²⁶ Nos seis dias o recolhereis; mas o sétimo dia é sábado, no qual não se achará. ²⁷ E aconteceu que alguns do povo saíram no sétimo dia a recolher, e não acharam. ²⁸ E o SENHOR disse a Moisés: Até quando não querereis guardar meus mandamentos e minhas leis? ²⁹ Olhai que o SENHOR vos deu o sábado, e por isso vos dá no sexto dia pão para dois dias. Fique, pois, cada um em sua morada, e ninguém saia de seu lugar no sétimo dia. ³⁰ Assim o povo repousou o sétimo dia. ³¹ E a casa de Israel o chamou maná; e era como semente de coentro, branco, e seu sabor como de bolos com mel. ³² E disse Moisés: Isto é o que o SENHOR mandou: Encherás um

gômer dele para que se guarde para vossos descendentes, a fim de que vejam o pão que eu vos dei a comer no deserto, quando eu vos tirei da terra do Egito. ³³ E disse Moisés a Arão: Toma um vaso e põe nele um gômer cheio de maná, e põe-o diante do SENHOR, para que seja guardado para vossos descendentes. ³⁴ E Arão o pôs diante do testemunho para guardá-lo, como o SENHOR o mandou a Moisés. ³⁵ Assim os filhos de Israel comeram maná por quarenta anos, até que entraram em terra habitada; comeram maná até que chegaram ao limite da terra de Canaã. ³⁶ E um gômer é a décima parte do efa.

17

¹ E toda a congregação dos filhos de Israel partiu do deserto de Sim, por suas jornadas, ao mandamento do SENHOR, e assentaram o acampamento em Refidim: e não havia água para que o povo bebesse. ² E brigou o povo com Moisés, e disseram: Dá-nos água que bebamos. E Moisés lhes disse: Por que brigais comigo? Por que tentais ao SENHOR? ³ Assim que o povo teve ali sede de água, e murmurou contra Moisés, e disse: Por que nos fizeste subir do Egito para matar-nos de sede a nós, e a nossos filhos e a nossos gados? ⁴ Então clamou Moisés ao SENHOR, dizendo: Que farei com este povo? Daqui um pouco me apedrejarão. ⁵ E o SENHOR disse a Moisés: Passa diante do povo, e toma contigo dos anciãos de Israel; e toma também em tua mão tua vara, com que feriste o rio, e vai: ⁶ Eis que eu estou diante de ti ali sobre a rocha em Horebe; e ferirás a rocha, e sairão dela águas, e beberá o povo. E Moisés o fez assim em presença dos anciãos de Israel. ⁷ E chamou o nome daquele lugar Massá e Meribá, pela briga dos filhos de Israel, e porque tentaram ao SENHOR, dizendo: Está, pois, o SENHOR entre nós, ou não? ⁸ E veio Amaleque e lutou com Israel em Refidim. ⁹ E disse Moisés a Josué: Escolhe para nós homens, e sai, luta com Amaleque: amanhã eu estarei sobre o cume do morro, e a vara de Deus em minha mão. ¹⁰ E fez Josué como lhe disse Moisés, lutando com Amaleque; e Moisés e Arão e Hur subiram ao cume do morro. ¹¹ E sucedia que quando erguia Moisés sua mão, Israel prevalecia; mas quando ele baixava sua mão, prevalecia Amaleque. ¹² E as mãos de Moisés estavam pesadas; pelo que tomaram uma pedra, e puseram-na debaixo dele, e se sentou sobre ela; e Arão e Hur sustentavam suas mãos, o um de uma parte e o outro de outra; assim houve em suas mãos firmeza até que se pôs o sol. ¹³ E Josué derrotou a Amaleque e a seu povo a fio de espada. ¹⁴ E o SENHOR disse a Moisés: Escreve isto para memória em um livro, e dize a Josué que de todo tenho de apagar a memória de Amaleque de debaixo do céu. ¹⁵ E Moisés edificou um altar, e chamou seu nome O SENHOR é minha bandeira; ¹⁶ E disse: Porquanto há mão sobre o trono do SENHOR, o SENHOR terá guerra com Amaleque de geração em geração.

18

¹ E ouviu Jetro, sacerdote de Midiã, sogro de Moisés, todas as coisas que Deus havia feito com Moisés, e com Israel seu povo, e como o SENHOR havia tirado a Israel do Egito: ² E tomou Jetro, sogro de Moisés a Zípora a mulher de Moisés, depois que ele a enviou, ³ E a seus dois filhos; um se chamava Gérson, porque disse: Peregrino fui em terra alheia; ⁴ E o outro se chamava Eliézer, porque disse, O Deus de meu pai me ajudou, e me livrou da espada de Faraó. ⁵ E Jetro o sogro de Moisés, com seus filhos e sua mulher, chegou a Moisés no deserto, onde tinha o acampamento junto ao monte de Deus; ⁶ E disse a Moisés: Eu teu sogro Jetro venho a ti, com tua mulher, e seus dois filhos com ela. ⁷ E Moisés saiu a receber a seu sogro, e inclinou-se, e beijou-o: e perguntaram-se um ao outro como estavam, e vieram à tenda. ⁸ E Moisés contou a seu sogro todas as coisas que o SENHOR havia feito a Faraó e aos egípcios

por causa de Israel, e todo o trabalho que haviam passado no caminho, e como os havia livrado o SENHOR. ⁹ E alegrou-se Jetro de todo o bem que o SENHOR havia feito a Israel, que o havia livrado da mão dos egípcios. ¹⁰ E Jetro disse: Bendito seja o SENHOR, que vos livrou da mão dos egípcios, e da mão de Faraó, e que livrou ao povo da mão dos egípcios. ¹¹ Agora conheço que o SENHOR é maior que todos os deuses, até naquilo em que se vangloriavam contra o povo. ¹² E tomou Jetro, sogro de Moisés, holocaustos e sacrifícios para Deus: e veio Arão e todos os anciãos de Israel a comer pão com o sogro de Moisés diante de Deus. ¹³ E aconteceu que outro dia se sentou Moisés a julgar ao povo; e o povo esteve diante de Moisés desde a manhã até à tarde. ¹⁴ E vendo o sogro de Moisés tudo o que ele fazia com o povo, disse: Que é isto que fazes tu com o povo? por que te sentas tu sozinho, e todo o povo está diante de ti desde a manhã até à tarde? ¹⁵ E Moisés respondeu a seu sogro: Porque o povo vem a mim para consultar a Deus: ¹⁶ Quando têm negócios, vem a mim; e eu julgo entre o um e o outro, e declaro as ordenanças de Deus e suas leis. ¹⁷ Então o sogro de Moisés lhe disse: Não fazes bem: ¹⁸ Desfalecerás de todo, tu, e também este povo que está contigo; porque o negócio é demasiado pesado para ti; não poderás fazê-lo tu sozinho. ¹⁹ Ouve agora minha voz; eu te aconselharei, e Deus será contigo. Está tu pelo povo diante de Deus, e traze tu os negócios a Deus. ²⁰ E ensina a eles as ordenanças e as leis, e mostra-lhes o caminho por onde andem, e o que hão de fazer. ²¹ Ademais busca dentre todo o povo homens de virtude, temerosos de Deus, homens de verdade, que odeiem a ganância; e constituirás a estes sobre eles líderes sobre mil, sobre cem, sobre cinquenta e sobre dez. ²² Os quais julgarão ao povo ao todo tempo; e será que todo negócio grave o trarão a ti, e eles julgarão todo negócio pequeno: alivia assim a carga de sobre ti, e eles a levarão contigo. ²³ Se isto fizeres, e Deus te o mandar, tu poderás persistir, e todo este povo se irá também em paz a seu lugar. ²⁴ E ouviu Moisés a voz de seu sogro, e fez tudo o que disse. ²⁵ E escolheu Moisés homens de virtude de todo Israel, e os pôs por chefes sobre o povo, líderes sobre mil, sobre cem, sobre cinquenta, e sobre dez. ²⁶ E julgavam ao povo ao todo tempo; o negócio árduo traziam-no a Moisés, e eles julgavam todo negócio pequeno. ²⁷ E despediu Moisés a seu sogro, e foi-se à sua terra.

19

¹ Ao mês terceiro da saída dos filhos de Israel da terra do Egito, naquele dia vieram ao deserto de Sinai. ² Porque partiram de Refidim, e chegaram ao deserto de Sinai, e assentaram no deserto; e acampou ali Israel diante do monte. ³ E Moisés subiu a Deus; e o SENHOR o chamou desde o monte, dizendo: Assim dirás à casa de Jacó, e anunciarás aos filhos de Israel: ⁴ Vós vistes o que fiz aos egípcios, e como vos tomei sobre asas de águas, e vos trouxe a mim. ⁵ Agora pois, se deres ouvido à minha voz, e guardardes meu pacto, vós sereis meu especial tesouro sobre todos os povos; porque minha é toda a terra. ⁶ E vós sereis meu reino de sacerdotes, e gente santa. Estas são as palavras que dirás aos filhos de Israel. ⁷ Então veio Moisés, e chamou aos anciãos do povo, e propôs em presença deles todas estas palavras que o SENHOR lhe havia mandado. ⁸ E todo o povo respondeu em unidade, e disseram: Tudo o que o SENHOR disse faremos. E Moisés referiu as palavras do povo ao SENHOR. ⁹ E o SENHOR disse a Moisés: Eis que, eu venho a ti em uma nuvem espessa, para que o povo ouça enquanto eu falo contigo, e também para que te creiam para sempre. E Moisés anunciou as palavras do povo ao SENHOR. ¹⁰ E o SENHOR disse a Moisés: Vai ao povo, e santifica-os hoje e amanhã, e lavem suas roupas; ¹¹ E estejam prontos para o dia terceiro, porque ao terceiro dia o SENHOR descerá, à vista de todo o povo, sobre o monte de Sinai. ¹² E assinalarás termo ao povo em derredor, dizendo:

Guardai-vos, não subais ao monte, nem toqueis a seu termo: qualquer um que tocar o monte, certamente morrerá: 13 Não lhe tocará mão, mas será apedrejado ou flechado; seja animal ou seja homem, não viverá. Em havendo soado longamente a trombeta, subirão ao monte. 14 E desceu Moisés do monte ao povo, e santificou ao povo; e lavaram suas roupas. 15 E disse ao povo: Estai prontos para o terceiro dia; não chegueis a mulher. 16 E aconteceu ao terceiro dia quando veio a manhã, que vieram trovões e relâmpagos, e espessa nuvem sobre o monte, e som de trombeta muito forte; e estremeceu-se todo o povo que estava no acampamento. 17 E Moisés tirou do acampamento ao povo a receber a Deus; e puseram-se ao abaixo do monte. 18 E todo o monte de Sinai fumegava, porque o SENHOR havia descido sobre ele em fogo: e a fumaça dele subia como a fumaça de um forno, e todo o monte se estremeceu em grande maneira. 19 E o som da trombeta ia fortalecendo-se em extremo: Moisés falava, e Deus lhe respondia em voz. 20 E desceu o SENHOR sobre o monte de Sinai, sobre o cume do monte: e chamou o SENHOR a Moisés ao cume do monte, e Moisés subiu. 21 E o SENHOR disse a Moisés: Desce, exige ao povo que não ultrapassem o termo para ver ao SENHOR, para que não caia multidão deles. 22 E também os sacerdotes que se achegam ao SENHOR, se santifiquem, para que o SENHOR não faça neles dano. 23 E Moisés disse ao SENHOR: O povo não poderá subir ao monte de Sinai, porque tu nos hás exigiste dizendo: Assinala termos ao monte, e santifica-o. 24 E o SENHOR lhe disse: Vai, desce, e subirás tu, e Arão contigo: mas os sacerdotes e o povo não ultrapassem o termo para subir ao SENHOR, para que não faça neles dano. 25 Então Moisés desceu ao povo e falou com eles.

20

1 E falou Deus todas estas palavras, dizendo: 2 Eu sou o SENHOR teu Deus, que te tirei da terra do Egito, de casa de servos. 3 Não terás deuses alheios diante de mim. 4 Não te farás imagem, nem nenhuma semelhança de coisa que esteja acima no céu, nem abaixo na terra, nem nas águas debaixo da terra: 5 Não te inclinarás a elas, nem as honrarás; porque eu sou o SENHOR teu Deus, forte, zeloso, que visito a maldade dos pais sobre os filhos, sobre os terceiros e sobre os quartos, aos que me aborrecem, 6 E que faço misericórdia em milhares aos que me amam, e guardam meus mandamentos. 7 Não tomarás o nome do SENHOR teu Deus em vão; porque não dará por inocente o SENHOR ao que tomar seu nome em vão. 8 Tu te lembrarás do dia do repouso, para santificá-lo; 9 Seis dias trabalharás, e farás toda tua obra; 10 Mas o sétimo dia será repouso para o SENHOR teu Deus: não faças nele obra alguma, tu, nem teu filho, nem tua filha, nem teu servo, nem tua criada, nem teu animal, nem teu estrangeiro que está dentro de tuas portas: 11 Porque em seis dias fez o SENHOR os céus e a terra, o mar e todas as coisas que neles há, e repousou no sétimo dia: portanto o SENHOR abençoou o dia do repouso e o santificou. 12 Honra a teu pai e a tua mãe, para que teus dias se alarguem na terra que o SENHOR teu Deus te dá. 13 Não cometerás homicídio. 14 Não cometerás adultério. 15 Não furtarás. 16 Não falarás contra teu próximo falso testemunho. 17 Não cobiçarás a casa de teu próximo, não cobiçarás a mulher de teu próximo, nem seu servo, nem sua criada, nem seu boi, nem seu asno, nem coisa alguma de teu próximo. 18 Todo o povo considerava as vozes, e as chamas, e o som da trombeta, e o monte que fumegava: e vendo-o o povo, tremeram, e puseram-se de longe. 19 E disseram a Moisés: Fala tu conosco, que nós ouviremos; mas não fale Deus conosco, para que não morramos. 20 E Moisés respondeu ao povo: Não temais; que para provar-vos veio Deus, e para que seu temor esteja em vossa presença para que não pequeis. 21 Então o povo se pôs de longe, e Moisés se chegou à escuridão na qual estava Deus. 22 E o SENHOR disse a Moisés:

Assim dirás aos filhos de Israel: Vós vistes que falei desde o céu convosco. ²³ Não façais comigo deuses de prata, nem deuses de ouro vos fareis. ²⁴ Da terra farás altar para mim, e sacrificarás sobre ele teus holocaustos e tuas ofertas pacíficas, tuas ovelhas e tuas vacas: em qualquer lugar onde eu fizer que esteja a memória de meu nome, virei a ti, e te abençoarei. ²⁵ E se me fizeres altar de pedras, não as faças lavradas; porque se levantares teu buril sobre ele, tu o profanarás. ²⁶ E não subirás por degraus a meu altar, para que tua nudez não seja junto a ele descoberta.

21

¹ E estas são as ordenanças que lhes proporás. ² Se comprares servo hebreu, seis anos servirá; mas ao sétimo sairá livre de graça. ³ Se entrou sozinho, sozinho sairá: se tinha mulher, sairá ele e sua mulher com ele. ⁴ Se seu amo lhe houver dado mulher, e ela lhe houver dado à luz filhos ou filhas, a mulher e seus filhos serão de seu amo, e ele sairá sozinho. ⁵ E se o servo disser: Eu amo a meu senhor, a minha mulher e a meus filhos, não sairei livre: ⁶ Então seu amo o fará chegar aos juízes, e o fará chegar à porta ou ao umbral; e seu amo lhe furará a orelha com ferramenta pontiaguda, e será seu servo para sempre. ⁷ E quando alguém vender sua filha por serva, não sairá como costumam sair os servos. ⁸ Se ela não agradar ao seu senhor, o qual não a tomou por esposa, permitirá a ela que se resgate, e ela não a poderá vender a povo estrangeiro, visto que não cumpriu seu compromisso com ela. ⁹ Mas se a houver desposado com seu filho, fará com ela segundo o costume das filhas. ¹⁰ Se tomar para si outra, não diminuirá seu alimento, nem sua porção de roupa, nem o direito conjugal. ¹¹ E se nenhuma destas três coisas fizer, ela sairá de graça, e não terá que lhe pagar dinheiro. ¹² O que ferir á alguém, fazendo-lhe assim morrer, ele morrerá. ¹³ Mas o que não armou ciladas, mas sim que Deus o pôs em suas mãos, então eu te assinalarei lugar ao qual há de fugir. ¹⁴ Além disso, se alguém se ensoberbecer contra seu próximo, e o matar traiçoeiramente, de meu altar o tirarás para que morra. ¹⁵ E o que ferir a seu pai ou a sua mãe, morrerá. ¹⁶ Também o que roubar uma pessoa, e a vender, ou se achar em suas mãos, morrerá. ¹⁷ Igualmente o que amaldiçoar a seu pai ou a sua mãe, morrerá. ¹⁸ Ademais, se alguns brigarem, e algum ferir a seu próximo com pedra ou com o punho, e não morrer, mas cair em cama; ¹⁹ Se se levantar e andar fora sobre seu cajado, então será o que lhe feriu absolvido: somente lhe pagará o tempo que esteve parado, e fará que lhe curem. ²⁰ E se alguém ferir a seu servo ou a sua serva com pau, e morrer sob sua mão, será castigado: ²¹ Mas se durar por um dia ou dois, não será castigado, porque seu dinheiro é. ²² Se alguns brigarem, e ferissem a mulher grávida, e esta abortar, mas sem haver morte, será multado conforme o que lhe impuser o marido da mulher e julgarem os juízes. ²³ Mas se houver morte, então pagarás vida por vida, ²⁴ Olho por olho, dente por dente, mão por meio, pé por pé, ²⁵ Queimadura por queimadura, ferida por ferida, golpe por golpe. ²⁶ E quando alguém ferir o olho de seu servo, ou o olho de sua serva, e o destruir, lhe dará liberdade por razão de seu olho. ²⁷ E se tirar o dente de seu servo, ou o dente de sua serva, por seu dente lhe deixará ir livre. ²⁸ Se um boi chifrar homem ou mulher, e de resultado morrer, o boi será apedrejado, e não se comerá sua carne; mas o dono do boi será absolvido. ²⁹ Porém se o boi era chifrador desde o passado, e a seu dono lhe foi feito advertência, e não o houver guardado, e matar homem ou mulher, o boi será apedrejado, e também morrerá seu dono. ³⁰ Se lhe for imposto resgate, então dará pelo resgate de sua pessoa quanto lhe for imposto. ³¹ Quer tenha chifrado filho, ou tenha chifrado filha, conforme este juízo se fará com ele. ³² Se o boi chifrar servo ou serva, pagará trinta siclos de prata seu senhor, e o boi será apedrejado. ³³ E se alguém abrir fosso, ou cavar cisterna, e não a cobrir, e

cair ali boi ou asno, [34] O dono da cisterna pagará o dinheiro, ressarcindo a seu dono, e o que foi morto será seu. [35] E se o boi de alguém ferir ao boi de seu próximo, e este morrer, então venderão o boi vivo, e partirão o dinheiro dele, e também partirão o morto. [36] Mas se era notório que o boi era chifrador desde o passado, e seu dono não o houver guardado, pagará boi por boi, e o morto será seu.

22

[1] Quando alguém furtar boi ou ovelha, e lhe degolar ou vender, por aquele boi pagará cinco bois, e por aquela ovelha quatro ovelhas. [2] Se o ladrão for achado arrombando uma casa, e for ferido e morrer, o que lhe feriu não será culpado de sua morte. [3] Se o sol houver sobre ele saído, o matador será réu de homicídio: o ladrão haverá de restituir completamente; se não tiver, será vendido por seu furto. [4] Se for achado com o furto na mão, seja boi ou asno ou ovelha vivos, pagará o dobro. [5] Se alguém fizer pastar campo ou vinha, e meter seu animal, e comer a terra de outro, do melhor de sua terra e do melhor de sua vinha pagará. [6] Quando irromper um fogo, e achar espinhos, e for queimado amontoado, ou plantação, ou campo, o que acendeu o fogo pagará o queimado. [7] Quando alguém der a seu próximo prata ou joias a guardar, e for furtado da casa daquele homem, se o ladrão se achar, pagará o dobro. [8] Se o ladrão não se achar, então o dono da casa será apresentado aos juízes, para ver se pôs sua mão na riqueza de seu próximo. [9] Sobre todo negócio de fraude, sobre boi, sobre asno, sobre ovelha, sobre roupa, sobre toda coisa perdida, quando um disser: Isto é meu, a causa de ambos virá diante dos juízes; e o que os juízes condenarem, pagará o dobro a seu próximo. [10] Se alguém houver dado a seu próximo asno, ou boi, ou ovelha, ou qualquer outro animal a guardar, e se morrer ou se for aleijado, ou for levado sem vê-lo ninguém; [11] Juramento do SENHOR terá lugar entre ambos de que não lançou sua mão à riqueza de seu próximo: e seu dono o aceitará, e o outro não pagará. [12] Mas se lhe houver sido furtado, ressarcirá a seu dono. [13] E se lhe houver sido arrebatado por fera, trará a ele testemunho, e não pagará o arrebatado. [14] Porém se alguém houver tomado emprestado animal de seu próximo, e for ferido ou morto, ausente seu dono, deverá pagá-lo. [15] Se o dono estava presente, não o pagará. Se era alugado, ele virá por seu aluguel. [16] E se alguém enganar a alguma virgem que não for desposada, e dormir com ela, deverá pagar o dote por ela e tomá-la por mulher. [17] Se seu pai não quiser dá-la a ele, ele lhe pesará prata conforme o dote das virgens. [18] À feiticeira não deixarás que viva. [19] Qualquer um que tiver ajuntamento com animal, morrerá. [20] O que sacrificar a deuses, exceto a somente o SENHOR, será morto. [21] E ao estrangeiro não enganarás, nem angustiarás, porque estrangeiros fostes vós na terra do Egito. [22] A nenhuma viúva nem órfão afligireis. [23] Que se tu chegas a afligir-lhe, e ele a mim clamar, certamente ouvirei eu seu clamor; [24] E meu furor se acenderá, e vos matarei a espada, e vossas mulheres serão viúvas, e órfãos vossos filhos. [25] Se deres a meu povo dinheiro emprestado, ao pobre que está contigo, não te portarás com ele como agiota, nem lhe imporás juros. [26] Se tomares em penhor a roupa de teu próximo, a pôr do sol o devolverás a ele: [27] Porque somente aquilo é sua coberta, é aquela a roupa para cobrir suas carnes, no que há de dormir: e será que quando ele a mim clamar, eu então lhe ouvirei, porque sou misericordioso. [28] Não insultarás aos juízes, nem amaldiçoarás ao príncipe de teu povo. [29] Não adiarás as primícias de tua colheita, nem de teu licor, me darás o primogênito de teus filhos. [30] Assim farás com o de teu boi e de tua ovelha: sete dias estará com sua mãe, e ao oitavo dia me o darás. [31] E haveis de ser para mim homens santos: e não comereis carne arrebatada das feras no campo; aos cães a lançareis.

23

¹ Não admitirás falso rumor. Não serás cúmplice com o ímpio para ser falsa testemunha. ² Não seguirás aos muitos para mal fazer; nem responderás em litigio inclinando-te à maioria para fazer injustiças; ³ nem ao pobre privilegiarás em sua causa. ⁴ Se encontrares o boi de teu inimigo ou seu asno extraviado, traze-o de volta. ⁵ Se vires o asno do que te aborrece caído debaixo de sua carga, lhe deixarás então desamparado? Sem falta ajudarás com ele a levantá-lo. ⁶ Não perverterás o direito de teu pobre em seu pleito. ⁷ De palavra de mentira te afastarás, e não matarás ao inocente e justo; porque eu não justificarei ao ímpio. ⁸ Não receberás suborno; porque o suborno cega aos que veem, e perverte as palavras justas. ⁹ E não angustiarás ao estrangeiro: pois vós sabeis como se acha a alma do estrangeiro, já que estrangeiros fostes na terra do Egito. ¹⁰ Seis anos semearás tua terra, e recolherás sua colheita: ¹¹ Mas no sétimo a deixarás vazia e liberarás, para que comam os pobres de teu povo; e do que restar comerão os animais do campo; assim farás de tua vinha e de teu olival. ¹² Seis dias farás teus negócios, e ao sétimo dia folgarás, a fim que descanse teu boi e teu asno, e tome refrigério o filho de tua serva, e o estrangeiro. ¹³ E em tudo o que vos disse sereis avisados. E nome de outros deuses não mencionareis, nem se ouvirá de vossa boca. ¹⁴ Três vezes no ano me celebrareis festa. ¹⁵ A festa dos pães ázimos guardarás: Sete dias comerás os pães sem levedura, como eu te mandei, no tempo do mês de Abibe; porque nele saíste do Egito: e ninguém comparecerá vazio diante de mim: ¹⁶ Também a festa da colheita, os primeiros frutos de teus trabalhos que houveres semeado no campo; e a festa da colheita à saída do ano, quando haverás recolhido teus trabalhos do campo. ¹⁷ Três vezes no ano comparecerá todo homem teu diante do Senhor DEUS. ¹⁸ Não oferecerás com pão levedado o sangue de meu sacrifício, nem a gordura de meu animal sacrificado ficará da noite até a manhã. ¹⁹ As primícias dos primeiros frutos de tua terra trarás à casa do SENHOR teu Deus. Não cozerás o cabrito com o leite de sua mãe. ²⁰ Eis que eu envio o anjo diante de ti para que te guarde no caminho, e te introduza no lugar que eu preparei. ²¹ Guarda-te diante dele, e ouve sua voz; não lhe sejas rebelde; porque ele não perdoará vossa rebelião: porque meu nome está nele. ²² Porém se em verdade ouvires sua voz, e fizeres tudo o que eu te disser, serei inimigo a teus inimigos, e afligirei aos que te afligirem. ²³ Porque meu anjo irá adiante de ti, e te introduzirá aos amorreus, e aos heteus, e aos perizeus, e aos cananeus, e aos heveus, e aos jebuseus, aos quais eu farei destruir. ²⁴ Não te inclinarás a seus deuses, nem os servirás, nem farás como eles fazem; antes os destruirás por completo, e quebrarás inteiramente suas estátuas. ²⁵ Mas ao SENHOR vosso Deus servireis, e ele abençoará teu pão e tuas águas; e eu tirarei toda enfermidade do meio de ti. ²⁶ Não haverá mulher que aborte, nem estéril em tua terra; e eu cumprirei o número de teus dias. ²⁷ Eu enviarei meu terror diante de ti, e abaterei a todo povo onde tu entrares, e te darei o pescoço de todos os teus inimigos. ²⁸ Eu enviarei a vespa diante de ti, que lance fora aos heveus, e aos cananeus, e aos heteus, de diante de ti: ²⁹ Não os expulsarei de diante de ti em ano, para que não fique a terra deserta, e se aumentem contra ti as feras do campo. ³⁰ Pouco a pouco os expulsarei de diante de ti, até que te multipliques e tomes a terra por herança. ³¹ E eu porei teu termo desde o mar Vermelho até o mar de filístia, e desde o deserto até o rio: porque porei em vossas mãos os moradores da terra, e tu os expulsarás de diante de ti. ³² Não farás aliança com eles, nem com seus deuses. ³³ Em tua terra não habitarão, não seja que te façam pecar contra mim servindo a seus deuses: porque te será de tropeço.

24

¹ E disse a Moisés: Sobe ao SENHOR, tu, e Arão, Nadabe, e Abiú, e setenta dos anciãos de Israel; e vos inclinareis desde longe. ² Mas Moisés somente se chegará ao SENHOR; e eles não se aproximem, nem suba com ele o povo. ³ E Moisés veio e contou ao povo todas as palavras do SENHOR, e todos os estatutos: e todo o povo respondeu em uma voz, e disseram: Executaremos todas as palavras que o SENHOR disse. ⁴ E Moisés escreveu todas as palavras do SENHOR, e levantando-se de manhã edificou um altar ao pé do monte, e doze colunas, segundo as doze tribos de Israel. ⁵ E enviou aos rapazes dos filhos de Israel, os quais ofereceram holocaustos e sacrificaram pacíficos ao SENHOR, bezerros. ⁶ E Moisés tomou a metade do sangue, e a pôs em bacias, e espargiu a outra metade do sangue sobre o altar. ⁷ E tomou o livro da aliança, e leu aos ouvidos do povo, o qual disse: Faremos todas as coisas que o SENHOR disse, e obedeceremos. ⁸ Então Moisés tomou o sangue, e salpicou sobre o povo, e disse: Eis o sangue da aliança que o SENHOR fez convosco sobre todas estas coisas. ⁹ E subiram Moisés e Arão, Nadabe e Abiú, e setenta dos anciãos de Israel; ¹⁰ E viram ao Deus de Israel; e havia debaixo de seus pés como um pavimento de safira, semelhante ao céu quando está claro. ¹¹ Mas não estendeu sua mão sobre os príncipes dos filhos de Israel: e viram a Deus, e comeram e beberam. ¹² Então o SENHOR disse a Moisés: Sobe a mim ao monte, e espera ali, e te darei tábuas de pedra, e a lei, e mandamentos que escrevi para ensiná-los. ¹³ E levantou-se Moisés, e Josué seu assistente; e Moisés subiu ao monte de Deus. ¹⁴ E disse aos anciãos: Esperai-nos aqui até que voltemos a vós: e eis que Arão e Hur estão convosco: o que tiver negócios chegue-se a eles. ¹⁵ Então Moisés subiu ao monte, e uma nuvem cobriu o monte. ¹⁶ E a glória do SENHOR repousou sobre o monte Sinai, e a nuvem o cobriu por seis dias: e ao sétimo dia chamou a Moisés do meio da nuvem. ¹⁷ E a aparência da glória do SENHOR era como um fogo abrasador no cume do monte, aos olhos dos filhos de Israel. ¹⁸ E entrou Moisés em meio da nuvem, e subiu ao monte: e esteve Moisés no monte quarenta dias e quarenta noites.

25

¹ E o SENHOR falou a Moisés, dizendo: ² Dize aos filhos de Israel que tomem para mim oferta: de todo homem que a der de sua vontade, de coração, tomareis minha oferta. ³ E esta é a oferta que tomareis deles: Ouro, e prata, e bronze, ⁴ E material azul, e púrpura, e carmesim, e linho fino, e pelo de cabras, ⁵ E couros de carneiros tingidos de vermelho, e couros finos, e madeira de acácia; ⁶ Azeite para a luminária, especiarias para o azeite da unção, e para o incenso aromático; ⁷ Pedras de ônix, e pedras de engastes, para o éfode, e para o peitoral. ⁸ E farão para mim um santuário, e eu habitarei entre eles. ⁹ Conforme tudo o que eu te mostrar, o desenho do tabernáculo, e o desenho de todos os seus objetos, assim o fareis. ¹⁰ Farão também uma arca de madeira de acácia, cujo comprimento será de dois côvados e meio, e sua largura de côvado e meio, e sua altura de côvado e meio. ¹¹ E a cobrirás de ouro puro; por dentro e por fora a cobrirás; e farás sobre ela uma borda de ouro ao redor. ¹² E para ela farás de fundição quatro anéis de ouro, que porás a seus quatro cantos; dois anéis ao um lado dela, e dois anéis ao outro lado. ¹³ E farás umas varas de madeira de acácia, as quais cobrirás de ouro. ¹⁴ E meterás as varas pelos anéis aos lados da arca, para levar a arca com elas. ¹⁵ As varas se estarão nos anéis da arca: não se tirarão dela. ¹⁶ E porás no arca o testemunho que eu te darei. ¹⁷ E farás uma coberta de ouro fino, cujo comprimento será de dois côvados e meio, e sua largura de côvado e meio. ¹⁸ Farás também dois querubins de ouro, lavrados a martelo os farás, nas duas extremidades do propiciatório. ¹⁹ Farás, pois, um querubim ao extremo de um lado,

e um querubim ao outro extremo do lado oposto: da qualidade do propiciatório farás os querubins em suas duas extremidades. ²⁰ E os querubins estenderão por encima as asas, cobrindo com suas asas o propiciatório: suas faces a uma em frente da outra, olhando ao propiciatório as faces dos querubins. ²¹ E porás o propiciatório encima da arca, e no arca porás o testemunho que eu te darei. ²² E dali me declararei a ti, e falarei contigo de sobre o propiciatório, dentre os dois querubins que estão sobre a arca do testemunho, tudo o que eu te mandarei para os filhos de Israel. ²³ Farás também uma mesa de madeira de acácia: seu comprimento será de dois côvados, e de um côvado sua largura, e sua altura de côvado e meio. ²⁴ E a cobrirás de ouro puro, e lhe farás uma borda de ouro ao redor. ²⁵ Farás também para ele também uma moldura ao redor, da largura de uma mão, à qual moldura farás uma borda de ouro ao redor. ²⁶ E lhe farás quatro anéis de ouro, os quais porás aos quatro cantos que correspondem a seus quatro pés. ²⁷ Os anéis estarão antes da moldura, por lugares das varas, para levar a mesa. ²⁸ E farás as varas de madeira de acácia, e as cobrirás de ouro, e com elas será levada a mesa. ²⁹ Farás também seus pratos, e suas colheres, e seus jarros, e suas bacias, com que se fará libações: de ouro fino os farás. ³⁰ E porás sobre a mesa o pão da proposição diante de mim continuamente. ³¹ Farás também um candelabro de ouro puro; lavrado a martelo se fará o candelabro: seu pé, e sua cana, seus copos, seus botões, e suas flores, serão do mesmo: ³² E sairão seis braços de seus lados: três braços do candelabro do um lado seu, e três braços do candelabro do outro seu lado: ³³ Três copos em forma de amêndoas em um braço, um botão e uma flor; e três copos, forma de amêndoas no outro braço, um botão e uma flor: assim, pois, nos seis braços que saem do candelabro: ³⁴ E no candelabro quatro copos em forma de amêndoas, seus botões e suas flores. ³⁵ Haverá um botão debaixo dos dois braços do mesmo, outro botão debaixo dos outros dois braços do mesmo, e outra botão debaixo dos outros dois braços do mesmo, em conformidade aos seis braços que saem do candelabro. ³⁶ Seus botões e seus braços serão do mesmo, todo ele uma peça lavrada a martelo, de ouro puro. ³⁷ E farás para ele sete lâmpadas, as quais acenderás para que iluminem à parte de sua dianteira: ³⁸ Também suas tenazes e seus apagadores, de ouro puro. ³⁹ De um talento de ouro fino o farás, com todos estes objetos. ⁴⁰ E olha, e faze-os conforme seu modelo, que te foi mostrado no monte.

26

¹ E farás o tabernáculo de dez cortinas de linho torcido, azul, e púrpura, e carmesim: e farás querubins de obra delicada. ² O comprimento da uma cortina de vinte e oito côvados, e a largura da mesma cortina de quatro côvados: todas as cortinas terão uma medida. ³ Cinco cortinas estarão juntas a uma com a outra, e cinco cortinas unidas a uma com a outra. ⁴ E farás laçadas de azul na beira da uma cortina, na margem, na juntura: e assim farás na beira da última cortina na juntura segunda. ⁵ Cinquenta laçadas farás na uma cortina, e cinquenta laçadas farás na margem da cortina que está na segunda juntura: as laçadas estarão contrapostas a uma à outra. ⁶ Farás também cinquenta colchetes de ouro, com os quais juntarás as cortinas a uma com a outra, e se formará um tabernáculo. ⁷ Farás também cortinas de pelo de cabras para uma tenda sobre o tabernáculo; onze cortinas farás. ⁸ O comprimento de uma cortina será de trinta côvados, e a largura da mesma cortina de quatro côvados: uma medida terão as onze cortinas. ⁹ E juntarás as cinco cortinas à parte e as outras seis cortinas separadamente; e dobrarás a sexta cortina diante da face do tabernáculo. ¹⁰ E farás cinquenta laçadas na orla de uma cortina, à extremidade na juntura, e cinquenta laçadas na orla da segunda cortina na outra juntura. ¹¹ Farás também cinquenta colchetes de alambre, os quais meterás pelas laçadas: e juntarás a tenda,

para que se faça uma só cobertura. ¹² E o excedente que resulta nas cortinas da tenda, a metade da uma cortina que sobra, ficará às costas do tabernáculo. ¹³ E um côvado da uma parte, e outro côvado da outra que sobra no comprimento das cortinas da tenda, pendurará sobre os lados do tabernáculo da uma parte e da outra, para cobri-lo. ¹⁴ Farás também à tenda uma coberta de couros de carneiros, tingidos de vermelho, e uma coberta de couros finos encima. ¹⁵ E farás para o tabernáculo tábuas de madeira de acácia, que estejam na vertical. ¹⁶ O comprimento de cada tábua será de dez côvados, e de côvado e meio a largura de cada tábua. ¹⁷ Dois encaixes terá cada tábua, unidos um com o outro; assim farás todas as tábuas do tabernáculo. ¹⁸ Farás, pois, as tábuas do tabernáculo: vinte tábuas ao lado do sul. ¹⁹ E farás quarenta bases de prata debaixo das vinte tábuas; duas bases debaixo de uma tábua para seus dois encaixes, e duas bases debaixo da outra tábua para seus dois encaixes. ²⁰ E ao outro lado do tabernáculo, à parte do norte, vinte tábuas; ²¹ E suas quarenta bases de prata: duas bases debaixo de uma tábua, e duas bases debaixo da outra tábua. ²² E para o lado do tabernáculo, ao ocidente, farás seis tábuas. ²³ Farás também duas tábuas para as esquinas do tabernáculo nos dois ângulos posteriores; ²⁴ Os quais se unirão por abaixo, e também se juntarão por seu alto a uma argola: assim será das outras duas que estarão às duas esquinas. ²⁵ De maneira que serão oito tábuas, com suas bases de prata, dezesseis bases; duas bases debaixo de uma tábua, e duas bases debaixo da outra tábua. ²⁶ Farás também cinco barras de madeira de acácia, para as tábuas de um lado do tabernáculo, ²⁷ E cinco barras para as tábuas do outro lado do tabernáculo, e cinco barras para o outro lado do tabernáculo, que está ao ocidente. ²⁸ E a barra do meio passará por meio das tábuas, de uma extremidade à outra. ²⁹ E cobrirás as tábuas de ouro, e farás seus anéis de ouro para meter por eles as barras: também cobrirás as barras de ouro. ³⁰ E levantarás o tabernáculo conforme sua planta que te foi mostrada no monte. ³¹ E farás também um véu de azul, e púrpura, e carmesim, e de linho torcido: será feito de primoroso trabalho, com querubins: ³² E hás de pô-lo sobre quatro colunas de madeira de acácia cobertas de ouro; seus capitéis de ouro, sobre bases de prata. ³³ E porás o véu debaixo dos colchetes, e meterás ali, do véu dentro, a arca do testemunho; e aquele véu vos fará separação entre o lugar santo e o santíssimo. ³⁴ E porás a coberta sobre a arca do testemunho no lugar santíssimo. ³⁵ E porás a mesa fora do véu, e o candelabro em frente da mesa ao lado do tabernáculo ao sul; e porás a mesa ao lado do norte. ³⁶ E farás à porta do tabernáculo uma cortina de azul, e púrpura, e carmesim, e linho torcido, obra de bordador. ³⁷ E farás para a cortina cinco colunas de madeira de acácia, as quais cobrirás de ouro, com seus capitéis de ouro: e as farás de fundição cinco bases de bronze.

27

¹ Farás também altar de madeira de acácia de cinco côvados de comprimento, e de cinco côvados de largura: será quadrado o altar, e sua altura de três côvados. ² E farás suas pontas a seus quatro cantos; as pontas serão do mesmo; e as cobrirás de bronze. ³ Farás também seus caldeirões para lançar sua cinza; e suas pás, e suas bacias, e seus garfos, e seus braseiros: farás todos os seus vasos de bronze. ⁴ E lhe farás uma grelha de bronze de obra de malha; e sobre a grelha farás quatro anéis de bronze a seus quatro cantos. ⁵ E o porás dentro da borda do altar abaixo; e chegará a grelha até o meio do altar. ⁶ Farás também varas para o altar, varas de madeira de acácia, as quais cobrirás de bronze. ⁷ E suas varas se meterão pelos anéis: e estarão aquelas varas a ambos lados do altar, quando houver de ser levado. ⁸ De tábuas o farás, oco: da maneira que te foi mostrado no monte, assim o farás. ⁹ Também farás

o átrio do tabernáculo: ao lado do sul, terá o átrio cortinas de linho torcido, de cem côvados de comprimento cada um lado; [10] Suas vinte colunas, e suas vinte bases serão de bronze; os capitéis das colunas e suas molduras, de prata. [11] E da mesma maneira ao lado do norte haverá ao comprimento cortinas de cem côvados de comprimento, e suas vinte colunas, com suas vinte bases de bronze; os capitéis de suas colunas e suas molduras, de prata. [12] E a largura do átrio do lado ocidental terá cortinas de cinquenta côvados; suas colunas dez, com suas dez bases. [13] E na largura do átrio pela parte do oriente, haverá cinquenta côvados. [14] E as cortinas de um lado serão de quinze côvados; suas colunas três, com suas três bases. [15] Ao outro lado quinze côvados de cortinas; suas colunas três, com suas três bases. [16] E à porta do átrio haverá uma cortina de vinte côvados, de azul, e púrpura, e carmesim, e linho torcido, de obra de bordador: suas colunas quatro, com suas quatro bases. [17] Todas as colunas do átrio em derredor serão cingidas de prata; seus capitéis de prata, e suas bases de bronze. [18] O comprimento do átrio será de cem côvados, e a largura cinquenta por um lado e cinquenta pelo outro, e a altura de cinco côvados: suas cortinas de linho torcido, e suas bases de bronze. [19] Todos os utensílios do tabernáculo em todo o seu serviço, e todos os seus pregos, e todos os pregos do átrio, serão de bronze. [20] E tu mandarás aos filhos de Israel que te tragam azeite puro de olivas, prensado, para a luminária, para fazer arder continuamente as lâmpadas. [21] No tabernáculo do testemunho, fora do véu que está diante do testemunho, as porá em ordem Arão e seus filhos, diante do SENHOR desde a tarde até a manhã, como estatuto perpétuo dos filhos de Israel por suas gerações.

28

[1] E tu aproxima a ti a Arão teu irmão, e a seus filhos consigo, dentre os filhos de Israel, para que sejam meus sacerdotes; a Arão, Nadabe e Abiú, Eleazar e Itamar, filhos de Arão. [2] E farás vestimentas sagradas a Arão teu irmão, para honra e formosura. [3] E tu falarás a todos os sábios de coração, aos quais eu enchi de espírito de sabedoria; a fim de que façam as roupas de Arão, para consagrar-lhe a que me sirva de sacerdote. [4] As vestimentas que farão são estes: o peitoral, e o éfode, e o manto, e a túnica bordada, a mitra, e o cinturão. Façam, pois, as sagradas vestimentas a Arão teu irmão, e a seus filhos, para que sejam meus sacerdotes. [5] Tomarão ouro, e azul, e púrpura, e carmesim, e linho torcido. [6] E farão o éfode de ouro e azul, e púrpura, e carmesim, e linho torcido de obra de bordador. [7] Terá duas ombreiras que se juntem a seus dois lados, e se juntará. [8] E o artifício de seu cinto que está sobre ele, será de sua mesma obra, do mesmo; de ouro, azul, e púrpura, e carmesim, e linho torcido. [9] E tomarás duas pedras de ônix, e gravarás nelas os nomes dos filhos de Israel: [10] Os seis de seus nomes em uma pedra, e os outros seis nomes na outra pedra, conforme o nascimento deles. [11] De obra de escultor em pedra a modo de gravuras de selo, farás gravar aquelas duas pedras com os nomes dos filhos de Israel; farás para eles ao redor engastes de ouro. [12] E porás aquelas duas pedras sobre os ombros do éfode, para pedras de memória aos filhos de Israel; e Arão levará os nomes deles diante do SENHOR em seus dois ombros por memória. [13] Farás, pois, engastes de ouro, [14] E duas correntinhas de ouro fino; as quais farás de feitura de trança; e fixarás as correntes de feitura de trança nos engastes. [15] Farás também o peitoral do juízo de primorosa obra, lhe farás conforme a obra do éfode, de ouro, e azul, e púrpura, e carmesim, e linho torcido. [16] Será quadrado e duplo, de um palmo de comprimento e um palmo de largura: [17] E o encherás de pedrarias com quatro ordens de pedras: uma ordem de uma pedra sárdio, um topázio, e um carbúnculo; será a primeira ordem; [18] A segunda ordem, uma esmeralda, uma safira, e um diamante;

¹⁹ A terceira ordem, um rubi, uma ágata, e uma ametista; ²⁰ E a quarta ordem, um berilo, um ônix, e um jaspe: estarão engastadas em ouro em seus encaixes. ²¹ E serão aquelas pedra segundo os nomes dos filhos de Israel, doze segundo seus nomes; como gravuras de selo cada uma com seu nome, virão a ser segundo as doze tribos. ²² Farás também no peitoral correntes de feitura de tranças de ouro fino. ²³ E farás no peitoral dois anéis de ouro, os quais dois anéis porás às duas pontas do peitoral. ²⁴ E porás as duas tranças de ouro nos dois anéis às duas pontas do peitoral: ²⁵ E as duas extremidades das duas tranças sobre os dois engastes, e as porás aos lados do éfode na parte dianteira. ²⁶ Farás também dois anéis de ouro, os quais porás às duas pontas do peitoral, em sua orla que está ao lado do éfode da parte de dentro. ²⁷ Farás também dois anéis de ouro, os quais porás aos dois lados do éfode abaixo na parte dianteira, diante de sua juntura sobre o cinto do éfode. ²⁸ E juntarão o peitoral com seus anéis aos anéis do éfode com um cordão de azul, para que esteja sobre o cinto do éfode, e não se separe o peitoral do éfode. ²⁹ E levará Arão os nomes dos filhos de Israel no peitoral do juízo sobre seu coração, quando entrar no santuário, para memória diante do SENHOR continuamente. ³⁰ E porás no peitoral do juízo Urim e Tumim, para que estejam sobre o coração de Arão quando entrar diante do SENHOR: e levará sempre Arão o juízo dos filhos de Israel sobre seu coração diante do SENHOR. ³¹ Farás o manto do éfode todo de material azul: ³² E em meio dele por acima haverá uma abertura, a qual terá uma borda ao redor de obra de tecelão, como a abertura de um colarinho, para que não se rompa. ³³ E abaixo em suas orlas farás romãs de material azul, e púrpura, e carmesim, por suas bordas ao redor; e entre elas sinos de ouro ao redor. ³⁴ Um sino de ouro e uma granada, sino de ouro e granada, pelas orlas do manto ao redor. ³⁵ E estará sobre Arão quando ministrar; e se ouvirá seu som quando ele entrar no santuário diante do SENHOR e quando sair, porque não morra. ³⁶ Farás também uma prancha de ouro fino, e gravarás nela gravura de selo, SANTIDADE AO SENHOR. ³⁷ E a porás com um cordão de azul, e estará sobre a mitra; pela frente anterior da mitra estará. ³⁸ E estará sobre a testa de Arão: e levará Arão o pecado das coisas santas, que os filhos de Israel houverem consagrado em todas as suas santas ofertas; e sobre sua testa estará continuamente para que tenham favor diante do SENHOR. ³⁹ E bordarás uma túnica de linho, e farás uma mitra de linho; farás também um cinto de obra de bordador. ⁴⁰ E para os filhos de Arão farás túnicas; também lhes farás cintos, e lhes formarás tiaras para honra e adorno. ⁴¹ E com eles vestirás a Arão teu irmão, e a seus filhos com ele: e os ungirás, e os consagrarás, e santificarás, para que sejam meus sacerdotes. ⁴² E lhes farás calções de linho para cobrir a carne vergonhosa; serão desde os lombos até as coxas: ⁴³ E estarão sobre Arão e sobre seus filhos quando entrarem no tabernáculo de testemunho, ou quando se achegarem ao altar para servir no santuário, para que não levem pecado, e morram. Estatuto perpétuo para ele, e para sua semente depois dele.

29

¹ E Isto é o que lhes farás para consagrá-los, para que sejam meus sacerdotes: Toma um bezerro das vacas, e dois carneiros sem mácula; ² E pães sem levedura, e tortas sem levedura amassadas com azeite, e massas sem levedura untadas com azeite; tu os farás de boa farinha de trigo: ³ E os porás em um cesto, e no cesto os oferecerás, com o bezerro e os dois carneiros. ⁴ E farás chegar Arão e seus filhos à porta do tabernáculo do testemunho, e os lavarás com água. ⁵ E tomarás as vestiduras, e vestirás a Arão a túnica e o manto do éfode, e o éfode, e o peitoral, e lhe cingirás com o cinto do éfode; ⁶ E porás a mitra sobre sua cabeça, e sobre a mitra porás a coroa santa. ⁷ E

tomarás o azeite da unção, e derramarás sobre sua cabeça, e lhe ungirás. ⁸ E farás chegar seus filhos, e lhes vestirás as túnicas. ⁹ E lhes cingirás o cinto, a Arão e a seus filhos, e lhes atarás as tiaras, e terão o sacerdócio por estatuto perpétuo: e encherás as mãos de Arão e de seus filhos. ¹⁰ E farás chegar o bezerro diante do tabernáculo do testemunho, e Arão e seus filhos porão suas mãos sobre a cabeça do bezerro. ¹¹ E matarás o bezerro diante do SENHOR à porta do tabernáculo do testemunho. ¹² E tomarás do sangue do bezerro, e porás sobre as pontas do altar com teu dedo, e derramarás todo o demais sangue ao pé do altar. ¹³ Tomarás também toda a gordura que cobre os intestinos, e o redenho de sobre o fígado, e os dois rins, e a gordura que está sobre eles, e os queimarás sobre o altar. ¹⁴ Porém consumirás a fogo fora do acampamento a carne do bezerro, e seu couro, e seu excremento: é expiação. ¹⁵ Também tomarás um carneiro, e Arão e seus filhos porão suas mãos sobre a cabeça do carneiro. ¹⁶ E matarás o carneiro, e tomarás seu sangue, e salpicarás sobre o altar ao redor. ¹⁷ E cortarás o carneiro em pedaços, e lavarás seus intestinos e suas pernas, e as porás sobre seus pedaços e sobre sua cabeça. ¹⁸ E queimarás todo o carneiro sobre o altar: é holocausto ao SENHOR, cheiro suave, é oferta queimada ao SENHOR. ¹⁹ Tomarás logo o outro carneiro, e Arão e seus filhos porão suas mãos sobre a cabeça do carneiro: ²⁰ E matarás o carneiro, e tomarás de seu sangue, e porás sobre a ponta da orelha direita de Arão, e sobre a ponta das orelhas de seus filhos, e sobre o dedo polegar das mãos direitas deles, e sobre o dedo polegar dos pés direitos deles, e espargirás o sangue sobre o altar ao redor. ²¹ E tomarás do sangue que há sobre o altar, e do azeite da unção, e espargirás sobre Arão, e sobre suas vestiduras, e sobre seus filhos, e sobre as vestimentas destes; e ele será santificado, e suas vestiduras, e seus filhos, e as vestimentas de seus filhos com ele. ²² Logo tomarás do carneiro a gordura, e a cauda, e a gordura que cobre os intestinos, e o redenho do fígado, e os dois rins, e a gordura que está sobre eles, e a coxa direita; porque é carneiro de consagrações: ²³ Também uma torta de pão, e uma massa amassada com azeite, e um bolo do cesto dos pães ázimos apresentado ao SENHOR; ²⁴ E o porás tudo nas mãos de Arão, e nas mãos de seus filhos; e o mexerás agitando-o diante do SENHOR. ²⁵ Depois o tomarás de suas mãos, e o farás arder sobre o altar em holocausto, por cheiro agradável diante do SENHOR. É oferta acesa ao SENHOR. ²⁶ E tomarás o peito do carneiro das consagrações, que foi imolado para a de Arão, e o mexerás por oferta agitada diante do SENHOR; e será porção tua. ²⁷ E separarás o peito da oferta mexida, e a coxa da santificação, o que foi mexido e o que foi santificado do carneiro das consagrações de Arão e de seus filhos: ²⁸ E será para Arão e para seus filhos por estatuto perpétuo dos filhos de Israel, porque é porção elevada; e será tomada dos filhos de Israel de seus sacrifícios pacíficos, porção deles elevada em oferta ao SENHOR. ²⁹ E as vestimentas santas, que são de Arão, serão de seus filhos depois dele, para ser ungidos com elas, e para ser com elas consagrados. ³⁰ Por sete dias as vestirá o sacerdote de seus filhos, que em seu lugar vier ao tabernáculo do testemunho a servir no santuário. ³¹ E tomarás o carneiro das consagrações, e cozerás sua carne no lugar do santuário. ³² E Arão e seus filhos comerão a carne do carneiro, e o pão que está no cesto, à porta do tabernáculo do testemunho. ³³ E comerão aquelas coisas com as quais se fez expiação, para encher suas mãos para ser santificados: mas o estrangeiro não comerá, porque é coisa santa. ³⁴ E se sobrar algo da carne das consagrações e do pão até a manhã, queimarás ao fogo o que houver sobrado: não se comerá, porque é coisa santa. ³⁵ Assim, pois, farás a Arão e a seus filhos, conforme todas as coisas que eu te mandei: por sete dias os consagrarás. ³⁶ E sacrificarás o bezerro da expiação em cada dia para as expiações; e purificarás o altar em havendo feito expiação por ele, e o ungirás para santificá-lo. [37] Por sete dias expiarás o altar, e o santificarás, e será um altar santíssimo: qualquer um coisa que tocar ao altar, será santificada. [38] E isto é o que oferecerás sobre o altar: dois cordeiros de ano cada dia, sem interrupção. [39] Oferecerás um cordeiro à manhã, e o outro cordeiro oferecerás à queda da tarde: [40] Também uma décima parte de um efa de boa farinha amassada com a quarta parte de um him de azeite prensado; e a libação será a quarta parte de um him de vinho com cada cordeiro. [41] E oferecerás o outro cordeiro à queda da tarde, fazendo conforme a oferta da manhã, e conforme sua libação, em cheiro de suavidade; será oferta acesa ao SENHOR. [42] Isto será holocausto contínuo por vossas gerações à porta do tabernáculo do testemunho diante do SENHOR, no qual me encontrarei convosco, para falar-vos ali. [43] E ali testificarei de mim aos filhos de Israel, e o lugar será santifiquei com minha glória. [44] E santificarei o tabernáculo do testemunho e o altar: santificarei também a Arão e a seus filhos, para que sejam meus sacerdotes. [45] E habitarei entre os filhos de Israel, e serei seu Deus. [46] E conhecerão que eu sou o SENHOR seu Deus, que os tirei da terra do Egito, para habitar em meio deles: Eu sou o SENHOR seu Deus.

30

[1] Farás também um altar para queimar incenso: de madeira de acácia o farás. [2] Seu comprimento será de um côvado, e sua largura de um côvado: será quadrado: e sua altura de dois côvados: e suas pontas serão do mesmo. [3] E o cobrirás de ouro puro, sua parte superior, e suas paredes em derredor, e suas pontas: e lhe farás em derredor uma coroa de ouro. [4] Tu lhe farás também dois anéis de ouro debaixo de sua coroa a seus dois cantos em ambos lados seus, para meter as varas com que será levado. [5] E farás as varas de madeira de acácia, e os cobrirás de ouro. [6] E o porás diante do véu que está junto à arca do testemunho, diante do propiciatório que está sobre o testemunho, onde eu te testificarei de mim. [7] E queimará sobre ele Arão incenso de aroma cada manhã quando preparar as lâmpadas o queimará. [8] E quando Arão acender as lâmpadas ao anoitecer, queimará o incenso: rito perpétuo diante do SENHOR por vossas idades. [9] Não oferecereis sobre ele incenso estranho, nem holocausto, nem oferta de cereais; nem tampouco derramareis libação sobre ele. [10] E sobre suas pontas fará Arão expiação uma vez no ano com o sangue da expiação para as reconciliações: uma vez no ano fará expiação sobre ele em vossas idades: será muito santo ao SENHOR. [11] E falou o SENHOR a Moisés, dizendo: [12] Quando tomares o número dos filhos de Israel conforme a conta deles, cada um dará ao SENHOR o resgate de sua pessoa, quando os contares, e não haverá neles mortandade por havê-los contado. [13] Isto dará qualquer um que passar pela contagem, meio siclo conforme o siclo do santuário. O siclo é de vinte óbolos: a metade de um siclo será a oferta ao SENHOR. [14] Qualquer um que passar pela contagem, de vinte anos acima, dará a oferta ao SENHOR. [15] Nem o rico aumentará, nem o pobre diminuirá de meio siclo, quando derem a oferta ao SENHOR para fazer expiação por vossas pessoas. [16] E tomarás dos filhos de Israel o dinheiro das expiações, e o darás para a obra do tabernáculo do testemunho: e será por memória aos filhos de Israel diante do SENHOR, para expiar vossas pessoas. [17] Falou mais o SENHOR a Moisés, dizendo: [18] Farás também uma pia de bronze, com sua base de bronze, para lavar; e a porás entre o tabernáculo do testemunho e o altar; e porás nela água. [19] E dela se lavarão Arão e seus filhos suas mãos e seus pés: [20] Quando entrarem no tabernáculo do testemunho, se hão de lavar com água, e não morrerão: e quando se achegarem ao altar para ministrar, para acender ao SENHOR a oferta que se há de consumir ao fogo, [21] Também se lavarão as mãos e os pés, e não morrerão. E o terão por estatuto perpétuo ele e sua semente por suas gerações. [22] Falou mais o SENHOR a Moisés, dizendo: [23] E tu tomarás das

principais especiarias; de mirra excelente quinhentos siclos, e de canela aromática a metade, isto é, duzentos e cinquenta, e de cálamo aromático duzentos e cinquenta, 24 E de cássia quinhentos, ao peso do santuário, e de azeite de olivas um him: 25 E farás disso o azeite da santa unção, superior unguento, obra de perfumista, o qual será o azeite da unção sagrada. 26 Com ele ungirás o tabernáculo do testemunho, e a arca do testemunho, 27 E a mesa, e todos os seus utensílios, e o candelabro, e todos os seus utensílios, e o altar do incenso, 28 E o altar do holocausto, todos os seus utensílios, e a pia e sua base. 29 Assim os consagrarás, e serão coisas santíssimas: tudo o que tocar neles, será santificado. 30 Ungirás também a Arão e a seus filhos, e os consagrarás para que sejam meus sacerdotes. 31 E falarás aos filhos de Israel, dizendo: Este será meu azeite da santa unção por vossas idades. 32 Sobre carne de homem não será untado, nem fareis outro semelhante, conforme sua composição: santo é; por santo haveis de tê-lo vós. 33 Qualquer um que compuser unguento semelhante, e que puser dele sobre estranho, será cortado de seus povos. 34 Disse ainda o SENHOR a Moisés: Toma para ti aromas, resina de estoraque e um material odorífero e gálbano aromático e incenso limpo; de tudo em igual peso: 35 E farás disso uma mistura aromática de obra de perfumista, bem misturada, pura e santa: 36 E moerás alguma dela pulverizando-a, e a porás diante do testemunho no tabernáculo do testemunho, onde eu te testificarei de mim. Isso vos será coisa santíssima. 37 Como a mistura que farás, não vos fareis outra segundo sua composição: te será coisa sagrada para o SENHOR. 38 Qualquer um que fizer outra como ela para cheirá-la, será cortado de seus povos.

31

1 E falou o SENHOR a Moisés, dizendo: 2 Olha, eu chamei por seu nome a Bezalel, filho de Uri, filho de Hur, da tribo de Judá; 3 E o enchi de espírito de Deus, em sabedoria, e em inteligência, e em conhecimento, e em todo artifício, 4 Para inventar desenhos, para trabalhar em ouro, e em prata, e em bronze, 5 E em artifício de pedras para engastá-las, e em artifício de madeira; para agir em todo tipo de trabalho. 6 E eis que eu pus com ele a Aoliabe, filho de Aisamaque, da tribo de Dã: e pus sabedoria no ânimo de todo sábio de coração, para que façam tudo o que te mandei: 7 O tabernáculo do testemunho, e a arca do testemunho, e o propiciatório que está sobre ela, e todos os utensílios do tabernáculo; 8 E a mesa e seus utensílios, e o candelabro limpo e todos os seus utensílios, e o altar do incenso; 9 E o altar do holocausto e todos os seus utensílios, e a pia e sua base; 10 E as roupas do serviço, e as santas vestiduras para Arão o sacerdote, e as vestiduras de seus filhos, para que exerçam o sacerdócio; 11 E o azeite da unção, e o incenso aromático para o santuário: farão conforme tudo o que te mandei. 12 Falou também o SENHOR a Moisés, dizendo: 13 E tu falarás aos filhos de Israel, dizendo: Com tudo isso vós guardareis meus sábados: porque é sinal entre mim e vós por vossas gerações, para que saibais que eu sou o SENHOR que vos santifico. 14 Assim guardareis o sábado, porque santo é a vós: o que o profanar, certamente morrerá; porque qualquer um que fizer obra alguma nele, aquela alma será cortada do meio de seus povos. 15 Seis dias se fará obra, mas o dia sétimo é sábado de repouso consagrado ao SENHOR; qualquer um que fizer obra no dia do sábado certamente morrerá. 16 Guardarão, pois, o sábado os filhos de Israel: celebrando-o por suas gerações por pacto perpétuo: 17 Sinal é para sempre entre mim e os filhos de Israel; porque em seis dias fez o SENHOR os céus e a terra, e no sétimo dia cessou, e repousou. 18 E deu a Moisés quando acabou de falar com ele no monte de Sinai, duas tábuas do testemunho, tábuas de pedra escritas com o dedo de Deus.

32

¹ Mas vendo o povo que Moisés tardava em descer do monte, achegou-se então a Arão, e disseram-lhe: Levanta-te, faze-nos deuses que vão adiante de nós; porque a este Moisés, aquele homem que tirou da terra do Egito, não sabemos o que lhe aconteceu. ² E Arão lhes disse: Separai os pendentes de ouro que estão nas orelhas de vossas mulheres, e de vossos filhos, e de vossas filhas, e trazei-os a mim. ³ Então todo o povo separou os pendentes de ouro que tinham em suas orelhas, e trouxeram-nos a Arão: ⁴ O qual os tomou das mãos deles, e formou-o com buril, e fez disso um bezerro de fundição. Então disseram: Israel, estes são teus deuses, que te tiraram da terra do Egito. ⁵ E vendo isto Arão, edificou um altar diante do bezerro; e apregoou Arão, e disse: Amanhã será festa ao SENHOR. ⁶ E no dia seguinte madrugaram, e ofereceram holocaustos, e apresentaram pacíficos: e sentou-se o povo a comer e a beber, e levantaram-se a regozijar-se. ⁷ Então o SENHOR disse a Moisés: Anda, desce, porque teu povo que tiraste da terra do Egito se corrompeu: ⁸ Logo se apartaram do caminho que eu lhes mandei, e se fizeram um bezerro de fundição, e o adoraram, e sacrificaram a ele, e disseram: Israel, estes são teus deuses, que te tiraram da terra do Egito. ⁹ Disse mais o SENHOR a Moisés: Eu vi a este povo, que por certo é povo de dura cerviz: ¹⁰ Agora, pois, deixa-me que se acenda meu furor neles, e os consuma: e a ti eu porei sobre grande gente. ¹¹ Então Moisés orou à face do SENHOR seu Deus, e disse: Ó SENHOR, por que se acenderá teu furor em teu povo, que tu tiraste da terra do Egito com grande força, e com mão forte? ¹² Por que hão de falar os egípcios, dizendo: Para o mal os tirou, para matá-los nos montes, e para exterminá-los de sobre a face da terra? Volta-te do furor de tua ira, e arrepende-te do mal de teu povo. ¹³ Lembra-te de Abraão, de Isaque, e de Israel teus servos, aos quais juraste por ti mesmo, e disse-lhes: Eu multiplicarei vossa semente como as estrelas do céu; e darei a vossa semente toda esta terra que disse, e a tomarão por herança para sempre. ¹⁴ Então o SENHOR se arrependeu do mal que disse que havia de fazer a seu povo. ¹⁵ E virou-se Moisés, e desceu do monte trazendo em sua mão as duas tábuas do testemunho, as tábuas escritas por ambos os lados; de uma parte e de outra estavam escritas. ¹⁶ E as tábuas eram obra de Deus, e a escritura era escritura de Deus gravada sobre as tábuas. ¹⁷ E ouvindo Josué o clamor do povo que gritava, disse a Moisés: Barulho de batalha há no campo. ¹⁸ E ele respondeu: Não é eco de gritos de vitória de fortes, nem eco de gritos de fracos: eu ouço barulho de cantorias. ¹⁹ E aconteceu, que quando chegou ele ao acampamento, e viu o bezerro e as danças, acendeu-se a ira a Moisés, e lançou as tábuas de suas mãos, e quebrou-as ao pé do monte. ²⁰ E tomou o bezerro que fizeram, e queimou-o no fogo, e moeu-o até reduzi-lo a pó, que espalhou sobre as águas, e deu-o a beber aos filhos de Israel. ²¹ E disse Moisés a Arão: Que te fez este povo, que trouxeste sobre ele tão grande pecado? ²² E respondeu Arão: Não se ire meu senhor; tu conheces o povo, que é inclinado ao mal. ²³ Porque me disseram: Faze-nos deuses que vão adiante de nós, que a este Moisés, o homem que tirou da terra do Egito, não sabemos o que lhe aconteceu. ²⁴ E eu lhes respondi: Quem tem ouro? Separai-o. E o deram a mim, e lancei-o no fogo, e saiu este bezerro. ²⁵ E vendo Moisés que o povo estava descontrolado, porque Arão o havia deixado se descontrolarem para vergonha entre seus inimigos, ²⁶ Pôs-se Moisés à porta do acampamento, e disse: Quem é do SENHOR? junte-se comigo. E juntaram-se com ele todos os filhos de Levi. ²⁷ E ele lhes disse: Assim disse o SENHOR, o Deus de Israel: Ponde cada um sua espada sobre sua coxa: passai e voltai de porta em porta pelo acampamento, e matai cada um a seu irmão, e a seu amigo, e a seu parente. ²⁸ E os filhos de Levi o fizeram conforme o dito de Moisés: e caíram do povo naquele dia como três mil homens. ²⁹ Então Moisés disse: Hoje vos consagrastes ao SENHOR,

porque cada um se consagrou em seu filho, e em seu irmão, para que dê ele hoje bênção sobre vós. ³⁰ E aconteceu que no dia seguinte disse Moisés ao povo: Vós cometestes um grande pecado: mas eu subirei agora ao SENHOR; talvez lhe consiga apaziguar o furor acerca de vosso pecado. ³¹ Então voltou Moisés ao SENHOR, e disse: Rogo-te, pois este povo cometeu um grande pecado, porque fizeram para si deuses de ouro, ³² Que perdoes agora seu pecado, e se não, apaga-me agora de teu livro que escreveste. ³³ E o SENHOR respondeu a Moisés: Ao que pecar contra mim, a este apagarei eu de meu livro. ³⁴ Vai, pois, agora, leva a este povo aonde te disse: eis que meu anjo irá diante de ti; que no dia de minha visitação eu visitarei neles seu pecado. ³⁵ E o SENHOR feriu ao povo, porque fizeram o bezerro que formou Arão.

33

¹ E o SENHOR disse a Moisés: Vai, sobe daqui, tu e o povo que tiraste da terra do Egito, à terra da qual jurei a Abraão, Isaque, e Jacó, dizendo: À tua semente a darei: ² E eu enviarei diante de ti o anjo, e lançarei fora aos cananeus e aos amorreus, e aos heteus, e aos perizeus, e aos heveus e aos jebuseus: ³ (À terra que flui leite e mel); porque eu não subirei em meio de ti, porque és povo de dura cerviz, não seja que te consuma no caminho. ⁴ E ouvindo o povo esta desagradável palavra, vestiram luto, e ninguém se pôs seus ornamentos: ⁵ Pois o SENHOR disse a Moisés: Dize aos filhos de Israel: Vós sois povo de dura cerviz: em um momento subirei em meio de ti, e te consumirei: tira de ti, pois, agora teus ornamentos, que eu saberei o que te tenho de fazer. ⁶ Então os filhos de Israel se despojaram de seus ornamentos desde o monte Horebe. ⁷ E Moisés tomou o tabernáculo, e estendeu-o fora do acampamento, longe do acampamento, e chamou-o o Tabernáculo do Testemunho. E foi que qualquer um que buscava ao SENHOR saía ao tabernáculo do testemunho, que estava fora do acampamento. ⁸ E sucedia que, quando saía Moisés ao tabernáculo, todo o povo se levantava, e estava cada qual em pé à porta de sua tenda, e olhavam por trás de Moisés, até que ele entrava no tabernáculo. ⁹ E quando Moisés entrava no tabernáculo, a coluna de nuvem descia, e punha-se à porta do tabernáculo, e o SENHOR falava com Moisés. ¹⁰ E vendo todo o povo a coluna de nuvem, que estava à porta do tabernáculo, levantava-se todo o povo, cada um à porta de sua tenda e adorava. ¹¹ E falava o SENHOR a Moisés face a face, como fala qualquer um a seu companheiro. E voltava-se ao campo; mas o jovem Josué, seu criado, filho de Num, nunca se afastava do meio do tabernáculo. ¹² E disse Moisés ao SENHOR: Olha, tu me dizes a mim: Tira este povo: e tu não me declaraste a quem hás de enviar comigo: porém, tu dizes: Eu te conheci por teu nome, e achaste também graça em meus olhos. ¹³ Agora, pois, se achei graça em teus olhos, rogo-te que me mostres agora teu caminho, para que te conheça, para que ache graça em teus olhos: e olha que teu povo é esta gente. ¹⁴ E ele disse: Meu rosto irá contigo, e te farei descansar. ¹⁵ E ele respondeu: Se teu rosto não for comigo, não nos tires daqui. ¹⁶ E em que se conhecerá aqui que achei favor em teus olhos, eu e teu povo, se não em andar tu conosco, e que eu e teu povo sejamos separados de todos os povos que estão sobre a face da terra? ¹⁷ E o SENHOR disse a Moisés: Também farei isto que disseste, porquanto achaste favor em meus olhos, e te conheci por teu nome. ¹⁸ O então disse: Rogo-te que me mostres tua glória. ¹⁹ E respondeu-lhe: Eu farei passar todo o meu bem diante de teu rosto, e proclamarei o nome do SENHOR diante de ti; e terei misericórdia do que terei misericórdia, e serei clemente para com o que serei clemente. ²⁰ Disse mais: Não poderás ver meu rosto: porque não me verá homem, e viverá. ²¹ E disse ainda o SENHOR: Eis aqui um lugar junto a mim, e tu estarás sobre a rocha: ²² E será que, quando passar minha glória, eu te porei em uma brecha da rocha, e te cobrirei com

minha mão até que tenha passado: ²³ Depois tirarei minha mão, e verás minhas costas; mas não se verá meu rosto.

34

¹ E o SENHOR disse a Moisés: Entalha para ti duas tábuas de pedra como as primeiras, e escreverei sobre essas tábuas as palavras que estavam nas tábuas primeiras que quebraste. ² Prepara-te, pois, para amanhã, e sobe pela manhã ao monte de Sinai, e fica diante de mim ali sobre o cume do monte. ³ E não suba homem contigo, nem apareça alguém em todo o monte; nem ovelhas nem bois apascentem diante do monte. ⁴ E Moisés entalhou duas tábuas de pedra como as primeiras; e levantou-se pela manhã, e subiu ao monte de Sinai, como lhe mandou o SENHOR, e levou em sua mão as duas tábuas de pedra. ⁵ E o SENHOR desceu na nuvem, e esteve ali com ele, proclamando o nome do SENHOR. ⁶ E passando o SENHOR por diante dele, proclamou: SENHOR, SENHOR, forte, misericordioso, e piedoso; tardio para a ira, e grande em benignidade e verdade; ⁷ Que guarda a misericórdia em milhares, que perdoa a iniquidade, a rebelião, e o pecado, e que de nenhum modo justificará ao malvado; que visita a iniquidade dos pais sobre os filhos e sobre os filhos dos filhos, sobre os de terceira, e quarta gerações. ⁸ Então Moisés, apressando-se, baixou a cabeça até o chão e encurvou-se; ⁹ E disse: Se agora, Senhor, achei favor em teus olhos, vá agora o Senhor em meio de nós; porque este é povo de dura cerviz; e perdoa nossa iniquidade e nosso pecado, e possui-nos. ¹⁰ E ele disse: Eis que, eu faço concerto diante de todo o teu povo: farei maravilhas que não foram feitas em toda a terra, nem em nação alguma; e verá todo o povo em meio do qual estás tu, a obra do SENHOR; porque será coisa terrível a que eu farei contigo. ¹¹ Guarda o que eu te mando hoje; eis que eu expulso de diante de tua presença aos amorreus, e aos cananeus, e aos heteus, e aos perizeus, e aos heveus, e aos jebuseus. ¹² Guarda-te que não faças aliança com os moradores da terra de onde hás de entrar, para que não sejam por tropeço em meio de ti: ¹³ Mas derrubareis seus altares, e quebrareis suas estátuas, e cortareis seus bosques: ¹⁴ Porque não te hás de inclinar a deus alheio; que o SENHOR, cujo nome é zeloso, Deus zeloso é. ¹⁵ Portanto não farás aliança com os moradores daquela terra; pois senão fornicarão após seus deuses, e sacrificarão a seus deuses, e te chamarão, e comerás de seus sacrifícios; ¹⁶ Ou, se tomarem de suas filhas para teus filhos, e fornicarem suas filhas após seus deuses, farão também fornicar a teus filhos atrás dos deuses delas. ¹⁷ Não farás deuses de fundição para ti. ¹⁸ A festa dos pães ázimos guardarás: sete dias comerás sem levedar, segundo te mandei, no tempo do mês de Abibe; porque no mês de Abibe saíste do Egito. ¹⁹ Todo o que abre madre, meu é; e de teu gado todo primeiro de vaca ou de ovelha que for macho. ²⁰ Porém resgatarás com cordeiro o primeiro do asno; e se não o resgatares, lhe cortarás a cabeça. Resgatarás todo primogênito de teus filhos, e não serão vistos vazios diante de mim. ²¹ Seis dias trabalharás, mas no sétimo dia cessarás: cessarás ainda na arada e na colheita. ²² E te farás a festa das semanas aos princípios da colheita do trigo: e a festa da colheita à volta do ano. ²³ Três vezes no ano será visto todo homem teu diante do Soberano SENHOR, Deus de Israel. ²⁴ Porque eu lançarei as nações de tua presença, e alargarei teu termo: e ninguém cobiçará tua terra, quando tu subires para ser visto diante do SENHOR teu Deus três vezes no ano. ²⁵ Não oferecerás com levedado o sangue de meu sacrifício; nem ficará da noite para a manhã o sacrifício da festa da páscoa. ²⁶ A primícia dos primeiros frutos de tua terra meterás na casa do SENHOR teu Deus. Não cozerás o cabrito no leite de sua mãe. ²⁷ E o SENHOR disse a Moisés: Escreve tu estas palavras; porque conforme estas palavras fiz a aliança contigo e com Israel. ²⁸ E ele esteve ali com o SENHOR

quarenta dias e quarenta noites: não comeu pão, nem bebeu água; e escreveu em tábuas as palavras da aliança, os dez dizeres. ²⁹ E aconteceu que, descendo Moisés do monte Sinai com as duas tábuas do testemunho em sua mão, enquanto descia do monte, não sabia ele que a pele de seu rosto resplandecia, depois que havia com ele falado. ³⁰ E olhou Arão e todos os filhos de Israel a Moisés, e eis que a pele de seu rosto era resplandescente; e tiveram medo de chegar-se a ele. ³¹ E chamou-os Moisés; e Arão e todos os príncipes da congregação voltaram-se a ele, e Moisés lhes falou. ³² E depois se chegaram todos os filhos de Israel, aos quais mandou todas as coisas que o SENHOR lhe havia dito no monte de Sinai. ³³ E quando acabou Moisés de falar com eles, pôs um véu sobre seu rosto. ³⁴ E quando vinha Moisés diante do SENHOR para falar com ele, tirava-se o véu até que saía; e saindo, falava com os filhos de Israel o que lhe era mandado; ³⁵ E viam os filhos de Israel o rosto de Moisés, que a pele de seu rosto era resplandescente; e voltava Moisés a pôr o véu sobre seu rosto, até que entrava a falar com ele.

35

¹ E Moisés fez juntar toda a congregação dos filhos de Israel, e disse-lhes: Estas são as coisas que o SENHOR mandou que façais. ² Seis dias se fará obra, mas o dia sétimo vos será santo, sábado de repouso ao SENHOR: qualquer um que nele fizer obra morrerá. ³ Não acendereis fogo em todas as vossas moradas no dia do sábado. ⁴ E falou Moisés a toda a congregação dos filhos de Israel, dizendo: Isto é o que o SENHOR mandou, dizendo: ⁵ Tomai dentre vós oferta para o SENHOR: todo generoso de coração a trará ao SENHOR: ouro, prata, bronze; ⁶ E azul, e púrpura, e carmesim, e linho fino, e pelo de cabras; ⁷ E couros vermelhos de carneiros, e couros finos, e madeira de acácia; ⁸ E azeite para a luminária, e especiarias aromáticas para o azeite da unção, e para o incenso aromático; ⁹ E pedras de ônix, e demais pedrarias, para o éfode, e para o peitoral. ¹⁰ E todo sábio de coração dentre vós, virá e fará todas as coisas que o SENHOR mandou: ¹¹ O tabernáculo, sua tenda, e sua coberta, e seus anéis, e suas tábuas, suas barras, suas colunas, e suas bases; ¹² A arca, e suas varas, o propiciatório, e o véu da tenda; ¹³ A mesa, e suas varas, e todos os seus utensílios, e o pão da proposição. ¹⁴ O candelabro da luminária, e seus utensílios, e suas lâmpadas, e o azeite para a luminária; ¹⁵ E o altar do incenso, e suas varas, e o azeite da unção, e o incenso aromático, e a cortina da porta, para a entrada do tabernáculo; ¹⁶ O altar do holocausto, e sua grelha de bronze, e suas varas, e todos os seus utensílios, e a pia com sua base; ¹⁷ As cortinas do átrio, suas colunas, e suas bases, e a cortina da porta do átrio; ¹⁸ As estacas do tabernáculo, e as estacas do átrio, e suas cordas; ¹⁹ As vestimentas dos serviço para ministrar no santuário, as sagradas vestimentas de Arão o sacerdote, e as vestimentas de seus filhos para servir no sacerdócio. ²⁰ E saiu toda a congregação dos filhos de Israel de diante de Moisés. ²¹ E veio todo homem a quem seu coração estimulou, e todo aquele a quem seu espírito lhe deu vontade, e trouxeram oferta ao SENHOR para a obra do tabernáculo do testemunho, e para toda sua confecção, e para as sagradas vestimentas. ²² E vieram tanto homens como mulheres, todo voluntário de coração, e trouxeram correntes e pendentes, anéis e braceletes, e toda joia de ouro; e qualquer um oferecia oferta de ouro ao SENHOR. ²³ Todo homem que se achava com material azul, ou púrpura, ou carmesim, ou linho fino, ou pelo de cabras, ou odres vermelhos de carneiros, ou couros finos, o trazia. ²⁴ Qualquer um que oferecia oferta de prata ou de bronze, trazia ao SENHOR a oferta: e todo o que se achava com madeira de acácia, trazia-a para toda a obra do serviço. ²⁵ Além disso todas as mulheres sábias de coração fiavam de suas mãos, e traziam o que haviam fiado: azul, ou púrpura,

ou carmesim, ou linho fino. ²⁶ E todas as mulheres cujo coração as levantou em sabedoria, fiaram pelos de cabras. ²⁷ E os príncipes trouxeram pedras de ônix, e as pedras dos engastes para o éfode e o peitoral; ²⁸ E a especiaria aromática e azeite, para a luminária, e para o azeite da unção, e para o incenso aromático. ²⁹ Dos filhos de Israel, tanto homens como mulheres, todos os que tiveram coração voluntário para trazer para toda a obra, que o SENHOR havia mandado por meio de Moisés que fizessem, trouxeram oferta voluntária ao SENHOR. ³⁰ E disse Moisés aos filhos de Israel: Olhai, o SENHOR nomeou a Bezalel filho de Uri, filho de Hur, da tribo de Judá; ³¹ E o encheu de espírito de Deus, em sabedoria, em inteligência, e em conhecimento, e em todo artifício, ³² Para projetar inventos, para trabalhar em ouro, e em prata, e em bronze, ³³ E em obra de pedrarias para engastar, e em obra de madeira, para trabalhar em toda invenção engenhosa. ³⁴ E pôs em seu coração o que podia ensinar, tanto ele como Aoliabe filho de Aisamaque, da tribo de Dã: ³⁵ E os encheu de sabedoria de coração, para que façam toda obra de artifício, e de invenção, e de recamado em azul, e em púrpura, e em carmesim, e em linho fino, e em tear; para que façam todo trabalho, e inventem todo desenho.

36

¹ Fez, pois, Bezalel e Aoliabe, e todo homem sábio de coração, a quem o SENHOR deu sabedoria e inteligência para que soubessem fazer toda a obra do serviço do santuário, todas as coisas que havia mandado o SENHOR. ² E Moisés chamou a Bezalel e a Aoliabe, e a todo homem sábio de coração, em cujo coração havia dado o SENHOR sabedoria, e a todo homem a quem seu coração lhe moveu a chegar-se à obra, para trabalhar nela; ³ E tomaram de diante de Moisés toda a oferta que os filhos de Israel haviam trazido para a obra do serviço do santuário, a fim de fazê-la. E eles lhe traziam ainda oferta voluntária cada manhã. ⁴ Vieram, portanto, todos os mestres que faziam toda a obra do santuário, cada um da obra que fazia. ⁵ E falaram a Moisés, dizendo: O povo traz muito mais do que é necessário para o trabalho de fazer a obra que o SENHOR mandou que se faça. ⁶ Então Moisés mandou apregoar pelo acampamento, dizendo: Nenhum homem nem mulher faça mais obra para oferecer para o santuário. E assim foi o povo impedido de oferecer; ⁷ Pois tinha material abundante para fazer toda a obra, e sobrava. ⁸ E todos os sábios de coração entre os que faziam a obra, fizeram o tabernáculo de dez cortinas, de linho torcido, e de material azul, e de púrpura e carmesim; as quais fizeram de obra prima, com querubins. ⁹ O comprimento da uma cortina era de vinte e oito côvados, e a largura de quatro côvados: todas as cortinas tinham uma mesma medida. ¹⁰ E juntou as cinco cortinas a uma com a outra: também uniu as outras cinco cortinas uma com aa outra. ¹¹ E fez as laçadas de cor de material azul na orla de uma cortina, na margem, à juntura; e assim fez na orla à extremidade da segunda cortina, na juntura. ¹² Cinquenta laçadas fez em um cortina, e outras cinquenta na segunda cortina, na margem, na juntura; umas laçadas em frente das outras. ¹³ Fez também cinquenta colchetes de ouro, com os quais juntou as cortinas, uma com a outra; e fez-se um tabernáculo. ¹⁴ Fez também cortinas de pelo de cabras para a tenda sobre o tabernáculo, e as fez em número de onze. ¹⁵ O comprimento de uma cortina era de trinta côvados, e a largura de quatro côvados: as onze cortinas tinham uma mesma medida. ¹⁶ E juntou as cinco cortinas à parte, e as seis cortinas à parte. ¹⁷ Fez também cinquenta laçadas na orla da última cortina na juntura, e outras cinquenta laçadas na orla da outra cortina na juntura. ¹⁸ Fez também cinquenta colchetes de bronze para juntar a tenda, de modo que fosse uma. ¹⁹ E fez uma coberta para a tenda de couros vermelhos de carneiros, e uma coberta encima de couros finos. ²⁰ Também

fez as tábuas para o tabernáculo de madeira de acácia, para estarem na vertical. ²¹ O comprimento de cada tábua de dez côvados, e de côvado e meio a largura. ²² Cada tábua tinha dois encaixes fixos um diante do outro: assim fez todas as tábuas do tabernáculo. ²³ Fez, pois, as tábuas para o tabernáculo: vinte tábuas ao lado do sul. ²⁴ Fez também as quarenta bases de prata debaixo das vinte tábuas: duas bases debaixo de uma tábua para seus dois encaixes, e duas bases debaixo da outra tábua para seus dois encaixes. ²⁵ E para o outro lado do tabernáculo, à parte do norte, fez vinte tábuas, ²⁶ Com suas quarenta bases de prata: duas bases debaixo de uma tábua, e duas bases debaixo da outra tábua. ²⁷ E para o lado ocidental do tabernáculo fez seis tábuas. ²⁸ Para as esquinas do tabernáculo nos dois lados fez duas tábuas, ²⁹ As quais se juntavam por baixo, e também por cima a uma argola: e assim fez à uma e à outra nos dois cantos. ³⁰ Eram, pois, oito tábuas, e suas bases de prata dezesseis; duas bases debaixo de cada tábua. ³¹ Fez também as barras de madeira de acácia; cinco para as tábuas do um lado do tabernáculo, ³² E cinco barras para as tábuas do outro lado do tabernáculo, e cinco barras para as tábuas do lado do tabernáculo à parte ocidental. ³³ E fez que a barra do meio passasse por meio das tábuas do um extremo ao outro. ³⁴ E cobriu as tábuas de ouro, e fez de ouro os anéis delas por de onde passassem as barras: cobriu também de ouro as barras. ³⁵ Fez assim o véu de azul, e púrpura, e carmesim, e linho torcido, o qual fez com querubins de delicada obra. ³⁶ E para ele fez quatro colunas de madeira de acácia; e cobriu-as de ouro, os capitéis das quais eram de ouro; e fez para elas quatro bases de prata de fundição. ³⁷ Fez também o véu para a porta do tabernáculo, de azul, e púrpura, e carmesim, e linho torcido, obra de bordador; ³⁸ E suas cinco colunas com seus capitéis: e cobriu as cabeças delas e suas molduras de ouro: mas suas cinco bases as fez de bronze.

37

¹ Fez também Bezalel a arca de madeira de acácia: seu comprimento era de dois côvados e meio, e de côvado e meio sua largura, e sua altura de outro côvado e meio: ² E cobriu-a de ouro puro por de dentro e por de fora, e fez-lhe uma borda de ouro em derredor. ³ Fez-lhe também de fundição quatro anéis de ouro a seus quatro cantos; em um lado dois anéis e no outro lado dois anéis. ⁴ Fez também as varas de madeira de acácia, e cobriu-as de ouro. ⁵ E meteu as varas pelos anéis aos lados da arca, para levar a arca. ⁶ Fez também a coberta de ouro puro: seu comprimento de dois côvados e meio, e sua largura de côvado e meio. ⁷ Fez também os dois querubins de ouro, os fez lavrados a martelo, aos duas extremidades do propiciatório: ⁸ Um querubim desta parte ao um extremo, e o outro querubim da outra parte ao outro extremo do propiciatório: fez os querubins a suas duas extremidades. ⁹ E os querubins estendiam suas asas por cima, cobrindo com suas asas o propiciatório: e seus rostos um em frente do outro, até o propiciatório os rostos dos querubins. ¹⁰ Fez também a mesa de madeira de acácia; seu comprimento de dois côvados, e sua largura de um côvado, e de côvado e meio sua altura; ¹¹ E cobriu-a de ouro puro, e fez-lhe uma borda de ouro em derredor. ¹² Fez-lhe também uma moldura ao redor, da largura de uma mão, à qual moldura fez a borda de ouro ao redor. ¹³ Fez-lhe também de fundição quatro anéis de ouro, e os pôs aos quatro cantos que correspondiam aos quatro pés dela. ¹⁴ Diante da moldura estavam os anéis, pelos quais se metessem as varas para levar a mesa. ¹⁵ E fez as varas de madeira de acácia para levar a mesa, e cobriu-as de ouro. ¹⁶ Também fez os utensílios que haviam de estar sobre a mesa, seus pratos, e suas colheres, e suas tigelas e suas bacias com que se havia de fazer libações, de ouro fino. ¹⁷ Fez também o candelabro de ouro puro, e o fez lavrado a martelo: seu pé e sua haste, seus copos, seus botões e suas flores eram do mesmo. ¹⁸ De seus lados saíam

seis braços; três braços de um lado do candelabro, e outros três braços do outro lado do candelabro: ¹⁹ Em um braço, três copos forma de amêndoas, um botão e uma flor; e no outro braço três copos forma de amêndoas, um botão e uma flor: e assim nos seis braços que saíam do candelabro. ²⁰ E no candelabro havia quatro copos forma de amêndoas, seus botões e suas flores: ²¹ E um botão debaixo dos dois braços do mesmo, e outro botão debaixo dos outros dois braços do mesmo, e outro botão debaixo dos outros dois braços do mesmo, conforme os seis braços que saíam dele. ²² Seus botões e seus braços eram do mesmo; tudo era uma peça lavrada a martelo, de ouro puro. ²³ Fez também suas sete lâmpadas, e seus tenazes, e seus apagadores, de ouro puro; ²⁴ De um talento de ouro puro o fez, com todos os seus utensílios. ²⁵ Fez também o altar do incenso de madeira de acácia: um côvado seu comprimento e outro côvado sua largura, era quadrado; e sua altura de dois côvados; e suas pontas da mesma peça. ²⁶ E cobriu-o de ouro puro, sua mesa e suas paredes ao redor, e suas pontas: e fez-lhe uma coroa de ouro ao redor. ²⁷ Fez-lhe também dois anéis de ouro debaixo da coroa nos dois cantos aos dois lados, para passar por eles as varas com que havia de ser conduzido. ²⁸ E fez as varas de madeira de acácia, e cobriu-as de ouro. ²⁹ Fez também o azeite santo da unção, e o fino incenso aromático, de obra de perfumista.

38

¹ Igualmente fez o altar do holocausto de madeira de acácia: seu comprimento de cinco côvados, e sua largura de outros cinco côvados, quadrado, e de três côvados de altura. ² E fez-lhe suas pontas a seus quatro cantos, os quais eram da mesma peça, e cobriu-o de bronze. ³ Fez também todos os utensílios do altar: caldeirões, e tenazes, e bacias, e garfos, e pás: todos os seus utensílios fez de bronze. ⁴ E fez para o altar a grelha de bronze, de feitura de rede, que pôs em sua borda por debaixo até o meio do altar. ⁵ Fez também quatro anéis de fundição aos quatro extremos da grelha de bronze, para meter as varas. ⁶ E fez as varas de madeira de acácia, e cobriu-as de bronze. ⁷ E meteu as varas pelos anéis aos lados do altar, para levá-lo com elas: oco o fez, de tábuas. ⁸ Também fez a pia de bronze, com sua base de bronze, dos espelhos das que vigiavam à porta do tabernáculo do testemunho. ⁹ Fez também o átrio; à parte sul as cortinas do átrio eram de cem côvados, de linho torcido: ¹⁰ Suas colunas vinte, com suas vinte bases de bronze: os capitéis das colunas e suas molduras, de prata. ¹¹ E à parte do norte cortinas de cem côvados: suas colunas vinte, com suas vinte bases de bronze; os capitéis das colunas e suas molduras, de prata. ¹² À parte do ocidente cortinas de cinquenta côvados: suas colunas dez, e suas dez bases; os capitéis das colunas e suas molduras, de prata. ¹³ E à parte oriental, ao levante, cortinas de cinquenta côvados: ¹⁴ Ao um lado cortinas de quinze côvados, suas três colunas, e suas três bases; ¹⁵ Ao outro lado, de uma parte e da outra da porta do átrio, cortinas de a quinze côvados, suas três colunas, e suas três bases. ¹⁶ Todas as cortinas do átrio ao redor eram de linho torcido. ¹⁷ E as bases das colunas eram de bronze; os capitéis das colunas e suas molduras, de prata; também as cobertas das cabeças delas, de prata: e todas as colunas do átrio tinham molduras de prata. ¹⁸ E a cortina da porta do átrio foi de obra de bordado, de azul, e púrpura, e carmesim, e linho torcido: o comprimento de vinte côvados, e a altura na largura de cinco côvados, conforme as cortinas do átrio. ¹⁹ E suas colunas foram quatro com suas quatro bases de bronze: e seus capitéis de prata; e as cobertas dos capitéis delas e suas molduras, de prata. ²⁰ E todas as estacas do tabernáculo e do átrio ao redor foram de bronze. ²¹ Estas são as contas do tabernáculo, do tabernáculo do testemunho, o que foi contado de ordem de Moisés por meio de Itamar, filho de Arão sacerdote, para o ministério dos levitas.

²² E Bezalel, filho de Uri, filho de Hur, da tribo de Judá, fez todas as coisas que o SENHOR mandou a Moisés. ²³ E com ele estava Aoliabe, filho de Aisamaque, da tribo de Dã, artífice, e desenhador, e bordador em material azul, e púrpura, e carmesim, e linho fino. ²⁴ Todo o ouro gasto na obra, em toda a obra do santuário, o qual foi ouro de oferta, foi vinte e nove talentos, e setecentos e trinta siclos, segundo o siclo do santuário. ²⁵ E a prata dos contados da congregação foi cem talentos, e mil setecentos setenta e cinco siclos, segundo o siclo do santuário: ²⁶ Meio por cabeça, meio siclo, segundo o siclo do santuário, a todos os que passaram por contagem de idade de vinte anos e acima, que foram seiscentos três mil quinhentos cinquenta. ²⁷ Houve também cem talentos de prata para fazer de fundição as bases do santuário e as bases do véu: em cem bases cem talentos, a talento por base. ²⁸ E dos mil setecentos setenta e cinco siclos fez os capitéis das colunas, e cobriu os capitéis delas, e as cingiu. ²⁹ E o bronze da oferta foi setenta talentos, e dois mil quatrocentos siclos; ³⁰ Do qual fez as bases da porta do tabernáculo do testemunho, e o altar de bronze, e sua grelha de bronze, e todos os utensílios do altar. ³¹ E as bases do átrio ao redor, e as bases da porta do átrio, e todas as estacas do tabernáculo, e todas as estacas do átrio ao redor.

39

¹ E do material azul, e púrpura, e carmesim, fizeram as vestimentas do ministério para ministrar no santuário, e também fizeram as vestiduras sagradas para Arão; como o SENHOR o havia mandado a Moisés. ² Fez também o éfode de ouro, de azul e púrpura e carmesim, e linho torcido. ³ E estenderam as placas de ouro, e cortaram cachos para tecê-los entre o azul, e entre a púrpura, e entre o carmesim, e entre o linho, com delicada obra. ⁴ Fizeram-lhe as ombreiras que se juntassem; e uniam-se em seus dois lados. ⁵ E o cinto do éfode que estava sobre ele, era do mesmo, conforme sua obra; de ouro, material azul, e púrpura, e carmesim, e linho torcido; como o SENHOR o havia mandado a Moisés. ⁶ E lavraram as pedras de ônix cercadas de engastes de ouro, gravada de gravura de selo com os nomes dos filhos de Israel: ⁷ E as pôs sobre as ombreiras do éfode, por pedras de memória aos filhos de Israel; como o SENHOR o havia a Moisés mandado. ⁸ Fez também o peitoral de primorosa obra, como a obra do éfode, de ouro, azul, e púrpura, e carmesim, e linho torcido. ⁹ Era quadrado; dobrado fizeram o peitoral: sua comprimento era de um palmo, e de um palmo sua largura, dobrado. ¹⁰ E engastaram nele quatro ordens de pedras. A primeira ordem era um sárdio, um topázio, e um carbúnculo: este a primeira ordem. ¹¹ A segunda ordem, uma esmeralda, uma safira, e um diamante. ¹² A terceira ordem, um jacinto, uma ágata, e uma ametista. ¹³ E a quarta ordem, um berilo, um ônix, e um jaspe: cercadas e encaixadas em seus engastes de ouro. ¹⁴ As quais pedras eram conforme os nomes dos filhos de Israel, doze segundo os nomes deles; como gravuras de selo, cada uma com seu nome segundo as doze tribos. ¹⁵ Fizeram também sobre o peitoral as correntes pequenas de feitura de trança, de ouro puro. ¹⁶ Fizeram também os dois engastes e os dois anéis, de ouro; os quais dois anéis de ouro puseram nas duas extremidades do peitoral. ¹⁷ E puseram as duas tranças de ouro naqueles dois anéis aos extremos do peitoral. ¹⁸ E fixaram as duas extremidades das duas tranças nos dois engastes, que puseram sobre as ombreiras do éfode, na parte dianteira dele. ¹⁹ E fizeram dois anéis de ouro, que puseram nas duas extremidades do peitoral, em sua orla, à parte baixa do éfode. ²⁰ Fizeram também dois anéis de ouro, os quais puseram nas duas ombreiras do éfode, abaixo na parte dianteira, diante de sua juntura, sobre o cinto do éfode. ²¹ E ataram o peitoral de seus anéis aos anéis do éfode com um cordão de material azul, para que estivesse sobre o cinto do mesmo éfode, e não se separasse o peitoral do éfode; como o SENHOR o havia mandado a

Moisés. ²² Fez também o manto do éfode de obra de tecelão, todo de azul. ²³ Com sua abertura em meio dele, como a abertura de um colarinho, com uma borda em derredor da abertura, para que não se rompesse. ²⁴ E fizeram nas orlas do manto as romãs de azul, e púrpura, e carmesim, e linho torcido. ²⁵ Fizeram também os sinos de ouro puro, os quais sinos puseram entre as romãs pelas orlas do manto ao redor entre as romãs: ²⁶ Um sino e uma romã, um sino e uma romã ao redor, nas orlas do manto, para ministrar; como o SENHOR o mandou a Moisés. ²⁷ Igualmente fizeram as túnicas de linho fino de obra de tecelão, para Arão e para seus filhos; ²⁸ Também a mitra de linho fino, e os adornos das tiaras de linho fino, e os calções de linho, de linho torcido; ²⁹ Também o cinto de linho torcido, e de material azul, e púrpura, e carmesim, de obra de bordador; como o SENHOR o mandou a Moisés. ³⁰ Fizeram também a prancha da coroa santa de ouro puro, e escreveram nela de gravura de selo, o rótulo, SANTIDADE AO SENHOR. ³¹ E puseram nela um cordão de azul, para colocá-la em alto sobre a mitra; como o SENHOR o havia mandado a Moisés. ³² E foi acabada toda a obra do tabernáculo, do tabernáculo do testemunho: e fizeram os filhos de Israel como o SENHOR o havia mandado a Moisés: assim o fizeram. ³³ E trouxeram o tabernáculo a Moisés, o tabernáculo e todos os seus utensílios; seus colchetes, suas tábuas, suas barras, e suas colunas, e suas bases; ³⁴ E a coberta de peles vermelhas de carneiros, e a coberta de peles finas, e o véu da cortina; ³⁵ A arca do testemunho, e suas varas, e o propiciatório; ³⁶ A mesa, todos os seus utensílios, e o pão da proposição; ³⁷ O candelabro limpo, suas lâmpadas, as lâmpadas que deviam manter-se em ordem, e todos os seus utensílios, e o azeite para a luminária; ³⁸ E o altar de ouro, e o azeite da unção, e o incenso aromático, e a cortina para a porta do tabernáculo; ³⁹ O altar de bronze, com sua grelha de bronze, suas varas, e todos os seus utensílios; e a pia, e sua base; ⁴⁰ As cortinas do átrio, e suas colunas, e suas bases, e a cortina para a porta do átrio, e suas cordas, e suas estacas, e todos os vasos do serviço do tabernáculo, do tabernáculo do testemunho; ⁴¹ As vestimentas do serviço para ministrar no santuário, as sagradas vestiduras para Arão o sacerdote, e as vestiduras de seus filhos, para ministrar no sacerdócio. ⁴² Em conformidade a todas as coisas que o SENHOR havia mandado a Moisés, assim fizeram os filhos de Israel toda a obra. ⁴³ E viu Moisés toda a obra, e eis que a fizeram como o SENHOR havia mandado; e abençoou-os.

40

¹ E o SENHOR falou a Moisés, dizendo: ² No primeiro dia do mês primeiro farás levantar o tabernáculo, o tabernáculo do testemunho: ³ E porás nele a arca do testemunho, e a cobrirás com o véu: ⁴ E meterás a mesa, e a porás em ordem: meterás também o candelabro e acenderás suas lâmpadas: ⁵ E porás o altar de ouro para o incenso diante da arca do testemunho, e porás a cortina diante da porta do tabernáculo. ⁶ Depois porás o altar do holocausto diante da porta do tabernáculo, do tabernáculo do testemunho. ⁷ Logo porás a pia entre o tabernáculo do testemunho e o altar; e porás água nela. ⁸ Finalmente porás o átrio em derredor, e a cortina da porta do átrio. ⁹ E tomarás o azeite da unção e ungirás o tabernáculo, e tudo o que está nele; e lhe santificarás com todos os seus utensílios, e será santo. ¹⁰ Ungirás também o altar do holocausto e todos os seus utensílios: e santificarás o altar, e será um altar santíssimo. ¹¹ Também ungirás a pia e sua base, e a santificarás. ¹² E farás chegar a Arão e a seus filhos à porta do tabernáculo do testemunho, e os lavarás com água. ¹³ E farás vestir a Arão as vestimentas sagradas, e o ungirás, e o consagrarás, para que seja meu sacerdote. ¹⁴ Depois farás chegar seus filhos, e lhes vestirás as túnicas: ¹⁵ E os ungirás como ungiste a seu pai, e serão meus sacerdotes: e será que sua unção lhes servirá por sacerdócio perpétuo por suas gerações. ¹⁶ E Moisés fez

conforme tudo o que o SENHOR lhe mandou; assim o fez. [17] E assim no dia primeiro do primeiro mês, no segundo ano, o tabernáculo foi erigido. [18] E Moisés fez levantar o tabernáculo, e assentou suas bases, e colocou suas tábuas, e pôs suas barras, e fez erguer suas colunas. [19] E estendeu a tenda sobre o tabernáculo, e pôs a cobertura encima do mesmo; como o SENHOR havia mandado a Moisés. [20] E tomou e pôs o testemunho dentro da arca, e colocou as varas na arca, e encima o propiciatório sobre a arca: [21] E meteu a arca no tabernáculo, e pôs o véu da tenda, e cobriu a arca do testemunho; como o SENHOR havia mandado a Moisés. [22] E pôs a mesa no tabernáculo do testemunho, ao lado norte da cortina, fora do véu: [23] E sobre ela pôs por ordem os pães diante do SENHOR, como o SENHOR havia mandado a Moisés. [24] E pôs o candelabro no tabernáculo do testemunho, em frente da mesa, ao lado sul da cortina. [25] E acendeu as lâmpadas diante do SENHOR; como o SENHOR havia mandado a Moisés. [26] Pôs também o altar de ouro no tabernáculo do testemunho, diante do véu: [27] E acendeu sobre ele o incenso aromático; como o SENHOR havia mandado a Moisés. [28] Pôs também a cortina da porta do tabernáculo. [29] E colocou o altar do holocausto à porta do tabernáculo, do tabernáculo do testemunho; e ofereceu sobre ele holocausto e oferta de cereais; como o SENHOR havia mandado a Moisés. [30] E pôs a pia entre o tabernáculo do testemunho e o altar; e pôs nela água para lavar. [31] E Moisés e Arão e seus filhos lavavam nela suas mãos e seus pés. [32] Quando entravam no tabernáculo do testemunho, e quando se traziam ao altar, se lavavam; como o SENHOR havia mandado a Moisés. [33] Finalmente erigiu o átrio em derredor do tabernáculo e do altar, e pôs a cortina da porta do átrio. E assim acabou Moisés a obra. [34] Então uma nuvem cobriu o tabernáculo do testemunho, e a glória do SENHOR encheu o tabernáculo. [35] E não podia Moisés entrar no tabernáculo do testemunho, porque a nuvem estava sobre ele, e a glória do SENHOR o tinha enchido. [36] E quando a nuvem se erguia do tabernáculo, os filhos de Israel se moviam em todas suas jornadas: [37] Porém se a nuvem não se erguia, não se partiam até o dia em que ela se erguia. [38] Porque a nuvem do SENHOR estava de dia sobre o tabernáculo, e o fogo estava de noite nele, à vista de toda a casa de Israel, em todas as suas jornadas.

Levítico

¹ E chamou o SENHOR a Moisés, e falou com ele desde o tabernáculo do testemunho, dizendo: ² Fala aos filhos de Israel, e dize-lhes: Quando algum dentre vós oferecer oferta ao SENHOR, de gado vacum ou ovelha fareis vossa oferta. ³ Se sua oferta for holocausto de vacas, macho sem mácula o oferecerá: de sua vontade o oferecerá à porta do tabernáculo do testemunho diante do SENHOR. ⁴ E porá sua mão sobre a cabeça do holocausto; e ele o aceitará para expiar-lhe. ⁵ Então degolará o bezerro na presença do SENHOR; e os sacerdotes, filhos de Arão, oferecerão o sangue, e o espargirão ao redor sobre o altar, o qual está à porta do tabernáculo do testemunho. ⁶ E tirará a pele do holocausto, e o dividirá em suas peças. ⁷ E os filhos de Arão sacerdote porão fogo sobre o altar, e porão a lenha sobre o fogo. ⁸ Logo os sacerdotes, filhos de Arão, acomodarão as peças, a cabeça e o redenho, sobre a lenha que está sobre o fogo, que haverá encima do altar: ⁹ E lavará com água seus intestinos e suas pernas: e o sacerdote fará arder tudo sobre o altar: holocausto é, oferta acesa de cheiro suave ao SENHOR. ¹⁰ E se sua oferta para holocausto for de ovelhas, dos cordeiros, ou das cabras, macho sem defeito o oferecerá. ¹¹ E há de degolá-lo ao lado norte do altar diante do SENHOR: e os sacerdotes, filhos de Arão, espargirão seu sangue sobre o altar ao redor. ¹² E o dividirá em suas peças, com sua cabeça e seu redenho; e o sacerdote as acomodará sobre a lenha que está sobre o fogo, que haverá encima do altar; ¹³ E lavará suas entranhas e suas pernas com água; e o sacerdote o oferecerá tudo, e o fará arder sobre o altar; holocausto é, oferta acesa de cheiro suave ao SENHOR. ¹⁴ E se o holocausto se houver de oferecer ao SENHOR de aves, apresentará sua oferta de rolinhas, ou de pombinhos. ¹⁵ E o sacerdote a oferecerá sobre o altar, e há de tirar-lhe a cabeça, e fará que arda no altar; e seu sangue será espremido sobre a parede do altar. ¹⁶ E lhe há de tirar o papo e as penas, o qual lançará junto ao altar, até o oriente, no lugar das cinzas. ¹⁷ E a fenderá por suas asas, mas não a dividirá em dois: e o sacerdote a fará arder sobre o altar, sobre a lenha que estará no fogo; holocausto é, oferta acesa de cheiro suave ao SENHOR.

2

¹ E quando alguma pessoa oferecer uma oferta de alimentos ao SENHOR, sua oferta será boa farinha, sobre a qual lançará azeite, e porá sobre ela incenso; ² e a trará aos sacerdotes, filhos de Arão; e disso tomará o sacerdote seu punho cheio de sua boa farinha e de seu azeite, com todo seu incenso, e o fará arder sobre o altar: oferta acesa para memorial, de aroma suave ao SENHOR. ³ E a sobra da oferta será de Arão e de seus filhos: é coisa santíssima das ofertas que se queimam ao SENHOR. ⁴ E quando ofereceres oferta de alimentos, cozida no forno, será de tortas de boa farinha sem levedura, amassadas com azeite, e massas sem levedura untadas com azeite. ⁵ Mas se a tua oferta for oferta de alimentos *preparados* em panelas, será de boa farinha sem levedura, amassada com azeite, ⁶ a qual partirás em peças, e espalharás azeite sobre ela; é oferta de alimentos. ⁷ E se a tua oferta de alimentos for oferta *preparada* em frigideira, ela será feita de boa farinha com azeite. ⁸ E trarás ao SENHOR a oferta que se fará destas coisas, e a apresentarás ao sacerdote, o qual a chegará ao altar. ⁹ E tomará o sacerdote daquela oferta de alimentos em sua memória, e a fará arder sobre o altar; oferta acesa, de suave aroma ao SENHOR. ¹⁰ E o restante da oferta será de Arão e de seus filhos; é coisa santíssima das ofertas que se queimam ao SENHOR. ¹¹ Nenhuma oferta que oferecerdes ao SENHOR será com levedura; porque de nenhuma coisa levedada, nem de nenhum mel, se deverá

queimar oferta ao SENHOR. [12] Na oferta das primícias as oferecereis ao SENHOR: mas não subirão sobre o altar em cheiro suave. [13] E temperarás toda oferta de teu presente com sal; e não farás que falte jamais da tua oferta de alimentos o sal da aliança de teu Deus; em toda oferta tua oferecerás sal. [14] E se ofereceres ao SENHOR oferta de alimentos das primícias, tostarás ao fogo as espigas verdes, e o grão esmigalhado oferecerás por oferta das tuas primícias. [15] E porás sobre ela azeite, e porás sobre ela incenso: é oferta de alimentos. [16] E o sacerdote fará arder, em memória da oferta de alimentos, parte de seu grão esmigalhado, e de seu azeite com todo o seu incenso; é oferta acesa ao SENHOR.

3

[1] E se sua oferta for sacrifício pacífico, se houver de oferecê-lo de gado vacum, seja macho ou fêmea, sem defeito o oferecerá diante do SENHOR: [2] E porá sua mão sobre a cabeça de sua oferta, e a degolará à porta do tabernáculo do testemunho; e os sacerdotes, filhos de Arão, espargirão seu sangue sobre o altar em derredor. [3] Logo oferecerá do sacrifício pacífico, por oferta acesa ao SENHOR, a gordura que cobre os intestinos, e toda a gordura que está sobre as entranhas, [4] E os dois rins, e a gordura que está sobre eles, e sobre os lombos, e com os rins tirará o redenho que está sobre o fígado. [5] E os filhos de Arão farão arder isto no altar, sobre o holocausto que estará sobre a lenha que haverá encima do fogo; é oferta de cheiro suave ao SENHOR. [6] Mas se de ovelhas for sua oferta para sacrifício pacífico ao SENHOR, seja macho ou fêmea, oferecê-la-á sem mácula. [7] Se oferecer cordeiro por sua oferta, há de oferecê-lo diante do SENHOR: [8] E porá sua mão sobre a cabeça de sua oferta, e depois a degolará diante do tabernáculo do testemunho; e os filhos de Arão espargirão seu sangue sobre o altar em derredor. [9] E do sacrifício pacífico oferecerá por oferta acesa ao SENHOR, sua gordura, e a cauda inteira, a qual tirará a raiz do espinhaço, e a gordura que cobre os intestinos, e toda a gordura que está sobre as entranhas: [10] Também os dois rins, e a gordura que está sobre eles, e o que está sobre os lombos, e com os rins tirará o redenho de sobre o fígado. [11] E o sacerdote fará arder isto sobre o altar; comida de oferta acesa ao SENHOR. [12] E se for cabra sua oferta oferecê-la-á diante do SENHOR: [13] E porá sua mão sobre a cabeça dela, e a degolará diante do tabernáculo do testemunho; e os filhos de Arão espargirão seu sangue sobre o altar em derredor. [14] Depois oferecerá dela sua oferta acesa ao SENHOR; a gordura que cobre os intestinos, e toda a gordura que está sobre as entranhas, [15] E os dois rins, e a gordura que está sobre eles, e o que está sobre os lombos, e com os rins tirará o redenho de sobre o fígado. [16] E o sacerdote fará arder isto sobre o altar; é comida de oferta que se queima em cheiro suave ao SENHOR: a gordura tudo é do SENHOR. [17] Estatuto perpétuo por vossas gerações; em todas as vossas moradas, nenhuma gordura nem nenhum sangue comereis.

4

[1] E falou o SENHOR a Moisés, dizendo: [2] Fala aos filhos de Israel, dizendo: Quando alguma pessoa pecar por acidente em algum dos mandamentos do SENHOR sobre coisas que não se devem fazer, e agir contra algum deles; [3] Se sacerdote ungido pecar segundo o pecado do povo, oferecerá ao SENHOR, por seu pecado que houver cometido, um bezerro sem mácula para expiação. [4] E trará o bezerro à porta do tabernáculo do testemunho diante do SENHOR, e porá sua mão sobre a cabeça do bezerro, e o degolará diante do SENHOR. [5] E o sacerdote ungido tomará do sangue do bezerro, e a trará ao tabernáculo do testemunho; [6] E molhará o sacerdote seu dedo no sangue, e espargirá daquele sangue sete vezes diante do SENHOR, até o véu do santuário. [7] E porá o sacerdote do sangue sobre as pontas do altar do incenso

aromático, que está no tabernáculo do testemunho diante do SENHOR: e lançará todo o sangue do bezerro ao pé do altar do holocausto, que está à porta do tabernáculo do testemunho. [8] E tomará do bezerro para a expiação toda a sua gordura, a gordura que cobre os intestinos, e toda a gordura que está sobre as entranhas, [9] E os dois rins, e a gordura que está sobre eles, e o que está sobre os lombos, e com os rins tirará o redenho de sobre o fígado, [10] Da maneira que se tira do boi do sacrifício pacífico: e o sacerdote o fará arder sobre o altar do holocausto. [11] E o couro do bezerro, e toda sua carne, com sua cabeça, e suas pernas, e seus intestinos, e seu excremento, [12] Em fim, todo o bezerro tirará fora do acampamento, a um lugar limpo, onde se lançam as cinzas, e o queimará ao fogo sobre a lenha: onde se lançam as cinzas será queimado. [13] E se toda a congregação de Israel houver errado, e o negócio estiver oculto aos olhos do povo, e houverem feito algo contra algum dos mandamentos do SENHOR em coisas que não se devem fazer, e forem culpados; [14] Logo que for entendido o pecado sobre que transgrediram, a congregação oferecerá um bezerro por expiação, e o trarão diante do tabernáculo do testemunho. [15] E os anciãos da congregação porão suas mãos sobre a cabeça do bezerro diante do SENHOR; e em presença do SENHOR degolarão aquele bezerro. [16] E o sacerdote ungido meterá do sangue do bezerro no tabernáculo do testemunho. [17] E molhará o sacerdote seu dedo no mesmo sangue, e espargirá sete vezes diante do SENHOR até o véu. [18] E daquele sangue porá sobre as pontas do altar que está diante do SENHOR no tabernáculo do testemunho, e derramará todo o sangue ao pé do altar do holocausto, que está à porta do tabernáculo do testemunho. [19] E lhe tirará toda a gordura, e a fará arder sobre o altar. [20] E fará daquele bezerro como fez com o bezerro da expiação; o mesmo fará dele: assim fará o sacerdote expiação por eles, e obterão perdão. [21] E tirará o bezerro fora do acampamento, e o queimará como queimou o primeiro bezerro; expiação da congregação. [22] E quando pecar o príncipe, e fizer por acidente algo contra algum de todos os mandamentos do SENHOR seu Deus, sobre coisas que não se devem fazer, e pecar; [23] Logo que lhe for conhecido seu pecado em que transgrediu, apresentará por sua oferta um bode macho sem defeito. [24] E porá sua mão sobre a cabeça do bode macho, e o degolará no lugar de onde se degola o holocausto diante do SENHOR; é expiação. [25] E tomará o sacerdote com seu dedo do sangue da expiação, e porá sobre as pontas do altar do holocausto, e derramará o sangue ao pé do altar do holocausto: [26] E queimará toda a sua gordura sobre o altar, como a gordura do sacrifício pacífico: assim fará o sacerdote por ele a expiação de seu pecado, e terá perdão. [27] E se alguma pessoa comum do povo pecar por acidente, fazendo algo contra algum dos mandamentos do SENHOR em coisas que não se devem fazer, e transgredir; [28] Logo que lhe for conhecido seu pecado que cometeu, trará por sua oferta uma fêmea das cabras, uma cabra sem defeito, por seu pecado que haverá cometido: [29] E porá sua mão sobre a cabeça da expiação, e a degolará no lugar do holocausto. [30] Logo tomará o sacerdote em seu dedo de seu sangue, e porá sobre as pontas do altar do holocausto, e derramará todo o seu sangue ao pé do altar. [31] E lhe tirará toda a sua gordura, da maneira que foi tirada a gordura do sacrifício pacífico; e o sacerdote a fará arder sobre o altar em cheiro suave ao SENHOR: assim fará o sacerdote expiação por ele, e será perdoado. [32] E se trouxer cordeiro para sua oferta pelo pecado, fêmea sem defeito trará. [33] E porá sua mão sobre a cabeça da expiação, e a degolará por expiação no lugar onde se degola o holocausto. [34] Depois tomará o sacerdote com seu dedo do sangue da expiação, e porá sobre as pontas do altar do holocausto; e derramará todo o sangue ao pé do altar. [35] E lhe tirará toda a sua gordura, como foi tirada a gordura do sacrifício pacífico, e a fará o sacerdote arder no altar sobre a oferta acesa ao SENHOR: e lhe fará o sacerdote expiação de seu pecado que haverá cometido, e será perdoado.

5

¹ E quando alguma pessoa pecar, que houver ouvido a voz do que jurou, e ele for testemunha que viu, ou soube, se não o denunciar, ele levará seu pecado. ² Também a pessoa que houver tocado em qualquer coisa imunda, seja corpo morto de animal selvagem impuro, ou corpo morto de animal doméstico impuro, ou corpo morto de réptil impuro, ainda que não o soubesse, será impura e haverá transgredido: ³ Ou se tocar a homem impuro em qualquer impureza sua de que é impuro, e não o deixar de ver; se depois chega a sabê-lo, será culpável. ⁴ Também a pessoa que jurar precipitadamente com seus lábios fazer mal ou bem, em quaisquer coisas que o homem profere com juramento, e ele não o conhecer; se depois o entende, será culpado em uma destas coisas. ⁵ E será que quando pecar em alguma destas coisas, confessará aquilo em que pecou: ⁶ E para sua expiação trará ao SENHOR por seu pecado que cometeu, uma fêmea dos rebanhos, uma cordeira ou uma cabra como oferta de expiação; e o sacerdote fará expiação por ele de seu pecado. ⁷ E se não lhe alcançar para um cordeiro, trará em expiação por seu pecado que cometeu, duas rolinhas ou dois pombinhos ao SENHOR; um para expiação, e o outro para holocausto. ⁸ E há de trazê-los ao sacerdote, o qual oferecerá primeiro o que é para expiação, e desunirá sua cabeça de seu pescoço, mas não a separará por completo: ⁹ E espargirá do sangue da expiação sobre a parede do altar; e o que sobrar do sangue o espremerá ao pé do altar; é expiação. ¹⁰ E do outro fará holocausto conforme o rito; e fará por ele o sacerdote expiação de seu pecado que cometeu, e será perdoado. ¹¹ Mas se sua possibilidade não alcançar para duas rolinhas, ou dois pombinhos, o que pecou trará por sua oferta a décima parte de um efa de boa farinha por expiação. Não porá sobre ela azeite, nem sobre ela porá incenso, porque é expiação. ¹² Ele a trará, pois, ao sacerdote, e o sacerdote tomará dela seu punho cheio, em memória sua, e a fará arder no altar sobre as ofertas acendidas ao SENHOR: é expiação. ¹³ E fará o sacerdote expiação por ele de seu pecado que cometeu em alguma destas coisas, e será perdoado; e o excedente será do sacerdote, como a oferta de alimentos. ¹⁴ Falou mais o SENHOR a Moisés, dizendo: ¹⁵ Quando alguma pessoa cometer falta, e pecar por acidente nas coisas santificadas ao SENHOR, trará sua expiação ao SENHOR, um carneiro sem mácula dos rebanhos, conforme tua avaliação, em siclos de prata do siclo do santuário, em oferta pelo pecado; ¹⁶ E pagará aquilo das coisas santas em que houver pecado, e acrescentará a ele o quinto, e o dará ao sacerdote: e o sacerdote fará expiação por ele com o carneiro do sacrifício pelo pecado, e será perdoado. ¹⁷ Finalmente, se uma pessoa pecar, ou fizer alguma de todas aquelas coisas que por mandamento do SENHOR não se devem fazer, ainda sem fazê-lo de propósito, é culpável, e levará seu pecado. ¹⁸ Trará, pois, ao sacerdote por expiação, segundo tu o estimes, um carneiro sem mácula dos rebanhos: e o sacerdote fará expiação por ele de seu erro que cometeu por ignorância, e será perdoado. ¹⁹ É infração, e certamente transgrediu contra o SENHOR.

6

¹ E falou o SENHOR a Moisés, dizendo: ² Quando uma pessoa pecar, e fizer transgressão contra o SENHOR, e negar a seu próximo o depositado ou deixado em sua mão, ou roubar, ou extorquir a seu próximo; ³ Ou seja que achando o perdido, depois o negar, e jurar em falso, em alguma de todas aquelas coisas em que costuma pecar o homem: ⁴ Então será que, posto que haverá pecado e ofendido, restituirá aquilo que roubou, ou pelo dano da extorsão, ou o depósito que se lhe depositou,

ou o perdido que achou, [5] Ou tudo aquilo sobre que houver jurado falsamente; o restituirá, pois, por inteiro, e acrescentará a ele a quinta parte, que há de pagar a aquele a quem pertence no dia de sua expiação. [6] E por sua expiação trará ao SENHOR um carneiro sem mácula dos rebanhos, conforme tua avaliação, ao sacerdote para a expiação. [7] E o sacerdote fará expiação por ele diante do SENHOR, e obterá perdão de qualquer de todas as coisas em que costuma ofender. [8] Falou ainda o SENHOR a Moisés, dizendo: [9] Manda a Arão e a seus filhos dizendo: Esta é a lei do holocausto: (é holocausto, porque se queima sobre o altar toda a noite até a manhã, e o fogo do altar arderá nele:) [10] O sacerdote se porá sua vestimenta de linho, e se vestirá calções de linho sobre sua carne; e quando o fogo houver consumido o holocausto, apartará ele as cinzas de sobre o altar, e as porá junto ao altar. [11] Depois se desnudará de suas vestimentas, e se porá outras vestiduras, e tirará as cinzas fora do acampamento ao lugar limpo. [12] E o fogo aceso sobre o altar não deverá se apagar, mas o sacerdote porá nele lenha cada manhã, e acomodará sobre ele o holocausto, e queimará sobre ele a gordura pacífica. [13] O fogo deverá arder continuamente no altar; não se apagará. [14] E esta é a lei da oferta: os filhos de Arão a oferecerão diante do SENHOR, diante do altar. [15] E tomará dele um punhado de boa farinha da oferta, e de seu azeite, e todo o incenso que está sobre a oferta de alimentos, e o fará arder sobre o altar por memória, em aroma suavíssimo ao SENHOR. [16] E o excedente dela, Arão e seus filhos o comerão; sem levedura se comerá no lugar santo; no átrio do tabernáculo do testemunho o comerão. [17] Não se cozerá com levedura: dei-o a eles por sua porção de minhas ofertas acendidas; é coisa santíssima, como a expiação pelo pecado, e como a expiação pela culpa. [18] Todos os homens dos filhos de Arão comerão dela. Estatuto perpétuo será para vossas gerações acerca das ofertas acendidas do SENHOR: toda coisa que tocar nelas será santificada. [19] E falou o SENHOR a Moisés, dizendo: [20] Esta é a oferta de Arão e de seus filhos, que oferecerão ao SENHOR no dia em que forem ungidos: a décima parte de um efa de boa farinha por oferta de alimentos perpétua, a metade à manhã e a metade à tarde. [21] Em panela se preparará com azeite; bem misturada a trarás, e os pedaços cozidos da oferta oferecerás ao SENHOR em cheiro suave. [22] E o sacerdote que em lugar de Arão for ungido dentre seus filhos, fará a oferta; estatuto perpétuo do SENHOR: toda ela será queimada. [23] E toda a oferta de cereais de sacerdote será inteiramente queimado; não se comerá. [24] E falou o SENHOR a Moisés, dizendo: [25] Fala a Arão e a seus filhos, dizendo: Esta é a lei da expiação: no lugar de onde será degolado o holocausto, será degolada a expiação pelo pecado diante do SENHOR: é coisa santíssima. [26] O sacerdote que a oferecer por expiação, a comerá: no lugar santo será comida, no átrio do tabernáculo do testemunho. [27] Tudo o que em sua carne tocar, será santificado; e se cair de seu sangue sobre a roupa, lavarás aquilo sobre que cair, no lugar santo. [28] E a vasilha de barro em que for cozida, será quebrada: e se for cozida em vasilha de metal, será esfregada e lavada com água. [29] Todo homem dentre os sacerdotes a comerá: é coisa santíssima. [30] Mas não se comerá de expiação alguma, de cujo sangue se meter no tabernáculo do testemunho para reconciliar no santuário: ao fogo será queimada.

7

[1] Assim esta é a lei da expiação da culpa: é coisa muito santa. [2] No lugar onde degolarem o holocausto, degolarão o sacrifício pela culpa; e espargirá seu sangue em derredor sobre o altar: [3] E dela oferecerá toda a sua gordura, a cauda, e a gordura que cobre os intestinos. [4] E os dois rins, e a gordura que está sobre eles, e o que está sobre os lombos; e com os rins tirará o redenho de sobre o fígado. [5] E o sacerdote o fará arder sobre o altar; oferta acesa ao SENHOR: é expiação da culpa. [6] Todo

homem dentre os sacerdotes a comerá: será comida no lugar santo: é coisa muito santa. ⁷ Como a expiação pelo pecado, assim é a expiação da culpa: uma mesma lei terão: será do sacerdote que haverá feito a reconciliação com ela. ⁸ E o sacerdote que oferecer holocausto de alguém, o couro do holocausto que oferecer, será para ele. ⁹ Também toda oferta de cereais que se cozer em forno, e tudo o que for preparado em panela, ou em frigideira, será do sacerdote que o oferecer. ¹⁰ E toda oferta de cereais amassada com azeite, e seca, será de todos os filhos de Arão, tanto ao um como ao outro. ¹¹ E esta é a lei do sacrifício pacífico, que se oferecerá ao SENHOR: ¹² Se se oferecer em ação de graças, oferecerá por sacrifício de ação de graças tortas sem levedura amassadas com azeite, e massas sem levedura untadas com azeite, e boa farinha frita em tortas amassadas com azeite. ¹³ Com tortas de pão levedado oferecerá sua oferta no seu sacrifício pacífico de ação de graças. ¹⁴ E de toda a oferta apresentará uma parte para oferta elevada ao SENHOR, e será do sacerdote que espargir o sangue das ofertas pacíficas. ¹⁵ E a carne do sacrifício de suas ofertas pacíficas em ação de graças, se comerá no dia que for oferecida: não deixarão dela nada para outro dia. ¹⁶ Mas se o sacrifício de sua oferta for voto, ou voluntário, no dia que oferecer seu sacrifício será comido; e o que dele restar, será comido no dia seguinte: ¹⁷ E o que restar para o terceiro dia da carne do sacrifício, será queimado no fogo. ¹⁸ E se se comer da carne do sacrifício de suas pazes no terceiro dia, o que o oferecer não será aceito, nem lhe será imputado; abominação será, e a pessoa que dele comer levará seu pecado. ¹⁹ E a carne que tocar a alguma coisa impura, não se comerá; ao fogo será queimada; mas qualquer limpo comerá desta carne. ²⁰ E a pessoa que comer a carne do sacrifício pacífico, o qual é do SENHOR, estando impura, aquela pessoa será eliminada de seus povos. ²¹ Além disso, a pessoa que tocar alguma coisa impura, em impureza de homem, ou em animal impuro, ou em qualquer abominação impura, e comer a carne do sacrifício pacífico, o qual é do SENHOR, aquela pessoa será eliminada de seus povos. ²² Falou ainda o SENHOR a Moisés, dizendo: ²³ Fala aos filhos de Israel, dizendo: Nenhuma gordura de boi, nem de cordeiro, nem de cabra, comereis. ²⁴ A gordura de animal morto naturalmente, e a gordura do que foi arrebatado de feras, se preparará para qualquer outro uso, mas não o comereis. ²⁵ Porque qualquer um que comer gordura de animal, do qual se oferece ao SENHOR oferta acesa, a pessoa que o comer, será cortada de seus povos. ²⁶ Além disso, nenhum sangue comereis em todas as vossas habitações, tanto de aves como de animais. ²⁷ Qualquer um pessoa que comer algum sangue, a tal pessoa será eliminada de seus povos. ²⁸ Falou mais o SENHOR a Moisés, dizendo: ²⁹ Fala aos filhos de Israel, dizendo: O que oferecer sacrifício de suas pazes ao SENHOR, trará sua oferta do sacrifício de suas pazes ao SENHOR; ³⁰ Suas mãos trarão as ofertas que se hão de queimar ao SENHOR: trará a gordura com o peito: o peito para que este seja movido, como sacrifício movido diante do SENHOR; ³¹ E a gordura a fará arder o sacerdote no altar, mas o peito será de Arão e de seus filhos. ³² E dareis ao sacerdote para ser elevada em oferta, a coxa direita dos sacrifícios de vossas pazes. ³³ O que dos filhos de Arão oferecer o sangue das ofertas pacíficas, e a gordura, dele será em porção a coxa direita; ³⁴ Porque tomei dos filhos de Israel, dos sacrifícios de suas ofertas pacíficas, o peito que é movido, e a coxa elevada em oferta, e o dei a Arão o sacerdote e a seus filhos, por estatuto perpétuo dos filhos de Israel. ³⁵ Esta é pela unção de Arão e a unção de seus filhos, a parte deles nas ofertas acendidas ao SENHOR, desde o dia que ele os apresentou para serem sacerdotes do SENHOR: ³⁶ O qual mandou o SENHOR que lhes dessem, desde o dia que ele os ungiu dentre os filhos de Israel, por estatuto perpétuo em suas gerações. ³⁷ Esta é a lei do holocausto, da oferta, da expiação pelo pecado, e da culpa, e das consagrações, e do sacrifício pacífico: [38] A qual intimou o SENHOR a Moisés, no monte Sinai, no dia que mandou aos filhos de Israel que oferecessem suas ofertas ao SENHOR no deserto de Sinai.

8

[1] E falou o SENHOR a Moisés, dizendo: [2] Toma a Arão e a seus filhos com ele, e as vestimentas, e o azeite da unção, e o bezerro da expiação, e os dois carneiros, e o cesto dos pães ázimos; [3] E reúne toda a congregação à porta do tabernáculo do testemunho. [4] Fez, pois, Moisés como o SENHOR lhe mandou, e juntou-se a congregação à porta do tabernáculo do testemunho. [5] E disse Moisés à congregação: Isto é o que o SENHOR mandou fazer. [6] Então Moisés fez chegar a Arão e a seus filhos, e lavou-os com água. [7] E pôs sobre ele a túnica, e cingiu-o com o cinto; vestiu-lhe depois o manto, e pôs sobre ele o éfode, e cingiu-o com o cinto do éfode, e ajustou-o com ele. [8] Pôs-lhe logo encima o peitoral, e nele pôs o Urim e Tumim. [9] Depois pôs a mitra sobre sua cabeça; e sobre a mitra em sua frente dianteira pôs a placa de ouro, a coroa santa; como o SENHOR havia mandado a Moisés. [10] E tomou Moisés o azeite da unção, e ungiu o tabernáculo, e todas as coisas que estavam nele, e santificou-as. [11] E espargiu dele sobre o altar sete vezes, e ungiu o altar e todos os seus utensílios, e a pia e sua base, para santificá-los. [12] E derramou do azeite da unção sobre a cabeça de Arão, e ungiu-o para santificá-lo. [13] Depois Moisés fez chegar os filhos de Arão, e vestiu-lhes as túnicas, e cingiu-os com cintos, e ajustou-lhes as tiaras), como o SENHOR o havia mandado a Moisés. [14] Fez logo chegar o bezerro da expiação, e Arão e seus filhos puseram suas mãos sobre a cabeça do bezerro da expiação. [15] E degolou-o; e Moisés tomou o sangue, e pôs com seu dedo sobre as pontas do altar ao redor, e purificou o altar; e lançou o resto do sangue ao pé do altar, e santificou-o para fazer reconciliação sobre ele. [16] Depois tomou toda a gordura que estava sobre os intestinos, e o redenho do fígado, e os dois rins, e a gordura deles, e o fez Moisés arder sobre o altar. [17] Mas o bezerro, e seu couro, e sua carne, e seu excremento, queimou-o ao fogo fora do acampamento; como o SENHOR o havia mandado a Moisés. [18] Depois fez chegar o carneiro do holocausto, e Arão e seus filhos puseram suas mãos sobre a cabeça do carneiro: [19] E degolou-o; e espargiu Moisés o sangue sobre o altar em derredor. [20] E cortou o carneiro em pedaços; e Moisés fez arder a cabeça, e os pedaços, e a gordura. [21] Lavou logo com água os intestinos e pernas, e queimou Moisés todo o carneiro sobre o altar: holocausto em cheiro suave, oferta acesa ao SENHOR; como o havia o SENHOR mandado a Moisés. [22] Depois fez chegar o outro carneiro, o carneiro das consagrações, e Arão e seus filhos puseram suas mãos sobre a cabeça do carneiro: [23] E degolou-o; e tomou Moisés de seu sangue, e pôs sobre a ponta da orelha direita de Arão, e sobre o dedo polegar de sua mão direita, e sobre o dedo polegar de seu pé direito. [24] Fez chegar logo os filhos de Arão, e pôs Moisés do sangue sobre a ponta de suas orelhas direitas, e sobre os polegares de suas mãos direitas, e sobre os polegares de seus pés direitos: e espargiu Moisés o sangue sobre o altar em derredor; [25] E depois tomou a gordura, e a cauda, e toda a gordura que estava sobre os intestinos, e o redenho do fígado, e os dois rins, e a gordura deles, e a coxa direita; [26] E do cesto dos pães ázimos, que estava diante do SENHOR, tomou uma torta sem levedura, e uma torta de pão de azeite, e um bolo, e o pôs com a gordura e com a coxa direita; [27] E o pôs tudo nas mãos de Arão, e nas mãos de seus filhos, e o fez mover: oferta agitada diante do SENHOR. [28] Depois tomou aquelas coisas Moisés das mãos deles, e as fez arder no altar sobre o holocausto: as consagrações em cheiro suave, oferta acesa ao SENHOR. [29] E tomou Moisés o peito, e moveu-o, oferta movida diante do SENHOR: do carneiro das consagrações aquela foi a parte de Moisés; como o SENHOR o havia mandado a Moisés. [30] Logo tomou Moisés do azeite da unção, e do sangue que estava sobre

o altar, e espargiu sobre Arão, e sobre suas vestiduras, sobre seus filhos, e sobre as vestiduras de seus filhos com ele; e santificou a Arão, e suas vestiduras, e a seus filhos, e as vestiduras de seus filhos com ele. ³¹ E disse Moisés a Arão e a seus filhos: Comei a carne à porta do tabernáculo do testemunho; e comei-a ali com o pão que está no cesto das consagrações, segundo eu mandei, dizendo: Arão e seus filhos a comerão. ³² E o que sobrar da carne e do pão, queimareis ao fogo. ³³ Da porta do tabernáculo do testemunho não saireis em sete dias, até o dia que se cumprirem os dias de vossas consagrações: porque por sete dias sereis consagrados. ³⁴ Da maneira que hoje se fez, mandou fazer o SENHOR para expiar-vos. ³⁵ À porta, pois, do tabernáculo do testemunho estareis dia e noite por sete dias, e guardareis a ordenança diante do SENHOR, para que não morrais; porque assim me foi mandado. ³⁶ E Arão e seus filhos fizeram todas as coisas que mandou o SENHOR por meio de Moisés.

9

¹ E foi no dia oitavo, que Moisés chamou a Arão e a seus filhos, e aos anciãos de Israel; ² E disse a Arão: Toma das vacas um bezerro para expiação, e um carneiro para holocausto, sem defeito, e oferece-os diante do SENHOR. ³ E aos filhos de Israel falarás, dizendo: Tomai um bode macho para expiação, e um bezerro e um cordeiro de ano, sem mácula, para holocausto; ⁴ Também um boi e um carneiro para sacrifício pacífico, que imoleis diante do SENHOR; e uma oferta de cereais amassada com azeite: porque o SENHOR se aparecerá hoje a vós. ⁵ E levaram o que mandou Moisés diante do tabernáculo do testemunho, e chegou-se toda a congregação, e puseram-se diante do SENHOR. ⁶ Então Moisés disse: Isto é o que mandou o SENHOR; fazei-o, e a glória do SENHOR se vos aparecerá. ⁷ E disse Moisés a Arão: Achega-te ao altar, e faze tua expiação, e teu holocausto, e faze a reconciliação por ti e pelo povo: faze também a oferta do povo, e faze a reconciliação por eles; como mandou o SENHOR. ⁸ Então chegou-se Arão ao altar; e degolou seu bezerro da expiação que era por ele. ⁹ E os filhos de Arão lhe trouxeram o sangue; e ele molhou seu dedo no sangue, e pôs sobre as pontas do altar, e derramou o resto do sangue ao pé do altar; ¹⁰ E a gordura e rins e redenho do fígado, da expiação, os fez arder sobre o altar; como o SENHOR o havia mandado a Moisés. ¹¹ Mas a carne e o couro os queimou ao fogo fora do acampamento. ¹² Degolou também o holocausto, e os filhos de Arão lhe apresentaram o sangue, a qual espargiu ele ao redor sobre o altar. ¹³ Apresentaram-lhe depois o holocausto, em pedaços, e a cabeça; e os fez queimar sobre o altar. ¹⁴ Logo lavou os intestinos e as pernas, e queimou-os sobre o holocausto no altar. ¹⁵ Ofereceu também a oferta do povo, e tomou o bode macho que era para a expiação do povo, e degolou-o, e o ofereceu pelo pecado como o primeiro. ¹⁶ E ofereceu o holocausto, e fez segundo o rito. ¹⁷ Ofereceu também a oferta de cereais, e encheu dela sua mão, e o fez queimar sobre o altar, também do holocausto da manhã. ¹⁸ Degolou também o boi e o carneiro em sacrifício pacífico, que era do povo: e os filhos de Arão lhe apresentaram o sangue (o qual espargiu ele sobre o altar ao redor), ¹⁹ E a gordura do boi; e do carneiro a cauda com o que cobre as entranhas, e os rins, e o redenho do fígado: ²⁰ E puseram a gordura sobre os peitos, e ele queimou a gordura sobre o altar: ²¹ Porém os peitos, com a coxa direita, moveu-os Arão por oferta movida diante do SENHOR; como o SENHOR o havia mandado a Moisés. ²² Depois levantou Arão suas mãos até o povo e abençoou-os: e desceu de fazer a expiação, e o holocausto, e o sacrifício pacífico. ²³ E entraram Moisés e Arão no tabernáculo do testemunho; e saíram, e bendisseram ao povo: e a glória do SENHOR se apareceu a todo o povo. ²⁴ E saiu fogo de diante do SENHOR, e consumiu o holocausto e a gordura sobre o altar; e vendo-o todo o povo, louvaram, e caíram sobre seus rostos.

10

¹ E os filhos de Arão, Nadabe e Abiú, tomaram cada um seu incensário, e puseram fogo neles, sobre o qual puseram incenso, e ofereceram diante do SENHOR fogo estranho, que ele nunca lhes mandou. ² E saiu fogo de diante do SENHOR que os queimou, e morreram diante do SENHOR. ³ Então disse Moisés a Arão: Isto é o que falou o SENHOR, dizendo: Em meus achegados me santificarei, e em presença de todo o povo serei glorificado. E Arão calou. ⁴ E chamou Moisés a Misael, e a Elzafã, filhos de Uziel, tio de Arão, e disse-lhes: Achegai-vos e tirai a vossos irmãos de diante do santuário fora do acampamento. ⁵ E eles chegaram, e tiraram-nos com suas túnicas fora do acampamento, como disse Moisés. ⁶ Então Moisés disse a Arão, e a Eleazar e a Itamar, seus filhos: Não descubrais vossas cabeças, nem rasgueis vossas roupas, para que não morrais, nem se levante a ira sobre toda a congregação: porém vossos irmãos, toda a casa de Israel, lamentarão o incêndio que o SENHOR fez. ⁷ Nem saireis da porta do tabernáculo do testemunho, porque morrereis; porquanto o azeite da unção do SENHOR está sobre vós. E eles fizeram conforme o dito de Moisés. ⁸ E o SENHOR falou a Arão, dizendo: ⁹ Tu, e teus filhos contigo, não bebereis vinho nem bebida forte, quando houverdes de entrar no tabernáculo do testemunho, para que não morrais: estatuto perpétuo por vossas gerações; ¹⁰ E para poder discernir entre o santo e o profano, e entre o impuro e o limpo; ¹¹ E para ensinar aos filhos de Israel todos os estatutos que o SENHOR lhes disse por meio de Moisés. ¹² E Moisés disse a Arão, e a Eleazar e a Itamar, seus filhos que haviam restado: Tomai a oferta de cereais que resta das ofertas acendidas ao SENHOR, e comei-a sem levedura junto ao altar, porque é coisa muito santa. ¹³ Haveis, pois, de comê-la no lugar santo: porque isto é estatuto para ti, e estatuto para teus filhos, das ofertas acendidas ao SENHOR, pois que assim me foi mandado. ¹⁴ Comereis também em lugar limpo, tu e teus filhos e tuas filhas contigo, o peito da oferta movida, e a coxa elevada, porque por estatuto para ti, e estatuto para teus filhos, são dados dos sacrifícios das ofertas pacíficas dos filhos de Israel. ¹⁵ Com as ofertas das gorduras que se hão de acender, trarão a coxa que se há de elevar, e o peito que será movido, para que o movas por oferta movida diante do SENHOR: e será por estatuto perpétuo teu, e de teus filhos contigo, como o SENHOR o mandou. ¹⁶ E Moisés mandou o bode macho da expiação, e achou-se que era queimado: e irou-se contra Eleazar e Itamar, os filhos de Arão que haviam restado, dizendo: ¹⁷ Por que não comestes a expiação no lugar santo? Porque é muito santa, e deu-a ele a vós para levar a iniquidade da congregação, para que sejam reconciliados diante do SENHOR. ¹⁸ Vedes que seu sangue não foi metido dentro do santuário: havíeis de comê-la no lugar santo, como eu mandei. ¹⁹ E respondeu Arão a Moisés: Eis que hoje ofereceram sua expiação e seu holocausto diante do SENHOR: mas me aconteceram estas coisas: pois se comesse eu hoje da expiação, Teria sido aceito ao SENHOR? ²⁰ E quando Moisés ouviu isto, deu-se por satisfeito.

11

¹ E falou o SENHOR a Moisés e a Arão, dizendo-lhes: ² Falai aos filhos de Israel, dizendo: Estes são os animais que comereis de todos os animais que estão sobre a terra. ³ De entre os animais, todo o de casco, e que tem as unhas fendidas, e que rumina, este comereis. ⁴ Estes, porém, não comereis dos que ruminam e dos que têm casco: o camelo, porque rumina mas não tem casco fendido, haveis de tê-lo por impuro; ⁵ Também o coelho, porque rumina, mas não tem unha fendida, o tereis por impuro; ⁶ Assim a lebre, porque rumina, mas não tem unha fendida, a tereis por impura; ⁷ Também o porco, porque tem unhas, e é de unhas fendidas, mas não rumina, o tereis por impuro. ⁸ Da carne deles não comereis, nem tocareis seu corpo

morto: os tereis por impuros. ⁹ Isto comereis de todas as coisas que estão nas águas: todas as coisas que têm barbatanas e escamas nas águas do mar, e nos rios, aquelas comereis; ¹⁰ Mas todas as coisas que não têm barbatanas nem escamas no mar e nos rios, tanto de todo réptil de água como de toda coisa vivente que está nas águas, as tereis em abominação. ¹¹ Vos serão, pois, em abominação: de sua carne não comereis, e abominareis seus corpos mortos. ¹² Tudo o que não tiver barbatanas e escamas nas águas, o tereis em abominação. ¹³ E das aves, estas tereis em abominação; não se comerão, serão abominação: a água, o quebra-ossos, o esmerilhão, ¹⁴ O milhafre, e o falcão a segundo sua espécie; ¹⁵ Todo corvo segundo sua espécie; ¹⁶ O avestruz, e a coruja, e a gaivota, e o gavião segundo sua espécie; ¹⁷ E o mocho, e o corvo-marinho, e o íbis, ¹⁸ E a galinha-d'água, e o cisne, e o pelicano, ¹⁹ E a cegonha, e a garça, segundo sua espécie, e a poupa, e o morcego. ²⁰ Todo inseto de asas que andar sobre quatro pés, tereis em abominação. ²¹ Porém isto comereis de todo inseto de asas que anda sobre quatro patas, que tiver pernas além de suas patas para saltar com elas sobre a terra; ²² Estes comereis deles: o gafanhoto migrador segundo sua espécie, e a esperança segundo sua espécie, e o grilo segundo sua espécie, e o gafanhoto comum segundo sua espécie. ²³ Todo réptil de asas que tenha quatro pés, tereis em abominação. ²⁴ E por estas coisas sereis impuros: qualquer um que tocar a seus corpos mortos, será impuro até à tarde: ²⁵ E qualquer um que levar de seus corpos mortos, lavará suas roupas, e será impuro até à tarde. ²⁶ Todo animal de casco, mas que não tem unha fendida, nem rumina, tereis por impuro: qualquer um que os tocar será impuro. ²⁷ E de todos os animais que andam a quatro patas, tereis por impuro qualquer um que ande sobre suas garras: qualquer um que tocar seus corpos mortos, será impuro até à tarde. ²⁸ E o que levar seus corpos mortos, lavará suas roupas, e será impuro até à tarde: haveis de tê-los por impuros. ²⁹ E estes tereis por impuros dos répteis que vão arrastando sobre a terra: a doninha, e o rato, e o lagarto segundo sua espécie, ³⁰ E a lagartixa, e o lagarto pintado, e a lagartixa de parede, e a salamandra, e o camaleão. ³¹ Estes tereis por impuros de todos os répteis: qualquer um que os tocar, quando estiverem mortos, será impuro até à tarde. ³² E tudo aquilo sobre que cair algum deles depois de mortos, será impuro; tanto vaso de madeira, como roupa, ou pele, ou saco, qualquer instrumento com que se faz obra, será posto em água, e será impuro até à tarde, e assim será limpo. ³³ E toda vasilha de barro dentro da qual cair algum deles, tudo o que estiver nela será impuro, e quebrareis a vasilha: ³⁴ Toda comida que se come, sobre a qual vier a água de tais vasilhas, será imunda: e toda bebida que se beber, será em todas essas vasilhas impura: ³⁵ E tudo aquilo sobre que cair algo do corpo morto deles, será impuro: o forno ou aquecedores se derrubarão; são impuros, e por impuros os tereis. ³⁶ Contudo, a fonte e a cisterna onde se recolhem águas, serão limpas: mas o que houver tocado em seus corpos mortos será impuro. ³⁷ E se cair de seus corpos mortos sobre alguma semente que se haja de semear, será limpa. ³⁸ Mas se se houver posto água na semente, e cair de seus corpos mortos sobre ela, a tereis por impura. ³⁹ E se algum animal que tiverdes para comer se morrer, o que tocar seu corpo morto será impuro até à tarde: ⁴⁰ E o que comer de seu corpo morto, lavará suas roupas, e será impuro até à tarde: também o que tirar seu corpo morto, lavará suas roupas, e será impuro até à tarde. ⁴¹ E todo réptil que vai arrastando sobre a terra, é abominação; não se comerá. ⁴² Tudo o que anda sobre o peito, e tudo o que anda sobre quatro ou mais patas, de todo réptil que anda arrastando sobre a terra, não o comereis, porque é abominação. ⁴³ Não torneis abomináveis vossas pessoas com nenhum réptil que anda arrastando, nem vos contamineis com eles, nem sejais impuros por eles. ⁴⁴ Pois que eu sou o

SENHOR vosso Deus, vós portanto vos santificareis, e sereis santos, porque eu sou santo: assim que não torneis abomináveis vossas pessoas com nenhum réptil que andar arrastando sobre a terra. [45] Porque eu sou o SENHOR, que vos faço subir da terra do Egito para vos ser por Deus: sereis pois santos, porque eu sou santo. [46] Esta é a lei dos animais e das aves, e de todo ser vivente que se move nas águas, e de todo animal que anda arrastando sobre a terra; [47] Para fazer diferença entre impuro e limpo, e entre os animais que se podem comer e os animais que não se podem comer.

12

[1] E falou o SENHOR a Moisés, dizendo: [2] Fala aos filhos de Israel, dizendo: A mulher quando conceber e der à luz macho, será impura sete dias; conforme os dias que está separada por sua menstruação, será impura. [3] E ao oitavo dia circuncidará a carne de seu prepúcio. [4] Mas ela permanecerá trinta e três dias no sangue de sua purificação: nenhuma coisa santa tocará, nem virá ao santuário, até que sejam cumpridos os dias de sua purificação. [5] E se der à luz fêmea será impura duas semanas, conforme sua separação, e sessenta e seis dias estará purificando-se de seu sangue. [6] E quando os dias de sua purificação forem cumpridos, por filho ou por filha, trará um cordeiro de ano para holocausto, e um pombinho ou uma rolinha para expiação, à porta do tabernáculo do testemunho, ao sacerdote: [7] E ele oferecerá diante do SENHOR, e fará expiação por ela, e será limpa do fluxo de seu sangue. Esta é a lei da que der à luz macho ou fêmea. [8] E se não alcançar sua mão o suficiente para um cordeiro, tomará então duas rolinhas ou dois pombinhos, um para holocausto, e outro para expiação: e o sacerdote fará expiação por ela, e será limpa.

13

[1] E falou o SENHOR a Moisés e a Arão, dizendo: [2] Quando o homem tiver na pele de sua carne inchaço, ou pústula, ou mancha branca, e houver na pele de sua carne como chaga de lepra, será trazido a Arão o sacerdote, ou a um dos sacerdotes seus filhos: [3] E o sacerdote olhará a chaga na pele da carne: se o pelo na chaga se tornou branco, e parecer a chaga mais profunda que a pele da carne, chaga de lepra é; e o sacerdote lhe reconhecerá, e lhe dará por impuro. [4] E se na pele de sua carne houver mancha branca, mas não parecer mais profunda que a pele, nem seu pelo se houver tornado branco, então o sacerdote encerrará ao que tem chagas por sete dias; [5] E ao sétimo dia o sacerdote o olhará; e se a chaga a seu parecer se houver parado, não havendo-se estendido na pele, então o sacerdote lhe voltará a encerrar por outros sete dias. [6] E ao sétimo dia o sacerdote lhe reconhecerá de novo; e se parece haver-se escurecido a chaga, e que não estendeu na pele, então o sacerdote o dará por limpo: era pústula; e lavará suas roupas, e será limpo. [7] Mas se houver ido crescendo a pústula na pele, depois que foi mostrado ao sacerdote para ser limpo, será visto outra vez pelo sacerdote: [8] E se reconhecendo-o o sacerdote, vê que a pústula cresceu na pele, o sacerdote o dará por impuro: é lepra. [9] Quando houver chaga de lepra no homem, será trazido ao sacerdote; [10] E o sacerdote olhará, e se parecer inchaço branco na pele, o qual tenha mudado a cor do pelo, e se descobre também a carne viva, [11] Lepra é envelhecida na pele de sua carne; e lhe dará por impuro o sacerdote, e não lhe encerrará, porque é impuro. [12] Mas se brotar a lepra estendendo pela pele, e ela cobrir toda a pele do que tem chagas desde sua cabeça até seus pés, a toda vista de olhos do sacerdote; [13] Então o sacerdote lhe reconhecerá; e se a lepra houver coberto toda sua carne, dará por limpo ao que tem chagas: tornou-se toda ela branca; e ele é limpo. [14] Mas o dia que parecer nele a carne viva, será impuro. [15] E o sacerdote olhará a carne viva, e o dará por impuro. É impura a carne viva: é

lepra. [16] Mas quando a carne viva se mudar e tornar branca, então virá ao sacerdote; [17] E o sacerdote olhará, e se a chaga se houver tornado branca, o sacerdote dará por limpo ao que tinha a chaga, e será limpo. [18] E quando na carne, em sua pele, houver úlcera, e se sarar, [19] E suceder no lugar da úlcera inchaço branco, ou mancha branca avermelhada, será mostrado ao sacerdote: [20] E o sacerdote olhará; e se parecer estar mais baixa que sua pele, e seu pelo se houver tornado branco, o dará o sacerdote por impuro: é chaga de lepra que se originou na úlcera. [21] E se o sacerdote a considerar, e não parecer nela pelo branco, nem estiver mais baixa que a pele, mas sim escura, então o sacerdote o encerrará por sete dias: [22] E se for estendendo pela pele, então o sacerdote o dará por impuro: é chaga. [23] Porém se a mancha branca estiver em seu lugar, que não tenha estendido, é a cicatriz da úlcera; e o sacerdote o dará por limpo. [24] Assim quando a carne tiver em sua pele queimadura de fogo, e houver no sarado do fogo mancha esbranquiçada, avermelhada ou branca, [25] O sacerdote a olhará; e se o pelo se houver tornado branco na mancha, e parecer estar mais profunda que a pele, é lepra que saiu na queimadura; e o sacerdote declarará ao sujeito impuro, por ser chaga de lepra. [26] Mas se o sacerdote a olhar, e não parecer na mancha pelo branco, nem estiver mais baixa que a pele, mas sim que está escura, lhe encerrará o sacerdote por sete dias; [27] E ao sétimo dia o sacerdote a reconhecerá: se se houver ido estendendo pela pele, o sacerdote o dará por impuro: é chaga de lepra. [28] Porém se a mancha estiver em seu lugar, e não se houver estendido na pele, a não ser que está escura, inchaço é da queimadura: o dará o sacerdote por limpo; que sinal da queimadura é. [29] E ao homem ou mulher que lhe sair chaga na cabeça, ou no queixo, [30] O sacerdote olhará a chaga; e se parecer estar mais profunda que a pele, e o pelo nela fora ruivo e fino, então o sacerdote o dará por impuro: é tinha, é lepra da cabeça ou do queixo. [31] Mas quando o sacerdote houver olhado a chaga da tinha, e não parecer estar mais profunda que a pele, nem for nela pelo negro, o sacerdote encerrará ao que tem chagas da tinha por sete dias: [32] E ao sétimo dia o sacerdote olhará a chaga: e se a tinha não parecer haver-se estendido, nem houver nela pelo ruivo, nem parecer a tinha mais profunda que a pele, [33] Então o raparão, mas não raparão o lugar da tinha: e encerrará o sacerdote ao que tem a tinha por outros sete dias. [34] E ao sétimo dia olhará o sacerdote a tinha; e se a tinha não houver estendido na pele, nem parecer estar mais profunda que a pele, o sacerdote o dará por limpo; e lavará suas roupas, e será limpo. [35] Porém se a tinha se houver ido estendendo na pele depois de sua purificação, [36] Então o sacerdote a olhará; e se a tinha houver estendido na pele, não busque o sacerdote o pelo ruivo, é impuro. [37] Mas se lhe parecer que a tinha está detida, e que saiu nela o pelo negro, a tinha está sarada; ele está limpo, e por limpo o dará o sacerdote. [38] Também o homem ou mulher, quando na pele de sua carne tiver machas, machas brancas, [39] O sacerdote olhará: e se na pele de sua carne parecerem machas brancas algo escurecidas, é impigem que brotou na pele, está limpa a pessoa. [40] E o homem, quando se lhe cair os cabelos da cabeça, é calvo, mas limpo. [41] E se à parte de seu rosto se lhe cair os cabelos da cabeça, é calvo pela frente, mas limpo. [42] Mas quando na calva ou na calva da frente houver chaga branca avermelhada, lepra é que brota em sua calva ou em sua calva da frente. [43] Então o sacerdote o olhará, e se parecer a inchaço da chaga branca avermelhada em sua calva ou em sua calva da frente, como o parecer da lepra da pele da carne, [44] Leproso é, é impuro; o sacerdote o dará logo por impuro; em sua cabeça tem sua chaga. [45] E o leproso em quem houver chaga, suas roupas serão derrotados e sua cabeça descoberta, e com o lábio superior coberto proclamará: -Imundo! -Imundo! [46] Durante todo o tempo que a chaga estiver nele será imundo; estará impuro: habitará sozinho; fora do acampamento será sua morada. [47] E quando na roupa houver praga de lepra, em vestido de lã, ou em vestido de linho; [48] Ou na urdidura ou em trama, de linho ou de lã, ou em pele, ou em qualquer obra de pele; [49] E que a praga seja verde, ou vermelha, em roupa ou em pele, ou na urdidura, ou em trama, ou em qualquer obra de pele; praga é de lepra, e se há de mostrar ao sacerdote. [50] E o sacerdote olhará a praga, e encerrará a coisa que tem praga por sete dias. [51] E ao sétimo dia olhará a praga: e se houver estendido a praga na roupa, ou urdidura, ou na trama, ou em pele, ou em qualquer obra que se faz de peles, lepra roedora é a praga; impura será. [52] Será queimada a roupa, ou urdidura ou trama, de lã ou de linho, ou qualquer obra de peles em que houver tal praga; porque lepra roedora é; ao fogo será queimada. [53] E se o sacerdote olhar, e não parecer que a praga se tenha estendido na roupa, ou urdidura, ou na trama, ou em qualquer obra de peles; [54] Então o sacerdote mandará que lavem onde está a praga, e o encerrará outra vez por sete dias. [55] E o sacerdote olhará depois que a praga for lavada; e se parecer que a praga não mudou seu aspecto, ainda que não tenha estendido a praga, impura é; a queimarás ao fogo; corrosão é penetrante, esteja o estragado na face ou no verso daquela coisa. [56] Mas se o sacerdote a vir, e parecer que a praga se escureceu depois que foi lavada, a cortará da roupa, ou da pele, ou da urdidura, ou da trama. [57] E se parecer mais no vestido, ou urdidura, ou trama, ou em qualquer coisa de peles, esverdeando nela, queimarás ao fogo aquilo onde estiver a praga. [58] Porém a roupa, ou urdidura, ou trama, ou qualquer coisa de pele que lavares, e que se lhe tirar a praga, se lavará segunda vez, e então será limpa. [59] Esta é a lei da praga da lepra da roupa de lã ou de linho, ou da urdidura, ou da trama, ou de qualquer coisa de pele, para que seja dada por limpa ou por impura.

14

[1] E falou o SENHOR a Moisés, dizendo: [2] Esta será a lei do leproso quando se limpar: Será trazido ao sacerdote: [3] E o sacerdote sairá fora do acampamento; e olhará o sacerdote, e vendo que está sã a praga da lepra do leproso, [4] O sacerdote mandará logo que se tomem para o que se purifica duas aves vivas, limpas, e pau de cedro, e carmesim, e hissopo; [5] E mandará o sacerdote matar uma ave em um vaso de barro sobre águas vivas; [6] Depois tomará a ave viva, e o pau de cedro, e o carmesim, e o hissopo, e o molhará com a ave viva no sangue da ave morta sobre as águas vivas; [7] E espargirá sete vezes sobre o que se purifica da lepra, e lhe dará por limpo; e soltará a ave viva sobre a face do campo. [8] E o que se purifica lavará suas roupas, e rapará todos os seus pelos, e se há de lavar com água, e será limpo: e depois entrará no acampamento, e morará fora de sua tenda sete dias. [9] E será, que ao sétimo dia rapará todos os seus pelos, sua cabeça, e sua barba, e as sobrancelhas de seus olhos; finalmente, rapará todo seu pelo, e lavará suas roupas, e lavará sua carne em águas, e será limpo. [10] E no oitavo dia tomará dois cordeiros sem defeito, e uma cordeira de ano sem mácula; e três décimos de efa de boa farinha para oferta amassada com azeite, e um logue de azeite. [11] E o sacerdote que lhe purifica apresentará com aquelas coisas ao que se há de limpar diante do SENHOR, à porta do tabernáculo do testemunho: [12] E tomará o sacerdote um cordeiro, e o oferecerá pela culpa, com o logue de azeite, e o moverá como oferta movida diante do SENHOR: [13] E degolará o cordeiro no lugar onde degolam o sacrifício pelo pecado e o holocausto, no lugar do santuário: porque como o sacrifício pelo pecado, assim também o sacrifício pela culpa é do sacerdote: é coisa muito sagrada. [14] E tomará o sacerdote do sangue do animal sacrificado pela culpa, e porá o sacerdote sobre a ponta da orelha direita do que se purifica, e sobre o polegar de sua mão direita, e sobre o polegar de seu pé direito. [15] Também tomará o sacerdote do logue de azeite, e lançará sobre a palma

de sua mão esquerda: [16] E molhará seu dedo direito no azeite que tem em sua mão esquerda, e espargirá do azeite com seu dedo sete vezes diante do SENHOR: [17] E do que restar do azeite que tem em sua mão, porá o sacerdote sobre a ponta da orelha direita do que se purifica, e sobre o polegar de sua mão direita, e sobre o polegar de seu pé direito, sobre o sangue da expiação pela culpa: [18] E o que restar do azeite que tem em sua mão, porá sobre a cabeça do que se purifica: e fará o sacerdote expiação por ele diante do SENHOR. [19] Oferecerá logo o sacerdote o sacrifício pelo pecado, e fará expiação pelo que se há de purificar de sua impureza, e depois degolará o holocausto: [20] E fará subir o sacerdote o holocausto e a oferta de cereais sobre o altar. Assim fará o sacerdote expiação por ele, e será limpo. [21] Mas se for pobre, que não alcançar sua mão a tanto, então tomará um cordeiro para ser oferecido como oferta movida pela culpa, para reconciliar-se, e um décimo de efa de boa farinha amassada com azeite para oferta de cereais, e um logue de azeite; [22] E duas rolinhas, ou dois pombinhos, o que alcançar sua mão: e um será para expiação pelo pecado, e o outro para holocausto; [23] As quais coisas trará ao oitavo dia de sua purificação ao sacerdote, à porta do tabernáculo do testemunho diante do SENHOR. [24] E o sacerdote tomará o cordeiro da expiação pela culpa, e o logue de azeite, e o moverá o sacerdote como oferta movida diante do SENHOR; [25] Logo degolará o cordeiro da culpa, e tomará o sacerdote do sangue da culpa, e porá sobre a ponta da orelha direita do que se purifica, e sobre o polegar de sua mão direita, e sobre o polegar de seu pé direito. [26] E o sacerdote lançará do azeite sobre a palma de sua mão esquerda; [27] E com seu dedo direito espargirá o sacerdote do azeite que tem em sua mão esquerda, sete vezes diante do SENHOR. [28] Também porá o sacerdote do azeite que tem em sua mão sobre a ponta da orelha direita do que se purifica, e sobre o polegar de sua mão direita, e sobre o polegar de seu pé direito, no lugar do sangue da culpa. [29] E o que sobrar do azeite que o sacerdote tem em sua mão, o porá sobre a cabeça do que se purifica, para reconciliá-lo diante do SENHOR. [30] Também oferecerá uma das rolinhas, ou dos pombinhos, o que alcançar sua mão: [31] O um do que alcançar sua mão, em expiação pelo pecado, e o outro em holocausto, ademais da oferta: e fará o sacerdote expiação pelo que se há de purificar, diante do SENHOR. [32] Esta é a lei do que houver tido praga de lepra, cuja mão não alcançar o prescrito para purificar-se. [33] E falou o SENHOR a Moisés e a Arão, dizendo: [34] Quando houveres entrado na terra de Canaã, a qual eu vos dou em possessão, e puser eu praga de lepra em alguma casa da terra de vossa possessão, [35] Virá aquele cuja for a casa, e dará aviso ao sacerdote, dizendo: Como praga apareceu em minha casa. [36] Então mandará o sacerdote, e despejarão a casa antes que o sacerdote entre a olhar a praga, para que não seja contaminado tudo o que estiver na casa: e depois o sacerdote entrará a reconhecer a casa: [37] E olhará a praga: e se se virem machas nas paredes da casa, cavidades esverdeadas ou vermelhas, as quais parecerem mais profundas que a parede, [38] O sacerdote sairá da casa à porta dela, e fechará a casa por sete dias. [39] E ao sétimo dia voltará o sacerdote, e olhará: e se a praga houver crescido nas paredes da casa, [40] Então mandará o sacerdote, e arrancarão as pedras em que estiver a praga, e as lançarão fora da cidade, em lugar impuro: [41] E fará raspar a casa por dentro ao redor, e derramarão o pó que rasparem fora da cidade em lugar impuro: [42] E tomarão outras pedras, e as porão em lugar das pedras tiradas; e tomarão outro barro, e rebocarão a casa. [43] E se a praga voltar a esverdear naquela casa, depois que fez arrancar as pedras, e raspar a casa, e depois que foi rebocada, [44] Então o sacerdote entrará e olhará; e se parecer haver-se estendido a praga na casa, lepra roedora está na casa: impura é. [45] Derrubará, portanto, a tal casa, suas pedras, e seus madeiros, e toda a mistura da casa; e o tirará fora da cidade a lugar impuro. [46] E qualquer um que entrar naquela casa todos os dias que a mandou fechar, será impuro até à tarde. [47] E o que dormir naquela casa, lavará suas roupas; também o que comer na casa, lavará suas roupas. [48] Mas se entrar o sacerdote e olhar, e vir que a praga não se estendeu na casa depois que foi rebocada, o sacerdote dará a casa por limpa, porque a praga sarou. [49] Então tomará para limpar a casa duas aves, e pau de cedro, e carmesim, e hissopo: [50] E degolará uma ave em uma vasilha de barro sobre águas vivas: [51] E tomará o pau de cedro, e o hissopo, e o carmesim, e a ave viva, e o molhará no sangue da ave morta e nas águas vivas, e espargirá a casa sete vezes: [52] E purificará a casa com o sangue da ave, e com as águas vivas, e com a ave viva, e o pau de cedro, e o hissopo, e o carmesim: [53] Logo soltará a ave viva fora da cidade sobre a face do campo: Assim fará expiação pela casa, e será limpa. [54] Esta é a lei acerca de toda praga de lepra, e de tinha; [55] E da lepra da roupa, e da casa; [56] E acerca do inchaço, e da pústula, e da mancha branca: [57] Para ensinar quando é impuro, e quando limpo. Esta é a lei tocante à lepra.

15

[1] E falou o SENHOR a Moisés e a Arão, dizendo: [2] Falai aos filhos de Israel, e dizei-lhes: Qualquer homem, quando seu corrimento sair de sua carne, será impuro. [3] E esta será sua impureza em seu fluxo; seja que sua carne derramou por causa de seu fluxo, ou que sua carne se obstruiu por causa de seu fluxo, ele será impuro. [4] Toda cama em que se deitar o que tiver fluxo, será impura; e toda coisa sobre que se sentar, impura será. [5] E qualquer um que tocar em sua cama, lavará suas roupas; lavará também a si mesmo com água, e será impuro até à tarde. [6] E o que se sentar sobre aquilo em que se houver sentado o que tem fluxo, lavará suas roupas, se lavará também a si mesmo com água, e será impuro até à tarde. [7] Também o que tocar a carne do que tem fluxo, lavará suas roupas, e a si mesmo se lavará com água, e será impuro até à tarde. [8] E se o que tem fluxo cuspir sobre o limpo, este lavará suas roupas, e depois de haver-se lavado com água, será impuro até à tarde. [9] E toda sela sobre que cavalgar o que tiver fluxo, será impura. [10] E qualquer um que tocar qualquer coisa que tenha estado debaixo dele, será impuro até à tarde; e o que a levar, lavará suas roupas, e depois de lavar-se com água, será impuro até à tarde. [11] E todo aquele a quem tocar o que tem fluxo, e não lavar com água suas mãos, lavará suas roupas, e a si mesmo se lavará com água, e será impuro até à tarde. [12] E a vasilha de barro em que tocar o que tem fluxo, será quebrada; e toda vasilha de madeira será lavada com água. [13] E quando se houver limpado de seu fluxo o que tem fluxo, se há de contar sete dias desde sua purificação, e lavará suas roupas, e lavará sua carne em águas vivas, e será limpo. [14] E no oitavo dia tomará duas rolinhas, ou dois pombinhos, e virá diante do SENHOR à porta do tabernáculo do testemunho, e os dará ao sacerdote: [15] E os fará o sacerdote, uma oferta pelo pecado, e o outro holocausto: e lhe purificará o sacerdote de seu fluxo diante do SENHOR. [16] E o homem, quando dele sair derramamento seminal, lavará em águas toda sua carne, e será impuro até à tarde. [17] E toda vestimenta, ou toda pele sobre a qual houver o derramamento seminal, lavará com água, e será impura até à tarde. [18] E a mulher com quem o homem tiver ajuntamento seminal, ambos se lavarão com água, e serão impuros até à tarde. [19] E quando a mulher tiver fluxo de sangue, e seu fluxo for em sua carne, sete dias estará separada; e qualquer um que tocar nela, será impuro até à tarde. [20] E tudo aquilo sobre que ela se deitar durante sua separação, será impuro: também tudo aquilo sobre que se sentar, será impuro. [21] E qualquer um que tocar a sua cama, lavará suas roupas, e depois de lavar-se com água, será impuro até à tarde. [22] Também qualquer um que tocar qualquer móvel sobre que ela se houver sentado, lavará suas roupas; lavará logo a si mesmo com água, e será impuro até à tarde.

[23] E se estiver sobre a cama, ou sobre a cadeira em que ela se houver sentado, o que tocar nela será impuro até à tarde. [24] E se alguém dormir com ela, e sua menstruação for sobre ele, será impuro por sete dias; e toda cama sobre que dormir, será impura. [25] E a mulher, quando seguir o fluxo de seu sangue por muitos dias fora do tempo de seu costume, ou quando tiver fluxo de sangue mais de seu costume; todo o tempo do fluxo de seu imundícia, será impura como nos dias de seu costume. [26] Toda cama em que dormir todo o tempo de seu fluxo, lhe será como a cama de seu costume; e todo móvel sobre que se sentar, será impuro, como a impureza de seu costume. [27] Qualquer um que tocar em essas coisas será impuro; e lavará suas roupas, e a si mesmo se lavará com água, e será impuro até à tarde. [28] E quando for livre de seu fluxo, se há de contar sete dias, e depois será limpa. [29] E o oitavo dia tomará consigo duas rolinhas, ou dois pombinhos, e os trará ao sacerdote, à porta do tabernáculo do testemunho: [30] E o sacerdote fará um oferta pelo pecado, e o outro holocausto; e a purificará o sacerdote diante do SENHOR do fluxo de sua impureza. [31] Assim separareis os filhos de Israel de suas imundícias, a fim de que não morram por suas imundícias, contaminando meu tabernáculo que está entre eles. [32] Esta é a lei do que tem fluxo, e do que sai derramamento seminal, vindo a ser impuro por causa disso; [33] E da que padece seu costume, e acerca do que tiver fluxo, seja homem ou fêmea, e do homem que dormir com mulher impura.

16

[1] E falou o SENHOR a Moisés, depois que morreram os dois filhos de Arão, quando se chegaram diante do SENHOR, e morreram; [2] E o SENHOR disse a Moisés: Dize a Arão teu irmão, que não em todo tempo entre no santuário do véu dentro, diante do propiciatório que está sobre a arca, para que não morra: porque eu aparecerei na nuvem sobre o propiciatório. [3] Com isto entrará Arão no santuário: com um bezerro por expiação, e um carneiro em holocausto. [4] A túnica santa de linho se vestirá, e sobre sua carne terá calções de linho, e se cingirá o cinto de linho; e com a mitra de linho se cobrirá: são as santas vestiduras: com elas, depois de lavar sua carne com água, se há de vestir. [5] E da congregação dos filhos de Israel tomará dois machos de bode para expiação, e um carneiro para holocausto. [6] E fará achegar Arão o bezerro da expiação, que é seu, e fará a reconciliação por si e por sua casa. [7] Depois tomará os dois machos de bode, e os apresentará diante do SENHOR à porta do tabernáculo do testemunho. [8] E lançará sortes Arão sobre os dois machos de bode; uma sorte pelo SENHOR, e a outra sorte por Azazel. [9] E fará achegar Arão o bode macho sobre o qual cair a sorte pelo SENHOR, e o oferecerá em expiação. [10] Mas o bode macho, sobre o qual cair a sorte por Azazel, o apresentará vivo diante do SENHOR, para fazer a reconciliação sobre ele, para enviá-lo a Azazel ao deserto. [11] E fará chegar Arão o bezerro que era seu para expiação, e fará a reconciliação por si e por sua casa, e degolará em expiação o bezerro que é seu. [12] Depois tomará o incensário cheio de brasas de fogo, do altar de diante do SENHOR, e seus punhos cheios do incenso aromático prensado, e o meterá do véu dentro: [13] E porá o incenso sobre o fogo diante do SENHOR, e a nuvem do incenso cobrirá o propiciatório que está sobre o testemunho, e não morrerá. [14] Tomará logo do sangue do bezerro, e espargirá com seu dedo até o propiciatório ao lado oriental: até o propiciatório espargirá sete vezes daquele sangue com seu dedo. [15] Depois degolará em expiação o bode macho, que era do povo, e meterá o sangue dele do véu dentro; e fará de seu sangue como fez do sangue do bezerro, e espargirá sobre o propiciatório e diante do propiciatório: [16] E limpará o santuário, das imundícias dos filhos de Israel, e de suas rebeliões, e de todos os seus pecados: da mesma maneira fará também ao

tabernáculo do testemunho, o qual reside entre eles em meio de suas imundícias. [17] E nenhum homem estará no tabernáculo do testemunho quando ele entrar a fazer a reconciliação no santuário, até que ele saia, e haja feito a reconciliação por si, e por sua casa, e por toda a congregação de Israel. [18] E sairá ao altar que está diante do SENHOR, e o expiará; e tomará do sangue do bezerro, e do sangue do bode macho, e porá sobre as pontas do altar ao redor. [19] E espargirá sobre ele do sangue com seu dedo sete vezes, e o limpará, e o santificará das imundícias dos filhos de Israel. [20] E quando houver acabado de expiar o santuário, e o tabernáculo do testemunho, e o altar, fará chegar o bode macho vivo: [21] E porá Arão ambas as mãos suas sobre a cabeça do bode macho vivo, e confessará sobre ele todas as iniquidades dos filhos de Israel, e todas suas rebeliões, e todos os seus pecados, pondo-os assim sobre a cabeça do bode macho, e o enviará ao deserto por meio de um homem destinado para isto. [22] E aquele bode macho levará sobre si todas as iniquidades deles a terra inabitada: e deixará ir o bode macho pelo deserto. [23] Depois virá Arão ao tabernáculo do testemunho, e se desnudará as vestimentas de linho, que havia vestido para entrar no santuário, e as porá ali. [24] Lavará logo sua carne com água no lugar do santuário, e depois de se pôr suas roupas sairá, e fará seu holocausto, e o holocausto do povo, e fará a reconciliação por si e pelo povo. [25] E queimará a gordura da expiação sobre o altar. [26] E o que houver levado o bode macho a Azazel, lavará suas roupas, lavará também com água sua carne, e depois entrará no acampamento. [27] E tirará fora do acampamento o bezerro do pecado, e o bode macho da culpa, o sangue dos quais foi metido para fazer a expiação no santuário; e queimarão no fogo suas peles, e suas carnes, e seu excremento. [28] E o que os queimar, lavará suas roupas, lavará também sua carne com água, e depois entrará no acampamento. [29] E isto tereis por estatuto perpétuo: No mês sétimo, aos dez do mês, afligireis vossas almas, e nenhuma obra fareis, nem o natural nem o estrangeiro que peregrina entre vós: [30] Porque neste dia se vos reconciliará para limpar-vos; e sereis limpos de todos vossos pecados diante do SENHOR. [31] Sábado de repouso é para vós, e afligireis vossas almas, por estatuto perpétuo. [32] E fará a reconciliação o sacerdote que for ungido, e cuja mão houver sido cheia para ser sacerdote em lugar de seu pai; e se vestirá as vestimentas de linho, as vestiduras sagradas: [33] E expiará o santuário santo, e o tabernáculo do testemunho; expiará também o altar, e aos sacerdotes, e a todo o povo da congregação. [34] E isto tereis por estatuto perpétuo, para expiar aos filhos de Israel de todos os seus pecados uma vez no ano. E Moisés o fez como o SENHOR lhe mandou.

17

[1] E falou o SENHOR a Moisés, dizendo: [2] Fala a Arão e a seus filhos, e a todos os filhos de Israel, e dize-lhes: Isto é o que mandou o SENHOR, dizendo: [3] Qualquer homem da casa de Israel que degolar boi, ou cordeiro, ou cabra, no acampamento, ou fora do acampamento, [4] E não o trouxer à porta do tabernáculo do testemunho, para oferecer oferta ao SENHOR diante do tabernáculo do SENHOR, sangue será imputado ao tal homem: sangue derramou; eliminado será o tal homem dentre seu povo: [5] A fim de que tragam os filhos de Israel seus sacrifícios, os que sacrificam sobre a face do campo, para que os tragam ao SENHOR à porta do tabernáculo do testemunho ao sacerdote, e sacrifiquem eles sacrifícios pacíficos ao SENHOR. [6] E o sacerdote espargirá o sangue sobre o altar do SENHOR, à porta do tabernáculo do testemunho, e queimará a gordura em cheiro suave ao SENHOR. [7] E nunca mais sacrificarão seus sacrifícios aos demônios, atrás dos quais se prostituíram: terão isto por estatuto perpétuo por suas gerações. [8] Tu Lhes dirás também: Qualquer homem da casa de Israel, ou dos estrangeiros que peregrinam entre vós, que oferecer holocausto

ou sacrifício, [9] E não o trouxer à porta do tabernáculo do testemunho, para fazê-lo ao SENHOR, o tal homem será igualmente eliminado de seus povos. [10] E qualquer homem da casa de Israel, ou dos estrangeiros que peregrinam entre eles, que comer algum sangue, eu porei meu rosto contra a pessoa que comer sangue, e lhe cortarei dentre seu povo. [11] Porque a vida da carne no sangue está: e eu vos a dei para expiar vossas pessoas sobre o altar: pelo qual o mesmo sangue expiará a pessoa. [12] Portanto, disse aos filhos de Israel: Nenhuma pessoa de vós comerá sangue, nem o estrangeiro que peregrina entre vós comerá sangue. [13] E qualquer homem dos filhos de Israel, ou dos estrangeiros que peregrinam entre eles, que recolher caça de animal ou de ave que seja de comer, derramará seu sangue e o cobrirá com terra: [14] Porque a alma de toda carne, sua vida, está em seu sangue: portanto disse aos filhos de Israel: Não comereis o sangue de nenhuma carne, porque a vida de toda carne é seu sangue; qualquer um que a comer será eliminado. [15] E qualquer um pessoa que comer coisa morta ou despedaçada por fera, tanto dos naturais como dos estrangeiros, lavará suas roupas e a si mesmo se lavará com água, e será impuro até à tarde; e se limpará. [16] E se não os lavar, nem lavar sua carne, levará sua iniquidade.

18

[1] E falou o SENHOR a Moisés, dizendo: [2] Fala aos filhos de Israel, e dize-lhes: Eu sou o SENHOR vosso Deus. [3] Não fareis como fazem na terra do Egito, na qual morastes; nem fareis como fazem na terra de Canaã, à qual eu vos conduzo; nem andareis em seus estatutos. [4] Meus regulamentos poreis por obra, e meus estatutos guardareis, andando neles: Eu sou o SENHOR vosso Deus. [5] Portanto meus estatutos e meus regulamentos guardareis, os quais fazendo o homem, viverá neles: Eu sou o SENHOR. [6] Nenhum homem se achegue a nenhuma próxima de sua carne, para descobrir sua nudez: Eu sou o SENHOR. [7] A nudez de teu pai, ou a nudez de tua mãe, não descobrirás: tua mãe é, não descobrirá sua nudez. [8] A nudez da mulher de teu pai não descobrirás; é a nudez de teu pai. [9] A nudez de tua irmã, filha de teu pai, ou filha de tua mãe, nascida em casa ou nascida fora, sua nudez não descobrirás. [10] A nudez da filha de teu filho, ou da filha de tua filha, seu nudez não descobrirás, porque é a nudez tua. [11] A nudez da filha da mulher de teu pai, gerada de teu pai, tua irmã é, sua nudez não descobrirás. [12] A nudez da irmã de teu pai não descobrirás: é parente de teu pai. [13] A nudez da irmã de tua mãe não descobrirás: porque parente de tua mãe é. [14] A nudez do irmão de teu pai não descobrirás: não chegarás à sua mulher: é mulher do irmão de teu pai. [15] A nudez de tua nora não descobrirás: mulher é de teu filho, não descobrirás sua nudez. [16] A nudez da mulher de teu irmão não descobrirás: é a nudez de teu irmão. [17] A nudez da mulher e de sua filha não descobrirás: não tomarás a filha de seu filho, nem a filha de sua filha, para descobrir sua nudez: são parentes, é maldade. [18] Não tomarás mulher juntamente com sua irmã, para fazê-la sua rival, descobrindo sua nudez diante dela em sua vida. [19] E não chegarás à mulher na separação de sua impureza, para descobrir sua nudez. [20] Além disso, não terás ato carnal com a mulher de teu próximo, contaminando-te nela. [21] E não dês de tua descendência para fazê-la passar pelo fogo a Moloque; não contamines o nome de teu Deus: Eu sou o SENHOR. [22] Não te deitarás com homem como com mulher: é abominação. [23] Nem com nenhum animal terás ajuntamento contaminando-te com ele; nem mulher alguma se porá diante de animal para ajuntar-se com ele: é confusão. [24] Em nenhuma destas coisas vos contaminareis; porque em todas estas coisas se poluíram as nações que eu expulso de diante de vós: [25] E a terra foi contaminada; e eu visitei sua maldade sobre ela, e a terra vomitou seus moradores. [26] Guardai, pois, vós meus estatutos e meus regulamentos, e não façais nenhuma de todas estas

abominações: nem o natural nem o estrangeiro que peregrina entre vós. ²⁷ (Porque todas estas abominações fizeram os homens da terra, que foram antes de vós, e a terra foi contaminada:) ²⁸ E a terra não vos vomitará, por havê-la contaminado, como vomitou à gente que foi antes de vós. ²⁹ Porque qualquer um que fizer alguma de todas estas abominações, as pessoas que as fizerem, serão eliminadas dentre seu povo. ³⁰ Guardai, pois, minha ordenança, não fazendo das práticas abomináveis que tiveram lugar antes de vós, e não vos torneis abomináveis nelas: Eu sou o SENHOR vosso Deus.

19

¹ E falou o SENHOR a Moisés, dizendo: ² Fala a toda a congregação dos filhos de Israel, e dize-lhes: Santos sereis, porque santo sou eu o SENHOR vosso Deus. ³ Cada um temerá a sua mãe e a seu pai, e meus sábados guardareis: Eu sou o SENHOR vosso Deus. ⁴ Não vos voltareis aos ídolos, nem fareis para vós deuses de fundição: Eu sou o SENHOR vosso Deus. ⁵ E quando sacrificardes sacrifício pacífico ao SENHOR, de vossa vontade o sacrificareis. ⁶ Será comido o dia que o sacrificardes, e o dia seguinte: e o que restar para o terceiro dia, será queimado no fogo. ⁷ E se se comer no dia terceiro, será abominação; não será aceito; ⁸ E o que o comer, levará seu delito, porquanto profanou o santo do SENHOR; e a tal pessoa será eliminada de seus povos. ⁹ Quando ceifardes na colheita de vossa terra, não acabarás de ceifar o canto de tua plantação, nem espigarás tua terra ceifada. ¹⁰ E não coletarás os restos de tua vinha, nem recolherás as uvas caídas de tua vinha; para o pobre e para o estrangeiro os deixarás: Eu sou o SENHOR vosso Deus. ¹¹ Não furtareis, e não enganareis, nem mentireis ninguém a seu próximo. ¹² E não jurareis em meu nome com mentira, nem profanarás o nome de teu Deus: Eu sou o SENHOR. ¹³ Não oprimirás a teu próximo, nem lhe roubarás. Não se deterá o trabalho do assalariado em tua casa até a manhã. ¹⁴ Não amaldiçoes ao surdo, e diante do cego não ponhas tropeço, mas terás temor de teu Deus: Eu sou o SENHOR. ¹⁵ Não farás injustiça no juízo: não favorecerás deslealmente ao pobre, nem honrarás a face do poderoso: com justiça julgarás a teu próximo. ¹⁶ Não andarás propagando boatos em teus povos. Não te porás contra o sangue de teu próximo: Eu sou o SENHOR. ¹⁷ Não aborrecerás a teu irmão em teu coração: francamente repreenderás a teu próximo, e não consentirás sobre ele pecado. ¹⁸ Não te vingarás, nem guardarás rancor aos filhos de teu povo: mas amarás a teu próximo como a ti mesmo: Eu sou o SENHOR. ¹⁹ Meus estatutos guardareis. A teu animal não farás ajuntar para espécies misturadas; tua plantação não semearás com mistura de sementes, e não te porás roupas com mistura de diversos materiais. ²⁰ E quando um homem tiver relação sexual com mulher, e ela for serva desposada com alguém, e não estiver resgatada, nem lhe houver sido dada liberdade, ambos serão açoitados: não morrerão, porquanto ela não é livre. ²¹ E ele trará ao SENHOR, à porta do tabernáculo do testemunho, um carneiro em expiação por sua culpa. ²² E com o carneiro da expiação o reconciliará o sacerdote diante do SENHOR, por seu pecado que cometeu: e se lhe perdoará seu pecado que cometeu. ²³ E quando houverdes entrado na terra, e plantardes toda árvore de comer, tirareis seu prepúcio, o primeiro de seu fruto: três anos vos será incircunciso: seu fruto não se comerá. ²⁴ E o quarto ano todo seu fruto será santidade de louvores ao SENHOR. ²⁵ Mas ao quinto ano comereis o fruto dele, para que vos faça crescer seu fruto: Eu sou o SENHOR vosso Deus. ²⁶ Não comereis coisa alguma com sangue. Não sereis encantadores, nem fareis adivinhações. ²⁷ Não cortareis em redondo as extremidades de vossas cabeças, nem danificarás a ponta de tua barba. ²⁸ E não fareis cortes em vossa carne por um morto, nem imprimireis em vós sinal alguma: Eu sou o SENHOR.

²⁹ Não contaminarás tua filha fazendo-a se prostituir: para não se prostitua a terra, e se encha de maldade. ³⁰ Meus sábados guardareis, e meu santuário tereis em reverência: Eu sou o SENHOR. ³¹ Não vos volteis aos encantadores e aos adivinhos: não os consulteis contaminando-vos com eles: Eu sou o SENHOR vosso Deus. ³² Diante das cãs te levantarás, e honrarás o rosto do ancião, e de teu Deus terás temor: Eu sou o SENHOR. ³³ E quando o estrangeiro morar contigo em vossa terra, não o oprimireis. ³⁴ Como a um natural de vós tereis ao estrangeiro que peregrinar entre vós; e amo o como a ti mesmo; porque peregrinos fostes na terra do Egito: Eu sou o SENHOR vosso Deus. ³⁵ Não façais injustiça no juízo, na medida da terra, nem no peso, nem em outra medida. ³⁶ Balanças justas, pesos justos, efa justo, e him justo tereis. Eu sou o SENHOR vosso Deus, que vos tirei da terra do Egito. ³⁷ Guardai, pois, todos os meus estatutos, e todos os meus regulamentos, e os praticai. Eu sou o SENHOR.

20

¹ E o SENHOR falou a Moisés, dizendo: ² Dirás também aos filhos de Israel: Qualquer homem dos filhos de Israel, ou dos estrangeiros que peregrinam em Israel, que oferecer de sua descendência a Moloque, certamente morrerá; o povo da terra o apedrejará. ³ Eu porei o meu rosto contra esse homem, e o eliminarei do meio do seu povo; porque deu de sua descendência a Moloque, contaminando o meu santuário, e profanando o meu santo nome. ⁴ E, se o povo daquela terra esconder os seus olhos daquele homem que houver dado de sua descendência a Moloque, para não o matar, ⁵ então eu porei o meu rosto contra aquele homem, e contra a sua família, e o eliminarei do meio do seu povo, com todos os que se prostituem seguindo-o, prostituindo-se com Moloque. ⁶ Se uma pessoa se voltar aos que consultam os mortos ou aos adivinhos, para se prostituir seguindo-os, eu porei o meu rosto contra aquela pessoa, e a eliminarei do meio do seu povo. ⁷ Santificai-vos, pois, e sede santos, porque eu o SENHOR sou vosso Deus. ⁸ E guardai meus estatutos, e os praticai. Eu sou o SENHOR que vos santifico. ⁹ Aquele que amaldiçoar seu pai ou sua mãe certamente morrerá; a seu pai ou a sua mãe amaldiçoou; seu sangue será sobre ele. ¹⁰ E o homem que adulterar com a mulher de outro, o que cometer adultério com a mulher de seu próximo, certamente se condenará à morte o adúltero e a adúltera. ¹¹ Qualquer um que se deitar com a mulher de seu pai terá revelou a nudez de seu pai; ambos serão mortos; seu sangue será sobre eles. ¹² Qualquer um que se deitar com a sua nora, ambos terão de morrer; fizeram abominação; seu sangue será sobre eles. ¹³ Qualquer um que se deitar com homem como se fosse com mulher, fizeram abominação entre ambos; terão de ser mortos; seu sangue será sobre eles. ¹⁴ E o que tomar para si uma mulher e a mãe dela comete depravação; queimarão com fogo ele e elas, para que não haja depravação no meio de vós. ¹⁵ Qualquer um que tiver relação sexual com animal será morto; e matareis ao animal. ¹⁶ E a mulher que se aproximar de algum animal, para ter relação sexual com ele, à mulher e ao animal matarás; certamente morrerão; seu sangue será sobre eles. ¹⁷ Qualquer um que tomar a sua irmã, filha de seu pai ou filha de sua mãe, e vir sua nudez, e ela vir a sua, coisa é execrável; portanto serão mortos à vista dos filhos de seu povo; revelou a nudez de sua irmã; levará consigo o seu pecado. ¹⁸ Qualquer um que se deitar com mulher menstruada, e descobrir sua nudez, descobriu a sua fonte, e ela descobriu a fonte do seu sangue; ambos serão eliminados do meio do seu povo. ¹⁹ A nudez da irmã de tua mãe, ou da irmã de teu pai, não descobrirás; uma vez que descobriu sua parente, levarão sobresi a sua perversidade. ²⁰ E qualquer um que dormir com a mulher do irmão de seu pai, a nudez do irmão de seu pai descobriu; seu pecado levarão; morrerão sem filhos. ²¹ E o que tomar a mulher de seu irmão, é imundícia; a nudez de seu irmão descobriu;

sem filhos serão. ²² Guardai, pois, todos meus estatutos e todos meus regulamentos, e ponde-os por obra: e não vos vomitará a terra, na qual eu vos introduzo para que habiteis nela. ²³ E não andeis nas práticas da gente que eu lançarei de diante de vós: porque eles fizeram todas estas coisas, e os tive em abominação. ²⁴ Porém a vós vos disse: Vós possuireis a terra deles, e eu a darei a vós para que a possuais por herança, terra que flui leite e mel: Eu sou o SENHOR vosso Deus, que vos separei dos povos. ²⁵ Portanto, vós fareis diferença entre animal limpo e impuro, e entre ave impura e limpa: e não torneis abomináveis vossas pessoas nos animais, nem nas aves, nem em nenhuma coisa que vai arrastando pela terra, as quais vos separei por impuras. ²⁶ Haveis, pois, de ser para mim santos, porque eu o SENHOR sou santo, e vos separei dos povos, para que sejais meus. ²⁷ E o homem ou a mulher em que houver espírito mediúnico ou de adivinhação, terão de ser mortos; os apedrejarão com pedras; seu próprio sangue *será* sobre eles.

21

¹ E o SENHOR disse a Moisés: Fala aos sacerdotes filhos de Arão, e dize-lhes que não se contaminem por um morto em seus povos. ² A não ser por seu parente próximo a si, por sua mãe, ou por seu pai, ou por seu filho, ou por seu irmão, ³ ou por sua irmã virgem, a ele próxima, a qual não tenha tido marido, por ela se contaminará. ⁴ Porque é líder * em seu povo, não se contaminará, fazendo-se impuro. ⁵ Não farão calva em sua cabeça, nem raparão a ponta de sua barba, nem em sua carne farão cortes. ⁶ Santos serão a seu Deus, e não profanarão o nome de seu Deus; porque oferecem os fogos do SENHOR e o pão de seu Deus; portanto, serão santos. ⁷ Mulher prostituta ou infame não tomarão: nem tomarão mulher repudiada de seu marido: porque é santo a seu Deus. ⁸ O santificarás portanto, pois o pão de teu Deus oferece: santo será para ti, porque santo sou eu o SENHOR vosso santificador. ⁹ E a filha do homem sacerdote, se começar a se prostituir, a seu pai profana: queimada será ao fogo. ¹⁰ E aquele que é o sumo sacerdote entre seus irmãos, sobre cuja cabeça foi derramado o azeite da unção, e que foi consagrado para usar as vestimentas, não descobrirá sua cabeça, nem rasgará as suas vestes; ¹¹ nem entrará onde haja alguma pessoa morta, nem por seu pai, ou por sua mãe se contaminará. ¹² nem sairá do santuário, nem contaminará o santuário de seu Deus; porque a coroa do azeite da unção de seu Deus está sobre ele: Eu sou o SENHOR. ¹³ E tomará ele mulher com sua virgindade. ¹⁴ Viúva, ou repudiada, ou infame, ou prostituta, estas não tomará: mas tomará virgem de seus povos por mulher. ¹⁵ E não profanará sua descendência em seus povos; porque eu o SENHOR sou o que os santifico. ¹⁶ E o SENHOR falou a Moisés, dizendo: ¹⁷ Fala a Arão, e dize-lhe: O homem de tua semente em suas gerações, no qual houver falta, não se achegará para oferecer o pão de seu Deus. ¹⁸ Porque nenhum homem no qual houver falta, se achegará: homem cego, ou coxo, ou rosto mutilado, ou membro deformado, ¹⁹ Ou homem no qual houver fratura de pé ou rotura da mão, ²⁰ Ou corcunda, ou anão, ou que tiver visão embaçada, ou que tenha sarna, ou impigem, ou testículo mutilado; ²¹ Nenhum homem da descendência de Arão sacerdote, no qual houver falta, se achegará para oferecer as ofertas acendidas do SENHOR. Há falta nele; não se achegará a oferecer o pão de seu Deus. ²² O pão de seu Deus, do muito santo e as coisas santificadas, comerá. ²³ Porém não entrará do véu dentro, nem se achegará ao altar, porquanto há falta nele: e não profanará meu santuário, porque eu o SENHOR sou o que os santifico. ²⁴ E Moisés falou isto a Arão, e a seus filhos, e a todos os filhos de Israel.

---

* **21:4** Ou: Por ser parente ligado por casamento

22

¹ E falou o SENHOR a Moisés, dizendo: ² Dize a Arão e a seus filhos, que se abstenham das coisas santas dos filhos de Israel, e que não profanem meu santo nome no que eles me santificam: Eu sou o SENHOR. ³ Dize-lhes: Todo homem de toda vossa descendência em vossas gerações que chegar às coisas sagradas, que os filhos de Israel consagram ao SENHOR, tendo imundícia sobre si, de diante de mim será eliminada sua alma: Eu sou o SENHOR. ⁴ Qualquer homem da semente de Arão que for leproso, ou padecer fluxo, não comerá das coisas sagradas até que esteja limpo: e o que tocar qualquer coisa impura de cadáver, ou o homem do qual houver saído derramamento de sêmen; ⁵ Ou o homem que houver tocado qualquer réptil ou inseto, pelo qual será impuro, ou homem pelo qual venha a ser impuro, conforme qualquer imundícia sua; ⁶ A pessoa que o tocar, será impura até à tarde, e não comerá das coisas sagradas antes que tenha lavado sua carne com água. ⁷ E quando o sol se puser, será limpo; e depois comerá as coisas sagradas, porque seu pão é. ⁸ O morto naturalmente nem despedaçado por fera não comerá, para contaminar-se em ele: Eu sou o SENHOR. ⁹ Guardem, pois, minha ordenança, e não levem pecado por ele, não seja que assim morram quando a profanarem: Eu sou o SENHOR que os santifico. ¹⁰ Nenhum estranho comerá coisa sagrada; o hóspede do sacerdote, nem o empregado, não comerá coisa sagrada. ¹¹ Mas o sacerdote, quando comprar pessoa de seu dinheiro, esta comerá dela, e o nascido em sua casa: estes comerão de seu pão. ¹² Porém a filha do sacerdote, quando se casar com homem estranho, ela não comerá da oferta das coisas sagradas. ¹³ Porém se a filha do sacerdote for viúva, ou repudiada, e não tiver descendência, e se houver voltado à casa de seu pai, como em sua juventude, comerá do pão de seu pai; mas nenhum estranho coma dele. ¹⁴ E o que por acidente comer coisa sagrada, acrescentará a ela seu quinto, e o dará ao sacerdote com a coisa sagrada. ¹⁵ Não profanarão, pois, as coisas santas dos filhos de Israel, as quais separam para o SENHOR: ¹⁶ E não lhes farão levar a iniquidade do pecado, comendo as coisas santas deles: porque eu o SENHOR sou o que os santifico. ¹⁷ E falou o SENHOR a Moisés, dizendo: ¹⁸ Fala a Arão e a seus filhos, e a todos os filhos de Israel, e dize-lhes: Qualquer homem da casa de Israel, ou dos estrangeiros em Israel, que oferecer sua oferta por todos os seus votos, e por todas seus ofertas voluntárias que oferecerem ao SENHOR em holocausto. ¹⁹ De vossa vontade oferecereis macho sem defeito dentre as vacas, dentre os cordeiros, ou dentre as cabras. ²⁰ Nenhuma coisa em que tenha falta oferecereis, porque não será aceito por vós. ²¹ Também, quando alguém oferecer sacrifício pacífico ao SENHOR para presentear voto, ou oferecendo voluntariamente, seja de vacas ou de ovelhas, sem mácula será aceito; não há de haver nele falta. ²² Cego, ou aleijado, ou mutilado, ou com verruga, ou sarnento ou com impingens, não oferecereis estes ao SENHOR, nem deles poreis oferta acesa sobre o altar do SENHOR. ²³ Boi ou carneiro que tenha de mais ou de menos, poderás oferecer por oferta voluntária; mas por voto não será aceito. ²⁴ Ferido ou golpeado, rompido ou cortado, não oferecereis ao SENHOR, nem em vossa terra o fareis. ²⁵ Nem da mão de filho de estrangeiro oferecereis o alimento do vosso Deus de todas estas coisas; porque sua deformidade está nelas; falta há nelas, não serão aceitas por vós. ²⁶ E falou o SENHOR a Moisés, dizendo: ²⁷ O boi, ou o cordeiro, ou a cabra, quando nascer, sete dias estará mamando de sua mãe: mas desde o oitavo dia em adiante será aceito para oferta de sacrifício acendido ao SENHOR. ²⁸ E seja boi ou carneiro, não degolareis em um dia a o e a seu filho. ²⁹ E quando sacrificardes sacrifício de ação de graças ao SENHOR, de vossa vontade o sacrificareis. ³⁰ No mesmo dia se comerá; não deixareis dele para outro dia: Eu sou o SENHOR. ³¹ Guardai pois meus mandamentos, e executai-os: Eu sou o SENHOR. ³² E não profaneis meu santo nome,

e eu me santificarei em meio dos filhos de Israel: Eu sou o SENHOR que vos santifico; [33] Que vos tirei da terra do Egito, para ser vosso Deus: Eu sou o SENHOR.

23

[1] E falou o SENHOR a Moisés, dizendo: [2] Fala aos filhos de Israel, e dize-lhes: As solenidades do SENHOR, as quais proclamareis santas convocações, aquelas serão minhas solenidades. [3] Seis dias se trabalhará, e no sétimo dia sábado de repouso será, convocação santa: nenhuma obra fareis; sábado é do SENHOR em todas as vossas habitações. [4] Estas são as solenidades do SENHOR, as convocações santas, às quais convocareis em seus tempos. [5] No mês primeiro, aos catorze do mês, entre as duas tardes, páscoa é do SENHOR. [6] E aos quinze dias deste mês é a solenidade dos pães ázimos ao SENHOR: sete dias comereis pães ázimos. [7] O primeiro dia tereis santa convocação: nenhuma obra servil fareis. [8] E oferecereis ao SENHOR sete dias oferta acesa: no sétimo dia será santa convocação; nenhuma obra servil fareis. [9] E falou o SENHOR a Moisés, dizendo: [10] Fala aos filhos de Israel, e dize-lhes: Quando houverdes entrado na terra que eu vos dou, e ceifardes seu colheita, trareis ao sacerdote um ômer por primícia dos primeiros frutos de vossa colheita; [11] O qual moverá o ômer diante do SENHOR, para que sejais aceitos: o dia seguinte do sábado o moverá o sacerdote. [12] E no dia que oferecerdes o ômer, oferecereis um cordeiro de ano, sem defeito, em holocausto ao SENHOR. [13] E sua oferta de cereais será dois décimos *de efa* de boa farinha amassada com azeite, oferta acesa ao SENHOR em aroma suavíssimo; e sua libação de vinho, a quarta parte de um him. [14] E não comereis pão, nem grão tostado, nem espiga fresca, até este mesmo dia, até que tenhais oferecido a oferta de vosso Deus; estatuto perpétuo é por vossas gerações em todas as vossas habitações. [15] E vos haveis de contar desde o dia seguinte do sábado, desde o dia em que oferecestes o ômer da oferta movida; sete semanas completas serão: [16] Até o dia seguinte do sábado sétimo contareis cinquenta dias; então oferecereis nova oferta de cereais ao SENHOR. [17] De vossas habitações trareis dois pães para oferta movida, que serão de dois décimos *de efa* de boa farinha, cozidos com levedura, por primícias ao SENHOR. [18] E oferecereis com o pão sete cordeiros de ano sem defeito, e um bezerro das vacas e dois carneiros: serão holocausto ao SENHOR, com sua oferta de cereais e suas libações; oferta acesa de suave cheiro ao SENHOR. [19] Oferecereis também um macho de bode por expiação; e dois cordeiros de ano em sacrifício pacífico. [20] E o sacerdote os moverá em oferta movida diante do SENHOR, com o pão das primícias, e os dois cordeiros: serão coisa sagrada do SENHOR para o sacerdote. [21] E convocareis neste mesmo dia; vos será santa convocação: nenhuma obra servil fareis: estatuto perpétuo em todas as vossas habitações por vossas gerações. [22] E quando ceifardes a colheita de vossa terra, não acabarás de ceifar o canto de tua plantação, nem espigarás tua colheita; para o pobre, e para o estrangeiro a deixarás: Eu sou o SENHOR vosso Deus. [23] E falou o SENHOR a Moisés, dizendo: [24] Fala aos filhos de Israel, e dize-lhes: No mês sétimo, ao primeiro do mês tereis sábado, uma comemoração ao são de trombetas, e uma santa convocação. [25] Nenhuma obra servil fareis; e oferecereis oferta acesa ao SENHOR. [26] E falou o SENHOR a Moisés, dizendo: [27] Porém aos dez deste mês sétimo será o dia das expiações: tereis santa convocação, e afligireis vossas almas, e oferecereis oferta acesa ao SENHOR. [28] Nenhuma obra fareis neste mesmo dia; porque é dia de expiações, para reconciliar-vos diante do SENHOR vosso Deus. [29] Porque toda pessoa que não se afligir neste mesmo dia, será eliminada de seus povos. [30] E qualquer pessoa que fizer obra alguma neste mesmo dia, eu destruirei a tal pessoa dentre seu povo. [31] Nenhuma obra fareis: estatuto perpétuo é por vossas gerações em todas as vossas habitações. [32] Sábado de repouso será a

vós, e afligireis vossas almas, começando aos nove do mês na tarde: de tarde a tarde descansareis vosso sábado. [33] E falou o SENHOR a Moisés, dizendo: [34] Fala aos filhos de Israel, e dize-lhes: Aos quinze dias deste mês sétimo será a solenidade das cabanas ao SENHOR por sete dias. [35] O primeiro dia haverá santa convocação: nenhuma obra servil fareis. [36] Sete dias oferecereis oferta acesa ao SENHOR: o oitavo dia tereis santa convocação, e oferecereis oferta acesa ao SENHOR: é festa: nenhuma obra servil fareis. [37] Estas são as solenidades do SENHOR, às que convocareis santas reuniões, para oferecer oferta acesa ao SENHOR, holocausto e oferta de cereais, sacrifício e libações, cada coisa em seu tempo; [38] Além disso dos sábados do SENHOR e além de vossos presentes, e a mais de todos vossos votos, e além de todas as vossas ofertas voluntárias, que dareis ao SENHOR. [39] Porém aos quinze do mês sétimo, quando houverdes recolhido o fruto da terra, fareis festa ao SENHOR por sete dias: o primeiro dia será sábado; sábado será também o oitavo dia. [40] E tomareis o primeiro dia galhos das mais belas árvores, ramos de palmeiras, e ramos de árvores frondosas, e salgueiros dos ribeiros; e vos regozijareis diante do SENHOR vosso Deus por sete dias. [41] E lhe fareis festa ao SENHOR por sete dias cada ano; será estatuto perpétuo por vossas gerações; no mês sétimo a fareis. [42] Em cabanas habitareis sete dias: todo natural de Israel habitará em cabanas; [43] Para que saibam vossos descendentes que em cabanas fiz eu habitar aos filhos de Israel, quando os tirei da terra do Egito: Eu sou o SENHOR vosso Deus. [44] Assim falou Moisés aos filhos de Israel sobre as solenidades do SENHOR.

24

[1] E falou o SENHOR a Moisés, dizendo: [2] Manda aos filhos de Israel que te tragam azeite de olivas claro, prensado, para a luminária, para fazer arder as lâmpadas continuamente. [3] Fora do véu do testemunho, no tabernáculo do testemunho, as preparará Arão desde a tarde até a manhã diante do SENHOR, continuamente: estatuto perpétuo por vossas gerações. [4] Sobre o candelabro limpo porá sempre em ordem as lâmpadas diante do SENHOR. [5] E tomarás boa farinha, e cozerás dela doze tortas; cada torta será de dois décimos *de efa* . [6] E as porás em duas fileiras, seis em cada fileira, sobre a mesa limpa diante do SENHOR. [7] Porás também sobre cada fileira incenso limpo, e será para o pão por incenso, oferta acesa ao SENHOR. [8] Cada dia de sábado o porá continuamente em ordem diante do SENHOR, dos filhos de Israel por pacto perpétuo. [9] E será de Arão e de seus filhos, os quais o comerão no lugar santo; porque é coisa muito santa para ele, das ofertas acendidas ao SENHOR, por estatuto perpétuo. [10] Naquela muita o filho de uma mulher israelita, o qual era filho de um egípcio, saiu entre os filhos de Israel; e o filho da israelita e um homem de Israel brigaram no acampamento: [11] E o filho da mulher israelita pronunciou o Nome, e amaldiçoou; então o levaram a Moisés. E sua mãe se chamava Selomite, filha de Dribi, da tribo de Dã. [12] E puseram-no no cárcere, até que lhes fosse sentenciado pela palavra do SENHOR. [13] E o SENHOR falou a Moisés, dizendo: [14] Traz o blasfemador para fora do acampamento, e todos os que o ouviram ponham suas mãos sobre a cabeça dele, e toda a congregação o apedreje. [15] E falarás aos filhos de Israel, dizendo: Qualquer um que amaldiçoar ao seu Deus, levará sobre si a sua iniquidade. [16] E o que blasfemar o nome do SENHOR será morto; toda a congregação o apedrejará; tanto o estrangeiro como o natural, se blasfemar o Nome, que morra. [17] Também o homem que fere de morte a qualquer pessoa será punido à morte. [18] Mas o que fere algum animal deverá restituí-lo; animal por animal. [19] E se alguém que causar lesão em seu próximo, segundo fez, assim lhe seja feito: [20] Fratura por fratura, olho por olho, dente por dente: segundo a lesão que houver feito a outro, assim se fará a ele. [21] O que fere algum animal deverá restituí-lo; mas o que fere de morte a um homem será

punido à morte. [22] Um mesmo regulamento tereis; como o estrangeiro, assim será o natural; porque eu sou o SENHOR, vosso Deus. [23] E falou Moisés aos filhos de Israel, e eles trouxeram o blasfemador para fora do acampamento, e o apedrejaram. E os filhos de Israel fizeram segundo o que o SENHOR havia mandado a Moisés.

25

[1] E o SENHOR falou a Moisés no monte Sinai, dizendo: [2] Fala aos filhos de Israel, e dize-lhes: Quando houverdes entrado na terra que eu vos dou, a terra guardará um sábado ao SENHOR. [3] Seis anos semearás a tua terra, e seis anos podarás a tua vinha, e colherás os seus frutos; [4] Mas no sétimo ano a terra terá um sábado de descanso, sábado ao SENHOR; não semearás a tua terra, nem podarás a tua vinha. [5] O que nascer de si mesmo na tua terra ceifada não ceifarás; e as uvas do teu vinhedo não vindimarás; será um ano de descanso para a terra. [6] Mas o sábado da terra vos será para comer a ti, e a teu servo, e a tua serva, e a tua criado, e a tua estrangeiro que morar contigo: [7] E a teu animal, e à animal que houver em tua terra, será todo o fruto dela para comer. [8] E te hás de contar sete semanas de anos, sete vezes sete anos; de modo que os dias das sete semanas de anos virão a ser para ti quarenta e nove anos. [9] Então farás passar a trombeta de júbilo no mês sétimo aos dez do mês; o dia da expiação fareis passar a trombeta por toda vossa terra. [10] E santificareis o ano cinquenta, e apregoareis liberdade na terra a todos os seus moradores: este vos será jubileu; e voltareis cada um à sua possessão, e cada qual voltará à sua família. [11] O ano dos cinquenta anos vos será jubileu: não semeareis, nem colhereis o que nascer de seu na terra, nem vindimareis seus vinhedos: [12] Porque é jubileu: santo será a vós; o produto da terra comereis. [13] Em este ano de jubileu voltareis cada um à sua possessão. [14] E quando venderdes algo a vosso próximo, ou comprardes da mão de vosso próximo, não engane ninguém a seu irmão: [15] Conforme o número dos anos depois do jubileu comprarás de teu próximo; conforme o número dos anos dos frutos te venderá ele a ti. [16] Conforme a abundância dos anos aumentarás o preço, e conforme a diminuição dos anos diminuirás o preço; porque segundo o número dos rendimentos te há de vender ele. [17] E não engane ninguém a seu próximo; mas terás temor de teu Deus: porque eu sou o SENHOR vosso Deus. [18] Executai, pois, meus estatutos, e guardai meus regulamentos, e ponde-os por obra, e habitareis na terra seguros; [19] E a terra dará seu fruto, e comereis até fartura, e habitareis nela com segurança. [20] E se disserdes: Que comeremos no sétimo ano? eis que não temos de semear, nem temos de colher nossos frutos: [21] Então eu vos enviarei minha bênção no sexto ano, e fará fruto por três anos. [22] E semeareis no ano oitavo, e comereis do fruto alheio; até o ano nono, até que venha seu fruto comereis do alheio. [23] E a terra não se venderá definitivamente, porque a terra minha é; que vós peregrinos e estrangeiros sois para comigo. [24] Portanto, em toda a terra de vossa possessão, outorgareis remissão à terra. [25] Quando teu irmão empobrecer, e vender algo de sua possessão, virá o resgatador, seu próximo, e resgatará o que seu irmão houver vendido. [26] E quando o homem não tiver resgatador, se alcançar sua mão, e achar o que basta para seu resgate; [27] Então contará os anos de sua venda, e pagará o que restar ao homem a quem vendeu, e voltará à sua possessão. [28] Mas se não alcançar sua mão o que basta para que volte a ele, o que vendeu estará em poder do que o comprou até o ano do jubileu; e ao jubileu sairá, e ele voltará à sua possessão. [29] E o homem que vender casa de morada em cidade cercado, poderá resgatá-la até acabar-se o ano de sua venda: ano será o termo de se poder resgatar. [30] E se não for resgatada dentro de ano inteiro, a casa que estiver na cidade murada ficará para sempre por daquele que a comprou, e para seus descendentes: não sairá no jubileu. [31] Mas as

casas das aldeias que não têm muro ao redor, serão estimadas como uma plantação da terra: terão remissão, e sairão no jubileu. ³² Porém em quanto às cidades dos levitas, sempre poderão resgatar os levitas as casas das cidades que possuírem. ³³ E o que comprar dos levitas, sairá da casa vendida, ou da cidade de sua possessão, no jubileu: porquanto as casas das cidades dos levitas é a possessão deles entre os filhos de Israel. ³⁴ Mas a terra dos arredores de suas cidades não se venderá, porque é perpétua possessão deles. ³⁵ E quando teu irmão empobrecer, e se refugiar a ti, tu o ampararás: como peregrino e estrangeiro viverá contigo. ³⁶ Não tomarás juros dele, nem lucro; mas terás temor de teu Deus, e teu irmão viverá contigo. ³⁷ Não lhe darás teu dinheiro a juros, nem tua comida a ganho: ³⁸ Eu sou o SENHOR vosso Deus, que vos tirei da terra do Egito, para vos dar a terra de Canaã, para ser vosso Deus. ³⁹ E quando teu irmão empobrecer, estando contigo, e se vender a ti, não lhe farás servir como servo: ⁴⁰ Como criado, como estrangeiro estará contigo; até o ano do jubileu te servirá. ⁴¹ Então sairá de tua presença, ele e seus filhos consigo, e voltará à sua família, e à possessão de seus pais se restituirá. ⁴² Porque são meus servos, os quais tirei eu da terra do Egito: não serão vendidos à maneira de servos. ⁴³ Não serás senhor dele com dureza, mas terás temor de teu Deus. ⁴⁴ Assim teu servo como tua serva que tiveres, serão das nações que estão em vosso ao redor: deles comprareis servos e servas. ⁴⁵ Também comprareis dos filhos dos forasteiros que vivem entre vós, e dos que da linhagem deles são nascidos em vossa terra, que estão convosco; os quais tereis por possessão: ⁴⁶ E os possuireis por herança para vossos filhos depois de vós, como possessão hereditária; para sempre vos servireis deles; porém em vossos irmãos os filhos de Israel, não vos dominareis cada um sobre seu irmão com dureza. ⁴⁷ E se o peregrino ou estrangeiro que está contigo, adquirisse meios, e teu irmão que está com ele empobrecer, e se vender ao peregrino ou estrangeiro que está contigo, ou à raça da família do estrangeiro; ⁴⁸ Depois que se houver vendido, poderá ser resgatado: um de seus irmãos o resgatará; ⁴⁹ Ou seu tio, ou o filho de seu tio o resgatará, ou o próximo de sua carne, de sua linhagem, o resgatará; ou se seus meios alcançarem, ele mesmo se resgatará. ⁵⁰ E contará com o que o comprou, desde o ano que se vendeu a ele até o ano do jubileu: e há de estabelecer preço o dinheiro de sua venda conforme o número dos anos, e se fará com ele conforme o tempo de um criado assalariado. ⁵¹ Se ainda forem muitos anos, conforme eles voltará para seu resgate do dinheiro pelo qual se vendeu. ⁵² E se restar pouco tempo até o ano do jubileu, então contará com ele, e devolverá seu resgate conforme seus anos. ⁵³ Como com tomado a salário anualmente fará com ele: não será senhor dele com aspereza diante de teus olhos. ⁵⁴ Mas se não se resgatar em esses anos, no ano do jubileu sairá, ele, e seus filhos com ele. ⁵⁵ Porque meus servos são os filhos de Israel; são servos meus, aos quais tirei da terra do Egito: Eu sou o SENHOR vosso Deus.

26

¹ Não fareis para vós ídolos, nem escultura, nem levantareis para vós estátua, nem poreis em vossa terra pedra pintada para inclinar-vos a ela: porque eu sou o SENHOR vosso Deus. ² Guardai meus sábados, e tende em reverência meu santuário: Eu sou o SENHOR. ³ Se andardes em meus decretos, e guardardes meus mandamentos, e os puserdes por obra; ⁴ Eu darei vossa chuva em seu tempo, e a terra produzirá, e a árvore do campo dará seu fruto; ⁵ E a debulha vos alcançará à vindima, e a vindima alcançará à sementeira, e comereis vosso pão em fartura e habitareis seguros em vossa terra: ⁶ E eu darei paz na terra, e dormireis, e não haverá quem vos espante; e farei tirar os animais ferozes de vossa terra, e a espada não passará por vossa terra; ⁷ E perseguireis aos vossos inimigos, e cairão à espada diante de vós; ⁸ E cinco

de vós perseguirão a cem, e cem de vós perseguirão a dez mil, e vossos inimigos cairão à espada diante de vós. ⁹ Porque eu me voltarei a vós, e vos farei crescer, e vos multiplicarei, e afirmarei meu pacto convosco: ¹⁰ E comereis o antigo de muito tempo, e tirareis fora o antigo por causa do novo: ¹¹ E porei minha morada em meio de vós, e minha alma não vos abominará: ¹² E andarei entre vós, e eu serei vosso Deus, e vós sereis meu povo. ¹³ Eu sou o SENHOR vosso Deus, que vos tirei da terra do Egito, para que não fôsseis seus servos; e rompi as barras de vosso jugo, e vos fiz andar com o rosto alto. ¹⁴ Porém se não me ouvirdes, nem fizerdes todos estes meus mandamentos, ¹⁵ E se abominardes meus decretos, e vossa alma menosprezar meus regulamentos, não executando todos meus mandamentos, e invalidando meu pacto; ¹⁶ Eu também farei convosco isto: enviarei sobre vós terror, enfermidade e febre, que consumam os olhos e atormentem a alma: e semeareis em vão vossa semente, porque vossos inimigos a comerão: ¹⁷ E porei minha ira sobre vós, e sereis feridos diante de vossos inimigos; e os que vos aborrecem vos dominarão, e fugireis sem que haja quem vos persiga. ¹⁸ E se ainda com estas coisas não me ouvirdes, eu voltarei a castigar-vos sete vezes mais por vossos pecados. ¹⁹ E quebrarei a soberba de vossa força, e voltarei vosso céu como ferro, e vossa terra como bronze: ²⁰ E vossa força se consumirá em vão; que vossa terra não dará seu produto, e as árvores da terra não darão seu fruto. ²¹ E se andardes comigo em oposição, e não me quiserdes ouvir, eu acrescentarei sobre vós sete vezes mais pragas segundo vossos pecados. ²² Enviarei também contra vós animais feras que vos arrebatem os filhos, e destruam vossos animais, e vos reduzam a poucos, e vossos caminhos sejam desertos. ²³ E se com estas coisas não fordes corrigidos, mas que andardes comigo em oposição, ²⁴ Eu também procederei convosco, em oposição e vos ferirei ainda sete vezes por vossos pecados: ²⁵ E trarei sobre vós espada vingadora, em castigo do pacto; e vos recolhereis a vossas cidades; mas eu enviarei pestilência entre vós, e sereis entregues em mão do inimigo. ²⁶ Quando eu vos quebrantar o sustento de pão, cozerão dez mulheres vosso pão em um forno, e vos devolverão vosso pão por peso; e comereis, e não vos fartareis. ²⁷ E se com isto não me ouvirdes, mas procederdes comigo em oposição, ²⁸ Eu procederei convosco em contra e com ira, e vos castigarei ainda sete vezes por vossos pecados. ²⁹ E comereis as carnes de vossos filhos, e comereis as carnes de vossas filhas: ³⁰ E destruirei vossos altos, e exterminarei vossas imagens, e porei vossos corpos mortos sobre os corpos mortos de vossos ídolos, e meu alma vos abominará: ³¹ E porei vossas cidades em deserto, e assolarei vossos santuários, e não cheirarei a fragrância de vosso suave incenso. ³² Eu assolarei também a terra, e se pasmarão dela vossos inimigos que nela moram: ³³ E a vós vos espalharei pelas nações, e desembainharei espada atrás de vós: e vossa terra estará assolada, e desertas vossas cidades. ³⁴ Então a terra folgará seus sábados todos os dias que estiver assolada, e vós na terra de vossos inimigos: a terra descansará então e desfrutará seus sábados. ³⁵ Todo o tempo que estará assolada, folgará o que não folgou em vossos sábados enquanto habitáveis nela. ³⁶ E aos que restarem de vós porei em seus corações tal covardia, na terra de seus inimigos, que o som de uma folha movida os perseguirá, e fugirão como de espada, e cairão sem que ninguém os persiga: ³⁷ E tropeçarão uns nos outros, como se fugissem diante de espada, ainda que ninguém os persiga; e não podereis resistir diante de vossos inimigos. ³⁸ E perecereis entre as nações, e a terra de vossos inimigos vos consumirá. ³⁹ E os que restarem de vós perecerão nas terras de vossos inimigos por sua iniquidade; e pela iniquidade de seus pais perecerão com eles: ⁴⁰ E confessarão sua iniquidade, e a iniquidade de seus pais, por sua transgressão com que transgrediram contra mim: e também porque andaram comigo em oposição, ⁴¹ Eu também houver andado contrário a eles, e os houver metido na terra de seus inimigos:

e então se humilhará seu coração incircunciso, e reconhecerão seu pecado; ⁴² E eu me lembrarei de meu pacto com Jacó, e também de meu pacto com Isaque, e também de meu pacto com Abraão me lembrarei; e farei memória da terra. ⁴³ Que a terra estará desamparada deles, e folgará seus sábados, estando deserta por causa deles; mas entretanto se submeterão ao castigo de suas iniquidades: porquanto menosprezaram meus regulamentos, e teve a alma deles ódio de meus estatutos. ⁴⁴ E ainda com tudo isto, estando eles em terra de seus inimigos, eu não os rejeitarei, nem os abominarei para consumi-los, invalidando meu pacto com eles: porque eu o SENHOR sou seu Deus: ⁴⁵ Antes me lembrarei deles pelo pacto antigo, quando os tirei da terra do Egito aos olhos das nações, para ser seu Deus: Eu sou o SENHOR. ⁴⁶ Estes são os decretos, regulamentos e leis que estabeleceu o SENHOR entre si e os filhos de Israel no monte Sinai por meio de Moisés.

27

¹ E falou o SENHOR a Moisés, dizendo: ² Fala aos filhos de Israel, e dize-lhes: Quando alguém fizer especial voto ao SENHOR, segundo a avaliação das pessoas que se hajam de resgatar, assim será tua avaliação: ³ Em quanto ao homem de vinte anos até sessenta, tua avaliação será cinquenta siclos de prata, segundo o siclo do santuário. ⁴ E se for fêmea, a avaliação será trinta siclos. ⁵ E se for de cinco anos até vinte, tua avaliação será respeito ao homem vinte siclos, e à fêmea dez siclos. ⁶ E se for de um mês até cinco anos, tua avaliação será em ordem ao homem, cinco siclos de prata; e pela fêmea será tua avaliação três siclos de prata. ⁷ Mas se for de sessenta anos acima, pelo homem tua avaliação será quinze siclos, e pela fêmea dez siclos. ⁸ Porém se for mais pobre que tua avaliação, então comparecerá ante o sacerdote, e o sacerdote lhe porá valor: conforme a capacidade do votante lhe imporá valor o sacerdote. ⁹ E se for animal de que se oferece oferta ao SENHOR, tudo o que se der dele ao SENHOR será santo. ¹⁰ Não será mudado nem trocado, bom por mau, nem mau por bom; e se se permutar um animal por outro, ele e o dado por ele em troca serão sagrados. ¹¹ E se for algum animal impuro, de que não se oferece oferta ao SENHOR, então o animal será posto diante do sacerdote: ¹² E o sacerdote o avaliará preço, seja bom ou seja mau; conforme a avaliação do sacerdote, assim será. ¹³ E se o houverem de resgatar, acrescentarão seu quinto sobre tua avaliação. ¹⁴ E quando alguém santificar sua casa consagrando-a ao SENHOR, a avaliará preço o sacerdote, seja boa ou seja má: segundo a avaliar o sacerdote, assim ficará. ¹⁵ Mas se o que a santificar resgatar sua casa, acrescentará à tua avaliação o quinto do dinheiro dela, e será sua. ¹⁶ E se alguém santificar da terra de sua possessão ao SENHOR, tua avaliação será conforme sua semeadura: um ômer de semeadura de cevada se avaliará preço em cinquenta siclos de prata. ¹⁷ E se santificar sua terra desde o ano do jubileu, conforme tua avaliação ficará. ¹⁸ Mas se depois do jubileu santificar sua terra, então o sacerdote fará a conta do dinheiro conforme os anos que restarem até o ano do jubileu, e se diminuirá de tua avaliação. ¹⁹ E se o que santificou a terra quiser resgatá-la, acrescentará à tua avaliação o quinto do dinheiro dela, e ficará para ele. ²⁰ Mas se ele não resgatar a terra, e a terra se vender a outro, não a resgatará mais; ²¹ Em vez disso quando sair no jubileu, a terra será santa ao SENHOR, como terra consagrada: a possessão dela será do sacerdote. ²² E se santificar alguém ao SENHOR a terra que ele comprou, que não era da terra de sua herança, ²³ Então o sacerdote calculará com ele a soma de tua avaliação até o ano do jubileu, e aquele dia dará teu assinalado preço, coisa consagrada ao SENHOR. ²⁴ No ano do jubileu, voltará a terra a aquele de quem ele a comprou, cuja é a herança da terra. ²⁵ E tudo o que avaliares o preço será conforme o siclo do santuário: o siclo tem vinte óbolos. ²⁶ Porém o primogênito dos

animais, que pela primogenitura é do SENHOR, ninguém o santificará; seja boi ou ovelha, do SENHOR é. ²⁷ Mas se for dos animais impuros, o resgatarão conforme tua avaliação, e acrescentarão sobre ela seu quinto: e se não o resgatarem, se venderá conforme tua avaliação. ²⁸ Porém nenhuma coisa consagrada, que alguém houver santificado ao SENHOR de tudo o que tiver, de homens e animais, e das terras de sua possessão, não se venderá, nem se resgatará: todo o consagrado será coisa santíssima ao SENHOR. ²⁹ Qualquer um que for consagrado dentre o homens que for separado para a condenação não será resgatado; inevitavelmente será morto. ³⁰ E todos os dízimos da terra, tanto das sementes da terra como dos frutos das árvores, pertencem ao SENHOR; são coisas consagradas ao SENHOR. ³¹ E se alguém quiser resgatar algo de seus dízimos, acrescentará seu quinto a ele. ³² E todo dízimo de vacas ou de ovelhas, de tudo o que passa sob a vara, a décima parte será consagrada ao SENHOR. ³³ Não olhará se é bom ou mau, nem o trocará; e se o trocar, ele e o seu trocado serão consagrados; não se resgatará. ³⁴ Esses são os mandamentos que o SENHOR ordenou a Moisés para os filhos de Israel, no monte Sinai.

Números

¹ E o SENHOR falou a Moisés no deserto de Sinai, no tabernáculo do testemunho, no primeiro dia do mês segundo, no segundo ano de sua saída da terra do Egito, dizendo: ² Tomai o censo de toda a congregação dos filhos de Israel por suas famílias, pelas casas de seus pais, com a conta dos nomes, todos os homens por suas cabeças: ³ De vinte anos acima, todos os que podem sair à guerra em Israel, os contareis tu e Arão por suas tropas. ⁴ E estará convosco um homem de cada tribo, cada um chefe da casa de seus pais. ⁵ E estes são os nomes dos homens que estarão convosco: Da tribo de Rúben, Elizur filho de Sedeur. ⁶ De Simeão, Selumiel filho de Zurisadai. ⁷ De Judá, Naassom filho de Aminadabe. ⁸ De Issacar, Natanael filho de Zuar. ⁹ De Zebulom, Eliabe filho de Helom. ¹⁰ Dos filhos de José: de Efraim, Elisama filho de Amiúde; de Manassés, Gamaliel filho de Pedazur. ¹¹ De Benjamim, Abidã filho de Gideoni. ¹² De Dã, Aiezer filho de Amisadai. ¹³ De Aser, Pagiel filho de Ocrã. ¹⁴ De Gade, Eliasafe filho de Deuel. ¹⁵ De Naftali, Aira filho de Enã. ¹⁶ Estes foram os nomeados da congregação, príncipes das tribos de seus pais, capitães dos milhares de Israel. ¹⁷ Tomou pois Moisés e Arão a estes homens que foram declarados por seus nomes: ¹⁸ E juntaram toda a congregação no primeiro dia do mês segundo, e foram reunidos suas linhagens, pelas casas de seus pais, segundo a conta dos nomes, de vinte anos acima, por suas cabeças, ¹⁹ Como o SENHOR o havia mandado a Moisés; e contou-os no deserto de Sinai. ²⁰ E os filhos de Rúben, primogênito de Israel, por suas gerações, por suas famílias, pelas casas de seus pais, conforme a conta dos nomes por suas cabeças, todos os homens de vinte anos acima, todos os que podiam sair à guerra; ²¹ Os contados deles, da tribo de Rúben, foram quarenta e seis mil e quinhentos. ²² Dos filhos de Simeão, por suas gerações, por suas famílias, pelas casas de seus pais, os contados deles conforme a conta dos nomes por suas cabeças, todos os homens de vinte anos acima, todos os que podiam sair à guerra; ²³ Os contados deles, da tribo de Simeão, cinquenta e nove mil e trezentos. ²⁴ Dos filhos de Gade, por suas gerações, por suas famílias, pelas casas de seus pais, conforme a conta dos nomes, de vinte anos acima, todos os que podiam sair à guerra; ²⁵ Os contados deles, da tribo de Gade, quarenta e cinco mil seiscentos e cinquenta. ²⁶ Dos filhos de Judá, por suas gerações, por suas famílias, pelas casas de seus pais, conforme a conta dos nomes, de vinte anos acima, todos os que podiam sair à guerra; ²⁷ Os contados deles, da tribo de Judá, setenta e quatro mil e seiscentos. ²⁸ Dos filhos de Issacar, por suas gerações, por suas famílias, pelas casas de seus pais, conforme a conta dos nomes, de vinte anos acima, todos os que podiam sair à guerra; ²⁹ Os contados deles, da tribo de Issacar, cinquenta e quatro mil e quatrocentos. ³⁰ Dos filhos de Zebulom, por suas gerações, por suas famílias, pelas casas de seus pais, conforme a conta de seus nomes, de vinte anos acima, todos os que podiam sair à guerra; ³¹ Os contados deles, da tribo de Zebulom, cinquenta e sete mil e quatrocentos. ³² Dos filhos de José: dos filhos de Efraim, por suas gerações, por suas famílias, pelas casas de seus pais, conforme a conta dos nomes, de vinte anos acima, todos os que podiam sair à guerra; ³³ Os contados deles, da tribo de Efraim, quarenta mil e quinhentos. ³⁴ Dos filhos de Manassés, por suas gerações, por suas famílias, pelas casas de seus pais, conforme a conta dos nomes, de vinte anos acima, todos os que podiam sair à guerra; ³⁵ Os contados deles, da tribo de Manassés, trinta e dois mil e duzentos. ³⁶ Dos filhos de Benjamim, por suas gerações, por suas famílias, pelas casas de seus pais, conforme a conta dos nomes, de vinte anos acima, todos os que podiam sair à guerra; ³⁷ Os

contados deles, da tribo de Benjamim, trinta e cinco mil e quatrocentos. [38] Dos filhos de Dã, por suas gerações, por suas famílias, pelas casas de seus pais, conforme a conta dos nomes, de vinte anos acima, todos os que podiam sair à guerra; [39] Os contados deles, da tribo de Dã, sessenta e dois mil e setecentos. [40] Dos filhos de Aser, por suas gerações, por suas famílias, pelas casas de seus pais, conforme a conta dos nomes, de vinte anos acima, todos os que podiam sair à guerra. [41] Os contados deles, da tribo de Aser, quarenta e um mil e quinhentos. [42] Dos filhos de Naftali, por suas gerações, por suas famílias, pelas casas de seus pais, conforme a conta dos nomes, de vinte anos acima, todos os que podiam sair à guerra; [43] Os contados deles, da tribo de Naftali, cinquenta e três mil e quatrocentos. [44] Estes foram os contados, os quais contaram Moisés e Arão, com os príncipes de Israel, que eram doze, um por cada casa de seus pais. [45] E foram todos os contados dos filhos de Israel pelas casas de seus pais, de vinte anos acima, todos os que podiam sair à guerra em Israel; [46] Foram todos os contados seiscentos três mil quinhentos e cinquenta. [47] Porém os levitas não foram contados entre eles segundo a tribo de seus pais. [48] Porque falou o SENHOR a Moisés, dizendo: [49] Somente não contarás a tribo de Levi, nem tomarás a conta deles entre os filhos de Israel: [50] Mas tu porás aos levitas no tabernáculo do testemunho, e sobre todos os seus utensílios, e sobre todas as coisas que lhe pertencem: eles levarão o tabernáculo e todos os seus utensílios, e eles servirão nele, e assentarão suas tendas ao redor do tabernáculo. [51] E quando o tabernáculo partir, os levitas o desarmarão; e quando o tabernáculo parar, os levitas o armarão: e o estranho que se chegar, morrerá. [52] E os filhos de Israel assentarão suas tendas cada um em seu esquadrão, e cada um junto à sua bandeira, por suas tropas; [53] Mas os levitas assentarão as suas ao redor do tabernáculo do testemunho, e não haverá ira sobre a congregação dos filhos de Israel: e os levitas terão a guarda do tabernáculo do testemunho. [54] E fizeram os filhos de Israel conforme todas as coisas que mandou o SENHOR a Moisés; assim o fizeram.

2

[1] E falou o SENHOR a Moisés e a Arão, dizendo: [2] Os filhos de Israel acamparão cada um junto à sua bandeira, segundo as insígnias das casas de seus pais; ao redor do tabernáculo do testemunho acamparão. [3] Estes acamparão ao levante, ao oriente: a bandeira do exército de Judá, por seus esquadrões; e o chefe dos filhos de Judá, Naassom filho de Aminadabe: [4] Seu exército, com os contados deles, setenta e quatro mil e seiscentos. [5] Junto a ele acamparão os da tribo de Issacar: e o chefe dos filhos de Issacar, Natanael filho de Zuar; [6] E seu exército, com seus contados, cinquenta e quatro mil e quatrocentos: [7] E a tribo de Zebulom: e o chefe dos filhos de Zebulom, Eliabe filho de Helom; [8] E seu exército, com seus contados, cinquenta e sete mil e quatrocentos. [9] Todos os contados no exército de Judá, cento e oitenta e seis mil e quatrocentos, por seus esquadrões, irão diante. [10] A bandeira do exército de Rúben ao sul, por seus esquadrões: e o chefe dos filhos de Rúben, Elizur filho de Sedeur; [11] E seu exército, seus contados, quarenta e seis mil e quinhentos. [12] E acamparão junto a ele os da tribo de Simeão: e o chefe dos filhos de Simeão, Selumiel filho de Zurisadai; [13] E seu exército, com os contados deles, cinquenta e nove mil e trezentos: [14] E a tribo de Gade: e o chefe dos filhos de Gade, Eliasafe filho de Reuel; [15] E seu exército, com os contados deles, quarenta e cinco mil seiscentos e cinquenta. [16] Todos os contados no exército de Rúben, cento cinquenta e um mil quatrocentos e cinquenta, por seus esquadrões, irão na segunda posição. [17] Logo irá o tabernáculo do testemunho, o acampamento dos levitas em meio dos exércitos: da maneira que assentam o acampamento, assim caminharão, cada um em seu lugar, junto a suas

bandeiras. [18] A bandeira do exército de Efraim por seus esquadrões, ao ocidente: e o chefe dos filhos de Efraim, Elisama filho de Amiúde; [19] E seu exército, com os contados deles, quarenta mil e quinhentos. [20] Junto a ele estará a tribo de Manassés; e o chefe dos filhos de Manassés, Gamaliel filho de Pedazur; [21] E seu exército, com os contados deles, trinta e dois mil e duzentos: [22] E a tribo de Benjamim: e o chefe dos filhos de Benjamim, Abidã filho de Gideoni; [23] E seu exército, com os contados deles, trinta e cinco mil e quatrocentos. [24] Todos os contados no exército de Efraim, cento e oito mil e cem, por seus esquadrões, irão na terceira posição. [25] A bandeira do exército de Dã estará ao norte, por seus esquadrões: e o chefe dos filhos de Dã, Aiezer filho de Amisadai; [26] E seu exército, com os contados deles, sessenta e dois mil e setecentos. [27] Junto a ele acamparão os da tribo de Aser: e o chefe dos filhos de Aser, Pagiel filho de Ocrã; [28] E seu exército, com os contados deles, quarenta e um mil e quinhentos: [29] E a tribo de Naftali: e o chefe dos filhos de Naftali, Aira filho de Enã; [30] E seu exército, com os contados deles, cinquenta e três mil e quatrocentos. [31] Todos os contados no exército de Dã, cento cinquenta e sete mil e seiscentos: irão os últimos atrás de suas bandeiras. [32] Estes são os contados dos filhos de Israel, pelas casas de seus pais: todos os contados por exércitos, por seus esquadrões, seiscentos três mil quinhentos e cinquenta. [33] Mas os levitas não foram contados entre os filhos de Israel; como o SENHOR o mandou a Moisés. [34] E fizeram os filhos de Israel conforme todas as coisas que o SENHOR mandou a Moisés; assim assentaram o acampamento por suas bandeiras, e assim marcharam cada um por suas famílias, segundo as casas de seus pais.

3

[1] E estas são as gerações de Arão e de Moisés, desde que o SENHOR falou a Moisés no monte Sinai. [2] E estes são os nomes dos filhos de Arão: Nadabe o primogênito, e Abiú, Eleazar, e Itamar. [3] Estes são os nomes dos filhos de Arão, sacerdotes ungidos; cujas mãos ele encheu para administrar o sacerdócio. [4] Mas Nadabe e Abiú morreram diante do SENHOR, quando ofereceram fogo estranho diante do SENHOR, no deserto de Sinai: e não tiveram filhos: e Eleazar e Itamar exerceram o sacerdócio diante de Arão seu pai. [5] E o SENHOR falou a Moisés, dizendo: [6] Faze chegar à tribo de Levi, e faze-a estar diante do sacerdote Arão, para que lhe ministrem; [7] E desempenhem seu cargo, e o cargo de toda a congregação diante do tabernáculo do testemunho, para servir no ministério do tabernáculo; [8] E guardem todos os móveis do tabernáculo do testemunho, e o encarregado a eles dos filhos de Israel, e ministrem no serviço do tabernáculo. [9] E darás os levitas a Arão e a seus filhos: são inteiramente dados a eles dentre os filhos de Israel. [10] E constituirás a Arão e a seus filhos, para que exerçam seu sacerdócio: e o estranho que se chegar, morrerá. [11] E falou o SENHOR a Moisés, dizendo: [12] E eis que eu tomei os levitas dentre os filhos de Israel em lugar de todos os primogênitos que abrem a madre entre os filhos de Israel; serão, pois, meus os levitas: [13] Porque meu é todo primogênito; desde o dia que eu matei todos os primogênitos na terra do Egito, eu santifiquei a mim todos os primogênitos em Israel, tanto de homens como de animais; meus serão; Eu sou o SENHOR. [14] E o SENHOR falou a Moisés no deserto de Sinai, dizendo: [15] Conta os filhos de Levi pelas casas de seus pais, por suas famílias: contarás todos os homens de um mês acima. [16] E Moisés os contou conforme a palavra do SENHOR, como lhe foi mandado. [17] E os filhos de Levi foram estes por seus nomes: Gérson, e Coate, e Merari. [18] E os nomes dos filhos de Gérson, por suas famílias, estes: Libni, e Simei. [19] E os filhos de Coate, por suas famílias: Anrão, e Izar, e Hebrom, e Uziel. [20] E os filhos de Merari, por suas famílias: Mali, e Musi. Estas, as famílias de Levi, pelas casas de seus pais. [21] De Gérson, a família de Libni e a de Simei: estas são as famílias de Gérson. [22] Os contados deles conforme a

conta de todos os homens de um mês acima, os contados deles, sete mil e quinhentos. [23] As famílias de Gérson assentarão suas tendas à retaguarda do tabernáculo, ao ocidente; [24] E o chefe da casa do pai dos gersonitas, Eliasafe filho de Lael. [25] A cargo dos filhos de Gérson, no tabernáculo do testemunho, estará o tabernáculo, e a tenda, e sua cobertura, e a cortina da porta do tabernáculo do testemunho, [26] E as cortinas do átrio, e a cortina da porta do átrio, que está junto ao tabernáculo e junto ao altar ao redor; também suas cordas para todo seu serviço. [27] E de Coate, a família dos anramitas, e a família dos izaritas, e a família dos hebronitas, e a família dos uzielitas: estas são as famílias coatitas. [28] Pela conta de todos os homens de um mês acima, eram oito mil e seiscentos, que tinham a guarda do santuário. [29] As famílias dos filhos de Coate acamparão ao lado do tabernáculo, ao sul; [30] E o chefe da casa do pai das famílias de Coate, Elisafã filho de Uziel. [31] E a cargo deles estará a arca, e a mesa, e o candelabro, e os altares, e os utensílios do santuário com que ministram, e o véu, com todo seu serviço. [32] E o principal dos chefes dos levitas será Eleazar, filho de Arão o sacerdote, supervisor dos que têm a guarda do santuário. [33] De Merari, a família dos malitas e a família dos musitas: estas são as famílias de Merari. [34] E os contados deles conforme a conta de todos os homens de um mês acima, foram seis mil e duzentos. [35] E o chefe da casa do pai das famílias de Merari, Zuriel filho de Abiail: acamparão ao lado do tabernáculo, ao norte. [36] E a cargo dos filhos de Merari estará a custódia das tábuas do tabernáculo, e suas barras, e suas colunas, e suas bases, e todos os seus utensílios, com todo seu serviço: [37] E as colunas em derredor do átrio, e suas bases, e suas estacas, e suas cordas. [38] E os que acamparão diante do tabernáculo ao oriente, diante do tabernáculo do testemunho ao levante, serão Moisés, e Arão e seus filhos, tendo a guarda do santuário em lugar dos filhos de Israel: e o estranho que se aproximar, morrerá. [39] Todos os contados dos levitas, que Moisés e Arão conforme a palavra do SENHOR contaram por suas famílias, todos os homens de um mês acima, foram vinte e dois mil. [40] E o SENHOR disse a Moisés: Conta todos os primogênitos homens dos filhos de Israel de um mês acima, e toma a conta dos nomes deles. [41] E tomarás os levitas para mim, eu o SENHOR, em lugar de todos os primogênitos dos filhos de Israel: e os animais dos levitas em lugar de todos os primogênitos dos animais dos filhos de Israel. [42] E contou Moisés, como o SENHOR lhe mandou, todos os primogênitos dos filhos de Israel. [43] E todos os primogênitos homens, conforme a conta dos nomes, de um mês acima, os contados deles foram vinte e dois mil duzentos setenta e três. [44] E falou o SENHOR a Moisés, dizendo: [45] Toma os levitas em lugar de todos os primogênitos dos filhos de Israel, e os animais dos levitas em lugar de seus animais; e os levitas serão meus: Eu sou o SENHOR. [46] E pelos resgates dos duzentos e setenta e três, que excedem aos levitas os primogênitos dos filhos de Israel; [47] Tomarás cinco siclos por cabeça; conforme o siclo do santuário tomarás: o siclo tem vinte óbolos: [48] E darás a Arão e a seus filhos o dinheiro pelos resgates dos que deles sobram. [49] Tomou, pois, Moisés o dinheiro do resgate dos que resultaram a mais dos resgatados pelos levitas: [50] E recebeu dos primogênitos dos filhos de Israel em dinheiro, mil trezentos sessenta e cinco siclos, conforme o siclo do santuário. [51] E Moisés deu o dinheiro dos resgates a Arão e a seus filhos, conforme o dito do SENHOR, segundo que o SENHOR havia mandado a Moisés.

4

[1] E falou o SENHOR a Moisés e a Arão, dizendo: [2] Toma a conta dos filhos de Coate dentre os filhos de Levi, por suas famílias, pelas casas de seus pais, [3] De idade de trinta anos acima até cinquenta anos, todos os que entram em companhia, para fazer serviço no tabernáculo do testemunho. [4] Este será o ofício dos filhos de Coate no

tabernáculo do testemunho, no lugar santíssimo: [5] Quando se houver de mudar o acampamento, virão Arão e seus filhos, e desarmarão o véu da tenda, e cobrirão com ele a arca do testemunho: [6] E porão sobre ela a coberta de peles finas, e estenderão encima o pano todo de azul, e lhe porão suas varas. [7] E sobre a mesa da proposição estenderão o pano azul, e porão sobre ela os pratos, e as colheres, e os copos, e as taças para fazer libações: e o pão contínuo estará sobre ela. [8] E estenderão sobre ela o pano de carmesim colorido, e o cobrirão com a coberta de peles finas; e lhe porão suas varas. [9] E tomarão um pano azul, e cobrirão o candelabro da luminária; e suas lâmpadas, e suas tenazes, e seus apagadores, e todos os seus vasos do azeite com que se serve; [10] E o porão com todos os seus utensílios em uma coberta de peles finos, e o colocarão sobre umas armações. [11] E sobre o altar de ouro estenderão o pano azul, e lhe cobrirão com a coberta de peles finas, e lhe porão suas varas. [12] E tomarão todos os vasos do serviço, de que fazem uso no santuário, e os porão em um pano azul, e os cobrirão com uma coberta de peles finas, e os colocarão sobre umas armações. [13] E tirarão a cinza do altar, e estenderão sobre ele um pano de púrpura: [14] E porão sobre ele todos os seus instrumentos de que se serve: as pás, os garfos, os braseiros, e as taças, todos os utensílios do altar; e estenderão sobre ele o propiciatório de peles finas, e lhe porão também as varas. [15] E em acabando Arão e seus filhos de cobrir o santuário e todos os vasos do santuário, quando o acampamento se houver de mudar, virão depois disso os filhos de Coate para conduzir: mas não tocarão coisa santa, que morrerão. Estas serão as cargas dos filhos de Coate no tabernáculo do testemunho. [16] Porém ao cargo de Eleazar, filho de Arão o sacerdote, estará o azeite da luminária, e o incenso aromático, e a oferta de cereais contínua, e o azeite da unção; o cargo de todo o tabernáculo, e de tudo o que está nele, no santuário, e em seus utensílios. [17] E falou o SENHOR a Moisés e a Arão, dizendo: [18] Não cortareis a tribo das famílias de Coate dentre os levitas; [19] Mas isto fareis com eles, para que vivam, e não morram quando achegarem ao lugar santíssimo: Arão e seus filhos virão e os porão a cada um em seu ofício, e em seu cargo. [20] Não entrarão para ver, quando cobrirem as coisas santas; que morrerão. [21] E falou o SENHOR a Moisés dizendo: [22] Toma também a conta dos filhos de Gérson pelas casas de seus pais, por suas famílias. [23] De idade de trinta anos acima até cinquenta anos os contarás; todos os que entram em companhia, para fazer serviço no tabernáculo do testemunho. [24] Este será o ofício das famílias de Gérson, para ministrar e para levar: [25] Levarão as cortinas do tabernáculo, e o tabernáculo do testemunho, sua coberta, e a coberta de peles finas que está sobre ele encima, e a cortina da porta do tabernáculo do testemunho, [26] E as cortinas do átrio, e a cortina da porta do átrio, que está próxima do tabernáculo e próxima do altar ao redor, e suas cordas, e todos os instrumentos de seu serviço, e tudo o que será feito para eles: assim servirão. [27] Segundo a ordem de Arão e de seus filhos será todo o ministério dos filhos de Gérson em todos os seus cargas, e em todo o seu serviço: e lhes atribuireis em responsabilidade todas as suas cargas. [28] Este é o serviço das famílias dos filhos de Gérson no tabernáculo do testemunho: e a responsabilidade deles estará sob a mão de Itamar, filho de Arão o sacerdote. [29] Contarás os filhos de Merari por suas famílias, pelas casas de seus pais. [30] Desde o de idade de trinta anos acima até o de cinquenta anos, os contarás; todos os que entram em companhia, para fazer serviço no tabernáculo do testemunho. [31] E este será o dever de seu cargo para todo seu serviço no tabernáculo do testemunho: as tábuas do tabernáculo, e suas barras, e suas colunas, e suas bases, [32] E as colunas do átrio ao redor, e suas bases, e suas estacas, e suas cordas com todos os seus instrumentos, e todo seu serviço; e contareis por seus nomes todos os vasos da guarda de seu cargo. [33] Este será o serviço das famílias dos filhos de Merari para todo seu ministério no tabernáculo do testemunho, sob a mão de Itamar, filho de Arão o sacerdote. ³⁴ Moisés, pois, e Arão, e os chefes da congregação, contaram os filhos de Coate por suas famílias, e pelas casas de seus pais, ³⁵ Desde o de idade de trinta anos acima até o de idade de cinquenta anos; todos os que entram em companhia, para ministrar no tabernáculo do testemunho. ³⁶ E foram os contados deles por suas famílias, dois mil setecentos e cinquenta. ³⁷ Estes foram os contados das famílias de Coate, todos os que ministram no tabernáculo do testemunho, os quais contaram Moisés e Arão, como o mandou o SENHOR por meio de Moisés. ³⁸ E os contados dos filhos de Gérson, por suas famílias, e pelas casas de seus pais, ³⁹ Desde o de idade de trinta anos acima até o de idade de cinquenta anos, todos os que entram em companhia, para ministrar no tabernáculo do testemunho; ⁴⁰ Os contados deles por suas famílias, pelas casas de seus pais, foram dois mil seiscentos e trinta. ⁴¹ Estes são os contados das famílias dos filhos de Gérson, todos os que ministram no tabernáculo do testemunho, os quais contaram Moisés e Arão por ordem do SENHOR. ⁴² E os contados das famílias dos filhos de Merari, por suas famílias, pelas casas de seus pais, ⁴³ Desde o de idade de trinta anos acima até o de idade de cinquenta anos, todos os que entram em companhia, para ministrar no tabernáculo do testemunho; ⁴⁴ Os contados deles, por suas famílias, foram três mil e duzentos. ⁴⁵ Estes foram os contados das famílias dos filhos de Merari, os quais contaram Moisés e Arão, segundo o mandou o SENHOR por meio de Moisés. ⁴⁶ Todos os contados dos levitas, que Moisés e Arão e os chefes de Israel contaram por suas famílias, e pelas casas de seus pais, ⁴⁷ Desde o de idade de trinta anos acima até o de idade de cinquenta anos, todos os que entravam para ministrar no serviço, e ter cargo de obra no tabernáculo do testemunho; ⁴⁸ Os contados deles foram oito mil quinhentos e oitenta, ⁴⁹ Como o mandou o SENHOR por meio de Moisés foram contados, cada um segundo seu ofício, e segundo seu cargo; os quais contou ele, como lhe foi mandado.

5

¹ E o SENHOR falou a Moisés, dizendo: ² Manda aos filhos de Israel que expulsem do acampamento a todo leproso, e a todos os que sofrem de corrimento, e a todo contaminado sobre morto: ³ Tanto homens como mulheres lançareis, fora do acampamento os expulsareis; para que não contaminem o acampamento daqueles entre os quais eu habito. ⁴ E fizeram-no assim os filhos de Israel, que os lançaram fora do acampamento: como o SENHOR disse a Moisés, assim o fizeram os filhos de Israel. ⁵ Também falou o SENHOR a Moisés, dizendo: ⁶ Fala aos filhos de Israel: O homem ou a mulher que cometer algum de todos os pecados dos homens, fazendo transgressão contra o SENHOR, e transgredir aquela pessoa; ⁷ Confessarão seu pecado que cometeram, e compensarão sua ofensa inteiramente, e acrescentarão seu quinto sobre ele, e o darão a aquele contra quem pecaram. ⁸ E se aquele homem não tiver parente ao qual seja ressarcida a ofensa, se dará a indenização da injustiça ao SENHOR, ao sacerdote, a mais do carneiro das expiações, com o qual fará expiação por ele. ⁹ E toda oferta de todas as coisas santas que os filhos de Israel apresentarem ao sacerdote, sua será. ¹⁰ E o santificado de qualquer um será seu: também o que qualquer um der ao sacerdote, seu será. ¹¹ E o SENHOR falou a Moisés, dizendo: ¹² Fala aos filhos de Israel, e dize-lhes: Quando a mulher de alguém se desviar, e fizer traição contra ele, ¹³ Que alguém se houver deitado com ela em carnal ajuntamento, e seu marido não o houvesse visto por haver-se ela contaminado ocultamente, nem houver testemunha contra ela, nem ela houver sido pega no ato; ¹⁴ Se vier sobre ele espírito de ciúme, e tiver ciúme de sua mulher, havendo-se ela contaminado; ou vier sobre ele espírito de ciúme, e tiver ciúmes de sua mulher, não havendo ela se

contaminado; [15] Então o marido trará sua mulher ao sacerdote, e trará sua oferta com ela, um décimo de um efa de farinha de cevada; não lançará sobre ela azeite, nem porá sobre ela incenso; porque é oferta de ciúme, oferta de recordação, que traz o pecado em memória. [16] E o sacerdote a fará aproximar, e a porá diante do SENHOR. [17] Logo tomará o sacerdote da água santa em um vaso de barro: tomará também o sacerdote do pó que houver no chão do tabernáculo, e o lançará na água. [18] E fará o sacerdote estar em pé a mulher diante do SENHOR, e descobrirá a cabeça da mulher, e porá sobre suas mãos a oferta da recordação, que é a oferta de ciúme; e o sacerdote terá na mão as águas amargas que trazem maldição. [19] E o sacerdote a fará jurar, e lhe dirá: Se ninguém houver dormido contigo, e se não te afastaste de teu marido à imundícia, livre sejas destas águas amargas que trazem maldição: [20] Mas se te desviaste de teu marido, e te contaminaste, e alguém houver tido relação contigo, fora de teu marido: [21] (O sacerdote fará jurar à mulher com juramento de maldição, e dirá à mulher): O SENHOR te dê em maldição e em conspiração em meio de teu povo, fazendo o SENHOR a tua coxa que caia, e a teu ventre que se te inche; [22] E estas águas que dão maldição entrem em tuas entranhas, e façam inchar teu ventre, e cair tua coxa. E a mulher dirá: Amém, Amém. [23] E o sacerdote escreverá estas maldições em um livro, e as apagará com as águas amargas: [24] E dará a beber à mulher as águas amargas que trazem maldição; e as águas que operam maldição entrarão nela por amargas. [25] Depois tomará o sacerdote da mão da mulher a oferta de ciúme, e a moverá diante do SENHOR, e a oferecerá diante do altar; [26] e o sacerdote tomará um punhado da oferta em sua memória, e o queimará sobre o altar, e depois dará a beber as águas à mulher. [27] Dará a ela pois a beber as águas; e será, que se for imunda e houver feito traição contra seu marido, as águas que operam maldição entrarão nela em amargura, e seu ventre se inchará, e cairá sua coxa; e a mulher será por maldição em meio de seu povo. [28] Mas se a mulher não for imunda, mas sim que estiver limpa, ela será livre, e será fértil. [29] Esta é a lei do ciúme, quando a mulher fizer traição a seu marido, e se contaminar; [30] Ou do marido, sobre o qual passar espírito de ciúme, e tiver ciúme de sua mulher: ele a apresentará então diante do SENHOR, e o sacerdote executará nela toda esta lei. [31] E aquele homem será livre de iniquidade, e a mulher levará seu pecado.

6

[1] E falou o SENHOR a Moisés, dizendo: [2] Fala aos filhos de Israel, e dize-lhes: O homem, ou a mulher, quando se separar fazendo voto de nazireu, para dedicar-se ao SENHOR, [3] Se absterá de vinho e de bebida forte; vinagre de vinho, nem vinagre de bebida forte não beberá, nem beberá algum licor de uvas, nem tampouco comerá uvas frescas nem secas. [4] Todo o tempo de seu nazireado, de tudo o que se faz de vide de vinho, desde os caroços até a casca, não comerá. [5] Todo o tempo do voto de seu nazireado não passará navalha sobre sua cabeça, até que sejam cumpridos os dias de sua separação ao SENHOR: santo será; deixará crescer as pontas do cabelo de sua cabeça. [6] Todo o tempo que se separar ao SENHOR, não entrará a pessoa morta. [7] Por seu pai, nem por sua mãe, por seu irmão, nem por sua irmã, não se contaminará com eles quando morrerem; porque consagração de seu Deus tem sobre sua cabeça. [8] Todo o tempo de seu nazireado, será santo ao SENHOR. [9] E se alguém morrer muito de repente junto a ele, contaminará a cabeça de seu nazireado; portanto o dia de sua purificação rapará sua cabeça; ao sétimo dia a rapará. [10] E o dia oitavo trará duas rolinhas ou dois pombinhos ao sacerdote, à porta do tabernáculo do testemunho; [11] E o sacerdote fará um em expiação, e o outro em holocausto: e o expiará do que pecou sobre o morto, e santificará sua cabeça naquele dia. [12] E consagrará ao SENHOR os

dias de seu nazireado, e trará um cordeiro de ano em expiação pela culpa; e os dias primeiros serão anulados, porquanto foi contaminado seu nazireado. [13] Esta é, pois, a lei do nazireu no dia que se cumprir o tempo de seu nazireado: Virá à porta do tabernáculo do testemunho; [14] E oferecerá sua oferta ao SENHOR, um cordeiro de ano sem mácula em holocausto, e uma cordeira de ano sem defeito em expiação, e um carneiro sem defeito por sacrifício pacífico: [15] Além disso um cesto de pães ázimos, tortas de boa farinha amassadas com azeite, e massas não fermentadas untadas com azeite, e sua oferta de cereais, e suas libações. [16] E o sacerdote o oferecerá diante do SENHOR, e fará sua expiação e seu holocausto: [17] E oferecerá o carneiro em sacrifício pacífico ao SENHOR, com o cesto dos pães ázimos; oferecerá também o sacerdote sua oferta de cereais, e suas libações. [18] Então o nazireu rapará à porta do tabernáculo do testemunho a cabeça de seu nazireado, e tomará os cabelos da cabeça de seu nazireado, e os porá sobre o fogo que está debaixo do sacrifício pacífico. [19] Depois tomará o sacerdote a coxa cozida do carneiro, e uma torta sem levedura do cesto, e uma massa sem levedura, e as porá sobre as mãos do nazireu, depois que for estragado seu nazireado: [20] E o sacerdote moverá aquilo, oferta movida diante do SENHOR; o qual será coisa santa do sacerdote, a mais do peito movido e da coxa separada: e depois poderá beber vinho o nazireu. [21] Esta é a lei do nazireu que fizer voto de sua oferta ao SENHOR por seu nazireado, a mais do que sua mão alcançar: segundo o voto que fizer, assim fará, conforme a lei de seu nazireado. [22] E o SENHOR falou a Moisés, dizendo: [23] Fala a Arão e a seus filhos, e dize-lhes: Assim abençoareis aos filhos de Israel, dizendo-lhes: [24] O SENHOR te abençoe, e te guarde: [25] Faça resplandecer o SENHOR seu rosto sobre ti, e tenha de ti misericórdia: [26] O SENHOR levante a ti seu rosto, e ponha em ti paz. [27] E porão meu nome sobre os filhos de Israel, e eu os abençoarei.

7

[1] E aconteceu, que quando Moisés acabou de levantar o tabernáculo, e o ungido, e o santificado, com todos os seus utensílios; e também ungido e santificado o altar, com todos os seus utensílios; [2] Então os príncipes de Israel, os chefes das casas de seus pais, os quais eram os príncipes das tribos, que estavam sobre os contados, ofereceram; [3] E trouxeram suas ofertas diante do SENHOR, seis carros cobertos, e doze bois; por cada dois príncipes um carro, e cada um deles um boi; o qual ofereceram diante do tabernáculo. [4] E o SENHOR falou a Moisés, dizendo: [5] Toma-o deles, e será para o serviço do tabernáculo do testemunho: e o darás aos levitas, a cada um conforme seu ministério. [6] Então Moisés recebeu os carros e os bois, e deu-os aos levitas. [7] Dois carros e quatro bois, deu aos filhos de Gérson, conforme seu ministério; [8] E aos filhos de Merari deu os quatro carros e oito bois, conforme seu ministério, sob a mão de Itamar, filho de Arão o sacerdote. [9] E aos filhos de Coate não deu; porque levavam sobre si nos ombros o serviço do santuário. [10] E ofereceram os príncipes à dedicação do altar o dia que foi ungido, ofereceram os príncipes sua oferta diante do altar. [11] E o SENHOR disse a Moisés: Oferecerão sua oferta, um príncipe um dia, e outro príncipe outro dia, à dedicação do altar. [12] E o que ofereceu sua oferta o primeiro dia foi Naassom filho de Aminadabe, da tribo de Judá. [13] E foi sua oferta um prato de prata de peso de cento e trinta siclos, e uma bacia de prata de setenta siclos, ao siclo do santuário; ambos cheios de boa farinha amassada com azeite para oferta de cereais; [14] Uma colher de ouro de dez siclos, cheia de incenso; [15] Um bezerro, um carneiro, um cordeiro de ano para holocausto; [16] Um bode macho para expiação; [17] E para sacrifício pacífico, dois bois, cinco carneiros, cinco machos de bode, cinco cordeiros de ano. Esta foi a oferta de Naassom, filho de Aminadabe. [18] No segundo

dia ofereceu Natanael filho de Zuar, príncipe de Issacar. [19] Ofereceu por sua oferta um prato de prata de cento e trinta siclos de peso, uma bacia de prata de setenta siclos, ao siclo do santuário; ambos cheios de boa farinha amassada com azeite para oferta de cereais; [20] Uma colher de ouro de dez siclos, cheia de incenso; [21] Um bezerro, um carneiro, um cordeiro de ano para holocausto; [22] Um bode macho para expiação; [23] E para sacrifício pacífico, dois bois, cinco carneiros, cinco machos de bode, cinco cordeiros de ano. Esta foi a oferta de Natanael, filho de Zuar. [24] No terceiro dia, Eliabe filho de Helom, príncipe dos filhos de Zebulom: [25] E sua oferta, um prato de prata de cento e trinta siclos de peso, uma bacia de prata de setenta siclos, ao siclo do santuário; ambos cheios de boa farinha amassada com azeite para oferta de cereais; [26] Uma colher de ouro de dez siclos, cheia de incenso; [27] Um bezerro, um carneiro, um cordeiro de ano para holocausto; [28] Um bode macho para expiação; [29] E para sacrifício pacífico, dois bois, cinco carneiros, cinco machos de bode, cinco cordeiros de ano. Esta foi a oferta de Eliabe, filho de Helom. [30] No quarto dia, Elizur filho de Sedeur, príncipe dos filhos de Rúben: [31] E sua oferta, um prato de prata de cento e trinta siclos de peso, uma bacia de prata de setenta siclos, ao siclo do santuário, ambos cheios de boa farinha amassada com azeite para oferta de cereais; [32] Uma colher de ouro de dez siclos, cheia de incenso; [33] Um bezerro, um carneiro, um cordeiro de ano para holocausto; [34] Um bode macho para expiação; [35] E para sacrifício pacífico, dois bois, cinco carneiros, cinco machos de bode, cinco cordeiros de ano. Esta foi a oferta de Elizur, filho de Sedeur. [36] No quinto dia, Selumiel filho de Zurisadai, príncipe dos filhos de Simeão: [37] E sua oferta, um prato de prata de cento e trinta siclos de peso, uma bacia de prata de setenta siclos, ao siclo do santuário; ambos cheios de boa farinha amassada com azeite para oferta de cereais; [38] Uma colher de ouro de dez siclos cheia de incenso; [39] Um bezerro, um carneiro, um cordeiro de ano para holocausto; [40] Um bode macho para expiação; [41] E para sacrifício pacífico, dois bois, cinco carneiros, cinco machos de bode, cinco cordeiros de ano. Esta foi a oferta de Selumiel, filho de Zurisadai. [42] No sexto dia, Eliasafe filho de Deuel, príncipe dos filhos de Gade: [43] E sua oferta, um prato de prata de cento e trinta siclos de peso, uma bacia de prata de setenta siclos, ao siclo do santuário; ambos cheios de boa farinha amassada com azeite para oferta de cereais; [44] Uma colher de ouro de dez siclos, cheia de incenso; [45] Um bezerro, um carneiro, um cordeiro de ano para holocausto; [46] Um bode macho para expiação; [47] E para sacrifício pacífico, dois bois, cinco carneiros, cinco machos de bode, cinco cordeiros de ano, Esta foi a oferta de Eliasafe, filho de Deuel. [48] No sétimo dia, o príncipe dos filhos de Efraim, Elisama filho de Amiúde: [49] E sua oferta, um prato de prata de cento e trinta siclos de peso, uma bacia de prata de setenta siclos, ao siclo do santuário; ambos cheios de boa farinha amassada com azeite para oferta de cereais; [50] Uma colher de ouro de dez siclos, cheia de incenso; [51] Um bezerro, um carneiro, um cordeiro de ano para holocausto; [52] Um bode macho para expiação; [53] E para sacrifício pacífico, dois bois, cinco carneiros, cinco machos de bode, cinco cordeiros de ano. Esta foi a oferta de Elisama, filho de Amiúde. [54] No oitavo dia, o príncipe dos filhos de Manassés, Gamaliel filho de Pedazur: [55] E seu oferta, um prato de prata de cento e trinta siclos de peso, uma bacia de prata de setenta siclos, ao siclo do santuário; ambos cheios de boa farinha amassada com azeite para oferta de cereais; [56] Uma colher de ouro de dez siclos, cheia de incenso; [57] Um bezerro, um carneiro, um cordeiro de ano para holocausto; [58] Um bode macho para expiação; [59] E para sacrifício pacífico, dois bois, cinco carneiros, cinco machos de bode, cinco cordeiros de ano. Esta foi a oferta de Gamaliel, filho de Pedazur. [60] No nono dia, o príncipe dos filhos de Benjamim, Abidã filho de Gideoni: [61] E sua oferta, um prato de prata de cento e trinta siclos de peso, uma bacia de prata de setenta siclos, ao siclo do santuário; ambos cheios de boa farinha amassada com azeite para oferta de cereais; 62 Uma colher de ouro de dez siclos, cheia de incenso; 63 Um bezerro, um carneiro, um cordeiro de ano para holocausto; 64 Um bode macho para expiação; 65 E para sacrifício pacífico, dois bois, cinco carneiros, cinco machos de bode, cinco cordeiros de ano. Esta foi a oferta de Abidã, filho de Gideoni. 66 No décimo dia, o príncipe dos filhos de Dã, Aiezer filho de Amisadai: 67 E sua oferta, um prato de prata de cento e trinta siclos de peso, uma bacia de prata de setenta siclos, ao siclo do santuário; ambos cheios de boa farinha amassada com azeite para oferta de cereais; 68 Uma colher de ouro de dez siclos, cheia de incenso; 69 Um bezerro, um carneiro, um cordeiro de ano para holocausto; 70 Um bode macho para expiação; 71 E para sacrifício pacífico, dois bois, cinco carneiros, cinco machos de bode, cinco cordeiros de ano. Esta foi a oferta de Aiezer, filho de Amisadai. 72 No décimo primeiro dia, o príncipe dos filhos de Aser, Pagiel filho de Ocrã: 73 E sua oferta, um prato de prata de cento e trinta siclos de peso, uma bacia de prata de setenta siclos, ao siclo do santuário; ambos cheios de boa farinha amassada com azeite para oferta de cereais; 74 Uma colher de ouro de dez siclos, cheia de incenso; 75 Um bezerro, um carneiro, um cordeiro de ano para holocausto; 76 Um bode macho para expiação; 77 E para sacrifício pacífico, dois bois, cinco carneiros, cinco machos de bode, cinco cordeiros de ano. Esta foi a oferta de Pagiel, filho de Ocrã. 78 No décimo segundo dia, o príncipe dos filhos de Naftali, Aira filho de Enã: 79 E sua oferta, um prato de prata de cento e trinta siclos de peso, uma bacia de prata de setenta siclos, ao siclo do santuário; ambos cheios de boa farinha amassada com azeite para oferta de cereais; 80 Uma colher de ouro de dez siclos, cheia de incenso; 81 Um bezerro, um carneiro, um cordeiro de ano para holocausto; 82 Um bode macho para expiação; 83 E para sacrifício pacífico, dois bois, cinco carneiros, cinco machos de bode, cinco cordeiros de ano. Esta foi a oferta de Aira, filho de Enã. 84 Esta foi a dedicação do altar, no dia que foi ungido, pelos príncipes de Israel: doze pratos de prata, doze bacias de prata, doze colheres de ouro. 85 Cada prato de cento e trinta siclos, cada bacia de setenta: toda a prata dos vasos, dois mil e quatrocentos siclos, ao siclo do santuário. 86 As doze colheres de ouro cheias de incenso, de dez siclos cada colher, ao siclo do santuário: todo o ouro das colheres, cento e vinte siclos. 87 Todos os bois para holocausto, doze bezerros; doze os carneiros, doze os cordeiros de ano, com sua oferta de cereais: e doze os machos de bode, para expiação. 88 E todos os bois do sacrifício pacífico vinte e quatro novilhos, sessenta os carneiros, sessenta os machos de bode, sessenta os cordeiros de ano. Esta foi a dedicação do altar, depois que foi ungido. 89 E quando entrava Moisés no tabernáculo do testemunho, para falar com Ele, ouvia a Voz que lhe falava de cima do propiciatório que estava sobre a arca do testemunho, dentre os dois querubins: e falava com ele.

8

1 E falou o SENHOR a Moisés, dizendo: 2 Fala a Arão, e dize-lhe: Quando acenderes as lâmpadas, as sete lâmpadas iluminarão de frente à frente do candelabro. 3 E Arão o fez assim; que acendeu em frente do candelabro suas lâmpadas, como o SENHOR o mandou a Moisés. 4 E esta era a feitura do candelabro: de ouro lavrado a martelo; desde seu pé até suas flores era lavrado a martelo: conforme o modelo que o SENHOR mostrou a Moisés, assim fez o candelabro. 5 E o SENHOR falou a Moisés, dizendo: 6 Toma aos levitas dentre os filhos de Israel, e expia-os. 7 E assim lhes farás para expiá-los: esparge sobre eles a água da expiação, e face passar a navalha sobre toda sua carne, e lavarão suas roupas, e serão expiados. 8 Logo tomarão um novilho, com sua oferta de cereais de boa farinha amassada com azeite; e tomarás outro novilho para expiação. 9 E farás chegar os levitas diante do tabernáculo do

testemunho, e juntarás toda a congregação dos filhos de Israel; [10] E quando haverás feito chegar os levitas diante do SENHOR, porão os filhos de Israel suas mãos sobre os levitas; [11] E oferecerá Arão os levitas diante do SENHOR em oferta dos filhos de Israel, e servirão no ministério do SENHOR. [12] E os levitas porão suas mãos sobre as cabeças dos novilhos: e oferecerás um por expiação, e o outro em holocausto ao SENHOR, para expiar os levitas. [13] E farás os levitas se apresentarem diante de Arão, e diante de seus filhos, e os oferecerás em oferta de movimento ao SENHOR. [14] Assim separarás os levitas dentre os filhos de Israel; e serão meus os levitas [15] E depois disso virão os levitas a ministrar no tabernáculo do testemunho: os expiarás pois, e os oferecerás em oferta. [16] Porque inteiramente são a mim dados os levitas dentre os filhos de Israel, em lugar de todo aquele que abre madre; ei-los tomado para mim em lugar dos primogênitos de todos os filhos de Israel. [17] Porque meu é todo primogênito nos filhos de Israel, tanto de homens como de animais; desde o dia que eu feri todo primogênito na terra do Egito, os santifiquei para mim. [18] E tomei os levitas em lugar de todos os primogênitos nos filhos de Israel. [19] E eu dei os levitas a Arão e a seus filhos dentre os filhos de Israel, para que sirvam o ministério dos filhos de Israel no tabernáculo do testemunho, e reconciliem os filhos de Israel; para que não haja praga entre os filhos de Israel, quando os filhos de Israel se aproximarem do santuário. [20] E Moisés, e Arão, e toda a congregação dos filhos de Israel, fizeram dos levitas conforme todas as coisas que mandou o SENHOR a Moisés acerca dos levitas; assim fizeram deles os filhos de Israel. [21] E os levitas se purificaram, e lavaram suas roupas; e Arão os ofereceu em oferta diante do SENHOR, e fez Arão expiação por eles para purificá-los. [22] E assim vieram depois os levitas para servir em seu ministério no tabernáculo do testemunho, diante de Arão e diante de seus filhos: da maneira que mandou o SENHOR a Moisés acerca dos levitas, assim fizeram com eles. [23] E falou o SENHOR a Moisés, dizendo: [24] Isto quanto aos levitas: de vinte e cinco anos acima entrarão a fazer seu ofício no serviço do tabernáculo do testemunho: [25] Mas desde os cinquenta anos voltarão do ofício de seu ministério, e nunca mais servirão: [26] Porém servirão com seus irmãos no tabernáculo do testemunho, para fazer a guarda, ainda que não servirão no ministério. Assim farás dos levitas quanto a seus ofícios.

9

[1] E falou o SENHOR a Moisés no deserto de Sinai, no segundo ano de sua saída da terra do Egito, no mês primeiro, dizendo: [2] Os filhos de Israel farão a páscoa a seu tempo. [3] No décimo quarto dia deste mês, entre as duas tardes, a fareis a seu tempo: conforme todos os seus ritos, e conforme todas suas leis a fareis. [4] E falou Moisés aos filhos de Israel, para que fizessem a páscoa. [5] E fizeram a páscoa no mês primeiro, aos catorze dias do mês, entre as duas tardes, no deserto de Sinai: conforme todas as coisas que mandou o SENHOR a Moisés, assim fizeram os filhos de Israel. [6] E houve alguns que estavam impuros por causa de morto, e não puderam fazer a páscoa aquele dia; e chegaram diante de Moisés e diante de Arão aquele dia; [7] E disseram-lhe aqueles homens: Nós somos impuros por causa de morto; por que seremos impedidos de oferecer oferta ao SENHOR a seu tempo entre os filhos de Israel? [8] E Moisés lhes respondeu: Esperai, e ouvirei que mandará o SENHOR acerca de vós. [9] E o SENHOR falou a Moisés, dizendo: [10] Fala aos filhos de Israel, dizendo: Qualquer um de vós ou de vossas gerações, que for impuro por causa de morto ou estiver de viajem longe, fará páscoa ao SENHOR: [11] No mês segundo, aos catorze dias do mês, entre as duas tardes, a farão: com pães ázimos e ervas amargas a comerão; [12] Não deixarão dele para a manhã, nem quebrarão osso nele: conforme todos os ritos da páscoa a farão. [13] Mas o que estiver limpo, e não estiver de viajem, se deixar de fazer a páscoa, a tal

pessoa será eliminada de seus povos: porquanto não ofereceu a seu tempo a oferta do SENHOR, o tal homem levará seu pecado. ¹⁴ E se morar convosco peregrino, e fizer a páscoa ao SENHOR, conforme o rito da páscoa e conforme suas leis assim a fará: um mesmo rito tereis, tanto o peregrino como o natural da terra. ¹⁵ E no dia que o tabernáculo foi levantado, a nuvem cobriu o tabernáculo sobre a tenda do testemunho; e à tarde havia sobre o tabernáculo como uma aparência de fogo, até a manhã. ¹⁶ Assim era continuamente: a nuvem o cobria, e de noite a aparência de fogo. ¹⁷ E segundo que se erguia a nuvem do tabernáculo, os filhos de Israel se partiam: e no lugar onde a nuvem parava, ali alojavam os filhos de Israel. ¹⁸ À ordem do SENHOR os filhos de Israel se partiam: e à ordem do SENHOR assentavam o acampamento: todos os dias que a nuvem estava sobre o tabernáculo, eles estavam parados. ¹⁹ E quando a nuvem se detinha sobre o tabernáculo muitos dias, então os filhos de Israel guardavam a ordenança do SENHOR e não partiam. ²⁰ E quando sucedia que a nuvem estava sobre o tabernáculo poucos dias, ao dito do SENHOR alojavam, e ao dito do SENHOR partiam. ²¹ E quando era que a nuvem se detinha desde a tarde até a manhã, quando à manhã a nuvem se levantava, eles partiam: ou se havia estado no dia, e à noite a nuvem se levantava, então partiam. ²² Ou se dois dias, ou um mês, ou ano, enquanto a nuvem se detinha sobre o tabernáculo ficando sobre ele, os filhos de Israel se estavam acampados e não moviam: mas quando ela se erguia, eles moviam. ²³ Ao dito do SENHOR assentavam, e ao dito do SENHOR partiam, guardando a ordenança do SENHOR, como o havia o SENHOR dito por meio de Moisés.

10

¹ E o SENHOR falou a Moisés, dizendo: ² Faze para ti duas trombetas de prata; de obra de martelo as farás, as quais te servirão para convocar a congregação, e para fazer mover o acampamento. ³ E quando as tocarem, toda a congregação se juntará a ti à porta do tabernáculo do testemunho. ⁴ Mas quando tocarem somente uma, então se congregarão a ti os príncipes, os chefes dos milhares de Israel. ⁵ E quando tocardes alarme, então moverão o acampamento dos que estão alojados ao oriente. ⁶ E quando tocardes alarme a segunda vez, então moverão o acampamento dos que estão alojados ao sul: alarme tocarão à suas partidas. ⁷ Porém quando houverdes de juntar a congregação, tocareis, mas não com som de alarme. ⁸ E os filhos de Arão, os sacerdotes, tocarão as trombetas; e as tereis por estatuto perpétuo por vossas gerações. ⁹ E quando vierdes à guerra em vossa terra contra o inimigo que vos oprimir, tocareis alarme com as trombetas: e sereis em memória diante do SENHOR vosso Deus, e sereis salvos de vossos inimigos. ¹⁰ E no dia de vossa alegria, e em vossas solenidades, e nos princípios de vossos meses, tocareis as trombetas sobre vossos holocaustos, e sobre os sacrifícios de vossas pazes, e vos serão por memória diante de vosso Deus: Eu sou o SENHOR vosso Deus. ¹¹ E foi no ano segundo, no mês segundo, aos vinte do mês, que a nuvem se levantou do tabernáculo do testemunho. ¹² E moveram os filhos de Israel por suas partidas do deserto de Sinai; e parou a nuvem no deserto de Parã. ¹³ E moveram a primeira vez ao dito do SENHOR por meio de Moisés. ¹⁴ E a bandeira do acampamento dos filhos de Judá começou a marchar primeiro, por seus esquadrões: e Naassom, filho de Aminadabe, era sobre seu exército. ¹⁵ E sobre o exército da tribo dos filhos de Issacar, Natanael filho de Zuar. ¹⁶ E sobre o exército da tribo dos filhos de Zebulom, Eliabe filho de Helom. ¹⁷ E depois que estava já desarmado o tabernáculo, moveram os filhos de Gérson e os filhos de Merari, que o levavam. ¹⁸ Logo começou a marchar a bandeira do acampamento de Rúben por seus esquadrões: e Elizur, filho de Sedeur, era sobre

seu exército. ¹⁹ E sobre o exército da tribo dos filhos de Simeão, Selumiel filho de Zurisadai. ²⁰ E sobre o exército da tribo dos filhos de Gade, Eliasafe filho de Deuel. ²¹ Logo começaram a marchar os coatitas levando o santuário; e enquanto que eles traziam, os outros levantavam o tabernáculo. ²² Depois começou a marchar a bandeira do acampamento dos filhos de Efraim por seus esquadrões: e Elisama, filho de Amiúde, era sobre seu exército. ²³ E sobre o exército da tribo dos filhos de Manassés, Gamaliel filho de Pedazur. ²⁴ E sobre o exército da tribo dos filhos de Benjamim, Abidã filho de Gideoni. ²⁵ Logo começou a marchar a bandeira do campo dos filhos de Dã por seus esquadrões, recolhendo todos os acampamentos: e Aiezer, filho de Amisadai, era sobre seu exército. ²⁶ E sobre o exército da tribo dos filhos de Aser, Pagiel filho de Ocrã. ²⁷ E sobre o exército da tribo dos filhos de Naftali, Aira filho de Enã. ²⁸ Estas são as partidas dos filhos de Israel por seus exércitos, quando se moviam. ²⁹ Então disse Moisés a Hobabe, filho de Reuel midianita, seu sogro: Nós nos partimos para o lugar do qual o SENHOR disse: Eu a vós o darei. Vem conosco, e te faremos bem: porque o SENHOR falou bem a respeito de Israel. ³⁰ E ele lhe respondeu: Eu não irei, mas sim que me marcharei à minha terra e à minha parentela. ³¹ E ele lhe disse: Rogo-te que não nos deixes; porque tu conheces nossos alojamentos no deserto, e nos serás em lugar de olhos. ³² E será, que se vieres conosco, quando tivermos o bem que o SENHOR nos há de fazer, nós te faremos bem. ³³ Assim partiram do monte do SENHOR, caminho de três dias; e a arca da aliança do SENHOR foi diante deles caminho de três dias, buscando-lhes lugar de descanso. ³⁴ E a nuvem do SENHOR ia sobre eles de dia, desde que partiram do acampamento. ³⁵ E foi, que em movendo a arca, Moisés dizia: Levanta-te, o SENHOR, e sejam dissipados teus inimigos, e fujam de tua presença os que te aborrecem. ³⁶ E quando ela assentava, dizia: Volta, SENHOR, aos milhares de milhares de Israel.

11

¹ E aconteceu que o povo se queixou aos ouvidos do SENHOR: e ouviu-o o SENHOR, e ardeu seu furor, e acendeu-se neles fogo do SENHOR e consumiu a extremidade do acampamento. ² Então o povo clamou a Moisés, e Moisés orou ao SENHOR, e o fogo se apagou. ³ E chamou a aquele lugar Taberá; porque o fogo do SENHOR se acendeu neles. ⁴ E o povo misturado que havia no meio deles teve um intenso desejo; então os filhos de Israel voltaram-se, choraram, e disseram: Quem nos dera comer carne! ⁵ Nós nos lembramos do peixe que comíamos no Egito de graça, dos pepinos, dos melões, dos alhos-porós, das cebolas, e dos alhos; ⁶ mas agora a nossa alma se seca; nada há, a não ser maná, *diante dos* nossos olhos. ⁷ O maná era como semente de coentro, e sua cor como cor de bdélio. ⁸ O povo se espalhava, e recolhia, e moía em moinhos, ou malhava em pilões, e o cozia em panelas, ou fazia dele bolos; e o seu sabor era como sabor de azeite fresco. ⁹ E quando o orvalho descia sobre o acampamento de noite, o maná descia sobre ele. ¹⁰ E Moisés ouviu o povo chorar por suas famílias, cada um à porta de sua tenda; e o furor do SENHOR se acendeu grandemente; também pareceu mal a Moisés. ¹¹ E Moisés disse ao SENHOR: Por que fizeste mal a teu servo? E por que não achei favor aos teus olhos, que puseste sobremim a carga de todo este povo? ¹² Por acaso fui eu que concebi todo este povo? Fui o que o dei à luz, para que me digas: Leva-o em teu colo, como uma ama leva um bebê de peito, à terra da qual juraste a seus pais? ¹³ De onde eu teria carne para dar a todo este povo? Porque choram a mim, dizendo: Dá-nos carne para comer. ¹⁴ Não posso suportar sozinho todo este povo, porque é pesado demais para mim. ¹⁵ E se assim fazes tu comigo, eu te rogo que me mates, se achei favor aos teus olhos; e que não me deixes ver a minha calamidade. ¹⁶ Então o SENHOR disse

a Moisés: Ajunta-me setenta homens dos anciãos de Israel, de quem sabes que são anciãos do povo, e seus oficiais; e traze-os à porta do tabernáculo do testemunho, e esperem ali contigo. ¹⁷ E eu descerei e falarei ali contigo; e tomarei do espírito que está sobre ti, e o porei neles; e contigo levarão a carga do povo, para que tu não a leves sozinho. ¹⁸ Porém dirás ao povo: Santificai-vos para amanhã, e comereis carne; porque chorastes em ouvidos do SENHOR, dizendo: Quem nos dera comer carne! Certamente estávamos bem no Egito! O SENHOR, pois, vos dará carne, e comereis. ¹⁹ Não comereis um dia, nem dois dias, nem cinco dias, nem dez dias, nem vinte dias; ²⁰ mas sim, um mês inteiro, até que vos saia pelas narinas, e sintais repulsa dela, porque rejeitastes o SENHOR que está no meio de vós, e chorastes diante dele, dizendo: Para que saímos do Egito? ²¹ Então disse Moisés: Seiscentos mil a pé é este povo no meio do qual estou; e tu dizes: Eu lhes darei carne, e comerão um mês inteiro. ²² Por acaso serão degoladas para eles ovelhas e bois que lhes bastem? Ou se ajuntarão para eles todos os peixes do mar para que lhes sejam suficientes? ²³ Porém o SENHOR respondeu a Moisés: Por acaso o poder * do SENHOR é curto? Agora verás se a minha palavra te acontecerá ou não. ²⁴ E Moisés saiu, e disse ao povo as palavras do SENHOR; e ajuntou setenta homens dos anciãos do povo, e os pôs ao redor da tenda. ²⁵ Então o SENHOR desceu na nuvem, e lhe falou; e tomou do espírito que estava sobre ele, e o pôs sobre aqueles setenta anciãos; e aconteceu que, quando o espírito repousou sobre eles, profetizaram, mas depois nunca mais. ²⁶ Porém ficaram no acampamento dois homens, um chamado Eldade e o outro Medade, sobre os quais o espírito também repousou (porque estavam entre os inscritos, mas não haviam saído à tenda); e profetizaram no acampamento. ²⁷ Então um jovem correu, e avisou a Moisés, e disse: Eldade e Medade estão profetizando no acampamento. ²⁸ Então Josué, filho de Num, assistente de Moisés desde a sua juventude, respondeu, e disse: Meu senhor Moisés, impede-os. ²⁹ E Moisés lhe respondeu: Tens tu ciúmes por mim? Bom seria se todos do povo do SENHOR fossem profetas, que o SENHOR pusesse seu Espírito sobre eles. ³⁰ E Moisés recolheu-se ao acampamento, ele e os anciãos de Israel. ³¹ E saiu um vento do SENHOR, que trouxe codornizes do mar, e deixou-as sobre o acampamento, de um dia de caminho de um lado e de outro, ao redor do acampamento, e quase dois côvados sobre a face da terra. ³² Então o povo se levantou e recolheu para si codornizes durante todo aquele dia, e toda a noite, e todo o dia seguinte.O que recolheu menos recolheu dez ômeres; e as estenderam para si ao redor do acampamento. ³³ A carne ainda estava entre os dentes deles, antes que fosse mastigada, quando o furor do SENHOR se acendeu no povo, e o SENHOR feriu o povo com uma praga muito grande. ³⁴ Por isso aquele lugar recebeu o nome de Quibrote-Hataavá, porque ali sepultaram o povo que teve o desejo. ³⁵ De Quibrote-Hataavá o povo partiu para Hazerote, e ficaram em Hazerote.

12

¹ E Miriã e Arão falaram contra Moisés por causa da mulher cuxita que havia tomado; porque ele havia tomado uma cuxita por esposa. ² E disseram: Por acaso o SENHOR falou somente por Moisés? Não falou também por nós? E o SENHOR ouviu isso. ³ Aquele homem Moisés era muito manso, mais que todos os homens que havia sobre a terra, ⁴ E logo disse o SENHOR a Moisés, a Arão, e a Miriã: Saí vós três à tenda do encontro. E saíram eles três. ⁵ Então o SENHOR desceu na coluna da nuvem, e pôs-se à entrada da tenda, e chamou a Arão e a Miriã; e saíram eles ambos. ⁶ E ele lhes disse: Ouvi agora minhas palavras: se tiverdes profeta do SENHOR, lhe aparecerei em visão, em sonhos falarei com ele. ⁷ Não assim a meu servo Moisés,

---

* **11:23** Lit. a mão

que é fiel em toda minha casa: ⁸ Face a face falarei com ele, e às claras, e não por figuras; e verá a aparência do SENHOR: por que pois não tivestes temor de falar contra meu servo Moisés? ⁹ Então o furor do SENHOR se acendeu neles; e ele se foi. ¹⁰ E a nuvem se afastou da tenda; e eis que Miriã era leprosa como a neve; e Arão olhou para Miriã, e eis que estava leprosa. ¹¹ E disse Arão a Moisés: Ah! Senhor meu, não ponhas sobre nós este pecado; porque loucamente o fizemos, e pecamos. ¹² Rogo que ela não seja como um que sai morto do ventre de sua mãe, com a metade de sua carne já consumida. ¹³ Então Moisés clamou ao SENHOR, dizendo: Rogo-te, ó Deus, que a sares agora. ¹⁴ Respondeu o SENHOR a Moisés: Se o seu pai houvesse cuspido em sua face, não seria envergonhada por sete dias? Que ela esteja fora do acampamento durante sete dias, e depois seja trazida de volta. ¹⁵ Assim Miriã foi expulsa do acampamento por sete dias; e o povo não partiu até que Miriã voltasse. ¹⁶ Depois o povo partiu de Hazerote, e assentaram o acampamento no deserto de Parã.

13

¹ E o SENHOR falou a Moisés, dizendo: ² "Envia homens que reconheçam a terra de Canaã, a qual eu dou aos filhos de Israel; de cada tribo de seus pais enviareis um homem, cada um líder entre eles." ³ E Moisés os enviou desde o deserto de Parã, conforme a palavra do SENHOR; e todos aqueles homens eram líderes dos filhos de Israel. ⁴ Os nomes dos quais são estes: da tribo de Rúben, Samua, filho de Zacur. ⁵ Da tribo de Simeão, Safate, filho de Hori. ⁶ Da tribo de Judá, Calebe, filho de Jefoné. ⁷ Da tribo de Issacar, Jigeal, filho de José. ⁸ Da tribo de Efraim, Oseias, filho de Num. ⁹ Da tribo de Benjamim, Palti, filho de Rafu. ¹⁰ Da tribo de Zebulom, Gadiel, filho de Sodi. ¹¹ Da tribo de José: pela tribo de Manassés, Gadi, filho de Susi. ¹² Da tribo de Dã, Amiel, filho de Gemali. ¹³ Da tribo de Aser, Setur, filho de Micael. ¹⁴ Da tribo de Naftali, Nabi, filho de Vofsi. ¹⁵ Da tribo de Gade, Guel, filho de Maqui. ¹⁶ Estes são os nomes dos homens que Moisés enviou para reconhecer a terra; e a Oseias, filho de Num, Moisés lhe pôs o nome de Josué. ¹⁷ Então Moisés os enviou para reconhecer a terra de Canaã, dizendo-lhes: "Subi por aqui, pelo sul, e subi ao monte: ¹⁸ e observai a terra que tal é; e o povo que a habita, se é forte ou débil, se pouco ou numeroso; ¹⁹ qual é a terra habitada, se é boa ou má; e quais são as cidades habitadas, se de tendas ou de fortalezas; ²⁰ e qual é o terreno, se é fértil ou fraco, se nele há ou não árvores; esforçai-vos, e colhei do fruto daquela terra." E o tempo era o tempo das primeiras uvas. ²¹ E eles subiram, e reconheceram a terra desde o deserto de Zim até Reobe, entrando em Hamate. ²² E subiram pelo sul, e vieram até Hebrom: e ali estavam Aimã, e Sesai, e Talmai, filhos de Anaque. Hebrom foi edificada sete anos antes de Zoã, a do Egito. ²³ E chegaram até o ribeiro de Escol, e dali cortaram um ramo com um cacho de uvas, o qual trouxeram dois em uma vara, e das romãs e dos figos. ²⁴ E chamou-se aquele lugar vale de Escol pelo cacho que cortaram dali os filhos de Israel. ²⁵ E voltaram de reconhecer a terra ao fim de quarenta dias. ²⁶ E andaram e vieram a Moisés e a Arão, e a toda a congregação dos filhos de Israel, no deserto de Parã, em Cades, e deram-lhes a resposta, e a toda a congregação, e lhes mostraram o fruto da terra. ²⁷ E lhe contaram, e disseram: Nós chegamos à terra à qual nos enviaste, a que certamente flui leite e mel; e este é o fruto dela. ²⁸ Mas o povo que habita aquela terra é forte, e as cidades muito grandes e fortes; e também vimos ali os filhos de Anaque. ²⁹ Amaleque habita a terra do sul; e os heteus, e os jebuseus, e os amorreus, habitam no monte; e os cananeus habitam junto ao mar, e à beira do Jordão. ³⁰ Então Calebe fez calar o povo diante de Moisés, e disse: Subamos logo, e passemos a ela; que mais poderemos que ela. ³¹ Mas os homens que subiram

com ele, disseram: Não poderemos subir contra aquele povo; porque é mais forte que nós. ³² E falaram mal entre os filhos de Israel da terra que haviam reconhecido, dizendo: A terra por de onde passamos para reconhecê-la, é terra que consome a seus moradores; e todo o povo que vimos em meio dela, são homens de grande estatura. ³³ Também vimos ali gigantes, filhos de Anaque, raça dos gigantes: e éramos nós, à nossa aparência, como gafanhotos; e assim lhes parecíamos a eles.

14

¹ Então toda a congregação levantaram grito, e deram vozes: e o povo chorou aquela noite. ² E queixaram-se contra Moisés e contra Arão todos os filhos de Israel; e disse-lhes toda a multidão: Melhor seria se tivéssemos morrido na terra do Egito; ou melhor seria se tivéssemos morrido neste deserto! ³ E por que nos traze o SENHOR a esta terra para cair à espada e que nossas mulheres e nossos meninos sejam por presa? não nos seria melhor voltarmos ao Egito? ⁴ E diziam um ao outro: Façamos um capitão, e voltemos ao Egito. ⁵ Então Moisés e Arão caíram sobre seus rostos diante de toda a multidão da congregação dos filhos de Israel. ⁶ E Josué filho de Num, e Calebe filho de Jefoné, que eram dos que haviam reconhecido a terra, rasgaram suas roupas; ⁷ E falaram a toda a congregação dos filhos de Israel, dizendo: A terra por de onde passamos para reconhecê-la, é terra em grande maneira boa. ⁸ Se o SENHOR se agradar de nós, ele nos porá nesta terra, e a entregará a nós; terra que flui leite e mel. ⁹ Portanto, não sejais rebeldes contra o SENHOR, nem temais ao povo desta terra, porque nosso pão são: seu amparo se afastou deles, e conosco está o SENHOR: não os temais. ¹⁰ Então toda a multidão falou de apedrejá-los com pedras. Mas a glória do SENHOR se mostrou no tabernáculo do testemunho a todos os filhos de Israel. ¹¹ E o SENHOR disse a Moisés: Até quando me há de irritar este povo? até quando não me há de crer com todos os sinais que fiz em meio deles?. ¹² Eu lhe ferirei de mortandade, e o destruirei, e a ti te porei sobre gente grande e mais forte que eles. ¹³ E Moisés respondeu ao SENHOR: Logo os egípcios o ouvirão, porque do meio deles tiraste a este povo com tua força: ¹⁴ E o dirão aos habitantes desta terra; os quais ouviram que tu, ó SENHOR, estavas em meio deste povo, que olho a olho aparecias tu, ó SENHOR, e que tua nuvem estava sobre eles, e que de dia ias diante deles em coluna de nuvem, e de noite em coluna de fogo. ¹⁵ E que fizeste morrer a este povo como a um homem: e as nações que houverem ouvido tua fama falarão, dizendo: ¹⁶ Porque não pôde o SENHOR meter este povo na terra da qual lhes havia jurado, os matou no deserto. ¹⁷ Agora, pois, eu te rogo que seja engrandecida a força do Senhor, como o falaste, dizendo: ¹⁸ O SENHOR, tardio de ira e grande em misericórdia, que perdoa a iniquidade e a rebelião, e deixa impune o culpado; que visita a maldade dos pais sobre os filhos até a terceira geração e até a quarta. ¹⁹ Perdoa agora a iniquidade deste povo segundo a grandeza de tua misericórdia, e como perdoaste a este povo desde Egito até aqui. ²⁰ Então o SENHOR disse: Eu o perdoei conforme tu dito: ²¹ Mas, certamente vivo eu e minha glória inche toda a terra, ²² Que todos os que viram minha glória e meus sinais que fiz no Egito e no deserto, e me tentaram já dez vezes, e não ouviram minha voz, ²³ Não verão a terra da qual jurei a seus pais: não, nenhum dos que me irritaram a verá. ²⁴ Porém meu servo Calebe, porquanto houve nele outro espírito, e cumpriu de ir após mim, eu o porei na terra onde entrou e sua descendência a receberá em herança. ²⁵ Agora bem, os amalequitas e os cananeus habitam no vale; voltai-vos amanhã, e parti-vos ao deserto, caminho do mar Vermelho. ²⁶ E o SENHOR falou a Moisés e a Arão, dizendo: ²⁷ Até quando ouvirei esta depravada multidão que murmura contra mim, as queixas dos filhos de Israel, que de mim se queixam? ²⁸ Dize-lhes: Vivo eu, diz o SENHOR, que segundo falastes a meus ouvidos, assim farei

eu convosco: ²⁹ Neste deserto cairão vossos corpos; todos vossos contados segundo toda vossa contagem, de vinte anos acima, os quais murmurastes contra mim; ³⁰ Vós à verdade não entrareis na terra, pela qual levantei minha mão de fazer-vos habitar nela; exceto a Calebe filho de Jefoné, e a Josué filho de Num. ³¹ Mas vossos meninos, dos quais dissestes que seriam por presa, eu os introduzirei, e eles conhecerão a terra que vós desprezastes. ³² E quanto a vós, vossos corpos cairão neste deserto. ³³ E vossos filhos andarão pastoreando no deserto quarenta anos, e eles levarão vossas prostituições, até que vossos corpos sejam consumidos no deserto. ³⁴ Conforme o número dos dias, dos quarenta dias em que reconhecestes a terra, levareis vossas iniquidades quarenta anos, ano por cada dia; e conhecereis meu castigo. ³⁵ Eu sou o SENHOR falei; assim farei a toda esta multidão perversa que se juntou contra mim; neste deserto serão consumidos, e ali morrerão. ³⁶ E os homens que Moisés enviou para reconhecer a terra, e depois de voltarem, fizeram toda a congregação murmurar contra ele, trazendo um mau relato daquela terra, ³⁷ aqueles homens que haviam falado mal da terra, morreram de praga diante do SENHOR. ³⁸ Mas Josué filho de Num, e Calebe filho de Jefoné, restaram com vida dentre aqueles homens que haviam ido a reconhecer a terra. ³⁹ E Moisés disse estas coisas a todos os filhos de Israel, e o povo ficou em muito luto. ⁴⁰ E levantaram-se pela manhã, e subiram ao cume do monte, dizendo: Eis-nos aqui para subir ao lugar do qual falou o SENHOR; porque pecamos. ⁴¹ E disse Moisés: Por que quebrantais o dito do SENHOR? Isto tampouco vos sucederá bem. ⁴² Não subais, porque o SENHOR não está em meio de vós, não sejais feridos diante de vossos inimigos. ⁴³ Porque os amalequitas e os cananeus estão ali diante de vós, e caireis à espada: pois porquanto vos desviastes de seguir ao SENHOR, por isso não será o SENHOR convosco. ⁴⁴ Todavia, se insistiram em subir por cima do monte: mas a arca da aliança do SENHOR, e Moisés, não se apartaram do meio do acampamento. ⁴⁵ E desceram os amalequitas e os cananeus, que habitavam naquele monte, e os feriram e os derrotaram, perseguindo-os até Hormá.

15

¹ E o SENHOR falou a Moisés, dizendo: ² Fala aos filhos de Israel, e dize-lhes: Quando houverdes entrado na terra de vossas habitações, que eu vos dou, ³ E fizerdes oferta queimada ao SENHOR, holocausto, ou sacrifício, por especial voto, ou de vossa vontade, ou para fazer em vossas solenidades cheiro suave ao SENHOR, de vacas ou de ovelhas; ⁴ Então o que oferecer sua oferta ao SENHOR, trará por oferta de cereais um décimo de um efa de boa farinha, amassada com a quarta parte de um him de azeite; ⁵ E de veio para a libação oferecerás a quarta parte de um him, além do holocausto ou do sacrifício, por cada cordeiro. ⁶ E para cada carneiro farás oferta de cereais de dois décimos *de efa* de boa farinha, amassada com o terço de um him de azeite. ⁷ e de vinho para a libação oferecerás o terço de um him, em cheiro suave ao SENHOR. ⁸ E quando oferecerdes novilho em holocausto ou sacrifício, por especial voto, ou pacífico ao SENHOR, ⁹ Oferecerás com o novilho uma oferta de cereais de três décimos *de efa* de boa farinha, amassada com a metade de um him de azeite: ¹⁰ E de vinho para a libação oferecerás a metade de um him, em oferta queimada de cheiro suave ao SENHOR. ¹¹ Assim se fará com cada um boi, ou carneiro, ou cordeiro, o mesmo de ovelhas que de cabras. ¹² Conforme o número assim fareis com cada um segundo o número deles. ¹³ Todo natural fará estas coisas assim, para apresentar oferta queimada de cheiro suave ao SENHOR. ¹⁴ E quando habitar convosco estrangeiro, ou qualquer um que estiver entre vós nas vossas gerações, se apresentar uma oferta queimada de cheiro suave ao SENHOR, como vós fizerdes, assim fará ele. ¹⁵ Um mesmo estatuto tereis, vós da congregação e o estrangeiro que

convosco mora; estatuto que será perpétuo por vossas gerações: como vós, assim será o peregrino diante do SENHOR. [16] Uma mesma lei e um mesmo regulamento tereis, vós e o peregrino que convosco mora. [17] E falou o SENHOR a Moisés, dizendo: [18] Fala aos filhos de Israel, e dize-lhes: Quando houverdes entrado na terra à qual eu vos levo, [19] Será que quando começardes a comer o pão da terra, oferecereis oferta ao SENHOR. [20] Da primeira parte que amassardes, oferecereis um bolo como oferta; como a oferta da eira, assim o oferecereis. [21] Das primícias de vossas massas dareis ao SENHOR oferta por vossas gerações. [22] E quando errardes, e não fizerdes todos estes mandamentos que o SENHOR disse a Moisés, [23] Todas as coisas que o SENHOR vos mandou pela mão de Moisés, desde o dia que o SENHOR o mandou, e daí em diante por vossas gerações, [24] Será que, se o pecado foi feito involuntariamente por ignorância da congregação, toda a congregação oferecerá um novilho por holocausto, em cheiro suave ao SENHOR, com sua oferta de cereais e sua libação, conforme a lei; e um bode macho por expiação. [25] E o sacerdote fará expiação por toda a congregação dos filhos de Israel; e lhes será perdoado, porque foi erro por ignorância; eles trarão sua oferta, oferta queimada ao SENHOR, e sua expiação diante do SENHOR, por causa do seu erro; [26] E será perdoado a toda a congregação dos filhos de Israel, e ao estrangeiro que peregrina entre eles, porque foi erro por ignorância de todo o povo. [27] E se uma pessoa pecar por ignorância, oferecerá uma cabra de um ano por expiação. [28] E o sacerdote fará expiação pela pessoa que houver pecado, quando pecar por ignorância diante do SENHOR, e a reconciliará, e lhe será perdoado. [29] O natural entre os filhos de Israel, e o peregrino que habitar entre eles, uma mesma lei tereis para o que fizer algo por acidente. [30] Mas a pessoa que fizer algo com mão soberba, tanto o natural como o estrangeiro, ao SENHOR blasfemou; e a tal pessoa será eliminada do meio de seu povo. [31] Porquanto teve em pouco a palavra do SENHOR, e deu por nulo seu mandamento, inteiramente será eliminada a tal pessoa: sua iniquidade será sobre ela. [32] E estando os filhos de Israel no deserto, acharam um homem que recolhia lenha em dia de sábado. [33] E os que lhe acharam recolhendo lenha trouxeram-lhe a Moisés e a Arão, e a toda a congregação: [34] E puseram-no no cárcere, porque não estava declarado que lhe haviam de fazer. [35] E o SENHOR disse a Moisés: Invariavelmente morra aquele homem; apedreje-o com pedras toda a congregação fora do acampamento. [36] Então o tirou a congregação fora do acampamento, e apedrejaram-no com pedras, e morreu; como o SENHOR mandou a Moisés. [37] E o SENHOR falou a Moisés, dizendo: [38] Fala aos filhos de Israel, e dize-lhes que se façam franjas) nos arremates de suas roupas, por suas gerações; e ponham em cada franja dos arremates um cordão de azul: [39] E vos servirá de franja, para que quando o virdes, vos lembreis de todos os mandamentos do SENHOR, para praticá-los; e não olheis segundo vosso coração e vossos olhos, atrás dos quais prostituís: [40] Para que vos lembreis, e façais todos meus mandamentos, e sejais santos a vosso Deus. [41] Eu sou o SENHOR vosso Deus, que vos tirei da terra do Egito, para ser vosso Deus: Eu sou o SENHOR vosso Deus.

16

[1] E Coré, filho de Izar, filho de Coate, filho de Levi; e Datã e Abirão, filhos de Eliabe; e Om, filho de Pelete, dos filhos de Rúben, tomaram gente, [2] E levantaram-se contra Moisés com duzentos e cinquenta homens dos filhos de Israel, príncipes da congregação, dos do conselho, homens de renome; [3] E se juntaram contra Moisés e Arão, e lhes disseram: Basta-vos, porque toda a congregação, todos eles são santos, e em meio deles está o SENHOR: por que, pois, vos levantais vós sobre a congregação do SENHOR? [4] E quando o ouviu Moisés, lançou-se sobre seu rosto; [5] E falou a Coré

e a todo o seu grupo, dizendo: Amanhã mostrará o SENHOR quem é seu, e ao santo o fará chegar a si; e ao que ele escolher, ele o achegará a si. 6 Fazei isto: tomai incensários, Coré e todo o seu grupo: 7 E ponde fogo neles, e ponde neles incenso diante do SENHOR amanhã; e será que o homem a quem o SENHOR escolher, aquele será o santo: basta-vos isto, filhos de Levi. 8 Disse mais Moisés a Coré: Ouvi agora, filhos de Levi: 9 Vos é pouco que o Deus de Israel vos haja apartado da congregação de Israel, fazendo-vos achegar a si para que ministrasses no serviço do tabernáculo do SENHOR, e estivésseis diante da congregação para ministrar-lhes? 10 E que te fez aproximar a ti, e a todos os teus irmãos os filhos de Levi contigo; para que procureis também o sacerdócio? 11 Portanto, tu e todo o teu grupo sois os que vos juntais contra o SENHOR: pois Arão, que é para que contra ele murmureis? 12 E enviou Moisés a chamar a Datã e Abirão, filhos de Eliabe; mas eles responderam: Não iremos lá: 13 É pouco que nos tenhas feito vir de uma terra que destila leite e mel, para fazer-nos morrer no deserto, mas que também te faças senhor de nós autoritariamente? 14 Nem tampouco nos puseste tu em terra que flua leite e mel, nem nos deste propriedades de terras e vinhas: hás de arrancar os olhos destes homens? Não subiremos. 15 Então Moisés se irou em grande maneira, e disse ao SENHOR: Não olhes a sua oferta: nem ainda um asno tomei deles, nem a nenhum deles fiz mal. 16 Depois disse Moisés a Coré: Tu e todo o teu grupo, ponde-vos amanhã diante do SENHOR; tu, e eles, e Arão: 17 E tomai cada um seu incensário, e ponde incenso neles, e achegai diante do SENHOR cada um seu incensário: duzentos e cinquenta incensários: tu também, e Arão, cada um com seu incensário. 18 E tomaram cada um seu incensário, e puseram neles fogo, e lançaram neles incenso, e puseram-se à porta do tabernáculo do testemunho com Moisés e Arão. 19 Já Coré havia feito juntar contra eles toda a congregação à porta do tabernáculo do testemunho: então a glória do SENHOR apareceu a toda a congregação. 20 E o SENHOR falou a Moisés e a Arão, dizendo: 21 Apartai-vos dentre esta congregação, e os consumirei em um momento. 22 E eles se lançaram sobre seus rostos, e disseram: Deus, Deus dos espíritos de toda carne, não é um homem o que pecou? E te irarás tu contra toda a congregação? 23 Então o SENHOR falou a Moisés, dizendo: 24 Fala à congregação, dizendo: Apartai-vos de em derredor da tenda de Coré, Datã, e Abirão. 25 E Moisés se levantou, e foi a Datã e Abirão; e os anciãos de Israel foram atrás dele. 26 E ele falou à congregação, dizendo: Apartai-vos agora das tendas destes ímpios homens, e não toqueis nenhuma coisa sua, porque não pereçais em todos os seus pecados. 27 E apartaram-se das tendas de Coré, de Datã, e de Abirão em derredor: e Datã e Abirão saíram e puseram-se às portas de suas tendas, com suas mulheres, e seus filhos, e suas crianças. 28 E disse Moisés: Em isto conhecereis que o SENHOR me enviou para que fizesse todas estas coisas: que não de meu coração as fiz. 29 Se como morrem todos os homens morrerem estes, ou se forem eles visitados à maneira de todos os homens, o SENHOR não me enviou. 30 Mas se o SENHOR fizer uma nova coisa, e a terra abrir sua boca, e os tragar com todas suas coisas, e descerem vivos ao Xeol, * então conhecereis que estes homens irritaram ao SENHOR. 31 E aconteceu, que em acabando ele de falar todas estas palavras, rompeu-se a terra que estava debaixo deles: 32 E abriu a terra sua boca, e tragou-os a eles, e a suas casas, e a todos os homens de Coré, e a todos os seus pertences. 33 E eles, com tudo o que tinham, desceram vivos ao Xeol, a a terra os cobriu, e pereceram do meio da congregação. 34 E todo Israel, os que estavam em derredor deles, fugiram ao grito deles; porque diziam: Não nos trague também a terra. 35 E saiu fogo do SENHOR, e consumiu os duzentos e cinquenta homens que ofereciam o incenso. 36 Então o SENHOR falou a Moisés, dizendo: 37 Dize a Eleazar,

* **16:30** Xeol é o lugar dos mortos

filho de Arão sacerdote, que tome os incensários do meio do incêndio, e derrame mais ali o fogo; porque são santificados: 38 Os incensários destes pecadores contra suas almas: e farão deles placas estendidas para cobrir o altar: porquanto ofereceram com eles diante do SENHOR, são santificados; e serão por sinal aos filhos de Israel. 39 E o sacerdote Eleazar tomou os incensários de bronze com que os queimados haviam oferecido; e estenderam-nos para cobrir o altar, 40 Em memorial aos filhos de Israel que nenhum estranho que não seja da descendência de Arão, chegue a oferecer incenso diante do SENHOR, para que não seja como Coré, e como seu grupo; segundo se o disse o SENHOR por meio de Moisés. 41 No dia seguinte toda a congregação dos filhos de Israel murmurou contra Moisés e Arão, dizendo: Vós haveis matado ao povo do SENHOR. 42 E aconteceu que, quando se juntou a congregação contra Moisés e Arão, olharam até o tabernáculo do testemunho, e eis que a nuvem o havia coberto, e apareceu a glória do SENHOR. 43 E vieram Moisés e Arão diante do tabernáculo do testemunho. 44 E o SENHOR falou a Moisés, dizendo: 45 Apartai-vos do meio desta congregação, e os consumirei em um momento. E eles se lançaram sobre seus rostos. 46 E disse Moisés A Arão: Toma o incensário, e põe nele fogo do altar, e sobre ele põe incenso, e vai logo à congregação, e faze expiação por eles; porque o furor saiu de diante da face do SENHOR: a mortandade começou. 47 Então tomou Arão o incensário, como Moisés disse, e correu em meio da congregação: e eis que a mortandade havia começado no povo: e ele pôs incenso, e fez expiação pelo povo. 48 E pôs-se entre os mortos e os vivos, e cessou a mortandade. 49 E os que morreram naquela mortandade foram catorze mil e setecentos, sem os mortos pelo negócio de Coré. 50 Depois se voltou Arão a Moisés à porta do tabernáculo do testemunho, quando a mortandade havia cessado.

17

1 E falou o SENHOR a Moisés, dizendo: 2 Fala aos filhos de Israel, e toma deles uma vara por cada casa dos pais, de todos os príncipes deles, doze varas conforme as casas de seus pais; e escreverás o nome de cada um sobre sua vara. 3 E escreverás o nome de Arão sobre a vara de Levi; porque cada cabeça de família de seus pais terá uma vara. 4 E as porás no tabernáculo do testemunho diante do testemunho, onde eu me declararei a vós. 5 E será, que o homem que eu escolher, sua vara florescerá: e farei cessar de sobre mim as queixas dos filhos de Israel, com que murmuram contra vós. 6 E Moisés falou aos filhos de Israel, e todos os príncipes deles lhe deram varas; cada príncipe pelas casas de seus pais uma vara, em todas doze varas; e a vara de Arão estava entre as varas deles. 7 E Moisés pôs as varas diante do SENHOR no tabernáculo do testemunho. 8 E aconteceu que no dia seguinte veio Moisés ao tabernáculo do testemunho; e eis que a vara de Arão da casa de Levi havia brotado, e produzido flores, e lançado renovos, e produzido amêndoas. 9 Então tirou Moisés todas as varas de diante do SENHOR a todos os filhos de Israel; e eles o viram, e tomaram cada um sua vara. 10 E o SENHOR disse a Moisés: Volta a vara de Arão diante do testemunho, para que se guarde por sinal aos filhos rebeldes; e farás cessar suas queixas de sobre mim, para que não morram. 11 E o fez Moisés: como lhe mandou o SENHOR, assim fez. 12 Então os filhos de Israel falaram a Moisés, dizendo: Eis que nós somos mortos, perdidos somos, todos nós somos perdidos. 13 Qualquer um que se chegar, o que se aproximar ao tabernáculo do SENHOR morrerá: Acabaremos de perecer todos?

18

1 E o SENHOR disse a Arão: Tu e teus filhos, e a casa de teu pai contigo, levareis o pecado do santuário: e tu e teus filhos contigo levareis o pecado de vosso sacerdócio.

² E a teus irmãos também, a tribo de Levi, a tribo de teu pai, faze-os chegar a ti, e juntem-se contigo, e te servirão; e tu e teus filhos contigo servireis diante do tabernáculo do testemunho. ³ E guardarão o que tu ordenares, e o cargo de todo o tabernáculo: mas não chegarão aos utensílios santos nem ao altar, para que não morram eles e vós. ⁴ Eles se juntarão, pois, contigo, e terão o cargo do tabernáculo do testemunho em todo o serviço do tabernáculo; nenhum estranho se há de chegar a vós. ⁵ E tereis a guarda do santuário, e a guarda do altar, para que não seja mais a ira sobre os filhos de Israel. ⁶ Porque eis que eu tomei os vossos irmãos, os levitas, dentre os filhos de Israel, são dados a vós como presente da parte do SENHOR, para que sirvam no ministério do tabernáculo do testemunho. ⁷ Porém tu e teus filhos contigo guardareis vosso sacerdócio em todo negócio do altar, e do véu dentro, e ministrareis. Eu vos dei como presente o serviço de vosso sacerdócio; e o estranho que se aproximar morrerá. ⁸ Disse mais o SENHOR a Arão: Eis que eu te dei também a guarda de minhas ofertas: todas as coisas consagradas dos filhos de Israel te dei por razão da unção, e a teus filhos, por estatuto perpétuo. ⁹ Isto será teu da oferta das coisas santas separadas do fogo: toda oferta deles, toda oferta de alimentos deles, e toda expiação pelo pecado deles, que me restituirão, será coisa santíssima para ti e para os teus filhos. ¹⁰ No santuário a comerás; todo homem comerá dela: coisa santa será para ti. ¹¹ Isto também será teu: a oferta elevada de suas doações, e todas as ofertas movidas dos filhos de Israel, dei a ti, e aos teus filhos, e às tuas filhas contigo, por estatuto perpétuo; todo o limpo na tua casa comerá delas. ¹² De azeite, e de mosto, e de trigo, tudo o mais escolhido, as primícias disso, que apresentarão ao SENHOR, a ti as dei. ¹³ As primícias de todas as coisas da terra deles, as quais trarão ao SENHOR, serão tuas: todo limpo em tua casa comerá delas. ¹⁴ Todo o consagrado por voto em Israel será teu. ¹⁵ Todo o que abrir madre em toda carne que oferecerão ao SENHOR, tanto de homens como de animais, será teu: mas farás resgatar o primogênito do homem: também farás resgatar o primogênito de animal impuro. ¹⁶ E de um mês farás efetuar o resgate deles, conforme tua avaliação, por preço de cinco siclos, ao siclo do santuário, que é de vinte óbolos. ¹⁷ Mas o primogênito de vaca, e o primogênito de ovelha, e o primogênito de cabra, não resgatarás; são santificados; o sangue deles espargirás sobre o altar, e queimarás a gordura deles, como oferta queimada em cheiro suave ao SENHOR. ¹⁸ E a carne deles será tua: como o peito da oferta movida e como a coxa direita, será tua. ¹⁹ Todas as ofertas elevadas das coisas santas, que os filhos de Israel oferecerem ao SENHOR, dei-as a ti, e a teus filhos e a tuas filhas contigo, por estatuto perpétuo: pacto de sal perpétuo é diante do SENHOR para ti e para tua descendência contigo. ²⁰ E o SENHOR disse a Arão: Da terra deles não terás herança, nem entre eles terás parte: Eu sou tua parte e tua herança em meio dos filhos de Israel. ²¹ E eis que eu dei aos filhos de Levi todos os dízimos em Israel por herança, por seu ministério, porquanto eles servem no ministério do tabernáculo do testemunho. ²² E não chegarão mais os filhos de Israel ao tabernáculo do testemunho, para que não levem pecado, pelo qual morram. ²³ Mas os levitas farão o serviço do tabernáculo do testemunho, e eles levarão sua iniquidade: estatuto perpétuo por vossas gerações; e não possuirão herança entre os filhos de Israel. ²⁴ Porque aos levitas dei por herança os dízimos dos filhos de Israel, que oferecerão ao SENHOR em oferta; pelo qual lhes disse: Entre os filhos de Israel não possuirão herança. ²⁵ E falou o SENHOR a Moisés, dizendo: ²⁶ Assim falarás aos levitas, e lhes dirás: Quando receberdes dos filhos de Israel os dízimos que da parte deles vos dei por vossa herança, deles oferecereis em oferta movida ao SENHOR, o dízimo dos dízimos. ²⁷ E a vossa oferta vos será contada como o grão da eira, e como a plenitude da prensa de uvas. ²⁸ Assim também vós oferecereis uma

oferta ao SENHOR de todos os vossos dízimos que receberdes dos filhos de Israel; e deles dareis a oferta do SENHOR ao sacerdote Arão. ²⁹ De todas as vossas doações oferecereis toda oferta ao SENHOR; de todo o melhor delas oferecereis a porção que será consagrada. ³⁰ E lhes dirás: Quando oferecerdes o melhor delas, será contado aos levitas por fruto da eira, e como produto da prensa de uvas. ³¹ E o comereis em qualquer lugar, vós e vossa família; pois é vossa remuneração por vosso ministério no tabernáculo do testemunho. ³² E quando vós houverdes oferecido disso o melhor seu, não levareis por ele pecado: e não haveis de contaminar as coisas santas dos filhos de Israel, e não morrereis.

19

¹ E o SENHOR falou a Moisés e a Arão, dizendo: ² Esta é a ordenança da lei que o SENHOR prescreveu, dizendo: Dize aos filhos de Israel que te tragam uma novilha vermelha, sem defeito, que não tenha mancha, sobre a qual não se tenha posto jugo; ³ e a dareis ao sacerdote Eleazar. Ele a tirará fora do acampamento, e a fará degolar em sua presença. ⁴ E tomará Eleazar o sacerdote de seu sangue com seu dedo, e espargirá até a dianteira do tabernáculo do testemunho com o sangue dela sete vezes; ⁵ E fará queimar a vaca ante seus olhos: seu couro e sua carne e seu sangue, com seu excremento, fará queimar. ⁶ Logo tomará o sacerdote pau de cedro, e hissopo, e escarlata, e o lançará em meio do fogo em que arde a vaca. ⁷ O sacerdote lavará logo suas roupas, lavará também sua carne com água, e depois entrará no acampamento; e será impuro o sacerdote até à tarde. ⁸ Também o que a queimou, lavará suas roupas em água, também lavará em água sua carne, e será impuro até à tarde. ⁹ E um homem limpo recolherá as cinzas da vaca, e as porá fora do acampamento em lugar limpo, e as guardará a congregação dos filhos de Israel para a água de separação: é uma expiação. ¹⁰ E o que recolheu as cinzas da vaca, lavará suas roupas, e será impuro até à tarde: e será aos filhos de Israel, e ao estrangeiro que peregrina entre eles, por estatuto perpétuo. ¹¹ O que tocar morto de qualquer pessoa humana, sete dias será impuro: ¹² Este se purificará ao terceiro dia com esta água, e ao sétimo dia será limpo; e se ao terceiro dia não se purificar, não será limpo ao sétimo dia. ¹³ Qualquer um que tocar em morto, em pessoa de homem que estiver morto, e não se purificar, o tabernáculo do SENHOR contaminou; e aquela pessoa será eliminada de Israel: porquanto a água da separação não foi espargida sobre ele, impuro será; e seu impureza será sobre ele. ¹⁴ Esta é a lei para quando alguém morrer na tenda: qualquer um que entrar na tenda e todo o que estiver nela, será impuro sete dias. ¹⁵ E todo vaso aberto, sobre o qual não houver tampa bem ajustada, sera impuro. ¹⁶ E qualquer um que tocar em morto à espada sobre a face do campo, ou em morto, ou em osso humano, ou em sepulcro, sete dias será impuro. ¹⁷ E para o impuro tomarão da cinza da queimada vaca da expiação, e lançarão sobre ela água viva em um vaso: ¹⁸ E um homem limpo tomará hissopo. e o molhará na água, e espargirá sobre a tenda, e sobre todos os móveis, e sobre as pessoas que ali estiverem, e sobre aquele que houver tocado o osso, ou o matado, ou o cadáver, ou o sepulcro: ¹⁹ E o limpo espargirá sobre o impuro ao terceiro e ao sétimo dia: e quando o haverá purificado ao dia sétimo, ele lavará logo suas roupas, e a si mesmo se lavará com água, e será limpo à tarde. ²⁰ E o que for impuro, e não se purificar, a tal pessoa será eliminada dentre a congregação, porquanto contaminou o tabernáculo do SENHOR: não foi espargida sobre ele a água de separação, é impuro. ²¹ E lhes será por estatuto perpétuo: também o que espargir a água da separação lavará suas roupas; e o que tocar a água da separação, será impuro até à tarde. ²² E todo o que o impuro tocar, será impuro: e a pessoa que o tocar, será impura até à tarde.

20

¹ E chegaram os filhos de Israel, toda a congregação, ao deserto de Zim, no mês primeiro, e assentou o povo em Cades; e ali morreu Miriã, e foi ali sepultada. ² E como não havia água para a congregação, juntaram-se contra Moisés e Arão. ³ E brigou o povo com Moisés, e falaram dizendo: Antes que nós tivéssemos morrido quando pereceram nossos irmãos diante do SENHOR! ⁴ E por que fizeste vir a congregação do SENHOR a este deserto, para que morramos aqui nós e nossos animais? ⁵ E por que nos fizeste subir do Egito, para trazer-nos a este mal lugar? Não é lugar de sementeira, de figueiras, de vinhas, nem romãs: nem ainda de água para beber. ⁶ E foram-se Moisés e Arão de diante da congregação à porta do tabernáculo do testemunho, e lançaram-se sobre seus rostos; e a glória do SENHOR apareceu sobre eles. ⁷ E falou o SENHOR a Moisés, dizendo: ⁸ Toma a vara e reúne a congregação, tu e Arão teu irmão, e falai à rocha em olhos deles; e ela dará sua água, e lhes tirarás águas da rocha, e darás de beber à congregação, e a seus animais. ⁹ Então Moisés tomou a vara de diante do SENHOR, como ele lhe mandou. ¹⁰ E juntaram Moisés e Arão a congregação diante da rocha, e disse-lhes: Ouvi agora, rebeldes: Faremos para vós sair águas desta rocha? ¹¹ Então levantou Moisés sua mão, e feriu a rocha com sua vara duas vezes: e saíram muitas águas, e bebeu a congregação, e seus animais. ¹² E o SENHOR disse a Moisés e a Arão: Porquanto não crestes em mim, para santificar-me aos olhos dos filhos de Israel, portanto, não poreis esta congregação na terra que lhes dei. ¹³ Estas são as águas da briga, pelas quais contenderam os filhos de Israel com o SENHOR, e ele se santificou neles. ¹⁴ E enviou Moisés embaixadores ao rei de Edom desde Cades: Assim diz Israel teu irmão: Tu soubeste todo o trabalho que nos veio: ¹⁵ Como nossos pais desceram ao Egito, e estivemos no Egito longo tempo, e os egípcios nos maltrataram, e a nossos pais; ¹⁶ E clamamos ao SENHOR, o qual ouviu nossa voz, e enviou anjo, e tirou-nos do Egito; e eis que estamos em Cades, cidade ao extremo de teus confins: ¹⁷ Rogamo-te que passemos por tua terra; não passaremos por lavoura, nem por vinha, nem beberemos água de poços: pelo caminho real iremos, sem apartar-nos à direita nem à esquerda, até que havemos passado teu termo. ¹⁸ E Edom lhe respondeu: Não passarás por minha terra, de outra maneira sairei contra ti armado. ¹⁹ E os filhos de Israel disseram: Pelo caminho seguido iremos; e se bebermos tuas águas eu e meus gados, darei o preço delas: certamente sem fazer outra coisa, passarei de seguida. ²⁰ E ele respondeu: Não passarás. E saiu Edom contra ele com muito povo, e mão forte. ²¹ Não quis, pois, Edom deixar passar a Israel por seu termo, e apartou-se Israel dele. ²² E partidos de Cades os filhos de Israel, toda aquela congregação, vieram ao monte de Hor. ²³ E o SENHOR falou a Moisés e Arão no monte de Hor, nos confins da terra de Edom, dizendo: ²⁴ Arão será reunido a seus povos; pois não entrará na terra que eu dize aos filhos de Israel, porquanto fostes rebeldes a meu mandamento nas águas da briga. ²⁵ Toma a Arão e a Eleazar seu filho, e faze-os subir ao monte de Hor; ²⁶ E faze desnudar a Arão suas roupas, e viste delas a Eleazar seu filho; porque Arão será reunido a seus povos, e ali morrerá. ²⁷ E Moisés fez como o SENHOR lhe mandou: e subiram ao monte de Hor à vista de toda a congregação. ²⁸ E Moisés fez desnudar a Arão de suas roupas e vestiu-as a Eleazar seu filho: e Arão morreu ali no cume do monte: e Moisés e Eleazar desceram do monte. ²⁹ E vendo toda a congregação que Arão era morto, fizeram-lhe luto por trinta dias todas as famílias de Israel.

21

¹ E quando o cananeu, o rei de Arade, que habitava ao sul, ouviu falar que Israel vinha pelo caminho de Atarim, lutou contra Israel, e dele levou alguns como prisioneiros. ² Então Israel fez voto ao SENHOR, e disse: Se com efeito entregares a

este povo em minha mão, eu destruirei suas cidades. ³ E o SENHOR escutou a voz de Israel, e entregou aos cananeus, e destruiu-os a eles e a suas cidades; e chamou o nome daquele lugar Hormá. ⁴ E partiram do monte de Hor, caminho do mar Vermelho, para rodear a terra de Edom; e abateu-se o ânimo do povo pelo caminho. ⁵ E falou o povo contra Deus e Moisés: Por que nos fizeste subir do Egito para que morrêssemos neste deserto? que nem há pão, nem água, e nossa alma tem ódio deste pão tão miserável. ⁶ E o SENHOR enviou entre o povo serpentes ardentes, que mordiam ao povo: e morreu muito povo de Israel. ⁷ Então o povo veio a Moisés, e disseram: Pecado temos por haver falado contra o SENHOR, e contra ti: roga ao SENHOR que tire de nós estas serpentes. E Moisés orou pelo povo. ⁸ E o SENHOR disse a Moisés: Faze-te uma serpente ardente, e põe-a sobre a haste: e será que qualquer um que for mordido e olhar a ela, viverá. ⁹ E Moisés fez uma serpente de bronze, e a pôs sobre a haste, e foi, que quando alguma serpente mordia a algum, olhava à serpente de bronze, e vivia. ¹⁰ E partiram os filhos de Israel, e assentaram acampamento em Obote. ¹¹ E partidos de Obote, assentaram em Ijé-Abarim, no deserto que está diante de Moabe, ao oriente. ¹² Partidos dali, assentaram no vale de Zerede. ¹³ De ali moveram, e assentaram da outra parte de Arnom, que está no deserto, e que sai do termo dos amorreus; porque Arnom é termo de Moabe, entre Moabe e os amorreus. ¹⁴ Por isso se diz no livro das batalhas do SENHOR: Vaebe em Sufa, * e nos ribeiros de Arnom: ¹⁵ E à corrente dos ribeiros que vai a parar em Ar, e descansa no termo de Moabe. ¹⁶ E dali vieram a Beer: este é o poço do qual o SENHOR disse a Moisés: Junta ao povo, e lhes darei água. ¹⁷ Então cantou Israel esta canção: Sobe, ó poço; a ele cantai: ¹⁸ Poço, o qual cavaram os senhores; Cavaram-no os príncipes do povo, E o legislador, com seus bordões. E do deserto *partiram* para Matana. ¹⁹ E de Matanná a Naaliel: e de Naaliel a Bamote: ²⁰ E de Bamote ao vale que está nos campos de Moabe, e ao cume de Pisga, que está voltado a Jesimom. ²¹ E enviou Israel embaixadores a Seom, rei dos amorreus, dizendo: ²² Deixa-me passar por tua terra: não nos desviaremos pelos campos, nem pelas vinhas; não beberemos as águas dos poços; pelo caminho real iremos, até que passemos os teus termos. ²³ Mas Seom não deixou passar a Israel por seus termos: antes juntou Seom todo seu povo, e saiu contra Israel no deserto: e veio a Jaza, e lutou contra Israel. ²⁴ Mas Israel o feriu a fio de espada, e tomou sua terra desde Arnom até Jaboque, até os filhos de Amom: porque o termo dos filhos de Amom era forte. ²⁵ E tomou Israel todas estas cidades: e habitou Israel em todas as cidades dos amorreus, em Hesbom e em todas suas aldeias. ²⁶ Porque Hesbom era a cidade de Seom, rei dos amorreus; o qual havia tido guerra antes com o rei de Moabe, e tomado de seu poder toda a sua terra até Arnom. ²⁷ Portanto, dizem os proverbistas: Vinde a Hesbom, Edifique-se e repare-se a cidade de Seom: ²⁸ Que fogo saiu de Hesbom, E chama da cidade de Seom, E consumiu a Ar de Moabe, aos senhores dos altos de Arnom. ²⁹ Ai de ti, Moabe! Pereceste, povo de Camos: Pôs seus filhos em fuga, E suas filhas em cativeiro, por Seom rei dos amorreus. ³⁰ Mas devastamos o reino deles; pereceu Hesbom até Dibom, E destruímos até Nofá e Medeba. ³¹ Assim habitou Israel na terra dos amorreus. ³² E enviou Moisés a reconhecer a Jazer; e tomaram suas aldeias, e expulsaram aos amorreus que estavam ali. ³³ E voltaram, e subiram caminho de Basã. E Ogue, rei de Basã, ele e todo o seu povo, saíram contra eles, para lutar em Edrei. ³⁴ Então o SENHOR disse a Moisés: Não tenhas medo dele, que em tua mão o dei, a o e a todo seu povo, e a sua terra; e farás dele como fizeste de Seom, rei dos amorreus, que habitava em Hesbom. ³⁵ E feriram a ele, e a seus filhos, e a toda sua gente, sem que lhe restasse um, e possuíram sua terra.

---

* **21:14** Provavelmente nome de lugares. A versão em traduções tradicionais "O que fez no mar Vermelho" é pouco provável

22

¹ Depois os filhos de Israel partiram, e se assentaram nos campos de Moabe, desta parte do Jordão de Jericó. ² E viu Balaque, filho de Zipor, tudo o que Israel havia feito aos amorreus. ³ E Moabe temeu muito por causa do povo que era muito; e angustiou-se Moabe por causa dos filhos de Israel. ⁴ E disse Moabe aos anciãos de Midiã: Agora lamberá esta gente todos nossos entornos, como lambe o boi a grama do campo. E Balaque, filho de Zipor, era então rei de Moabe. ⁵ Portanto enviou mensageiros a Balaão filho de Beor, a Petor, que está junto ao rio na terra dos filhos de seu povo, para que o chamassem, dizendo: Um povo saiu do Egito, e eis que cobre a face da terra, e habita diante de mim: ⁶ Vem pois agora, te rogo, amaldiçoa para mim este povo, porque é mais forte que eu: talvez poderei eu feri-lo, e lançá-lo da terra: que eu sei que o que tu abençoares, será bendito, e o que tu amaldiçoares, será maldito. ⁷ E foram os anciãos de Moabe e os anciãos de Midiã, com o *pagamento pela* adivinhação em sua mão, e chegaram a Balaão, e lhe disseram as palavras de Balaque. ⁸ E ele lhes disse: Repousai aqui esta noite, e eu vos referirei as palavras, como o SENHOR me falar. Assim os príncipes de Moabe se restaram com Balaão. ⁹ E veio Deus a Balaão, e disse-lhe: Que homens são estes que estão contigo? ¹⁰ E Balaão respondeu a Deus: Balaque filho de Zipor, rei de Moabe, enviou a mim dizendo: ¹¹ Eis que este povo que saiu do Egito, cobre a face da terra: vem pois agora, e amaldiçoa-o para mim; talvez poderei lutar com ele, e expulsá-lo. ¹² Então disse Deus a Balaão: Não vás com eles, nem amaldiçoes ao povo; porque é bendito. ¹³ Assim Balaão se levantou pela manhã, e disse aos príncipes de Balaque: Voltai-vos à vossa terra, porque o SENHOR não me quer deixar ir convosco. ¹⁴ E os príncipes de Moabe se levantaram, e vieram a Balaque, e disseram: Balaão não quis vir conosco. ¹⁵ E voltou Balaque a enviar outra vez mais príncipes, e mais nobres que os outros. ¹⁶ Os quais vieram a Balaão, e disseram-lhe: Assim diz Balaque, filho de Zipor: Rogo-te que não deixes de vir a mim: ¹⁷ Porque sem dúvida te honrarei muito, e farei tudo o que me disseres: vem pois agora, almaldiçoa para mim a este povo. ¹⁸ E Balaão respondeu, e disse aos servos de Balaque: Ainda que Balaque me desse sua casa cheia de prata e ouro, não posso transgredir a palavra do SENHOR meu Deus, para fazer coisa pequena nem grande. ¹⁹ Rogo-vos, portanto, agora, que repouseis aqui esta noite, para que eu saiba que me volta a dizer o SENHOR. ²⁰ E veio Deus a Balaão de noite, e disse-lhe: Se homens vierem a te chamar, levanta-te e vai com eles: porém farás o que eu te disser. ²¹ Assim Balaão se levantou pela manhã, e preparou sua jumenta, e foi com os príncipes de Moabe. ²² E o furor de Deus se acendeu porque ele ia; e o anjo do SENHOR se pôs no caminho por adversário seu. Ia, pois, ele montado sobre sua jumenta, e com ele dois servos seus. ²³ E a jumenta viu o anjo do SENHOR, que estava no caminho com sua espada exposta em sua mão; então a jumenta desviou-se do caminho, e foi pelo campo. Em seguida, Balaão espancou a jumenta para fazê-la voltar ao caminho. ²⁴ Mas o anjo do SENHOR se pôs em uma vereda de vinhas que tinha parede de uma parte e parede de outra. ²⁵ E quando a jumenta viu o anjo do SENHOR, apegou-se à parede, e apertou contra a parede o pé de Balaão: e ele voltou a espancá-la. ²⁶ E o anjo do SENHOR passou mais ali, e pôs-se em um lugar estreito, onde não havia caminho para desviar-se nem à direita nem à esquerda. ²⁷ E vendo a jumenta ao anjo do SENHOR, lançou-se debaixo de Balaão: e irou-se Balaão, e feriu à jumenta com um bordão. ²⁸ Então o SENHOR abriu a boca da jumenta, a qual disse a Balaão: Que te fiz, que me feriste estas três vezes? ²⁹ E Balaão respondeu à jumenta: Porque te zombaste de mim: bom seria se eu tivesse espada em minha mão, que agora te mataria! ³⁰ E a jumenta disse a Balaão: Não sou eu tua jumenta? Sobre mim montaste desde que tu me tens até hoje; costumei a fazê-lo assim contigo? E

ele respondeu: Não. [31] Então o SENHOR abriu os olhos a Balaão, e viu ao anjo do SENHOR que estava no caminho, e tinha sua espada nua em sua mão. E Balaão fez reverência, e inclinou-se sobre seu rosto. [32] E o anjo do SENHOR lhe disse: Por que feriste tua jumenta estas três vezes? eis que eu saí para me opor a ti, porque teu caminho é perverso diante de mim: [33] A jumenta me viu, e afastou-se logo de diante de mim estas três vezes: e se de mim não se houvesse afastado, eu também agora mataria a ti, e a ela deixaria viva. [34] Então Balaão disse ao anjo do SENHOR: Pequei, que não sabia que tu te punhas diante de mim no caminho: mas agora, se te parece mal, eu me voltarei. [35] E o anjo do SENHOR disse a Balaão: Vai com esses homens: porém a palavra que eu te disser, essa falarás. Assim Balaão foi com os príncipes de Balaque. [36] E ouvindo Balaque que Balaão vinha, saiu a recebê-lo à cidade de Moabe, que está junto ao termo de Arnom, que é a extremidade das fronteiras. [37] E Balaque disse a Balaão: Não enviei eu a ti a chamar-te? por que não vieste a mim? não posso eu te honrar? [38] E Balaão respondeu a Balaque: Eis que eu vim a ti: mas poderei agora falar alguma coisa? A palavra que Deus puser em minha boca, essa falarei. [39] E foi Balaão com Balaque, e vieram à Quiriate-Huzote. [40] E Balaque fez matar bois e ovelhas, e enviou a Balaão, e aos príncipes que estavam com ele. [41] E no dia seguinte Balaque tomou a Balaão, e o fez subir aos lugares altos de Baal, e desde ali viu a extremidade do povo.

23

[1] E Balaão disse a Balaque: Edifica para mim aqui sete altares, e prepara-me aqui sete bezerros e sete carneiros. [2] E Balaque fez como lhe disse Balaão: e ofereceram Balaque e Balaão um bezerro e um carneiro em cada altar. [3] E Balaão disse a Balaque: Põe-te junto a teu holocausto, e eu irei: talvez o SENHOR me virá ao encontro, e qualquer um coisa que me mostrar, eu a contarei a ti. E assim se foi só. [4] E veio Deus ao encontro de Balaão, e este lhe disse: Sete altares ordenei, e em cada altar ofereci um bezerro e um carneiro. [5] E o SENHOR pôs palavra na boca de Balaão, e disse-lhe: Volta a Balaque, e hás de falar assim. [6] E voltou a ele, e eis que estava ele junto a seu holocausto, ele e todos os príncipes de Moabe. [7] E ele tomou sua parábola, e disse: De Arã me trouxe Balaque, rei de Moabe, dos montes do oriente: Vem, amaldiçoa para mim a Jacó; E vem, condena a Israel. [8] Por que amaldiçoarei eu ao que Deus não amaldiçoou? E por que condenarei ao que o SENHOR não condenou? [9] Porque do cume das penhas o verei, E desde as colinas o olharei: Eis aqui um povo que habitará confiante, e não será contado entre as nações. [10] Quem contará o pó de Jacó, Ou o número da quarta parte de Israel? Morra minha pessoa da morte dos corretos, E meu fim seja como o seu. [11] Então Balaque disse a Balaão: Que me fizeste? Tomei-te para que amaldiçoes a meus inimigos, e eis que proferiste bênçãos. [12] E ele respondeu, e disse: Não observarei eu o que o SENHOR puser em minha boca para dizê-lo? [13] E disse Balaque: Rogo-te que venhas comigo a outro lugar desde o qual o vejas; sua extremidade somente verás, que não o verás todo; e desde ali me o amaldiçoarás. [14] E levou-o ao campo de Zofim, ao cume de Pisga, e edificou sete altares, e ofereceu um bezerro e um carneiro em cada altar. [15] Então ele disse a Balaque: Põe-te aqui junto a teu holocausto, e eu irei a encontrar a Deus ali. [16] E o SENHOR saiu ao encontro de Balaão, e pôs palavra em sua boca, e disse-lhe: Volta a Balaque, e assim dirás. [17] E veio a ele, e eis que ele estava junto a seu holocausto, e com ele os príncipes de Moabe: e disse-lhe Balaque: Que disse o SENHOR? [18] Então ele tomou sua parábola, e disse: Balaque, levanta-te e ouve; Escuta minhas palavras, filho de Zipor: [19] Deus não é homem, para que minta; nem filho de homem para que se arrependa: ele disse, e não fará?; Falou, e não o executará? [20] Eis que, eu tomei

bênção: E ele abençoou, e não poderei revogá-la. [21] Não notou iniquidade em Jacó, nem viu perversidade em Israel: o SENHOR seu Deus é com ele, E júbilo de rei nele. [22] Deus os tirou do Egito; Tem forças como de boi selvagem. [23] Porque em Jacó não há agouro, nem adivinhação em Israel: Como agora, será dito de Jacó e de Israel: O que fez Deus! [24] Eis que o povo, que como leão se levantará, E como leão se erguerá: Não se deitará até que coma a presa, E beba o sangue dos mortos. [25] Então Balaque disse a Balaão: Já que não o amaldiçoas, nem tampouco o abençoes. [26] E Balaão respondeu, e disse a Balaque: Não te disse que tudo o que o SENHOR me disser, aquilo tenho de fazer? [27] E disse Balaque a Balaão: Rogo-te que venhas, te levarei a outro lugar; porventura comparecerá bem a Deus que desde ali me o amaldiçoes. [28] E Balaque levou a Balaão ao cume de Peor, que está voltado até Jesimom. [29] Então Balaão disse a Balaque: Edifica para mim aqui sete altares, e prepara-me aqui sete bezerros e sete carneiros. [30] E Balaque fez como Balaão lhe disse; e ofereceu um bezerro e um carneiro em cada altar.

24

[1] E quando viu Balaão que parecia bem ao SENHOR que o abençoasse a Israel, não foi, como a primeira e segunda vez, a encontro de agouros, mas sim que pôs seu rosto até o deserto; [2] E levantando seus olhos, viu a Israel alojado por suas tribos; e o espírito de Deus veio sobre ele. [3] Então tomou sua parábola, e disse: Disse Balaão filho de Beor, E disse o homem de olhos abertos: [4] Disse o que ouviu os ditos de Deus, O que viu a visão do Todo-Poderoso; caído, mas abertos os olhos: [5] Quão belas são tuas tendas, ó Jacó, Tuas habitações, ó Israel! [6] Como ribeiros estão estendidas, Como jardins junto ao rio, Como aloés plantados pelo SENHOR, Como cedros junto às águas. [7] De suas mãos destilarão águas, E sua descendência será em muitas águas: E se levantará seu rei mais que Agague, E seu reino será exaltado. [8] Deus o tirou do Egito; Tem forças como de boi selvagem: Comerá às nações suas inimigas, E esmiuçará seus ossos, E perfurará com suas flechas. [9] Se encurvará para deitar-se como leão, E como leoa; quem o despertará? Benditos os que te abençoarem, E malditos os que te amaldiçoarem. [10] Então se acendeu a ira de Balaque contra Balaão, e batendo suas palmas lhe disse: Para amaldiçoar a meus inimigos te chamei, e eis que os abençoaste insistentemente já três vezes. [11] Foge-te, portanto, agora a teu lugar: eu disse que te honraria, mas eis que o SENHOR te privou de honra. [12] E Balaão lhe respondeu: Não o declarei eu também a teus mensageiros que me enviaste, dizendo: [13] Se Balaque me desse sua casa cheia de prata e ouro, eu não poderei transgredir o dito do SENHOR para fazer coisa boa nem má de minha vontade; mas o que o SENHOR falar, isso direi eu? [14] Eis que eu me vou agora a meu povo: portanto, vem, te indicarei o que este povo há de fazer a teu povo nos últimos dias. [15] E tomou sua parábola, e disse: Disse Balaão filho de Beor, Disse o homem de olhos abertos: [16] Disse o que ouviu os ditos do SENHOR, E o que sabe o conhecimento do Altíssimo, o que viu a visão do Todo-Poderoso; caído, mas abertos os olhos: [17] Verei, mas não agora: O olharei, mas não de perto: Sairá estrela de Jacó, E se levantará cetro de Israel, E ferirá os cantos de Moabe, E destruirá a todos os filhos de Sete. [18] E será tomada Edom, Será também tomada Seir por seus inimigos, E Israel se portará corajosamente. [19] E o de Jacó será dominador, E destruirá da cidade o que restar. [20] E vendo a Amaleque, tomou sua parábola, e disse: Amaleque, cabeça de nações; Mas seu fim perecerá para sempre. [21] E vendo aos queneus, tomou sua parábola, e disse: Forte é tua habitação, Põe na rocha teu ninho: [22] Que os queneus serão expulsos, Quando Assur te levará cativo. [23] Todavia tomou sua parábola, e disse: Ai! quem viverá quando fizer Deus estas coisas? [24] E virão navios da costa de Quitim, E afligirão a Assur, afligirão também a

Éber: Mas ele também perecerá para sempre. ²⁵ Então se levantou Balaão, e se foi, e voltou-se a seu lugar: e também Balaque se foi por seu caminho.

25

¹ E repousou Israel em Sitim, e o povo começou a se prostituir com as filhas de Moabe: ² As quais chamaram ao povo aos sacrifícios de seus deuses: e o povo comeu, e inclinou-se a seus deuses. ³ E achegou-se o povo a Baal-Peor; e o furor do SENHOR se acendeu contra Israel. ⁴ E o SENHOR disse a Moisés: Toma todos os príncipes do povo, e enforca-os ao SENHOR diante do sol; e a ira do furor do SENHOR se apartará de Israel. ⁵ Então Moisés disse aos juízes de Israel: Matai cada um àqueles dos seus que se recolheram a Baal-Peor. ⁶ E eis que um homem dos filhos de Israel veio e trouxe uma midianita a seus irmãos, à vista de Moisés e de toda a congregação dos filhos de Israel, chorando eles à porta do tabernáculo do testemunho. ⁷ E viu-o Fineias, filho de Eleazar, filho de Arão o sacerdote, e levantou-se do meio da congregação, e tomou uma lança em sua mão: ⁸ E foi atrás do homem de Israel à tenda, e perfurou com a lança a ambos, ao homem de Israel, e à mulher por seu ventre. E cessou a mortandade dos filhos de Israel. ⁹ E morreram daquela mortandade vinte e quatro mil. ¹⁰ Então o SENHOR falou a Moisés, dizendo: ¹¹ Fineias, filho de Eleazar, filho de Arão o sacerdote, fez afastar meu furor dos filhos de Israel, levado de zelo entre eles: pelo qual eu não consumi em meu zelo aos filhos de Israel. ¹² Portanto dize lhes: Eis que eu estabeleço meu pacto de paz com ele; ¹³ E terá ele, e sua descendência depois dele, o pacto do sacerdócio perpétuo; porquanto teve zelo por seu Deus, e fez expiação pelos filhos de Israel. ¹⁴ E o nome do homem morto, que foi morto com a midianita, era Zinri filho de Salu, chefe de uma família da tribo de Simeão. ¹⁵ E o nome da mulher midianita morta, era Cosbi, filha de Zur, príncipe de povos, pai de família em Midiã. ¹⁶ E o SENHOR falou a Moisés, dizendo: ¹⁷ Sereis hostis aos midianitas, e os ferireis: ¹⁸ Porquanto eles vos afligiram com suas astúcias, com que vos enganaram no negócio de Peor, e no negócio de Cosbi, filha do príncipe de Midiã, sua irmã, a qual foi morta no dia da mortandade por causa de Peor.

26

¹ E aconteceu depois da mortandade, que o SENHOR falou a Moisés, e a Eleazar filho do sacerdote Arão, dizendo: ² Tomai a soma de toda a congregação dos filhos de Israel, de vinte anos acima, pelas casas de seus pais, todos os que possam sair à guerra, em Israel. ³ E Moisés e Eleazar o sacerdote falaram com eles nos campos de Moabe, junto ao Jordão de Jericó, dizendo: ⁴ Contareis o povo de vinte anos acima, como mandou o SENHOR a Moisés e aos filhos de Israel, que haviam saído da terra do Egito. ⁵ Rúben primogênito de Israel: os filhos de Rúben: Enoque, do qual era a família dos enoquitas; de Palu, a família dos paluítas; ⁶ De Hezrom, a família dos hezronitas; de Carmi, a família dos carmitas. ⁷ Estas são as famílias dos rubenitas: e seus contados foram quarenta e três mil setecentos e trinta. ⁸ E os filhos de Palu: Eliabe. ⁹ E os filhos de Eliabe: Nemuel, e Datã, e Abirão. Estes Datã e Abirão foram os do conselho da congregação, que fizeram o motim contra Moisés e Arão com a companhia de Coré, quando se amotinaram contra o SENHOR. ¹⁰ Que a terra abriu sua boca e tragou a eles e a Coré, quando aquela companhia morreu, quando consumiu o fogo duzentos e cinquenta homens, os quais foram por sinal. ¹¹ Mas os filhos de Coré não morreram. ¹² Os filhos de Simeão por suas famílias: de Nemuel, a família dos nemuelitas; de Jamim, a família dos jaminitas; de Jaquim, a família dos jaquinitas; ¹³ De Zerá, a família dos zeraítas; de Saul, a família dos saulitas. ¹⁴ Estas são as famílias dos simeonitas, vinte e dois mil e duzentos. ¹⁵ Os filhos de Gade por suas

famílias: de Zefom, a família dos zefonitas; de Hagi, a família dos hagitas; de Suni, a família dos sunitas; ¹⁶ De Ozni, a família dos oznitas; de Eri, a família dos eritas; ¹⁷ De Arodi, a família dos aroditas; de Areli, a família dos arelitas. ¹⁸ Estas são as famílias de Gade, por seus contados, quarenta mil e quinhentos. ¹⁹ Os filhos de Judá: Er e Onã; e Er e Onã morreram na terra de Canaã. ²⁰ E foram os filhos de Judá por suas famílias: de Selá, a família dos selanitas; de Perez, a família dos perezitas; de Zerá, a família dos zeraítas. ²¹ E foram os filhos de Perez: de Hezrom, a família dos hezronitas; de Hamul, a família dos hamulitas. ²² Estas são as famílias de Judá, por seus contados, setenta e seis mil e quinhentos. ²³ Os filhos de Issacar por suas famílias: de Tola, a família dos tolaítas; de Puá a família dos puvitas; ²⁴ De Jasube, a família dos jasubitas; de Sinrom, a família dos sinronitas. ²⁵ Estas são as famílias de Issacar, por seus contados, sessenta e quatro mil e trezentos. ²⁶ Os filhos de Zebulom por suas famílias: de Serede, a família dos sereditas; de Elom, a família dos elonitas; de Jaleel, a família dos jaleelitas. ²⁷ Estas são as famílias dos zebulonitas, por seus contados, sessenta mil e quinhentos. ²⁸ Os filhos de José por suas famílias: Manassés e Efraim. ²⁹ Os filhos de Manassés: de Maquir, a família dos maquiritas; e Maquir gerou a Gileade; de Gileade, a família dos gileaditas. ³⁰ Estes são os filhos de Gileade: de Jezer, a família dos jezeritas; de Heleque, a família dos helequitas; ³¹ De Asriel, a família dos asrielitas: de Siquém, a família dos siquemitas; ³² De Semida, a família dos semidaítas; de Héfer, a família dos heferitas. ³³ E Zelofeade, filho de Héfer, não teve filhos somente filhas: e os nomes das filhas de Zelofeade foram Maalá, e Noa, e Hogla, e Milca, e Tirza. ³⁴ Estas são as famílias de Manassés; e seus contados, cinquenta e dois mil e setecentos. ³⁵ Estes são os filhos de Efraim por suas famílias: de Sutela, a família dos sutelaítas; de Bequer, a família dos bequeritas; de Taã, a família dos taanitas. ³⁶ E estes são os filhos de Sutela: de Erã, a família dos eranitas. ³⁷ Estas são as famílias dos filhos de Efraim, por seus contados, trinta e dois mil e quinhentos. Estes são os filhos de José por suas famílias. ³⁸ Os filhos de Benjamim por suas famílias: de Belá, a família dos belaítas; de Asbel, a família dos asbelitas; de Airã, a família dos airamitas; ³⁹ De Sufã, a família dos sufamitas; de Hufã, a família dos hufamitas. ⁴⁰ E os filhos de Belá foram Arde e Naamã: de Arde, a família dos arditas; de Naamã, a família dos naamanitas. ⁴¹ Estes são os filhos de Benjamim por suas famílias; e seus contados, quarenta e cinco mil e seiscentos. ⁴² Estes são os filhos de Dã por suas famílias: de Suã, a família dos suamitas. Estas são as famílias de Dã por suas famílias. ⁴³ Todas as famílias dos suamitas, por seus contados, sessenta e quatro mil e quatrocentos. ⁴⁴ Os filhos de Aser por suas famílias: de Imna, a família dos imnaítas; de Isvi, a família dos isvitas; de Berias, a família dos beriitas. ⁴⁵ Os filhos de Berias: de Héber, a família dos heberitas; de Malquiel, a família dos malquielitas. ⁴⁶ E o nome da filha de Aser foi Sera. ⁴⁷ Estas são as famílias dos filhos de Aser, por seus contados, cinquenta e três mil e quatrocentos. ⁴⁸ Os filhos de Naftali por suas famílias: de Jazeel, a família dos jazeelitas; de Guni, a família dos gunitas; ⁴⁹ De Jezer, a família dos jezeritas; de Silém, a família dos silemitas. ⁵⁰ Estas são as famílias de Naftali por suas famílias; e seus contados, quarenta e cinco mil e quatrocentos. ⁵¹ Estes são os contados dos filhos de Israel, seiscentos e um mil setecentos e trinta. ⁵² E falou o SENHOR a Moisés, dizendo: ⁵³ A estes se repartirá a terra em herança, pela conta dos nomes. ⁵⁴ Aos mais darás maior herança, e aos menos menor; e a cada um se lhe dará sua herança conforme seus contados. ⁵⁵ Porém a terra será repartida por sorteio; e pelos nomes das tribos de seus pais herdarão. ⁵⁶ Conforme a sorte será repartida sua herança entre o grande e o pequeno. ⁵⁷ E os contados dos levitas por suas famílias são estes: de Gérson, a família dos gersonitas; de Coate, a família dos coatitas; de Merari, a família dos meraritas. ⁵⁸ Estas são as famílias dos levitas: a família dos libnitas, a família dos hebronitas, a família dos malitas, a família dos musitas, a família dos coraítas. E Coate gerou a Anrão. ⁵⁹ E a mulher de Anrão se chamou Joquebede, filha de Levi, a qual nasceu a Levi no Egito: esta deu à luz de Anrão a Arão e a Moisés, e a Miriã sua irmã. ⁶⁰ E a Arão nasceram Nadabe e Abiú, Eleazar e Itamar. ⁶¹ Mas Nadabe e Abiú morreram, quando ofereceram fogo estranho diante do SENHOR. ⁶² E os contados dos levitas foram vinte e três mil, todos homens de um mês acima: porque não foram contados entre os filhos de Israel, porquanto não lhes havia de ser dada herança entre os filhos de Israel. ⁶³ Estes são os contados por Moisés e Eleazar o sacerdote, os quais contaram os filhos de Israel nos campos de Moabe, junto ao Jordão de Jericó. ⁶⁴ E entre estes ninguém havia dos contados por Moisés e Arão o sacerdote, os quais contaram aos filhos de Israel no deserto de Sinai. ⁶⁵ Porque o SENHOR lhes disse: Hão de morrer no deserto: e não restou homem deles, a não ser Calebe filho de Jefoné, e Josué filho de Num.

27

¹ E as filhas de Zelofeade, filho de Héfer, filho de Gileade, filho de Maquir, filho de Manassés, das famílias de Manassés, filho de José, os nomes das quais eram Maalá, e Noa, e Hogla, e Milca, e Tirza, chegaram; ² E apresentaram-se diante de Moisés, e diante do sacerdote Eleazar, e diante dos príncipes, e de toda a congregação, à porta do tabernáculo do testemunho, e disseram: ³ Nosso pai morreu no deserto, o qual não esteve na junta que se reuniu contra o SENHOR na companhia de Coré: mas sim que em seu pecado morreu, e não teve filhos. ⁴ Por que será tirado o nome de nosso pai dentre sua família, por não haver tido filho? Dá-nos herança entre os irmãos de nosso pai. ⁵ E Moisés levou sua causa diante do SENHOR. ⁶ E o SENHOR respondeu a Moisés, dizendo: ⁷ Bem dizem as filhas de Zelofeade: hás de dar-lhes possessão de herança entre os irmãos de seu pai; e passarás a herança de seu pai a elas. ⁸ E aos filhos de Israel falarás, dizendo: Quando alguém morrer sem filhos, passareis sua herança à sua filha: ⁹ E se não tiver filha, dareis sua herança a seus irmãos: ¹⁰ E se não tiver irmãos, dareis sua herança aos irmãos de seu pai. ¹¹ E se seu pai não tiver irmãos, dareis sua herança a seu parente mais próximo de sua linhagem, o qual a possuirá: e será aos filhos de Israel por estatuto de regulamento, como o SENHOR mandou a Moisés. ¹² E o SENHOR disse a Moisés: Sobe a este monte Abarim, e verás a terra que dei aos filhos de Israel. ¹³ E depois que a houverdes visto, tu também serás recolhido ao teus povo, como foi reunido o teu irmão Arão; ¹⁴ pois fostes rebeldes no deserto de Zim, no conflito da congregação, ao meu mandado de me santificar nas águas à vista deles. Essas são as águas do conflito de Cades no deserto de Zim. ¹⁵ Então Moisés respondeu ao SENHOR: ¹⁶ Que o SENHOR, Deus dos espíritos de toda carne, ponha um homem sobre a congregação, ¹⁷ que saia diante deles, que entre diante deles, que os faça sair e os faça entrar; para que a congregação do SENHOR não seja como ovelhas sem pastor. ¹⁸ E o SENHOR disse a Moisés: Toma a Josué filho de Num, homem no qual há espírito, e porás tua mão sobre ele; ¹⁹ E o porás diante de Eleazar o sacerdote, e diante de toda a congregação; e lhe darás ordens em presença deles. ²⁰ E porás de tua dignidade sobre ele, para que toda a congregação dos filhos de Israel lhe obedeçam. ²¹ E ele estará diante de Eleazar o sacerdote, e ele perguntará pelo juízo do Urim diante do SENHOR: pelo dito dele sairão, e pelo dito dele entrarão, ele, e todos os filhos de Israel com ele, e toda a congregação. ²² E Moisés fez como o SENHOR lhe havia mandado; que tomou a Josué, e lhe pôs diante de Eleazar o sacerdote, e de toda a congregação: ²³ E pôs sobre ele suas mãos, e deu-lhe ordens, como o SENHOR havia mandado por meio de Moisés.

28

¹ E falou o SENHOR a Moisés, dizendo: ² Manda aos filhos de Israel, e dize-lhes: Da minha oferta, do meu pão com os meus holocaustos em aroma agradável para mim, tereis cuidado de as oferecer a mim no tempo devido. ³ E lhes dirás: Esta é a oferta queimada que apresentareis ao SENHOR: dois cordeiros sem mácula de ano, cada dia, será o holocausto contínuo. ⁴ Um cordeiro oferecerás pela manhã, e o outro cordeiro oferecerás entre as duas tardes: ⁵ E a décima de um efa de boa farinha, amassada com uma quarta parte de um him de azeite prensado, em oferta de cereais. ⁶ É holocausto contínuo, que foi feito no monte Sinai em cheiro suave, oferta queimada ao SENHOR. ⁷ E sua libação, a quarta parte de um him com cada cordeiro: derramarás libação de superior vinho ao SENHOR no santuário. ⁸ E oferecerás o segundo cordeiro entre as duas tardes: conforme a oferta da manhã, e conforme sua libação oferecerás, oferta queimada em cheiro suave ao SENHOR. ⁹ Mas no dia do sábado dois cordeiros de ano sem defeito, e dois décimos *de efa* de flor de farinha amassada com azeite, por oferta de cereais, com sua libação: ¹⁰ É o holocausto do sábado em cada sábado, além do holocausto contínuo e sua libação. ¹¹ E nos princípios de vossos meses oferecereis em holocausto ao SENHOR dois bezerros das vacas, e um carneiro, e sete cordeiros de ano sem defeito; ¹² E três décimos *de efa* de boa farinha amassada com azeite, por oferta de cereais com cada bezerro; e dois décimos *de efa* de boa farinha amassada com azeite, por oferta de cereais com cada carneiro; ¹³ E um décimo *de efa* de boa farinha amassada com azeite, em oferta de cereais com cada cordeiro; holocausto de aroma suave, oferta queimada ao SENHOR. ¹⁴ E suas libações de vinho, meio him com cada bezerro, e o terço de um him com cada carneiro, e a quarta parte de um him com cada cordeiro. Este é o holocausto de cada mês por todos os meses do ano. ¹⁵ E um bode macho em expiação se oferecerá ao SENHOR, além do holocausto contínuo com sua libação. ¹⁶ Mas no mês primeiro, aos catorze do mês será a páscoa do SENHOR. ¹⁷ E aos quinze dias deste mês, a solenidade: por sete dias se comerão pães ázimos. ¹⁸ No primeiro dia, santa convocação; nenhuma obra servil fareis: ¹⁹ E oferecereis por oferta queimada em holocausto ao SENHOR dois bezerros das vacas, e um carneiro, e sete cordeiros de um ano; sem defeito os tomareis; ²⁰ E sua oferta de cereais de farinha amassada com azeite: três décimos *de efa* com cada bezerro, e dois décimos com cada carneiro oferecereis; ²¹ Com cada um dos sete cordeiros oferecereis um décimo; ²² e um bode macho por expiação, para vos reconciliar. ²³ Isto oferecereis além do holocausto da manhã, que é o holocausto contínuo. ²⁴ Conforme isto oferecereis cada um dos sete dias, alimento e oferta queimada em cheiro suave ao SENHOR; será oferecido além do holocausto contínuo, com sua libação. ²⁵ E no sétimo dia tereis santa convocação; nenhuma obra servil fareis. ²⁶ Também no dia das primícias, quando oferecerdes oferta de cereais novos ao SENHOR em vossas semanas, tereis santa convocação; nenhuma obra servil fareis; ²⁷ E oferecereis em holocausto, em cheiro suave ao SENHOR, dois bezerros das vacas, um carneiro, sete cordeiros de um ano; ²⁸ E a oferta de cereais deles, boa farinha amassada com azeite, três décimos *de efa* com cada bezerro, dois décimos com cada carneiro, ²⁹ com cada um dos sete cordeiros uma décimo; ³⁰ um bode macho, para fazer expiação por vós. ³¹ Vós os oferecereis, além do holocausto contínuo com suas ofertas de cereais, e suas libações; vós os *apresentareis* sem defeito.

29

¹ E no sétimo mês, ao primeiro do mês tereis santa convocação: nenhuma obra servil fareis; vos será dia de soar as trombetas. ² E oferecereis holocausto por cheiro suave ao SENHOR, um bezerro das vacas, um carneiro, sete cordeiros de ano sem

defeito; ³ E a oferta de cereais deles, de boa farinha amassada com azeite, três décimos *de efa* com cada bezerro, dois décimos com cada carneiro, ⁴ e com cada um dos sete cordeiros, uma décimo; ⁵ E um bode macho por expiação, para reconciliar-vos: ⁶ Além do holocausto do mês, e sua oferta de cereais, e o holocausto contínuo e sua oferta de cereais, e suas libações, conforme sua lei, por oferta queimada ao SENHOR em cheiro suave. ⁷ E no dez deste mês sétimo tereis santa convocação, e afligireis vossas almas: nenhuma obra fareis: ⁸ E oferecereis em holocausto ao SENHOR por cheiro suave, um bezerro das vacas, um carneiro, sete cordeiros de ano; sem defeito os tomareis: ⁹ E suas ofertas de cereais, boa farinha amassada com azeite, três décimos *de efa* com cada bezerro, dois décimos com cada carneiro, ¹⁰ e com cada um dos sete cordeiros, um décimo; ¹¹ um bode macho por expiação; além da oferta das expiações pelo pecado, e do holocausto contínuo, e de suas ofertas de cereais, e de suas libações. ¹² Também aos quinze dias do mês sétimo tereis santa convocação; nenhuma obra servil fareis, e celebrareis solenidade ao SENHOR por sete dias; ¹³ E oferecereis em holocausto, em oferta queimada ao SENHOR em cheiro suave, treze bezerros das vacas, dois carneiros, catorze cordeiros de um ano; devem ser sem defeito; ¹⁴ E as ofertas de cereais deles, de boa farinha amassada com azeite, três décimos *de efa* com cada um dos treze bezerros, dois décimos com cada um dos dois carneiros, ¹⁵ e com cada um dos catorze cordeiros, um décimo; ¹⁶ e um bode macho por expiação; além do holocausto contínuo, sua oferta de cereais e sua libação. ¹⁷ E no segundo dia, doze bezerros das vacas, dois carneiros, catorze cordeiros de ano sem defeito; ¹⁸ E suas ofertas de cereais e suas libações com os bezerros, com os carneiros, e com os cordeiros, segundo o número deles, conforme a lei; ¹⁹ E um bode macho por expiação: além do holocausto contínuo, e sua oferta de cereais e sua libação. ²⁰ E no dia terceiro, onze bezerros, dois carneiros, catorze cordeiros de ano sem defeito; ²¹ E suas ofertas de cereais e suas libações com os bezerros, com os carneiros, e com os cordeiros, segundo o número deles, conforme a lei; ²² E um bode macho por expiação: além do holocausto contínuo, e sua oferta de alimentos e sua libação. ²³ E no quarto dia, dez bezerros, dois carneiros, catorze cordeiros de ano sem defeito; ²⁴ Suas ofertas de cereais e suas libações com os bezerros, com os carneiros, e com os cordeiros, segundo o número deles, conforme a lei; ²⁵ E um bode macho por expiação: além do holocausto contínuo, sua oferta de cereais e sua libação. ²⁶ E no quinto dia, nove bezerros, dois carneiros, catorze cordeiros de ano sem defeito; ²⁷ E suas ofertas de cereais e suas libações com os bezerros, com os carneiros, e com os cordeiros, segundo o número deles, conforme a lei; ²⁸ E um bode macho por expiação: além do holocausto contínuo, sua oferta de cereais e sua libação. ²⁹ E no sexto dia, oito bezerros, dois carneiros, catorze cordeiros de ano sem defeito; ³⁰ E suas ofertas de cereais e suas libações com os bezerros, com os carneiros, e com os cordeiros, segundo o número deles, conforme a lei; ³¹ E um bode macho por expiação: além do holocausto contínuo, sua oferta de cereais e suas libações. ³² E no sétimo dia, sete bezerros, dois carneiros, catorze cordeiros de ano sem defeito; ³³ E suas ofertas de cereais e suas libações com os bezerros, com os carneiros, e com os cordeiros, segundo o número deles, conforme a lei; ³⁴ E um bode macho por expiação: além do holocausto contínuo, com sua oferta de cereais e sua libação. ³⁵ No oitavo dia tereis solenidade; nenhuma obra servil fareis; ³⁶ E oferecereis em holocausto, em oferta de queima de cheiro suave ao SENHOR, um novilho, um carneiro, sete cordeiros de um ano, sem defeito; ³⁷ Suas ofertas de cereais e suas libações com o novilho, com o carneiro, e com os cordeiros, segundo o número deles, conforme a lei; ³⁸ E um bode macho por expiação: além do holocausto contínuo, com sua oferta de cereais e sua libação. ³⁹ Estas coisas oferecereis ao SENHOR em vossas solenidades, além de vossos votos, e de vossas ofertas livres, para vossos holocaustos, e para vossas ofertas de cereais, e para vossas libações e para vossas ofertas pacíficas. ⁴⁰ E Moisés disse aos filhos de Israel, conforme tudo o que o SENHOR lhe havia mandado.

30

¹ E falou Moisés aos príncipes das tribos dos filhos de Israel, dizendo: Isto é o que o SENHOR mandou. ² Quando alguém fizer voto ao SENHOR, ou fizer juramento ligando sua alma com obrigação, não violará sua palavra: fará conforme tudo o que saiu de sua boca. ³ Mas a mulher, quando fizer voto ao SENHOR, e se ligar com obrigação em casa de seu pai, em sua juventude; ⁴ Se seu pai ouvir seu voto, e a obrigação com que ligou sua alma, e seu pai calar a isso, todos os votos dela serão firmes, e toda obrigação com que houver ligado sua alma, firme será. ⁵ Mas se seu pai lhe vedar no dia que ouvir todos os seus votos e suas obrigações, com que ela houver ligado sua alma, não serão firmes; e o SENHOR a perdoará, porquanto seu pai lhe vedou. ⁶ Porém se for casada, e fizer votos, ou pronunciar de seus lábios coisa com que obriga sua alma; ⁷ Se seu marido o ouvir, e quando o ouvir calar a isso, os votos dela serão firmes, e a obrigação com que ligou sua alma, firme será. ⁸ Porém se quando seu marido o ouviu, lhe vedou, então o voto que ela fez, e o que pronunciou de seus lábios com que ligou sua alma, será nulo; e o SENHOR o perdoará. ⁹ Mas todo voto de viúva, ou repudiada, com que ligar sua alma, será firme. ¹⁰ E se houver feito voto em casa de seu marido, e houver ligado sua alma com obrigação de juramento, ¹¹ Se seu marido ouviu, e calou a isso, e não lhe vedou; então todos os seus votos serão firmes, e toda obrigação com que houver ligado sua alma, firme será. ¹² Mas se seu marido os anulou no dia que os ouviu; tudo o que saiu de seus lábios quanto a seus votos, e quanto à obrigação de sua alma, será nulo; seu marido os anulou, e o SENHOR a perdoará. ¹³ Todo voto, ou todo juramento obrigando-se a afligir a alma, seu marido o confirmará, ou seu marido o anulará. ¹⁴ Porém se seu marido calar a isso de dia em dia, então confirmou todos os seus votos, e todas as obrigações que estão sobre ela: confirmou-as, porquanto calou a isso o dia que o ouviu. ¹⁵ Mas se as anular depois de havê-las ouvido, então ele levará o pecado dela. ¹⁶ Estas são as ordenanças que o SENHOR mandou a Moisés entre o homem e sua mulher, entre o pai e sua filha, durante sua juventude em casa de seu pai.

31

¹ E o SENHOR falou a Moisés, dizendo: ² Faze a vingança dos filhos de Israel sobre os midianitas; depois serás recolhido a teus povos. ³ Então Moisés falou ao povo, dizendo: Armai-vos alguns de vós para a guerra, e irão contra Midiã, e farão a vingança do SENHOR em Midiã. ⁴ Mil de cada tribo de todas as tribos dos filhos de Israel, enviareis à guerra. ⁵ Assim foram dados dos milhares de Israel, mil cada tribo, doze mil a ponto de guerra. ⁶ E Moisés os enviou à guerra: mil cada tribo enviou: e Fineias, filho de Eleazar sacerdote, foi à guerra com os santos instrumentos, com as trombetas em sua mão para tocar. ⁷ E lutaram contra Midiã, como o SENHOR o mandou a Moisés, e mataram a todo homem. ⁸ Mataram também, entre os mortos deles, aos reis de Midiã: Evi, e Requém, e Zur, e Hur, e Reba, cinco reis de Midiã; a Balaão também, filho de Beor, mataram à espada. ⁹ E levaram cativas os filhos de Israel as mulheres dos midianitas, e suas crianças e todos suas animais, e todos os seus gados; e arrebataram todos os seus pertences. ¹⁰ E abrasaram com fogo todas suas cidades, aldeias e castelos. ¹¹ E tomaram todo o despojo, e toda a presa, tanto de homens como de animais. ¹² E trouxeram a Moisés, e a Eleazar o sacerdote, e à congregação dos filhos de Israel, os cativos e a presa e os despojos,

ao acampamento nas planícies de Moabe, que estão junto ao Jordão de Jericó. ¹³ E saíram Moisés e Eleazar o sacerdote, e todos os príncipes da congregação, a recebê-los fora do acampamento. ¹⁴ E irou-se Moisés contra os capitães do exército, contra os comandantes de mil e comandantes de cem que voltavam da guerra; ¹⁵ E disse-lhes Moisés: Todas as mulheres preservastes? ¹⁶ Eis que elas foram aos filhos de Israel, por conselho de Balaão, para causar transgressão contra o SENHOR no negócio de Peor; pelo que houve mortandade na congregação do SENHOR. ¹⁷ Matai, pois, agora todos os machos entre as crianças: matai também toda mulher que tenha conhecido homem carnalmente. ¹⁸ E todas as meninas entre as mulheres, que não tenham conhecido ajuntamento de homem, vos preservareis vivas. ¹⁹ E vós ficai fora do acampamento sete dias: e todos os que houverem matado pessoa, e qualquer um que houver tocado morto, vos purificareis ao terceiro e ao sétimo dia, vós e vossos cativos. ²⁰ Também purificareis toda roupa, e todo artigo de peles, e toda obra de pelos de cabra, e todo vaso de madeira. ²¹ E Eleazar o sacerdote disse aos homens de guerra que vinham da guerra: Esta é a ordenança da lei que o SENHOR mandou a Moisés: ²² Certamente o ouro, e a prata, bronze, ferro, estanho, e chumbo, ²³ Tudo o que resiste ao fogo, por fogo o fareis passar, e será limpo, ainda que nas águas de purificação haverá de purificar-se: mas fareis passar por água tudo o que não aguenta o fogo. ²⁴ Além disso lavareis vossas roupas no sétimo dia, e assim sereis limpos; e depois entrareis no acampamento. ²⁵ E o SENHOR falou a Moisés, dizendo: ²⁶ Toma a contagem da presa que se fez, tanto das pessoas como dos animais, tu e o sacerdote Eleazar, e os chefes dos pais da congregação: ²⁷ E partirás pela metade a presa entre os que lutaram, os que saíram à guerra, e toda a congregação. ²⁸ E separarás para o SENHOR o tributo dos homens de guerra, que saíram à guerra: de quinhentos um, tanto das pessoas como dos bois, dos asnos, e das ovelhas: ²⁹ Da metade deles o tomarás; e darás a Eleazar o sacerdote a oferta do SENHOR. ³⁰ E da metade pertencente aos filhos de Israel tomarás um de cinquenta, das pessoas, dos bois, dos asnos, e das ovelhas, de todo animal; e os darás aos levitas, que têm a guarda do tabernáculo do SENHOR. ³¹ E fizeram Moisés e Eleazar o sacerdote como o SENHOR mandou a Moisés. ³² E foi a presa, o resto da presa que tomaram os homens de guerra, seiscentas e setenta e cinco mil ovelhas, ³³ E setenta e dois mil bois, ³⁴ E setenta e um mil asnos; ³⁵ E quanto às pessoas, de mulheres que não conheciam ajuntamento de homem, ao todo trinta e duas mil. ³⁶ E a metade, a parte dos que haviam saído à guerra, foi o número de trezentas trinta e sete mil e quinhentas ovelhas. ³⁷ E o tributo para o SENHOR das ovelhas foi seiscentas e setenta e cinco. ³⁸ E dos bois, trinta e seis mil: e deles o tributo para o SENHOR, setenta e dois. ³⁹ E dos asnos, trinta mil e quinhentos: e deles o tributo para o SENHOR, setenta e um. ⁴⁰ E das pessoas, dezesseis mil: e delas o tributo para o SENHOR, trinta e duas pessoas. ⁴¹ E deu Moisés o tributo, por elevada oferta ao SENHOR, a Eleazar o sacerdote, como o SENHOR o mandou a Moisés. ⁴² E da metade para os filhos de Israel, que separou Moisés dos homens que haviam ido à guerra; ⁴³ (A metade para a congregação foi: das ovelhas, trezentas e trinta e sete mil e quinhentas; ⁴⁴ E dos bois, trinta e seis mil; ⁴⁵ E dos asnos, trinta mil e quinhentos; ⁴⁶ E das pessoas, dezesseis mil:) ⁴⁷ Da metade, pois, para os filhos de Israel tomou Moisés um de cada cinquenta, tanto das pessoas como dos animais, e deu-os aos levitas, que tinham a guarda do tabernáculo do SENHOR; como o SENHOR o havia mandado a Moisés. ⁴⁸ E chegaram a Moisés os chefes dos milhares daquele exército, os comandantes de mil e comandantes de cem; ⁴⁹ E disseram a Moisés: Teus servos tomaram a soma dos homens de guerra que estão em nosso poder, e nenhum faltou de nós. ⁵⁰ Pelo qual temos oferecido ao SENHOR oferta, cada um do que achou, objetos de ouro, braceletes, pulseiras, anéis, pendentes, e correntes, para fazer expiação por nossas almas diante do SENHOR. ⁵¹ E Moisés e o sacerdote Eleazar receberam o ouro deles, joias, todas elaboradas. ⁵² E todo o ouro da oferta que ofereceram ao SENHOR dos comandantes de mil e comandantes de cem, foi dezesseis mil setecentos e cinquenta siclos. ⁵³ Os homens do exército haviam despojado cada um para si. ⁵⁴ Receberam, pois, Moisés e o sacerdote Eleazar, o ouro dos comandantes de mil e comandantes de cem, e trouxeram-no ao tabernáculo do testemunho, por memória dos filhos de Israel diante do SENHOR.

32

¹ E os filhos de Rúben e os filhos de Gade tinham uma muito grande abundância de gado; os quais vendo a terra de Jazer e de Gileade, pareceu-lhes a terra lugar de gado. ² E vieram os filhos de Gade e os filhos de Rúben, e falaram a Moisés, e a Eleazar o sacerdote, e aos príncipes da congregação, dizendo: ³ Atarote, e Dibom, e Jazer, e Ninra, e Hesbom, e Eleale, e Sebã, e Nebo, e Beom, ⁴ A terra que o SENHOR feriu diante da congregação de Israel, é terra de gado, e teus servos têm gado. ⁵ Portanto, disseram, se achamos favor em teus olhos, seja dada esta terra a teus servos em herança, e não nos faças passar o Jordão. ⁶ E respondeu Moisés aos filhos de Gade e aos filhos de Rúben: Virão vossos irmãos à guerra, e vós ficareis aqui? ⁷ E por que desencorajais o ânimo dos filhos de Israel, para que não passem à terra que lhes deu o SENHOR? ⁸ Assim fizeram vossos pais, quando os enviei desde Cades-Barneia para que vissem a terra. ⁹ Que subiram até o vale de Escol, e depois que viram a terra, preocuparam o ânimo dos filhos de Israel, para que não viessem à terra que o SENHOR lhes havia dado. ¹⁰ E o furor do SENHOR se acendeu então, e jurou dizendo: ¹¹ Os homens que subiram do Egito de vinte anos acima não verão a terra pela qual jurei a Abraão, Isaque, e Jacó, pois não me seguiram por completo; ¹² exceto Calebe, filho do quenezeu Jefoné, e Josué filho de Num, que seguiram por completo ao SENHOR. ¹³ E o furor do SENHOR se acendeu em Israel, e os fez andar errantes quarenta anos pelo deserto, até que foi acabada toda aquela geração, que havia feito mal diante do SENHOR. ¹⁴ E eis que vós sucedestes em lugar de vossos pais, descendência de homens pecadores, para acrescentar ainda à ira do SENHOR contra Israel. ¹⁵ Se vos deixardes de segui-lo, ele voltará outra vez a deixar-vos no deserto, e destruireis a todo este povo. ¹⁶ Então eles se achegaram a ele e disseram: Edificaremos aqui currais para nosso gado, e cidades para nossas crianças; ¹⁷ E nós nos armaremos, e iremos com empenho diante dos filhos de Israel, até que os ponhamos em seu lugar; e nossas crianças ficarão em cidades fortes por causa dos moradores da terra. ¹⁸ Não voltaremos a nossas casas até que os filhos de Israel possuam cada um sua herança. ¹⁹ Porque não tomaremos herança com eles ao outro lado do Jordão nem adiante, porquanto teremos já nossa herança da outra parte do Jordão ao oriente. ²⁰ Então lhes respondeu Moisés: Se o fizerdes assim, se vos prepardes para ir diante do SENHOR à guerra, ²¹ E passardes todos vós armados o Jordão diante do SENHOR, até que tenha expulsado a seus inimigos de diante de si, ²² E seja aquela terra subjugada diante do SENHOR; logo voltareis, e sereis livres de culpa para com o SENHOR, e para com Israel; e esta terra será vossa em herança diante do SENHOR. ²³ Mas se assim não o fizerdes, eis que havereis pecado ao SENHOR; e sabei que vos alcançará vosso pecado. ²⁴ Edificai-vos cidades para vossas crianças, e currais para vossas ovelhas, e fazei o que saiu de vossa boca. ²⁵ E falaram os filhos de Gade e os filhos de Rúben a Moisés, dizendo: Teus servos farão como meu senhor mandou. ²⁶ Nossas crianças, nossas mulheres, nossos gados, e todos nossos animais, estarão aí nas cidades de Gileade; ²⁷ E teus servos, armados todos de guerra, passarão diante do SENHOR à guerra, da maneira que meu senhor disse. ²⁸ Então os encomendou Moisés a Eleazar

o sacerdote, e a Josué filho de Num, e aos príncipes dos pais das tribos dos filhos de Israel. ²⁹ E disse-lhes Moisés: Se os filhos de Gade e os filhos de Rúben, passarem convosco o Jordão, todos armados para a guerra diante do SENHOR, logo que aquela terra for subjugada diante de vós, lhes dareis a terra de Gileade como propriedade; ³⁰ Mas se não passarem armados convosco, então terão propriedade entre vós na terra de Canaã. ³¹ E os filhos de Gade e os filhos de Rúben responderam, dizendo: Faremos o que o SENHOR disse a teus servos. ³² Nós passaremos armados diante do SENHOR à terra de Canaã, e a propriedade de nossa herança será desta parte do Jordão. ³³ Assim lhes deu Moisés aos filhos de Gade e aos filhos de Rúben, e à meia tribo de Manassés filho de José, o reino de Seom, rei amorreu, e o reino de Ogue, rei de Basã, a terra com suas cidades e termos, as cidades da terra em redor. ³⁴ E os filhos de Gade edificaram a Dibom, e a Atarote, e a Aroer, ³⁵ E a Atarote-Sofã, e a Jazer, e a Jogbeá, ³⁶ E a Bete-Ninra, e a Bete-Harã: cidades fortificadas, e também currais para ovelhas. ³⁷ E os filhos de Rúben edificaram a Hesbom, e a Eleale, e a Quiriataim, ³⁸ E a Nebo, e a Baal-Meom, (mudados os nomes), e a Sibma: e puseram nomes às cidades que edificaram. ³⁹ E os filhos de Maquir filho de Manassés foram a Gileade, e tomaram-na, e expulsaram aos amorreus que estavam nela. ⁴⁰ E Moisés deu Gileade a Maquir filho de Manassés, o qual habitou nela. ⁴¹ Também Jair filho de Manassés foi e tomou suas aldeias, e pôs-lhes por nome Havote-Jair. ⁴² Também Noba foi e tomou a Quenate e suas aldeias, e chamou-lhe Noba, conforme seu nome.

33

¹ Estas são as jornadas dos filhos de Israel, os quais saíram da terra do Egito por seus esquadrões, sob a condução de Moisés e Arão. ² E Moisés escreveu suas saídas conforme suas jornadas por ordem do SENHOR. Estas, pois, são suas jornadas conforme suas partidas. ³ De Ramessés partiram no mês primeiro, aos quinze dias do mês primeiro: no segundo dia da páscoa saíram os filhos de Israel com mão alta, à vista de todos os egípcios. ⁴ Estavam enterrando os egípcios os que o SENHOR havia matado deles, a todo primogênito; havendo o SENHOR feito também juízos em seus deuses. ⁵ Partiram, pois, os filhos de Israel de Ramessés, e assentaram acampamento em Sucote. ⁶ E partindo de Sucote, assentaram em Etã, que está ao extremo do deserto. ⁷ E partindo de Etã, voltaram sobre Pi-Hairote, que está diante de Baal-Zefom, e assentaram diante de Migdol. ⁸ E partindo de Pi-Hairote, passaram por meio do mar ao deserto, e andaram caminho de três dias pelo deserto de Etã, e assentaram em Mara. ⁹ E partindo de Mara, vieram a Elim, de onde havia doze fontes de águas, e setenta palmeiras; e assentaram ali. ¹⁰ E partidos de Elim, assentaram junto ao mar Vermelho. ¹¹ E partidos do mar Vermelho, assentaram no deserto de Sim. ¹² E partidos do deserto de Sim, assentaram em Dofca. ¹³ E partidos de Dofca, assentaram em Alus. ¹⁴ E partidos de Alus, assentaram em Refidim, onde o povo não teve águas para beber. ¹⁵ E partidos de Refidim, assentaram no deserto de Sinai. ¹⁶ E partidos do deserto de Sinai, assentaram em Quibrote-Taavá. ¹⁷ E partidos de Quibrote-Taavá, assentaram em Hazerote. ¹⁸ E partidos de Hazerote, assentaram em Ritmá. ¹⁹ E partidos de Ritmá, assentaram em Rimom-Perez. ²⁰ E partidos de Rimom-Perez, assentaram em Libna. ²¹ E partidos de Libna, assentaram em Rissa. ²² E partidos de Rissa, assentaram em Queelata, ²³ E partidos de Queelata, assentaram no monte de Séfer. ²⁴ E partidos do monte de Séfer, assentaram em Harada. ²⁵ E partidos de Harada, assentaram em Maquelote. ²⁶ E partidos de Maquelote, assentaram em Taate. ²⁷ E partidos de Taate, assentaram em Tera. ²⁸ E partidos de Tera, assentaram em Mitca. ²⁹ E partidos de Mitca, assentaram em Hasmona. ³⁰ E partidos de Hasmona, assentaram em Moserote. ³¹ E partidos de Moserote, assentaram em Bene-Jaacã. ³² E

partidos de Bene-Jaacã, assentaram em Hor-Gidgade. ³³ E partidos de Hor-Gidgade, assentaram em Jotbatá. ³⁴ E partidos de Jotbatá, assentaram em Abrona. ³⁵ E partidos de Abrona, assentaram em Eziom-Geber. ³⁶ E partidos de Eziom-Geber, assentaram no deserto de Zim, que é Cades. ³⁷ E partidos de Cades, assentaram no monte de Hor, na extremidade da terra de Edom. ³⁸ E subiu Arão o sacerdote ao monte de Hor, conforme o dito do SENHOR, e ali morreu aos quarenta anos da saída dos filhos de Israel da terra do Egito, no mês quinto, no primeiro dia do mês. ³⁹ E era Arão de idade de cento e vinte e três anos, quando morreu no monte de Hor. ⁴⁰ E o cananeu, rei de Arade, que habitava ao sul na terra de Canaã, ouviu como haviam vindo os filhos de Israel. ⁴¹ E partidos do monte de Hor, assentaram em Zalmona. ⁴² E partidos de Zalmona, assentaram em Punom. ⁴³ E partidos de Punom, assentaram em Obote. ⁴⁴ E partidos de Obote, assentaram em Ijé-Abarim; no termo de Moabe. ⁴⁵ E partidos de Ijé-Abarim, assentaram em Dibom-Gade. ⁴⁶ E partidos de Dibom-Gade, assentaram em Almom-Diblataim. ⁴⁷ E partidos de Almom-Diblataim, assentaram nos montes de Abarim, diante de Nebo. ⁴⁸ E partidos dos montes de Abarim, assentaram nos campos de Moabe, junto ao Jordão de Jericó. ⁴⁹ Finalmente assentaram junto ao Jordão, desde Bete-Jesimote até Abel-Sitim, nos campos de Moabe. ⁵⁰ E falou o SENHOR a Moisés nos campos de Moabe junto ao Jordão de Jericó, dizendo: ⁵¹ Fala aos filhos de Israel, e dize-lhes: Quando houverdes passado o Jordão à terra de Canaã, ⁵² Expulsareis a todos os moradores daquela terra de diante de vós, e destruireis todas suas imagens esculpidas, e todas as suas imagens de fundição, e arruinareis todos os seus altares pagãos; ⁵³ E expulsareis os moradores da terra, e habitareis nela; porque eu a dei a vós para que a possuais. ⁵⁴ E herdareis a terra por sortes por vossas famílias: aos muitos dareis muito por sua herança, e aos poucos dareis menos por herança sua: onde lhe sair a sorte, ali a terá cada um: pelas tribos de vossos pais herdareis. ⁵⁵ E se não expulsardes os moradores daquela terra de diante de vós, sucederá que os que deixardes deles serão por aguilhões em vossos olhos, e por espinhos em vossos lados, e vos afligirão sobre a terra em que vós habitardes. ⁵⁶ Será também, que farei a vós como eu pensei fazer a eles.

34

¹ E o SENHOR falou a Moisés, dizendo: ² Manda aos filhos de Israel, e dize-lhes: Quando houverdes entrado na terra de Canaã, a saber, a terra que vos há de cair em herança, a terra de Canaã segundo seus termos; ³ Tereis o lado do sul desde o deserto de Zim até os termos de Edom; e vos será o termo do sul ao extremo do mar salgado até o oriente; ⁴ E este termo vos irá rodeando desde o sul até a subida de Acrabim, e passará até Zim; e suas saídas serão do sul a Cades-Barneia; e sairá a Hazar-Adar, e passará até Azmom; ⁵ E rodeará este termo, desde Azmom até o ribeiro do Egito, e seus limites serão ao ocidente. ⁶ E o termo ocidental vos será o grande mar: este termo vos será o termo ocidental. ⁷ E o termo do norte será este: desde o grande mar vos assinalareis o monte de Hor; ⁸ Do monte de Hor assinalareis à entrada de Hamate, e serão as saídas daquele termo a Zedade; ⁹ E sairá este termo a Zifrom, e serão seus limites em Hazar-Enã: este vos será o termo do norte. ¹⁰ E por termo ao oriente vos assinalareis desde Hazar-Enã até Sefã; ¹¹ E baixará este termo desde Sefã a Ribla, ao oriente de Aim: e descerá o termo, e chegará à costa do mar de Quinerete ao oriente; ¹² Depois descerá este termo ao Jordão, e serão suas saídas ao mar Salgado: esta será vossa terra: por seus termos ao redor. ¹³ E mandou Moisés aos filhos de Israel, dizendo: Esta é a terra que herdareis por sorte, a qual mandou o SENHOR que desse às nove tribos, e à meia tribo: ¹⁴ Porque a tribo dos filhos de Rúben segundo as casas de seus pais, e a tribo dos filhos de Gade segundo as casas de

seus pais, e a meia tribo de Manassés, tomaram sua herança: ¹⁵ Duas tribos e meia tomaram sua herança desta parte do Jordão de Jericó ao oriente, ao oriente. ¹⁶ E falou o SENHOR a Moisés, dizendo: ¹⁷ Estes são os nomes dos homens que vos possuirão a terra: Eleazar o sacerdote, e Josué filho de Num. ¹⁸ Tomareis também de cada tribo um príncipe, para dar a possessão da terra. ¹⁹ E estes são os nomes dos homens: Da tribo de Judá, Calebe filho de Jefoné. ²⁰ E da tribo dos filhos de Simeão, Samuel filho de Amiúde. ²¹ Da tribo de Benjamim; Elidade filho de Quislom. ²² E da tribo dos filhos de Dã, o príncipe Buqui filho de Jogli. ²³ Dos filhos de José: da tribo dos filhos de Manassés, o príncipe Haniel filho de Éfode. ²⁴ E da tribo dos filhos de Efraim, o príncipe Quemuel filho de Siftã. ²⁵ E da tribo dos filhos de Zebulom, o príncipe Elizafã filho de Parnaque. ²⁶ E da tribo dos filhos de Issacar, o príncipe Paltiel filho de Azã. ²⁷ E da tribo dos filhos de Aser, o príncipe Aiúde filho de Selomi. ²⁸ E da tribo dos filhos de Naftali, o príncipe Pedael filho de Amiúde. ²⁹ Estes são aos que mandou o SENHOR que fizessem a partição da herança aos filhos de Israel na terra de Canaã.

35

¹ E falou o SENHOR a Moisés nos campos de Moabe, junto ao Jordão de Jericó, dizendo: ² Manda aos filhos de Israel, que deem aos levitas da possessão de sua herança cidades em que habitem: Também dareis aos levitas campos de essas cidades ao redor delas. ³ E terão eles as cidades para habitar, e os campos delas serão para seus animais, e para seus gados, e para todos seus animais. ⁴ E os campos das cidades que dareis aos levitas, serão mil côvados ao redor, desde o muro da cidade para fora. ⁵ Logo medireis fora da cidade à parte do oriente dois mil côvados, e à parte do sul dois mil côvados, e à parte do ocidente dois mil côvados, e à parte do norte dois mil côvados, e a cidade em meio: isto terão pelos campos das cidades. ⁶ E das cidades que dareis aos levitas, seis cidades serão de refúgio, as quais dareis para que o homicida se acolha ali: e também destas dareis quarenta e duas cidades. ⁷ Todas as cidades que dareis aos levitas serão quarenta e oito cidades; elas com seus campos. ⁸ E as cidades que deres da herança dos filhos de Israel, do que muito tomareis muito, e do que pouco tomareis pouco: cada um dará de suas cidades aos levitas segundo a possessão que herdará. ⁹ E falou o SENHOR a Moisés, dizendo: ¹⁰ Fala aos filhos de Israel, e dize-lhes: Quando houverdes passado o Jordão à terra de Canaã, ¹¹ Assinalareis para vós cidades, tereis cidades de refúgio, para onde fuja o homicida que ferir a algum de morte por acidente. ¹² E vos serão aquelas cidades por refúgio do parente, e não morrerá o homicida até que esteja a juízo diante da congregação. ¹³ Das cidades, pois, que dareis, tereis seis cidades de refúgio. ¹⁴ Três cidades dareis desta parte do Jordão, e três cidades dareis na terra de Canaã; as quais serão cidades de refúgio. ¹⁵ Estas seis cidades serão para refúgio aos filhos de Israel, e ao peregrino, e ao que morar entre eles, para que fuja ali qualquer um que ferir de morte a outro por acidente. ¹⁶ E se com instrumento de ferro o ferir e morrer, homicida é; o homicida morrerá: ¹⁷ E se com pedra da mão, de que podia morrer, o ferir, e morrer, homicida é; o homicida morrerá. ¹⁸ E se com instrumento de madeira da mão, de que podia morrer, o ferir, e morrer, homicida é; o homicida morrerá. ¹⁹ O parente do morto, ele matará ao homicida: quando o encontrar, ele lhe matará. ²⁰ E se por ódio o empurrou, ou lançou sobre ele alguma coisa por ciladas, e morre; ²¹ Ou por inimizade o feriu com sua mão, e morreu: o feridor morrerá; é homicida; o parente do morto matará ao homicida, quando o encontrar. ²² Mas se casualmente o empurrou sem inimizades, ou lançou sobre ele qualquer instrumento sem más intenções, ²³ Ou bem, sem vê-lo, fez cair sobre ele alguma pedra, de que possa morrer, e morrer, e ele não era seu inimigo, nem procurava seu mal; ²⁴ Então a congregação julgará entre o feridor e o

parente do morto conforme estas leis: 25 E a congregação livrará ao homicida da mão do parente do morto, e a congregação o fará voltar à seu cidade de refúgio, à qual se havia acolhido; e morará nela até que morra o sumo sacerdote, o qual foi ungido com o azeite santo. 26 E se o homicida sair fora do termo de sua cidade de refúgio, à qual se refugiou, 27 E o parente do morto lhe achar fora do termo da cidade de sua acolhida, e o parente do morto ao homicida matar, não se lhe culpará por isso: 28 Pois em sua cidade de refúgio deverá aquele habitar até que morra o sumo sacerdote: e depois que morrer o sumo sacerdote, o homicida voltará à terra de sua possessão. 29 E estas coisas vos serão por ordenança de regulamento por vossas gerações, em todas as vossas habitações. 30 Qualquer um que ferir a alguém, por dito de testemunhas, morrerá o homicida: mas uma só testemunha não fará fé contra alguma pessoa para que morra. 31 E não tomareis preço pela vida do homicida; porque está condenado a morte: mas inevitavelmente morrerá. 32 Nem tampouco tomareis preço do que fugiu à sua cidade de refúgio, para que volte a viver em sua terra, até que morra o sacerdote. 33 E não contaminareis a terra onde estiverdes: porque este sangue profanará a terra: e a terra não será expiada do sangue que foi derramado nela, a não ser pelo sangue do que a derramou. 34 Não contamineis, pois, a terra onde habitais, em meio da qual eu habito; porque eu o SENHOR habito em meio dos filhos de Israel.

36

1 E chegaram os príncipes dos pais da família de Gileade, filho de Maquir, filho de Manassés, das famílias dos filhos de José; e falaram diante de Moisés, e dos príncipes, cabeças de pais dos filhos de Israel, 2 E disseram: o SENHOR mandou a meu senhor que por sorte desse a terra aos filhos de Israel em possessão: também mandou o SENHOR a meu senhor, que dê a possessão de Zelofeade nosso irmão a suas filhas; 3 As quais, se se casarem com alguns dos filhos das outras tribos dos filhos de Israel, a herança delas será assim tirada da herança de nossos pais, e será acrescentada à herança da tribo a que serão unidas: e será removida da porção de nossa herança. 4 E quando vier o jubileu dos filhos de Israel, a herança delas será acrescentada à herança da tribo de seus maridos; e assim a herança delas será removida da herança da tribo de nossos pais. 5 Então Moisés mandou aos filhos de Israel por dito do SENHOR, dizendo: A tribo dos filhos de José fala corretamente. 6 Isto é o que mandou o SENHOR acerca das filhas de Zelofeade, dizendo: Casem-se como a elas lhes satisfizer, porém na família da tribo de seu pai se casarão; 7 Para que a herança dos filhos de Israel não seja passada de tribo em tribo; porque cada um dos filhos de Israel se achegará à herança da tribo de seus pais. 8 E qualquer filha que possuir herança das tribos dos filhos de Israel, com algum da família da tribo de seu pai se casará, para que os filhos de Israel possuam cada um a herança de seus pais. 9 E não ande a herança rodando de uma tribo a outra: mas cada uma das tribos dos filhos de Israel se chegue à sua herança. 10 Como o SENHOR mandou a Moisés, assim fizeram as filhas de Zelofeade. 11 E assim Maalá, e Tirsa, e Hogla, e Milca, e Noa, filhas de Zelofeade, se casaram com filhos de seus tios: 12 Da família dos filhos de Manassés, filho de José, foram mulheres; e a herança delas ficou na tribo da família de seu pai. 13 Estes são os mandamentos e os estatutos que mandou o SENHOR por meio de Moisés aos filhos de Israel nos campos de Moabe, junto ao Jordão de Jericó.

Deuteronômio

¹ Estas são as palavras que falou Moisés a todo Israel desta parte do Jordão no deserto, na planície diante do mar Vermelho, entre Parã, e Tofel, e Labã, e Hazerote, e Di-Zaabe. ² Onze jornadas há desde Horebe, caminho do monte de Seir, até Cades-Barneia. ³ E foi, que aos quarenta anos, no mês décimo primeiro, ao primeiro dia do mês, Moisés falou aos filhos de Israel conforme todas as coisas que o SENHOR lhe havia mandado acerca deles; ⁴ Depois que feriu a Seom rei dos amorreus, que habitava em Hesbom, e a Ogue rei de Basã, que habitava em Astarote em Edrei: ⁵ Desta parte do Jordão, em terra de Moabe, resolveu Moisés declarar esta lei, dizendo: ⁶ O SENHOR nosso Deus nos falou em Horebe, dizendo: Demais haveis estado neste monte; ⁷ Voltai-vos, parti-vos e ide ao monte dos amorreus, e a todos seus vizinhos, na planície, no monte, e nos vales, e ao sul, e à costa do mar, à terra dos cananeus, e o Líbano, até o grande rio, o rio Eufrates. ⁸ Olhai, eu dei a terra em vossa presença; entrai e possuí a terra que o SENHOR jurou a vossos pais Abraão, Isaque, e Jacó, que lhes daria a eles e à sua descendência depois deles. ⁹ E eu vos falei então, dizendo: Eu não posso vos levar só: ¹⁰ O SENHOR vosso Deus vos multiplicou, e eis que sois hoje vós como as estrelas do céu em abundância. ¹¹ O SENHOR Deus de vossos pais acrescente sobre vós como sois mil vezes, e vos abençoe, como vos prometeu! ¹² Como levarei eu só vossos problemas, vossas cargas, e vossos pleitos? ¹³ Dai-me dentre vós, de vossas tribos, homens sábios e entendidos e experientes, para que eu os ponha por vossos chefes. ¹⁴ E me respondestes, e dissestes: Bom é fazer o que disseste. ¹⁵ E tomei os principais de vossas tribos, homens sábios e experientes, e os pus por chefes sobre vós, chefes de milhares, e chefes de centenas, e chefes de cinquenta, e líderes de dez, e governadores a vossas tribos. ¹⁶ E então mandei a vossos juízes, dizendo: Ouvi entre vossos irmãos, e julgai justamente entre o homem e seu irmão, e o que lhe é estrangeiro. ¹⁷ Não tenhais acepção de pessoas no juízo: tanto ao pequeno como ao grande ouvireis: não tereis temor de ninguém, porque o juízo é de Deus: e a causa que vos for difícil, a trareis a mim, e eu a ouvirei. ¹⁸ Eu vos mandei, pois, naquele tempo tudo o que havíeis de fazer. ¹⁹ Então partimos de Horebe, e andamos por todo aquele grande e temível deserto que vistes, pelo caminho montanhoso dos amorreus, como o SENHOR, nosso Deus, havia nos mandado; e chegamos a Cades-Barneia. ²⁰ Então eu vos disse: 'Chegastes à região montanhosa dos amorreus, a qual o SENHOR, nosso Deus, nos dá. ²¹ Eis que o SENHOR, teu Deus, deu diante de ti esta terra; sobe e tomai posse dela, como o SENHOR, o Deus dos teus pais, te disse; não temas nem te apavores.' ²² Então todos vós vos aproximastes de mim, e dissestes: 'Enviemos homens adiante de nós, que nos reconheçam a terra, e nos tragam de volta relato de qual caminho por onde devemos subir, e das cidades aonde devemos ir.' ²³ E isso me pareceu bem. Então tomei doze homens de vós, um homem de cada tribo. ²⁴ Eles se foram, subiram às montanhas, chegaram ao vale de Escol, e o reconheceram. ²⁵ E tomaram em suas mãos do fruto daquela terra, e o trouxeram a nós, e nos contaram, e disseram: 'A terra que o SENHOR, nosso Deus, nos dá, é boa.' ²⁶ Porém não quisestes subir, mas fostes rebeldes à ordem do SENHOR, vosso Deus; ²⁷ E murmurastes em vossas tendas, dizendo: 'É porque o SENHOR nos odeia que ele nos tirou da terra do Egito, para nos entregar nas mãos dos amorreus, para nos destruir. ²⁸ Para onde subiremos? Nossos irmãos fizeram derreter o nosso coração, dizendo: Este povo é maior e mais alto que nós, as cidades são grandes e muradas até o céu; e também vimos ali filhos de gigantes.' ²⁹ Então vos disse: Não temais, nem

tenhais medo deles. ³⁰ O SENHOR vosso Deus, o qual vai diante de vós, ele lutará por vós, conforme todas as coisas que fez por vós no Egito diante vossos olhos; ³¹ E no deserto viste que o SENHOR teu Deus te trouxe, como traz o homem a seu filho, por todo o caminho que andastes, até que viestes a este lugar. ³² E ainda com isto não crestes no SENHOR vosso Deus, ³³ O qual ia diante de vós pelo caminho, para reconhecer-vos o lugar onde havíeis de assentar o acampamento, com fogo de noite para vos mostrar o caminho por onde andásseis, e com nuvem de dia. ³⁴ E ouviu o SENHOR a voz de vossas palavras, e irou-se, e jurou dizendo: ³⁵ Não verá homem algum destes desta má geração, a boa terra que jurei havia de dar a vossos pais, ³⁶ Exceto Calebe filho de Jefoné: ele a verá, e a ele lhe darei a terra que pisou, e a seus filhos; porque cumpriu em seguir ao SENHOR. ³⁷ E também contra mim se irou o SENHOR por vós, dizendo: Tampouco tu entrarás ali: ³⁸ Josué filho de Num, que está diante de ti, ele entrará ali: anima-o; porque ele a fará herdar a Israel. ³⁹ E vossas crianças, das quais dissestes serão por presa, e vossos filhos que não sabem hoje bem nem mal, eles entrarão ali, e a eles a darei, e eles a herdarão. ⁴⁰ E vós voltai-vos, e parti-vos ao deserto caminho do mar Vermelho. ⁴¹ Então respondestes e me dissestes: Pecado temos contra o SENHOR; nós subiremos e lutaremos, conforme tudo o que o SENHOR nosso Deus nos mandou. E vos armastes cada um de suas armas de guerra, e vos preparastes para subir ao monte. ⁴² E o SENHOR me disse: Dize-lhes: Não subais, nem luteis, pois não estou entre vós; para que não sejais feridos diante de vossos inimigos. ⁴³ E vos falei, e não destes ouvido; antes fostes rebeldes ao dito do SENHOR, e persistindo com altivez, subistes ao monte. ⁴⁴ E saíram os amorreus, que habitavam naquele monte, a vosso encontro, e vos perseguiram, como fazem as vespas, e vos derrotaram em Seir, perseguindo-vos até Hormá. ⁴⁵ E voltastes, e chorastes diante do SENHOR; mas o SENHOR não escutou vossa voz, nem vos prestou ouvido. ⁴⁶ E estivestes em Cades por muitos dias, como nos dias que estivestes.

2

¹ E voltamos, e partimo-nos ao deserto caminho do mar Vermelho, como o SENHOR me havia dito; e rodeamos o monte de Seir por muitos dias. ² E o SENHOR me falou, dizendo: ³ Demais rodeastes este monte; voltai-vos ao norte. ⁴ E manda ao povo, dizendo: Passando vós pelo termo de vossos irmãos os filhos de Esaú, que habitam em Seir, eles terão medo de vós; mas vós guardai-vos muito: ⁵ Não vos metais com eles; que não vos darei de sua terra nem ainda a pisadura da planta de um pé; porque eu dei por herança a Esaú o monte de Seir. ⁶ Comprareis deles por dinheiro os alimentos, e comereis; e também comprareis deles a água, e bebereis; ⁷ Pois o SENHOR teu Deus te abençoou em toda obra de tuas mãos: ele sabe que andas por este grande deserto: estes quarenta anos o SENHOR teu Deus foi contigo; e nenhuma coisa te faltou. ⁸ E passamos por nossos irmãos os filhos de Esaú, que habitavam em Seir, pelo caminho da planície de Elate e de Eziom-Geber. E voltamos, e passamos caminho do deserto de Moabe. ⁹ E o SENHOR me disse: Não perturbeis a Moabe, nem te empenhes com eles em guerra, que não te darei possessão de sua terra; porque eu dei a Ar por herança aos filhos de Ló. ¹⁰ (Os emins habitaram nela antes, povo grande, e numeroso, e alto como gigantes: ¹¹ Por gigantes eram eles também contados, como os anaquins; e os moabitas os chamam emins. ¹² E em Seir habitaram antes os horeus, aos quais os filhos de Esaú expulsaram; e os destruíram de diante de si, e moraram em lugar deles; como fez Israel na terra de sua possessão que lhes deu o SENHOR.) ¹³ Levantai-vos agora, e passai o ribeiro de Zerede. E passamos o ribeiro de Zerede. ¹⁴ E os dias que andamos de Cades-Barneia até que passamos o ribeiro de Zerede, foram trinta e oito anos; até que se acabou toda a geração dos homens de

guerra do meio do acampamento, como o SENHOR lhes havia jurado. [15] E também a mão do SENHOR foi sobre eles para destruí-los do meio do campo, até acabá-los. [16] E aconteceu que quando se acabaram de morrer todos os homens de guerra dentre o povo, [17] O SENHOR me falou, dizendo: [18] Tu passarás hoje o termo de Moabe, a Ar, [19] E te aproximarás diante dos filhos de Amom: não os perturbeis, nem te metas com eles; porque não te tenho de dar possessão da terra dos filhos de Amom; que aos filhos de Ló a dei por herança. [20] (Por terra de gigantes foi também ela tida: habitaram nela gigantes em outro tempo, aos quais os amonitas chamavam zanzumins; [21] Povo grande, e numeroso, e alto, como os anaquins; aos quais o SENHOR destruiu de diante dos amonitas, os quais lhes sucederam, e habitaram em seu lugar: [22] Como fez com os filhos de Esaú, que habitavam em Seir, de diante dos quais destruiu aos horeus; e eles lhes sucederam, e habitaram em seu lugar até hoje. [23] E aos aveus que habitavam em vilas até Gaza, os caftoreus que saíram de Caftor os destruíram, e habitaram em seu lugar.) [24] Levantai-vos, parti, e passai o ribeiro de Arnom: eis que dei em tua mão a Seom rei de Hesbom, amorreu, e a sua terra: começa a tomar possessão, e empenha-te com ele em guerra. [25] Hoje começarei a pôr teu medo e teu espanto sobre os povos debaixo de todo o céu, os quais ouvirão tua fama, e tremerão, e se angustiarão diante de ti. [26] E enviei mensageiros desde o deserto de Quedemote a Seom rei de Hesbom, com palavras de paz, dizendo: [27] Passarei por tua terra pelo caminho: pelo caminho irei, sem apartar-me à direita nem à esquerda: [28] A comida me venderás por dinheiro e comerei: a água também me darás por dinheiro, e beberei: somente passarei a pé; [29] Como o fizeram comigo os filhos de Esaú que habitavam em Seir, e os moabitas que habitavam em Ar; até que passe o Jordão à terra que nos dá o SENHOR nosso Deus. [30] Mas Seom rei de Hesbom não quis que passássemos pelo território seu; porque o SENHOR teu Deus havia endurecido seu espírito, e obstinado seu coração para entregá-lo em tua mão, como hoje. [31] E disse-me o SENHOR: Eis que eu comecei a dar diante de ti a Seom e a sua terra; começa a tomar possessão, para que herdes sua terra. [32] E saiu-nos Seom ao encontro, ele e todo seu povo, para lutar em Jaza. [33] Mas o SENHOR nosso Deus o entregou diante de nós; e ferimos a ele e a seus filhos, e a todo seu povo. [34] E tomamos então todas suas cidades, e destruímos todas as cidades, homens, e mulheres, e crianças; não deixamos ninguém: [35] Somente tomamos para nós os animais, e os despojos das cidades que havíamos tomado. [36] Desde Aroer, que está junto à beira do ribeiro de Arnom, e a cidade que está no ribeiro, até Gileade, não houve cidade que escapasse de nós: todas as entregou o SENHOR nosso Deus em nosso poder. [37] Somente à terra dos filhos de Amom não chegaste, nem a tudo o que está à beira do ribeiro de Jaboque nem às cidades do monte, nem a lugar algum que o SENHOR nosso Deus havia proibido.

3

[1] E voltamos, e subimos caminho de Basã, e saiu-nos ao encontro Ogue rei de Basã para lutar, ele e todo seu povo, em Edrei. [2] E disse-me o SENHOR: Não tenhas medo dele, porque em tua mão entreguei a ele e a todo seu povo, e sua terra: e farás com ele como fizeste com Seom rei amorreu, que habitava em Hesbom. [3] E o SENHOR nosso Deus entregou também em nossa mão a Ogue rei de Basã, e a todo seu povo, ao qual ferimos até não restar dele ninguém. [4] E tomamos então todas suas cidades; não restou cidade que não lhes tomássemos: sessenta cidades, toda a terra de Argobe, do reino de Ogue em Basã. [5] Todas estas eram cidades fortificadas com alto muro, com portas e barras; sem outras muito muitas cidades sem muro. [6] E as destruímos, como fizemos a Seom rei de Hesbom, destruindo em toda cidade homens, mulheres, e crianças. [7] E tomamos para nós todos os animais, e os despojos das cidades. [8] Também

tomamos naquele tempo da mão de dois reis amorreus que estavam desta parte do Jordão, a terra desde o ribeiro de Arnom até o monte de Hermom: 9 (Os sidônios chamam a Hermom Siriom; e os amorreus, Senir:) 10 Todas as cidades da planície, e todo Gileade, e todo Basã até Salcá e Edrei, cidades do reino de Ogue em Basã. 11 Porque somente Ogue rei de Basã havia restado dos gigantes que restaram. Eis que sua cama, uma cama de ferro, não está em Rabá dos filhos de Amom?; o comprimento dela de nove côvados, e sua largura de quatro côvados, ao côvado de um homem. 12 E esta terra que herdamos então desde Aroer, que está ao ribeiro de Arnom, e a metade do monte de Gileade com suas cidades, dei aos rubenitas e aos gaditas: 13 E o resto de Gileade, e todo Basã, do reino de Ogue, dei o à meia tribo de Manassés; toda a terra de Argobe, todo Basã, que se chamava a terra dos gigantes. 14 Jair filho de Manassés tomou toda a terra de Argobe até o termo dos gessuritas e dos maacatitas; e chamou-a de seu nome Basã-Havote-Jair, até hoje. 15 E a Maquir dei a Gileade. 16 E aos rubenitas e gaditas dei de Gileade até o ribeiro de Arnom, o meio do ribeiro por termo; até o ribeiro de Jaboque, termo dos filhos de Amom: 17 Assim como a campina, e o Jordão, e o termo, desde Quinerete até o mar da planície, o mar Salgado, as encostas abaixo do Pisga ao oriente. 18 E vos mandei então, dizendo: O SENHOR vosso Deus vos deu esta terra para que a possuais: passareis armados diante de vossos irmãos os filhos de Israel todos os valentes. 19 Somente vossas mulheres, vossas crianças, e vossos gados, (eu sei que tendes muito gado,) ficarão nas vossas cidades que vos dei, 20 Até que o SENHOR dê repouso a vossos irmãos, assim como a vós, e herdem também eles a terra que o SENHOR vosso Deus lhes dá à outra parte do Jordão: então vos voltareis cada um a sua herança que eu vos dei. 21 Mandei também a Josué então, dizendo: Teus olhos viram tudo o que o SENHOR vosso Deus fez àqueles dois reis: assim fará o SENHOR a todos os reinos aos quais passarás tu. 22 Não os temais; que o SENHOR vosso Deus, ele é o que luta por vós. 23 E orei ao SENHOR naquele tempo, dizendo: 24 Senhor DEUS, tu começaste a mostrar a teu servo tua grandeza, e tua mão forte: porque que deus há no céu nem na terra que faça segundo tuas obras, e segundo tuas valentias? 25 Passe eu, rogo-te, e veja aquela terra boa, que está à parte ali do Jordão, aquele bom monte, e o Líbano. 26 Mas o SENHOR se havia irado contra mim por causa de vós, pelo qual não me ouviu: e disse-me o SENHOR: Basta-te, não me fales mais deste negócio. 27 Sobe ao cume do Pisga, e ergue teus olhos ao ocidente, e ao norte, e ao sul, e ao oriente, e vê por teus olhos: porque não passarás este Jordão. 28 E manda a Josué, e anima-o, e conforta-o; porque ele há de passar diante deste povo, e ele lhes fará herdar a terra que verás. 29 E paramos no vale diante de Bete-Peor.

4

1 Agora, pois, ó Israel, ouve os estatutos e regulamentos que eu vos ensino, para que os executeis, e vivais, e entreis, e possuais a terra que o SENHOR o Deus de vossos pais te dá. 2 Não acrescentareis à palavra que eu vos mando, nem diminuireis dela, para que guardeis os mandamentos do SENHOR vosso Deus que eu vos ordeno. 3 Vossos olhos viram o que fez o SENHOR por motivo de Baal-Peor; que a todo homem que foi atrás de Baal-Peor destruiu o SENHOR teu Deus do meio de ti. 4 Mas vós que vos achegastes ao SENHOR vosso Deus, todos estais vivos hoje. 5 Olhai, eu vos ensinei estatutos e regulamentos, como o SENHOR meu Deus me mandou, para que façais assim em meio da terra na qual entrais para possuí-la. 6 Guardai-os, pois, e ponde-os por obra: porque esta é vossa sabedoria e vossa inteligência aos olhos dos povos, os quais ouvirão todos estes estatutos, e dirão: Certamente povo sábio e entendido, gente grande é esta. 7 Porque que gente grande há que tenha os deuses próximo a si, como o está o SENHOR nosso Deus em tudo quanto lhe pedimos? 8 E que gente

grande há que tenha estatutos e regulamentos justos, como é toda esta lei que eu ponho hoje diante de vós? ⁹ Portanto, guarda-te, e guarda tua alma com empenho, que não te esqueças das coisas que teus olhos viram, nem se apartem de teu coração todos os dias de tua vida: e as ensinarás a teus filhos, e aos filhos de teus filhos; ¹⁰ No dia que estiveste diante do SENHOR teu Deus em Horebe, quando o SENHOR me disse: Junta-me o povo, para que eu lhes faça ouvir minhas palavras, as quais aprenderão, para temer-me todos os dias que viverem sobre a terra: e as ensinarão a seus filhos; ¹¹ E vos aproximastes, e vos pusestes ao pé do monte; e o monte ardia em fogo até em meio dos céus com trevas, nuvem, e escuridão. ¹² E falou o SENHOR convosco do meio do fogo: ouvistes a voz de suas palavras, mas a exceção de ouvir a voz, nenhuma forma vistes: ¹³ E ele vos anunciou seu pacto, o qual vos mandou pôr por obra, os dez mandamentos; e escreveu-os em duas tábuas de pedra. ¹⁴ A mim também me mandou o SENHOR então ensinar-vos os estatutos e regulamentos, para que os pusestes por obra na terra à qual passais para possuí-la. ¹⁵ Guardai pois muito vossas almas: pois nenhuma forma vistes no dia que o SENHOR falou convosco do meio do fogo: ¹⁶ Para que não vos corrompais, e façais para vós escultura, imagem de forma alguma, efígie de macho ou fêmea, ¹⁷ Figura de algum animal que seja na terra, forma de ave alguma de asas que voe pelo ar, ¹⁸ Figura de nenhum animal que vá arrastando pela terra, forma de peixe algum que haja na água debaixo da terra: ¹⁹ E para que levantando teus olhos ao céu, e vendo o sol e a lua e as estrelas, e todo o exército do céu, não sejas incitado, e te inclines a eles, e lhes sirvas; que o SENHOR teu Deus os concedeu a todos os povos debaixo de todos os céus. ²⁰ Porém a vós o SENHOR vos tomou, e vos tirou do forno de ferro, do Egito, para que lhe sejais por povo de herança como neste dia. ²¹ E o SENHOR se irou contra mim sobre vossos negócios, e jurou que eu não passaria o Jordão, nem entraria na boa terra, que o SENHOR teu Deus te dá por herança. ²² Assim eu vou a morrer nesta terra; e não passo o Jordão: mas vós passareis, e possuireis aquela boa terra. ²³ Guardai-vos que não vos esqueçais do pacto do SENHOR vosso Deus, que ele estabeleceu convosco, e vos façais escultura ou imagem de qualquer coisa, que o SENHOR teu Deus te proibiu. ²⁴ Porque o SENHOR teu Deus é fogo que consome, Deus zeloso. ²⁵ Quando houverdes gerado filhos e netos, e houverdes envelhecido na terra, e vos corromperdes, e fizerdes escultura ou imagem de qualquer coisa, e fizerdes mal aos olhos do SENHOR vosso Deus, para irá-lo; ²⁶ Eu ponho hoje por testemunhas ao céu e à terra, que logo perecereis totalmente da terra até a qual passais o Jordão para possuí-la: não estareis nela longos dias sem que sejais destruídos. ²⁷ E o SENHOR vos espalhará entre os povos, e restareis poucos em número entre as nações às quais vos levará o SENHOR: ²⁸ E servireis ali a deuses feitos das mãos de homens, a madeira e a pedra, que não vem, nem ouvem, nem comem, nem cheiram. ²⁹ Mas se desde ali buscares ao SENHOR teu Deus, o acharás, se o buscares de todo teu coração e de toda tua alma. ³⁰ Quando estiveres em angústia, e te alcançarem todas estas coisas, se nos últimos dias te voltares ao SENHOR teu Deus, e ouvires sua voz; ³¹ Porque Deus misericordioso é o SENHOR teu Deus; não te deixará, nem te destruirá, nem se esquecerá do pacto de teus pais que lhes jurou. ³² Porque pergunta agora dos tempos passados, que foram antes de ti, desde o dia que criou Deus ao homem sobre a terra, e desde um fim do céu ao outro, se se fez coisa semelhante a esta grande coisa, ou se tenha ouvido outra como ela. ³³ Ouviu povo a voz de Deus, que falasse do meio do fogo, como tu a ouviste, e viveste? ³⁴ Ou experimentou Deus a vir a tomar para si nação do meio de outra nação, com provas, com sinais, com milagres, e com guerra, e mão forte, e braço estendido, e grandes espantos, segundo todas as coisas que fez convosco o SENHOR vosso Deus no Egito diante de teus olhos? ³⁵ A ti te foi mostrado, para que soubesses que o SENHOR ele é Deus; não há mais além dele. ³⁶ Dos céus te fez ouvir sua voz, para ensinar-te: e sobre a terra te mostrou seu grande fogo: e ouviste suas palavras do meio do fogo. ³⁷ E porquanto ele amou a teus pais, escolheu sua descendência depois deles, e te tirou diante de si do Egito com seu grande poder; ³⁸ Para lançar de diante de ti nações grandes e mais fortes que tu, e para te introduzir, e dar-te sua terra por herança, como hoje. ³⁹ Aprende pois hoje, e medita em teu coração que o SENHOR ele é o Deus acima no céu, e abaixo sobre a terra; não há outro. ⁴⁰ E guarda seus estatutos e seus mandamentos, que eu te mando hoje, para que te vá bem a ti e a teus filhos depois de ti, e prolongues teus dias sobre a terra que o SENHOR teu Deus te dá para sempre. ⁴¹ Então separou Moisés três cidades desta parte do Jordão ao oriente, ⁴² Para que fugisse ali o homicida que matasse a seu próximo por acidente, sem haver tido inimizade com ele desde ontem nem antes de ontem; e que fugindo de uma vez destas cidades salvara a vida: ⁴³ A Bezer no deserto, em terra da planície, dos rubenitas; e a Ramote em Gileade, dos gaditas; e a Golã em Basã, dos de Manassés. ⁴⁴ Esta, pois, é a lei que Moisés propôs diante dos filhos de Israel. ⁴⁵ Estes são os testemunhos, e os estatutos, e os regulamentos, que Moisés notificou aos filhos de Israel, quando houveram saído do Egito; ⁴⁶ Desta parte do Jordão, no vale diante de Bete-Peor, na terra de Seom rei dos amorreus, que habitava em Hesbom, ao qual feriu Moisés com os filhos de Israel, quando saíram do Egito: ⁴⁷ E possuíram sua terra, e a terra de Ogue rei de Basã; dois reis dos amorreus que estavam desta parte do Jordão, ao oriente: ⁴⁸ Desde Aroer, que está junto à beira do ribeiro de Arnom, até o monte de Sião, que é Hermom; ⁴⁹ E toda a planície desta parte do Jordão, ao oriente, até o mar da planície, as encostas das águas abaixo do Pisga.

5

¹ E chamou Moisés a todo Israel, e disse-lhes: Ouve, Israel, os estatutos e regulamentos que eu pronuncio hoje em vossos ouvidos: e aprendei-os, e guardai-os, para praticá-los. ² O SENHOR nosso Deus fez pacto conosco em Horebe. ³ Não com nossos pais fez o SENHOR este pacto, a não ser conosco todos os que estamos aqui hoje vivos. ⁴ Face a face falou o SENHOR convosco no monte do meio do fogo, ⁵ (Eu estava então entre o SENHOR e vós, para vos anunciar a palavra do SENHOR; porque vós tivestes temor do fogo, e não subistes ao monte;) dizendo: ⁶ Eu sou o SENHOR teu Deus, que te tirei da terra do Egito, de casa de servos. ⁷ Não terás deuses estranhos diante de mim. ⁸ Não farás para ti escultura, nem imagem alguma de coisa que está acima nos céus, ou abaixo na terra, ou nas águas debaixo da terra: ⁹ Não te inclinarás a elas nem lhes servirás: porque eu sou o SENHOR teu Deus, forte, zeloso, que visito a iniquidade dos pais sobre os filhos, e sobre a terceira geração, e sobre a quarta, aos que me aborrecem, ¹⁰ E que faço misericórdia a milhares aos que me amam, e guardam meus mandamentos. ¹¹ Não tomarás em vão o nome do SENHOR teu Deus; porque o SENHOR não dará por inocente ao que tomar em vão seu nome. ¹² Guardarás o dia do repouso para santificá-lo, como o SENHOR teu Deus te mandou. ¹³ Seis dias trabalharás e farás toda tua obra: ¹⁴ Mas no sétimo é repouso ao SENHOR teu Deus: nenhuma obra farás tu, nem teu filho, nem tua filha, nem teu servo, nem tua serva, nem tua boi, nem tua asno, nem nenhum animal teu, nem tua peregrino que está dentro de tuas portas: para que descanse teu servo e tua serva como ¹⁵ E lembra-te que foste servo em terra do Egito, e que o SENHOR teu Deus te tirou dali com mão forte e braço estendido: pelo qual o SENHOR teu Deus te mandou que guardes no dia do repouso. ¹⁶ Honra a teu pai e a tua mãe, como o SENHOR teu Deus te mandou, para que sejam prolongados teus dias, e para que te vá bem sobre a

terra que o SENHOR teu Deus te dá. [17] Não cometerás homicídio. [18] Não adulterarás. [19] Não furtarás. [20] Não dirás falso testemunho contra teu próximo. [21] Não cobiçarás a mulher de teu próximo, nem desejarás a casa de teu próximo, nem sua terra, nem seu servo, nem sua serva, nem seu boi, nem seu asno, nem nenhuma coisa que seja de teu próximo. [22] Estas palavras falou o SENHOR a toda vossa congregação no monte, do meio do fogo, da nuvem e da escuridão, a grande voz: e não acrescentou mais. E escreveu-os em duas tábuas de pedra, as quais deu a mim. [23] E aconteceu, que como vós ouvistes a voz do meio das trevas, e vistes ao monte que ardia em fogo, aproximastes a mim todos os príncipes de vossas tribos, e vossos anciãos; [24] E dissestes: Eis que, o SENHOR nosso Deus nos mostrou sua glória e sua grandeza, e ouvimos sua voz do meio do fogo: hoje vimos que o SENHOR fala ao homem, e este vive. [25] Agora pois, por que morreremos? Que este grande fogo nos consumirá: se voltarmos a ouvir a voz do SENHOR nosso Deus, morreremos. [26] Porque, que é toda carne, para que ouça a voz do Deus vivente que fala do meio do fogo, como nós a ouvimos, e viva? [27] Chega tu, e ouve todas as coisas que disser o SENHOR nosso Deus; e tu nos dirás todo o que o SENHOR nosso Deus te disser, e nós ouviremos e faremos. [28] E ouviu o SENHOR a voz de vossas palavras, quando me faláveis; e disse-me o SENHOR: Ouvi a voz das palavras deste povo, que eles te falaram: bem está tudo o que disseram. [29] Quem dera que tivessem tal coração, que me temessem, e guardassem todos os dias todos meus mandamentos, para que a eles e a seus filhos lhes fosse bem para sempre! [30] Vai, dize-lhes: Voltai-vos a vossas tendas. [31] E tu fica aqui comigo, e te direi todos os mandamentos, e estatutos, e regulamentos que lhes hás de ensinar, a fim que os ponham agora por obra na terra que eu lhes dou para possuí-la. [32] Olhai, pois, que façais como o SENHOR vosso Deus vos mandou: não vos desvieis à direita nem à esquerda; [33] Andai em todo caminho que o SENHOR vosso Deus vos mandou, para que vivais, e vos vá bem, e tenhais longos dias na terra que haveis de possuir.

6

[1] Estes, pois são os mandamentos, estatutos, e regulamentos que o SENHOR vosso Deus mandou que vos ensinasse, para que os ponhais por obra na terra à qual passais vós para possuí-la: [2] Para que temas ao SENHOR teu Deus, guardando todos os seus estatutos e seus mandamentos que eu te mando, tu, e teu filho, e o filho de teu filho, todos os dias de tua vida, e que teus dias sejam prolongados. [3] Ouve, pois, ó Israel, e cuida de praticá-los, para que te vá bem, e sejais multiplicados, como te disse o SENHOR o Deus de teus pais, na terra que destila leite e mel. [4] Ouve, Israel: o SENHOR nosso Deus, o SENHOR um é: [5] E Amarás ao SENHOR teu Deus de todo teu coração, e de toda tua alma, e com todo tua poder. [6] E estas palavras que eu te mando hoje, estarão sobre teu coração: [7] E as repetirás a teus filhos, e falarás delas estando em tua casa, e andando pelo caminho, e ao deitar-te, e quando te levantes: [8] E hás de atá-las por sinal em tua mão, e estarão por frontais entre teus olhos: [9] E as escreverás nos umbrais de tua casa, e em tuas entradas. [10] E será, quando o SENHOR teu Deus te houver introduzido na terra que jurou a teus pais Abraão, Isaque, e Jacó, que te daria; em cidades grandes e boas que tu não edificaste, [11] E casas cheias de todo ainda que tu não encheste, e cisternas cavadas, que tu não cavaste, vinhas e olivais que não plantaste: logo que comeres e te fartares, [12] Guarda-te que não te esqueças do SENHOR, que te tirou da terra do Egito, de casa de servos. [13] Ao SENHOR teu Deus temerás, e a ele servirás, e por seu nome jurarás. [14] Não andareis após deuses alheios, dos deuses dos povos que estão em vossos entornos: [15] Porque o Deus zeloso, o SENHOR teu Deus, em meio de ti está; para que não se inflame o furor do SENHOR

teu Deus contra ti, e te destrua de sobre a face da terra. ¹⁶ Não tentareis ao SENHOR vosso Deus, como o tentastes em Massá. ¹⁷ Guardai cuidadosamente os mandamentos do SENHOR vosso Deus, e seus testemunhos, e seus estatutos, que te mandou. ¹⁸ E farás o correto e bom aos olhos do SENHOR, para que te vá bem, e entres e possuas a boa terra que o SENHOR jurou a teus pais; ¹⁹ Para que ele expulse a todos os seus inimigos de diante de ti, como o SENHOR disse. ²⁰ Quando amanhã te perguntar teu filho, dizendo: Que significam os testemunhos, e estatutos, e regulamentos, que o SENHOR nosso Deus vos mandou? ²¹ Então dirás a teu filho: Nós éramos servos de Faraó no Egito, e o SENHOR tirou do Egito com mão forte; ²² E deu o SENHOR sinais e milagres grandes e nocivos no Egito, sobre Faraó e sobre toda sua casa, diante de nossos olhos; ²³ E tirou-nos dali, para trazer-nos e dar-nos a terra que jurou a nossos pais; ²⁴ E mandou-nos o SENHOR que executássemos todos estes estatutos, e que temamos ao SENHOR nosso Deus, para que nos vá bem todos os dias, e para que nos dê vida, como hoje. ²⁵ E teremos justiça quando cuidarmos de pôr por obra todos estes mandamentos diante do SENHOR nosso Deus, como ele nos mandou.

7

¹ Quando o SENHOR teu Deus te houver introduzido na terra na qual tu hás de entrar para possuí-la, e houver expulsado de diante de ti muitas nações, aos heteus, aos gergeseus, e aos amorreus, e aos cananeus, e aos perizeus, e aos heveus, e aos jebuseus, sete nações maiores e mais fortes que tu; ² E o SENHOR teu Deus as houver entregue diante de ti, e as ferires, por completo as destruirás: não farás com eles aliança, nem as pouparás. ³ E não aparentarás com eles: não darás tua filha a seu filho, nem tomarás a sua filha para teu filho. ⁴ Porque desviará a teu filho de me seguir, e servirão a deuses alheios; e o furor do SENHOR se acenderá sobre vós, e te destruirá logo. ⁵ Mas assim haveis de fazer com eles: destruireis seus altares, e quebrareis suas colunas sagradas, cortareis seus mastros de idolatria, e queimareis suas esculturas a fogo. ⁶ Porque tu és povo santo ao SENHOR teu Deus: o SENHOR teu Deus te escolheu para ser-lhe um povo especial, mais que todos os povos que estão sobre a face da terra. ⁷ Não por ser vós mais que todos os povos vos quis o SENHOR, e vos escolheu; porque vós éreis os menores de todos os povos: ⁸ Mas sim porque o SENHOR vos amou, e quis guardar o juramento que jurou a vossos pais, vos tirou o SENHOR com mão forte, e vos resgatou de casa de servos, da mão de Faraó, rei do Egito. ⁹ Conhece, pois, que o SENHOR teu Deus é Deus, Deus fiel, que guarda o pacto e a misericórdia aos que lhe amam e guardam seus mandamentos, até as mil gerações; ¹⁰ E que retribui em sua face ao que lhe aborrece, destruindo-o: nem o dilatará ao que lhe odeia, em sua face lhe retribuirá. ¹¹ Guarda portanto os mandamentos, e estatutos, e regulamentos que eu te mando hoje que cumpras. ¹² E será que, por haver ouvido estes regulamentos, e guardado e os praticado, o SENHOR teu Deus guardará contigo o pacto e a misericórdia que jurou a teus pais; ¹³ E te amará, e te abençoará, e te multiplicará, e abençoará o fruto de teu ventre, e o fruto de tua terra, e teu grão, e teu mosto, e teu azeite, a cria de tuas vacas, e os rebanhos de tuas ovelhas, na terra que jurou a teus pais que te daria. ¹⁴ Bendito serás mais que todos os povos: não haverá em ti homem nem mulher estéril, nem em teus animais. ¹⁵ E tirará o SENHOR de ti toda enfermidade; e todas as más pragas do Egito, que tu sabes, não as porá sobre ti, antes as porá sobre todos os que te odiarem. ¹⁶ E consumirás a todos os povos que te dá o SENHOR teu Deus: não os perdoará teu olho; nem servirás a seus deuses, que te será tropeço. ¹⁷ Quando disseres em teu coração: Estas nações são muitas mais que eu, como as poderei desarraigar?; ¹⁸ Não tenhas medo deles: lembra-te bem do que fez o SENHOR teu Deus com Faraó e com

todo o Egito; [19] Das grandes provas que viram teus olhos, e dos sinais e milagres, e da mão forte e braço estendido com que o SENHOR teu Deus te tirou: assim fará o SENHOR teu Deus com todos os povos de cuja presença tu temerdes. [20] E também enviará o SENHOR teu Deus sobre eles vespas, até que pereçam os que restarem, e os que se houverem escondido de diante de ti. [21] Não desmaies diante deles, que o SENHOR teu Deus está em meio de ti, Deus grande e terrível. [22] E o SENHOR teu Deus expulsará a estas nações de diante de ti pouco a pouco: não as poderás acabar logo, para que os animais do campo não se aumentem contra ti. [23] Mas o SENHOR teu Deus as entregará diante de ti, e ele as quebrantará com grande destroço, até que sejam destruídos. [24] E ele entregará seus reis em tua mão, e tu destruirás o nome deles de debaixo do céu: ninguém te fará testa até que os destruas. [25] As esculturas de seus deuses queimarás no fogo: não cobiçarás prata nem ouro de sobre elas para tomá-lo para ti, para que não tropeces nisso, pois é abominação ao SENHOR teu Deus; [26] E não meterás abominação em tua casa, para que não sejas anátema como isso; por completo o aborrecerás e o abominarás; porque é anátema.

8

[1] Cuidareis de pôr por obra todo mandamento que eu vos ordeno hoje, para que vivais, e sejais multiplicados, e entreis, e possuais a terra, da qual jurou o SENHOR a vossos pais. [2] E te lembrarás de todo o caminho por onde te trouxe o SENHOR teu Deus estes quarenta anos no deserto, para afligir-te, para provar-te, para saber o que estava em teu coração, se havias de guardar ou não seus mandamentos. [3] E te afligiu, e te fez ter fome, e te sustentou com maná, comida que não conhecias tu, nem teus pais a conheciam; para fazer-te saber que o homem não viverá de só pão, mas de tudo o que sai da boca do SENHOR viverá o homem. [4] Tua roupa nunca se envelheceu sobre ti, nem o pé se te inchou por estes quarenta anos. [5] Reconhece assim em teu coração, que como castiga o homem a seu filho, assim o SENHOR teu Deus te castiga. [6] Guardarás, pois, os mandamentos do SENHOR teu Deus, andando em seus caminhos, e temendo-o. [7] Porque o SENHOR teu Deus te introduz na boa terra, terra de ribeiros, de águas, de fontes, de mananciais que brotam por planícies e montes; [8] Terra de trigo e cevada, e de videiras, e figueiras, e romeiras; terra de olivas, de azeite, e de mel; [9] Terra na qual não comerás o pão com escassez, não te faltará nada nela; terra que suas pedras são ferro, e de seus montes cortarás bronze. [10] E comerás e te fartarás, e bendirás ao SENHOR teu Deus pela boa terra que te haverá dado. [11] Guarda-te, que não te esqueças do SENHOR teu Deus, para não observar seus mandamentos, e seus regulamentos, e seus estatutos, que eu te ordeno hoje: [12] Para que não aconteça talvez que comas e te fartes, e edifiques boas casas em que mores, [13] E tuas vacas e tuas ovelhas se aumentem, e a prata e o ouro se te multiplique, e tudo o que tiveres se te aumente, [14] E se eleve logo teu coração, e te esqueças do SENHOR teu Deus, que te tirou da terra do Egito, de casa de servos; [15] Que te fez caminhar por um deserto grande e espantoso, de serpentes ardentes, e de escorpiões, e de sede, onde nenhuma água havia, e ele te tirou água da rocha de pederneiras; [16] Que te sustentou com maná no deserto, comida que teus pais não conheciam, afligindo-te e provando-te, para ao fim fazer-te bem; [17] E digas em teu coração: Meu poder e a força de minha mão me trouxeram esta riqueza. [18] Antes lembra-te do SENHOR teu Deus: porque ele te dá o poder para fazer as riquezas, a fim de confirmar seu pacto que jurou a teus pais, como neste dia. [19] Mas será, se chegares a esquecer-te do SENHOR teu Deus, e andares atrás de deuses alheios, e lhes servires, e a eles te encurvares, atesto-o hoje contra vós, que certamente perecereis. [20] Como as nações

que o SENHOR destruirá diante de vós, assim perecereis; porquanto não havereis atendido à voz do SENHOR vosso Deus.

9

¹ Ouve, Israel: tu estás hoje para passar o Jordão, para entrar a possuir nações mais numerosas e mais fortes que tu, cidades grandes e fortificadas até o céu, ² Um povo grande e alto, filhos de gigantes, dos quais tens tu conhecimento, e ouviste dizer: Quem resistirá diante dos filhos do gigante? ³ Sabe, pois, hoje que o SENHOR teu Deus é o que passa diante de ti, fogo consumidor, que os destruirá e humilhará diante de ti: e tu os expulsarás, e os destruirás logo, como o SENHOR te disse. ⁴ Não digas em teu coração quando o SENHOR teu Deus os haverá expulsado de diante de ti, dizendo: Por minha justiça me pôs o SENHOR a possuir esta terra; pois pela impiedade destas nações o SENHOR as expulsa de diante de ti. ⁵ Não por tua justiça, nem pela retidão de teu coração entras a possuir a terra deles; mas pela impiedade destas nações o SENHOR teu Deus as expulsa de diante de ti, e para confirmar a palavra que o SENHOR jurou a teus pais Abraão, Isaque, e Jacó. ⁶ Portanto, sabe que não por tua justiça o SENHOR teu Deus te dá esta boa terra para possuí-la; que povo duro de cerviz és tu. ⁷ Lembra-te, não te esqueças que provocaste a ira ao SENHOR teu Deus no deserto: desde o dia que saíste da terra do Egito, até que entrastes neste lugar, fostes rebeldes ao SENHOR. ⁸ E em Horebe provocastes à ira ao SENHOR, e irou-se o SENHOR contra vós para destruir-vos. ⁹ Quando eu subi ao monte para receber as tábuas de pedra, as tábuas do pacto que o SENHOR fez convosco, estive então no monte quarenta dias e quarenta noites, sem comer pão nem beber água: ¹⁰ E deu-me o SENHOR as duas tábuas de pedra escritas com o dedo de Deus; e nelas estava escrito conforme todas as palavras que vos falou o SENHOR no monte do meio do fogo, no dia da assembleia. ¹¹ E foi ao fim dos quarenta dias e quarenta noites, que o SENHOR me deu as duas tábuas de pedra, as tábuas do pacto. ¹² E disse-me o SENHOR: Levanta-te, desce logo daqui; que teu povo que tiraste do Egito se corrompeu: logo se apartaram do caminho que eu lhes mandei: fizeram para si uma efígie de fundição. ¹³ E falou-me o SENHOR, dizendo: Vi esse povo, e eis que ele é povo duro de cerviz: ¹⁴ Deixa-me que os destrua, e apague seu nome de debaixo do céu; que eu te porei sobre gente forte e muito mais que eles. ¹⁵ E voltei e desci do monte, o qual ardia em fogo, com as tábuas do pacto em minhas duas mãos. ¹⁶ E olhei, e eis que havíeis pecado contra o SENHOR vosso Deus: Havíeis feito para vós um bezerro de fundição, desviando-vos logo do caminho que o SENHOR vos havia mandado. ¹⁷ Então tomei as duas tábuas, e lancei-as de minhas duas mãos, e quebrei-as diante vossos olhos. ¹⁸ E prostrei-me diante do SENHOR, como antes, quarenta dias e quarenta noites: não comi pão nem bebi água, por causa de todo vosso pecado que havíeis cometido fazendo mal aos olhos do SENHOR para irá-lo. ¹⁹ Porque temi por causa do furor e da ira com que o SENHOR estava irritado contra vós para destruir-vos. Porém o SENHOR me ouviu ainda esta vez. ²⁰ Contra Arão também se irou o SENHOR em grande maneira para destruí-lo: e também orei por Arão então. ²¹ E tomei vosso pecado, o bezerro que havíeis feito, e queimei no fogo, e o esmigalhei moendo-o muito bem, até que foi reduzido a pó: e lancei o pó dele no ribeiro que descia do monte. ²² Também em Taberá, e em Massá, e em Quibrote-Hataavá, irritastes ao SENHOR. ²³ E quando o SENHOR vos enviou desde Cades-Barneia, dizendo: Subi e possuí a terra que eu vos dei; também fostes rebeldes ao dito do SENHOR vosso Deus, e não o crestes, nem obedecestes à sua voz. ²⁴ Rebeldes fostes ao SENHOR desde o dia que eu vos conheço. ²⁵ Prostrei-me, pois, diante do SENHOR quarenta dias e quarenta noites que estive prostrado; porque o SENHOR disse que vos havia de destruir. ²⁶ E orei ao SENHOR,

dizendo: Ó Senhor DEUS, não destruas teu povo e tua herança que resgataste com tua grandeza, ao qual tiraste do Egito com mão forte. [27] Lembra-te de teus servos Abraão, Isaque, e Jacó; não olhes à dureza deste povo, nem a sua impiedade, nem a seu pecado: [28] Porque não digam os da terra de onde nos tiraste: Porquanto não pôde o SENHOR introduzi-los na terra que lhes havia dito, ou porque os aborrecia, os tirou para matá-los no deserto. [29] E eles são teu povo e tua herança, que tiraste com tua grande força e com teu braço estendido.

10

[1] Naquele tempo o SENHOR me disse: Lavra para ti duas tábuas de pedra como as primeiras, e sobe a mim ao monte, e faze para ti uma arca de madeira: [2] E escreverei naquelas tábuas palavras que estavam nas tábuas primeiras que quebraste; e as porás na arca. [3] E fiz uma arca de madeira de acácia, e lavrei duas tábuas de pedra como as primeiras, e subi ao monte com as duas tábuas em minha mão. [4] E escreveu nas tábuas conforme a primeira escritura, os dez mandamentos que o SENHOR vos havia falado no monte do meio do fogo, no dia da assembleia; e as deu a mim o SENHOR. [5] E voltei e desci do monte, e pus as tábuas na arca que havia feito; e ali estão, como o SENHOR me mandou. [6] (Depois partiram os filhos de Israel de Beerote-Bene-Jacacã a Moserá: ali morreu Arão, e ali foi sepultado; e em lugar seu teve o sacerdócio seu filho Eleazar. [7] De ali partiram a Gudgodá, e de Gudgodá a Jotbatá, terra de ribeiros de águas. [8] Naquele tempo separou o SENHOR a tribo de Levi, para que levasse a arca do pacto do SENHOR, para que estivesse diante do SENHOR para servir-lhe, e para abençoar em seu nome, até hoje. [9] Pelo qual Levi não teve parte nem herança com seus irmãos: o SENHOR é sua herança, como o SENHOR teu Deus lhe disse.) [10] E eu estive no monte como os primeiros dias, quarenta dias e quarenta noites; e o SENHOR me ouviu também esta vez, e não quis o SENHOR destruir-te. [11] E disse-me o SENHOR: Levanta-te, anda, para que partas diante do povo, para que entrem e possuam a terra que jurei a seus pais lhes havia de dar. [12] Agora, pois, Israel, que pede o SENHOR teu Deus de ti, a não ser que temas ao SENHOR teu Deus, que andes em todos os seus caminhos, e que o ames, e sirvas ao SENHOR teu Deus contudo teu coração, e com toda tua alma; [13] Que guardes os mandamentos do SENHOR e seus estatutos, que eu te prescrevo hoje, para que tenhas bem? [14] Eis que, do SENHOR teu Deus são os céus, e os céus dos céus: a terra, e todas as coisas que há nela. [15] Somente de teus pais se agradou o SENHOR para amá-los, e escolheu sua descendência depois deles, a vós, dentre todos os povos, como neste dia. [16] Circuncidai pois o prepúcio de vosso coração, e não endureçais mais vossa cerviz. [17] Porque o SENHOR vosso Deus é Deus de deuses, e Senhor de senhores, Deus grande, poderoso, e terrível, que não faz acepção de pessoas, nem toma suborno; [18] Que faz justiça ao órfão e à viúva; que ama também ao estrangeiro dando-lhe pão e roupa. [19] Amareis pois ao estrangeiro: porque estrangeiros fostes vós em terra do Egito. [20] Ao SENHOR teu Deus temerás, a ele servirás, a ele te achegarás, e por seu nome jurarás. [21] Ele é teu louvor, e ele é teu Deus, que fez contigo estas grandes e terríveis coisas que teus olhos viram. [22] Com setenta almas desceram teus pais ao Egito; e agora o SENHOR te fez como as estrelas do céu em multidão.

11

[1] Amarás, pois, ao SENHOR teu Deus, e guardarás sua ordenança, e seus estatutos e seus regulamentos e seus mandamentos, todos os dias. [2] E compreendei hoje: porque não falo com vossos filhos que não souberam nem viram o castigo do SENHOR vosso Deus, sua grandeza, sua mão forte, e seu braço estendido, [3] E seus sinais, e suas

obras que fez em meio do Egito a Faraó, rei do Egito, e à toda sua terra; ⁴ E o que fez ao exército do Egito, a seus cavalos, e a seus carros; como fez vir as águas do mar Vermelho sobre eles, quando vinham atrás vós, e o SENHOR os destruiu até hoje; ⁵ E o que fez convosco no deserto, até que chegastes a este lugar; ⁶ E o que fez com Datã e Abirão, filhos de Eliabe filho de Rúben; como abriu a terra sua boca, e tragou-se a eles e a suas casas, e suas tendas, e toda a riqueza que tinham em pé em meio de todo Israel: ⁷ Mas vossos olhos viram todos os grandes feitos que o SENHOR executou. ⁸ Guardai, pois, todos os mandamentos que eu vos prescrevo hoje, para que sejais esforçados, e entreis e possuais a terra, à qual passais para possuí-la; ⁹ E para que vos sejam prolongados os dias sobre a terra, que jurou o SENHOR a vossos pais havia de dar a eles e à sua descendência, terra que flui leite e mel. ¹⁰ Que a terra à qual entras para possuí-la, não é como a terra do Egito de onde saístes, onde semeavas tua semente, e regavas com teu pé, como jardim de hortaliça. ¹¹ A terra à qual passais para possuí-la é terra de montes e de planícies; da chuva do céu ela bebe as águas; ¹² terra da qual o SENHOR, teu Deus, cuida; os olhos do SENHOR, teu Deus, sempre estão sobre ela, do princípio do ano até o fim do ano. ¹³ E será que, se obedecerdes cuidadosamente meus mandamentos que eu vos prescrevo hoje, amando ao SENHOR vosso Deus, e servindo-o com todo o vosso coração, e com toda vossa alma, ¹⁴ eu darei a chuva da vossa terra em seu tempo, a inicial e a tardia; e colherás teu grão, teu vinho, e teu azeite. ¹⁵ Darei também erva em teu campo para teus animais; e comerás, e te fartarás. ¹⁶ Guardai-vos, pois, que vosso coração não se engane, e vos desvieis, e sirvais a deuses alheios, e vos inclineis a eles; ¹⁷ E assim se acenda o furor do SENHOR sobre vós, e feche os céus, e não haja chuva, nem a terra dê seu fruto, e pereçais logo da boa terra que vos dá o SENHOR. ¹⁸ Portanto, poreis estas minhas palavras em vosso coração e em vossa alma, e as atareis por sinal em vossa mão, e serão por frontais entre vossos olhos. ¹⁹ E as ensinareis a vossos filhos, falando delas, ora sentado em tua casa, ou andando pelo caminho, quando te deites, e quando te levantes: ²⁰ E as escreverás nos umbrais de tua casa, e em tuas entradas: ²¹ Para que sejam aumentados vossos dias, e os dias de vossos filhos, sobre a terra que jurou o SENHOR a vossos pais que lhes havia de dar, como os dias dos céus sobre a terra. ²² Porque se guardardes cuidadosamente todos estes mandamentos que eu vos prescrevo, para que os cumprais; como ameis ao SENHOR vosso Deus andando em todos os seus caminhos, e a ele vos achegardes, ²³ O SENHOR também expulsará todas estas nações de diante de vós e possuireis nações grandes e mais fortes que vós. ²⁴ Todo lugar que pisar a planta de vosso pé, será vosso: desde o deserto e o Líbano, desde o rio, o rio Eufrates, até o mar ocidental será vosso termo. ²⁵ Ninguém resistirá diante de vós: medo e temor de vós porá o SENHOR vosso Deus sobre a face de toda a terra que pisardes, como ele vos disse. ²⁶ Eis que eu ponho hoje diante de vós a bênção e a maldição: ²⁷ A bênção, se ouvirdes os mandamentos do SENHOR vosso Deus, que eu vos prescrevo hoje; ²⁸ E a maldição, se não ouvirdes os mandamentos do SENHOR vosso Deus, e vos desviardes do caminho que eu vos ordeno hoje, para ir atrás de deuses alheios que não conhecestes. ²⁹ E será que, quando o SENHOR teu Deus te introduzir na terra à qual vais para possuí-la, porás a bênção sobre o monte Gerizim, e a maldição sobre o monte Ebal: ³⁰ Os quais estão da outra parte do Jordão, atrás do caminho do ocidente na terra dos cananeus, que habitam na campina diante de Gilgal, junto às planícies de Moré. ³¹ Porque vós passais o Jordão, para ir a possuir a terra que vos dá o SENHOR vosso Deus; e a possuireis, e habitareis nela. ³² Cuidareis, pois, de pôr por obra todos os estatutos e direitos que eu apresento hoje diante de vós.

12

¹ Estes são os estatutos e regulamentos que cuidareis de pôr por obra, na terra que o SENHOR o Deus de teus pais te deu para que a possuas, todos os dias que vós viverdes sobre a terra. ² Destruireis inteiramente todos os lugares onde as nações que vós herdardes serviram a seus deuses, sobre os montes altos, e sobre as colinas, e debaixo de toda árvore espessa: ³ E derrubareis seus altares, e quebrareis suas imagens, e seus bosques consumireis com fogo: e destruireis as esculturas de seus deuses, e extirpareis o nome delas daquele lugar. ⁴ Não fareis assim ao SENHOR vosso Deus. ⁵ Mas o lugar que o SENHOR vosso Deus escolher de todas as vossas tribos, para pôr ali seu nome para sua habitação, esse buscareis, e ali ireis: ⁶ E ali levareis vossos holocaustos, e vossos sacrifícios, e vossos dízimos, e a oferta elevada de vossas mãos, e vossos votos, e vossas ofertas voluntárias, e os primogênitos de vossas vacas e de vossas ovelhas: ⁷ E comereis ali diante do SENHOR vosso Deus, e vos alegrareis, vós e vossas famílias, em toda obra de vossas mãos em que o SENHOR teu Deus te houver abençoado. ⁸ Não fareis como tudo o que nós fazemos aqui agora, cada um o que lhe parece, ⁹ Porque ainda até agora não entrastes ao repouso e à herança que vos dá o SENHOR vosso Deus. ¹⁰ Mas passareis o Jordão, e habitareis na terra que o SENHOR vosso Deus vos faz herdar, e ele vos dará repouso de todos vossos inimigos ao redor, e habitareis seguros. ¹¹ E ao lugar que o SENHOR vosso Deus escolher para fazer habitar nele seu nome, ali levareis todas as coisas que eu vos mando: vossos holocaustos, e vossos sacrifícios, vossos dízimos, e as ofertas elevadas de vossas mãos, e todo o escolhido de vossos votos que houveres prometido ao SENHOR; ¹² E vos alegrareis diante do SENHOR vosso Deus, vós, e vossos filhos, e vossas filhas, e vossos servos, e vossas servas, e o levita que estiver em vossas povoações: porquanto não tem parte nem herança convosco. ¹³ Guarda-te, que não ofereças teus holocaustos em qualquer lugar que vires; ¹⁴ Mas no lugar que o SENHOR escolher, em uma de tuas tribos, ali oferecerás teus holocaustos, e ali farás tudo o que eu te mando. ¹⁵ Contudo, poderás matar e comer carne em todas tuas povoações conforme o desejo de tua alma, segundo a bênção do SENHOR teu Deus que ele te houver dado: o impuro e o limpo a comerá, como a de corço ou de cervo: ¹⁶ Salvo que sangue não comereis; sobre a terra o derramareis como água. ¹⁷ Nem poderás comer em tuas povoações o dízimo de teu grão, ou de teu vinho, ou de teu azeite, nem os primogênitos de tuas vacas, nem de tuas ovelhas, nem teus votos que prometeres, nem tuas ofertas voluntárias, nem as elevadas ofertas de tuas mãos: ¹⁸ Mas diante do SENHOR teu Deus as comerás, no lugar que o SENHOR teu Deus houver escolhido, tu, e teu filho, e tua filha, e teu servo, e tua serva, e o levita que está em tuas povoações: e te alegrarás diante do SENHOR teu Deus em toda obra de tuas mãos. ¹⁹ Tem cuidado de não desamparar ao levita em todos os teus dias sobre tua terra. ²⁰ Quando o SENHOR teu Deus alargar teu termo, como ele te disse, e tu disseres: Comerei carne, porque desejou tua alma comê-la, conforme todo o desejo de tua alma comerás carne. ²¹ Quando estiver longe de ti o lugar que o SENHOR teu Deus houver escolhido, para pôr ali seu nome, matarás de tuas vacas e de tuas ovelhas, que o SENHOR te houver dado, como te mandei eu, e comerás em tuas portas segundo tudo o que desejar tua alma. ²² O mesmo que se come o corço e o cervo, assim as comerás: o impuro e o limpo comerão também delas. ²³ Somente que te esforces a não comer sangue: porque o sangue é a alma; e não hás de comer a alma juntamente com sua carne. ²⁴ Não o comerás: em terra o derramarás como água. ²⁵ Não comerás dele; para que vá bem a ti, e a teus filhos depois de ti, quando fizeres o correto aos olhos do SENHOR. ²⁶ Porém as coisas que tiveres tu consagradas, e teus votos, as tomarás, e virás ao lugar que o SENHOR houver escolhido: ²⁷ E oferecerás teus holocaustos, a carne e o sangue, sobre o altar

do SENHOR teu Deus: e o sangue de teus sacrifícios será derramado sobre o altar do SENHOR teu Deus, e comerás a carne. [28] Guarda e escuta todas estas palavras que eu te mando, porque vá bem a ti e a teus filhos depois de ti para sempre, quando fizeres o bom e o correto aos olhos do SENHOR teu Deus. [29] Quando houver devastado diante de ti o SENHOR teu Deus as nações aonde tu vais para possuí-las, e as herdares, e habitares em sua terra, [30] Guarda-te que não tropeces seguindo-as, depois que forem destruídas diante de ti: não perguntes acerca de seus deuses, dizendo: Da maneira que serviam aquelas nações a seus deuses, assim farei eu também. [31] Não farás assim ao SENHOR teu Deus; porque tudo o que o SENHOR aborrece, fizeram eles a seus deuses; pois ainda a seus filhos e filhas queimavam no fogo a seus deuses. [32] Cuidareis de fazer tudo o que eu vos mando: não acrescentarás a isso, nem tirarás disso.

13

[1] Quando se levantar em meio de ti profeta, ou sonhador de sonhos, e te der sinal ou prodígio, [2] E acontecer o sinal ou prodígio que ele te disse, dizendo: Vamos seguir deuses alheios, que não conheceste, e os sirvamos; [3] Não darás ouvido às palavras de tal profeta, nem ao tal sonhador de sonhos: porque o SENHOR vosso Deus vos prova, para saber se amais ao SENHOR vosso Deus com todo o vosso coração, e com toda vossa alma. [4] Atrás do SENHOR vosso Deus andareis, e a ele temereis, e guardareis seus mandamentos, e escutareis sua voz, e a ele servireis, e a ele vos achegareis. [5] E o tal profeta ou sonhador de sonhos, será morto; porquanto tratou de rebelião contra o SENHOR vosso Deus, que te tirou da terra do Egito, e te resgatou de casa de servos, e de tirar-te do caminho pelo que o SENHOR teu Deus te mandou que andasses; e assim tirarás o mal do meio de ti. [6] Quando te incitar teu irmão, filho de tua mãe, ou teu filho, ou tua filha, ou a mulher de teu seio, ou teu amigo que seja como tua alma, dizendo em secreto: Vamos e sirvamos a deuses alheios, que nem tu nem teus pais conhecestes, [7] Aos deuses dos povos que estão em vossos arredores próximo a ti, ou longe de ti, desde um fim da terra até o outro fim dela; [8] Não consentirás com ele, nem lhe darás ouvido; nem teu olho o perdoará, nem terás compaixão, nem o encobrirás: [9] Antes hás de matá-lo; tua mão será primeira sobre ele para matar-lhe, e depois a mão de todo o povo. [10] E hás de apedrejá-lo com pedras, e morrerá; porquanto procurou desviar-te do SENHOR teu Deus, que te tirou da terra do Egito, de casa de servos: [11] Para que todo Israel ouça, e tema, e não voltem a fazer coisa semelhante a esta má coisa em meio de ti. [12] Quando ouvires de alguma de tuas cidades que o SENHOR teu Deus te dá para que mores nelas, que se diz: [13] Homens, filhos de impiedade, saíram do meio de ti, que instigaram aos moradores de sua cidade, dizendo: Vamos e sirvamos a deuses alheios, que vós não conhecestes; [14] Tu investigarás, e buscarás, e preguntarás com empenho; e se parecer verdade, coisa certo, que tal abominação se fez em meio de ti, [15] Invariavelmente ferirás a fio de espada os moradores daquela cidade, destruindo-a contudo o que nela houver, e também seus animais a fio de espada. [16] E juntarás todo o despojo dela em meio de sua praça, e consumirás com fogo a cidade e todo seu despojo, todo ele, ao SENHOR teu Deus: e será um amontoado para sempre: nunca mais se edificará. [17] E não se pegará algo a tua mão do anátema; porque o SENHOR se afaste do furor de sua ira, e te dê compaixão, e tenha misericórdia de ti, e te multiplique, como o jurou a teus pais, [18] Quando obedeceres à voz do SENHOR teu Deus, guardando todos os seus mandamentos que eu te prescrevo hoje, para fazer o correto aos olhos do SENHOR teu Deus.

14

¹ Filhos sois do SENHOR vosso Deus: não vos cortareis, nem poreis calva sobre vossos olhos por morto; ² Porque és povo santo ao SENHOR teu Deus, e o SENHOR te escolheu para que lhe sejas um povo singular dentre todos os povos que estão sobre a face da terra. ³ Nada abominável comerás. ⁴ Estes são os animais que comereis: o boi, a ovelha, e a cabra, ⁵ O cervo, o corço, e o búfalo, e o bode selvagem, e o antílope, e boi selvagem, e cabra selvagem. ⁶ E todo animal de unhas, que tem brecha de duas unhas, e que ruminar entre os animais, esse comereis. ⁷ Porém estes não comereis dos que ruminam, ou têm unha fendida: camelo, e lebre, e coelho, porque ruminam, mas não têm unha fendida, vos serão impuros; ⁸ Nem porco: porque tem unha fendida, mas não rumina, vos será impuro. Da carne destes não comereis, nem tocareis seus corpos mortos. ⁹ Isto comereis de tudo o que está na água: todo o que tem barbatana e escama comereis; ¹⁰ Mas todo o que não tiver barbatana e escama, não comereis: impuro vos será. ¹¹ Toda ave limpa comereis. ¹² E estas são das que não comereis: a água, e o quebra-ossos, e o esmerilhão, ¹³ E o milhafre, e o abutre, e o falcão segundo sua espécie, ¹⁴ E todo corvo segundo sua espécie, ¹⁵ E o avestruz, e a coruja, e a gaivota, e o gavião segundo sua espécie, ¹⁶ E o mocho, e o corujão, e a coruja-branca, ¹⁷ E o pelicano, e o gavião-pescador, e o corvo-marinho, ¹⁸ E a cegonha, e a garça segundo sua espécie, e a poupa, e o morcego. ¹⁹ E todo inseto de asas vos será impuro: não se comerá. ²⁰ Toda ave limpa comereis. ²¹ Nenhuma coisa morta comereis: ao estrangeiro que está em tuas povoações a darás, e ele a comerá: ou vende-a ao estrangeiro; porque tu és povo santo ao SENHOR teu Deus. Não cozerás o cabrito no leite de sua mãe. ²² Indispensavelmente dizimarás todo o produto de tua semente, que render o campo cada ano. ²³ E comerás diante do SENHOR teu Deus no lugar que ele escolher para fazer habitar ali seu nome, o dízimo de teu grão, de teu vinho, e de teu azeite, e os primogênitos de tuas manadas, e de tuas gados, para que aprendas a temer ao SENHOR teu Deus todos os dias. ²⁴ E se o caminho for tão longo que tu não possas levá-lo por ele, por estar longe de ti o lugar que o SENHOR teu Deus houver escolhido para pôr nele seu nome, quando o SENHOR teu Deus te abençoar, ²⁵ Então o venderás, e atarás o dinheiro em tua mão, e virás ao lugar que o SENHOR teu Deus escolher; ²⁶ E darás o dinheiro por tudo o que desejar tua alma, por vacas, ou por ovelhas, ou por vinho, ou por bebida forte, ou por qualquer coisa que tua alma te pedir: e comerás ali diante do SENHOR teu Deus, e te alegrarás tu e tua família. ²⁷ E não desampararás ao levita que habitar em tuas povoações; porque não tem parte nem herança contigo. ²⁸ Ao fim de cada três anos tirarás todo o dízimo de teus produtos daquele ano, e o guardarás em tuas cidades: ²⁹ E virá o levita, que não tem parte nem herança contigo, e o estrangeiro, e o órfão, e a viúva, que houver em tuas povoações, e comerão e serão saciados; para que o SENHOR teu Deus te abençoe em toda obra de tuas mãos que fizeres.

15

¹ Ao fim de sete anos farás remissão. ² E esta é a maneira da remissão: perdoará a seu devedor todo aquele que fez empréstimo de sua mão, com que obrigou a seu próximo: não o exigirá mais a seu próximo, ou a seu irmão; porque a remissão do SENHOR é proclamada. ³ Do estrangeiro exigirás o pagamento: mas o que teu irmão tiver teu, o perdoará tua mão; ⁴ Para que assim não haja em ti pobre; porque o SENHOR te abençoará com abundância na terra que o SENHOR teu Deus te dá por herança para que a possuas, ⁵ Se porém escutares fielmente a voz do SENHOR teu Deus, para guardar e cumprir todos estes mandamentos que eu te intimo hoje. ⁶ Já que o SENHOR teu Deus te haverá abençoado, como te disse, emprestarás então a muitas

nações, mas tu não tomarás emprestado; e te ensenhorearás de muitas nações, mas de ti não se ensenhorearão. ⁷ Quando houver em ti necessitado de algum de teus irmãos em alguma de tuas cidades, em tua terra que o SENHOR teu Deus te dá, não endurecerás teu coração, nem fecharás tua mão a teu irmão pobre: ⁸ Mas abrirás a ele tua mão generosamente, e com efeito lhe emprestarás o que basta, o que houver necessidade. ⁹ Guarda-te que não haja em teu coração perverso pensamento, dizendo: Próximo está o ano sétimo, o da remissão; e tua olho seja maligno sobre teu irmão necessitado para não dar-lhe: que ele poderá clamar contra ti ao SENHOR, e se te imputará a pecado. ¹⁰ Sem falta lhe darás, e não seja teu coração maligno quando lhe deres: que por ele te abençoará o SENHOR teu Deus em todos os teus feitos, e em tudo o que puseres mão. ¹¹ Porque não faltarão necessitados do meio da terra; por isso eu te mando, dizendo: Abrirás tua mão a teu irmão, a teu pobre, e a teu necessitado em tua terra. ¹² Quando se vender a ti teu irmão hebreu ou hebreia, e te houver servido seis anos, ao sétimo ano lhe despedirás livre de ti. ¹³ E quando o despedires livre de ti, não o enviarás vazio: ¹⁴ Tu lhe abastecerás generosamente de tuas ovelhas, de tua eira, e de tua prensa de uvas; tu lhe darás daquilo em que o SENHOR te houver abençoado. ¹⁵ E te lembrarás que foste servo na terra do Egito, e que o SENHOR teu Deus te resgatou: portanto eu te mando isto hoje. ¹⁶ E será que, se ele te disser: Não sairei de tua presença; porque ama a ti e à tua casa, que lhe vai bem contigo; ¹⁷ Então tomarás uma ferramenta pontiaguda, e furarás sua orelha junto à porta, e será teu servo para sempre: assim também farás à tua criada. ¹⁸ Não te pareça duro quando lhe enviares livre de ti; que dobrado do salário de jovem assalariado te serviu seis anos: e o SENHOR teu Deus te abençoará em tudo quanto fizeres. ¹⁹ Santificarás ao SENHOR teu Deus todo primeiro macho que nascer de tuas vacas e de tuas ovelhas: não te sirvas do primeiro de tuas vacas, nem tosquies o primeiro de tuas ovelhas. ²⁰ Diante do SENHOR teu Deus os comerás cada ano, tu e tua família, no lugar que o SENHOR escolher. ²¹ E se houver nele mácula, cego ou coxo, ou qualquer má falta, não o sacrificarás ao SENHOR teu Deus. ²² Em tuas povoações o comerás: o impuro o mesmo que o limpo comerão dele, como de um corço ou de um cervo. ²³ Somente que não comas seu sangue: sobre a terra a derramarás como água.

16

¹ Guardarás o mês de Abibe, e farás páscoa ao SENHOR teu Deus: porque no mês de Abibe te tirou o SENHOR teu Deus do Egito de noite. ² E sacrificarás a páscoa ao SENHOR teu Deus, das ovelhas e das vacas, no lugar que o SENHOR escolher para fazer habitar ali seu nome. ³ Não comerás com ela levedado; sete dias comerás com ela pão sem levedar, pão de aflição, porque apressadamente saíste da terra do Egito: para que te lembres do dia em que saíste da terra do Egito todos os dias de tua vida. ⁴ E não se deixará ver levedura contigo em todo teu termo por sete dias; e da carne que matares à tarde do primeiro dia, não ficará até a manhã. ⁵ Não poderás sacrificar a páscoa em nenhuma de tuas cidades, que o SENHOR teu Deus te dá; ⁶ Mas sim no lugar que o SENHOR teu Deus escolher para fazer habitar ali seu nome, sacrificarás a páscoa pela tarde ao pôr do sol, ao tempo que saíste do Egito: ⁷ E a assarás e comerás no lugar que o SENHOR teu Deus houver escolhido; e pela manhã te voltarás e irás à tua morada. ⁸ Seis dias comerás pães ázimos, e no sétimo dia será solenidade ao SENHOR teu Deus: não farás obra nele. ⁹ Sete semanas te contarás: desde que começar a foice nas plantações de grãos começarás a contar as sete semanas. ¹⁰ E farás a solenidade das semanas ao SENHOR teu Deus: da suficiência voluntária de tua mão será o que deres, segundo o SENHOR teu Deus te houver abençoado. ¹¹ E te alegrarás diante do SENHOR teu Deus, tu, e teu filho, e tua filha, e teu servo, e tua

serva, e o levita que estiver em tuas cidades, e o estrangeiro, e o órfão, e a viúva, que estiverem em meio de ti, no lugar que o SENHOR teu Deus houver escolhido para fazer habitar ali o seu nome. [12] E lembra-te que foste servo no Egito; portanto guardarás e cumprirás estes estatutos. [13] A solenidade das cabanas farás por sete dias, quando houveres feito a colheita de tua eira e de tua prensa de uvas. [14] E te alegrarás em tuas solenidades, tu, e teu filho, e tua filha, e teu servo, e tua serva, e o levita, e o estrangeiro, e o órfão, e a viúva, que estão em tuas povoações. [15] Sete dias celebrarás solenidade ao SENHOR teu Deus no lugar que o SENHOR escolher; porque te haverá abençoado o SENHOR teu Deus em todos os teus frutos, e em toda obra de tuas mãos, e estarás certamente alegre. [16] Três vezes cada ano comparecerá todo homem teu diante do SENHOR teu Deus no lugar que ele escolher: na solenidade dos pães ázimos, e na solenidade das semanas, e na solenidade das cabanas. E não comparecerá vazio diante do SENHOR: [17] Cada um com a doação de sua mão, conforme a bênção do SENHOR teu Deus, que te houver dado. [18] Juízes e oficiais te porás em todas tuas cidades que o SENHOR teu Deus te dará em tuas tribos, os quais julgarão ao povo com justo juízo. [19] Não distorças o direito; não faças acepção de pessoas, nem tomes suborno; porque o suborno cega os olhos dos sábios, e perverte as palavras dos justos. [20] A justiça, a justiça seguirás, para que vivas e herdes a terra que o SENHOR teu Deus te dá. [21] Não plantarás árvore que sirva de mastro de idolatria junto ao altar do SENHOR, teu Deus, que fizeres para ti. [22] Nem levantarás para ti coluna sagrada de pedra, a qual o SENHOR, teu Deus, odeia.

17

[1] Não sacrificarás ao SENHOR teu Deus boi, ou cordeiro, no qual haja falta ou alguma coisa má: porque é abominação ao SENHOR teu Deus. [2] Quando se achar entre ti, em alguma de tuas cidades que o SENHOR teu Deus te dá, homem, ou mulher, que tenha feito mal aos olhos do SENHOR teu Deus transgredido seu pacto, [3] Que houver ido e servido a deuses alheios, e se houver inclinado a eles, ora ao sol, ou à lua, ou a todo o exército do céu, o qual eu não mandei; [4] E te for dado aviso, e, depois que ouvires e houveres indagado bem, a coisa parece de verdade certa, que tal abominação foi feita em Israel; [5] Então tirarás ao homem ou mulher que houver feito esta má coisa, a tuas portas, homem ou mulher, e os apedrejarás com pedras, e assim morrerão. [6] Por dito de duas testemunhas, ou de três testemunhas, morrerá o que houver de morrer; não morrerá pelo dito de uma só testemunha. [7] A mão das testemunhas será primeira sobre ele para matá-lo, e depois a mão de todo o povo: assim tirarás o mal do meio de ti. [8] Quando alguma coisa te for oculta em juízo entre sangue e sangue, entre causa e causa, e entre chaga e chaga, em negócios de litigio em tuas cidades; então te levantarás e recorrerás ao lugar que o SENHOR teu Deus escolher; [9] E virás aos sacerdotes levitas, e ao juiz que for naqueles dias, e preguntarás; e te ensinarão a sentença do juízo. [10] E farás segundo a sentença que te indicarem os do lugar que o SENHOR escolher, e cuidarás de fazer segundo tudo o que te manifestarem. [11] Segundo a lei que eles te ensinarem, e segundo o juízo que te disserem, farás: não te desviarás nem à direita nem à esquerda da sentença que te mostrarem. [12] E o homem que proceder com soberba, não obedecendo ao sacerdote que está para ministrar ali diante do SENHOR teu Deus, ou ao juiz, o tal homem morrerá: e tirarás o mal de Israel. [13] E todo o povo ouvirá, e temerá, e não se ensoberbecerão mais. [14] Quando houveres entrado na terra que o SENHOR teu Deus te dá, e a possuíres, e habitares nela, e disseres: Porei rei sobre mim, como todas as nações que estão em meus arredores; [15] Sem dúvida porás por rei sobre ti ao que o SENHOR teu Deus escolher: dentre teus irmãos porás rei sobre ti: não poderás pôr

sobre ti homem estrangeiro, que não seja teu irmão. [16] Porém que não se aumente cavalos, nem faça voltar o povo ao Egito para acrescentar cavalos: porque o SENHOR vos disse: Não procurareis voltar mais por este caminho. [17] Nem aumentará para si mulheres, para que seu coração não se desvie: nem prata nem ouro acrescentará para si em grande quantidade. [18] E será, quando se assentar sobre o trono de seu reino, que há de escrever para si em um livro uma cópia desta lei, do original de diante dos sacerdotes levitas; [19] E o terá consigo, e lerá nele todos os dias de sua vida, para que aprenda a temer ao SENHOR seu Deus, para guardar todas as palavras desta lei e estes estatutos, para praticá-los: [20] Para que não se eleve seu coração sobre seus irmãos, nem se desvie do mandamento à direita nem à esquerda; a fim que prolongue seus dias em seu reino, ele e seus filhos, em meio de Israel.

18

[1] Os sacerdotes levitas, toda a tribo de Levi, não terão parte nem herança com Israel; das ofertas acendidas ao SENHOR, e da herança dele comerão. [2] Não terão, pois, herança entre seus irmãos: o SENHOR é a sua herança, como ele lhes disse. [3] E este será o direito dos sacerdotes da parte do povo, dos que oferecerem em sacrifício boi ou cordeiro: darão ao sacerdote a retaguarda, e as queixadas, e o estômago. [4] As primícias de teus grãos, de teu vinho, e de teu azeite, e as primícias da lã de tuas ovelhas lhe darás: [5] Porque o escolheu o SENHOR teu Deus de todas tuas tribos, para que esteja para ministrar ao nome do SENHOR, ele e seus filhos para sempre. [6] E quando o levita sair de alguma de tuas cidades de todo Israel, onde houver peregrinado, e vier com todo desejo de sua alma ao lugar que o SENHOR escolher, [7] Ministrará ao nome do SENHOR seu Deus, como todos os seus irmãos os levitas que estiverem ali diante do SENHOR. [8] Porção como a porção dos outros comerão, além de seus patrimônios. [9] Quando houveres entrado na terra que o SENHOR teu Deus te dá, não aprenderás a fazer segundo as abominações daquelas nações. [10] Não seja achado em ti quem faça passar seu filho ou sua filha pelo fogo, nem praticante de adivinhações, nem agoureiro, nem interpretador de presságios, nem feiticeiro, [11] Nem quem fale encantamentos, nem quem pergunte a espírito, nem mágico, nem quem pergunte aos mortos. [12] Porque é abominação ao SENHOR qualquer um que faz estas coisas, e por estas abominações o SENHOR teu Deus as expulsou de diante de ti. [13] Serás íntegro com o SENHOR teu Deus. [14] Pois essas nações que herdarás ouviam encantadores e feiticeiros. A ti, porém, o SENHOR teu Deus não te permitiu isso. [15] O SENHOR teu Deus suscitará para ti um Profeta do meio de ti, de teus irmãos, como eu; a ele deverás ouvir. [16] Conforme tudo o que pediste ao SENHOR teu Deus em Horebe no dia da assembleia, dizendo: Não volte eu a ouvir a voz do SENHOR meu Deus, nem veja eu mais este grande fogo, para que não morra; [17] e o SENHOR me disse: Bem disseram. [18] Profeta lhes suscitarei do meio de seus irmãos, como tu; e porei minhas palavras em sua boca, e ele lhes falará tudo o que eu lhe mandar. [19] Mas será, que qualquer um que não ouvir minhas palavras que ele falar em meu nome, eu lhe exigirei prestar contas. [20] Porém o profeta que presumir falar palavra em meu nome, que eu não lhe tenha mandado falar, ou que falar em nome de deuses alheios, o tal profeta morrerá. [21] E se disseres em teu coração: Como conheceremos a palavra que o SENHOR não houver falado? [22] Quando o profeta falar em nome do SENHOR, e não for a tal coisa, nem vier, é palavra que o SENHOR não falou: com soberba a falou aquele profeta: não tenhas medo dele.

19

[1] Quando o SENHOR teu Deus exterminar as nações, cuja terra o SENHOR teu Deus

dá a ti, e tu as herdares, e habitares em suas cidades, e em suas casas; ² Separarás três cidades em meio de tua terra que o SENHOR teu Deus te dá para que a possuas. ³ Prepararás o caminho, e dividirás em três partes o termo de tua terra, que o SENHOR teu Deus te dará em herança, e será para que todo homicida se fuja ali. ⁴ E este é o caso do homicida que há de fugir ali, e viverá: o que ferir a seu próximo por acidente, que não lhe tinha inimizade nem recente nem em passado distante: ⁵ Como o que foi com seu próximo ao monte a cortar lenha, e pondo força com sua mão no machado para cortar alguma lenha, saltou o ferro do fim, e encontrou a seu próximo, e morreu; aquele fugirá a uma daquelas cidades, e viverá; ⁶ Não seja que o parente do morto vá atrás do homicida, quando se arder seu coração, e o alcance por ser longo o caminho, e o fira de morte, não devendo ser condenado à morte; porquanto não tinha inimizade nem recente nem em passado distante com o morto. ⁷ Portanto eu te mando, dizendo: Três cidades separarás. ⁸ E se o SENHOR teu Deus alargar teu termo, como o jurou a teus pais, e te der toda a terra que disse a teus pais que havia de dar; ⁹ Quando guardasses todos estes mandamentos, que eu te prescrevo hoje, para praticá-los, que ames ao SENHOR teu Deus e andes em seus caminhos todos os dias, então acrescentarás três cidades a mais destas três; ¹⁰ Para que não seja derramado sangue inocente em meio de tua terra, que o SENHOR teu Deus te dá por herança, e seja sobre ti sangue. ¹¹ Mas quando houver alguém que aborrecer a seu próximo, e o espreitar, e se levantar sobre ele, e o ferir de morte, e morrer, e fugir a alguma destas cidades; ¹² Então os anciãos de sua cidade enviarão e o tirarão dali, e o entregarão em mão do parente do morto, e morrerá. ¹³ Não lhe perdoará teu olho: e tirarás de Israel o sangue inocente, e te irá bem. ¹⁴ Não reduzirás o termo de teu próximo, o qual assinalaram os antigos em tua herança, a que possuíres na terra que o SENHOR teu Deus te dá para que a possuas. ¹⁵ Não valerá uma testemunha contra ninguém em qualquer delito, ou em qualquer pecado, em qualquer pecado que se cometer. No dito de duas testemunhas, ou no dito de três testemunhas consistirá o negócio. ¹⁶ Quando se levantar testemunha falso contra alguém, para testificar contra ele rebelião, ¹⁷ Então os dois homens litigantes se apresentarão diante do SENHOR, diante dos sacerdotes e juízes que forem naqueles dias: ¹⁸ E os juízes investigarão bem, e se parecer ser aquela testemunha falsa, que testificou falsamente contra seu irmão, ¹⁹ Fareis a ele como ele pensou fazer a seu irmão: e tirarás o mal do meio de ti. ²⁰ E os que restarem ouvirão, e temerão, e não voltarão mais a fazer uma má coisa como esta, em meio de ti. ²¹ E não perdoará teu olho: vida por vida, olho por olho, dente por dente, mão por meio, pé por pé.

20

¹ Quando saíres à guerra contra teus inimigos, e vires cavalos e carros, um povo maior que tu, não tenhas medo deles, que o SENHOR teu Deus é contigo, o qual te tirou da terra do Egito. ² E será que, quando vos aproximardes para combater, chegará o sacerdote, e falará ao povo, ³ E lhes dirá: Ouve, Israel, vós vos juntais hoje em batalha contra vossos inimigos: não se amoleça vosso coração, não temais, não vos alarmeis, nem tampouco vos desanimeis diante deles; ⁴ Que o SENHOR vosso Deus anda convosco, para lutar por vós contra vossos inimigos, para vos salvar. ⁵ E os oficiais falarão ao povo, dizendo: Quem edificou casa nova, e não a dedicou? Vá, e volte-se à sua casa, para que talvez não morra na batalha, e outro algum a dedique. ⁶ E quem plantou vinha, e não fez comum uso dela? Vá, e volte-se à sua casa, para que talvez não morra na batalha, e outro alguém a desfrute. ⁷ E quem se desposou com mulher, e não a tomou? Vá, e volte-se à sua casa, para que talvez não morra na batalha, e algum outro a tome. ⁸ E tornarão os oficiais a falar ao povo,

e dirão: Quem é homem medroso e tenro de coração? Vá, e volte-se à sua casa, e não derreta o coração de seus irmãos, como seu coração. ⁹ E será que, quando os oficiais acabarem de falar ao povo, então os capitães dos exércitos mandarão diante do povo. ¹⁰ Quando te aproximares a uma cidade para combatê-la, lhe oferecerás a paz. ¹¹ E será que, se te responder, Paz, e te abrir, todo o povo que nela for achado te serão tributários, e te servirão. ¹² Mas se não fizer paz contigo, e empreender contigo guerra, e a cercares, ¹³ Logo que o SENHOR teu Deus a entregar em tua mão, ferirás a todo homem seu a fio de espada. ¹⁴ Somente as mulheres e as crianças, e os animais, e todo o que houver na cidade, todos os seus despojos, tomarás para ti: e comerás do despojo de teus inimigos, os quais o SENHOR teu Deus te entregou. ¹⁵ Assim farás a todas as cidades que estiverem muito longe de ti, que não forem das cidades destas nações. ¹⁶ Porém das cidades destes povos que o SENHOR teu Deus te dá por herança, nenhuma pessoa deixarás com vida; ¹⁷ Antes por completo os destruirás: aos heteus, e aos amorreus, e aos cananeus, e aos perizeus, e aos heveus, e aos jebuseus; como o SENHOR teu Deus te mandou: ¹⁸ Para que não vos ensinem a fazer segundo todas suas abominações, que eles fazem a seus deuses, e pequeis contra o SENHOR vosso Deus. ¹⁹ Quando puseres cerco a alguma cidade, lutando contra ela muitos dias para tomá-la, não destruas seu arvoredo metendo nele machado, porque dele comerás; e não o cortarás, que não é homem a árvore do campo para vir contra ti no cerco. ²⁰ Mas a árvore que souberes que não é árvore para comer, o destruirás e o cortarás, e constrói baluarte contra a cidade que luta contigo, até subjugá-la.

21

¹ Quando for achado na terra que o SENHOR teu Deus te dá para que a possuas, morto deitado no campo, e não se soubesse quem o feriu, ² Então teus anciãos e teus juízes sairão e medirão até as cidades que estão ao redor do morto: ³ E será que os anciãos daquela cidade, da cidade mais próxima ao morto, tomarão das vacas uma bezerra que não tenha servido, que não tenha trazido jugo; ⁴ E os anciãos daquela cidade trarão a bezerra a um vale por onde fluam águas, que nunca tenha sido arado nem semeado, e cortarão o pescoço à bezerra ali no vale. ⁵ Então virão os sacerdotes filhos de Levi, porque a eles escolheu o SENHOR teu Deus para que o sirvam, e para abençoar em nome do SENHOR; e pelo dito deles se determinará todo pleito e toda ferida. ⁶ E todos os anciãos daquela cidade mais próxima ao morto lavarão suas mãos sobre a bezerra degolada no vale. ⁷ E protestarão, e dirão: Nossas mãos não derramaram este sangue, nem nossos olhos o viram. ⁸ Expia a teu povo Israel, ao qual redimiste, ó SENHOR; e não imputes o sangue inocente derramado em meio de teu povo Israel. E o sangue lhes será perdoado. ⁹ E tu tirarás a culpa de sangue inocente do meio de ti, quando fizeres o que é correto aos olhos do SENHOR. ¹⁰ Quando saíres à guerra contra teus inimigos, e o SENHOR teu Deus os entregar em tua mão, e tomares deles cativos, ¹¹ E vires entre os cativos alguma mulher bela, e a cobiçares, e a tomares para ti por mulher, ¹² Tu a meterás em tua casa; e ela rapará sua cabeça, e cortará suas unhas, ¹³ E se tirará a roupa de seu cativeiro, e ficará em tua casa: e chorará a seu pai e a sua mãe no tempo de um mês: e depois entrarás a ela, e tu serás seu marido, e ela tua mulher. ¹⁴ E será, se não te agradar, que a deixarás em sua liberdade; e não a venderás por dinheiro, nem farás comércio dela, porquanto a afligiste. ¹⁵ Quando um homem tiver duas mulheres, uma amada e a outra aborrecida, e a amada e a aborrecida lhe derem à luz filhos, e o filho primogênito for da aborrecida; ¹⁶ Será que, no dia que fizer herdar a seus filhos o que tiver, não poderá dar o direito de primogenitura aos filhos da amada em preferência ao filho da aborrecida, que é o primogênito; ¹⁷ Mas ao filho da aborrecida

reconhecerá por primogênito, para dar-lhe dois tantos de tudo o que se achar que tem: porque aquele é o princípio de sua força, o direito da primogenitura é seu. 18 Quando alguém tiver filho obstinado e rebelde, que não obedecer à voz de seu pai nem à voz de sua mãe, e havendo-o castigado, não lhes obedecer; 19 Então o tomarão seu pai e sua mãe, e o tirarão aos anciãos de sua cidade, e à porta do lugar seu; 20 E dirão aos anciãos da cidade: Este nosso filho é obstinado e rebelde, não obedece à nossa voz; é comilão e beberrão. 21 Então todos os homens de sua cidade o apedrejarão com pedras, e morrerá: assim tirarás o mal do meio de ti; e todo Israel ouvirá, e temerá. 22 Quando em alguém houver pecado de sentença de morte, pelo que haja de morrer, e lhe houverdes pendurado em um madeiro, 23 Não estará seu corpo pela noite no madeiro, mas sem falta o enterrarás no mesmo dia, porque maldição de Deus é o pendurado: e não contaminarás tua terra, que o SENHOR teu Deus te dá por herança.

22

1 Não verás o boi de teu irmão, ou seu cordeiro, perdidos, e te retirarás deles: precisamente os devolverás a teu irmão. 2 E se teu irmão não for teu vizinho, ou não lhe conheceres, os recolherás em tua casa, e estarão contigo até que teu irmão os busque, e os devolverás a ele. 3 E assim farás de seu asno, assim farás também de sua roupa, e o mesmo farás com toda coisa perdida de teu irmão que se lhe perder, e tu a achares: não poderás te omitir quanto a isso. 4 Não verás o asno de teu irmão, ou seu boi, caídos no caminho, e te esconderás deles: com ele hás de procurar levantá-los. 5 Não vestirá a mulher roupa de homem, nem o homem vestirá roupa de mulher; porque abominação é ao SENHOR teu Deus qualquer um que isto faz. 6 Quando achares no caminho algum ninho de ave em qualquer árvore, ou sobre a terra, com passarinhos ou ovos, e estiver a mãe reclinada sobre os passarinhos ou sobre os ovos, não tomes a mãe com os filhos: 7 Deixarás ir à mãe, e tomarás os passarinhos para ti; para que te vá bem, e prolongues teus dias. 8 Quando edificares casa nova, farás parapeito em teu terraço, para que não ponhas sangue em tua casa, se dele cair alguém. 9 Não semearás tua vinha de várias sementes, para que não se deprave a plenitude da semente que semeaste, e o fruto da vinha. 10 Não ararás com boi e com asno juntamente. 11 Não te vestirás de mistura, de lã e linho juntamente. 12 Farás para ti franjas nos quatro extremos de teu manto com que te cobrires. 13 Quando alguém tomar mulher, e depois de haver entrado a ela a aborrecer, 14 E lhe puser algumas faltas, e espalhar sobre ela má fama, e disser: Esta tomei por mulher, e cheguei a ela, e não a achei virgem; 15 Então o pai da moça e sua mãe tomarão, e tirarão os sinais da virgindade da virgem aos anciãos da cidade, na porta. 16 E dirá o pai da moça aos anciãos: Eu dei minha filha a este homem por mulher, e ele a aborrece; 17 E, eis que, ele lhe põe acusações de algumas coisas, dizendo: Não achei tua filha virgem; porém, eis aqui os sinais da virgindade de minha filha. E estenderão o lençol diante dos anciãos da cidade. 18 Então os anciãos da cidade tomarão ao homem e o castigarão; 19 E lhe hão de impor pena em cem peças de prata, as quais darão ao pai da moça, porquanto espalhou má fama sobre virgem de Israel: e a há de ter por mulher, e não poderá despedi-la em todos os seus dias. 20 Mas se este negócio foi verdade, que não se houver achado virgindade na moça, 21 Então a tirarão à porta da casa de seu pai, e a apedrejarão com pedras os homens de sua cidade, e morrerá; porquanto fez depravação em Israel prostituindo-se em casa de seu pai: assim tirarás o mal do meio de ti. 22 Quando se surpreender alguém deitado com mulher casada com marido, ambos morrerão, o homem que se deitou com a mulher, e a mulher: assim tirarás o mal de Israel. 23 Quando for moça virgem desposada

com alguém, e alguém a achar na cidade, e se deixar com ela; ²⁴ Então os tirareis a ambos à porta daquela cidade, e os apedrejareis com pedras, e morrerão; a moça porque não gritou na cidade, e o homem porque humilhou à mulher de seu próximo: assim tirarás o mal do meio de ti. ²⁵ Mas se o homem achou uma moça desposada no campo, e ele a agarrar, e se deitar com ela, morrerá somente o homem que com ela se houver deitado; ²⁶ E à moça não farás nada; não tem a moça culpa de morte: porque como quando alguém se levanta contra seu próximo, e lhe tira a vida, assim é isto: ²⁷ Porque ele a achou no campo: gritou a moça desposada, e não houve quem a protegesse. ²⁸ Quando alguém achar moça virgem, que não for desposada, e a tomar, e se deitar com ela, e forem achados; ²⁹ Então o homem que se deitou com ela dará ao pai da moça cinquenta peças de prata, e ela será sua mulher, porquanto a humilhou: não a poderá despedir em todos os seus dias. ³⁰ Não tomará alguém a mulher de seu pai, nem descobrirá o colo de seu pai.

23

¹ Não entrará na congregação do SENHOR o que tiver os testículos esmagados, nem o castrado. ² Não entrará bastardo na congregação do SENHOR: nem ainda na décima geração entrará na congregação do SENHOR. ³ Não entrará amonita nem moabita na congregação do SENHOR; nem ainda na décima geração entrará na congregação do SENHOR para sempre: ⁴ Porquanto não vos saíram a receber com pão e água ao caminho, quando saístes do Egito; e porque contratou contra ti a Balaão filho de Beor de Petor de Mesopotâmia da Síria, para que te amaldiçoasse. ⁵ Mas não quis o SENHOR teu Deus ouvir a Balaão; e o SENHOR teu Deus te tornou a maldição em bênção, porque o SENHOR teu Deus te amava. ⁶ Não procurarás a paz deles nem seu bem em todos os dias para sempre. ⁷ Não abominarás ao edomita, que teu irmão é: não abominarás ao egípcio, que estrangeiro foste em sua terra. ⁸ Os filhos que nascerem deles, à terceira geração entrarão na congregação do SENHOR. ⁹ Quando saíres a campanha contra teus inimigos, guarda-te de toda coisa má. ¹⁰ Quando houver em ti alguém que não for limpo por acidente de noite, sairá do acampamento, e não entrará nele. ¹¹ E será que ao declinar da tarde se lavará com água, e quando for posto o sol, entrará no acampamento. ¹² E terás um lugar fora do acampamento, e sairás ali fora; ¹³ Terás também uma estaca entre tuas armas; e será que, quando estiveres ali fora, cavarás com ela, e logo ao voltar cobrirás teu excremento: ¹⁴ Porque o SENHOR teu Deus anda por meio de teu acampamento, para livrar-te e entregar teus inimigos diante de ti; portanto será teu acampamento santo: para que ele não veja em ti coisa imunda, e se volte de trás de ti. ¹⁵ Não entregarás a seu senhor o servo que se fugir a ti de seu amo: ¹⁶ More contigo, em meio de ti, no lugar que escolher em alguma de tuas cidades, onde bem lhe estiver: não o oprimirás. ¹⁷ Não haverá prostituta das filhas de Israel, nem haverá prostituto ritual dos filhos de Israel. ¹⁸ Não trarás pagamento de prostituta, nem pagamento de prostituto à casa do SENHOR teu Deus por nenhum voto; porque abominação é ao SENHOR teu Deus tanto um como o outro. ¹⁹ Não tomarás de teu irmão juros de dinheiro, nem juros de comida, nem juros de coisa alguma que se costuma tomar. ²⁰ Do estrangeiro tomarás juros, mas de teu irmão não o tomarás, para que te abençoe o SENHOR teu Deus em toda obra de tuas mãos sobre a terra à qual entras para possuí-la. ²¹ Quando prometeres voto ao SENHOR teu Deus, não tardarás em pagá-lo; porque certamente o exigirá o SENHOR teu Deus de ti, e haveria em ti pecado. ²² Mas quando te abstiveres de prometer, não haverá em ti pecado. ²³ Guardarás o que teus lábios pronunciarem; e farás, como prometeste ao SENHOR teu Deus, o que de tua vontade falaste por tua boca. ²⁴ Quando entrares na vinha de teu próximo, comerás uvas até saciar teu desejo: mas

não porás em teu vaso. [25] Quando entrares na plantação de teu próximo, poderás cortar espigas com tua mão; mas não aplicarás foice à plantação de teu próximo.

24

[1] Quando algum tomar mulher e se casar com ela, se não lhe agradar por haver achado nela alguma coisa ofensiva, lhe escreverá carta de divórcio, e a entregará em sua mão, e a despedirá de sua casa. [2] E saída de sua casa, poderá ir e casar-se com outro homem. [3] E se a aborrecer este último, e lhe escrever carta de divórcio, e a entregar em sua mão, e a despedir de sua casa; ou se morrer o posterior homem que a tomou para si por mulher, [4] Não poderá seu primeiro marido, que a despediu, trazê-la de volta a tomar para que seja sua mulher, depois que foi contaminada; porque é abominação diante do SENHOR, e não hás de perverter a terra que o SENHOR teu Deus te dá por herança. [5] Quando tomar alguém mulher nova, não sairá à guerra, nem em nenhuma coisa se lhe ocupará; livre estará em sua casa por ano, para alegrar à sua mulher que tomou. [6] Não tomarás em penhor a pedra de moinho, nem a de baixo nem a de cima: porque seria penhorar a vida. [7] Quando for achado alguém que tenha furtado pessoa de seus irmãos os filhos de Israel, e houver comercializado com ela, ou a houver vendido, o tal ladrão morrerá, e tirarás o mal do meio de ti. [8] Guarda-te de chaga de lepra, observando com empenho, e fazendo segundo tudo o que vos ensinarem os sacerdotes levitas: cuidareis de fazer como lhes mandei. [9] Lembra-te do que fez o SENHOR teu Deus a Miriã no caminho, depois que saístes do Egito. [10] Quando deres a teu próximo alguma coisa emprestada, não entrarás em sua casa para tomar-lhe penhor: [11] Fora estarás, e o homem a quem emprestaste, te tirará fora o penhor. [12] E se for homem pobre, não durmas com seu penhor: [13] Precisamente lhe devolverás o penhor quando o sol se ponha, para que durma em sua roupa, e te bendiga: e te será justiça diante do SENHOR teu Deus. [14] Não faças injustiça ao empregado pobre e necessitado, tanto de teus irmãos como de teus estrangeiros que estão em tua terra em tuas cidades: [15] Em seu dia lhe darás seu salário, e não se porá o sol sem o dar a ele: pois é pobre, e com ele sustenta sua vida: para que não clame contra ti ao SENHOR, e seja em ti pecado. [16] Os pais não morrerão pelos filhos, nem os filhos pelos pais; cada um morrerá por seu pecado. [17] Não distorcerás o direito do peregrino e do órfão; nem tomarás por penhor a roupa da viúva: [18] Mas lembra-te que foste servo no Egito, e dali te resgatou o SENHOR teu Deus: portanto, eu te mando que faças isto. [19] Quando colheres tua plantação em teu campo, e esqueceres algum feixe no campo, não voltarás a tomá-lo: para o estrangeiro, para o órfão, e para a viúva será; para que te abençoe o SENHOR teu Deus em toda obra de tuas mãos. [20] Quando sacudires tuas olivas, não recorrerás os ramos atrás de ti: para o estrangeiro, para o órfão, e para a viúva será. [21] Quando vindimares tua vinha, não coletarás os restos de atrás de ti: para o estrangeiro, para o órfão, e para a viúva será. [22] E lembra-te que foste servo na terra do Egito: portanto, eu te mando que faças isto.

25

[1] Quando houver pleito entre alguns, e vierem a juízo, e os julgarem, e absolverem ao justo e condenarem ao iníquo, [2] Será que, se o delinquente merecer ser açoitado, então o juiz o fará lançar em terra, e o fará açoitar diante de si, segundo seu delito, por conta. [3] Fará lhe dar quarenta açoites, não mais: não seja que, se o ferir com muitos açoites a mais destes, se humilhe teu irmão diante de teus olhos. [4] Não porás mordaça ao boi quando trilhar. [5] Quando irmãos estiverem juntos, e morrer algum deles, e não tiver filho, a mulher do morto não se casará fora com homem estranho:

seu cunhado entrará a ela, e a tomará por sua mulher, e fará com ela parentesco. ⁶ E será que o primogênito que der à luz ela, se levantará em nome de seu irmão o morto, para que o nome deste não seja apagado de Israel. ⁷ E se o homem não quiser tomar a sua cunhada, irá então a cunhada sua à porta aos anciãos, e dirá: Meu cunhado não quer suscitar nome em Israel a seu irmão; não quer aparentar-se comigo. ⁸ Então os anciãos daquela cidade o farão vir, e falarão com ele: e se ele se levantar, e disser, Não quero tomá-la, ⁹ Então se aproximará sua cunhada a ele diante dos anciãos, e o descalçará o sapato de seu pé, e lhe cuspirá no rosto, e falará e dirá: Assim será feito ao homem que não edificar a casa de seu irmão. ¹⁰ E seu nome será chamado em Israel: A casa do descalço. ¹¹ Quando alguns brigarem juntos um com o outro, e chegar a mulher de um para livrar a seu marido da mão do que lhe fere, e meter sua mão e lhe pegar por suas vergonhas; ¹² Tu a cortarás então a mão, não a perdoará teu olho. ¹³ Não terás em tua bolsa peso grande e peso pequeno. ¹⁴ Não terás em tua casa efa grande e efa pequeno. ¹⁵ Pesos íntegros e justos terás; efa íntegro e justo terás: para que teus dias sejam prolongados sobre a terra que o SENHOR teu Deus te dá. ¹⁶ Porque abominação é ao SENHOR teu Deus qualquer um que faz isto, qualquer um que faz injustiça. ¹⁷ Lembra-te do que te fez Amaleque no caminho, quando saístes do Egito: ¹⁸ Que te saiu ao caminho, e te desbaratou a retaguarda de todos os fracos que iam detrás de ti, quando tu estavas cansado e exausto; e não temeu a Deus. ¹⁹ Será, pois, quando o SENHOR teu Deus te houver dado repouso de teus inimigos ao redor, na terra que o SENHOR teu Deus te dá por herdar para que a possuas, que apagarás a memória de Amaleque de debaixo do céu: não te esqueças.

26

¹ E será que, quando houveres entrado na terra que o SENHOR teu Deus te dá por herança, e a possuíres, e habitares nela; ² Então tomarás das primícias de todos os frutos da terra, que tirares de tua terra que o SENHOR teu Deus te dá, e o porás em um cesto, e irás ao lugar que o SENHOR teu Deus escolher para fazer habitar ali seu nome. ³ E chegarás ao sacerdote que for naqueles dias, e lhe dirás: Reconheço hoje ao SENHOR teu Deus que ei entrado na terra que jurou o SENHOR a nossos pais que nos havia de dar. ⁴ E o sacerdote tomará o cesto de tua mão, e o porá diante do altar do SENHOR teu Deus. ⁵ Então falarás e dirás diante do SENHOR teu Deus: Um arameu a ponto de perecer foi meu pai, o qual desceu ao Egito e peregrinou ali com poucos homens, e ali cresceu em gente grande, forte e numerosa: ⁶ E os egípcios nos maltrataram, e nos afligiram, e puseram sobre nós dura servidão. ⁷ E clamamos ao SENHOR Deus de nossos pais; e ouviu o SENHOR nossa voz, e viu nossa aflição, e nosso sofrimento, e nossa opressão: ⁸ E tirou-nos o SENHOR do Egito com mão forte, e com braço estendido, e com grande espanto, e com sinais e com milagres: ⁹ E trouxe-nos a este lugar, e deu-nos esta terra, terra que flui leite e mel. ¹⁰ E agora, eis que, trouxe as primícias do fruto da terra que me deste, ó SENHOR. E o deixarás diante do SENHOR teu Deus, e te inclinarás diante do SENHOR teu Deus. ¹¹ E te alegrarás com todo o bem que o SENHOR teu Deus houver dado a ti e a tua casa, tu e o levita, e o estrangeiro que está em meio de ti. ¹² Quando houveres acabado de dizimar todo o dízimo de teus frutos no ano terceiro, o ano do dízimo, darás também ao levita, ao estrangeiro, ao órfão e à viúva; e comerão em tuas vilas, e se saciarão. ¹³ E dirás diante do SENHOR teu Deus: Eu tirei o consagrado de minha casa, e também o dei ao levita, e ao estrangeiro, e ao órfão, e à viúva, conforme todos os teus mandamentos que me ordenaste: não transgredi teus mandamentos, nem me esqueci deles. ¹⁴ Não comi disso em meu luto, nem tirei disso em impureza, nem disso dei para o morto: obedeci à voz do SENHOR meu Deus, fiz conforme tudo o que me mandaste. ¹⁵ Olha

desde a morada de tua santidade, desde o céu, e abençoa a teu povo Israel, e à terra que nos deste, como juraste a nossos pais, terra que flui leite e mel. [16] O SENHOR teu Deus te manda hoje que cumpras estes estatutos e regulamentos; cuida, pois, de praticá-los com todo teu coração, e com toda tua alma. [17] Ao SENHOR exaltou hoje para que te seja por Deus, e para andar em seus caminhos, e para guardar seus estatutos e seus mandamentos e seus regulamentos, e para ouvir sua voz: [18] E o SENHOR te exaltou hoje para que lhe sejas seu privativo povo, como ele te disse, e para que guardes todos os seus mandamentos; [19] E para te pôr alto sobre todas as nações que fez, para louvor, e fama, e glória; e para que sejas povo santo ao SENHOR teu Deus, como ele disse.

27

[1] E mandou Moisés, com os anciãos de Israel, ao povo, dizendo: Guardareis todos os mandamentos que eu prescrevo hoje. [2] E será que, no dia que passardes o Jordão à terra que o SENHOR teu Deus te dá, te hás de levantar pedras grandes, as quais rebocarás com cal: [3] E escreverás nelas todas as palavras desta lei, quando houveres passado para entrar na terra que o SENHOR teu Deus te dá, terra que flui leite e mel, como o SENHOR o Deus de teus pais te disse. [4] Será pois, quando houveres passado o Jordão, que levantareis estas pedras que eu vos mando hoje, no monte de Ebal, e as rebocarás com cal: [5] E edificarás ali altar ao SENHOR teu Deus, altar de pedras: não levantarás sobre elas ferro. [6] De pedras inteiras edificarás o altar do SENHOR teu Deus; e oferecerás sobre ele holocausto ao SENHOR teu Deus; [7] E sacrificarás ofertas pacíficas, e comerás ali; e te alegrarás diante do SENHOR teu Deus. [8] E escreverás nas pedras todas as palavras desta lei muito claramente. [9] E Moisés, com os sacerdotes levitas, falou a todo Israel, dizendo: Atende e escuta, Israel: hoje és feito povo do SENHOR teu Deus. [10] Ouvirás, pois, a voz do SENHOR teu Deus, e cumprirás seus mandamentos e seus estatutos, que eu te ordeno hoje. [11] E mandou Moisés ao povo naquele dia, dizendo: [12] Estes estarão sobre o monte de Gerizim para abençoar ao povo, quando houverdes passado o Jordão: Simeão, e Levi, e Judá, e Issacar, e José e Benjamim. [13] E estes estarão para pronunciar a maldição no de Ebal: Rúben, Gade, e Aser, e Zebulom, Dã, e Naftali. [14] E falarão os levitas, e dirão a todo homem de Israel em alta voz: [15] Maldito o homem que fizer escultura ou imagem de fundição, abominação ao SENHOR, obra da mão de artífice, e a puser em oculto. E todo o povo responderá e dirá: Amém. [16] Maldito o que desonrar a seu pai ou a sua mãe. E dirá todo o povo: Amém. [17] Maldito o que reduzir o termo de seu próximo. E dirá todo o povo: Amém. [18] Maldito o que fizer errar ao cego no caminho. E dirá todo o povo: Amém. [19] Maldito o que distorcer o direito do estrangeiro, do órfão, e da viúva. E dirá todo o povo: Amém. [20] Maldito o que se deitar com a mulher de seu pai; porquanto revelou o colo de seu pai. E dirá todo o povo: Amém. [21] Maldito o que tiver parte com qualquer animal. E dirá todo o povo: Amém. [22] Maldito o que se deitar com sua irmã, filha de seu pai, ou filha de sua mãe. E dirá todo o povo: Amém. [23] Maldito o que se deitar com sua sogra. E dirá todo o povo: Amém. [24] Maldito o que ferir a seu próximo ocultamente. E dirá todo o povo: Amém. [25] Maldito o que receber um presente para ferir de morte ao inocente. E dirá todo o povo: Amém. [26] Maldito o que não confirmar as palavras desta lei para as cumprir. E dirá todo o povo: Amém.

28

[1] E será que, se ouvires com empenho a voz do SENHOR teu Deus, para guardar, para praticar todos os seus mandamentos que eu te prescrevo hoje, também o SENHOR teu

Deus te porá alto sobre todas as nações da terra; [2] E virão sobre ti todas estas bênçãos, e te alcançarão, quando ouvires a voz do SENHOR teu Deus. [3] Bendito serás tu na cidade, e bendito tu no campo. [4] Bendito o fruto de teu ventre, e o fruto de teu animal, a cria de tuas vacas, e os rebanhos de tuas ovelhas. [5] Bendito teu cesto e tua amassadeira. [6] Bendito serás em teu entrar, e bendito em teu sair. [7] Causará o SENHOR a teus inimigos que se levantarem contra ti, que sejam derrotados diante de ti: por um caminho sairão a ti, por sete caminhos fugirão diante de ti. [8] Enviará o SENHOR contigo a bênção em teus granários, e em tudo aquilo em que puseres tua mão; e te abençoará na terra que o SENHOR teu Deus te dá. [9] O SENHOR te confirmará por povo seu santo, como te jurou, quando guardares os mandamentos do SENHOR teu Deus, e andares em seus caminhos. [10] E verão todos os povos da terra que o nome do SENHOR é chamado sobre ti, e te temerão. [11] E te fará o SENHOR superabundar em bens, no fruto de teu ventre, e no fruto de teu animal, e no fruto de tua terra, na terra que o SENHOR jurou aos teus pais que te havia de dar. [12] O SENHOR te abrirá seu bom depósito, o céu, para dar chuva à tua terra em seu tempo, e para abençoar toda obra de tuas mãos. E emprestarás a muitas nações, e tu não tomarás emprestado. [13] E te porá o SENHOR por cabeça, e não por cauda: e estarás encima somente, e não estarás debaixo; quando obedeceres aos mandamentos do SENHOR teu Deus, que eu te ordeno hoje, para que os guardes e cumpras. [14] E não te desvies de todas as palavras que eu vos mando hoje, nem à direita nem à esquerda, para ir atrás de deuses alheios para servir-lhes. [15] E será, se não ouvires a voz do SENHOR teu Deus, para cuidar de praticar todos os seus mandamentos e seus estatutos, que eu te intimo hoje, que virão sobre ti todas estas maldições, e te alcançarão. [16] Maldito serás tu na cidade, e maldito no campo. [17] Maldito teu cesto, e tua amassadeira. [18] Maldito o fruto de teu ventre, e o fruto de tua terra, e a cria de tuas vacas, e os rebanhos de tuas ovelhas. [19] Maldito serás em teu entrar, e maldito em teu sair. [20] E o SENHOR enviará contra ti a maldição, confusão e oposição em tudo quanto puseres mão e fizeres, até que sejas destruído, e pereças logo por causa da maldade de tuas obras, pelas quais me houverdes deixado. [21] O SENHOR fará que se te pegue mortandade, até que te consuma da terra à qual entras para possuí-la. [22] O SENHOR te ferirá de tísica, e de febre, e de ardor, e de calor, e de espada, e de calamidade repentina, e com mofo; e te perseguirão até que pereças. [23] E teus céus que estão sobre tua cabeça, serão de bronze; e a terra que está debaixo de ti, de ferro. [24] Dará o SENHOR por chuva à tua terra pó e cinza: dos céus descerão sobre ti até que pereças. [25] O SENHOR te entregará ferido diante de teus inimigos: por um caminho sairás a eles, e por sete caminhos fugirás diante deles: e serás sacudido a todos os reinos da terra. [26] E será teu corpo morto por comida a toda ave do céu, e animal da terra, e não haverá quem as espante. [27] O SENHOR te ferirá da praga do Egito, e com tumores, e com sarna, e com coceira, de que não possas ser curado. [28] O SENHOR te ferirá com loucura, e com cegueira, e com confusão de coração. [29] E apalparás ao meio-dia, como apalpa o cego na escuridão, e não serás próspero em teus caminhos: e nunca serás a não ser somente oprimido e roubado todos os dias, e não haverá quem te salve. [30] Tu te casarás com mulher, e outro homem dormirá com ela; edificarás casa, e não habitarás nela; plantarás vinha, e não a vindimarás. [31] Teu boi será matado diante de teus olhos, e tu não comerás dele; teu asno será arrebatado de diante de ti, e não se te voltará; tuas ovelhas serão dadas a teus inimigos, e não terás quem te as resgate. [32] Teus filhos e tuas filhas serão entregues a outro povo, e teus olhos o verão, e desfalecerão por eles todo o dia: e não haverá força em tua mão. [33] O fruto de tua terra e todo teu trabalho comerá povo que não conheceste; e nunca serás a não ser somente oprimido e quebrantado todos os dias. [34] E enlouquecerás por causa do que verás com teus olhos. ³⁵ O SENHOR te ferirá com maligna úlcera nos joelhos e nas pernas, sem que possas ser curado: ainda desde a planta de teu pé até o topo de tua cabeça. ³⁶ O SENHOR levará a ti, e a teu rei que houveres posto sobre ti, a nação que não conheceste tu nem teus pais; e ali servirás a deuses alheios, à madeira e à pedra. ³⁷ E serás por confusão, por exemplo e por fábula, a todos os povos aos quais te levará o SENHOR. ³⁸ Tirarás muito semente ao campo, e colherás pouco; porque os gafanhotos o consumirão. ³⁹ Plantarás vinhas e lavrarás, mas não beberás vinho, nem colherás uvas; porque o bicho as comerá. ⁴⁰ Terás olivas em todo teu termo, mas não te ungirás com o azeite; porque tua azeitona cairá. ⁴¹ Filhos e filhas gerarás, e não serão para ti; porque irão em cativeiro. ⁴² Todo o teu arvoredo e o fruto de tua terra os gafanhotos consumirão. ⁴³ O estrangeiro que estará em meio de ti subirá sobre ti muito alto, e tu serás posto muito abaixo. ⁴⁴ Ele emprestará a ti, e tu não emprestarás a ele: ele será por cabeça, e tu serás por cauda. ⁴⁵ E virão sobre ti todas estas maldições, e te perseguirão, e te alcançarão até que pereças; porquanto não houverdes atendido à voz do SENHOR teu Deus, para guardar seus mandamentos e seus estatutos, que ele te mandou: ⁴⁶ E serão em ti por sinal e por maravilha, e em tua descendência para sempre. ⁴⁷ Porquanto não serviste ao SENHOR teu Deus com alegria e com alegria de coração, pela abundância de todas as coisas; ⁴⁸ Servirás, portanto, a teus inimigos que enviar o SENHOR contra ti, com fome e com sede e com nudez, e com falta de todas as coisas; e ele porá jugo de ferro sobre teu pescoço, até destruir-te. ⁴⁹ O SENHOR trará sobre ti nação de longe, do extremo da terra, que voe como água, nação cuja língua não entendas; ⁵⁰ Nação feroz de rosto, que não terá respeito ao ancião, nem perdoará à criança: ⁵¹ E comerá o fruto de teu animal e o fruto de tua terra, até que pereças: e não te deixará grão, nem mosto, nem azeite, nem a cria de tuas vacas, nem os rebanhos de tuas ovelhas, até destruir-te. ⁵² E te porá cerco em todas as tuas cidades, até que caiam teus muros altos e fortificados em que tu confias, em toda tua terra: te cercará, pois, em todas tuas cidades e em toda tua terra, que o SENHOR teu Deus te houver dado. ⁵³ E comerás o fruto de teu ventre, a carne de teus filhos e de tuas filhas que o SENHOR teu Deus te deu, no cerco e nos apuros com que te angustiará teu inimigo. ⁵⁴ O homem tenro em ti, e o muito delicado, seu olho será maligno para com seu irmão, e para com a mulher de seu seio, e para com o resto de seus filhos que lhe restarem; ⁵⁵ Para não dar a algum deles da carne de seus filhos, que ele comerá, porque nada lhe haverá restado, no cerco e nos apuros com que teu inimigo te oprimirá em todas tuas cidades. ⁵⁶ A tenra e a delicada entre vós, que nunca a planta de seu pé provou a sentar sobre a terra, de ternura e delicadeza, seu olho será maligno para com o marido de seu seio, e para com seu filho, e para com sua filha, ⁵⁷ E para com sua criança que sai dentre seus pés, e para com seus filhos que der à luz; pois os comerá ocultamente, a falta de tudo, no cerco e em apuros com que teu inimigo te oprimirá em tuas cidades. ⁵⁸ Se não cuidares de praticar todas as palavras desta lei que estão escritas neste livro, temendo este nome glorioso e terrível, O SENHOR TEU DEUS, ⁵⁹ O SENHOR aumentará maravilhosamente tuas pragas e as pragas de tua descendência, pragas grandes e duradouras, e enfermidades malignas e duradouras; ⁶⁰ E fará voltar sobre ti todos os males do Egito, diante dos quais temeste, e se te pegarão. ⁶¹ Assim como toda enfermidade e toda praga que não está escrita no livro desta lei, o SENHOR a enviará sobre ti, até que tu sejas destruído. ⁶² E restareis em pouca gente, em lugar de haver sido como as estrelas do céu em multidão; porquanto não obedeceste à voz do SENHOR teu Deus. ⁶³ E será que como o SENHOR se alegrou sobre vós para fazer-vos bem, e para multiplicar-vos, assim se alegrará o SENHOR sobre vós para vos arruinar, e para destruir-vos; e sereis tirados de sobre a terra, à qual entrais para possuí-la. ⁶⁴ E o SENHOR te espalhará por todos os povos, desde um extremo da terra até o outro extremo dela; e ali servirás a deuses alheios que não conheceste tu nem teus pais, à madeira e à pedra. ⁶⁵ E nem ainda entre as mesmas nações descansarás, nem a planta de teu pé terá repouso; que ali te dará o SENHOR coração temeroso, e caimento de olhos, e tristeza de alma: ⁶⁶ E terás tua vida como suspensa diante de ti, e estarás temeroso de noite e de dia, e não confiarás de tua vida. ⁶⁷ Pela manhã dirás: Quem dera fosse a tarde! E à tarde dirás: Quem dera fosse a manhã! pelo medo de teu coração com que estarás amedrontado, e pelo que verão teus olhos. ⁶⁸ E o SENHOR te fará voltar ao Egito em navios pelo caminho do qual te disse: Nunca mais voltareis: e ali sereis vendidos a vossos inimigos por escravos e por escravas, e não haverá quem vos compre.

29

¹ Estas são as palavras do pacto que o SENHOR mandou que Moisés fizesse com os filhos de Israel na terra de Moabe, além do pacto que estabeleceu com eles em Horebe. ² Moisés, pois, chamou a todo Israel, e disse-lhes: Vós vistes tudo o que o SENHOR fez diante vossos olhos na terra do Egito a Faraó e a todos os seus servos, e a toda sua terra: ³ As provas grandes que viram teus olhos, o sinais, e as grandes maravilhas. ⁴ E o SENHOR não vos deu coração para entender, nem olhos para ver, nem ouvidos para ouvir, até o dia de hoje. ⁵ E eu vos trouxe quarenta anos pelo deserto: vossas roupas não se hão envelhecido sobre vós, nem teu sapato se envelheceu sobre teu pé. ⁶ Não comestes pão, nem bebestes vinho nem bebida forte: para que soubestes que eu sou o SENHOR vosso Deus. ⁷ E chegastes a este lugar, e saiu Seom rei de Hesbom, e Ogue rei de Basã, diante de nós para lutar, e os ferimos; ⁸ E tomamos sua terra, e a demos por herança a Rúben e a Gade, e à meia tribo de Manassés. ⁹ Guardareis, pois, as palavras deste pacto, e as poreis por obra, para que prospereis em tudo o que fizerdes. ¹⁰ Vós todos estais hoje diante do SENHOR vosso Deus; vossos príncipes de vossas tribos, vossos anciãos, e vossos oficiais, todos os homens de Israel, ¹¹ Vossas crianças, vossas mulheres, e teus estrangeiros que habitam em meio de teu campo, desde o que corta tua lenha até o que tira tuas águas: ¹² Para que entres no pacto do SENHOR teu Deus, e em seu juramento, que o SENHOR teu Deus estabelece hoje contigo: ¹³ Para te confirmar hoje por seu povo, e que ele seja a ti por Deus, da maneira que ele te disse, e como ele jurou a teus pais Abraão, Isaque, e Jacó. ¹⁴ E não somente convosco estabeleço eu este pacto e este juramento, ¹⁵ Mas, sim, com os que estão aqui presentes hoje conosco diante do SENHOR nosso Deus, e com os que não estão aqui hoje conosco. ¹⁶ Porque vós sabeis como habitamos na terra do Egito, e como passamos por meio das nações que passastes; ¹⁷ E vistes suas abominações e seus ídolos, madeira e pedra, prata e ouro, que têm consigo. ¹⁸ Para que não haja entre vós homem, ou mulher, ou família, ou tribo, cujo coração se volte hoje de com o SENHOR nosso Deus, por andar a servir aos deuses daquelas nações; que não haja em vós raiz que lance veneno e amargura; ¹⁹ E seja que, quando o tal ouvir as palavras desta maldição, ele se abençoe em seu coração, dizendo: Terei paz, ainda que ande segundo o pensamento de meu coração, para acrescentar a embriaguez à sede: ²⁰ O SENHOR se recusará a lhe perdoar; antes fumegará logo o furor do SENHOR e seu zelo sobre o tal homem, e se assentará sobre ele toda maldição escrita neste livro, e o SENHOR apagará seu nome de debaixo do céu: ²¹ E o SENHOR o separará de todas as tribos de Israel para o mal, conforme todas as maldições do pacto escrito neste livro da lei. ²² E dirá a geração vindoura, vossos filhos que virão depois de vós, e o estrangeiro que virá de distantes terras, quando virem as pragas desta terra, e suas enfermidades de que o SENHOR a fez enfermar, ²³ (Enxofre e sal, abrasada

toda sua terra: não será semeada, nem produzirá, nem crescerá nela erva nenhuma, como na destruição de Sodoma e de Gomorra, de Admá e de Zeboim, que o SENHOR destruiu em seu furor e em sua ira:) ²⁴ Dirão, pois, todas as nações: Por que fez o SENHOR isto a esta terra? Que ira é esta de tão grande furor? ²⁵ E responderão. Porquanto deixaram o pacto do SENHOR o Deus de seus pais, que ele estabeleceu com eles quando os tirou da terra do Egito, ²⁶ E foram e serviram a deuses alheios, e inclinaram-se a eles, deuses que não conheciam, e que nenhuma coisa lhes haviam dado: ²⁷ Acendeu-se portanto, o furor do SENHOR contra esta terra, para trazer sobre ela todas as maldições escritas nesta livro; ²⁸ E o SENHOR os desarraigou de sua terra com ira, e com indignação, e com furor grande, e os expulsou a outra terra, como hoje. ²⁹ As coisas secretas pertencem ao SENHOR nosso Deus: mas as reveladas são para nós e para nossos filhos para sempre, para que cumpramos todas as palavras desta lei.

30

¹ E será que, quando te sobrevierem todas estas coisas, a bênção e a maldição que pus diante de ti, e te conscientizares em teu coração em meio de todas as nações às quais o SENHOR teu Deus te houver expulsado, ² E te converteres ao SENHOR teu Deus, e obedeceres à sua voz conforme tudo o que eu te mando hoje, tu e teus filhos, com todo teu coração e com toda tua alma, ³ O SENHOR te restaurará de teu infortúnio, terá misericórdia de ti, e voltará a recolher-te de todos os povos aos quais o SENHOR, teu Deus, te houver disperso. ⁴ Se houveres sido lançado até a extremidade dos céus, dali te recolherá o SENHOR teu Deus, e dali te tomará: ⁵ E te fará voltar o SENHOR teu Deus à terra que herdaram teus pais, e a possuirás; e te fará bem, e te multiplicará mais que a teus pais. ⁶ E circuncidará o SENHOR teu Deus teu coração, e o coração de tua descendência, para que ames ao SENHOR teu Deus com todo teu coração e com toda tua alma, a fim de que tu vivas. ⁷ E porá o SENHOR teu Deus todas estas maldições sobre teus inimigos, e sobre teus aborrecedores que te perseguiram. ⁸ E tu voltarás, e ouvirás a voz do SENHOR, e porás por obra todos os seus mandamentos, que eu te intimo hoje. ⁹ E te fará o SENHOR teu Deus abundar em toda obra de tuas mãos, no fruto de teu ventre, no fruto de teu animal, e no fruto de tua terra, para o bem: porque o SENHOR voltará a se alegrar sobre ti para o bem, da maneira que se alegrou sobre teus pais; ¹⁰ Quando ouvires a voz do SENHOR teu Deus, para guardar seus mandamentos e seus estatutos escritos neste livro da lei; quando te converteres ao SENHOR teu Deus com todo teu coração e com toda tua alma. ¹¹ Porque este mandamento que eu te intimo hoje, não te é encoberto, nem está longe. ¹² Não está no céu, para que digas: Quem subirá por nós ao céu, e nos o trará e o apresentará para nós, para que o cumpramos? ¹³ Nem está da outra parte do mar, para que digas: Quem passará por nós o mar, para que o traga até nós e a nós o apresente, a fim de que o cumpramos? ¹⁴ Porque muito próxima de ti está a palavra, em tua boca e em teu coração, para que a cumpras. ¹⁵ Olha, eu pus diante de ti hoje a vida e o bem, a morte e o mal: ¹⁶ Porque eu te mando hoje que ames ao SENHOR teu Deus, que andes em seus caminhos, e guardes seus mandamentos e seus estatutos e seus regulamentos, para que vivas e sejas multiplicado, e o SENHOR teu Deus te abençoe na terra à qual entras para possuí-la. ¹⁷ Mas se teu coração se desviar, e não ouvires, e fores incitado, e te inclinares a deuses alheios, e os servires; ¹⁸ Declaro-vos hoje que certamente perecereis: não tereis longos dias sobre a terra, para ir à qual passas o Jordão para possuí-la. ¹⁹ Aos céus e a terra chamo por testemunhas hoje contra vós, que pus diante de vós a vida e a morte, a bênção e a maldição: escolhe, pois, a vida, para que vivas tu e tua descendência: ²⁰ Que ames ao SENHOR teu Deus,

que ouças sua voz, e te achegues a ele; porque ele é tua vida, e o comprimento de teus dias; a fim de que habites sobre a terra que jurou o SENHOR a teus pais Abraão, Isaque, e Jacó, que lhes havia de dar.

31

¹ E foi Moisés, e falou estas palavras a todo Israel, ² E disse-lhes: De idade de cento e vinte anos sou hoje dia; não posso mais sair nem entrar: a mais disto o SENHOR me disse: Não passarás este Jordão. ³ O SENHOR teu Deus, ele passa diante de ti; ele destruirá estas nações de diante de ti, e as herdarás: Josué será o que passará diante de ti, como o SENHOR disse. ⁴ E fará o SENHOR com eles como fez com Seom e com Ogue, reis dos amorreus, e com sua terra, que os destruiu. ⁵ E os entregará o SENHOR diante de vós, e fareis com eles conforme tudo o que vos mandei. ⁶ Esforçai-vos e tende ânimo; não temais, nem tenhais medo deles: que o SENHOR teu Deus é o que vai contigo: não te deixará nem te desamparará. ⁷ E chamou Moisés a Josué, e disse-lhe à vista de todo Israel: Esforça-te e anima-te; porque tu entrarás com este povo à terra que jurou o SENHOR a seus pais que lhes havia de dar, e tu a farás herdar. ⁸ E o SENHOR é o que vai diante de ti; ele será contigo, não te deixará, nem te desamparará; não temas, nem te intimides. ⁹ E escreveu Moisés esta lei, e deu-a aos sacerdotes, filhos de Levi, que levavam a arca do pacto do SENHOR, e a todos os anciãos de Israel. ¹⁰ E mandou-lhes Moisés, dizendo: Ao fim do sétimo ano, no ano da remissão, na festa das cabanas, ¹¹ Quando vier todo Israel a apresentar-se diante do SENHOR teu Deus no lugar que ele escolher, lerás esta lei diante de todo Israel aos ouvidos deles. ¹² Farás congregar o povo, homens e mulheres e crianças, e teus estrangeiros que estiverem em tuas cidades, para que ouçam e aprendam, e temam ao SENHOR vosso Deus, e cuidem de praticar todas as palavras desta lei: ¹³ E os filhos deles que não souberem ouçam, e aprendam a temer ao SENHOR vosso Deus todos os dias que viverdes sobre a terra, para ir à qual passais o Jordão para possuí-la. ¹⁴ E o SENHOR disse a Moisés: Eis que se aproximam teus dias para que morras: chama a Josué, e esperai no tabernáculo do testemunho, e lhe mandarei. Foram pois Moisés e Josué, e esperaram no tabernáculo do testemunho. ¹⁵ E apareceu-se o SENHOR no tabernáculo, na coluna de nuvem; e a coluna de nuvem se pôs sobre a porta do tabernáculo. ¹⁶ E o SENHOR disse a Moisés: Eis que tu vais descansar com teus pais, e este povo se levantará e se prostituirá atrás dos deuses alheios da terra aonde vai, em estando em meio dela; e me deixará, e invalidará meu pacto que estabeleci com ele: ¹⁷ E meu furor se acenderá contra ele naquele dia; e os abandonarei, e esconderei deles meu rosto, e serão consumidos; e o acharão muitos males e angústias, e dirá naquele dia: Não me acharam estes males porque não está meu Deus em meio de mim? ¹⁸ Porém eu esconderei certamente meu rosto naquele dia, por todo o mal que eles houverem feito, por haver-se voltado a deuses alheios. ¹⁹ Agora, pois, escrevei-vos este cântico, e ensina-o aos filhos de Israel: põe-o em boca deles, para que este cântico me seja por testemunha contra os filhos de Israel. ²⁰ Porque eu lhe introduzirei na terra que jurei a seus pais, a qual flui leite e mel; e comerá, e se fartará, e se engordará: e se voltarão a deuses alheios, e lhes servirão, e me provocarão à ira, e invalidarão meu pacto. ²¹ E será que quando lhe vierem muitos males e angústias, então responderá em sua face este cântico como testemunha, pois não cairá em esquecimento da boca de sua linhagem: porque eu conheço seu intento, e o que faz hoje antes que lhe introduza na terra que jurei. ²² E Moisés escreveu este cântico aquele dia, e ensinou-o aos filhos de Israel. ²³ E deu ordem a Josué filho de Num, e disse: Esforça-te e anima-te, que tu porás os filhos de Israel na terra que lhes jurei, e eu serei contigo. ²⁴ E quando acabou Moisés de escrever as palavras desta lei

em um livro até concluir, [25] Mandou Moisés aos levitas que levavam a arca do pacto do SENHOR, dizendo: [26] Tomai este livro da lei, e ponde-o ao lado da arca do pacto do SENHOR vosso Deus, e esteja ali por testemunha contra ti. [27] Porque eu conheço tua rebelião, e tua dura cerviz: eis que ainda vivendo eu hoje convosco, sois rebeldes ao SENHOR; e quanto mais depois que eu morrer? [28] Congregai a mim todos os anciãos de vossas tribos, e a vossos oficiais, e falarei em seus ouvidos estas palavras, e chamarei por testemunhas contra eles os céus e a terra. [29] Porque eu sei que depois de minha morte, certamente vos corrompereis e vos desviareis do caminho que vos mandei; e que vos há de vir mal nos últimos dias, por haver feito mal aos olhos do SENHOR, provocando-lhe à ira com a obra de vossas mãos. [30] Então falou Moisés aos ouvidos de toda a congregação de Israel as palavras deste cântico até acabá-lo.

32

[1] Escutai, céus, e falarei; E ouça a terra os ditos de minha boca. [2] Gotejará como a chuva minha doutrina; Destilará como o orvalho meu discurso; Como o chuvisco sobre a grama, E como as gotas sobre a erva: [3] Porque invocarei o nome do SENHOR; Engrandecei ao nosso Deus. [4] *Ele é* a Rocha, sua obra é perfeita, pois todos os seus caminhos são justos. Deus fiel, e sem imoralidade; justo e correto ele é. [5] Corromperam-se contra ele; não são seus filhos, a falha é deles. * São uma geração perversa e distorcida. [6] É assim que pagais ao SENHOR, ó povo tolo e insensato? Não é ele teu pai que te adquiriu, te fez, e te estabeleceu? [7] Lembra-te dos tempos antigos; Considerai os anos de geração e geração: Pergunta a teu pai, que ele te declarará; A teus anciãos, e eles te dirão. [8] Quando o Altíssimo fez herdar às nações, Quando fez dividir os filhos dos homens, Estabeleceu os termos dos povos Segundo o número dos filhos de Israel. [9] Porque a parte do SENHOR é seu povo; Jacó a medida de sua herança. [10] Achou-o em terra de deserto, E em deserto horrível e ermo; Cercou-o, instruiu-o, Guardou-o como a menina de seu olho. [11] Como a água desperta sua ninhada, paira sobre seus passarinhos, estende suas asas, os toma, os leva sobre suas penas; [12] o SENHOR sozinho o guiou, e nenhum deus estrangeiro esteve com ele. [13] Ele o fez cavalgar sobre os lugares altos da terra; alimentou-o com os frutos do campo, e o fez sugar mel da rocha e azeite da dura pederneira; [14] manteiga de vacas e leite de ovelhas, com gordura de cordeiros, e carneiros de Basã; também machos de bode, com o melhor do trigo; e bebeste o sangue das uvas, o vinho puro. [15] E engordou Jesurum, e deu coices: engordaste-te, engrossaste-te, cobriste-te: e deixou ao Deus que lhe fez, e menosprezou a Rocha de sua salvação. [16] Provocaram-lhe ciúmes com os deuses alheios; irritaram-lhe com abominações. [17] Sacrificaram aos demônios, não a Deus; a deuses que não conheciam, a novos deuses vindos de perto, Que não haviam temido vossos pais. [18] Abandonaste a Rocha que te gerou; e te esqueceste do Deus que te criou. [19] E o SENHOR o viu, e acendeu-se em ira, pelo menosprezo de seus filhos e de suas filhas. [20] E disse: esconderei deles meu rosto, verei qual será seu fim; pois são geração de perversidades, filhos sem fidelidade. [21] Eles me provocaram ciúmes com o que não é Deus; com suas vaidades provocaram-me à ira; eu também provocarei os ciúmes com aqueles que não são povo, e com uma nação insensata eu os provocarei à ira. [22] Porque um fogo se acendeu em meu furor, e arderá até as profundezas do Xeol; † e consumirá a terra e seus frutos, e abrasará os fundamentos dos montes. [23] Eu trarei males sobre eles; gastarei neles minhas flechas. [24] Consumidos serão de fome, e comidos de febre ardente E de amarga pestilência; Dente de animais enviarei também sobre eles, Com veneno de serpente da terra.

---

* **32:5** Corromperam-se ... é deles obscuro † **32:22** Xeol é o lugar dos mortos

25 De fora desolará a espada, E dentro das câmaras o espanto: Tanto ao rapaz como à virgem, Ao que mama como o homem grisalho. 26 Disse: Eu os dispersaria do mundo, Faria cessar dentre os homens a memória deles, 27 Se não temesse a ira do inimigo, Não seja que se envaideçam seus adversários, Não seja que digam: Nossa mão alta fez tudo isto, não o SENHOR. 28 Porque são gente de perdidos conselhos, E não há neles entendimento. 29 Bom seria se fossem sábios, que compreendessem isto, E entendessem seu fim! 30 Como poderia perseguir um a mil, E dois fariam fugir a dez mil, Se sua Rocha não os houvesse vendido, E o SENHOR não os houvesse entregue? 31 Que a rocha deles não é como nossa Rocha: E nossos inimigos sejam disso juízes. 32 Porque da vide de Sodoma é a vide deles, E dos sarmentos de Gomorra: As uvas deles são uvas venenosas, cachos muito amargos têm. 33 Veneno de serpentes é seu vinho, e peçonha cruel de áspides. 34 Não tenho eu isto guardado, Selado em meus tesouros? 35 Minha é a vingança e o pagamento, Ao tempo que seu pé vacilará; Porque o dia de sua aflição está próximo, E o que lhes está preparado se apressa. 36 Porque o SENHOR julgará a seu povo, E por causa de seus servos se arrependerá, Quando vir que a força pereceu, E que não há prisioneiro nem livre. 37 E dirá: Onde estão seus deuses, A rocha em que se refugiavam; 38 Que comiam a gordura de seus sacrifícios, Bebiam o veio de suas libações? Levante-se, que vos ajudem E vos defendam. 39 Vede agora que Eu, Eu Sou, e não há deus além de mim; eu trago a morte, e eu faço viver; eu firo, e eu curo; e não há quem possa escapar da minha mão. 40 Quando eu erguer aos céus minha mão, e disser: "Tão certo como eu vivo para sempre", 41 Se eu afiar minha espada reluzente, e minha mão agarrar o juízo, devolverei a vingança sobre os meus adversários, e retribuirei aos que me odeiam. 42 Embriagarei de sangue minhas flechas, e minha espada devorará carne, no sangue dos mortos e dos cativos, das cabeças dos líderes inimigos. ‡ 43 Jubilai, ó nações, com o povo dele, porque ele vingará o sangue dos seus servos, e devolverá a vingança sobre os seus inimigos, e expiará sua terra, pelo seu povo. 44 E Moisés veio, e recitou todas as palavras deste cântico aos ouvidos do povo, ele, e Josué filho de Num. 45 E acabou Moisés de recitar todas estas palavras a todo Israel; 46 E disse-lhes: Ponde vosso coração a todas as palavras que eu vos declaro hoje, para que as mandeis a vossos filhos, e cuidem de praticar todas as palavras desta lei. 47 Porque não vos é coisa vã, mas é vossa vida: e por elas fareis prolongar os dias sobre a terra, para possuir a qual passais o Jordão. 48 E falou o SENHOR a Moisés aquele mesmo dia, dizendo: 49 Sobe a este monte de Abarim, ao monte Nebo, que está na terra de Moabe, que está em frente de Jericó, e olha a terra de Canaã, que eu dou por herança aos filhos de Israel; 50 E morre no monte ao qual sobes, e sê reunido a teus povos; ao modo que morreu Arão teu irmão no monte de Hor, e foi reunido a seus povos: 51 Porquanto transgredistes contra mim em meio dos filhos de Israel nas águas da briga de Cades, no deserto de Zim; porque não me santificastes em meio dos filhos de Israel. 52 Verás, portanto, diante de ti a terra; mas não entrarás ali, à terra que dou aos filhos de Israel.

33

1 E esta é a bênção com a qual abençoou Moisés homem de Deus aos filhos de Israel, antes que morresse. 2 E disse: O SENHOR veio de Sinai, E de Seir lhes iluminou; Resplandeceu do monte de Parã, E veio com dez mil santos: À sua direita a lei de fogo para eles. 3 Ainda amou os povos; Todos seus santos em tua mão: Eles também se chegaram a teus pés: Receberam de teus ditos. 4 Lei nos mandou Moisés, Herança à congregação de Jacó. 5 E foi rei em Jesurum, quando se congregaram os chefes do

‡ **32:42** Ou: das longas cabeleiras dos inimigos

povo com as tribos de Israel. ⁶ Viva Rúben, e não morra; sejam seus homens em número. ⁷ E esta bênção para Judá. Disse assim: Ouve, ó SENHOR, a voz de Judá, e leva-o ao seu povo; suas mãos lhe bastem, e tu sejas ajuda contra seus inimigos. ⁸ E a Levi disse: Teu Tumim e teu Urim, com teu bom homem ao qual tentaste em Massá, e lhe fizeste brigar nas águas da briga; ⁹ O que disse a seu pai e a sua mãe: Nunca os vi: nem conheceu a seus irmãos, nem conheceu a seus filhos; por isso eles guardarão as tuas palavras, e observarão o teu pacto. ¹⁰ Eles ensinarão teus juízos a Jacó, e tua lei a Israel; porão o incenso diante de ti, e holocaustos sobre o teu altar. ¹¹ Abençoa, ó SENHOR, o que fizerem, e recebe com agrado a obra de suas mãos; fere os lombos de seus inimigos, e dos que lhe odiarem; para que nunca se levantem. ¹² E a Benjamim disse: O amado do SENHOR habitará confiante próximo dele; Ele o cobrirá sempre, E entre seus ombros morará. ¹³ E a José disse: Bendita do SENHOR *seja* a sua terra, com as dádivas dos céus, com o orvalho, e com o abismo que jaz abaixo, ¹⁴ com excelentes frutos do sol, e com os excelentes produtos de cada lua, *
¹⁵ e com o que há de mais excelente dos montes antigos, e com os excelentes produtos das colinas eternas, ¹⁶ e com os excelentes produtos da terra e sua plenitude; e que a benevolência daquele que habitou na sarça venha sobre a cabeça de José, e sobre ao topo da cabeça do que foi separado dos seus irmãos. ¹⁷ Ele é preeminente como o primogênito de seu touro, e suas pontas, chifres de boi selvagem; com eles chifrará os povos juntamente até os confins da terra; e estes são as dezenas de milhares de Efraim, e estes os milhares de Manassés. ¹⁸ E a Zebulom disse: Alegra-te, Zebulom, quando saíres; e tu Issacar, em tuas tendas. ¹⁹ Eles chamarão os povos ao monte; ali oferecerão sacrifícios de justiça; porque sugarão a abundância dos mares, e os tesouros escondidos da areia. ²⁰ E a Gade disse: Bendito o que fez alargar a Gade: Como leão habitará, e arrebatará braço e testa. ²¹ E ele se proveu da primeira parte, porque ali uma porção do legislador foi-lhe reservada, e veio na dianteira do povo; executará a justiça do SENHOR, e seus juízos com Israel. ²² E a Dã disse: Dã *é* um leão jovem; saltará desde Basã. ²³ E a Naftali disse: Naftali, saciado de benevolência, e cheio da bênção do SENHOR, possui o ocidente e o sul, ²⁴ E a Aser disse: Bendito *seja* Aser em filhos; agradável será aos seus irmãos, e molhará em azeite o seu pé. ²⁵ ferro e bronze *será* o teu calçado, e tua força *será* como os teus dias. ²⁶ Não há como o Deus de Jesurum, montado sobre os céus para tua ajuda, e sobre as nuvens com sua grandeza. ²⁷ O eterno Deus é o teu refúgio, e abaixo os braços eternos; ele expulsará de diante de ti o inimigo, e dirá: Destrói. ²⁸ E Israel, fonte de Jacó, habitará confiante sozinho na terra do grão e do vinho; também seus céus destilarão orvalho. ²⁹ Bem-aventurado és tu, ó Israel! Quem é como tu, povo salvo pelo SENHOR, o escudo de teu socorro, e a espada da tua excelência? Por isso os teus inimigos serão subjugados, e tu pisarás sobre as suas alturas. †

34

¹ E Moisés subiu dos campos de Moabe ao monte Nebo, ao cume de Pisga, que está em frente de Jericó; e o SENHOR mostrou-lhe toda a terra de Gileade até Dã, ² E a todo Naftali, e a terra de Efraim e de Manassés, toda a terra de Judá até o mar mais distante; ³ E a parte sul, e a campina, o vale de Jericó, cidade das palmeiras, até Zoar. ⁴ E disse-lhe o SENHOR: Esta é a terra de que jurei a Abraão, a Isaque, e a Jacó, dizendo: À tua descendência a darei. Eu a fiz ver com teus olhos, mas não passarás ali. ⁵ E morreu ali Moisés, servo do SENHOR, na terra de Moabe, conforme

---

* **33:14** de cada lua Isto é, "de cada mês"   † **33:29** Obscuro. Trad. alt. "costas"

o dito do SENHOR. [6] E enterrou-o no vale, em terra de Moabe, em frente de Bete-Peor; e ninguém sabe seu sepulcro até hoje. [7] E era Moisés de idade de cento e vinte anos quando morreu: seus olhos nunca se escureceram, nem perdeu o seu vigor. [8] E choraram os filhos de Israel a Moisés nos campos de Moabe trinta dias: E assim se cumpriram os dias do choro do luto de Moisés. [9] E Josué filho de Num foi cheio de espírito de sabedoria, porque Moisés havia posto suas mãos sobre ele: e os filhos de Israel lhe obedeceram, e fizeram como o SENHOR mandou a Moisés. [10] E nunca mais se levantou profeta em Israel como Moisés, a quem haja conhecido o SENHOR face a face; [11] Em todos os sinais e prodígios que lhe enviou o SENHOR a fazer em terra do Egito a Faraó, e a todos os seus servos, e a toda sua terra; [12] E em toda aquela mão poderosa, e em todo o grande espanto que Moisés causou à vista de todo Israel.

Livro de Josué

¹ E aconteceu depois da morte de Moisés servo do SENHOR, que o SENHOR falou a Josué filho de Num, assistente de Moisés, dizendo: ² Meu servo Moisés é morto: levanta-te, pois, agora, e passa este Jordão, tu e todo este povo, à terra que eu lhes dou aos filhos de Israel. ³ Eu vos entreguei, como o disse a Moisés, todo lugar que pisar a planta de vosso pé. ⁴ Desde o deserto e este Líbano até o grande rio Eufrates, toda a terra dos heteus até o grande mar do ocidente, será vosso termo. ⁵ Ninguém poderá resistir a ti em todos os dias de tua vida: como eu fui com Moisés, serei contigo; não te deixarei, nem te desampararei. ⁶ Esforça-te e sê valente: porque tu repartirás a este povo por herança a terra, da qual jurei a seus pais que a daria a eles. ⁷ Somente te esforces, e sejas muito valente, para cuidar de fazer conforme toda a lei que meu servo Moisés te mandou: não te apartes dela nem à direita nem à esquerda, para que sejas próspero em todas as coisas que empreenderes. ⁸ O livro desta lei nunca se apartará de tua boca: antes de dia e de noite meditarás nele, para que guardes e faças conforme tudo o que nele está escrito: porque então farás prosperar teu caminho, e tudo te sairá bem. ⁹ Olha que te mando que te esforces e sejas valente: não temas nem desmaies, porque o SENHOR teu Deus será contigo onde quer que fores. ¹⁰ E Josué mandou aos oficiais do povo, dizendo: ¹¹ Passai por meio do acampamento, e mandai ao povo, dizendo: Abastecei-vos de comida; porque dentro de três dias passareis o Jordão, para que entreis a possuir a terra que o SENHOR vosso Deus vos dá para que a possuais. ¹² Também falou Josué aos rubenitas e gaditas, e à meia tribo de Manassés, dizendo: ¹³ Lembrai-vos da palavra que Moisés, servo do SENHOR, vos mandou dizendo: o SENHOR vosso Deus vos deu repouso, e vos deu esta terra. ¹⁴ Vossas mulheres e vossos meninos e vossas animais, ficarão na terra que Moisés vos deu desta parte do Jordão; mas vós, todos os valentes e fortes, passareis armados diante de vossos irmãos, e lhes ajudareis; ¹⁵ Até tanto que o SENHOR tenha dado repouso a vossos irmãos como a vós, e que eles também possuam a terra que o SENHOR vosso Deus lhes dá: e depois voltareis vós à terra de vossa herança, a qual Moisés servo do SENHOR vos deu, desta parte do Jordão até o oriente; e a possuireis. ¹⁶ Então responderam a Josué, dizendo: Nós faremos todas as coisas que nos mandaste, e iremos aonde quer que nos mandares. ¹⁷ Da maneira que obedecemos a Moisés em todas as coisas, assim obedeceremos a ti: somente o SENHOR teu Deus seja contigo, como foi com Moisés. ¹⁸ Qualquer um que for rebelde ao teu mandamento, e não obedecer às tuas palavras em todas as coisas que lhe mandares, que morra; somente que te esforces, e sejas valente.

2

¹ E Josué, filho de Num, enviou desde Sitim dois espias secretamente, dizendo-lhes: Andai, reconhecei a terra, e a Jericó. Os quais foram, e entraram em casa de uma mulher prostituta que se chamava Raabe, e passaram a noite ali. ² E foi dado aviso ao rei de Jericó, dizendo: Eis que homens dos filhos de Israel vieram aqui esta noite a espiar a terra. ³ Então o rei de Jericó, enviou a dizer a Raabe: Tira fora os homens que vieram a ti, e entraram em tua casa; porque vieram a espiar toda a terra. ⁴ Mas a mulher havia tomado os dois homens, e os havia escondido; e disse: Verdade que homens vieram a mim, mas não soube de onde eram: ⁵ E ao fechar-se a porta, sendo já escuro, esses homens saíram, e não sei para onde se foram: segui-os depressa, que os alcançareis. ⁶ Mas ela os havia feito subir ao terraço, e havia os escondido entre

talos de linho que naquele terraço tinha posto. ⁷ E os homens foram atrás eles pelo caminho do Jordão, até os vaus: e a porta foi fechada depois que saíram os que atrás eles iam. ⁸ Mas antes que eles dormissem, ela subiu a eles ao terraço, e disse-lhes: ⁹ Eu sei que o SENHOR vos deu esta terra; porque o temor de vós caiu sobre nós, e todos os moradores desta terra estão apavorados * por causa de vós; ¹⁰ Porque ouvimos que o SENHOR fez secar as águas do mar Vermelho diante de vós, quando saístes do Egito, e o que fizestes aos dois reis pelos amorreus que estavam da parte dali do Jordão, a Seom e a Ogue, aos quais destruístes. ¹¹ Ouvindo isto, desmaiou nosso coração; nem restou mais espírito em alguém por causa de vós: porque o SENHOR vosso Deus é Deus acima nos céus e abaixo na terra. ¹² Rogo-vos, pois, agora, me jureis pelo SENHOR, que como fiz misericórdia convosco, assim a fareis vós com a casa de meu pai, do qual me dareis um sinal certo; ¹³ E que salvareis a vida a meu pai e a minha mãe, e a meus irmãos e irmãs, e a todo o que for seu; e que livrareis nossas vidas da morte. ¹⁴ E eles lhe responderam: Nossa vida esteja pela vossa até a morte, se não denunciardes este nosso negócio; e quando o SENHOR houver nos dado a terra, nós a trataremos com misericórdia e fidelidade. ¹⁵ Então ela os fez descer com uma corda pela janela; porque sua casa estava à parede do muro, e ela vivia no muro. ¹⁶ E disse-lhes: Marchai-vos ao monte, porque os que foram atrás vós não vos encontrem; e estai escondidos ali três dias, até que os que vos seguem tenham voltado; e depois vos ireis vosso caminho. ¹⁷ E eles lhe disseram: Nós seremos desobrigados deste juramento com que nos hás conjurado. ¹⁸ Eis que, quando nós entrarmos na terra, tu atarás este cordão de escarlate à janela pela qual nos fizeste descer: e tu juntarás em tua casa teu pai e tua mãe, teus irmãos e toda a família de teu pai. ¹⁹ Qualquer um que sair fora das portas de tua casa, seu sangue será sobre sua cabeça, e nós sem culpa. Mas qualquer um que estiver em casa contigo, seu sangue será sobre nossa cabeça, se mão o tocar. ²⁰ E se tu denunciares este nosso negócio, nós seremos desobrigados deste teu juramento com que nos fizeste jurar. ²¹ E ela respondeu: Seja assim como dissestes. Logo os despediu, e se foram: e ela atou o cordão de escarlate à janela. ²² E caminhando eles, chegaram ao monte, e estiveram ali três dias, até que os que os seguiam se houvessem voltado: e os que os seguiram, buscaram por todo aquele caminho, mas não os acharam. ²³ E voltando-se os dois homens, desceram do monte, e passaram, e vieram a Josué filho de Num, e contaram-lhe todas as coisas que lhes haviam acontecido. ²⁴ E disseram a Josué: O SENHOR entregou toda esta terra em nossas mãos; e também todos os moradores desta terra estão apavorados † por nossa causa.

3

¹ E levantou-se Josué de manhã, e partiram de Sitim, e vieram até o Jordão, ele e todos os filhos de Israel, e repousaram ali antes que passassem. ² E passados três dias, os oficiais atravessaram por meio do acampamento, ³ E mandaram ao povo, dizendo: Quando virdes a arca do pacto do SENHOR vosso Deus, e os sacerdotes e levitas que a levam, vós partireis de vosso lugar, e marchareis atrás dela. ⁴ Porém entre vós e ela haja distância como da medida de dois mil côvados: e não vos aproximareis dela, a fim de que saibais o caminho por onde haveis de ir: porquanto vós não passastes antes de agora por este caminho. ⁵ E Josué disse ao povo: Santificai-vos, porque o SENHOR fará amanhã entre vós maravilhas. ⁶ E falou Josué aos sacerdotes, dizendo: Tomai a arca do pacto, e passai diante do povo. E eles tomaram a arca do pacto, e foram diante do povo. ⁷ Então o SENHOR disse a Josué: Desde este dia começarei a fazer-te grande diante dos olhos de todo Israel, para que entendam que como fui

---

* **2:9** Lit. derretidos   † **2:24** Lit. derretidos

com Moisés, assim serei contigo. ⁸ Tu, pois, mandarás aos sacerdotes que levam a arca do pacto, dizendo: Quando houverdes entrado até a borda da água do Jordão, parareis no Jordão. ⁹ E Josué disse aos filhos de Israel: Achegai-vos aqui, e escutai as palavras do SENHOR vosso Deus. ¹⁰ E acrescentou Josué: Em isto conhecereis que o Deus vivente está em meio de vós, e que ele lançará de diante de vós aos cananeus, e aos heteus, e aos heveus, e aos perizeus, e aos gergeseus, e aos amorreus, e aos jebuseus. ¹¹ Eis que, a arca do pacto do Dominador de toda a terra passa o Jordão diante de vós. ¹² Tomai, pois, agora doze homens das tribos de Israel, de cada tribo um. ¹³ E quando as plantas dos pés dos sacerdotes que levam a arca do SENHOR Dominador de toda a terra, forem assentadas sobre as águas do Jordão, as águas do Jordão se partirão: porque as águas que vem de acima se deterão em um amontoado. ¹⁴ E aconteceu que, partindo o povo de suas tendas para passar o Jordão, e os sacerdotes diante do povo levando a arca do pacto, ¹⁵ Quando os que levavam a arca chegaram no Jordão, assim como os pés dos sacerdotes que levavam a arca foram molhados à beira da água, (porque o Jordão costuma transbordar sobre todas as suas margens todo aquele tempo da colheita,) ¹⁶ As águas que vinham de cima pararam, e amontoaram-se bem longe, na cidade de Adã, que está ao lado de Zaretã; e as que desciam ao mar das planícies, ao mar Salgado, esgotaram-se e foram totalmente interrompidas; e o povo passou em frente de Jericó. ¹⁷ Mas os sacerdotes que levavam a arca do pacto do SENHOR, ficaram firmes em seco, no meio do Jordão, e todo Israel passou em seco, até que todo o povo acabou de passar o Jordão.

4

¹ E quando toda a nação acabou de passar o Jordão, o SENHOR falou a Josué, dizendo: ² Tomai do povo doze homens, de cada tribo um, ³ E mandai-lhes, dizendo: Tomai-vos daqui do meio do Jordão, do lugar de onde estão firmes os pés dos sacerdotes, doze pedras, as quais passareis convosco, e as assentareis no alojamento de onde haveis de passar a noite. ⁴ Então Josué chamou aos doze homens, os quais ele havia ordenado dentre os filhos de Israel, de cada tribo um; ⁵ E disse-lhes Josué: Passai diante da arca do SENHOR vosso Deus ao meio do Jordão; e cada um de vós tome uma pedra sobre seu ombro, conforme ao número das tribos dos filhos de Israel; ⁶ Para que isto seja sinal entre vós; e quando vossos filhos perguntarem a seus pais amanhã, dizendo: "Que vos significam estas pedras?" ⁷ Então vós lhes respondereis: "As águas do Jordão foram interrompidas diante da arca do pacto do SENHOR; quando ela passou pelo Jordão, as águas do Jordão se separaram; e estas pedras serão por memorial aos filhos de Israel para sempre. ⁸ E os filhos de Israel o fizeram assim como Josué havia lhes mandado, e levantaram doze pedras do meio do Jordão, como o SENHOR havia dito a Josué, conforme o número das tribos dos filhos de Israel; e levaram-nas consigo ao alojamento, e ali as puseram. ⁹ Josué também levantou doze pedras no meio do Jordão, no lugar onde estiveram os pés dos sacerdotes que levavam a arca do pacto; e ali estão até hoje. ¹⁰ Pois os sacerdotes que levavam a arca ficaram parados no meio do Jordão, até que se cumpriu tudo o que o SENHOR havia mandado a Josué dizer ao povo, conforme tudo quanto Moisés havia ordenado a Josué; e o povo apressou-se e passou. ¹¹ E sucedeu quando todo o povo acabou de passar, então passaram a arca do SENHOR, e os sacerdotes, na presença do povo. ¹² Também os filhos de Rúben, os filhos de Gade, e a meia tribo de Manassés, passaram armados diante dos filhos de Israel, como Moisés havia lhes dito; ¹³ cerca de quarenta mil homens prontamente armados passaram ó diante do SENHOR para a batalha, às campina de Jericó. ¹⁴ Naquele dia o SENHOR engrandeceu Josué à vista de todo Israel; e temeram-no, como haviam temido a Moisés, todos os dias de sua vida.

¹⁵ E o SENHOR falou a Josué, dizendo: ¹⁶ "Manda os sacerdotes que levam a arca do testemunho, que subam do Jordão". ¹⁷ E Josué mandou os sacerdotes, dizendo: "Subi do Jordão". ¹⁸ E aconteceu que quando os sacerdotes que levavam a arca do pacto do SENHOR subiram do meio do Jordão, e as plantas dos pés dos sacerdotes estiveram em seco, as águas do Jordão voltaram ao seu lugar, correndo como antes sobre todas as suas margens. ¹⁹ E o povo subiu do Jordão no dia dez do mês primeiro, e assentaram o acampamento em Gilgal, ao lado oriental de Jericó. ²⁰ E Josué erigiu em Gilgal as doze pedras que haviam trazido do Jordão. ²¹ E falou aos filhos de Israel, dizendo: Quando amanhã perguntarem vossos filhos a seus pais, e disserem: Que vos significam estas pedras? ²² Declarareis a vossos filhos, dizendo: Israel passou em seco por este Jordão. ²³ Porque o SENHOR vosso Deus secou as águas do Jordão diante de vós, até que havíeis passado, à maneira que o SENHOR vosso Deus o havia feito no mar Vermelho, ao qual secou diante de nós até que passamos: ²⁴ Para que todos os povos da terra conheçam a mão do SENHOR, que é forte; para que temais ao SENHOR vosso Deus todos os dias.

5

¹ E quando todos os reis dos amorreus, que estavam da outra parte do Jordão ao ocidente, e todos os reis dos cananeus, que estavam próximos do mar, ouviram como o SENHOR havia secado as águas do Jordão diante dos filhos de Israel até que passaram, desfaleceu seu coração, e não houve mais espírito neles diante dos filhos de Israel. ² Naquele tempo o SENHOR disse a Josué: Faze-te facas afiadas, e volta a circuncidar a segunda vez aos filhos de Israel. ³ E Josué se fez facas afiadas, e circuncidou aos filhos de Israel no monte dos prepúcios. ⁴ Esta é a causa pela qual Josué os circuncidou: todo aquele povo que havia saído do Egito, os homens, todos os homens de guerra, haviam morrido no deserto pelo caminho, depois que saíram do Egito. ⁵ Porque todos os do povo que haviam saído, estavam circuncidados: mas todo aquele povo que havia nascido no deserto pelo caminho, depois que saíram do Egito, não estavam circuncidados. ⁶ Porque os filhos de Israel andaram pelo deserto por quarenta anos, até que toda a gente dos homens de guerra que haviam saído do Egito foi consumida, porquanto não obedeceram à voz do SENHOR; pelo qual o SENHOR lhes jurou que não lhes deixaria ver a terra, da qual o SENHOR havia jurado a seus pais que não as daria, terra que flui leite e mel. ⁷ E os filhos deles, que ele havia feito suceder em seu lugar, Josué os circuncidou; pois eram incircuncisos, porque não haviam sido circuncidados pelo caminho. ⁸ E quando acabaram de circuncidar toda a gente, ficaram no mesmo lugar no acampamento, até que sararam. ⁹ E o SENHOR disse a Josué: Hoje tirei de vós a humilhação do Egito: pelo qual o nome daquele lugar foi chamado Gilgal, até hoje. ¹⁰ E os filhos de Israel assentaram o acampamento em Gilgal, e celebraram a páscoa aos catorze dias do mês, pela tarde, nas planícies de Jericó. ¹¹ E ao outro dia da páscoa comeram do fruto da terra os pães sem levedura, e no mesmo dia espigas novas tostadas. ¹² E o maná cessou o dia seguinte, desde que começaram a comer do fruto da terra: e os filhos de Israel nunca mais tiveram maná, mas sim que comeram dos frutos da terra de Canaã aquele ano. ¹³ E estando Josué próximo de Jericó, levantou seus olhos, e viu um homem que estava diante dele, o qual tinha uma espada nua em sua mão. E Josué indo até ele, lhe disse: És dos nossos, ou de nossos inimigos? ¹⁴ E ele respondeu: Não; mas sim Príncipe do exército do SENHOR, agora vim. Então Josué prostrando-se sobre seu rosto em terra o adorou; e disse-lhe: Que diz meu Senhor a seu servo? ¹⁵ E o Príncipe do exército do SENHOR respondeu a Josué: Tira teus sapatos de teus pés; porque o lugar onde estás é santo. E Josué o fez assim.

6

¹ Porém Jericó estava fechada, bem fechada, por causa dos filhos de Israel: ninguém entrava, nem saía. ² Mas o SENHOR disse a Josué: Olha, eu entreguei em tua mão a Jericó e a seu rei, com seus homens de guerra. ³ Cercareis, pois, a cidade todos os homens de guerra, indo ao redor da cidade uma vez: e isto fareis seis dias. ⁴ E sete sacerdotes levarão sete trombetas de chifres de carneiros diante da arca; e ao sétimo dia dareis sete voltas à cidade, e os sacerdotes tocarão as trombetas. ⁵ E quando tocarem prolongadamente a trombeta de carneiro, assim que ouvirdes o som da trombeta, todo aquele povo gritará a grande voz, e o muro da cidade cairá debaixo de si: então o povo subirá cada um em frente de si. ⁶ E chamando Josué filho de Num aos sacerdotes, lhes disse: Levai a arca do pacto, e sete sacerdotes levem trombetas de chifres de carneiros diante da arca do SENHOR. ⁷ E disse ao povo: Passai, e rodeai a cidade; e os que estão armados passarão diante da arca do SENHOR. ⁸ E assim que Josué falou ao povo, os sete sacerdotes, levando as sete trombetas de chifres de carneiros, passaram diante da arca do SENHOR, e tocaram as trombetas: e a arca do pacto do SENHOR os seguia. ⁹ E os homens armados iam diante dos sacerdotes que tocavam as trombetas, e a gente reunida ia detrás da arca, andando e tocando trombetas. ¹⁰ E Josué mandou ao povo, dizendo: Vós não dareis grito, nem se ouvirá vossa voz, nem sairá palavra de vossa boca, até o dia que eu vos diga: Gritai: então dareis grito. ¹¹ Então a arca do SENHOR deu uma volta ao redor da cidade, e vieram-se ao acampamento, no qual tiveram a noite. ¹² E Josué se levantou de manhã, e os sacerdotes tomaram a arca do SENHOR. ¹³ E os sete sacerdotes, levando as sete trombetas de chifres de carneiros, foram diante da arca do SENHOR, andando sempre e tocando as trombetas; e os armados iam diante deles, e a gente reunida ia detrás da arca do SENHOR, andando e tocando l ¹⁴ Assim deram outra volta à cidade o segundo dia, e voltaram ao acampamento: desta maneira fizeram por seis dias. ¹⁵ E ao sétimo dia levantaram-se quando subia a alva, e deram volta à cidade da mesma maneira sete vezes: somente este dia deram volta ao redor dela sete vezes. ¹⁶ E quando os sacerdotes tocaram as trombetas pela sétima vez, Josué disse ao povo: Dai grito, porque o SENHOR vos entregou a cidade. ¹⁷ Mas a cidade será anátema ao SENHOR, ela com todas as coisas que estão nela: somente Raabe a prostituta viverá, com todos os que estiverem em casa com ela, porquanto escondeu os mensageiros que enviamos. ¹⁸ Porém guardai-vos vós do anátema, que nem toqueis, nem tomeis alguma coisa do anátema, porque não façais anátema o acampamento de Israel, e o perturbeis. ¹⁹ Mas toda a prata, e o ouro, e vasos de bronze e de ferro, seja consagrado ao SENHOR, e venha ao tesouro do SENHOR. ²⁰ Então o povo deu grito, e os sacerdotes tocaram as trombetas: e aconteceu que quando o povo ouviu o som da trombeta, deu o povo grito com grande barulho, e o muro caiu verticalmente. O povo subiu logo à cidade, cada um em frente de si, e tomaram-na. ²¹ E destruíram tudo o que na cidade havia; homens e mulheres, moços e anciãos, até os bois, e ovelhas, e asnos, a fio de espada. ²² Mas Josué disse aos dois homens que haviam reconhecido a terra: Entrai em casa da mulher prostituta, e fazei sair dali à mulher, e a tudo o que for seu, como o jurastes. ²³ E os rapazes espias entraram, e tiraram a Raabe, e a seu pai, e a sua mãe, e a seus irmãos, e todo o que era seu; e também tiraram a toda sua parentela, e puseram-nos fora do acampamento de Israel. ²⁴ E consumiram com fogo a cidade, e tudo o que nela havia: somente puseram no tesouro da casa do SENHOR a prata, e o ouro, e os vasos de bronze e de ferro. ²⁵ Mas Josué salvou a vida a Raabe a prostituta, e à casa de seu pai, e a tudo o que ela tinha: e habitou ela entre os israelitas até hoje; porquanto escondeu os mensageiros que Josué enviou a reconhecer a Jericó. ²⁶ E naquele tempo Josué lhes juramentou dizendo: Maldito diante do SENHOR o homem

que se levantar e reedificar esta cidade de Jericó. Em seu primogênito lance seus alicerces, e em seu menor assente suas portas. ²⁷ Foi, pois, o SENHOR com Josué, e seu nome se divulgou por toda a terra.

7

¹ Porém os filhos de Israel cometeram transgressão no anátema: porque Acã, filho de Carmi, filho de Zabdi, filho de zerá, da tribo de Judá, tomou do anátema; e a ira do SENHOR se acendeu contra os filhos de Israel. ² E Josué enviou homens desde Jericó a Ai, que estava junto a Bete-Áven até o oriente de Betel; e falou-lhes dizendo: Subi, e reconhecei a terra. E eles subiram, e reconheceram a Ai. ³ E voltando a Josué, disseram-lhe: Não suba todo aquele povo, mas subam como dois mil ou como três mil homens, e tomarão a Ai: não canses a todo aquele povo ali, porque são poucos. ⁴ E subiram ali do povo como três mil homens, os quais fugiram diante dos de Ai. ⁵ E os de Ai feriram deles como trinta e seis homens, e seguiram-nos desde a porta até Sebarim, e os feriram na descida: pelo que se dissolveu o coração do povo, e veio a ser como água. ⁶ Então Josué rasgou suas roupas, e prostrou-se em terra sobre seu rosto diante da arca do SENHOR até à tarde, ele e os anciãos de Israel; e lançaram pó sobre suas cabeças. ⁷ E Josué disse: Ah, Senhor DEUS! Por que fizeste passar a este povo o Jordão, para entregar-nos nas mãos dos amorreus, que nos destruam? Antes nos tivéssemos ficado da outra parte do Jordão! ⁸ Ai Senhor! Que direi, já que Israel virou as costas diante de seus inimigos? ⁹ Porque os cananeus e todos os moradores da terra ouvirão, e nos cercarão, e apagarão nosso nome de sobre a terra: então que farás tu a teu grande nome? ¹⁰ E o SENHOR disse a Josué: Levanta-te; por que te prostras assim sobre teu rosto? ¹¹ Israel pecou, e ainda quebrantou meu pacto que eu lhes havia mandado; pois ainda tomaram do anátema, e até furtaram, e também mentiram, e ainda o guardaram entre seus utensílios. ¹² Por isto os filhos de Israel não poderão estar diante de seus inimigos, mas sim que diante de seus inimigos virarão as costas; porquanto vieram a ser anátema: nem serei mais convosco, se não destruirdes o anátema do meio de vós. ¹³ Levanta-te, santifica ao povo, e dize: Santificai-vos para amanhã, porque o SENHOR o Deus de Israel diz assim: Anátema há em meio de ti, Israel; não poderás estar diante de teus inimigos, até tanto que tenhais tirado o anátema do meio de vós. ¹⁴ Vós vos achegareis, pois, amanhã por vossas tribos; e a tribo que o SENHOR tomar, se achegará por suas famílias; e a família que o SENHOR tomar, se achegará por suas casas; e a casa que o SENHOR tomar, se achegará pelos homens; ¹⁵ E o que for colhido no anátema, será queimado a fogo, ele e tudo o que tem, porquanto quebrantou o pacto do SENHOR, e cometeu maldade em Israel. ¹⁶ Josué, pois, levantando-se de manhã, fez achegar a Israel por suas tribos; e foi tomada a tribo de Judá; ¹⁷ E fazendo achegar a tribo de Judá, foi tomada a família dos de Zerá; fazendo logo achegar a família dos de Zerá pelos homens, foi tomado Zabdi; ¹⁸ E fez achegar sua casa pelos homens, e foi tomado Acã, filho de Carmi, filho de Zabdi, filho de zerá, da tribo de Judá. ¹⁹ Então Josué disse a Acã: Filho meu, dá glória agora ao SENHOR o Deus de Israel, e dá-lhe louvor, e declara-me agora o que fizeste; não me o encubras. ²⁰ E Acã respondeu a Josué, dizendo: Verdadeiramente eu pequei contra o SENHOR o Deus de Israel, e fiz assim e assim: ²¹ Que vi entre os despojos um manto babilônico muito bom, e duzentos siclos de prata, e uma barra de ouro de peso de cinquenta siclos; o qual cobicei, e tomei: e eis que está escondido debaixo da terra no meio de minha tenda, e o dinheiro debaixo dele. ²² Josué então enviou mensageiros, os quais foram correndo à tenda; e eis que estava escondido em sua tenda, e o dinheiro debaixo disso: ²³ E tomando-o do meio da tenda, trouxeram-no a Josué e a todos os filhos de Israel, e puseram-no diante do SENHOR. ²⁴ Então Josué,

e todo Israel com ele, tomou a Acã filho de zerá, e o dinheiro, e o manto, e a barra de ouro, e seus filhos, e suas filhas, e seus bois, e seus asnos, e suas ovelhas, e sua tenda, e tudo quanto tinha, e levaram-no tudo ao vale de Acor; [25] E disse Josué: Por que nos perturbaste? Perturbe-te o SENHOR neste dia. E todos os israelitas os apedrejaram, e os queimaram a fogo, depois de apedrejá-los com pedras; [26] E levantaram sobre ele um grande amontoado de pedras, até hoje. E o SENHOR se apaziguou da ira de seu furor. E por isto foi chamado aquele lugar o Vale de Acor, até hoje.

8

[1] E o SENHOR disse a Josué: Não temas, nem desmaies; toma contigo toda a gente de guerra, e levanta-te e sobe a Ai. Olha, eu entreguei em tua mão ao rei de Ai, e a seu povo, a sua cidade, e a sua terra. [2] E farás a Ai e a seu rei como fizeste a Jericó e a seu rei: somente que seus despojos e seus animais tomareis para vós. Porás, pois, emboscadas à cidade detrás dela. [3] E levantou-se Josué, e toda a gente de guerra, para subir contra Ai: e escolheu Josué trinta mil homens fortes, os quais enviou de noite. [4] E mandou-lhes, dizendo: Olhai, poreis emboscada à cidade detrás dela: não vos afastareis muito da cidade, e estareis todos prontos. [5] E eu, e todo aquele povo que está comigo, nos aproximaremos da cidade; e quando saírem eles contra nós, como fizeram antes, fugiremos diante deles. [6] E eles sairão atrás de nós, até que os tiremos da cidade; porque eles dirão: Fogem de nós como a primeira vez. Fugiremos, pois, diante deles. [7] Então vós vos levantareis da emboscada, e vos lançareis sobre a cidade; pois o SENHOR vosso Deus a entregará em vossas mãos. [8] E quando a houverdes tomado, poreis fogo nela. Fareis conforme a palavra do SENHOR. Olhai que vos o mandei. [9] Então Josué os enviou; e eles se foram à emboscada, e puseram-se entre Betel e Ai, ao ocidente de Ai: e Josué ficou aquela noite em meio do povo. [10] E levantando-se Josué muito de manhã, revistou ao povo, e subiu ele, com os anciãos de Israel, diante do povo contra Ai. [11] E toda a gente de guerra que com ele estava, subiu, e aproximou-se, e chegaram diante da cidade, e assentaram o campo à parte do norte de Ai: e o vale estava entre ele e Ai. [12] E tomou como cinco mil homens, e os pôs em emboscada entre Betel e Ai, à parte ocidental da cidade. [13] E o povo, todo aquele acampamento que estava à parte do norte da cidade, colocado já próximo, e sua emboscada ao ocidente da cidade, veio Josué aquela noite ao meio do vale. [14] O qual quando o rei de Ai viu, levantou-se prontamente de manhã, e saiu com a gente da cidade contra Israel, ele e todo seu povo, para combater pela planície ao tempo assinalado, não sabendo que lhe estava posta emboscada atrás da cidade. [15] Então Josué e todo Israel, fazendo-se de vencidos, fugiram diante deles pelo caminho do deserto. [16] E todo aquele povo que estava em Ai se juntou para segui-los: e seguiram a Josué, sendo assim tirados da cidade. [17] E não ficou homem em Ai e Betel, que não tivesse saído atrás de Israel; e por perseguir a Israel deixaram a cidade aberta. [18] Então o SENHOR disse a Josué: Levanta a lança que tens em tua mão até Ai, porque eu a entregarei em tua mão. E Josué levantou até a cidade a lança que em sua mão tinha. [19] E levantando-se prontamente de seu lugar os que estavam na emboscada, correram logo que ele levantou sua mão, e vieram à cidade, e a tomaram, e apressaram-se a por-lhe fogo. [20] E quando os da cidade olharam atrás, observaram, e eis que a fumaça da cidade que subia ao céu, e não puderam fugir nem a uma parte nem à outra: e o povo que ia fugindo até o deserto, se voltou contra os que o seguiam. [21] Josué e todo Israel, vendo que os da emboscada tomaram a cidade, e que a fumaça da cidade subia, voltaram, e feriram aos de Ai. [22] E os outros saíram da cidade a seu encontro: e assim foram cercados em meio de Israel, os uns da uma parte, e os outros da outra. E os feriram até que não restou nenhum deles que escapasse.

²³ E tomaram vivo ao rei de Ai, e trouxeram-lhe a Josué. ²⁴ E quando os israelitas acabaram de matar a todos os moradores de Ai no campo, no deserto, onde eles os haviam perseguido, e que todos haviam caído a fio de espada até serem consumidos, todos os israelitas se voltaram a Ai, e também a feriram à espada. ²⁵ E o número dos que caíram aquele dia, homens e mulheres, foi doze mil, todos os de Ai. ²⁶ E Josué não retraiu sua mão que havia estendido com a lança, até que destruiu a todos os moradores de Ai. ²⁷ Porém os israelitas tomaram para si os animais e os despojos da cidade, conforme a palavra do SENHOR que ele havia mandado a Josué. ²⁸ E Josué queimou a Ai e reduziu-a a um amontoado perpétuo, assolado até hoje. ²⁹ Mas ao rei de Ai enforcou de um madeiro até à tarde: e quando o sol se pôs, mandou Josué que tirassem do madeiro seu corpo, e o lançassem à porta da cidade: e levantaram sobre ele um grande amontoado de pedras, até hoje. ³⁰ Então Josué edificou um altar ao SENHOR Deus de Israel no monte de Ebal, ³¹ Como Moisés, servo do SENHOR, o havia mandado aos filhos de Israel, como está escrito no livro da lei de Moisés, um altar de pedras inteiras sobre as quais ninguém levantou ferro: e ofereceram sobre ele holocaustos ao SENHOR, e sacrificaram ofertas pacíficas. ³² Também escreveu ali em pedras a repetição da lei de Moisés, a qual ele havia escrito diante dos filhos de Israel. ³³ E todo Israel, e seus anciãos, oficiais, e juízes, estavam da uma e da outra parte junto à arca, diante dos sacerdotes levitas que levam a arca do pacto do SENHOR; tanto estrangeiros como naturais, a metade deles estava até o monte de Gerizim, e a outra metade até o monte de Ebal; da maneira que Moisés, servo do SENHOR, havia lhe mandado antes, para que abençoassem primeiramente ao povo de Israel. ³⁴ Depois disto, leu todas as palavras da lei, as bênçãos e as maldições, conforme tudo o que está escrito no livro da lei. ³⁵ Não houve palavra alguma de todas as coisas que mandou Moisés, que Josué não fizesse ler diante de toda a congregação de Israel, mulheres e meninos, e estrangeiros que andavam entre eles.

9

¹ E aconteceu que quando ouviram estas coisas todos os reis que estavam desta parte do Jordão, tanto nas montanhas como nas planícies, e em toda a costa do grande mar diante do Líbano, os heteus, amorreus, cananeus, perizeus, heveus, e jebuseus; ² Juntaram-se em unidade, de um acordo, para lutar contra Josué e Israel. ³ Mas os moradores de Gibeão, quando ouviram o que Josué havia feito a Jericó e a Ai, ⁴ Eles usaram também de astúcia; pois foram e fingiram-se embaixadores, e tomaram sacos anciãos sobre seus asnos, e odres anciãos de vinho, rasgados e remendados, ⁵ E sapatos velhos e remendados em seus pés, com roupas velhas sobre si; e todo aquele pão que traziam para o caminho, seco e mofado. ⁶ Assim vieram a Josué ao acampamento em Gilgal, e disseram-lhe a ele e aos de Israel: Nós viemos da terra muito distante: fazei, pois, agora conosco aliança. ⁷ E os de Israel responderam aos heveus: Talvez vós habiteis em meio de nós: como pois poderemos nós fazer aliança convosco? ⁸ E eles responderam a Josué: Nós somos teus servos. E Josué lhes disse: Quem sois vós e de onde vindes? ⁹ E eles responderam: Teus servos vieram de muito distantes terras, pela fama do SENHOR teu Deus; porque ouvimos sua fama, e todas as coisas que fez em Egito, ¹⁰ E tudo o que fez aos dois reis dos amorreus que estavam da outra parte do Jordão; a Seom rei de Hesbom, e a Ogue rei de Basã, que estava em Astarote. ¹¹ Pelo qual nossos anciãos e todos os moradores de nossa terra nos disseram: Tomai em vossas mãos provisão para o caminho, e ide ao encontro deles, e dizei-lhes: Nós somos vossos servos, e fazei agora conosco aliança. ¹² Este nosso pão tomamos quente de nossas casas para o caminho o dia que saímos para vir a vós; e ei-lo aqui agora que está seco e mofado: ¹³ Estes odres de vinho também

os enchemos novos; ei-los aqui já rasgados: também estes nossas roupas e nossos sapatos estão já velhos por causa do muito longo caminho. ¹⁴ E os homens de Israel tomaram de sua provisão do caminho, e não perguntaram à boca do SENHOR. ¹⁵ E Josué fez paz com eles, e estabeleceu com eles que lhes deixaria a vida: também os príncipes da congregação lhes juraram. ¹⁶ Passados três dias depois que fizeram com eles o concerto, ouviram como eram seus vizinhos, e que habitavam em meio deles. ¹⁷ E partiram-se os filhos de Israel, e ao terceiro dia chegaram a suas cidades: e suas cidades eram Gibeão, Quefira, Beerote, e Quiriate-Jearim. ¹⁸ E não os feriram os filhos de Israel, porquanto os príncipes da congregação lhes haviam jurado pelo SENHOR o Deus de Israel. E toda a congregação murmurava contra os príncipes. ¹⁹ Mas todos os príncipes responderam a toda a congregação: Nós lhes juramos pelo SENHOR Deus de Israel; portanto, agora não lhes podemos tocar. ²⁰ Isto faremos com eles: lhes deixaremos viver, para que não venha ira sobre nós por causa do juramento que lhes fizemos. ²¹ E os príncipes lhes disseram: Vivam; mas sejam lenhadores e carregadores de água para toda a congregação, como os príncipes lhes disseram. ²² E chamando-os Josué, lhes falou dizendo: Por que nos enganastes, dizendo, Habitamos muito longe de vós; uma vez que morais em meio de nós? ²³ Vós pois agora sois malditos, e não faltará de vós servo, e quem corte a lenha e tire a água para a casa de meu Deus. ²⁴ E eles responderam a Josué, e disseram: Quando foi dado a entender a teus servos, que o SENHOR teu Deus havia mandado a Moisés seu servo que vos havia de dar toda a terra, e que havia de destruir todos os moradores da terra diante de vós, por isto temos muito medo de vós por nossas vidas, e fizemos isto. ²⁵ Agora pois, eis-nos aqui em tua mão; o que te parecer bom e correto fazer de nós, faze-o. ²⁶ E ele o fez assim; que os livrou da mão dos filhos de Israel, para que não os matassem. ²⁷ E constituiu-os Josué aquele dia por lenhadores e carregadores de água para a congregação e para o altar do SENHOR, no lugar que ele escolhesse: o que são até hoje.

10

¹ E quando Adoni-Zedeque rei de Jerusalém ouviu que Josué havia tomado a Ai, e que a haviam assolado, (como havia feito a Jericó e a seu rei, assim fez a Ai e a seu rei;) e que os moradores de Gibeão fizeram paz com os israelitas, e que estavam entre eles; ² Tiveram muito grande temor; porque Gibeão era uma grande cidade, como uma das cidades reais, e maior que Ai, e todos os seus homens fortes. ³ Enviou, pois, a dizer Adoni-Zedeque rei de Jerusalém, a Hoão rei de Hebrom, e a Pirã rei de Jeremote, e a Jafia rei de Laquis, e a Debir rei de Eglom: ⁴ Subi a mim, e ajudai-me, e combatamos a Gibeão: porque fez paz com Josué e com os filhos de Israel. ⁵ E cinco reis dos amorreus, o rei de Jerusalém, o rei de Hebrom, o rei de Jeremote, o rei de Laquis, o rei de Eglom, se juntaram e subiram, eles com todos os seus exércitos, e assentaram acampamento sobre Gibeão, e lutaram contra ela. ⁶ E os moradores de Gibeão enviaram a dizer a Josué ao acampamento em Gilgal: Não encolhas tuas mãos de teus servos; sobe prontamente a nós para guardar-nos e ajudar-nos: porque todos os reis dos amorreus que habitam nas montanhas, se juntaram contra nós. ⁷ E subiu Josué de Gilgal, ele e todo aquele povo de guerra com ele, e todos os homens valentes. ⁸ E o SENHOR disse a Josué: Não tenhas medo deles: porque eu os entreguei em tua mão, e nenhum deles resistirá diante de ti. ⁹ E Josué veio a eles de repente, toda a noite subiu desde Gilgal. ¹⁰ E o SENHOR os perturbou diante de Israel, e feriu-os com grande mortandade em Gibeão: e seguiu-os pelo caminho que sobe a Bete-Horom, e feriu-os até Azeca e Maceda. ¹¹ E quando iam fugindo dos israelitas, à descida de Bete-Horom, o SENHOR lançou sobre eles do céu grandes pedras até Azeca, e morreram:

muitos mais morreram das pedras do granizo, que os que os filhos de Israel haviam matado à espada. ¹²Então Josué falou ao SENHOR o dia que o SENHOR entregou aos amorreus diante dos filhos de Israel, e disse em presença dos israelitas: Sol, detém-te em Gibeão; E tu, Lua, no vale de Aijalom. ¹³E o sol se deteve e a lua se parou, Até tanto que a gente se havia vingado de seus inimigos. Não está este escrito no livro de Jasar? E o sol se parou em meio do céu, e não se apressou a se pôr quase um dia inteiro. ¹⁴E nunca foi tal dia antes nem depois daquele, havendo atendido o SENHOR à voz de um homem: porque o SENHOR lutava por Israel. ¹⁵E Josué, e todo Israel com ele, voltava-se ao acampamento em Gilgal. ¹⁶Porém os cinco reis fugiram, e se esconderam em uma cova em Maquedá. ¹⁷E foi dito a Josué que os cinco reis haviam sido achados em uma cova em Maquedá. ¹⁸Então Josué disse: Rolai grandes pedras à boca da cova, e ponde homens junto a ela que os guardem; ¹⁹E vós não vos pareis, mas sim segui a vossos inimigos, e feri-lhes a retaguarda, sem deixar-lhes entrar em suas cidades; porque o SENHOR vosso Deus os entregou em vossa mão. ²⁰E aconteceu que quando Josué e os filhos de Israel acabaram de feri-los com mortandade muito grande, até destruí-los, os que restaram deles se meteram nas cidades fortes. ²¹E todo aquele povo se voltou salvo ao acampamento a Josué em Maquedá; que não houve quem movesse sua língua contra os filhos de Israel. ²²Então disse Josué: Abri a boca da cova, e tirai-me dela a estes cinco reis. ²³E fizeram-no assim, e tiraram-lhe da cova aqueles cinco reis: ao rei de Jerusalém, ao rei de Hebrom, ao rei de Jeremote, ao rei de Laquis, ao rei de Eglom. ²⁴E quando tiraram estes reis a Josué, chamou Josué a todos os homens de Israel, e disse aos principais da gente de guerra que haviam vindo com ele: Chegai e ponde vossos pés sobre os pescoços destes reis. E eles se aproximaram, e puseram seus pés sobre os pescoços deles. ²⁵E Josué lhes disse: Não temais, nem vos atemorizeis; sede fortes e valentes: porque assim fará o SENHOR a todos vossos inimigos contra os quais lutai. ²⁶E depois disto Josué os feriu e os matou, e os fez enforcar em cinco madeiros: e restaram enforcados nos madeiros até à tarde. ²⁷E quando o sol se ia a pôr, mandou Josué que os tirassem dos madeiros, e os lançassem na cova de onde se haviam escondido: e puseram grandes pedras à boca da cova, até hoje. ²⁸Naquele mesmo dia tomou Josué a Maquedá, e a pôs à espada, e matou a seu rei; a eles e a tudo o que nela tinha vida, sem restar nada: mas ao rei de Maquedá fez como havia feito ao rei de Jericó. ²⁹E de Maquedá passou Josué, e todo Israel com ele, a Libna; e lutou contra Libna: ³⁰E o SENHOR a entregou também a ela, e a seu rei, em mãos de Israel; e feriu-a a fio de espada, com tudo o que nela havia vivo, sem restar nada: mas a seu rei fez da maneira que havia feito ao rei de Jericó. ³¹E Josué, e todo Israel com ele, passou de Libna a Laquis, e pôs acampamento contra ela, e combateu-a: ³²E o SENHOR entregou a Laquis em mão de Israel, e tomou-a ao dia seguinte, e feriu-a à espada, com tudo o que nela havia vivo, como havia feito em Libna. ³³Então Horão, rei de Gezer, subiu em ajuda de Laquis; mas a ele e a seu povo feriu Josué, até não restar nenhum deles. ³⁴De Laquis passou Josué, e todo Israel com ele, a Eglom: e puseram acampamento contra ela, e combateram-na: ³⁵E a tomaram no mesmo dia, e meteram-na à espada; e aquele dia matou a todo o que nela havia vivo, como havia feito em Laquis. ³⁶Subiu logo Josué, e todo Israel com ele, de Eglom a Hebrom, e combateram-na; ³⁷E tomando-a, feriram-na à espada, a seu rei e a todas as suas cidades, com tudo o que nela havia vivo, sem restar nada: como fizeram a Eglom, assim a destruíram com tudo o que nela havia vivo. ³⁸E voltando-se Josué, e todo Israel com ele, sobre Debir, combateu-a; ³⁹E tomou-a, e a seu rei, e a todas as suas vilas; e feriram-nos à espada, e destruíram tudo o que ali dentro havia vivo, sem restar nada; como havia feito a Hebrom, assim fez a Debir e a seu rei; e como havia feito a Libna e a seu rei. ⁴⁰Feriu pois Josué toda a região das montanhas, e do sul, e das planícies, e das costas, e a todos os seus reis, sem restar nada; tudo o que tinha vida matou, ao modo que o SENHOR Deus de Israel o havia mandado. ⁴¹ E feriu-os Josué desde Cades-Barneia até Gaza, e toda a terra de Gósen até Gibeão. ⁴² Todos estes reis e suas terras tomou Josué de uma vez; porque o SENHOR o Deus de Israel lutava por Israel. ⁴³ E voltou Josué, e todo Israel com ele, ao acampamento em Gilgal.

11

¹ Ouvindo isto Jabim rei de Hazor, enviou mensagem a Jobabe rei de Madom, e ao rei de Sinrom, e ao rei de Acsafe, ² E aos reis que estavam à parte do norte nas montanhas, e na planície ao sul de Quinerete, e nas planícies, e nas regiões de Dor ao ocidente; ³ E aos cananeus que estava ao oriente e ao ocidente, e aos amorreus, e ao Heteu, e aos perizeus, e aos jebuseus nas montanhas, e aos heveus debaixo de Hermom em terra de Mispá. ⁴ Estes saíram, e com eles todos os seus exércitos, povo muito em grande maneira, como a areia que está à beira do mar, com grande multidão de cavalos e carros. ⁵ Todos estes reis se juntaram, e vindo reuniram os acampamentos junto às águas de Merom, para lutar contra Israel. ⁶ Mas o SENHOR disse a Josué: Não tenhas medo deles, que amanhã a esta hora eu entregarei a todos estes, mortos diante de Israel: a seus cavalos aleijarás, e seus carros queimarás ao fogo. ⁷ E veio Josué, e com ele todo aquele povo de guerra, contra eles, e deu de repente sobre eles junto às águas de Merom. ⁸ E entregou-os o SENHOR em mãos de Israel, os quais os feriram e seguiram até a grande Sidom, e até as águas quentes, e até a planície de Mispá ao oriente, ferindo-os até que não lhes deixaram ninguém. ⁹ E Josué fez com eles como o SENHOR lhe havia mandado: aleijou seus cavalos, e seus carros queimou ao fogo. ¹⁰ E voltando-se Josué, tomou no mesmo tempo a Hazor, e feriu à espada a seu rei: a qual Hazor havia sido antes cabeça de todos estes reinos. ¹¹ E feriram à espada todo quanto nela havia vivo, destruindo e não deixando coisa com vida; e a Hazor puseram a fogo. ¹² Também tomou Josué todas as cidades destes reis, e a todos os reis delas, e os meteu à espada, e os destruiu, como Moisés servo do SENHOR o havia mandado. ¹³ Porém todas as cidades que estavam em suas colinas, não as queimou Israel, tirando a só Hazor, a qual queimou Josué. ¹⁴ E os filhos de Israel tomaram para si todos os despojos e animais daquelas cidades: mas a todos os homens feriram à espada até destruí-los, sem deixar alguém com vida. ¹⁵ Da maneira que o SENHOR o havia mandado a Moisés seu servo, assim Moisés o mandou a Josué: e assim Josué o fez, sem tirar palavra de tudo o que o SENHOR havia mandado a Moisés. ¹⁶ Tomou, pois, Josué toda aquela terra, as montanhas, e toda a região do sul, e toda a terra de Gósen, e os terrenos baixos e as planícies, e a região montanhosa de Israel e seus vales. ¹⁷ Desde o monte de Halaque, que sobe até Seir, até Baal-Gade na planície do Líbano, às raízes do monte Hermom: tomou também todos os seus reis, os quais feriu e matou. ¹⁸ Por muitos dias teve guerra Josué com estes reis. ¹⁹ Não houve cidade que fizesse paz com os filhos de Israel, a não ser os heveus, que moravam em Gibeão: tudo o tomaram por guerra. ²⁰ Porque isto veio do SENHOR, que endurecia o coração deles para que resistissem com guerra a Israel, para destruí-los, e que não lhes fosse feita misericórdia, antes fossem desarraigados, como o SENHOR o havia mandado a Moisés. ²¹ Também no mesmo tempo veio Josué e destruiu os anaquins dos montes, de Hebrom, de Debir, e de Anabe, e de todos os montes de Judá, e de todos os montes de Israel: Josué os destruiu a eles e a suas cidades. ²² Nenhum dos anaquins restou na terra dos filhos de Israel; somente restaram em Gaza, em Gate, e em Asdode. ²³ Tomou, pois, Josué toda a terra, conforme todo o que o SENHOR

havia dito a Moisés; e entregou-a Josué aos israelitas por herança, conforme suas repartições de suas tribos: e a terra repousou de guerra.

12

¹ Estes são os reis da terra que os filhos de Israel feriram, e cuja terra possuíram da outra parte do Jordão ao oriente, desde o ribeiro de Arnom até o monte Hermom, e toda a planície oriental: ² Seom rei dos amorreus, que habitava em Hesbom, e senhoreava desde Aroer, que está à beira do ribeiro de Arnom, e desde em meio do ribeiro, e a metade de Gileade, até o ribeiro Jaboque, o termo dos filhos de Amom; ³ E desde a campina até o mar de Quinerete, ao oriente; e até o mar da planície, o mar Salgado, ao oriente, pelo caminho de Bete-Jesimote; e desde o sul debaixo das encostas do Pisga. ⁴ E os termos de Ogue rei de Basã, que havia restado dos refains, o qual habitava em Astarote e em Edrei, ⁵ E senhoreava no monte de Hermom, e em Salcá, e em todo Basã até os termos de Gessuri e dos maacatitas, e a metade de Gileade, termo de Seom rei de Hesbom. ⁶ A estes feriram Moisés servo do SENHOR e os filhos de Israel; e Moisés servo do SENHOR deu aquela terra em possessão aos rubenitas, gaditas, e à meia tribo de Manassés. ⁷ E estes são os reis da terra que feriu Josué com os filhos de Israel, desta parte do Jordão ao ocidente, desde Baal-Gade na planície do Líbano até o monte de Halaque que sobe a Seir; a qual terra deu Josué em possessão às tribos de Israel, ⁸ Em montes e em vales, em planícies e em encostas, ao deserto e ao sul; os heteus, e os amorreus, e os cananeus, e os ferezeus, e os heveus, e os jebuseus. ⁹ O rei de Jericó, um: o rei de Ai, que está ao lado de Betel, outro: ¹⁰ O rei de Jerusalém, outro: o rei de Hebrom, outro: ¹¹ O rei de Jarmute, outro: o rei de Laquis, outro: ¹² O rei de Eglom, outro: o rei de Gezer, outro: ¹³ O rei de Debir, outro: o rei de Geder, outro: ¹⁴ O rei de Hormá, outro: o rei de Arade, outro: ¹⁵ O rei de Libna, outro: o rei de Adulão, outro: ¹⁶ O rei de Maquedá, outro: o rei de Betel, outro: ¹⁷ O rei de Tapua, outro: o rei de Héfer, outro: ¹⁸ O rei de Afeque, outro: o rei de Lasarom, outro: ¹⁹ O rei de Madom, outro: o rei de Hazor, outro: ²⁰ O rei de Sinrom-Merom, outro: o rei de Acsafe, outro: ²¹ O rei de Taanaque, outro: o rei de Megido, outro: ²² O rei de Quedes, outro: o rei de Jocneão do Carmelo, outro: ²³ O rei de Dor, da província de Dor, outro; o rei de nações em Gilgal, outro: ²⁴ O rei de Tirsa, outro: trinta e um reis ao todo.

13

¹ E sendo Josué já velho, cheio de dias, o SENHOR lhe disse: Tu és já velho, de idade avançada, e resta ainda muita terra por possuir. ² Esta é a terra que resta; todos os termos dos filisteus, e todos os gessuritas; ³ Desde Sior, que está diante do Egito, até o termo de Ecrom ao norte, considera-se dos cananeus: cinco províncias dos filisteus; os gazitas, asdoditas, asquelonitas, giteus, e ecronitas; e os heveus; ⁴ Ao sul toda a terra dos cananeus, e Meara que é dos sidônios, até Afeque, até o termo dos amorreus; ⁵ E a terra dos gebalitas, e todo o Líbano até o oriente, desde Baal-Gade o pdo monte Hermom, até entrar em Hamate; ⁶ Todos os que habitam nas montanhas desde o Líbano até as águas quentes, todos os sidônios; eu os desarraigarei diante dos filhos de Israel:;somente repartirás tu por sorte aquela terra aos israelitas por herança, como te mandei. ⁷ Reparte, pois, tu agora esta terra em herança às nove tribos, e à meia tribo de Manassés. ⁸ Porque a outra meia recebeu sua herança com os rubenitas e gaditas, a qual lhes deu Moisés da outra parte do Jordão ao oriente, segundo que se a deu Moisés servo do SENHOR: ⁹ Desde Aroer, que está à beira do ribeiro de Arnom, e a cidade que está em meio do ribeiro, e toda a campina de Medeba, até Dibom; ¹⁰ E todas as cidades de Seom rei dos amorreus, o qual reinou em Hesbom, até os termos dos filhos de Amom; ¹¹ E Gileade, e os termos dos gessuritas, e dos maacatitas, e todo

o monte de Hermom, e toda a terra de Basã até Salcá: ¹² Todo o reino de Ogue em Basã, o qual reinou em Astarote e Edrei, o qual havia ficados do resto dos refains; pois Moisés os feriu, e expulsou. ¹³ Mas aos dos gessuritas e dos maacatitas não expulsaram os filhos de Israel; antes Gessur e Maacate habitaram entre os israelitas até hoje. ¹⁴ Porém à tribo de Levi não deu herança: os sacrifícios do SENHOR Deus de Israel são sua herança, como ele lhes havia dito. ¹⁵ Deu, pois, Moisés à tribo dos filhos de Rúben conforme suas famílias: ¹⁶ E foi o termo deles desde Aroer, que está à beira do ribeiro de Arnom, e a cidade que está em meio do ribeiro, e toda a campina, até Medeba; ¹⁷ Hesbom, com todas as suas vilas que estão na planície; Dibom, e Bamote-Baal, e Bete-Baal-Meom; ¹⁸ E Jaza, e Quedemote, e Mefaate, ¹⁹ E Quiriataim, e Sibma, e Zerete-Saar no monte do vale; ²⁰ E Bete-Peor, e as encostas de Pisga, e Bete-Jesimote; ²¹ E todas as cidades da campina, e todo o reino de Seom rei dos amorreus, que reinou em Hesbom, ao qual feriu Moisés, e aos príncipes de Midiã, Evi, Requém, e Sur, e Hur, e Reba, príncipes de Seom que habitavam naquela terra. ²² Também mataram à espada os filhos de Israel a Balaão adivinho, filho de Beor, com os demais que mataram. ²³ E foram os termos dos filhos de Rúben o Jordão com seu termo. Esta foi a herança dos filhos de Rúben conforme suas famílias, estas cidades com suas vilas. ²⁴ Deu também Moisés à tribo de Gade, aos filhos de Gade, conforme suas famílias. ²⁵ E o termo deles foi Jazer, e todas as cidades de Gileade, e a metade da terra dos filhos de Amom até Aroer, que está diante de Rabá. ²⁶ E desde Hesbom até Ramate-Mispa, e Betonim; e desde Maanaim até o termo de Debir: ²⁷ E a campina de Bete-Arã, e Bete-Ninra, e Sucote, e Zafom, resto do reino de Seom, rei em Hesbom: o Jordão e seu termo até a extremidade do mar de Quinerete da outra parte do Jordão ao oriente. ²⁸ Esta é a herança dos filhos de Gade, por suas famílias, estas cidades com suas vilas. ²⁹ Também deu Moisés herança à meia tribo de Manassés: e foi da meia tribo dos filhos de Manassés, conforme suas famílias. ³⁰ O termo deles foi desde Maanaim, todo Basã, todo o reino de Ogue rei de Basã, e todas as aldeias de Jair que estão em Basã, sessenta povoações. ³¹ Deram-se também a metade de Gileade, e Astarote, e Edrei, cidades do reino de Ogue em Basã, aos filhos de Maquir, filho de Manassés, à metade dos filhos de Maquir conforme suas famílias. ³² Isto é o que Moisés repartiu em herança nas planícies de Moabe, da outra parte do Jordão de Jericó, ao oriente. ³³ Mas à tribo de Levi não deu Moisés herança: o SENHOR Deus de Israel é a herança deles como ele lhes havia dito.

14

¹ Isto, pois, é o que os filhos de Israel tomaram por herança na terra de Canaã, o qual lhes repartiram Eleazar sacerdote, e Josué filho de Num, e os principais dos pais das tribos dos filhos de Israel. ² Por sorte deu-se a eles sua herança, como o SENHOR o havia mandado por Moisés, que desse às nove tribos e à meia tribo. ³ Porque às duas tribos, e à meia tribo, lhes havia Moisés dado herança da outra parte do Jordão: mas aos levitas não deu herança entre eles. ⁴ Porque os filhos de José foram duas tribos, Manassés e Efraim: e não deram parte aos levitas na terra, mas sua cidades em que morassem, com seus campos para seus gados e rebanhos. ⁵ Da maneira que SENHOR o havia mandado a Moisés, assim o fizeram os filhos de Israel na repartição da terra. ⁶ E os filhos de Judá vieram a Josué em Gilgal; e Calebe, filho de Jefoné quenezeu, lhe disse: Tu sabes o que o SENHOR disse a Moisés, homem de Deus, em Cades-Barneia, tocante a mim e a ti. ⁷ Eu era de idade de quarenta anos, quando Moisés servo do SENHOR me enviou de Cades-Barneia a reconhecer a terra; e eu lhe mencionei o negócio como o tinha em meu coração: ⁸ Mas meus irmãos, os que haviam subido comigo, minguaram o coração do povo; porém eu cumpri seguindo ao

SENHOR meu Deus. ⁹ Então Moisés jurou, dizendo: Se a terra que pisou teu pé não for para ti, e para teus filhos em herança perpétua: porquanto cumpriste seguindo ao SENHOR meu Deus. ¹⁰ Agora bem, o SENHOR me fez viver, como ele disse, estes quarenta e cinco anos, desde o tempo que o SENHOR falou estas palavras a Moisés, quando Israel andava pelo deserto: e agora, eis que sou hoje dia de oitenta e cinco anos: ¹¹ Porém ainda hoje estou tão forte como o dia que Moisés me enviou: qual era então minha força, tal é agora, para a guerra, e para sair e para entrar. ¹² Dá-me, pois, agora este monte, do qual falou o SENHOR aquele dia; porque tu ouviste naquele dia que os anaquins estão ali, e grandes e fortes cidades. Talvez o SENHOR seja comigo, e os expulsarei como o SENHOR disse. ¹³ Josué então lhe abençoou, e deu a Calebe filho de Jefoné a Hebrom por herança. ¹⁴ Portanto Hebrom foi de Calebe, filho de Jefoné quenezeu, em herança até hoje; porque cumpriu seguindo ao SENHOR Deus de Israel. ¹⁵ Mas Hebrom foi antes chamada Quiriate-Arba; foi Arba um homem grande entre os anaquins. E a terra teve repouso das guerras.

15

¹ E foi a sorte da tribo dos filhos de Judá, por suas famílias, junto ao termo de Edom, do deserto de Zim ao sul, ao lado do sul. ² E seu termo da parte do sul foi desde a costa do mar Salgado, desde a baía que está voltada ao sul; ³ E saía até o sul à subida de Acrabim, passando até Zim; e subindo pelo sul até Cades-Barneia, passava a Hebrom, e subindo por Adar dava volta a Carca; ⁴ De ali passava a Azmom, e saía ao ribeiro do Egito; e sai este termo ao ocidente. Este pois vos será o termo do sul. ⁵ O termo do oriente é o mar Salgado até o fim do Jordão. E o termo da parte do norte, desde a baía do mar, desde o fim do Jordão: ⁶ E sobe este termo por Bete-Hogla, e passa do norte a Bete-Arabá, e daqui sobe este termo à pedra de Boã, filho de Rúben. ⁷ E torna a subir este termo a Debir desde o vale de Acor: e ao norte olha sobre Gilgal, que está diante da subida de Adumim, a qual está ao sul do ribeiro: e passa este termo às águas de En-Semes, e sai à fonte de Rogel: ⁸ E sobe este termo pelo vale do filho de Hinom ao lado dos jebuseus ao sul: esta é Jerusalém. Logo sobe este termo pelo cume do monte que está diante do vale de Hinom até o ocidente, o qual está ao fim do vale dos gigantes ao norte; ⁹ E rodeia este termo desde o cume do monte até a fonte das águas de Neftoa, e sai às cidades do monte de Efrom, rodeando logo o mesmo termo a Baalá, a qual é Quriate-Jearim. ¹⁰ Depois torna este termo desde Baalá até o ocidente ao monte de Seir: e passa ao lado do monte de Jearim até o norte, esta é Quesalom, e desce a Bete-Semes, e passa a Timna. ¹¹ Sai logo este termo ao lado de Ecrom até o norte; e rodeia o mesmo termo a Sicrom, e passa pelo monte de Baalá, e sai a Jabneel: e sai este termo ao mar. ¹² O termo do ocidente é o mar grande. Este, pois, é o termo dos filhos de Judá em derredor, por suas famílias. ¹³ Mas a Calebe, filho de Jefoné, deu parte entre os filhos de Judá, conforme o mandamento do SENHOR a Josué: isto é, a Quiriate-Arba, do pai de Anaque, que é Hebrom. ¹⁴ E Calebe expulsou dali três filhos de Anaque, a Sesai, Aimã, e Talmai, filhos de Anaque. ¹⁵ De aqui subiu aos que moravam em Debir: e o nome de Debir era antes Quiriate-Sefer. ¹⁶ E disse Calebe: Ao que ferir a Quiriate-Sefer, e a tomar, eu lhe darei a minha filha Acsa por mulher. ¹⁷ E tomou-a Otniel, filho de Quenaz, irmão de Calebe; e ele lhe deu por mulher a sua filha Acsa. ¹⁸ E aconteceu que quando a levava, ele a persuadiu que pedisse a seu pai terras para lavrar. Ela então desceu do asno. E Calebe lhe disse: Que tens? ¹⁹ E ela respondeu: Dá-me bênção; pois me deste terra de secura, dá-me também fontes de águas. Ele então lhe deu as fontes de acima, e as de abaixo. ²⁰ Esta, pois é a herança das tribos dos filhos de Judá por suas famílias. ²¹ E foram as cidades do termo da tribo dos filhos de Judá até o termo de Edom ao sul: Cabzeel, e Éder, e Jagur,

²² E Quiná, e Dimona, e Adada, ²³ E Quedes, e Hazor, e Itnã, ²⁴ Zife, e Telém, Bealote, ²⁵ E Hazor-Hadata, e Queriote-Hezrom, que é Hazor, ²⁶ Amã, e Sema, e Moladá, ²⁷ E Hazar-Gada, e Hesmom, e Bete-Pelete, ²⁸ E Hazar-Sual, Berseba, e Biziotiá, ²⁹ Baalá, e Iim, e Azém, ³⁰ E Eltolade, e Quesil, e Hormá, ³¹ E Ziclague, e Madmana, Sansana, ³² E Lebaote, Silim, e Aim, e Rimom; em todas vinte e nove cidades com suas aldeias. ³³ Nas planícies, Estaol, e Zorá, e Asná, ³⁴ E Zanoa, e En-Ganim, Tapua, e Enã, ³⁵ Jeremote, e Adulão, Socó, e Azeca, ³⁶ E Saaraim, e Aditaim, e Gederá, e Gederotaim; catorze cidades com suas aldeias. ³⁷ Zenã, e Hadasa, e Migdal-Gade, ³⁸ E Dileã, e Mispá, e Jocteel, ³⁹ Laquis, e Bozcate, e Eglom, ⁴⁰ E Cabom, e Laamás, e Quitilis, ⁴¹ E Gederote, Bete-Dagom, e Naamá, e Maquedá; dezesseis cidades com suas aldeias. ⁴² Libna, e Eter, e Asã, ⁴³ E Iftá, e Asná, e Nezibe, ⁴⁴ E Queila, e Aczibe, e Maressa; nove cidades com suas aldeias. ⁴⁵ Ecrom com suas vilas e suas aldeias: ⁴⁶ Desde Ecrom até o mar, todas as que estão à costa de Asdode com suas aldeias. ⁴⁷ Asdode com suas vilas e suas aldeias: Gaza com suas vilas e suas aldeias até o rio do Egito, e o grande mar com seus termos. ⁴⁸ E nas montanhas, Samir, e Jatir, e Sucote, ⁴⁹ E Dana, e Quiriate-Saná, que é Debir, ⁵⁰ E Anabe, e Estemo, e Anim, ⁵¹ E Gósen, e Holom, e Gilo; onze cidades com suas aldeias. ⁵² Arabe, e Dumá, e Esã, ⁵³ E Janim, e Bete-Tapua, e Afeca, ⁵⁴ E Hunta, e Quiriate-Arba, que é Hebrom, e Zior; nove cidades com suas aldeias. ⁵⁵ Maom, Carmelo, e Zife, e Jutá, ⁵⁶ E Jezreel, Jocdeão, e Zanoa, ⁵⁷ Caim, Gibeá, e Timna; dez cidades com suas aldeias. ⁵⁸ Halul, e Bete-Zur, e Gedor, ⁵⁹ E Maarate, e Bete-Anote, e Eltecom; seis cidades com suas aldeias. ⁶⁰ Quriate-Baal, que é Quriate-Jearim, e Rabá; duas cidades com suas aldeias. ⁶¹ No deserto, Bete-Arabá, Midim, e Secacá, ⁶² E Nibsã, e a cidade do sal, e En-Gedi; seis cidades com suas aldeias. ⁶³ Mas aos jebuseus que habitavam em Jerusalém, os filhos de Judá não os puderam desarraigar; antes restaram os jebuseus em Jerusalém com os filhos de Judá, até hoje.

16

¹ E a porção dos filhos de José saiu desde o Jordão de Jericó até as águas de Jericó até o oriente, ao deserto que sobe de Jericó ao monte de Betel: ² E de Betel sai a Luz, e passa ao termo dos arquitas em Atarote; ³ E torna a descer até o mar ao termo dos jafletitas, até o termo de Bete-Horom a de abaixo, e até Gezer; e sai ao mar. ⁴ Receberam, pois, herança os filhos de José, Manassés e Efraim. ⁵ E foi o termo dos filhos de Efraim por suas famílias, foi o termo de sua herança à parte oriental, desde Atarote-Adar até Bete-Horom a de acima: ⁶ E sai este termo ao mar, e a Micmetá ao norte, e dá volta este termo até o oriente a Taanate-Siló, e daqui passa ao oriente a Janoa: ⁷ E de Janoa desce a Atarote, e a Naarate, e cabe em Jericó, e sai ao Jordão. ⁸ E de Tapua torna este termo até o mar ao ribeiro de Caná, e sai ao mar. Esta é a herança da tribo dos filhos de Efraim por suas famílias. ⁹ houve também cidades que se apartaram para os filhos de Efraim em meio da herança dos filhos de Manassés, todas cidades com suas aldeias. ¹⁰ E não expulsaram aos cananeus que habitavam em Gezer; antes restaram os cananeus em meio de Efraim, até hoje, e foram tributários.

17

¹ E teve também porção a tribo de Manassés, porque foi primogênito de José. Maquir, primogênito de Manassés, e pai de Gileade, o qual foi homem de guerra, teve a Gileade e a Basã. ² Tiveram também porção os outros filhos de Manassés conforme suas famílias: os filhos de Abiezer, e os filhos de Helebe, e os filhos de Asriel, e os filhos de Siquém, e os filhos de Héfer, e os filhos de Semida; estes foram os filhos homens de Manassés, filho de José, por suas famílias. ³ Porém Zelofeade, filho de Héfer, filho de Gileade, filho de Maquir, filho de Manassés, não teve filhos, somente

filhas, os nomes das quais são estes: Maalá, Noa, Hogla, Milca, e Tirza. ⁴ Estas vieram diante de Eleazar sacerdote, e de Josué filho de Num, e dos príncipes, e disseram: O SENHOR mandou a Moisés que nos desse herança entre nossos irmãos. E ele lhes deu herança entre os irmãos do pai delas, conforme o dito do SENHOR. ⁵ E caíram a Manassés dez porções a mais da terra de Gileade e de Basã, que está da outra parte do Jordão: ⁶ Porque as filhas de Manassés possuíram herança entre seus filhos: e a terra de Gileade foi dos outros filhos de Manassés. ⁷ E foi o termo de Manassés desde Aser até Micmetá, a qual está diante de Siquém; e vai este termo à direita, aos que habitam em Tapua. ⁸ E a terra de Tapua foi de Manassés; mas Tapua, que está junto ao termo de Manassés, é dos filhos de Efraim. ⁹ E desce este termo ao ribeiro de Caná, até o sul do ribeiro. Estas cidades de Efraim estão entre as cidades de Manassés: e o termo de Manassés é desde o norte do mesmo ribeiro, e suas saídas são ao mar. ¹⁰ Efraim ao sul, e Manassés ao norte, e o mar é seu termo: e encontram-se com Aser à parte do norte, e com Issacar ao oriente. ¹¹ Teve também Manassés em Issacar e em Aser a Bete-Seã e suas aldeias, e Ibleão e suas aldeias, e os moradores de Dor e suas aldeias, e os moradores de En-Dor e suas aldeias, e os moradores de Taanaque e suas aldeias, e os moradores de Megido e suas aldeias: três províncias. ¹² Mas os filhos de Manassés não puderam lançar aos daquelas cidades; antes os cananeus quis habitar na terra. ¹³ Porém quando os filhos de Israel tomaram forças, fizeram tributários aos cananeus, mas não o expulsaram. ¹⁴ E os filhos de José falaram a Josué, dizendo: Por que me deste por herança uma só porção e uma só parte, sendo eu um povo tão grande e que o SENHOR me abençoou assim até agora? ¹⁵ E Josué lhes respondeu: Se és povo tão grande, sobe tu ao monte, e corta para ti ali na terra do ferezeus e dos gigantes, pois que o monte de Efraim é estreito para ti. ¹⁶ E os filhos de José disseram: Não nos bastará a nós este monte: e todos os cananeus que habitam a terra da campina, têm carros de ferro; os que estão em Bete-Seã e em suas aldeias, e os que estão no vale de Jezreel. ¹⁷ Então Josué respondeu à casa de José, a Efraim e Manassés, dizendo: Tu és grande povo, e tens grande força; não terás uma só porção; ¹⁸ Mas aquele monte será teu; porque é bosque, e tu o cortarás, e serão teus seus termos: porque tu expulsarás aos cananeus, ainda que tenham carros de ferro, e ainda que sejam fortes.

18

¹ E toda a congregação dos filhos de Israel se juntou em Siló, e assentaram ali o tabernáculo do testemunho, depois que a terra lhes foi sujeita. ² Mas haviam restado nos filhos de Israel sete tribos, às quais ainda não haviam repartido sua possessão. ³ E Josué disse aos filhos de Israel: Até quando sereis negligentes para vir a possuir a terra que vos deu o SENHOR o Deus de vossos pais? ⁴ Assinalai três homens de cada tribo, para que eu os envie, e que eles se levantem, e percorram a terra, e a descrevam conforme suas propriedades, e se voltem a mim. ⁵ E a dividirão em sete partes: e Judá estará em seu termo ao sul, e os da casa de José estarão no seu ao norte. ⁶ Vós, pois, demarcareis a terra em sete partes, e me trareis a descrição aqui, e eu vos lançarei as sortes aqui diante do SENHOR nosso Deus. ⁷ Porém os levitas nenhuma parte têm entre vós; porque o sacerdócio do SENHOR é a herança deles: Gade também e Rúben, e a meia tribo de Manassés, já receberam sua herança da outra parte do Jordão ao oriente, a qual lhes deu Moisés servo do SENHOR. ⁸ Então aqueles homens se levantaram e se foram; e Josué deu ordem aos que iam demarcar a terra, dizendo-lhes: Ide, percorrei a terra, e demarcai-a, e voltai a mim, para que eu vos lance as sortes aqui diante do SENHOR em Siló. ⁹ Foram, pois, aqueles homens e passaram pela terra, demarcando-a por cidades em sete partes em um livro, e voltaram a Josué ao acampamento em Siló. ¹⁰ E Josué lhes lançou as sortes diante do SENHOR em Siló;

e ali repartiu Josué a terra aos filhos de Israel por suas porções. ¹¹ E tirou-se a sorte da tribo dos filhos de Benjamim por suas famílias: e saiu o termo de sua porção entre os filhos de Judá e os filhos de José. ¹² E foi o termo deles ao lado do norte desde o Jordão: e sobe aquele termo ao lado de Jericó ao norte; sobe depois ao monte até o ocidente, e vem a sair ao deserto de Bete-Áven: ¹³ E dali passa aquele termo a Luz, pelo lado de Luz (esta é Betel) até o sul. E desce este termo de Atarote-Adar ao monte que está ao sul de Bete-Horom a de abaixo. ¹⁴ E torna este termo, e dá volta ao lado do mar, ao sul até o monte que está diante de Bete-Horom ao sul; e vem a sair a Quriate-Baal, que é Quriate-Jearim, cidade dos filhos de Judá. Este é o lado do ocidente. ¹⁵ E o lado do sul é desde a extremidade de Quriate-Jearim, e sai o termo ao ocidente, e sai à fonte das águas de Neftoa: ¹⁶ E desce este termo ao fim do monte que está diante do vale do filho de Hinom, que está na campina dos gigantes até o norte: desce logo ao vale de Hinom, ao lado dos jebuseus ao sul, e dali desce à fonte de Rogel; ¹⁷ E do norte torna e sai a En-Semes, e dali sai a Gelilote, que está diante da subida de Adumim, e descia à pedra de Boã, filho de Rúben: ¹⁸ E passa ao lado que está diante da campina do norte, e desce às planícies: ¹⁹ E torna a passar este termo pelo lado de Bete-Hogla até o norte, e vem a sair o termo à baía do mar Salgado ao norte, ao fim do Jordão ao sul. Este é o termo do sul. ²⁰ E o Jordão acaba este termo ao lado do oriente. Esta é a herança dos filhos de Benjamim por seus termos ao redor, conforme suas famílias. ²¹ As cidades da tribo dos filhos de Benjamim, por suas famílias, foram Jericó, Bete-Hogla, e Emeque-Queziz, ²² Bete-Arabá, Zemaraim, e Betel; ²³ E Avim, e Pará, e Ofra, ²⁴ E Quefar-Amonai, Ofni, e Geba; doze cidades com suas aldeias: ²⁵ Gibeão, Ramá, Beerote, ²⁶ E Mispá, Quefira, e Moza, ²⁷ Requém, Irpeel e Tarala, ²⁸ E Zela, Elefe, Jebus, que é Jerusalém, Gibeá, e Quiriate; catorze cidades com suas aldeias. Esta é a herança dos filhos de Benjamim, conforme suas famílias.

19

¹ A segunda porção saiu para Simeão, pela tribo dos filhos de Simeão conforme suas famílias; e sua herança foi entre a herança dos filhos de Judá. ² E tiveram em sua herdade a Berseba, Seba, e Moladá, ³ Hazar-Sual, Balá, e Azem, ⁴ Eltolade, Betul, e Hormá, ⁵ Ziclague, Bete-Marcabote, e Hazar-Susa, ⁶ Bete-Lebaote, e Saruém; treze cidades com suas aldeias: ⁷ Aim, Rimom, Eter, e Asã; quatro cidades com suas aldeias: ⁸ E todas as aldeias que estavam ao redor destas cidades até Baalate-Beer, que é Ramá do sul. Esta é a herança da tribo dos filhos de Simeão, segundo suas famílias. ⁹ Da porção dos filhos de Judá foi tirada a herança dos filhos de Simeão; porquanto a parte dos filhos de Judá era escessiva para eles: assim que os filhos de Simeão tiveram sua herança em meio da deles. ¹⁰ A terceira porção saiu pelos filhos de Zebulom conforme suas famílias: e o termo de sua herança foi até Saride. ¹¹ E seu termo sobe até o mar e até Maralá, e chega até Dabesete, e dali chega ao ribeiro que está diante de Jocneão. ¹² E tornando de Saride até oriente, o oriente ao termo de Quislote-Tabor, sai a Daberate, e sobe a Jafia; ¹³ E passando dali até o lado oriental a Gate-Hefer e a Ete-Cazim, sai a Rimom rodeando a Neá; ¹⁴ E daqui torna este termo ao norte a Hanatom, vindo a sair ao vale de Iftá-El; ¹⁵ E engloba Catate, e Naalal, e Sinrom, e Idala, e Belém; doze cidades com suas aldeias. ¹⁶ Esta é a herdade dos filhos de Zebulom por suas famílias; estas cidades com suas aldeias. ¹⁷ A quarta porção saiu para Issacar, pelos filhos de Issacar conforme suas famílias. ¹⁸ E foi seu termo Jezreel, e Quesulote, e Suném, ¹⁹ E Hafaraim, e Siom, e Anaarate, ²⁰ E Rabite, e Quisiom, e Ebes, ²¹ E Remete, e En-Ganim, e En-Hadá e Bete-Pazez; ²² E chega este termo até Tabor, e Saazima, e Bete-Semes; e sai seu termo ao Jordão: dezesseis cidades com suas aldeias. ²³ Esta é a herança da tribo dos filhos de Issacar

conforme suas famílias; estas cidades com suas aldeias. ²⁴ E saiu a quinta porção pela tribo dos filhos de Aser por suas famílias. ²⁵ E seu termo foi Helcate, e Hali, e Béten, e Acsafe, ²⁶ E Alameleque, e Amade, e Misal; e chega até Carmelo ao ocidente, e a Sior-Libnate; ²⁷ E tornando do oriente a Bete-Dagom, chega a Zebulom, e ao vale de Iftá-El ao norte, a Bete-Emeque, e a Neiel, e sai a Cabul à esquerda; ²⁸ E engloba a Hebrom, e Reobe, e Hamom, e Caná, até a grande Sidom; ²⁹ E torna dali este termo a Hormá, e até a forte cidade de Tiro, e torna este termo a Hosa, e sai ao mar desde o território de Aczibe: ³⁰ Engloba também Umá, e Afeque, e Reobe: vinte e duas cidades com suas aldeias. ³¹ Esta é a herança da tribo dos filhos de Aser por suas famílias; estas cidades com suas aldeias. ³² A sexta porção saiu para os filhos de Naftali, pelos filhos de Naftali conforme suas famílias. ³³ E foi seu termo desde Helefe, e Alom-Zaanim, e Adami-Neguebe, e Jabneel, até Lacum; e sai ao Jordão; ³⁴ E tornando dali este termo até o ocidente a Aznote-Tabor, passa dali a Hucoque, e chega até Zebulom ao sul, e ao ocidente confina com Aser, e com Judá ao Jordão até o oriente. ³⁵ E as cidades fortes são Zidim, Zer, e Hamate, Racate, e Quinerete, ³⁶ E Adama, e Ramá, e Hazor, ³⁷ E Quedes, e Edrei, e En-Hazor, ³⁸ E Irom, e Migdal-Ele, e Horém, e Bete-Anate, e Bete-Semes: dezenove cidades com suas aldeias. ³⁹ Esta é a herança da tribo dos filhos de Naftali por suas famílias; estas cidades com suas aldeias. ⁴⁰ A sétima porção saiu para a tribo dos filhos de Dã por suas famílias. ⁴¹ E foi o termo de sua herança, Zorá, e Estaol, e Ir-Semes, ⁴² E Saalabim, e Aijalom, e Itla, ⁴³ E Elom, e Timna, e Ecrom, ⁴⁴ E Elteque, Gibetom, e Baalate, ⁴⁵ E Jeúde, e Bene-Beraque, e Gate-Rimom, ⁴⁶ E Me-Jarcom, e Racom, com o termo que está diante de Jope. ⁴⁷ E faltou-lhes termo aos filhos de Dã; e subiram os filhos de Dã e combateram a Lesém, e tomando-a feriram-na a fio de espada, e a possuíram, e habitaram nela; e chamaram a Lesém, Dã, do nome de Dã seu pai. ⁴⁸ Esta é a herança da tribo dos filhos de Dã conforme suas famílias; estas cidades com suas aldeias. ⁴⁹ E depois que acabaram de repartir a terra em herança por seus termos, deram os filhos de Israel herança a Josué filho de Num em meio deles: ⁵⁰ Segundo a palavra do SENHOR, lhe deram a cidade que ele pediu, Timnate-Heres, no monte de Efraim; e ele reedificou a cidade, e habitou nela. ⁵¹ Estas são as propriedades que Eleazar sacerdote, e Josué filho de Num, e os principais dos pais, entregaram por sorte em possessão às tribos dos filhos de Israel em Siló diante do SENHOR, à entrada do tabernáculo do testemunho; e acabaram de repartir a terra.

20

¹ E falou o SENHOR a Josué, dizendo: ² Fala aos filhos de Israel, dizendo: Assinalai-vos as cidades de refúgio, das quais eu vos falei por Moisés; ³ Para que se acolha ali o homicida que matar a alguém por acidente e não de propósito; que vos sejam por refúgio do vingador do morto. ⁴ E o que se refugiar a alguma daquelas cidades se apresentará à porta da cidade, e dirá suas causas, ouvindo-o os anciãos daquela cidade: e eles o receberão consigo dentro da cidade, e lhe darão lugar que habite com eles. ⁵ E quando o vingador do morto o seguir, não entregarão em sua mão ao homicida, porquanto feriu a seu próximo por acidente, nem teve com ele antes inimizade. ⁶ E ficará naquela cidade até que compareça em juízo diante do ajuntamento, até a morte do grande sacerdote que for naquele tempo: então o homicida voltará e virá à sua cidade e à sua casa e à cidade de onde fugiu. ⁷ Então assinalaram a Quedes na Galileia, no monte de Naftali, e a Siquém no monte de Efraim, e a Quiriate-Arba, que é Hebrom, no monte de Judá. ⁸ E da outra parte do Jordão de Jericó, ao oriente, assinalaram a Bezer no deserto, na planície da tribo de Rúben, e a Ramote em Gileade da tribo de Gade, e a Golã em Basã da tribo de

Manassés. 9 Estas foram as cidades assinaladas para todos os filhos de Israel, e para o estrangeiro que morasse entre eles, para que se acolhesse a elas qualquer um que ferisse pessoa por acidente, e não morresse por meio do vingador do morto, até que comparecesse diante do ajuntamento.

21

1 E os principais dos pais dos levitas vieram a Eleazar sacerdote, e a Josué filho de Num, e aos principais dos pais das tribos dos filhos de Israel; 2 E falaram-lhes em Siló na terra de Canaã, dizendo: O SENHOR mandou por Moisés que nos fossem dadas vilas para habitar, com seus campos para nossos animais. 3 Então os filhos de Israel deram aos levitas de suas possessões, conforme a palavra do SENHOR, estas vilas com seus campos. 4 E saiu a sorte para as famílias dos coatitas; e foram dadas por porção aos filhos de Arão sacerdote, que eram dos levitas, pela tribo de Judá, pela de Simeão e pela de Benjamim, treze vilas. 5 E aos outros filhos de Coate se deram por porção dez vilas das famílias da tribo de Efraim, e da tribo de Dã, e da meia tribo de Manassés; 6 E aos filhos de Gérson, pelas famílias da tribo de Issacar, e da tribo de Aser, e da tribo de Naftali, e da meia tribo de Manassés em Basã, foram dadas por porção treze vilas. 7 Aos filhos de Merari por suas famílias se deram doze vilas pela tribo de Rúben, e pela tribo de Gade, e pela tribo de Zebulom. 8 E assim deram por sorte os filhos de Israel aos levitas estas vilas com seus campos, como o SENHOR o havia mandado por Moisés. 9 E da tribo dos filhos de Judá, e da tribo dos filhos de Simeão deram estas vilas que foram nomeadas: 10 E a primeira porção foi dos filhos de Arão, da família de Coate, dos filhos de Levi; 11 Aos quais deram Quiriate-Arba, do pai de Anaque, a qual é Hebrom, no monte de Judá, com seus campos em seus entornos. 12 Mas o campo desta cidade e suas aldeias deram a Calebe filho de Jefoné, por sua possessão. 13 E aos filhos de Arão, o sacerdote, deram a cidade de refúgio para os homicidas, a Hebrom com seus campos; e a Libna com seus campos, 14 E a Jatir com seus campos, e a Estemoa com seus campos, 15 A Holom com seus campos, e a Debir com seus campos, 16 A Aim com seus campos, a Jutá com seus campos, e a Bete-Semes com seus campos; nove vilas destas duas tribos: 17 E da tribo de Benjamim, a Gibeom com seus campos, a Geba com seus campos, 18 A Anatote com seus campos, a Almom com seus campos: quatro vilas. 19 Todas as vilas dos sacerdotes, filhos de Arão, são treze com seus campos. 20 Mas as famílias dos filhos de Coate, levitas, os que restavam dos filhos de Coate, receberam por porção vilas da tribo de Efraim. 21 E deram-lhes a Siquém, vila de refúgio para os homicidas, com seus campos, no monte de Efraim; e a Gezer com seus campos. 22 E a Quibzaim com seus campos, e a Bete-Horom com seus campos: quatro vilas: 23 E da tribo de Dã a Elteque com seus campos, a Gibetom com seus campos, 24 A Aijalom com seus campos, a Gate-Rimom com seus campos: quatro vilas: 25 E da meia tribo de Manassés, a Taanaque com seus campos, e a Gate-Rimom com seus campos: duas vilas. 26 Todas as vilas para o resto das famílias dos filhos de Coate foram dez com seus campos. 27 Aos filhos de Gérson das famílias dos levitas, deram a vila de refúgio para os homicidas, da meia tribo de Manassés: a Golã em Basã com seus campos, e a Beesterá com seus campos: duas vilas. 28 E da tribo de Issacar, a Quisiom com seus campos, a Daberate com seus campos, 29 A Jarmute com seus campos, e a En-Ganim com seus campos: quatro vilas: 30 E da tribo de Aser, a Misal com seus campos, a Abdom com seus campos, 31 A Helcate com seus campos, e a Reobe com seus campos: quatro vilas: 32 E da tribo de Naftali, a vila de refúgio para os homicidas, a Quedes na Galileia com seus campos, a Hamote-Dor com seus campos, e a Cartã com seus campos: três vilas: 33 Todas as vilas dos gersonitas por suas famílias foram treze vilas com seus campos. 34 E às famílias dos filhos de Merari,

levitas que restavam, deu-se a eles da tribo de Zebulom, a Jocneão com seus campos, Cartá com seus campos, ³⁵ Dimna com seus campos, Naalal com seus campos: quatro vilas: ³⁶ E da tribo de Rúben, a Bezer com seus campos, a Jaza com seus campos, ³⁷ A Quedemote com seus campos, e Mefaate com seus campos: quatro vilas: ³⁸ Da tribo de Gade, a vila de refúgio para os homicidas, Ramote em Gileade com seus campos, e Maanaim com seus campos, ³⁹ Hesbom com seus campos, e Jazer com seus campos: quatro vilas. ⁴⁰ Todas as vilas dos filhos de Merari por suas famílias, que restavam das famílias dos levitas, foram por suas porções doze vilas. ⁴¹ E todas as vilas dos levitas em meio da possessão dos filhos de Israel, foram quarenta e oito vilas com seus campos. ⁴² E estas cidades estavam separadas a uma da outra cada qual com seus campos ao redor delas: o qual foi em todas estas cidades. ⁴³ Assim deu o SENHOR a Israel toda a terra que havia jurado dar a seus pais; e possuíram-na, e habitaram nela. ⁴⁴ E o SENHOR lhes deu repouso ao redor, conforme todo o que havia jurado a seus pais: e nenhum de todos os inimigos lhes parou diante, mas sim que o SENHOR entregou em suas mãos a todos os seus inimigos. ⁴⁵ Não faltou palavra de todas as boas coisas que o SENHOR falou à casa de Israel; tudo se cumpriu.

22

¹ Então Josué chamou aos rubenitas e aos gaditas, e à meia tribo de Manassés, ² E disse-lhes: Vós guardastes tudo o que Moisés servo do SENHOR vos mandou, e obedecestes à minha voz ao todo o que vos mandei. ³ Não deixastes a vossos irmãos nestes muitos dias até hoje, antes guardastes a observância dos mandamentos do SENHOR vosso Deus. ⁴ Agora, pois, que o SENHOR vosso Deus deu repouso a vossos irmãos, como se o havia prometido, voltai, e voltai a vossas tendas, à terra de vossas possessões, que Moisés servo do SENHOR vos deu da outra parte do Jordão. ⁵ Somente que com diligência cuideis de pôr por obra o mandamento e a lei, que Moisés servo do SENHOR vos intimou: que ameis ao SENHOR vosso Deus, e andeis em todos os seus caminhos; que guardeis seus mandamentos, e vos achegueis a ele, e lhe sirvais de todo o vosso coração e de toda a vossa alma. ⁶ E abençoando-os Josué, os enviou: e foram-se a suas tendas. ⁷ Também à meia tribo de Manassés havia dado Moisés possessão em Basã; mas à outra meia deu Josué herança entre seus irmãos da outra parte do Jordão ao ocidente: e também a estes enviou Josué a suas tendas, depois de havê-los abençoado. ⁸ E falou-lhes, dizendo: Voltai-vos a vossas tendas com grandes riquezas, e com grande quantidade de gado, com prata, e com ouro, e bronze, e muitas vestes: reparti com vossos irmãos o despojo de vossos inimigos. ⁹ E os filhos de Rúben e os filhos de Gade, e a meia tribo de Manassés, se voltaram, e partiram-se dos filhos de Israel, de Siló, que está na terra de Canaã, para ir à terra de Gileade, à terra de suas possessões, da qual eram possuidores, segundo a palavra do SENHOR por meio de Moisés. ¹⁰ E chegando aos termos do Jordão, que está na terra de Canaã, os filhos de Rúben e os filhos de Gade, e a meia tribo de Manassés, edificaram ali um altar junto ao Jordão, um altar de grande aparência. ¹¹ E os filhos de Israel ouviram dizer como os filhos de Rúben e os filhos de Gade, e a meia tribo de Manassés, haviam edificado um altar diante da terra de Canaã, nos termos do Jordão, à passagem dos filhos de Israel: ¹² O qual quando os filhos de Israel ouviram, juntou-se toda a congregação dos filhos de Israel em Siló, para subir a lutar contra eles. ¹³ E enviaram os filhos de Israel aos filhos de Rúben e aos filhos de Gade e à meia tribo de Manassés na terra de Gileade, a Fineias filho de Eleazar sacerdote, ¹⁴ E a dez príncipes com ele; um príncipe de cada casa paterna de todas as tribos de Israel, cada um dos quais era chefe de família de seus pais na multidão de Israel. ¹⁵ Os quais vieram aos filhos de Rúben e aos filhos de Gade, e à meia tribo de Manassés, na terra de Gileade; e

falaram-lhes, dizendo: ¹⁶ Toda a congregação do SENHOR diz assim: Que transgressão é esta com que cometestes contra o Deus de Israel, deixando hoje de perseguir ao SENHOR, edificando para vós altar para ser hoje rebeldes contra o SENHOR? ¹⁷ Foi-nos pouca a maldade de Peor, da qual não estamos ainda limpos até hoje, pela qual foi a mortandade na congregação do SENHOR? ¹⁸ E vós vos desviais hoje de perseguir ao SENHOR; mas será que vós vos rebelareis hoje contra o SENHOR, e amanhã se irará ele contra toda a congregação de Israel. ¹⁹ Que se vos parece que a terra de vossa possessão é imunda, passai-vos à terra da possessão do SENHOR, na qual está o tabernáculo do SENHOR, e tomai possessão entre nós; mas não vos rebeleis contra o SENHOR, nem vos rebeleis contra nós, edificando para vós um altar diferente do altar do SENHOR nosso Deus. ²⁰ Não cometeu Acã, filho de zerá, transgressão no anátema, e veio ira sobre toda a congregação de Israel? E aquele homem não pereceu sozinho em sua iniquidade. ²¹ Então os filhos de Rúben e os filhos de Gade, e a meia tribo de Manassés, responderam e disseram aos principais da multidão de Israel: ²² O Deus dos deuses, o SENHOR, o Deus dos deuses, o SENHOR, ele sabe, e Israel saberá; se é por rebelião ou por transgressão contra o SENHOR, não nos salves hoje, ²³ se edificamos para nós um altar para deixarmos de seguir o SENHOR, ou para sacrificar holocausto ou oferta de alimentos, ou para oferecer sobre ele sacrifícios pacíficos, que o próprio SENHOR nos castigue por isso. ²⁴ Porém o fizemos por temor disto, dizendo: Amanhã os vossos filhos dirão aos nossos filhos: Que tendes vós com o SENHOR, o Deus de Israel? ²⁵ O SENHOR pôs por termo o Jordão entre nós e vós, ó filhos de Rúben e filhos de Gade; vós não tendes parte no SENHOR; e assim os vossos filhos farão que nossos filhos não temam ao SENHOR. ²⁶ Por isso dissemos: Façamos agora para edificar-nos um altar, não para holocausto nem para sacrifício, ²⁷ Mas, sim, para que seja um testemunho entre nós e vós, e entre os que virão depois de nós, de que podemos exercer o serviço do SENHOR diante dele com nossos holocaustos, com nossos sacrifícios, e com as nossas ofertas pacíficas; e não digam amanhã vossos filhos aos nossos: Vós não tendes parte com o SENHOR. ²⁸ Nós, pois, dissemos: Se acontecer que tal digam a nós, ou a nossas gerações no porvir, então responderemos: Olhai a réplica do altar do SENHOR, o qual os nossos pais fizeram, não para holocaustos ou sacrifícios, mas, sim, para que fosse testemunho entre nós e vós. ²⁹ Nunca tal aconteça que nos rebelemos contra o SENHOR, ou que nos deixemos hoje de seguir ao SENHOR, edificando um altar para holocaustos, para ofertas de alimentos, ou para sacrifício, além do altar do SENHOR, nosso Deus, que está diante do seu tabernáculo. ³⁰ E ouvindo Fineias, o sacerdote, e os príncipes da congregação, e os chefes da multidão de Israel que com ele estavam, as palavras que falaram os filhos de Rúben e os filhos de Gade e os filhos de Manassés, satisfizeram-se com isso. ³¹ E disse Fineias, filho do sacerdote Eleazar, aos filhos de Rúben, aos filhos de Gade, e aos filhos de Manassés: Hoje temos entendido que o SENHOR está entre nós, pois não intentastes esta traição contra o SENHOR. Agora livrastes os filhos de Israel da mão do SENHOR. ³² E Fineias, filho do sacerdote Eleazar, e os príncipes, voltaram da presença dos filhos de Rúben, e da presença dos filhos de Gade, da terra de Gileade à terra de Canaã, aos filhos de Israel; e trouxeram-lhes a resposta. ³³ E o negócio pareceu bem aos filhos de Israel, e os filhos de Israel bendisseram a Deus; e não falaram mais de subir contra eles em guerra, para destruir a terra em que habitavam os filhos de Rúben e os filhos de Gade. ³⁴ E os filhos de Rúben e os filhos de Gade puseram por nome ao altar Ede; porque é testemunho entre nós que o SENHOR é Deus.

23

¹ E aconteceu, passados muitos dias depois que o SENHOR deu repouso a Israel de

todos os seus inimigos ao redor, que Josué, sendo velho, e cheio de dias, ² Chamou a todo Israel, a seus anciãos, a seus príncipes, a seus juízes e a seus oficiais, e disse-lhes: Eu sou já velho e cheio de dias: ³ E vós vistes tudo o que o SENHOR vosso Deus fez com todas estas nações em vossa presença; porque o SENHOR vosso Deus lutou por vós. ⁴ Eis que vos reparti por sorteio, em herança para vossas tribos, estas nações, tanto as destruídas como as que ficam, desde o Jordão até o grande mar até onde o sol se põe. ⁵ E o SENHOR vosso Deus as expulsará de diante de vós, e as lançará de vossa presença: e vós possuireis suas terras, como o SENHOR vosso Deus vos disse. ⁶ Esforçai-vos, pois, muito a guardar e fazer tudo o que está escrito no livro da lei de Moisés, sem apartar-vos dele nem à direita nem à esquerda; ⁷ Que quando entrardes a estas nações que restaram convosco, não façais menção nem jureis pelo nome de seus deuses, nem os sirvais, nem vos inclineis a eles: ⁸ Mas ao SENHOR vosso Deus vos achegareis, como fizestes até hoje; ⁹ Pois o SENHOR expulsou diante de vós grandes e fortes nações, e até hoje ninguém há podido resistir diante de vosso rosto. ¹⁰ Um homem de vós perseguirá a mil: porque o SENHOR vosso Deus luta por vós, como ele vos disse. ¹¹ Portanto, cuidai muito por vossas almas, que ameis ao SENHOR vosso Deus. ¹² Porque se vos apartardes, e vos achegardes ao que resta daquelas nações que restaram convosco, e se estabelecerdes com elas matrimônios, e entrardes a elas, e elas a vós; ¹³ Sabei que o SENHOR vosso Deus não expulsará mais estas nações diante de vós; antes vos serão por laço, e por tropeço, e por açoite para vossos lados, e por espinhos para vossos olhos, até que pereçais desta boa terra que o SENHOR vosso Deus vos deu. ¹⁴ E eis que eu estou para entrar hoje pelo caminho de toda a terra: reconhecei, pois, com todo o vosso coração e com toda vossa alma, que não se perdeu uma palavra de todas a boas palavras que o SENHOR vosso Deus disse de vós; todas vieram até vós, nenhuma delas se perdeu. ¹⁵ Mas será, que quando veio sobre vós toda palavra boa que o SENHOR vosso Deus vos havia dito, assim também o SENHOR trará sobre vós toda palavra má, até destruir-vos de sobre a boa terra que o SENHOR vosso Deus vos deu; ¹⁶ Quando transgredirdes o pacto do SENHOR vosso Deus que ele vos mandou, indo e honrando deuses alheios, e inclinando-vos a eles. E o furor do SENHOR se inflamará contra vós, e logo perecereis desta boa terra que ele vos deu.

24

¹ E juntando Josué todas as tribos de Israel em Siquém, chamou aos anciãos de Israel, e a seus príncipes, a seus juízes, e a seus oficiais; e apresentaram-se diante de Deus. ² E disse Josué a todo o povo: Assim diz o SENHOR, Deus de Israel: Vossos pais habitaram antigamente da outra parte do rio, a saber, Terá, pai de Abraão e de Naor; e serviam a deuses estranhos. ³ E eu tomei a vosso pai Abraão da outra parte do rio, e trouxe-o por toda a terra de Canaã, e aumentei sua geração, e dei-lhe a Isaque. ⁴ E a Isaque dei a Jacó e a Esaú: e a Esaú dei o monte de Seir, que o possuísse: mas Jacó e seus filhos desceram ao Egito. ⁵ E eu enviei a Moisés e a Arão, e feri ao Egito, ao modo que o fiz em meio dele, e depois vos tirei. ⁶ E tirei a vossos pais do Egito: e quando chegaram ao mar, os egípcios seguiram a vossos pais até o mar Vermelho com carros e cavalaria. ⁷ E quando eles clamaram ao SENHOR, ele pôs escuridão entre vós e os egípcios, e fez vir sobre eles o mar, a qual os cobriu: e vossos olhos viram o que fiz em Egito. Depois estivestes muitos dias no deserto. ⁸ E vos introduzi na terra dos amorreus, que habitavam da outra parte do Jordão, os quais lutaram contra vós; mas eu os entreguei em vossas mãos, e possuístes sua terra, e os destruí de diante de vós. ⁹ E levantou-se depois Balaque filho de Zipor, rei dos moabitas, e lutou contra Israel; e mandou chamar a Balaão filho de Beor, para que vos amaldiçoasse. ¹⁰ Mas

eu não quis escutar a Balaão, antes vos abençoou repetidamente, e vos livre de suas mãos. [11] E passado o Jordão, viestes a Jericó; e os moradores de Jericó lutaram contra vós: os amorreus, perizeus, cananeus, heteus, girgaseus, heveus, e jebuseus: e eu os entreguei em vossas mãos. [12] E enviei vespas diante de vós, os quais os expulsaram de diante de vós, a saber, aos dois reis dos amorreus; não com tua espada, nem com teu arco. [13] E vos dei a terra pela qual nada trabalhastes, e as cidades que não edificastes, nas quais morais; e das vinhas e olivais que não plantastes, comeis. [14] Agora, pois, temei ao SENHOR, e servi-o com integridade e em verdade; e tirai do meio os deuses aos quais serviram vossos pais da outra parte do rio, e em Egito; e servi ao SENHOR. [15] E se mal vos parece servir ao SENHOR, escolhei hoje a quem sirvais; se aos deuses a os quais serviram vossos pais, quando estiveram da outra parte do rio, ou aos deuses dos amorreus em cuja terra habitais: que eu e minha casa serviremos ao SENHOR. [16] Então o povo respondeu, e disse: Nunca tal aconteça que deixemos ao SENHOR para servir a outros deuses: [17] Porque o SENHOR nosso Deus é o que tirou a nós e a nossos pais da terra do Egito, da casa de escravidão; o qual diante de nossos olhos fez estas grandes sinais, e nos guardou por todo o caminho por onde andamos, e em todos os povos por entre os quais passamos. [18] E o SENHOR expulsou de diante de nós a todos os povos, e aos amorreus que habitavam na terra: nós, pois, também serviremos ao SENHOR, porque ele é nosso Deus. [19] Então Josué disse ao povo: Não podereis servir ao SENHOR, porque ele é Deus santo, e Deus zeloso; não tolerará vossas rebeliões e vossos pecados. [20] Se deixardes ao SENHOR e servirdes a deuses alheios, se voltará, e vos maltratará, e vos consumirá, depois que vos fez bem. [21] O povo então disse a Josué: Não, antes ao SENHOR serviremos. [22] E Josué respondeu ao povo: Vós sois testemunhas contra vós mesmos, de que escolhestes para vós ao SENHOR para servir-lhe. E eles responderam: Testemunhas somos. [23] Tirai, pois, agora os deuses alheios que estão entre vós, e inclinai vosso coração ao SENHOR Deus de Israel. [24] E o povo respondeu a Josué: Ao SENHOR nosso Deus serviremos, e à sua voz obedeceremos. [25] Então Josué fez aliança com o povo o mesmo dia, e pôs-lhe ordenanças e leis em Siquém. [26] E escreveu Josué estas palavras no livro da lei de Deus; e tomando uma grande pedra, levantou-a ali debaixo de um carvalho que estava junto ao santuário do SENHOR. [27] E disse Josué a todo o povo: Eis que esta pedra será entre nós por testemunha, a qual ouviu todas as palavras do SENHOR que ele falou conosco: será, pois, testemunha contra vós, para que não mintais contra vosso Deus. [28] E enviou Josué ao povo, cada um à sua herança. [29] E depois destas coisas morreu Josué, filho de Num, servo do SENHOR sendo de cento e dez anos. [30] E enterraram-no no termo de sua possessão em Timnate-Sera, que está no monte de Efraim, ao norte do monte de Gaás. [31] E serviu Israel ao SENHOR todo o tempo de Josué, e todo o tempo dos anciãos que viveram depois de Josué, e que sabiam todas as obras do SENHOR, que havia feito por Israel. [32] E enterraram em Siquém os ossos de José que os filhos de Israel haviam trazido do Egito, na parte do campo que Jacó comprou dos filhos de Hamor, pai de Siquém, por cem peças de prata; e foi em possessão aos filhos de José. [33] Também morreu Eleazar, filho de Arão; ao qual enterraram no morro de Fineias seu filho, que lhe foi dado no monte de Efraim.

Livro dos Juízes

¹ E aconteceu depois da morte de Josué, que os filhos de Israel consultaram ao SENHOR, dizendo: Quem subirá por nós primeiro para lutar contra os cananeus? ² E o SENHOR respondeu: Judá subirá; eis que eu entreguei a terra em suas mãos. ³ E Judá disse a Simeão seu irmão: Sobe comigo à minha porção, e lutemos contra os cananeus, e eu também irei contigo à tua porção. E Simeão foi com ele. ⁴ E subiu Judá, e o SENHOR entregou em suas mãos aos cananeus e aos perizeus; e deles feriram em Bezeque dez mil homens. ⁵ E acharam a Adoni-Bezeque em Bezeque, e lutaram contra ele: e feriram aos cananeus e aos perizeus. ⁶ Mas Adoni-Bezeque fugiu; e seguiram-no, e prenderam-no, e cortaram-lhe os polegares das mãos e dos pés. ⁷ Então disse Adoni-Bezeque: Setenta reis, cortados os polegares de suas mãos e de seus pés, colhiam as migalhas debaixo de minha mesa: como eu fiz, assim Deus me pagou. E meteram-no em Jerusalém, de onde morreu. ⁸ E combateram os filhos de Judá a Jerusalém, e a tomaram, e puseram à espada, e puseram a fogo a cidade. ⁹ Depois os filhos de Judá desceram para lutar contra os cananeus que habitavam nas montanhas, e ao sul, e nas planícies. ¹⁰ E partiu Judá contra os cananeus que habitavam em Hebrom, a qual se chamava antes Quiriate-Arba; e feriram a Sesai, e a Aimã, e a Talmai. ¹¹ E dali foi aos que habitavam em Debir, que antes se chamava Quiriate-Sefer. ¹² E disse Calebe: O que ferir a Quiriate-Sefer, e a tomar, eu lhe darei a Acsa minha filha por mulher. ¹³ E tomou-a Otniel filho de Quenaz, irmão menor de Calebe: e ele lhe deu a Acsa sua filha por mulher. ¹⁴ E quando a levavam, persuadiu-lhe que pedisse a seu pai um campo. E ela desceu do asno, e Calebe lhe disse: Que tens? ¹⁵ Ela então lhe respondeu: Dá-me uma bênção: pois me deste terra de secura, que me dês também fontes de águas. Então Calebe lhe deu as fontes de acima e as fontes de abaixo. ¹⁶ E os filhos de queneu, sogro de Moisés, subiram da cidade das palmeiras com os filhos de Judá ao deserto de Judá, que está ao sul de Arade: e foram e habitaram com o povo. ¹⁷ E foi Judá ao seu irmão Simeão, e feriram aos cananeus que habitavam em Zefate, e assolaram-na: e puseram por nome à cidade, Hormá. ¹⁸ Tomou também Judá a Gaza com seu termo, e a Asquelom com seu termo, e a Ecrom com seu termo. ¹⁹ E o SENHOR foi com Judá, e expulsaram os das montanhas; mas não puderam expulsar os que habitavam nas planícies, os quais tinham carros de ferro. ²⁰ E deram Hebrom a Calebe, como Moisés havia dito: e ele expulsou dali três filhos de Anaque. ²¹ Mas aos jebuseus que habitavam em Jerusalém, não expulsaram os filhos de Benjamim, e tanto os jebuseus habitaram com os filhos de Benjamim em Jerusalém até hoje. ²² Também os da casa de José subiram a Betel; e o SENHOR foi com eles. ²³ E os da casa de José puseram espias em Betel, a qual cidade antes se chamava Luz. ²⁴ E os que espiavam viram um homem que saía da cidade, e disseram-lhe: Mostra-nos agora a entrada da cidade, e faremos contigo misericórdia. ²⁵ E ele lhes mostrou a entrada à cidade, e feriram-na a fio de espada; mas deixaram a aquele homem com toda sua família. ²⁶ E fosse o homem à terra dos heteus, e edificou uma cidade, à qual chamou Luz; e este é seu nome até hoje. ²⁷ Tampouco Manassés expulsou os de Bete-Seã, nem aos de suas aldeias, nem aos de Taanaque e suas aldeias, nem os de Dor e suas aldeias, nem os habitantes de Ibleão e suas aldeias, nem aos que habitavam em Megido e em suas aldeias; mas os cananeus quiseram habitar nessa terra. ²⁸ Porém quando Israel tomou forças fez aos cananeus tributários, mas não o expulsou. ²⁹ Também Efraim não expulsou os cananeus que habitavam em Gezer; antes habitaram os cananeus em meio deles em Gezer. ³⁰ Também Zebulom não expulsou aos que habitavam em

Quitrom e aos que habitavam em Naalol; mas os cananeus habitaram no meio dele, e lhe foram tributários. ³¹ Também Aser não expulsou aos que habitavam em Aco, e aos que habitavam em Sidom, Alabe, Aczibe, Helba, Afeque, e em Reobe; ³² em vez disso, Aser morou entre os cananeus que habitavam na terra; pois não os expulsou. ³³ Também Naftali não expulsou os que habitavam em Bete-Semes e os que habitavam em Bete-Anate, mas morou entre os cananeus que habitavam na terra; todavia, os moradores de Bete-Semes e os moradores de Bete-Anate foram-lhe tributários. ³⁴ Os amorreus pressionaram os filhos de Dã até as montanhas; pois não os permitiram descer ao vale. ³⁵ E os amorreus quiseram habitar no monte de Heres, em Aijalom e em Saalbim; mas a mão da tribo * de José foi mais forte, e os fizeram tributários. ³⁶ E o limite dos amorreus foi desde a subida de Acrabim, desde a rocha, e daí acima.

2

¹ E o anjo do SENHOR subiu de Gilgal a Boquim, e disse: "Eu vos tirei do Egito, e vos introduzi na terra da qual havia jurado a vossos pais; e disse: 'Não invalidarei jamais meu pacto convosco; ² contanto que vós não façais aliança com os moradores desta terra, cujos altares deveis derrubar'; mas vós não atendestes à minha voz: por que fizestes isto? ³ Por isso eu também disse: 'Não os expulsarei de diante de vós, mas serão vossos inimigos, e seus deuses vos serão uma armadilha' ". ⁴ E quando o anjo do SENHOR falou estas palavras a todos os filhos de Israel, o povo chorou em alta voz. ⁵ E chamaram por nome aquele lugar Boquim: e sacrificaram ali ao SENHOR. ⁶ Porque já Josué havia despedido ao povo, e os filhos de Israel se haviam ido cada um à sua herança para possuí-la. ⁷ E o povo havia servido ao SENHOR todo aquele tempo de Josué, e todo aquele tempo dos anciãos que viveram longos dias depois de Josué, os quais viram todas as grandes obras do SENHOR, que o havia feito por Israel. ⁸ E morreu Josué filho de Num, servo do SENHOR, sendo de cento e dez anos. ⁹ E enterraram-no no termo de sua herança em Timnate-Heres, no monte de Efraim, o norte do monte de Gaás. ¹⁰ E toda aquela geração foi também recolhida com seus pais. E levantou-se depois dela outra geração, que não conhecia o SENHOR, nem a obra que ele havia feito por Israel. ¹¹ E os filhos de Israel fizeram o que era mal aos olhos do SENHOR, e serviram aos baalins; ¹² E abandonaram o SENHOR, o Deus de seus pais, que os havia tirado da terra do Egito, e seguiram outros deuses, os deuses dos povos que estavam em seus arredores, aos quais adoraram, e provocaram à ira ao SENHOR. ¹³ Pois abandonaram o SENHOR, e adoraram a Baal e a Astarote. ¹⁴ Então a fúria do SENHOR se acendeu contra Israel, e os entregou nas mãos de saqueadores que os despojaram, e os vendeu nas mãos de seus inimigos ao redor; e não puderam mais resistir diante dos seus inimigos. ¹⁵ Por de onde quer que saíssem, a mão do SENHOR era contra eles para o mal, como o SENHOR havia dito, e como o SENHOR lhes havia jurado; assim estiveram em grande aflição. ¹⁶ Mas o SENHOR suscitou juízes que os livrassem da mão dos que os despojavam. ¹⁷ Mas também não ouviram aos seus juízes; em vez disso, prostituíram-se seguindo outros deuses, aos quais adoraram; desviaram-se depressa do caminho em que seus pais andaram, obedecendo aos mandamentos do SENHOR; porém eles não fizeram assim. ¹⁸ E quando o SENHOR lhes suscitava juízes, o SENHOR era com o juiz, e os livrava da mão dos inimigos todo aquele tempo daquele juiz, porque o SENHOR se arrependia pelo gemideles, por causa dos que os oprimiam e afligiam. ¹⁹ Mas acontecia que, quando o juiz morria, eles se voltavam para trás, e se corrompiam mais que seus pais, seguindo outros deuses para os adorarem e se inclinarem diante deles; e nada cessavam de suas obras, nem de seu teimoso caminho. ²⁰ Então a ira do SENHOR

---

* **1:35** lit. casa

se acendeu contra Israel, e disse: "Visto que este povo transgride o meu pacto que ordenei aos seus pais, e não dá ouvidos à minha voz, ²¹ eu também não expulsarei mais de diante deles a nenhuma das nações que Josué deixou quando morreu; ²² para que por elas eu provasse os israelitas, se guardariam o caminho do SENHOR andando por ele, como seus pais o guardaram, ou não. ²³ Por isso o SENHOR deixou aquelas nações, e não as tirou logo, nem as entregou nas mãos de Josué.

3

¹ Estas, pois, são as nações que o SENHOR deixou para provar com elas a Israel, a todos aqueles que não haviam conhecido todas as guerras de Canaã; ² Somente para que a linhagem dos filhos de Israel conhecesse, para ensiná-los na guerra, pelo menos aos que antes não a conheciam: ³ Cinco príncipes dos filisteus, e todos os cananeus, e os sidônios, e os heveus que habitavam no monte Líbano: desde o monte de Baal-Hermom até chegar a Hamate. ⁴ Estes, pois, foram para provar por eles a Israel, para saber se obedeceriam aos mandamentos do SENHOR, que ele havia prescrito a seus pais por meio de Moisés. ⁵ Assim os filhos de Israel habitavam entre os cananeus, heteus, amorreus, perizeus, heveus, e jebuseus: ⁶ E tomaram de suas filhas por mulheres, e deram suas filhas aos filhos deles, e serviram a seus deuses. ⁷ Fizeram, pois, os filhos de Israel o mal aos olhos do SENHOR: e esquecidos do SENHOR seu Deus, serviram aos baalins, e aos ídolos dos bosques. ⁸ E a ira do SENHOR se acendeu contra Israel, e vendeu-os em mãos de Cusã-Risataim rei da Mesopotâmia; e serviram os filhos de Israel a Cusã-Risataim oito anos. ⁹ E clamaram os filhos de Israel ao SENHOR; e o SENHOR suscitou salvador aos filhos de Israel e livrou-os; é, a saber, a Otniel filho de Quenaz, irmão menor de Calebe. ¹⁰ E o espírito do SENHOR foi sobre ele, e julgou a Israel, e saiu à batalha, e o SENHOR entregou em sua mão a Cusã-Risataim, rei da Síria, e prevaleceu sua mão contra Cusã-Risataim. ¹¹ E repousou a terra quarenta anos; e morreu Otniel, filho de Quenaz. ¹² E voltaram os filhos de Israel a fazer o mal ante os olhos do SENHOR; e o SENHOR esforçou a Eglom rei de Moabe contra Israel, porquanto fizeram o mal ante os olhos do SENHOR. ¹³ E Juntou consigo aos filhos de Amom e de Amaleque, e foi, e feriu a Israel, e tomou a cidade das palmeiras. ¹⁴ E serviram os filhos de Israel a Eglom rei dos moabitas dezoito anos. ¹⁵ E clamaram os filhos de Israel ao SENHOR; e o SENHOR lhes suscitou salvador, a Eúde, filho de Gera, benjamita, o qual era canhoto. E os filhos de Israel enviaram com ele um presente a Eglom rei de Moabe. ¹⁶ E Eúde se havia feito um punhal de dois fios, de um côvado de comprimento; e cingiu-se com ele debaixo de suas roupas à seu lado direito. ¹⁷ E apresentou o presente a Eglom rei de Moabe; e era Eglom homem muito gordo. ¹⁸ E logo que apresentou o presente, despediu à gente que o havia trazido. ¹⁹ Mas ele se virou desde os ídolos que estão em Gilgal, e disse: Rei, uma palavra secreta tenho que dizer-te. Ele então disse: Cala. E sairam-se de com ele todos os que diante dele estavam. ²⁰ E chegou-se Eúde a ele, o qual estava sentado sozinho em uma sala de verão. E Eúde disse: Tenho palavra de Deus para ti. Ele então se levantou da cadeira. ²¹ Mas Eúde meteu sua mão esquerda, e tomou o punhal de seu lado direito, e meteu-o pelo ventre; ²² De tal maneira que a empunhadura entrou também atrás a lâmina, e a gordura encerrou a lâmina, que ele não tirou o punhal de seu ventre: e saiu dele fezes. ²³ E saindo Eúde ao pátio, fechou atrás si as portas da sala. ²⁴ E saído ele, vieram seus servos, os quais vendo as portas da sala fechadas, disseram: Sem dúvida ele está fazendo suas necessidades na sala de verão. ²⁵ E havendo esperado até estar confusos, pois que ele não abria as portas da sala, tomaram a chave e abriram: e eis que seu senhor caído em terra morto. ²⁶ Mas enquanto que eles se demoravam, Eúde se escapou, e passando os ídolos, salvou-se em Seirá. ²⁷ E quando entrou, tocou a

trombeta no monte de Efraim, e os filhos de Israel desceram com ele do monte, e ele ia adiante deles. [28] Então ele lhes disse: Segui-me, porque o SENHOR entregou vossos inimigos os moabitas em vossas mãos. E desceram atrás dele, e tomaram os vaus do Jordão a Moabe, e não deixaram passar a ninguém. [29] E naquele tempo feriram dos moabitas como dez mil homens, todos valentes e todos homens de guerra; não escapou homem. [30] Assim restou Moabe subjugado aquele dia sob a mão de Israel: e repousou a terra oitenta anos. [31] Depois deste foi Sangar filho de Anate, o qual feriu seiscentos homens dos filisteus com uma aguilhada de bois; e ele também salvou a Israel.

4

[1] Mas os filhos de Israel voltaram a fazer o mal aos olhos do SENHOR, depois da morte de Eúde. [2] E o SENHOR os vendeu em mão de Jabim rei de Canaã, o qual reinou em Hazor: e o capitão de seu exército se chamava Sísera, e ele habitava em Harosete das nações. [3] E os filhos de Israel clamaram ao SENHOR, porque aquele tinha novecentos carros de ferro: e havia afligido em grande maneira aos filhos de Israel por vinte anos. [4] E governava naquele tempo a Israel uma mulher, Débora, profetisa, mulher de Lapidote: [5] A qual se sentava debaixo da palmeira de Débora entre Ramá e Betel, no monte de Efraim: e os filhos de Israel subiam a ela a juízo. [6] E ela mandou chamar a Baraque filho de Abinoão, de Quedes de Naftali, e disse-lhe: Não te mandou o SENHOR Deus de Israel, dizendo: Vai, e ajunta gente no monte de Tabor, e toma contigo dez mil homens dos filhos de Naftali, e dos filhos de Zebulom: [7] E eu atrairei a ti ao ribeiro de Quisom a Sísera, capitão do exército de Jabim, com seus carros e seu exército, e o entregarei em tuas mãos? [8] E Baraque lhe respondeu: Se tu fores comigo, eu irei: mas se não fores comigo, não irei. [9] E ela disse: Irei contigo; mas não será tua honra no caminho que vais; porque por mão de mulher venderá o SENHOR a Sísera. E levantando-se Débora foi com Baraque a Quedes. [10] E juntou Baraque a Zebulom e a Naftali em Quedes, e subiu com dez mil homens a seu mando, e Débora subiu com ele. [11] E Héber queneu, dos filhos de Hobabe sogro de Moisés, havia se afastado dos queneus, e posto sua tenda até o vale de Zaanim, que está junto a Quedes. [12] Vieram, pois, as notícias a Sísera como Baraque filho de Abinoão havia subido ao monte de Tabor. [13] E reuniu Sísera todos os seus carros, novecentos carros de ferro, com todo o povo que com ele estava, desde Harosete das Nações até o ribeiro de Quisom. [14] Então Débora disse a Baraque: Levanta-te; porque este é o dia em que o SENHOR entregou a Sísera em tuas mãos: Não saiu o SENHOR diante de ti? E Baraque desceu do monte de Tabor, e dez mil homens atrás dele. [15] E o SENHOR derrotou a Sísera, e a todos os seus carros e a todo seu exército, a fio de espada diante de Baraque: e Sísera desceu do carro, e fugiu a pé. [16] Mas Baraque seguiu os carros e o exército até Harosete das Nações, e todo aquele exército de Sísera caiu a fio de espada até não restar nenhum. [17] E Sísera se refugiou a pé à tenda de Jael mulher de Héber queneu; porque havia paz entre Jabim rei de Hazor e a casa de Héber queneu. [18] E saindo Jael a receber a Sísera, disse-lhe: Vem, senhor meu, vem a mim, não tenhas medo. E ele veio a ela à tenda, e ela lhe cobriu com uma manta. [19] E ele lhe disse: Rogo-te me dês a beber um pouco de água, que tenho sede. E ela abriu um odre de leite e deu-lhe de beber, e voltou-lhe a cobrir. [20] E ele lhe disse: Fica-te à porta da tenda, e se alguém vier, e te perguntar, dizendo: Há aqui alguém? Tu responderás que não. [21] E Jael, mulher de Héber, tomou uma estaca da tenda, e pondo uma marreta em sua mão, veio a ele caladamente, e meteu-lhe a estaca pela têmpora, e encravou-o na terra, pois ele estava carregado de sono e cansado; e assim morreu. [22] E seguindo Baraque a Sísera, Jael saiu a recebê-lo, e

disse-lhe: Vem, e te mostrarei ao homem que tu buscas. E ele entrou de onde ela estava, e eis que Sísera jazia morto com a estaca pela têmpora. ²³ Assim abateu Deus aquele dia a Jabim, rei de Canaã, diante dos filhos de Israel. ²⁴ E a mão dos filhos de Israel começou a crescer e a fortificar-se contra Jabim rei de Canaã, até que o destruíram.

5

¹ E aquele dia cantou Débora, com Baraque, filho de Abinoão, dizendo: ² Porque vingou as injúrias de Israel, Porque o povo se ofereceu de sua vontade, Louvai ao SENHOR. ³ Ouvi, reis; estai atentos, ó príncipes: Eu cantarei ao SENHOR, Cantarei salmos ao SENHOR Deus de Israel. ⁴ Quando saíste de Seir, ó SENHOR, Quando te apartaste do campo de Edom, A terra tremeu, e os céus destilaram, E as nuvens gotejaram águas. ⁵ Os montes se derreteram diante do SENHOR, Até o Sinai, diante do SENHOR Deus de Israel. ⁶ Em os dias de Sangar filho de Anate, Em os dias de Jael, cessaram os caminhos, E os que andavam pelas sendas apartavam-se por veredas torcidas. ⁷ As aldeias haviam cessado em Israel, haviam decaído; Até que eu Débora me levantei, Me levantei mãe em Israel. ⁸ Em escolhendo novos deuses, A guerra estava às portas: Se via escudo ou lança Entre quarenta mil em Israel? ⁹ Meu coração está pelos líderes de Israel, Os que com boa vontade se ofereceram entre o povo: Louvai ao SENHOR. ¹⁰ Vós os que cavalgais em asnas brancas, Os que presidis em juízo, E vós os que viajais, falai. ¹¹ Longe do ruído dos arqueiros, nos bebedouros, Ali repetirão as justiças do SENHOR, As justiças de suas vilas em Israel; Então o povo do SENHOR desceu às portas. ¹² Desperta, desperta, Débora; Desperta, desperta, profere um cântico. Levanta-te, Baraque, e leva teus cativos, filho de Abinoão. ¹³ Então fez que o que restou do povo, senhoreie aos poderosos: o SENHOR me fez senhorear sobre os fortes. ¹⁴ De Efraim saiu sua raiz contra Amaleque, Depois ti, Benjamim, contra teus povos; De Maquir desceram príncipes, E de Zebulom os que costumavam manejar vara de oficial. ¹⁵ Príncipes também de Issacar foram com Débora; E como Issacar, também Baraque Se pôs a pé no vale. Das divisões de Rúben houve grandes impressões do coração. ¹⁶ Por que te restaste entre os currais, Para ouvir os balidos dos rebanhos? Das divisões de Rúben Grandes foram os questionamentos do coração. ¹⁷ Gileade se restou da outra parte do Jordão: E Dã por que se esteve junto aos navios? Manteve-se Aser à beira do mar, E ficou em seus portos. ¹⁸ O povo de Zebulom expôs sua vida à morte, E Naftali nas alturas do campo. ¹⁹ Vieram reis e lutaram: Então lutaram os reis de Canaã Em Taanaque, junto às águas de Megido, Mas não levaram despojo algum de dinheiro. ²⁰ Dos céus lutaram: As estrelas desde suas órbitas lutaram contra Sísera. ²¹ Varreu-os o ribeiro de Quisom, O antigo ribeiro, o ribeiro de Quisom. Pisaste, ó alma minha, com força. ²² Espancaram-se então os cascos dos cavalos pelas arremetidas, pelos galopes de seus fortes cavalos. ²³ Amaldiçoai a Meroz, disse o anjo do SENHOR: Amaldiçoai severamente a seus moradores, Porque não vieram em socorro ao SENHOR, Em socorro ao SENHOR contra os fortes. ²⁴ Bendita seja entre as mulheres Jael, Mulher de Héber queneu; Sobre as mulheres bendita seja na tenda. ²⁵ Ele pediu água, e deu-lhe ela leite; Em taça de nobres lhe apresentou manteiga. ²⁶ Sua mão estendeu à estaca, E sua direita a marreta de trabalhadores; E golpeou a Sísera, feriu sua cabeça, esmagou e atravessou suas têmporas. ²⁷ Caiu encurvado entre seus pés, ficou estendido: Entre seus pés caiu encurvado; Onde se encurvou, ali caiu morto. ²⁸ A mãe de Sísera olha à janela, E por entre as grades a vozes disse: Por que se detém seu carro, que não vem? Por que as rodas de seus carros se tardam? ²⁹ As mais avisadas de suas damas lhe respondiam; E ainda ela se respondia a si mesma. ³⁰ Não acharam despojos, e os

estão repartindo? A cada um uma moça, ou duas: Os despojos de cores para Sísera, Os despojos bordados de cores: A roupa de cor bordada de ambos os lados, para os pescoços dos que tomaram os despojos. [31] Assim pereçam todos os teus inimigos, ó SENHOR: Mas os que lhe amam, sejam como o sol quando nasce em sua força. E a terra repousou quarenta anos.

6

[1] Mas os filhos de Israel fizeram o mal aos olhos do SENHOR; e o SENHOR os entregou nas mãos de Midiã por sete anos. [2] E a mão de Midiã prevaleceu contra Israel. E os filhos de Israel, por causa dos midianitas, se fizeram covas nos montes, e cavernas, e lugares fortes. [3] Pois quando os de Israel haviam semeado, subiam os midianitas, e amalequitas, e os orientais: subiam contra eles; [4] E assentando acampamento contra eles destruíam os frutos da terra, até chegar a Gaza; e não deixavam o que comer em Israel, nem ovelhas, nem bois, nem asnos. [5] Porque subiam eles e seus gados, e vinham com suas tendas em grande multidão como gafanhotos, que não havia número neles nem em seus camelos: assim vinham à terra para devastá-la. [6] Era, pois, Israel em grande maneira empobrecido pelos midianitas; e os filhos de Israel clamaram ao SENHOR. [7] E quando os filhos de Israel clamaram ao SENHOR, por causa dos midianitas, [8] O SENHOR enviou um homem profeta aos filhos de Israel, o qual lhes disse: Assim disse o SENHOR Deus de Israel: Eu vos fiz sair do Egito, e vos tirei da casa de servidão: [9] Eu vos livrei da mão dos egípcios, e da mão de todos os que vos afligiram, aos quais expulsei de diante de vós, e vos dei sua terra; [10] E disse-vos: Eu sou o SENHOR vosso Deus; não temais aos deuses dos amorreus, em cuja terra habitais; mas não obedecestes à minha voz. [11] E veio o anjo do SENHOR, e sentou-se debaixo do carvalho que está em Ofra, o qual era de Joás abiezrita; e seu filho Gideão estava malhando o trigo na prensa de uvas, para fazê-lo esconder dos midianitas. [12] E o anjo do SENHOR se lhe apareceu, e disse-lhe: O SENHOR é contigo, homem esforçado. [13] E Gideão lhe respondeu: Ah, Senhor meu, se o SENHOR é conosco, por que nos sobreveio tudo isto? E onde estão todas suas maravilhas, que nossos pais nos contaram, dizendo: Não nos tirou o SENHOR do Egito? E agora o SENHOR nos desamparou, e nos entregou nas mãos dos midianitas. [14] E olhando-lhe o SENHOR, disse-lhe: Vai com esta tua força, e salvarás a Israel da mão dos midianitas. Não te envio eu? [15] Então lhe respondeu: Ah, Senhor meu, com que tenho de salvar a Israel? Eis que minha família é pobre em Manassés, e eu o menor na casa de meu pai. [16] E o SENHOR lhe disse: Porque eu serei contigo, e ferirás aos midianitas como a um só homem. [17] E ele respondeu: Eu te rogo que, se achei favor diante de ti, me dês sinal de que tu falaste comigo. [18] Rogo-te que não te vás daqui, até que eu volte a ti, e traga a minha oferta, e a ponha diante de ti. E ele respondeu: Eu esperarei até que voltes. [19] E entrando-se Gideão preparou um cabrito, e pães sem levedura de um efa de farinha; e pôs a carne em um cesto, e o caldo em uma caçarola, e tirando-o apresentou-lhe debaixo daquele carvalho. [20] E o anjo de Deus lhe disse: Toma a carne, e os pães sem levedura, e põe-o sobre esta penha, e derrama o caldo. E ele o fez assim. [21] E estendendo o anjo do SENHOR o bordão que tinha em sua mão, tocou com a ponta na carne e nos pães sem levedura; e subiu fogo da penha, o qual consumiu a carne e os pães sem levedura. E o anjo do SENHOR desapareceu de diante dele. [22] E vendo Gideão que era o anjo do SENHOR, disse: Ah, Senhor DEUS, que vi o anjo do SENHOR face a face. [23] E o SENHOR lhe disse: Paz seja contigo; não tenhas medo, não morrerás. [24] E edificou ali Gideão altar ao SENHOR, ao que chamou O SENHOR é paz: está até hoje em Ofra dos abiezritas. [25] E aconteceu que a mesma noite lhe disse o SENHOR: Toma um touro do rebanho de teu pai, e outro

touro de sete anos, e derruba o altar de Baal que teu pai tem, e corta também o bosque que está junto a ele: 26 E edifica altar ao SENHOR teu Deus no cume deste penhasco em lugar conveniente; e tomando o segundo touro, sacrifica-o em holocausto sobre a lenha do bosque que haverás cortado. 27 Então Gideão tomou dez homens de seus servos, e fez como o SENHOR lhe disse. Mas temendo fazê-lo de dia, pela família de seu pai e pelos homens da cidade, o fez de noite. 28 E à manhã, quando os da cidade se levantaram, eis que o altar de Baal estava derrubado, e cortado o bosque que junto a ele estava, e sacrificado aquele segundo touro em holocausto sobre o altar edificado. 29 E diziam-se uns aos outros: Quem fez isto? E buscando e investigando, disseram-lhes: Gideão filho de Joás o fez. Então os homens da cidade disseram a Joás: 30 Tira fora teu filho para que morra, porquanto derrubou o altar de Baal e cortou o bosque que junto a ele estava. 31 E Joás respondeu a todos os que estavam junto a ele: Tomareis vós a demanda por Baal? Vós o salvareis? Qualquer um que tomar a demanda por ele, que morra amanhã. Se é Deus, contenda por si mesmo com o que derrubou seu altar. 32 E aquele dia ele chamou a Gideão Jerubaal; porque disse: Pleiteie Baal contra o que derrubou seu altar. 33 E todos os midianitas, e amalequitas, e orientais, se juntaram de uma vez, e passando assentaram acampamento no vale de Jezreel. 34 E o espírito do SENHOR se investiu em Gideão, e quando este tocou a a trombeta, Abiezer se juntou com ele. 35 E enviou mensageiros por todo Manassés, o qual também se juntou com ele: também enviou mensageiros a Aser, e a Zebulom, e a Naftali, os quais saíram a encontrar-lhes. 36 E Gideão disse a Deus: Se hás de salvar a Israel por minha mão, como disseste, 37 Eis que eu porei um velo de lã na era; e se o orvalho estiver no velo somente, restando seca toda a outra terra, então entenderei que hás de salvar a Israel por minha mão, como o disseste. 38 E aconteceu assim: porque quando se levantou de manhã, espremendo o velo tirou dele o orvalho, um vaso cheio de água. 39 Mas Gideão disse a Deus: Não se acenda tua ira contra mim, se ainda falar esta vez: somente provarei agora outra vez com o velo. Rogo-te que a secura seja somente no velo, e o orvalho sobre a terra. 40 E aquela noite o fez Deus assim: porque a secura foi somente no velo, e em toda a terra esteve o orvalho.

7

1 Levantando-se, pois, de manhã Jerubaal, o qual é Gideão, e todo aquele povo que estava com ele, assentaram o acampamento junto à fonte de Harode: e tinha o acampamento dos midianitas ao norte, da outra parte do morro de Moré, no vale. 2 E o SENHOR disse a Gideão: O povo que está contigo é muito para que eu dê aos midianitas em sua mão: para que não se glorie Israel contra mim, dizendo: Minha mão me salvou. 3 Agora, pois, proclama aos ouvidos do povo, dizendo: Aquele que teme e se estremece, volte e retire-se do monte de Gileade. E do povo voltaram vinte e dois mil; e restaram dez mil. 4 E o SENHOR disse a Gideão: Ainda é muito o povo; leva-os às águas, e ali eu te os provarei; e do que eu te disser: Vá este contigo, vá contigo: mas de qualquer um que eu te disser: Este não vá contigo, o tal não vá. 5 Então levou o povo às águas: e o SENHOR disse a Gideão: Qualquer um que lamber as águas com sua língua como lambe o cão, aquele porás à parte; também qualquer um que se dobrar sobre seus joelhos para beber. 6 E foi o número dos que lamberam as águas, achegando-a com a mão à boca, trezentos homens: e todo aquele resto do povo se dobrou sobre seus joelhos para beber as águas. 7 Então o SENHOR disse a Gideão: Com estes trezentos homens que lamberam o água vos salvarei, e entregarei aos midianitas em tuas mãos; e vá-se todo o resto do povo cada um a seu lugar. 8 Depois de tomarem a provisão do povo e suas trombetas, ele enviou todos os israelitas cada um a sua tenda, mas manteve aqueles trezentos homens; e o campo

de Midiã estava no vale abaixo dele. ⁹ E aconteceu que aquela noite o SENHOR lhe disse: Levanta-te, e desce ao acampamento; porque eu o entreguei em tuas mãos. ¹⁰ E se temes descer para atacar, desce apenas tu e o teu servo Pura ao acampamento, ¹¹ e ouvirás o que falam; e então tuas mãos se fortalecerão, e descerás para atacar o acampamento. E ele desceu com o seu servo Pura à extremidade dos homens armados que estavam no acampamento. ¹² E Midiã, e Amaleque, e todos os orientais, estavam estendidos no vale como gafanhotos em multidão, e seus camelos eram inúmeros, como a areia que está à beira do mar em multidão. ¹³ E logo que chegou Gideão, eis que um homem estava contando a seu companheiro um sonho, dizendo: Eis que eu sonhei um sonho: que via um pão de cevada que rodava até o acampamento de Midiã, e chegava às tendas, e as feria de tal maneira que caíam, e as virava de cima abaixo, e as tendas caíam. ¹⁴ E seu companheiro respondeu, e disse: Isto não é outra coisa a não ser a espada de Gideão filho de Joás, homem de Israel: Deus entregou em suas mãos aos midianitas com todo o acampamento. ¹⁵ E quando Gideão ouviu a história do sonho e sua interpretação, adorou; e voltado ao acampamento de Israel, disse: Levantai-vos, que o SENHOR entregou o acampamento de Midiã em vossas mãos. ¹⁶ E repartindo os trezentos homens em três esquadrões, deu a cada um deles trombetas em suas mãos, e cântaros vazios com tochas ardendo dentro dos cântaros. ¹⁷ E disse-lhes: Olhai a mim, e fazei como eu fizer; eis que quando eu chegar ao princípio do acampamento, como eu fizer, assim fareis vós. ¹⁸ Eu tocarei a trombeta e todos os que estiverem comigo; e vós tocareis então as trombetas ao redor de todo aquele campo, e direis: Pelo SENHOR e Gideão! ¹⁹ Chegou, pois, Gideão, e os cem homens que levava consigo, ao princípio do acampamento, à entrada da vigília do meio, quando acabavam de renovar as sentinelas; e tocaram as trombetas, e quebraram os cântaros que levavam em suas mãos: ²⁰ E os três esquadrões tocaram as trombetas, e quebrando os cântaros tomaram nas mãos esquerdas as tochas, e nas direitas as trombetas com que tocavam, e deram grito: A espada do SENHOR e de Gideão! ²¹ E estiveram em seus lugares em derredor do acampamento: e todo aquele acampamento foi alvoroçado, e fugiram gritando. ²² Mas os trezentos tocavam as trombetas: e o SENHOR pôs a espada de cada um contra seu companheiro em todo aquele acampamento. E o exército fugiu até Bete-Sita, até Zererá, e até o termo de Abel-Meolá em Tabate. ²³ E juntando-se os de Israel, de Naftali, e de Aser, e de todo Manassés, seguiram aos midianitas. ²⁴ Gideão também enviou mensageiros a todo aquele monte de Efraim, dizendo: Descei ao encontro dos midianitas, e tomai-lhes as águas até Bete-Bara e o Jordão. E juntos todos os homens de Efraim, tomaram as águas de Bete-Bara e o Jordão. ²⁵ E tomaram dois príncipes dos midianitas, Orebe e Zeebe: e mataram a Orebe na penha de Orebe, e a Zeebe o mataram na prensa de uvas de Zeebe; e depois que seguiram aos midianitas, trouxeram as cabeças de Orebe e de Zeebe a Gideão da outra parte do Jordão.

8

¹ E os de Efraim lhe disseram: Que é isto que fizeste conosco, não chamando-nos quando ias à guerra contra Midiã? E reclamaram dele fortemente. ² Aos quais ele respondeu: Que fiz eu agora como vós? Não são as sobras das uvas de Efraim melhor que a vindima de Abiezer? ³ Deus entregou em vossas mãos a Orebe e a Zeebe, príncipes de Midiã: e que pude eu fazer como vós? Então a ira deles contra ele se aplacou, logo que ele falou esta palavra. ⁴ E veio Gideão ao Jordão para passar, ele e os trezentos homens que trazia consigo, cansados, mas ainda perseguindo. ⁵ E disse aos de Sucote: Eu vos rogo que deis à gente que me segue alguns bocados de pão; porque estão cansados, e eu persigo a Zeba e a Zalmuna, reis de Midiã. ⁶ E os principais

de Sucote responderam: Está já a mão de Zeba e Zalmuna em tua mão, para que havemos nós de dar pão a teu exército? ⁷ E Gideão disse: Pois quando o SENHOR entregar em minha mão a Zeba e a Zalmuna, eu trilharei vossa carne com espinhos e cardos do deserto. ⁸ E dali subiu a Peniel, e falou-lhes as mesmas palavras. E os de Peniel lhe responderam como haviam respondido os de Sucote. ⁹ E ele falou também aos de Peniel, dizendo: Quando eu voltar em paz, derrubarei esta torre. ¹⁰ E Zeba e Zalmuna estavam em Carcor, e com eles seu exército de como quinze mil homens, todos os que haviam restado de todo aquele acampamento dos orientais: e os mortos haviam sido cento vinte mil homens que tiravam espada. ¹¹ E subindo Gideão até os que habitavam em tendas, à parte oriental de Noba e de Jogbeá, feriu o acampamento, porque estava o exército desprevenido. ¹² E fugindo Zeba e Zalmuna, ele os seguiu; e tomados os dois reis de Midiã, Zeba e Zalmuna, espantou a todo aquele exército. ¹³ E Gideão filho de Joás voltou da batalha antes que o sol subisse; ¹⁴ E tomou um jovem dos de Sucote, e perguntando-lhe, ele lhe deu por escrito os principais de Sucote e seus anciãos, setenta e sete homens. ¹⁵ E entrando aos de Sucote, disse: Eis aqui a Zeba e a Zalmuna, sobre os quais me escarnecestes, dizendo: Está já a mão de Zeba e de Zalmuna em tua mão, para que demos nós pão a teus homens cansados? ¹⁶ E tomou aos anciãos da cidade, e espinhos e cardos do deserto, e castigou com eles aos de Sucote. ¹⁷ Também derrubou a torre de Peniel, e matou aos da cidade. ¹⁸ Logo disse a Zeba e a Zalmuna: Que maneira de homens tinham aqueles que matastes em Tabor? E eles responderam: Como tu, tais eram aqueles nem mais nem menos, que apareciam filhos de rei. ¹⁹ E ele disse: Meus irmãos eram, filhos de minha mãe: Vive o SENHOR, que se os tivésseis guardado em vida, eu não vos mataria! ²⁰ E disse a Jéter seu primogênito: Levanta-te, e mata-os. Mas o jovem não desembainhou sua espada, porque tinha medo; que ainda era jovem. ²¹ Então disse Zeba e Zalmuna: Levanta-te tu, e mata-nos; porque como é o homem, tal é sua valentia. E Gideão se levantou, e matou a Zeba e a Zalmuna; e tomou os adornos de crescentes que seus camelos traziam ao pescoço. ²² E os israelitas disseram a Gideão: Sê nosso senhor, tu, e teu filho, e teu neto; pois que nos livraste da mão de Midiã. ²³ Mas Gideão respondeu: Não serei senhor sobre vós, nem meu filho vos dominará: o SENHOR será vosso Senhor. ²⁴ E disse-lhes Gideão: Desejo fazer-vos uma petição, que cada um me dê os pendentes de seu despojo. (Porque traziam pendentes de ouro, que eram ismaelitas.) ²⁵ E eles responderam: De boa vontade os daremos. E segurando uma roupa de vestir, lançou ali cada um os pendentes de seu despojo. ²⁶ E foi o peso dos pendentes de ouro que ele pediu mil e setecentos siclos de ouro; sem contar os ornamentos, e as joias, e vestidos de púrpura, que traziam os reis de Midiã, e sem os colares que traziam seus camelos ao pescoço. ²⁷ E Gideão fez deles um éfode, o qual fez guardar em sua cidade de Ofra: e todo Israel prostituiu-se atrás desse éfode naquele lugar; e foi por tropeço a Gideão e a sua casa. ²⁸ Assim foi humilhado Midiã diante dos filhos de Israel, e nunca mais levantaram sua cabeça. E repousou a terra quarenta anos nos dias de Gideão. ²⁹ E Jerubaal filho de Joás foi, e habitou em sua casa. ³⁰ E teve Gideão setenta filhos que saíram de sua coxa, porque teve muitas mulheres. ³¹ E sua concubina que estava em Siquém, também lhe deu um filho; e pôs-lhe por nome Abimeleque. ³² E morreu Gideão filho de Joás em boa velhice, e foi sepultado no sepulcro de seu pai Joás, em Ofra dos abiezritas. ³³ E aconteceu que quando morreu Gideão, os filhos de Israel voltaram, e se prostituíram atrás dos baalins, e se puseram por Deus a Baal-Berite. ³⁴ E os filhos de Israel não se lembraram do SENHOR seu Deus, que os havia livrado de todos os seus inimigos ao redor; ³⁵ Nem fizeram misericórdia com a casa de Jerubaal Gideão conforme todo aquele bem que ele havia feito a Israel.

9

¹ E foi-se Abimeleque filho de Jerubaal a Siquém, aos irmãos de sua mãe, e falou com eles, e com toda a família da casa do pai de sua mãe, dizendo: ² Eu vos rogo que faleis a ouvidos de todos os de Siquém: Que tendes por melhor, que vos dominem setenta homens, todos os filhos de Jerubaal; ou que vos senhoreie um homem? Lembrai-vos que eu sou osso vosso, e carne vossa. ³ E falaram por ele os irmãos de sua mãe a ouvidos de todos os de Siquém todas estas palavras: e o coração deles se inclinou em favor de Abimeleque, porque diziam: Nosso irmão é. ⁴ E deram-lhe setenta siclos de prata do templo de Baal-Berite, com os quais Abimeleque contratou homens ociosos e vagabundos, que lhe seguiram. ⁵ E vindo à casa de seu pai em Ofra, matou a seus irmãos os filhos de Jerubaal, setenta homens, sobre uma pedra: mas restou Jotão, o menor filho de Jerubaal, que se escondeu. ⁶ E reunidos todos os de Siquém com toda a casa de Milo, foram e elegeram a Abimeleque por rei, próximo da planície do pilar que estava em Siquém. ⁷ E quando se o disseram a Jotão, foi e pôs-se no cume do monte de Gerizim, e levantando sua voz clamou, e disse-lhes: Ouvi-me, homens de Siquém; que Deus vos ouça. ⁸ Foram as árvores a eleger rei sobre si, e disseram à oliva: Reina sobre nós. ⁹ Mas a oliveira respondeu: Tenho de deixar meu azeite, com o que por minha causa Deus e os homens são honrados, para ir a ser grande sobre as árvores? ¹⁰ E disseram as árvores à figueira: Anda tu, reina sobre nós. ¹¹ E respondeu a figueira: Tenho de deixar minha doçura e meu bom fruto, para ir a ser grande sobre as árvores? ¹² Disseram logo as árvores à vide: Pois vem tu, reina sobre nós. ¹³ E a vide lhes respondeu: Tenho de deixar meu mosto, que alegra a Deus e aos homens, para ir a ser grande sobre as árvores? ¹⁴ Disseram então todas as árvores ao espinheiro: Vem tu, reina sobre nós. ¹⁵ E o espinheiro respondeu às árvores: Se em verdade me elegeis por rei sobre vós, vinde, e assegurai-vos debaixo de minha sombra: e se não, fogo saia do espinheiro que devore os cedros do Líbano. ¹⁶ Agora, pois, se com verdade e com integridade tendes procedido em fazer rei a Abimeleque, e se o fizestes bem com Jerubaal e com sua casa, e se lhe haveis pagado conforme a obra de suas mãos; ¹⁷ (Pois que meu pai lutou por vós, e expulsou longe sua vida para livrar-vos da mão de Midiã; ¹⁸ E vós vos levantastes hoje contra a casa de meu pai, e matastes seus filhos, setenta homens, sobre uma pedra; e pusestes por rei sobre os de Siquém a Abimeleque, filho de sua criada, porquanto é vosso irmão); ¹⁹ Se com verdade e com integridade agistes hoje com Jerubaal e com sua casa, alegrai-vos de Abimeleque, e ele se alegre de vós. ²⁰ E se não, fogo saia de Abimeleque, que consuma aos de Siquém e à casa de Milo; e fogo saia dos de Siquém e da casa de Milo, que consuma a Abimeleque. ²¹ E fugiu Jotão, e se escapou, e foi-se a Beer, e ali se esteve por causa de Abimeleque seu irmão. ²² E depois que Abimeleque dominou sobre Israel três anos, ²³ Enviou Deus um espírito mau entre Abimeleque e os homens de Siquém: que os de Siquém se levantaram contra Abimeleque: ²⁴ Para que o crime dos setenta filhos de Jerubaal, e o sangue deles, viesse a se pôr sobre Abimeleque seu irmão que os matou, e sobre os homens de Siquém que corroboraram as mãos dele para matar a seus irmãos. ²⁵ E puseram-lhe os de Siquém emboscadores nos cumes dos montes, os quais assaltavam a todos os que passavam junto a eles pelo caminho; do que foi dado aviso a Abimeleque. ²⁶ E Gaal filho de Ebede veio com seus irmãos, e passaram a Siquém: e os de Siquém se confiaram nele. ²⁷ E saindo ao campo, vindimaram suas vinhas, e pisaram a uva, e fizeram alegrias; e entrando no templo de seus deuses, comeram e beberam, e amaldiçoaram a Abimeleque. ²⁸ E Gaal filho de Ebede disse: Quem é Abimeleque e que é Siquém, para que nós a ele sirvamos? não é filho de Jerubaal? e não é Zebul seu assistente? Servi aos homens de Hamor pai de Siquém: mas por que serviríamos a ele? ²⁹ Fosse-me dado este

povo abaixo de minha mão, eu expulsaria logo a Abimeleque. E dizia a Abimeleque: Aumenta teus esquadrões, e sai. ³⁰ E Zebul assistente da cidade, ouvindo as palavras de Gaal filho de Ebede, acendeu-se sua ira; ³¹ E enviou sagazmente mensageiros a Abimeleque, dizendo: Eis que Gaal filho de Ebede e seus irmãos vieram a Siquém, e eis que cercaram a cidade contra ti. ³² Levanta-te, pois, agora de noite, tu e o povo que está contigo, e põe emboscada no campo: ³³ E pela manhã ao sair do sol te levantarás e atacarás a cidade: e ele e o povo que está com ele sairão contra ti, e tu farás com ele segundo que se te oferecerá. ³⁴ Levantando-se, pois, de noite Abimeleque e todo aquele povo que com ele estava, puseram emboscada contra Siquém com quatro companhias. ³⁵ E Gaal filho de Ebede saiu, e pôs-se à entrada da porta da cidade: e Abimeleque e todo aquele povo que com ele estava, se levantaram da emboscada. ³⁶ E vendo Gaal o povo, disse a Zebul: Eis ali povo que desce dos cumes dos montes. E Zebul lhe respondeu: A sombra dos montes te parece homens. ³⁷ Mas Gaal voltou a falar, e disse: Eis ali um povo que desce por meio da terra, e um esquadrão vem pelo caminho da campina de Meonenim. ³⁸ E Zebul lhe respondeu: Onde está agora aquele teu falar, dizendo; Quem é Abimeleque para que lhe sirvamos? Não é este o povo que menosprezavas? Sai, pois, agora, e luta com ele. ³⁹ E Gaal saiu diante dos de Siquém, e lutou contra Abimeleque. ⁴⁰ Mas perseguiu-o Abimeleque, diante do qual ele fugiu; e caíram feridos muitos até a entrada da porta. ⁴¹ E Abimeleque ficou em Aruma; e Zebul lançou fora a Gaal e a seus irmãos, para que não morassem em Siquém. ⁴² E aconteceu ao dia seguinte, que o povo saiu ao campo: e foi dado aviso a Abimeleque. ⁴³ O qual, tomando gente, repartiu-a em três companhias, e pôs emboscadas no campo: e quando olhou, eis o povo que saía da cidade; e levantou-se contra eles, e feriu-os: ⁴⁴ Pois Abimeleque e o esquadrão que estava com ele, atacaram com ímpeto, e pararam à entrada da porta da cidade; e as duas companhias atacaram a todos os que estavam no campo, e os feriram. ⁴⁵ E depois de combater Abimeleque a cidade todo aquele dia, tomou-a, e matou o povo que nela estava, e assolou a cidade, e semeou-a de sal. ⁴⁶ Quando ouviram isto todos os que estavam na torre de Siquém, entraram na fortaleza do templo do deus Berite. ⁴⁷ E foi dito a Abimeleque como todos os da torre de Siquém estavam reunidos. ⁴⁸ Então subiu Abimeleque ao monte de Salmom, ele e toda a gente que com ele estava; e tomou Abimeleque um machado em sua mão, e cortou um ramo das árvores, levantou-o, e o pôs sobre seus ombros, dizendo ao povo que estava com ele: O que vós vedes que estou fazendo, fazei imediatamente como eu. ⁴⁹ E assim todo aquele povo cortou também cada um seu ramo, e seguiram a Abimeleque, e puseram-nas junto à fortaleza, e prenderam fogo com elas à fortaleza: por maneira que todos os da torre de Siquém morreram, como uns mil homens e mulheres. ⁵⁰ Depois Abimeleque se foi a Tebes; e pôs cerco a Tebes, e tomou-a. ⁵¹ Em meio daquela cidade havia uma torre forte, à qual se retiraram todos os homens e mulheres, e todos os senhores da cidade; e fechando atrás de si as portas, subiram ao piso alto da torre. ⁵² E veio Abimeleque à torre, e combatendo-a, chegou-se à porta da torre para pegar-lhe fogo. ⁵³ Mas uma mulher deixou cair um pedaço de uma roda de moinho sobre a cabeça de Abimeleque, e quebrou-lhe o crânio. ⁵⁴ E logo ele chamou a seu escudeiro, e disse-lhe: Tira tua espada e mata-me, porque não se diga de mim: Uma mulher o matou. E seu escudeiro o atravessou, e morreu. ⁵⁵ E quando os israelitas viram morto a Abimeleque, foram-se cada um à sua casa. ⁵⁶ Assim, pois, Deus pagou a Abimeleque o mal que fez contra seu pai matando a seus setenta irmãos. ⁵⁷ E ainda todo aquele mal dos homens de Siquém devolveu Deus sobre suas cabeças: e a maldição de Jotão, filho de Jerubaal, veio sobre eles.

10

¹ E Depois de Abimeleque levantou-se para livrar a Israel, Tolá filho de Puá, filho de Dodô, homem de Issacar, o qual habitava em Samir, no monte de Efraim. ² E julgou a Israel vinte e três anos, e morreu, e foi sepultado em Samir. ³ Depois dele se levantou Jair, gileadita, o qual julgou a Israel vinte e dois anos. ⁴ Este teve trinta filhos que cavalgavam sobre trinta asnos, e tinham trinta vilas, que se chamaram as vilas de Jair até hoje, as quais estão na terra de Gileade. ⁵ E morreu Jair, e foi sepultado em Camom. ⁶ Mas os filhos de Israel voltaram a fazer o mal aos olhos do SENHOR, e serviram aos baalins e a Astarote, e aos deuses da Síria, e aos deuses de Sidom, e aos deuses de Moabe, e aos deuses dos filhos de Amom, e aos deuses dos filisteus: ⁷ E o SENHOR se irou contra Israel, e vendeu-os por mão dos filisteus, e por mão dos filhos de Amom: ⁸ Os quais moeram e quebrantaram aos filhos de Israel naquele tempo dezoito anos, a todos os filhos de Israel que estavam da outra parte do Jordão na terra dos amorreus, que é em Gileade. ⁹ E os filhos de Amom passaram o Jordão para fazer também guerra contra Judá, e contra Benjamim, e a casa de Efraim: e foi Israel em grande maneira afligido. ¹⁰ E os filhos de Israel clamaram ao SENHOR, dizendo: Nós pecamos contra ti; porque deixamos a nosso Deus, e servido aos baalins. ¹¹ E o SENHOR respondeu aos filhos de Israel: Não fostes oprimidos pelo Egito, pelos amorreus, pelos amonitas, dos filisteus, ¹² Dos de Sidom, de Amaleque, e de Maom, e clamando a mim vos livrei de suas mãos? ¹³ Mas vós me deixastes, e servistes a deuses alheios: portanto, eu não vos livrarei mais. ¹⁴ Andai, e clamai aos deuses que escolhestes para vós, que vos livrem no tempo de vossa aflição. ¹⁵ E os filhos de Israel responderam ao SENHOR: Pecamos; faze tu conosco como bem te parecer: somente que agora nos livres neste dia. ¹⁶ E tiraram dentre si os deuses alheios, e serviram ao SENHOR; e sua alma foi angustiada por causa do sofrimento de Israel. ¹⁷ E juntando-se os filhos de Amom, assentaram acampamento em Gileade; juntaram-se assim os filhos de Israel, e assentaram seu acampamento em Mispá. ¹⁸ E os príncipes e o povo de Gileade disseram um ao outro: Quem será o que começará a batalha contra os filhos de Amom? Ele será cabeça sobre todos os que habitam em Gileade.

11

¹ Existia então Jefté, gileadita, homem valente, filho de uma prostituta, ao qual havia gerado Gileade. ² E a mulher de Gileade também lhe havia dado à luz filhos; os quais quando foram grandes, lançaram fora a Jefté, dizendo-lhe: Não herdarás na casa de nosso pai, porque és bastardo. ³ Fugindo, pois, Jefté por causa de seus irmãos, habitou em terra de Tobe; e juntaram-se com ele homens ociosos, os quais com ele saíam. ⁴ E aconteceu que depois de dias os filhos de Amom fizeram guerra contra Israel: ⁵ E quando os filhos de Amom tinham guerra contra Israel, os anciãos de Gileade foram para fazer voltar a Jefté da terra de Tobe; ⁶ E disseram a Jefté: Vem, e serás nosso capitão, para que lutemos com os filhos de Amom. ⁷ E Jefté respondeu aos anciãos de Gileade: Não me odiastes, e me lançastes da casa de meu pai? por que pois vindes agora a mim quando estais em aflição? ⁸ E os anciãos de Gileade responderam a Jefté: Por esta mesma causa voltamos agora a ti, para que venhas conosco, e lutes contra os filhos de Amom, e nos sejas cabeça a todos os que moramos em Gileade. ⁹ Jefté então disse aos anciãos de Gileade: Se me fazeis voltar para que lute contra os filhos de Amom, e o SENHOR os entregar diante de mim, serei eu vossa cabeça? ¹⁰ E os anciãos de Gileade responderam a Jefté: O SENHOR ouça entre nós, se não fizermos como tu dizes. ¹¹ Então Jefté veio com os anciãos de Gileade, e o povo o elegeu por seu cabeça e príncipe; e Jefté falou todas suas palavras diante do SENHOR em Mispá. ¹² E enviou Jefté embaixadores ao rei dos amonitas, dizendo: Que tens tu comigo que

vieste a mim para fazer guerra em minha terra? [13] E o rei dos amonitas respondeu aos embaixadores de Jefté: Porquanto Israel tomou minha terra, quando subiu do Egito, desde Arnom até Jaboque e o Jordão; portanto, devolve-as agora em paz. [14] E Jefté voltou a enviar outros embaixadores ao rei dos amonitas, [15] Para dizer-lhe: Jefté disse assim: Israel não tomou terra de Moabe, nem terra dos filhos de Amom: [16] Mas subindo Israel do Egito, andou pelo deserto até o mar Vermelho, e chegou a Cades. [17] Então Israel enviou embaixadores ao rei de Edom, dizendo: Eu te rogo que me deixes passar por tua terra. Mas o rei de Edom não os escutou. Enviou também ao rei de Moabe; o qual tampouco quis: ficou, portanto, Israel em Cades. [18] Depois, indo pelo deserto, rodeou a terra de Edom e a terra de Moabe, e vindo pelo lado oriental da terra de Moabe, assentou seu acampamento de outra parte de Arnom, e não entraram pelo termo de Moabe: porque Arnom é termo de Moabe. [19] E enviou Israel embaixadores a Seom rei pelos amorreus, rei de Hesbom, dizendo-lhe: Rogo-te que me deixes passar por tua terra até meu lugar. [20] Mas Seom não confiou em Israel para dar-lhe passagem por seu termo; antes juntando Seom toda sua gente, pôs acampamento em Jaza, e lutou contra Israel. [21] Porém o SENHOR, o Deus de Israel, entregou Seom e todo o seu povo na mão de Israel, e os derrotou; e Israel tomou posse de toda a terra dos amorreus que habitavam naquela terra. [22] Possuíram também todo aquele termo dos amorreus desde Arnom até Jaboque, e desde o deserto até o Jordão. [23] Assim que o SENHOR o Deus de Israel expulsou os amorreus diante de seu povo Israel: e o hás de possuir tu? [24] Se Camos teu Deus te expulsasse algum, não o possuirias tu? Assim nós possuiremos a tudo aquilo que o SENHOR expulsou nosso Deus de diante de nós. [25] És tu agora em algo melhor que Balaque filho de Zipor, rei de Moabe? Teve ele questão contra Israel, ou fez guerra contra eles? [26] Quando Israel esteve habitando por trezentos anos a Hesbom e suas aldeias, a Aroer e suas aldeias, e todas as cidades que estão aos termos de Arnom, por que não as reclamaste nesse tempo? [27] Assim que, eu nada pequei contra ti, mas tu fazes mal comigo fazendo-me guerra: o SENHOR, que é o juiz, julgue hoje entre os filhos de Israel e os filhos de Amom. [28] Mas o rei dos filhos de Amom não atendeu os argumentos de Jefté que lhe enviou. [29] E o espírito do SENHOR foi sobre Jefté: e passou por Gileade e Manassés; e dali passou a Mispá de Gileade; e de Mispá de Gileade passou aos filhos de Amom. [30] E Jefté fez voto ao SENHOR, dizendo: Se entregares aos amonitas em minhas mãos, [31] Qualquer um que me sair a receber das portas de minha casa, quando voltar dos amonitas em paz, será do SENHOR, e lhe oferecerei em holocausto. [32] Passou, pois, Jefté aos filhos de Amom para lutar contra eles; e o SENHOR os entregou em sua mão. [33] E os feriu de grandíssimo dano desde Aroer até chegar a Minite, vinte cidades; e até a Abel-Queramim. Assim foram dominados os amonitas diante dos filhos de Israel. [34] E voltando Jefté a Mispá à sua casa, eis que sua filha lhe saiu a receber com adufes e danças, e era a única, a única sua; não tinha além dela outro filho nem filha. [35] E quando ele a viu, rompeu suas roupas dizendo: Ai, filha minha! De verdade me abateste, e tu és dos que me afligem: porque eu abri minha boca ao SENHOR, e não poderei retratar-me. [36] Ela então lhe respondeu: Pai meu, se abriste tua boca ao SENHOR, faze de mim como saiu de tua boca, pois que o SENHOR fez vingança em teus inimigos os filhos de Amom. [37] E voltou a dizer a seu pai: Faze-me isto: deixa-me por dois meses que vá e desça pelos montes, e chore minha virgindade, eu e minhas companheiras. [38] Ele então disse: Vai. E deixou-a por dois meses. E ela foi com suas companheiras, e chorou sua virgindade pelos montes. [39] Passados os dois meses, voltou a seu pai, e fez dela conforme seu voto que havia feito. E ela nunca conheceu homem. [40] De aqui foi o costume em Israel que de ano em ano iam as virgens de Israel a lamentar à filha de Jefté gileadita, quatro dias no ano.

12

¹ E juntando-se os homens de Efraim, passaram até o norte, e disseram a Jefté: Por que foste a fazer guerra contra os filhos de Amom, e não nos chamaste para que fôssemos contigo? Nós queimaremos a fogo tua casa contigo. ² E Jefté lhes respondeu: Eu tive, e meu povo, uma grande contenda com os filhos de Amom, e vos chamei, e não me defendestes de suas mãos. ³ Vendo pois que não me defendíeis, pus minha alma em minha palma, e passei contra os filhos de Amom, e o SENHOR os entregou em minha mão: por que pois subistes hoje contra mim para lutar comigo? ⁴ E juntando Jefté a todos os homens de Gileade, lutou contra Efraim; e os de Gileade feriram a Efraim, porque haviam dito: Vós sois fugitivos de Efraim, vós sois gileaditas entre Efraim e Manassés. ⁵ E os gileaditas tomaram os vaus do Jordão a Efraim; e era que, quando algum dos de Efraim que havia fugido, dizia, passarei? Os de Gileade lhe perguntavam: És tu efraimita? Se ele respondia, Não; ⁶ Então lhe diziam: Agora, pois, dize, Chibolete. E ele dizia, Sibolete; porque não podia pronunciar daquela sorte. Então lhe lançavam mão, e lhe degolavam junto aos vaus do Jordão. E morreram então dos de Efraim quarenta e dois mil. ⁷ E Jefté julgou Israel por seis anos: logo morreu Jefté gileadita, e foi sepultado em uma das cidades de Gileade. ⁸ Depois dele julgou a Israel Ibsã de Belém; ⁹ O qual teve trinta filhos e trinta filhas, as quais casou fora, e tomou de fora trinta filhas para seus filhos: e julgou a Israel sete anos. ¹⁰ E morreu Ibsã, e foi sepultado em Belém. ¹¹ Depois dele julgou a Israel Elom, zebulonita, o qual julgou Israel por dez anos. ¹² E morreu Elom, zebulonita, e foi sepultado em Aijalom na terra de Zebulom. ¹³ Depois dele julgou a Israel Abdom filho de Hilel, piratonita. ¹⁴ Este teve quarenta filhos e trinta netos, que cavalgavam sobre setenta asnos: e julgou a Israel oito anos. ¹⁵ E morreu Abdom filho de Hilel, piratonita, e foi sepultado em Piratom, na terra de Efraim, no monte de Amaleque.

13

¹ E os filhos de Israel voltaram a fazer o mal aos olhos do SENHOR; e o SENHOR os entregou por mão dos filisteus, por quarenta anos. ² E havia um homem de Zorá, da tribo de Dã, o qual se chamava Manoá; e sua mulher era estéril, que nunca havia dado à luz. ³ A esta mulher apareceu o anjo do SENHOR, e disse-lhe: Eis que tu és estéril, e não pariste: mas conceberás e darás à luz um filho. ⁴ Agora, pois, olha que agora não bebas vinho, nem bebida forte, nem comas coisa imunda. ⁵ Porque tu te farás grávida, e darás à luz um filho: e não subirá navalha sobre sua cabeça, porque aquele menino será nazireu a Deus desde o ventre, e ele começará a salvar a Israel da mão dos filisteus. ⁶ E a mulher veio e contou-o a seu marido, dizendo: Um homem de Deus veio a mim, cujo aspecto era como o aspecto de um anjo de Deus, terrível em grande maneira; e não lhe perguntei de onde nem quem era, nem tampouco ele me disse seu nome. ⁷ E disse-me: Eis que tu conceberás, e darás à luz um filho: portanto, agora não bebas vinho, nem bebida forte, nem comas coisa imunda; porque este menino desde o ventre será nazireu a Deus até o dia de sua morte. ⁸ Então orou Manoá ao SENHOR, e disse: Ah, Senhor meu, eu te rogo que aquele homem de Deus que enviaste, torne agora a vir a nós, e nos ensine o que havemos de fazer com o menino que há de nascer. ⁹ E Deus ouviu a voz de Manoá: e o anjo de Deus voltou outra vez à mulher, estando ela no campo; mas seu marido Manoá não estava com ela. ¹⁰ E a mulher correu prontamente, e noticiou-o a seu marido, dizendo-lhe: Olha que se me apareceu aquele homem que veio a mim o outro dia. ¹¹ E levantou-se Manoá, e seguiu a sua mulher; e assim que chegou ao homem, disse-lhe: És tu aquele homem que falaste à mulher? E ele disse: Eu sou. ¹² Então Manoá disse: Cumpra-se pois tua palavra. Que ordem se terá com o menino, e que

deve? [13] E o anjo do SENHOR respondeu a Manoá: A mulher se guardará de todas as coisas que eu lhe disse: [14] Ela não comerá coisa que proceda da vide que dá vinho; não beberá vinho nem bebida forte, e não comerá coisa imunda: há de guardar tudo o que lhe mandei. [15] Então Manoá disse ao anjo do SENHOR: Rogo-te permitas que te detenhamos, e preparemos um cabrito que pôr diante de ti. [16] E o anjo do SENHOR respondeu a Manoá: Ainda que me detenhas não comerei de teu pão: mas se quiseres fazer holocausto, sacrifica-o ao SENHOR. E não sabia Manoá que aquele fosse anjo do SENHOR. [17] Então disse Manoá ao anjo do SENHOR: Como é teu nome, para que quando se cumprir tua palavra te honremos? [18] E o anjo do SENHOR respondeu: Por que perguntas por meu nome, que é oculto? [19] E Manoá tomou um cabrito das cabras e uma oferta de alimentos, e o sacrificou sobre uma rocha ao SENHOR; e o anjo fez algo sobrenatural à vista de Manoá e de sua mulher. [20] Porque aconteceu que, quando a chama subia do altar até o céu, o anjo do SENHOR subiu na chama do altar à vista de Manoá e de sua mulher, os quais se prostraram em terra sobre seus rostos. [21] E o anjo do SENHOR não voltou a aparecer a Manoá nem à sua mulher. Então conheceu Manoá que era o anjo do SENHOR. [22] E disse Manoá à sua mulher: Certamente morreremos, porque vimos a Deus. [23] E sua mulher lhe respondeu: Se o SENHOR nos quisesse matar, não tomaria de nossas mãos o holocausto e a oferta de alimentos, nem nos teria mostrado todas estas coisas, nem em tal tempo nos haveria anunciado isto. [24] E a mulher deu à luz um filho, e chamou-lhe por nome Sansão. E o menino cresceu, e o SENHOR o abençoou. [25] E o espírito do SENHOR começou a manifestar-se nele nos acampamentos de Dã, entre Zorá e Estaol.

14

[1] E descendo Sansão a Timna, viu em Timna uma mulher das filhas dos filisteus. [2] E subiu, e declarou-o a seu pai e a sua mãe, dizendo: Eu vi em Timna uma mulher das filhas dos filisteus: rogo-vos que a deis a mim por mulher. [3] E seu pai e sua mãe lhe disseram: Não há mulher entre as filhas de teus irmãos, nem em todo meu povo, para que vás tu a tomar mulher dos filisteus incircuncisos? E Sansão respondeu a seu pai: Toma-a a mim por mulher, porque esta agradou a meus olhos. [4] Mas seu pai e sua mãe não sabiam que isto vinha do SENHOR, e que ele buscava ocasião contra os filisteus: porque naquele tempo os filisteus dominavam sobre Israel. [5] E Sansão desceu com seu pai e com sua mãe a Timna: e quando chegaram às vinhas de Timna, eis que um leão jovem que vinha bramando até ele. [6] E o espírito do SENHOR caiu sobre ele, e despedaçou-o como quem despedaça um cabrito, sem ter nada em sua mão: e não deu a entender a seu pai nem a sua mãe o que havia feito. [7] Veio, pois, e falou à mulher que havia agradado a Sansão. [8] E voltando depois de alguns dias para tomá-la, apartou-se para ver o corpo morto do leão, e eis que no corpo do leão um enxame de abelhas, e um favo de mel. [9] E tomando-o em suas mãos, foi-se comendo-o pelo caminho: e chegado que houve a seu pai e a sua mãe, deu-lhes também a eles que comessem; mas não lhes revelou que havia tomado aquela mel do corpo do leão. [10] Veio, pois, seu pai à mulher, e Sansão fez ali banquete; porque assim costumavam fazer os rapazes. [11] E quando eles o viram, tomaram trinta companheiros que estivessem com ele; [12] Aos quais Sansão disse: Eu vos proporei agora um enigma, o qual se nos sete dias do banquete vós me declarardes e descobrirdes, eu vos darei trinta sábanas e trinta mudas de vestidos. [13] Mas se não o souberes declarar a mim, vós me dareis as trinta mantas e as trinta mudas de vestidos. E eles responderam: Propõe-nos teu enigma, e o ouviremos. [14] Então lhes disse: Do comedor saiu comida, E do forte saiu doçura. E eles não puderam declarar-lhe o enigma em três dias. [15] E ao sétimo dia disseram à mulher de Sansão:

Induz a teu marido a que nos declare este enigma, para que não te queimemos a ti e à casa de teu pai. Chamaste-nos aqui para possuir-nos? ¹⁶ E chorou a mulher de Sansão diante dele, e disse: Somente me aborreces e não me amas, pois que não me declaras o enigma que propuseste aos filhos de meu povo. E ele respondeu: Eis que nem a meu pai nem a minha mãe o declarei; e havia eu de declará-lo a ti? ¹⁷ E ela chorou diante dele os sete dias que eles tiveram banquete: mas ao sétimo dia ele o declarou a ela, porque lhe constrangeu; e ela o declarou aos filhos de seu povo. ¹⁸ E ao sétimo dia, antes que o sol se pusesse, os da cidade lhe disseram: Que coisa mais doce que o mel? E que coisa mais forte que o leão? Se não arásseis com minha novilha, Nunca teríeis descoberto meu enigma. ¹⁹ E o espírito do SENHOR caiu sobre ele, e desceu a Asquelom, e feriu trinta homens deles; e tomando seus despojos, deu as mudas de vestidos aos que haviam explicado o enigma: e acendido em ira foi-se à casa de seu pai. ²⁰ E a mulher de Sansão foi dada a seu companheiro, com o qual ele antes se acompanhava.

15

¹ E aconteceu depois de dias, que no tempo da colheita do trigo, Sansão visitou à sua mulher com um cabrito, dizendo: Entrarei à minha mulher à câmara. Mas o pai dela não o deixou entrar. ² E disse o pai dela: Persuadi-me que a aborrecias, e dei-a a teu companheiro. Mas sua irmã menor, não é mais bela que ela? Toma-a, pois, em seu lugar. ³ E Sansão lhes respondeu: Eu serei sem culpa esta vez para com os filisteus, se mal lhes fizer. ⁴ E foi Sansão e agarrou trezentas raposas, e tomando tochas, e segurando aquelas pelas caudas, pôs entre cada duas caudas uma tocha. ⁵ Depois, acendendo as tochas, lançou as raposas nas plantações dos filisteus, e queimou pilhas de cereais e cereais nos pés, e vinhas e olivais. ⁶ E disseram os filisteus: Quem fez isto? E foi-lhes dito: Sansão, o genro do timnateu, porque lhe tirou sua mulher e a deu a seu companheiro. E vieram os filisteus, e queimaram a fogo a ela e a seu pai. ⁷ Então Sansão lhes disse: Assim o havíeis de fazer? Mas eu me vingarei de vós, e depois cessarei. ⁸ E feriu-os perna e coxa com grande mortandade; e desceu, e ficou na caverna da penha de Etã. ⁹ E os filisteus subiram e puseram acampamento em Judá, e estenderam-se por Leí. ¹⁰ E os homens de Judá lhes disseram: Por que subistes contra nós? E eles responderam: A prender a Sansão subimos, para fazer-lhe como ele nos fez. ¹¹ E vieram três mil homens de Judá à caverna da penha de Etã, e disseram a Sansão: Não sabes tu que os filisteus dominam sobre nós? Por que nos fizeste isto? E ele lhes respondeu: Eu lhes fiz como eles me fizeram. ¹² Eles então lhe disseram: Nós viemos para prender-te, e entregar-te em mão dos filisteus. E Sansão lhes respondeu: Jurai-me que vós não me matareis. ¹³ E eles lhe responderam, dizendo: Não, somente te prenderemos, e te entregaremos em suas mãos; mas não te mataremos. Então lhe ataram com duas cordas novas, e fizeram-lhe vir da penha. ¹⁴ E assim que veio até Leí, os filisteus lhe saíram a receber com gritos de vitória: e o espírito do SENHOR caiu sobre ele, e as cordas que estavam em seus braços se tornaram como linho queimado com fogo, e as amarras se caíram de suas mãos. ¹⁵ E achando uma queixada de asno fresca, estendeu a mão e tomou-a, e feriu com ela a mil homens. ¹⁶ Então Sansão disse: Com a queixada de um asno, um amontoado, dois amontoados; Com a queixada de um asno feri mil homens. ¹⁷ E acabando de falar, lançou de sua mão a queixada, e chamou a aquele lugar Ramate-Leí. ¹⁸ E tendo grande sede, clamou logo ao SENHOR, e disse: Tu deste esta grande salvação por meio de teu servo: e morrerei eu agora de sede, e cairei em mão dos incircuncisos? ¹⁹ Então quebrou Deus uma cavidade em Leí, e saíram dali águas, e bebeu, e recuperou seu

espírito, e reanimou-se. Portanto chamou seu nome daquele lugar, En-Hacoré, o qual é em Leí, até hoje. ²⁰ E julgou a Israel nos dias dos filisteus vinte anos.

16

¹ E foi Sansão a Gaza, e viu ali uma mulher prostituta, e se deitou com ela. ² E foi dito aos de Gaza: Sansão veio aqui. E cercaram-no, e puseram-lhe espias toda aquela noite à porta da cidade: e estiveram calados toda aquela noite, dizendo: Até a luz da manhã; então o mataremos. ³ Mas Sansão dormiu até a meia noite; e à meia noite se levantou, e tomando as portas da cidade com seus dois pilares e seu ferrolho, lançou-as ao ombro, e foi-se, e subiu-se com elas ao cume do monte que está diante de Hebrom. ⁴ Depois disto aconteceu que se apaixonou por uma mulher no vale de Soreque, a qual se chamava Dalila. ⁵ E vieram a ela os príncipes dos filisteus, e disseram-lhe: Engana-o e sabe em que consiste sua grande força, e como o poderíamos vencer, para que o amarremos e o atormentemos; e cada um de nós te dará mil e cem siclos de prata. ⁶ E Dalila disse a Sansão: Eu te rogo que me declares em que consiste tua grande força, e como poderás ser acorrentado para ser atormentado. ⁷ E respondeu-lhe Sansão: Se me atarem com sete vimes verdes que ainda não estejam secos, então me debilitarei, e serei como qualquer um dos homens. ⁸ E os príncipes dos filisteus lhe trouxeram sete vimes verdes que ainda não se haviam secado, e atou-lhe com eles. ⁹ E estavam espias em casa dela em uma câmara. Então ela lhe disse: Sansão, os filisteus sobre ti! E ele rompeu os vimes, como se rompe uma corda de estopa quando sente o fogo: e não se soube sua força. ¹⁰ Então Dalila disse a Sansão: Eis que tu me enganaste, e me disseste mentiras: revela-me pois agora, eu te rogo, como poderás ser acorrentado. ¹¹ E ele lhe disse: Se me atarem fortemente com cordas novas, com as quais nenhuma coisa se tenha feito, eu me debilitarei, e serei como qualquer um dos homens. ¹² E Dalila tomou cordas novas, e atou-lhe com elas, e disse-lhe: Sansão, os filisteus sobre ti! E os espias estavam em uma câmara. Mas ele as rompeu de seus braços como um fio. ¹³ E Dalila disse a Sansão: Até agora me enganas, e tratas comigo com mentiras. Revela-me pois agora como poderás ser acorrentado. Ele então lhe disse: Se teceres sete tranças de minha cabeça com a teia. ¹⁴ E ela fincou a estaca, e disse-lhe: Sansão, os filisteus sobre ti! Mas despertando ele de seu sonho, arrancou a estaca do tear com a teia. ¹⁵ E ela lhe disse: Como dizes, Eu te amo, pois que teu coração não está comigo? Já me enganaste três vezes, e não me hás ainda descoberto em que está tua grande força. ¹⁶ E aconteceu que, pressionando-lhe ela cada dia com suas palavras e importunando-lhe, sua alma foi reduzida à mortal angústia. ¹⁷ Revelou-lhe, pois, todo seu coração, e disse-lhe: Nunca a minha cabeça chegou navalha; porque sou nazireu de Deus desde o ventre de minha mãe. Se for rapado, minha força se apartará de mim, e serei debilitado, e como todos os homens. ¹⁸ E vendo Dalila que ele lhe havia revelado todo seu coração, mandou chamar aos príncipes dos filisteus, dizendo: Vinde esta vez, porque ele me revelou todo seu coração. E os príncipes dos filisteus vieram a ela, trazendo em sua mão o dinheiro. ¹⁹ E ela fez que ele dormisse sobre seus joelhos; e chamado um homem, rapou-lhe sete tranças de sua cabeça, e começou a afligi-lo, pois sua força se apartou dele. ²⁰ E disse-lhe: Sansão, os filisteus sobre ti! E logo que despertou ele de seu sonho, se disse: Esta vez sairei como as outras, e me escaparei: não sabendo que o SENHOR já se havia dele apartado. ²¹ Mas os filisteus lançaram mão dele, e tiraram-lhe os olhos, e o levaram a Gaza; e o ataram com correntes, para que moesse no cárcere. ²² E o cabelo de sua cabeça começou a crescer, depois que foi rapado. ²³ Então os príncipes dos filisteus se juntaram para oferecer sacrifício a Dagom seu deus, e para alegrar-se; e disseram: Nosso deus entregou em nossas mãos

a Sansão nosso inimigo. ²⁴ E vendo-o o povo, louvaram a seu deus, dizendo: Nosso deus entregou em nossas mãos a nosso inimigo, e ao destruidor de nossa terra, o qual havia matado a muitos de nós. ²⁵ E aconteceu que, indo-se alegrando o coração deles, disseram: Chamai a Sansão, para que divirta diante de nós. E chamaram a Sansão do cárcere, e fazia de joguete diante deles; e puseram-no entre as colunas. ²⁶ E Sansão disse ao jovem que o guiava pela mão: Aproxima-me, e faze-me segurar as colunas sobre que se sustenta a casa, para que me apoie sobre elas. ²⁷ E a casa estava cheia de homens e mulheres: e todos os príncipes dos filisteus estavam ali; e no alto piso havia como três mil homens e mulheres, que estavam olhando o escárnio de Sansão. ²⁸ Então clamou Sansão ao SENHOR, e disse: Senhor DEUS, lembra-te agora de mim, e esforça-me, te rogo, somente esta vez, ó Deus, para que de uma vez tome vingança dos filisteus, por meus dois olhos. ²⁹ Agarrou logo Sansão as duas colunas do meio sobre as quais se sustentava a casa, e apoiou-se nelas, a uma com a direita, e a outra com a esquerda; ³⁰ E disse Sansão: Morra eu com os filisteus. E apoiando com força, caiu a casa sobre os príncipes, e sobre todo aquele povo que estava nela. E foram muitos mais os que deles matou morrendo, que os que havia matado em sua vida. ³¹ E desceram seus irmãos e toda a casa de seu pai, e tomaram-no, e levaram-no, e o sepultaram entre Zorá e Estaol, no sepulcro de seu pai Manoá. E ele julgou a Israel vinte anos.

17

¹ Houve um homem do monte de Efraim, que se chamava Mica. ² O qual disse à sua mãe: Os mil e cem siclos de prata que te foram furtados, pelo que tu amaldiçoavas ouvindo-o eu, eis que eu tenho este dinheiro: eu o havia tomado. Então a mãe disse: Bendito sejas do SENHOR, filho meu. ³ E logo que ele devolveu à sua mãe os mil e cem siclos de prata, sua mãe disse: Eu dediquei este dinheiro ao SENHOR de minha mão para ti, filho meu, para que faças uma imagem de escultura e de fundição: agora, pois, eu o devolvo a ti. ⁴ Mas voltando ele à sua mãe o dinheiro, tomou sua mãe duzentos siclos de prata, e deu-os ao fundidor: e ele lhe fez deles uma imagem de escultura e de fundição, a qual foi posta em casa de Mica. ⁵ E teve este homem Mica casa de deuses, e fez-se fazer éfode e ídolos, e consagrou um de seus filhos; e foi-lhe por sacerdote. ⁶ Nestes dias não havia rei em Israel: cada um fazia como melhor lhe parecia. ⁷ E havia um jovem de Belém de Judá, da tribo de Judá, o qual era levita; e peregrinava ali. ⁸ Este homem se havia partido da cidade de Belém de Judá, para ir a viver de onde achasse; e chegando ao monte de Efraim, veio à casa de Mica, para dali fazer seu caminho. ⁹ E Mica lhe disse: De onde vens? E o levita lhe respondeu: Sou de Belém de Judá, e vou a viver de onde achar. ¹⁰ Então Mica lhe disse: Fica-te em minha casa, e me serás em lugar de pai e sacerdote; e eu te darei dez siclos de prata por ano, e o ordinário de vestimentas, e tua comida. E o levita ficou. ¹¹ Acordou, pois, o levita em morar com aquele homem, e ele o tinha como a um de seus filhos. ¹² E Mica consagrou ao levita, e aquele jovem lhe servia de sacerdote, e estava em casa de Mica. ¹³ E Mica disse: Agora sei que o SENHOR me fará bem, pois que o levita é feito meu sacerdote.

18

¹ Naqueles dias não havia rei em Israel. E em aqueles dias a tribo de Dã buscava possessão para si de onde morasse, porque até então não lhe havia caído sorte entre as tribos de Israel por herança. ² E os filhos de Dã enviaram de sua tribo cinco homens de seus termos, homens valentes, de Zorá e Estaol, para que reconhecessem e explorassem bem a terra; e disseram-lhes: Ide e reconhecei a terra. Estes vieram ao monte de Efraim, até a casa de Mica, e ali passaram a noite. ³ E quando estavam

próximos da casa de Mica, reconheceram a voz do jovem levita; e achegando-se ali, disseram-lhe: Quem te trouxe por aqui? e que fazes aqui? e que tens tu por aqui? ⁴ E ele lhes respondeu: Desta e desta maneira fez comigo Mica, e me há tomado para que seja seu sacerdote. ⁵ E eles lhe disseram: Pergunta, pois, agora a Deus, para que saibamos se há de prosperar nossa viajem que fazemos. ⁶ E o sacerdote lhes respondeu: Ide em paz, que vosso viajem que fazeis é diante do SENHOR. ⁷ Então aqueles cinco homens se partiram, e vieram a Laís: e viram que o povo que habitava nela estava seguro, ocioso e confiante, conforme o costume dos de Sidom; não havia ninguém naquela região que os perturbasse em coisa alguma; além disso, os sidônios estavam distantes, e não tinham negócios com ninguém. ⁸ Voltando, pois, eles a seus irmãos em Zorá e Estaol, seus irmãos lhes disseram: Que há? e eles responderam: ⁹ Levantai-vos, subamos contra eles; porque nós exploramos a região, e vimos que é muito boa: e vós vos estais quietos? Não sejais preguiçosos em vos dispor em marcha para ir a possuir a terra. ¹⁰ Quando ali chegardes, vereis a uma gente segura, e a uma terra ampla; pois que Deus a entregou em vossas mãos; lugar de onde não há falta de coisa que seja na terra. ¹¹ E partindo os de Dã dali, de Zorá e de Estaol, seiscentos homens armados de armas de guerra, ¹² Foram e assentaram acampamento em Quriate-Jearim, em Judá; de onde aquele lugar foi chamado o campo de Dã, até hoje: está detrás de Quriate-Jearim. ¹³ E passando dali ao monte de Efraim, vieram até a casa de Mica. ¹⁴ Então aqueles cinco homens que haviam ido a reconhecer a terra de Laís, disseram a seus irmãos: Não sabeis como em estas casas há éfode e ídolos, e imagem de escultura e de fundição? Olhai pois o que haveis de fazer. ¹⁵ E achegando-se ali, vieram à casa do jovem levita em casa de Mica, e perguntaram-lhe como estava. ¹⁶ E os seiscentos homens, que eram dos filhos de Dã, estavam armados de suas armas de guerra à entrada da porta. ¹⁷ E subindo os cinco homens que haviam ido a reconhecer a terra, entraram ali, e tomaram a imagem de escultura, e o éfode, e os ídolos, e a imagem de fundição, enquanto o sacerdote estava à entrada da porta com os seiscentos homens armados ¹⁸ Entrando, pois, aqueles na casa de Mica, tomaram a imagem de escultura, o éfode, e os ídolos, e a imagem de fundição. E o sacerdote lhes disse: Que fazeis vós? ¹⁹ E eles lhe responderam: Cala, põe a mão sobre tua boca, e vem conosco, para que sejas nosso pai e sacerdote. É melhor que tu sejas sacerdote em casa de um homem só, que de uma tribo e família de Israel? ²⁰ E alegrou-se o coração do sacerdote; o qual tomando o éfode e os ídolos, e a imagem, veio entre a gente. ²¹ E eles voltaram e foram-se; e puseram os meninos, e o gado e a bagagem, diante de si. ²² E quando já se haviam afastado da casa de Mica, os homens que habitavam nas casas vizinhas à casa de Mica, se juntaram, e seguiram aos filhos de Dã. ²³ E gritando aos de Dã, estes viraram seus rostos, e disseram a Mica: Que tens que juntaste gente? ²⁴ E ele respondeu: Meus deuses que eu fiz, que levais juntamente com o sacerdote, e vos vades: que mais me resta? E a que propósito me dizeis: Que tens? ²⁵ E os filhos de Dã lhe disseram: Não grites atrás de nós, não seja que os de ânimo impetuoso vos acometam, e percas também tua vida, e a vida dos teus. ²⁶ E indo os filhos de Dã seu caminho, e vendo Mica que eram mais fortes que ele, voltou-se e regressou à sua casa. ²⁷ E eles levando as coisas que havia feito Mica, juntamente com o sacerdote que tinha, chegaram a Laís, ao povo tranquilo e seguro; e meteram-nos à espada, e abrasaram a cidade com fogo. ²⁸ E não houve quem os defendesse, porque estavam longe de Sidom, e não tinham comércio com ninguém. E a cidade estava no vale que há em Bete-Reobe. Logo reedificaram a cidade, e habitaram nela. ²⁹ E chamaram o nome daquela cidade Dã, conforme ao nome de Dã seu pai, filho de Israel, bem que antes se chamava a cidade Laís. ³⁰ E os filhos de Dã levantaram para si imagem de escultura; e Jônatas, filho de Gérson, filho de Manassés, ele e seus filhos foram sacerdotes na tribo de Dã, até o dia do cativeiro desta terra. ³¹ E levantaram para si a imagem de Mica, a qual ele havia feito, todo aquele tempo que a casa de Deus esteve em Siló.

19

¹ Naqueles dias, quando não havia rei em Israel, houve um levita que morava como peregrino nos lados do monte de Efraim, o qual se havia tomado mulher concubina de Belém de Judá. ² E sua concubina adulterou contra ele, e foi-se dele à casa de seu pai, a Belém de Judá, e esteve ali por tempo de quatro meses. ³ E levantou-se seu marido, e seguiu-a, para falar-lhe amorosamente e trazê-la de volta, levando consigo um criado seu e um par de asnos; e ela o meteu na casa de seu pai. ⁴ E vendo-lhe o pai da moça, saiu-lhe a receber contente; e seu sogro, pai da moça, o deteve, e ficou em sua casa três dias, comendo e bebendo, e repousando ali. ⁵ E ao quarto dia, quando se levantaram de manhã, levantou-se também o levita para ir-se, e o pai da moça disse a seu genro: Conforta teu coração com um bocado de pão, e depois vos ireis. ⁶ E sentaram-se eles dois juntos, e comeram e beberam. E o pai da moça disse ao homem: Eu te rogo que te queiras ficar aqui esta noite, e teu coração se alegrará. ⁷ E levantando-se o homem para ir-se, o sogro lhe constrangeu a que voltasse e tivesse ali a noite. ⁸ E ao quinto dia levantando-se de manhã para ir-se, disse-lhe o pai da moça: Conforta agora teu coração. E havendo comido ambos a dois, detiveram-se até que já declinava o dia. ⁹ Levantou-se logo o homem para ir-se, ele, e sua concubina, e seu criado. Então seu sogro, o pai da moça, lhe disse: Eis que o dia declina para se pôr o sol, rogo-te que vos estejais aqui a noite; eis que o dia se acaba, passa aqui a noite, para que se alegre teu coração; e amanhã vos levantareis cedo a vosso caminho, e chegarás a tuas tendas. ¹⁰ Mas o homem não quis ficar ali a noite, mas sim que se levantou e partiu, e chegou até em frente de Jebus, que é Jerusalém, com seu par de asnos preparados, e com sua concubina. ¹¹ E estando já junto a Jebus, o dia havia declinado muito: e disse o criado a seu senhor: Vem agora, e vamo-nos a esta cidade dos jebuseus, para que tenhamos nela a noite. ¹² E seu senhor lhe respondeu: Não iremos a nenhuma cidade de estrangeiros, que não seja dos filhos de Israel: antes passaremos até Gibeá. E disse a seu criado: ¹³ Vem, cheguemos a um desses lugares, para ter a noite em Gibeá, ou em Ramá. ¹⁴ Passando pois, caminharam, e o sol se pôs junto a Gibeá, que era de Benjamim. ¹⁵ E apartaram-se do caminho para entrar a ter ali a noite em Gibeá; e entrando, sentaram-se na praça da cidade, porque não houve quem os acolhesse em casa para passar a noite. ¹⁶ E eis que um homem velho, que à tarde vinha do campo de trabalhar; o qual era do monte de Efraim, e morava como peregrino em Gibeá, mas os moradores daquele lugar eram filhos de Benjamim. ¹⁷ E levantando o velho os olhos, viu aquele viajante na praça da cidade, e disse-lhe: Para onde vais, e de onde vens? ¹⁸ E ele respondeu: Passamos de Belém de Judá aos lados do monte de Efraim, de onde eu sou; e parti até Belém de Judá; e vou à casa do SENHOR, e não há quem me receba em casa, ¹⁹ Ainda que nós tenhamos palha e de comer para nossos asnos, e também temos pão e vinho para mim e para tua serva, e para o criado que está com teu servo; de nada temos falta. ²⁰ E o homem velho disse: Paz seja contigo; tua necessidade toda seja somente a meu cargo, contanto que não passes a noite na praça. ²¹ E metendo-os em sua casa, deu de comer a seus asnos; e eles se lavaram os pés, e comeram e beberam. ²² E quando estavam jubilosos, eis que os homens daquela cidade, homens malignos, cercam a casa, e batiam as portas, dizendo ao homem velho dono da casa: Tira fora o homem que entrou em tua casa, para que o conheçamos. ²³ E saindo a eles aquele homem, amo da casa, disse-lhes: Não, irmãos meus, rogo-vos que não cometais este mal, pois que este homem

entrou em minha casa, não façais esta maldade. ²⁴ Eis aqui minha filha virgem, e a concubina dele: eu as tirarei agora para vós; humilhai-as, e fazei com elas como vos parecer, e não façais a este homem coisa tão infame. ²⁵ Mas aqueles homens não lhe quiseram ouvir; pelo que tomando aquele homem sua concubina, tirou-a fora: e eles a conheceram, e abusaram dela toda a noite até a manhã, e deixaram-na quando apontava a alva. ²⁶ E já que amanhecia, a mulher veio, e caiu diante da porta da casa daquele homem onde seu senhor estava, até que foi de dia. ²⁷ E levantando-se de manhã seu senhor, abriu as portas da casa, e saiu para ir seu caminho, e eis que, a mulher sua concubina estava estendida diante da porta da casa, com as mãos sobre o umbral. ²⁸ E ele lhe disse: Levanta-te, e vamo-nos. Mas ela não respondeu. Então a levantou o homem, e lançando-a sobre seu asno, levantou-se e foi-se a seu lugar. ²⁹ E em chegando à sua casa, toma uma espada, pegou sua concubina, e despedaçou-a com seus ossos em doze partes, e enviou-as por todos os termos de Israel. ³⁰ E todo aquele que o via, dizia: Jamais se fez nem visto tal coisa, desde o tempo que os filhos de Israel subiram da terra do Egito até hoje. Considerai isto, dai conselho, e falai.

20

¹ Então saíram todos os filhos de Israel, e reuniu-se a congregação como um só homem, desde Dã até Berseba e a terra de Gileade, ao SENHOR em Mispá. ² E os principais de todo aquele povo, de todas as tribos de Israel, se acharam presentes na reunião do povo de Deus, quatrocentos mil homens a pé que tiravam espada. ³ E os filhos de Benjamim ouviram que os filhos de Israel haviam subido a Mispá. E disseram os filhos de Israel: Dizei como foi esta maldade. ⁴ Então o homem levita, marido da mulher morta, respondeu e disse: Eu cheguei a Gibeá de Benjamim com minha concubina, para ter ali a noite. ⁵ E levantando-se contra mim os de Gibeá, cercaram sobre mim a casa de noite, com ideia de matar-me, e oprimiram minha concubina de tal maneira, que ela foi morta. ⁶ Então tomando eu minha concubina, cortei-a em peças, e enviei-as por todo aquele termo da possessão de Israel: porquanto fizeram maldade e crime em Israel. ⁷ Eis que todos vós os filhos de Israel estais presentes; dai-vos aqui parecer e conselho. ⁸ Então todo aquele povo, como um só homem, se levantou, e disseram: Nenhum de nós irá à sua tenda, nem nos apartaremos cada um à sua casa, ⁹ Até que façamos isto sobre Gibeá: que lancemos sortes contra ela; ¹⁰ E tomaremos dez homens de cada cem por todas as tribos de Israel, e de cada mil cem, e mil de cada dez mil, que levem mantimento para o povo que deve agir, indo contra Gibeá de Benjamim, conforme toda a abominação que havia cometido em Israel. ¹¹ E juntaram-se todos os homens de Israel contra a cidade, ligados como um só homem. ¹² E as tribos de Israel enviaram homens por toda a tribo de Benjamim, dizendo: Que maldade é esta que foi feita entre vós? ¹³ Entregai, pois, agora aqueles homens, malignos, que estão em Gibeá, para que os matemos, e varramos o mal de Israel. Mas os de Benjamim não quiseram ouvir a voz de seus irmãos os filhos de Israel; ¹⁴ Antes os de Benjamim se juntaram das cidades de Gibeá, para sair a lutar contra os filhos de Israel. ¹⁵ E foram contados naquele tempo os filhos de Benjamim das cidades, vinte e seis mil homens que tiravam espada, sem os que moravam em Gibeá, que foram por conta setecentos homens escolhidos. ¹⁶ De toda aquela gente havia setecentos homens escolhidos, que eram canhotos, todos os quais atiravam uma pedra com a funda a um fio de cabelo, e não erravam. ¹⁷ E foram contados os homens de Israel, fora de Benjamim, quatrocentos mil homens que tiravam espada, todos estes homens de guerra. ¹⁸ Levantaram-se logo os filhos de Israel, e subiram à casa de Deus, e consultaram a Deus, dizendo: Quem subirá de nós o primeiro na guerra contra os filhos de Benjamim? E o SENHOR

respondeu: Judá o primeiro. ¹⁹ Levantando-se, pois, de manhã os filhos de Israel, puseram acampamento contra Gibeá. ²⁰ E saíram os filhos de Israel a combater contra Benjamim; e os homens de Israel ordenaram a batalha contra eles junto a Gibeá. ²¹ Saindo então de Gibeá os filhos de Benjamim, derrubaram em terra aquele dia vinte e dois mil homens dos filhos de Israel. ²² Mas reanimando-se o povo, os homens de Israel voltaram a ordenar a batalha no mesmo lugar onde a haviam ordenado o primeiro dia. ²³ Porque os filhos de Israel subiram, e choraram diante do SENHOR até à tarde, e consultaram com o SENHOR, dizendo: Voltarei a lutar com os filhos de Benjamim meu irmão? E o SENHOR lhes respondeu: Subi contra ele. ²⁴ Então os filhos de Israel se aproximaram no dia seguinte contra os filhos de Benjamim. ²⁵ E aquele segundo dia, saindo Benjamim de Gibeá contra eles, derrubaram por terra outros dezoito mil homens dos filhos de Israel, todos os quais tiravam espada. ²⁶ Então subiram todos os filhos de Israel, e todo aquele povo, e vieram à casa de Deus; e choraram, e sentaram-se ali diante do SENHOR, e jejuaram naquele dia até à tarde; e sacrificaram holocaustos e pacíficos diante do SENHOR. ²⁷ E os filhos de Israel perguntaram ao SENHOR, (porque a arca do pacto de Deus estava ali naqueles dias, ²⁸ E Fineias, filho de Eleazar, filho de Arão, se apresentava diante dela naqueles dias,) e disseram: Voltarei a sair em batalha contra os filhos de Benjamim meu irmão, ou ficarei quieto? E o SENHOR disse: Subi, que amanhã eu o entregarei em tua mão. ²⁹ E pôs Israel emboscadas ao redor de Gibeá. ³⁰ Subindo então os filhos de Israel contra os filhos de Benjamim o terceiro dia, ordenaram a batalha diante de Gibeá, como as outras vezes. ³¹ E saindo os filhos de Benjamim contra o povo, afastados que foram da cidade, começaram a ferir alguns do povo, matando como das outras vezes pelos caminhos, um dos quais sobe a Betel, e o outro a Gibeá no acampamento: e mataram uns trinta homens de Israel. ³² E os filhos de Benjamim diziam: Derrotados são diante de nós, como antes. Mas os filhos de Israel diziam: Fugiremos, e os afastaremos da cidade até os caminhos. ³³ Então, levantando-se todos os de Israel de seu lugar, puseram-se em ordem em Baal-Tamar: e também as emboscadas de Israel saíram de seu lugar, do prado de Gibeá. ³⁴ E vieram contra Gibeá dez mil homens escolhidos de todo Israel, e a batalha começou a agravar-se: mas eles não sabiam que o mal se aproximava sobre eles. ³⁵ E feriu o SENHOR a Benjamim diante de Israel; e mataram os filhos de Israel aquele dia vinte e cinco mil e cem homens de Benjamim, todos os quais tiravam espada. ³⁶ E viram os filhos de Benjamim que eram mortos; pois os filhos de Israel haviam dado lugar a Benjamim, porque estavam confiantes nas emboscadas que haviam posto detrás de Gibeá. ³⁷ Então as emboscadas atacaram prontamente Gibeá, e se estenderam, e passaram à espada toda a cidade. ³⁸ Já os israelitas estavam combinados com as emboscadas, que fizessem muito fogo, para que subisse grande fumaça da cidade. ³⁹ Logo, pois, que os de Israel se viraram na batalha, os de Benjamim começaram a derrubar feridos de Israel uns trinta homens, e já diziam: Certamente eles caíram diante de nós, como na primeira batalha. ⁴⁰ Mas quando a chama começou a subir da cidade, uma coluna de fumaça, Benjamim virou a olhar atrás; e eis que o fogo da cidade subia ao céu. ⁴¹ Então deram meia-volta os homens de Israel, e os de Benjamim se encheram de temor: porque viram que o mal havia vindo sobre eles. ⁴² Voltaram-se, pois, de costas diante de Israel até o caminho do deserto; mas o esquadrão os alcançou, e os saídos da cidade os matavam, depois de virem ao meio deles. ⁴³ Assim cercaram aos de Benjamim, e os perseguiram e pisaram, desde Menuá até em frente de Gibeá até o oriente. ⁴⁴ E caíram de Benjamim dezoito mil homens, todos eles homens de guerra. ⁴⁵ Voltando-se logo, fugiram até o deserto, à penha de Rimom, e deles exterminaram cinco mil homens nos caminhos: foram ainda perseguindo-os até Gidom, e mataram deles dois mil homens. ⁴⁶ Assim todos os que de Benjamim morreram aquele dia, foram vinte e cinco mil homens que tiravam espada, todos eles homens de guerra. [47] Porém se voltaram e fugiram ao deserto à penha de Rimom seiscentos homens, os quais estiveram na penha de Rimom quatro meses: [48] E os homens de Israel voltaram aos filhos de Benjamim, e passaram-nos à espada, a homens e animais na cidade, e tudo o que foi achado: também puseram fogo a todas as cidades que achavam.

21

[1] E os homens de Israel haviam jurado em Mispá, dizendo: Nenhum de nós dará sua filha aos de Benjamim por mulher. [2] E veio o povo à casa de Deus, e estiveram ali até à tarde diante de Deus; e levantando sua voz fizeram grande pranto, e disseram: [3] Ó SENHOR Deus de Israel, por que sucedeu isto em Israel, que falte hoje de Israel uma tribo? [4] E ao dia seguinte o povo se levantou de manhã, e edificaram ali altar, e ofereceram holocaustos e pacíficos. [5] E disseram os filhos de Israel: Quem de todas as tribos de Israel não subiu à reunião próximo do SENHOR? Porque se havia feito grande juramento contra o que não subisse ao SENHOR em Mispá, dizendo: Sofrerá morte. [6] E os filhos de Israel se arrependeram por causa de Benjamim seu irmão, e disseram: Uma tribo é hoje cortada de Israel. [7] Que faremos em quanto a mulheres para os que restaram? Nós juramos pelo SENHOR que não lhes temos de dar nossas filhas por mulheres. [8] E disseram: Há alguém das tribos de Israel que não tenha subido ao SENHOR em Mispá? E acharam que ninguém de Jabes-Gileade havia vindo ao acampamento à reunião: [9] Porque o povo foi contado, e não havia ali homem dos moradores de Jabes-Gileade. [10] Então a congregação enviou ali doze mil homens dos mais valentes, e mandaram-lhes, dizendo: Ide e ponde à espada aos moradores de Jabes-Gileade, e as mulheres e meninos. [11] Mas fareis desta maneira: matareis a todo homem e a toda mulher que tiver se deitado com homem. [12] E acharam dos moradores de Jabes-Gileade quatrocentas virgens que não tinham se deitado com homem, e trouxeram-nas ao acampamento em Siló, que está na terra de Canaã. [13] Toda a congregação enviou logo a falar aos filhos de Benjamim que estavam na penha de Rimom, e chamaram-nos em paz. [14] E voltaram então os de Benjamim; e deram-lhes por mulheres as que haviam escravo vivas das mulheres de Jabes-Gileade: mas não lhes bastaram estas. [15] E o povo teve dor por causa de Benjamim, de que o SENHOR houvesse feito brecha nas tribos de Israel. [16] Então os anciãos da congregação disseram: Que faremos acerca de mulheres para os que restaram? Porque as mulheres tinham sido exterminadas de Benjamim. [17] E disseram: A herança dos que escaparam será o que era de Benjamim, para que não seja uma tribo extinta de Israel. [18] Nós porém, não lhes podemos dar mulheres de nossas filhas, porque os filhos de Israel juraram, dizendo: Maldito o que der mulher a Benjamim. [19] Agora bem, disseram, eis que cada ano há solenidade do SENHOR em Siló, que está ao norte de Betel, e ao lado oriental do caminho que sobe de Betel a Siquém, e ao sul de Lebona. [20] E mandaram aos filhos de Benjamim, dizendo: Ide, e ponde emboscadas nas vinhas: [21] E estai atentos: e quando virdes sair as filhas de Siló a dançar em cirandas, vós saireis das vinhas, e arrebatareis cada um mulher para si das filhas de Siló, e vos ireis à terra de Benjamim: [22] E quando vierem os pais delas ou seus irmãos a nos exigirem, nós lhes diremos: Tende piedade de nós em lugar deles: pois que nós na guerra não tomamos mulheres para todos: que vós não as destes a eles, para que agora sejais culpáveis. [23] E os filhos de Benjamim o fizeram assim; pois tomaram mulheres conforme seu número, tomando das que dançavam; e indo logo, voltaram-se à sua herança, e reedificaram as cidades, e habitaram nelas. [24] Então os filhos de Israel se foram também dali, cada um à sua tribo e à sua família,

saindo dali cada um à sua propriedade. ²⁵ Nestes dias não havia rei em Israel; cada um fazia o que era correto diante de seus olhos.

Rute

¹ E aconteceu nos dias que governavam os juízes, que houve fome na terra. E um homem de Belém de Judá, foi a peregrinar nos campos de Moabe, ele e sua mulher, e dois filhos seus. ² O nome daquele homem era Elimeleque, e o de sua mulher Noemi; e os nomes de seus dois filhos eram Malom e Quiliom, efrateus de Belém de Judá. Chegaram, pois, aos campos de Moabe, e assentaram ali. ³ E morreu Elimeleque, marido de Noemi, e restou ela com seus dois filhos; ⁴ Os quais tomaram para si mulheres de Moabe, o nome da uma Orfa, e o nome da outra Rute; e habitaram ali uns dez anos. ⁵ E morreram também os dois, Malom e Quiliom, restando assim a mulher desamparada de seus dois filhos e de seu marido. ⁶ Então se levantou com suas noras, e voltou-se dos campos de Moabe: porque ouviu no campo de Moabe que o SENHOR havia visitado a seu povo para dar-lhes pão. ⁷ Saiu, pois, do lugar de onde havia estado, e com ela suas duas noras, e começaram em caminhar para voltar-se à terra de Judá. ⁸ E Noemi disse a suas duas noras: Andai, voltai-vos cada uma à casa de sua mãe: o SENHOR faça convosco misericórdia, como a fizestes com os mortos e comigo. ⁹ Dê-vos o SENHOR que acheis descanso, cada uma em casa de seu marido: beijou-as logo, e elas choraram a voz em grito. ¹⁰ E disseram-lhe: Certamente nós voltaremos contigo a teu povo. ¹¹ E Noemi respondeu: Voltai, filhas minhas; para que ireis comigo? Tenho eu mais filhos no ventre, que possam ser vossos maridos? ¹² Voltai, filhas minhas, e ide; que eu já sou velha para ser para me casar com homem. E ainda que dissesse: Tenho esperança; e esta noite me casasse com um homem, e ainda desse à luz filhos; ¹³ Teríeis vós de esperá-los até que fossem grandes? Ficaríeis vós sem se casar por causa deles? Não, filhas minhas; que maior amargura tenho eu que vós, pois a mão do SENHOR saiu contra mim. ¹⁴ Mas elas levantando outra vez sua voz, choraram: e Orfa beijou à sua sogra, mas Rute se ficou com ela. ¹⁵ E Noemi disse: Eis que tua cunhada se voltou a seu povo e a seus deuses; volta-te atrás dela. ¹⁶ E Rute respondeu: Não me rogues que te deixe, e que me aparte de ti: porque de onde quer que tu fores, irei eu; e de onde quer que viveres, viverei. Teu povo será meu povo, e teu Deus meu Deus. ¹⁷ Onde tu morreres, morrerei eu, e ali serei sepultada: assim me faça o SENHOR, e assim me dê, que somente a morte fará separação entre mim e ti. ¹⁸ E vendo Noemi que estava tão decidida a ir com ela, deixou de falar-lhe. ¹⁹ Andaram, pois, elas duas até que chegaram a Belém: e aconteceu que entrando em Belém, toda a cidade se comoveu por razão delas, e diziam: Não é esta Noemi? ²⁰ E ela lhes respondia: Não me chameis Noemi, mas sim me chamai Mara: porque em grande amargura me pôs o Todo-Poderoso. ²¹ Eu me fui cheia, mas vazia me fez voltar o SENHOR. Por que me chamareis Noemi, já que o SENHOR deu testemunho contra mim, e o Todo-Poderoso me afligiu? ²² Assim voltou Noemi e Rute moabita sua nora com ela; voltou dos campos de Moabe, e chegaram a Belém no princípio da colheita das cevadas.

2

¹ E tinha Noemi um parente de seu marido, homem poderoso e rico, da família de Elimeleque, o qual se chamava Boaz. ² E Rute a moabita disse a Noemi: Rogo-te que me deixes ir ao campo, e colherei espigas atrás daquele a cujos olhos achar favor. E ela lhe respondeu: Vai, filha minha. ³ Foi, pois, e chegando, tirou espigas no campo atrás dos ceifeiros: e aconteceu porventura, que o terreno era de Boaz, o qual era da parentela de Elimeleque. ⁴ E eis que Boaz veio de Belém, e disse aos ceifeiros: O

SENHOR seja convosco. E eles responderam: O SENHOR te abençoe. [5] E Boaz disse a seu criado o supervisor dos ceifeiros: De quem é esta moça? [6] E o criado, supervisor dos ceifeiros, respondeu e disse: É a moça de Moabe, que voltou com Noemi dos campos de Moabe; [7] E disse: Rogo-te que me deixes colher e juntar atrás dos ceifeiros entre os feixes; entrou, pois, e está desde pela manhã até agora, menos um pouco que se deteve em casa. [8] Então Boaz disse á Rute: Ouve, filha minha, não vás a tirar espigas em outro campo, nem passes daqui: e aqui estarás com minhas moças. [9] Olha bem o campo que colherem, e segue-as: porque eu mandei aos moços que não te toquem. E se tiveres sede, vai aos vasos, e bebe da água que os moços tirarem. [10] Ela então baixando seu rosto inclinou-se à terra, e disse-lhe: Por que achei favor em teus olhos para que tu me reconheças, sendo eu estrangeira? [11] E respondendo Boaz, disse-lhe: Por certo se me declarou tudo o que fizeste com tua sogra depois da morte de teu marido, e que deixando teu pai e tua mãe e a terra de onde nasceste, vieste a um povo que não conheceste antes. [12] O SENHOR recompense tua obra, e tua remuneração seja cheia pelo SENHOR Deus de Israel, que vieste para cobrir-te debaixo de suas asas. [13] E ela disse: Senhor meu, ache eu favor diante de teus olhos; porque me consolaste, e porque falaste ao coração de tua serva, não sendo eu como uma de tuas criadas. [14] E Boaz lhe disse à hora de comer: Achega-te aqui, e come do pão, e molha teu bocado no vinagre. E sentou-se ela junto aos ceifeiros, e ele lhe deu grãos tostados, e comeu até que se fartou e lhe sobrou. [15] Levantou-se logo para tirar espigas. E Boaz mandou a seus criados, dizendo: Colha também espigas entre os feixes, e não a envergonheis; [16] Antes lançareis de propósito dos feixes, e a deixareis que colha, e não a repreendais. [17] E tirou espigas no campo até à tarde, e debulhou o que havia colhido, e foi como um efa de cevada. [18] E tomou-o, e veio à cidade; e sua sogra viu o que havia colhido. Tirou também logo o que lhe havia sobrado depois de farta, e deu-lhe. [19] E disse-lhe sua sogra: Onde tiraste espigas hoje? e onde trabalhaste? Bendito seja o que te reconheceu. E ela declarou à sua sogra o que lhe havia acontecido com aquele, e disse: O nome do homem com quem hoje trabalhei é Boaz. [20] E disse Noemi à sua nora: Seja ele bendito do SENHOR, pois que não recusou aos vivos a benevolência que teve para com os finados. Disse-lhe depois Noemi: Nosso parente é aquele homem, e de nossos remidores é. [21] E Rute moabita disse: a mais disto me disse: Junta-te com meus criados, até que tenham acabado toda minha colheita. [22] E Noemi respondeu a Rute sua nora: Melhor é, filha minha, que saias com suas criadas, que não que te encontrem em outro campo. [23] Esteve, pois, junto com as moças de Boaz tirando espigas, até que a colheita das cevadas e a dos trigos foi acabada; mas com sua sogra habitou.

3

[1] E disse-lhe sua sogra Noemi: Filha minha, não tenho de buscar descanso a ti, para que fiques bem? [2] Não é Boaz nosso parente, com cujas moças tu tens estado? Eis que ele aventa esta noite a os grãos de cevada. [3] Tu te lavarás, pois, e te ungirás, e vestindo-te tuas vestes, passarás à eira; mas não te darás a conhecer ao homem até que ele tenha acabado de comer e de beber. [4] E quando ele se deitar, repara tu o lugar de onde ele se deitará, e irás, e descobrirás os pés, e te deitarás ali; e ele te dirá o que tenhas de fazer. [5] E lhe respondeu: Farei tudo o que tu me mandares. [6] Desceu, pois à eira, e fez tudo o que sua sogra lhe havia mandado. [7] E quando Boaz havia comido e bebido, e seu coração esteve contente, retirou-se para dormir a um lado do amontoado. Então ela veio caladamente, e revelou os pés, e deitou-se. [8] E aconteceu, que à meia noite se estremeceu aquele homem, e apalpou: e eis que, a mulher que estava deitada a seus pés. [9] Então ele disse: Quem és? E ela respondeu:

Eu sou Rute tua serva: estende a borda de tua capa sobre tua serva, porquanto és parente próximo. ¹⁰ E ele disse: Bendita sejas tu do SENHOR, filha minha; que fizeste melhor tua última bondade que a primeira, não indo atrás dos rapazes, sejam pobres ou ricos. ¹¹ Agora, pois, não temas, filha minha: eu farei contigo o que tu disseres, pois que toda a porta de meu povo sabe que és mulher virtuosa. ¹² E agora, ainda que seja certo que eu sou parente próximo, contudo isso há parente mais próximo que eu. ¹³ Repousa esta noite, e quando for de dia, se ele te redimir, bem, redima-te; mas se ele não te quiser redimir, eu te redimirei, vive o SENHOR. Descansa, pois, até à manhã. ¹⁴ E depois que repousou a seus pés até à manhã, levantou-se, antes que ninguém pudesse conhecer a outro. E ele disse: Não se saiba que tenha vindo mulher à eira. ¹⁵ Depois lhe disse: Aproxima o lenço que trazes sobre ti, e segura-o. E enquanto ela o segurava, ele mediu seis medidas de cevada, e as pôs às costas: e veio ela à cidade. ¹⁶ Assim que veio à sua sogra, esta lhe disse: Que houve, minha filha? E ela lhe declarou ela tudo o que com aquele homem lhe havia acontecido. ¹⁷ E disse: Estas seis medidas de cevada me deu, dizendo-me: Porque não vás vazia à tua sogra. ¹⁸ Então Noemi disse: Repousa, filha minha, até que saibas como a coisa se sucede; porque aquele homem não parará até que hoje conclua o negócio.

4

¹ E Boaz subiu à porta da cidade e sentou-se ali: e eis que passava aquele parente do qual havia Boaz falado, e disse-lhe: Ei, fulano, vem aqui e senta-te. E ele veio, e sentou-se. ² Então ele tomou dez homens dos anciãos da cidade, e disse: Sentai-vos aqui. E eles se sentaram. ³ Logo disse ao parente: Noemi, que voltou do campo de Moabe, vende uma parte das terras que teve nosso irmão Elimeleque; ⁴ E eu decidi fazê-lo saber a ti, e dizer-te que a tomes diante dos que estão aqui sentados, e diante dos anciãos de meu povo. Se houveres de redimir, redime; e se não quiseres redimir, declara-o a mim para que eu o saiba: porque não há outro que redima a não ser tu, e eu depois de ti. E ele respondeu: Eu redimirei. ⁵ Então replicou Boaz: O mesmo dia que tomares as terras da mão de Noemi, hás de tomar também a Rute moabita, mulher do defunto, para que suscites o nome do morto sobre sua possessão. ⁶ E respondeu o parente: Não posso redimir por minha parte, porque lançaria a perder minha propriedade: redime tu usando de meu direito, porque eu não poderei redimir. ⁷ Havia já de longo tempo este costume em Israel na remissão ou contrato, que para a confirmação de qualquer negócio, o um se tirava o sapato e o dava a seu companheiro: e este era o testemunho em Israel. ⁸ Então o parente disse a Boaz: Toma-o tu. E descalçou seu sapato. ⁹ E Boaz disse aos anciãos e a todo aquele povo: Vós sois hoje testemunhas de que tomo todas as coisas que foram de Elimeleque, e tudo o que foi de Quiliom e de Malom, da mão de Noemi. ¹⁰ E que também tomo por minha mulher a Rute moabita, mulher de Malom, para suscitar o nome do defunto sobre sua herança, para que o nome do morto não se apague dentre seus irmãos e da porta de seu lugar. Vós sois hoje testemunhas. ¹¹ E disseram todos os do povo que estavam à porta com os anciãos: Testemunhas somos. O SENHOR faça à mulher que entra em tua casa como a Raquel e a Lia, as quais duas edificaram a casa de Israel; e tu sejas ilustre em Efrata, e tenhas renome em Belém. ¹² E da semente que o SENHOR te der desta moça, seja tua casa como a casa de Perez, o que Tamar deu a Judá. ¹³ Então Boaz tomou a Rute, e ela foi sua mulher; e logo que entrou a ela, o SENHOR lhe deu que concebesse e desse à luz um filho. ¹⁴ E as mulheres diziam a Noemi: Louvado seja o SENHOR, que fez que não te faltasse hoje parente, cujo nome será nomeado em Israel. ¹⁵ O qual será restaurador de tua alma, e o que sustentará tua velhice; pois que tua nora, a qual te ama e te vale mais que sete filhos, o fez nascer. ¹⁶ E tomando

Noemi o filho, o pôs em seu colo, e foi-lhe sua ama. [17] E as vizinhas dizendo, a Noemi nasceu um filho, lhe puseram nome; e chamaram-lhe Obede. Este é pai de Jessé, pai de Davi. [18] E estas são as gerações de Perez: Perez gerou a Hezrom; [19] E Hezrom gerou a Rão, e Rão gerou a Aminadabe; [20] E Aminadabe gerou a Naassom, e Naassom gerou a Salmom; [21] E Salmom gerou a Boaz, e Boaz gerou a Obede; [22] E Obede gerou a Jessé, e Jessé gerou a Davi.

Primeiro Livro de Samuel

[1] Houve um homem de Ramataim de Zofim, do monte de Efraim, que se chamava Elcana, filho de Jeroão, filho de Eliú, filho de Toú, filho de Zufe, efraimita. [2] E tinha ele duas mulheres; o nome da uma era Ana, e o nome da outra Penina. E Penina tinha filhos, mas Ana não os tinha. [3] E esse homem subia todos os anos de sua cidade, para adorar e sacrificar ao SENHOR dos exércitos em Siló. E ali estavam os dois filhos de Eli, Hofni e Fineias, sacerdotes do SENHOR. [4] E quando vinha o dia, Elcana sacrificava, e dava à sua mulher Penina, e a todos os seus filhos e a todas as suas filhas, a cada um a sua porção. [5] Mas a Ana ele dava uma porção selecionada; * porque amava a Ana, ainda que o SENHOR houvesse fechado sua madre. [6] E sua concorrente a irritava, irando-a e entristecendo-a, porque o SENHOR havia fechado sua madre. [7] E assim fazia cada ano: quando subia à casa do SENHOR, irritava assim à outra; pelo qual ela chorava, e não comia. [8] E Elcana seu marido lhe disse: Ana, por que choras? Por que não comes? E por que está afligido teu coração? Não te sou eu melhor que dez filhos? [9] E levantou-se Ana depois que havia comido e bebido em Siló; e enquanto o sacerdote Eli estava sentado em uma cadeira junto a um pilar do templo do SENHOR, [10] Ela com amargura de alma orou ao SENHOR, e chorou abundantemente. [11] E fez um voto, dizendo: "SENHOR dos exércitos, se olhares a aflição da tua serva, e te lembrares de mim, e não te esqueceres da tua serva, mas deres à tua serva um filho homem, eu o dedicarei ao SENHOR todos os dias da sua vida, e não subirá navalha sobre sua cabeça". [12] E sucedeu que, enquanto ela continuava a orar diante do SENHOR, Eli observava a sua boca. [13] Mas Ana falava em seu coração, e somente se moviam seus lábios, e sua voz não se ouvia; e pensava Eli que ela estava embriagada. [14] Então, disse-lhe Eli: "Até quando estarás embriagada? Afasta-te do vinho". [15] E Ana lhe respondeu: Não, meu senhor; eu sou uma mulher sofredora de espírito. Não bebi vinho nem bebida forte, mas tenho derramado minha alma diante do SENHOR. [16] Não consideres a tua serva como mulher ímpia, porque é da grandeza das minhas angústias e da minha aflição que tenho falado até agora. [17] E Eli respondeu: "Vai em paz, e o Deus de Israel te conceda o pedido que lhe fizeste". [18] E ela disse: "Que a tua serva ache favor diante de teus olhos". E a mulher se foi seu caminho, e comeu, e não esteve mais triste. [19] E levantando-se de manhã, adoraram diante do SENHOR, e voltaram, e vieram a sua casa em Ramá. E Elcana se deitou com sua mulher Ana, e o SENHOR se lembrou dela. [20] E sucedeu que, corrido o tempo, depois de Ana haver concebido, deu à luz um filho, e pôs-lhe o nome de Samuel, dizendo: "Pois eu o pedi ao SENHOR". [21] Depois subiu o homem Elcana, com toda sua família, a sacrificar ao SENHOR o sacrifício costumeiro, e seu voto. [22] Mas Ana não subiu, mas sim disse a seu marido: Eu não subirei até que o menino seja desmamado; para que o leve e seja apresentado diante do SENHOR, e fique ali para sempre. [23] E Elcana seu marido lhe respondeu: Faze o que bem te parecer; fica-te até que o desmames; somente o SENHOR cumpra sua palavra. E ficou a mulher, e creu seu filho até que o desmamou. [24] E depois que o desmamou, levou-o consigo, com três bezerros, e um efa de farinha, e uma vasilha de vinho, e trouxe-o à casa do SENHOR em Siló: e o menino era pequeno. [25] E matando o bezerro, trouxeram o menino a Eli. [26] E ela disse: Oh, senhor meu! Vive tua alma, senhor meu, eu sou aquela mulher que esteve aqui junto a ti orando ao SENHOR. [27] Por este menino orava, e o SENHOR

---

* **1:5** Obscuro. Traduções alternativas: (a) porção dupla; (b) Mas a Ana ele dava uma só porção, embora amasse a Ana

me deu o que lhe pedi. ²⁸ Eu, pois, o devolvo também ao SENHOR: todos os dias que viver, será do SENHOR. E adorou ali ao SENHOR.

2

¹ E Ana orou e disse: Meu coração se regozija no SENHOR, Meu poder é exaltado no SENHOR; Minha boca fala triunfante sobre meus inimigos, Porquanto me alegrei em tua salvação. ² Não há santo como o SENHOR: Porque não há ninguém além de ti; E não há refúgio como o nosso Deus. ³ Não faleis tantas coisas soberbas; Cessem as palavras arrogantes de vossa boca; Porque o Deus de todo conhecimento é o SENHOR, E a ele cabe pesar as ações. ⁴ Os arcos dos fortes foram quebrados, E os fracos se cingiram de força. ⁵ Os fartos se alugaram por pão: E cessaram os famintos; até a estéril deu à luz sete, e a que tinha muitos filhos se enfraqueceu. ⁶ O SENHOR mata e dá vida; ele faz descer ao Xeol, * e faz *de lá* subir. ⁷ O SENHOR empobrece e enriquece; abate e exalta. ⁸ Ele levanta do pó ao pobre, e ao necessitado ergue do esterco, para assentá-lo com os príncipes; e faz que tenham por propriedade assento de honra; porque do SENHOR são os alicerces da terra, e assentou o mundo sobre eles. ⁹ Ele guarda os pés de seus santos, Mas os ímpios perecem em trevas; Porque ninguém será forte por sua força. ¹⁰ Diante do SENHOR serão quebrantados seus adversários, E sobre eles trovejará desde os céus: o SENHOR julgará os termos da terra, E dará força a seu Rei, E exaltará o poder de seu ungido. ¹¹ E Elcana se voltou a sua casa em Ramá; e o menino ministrava ao SENHOR diante do sacerdote Eli. ¹² Mas os filhos de Eli eram homens ímpios, e não tinham conhecimento do SENHOR. ¹³ E o costume dos sacerdotes com o povo era que, quando alguém oferecia sacrifício, vinha o criado do sacerdote enquanto a carne estava a cozer, trazendo em sua mão um garfo de três ganchos; ¹⁴ E enfiava com ele na caldeira, ou na caçarola, ou no caldeirão, ou no pote; e tudo o que tirava o garfo, o sacerdote o tomava para si. Desta maneira faziam a todo israelita que vinha a Siló. ¹⁵ Também, antes de queimar a gordura, vinha o criado do sacerdote, e dizia ao que sacrificava: Da carne que asse para o sacerdote; porque não tomará de ti carne cozida, mas sim crua. ¹⁶ E se lhe respondia o homem, Queimem logo a gordura hoje, e depois toma tanta quanto quiseres; ele respondia: Não, mas sim agora a darás: de outra maneira eu a tomarei por força. ¹⁷ Era, pois, o pecado dos moços muito grande diante do SENHOR; porque os homens menosprezavam os sacrifícios do SENHOR. ¹⁸ E o jovem Samuel ministrava diante do SENHOR, vestido de um éfode de linho. ¹⁹ E fazia-lhe sua mãe uma túnica pequena, e a trazia a ele a cada ano, quando subia com seu marido a oferecer o sacrifício costumeiro. ²⁰ E Eli abençoou Elcana e a sua mulher, dizendo: "O SENHOR te dê descendência † desta mulher por causa dessa petição que ela fez ao SENHOR." E voltaram para sua casa. ²¹ E o SENHOR visitou a Ana, e ela concebeu, e deu à luz três filhos e duas filhas. E o jovem Samuel crescia diante do SENHOR. ²² Eli, porém, era muito velho, e ouviu tudo o que seus filhos faziam a todo Israel, e como se deitavam com as mulheres que serviam à porta do tabernáculo do testemunho. ²³ E disse-lhes: "Por que fazeis essas coisas? Pois eu ouço de todo este povo os vossos maus atos. ²⁴ Não, meus filhos; pois não é boa a fama que eu ouço, que fazeis pecar ao povo do SENHOR. ²⁵ Se o homem pecar contra o homem, os juízes o julgarão; mas, se alguém pecar contra o SENHOR, quem rogará por ele?" Porém eles não ouviram a voz de seu pai, porque o SENHOR queria matá-los. ²⁶ E o jovem Samuel ia crescendo e sendo bem estimando diante de Deus e diante das pessoas. ²⁷ E veio um homem de Deus a Eli, e disse-lhe: "Assim diz o SENHOR: 'Acaso não me manifestei à casa do teu pai, quando estavam no Egito, na casa de Faraó? ²⁸ E eu o escolhi para ser o meu sacerdote dentre todas

---

* **2:6** Xeol é o lugar dos mortos   † **2:20** Lit. semente

as tribos de Israel, para que oferecesse sobre o meu altar, e queimasse incenso, e para que vestisse o éfode diante de mim; e dei à casa do teu pai todas as ofertas dos filhos de Israel. ²⁹ Por que pisaste os meus sacrifícios e as minhas ofertas, que eu mandei oferecer no tabernáculo? E por que honraste aos teus filhos mais que a mim, para vos engordardes do principal de todas as ofertas do meu povo Israel?' ³⁰ Por isso, o SENHOR, o Deus de Israel, diz: 'Eu havia dito que a tua casa e a casa de teu pai andariam diante de mim perpetuamente;' mas agora diz o SENHOR: 'Longe de mim tal coisa, porque eu honrarei aos que me honram, e os que me desprezam serão rejeitados. ³¹ Eis que vêm dias em que cortarei o teu braço, e o braço da casa de teu pai, para que não haja idoso em tua casa. ³² E verás competidor no tabernáculo, em todas as coisas em que fizer bem a Israel; e em nenhum tempo haverá idoso em tua casa. ³³ E não te cortarei de todo homem de meu altar, para fazer-te consumir os teus olhos, e encher teu ânimo de dor; mas toda a descendência de tua casa morrerá no princípio da fase adulta. ³⁴ E te será por sinal isto que acontecerá a teus dois filhos, Hofni e Fineias: ambos morrerão em um dia. ³⁵ E eu suscitarei para mim um sacerdote fiel, que faça conforme o meu coração e a minha alma; e eu lhe edificarei casa firme, e andará diante de meu ungido todos os dias. ³⁶ E será que o que houver restado em tua casa, virá a prostrar-se-lhe por um dinheiro de prata e um bocado de pão, dizendo-lhe: Rogo-te que me constituas em algum ministério, para que coma um bocado de pão.

3

¹ E o jovem Samuel ministrava ao SENHOR diante de Eli; e a palavra do SENHOR era rara naqueles dias; não havia visão manifesta. ² E aconteceu um dia, que estando Eli deitado em seu aposento, quando seus olhos começavam a escurecer-se, que não podia ver, ³ Samuel estava dormindo no templo do SENHOR, de onde a arca de Deus estava: e antes que a lâmpada de Deus fosse apagada, ⁴ o SENHOR chamou a Samuel; e ele respondeu: Eis-me aqui. ⁵ E correndo logo a Eli, disse: Eis-me aqui; para que me chamaste? E Eli lhe disse: Eu não chamei; volta-te a deitar. E ele se voltou, e deitou-se. ⁶ E o SENHOR voltou a chamar outra vez a Samuel. E levantando-se Samuel veio a Eli, e disse: Eis-me aqui; para que me chamaste? E ele disse: Filho meu, eu não chamei; volta, e deita-te. ⁷ E Samuel não havia conhecido ainda ao SENHOR, nem a palavra do SENHOR lhe havia sido revelada. ⁸ O SENHOR, então, chamou pela terceira vez a Samuel. E ele levantando-se veio a Eli, e disse: Eis-me aqui; para que me chamaste? Então entendeu Eli que o SENHOR chamava ao jovem. ⁹ E disse Eli a Samuel: Vai, e deita-te: e se te chamar, dirás: Fala, SENHOR, que teu servo ouve. Assim se foi Samuel, e deitou-se em seu lugar. ¹⁰ E veio o SENHOR, e ficou ali, e chamou como das outras vezes: Samuel, Samuel! Então Samuel disse: Fala, que o teu servo está ouvindo. ¹¹ E o SENHOR disse a Samuel: Eis que farei eu uma coisa em Israel, que a quem a ouvir, lhe retinirão ambos ouvidos. ¹² Aquele dia eu despertarei contra Eli todas as coisas que disse sobre sua casa. Em começando, acabarei também. ¹³ E lhe mostrarei que eu julgarei sua casa para sempre, pela iniquidade que ele sabe; porque seus filhos se corromperam, e ele não os repreendeu. ¹⁴ E portanto eu jurei à casa de Eli, que a iniquidade da casa de Eli não será expiada jamais, nem com sacrifícios nem com ofertas. ¹⁵ E Samuel esteve deitado até a manhã, e abriu as portas da casa do SENHOR. E Samuel temia revelar a visão a Eli. ¹⁶ Chamando, pois, Eli a Samuel, disse-lhe: Filho meu, Samuel. E ele respondeu: Eis-me aqui. ¹⁷ E disse: Que é a palavra que te falou o SENHOR? Rogo-te que não a encubras a mim; assim te faça Deus e assim te acrescente, se me encobrires palavra de tudo o que falou contigo. ¹⁸ E Samuel se o manifestou tudo, sem encobrir-lhe nada. Então ele disse: o SENHOR é; faça o que

bem lhe parecer. ¹⁹ E Samuel cresceu, e o SENHOR foi com ele, e não deixou cair por terra nenhuma de suas palavras. ²⁰ E conheceu todo Israel desde Dã até Berseba, que Samuel era fiel profeta do SENHOR. ²¹ Assim voltou o SENHOR a aparecer em Siló: porque o SENHOR se manifestou a Samuel em Siló com palavra do SENHOR.

4

¹ E Samuel falou a todo Israel. Por aquele tempo saiu Israel a encontrar em batalha aos filisteus, e assentou campo junto a Ebenézer, e os filisteus assentaram o seu em Afeque. ² E os filisteus apresentaram a batalha a Israel; e travando-se o combate, Israel foi vencido diante dos filisteus, os quais feriram na batalha pelo campo como quatro mil homens. ³ E voltado que houve o povo ao acampamento, os anciãos de Israel disseram: Por que nos feriu hoje o SENHOR diante dos filisteus? Tragamos a nós de Siló a arca do pacto do SENHOR, para que vindo entre nós nos salve da mão de nossos inimigos. ⁴ E enviou o povo a Siló, e trouxeram dali a arca do pacto do SENHOR dos exércitos, que estava assentado entre os querubins; e os dois filhos de Eli, Hofni e Fineias, estavam ali com a arca do pacto de Deus. ⁵ E aconteceu que, quando a arca do pacto do SENHOR veio ao campo, todo Israel deu grito com tão grande júbilo, que a terra tremeu. ⁶ E quando os filisteus ouviram a voz de júbilo, disseram: Que voz de grande júbilo é esta no campo dos hebreus? E souberam que a arca do SENHOR havia vindo ao campo. ⁷ E os filisteus tiveram medo, porque diziam: Veio Deus ao campo. E disseram: Ai de nós! pois antes de agora não foi assim. ⁸ Ai de nós! Quem nos livrará das mãos destes deuses fortes? Estes são os deuses que feriram ao Egito com toda praga no deserto. ⁹ Esforçai-vos, ó filisteus, e sede homens, porque não sirvais aos hebreus, como eles vos serviram a vós: sede homens, e lutai. ¹⁰ Lutaram, pois, os filisteus, e Israel foi vencido, e fugiram cada qual a suas tendas; e foi feita muito grande mortandade, pois caíram de Israel trinta mil homens a pé. ¹¹ E a arca de Deus foi tomada, e morreram os dois filhos de Eli, Hofni e Fineias. ¹² E correndo da batalha um homem de Benjamim, veio naquele dia a Siló, com suas roupas rasgadas e com terra sobre sua cabeça: ¹³ E quando chegou, eis que Eli que estava sentado em uma cadeira vigiando junto ao caminho; porque seu coração estava tremendo por causa da arca de Deus. Chegado pois aquele homem à cidade, e dadas as novas, toda a cidade gritou. ¹⁴ E quando Eli ouviu o estrondo da gritaria, disse: Que estrondo de alvoroço é este? E aquele homem veio depressa, e deu as novas a Eli. ¹⁵ Era já Eli de idade de noventa e oito anos, e seus olhos se haviam entenebrecido, de modo que não podia ver. ¹⁶ Disse, pois, aquele homem a Eli: Eu venho da batalha, eu escapei hoje do combate. E ele disse: Que aconteceu, filho meu? ¹⁷ E o mensageiro respondeu, e disse: Israel fugiu diante dos filisteus, e também foi feita grande mortandade no povo; e também teus dois filhos, Hofni e Fineias, são mortos, e a arca de Deus foi tomada. ¹⁸ E aconteceu que quando ele fez menção da arca de Deus, Eli caiu até atrás da cadeira ao lado da porta, e o seu pescoço se quebrou, e ele morreu: porque era homem velho e pesado. E havia julgado a Israel quarenta anos. ¹⁹ E sua nora, a mulher de Fineias, que estava grávida, próxima ao parto, ouvindo a notícia que a arca de Deus havia sido tomada, e mortos seu sogro e seu marido, encurvou-se e teve o parto; porque suas dores vieram sobre ela. ²⁰ E ao tempo em que morria, diziam-lhe as que estavam junto a ela: Não tenhas medo, porque deste à luz um filho. Mas ela não respondeu, nem deu atenção. ²¹ E chamou ao menino Icabode, dizendo: Passada foi a glória de Israel! Por causa arca de Deus que foi tomada, e porque era morto seu sogro, e seu marido. ²² Disse, pois: Passada foi a glória de Israel; porque a arca de Deus foi tomada.

5

¹ E os filisteus, depois de tomarem a arca de Deus, trouxeram-na desde Ebenézer a Asdode. ² E tomaram os filisteus a arca de Deus, e meteram-na na casa de Dagom, e puseram-na junto a Dagom. ³ E o seguinte dia os de Asdode se levantaram de manhã, e eis Dagom prostrado em terra diante da arca do SENHOR: e tomaram a Dagom, e voltaram-no a seu lugar. ⁴ E voltando-se a levantar de manhã o dia seguinte, eis que Dagom havia caído prostrado em terra diante da arca do SENHOR; e a cabeça de Dagom, e as duas palmas de suas mãos estavam cortadas sobre o umbral, havendo restado a Dagom o tronco somente. ⁵ Por esta causa os sacerdotes de Dagom, e todos os que no templo de Dagom entram, não pisam o umbral de Dagom em Asdode, até hoje. ⁶ Porém agravou-se a mão do SENHOR sobre os de Asdode, e assolou-os, e feriu-os com chagas em Asdode e em todos seus termos. ⁷ E vendo isto os de Asdode, disseram: Não fique conosco a arca do Deus de Israel, porque sua mão é dura sobre nós, e sobre nosso deus Dagom. ⁸ Mandaram, pois, juntar a si todos os príncipes dos filisteus, e disseram: Que faremos da arca do Deus de Israel? E eles responderam: Passe-se a arca do Deus de Israel a Gate. E passaram ali a arca do Deus de Israel. ⁹ E aconteceu que quando a houveram passado, a mão do SENHOR foi contra a cidade com grande tormento; e feriu os homens daquela cidade desde o pequeno até o grande, que se encheram de chagas. ¹⁰ Então enviaram a arca de Deus a Ecrom. E quando a arca de Deus veio a Ecrom, os ecronitas deram vozes dizendo: Passaram a mim a arca do Deus de Israel para matar a mim e a meu povo. ¹¹ E enviaram a juntar todos os príncipes dos filisteus, dizendo: Despachai a arca do Deus de Israel, e torne-se a seu lugar, e não mate a mim nem a meu povo: porque havia tormento de morte em toda a cidade, e a mão de Deus se havia ali agravado. ¹² E os que não morriam, eram feridos de chagas; e o clamor da cidade subia ao céu.

6

¹ E esteve a arca do SENHOR na terra dos filisteus sete meses. ² Então os filisteus, chamando os sacerdotes e adivinhos, perguntaram: Que faremos da arca do SENHOR? Declarai-nos como a devemos tornar a enviar a seu lugar. ³ E eles disseram: Se enviais a arca do Deus de Israel, não a envieis vazia; mas lhe pagareis a expiação: e então sereis sãos, e conhecereis por que não se afastou de vós sua mão. ⁴ E eles disseram: E que será a expiação que lhe pagaremos? E eles responderam: Conforme o número dos príncipes dos filisteus, cinco chagas de ouro, e cinco ratos de ouro, porque a mesma praga que todos têm, têm também vossos príncipes. ⁵ Fareis, pois, as formas de vossas chagas, e as formas de vossos ratos que destroem a terra, e dareis glória ao Deus de Israel: talvez aliviará sua mão de sobre vós, e de sobre vossos deuses, e de sobre vossa terra. ⁶ Mas por que endureceis vosso coração, como os egípcios e Faraó endureceram seu coração? Depois que os houve assim tratado, não os deixaram que se fossem, e se foram? ⁷ Fazei, pois, agora um carro novo, e tomai logo duas vacas que criem, às quais não haja sido posto jugo, e preparai as vacas ao carro, e fazei voltar de detrás delas seus bezerros a casa. ⁸ Tomareis logo a arca do SENHOR, e a poreis sobre o carro; e ponde em uma caixa ao lado dela as joias de ouro que lhe pagais em expiação: e a deixareis que se vá. ⁹ E olhai: se sobe pelo caminho de seu termo a Bete-Semes, ele nos fez este mal tão grande; e se não, teremos certeza de que não foi sua mão que nos feriu, mas nos foi coincidência. ¹⁰ E aqueles homens o fizeram assim; pois tomando duas vacas que criavam, prepararam-nas ao carro, e encerraram em casa seus bezerros. ¹¹ Logo puseram a arca do SENHOR sobre o carro, e a caixa com os ratos de ouro e com as formas de suas chagas. ¹² E as vacas se encaminharam pelo caminho de Bete-Semes, e iam por um mesmo caminho andando

e bramando, sem desviar-se nem à direita nem à esquerda: e os príncipes dos filisteus foram atrás elas até o termo de Bete-Semes. ¹³ E os de Bete-Semes ceifavam o trigo no vale; e levantando seus olhos viram a arca, e alegraram-se quando a viram. ¹⁴ E o carro veio ao campo de Josué Bete-Semita, e parou ali porque ali havia uma grande pedra; e eles cortaram a madeira do carro, e ofereceram as vacas em holocausto ao SENHOR. ¹⁵ E os levitas baixaram a arca do SENHOR, e a caixa que estava junto a ela, na qual estavam as joias de ouro, e puseram-nas sobre aquela grande pedra; e os homens de Bete-Semes sacrificaram holocaustos e mataram vítimas ao SENHOR naquele dia. ¹⁶ O qual vendo os cinco príncipes dos filisteus, voltaram a Ecrom o mesmo dia. ¹⁷ Estas, pois, são as chagas de ouro que pagaram os filisteus ao SENHOR em expiação: por Asdode uma, por Gaza uma, por Asquelom uma, por Gate uma, por Ecrom uma; ¹⁸ E ratos de ouro conforme ao número de todas as cidades dos filisteus pertencentes aos cinco príncipes, desde as cidades fortes até as aldeias sem muro; e até a grande pedra sobre a qual puseram a arca do SENHOR, pedra que está no campo de Josué, bete-semita, até hoje. ¹⁹ Então feriu Deus aos de Bete-Semes, porque haviam olhado na arca do SENHOR; feriu no povo cinquenta mil e setenta homens. E o povo pôs luto, porque o SENHOR lhe havia ferido de tão grande praga. ²⁰ E disseram os de Bete-Semes: Quem poderá estar diante do SENHOR o Deus santo? e a quem subirá desde nós? ²¹ E enviaram mensageiros aos de Quriate-Jearim, dizendo: Os filisteus devolveram a arca do SENHOR: descei, pois, e levai-a a vós.

7

¹ E vieram os de Quriate-Jearim, e levaram a arca do SENHOR, e meteram-na em casa de Abinadabe, situada no morro; e santificaram a Eleazar seu filho, para que guardasse a arca do SENHOR. ² E aconteceu que desde o dia que chegou a arca a Quriate-Jearim passaram muitos dias, vinte anos; e toda a casa de Israel se lamentou, voltando a seguir o SENHOR. ³ E falou Samuel a toda a casa de Israel, dizendo: Se de todo vosso coração vos volteis ao SENHOR, tirai os deuses alheios e a Astarote de entre vós, e preparai vosso coração ao SENHOR, e a somente ele servi, e vos livrará da mão dos filisteus. ⁴ Então os filhos de Israel tiraram aos baalins e a Astarote, e serviram a somente o SENHOR. ⁵ E Samuel disse: Juntai a todo Israel em Mispá, e eu orarei por vós ao SENHOR. ⁶ E juntando-se em Mispá, tiraram água, e derramaram-na diante do SENHOR, e jejuaram aquele dia, e disseram ali: Contra o SENHOR temos pecado. E julgou Samuel aos filhos de Israel em Mispá. ⁷ E ouvindo os filisteus que os filhos de Israel estavam reunidos em Mispá, subiram os príncipes dos filisteus contra Israel: o qual quando houveram ouvido os filhos de Israel, tiveram temor dos filisteus. ⁸ E disseram os filhos de Israel a Samuel: Não cesses de clamar por nós ao SENHOR nosso Deus, que nos guarde da mão dos filisteus. ⁹ E Samuel tomou um cordeiro que ainda amamentava, e sacrificou-o inteiro ao SENHOR em holocausto: e clamou Samuel ao SENHOR por Israel, e o SENHOR lhe ouviu. ¹⁰ E aconteceu que estando Samuel sacrificando o holocausto, os filisteus chegaram para lutar com os filhos de Israel. Mas o SENHOR trovejou aquele dia com grande estrondo sobre os filisteus, e desbaratou-os, e foram vencidos diante de Israel. ¹¹ E saindo os filhos de Israel de Mispá, seguiram aos filisteus, ferindo-os até abaixo de Bete-Car. ¹² Tomou logo Samuel uma pedra, e a pôs entre Mispá e Sem, e pôs-lhe por nome Ebenézer, dizendo: Até aqui nos ajudou o SENHOR. ¹³ Foram, pois, os filisteus humilhados, que não vieram mais ao termo de Israel; e a mão do SENHOR foi contra os filisteus todo o tempo de Samuel. ¹⁴ E foram restituídas aos filhos de Israel as cidades que os filisteus haviam tomado aos israelitas, desde Ecrom até Gate, com seus termos: e Israel as livrou da mão dos filisteus. E houve paz entre Israel e o amorreu. ¹⁵ E julgou Samuel a Israel

todo o tempo que viveu. ¹⁶ E todos os anos ia e dava volta a Betel, e a Gilgal, e a Mispá, e julgava a Israel em todos estes lugares. ¹⁷ Voltava-se depois a Ramá, porque ali estava sua casa, e ali julgava a Israel; e edificou ali altar ao SENHOR.

8

¹ E aconteceu que havendo Samuel envelhecido, pôs seus filhos por juízes sobre Israel. ² E o nome de seu filho primogênito foi Joel, e o nome do segundo, Abias: foram juízes em Berseba. ³ Mas não andaram os filhos pelos caminhos de seu pai, antes se inclinaram atrás a ganância, recebendo suborno e pervertendo o direito. ⁴ Então todos os anciãos de Israel se juntaram, e vieram a Samuel em Ramá, ⁵ E disseram-lhe: Eis que tu envelheceste, e teus filhos não vão por teus caminhos: portanto, constitui-nos agora um rei que nos julgue, como todas as nações. ⁶ E descontentou a Samuel esta palavra que disseram: Dá-nos rei que nos julgue. E Samuel orou ao SENHOR. ⁷ E disse o SENHOR a Samuel: Ouve a voz do povo em tudo o que te disserem: porque não rejeitaram a ti, mas sim a mim me rejeitaram, para que eu não reine sobre eles. ⁸ Conforme todas as obras que fizeram desde o dia que os tirei do Egito até hoje, que me deixaram e serviram a deuses alheios, assim fazem também contigo. ⁹ Agora, pois, ouve sua voz: mas protesta contra eles declarando-lhes o direito do rei que há de reinar sobre eles. ¹⁰ E disse Samuel todas as palavras do SENHOR ao povo que lhe havia pedido rei. ¹¹ Disse, pois: Este será o direito do rei que houver de reinar sobre vós: tomará vossos filhos, e os porá em seus carros, e em seus cavaleiros, para que corram diante de seu carro: ¹² E se escolherá capitães de mil, e capitães de cinquenta: os porá também a que arem seus campos, e ceifem suas plantações, e a que façam suas armas de guerra, e os equipamentos de seus carros: ¹³ Tomará também vossas filhas para que sejam perfumistas, cozinheiras, e padeiras. ¹⁴ Também tomará vossas terras, vossas vinhas, e vossos bons olivais, e os dará a seus servos. ¹⁵ Ele tomará o dízimo de vossas sementes e vossas vinhas, para dar a seus eunucos e a seus servos. ¹⁶ Ele tomará vossos servos, e vossas servas, e vossos bons rapazes, e vossos asnos, e com eles fará suas obras. ¹⁷ Tomará o dízimo também do vosso rebanho, e sereis seus servos. ¹⁸ E clamareis aquele dia por causa de vosso rei que vos havereis escolhido, mas o SENHOR não vos ouvirá naquele dia. ¹⁹ Porém o povo não quis ouvir a voz de Samuel; antes disseram: Não, mas sim que haverá rei sobre nós: ²⁰ E nós seremos também como todas as nações, e nosso rei nos governará, e sairá diante de nós, e fará nossas guerras. ²¹ E ouviu Samuel todas as palavras do povo, e referiu-as aos ouvidos do SENHOR. ²² E o SENHOR disse a Samuel: Ouve sua voz, e põe rei sobre eles. Então disse Samuel aos homens de Israel: Ide-vos cada um à sua cidade.

9

¹ E havia um homem de Benjamim, homem valente, o qual se chamava Quis, filho de Abiel, filho de Zeror, filho de Becorate, filho de Afia, filho de um homem de Benjamim. ² E tinha ele um filho que se chamava Saul, rapaz e belo, que entre os filhos de Israel não havia outro mais belo que ele; do ombro acima sobrepujava a qualquer um do povo. ³ E haviam-se perdido as asnas de Quis, pai de Saul; pelo que disse Quis a Saul seu filho: Toma agora contigo algum dos criados, e levanta-te, e vai a buscar as asnas. ⁴ E ele passou ao monte de Efraim, e dali à terra de Salisa, e não as acharam. Passaram logo pela terra de Saalim, e tampouco. Depois passaram pela terra de Benjamim, e não as encontraram. ⁵ E quando vieram à terra de Zufe, Saul disse a seu criado que tinha consigo: Vem, voltemo-nos; porque talvez meu pai, deixado o cuidado das asnas, estará aflito por nós. ⁶ E ele lhe respondeu: Eis que agora há nesta cidade um homem de Deus, que é homem ilustre: todas as coisas que ele disser, sem dúvida

virão a suceder. Vamos pois ali; talvez nos ensinará nosso caminho por onde havemos de ir. [7] E Saul respondeu a seu criado: Vamos agora: mas que levaremos ao homem? Porque o pão de nossos alforjes se acabou, e não temos que presentear ao homem de Deus: que temos? [8] Então voltou o criado a responder a Saul, dizendo: Eis que se acha em minha mão a quarta parte de um siclo de prata: isto darei ao homem de Deus, porque nos declare nosso caminho. [9] (Antigamente em Israel qualquer um que ia a consultar a Deus, dizia assim: Vinde e vamos até o vidente: porque o que agora se chama profeta, antigamente era chamado vidente). [10] Disse então Saul a seu criado: Bem dizes; eia, pois, vamos. E foram à cidade de onde estava o homem de Deus. [11] E quando subiam pela encosta da cidade, acharam umas moças que saíam por água, às quais disseram: Está neste lugar o vidente? [12] E elas respondendo-lhes, disseram: Sim; ei-lo aqui diante de ti: apressa-te, pois, porque hoje veio à cidade porque o povo tem hoje sacrifício no alto. [13] E quando entrardes na cidade, vós o encontrareis logo, antes que suba ao alto a comer; pois o povo não comerá até que ele tenha vindo, porquanto ele deve abençoar o sacrifício, e depois comerão os convidados. Subi, pois agora, porque agora o achareis. [14] Eles então subiram à cidade; e quando em meio da cidade estiveram, eis que Samuel que diante deles saía para subir ao alto. [15] E um dia antes que Saul viesse, o SENHOR havia revelado ao ouvido de Samuel, dizendo: [16] Amanhã a esta mesma hora eu enviarei a ti um homem da terra de Benjamim, ao qual ungirás por príncipe sobre meu povo Israel, e salvará meu povo da mão dos filisteus: pois eu olhei a meu povo, porque seu clamor há chegado até mim. [17] E logo que Samuel viu a Saul, o SENHOR lhe disse: Eis que este é o homem do qual te falei; este dominará a meu povo. [18] E chegando Saul a Samuel em meio da porta, disse-lhe: Rogo-te que me ensines onde está a casa do vidente. [19] E Samuel respondeu a Saul, e disse: Eu sou o vidente: sobe diante de mim ao alto, e comei hoje comigo, e pela manhã te despacharei, e te revelarei tudo o que está em teu coração. [20] E das asnas que se te perderam hoje há três dias, deixa de se preocupar com elas, porque se acharam. Mas a quem é todo o desejo de Israel, se não a ti e a toda a casa de teu pai? [21] E Saul respondeu, e disse: Não sou eu filho de Benjamim, das menores tribos de Israel? e minha família não é a mais pequena de todas as famílias da tribo de Benjamim? por que pois me disseste coisa semelhante? [22] E tomando Samuel a Saul e a seu criado, meteu-os na sala, e deu-lhes lugar à cabeceira dos convidados, que eram como uns trinta homens. [23] E disse Samuel ao cozinheiro: Traze aqui a porção que te dei, a qual te disse que guardasses à parte. [24] Então levantou o cozinheiro uma coxa, com o que estava sobre ela, e a pôs diante de Saul. E Samuel disse: Eis que o que estava reservado: põe-o diante de ti, e come; porque foi intencionalmente guardado para ti, quando disse: Eu convidei ao povo. E Saul comeu aquele dia com Samuel. [25] E quando houveram descido do alto à cidade, ele falou com Saul no terraço. [26] E ao outro dia madrugaram: e quando ao raiar da alva, Samuel chamou a Saul, que estava no terraço; e disse: Levanta-te, para que te despache. Levantou-se logo Saul, e saíram fora ambos, ele e Samuel. [27] E descendo eles ao fim da cidade, disse Samuel a Saul: Dize ao jovem que vá diante, (e adiantou-se o jovem); mas espera tu um pouco para que te declare palavra de Deus.

10

[1] Tomando então Samuel um frasco de azeite, derramou-o sobre sua cabeça, e beijou-o, e disse-lhe: Não foi o SENHOR que te ungiu para que sejas líder sobre sua propriedade? [2] Hoje, depois que te tenhas apartado de mim, acharás dois homens junto ao sepulcro de Raquel, no termo de Benjamim, em Zelza, os quais te dirão: As asnas que havias ido a buscar, se acharam; teu pai pois há deixado já o negócio das

asnas, porém está preocupado convosco, dizendo: Que farei acerca de meu filho? ³ E quando dali te fores mais adiante, e chegares à campina de Tabor, te sairão ao encontro três homens que sobem a Deus em Betel, levando o um três cabritos, e o outro três tortas de pão, e o terceiro uma vasilha de vinho: ⁴ Os quais, logo que te tenham saudado, te darão dois pães, os quais tomarás das mãos deles. ⁵ De ali virás ao morro de Deus de onde está a guarnição dos filisteus; e quando entrares ali na cidade encontrarás uma companhia de profetas que descem do alto, e diante deles saltério, e adufe, e flauta, e harpa, e eles profetizando: ⁶ E o espírito do SENHOR te arrebatará, e profetizarás com eles, e serás transformado em outro homem. ⁷ E quando te houverem sobrevindo estas sinais, faze o que te vier à mão, porque Deus é contigo. ⁸ E descerás antes de mim a Gilgal; e logo descerei eu a ti para sacrificar holocaustos, e imolar sacrifícios pacíficos. Espera sete dias, até que eu venha a ti, e te ensine o que hás de fazer. ⁹ E foi que assim quando virou ele seu ombro para partir-se de Samuel, mudou-lhe Deus seu coração; e todas estes sinais aconteceram naquele dia. ¹⁰ E quando chegaram ali ao morro, eis que a companhia dos profetas que vinha a encontrar-se com ele, e o Espírito de Deus o arrebatou, e profetizou entre eles. ¹¹ E aconteceu que, quando todos os que o conheciam de antes viram como profetizava com os profetas, o povo dizia o um ao outro: Que sucedeu ao filho de Quis? Saul também entre os profetas? ¹² E algum dali respondeu, e disse: E quem é o pai deles? Por esta causa se tornou em provérbio: Também Saul entre os profetas? ¹³ E cessou de profetizar, e chegou ao alto. ¹⁴ E um tio de Saul disse a ele e a seu criado: Aonde fostes? E ele respondeu: A buscar as asnas; e quando vimos que não apareciam, fomos a Samuel. ¹⁵ E disse o tio de Saul: Eu te rogo me declares que vos disse Samuel. ¹⁶ E Saul respondeu a seu tio: Declarou-nos expressamente que as asnas haviam aparecido. Mas do negócio do reino, de que Samuel lhe havia falado, não lhe revelou nada. ¹⁷ E Samuel convocou o povo ao SENHOR em Mispá; ¹⁸ E disse aos filhos de Israel: Assim disse o SENHOR o Deus de Israel: Eu tirei a Israel do Egito, e vos livre da mão dos egípcios, e da mão de todos os reinos que vos afligiram: ¹⁹ Mas vós rejeitastes hoje a vosso Deus, que vos guarda de todas as vossas aflições e angústias, e dissestes: Não, mas sim põe rei sobre nós. Agora pois, ponde-vos diante do SENHOR por vossas tribos e por vossos milhares. ²⁰ E fazendo achegar Samuel todas as tribos de Israel, foi tomada a tribo de Benjamim. ²¹ E fez chegar a tribo de Benjamim por suas linhagens, e foi tomada a família de Matri; e dela foi tomado Saul filho de Quis. E lhe buscaram, mas não foi achado. ²² Perguntaram pois outra vez ao SENHOR, se havia ainda de vir ali aquele homem. E respondeu o SENHOR: Eis que ele está escondido entre a bagagem. ²³ Então correram, e tomaram-no dali, e posto em meio do povo, desde o ombro acima era mais alto que todo o povo. ²⁴ E Samuel disse a todo o povo: Vistes ao que o SENHOR escolheu, que não há semelhante a ele em todo o povo? Então o povo clamou com alegria, dizendo: Viva o rei! ²⁵ Então Samuel recitou ao povo o direito do reino, e escreveu-o em um livro, o qual guardou diante do SENHOR. ²⁶ E enviou Samuel a todo o povo cada um a sua casa. E Saul também se foi a sua casa em Gibeá, e foram com ele o exército, o coração dos quais Deus havia tocado. ²⁷ Porém os ímpios disseram: Como nos há de salvar este? E tiveram-lhe em pouco, e não lhe trouxeram presente: mas ele dissimulou.

11

¹ E subiu Naás amonita, e assentou acampamento contra Jabes de Gileade. E todos os de Jabes disseram a Naás: Faze aliança conosco, e te serviremos. ² E Naás amonita lhes respondeu: Com esta condição farei aliança convosco, que a cada um de todos vós tire o olho direito, e ponha esta afronta sobre todo Israel. ³ Então os anciãos

de Jabes lhe disseram: Dá-nos sete dias, para que enviemos mensageiros a todos os termos de Israel; e se ninguém houver que nos defenda, sairemos a ti. ⁴ E chegando os mensageiros a Gibeá de Saul, disseram estas palavras em ouvidos do povo; e todo o povo chorou a voz em grito. ⁵ E eis que Saul que vinha do campo, atrás os bois; e disse Saul: Que tem o povo, que choram? E contaram-lhe as palavras dos homens de Jabes. ⁶ E o espírito de Deus arrebatou a Saul em ouvindo estas palavras, e acendeu-se em ira em grande maneira. ⁷ E tomando um par de bois, cortou-os em peças, e enviou-as por todos os termos de Israel por meio de mensageiros, dizendo: Qualquer um que não sair após Saul e após Samuel, assim será feito a seus bois. E caiu temor do SENHOR sobre o povo, ⁸ E contou-lhes em Bezeque; e foram os filhos de Israel trezentos mil, e trinta mil os homens de Judá. ⁹ E responderam aos mensageiros que haviam vindo: Assim direis aos de Jabes de Gileade: Amanhã em aquecendo o sol, tereis salvamento. E vieram os mensageiros, e declararam-no aos de Jabes, os quais se alegraram. ¹⁰ E os de Jabes disseram: Amanhã sairemos a vós, para que façais conosco tudo o que bem vos parecer. ¹¹ E o dia seguinte dispôs Saul o povo em três esquadrões, e entraram em meio do acampamento à vigília da manhã, e feriram aos amonitas até que o dia aquecesse; e os que restaram foram dispersos, tal que não restaram dois deles juntos. ¹² O povo então disse a Samuel: Quem são o que diziam: Reinará Saul sobre nós? Dai-nos esses homens, e os mataremos. ¹³ E Saul disse: Não morrerá hoje ninguém, porque hoje operou o SENHOR salvação em Israel. ¹⁴ Mas Samuel disse ao povo: Vinde, vamos a Gilgal para que renovemos ali o reino. ¹⁵ E foi todo o povo a Gilgal, e investiram ali a Saul por rei diante do SENHOR em Gilgal. E sacrificaram ali vítimas pacíficas diante do SENHOR; e alegraram-se muito ali Saul e todos os de Israel.

12

¹ E disse Samuel a todo Israel: Eis que, eu ouvi vossa voz em todas as coisas que me haveis dito, e vos pus rei. ² Agora, pois, eis que vosso rei vai diante de vós. Eu sou já velho e grisalho: mas meus filhos estão convosco, e eu andei diante de vós desde minha juventude até este dia. ³ Aqui estou; testemunhai contra mim diante do SENHOR e diante de seu ungido, se tomei o boi de alguém, ou se tomei o asno de alguém, ou se caluniei a alguém, ou se oprimi a alguém, ou se de alguém tomei suborno pelo qual tenha coberto meus olhos; e eu vos restituirei. ⁴ Então disseram: Nunca nos caluniaste, nem oprimi, nem tomaste algo da mão de nenhum homem. ⁵ E ele lhes disse: o SENHOR é testemunha contra vós, e seu ungido também é testemunha neste dia, que não achastes em minha mão coisa nenhuma. E eles responderam: Assim é. ⁶ Então Samuel disse ao povo: o SENHOR é quem fez a Moisés e a Arão, e que tirou a vossos pais da terra do Egito. ⁷ Agora, pois, aguardai, e eu queixarei de vós diante do SENHOR de todas as justiças do SENHOR, que fez convosco e com vossos pais. ⁸ Depois que Jacó entrou em Egito e vossos pais clamaram ao SENHOR, o SENHOR enviou a Moisés e a Arão, os quais tiraram a vossos pais do Egito, e os fizeram habitar neste lugar. ⁹ E esqueceram ao SENHOR seu Deus, e ele os vendeu na mão de Sísera capitão do exército de Hazor, e na mão dos filisteus, e na mão do rei de Moabe, os quais lhes fizeram guerra. ¹⁰ E eles clamaram ao SENHOR, e disseram: Pecamos, porque deixamos ao SENHOR, e servimos aos baalins e a Astarote: livra-nos, pois, agora da mão de nossos inimigos, e te serviremos. ¹¹ Então o SENHOR enviou a Jerubaal, e a Bedã, e a Jefté, e a Samuel, e vos livrou da mão de vossos inimigos ao redor, e habitastes seguros. ¹² E havendo visto que Naás rei dos filhos de Amom vinha contra vós, me dissestes: Não, mas sim rei reinará sobre nós; sendo vosso rei o SENHOR vosso Deus. ¹³ Agora, pois, vede aqui vosso rei que haveis escolhido, o

qual pedistes; já vedes que o SENHOR pôs sobre vós rei. ¹⁴ Se temerdes ao SENHOR e o servirdes, e ouvirdes sua voz, e não fordes rebeldes à palavra do SENHOR, tanto vós como o rei que rainha sobre vós, seguireis ao SENHOR vosso Deus. ¹⁵ Mas se não ouvirdes a voz do SENHOR, e se fordes rebeldes às palavras do SENHOR, a mão do SENHOR será contra vós como contra vossos pais. ¹⁶ Esperai ainda agora, e olhai esta grande coisa que o SENHOR fará diante de vossos olhos. ¹⁷ Não é agora a colheita dos trigos? Eu clamarei ao SENHOR, e ele dará trovões e chuva; para que conheçais e vejais que é grande vossa maldade que tendes feito aos olhos do SENHOR, pedindo-vos rei. ¹⁸ E Samuel clamou ao SENHOR; e o SENHOR deu trovões e chuva naquele dia; e todo o povo temeu em grande maneira ao SENHOR e a Samuel. ¹⁹ Então disse todo o povo a Samuel: Roga por teus servos ao SENHOR teu Deus, que não morramos; porque a todos os nossos pecados acrescentamos este mal de pedir rei para nós. ²⁰ E Samuel respondeu ao povo: Não temais: vós cometestes todo este mal; mas com tudo isso não vos desvieis de seguir ao SENHOR, mas sim servi ao SENHOR com todo o vosso coração: ²¹ Não vos desvieis a fim de seguir as vaidades que não aproveitam nem livram, porque são vaidades. ²² Pois o SENHOR não desamparará a seu povo por seu grande nome: porque o SENHOR quis fazer-vos povo seu. ²³ Assim que, longe seja de mim que peque eu contra o SENHOR cessando de rogar por vós; antes eu vos ensinarei pelo caminho bom e direito. ²⁴ Somente temei ao SENHOR, e servi-o de verdade com todo vosso coração, porque considerai quão grandes coisas fez convosco. ²⁵ Mas se perseverardes em fazer mal, vós e vosso rei perecereis.

13

¹ Havia já Saul reinado um ano; e reinado que houve dois anos sobre Israel, ² Escolheu-se logo três mil de Israel: os dois mil estiveram com Saul em Micmás e no monte de Betel, e os mil estiveram com Jônatas em Gibeá de Benjamim; e enviou a todo o outro povo cada um a suas tendas. ³ E Jônatas feriu a guarnição dos filisteus que havia no morro, e ouviram-no os filisteus. E fez Saul tocar trombetas por toda a terra, dizendo: Ouçam os hebreus. ⁴ E todo Israel ouviu o que se dizia: Saul feriu a guarnição dos filisteus; e também que Israel se tornou detestável aos filisteus. E juntou-se o povo sob o comando de Saul em Gilgal. ⁵ Então os filisteus se juntaram para lutar com Israel, trinta mil carros, e seis mil cavalos, e povo quando a areia que está à beira do mar em multidão; e subiram, e assentaram acampamento em Micmás, ao oriente de Bete-Áven. ⁶ Mas os homens de Israel, vendo-se postos em apuros, (porque o povo estava em dificuldades), escondeu-se o povo em covas, em fossos, em penhascos, em rochas e em cisternas. ⁷ E alguns dos hebreus passaram o Jordão à terra de Gade e de Gileade: e Saul se estava ainda em Gilgal, e todo o povo ia atrás dele tremendo. ⁸ E ele esperou sete dias, conforme ao prazo que Samuel havia dito; mas Samuel não vinha a Gilgal, e o povo se lhe desertava. ⁹ Então disse Saul: Trazei-me holocausto e sacrifícios pacíficos. E ofereceu o holocausto. ¹⁰ E quando ele acabava de fazer o holocausto, eis que Samuel que vinha; e Saul lhe saiu a receber para saudar-lhe. ¹¹ Então Samuel disse: Que fizeste? E Saul respondeu: Porque vi que o povo se me ia, e que tu não vinhas ao prazo dos dias, e que os filisteus estavam juntos em Micmás, ¹² Disse-me: Os filisteus descerão agora contra mim a Gilgal, e eu não implorei o favor do SENHOR. Esforcei-me pois, e ofereci holocausto. ¹³ Então Samuel disse a Saul: Loucamente fizeste; não guardaste o mandamento do SENHOR teu Deus, que ele te havia intimado; porque agora o SENHOR teria confirmado teu reino sobre Israel para sempre. ¹⁴ Mas agora teu reino não será durável: o SENHOR buscou para si homem segundo seu coração, ao qual o SENHOR mandou que seja líder sobre seu povo, porquanto tu não guardaste o que o SENHOR te mandou. ¹⁵ E

levantando-se Samuel, subiu de Gilgal a Gibeá de Benjamim. E Saul contou a gente que se achava com ele, como seiscentos homens. [16] Então Saul e Jônatas seu filho, e o povo que com eles se achava, ficaram em Gibeá de Benjamim: mas os filisteus haviam posto seu acampamento em Micmás. [17] E saíram do acampamento dos filisteus em saque três esquadrões. O um esquadrão tirou pelo caminho de Ofra até a terra de Sual. [18] O outro esquadrão marchou até Bete-Horom, e o terceiro esquadrão marchou até a região que está voltada ao vale de Zeboim até o deserto. [19] E em toda a terra de Israel não se achava ferreiro; porque os filisteus haviam dito: Para que os hebreus não façam espada ou lança. [20] E todos os de Israel desciam aos filisteus cada qual a amolar sua relha, sua enxada, seu machado, ou seu sacho, [21] E cobravam certo preço pelas relhas, pelas enxadas, e pelas forquilhas, e outro para afiar os machados, e as aguilhadas. [22] Assim aconteceu que o dia da batalha não se achou espada nem lança em mão de algum de todo o povo que estava com Saul e com Jônatas, exceto Saul e Jônatas seu filho, que as tinham. [23] E a guarnição dos filisteus saiu ao desfiladeiro de Micmás.

14

[1] E um dia aconteceu, que Jônatas filho de Saul disse a seu criado que lhe trazia as armas: Vem, e passemos à guarnição dos filisteus, que está a aquele lado. E não o fez saber a seu pai. [2] E Saul estava no termo de Gibeá, debaixo de uma romãzeira que há em Migrom, e o povo que estava com ele era como seiscentos homens. [3] E Aías filho de Aitube, irmão de Icabode, filho de Fineias, filho de Eli, sacerdote do SENHOR em Siló, levava o éfode; e não sabia o povo que Jônatas se houvesse ido. [4] E entre os desfiladeiros por de onde Jônatas procurava passar à guarnição dos filisteus, havia um penhasco agudo da uma parte, e outro da outra parte; o um se chamava Bozez e o outro Sené: [5] O um penhasco situado ao norte até Micmás, e o outro ao sul até Gibeá. [6] Disse, pois, Jônatas a seu criado que lhe trazia as armas: Vem, passemos à guarnição destes incircuncisos: talvez fará o SENHOR por nós; que não é difícil ao SENHOR salvar com multidão ou com pouco número. [7] E seu pajem de armas lhe respondeu: Faze tudo o que tens em teu coração: vai, que aqui estou contigo à tua vontade. [8] E Jônatas disse: Eis que, nós passaremos aos homens, e nos mostraremos a eles. [9] Se nos disserem assim: Esperai até que cheguemos a vós; então nos estaremos em nosso lugar, e não subiremos a eles. [10] Mas se nos disserem assim: Subi a nós: então subiremos, porque o SENHOR os entregou em nossas mãos: e isto nos será por sinal. [11] Mostraram-se, pois, ambos à guarnição dos filisteus, e os filisteus disseram: Eis que os hebreus, que saem das cavernas em que se haviam escondido. [12] E os homens da guarnição responderam a Jônatas e a seu pajem de armas, e disseram: Subi a nós, e vos faremos saber uma coisa. Então Jônatas disse a seu pajem de armas: Sobe atrás mim, que o SENHOR os entregou na mão de Israel. [13] E subiu Jônatas escalando com suas mãos e seus pés, e atrás dele seu pajem de armas; e os que caíam diante de Jônatas, seu pajem de armas que ia atrás dele os matava. [14] Esta foi a primeira derrota, na qual Jônatas com seu pajem de armas, mataram como uns vinte homens no espaço de uma meia jeira. [15] E houve tremor no acampamento e pelo campo, e entre toda a gente da guarnição; e os que haviam ido a fazer saques, também eles tremeram, e alvoroçou-se a terra: houve, pois, grande pânico. [16] E as sentinelas de Saul viram desde Gibeá de Benjamim como a multidão estava perturbada, e ia de uma parte à outra, e era desfeita. [17] Então Saul disse ao povo que tinha consigo: Reconhecei logo, e olhai quem tenha ido dos nossos. E depois de terem reconhecido, acharam que faltavam Jônatas e seu pajem de armas. [18] E Saul disse a Aías: Traze a arca de Deus. Porque a arca de Deus estava então com

os filhos de Israel. ¹⁹ E aconteceu que estando ainda falando Saul com o sacerdote, o alvoroço que havia no campo dos filisteus se aumentava, e ia crescendo em grande maneira. Então disse Saul ao sacerdote: Detém tua mão. ²⁰ E juntando Saul todo o povo que com ele estava, vieram até o lugar da batalha: e eis que a espada de cada um era volta contra seu companheiro, e a mortandade era grande. ²¹ E os hebreus que haviam estado com os filisteus de tempo antes, e haviam vindo com eles dos arredores ao acampamento, também estes se voltaram a ser com os israelitas que estavam com Saul e com Jônatas. ²² Também todos os israelitas que se haviam escondido no monte de Efraim, ouvindo que os filisteus fugiam, eles também os perseguiram naquela batalha. ²³ Assim salvou o SENHOR a Israel aquele dia. E chegou o alcance até Bete-Áven. ²⁴ Porém os homens de Israel foram postos em apuros aquele dia; porque Saul havia conjurado ao povo, dizendo: Qualquer um que comer pão até a tarde, até que tenha tomado vingança de meus inimigos, seja maldito. E todo o povo não havia provado pão. ²⁵ E todo o povo daquela terra chegou a um bosque de onde havia mel na superfície do campo. ²⁶ Entrou, pois, o povo no bosque, e eis que o mel corria; mas ninguém havia que chegasse a mão à sua boca: porque o povo temia o juramento. ²⁷ Porém Jônatas não havia ouvido quando seu pai conjurou ao povo, e estendeu a ponta de uma vara que trazia em sua mão, e molhou-a em um favo de mel, e chegou sua mão a sua boca; e seus olhos se iluminaram. ²⁸ Então falou um do povo, dizendo: Teu pai conjurou expressamente ao povo, dizendo: Maldito seja o homem que comer hoje alimento. E o povo desfalecia. ²⁹ E Jônatas respondeu: Meu pai perturbou esta terra. Vede agora como foram aclarados meus olhos, por haver provado um pouco deste mel; ³⁰ Quanto mais se o povo houvesse hoje comido do despojo de seus inimigos que achou? não se haveria feito agora maior estrago nos filisteus? ³¹ E feriram aquele dia aos filisteus desde Micmás até Aijalom: mas o povo se cansou muito. ³² Tornou-se, portanto, o povo ao despojo, e tomaram ovelhas e vacas e bezerros, e mataram-nos em terra, e o povo comeu com sangue. ³³ E dando-lhe disso aviso a Saul, disseram-lhe: O povo peca contra o SENHOR comendo com sangue. E ele disse: Vós cometestes transgressão; rolai-me agora aqui uma grande pedra. ³⁴ E Saul voltou a dizer: Espalhai-vos pelo povo, e dizei-lhes que me tragam cada um sua vaca, e cada qual sua ovelha, e degolai-os aqui, e comei; e não pecareis contra o SENHOR comendo com sangue. E trouxe todo o povo cada qual por sua mão sua vaca aquela noite, e ali degolaram. ³⁵ E edificou Saul altar ao SENHOR, o qual altar foi o primeiro que edificou ao SENHOR. ³⁶ E disse Saul: Desçamos de noite contra os filisteus, e os saquearemos até a manhã, e não deixaremos deles ninguém. E eles disseram: Faze o que bem te parecer. Disse logo o sacerdote: Acheguemo-nos aqui a Deus. ³⁷ E Saul consultou a Deus: Descerei atrás dos filisteus? os entregarás em mão de Israel? Mas o SENHOR não lhe deu resposta aquele dia. ³⁸ Então disse Saul: Achegai-vos aqui todos os principais do povo; e sabei e olhai por quem foi hoje este pecado; ³⁹ Porque vive o SENHOR, que salva a Israel, que se for em meu filho Jônatas, ele morrerá de certo. E não houve em todo o povo quem lhe respondesse. ⁴⁰ Disse logo a todo Israel: Vós estareis a um lado, e eu e Jônatas meu filho estaremos a outro lado. E o povo respondeu a Saul: Faze o que bem te parecer. ⁴¹ Então disse Saul ao SENHOR Deus de Israel: Dá perfeição. E foram tomados Jônatas e Saul, e o povo saiu livre. ⁴² E Saul disse: Lançai sorte entre mim e Jônatas meu filho. E foi tomado Jônatas. ⁴³ Então Saul disse a Jônatas: Declara-me que fizeste. E Jônatas se o declarou, e disse: Certo que provei com a ponta da vara que trazia em minha mão, um pouco de mel: e eis que ei de morrer? ⁴⁴ E Saul respondeu: Assim me faça Deus e assim me acrescente, que sem dúvida morrerás, Jônatas. ⁴⁵ Mas o povo disse a Saul:

Há, pois, de morrer Jônatas, o que fez esta salvação grande em Israel? Não será assim. Vive o SENHOR, que não há de cair um cabelo de sua cabeça em terra, pois que operou hoje com Deus. Assim livrou o povo a Jônatas, para que não morresse. ⁴⁶ E Saul deixou de perseguir aos filisteus; e os filisteus se foram a seu lugar. ⁴⁷ E ocupando Saul o reino sobre Israel, fez guerra a todos seus inimigos ao redor: contra Moabe, contra os filhos de Amom, contra Edom, contra os reis de Zobá, e contra os filisteus: e a de onde quer que se voltava era vencedor. ⁴⁸ E reuniu um exército, e feriu a Amaleque, e livrou a Israel da mão dos que lhe roubavam. ⁴⁹ E os filhos de Saul foram Jônatas, Isvi, e Malquisua. E os nomes de suas duas filhas eram, o nome da mais velha, Merabe, e o da mais nova, Mical. ⁵⁰ E o nome da mulher de Saul era Ainoã, filha de Aimaás. E o nome do general de seu exército era Abner, filho de Ner tio de Saul. ⁵¹ Porque Quis pai de Saul, e Ner pai de Abner, foram filhos de Abiel. ⁵² E a guerra foi forte contra os filisteus todo o tempo de Saul; e a qualquer um que Saul via homem valente e homem de esforço, juntava-lhe consigo.

15

¹ E Samuel disse a Saul: o SENHOR me enviou a que te ungisse por rei sobre seu povo Israel: ouve pois a voz das palavras do SENHOR. ² Assim disse o SENHOR dos exércitos: Lembro-me do que fez Amaleque a Israel; que se lhe opôs no caminho, quando subia do Egito. ³ Vai pois, e fere a Amaleque, e destruireis nele tudo o que tiver: e não te apiedes dele: mata homens e mulheres, crianças e bebês que mamam, vacas e ovelhas, camelos e asnos. ⁴ Saul pois juntou o povo, e reconheceu-os em Telaim, duzentos mil a pé, e dez mil homens de Judá. ⁵ E vindo Saul à cidade de Amaleque, pôs emboscada no vale. ⁶ E disse Saul aos queneus: Ide-vos, apartai-vos, e saí de entre os de Amaleque, para que não te destrua juntamente com ele: pois que tu fizeste misericórdia com todos os filhos de Israel, quando subiam do Egito. Apartaram-se, pois os queneus dentre os de Amaleque. ⁷ E Saul feriu a Amaleque, desde Havilá até chegar a Sur, que está à fronteira do Egito. ⁸ E tomou vivo a Agague rei de Amaleque, mas a todo o povo matou a fio de espada. ⁹ E Saul e o povo pouparam a Agague, e a o melhor das ovelhas, e ao gado maior, aos grossos e aos carneiros, e a todo o bom: que não o quiseram destruir: mas tudo o que era vil e fraco destruíram. ¹⁰ E veio a palavra do SENHOR a Samuel, dizendo: ¹¹ Pesa-me de haver posto por rei a Saul, porque se desviou de me seguir, e não cumpriu minhas palavras. E entristeceu-se Samuel, e clamou ao SENHOR toda aquela noite. ¹² Madrugou logo Samuel para ir se encontrar com Saul pela manhã; e foi dado aviso a Samuel, dizendo: Saul veio ao Carmelo, e eis que ele se levantou um monumento, e depois voltando, passou e descido a Gilgal. ¹³ Veio, pois, Samuel a Saul, e Saul lhe disse: Bendito sejas tu do SENHOR; eu cumpri a palavra do SENHOR. ¹⁴ Samuel então disse: Pois que balido de gados e bramido de bois é este que eu ouço com meus ouvidos? ¹⁵ E Saul respondeu: De Amaleque os trouxeram; porque o povo poupou ao melhor das ovelhas e das vacas, para sacrificá-las ao SENHOR teu Deus; mas destruímos o resto. ¹⁶ Então disse Samuel a Saul: Deixa-me declarar-te o que o SENHOR me disse esta noite. E ele lhe respondeu: Dize. ¹⁷ E disse Samuel: Sendo tu pequeno em teus olhos não foste feito cabeça às tribos de Israel, e o SENHOR te ungiu por rei sobre Israel? ¹⁸ E enviou-te o SENHOR em jornada, e disse: Vai, e destrói os pecadores de Amaleque, e faze-lhes guerra até que os acabes. ¹⁹ Por que, pois, não ouviste a voz do SENHOR, mas em vez disso te voltaste ao despojo, e fizeste o que era mau aos olhos do SENHOR? ²⁰ E Saul respondeu a Samuel: Antes ouvi a voz do SENHOR, e fui à jornada que o SENHOR me enviou, e trouxe a Agague rei de Amaleque, e destruí aos amalequitas: ²¹ Mas o povo tomou do despojo ovelhas e vacas, as primícias do anátema, para sacrificá-las ao SENHOR teu Deus em

Gilgal. ²² E Samuel disse: Tem o SENHOR tanto contentamento com os holocaustos e vítimas, como em obedecer às palavras do SENHOR? Certamente o obedecer é melhor que os sacrifícios; e o prestar atenção que a gordura dos carneiros: ²³ Porque como pecado de adivinhação é a rebelião, e como ídolos e idolatria o infringir. Porquanto tu rejeitaste a palavra do SENHOR, ele também te rejeitou para que não sejas rei. ²⁴ Então Saul disse a Samuel: Eu pequei; porque violei o dito do SENHOR e tuas palavras, porque temi ao povo, consenti à voz deles. Perdoa, pois, agora meu pecado, ²⁵ E volta comigo para que adore ao SENHOR. ²⁶ E Samuel respondeu a Saul: Não voltarei contigo; porque rejeitaste a palavra do SENHOR, e o SENHOR te rejeitou para que não sejas rei sobre Israel. ²⁷ E voltando-se Samuel para ir-se, ele lançou mão da orla de sua capa, e rasgou-se. ²⁸ Então Samuel lhe disse: o SENHOR rasgou hoje de ti o reino de Israel, e o deu a teu próximo melhor que tu. ²⁹ E também o Poderoso de Israel não mentirá, nem se arrependerá: porque não é homem para que se arrependa. ³⁰ E ele disse: Eu pequei: mas rogo-te que me honres diante dos anciãos de meu povo, e diante de Israel; e volta comigo para que adore ao SENHOR teu Deus. ³¹ E voltou Samuel atrás de Saul, e Saul adorou ao SENHOR. ³² Depois disse Samuel: Trazei-me a Agague rei de Amaleque. E Agague veio a ele delicadamente. E disse Agague: Certamente se passou a amargura da morte. ³³ E Samuel disse: Como tua espada deixou as mulheres sem filhos, assim tua mãe será sem filho entre as mulheres. Então Samuel cortou em pedaços a Agague diante do SENHOR em Gilgal. ³⁴ Foi-se logo Samuel a Ramá, e Saul subiu a sua casa em Gibeá de Saul. ³⁵ E nunca depois viu Samuel a Saul em toda sua vida: e Samuel chorava por Saul: mas o SENHOR se havia se arrependido de haver posto a Saul por rei sobre Israel.

16

¹ E disse o SENHOR a Samuel: Até quando hás tu de chorar por Saul, havendo-o eu rejeitado para que não reine sobre Israel? Enche teu chifre de azeite, e vem, te enviarei a Jessé de Belém: porque de seus filhos me provi de rei. ² E disse Samuel: Como irei? Se Saul o entender, me matará. O SENHOR respondeu: Toma contigo uma bezerra das vacas, e dize: A sacrificar ao SENHOR vim. ³ E chama a Jessé ao sacrifício, e eu te ensinarei o que hás de fazer; e ungirás a mim ao que eu te disser. ⁴ Fez pois Samuel como lhe disse o SENHOR: e logo que ele chegou a Belém, os anciãos da cidade lhe saíram a receber com medo, e disseram: É pacífica tua vinda? ⁵ E ele respondeu: Sim, venho a sacrificar ao SENHOR; santificai-vos, e vinde comigo ao sacrifício. E santificando ele a Jessé e a seus filhos, chamou-os ao sacrifício. ⁶ E aconteceu que quando eles vieram, ele viu a Eliabe, e disse: De certo diante do SENHOR está seu ungido. ⁷ E o SENHOR respondeu a Samuel: Não olhes à sua aparência, nem à sua grande estatura, porque eu o rejeito; porque o SENHOR olha não o que o homem olha; pois que o homem olha o que está diante de seus olhos, mas o SENHOR olha o coração. ⁸ Então chamou Jessé a Abinadabe, e fez-lhe passar diante de Samuel, o qual disse: nem a este o SENHOR escolheu. ⁹ Fez logo passar Jessé a Samá. E ele disse: Tampouco a este o SENHOR escolheu. ¹⁰ E Jessé fez passar seus sete filhos diante de Samuel; mas Samuel disse a Jessé: o SENHOR não escolheu a estes. ¹¹ Então disse Samuel a Jessé: Acabaram-se os moços? E ele respondeu: Ainda resta o mais novo, que apascenta as ovelhas. E disse Samuel a Jessé: Envia por ele, porque não nos assentaremos à mesa até que ele venha aqui. ¹² Enviou, pois, por ele, e introduziu-o; o qual era ruivo, de bela aparência e de belo aspecto. Então o SENHOR disse: Levanta-te e unge-o, que este é. ¹³ E Samuel tomou o chifre do azeite, e ungiu-o dentre seus irmãos: e desde aquele dia em diante o espírito do SENHOR tomou a Davi. Levantou-se logo Samuel, e voltou-se a Ramá. ¹⁴ E o espírito do SENHOR se afastou de Saul, e atormentava-lhe

o espírito mau da parte do SENHOR. ¹⁵ E os criados de Saul lhe disseram: Eis que agora, que o espírito mau da parte de Deus te atormenta. ¹⁶ Diga, pois, nosso senhor a teus servos que estão diante de ti, que busquem alguém que saiba tocar a harpa; para que quando for sobre ti o espírito mau da parte de Deus, ele toque com sua mão, e tenhas alívio. ¹⁷ E Saul respondeu a seus criados: Buscai-me pois agora algum que toque bem, e traze-o a mim. ¹⁸ Então um dos criados respondeu, dizendo: Eis que eu vi a um filho de Jessé de Belém, que sabe tocar, e é valente e vigoroso, e homem de guerra, prudente em suas palavras, e belo, e o SENHOR é com ele. ¹⁹ E Saul enviou mensageiros a Jessé, dizendo: Envia-me a Davi teu filho, o que está com as ovelhas. ²⁰ E tomou Jessé um asno carregado de pão, e uma vasilha de vinho e um cabrito, e enviou-o a Saul por meio de Davi seu filho. ²¹ E vindo Davi a Saul, esteve diante dele: e amou-o ele muito, e foi feito seu escudeiro. ²² E Saul enviou a dizer a Jessé: Eu te rogo que esteja Davi comigo; porque achou graça em meus olhos. ²³ E quando o espírito mau da parte de Deus era sobre Saul, Davi tomava a harpa, e tocava com sua mão; e Saul tinha refrigério, e estava melhor, e o espírito mau se afastava dele.

17

¹ E os filisteus juntaram seus exércitos para a guerra, e congregaram-se em Socó, que é de Judá, e assentaram o campo entre Socó e Azeca, em Efes-Damim. ² E também Saul e os homens de Israel se juntaram, e assentaram o acampamento no vale de Elá, e ordenaram a batalha contra os filisteus. ³ E os filisteus estavam sobre o um monte da uma parte, e Israel estava sobre o outro monte da outra parte, e o vale entre eles: ⁴ Saiu então um homem do acampamento dos filisteus que se pôs entre os dois campos, o qual se chamava Golias, de Gate, e tinha de altura seis côvados e um palmo. ⁵ E trazia um capacete de bronze em sua cabeça, e ia vestido com couraças de placas: e era o peso da couraça cinco mil siclos de bronze: ⁶ E sobre suas pernas trazia caneleiras de ferro, e escudo de bronze a seus ombros. ⁷ A haste de sua lança era como um lançador de tear, e tinha o ferro de sua lança seiscentos siclos de ferro: e ia seu escudeiro diante dele. ⁸ E parou-se, e deu vozes aos esquadrões de Israel, dizendo-lhes: Para que saís a dar batalha? não sou eu o filisteu, e vós os servos de Saul? Escolhei dentre vós um homem que venha contra mim: ⁹ Se ele puder lutar comigo, e me vencer, nós seremos vossos servos: e se eu puder mais que ele, e o vencer, vós sereis nossos servos e nos servireis. ¹⁰ E acrescentou o filisteu: Hoje eu desafiei o acampamento de Israel; dá-me um homem que lute comigo. ¹¹ E ouvindo Saul e todo Israel estas palavras do filisteu, perturbaram-se, e tiveram grande medo. ¹² E Davi era filho daquele homem efrateu de Belém de Judá, cujo nome era Jessé, o qual tinha oito filhos; e era este homem no tempo de Saul, velho, e de grande idade entre os homens. ¹³ E os três filhos mais velhos de Jessé haviam ido a perseguir a Saul na guerra. E os nomes de seus três filhos que haviam ido à guerra, eram, Eliabe o primogênito, o segundo Abinadabe, e o terceiro Samá. ¹⁴ E Davi era o mais novo. Seguiram, pois, os três maiores a Saul. ¹⁵ Porém Davi ia e voltava de perto de Saul, para apascentar as ovelhas de seu pai em Belém. ¹⁶ Vinha, pois, aquele filisteu pela manhã e à tarde, e apresentou-se por quarenta dias. ¹⁷ E disse Jessé a Davi seu filho: Toma agora para teus irmãos um efá deste grão tostado, e estes dez pães, e leva-o logo ao acampamento a teus irmãos. ¹⁸ Levarás também estes dez queijos de leite ao capitão, e cuida de ver se teus irmãos estão bem, e toma garantias deles. ¹⁹ E Saul e eles e todos os de Israel, estavam no vale de Elá, lutando com os filisteus. ²⁰ Levantou-se, pois, Davi de manhã, e deixando as ovelhas ao cuidado de um guarda, foi-se com sua carga, como Jessé lhe havia mandado; e chegou ao entrincheiramento do exército, o qual havia saído em ordem de batalha, e tocava alarme para a luta. ²¹ Porque tanto os israelitas

como os filisteus estavam em ordem de batalha, esquadrão contra esquadrão. ²² E Davi deixou de sobre si a carga em mão do que guardava a bagagem, e correu ao esquadrão; e chegado que houve, perguntava por seus irmãos, se estavam bem. ²³ E estando ele falando com eles, eis que aquele homem que se punha em meio dos dois acampamentos, que se chamava Golias, o filisteu de Gate, saiu dos esquadrões dos filisteus, e falou as mesmas palavras; as quais ouviu Davi. ²⁴ E todos os homens de Israel que viam aquele homem, fugiam de sua presença, e tinham grande temor. ²⁵ E cada um dos de Israel dizia: Não vistes aquele homem que saiu? Ele se adianta para provocar a Israel. Ao que lhe vencer, o rei lhe enriquecerá com grandes riquezas, e lhe dará sua filha, e fará livre de tributos a casa de seu pai em Israel. ²⁶ Então falou Davi aos que junto a ele estavam, dizendo: Que farão ao homem que vencer a este filisteu, e tirar a humilhação de Israel? Porque quem é este filisteu incircunciso, para que provoque aos esquadrões do Deus vivente? ²⁷ E o povo lhe respondeu as mesmas palavras, dizendo: Assim se fará ao homem que o vencer. ²⁸ E ouvindo-lhe falar Eliabe seu irmão mais velho com aqueles homens, Eliabe se acendeu em ira contra Davi, e disse: Para que hás descido aqui? e a quem deixaste aquelas poucas ovelhas no deserto? Eu conheço tua soberba e a malícia de teu coração, que vieste para ver a batalha. ²⁹ E Davi respondeu: Que fiz eu agora? Não são estas apenas palavras? ³⁰ E apartando-se dele até outros, falou o mesmo; e responderam-lhe os do povo como da primeira vez. ³¹ E foram ouvidas as palavras que Davi havia dito, as quais quando referiram diante de Saul, ele o fez vir. ³² E disse Davi a Saul: Não desmaie ninguém por causa dele; teu servo irá e lutará com este filisteu. ³³ E disse Saul a Davi: Não poderás tu ir contra aquele filisteu, para lutar com ele; porque tu és jovem, e ele um homem de guerra desde sua juventude. ³⁴ E Davi respondeu a Saul: Teu servo era pastor das ovelhas de seu pai, e vinha um leão, ou um urso, e tomava algum cordeiro do rebanho, ³⁵ E saía eu atrás dele, e feria-o, e livrava-lhe de sua boca: e se se levantava contra mim, eu o segurava pelo queixo, feria-o, e o matava. ³⁶ Fosse leão, fosse urso, teu servo o matava; pois este filisteu incircunciso será como um deles, porque provocou ao exército do Deus vivente. ³⁷ E acrescentou Davi: o SENHOR que me livrou das garras do leão e das garras do urso, ele também me livrará da mão deste filisteu. E disse Saul a Davi: Vai, e o SENHOR seja contigo. ³⁸ E Saul revestiu a Davi de suas roupas, e pôs sobre sua cabeça um capacete de bronze, e armou-lhe de couraça. ³⁹ E cingiu Davi sua espada sobre suas roupas, e provou a andar, porque nunca havia provado. E disse Davi a Saul: Eu não posso andar com isto, porque nunca o pratiquei. E lançando de si Davi aquelas coisas, ⁴⁰ Tomou seu cajado em sua mão, e escolheu para si cinco pedras lisas do ribeiro, e as pôs no saco pastoril e na sacola que trazia, e com sua funda em sua mão foi até o filisteu. ⁴¹ E o filisteu vinha andando e aproximando-se a Davi, e seu escudeiro diante dele. ⁴² E quando o filisteu olhou e viu a Davi, menosprezou-o; porque era rapaz, e ruivo, e de bela aparência. ⁴³ E disse o filisteu a Davi: Sou eu cão para que venhas a mim com paus? E amaldiçoou a Davi por seus deuses. ⁴⁴ Disse logo o filisteu a Davi: Vem a mim, e darei tua carne às aves do céu, e aos animais do campo. ⁴⁵ Então disse Davi ao filisteu: Tu vens a mim com espada e lança e escudo; mas eu venho a ti no nome do SENHOR dos exércitos, o Deus dos esquadrões de Israel, que tu provocaste. ⁴⁶ o SENHOR te entregará hoje em minha mão, e eu te vencerei, e tirarei tua cabeça de ti: e darei hoje os corpos dos filisteus às aves do céu e aos animais da terra: e saberá a terra toda que há Deus em Israel. ⁴⁷ E saberá toda esta congregação que o SENHOR não salva com espada e lança; porque do SENHOR é la guerra, e ele vos entregará em nossas mãos. ⁴⁸ E aconteceu que, quando o filisteu se levantou para ir e chegar-se contra Davi, Davi se deu pressa, e correu ao combate contra o filisteu.

⁴⁹ E metendo Davi sua mão no saco, tomou dali uma pedra, e atirou-a com a funda, e feriu ao filisteu na testa: e a pedra ficou fincada na testa, e caiu em terra sobre seu rosto. ⁵⁰ Assim venceu Davi ao filisteu com funda e pedra; e feriu ao filisteu e o matou, sem ter Davi espada em sua mão. ⁵¹ Mas correu Davi e pôs-se sobre o filisteu, e tomando a espada dele, tirando-a de sua bainha, o matou, e cortou-lhe com ela a cabeça. E quando os filisteus viram seu gigante morto, fugiram. ⁵² E levantando-se os de Israel e de Judá, deram grito, e seguiram aos filisteus até chegar ao vale, e até as portas de Ecrom. E caíram feridos dos filisteus pelo caminho de Saaraim, até Gate e Ecrom. ⁵³ Tornando logo os filhos de Israel de perseguir os filisteus, despojaram seu acampamento. ⁵⁴ E Davi tomou a cabeça do filisteu, e trouxe-a a Jerusalém, mas pôs suas armas em sua tenda. ⁵⁵ E quando Saul viu a Davi que saía a encontrar-se com o filisteu, disse a Abner general do exército: Abner, de quem é filho aquele rapaz? E Abner respondeu: ⁵⁶ Vive tua alma, ó rei, que não o sei. E o rei disse: Pergunta, pois, de quem é filho aquele rapaz. ⁵⁷ E quando Davi voltava de matar ao filisteu, Abner o tomou, e levou-o diante de Saul, tendo a cabeça do filisteu em sua mão. ⁵⁸ E disse-lhe Saul: Rapaz, de quem és filho? E Davi respondeu: Eu sou filho de teu servo Jessé de Belém.

18

¹ E assim que ele acabou de falar com Saul, a alma de Jônatas se apegou à de Davi, e Jônatas o amou como à sua alma. ² E Saul o tomou naquele dia, e não o deixou voltar à casa de seu pai. ³ E fizeram aliança Jônatas e Davi, porque ele lhe amava como a sua alma. ⁴ E Jônatas despiu a roupa que tinha sobre si, e deu-a a Davi, e outras roupas suas, até sua espada, e seu arco, e seu cinto. ⁵ E Davi saía para onde quer que Saul o enviasse, e portava-se prudentemente. Fê-lo, portanto, Saul capitão da gente de guerra, e era aceito aos olhos de todo o povo, e nos olhos dos criados de Saul. ⁶ E aconteceu que quando voltavam eles, quando Davi voltou de matar ao filisteu, saíram as mulheres de todas as cidades de Israel cantando, e com danças, com tamboris, e com alegrias e adufes, a receber ao rei Saul. ⁷ E cantavam as mulheres que dançavam, e diziam: Saul feriu seus milhares, E Davi seus dez milhares. ⁸ E irou-se Saul em grande maneira, e desagradou esta palavra em seus olhos, e disse: A Davi deram dez milhares, e a mim milhares; não lhe falta mais que o reino. ⁹ E desde aquele dia Saul olhou com desconfiança a Davi. ¹⁰ Outro dia aconteceu que o espírito mau da parte de Deus tomou a Saul, e mostrava-se em sua casa com trejeitos de profeta: e Davi tocava com sua mão como os outros dias; e estava uma lança à mão de Saul. ¹¹ E lançou Saul a lança, dizendo: Encravarei a Davi na parede. E duas vezes se afastou dele Davi. ¹² Mas Saul se temia de Davi porquanto o SENHOR era com ele, e havia se afastado de Saul. ¹³ Afastou-o, pois, Saul de si, e fez-lhe capitão de mil; e saía e entrava diante do povo. ¹⁴ E Davi se conduzia prudentemente em todos seus negócios, e o SENHOR era com ele. ¹⁵ E vendo Saul que se portava tão prudentemente, temia-se dele. ¹⁶ Mas todos os de Israel e Judá amavam a Davi, porque ele saía e entrava diante deles. ¹⁷ E disse Saul a Davi: Eis que eu te darei a Merabe minha filha maior por mulher: somente que me sejas homem valente, e faças as guerras do SENHOR. Mas Saul dizia: Não será minha mão contra ele, mas a mão dos filisteus será contra ele. ¹⁸ E Davi respondeu a Saul: Quem sou eu, ou que é minha vida, ou a família de meu pai em Israel, para ser genro do rei? ¹⁹ E vindo o tempo em que Merabe, filha de Saul, se havia de dar a Davi, foi dada por mulher a Adriel meolatita. ²⁰ Mas Mical a outra filha de Saul amava a Davi; e foi dito a Saul, o qual foi conveniente em seus olhos. ²¹ E Saul disse: Eu a darei a ele, para que lhe seja por armadilha, e para que a mão dos filisteus seja contra ele. Disse, pois, Saul a Davi: Com a outra serás meu

genro hoje. [22] E mandou Saul a seus criados: Falai em secreto a Davi, dizendo-lhe: Eis que, o rei te ama, e todos seus criados te querem bem; sê, pois, genro do rei. [23] E os criados de Saul falaram estas palavras aos ouvidos de Davi. E Davi disse: Parece-vos que é pouco ser genro do rei, sendo eu um homem pobre e de nenhuma estima? [24] E os criados de Saul lhe deram a resposta dizendo: Tais palavras disse Davi. [25] E Saul disse: Dizei assim a Davi: Não está o contentamento do rei no dote, mas sim em cem prepúcios de filisteus, para que seja tomada vingança dos inimigos do rei. Mas Saul pensava lançar a Davi em mãos dos filisteus. [26] E quando seus criados declararam a Davi estas palavras, foi conveniente a coisa nos olhos de Davi, para ser genro do rei. E quando o prazo não era ainda cumprido, [27] Levantou-se Davi, e partiu-se com sua gente, e feriu duzentos homens dos filisteus; e trouxe Davi os prepúcios deles, e entregaram-nos todos ao rei, para que ele fosse feito genro do rei. E Saul lhe deu a sua filha Mical por mulher. [28] Porém Saul, vendo e considerando que o SENHOR era com Davi, e que sua filha Mical o amava, [29] Temeu-se mais de Davi; e foi Saul inimigo de Davi todos os dias. [30] E saíam os príncipes dos filisteus; e quando eles saíam, portava-se Davi mais prudentemente que todos os servos de Saul: e era seu nome muito ilustre.

19

[1] E falou Saul a Jônatas seu filho, e a todos os seus criados, para que matassem a Davi; mas Jônatas filho de Saul amava a Davi em grande maneira. [2] E deu aviso a Davi, dizendo: Saul meu pai procura matar-te; portanto olha agora por ti até a manhã, e fica-te em lugar oculto, e esconde-te: [3] E eu sairei e estarei junto a meu pai no campo de onde estiveres: e falarei de ti a meu pai, e te farei saber o que notar. [4] E Jônatas falou bem de Davi a Saul seu pai, e disse-lhe: Não peque o rei contra seu servo Davi, pois que nenhuma coisa cometeu contra ti: antes suas obras te foram muito boas; [5] Porque ele pôs sua alma em sua palma, e feriu ao filisteu, e o SENHOR fez uma grande salvação a todo Israel. Tu o viste, e te alegraste: por que, pois, pecarás contra o sangue inocente, matando a Davi sem causa? [6] E ouvindo Saul a voz de Jônatas, jurou: Vive o SENHOR, que não morrerá. [7] Chamando então Jônatas a Davi, declarou-lhe todas estas palavras; e ele mesmo apresentou Davi a Saul, e esteve diante dele como antes. [8] E voltou a fazer-se guerra: e saiu Davi e lutou contra os filisteus, e feriu-os com grande estrago, e fugiram diante dele. [9] E o espírito mau da parte do SENHOR foi sobre Saul: e estando sentado em sua casa tinha uma lança à mão, enquanto Davi estava tocando harpa com sua mão. [10] E Saul procurou encravar a Davi com a lança na parede; mas ele se afastou de diante de Saul, o qual feriu com a lança na parede; e Davi fugiu, e escapou-se aquela noite. [11] Saul enviou logo mensageiros à casa de Davi para que o guardassem, e o matassem à manhã. Mas Mical sua mulher o revelou a Davi, dizendo: Se não salvares tua vida esta noite, amanhã serás morto. [12] E baixou Mical a Davi por uma janela; e ele se foi, e fugiu, e escapou-se. [13] Tomou logo Mical uma estátua, e a pôs sobre a cama, e acomodou-lhe por cabeceira uma almofada de pelos de cabra, e cobriu-a com uma roupa. [14] E quando Saul enviou mensageiros que tomassem a Davi, ela respondeu: Está enfermo. [15] E voltou Saul a enviar mensageiros para que vissem a Davi, dizendo: Trazei-o a mim na cama para que o mate. [16] E quando os mensageiros entraram, eis que a estátua estava na cama, e uma almofada de pelos de cabra por cabeceira. [17] Então Saul disse a Mical: Por que me enganaste assim, e deixaste escapar a meu inimigo? E Mical respondeu a Saul: Porque ele me disse: Deixa-me ir; se não, eu te matarei. [18] Fugiu, pois, Davi, e escapou-se, e veio a Samuel em Ramá, e disse-lhe tudo o que Saul havia feito com ele. E foram-se ele e Samuel, e moraram em Naiote. [19] E foi

dado aviso a Saul, dizendo: Eis que Davi está em Naiote em Ramá. ²⁰ E enviou Saul mensageiros que trouxessem a Davi, os quais viram uma companhia de profetas que profetizavam, e a Samuel que estava ali, e os presidia. E foi o espírito de Deus sobre os mensageiros de Saul, e eles também profetizaram. ²¹ E feito que foi saber a Saul, ele enviou outros mensageiros, os quais também profetizaram. E Saul voltou a enviar pela terceira vez mensageiros, e eles também profetizaram. ²² Então ele mesmo veio a Ramá; e chegando ao poço grande que está em Socó, perguntou dizendo: Onde estão Samuel e Davi? E foi-lhe respondido: Eis que estão em Naiote em Ramá. ²³ E foi ali a Naiote em Ramá; e também veio sobre ele o espírito de Deus, e ia profetizando, até que chegou a Naiote em Ramá. ²⁴ E ele também se desnudou suas roupas, e profetizou igualmente diante de Samuel, e caiu nu todo aquele dia e toda aquela noite. De aqui se disse: Também Saul entre os profetas?

20

¹ E Davi fugiu de Naiote que é em Ramá, e veio diante de Jônatas, e disse: Que fiz eu? qual é minha maldade, ou qual meu pecado contra teu pai, que ele busca minha vida? ² E ele lhe disse: Em nenhuma maneira; não morrerás. Eis que meu pai nenhuma coisa fará, grande nem pequena, que não a revele a mim; por que pois me encobrirá meu pai este negócio? Não será assim. ³ E Davi voltou a jurar, dizendo: Teu pai sabe claramente que eu achei favor diante de teus olhos, e dirá: Não saiba isto Jônatas, para que não tenha pesar: e certamente, vive o SENHOR e vive tua alma, que apenas há um passo entre mim e a morte. ⁴ E Jônatas disse a Davi: Que diga tua alma, e eu o farei por ti? ⁵ E Davi respondeu a Jônatas: Eis que amanhã será nova lua, e eu costumo sentar-me com o rei a comer: mas tu deixarás que me esconda no campo até à tarde do terceiro dia. ⁶ Se teu pai fizer menção de mim, dirás: Rogo-me muito que o deixasse ir logo a Belém sua cidade, porque todos os de sua linhagem têm ali sacrifício anual. ⁷ Se ele disser, Está bem, teu servo terá paz; mas se se irar, sabe que a malícia está nele completa. ⁸ Farás, pois, misericórdia com teu servo, já que trouxeste teu servo a aliança do SENHOR contigo: e se maldade há em mim mata-me tu, que não há necessidade de levar-me até teu pai. ⁹ E Jônatas lhe disse: Nunca tal te suceda; antes bem, se eu entendesse ser completa a malícia de meu pai, para vir sobre ti, não havia eu de revelá-lo a ti? ¹⁰ Disse então Davi a Jônatas: Quem me dará aviso? Ou que se teu pai te responder asperamente? ¹¹ E Jônatas disse a Davi: Vem, saiamos ao campo. E saíram ambos ao campo. ¹² Então disse Jônatas a Davi: Ó SENHOR Deus de Israel, quando houver eu perguntado a meu pai amanhã a esta hora, ou depois de amanhã, e ele parecer bem para com Davi, se então não enviar a ti, e o revelar a ti, ¹³ O SENHOR faça assim a Jônatas, e isto acrescente. Mas se a meu pai parecer bem fazer-te mal, também te o revelarei, e te enviarei, e te irás em paz: e seja o SENHOR contigo, como foi com meu pai. ¹⁴ E se eu viver, farás comigo misericórdia do SENHOR; mas se for morto, ¹⁵ Não tirarás perpetuamente tua misericórdia de minha casa, nem quando o SENHOR exterminar um por um os inimigos de Davi da face da terra. ¹⁶ Assim Jônatas fez aliança com a casa de Davi, dizendo: O SENHOR o exija da mão dos inimigos de Davi. ¹⁷ E voltou Jônatas a jurar a Davi, porque o amava, porque o amava como à sua alma. ¹⁸ Disse-lhe logo Jônatas: Amanhã é lua nova, e tua falta será percebida, porque teu assento estará vazio. ¹⁹ Estarás, pois, três dias, e logo descerás, e virás ao lugar de onde estavas escondido o dia do incidente, e esperarás junto à pedra de Ezel; ²⁰ E eu atirarei três flechas até aquele lado, como que me exercitando ao alvo. ²¹ E logo enviarei o criado dizendo-lhe: Vai, busca as flechas. E se disser ao jovem: Eis ali as flechas mais aqui de ti, toma-as: tu virás, porque tens paz, e nada há de mal, vive o SENHOR. ²² Mas se eu disser ao jovem assim: Eis ali as

flechas mais ali de ti: vai-te, porque o SENHOR te enviou. ²³ E quanto às palavras que eu e tu falamos, seja o SENHOR entre mim e ti para sempre. ²⁴ Então Davi se escondeu no campo, e vinda que foi a lua nova, sentou-se o rei a comer pão. ²⁵ E o rei se sentou em sua cadeira, como costumava, no assento junto à parede, e Jônatas se levantou, e sentou-se Abner ao lado de Saul, e o lugar de Davi estava vazio. ²⁶ Mas aquele dia Saul não disse nada, porque se dizia: Haverá lhe acontecido algo, e não está limpo; não estará purificado. ²⁷ O dia seguinte, o segundo dia da lua nova, aconteceu também que o assento de Davi estava vazio. E Saul disse a Jônatas seu filho: Por que não veio a comer o filho de Jessé hoje nem ontem? ²⁸ E Jônatas respondeu a Saul: Davi me pediu encarecidamente lhe deixasse ir até Belém. ²⁹ E disse: Rogo-te que me deixes ir, porque temos sacrifício os de nossa linhagem na cidade, e meu irmão mesmo me mandou; portanto, se achei graça em teus olhos, farei uma escapada agora, e visitarei a meus irmãos. Por isto, pois, não veio. ³⁰ Então Saul se acendeu contra Jônatas, e disse-lhe: Filho da pervertida e rebelde! Não sei eu que tu escolheste ao filho de Jessé para vergonha tua, e para vergonha da nudez de tua mãe? ³¹ Porque todo o tempo que o filho de Jessé viver sobre a terra, nem tu serás firme, nem teu reino. Envia, pois, agora, e traze-o a mim, porque morrerá. ³² E Jônatas respondeu a seu pai Saul, e disse-lhe: Por que morrerá? O que ele fez? ³³ Então Saul lhe lançou uma lança para feri-lo: de onde entendeu Jônatas que seu pai estava determinado a matar a Davi. ³⁴ E levantou-se Jônatas da mesa com exaltada ira, e não comeu pão o segundo dia da lua nova: porque tinha dor por causa de Davi, porque seu pai lhe havia afrontado. ³⁵ Ao outro dia de manhã, saiu Jônatas ao campo, ao tempo marcado com Davi, e um jovem pequeno com ele. ³⁶ E disse a seu jovem: Corre e busca as flechas que eu atirar. E quando o jovem ia correndo, ele atirava a flecha que passava mais além dele. ³⁷ E chegando o jovem onde estava a flecha que Jônatas havia atirado, Jônatas deu vozes atrás o jovem, dizendo: Não está a flecha mais além de ti? ³⁸ E voltou a gritar Jônatas atrás o jovem: Apressa-te, corre, não pares. E o jovem de Jônatas agarrou as flechas, e veio a seu senhor. ³⁹ Porém nenhuma coisa entendeu o jovem: somente Jônatas e Davi entendiam o negócio. ⁴⁰ Logo deu Jônatas suas armas a seu jovem, e disse-lhe: Vai-te e leva-as à cidade. ⁴¹ E logo que o jovem se havia ido, se levantou Davi da parte do sul, e inclinou-se três vezes prostrando-se até a terra: e beijando-se o um ao outro, choraram o um com o outro, ainda que Davi chorou mais. ⁴² E Jônatas disse a Davi: Vai-te em paz, que ambos juramos pelo nome do SENHOR, dizendo: o SENHOR seja entre mim e ti, entre minha descendência e a tua descendência para sempre.

21

¹ E veio Davi a Nobe, a Aimeleque sacerdote: e surpreendeu-se Aimeleque de seu encontro, e disse-lhe: Como tu somente, e ninguém contigo? ² E respondeu Davi ao sacerdote Aimeleque: O rei me encomendou um negócio, e me disse: Ninguém saiba coisa alguma deste negócio a que eu te envio, e que eu te mandei; e eu assinalei aos criados certo lugar. ³ Agora, pois, o que tens à mão? Dá-me cinco pães, ou o que se achar. ⁴ E o sacerdote respondeu a Davi, e disse: Não tenho pão comum à mão; somente tenho pão sagrado: mas o darei se os criados se abstiveram de mulheres. ⁵ E Davi respondeu ao sacerdote, e disse-lhe: Certamente as mulheres nos foram afastadas desde anteontem quando saí, e os instrumentos dos moços foram santos, ainda que a jornada seja comum; quanto mais que hoje haverá outro pão santificado nos vasos. ⁶ Assim o sacerdote lhe deu o pão sagrado, porque ali não havia outro pão que os pães da proposição, os quais haviam sido tirados de diante do SENHOR, para que se pusessem pães quentes o dia que os outros foram tirados. ⁷ Aquele dia estava ali um dos servos de Saul detido diante do SENHOR, o nome do qual era Doegue,

edomita, principal dos pastores de Saul. 8 E Davi disse a Aimeleque: Não tens aqui à mão lança ou espada? Porque não tomei em minha mão minha espada nem minhas armas, porquanto o mandamento do rei era urgente. 9 E o sacerdote respondeu: A espada de Golias o filisteu, que tu venceste no vale de Elá, está aqui embrulhada em um véu detrás do éfode: se tu queres tomá-la, toma-a: porque aqui não há outra a não ser essa. E disse Davi: Nenhuma como ela: dá-a a mim. 10 E levantando-se Davi aquele dia, fugiu da presença de Saul, e veio a Aquis rei de Gate. 11 E os servos de Aquis lhe disseram: Não é este Davi, o rei da terra? Não é este a quem cantavam em danças, dizendo: Feriu Saul seus milhares, E Davi seus dez milhares? 12 E Davi pôs em seu coração estas palavras, e teve grande temor de Aquis rei de Gate. 13 E mudou sua fala diante deles, e fingiu-se de louco entre suas mãos, e riscava nas entradas das portas, deixando escorrer sua saliva por sua barba. 14 E disse Aquis a seus servos: Eis que estais vendo um homem demente; por que o trouxestes a mim? 15 Faltam a mim loucos, para que trouxésseis este que fizesse de louco diante de mim? havia de vir este à minha casa?

22

1 E indo-se Davi dali escapou-se à cova de Adulão; o qual quando ouviram seus irmãos e toda a casa de seu pai, vieram ali a ele. 2 E juntaram-se com ele todos os afligidos, e todo aquele que estava endividado, e todos os que se achavam em amargura de espírito, e foi feito capitão deles: e teve consigo como quatrocentos homens. 3 E foi-se Davi dali a Mispá de Moabe, e disse ao rei de Moabe: Eu te rogo que meu pai e minha mãe estejam convosco, até que saiba o que Deus fará de mim. 4 Trouxe-os, pois, à presença do rei de Moabe, e habitaram com ele todo aquele tempo que Davi esteve na fortaleza. 5 E Gade profeta disse a Davi: Não fiques nesta fortaleza, parte-te, e vai-te à terra de Judá. E Davi se partiu, e veio ao bosque de Herete. 6 E ouviu Saul como havia aparecido Davi, e os que estavam com ele. Estava então Saul em Gibeá debaixo de uma árvore em Ramá, e tinha sua lança em sua mão, e todos os seus criados estavam em derredor dele. 7 E disse Saul a seus criados que estavam em derredor dele: Ouvi agora, filhos de Benjamim: O filho de Jessé também dará a todos vós terras e vinhas, e vos fará a todos comandantes de mim e comandantes de cem, 8 Que todos vós conspirastes contra mim, e não há quem me revele ao ouvido como meu filho fez aliança com o filho de Jessé, nem alguém de vós que se condoa de mim, e me revele como meu filho levantou meu servo contra mim, para que me prepare ciladas, como ele hoje faz? 9 Então Doegue edomita, que era superior entre os servos de Saul, respondeu e disse: Eu vi ao filho de Jessé que veio a Nobe, a Aimeleque filho de Aitube; 10 O qual consultou por ele ao SENHOR, e deu-lhe provisão, e também lhe deu a espada de Golias o filisteu. 11 E o rei enviou pelo sacerdote Aimeleque filho de Aitube, e por toda a casa de seu pai, os sacerdotes que estavam em Nobe: e todos vieram ao rei. 12 E Saul lhe disse: Ouve agora, filho de Aitube. E ele disse: Eis-me aqui, senhor meu. 13 E disse-lhe Saul: Por que conspirastes contra mim, tu e o filho de Jessé, quando tu lhe deste pão e espada, e consultaste por ele a Deus, para que se levantasse contra mim e me armasse cilada, como o faz hoje dia? 14 Então Aimeleque respondeu ao rei, e disse: E quem entre todos teus servos é tão fiel como Davi, genro também do rei, e que vai por teu mandado, e é ilustre em tua casa? 15 Comecei eu desde hoje a consultar por ele a Deus? Longe seja de mim: não impute o rei coisa alguma a seu servo, nem a toda a casa de meu pai; porque teu servo nenhuma coisa sabe deste negócio, grande nem pequena. 16 E o rei disse: Sem dúvida morrerás, Aimeleque, tu e toda a casa de teu pai. 17 Então disse o rei à gente de sua guarda que estava ao redor dele: Voltai-vos e matai aos sacerdotes do SENHOR; porque também

a mão deles é com Davi, pois sabendo eles que fugia, não o revelaram a mim. Mas os servos do rei não quiseram estender suas mãos para matar os sacerdotes do SENHOR. ¹⁸ Então disse o rei a Doegue: Volta tu, e arremete contra os sacerdotes. E revolvendo-se Doegue edomita, arremeteu contra os sacerdotes, e matou naquele dia oitenta e cinco homens que vestiam éfode de linho. ¹⁹ E a Nobe, cidade dos sacerdotes, pôs à espada: tanto a homens como a mulheres, meninos e mamantes, bois e asnos e ovelhas, tudo à espada. ²⁰ Mas um dos filhos de Aimeleque filho de Aitube, que se chamava Abiatar, escapou, e fugiu-se a Davi. ²¹ E Abiatar noticiou a Davi como Saul havia matado os sacerdotes do SENHOR. ²² E disse Davi a Abiatar: Eu sabia que estando ali aquele dia Doegue o edomita, ele o havia de fazer saber a Saul. Eu dei ocasião contra todas as pessoas da casa de teu pai. ²³ Fica-te comigo, não temas: quem buscar minha vida, buscará também a tua: bem que comigo tu estarás seguro.

23

¹ E deram aviso a Davi, dizendo: Eis que os filisteus combatem a Queila, e roubam as eiras. ² E Davi consultou ao SENHOR, dizendo: Irei a ferir a estes filisteus? E o SENHOR respondeu a Davi: Vai, fere aos filisteus, e livra a Queila. ³ Mas os que estavam com Davi lhe disseram: Eis que nós aqui em Judá estamos com medo; quanto mais se formos a Queila contra o exército dos filisteus? ⁴ Então Davi voltou a consultar ao SENHOR. E o SENHOR lhe respondeu, e disse: Levanta-te, desce a Queila, que eu entregarei em tuas mãos aos filisteus. ⁵ Partiu-se, pois Davi com seus homens a Queila, e lutou contra os filisteus, e tomou seus gados, e feriu-os com grande estrago: e livrou Davi aos de Queila. ⁶ E aconteceu que, fugindo Abiatar filho de Aimeleque a Davi a Queila, veio também com ele o éfode. ⁷ E foi dito a Saul que Davi havia vindo a Queila. Então disse Saul: Deus o trouxe a minhas mãos; porque ele está escondido, havendo-se posto em cidade com portas e fechaduras. ⁸ E convocou Saul todo aquele povo à batalha, para descer a Queila, e pôr cerco a Davi e aos seus. ⁹ Mas entendendo Davi que Saul planejava o mal contra ele, disse a Abiatar sacerdote: Traze o éfode. ¹⁰ E disse Davi: o SENHOR Deus de Israel, teu servo tem entendido que Saul trata de vir contra Queila, a destruir a cidade por causa minha. ¹¹ Os vizinhos de Queila me entregarão em suas mãos? Descerá Saul, como teu servo tem ouvido? O SENHOR Deus de Israel, rogo-te que o declares a teu servo. E o SENHOR disse: Sim, descerá. ¹² Disse logo Davi: Os vizinhos de Queila entregarão a mim e a meus homens em mãos de Saul? E o SENHOR respondeu: Eles te entregarão. ¹³ Davi então se levantou com seus homens, que eram como seiscentos, e sairam de Queila, e foram-se de uma parte à outra. E veio a nova a Saul de como Davi se havia escapado de Queila; e deixou de sair. ¹⁴ E Davi se estava no deserto em penhas, e habitava em um monte no deserto de Zife; e Saul o buscava todos os dias, mas Deus não o entregou em suas mãos. ¹⁵ Vendo, pois, Davi que Saul havia saído em busca de sua alma, estava-se ele no bosque no deserto de Zife. ¹⁶ Então se levantou Jônatas filho de Saul, e veio a Davi no bosque, e confortou sua mão em Deus. ¹⁷ E disse-lhe: Não temas, porque a mão de meu pai Saul não te achará, e tu reinarás sobre Israel, e eu serei segundo depois de ti; e ainda Saul meu pai assim o sabe. ¹⁸ E entre ambos fizeram aliança diante do SENHOR: e Davi se ficou no bosque, e Jônatas se voltou à sua casa. ¹⁹ E subiram os de Zife a dizer a Saul em Gibeá: Não está Davi escondido em nossa terra nas penhas do bosque, no morro de Haquilá que está à direita do deserto? ²⁰ Portanto, rei, desce agora logo, segundo todo aquele desejo de tua alma, e nós o entregaremos na mão do rei. ²¹ E Saul disse: Benditos sejais vós do SENHOR, que haveis tido compaixão de mim: ²² Ide, pois, agora, preparai ainda, considerai e vede seu lugar por onde ele passa, e quem o tenha visto ali; porque se me disse que ele é em grande maneira

astuto. ²³ Considerai, pois, e vede todos os esconderijos de onde se oculta, e voltai a mim com a certeza, e eu irei convosco: que se ele estiver na terra, eu lhe buscarei entre todos os milhares de Judá. ²⁴ E eles se levantaram, e se foram a Zife diante de Saul. Mas Davi e sua gente estavam no deserto de Maom, na planície que está à direita do deserto. ²⁵ E partiu-se Saul com sua gente a buscá-lo; mas foi dado aviso a Davi, e desceu à penha, e ficou no deserto de Maom. O qual quando Saul ouviu, seguiu a Davi ao deserto de Maom. ²⁶ E Saul ia pelo um lado do monte, e Davi com os seus pelo outro lado do monte: e apressava-se Davi para ir adiante de Saul; mas Saul e os seus haviam cercado a Davi e à sua gente para tomá-los. ²⁷ Então veio um mensageiro a Saul, dizendo: Vem logo, porque os filisteus fizeram uma invasão na terra. ²⁸ Voltou-se, portanto, Saul de perseguir a Davi, e partiu contra os filisteus. Por esta causa puseram a aquele lugar por nome Selá-Hamalecote. ²⁹ Então Davi subiu dali, e habitou nos lugares fortes em En-Gedi.

24

¹ E quando Saul voltou dos filisteus, deram-lhe aviso dizendo: Eis que Davi está no deserto de En-Gedi. ² E tomando Saul três mil homens escolhidos de todo Israel, foi em busca de Davi e dos seus, pelos cumes dos penhascos das cabras montesas. ³ E quando chegou a uma malhada de ovelhas no caminho, de onde havia uma cova, entrou Saul nela para fazer necessidade; e Davi e os seus estavam aos lados da cova. ⁴ Então os de Davi lhe disseram: Eis que o dia que te disse o SENHOR: Eis que entregou tu inimigo em tuas mãos, e farás com ele como te parecer. E levantou-se Davi, e caladamente cortou a beira do manto de Saul. ⁵ Depois do qual o coração de Davi lhe golpeava, porque havia cortado a beira do manto de Saul. ⁶ E disse aos seus: o SENHOR me guarde de fazer tal coisa contra meu senhor, o ungido do SENHOR, que eu estenda minha mão contra ele; porque é o ungido do SENHOR. ⁷ Assim Davi conteve os seus com palavras, e não lhes permitiu que se levantassem contra Saul. E Saul, saindo da cova, foi-se seu caminho. ⁸ Também Davi se levantou depois, e saindo da cova deu vozes às costas de Saul, dizendo: Meu senhor o rei! E quando Saul olhou atrás, Davi inclinou seu rosto em terra, e fez reverência. ⁹ E disse Davi a Saul: Por que ouves as palavras dos que dizem: Olha que Davi procura teu mal? ¹⁰ Eis que viram hoje teus olhos como o SENHOR te pôs hoje em minhas mãos na cova: e disseram que te matasse, mas te poupei, porque disse: Não estenderei minha mão contra meu senhor, porque ungido é do SENHOR. ¹¹ E olha, meu pai, olha ainda a beira de teu manto em minha mão: porque eu cortei a beira de tua manto, e não te matei. Conhece, pois, e vê que não há mal nem traição em minha mão, nem pequei contra ti; contudo, tu andas à caça de minha vida para tirá-la de mim. ¹² Julgue o SENHOR entre mim e ti, e vingue-me de ti o SENHOR: porém minha mão não será contra ti. ¹³ Como diz o provérbio dos antigos: Dos ímpios sairá a impiedade: assim que minha mão não será contra ti. ¹⁴ Atrás de quem saiu o rei de Israel? a quem persegues? a um cão morto? a uma pulga? ¹⁵ O SENHOR, pois, será juiz, e ele julgará entre mim e ti. Ele veja, e sustente minha causa, e me defenda de tua mão. ¹⁶ E aconteceu que, quando Davi acabou de dizer estas palavras a Saul, Saul disse: Não é esta a tua voz, meu filho Davi? E Saul, levantando sua voz, chorou. ¹⁷ E disse a Davi: Mais justo és tu que eu, que me pagaste com bem, havendo-te eu pagado com mal. ¹⁸ Tu mostraste hoje que fizeste comigo bem; pois não me mataste, havendo-me o SENHOR posto em tuas mãos. ¹⁹ Porque quem achará a seu inimigo, e o deixará ir saro e salvo? O SENHOR te pague com bem pelo que neste dia fizeste comigo. ²⁰ E agora, como eu entendo que tu hás de reinar, e que o reino de Israel será em tua mão firme e estável, ²¹ Jura-me, pois, agora pelo SENHOR, que não cortarás minha descendência depois de mim, nem

apagarás meu nome da casa de meu pai. ²² Então Davi jurou a Saul. E foi-se Saul à sua casa, e Davi e os seus se subiram ao lugar forte.

25

¹ E morreu Samuel, e juntou-se todo Israel, e o choraram, e o sepultaram em sua casa em Ramá. E levantou-se Davi, e se foi ao deserto de Parã. ² E em Maom havia um homem que tinha sua riqueza no Carmelo, o qual era muito rico, que tinha três mil ovelhas e mil cabras. E aconteceu achar-se tosquiando suas ovelhas no Carmelo. ³ O nome daquele homem era Nabal, e o nome de sua mulher, Abigail. E era aquela mulher de bom entendimento e de boa aparência; mas o homem era duro e de maus feitos; e era da linhagem de Calebe. ⁴ E ouviu Davi no deserto que Nabal tosquiava suas ovelhas. ⁵ Então enviou Davi dez criados, e disse-lhes: Subi ao Carmelo, e ide a Nabal, e saudai-lhe em meu nome. ⁶ E dizei-lhe assim: Que vivas e seja paz a ti, e paz à tua família, e paz a tudo quanto tens. ⁷ Há pouco soube que tens tosquiadores. Agora, aos pastores teus que estiveram conosco, nunca lhes maltratamos, nem lhes faltou algo em todo aquele tempo que estiveram no Carmelo. ⁸ Pergunta a teus criados, que eles te dirão. Portanto que estes criados achem favor em teus olhos, pois viemos em um bom dia; rogo-te que dês o que tiveres à mão a teus servos, e a teu filho Davi. ⁹ E quando chegaram os criados de Davi, disseram a Nabal todas estas palavras em nome de Davi, e se calaram. ¹⁰ E Nabal respondeu aos criados de Davi, e disse: Quem é Davi? e quem é o filho de Jessé? Muitos servos há hoje que fogem de seus senhores. ¹¹ Tomarei eu agora meu pão, minha água, e minha carne que matei para meus tosquiadores, e a darei a homens que não sei de onde são? ¹² E virando-se os criados de Davi, voltaram por seu caminho, e vieram e disseram a Davi todas estas palavras. ¹³ Então Davi disse a seus homens: Cinja-se cada um sua espada. E cingiu-se cada um sua espada: também Davi cingiu sua espada; e subiram atrás Davi como quatrocentos homens, e deixaram duzentos com a bagagem. ¹⁴ E um dos criados deu aviso a Abigail mulher de Nabal, dizendo: Eis que Davi enviou mensageiros do deserto que saudassem a nosso amo, e ele os insultou. ¹⁵ Mas aqueles homens nos foram muito bons, e nunca nos maltrataram, nem nenhuma coisa nos faltou em todo aquele tempo que convivido com eles, enquanto estivemos no campo. ¹⁶ Eles nos foram por muro de dia e de noite, todos os dias que estivemos com eles apascentando as ovelhas. ¹⁷ Agora, pois, entende e olha o que farás, porque o mal está de todo decidido contra nosso amo e contra toda sua casa: pois ele é um homem tão mau, que não há quem podia falar-lhe. ¹⁸ Então Abigail tomou logo duzentos pães, e dois odres de vinho, e cinco ovelhas guisadas, e cinco medidas de grão tostado, e cem cachos de uvas passas, e duzentos pães de figos secos, e carregou-o em asnos; ¹⁹ E disse a seus criados: Ide diante de mim, que eu vos seguirei logo. E nada declarou a seu marido Nabal. ²⁰ E sentando-se sobre um asno desceu por uma parte secreta do monte, e eis que Davi e os seus que vinham de frente a ela, e ela lhes foi ao encontro. ²¹ E Davi havia dito: Certamente em vão guardei tudo o que este tem no deserto, sem que nada lhe tenha faltado de tudo quanto é seu; e ele me devolveu mal por bem. ²² Assim faça Deus, e assim acrescente aos inimigos de Davi, que daqui à amanhã não tenho de deixar de tudo o que for seu nem ainda macho. ²³ E quando Abigail viu a Davi, desceu prontamente do asno, e prostrando-se diante de Davi sobre seu rosto, inclinou-se à terra; ²⁴ E lançou-se a seus pés, e disse: Senhor meu, sobre mim seja o pecado; mas rogo-te fale tua serva em teus ouvidos, e ouve as palavras de tua serva. ²⁵ Não ponha agora meu senhor seu coração a aquele homem grosseiro, a Nabal; porque conforme seu nome, assim é. O se chama Nabal, e a loucura está com ele: mas eu tua serva não vi os criados de meu senhor, os quais tu enviaste. ²⁶ Agora, pois,

senhor meu, vive o SENHOR e vive tua alma, que o SENHOR te impediu que viesses a derramar sangue, e vingar-te por tua própria mão. Sejam, pois, como Nabal teus inimigos, e todos os que procuram mal contra meu senhor. ^{27} E agora esta bênção que tua serva trouxe a meu senhor, seja dada aos criados que seguem a meu senhor. ^{28} E eu te rogo que perdoes a tua serva esta ofensa; pois o SENHOR de certo fará casa firme a meu senhor, porquanto meu senhor faz as guerras do SENHOR, e mal não se achou em ti em teus dias. ^{29} Bem que alguém se tenha levantado a perseguir-te e atentar à tua vida, contudo, a alma de meu senhor será ligada no feixe dos que vivem com o SENHOR Deus teu, e ele atirará a alma de teus inimigos como de uma funda. ^{30} E acontecerá que quando o SENHOR fizer com meu senhor conforme todo aquele bem que falou de ti, e te mandar que sejas chefe sobre Israel, ^{31} Então, senhor meu, não te será isto em tropeço e turbação de coração, o que tenhas derramado sangue sem causa, ou que meu senhor se tenha vingado por si mesmo. Guarde-se, pois, meu senhor, e quando o SENHOR fizer bem a meu senhor, lembra-te de tua serva. ^{32} E disse Davi a Abigail: Bendito seja o SENHOR Deus de Israel, que te enviou para que hoje me encontrasses; ^{33} E bendito seja teu bom-senso, e bendita tu, que me impediste hoje de ir derramar sangue, e de vingar-me por minha própria mão: ^{34} Porque, vive o SENHOR Deus de Israel que me defendeu de fazer-te mal, que se não te houvesses apressado em vir ao meu encontro, daqui a amanhã não lhe restaria a Nabal macho. ^{35} E recebeu Davi de sua mão o que lhe havia trazido, e disse-lhe: Sobe em paz à tua casa, e olha que ouvi tua voz, e te atendi. ^{36} E Abigail se veio a Nabal, e eis que ele tinha banquete em sua casa como banquete de rei: e o coração de Nabal estava alegre nele, e estava muito embriagado; pelo que ela não lhe declarou pouco nem muito, até que veio o dia seguinte. ^{37} Porém à manhã, quando o vinho havia saído de Nabal, referiu-lhe sua mulher aquelas coisas; e se lhe amorteceu o coração, e ficou como pedra. ^{38} E passados dez dias o SENHOR feriu a Nabal, e morreu. ^{39} E logo que Davi ouviu que Nabal era morto, disse: Bendito seja o SENHOR que julgou a causa de minha afronta recebida da mão de Nabal, e preservou do mal a seu servo; e o SENHOR devolveu a malícia de Nabal sobre sua própria cabeça. Depois enviou Davi a falar a Abigail, para tomá-la por sua mulher. ^{40} E os criados de Davi vieram a Abigail no Carmelo, e falaram com ela, dizendo: Davi nos enviou a ti, para tomar-te por sua mulher. ^{41} E ela se levantou, e inclinou seu rosto à terra, dizendo: Eis que tua serva, para que seja serva que lave os pés dos servos de meu senhor. ^{42} E levantando-se logo Abigail com cinco moças que a seguiam, montou-se em um asno, e seguiu os mensageiros de Davi, e foi sua mulher. ^{43} Também tomou Davi a Ainoã de Jezreel, e ambas foram suas mulheres. ^{44} Porque Saul havia dado sua filha Mical mulher de Davi, a Palti filho de Laís, que era de Galim.

26

^{1} E vieram os zifeus a Saul em Gibeá, dizendo: Não está Davi escondido no morro de Haquilá diante do deserto? ^{2} Saul então se levantou, e desceu ao deserto de Zife, levando consigo três mil homens escolhidos de Israel, para buscar a Davi no deserto de Zife. ^{3} E assentou Saul o campo no morro de Haquilá, que está diante do deserto junto ao caminho. E estava Davi no deserto, e entendeu que Saul lhe seguia no deserto. ^{4} Davi, portanto, enviou espias, e entendeu por certo que Saul havia vindo. ^{5} E levantou-se Davi, e veio ao lugar de onde Saul havia assentado o acampamento; e olhou Davi o lugar de onde dormia Saul, e Abner filho de Ner, general de seu exército. E estava Saul dormindo na trincheira, e o povo pelo acampamento em derredor dele. ^{6} Então falou Davi, e perguntou a Aimeleque Heteu, e a Abisai filho de Zeruia, irmão de Joabe, dizendo: Quem descerá comigo a Saul ao campo: E disse Abisai: Eu descerei contigo. [7] Davi pois e Abisai vieram ao povo de noite: e eis que Saul que estava estendido dormindo na trincheira, e sua lança fincada em terra à sua cabeceira; e Abner e o povo estavam ao redor dele estendidos. [8] Então disse Abisai a Davi: Hoje Deus entregou a teu inimigo em tuas mãos: agora pois, eu o ferirei logo com a lança, fincando-lhe com a terra de um golpe, e não precisarei repetir. [9] E Davi respondeu a Abisai: Não lhe mates: porque quem estender sua mão contra o ungido do SENHOR, e será inocente? [10] Disse ademais Davi: Vive o SENHOR, que se o SENHOR não o ferir, ou que seu dia chegue para que morra, ou que descenda em batalha pereça, [11] Guarde-me o SENHOR de estender minha mão contra o ungido do SENHOR; porém toma agora a lança que está à sua cabeceira, e a botija da água, e vamo-nos. [12] Levou pois Davi a lança e a botija de água da cabeceira de Saul, e foram-se; que não houve ninguém que visse, nem entendesse, nem vigiasse, pois todos dormiam: porque um profundo sonho enviado do SENHOR havia caído sobre eles. [13] E passando Davi da outra parte, pôs-se desviado no cume do monte, havendo grande distância entre eles; [14] E deu vozes Davi ao povo, e a Abner filho de Ner, dizendo: Não respondes, Abner? Então Abner respondeu e disse: Quem és tu que dás vozes ao rei? [15] E disse Davi a Abner: Não és tu homem? E quem há como tu em Israel? Por que, pois, não guardaste ao teu senhor, o rei? Pois entrou um do povo para matar ao teu senhor, o rei. [16] Isto que fizeste não está bem. Vive o SENHOR, que sois dignos de morte, que não guardastes a vosso senhor, ao ungido do SENHOR. Olha, pois, agora onde está a lança do rei, e a botija da água que estava à sua cabeceira. [17] E reconhecendo Saul a voz de Davi, disse: Não é esta tua voz, meu filho Davi? E Davi respondeu: É minha voz, ó rei, meu senhor. [18] E disse: Por que persegue assim meu senhor a seu servo? que fiz? que mal há em minha mão? [19] Rogo, pois, que o rei meu senhor ouça agora as palavras de seu servo. Se o SENHOR te incita contra mim, aceite um sacrifício: mas se forem filhos de homens, malditos eles na presença do SENHOR, que me expulsaram hoje para que não me junte na propriedade do SENHOR, dizendo: Vai, e serve a outros deuses. [20] Não caia, pois agora meu sangue em terra diante do SENHOR: porque saiu o rei de Israel a buscar uma pulga, assim como quem persegue uma perdiz pelos montes. [21] Então disse Saul: Pequei: volta-te, filho meu Davi, que nenhum mal te farei mais, pois que minha vida foi estimada hoje em teus olhos. Eis que eu agi loucamente, e errei em grande maneira. [22] E Davi respondeu, e disse: Eis que a lança do rei; passe aqui um dos criados, e tome-a. [23] E o SENHOR pague a cada um sua justiça e sua lealdade: que o SENHOR havia te entregue hoje em minha mão, mas eu não quis estender minha mão sobre o ungido do SENHOR. [24] E eis que, como tua vida foi estimada hoje em meus olhos, assim seja minha vida estimada nos olhos do SENHOR, e me livre de toda aflição. [25] E Saul disse a Davi: Bendito és tu, filho meu Davi; sem dúvida tu executarás grandes feitos, e prevalecerás. Então Davi se foi por seu caminho, e Saul voltou ao seu lugar.

27

[1] E disse Davi em seu coração: Ao fim serei morto algum dia pela mão de Saul: nada portanto me será melhor que fugir à terra dos filisteus, para que Saul se deixe de mim, e não me ande buscando mais por todos os termos de Israel, e assim me escaparei de suas mãos. [2] Levantou-se, pois Davi, e com os seiscentos homens que tinha consigo passou-se a Aquis filho de Maoque, rei de Gate. [3] E morou Davi com Aquis em Gate, ele e os seus, cada um com sua família: Davi com suas duas mulheres, Ainoã jezreelita, e Abigail, a que foi mulher de Nabal o do Carmelo. [4] E veio a nova a Saul que Davi se havia fugido a Gate, e não o buscou mais. [5] E Davi disse a Aquis: Se achei agora favor em teus olhos, seja-me dado lugar em algumas das cidades da

terra, de onde eu habite; por que teu servo deverá morar contigo na cidade real? ⁶ E Aquis lhe deu aquele dia a Ziclague. De aqui foi Ziclague dos reis de Judá até hoje. ⁷ E foi o número dos dias que Davi habitou na terra dos filisteus, quatro meses e alguns dias. ⁸ E subia Davi com os seus, e faziam entradas nos gesuritas, e nos gersitas, e nos amalequitas: porque estes habitavam de longo tempo a terra, desde como se vai a Sur até a terra do Egito. ⁹ E Davi aquela terra, e não deixava com vida homem nem mulher; e levava as ovelhas, as vacas, os asnos e os camelos e as roupas; e voltava, e vinha a Aquis. ¹⁰ E dizia Aquis: Onde atacastes hoje? E Davi dizia: Ao sul de Judá, e ao sul de Jerameel, ou contra o sul dos queneus. ¹¹ Nem homem nem mulher deixava à vida Davi, que viesse a Gate; dizendo: Porque não deem aviso de nós, dizendo: Isto fez Davi. E este era seu costume todo aquele tempo que morou em terra dos filisteus. ¹² E Aquis confiava em Davi, dizendo assim: Ele se faz abominável em seu povo de Israel, e será meu servo para sempre.

28

¹ E aconteceu que em aqueles dias os filisteus juntaram seus acampamentos para lutar contra Israel. E disse Aquis a Davi: Sabe de certo que hás de sair comigo à campanha, tu e os teus. ² E Davi respondeu a Aquis: Saberás, pois, o que fará teu servo. E Aquis disse a Davi: Portanto te farei guarda de minha cabeça todos os dias. ³ Já Samuel era morto, e todo Israel o havia lamentado, e haviam-lhe sepultado em Ramá, em sua cidade. E Saul havia lançado da terra os encantadores e adivinhos. ⁴ Pois como os filisteus se juntaram, vieram e assentaram acampamento em Suném: e Saul juntou a todo Israel, e assentaram acampamento em Gilboa. ⁵ E quando viu Saul o acampamento dos filisteus, temeu, e perturbou-se seu coração em grande maneira. ⁶ E consultou Saul ao SENHOR; mas o SENHOR não lhe respondeu, nem por sonhos, nem por Urim, nem por profetas. ⁷ Então Saul disse a seus criados: Buscai-me uma mulher que tenha espírito de necromante, para que eu vá a ela, e por meio dela pergunte. E seus criados lhe responderam: Eis que há uma mulher em En-Dor que tem espírito de necromante. ⁸ E Saul se disfarçou, vestiu outras roupas, e foi-se com dois homens, e vieram àquela mulher de noite; e ele disse: Eu te rogo que me adivinhes pelo espírito de pitonisa, e me faças subir a quem eu te disser. ⁹ E a mulher lhe disse: Eis que tu sabes o que Saul fez, como exterminou da terra os necromantes e os adivinhos; por que, pois, pões tropeço à minha vida, para me fazer morrer? ¹⁰ Então Saul jurou a ela pelo SENHOR, dizendo: Vive o SENHOR, que nenhum mal te virá por isto. ¹¹ A mulher então disse: A quem te farei vir? E ele respondeu: Faze-me vir a Samuel. ¹² E vendo a mulher a Samuel, clamou em alta voz, e falou aquela mulher a Saul, dizendo: ¹³ Por que me enganaste? que tu és Saul. E o rei lhe disse: Não temas: que viste? E a mulher respondeu a Saul: Vi deuses que sobem da terra. ¹⁴ E ele lhe disse: Qual é sua forma? E ela respondeu: Um homem ancião vem, coberto de um manto. Saul então entendeu que era Samuel, e humilhando o rosto à terra, fez grande reverência. ¹⁵ E Samuel disse a Saul: Por que me inquietaste fazendo-me vir? E Saul respondeu: Estou muito angustiado; pois os filisteus lutam contra mim, e Deus se afastou de mim, e não me responde mais, nem por meio de profetas, nem por sonhos: por isto te chamei, para que me declares o que tenho de fazer. ¹⁶ Então Samuel disse: E para que perguntas a mim, havendo-se afastado de ti o SENHOR, e é teu inimigo? ¹⁷ o SENHOR pois fez como falou por meio de mim; pois cortou o SENHOR o reino de tua mão, e o deu a tua companheiro Davi. ¹⁸ Como tu não obedeceste à voz do SENHOR, nem cumpriste o furor de sua ira sobre Amaleque, por isso o SENHOR te fez isto hoje. ¹⁹ E o SENHOR entregará a Israel também contigo nas mãos dos filisteus: e amanhã estareis comigo, tu e teus

filhos; e ainda o acampamento de Israel o SENHOR entregará nas mãos dos filisteus. [20] Naquele mesmo momento Saul caiu estendido ao chão, e teve grande temor pelas palavras de Samuel; que não restou nele esforço nenhum, porque em todo aquele dia e aquela noite não havia comido pão. [21] Então a mulher veio a Saul, e vendo-lhe em grande maneira perturbado, disse-lhe: Eis que tua criada obedeceu à tua voz, e pus minha vida em minha mão, e ouvi as palavras que tu me disseste. [22] Rogo-te, pois, que tu também ouças a voz de tua serva: porei eu diante de ti um bocado de pão que comas, para que te fortaleças, e vás teu caminho. [23] E ele o recusou, dizendo: Não comerei. Mas seus criados juntamente com a mulher lhe obrigaram, e ele os obedeceu. Levantou-se, pois, do chão, e sentou-se sobre uma cama. [24] E aquela mulher tinha em sua casa um bezerro gordo, o qual matou logo; e tomou farinha e amassou-a, e cozeu dela pães sem levedura. [25] E o trouxe diante de Saul e de seus criados; e assim que comeram, se levantaram, e partiram aquela noite.

29

[1] E os filisteus juntaram todos os seus acampamentos em Afeque; e Israel pôs seu acampamento junto à fonte que está em Jezreel. [2] E enquanto os príncipes dos filisteus revistavam suas tropas de centenas e de milhares de homens, Davi e os seus passavam na retaguarda com Aquis. [3] E disseram os príncipes dos filisteus: Que fazem aqui estes hebreus? E Aquis respondeu aos príncipes dos filisteus: Não é este Davi, o servo de Saul rei de Israel? Ele esteve comigo alguns dias ou alguns anos, e não achei coisa alguma nele desde o dia que ele veio a mim até hoje. [4] Então os príncipes dos filisteus se iraram contra ele, e disseram-lhe: Envia a este homem, que se volte ao lugar que lhe determinaste, e não venha conosco à batalha, não seja que na batalha se nos volte inimigo; pois com que coisa ele se reconciliaria com seu senhor, se não com as cabeças destes homens? [5] Não é este Davi de quem cantavam nas danças, dizendo: Saul feriu seus milhares, E Davi seus dez milhares? [6] E Aquis chamou a Davi, e disse-lhe: Vive o SENHOR, que tu foste reto, e que me pareceu bem tua saída e entrada no campo comigo, e que nenhuma coisa má achei em ti desde o dia que vieste a mim até hoje; mas aos olhos dos príncipes não agradas. [7] Volta-te, pois, e vai-te em paz; e não faças o mal aos olhos dos príncipes dos filisteus. [8] E Davi respondeu a Aquis: Que fiz? que achaste em teu servo desde o dia que estou contigo até hoje, para que eu não vá e lute contra os inimigos de meu senhor o rei? [9] E Aquis respondeu a Davi, e disse: Eu sei que tu és bom em meus olhos, como um anjo de Deus; mas os príncipes dos filisteus disseram: Não venha conosco à batalha. [10] Levanta-te, pois de manhã, tu e os servos de teu senhor que vieram contigo; e levantando-vos de manhã, logo ao amanhecer parti-vos. [11] E levantou-se Davi de manhã, ele e os seus, para ir-se e voltar-se à terra dos filisteus; e os filisteus foram a Jezreel.

30

[1] E Quando Davi e os seus vieram a Ziclague o terceiro dia, os de Amaleque haviam invadido o sul e a Ziclague, e haviam assolado a Ziclague, e posto-a a fogo. [2] E haviam-se levado cativas às mulheres que estavam nela, desde a menor até a maior; mas a ninguém haviam matado, mas sim levado, e ido seu caminho. [3] Veio, pois Davi com os seus à cidade, e eis que estava queimada a fogo, e suas mulheres e seus filhos e filhas levadas cativas. [4] Então Davi e a gente que com ele estava, levantaram sua voz e choraram, até que lhes faltaram as forças para chorar. [5] As duas mulheres de Davi, Ainoã jezreelita e Abigail a que foi mulher de Nabal do Carmelo, também eram cativas. [6] E Davi foi muito angustiado, porque o povo falava de apedrejá-lo;

porque todo aquele povo estava com ânimo amargo, cada um por seus filhos e por suas filhas: mas Davi se esforçou no SENHOR seu Deus. ⁷ E disse Davi ao sacerdote Abiatar filho de Aimeleque: Eu te rogo que me tragas o éfode. E Abiatar trouxe o éfode a Davi. ⁸ E Davi consultou ao SENHOR, dizendo: Seguirei esta tropa? Poderei alcançá-la? E ele lhe disse: Segue-a que de certo a alcançarás, e sem falta livrarás a presa. ⁹ Partiu-se, pois, Davi, ele e os seiscentos homens que com ele estavam, e vieram até o ribeiro de Besor, de onde se restaram alguns. ¹⁰ E Davi seguiu o alcance com quatrocentos homens; porque se restaram atrás duzentos, que cansados não puderam passar o ribeiro de Besor. ¹¹ E acharam no acampamento um homem egípcio, o qual trouxeram a Davi, e deram-lhe pão que comesse, e a beber água; ¹² Deram-lhe também um pedaço de massa de figos secos, e dois cachos de passas. E logo que comeu, voltou nele seu espírito; porque não havia comido pão nem bebido água em três dias e três noites. ¹³ E disse-lhe Davi: De quem és tu? E de onde és? E respondeu o jovem egípcio: Eu sou servo de um amalequita, e deixou-me meu amo hoje há três dias, porque estava enfermo; ¹⁴ Pois fizemos uma incursão à parte do sul dos queretitas, e a Judá, e ao sul de Calebe; e pusemos fogo a Ziclague. ¹⁵ E disse-lhe Davi: Tu me levarás a essa tropa? E ele disse: Faze-me juramento por Deus que não me matarás, nem me entregarás nas mãos de meu amo, e eu te levarei a essa gente. ¹⁶ Então o levou-o; e eis que estavam dispersos sobre a face de toda aquela terra, comendo e bebendo e fazendo festa, por toda aquela grande presa que haviam tomado da terra dos filisteus, e da terra de Judá. ¹⁷ E feriu-os Davi desde aquela manhã até à tarde do dia seguinte: e não escapou deles nenhum, a não ser quatrocentos rapazes, que haviam subido em camelos e fugiram. ¹⁸ E livrou Davi tudo o que os amalequitas haviam tomado: e também libertou Davi a suas duas mulheres. ¹⁹ E não lhes faltou coisa pequena nem grande, tanto de filhos como de filhas, do roubo, e de todas as coisas que lhes haviam tomado: todo o recuperou Davi. ²⁰ Tomou também Davi todas as ovelhas e gados maiores; e trazendo-o todo adiante, diziam: Esta é a presa de Davi. ²¹ E veio Davi aos duzentos homens que haviam restado cansados e não haviam podido perseguir a Davi, aos quais haviam feito restar no ribeiro de Besor; e eles saíram a receber a Davi, e ao povo que com ele estava. E quando Davi chegou à gente, saudou-os com paz. ²² Então todos os maus e perversos dentre os que haviam ido com Davi, responderam e disseram: Pois que não foram conosco, não lhes daremos da presa que tiramos, a não ser a cada um sua mulher e seus filhos; os quais tomem e se vão. ²³ E Davi disse: Não façais isso, irmãos meus, do que nos deu o SENHOR; o qual nos guardou, e entregou em nossas mãos a caterva que veio sobre nós. ²⁴ E quem vos escutará neste caso? Porque igual parte será a dos que vem à batalha, e a dos que ficam com a bagagem; que repartam juntos. ²⁵ E desde aquele dia em diante foi isto posto por lei e ordenança em Israel, até hoje. ²⁶ E quando Davi chegou a Ziclague, enviou da presa aos anciãos de Judá, seus amigos, dizendo: Eis aqui uma bênção para vós, da presa dos inimigos do SENHOR. ²⁷ Aos que estavam em Betel, e em Ramote ao sul, e aos que estavam em Jattir; ²⁸ E aos que estavam em Aroer, e em Sifmote, e aos que estavam em Estemoa; ²⁹ E aos que estavam em Racal, e aos que estavam nas cidades de Jerameel, e aos que estavam nas cidades dos queneus; ³⁰ E aos que estavam em Hormá, e aos que estavam em Corasã, e aos que estavam em Atace; ³¹ E aos que estavam em Hebrom, e em todos os lugares de onde Davi havia estado com os seus.

31

¹ Então os filisteus lutaram com Israel, e os de Israel fugiram diante dos filisteus, e caíram mortos no monte de Gilboa. ² E seguindo os filisteus a Saul e a seus filhos,

mataram a Jônatas, e a Abinadabe, e a Malquisua, filhos de Saul. ³ E agravou-se a batalha sobre Saul, e lhe alcançaram os flecheiros; e teve grande temor dos flecheiros. ⁴ Então disse Saul a seu escudeiro: Tira tua espada, e passa-me com ela, porque não venham estes incircuncisos, e me passem, e me escarneçam. Mas seu escudeiro não queria, porque tinha grande temor. Então Saul tomou a espada, e lançou-se sobre ela. ⁵ E vendo seu escudeiro a Saul morto, ele também se lançou sobre sua espada, e morreu com ele. ⁶ Assim morreu Saul naquele dia, juntamente com seus três filhos, e seu escudeiro, e todos os seus homens. ⁷ E os de Israel que eram da outra parte do vale, e da outra parte do Jordão, vendo que Israel havia fugido, e que Saul e seus filhos eram mortos, deixaram as cidades e fugiram; e os filisteus vieram e habitaram nelas. ⁸ E aconteceu o dia seguinte, que vindo os filisteus a despojar os mortos, acharam a Saul e a seus três filhos estendidos no monte de Gilboa; ⁹ E cortaram-lhe a cabeça, e tiraram-lhe as armas; e enviaram ao redor da terra dos filisteus, para que o noticiassem no templo de seus ídolos, e pelo povo. ¹⁰ E puseram suas armas no templo de Astarote, e colocaram seu corpo no muro de Bete-Seã. ¹¹ Mas ouvindo os de Jabes de Gileade isto que os filisteus fizeram a Saul, ¹² Todos os homens valentes se levantaram, e andaram toda aquela noite, e tiraram o corpo de Saul e os corpos de seus filhos do muro de Bete-Seã; e vindo a Jabes, queimaram-nos ali. ¹³ E tomando seus ossos, sepultaram-nos debaixo de uma árvore em Jabes, e jejuaram durante sete dias.

Segundo Livro de Samuel

¹ E aconteceu depois da morte de Saul, que quando Davi voltou da derrota dos amalequitas, ficou dois dias em Ziclague; ² E ao terceiro dia aconteceu, que veio um do acampamento de Saul, rasgadas suas roupas, e terra sobre sua cabeça: e chegando a Davi, prostrou-se em terra, e fez reverência. ³ E perguntou-lhe Davi: De onde vens? E ele respondeu: Eu me escapei do acampamento de Israel. ⁴ E Davi lhe disse: Que aconteceu? Rogo-te que me digas. E ele respondeu: O povo fugiu da batalha, e também muitos do povo caíram e foram mortos: também Saul e Jônatas seu filho morreram. ⁵ E disse Davi àquele rapaz que lhe dava as novas: Como sabes que Saul está morto, e Jônatas seu filho? ⁶ E o rapaz que lhe dava as novas respondeu: Casualmente vim ao monte de Gilboa, e achei a Saul que estava recostado sobre sua lança, e vinham atrás dele carros e cavaleiros. ⁷ E quando ele olhou atrás, viu-me e chamou-me; e eu disse: Eis-me aqui. ⁸ E ele me disse: Quem és tu? E eu lhe respondi: Sou amalequita. ⁹ E ele me voltou a dizer: Eu te rogo que te ponhas sobre mim, e me mates, porque me tomam angústias, e toda minha alma está ainda em mim. ¹⁰ Eu então me pus sobre ele, e matei-o, porque sabia que não podia viver depois de sua queda: e tomei a coroa que tinha em sua cabeça, e o bracelete que trazia em seu braço, e trouxe-os aqui a meu senhor. ¹¹ Então Davi agarrando suas roupas, rompeu-os; e o mesmo fizeram os homens que estavam com ele. ¹² E choraram e lamentaram, e jejuaram até à tarde, por Saul e por Jônatas seu filho, e pelo povo do SENHOR, e pela casa de Israel: porque haviam caído à espada. ¹³ E Davi disse a aquele rapaz que lhe havia trazido as novas: De onde és tu? E ele respondeu: Eu sou filho de um estrangeiro, amalequita. ¹⁴ E disse-lhe Davi: Como não tiveste temor de estender tua mão para matar ao ungido do SENHOR? ¹⁵ Então chamou Davi um dos rapazes, e disse-lhe: Chega, e mata-o. E ele o feriu, e morreu. ¹⁶ E Davi lhe disse: Teu sangue seja sobre tua cabeça, pois que tua boca testemunhou contra ti, dizendo: Eu matei ao ungido do SENHOR. ¹⁷ E lamentou Davi a Saul e a Jônatas seu filho com esta lamentação. ¹⁸ (Disse também que ensinassem ao arco aos filhos de Judá. Eis que está escrito no livro do direito:) ¹⁹ Pereceu a glória de Israel sobre tuas montanhas! Como caíram os valentes! ²⁰ Não o anuncieis em Gate, Não deis as novas nas praças de Asquelom; Para que não se alegrem as filhas dos filisteus, Para que não saltem de alegria as filhas dos incircuncisos. ²¹ Montes de Gilboa, nem orvalho nem chuva caia sobre vós, nem sejais terras de ofertas; Porque ali foi rejeitado o escudo dos valentes, O escudo de Saul, como se não houvesse sido ungido com azeite. ²² Do sangue de mortos, da gordura de valentes, o arco de Jônatas nunca retrocedeu, nem a espada de Saul voltou vazia. ²³ Saul e Jônatas, amados e queridos em sua vida, Em sua morte tampouco foram separados: Mais ligeiros que águas, Mais fortes que leões. ²⁴ Filhas de Israel, chorai sobre Saul, Que vos vestia de escarlata em regozijo, Que adornava vossas roupas com ornamentos de ouro. ²⁵ Como caíram os valentes em meio da batalha! Jônatas, morto em tuas alturas! ²⁶ Angústia tenho por ti, irmão meu Jônatas, Que me foste muito doce: Mais maravilhoso me foi o teu amor, Que o amor das mulheres. ²⁷ Como caíram os valentes, E pereceram as armas de guerra!

2

¹ Depois disto aconteceu que Davi consultou ao SENHOR, dizendo: Subirei a alguma das cidades de Judá? E o SENHOR lhe respondeu: Sobe. E Davi voltou a dizer: Para onde subirei? E ele lhe disse: A Hebrom. ² E Davi subiu ali, e com ele suas duas

mulheres, Ainoã jezreelita e Abigail, a que foi mulher de Nabal do Carmelo. ³ E levou também Davi consigo os homens que com ele haviam estado, cada um com sua família; os quais moraram nas cidades de Hebrom. ⁴ E vieram os homens de Judá, e ungiram ali a Davi por rei sobre a casa de Judá. E deram aviso a Davi, dizendo: Os de Jabes de Gileade são os que sepultaram a Saul. ⁵ E Davi enviou mensageiros aos de Jabes de Gileade, dizendo-lhes: Benditos sejais vós do SENHOR, que fizestes esta misericórdia com vosso senhor Saul em haver-lhe dado sepultura. ⁶ Agora, pois, o SENHOR faça convosco misericórdia e verdade; e eu também vos farei bem por isto que fizestes. ⁷ Esforcem-se, pois agora vossas mãos, e sede valentes; pois que morto Saul vosso senhor, os da casa de Judá me ungiram por rei sobre eles. ⁸ Mas Abner filho de Ner, general de exército de Saul, tomou a Is-Bosete filho de Saul, e o fez passar ao acampamento: ⁹ E o constituiu rei sobre Gileade, Assuri, Jezreel, Efraim, Benjamim, e sobre todo Israel. ¹⁰ De quarenta anos era Is-Bosete filho de Saul, quando começou a reinar sobre Israel; e reinou dois anos. Só a casa de Judá seguia a Davi. ¹¹ E foi o número dos dias que Davi reinou em Hebrom sobre a casa de Judá, sete anos e seis meses. ¹² E Abner filho de Ner saiu de Maanaim a Gibeão com os servos de Is-Bosete filho de Saul. ¹³ E Joabe filho de Zeruia, e os servos de Davi, saíram e encontraram-nos junto ao tanque de Gibeão: e quando se juntaram, pararam-se uns da uma parte do tanque, e os outros da outra. ¹⁴ E disse Abner a Joabe: Levantem-se agora os rapazes, e lutem diante de nós. E Joabe respondeu: Levante-se. ¹⁵ Então se levantaram, e em número de doze, passaram de Benjamim da parte de Is-Bosete filho de Saul; e doze dos servos de Davi. ¹⁶ E cada um lançou mão da cabeça de seu companheiro, e meteu-lhe sua espada pelo lado, caindo assim de uma vez; pelo que foi chamado aquele lugar, Helcate-Hazurim, o qual está em Gibeão. ¹⁷ E houve aquele dia uma batalha muito dura, e Abner e os homens de Israel foram vencidos pelos servos de Davi. ¹⁸ E estavam ali os três filhos de Zeruia: Joabe, e Abisai, e Asael. Este Asael era veloz de pés como um corço do campo. ¹⁹ O qual Asael seguiu a Abner, indo atrás dele sem desviar-se à direita nem à esquerda. ²⁰ E Abner olhou atrás, e disse: Não és tu Asael? E ele respondeu: Sim. ²¹ Então Abner lhe disse: Aparta-te à direita ou à esquerda, e agarra-te algum dos rapazes, e toma para ti seus despojos. Porém Asael não quis desviar-se de detrás dele. ²² E Abner voltou a dizer a Asael: Aparta-te de detrás de mim, porque te ferirei derrubando-te em terra, e depois como levantarei meu rosto a teu irmão Joabe? ²³ E não querendo ele ir-se, feriu-o Abner com a ponta da lança pela quinta costela, e saiu-lhe a lança pelas costas, e caiu ali, e morreu naquele mesmo lugar. E todos os que vinham por aquele lugar, de onde Asael havia caído e estava morto, paravam. ²⁴ Mas Joabe e Abisai seguiram a Abner; e o sol se pôs quando chegaram ao morro de Amá, que está diante de Gia, junto ao caminho do deserto de Gibeão. ²⁵ E juntaram-se os filhos de Benjamim em um esquadrão com Abner, e pararam-se no cume do morro. ²⁶ E Abner deu vozes a Joabe, dizendo: Consumirá a espada perpetuamente? Não sabes tu que ao fim se segue amargura? Até quando não dirás ao povo que deixem de perseguir a seus irmãos? ²⁷ E Joabe respondeu: Vive Deus que se não houvesses falado, já desde esta manhã o povo haveria deixado de perseguir a seus irmãos. ²⁸ Então Joabe tocou o chifre, e todo aquele povo se deteve, e não seguiu mais aos de Israel, nem lutou mais. ²⁹ E Abner e os seus caminharam pela campina toda aquela noite, e passando o Jordão cruzaram por todo Bitrom, e chegaram a Maanaim. ³⁰ Joabe também deixou de perseguir a Abner, e juntando todo aquele povo, faltaram dos servos de Davi dezenove homens, e Asael. ³¹ Mas os servos de Davi feriram dos de Benjamim e dos de Abner, trezentos e sessenta homens, que morreram. Tomaram logo a Asael, e sepultaram-no no sepulcro de seu pai em Belém. ³² E caminharam toda aquela noite Joabe e os seus, e amanheceu-lhes em Hebrom.

3

¹ E houve longa guerra entre a casa de Saul e a casa de Davi; mas Davi se ia fortificando, e a casa de Saul ia diminuindo. ² E nasceram filhos a Davi em Hebrom: seu primogênito foi Amom, de Ainoã jezreelita; ³ Seu segundo Quileabe, de Abigail a mulher de Nabal, o do Carmelo; o terceiro, Absalão, filho de Maaca, filha de Talmai rei de Gesur: ⁴ O quarto, Adonias filho de Hagite; o quinto, Sefatias filho de Abital; ⁵ O sexto, Itreão, de Eglá mulher de Davi. Estes nasceram a Davi em Hebrom. ⁶ E quando havia guerra entre a casa de Saul e a de Davi, aconteceu que Abner se esforçava pela casa de Saul. ⁷ E havia Saul tido uma concubina que se chamava Rispa, filha de Aiá. E disse Is-Bosete a Abner: Por que te deitaste com a concubina de meu pai? ⁸ E irou-se Abner em grande maneira pelas palavras de Is-Bosete, e disse: Sou eu uma cabeça de cão pertencente a Judá? Eu fiz hoje misericórdia com a casa de Saul teu pai, com seus irmãos, e com seus amigos, e não te entreguei nas mãos de Davi; e tu me acusas de ter pecado acerca desta mulher? ⁹ Assim faça Deus a Abner e assim lhe acrescente, se como o SENHOR jurou a Davi eu não fizer assim com ele, ¹⁰ Transferindo o reino da casa de Saul, e confirmando o trono de Davi sobre Israel e sobre Judá, desde Dã até Berseba. ¹¹ E ele não pode responder palavra a Abner, porque lhe temia. ¹² E enviou Abner mensageiros a Davi de sua parte, dizendo: De quem é a terra? E que lhe dissessem: Faze aliança comigo, e eis que minha mão será contigo para virar a ti a todo Israel. ¹³ E Davi disse: Bem; eu farei contigo aliança: mas uma coisa te peço, e é, que não me venhas a ver sem que primeiro tragas a Mical a filha de Saul, quando vieres a ver-me. ¹⁴ Depois disto enviou Davi mensageiros a Is-Bosete filho de Saul, dizendo: Restitui-me a minha mulher Mical, a qual eu desposei comigo por cem prepúcios de filisteus. ¹⁵ Então Is-Bosete enviou, e tirou-a de seu marido Paltiel, filho de Laís. ¹⁶ E seu marido foi com ela, seguindo-a e chorando até Baurim. E disse-lhe Abner: Anda, volta-te. Então ele se voltou. ¹⁷ E falou Abner com os anciãos de Israel, dizendo: Ontem e antes procuráveis que Davi fosse rei sobre vós; ¹⁸ Agora, pois, fazei-o; porque o SENHOR falou a Davi, dizendo: Pela mão de meu servo Davi livrarei a meu povo Israel da mão dos filisteus, e da mão de todos os seus inimigos. ¹⁹ E falou também Abner aos de Benjamim: e foi também Abner a Hebrom a dizer a Davi todo aquele parecer dos de Israel e de toda a casa de Benjamim. ²⁰ Veio, pois, Abner a Davi em Hebrom, e com ele vinte homens: e Davi fez banquete a Abner e aos que com ele haviam vindo. ²¹ E disse Abner a Davi: Eu me levantarei e irei, e juntarei a meu senhor o rei a todo Israel, para que façam contigo aliança, e tu reines como desejas. Davi despediu logo a Abner, e ele se foi em paz. ²² E eis que os servos de Davi e Joabe, que vinham do acampamento, e traziam consigo grande presa. Mas Abner não estava com Davi em Hebrom, que já o havia ele despedido, e ele se havia ido em paz. ²³ E logo que chegou Joabe e todo aquele exército que com ele estava, foi dado aviso a Joabe, dizendo: Abner filho de Ner veio ao rei, e ele lhe despediu, e se foi em paz. ²⁴ Então Joabe veio ao rei, e disse-lhe: Que fizeste? Eis que Abner veio a ti; por que pois o deixaste que se fosse? ²⁵ Sabes tu que Abner filho de Ner veio para enganar-te, e para saber tua saída e tua entrada, e por entender tudo o que tu fazes? ²⁶ E saindo Joabe da presença de Davi, enviou mensageiros atrás de Abner, os quais o fizeram voltar desde o poço de Sirá, sem que Davi soubesse. ²⁷ E quando Abner voltou a Hebrom, apartou-o Joabe ao meio da porta, falando com ele brandamente, e ali lhe feriu pela quinta costela, por causa da morte de Asael seu irmão, e morreu. ²⁸ Quando Davi soube depois isto, disse: Limpo estou eu e meu reino, pelo SENHOR, para sempre, do sangue de Abner filho de Ner. ²⁹ Caia sobre a cabeça de Joabe, e sobre toda a casa de seu pai; que nunca falte da casa de Joabe quem padeça fluxo, nem leproso, nem quem ande com cajado, nem quem morra à espada, nem quem

tenha falta de pão. ³⁰ Então Joabe e Abisai seu irmão mataram a Abner, porque ele havia matado a Asael, irmão deles na batalha de Gibeão. ³¹ Então disse Davi a Joabe, e a todo aquele povo que com ele estava: Rompei vossas roupas, e cingi-vos de sacos, e fazei luto por causa de Abner. E o rei ia detrás do féretro. ³² E sepultaram a Abner em Hebrom: e levantando o rei sua voz, chorou junto ao sepulcro de Abner; e chorou também todo aquele povo. ³³ E lamentando o rei pelo mesmo Abner, dizia: Morreu Abner como morre um tolo? ³⁴ Tuas mãos não estavam atadas, nem teus pés ligados com grilhões; caíste como os que caem diante de homens maus. E todo aquele povo voltou a chorar por causa dele. ³⁵ E quando todo aquele povo veio a dar de comer pão a Davi sendo ainda de dia, Davi jurou, dizendo: Assim me faça Deus e assim me acrescente, se antes que se ponha o sol provar eu pão, ou outra qualquer coisa. ³⁶ Soube-o assim todo aquele povo, e pareceu bem em seus olhos; porque tudo o que o rei fazia parecia bem em olhos de todo aquele povo. ³⁷ E todo aquele povo e todo Israel entenderam aquele dia, que não havia vindo do rei que Abner filho de Ner morresse. ³⁸ E o rei disse a seus servos: Não sabeis que caiu hoje em Israel um príncipe, e grande? ³⁹ Que eu agora ainda sou tenro rei ungido; e estes homens, os filhos de Zeruia, muito duros me são; o SENHOR retribua ao que faz o mal conforme sua malícia.

4

¹ Logo que o filho de Saul ouviu que Abner havia sido morto em Hebrom, as mãos se lhe desconjuntaram, e todo Israel foi atemorizado. ² E o filho de Saul tinha dois homens, os quais eram capitães de tropa, o nome de um era Baaná, e o do outro Recabe, filhos de Rimom beerotita, dos filhos de Benjamim (porque Beerote era contada com Benjamim; ³ esses beerotitas haviam fugido a Gitaim, e eram peregrinos ali até então). ⁴ E Jônatas, filho de Saul, tinha um filho aleijado dos pés de idade de cinco anos, o qual, quando a notícia da morte de Saul e de Jônatas veio de Jezreel, a sua ama o tomou e fugiu; e quando ela ia fugindo depressa, o menino caiu e ficou aleijado. Seu nome era Mefibosete. ⁵ Então os filhos de Rimom beerotita, Recabe e Baaná, foram e entraram no maior calor do dia na casa de Is-Bosete, o qual estava dormindo à sesta. ⁶ Eles entraram no meio da casa como quem vinha buscar trigo, e lhe feriram na quinta costela. E Recabe e seu irmão Baaná escaparam. ⁷ Pois, quando entraram na casa, estando ele em sua cama em seu quarto, feriram-no de morte, e cortaram-lhe a cabeça, e, havendo-a tomado, caminharam toda a noite pelo caminho da planície. ⁸ E trouxeram a cabeça de Is-Bosete a Davi em Hebrom, e disseram ao rei: Eis aqui a cabeça de Is-Bosete, filho de Saul, teu inimigo, que procurava matar-te; e o SENHOR vingou hoje ao meu senhor, o rei, de Saul e de sua descendência. ⁹ E Davi respondeu a Recabe e a seu irmão Baaná, filhos de Rimom beerotita, e disse-lhes: Vive o SENHOR que redimiu minha alma de toda angústia, ¹⁰ que, quando um me deu a notícia, dizendo: Eis que Saul é morto, imaginando que trazia uma boa notícia, eu o detive e o matei em Ziclague, por causa da notícia. ¹¹ Quanto mais aos homens maus que mataram a um homem justo em sua casa, e sobre sua cama? Agora, pois, não tenho eu de exigir o seu sangue das vossas mãos, e exterminar-vos da terra? ¹² Então Davi deu ordem aos rapazes, e eles os mataram, e cortaram-lhes as mãos e os pés, e penduraram-nos sobre o tanque, em Hebrom. Depois tomaram a cabeça de Is-Bosete, e enterraram-na no sepulcro de Abner em Hebrom.

5

¹ E vieram todas as tribos de Israel a Davi em Hebrom, e falaram, dizendo: Eis que nós somos teus ossos e tu carne. ² E ainda ontem e antes, quando Saul reinava sobre

nós, tu tiravas e voltavas a Israel. Além disso, o SENHOR te disse: Tu apascentarás a meu povo Israel, e tu serás sobre Israel príncipe. ³ Vieram, pois, todos os anciãos de Israel ao rei em Hebrom, e o rei Davi fez com eles aliança em Hebrom diante do SENHOR; e ungiram a Davi por rei sobre Israel. ⁴ Era Davi de trinta anos quando começou a reinar, e reinou quarenta anos. ⁵ Em Hebrom reinou sobre Judá sete anos e seis meses: e em Jerusalém reinou trinta e três anos sobre todo Israel e Judá. ⁶ Então o rei e os seus foram a Jerusalém aos jebuseus que habitavam na terra; os qual falaram a Davi, dizendo: Tu não entrarás aqui, a não ser que consigas expulsar aos cegos e aos coxos; e pensavam: Davi não entrará aqui. ⁷ Porém Davi tomou a fortaleza de Sião, a qual é a cidade de Davi. ⁸ E disse Davi aquele dia: Quem chegará até os canais, e ferirá ao jebuseu, e aos coxos e cegos, aos quais a alma de Davi aborrece? Por isto se disse: Cego nem coxo não entrará em casa. ⁹ E Davi morou na fortaleza e pôs-lhe por nome a Cidade de Davi: e edificou ao redor, desde Milo para dentro. ¹⁰ E Davi ia crescendo e aumentando-se, e o SENHOR Deus dos exércitos era com ele. ¹¹ E Hirão rei de Tiro enviou também embaixadores a Davi, e madeira de cedro, e carpinteiros, e pedreiros para os muros, os quais edificaram a casa de Davi. ¹² E entendeu Davi que o SENHOR lhe havia confirmado por rei sobre Israel, e que havia exaltado seu reino por causa de seu povo Israel. ¹³ E tomou Davi mais concubinas e mulheres de Jerusalém depois que veio de Hebrom, e nasceram-lhe mais filhos e filhas. ¹⁴ Estes são os nomes dos que lhe nasceram em Jerusalém: Samua, e Sobabe, e Natã, e Salomão, ¹⁵ E Ibar, e Elisua, e Nefegue, ¹⁶ E Jafia, e Elisama, e Eliada, e Elifelete. ¹⁷ E ouvindo os filisteus que haviam ungido a Davi por rei sobre Israel, todos os filisteus subiram a buscar a Davi: o qual quando Davi ouviu, veio à fortaleza. ¹⁸ E vieram os filisteus, e estenderam-se pelo vale de Refaim. ¹⁹ Então consultou Davi ao SENHOR, dizendo: Irei contra os filisteus? os entregarás em minhas mãos? E o SENHOR respondeu a Davi: Vai, porque certamente entregarei os filisteus em tuas mãos. ²⁰ E veio Davi a Baal-Perazim, e ali os venceu Davi, e disse: O SENHOR rompeu meus inimigos diante de mim, como o romper das águas. E por isto chamou o nome daquele lugar Baal-Perazim. ²¹ E deixaram ali seus ídolos, os quais queimou Davi e os seus. ²² E os filisteus voltaram a vir, e estenderam-se no vale de Refaim. ²³ E consultando Davi ao SENHOR, ele lhe respondeu: Não subas; mas rodeia-os, e virás a eles por diante das amoreiras: ²⁴ E quando ouvires um estrondo que irá pelas copas das amoreiras, então te moverás; porque o SENHOR sairá diante de ti a ferir o acampamento dos filisteus. ²⁵ E Davi o fez assim como o SENHOR havia lhe mandado; e feriu aos filisteus desde Gibeá até chegar a Gaza.

6

¹ E Davi voltou a juntar todos os escolhidos de Israel, trinta mil. ² E levantou-se Davi, e foi com todo o povo que tinha consigo, de Baal de Judá, para fazer passar dali a arca de Deus, sobre a qual era invocado o nome do SENHOR dos exércitos, que mora nela entre os querubins. ³ E puseram a arca de Deus sobre um carro novo, e levaram-na da casa de Abinadabe, que estava em Gibeá: e Uzá e Aiô, filhos de Abinadabe, guiavam o carro novo. ⁴ E quando o levavam da casa de Abinadabe que estava em Gibeá, com a arca de Deus, Aiô ia diante da arca. ⁵ E Davi e toda a casa de Israel dançavam diante do SENHOR com toda sorte de instrumentos de madeira de faia; com harpas, saltérios, adufes, flautas e címbalos. ⁶ E quando chegaram à eira de Nacom, Uzá estendeu a mão à arca de Deus, e segurou-a; porque os bois a sacudiam. ⁷ E o furor do SENHOR se acendeu contra Uzá, e feriu-o ali Deus por aquela imprudência, e caiu ali morto junto à arca de Deus. ⁸ E entristeceu-se Davi por o SENHOR ter ferido a Uzá: e foi chamado aquele lugar Perez-Uzá, até hoje. ⁹ E temendo Davi ao SENHOR aquele

dia, disse: Como há de vir a mim a arca do SENHOR? [10] Não quis, pois, Davi trazer a si a arca do SENHOR à cidade de Davi; mas levou-a Davi à casa de Obede-Edom geteu. [11] E a arca do SENHOR esteve na casa de Obede-Edom geteu três meses: e abençoou o SENHOR a Obede-Edom e a toda sua casa. [12] E foi dado aviso ao rei Davi, dizendo: o SENHOR abençoou a casa de Obede-Edom, e tudo o que tem, por causa da arca de Deus. Então Davi foi, e trouxe a arca de Deus de casa de Obede-Edom à cidade de Davi com alegria. [13] E quando os que levavam a arca de Deus haviam andado seis desfiladeiros, sacrificavam um boi e um carneiro gordo. [14] E Davi saltava com toda sua força diante do SENHOR; e tinha vestido Davi um éfode de linho. [15] Assim Davi e toda a casa de Israel levavam a arca do SENHOR com júbilo e som de trombeta. [16] E quando a arca do SENHOR chegou à cidade de Davi, aconteceu que Mical filha de Saul olhou desde uma janela, e viu ao rei Davi que saltava com toda sua força diante do SENHOR: e menosprezou-lhe em seu coração. [17] Meteram, pois, a arca do SENHOR, e puseram-na em seu lugar em meio de uma tenda que Davi lhe havia estendido: e sacrificou Davi holocaustos e pacíficos diante do SENHOR. [18] E quando Davi acabou de oferecer os holocaustos e pacíficos, abençoou ao povo no nome do SENHOR dos exércitos. [19] E repartiu a todo aquele povo, e a toda a multidão de Israel, tanto a homens como a mulheres, a cada um uma torta de pão, e um pedaço de carne, e um frasco de vinho. E foi-se todo aquele povo, cada um à sua casa. [20] Voltou logo Davi para abençoar sua casa: e saindo Mical a receber a Davi, disse: Quão honrado foi hoje o rei de Israel, desnudando-se hoje diante das criadas de seus servos, como se desnudasse um vulgar! [21] Então Davi respondeu a Mical: Diante do SENHOR, que me preferiu a teu pai e a toda sua casa, mandando-me que fosse príncipe sobre o povo do SENHOR, sobre Israel, dançarei diante do SENHOR. [22] E ainda me farei mais vil que esta vez, e serei baixo em meus próprios olhos; e diante das criadas que disseste, diante delas serei honrado. [23] E Mical filha de Saul nunca teve filhos até o dia de sua morte.

7

[1] E aconteceu que, estando já o rei assentado em sua casa, depois que o SENHOR lhe havia dado repouso de todos os seus inimigos em derredor, [2] Disse o rei ao profeta Natã: Olha agora, eu moro em edifícios de cedro, e a arca de Deus está entre cortinas. [3] E Natã disse ao rei: Anda, e faze tudo o que está em teu coração, que o SENHOR é contigo. [4] E aconteceu aquela noite, que veio a palavra do SENHOR a Natã, dizendo: [5] Vai e dize a meu servo Davi: Assim disse o SENHOR: Tu me edificarás casa em que eu more? [6] Certamente não habitei em casas desde o dia que tirei aos filhos de Israel do Egito até hoje, mas sim que andei em tenda e em tabernáculo. [7] E em tudo quanto andei com todos os filhos de Israel, falei palavra em alguma das tribos de Israel, a quem tenha mandado que apascente meu povo de Israel, para dizer: Por que não me edificastes casa de cedros? [8] Agora, pois, dirás assim a meu servo Davi: Assim disse o SENHOR dos exércitos: Eu te tomei da malhada, de detrás das ovelhas, para que fosses príncipe sobre meu povo, sobre Israel; [9] E fui contigo em tudo quanto andaste, e diante de ti exterminei todos teus inimigos, e te fiz nome grande, como o nome dos grandes que são na terra. [10] Além disso, eu fixarei lugar a meu povo Israel; eu o plantarei, para que habite em seu lugar, e nunca mais seja removido, nem os iníquos lhe aflijam mais, como antes, [11] Desde o dia que pus juízes sobre meu povo Israel; e eu te darei descanso de todos teus inimigos. Também o SENHOR te faz saber, que ele te quer fazer casa. [12] E quando teus dias forem cumpridos, e descansares com teus pais, eu establecerei tua semente depois de ti, a qual procederá de tuas entranhas, e assegurarei seu reino. [13] Ele edificará casa a meu nome, e eu afirmarei para sempre

o trono de seu reino. [14] Eu serei a ele pai, e ele me será filho. E se ele fizer mal, eu lhe castigarei com vara de homens, e com açoites de filhos de homens; [15] Porém não removerei minha misericórdia dele, como a removi de Saul, ao qual tirei de diante de ti. [16] E será firmada tua casa e teu reino para sempre diante de teu rosto; e teu trono será estável eternamente. [17] Conforme todas estas palavras, e conforme toda esta visão, assim falou Natã a Davi. [18] E entrou o rei Davi, e pôs-se diante do SENHOR, e disse: Senhor DEUS, Quem sou eu, e que é minha casa, para que tu me tragas até aqui? [19] E ainda te pareceu pouco isto, Senhor DEUS, pois que também falaste da casa de teu servo no porvir. É esse o modo de agir do homem, Senhor DEUS? [20] E que mais pode acrescentar Davi falando contigo? Tu, pois, conheces teu servo, Senhor DEUS. [21] Todas estas grandezas operaste por tua palavra e conforme teu coração, fazendo-as saber a teu servo. [22] Portanto tu te engrandeceste, SENHOR Deus: porquanto não há como tu, nem há Deus além de ti, conforme tudo o que ouvimos com nossos ouvidos. [23] E quem como teu povo, como Israel, na terra? Uma gente por causa da qual Deus fosse a resgatá-la por povo, e lhe pusesse nome, e fizesse por vós, ó Israel, grandes e espantosas obras em tua terra, por causa de teu povo, ó Deus, que tu resgataste do Egito, das nações e de seus deuses? [24] Porque tu confirmaste a ti teu povo Israel por povo teu para sempre: e tu, ó SENHOR, foste a eles por Deus. [25] Agora, pois, SENHOR Deus, a palavra que falaste sobre teu servo e sobre sua casa, desperta-a para sempre, e faze conforme o que disseste. [26] Que seja engrandecido teu nome para sempre, e diga-se: o SENHOR dos exércitos é Deus sobre Israel; e que a casa de teu servo Davi seja firme diante de ti. [27] Porque tu, SENHOR dos exércitos, Deus de Israel, revelaste ao ouvido de teu servo, dizendo: Eu te edificarei casa. Por isto teu servo achou em seu coração para fazer diante de ti esta súplica. [28] Agora, pois, SENHOR Deus, tu és Deus, e tuas palavras serão firmes, já que disseste a teu servo este bem. [29] Agrada-te, pois, de abençoar a casa de teu servo, para que perpetuamente permaneça diante de ti: pois que tu, SENHOR Deus, o disseste, e com tua bênção será bendita a casa de teu servo para sempre.

8

[1] Depois disto aconteceu, que Davi feriu aos filisteus, e os humilhou: e tomou Davi a Metegue-Ama da mão dos filisteus. [2] Feriu também aos de Moabe, e mediu-os com cordel, fazendo-os lançar por terra; e mediu com dois cordéis para morte, e um cordel inteiro para vida; e foram os moabitas servos debaixo de tributo. [3] Também feriu Davi a Hadadezer filho de Reobe, rei de Zobá, indo ele a estender seu termo até o rio de Eufrates. [4] E tomou Davi deles mil e setecentos cavaleiros, e vinte mil homens a pé; e aleijou Davi os cavalos de todos os carros, exceto cem carros deles que deixou. [5] E vieram os sírios de Damasco a dar ajuda a Hadadezer rei de Zobá; e Davi feriu dos sírios vinte e dois mil homens. [6] Pôs logo Davi guarnição em Síria a de Damasco, e foram os sírios servos de Davi sujeitos a tributo. E o SENHOR guardou a Davi de onde quer que fosse. [7] E tomou Davi os escudos de ouro que traziam os servos de Hadadezer, e levou-os a Jerusalém. [8] Também de Betá e de Beerote, cidades de Hadadezer, tomou o rei Davi grande quantidade de bronze. [9] Então ouvindo Toí, rei de Hamate, que Davi havia ferido todo aquele exército de Hadadezer, [10] Enviou Toí a Jorão seu filho ao rei Davi, a saudar-lhe pacificamente e a bendizer-lhe, porque havia lutado com Hadadezer e o havia vencido: porque Toí era inimigo de Hadadezer. E Jorão levava em sua mão vasos de prata, e vasos de ouro, e de bronze; [11] Os quais o rei Davi dedicou ao SENHOR, com a prata e o ouro que tinha dedicado de todas as nações que havia submetido: [12] Dos sírios, dos moabitas, dos amonitas, dos filisteus, dos amalequitas, e do despojo de Hadadezer filho de Reobe, rei de Zobá. [13] E ganhou Davi

fama quando, voltando da derrota dos sírios, feriu dezoito mil homens no vale do sal. ¹⁴ E pôs guarnição em Edom, por toda Edom pôs guarnição; e todos os edomitas foram servos de Davi. E o SENHOR guardou a Davi por de onde quer que fosse. ¹⁵ E reinou Davi sobre todo Israel; e fazia Davi direito e justiça a todo seu povo. ¹⁶ E Joabe filho de Zeruia era general de seu exército; e Josafá filho de Ailude, chanceler; ¹⁷ E Zadoque filho de Aitube, e Aimeleque filho de Abiatar, eram sacerdotes; e Seraías era escriba; ¹⁸ E Benaia filho de Joiada, era sobre os quereteus e peleteus; e os filhos de Davi eram os príncipes.

9

¹ E disse Davi: Restou algum da casa de Saul, a quem faça eu misericórdia por causa de Jônatas? ² E havia um servo da casa de Saul, que se chamava Ziba, ao qual quando chamaram que viesse a Davi, o rei lhe disse: És tu Ziba? E ele respondeu: Teu servo. ³ E o rei disse: Não restou ninguém da casa de Saul, a quem faça eu misericórdia de Deus? E Ziba respondeu ao rei: Ainda restou um filho de Jônatas, aleijado dos pés. ⁴ Então o rei lhe disse: E esse onde está? E Ziba respondeu ao rei: Eis que, está em casa de Maquir filho de Amiel, em Lo-Debar. ⁵ E enviou o rei Davi, e tomou-o de casa de Maquir filho de Amiel, de Lo-Debar. ⁶ E vindo Mefibosete, filho de Jônatas filho de Saul, a Davi, prostrou-se sobre seu rosto, e fez reverência. E disse Davi: Mefibosete. E ele respondeu: Eis aqui teu servo. ⁷ E disse-lhe Davi: Não tenhas temor, porque eu à verdade farei contigo misericórdia por causa de Jônatas teu pai, e te devolverei todas as terras de Saul teu pai; e tu comerás sempre pão à minha mesa. ⁸ E ele inclinando-se, disse: Quem é teu servo, para que olhes a um cão morto como eu? ⁹ Então o rei chamou a Ziba, servo de Saul, e disse-lhe: Tudo o que foi de Saul e de toda sua casa, eu o dei ao filho de teu senhor. ¹⁰ Tu pois lhe lavrarás as terras, tu com teus filhos, e teus servos, e colherás os frutos, para que o filho de teu senhor tenha com que se manter; mas Mefibosete, o filho de teu senhor comerá sempre pão à minha mesa. E Ziba tinha quinze filhos e vinte servos. ¹¹ E respondeu Ziba ao rei: Conforme tudo o que mandou meu senhor o rei a seu servo, assim teu servo o fará. Mefibosete, disse o rei, comerá à minha mesa, como um dos filhos do rei. ¹² E tinha Mefibosete um filho pequeno, que se chamava Mica. E toda a família da casa de Ziba eram servos de Mefibosete. ¹³ E morava Mefibosete em Jerusalém, porque comia sempre à mesa do rei; e era coxo de ambos os pés.

10

¹ Depois disto aconteceu, que morreu o rei dos filhos de Amom: e reinou em lugar seu Hanum seu filho. ² E disse Davi: Eu farei misericórdia com Hanum filho de Naás, como seu pai a fez comigo. E enviou Davi seus servos a consolá-lo por seu pai. Mas chegados os servos de Davi à terra dos filhos de Amom, ³ Os príncipes dos filhos de Amom disseram a Hanum seu senhor: Parece-te que para Davi honrar a teu pai te enviou consoladores? Não enviou Davi seus servos a ti por reconhecer e inspecionar a cidade, para destruí-la? ⁴ Então Hanum tomou os servos de Davi, e rapou-lhes a metade da barba, e cortou-lhes as roupas pela metade até as nádegas, e despachou-os. ⁵ O qual quando foi feito saber a Davi, enviou a encontrar-lhes, porque eles estavam em extremo envergonhados; e o rei fez dizer lhes: Ficai-vos em Jericó até que vos volte a nascer a barba, e então regressareis. ⁶ E vendo os filhos de Amom que se fizeram odiosos a Davi, enviaram os filhos de Amom e alugaram aos sírios da casa de Reobe, e aos sírios de Zobá, vinte mil homens a pé: e do rei de Maaca mil homens, e de Tobe doze mil homens. ⁷ O qual quando ouviu Davi, enviou a Joabe com todo o exército dos valentes. ⁸ E saindo os filhos de Amom, ordenaram seus

esquadrões à entrada da porta: mas os sírios de Zobá, e de Reobe, e de Tobe, e de Maaca, estavam à parte no campo. ⁹ Vendo, pois, Joabe que havia esquadrões diante e detrás dele, escolheu de todos os escolhidos de Israel, e pôs-se em ordem contra os sírios. ¹⁰ Entregou logo o que restou do povo em mão de Abisai seu irmão, e o pôs em ordem para encontrar aos amonitas. ¹¹ E disse: Se os sírios me forem superiores, tu me ajudarás; e se os filhos de Amom puderem mais que tu, eu te darei ajuda. ¹² Esforça-te, e esforcemo-nos por nosso povo, e pelas cidades de nosso Deus: e faça o SENHOR o que bem lhe parecer. ¹³ E aproximou-se Joabe, e o povo que com ele estava, para lutar com os sírios; mas eles fugiram diante dele. ¹⁴ Então os filhos de Amom, vendo que os sírios haviam fugido, fugiram também eles diante de Abisai, e entraram-se na cidade. E voltou Joabe dos filhos de Amom, e veio a Jerusalém. ¹⁵ Mas vendo os sírios que haviam caído diante de Israel, voltaram a se juntar. ¹⁶ E enviou Hadadezer, e tirou os sírios que estavam da outra parte do rio, os quais vieram a Helã, levando por chefe a Sobaque general do exército de Hadadezer. ¹⁷ E quando foi dado aviso a Davi, juntou a todo Israel, e passando o Jordão veio a Helã: e os sírios se puseram em ordem contra Davi, e lutaram com ele. ¹⁸ Mas os sírios fugiram diante de Israel: e feriu Davi dos sírios a gente de setecentos carros, e quarenta mil cavaleiros: feriu também a Sobaque general do exército, e morreu ali. ¹⁹ Vendo, pois todos os reis que assistiam a Hadadezer, como haviam eles sido derrotados diante de Israel, fizeram paz com Israel, e serviram-no; e dali adiante temeram os sírios de socorrer aos filhos de Amom.

11

¹ E aconteceu à volta de um ano, no tempo que saem os reis à guerra, que Davi enviou a Joabe, e a seus servos com ele, e a todo Israel; e destruíram aos amonitas, e puseram cerco a Rabá: mas Davi se ficou em Jerusalém. ² E aconteceu que levantando-se Davi de sua cama à hora da tarde, passeava-se pelo terraço da casa real, quando viu desde o terraço uma mulher que se estava lavando, a qual era muito bela. ³ E enviou Davi a preguntar por aquela mulher, e disseram-lhe: Aquela é Bate-Seba filha de Eliã, mulher de Urias Heteu. ⁴ E Davi enviou mensageiros, e tomou-a: e assim que entrou a ele, ele dormiu com ela. Purificou-se logo ela de sua imundícia, e se voltou à sua casa. ⁵ E concebeu a mulher, e enviou-o a fazer saber a Davi, dizendo: Eu estou grávida. ⁶ Então Davi enviou a dizer a Joabe: Envia-me a Urias Heteu. E enviou-o Joabe a Davi. ⁷ E quando Urias veio a ele, perguntou-lhe Davi pela saúde de Joabe, e pela saúde do povo, e também da guerra. ⁸ Depois disse Davi a Urias: Desce à tua casa, e lava teus pés. E saindo Urias de casa do rei, veio atrás dele um presente real. ⁹ Mas Urias dormiu à porta da casa do rei com todos os servos de seu senhor, e não desceu à sua casa. ¹⁰ E fizeram saber isto a Davi, dizendo: Urias não desceu à sua casa. E disse Davi a Urias: Não vieste de caminho? Por que, pois, não desceste à tua casa? ¹¹ E Urias respondeu a Davi: A arca, e Israel e Judá, estão debaixo de tendas; e meu senhor Joabe, e os servos de meu senhor sobre a face do campo: e havia eu de entrar em minha casa para comer e beber, e a dormir com minha mulher? Por vida tua, e pela vida de tua alma, que eu não farei tal coisa. ¹² E Davi disse a Urias: Fica-te aqui ainda hoje, e amanhã te despedirei. E ficou Urias em Jerusalém aquele dia e o seguinte. ¹³ E Davi o convidou, e fez-lhe comer e beber diante de si, até embriagá-lo. E ele saiu à tarde para dormir em sua cama com os servos de seu senhor; mas não desceu à sua casa. ¹⁴ Vinda a manhã, escreveu Davi a Joabe uma carta, a qual enviou por mão de Urias. ¹⁵ E escreveu na carta, dizendo: Ponde a Urias diante da força da batalha, e desamparai-o, para que seja ferido e morra. ¹⁶ Assim foi que quando Joabe cercou a cidade, pôs a Urias no lugar de onde sabia que estavam os homens

mais valentes. [17] E saindo logo os da cidade, lutaram com Joabe, e caíram alguns do povo dos servos de Davi; e morreu também Urias Heteu. [18] Então enviou Joabe, e fez saber a Davi todos os negócios da guerra. [19] E mandou ao mensageiro, dizendo: Quando acabares de contar ao rei todos os negócios da guerra, [20] Se o rei começar a irar-se, e te disser: Por que vos aproximastes à cidade lutando? Não sabíeis que eles costumam atirar do muro? [21] Quem feriu a Abimeleque filho de Jerubusete? Não lançou uma mulher do muro um pedaço de uma roda de moinho, e morreu em Tebes? Por que vos aproximastes ao muro? Então tu lhe dirás: Também teu servo Urias Heteu é morto. [22] E foi o mensageiro, e chegando, contou a Davi todas as coisas a que Joabe lhe havia enviado. [23] E disse o mensageiro a Davi: Prevaleceram contra nós os homens, que saíram a nós ao campo, bem que nós lhes fizemos retroceder até a entrada da porta; [24] Porém os flecheiros atiraram contra teus servos desde o muro, e morreram alguns dos servos do rei; e morreu também teu servo Urias Heteu. [25] E Davi disse ao mensageiro: Dirás assim a Joabe: Não tenhas pesar disto, que de igual e semelhante maneira costuma consumir a espada: esforça a batalha contra a cidade, até que a rendas. E tu conforta-o. [26] E ouvindo a mulher de Urias que seu marido Urias era morto, fez luto por seu marido. [27] E passado o luto, enviou Davi e recolheu-a à sua casa: e foi ela sua mulher, e deu-lhe à luz um filho. Mas isto que Davi havia feito, foi desagradável aos olhos do SENHOR.

12

[1] E o SENHOR enviou Natã a Davi, o qual vindo a ele, disse-lhe: Havia dois homens em uma cidade, um rico, e o outro pobre. [2] O rico tinha numerosas ovelhas e vacas: [3] Mas o pobre não tinha mais que uma só cordeira, que ele havia comprado e criado, e que havia crescido com ele e com seus filhos juntamente, comendo de seu bocado, e bebendo de seu vaso, e dormindo em seu fundo: e tinha-a como de uma vez filha. [4] E veio um de caminho ao homem rico; e ele não quis tomar de suas ovelhas e de suas vacas, para guisar ao caminhante que lhe havia vindo, mas sim que tomou a ovelha daquele homem pobre, e preparou-a para aquele que lhe havia vindo. [5] Então se acendeu o furor de Davi em grande maneira contra aquele homem, e disse a Natã: Vive o SENHOR, que o que tal fez é digno de morte. [6] E que ele deve pagar a cordeira com quatro tantos, porque fez esta tal coisa, e não teve misericórdia. [7] Então disse Natã a Davi: Tu és aquele homem. Assim disse o SENHOR, Deus de Israel: Eu te ungi por rei sobre Israel, e te livre da mão de Saul; [8] Eu te dei a casa de teu senhor, e as mulheres de teu senhor em teu fundo: demais disto te dei a casa de Israel e de Judá; e se isto é pouco, eu te acrescentarei tais e tais coisas. [9] Por que, pois, tiveste em pouco a palavra do SENHOR, fazendo o que era mau diante de seus olhos? A Urias Heteu feriste à espada, e tomaste por tua mulher a sua mulher, e a ele mataste com a espada dos filhos de Amom. [10] Pelo qual agora não se apartará jamais de tua casa a espada; porquanto me menosprezaste, e tomaste a mulher de Urias Heteu para que fosse tua mulher. [11] Assim disse o SENHOR: Eis que eu levantarei sobre ti o mal de tua mesma casa, e tomarei tuas mulheres diante de teus olhos, e as darei a teu próximo, o qual se deitará com tuas mulheres à vista deste sol. [12] Porque tu o fizeste em secreto; mas eu farei isto diante de todo Israel, e diante do sol. [13] Então disse Davi a Natã: Pequei contra o SENHOR. E Natã disse a Davi: Também o SENHOR removeu teu pecado: não morrerás. [14] Mas porquanto com este negócio fizeste blasfemar aos inimigos do SENHOR, o filho que te nasceu morrerá certamente. [15] E Natã se voltou à sua casa. E o SENHOR feriu ao menino que a mulher de Urias havia dado à luz a Davi, e o fez ficar gravemente doente. [16] Então rogou Davi a Deus pelo menino; e jejuou Davi, recolheu-se, e passou a noite deitado em terra. [17] E levantando-se os anciãos

de sua casa foram a ele para fazê-lo levantar da terra; mas ele não quis, nem comeu com eles pão. ¹⁸ E ao sétimo dia morreu o menino; mas seus servos não ousavam fazer-lhe saber que o menino era morto, dizendo entre si: Quando o menino ainda vivia, lhe falávamos, e não queria ouvir nossa voz: pois quanto mais mal lhe fará, se lhe dissermos que o menino está morto? ¹⁹ Mas Davi vendo a seus servos falar entre si, entendeu que o menino era morto; pelo que disse Davi a seus servos: É morto o menino? E eles responderam: Morto é. ²⁰ Então Davi se levantou da terra, e lavou-se e ungiu-se, e mudou suas roupas, e entrou à casa do SENHOR, e adorou. E depois veio à sua casa, e mandou, e puseram-lhe pão, e comeu. ²¹ E disseram-lhe seus servos: Que é isto que fizeste? Pelo menino, vivendo ainda, jejuavas e choravas; e ele morto, levantaste-te e comeste pão. ²² E ele respondeu: Vivendo ainda o menino, eu jejuava e chorava, dizendo: Quem sabe se Deus terá compaixão de mim, por maneira que viva o menino? ²³ Mas agora que já é morto, para que tenho de jejuar? Poderei eu fazer-lhe voltar? Eu vou a ele, mas ele não voltará a mim. ²⁴ E consolou Davi a Bate-Seba sua mulher, e entrando a ela, dormiu com ela; e deu à luz um filho, e chamou seu nome Salomão, ao qual o SENHOR amou: ²⁵ Que enviou por meio de Natã profeta, e chamou seu nome Jedidias, por causa do SENHOR. ²⁶ E Joabe lutava contra Rabá dos filhos de Amom, e tomou a cidade real. ²⁷ Então enviou Joabe mensageiros a Davi, dizendo: Eu lutei contra Rabá, e tomei a cidade das águas. ²⁸ Junta, pois, agora o povo que resta, e assenta acampamento contra a cidade, e toma-a; porque tomando eu a cidade, não se chame de meu nome. ²⁹ E juntando Davi todo aquele povo foi contra Rabá, e combateu-a, e tomou-a. ³⁰ E tomou a coroa de seu rei de sua cabeça, a qual pesava um talento de ouro, e tinha pedras preciosas; e foi posta sobre a cabeça de Davi. E trouxe muito grande despojo da cidade. ³¹ Tirou também o povo que estava nela, e o pôs ao trabalho de serras, e de trilhos de ferro, e de machados de ferro; e os fez passar por fornos de tijolos: e o mesmo fez a todas as cidades dos filhos de Amom. Voltou-se logo Davi com todo o povo a Jerusalém.

13

¹ Aconteceu depois disto, que tendo Absalão filho de Davi uma irmã bela que se chamava Tamar, apaixonou-se por ela Amnom filho de Davi. ² E estava Amnom angustiado até enfermar, por Tamar sua irmã: porque por ser ela virgem, parecia a Amnom que seria coisa difícil fazer-lhe algo. ³ E Amnom tinha um amigo que se chamava Jonadabe, filho de Simeia, irmão de Davi: e era Jonadabe homem muito astuto. ⁴ E este lhe disse: Filho do rei, por que de dia em dia vais assim enfraquecendo? Não o revelarás a mim? Amnom lhe respondeu: Eu amo a Tamar a irmã de Absalão meu irmão. ⁵ E Jonadabe lhe disse: Deita-te em tua cama, e finge que estás enfermo; e quando teu pai vier a visitar-te, dize-lhe: Rogo-te que venha minha irmã Tamar, para que me conforte com alguma comida, e prepare diante de mim alguma iguaria, para que vendo eu, a coma de sua mão. ⁶ Deitou-se, pois, Amnom, e fingiu que estava enfermo, e veio o rei: a visitar-lhe: e disse Amnom ao rei: Eu te rogo que venha minha irmã Tamar, e faça diante de mim dois bolos, que coma eu de sua mão. ⁷ E Davi enviou a Tamar a sua casa, dizendo: Vai agora à casa de teu irmão Amnom, e faze-lhe de comer. ⁸ E foi Tamar à casa de seu irmão Amnom, o qual estava deitado; e tomou farinha, e amassou e fez bolos diante dele, e preparou-os. ⁹ Tomou logo a panela, e tirou-os diante dele: mas ele não quis comer. E disse Amnom: Lançai fora daqui a todos. E todos se saíram dali. ¹⁰ Então Amnom disse a Tamar: Traze a comida ao quarto, para que eu coma de tua mão. E tomando Tamar os pães que havia preparado, levou-os a seu irmão Amnom ao quarto. ¹¹ E quando ela se as pôs diante para que comesse, ele a agarrou, dizendo-lhe: Vem, irmã minha

deita-te comigo. [12] Ela então lhe respondeu: Não, meu irmão, não me forces; porque não se deve assim com Israel. Não faças tal erro. [13] Porque onde iria eu com minha desonra? E ainda tu serias estimado como um dos perversos em Israel. Rogo-te, pois, agora, que fales ao rei, que não me negará a ti. [14] Mas ele não a quis ouvir; antes podendo mais que ela a forçou, e lançou-se com ela. [15] Aborreceu-a logo Amnom de tão grande aborrecimiento, que o ódio com que a aborreceu foi maior que o amor com que a havia amado. E disse-lhe Amnom: Levanta-te e vai-te. [16] E ela lhe respondeu: Não está certo; maior mal é este de me rejeitar, que o que me fizeste. Mas ele não a quis ouvir: [17] Antes, chamando seu criado que lhe servia, disse: Lança-me esta ali fora, e fecha a porta atrás dela. [18] E tinha ela sobre si uma roupa de cores, traje que as filhas virgens dos reis vestiam. Lançou-a, pois, fora seu criado, e fechou a porta atrás ela. [19] Então Tamar tomou cinza, e espalhou-a sobre sua cabeça, e rasgou sua roupa de cores de que estava vestida, e postas suas mãos sobre sua cabeça, foi-se gritando. [20] E disse-lhe seu irmão Absalão: Esteve contigo teu irmão Amnom? Pois cala agora, irmã minha: teu irmão é; não ponhas teu coração neste negócio. E ficou Tamar desconsolada em casa de Absalão seu irmão. [21] E logo que o rei Davi ouviu tudo isto, foi muito irritado. [22] Mas Absalão não falou com Amnom nem mal nem bem, ainda que Absalão aborrecesse a Amnom, porque havia forçado a Tamar sua irmã. [23] E aconteceu, passados dois anos, que Absalão tinha tosquiadores em Baal-Hazor, que está junto a Efraim; e convidou Absalão a todos os filhos do rei. [24] E veio Absalão ao rei, e disse-lhe: Eis que, teu servo tem agora tosquiadores: eu rogo que venha o rei e seus servos com teu servo. [25] E respondeu o rei a Absalão: Não, filho meu, não vamos todos, para não sermos pesados a ti. E ainda que tenha insistido com ele, não quis ir, mas abençoou-o. [26] Então disse Absalão: Se não, rogo-te que venha conosco Amnom meu irmão. E o rei lhe respondeu: Para que há de ir contigo? [27] E como Absalão o importunou, deixou ir com ele a Amnom e a todos os filhos do rei. [28] E havia Absalão dado ordem a seus criados, dizendo: Agora bem, olhai quando o coração de Amnom estará alegre do vinho, e em dizendo-vos eu: Feri a Amnom, então matai-o, e não temais; que eu vos o mandei. Esforçai-vos, pois, e sede valentes. [29] E os criados de Absalão fizeram com Amnom como Absalão o havia mandado. Levantaram-se logo todos os filhos do rei, e subiram todos em seus mulos, e fugiram. [30] E estando ainda eles no caminho, chegou a Davi o rumor que dizia: Absalão matou a todos os filhos do rei, que nenhum deles restou. [31] Então levantando-se Davi, rasgou suas roupas, e lançou-se em terra, e todos os seus criados, rasgados suas roupas, estavam adiante. [32] E Jonadabe, filho de Simeia irmão de Davi, falou e disse: Não diga meu senhor que mataram a todos os jovens filhos do rei, que somente Amnom é morto: porque em boca de Absalão estava posto desde o dia que Amnom forçou a Tamar sua irmã. [33] Portanto, agora não ponha meu senhor o rei em seu coração essa voz que disse: Todos os filhos do rei foram mortos: porque somente Amnom é morto. [34] Absalão fugiu logo. Entretanto, levantando seus olhos o jovem que estava de vigia olhou, e eis que muito povo vinha por detrás de si pelo caminho da lateral do monte. [35] E disse Jonadabe ao rei: Eis ali os filhos do rei que vem: é assim como teu servo disse. [36] E quando ele acabou de falar, eis que os filhos do rei que vieram, e levantando sua voz choraram. E também o mesmo rei e todos os seus servos choraram com muito grandes lamentos. [37] Mas Absalão fugiu, e foi-se a Talmai filho de Amiur, rei de Gesur. E Davi chorava por seu filho todos os dias. [38] E depois que Absalão fugiu e se foi a Gesur, esteve ali três anos. [39] E o rei Davi desejou ver a Absalão: porque já estava consolado acerca de Amnom que era morto.

14

¹ E conhecendo Joabe, filho de Zeruia, que o coração do rei estava por Absalão, ² Enviou Joabe a Tecoa, e tomou dali uma mulher astuta, e disse-lhe: Eu te rogo que te enlutes, e te vistas de roupas de luto, e não te unjas com óleo, antes sê como mulher que há muito tempo que traze luto por algum morto; ³ E entrando ao rei, fala com ele desta maneira. E pôs Joabe as palavras em sua boca. ⁴ Entrou, pois, aquela mulher de Tecoa ao rei, e prostrando-se em terra sobre seu rosto fez reverência, e disse: Ó rei, socorre-me! ⁵ E o rei disse: Que tens? E ela respondeu: Eu à verdade sou uma mulher viúva e meu marido é morto. ⁶ E tua serva tinha dois filhos e os dois brigaram no campo; e não havendo quem os separasse, feriu o um à outra, e o matou. ⁷ E eis que toda a parentela se levantou contra tua serva, dizendo: Entrega ao que matou a seu irmão, para que lhe façamos morrer pela vida de seu irmão a quem ele matou, e tiremos também o herdeiro. Assim apagarão a brasa que me restou, não deixaram a meu marido nome nem remanescente sobre a terra. ⁸ Então o rei disse à mulher: Vai-te à tua casa, que eu mandarei acerca de ti. ⁹ E a mulher de Tecoa disse ao rei: Rei senhor meu, a maldade seja sobre mim e sobre a casa de meu pai; mas o rei e seu trono sem culpa. ¹⁰ E o rei disse: Ao que falar contra ti, traze-o a mim, que não te tocará mais. ¹¹ Disse ela então: Rogo-te, ó rei, que te lembres do SENHOR teu Deus, que não deixes ao vingador do sangue aumentar o dano em destruir meu filho. E ele respondeu: Vive o SENHOR, que não cairá nem um cabelo da cabeça de teu filho em terra. ¹² E a mulher disse: Rogo-te que fale tua criada uma palavra a meu senhor o rei. E ele disse: Fala. ¹³ Então a mulher disse: Por que pois pensas tu outro tanto contra o povo de Deus? que falando o rei esta palavra, é como culpado, porquanto o rei não faz voltar a seu fugitivo. ¹⁴ Porque de certo morremos, e somos como águas derramadas por terra, que não podem voltar a recolher-se: nem Deus tira a vida, mas sim planeja meio para que seu desviado não seja dele excluído. ¹⁵ E que eu vim agora para dizer isto ao rei meu senhor, é porque o povo me pôs medo. Mas tua serva disse: Falarei agora ao rei: talvez ele faça o que sua serva diga. ¹⁶ Pois o rei ouvirá, para livrar à sua serva da mão do homem que me quer exterminar a mim, e a meu filho juntamente, da propriedade de Deus. ¹⁷ Tua serva, pois, disse: Que seja agora a resposta de meu senhor o rei para descanso; pois que meu senhor o rei é como um anjo de Deus para escutar o bem e o mal. Assim o SENHOR teu Deus seja contigo. ¹⁸ Então ele respondeu, e disse à mulher: Eu te rogo que não me encubras nada do que eu te perguntar. E a mulher disse: Fale meu senhor o rei. ¹⁹ E o rei disse: Não foi a mão de Joabe contigo em todas estas coisas? E a mulher respondeu e disse: Vive tua alma, rei senhor meu, que não há que desviar-se à direita nem à esquerda de tudo o que meu senhor o rei falou: porque teu servo Joabe, ele me mandou, e ele pôs na boca de tua serva todas estas palavras. ²⁰ E Joabe, teu servo o fez, modificando a aparência do assunto; mas meu senhor é sábio, conforme a sabedoria de um anjo de Deus, para conhecer o que há na terra. ²¹ Então o rei disse a Joabe: Eis que eu faço isto: vai, e faze voltar ao jovem Absalão. ²² E Joabe se prostrou em terra sobre seu rosto, e fez reverência, e depois que abençoou ao rei, disse: Hoje há entendido teu servo que achei favor em teus olhos, rei senhor meu; pois que fez o rei o que seu servo disse. ²³ Levantou-se logo Joabe, e foi a Gesur, e voltou a Absalão a Jerusalém. ²⁴ Mas o rei disse: Vá-se à sua casa, e não veja meu rosto. E voltou-se Absalão à sua casa, e não viu o rosto do rei. ²⁵ E não havia em todo Israel homem tão elogiado por sua beleza como Absalão; desde a planta de seu pé até ao topo da cabeça não havia nele defeito. ²⁶ E quando se cortava o cabelo, (o qual fazia ao fim de cada ano, pois lhe incomodava, e por isso se o cortava,) pesava o cabelo de sua cabeça duzentos siclos de peso real. ²⁷ E nasceram-lhe a Absalão três filhos, e uma filha que se chamou Tamar,

a qual era bela de ver. ²⁸ E esteve Absalão por espaço de dois anos em Jerusalém, e não viu a cara do rei. ²⁹ E mandou Absalão por Joabe, para enviá-lo ao rei; mas não quis vir a ele; ele mandou mensagem ainda pela segunda vez, mas não quis vir. ³⁰ Então disse a seus servos: Bem sabeis as terras de Joabe junto a meu lugar, de onde tem suas cevadas; ide, e pegai-lhes fogo; e os servos de Absalão pegaram fogo às terras. ³¹ Levantou-se, portanto, Joabe, e veio a Absalão à sua casa, e disse-lhe: Por que puseram fogo teus servos a minhas terras? ³² E Absalão respondeu a Joabe: Eis que, eu enviei por ti, dizendo que viesses aqui, a fim de enviar-te eu ao rei a que lhe dissesses: Para que vim de Gesur? Melhor me fora estar ainda lá. Veja eu agora a cara do rei; e se há em mim pecado, mate-me. ³³ Veio, pois, Joabe ao rei, e fê-lo saber. Então chamou a Absalão, o qual veio ao rei, e inclinou seu rosto em terra diante do rei: e o rei beijou a Absalão.

15

¹ Aconteceu depois disto, que Absalão se fez de carros e cavalos, e cinquenta que corressem diante dele. ² E levantava-se Absalão de manhã, e punha-se a um lado do caminho da porta; e a qualquer um que tinha pleito e vinha ao rei a juízo, Absalão lhe chamava a si, e dizia-lhe: De que cidade és? E ele respondia: Teu servo é de uma das tribos de Israel. ³ Então Absalão lhe dizia: Olha que tuas palavras são boas e justas: mas não tens quem te ouça pelo rei. ⁴ E dizia Absalão: Quem me dera se eu fosse constituído juiz na terra, para que viessem a mim todos os que têm pleito ou negócio, que eu lhes faria justiça! ⁵ E acontecia que, quando alguém se chegava para inclinar-se a ele, ele estendia sua mão, e o tomava, e o beijava. ⁶ E desta maneira fazia com todo Israel que vinha ao rei a juízo: e assim roubava Absalão o coração dos de Israel. ⁷ E ao fim de quarenta anos aconteceu que Absalão disse ao rei: Eu te rogo me permitas que vá a Hebrom, a pagar meu voto que ei prometido ao SENHOR: ⁸ Porque teu servo fez voto quando estava em Gesur em Síria, dizendo: Se o SENHOR me voltar a Jerusalém, eu servirei ao SENHOR. ⁹ E o rei disse: Vai em paz. E ele se levantou, e se foi a Hebrom. ¹⁰ Porém enviou Absalão espias por todas as tribos de Israel, dizendo: Quando ouvirdes o som da trombeta, direis: Absalão reina em Hebrom. ¹¹ E foram com Absalão duzentos homens de Jerusalém por ele convidados, os quais iam em sua ingenuidade, sem saber nada. ¹² Também enviou Absalão por Aitofel gilonita, do conselho de Davi, a Gilo sua cidade, enquanto fazia seus sacrifícios. E a conspiração veio a ser grande, pois se ia aumentando o povo com Absalão. ¹³ E veio o aviso a Davi, dizendo: O coração de todo Israel segue Absalão. ¹⁴ Então Davi disse a todos os seus servos que estavam com ele em Jerusalém: Levantai-vos, e fujamos, porque não poderemos escapar diante de Absalão; apressai-vos a partir, não seja que se apressando ele nos alcance, e lance o mal sobre nós, e fira a cidade a fio de espada. ¹⁵ E os servos do rei disseram ao rei: Eis que, teus servos estão prontos a tudo que nosso senhor, o rei, decidir fazer. ¹⁶ O rei então saiu, com toda sua família depois dele. E deixou o rei dez mulheres concubinas para que guardassem a casa. ¹⁷ Saiu pois o rei com todo o povo que lhe seguia, e pararam-se em um lugar distante. ¹⁸ E todos os seus servos passavam a seu lado, com todos os quereteus e peleteus; e todos os giteus, seiscentos homens que haviam vindo a pé desde Gate, iam diante do rei. ¹⁹ E disse o rei a Itai giteu: Para que vens tu também conosco? Volta, e fica com o rei; porque tu és estrangeiro, e desterrado também de teu lugar. ²⁰ Ontem vieste, e tenho-te de fazer hoje que mudes lugar para ir conosco? Eu vou como vou: tu volta, e faze voltar a teus irmãos: em ti haja misericórdia e verdade. ²¹ E respondeu Itai ao rei, dizendo: Vive Deus, e vive meu senhor o rei, que, ou para morte ou para vida, de onde meu senhor o rei estiver, ali estará também teu servo. ²² Então Davi disse a Itai:

Vem, pois, e passa. E passou Itai giteu, e todos os seus homens, e toda sua família. ²³ E toda aquela terra chorou em alta voz; passou, logo, toda a gente o ribeiro de Cedrom; também passou o rei, e todo aquele povo passou, ao caminho que vai ao deserto. ²⁴ E eis que, também ia Zadoque, e com ele todos os levitas que levavam a arca do pacto de Deus; e assentaram a arca do pacto de Deus. E subiu Abiatar depois que acabou de sair da cidade todo aquele povo. ²⁵ Porém disse o rei a Zadoque: Volta a arca de Deus à cidade; que se eu achar favor aos olhos do SENHOR, ele me voltará, e me fará ver a ela e a seu tabernáculo: ²⁶ E se disser: Não me agradas: aqui estou, faça de mim o que bem lhe parecer. ²⁷ Disse ainda o rei a Zadoque sacerdote: Não és tu vidente? Volta-te em paz à cidade; e convosco vossos dois filhos, teu filho Aimaás, e Jônatas filho de Abiatar. ²⁸ Olhai que eu me deterei nos campos do deserto, até que venha resposta de vós que me dê aviso. ²⁹ Então Zadoque e Abiatar trouxeram de volta a arca de Deus a Jerusalém; e estiveram ali. ³⁰ E Davi subiu o monte das Oliveiras; e subiu chorando, levando a cabeça coberta, e os pés descalços. Também todo aquele povo que tinha consigo cobriu cada um sua cabeça, e subiram chorando assim como subiam. ³¹ E deram aviso a Davi, dizendo: Aitofel está entre os que conspiraram com Absalão. Então disse Davi: Torna loucura agora, ó SENHOR, o conselho de Aitofel. ³² E quando Davi chegou ao cume do monte para adorar ali a Deus, eis que Husai arquita que lhe saiu ao encontro, trazendo rasgada sua roupa, e terra sobre sua cabeça. ³³ E disse-lhe Davi: Se passares comigo, tu me serás prejudicial; ³⁴ Mas se voltares à cidade, e disseres a Absalão: Rei, eu serei teu servo; como até aqui fui servo de teu pai, assim serei agora servo teu, então tu me dissiparás o conselho de Aitofel. ³⁵ Não estarão ali contigo Zadoque e Abiatar sacerdotes? Portanto, tudo o que ouvires na casa do rei, darás aviso disso a Zadoque e a Abiatar sacerdotes. ³⁶ E eis que estão com eles seus dois filhos, Aimaás o de Zadoque, e Jônatas o de Abiatar; por meio deles me enviareis aviso de tudo o que ouvirdes. ³⁷ Assim se veio Husai amigo de Davi à cidade; e Absalão entrou em Jerusalém.

16

¹ E quando Davi passou um pouco do cume do monte, eis que Ziba, o criado de Mefibosete, que o saía a receber com um par de asnos aprontados, e sobre eles duzentos pães, e cem cachos de passas, e cem pães de figos secos, e um odre de vinho. ² E disse o rei a Ziba: Que é isto? E Ziba respondeu: Os asnos são para a família do rei, em que s; os pães e a passa para os criados, que comam; e o vinho, para que bebam os que se cansarem no deserto. ³ E disse o rei: Onde está o filho de teu senhor? E Ziba respondeu ao rei: Eis que ele ficou em Jerusalém, porque disse: Hoje me devolverá a casa de Israel o reino de meu pai. ⁴ Então o rei disse a Ziba: Eis que, seja teu tudo o que tem Mefibosete. E respondeu Ziba inclinando-se: Rei senhor meu, ache eu favor diante de ti. ⁵ E veio o rei Davi até Baurim: e eis que, saía um da família da casa de Saul, o qual se chamava Simei, filho de Gera; e saía amaldiçoando, ⁶ E lançando pedras contra Davi, e contra todos os servos do rei Davi: e todo aquele povo, e todos os homens valentes estavam à sua direita e à sua esquerda. ⁷ E dizia Simei, amaldiçoando-lhe: Sai, sai, homem sanguinário, e homem maligno! ⁸ O SENHOR te retribuiu por todo o sangue da casa de Saul, em lugar do qual tu reinaste: mas o SENHOR entregou o reino em mãos de teu filho Absalão; e eis que estás em tua desgraça, porque és homem sanguinário. ⁹ Então Abisai filho de Zeruia, disse ao rei: Por que almadiçoa este cão morto a meu senhor o rei? Eu te rogo que me deixes passar, e tirarei dele a cabeça. ¹⁰ E o rei respondeu: Que tenho eu convosco, filhos de Zeruia? Ele almadiçoa assim, porque o SENHOR lhe disse que almadiçoasse a Davi; quem pois lhe dirá: Por que o fazes assim? ¹¹ E

disse Davi a Abisai e a todos os seus servos: Eis que, meu filho que saiu de minhas entranhas, busca à minha vida: quanto mais agora um filho de Benjamim? Deixai-lhe que amaldiçoe, que o SENHOR se o disse. ¹² Talvez o SENHOR olhe a minha aflição, e o SENHOR me conceda o bem por suas maldições de hoje. ¹³ E quando Davi e os seus iam pelo caminho, Simei ia pelo lado do monte diante dele, andando e amaldiçoando, e lançando pedras diante dele, e espalhando pó. ¹⁴ E o rei e todo aquele povo que com ele estava, chegaram exaustos, e descansaram ali. ¹⁵ E Absalão e todo aquele povo, os homens de Israel, entraram em Jerusalém, e com ele Aitofel. ¹⁶ E aconteceu logo, que quando Husai arquita amigo de Davi chegou a Absalão, disse-lhe Husai: Viva o rei, viva o rei. ¹⁷ E Absalão disse a Husai: Este é teu agradecimento para com teu amigo? Por que não foste com teu amigo? ¹⁸ E Husai respondeu a Absalão: Não; mas sim a quem o SENHOR escolher, assim como este povo e todos os homens de Israel, dele serei eu, e com ele permanecerei. ¹⁹ E a quem havia eu de servir? Não seria a seu filho? Como servi diante de teu pai, assim serei diante de ti. ²⁰ Então disse Absalão a Aitofel: Consultai que faremos. ²¹ E Aitofel disse a Absalão: Entra às concubinas de teu pai, que ele deixou para guardar a casa; e todo aquele povo de Israel ouvirá que te fizeste aborrecível a teu pai, e assim se esforçarão as mãos de todos os que estão contigo. ²² Então puseram uma tenda a Absalão sobre o terraço, e entrou Absalão às concubinas de seu pai, em olhos de todo Israel. ²³ E o conselho que dava Aitofel em aqueles dias, era como se consultassem a palavra de Deus. Tal era o conselho de Aitofel, assim com Davi como com Absalão.

17

¹ Então Aitofel disse a Absalão: Eu escolherei agora doze mil homens, e me levantarei, e seguirei a Davi esta noite; ² E o atacarei quando ele estiver cansado e fraco das mãos; eu o atemorizarei, e todo aquele povo que está com ele fugirá, e ferirei ao rei somente. ³ Assim farei tornar todo aquele povo a ti: e quando eles houverem voltado, (pois aquele homem é o que tu queres) todo aquele povo estará em paz. ⁴ Esta razão apareceu bem a Absalão e a todos os anciãos de Israel. ⁵ E disse Absalão: Chama também agora a Husai arquita, para que também ouçamos o que ele dirá. ⁶ E quando Husai veio a Absalão, falou-lhe Absalão, dizendo: Assim disse Aitofel; seguiremos seu conselho, ou não? Dize tu. ⁷ Então Husai disse a Absalão: O conselho que deu esta vez Aitofel não é bom. ⁸ E acrescentou Husai: Tu sabes que teu pai e os seus são homens valentes, e que estão com amargura de ânimo, como a ursa no campo quando lhe tiraram os filhos. Além disso, teu pai é homem de guerra, e não terá a noite com o povo. ⁹ Eis que ele estará agora escondido em alguma cova, ou em outro lugar: e se ao princípio caírem alguns dos teus, ouvirá quem o ouvir, e dirá: O povo que segue a Absalão foi derrotado. ¹⁰ Assim ainda o homem valente, cujo coração seja como coração de leão, sem dúvida desmaiará: porque todo Israel sabe que teu pai é homem valente, e que os que estão com ele são esforçados. ¹¹ Aconselho, pois, que todo Israel se junte a ti, desde Dã até Berseba, em multidão como a areia que está à beira do mar, e que tu em pessoa vás à batalha. ¹² Então lhe acometeremos em qualquer lugar que puder achar-se, e viremos contra ele como quando o orvalho cai sobre a terra, e a ninguém deixaremos dele, e de todos os que com ele estão. ¹³ E se se recolher em alguma cidade, todos os de Israel trarão cordas àquela cidade, e a arrastaremos até o ribeiro, que nunca mais apareça pedra dela. ¹⁴ Então Absalão e todos os de Israel disseram: O conselho de Husai arquita é melhor que o conselho de Aitofel. Porque o SENHOR havia ordenado que o acertado conselho de Aitofel se frustrasse, para que o SENHOR fizesse vir o mal sobre Absalão. ¹⁵ Disse logo Husai a Zadoque e a Abiatar sacerdotes: Assim e assim aconselhou Aitofel a Absalão e aos

anciãos de Israel: e desta maneira aconselhei eu. ¹⁶ Portanto enviai imediatamente, e dai aviso a Davi, dizendo: Não fiques esta noite nos campos do deserto, mas sim passa logo o Jordão, para que o rei não seja consumido, e todo aquele povo que com ele está. ¹⁷ E Jônatas e Aimaás estavam junto à fonte de Rogel, porque não podiam eles mostrar-se vindo à cidade; foi, portanto, uma criada, e deu-lhes o aviso: e eles foram, e noticiaram-no ao rei Davi. ¹⁸ Porém foram vistos por um jovem, o qual deu conta a Absalão: porém os dois se apressaram em caminhar, e chegaram à casa de um homem em Baurim, que tinha um poço em seu pátio, dentro do qual se meteram. ¹⁹ E tomando a mulher da casa uma manta, estendeu-a sobre a boca do poço, e estendeu sobre ela o grão trilhado; e não se penetrou o negócio. ²⁰ Chegando logo os criados de Absalão à casa à mulher, disseram-lhe: Onde estão Aimaás e Jônatas? E a mulher lhes respondeu: Já passaram o vau das águas. E quando eles os buscaram e não os acharam voltaram a Jerusalém. ²¹ E depois que eles se houveram ido, aqueles saíram do poço, e foram-se, e deram aviso ao rei Davi; e disseram-lhe: Levantai-vos e apressai-vos a passar as águas, porque Aitofel deu tal conselho contra vós. ²² Então Davi se levantou, e todo aquele povo que com ele estava, e passaram o Jordão antes que amanhecesse; nem sequer faltou um que não passasse o Jordão. ²³ E Aitofel, vendo que não se havia praticado seu conselho, preparou seu asno, e levantou-se, e foi-se à sua casa em sua cidade; e depois de dar ordens acerca de sua casa, enforcou-se e morreu, e foi sepultado no sepulcro de seu pai. ²⁴ E Davi chegou a Maanaim, e Absalão passou o Jordão com toda a gente de Israel. ²⁵ E Absalão constituiu a Amasa, sobre o exército em lugar de Joabe, o qual Amasa foi filho de um homem de Israel chamado Itra, o qual havia se deitado com Abigail filha de Naás, irmã de Zeruia, mãe de Joabe. ²⁶ E Israel assentou acampamento com Absalão na terra de Gileade. ²⁷ E logo que Davi chegou a Maanaim, Sobi filho de Naás de Rabá dos filhos de Amom, e Maquir filho de Amiel de Lo-Debar, e Barzilai gileadita de Rogelim, ²⁸ Trouxeram a Davi e ao povo que estava com ele, camas, e bacias, e vasilhas de barro, e trigo, e cevada, e farinha, e grão tostado, favas, lentilhas, e grãos tostados, ²⁹ Mel, manteiga, ovelhas, e queijos de vacas, para que comessem; porque disseram: Aquele povo está faminto, e cansado, e terá sede no deserto.

18

¹ Davi, pois, revistou o povo que tinha consigo, e pôs sobre eles comandantes de mil e comandantes de cem. ² E enviou a terça parte do povo ao mando de Joabe, e outra terça parte ao mando de Abisai, filho de Zeruia, irmão de Joabe, e a outra terceira parte ao mando de Itai geteu. E disse o rei ao povo: Eu também sairei convosco. ³ Mas o povo disse: Não sairás; porque se nós fugirmos, não farão caso de nós; e ainda que a metade de nós morra, não farão caso de nós: mas tu agora vales tanto quanto dez mil de nós. Será pois melhor que da cidade tu nos ajudes. ⁴ Então o rei lhes disse: Eu farei o que bem vos parecer. E pôs-se o rei à entrada da porta, enquanto saía todo aquele povo de cento em cento e de mil em mil. ⁵ E o rei mandou a Joabe e a Abisai e a Itai, dizendo: Tratai benignamente por causa de mim ao jovem Absalão. E todo aquele povo ouviu quando deu o rei ordem acerca de Absalão a todos os capitães. ⁶ Saiu, pois, o povo ao acampamento contra Israel, e houve a batalha no bosque de Efraim; ⁷ E ali caiu o povo de Israel diante dos servos de Davi, e fez-se uma grande matança de vinte mil homens. ⁸ E espalhando-se ali o exército pela face de toda a terra, foram mais os que o bosque consumiu dos do povo, que os que a espada consumiu naquele dia. ⁹ E encontrou-se Absalão com os servos de Davi: e ia Absalão sobre um mulo, e o mulo se entrou debaixo de um espesso e grande carvalho, e prendeu-lhe a cabeça ao carvalho, e ficou entre o céu e a terra; pois o mulo em que

ia passou adiante. ¹⁰ E vendo-o um, avisou a Joabe, dizendo: Eis que vi a Absalão pendurado em um carvalho. ¹¹ E Joabe respondeu ao homem que lhe dava a nova: E vendo-o tu, por que não lhe feriste logo ali lançando-lhe à terra? E sobre mim, que te haveria dado dez siclos de prata, e um cinto. ¹² E o homem disse a Joabe: Ainda que me importasse em minhas mãos mil siclos de prata, não estenderia eu minha mão contra o filho do rei; porque nós o ouvimos quando o rei te mandou a ti e a Abisai e a Itai, dizendo: Olhai que ninguém toque no jovem Absalão. ¹³ Por outra parte, haveria eu feito traição contra minha vida (pois que ao rei nada se lhe esconde), e tu mesmo estarias contra mim. ¹⁴ E respondeu Joabe: Não perderei tempo contigo. E tomando três dardos em suas mãos, fincou-os no coração de Absalão, que ainda estava vivo em meio do carvalho. ¹⁵ Cercando-o logo dez rapazes escudeiros de Joabe, feriram a Absalão, e acabaram-lhe. ¹⁶ Então Joabe tocou a trombeta, e o povo deixou de seguir a Israel, porque Joabe deteve ao povo. ¹⁷ Tomando depois a Absalão, lançaram-lhe em um grande fosso no bosque, e levantaram sobre ele um muito grande amontoado de pedras; e todo Israel fugiu, cada um a suas moradas. ¹⁸ E havia Absalão em sua vida tomado e levantado-se uma coluna, a qual está no vale do rei; porque havia dito: Eu não tenho filho que conserve a memória de meu nome. E chamou aquela coluna de seu nome: e assim se chamou o Lugar de Absalão, até hoje. ¹⁹ Então Aimaás filho de Zadoque disse: Correrei agora, e darei as novas ao rei de como o SENHOR defendeu sua causa da mão de seus inimigos? ²⁰ E respondeu Joabe: Hoje não levarás as novas: as levarás outro dia: não darás hoje a nova, porque o filho do rei está morto. ²¹ E Joabe disse a um cuxita: Vai tu, e dize ao rei o que viste. E o cuxita fez reverência a Joabe, e correu. ²² Então Aimaás filho de Zadoque voltou a dizer a Joabe: Seja o que for, eu correrei agora atrás do cuxita. E Joabe disse: Filho meu, para que hás tu de escorrer, pois que não acharás prêmio pelas novas? ²³ Mas ele respondeu: Seja o que for, eu correrei. Então lhe disse: Corre. Correu, pois, Aimaás pelo caminho da planície, e passou diante do cuxita. ²⁴ Estava Davi naquele tempo sentado entre as duas portas; e o atalaia havia ido ao terraço de sobre a porta no muro, e levantando seus olhos, olhou, e viu a um que corria sozinho. ²⁵ O vigilante deu logo vozes, e o fez saber ao rei. E o rei disse: Se está sozinho, boas novas traze. Em tanto que ele vinha aproximando-se, ²⁶ Viu o vigilante outro que corria; e deu vozes o vigilante ao porteiro, dizendo: Eis que outro homem que corre sozinho. E o rei disse: Este também é mensageiro. ²⁷ E o vigilante voltou a dizer: Parece-me o correr do primeiro como o correr de Aimaás filho de Zadoque. E respondeu o rei: Esse é homem de bem, e vem com boa nova. ²⁸ Então Aimaás disse em alta voz ao rei: Paz. E inclinou-se à terra diante do rei, e disse: Bendito seja o SENHOR Deus teu, que entregou aos homens que haviam levantado suas mãos contra meu senhor o rei. ²⁹ E o rei disse: O jovem Absalão tem paz? E Aimaás respondeu: Vi eu um grande alvoroço quando enviou Joabe ao servo do rei e a mim teu servo; mas não sei que era. ³⁰ E o rei disse: Passa, e põe-te ali. E ele passou, e parou-se. ³¹ E logo veio o cuxita, e disse: Receba notícia, meu senhor o rei, que hoje o SENHOR defendeu tua causa da mão de todos os que se haviam levantado contra ti. ³² O rei então disse ao cuxita: O jovem Absalão tem paz? E o cuxita respondeu: Sejam como aquele jovem os inimigos de meu senhor o rei, e todos os que se levantam contra ti para mal. ³³ Então o rei se perturbou, e subiu-se à sala da porta, e chorou; e indo, dizia assim: Filho meu Absalão, filho meu, filho meu Absalão! Quem me dera que morresse eu em lugar de ti, Absalão, filho meu, filho meu!

19

¹ E deram aviso a Joabe: Eis que o rei chora, e faz luto por Absalão. ² E voltou-

se aquele dia a vitória em luto para todo aquele povo; porque ouviu dizer o povo aquele dia que o rei tinha dor por seu filho. ³ Entrou-se o povo aquele dia na cidade escondidamente, como costuma entrar às escondidas o povo envergonhado que fugiu da batalha. ⁴ Mas o rei, coberto o rosto, clamava em alta voz: Filho meu Absalão, Absalão, filho meu, filho meu! ⁵ E entrando Joabe em casa ao rei, disse-lhe: Hoje envergonhaste o rosto de todos os teus servos, que hoje livraram tua vida, e a vida de teus filhos e de tuas filhas, e a vida de tuas mulheres, e a vida de tuas concubinas, ⁶ Amando aos que te aborrecem, e aborrecendo aos que te amam: porque hoje declaraste que nada te importam teus príncipes e servos; pois hoje deste a entender que se Absalão vivesse, bem que nós todos estivéssemos hoje mortos, então te contentarias. ⁷ Levanta-te, pois, agora, e sai fora, e elogia a teus servos: porque juro pelo SENHOR, que se não saíres, nem um sequer ficará contigo esta noite; e disto te pesará mais que de todos os males que te sobrevieram desde tua juventude até agora. ⁸ Então se levantou o rei, e sentou-se à porta; e foi declarado a todo aquele povo, dizendo: Eis que o rei está sentado à porta. E veio todo aquele povo diante do rei; mas Israel havia fugido, cada um a suas moradas. ⁹ E todo aquele povo discutia em todas as tribos de Israel, dizendo: O rei nos livrou da mão de nossos inimigos, e ele nos salvou da mão dos filisteus; e agora havia fugido, da terra por medo de Absalão. ¹⁰ E Absalão, a quem havíamos ungido sobre nós, é morto na batalha. Por que, pois, estais agora quietos em ordem a fazer voltar ao rei? ¹¹ E el rei Davi enviou a Zadoque e a Abiatar sacerdotes, dizendo: Falai aos anciãos de Judá e dizei-lhes: Por que sereis vós os últimos em voltar o rei à sua casa, já que a palavra de todo Israel veio ao rei de voltar-lhe à sua casa? ¹² Vós sois meus irmãos; sois meus ossos e minha carne; por que, pois sereis vós os últimos em voltar ao rei? ¹³ Também direis a Amasa: Não és tu também osso meu e carne minha? Assim me faça Deus, e assim me acrescente, se não fores general do exército diante de mim para sempre, em lugar de Joabe. ¹⁴ Assim inclinou o coração de todos os homens de Judá, como o de um só homem, para que enviassem a dizer ao rei: Volta, com todos os teus servos. ¹⁵ Voltou, pois o rei, e veio até o Jordão. E Judá veio a Gilgal, a receber ao rei e fazê-lo passar o Jordão. ¹⁶ E Simei filho de Gera, filho de Benjamim, que era de Baurim, apressou-se a vir com os homens de Judá a receber ao rei Davi; ¹⁷ E com ele vinham mil homens de Benjamim; também Ziba criado da casa de Saul, com seus quinze filhos e seus vinte servos, os quais passaram o Jordão diante do rei. ¹⁸ Atravessou depois o barco para passar a família do rei, e para fazer o que lhe agradasse. Então Simei filho de Gera se prostrou diante do rei quando ele havia passado o Jordão. ¹⁹ E disse ao rei: Não me impute meu senhor iniquidade, nem tenhas memória dos males que teu servo fez o dia que meu senhor o rei saiu de Jerusalém, para guardá-los o rei em seu coração; ²⁰ Porque eu teu servo conheço haver pecado, e vim hoje o primeiro de toda a casa de José, para descer a receber a meu senhor o rei. ²¹ E Abisai filho de Zeruia respondeu e disse: Não morrerá por isto Simei, que amaldiçoou ao ungido do SENHOR? ²² Davi então disse: Que tendes vós comigo, filhos de Zeruia, que me haveis de ser hoje adversários? Morrerá hoje alguém em Israel? Não sei eu que hoje sou rei sobre Israel? ²³ E disse o rei a Simei: Não morrerás. E o rei jurou a ele. ²⁴ Também Mefibosete filho de Saul desceu a receber ao rei: não havia lavado seus pés, nem havia cortado sua barba, nem tampouco havia lavado suas roupas, desde o dia que o rei saiu até o dia que veio em paz. ²⁵ E logo que veio ele a Jerusalém a receber ao rei, o rei lhe disse: Mefibosete, Por que não foste comigo? ²⁶ E ele disse: Rei senhor meu, meu servo me enganou; pois havia teu servo dito: Prepararei um asno, e subirei nele, e irei ao rei; porque teu servo é coxo. ²⁷ Porém ele caluniou a teu servo diante de meu senhor o rei; mas meu senhor o rei é como um anjo de Deus: faze, pois, o que bem te parecer. ²⁸ Porque toda a casa de meu pai era digna de morte diante de meu senhor o rei, e tu puseste a teu servo entre os convidados de tua mesa. Que direito, pois, tenho ainda para queixar-me mais contra o rei? ²⁹ E o rei lhe disse: Para que falas mais palavras? Eu determinei que tu e Ziba repartais as terras. ³⁰ E Mefibosete disse ao rei: E ainda tome-as ele todas, pois que meu senhor o rei voltou em paz à sua casa. ³¹ Também Barzilai gileadita desceu de Rogelim, e passou o Jordão com o rei, para acompanhar-lhe da outra parte do Jordão. ³² E era Barzilai muito velho, de oitenta anos, o qual havia dado provisão ao rei quando estava em Maanaim, porque era homem muito rico. ³³ E o rei disse a Barzilai: Passa comigo, e eu te darei de comer comigo em Jerusalém. ³⁴ Mas Barzilai disse ao rei: Quantos são os dias do tempo de minha vida, para que eu suba com o rei a Jerusalém? ³⁵ Eu sou hoje da idade de oitenta anos, que já não farei diferença entre o bem e o mal: tomará gosto agora teu servo no que comer ou beber? Ouvirei mais a voz dos cantores e das cantoras? Para que, pois, seria ainda teu servo incômodo ao meu senhor, o rei? ³⁶ Passará teu servo um pouco o Jordão com o rei: por que me há de dar o rei tão grande recompensa? ³⁷ Eu te rogo que deixes voltar a teu servo, e que morra em minha cidade, junto ao sepulcro de meu pai e de minha mãe. Eis aqui teu servo Quimã; que passe ele com meu senhor o rei, e faze-lhe o que bem te parecer. ³⁸ E o rei disse: Pois passe comigo Quimã, e eu farei com ele como bem te pareça: e tudo o que tu me pedires, eu o farei. ³⁹ E todo aquele povo passou o Jordão: e logo que o rei também passou, o rei beijou a Barzilai, e abençoou-o; e ele se voltou à sua casa. ⁴⁰ O rei então passou a Gilgal, e com ele passou Quimã; e todo aquele povo de Judá, com a metade do povo de Israel, acompanharam o rei. ⁴¹ E eis que todos os homens de Israel vieram ao rei, e lhe disseram: Por que os homens de Judá, nossos irmãos, te levaram, e fizeram passar o Jordão ao rei e à sua família, e a todos os homens de Davi com ele? ⁴² E todos os homens de Judá responderam a todos os de Israel: Porque o rei é nosso parente. Mas por que vos irais vós disso? Temos nós comido algo do rei? Temos recebido dele algum presente? ⁴³ Então responderam os homens de Israel, e disseram aos de Judá: Nós temos no rei dez partes, e no mesmo Davi mais que vós: por que, pois, nos haveis tido em pouco? Não falamos nós primeiro em voltar a nosso rei? E o argumento dos homens de Judá prevaleceu ao dos homens de Israel.

20

¹ E aconteceu estar ali um homem perverso que se chamava Seba, filho de Bicri, homem de Benjamim, o qual tocou a trombeta, e disse: Não temos nós parte em Davi, nem herança no filho de Jessé: Israel, cada um a suas moradas! ² Assim deixaram de seguir Davi todos os homens de Israel, e seguiam a Seba filho de Bicri: mas os de Judá se aderiram a seu rei, desde o Jordão até Jerusalém. ³ E logo que chegou Davi a sua casa em Jerusalém, tomou o rei as dez mulheres concubinas que havia deixado para guardar a casa, e as pôs em uma casa em guarda, e deu-lhes de comer: mas nunca mais entrou a elas, mas sim que ficaram encerradas até que morressem como viúvas. ⁴ Depois o rei disse a Amasa: Convoca-me os homens de Judá para dentro de três dias, e apresenta-te aqui. ⁵ Foi, pois, Amasa, convocar Judá; mas demorou-se além do tempo que lhe havia sido designado. ⁶ E disse Davi a Abisai: Seba, filho de Bicri, nos fará agora mais mal que Absalão; toma, pois, tu, os servos do teu senhor, e vai atrás dele, para que ele não ache as cidades fortificadas, e escape de nós. ⁷ Então saíram depois dele os homens de Joabe, e os quereteus e peleteus, e todos os valentes: saíram de Jerusalém para ir atrás de Seba filho de Bicri. ⁸ E estando eles próximo da grande penha que está em Gibeão, saiu-lhes Amasa ao encontro. Agora bem, a vestimenta que Joabe tinha sobreposta estava-lhe cingida, e sobre ela o cinto de um

punhal apegado a seus lombos em sua bainha, da que assim quando ele avançou, o punhal caiu. ⁹ Então Joabe disse a Amasa: Tens paz, irmão meu? E tomou Joabe com a direita a barba de Amasa, para beijá-lo. ¹⁰ E como Amasa não se cuidou do punhal que Joabe na mão tinha, feriu-lhe este com ela na quinta costela, e derramou suas entranhas por terra, e caiu morto sem dar-lhe segundo golpe. Depois Joabe e seu irmão Abisai perseguiram Seba filho de Bicri. ¹¹ E um dos criados de Joabe se parou junto a ele, dizendo: Qualquer um que amar a Joabe e a Davi vá atrás de Joabe. ¹² E Amasa se havia revolvido no sangue no meio do caminho: e vendo aquele homem que todo aquele povo se parava, separou a Amasa do caminho ao campo, e lançou sobre ele uma vestimenta, porque via que todos os que vinham se paravam junto a ele. ¹³ Logo, pois, que foi afastado do caminho, passaram todos os que seguiam a Joabe, para ir atrás de Seba filho de Bicri. ¹⁴ E ele passou por todas as tribos de Israel até Abel e Bete-Maaca e toda a terra dos beritas: e juntaram-se, e seguiram-no também. ¹⁵ E vieram e cercaram-no em Abel de Bete-Maaca, e puseram baluarte contra a cidade; e posto que foi ao muro, todo aquele povo que estava com Joabe trabalhava por derrubar a muralha. ¹⁶ Então uma mulher sábia deu vozes na cidade, dizendo: Ouvi, ouvi; rogo-vos que digais a Joabe se chegue a aqui, para que eu fale com ele. ¹⁷ E quando ele se aproximou a ela, disse a mulher: És tu Joabe? E ele respondeu: Eu sou. E ela lhe disse: Ouve as palavras de tua serva. E ele respondeu: Ouço. ¹⁸ Então voltou ela a falar, dizendo: Antigamente costumavam falar, dizendo: Quem perguntar, pergunte em Abel: e assim concluíamos. ¹⁹ Eu sou das pacíficas e fiéis de Israel: e tu procuras destruir uma cidade que é mãe de Israel: por que destróis a herança do SENHOR? ²⁰ E Joabe respondeu, dizendo: Nunca tal, nunca tal me aconteça, que eu destrua nem desfaça. ²¹ A coisa não é assim: mas um homem do monte de Efraim, que se chama Seba filho de Bicri, levantou sua mão contra o rei Davi: entregai a esse somente, e me irei da cidade. E a mulher disse a Joabe: Eis que sua cabeça te será lançada desde o muro. ²² A mulher foi logo a todo aquele povo com sua sabedoria; e eles cortaram a cabeça a Seba filho de Bicri, e lançaram-na a Joabe. E ele tocou a trombeta, e dispersaram-se da cidade, cada um à sua morada. E Joabe se voltou ao rei a Jerusalém. ²³ Assim ficou Joabe sobre todo aquele exército de Israel; e Benaia filho de Joiada sobre os quereteus e peleteus; ²⁴ E Adorão sobre os tributos; e Josafá filho de Ailude, o cronista; ²⁵ E Seva, escriba; e Zadoque e Abiatar, sacerdotes; ²⁶ E Ira jairita foi um chefe oficial de Davi.

21

¹ E nos dias de Davi houve fome por três anos consecutivos. E Davi consultou ao SENHOR, e o SENHOR lhe disse: É por Saul, e por aquela casa de sangue; porque matou aos gibeonitas. ² Então o rei chamou aos gibeonitas, e falou-lhes. (Os gibeonitas não eram dos filhos de Israel, mas sim do resto dos amorreus, aos quais os filhos de Israel fizeram juramento; mas Saul havia procurado matá-los com motivo de zelo pelos filhos de Israel e de Judá). ³ Disse, pois Davi aos gibeonitas: Que vos farei, e com que expiarei para que abençoeis à herança do SENHOR? ⁴ E os gibeonitas lhe responderam: Não temos nós queixa sobre prata nem sobre ouro com Saul, e com sua casa: nem queremos que morra homem de Israel. E ele lhes disse: O que vós disserdes vos farei. ⁵ E eles responderam ao rei: Daquele homem que nos destruiu, e que tramou contra nós, para nos exterminar sem deixar nada de nós em todo aquele termo de Israel; ⁶ Deem-se a nós sete homens de seus filhos, para que os enforquemos ao SENHOR em Gibeá de Saul, o escolhido do SENHOR. E o rei disse: Eu os darei. ⁷ E perdoou o rei a Mefibosete, filho de Jônatas, filho de Saul, pelo juramento do SENHOR que havia entre eles, entre Davi e Jônatas filho de Saul. ⁸ Mas tomou o rei dois filhos

de Rispa filha de Aiá, os quais ela havia dado à luz de Saul, a saber, a Armoni e a Mefibosete; e cinco filhos de Mical filha de Saul, os quais ela havia dado à luz de Adriel, filho de Barzilai meolatita; ⁹ E entregou-os em mãos dos gibeonitas, e eles os enforcaram no monte diante do SENHOR: e morreram juntos aqueles sete, os quais foram mortos no tempo da colheita, nos primeiros dias, no princípio da colheita das cevadas. ¹⁰ Tomando logo Rispa filha de Aiá um saco, estendeu-o sobre um penhasco, desde o princípio da colheita até que choveu sobre eles água do céu; e não deixou a nenhuma ave do céu assentar-se sobre eles de dia, nem animais do campo de noite. ¹¹ E foi dito o Davi o que fazia Rispa filha de Aiá, concubina de Saul. ¹² Então Davi foi, e tomou os ossos de Saul e os ossos de Jônatas seu filho, dos homens de Jabes de Gileade, que os haviam furtado da praça de Bete-Seã, de onde os haviam pendurado os filisteus, quando os filisteus mataram a Saul em Gilboa: ¹³ E fez levar dali os ossos de Saul e os ossos de Jônatas seu filho; e juntaram também os ossos dos enforcados. ¹⁴ E sepultaram os ossos de Saul e os de seu filho Jônatas em terra de Benjamim, em Selá, no sepulcro de Quis seu pai; e fizeram tudo o que o rei havia mandado. Depois se aplacou Deus com a terra. ¹⁵ Quando os filisteus voltaram a fazer guerra a Israel, Davi desceu com os seus servos, e lutaram contra os filisteus; e Davi se cansou. ¹⁶ Nisso, Isbi-Benobe, que era dos filhos do gigante, e que cuja lança pesava trezentos siclos de bronze, estando ele cingido com uma espada nova, pretendeu ferir Davi. ¹⁷ Mas Abisai, filho de Zeruia, o socorreu, feriu o filisteu, e o matou. Então os homens de Davi lhe juraram, dizendo: "Nunca mais sairás conosco à batalha, para que não apagues a lâmpada de Israel." ¹⁸ Outra segunda guerra houve depois em Gobe contra os filisteus; então Sibecai, husatita, feriu a Safe, que era dos filhos do gigante. ¹⁹ Outra guerra houve em Gobe contra os filisteus, na qual Elanã, filho de Jaaré-Oregim de Belém, feriu a Golias geteu, a haste de cuja lança era como um lançador de tear. ²⁰ Depois houve outra guerra em Gate, de onde houve um homem de grande altura, o qual tinha doze dedos nas mãos, e outros doze nos pés, vinte e quatro em todos: e também era dos filhos do gigante. ²¹ Este desafiou a Israel, e foi morto por Jônatas, filho de Simeia irmão de Davi. ²² Estes quatro lhe haviam nascido ao gigante em Gate, os quais caíram pela mão de Davi e pela mão de seus servos.

22

¹ E falou Davi ao SENHOR as palavras deste cântico, o dia que o SENHOR o livrou da mão de todos os seus inimigos e da mão de Saul. ² E disse: O SENHOR é minha rocha, e minha fortaleza, e meu libertador; ³ Deus de minha rocha, nele confiarei: Meu escudo, e o poder de minha salvação, minha fortaleza, e meu refúgio; Meu salvador, que me livrarás de violência. ⁴ Invocarei ao SENHOR, digno de ser louvado. E serei salvo de meus inimigos. ⁵ Quando me cercaram ondas de morte, E ribeiros de iniquidade me assombraram, ⁶ As cordas do Xeol * me rodearam, e laços de morte me tomaram desprevenido. ⁷ Tive angústia, invoquei ao SENHOR, E clamei a meu Deus: E ele ouviu minha voz desde seu templo; Chegou meu clamor a seus ouvidos. ⁸ A terra se moveu, e tremeu; Os fundamentos dos céus foram movidos, E se estremeceram, porque ele se irou. ⁹ Subiu fumaça de suas narinas, E de sua boca fogo consumidor, Pelo qual se acenderam carvões. ¹⁰ E abaixo os céus, e desceu: Uma escuridão debaixo de seus pés. ¹¹ Subiu sobre o querubim, e voou: Apareceu-se sobre as asas do vento. ¹² Armou tendas de escuridão ao redor de si; nuvens negras e espessas, carregadas de águas. ¹³ Do resplendor de sua presença Se acenderam brasas ardentes. ¹⁴ O SENHOR trovejou desde os céus, E o Altíssimo deu sua voz; ¹⁵ Lançou flechas, e desbaratou-os; Relampejou, e consumiu-os. ¹⁶ Então apareceram as profundezas do

---

* **22:6** Xeol é o lugar dos mortos

mar, E os fundamentos do mundo foram descobertos, À repreensão do SENHOR, Ao sopro do vento de seu nariz. [17] Estendeu sua mão do alto, e arrebatou-me, E tirou-me de copiosas águas. [18] Livrou-me de fortes inimigos, De aqueles que me aborreciam, os quais eram mais fortes que eu. [19] Atacaram-me no dia de minha calamidade; Mas o SENHOR foi meu apoio. [20] Tirou-me para um lugar amplo; Livrou-me, porque se agradou de mim. [21] Remunerou-me o SENHOR conforme minha justiça: E conforme a limpeza de minhas mãos ele me pagou. [22] Porque eu guardei os caminhos do SENHOR; E não me apartei impiamente de meu Deus. [23] Porque diante de mim tenho todas suas ordenanças; E atento a seus estatutos, não me retirarei deles. [24] E fui íntegro para com ele, E guardei-me de minha iniquidade. [25] Remunerou-me, portanto, o SENHOR conforme minha justiça, E conforme minha limpeza diante de seus olhos. [26] Com o bom és benigno, E com o íntegro te mostras íntegro; [27] Limpo és para com o limpo, Mas com o perverso és rígido. [28] E tu salvas ao povo humilde; Mas teus olhos sobre os altivos, para abatê-los. [29] Porque tu és minha lâmpada, ó SENHOR; o SENHOR dá luz às minhas trevas. [30] Pois contigo avançarei contra uma tropa, e com o meu Deus saltarei uma muralha. [31] O caminho de Deus é perfeito; a palavra do SENHOR é purificada, é escudo é de todos os que nele confiam. [32] Porque que Deus há a não ser o SENHOR? Ou quem é forte a não ser nosso Deus? [33] Deus é o que com virtude me corrobora, e o que tira os obstáculos do meu caminho; [34] O que faz meus pés como de cervas, E o que me assenta em minhas alturas; [35] O que ensina minhas mãos para a luta, e proporciona que com meus braços quebre o arco de bronze. [36] Tu me deste também o escudo de tua salvação, E tua benignidade me acrescentou. [37] Tu alargaste meus desfiladeiros debaixo de mim, Para que não titubeassem meus joelhos. [38] Perseguirei a meus inimigos, e os quebrantarei; E não me voltarei até que os acabe. [39] Os consumirei, e os ferirei, e não se levantarão; E cairão debaixo de meus pés. [40] Cingiste-me de força para a batalha, E fizeste prostrar debaixo de mim os que contra mim se levantaram. [41] Tu me deste o pescoço de meus inimigos, De meus aborrecedores, que eu os destruísse. [42] Olharam, e não houve quem os livrasse; Ao SENHOR, mas não lhes respondeu. [43] Eu os esmiuçarei como pó da terra; Eu os pisarei como à lama das ruas, e os dissiparei. [44] Tu me livraste das brigas dos povos; Tu me guardaste para eu que fosse cabeça de nações: Povos que eu não conhecia me serviram. [45] Os estrangeiros se sujeitaram a mim; ao ouvirem, me obedeciam. [46] Os estrangeiros desfaleciam, E tremiam em seus esconderijos. [47] Viva o SENHOR, e seja bendita minha rocha; Seja exaltado o Deus, a rocha de meu salvamento: [48] O Deus que me vingou, E sujeita os povos debaixo de mim: [49] E que me tira dentre meus inimigos: Tu me tiraste em alto dentre os que se levantaram contra mim: Livraste-me do homem de iniquidades. [50] Portanto eu te confessarei entre as nações, ó SENHOR, E cantarei a teu nome. [51] Ele que engrandece as saúdes de seu rei, E faz misericórdia a seu ungido, A Davi, e à sua semente, para sempre.

23

[1] Estas são as últimas palavras de Davi. Disse Davi filho de Jessé, Disse aquele homem que foi levantado alto, O ungido do Deus de Jacó, O suave em cânticos de Israel: [2] O espírito do SENHOR falou por mim, E sua palavra foi em minha língua. [3] O Deus de Israel disse, Falou-me o Forte de Israel: O dominador dos homens será justo. Dominador em temor de Deus. [4] Será como a luz da manhã quando sai o sol, Da manhã sem nuvens; Quando a erva da terra brota Por meio do resplendor depois da chuva. [5] Não está minha casa com Deus? Pois ele fez comigo um pacto perpétuo, Ordenado em todas as coisas, e será guardado; pois não é dele que brotará toda a minha salvação e todo o meu desejo? [6] Mas os malignos serão todos eles como

espinhos arrancados, os quais ninguém toma com a mão; ⁷ Em vez disso o que quer tocar neles, Arma-se de ferro e de haste de lança, e são queimados em seu lugar. ⁸ Estes são os nomes dos valentes que teve Davi: Josebe-Bassebete, o taquemonita, principal dos capitães: era este Adino o eznita, que matou em uma ocasião sobre oitocentos homens. ⁹ Depois deste, Eleazar, filho de Dodô de Aoí, foi dos três valentes que estavam com Davi, quando desafiaram aos filisteus que se haviam juntado ali à batalha, e subiram os de Israel. ¹⁰ Este, levantando-se, feriu aos filisteus, até que sua mão se cansou, e ficou grudada em sua espada. Aquele dia o SENHOR fez grande salvação; e voltou-se o povo depois dele somente para tomar o despojo. ¹¹ Depois deste foi Samá, filho de Agé araíta: que havendo os filisteus se juntado em uma aldeia, havia ali um terreno cheio de lentilhas, e o povo havia fugido diante dos filisteus: ¹² Ele então se parou em meio do terreno e defendeu-o, e feriu aos filisteus; e o SENHOR fez uma grande salvação. ¹³ E três dos trinta principais desceram e vieram em tempo da colheita a Davi à cova de Adulão: e o acampamento dos filisteus estava no vale de Refaim. ¹⁴ Davi então estava na fortaleza, e a guarnição dos filisteus estava em Belém. ¹⁵ E Davi teve desejo, e disse: Quem me dera a beber da água da cisterna de Belém, que está à porta! ¹⁶ Então os três valentes irromperam pelo acampamento dos filisteus, e tiraram água da cisterna de Belém, que estava à porta; e tomaram, e trouxeram-na a Davi: mas ele não a quis beber, mas derramou-a ao SENHOR, dizendo: ¹⁷ Longe seja de mim, ó SENHOR, que eu faça isto. Eis de beber eu o sangue dos homens que foram com perigo de sua vida? E não quis bebê-la. Os três valentes fizeram isto. ¹⁸ E Abisai irmão de Joabe, filho de Zeruia, foi o principal dos três; o qual levantou sua lança contra trezentos, que matou; e teve nome entre os três. ¹⁹ Ele era o mais preeminente dos três, e o primeiro deles; mas não chegou aos três primeiros. ²⁰ Depois, Benaia filho de Joiada, filho de um homem esforçado, grande em feitos, de Cabzeel. Este feriu dois leões de Moabe: e ele mesmo desceu, e feriu um leão em meio de um fosso no tempo da neve: ²¹ Também feriu ele a um egípcio, homem de grande estatura; e tinha o egípcio uma lança em sua mão; mas desceu a ele com um cajado, e arrebatou ao egípcio a lança da mão, e o matou com sua própria lança. ²² Isto fez Benaia filho de Joiada, e teve nome entre os três valentes. ²³ Dos trinta foi o mais preeminente; mas não chegou aos três primeiros. E Davi o pôs em seu conselho. ²⁴ Asael irmão de Joabe foi dos trinta; Elanã filho de Dodô de Belém; ²⁵ Samá harodita, Elica harodita; ²⁶ Heles paltita, Ira, filho de Iques, de Tecoa; ²⁷ Abiezer de Anatote, Mebunai husatita; ²⁸ Zalmom aoíta, Maarai de Netofate; ²⁹ Helebe filho de Baaná de Netofate, Itai filho de Ribai de Gibeá dos filhos de Benjamim; ³⁰ Benaia piratonita, Hidai do ribeiro de Gaás; ³¹ Abi-Albom de Arbate, Azmavete barumita; ³² Eleaba de Saalbom, Jônatas dos filhos de Jásen; ³³ Samá de Harar, Aião filho de Sarar de Harar. ³⁴ Elifelete filho de Aasbai filho do maacatita; Eliã filho de Aitofel gilonita; ³⁵ Hezrai do Carmelo, Paarai arbita; ³⁶ Igal filho de Natã de Zobá, Bani gadita; ³⁷ Zeleque de Amom, Naarai de Beerote, escudeiro de Joabe filho de Zeruia; ³⁸ Ira itrita, Garebe itrita; ³⁹ Urias, o heteu. Entre todos, trinta e sete.

24

¹ E voltou o furor do SENHOR a acender-se contra Israel, e incitou a Davi contra eles a que dissesse: Vai, conta a Israel e a Judá. ² E disse o rei a Joabe, general do exército que tinha consigo: Rodeia todas as tribos de Israel, desde Dã até Berseba, e contai o povo, para que eu saiba o número da gente. ³ E Joabe respondeu ao rei: Acrescente o SENHOR teu Deus ao povo cem vezes tanto quanto são, e que o veja meu senhor ao rei; mas para que quer isto meu senhor o rei? ⁴ Porém a palavra do rei pôde mais que Joabe, e que os capitães do exército. Saiu, pois, Joabe, com os capitães do exército,

de diante do rei, para contar o povo de Israel. ⁵ E passando o Jordão assentaram em Aroer, à direita da cidade que está em meio do ribeiro de Gade e junto a Jazer. ⁶ Depois vieram a Gileade, e à terra baixa de Hodsi: e dali vieram a Dã-Jaã e ao redor de Sídon. ⁷ E vieram logo à fortaleza de Tiro, e a todas as cidades dos heveus e dos cananeus; e saíram ao sul de Judá, a Berseba. ⁸ E depois que andaram toda a terra, voltaram a Jerusalém ao fim de nove meses e vinte dias. ⁹ E Joabe deu a conta do número do povo ao rei; e foram os de Israel oitocentos mil homens fortes que tiravam espada; e dos de Judá quinhentos mil homens. ¹⁰ E depois que Davi contou o povo, sentiu-se atormentado em seu coração; e disse Davi ao SENHOR: Eu pequei gravemente por haver feito isto; mas agora, ó SENHOR, rogo-te que tires o pecado de teu servo, porque eu agi muito loucamente. ¹¹ E pela manhã, quando Davi se levantou, veio a palavra do SENHOR a Gade profeta, vidente de Davi, dizendo: ¹² Vai, e dize a Davi: Assim disse o SENHOR: Três coisas te ofereço: tu te escolherás uma delas, a qual eu faça. ¹³ Veio, pois, Gade a Davi, e notificou-lhe, e disse-lhe: Queres que te venham sete anos de fome em tua terra? Ou que fujas três meses diante de teus inimigos, e que eles te persigam? Ou que três dias haja pestilência em tua terra? Pensa agora, e olha o que responderei ao que me enviou. ¹⁴ Então Davi disse a Gade: Em grande angústia estou: rogo que caia na mão do SENHOR, porque suas misericórdias são muitas, e que não caia eu em mãos de homens. ¹⁵ E enviou o SENHOR pestilência a Israel desde a manhã até o tempo assinalado: e morreram do povo, desde Dã até Berseba, setenta mil homens. ¹⁶ E quando o anjo estendeu sua mão sobre Jerusalém para destruí-la, o SENHOR se arrependeu daquele mal, e disse ao anjo que destruía o povo: Basta agora; detém tua mão. Então o anjo do SENHOR estava junto à eira de Araúna, o jebuseu. ¹⁷ E Davi disse ao SENHOR, quando viu ao anjo que feria ao povo: Eu pequei, eu fiz a maldade: que fizeram estas ovelhas? Rogo-te que tua mão se torne contra mim, e contra a casa de meu pai. ¹⁸ E Gade veio a Davi aquele dia, e disse-lhe: Sobe, e faze um altar ao SENHOR na era de Araúna jebuseu. ¹⁹ E subiu Davi, conforme ao dito de Gade, que o SENHOR lhe havia mandado. ²⁰ E olhando Araúna, viu ao rei e a seus servos que passavam a ele. Saindo então Araúna, inclinou-se diante do rei até terra. ²¹ E Araúna disse: Por que vem meu senhor o rei a seu servo? E Davi respondeu: Para comprar de ti a eira, para edificar altar ao SENHOR, a fim de que a mortandade cesse do povo. ²² E Araúna disse a Davi: Tome e sacrifique meu senhor o rei o que bem lhe parecer; eis aqui bois para o holocausto; e trilhos e outros equipamentos de bois para lenha: ²³ Tudo isto, ó rei, Araúna dá ao rei. Logo disse Araúna ao rei: o SENHOR teu Deus se agrade de ti. ²⁴ E o rei disse a Araúna: Não, mas por preço o comprarei de ti; porque não oferecerei ao SENHOR meu Deus holocaustos gastando nada. Então Davi comprou a eira e os bois por cinquenta siclos de prata. ²⁵ E ali Davi edificou um altar ao SENHOR, e sacrificou holocaustos e ofertas pacíficas; e o SENHOR se aplacou com a terra, e cessou a praga de Israel.

Primeiro Livro dos Reis

¹ Quando o rei Davi era velho, e de idade avançada, cobriam-lhe de roupas, mas não se aquecia. ² Disseram-lhe portanto seus servos: Busquem a meu senhor o rei uma moça virgem, para que esteja diante do rei, e o abrigue, e durma a seu lado, e aquecerá a meu senhor o rei. ³ E buscaram uma moça formosa por todo o termo de Israel, e acharam a Abisague sunamita, e trouxeram-na ao rei. ⁴ E a moça era formosa, a qual aquecia ao rei, e lhe servia: mas o rei nunca a conheceu. ⁵ Então Adonias filho de Hagite se levantou, dizendo: Eu reinarei. E preparou carros e cavaleiros, e cinquenta homens que corressem adiante dele. ⁶ E seu pai nunca o entristeceu em todos seus dias com dizer-lhe: Por que fazes assim? E também este era de bela aparência; e havia o gerado depois de Absalão. ⁷ E tinha tratos com Joabe filho de Zeruia, e com Abiatar sacerdote, os quais ajudavam a Adonias. ⁸ Mas Zadoque sacerdote, e Benaia filho de Joiada, e Natã profeta, e Simei, e Reí, e todos os grandes de Davi, não seguiam a Adonias. ⁹ E matando Adonias ovelhas e vacas e animais engordados junto à penha de Zoelete, que está próxima da fonte de Rogel, convidou a todos seus irmãos os filhos do rei, e a todos os homens de Judá, servos do rei: ¹⁰ Mas não convidou a Natã profeta, nem a Benaia, nem aos grandes, nem a Salomão seu irmão. ¹¹ E falou Natã a Bate-Seba mãe de Salomão, dizendo: Não ouviste que reina Adonias filho de Hagite, sem sabê-lo Davi nosso senhor? ¹² Vem pois agora, e toma meu conselho, para que guardes tua vida, e a vida de teu filho Salomão. ¹³ Vai, e entra ao rei Davi, e dize-lhe: Rei senhor meu, não juraste tu à tua serva, dizendo: Salomão teu filho reinará depois de mim, e ele se sentará em meu trono? por que pois reina Adonias? ¹⁴ E estando tu ainda falando com o rei, eu entrarei atrás de ti, e acabarei teus argumentos. ¹⁵ Então Bate-Seba entrou ao rei à câmara: e o rei era muito velho; e Abisague sunamita servia ao rei. ¹⁶ E Bate-Seba se inclinou, e fez reverência ao rei. E o rei disse: Que tens? ¹⁷ E ela lhe respondeu: Senhor meu, tu juraste à tua serva pelo SENHOR teu Deus, dizendo: Salomão teu filho reinará depois de mim, e ele se sentará em meu trono; ¹⁸ E eis que agora Adonias reina: e tu, meu senhor rei, agora não o soubeste. ¹⁹ Matou bois, e animais engordados, e muitas ovelhas, e convidou a todos os filhos do rei, e a Abiatar sacerdote, e a Joabe general do exército; mas a Salomão teu servo não convidou. ²⁰ Entretanto, rei senhor meu, os olhos de todo Israel estão sobre ti, para que lhes declares quem se há de sentar no trono de meu senhor o rei depois dele. ²¹ De outra sorte acontecerá, quando meu senhor o rei descansar com seus pais, que eu e meu filho Salomão seremos tidos por culpados. ²² E estando ainda falando ela com o rei, eis que Natã profeta, que veio. ²³ E deram aviso ao rei, dizendo: Eis que Natã profeta: o qual quando entrou ao rei, prostrou-se diante do rei inclinando seu rosto à terra. ²⁴ E disse Natã: Rei senhor meu, disseste tu: Adonias reinará depois de mim, e ele se sentará em meu trono? ²⁵ Porque hoje desceu, e matou bois, e animais engordados, e muitas ovelhas, e convidou a todos os filhos do rei, e aos capitães do exército, e também a Abiatar sacerdote; e eis que, estão comendo e bebendo diante dele, e disseram: Viva o rei Adonias! ²⁶ Mas nem a mim teu servo, nem a Zadoque sacerdote, nem a Benaia filho de Joiada, nem a Salomão teu servo, convidou. ²⁷ É este negócio ordenado por meu senhor o rei, sem haver declarado a teu servo quem se havia de sentar no trono de meu senhor o rei depois dele? ²⁸ Então o rei Davi respondeu, e disse: Chamai-me a Bate-Seba. E ela entrou à presença do rei, e pôs-se diante do rei. ²⁹ E o rei jurou, dizendo: Vive o SENHOR, que redimiu minha alma de toda angústia, ³⁰ Que como eu te ei jurado pelo SENHOR

Deus de Israel, dizendo: Teu filho Salomão reinará depois de mim, e ele se sentará em meu trono em lugar meu; que assim o farei hoje. ³¹ Então Bate-Seba se inclinou ao rei, seu rosto à terra, e fazendo reverência ao rei, disse: Viva meu senhor o rei Davi para sempre. ³² E o rei Davi disse: Chamai-me a Zadoque sacerdote, e a Natã profeta, e a Benaia filho de Joiada. E eles entraram à presença do rei. ³³ E o rei lhes disse: Tomai convosco os servos de vosso senhor, e fazei subir a Salomão meu filho em minha mula, e levai-o a Giom: ³⁴ E ali o ungirão Zadoque sacerdote e Natã profeta por rei sobre Israel; e tocareis trombeta, dizendo: Viva o rei Salomão! ³⁵ Depois ireis vós detrás dele, e virá e se sentará em meu trono, e ele reinará por mim; porque a ele ordenei para que seja príncipe sobre Israel e sobre Judá. ³⁶ Então Benaia filho de Joiada respondeu ao rei, e disse: Amém. Assim o diga o SENHOR, Deus de meu senhor o rei. ³⁷ Da maneira que o SENHOR foi com meu senhor o rei, assim seja com Salomão; e ele faça maior seu trono que o trono de meu senhor o rei Davi. ³⁸ E desceu Zadoque sacerdote, e Natã profeta, e Benaia filho de Joiada, e os quereteus e os peleteus, e fizeram subir a Salomão na mula do rei Davi, e levaram-no a Giom. ³⁹ E tomando Zadoque sacerdote o chifre do azeite do tabernáculo, ungiu a Salomão: e tocaram trombeta, e disse todo o povo: Viva o rei Salomão! ⁴⁰ Depois subiu todo o povo depois dele, e cantava a gente com flautas, e faziam grandes alegrias, que parecia que a terra se fendia com o barulho deles. ⁴¹ E ouviu-o Adonias, e todos os convidados que com ele estavam, quando já haviam acabado de comer. E ouvindo Joabe o som da trombeta, disse: Por que se alvoroça a cidade com estrondo? ⁴² Estando ainda ele falando, eis que Jônatas, filho do sacerdote Abiatar, veio, ao qual Adonias disse: Entra, porque és homem digno, e trarás boas notícias. ⁴³ E Jônatas respondeu, e disse a Adonias: Certamente nosso senhor, o rei Davi, constituiu rei a Salomão; ⁴⁴ E o rei enviou com ele o sacerdote Zadoque o profeta Natã, Benaia, filho de Joiada, e também os quereteus e os peleteus, os quais lhe fizeram subir na mula do rei; ⁴⁵ O sacerdote Zadoque e o profeta Natã o ungiram em Giom como rei, e dali subiram alegres, e a cidade está cheia de alvoroço. Este é o barulho que ouvistes. ⁴⁶ E também Salomão se assentou no trono do reino. ⁴⁷ E ainda os servos do rei vieram a bendizer ao nosso senhor,o rei Davi, dizendo: Deus faça o nome de Salomão melhor que o teu nome, e faça o seu trono maior que o teu. E o rei se inclinou no leito. ⁴⁸ E também o rei falou assim: Bendito seja o SENHOR, Deus de Israel, que hoje deu quem se assente em meu trono, vendo-o meus olhos. ⁴⁹ Então se estremeceram, e levantaram-se todos os convidados que estavam com Adonias, e foi-se cada um por seu caminho. ⁵⁰ Mas Adonias, temendo da presença de Salomão, levantou-se e foi-se, e agarrou as pontas do altar. ⁵¹ E foi feito saber a Salomão, dizendo: Eis que que Adonias tem medo do rei Salomão: pois agarrou as pontas do altar, dizendo: Jure-me hoje o rei Salomão que não matará à espada a seu servo. ⁵² E Salomão disse: Se ele for virtuoso, nenhum de seus cabelos cairá em terra: mas se se achar mal nele, morrerá. ⁵³ E enviou o rei Salomão, e trouxeram-no do altar; e ele veio, e inclinou-se ao rei Salomão. E Salomão lhe disse: Vai-te à tua casa.

2

¹ E achegaram-se os dias de Davi para morrer, e mandou a Salomão seu filho, dizendo: ² Eu vou pelo caminho de toda a terra: esforça-te, e sê homem. ³ Guarda a ordenança do SENHOR teu Deus, andando em seus caminhos, e observando seus estatutos e mandamentos, e seus direitos e seus testemunhos, da maneira que está escrito na lei de Moisés, para que sejas bem-sucedido em tudo o que fizeres, e em tudo aquilo a que te voltares. ⁴ Para que confirme o SENHOR a palavra que me falou, dizendo: Se teus filhos guardarem seu caminho, andando diante de mim com verdade, de todo seu coração, e de toda sua alma, jamais, disse, faltará a ti homem

do trono de Israel. [5] E já sabes tu o que me fez Joabe filho de Zeruia, o que fez a dois generais do exército de Israel, a Abner filho de Ner, e a Amasa filho de Jéter, os quais ele matou, derramando em paz o sangue de guerra, e pondo o sangue de guerra em seu cinto que tinha em sua cintura, e nos sapatos que tinha em seus pés. [6] Tu, pois, farás conforme a tua sabedoria; não o deixarás descer ao Xeol * na velhice em paz. [7] Mas aos filhos de Barzilai gileadita farás misericórdia, que sejam dos convidados a tua mesa; porque eles vieram assim a mim, quando ia fugindo de Absalão teu irmão. [8] Também tens contigo Simei, filho de Gera, filho de Benjamim, de Baurim, o qual me amaldiçoou com uma severa maldição no dia em que me ia a Maanaim. Mas ele mesmo desceu para me receber junto ao Jordão, e eu lhe jurei pelo SENHOR, dizendo: Eu não te matarei à espada [9] Porém agora não o absolverás; porque és homem sábio, e sabes como agirás para com ele; e farás seus cabelos grisalhos descerem com sangue ao Xeol. [10] E Davi descansou com seus pais, e foi sepultado na cidade de Davi. [11] Os dias que reinou Davi sobre Israel foram quarenta anos: sete anos reinou em Hebrom, e trinta e três anos reinou em Jerusalém. [12] E se sentou Salomão no trono de Davi seu pai, e foi seu reino firme em grande maneira. [13] Então Adonias filho de Hagite veio a Bate-Seba mãe de Salomão; e ela disse: É tua vinda de paz? E ele respondeu: Sim, de paz. [14] Em seguida disse: Uma palavra tenho que te dizer. E ela disse: Dize. [15] E ele disse: Tu sabes que o reino era meu, e que todo Israel havia posto em mim seu rosto, para que eu reinasse: mas o reino foi traspassado, e veio a meu irmão; porque pelo SENHOR era seu. [16] E agora eu te faço uma petição: não a negues a mim. E ela lhe disse: Fala. [17] Ele então disse: Eu te rogo que fales ao rei Salomão (porque ele não negará a ti), para que me dê a Abisague, a sunamita, por mulher. [18] E Bate-Seba disse: Está bem; eu falarei por ti ao rei. [19] E veio Bate-Seba ao rei Salomão para falar-lhe por Adonias. E o rei se levantou a recebê-la, e inclinou-se a ela, e voltou a sentar-se em seu trono, e fez pôr uma cadeira à mãe do rei, a qual se sentou à sua direita. [20] E ela disse: Uma pequena petição pretendo de ti; não me negues. E o rei lhe disse: Pede, minha mãe, que eu não te negarei. [21] E ela disse: Dê-se Abisague, a sunamita, por mulher a teu irmão Adonias. [22] E o rei Salomão respondeu, e disse a sua mãe: Por que pedes a Abisague sunamita para Adonias? Pede também para ele o reino, porque ele é meu irmão maior; e tem também a Abiatar sacerdote, e a Joabe filho de Zeruia. [23] E o rei Salomão jurou pelo SENHOR, dizendo: Assim me faça Deus e assim me acrescente, que contra sua vida falou Adonias esta palavra. [24] Agora, pois, vive o SENHOR, que me confirmou e me pôs sobre o trono de Davi meu pai, e que me fez casa, como me havia dito, que Adonias morrerá hoje. [25] Então o rei Salomão enviou por meio de Benaia filho de Joiada, o qual o golpeou de maneira que ele morreu. [26] E a Abiatar sacerdote disse o rei: Vai-te a Anatote a tuas propriedades, que tu és digno de morte; mas não te matarei hoje, porquanto levaste a arca do Senhor DEUS diante de Davi meu pai, e, além disso, foste aflito em todas as coisas em que meu pai foi aflito. [27] Assim expulsou Salomão a Abiatar do sacerdócio do SENHOR, para que se cumprisse a palavra do SENHOR que havia dito sobre a casa de Eli em Siló. [28] E veio a notícia até Joabe: porque também Joabe se havia aderido a Adonias, se bem não se havia aderido a Absalão. E fugiu Joabe ao tabernáculo do SENHOR, e agarrou-se às pontas do altar. [29] E foi feito saber a Salomão que Joabe havia fugido ao tabernáculo do SENHOR, e que estava junto ao altar. Então enviou Salomão a Benaia filho de Joiada, dizendo: Vai, e golpeia-o. [30] E entrou Benaia ao tabernáculo do SENHOR, e disse-lhe: O rei disse que saias. E ele disse: Não, mas sim aqui morrerei. E Benaia voltou com esta resposta ao rei, dizendo: Assim falou Joabe, e assim me respondeu.

---

* **2:6** Xeol é o lugar dos mortos

31 E o rei lhe disse: Faze como ele disse; mata-lhe e enterra-o, e tira de mim e da casa de meu pai o sangue que Joabe derramou injustamente. 32 E o SENHOR fará voltar seu sangue sobre sua cabeça; porque ele matou dois homens mais justos e melhores que ele, aos quais matou à espada sem que meu pai, Davi, soubesse nada: a Abner filho de Ner, general do exército de Israel, e a Amasa filho de Jéter, general do exército de Judá. 33 O sangue deles, pois, recairá sobre a cabeça de Joabe, e sobre a cabeça de sua descendência para sempre; mas sobre Davi e sobre sua descendência, e sobre sua casa e sobre seu trono, haverá perpetuamente paz da parte do SENHOR. 34 Então Benaia, filho de Joiada, subiu, e o golpeou, e o matou; e foi sepultado em sua casa no deserto. 35 E o rei pôs em seu lugar a Benaia, filho de Joiada, sobre o exército; e o rei pôs por sacerdote a Zadoque em lugar de Abiatar. 36 Depois o rei mandou convocar Simei, e disse-lhe: Edifica para ti uma casa em Jerusalém, e mora ali, e não saias de lá a uma parte nem à outra; 37 porque sabe com certeza que no dia que saíres, e passares o ribeiro de Cedrom, sem dúvida morrerás, e teu sangue será sobre a tua cabeça. 38 E Simei disse ao rei: A palavra é boa; como o rei, meu senhor, disse, assim teu servo o fará. E Simei morou em Jerusalém por muitos dias. 39 Porém passados três anos, aconteceu que se lhe fugiram a Simei dois servos a Aquis, filho de Maaca, rei de Gate. E avisaram a Simei, dizendo: Eis que teus servos estão em Gate. 40 Então Simei se levantou, preparou seu asno, e foi a Gate, a Aquis, para procurar seus servos. Assim Simei foi, e trouxe os seus servos de Gate. 41 E disseram a Salomão como Simei havia ido de Jerusalém a Gate, e que havia voltado. 42 Então o rei mandou que convocassem a Simei, e disse-lhe: Não te fiz jurar pelo SENHOR, e te adverti, dizendo: No dia que saíres, e fores para qualquer outro lugar, sabe que com certeza morrerás? E tu me disseste: A palavra é boa, eu a obedecerei. 43 Por que, pois, não guardaste o juramento do SENHOR, nem o mandamento que te impus? 44 Disse mais o rei a Simei: Tu sabes toda a maldade, a qual teu coração conhece que cometeste contra meu pai, Davi; por isso o SENHOR retribuiu a tua maldade sobre a tua cabeça. 45 Mas o rei Salomão será abençoado, e o trono de Davi será confirmado diante do SENHOR para sempre. 46 Então o rei mandou a Benaia, filho de Joiada, o qual saiu para ferir-lhe; e ele morreu. Assim o reino foi confirmado na mão de Salomão.

3

1 E Salomão fez parentesco com Faraó, rei do Egito, porque se casou com a filha de Faraó, e a trouxe à cidade de Davi, até que acabasse de edificar a sua própria casa, e a casa do SENHOR, e os muros de Jerusalém em redor. 2 Todavia o povo sacrificava nos altares dos lugares altos, porque não havia casa edificada ao nome do SENHOR até aqueles tempos. 3 Mas Salomão amava ao SENHOR, andando nos estatutos de seu pai Davi, exceto que sacrificava e queimava incenso nos altares dos lugares altos. 4 E o rei foi a Gibeão, porque aquele era o principal lugar alto, e Salomão sacrificou ali mil holocaustos sobre aquele altar. 5 Em uma noite, o SENHOR apareceu a Salomão em sonhos. E Deus lhe disse: Pede o que *queres que* eu te dê. 6 E Salomão disse: Tu concedeste grande misericórdia a teu servo Davi, meu pai, como também ele andou perante ti em verdade, em justiça, e com um coração correto para contigo; e guardaste-lhe este teu grande benefício, que lhe deste um filho que se assentasse no seu trono, como acontece hoje. 7 Agora, pois, ó SENHOR meu Deus, constituíste a mim, teu servo, rei em lugar de Davi, meu pai; porém sou um tenro jovem, que não sei como entrar nem sair. 8 E teu servo está no meio do teu povo que escolheste; um povo grande, que não se pode contar nem numerar por causa de sua multidão. 9 Dá, pois, a teu servo um coração com entendimento para julgar ao teu povo, para discernir

entre o bem e o mal; pois quem poderá governar este teu tão grande povo? ¹⁰ E foi do agrado do Senhor que Salomão pedisse isso. ¹¹ Deus disse-lhe: Porque pediste isto, e não pediste para ti longa vida, [*] nem pediste para ti riquezas, nem pediste a morte † de teus inimigos, mas pediste para ti entendimento para compreender ‡ a justiça; ¹² Eis que o fiz conforme as tuas palavras: eis que te dei um coração sábio e com entendimento, tanto que não houve antes de ti outro como tu, nem depois de ti se levantará outro como tu. ¹³ E também te dei as coisas que não pediste: riquezas e honra; de maneira que, entre os reis, ninguém haverá semelhante a ti em todos os teus dias. ¹⁴ E se andares em meus caminhos, guardando meus estatutos e meus mandamentos, como andou Davi, teu pai, prolongarei teus dias. ¹⁵ E quando Salomão despertou, viu que era sonho: e veio a Jerusalém, e apresentou-se diante da arca do pacto do SENHOR, e sacrificou holocaustos, e fez ofertas pacíficas; fez também banquete a todos seus servos. ¹⁶ Naquela muita vieram duas mulheres prostitutas ao rei, e apresentaram-se diante dele. ¹⁷ E disse a uma mulher: Ah, senhor meu! Eu e esta mulher morávamos em uma mesma casa, e eu pari estando com ela na casa. ¹⁸ E aconteceu ao terceiro dia depois que eu dei à luz, que esta deu à luz também, e morávamos nós juntas; ninguém de fora estava em casa, a não ser nós duas na casa. ¹⁹ E uma noite o filho desta mulher morreu, porque ela se deitou sobre ele. ²⁰ E levantou-se à meia noite, e tomou a meu filho de junto a mim, estando eu tua serva dormindo, e o pôs a seu lado, e pôs a meu lado seu filho morto. ²¹ E quando eu me levantei pela manhã para dar o peito a meu filho, eis que que estava morto: mas observei-lhe pela manhã, e vi que não era meu filho, que eu havia dado à luz. ²² Então a outra mulher disse: Não; meu filho é o que vive, e teu filho é o morto. E a outra voltou a dizer: Não; teu filho é o morto, e meu filho é o que vive. Assim falavam diante do rei. ²³ O rei então disse: Esta disse: Meu filho é o que vive, e teu filho é o morto: e a outra disse: Não, mas o teu é o morto, e meu filho é o que vive. ²⁴ E disse o rei: Trazei-me uma espada. E trouxeram ao rei uma espada. ²⁵ Em seguida o rei disse: Parti por meio o menino vivo, e dai a metade à uma, e a outra metade à outra. ²⁶ Então a mulher cujo era o filho vivo, falou ao rei (porque suas entranhas se lhe comoveram por seu filho), e disse: Ah, senhor meu! Dai a esta o menino vivo, e não o mateis. Mas a outra disse: nem a mim nem a ti; parti-o. ²⁷ Então o rei respondeu, e disse: Dai a aquela o filho vivo, e não o mateis: ela é sua mãe. ²⁸ E todo Israel ouviu aquele juízo que havia dado o rei: e temeram ao rei, porque viram que havia nele sabedoria de Deus para julgar.

4

¹ Foi, pois, o rei Salomão rei sobre todo Israel. ² E estes foram os príncipes que teve: Azarias filho de Zadoque, sacerdote; ³ Eliorefe e Aías, filhos de Sisa, escribas; Josafá filho de Ailude, chanceler; ⁴ Benaia filho de Joiada era sobre o exército; e Zadoque e Abiatar eram os sacerdotes; ⁵ Azarias filho de Natã era sobre os governadores; Zabude filho de Natã era principal oficial, amigo do rei; ⁶ E Aisar era mordomo; e Adonirão filho de Abda era sobre o tributo. ⁷ E tinha Salomão doze governadores sobre todo Israel, os quais mantinham ao rei e à sua casa. Cada um deles estava obrigado a abastecer por um mês no ano. ⁸ E estes são os nomes deles: Ben-Hur no monte de Efraim; ⁹ Ben-Dequer, em Macaz, e em Saalbim, e em Bete-Semes, e em Elom-Bete-Hanã; ¹⁰ Ben-Hesede, em Arubote; este tinha também a Socó e toda a terra de Hefer. ¹¹ Ben-Abinadabe, em toda a região de Dor: este tinha por mulher a Tafate filha de Salomão; ¹² Baana filho de Ailude, em Taanaque e Megido, e em toda Bete-Seã, que é

---

[*] **3:11** longa vida Lit. muitos dias   † **3:11** Lit. vida   ‡ **3:11** Lit. ouvir

próxima de Zaretã, por abaixo de Jezreel, desde Bete-Seã até Abel-Meolá, e até a outra parte de Jocmeão; [13] Ben-Geber, em Ramote de Gileade; este tinha também as cidades de Jair filho de Manassés, as quais estavam em Gileade; tinha também a província de Argobe, que era em Basã, sessenta grandes cidades com muro e fechaduras de bronze; [14] Ainadabe filho de Ido, em Maanaim; [15] Aimaás em Naftali; este tomou também por mulher a Basemate filha de Salomão. [16] Baaná filho de Husai, em Aser e em Alote; [17] Josafá filho de Parua, em Issacar; [18] Simei filho de Elá, em Benjamim; [19] Geber filho de Uri, na terra de Gileade, a terra de Seom rei dos amorreus, e de Ogue rei de Basã; este era o único governador naquela terra. [20] Judá e Israel eram muitos, como a areia que está junto ao mar em multidão, comendo e bebendo e alegrando-se. [21] E Salomão dominava sobre todos os reinos, desde o rio até a terra dos filisteus, e até o termo do Egito; e traziam tributos, e serviram a Salomão todos os dias em que viveu. [22] E a provisão de Salomão era, cada dia, trinta coros de farinha refinada, e sessenta coros de farinha comum; [23] dez bois engordados, e vinte bois de pasto, e cem ovelhas; sem os cervos, cabras, búfalos, e aves engordadas. [24] Porque ele dominava em toda a região que estava da outra parte do rio, desde Tifsa até Gaza, sobre todos os reis da outra parte do rio; e teve paz por todos os lados em derredor seu. [25] E Judá e Israel viviam seguros, cada um debaixo de sua parreira e debaixo de sua figueira, desde Dã até Berseba, todos os dias de Salomão. [26] Além disso, Salomão tinha quarenta mil cavalos em seus estábulos para suas carruagens, e doze mil cavaleiros. [27] E estes governadores mantinham ao rei Salomão, e a todos os que vinham à mesa do rei Salomão, a cada mês; e faziam que nada faltasse. [28] Faziam também trazer cevada e palha para os cavalos e para os animais de carga, ao lugar de onde ele estava, cada um conforme ao cargo que tinha. [29] E deu Deus a Salomão sabedoria, e prudência muito grande, e largura de coração como a areia que está à beira do mar. [30] Que foi maior a sabedoria de Salomão que a de todos os orientais, e que toda a sabedoria dos egípcios. [31] E ainda foi mais sábio que todos os homens; mais que Etã ezraíta, e que Hemã e Calcol e Darda, filhos de Maol: e foi nomeado entre todas as nações de ao redor. [32] E propôs três mil parábolas; e seus versos foram mil e cinco. [33] Também descreveu as árvores, desde o cedro do Líbano até o hissopo que nasce na parede. Também descreveu os animais, as aves, os répteis, e os peixes. [34] E vinham de todos os povos a ouvir a sabedoria de Salomão, e de todos os reis da terra, de onde havia chegado a fama de sua sabedoria.

5

[1] Hirão, rei de Tiro, enviou seus servos a Salomão, quando ouviu que tinham ungido por rei em lugar de seu pai; porque Hirão sempre havia amado a Davi. [2] Então Salomão enviou a dizer a Hirão: [3] Tu sabes como meu pai Davi não pôde edificar uma casa ao nome do SENHOR, seu Deus, por causa das guerras que o cercaram, até que o SENHOR pôs os seus inimigos debaixo das plantas de seus pés. [4] Porém agora o SENHOR, meu Deus, me deu repouso por todos os lados; nem há adversários, nem encontro mal algum. [5] Eu, portanto, decidi edificar uma casa ao nome do SENHOR, meu Deus, como o SENHOR o falou ao meu pai Davi, dizendo: Teu filho, que eu porei em teu lugar no teu trono, ele edificará uma casa ao meu nome. [6] Manda, pois, agora, que me cortem cedros do Líbano; e meus servos estarão com os teus servos, e eu te darei o salário dos teus servos conforme a tudo o que disseres; porque tu sabes que ninguém há entre nós que saiba cortar a madeira como os sidônios. [7] E quando Hirão ouviu as palavras de Salomão, alegrou-se em grande maneira, e disse: Bendito seja hoje o SENHOR, que deu filho sábio a Davi sobre este povo tão grande. [8] E enviou Hirão a dizer a Salomão: Ouvi o que me mandaste a dizer: eu farei tudo

o que te satisfizer acerca da madeira de cedro, e a madeira de faia. ⁹ Meus servos a levarão desde o Líbano à mar; e eu a porei em balsas pelo mar até o lugar que tu me assinalares, e ali se desatará, e tu a tomarás: e tu farás minha vontade em dar de comer à minha família. ¹⁰ Deu, pois, Hirão a Salomão madeira de cedro e madeira de faia tudo o que quis. ¹¹ E Salomão dava a Hirão vinte mil coros de trigo para o sustento de sua família, e vinte coros de azeite puro; isto dava Salomão a Hirão cada um ano. ¹² Deu, pois, o SENHOR a Salomão sabedoria como lhe havia dito: e havia paz entre Hirão e Salomão, e fizeram aliança entre ambos. ¹³ E o rei Salomão impôs tributo a todo Israel, e o tributo foi de trinta mil homens: ¹⁴ Os quais enviava ao Líbano de dez mil em dez mil, cada mês por seu turno, vindo assim a estar um mês no Líbano, e dois meses em suas casas: e Adonirão estava sobre aquele tributo. ¹⁵ Tinha também Salomão setenta mil que levavam as cargas, e oitenta mil cortadores no monte; ¹⁶ Sem os principais oficiais de Salomão que estavam sobre a obra, três mil e trezentos, os quais tinham cargo do povo que fazia a obra. ¹⁷ E mandou o rei que trouxessem grandes pedras, pedras de grande valor, para os alicerces da casa, e pedras lavradas. ¹⁸ E os pedreiros de Salomão e os de Hirão, e os preparadores, cortaram e prepararam a madeira e pedras para lavrar a casa.

6

¹ E foi no ano quatrocentos oitenta depois que os filhos de Israel saíram do Egito, no quarto ano do princípio do reino de Salomão sobre Israel, no mês de Zife, que é o mês segundo, que ele começou a edificar a casa do SENHOR. ² A casa que o rei Salomão edificou ao SENHOR, teve sessenta côvados de comprimento e vinte de largura, e trinta côvados de altura. ³ E o pórtico diante do templo da casa, de vinte côvados de comprimento, segundo a largura da casa, e sua largura era de dez côvados diante da casa. ⁴ E fez à casa janelas largas por de dentro, e estreitas por de fora. ⁵ Edificou também junto ao muro da casa aposentos ao redor, contra as paredes da casa em derredor do templo e do compartimento interno: e fez câmaras ao redor. ⁶ O aposento de abaixo era de cinco côvados de largura, e o de em meio de seis côvados de largura, e o terceiro de sete côvados de largura: porque por de fora havia feito apoios à casa em derredor, para não introduzir as vigas nas paredes da casa. ⁷ E a casa quando se edificou, fabricaram-na de pedras que traziam já acabadas; de tal maneira que quando a edificavam, nem martelos nem machados se ouviram na casa, nem nenhum outro instrumento de ferro. ⁸ A porta do aposento de em meio estava ao lado direito da casa: e subia-se por um caracol ao de em meio, e do aposento de em meio ao terceiro. ⁹ Lavrou, pois, a casa, e acabou-a; e cobriu a casa com artesanatos de cedro. ¹⁰ E edificou também o aposento em derredor de toda a casa, de altura de cinco côvados, o qual se apoiava na casa com madeiras de cedro. ¹¹ E veio a palavra do SENHOR a Salomão, dizendo: ¹² Esta casa que tu edificas, se andares em meus estatutos, e fizeres meus direitos, e guardares todos meus mandamentos andando neles, eu terei firme contigo minha palavra que falei a Davi teu pai; ¹³ E habitarei em meio dos filhos de Israel, e não deixarei a meu povo Israel. ¹⁴ Assim que, Salomão preparou a casa, e acabou-a. ¹⁵ E preparou as paredes da casa por de dentro com tábuas de cedro, revestindo-a de madeira por dentro, desde o piso da casa até as paredes do teto: cobriu também o pavimento com madeira de faia. ¹⁶ Também fez ao fim da casa um edifício de vinte côvados de tábuas de cedro, desde o piso até o mais alto; e fabricou-se na casa um compartimento interno, que é o lugar santíssimo. ¹⁷ E a casa, a saber, o templo de dentro, tinha quarenta côvados. ¹⁸ E a casa estava coberta de cedro por de dentro, e tinha entalhaduras de frutos silvestres e de botões de flores. Todo era cedro; nenhuma pedra se via. ¹⁹ E adornou o compartimento

interno por de dentro no meio da casa, para pôr ali a arca do pacto do SENHOR. ²⁰ E o compartimento interno estava na parte de dentro, o qual tinha vinte côvados de comprimento, e outros vinte de largura, e outros vinte de altura; e revestiu-o de ouro puríssimo: também cobriu o altar de cedro. ²¹ De sorte que revestiu Salomão de ouro puro a casa por de dentro, e fechou a entrada do compartimento interno com correntes de ouro, e revestiu-o de ouro. ²² Cobriu, pois, de ouro toda a casa até o fim; e também revestiu de ouro todo o altar que estava diante do compartimento interno. ²³ Fez também no compartimento interno dois querubins de madeira de oliva, cada um de altura de dez côvados. ²⁴ A uma asa do querubim tinha cinco côvados, e a outra asa do querubim outros cinco côvados: assim que havia dez côvados desde a ponta da uma asa até a ponta da outra. ²⁵ Também o outro querubim tinha dez côvados; porque ambos os querubins eram de um tamanho e de uma feitura. ²⁶ A altura do um era de dez côvados, e também o outro. ²⁷ E pôs estes querubins dentro da casa de dentro: os quais querubins estendiam suas asas, de modo que a asa do um tocava à parede, e a asa do outro querubim tocava à outra parede, e as outras duas asas se tocavam a uma à outra na metade da casa. ²⁸ E revestiu de ouro os querubins. ²⁹ E esculpiu todas as paredes da casa ao redor de diversas figuras, de querubins, de palmas, e de botões de flores, por de dentro e por de fora. ³⁰ E cobriu de ouro o piso da casa, de dentro e de fora. ³¹ E à entrada do compartimento interno fez portas de madeira de oliva; e o umbral e os postes eram de cinco esquinas. ³² As duas portas eram de madeira de oliva; e entalhou nelas figuras de querubins e de palmas e de botões de flores, e cobriu-as de ouro: cobriu também de ouro os querubins e as palmas. ³³ Igualmente fez à porta do templo postes de madeira de oliva quadrados. ³⁴ Porém as duas portas eram de madeira de faia; e os dois lados da uma porta eram redondos, e os outros dois lados da outra porta também redondos. ³⁵ E entalhou nelas querubins e palmas e botões de flores, e cobriu-as de ouro ajustado às entalhaduras. ³⁶ E edificou o átrio interior de três ordens de pedras lavradas, e de uma ordem de vigas de cedro. ³⁷ No quarto ano, no mês de Zife, se lançaram os alicerces da casa do SENHOR: ³⁸ E no décimo primeiro ano, no mês de Bul, que é o mês oitavo, foi acabada a casa com todas seus partes, e com todo o necessário. Edificou-a, pois, em sete anos.

7

¹ Depois edificou Salomão sua própria casa em treze anos, e acabou de construí-la toda. ² Também edificou a casa do bosque do Líbano, a qual tinha cinco côvados de comprimento, e cinquenta côvados de largura, e trinta côvados de altura, sobre quatro ordens de colunas de cedro, com vigas de cedro sobre as colunas. ³ E estava coberta de tábuas de cedro acima sobre as vigas, que se apoiavam em quarenta e cinco colunas: cada fileira tinha quinze colunas. ⁴ E havia três ordens de janelas, uma janela contra a outra em três ordens. ⁵ E todas as portas e postes eram quadrados: e as umas janelas estavam de frente às outras em três ordens. ⁶ Também fez um pórtico de colunas, que tinha de comprimento cinquenta côvados, e trinta côvados de largura; e este pórtico estava diante daquelas outras, com suas colunas e vigas correspondentes. ⁷ Fez também o pórtico do trono em que havia de julgar, o pórtico do juízo, e revestiu-o de cedro do chão ao teto. ⁸ E na casa em que ele morava, havia outro átrio dentro do pórtico, de obra semelhante a esta. Edificou também Salomão uma casa para a filha de Faraó, que havia tomado por mulher, da mesma obra daquele pórtico. ⁹ Todas aquelas obras foram de pedras de grande valor, cortadas e serradas com serras segundo as medidas, assim por de dentro como por de fora, desde o alicerce até os topos das paredes, e também por de fora até o grande átrio. ¹⁰ O

alicerce era de pedras de grande valor, de pedras grandes, de pedras de dez côvados, e de pedras de oito côvados. ¹¹ Dali acima eram também pedras de grande valor, lavradas conforme a suas medidas, e obra de cedro. ¹² E no grande átrio ao redor havia três ordens de pedras lavradas, e uma ordem de vigas de cedro: e assim o átrio interior da casa do SENHOR, e o átrio da casa. ¹³ E enviou o rei Salomão, e fez vir de Tiro a Hirão, ¹⁴ Filho de uma viúva da tribo de Naftali, e seu pai havia sido de Tiro: trabalhava ele em bronze, cheio de sabedoria e de inteligência e saber em toda obra de bronze. Este pois veio ao rei Salomão, e fez toda sua obra. ¹⁵ E fundiu duas colunas de bronze, a altura de cada qual era de dezoito côvados: e rodeava a uma e a outra coluna um fio de doze côvados. ¹⁶ Fez também dois capitéis de fundição de bronze, para que fossem postos sobre as cabeças das colunas: a altura de um capitel era de cinco côvados, e a do outro capitel de cinco côvados. ¹⁷ Havia trançados à maneira de redes, e grinaldas à maneira de correntes, para os capitéis que se haviam de pôr sobre as cabeças das colunas: sete para cada capitel. ¹⁸ E quando havia feito as colunas, fez também duas ordens de romãs ao redor no um enredado, para cobrir os capitéis que estavam nas cabeças das colunas com as romãs: e da mesma forma fez no outro capitel. ¹⁹ Os capitéis que estavam sobre as colunas no pórtico, tinham trabalho de flores por quatro côvados. ²⁰ Tinham também os capitéis de sobre as duas colunas, duzentas romãs em duas ordens ao redor em cada capitel, encima da parte arredondada do capitel, o qual estava diante do trançado. ²¹ Estas colunas ele erigiu no pórtico do templo: e quando havia levantado a coluna da direita, pôs-lhe por nome Jaquim: e levantando a coluna da esquerda, chamou seu nome Boaz. ²² E pôs nas cabeças das colunas trabalho em forma de açucenas; e assim se acabou a obra das colunas. ²³ Fez também um mar de fundição, de dez côvados do um lado ao outro, redondo; sua altura era de cinco côvados, e cingia-o ao redor um cordão de trinta côvados. ²⁴ E cercavam aquele mar por debaixo de sua borda em derredor umas bolas como frutos, dez em cada côvado, que cingiam o mar ao redor em duas ordens, as quais haviam sido fundidas quando ele foi fundido. ²⁵ E estava assentado sobre doze bois: três estavam voltados ao norte, e três estavam voltados ao ocidente, e três estavam voltados ao sul, e três estavam voltados ao oriente; sobre estes se apoiava o mar, e as traseiras deles estavam até a parte de dentro. ²⁶ A espessura do mar era de um palmo, e sua borda era lavrada como a borda de um cálice, ou de flor de lírio: e cabiam nele dois mil batos. ²⁷ Fez também dez bases de bronze, sendo o comprimento de cada base de quatro côvados, e a largura de quatro côvados, e de três côvados a altura. ²⁸ A obra das bases era esta: tinham uns painéis, as quais estavam entre molduras: ²⁹ E sobre aqueles painéis que estavam entre as molduras, figuras de leões, e de bois, e de querubins; e sobre as molduras da base, assim encima como debaixo dos leões e dos bois, havia uns acréscimos de baixo-relevo. ³⁰ Cada base tinha quatro rodas de bronze com mesas de bronze; e em seus quatro eixos havia uns apoios, os quais haviam sido fundidos a cada lado com grinaldas, para estarem debaixo da fonte. ³¹ E a abertura da bacia era de um côvado no suporte que saía para acima da base; e era sua abertura redonda, da feitura do mesmo suporte, e este de côvado e meio. Havia também sobre a abertura entalhes em seus painéis, que eram quadrados, não redondas. ³² As quatro rodas estavam debaixo dos painéis, e os eixos das rodas estavam na mesma base. A altura de cada roda era de um côvado e meio. ³³ E a feitura das rodas era como a feitura das rodas de um carro: seus eixos, seus raios, e seus cubos, e seus aros, tudo era de fundição. ³⁴ Também os quatro apoios às quatro esquinas de cada base: e os apoios eram da mesma base. ³⁵ E no alto da base havia meio côvado de altura redondo por todas partes: e encima da base suas molduras e painéis, as quais eram dela mesma. ³⁶ E fez nas tábuas das molduras, e nas cintas, entalhaduras de querubins, e de leões, e de palmas, com proporção no espaço de cada uma, e ao redor outros adornos. ³⁷ De esta forma fez dez bases fundidas de uma mesma maneira, de uma mesma medida, e de uma mesma entalhadura. ³⁸ Fez também dez fontes de bronze: cada fonte continha quarenta batos, e cada uma era de quatro côvados; e assentou uma fonte sobre cada uma das dez bases. ³⁹ E pôs as cinco bases à direita da casa, e as outras cinco à esquerda: e assentou o mar ao lado direito da casa, ao oriente, até o sul. ⁴⁰ Também fez Hirão fontes, e tenazes, e bacias. Assim acabou toda a obra que fez a Salomão para a casa do SENHOR: ⁴¹ A saber, duas colunas, e os vasos redondos dos capitéis que estavam no alto das duas colunas; e duas redes que cobriam os dois vasos redondos dos capitéis que estavam sobre a cabeça das colunas; ⁴² E quatrocentas romãs para as duas redes, duas ordens de romãs em cada rede, para cobrir os dois vasos redondos que estavam sobre as cabeças das colunas; ⁴³ E as dez bases, e as dez fontes sobre as bases; ⁴⁴ E um mar, e doze bois debaixo do mar; ⁴⁵ E caldeiras, e pás, e bacias; e todos os vasos que Hirão fez ao rei Salomão, para a casa do SENHOR de bronze polido. ⁴⁶ Todo o fez fundir o rei na planície do Jordão, em terra argilosa, entre Sucote e Zaretã. ⁴⁷ E deixou Salomão sem inquirir o peso do bronze de todos os vasos, pela grande abundância deles. ⁴⁸ Então fez Salomão todos os vasos que pertenciam à casa do SENHOR: um altar de ouro, e uma mesa sobre a qual estavam os pães da proposição, também de ouro; ⁴⁹ E cinco candelabros de ouro puríssimo à direita, e outros cinco à esquerda, diante do oráculo; com as flores, e as lâmpadas, e tenazes de ouro; ⁵⁰ Também os cântaros, vasos, bacias, colheres, e incensários, de ouro puríssimo; também de ouro as dobradiças das portas da casa de dentro, do lugar santíssimo, e os das portas do templo. ⁵¹ Assim se acabou toda a obra que dispôs fazer o rei Salomão para a casa do SENHOR. E meteu Salomão o que Davi seu pai havia dedicado, é a saber, prata, e ouro, e vasos, e o pôs tudo em guarda nas tesourarias da casa do SENHOR.

8

¹ Então juntou Salomão os anciãos de Israel, e a todos os chefes das tribos, e aos príncipes das famílias dos filhos de Israel, ao rei Salomão em Jerusalém para trazer a arca do pacto do SENHOR da cidade de Davi, que é Sião. ² E se juntaram ao rei Salomão todos os homens de Israel no mês de Etanim, que é o mês sétimo, no dia solene. ³ E vieram todos os anciãos de Israel, e os sacerdotes tomaram a arca. ⁴ E levaram a arca do SENHOR, e o tabernáculo do testemunho, e todos os vasos sagrados que estavam no tabernáculo; os quais levavam os sacerdotes e levitas. ⁵ E o rei Salomão, e toda a congregação de Israel que a ele se havia juntado, estavam com ele diante da arca, sacrificando ovelhas e bois, que pela abundância não se podiam contar nem numerar. ⁶ E os sacerdotes puseram a arca do pacto do SENHOR em seu lugar, no oráculo da casa, no lugar santíssimo, debaixo das asas dos querubins. ⁷ Porque os querubins tinham estendidas as asas sobre o lugar da arca, e assim cobriam os querubins a arca e suas varas por encima. ⁸ E fizeram sair as varas, de maneira que as extremidades das varas podiam ser vistas desde o santuário diante do compartimento interno, mas não se viam desde fora: e assim ficaram até hoje. ⁹ Na arca nenhuma coisa havia mais das duas tábuas de pedra que havia ali posto Moisés em Horebe, de onde o SENHOR fez a aliança com os filhos de Israel, quando saíram da terra do Egito. ¹⁰ E quando os sacerdotes saíram do santuário, a nuvem encheu a casa do SENHOR. ¹¹ E os sacerdotes não puderam estar para ministrar por causa da nuvem; porque a glória do SENHOR havia enchido a casa do SENHOR. ¹² Então disse Salomão: o SENHOR disse que ele habitaria na escuridão. ¹³ Eu edifiquei casa por morada para ti, assento em que tu habites para sempre. ¹⁴ E virando o rei seu

rosto, abençoou a toda a congregação de Israel; e toda a congregação de Israel estava em pé. ¹⁵ E disse: Bendito seja o SENHOR Deus de Israel, que falou de sua boca a Davi meu pai, e com sua mão o cumpriu, dizendo: ¹⁶ Desde o dia que tirei meu povo Israel do Egito, não escolhi cidade de todas as tribos de Israel para edificar casa na qual estivesse meu nome, ainda que escolhi a Davi para que presidisse em meu povo Israel. ¹⁷ E Davi meu pai teve no coração edificar casa ao nome do SENHOR Deus de Israel. ¹⁸ Mas o SENHOR disse a Davi meu pai: Quanto a haver tu tido no coração edificar casa a meu nome, bem fizeste em ter tal vontade; ¹⁹ Porém tu não edificarás a casa, mas sim teu filho que sairá de teus lombos, ele edificará casa a meu nome. ²⁰ E o SENHOR verificou sua palavra que havia dito; que me levantei eu em lugar de Davi meu pai, e sentei-me no trono de Israel, como o SENHOR havia dito, e edifiquei a casa ao nome do SENHOR Deus de Israel. ²¹ E pus nela lugar para a arca, na qual está o pacto do SENHOR, que ele fez com nossos pais quando os tirou da terra do Egito. ²² Logo Salomão se pôs diante do altar do SENHOR, na presença de toda a congregação de Israel; e estendeu suas mãos para os céus, ²³ Disse: Ó SENHOR, Deus de Israel, não há Deus como tu, nem acima nos céus nem abaixo na terra, que guardas o pacto e a misericórdia aos teus servos que andam com todo o seu coração diante de ti; ²⁴ que guardaste ao teu servo Davi, meu pai, o que lhe disseste: pois com a tua boca o disseste, e com a tua mão o cumpriste, como hoje se sucede. ²⁵ Agora, pois, ó SENHOR Deus de Israel, guarda ao teu servo Davi, meu pai, o que lhe prometeste, dizendo: Não te faltará sucessor diante de mim que se assente no trono de Israel; contanto que os teus descendentes guardem o seu caminho para andarem diante de mim como tu andaste diante de mim. ²⁶ Portanto agora, ó Deus de Israel, cumpra-se a tua palavra que disseste ao teu servo Davi, meu pai. ²⁷ Mas, na verdade, haveria Deus de habitar na terra? Eis que os céus, e até o céu dos céus, não te podem conter; quanto menos esta casa que eu edifiquei! ²⁸ Contudo, volta-te à oração do teu servo, e à sua súplica, ó SENHOR, meu Deus, para ouvires o clamor e a oração que o teu servo faz hoje diante de ti. ²⁹ Que teus olhos noite e dia estejam abertos sobre esta casa, sobre este lugar do qual disseste: Meu nome estará ali; e que ouças a oração que teu servo fizer neste lugar. ³⁰ Ouve, pois, a oração do teu servo, e do teu povo Israel; quando orarem neste lugar, também tu ouve no lugar da tua habitação nos céus; que ouças e perdoes. ³¹ Quando alguém pecar contra o seu próximo, e lhe impuserem um juramento de maldição, e o juramento de maldição vier diante do teu altar nesta casa, ³² ouve tu nos céus, age, e julga teus servos, condenando ao culpado, fazendo recair o seu proceder sobre a sua cabeça, e inocentando ao justo, para dar-lhe conforme a sua justiça. ³³ Quando teu povo Israel for derrotado diante do inimigo, por haver pecado contra ti, e a ti se converterem, e confessarem o teu nome, e orarem, e suplicarem a ti nesta casa, ³⁴ ouve tu nos céus, e perdoa o pecado do teu povo Israel, e traze-os de volta à terra que deste aos seus pais. ³⁵ Quando os céus se fecharem, e não chover, por terem pecado contra ti, e orarem voltados a este lugar, e confessarem o teu nome, e se converterem do pecado deles, quando tu os afligires, ³⁶ ouve tu nos céus, e perdoa o pecado dos teus servos e do teu povo Israel, ensinando-lhes o bom caminho em que devem andar; e dá chuva na tua terra que deste ao teu povo por herança. ³⁷ Quando nesta herra houver fome, ou pestilência, ou ferrugem, ou mofo, ou gafanhoto, ou pulgão, quando o seu inimigo o tiverem cercados na terra de suas cidades; * qualquer praga ou doença, ³⁸ toda oração e toda súplica que qualquer homem, ou todo o teu povo Israel *fizer* , quando qualquer um reconhecer a ferida de seu coração, e estender suas mãos para esta casa, ³⁹ ouve tu

---

* **8:37** Lit. portas, i.e. as portas da entrada das cidades

nos céus, o lugar de tua habitação, e perdoa, age, e dá a cada um conforme a todos os seus caminhos, cujo coração tu conheces (porque somente tu conheces o coração de todos os filhos dos homens), [40] para que te temam todos os dias que viverem na terra que deste aos nossos pais. [41] Também o estrangeiro, que não for do teu povo Israel, vier de terras distantes por causa do teu nome, [42] (porque ouvirão do teu grande nome, e da tua mão forte, e do teu braço estendido), e vier orar voltado a esta casa, [43] ouve tu nos céus, o lugar da tua habitação, e faze conforme a tudo o que o estrangeiro a ti clamar, a fim de que todos os povos da terra conheçam o teu nome, e te temam como o teu povo Israel, e saibam que o teu nome é invocado sobre esta casa que eu edifiquei. [44] Quando o teu povo sair em batalha contra o seu inimigo, pelo caminho que os enviares, e orarem ao SENHOR, voltados à cidade que tu escolheste, e a esta casa que eu edifiquei ao teu nome, [45] ouve, então, nos céus a sua oração e a sua súplica, e faze-lhes justiça. [46] Quando pecarem contra ti (porque ninguém há que não peque) e te irares contra eles, e os entregares ao inimigo, para que os prendam e os levem à terra do inimigo, esteja longe ou próxima, [47] e na terra onde forem levados cativos eles caírem em si, e se converterem, e te suplicarem na terra do seu cativeiro, dizendo: Pecamos, praticamos perversidade, cometemos maldade; [48] e se converterem a ti com todo o seu coração e com toda a sua alma, na terra do seus inimigos que os levaram cativos, e orarem a ti voltados à sua terra, que deste a seus pais, à cidade que tu escolheste e a casa que edifiquei ao teu nome; [49] Tu ouvirás nos céus, na habitação de tua morada, sua oração e sua súplica, e lhes farás direito; [50] E perdoa ao teu povo que houver pecado contra ti, e todas suas transgressões com que se houverem rebelado contra ti; e concede-lhes misericórdia da parte dos que os teem cativos, para que tenham compaixão deles. [51] Porque eles são o teu povo e a tua propriedade, que tiraste do Egito, do meio do forno de ferro. [52] Que os teus olhos estejam abertos à súplica do teu servo e à súplica do teu povo Israel, a fim de os ouvires em tudo pelo qual clamarem a ti. [53] Pois tu os separaste de todos os povos da terra para que fossem propriedade tua, como o disseste por meio do teu servo Moisés, quando tiraste os nossos antepassados do Egito, ó Senhor DEUS. [54] E sucedeu que, quando Salomão acabou de fazer ao SENHOR toda esta oração e súplica, estando de joelhos e com as mãos estendidas aos céus, levantou-se de diante do altar do SENHOR; [55] pôs-se de pé, e abençoou a toda a congregação de Israel, dizendo em alta voz: [56] Bendito seja o SENHOR, que deu repouso ao seu povo Israel, conforme a tudo o que disse; nenhuma palavra falhou de todas as suas boas promessas que falou por meio de seu servo Moisés. [57] Seja conosco o SENHOR, nosso Deus, como foi com nossos antepassados; que ele não nos desampare, nem nos deixe; [58] mas incline os nossos corações a ele, para que andemos em todos os seus caminhos, e guardemos os seus mandamentos, seus estatutos e suas ordenanças, os quais ele prescreveu aos nossos antepassados. [59] E que estas minhas palavras com que supliquei diante do SENHOR estejam próximas do SENHOR, nosso Deus, de dia e de noite, para que ele proteja a causa de seu servo, e a causa de seu povo Israel, cada coisa em seu dia; [60] a fim de que todos os povos da terra saibam que o SENHOR é Deus, e que não há outro. [61] Seja, pois, o vosso coração íntegro com o SENHOR, nosso Deus, para andardes nos seus estatutos, e guardardes os seus mandamentos, como hoje. [62] Então o rei, e todo Israel com ele, ofereceram sacrifícios diante do SENHOR. [63] E Salomão sacrificou por sacrifícios pacíficos, os quais ofereceu ao SENHOR vinte e dois mil bois, e cento vinte mil ovelhas. Assim o rei e todos os filhos de Israel dedicaram a casa do SENHOR. [64] Naquele mesmo dia o rei consagrou o meio do pátio que ficava diante da casa do SENHOR; porque ali ofereceu os holocaustos e as ofertas de cereais, e a gordura das ofertas pacíficas; porque o altar de bronze que *estava* diante do SENHOR era muito pequeno para caber nele os holocaustos, as ofertas de cereais, e a gordura das ofertas pacíficas. 65 Naquele tempo Salomão celebrou a festa, e com ele todo Israel, uma grande congregação, vinda desde como Lebo-Hamate até o rio do Egito, perante o SENHOR, nosso Deus, por sete dias e mais sete dias, isto é, por catorze dias. 66 E no oitavo dia despediu ao povo; e eles, bendizendo ao rei, foram-se às suas moradas alegres e jubilosos de coração por todo o bem que o SENHOR havia feito ao seu servo Davi, e ao seu povo Israel.

9

1 E quando Salomão havia acabado a obra da casa do SENHOR, e a casa real, e tudo o que Salomão quis fazer, 2 o SENHOR apareceu a Salomão a segunda vez, como lhe havia aparecido em Gibeão. 3 E disse-lhe o SENHOR: Eu ouvido tua oração e teu rogo, que fizeste em minha presença. Eu santifiquei esta casa que tu hás edificado, para pôr meu nome nela para sempre; e nela estarão meus olhos e meu coração todos os dias. 4 E se tu andares diante de mim, como andou Davi teu pai, em integridade de coração e em equidade, fazendo todas as coisas que eu te ei mandado, e guardando meus estatutos e meus direitos, 5 Eu afirmarei o trono de teu reino sobre Israel para sempre, como falei a Davi teu pai, dizendo: Não faltará de ti homem no trono de Israel. 6 Mas se obstinadamente vos apartardes de mim vós e vossos filhos, e não guardardes meus mandamentos e meus estatutos que eu pus diante de vós, mas sim que fordes e servirdes a deuses alheios, e os adorardes; 7 Eu cortarei a Israel de sobre a face da terra que lhes entreguei; e esta casa que santifiquei a meu nome, eu a lançarei de diante de mim, e Israel será por provérbio e fábula a todos os povos; 8 E esta casa que estava em estima, qualquer um que passar por ela se pasmará, e assoviará, e dirá: Por que fez assim o SENHOR a esta terra, e a esta casa? 9 E dirão: Porquanto deixaram ao SENHOR seu Deus, que havia tirado a seus pais da terra do Egito, e lançaram mão a deuses alheios, e os adoraram, e os serviram: por isso trouxe o SENHOR sobre eles todo este mal. 10 E aconteceu ao fim de vinte anos, em que Salomão havia edificado as duas casas, a casa do SENHOR e a casa real, 11 (Para as quais Hirão rei de Tiro, havia trazido a Salomão madeira de cedro e de faia, e quanto ouvir ele quis), que o rei Salomão deu a Hirão vinte cidades em terra de Galileia. 12 E saiu Hirão de Tiro para ver as cidades que Salomão lhe havia dado, e não lhe contentaram. 13 E disse: Que cidades são estas que me deste, irmão? E pôs-lhes por nome, a terra de Cabul, até hoje. 14 E havia Hirão enviado ao rei cento e vinte talentos de ouro. 15 E esta é a razão do tributo que o rei Salomão impôs para edificar a casa do SENHOR, e sua casa, e a Milo, e o muro de Jerusalém, e a Hazor, e Megido, e Gezer. 16 Faraó, o rei do Egito, havia subido e tomado a Gezer, e a queimado, e havia matado os cananeus que habitavam a cidade, e dado-a em presente à sua filha, a mulher de Salomão. 17 Restaurou, pois Salomão a Gezer, e à baixa Bete-Horom, 18 E a Baalate, e a Tadmor em terra do deserto; 19 Também todas as cidades de onde Salomão tinha armazéns, e as cidades dos carros, e as cidades de cavaleiros, e tudo o que Salomão desejou edificar em Jerusalém, no Líbano, e em toda a terra de seu senhorio. 20 A todos os povos que restaram dos amorreus, heteus, perizeus, heveus, jebuseus, que não foram dos filhos de Israel; 21 A seus filhos que restaram na terra depois deles, que os filhos de Israel não puderam acabar, fez Salomão que servissem com tributo até hoje. 22 Mas a ninguém dos filhos de Israel impôs Salomão serviço, mas sim que eram homens de guerra, ou seus criados, ou seus príncipes, ou seus capitães, ou comandantes de seus carros, ou sua cavaleiros. 23 E os que Salomão havia feito chefes e líderes sobre as obras, eram quinhentos e cinquenta, os quais estavam sobre o povo que trabalhava naquela obra. 24 E subiu a filha de Faraó da cidade de Davi a sua casa que Salomão

lhe havia edificado: então edificou ele a Milo. ²⁵ E oferecia Salomão três vezes cada um ano holocaustos e pacíficos sobre o altar que ele edificou ao SENHOR, e queimava incenso sobre o que estava diante do SENHOR, depois que a casa foi acabada. ²⁶ Fez também o rei Salomão navios em Eziom-Geber, que é junto a Elate na beira do mar Vermelho, na terra de Edom. ²⁷ E enviou Hirão neles a seus servos, marinheiros e destros no mar, com os servos de Salomão: ²⁸ Os quais foram a Ofir, e tomaram dali ouro, quatrocentos e vinte talentos, e trouxeram-no ao rei Salomão.

10

¹ E ouvindo a rainha de Sabá a fama de Salomão no nome do SENHOR, veio a provar-lhe com perguntas. ² E veio a Jerusalém com muito grande comitiva, com camelos carregados de especiarias, e ouro em grande abundância, e pedras preciosas: e quando veio a Salomão, propôs-lhe todo o que em seu coração tinha. ³ E Salomão lhe declarou todas suas palavras: nenhuma coisa se lhe escondeu ao rei, que não lhe declarasse. ⁴ E quando a rainha de Sabá viu toda a sabedoria de Salomão, e a casa que havia edificado, ⁵ Também a comida de sua mesa, o assento de seus servos, o estado e roupas dos que lhe serviam, seus mestres-salas, e seus holocaustos que sacrificava na casa do SENHOR, ficou pasma. ⁶ E disse ao rei: Verdade é o que ouvi em minha terra de tuas coisas e de tua sabedoria; ⁷ Mas eu não o cria, até que vim, e meus olhos viram, que nem ainda a metade foi o que se me disse: é maior tua sabedoria e bem que a fama que eu havia ouvido. ⁸ Bem-aventurados teus homens, ditosos estes teus servos, que estão continuamente diante de ti, e ouvem tua sabedoria. ⁹ o SENHOR teu Deus seja bendito, que se agradou de ti para te pôr no trono de Israel; porque o SENHOR amou sempre a Israel, e te pôs por rei, para que faças direito e justiça. ¹⁰ E deu ela ao rei cento e vinte talentos de ouro, e muita especiaria, e pedras preciosas: nunca veio tão grande quantidade de especiarias, como a rainha de Sabá deu ao rei Salomão. ¹¹ A frota de Hirão que havia trazido o ouro de Ofir, trazia também de Ofir muita madeira de sândalo, e pedras preciosas. ¹² E da madeira de sândalo fez o rei balaústres para a casa do SENHOR, e para as casas reais, harpas também e saltérios para os cantores: nunca veio tanta madeira de sândalo, nem se há visto até hoje. ¹³ E o rei Salomão deu à rainha de Sabá tudo o que quis, e tudo o que pediu, ademais do que Salomão lhe deu como da mão do rei Salomão. E ela se voltou, e se foi a sua terra com seus criados. ¹⁴ O peso do ouro que Salomão tinha de renda cada um ano era seiscentos sessenta e seis talentos de ouro; ¹⁵ Sem o dos mercadores, e da contratação de especiarias, e de todos os reis de Arábia, e dos principais da terra. ¹⁶ Fez também o rei Salomão duzentos paveses de ouro estendido: seiscentos siclos de ouro gastou em cada pavês. ¹⁷ Também trezentos escudos de ouro estendido, em cada um dos quais gastou três libras de ouro: e os pôs o rei na casa do bosque do Líbano. ¹⁸ Fez também o rei um grande trono de marfim, o qual cobriu de ouro puríssimo. ¹⁹ Seis degraus tinha o trono, e o alto dele era redondo pelo recosto: e da uma parte e da outra tinha apoios próximo do assento, junto aos quais estavam colocados dois leões. ²⁰ Estavam também doze leões postos ali sobre os seis degraus, da uma parte e da outra: em nenhum outro reino se havia feito trono semelhante. ²¹ E todos os vasos de beber do rei Salomão eram de ouro, e também toda a vasilha da casa do bosque do Líbano era de ouro fino: não havia prata; em tempo de Salomão não era de valor. ²² Porque o rei tinha a frota que saía à mar, a Társis, com a frota de Hirão: uma vez em cada três anos vinha a frota de Társis, e trazia ouro, prata, marfim, macacos e pavões. ²³ Assim excedia o rei Salomão a todos os reis da terra em riquezas e em sabedoria. ²⁴ Toda a terra procurava ver a cara de Salomão, para ouvir sua sabedoria, a qual Deus havia posto em seu coração. ²⁵ E todos lhe levavam cada ano

seus tributos: utensílios de ouro, utensílios de prata, roupas, armas, aromas, cavalos e mulas. ²⁶ E juntou Salomão carros e cavaleiros; e tinha mil quatrocentos carros, e doze mil cavaleiros, os quais pôs nas cidades dos carros, e com o rei em Jerusalém. ²⁷ E pôs o rei em Jerusalém prata como pedras, e cedros como os sicômoros que estão pelos campos em abundância. ²⁸ E traziam cavalos a Salomão do Egito e de Coa: porque os mercadores do rei compravam cavalos de Coa. ²⁹ E vinha e saía do Egito, o carro por seiscentas peças de prata, e o cavalo por cento e cinquenta; e assim os traziam por meio deles, todos os reis dos heteus, e da Síria.

11

¹ Porém o rei Salomão amou, além da filha de Faraó, muitas mulheres estrangeiras: às de Moabe, às de Amom, às de Edom, às de Sidom, e às heteias; ² Nações das quais o SENHOR havia dito aos filhos de Israel: Não entrareis a elas, nem elas entrarão a vós; porque certamente farão inclinar vossos corações atrás seus deuses. A estas, pois, juntou-se Salomão com amor. ³ E teve setecentas esposas princesas, e trezentas concubinas; e suas mulheres desviaram o coração dele. ⁴ E aconteceu que, na velhice de Salomão, suas mulheres inclinaram o seu coração para seguir outros deuses; e o coração dele não era completo com o SENHOR seu Deus, como o coração do seu pai Davi. ⁵ Porque Salomão seguiu Astarote, deusa dos sidônios, e a Milcom, abominação dos amonitas. ⁶ E fez Salomão o que era mau aos olhos do SENHOR, e não seguiu completamente o SENHOR como o seu pai Davi. ⁷ Então edificou Salomão um alto a Camos, abominação de Moabe, no monte que está à frente de Jerusalém; e a Moloque, abominação dos filhos de Amom. ⁸ E assim fez para todas suas mulheres estrangeiras, as quais queimavam incenso, e sacrificavam aos seus deuses. ⁹ E o SENHOR se irou contra Salomão, pois o seu coração estava desviado do SENHOR Deus de Israel, que lhe havia aparecido duas vezes, ¹⁰ E lhe havia mandado acerca disto, que não seguisse outros deuses; mas ele não guardou o que o SENHOR havia lhe mandado. ¹¹ E disse o SENHOR a Salomão: Como houve isso em ti, e não guardaste o meu pacto e os meus estatutos que eu te mandei, romperei o reino de ti, e o entregarei a teu servo. ¹² Porém não o farei em teus dias, por amor de Davi teu pai; eu o romperei da mão de teu filho. ¹³ Todavia não romperei todo o reino, mas sim que darei uma tribo a teu filho, por amor de Davi meu servo, e por amor de Jerusalém que eu escolhi. ¹⁴ E o SENHOR suscitou um adversário a Salomão, a Hadade, edomita, do sangue real, o qual estava em Edom. ¹⁵ Porque quando Davi estava em Edom, e subiu Joabe o general do exército a enterrar os mortos, e matou a todos os homens de Edom, ¹⁶ (Porque seis meses habitou ali Joabe, e todo Israel, até que havia acabado a todo o sexo masculino em Edom;) ¹⁷ Então fugiu Hadade, e com ele alguns homens edomitas dos servos de seu pai, e foi-se ao Egito; era então Hadade jovem pequeno. ¹⁸ E levantaram-se de Midiã, e vieram a Parã; e tomando consigo homens de Parã, vieram-se ao Egito, a Faraó rei do Egito, o qual lhe deu casa, e lhe assinalou alimentos, e ainda lhe deu terra. ¹⁹ E achou Hadade grande graça diante de Faraó, o qual lhe deu por mulher à irmã de sua esposa, à irmã da rainha Tafnes. ²⁰ E a irmã de Tafnes lhe deu à luz seu filho Genubate, ao qual Tafnes desmamou dentro da casa de Faraó; e estava Genubate na casa de Faraó entre os filhos de Faraó. ²¹ E ouvindo Hadade em Egito que Davi havia dormido com seus pais, e que era morto Joabe general do exército, Hadade disse a Faraó: Deixa-me ir a minha terra. ²² E respondeu-lhe Faraó: Por que? O que te falta comigo, que procuras ir-te a tua terra? E ele respondeu: Nada; contudo, rogo-te que me deixes ir. ²³ Despertou-lhe também Deus por adversário a Rezom, filho de Eliada, o qual havia fugido de seu amo Hadadezer, rei de Zobá. ²⁴ E havia juntado gente contra ele, e havia-se feito capitão de uma companhia, quando Davi

derrotou aos de Zobá. Depois se foram a Damasco, e habitaram ali e fizeram-lhe rei em Damasco. ²⁵ E foi adversário a Israel todos os dias de Salomão; e foi outro mal com o de Hadade, porque aborreceu a Israel, e reinou sobre a Síria. ²⁶ Também Jeroboão filho de Nebate, efrateu de Zeredá, servo de Salomão, (sua mãe se chamava Zerua, mulher viúva) levantou sua mão contra o rei. ²⁷ E a causa por que este levantou mão contra o rei, foi esta: Salomão edificando a Milo, fechou a abertura da cidade de Davi seu pai. ²⁸ E o homem Jeroboão era valente e esforçado; e vendo Salomão ao rapaz que era homem ativo, encomendou-lhe todo o cargo da casa de José. ²⁹ Aconteceu pois naquele tempo, que saindo Jeroboão de Jerusalém, encontrou-lhe no caminho o profeta Aías silonita; e ele estava coberto com uma capa nova; e estavam eles dois sós no campo. ³⁰ E segurando Aías da capa nova que tinha sobre si, rompeu-a em doze pedaços, ³¹ E disse a Jeroboão: Toma para ti os dez pedaços; porque assim disse o SENHOR Deus de Israel: Eis que que eu rompo o reino da mão de Salomão, e a ti darei dez tribos; ³² (E ele terá uma tribo, por amor de Davi meu servo, e por amor de Jerusalém, cidade que eu escolhi de todas as tribos de Israel:) ³³ Porquanto me deixaram, e adoraram a Astarote deusa dos sidônios, e a Camos deus de Moabe, e a Moloque deus dos filhos de Amom; e não andaram em meus caminhos, para fazer o reto diante de meus olhos, e meus estatutos, e meus direitos, como fez seu pai Davi. ³⁴ Porém não tirarei nada de seu reino de suas mãos, mas sim que o manterei por chefe todos os dias de sua vida, por amor de Davi meu servo, ao qual eu escolhi, e ele guardou meus mandamentos e meus estatutos: ³⁵ Mas eu tirarei o reino da mão de seu filho, e o darei a ti, as dez tribos. ³⁶ E a seu filho darei uma tribo, para que meu servo Davi tenha lâmpada todos os dias diante de mim em Jerusalém, cidade que eu me escolhi para pôr nela meu nome. ³⁷ Eu pois te tomarei a ti, e tu reinarás em todas as coisas que desejar tua alma, e serás rei sobre Israel. ³⁸ E será que, se prestares ouvido a todas as coisas que te mandar, e andares em meus caminhos, e fizeres o reto diante de meus olhos, guardando meus estatutos e meus mandamentos, como fez Davi meu servo, eu serei contigo, e te edificarei casa firme, como a edifiquei a Davi, e eu te entregarei a Israel. ³⁹ E eu afligirei a semente de Davi por causa disto, mas não para sempre. ⁴⁰ Procurou, portanto, Salomão de matar a Jeroboão, mas levantando-se Jeroboão, fugiu ao Egito, a Sisaque rei do Egito, e esteve em Egito até a morte de Salomão. ⁴¹ Os demais dos feitos de Salomão, e todas as coisas que fez, e sua sabedoria, não estão escritas no livro dos feitos de Salomão? ⁴² E os dias que Salomão reinou em Jerusalém sobre todo Israel foram quarenta anos. ⁴³ E descansou Salomão com seus pais, e foi sepultado na cidade de seu pai Davi: e reinou em seu lugar Roboão seu filho.

12

¹ E foi Roboão a Siquém; porque todo Israel havia vindo a Siquém para fazê-lo rei. ² E aconteceu, que quando o ouviu Jeroboão filho de Nebate, que estava em Egito, porque havia fugido de diante do rei Salomão, e habitava em Egito; ³ Enviaram e chamaram-lhe. Veio pois Jeroboão e toda a congregação de Israel, e falaram a Roboão, dizendo: ⁴ Teu pai agravou nosso jugo, mas agora tu diminui algo da dura servidão de teu pai, e do jugo pesado que ele pôs sobre nós, e te serviremos. ⁵ E ele lhes disse: Ide, e daqui a três dias voltai a mim. E o povo se foi. ⁶ Então o rei Roboão tomou conselho com os anciãos que haviam estado diante de Salomão seu pai quando vivia, e disse: Como aconselhais vós que responda a este povo? ⁷ E eles lhe falaram, dizendo: Se tu fores hoje servo deste povo, e o servires, e respondendo-lhe boas palavras lhes falares, eles te servirão para sempre. ⁸ Mas ele, deixado o conselho dos anciãos que eles lhe haviam dado, tomou conselho com os rapazes que se haviam criado com

ele, e estavam diante dele. ⁹ E disse-lhes: Como aconselhais vós que respondamos a este povo, que me falou, dizendo: Diminui algo do jugo que teu pai pôs sobre nós? ¹⁰ Então os rapazes que se haviam criado com ele lhe responderam, dizendo: Assim falarás a este povo que te disse estas palavras: Teu pai agravou nosso jugo; mas tu diminui-nos algo: assim lhes falarás: O menor dedo dos meus é mais espesso que os lombos de meu pai. ¹¹ Agora, pois, meu pai vos impôs carga de pesado jugo, mas eu acrescentarei a vosso jugo; meu pai vos feriu com açoites, mas eu vos ferirei com escorpiões. ¹² E ao terceiro dia veio Jeroboão com todo o povo a Roboão; segundo o rei o havia mandado, dizendo: Voltai a mim ao terceiro dia. ¹³ E o rei respondeu ao povo duramente, deixado o conselho dos anciãos que eles lhe haviam dado; ¹⁴ E falou-lhes conforme ao conselho dos rapazes, dizendo: Meu pai agravou vosso jugo, mas eu acrescentarei a vosso jugo; meu pai vos feriu com açoites, mas eu vos ferirei com escorpiões. ¹⁵ E não ouviu o rei ao povo; porque era ordenação do SENHOR, para confirmar sua palavra, que o SENHOR havia falado por meio de Aías silonita a Jeroboão filho de Nebate. ¹⁶ E quando todo o povo viu que o rei não lhes havia ouvido, respondeu-lhe estas palavras, dizendo: Que parte temos nós com Davi? Não temos propriedade no filho de Jessé. Israel, a tuas moradas! Provê agora em tua casa, Davi! Então Israel se foi a suas moradas. ¹⁷ Mas reinou Roboão sobre os filhos de Israel que moravam nas cidades de Judá. ¹⁸ E o rei Roboão enviou a Adorão, que estava sobre os tributos; mas apedrejou-lhe todo Israel, e morreu. Então o rei Roboão se esforçou a subir em um carro, e fugir a Jerusalém. ¹⁹ Assim se separou Israel da casa de Davi até hoje. ²⁰ E aconteceu que, ouvindo todo Israel que Jeroboão havia voltado, enviaram e chamaram-lhe à congregação, e fizeram-lhe rei sobre todo Israel, sem restar tribo alguma que seguisse a casa de Davi, a não ser somente a tribo de Judá. ²¹ E quando Roboão veio a Jerusalém, juntou toda a casa de Judá e a tribo de Benjamim, cento e oitenta mil homens escolhidos de guerra, para fazer guerra à casa de Israel, e restituir o reino a Roboão filho de Salomão. ²² Mas foi palavra do SENHOR a Semaías homem de Deus, dizendo: ²³ Fala a Roboão filho de Salomão, rei de Judá, e a toda a casa de Judá e de Benjamim, e aos demais do povo, dizendo: ²⁴ Assim disse o SENHOR: Não vades, nem luteis contra vossos irmãos os filhos de Israel; voltai-vos cada um a sua casa; porque este negócio eu o fiz. E eles ouviram a palavra de Deus, e voltaram, e foram-se, conforme à palavra do SENHOR. ²⁵ E reedificou Jeroboão a Siquém no monte de Efraim, e habitou nela; e saindo dali, reedificou a Peniel. ²⁶ E disse Jeroboão em seu coração: Agora se voltará o reino à casa de Davi, ²⁷ Se este povo subir a sacrificar à casa do SENHOR em Jerusalém: porque o coração deste povo se converterá a seu senhor Roboão rei de Judá, e me matarão a mim, e se tornarão a Roboão rei de Judá. ²⁸ E havido conselho, fez o rei dois bezerros de ouro, e disse ao povo: Demais subistes a Jerusalém: eis que teus deuses, ó Israel, que te fizeram subir da terra do Egito. ²⁹ E pôs o um em Betel, e o outro pôs em Dã. ³⁰ E isto foi ocasião de pecado; porque o povo ia a adorar diante do um, até Dã. ³¹ Fez também casa de altos, e fez sacerdotes da classe do povo, que não eram dos filhos de Levi. ³² Então instituiu Jeroboão solenidade no mês oitavo, aos quinze do mês, conforme à solenidade que se celebrava em Judá; e sacrificou sobre altar. Assim fez em Betel, sacrificando aos bezerros que havia feito. Ordenou também em Betel sacerdote ³³ Sacrificou pois sobre o altar que ele havia feito em Betel, aos quinze do mês oitavo, o mês que ele havia inventado de seu coração; e fez festa aos filhos de Israel, e subiu ao altar para queimar incenso.

13

¹ E eis que um homem de Deus por palavra do SENHOR veio de Judá a Betel; e

estando Jeroboão ao altar para queimar incenso, ² Ele clamou contra o altar por palavra do SENHOR, e disse: Altar, altar, assim disse o SENHOR: Eis que à casa de Davi nascerá um filho, chamado Josias, o qual sacrificará sobre ti aos sacerdotes dos altos que queimam sobre ti incenso; e sobre ti queimarão ossos humanos. ³ E aquele mesmo dia deu um sinal, dizendo: Esta é o sinal de que o SENHOR falou: eis que que o altar se quebrará, e a cinza que sobre ele está se derramará. ⁴ E quando o rei Jeroboão ouviu a palavra do homem de Deus, que havia clamado contra o altar de Betel, estendendo sua mão desde o altar, disse: Prendei-lhe! Mas a mão que havia estendido contra ele, se lhe secou, que não a pôde voltar a si. ⁵ E o altar se rompeu, e derramou-se a cinza do altar, conforme o sinal que o homem de Deus havia dado por palavra do SENHOR. ⁶ Então respondendo o rei, disse ao homem de Deus: Peço-te que rogues à face do SENHOR teu Deus, e ora por mim, que minha mão me seja restituída. E o homem de Deus orou à face do SENHOR, e a mão do rei se lhe recuperou e tornou-se como antes. ⁷ E o rei disse ao homem de Deus: Vem comigo à casa, e comerás, e eu te darei um presente. ⁸ Mas o homem de Deus disse ao rei: Se me desses a metade de tua casa, não iria contigo, nem comeria pão nem beberia água neste lugar; ⁹ Porque assim me está mandado por palavra do SENHOR, dizendo: Não comas pão, nem bebas água, nem voltes pelo caminho que fordes. ¹⁰ Foi-se, pois, por outro caminho, e não voltou pelo caminho por de onde havia vindo a Betel. ¹¹ Morava naquele tempo em Betel um velho profeta, ao qual veio seu filho, e contou-lhe tudo o que o homem de Deus havia feito aquele dia em Betel: contaram-lhe também a seu pai as palavras que havia falado ao rei. ¹² E seu pai lhes disse: Por que caminho foi? E seus filhos lhe mostraram o caminho por de onde se havia voltado o homem de Deus, que havia vindo de Judá. ¹³ E ele disse a seus filhos: Preparai-me o asno. E eles lhe prepararam o asno, e subiu nele. ¹⁴ E indo atrás o homem de Deus, achou-lhe que estava sentado debaixo de um carvalho: e disse-lhe: És tu o homem de Deus que vieste de Judá? E ele disse: Eu sou. ¹⁵ Disse-lhe então: Vem comigo à casa, e come do pão. ¹⁶ Mas ele respondeu: Não poderei voltar contigo, nem irei contigo; nem tampouco comerei pão nem beberei água contigo neste lugar; ¹⁷ Porque por palavra de Deus me foi dito: Não comas pão nem bebas água ali, nem voltes pelo caminho que fores. ¹⁸ E o outro lhe disse: Eu também sou profeta como tu, e um anjo me falou pela palavra do SENHOR, dizendo: Faze-o voltar contigo à tua casa, para que coma pão e beba água. Porém mentiu-lhe. ¹⁹ Então voltou com ele, e comeu do pão em sua casa, e bebeu da água. ²⁰ E aconteceu que, estando eles à mesa, veio a palavra do SENHOR ao profeta que lhe havia feito voltar; ²¹ E clamou ao homem de Deus que havia vindo de Judá, dizendo: Assim disse o SENHOR: Porquanto foste rebelde ao dito do SENHOR, e não guardaste o mandamento que o SENHOR teu Deus te havia prescrito, ²² Em vez disso voltaste, e comeste do pão e bebeste da água no lugar de onde o SENHOR te havia dito não comesses pão nem bebesses água, não entrará teu corpo no sepulcro de teus pais. ²³ E quando havia comido do pão e bebido, o profeta que lhe havia feito voltar lhe preparou um asno; ²⁴ E indo-se, encontrou-lhe um leão no caminho, e matou-lhe; e seu corpo estava lançado no caminho, e o asno estava junto a ele, e o leão também estava junto ao corpo. ²⁵ E eis que uns que passavam, e viram o corpo que estava lançado no caminho, e o leão que estava junto ao corpo: e vieram, e disseram-no na cidade de onde o velho profeta habitava. ²⁶ E ouvindo-o o profeta que lhe havia voltado do caminho, disse: O homem de Deus é, que foi rebelde ao dito do SENHOR: portanto o SENHOR lhe entregou ao leão, que lhe quebrantou e matou, conforme à palavra do SENHOR que ele lhe disse. ²⁷ E falou a seus filhos, e disse-lhes: Preparai-me um asno. E eles se o prepararam. ²⁸ E ele foi, e achou seu corpo estendido no caminho, e o asno e o leão estavam junto ao corpo: o leão não havia comido o corpo, nem danificado ao asno. ²⁹ E tomando o profeta o corpo do homem de Deus, o pôs sobre o asno, e o levou. E o profeta velho veio à cidade, para lamentar-lhe e enterrar-lhe. ³⁰ E pôs seu corpo em seu sepulcro; e lamentaram-lhe, dizendo: Ai, irmão meu! ³¹ E depois que lhe houveram enterrado, falou a seus filhos, dizendo: Quando eu morrer, enterrai-me no sepulcro em que está sepultado o homem de Deus; ponde meus ossos junto aos seus. ³² Porque sem dúvida virá o que ele disse a vozes por palavra do SENHOR contra o altar que está em Betel, e contra todas as casas dos altos que estão nas cidades de Samaria. ³³ Depois disto não se converteu Jeroboão de seu mau caminho: antes voltou a fazer sacerdotes dos altos da classe do povo, e quem queria se consagrava, e era dos sacerdotes dos altos. ³⁴ E isto foi causa de pecado à casa de Jeroboão; pelo qual foi cortada e desraigada de sobre a face da terra.

14

¹ Naquele tempo Abias filho de Jeroboão caiu enfermo, ² E disse Jeroboão à sua mulher: Levanta-te agora, disfarça-te, porque não te conheçam que és a mulher de Jeroboão, e vai a Siló; que ali está Aías profeta, o que me disse que eu havia de ser rei sobre este povo. ³ E toma em tua mão dez pães, e bolos, e uma botija de mel, e vai a ele; que te declare o que será deste jovem. ⁴ E a mulher de Jeroboão o fez assim; e levantou-se, e foi a Siló, e veio à casa de Aías. E não podia já ver Aías, que seus olhos se haviam escurecido à causa de sua velhice. ⁵ Mas o SENHOR havia dito a Aías: Eis que a mulher de Jeroboão virá a consultar-te por seu filho, que está enfermo: assim e assim lhe responderás; pois será que quando ela vier, virá dissimulada. ⁶ E quando Aías ouviu o som de seus pés quando entrava pela porta, disse: Entra, mulher de Jeroboão; por que te finges outra? Porém eu sou enviado a ti com revelação dura. ⁷ Vai, e dize a Jeroboão: Assim disse o SENHOR Deus de Israel: Porquanto eu te levantei de em meio do povo, e te fiz príncipe sobre meu povo Israel, ⁸ E rompi o reino da casa de Davi, e o entreguei a ti; e tu não foste como Davi meu servo, que guardou meus mandamentos e andou após o mim com todo seu coração, fazendo somente o direito diante de meus olhos; ⁹ Antes fizeste o mau sobre todos os que foram antes de ti: que foste e te fizeste deuses alheios e de fundição para irar-me, e a mim me lançaste atrás tuas costas: ¹⁰ Portanto, eis que eu trago mal sobre a casa de Jeroboão, e eu exterminarei de Jeroboão todo macho, tanto o escravo como o livre em Israel; e varrerei a posteridade da casa de Jeroboão, como é varrido o lixo, até que seja acabada. ¹¹ O que morrer dos de Jeroboão na cidade, lhe comerão os cães; e o que morrer no campo, as aves do céu o comerão; porque o SENHOR o disse. ¹² E tu levanta-te, e vai-te à tua casa; que em entrando teu pé na cidade, morrerá o jovem. ¹³ E todo Israel o lamentará, e lhe enterrarão; porque somente ele dos de Jeroboão entrará em sepultura; porquanto se achou nele alguma coisa boa do SENHOR Deus de Israel, na casa de Jeroboão. ¹⁴ E o SENHOR se levantará um rei sobre Israel, o qual exterminará a casa de Jeroboão neste dia; e que, se agora? ¹⁵ E o SENHOR sacudirá a Israel, ao modo que a cana se agita nas águas: e ele arrancará a Israel desta boa terra que havia dado a seus pais, e os dispersará da outra parte do rio, porquanto fizeram seus bosques, irando ao SENHOR. ¹⁶ E ele entregará a Israel pelos pecados de Jeroboão, o qual pecou, e fez pecar a Israel. ¹⁷ Então a mulher de Jeroboão se levantou, e se foi, e veio a Tirsa: e entrando ela pelo umbral da casa, o jovem morreu. ¹⁸ E enterraram-no, e lamentaram-no todo Israel, conforme à palavra do SENHOR, que ele havia falado por mão de seu servo Aías profeta. ¹⁹ Os outros feitos de Jeroboão, que guerras fez, e como reinou, tudo está escrito no livro das histórias dos reis de Israel. ²⁰ O tempo que reinou Jeroboão foram vinte e dois anos; e havendo descansado com seus pais, reinou em seu lugar Nadabe seu filho. ²¹ E Roboão filho

de Salomão reinou em Judá. De quarenta e um anos era Roboão quando começou a reinar, e dezessete anos reinou em Jerusalém, cidade que o SENHOR elegeu de todas as tribos de Israel para pôr ali seu nome. O nome de sua mãe foi Naamá, amonita. ²² E Judá fez o que era mau aos olhos do SENHOR, e iraram-lhe mais que tudo o que seus pais haviam feito em seus pecados que cometeram. ²³ Porque eles também se edificaram altos, estátuas, e bosques, em todo morro alto, e debaixo de toda árvore frondosa: ²⁴ E havia também sodomitas na terra, e fizeram conforme a todas as abominações das nações que o SENHOR havia lançado diante dos filhos de Israel. ²⁵ Ao quinto ano do rei Roboão subiu Sisaque rei do Egito contra Jerusalém. ²⁶ E tomou os tesouros da casa do SENHOR, e os tesouros da casa real, e saqueou-o tudo: levou-se também todos os escudos de ouro que Salomão havia feito. ²⁷ E em lugar deles fez o rei Roboão escudos de bronze, e deu-os em mãos dos capitães dos da guarda, os quais guardavam a porta da casa real. ²⁸ E quando o rei entrava na casa do SENHOR, os da guarda os levavam; e punham-nos depois na câmara dos da guarda. ²⁹ Os demais dos feitos de Roboão, e todas as coisas que fez, não estão escritas nas crônicas dos reis de Judá? ³⁰ E havia guerra entre Roboão e Jeroboão todos os dias. ³¹ E descansou Roboão com seus pais, e foi sepultado com seus pais na cidade de Davi. O nome de sua mãe foi Naamá, amonita. E reinou em seu lugar Abião seu filho.

15

¹ No ano dezoito do rei Jeroboão filho de Nebate, Abião começou a reinar sobre Judá. ² Reinou três anos em Jerusalém. O nome de sua mãe era Maaca, filha * de Absalão. † ³ E andou em todos os pecados de seu pai, que havia este feito antes dele; e não foi seu coração completo com o SENHOR seu Deus, como o coração do seu pai Davi. ⁴ Mas por amor de Davi, deu-lhe o SENHOR seu Deus lâmpada em Jerusalém, levantando-lhe a seu filho depois dele, e sustentando a Jerusalém: ⁵ Porquanto Davi havia feito o que era correto diante dos olhos do SENHOR, e de nenhuma coisa que lhe mandasse se havia apartado em todos os dias de sua vida, exceto o negócio de Urias Heteu. ⁶ E havia guerra entre Roboão e Jeroboão todos os dias de sua vida. ⁷ Os demais dos feitos de Abião, e todas as coisas que fez, não estão escritas no livro das crônicas dos reis de Judá? E havia guerra entre Abião e Jeroboão. ⁸ E dormiu Abião com seus pais, e sepultaram-no na cidade de Davi: e reinou Asa seu filho em seu lugar. ⁹ No ano vinte de Jeroboão rei de Israel, Asa começou a reinar sobre Judá. ¹⁰ E reinou quarenta e um anos em Jerusalém; o nome de sua avó ‡ era Maaca, filha de Absalão. ¹¹ E Asa fez o que era correto diante dos olhos do SENHOR, como o seu pai Davi. ¹² Porque tirou os sodomitas da terra, e tirou todas as imundícies que seus pais haviam feito. ¹³ E também tirou de sua avó Maaca a posição de rainha-mãe, porque havia feito um ídolo num bosque. Além disso, Asa destruiu o ídolo dela, e o queimou junto ao ribeiro de Cedrom. ¹⁴ Porém os altos não foram tirados. Contudo, o coração de Asa foi completo com o SENHOR durante toda a sua vida. ¹⁵ Também trouxe à casa do SENHOR o que o seu pai havia dedicado, e o que ele dedicou: ouro, e prata, e utensílios. ¹⁶ E havia guerra entre Asa e Baasa, rei de Israel, durante todo o tempo deles. ¹⁷ E Baasa, rei de Israel, subiu contra Judá, e edificou Ramá, para não deixar sair nem entrar a ninguém de Asa, rei de Judá. ¹⁸ Então Asa tomou toda a prata e ouro que havia restado nos tesouros da casa do SENHOR, e os tesouros da casa real, entregou-os nas mãos de seus servos, e o rei Asa os enviou a Ben-Hadade, filho de Tabrimom, filho de Heziom, rei da Síria, o qual residia em Damasco, dizendo: ¹⁹ *Haja*

---

* **15:2** provavelmente neta. Também no v. 10   † **15:2** Escrito no texto-base na variante "Abissalão". Também no v. 10   ‡ **15:10** Lit. mãe. Também no v. 13

uma aliança entre mim e ti, entre meu pai e o teu pai; eis que eu te envio um presente de prata e ouro. Vai, e rompe a tua aliança com Baasa, rei de Israel, para que me deixe. ²⁰ E Ben-Hadade consentiu com o rei Asa, e enviou os príncipes dos exércitos que tinha contra as cidades de Israel, e feriu a Ijom, e a Dã, e a Abel-Bete-Maaca, e a toda Quinerete, com toda a terra de Naftali. ²¹ E ouvindo isto Baasa, deixou de edificar a Ramá, e ficou em Tirsa. ²² Então o rei Asa convocou a todo Judá, sem excetuar ninguém; e tiraram de Ramá a pedra e a madeira com que Baasa edificava, e edificou o rei Asa com ele a Gibeá de Benjamim, e a Mispá. ²³ Os demais de todos os feitos de Asa, e toda sua fortaleza, e todas as coisas que fez, e as cidades que edificou, não está tudo escrito no livro das crônicas dos reis de Judá? Mas no tempo de sua velhice enfermou de seus pés. ²⁴ E descansou Asa com seus pais, e foi sepultado com seus pais na cidade de Davi seu pai: e reinou em seu lugar Josafá seu filho. ²⁵ E Nadabe, filho de Jeroboão, começou a reinar sobre Israel no segundo ano de Asa rei de Judá; e reinou sobre Israel dois anos. ²⁶ E fez o que era mau diante dos olhos do SENHOR, andando no caminho de seu pai, e em seus pecados com que fez pecar a Israel. ²⁷ E Baasa filho de Aías, o qual era da casa de Issacar, fez conspiração contra ele: e feriu-o Baasa em Gibetom, que era dos filisteus: porque Nadabe e todo Israel tinham cercado a Gibetom. ²⁸ Matou-o, pois, Baasa no terceiro ano de Asa rei de Judá, e reinou em seu lugar. ²⁹ E quando ele veio ao reino, feriu toda a casa de Jeroboão, sem deixar alma vivente dos de Jeroboão, até exterminá-lo, conforme à palavra do SENHOR que ele falou por seu servo Aías silonita; ³⁰ Por causa dos pecados de Jeroboão que ele havia cometido, e com os quais fez pecar a Israel; e por sua provocação com que provocou à ira ao SENHOR Deus de Israel. ³¹ Os demais dos feitos de Nadabe, e todas as coisas que fez, não está tudo escrito no livro das crônicas dos reis de Israel? ³² E havia guerra entre Asa e Baasa, rei de Israel, durante todo o tempo deles. ³³ No terceiro ano de Asa, rei de Judá, começou a reinar Baasa, filho de Aías, sobre todo Israel em Tirsa; e reinou vinte e quatro anos. ³⁴ E fez o que era mau aos olhos do SENHOR, e andou no caminho de Jeroboão, e em seu pecado com que fez pecar a Israel.

16

¹ E foi palavra do SENHOR a Jeú, filho de Hanani, contra Baasa, dizendo: ² Posto que te levantei do pó, e te pus por príncipe sobre meu povo Israel, e andaste no caminho de Jeroboão, e fizeste pecar a meu povo Israel, provocando-me à ira com os seus pecados; ³ Eis que varrerei a posteridade de Baasa, e a posteridade de sua casa; e tornarei a tua casa como a casa de Jeroboão, filho de Nebate. ⁴ O que de Baasa for morto na cidade, os cães lhe comerão; e o que dele for morto no campo, as aves do céu o comerão. ⁵ Os demais dos feitos de Baasa, e as coisas que fez, e sua fortaleza, não está tudo escrito no livro das crônicas dos reis de Israel? ⁶ E descansou Baasa com seus pais, e foi sepultado em Tirsa; e reinou em seu lugar Elá, seu filho. ⁷ Porém a palavra do SENHOR por meio de Jeú profeta, filho de Hanani, havia sido contra Baasa e também contra sua casa, com motivo de todo o mal que fez aos olhos do SENHOR, provocando-lhe à ira com as obras de suas mãos, para que fosse feita como a casa de Jeroboão; e porque o havia ferido. ⁸ No ano vinte e seis de Asa rei de Judá, começou a reinar Elá filho de Baasa sobre Israel em Tirsa; e reinou dois anos. ⁹ E fez conspiração contra ele seu servo Zinri, comandante da metade dos carros. E estando ele em Tirsa, bebendo e embriagado em casa de Arsa seu mordomo em Tirsa, ¹⁰ Veio Zinri, e o feriu e matou, no ano vinte e sete de Asa rei de Judá; e reinou em lugar seu. ¹¹ E logo que chegou a reinar e esteve sentado em seu trono, feriu toda a casa de Baasa, sem deixar nela macho, nem seus parentes nem amigos. ¹² Assim exterminou Zinri toda a casa de Baasa, conforme à palavra do SENHOR, que havia

proferido contra Baasa por meio do profeta Jeú; ¹³ Por todos os pecados de Baasa, e os pecados de Elá seu filho, com que eles pecaram e fizeram pecar a Israel, provocando à ira ao SENHOR Deus de Israel com suas vaidades. ¹⁴ Os demais feitos de Elá, e todas as coisas que fez, não está tudo escrito no livro das crônicas dos reis de Israel? ¹⁵ No ano vinte e sete de Asa rei de Judá, começou a reinar Zinri, e reinou sete dias em Tirsa; e o povo havia assentado campo sobre Gibetom, cidade dos filisteus. ¹⁶ E o povo que estava no campo ouviu dizer: Zinri fez conspiração, e matou ao rei. Então todo Israel levantou o mesmo dia por rei sobre Israel a Onri, general do exército, no campo. ¹⁷ E subiu Onri de Gibetom, e com ele todo Israel, e cercaram a Tirsa. ¹⁸ Mas vendo Zinri tomado a cidade, entrou no palácio da casa real, e pegou fogo à casa consigo: assim morreu. ¹⁹ Por seus pecados que ele havia cometido, fazendo o que era mau aos olhos do SENHOR, e andando nos caminhos de Jeroboão, e em seu pecado que cometeu, fazendo pecar a Israel. ²⁰ Os demais feitos de Zinri, e sua conspiração que formou, não está tudo escrito no livro das crônicas dos reis de Israel? ²¹ Então o povo de Israel foi dividido em duas partes: a metade do povo seguia a Tibni filho de Ginate, para fazê-lo rei: e a outra metade seguia a Onri. ²² Mas o povo que seguia a Onri pôde mais que o que seguia a Tibni filho de Ginate; e Tibni morreu, e Onri foi rei. ²³ No ano trinta e um de Asa rei de Judá, começou a reinar Onri sobre Israel, e reinou doze anos: em Tirsa reinou seis anos. ²⁴ E ele comprou de Semer o monte de Samaria por dois talentos de prata, e edificou no monte: e chamou o nome da cidade que edificou Samaria, do nome de Semer, senhor que foi daquele monte. ²⁵ E Onri fez o mau aos olhos do SENHOR, e fez pior que todos os que haviam sido antes dele: ²⁶ Pois andou em todos os caminhos de Jeroboão filho de Nebate, e em seu pecado com que fez pecar a Israel, provocando à ira ao SENHOR Deus de Israel com seus ídolos. ²⁷ Os demais dos feitos de Onri, e todas as coisas que fez, e suas valentias que executou, não está tudo escrito no livro das crônicas dos reis de Israel? ²⁸ E Onri descansou com seus pais, e foi sepultado em Samaria; e reinou em lugar seu Acabe, seu filho. ²⁹ E começou a reinar Acabe filho de Onri sobre Israel o ano trinta e oito de Asa rei de Judá. ³⁰ E reinou Acabe filho de Onri sobre Israel em Samaria vinte e dois anos. E Acabe filho de Onri fez o que era mau aos olhos do SENHOR além de todos os que foram antes dele; ³¹ Porque lhe foi pouca coisa andar nos pecados de Jeroboão filho de Nebate, e tomou por mulher a Jezabel filha de Etbaal rei dos sidônios, e foi e serviu a Baal, e o adorou. ³² E fez altar a Baal, no templo de Baal que ele edificou em Samaria. ³³ Fez também Acabe um bosque; e acrescentou Acabe fazendo provocar à ira ao SENHOR Deus de Israel, mais que todos os reis de Israel que antes dele haviam sido. ³⁴ Em seu tempo Hiel de Betel reedificou a Jericó. À custa de Abirão seu primogênito lançou o alicerce, e à custa de Segube seu filho posterior pôs suas portas, conforme à palavra do SENHOR que havia falado por Josué filho de Num.

17

¹ Então Elias Tisbita, que era dos moradores de Gileade, disse a Acabe: Vive o SENHOR Deus de Israel, diante do qual estou, que não haverá chuva nem orvalho nestes anos, a não ser por minha palavra. ² E foi a ele palavra do SENHOR, dizendo: ³ Aparta-te daqui, e volta-te ao oriente, e esconde-te no ribeiro de Querite, que está diante do Jordão; ⁴ E beberás do ribeiro; e eu ei mandado aos corvos que te deem ali de comer. ⁵ E ele foi, e fez conforme à palavra do SENHOR; pois se foi e assentou junto ao ribeiro de Querite, que está antes do Jordão. ⁶ E os corvos lhe traziam pão e carne pela manhã, e pão e carne à tarde; e bebia do ribeiro. ⁷ Passados alguns dias, secou-se o ribeiro; porque não havia chovido sobre a terra. ⁸ E foi a ele palavra do SENHOR,

dizendo: ⁹ Levanta-te, vai-te a Sarepta de Sidom, e ali morarás: eis que eu mandei ali a uma mulher viúva que te sustente. ¹⁰ Então ele se levantou, e se foi a Sarepta. E quando chegou à porta da cidade, eis que uma mulher viúva que estava ali colhendo gravetos; e ele a chamou, e disse-lhe: Rogo-te que me tragas um pouco de água em um vaso, para que beba. ¹¹ E indo ela para trazê-la, ele a voltou a chamar, e disse-lhe: Rogo-te que me tragas também um bocado de pão em tua mão. ¹² E ela respondeu: Vive o SENHOR Deus teu, que não tenho pão cozido; que somente um punhado de farinha tenho no jarro, e um pouco de azeite em uma botija: e agora cozia dois gravetos, para entrar-me e prepará-lo para mim e para meu filho, e que o comamos, e morramos. ¹³ E Elias lhe disse: Não tenhas temor; vai, face como disseste: porém faze-me a mim primeiro disso uma pequena torta cozida debaixo da cinza, e traze-a a mim; e depois farás para ti e para teu filho. ¹⁴ Porque o SENHOR Deus de Israel disse assim: O jarro da farinha não esvaziará, nem se diminuirá a botija do azeite, até aquele dia que o SENHOR dará chuva sobre a face da terra. ¹⁵ Então ela foi, e fez como lhe disse Elias; e comeu ele, e ela e sua casa, muitos dias. ¹⁶ E o jarro da farinha não esvaziou, nem minguou a botija do azeite, conforme à palavra do SENHOR que havia dito por Elias. ¹⁷ Depois destas coisas aconteceu que caiu enfermo o filho da ama da casa, e a enfermidade foi tão grave, que não restou nele respiração. ¹⁸ E ela disse a Elias: Que tenho eu contigo, homem de Deus? Vieste a mim para trazer em memória minhas iniquidades, e para fazer-me morrer meu filho? ¹⁹ E ele lhe disse: Dá-me aqui teu filho. Então ele o tomou de seu colo, e levou-o à câmara de onde ele estava, e pôs-lhe sobre sua cama; ²⁰ E clamando ao SENHOR, disse: SENHOR Deus meu, ainda à viúva em cuja casa eu estou hospedado afligiste, matando-lhe seu filho? ²¹ E ele se estendeu sobre o menino três vezes, e clamou ao SENHOR, e disse: SENHOR Deus meu, rogo-te que volte a alma deste menino a suas entranhas. ²² E o SENHOR ouviu a voz de Elias, e a alma do menino voltou a suas entranhas, e reviveu. ²³ Tomando logo Elias ao menino, trouxe-o da câmara à casa, e deu-o à sua mãe, e disse-lhe Elias: Olha, teu filho vive. ²⁴ Então a mulher disse a Elias: Agora conheço que tu és homem de Deus, e que a palavra do SENHOR é verdade em tua boca.

18

¹ Passados muitos dias, veio a palavra do SENHOR a Elias no terceiro ano, dizendo: Vai, mostra-te a Acabe, e eu darei chuva sobre a face da terra. ² Foi, pois, Elias a mostrar-se a Acabe. Havia naquele tempo grande fome em Samaria. ³ E Acabe chamou a Obadias seu mordomo, o qual Obadias era em grande maneira temeroso do SENHOR; ⁴ Porque quando Jezabel destruía aos profetas do SENHOR, Obadias tomou cem profetas, os quais escondeu de cinquenta em cinquenta por covas, e sustentou-os a pão e água. ⁵ E disse Acabe a Obadias: Vai pela terra a todas as fontes de águas, e a todos os ribeiros; que acaso acharemos grama com que conservemos a vida aos cavalos e às mulas, para que não nos fiquemos sem animais. ⁶ E repartiram entre si a terra para percorrerem-na; Acabe foi por si só por um caminho, e Obadias foi separadamente por outro. ⁷ E indo Obadias pelo caminho, encontrou-se com Elias; e como lhe conheceu, prostrou-se sobre seu rosto, e disse: Não és tu meu senhor Elias? ⁸ E ele respondeu: Eu sou; vai, dize a teu amo: Eis que Elias. ⁹ Porém ele disse: Em que ei pecado, para que tu entregues teu servo em mão de Acabe para que me mate? ¹⁰ Vive o SENHOR teu Deus, que não houve nação nem reino de onde meu senhor não haja enviado a buscar-te; e respondendo eles: Não está aqui, ele conjurou a reinos e nações se não te acharam. ¹¹ E agora tu dizes: Vai, dize a teu amo: Aqui está Elias? ¹² E acontecerá que, logo que eu me haja partido de ti, o espírito do SENHOR te levará de onde eu não saiba; e vindo eu, e dando as novas a Acabe, e se ele não te achar,

me matará; e teu servo teme ao SENHOR desde sua juventude. ¹³ Não foi dito a meu senhor o que fiz, quando Jezabel matava aos profetas do SENHOR: que escondi cem homens dos profetas do SENHOR de cinquenta em cinquenta em covas, e os mantive a pão e água? ¹⁴ E agora dizes tu: Vai, dize a teu amo: Aqui está Elias: para que ele me mate? ¹⁵ E disse-lhe Elias: Vive o SENHOR dos exércitos, diante do qual estou, que hoje me mostrarei a ele. ¹⁶ Então Obadias foi a encontrar-se com Acabe, e deu-lhe o aviso; e Acabe veio a encontrar-se com Elias. ¹⁷ E quando Acabe viu a Elias, disse-lhe Acabe: És tu o que perturbas a Israel? ¹⁸ E ele respondeu: Eu não perturbei a Israel, mas sim tu e a casa de teu pai, deixando os mandamentos do SENHOR, e seguindo aos baalins. ¹⁹ Envia, pois, agora e juntai-me a todo Israel no monte de Carmelo, e os quatrocentos e cinquenta profetas de Baal, e os quatrocentos profetas dos bosques, que comem da mesa de Jezabel. ²⁰ Então Acabe enviou a todos os filhos de Israel, e juntou os profetas no monte de Carmelo. ²¹ E aproximando-se Elias a todo o povo, disse: Até quando hesitareis vós entre dois pensamentos? Se o SENHOR é Deus, segui-lhe; e se Baal, ide depois dele. E o povo não respondeu palavra. ²² E Elias converteu a dizer ao povo: Só eu restei profeta do SENHOR; mas dos profetas de Baal há quatrocentos e cinquenta homens. ²³ Deem-se a nós, pois, dois bois, e escolham-se eles o um, e cortem-no em pedaços, e ponham-no sobre lenha, mas não ponham fogo debaixo; e eu prepararei o outro boi, e o porei sobre lenha, e nenhum fogo porei debaixo. ²⁴ Invocai logo vós no nome de vossos deuses, e eu invocarei no nome do SENHOR: e o Deus que responder por fogo, esse seja Deus. E todo o povo respondeu, dizendo: Bem dito. ²⁵ Então Elias disse aos profetas de Baal: Escolhei-vos o um boi, e fazei primeiro, pois que vós sois os mais: e invocai no nome de vossos deuses, mas não ponhais fogo debaixo. ²⁶ E eles tomaram o boi que lhes foi dado, e prepararam-no, e invocaram no nome de Baal desde a manhã até o meio dia, dizendo: Baal, responde-nos! Mas não havia voz, nem quem respondesse; entretanto, eles andavam saltando próximo do altar que haviam feito. ²⁷ E aconteceu ao meio dia, que Elias se ridicularizava deles, dizendo: Gritai em alta voz, que deus é: talvez esteja conversando, ou tem alguma ocupação, ou está caminhando; acaso dorme, e despertará. ²⁸ E eles clamavam a grandes vozes, e cortavam-se com espadas e com lancetas conforme a seu costume, até jorrar o sangue sobre eles. ²⁹ E quando passou o meio dia, e eles profetizaram até o tempo do sacrifício da oferta, e não havia voz, nem quem respondesse nem escutasse; ³⁰ Elias disse então a todo o povo: Aproximai-vos a mim. E todo o povo se chegou a ele: e ele reparou o altar do SENHOR que estava arruinado. ³¹ E tomando Elias doze pedras, conforme ao número das tribos dos filhos de Jacó, ao qual havia sido palavra do SENHOR, dizendo: Israel será teu nome; ³² Edificou com as pedras um altar no nome do SENHOR: depois fez uma sulco ao redor do altar, quanto cabiam duas medidas de semente. ³³ Pôs logo a lenha, e cortou o boi em pedaços, e o pôs sobre a lenha. ³⁴ E disse: Enchei quatro cântaros de água, e derramai-a sobre o holocausto e sobre a lenha. E disse: Fazei-o outra vez; e outra vez o fizeram. Disse ainda: Fazei-o a terceira vez; e fizeram-no a terceira vez. ³⁵ De maneira que as águas corriam ao redor do altar; e havia também enchido de água o sulco. ³⁶ E quando chegou a hora de oferecer-se o holocausto, chegou-se o profeta Elias, e disse: SENHOR Deus de Abraão, de Isaque, e de Israel, seja hoje manifesto que tu és Deus em Israel, e que eu sou teu servo, e que por mandado teu fiz todas estas coisas. ³⁷ Responde-me, SENHOR, responde-me; para que conheça este povo que tu, ó SENHOR, és o Deus, e que tu voltaste atrás o coração deles. ³⁸ Então caiu fogo do SENHOR, o qual consumiu o holocausto, e a lenha, e as pedras, e o pó, e ainda sugou as águas que estavam no sulco. ³⁹ E vendo-o todo o povo, caíram sobre seus rostos, e disseram: o SENHOR é o Deus! o SENHOR é o Deus! ⁴⁰ E disse-lhes

Elias: Prendei aos profetas de Baal, que não escape ninguém. E eles os prenderam; e levou-os Elias ao ribeiro de Quisom, e ali os degolou. ⁴¹ E então Elias disse a Acabe: Sobe, come e bebe; porque uma grande chuva faz ruído. ⁴² E Acabe subiu a comer e a beber. E Elias subiu ao cume do Carmelo; e prostrando-se em terra, pôs seu rosto entre os joelhos. ⁴³ E disse a seu criado: Sobe agora, e olha até o mar. E ele subiu, e olhou, e disse: Não há nada. E ele lhe voltou a dizer: Volta sete vezes. ⁴⁴ E à sétima vez disse: Eu vejo uma pequena nuvem como a palma da mão de um homem, que sobe do mar. E ele disse: Vai, e dize a Acabe: Unge e desce, porque a chuva não te interrompa. ⁴⁵ E aconteceu, estando em isto, que os céus se escureceram com nuvens e vento; e houve uma grande chuva. E subindo Acabe, veio a Jezreel. ⁴⁶ E a mão do SENHOR foi sobre Elias, o qual cingiu seus lombos, e veio correndo diante de Acabe até chegar a Jezreel.

19

¹ E Acabe deu a notícia a Jezabel de tudo o que Elias havia feito, de como havia matado à espada a todos os profetas. ² Então enviou Jezabel a Elias um mensageiro, dizendo: Assim me façam os deuses, e assim me acrescentem, se amanhã a estas horas eu não haja posto tua pessoa como a de um deles. ³ Vendo, pois, o perigo, levantou-se e foi-se por salvar sua vida, e veio a Berseba, que é em Judá, e deixou ali seu criado. ⁴ E ele se foi pelo deserto um dia de caminho, e veio e sentou-se debaixo de um juníparo; e desejando morrer, disse: Basta já, ó SENHOR, tira minha alma; que não sou eu melhor que meus pais. ⁵ E lançando-se debaixo do juníparo, ficou dormido: e eis que logo um anjo que lhe tocou, e lhe disse: Levanta-te, come. ⁶ Então ele olhou, e eis que a sua cabeceira uma torta cozida sobre as ascuas, e um vaso de água: e comeu e bebeu e voltou-se a dormir. ⁷ E voltando o anjo do SENHOR a segunda vez, tocou-lhe, dizendo: Levanta-te, come: porque grande caminho te resta. ⁸ Levantou-se, pois, e comeu e bebeu; e caminhou com a força daquela comida quarenta dias e quarenta noites, até o monte de Deus, Horebe. ⁹ E ali se meteu em uma cova, de onde teve a noite. E foi a ele palavra do SENHOR, o qual lhe disse: Que fazes aqui, Elias? ¹⁰ E ele respondeu: Tenho sentido um zelo intenso pelo SENHOR Deus dos exércitos; porque os filhos de Israel deixaram tua aliança, derrubaram teus altares, e mataram à espada teus profetas: e eu só restei, e me buscam para tirar-me a vida. ¹¹ E ele lhe disse: Sai fora, e põe-te no monte diante do SENHOR. E eis que o SENHOR que passava, e um grande e poderoso vento que rompia os montes, e quebrava as penhas diante do SENHOR: mas o SENHOR não estava no vento. E depois do vento um terremoto: mas o SENHOR não estava no terremoto. ¹² E depois do terremoto um fogo: mas o SENHOR não estava no fogo. E depois do fogo uma voz agradável e suave. ¹³ E quando o ouviu Elias, cobriu seu rosto com seu manto, e saiu, e parou-se à porta da cova. E eis que chegou uma voz a ele, dizendo: Que fazes aqui, Elias? ¹⁴ E ele respondeu: Tenho sentido um zelo intenso pelo SENHOR Deus dos exércitos; porque os filhos de Israel deixaram tua aliança, derrubaram teus altares, e mataram à espada teus profetas: e eu só restei, e me buscam para tirar-me a vida. ¹⁵ E disse-lhe o SENHOR: Vai, volta-te por teu caminho, pelo deserto de Damasco: e chegarás, e ungirás a Hazael por rei da Síria; ¹⁶ E a Jeú, filho de Ninsi, ungirás por rei sobre Israel; e a Eliseu filho de Safate, de Abel-Meolá, ungirás para que seja profeta em lugar de ti. ¹⁷ E será, que o que escapar da espada, de Hazael, Jeú o matará; e o que escapar da espada de Jeú, Eliseu o matará. ¹⁸ E eu farei que restem em Israel sete mil; todos os joelhos que não se encurvaram a Baal, e bocas todas que não o beijaram. ¹⁹ E partindo-se ele dali, achou a Eliseu filho de Safate, que arava com doze juntas diante de si; e ele era um dos doze trabalhadores. E passando Elias por diante dele,

lançou sobre ele seu manto. [20] Então deixando ele os bois, veio correndo após Elias, e disse: Rogo-te que me deixes beijar meu pai e minha mãe, e logo te seguirei. E ele lhe disse: Vai, volta: que te fiz eu? [21] E interrompeu de segui-lo, tomou um par de bois, e os matou, e com o arado dos bois cozeu a carne deles, e deu-a ao povo que comessem. Depois se levantou, e foi atrás de Elias, e o servia.

20

[1] Então Ben-Hadade, rei da Síria, juntou a todo seu exército, e com ele trinta e dois reis, com cavalos e carros: e subiu, e pôs cerco a Samaria, e combateu-a. [2] E enviou mensageiros à cidade a Acabe rei de Israel, dizendo: [3] Assim disse Ben-Hadade: Tua prata e teu ouro são meus, e tuas mulheres e teus filhos belos são meus. [4] E o rei de Israel respondeu, e disse: Como tu dizes, rei senhor meu, eu sou teu, e tudo o que tenho. [5] E voltando os mensageiros outra vez, disseram: Assim disse Ben-Hadade: Eu te enviei a dizer: Tua prata e teu ouro, e tuas mulheres e teus filhos me darás. [6] Além disso, amanhã a estas horas enviarei eu a ti meus servos, os quais vasculharão a tua casa, e as casas de teus servos; e tomarão com suas mãos, e levarão tudo o que for precioso que tiveres. [7] Então o rei de Israel chamou a todos os anciãos da terra, e disse-lhes: Entendei, e vede agora como este não busca a não ser mal: pois que enviou a mim por minhas mulheres e meus filhos, e por minha prata e por meu ouro; e eu não se o neguei. [8] E todos os anciãos e todo o povo lhe responderam: Não lhe obedeças, nem faças o que te pede. [9] Então ele respondeu aos embaixadores de Ben-Hadade: Dizei ao rei meu senhor: Farei tudo o que mandaste a teu servo ao princípio; mas isto não posso fazer. E os embaixadores foram, e deram-lhe a resposta. [10] E Ben-Hadade converteu a enviar-lhe a dizer: Assim me façam os deuses, e assim me acrescentem, que o pó de Samaria não bastará aos punhos de todo o povo que me segue. [11] E o rei de Israel respondeu, e disse: Dizei-lhe, que não se glorie o que se cinge, como o que já se descinge. [12] E quando ele ouviu esta palavra, estando bebendo com os reis nas tendas, disse a seus servos: Ponde. E eles puseram contra a cidade. [13] E eis que um profeta se chegou a Acabe rei de Israel; e lhe disse: Assim disse o SENHOR: Viste esta grande multidão? Eis que eu a entregarei hoje em tua mão, para que conheças que eu sou o SENHOR. [14] E respondeu Acabe: Por meio de quem? E ele disse: Assim disse o SENHOR: Por meio dos criados dos príncipes das províncias. E disse Acabe: Quem começará a batalha? E ele respondeu: Tu. [15] Então ele revistou os criados dos príncipes das províncias, os quais foram duzentos trinta e dois. Em seguida revistou todo o povo, todos os filhos de Israel, que foram sete mil. [16] E saíram a meio dia. E estava Ben-Hadade bebendo, embriagado nas tendas, ele e os reis, os trinta e dois reis que haviam vindo em sua ajuda. [17] E os criados dos príncipes das províncias saíram os primeiros. E havia Ben-Hadade enviado quem lhe deu aviso, dizendo: Saíram homens de Samaria. [18] Ele então disse: Se saíram por paz, tomai-os vivos; e se saíram para lutar, tomai-os vivos. [19] Saíram, pois da cidade os criados dos príncipes das províncias, e após eles o exército. [20] E feriu cada um ao que vinha contra si: e fugiram os sírios, seguindo-os os de Israel. E o rei da Síria, Ben-Hadade, se escapou em um cavalo com alguma gente de cavalaria. [21] E saiu o rei de Israel, e feriu a cavaleiros, e os carros; e derrotou os sírios com grande estrago. [22] Chegando-se logo o profeta ao rei de Israel, lhe disse: Vai, fortalece-te, e considera e olha o que hás de fazer; porque passado o ano, o rei da Síria há de vir contra ti. [23] E os servos do rei da Síria lhe disseram: seus deuses são deuses dos montes, por isso nos venceram; mas se lutássemos com eles na planície, se verá se não os vencemos. [24] Faze, pois assim: Tira aos reis cada um de seu posto, e põe capitães em lugar deles. [25] E tu, forma-te outro exército como o exército

que perdeste, cavalos por cavalos, e carros por carros; logo lutaremos com eles em campo raso, e veremos se não os vencemos. E ele lhes deu ouvido, e o fez assim. ²⁶ Passado o ano, Ben-Hadade revistou os sírios, e veio a Afeque a lutar contra Israel. ²⁷ E os filhos de Israel foram também inspecionados, e tomando provisões foram-lhes ao encontro; e assentaram acampamento os filhos de Israel diante deles, como dois pequenos rebanhos de cabras; e os sírios enchiam a terra. ²⁸ Chegando-se então o homem de Deus ao rei de Israel, falou-lhe dizendo: Assim disse o SENHOR: Porquanto os sírios disseram, o SENHOR é Deus dos montes, não Deus dos vales, eu entregarei toda esta grande multidão em tua mão, para que conheçais que eu sou o SENHOR. ²⁹ Sete dias tiveram assentado o acampamento uns diante dos outros, e ao sétimo dia começou a batalha: e mataram os filhos de Israel dos sírios em um dia cem mil homens a pé. ³⁰ Os demais fugiram a Afeque, à cidade: e o muro caiu sobre vinte e sete mil homens que haviam restado. Também Ben-Hadade veio fugindo à cidade, e escondia-se de câmara em câmara. ³¹ Então seus servos lhe disseram: Eis que, ouvimos dos reis da casa de Israel que são reis clementes: ponhamos, pois, agora sacos em nossos lombos, e cordas em nossas cabeças, e saiamos ao rei de Israel: porventura te salvará a vida. ³² Cingiram, pois seus lombos de sacos, e cordas a suas cabeças, e vieram ao rei de Israel, e disseram-lhe: Teu servo Ben-Hadade disse: Rogo-te que viva minha alma. E ele respondeu: Se ele vive ainda, meu irmão é. ³³ Isto tomaram aqueles homens por bom presságio, e logo tomaram esta palavra de sua boca, e disseram: Teu irmão Ben-Hadade! E ele disse: Ide, e trazei-lhe. Ben-Hadade então se apresentou a Acabe, e ele lhe fez subir em um carro. ³⁴ E disse-lhe Ben-Hadade: As cidades que meu pai tomou ao teu, eu as restituirei; e faze praças em Damasco para ti, como meu pai as fez em Samaria. E eu, disse Acabe, te deixarei partir com esta aliança. Fez, pois com ele aliança, e deixou-lhe ir. ³⁵ Então um homem dos filhos dos profetas disse a seu companheiro por palavra de Deus: Fere-me agora. Mas o outro homem não quis ferir-lhe. ³⁶ E ele lhe disse: Porquanto não obedeceste à palavra do SENHOR, eis que em apartando-te de mim, te ferirá um leão. E quando se separou dele, encontrou-lhe um leão, e feriu-lhe. ³⁷ Encontrou-se logo com outro homem, e disse-lhe: Fere-me agora. E o homem lhe deu um golpe, e fez-lhe uma ferida. ³⁸ E o profeta se foi, e pôs-se diante do rei no caminho, e disfarçou-se com um véu sobre os olhos. ³⁹ E quando o rei passava, ele deu vozes ao rei, e disse: Teu servo saiu entre a tropa: e eis que um, que estava a sair, trouxe-me um homem, dizendo: Guarda a este homem, e se ele vier a faltar, tua vida será pela dele, ou pagarás um talento de prata. ⁴⁰ E quando o teu servo estava ocupado à uma parte e à outra, ele desapareceu. Então o rei de Israel lhe disse: Essa será tua sentença: tu a pronunciaste. ⁴¹ Porém ele se tirou logo o véu de sobre seus olhos, e o rei de Israel conheceu que era dos profetas. ⁴² E ele lhe disse: Assim disse o SENHOR: Porquanto soltaste da mão o homem de meu anátema, tua vida será pela sua, e teu povo pelo seu. ⁴³ E o rei de Israel se foi a sua casa triste e irritado, e chegou a Samaria.

21

¹ Passados estes negócios, aconteceu que Nabote de Jezreel tinha em Jezreel uma vinha junto ao palácio de Acabe rei de Samaria. ² E Acabe falou a Nabote, dizendo: Dá-me tua vinha para uma horta de legumes, porque está próxima, junto a minha casa, e eu te darei por ela outra vinha melhor que esta; ou se melhor te parecer, te pagarei seu valor em dinheiro. ³ E Nabote respondeu a Acabe: Guarde-me o SENHOR de que eu te dê a ti a propriedade de meus pais. ⁴ E veio Acabe à sua casa triste e irritado, pela palavra que Nabote de Jezreel havia lhe respondido, dizendo: Não te darei a propriedade de meus pais. E deitou-se em sua cama, e virou seu rosto,

e não comeu pão. ⁵ E veio a ele sua mulher Jezabel, e disse-lhe: Por que está tão triste teu espírito, e não comes pão? ⁶ E ele respondeu: Porque falei com Nabote de Jezreel, e disse-lhe que me desse sua vinha por dinheiro, ou que, se mais quisesse, eu lhe daria outra vinha por ela; e ele respondeu: Eu não te darei minha vinha. ⁷ E sua mulher Jezabel lhe disse: És tu agora rei sobre Israel? Levanta-te, e come pão, e alegra-te: eu te darei a vinha de Nabote de Jezreel. ⁸ Então ela escreveu cartas em nome de Acabe, e selou-as com seu anel e enviou-as aos anciãos e aos principais que moravam em sua cidade com Nabote. ⁹ E as cartas que escreveu diziam assim: Proclamai jejum, e ponde a Nabote em posição de destaque do povo; ¹⁰ E ponde dois homens perversos diante dele, que testemunhem contra ele, e digam: Tu blasfemaste a Deus e ao rei. E então o tirai, e apedrejai-o, e morra. ¹¹ E os de sua cidade, os anciãos e os principais que moravam em sua cidade, o fizeram como Jezabel lhes mandou, conforme o escrito nas cartas que ela lhes havia enviado. ¹² E promulgaram jejum, e assentaram a Nabote em posição de destaque do povo. ¹³ Vieram então dois homens perversos, e sentaram-se diante dele: e aqueles homens de Belial testemunharam contra Nabote diante do povo, dizendo: Nabote blasfemou a Deus e ao rei. E tiraram-no fora da cidade, e apedrejaram-no com pedras, e morreu. ¹⁴ Depois enviaram a dizer a Jezabel: Nabote foi apedrejado e morto. ¹⁵ E quando Jezabel ouviu que Nabote havia sido apedrejado e morto, disse a Acabe: Levanta-te e possui a vinha de Nabote de Jezreel, que não te a quis dar por dinheiro; porque Nabote não vive, mas sim que está morto. ¹⁶ E ouvindo Acabe que Nabote era morto, levantou-se para descer à vinha de Nabote de Jezreel, para tomar possessão dela. ¹⁷ Então veio a palavra do SENHOR a Elias Tisbita, dizendo: ¹⁸ Levanta-te, desce a encontrar-te com Acabe rei de Israel, que está em Samaria: eis que ele está na vinha de Nabote, à qual desceu para tomar possessão dela. ¹⁹ E falar-lhe hás, dizendo: Assim disse o SENHOR: Não mataste e também possuíste? E voltarás a falar-lhe, dizendo: Assim disse o SENHOR: No mesmo lugar de onde lamberam os cães o sangue de Nabote, os cães lamberão também teu sangue, o teu mesmo. ²⁰ E Acabe disse a Elias: Achaste-me, inimigo meu? E ele respondeu: Eu te encontrei, porque te vendeste a fazer o mal diante do SENHOR. ²¹ Eis que eu trago mal sobre ti, e varrerei tua posteridade, e exterminarei de Acabe todo macho, ao escravo e ao livre em Israel: ²² E eu porei tua casa como a casa de Jeroboão filho de Nebate, e como a casa de Baasa filho de Aías; pela provocação com que me provocaste à ira, e com que fizeste pecar a Israel. ²³ De Jezabel também falou o SENHOR, dizendo: Os cães comerão a Jezabel no muro de Jezreel. ²⁴ O que de Acabe for morto na cidade, cães lhe comerão: e o que for morto no campo, comê-lo-ão as aves do céu. ²⁵ (À verdade ninguém foi como Acabe, que se vendeu a fazer o mal aos olhos do SENHOR; porque Jezabel sua mulher o incitava. ²⁶ Ele foi em grande maneira abominável, caminhando após o os ídolos, conforme a tudo o que fizeram os amorreus, aos quais lançou o SENHOR diante dos filhos de Israel.) ²⁷ E aconteceu quando Acabe ouviu estas palavras, que rasgou suas roupas, e pôs saco sobre sua carne, e jejuou, e dormiu em saco, e andou humilhado. ²⁸ Então veio a palavra do SENHOR a Elias Tisbita, dizendo: ²⁹ Não viste como Acabe se humilhou diante de mim? Pois porquanto se humilhou diante de mim, não trarei o mal em seus dias: nos dias de seu filho trarei o mal sobre sua casa.

22

¹ Três anos passaram sem guerra entre os sírios e Israel. ² E aconteceu ao terceiro ano, que Josafá rei de Judá desceu ao rei de Israel. ³ E o rei de Israel disse a seus servos: Não sabeis que Ramote de Gileade e nossa? Porém ficamos quietos, sem a tomar da mão do rei da Síria. ⁴ E disse a Josafá: Queres vir comigo a lutar contra

Ramote de Gileade? E Josafá respondeu ao rei de Israel: Como eu, assim tu; e como meu povo, assim teu povo; e como meus cavalos, teus cavalos. ⁵ E disse logo Josafá ao rei de Israel: Eu te rogo que consultes hoje a palavra do SENHOR. ⁶ Então o rei de Israel juntou os profetas, como quatrocentos homens, aos quais disse: Irei à guerra contra Ramote de Gileade, ou a deixarei? E eles disseram: Sobe; porque o Senhor a entregará em mão do rei. ⁷ E disse Josafá: Há ainda aqui algum profeta do SENHOR, pelo qual consultemos? ⁸ E o rei de Israel respondeu a Josafá: Ainda há um homem pelo qual poderíamos consultar ao SENHOR, Micaías, filho de Inlá: mas eu lhe aborreço porque nunca me profetiza bem, a não ser somente mal. E Josafá disse: Não fale o rei assim. ⁹ Então o rei de Israel chamou a um eunuco, e disse-lhe: traze logo a Micaías filho de Inlá. ¹⁰ E o rei de Israel e Josafá rei de Judá estavam sentados cada um em sua cadeira, vestidos de suas roupas reais, na praça junto à entrada da porta de Samaria; e todos os profetas profetizavam diante deles. ¹¹ E Zedequias filho de Quenaaná se havia feito uns chifres de ferro, e disse: Assim disse o SENHOR: Com estes chifrarás aos siros até acabá-los. ¹² E todos os profetas profetizavam da mesma maneira, dizendo: Sobe a Ramote de Gileade, e serás próspero; que o SENHOR a dará em mão do rei. ¹³ E o mensageiro que havia ido a chamar a Micaías, falou-lhe, dizendo: Eis que as palavras dos profetas unanimemente anunciam o bem ao rei; seja agora a tua palavra conforme à palavra de algum deles, e anuncia o bem. ¹⁴ E Micaías respondeu: Vive o SENHOR, que o que o SENHOR me falar, isso direi. ¹⁵ Veio, pois, ao rei, e o rei lhe disse: Micaías, devemos ir lutar por Ramote de Gileade, ou a deixaremos? E ele respondeu: Sobe, que serás próspero, e o SENHOR a entregará na mão do rei. ¹⁶ E o rei lhe disse: Até quantas vezes te farei jurar que não me digas a não ser a verdade no nome do SENHOR? ¹⁷ Então ele disse: Eu vi a todo Israel disperso pelos montes, como ovelhas que não têm pastor: e o SENHOR disse: Estes não têm senhor: volte-se cada um a sua casa em paz. ¹⁸ E o rei de Israel disse a Josafá: Não te o havia eu dito? Nenhuma coisa boa profetizará ele acerca de mim, a não ser somente mal. ¹⁹ Então ele disse: Ouve, pois, a palavra do SENHOR: Eu vi o SENHOR sentado em seu trono, e todo o exército dos céus estava junto a ele, à sua direita e à sua esquerda. ²⁰ E o SENHOR disse: Quem induzirá a Acabe, para que suba e caia em Ramote de Gileade? E um dizia de uma maneira; e outro dizia de outra. ²¹ E saiu um espírito, e pôs-se diante do SENHOR, e disse: Eu lhe induzirei. E o SENHOR lhe disse: De que maneira? ²² E ele disse: Eu sairei, e serei espírito de mentira em boca de todos seus profetas. E ele disse: induzi-lo-ás, e ainda sairás com ele; sai, pois, e faze-o assim. ²³ E agora, eis que o SENHOR pôs espírito de mentira na boca de todos estes teus profetas, e o SENHOR decretou o mal acerca de ti. ²⁴ Chegando-se então Zedequias filho de Quenaaná, feriu a Micaías na face, dizendo: Por onde se foi de mim o espírito do SENHOR para falar a ti? ²⁵ E Micaías respondeu: Eis que tu o verás naquele dia, quando te irás metendo de câmara em câmara por esconder-te. ²⁶ Então o rei de Israel disse: Toma a Micaías, e volta-o a Amom governador da cidade, e a Joás filho do rei; ²⁷ E dirás: Assim disse o rei: Lançai a este no cárcere, e mantende-lhe com pão de angústia e com água de aflição, até que eu volte em paz. ²⁸ E disse Micaías: Se chegares a voltar em paz, o SENHOR não falou por mim. Em seguida disse: Ouvi, povos todos. ²⁹ Subiu, pois, o rei de Israel com Josafá rei de Judá a Ramote de Gileade. ³⁰ E o rei de Israel disse a Josafá: Eu me disfarçarei, e entrarei na batalha: e tu veste-te tuas vestes. E o rei de Israel se disfarçou, e entrou na batalha. ³¹ Mas o rei da Síria havia mandado a seus trinta e dois capitães dos carros, dizendo: Não luteis vós nem com grande nem com pequeno, a não ser somente contra o rei de Israel. ³² E quando os capitães dos carros viram a Josafá, disseram: Certamente este é o rei de Israel; e vieram a ele para lutar com ele; mas o rei Josafá gritou. ³³ Vendo, então, os capitães dos carros que não era o rei de Israel, apartaram-se dele. [34] E um homem disparando seu arco ao acaso, feriu ao rei de Israel por entre as junturas da armadura; pelo que disse ele a seu condutor do carro: Toma a volta, e tira-me do campo, que estou ferido. [35] Mas a batalha havia se intensificado naquele dia, e o rei esteve em seu carro diante dos sírios, e à tarde morreu: e o sangue da ferida corria pelo fundo do carro. [36] E ao pôr do sol saiu um clamor pelo campo, dizendo: Cada um à sua cidade, e cada qual à sua terra! [37] E morreu, pois, o rei, e foi trazido a Samaria; e sepultaram ao rei em Samaria. [38] E lavaram o carro no tanque de Samaria, onde as prostitutas também se lavavam; e os cães lamberam seu sangue, conforme à palavra do SENHOR que havia falado. [39] Os demais dos feitos de Acabe, e todas as coisas que ele executou, e a casa de marfim que fez, e todas as cidades que edificou, não estão escritos no livro das crônicas dos reis de Israel? [40] E descansou Acabe com seus pais, e reinou em seu lugar Acazias seu filho. [41] E Josafá filho de Asa começou a reinar sobre Judá no quarto ano de Acabe rei de Israel. [42] E era Josafá de trinta e cinco anos quando começou a reinar, e reinou vinte e cinco anos em Jerusalém. O nome de sua mãe foi Azuba filha de Sili. [43] E andou em todo o caminho de Asa seu pai, sem desviar dele, fazendo o reto nos olhos do SENHOR. Contudo isso os altos não foram tirados; que o povo sacrificava ainda, e queimava incenso nos altos. [44] E Josafá fez paz com o rei de Israel. [45] Os demais dos feitos de Josafá, e suas façanhas, e as guerras que fez, não está escrito no livro das crônicas dos reis de Judá? [46] Removeu também da terra o resto dos sodomitas que haviam restado no tempo de seu pai Asa. [47] Não havia então rei em Edom; governador havia em lugar de rei. [48] Havia Josafá feito navios em Társis, os quais haviam de ir a Ofir por ouro; mas não foram, porque se romperam em Eziom-Geber. [49] Então Acazias filho de Acabe disse a Josafá: Vão meus servos com os teus nos navios. Mas Josafá não quis. [50] E dormiu Josafá com seus pais, e foi sepultado com seus pais na cidade de Davi seu pai; e em seu lugar reinou Jeorão seu filho. [51] E Acazias filho de Acabe começou a reinar sobre Israel em Samaria, o ano dezessete de Josafá rei de Judá; e reinou dois anos sobre Israel. [52] E fez o que era mau aos olhos do SENHOR, e andou no caminho de seu pai, e no caminho de sua mãe, e no caminho de Jeroboão filho de Nebate, que fez pecar a Israel: [53] Porque serviu a Baal, e o adorou, e provocou à ira o SENHOR Deus de Israel, conforme todas as coisas que seu pai havia feito.

Segundo Livro dos Reis

¹ Depois da morte de Acabe, Moabe rebelou-se contra Israel. ² E Acazias caiu pela sacada de uma sala da casa que tinha em Samaria; e estando enfermo enviou mensageiros, e disse-lhes: Ide, e consultai a Baal-Zebube deus de Ecrom, se sararei desta minha enfermidade. ³ Então o anjo do SENHOR falou a Elias Tisbita, dizendo: Levanta-te, e sobe a encontrar-te com os mensageiros do rei de Samaria, e lhes dirás: Acaso não há Deus em Israel, para que vades a consultar Baal-Zebube, deus de Ecrom? ⁴ Portanto assim disse o SENHOR: Do leito em que subiste não descerás, antes certamente morrerás. E Elias se foi. ⁵ E quando os mensageiros voltaram ao rei, ele lhes disse: Por que, pois, voltastes? ⁶ E eles lhe responderam: Encontramos um homem que nos disse: Ide, e voltai ao rei que vos enviou, e dizei-lhe: Assim disse o SENHOR: Acaso não há Deus em Israel, para que tu envias a consultar Baal-Zebube, deus de Ecrom? Portanto, do leito em que subiste não descerás, antes certamente morrerás. ⁷ Então ele lhes disse: Qual era a roupa daquele homem que encontrastes, e que vos disse tais palavras? ⁸ E eles lhe responderam: Um homem vestido de pelos, e cingia seus lombos com um cinto de couro. Então ele disse: É Elias, o tisbita. ⁹ E enviou logo a ele um capitão de cinquenta com seus cinquenta, o qual subiu a ele; e eis que ele estava sentado no cume do monte. E ele lhe disse: Homem de Deus, o rei disse que desças. ¹⁰ E Elias respondeu, e disse ao capitão de cinquenta: Se eu sou homem de Deus, desça fogo do céu, e consuma-te com teus cinquenta. E desceu fogo do céu, que o consumiu a ele e a seus cinquenta. ¹¹ Voltou o rei a enviar a ele outro capitão de cinquenta com seus cinquenta; e falou-lhe, e disse: Homem de Deus, o rei disse assim: Desce logo. ¹² E respondeu-lhe Elias, e disse: Se eu sou homem de Deus, desça fogo do céu, e consuma-te com teus cinquenta. E desceu fogo do céu, que o consumiu a ele e a seus cinquenta. ¹³ E voltou a enviar o terceiro capitão de cinquenta com seus cinquenta; e subindo aquele terceiro capitão de cinquenta, ficou de joelhos diante de Elias, e rogou-lhe, dizendo: Homem de Deus, rogo-te que diante dos teus olhos seja preciosa minha vida e a vida destes teus cinquenta servos. ¹⁴ Eis que desceu fogo do céu, e consumiu os dois primeiros capitães de cinquenta, com seus cinquenta; seja agora minha vida preciosa diante de teus olhos. ¹⁵ Então o anjo do SENHOR disse a Elias: Desce com ele; não tenhas dele medo. E ele se levantou, e desceu com ele ao rei. ¹⁶ E disse-lhe: Assim disse o SENHOR: Por que enviaste mensageiros a consultar Baal-Zebube, deus de Ecrom? Acaso não há Deus em Israel para consultar a sua palavra? Não descerás, portanto, do leito em que subiste, antes certamente morrerás. ¹⁷ E morreu conforme à palavra do SENHOR que Elias havia falado; e reinou em seu lugar Jorão, no segundo ano de Jeorão, filho de Josafá rei de Judá; porque Acazias não tinha filho. ¹⁸ E os demais dos feitos de Acazias, não estão escrito no livro das crônicas dos reis de Israel?

2

¹ E aconteceu que, quando o SENHOR quis erguer Elias num turbilhão ao céu, Elias vinha com Eliseu de Gilgal. ² E disse Elias a Eliseu: Fica-te agora aqui, porque o SENHOR me enviou a Betel. E Eliseu disse: Vive o SENHOR, e vive tua alma, que não te deixarei. Desceram pois a Betel. ³ E saindo a Eliseu os filhos dos profetas que estavam em Betel, disseram-lhe: Sabes como o SENHOR tirará hoje o teu senhor de tua cabeça? E ele disse: Sim, eu o sei; calai. ⁴ E Elias lhe voltou a dizer: Eliseu, fica-te aqui agora, porque o SENHOR me enviou a Jericó. E ele disse: Vive o SENHOR, e

vive tua alma, que não te deixarei. Vieram, pois, a Jericó. ⁵ E achegaram-se a Eliseu os filhos dos profetas que estavam em Jericó, e disseram-lhe: Sabes como o SENHOR tirará hoje o teu senhor de tua cabeça? E ele respondeu: Sim, eu o sei; calai. ⁶ E Elias lhe disse: Rogo-te que te fiques aqui, porque o SENHOR me enviou ao Jordão. E ele disse: Vive o SENHOR, e vive tua alma, que não te deixarei. Foram, pois, ambos. ⁷ E vieram cinquenta homens dos filhos dos profetas, e pararam-se em frente a o longe: e eles dois se pararam junto ao Jordão. ⁸ Tomando então Elias seu manto, dobrou-o, e feriu as águas, as quais se apartaram a um e a outro lado, e passaram ambos em seco. ⁹ E quando houveram passado, Elias disse a Eliseu: Pede o que queres que faça por ti, antes que seja tirado de contigo. E disse Eliseu: Rogo-te que a porção dobrada de teu espírito seja sobre mim. ¹⁰ E ele lhe disse: Coisa difícil pediste. Se me vires quando for tirado de ti, te será assim feito; mas se não, não. ¹¹ E aconteceu que, indo eles falando, eis que um carro de fogo com cavalos de fogo separou os dois; e Elias subiu ao céu num turbilhão. ¹² E vendo-o Eliseu, clamava: Meu pai, meu pai! Carro de Israel e seus cavaleiros! E nunca mais lhe viu, e segurando de suas roupas, rompeu-os em duas partes. ¹³ Levantou logo o manto de Elias que se lhe havia caído, e voltou, e parou-se à beira do Jordão. ¹⁴ E tomando o manto de Elias que se lhe havia caído, feriu as águas, e disse: Onde está o SENHOR, o Deus de Elias? E assim que houve do mesmo modo ferido as águas, apartaram-se a um e a outro lado, e passou Eliseu. ¹⁵ E vendo-lhe os filhos dos profetas que estavam em Jericó da outra parte, disseram: O espírito de Elias repousou sobre Eliseu. E vieram-lhe a receber, e inclinaram-se a ele até a terra. ¹⁶ E disseram-lhe: Eis que há com teus servos cinquenta homens fortes; vão agora e busquem o teu senhor; talvez o Espírito do SENHOR o levantou, e o lançou em algum monte ou em algum vale. E ele lhes disse: Não envieis. ¹⁷ Mas eles lhe importunaram, até que envergonhando-se, disse: Enviai. Então eles enviaram cinquenta homens, os quais o buscaram três dias, mas não o acharam. ¹⁸ E quando voltaram a ele, que se havia restado em Jericó, ele lhes disse: Não vos disse eu que não fôsseis? ¹⁹ E os homens da cidade disseram a Eliseu: Eis que o assento desta cidade é bom, como meu senhor vai; mas as águas são más, e a terra enferma. ²⁰ Então ele disse: Trazei-me uma botija nova, e ponde nela sal. E trouxeram-na. ²¹ E saindo ele aos mananciais das águas, lançou dentro o sal, e disse: Assim disse o SENHOR: Eu sarei estas águas, e não haverá mais nelas morte nem enfermidade. ²² E foram saradas as águas até hoje, conforme a palavra que falou Eliseu. ²³ Depois subiu dali a Betel; e subindo pelo caminho, saíram os meninos da cidade, e se ridicularizavam dele, dizendo: Sobe, calvo! Sobe, calvo! ²⁴ E olhando ele atrás, viu-os, e amaldiçoou-os no nome do SENHOR. E duas ursas saíram da floresta, e despedaçaram deles quarenta e dois meninos. ²⁵ De ali foi ao monte de Carmelo, e dali voltou a Samaria.

3

¹ E Jorão, filho de Acabe, começou a reinar em Samaria sobre Israel o ano dezoito de Josafá rei de Judá; e reinou doze anos. ² E fez o que era mau aos olhos do SENHOR, ainda que não como seu pai e sua mãe; porque tirou as estátuas de Baal que seu pai havia feito. ³ Mas achegou-se aos pecados de Jeroboão, filho de Nebate, que fez pecar a Israel; e não se separou deles. ⁴ Então Messa rei de Moabe era proprietário de gados, e pagava ao rei de Israel cem mil cordeiros e cem mil carneiros com suas lãs. ⁵ Mas morto Acabe, o rei de Moabe se rebelou contra o rei de Israel. ⁶ E saiu então de Samaria o rei Jorão, e inspecionou a todo Israel. ⁷ E foi e enviou a dizer a Josafá rei de Judá: O rei de Moabe se há rebelado contra mim: irás tu comigo à guerra contra Moabe? E ele respondeu: Irei, porque como eu, assim tu; como meu povo, assim teu

povo; como meus cavalos, assim também teus cavalos. [8] E disse: Por qual caminho iremos? E ele respondeu: Pelo caminho do deserto de Edom. [9] Partiram, pois, o rei de Israel, e o rei de Judá, e o rei de Edom; e quando andaram rodeando pelo deserto sete dias de caminho, faltou-lhes a água para o exército, e para os animais que os seguiam. [10] Então o rei de Israel disse: Ah! Que o SENHOR chamou estes três reis para entregá-los em mãos dos moabitas. [11] Mas Josafá disse: Não há aqui profeta do SENHOR, para que consultemos ao SENHOR por ele? E um dos servos do rei de Israel respondeu e disse: Aqui está Eliseu filho de Safate, que dava água a mãos a Elias. [12] E Josafá disse: Este terá palavra do SENHOR. E desceram a ele o rei de Israel, e Josafá, e o rei de Edom. [13] Então Eliseu disse ao rei de Israel: Que tenho eu contigo? Vai aos profetas de teu pai, e aos profetas de tua mãe. E o rei de Israel lhe respondeu: Não; porque juntou o SENHOR estes três reis para entregá-los em mãos dos moabitas. [14] E Eliseu disse: Vive o SENHOR dos exércitos, em cuja presença estou, que se não tivesse respeito ao rosto de Josafá rei de Judá, não olharia a ti, nem te veria. [15] Mas agora trazei-me um músico. E enquanto o músico tocava, a mão do SENHOR foi sobre Eliseu. [16] E disse: Assim disse o SENHOR: Fazei neste vale muitas covas. [17] Porque o SENHOR disse assim: Não vereis vento, nem vereis chuva, e este vale será cheio de água, e bebereis vós, e vossos animais, e vossos gados. [18] E isto é coisa pouca aos olhos do SENHOR; dará também aos moabitas em vossas mãos. [19] E vós ferireis a toda cidade fortalecida e a toda vila bela, e cortareis toda boa árvore, e cegareis todas as fontes de águas, e destruireis com pedras toda terra fértil. [20] E aconteceu que pela manhã, quando se oferece o sacrifício, eis que vieram águas pelo caminho de Edom, e a terra foi cheia de águas. [21] E todos os de Moabe, quando ouviram que os reis subiam a lutar contra eles, juntaram-se desde todos os que cingiam armas de guerra acima, e puseram-se na fronteira. [22] E quando se levantaram pela manhã, e luziu o sol sobre as águas, viram os de Moabe desde longe as águas vermelhas como sangue; [23] E disseram: Sangue é este de espada! Os reis se revoltaram, e cada um matou a seu companheiro. Agora, pois, Moabe, à presa! [24] Mas quando chegaram ao campo de Israel, levantaram-se os israelitas e feriram aos de Moabe, os quais fugiram diante deles; seguiram, porém, ferindo aos de Moabe. [25] E assolaram as cidades, e em todas as propriedades férteis lançou cada um sua pedra, e as encheram; fecharam também todas as fontes das águas, e derrubaram todas as boas árvores; até que em Quir-Haresete somente deixaram suas pedras; porque os atiradores de funda a cercaram e a feriram. [26] E quando o rei de Moabe viu que a batalha o vencia, tomou consigo setecentos homens que tiravam espada, para romper contra o rei de Edom, mas não conseguiram. [27] Então arrebatou a seu primogênito que havia de reinar em seu lugar, e sacrificou-lhe em holocausto sobre o muro. E havia grande ira em Israel; e retiraram-se dele, e voltaram a sua terra.

4

[1] Uma mulher, das mulheres dos filhos dos profetas, clamou a Eliseu, dizendo: Teu servo, meu marido, é morto; e tu sabes que teu servo era temeroso ao SENHOR; e veio o credor para tomar-se dois filhos meus por servos. [2] E Eliseu lhe disse: que te farei eu? Declara-me o que tens em casa. E ela disse: Tua serva nenhuma coisa tem em casa, a não ser uma botija de azeite. [3] E ele lhe disse: Vai, e pede para ti vasos emprestados de todos teus vizinhos, vasos vazios, não poucos. [4] Entra logo, e fecha a porta atrás de ti e atrás teus filhos; e deita em todos os vasos, e em estando um cheio, põe-o à parte. [5] E partiu-se a mulher dele, e fechou a porta atrás si e atrás seus filhos; e eles lhe traziam os vasos, e ela deitava do azeite. [6] E quando os vasos foram cheios, disse a um filho seu: Traze-me ainda outro vaso. E ele disse: Não há mais vasos.

Então cessou o azeite. ⁷ Veio ela logo, e contou-o ao homem de Deus, o qual disse: Vai, e vende o azeite, e paga a teus credores; e tu e teus filhos vivei do que restar. ⁸ E aconteceu também que um dia passava Eliseu por Suném; e havia ali uma mulher rica, a qual lhe constrangeu a que comesse do pão; e quando por ali passava, vinha-se à sua casa a comer do pão. ⁹ E ela disse a seu marido: Eis que agora, eu entendo que este que sempre passa por nossa casa, é homem de Deus santo. ¹⁰ Eu te rogo que faças uma pequena câmara de paredes, e ponhamos nela cama, e mesa, e cadeira, e candelabro, para que quando vier a nós, se recolha nela. ¹¹ E aconteceu que um dia veio ele por ali, e recolheu-se naquela câmara, e dormiu nela. ¹² Então disse a Geazi seu criado: Chama a esta sunamita. E quando ele a chamou, ela se apresentou diante dele. ¹³ E disse ele a Geazi: Dize-lhe: Eis que tu tens sido prestativa por nós com todo este esmero: que queres que eu faça por ti? Tens necessidade que fale por ti ao rei, ou ao general do exército? E ela respondeu: Eu habito em meio de meu povo. ¹⁴ E ele disse: Que, pois, faremos por ela? E Geazi respondeu: Eis que ela não tem filho, e seu marido é velho. ¹⁵ Disse então: Chama-a. E ele a chamou, e ela se parou à porta. ¹⁶ E ele lhe disse: A este tempo segundo o tempo da vida, abraçarás um filho. E ela disse: Não, senhor meu, homem de Deus, não mintas para tua serva. ¹⁷ Mas a mulher concebeu, e pariu um filho a aquele tempo que Eliseu lhe havia dito, segundo o tempo da vida. ¹⁸ E quando o menino foi grande, aconteceu que um dia saiu a seu pai, aos ceifeiros. ¹⁹ E disse a seu pai: Minha cabeça, minha cabeça! E ele disse a um criado: Leva-o a sua mãe. ²⁰ E havendo-lhe ele tomado, e trazido-o à sua mãe, esteve sentado sobre seus joelhos até meio dia, e morreu-se. ²¹ Ela então subiu, e o pôs sobre a cama do homem de Deus, e fechando-lhe a porta, saiu-se. ²² Chamando logo a seu marido, disse-lhe: Rogo-te que envies comigo a algum dos criados e uma das asnas, para que eu vá correndo ao homem de Deus, e volte. ²³ E ele disse: Para que hás de ir a ele hoje? Não é nova lua, nem sábado. E ela respondeu: Paz. ²⁴ Depois fez preparar uma jumenta, e disse ao jovem: Guia e anda; e não me faças deter para que suba, a não ser quando eu te disser. ²⁵ Partiu-se, pois, e veio ao homem de Deus ao monte do Carmelo. E quando o homem de Deus a viu de longe, disse a seu criado Geazi: Eis que aquela é sunamita: ²⁶ Rogo-te que vás agora correndo a recebê-la, e dize-lhe: Há paz contigo, com teu marido, e com teu filho? E ela disse: Paz. ²⁷ E logo que chegou ao homem de Deus no monte, pegou seus pés. E chegou-se Geazi para tirá-la; mas o homem de Deus lhe disse: Deixa-a, porque sua alma está em amargura, e o SENHOR me encobriu o motivo, e não me revelou. ²⁸ E ela disse: Pedi eu filho a meu senhor? Não disse eu, que não me enganasses? ²⁹ Então disse ele a Geazi: Cinge teus lombos, e toma meu bordão em tua mão, e vai; e se alguém te encontrar, não o saúdes; e se alguém te saudar, não lhe respondas: e porás meu bordão sobre o rosto do menino. ³⁰ E disse a mãe do menino: Vive o SENHOR, e vive tua alma, que não te deixarei. ³¹ Ele então se levantou, e seguiu-a. E Geazi havia ido diante deles, e havia posto o bordão sobre o rosto do menino, mas nem tinha voz nem sentido; e assim se havia voltado para encontrar a Eliseu, e declarou-o a ele, dizendo: O jovem não desperta. ³² E vindo Eliseu à casa, eis que o menino que estava estendido morto sobre sua cama. ³³ Entrando ele então, fechou a porta sobre ambos, e orou ao SENHOR. ³⁴ Depois subiu, e lançou-se sobre o menino, pondo sua boca sobre a boca dele, e seus olhos sobre seus olhos, e suas mãos sobre as mãos suas; assim se estendeu sobre ele, e aqueceu a carne do jovem. ³⁵ Voltando-se logo, andou pela casa a uma parte e a outra, e depois subiu, e estendeu-se sobre ele; e o jovem espirrou sete vezes, e abriu seus olhos. ³⁶ Então ele chamou a Geazi, e disse-lhe: Chama a esta sunamita. E ele a chamou. E entrando ela, ele lhe disse: Toma teu filho. ³⁷ E assim que ela entrou, lançou-se a seus pés, e inclinou-se a terra: depois tomou seu filho, e saiu-se. [38] E Eliseu se voltou a Gilgal. Havia então grande fome na terra. E os filhos dos profetas estavam com ele, pelo que disse a seu criado: Põe uma grande caçarola, e faze sopa para os filhos dos profetas. [39] E saiu um ao campo a colher ervas, e achou uma como parreira selvagem, e agarrou dela uma capa de frutos silvestres; e voltou, e cortou-as na caçarola da sopa: porque não sabia o que era. [40] Serviu depois para que comessem os homens; mas sucedeu que comendo eles daquele guisado, deram vozes, dizendo: Homem de Deus, há morte na caçarola! E não o puderam comer. [41] Ele então disse: Trazei farinha. E espalhou-a na caçarola, e disse: Dá de comer à gente. E não houve mais mal na caçarola. [42] Veio então um homem de Baal-Salisa, o qual trouxe ao homem de Deus pães de primícias, vinte pães de cevada, e trigo novo em sua espiga. E ele disse: Da ao povo, para que comam. [43] E respondeu seu servente: Como porei isto diante de cem homens? Mas ele voltou a dizer: Da ao povo para que comam, porque assim disse o SENHOR: Comerão, e sobrará. [44] Então ele o pôs diante deles, e comeram, e sobrou-lhes, conforme a palavra do SENHOR.

5

[1] Naamã, general do exército do rei da Síria, era grande homem diante de seu senhor, e em alta estima, porque por meio dele o SENHOR havia dado salvamento à Síria. Era este homem valente em extremo, mas leproso. [2] E da Síria haviam saído tropas, e haviam levado cativa da terra de Israel uma menina; a qual servindo à mulher de Naamã, [3] disse à sua senhora: Meu senhor rogasse ao profeta que está em Samaria, ele o sararia de sua lepra. [4] E Naamã, vindo a seu senhor, declarou-o a ele, dizendo: Assim e assim disse uma menina que é da terra de Israel. [5] E disse-lhe o rei da Síria: Anda, vai, e eu enviarei cartas ao rei de Israel. Partiu, pois, ele, levando consigo dez talentos de prata, e seis mil peças de ouro, e dez mudas de roupas. [6] Tomou também cartas para o rei de Israel, que diziam assim: Logo em chegando a ti estas cartas, sabe por elas que eu envio a ti meu servo Naamã, para que o sares de sua lepra. [7] E logo que o rei de Israel leu as cartas, rasgou suas roupas, e disse: Sou eu Deus, que mate e dê vida, para que este envie a mim a que sare um homem de sua lepra? Considerai agora, e vede como busca ocasião contra mim. [8] E quando Eliseu, homem de Deus ouviu que o rei de Israel havia rasgado suas roupas, enviou a dizer ao rei: Por que rasgaste tuas vestes? Venha agora a mim, e saberá que há profeta em Israel. [9] E veio Naamã com seus cavalos e com seu carro, e parou-se às portas da casa de Eliseu. [10] Então Eliseu lhe enviou um mensageiro, dizendo: Vai, e lava-te sete vezes no Jordão, e tua carne se te restaurará, e serás limpo. [11] E Naamã se foi irritado, dizendo: Eis que eu dizia para mim: Sairá ele logo, e estando em pé invocará o nome do SENHOR seu Deus, e levantará sua mão, e tocará o lugar, e sarará a lepra. [12] Abana e Farpar, rios de Damasco, não são melhores que todas as águas de Israel? Se me lavar neles, não serei também limpo? E voltou-se, e foi-se irritado. [13] Mas seus criados se chegaram a ele, e falaram-lhe, dizendo: Pai meu, se o profeta te mandasse alguma grande coisa, não a farias? Quanto mais, dizendo-te: Lava-te, e serás limpo? [14] Ele então desceu, e mergulhou sete vezes no Jordão, conforme a palavra do homem de Deus; e sua carne se restaurou como a carne de um menino, e foi limpo. [15] E voltou ao homem de Deus, ele e toda sua companhia, e pôs-se diante dele, e disse: Eis que agora conheço que não há Deus em toda a terra, a não ser em Israel. Rogo-te que recebas algum presente do teu servo. [16] Mas ele disse: Vive o SENHOR, diante do qual estou, que não o tomarei. E insistindo-lhe que tomasse, ele não quis. [17] Então Naamã disse: Rogo-te, pois, não se dará a teu servo uma carga de um par de mulas desta terra? Porque de agora em diante teu servo não sacrificará holocausto nem sacrifício a outros deuses, a não ser ao SENHOR. [18] Em isto perdoe

o SENHOR a teu servo: que quando meu senhor entrar no templo de Rimom, e para adorar nele se apoiar sobre minha mão, se eu também me inclinar no templo de Rimom, se no templo de Rimom me inclino, o SENHOR perdoe nisto a teu servo. ¹⁹ E ele lhe disse: Vai em paz. Partiu-se, pois, dele, e caminhou como o espaço de uma milha. ²⁰ Então Geazi, criado de Eliseu o homem de Deus, disse entre si: Eis que meu senhor poupou a este sírio Naamã, não tomando de sua mão as coisas que havia trazido. Vive o SENHOR, que correrei eu atrás dele, e tomarei dele alguma coisa. ²¹ E Geazi seguiu Naamã; e quando Naamã lhe viu que vinha correndo atrás dele, desceu do carro para receber-lhe, e disse: Vai bem? ²² E ele disse: Bem. Meu senhor me envia a dizer: Eis que vieram a mim nesta hora do monte de Efraim dois rapazes dos filhos dos profetas: rogo-te que lhes dês um talento de prata, e duas mudas de roupas. ²³ E Naamã disse: Rogo-te que tomes dois talentos. E ele lhe constrangeu, e atou dois talentos de prata em dois sacos, e duas mudas de roupas, e o pôs às costas a dois de seus criados, que o levassem diante dele. ²⁴ E chegado que houve a um lugar secreto, ele o tomou da mão deles, e guardou-o em casa: logo mandou aos homens que se fossem. ²⁵ E ele entrou, e pôs-se diante de seu senhor. E Eliseu lhe disse: De onde vens, Geazi? E ele disse: Teu servo não foi a nenhuma parte. ²⁶ O então lhe disse: Não foi também meu coração, quando o homem voltou de seu carro a receber-te? É tempo de tomar prata, e de tomar roupas, olivais, vinhas, ovelhas, bois, servos e servas? ²⁷ A lepra de Naamã se apegará a ti e à tua semente para sempre. E saiu de diante dele leproso, branco como a neve.

6

¹ Os filhos dos profetas disseram a Eliseu: Eis que o lugar em que moramos contigo nos é estreito. ² Vamos agora ao Jordão, e tomemos dali cada um uma viga, e façamo-nos ali lugar em que habitemos. E ele disse: Andai. ³ E disse um: Rogamos-te que queiras vir com teus servos. E ele respondeu: Eu irei. ⁴ Foi-se, pois, com eles; e como chegaram ao Jordão, cortaram a madeira. ⁵ E aconteceu que derrubando uma árvore, caiu o machado na água; e deu vozes, dizendo: Ah, senhor meu, que era emprestada! ⁶ E o homem de Deus disse: Onde caiu? E ele lhe mostrou o lugar. Então cortou ele um pau, e lançou-o ali; e fez flutuar o ferro. ⁷ E disse: Toma-o. E ele estendeu a mão, e tomou-o. ⁸ Tinha o rei da Síria guerra contra Israel, e consultando com seus servos, disse: Em tal e tal lugar estará meu acampamento. ⁹ E o homem de Deus enviou a dizer ao rei de Israel: Olha que não passes por tal lugar, porque os sírios vão ali. ¹⁰ Então o rei de Israel enviou a aquele lugar que o homem de Deus havia dito e alertado-lhe; e guardou-se dali, não uma vez nem duas. ¹¹ E o coração do rei da Síria foi perturbado disto; e chamando a seus servos, disse-lhes: Não me declarareis vós quem dos nossos é do rei de Israel? ¹² Então um dos servos disse: Não, rei, senhor meu; mas sim que o profeta Eliseu está em Israel, o qual declara ao rei de Israel as palavras que tu falas em tua mais secreta câmara. ¹³ E ele disse: Ide, e olhai onde está, para que eu envie a tomá-lo. E foi-lhe dito: Eis que ele está em Dotã. ¹⁴ Então enviou o rei ali cavaleiros, e carros, e um grande exército, os quais vieram de noite, e cercaram a cidade. ¹⁵ E levantando-se de manhã o que servia ao homem de Deus, para sair, eis que o exército que tinha cercado a cidade, com cavaleiros e carros. Então seu criado lhe disse: Ah, senhor meu! Que faremos? ¹⁶ E ele lhe disse: Não tenhas medo: porque mais são os que estão conosco do que os que estão com eles. ¹⁷ E orou Eliseu, e disse: Rogo-te, ó SENHOR, que abras seus olhos para que veja. Então o SENHOR abriu os olhos do jovem, e olhou; e eis que o monte estava cheio de cavaleiros, e de carros de fogo ao redor de Eliseu. ¹⁸ E logo que os sírios desceram a ele, orou Eliseu ao SENHOR, e disse: Rogo-te que firas a esta gente com cegueira. E feriu-os

com cegueira, conforme ao dito de Eliseu. ¹⁹ Depois lhes disse Eliseu: Não é este o caminho, nem é esta a cidade; segui-me, que eu vos guiarei ao homem que buscais. E guiou-os a Samaria. ²⁰ E assim que chegaram a Samaria, disse Eliseu: SENHOR, abre os olhos destes, para que vejam. E o SENHOR abriu seus olhos, e olharam, e acharam-se em meio de Samaria. ²¹ E quando o rei de Israel os havia visto, disse a Eliseu: Eu os ferirei, pai meu? ²² E ele lhe respondeu: Não os firas; feririas tu aos que tomaste cativos com tua espada e com teu arco? Põe diante deles pão e água, para que comam e bebam, e se voltem a seus senhores. ²³ Então lhes foi preparada grande comida: e quando houveram comido e bebido, enviou-os, e eles se voltaram a seu senhor. E nunca mais tropas da Síria vieram à terra de Israel. ²⁴ Depois disto aconteceu, que Ben-Hadade rei da Síria juntou todo seu exército, e subiu, e pôs cerco a Samaria. ²⁵ E houve grande fome em Samaria, tendo eles cerco sobre ela; tanto, que a cabeça de um asno era vendida por oitenta peças de prata, e a quarta parte de uma porção de esterco de pombas por cinco peças de prata. ²⁶ E passando o rei de Israel pelo muro, uma mulher gritou-lhe, e disse: Socorro, rei, senhor meu. ²⁷ E ele disse: Se o SENHOR não te salva, de onde eu tenho de te salvar? Do granário, ou da prensa de uvas? ²⁸ E disse-lhe o rei: Que tens? E ela respondeu: Esta mulher me disse: Dá aqui o teu filho, e o comamos hoje, e amanhã comeremos o meu. ²⁹ Cozinhamos, pois, meu filho, e o comemos. O dia seguinte eu lhe disse: Dá aqui o teu filho, e o comamos. Mas ela escondeu seu filho. ³⁰ E quando o rei ouviu as palavras daquela mulher, rasgou suas roupas, e passou assim pelo muro: e chegou a ver o povo o saco que trazia interiormente sobre sua carne. ³¹ E ele disse: Assim me faça Deus, e assim me acrescente, se a cabeça de Eliseu filho de Safate restar sobre ele hoje. ³² Estava naquele tempo Eliseu sentado em sua casa, e com ele estavam sentados os anciãos: e o rei enviou a ele um homem. Mas antes que o mensageiro viesse a ele, disse ele aos anciãos: Não vistes como este homicida me envia a tirar a cabeça? ³³ Ainda estava ele falando com eles, e eis que o mensageiro que descia a ele; e disse: Certamente este mal vem do SENHOR. Para que tenho de esperar mais ao SENHOR?

7

¹ Disse então Eliseu: Ouvi a palavra do SENHOR: Assim disse o SENHOR: Amanhã a estas horas a medida de boa farinha valerá um siclo, e duas medidas de cevada um siclo, à porta de Samaria. ² E um príncipe sobre cuja mão o rei se apoiava, respondeu ao homem de Deus, e disse: Se o SENHOR fizesse agora janelas no céu, seria isto assim? E ele disse: Eis que tu o verás com teus olhos, mas não comerás disso. ³ E havia quatro homens leprosos à entrada da porta, os quais disseram o um ao outro: Para que nos estamos aqui até que morramos? ⁴ Se tratarmos de entrar na cidade, pela fome que há na cidade morreremos nela; e se nos ficamos aqui, também morreremos. Vamos pois agora, e passemo-nos ao exército dos sírios; se eles nos derem a vida, viveremos; e se nos derem a morte, morreremos. ⁵ Levantaram-se pois no princípio da noite, para ir-se ao campo dos sírios; e chegando aos primeiros abrigos dos sírios, não havia ali homem. ⁶ Porque o Senhor havia feito que no campo dos sírios se ouvisse estrondo de carros, ruído de cavalos, e barulho de grande exército; e disseram-se os uns aos outros: Eis que o rei de Israel pagou contra nós aos reis dos heteus, e aos reis dos egípcios, para que venham contra nós. ⁷ E assim se haviam levantado e fugido ao princípio da noite, deixando suas tendas, seus cavalos, seus asnos, e o campo como se estava; e haviam fugido por salvar as vidas. ⁸ E quando os leprosos chegaram aos primeiros abrigos, entraram-se em uma tenda, e comeram e beberam, e tomaram dali prata, e ouro, e vestido, e foram, e esconderam-no: e voltados, entraram em outra tenda, e dali também tomaram, e foram, e esconderam.

⁹ E disseram-se o um ao outro: Não fazemos bem: hoje é dia de boa nova, e nós calamos: e se esperamos até a luz da manhã, nos alcançará a maldade. Vamos pois agora, entremos, e demos a nova em casa do rei. ¹⁰ E vieram, e deram vozes aos guardas da porta da cidade, e declararam-lhes, dizendo: Nós fomos ao campo dos sírios, e eis que não havia ali homem, nem voz de homem, a não ser cavalos atados, asnos também atados, e o campo como se estava. ¹¹ E os porteiros deram vozes, e declararam-no dentro, no palácio do rei. ¹² E levantou-se o rei de noite, e disse a seus servos: Eu vos declararei o que nos fizeram os sírios. Eles sabem que temos fome, e saíram das tendas e esconderam-se no campo, dizendo: Quando houverem saído da cidade, os tomaremos vivos, ¹³ Então respondeu um de seus servos, e disse: Tomem agora cinco dos cavalos que restaram na cidade, (porque eles também são como toda a multidão de Israel que restou nela; também eles são como toda a multidão de Israel que pereceu); e enviemos, e vejamos o que há. ¹⁴ Tomaram, pois, dois cavalos de um carro, e enviou o rei atrás o campo dos sírios, dizendo: Ide, e vede. ¹⁵ E eles foram, e seguiram-nos até o Jordão: e eis que, todo o caminho estava cheio de roupas e utensílios que os sírios haviam lançado com a pressa. E voltaram os mensageiros, e fizeram-no saber ao rei. ¹⁶ Então o povo saiu, e saquearam o campo dos sírios. E foram vendidos uma medida boa de farinha por um siclo, e duas medidas de cevada por um siclo, conforme a palavra do SENHOR. ¹⁷ E o rei pôs à porta a aquele príncipe sobre cuja mão ele se apoiava: e atropelou-lhe o povo à entrada, e morreu, conforme o que havia dito o homem de Deus, o que falou quando o rei desceu a ele. ¹⁸ Aconteceu, pois, da maneira que o homem de Deus havia falado ao rei, dizendo: Duas medidas de cevada por um siclo, e a medida de boa farinha será vendida por um siclo amanhã a estas horas, à porta de Samaria. ¹⁹ Ao qual aquele príncipe havia respondido ao homem de Deus, dizendo: Ainda que o SENHOR fizesse janelas no céu, poderia ser isso? E ele disse: Eis que tu o verás com teus olhos, mas não comerás disso. ²⁰ E veio-lhe assim; porque o povo lhe atropelou à entrada, e morreu.

8

¹ E Eliseu falou àquela mulher a cujo filho havia feito viver, dizendo: Levanta-te, vai tu e toda a tua casa a viver de onde puderes; porque o SENHOR chamou a fome, a qual virá também sobre a terra sete anos. ² Então a mulher se levantou, e fez como o homem de Deus lhe disse: e partiu-se ela com sua família, e viveu na terra dos filisteus durante sete anos. ³ E quando foram passados os sete anos, a mulher voltou da terra dos filisteus; depois saiu para clamar ao rei por sua casa, e por suas terras. ⁴ E havia o rei falado com Geazi, criado do homem de Deus, dizendo-lhe: Rogo-te que me contes todas as maravilhas que Eliseu fez. ⁵ E contando ele ao rei como havia feito viver a um morto, eis que a mulher, a cujo filho havia feito viver, veio clamar ao rei por sua casa e por suas terras. Então Geazi disse: Ó rei, meu senhor, esta é a mulher, e este é seu filho, ao qual Eliseu fez viver. ⁶ E perguntando o rei à mulher, ela lhe contou. Então o rei lhe deu um eunuco, dizendo-lhe: Faze-lhe restituir todas as coisas que eram suas, e todos os frutos das terras desde o dia que deixou esta terra até agora. ⁷ E Eliseu foi a Damasco, e Ben-Hadade rei da Síria estava doente, ao qual deram aviso, dizendo: O homem de Deus veio aqui. ⁸ E o rei disse a Hazael: Toma em tua mão um presente, e vai encontrar-te com o homem de Deus, e consulta por ele ao SENHOR, dizendo: Sararei desta doença? ⁹ Tomou, pois, Hazael em sua mão um presente de todos os bens de Damasco, quarenta camelos carregados, e foi ao seu encontro; e chegou, pôs-se diante dele, e disse: Teu filho Ben-Hadade, rei da Síria, me enviou a ti, dizendo: Sararei desta doença? ¹⁰ E Eliseu lhe disse: Vai, dize-lhe: Com certeza não viverás; porque me mostrou que ele morrerá certamente.

¹¹ E o homem de Deus lhe voltou o rosto fixamente, até o deixar desconcertado; então o homem de Deus chorou. ¹² Então disse-lhe Hazael: Por que o meu senhor chora? E ele respondeu: Porque sei o mal que farás aos filhos de Israel; porás fogo às suas fortalezas, matarás à espada os seus rapazes, despedaçarás as suas crianças, e rasgarás o ventredas suas grávidas. ¹³ E Hazael disse: O que é o teu servo, um cão, para que ele faça esta grande coisa? E respondeu Eliseu: o SENHOR me mostrou que tu serás rei da Síria. ¹⁴ E ele se partiu de Eliseu, e veio a seu senhor, o qual lhe disse: Que te disse Eliseu? E ele respondeu: Disse-me que seguramente viverás. ¹⁵ O dia seguinte tomou um pano grosso, e meteu-o em água, e estendeu-os sobre o rosto de Ben-Hadade, e morreu: e reinou Hazael em seu lugar. ¹⁶ No quinto ano de Jorão filho de Acabe rei de Israel, e sendo Josafá rei de Judá, começou a reinar Jeorão filho de Josafá rei de Judá. ¹⁷ De trinta e dois anos era quando começou a reinar, e oito anos reinou em Jerusalém. ¹⁸ E andou no caminho dos reis de Israel, como fez a casa de Acabe, porque uma filha de Acabe foi sua mulher; e fez o que era mau aos olhos do SENHOR. ¹⁹ Contudo, o SENHOR não quis destruir Judá, por amor de Davi seu servo, como lhe havia prometido dar-lhe lâmpada de seus filhos perpetuamente. ²⁰ Em seu tempo Edom rebelou-se de sob o domínio de Judá, e puseram rei sobre si. ²¹ Jeorão, portanto, passou a Seir, e todos seus carros com ele: e levantando-se de noite feriu aos edomitas, os quais lhe haviam cercado, e aos capitães dos carros: e o povo fugiu a suas moradas. ²² Separou-se não obstante Edom de sob a domínio de Judá, até hoje. Rebelou-se ademais Libna no mesmo tempo. ²³ Os demais dos feitos de Jeorão, e todas as coisas que fez, não estão escritos no livro das crônicas dos reis de Judá? ²⁴ E descansou Jeorão com seus pais, e foi sepultado com seus pais na cidade de Davi: e reinou em lugar seu Acazias, seu filho. ²⁵ No ano doze de Jeorão filho de Acabe rei de Israel, começou a reinar Acazias filho de Jeorão rei de Judá. ²⁶ De vinte e dois anos era Acazias quando começou a reinar, e reinou um ano em Jerusalém. O nome de sua mãe foi Atalia filha de Onri rei de Israel. ²⁷ E andou no caminho da casa de Acabe, e fez o que era mau aos olhos do SENHOR, como a casa de Acabe: porque era genro da casa de Acabe. ²⁸ E foi à guerra com Jorão filho de Acabe a Ramote de Gileade, contra Hazael rei da Síria; e os sírios feriram a Jorão. ²⁹ E o rei Jorão se voltou a Jezreel, para curar-se das feridas que os sírios lhe fizeram diante de Ramote, quando lutou contra Hazael rei da Síria. E desceu Acazias filho de Jeorão rei de Judá, para visitar Jorão filho de Acabe em Jezreel, porque estava enfermo.

9

¹ Então o profeta Eliseu chamou a um dos filhos dos profetas, e disse-lhe: Cinge teus lombos, e toma esta vasilha de azeite em tua mão, e vai a Ramote de Gileade. ² E quando chegares ali, verás ali a Jeú filho de Josafá filho de Ninsi; e entrando, faze-o se levantar dentre seus irmãos, e mete-o na recâmara. ³ Toma logo a vasilha de azeite, e derrama-a sobre sua cabeça, e dize: Assim disse o SENHOR: Eu te ungi por rei sobre Israel. E abrindo a porta, lança-te a fugir, e não esperes. ⁴ Foi, pois, o jovem, o jovem do profeta, a Ramote de Gileade. ⁵ E quando ele entrou, eis que os príncipes do exército que estavam sentados. E ele disse: Príncipe, uma palavra tenho que dizer-te. E Jeú disse: A qual de todos nós? E ele disse: A ti, príncipe. ⁶ E ele se levantou, e entrou-se em casa; e o outro derramou o azeite sobre sua cabeça, e disse-lhe: Assim disse o SENHOR Deus de Israel: Eu te ungi por rei sobre o povo do SENHOR, sobre Israel. ⁷ E ferirás a casa de Acabe teu senhor, para que eu vingue o sangue de meus servos os profetas, e o sangue de todos os servos do SENHOR, da mão de Jezabel. ⁸ E perecerá toda a casa de Acabe, e exterminarei de Acabe todo macho, tanto ao escravo como ao livre em Israel. ⁹ E eu porei a casa de Acabe como a

casa de Jeroboão filho de Nebate, e como a casa de Baasa filho de Aías. [10] E a Jezabel comerão cães no campo de Jezreel, e não haverá quem a sepulte. Em seguida abriu a porta, e lançou a fugir. [11] Depois saiu Jeú aos servos de seu senhor, e disseram-lhe: Há paz? para que entrou a ti aquele louco? E ele lhes disse: Vós conheceis ao homem e suas palavras. [12] E eles disseram: Mentira; declara-o a nós agora. E ele disse: Assim e assim me falou, dizendo: Assim disse o SENHOR: Eu te ungi por rei sobre Israel. [13] Então tomaram prontamente sua roupa, e a pôs cada um debaixo dele em um trono alto, e tocaram trombeta, e disseram: Jeú é rei. [14] Assim conjurou Jeú filho de Josafá filho de Ninsi, contra Jorão. (Estava Jorão guardando a Ramote de Gileade com todo Israel, por causa de Hazael rei da Síria. [15] Havia-se, porém, voltado o rei Jorão a Jezreel, para curar-se das feridas que os sírios lhe haviam feito, lutando contra Hazael rei da Síria.) E Jeú disse: Se é vossa vontade, ninguém escape da cidade, para ir a dar as novas em Jezreel. [16] Então Jeú cavalgou, e foi-se a Jezreel, porque Jorão estava ali enfermo. Também Acazias rei de Judá havia descido a visitar a Jorão. [17] E o atalaia que estava na torre de Jezreel, viu a tropa de Jeú, que vinha, e disse: Eu vejo uma tropa. E Jorão disse: Toma um cavaleiro, e envia a reconhecê-los, e que lhes diga: Há paz? [18] Foi pois o cavaleiro a reconhecê-los, e disse: O rei diz assim: Há paz? E Jeú lhe disse: Que tens tu que ver com a paz? Sai da minha frente. O atalaia deu logo aviso, dizendo: O mensageiro chegou até eles, e não volta. [19] Então enviou outro cavaleiro, o qual chegando a eles, disse: O rei diz assim: Há paz? E Jeú respondeu: Que tens tu que ver com a paz? Sai da minha frente. [20] O atalaia voltou a dizer: Também este chegou a eles e não volta: mas o marchar do que vem é como o marchar de Jeú filho de Ninsi, porque vem impetuosamente. [21] Então Jorão disse: Prepara. E preparado que foi seu carro, saiu Jorão rei de Israel, e Acazias rei de Judá, cada um em seu carro, e saíram a encontrar a Jeú, ao qual acharam na propriedade de Nabote de Jezreel. [22] E em vendo Jorão a Jeú, disse: Há paz, Jeú? E ele respondeu: Que paz, com as fornicações de Jezabel tua mãe, e suas muitas feitiçarias? [23] Então Jorão virando a mão fugiu, e disse a Acazias: Traição, Acazias! [24] Mas Jeú flechou seu arco, e feriu a Jorão entre as costas, e a seta saiu por seu coração, e caiu em seu carro. [25] Disse logo Jeú a Bidcar seu capitão: Toma-o e lança-o em um lugar da propriedade de Nabote de Jezreel. Lembra-te que quando tu e eu íamos juntos com a gente de Acabe seu pai, o SENHOR pronunciou esta sentença sobre ele, dizendo: [26] Que eu vi ontem os sangues de Nabote, e os sangues de seus filhos, disse o SENHOR; e tenho de dar-te a paga nesta propriedade, disse o SENHOR. Toma-lhe pois agora, e lança-o na propriedade, conforme à palavra do SENHOR. [27] E vendo isto Acazias rei de Judá, fugiu pelo caminho da casa da horta. E seguiu-o Jeú, dizendo: Feri também a este no carro. E lhe feriram à subida de Gur, junto a Ibleão. E ele fugiu a Megido, e morreu ali. [28] E seus servos lhe levaram em um carro a Jerusalém, e ali lhe sepultaram com seus pais, em seu sepulcro na cidade de Davi. [29] No décimo primeiro ano de Jorão filho de Acabe, começou a reinar Acazias sobre Judá. [30] Veio depois Jeú a Jezreel: e quando Jezabel o ouviu, adornou seus olhos, enfeitou sua cabeça, e ficou observando em uma janela. [31] E quando entrava Jeú pela porta, ela disse: Sucedeu bem a Zinri, que matou a seu senhor? [32] Levantando ele então seu rosto até a janela, disse: Quem é comigo? Quem? E olharam até ele dois ou três eunucos. [33] E ele lhes disse: Lançai-a abaixo. E eles a lançaram: e parte de seu sangue foi salpicado na parede, e nos cavalos; e ele a atropelou. [34] Entrou logo, e depois que comeu e bebeu, disse: Ide agora a ver aquela maldita, e sepultai-a; que é filha de rei. [35] Porém quando foram para sepultá-la, não acharam dela mais que o crânio, e os pés, e as palmas das mãos. [36] E voltaram, e disseram-no. E ele disse: A palavra de Deus é esta, a qual ele falou por meio de seu servo Elias Tisbita, dizendo: Na propriedade de Jezreel comerão os cães as carnes de Jezabel. ³⁷ E o corpo de Jezabel foi qual lixo sobre a face da terra na herdade de Jezreel; de maneira que ninguém podia dizer: Esta é Jezabel.

10

¹ E tinha Acabe em Samaria setenta filhos; e escreveu cartas Jeú, e enviou-as a Samaria aos principais de Jezreel, aos anciãos e aos tutores de Acabe, dizendo: ² Logo em chegando estas cartas a vós o que tendes os filhos de vosso senhor, e os que tendes carros e cavaleiros, a cidade fortificada, e as armas, ³ Olhai qual é o melhor e ele mais reto dos filhos de vosso senhor, e ponde-o no trono de seu pai, e lutai pela casa de vosso senhor. ⁴ Mas eles tiveram grande temor, e disseram: Eis que dois reis não puderam resistir-lhe, como lhe resistiremos nós? ⁵ E o mordomo, e o governador da cidade, e os anciãos, e os tutores, enviaram a dizer a Jeú: Servos teus somos, e faremos tudo o que nos mandares: não elegeremos por rei a ninguém; tu farás o que bem te parecer. ⁶ Ele então lhes escreveu a segunda vez dizendo: Se sois meus, e quereis obedecer-me, tomai os chefes dos homens filhos de vosso senhor, e vinde amanhã a estas horas a mim a Jezreel. E os filhos do rei, setenta homens, estavam com os principais da cidade, que os criavam. ⁷ E quando as cartas chegaram a eles, tomaram aos filhos do rei, e degolaram setenta homens, e puseram suas cabeças em cestos, e enviaram-nas a Jezreel. ⁸ E veio um mensageiro que lhe deu as novas, dizendo: Trouxeram as cabeças dos filhos do rei. E ele lhe disse: Ponde-as em dois amontoados à entrada da porta até a manhã. ⁹ Vinda a manhã, saiu ele, e estando em pé disse a todo o povo: Vós sois justos: eis que eu conspirei contra meu senhor, e o mateis: mas quem matou a todos estes? ¹⁰ Sabei agora que da palavra do SENHOR que falou sobre a casa de Acabe, nada cairá em terra: e que o SENHOR fez o que disse por seu servo Elias. ¹¹ Matou então Jeú a todos os que haviam restado da casa de Acabe em Jezreel, e a todos seus príncipes, e a todos seus familiares, e a seus sacerdotes, que não lhe restou ninguém. ¹² E levantou-se dali, e veio a Samaria; e chegando ele no caminho a uma casa de tosa de pastores, ¹³ Achou ali aos irmãos de Acazias rei de Judá, e disse-lhes: Quem sois vós? E eles disseram: Somos irmãos de Acazias, e viemos a saudar aos filhos do rei, e aos filhos da rainha. ¹⁴ Então ele disse: Prendei-os vivos. E depois que os tomaram vivos, eles os degolaram junto ao poço da casa de tosa, quarenta e dois homens, sem deixar ninguém deles. ¹⁵ Partindo-se logo dali encontrou-se com Jonadabe filho de Recabe; e depois que o saudou, disse-lhe: É reto teu coração, como o meu é reto com o teu? E Jonadabe disse: O é. Pois que o é, dá-me a mão. E ele lhe deu sua mão. Fê-lo logo subir consigo no carro. ¹⁶ E disse-lhe: Vem comigo, e verás meu zelo pelo SENHOR. Puseram-no pois em seu carro. ¹⁷ E logo que havia Jeú chegado a Samaria, matou a todos os que haviam restado de Acabe em Samaria, até extirpá-los, conforme à palavra do SENHOR, que havia falado por Elias. ¹⁸ E juntou Jeú todo o povo, e disse-lhes: Acabe serviu pouco a Baal; mas Jeú o servirá muito. ¹⁹ Chamai-me, pois, logo a todos os profetas de Baal, a todos seus servos, e a todos seus sacerdotes; que não falte um, porque tenho um grande sacrifício para Baal; qualquer um que faltar, não viverá. Isto fazia Jeú com astúcia, para destruir aos que honravam a Baal. ²⁰ E disse Jeú: Santificai um dia solene a Baal. E eles convocaram. ²¹ E enviou Jeú por todo Israel, e vieram todos os servos de Baal, que não faltou ninguém que não viesse. E entraram no templo de Baal, e o templo de Baal se encheu de fim a fim. ²² Então disse ao que tinha o cargo das vestiduras: Tira vestiduras para todos os servos de Baal. E ele lhes tirou vestimentas. ²³ E entrou Jeú com Jonadabe filho de Recabe no templo de Baal, e disse aos servos de Baal: Olhai e vede que por dita não haja aqui entre vós algum dos servos do SENHOR, a não ser somente os servos de Baal. ²⁴ E quando eles entraram para fazer sacrifícios e

holocaustos, Jeú pôs fora oitenta homens, e disse-lhes: Qualquer um que deixar vivo algum daqueles homens que eu pus em vossas mãos, sua vida será pela do outro. ²⁵ E depois que acabaram eles de fazer o holocausto, Jeú disse aos de seu guarda e aos capitães: Entrai, e matai-os; que não escape ninguém. E os feriram à espada: e os da guarda e os capitães os lançaram fora, e foram até a cidade do templo de Baal. ²⁶ E tiraram as estátuas da casa de Baal, e queimaram-nas. ²⁷ E quebraram a estátua de Baal, e derrubaram a casa de Baal, e fizeram-na latrina, até hoje. ²⁸ Assim extinguiu Jeú a Baal de Israel. ²⁹ Contudo isso Jeú não se separou dos pecados de Jeroboão filho de Nebate, que fez pecar a Israel; a saber, seguindo o os bezerros de ouro que estavam em Betel e em Dã. ³⁰ E o SENHOR disse a Jeú: Porquanto fizeste bem executando o que era correto diante de meus olhos, e fizeste à casa de Acabe conforme a tudo o que estava em meu coração, teus filhos se sentarão no trono de Israel até a quarta geração. ³¹ Mas Jeú não cuidou de andar na lei do SENHOR Deus de Israel com todo seu coração, nem se separou dos pecados de Jeroboão, o que havia feito pecar a Israel. ³² Em aqueles dias começou o SENHOR a diminuir o território de Israel: e feriu-os Hazael em todos os termos de Israel, ³³ Desde o Jordão ao oriente, toda a terra de Gileade, de Gade, de Rúben, e de Manassés, desde Aroer que está junto ao ribeiro de Arnom, a Gileade e a Basã. ³⁴ Os demais dos feitos de Jeú, e todas as coisas que fez, e toda sua valentia, não estão escritos no livro das crônicas dos reis de Israel? ³⁵ E dormiu Jeú com seus pais, e sepultaram-no em Samaria: e reinou em seu lugar Jeoacaz seu filho. ³⁶ O tempo que reinou Jeú sobre Israel em Samaria, foi vinte e oito anos.

11

¹ E Atalia mãe de Acazias, vendo que seu filho era morto, levantou-se, e destruiu toda a semente real. ² Porém Jeoseba, filha do rei Jeorão, irmã de Acazias, tomando a Joás filho de Acazias, tirou-o dentre os filhos do rei, que se matavam, e ocultou-o de diante de Atalia, a ele e a sua ama, na câmara das camas, e assim não o mataram. ³ E esteve com ela escondido na casa do SENHOR durante seis anos; e Atalia foi rainha sobre aquela terra. ⁴ Mas ao sétimo ano enviou Joiada, e tomou comandantes de cem, capitães, e gente da guarda, e meteu-os consigo na casa do SENHOR: e fez com eles liga, juramentando-os na casa do SENHOR; e mostrou-lhes ao filho do rei. ⁵ E mandou-lhes, dizendo: Isto é o que haveis de fazer: a terceira parte de vós, os que entrarão o sábado, terão a guarda da casa do rei; ⁶ E a outra terceira parte estará à porta do Sur, e a outra terceira parte à porta da entrada dos da guarda: assim guardareis a casa, para que não seja invadida. ⁷ E as duas partes de vós, a saber, todos os que saem o sábado, tereis a guarda da casa do SENHOR junto ao rei. ⁸ E estareis ao redor do rei de todas as partes, tendo cada um suas armas nas mãos, e qualquer um que entrar por estas fileiras, seja morto. E haveis de estar com o rei quando sair, e quando entrar. ⁹ Os comandantes de cem, pois, fizeram tudo como o sacerdote Joiada lhes mandou: e tomando cada um os seus, a saber, os que haviam de entrar o sábado, e os que haviam saído o sábado, vieram a Joiada o sacerdote. ¹⁰ E o sacerdote deu aos comandantes de cem as lanças e os escudos que haviam sido do rei Davi, que estavam na casa do SENHOR. ¹¹ E os da guarda se puseram em ordem, tendo cada um suas armas em suas mãos, desde o lado direito da casa até o lado esquerdo, junto ao altar e o templo, em derredor do rei. ¹² Tirando logo Joiada ao filho do rei, pôs-lhe a coroa e o testemunho, e fizeram-lhe rei ungindo-lhe; e batendo as mãos disseram: Viva o rei! ¹³ E ouvindo Atalia o estrondo do povo que corria, entrou ao povo no templo do SENHOR; ¹⁴ E quando olhou, eis que o rei que estava junto à coluna, conforme o costume, e os príncipes e os trombetas junto ao rei; e

que todo o povo daquela terra se alegrava, e que tocavam as trombetas. Então Atalia, rasgando suas roupas, clamou em gritos: Traição! Traição! ¹⁵ Mas o sacerdote Joiada mandou aos comandantes de cem que governavam o exército, e disse-lhes: Tirai-a fora do recinto do templo, e ao que a seguir, matai-o à espada. (Porque o sacerdote disse que não a matassem no templo do SENHOR.) ¹⁶ Deram-lhe, pois, lugar, e quando ia o caminho por de onde entram os cavaleiros à casa do rei, ali a mataram. ¹⁷ Então Joiada fez aliança entre o SENHOR e o rei e o povo, que seriam povo do SENHOR: e também entre o rei e o povo. ¹⁸ E todo o povo da terra entrou no templo de Baal, e derrubaram-no: também despedaçaram inteiramente seus altares e suas imagens, e mataram a Matã sacerdote de Baal diante dos altares. E o sacerdote pôs guarnição sobre a casa do SENHOR. ¹⁹ Depois tomou os centuriões, e capitães, e os da guarda, e a todo o povo da terra, e levaram ao rei desde a casa do SENHOR, e vieram pelo caminho da porta dos da guarda à casa do rei; e sentou-se o rei sobre o trono dos reis. ²⁰ E todo o povo da terra fez alegrias, e a cidade esteve em repouso, havendo sido Atalia morta à espada junto à casa do rei. ²¹ Era Joás de sete anos quando começou a reinar.

12

¹ No sétimo ano de Jeú começou a reinar Joás, e reinou quarenta anos em Jerusalém. O nome de sua mãe foi Zíbia, de Berseba. ² E Joás fez o que era coreto aos olhos do SENHOR todo o tempo que o sacerdote Joiada o conduziu. ³ Contudo isso os altos não se tiraram; que ainda sacrificava e queimava o povo incenso nos altos. ⁴ E Joás disse aos sacerdotes: Todo o dinheiro das santificações que se costuma trazer à casa do SENHOR, o dinheiro dos que passam no censo, o dinheiro pelas pessoas, cada qual segundo seu valor, e todo o dinheiro que cada um de sua própria vontade põe na casa do SENHOR. ⁵ Recebam-no os sacerdotes, cada um de seus familiares, e reparem as fendas do templo de onde quer que se achar abertura. ⁶ Porém o ano vinte e três do rei Joás, não haviam ainda reparado os sacerdotes as aberturas do templo. ⁷ Chamando então o rei Joás ao sacerdote Joiada e aos sacerdotes, disse-lhes: Por que não reparais as aberturas do templo? Agora, pois, não tomeis mais o dinheiro de vossos familiares, mas sim dai-o para reparar as fendas do templo. ⁸ E os sacerdotes consentiram em não tomar mais dinheiro do povo, nem ter cargo de reparar as aberturas do templo. ⁹ Mas o sacerdote Joiada tomou uma arca, e fez-lhe na tampa um furo, e a pôs junto ao altar, à direita quando se entra no templo do SENHOR; e os sacerdotes que guardavam a porta, punham ali todo o dinheiro que se metia na casa do SENHOR. ¹⁰ E quando viam que havia muito dinheiro no arca, vinha o notário do rei e o grande sacerdote, e contavam o dinheiro que achavam no templo do SENHOR, e guardavam-no. ¹¹ E davam o dinheiro suficiente em mão dos que faziam a obra, e dos que tinham o cargo da casa do SENHOR; e eles o gastavam em pagar os carpinteiros e mestres que reparavam a casa do SENHOR, ¹² E os pedreiros e cortadores de pedras; e em comprar a madeira e pedra lavrada para reparar as aberturas da casa do SENHOR; e em tudo o que se gastava na casa para repará-la. ¹³ Mas daquele dinheiro que se trazia à casa do SENHOR, não se faziam bacias de prata, nem saltérios, nem bacias, nem trombetas; nem nenhum outro vaso de ouro nem de prata se fazia para o templo do SENHOR: ¹⁴ Porque o davam aos que faziam a obra, e com ele reparavam a casa do SENHOR. ¹⁵ E não se tomava em conta aos homens em cujas mãos o dinheiro era entregue, para que eles o dessem aos que faziam a obra: porque o faziam eles fielmente. ¹⁶ O dinheiro pelo delito, e o dinheiro pelos pecados, não se metia na casa do SENHOR; porque era dos sacerdotes. ¹⁷ Então subiu Hazael rei da Síria, e lutou contra Gate, e tomou-a; e Hazael decidiu subir contra

Jerusalém; ¹⁸ Pelo que tomou Joás rei de Judá todas as ofertas que havia dedicado Josafá, e Jorão e Acazias seus pais, reis de Judá, e as que ele havia dedicado, e todo o ouro que se achou nos tesouros da casa do SENHOR, e na casa do rei, e enviou-o a Hazael, rei da Síria; e ele se partiu de Jerusalém. ¹⁹ Os demais dos feitos de Joás, e todas as coisas que fez, não estão escritos no livro das crônicas dos reis de Judá? ²⁰ E seus servos se levantaram, fizeram uma conspiração, e mataram a Joás na casa de Milo, quando ele estava descendo a Sila; ²¹ Pois Jozacar filho de Simeate, e Jozabade filho de Somer, seus servos, feriram-lhe, e ele morreu. E sepultaram-lhe com seus pais na cidade de Davi, e reinou em seu lugar Amasias seu filho.

13

¹ No ano vinte e três de Joás filho de Acazias, rei de Judá, começou a reinar Jeoacaz filho de Jeú sobre Israel em Samaria; e reinou dezessete anos. ² E fez o que era mau aos olhos do SENHOR, e seguiu os pecados de Jeroboão filho de Nebate, o que fez pecar a Israel; e não se separou deles. ³ E acendeu-se o furor do SENHOR contra Israel, e entregou-os em mão de Hazael rei da Síria, e em mão de Ben-Hadade filho de Hazael, por longo tempo. ⁴ Mas Jeoacaz orou à face do SENHOR, e o SENHOR o ouviu: porque olhou a aflição de Israel, pois o rei da Síria os afligia. ⁵ (E deu o SENHOR salvador a Israel, e saíram de sob a mão dos sírios; e habitaram os filhos de Israel em suas moradas, como antes. ⁶ Contudo isso não se apartaram dos pecados da casa de Jeroboão, o que fez pecar a Israel: neles andaram; e também o bosque permaneceu em Samaria.) ⁷ Porque não lhe havia restado gente a Jeoacaz, a não ser cinquenta cavaleiros, e dez carros, e dez mil homens a pé; pois o rei da Síria os havia destruído, e os havia posto como pó para pisar. ⁸ Os demais dos feitos de Jeoacaz, e tudo o que fez, e suas valentias, não estão escritos no livro das crônicas dos reis de Israel? ⁹ E descansou Jeoacaz com seus pais, e sepultaram-no em Samaria: e reinou em seu lugar Joás seu filho. ¹⁰ O ano trinta e sete de Joás rei de Judá, começou a reinar Joás filho de Jeoacaz sobre Israel em Samaria; e reinou dezesseis anos. ¹¹ E fez o que era mau aos olhos do SENHOR: não se separou de todos os pecados de Jeroboão filho de Nebate, o que fez pecar a Israel; neles andou. ¹² Os demais dos feitos de Joás, e todas as coisas que fez, e seu esforço com que guerreou contra Amasias rei de Judá, não estão escritos no livro das crônicas dos reis de Israel? ¹³ E dormiu Joás com seus pais, e sentou-se Jeroboão sobre seu trono: e Joás foi sepultado em Samaria com os reis de Israel. ¹⁴ Estava Eliseu enfermo daquela sua enfermidade de que morreu. E desceu a ele Joás rei de Israel, e chorando diante dele, disse: Meu pai, meu pai, carro de Israel e seus cavaleiros! ¹⁵ E disse-lhe Eliseu: Toma um arco e umas flechas. Tomou ele então um arco e umas flechas. ¹⁶ E disse Eliseu ao rei de Israel: Põe tua mão sobre o arco. E pôs ele sua mão sobre o arco. Então pôs Eliseu suas mãos sobre as mãos do rei, ¹⁷ E disse: Abre a janela de até o oriente. E quando ele a abriu disse Eliseu: Atira. E atirando ele, disse Eliseu: Flecha de salvação do SENHOR, e flecha de salvação contra Síria: porque ferirás aos sírios em Afeque, até consumi-los. ¹⁸ E voltou-lhe a dizer: Toma as flechas. E logo que o rei de Israel as tomou, disse-lhe: Fere a terra. E ele feriu três vezes, e cessou. ¹⁹ Então o homem de Deus, irou-se com ele, lhe disse: A ferir cinco ou seis vezes, feririas a Síria, até não restar ninguém: porém agora três vezes ferirás a Síria. ²⁰ E morreu Eliseu, e sepultaram-no. Entrado o ano vieram tropas de moabitas à terra. ²¹ E aconteceu que ao sepultar uns um homem, subitamente viram uma tropa, e lançaram ao homem no sepulcro de Eliseu: e quando o morto chegou a tocar os ossos de Eliseu, reviveu, e levantou-se sobre seus pés. ²² Hazael, pois, rei da Síria, afligiu a Israel todo o tempo de Jeoacaz. ²³ Mas o SENHOR teve misericórdia deles, e compadeceu-se deles, e olhou-os, por amor de

seu pacto com Abraão, Isaque e Jacó; e não quis destruí-los nem lançá-los de diante de si até agora. ²⁴ E morreu Hazael rei da Síria, e reinou em seu lugar Ben-Hadade seu filho. ²⁵ E voltou Joás filho de Jeoacaz, e tomou da mão de Ben-Hadade filho de Hazael, as cidades que ele havia tomado da mão de Jeoacaz seu pai em guerra. Três vezes o bateu Joás, e restituiu as cidades a Israel.

14

¹ No ano segundo de Joás filho de Jeoacaz rei de Israel, começou a reinar Amazias filho de Joás rei de Judá. ² Quando começou a reinar era de vinte e cinco anos, e reinou vinte e nove anos em Jerusalém: o nome de sua mãe foi Jeoadã, de Jerusalém. ³ E ele fez o que era correto aos olhos do SENHOR, ainda que não como Davi seu pai: fez conforme a todas as coisas que havia feito Joás seu pai. ⁴ Contudo isso os altos não foram tirados; que o povo ainda sacrificava e queimava incenso nos altos. ⁵ E logo que o reino foi confirmado em sua mão, feriu a seus servos, os que haviam matado ao rei seu pai. ⁶ Mas não matou aos filhos dos que lhe mataram, conforme o que está escrito no livro da lei de Moisés, de onde o SENHOR mandou, dizendo: Não matarão aos pais pelos filhos, nem aos filhos pelos pais: mas cada um morrerá por seu pecado. ⁷ Este feriu também dez mil edomitas no vale das salinas, e tomou a Selá por guerra, e chamou-a Jocteel, até hoje. ⁸ Então Amazias enviou embaixadores a Joás, filho de Jeoacaz filho de Jeú, rei de Israel, dizendo: Vem, e vejamo-nos face a face. ⁹ E Joás rei de Israel enviou a Amazias rei de Judá esta resposta: O cardo que está no Líbano enviou a dizer ao cedro que está no Líbano: Da tua filha por mulher a meu filho. E passaram os animais selvagens que estão no Líbano, e pisaram o cardo. ¹⁰ Certamente feriste a Edom, e teu coração te envaideceu: gloria-te, pois, mas fica-te em tua casa. E por que te intrometerás em um mal, para que caias tu, e Judá contigo? ¹¹ Mas Amazias não deu ouvidos; pelo que subiu Joás rei de Israel, e vieram-se de rosto ele e Amazias rei de Judá, em Bete-Semes, que é de Judá. ¹² E Judá caiu diante de Israel, e fugiram cada um a suas moradas. ¹³ Além disso Joás rei de Israel tomou a Amazias rei de Judá, filho de Joás filho de Acazias, em Bete-Semes: e veio a Jerusalém, e rompeu o muro de Jerusalém desde a porta de Efraim até a porta da esquina, quatrocentos côvados. ¹⁴ E tomou todo o ouro e a prata, e todos os vasos que foram achados na casa do SENHOR, e nos tesouros da casa do rei, e os filhos em reféns, e voltou-se a Samaria. ¹⁵ Os demais dos feitos de Joás que executou, e suas façanhas, e como lutou contra Amasias rei de Judá, não estão escritos no livro das crônicas dos reis de Israel? ¹⁶ E descansou Joás com seus pais, e foi sepultado em Samaria com os reis de Israel; e reinou em seu lugar Jeroboão seu filho. ¹⁷ E Amazias, filho de Joás, rei de Judá, viveu depois da morte de Joás filho de Jeoacaz rei de Israel, quinze anos. ¹⁸ Os demais dos feitos de Amazias não estão escritos no livro das crônicas dos reis de Judá? ¹⁹ E fizeram conspiração contra ele em Jerusalém, e ele fugiu a Laquis; mas enviaram atrás dele a Laquis, e ali o mataram. ²⁰ Trouxeram-no logo sobre cavalos, e sepultaram-no em Jerusalém com seus pais, na cidade de Davi. ²¹ Então todo o povo de Judá tomou a Azarias, que era de dezesseis anos, e fizeram-no rei em lugar de Amasias seu pai. ²² Ele edificou Elate, e a restituiu a Judá, depois que o rei descansou com seus pais. ²³ O ano quinze de Amazias filho de Joás rei de Judá, começou a reinar Jeroboão filho de Joás sobre Israel em Samaria; e reinou quarenta e um anos. ²⁴ E fez o que era mau aos olhos do SENHOR, e não se separou de todos os pecados de Jeroboão filho de Nebate, o que fez pecar a Israel. ²⁵ Ele restituiu os termos de Israel desde a entrada de Hamate até o mar da planície, conforme à palavra do SENHOR Deus de Israel, a qual havia ele falado por seu servo Jonas filho de Amitai, profeta que foi de Gate-Hefer. ²⁶ Porquanto o SENHOR olhou a muito amarga aflição de Israel;

que não havia escravo nem livre, nem quem desse ajuda a Israel; ^{27} E o SENHOR não havia determinado apagar o nome de Israel de debaixo do céu: portanto, os salvou por mão de Jeroboão filho de Joás. ^{28} E o demais dos feitos de Jeroboão, e todas as coisas que fez, e sua valentia, e todas as guerras que fez, e como restituiu a Judá em Israel a Damasco e a Hamate, não está escrito no livro das crônicas dos reis de Israel? ^{29} E descansou Jeroboão com seus pais, os reis de Israel, e reinou em seu lugar Zacarias seu filho.

15

^{1} No ano vinte e sete de Jeroboão, rei de Israel, começou a reinar Azarias, filho de Amazias, rei de Judá. ^{2} Quando começou a reinar tinha dezesseis anos, e reinou cinquenta e dois anos em Jerusalém; o nome de sua mãe foi Jecolias, de Jerusalém. ^{3} E fez o que era correto aos olhos do SENHOR, conforme todas as coisas que seu pai Amazias havia feito. ^{4} Contudo, os altos não foram tirados; pois o povo ainda sacrificava e queimava incenso nos altos. ^{5} Mas o SENHOR feriu ao rei com lepra, e foi leproso até o dia de sua morte, e habitou em casa separada. Jotão, filho do rei tinha o cargo do palácio, governando o povo da terra. ^{6} Os demais dos feitos de Azarias, e todas as coisas que fez, não estão escritos no livro das crônicas dos reis de Judá? ^{7} Azarias descansou com seus pais, e sepultaram-no com seus pais na cidade de Davi; e Jotão, seu filho, reinou em seu lugar. ^{8} No ano trinta e oito de Azarias rei de Judá, reinou Zacarias, filho de Jeroboão, sobre Israel por seis meses. ^{9} E fez o que era mau aos olhos do SENHOR, como seus ancestrais haviam feito; ele não se afastou dos pecados de Jeroboão, filho de Nebate, o que fez pecar a Israel. ^{10} Contra ele se conspirou Salum, filho de Jabes, e o feriu em presença do seu povo; e o matou, e reinou em seu lugar. ^{11} Os demais dos feitos de Zacarias, eis que estão escritos no livro das crônicas dos reis de Israel. ^{12} E esta foi a palavra do SENHOR que havia falado a Jeú, dizendo: Teus filhos até a quarta geração se sentarão no trono de Israel. E assim foi. ^{13} Salum, filho de Jabes, começou a reinar no ano trinta e nove de Uzias rei de Judá, e reinou pelo tempo de um mês em Samaria; ^{14} Pois subiu Menaém, filho de Gadi, de Tirsa, e veio a Samaria, e feriu Salum, filho de Jabes, em Samaria, e o matou, e reinou em seu lugar. ^{15} Os demais dos feitos de Salum, e sua conspiração com que conspirou, eis que estão escritos no livro das crônicas dos reis de Israel. ^{16} Então feriu Menaém a Tifsa, e a todos os que estavam nela, e também seus termos desde Tirsa; e feriu-a porque não lhe haviam aberto; e fendeu o ventre de todas as suas grávidas. ^{17} No ano trinta e nove de Azarias, rei de Judá, reinou Menaém, filho de Gadi, sobre Israel, por dez anos, em Samaria. ^{18} E fez o que era mau aos olhos do SENHOR; ele não se afastou em todo o seu tempo dos pecados de Jeroboão, filho de Nebate, o que fez Israel pecar. ^{19} E veio Pul, rei da Assíria, à terra; e Menaém deu a Pul mil talentos de prata para lhe ajudasse a se firmar no reino. ^{20} E impôs Menaém este dinheiro sobre Israel, sobre todos os poderosos e ricos: de cada um cinquenta siclos de prata, para dar ao rei da Assíria, e o rei da Assíria voltou, e não ficou ali na terra. ^{21} Os demais dos feitos de Menaém, e todas as coisas que fez, acaso não estão escritas no livro das crônicas dos reis de Israel? ^{22} Menaém descansou com seus pais, e reinou em seu lugar seu filho Pecaías. ^{23} No ano cinquenta de Azarias rei de Judá, reinou Pecaías filho de Menaém sobre Israel em Samaria, dois anos. ^{24} E fez o que era mau aos olhos do SENHOR: não se separou dos pecados de Jeroboão filho de Nebate, o que fez Israel pecar. ^{25} E conspirou contra ele Peca filho de Remalias, capitão seu, e feriu-o em Samaria, no palácio da casa real, em companhia de Argobe e de Arié, e com cinquenta homens dos filhos dos gileaditas; e o matou, e reinou em seu lugar. ^{26} Os demais dos feitos de Pecaías, e todas as coisas que fez, eis que estão escritos no livro das crônicas dos reis de Israel. ²⁷ No ano cinquenta e dois de Azarias rei de Judá, reinou Peca, filho de Remalias sobre Israel em Samaria; e reinou vinte anos. ²⁸ E fez o que era mau aos olhos do SENHOR; não se separou dos pecados de Jeroboão filho de Nebate, o que fez pecar a Israel. ²⁹ Nos dias de Peca rei de Israel, veio Tiglate-Pileser rei dos assírios, e tomou a Ijom, Abel-Bete-Maaca, e Janoa, e Quedes, e Hazor, e Gileade, e Galileia, e toda a terra de Naftali; e transportou-os à Assíria. ³⁰ E Oseias filho de Elá fez conspiração contra Peca filho de Remalias, e feriu-o, e o matou, e reinou em seu lugar, aos vinte anos de Jotão filho de Uzias. ³¹ Os demais dos feitos de Peca, e tudo o que fez, eis que está escrito no livro das crônicas dos reis de Israel. ³² No segundo ano de Peca filho de Remalias rei de Israel, começou a reinar Jotão filho de Uzias rei de Judá. ³³ Quando começou a reinar era de vinte e cinco anos, e reinou dezesseis anos em Jerusalém. O nome de sua mãe foi Jerusa filha de Zadoque. ³⁴ E ele fez o que era correto aos olhos do SENHOR; fez conforme todas as coisas que havia feito seu pai Uzias. ³⁵ Com tudo isso os altos não foram tirados; que o povo sacrificava ainda, e queimava incenso nos altos. Edificou ele a porta mais alta da casa do SENHOR. ³⁶ Os demais dos feitos de Jotão, e todas as coisas que fez, não estão escritos no livro das crônicas dos reis de Judá? ³⁷ Naquele tempo começou o SENHOR a enviar contra Judá a Resim rei da Síria, e a Peca filho de Remalias. ³⁸ E descansou Jotão com seus pais, e foi sepultado com seus pais na cidade de Davi seu pai; e reinou em seu lugar Acaz seu filho.

16

¹ No ano dezessete de Peca filho de Remalias, começou a reinar Acaz filho de Jotão rei de Judá. ² Quando começou a reinar Acaz, era de vinte anos, e reinou em Jerusalém dezesseis anos: e não fez o que era correto aos olhos do SENHOR seu Deus, como Davi seu pai; ³ Antes andou no caminho dos reis de Israel, e ainda fez passar pelo fogo a seu filho, segundo as abominações das nações que o SENHOR expulsou de diante dos filhos de Israel. ⁴ Também sacrificou, e queimou incenso nos altos, e sobre as colinas, e debaixo de toda árvore frondosa. ⁵ Então Resim rei da Síria, e Peca filho de Remalias rei de Israel, subiram a Jerusalém para fazer guerra, e cercar a Acaz; mas não puderam tomá-la. ⁶ Naquele tempo Resim rei da Síria restituiu Elate à Síria, e expulsou aos judeus de Elate; e os sírios vieram a Elate, e habitaram ali até hoje. ⁷ Então Acaz enviou embaixadores a Tiglate-Pileser rei da Assíria, dizendo: Eu sou teu servo e teu filho: sobe, e defende-me da mão do rei da Síria, e da mão do rei de Israel, que se levantaram contra mim. ⁸ E tomando Acaz a prata e o ouro que se achou na casa do SENHOR, e nos tesouros da casa real, enviou um presente ao rei da Assíria. ⁹ E atendeu-lhe o rei da Assíria; pois subiu o rei da Assíria contra Damasco, e tomou-a, e transportou os moradores a Quir, e matou a Resim. ¹⁰ E foi o rei Acaz a encontrar a Tiglate-Pileser rei da Assíria em Damasco; e visto que havia o rei Acaz o altar que estava em Damasco, enviou a Urias sacerdote o desenho e a descrição do altar, conforme a toda sua feitura. ¹¹ E Urias o sacerdote edificou o altar; conforme a tudo o que o rei Acaz havia enviado de Damasco, assim o fez o sacerdote Urias, antes que o rei Acaz viesse de Damasco. ¹² E logo que veio o rei de Damasco, e viu o altar, aproximou-se o rei a ele, e sacrificou nele; ¹³ E acendeu seu holocausto, e sua oferta de alimentos, e derramou suas libações, e espalhou o sangue de seus sacrifícios pacíficos sobre o altar. ¹⁴ E o altar de bronze que estava diante do SENHOR, ele o moveu de diante da parte frontal da casa, entre o altar e o templo do SENHOR, e o pôs ao lado do altar até o norte. ¹⁵ E o rei Acaz mandou ao sacerdote Urias, dizendo: No grande altar acenderás o holocausto da manhã e a oferta de alimentos da noite, e o holocausto do rei e sua oferta de alimentos, e também o holocausto de todo o

povo da terra e suas ofertas de alimentos e suas libações; e espargirás sobre ele todo o sangue do holocausto, e todo o sangue do sacrifício; e o altar de bronze será meu para nele consultar. ¹⁶ E o sacerdote Urias fez conforme a todas as coisas que o rei Acaz lhe havia mandado. ¹⁷ E cortou o rei Acaz as cintas das bases, e tirou-lhes as fontes; tirou também o mar de sobre os bois de bronze que estavam debaixo dele, e o pôs sobre o piso de pedra. ¹⁸ Também a tenda do sábado que haviam edificado na casa, e a entrada de fora do rei, ele os moveu do templo do SENHOR, por causa do rei da Assíria. ¹⁹ Os demais dos feitos de Acaz que pôs por obra, não estão todos escritos no livro das crônicas dos reis de Judá? ²⁰ E descansou o rei Acaz com seus pais e foi sepultado com seus pais na cidade de Davi: e reinou em seu lugar Ezequias seu filho.

17

¹ No ano décimo segundo de Acaz rei de Judá, começou a reinar Oseias filho de Elá em Samaria sobre Israel; e reinou nove anos. ² E fez o que era mau aos olhos do SENHOR, ainda que não como os reis de Israel que antes dele haviam sido. ³ Contra este subiu Salmaneser rei dos assírios; e Oseias foi feito seu servo, e pagava-lhe tributo. ⁴ Mas o rei da Assíria achou que Oseias fazia conspiração: porque havia enviado embaixadores a Sô, rei do Egito, e não pagava tributo ao rei da Assíria, como cada ano: pelo que o rei da Assíria lhe deteve, e lhe aprisionou na casa do cárcere. ⁵ E o rei da Assíria partiu contra todo aquela terra, e subiu contra Samaria, e a cercou por três anos. ⁶ No nono ano de Oseias, o rei da Assíria tomou a Samaria, e transportou a Israel a Assíria, e os pôs em Hala, e em Habor, junto ao rio de Gozã, e nas cidades dos medos. ⁷ Porque como os filhos de Israel pecassem contra o SENHOR seu Deus, que os tirou da terra do Egito de sob a mão de Faraó rei do Egito, e temessem a deuses alheios, ⁸ E andassem nos estatutos das nações que o SENHOR havia lançado diante dos filhos de Israel, e nos dos reis de Israel, que fizeram; ⁹ E os filhos de Israel fizeram secretamente coisas que não eram corretas, contra o SENHOR seu Deus, edificando para si altos em todas as suas cidades, desde as torres das atalaias até as cidades fortes, ¹⁰ E levantaram para si estátuas e bosques em todo morro alto, e debaixo de toda árvore frondosa, ¹¹ E queimaram ali incenso em todos os altos, à maneira das nações que o SENHOR havia expulsado diante deles, e fizeram coisas muito más para provocar o SENHOR à ira, ¹² Pois serviam aos ídolos, dos quais o SENHOR lhes havia dito: Vós não haveis de fazer isto; ¹³ O SENHOR advertia, então, contra Israel e contra Judá, por meio de todos os profetas, e de todos os videntes, dizendo: Convertei-vos de vossos maus caminhos, e guardai meus mandamentos e minhas ordenanças, conforme a todas as leis que eu prescrevi a vossos pais, e que os enviei por meio de meus servos, os profetas. ¹⁴ Mas eles não obedeceram, antes endureceram sua cerviz, como a cerviz de seus pais, os quais não creram no SENHOR seu Deus. ¹⁵ E rejeitaram seus estatutos, e seu pacto que ele havia concertado com seus pais, e seus testemunhos que ele havia advertido contra eles; seguiram a vaidade, e se fizeram vãos, e seguiram as nações que estavam ao redor deles, das quais o SENHOR havia lhes mandado que não fizessem à maneira delas; ¹⁶ E deixaram todos os mandamentos do SENHOR seu Deus, e fizeram para si imagens de dois bezerros, e também bosques, e adoraram a todo o exército do céu, e serviram a Baal: ¹⁷ E fizeram passar a seus filhos e a suas filhas por fogo; e deram-se a adivinhações e agouros, e entregaram-se a fazer o que era mau aos olhos do SENHOR, provocando-o à ira. ¹⁸ O SENHOR, portanto, se irou em grande maneira contra Israel, e tirou-os de diante de seu rosto; que não restou a não ser somente a tribo de Judá. ¹⁹ Mas nem ainda Judá guardou os mandamentos do SENHOR seu Deus; antes andaram nos estatutos de Israel, os quais eles haviam feito. ²⁰ E rejeitou o SENHOR toda a

semente de Israel, e afligiu-os, e entregou-os em mãos de saqueadores, até lançá-los de sua presença. ²¹ Porque cortou a Israel da casa de Davi, e eles se fizeram rei a Jeroboão filho de Nebate; e Jeroboão desviou a Israel de seguir o SENHOR, e fez-lhes cometer grande pecado. ²² E os filhos de Israel andaram em todos os pecados de Jeroboão que ele fez, sem desviar-se deles; ²³ Até que o SENHOR tirou a Israel de diante de seu rosto, como o havia ele dito por meio de todos os profetas seus servos: e Israel foi transportado de sua terra à Assíria, até hoje. ²⁴ E trouxe o rei da Assíria gente de Babilônia, e de Cuta, e de Hava, e de Hamate, e de Sefarvaim, e os pôs nas cidades de Samaria, em lugar dos filhos de Israel; e possuíram a Samaria, e habitaram em suas cidades. ²⁵ E aconteceu ao princípio, quando começaram a habitar ali, que não temendo eles ao SENHOR, enviou o SENHOR contra eles leões que os matavam. ²⁶ Então disseram eles ao rei da Assíria: As nações que tu transportaste e puseste nas cidades de Samaria, não sabem a costume do Deus daquela terra, e ele lançou leões neles, e eis que os matam, porque não sabem a costume do Deus da terra. ²⁷ E o rei da Assíria mandou, dizendo: Levai ali a algum dos sacerdotes que trouxestes dali, e vão e habitem ali, e ensinem-lhes o costume do Deus daquela terra. ²⁸ E veio um dos sacerdotes que haviam transportado de Samaria, e habitou em Betel, e ensinou-lhes como haviam de temer ao SENHOR. ²⁹ Mas cada nação fez para si seus deuses, e puseram-nos nos templos dos altos que haviam feito os de Samaria; cada nação em sua cidade onde habitava. ³⁰ Os da Babilônia fizeram a Sucote-Benote, e os de Cuta fizeram a Nergal, e os de Hamate fizeram a Asima; ³¹ Os heveus fizeram a Nibaz e a Tartaque; e os de Sefarvaim queimavam seus filhos ao fogo a Adrameleque e a Anameleque, deuses de Sefarvaim. ³² E temiam ao SENHOR; e fizeram dos do povo sacerdotes dos altos, os quais sacrificavam para eles nos templos dos altos. ³³ Temiam ao SENHOR, e honravam a seus deuses, segundo o costume das nações de onde haviam sido transportados. ³⁴ Até hoje fazem como primeiro; que nem temem ao SENHOR, nem guardam seus estatutos, nem suas ordenanças, nem fazem segundo a lei e os mandamentos que prescreveu o SENHOR aos filhos de Jacó, ao qual pôs o nome de Israel; ³⁵ Com os quais havia o SENHOR feito pacto, e lhes mandou, dizendo: Não temereis a outros deuses, nem os adorareis, nem lhes servireis, nem lhes sacrificareis: ³⁶ Mas ao SENHOR, que vos tirou da terra do Egito com grande poder e braço estendido, a este temereis, e a este adorareis, e a este fareis sacrifício. ³⁷ Os estatutos e direitos e lei e mandamentos que vos deu por escrito, cuidareis sempre de praticá-los, e não temereis deuses alheios. ³⁸ E não esquecereis o pacto que fiz convosco; nem temereis deuses alheios: ³⁹ Mas temei ao SENHOR vosso Deus, e ele vos livrará da mão de todos vossos inimigos. ⁴⁰ Porém eles não escutaram; antes fizeram segundo seu costume antigo. ⁴¹ Assim temeram ao SENHOR aquelas nações, e juntamente serviram a seus ídolos: e também seus filhos e seus netos, segundo que fizeram seus pais, assim fazem até hoje.

18

¹ No terceiro ano de Oseias filho de Elá rei de Israel, começou a reinar Ezequias filho de Acaz rei de Judá. ² Quando começou a reinar era de vinte e cinco anos, e reinou em Jerusalém vinte e nove anos. O nome de sua mãe foi Abi filha de Zacarias. ³ Fez o que era correto aos olhos do SENHOR, conforme todas as coisas que havia feito Davi seu pai. ⁴ Ele tirou os altos, e quebrou as imagens, e arrancou os bosques, e fez pedaços a serpente de bronze que havia feito Moisés, porque até então lhe queimavam incenso os filhos de Israel; e chamou-lhe por nome Neustã. ⁵ No SENHOR Deus de Israel pôs sua esperança: depois nem antes dele não houve outro como ele em todos os reis de Judá. ⁶ Porque se chegou ao SENHOR, e não se separou dele, mas sim que guardou

os mandamentos que o SENHOR prescreveu a Moisés. ⁷ E o SENHOR foi com ele; e em todas as coisas a que saía prosperava. Ele se rebelou contra o rei da Assíria, e não lhe serviu. ⁸ Feriu também aos filisteus até Gaza e seus termos, desde as torres das atalaias até a cidade fortificada. ⁹ No quarto ano do rei Ezequias, que era o ano sétimo de Oseias filho de Elá rei de Israel, subiu Salmaneser rei dos assírios contra Samaria, e cercou-a. ¹⁰ E tomaram-na ao fim de três anos: isto é, no sexto ano de Ezequias, o qual era o ano nono de Oseias rei de Israel, foi Samaria tomado. ¹¹ E o rei da Assíria transportou a Israel à Assíria, e os pôs em Hala, e em Habor, junto ao rio de Gozã, e nas cidades dos medos: ¹² Porquanto não haviam atendido à voz do SENHOR seu Deus, antes haviam quebrado o seu pacto; e todas as coisas que Moisés servo do SENHOR havia mandado, nem as haviam escutado, nem praticado. ¹³ E aos catorze anos do rei Ezequias, subiu Senaqueribe rei da Assíria contra todas as cidades fortes de Judá, e tomou-as. ¹⁴ Então Ezequias, rei de Judá, mandou dizer ao rei da Assíria em Laquis: Eu pequei; afasta-te de mim, e suportarei tudo o que me impuseres. E o rei da Assíria impôs a Ezequias rei de Judá trezentos talentos de prata, e trinta talentos de ouro. ¹⁵ Deu, portanto, Ezequias toda a prata que foi achada na casa do SENHOR, e nos tesouros da casa real. ¹⁶ Então desmontou Ezequias as portas do templo do SENHOR, e as dobradiças que o mesmo rei Ezequias havia coberto de ouro, e deu-o ao rei da Assíria. ¹⁷ Depois o rei da Assíria enviou ao rei Ezequias, desde Laquis contra Jerusalém, a Tartã e a Rabe-Saris e a Rabsaqué, com um grande exército: e subiram, e vieram a Jerusalém. E havendo subido, vieram e pararam junto ao aqueduto do tanque de acima, ¹⁸ Chamaram logo ao rei, e saiu a eles Eliaquim filho de Hilquias, que era mordomo, e Sebna escriba, e Joá filho de Asafe, chanceler. ¹⁹ E disse-lhes Rabsaqué: Dizei agora a Ezequias: Assim diz o grande rei da Assíria: Que confiança é esta em que tu estás? ²⁰ Dizes, (por certo palavras de lábios): Tenho conselho e esforço para a guerra. Mas em que confias, que te rebelaste contra mim? ²¹ Eis que tu confias agora neste bordão de cana quebrada, em Egito, no que se alguém se apoiar, lhe entrará pela mão, e se lhe passará. Assim é Faraó, rei do Egito, para todos os que nele confiam. ²² E se me dizeis: Nós confiamos no SENHOR nosso Deus: não é aquele cujos altos e altares tirou Ezequias, e disse a Judá e a Jerusalém: Diante deste altar adorareis em Jerusalém? ²³ Portanto, agora eu te rogo que dês reféns a meu senhor, o rei da Assíria, e eu te darei dois mil cavalos, se tu puderes dar cavaleiros para eles. ²⁴ Como, pois, farás virar o rosto de um capitão o menor dos servos de meu senhor, ainda que estais confiantes no Egito por seus carros e seus cavaleiros? ²⁵ Além disso, acaso eu vim sem o SENHOR a este lugar, para destruí-lo? Foi o SENHOR que me disse: Sobe a esta terra, e destrói-a. ²⁶ Então disse Eliaquim filho de Hilquias, e Sebna e Joá, a Rabsaqué: Rogo-te que fales a teus servos em siríaco, porque nós o entendemos, e não fales conosco judaico a ouvidos do povo que está sobre o muro. ²⁷ E Rabsaqué lhes disse: Enviou-me meu senhor a ti e a teu senhor para dizer estas palavras, e não antes aos homens que estão sobre o muro, para comerem o seu excremento, e beberem a sua própria urina convosco? ²⁸ Logo Rabsaqué ficou de pé, e clamou em alta voz na língua judaica, e falou, dizendo: Ouvi a palavra do grande rei, o rei da Assíria. ²⁹ Assim disse o rei: Não vos engane Ezequias, porque não vos poderá livrar de minha mão. ³⁰ E não vos faça Ezequias confiar no SENHOR, dizendo: De certo nos livrará o SENHOR, e esta cidade não será entregue em mão do rei da Assíria. ³¹ Não ouçais a Ezequias, porque assim diz o rei da Assíria: Fazei comigo paz, e saí a mim, e cada um comerá de sua vide, e de sua figueira, e cada um beberá as águas de seu poço; ³² Até que eu venha, e vos leve a uma terra como a vossa, terra de grão e de vinho, terra de pão e de vinhas, terra de olivas, de azeite, e de mel; e vivereis, e não morrereis. Não ouçais a Ezequias, porque vos engana quando disse: o SENHOR nos livrará. ³³ Acaso algum dos deuses das nações livrou sua terra da mão do rei da Assíria? ³⁴ Onde está o deus de Hamate, e de Arpade? Onde está o deus de Sefarvaim, de Hena, e de Iva? Puderam estes livrar a Samaria de minha mão? ³⁵ Que deus de todos os deuses das províncias livrou a sua província de minha mão, para que livre o SENHOR de minha mão a Jerusalém? ³⁶ E o povo se calou, de maneira que não lhe responderam palavra: porque havia mandamento do rei, o qual havia dito: Não lhe respondais. ³⁷ Então Eliaquim filho de Hilquias, que era mordomo, e Sebna o escriba, e Joá filho de Asafe, chanceler, vieram a Ezequias, com suas roupas rasgadas, e contaram-lhe as palavras de Rabsaqué.

19

¹ E quando o rei Ezequias o ouviu, rasgou suas roupas, e cobriu-se de saco, e entrou-se na casa do SENHOR. ² E enviou a Eliaquim o mordomo, e a Sebna escriba, e aos anciãos dos sacerdotes, vestidos de sacos a Isaías profeta filho de Amoz, ³ Que lhe dissessem: Assim disse Ezequias: Este dia é dia de angústia, e de repreensão, e de blasfêmia; porque os filhos vieram até o ponto do parto, mas a que dá à luz não tem forças. ⁴ Talvez ouvirá o SENHOR tua Deus todas as palavras de Rabsaqué, ao qual o rei dos assírios, seu senhor, enviou para afrontar o Deus vivo, e repreenderá pelas palavras que o SENHOR teu Deus ouviu: portanto, eleva oração pelos restantes que ainda continuam. ⁵ Vieram, pois, os servos do rei Ezequias a Isaías. ⁶ E Isaías lhes respondeu: Assim direis a vosso senhor: Assim disse o SENHOR; Não temas pelas palavras que ouviste, com as quais me blasfemaram os servos do rei da Assíria. ⁷ Eis que porei eu nele um espírito, e ouvirá rumor, e se voltará à sua terra: e eu farei que em sua terra caia à espada. ⁸ E regressando Rabsaqué, achou ao rei da Assíria combatendo a Libna; porque havia ouvido que se havia partido de Laquis. ⁹ E ouviu dizer de Tiraca rei de Etiópia: Eis que saiu para fazer-te guerra. Então voltou ele, e enviou embaixadores a Ezequias, dizendo: ¹⁰ Assim direis a Ezequias rei de Judá: Não te engane teu Deus em quem tu confias, para dizer: Jerusalém não será entregue em mão do rei da Assíria. ¹¹ Eis que tu ouviste o que fizeram os reis da Assíria a todas as terras, destruindo-as; e hás tu de escapar? ¹² Livraram-nas os deuses das nações, que meus pais destruíram, a saber, Gozã, e Harã, e Rezefe, e os filhos de Éden que estavam em Telassar? ¹³ Onde está o rei de Hamate, o rei de Arpade, o rei da cidade de Sefarvaim, de Hena, e de Iva? ¹⁴ E tomou Ezequias as cartas da mão dos embaixadores; e depois que as leu, subiu à casa do SENHOR, e estendeu-as Ezequias diante do SENHOR. ¹⁵ E orou Ezequias diante do SENHOR, dizendo: SENHOR Deus de Israel, que habitas entre os querubins, tu só és Deus de todos os reinos da terra; tu fizeste o céu e a terra. ¹⁶ Inclina, ó SENHOR, teu ouvido, e ouve; abre, ó SENHOR, teus olhos, e olha: e ouve as palavras de Senaqueribe, que enviou a blasfemar ao Deus vivente. ¹⁷ É verdade, ó SENHOR, que os reis da Assíria destruíram as nações e suas terras; ¹⁸ E que puseram no fogo a seus deuses, porquanto eles não eram deuses, mas sim obra de mãos de homens, madeira ou pedra, e assim os destruíram. ¹⁹ Agora, pois, ó SENHOR Deus nosso, salva-nos, te suplico, de sua mão, para que saibam todos os reinos da terra que só tu, SENHOR, és Deus. ²⁰ Então Isaías filho de Amoz enviou a dizer a Ezequias: Assim disse o SENHOR, Deus de Israel: O que me rogaste acerca de Senaqueribe rei da Assíria, ouvi. ²¹ Esta é a palavra que o SENHOR falou contra ele: Menosprezou-te, escarneceu-te a virgem filha de Sião; moveu sua cabeça detrás de ti a filha de Jerusalém. ²² A quem afrontaste e a quem blasfemaste? E contra quem falaste alto, e levantaste em alto teus olhos? Contra o Santo de Israel. ²³ Por meio de teus mensageiros proferiste afronta contra o Senhor, e disseste: Com a multidão de meus carros subi aos cumes dos montes, às costas do Líbano; e cortarei

seus altos cedros, suas faias escolhidas; e entrarei à morada de seu termo, à floresta de seu terreno fértil. ²⁴ Eu cavei e bebi as águas alheias, e sequei com as plantas de meus pés todos os rios de lugares bloqueados. ²⁵ Nunca ouviste que há muito tempo eu o fiz, e de dias antigos o formei? E agora o fiz vir, e foi para desolação de cidades fortes em amontoados de ruínas. ²⁶ E seus moradores, fracos de mãos, quebrantados e confusos, foram qual erva do campo, como hortaliça verde, e feno dos telhados, que antes que venha a maturidade é seco. ²⁷ Eu soube teu assentar-te, teu sair e teu entrar, e teu furor contra mim. ²⁸ Porquanto te iraste contra mim, e teu estrondo subiu a meus ouvidos, eu, portanto, porei meu anzol em tuas narinas, e meu freio em teus lábios, e te farei voltar pelo caminho por onde vieste. ²⁹ E isto te será por sinal Ezequias: Este ano comerás o que nascerá de si mesmo, e no segundo ano o que nascerá de si mesmo; e ao terceiro ano semeareis, e colhereis, e plantareis vinhas, e comereis o fruto delas. ³⁰ E o que houver escapado, o que haverá restado da casa de Judá, voltará a lançar raiz abaixo, e dará fruto acima. ³¹ Porque sairão de Jerusalém remanescentes, e os que escaparão, do monte de Sião: o zelo do SENHOR dos exércitos fará isto. ³² Portanto, o SENHOR diz assim do rei da Assíria: Não entrará nesta cidade, nem lançará flecha nela; nem virá diante dela escudo, nem será levantado baluarte contra ela. ³³ Pelo caminho que veio se voltará, e não entrará nesta cidade, diz o SENHOR. ³⁴ Porque eu ampararei a esta cidade para salvá-la, por causa de mim, e por causa de Davi meu servo. ³⁵ E aconteceu que a mesma noite saiu o anjo do SENHOR, e feriu no campo dos assírios cento oitenta e cinco mil; e quando se levantaram pela manhã, eis que eram todos cadáveres. ³⁶ Então Senaqueribe, rei da Assíria, partiu-se, e se foi e voltou a Nínive, onde ficou. ³⁷ E aconteceu que, estando ele adorando no templo de Nisroque seu deus, Adrameleque e Sarezer seus filhos o feriram à espada; e fugiram-se à terra de Ararate. E reinou em seu lugar Esar-Hadom seu filho.

20

¹ Naqueles dias caiu Ezequias enfermo de morte, e veio a ele Isaías profeta filho de Amoz, e disse-lhe: o SENHOR disse assim: Dá ordens à tua casa, porque hás de morrer, e não viverás. ² Então virou ele seu rosto à parede, e orou ao SENHOR, e disse: ³ Rogo-te, ó SENHOR, rogo-te faças memória de que andei diante de ti em verdade e íntegro coração, e que fiz as coisas que te agradam. E chorou Ezequias com grande choro. ⁴ E antes que Isaías saísse até a metade do pátio, veio a palavra do SENHOR a Isaías, dizendo: ⁵ Volta, e dize a Ezequias, príncipe de meu povo: Assim diz o SENHOR, o Deus de Davi teu pai: Eu ouvi tua oração, e vi tuas lágrimas: eis que eu te saro; ao terceiro dia subirás à casa do SENHOR. ⁶ E acrescentarei a teus dias quinze anos, e te livrarei a ti e a esta cidade da mão do rei da Assíria; e ampararei esta cidade por causa de mim, e por causa de Davi meu servo. ⁷ E disse Isaías: Tomai uma pasta de figos. E tomando-a, puseram sobre a chaga, e sanou. ⁸ E Ezequias havia dito a Isaías: Que sinal terei de que o SENHOR me sarará, e que subirei à casa do SENHOR ao terceiro dia? ⁹ E respondeu Isaías: Esta sinal terás do SENHOR, de que fará o SENHOR isto que disse: Avançará a sombra dez degraus, ou retrocederá dez degraus? ¹⁰ E Ezequias respondeu: Fácil coisa é que a sombra decline dez degraus: mas, que a sombra volte atrás dez degraus. ¹¹ Então o profeta Isaías clamou ao SENHOR; e fez voltar a sombra pelos degraus que havia descido no relógio de Acaz, dez degraus atrás. ¹² Naquele tempo Berodaque-Baladã, filho de Baladã, rei da Babilônia, enviou cartas e um presente a Ezequias, porque havia ouvido que Ezequias havia estado doente. ¹³ E Ezequias os ouviu, e mostrou-lhes toda a casa das coisas preciosas, prata, ouro, e especiaria, e preciosos unguentos; e a casa de suas armas, e tudo o que havia

em seus tesouros: nenhuma coisa restou que Ezequias não lhes mostrasse, tanto em sua casa como em todo o seu domínio. ¹⁴ Então o profeta Isaías veio ao rei Ezequias, e disse-lhe: Que disseram aqueles homens, e de onde vieram a ti? E Ezequias lhe respondeu: De distantes terras vieram, de Babilônia. ¹⁵ E ele lhe voltou a dizer: Que viram em tua casa? E Ezequias respondeu: Viram tudo o que havia em minha casa; nada restou em meus tesouros que não lhes mostrasse. ¹⁶ Então Isaías disse a Ezequias: Ouve a palavra do SENHOR: ¹⁷ Eis que vêm dias, em que tudo o que está em tua casa, e tudo o que teus pais entesouraram até hoje, será levado a Babilônia, sem restar nada, disse o SENHOR. ¹⁸ E de teus filhos que sairão de ti, que haverás gerado, tomarão; e serão eunucos no palácio do rei da Babilônia. ¹⁹ Então Ezequias disse a Isaías: A palavra do SENHOR que falaste, é boa. Depois disse: Mas não haverá paz e verdade em meus dias? ²⁰ Os demais dos feitos de Ezequias, e todo o seu vigor, e como fez o tanque, e o aqueduto, e meteu as águas na cidade, não está escrito no livro das crônicas dos reis de Judá? ²¹ E descansou Ezequias com seus pais, e reinou em seu lugar Manassés seu filho.

21

¹ De doze anos era Manassés quando começou a reinar, e reinou em Jerusalém cinquenta e cinco anos: o nome de sua mãe foi Hefzibá. ² E fez o que era mau aos olhos do SENHOR, segundo as abominações das nações que o SENHOR havia lançado diante dos filhos de Israel. ³ Porque ele voltou a edificar os altos que Ezequias seu pai havia derrubado, e levantou altares a Baal, e fez bosque, como havia feito Acabe rei de Israel: e adorou a todo o exército do céu, e serviu àquelas coisas. ⁴ Também edificou altares na casa do SENHOR, da qual o SENHOR havia dito: Eu porei meu nome em Jerusalém. ⁵ E edificou altares para todo o exército do céu nos dois átrios da casa do SENHOR. ⁶ E passou a seu filho por fogo, e olhou em tempos, e foi agoureiro, e instituiu necromantes e adivinhos, multiplicando assim o fazer o mal aos olhos do SENHOR, para provocá-lo à ira. ⁷ E pôs uma imagem entalhada do bosque que ele havia feito, na casa da qual havia o SENHOR dito a Davi e a Salomão seu filho: Eu porei meu nome para sempre nesta casa, e em Jerusalém, à qual escolhi de todas as tribos de Israel: ⁸ E não voltarei a fazer que o pé de Israel seja movido da terra que dei a seus pais, contanto que guardem e façam conforme a todas as coisas que eu lhes mandei, e conforme a toda a lei que meu servo Moisés lhes mandou. ⁹ Mas eles não escutaram; e Manassés os induziu a que fizessem mais mal que as nações que o SENHOR destruiu diante dos filhos de Israel. ¹⁰ E falou o SENHOR por meio de seus servos os profetas, dizendo: ¹¹ Porquanto Manassés rei de Judá fez estas abominações, e fez mais mal que tudo o que fizeram os amorreus que foram antes dele, e também fez pecar a Judá em seus ídolos; ¹² Portanto, assim disse o SENHOR o Deus de Israel: Eis que eu trago tal mal sobre Jerusalém e sobre Judá, que o que o ouvir, lhe retinirão ambos ouvidos. ¹³ E estenderei sobre Jerusalém o cordel de Samaria, e o prumo da casa de Acabe: e eu limparei a Jerusalém como se limpa um prato, que depois que o limpam, viram-no sobre sua face. ¹⁴ E desampararei os restantes de minha propriedade, e os entregarei em mãos de seus inimigos; e serão para saque e para roubo a todos seus adversários, ¹⁵ Porquanto fizeram o mal aos meus olhos, e me provocaram à ira, desde o dia que seus pais saíram do Egito até hoje. ¹⁶ Além disso, derramou Manassés muito sangue inocente em grande maneira, até encher a Jerusalém de extremidade a extremidade; além de seu pecado com que fez pecar a Judá, para que fizesse o que era mau aos olhos do SENHOR. ¹⁷ Os demais dos feitos de Manassés, e todas as coisas que fez, e seu pecado que cometeu, não está tudo escrito no livro das crônicas dos reis de Judá? ¹⁸ E descansou Manassés com seus pais, e foi sepultado no jardim de sua casa,

no jardim de Uzá; e reinou em seu lugar Amom seu filho. ¹⁹ De vinte e dois anos era Amom quando começou a reinar, e reinou dois anos em Jerusalém. O nome de sua mãe foi Mesulemete filha de Haruz de Jotbá. ²⁰ E fez o que era mau aos olhos do SENHOR, como havia feito Manassés seu pai. ²¹ E andou em todos os caminhos em que seu pai andou, e serviu às imundícias às quais havia servido seu pai, e a elas adorou; ²² E deixou ao SENHOR o Deus de seus pais, e não andou no caminho do SENHOR. ²³ E os servos de Amom conspiraram contra ele, e mataram ao rei em sua casa. ²⁴ Então o povo da terra feriu a todos os que haviam conspirado contra o rei Amom; e pôs o povo da terra por rei em seu lugar a Josias seu filho. ²⁵ Os demais dos feitos de Amom, que efetuara, não está tudo escrito no livro das crônicas dos reis de Judá? ²⁶ E foi sepultado em seu sepulcro no jardim de Uzá, e reinou em seu lugar Josias seu filho.

22

¹ Quando Josias começou a reinar era de oito anos, e reinou em Jerusalém trinta e um anos. O nome de sua mãe foi Jedida filha de Adaías de Bozcate. ² E fez o que era correto aos olhos do SENHOR, e andou em todo o caminho de Davi seu pai, sem desviar-se à direita nem à esquerda. ³ E aos dezoito anos do rei Josias, foi que enviou o rei a Safã filho de Azalias, filho de Mesulão, escriba, à casa do SENHOR, dizendo: ⁴ Vai a Hilquias, sumo sacerdote: dize-lhe que recolha o dinheiro que se pôs na casa do SENHOR, que juntaram do povo os guardiões da porta, ⁵ E que o ponham em mãos dos que fazem a obra, que têm cargo da casa do SENHOR, e que o entreguem aos que fazem a obra da casa do SENHOR, para reparar as fendas da casa: ⁶ Aos carpinteiros, aos mestres e pedreiros, para comprar madeira e pedra lavrada para reparar a casa; ⁷ E que não se lhes conte o dinheiro cujo manejo se lhes confiar, porque eles procedem com fidelidade. ⁸ Então disse o sumo sacerdote Hilquias a Safã escriba: Achei o livro da lei na casa do SENHOR. E Hilquias deu o livro a Safã, e leu-o. ⁹ Vindo logo Safã escriba ao rei, deu ao rei a resposta, e disse: Teus servos juntaram o dinheiro que se achou no templo, e o entregaram em poder dos que fazem a obra, que têm cargo da casa do SENHOR. ¹⁰ Também Safã escriba declarou ao rei, dizendo: Hilquias o sacerdote me deu um livro. E leu-o Safã diante do rei. ¹¹ E quando o rei ouviu as palavras do livro da lei, rasgou suas roupas. ¹² Logo mandou o rei a Hilquias o sacerdote, e a Aicã filho de Safã, e a Acbor filho de Micaías, e a Safã escriba, e a Asaías servo do rei, dizendo: ¹³ Ide, e perguntai ao SENHOR por mim, e pelo povo, e por todo Judá, acerca das palavras deste livro que se achou: porque grande ira do SENHOR é a que foi acesa contra nós, porquanto nossos pais não escutaram as palavras deste livro, para fazer conforme tudo o que nos foi escrito. ¹⁴ Então foi Hilquias o sacerdote, e Aicã e Acbor e Safã e Asaías, a Hulda profetisa, mulher de Salum filho de Ticvá filho de Harás, guarda das vestiduras, a qual morava em Jerusalém na segunda parte da cidade, e falaram com ela. ¹⁵ E ela lhes disse: Assim disse o SENHOR o Deus de Israel: Dizei ao homem que vos enviou a mim: ¹⁶ Assim disse o SENHOR: Eis que eu trago mal sobre este lugar, e sobre os que nele moram, a saber, todas as palavras do livro que leu o rei de Judá: ¹⁷ Porquanto me deixaram, e queimaram incenso a deuses alheios, provocando-me à ira em toda obra de suas mãos; e meu furor se acendeu contra este lugar, e não se apagará. ¹⁸ Mas ao rei de Judá que vos enviou para que perguntásseis ao SENHOR, direis assim: Assim disse o SENHOR o Deus de Israel: Porquanto ouviste as palavras do livro, ¹⁹ E teu coração se enterneceu, e te humilhaste diante do SENHOR, quando ouviste o que eu pronunciei contra este lugar e contra seus moradores, que viriam a ser assolados e malditos, e rasgaste tuas vestes, e choraste em minha presença, também eu te ouvi,

diz o SENHOR. [20] Portanto, eis que eu te recolherei com teus pais, e tu serás recolhido a teu sepulcro em paz, e não verão teus olhos todo o mal que eu trago sobre este lugar. E eles deram ao rei a resposta.

23

[1] Então o rei enviou aviso, e juntaram a ele todos os anciãos de Judá e de Jerusalém. [2] E subiu o rei à casa do SENHOR com todos os homens de Judá, e com todos os moradores de Jerusalém, com os sacerdotes e profetas e com todo o povo, desde o menor até o maior; e leu, ouvindo-o eles, todas as palavras do livro do pacto que havia sido achado na casa do SENHOR. [3] E pondo-se o rei em pé junto à coluna, fez aliança diante do SENHOR, de que seguiriam o SENHOR, e guardariam seus mandamentos, e seus testemunhos, e seus estatutos, com todo o coração e com toda a alma, e que cumpririam as palavras da aliança que estavam escritas naquele livro. E todo o povo confirmou o pacto. [4] Então mandou el rei ao sumo sacerdote Hilquias, e aos sacerdotes de segunda ordem, e aos guardiões da porta, que tirassem do templo do SENHOR todos os vasos que haviam sido feitos para Baal, e para o bosque, e para toda o exército do céu; e queimou-os fora de Jerusalém no campo de Cedrom, e fez levar as cinzas deles a Betel. [5] E tirou aos sacerdotes pagãos, que haviam posto os reis de Judá para que queimassem incenso nos altos nas cidades de Judá, e nos arredores de Jerusalém; e também aos que queimavam incenso a Baal, ao sol e à lua, e às constelações, e a todo o exército do céu. [6] Fez também tirar o bosque fora da casa do SENHOR, fora de Jerusalém, ao ribeiro de Cedrom, e queimou-o no ribeiro de Cedrom, e tornou-o em pó, e lançou o pó dele sobre os sepulcros dos filhos do povo. [7] Além disso derrubou as casas dos sodomitas que estavam na casa do SENHOR, nas quais teciam as mulheres tendas para o bosque. [8] E fez vir todos os sacerdotes das cidades de Judá, e profanou os altos de onde os sacerdotes queimavam incenso, desde Gibeá até Berseba; e derrubou os altares das portas que estavam à entrada da porta de Josué, governador da cidade, que estavam à esquerda da porta da cidade. [9] Porém os sacerdotes dos altos não subiam ao altar do SENHOR em Jerusalém, mas comiam pães sem levedura entre seus irmãos. [10] Também profanou a Tofete, que está no vale do filho de Hinom, porque ninguém passasse seu filho ou sua filha por fogo a Moloque. [11] Tirou também os cavalos que os reis de Judá haviam dedicado ao sol à entrada do templo do SENHOR, junto à câmara de Natã-Meleque eunuco, a qual ficava nos recintos; e queimou ao fogo os carros do sol. [12] Derrubou também o rei os altares que estavam sobre o terraço da sala de Acaz, que os reis de Judá haviam feito, e os altares que havia feito Manassés nos dois átrios da casa do SENHOR; e dali correu e lançou o pó no ribeiro de Cedrom. [13] Também profanou o rei os altos que estavam diante de Jerusalém, à direita do monte da destruição, os quais Salomão rei de Israel havia edificado a Astarote, abominação dos sidônios, e a Camos abominação de Moabe, e a Milcom abominação dos filhos de Amom. [14] E quebrou as estátuas, e arrancou os bosques, e encheu o lugar deles de ossos de homens. [15] Igualmente o altar que estava em Betel, e o alto que havia feito Jeroboão filho de Nebate, o que fez pecar a Israel, aquele altar e o alto destruiu; e queimou o alto, e o tornou em pó, e pôs fogo ao bosque. [16] E voltou-se Josias, e vendo os sepulcros que estavam ali no monte, enviou e tirou os ossos dos sepulcros, e queimou-os sobre o altar para contaminá-lo, conforme à palavra do SENHOR que havia profetizado o homem de Deus, o qual havia anunciado estes negócios. [17] E depois disse: Que monumento é este que vejo? E os da cidade lhe responderam: Este é o sepulcro do homem de Deus que veio de Judá, e profetizou estas coisas que tu fizeste sobre o altar de Betel. [18] E ele disse: Deixai-o; ninguém mova seus ossos: e assim foram preservados seus ossos, e os ossos

do profeta que havia vindo de Samaria. ¹⁹ E todas as casas dos altos que estavam nas cidades de Samaria, as quais haviam feito os reis de Israel para provocar a ira, tirou-as também Josias, e fez delas como havia feito em Betel. ²⁰ Também matou sobre os altares a todos os sacerdotes dos altos que ali estavam, e queimou sobre eles ossos de homens, e voltou-se a Jerusalém. ²¹ Então mandou o rei a todo o povo, dizendo: Fazei a páscoa ao SENHOR vosso Deus, conforme o que está escrito no livro desta aliança. ²² Não foi feita tal páscoa desde os tempos dos juízes que governaram a Israel, nem em todos os tempos dos reis de Israel, e dos reis de Judá. ²³ Aos dezoito anos do rei Josias foi feita aquela páscoa ao SENHOR em Jerusalém. ²⁴ Também expulsou Josias os necromantes, adivinhos, e ídolos, e todas as abominações que se viam na terra de Judá e em Jerusalém, para cumprir as palavras da lei que estavam escritas no livro que o sacerdote Hilquias havia achado na casa do SENHOR. ²⁵ Não houve tal rei antes dele que se convertesse ao SENHOR de todo seu coração, e de toda sua alma, e de todas suas forças, conforme a toda a lei de Moisés; nem depois dele nasceu outro tal. ²⁶ Contudo isso, o SENHOR não se desviou do ardor de sua grande ira, com que se havia encendido sua ira contra Judá, por todas as provocações com que Manassés lhe havia irritado. ²⁷ E disse o SENHOR: Também tirarei de minha presença a Judá, como tirei a Israel, e abominarei a esta cidade que havia escolhido, a Jerusalém, e à casa da qual havia eu dito: Meu nome será ali. ²⁸ Os demais dos feitos de Josias, e todas as coisas que fez, não está tudo escrito no livro das crônicas dos reis de Judá? ²⁹ Em aqueles dias Faraó Neco rei do Egito subiu contra o rei da Assíria ao rio Eufrates, e saiu contra ele o rei Josias; mas aquele assim que lhe viu, o matou em Megido. ³⁰ E seus servos o puseram em um carro, e trouxeram-no morto de Megido a Jerusalém, e sepultaram-no em seu sepulcro. Então o povo da terra tomou a Jeoacaz filho de Josias, e ungiram-lhe e puseram-no por rei em lugar de seu pai. ³¹ De vinte e três anos era Jeoacaz quando começou a reinar, e reinou três meses em Jerusalém. O nome de sua mãe foi Hamutal, filha de Jeremias de Libna. ³² E ele fez o que era mau aos olhos do SENHOR, conforme todas as coisas que seus pais haviam feito. ³³ E lançou-o preso Faraó Neco em Ribla na província de Hamate, para que ele não reinasse em Jerusalém; e impôs sobre a terra uma multa de cem talentos de prata, e um de ouro. ³⁴ Então Faraó Neco pôs por rei a Eliaquim filho de Josias, em lugar de Josias seu pai, e mudou-lhe o nome no de Jeoaquim; e tomou a Jeoacaz, e levou-o ao Egito, e morreu ali. ³⁵ E Jeoaquim pagou a Faraó a prata e o ouro; mas fez tributar a terra para dar o dinheiro conforme ao mandamento de Faraó, tirando a prata e ouro do povo da terra, de cada um segundo a avaliação de sua riqueza, para dar a Faraó Neco. ³⁶ De vinte e cinco anos era Jeoaquim quando começou a reinar, e onze anos reinou em Jerusalém. O nome de sua mãe foi Zebida filha de Pedaías, de Ruma. ³⁷ E fez o que era mau aos olhos do SENHOR, conforme todas as coisas que seus pais haviam feito.

24

¹ Em seu tempo subiu Nabucodonosor, rei de Babilônia, ao qual Jeoaquim serviu por três anos; depois voltou-se contra e se rebelou contra ele. ² O SENHOR, porém, enviou contra ele tropas de caldeus, e tropas de sírios, e tropas de moabitas, e tropas de amonitas; os quais enviou contra Judá para que a destruíssem, conforme a palavra do SENHOR que havia falado por meio dos seus servos, os profetas. ³ Certamente foi por ordem do SENHOR que veio isto contra Judá, para tirá-la de sua presença, pelos pecados de Manassés, conforme tudo o que ele fez; ⁴ Também pelo sangue inocente que derramou, pois encheu Jerusalém de sangue inocente; o SENHOR, portanto, não quis perdoar. ⁵ Os demais dos feitos de Jeoaquim, e todas as coisas que fez, não estão escritos no livro das crônicas dos reis de Judá? ⁶ E descansou Jeoaquim com seus

pais, e reinou em seu lugar seu filho Joaquim. ⁷ E nunca mais o rei do Egito saiu de sua terra; porque o rei da Babilônia lhe tomou tudo o que era seu, desde o rio do Egito até o rio de Eufrates. ⁸ Tinha Joaquim dezoito anos quando começou a reinar, e reinou em Jerusalém três meses. O nome de sua mãe foi Neusta filha de Elnatã, de Jerusalém. ⁹ E fez o que era mau aos olhos do SENHOR, conforme todas as coisas que seu pai havia feito. ¹⁰ Naquele tempo subiram os servos de Nabucodonosor rei da Babilônia contra Jerusalém e a cidade foi cercada. ¹¹ Veio também Nabucodonosor rei da Babilônia contra a cidade, quando seus servos a tinham cercado. ¹² Então saiu Joaquim rei de Judá, para render-se ao rei da Babilônia, ele, e sua mãe, e seus servos, e seus príncipes, e seus eunucos; e o rei da Babilônia o prendeu no oitavo ano de seu reinado. ¹³ E tirou dali todos os tesouros da casa do SENHOR, e os tesouros da casa real, e despedaçou todos os utensílios de ouro que havia feito Salomão rei de Israel na casa do SENHOR, como o SENHOR havia dito. ¹⁴ E levou em cativeiro toda Jerusalém, todos os príncipes, e todos os homens valentes, até dez mil cativos, e todos os artesãos e ferreiros; que não restou ninguém, exceto os pobres do povo da terra. ¹⁵ Também levou cativo Joaquim à Babilônia, assim como a mãe do rei, as mulheres do rei, os seus eunucos, e os poderosos daquela terra; cativos os levou de Jerusalém à Babilônia. ¹⁶ A todos os homens de guerra, que foram sete mil, e aos oficiais e ferreiros, que foram mil, e a todos os valentes para fazer a guerra, levou cativos o rei da Babilônia. ¹⁷ E o rei da Babilônia pôs como rei em lugar de Joaquim a Matanias, tio dele, e mudou-lhe o nome para Zedequias. ¹⁸ De vinte e um anos era Zedequias quando começou a reinar, e reinou em Jerusalém onze anos. O nome de sua mãe foi Hamutal filha de Jeremias, de Libna. ¹⁹ E fez o que era mau aos olhos do SENHOR, conforme a tudo o que havia feito Jeoaquim. ²⁰ Assim aconteceu por causa da ira do SENHOR contra Jerusalém e Judá, até que os expulsou de sua presença. E Zedequias se rebelou contra o rei da Babilônia.

25

¹ E aconteceu aos nove anos de seu reinado, no mês décimo, aos dez do mês, que Nabucodonosor rei da Babilônia veio com todo seu exército contra Jerusalém, e cercou-a; e levantaram contra ela rampas de cerco ao redor. ² E esteve a cidade cercada até o décimo primeiro ano do rei Zedequias. ³ Aos nove do mês prevaleceu a fome na cidade, que não houve pão para o povo da terra. ⁴ Aberta já a cidade, fugiram de noite todos os homens de guerra pelo caminho da porta que estava entre os dois muros, junto aos jardins do rei, estando os caldeus ao redor da cidade; e o rei se foi caminho da campina. ⁵ E o exército dos caldeus seguiu o rei, e tomou-o nas planícies de Jericó, e todo o seu exército se dispersou dele. ⁶ Tomado, pois, o rei, trouxeram-no ao rei da Babilônia a Ribla, e proferiram contra ele sentença. ⁷ E degolaram aos filhos de Zedequias em sua presença; e a Zedequias tiraram os olhos, e acorrentado com correntes levaram-no à Babilônia. ⁸ No mês quinto, aos sete do mês, sendo o ano dezenove de Nabucodonosor rei da Babilônia, veio a Jerusalém Nebuzaradã, capitão dos da guarda, servo do rei da Babilônia. ⁹ E queimou a casa do SENHOR, e a casa do rei, e todas as casas de Jerusalém; e todas as casas dos príncipes queimou a fogo. ¹⁰ E todo o exército dos caldeus que estava com o capitão da guarda, derrubou os muros de Jerusalém ao redor. ¹¹ E aos do povo que haviam restado na cidade, e aos que se haviam juntado ao rei da Babilônia, e aos que haviam restado da população, transportou-o Nebuzaradã, capitão dos da guarda. ¹² Mas dos pobres da terra deixou Nebuzaradã, capitão dos da guarda, para que lavrassem as vinhas e as terras. ¹³ E quebraram os caldeus as colunas de bronze que estavam na casa do SENHOR, e as bases, e o mar de bronze que estava na casa do SENHOR, e levaram o

bronze disso à Babilônia. [14] Levaram-se também as caldeiras, e as pás, e as tenazes, e as colheres, e todos os vasos de bronze com que ministravam. [15] Incensários, bacias, os que de ouro, em ouro, e os que de prata, em prata, tudo o levou o capitão dos da guarda; [16] As duas colunas, um mar, e as bases que Salomão havia feito para a casa do SENHOR: não havia peso de todos estes vasos. [17] A altura da uma coluna era dezoito côvados e tinha encima um capitel de bronze, e a altura do capitel era de três côvados; e sobre o capitel havia um enredado e romãs ao redor, todo de bronze: e semelhante obra havia na outra coluna com o enredado. [18] Tomou então o capitão dos da guarda a Seraías o sacerdote principal, e a Sofonias o segundo sacerdote, e três guardas da porta; [19] E da cidade tomou um eunuco, o qual comandava os soldados, e cinco homens dos assistentes do rei, que se acharam na cidade; e ao principal escriba do exército, que fazia o registro da gente daquela terra; e sessenta homens do povo da terra, [20] Nebuzaradã, capitão da guarda, tomou-os e os levou a Ribla, ao rei da Babilônia. [21] E o rei da Babilônia os feriu e matou em Ribla, em terra de Hamate. Assim foi transportado Judá de sobre sua terra. [22] E ao povo que Nabucodonosor rei da Babilônia deixou em terra de Judá, pôs por governador a Gedalias, filho de Aicã filho de Safã. [23] E ouvindo todos os príncipes do exército, eles e sua gente, que o rei da Babilônia havia posto por governador a Gedalias, vieram-se a ele em Mispá, a saber, Ismael filho de Netanias, e Joanã filho de Careá, e Seraías filho de Tanumete netofatita, e Jazanias filho do maacatita, eles com os seus subordinados. [24] Então Gedalias lhes fez juramento, a eles e aos seus subordinados, e disse-lhes: Não temais de ser servos dos caldeus; habitai na terra, e servi ao rei da Babilônia, e vos irá bem. [25] Mas no mês sétimo veio Ismael filho de Netanias, filho de Elisama, da família real, e com ele dez homens, e feriram a Gedalias, e morreu, assim como os judeus e os caldeus que estavam com ele em Mispá. [26] E levantando-se todo o povo, desde o menor até o maior, com os capitães do exército, foram-se ao Egito por temor dos caldeus. [27] E aconteceu aos trinta e sete anos do cativeiro de Joaquim rei de Judá, no décimo segundo mês, aos vinte e sete do mês, que Evil-Merodaque rei da Babilônia, no primeiro ano de seu reinado, concedeu favor a Joaquim rei de Judá, tirando-o da prisão. [28] E falou-lhe bem, e pôs seu assento em posição de maior honra do que o assento dos reis que estavam com ele na Babilônia. [29] E mudou-lhe as roupas de sua prisão, e comeu sempre diante dele todos os dias de sua vida. [30] E foi-lhe continuamente dada a sua subsistência diária da parte do rei, por todos os dias de sua vida.

Primeiro Livro de Crônicas

¹ Adão, Sete, Enos, ² Cainã, Maalalel, Jarede, ³ Enoque, Matusalém, Lameque, ⁴ Noé, Sem, Cam, e Jafé. ⁵ Os filhos de Jafé foram: Gômer, Magogue, Dadai, Javã, Tubal, Meseque, e Tiras. ⁶ Os filhos de Gômer: Asquenaz, Rifate, e Togarma. ⁷ Os filhos de Javã: Elisá, Társis, Quitim, e Dodanim. ⁸ Os filhos de Cam: Cuxe, Misraim, Pute, e Canaã. ⁹ Os filhos de Cuxe: Sebá, Havilá, Sabtá, Raamá, e Sabtecá. E os filhos de Raamá foram: Sebá e Dedã. ¹⁰ E Cuxe gerou a Ninrode: este começou a ser poderoso na terra. ¹¹ Misraim gerou aos ludeus, aos ananeus, aos leabeus, aos leabeus, aos naftueus, ¹² Aos patrusitas, e aos casluítas (destes saíram os Filisteus), e os caftoreus. ¹³ E Canaã gerou a Sidom, seu primogênito; e a Hete; ¹⁴ E aos jebuseus, aos amorreus, aos girgaseus; ¹⁵ Aos heveus, aos arqueus, ao sineus; ¹⁶ Aos arvadeus, aos zemareus, e aos hamateus. ¹⁷ Os filhos de Sem foram: Elão, Assur, Arfaxade, Lude, Arã, Uz, Hul, Geter, e Meseque. ¹⁸ Arfaxade gerou a Selá, e Selá gerou a Héber. ¹⁹ E a Héber nasceram dois filhos: o nome do um foi Pelegue, pois em seus dias a terra foi dividida; e o nome de seu irmão foi Joctã. ²⁰ E Joctã gerou a Almodá, Salefe, Hazarmavé, e Jerá, ²¹ E a Adorão, Uzal, Dicla, ²² Ebal, Abimael, Sebá, ²³ Ofir, Havilá, e a Jobabe: todos filhos de Joctã. ²⁴ Sem, Arfaxade, Selá, ²⁵ Héber, Pelegue, Reú, ²⁶ Serugue, Naor, Terá, ²⁷ E Abrão, o qual é Abraão. ²⁸ Os filhos de Abraão foram: Isaque e Ismael. ²⁹ E estas são suas gerações: o primogênito de Ismael foi Nebaiote; *depois* Quedar, Adbeel, Mibsão, ³⁰ Misma, Dumá, Massá, Hadade, Temá, ³¹ Jetur, Nafis, e Quedemá. Estes foram os filhos de Ismael. ³² Quanto aos filhos de Quetura, concubina de Abraão, esta deu à luz Zinrã, Jocsã, Medã, Midiã, Isbaque, e a Suá. Os filhos de Jobsã: Sebá e Dedã. ³³ Os filhos de Midiã: Efá, Efer, Enoque, Abida, e Elda; todos estes foram filhos de Quetura. ³⁴ E Abraão gerou a Isaque: e os filhos de Isaque foram Esaú e Israel. ³⁵ Os filhos de Esaú: Elifaz, Reuel, Jeús, Jalão, e Corá. ³⁶ Os filhos de Elifaz: Temã, Omar, Zefi, Gatã, Quenaz, Timna, e Amaleque. ³⁷ Os filhos de Reuel: Naate, Zerá, Samá, e Mizá. ³⁸ Os filhos de Seir: Lotã, Sobal, Zibeão, Ana, Disom, Eser, e Disã. ³⁹ Os filhos de Lotã: Hori, e Homã: e Timna foi irmã de Lotã. ⁴⁰ Os filhos de Sobal: Aliã, Manaate, Ebal, Sefi e Onã. Os filhos de Zibeão foram: Aiá, e Aná. ⁴¹ Disom foi filho de Aná: e os filhos de Disom foram Hanrão, Esbã, Itrã e Querã. ⁴² Os filhos de Eser foram: Bilã, Zaavã, e Jaacã. Os filhos de Disã: Uz e Arã. ⁴³ E estes são os reis que reinaram na terra de Edom, antes que reinasse *algum* rei sobre os filhos de Israel: Belá, filho de Beor; e o nome de sua cidade era Dinabá. ⁴⁴ Belá morreu, e reinou em seu lugar Jobabe, filho de Zerá, de Bozra. ⁴⁵ Jobabe morreu, e reinou em seu lugar Husão, da terra dos Temanitas. ⁴⁶ Husão morreu, e reinou em seu lugar Hadade, filho de Bedade, o qual feriu aos midianitas no campo de Moabe; e o nome de sua cidade era Avite. ⁴⁷ Hadade morreu, e reinou em seu lugar Sanlá, de Masreca. ⁴⁸ Sanlá morreu, e reinou em seu lugar Saul de Reobote, que está junto ao rio. ⁴⁹ E Saul morreu, e reinou em seu lugar Baal-Hanã, filho de Acbor. ⁵⁰ E Baal-Hanã morreu, e reinou em seu lugar Hadade, cuja cidade tinha por nome Paí; e o nome de sua mulher era Meetabel, filha de Matrede, a filha de Mezaabe. ⁵¹ Hadade morreu. E os príncipes em Edom foram: o príncipe Timna, o príncipe Aliá, o príncipe Jetete, ⁵² O príncipe Oolibama, o príncipe Elá, o príncipe Pinom, ⁵³ O príncipe Quenaz, o príncipe Temã, o príncipe Mibzar, ⁵⁴ O príncipe Magdiel, o príncipe Irã. Estes foram os príncipe de Edom.

2

¹ Estes são os filhos de Israel: Rúben, Simeão, Levi, Judá, Issacar, Zebulom, ² Dã, José, Benjamim, Naftali, Gade, e Aser. ³ Os filhos de Judá foram: Er, Onã, e Selá. *Estes* três lhe nasceram de Bete-Suá, Cananeia. E Er, primogênito, de Judá, foi mau diante do Senhor, que o matou. ⁴ E Tamar, sua nora, lhe deu à luz Perez e a Zerá. Todos os filhos de Judá foram cinco. ⁵ Os filhos de Perez: Hezrom e Hamul. ⁶ E os filhos de Zerá: Zinri, Etã, Hemã, e Calcol, e Darda; cinco ao todo. ⁷ O filho de Carmi foi Acar, o perturbador de Israel, porque transgrediu naquilo que estava separado por maldiçãos. ⁸ O filho de Etã foi Azarias. ⁹ Os filhos que nasceram a Hezrom foram: Jerameel, Rão, e Quelubai. ¹⁰ E Rão gerou a Aminadabe; e Aminadabe gerou a Naasom, príncipe dos filhos de Judá; ¹¹ E Naasom gerou a Salmom, e Salmom gerou a Boaz; ¹² E Boaz gerou a Obede, e Obede gerou a Jessé; ¹³ E Jessé gerou a Eliabe, seu primogênito, e o segundo Abinadabe, o terceiro Simeia; ¹⁴ O quarto Natanael, o quinto Radai; ¹⁵ O sexto Ozém, o sétimo Davi; ¹⁶ As irmãs dos quais foram Zeruia e Abigail. Os filhos de Zeruia foram três: Abisai, Joabe, e Asael. ¹⁷ E Abigail deu à luz Amasa, cujo pai foi Jéter, o Ismaelita. ¹⁸ E Calebe filho de Hezrom gerou de sua mulher Azuba, e de Jeriote. * E os filhos dela foram: Jeser, Sobabe, e Ardom. ¹⁹ E Azuba morreu, e Calebe tmou por mulher a Efrate, a qual lhe gerou a Hur. ²⁰ E Hur gerou a Uri, e Uri gerou a Bezalel. ²¹ Depois Hezrom se deitou com a filha de Maquir, pai de Gileade, a qual ele tomou por esposa quando ele tinha sessenta anos, e ela lhe gerou a Segube. ²² E Segube gerou a Jair, que teve vinte e três cidades na terra de Gileade. ²³ E Gesur e Arã tomaram deles as cidades de Jair, e a Quenate com suas aldeias, sessenta cidades. Todos estes foram filhos de Maquir, pai de Gileade. ²⁴ E depois da morte de Hezrom, em Calebe de Efrata, Abia mulher de Hezrom, lhe gerou a Asur, pai de Tecoa. ²⁵ E os filhos de Jerameel primogênito de Hezrom foram: Rão (seu primogênito), Buna, Orém, Ozém, e Aías. ²⁶ Jerameel também teve outra mulher chamada Atara, que foi mãe de Onã. ²⁷ E os filhos de Rão, primogênito de Jerameel, foram: Maaz, Jamim, e Equer. ²⁸ E os filhos de Onã foram: Samai, e Jada. E os filhos de Samai: Nadabe, e Abisur. ²⁹ E o nome da mulher de Abisur era Abiail, a qual lhe gerou a Abã e a Molide. ³⁰ E os filhos de Nadabe foram: Selede e Apaim. E Selede morreu sem filhos. ³¹ E o filho de Apaim foi Isi; o filho de Isi foi Sesã; e o filho de Sesã foi Alai. ³² E os filhos de Jada, irmão de Simmai, foram: Jéter e Jônatas. E Jéter morreu sem filhos. ³³ E os filhos de Jônatas foram: Pelete, e Zaza. Estes foram os filhos de Jerameel. ³⁴ E Sesã não teve filhos, mas somente filhas. E Sesã tinha um servo egípcio, cujo nome era Jará. ³⁵ Sesã deu sua filha a seu servo Jará, e ela lhe gerou a Atai. ³⁶ E Atai gerou a Natã, e Natã gerou a Zabade; ³⁷ E Zabade gerou a Eflal, e Eflal gerou a Obede; ³⁸ E Obede gerou a Jeú, e Jeú gerou a Azarias; ³⁹ E Azarias gerou a Helez, Helez gerou a Eleasá; ⁴⁰ Eleasá gerou a Sismai, e Sismai gerou a Salum; ⁴¹ E Salum gerou a Jecamias, e Jecamias gerou a Elisama. ⁴² Os filhos de Calebe, irmão de Jerameel, foram: Messa seu primogênito, que foi o pai de Zife; e os filhos de Maressa, pai de Hebrom. ⁴³ E os filhos de Hebrom foram: Corá, Tapua, Requém, e Sema. ⁴⁴ E Sema gerou a Raão, pai de Jorqueão; e Requém gerou a Samai. ⁴⁵ E o filho de Samai foi Maom, e Maom foi pai de Bete-Zur. ⁴⁶ E Efá, a concubina de Calebe, lhe gerou a Harã, Moza, e a Gazez. E Harã gerou a Gazez. ⁴⁷ E os filhos de Jadai foram: Regém, Jotão, Gesã, Pelete, Efá, e Saafe. ⁴⁸ Maaca, concubina de Calebe, lhe gerou a Seber, e a Tiraná. ⁴⁹ Ela também deu à luz a Saafe, pai de Madmana, e a Seva, pai de Macbena e pai de Gibeá. E a filha de Calebe foi Acsa. ⁵⁰ Estes foram os filhos de Calebe, filho de Hur, primogênito de Efrata: Sobal, pai de Quiriate-Jearim; ⁵¹ Salma,

---

* **2:18** Azuba, e de Jeriote obscuro – trad. alt. gerou de sua mulher Azuba (que é Jeriote), ou gerou de sua mulher Azuba a Jeriote

pai dos belemitas; e Harefe, pai de Bete-Gader. ⁵² E os filhos de Sobal, pai de Quiriate-Jearim foram: Haroé, a metade dos Manaatitas. ⁵³ E as famílias de Quiriate-Jearim foram os itreus, os puteus, os sumateus, e os misraeus; destes saíram os zorateus e os estaoleus. ⁵⁴ Os filhos de Salma foram: Belém, e os netofatitas, Atarote, Bete-Joabe; e da metade dos manaatitas, e os zoritas. ⁵⁵ E as famílias dos escribas, que habitavam em Jabez, foram os tiratitas, os simeatitas, e os sucatitas; estes foram os queneus que vieram de Hamate, pai da casa de Recabe.

3

¹ Estes são os filhos de Davi, que lhe nasceram em Hebrom: Amnom, o primogênito, de Ainoã Jezreelita; o segundo Daniel, de Abigail de Carmelo; ² O terceiro, Absalão, filho de Maaca, filha de Talmai, rei de Gesur; o quarto, Adonias, filho de Hagite; ³ O quinto, Sefatias, de Abital; o sexto, Itreão, de sua mulher Eglá. ⁴ Estes seis lhe nasceram em Hebrom, de onde reinou sete anos e seis meses; e em Jerusalém reinou trinta e três anos. ⁵ Estes lhe nasceram em Jerusalém: Simeia, Sobabe, Natã, e Salomão, *estes* quatro de Bate-Sua, filha de Amiel. ⁶ *Nasceram-lhe* mais: Ibar, Elisama, Elifelete, ⁷ Nogá, Nefegue, Jafia. ⁸ Elisama, Eliada, e Elifelete, nove. ⁹ Todos estes foram os filhos de Davi, exceto os filhos das concubinas. E Tamar foi irmã deles. ¹⁰ E o filho de Salomão foi Roboão, cujo filho foi Abias, cujo filho foi Asa, cujo filho foi Jeosafá; ¹¹ Cujo filho foi Jorão, cujo filho foi Acazias, cujo filho foi Joás; ¹² Cujo filho foi Amazias, cujo filho foi Azarias, cujo filho foi Jotão; ¹³ Cujo filho foi Acaz, cujo filho foi Ezequias, cujo filho foi Manassés; ¹⁴ Cujo filho foi Amom, cujo filho foi Josias. ¹⁵ E os filhos de Josias foram: Joanã seu primogênito, o segundo Jeoaquim, o terceiro Zedequias, o quarto Salum. ¹⁶ Os filhos de Jeoaquim foram: seu filho Jeconias, e seu filho Zedequias. ¹⁷ E os filhos de Jeconias, o cativo, foram: seu filho Sealtiel, ¹⁸ Malquirão, Pedaías, Senazar, Jecamias, Hosama, e Nedabias. ¹⁹ E os filhos de Pedaías foram: Zorobabel, e Simei. E os filhos de Zorobabel foram: Mesulão, Hananias, e sua irmã Selomite. ²⁰ E os cinco outros: Hasubá, Oel, Berequias, Hasadias, e Jusabe-Hesede. ²¹ Os filhos de Hananias: Pelatias, e Jesaías, os filhos de Refaías, os filhos de Arnã, os filhos de Obadias, e os filhos de Secanias. * ²² E o filho de Secanias foi Semaías; e os filhos de Samaías foram seis: Hatus, Igal, Bariá, Nearias, e Safate. ²³ E os filhos de Nearias foram três: Elioenai, Ezequias, e Azricão. ²⁴ Os filhos de Elioenai foram sete: Hodavias, Eliasibe, Pelaías, Acube, Joanã, Delaías, e Anani.

4

¹ Os filhos de Judá foram: Perez, Hezrom, Carmi, Hur, e Sobal. ² E Reaías, filho de Sobal, gerou a Jaate; e Jaate gerou a Aumai e a Laade. Estas são as famílias dos Zoratitas. ³ E estas são as do pai de Etã: Jezreel, Isma, e Idbás. E o nome da irmã deles era Hazelelponi. ⁴ E Penuel foi pai de Gedor, e Ézer pai de Husá. Estes foram os filhos de Hur, primogênito de Efrata, pai de Belém. ⁵ E Asur, pai de Tecoa, teve duas mulheres: Helá, e Naará. ⁶ E Naará lhe gerou a Auzão, Héfer, Temeni, e a Haastari. Estes foram os filhos de Naará. ⁷ E os filhos de Helá foram: Zerete, Zoar, e Etnã. ⁸ E Coz gerou a Anube, e a Zobeba, e as famílias de Aarel, filho de Harum. ⁹ E Jabez foi mais honrado que seus irmãos; sua mãe o chamara de Jabez, dizendo: Pois com dores eu o dei à luz. ¹⁰ Mas Jabez invocou ao Deus de Israel, dizendo: Ah, se tu me abençoares muito, e ampliares os meus limites, e se tua mão for comigo, e me protegeres do mal, para que eu não sofra! E Deus fez suceder o que ele havia pedido. ¹¹ E Quelube, irmão de Suá gerou a Maquir, que foi o pai de Estom. ¹² E

---

* **3:21** os filhos de Refaías ... trad. alt. cujo filho foi Refaías, cujo filho foi Arnã, ..., cujo filho foi Secanias

Estom gerou a Bete-Rafa, Paseia, e a Teína, pai da cidade de Naás; estes foram os homens de Reca. [13] Os filhos de Quenaz foram: Otniel e Seraías. Os filhos de Otniel: Hatate *e Meonotai* . [14] E Meonotai gerou a Ofra; e Seraías gerou a Joabe, pai *dos moradores* do Vale dos Artesãos, porque foram artesãos. * [15] Os filhos de Calebe, filho de Jefoné foram: Iru, Elá, e Naã; e filho de Elá foi Quenaz. [16] Os filhos de Jealelel foram: Zife, Zifa, Tíria, e Asareel. [17] E os filhos de Ezra foram: Jéter, Merede, Efer, e Jalom. E *sua mulher* também deu à luz a Miriã, Samai, e a Isbá, pai de Estemoa. [18] E sua mulher Judia lhe deu à luz a Jerede pai de Gedor, a Héber pai de Socó, e a Jecutiel pai de Zanoa. Estes foram os filhos de Bitias, filha de Faraó, a qual Merede teve por esposa. [19] E os filhos da mulher de Hodias, irmã de Naã, foram: o pai de Queila o garmita, e Estemoa o maacatita. [20] E os filhos de Simeão foram: Amnom, Rina, Ben-Hanã, e Tilom. E os filhos de Isi foram: Zoete, e Ben-Zoete. [21] Os filhos de Selá, filho de Judá foram: Er, pai de Leca, e Lada, pai de Maressa, e as famílias da casa dos *trabalhadores* do linho em Bete-Asbeia; [22] Como também Joquim, os homens de Cozeba, Joás, e Sarafe (os quais dominaram sobre os moabitas), e Jasubi-Leem. Estes registros, porém, são antigos. [23] Estes foram oleiros, e habitavam em Netaim e Gedera; eles ficaram ali com o rei em sua obra. [24] Os filhos de Simeão foram: Nemuel, Jamim, Jaribe, Zerá, Saul; [25] Cujo filho foi Salum, cujo filho foi Mibsão, cujo filho foi e Misma. [26] Os filhos de Misma foram: seu filho Hamuel, cujo filho foi Zacur, cujo filho foi Simei. [27] E Simei teve dezesseis filhos e seis filhas, porém seus irmãos não tiveram muitos filhos, e toda a sua família não se multiplicou tanto como a dos filhos de Judá. [28] E habitaram em Berseba, Moladá, Hazar-Sual, [29] E em Bila, Ezém, Tolade, [30] Betuel, Hormá, Ziclague. [31] Bete-Marcabote, Hazar-Susim, Bete-Birai, e em Saaraim. Estas foram suas cidades até quando Davi começou a reinar. [32] E suas aldeias foram: Etã, Aim, Rimom, e Toquém, e Asã, cinco cidades; [33] E todas as suas aldeias que estavam ao redor destas cidades, até Baal. Estas foram suas habitações, e suas genealogias. [34] Porém Mesobabe, Janleque, Josias filho de Amazias; [35] Joel, Jeú filho de Josibias, filho de Seraías, filho de Asiel; [36] E Elioenai, Jaacobá, Jesoaías, Asaias, Adiel, Jesimiel, Benaia; [37] E Ziza filho de Sifi, filho de Alom, filho de Jedaías, filho de Sinri, filho de Semaías. [38] Estes registrados por *seus* nomes foram os líderes † de suas famílias, e que foram multiplicados muito nas casas de seus pais. [39] E chegaram até a entrada de Gedor, até o oriente do vale, buscando pastos para suas ovelhas. [40] E acharam pastos férteis e bons, e a terra era espaçosa, quieta, e descansada, porque os de Cam tinham habitado ali antes. [41] Estes, pois, que foram escritos por seus nomes, vieram nos dias de Ezequias rei de Judá, e derrubaram as tendas e habitações dos que se acharam ali, e os destruíram até hoje; e habitaram ali em seu lugar, porque ali havia pastos para suas ovelhas. [42] Também *alguns* deles, quinhentos homens dos filhos de Simeão, se foram ao monte de Seir, levando como capitães a Pelatias, Nearias, Refaías, e a Uziel, filhos de Isi; [43] E mataram os que haviam restado dos amalequitas, e habitaram ali até hoje.

5

[1] Quanto aos filhos de Rúben, primogênito de Israel (porque ele era o primogênito, mas como profanou a cama de de seu pai, seu direito de primogenitura foi dado aos filhos de José, filho de Israel; e não foi contado por primogênito. [2] Pois Judá foi o mais poderoso sobre seus irmãos, e o líder veio dele; mas o direito de primogenitura pertenceu a José). [3] Os filhos de Rúben, primogênito de Israel, foram, pois: Enoque, Palu, Hezrom e Carmi. [4] Os filhos de Joel foram: seu filho Semaías, seu filho Gogue,

---

* **4:14** Vale dos Artífices heb. Ge-Harasim   † **4:38** líderes equiv. príncipes

seu filho Simei; ⁵ Seu filho Mica, seu filho Reaías, seu filho Baal; ⁶ Seu filho Beera, o qual foi transportado por Tiglate-Pilneser, rei dos Assírios. Este era um líder dos Rubenitas. ⁷ E seus irmãos por suas famílias, quando foram registrados em suas descendências, tinham por líderes a Jeiel, Zacarias. ⁸ E Belá, filho de Azaz, filho de Sema, filho de Joel. Eles habitaram em Aroer até Nebo e Baal-Meom. ⁹ Habitaram também desde o oriente até a entrada do deserto desde o rio Eufrates; porque seu gado tinha se multiplicado na terra de Gileade. ¹⁰ E nos dias de Saul fizeram guerra contra os hagarenos, que caíram em suas mãos; e eles habitaram em suas tendas sobre toda a região oriental de Gileade. ¹¹ E os filhos de Gade habitaram na vizinhança deles na terra de Basã até Salca. ¹² E Joel foi o líder em Basã, o segundo Safã, em seguida Janai, e Safate. ¹³ E seus irmãos, segundo as famílias * de seus pais, foram sete: Micael, Mesulão, Sebá, Jorai, Jacã, Zia, e Héber. ¹⁴ Estes foram os filhos de Abiail filho de Huri, filho de Jaroa, filho de Gileade, filho de Micael, filho de Jesisai, filho de Jado, filho de Buz. ¹⁵ Aí, filho de Abdiel, filho de Guni, foi chefe da casa de seus pais. ¹⁶ Eles habitaram em Gileade, em Basã, e em suas aldeias, e em todos os campos de Sarom até os seus extremos. ¹⁷ Todos estes foram contados segundo suas genealogias nos dias de Jotão, rei de Judá, e no dias de Jeroboão, rei de Israel. ¹⁸ Os filhos de Rúben, e de Gade, e da meia tribo de Manassés, homens guerreiros, homens que traziam escudo e espada, que entesavam arco, e habilidosos em guerra, havia quarenta e quatro mil setecentos e sessenta capazes de ir para a batalha. ¹⁹ E fizeram guerra contra os Hagarenos, como também a Jetur, Nafis, e Nodabe. ²⁰ E foram ajudados contra ele; assim os hagarenos, e todos quantos estavam com eles, foram enregues em suas mãos, porque clamaram a Deus na batalha, e ele lhes atendeu, pois confiaram nele. ²¹ E tomaram seu gado, cinquenta mil de seus camelos, duzentas e cinquenta mil ovelhas, dois mil asnos, e cem mil pessoas. ²² E muitos caíram mortos, porque a guerra era de Deus; e habitaram em seus lugares até o cativeiro. ²³ E os filhos da meia tribo de Manassés habitaram naquela terra, e eles se multiplicaram desde Basã até Baal-Hermom, e Senir e o monte de Hermom. ²⁴ E estes foram os cabeças das casas de seus pais: Efer, Isi, Eliel, Azriel, Jeremias, Hodavias, e Jadiel, homens valentes e fortes, homens renomados, e cabeças das casas de seus pais. ²⁵ Porém eles transgrediram contra o Deus de seus pais, e se prostituíram seguindo os deuses dos povos da terra, aos quais o SENHOR havia destruído de diante deles. ²⁶ Por isso o Deus de Israel despertou ao espírito de Pul, rei da Assíria, e ao espírito de Tiglate-Pilneser, rei da Assíria, o qual levou presos os rubenitas, os gaditas e à meia tribo de Manassés, e os trouxe até Hala, Habor, Hara, e ao rio Gozã, até hoje.

6

¹ Os filhos de Levi foram: Gérson, Coate, e Merari. ² Os filhos de Coate: Anrão, Izar, Hebrom e Uziel. ³ Os filhos de Anrão: Arão, Moisés, e Miriã. E os filhos de Arão foram: Nadabe, Abiú, Eleazar, e Itamar. ⁴ E Eleazar gerou a Fineias, Fineias gerou a Abisua; ⁵ Abisua gerou a Buqui, Buqui gerou a Uzi; ⁶ Uzi gerou a Zeraías, Zeraías gerou a Meraiote; ⁷ Meraiote gerou a Amarias, Amarias gerou a Aitube; ⁸ Aitube gerou a Zadoque, Zadoque gerou a Aimaaz; ⁹ Aimaaz gerou a Azarias, Azarias gerou a Joanã; ¹⁰ Joanã gerou a Azarias (este é o que administrou o sacerdócio na casa que Salomão edificou em Jerusalém); ¹¹ Azarias gerou a Amarias, Amarias gerou a Aitube; ¹² Aitube gerou a Zadoque, Zadoque gerou a Salum; ¹³ Salum gerou a Hilquias, Hilquias gerou a Azarias; ¹⁴ Azarias gerou a Seraías, Seraías, gerou a Jeozadaque. ¹⁵ E Jeozadaque foi *levado cativo* quando O SENHOR levou Judá e a Jerusalém como prisioneiros, pela mão de Nabucodonosor. ¹⁶ Os filhos de Levi foram: Gérson, Coate, e Merari. ¹⁷ E

---

* **5:13** famílias lit. casas

estes são os nomes dos filhos de Gérson: Libni, e Simei. [18] Os filhos de Coate: Anrão, Izar, Hebrom, e Uziel. [19] Os filhos de Merari: Mali, e Musi. Estas são as famílias de Levi, segundo seus pais. [20] De Gérson: seu filho Libni, seu filho Jaate, seu filho Zima. [21] Seu filho Joabe, seu filho Ido, seu filho Zerá, e seu filho Jeaterai. [22] Os filhos de Coate foram: seu filho Aminadabe, seu filho Corá, seu filho Assir, [23] Seu filho Elcana, seu filho Ebiasafe, seu filho Assir, [24] Seu filho Taate, seu filho Uriel, seu filho Uzias, e seu filho Saul. [25] E os filhos Elcana foram: Amasai e Aimote. [26] *Quanto* a Elcana, os filhos de Elcana foram: seu filho Zofai, seu filho Naate, [27] Seu filho Eliabe, seu filho Jeroão, e seu filho Elcana. [28] E os filhos de Samuel foram: o primogênito Vasni, e Abias. [29] Os filhos de Merari: Mali, seu filho Libni, seu filho Simei, seu filho Uzá, [30] Seu filho Simeia, seu filho Hagias, e seu filho Asaías. [31] Estes, pois, são os que Davi constituiu para o ofício da música da casa do Senhor, depois que a arca teve repouso. [32] E eles serviam diante da tenda do tabernáculo da congregação com cânticos, até que Salomão edificou a casa do SENHOR em Jerusalém; e estiveram segundo seu costume em seu serviço. [33] Estes, pois, foram os que ali estavam com seus filhos: dos filhos dos coatitas, Hemã, o cantor, filho de Joel, filho de Samuel, [34] Filho de Elcana, filho de Jeroão, filho de Eliel, filho de Toá, [35] Filho de Zufe, filho de Elcana, filho Maate, filho de Amasai, [36] Filho de Elcana, filho de Joel, filho de Azarias, filho de Sofonias, [37] Filho de Taate, filho de Assir, filho de Ebiasafe, filho de Corá, [38] Filho de Izar, filho de Coate, filho de Levi, filho de Israel. [39] E seu irmão Asafe estava à sua direita; Asafe era, filho de Berequias, filho de Simeia, [40] Filho de Micael, filho de Baaseias, filho de Malquias, [41] Filho de Etni, filho de Zerá, filho de Adaías, [42] Filho de Etã, filho de Zima, filho de Simei; [43] Filho de Jaate, filho de Gérson, filho de Levi. [44] E seus irmãos, os filhos de Merari, estavam à esquerda; *eram eles* : Etã, filho de Quisi, filho de Abdi, filho de Maluque, [45] Filho de Hasabias, filho de Amazias, filho de Hilquias, [46] Filho de Anzi, filho de Bani, filho de Semer, [47] Filho de Mali, filho de Musi, filho de Merari, filho de Levi. [48] E seus irmãos, os Levitas, foram postos para todo o serviço do tabernáculo da casa de Deus. [49] E Arão e seus filhos ofereciam incenso sobre o altar do holocausto e sobre o altar do incenso, para toda a obra do lugar santíssimo, e para fazer expiação sobre Israel, conforme tudo quanto Moisés, servo de Deus, havia mandado. [50] E estes foram os filhos de Arão: seu filho Eleazar, seu filho Fineias, seu filho Abisua, [51] Seu filho Buqui, seu filho Uzi, seu filho Zeraías, [52] Seu filho Meraiote, seu filho Amarias, seu filho Aitube, [53] Seu filho Zadoque, e seu filho Aimaaz. [54] E estas foram suas habitações, conforme seus acampamentos e seus termos, dos filhos de Arão da família dos coatitas, porque eles foram sorteados. [55] Deram-lhes, pois, a Hebrom na terra de Judá, e seus campos ao redor dela. [56] Porém o território da cidade e suas aldeias foram dadas a Calebe, filho de Jefoné. [57] E aos filhos de Arão deram as *seguintes* cidades de refúgio: Hebrom, e Libna com seus campos; Jathir e Estemoa com seus campos; [58] Hilém com seus campos; Debir com seus campos; [59] Asã com seus campos; e a Bete-Semes com seus campos; [60] E da tribo de Benjamim, a Geba com seus campos; Alemete com seus campos; e Anatote com seus campos. Todas as suas cidades, *repartidas* por suas famílias, foram treze cidades. [61] Mas aos filhos de Coate, que restaram da família daquela tribo, *deram* por sorteio dez cidades da meia tribo de Manassés. [62] E aos filhos de Gérson, segundo suas famílias, *deram* treze cidades da tribo de Issacar, da tribo de Aser, da tribo de Naftali, e da tribo de Manassés, em Basã. [63] E aos filhos de Merari, segundo suas famílias, *deram* por sorteio doze cidades da tribo de Rúben, da tribo de Gade, e da tribo de Zebulom. [64] Assim os filhos de Israel deram aos Levitas estas cidades com seus campos. [65] E deram-lhes por sorteio, da tribo dos filhos de Judá, da tribo dos filhos de Simeão, e da tribo dos filhos de Benjamim, estas cidades, as quais mencionaram por seus nomes. ⁶⁶ E quanto ao *resto* das famílias dos filhos de Coate deram-lhes cidades com seus termos da tribo de Efraim. ⁶⁷ E deram-lhes das cidades de refúgio, a Siquém e seus campos nas montanhas de Efraim, e a Gezer com seus campos, ⁶⁸ A Jocmeão com seus campos, a Bete-Horom com seus campos, ⁶⁹ A Aijalom com seus campos, e a Gate-Rimom com seus campos; ⁷⁰ Da meia tribo de Manassés, a Aner com seus campos, e a Bileã com seus campos, para os que restaram da família dos filhos de Coate. ⁷¹ Aos filhos de Gérson *deram* da família da meia tribo de Manassés, a Golã em Basã com seus campos e a Astarote com seus campos; ⁷² E da tribo de Issacar, a Quedes com seus campos, a Daberate com seus campos, ⁷³ A Ramote com seus campos, e a Aném com seus campos; ⁷⁴ E da tribo de Aser a Masal com seus campos, a Abdom com seus campos, ⁷⁵ A Hucoque com seus campos, e a Reobe com seus campos. ⁷⁶ E da tribo de Naftali, a Quedes na Galileia com seus campos, a Hamom com seus campos, e a Quiriataim com seus campos. ⁷⁷ E aos que restaram dos filhos de Merari, *deram* da tribo de Zebulom, a Rimono com seus campos, e a Tabor com seus campos; ⁷⁸ E dalém do Jordão de Jericó, ao oriente do Jordão, *deram* da tribo de Rúben, a Bezer no deserto com seus campos; a Jaza com seus campos. ⁷⁹ A Quedemote com seus campos, e a Mefaate com seus campos; ⁸⁰ E da tribo de Gade, a Ramote em Gileade com seus campos, a Maanaim com seus campos, ⁸¹ A Hesbom com seus campos, e a Jazer com seus campos.

7

¹ Os filhos de Issacar foram quatro: Tolá, Pua, Jasube, e Sinrom. ² Os filhos de Tolá foram: Uzi, Refaías, Jeriel, Jamai, Ibsão e Samuel, cabeças das famílias de seus pais. De Tolá foram contados por suas genealogias no tempo de Davi vinte e dois mil seiscentos homens guerreiros. ³ O filho de Uzi foi Izraías; e os filhos de Izraías foram: Micael, Obadias, Joel, e Issias; todos estes cinco foram líderes. ⁴ E havia com eles em suas genealogias, segundo as famílias de seus pais, trinta e seis mil hòmens de guerra, porque tiveram muitas mulheres e filhos. ⁵ E seus irmãos em todas as famílias de Issacar, todos contados por suas genealogias, foram oitenta e sete mil guerreiros valentes. ⁶ Os *filhos* de Benjamim foram três: Belá, Bequer, e Jediael. ⁷ Os filhos de Belá foram: Esbom, Uzi, Uziel, Jerimote, e Iri; cinco cabeças de famílias paternas, guerreiros valentes, dos quais foram contados por suas genealogias vinte e dois mil e trinta e quatro. ⁸ Os filhos de Bequer: Zemira, Joás, Eliézer, Elioenai, Onri, Jerimote, Abias, Anatote e Alemete; todos estes foram filhos de Bequer. ⁹ E foram contados por suas genealogias, segundo suas descendências, e os cabeças de suas famílias, vinte mil e duzentos guerreiros valentes. ¹⁰ E o filho de Jediael foi Bilã; e os filhos de Bilã foram: Jeús, Benjamim, Eúde, Quenaaná, Zetã, Társis, e Aisaar. ¹¹ Todos estes filhos de Jediael foram cabeças de famílias, guerreiros valentes, dezessete mil e duzentos que saíam com o exército para a guerra. ¹² Supim e Hupim foram filhos de Ir; e Husim foi filho de Aer. ¹³ Os filhos de Naftali foram: Jaziel, Guni, Jezer, e Salum, filhos de Bila. ¹⁴ Os filhos de Manassés foram: Asriel, o qual foi nascido de sua concubina, a síria, a qual também lhe deu à luz Maquir, pai de Gileade. ¹⁵ E Maquir tomou por mulher a irmã de Hupim e Supim, cuja irmã teve por nome Maaca. O nome do segundo foi Zelofeade. E Zelofeade teve *somente* filhas. ¹⁶ E Maaca mulher de Maquir lhe gerou um filho, e chamou seu nome Perez; e o nome de seu irmão foi Seres, cujos filhos foram Ulão e Requém. ¹⁷ E o filho de Ulão foi Bedã. Estes foram os filhos de Gileade, filho de Maquir, filho de Manassés. ¹⁸ E sua irmã Hamolequete deu à luz Isode, Abiezer, e Maalá. ¹⁹ E os filhos de Semida foram Aiã, Siquém, Liqui, e Anião. ²⁰ Os filhos de Efraim: Sutela, seu filho Berede, seu filho Taate, seu filho Eleada, seu filho Taate, ²¹ Seu filho Zabade, seu filho Sutela, seu filho, Ézer, e Eleade. Mas os

homens de Gate, naturais daquela terra, os mataram, porque desceram para tomar seus gados. ²² Por isso seu pai Efraim esteve de luto por muitos dias, e seus irmãos vieram consolá-lo. ²³ Depois ele se deitou com sua mulher, ela concebeu, e deu à luz um filho, ao qual chamou por nome Berias, pois o desastre havia ocorrido em sua casa. ²⁴ E sua filha foi Seerá, a qual edificou a Bete-Horom, a baixa e a alta, como também a Uzém-Seerá. ²⁵ E seu filho foi Refa, seu filho Resefe, seu filho Telá, seu filho Taã, ²⁶ Seu filho Laadã, seu filho Amiúde, seu filho Elisama, ²⁷ Seu filho Num, e seu filho Josué. ²⁸ E a propriedade e habitação deles foi Betel com suas aldeias, e ao oriente Naarã, e ao ocidente Gezer e suas aldeias, como também Siquém com suas aldeias, até Aia e suas aldeias; ²⁹ E da parte dos filhos de Manassés, Bete-Seã com suas aldeias, Taanaque com suas aldeias, Megido com suas aldeias, e Dor com suas aldeias. Nestes *lugares* habitaram os filhos de José, filho de Israel. ³⁰ Os filhos de Aser foram: Imná, Isvá, Isvi, Berias, e sua irmã Sera. ³¹ Os filhos de Berias foram: Héber, e Malquiel, o qual foi pai de Bizarvite. ³² E Héber gerou a Jaflete, Semer, Hotão, e sua irmã Suá. ³³ Os filhos de Jaflete foram: Pasaque, Bimal, e Asvate. Estes foram os filhos de Jaflete. ³⁴ Os filhos de Semer foram: Aí, Roga, Jeubá, e Arã. ³⁵ Os filhos de seu irmão Helém foram: Zofa, Imná, Seles, e Amal. ³⁶ Os filhos de Zofa foram: Suá, Harnefer, Sual, Beri, Inra, ³⁷ Bezer, Hode, Samá, Silsa, Iltrã e Beera. ³⁸ Os filhos de Jéter foram: Jefoné, Pispa, e Ara. ³⁹ E os filhos de Ula foram; Ara, Haniel, e Rizia. ⁴⁰ Todos estes foram filhos de Aser, cabeças de famílias paternas, escolhidos guerreiros valentes, chefes de príncipes; e foram contados em suas genealogias no exército para a guerra, em número de vinte e seis mil homens.

8

¹ Benjamim gerou a Belá seu primogênito, Asbel o segundo, Aará o terceiro, ² Noá o quarto, e Rafa o quinto. ³ E os filhos de Belá foram: Adar, Gera, Abiúde, ⁴ Abisua, Naamã, Aoá, ⁵ Gera, Sefufá, e Hurão. ⁶ E estes foram os filhos de Eúde, os quais foram as cabeças das famílias dos moradores em Geba, que foram levados cativos a Manaate: ⁷ Naamã, Aías, e Gera; este os levou cativos, e gerou a Uzá e a Aiúde. ⁸ E Saaraim gerou filhos na terra de Moabe, depois que deixou a suas mulheres Husim e Baara. ⁹ De sua mulher Hodes ele gerou a Jobabe, Zíbia, Messa, Malcã, ¹⁰ Jeús, Saquias, e Mirma. Estes foram seus filhos, cabeças de famílias. ¹¹ E de Husim ele gerou a Abitube, e a Elpaal. ¹² E os filhos de Elpaal foram: Héber, Misã, Semede (o qual edificou a Ono e a Lode com suas aldeias), ¹³ Assim como Berias, e Sema, que foram cabeças das famílias dos moradores de Aijalom, os quais afugentaram aos moradores de Gate. ¹⁴ E Aiô, Sasaque, Jeremote, ¹⁵ Zebadias, Arade, Eder; ¹⁶ Micael, Ispa, e Joá, foram filhos de Berias. ¹⁷ E Zebadias, Mesulão, Hizqui, Héber, ¹⁸ Ismerai, Izlias, e Jobabe, foram filhos de Elpaal. ¹⁹ E Jaquim, Zicri, Zabdi, ²⁰ Elioenai, Ziletai, Eliel, ²¹ Adaías, Beraías, e Sinrate, foram filhos de Simei. ²² E Ispã, Héber, Eliel, ²³ Abdom, Zicri, Hanã, ²⁴ Hananias, Elão, Antotias, ²⁵ Ifdeias, e Penuel, foram filhos de Sasaque. ²⁶ E Sanserai, Searias, Atalias; ²⁷ Jaaresias, Elias, e Zicri, foram filhos de Jeroão. ²⁸ Estes foram cabeças de famílias, chefes segundo suas gerações; estes habitaram em Jerusalém. ²⁹ E em Gibeão habitou o pai de Gibeão; e o nome de sua mulher era Maaca; ³⁰ E seu filho primogênito foi Abdom; depois Zur, Quis, Baal, Nadabe, ³¹ Gedor, Aiô, Zequer, ³² E Miclote, que gerou a Simeia. Estes também habitaram perto de irmãos em Jerusalém, vizinhos a eles. ³³ E Ner gerou a Quis; Quis gerou a Saul, e Saul gerou a Jônatas, Malquisua, Abinadabe, e a Esbaal. ³⁴ O filho de Jônatas foi Meribe-Baal, e Meribe-Baal gerou a Mica. ³⁵ Os filhos de Mica foram: Pitom, Meleque, Tareia e Acaz. ³⁶ E Acaz gerou a Jeoada; e Jeoada gerou a Alemete, a Azmavete, e a Zinri; e Zinri gerou a Moza. ³⁷ E Moza gerou a Bineá, cujo

filho foi Rafa, cujo filho foi Eleasá, cujo filho foi Azel. [38] Azel teve seis filhos, cujos nomes foram: Azricão, Bocru, Ismael, Searias, Obadias, e Hanã; todos estes foram filhos de Azel. [39] E os filhos de Eseque, seu irmão, foram: Ulão seu primogênito, Jeús o segundo, e Elifelete o terceiro. [40] E os filhos de Ulão foram guerreiros valentes, hábeis flecheiros; e tiveram muitos filhos e netos, cento e cinquenta. Todos estes foram dos filhos de Benjamim.

9

[1] E todo Israel foi contado por genealogias, e eis que foram escritos no livro dos Reis de Israel e de Judá, que foram transportados para a Babilônia por causa de sua transgressão. [2] E os primeiros habitantes que vieram a suas propriedades em suas cidades, foram os israelitas, os sacerdotes, os levitas, e os servos do templo. [3] Porém em Jerusalém habitaram *alguns* dos filhos de Judá, dos filhos de Benjamim, dos filhos de Efraim e de Manassés; [4] Utai, filho de Amiúde, filho de Onri, filho de Inri, filho de Bani, dos filhos de Perez filho de Judá. [5] E dos silonitas: Asaías o primogênito, e seus filhos. [6] E dos filhos de Zerá, Jeuel e seus irmãos, seiscentos e noventa. [7] E dos filhos de Benjamim: Salu, filho de Mesulão, filho de Hodavias, filho de Hassenua; [8] E Ibneias, filho de Jeroão; e Elá filho de Uzi, filho de Micri; e Mesulão filho de Sefatias, filho de Reuel, filho de Ibneias. [9] E seus irmãos, segundo suas genealogias, foram novecentos e cinquenta e seis; todos estes homens foram cabeças das famílias de seus pais. [10] E dos sacerdotes: Jedaías, Jeoiaribe, Jaquim; [11] E Azarias filho de Hilquias, filho de Mesulão, filho de Zadoque, filho de Meraiote, filho de Aitube, príncipe da casa de Deus; [12] E Adaías filho de Jeroão, filho de Pasur, filho de Malquias; e Masai filho de Adiel, filho de Jazera, filho de Mesulão, filho de Mesilemite, filho de Imer; [13] Como também seus irmãos, cabeças das famílias de seus pais, mil setecentos e sessenta, homens valentes e hábeis para a obra do serviço da casa de Deus. [14] E dos Levitas: Semaías, filho de Hassube, filho de Azricão, filho de Hasabias, dos filhos de Merari; [15] E Baquebacar, Heres, Galal, e Matanias filho de Mica, filho de Zicri, filho de Asafe; [16] E Obadias filho de Semaías, filho de Galal, filho de Jedutum; e Berequias filho de Asa, filho de Elcana, que habitou nas aldeias de Netofate. [17] E os porteiros foram: Salum, Acube, Talmom, Aimã, e seus irmãos cujo líder era Salum, [18] (O qual até agora fica junto à porta do rei ao oriente). Estes foram os porteiros do acampamento dos filhos de Levi. [19] E Salum, filho de Coré, filho de Ebiasafe, filho de Corá, e seus irmãos da família de seu pai, os coraítas, foram encarregados da obra do serviço, guardando os umbrais do tabernáculo; assim como seus pais foram capitães do acampamento do SENHOR, que guardavam a entrada. [20] E Fineias, filho de Eleazar, havia sido antes comandante sobre eles, e o SENHOR era com ele. [21] E Zacarias, filho de Meselemias, era porteiro da porta da tenda do ajuntamento. [22] Todos estes, escolhidos para porteiros dos umbrais, foram duzentos e doze; e estes foram registrados em suas genealogias, segundo suas aldeias; e Davi e o vidente Samuel os constituíram em seu ofício. [23] Assim eles e seus filhos estiveram junto às portas da casa do SENHOR, a casa do Tabernáculo, como guardas. [24] Os porteiros estavam aos quatro ventos: ao oriente, ao ocidente, ao norte, e ao sul. [25] E seus irmãos que estavam em suas aldeias vinham de tempos em tempos para durante sete dias *servirem* com eles. [26] Pois havia naquele ofício chefes dos porteiros, que eram levitas; e eles eram encarregados das câmaras e dos tesouros da casa de Deus. [27] E passavam a noite ao redor da casa de Deus, porque eram responsáveis pela guarda, e por abri-la a cada manhã. [28] Alguns destes eram encarregados dos utensílios do serviço, pois os colocavam contados, e contados os tiravam. [29] E outros deles eram encarregados da mobília, e de todos os utensílios do santuário, como

também da farinha, do vinho, do azeite, do incenso, e das especiarias. ³⁰ E alguns dos filhos dos sacerdotes faziam o perfume das especiarias. ³¹ E Matitias, um dos Levitas, primogênito de Salum o coraíta, era encarregados das coisas que se faziam em assadeiras. ³² E alguns de seus irmãos, dos filhos dos coatitas, eram encarregados dos pães da proposição, para os prepararem para todos os sábados. ³³ E destes também havia os cantores, cabeças das famílias dos levitas, os quais estavam isentos *de outros serviços* em suas câmaras, porque de dia e de noite estavam encarregados naquela obra. ³⁴ Estes foram os cabeças das famílias dos levitas, cabeças em suas genealogias, os quais habitaram em Jerusalém. ³⁵ E em Gibeão habitaram: Jeiel, pai de Gibeão (e o nome de sua mulher era Maaca); ³⁶ E seu filho primogênito Abdom, depois Zur, Quis, Baal, Ner, Nadabe, ³⁷ Gedor, Aiô, Zacarias, e Miclote. ³⁸ E Miclote gerou a Simeia. E também estes habitaram em Jerusalém junto de seus irmãos. ³⁹ E Ner gerou a Quis, Quis gerou a Saul, e Saul gerou a Jônatas, a Malquisua, a Abinadabe, e a Esbaal. ⁴⁰ E filho de Jônatas foi Meribe-Baal; e Meribe-Baal gerou a Mica. ⁴¹ E os filhos de Mica foram: Pitom, Meleque, Tareia, ⁴² *E* Acaz, *que* gerou a Jará, Jará gerou a Alemete, a Azmavete, e a Zinri; e Zinri gerou a Moza; ⁴³ E Moza gerou a Bineá, cujo filho foi Refaías, cujo filho foi Eleasá, cujo filho foi Azel. ⁴⁴ E Azel teve seis filhos, cujos nomes foram: Azricão, Bocru, Ismael, Searias, Obadias, e Hanã; estes foram os filhos de Azel.

10

¹ Os filisteus guerrearam contra Israel; e os homens de Israel fugiram diante deles, e caíram feridos no monte de Gilboa. ² E os filisteus perseguiram a Saul e a seus filhos; e os filisteus mataram Jônatas, Abinadabe, e Malquisua, filhos de Saul. ³ E a batalha se dificultou sobre Saul; os flecheiros o alcançaram, e ele foi ferido pelos flecheiros. ⁴ Então Saul disse a seu escudeiro: Tira a tua espada, e atravessa-me com ela, para que não aconteça que estes incircuncisos venham, e escarneçam de mim.Porém seu escudeiro não quis, porque tinha muito medo. Então Saul tomou a espada, e se lançou sobre ela. ⁵ E quando seu escudeiro viu que Saul estava morto, ele também se lançou sobre sua espada, e morreu. ⁶ Assim Saul e seus três filhos morreram; e toda a sua casa morreu juntamente com ele. ⁷ E quando todos os homens de Israel que estavam no vale viram que *o exército* havia fugido, e que Saul e seus filhos estavam mortos, deixaram suas cidades, e fugiram; então os filisteus vieram, e habitaram nelas. ⁸ E no dia seguinte, quando os Filisteus vieram para despojar os mortos, acharam Saul e seus filhos estendidos no monte de Gilboa. ⁹ Então o despiram, tomaram sua cabeça e suas armas, e as enviaram por toda a terra dos filisteus para anunciarem a seus ídolos e ao povo. ¹⁰ E puseram suas armas no templo de seu deus, e colocaram sua cabeça no templo de Dagom. ¹¹ E quando todos os de Jabes-Gileade ouviram tudo quanto filisteus haviam feito a Saul, ¹² Todos os homens valentes se levantaram, tomaram o corpo de Saul e os corpos de seus filhos, e os trouxeram a Jabes; e sepultaram seus ossos debaixo de um carvalho em Jabes, e jejuaram durante sete dias. ¹³ Assim Saul morreu por sua transgressão com que havia transgredido contra o SENHOR, por causa da palavra do SENHOR, a qual ele não obedeceu; e por ter buscado à médium para lhe consultar, ¹⁴ E não ter buscado ao SENHOR. Por isso ele o matou, e passou o reino a Davi, filho de Jessé.

11

¹ Então todo o Israel se ajuntou a Davi em Hebrom, dizendo: Eis que nós somos teu osso e tua carne. ² E mesmo antes, quando Saul ainda era rei, tu conduzias as tropas

de Israel. * Também o SENHOR teu Deus te disse: Tu apascentarás o meu povo Israel, e tu serás líder do meu povo Israel. ³ Também vieram todos os anciãos de Israel ao rei em Hebrom, e Davi fez aliança com eles diante do SENHOR; e ungiram a Davi como rei sobre Israel, conforme a palavra do SENHOR por meio de Samuel. ⁴ Então Davi e todo Israel foram a Jerusalém, a qual era Jebus, pois ali os jebuseus eram os moradores daquela terra. ⁵ E os moradores de Jebus disseram a Davi: Tu não entrarás aqui.Porém Davi conquistou a fortaleza de Sião, que é a cidade de Davi. ⁶ (Pois Davi havia dito: O primeiro a derrotar aos jebuseus será chefe e comandante.Então Joabe, filho de Zeruia, subiu primeiro, e foi feito comandante.) ⁷ E Davi habitou na fortaleza; por isso que foi chamada de cidade de Davi. ⁸ E ele edificou a cidade ao redor, desde as fundações do aterro † ao redor; e Joabe reparou o resto da cidade. ⁹ E Davi ia cada vez mais crescendo em poder, pois o SENHOR dos exércitos era com ele. ¹⁰ Estes foram os líderes dos guerreiros que Davi teve, os que lhe deram forte apoio em seu reinado, com todo Israel, para o fazerem rei sobre Israel, conforme a palavra do SENHOR. ¹¹ E este é o número dos guerreiros que Davi teve: Jasobeão, filho de Hacmoni, chefe de capitães, o qual, fazendo uso de sua lança, matou trezentos de um vez. ¹² E depois dele Eleazar, filho de Dodô, o aoíta; ele era um dos três principais guerreiros. ¹³ Este esteve com Davi em Pas-Damim, quando os filisteus se ajuntaram para a batalha; e havia ali uma plantação cheia de cevada. Enquanto o povo fugia dos filisteus, ¹⁴ Eles se puseram no meio da plantação, defenderam-na, e derrotaram ‡ os Filisteus; e o SENHOR lhes deu uma grande vitória. ¹⁵ E três dos trinta comandantes desceram a Davi, na rocha junto à caverna de Adulão, enquanto o acampamento dos filisteus estava no vale de Refaim. ¹⁶ E Davi estava então na fortaleza, enquanto havia uma tropa de filisteus em Belém. ¹⁷ Davi teve um desejo, e disse: Quem me dera beber da água do poço de Belém, que está junto à porta! ¹⁸ E aqueles três irromperam pelo acampamento dos filisteus, e tiraram água do poço de Belém, que está junto à porta, tomaram dela, e a trouxeram a Davi. Davi, porém não a quis beber; em vez disso, derramou-a ao SENHOR, ¹⁹ E disse: Deus me proíba de fazer isto! Beberia eu o sangue destes homens com suas vidas? Pois eles arriscaram suas vidas para a trazerem.Por isso ele não a quis beber. Isto fizeram aqueles três guerreiros. ²⁰ E também Abisai, irmão de Joabe, foi o cabeça de três, o qual usando sua lança sobre trezentos, ele os matou; e foi famoso entre os três. ²¹ Dos três ele foi mais ilustre que os outros dois, por isso foi seu cabeça; porém não alcançou os três *primeiros*. ²² *Também* Benaia, filho de Joiada, filho de homem valente, de grandes feitos, de Cabzeel; ele matou dois dos poderosos guerreiros de Moabe; ele também desceu, e matou um leão dentro de uma cova no tempo da neve. ²³ Ele também matou um homem egípcio alto, de cinco côvados; o egípcio trazia na mão uma lança como um lançador de tecelão; porém *Benaia* desceu a ele com um bastão; e arrancou a lança da mão do egípcio, e o matou com sua própria lança. ²⁴ Estas coisas fez Benaia, filho de Joiada, e por isso foi famoso entre aqueles três guerreiros. ²⁵ Eis que ele foi o mais ilustre dos trinta, mas não alcançou os três *primeiros* . E Davi o pôs sobre sua guarda pessoal. ²⁶ E os guerreiros dos exército foram: Asael, irmão de Joabe; Elanã filho de Dodô de Belém; ²⁷ Samote o harodita; Helez o pelonita; ²⁸ Ira, filho de Iques, o tecoíta; Abiezer o anatotita; ²⁹ Sibecai o husatita; Ilai o aoíta; ³⁰ Maarai o netofatita; Helede, filho de Baaná, o netofatita; ³¹ Itai, filho de Ribai, de Gibeá dos filhos de Benjamim; Benaia o piratonita; ³² Hurai do ribeiro de Gaás; Abiel, o arbatita; ³³ Azmavete, o baarumita; Eliaba, o saalbonita; ³⁴ Os filhos de Hasém, o

---

* **11:2** conduzias as tropas de Israel fazias sair e entrar a Israel   † **11:8** fundações do aterro obscuro – tradicionalmente: Milo   ‡ **11:14** derrotaram lit. feriram

gizonita; Jônatas, filho de Sage, o hararita; [35] Aião filho de Sacar, o hararita; Elifal filho de Ur; [36] Héfer, o mequeratita; Aías, o pelonita; [37] Hezro, o carmelita; Naarai, filho de Ezbai; [38] Joel, irmão de Natã; Mibar, filho de Hagri; [39] Zeleque, o amonita; Naarai, o berotita, escudeiro de Joabe filho de Zeruia; [40] Ira, o itrita; Garebe, o itrita; [41] Urias, o heteu; Zabade, filho de Alai; [42] Adina, filho de Siza, o rubenita, *o qual era* chefe dos rubenitas, e com ele trinta; [43] Hanã, filho de Maaca; Josafá o mitenita; [44] Uzia, o asteratia; Sama e Jeiel, filhos de Hotão, o aroerita; [45] Jedaiel, filho de Sinri, e seu irmão Joá, o tizita; [46] Eliel, o maavita; Jeribai e Josavias, filhos de Elnaão; Itma, o moabita; [47] Eliel; Obede; e Jaasiel, o mezobaíta.

12

[1] Estes, pois, foram os que vieram a Davi a Ziclague, enquanto ele ainda estava escondido por causa de Saul filho de Quis; e eles estiveram entre os guerreiros que o ajudaram na guerra. [2] Eles estavam armados de arcos, e podiam tanto com a mão direita como a esquerda atirar pedras com funda, e setas com arco. Estes eram dentre os irmãos de Saul, os benjamitas. [3] Aiezer, o cabeça; e Joás, filhos de Semaá o gibeatita; e Jeziel, e Pelete, filhos de Azmavete; e Beraca, e Jeú o anatotita; [4] E Ismaías, o gibeonita, valente entre os trinta, e capitão dos trinta; e Jeremias, Jaaziel, Joanã, Jozabade o gederatita; [5] Eluzai, Jeremote, Bealias, Semarias, e Sefatias o harufita; [6] Elcana, Issias, Azareel, Joezer, e Jasobeão, os coraítas; [7] E Joela e Zebadias, filhos de Jeroão de Gedor. [8] E *alguns* dos gaditas passaram a Davi, à fortaleza no deserto, guerreiros valentes, homens de guerra para lutar, armados com escudo e lança; seus rostos eram como rostos de leões, e velozes como as corças sobre os montes. [9] Ézer o cabeça, Obadias o segundo, Eliabe o terceiro, [10] Mismana o quarto, Jeremias o quinto, [11] Atai o sexto, Eliel o sétimo, [12] Joanã o oitavo, Elzabade o nono, [13] Jeremias o décimo, Macbanai o décimo primeiro. [14] Estes foram os capitães do exército dos filhos de Gade. O menor tinha autoridade sobre cem homens, e o maior sobre mil. [15] Estes foram os que passaram o Jordão no mês primeiro, quando ele estava transbordando sobre todas as suas margens; e fizeram fugir a todos os dos vales ao oriente e ao ocidente. [16] Também alguns dos filhos de Benjamim e de Judá vieram a Davi à fortaleza. [17] E Davi saiu ao encontro deles, e lhes falou, dizendo: Se viestes a mim para paz e para me ajudar, meu coração será unido convosco; mas se é para me entregar a meus inimigos, mesmo sendo meus mãos sem crime, o Deus de nossos pais o veja, e o repreenda. [18] Então o Espírito revestiu a Amasai, chefe de trinta, e disse: Teus somos, ó Davi! E contigo estamos, ó filho de Jessé! Paz, paz seja contigo, e paz com os teus ajudadores; pois o teu Deus te ajuda.E Davi os recebeu, e os constituiu entre os capitães das tropas. [19] Também alguns de Manassés passaram a Davi, quando ele veio com os filisteus à batalha contra Saul, ainda que não os ajudaram; porque os líderes dos filisteus, *depois de terem feito* conselho, o despediram, dizendo: Com nossas cabeças ele passará a seu senhor Saul. [20] Quando, pois, ele veio a Ziclague, passaram-se a ele dos de Manassés: Adna, Jozabade, Jediaiel, Micael, Jozabade, Eliú, e Ziletai, chefes de milhares dos de Manassés. [21] E estes ajudaram a Davi contra aquela tropa; porque todos eles eram guerreiros valentes, e foram capitães no exército. [22] Pois naquele tempo todos os dias, eles vinham a Davi para o ajudar, até que se fez um grande exército, como um exército de Deus. [23] E este são os números dos chefes ármados para a batalha, que vieram a Davi em Hebrom, para passar a ele o reino de Saul, conforme a palavra do SENHOR: [24] Dos filhos de Judá que traziam escudo e lança, seis mil e oitocentos, armados para a batalha. [25] Dos filhos de Simeão, guerreiros valentes para batalhar, sete mil e cem. [26] Dos filhos de Levi, quatro mil e seiscentos; [27] Joiada, porém, era o comandante dos *descendentes* de

Arão, e com ele três mil e setecentos; ²⁸ E Zadoque, era um jovem guerreiro valente, e da família de seu pai vinte e dois líderes. ²⁹ Dos filhos de Benjamim, irmãos de Saul, três mil; porque até então ainda havia muitos deles que ainda trabalhavam pela casa de Saul. ³⁰ Dos filhos de Efraim, vinte mil e oitocentos, guerreiros valentes, homens ilustres nas casas de seus pais. ³¹ Da meia tribo de Manassés, dezoito mil, que foram convocados por nome para virem a tornar Davi rei. ³² Dos filhos de Issacar, conhecedores dos tempos, para saberem o que Israel devia fazer, duzentos de seus líderes; e todos os seus irmãos seguiam suas ordens. ³³ E de Zebulom, cinquenta mil, que saíam como exército preparados para a batalha, com todas as armas de guerra; capazes de batalhar com firmeza de coração. ³⁴ E de Naftali mil capitães, e com eles trinta e sete mil com escudo e lança. ³⁵ E dos danitas, preparados para a batalha, vinte e oito mil e seiscentos. ³⁶ E de Aser, dos que saíam como exército, prontos para a batalha, quarenta mil. ³⁷ E dalém do Jordão, dos rubenitas, dos gaditas, e da meia tribo de Manassés, como toda variedade de armas de guerra para batalhar, cento e vinte mil. ³⁸ Todos estes homens de guerra, postos em posição de batalha, com coração íntegro, vieram a Hebrom, para constituir Davi rei sobre todo Israel; e também todos os demais de Israel tinham a mesma intenção de constituir Davi o rei. ³⁹ E estiveram ali com Davi três dias, comendo e bebendo, porque seus irmãos haviam lhes feito preparativos. ⁴⁰ E também os seus vizinhos, até de Issacar, Zebulom, e Naftali, trouxeram pão sobre asnos, camelos, mulos, e bois; e alimento de farinha, bolos de figos e passas, vinho e azeite, bois e ovelhas em abundância, porque havia alegria em Israel.

13

¹ Então Davi teve conselho com os capitães de milhares e de centenas, e com todos os chefes. ² E Davi disse a todo a congregação de Israel: Se bem vos parece, e se vem do SENHOR nosso Deus, enviemos depressa *mensageiros* aos nossos irmãos que restaram em todas as terras de Israel, aos sacerdotes e aos levitas que estão com eles em suas cidades e em seus arredores, para que se ajuntem conosco. ³ E tragamos de volta a nós a arca de nosso Deus, porque não a buscavos desde o tempo de Saul. ⁴ Então toda a congregação disse que assim se fizesse, porque isso pareceu correto aos olhos de todo o povo. ⁵ Assim Davi ajuntou a todo Israel, desde Sior do Egito, até chegar a Hamate, para que trouxessem a arca de Deus de Quriate-Jearim. ⁶ Então Davi subiu com todo Israel a Baalá, *que é* Quriate-Jearim, em Judá, para dali trazerem acima a arca de Deus, o SENHOR, que habita entre os querubins, a qual é chamada pelo seu nome. ⁷ E levaram a arca de Deus da casa de Abinadabe sobre uma carruagem nova, e Uzá e seu irmão guiavam o carro. ⁸ E Davi e todo Israel celebravam diante de Deus com toda força; e com canções, harpas, saltérios, tamboris, címbalos e com trombetas. ⁹ E quando chegaram à eira de Quidom, Uzá estendeu sua mão para segurar a arca, pois os bois tropeçaram. ¹⁰ Então a ira do SENHOR se acendeu contra Uzá, e o feriu, por ele ter estendido sua mão à arca; e morreu ali diante de Deus. ¹¹ E Davi teve desgosto, porque o SENHOR havia atingido * Uzá; por isso ele chamou aquele lugar Perez-Uzá, até hoje. ¹² E Davi temeu a Deus naquele dia, dizendo: Como trarei a mim a arca de Deus? ¹³ Por isso Davi não trouxe a arca a si, à cidade de Davi; em vez disso ele a trouxe à casa de Obede-Edom, o geteu. ¹⁴ Assim a arca de Deus ficou na casa de Obede-Edom, em sua casa, por três meses; e o SENHOR abençoou a casa de Obede-Edom, e tudo quanto ele tinha.

---

* **13:11** atingido lit. feito rompimento em

14

¹ Então Hirão, rei de Tiro, enviou mensageiros a Davi, e também madeira de cedro, pedreiros e carpinteiros, para lhe edificarem uma casa. ² E Davi entendeu que o SENHOR o tinha confirmado por rei sobre Israel, pois seu reino tinha sido exaltado, por causa de seu povo Israel. ³ E Davi teve mais esposas em Jerusalém, e Davi ainda gerou filhos e filhas. ⁴ E estes são os nomes dos filhos que teve em Jerusalém: Samua, Sobabe, Natã, Salomão, ⁵ Ibar, Elisua, Elpelete, ⁶ Nogá, Nefegue, Jafia, ⁷ Elisama, Beeliada e Elifelete. ⁸ Quando, pois, os filisteus ouviram que Davi havia sido ungido rei sobre todo Israel, todos os filisteus subiram em busca de Davi. E quando Davi ouviu falar disso, logo saiu contra eles. ⁹ E os filisteus vieram e ocuparam o vale de Refaim. ¹⁰ Então Davi consultou a Deus, dizendo: Subirei contra os filisteus? E tu os entregarás em minhas mãos?E o SENHOR lhe disse: Sobe, porque eu os entregarei em teus mãos. ¹¹ Davi subiu, pois, Baal-Perazim, e ali os derrotou. Então Davi disse: Por minha mão Deus rompeu meus inimigos, como se rompem as águas.Por isso chamaram o nome daquele lugar Baal-Perazim. ¹² E ali deixaram seus deuses, e Davi mandou que fossem queimados a fogo. ¹³ Porém os filisteus voltaram a ocupar o vale. ¹⁴ Então Davi voltou a consultar a Deus, e Deus lhe disse: Não subas por trás deles; em vez disso rodeia-os, e vem contra eles em frente das amoreiras; ¹⁵ E será que ouvires, quando tu ouvires o ruído do marchar *das tropas* pelas copas das amoreiras, então sai à batalha; porque Deus sairá adiante de ti para derrotar o acampamento dos filisteus. ¹⁶ E Davi fez como Deus lhe mandara, e feriram o acampamento dos filisteus desde Gibeão até Gezer. ¹⁷ E a fama de Davi se espalhou por todas aquelas terras; e o SENHOR fez todas aquelas nações temerem a Davi.

15

¹ Davi também fez casas para si em sua cidade, e preparou um lugar para a arca de Deus, e lhe armou uma tenda. ² Então Davi disse: Ninguém pode trazer a arca de Deus, a não ser os levitas; porque o SENHOR os escolheu para que transportassem a arca do SENHOR, e para lhe servirem eternamente. ³ E Davi ajuntou a todo Israel em Jerusalém, para fazerem subir a arca do SENHOR a seu lugar, que ele tinha lhe preparado. ⁴ Davi também ajuntou aos filhos de Arão e aos levitas: ⁵ Dos filhos de Coate, Uriel o principal, e seus irmãos, cento e vinte; ⁶ Dos filhos de Merari, Asaías o principal, e seus irmãos, duzentos e vinte; ⁷ Dos filhos de Gérson, Joel o principal, e seus irmãos, cento e trinta; ⁸ Dos filhos de Elisafã, Semaías o principal, e seus irmãos, duzentos; ⁹ Dos filhos de Hebrom, Eliel o principal, e seus irmãos, oitenta; ¹⁰ Dos filhos de Uziel, Amidadabe o principal, e seus irmãos, cento e doze. ¹¹ E Davi chamou aos sacerdotes Zadoque e Abiatar, e a os levitas Uriel, Asaías, Joel, Semaías, Eliel, e Aminadabe; ¹² E disse-lhes: Vós que sois os chefes das famílias entre os levitas, santificai-vos, vós e vossos irmãos, e fazei subir a arca do SENHOR, Deus de Israel, ao lugar que eu lhe preparei; ¹³ Pois por não terdes feito assim vós da primeira vez, o SENHOR nosso Deus fez nos atingiu, porque não o buscamos conforme o mandamento. ¹⁴ Assim os sacerdotes e os levitas se santificaram para trazerem a arca do SENHOR Deus de Israel. ¹⁵ E os filhos dos levitas trouxeram a arca de Deus com as barras sobre seus ombros, assim como Moisés tinha mandado conforme a palavra do SENHOR. ¹⁶ E Davi disse aos chefes dos levitas que constituíssem de seus irmãos cantores com instrumentos musicais, com saltérios, e harpas, e címbalos; para que fizessem sons e levantassem a voz com alegria. ¹⁷ Então os levitas constituíram a Hemã, filho de Joel; e de seus irmãos, a Asafe filho de Berequias; e dos filhos de Merari e de seus irmãos, a Etã filho de Cusaías; ¹⁸ E com eles a seus irmãos da segundo ordem, a Zacarias, Bene e Jaaziel, Semiramote, Jeiel, Uni, Eliabe, Benaia, Maaseias,

Matitias, Elifeleu, Micneias, Obede-Edom, e Jeiel, os porteiros. [19] E os cantores: Hemã, Asafe, e Etã, fizeram sons com címbalos de metal. [20] E Zacarias, Aziel, Semiramote, Jeiel, Uni, Eliabe, Maaseias, e Benaia, com saltérios sobre Alamote. * [21] E Matitias, Elifeleu, Micneias, Obede-Edom, Jeiel, e Azazias, tocavam ao modo de Seminite. † [22] E Quenanias, chefe dos levitas, estava encarregado de conduzir o cântico; ele ensinava o cântico porque era entendido. [23] E Berequias e Elcana eram porteiros da arca. [24] E os sacerdotes Sebanias, Josafá, Natanael, Amasai, Zacarias, Benaia, e Eliézer, tocavam as trombetas diante da arca de Deus; e Obede-Edom e Jeías eram porteiros da arca. [25] Sucedeu, pois, que Davi, os anciãos de Israel, e os capitães de milhares, foram fazer subir a arca do pacto do SENHOR, de casa de Obede-Edom, com alegria. [26] E foi que, por Deus estar ajudando os levitas que levavam a arca do pacto do SENHOR, eles sacrificaram sete novilhos e sete carneiros. [27] E Davi ia vestido de um roupão de linho fino, como também todos os levitas que levavam a arca, e os cantores; e Quenanias era o chefe da música e dos cantores. Davi também levava sobre si um éfode de linho. [28] Assim todo Israel fez subir a arca do pacto do SENHOR, com júbilo, som de cornetas e trombetas, e címbalos, e ao som de saltérios e harpas. [29] E foi que, quando a arca do pacto do SENHOR chegou à cidade de Davi, Mical, filha de Saul, olhou por uma janela, e viu o rei Davi dançando e saltando; e ela o desprezou em seu coração.

16

[1] Trouxeram, pois, a arca de Deus, e a puseram no meio da tenda que Davi havia lhe armado; e apresentaram holocaustos e sacrifícios de gratidão diante de Deus. [2] E Davi, quando terminou de apresentar os holocaustos e os sacrifícios de gratidão, abençoou ao povo em nome do SENHOR. [3] E repartiu a todos em Israel, tanto homens como mulheres, a cada um um bolo de pão, uma boa porção de carne, e um bolo de passas. [4] E pôs diante do arco do SENHOR a *alguns* dos levitas como servidores, para que celebrassem, agradecessem, e louvassem ao SENHOR Deus de Israel: [5] Asafe era o cabeça, e Zacarias era o segundo depois; Jeiel, Semiramote, Jeiel, Matitias, Eliabe, Benaia, Obede-Edom, e Jeiel, estavam com seus instrumentos de saltérios e harpas, mas Asafe fazia som com címbalos; [6] Porém os sacerdotes Benaia e Jaaziel estavam continuamente com trombetas diante do arco do pacto de Deus. [7] Então naquele mesmo dia Davi pela primeira vez mandou celebrarem ao SENHOR por meio de Asafe e de seus irmãos: [8] Louvai ao SENHOR, invocai o seu nome, notificai entre os povos os seus feitos. [9] Cantai a ele, cantai-lhe salmos; falai de todas as suas maravilhas. [10] Gloriai-vos em seu santo nome; alegre-se o coração dos que buscam ao SENHOR. [11] Procurai ao SENHOR e à sua força; buscai a sua face continuamente. [12] Lembrai-vos de suas maravilhas que ele fez, de seus prodígios, e dos juízos de sua boca, [13] Vós, descendentes * de seu servo Israel, vós filhos de Jacó, seus escolhidos. [14] Ele é o SENHOR, o nosso Deus; seus juízos estão em toda a terra. [15] Lembrai-vos perpetuamente de seu pacto, *e* da palavra que ele mandou até mil gerações; [16] Do pacto que estabeleceu com Abraão, e do seu juramento a Isaque; [17] O qual confirmou a Jacó por estatuto, a Israel por pacto eterno, [18] Dizendo: A ti darei a terra de Canaã, a porção de vossa herança; [19] Quando vós éreis poucos em número, poucos, e estrangeiros nela; [20] Que andavam de nação em nação, de um reino a outro povo. [21] A ninguém ele permitiu que os oprimisse; por causa deles repreendeu a reis, [22] *Dizendo* : Não toqueis em meus ungidos, nem façais mal a meus profetas. [23] Cantai ao SENHOR, toda a terra, anunciai de dia em dia sua salvação. [24] Cantai entre as

---

* **15:20** Alamote obscuro   † **15:21** Seminite obscuro   * **16:13** descendentes lit. semente

nações sua glória, e entre todos os povos suas maravilhas. ²⁵ Porque o SENHOR é grande, e muito digno de ser louvado; ele é mais temível que todos os deuses. ²⁶ Pois todos os deuses dos povos nada são; porém o SENHOR fez os céus. ²⁷ Majestade e esplendor há diante de ele; força e alegria em sua morada. ²⁸ Reconhecei ao SENHOR, ó famílias das nações, reconhecei ao SENHOR a glória e o poder. ²⁹ Dai ao SENHOR a glória de seu nome; trazei ofertas, e vinde diante dele; adorai ao SENHOR na glória de sua santidade. ³⁰ Assombrai-vos diante dele, vós, toda a terra; o mundo *por ele* foi estabelecido, para que não se movesse. ³¹ Alegrem-se os céus, e goze-se a terra, e digam nas nações: Reina o SENHOR. ³² Ressoe o mar, e a plenitude dela: Alegre-se o campo, e todo o que contém. ³³ Então cantarão as árvores dos bosques diante do SENHOR, Porque vem a julgar a terra. ³⁴ Celebrai a o SENHOR, porque é bom; Porque sua misericórdia é eterna. ³⁵ E dizei: Salva-nos, ó Deus, saúde nossa: Junta-nos, e livra-nos das nações, Para que confessemos tua santo nome, e nos gloriemos em teus louvores. ³⁶ Bendito seja o SENHOR Deus de Israel, De eternidade a eternidade. ³⁷ E deixou ali, diante do arca do pacto do SENHOR, a Asafe e a seus irmãos, para que ministrassem de contínuo diante da arca, cada coisa em seu dia: ³⁸ E a Obede-Edom e a seus irmãos, sessenta e oito; e a Obede-Edom filho de Jedutum, e a Hosa, por porteiros: ³⁹ Assim a Zadoque o sacerdote, e a seus irmãos os sacerdotes, diante do tabernáculo do SENHOR no alto que estava em Gibeão, ⁴⁰ Para que sacrificassem continuamente, a manhã e tarde, holocaustos a o SENHOR no altar do holocausto, conforme a todo o que está escrito na lei do SENHOR, que ele prescreveu a Israel; ⁴¹ E com eles a Hemã e a Jedutum, e os outros escolhidos declarados por seus nomes, para glorificar a o SENHOR, porque é eterna sua misericórdia; ⁴² Com eles a Hemã e a Jedutum com trombetas e címbalos para tanger, e com outros instrumentos de música de Deus; e a os filhos de Jedutum, por porteiros. ⁴³ E todo o povo se foi cada um a sua casa; e Davi se voltou para abençoar sua casa.

17

¹ E aconteceu que morando Davi em sua casa, disse Davi ao profeta Natã: Eis aqui eu habito em casa de cedro, e a arca do pacto do SENHOR debaixo de cortinas. ² E Natã disse a Davi: Faze tudo o que está em tua coração, porque Deus é contigo. ³ Naquela mesma noite foi palavra de Deus a Natã, dizendo: ⁴ Vai e dize a Davi meu servo: Assim disse o SENHOR: Tu não me edificarás casa em que habite: ⁵ Porque não habitei em casa alguma desde o dia que tirei a os filhos de Israel até hoje; antes estive de tenda em tenda, e de tabernáculo em tabernáculo. ⁶ Em todo quanto andei com todo Israel falei uma palavra a algum dos juízes de Israel, a os quais mandei que apascentassem meu povo, para dizer-lhes: Por que não me edificais uma casa de cedro? ⁷ Portanto, agora dirás a meu servo Davi: Assim disse o SENHOR dos exércitos: Eu te tomei da malhada, de detrás do gado, para que fosses príncipe sobre meu povo Israel; ⁸ E fui contigo em tudo quanto andaste, e arranquei a todos teus inimigos de diante de ti, e te fiz grande nome, como o nome dos grandes que são na terra. ⁹ Assim dispus lugar a meu povo Israel, e o plantei para que habite por si, e que não seja mais comovido: nem os filhos de iniquidade o consumirão mais, como antes, ¹⁰ E desde o tempo que pus os juízes sobre meu povo Israel; mas humilharei a todos teus inimigos. Faço-te ademais saber que o SENHOR te há de edificar casa. ¹¹ E será que, quando teus dias forem cumpridos para ir-te com teus pais, levantarei a tua descendência * depois de ti, a qual será de teus filhos, e afirmarei seu reino. ¹² Ele me edificará casa, e eu confirmarei seu trono eternamente. ¹³ Eu lhe serei por pai, e ele me será por filho: e não tirarei dele minha misericórdia, como a tirei daquele que foi antes de ti; ¹⁴ Mas

---

* **17:11** Lit. semente

eu o confirmarei em minha casa e em meu reino eternamente; e seu trono será firme para sempre. ¹⁵ Conforme a todas estas palavras, e conforme a toda esta visão, assim falou Natã a Davi. ¹⁶ E entrou o rei Davi, e esteve diante do SENHOR, e disse: ó SENHOR Deus, quem sou eu, e qual é minha casa, que me trouxeste até este lugar? ¹⁷ E ainda isto, ó Deus, te pareceu pouco, pois que falaste da casa de teu servo para mais longe, e me olhaste como a um homem excelente, ó o SENHOR Deus. ¹⁸ Que mais pode dizer Davi pedindo de ti para glorificar a tua servo? Porém tu conheces a teu servo. ¹⁹ Ó SENHOR, por amor de teu servo e segundo teu coração, fizeste toda esta grandeza, para fazer notórias todas as tuas grandezas. ²⁰ Ó SENHOR, não há semelhante a ti, nem há Deus a não ser tu, segundo todas as coisas que ouvimos com nossos ouvidos. ²¹ E que gente há na terra como teu povo Israel, cujo Deus fosse e se redimisse um povo, para fazer-te nome com grandezas e maravilhas, expulsando as nações de diante de teu povo, que tu resgataste do Egito? ²² Tu constituíste a teu povo Israel por povo teu para sempre; e tu, o SENHOR, vieste a ser seu Deus. ²³ Agora, pois, SENHOR, a palavra que falaste acerca de teu servo e de sua casa, seja firme para sempre, e faze como disseste. ²⁴ Permaneça, pois, e seja engrandecido teu nome para sempre, a fim de que se diga: o SENHOR dos exércitos, Deus de Israel, é Deus para Israel. E seja a casa de teu servo Davi firme diante de ti. ²⁵ Porque tu, Deus meu, revelaste ao ouvido a teu servo que lhe edificarás casa; por isso achou teu servo motivo de orar diante de ti. ²⁶ Agora, pois, o SENHOR, tu és o Deus que falaste de teu servo este bem; ²⁷ E agora quiseste abençoar a casa de teu servo, para que permaneça perpetuamente diante de ti: porque tu, o SENHOR, a abençoaste, e será bendita para sempre.

18

¹ Depois destas coisas aconteceu que Davi feriu aos filisteus, e os humilhou; e tomou Gate e suas vilas das mãos dos filisteus. ² Também feriu a Moabe; e os moabitas foram servos de Davi, trazendo-lhe tributos. ³ Assim feriu Davi a Hadadezer, rei de Zobá, em Hamate, quando ele foi assegurar seu domínio até o rio Eufrates. ⁴ E tomoulhes Davi mil carros, e sete mil a cavalo, e vinte mil homens a pé; e Davi aleijou os cavalos de todos os carros, exceto os de cem carros que deixou. ⁵ E vindo os sírios de Damasco em ajuda de Hadadezer, rei de Zobá, Davi feriu dos sírios vinte e dois mil homens. ⁶ E Davi pôs guarnições na Síria de Damasco, e os sírios foram feitos servos de Davi, trazendo-lhe tributos; porque o SENHOR dava vitória a Davi por onde quer que fosse. ⁷ Tomou também Davi os escudos de ouro que levavam os servos de Hadadezer, e trouxe-os a Jerusalém. ⁸ Assim de Tibate e de Cum, cidades de Hadadezer, Davi tomou muito bronze, de que Salomão fez o mar de bronze, as colunas, e vasos de bronze. ⁹ E ouvindo Toú, rei de Hamate, que Davi havia defeito todo o exército de Hadadezer, rei de Zobá, ¹⁰ Enviou seu filho Hdorão ao rei Davi para saudar-lhe e para bendizer-lhe por haver guerreado com Hadadezer, e haver lhe vencido; porque Toú tinha guerra com Hadadezer. Enviou-lhe também toda sorte de artigos de ouro, de prata e de metal; ¹¹ os quais o rei Davi dedicou a o SENHOR, com a prata e ouro que havia tomado de todas as nações, de Edom, de Moabe, dos filhos de Amom, dos filisteus, e de Amaleque. ¹² Além disso Abisai, filho de Zeruia, feriu no vale do sal dezoito mil edomitas. ¹³ E pôs guarnições em Edom, e todos os edomitas foram servos de Davi; porque o SENHOR guardava a Davi por onde quer que fosse. ¹⁴ E reinou Davi sobre todo Israel, e fazia juízo e justiça a todo seu povo. ¹⁵ E Joabe, filho de Zeruia, era general do exército; e Josafá filho de Ailude, cronista; ¹⁶ E Zadoque, filho de Aitube, e Abimeleque filho de Abiatar, eram sacerdotes; e Sausa,

secretário; ¹⁷ E Benaia, filho de Joiada, era sobre os quereteus e peleteus; e os filhos de Davi eram os principais próximos do rei.

19

¹ Depois destas coisas, aconteceu que morreu Naás, rei dos filhos de Amom, e seu filho reinou em seu lugar. ² E disse Davi: Farei misericórdia com Hanã filho de Naás, porque também seu pai fez comigo misericórdia. Assim Davi enviou embaixadores que o consolassem da morte de seu pai. Mas vindos os servos de Davi na terra dos filhos de Amom a Hanã, ³ os príncipes dos filhos de Amom disseram a Hanã: Pensas que Davi está honrando o teu pai, de maneira que te enviou consoladores? Acaso não é que os servos dele vêm a ti para espionar, e investigar, e reconhecer a terra? ⁴ Então Hanã tomou os servos de Davi, rapou-os, e cortou-lhes as vestes ao meio, até as nádegas, e despachou-os. ⁵ Foram-se, pois, e quando foi dada a Davi a notícia acerca daqueles homens, ele mandou que fossem ao encontro deles, porque estavam muito afrontados. E o rei mandou-lhes dizer: Ficai em Jericó até que vos cresça a barba, e então voltareis. ⁶ E quando os filhos de Amom viram que se haviam feito Davi ter ódio deles, Hanã e os filhos de Amom enviaram mil talentos de prata, para alugarem carruagens e cavaleiros da Mesopotâmia, da Síria de Maaca, e de Zobá. ⁷ E alugaram trinta e dois mil carruagens, e ao rei de Maaca com o seu povo, os quais vieram e assentaram seu acampamento diante de Medeba. E juntaram-se também os filhos de Amom de suas cidades, e vieram à guerra. ⁸ Ouvindo-o Davi, enviou a Joabe com todo o exército dos homens valentes. ⁹ E os filhos de Amom saíram, e ordenaram sua tropa à entrada da cidade; e os reis que haviam vindo, estavam à parte no acampamento. ¹⁰ E vendo Joabe que a linha da batalha estava contra ele pela frente e por trás, escolheu de todos os mais capacitados que havia em Israel, e pôs seu esquadrão em formação contra os sírios. ¹¹ Depois pôs os outros nas mãos de seu irmão Abisai, que os pões em formação de batalha contra os amonitas. ¹² E disse: Se os sírios forem mais fortes que eu, tu me socorrerás; e se os amonitas forem mais fortes que tu, eu te socorrerei. ¹³ Esforça-te, e sejamos corajosos por nosso povo, e pelas cidades de nosso Deus; e faça o SENHOR o que bem lhe parecer. ¹⁴ Aproximou-se, então, Joabe e o povo que tinha consigo, para lutar contra os sírios; mas eles fugiram diante dele. ¹⁵ E os filhos de Amom, vendo que os sírios haviam fugido, fugiram também eles diante de Abisai seu irmão, e entraram-se na cidade. Então Joabe se voltou a Jerusalém. ¹⁶ E vendo os sírios que haviam caído diante de Israel, enviaram embaixadores, e trouxeram aos sírios que estavam da outra parte do rio, cujo capitão era Sofaque, general do exército de Hadadezer. ¹⁷ Logo que foi dado aviso a Davi, juntou a todo Israel, e passando o Jordão veio a eles, e ordenou contra eles seu exército. E como Davi havia ordenado sua tropa contra eles, os sírios lutaram com ele. ¹⁸ Mas os sírios fugiram diante de Israel; e Davi matou dos sírios sete mil homens das carruagens, e quarenta mil homens a pé; assim matou Sofaque, general do exército. ¹⁹ E vendo os sírios de Hadadezer que haviam caído diante de Israel, concordarem em fazer a paz com Davi, e foram seus servos; e nunca mais os sírios quiseram ajudar os filhos de Amom.

20

¹ E aconteceu à volta do ano, no tempo que costumam os reis sair à guerra, que Joabe tirou as forças do exército, e destruiu a terra dos filhos de Amom, e veio e cercou a Rabá. Mas Davi estava em Jerusalém; e Joabe atacou Rabá, e a destruiu. ² E tomou Davi a coroa de seu rei de encima de sua cabeça, e achou-a de peso de um talento de ouro, e havia nela pedras preciosas; e foi posta sobre a cabeça de

Davi. E ademais de isto tirou da cidade um muito grande despojo. ³ Tirou também ao povo que estava nela, e cortou-os com serras, e com trilhos de ferro, e machados. O mesmo fez Davi a todas as cidades dos filhos de Amom. E voltou-se Davi com todo o povo a Jerusalém. ⁴ Depois de isto aconteceu que se levantou guerra em Gezer com os filisteus; e feriu Sibecai Husatita a Sipai, da linhagem dos gigantes; e foram humilhados. ⁵ E voltou-se a levantar guerra com os filisteus; e feriu Elanã filho de Jair a Lami, irmão de Golias geteu, a haste de cuja lança era como um lançador de tecedores. ⁶ E voltou a haver guerra em Gate, de onde havia um homem de grande estatura, o qual tinha seis dedos em pés e mãos, em todos vinte e quatro: e também era filho de Rafa. ⁷ Insultou ele a Israel, mas feriu-o Jônatas, filho de Simeia irmão de Davi. ⁸ Estes foram filhos de Rafa em Gate, os quais caíram por mão de Davi e de seus servos.

21

¹ Mas Satanás se levantou contra Israel, e incitou a Davi a que contasse a Israel. ² E disse Davi a Joabe e a os príncipes do povo: Ide, contai a Israel desde Berseba até Dã, e trazei-me o número deles para que eu o saiba. ³ E disse Joabe: Acrescente o SENHOR a seu povo cem vezes outros tantos. Rei senhor meu, não são todos estes servos de meu senhor? Para que procura meu senhor isto, que será pernicioso a Israel? ⁴ Mas o mandamento do rei pode mais que Joabe. Saiu por tanto Joabe, e foi por todo Israel; e voltou a Jerusalém, e deu a conta do número do povo a Davi. ⁵ E achou-se em todo Israel que tiravam espada, onze vezes cem mil; e de Judá quatrocentos e setenta mil homens que tiravam espada. ⁶ Entre estes não foram contados os levitas, nem os filhos de Benjamim, porque Joabe abominava o mandamento do rei. ⁷ Assim desagradou este negócio a os olhos de Deus, e feriu a Israel. ⁸ E disse Davi a Deus: Pequei gravemente em fazer isto: rogo-te que faças passar a iniquidade de teu servo, porque eu ei feito muito loucamente. ⁹ E falou o SENHOR a Gade, vidente de Davi, dizendo: ¹⁰ Vai, e fala a Davi, e dize-lhe: Assim disse o SENHOR: Três coisas te proponho; escolhe de elas uma que eu faça contigo. ¹¹ E vindo Gade a Davi, disse-lhe: Assim disse o SENHOR: ¹² Escolhe-te, ou três anos de fome; ou ser por três meses defeito diante de teus inimigos, e que a espada de teus adversários te alcance; ou por três dias a espada do SENHOR e pestilência na terra, e que o anjo do SENHOR destrua em todo o termo de Israel. Olha, pois, o que responderá ao que me enviou. ¹³ Então Davi disse a Gade: Estou em grande angústia: rogo que eu caia na mão do SENHOR; porque suas misericórdias são muitas em extremo, e que não caia eu em mãos de homens. ¹⁴ Assim o SENHOR deu pestilência em Israel, e caíram de Israel setenta mil homens. ¹⁵ E enviou o SENHOR o anjo a Jerusalém para destruí-la: mas estando ele destruindo, olhou o SENHOR, e arrependeu-se daquele mal, ¹⁶ E levantando Davi seus olhos, viu ao anjo do SENHOR, que estava entre o céu e a terra, tendo uma espada nua em sua mão, estendida contra Jerusalém. Então Davi e os anciãos se prostraram sobre seus rostos, cobertos de sacos. ¹⁷ E disse Davi a Deus: Não sou eu o que fez contar o povo? Eu mesmo sou o que pequei, e certamente fiz mal; mas estas ovelhas, que fizeram? Ó SENHOR, Deus meu, seja agora tua mão contra mim, e contra a casa de meu pai, e não haja praga em teu povo. ¹⁸ E o anjo do SENHOR ordenou a Gade que dissesse a Davi, que subisse e construísse um altar a o SENHOR na era de Ornã jebuseu. ¹⁹ Então Davi subiu, conforme a palavra de Gade que lhe havia dito em nome do SENHOR. ²⁰ E voltando-se Ornã viu o anjo; pelo que se esconderam quatro filhos seus que com ele estavam. E Ornã trilhava o trigo. ²¹ E vindo Davi a Ornã, olhou este, e viu a Davi: e saindo da eira, prostrou-se em terra a Davi. ²² Então disse Davi a Ornã: Dá-me este lugar da eira, em que edifique um altar a o SENHOR, e dá-o

a mim por seu devido preço, para que cesse a praga do povo. ²³ E Ornã respondeu a Davi: Toma-o para ti, e faça meu senhor o rei o que bem lhe parecer; e ainda os bois darei para o holocausto, e os trilhos para lenha, e trigo para a oferta de alimentos; eu dou tudo. ²⁴ Então o rei Davi disse a Ornã: Não, mas sim que efetivamente a comprarei por seu justo preço: porque não tomarei para o SENHOR o que é teu, nem sacrificarei holocausto que nada me custe. ²⁵ E deu Davi a Ornã pelo lugar seiscentos siclos de ouro por peso. ²⁶ E edificou ali Davi um altar a o SENHOR, em o que ofereceu holocaustos e sacrifícios pacíficos, e invocou a o SENHOR, o qual lhe respondeu por fogo dos céus em o altar do holocausto. ²⁷ E como o SENHOR falou ao anjo, ele voltou sua espada à bainha. ²⁸ Então vendo Davi que o SENHOR lhe havia ouvido na eira de Ornã jebuseu, sacrificou ali. ²⁹ E o tabernáculo do SENHOR que Moisés havia feito no deserto, e o altar do holocausto, estavam então no alto de Gibeão: ³⁰ Mas Davi não pode ir ali a consultar a Deus, porque estava espantado por causa da espada do anjo do SENHOR.

22

¹ E disse Davi: Esta é a casa do SENHOR Deus, e este é o altar do holocausto para Israel. ² Depois mandou Davi que se juntassem os estrangeiros que estavam na terra de Israel, e assinalou deles pedreiros que lavrassem pedras para edificar a casa de Deus. ³ Assim preparou Davi muito ferro para os pregos das portas, e para as junturas; e muito metal sem peso, e madeira de cedro sem conta. ⁴ Porque os sidônios e tírios haviam trazido a Davi madeira de cedro inumerável. ⁵ E disse Davi: Salomão meu filho é jovem e tenro, e a casa que se há de edificar a o SENHOR há de ser magnífica por excelência, para nome e honra em todas as terras; agora pois eu lhe prepararei o necessário. E preparou Davi antes de sua morte em grande abundância. ⁶ Chamou então Davi a Salomão seu filho, e mandou-lhe que edificasse casa a o SENHOR Deus de Israel. ⁷ E disse Davi a Salomão: Filho meu, em meu coração tive o edificar templo ao nome do SENHOR meu Deus. ⁸ Mas veio a mim palavra do SENHOR, dizendo: Tu derramaste muito sangue, e trouxeste grandes guerras: não edificarás casa a meu nome, porque derramaste muito sangue na terra diante de mim: ⁹ Eis aqui, um filho te nascerá, o qual será homem de repouso, porque eu lhe darei quietude de todos seus inimigos em derredor; por tanto seu nome será Salomão; e eu darei paz e repouso sobre Israel em seus dias: ¹⁰ Ele edificará casa a meu nome, e ele me será a mim por filho, e eu lhe serei por pai; e afirmarei o trono de seu reino sobre Israel para sempre. ¹¹ Agora, pois, filho meu, seja contigo o SENHOR, e sejas próspero, e edifiques casa a o SENHOR teu Deus, como ele disse de ti. ¹² E o SENHOR te dê entendimento e prudência, e ele te dê mandamentos para Israel; e que tu guardes a lei do SENHOR teu Deus. ¹³ Então serás próspero, se cuidares de pôr por obra os estatutos e direitos que o SENHOR mandou a Moisés para Israel. Esforça-te pois, e recobra ânimo; não temas, nem desmaies. ¹⁴ Eis aqui, eu em minha estreiteza preveni para a casa do SENHOR cem mil talentos de ouro, e um milhar de milhares de talentos de prata: não tem peso o metal nem o ferro, porque é muito. Assim aprontei madeira e pedra, a o qual tu acrescentarás. ¹⁵ Tu tens contigo muitos oficiais, pedreiros, pedreiros, e carpinteiros, e todo homem especialista em toda obra. ¹⁶ Do ouro, da prata, do metal, e do ferro, não há número. Levanta-te, pois, e à obra; que o SENHOR será contigo. ¹⁷ Assim mandou Davi a todos os principais de Israel que dessem ajuda a Salomão seu filho, dizendo: ¹⁸ Não é convosco o SENHOR vosso Deus, o qual vos há dado quietude de todas as partes? Porque ele entregou em minha mão os moradores da terra, e a terra há sido sujeitada diante do SENHOR, e diante de seu povo. ¹⁹ Ponde, pois, agora vossos corações e vossos ânimos em buscar a o SENHOR vosso Deus; e levantai-vos,

e edificai o santuário do Deus o SENHOR, para trazer a arca do pacto do SENHOR, e o santos vasos de Deus, à casa edificada ao nome do SENHOR.

23

¹ Sendo, pois, Davi já velho e farto de dias, fez a Salomão seu filho rei sobre Israel. ² E juntando a todos os principais de Israel, e a os sacerdotes e levitas, ³ Foram contados os levitas de trinta anos acima; e foi o número deles por suas cabeças, contados um a um, trinta e oito mil. ⁴ Destes, vinte e quatro mil para dar pressa à obra da casa do SENHOR; e governadores e juízes, seis mil; ⁵ Ademais quatro mil porteiros; e quatro mil para louvar a o SENHOR, disse Davi, com os instrumentos que fiz para render louvores. ⁶ E repartiu-os Davi em ordens conforme a os filhos de Levi, Gérson e Coate e Merari. ⁷ Os filhos de Gérson: Ladã, e Simei. ⁸ Os filhos de Ladã, três: Jeiel o primeiro, depois Zetã e Joel. ⁹ Os filhos de Simei, três: Selomote, Haziel, e Harã. Estes foram os príncipes das famílias de Ladã. ¹⁰ E os filhos de Simei: Jaate, Zina, Jeus, e Berias. Estes quatro foram os filhos de Simei. ¹¹ Jaate era o primeiro, Zina o segundo; mas Jeus e Berias não multiplicaram em filhos, por o qual foram contados por uma família. ¹² Os filhos de Coate: Anrão, Izar, Hebrom, e Uziel, eles quatro. ¹³ Os filhos de Anrão: Arão e Moisés. E Arão foi apartado para ser dedicado às mais santas coisas, ele e seus filhos para sempre, para que queimassem perfumes diante do SENHOR, e lhe ministrassem, e bendisessem em seu nome, para sempre. ¹⁴ E os filhos de Moisés, homem de Deus, foram contados na tribo de Levi. ¹⁵ Os filhos de Moisés foram Gérson e Eliézer. ¹⁶ Filho de Gérson foi Sebuel o primeiro. ¹⁷ E filho de Eliézer foi Reabias o primeiro. E Eliézer não teve outros filhos; mas os filhos de Reabias foram muitos. ¹⁸ Filho de Izar foi Selomite o primeiro. ¹⁹ Os filhos de Hebrom: Jería o primeiro, Amarias o segundo, Jaaziel o terceiro, e Jecameão o quarto. ²⁰ Os filhos de Uziel: Mica o primeiro, e Issias o segundo. ²¹ Os filhos de Merari: Mali e Musi. Os filhos de Mali: Eleazar e Quis. ²² E morreu Eleazar sem filhos, mas teve filhas; e os filhos de Quis, seus irmãos, as tomaram por mulheres. ²³ Os filhos de Musi: Mali, Éder e Jeremote, eles três. ²⁴ Estes são os filhos de Levi nas famílias de seus pais, cabeceiras de famílias em suas linhagens, contados por seus nomes, por suas cabeças, os quais faziam obra no ministério da casa do SENHOR, de vinte anos acima. ²⁵ Porque Davi disse: o SENHOR Deus de Israel há dado repouso a seu povo Israel, e o habitar em Jerusalém para sempre. ²⁶ E também os levitas não levarão mais o tabernáculo, e todos seus vasos para seu ministério. ²⁷ Assim que, conforme as últimas palavras de Davi, foi a contagem dos filhos de Levi de vinte anos acima. ²⁸ E estavam sob a mão dos filhos de Arão, para ministrar na casa do SENHOR, nos átrios e nas câmaras, e na purificação de toda coisa santificada, e na demais obra do ministério da casa de Deus; ²⁹ Assim para os pães da proposição, e para a flor da farinha para o sacrifício, e para os pães sem levedura, e para as coisas postas em panelas, e para o tostado, e para toda medida e conta; ³⁰ E para que assistissem cada manhã todos os dias a confessar e louvar a o SENHOR, e assim à tarde; ³¹ E para oferecer todos os holocaustos a o SENHOR os sábados, novas luas, e solenidades, por a conta e forma que tinham, continuamente diante do SENHOR. ³² E para que tivessem a guarda do tabernáculo do testemunho, e a guarda do santuário, e as ordens dos filhos de Arão seus irmãos, no ministério da casa do SENHOR.

24

¹ Também os filhos de Arão tiveram suas repartições. Os filhos de Arão: Nadabe, Abiú, Eleazar e Itamar. ² Mas Nadabe, e Abiú morreram antes que seu pai, e não tiveram filhos: Eleazar e Itamar tiveram o sacerdócio. ³ E Davi os repartiu, sendo

Zadoque dos filhos de Eleazar, e Aimeleque dos filhos de Itamar, por seus turnos em seu ministério. ⁴ E os filhos de Eleazar foram achados, quanto a seus principais varões, muitos mais que os filhos de Itamar; e repartiram-nos assim: Dos filhos de Eleazar havia dezesseis cabeças de famílias paternas; e dos filhos de Itamar pelas famílias de seus pais, oito. ⁵ Repartiram-nos, pois, por sorte os uns com os outros: porque dos filhos de Eleazar e dos filhos de Itamar havia príncipes do santuário, e príncipes da casa de Deus. ⁶ E Semaías escriba, filho de Natanael, dos levitas, escreveu-os diante do rei e dos príncipes, e diante de Zadoque o sacerdote, e de Aimeleque filho de Abiatar, e dos príncipes das famílias dos sacerdotes e levitas; e inscreviam uma família a Eleazar, e a Itamar outra. ⁷ E a primeira sorte saiu por Jeoiaribe, a segunda por Jedaías; ⁸ A terceira por Harim, a quarta por Seorim; ⁹ A quinta por Malquias, a sexta por Miamim; ¹⁰ A sétiam por Coz, a oitava por Abias; ¹¹ A nona por Jesua, a décima por Secanias; ¹² A décima primeira por Eliasibe, a décima segunda por Jaquim; ¹³ A décima terceira por Hupá, a décima quarta por Jesebeabe; ¹⁴ A décima quinta por Bilga, a décima sexta por Imer; ¹⁵ A décima sétima por Hezir, a décima outiva por Hapises; ¹⁶ A décima nona por Petaías, a vigésima por Jeezquel; ¹⁷ A vigésima primeira por Jaquim, a vigésima segunda por Gamul; ¹⁸ A vigésima terceira por Delaías, a vigésima quarta por Maazias. ¹⁹ Estes foram contados em seu ministério, para que entrassem na casa do SENHOR, conforme a sua ordenança, sob o mando de Arão seu pai, da maneira que lhe havia mandado o SENHOR o Deus de Israel. ²⁰ E dos filhos de Levi que restaram: Subael, dos filhos de Anrão; e dos filhos de Subael, Jedias. ²¹ E dos filhos de Reabias, Issias o principal. ²² Dos izaritas, Selomote; e filho de Selomote, Jaate. ²³ E dos filhos de Hebrom; Jerias o primeiro, o segundo Amarias, o terceiro Jaaziel, o quarto Jecameão. ²⁴ Filho de Uziel, Mica; e filho de Mica, Samir. ²⁵ Irmão de Mica, Issias; e filho de Issias, Zacarias. ²⁶ Os filhos de Merari: Mali e Musi; filho de Jaazias, Beno. ²⁷ Os filhos de Merari por Jaazias: Beno, e Soão, Zacur e Ibri. ²⁸ E de Mali, Eleazar, o qual não teve filhos. ²⁹ Filho de Quis, Jerameel. ³⁰ Os filhos de Musi: Mali, Éder e Jeremote. Estes foram os filhos dos levitas conforme às casas de suas famílias. ³¹ Estes também lançaram sortes, como seus irmãos os filhos de Arão, diante do rei Davi, e de Zadoque e de Aimeleque, e dos príncipes das famílias dos sacerdotes e levitas: o principal dos pais igualmente que o menor de seus irmãos.

25

¹ Assim Davi e os príncipes do exército apartaram para o ministério a os filhos de Asafe, e de Hemã, e de Jedutum, os quais profetizassem com harpas, saltérios, e címbalos: e o número deles foi, de homens idôneos para a obra de seu ministério ² Dos filhos de Asafe: Zacur, José, Netanias, e Asarela, filhos de Asafe, sob a direção de Asafe, o qual profetizava à ordem do rei. ³ De Jedutum: os filhos de Jedutum, Gedalias, Zeri, Jesaías, Hasabias, e Matitias, e Simei: seis, sob a mão de seu pai Jedutum, o qual profetizava com harpa, para celebrar e louvar a o SENHOR. ⁴ De Hemã: os filhos de Hemã, Buquias, Matanias, Uziel, Sebuel, Jeremote, Hananias, Hanani, Eliata, Gidalti, Romanti-Ezer, Josbecasa, Maloti, Hotir, e Maaziote. ⁵ Todos estes foram filhos de Hemã, vidente do rei em palavras de Deus, para exaltar o poder seu: e deu Deus a Hemã catorze filhos e três filhas. ⁶ E todos estes estavam sob a direção de seu pai na música, na casa do SENHOR, com címbalos, saltérios e harpas, para o ministério do templo de Deus, por disposição do rei acerca de Asafe, de Jedutum, e de Hemã. ⁷ E o número deles com seus irmãos instruídos em música do SENHOR, todos os aptos, foi duzentos oitenta e oito. ⁸ E lançaram sortes para os turnos do serviço, entrando o pequeno com o grande, o mesmo o mestre que o discípulo. ⁹ E a primeira sorte

saiu por Asafe, a José: a segunda a Gedalias, quem com seus irmãos e filhos foram doze; [10] A terceira a Zacur, com seus filhos e seus irmãos, doze; [11] A quarta a Izri, com seus filhos e seus irmãos, doze; [12] A quinta a Netanias, com seus filhos e seus irmãos, doze; [13] A sexta a Buquias, com seus filhos e seus irmãos, doze; [14] A sétima a Jesarela, com seus filhos e seus irmãos, doze; [15] A oitava a Jesaías, com seus filhos e seus irmãos, doze; [16] A nona a Matanias, com seus filhos e seus irmãos, doze; [17] A décima a Simei, com seus filhos e seus irmãos, doze; [18] A décima primeira a Azareel, com seus filhos e seus irmãos, doze; [19] A décima segunda a Hasabias, com seus filhos e seus irmãos, doze; [20] A décima terceira a Subael, com seus filhos e seus irmãos, doze; [21] A décima quarta a Matitias, com seus filhos e seus irmãos, doze; [22] A décima quinta a Jeremote, com seus filhos e seus irmãos, doze; [23] A décima sexta a Hananias, com seus filhos e seus irmãos, doze; [24] A décima sétima a Josbecasa, com seus filhos e seus irmãos, doze; [25] A décima oitava a Hanani, com seus filhos e seus irmãos, doze; [26] A décima nona a Maloti, com seus filhos e seus irmãos, doze; [27] A vigésima a Eliata, com seus filhos e seus irmãos, doze; [28] A vigésima primeira a Hotir, com seus filhos e seus irmãos, doze; [29] A vigésima segunda a Gidalti, com seus filhos e seus irmãos, doze; [30] A vigésima terceira a Maaziote, com seus filhos e seus irmãos, doze; [31] A vigésima quarta a Romanti-Ezer, com seus filhos e seus irmãos, doze.

26

[1] Quanto às repartições dos porteiros: Dos coraítas: Meselemias filho de Coré, dos filhos de Asafe. [2] Os filhos de Meselemias: Zacarias o primogênito, Jediael o segundo, Zebadias o terceiro, Jatniel o quarto; [3] Elão o quinto, Joanã o sexto, Elioenai o sétimo. [4] Os filhos de Obede-Edom: Semaías o primogênito, Jozabade o segundo, Joabe o terceiro, o quarto Sacar, o quinto Natanael; [5] O sexto Amiel, o sétimo Issacar, o oitavo Peuletai: porque Deus havia abençoado a Obede-Edom. [6] Também de Semaías seu filho nasceram filhos que foram senhores sobre a casa de seus pais; porque eram varões muito valentes. [7] Os filhos de Semaías: Otni, Rafael, Obede, Elzabade, e seus irmãos, homens esforçados; assim Eliú, e Semaquias. [8] Todos estes dos filhos de Obede-Edom: eles com seus filhos e seus irmãos, homens robustos e fortes para o ministério; sessenta e dois, de Obede-Edom. [9] E os filhos de Meselemias e seus irmãos, dezoito homens valentes. [10] De Hosa, dos filhos de Merari: Sinri o principal, (ainda que não fosse o primogênito, mas seu pai o pôs para que fosse cabeça); [11] O segundo Hilquias, o terceiro Tebalias, o quarto Zacarias: todos os filhos de Hosa e seus irmãos foram treze. [12] Entre estes se fez a distribuição dos porteiros, alternando os principais dos varões na guarda com seus irmãos, para servir na casa do SENHOR. [13] E lançaram sortes, o pequeno com o grande, pelas casas de seus pais, para cada porta. [14] E caiu a sorte ao oriente a Selemias. E a Zacarias seu filho, conselheiro entendido, lançaram as sortes, e sua sorte foi para o norte. [15] E por Obede-Edom, ao sul; e por seus filhos, a casa dos depósitos. [16] Por Supim e Hosa ao ocidente, com a porta de Salequete ao caminho da subida, guarda contra guarda. [17] Ao oriente seis levitas, ao norte quatro de dia; ao sul quatro de dia; e à casa dos depósitos, de dois em dois. [18] Em a câmara dos vasos ao ocidente, quatro ao caminho, e dois na câmara. [19] Estes são as repartições dos porteiros, filhos dos coraítas, e dos filhos de Merari. [20] E dos levitas, Aías tinha cargo dos tesouros da casa de Deus, e dos tesouros das coisas santificadas. [21] Quanto a os filhos de Ladã, filhos de Gérson: de Ladã, os príncipes das famílias de Ladã foram Gérson, e Jeieli. [22] Os filhos de Jeieli, Zetã e Joel seu irmão, tiveram cargo dos tesouros da casa do SENHOR. [23] Acerca dos anramitas, dos izaritas, dos hebronitas, e dos uzielitas, [24] Sebuel filho de Gérson, filho de Moisés, era principal sobre os tesouros. [25] Em ordem a seu irmão Eliézer, filho

deste era Reabias, filho deste Jesaías, filho deste Jorão, filho deste Zicri, do que foi filho Selomote. ^{26} Este Selomote e seus irmãos tinham cargo de todos os tesouros de todas as coisas santificadas, que havia consagrado o rei Davi, e os príncipes das famílias, e os capitães de milhares e de centenas, e os chefes do exército; ^{27} De o que haviam consagrado das guerras e dos despojos, para reparar a casa do SENHOR. ^{28} Assim todas as coisas que havia consagrado Samuel vidente, e Saul filho de Quis, e Abner filho de Ner, e Joabe filho de Zeruia: e todo o que qualquer um consagrava, estava sob a mão de Selomote e de seus irmãos. ^{29} Dos izaritas, Quenanias e seus filhos eram governadores e juízes sobre Israel nas obras de fora. ^{30} Dos hebronitas, Hasabias e seus irmãos, homens de vigor, mil e setecentos, governavam a Israel da outra parte do Jordão, ao ocidente, em toda a obra do SENHOR, e no serviço do rei. ^{31} Dos hebronitas, Jerias era o principal entre os hebronitas repartidos em suas linhagens por suas famílias. No ano quarenta do reinado de Davi se registraram, e acharam-se entre eles fortes e vigorosos em Jazer de Gileade. ^{32} E seus irmãos, homens valentes, eram dois mil e setecentos, cabeças de famílias, os quais o rei Davi constituiu sobre os rubenitas, gaditas, e sobre a meia tribo de Manassés, para todas as coisas de Deus, e os negócios do rei.

27

^{1} E os filhos de Israel segundo seu número, a saber, príncipes de famílias, comandantes, centuriões e oficiais dos que serviam ao rei em todos os negócios das divisões que entravam e saíam cada mês em todos os meses do ano, eram em cada divisão vinte e quatro mil. ^{2} Sobre a primeira divisão do primeiro mês estava Jasobeão filho de Zabdiel; e havia em sua divisão vinte e quatro mil. ^{3} Dos filhos de Perez foi ele chefe de todos os capitães das companhias do primeiro mês. ^{4} Sobre a divisão do segundo mês estava Dodai aoíta: e Miclote era maior general em sua divisão, na que também havia vinte e quatro mil. ^{5} O chefe da terceira divisão para o terceiro mês era Benaia, filho de Joiada sumo sacerdote; e em sua divisão havia vinte e quatro mil. ^{6} Este Benaia era valente entre os trinta e sobre os trinta; e em sua divisão estava Amizabade seu filho. ^{7} O quarto chefe para o quarto mês era Asael irmão de Joabe, e depois dele Zebadias seu filho; e em sua divisão havia vinte e quatro mil. ^{8} O quinto chefe para o quinto mês era Samute izraíta: e em sua divisão havia vinte e quatro mil. ^{9} O sexto para o sexto mês era Ira filho de Iques, de Tecoa; e em sua divisão vinte e quatro mil. ^{10} O sétimo para o sétimo mês era Helez pelonita, dos filhos de Efraim; e em sua divisão vinte e quatro mil. ^{11} O oitavo para o oitavo mês era Sibecai husatita, de Zerá; e em sua divisão vinte e quatro mil. ^{12} O nono para o nono mês era Abiezer anatotita, dos benjamitas; e em sua divisão vinte e quatro mil. ^{13} O décimo para o décimo mês era Maarai netofatita, de Zerá; e em sua divisão vinte e quatro mil. ^{14} O décimo primeiro para o décimo primeiro mês era Benaia piratonita, dos filhos de Efraim; e em sua divisão vinte e quatro mil. ^{15} O décimo segundo para o décimo segundo mês era Heldai netofatita, de Otniel; e em sua divisão vinte e quatro mil. ^{16} Assim sobre as tribos de Israel: o chefe dos rubenitas era Eliézer filho de Zicri; dos simeonitas, Sefatias, filho de Maaca: ^{17} Dos levitas, Hasabias filho de Quemuel; dos aronitas, Zadoque; ^{18} De Judá, Eliú, um dos irmãos de Davi; dos de Issacar, Onri filho de Micael. ^{19} Dos de Zebulom, Ismaías filho de Obadias; dos de Naftali, Jeremote filho de Azriel; ^{20} Dos filhos de Efraim, Oseias filho de Azazias; da meia tribo de Manassés, Joel filho de Pedaías; ^{21} De a outra meia tribo de Manassés em Gileade, Ido filho de Zacarias; dos de Benjamim, Jaasiel filho de Abner; ^{22} E de Dã, Azarel filho de Jeroão. Estes foram os chefes das tribos de Israel. ^{23} E não tomou Davi o número dos que eram de vinte anos abaixo, porquanto o SENHOR havia dito que ele havia de multiplicar a Israel como as estrelas do céu. ²⁴ Joabe filho de Zeruia havia começado a contar, mas não acabou, pois por isto veio a ira sobre Israel: e assim o número não foi posto no registro das crônicas do rei Davi. ²⁵ E Azmavete filho de Adiel tinha cargo dos tesouros do rei; e dos tesouros dos campos, e das cidades, e das aldeias e castelos, Jônatas filho de Uzia; ²⁶ E dos que trabalhavam na lavoura das terras, Ezri filho de Quelube; ²⁷ E das vinhas Simei ramatita; e do fruto das vinhas para as adegas, Zabdias sifmita; ²⁸ E dos olivais e figueirais que havia nas campinas, Baal-Hanã gederita; e dos armazéns do azeite, Joás; ²⁹ Das vacas que pastavam em Sarom, Sitrai saronita; e das vacas que estavam nos vales, Safate filho de Adlai; ³⁰ E dos camelos, Obil ismaelita; e das asnas, Jedias meronotita; ³¹ E das ovelhas, Jaziz hagareno. Todos estes eram superintendentes da riqueza do rei Davi. ³² E Jônatas, tio de Davi, era conselheiro, homem prudente e escriba; e Jeiel filho de Hacmoni estava com os filhos do rei. ³³ E também Aitofel era conselheiro do rei; e Husai arquita amigo do rei. ³⁴ Depois de Aitofel era Joiada filho de Benaia, e Abiatar. E Joabe era o general do exército do rei.

28

¹ E juntou Davi em Jerusalém a todos os principais de Israel, os príncipes das tribos, e os chefes das divisões que serviam ao rei, os comandantes e centuriões, com os superintendentes de toda a riqueza e possessão do rei, e seus filhos, com os eunucos, os poderosos, e todos os seus homens valentes. ² E levantando-se o rei Davi, posto em pé disse: Ouvi-me, irmãos meus, e povo meu. Eu tinha em propósito edificar uma casa, para que nela repousasse a arca do pacto do SENHOR, e para o estrado dos pés de nosso Deus; e havia já aprontei tudo para edificar. ³ Mas Deus me disse: Tu não edificarás casa a meu nome: porque és homem de guerra, e derramaste muito sangue. ⁴ Porém o SENHOR o Deus de Israel me elegeu de toda a casa de meu pai, para que perpetuamente fosse rei sobre Israel: porque a Judá escolheu por chefe, e da casa de Judá a família de meu pai; e de entre os filhos de meu pai agradou-se de mim para me constituir rei sobre todo Israel; ⁵ E de todos meus filhos (porque o SENHOR me deu muitos filhos,) elegeu a meu filho Salomão para que se sente no trono do reino do SENHOR sobre Israel. ⁶ E me disse: Salomão teu filho, ele edificará minha casa e meus átrios: porque a este me escolhi por filho, e eu lhe serei a ele por pai. ⁷ Assim eu confirmarei seu reino para sempre, se ele se esforçar a executar meus mandamentos e meus juízos, como este dia. ⁸ Agora, pois, diante dos olhos de todo Israel, congregação do SENHOR, e em ouvidos de nosso Deus, guardai e inquiri todos os preceitos do SENHOR vosso Deus, para que possuais a boa terra, e a deixeis por herdade a vossos filhos depois de vós perpetuamente. ⁹ E tu, Salomão, meu filho, conhece o Deus de teu pai, e serve-o com coração completo e ânimo voluntário; porque o SENHOR examina os corações de todos, e entende todas as intenções dos pensamentos. Se tu o buscares, o acharás; mas se o deixares, ele te rejeitará para sempre. ¹⁰ Olha, pois, agora que o SENHOR te escolheu para que edifiques casa para santuário: esforça-te, e faze-a. ¹¹ E Davi deu a Salomão seu filho a planta do pórtico, e de suas casas, e de suas oficinas, e de suas salas, e de suas recâmaras, e da casa do propiciatório. ¹² Assim a planta de todas as coisas que tinha em sua vontade, para os átrios da casa do SENHOR, e para todas as câmaras em derredor, para os tesouros da casa de Deus, e para os tesouros das coisas santificadas: ¹³ Também para as ordens dos sacerdotes e dos levitas, e para toda a obra do ministério da casa do SENHOR, e para todos os vasos do ministério da casa do SENHOR. ¹⁴ E deu ouro por peso para o de ouro, para todos os vasos de cada serviço: e prata por peso para todos os vasos, para todos os vasos de cada serviço. ¹⁵ Ouro por peso para os candelabros de ouro, e para suas lâmpadas; por peso o ouro para cada candelabro e suas lâmpadas: e para os candelabros de prata, prata por

peso para o candelabro e suas lâmpadas, conforme ao serviço de cada candelabro. ¹⁶ Assim deu ouro por peso para as mesas da proposição, para cada mesa: do mesmo modo prata para as mesas de prata: ¹⁷ Também ouro puro para os garfos e para as bacias, e para os incensários, e para as taças de ouro, para cada taça por peso; e para as taças de prata, por peso para cada taça: ¹⁸ Ademais, ouro puro por peso para o altar do incenso, e para ele a maneira de carro dos querubins de ouro, que com as asas estendidas cobriam a arca do pacto do SENHOR. ¹⁹ Todas estas coisas, disse Davi, se me representaram pela mão do SENHOR que me fez entender todas as obras do desenho. ²⁰ Disse mais Davi a Salomão seu filho: Anima-te e esforça-te, e efetua-o; não temas, nem desmaies, porque o Deus o SENHOR, meu Deus, será contigo: ele não te deixará, nem te desamparará, até que acabes toda a obra para o serviço da casa do SENHOR. ²¹ Eis aqui as ordens dos sacerdotes e dos levitas, para todo o ministério da casa de Deus, serão contigo em toda a obra: assim todos os voluntários e inteligentes para qualquer espécie de artifício; e os príncipes, e todo o povo para executar todas as tuas ordens.

29

¹ Depois disse o rei Davi a toda a assembleia: A só Salomão meu filho elegeu Deus; ele é jovem e tenro, e a obra grande; porque a casa não é para homem, mas sim para o SENHOR Deus. ² Eu, porém, com todas as minhas forças preparei, para a casa de meu Deus, ouro para as coisas de ouro, e prata para as coisas de prata, e bronze para as de bronze, e ferro para as de ferro, e madeira para as de madeira, e pedras de ônix, e pedras decorativas, e pedras negras, e pedras de diversas cores, e toda sorte de pedras preciosas, e pedras de mármore em abundância. ³ A mais disto, porquanto tenho meu gosto na casa de meu Deus, eu guardo em meu tesouro particular ouro e prata que, ademais de todas as coisas que aprontei para a casa do santuário, ei dado para a casa de meu Deus; ⁴ A saber, três mil talentos de ouro, de ouro de Ofir, e sete mil talentos de prata refinada para cobrir as paredes das casas: ⁵ Ouro, pois, para as coisas de ouro, e prata para as coisas de prata, e para toda a obra de mãos dos oficiais. E quem quer fazer hoje oferta a o SENHOR? ⁶ Então os príncipes das famílias, e os príncipes das tribos de Israel, comandantes e centuriões, com os superintendentes da riqueza do rei, ofereceram de sua vontade; ⁷ E deram para o serviço da casa de Deus cinco mil talentos de ouro e dez mil moedas, e dez mil talentos de prata, e dezoito mil talentos de bronze, e cinco mil talentos de ferro. ⁸ E todo o que se achou com pedras preciosas, deu-as para o tesouro da casa do SENHOR, em mão de Jeiel gersonita. ⁹ E folgou-se o povo de haver contribuído de sua vontade; porque com inteiro coração ofereceram a o SENHOR voluntariamente. ¹⁰ Assim folgou-se muito o rei Davi, e abençoou a o SENHOR diante de toda a congregação; e disse Davi: Bendito sejas tu, ó o SENHOR, Deus de Israel nosso pai, de um século a outro. ¹¹ Tua é, ó o SENHOR, a magnificência, e o poder, e a glória, a vitória, e a honra; porque todas as coisas que estão nos céus e na terra são tuas. Teu, ó o SENHOR, é o reino, e a altura sobre todos os que estão por cabeça. ¹² As riquezas e a glória estão diante de ti, e tu senhoreias a todos: e em tua mão está a potência e a fortaleza, e em tua mão a grandeza e força de todas as coisas. ¹³ Agora, pois, Deus nosso, nós te confessamos, e louvamos teu glorioso nome. ¹⁴ Porque quem sou eu, e quem é meu povo, para que pudéssemos oferecer de nossa vontade coisas semelhantes? Porque tudo é teu, e o que recebemos de tua mão te damos. ¹⁵ Porque nós, estrangeiros e peregrinos somos diante de ti, como todos nossos pais; e nossos dias qual sombra sobre a terra, e não dão espera. ¹⁶ Ó SENHOR Deus nosso, toda esta abundância que preparamos para edificar casa a teu santo nome, de tua mão é, e tudo é teu. ¹⁷ Eu sei, Deus meu, que

tu esquadrinhas os corações, e que a retidão te agrada: por isso eu com retidão de meu coração voluntariamente te ei oferecido tudo isto, e agora vi com alegria que teu povo, que aqui se achou agora, deu para ti espontaneamente. [18] SENHOR, Deus de Abraão, de Isaque, e de Israel, nossos pais, conserva perpetuamente esta vontade do coração de teu povo, e encaminha seu coração a ti. [19] E ao meu filho Salomão dá um coração íntegro, para que guarde os teus mandamentos, os teus testemunhos e os teus estatutos, e para que faça todas as coisas, e te edifique a casa para a qual eu preparei. [20] Depois disse Davi a toda à congregação: Bendizei agora ao SENHOR vosso Deus. Então toda a congregação bendisse ao SENHOR Deus de seus pais, e inclinando-se, adoraram diante do SENHOR, e do rei. [21] E sacrificaram animais ao SENHOR, e ofereceram ao SENHOR holocaustos no dia seguinte, mil bezerros, mil carneiros, mil cordeiros com as suas libações, e muitos sacrifícios por todo Israel. [22] E comeram e beberam diante do SENHOR aquele dia com grande alegria; e deram a segunda vez a investidura do reino a Salomão filho de Davi, e ungiram-no ao SENHOR por príncipe, e a Zadoque por sacerdote. [23] E sentou-se Salomão por rei no trono do SENHOR em lugar de Davi seu pai, e foi próspero; e obedeceu-lhe todo Israel. [24] E todos os príncipes e poderosos, e todos os filhos do rei Davi, prestaram homenagem ao rei Salomão. [25] E o SENHOR engrandeceu em extremo a Salomão a os olhos de todo Israel, e deu-lhe glória do reino, qual nenhum rei a teve antes dele em Israel. [26] Assim reinou Davi filho de Jessé sobre todo Israel. [27] E o tempo que reinou sobre Israel foi quarenta anos. Sete anos reinou em Hebrom, e trinta e três reinou em Jerusalém. [28] E morreu em boa velhice, cheio de dias, de riquezas, e de glória: e reinou em seu lugar Salomão seu filho. [29] E os feitos do rei Davi, primeiros e últimos, estão escritos no livro das crônicas de Samuel vidente, e nas crônicas do profeta Natã, e nas crônicas de Gade vidente, [30] Com todo o relato de seu reinado, e seu poder, e os tempos que passaram sobre ele, e sobre Israel, e sobre todos os reinos daquelas aquelas terras.

Segundo Livro de Crônicas

¹ E Salomão filho de Davi foi estabelecido em seu reino; e o SENHOR seu Deus foi com ele, e lhe engrandeceu muito. ² E chamou Salomão a todo Israel, comandantes, líderes de centenas, e juízes, e a todos os príncipes de todo Israel, cabeças de famílias. ³ E foi Salomão, e com ele toda esta congregação, ao alto que havia em Gibeão; porque ali estava o tabernáculo do testemunho de Deus, que Moisés servo do SENHOR havia feito no deserto. ⁴ Mas Davi havia trazido a arca de Deus de Quriate-Jearim ao lugar que ele lhe havia preparado; porque ele lhe havia estendido uma tenda em Jerusalém. ⁵ Assim o altar de bronze que havia feito Bezalel filho de Uri filho de Hur, estava ali diante do tabernáculo do SENHOR, ao qual Salomão foi a consultar com aquela congregação. ⁶ Subiu, pois, Salomão ali diante do SENHOR, ao altar de bronze que estava no tabernáculo do testemunho, e ofereceu sobre ele mil holocaustos. ⁷ E aquela noite apareceu Deus a Salomão, e disse-lhe: Pede o que queres que eu te dê. ⁸ E Salomão disse a Deus: Tu fizeste com Davi meu pai grande misericórdia, e a mim me puseste por rei em seu lugar. ⁹ Confirme-se, pois, agora, ó SENHOR Deus, tua palavra dada a Davi meu pai; porque tu me puseste por rei sobre um povo em multidão como o pó da terra. ¹⁰ Dá-me agora sabedoria e conhecimento, para sair e entrar diante deste povo: porque quem poderá julgar este teu povo tão grande? ¹¹ E disse Deus a Salomão: Porquanto isto foi em teu coração, que não pediste riquezas, riqueza, ou glória, nem a alma dos que te querem mal, nem pediste muitos dias, mas sim que pediste para ti sabedoria e conhecimento para julgar meu povo, sobre o qual te constituí por rei. ¹² Sabedoria e conhecimento te são dados; e também te darei riquezas, bens, e glória, que nunca houve nos reis que foram antes de ti, nem depois de ti haverá tais. ¹³ E voltou Salomão a Jerusalém do alto que estava em Gibeão, de ante o tabernáculo do testemunho; e reinou sobre Israel. ¹⁴ E juntou Salomão carros e cavaleiros; e teve mil e quatrocentos carros, e doze mil cavaleiros, os quais pôs nas cidades dos carros, e com o rei em Jerusalém. ¹⁵ E pôs o rei prata e ouro em Jerusalém como pedras, e cedro como sicômoros que nascem nos campos em abundância. ¹⁶ E traziam cavalos do Egito e de Coa para Salomão; pois os mercadores do rei *os* compravam de Coa por *um certo* preço. ¹⁷ E subiam, e tiravam do Egito, um carro por seiscentas peças de prata, e um cavalo por cento e cinquenta: e assim se tiravam por meio deles para todos os reis dos Heteus, e para os reis da Síria.

2

¹ Determinou, pois, Salomão edificar casa ao nome do SENHOR, e outra casa para seu reino. ² E contou Salomão setenta mil homens que levassem cargas, e oitenta mil homens que cortassem no monte, e três mil e seiscentos que os governassem. ³ E enviou a dizer Salomão a Hirão rei de Tiro: Faze comigo como fizeste com Davi meu pai, enviando-lhe cedros para que edificasse para si casa em que morasse. ⁴ Eis aqui eu tenho que edificar casa ao nome do SENHOR meu Deus, para consagrá-la, para queimar perfumes aromáticos diante dele, e para a colocação contínua dos pães da proposição, e para holocaustos a manhã e tarde, e os sábados, e luas novas, e festividades do SENHOR nosso Deus; o qual será perpétuo em Israel. ⁵ E a casa que tenho que edificar, há de ser grande: porque o Deus nosso é grande sobre todos os deuses. ⁶ Mas quem será tão poderoso que lhe edifique casa? Os céus e os céus dos céus não lhe podem compreender; quem, pois, sou eu, que lhe edifique casa, a não

ser para queimar perfumes diante dele? ⁷ Envia-me, pois, agora um homem hábil, que saiba trabalhar em ouro, e em prata, e em bronze, e em ferro, em púrpura, e em carmesim, e em azul, e que saiba esculpir com os mestres que estão comigo em Judá e em Jerusalém, os quais preparou meu pai. ⁸ Envia-me também madeira de cedro, de faia, de pinho, do Líbano: porque eu sei que teus servos entendem de cortar madeira no Líbano; e eis que meus servos irão com os teus, ⁹ Para que me preparem muita madeira, porque a casa que tenho de edificar há de ser grande e imponente. ¹⁰ E eis que para os operários teus servos, cortadores da madeira, ei dado vinte mil coros de trigo em grão, e vinte mil coros de cevada, e vinte mil batos de vinho, e vinte mil batos de azeite. ¹¹ Então Hirão rei de Tiro respondeu por carta, a qual enviou a Salomão: Porque o SENHOR amou a seu povo, te pôs por rei sobre eles. ¹² E ademais dizia Hirão: Bendito seja o SENHOR o Deus de Israel, que fez os céus e a terra, e que deu ao rei Davi filho sábio, entendido, de bom senso e prudente, que edifique casa ao SENHOR, e casa para seu reino. ¹³ Eu, pois, te enviei um homem hábil e entendido, que foi de Hirão meu pai, ¹⁴ Filho de uma mulher das filhas de Dã, mas seu pai foi de Tiro; o qual sabe trabalhar em ouro, e prata, e bronze, e ferro, em pedra e em madeira, em púrpura, e em azul, em linho e em carmesim; assim para esculpir todas as figuras, e tirar toda sorte de desenho que lhe for proposto, e *estar* com teus homens peritos, e com os do meu senhor Davi, teu pai. ¹⁵ Agora, pois, enviará meu senhor a seus servos o trigo e cevada, e azeite e vinho, que disse; ¹⁶ E nós cortaremos no Líbano a madeira que houveres necessidade, e te a traremos em balsas pelo mar até Jope, e tu a farás levar até Jerusalém. ¹⁷ E contou Salomão todos os homens estrangeiros que estavam na terra de Israel, depois de havê-los já contado Davi seu pai, e foram achados cento cinquenta e três mil seiscentos. ¹⁸ E assinalou deles setenta mil para levar cargas, e oitenta mil que cortassem no monte, e três mil e seiscentos por capatazes para fazer trabalhar ao povo.

3

¹ E começou Salomão a edificar a casa em Jerusalém, no monte Moriá que havia sido mostrado a Davi seu pai, no lugar que Davi havia preparado na eira de Ornã jebuseu. ² E começou a edificar no mês segundo, a dois do mês, no quarto ano de seu reinado. ³ Estas são as medidas de que Salomão fundou o edifício da casa de Deus. A primeira medida foi do comprimento de sessenta côvados; e a largura de vinte côvados. ⁴ O pórtico que estava na dianteira do comprimento, era de vinte côvados à frente da largura da casa, e sua altura de cento e vinte: e cobriu-o por dentro de ouro puro. ⁵ E forrou a casa maior com madeira de faia, a qual cobriu de bom ouro, e fez ressaltar sobre ela palmas e correntes. ⁶ Cobriu também a casa de pedras preciosas por excelência: e o ouro era ouro de Parvaim. ⁷ Assim cobriu a casa, suas vigas, seus umbrais, suas paredes, e suas portas, com ouro; e esculpiu querubins pelas paredes. ⁸ Fez assim a casa do lugar santíssimo, cujo comprimento era de vinte côvados segundo a largura da frente da casa, e sua largura de vinte côvados: e cobriu-a de bom ouro que pesava seiscentos talentos. ⁹ E o peso dos pregos teve cinquenta siclos de ouro. Cobriu também de ouro as salas. ¹⁰ E dentro do lugar santíssimo fez dois querubins esculpidos, os quais cobriram de ouro. ¹¹ O comprimento das asas dos querubins era de vinte côvados: porque a uma asa era de cinco côvados: a qual chegava até a parede da casa; e a outra asa de cinco côvados, a qual chegava à asa do outro querubim. ¹² Da mesma maneira a uma asa do outro querubim era de cinco côvados: a qual chegava até a parede da casa; e a outra asa era de cinco côvados, que tocava a asa do outro querubim. ¹³ Assim as asas destes querubins estavam estendidas por vinte côvados: e eles estavam em pé com os rostos

até a casa. ¹⁴ Fez também o véu de azul, púrpura, carmesim e linho, e fez ressaltar em ele querubins. ¹⁵ Diante da casa fez duas colunas de trinta e cinco côvados de comprimento, com seus capitéis encima, de cinco côvados. ¹⁶ Fez também correntes, *como no* compartimento interno, e as pôs sobre os capitéis das colunas: e fez cem romãs, as quais pôs nas correntes. ¹⁷ E assentou as colunas diante do templo, a uma à mão direita, e a outra à esquerda; e à da mão direita chamou Jaquim, e à da esquerda, Boaz.

4

¹ Fez ademais um altar de bronze de vinte côvados de comprimento, e vinte côvados de largura, e dez côvados de altura. ² Também fez um mar de fundição, o qual tinha dez côvados do uma borda à outra, inteiramente redondo: sua altura era de cinco côvados, e uma linha de trinta côvados o contornava. ³ E debaixo dele havia figuras de bois que o circundavam, dez em cada côvado todo ao redor: eram duas ordens de bois fundidos juntamente com o mar. ⁴ E estava assentado sobre doze bois, três dos quais estavam voltados ao norte, e três ao ocidente, e três ao sul, e três ao oriente: e o mar assentava sobre eles, e todas suas traseiras estavam à parte de dentro. ⁵ E tinha de espessura um palmo, e a borda era da feitura da borda de um cálice, ou flor de lírio. E fazia três mil batos. ⁶ Fez também dez fontes, e pôs cinco à direita e cinco à esquerda, para lavar e limpar nelas a obra do holocausto; mas o mar era para os sacerdotes se lavarem nele. ⁷ Fez também dez candelabros de ouro segundo sua forma, os quais pôs no templo, cinco à direita, e cinco à esquerda. ⁸ Também fez dez mesas e as pôs no templo, cinco à direita, e cinco à esquerda: igualmente fez cem bacias de ouro. ⁹ A mais disto fez o átrio dos sacerdotes, e o grande átrio, e as entradas do átrio, e cobriu as portas de elas de bronze. ¹⁰ E assentou o mar ao lado direito até o oriente, em frente do sul. ¹¹ Fez também Hirão caldeiras, e pás, e bacias; e acabou Hirão a obra que fazia ao rei Salomão para a casa de Deus; ¹² Duas colunas, e os globos, os capitéis sobre as cabeças das duas colunas, e duas redes para cobrir as duas bolas dos capitéis que estavam encima das colunas; ¹³ Quatrocentas romãs nas duas redes, duas ordens de romãs em cada rede, para que cobrissem as duas bolas dos capitéis que estavam encima das colunas. ¹⁴ Fez também as bases, sobre as quais assentou as pias; ¹⁵ O mar, e doze bois debaixo dele; ¹⁶ E caldeiras, e pás, e garfos; e todos seus utensílios fez Hirão seu pai ao rei Salomão para a casa do SENHOR, de bronze puríssimo. ¹⁷ E fundiu-os o rei nas planícies do Jordão, em terra argilosa, entre Sucote e Zeredá. ¹⁸ E Salomão fez todos estes vasos em grande abundância, porque não pode ser achado o peso do bronze. ¹⁹ Assim fez Salomão todos os vasos para a casa de Deus, e o altar de ouro, e as mesas sobre as quais se punham os pães da proposição; ²⁰ Assim os candelabros e suas lâmpadas, de ouro puro, para que as acendessem diante do compartimento interno conforme à costume. ²¹ E as flores, e as lâmpadas, e as tenazes se fizeram completamente de ouro. ²² Também os apagadores, e as bacias, e as colheres, e os incensários, de ouro puro. Quanto à entrada da casa, suas portas interiores para o lugar santíssimo, e as portas da casa do templo, de ouro.

5

¹ E acabada que foi toda a obra que fez Salomão para a casa do SENHOR, meteu Salomão nela as coisas que Davi seu pai havia dedicado; e pôs a prata, e o ouro, e todos os vasos, nos tesouros da casa de Deus. ² Então Salomão juntou em Jerusalém os anciãos de Israel, e todos os príncipes das tribos, os cabeças das famílias dos filhos de Israel, para que trouxessem a arca do pacto do SENHOR da cidade de Davi, que é

Sião. ³ E juntaram-se ao rei todos os varões de Israel, à solenidade do mês sétimo. ⁴ E vieram todos os anciãos de Israel, e tomaram os levitas a arca: ⁵ E levaram a arca, e o tabernáculo do testemunho, e todos os vasos do santuário que estavam no tabernáculo: os sacerdotes e os levitas os levaram. ⁶ E o rei Salomão, e toda a congregação de Israel que se havia a ele reunido diante da arca, sacrificaram ovelhas e bois, que pela abundância não se puderam contar nem numerar. ⁷ E os sacerdotes meteram a arca do pacto do SENHOR em seu lugar, no compartimento interno da casa, no lugar santíssimo, sob as asas dos querubins: ⁸ Pois os querubins estendiam as asas sobre o assento da arca, e cobriam os querubins por encima assim a arca como suas barras. ⁹ E fizeram sair fora as barras, de modo que se vissem as cabeças das barras da arca diante do compartimento interno , mas não se viam desde fora: e ali estiveram até hoje. ¹⁰ No arca nada havia, a não serem as duas tábuas que Moisés havia posto em Horebe, com as quais o SENHOR havia feito aliança com os filhos de Israel, depois que saíram do Egito. ¹¹ E quando os sacerdotes saíram do santuário, (porque todos os sacerdotes que se acharam haviam sido santificados, e não guardavam suas vezes; ¹² E os levitas cantores, todos os de Asafe, os de Hemã, e os de Jedutum, juntamente com seus filhos e seus irmãos, vestidos de linho fino, estavam com címbalos e saltérios e harpas ao oriente do altar; e com eles cento vinte sacerdotes que tocavam trombetas); ¹³ Soavam, pois, as trombetas, e cantavam com a voz todos a uma, para louvar e confessar ao SENHOR: e quando levantavam a voz com trombetas e címbalos e instrumentos de música, quando louvavam ao SENHOR, dizendo: Porque é bom, porque sua misericórdia é para sempre; então a casa, *isto é* ,a casa do SENHOR, se encheu de uma nuvem. ¹⁴ E os sacerdotes não podiam ficar em pé para ministrar, por causa da nuvem; porque a glória do SENHOR havia enchido a casa de Deus.

6

¹ Então disse Salomão: o SENHOR disse que ele habitaria na escuridão. ² Eu, pois, edifiquei uma casa de morada para ti, e uma habitação em que mores para sempre. ³ E voltando o rei seu rosto, abençoou a toda a congregação de Israel: e toda a congregação de Israel estava em pé. ⁴ E ele disse: Bendito seja o SENHOR Deus de Israel, o qual com sua mão cumpriu o que falou por sua boca a Davi meu pai, dizendo: ⁵ Desde o dia que tirei meu povo da terra do Egito, nenhuma cidade escolhi de todas as tribos de Israel para edificar casa de onde estivesse meu nome, nem escolhi homem que fosse príncipe sobre meu povo Israel. ⁶ Mas a Jerusalém escolhi para que nela esteja meu nome, e a Davi escolhi para que fosse sobre meu povo Israel. ⁷ E Davi meu pai teve no coração edificar casa ao nome do SENHOR Deus de Israel. ⁸ Mas o SENHOR disse a Davi meu pai: Com respeito a haver tido em teu coração edificar casa a meu nome, bem fizeste em haver tido isto em teu coração. ⁹ Porém tu não edificarás a casa, mas sim teu filho que sairá de teus lombos, ele edificará casa a meu nome. ¹⁰ E o SENHOR cumpriu sua palavra que havia dito, pois eu me levantei em lugar de Davi meu pai, e sentei-me no trono de Israel, como o SENHOR havia dito, e edifiquei casa ao nome do SENHOR Deus de Israel. ¹¹ E nela pus a arca, na qual está o pacto do SENHOR que estabeleceu com os filhos de Israel. ¹² Pôs-se logo Salomão diante do altar do SENHOR, em presença de toda a congregação de Israel, e estendeu suas mãos. ¹³ Porque Salomão havia feito uma plataforma de bronze, de cinco côvados de comprimento, e de cinco côvados de largura, e de altura de três côvados, e o havia posto em meio do átrio: e pôs-se sobre ela, e ficou de joelhos diante de toda a congregação de Israel, e estendendo suas mãos ao céu, disse: ¹⁴ Ó SENHOR Deus de Israel, não há Deus semelhante a ti no céu nem na terra, que guardas o pacto e

a misericórdia a teus servos que caminham diante de ti de todo seu coração; ¹⁵ Que guardaste a teu servo Davi meu pai o que lhe disseste: tu o disseste de tua boca, mas com tua mão o cumpriste, como parece este dia. ¹⁶ Agora, pois, SENHOR Deus de Israel, guarda a teu servo Davi meu pai o que lhe prometeste, dizendo: Não faltará de ti homem diante de mim, que se sente no trono de Israel, a condição que teus filhos guardem seu caminho, andando em minha lei, como tu diante de mim andaste. ¹⁷ Agora, pois, ó SENHOR Deus de Israel, verifique-se tua palavra que disseste a teu servo Davi. ¹⁸ Mas é verdade que Deus habitará com o homem na terra? Eis aqui, os céus e os céus dos céus não podem conter-te: quanto menos esta casa que edifiquei? ¹⁹ Mas tu olharás à oração de teu servo, e a seu rogo, ó SENHOR Deus meu, para ouvir o clamor e a oração com que teu servo ora diante de ti. ²⁰ Que teus olhos estejam abertos sobre esta casa de dia e de noite, sobre o lugar do qual disseste, Meu nome estará ali; que oigas a oração com que teu servo ora em este lugar. ²¹ Assim que ouças o rogo de teu servo, e de teu povo Israel, quando em este lugar fizerem oração, que tu ouvirás desde os céus, desde o lugar de tua morada: que ouças e perdoes. ²² Se alguém pecar contra seu próximo, e ele lhe pedir juramento fazendo-lhe jurar, e o juramento vier diante de teu altar nesta casa, ²³ Tu ouvirás desde os céus, e operarás, e julgarás a teus servos, dando a paga ao ímpio, voltando-lhe seu proceder sobre sua cabeça, e justificando ao justo em dar-lhe conforme a sua justiça. ²⁴ Se o teu povo Israel cair diante dos inimigos, por haver pecado contra ti, e se converterem, e confessarem teu nome, e rogarem diante de ti nesta casa, ²⁵ Tu ouvirás desde os céus, e perdoarás o pecado de teu povo Israel, e os voltarás à terra que deste a eles e a seus pais. ²⁶ Se os céus se fecharem, que não haja chuvas por haver pecado contra ti, se orarem a ti em este lugar, e confessarem teu nome, e se converterem de seus pecados, quando os afligires, ²⁷ Tu os ouvirás nos céus, e perdoarás o pecado de teus servos e de teu povo Israel, e lhes ensinarás o bom caminho para que andem nele, e darás chuva sobre tua terra, a qual deste por herdade a teu povo. ²⁸ E se houver fome na terra, ou se houver pestilência, se houver ferrugem ou mofo, locusta ou pulgão; ou se os cercarem seus inimigos na terra de seu domicílio; qualquer praga ou enfermidade que seja; ²⁹ Toda oração e todo rogo que fizer qualquer homem, ou todo teu povo Israel, qualquer um que conhecer sua chaga e sua dor em seu coração, se estender suas mãos a esta casa, ³⁰ Tu ouvirás desde os céus, desde o lugar de tua habitação, e perdoarás, e darás a cada um conforme a seus caminhos, havendo conhecido seu coração; (porque só tu conheces o coração dos filhos dos homens); ³¹ Para que te temam e andem em teus caminhos, todos os dias que viverem sobre a face da terra que tu deste aos nossos pais. ³² E também ao estrangeiro que não for de teu povo Israel, que houver vindo de distantes terras a causa de teu grande nome, e de tua mão forte, e de teu braço estendido, se vierem, e orarem em esta casa, ³³ Tu ouvirás desde os céus, desde o lugar de tua morada, e farás conforme a todas as coisas pelas quais houver clamado a ti o estrangeiro; para que todos os povos da terra conheçam teu nome, e te temam como teu povo Israel, e saibam que teu nome é invocado sobre esta casa que eu edifiquei. ³⁴ Se teu povo sair à guerra contra seus inimigos pelo caminho que tu os enviares, e orarem a ti até esta cidade que tu escolheste, até a casa que edifiquei a teu nome, ³⁵ Tu ouvirás desde os céus sua oração e seu rogo, e ampararás seu direito. ³⁶ Se pecarem contra ti, (pois não há ser humano que não peque), e te irares contra eles, e os entregares diante de seus inimigos, para que os que os tomarem os levem cativos à terra de inimigos, distante ou próxima, ³⁷ e eles se conscientizarem [*] na terra de onde forem levados cativos; se se converterem, e

---

[*] **6:37** Ou: "caírem em si". Lit. "voltarem-se aos seus corações"

orarem a ti na terra de seu cativeiro, e disserem: Pecamos, fizemos perversidade, agimos com maldade; ³⁸ se se converterem a ti de todo o seu coração e de toda a sua alma na terra de seu cativeiro, aonde forem levados cativos, e orarem até sua terra que tu deste a seus pais, até a cidade que tu escolheste, e até a casa que edifiquei a teu nome; ³⁹ Tu ouvirás desde os céus, desde o lugar de tua morada, sua oração e seu rogo, e ampararás sua causa, e perdoarás a teu povo que pecou contra ti. ⁴⁰ Agora, pois, ó Deus meu, rogo-te estejam abertos teus olhos, e atentos teus ouvidos à oração em este lugar. ⁴¹ Ó SENHOR Deus, levanta-te agora para habitar em teu repouso, tu e a arca de tua fortaleza; sejam, ó SENHOR Deus, vestidos de saúde teus sacerdotes, e regozijem de bem teus santos. ⁴² SENHOR Deus, não faças virar o rosto de teu ungido: lembra-te das misericórdias de Davi teu servo.

7

¹ E quando Salomão acabou de orar, o fogo desceu dos céus, e consumiu o holocausto e as vítimas; e a glória do SENHOR encheu a casa. ² E não podiam entrar os sacerdotes na casa do SENHOR, porque a glória do SENHOR havia enchido a casa do SENHOR. ³ E quando viram todos os filhos de Israel descer o fogo e a glória do SENHOR sobre a casa, caíram em terra sobre seus rostos no pavimento, e adoraram, confessando ao SENHOR e dizendo: Que é bom, que sua misericórdia é para sempre. ⁴ Então o rei e todo o povo sacrificaram vítimas diante do SENHOR. ⁵ E ofereceu o rei Salomão em sacrifício vinte e dois mil bois, e cento e vinte mil ovelhas; e assim dedicaram a casa de Deus o rei e todo o povo. ⁶ E os sacerdotes assistiam em seu ministério; e os levitas com os instrumentos de música do SENHOR, os quais havia feito o rei Davi para confessar ao SENHOR, que sua misericórdia é para sempre; quando Davi louvava por mão deles. Assim os sacerdotes tinham trombetas diante deles, e todo Israel estava em pé. ⁷ Salomão também santificou o meio do átrio que estava diante da casa do SENHOR, porquanto havia oferecido ali os holocaustos, e a gordura dos sacrifícios pacíficos; porque no altar de bronze que Salomão havia feito, não podiam caber os holocaustos, e a oferta de alimentos, e as gorduras. ⁸ Então fez Salomão festa durante sete dias, e com ele todo Israel, uma grande congregação, desde a entrada de Hamate até o ribeiro do Egito. ⁹ Ao oitavo dia fizeram convocação, porque haviam feito a dedicação do altar em sete dias, e haviam celebrado a solenidade por sete dias. ¹⁰ E aos vinte e três do mês sétimo enviou ao povo a suas moradas, alegres e jubilosos de coração pelos benefícios que o SENHOR havia feito a Davi, e a Salomão, e a seu povo Israel. ¹¹ Acabou pois Salomão a casa do SENHOR, e a casa do rei: e todo o que Salomão teve em vontade de fazer na casa do SENHOR e em sua casa, foi próspero. ¹² E apareceu o SENHOR a Salomão de noite, e disse-lhe: Eu te ouvi tua oração, e escolhi para mim este lugar por casa de sacrifício. ¹³ Se eu fechar os céus, que não haja chuva, e se mandar à locusta que consuma a terra, ou se enviar pestilência a meu povo; ¹⁴ Se se humilhar meu povo, sobre os quais nem nome é invocado, e orarem, e buscarem meu rosto, e se converterem de seus maus caminhos; então eu ouvirei desde os céus, e perdoarei seus pecados, e sararei sua terra. ¹⁵ Agora estarão abertos meus olhos, e atentos meus ouvidos, à oração em este lugar: ¹⁶ Pois que agora escolhi e santifiquei esta casa, para que esteja nela meu nome para sempre; e meus olhos e meu coração estarão aí para sempre. ¹⁷ E tu, se andares diante de mim, como andou Davi teu pai, e fizeres todas as coisas que eu te ei mandado, e guardares meus estatutos e meus direitos, ¹⁸ Eu confirmarei o trono de teu reino, como estabeleci com Davi teu pai, dizendo: Não faltará homem de ti que domine em Israel. ¹⁹ Mas se vós vos desviardes, e deixardes meus estatutos e meus preceitos que vos propus, e fordes e servirdes a deuses alheios,

e os adorardes, ²⁰ Eu os arrancarei de minha terra que lhes dei; e esta casa que ei santifiquei a meu nome, eu a lançarei de diante de mim, e a porei por provérbio e fábula em todos os povos. ²¹ E esta casa que haverá sido ilustre, será espanto a todo o que passar, e dirá: Por que há feito assim o SENHOR a esta terra e a esta casa? ²² E se responderá: Por quanto deixaram ao SENHOR Deus de seus pais, o qual os tirou da terra do Egito, e abraçaram deuses alheios, e os adoraram e serviram: por isso ele trouxe todo este mal sobre eles.

8

¹ E aconteceu que ao fim de vinte anos que Salomão havia edificado a casa do SENHOR e sua casa, ² Reedificou Salomão as cidades que Hirão lhe havia dado, e estabeleceu nelas aos filhos de Israel. ³ Depois veio Salomão a Hamate de Zobá, e a tomou. ⁴ E edificou a Tadmor no deserto, e todas as cidades de armazéns que edificou em Hamate. ⁵ Assim reedificou a Bete-Horom a de acima, e a Bete-Horom a de abaixo, cidades fortificadas, de muros, portas, e barras; ⁶ E a Baalate, e a todas as vilas de armazéns que Salomão tinha; também todas as cidades dos carros e as de cavaleiros; e tudo o que Salomão quis edificar em Jerusalém, e no Líbano, e em toda a terra de seu senhorio. ⁷ E a todo o povo que havia restado dos heteus, amorreus, perizeus, heveus, e Jebuseos, que não eram de Israel, ⁸ Os filhos dos que haviam restado na terra depois deles, aos quais os filhos de Israel não destruíram do todo, fez Salomão tributários até hoje. ⁹ E dos filhos de Israel não pôs Salomão servos em sua obra; porque eram homens de guerra, e seus príncipes e seus capitães, e comandantes de seus carros, e seus cavaleiros. ¹⁰ E tinha Salomão duzentos e cinquenta principais dos governadores, os quais mandavam naquela gente. ¹¹ E passou Salomão à filha de Faraó, da cidade de Davi à casa que ele lhe havia edificado; porque disse: Minha mulher não morará na casa de Davi rei de Israel, porque aquelas habitações de onde entrou a arca do SENHOR, são sagradas. ¹² Então ofereceu Salomão holocaustos ao SENHOR sobre o altar do SENHOR, que havia ele edificado diante do pórtico, ¹³ Para que oferecessem cada coisa em seu dia, conforme ao mandamento de Moisés, nos sábados, nas novas luas, e nas solenidades, três vezes no ano, a saber, na festa dos pães ázimos, na festa das semanas, e na festa das cabanas. ¹⁴ E constituiu as repartições dos sacerdotes em seus ofícios, conforme à ordenação de Davi seu pai; e os levitas por suas ordens, para que louvassem e ministrassem diante dos sacerdotes, casa coisa em seu dia; assim os porteiros por sua ordem ¹⁵ E não saíram do mandamento do rei, quanto aos sacerdotes e levitas, e os tesouros, e todo negócio: ¹⁶ Porque toda a obra de Salomão estava preparada desde o dia em que a casa do SENHOR foi fundada até que se acabou, até que a casa do SENHOR foi acabada do tudo. ¹⁷ Então Salomão foi a Eziom-Geber, e a Elote, à costa do mar na terra de Edom. ¹⁸ Porque Hirão lhe havia enviado navios por mão de seus servos, e marinheiros destros no mar, os quais foram com os servos de Salomão a Ofir, e tomaram de ali quatrocentos e cinquenta talentos de ouro, e os trouxeram ao rei Salomão.

9

¹ E ouvindo a rainha de Sabá a fama de Salomão, veio a Jerusalém com uma comitiva muito grande, com camelos carregados de aroma, e ouro em abundância, e pedras preciosas, para tentar a Salomão com perguntas difíceis. E logo que veio a Salomão, falou com ele tudo o que havia em seu coração. ² Porém Salomão lhe declarou todas suas palavras: nenhuma coisa restou que Salomão não lhe declarasse. ³ E vendo a rainha de Sabá a sabedoria de Salomão, e a casa que havia edificado, ⁴ E as iguarias de sua mesa, e o assento de seus servos, e o estado de seus criados, e os vestidos deles, seus mestres-salas e seus vestidos, e sua subida por de onde subia à

casa do SENHOR, não restou mais espírito nela. ⁵ E disse ao rei: Verdade é o que havia ouvido em minha terra de tuas coisas e de tua sabedoria; ⁶ Mas eu não cria as palavras deles, até que ei vindo, e meus olhos viram: e eis que que nem ainda a metade da grandeza de tua sabedoria me havia sido dita; porque tu excedes a fama que eu havia ouvido. ⁷ Bem-aventurados teus homens, e ditosos estes teus servos, que estão sempre diante de ti, e ouvem tua sabedoria. ⁸ o SENHOR teu Deus seja bendito, o qual se agradou em ti para te pôr sobre seu trono por rei do SENHOR teu Deus: porquanto teu Deus amou a Israel para firmá-lo perpetuamente, por isso te pôs por rei sobre eles, para que faças juízo e justiça. ⁹ E deu ao rei cento e vinte talentos de ouro, e grande quantidade de aromas, e pedras preciosas: nunca havia tais aromas como os que deu a rainha de Sabá ao rei Salomão. ¹⁰ Também os servos de Hirão e os servos de Salomão, que haviam trazido o ouro de Ofir, trouxeram madeira de cipreste, e pedras preciosas. ¹¹ E fez o rei da madeira de cipreste degraus na casa do SENHOR, e nas casas reais, e harpas e saltérios para os cantores: nunca em terra de Judá se havia visto madeira semelhante. ¹² E o rei Salomão deu à rainha de Sabá tudo o que ela quis e lhe pediu, mais de o que havia trazido ao rei. Depois se voltou e foi-se a sua terra com seus servos. ¹³ E o peso de ouro que vinha a Salomão cada um ano, era seiscentos sessenta e seis talentos de ouro, ¹⁴ Sem o que traziam os mercadores e negociantes; e também todos os reis da Arábia e os príncipes da terra traziam ouro e prata a Salomão. ¹⁵ Fez também o rei Salomão duzentos paveses de ouro de martelo, cada um dos quais tinha seiscentos siclos de ouro lavrado: ¹⁶ Assim trezentos escudos de ouro batido, tendo cada escudo trezentos siclos de ouro: e os pôs o rei na casa do bosque do Líbano. ¹⁷ Fez ademais o rei um grande trono de marfim, e cobriu-o de ouro puro. ¹⁸ E havia seis degraus ao trono, com um estrado de ouro ao mesmo, e braços da uma parte e da outra ao lugar do assento, e dois leões que estavam junto aos braços. ¹⁹ Havia também ali doze leões sobre os seis degraus da uma parte e da outra. Jamais foi feito outro semelhante em reino algum. ²⁰ Todos os utensílios do rei Salomão eram de ouro, e todos os utensílios da casa do bosque do Líbano, de ouro puro. Nos dias de Salomão a prata não era de valiosa. ²¹ Porque a frota do rei ia a Társis com os servos de Hirão, e cada três anos faziam vir os navios de Társis, e traziam ouro, prata, marfim, macacos, e pavões. ²² E excedeu o rei Salomão a todos os reis da terra em riqueza e em sabedoria. ²³ E todos os reis da terra procuravam ver o rosto de Salomão, por ouvir sua sabedoria, que Deus havia posto em seu coração: ²⁴ E destes, cada um trazia o seu presente, vasos de prata, vasos de ouro, vestidos, armas, aromas, cavalos e mulas, todos os anos. ²⁵ Teve também Salomão quatro mil estábulos para os cavalos e carros, e doze mil cavaleiros, os quais pôs nas cidades dos carros, e com o rei em Jerusalém. ²⁶ E teve senhorio sobre todos os reis desde o rio até a terra dos filisteus, e até o termo do Egito. ²⁷ E pôs o rei prata em Jerusalém como pedras, e cedros como os sicômoros que nascem pelas campinas em abundância. ²⁸ Traziam também cavalos para Salomão, do Egito e de todas as províncias. ²⁹ Os demais feitos de Salomão, primeiros e últimos, não está tudo escrito nos livros de Natã profeta, e na profecia de Aías silonita, e nas profecias do vidente Ido contra Jeroboão filho de Nebate? ³⁰ E reinou Salomão em Jerusalém sobre todo Israel quarenta anos. ³¹ E descansou Salomão com seus pais, e sepultaram-no na cidade de Davi seu pai: e reinou em seu lugar Roboão seu filho.

10

¹ E Roboão foi a Siquém porque em Siquém se havia juntado todo Israel para fazê-lo rei. ² E quando o ouviu Jeroboão filho de Nebate, o qual estava em Egito, de onde havia fugido por causa do rei Salomão, voltou do Egito. ³ E enviaram e

chamaram-lhe. Veio, pois, Jeroboão, e todo Israel, e falaram a Roboão, dizendo: ⁴ Teu pai agravou nosso jugo: alivia tu, pois, agora algo da dura servidão, e do grave jugo com que teu pai nos pressionou, e te serviremos. ⁵ E ele lhes disse: Voltai a mim daqui a três dias. E o povo se foi. ⁶ Então o rei Roboão tomou conselho com os anciãos, que haviam estado diante de Salomão seu pai quando vivia, e disse-lhes: Como aconselhais vós que responda a este povo? ⁷ E eles lhe falaram, dizendo: Se te conduzires humanamente com este povo, e os agradares, e lhes falares boas palavras, eles te servirão perpetuamente. ⁸ Mas ele, deixando o conselho que lhe deram os anciãos, tomou conselho com os rapazes que se haviam criado com ele, e que diante dele assistiam; ⁹ E disse-lhes: Que aconselhais vós que respondamos a este povo, que me falou, dizendo: Alivia algo do jugo que teu pai pôs sobre nós? ¹⁰ Então os rapazes que se haviam criado com ele, lhe falaram, dizendo: Assim dirás ao povo que te falou dizendo, Teu pai agravou nosso jugo, mas tu livra-nos da carga: assim lhes dirás: O meu dedo mínimo é mais espesso que os lombos de meu pai. ¹¹ Assim que, meu pai vos impôs carga de grave jugo, e eu acrescentarei a vosso jugo: meu pai vos castigou com açoites, e eu com escorpiões. ¹² Veio, pois, Jeroboão com todo o povo a Roboão ao terceiro dia: segundo o rei lhes havia mandado dizendo: Voltai a mim daqui a três dias. ¹³ E respondeu-lhes o rei asperamente; pois deixou o rei Roboão o conselho dos anciãos, ¹⁴ E falou-lhes conforme ao conselho dos rapazes, dizendo: Meu pai agravou vosso jugo, e eu acrescentarei a vosso jugo: meu pai vos castigou com açoites, e eu com escorpiões. ¹⁵ E não escutou o rei ao povo; porque a causa era de Deus, para cumprir o SENHOR sua palavra que havia falado, por Aías silonita, a Jeroboão filho de Nebate. ¹⁶ E vendo todo Israel que o rei não lhes havia ouvido, respondeu o povo ao rei, dizendo: Que parte temos nós com Davi, nem herança no filho de Jessé? Israel, cada um a suas moradas! Davi, olha agora por tua casa! Assim se foi todo Israel a suas casas. ¹⁷ Mas reinou Roboão sobre os filhos de Israel que habitavam nas cidades de Judá. ¹⁸ Enviou logo o rei Roboão a Adorão, que tinha cargo dos tributos; mas lhe apedrejaram os filhos de Israel, e morreu. Então se esforçou o rei Roboão, e subindo em um carro fugiu a Jerusalém. ¹⁹ Assim se separou Israel da casa de Davi até hoje.

11

¹ E quando veio Roboão a Jerusalém, juntou da casa de Judá e de Benjamim cento e oitenta mil homens escolhidos de guerra, para lutar contra Israel e voltar o reino a Roboão. ² Mas foi palavra do SENHOR a Semaías homem de Deus, dizendo: ³ Fala a Roboão filho de Salomão, rei de Judá, e a todos os israelitas em Judá e Benjamim, dizendo-lhes: ⁴ Assim disse o SENHOR: Não subais nem luteis contra vossos irmãos; volte-se casa um a sua casa, porque eu fiz este negócio. E eles ouviram a palavra do SENHOR, e voltaram-se, e não foram contra Jeroboão. ⁵ E habitou Roboão em Jerusalém, e edificou cidades para fortificar a Judá. ⁶ E edificou a Belém, e a Etã, e a Tecoa, ⁷ E a Bete-Zur, e a Socó, e a Adulão, ⁸ E a Gate, e a Maressa, e a Zife, ⁹ E a Adoraim, e a Laquis, e a Azeca, ¹⁰ E a Zorá, e a Aijalom, e a Hebrom, que eram em Judá e em Benjamim, cidades fortes. ¹¹ Fortificou também as fortalezas, e pôs nelas capitães, e alimentos, e vinho, e azeite; ¹² E em todas as cidades, escudos e lanças. Fortificou-as pois em grande maneira, e Judá e Benjamim lhe estavam sujeitos. ¹³ E os sacerdotes e levitas que estavam em todo Israel, se juntaram a ele de todos seus termos. ¹⁴ Porque os levitas deixavam seus campos e suas possessões, e se vinham a Judá e a Jerusalém: pois Jeroboão e seus filhos os lançavam do ministério do SENHOR. ¹⁵ E ele se fez sacerdotes para os altos, e para os demônios, e para os bezerros que ele havia feito. ¹⁶ Além daqueles acudiram também de todas as tribos de Israel os que haviam posto seu coração em buscar ao SENHOR Deus de Israel; e vieram-se a

Jerusalém para sacrificar ao SENHOR, o Deus de seus pais. [17] Assim fortificaram o reino de Judá, e confirmaram a Roboão filho de Salomão, por três anos; porque três anos andaram no caminho de Davi e de Salomão. [18] E tomou-se Roboão por mulher a Maalate, filha de Jeremote filho de Davi, e a Abiail, filha de Eliabe filho de Jessé. [19] A qual lhe gerou filhos: a Jeus, e a Samaria, e a Zaaão. [20] Depois dela tomou a Maaca filha de Absalão, a qual lhe pariu a Abias, a Atai, Ziza, e Selomite. [21] Mas Roboão amou a Maaca filha de Absalão sobre todas suas mulheres e concubinas; porque tomou dezoito mulheres e sessenta concubinas, e gerou vinte e oito filhos e sessenta filhas. [22] E pôs Roboão a Abias filho de Maaca por cabeça e príncipe de seus irmãos, porque queria fazer-lhe rei. [23] E fez-lhe instruir, e dispersou todos os seus filhos por todas as terras de Judá e de Benjamim, e por todas as cidades fortes, e deu-lhes alimentos em abundância, e buscou para eles muitas mulheres.

12

[1] E quando Roboão havia confirmado o reino, deixou a lei do SENHOR, e com ele todo Israel. [2] E no quinto ano do rei Roboão subiu Sisaque rei do Egito contra Jerusalém, (porquanto se haviam rebelado contra o SENHOR,) [3] Com mil e duzentos carros, e com sessenta mil cavaleiros: mas o povo que vinha com ele do Egito, não tinha número; a saber, de líbios, suquitas, e etíopes. [4] E tomou as cidades fortes de Judá, e chegou até Jerusalém. [5] Então veio Semaías profeta a Roboão e aos príncipes de Judá, que estavam reunidos em Jerusalém por causa de Sisaque, e disse-lhes: Assim disse o SENHOR: Vós me deixastes, e eu também vos deixei em mãos de Sisaque. [6] E os príncipes de Israel e o rei se humilharam, e disseram: Justo é o SENHOR. [7] E quando viu o SENHOR que se haviam humilhado, foi palavra do SENHOR a Semaías, dizendo: Humilharam-se; não os destruirei; antes os salvarei em breve, e não se derramará minha ira contra Jerusalém por mão de Sisaque. [8] Porém serão seus servos; para que saibam que é servir a mim, e servir aos reinos das nações. [9] Subiu, pois, Sisaque, rei do Egito a Jerusalém, e tomou os tesouros da casa do SENHOR, e os tesouros da casa do rei; tudo o levou: e tomou os paveses de ouro que Salomão havia feito. [10] E em lugar deles fez o rei Roboão paveses de bronze, e entregou-os em mãos dos chefes da guarda, os quais guardavam a entrada da casa do rei. [11] E quando o rei ia à casa do SENHOR, vinham os da guarda, e traziam-nos, e depois os voltavam à câmara da guarda. [12] E quando ele se humilhou, a ira do SENHOR se separou dele, para não destruí-lo de todo: e também em Judá as coisas foram bem. [13] Fortificou-se, pois Roboão, e reinou em Jerusalém: e era Roboão de quarenta e um anos quando começou a reinar, e dezessete anos reinou em Jerusalém, cidade que escolheu o SENHOR de todas as tribos de Israel, para pôr nela seu nome. E o nome de sua mãe foi Naamá, amonita. [14] E fez o mal, porque não dispôs seu coração para buscar ao SENHOR. [15] E as coisas de Roboão, primeiras e últimas, não estão escritas nos livros de Semaías profeta e de Ido vidente, no registro das linhagens? E entre Roboão e Jeroboão havia perpétua guerra. [16] E descansou Roboão com seus pais, e foi sepultado na cidade de Davi: e reinou em seu lugar Abias seu filho.

13

[1] Aos dezoito anos do rei Jeroboão, reinou Abias sobre Judá. [2] E reinou três anos em Jerusalém. O nome de sua mãe foi Micaia filha de Uriel de Gibeá. E havia guerra entre Abias e Jeroboão. [3] Então ordenou Abias batalha com um exército de quatrocentos mil homens de guerra valentes e escolhidos: e Jeroboão ordenou batalha contra ele com oitocentos mil homens escolhidos, fortes e valentes. [4] E levantou-se Abias sobre o monte de Zemaraim, que é nos montes de Efraim, e disse: Ouvi-me, Jeroboão e

todo Israel. ⁵ Não sabeis vós, que o SENHOR Deus de Israel deu o reino a Davi sobre Israel para sempre, a ele e a seus filhos em aliança de sal? ⁶ Porém Jeroboão filho de Nebate, servo de Salomão filho de Davi, se levantou e rebelou contra seu senhor. ⁷ E se achegaram a ele homens vãos, filhos de iniquidade, e puderam mais que Roboão filho de Salomão, porque Roboão era jovem e tenro de coração, e não se defendeu deles. ⁸ E agora vós tratais de fortificar-vos contra o reino do SENHOR em mão dos filhos de Davi, porque sois muitos, e tendes convosco os bezerros de ouro que Jeroboão vos fez por deuses. ⁹ Não lançastes vós aos sacerdotes do SENHOR, aos filhos de Arão, e aos levitas, e vos haveis feito sacerdotes à maneira dos povos de outras terras, para que qualquer um venha a consagrar-se com um bezerro e sete carneiros, e assim seja sacerdote dos que não são Deuses? ¹⁰ Mas em quanto a nós, o SENHOR é nosso Deus, e não lhe deixamos: e os sacerdotes que ministram ao SENHOR são os filhos de Arão, e os levitas na obra; ¹¹ Os quais queimam ao SENHOR os holocaustos cada manhã e cada tarde, e os perfumes aromáticos; e põem os pães sobre a mesa limpa, e o candelabro de ouro com suas lâmpadas para que ardam cada tarde: porque nós guardamos a ordenança do SENHOR nosso Deus; mas vós o deixastes. ¹² E eis que Deus está conosco por cabeça, e seus sacerdotes com as trombetas do júbilo para que soem contra vós. Ó filhos de Israel, não luteis contra o SENHOR o Deus de vossos pais, porque não vos sucederá bem. ¹³ Porém Jeroboão preparou uma emboscada para vir a eles pela retaguarda: e estando assim diante deles, a emboscada estava à retaguarda de Judá. ¹⁴ E quando olhou Judá, eis que tinha batalha diante e às costas; por isso que clamaram ao SENHOR, e os sacerdotes tocaram as trombetas. ¹⁵ Então os de Judá levantaram grito; e assim que eles levantaram grito, Deus derrotou a Jeroboão e a todo Israel diante de Abias e de Judá: ¹⁶ E fugiram os filhos de Israel diante de Judá, e Deus os entregou em suas mãos. ¹⁷ E Abias e sua gente faziam em eles grande mortandade; e caíram feridos de Israel quinhentos mil homens escolhidos. ¹⁸ Assim foram humilhados os filhos de Israel naquele tempo: mas os filhos de Judá se fortificaram, porque se apoiavam no SENHOR o Deus de seus pais. ¹⁹ E seguiu Abias a Jeroboão, e tomou-lhe algumas cidades, a Betel com suas aldeias, a Jesana com suas aldeias, e a Efraim com suas aldeias. ²⁰ E nunca mais teve Jeroboão poderio nos dias de Abias: e feriu-lhe o SENHOR, e morreu. ²¹ Porém se fortificou Abias; e tomou catorze mulheres, e gerou vinte e dois filhos, e dezesseis filhas. ²² Os demais feitos de Abias, seus caminhos e seus negócios, estão escritos na história do profeta Ido.

14

¹ E Abias descansou com seus pais, e foi sepultado na cidade de Davi. E reinou em seu lugar seu filho Asa, em cujos dias aquela terra teve paz por dez anos. ² E fez Asa o que era bom e correto aos olhos do SENHOR seu Deus. ³ Porque tirou os altares do culto alheio, e os altos; quebrou as imagens, e arrancou os bosques; ⁴ E mandou a Judá que buscassem ao SENHOR o Deus de seus pais, e praticassem a lei e seus mandamentos. ⁵ Tirou também de todas as cidades de Judá os altos e as imagens, e esteve o reino quieto diante dele. ⁶ E edificou cidades fortes em Judá, porquanto havia paz na terra, e não havia guerra contra ele em aqueles tempos; porque o SENHOR lhe havia dado repouso. ⁷ Disse por tanto a Judá: Edifiquemos estas cidades, e as cerquemos de muros com torres, portas, e barras, já que a terra é nossa: porque buscamos ao SENHOR nosso Deus, temos o buscado, e ele nos deu repouso de todas as partes. Edificaram, pois, e foram prósperos. ⁸ Teve também Asa exército que trazia escudos e lanças: de Judá trezentos mil, e de Benjamim duzentos e oitenta mil que traziam escudos e flechavam arcos; todos eram homens hábeis. ⁹ E saiu contra

eles Zerá etíope com um exército de mil milhares, e trezentos carros; e vinho até Maressa. ¹⁰ Então saiu Asa contra ele, e ordenaram a batalha no vale de Zefatá junto a Maressa. ¹¹ E clamou Asa ao SENHOR seu Deus, e disse: SENHOR, ninguém há mais que a ti para dar ajuda entre o grande e o que nenhuma força tem. Ajuda-nos, ó SENHOR Deus nosso, porque em ti nos apoiamos, e em teu nome viemos contra este exército. Ó SENHOR, tu és nosso Deus; não prevaleça contra ti o homem. ¹² E o SENHOR derrotou os etíopes diante de Asa e diante de Judá; e fugiram os etíopes. ¹³ E Asa, e o povo que com ele estava, o seguiu até Gerar: e caíram os etíopes até não haver neles resistência alguma; porque foram derrotados diante do SENHOR e de seu exército. E lhes tomaram muito grande despojo. ¹⁴ Bateram também todas as cidades ao redor de Gerar, porque o terror do SENHOR foi sobre eles: e saquearam todas as cidades, porque havia nelas grande despojo. ¹⁵ Assim atacaram as cabanas onde havia gado, e trouxeram muitas ovelhas e camelos, e voltaram a Jerusalém.

15

¹ E foi o espírito de Deus sobre Azarias filho de Obede; ² E saiu ao encontro a Asa, e disse-lhe: Ouvi-me, Asa, e todo Judá e Benjamim: o SENHOR é convosco, se vós fordes com ele: e se lhe buscardes, será achado de vós; mas se lhe deixardes, ele também vos deixará. ³ Muitos dias esteve Israel sem verdadeiro Deus e sem sacerdote, e sem ensinador e sem lei: ⁴ Mas quando em sua tribulação se converteram ao SENHOR Deus de Israel, e lhe buscaram, ele foi achado deles. ⁵ Em aqueles tempos não havia paz, nem para o que entrava, nem para o que saía, mas sim muitas aflições sobre todos os habitantes das terras. ⁶ E a uma gente destruía à outra, e uma cidade a outra cidade: porque Deus os conturbou com todas as calamidades. ⁷ Esforçai-vos, porém, vós, e não desfaleçam vossas mãos; que recompensa há para vossa obra. ⁸ E quando ouviu Asa as palavras e profecia de Obede profeta, foi confortado, e tirou as abominações de toda a terra de Judá e de Benjamim, e das cidades que ele havia tomado no monte de Efraim; e reparou o altar do SENHOR que estava diante do pórtico do SENHOR. ⁹ Depois fez juntar a todo Judá e Benjamim, e com eles os estrangeiros de Efraim, e de Manassés, e de Simeão: porque muitos de Israel se haviam passado a ele, vendo que o SENHOR seu Deus era com ele. ¹⁰ Juntaram-se, pois, em Jerusalém no mês terceiro do ano décimo quinto do reinado de Asa. ¹¹ E naquele mesmo dia sacrificaram ao SENHOR, dos despojos que haviam trazido, setecentos bois e sete mil ovelhas. ¹² E entraram em concerto de que buscariam ao SENHOR o Deus de seus pais, de todo seu coração e de toda sua alma; ¹³ E que qualquer um que não buscasse ao SENHOR o Deus de Israel, morresse, grande ou pequeno, homem ou mulher. ¹⁴ E juraram ao SENHOR com grande voz e júbilo, a som de trombetas e de buzinas: ¹⁵ Do qual juramento todos os de Judá se alegraram; porque de todo o seu coração o juravam, e de toda sua vontade o buscavam: e foi achado deles; e deu-lhes o SENHOR repouso de todas partes. ¹⁶ E ainda a Maaca mãe do rei Asa, ele mesmo a depôs de sua dignidade, porque havia feito um ídolo no bosque: e Asa destruiu seu ídolo, e o despedaçou, e queimou no ribeiro de Cedrom. ¹⁷ Mas com tudo isso os altos não foram tirados de Israel, ainda que o coração de Asa tenha sido íntegro enquanto viveu. ¹⁸ E meteu na casa de Deus o que seu pai havia dedicado, e o que ele havia consagrado, prata e ouro e vasos. ¹⁹ E não havia guerra até os trinta e cinco anos do reinado de Asa.

16

¹ No ano trinta e seis do reinado de Asa, subiu Baasa rei de Israel contra Judá, e edificou a Ramá, para não deixar sair nem entrar a ninguém ao rei Asa, rei de Judá. ² Então tirou Asa a prata e o ouro dos tesouros da casa do SENHOR e da casa real, e

enviou a Ben-Hadade rei da Síria, que estava em Damasco, dizendo: ³ Haja aliança entre mim e ti, como a havia entre meu pai e teu pai; eis que eu te enviei prata e ouro, para que venhas e desfaças a aliança que tens com Baasa rei de Israel, a fim de que se retire de mim. ⁴ E consentiu Ben-Hadade com o rei Asa, e enviou os capitães de seus exércitos à cidades de Israel: e atacaram a Ijom, Dã, e Abel-Maim, e as cidades fortes de Naftali. ⁵ E ouvindo isto Baasa, cessou de edificar a Ramá, e deixou sua obra. ⁶ Então o rei Asa tomou a todo Judá, e levaram-se de Ramá a pedra e madeira com que Baasa edificava, e com ela edificou a Geba e Mispá. ⁷ Naquele tempo veio Hanani vidente a Asa rei de Judá, e disse-lhe: Por quanto te apoiaste no rei de Síria, e não te apoiaste no SENHOR teu Deus, por isso o exército do rei da Síria escapou de tuas mãos. ⁸ Os etíopes e os líbios, não eram um exército numerosíssimo, com carros e muitos cavaleiros? Contudo, porque te apoiaste no SENHOR, ele os entregou em tuas mãos. ⁹ Porque os olhos do SENHOR contemplam toda a terra, para corroborar aos que têm coração íntegro com ele. Loucamente fizeste nisso; porque de agora em diante haverá guerra contra ti. ¹⁰ E irou-se Asa contra o vidente, lançou-o na casa do cárcere, porque foi em extremo incomodado por causa disto. E oprimiu Asa naquele tempo alguns do povo. ¹¹ Mas eis que, os feitos de Asa, primeiros e últimos, estão escritos no livro dos reis de Judá e de Israel. ¹² E o ano trinta e nove de seu reinado enfermou Asa dos pés para acima, e em sua enfermidade não buscou ao SENHOR, mas sim aos médicos. ¹³ E descansou Asa com seus pais, e morreu no ano quarenta e um de seu reinado. ¹⁴ E sepultaram-no em seus sepulcros que ele havia feito para si na cidade de Davi; e puseram-no em uma cama, a qual encheram de aromas e artefatos com fragrâncias, preparadas por perfumistas; e fizeram uma grande fogueira em sua homenagem.

17

¹ E reinou em seu lugar Josafá seu filho, o qual prevaleceu contra Israel. ² E pôs exército em todas as cidades fortes de Judá, e colocou gente de guarnição, em terra de Judá, e também nas cidades de Efraim que seu pai Asa havia tomado. ³ E foi o SENHOR com Josafá, porque andou nos primeiros caminhos de Davi seu pai, e não buscou aos baalins; ⁴ mas buscou o Deus de seu pai, e andou em seus mandamentos, e não segundo as obras de Israel. ⁵ Por isso o SENHOR confirmou o reino em sua mão, e todo Judá deu presentes a Josafá; e teve riquezas e glória em abundância. ⁶ E animou-se seu coração nos caminhos do SENHOR, e tirou os altos e os bosques de Judá. ⁷ Ao terceiro ano de seu reinado enviou seus príncipes Bene-Hail, Obadias, Zacarias, Natanael e Micaías, para que ensinassem nas cidades de Judá; ⁸ E com eles aos levitas, Semaías, Netanias, Zebadias, e Asael, e Semiramote, e Jônatas, e Adonias, e Tobias, e Tobadonias, levitas; e com eles a Elisama e a Jorão, sacerdotes. ⁹ E ensinaram em Judá, tendo consigo o livro da lei do SENHOR, e rodearam por todas as cidades de Judá ensinando ao povo. ¹⁰ E caiu o pavor do SENHOR sobre todos os reinos das terras que estavam ao redor de Judá; que não ousaram fazer guerra contra Josafá. ¹¹ E dos filisteus traziam presentes a Josafá, e tributos de prata. Os árabes também lhe trouxeram gado: sete mil e setecentos carneiros e sete mil e setecentos bodes. ¹² Ia pois Josafá crescendo altamente: e edificou em Judá fortalezas e cidades de depósitos. ¹³ Teve ademais muitas obras nas cidades de Judá, e homens de guerra muito valentes em Jerusalém. ¹⁴ E este é o número deles segundo as casas de seus pais: em Judá, chefes dos milhares: o general Adna, e com ele trezentos mil homens muito esforçados; ¹⁵ Depois dele, o chefe Joanã, e com ele duzentos e oitenta mil; ¹⁶ Depois este, Amasias filho de Zicri, o qual se havia oferecido voluntariamente ao SENHOR, e com ele duzentos mil homens valentes; ¹⁷ De Benjamim, Eliada, homem

muito valente, e com ele duzentos mil armados de arco e escudo; [18] Depois este, Jozabade, e com ele cento e oitenta mil preparados para a guerra. [19] Estes eram servos do rei, sem os que havia o rei posto nas cidades de guarnição por toda Judá.

18

[1] Tinha, pois, Josafá riquezas e glória em abundância, e estabeleceu parentesco com Acabe. [2] E depois de alguns anos desceu a Acabe a Samaria; por o que matou Acabe muitas ovelhas e bois para ele, e para a gente que com ele vinha: e persuadiu-lhe que fosse com ele a Ramote de Gileade. [3] E disse Acabe rei de Israel a Josafá rei de Judá: Queres vir comigo a Ramote de Gileade? E ele respondeu: Como eu, assim também tu; e como teu povo, assim também meu povo: iremos contigo à guerra. [4] Ademais disse Josafá ao rei de Israel: Rogo-te que consultes hoje a palavra do SENHOR. [5] Então o rei de Israel juntou quatrocentos profetas, e disse-lhes: Iremos à guerra contra Ramote de Gileade, ou ficarei eu quieto? E eles disseram: Sobe, que Deus os entregará em mão do rei. [6] Mas Josafá disse: Há ainda aqui algum profeta do SENHOR, para que por ele perguntemos? [7] E o rei de Israel respondeu a Josafá: Ainda há aqui um homem pelo qual podemos preguntar ao SENHOR: mas eu lhe aborreço, porque nunca me profetiza coisa boa, a não ser sempre mal. Este é Micaías, filho de Inlá. E respondeu Josafá: Não fale assim o rei. [8] Então o rei de Israel chamou um eunuco, e disse-lhe: Faze vir logo a Micaías filho de Inlá. [9] E o rei de Israel e Josafá rei de Judá, estavam sentados cada um em seu trono, vestidos de suas roupas; e estavam sentados na eira à entrada da porta de Samaria, e todos os profetas profetizavam diante deles. [10] E Zedequias filho de Quenaaná se havia feito chifres de ferro, e dizia: Assim disse o SENHOR: Com estes chifrarás aos sírios até destruí-los de todo. [11] De esta maneira profetizavam também todos os profetas, dizendo: Sobe a Ramote de Gileade, e sei próspero; porque o SENHOR a entregará em mão do rei. [12] E o mensageiro que havia ido a chamar a Micaías, lhe falou, dizendo: Eis aqui as palavras dos profetas a uma boca anunciam ao rei bens; eu, pois, te rogo que tua palavra seja como a de um deles, que fales bem. [13] E disse Micaías: Vive o SENHOR, que o que meu Deus me disser, isso falarei. E veio ao rei. [14] E o rei lhe disse: Micaías, iremos a lutar contra Ramote de Gileade, ou ficarei eu quieto? E ele respondeu: Subi, que sereis prosperados, que serão entregues em vossas mãos. [15] E o rei lhe disse: Até quantas vezes te conjurarei pelo nome do SENHOR que não me fales a não ser a verdade? [16] Então ele disse: Eis visto a todo Israel derramado pelos montes como ovelhas sem pastor: e disse o SENHOR: Estes não têm senhor; volte-se cada um em paz em sua casa. [17] E o rei de Israel disse a Josafá: Não te havia eu dito que não me profetizaria bem, mas sim mal? [18] Então ele disse: Ouvi, pois, a palavra do SENHOR: Eu vi ao SENHOR sentado em seu trono, e todo o exército dos céus estava a sua mão direita e a sua esquerda. [19] E o SENHOR disse: Quem induzirá a Acabe rei de Israel, para que suba e caia em Ramote de Gileade? E um dizia assim, e outro dizia de outra maneira. [20] Mas saiu um espírito, que se pôs diante do SENHOR, e disse: Eu lhe induzirei. E o SENHOR lhe disse: De que modo? [21] E ele disse: Sairei e serei espírito de mentira na boca de todos os profetas. E o SENHOR disse: Incita, e também prevalece: sai, e faze-o assim. [22] E eis que agora pôs o SENHOR espírito de mentira na boca destes teus profetas; mas o SENHOR decretou o mal acerca de ti. [23] Então Zedequias filho de Quenaaná se chegou a ele, e feriu a Micaías na face, e disse: Por que caminho se separou de mim o espírito do SENHOR para falar a ti? [24] E Micaías respondeu: Eis aqui tu o verás aquele dia, quando te entrarás de câmara em câmara para esconder-te. [25] Então o rei de Israel disse: Tomai a Micaías, e voltai-o a Amom governador da cidade, e a

Joás filho do rei. ²⁶ E direis: O rei disse assim: Ponde a este no cárcere, e sustentai-lhe com pão de aflição e água de angústia, até que eu volte em paz. ²⁷ E Micaías disse: Se tu voltares em paz, o SENHOR não falou por mim. Disse ademais: Ouvi o, povos todos. ²⁸ Subiu, pois, o rei de Israel, e Josafá rei de Judá, a Ramote de Gileade. ²⁹ E disse o rei de Israel a Josafá: Eu me disfarçarei para entrar na batalha: mas tu veste-te tuas roupas. E disfarçou-se o rei de Israel, e entrou na batalha. ³⁰ Havia o rei de Síria mandado aos capitães dos carros que tinha consigo, dizendo: Não luteis com pequeno nem com grande, a não ser somente com o rei de Israel. ³¹ E como os capitães dos carros viram a Josafá, disseram: Este é o rei de Israel. E cercaram-no para lutar; mas Josafá clamou, e ajudou-o o SENHOR, e apartou-os Deus dele: ³² Pois vendo os capitães dos carros que não era o rei de Israel, desistiram de persegui-lo. ³³ Mas disparando um o arco ao acaso, feriu ao rei de Israel entre as junturas e a armadura. Ele então disse ao condutor do carro: Volta tua mão, e tira-me do campo, porque estou gravemente ferido. ³⁴ E intensificou a batalha aquele dia, por o que esteve o rei de Israel em pé no carro em frente dos sírios até a tarde; mas morreu a pôr do sol.

19

¹ E Josafá rei de Judá se voltou em paz a sua casa em Jerusalém. ² E saiu-lhe ao encontro Jeú o vidente, filho de Hanani, e disse ao rei Josafá: Ao ímpio dás ajuda, e amas aos que aborrecem ao SENHOR? Pois a ira da presença do SENHOR será sobre ti por ele. ³ Porém se acharam em ti boas coisas, porque cortaste da terra os bosques, e dispuseste tua coração a buscar a Deus. ⁴ Habitou, pois, Josafá em Jerusalém; mas dava volta e saía ao povo, desde Berseba até o monte de Efraim, e os reconduzia ao SENHOR, o Deus de seus pais. ⁵ E pôs na terra juízes em todas as cidades fortes de Judá, por todos os lugares. ⁶ E disse aos juízes: Olhai o que fazeis: porque não julgueis em lugar de homem, mas sim em lugar do SENHOR, o qual está convosco no negócio do juízo. ⁷ Seja, pois, convosco o temor do SENHOR; guardai e fazei: porque no SENHOR nosso Deus não há iniquidade, nem acepção de pessoas, nem receber suborno. ⁸ E pôs também Josafá em Jerusalém alguns dos levitas e sacerdotes, e dos pais de famílias de Israel, para o juízo do SENHOR e para as causas. E voltaram a Jerusalém. ⁹ E mandou-lhes, dizendo: Procedereis assim com temor do SENHOR, com verdade, e com coração íntegro. ¹⁰ Em qualquer causa que vier a vós de vossos irmãos que habitam nas cidades, entre sangue e sangue, entre lei e preceito, estatutos e direitos, haveis de admoestar-lhes que não pequem contra o SENHOR, porque não venha ira sobre vós e sobre vossos irmãos. Agindo assim, não pecareis. ¹¹ E eis que Amarias sacerdote será o que vos presida em todo negócio do SENHOR; e Zebadias filho de Ismael, príncipe da casa de Judá, em todos os negócios do rei; também os levitas serão oficiais em presença de vós. Esforçai-vos, pois, e agi; porque o SENHOR estará com quem é bom.

20

¹ Passadas estas coisas, aconteceu que os filhos de Moabe e de Amom, e com eles outros dos amonitas, vieram contra Josafá à guerra. ² E acudiram, e deram aviso a Josafá, dizendo: Contra ti vem uma grande multidão da outra parte do mar, e da Síria; e eis que eles estão em Hazazom-Tamar, que é En-Gedi. ³ Então ele teve temor; e pôs Josafá seu rosto para consultar ao SENHOR, e fez apregoar jejum a todo Judá. ⁴ E juntaram-se os de Judá para pedir socorro ao SENHOR: e também de todas as cidades de Judá vieram a pedir ao SENHOR. ⁵ Pôs-se então Josafá em pé na reunião de Judá e de Jerusalém, na casa do SENHOR, diante do átrio novo; ⁶ E disse: o SENHOR Deus

de nossos pais, não és tu Deus nos céus, e te ensenhoreias em todos os reinos das nações? não está em tua mão tal força e potência, que não há quem te resista? ⁷ Deus nosso, não lançaste tu os moradores desta terra diante de teu povo Israel, e a deste à semente de Abraão tua amigo para sempre? ⁸ E eles habitaram nela, e te edificaram nela santuário a teu nome, dizendo: ⁹ Se mal vier sobre nós, ou espada de castigo, ou pestilência, ou fome, nos apresentaremos diante desta casa, e diante de ti, (porque teu nome está em esta casa,) e de nossas tribulações clamaremos a ti, e tu nos ouvirás e salvarás. ¹⁰ Agora, pois, eis que os filhos de Amom e de Moabe, e os do monte de Seir, à terra dos quais nem quiseste que passasse Israel quando vinham da terra do Egito, mas sim que se afastassem deles, e não os destruíssem; ¹¹ Eis que eles nos dão o pago, vindo a lançar-nos de tua herdade, que tu nos deste a possuir. ¹² Ó Deus nosso! Não os julgarás tu? Porque em nós não há força contra tão grande multidão que vem contra nós: não sabemos o que devemos fazer, mas a ti voltamos nossos olhos. ¹³ E todo Judá estava em pé diante do SENHOR, com seus meninos, e suas mulheres, e seus filhos. ¹⁴ E estava ali Jaaziel filho de Zacarias, filho de Benaia, filho de Jeiel, filho de Matanias, levita dos filhos de Asafe, sobre o qual veio o espírito do SENHOR em meio da reunião; ¹⁵ E disse: Ouvi, Judá todo, e vós moradores de Jerusalém, e tu, rei Josafá. o SENHOR vos diz assim: Não temais nem vos amedronteis diante desta tão grande multidão; porque não é vossa a guerra, mas sim de Deus. ¹⁶ Amanhã descereis contra eles: eis que eles subirão pela encosta de Ziz, e os achareis junto ao ribeiro, antes do deserto de Jeruel. ¹⁷ Não haverá para que vós luteis em este caso: parai-vos, ficai parados, e vede a salvação do SENHOR convosco. Ó Judá e Jerusalém, não temais nem desmaieis; saí amanhã contra eles, que o SENHOR será convosco. ¹⁸ Então Josafá se inclinou rosto por terra, e também todo Judá e os moradores de Jerusalém se prostraram diante do SENHOR, e adoraram ao SENHOR. ¹⁹ E levantaram-se os levitas dos filhos de Coate e dos filhos de Corá, para louvar ao SENHOR o Deus de Israel a grande e alta voz. ²⁰ E quando se levantaram pela manhã, saíram pelo deserto de Tecoa. E enquanto eles saíam, Josafá estando em pé, disse: Ouvi-me, Judá e moradores de Jerusalém. Crede no SENHOR vosso Deus, e sereis seguros; crede em seus profetas, e sereis prosperados. ²¹ E havido conselho com o povo, pôs a alguns que cantassem ao SENHOR, e louvassem na formosura da santidade, enquanto que saía a gente armada, e dissessem: Glorificai ao SENHOR, porque sua misericórdia é para sempre. ²² E quando começaram com clamor e com louvor, pôs o SENHOR contra os filhos de Amom, de Moabe, e do monte de Seir, as emboscadas deles mesmos que vinham contra Judá, e mataram-se os uns aos outros: ²³ Pois os filhos de Amom e Moabe se levantaram contra os do monte de Seir, para matá-los e destruí-los; e quando houveram acabado aos do monte de Seir, cada qual ajudou à destruição de seu companheiro. ²⁴ E logo que veio Judá ao posto de observação do deserto, olharam até a multidão; mas eis que jaziam eles em terra mortos, que ninguém havia escapado. ²⁵ Vindo então Josafá e seu povo a despojá-los, acharam neles muitas riquezas entre os cadáveres, assim vestidos como preciosos utensílios, os quais tomaram para si, tantos, que não os podiam levar: três dias durou o despojo, porque era muito. ²⁶ E ao quarto dia se juntaram no vale de Beraca; porque ali bendisseram ao SENHOR, e por isto chamaram o nome daquele lugar o vale de Beraca, até hoje. ²⁷ E todo Judá e os de Jerusalém, e Josafá à cabeça deles, voltaram a Jerusalém com alegria, porque o SENHOR lhes havia dado alegria de seus inimigos. ²⁸ E vieram a Jerusalém com saltérios, harpas, e buzinas, à casa do SENHOR. ²⁹ E foi o pavor de Deus sobre todos os reinos daquela terra, quando ouviram que o SENHOR havia pelejado contra os inimigos de Israel. ³⁰ E o reino de Josafá teve repouso; porque seu Deus lhe deu repouso de todas partes. ³¹ Assim reinou Josafá sobre Judá: de trinta e cinco anos era quando começou a reinar, e reinou vinte e cinco anos em Jerusalém. O nome de sua mãe foi Azuba, filha de Sili. ³² E andou no caminho de Asa seu pai, sem desviar-se dele, fazendo o que era correto aos olhos do SENHOR. ³³ Com tudo isso os altos não foram tirados; que o povo ainda não havia preparado seu coração ao Deus de seus pais. ³⁴ Os demais dos feitos de Josafá, primeiros e últimos, eis que estão escritos nas palavras de Jeú filho de Hanani, do qual é feita menção no livro dos reis de Israel. ³⁵ Passadas estas coisas, Josafá rei de Judá estabeleceu amizade com Acazias rei de Israel, o qual foi dado à impiedade: ³⁶ E fez com ele companhia para preparar navios que fossem a Társis; e construíram os navios em Eziom-Geber. ³⁷ Então Eliézer filho de Dodava de Maressa, profetizou contra Josafá, dizendo: Por quanto fizeste companhia com Acazias, o SENHOR destruirá tuas obras. E os navios se romperam, e não puderam ir a Társis.

21

¹ E descansou Josafá com seus pais, e sepultaram-no com seus pais na cidade de Davi. E reinou em seu lugar Jeorão seu filho. ² Este teve irmãos, filhos de Josafá, a Azarias, Jeiel, Zacarias, Azarias, Micael, e Sefatias. Todos estes foram filhos de Josafá rei de Israel. ³ E seu pai lhes havia dado muitos presentes de ouro e de prata, e coisas preciosas, e cidades fortes em Judá; mas havia dado o reino a Jeorão, porque ele era o primogênito. ⁴ Foi, pois, elevado Jeorão ao reino de seu pai; e logo que se fez forte, matou à espada a todos seus irmãos, e também alguns dos príncipes de Israel. ⁵ Quando começou a reinar era de trinta e dois anos, e reinou oito anos em Jerusalém. ⁶ E andou no caminho dos reis de Israel, como fez a casa de Acabe; porque tinha por mulher a filha de Acabe, e fez o que era mau aos olhos do SENHOR. ⁷ Mas o SENHOR não quis destruir a casa de Davi, a causa da aliança que com Davi havia feito, e porque lhe havia dito que lhe daria lâmpada a ele e a seus filhos perpetuamente. ⁸ Em os dias deste se rebelou Edom, para não estar sob o poder de Judá, e puseram rei sobre si. ⁹ Então passou Jeorão com seus príncipes, e consigo todos seus carros; e levantou-se de noite, e feriu aos edomitas que lhe haviam cercado, e a todos os comandantes de seus carros. ¹⁰ Com tudo isso Edom ficou rebelado, sem estar sob a mão de Judá até hoje. Também se rebelou no mesmo tempo Libna para não estar sob sua mão; porquanto ele havia deixado ao SENHOR o Deus de seus pais. ¹¹ Além disto, fez altos nos montes de Judá, e fez que os moradores de Jerusalém fornicassem, e a ele impeliu a Judá. ¹² E vieram-lhe letras do profeta Elias, que diziam: o SENHOR, o Deus de Davi teu pai, disse assim: Por quanto não andaste nos caminhos de Josafá teu pai, nem nos caminhos de Asa, rei de Judá, ¹³ Antes andaste no caminho dos reis de Israel, e fizeste que fornicasse Judá, e os moradores de Jerusalém, como fornicou a casa de Acabe; e ademais mataste a teus irmãos, à família de teu pai, os quais eram melhores que tu: ¹⁴ Eis que o SENHOR ferirá teu povo de uma grande praga, e a teus filhos e a tuas mulheres, e a toda tua riqueza; ¹⁵ E a ti com muitas enfermidades, com enfermidade de tuas entranhas, até que as entranhas saiam de ti por causa da enfermidade de cada dia. ¹⁶ Então despertou o SENHOR contra Jeorão o espírito dos filisteus, e dos árabes que estavam junto aos etíopes; ¹⁷ E subiram contra Judá, e invadiram a terra, e tomaram toda a riqueza que acharam na casa do rei, e a seus filhos, e a suas mulheres; que não lhe restou filho, a não ser Jeoacaz o menor de seus filhos. ¹⁸ Depois de tudo isto o SENHOR o feriu nas entranhas de uma enfermidade incurável. ¹⁹ E aconteceu que, passando um dia atrás outro, ao fim, ao fim de dois anos, as entranhas se lhe saíram com a enfermidade, morrendo assim de enfermidade muito penosa. E seu povo não fez queima em homenagem a ele, como haviam feito

a seus pais. ²⁰ Quando começou a reinar era de trinta e dois anos, e reinou em Jerusalém oito anos; e se foi sem deixar saudades. E sepultaram-no na cidade de Davi, mas não nos sepulcros dos reis.

22

¹ E os moradores de Jerusalém fizeram rei em lugar seu a Acazias seu filho menor: porque a tropa havia vindo com os árabes ao campo, havia morto a todos os maiores; por o qual reinou Acazias, filho de Jeorão rei de Judá. ² Quando Acazias começou a reinar era de quarenta e dois anos, e reinou um ano em Jerusalém. O nome de sua mãe foi Atalia, filha de Onri. ³ Também ele andou nos caminhos da casa de Acabe: porque sua mãe lhe aconselhava a agir impiamente. ⁴ Fez, pois, o que era mau aos olhos do SENHOR, como a casa de Acabe; porque depois da morte de seu pai, eles lhe aconselharam para sua perdição. ⁵ E ele andou nos conselhos deles, e foi à guerra com Jeorão filho de Acabe, rei de Israel, contra Hazael rei da Síria, a Ramote de Gileade, de onde os sírios feriram a Jeorão. ⁶ E se voltou para curar-se em Jezreel das feridas que lhe haviam feito em Ramá, lutando com Hazael rei da Síria. E desceu Azarias filho de Jeorão, rei de Judá, a visitar a Jeorão filho de Acabe, em Jezreel, porque ali estava enfermo. ⁷ Isto, porém, vinha de Deus, para que Acazias fosse abatido vindo a Jeorão: porque sendo vindo, saiu com Jeorão contra Jeú filho de Ninsi, ao qual o SENHOR havia ungido para que exterminasse a casa de Acabe. ⁸ E foi que, fazendo juízo Jeú com a casa de Acabe, achou aos príncipes de Judá, e aos filhos dos irmãos de Acazias, que serviam a Acazias, e matou-os. ⁹ E buscando a Acazias, o qual se havia escondido em Samaria, tomaram-no, e trouxeram-no a Jeú, e lhe mataram; e deram-lhe sepultura, porque disseram: É filho de Josafá, o qual buscou ao SENHOR de todo seu coração. E a casa de Acazias não tinha forças para para manter o reino. ¹⁰ Então Atalia mãe de Acazias, vendo que seu filho era morto, levantou-se e destruiu toda a descendência real da casa de Judá. ¹¹ Porém Jeosebate, filha do rei, tomou a Joás filho de Acazias, e tirou-o dentre os filhos do rei, que foram mortos, e guardou a ele e a sua ama na câmara dos leitos. Assim pois o escondeu Jeosebate, filha do rei Jeorão, mulher de Joiada o sacerdote, (porque ela era irmã de Acazias), de diante de Atalia, e não o mataram. ¹² E esteve com eles escondido na casa de Deus durante seis anos. E Atalia reinava naquela terra.

23

¹ Mas no sétimo ano Joiada se esforçou, e tomou consigo em aliança aos comandantes de cem, Azarias, filho de Jeroão, e a Ismael, filho de Joanã, e a Azarias, filho de Obede, e a Maaseias, filho de Adaías, e a Elisafate, filho de Zicri; ² Os quais rodeando por Judá, juntaram os levitas de todas as cidades de Judá, e aos príncipes das famílias de Israel, e vieram a Jerusalém. ³ E toda a multidão fez aliança com o rei na casa de Deus. E ele lhes disse: Eis que o filho do rei, o qual reinará, como o SENHOR o tem dito dos filhos de Davi. ⁴ O que haveis de fazer é: a terceira parte de vós, os que entram de semana, estarão de porteiros com os sacerdotes e os levitas; ⁵ E a terceira parte, à casa do rei; e a terceira parte, à porta do fundamento: e todo o povo estará nos pátios da casa do SENHOR. ⁶ E ninguém entre na casa do SENHOR, a não ser os sacerdotes e levitas que servem: estes entrarão, porque estão consagrados; e todo o povo fará a guarda do SENHOR. ⁷ E os levitas rodearão ao rei por todas as partes, e cada um terá suas armas na mão; e qualquer um que entrar na casa, morra: e estareis com o rei quando entrar, e quando sair. ⁸ E os levitas e todo Judá o fizeram tudo como o havia mandado o sacerdote Joiada: e tomou cada um os seus, os que entravam de semana, e os que saíam o sábado: porque o sacerdote Joiada não deu

licença às companhias. ⁹ Deu também o sacerdote Joiada aos comandantes de cem as lanças, paveses e escudos que haviam sido do rei Davi, que estavam na casa de Deus; ¹⁰ E pôs em ordem a todo o povo, tendo cada um sua espada na mão, desde o canto direito do templo até o esquerdo, até o altar e a casa, em derredor do rei por todas as partes. ¹¹ Então tiraram ao filho do rei, e puseram-lhe a coroa e o testemunho, e fizeram-lhe rei; e Joiada e seus filhos lhe ungiram, dizendo logo: Viva o rei! ¹² E quando Atalia ouviu o estrondo da gente que corria, e dos que bendiziam ao rei, veio ao povo à casa do SENHOR; ¹³ E olhando, viu ao rei que estava junto a sua coluna à entrada, e os príncipes e os trombetas junto ao rei, e que todo o povo da terra fazia alegrias, e soavam buzinas, e cantavam com instrumentos de música os que sabiam louvar. Então Atalia rasgou seus vestidos, e disse: Traição! Traição! ¹⁴ E tirando o sacerdote Joiada os comandantes de cem e capitães do exército, disse-lhes: Tirai-a fora do recinto; e o que a seguir, morra à espada: porque o sacerdote havia mandado que não a matassem na casa do SENHOR. ¹⁵ Eles, pois, a detiveram, e logo que havia ela passado a entrada da porta dos cavalos da casa do rei, ali a mataram. ¹⁶ E Joiada fez pacto entre si e todo o povo e o rei, que seriam povo do SENHOR. ¹⁷ Depois disto entrou todo o povo no templo de Baal, e derrubaram-no, e também seus altares; e fizeram pedaços suas imagens, e mataram diante dos altares a Matã, sacerdote de Baal. ¹⁸ Logo ordenou Joiada os ofícios na casa do SENHOR sob a mão dos sacerdotes e levitas, segundo Davi os havia distribuído na casa do SENHOR, para oferecer ao SENHOR os holocaustos, como está escrito na lei de Moisés, com alegria e cantares, conforme a ordenação de Davi. ¹⁹ Pôs também porteiros às portas da casa do SENHOR, para que por nenhuma via entrasse nenhum imundo. ²⁰ Tomou depois os comandantes de cem, e os principais, e os que governavam o povo; e a todo o povo da terra, e levou ao rei da casa do SENHOR; e vindo até o meio da porta maior da casa do rei, assentaram ao rei sobre o trono do reino. ²¹ E todo o povo daquela terra se alegrou; e a cidade ficou em paz, depois de terem matado Atalia à espada.

24

¹ De sete anos era Joás quando começou a reinar, e quarenta anos reinou em Jerusalém. O nome de sua mãe foi Zíbia, de Berseba. ² E fez Joás o que era correto aos olhos do SENHOR todos os dias de Joiada o sacerdote. ³ E tomou para ele Joiada duas mulheres; e gerou filhos e filhas. ⁴ Depois disto aconteceu que Joás teve vontade de reparar a casa do SENHOR. ⁵ E juntou os sacerdotes e os levitas, e disse-lhes: Saí pelas cidades de Judá, e juntai dinheiro de todo Israel, para que cada ano seja reparada a casa de vosso Deus; e vós ponde diligência no negócio. Mas os levitas não puseram diligência. ⁶ Por isso o rei chamou a Joiada o principal, e disse-lhe: Por que não procuraste que os levitas tragam de Judá e de Jerusalém ao tabernáculo do testemunho, a oferta que impôs Moisés servo do SENHOR, e da congregação de Israel? ⁷ Porque a ímpia Atalia e seus filhos haviam destruído a casa de Deus, e ademais haviam gastado nos ídolos todas as coisas consagradas à casa do SENHOR. ⁸ Mandou, pois, o rei que fizessem uma arca, a qual puseram fora à porta da casa do SENHOR; ⁹ E fizeram apregoar em Judá e em Jerusalém, que trouxessem ao SENHOR a oferta que Moisés servo de Deus havia imposto a Israel no deserto. ¹⁰ E todos os príncipes e todo o povo se alegraram: e traziam, e lançavam no arca até enchê-la. ¹¹ E quando vinha o tempo para levar a arca ao magistrado do rei por mão dos levitas, quando viam que havia muito dinheiro, vinha o escriba do rei, e o que estava posto pelo sumo sacerdote, e levavam a arca, e esvaziavam-na, e traziam-na de volta a seu lugar; e assim o faziam a cada dia, e recolhiam muito dinheiro. ¹² O qual dava o rei e Joiada aos que faziam a obra do serviço da casa do SENHOR, e tomavam pedreiros e oficiais que reparassem

a casa do SENHOR, e ferreiros e artesãos de metal para compor a casa do SENHOR. ¹³ Faziam, pois, os oficiais a obra, e por suas mãos foi a obra restaurada, e restituíram a casa de Deus a sua condição, e a consolidaram. ¹⁴ E quando houveram acabado, trouxeram o que restava do dinheiro ao rei e a Joiada, e fizeram dele vasos para a casa do SENHOR, vasos para o serviço, utensílios para os sacrifícios, colheres, vasos de ouro e de prata. E sacrificavam holocaustos continuamente na casa do SENHOR todos os dias de Joiada. ¹⁵ Mas Joiada envelheceu, e morreu farto de dias: de cento e trinta anos era quando morreu. ¹⁶ E sepultaram-no na cidade de Davi com os reis, porquanto havia feito bem com Israel, e para com Deus, e com sua casa. ¹⁷ Depois de Joiada ter morrido, vieram os príncipes de Judá, e fizeram reverência ao rei; e o rei os ouviu. ¹⁸ E abandonaram a casa do SENHOR o Deus de seus pais, e serviram aos bosques e às imagens esculpidas; e a ira veio sobre Judá e Jerusalém por este seu pecado. ¹⁹ E enviou-lhes profetas, para que os reconduzissem ao SENHOR, os quais lhes protestaram: mas eles não os escutaram. ²⁰ E o espírito de Deus investiu a Zacarias, filho de Joiada o sacerdote, o qual estando sobre o povo, lhes disse: Assim disse Deus: Por que quebrantais os mandamentos do SENHOR? Não vos virá bem disso; porque por haver deixado ao SENHOR, ele também vos deixará. ²¹ Mas eles fizeram conspiração contra ele, e cobriram-lhe de pedras por mandado do rei, no pátio da casa do SENHOR. ²² Não teve, pois, memória o rei Joás da misericórdia que seu pai Joiada havia feito com ele, antes matou-lhe seu filho; o qual disse ao morrer: o SENHOR o veja, e o exija. ²³ À volta do ano subiu contra ele o exército da Síria; e vieram a Judá e a Jerusalém, e destruíram no povo a todos os principais dele, e enviaram todos seus despojos ao rei a Damasco. ²⁴ Porque ainda que o exército da Síria houvesse vindo com pouca gente, o SENHOR lhes entregou em suas mãos um exército muito numeroso; porquanto haviam deixado ao SENHOR o Deus de seus pais. E com Joás fizeram juízos. ²⁵ E indo-se dele os sírios, deixaram-no em muitas enfermidades; e conspiraram contra ele seus servos a causa dos sangues dos filhos de Joiada o sacerdote, e feriram-lhe em sua cama, e morreu: e sepultaram-lhe na cidade de Davi, mas não o sepultaram nos sepulcros dos reis. ²⁶ Os que conspiraram contra ele foram Zabade, filho de Simeate amonita, e Jozabade, filho de Sin moabita. ²⁷ De seus filhos, e da multiplicação que fez das rendas, e da restauração da casa do SENHOR, eis que está escrito na história do livro dos reis. E reinou em seu lugar Amazias seu filho.

25

¹ De vinte e cinco anos era Amazias quando começou a reinar, e vinte e nove anos reinou em Jerusalém: o nome de sua mãe foi Jeoadã, de Jerusalém. ² Fez ele o que era correto aos olhos do SENHOR ainda que não de coração íntegro. ³ E logo que foi confirmado no reino, matou os seus servos que haviam matado o seu pai, o rei; ⁴ Mas não matou aos filhos deles, segundo o que está escrito na lei no livro de Moisés, de onde o SENHOR mandou, dizendo: Não morrerão os pais pelos filhos, nem os filhos pelos pais; mas cada um morrerá por seu pecado. ⁵ Juntou logo Amazias a Judá, e com arranjo às famílias pôs-lhes capitães de milhares e comandantes de cem por todo Judá e Benjamim; e tomou-os por lista de vinte anos acima, e foram achados neles trezentos mil escolhidos para sair à guerra, que tinham lança e escudo. ⁶ E de Israel contratou a dinheiro cem mil homens valentes, por cem talentos de prata. ⁷ Mas um homem de Deus veio a ele, dizendo-lhe: Rei, não vá contigo o exército de Israel; porque o SENHOR não é com Israel, nem com todos os filhos de Efraim. ⁸ Porém se tu vais, se o fazes, e te esforças para lutar, Deus te fará cair diante dos inimigos; porque em Deus está a força, ou para ajudar, ou para derrubar. ⁹ E Amazias

disse ao homem de Deus: Que, pois, se fará de cem talentos que dei ao exército de Israel? E o homem de Deus respondeu: Do SENHOR é dar-te muito mais que isto. ¹⁰ Então Amazias separou o esquadrão da gente que havia vindo a ele de Efraim, para que se fossem a suas casas: e eles se iraram grandemente contra Judá, e voltaram a suas casas encolerizados. ¹¹ Esforçando-se então Amazias, tirou seu povo, e veio ao vale do sal: e feriu dos filhos de Seir dez mil. ¹² E os filhos de Judá tomaram vivos outros dez mil, os quais levaram ao cume de um penhasco, e dali os atiraram abaixo, e todos se fizeram em pedaços. ¹³ Porém os do esquadrão que Amazias havia despedido, porque não fossem com ele à guerra, derramaram-se sobre as cidades de Judá, desde Samaria até Bete-Horom, e feriram deles três mil, e tomaram um grande despojo. ¹⁴ Regressando logo Amasias da matança dos edomitas, trouxe também consigo os deuses dos filhos de Seir, e os pôs para si por deuses, e encurvou-se diante deles, e queimou-lhes incenso. ¹⁵ Acendeu-se, portanto, o furor do SENHOR contra Amasias, e enviou a ele um profeta, que lhe disse: Por que buscaste os deuses de gente estrangeira, que não livraram a seu povo de tuas mãos? ¹⁶ E falando-lhe o profeta estas coisas, ele lhe respondeu: Puseram a ti por conselheiro do rei? Deixa-te disso: por que queres que te matem? E ao cessar, o profeta disse logo: Eu sei que Deus decidiu destruir-te, porque fizeste isto, e não obedeceste a meu conselho. ¹⁷ E Amazias rei de Judá, havido seu conselho, enviou a dizer a Joás, filho de Jeoacaz filho de Jeú, rei de Israel: Vem, e vejamo-nos face a face. ¹⁸ Então Joás rei de Israel enviou a dizer a Amazias rei de Judá: O cardo que estava no Líbano, enviou ao cedro que estava no Líbano, dizendo: Da tua filha a meu filho por mulher. E eis que os animais selvagens que estavam no Líbano, passaram, e pisotearam o cardo. ¹⁹ Tu dizes: Eis que feri a Edom; e teu coração se enaltece para gloriar-te: agora fica-te em tua casa; para que te intrometes em mal, para cair tu e Judá contigo? ²⁰ Mas Amasias não quis ouvir; porque isto era da parte de Deus, que queria os entregar nas mãos de seus inimigos, porquanto haviam buscado os deuses de Edom. ²¹ Subiu, pois, Joás rei de Israel, e vieram face a face ele e Amazias rei de Judá, em Bete-Semes, a qual é de Judá. ²² Porém caiu Judá diante de Israel, e fugiu cada um a sua morada. ²³ E Joás rei de Israel prendeu em Bete-Semes a Amazias rei de Judá, filho de Joás filho de Jeoacaz, e levou-o a Jerusalém: e derrubou o muro de Jerusalém desde a porta de Efraim até a porta da esquina, quatrocentos côvados. ²⁴ Assim tomou todo o ouro e prata, e todos os vasos que se acharam na casa de Deus em casa de Obede-Edom, e os tesouros da casa do rei, e os filhos dos príncipes, e voltou-se a Samaria. ²⁵ E viveu Amazias filho de Joás, rei de Judá, quinze anos depois da morte de Joás filho de Jeoacaz rei de Israel. ²⁶ Os demais dos feitos de Amazias, primeiros e últimos, não estão escritos no livro dos reis de Judá e de Israel? ²⁷ Desde aquele tempo que Amazias se separou do SENHOR, maquinaram contra ele conspiração em Jerusalém; e havendo ele fugido a Laquis, enviaram atrás ele a Laquis, e ali o mataram; ²⁸ E trouxeram-no em cavalos, e sepultaram-no com seus pais na cidade de Judá.

26

¹ Então todo o povo de Judá tomou a Uzias, o qual era de dezesseis anos, e puseram-no por rei em lugar de Amazias seu pai. ² Edificou ele a Elote, e a restituiu a Judá depois que o rei descansou com seus pais. ³ De dezesseis anos era Uzias quando começou a reinar, e cinquenta e dois anos reinou em Jerusalém. O nome de sua mãe foi Jecolias, de Jerusalém. ⁴ E fez o que era correto aos olhos do SENHOR, conforme a todas as coisas que havia feito Amazias seu pai. ⁵ E persistiu em buscar a Deus nos dias de Zacarias, entendido em visões de Deus; e nos dias que ele buscou ao SENHOR, ele lhe prosperou. ⁶ E saiu, e lutou contra os filisteus, e rompeu o muro

de Gate, e o muro de Jabné, e o muro de Asdode; e edificou cidades em Asdode, e na terra dos filisteus. ⁷ E deu-lhe Deus ajuda contra os filisteus, e contra os árabes que habitavam em Gur-Baal, e contra os amonitas. ⁸ E os amonitas deram tributos a Uzias, e divulgou-se seu nome até a entrada do Egito; porque havia se tornado altamente poderoso. ⁹ Edificou também Uzias torres em Jerusalém, junto à porta do ângulo, e junto à porta do vale, e junto às esquinas; e fortificou-as. ¹⁰ Assim edificou torres no deserto, e abriu muitas cisternas: porque teve muitos gados, assim nos vales como nas planícies; e vinhas, e lavouras, assim nos montes como nos campos férteis; porque era amigo da agricultura. ¹¹ Teve também Uzias esquadrões de guerreiros, os quais saíam à guerra em exército, segundo que estavam por lista feita por mão de Jeiel escriba e de Maaseias governador, e por mão de Hananias, um dos príncipes do rei. ¹² Todo o número dos chefes de famílias, valentes e esforçados, era dois mil e seiscentos. ¹³ E sob a mão destes estava o exército de guerra, de trezentos sete mil e quinhentos guerreiros poderosos e fortes para ajudar ao rei contra os inimigos. ¹⁴ E preparou-lhes Uzias para todo o exército, escudos, lanças, capacetes, couraças, arcos, e fundas de tirar pedras. ¹⁵ E fez em Jerusalém máquinas por artifício de peritos, para que estivessem nas torres e nos baluartes, para lançar setas e grandes pedras, e sua fama se estendeu longe, porque se ajudou maravilhosamente, até fazer-se forte. ¹⁶ Mas quando foi fortificado, seu coração se enalteceu até corromper-se; porque se rebelou contra o SENHOR seu Deus, entrando no templo do SENHOR para queimar incenso no altar do incenso. ¹⁷ E entrou atrás dele o sacerdote Azarias, e com ele oitenta sacerdotes do SENHOR, dos valentes. ¹⁸ E puseram-se contra o rei Uzias, e disseram-lhe: Não a ti, ó Uzias, o queimar incenso ao SENHOR, mas sim aos sacerdotes filhos de Arão, que são consagrados para queimá-lo: sai do santuário, por que pecaste, e não te será para glória diante do SENHOR Deus. ¹⁹ E irou-se Uzias, que tinha o incenso na mão para queimá-lo; e em esta sua ira contra os sacerdotes, a lepra lhe surgiu na testa diante dos sacerdotes na casa do SENHOR, junto ao altar do incenso. ²⁰ E olhou-lhe Azarias o sumo sacerdote, e todos os sacerdotes, e eis que a lepra estava em sua testa; e fizeram-lhe sair apressadamente daquele lugar; e ele também se deu pressa a sair, porque o SENHOR o havia ferido. ²¹ Assim o rei Uzias foi leproso até o dia de sua morte, e habitou em uma casa separada, leproso, pelo que havia sido separado da casa do SENHOR; e Jotão seu filho teve cargo da casa real, governando ao povo da terra. ²² Os demais dos feitos de Uzias, primeiros e últimos, escreveu-os Isaías profeta, filho de Amoz. ²³ E descansou Uzias com seus pais, e sepultaram-no com seus pais no campo dos sepulcros reais; porque disseram: Leproso é. E seu filho Jotão reinou Jotão em seu lugar.

27

¹ De vinte e cinco anos era Jotão quando começou a reinar, e dezesseis anos reinou em Jerusalém. O nome de sua mãe foi Jerusa, filha de Zadoque. ² E fez o que era correto em olhos do SENHOR, conforme a todas as coisas que havia feito Uzias seu pai, salvo que não entrou no templo do SENHOR. E o povo corrompia-se ainda. ³ Edificou ele a porta maior da casa do SENHOR, e no muro da fortaleza edificou muito. ⁴ Ademais edificou cidades nas montanhas de Judá, e preparou palácios e torres nos bosques. ⁵ Também teve ele guerra com o rei dos filhos de Amom, aos quais venceu; e deram-lhe os filhos de Amom naquele ano cem talentos de prata, e dez mil coros de trigo, e dez mil de cevada. Isto lhe deram os filhos de Amom, e o mesmo no segundo ano, e no terceiro. ⁶ Assim que Jotão foi fortificado, porque preparou seus caminhos diante do SENHOR seu Deus. ⁷ Os demais dos feitos de Jotão, e todas suas guerras, e seus caminhos, eis que estão escrito no livro dos reis de Israel

e de Judá. ⁸ Quando começou a reinar era de vinte e cinco anos, e dezesseis reinou em Jerusalém. ⁹ E descansou Jotão com seus pais, e sepultaram-no na cidade de Davi; e reinou em seu lugar Acaz seu filho.

28

¹ De vinte anos era Acaz quando começou a reinar, e dezesseis anos reinou em Jerusalém: mas não fez o que era correto aos olhos do SENHOR, como Davi seu pai. ² Antes andou nos caminhos dos reis de Israel, e ademais fez imagens de fundição aos baalins. ³ Queimou também incenso no vale dos filhos de Hinom, e queimou seus filhos por fogo, conforme as abominações das nações que o SENHOR havia lançado diante dos filhos de Israel. ⁴ Assim sacrificou e queimou incenso nos altos, e nas colinas, e debaixo de toda árvores espessa. ⁵ Pelo qual o SENHOR seu Deus o entregou em mãos do rei dos sírios, os quais lhe derrotaram, e tomaram dele uma grande presa, que levaram a Damasco. Foi também entregue em mãos do rei de Israel, o qual o derrotou com grande mortandade. ⁶ Porque Peca, filho de Remalias matou em Judá em um dia cento e vinte mil, todos eles homens valentes; porquanto haviam deixado ao SENHOR o Deus de seus pais. ⁷ Assim Zicri, homem poderoso de Efraim, matou a Maaseias filho do rei, e a Azricão seu mordomo, e a Elcana, segundo depois do rei. ⁸ Tomaram também cativos os filhos de Israel de seus irmãos duzentos mil, mulheres, meninos, e meninas, a mais de haver saqueado deles um grande despojo, o qual trouxeram a Samaria. ⁹ Havia então ali um profeta do SENHOR, que se chamava Obede, o qual saiu diante do exército quando entrava em Samaria, e disse-lhes: Eis que o SENHOR o Deus de vossos pais, pela ira contra Judá, os entregou em vossas mãos; e vós os ¹⁰ E agora haveis determinado sujeitar a vós a Judá e a Jerusalém por servos e servas: mas não haveis vós pecado contra o SENHOR vosso Deus? ¹¹ Ouvi-me, pois, agora, e voltai a enviar os cativos que haveis tomado de vossos irmãos: porque o SENHOR está irado contra vós. ¹² Levantaram-se então alguns homens dos principais dos filhos de Efraim, Azarias filho de Joanã, e Berequias filho de Mesilemote, e Jeizquias filho de Salum, e Amasa filho de Hadlai, contra os que vinham da guerra. ¹³ E disseram-lhes: Não metais aqui os cativos; porque o pecado contra o SENHOR será sobre nós. Vós tratais de acrescentar sobre nossos pecados e sobre nossas culpas, sendo suficientemente grande nosso delito, e a ira do furor sobre Israel. ¹⁴ Então o exército deixou os cativos e a presa diante dos príncipes e de toda a multidão. ¹⁵ E levantaram-se os homens nomeados, e tomaram os cativos, e vestiram do despojo aos que deles estavam nus; vestiram-nos e calçaram-nos, e deram-lhes de comer e de beber, e ungiram-nos, e conduziram em asnos a todos os fracos, e levaram-nos até Jericó, cidade das palmeiras, próxima de seus irmãos; e eles voltaram a Samaria. ¹⁶ Naquele tempo enviou a pedir o rei Acaz aos reis de Assíria que lhe ajudassem: ¹⁷ Porque a mais disto, os edomitas haviam vindo e ferido aos de Judá, e haviam levado cativos. ¹⁸ Assim os filisteus haviam invadido as cidades da planície, e ao sul de Judá, e haviam tomado a Bete-Semes, a Aijalom, Gederote, e Socó com suas aldeias, Timna também com suas aldeias, e Ginzo com suas aldeias; e habitavam nelas. ¹⁹ Porque o SENHOR havia humilhado a Judá por causa de Acaz rei de Israel: porquanto ele havia desnudado a Judá, e rebelado-se gravemente contra o SENHOR. ²⁰ E veio contra ele Tiglate-Pileser, rei dos assírios: pois o oprimiu, e não o fortificou. ²¹ Ainda que Acaz tenha despojado a casa do SENHOR, e a casa real, e as dos príncipes, para dar ao rei dos assírios, contudo isso ele não lhe ajudou. ²² Ademais o rei Acaz no tempo que aquele lhe afligia-se, acrescentou transgressão contra o SENHOR; ²³ Porque sacrificou aos deuses de Damasco que lhe haviam ferido, e disse: Pois que os deuses dos reis da Síria lhes ajudam, eu também sacrificarei a

eles para que me ajudem; bem que foram estes sua ruína, e a de todo Israel. ²⁴ A mais disso recolheu Acaz os vasos da casa de Deus, e quebrou-os, e fechou as portas da casa do SENHOR, e fez-se altares em Jerusalém em todos os cantos. ²⁵ Fez também altos em todas as cidades de Judá, para queimar incenso aos deuses alheios, provocando assim a ira ao SENHOR o Deus de seus pais. ²⁶ Os demais de seus feitos, e todos seus caminhos, primeiros e últimos, eis que estão escrito no livro dos reis de Judá e de Israel. ²⁷ E descansou Acaz com seus pais, e sepultaram-no na cidade de Jerusalém: mas não lhe meteram nos sepulcros dos reis de Israel; e reinou em seu lugar Ezequias seu filho.

29

¹ E Ezequias começou a reinar sendo de vinte e cinco anos, e reinou vinte e nove anos em Jerusalém. O nome de sua mãe foi Abia, filha de Zacarias. ² E fez o que era correto aos olhos do SENHOR, conforme a todas as coisas que havia feito Davi seu pai. ³ No primeiro ano de seu reinado, no mês primeiro, abriu as portas da casa do SENHOR, e as reparou. ⁴ E fez vir os sacerdotes e levitas, e juntou-os na praça oriental. ⁵ E disse-lhes: Ouvi-me, levitas, e santificai-vos agora, e santificareis a casa do SENHOR o Deus de vossos pais, e tirareis do santuário a imundícia. ⁶ Porque nossos pais se rebelaram, e fizeram o que era mau aos olhos do SENHOR nosso Deus; que lhe deixaram, e apartaram seus olhos do tabernáculo do SENHOR, e lhe voltaram as costas. ⁷ E ainda fecharam as portas do pórtico, e apagaram as lâmpadas; não queimaram incenso, nem sacrificaram holocausto no santuário ao Deus de Israel. ⁸ Portanto a ira do SENHOR veio sobre Judá e Jerusalém, e os entregou à aflição, ao espanto, e ao escárnio, como vedes vós com vossos olhos. ⁹ E eis que nossos pais caíram à espada, nossos filhos e nossas filhas e nossas mulheres estão em cativeiro por isso. ¹⁰ Agora, pois, eu determinei fazer aliança com o SENHOR o Deus de Israel, para que afaste de nós a ira de seu furor. ¹¹ Filhos meus, não vos enganeis agora, porque o SENHOR vos escolheu para que estejais diante dele, e lhe sirvais, e sejais seus ministros, e lhe queimeis incenso. ¹² Então os levitas se levantaram, Maate filho de Amasai, e Joel filho de Azarias, dos filhos de Coate; e dos filhos de Merari, Quis filho de Abdi, e Azarias filho de Jealelel; e dos filhos de Gérson, Joá filho de Zima, e Éden filho de Joá; ¹³ E dos filhos de Elisafã, Sinri e Jeuel; e dos filhos de Asafe, Zacarias e Matanias; ¹⁴ E dos filhos de Hemã, Jeiel e Simei; e dos filhos de Jedutum, Semaías e Uziel. ¹⁵ Estes juntaram a seus irmãos, e santificaram-se, e entraram, conforme ao mandamento do rei e as palavras do SENHOR, para limpar a casa do SENHOR. ¹⁶ E entrando os sacerdotes dentro da casa do SENHOR para limpá-la, tiraram toda a imundícia que acharam no templo do SENHOR, ao átrio da casa do SENHOR; a qual tomaram os levitas, para tirá-la fora ao ribeiro de Cedrom. ¹⁷ E começaram a santificar o primeiro do mês primeiro, e aos oito do mesmo mês vieram ao pórtico do SENHOR: e santificaram a casa do SENHOR em oito dias, e no dezesseis do mês primeiro acabaram. ¹⁸ Logo passaram ao rei Ezequias e disseram-lhe: Já limpamos toda a casa do SENHOR, o altar do holocausto, e todos seus instrumentos, e a mesa da proposição com todos seus utensílios. ¹⁹ Assim preparamos e santificamos todos os vasos que em sua transgressão havia descartado o rei Acaz, quando reinava: e eis que estão diante do altar do SENHOR. ²⁰ E levantando-se de manhã o rei Ezequias reuniu os principais da cidade, e subiu à casa do SENHOR. ²¹ E apresentaram sete novilhos, sete carneiros, sete cordeiros, e sete bodes, para expiação pelo reino, pelo santuário e por Judá. E disse aos sacerdotes filhos de Arão, que os oferecessem sobre o altar do SENHOR. ²² Mataram, pois, os bois, e os sacerdotes tomaram a sangue, e espargiram-na sobre o altar; mataram logo os carneiros, e espargiram o sangue

sobre o altar; também mataram os cordeiros, e espargiram o sangue sobre o altar. ²³ Fizeram depois chegar os bodes da expiação diante do rei e da multidão, e puseram sobre eles suas mãos: ²⁴ E os sacerdotes os mataram, e expiando espargiram o sangue deles sobre o altar, para reconciliar a todo Israel: porque por todo Israel mandou o rei fazer o holocausto e a expiação. ²⁵ Pôs também levitas na casa do SENHOR com címbalos, e saltérios, e harpas, conforme ao mandamento de Davi, e de Gade vidente do rei, e de Natã profeta: porque aquele mandamento foi por mão do SENHOR, por meio de seus profetas. ²⁶ E os levitas estavam com os instrumentos de Davi, e os sacerdotes com trombetas. ²⁷ Então mandou Ezequias sacrificar o holocausto no altar; e ao tempo que começou o holocausto, começou também o cântico do SENHOR, com as trombetas e os instrumentos de Davi rei de Israel. ²⁸ E toda a multidão adorava, e os cantores cantavam, e os trombetas soavam as trombetas; tudo até acabar-se o holocausto. ²⁹ E quando acabaram de oferecer, inclinou-se o rei, e todos os que com ele estavam, e adoraram. ³⁰ Então o rei Ezequias e os príncipes disseram aos levitas que louvassem ao SENHOR pelas palavras de Davi e de Asafe vidente: e eles louvaram com grande alegria, e inclinando-se adoraram. ³¹ E respondendo Ezequias disse: Vós vos haveis consagrado agora ao SENHOR; achegai-vos pois, e apresentai sacrifícios e louvores na casa do SENHOR. E a multidão apresentou sacrifícios e louvores; e todo generoso de coração, holocaustos. ³² E foi o número dos holocaustos que trouxe a congregação, setenta bois, cem carneiros, duzentos cordeiros; tudo para o holocausto do SENHOR. ³³ E as ofertas foram seiscentos bois, e três mil ovelhas. ³⁴ Mas os sacerdotes eram poucos, e não podiam o suficiente a tirar o couro dos holocaustos; e assim seus irmãos os levitas lhes ajudaram até que acabaram a obra, e até que os sacerdotes se santificaram: porque os levitas tiveram maior prontidão de coração para se santificarem que os sacerdotes. ³⁵ Assim, pois, havia grande abundância de holocaustos, com gorduras de ofertas pacíficas, e libações de cada holocausto. E ficou ordenado o serviço da casa do SENHOR. ³⁶ E alegrou-se Ezequias, e todo o povo, de que Deus houvesse preparado o povo; porque a coisa foi prontamente feita.

30

¹ Enviou também Ezequias por todo Israel e Judá, e escreveu cartas a Efraim e Manassés, que viessem a Jerusalém à casa do SENHOR, para celebrar a páscoa ao SENHOR Deus de Israel. ² E havia o rei tomado conselho com seus príncipes, e com toda a congregação em Jerusalém, para celebrar a páscoa no mês segundo: ³ Porque então não a podiam celebrar, porquanto não havia suficientes sacerdotes santificados, nem o povo estava junto em Jerusalém. ⁴ Isto agradou ao rei e a toda a multidão. ⁵ E determinaram fazer apregoar por todo Israel, desde Berseba até Dã, para que viessem a celebrar a páscoa ao SENHOR Deus de Israel, em Jerusalém: porque em muito tempo não a haviam celebrado ao modo que está escrito. ⁶ Foram, pois, mensageiros com cartas da mão do rei e de seus príncipes por todo Israel e Judá, como o rei o havia mandado, e diziam: Filhos de Israel, voltai-vos ao SENHOR o Deus de Abraão, de Isaque, e de Israel, e ele se voltará aos restantes que vos escaparam das mãos dos reis da Assíria. ⁷ Não sejais como vossos pais e como vossos irmãos, que se rebelaram contra o SENHOR o Deus de seus pais, e ele os entregou a desolação, como vós vedes. ⁸ Não endureçais, pois, agora vossa cerviz como vossos pais: dai a mão ao SENHOR, e vinde a seu santuário, o qual ele santificou para sempre; e servi ao SENHOR vosso Deus, e a ira de seu furor se apartará de vós. ⁹ Porque se vos virardes ao SENHOR, vossos irmãos e vossos filhos acharão misericórdia diante dos que os têm cativos, e voltarão a esta terra: porque o SENHOR vosso Deus é clemente e misericordioso, e não desviará de vós seu rosto, se vós vos converterdes

a ele. [10] Passaram, pois, os mensageiros de cidade em cidade pela terra de Efraim e Manassés, até Zebulom: mas se riam e ridicularizavam deles. [11] Com tudo isso, alguns homens de Aser, de Manassés, e de Zebulom, se humilharam, e vieram a Jerusalém. [12] Em Judá também foi a mão de Deus para dar-lhes um coração para cumprir a mensagem do rei e dos príncipes, conforme à palavra do SENHOR. [13] E juntou-se em Jerusalém muito gente para celebrar a solenidade dos pães ázimos no mês segundo; uma vasta reunião. [14] E levantando-se, tiraram os altares que havia em Jerusalém; tiraram também todos os altares de incenso, e lançaram-nos no ribeiro de Cedrom. [15] Então sacrificaram a páscoa, aos catorze do mês segundo; e os sacerdotes e os levitas se santificaram com vergonha, e trouxeram os holocaustos à casa do SENHOR. [16] E puseram-se em sua ordem conforme a seu costume, conforme à lei de Moisés homem de Deus; os sacerdotes espargiam o sangue que recebiam de mãos dos levitas: [17] Porque havia muitos na congregação que não estavam santificados, e por isso os levitas sacrificavam a páscoa por todos os que não se haviam limpado, para santificá-los ao SENHOR. [18] Porque uma grande multidão do povo de Efraim e Manassés, e de Issacar e Zebulom, não se haviam purificado, e comeram a páscoa não conforme a o que está escrito. Mas Ezequias orou por eles, dizendo: SENHOR, que é bom, seja propício a todo aquele que preparou seu coração para buscar a Deus, [19] Ao SENHOR, o Deus de seus pais, ainda que não esteja purificado segundo a purificação do santuário. [20] E ouviu o SENHOR a Ezequias, e sarou o povo. [21] Assim celebraram os filhos de Israel que se acharam em Jerusalém, a solenidade dos pães sem levedura por sete dias com grande alegria: e louvavam ao SENHOR todos os dias os levitas e os sacerdotes, cantando com instrumentos de força ao SENHOR. [22] E falou Ezequias ao coração de todos os levitas que tinham boa inteligência no serviço do SENHOR. E comeram do sacrificado na solenidade por sete dias, oferecendo sacrifícios pacíficos, e dando graças ao SENHOR o Deus de seus pais. [23] E toda aquela multidão determinou que celebrassem outros sete dias; e celebraram outros sete dias com alegria. [24] Porque Ezequias rei de Judá havia dado à multidão mil novilhos e sete mil ovelhas; e também os príncipes deram ao povo mil novilhos e dez mil ovelhas: e muitos sacerdotes se santificaram. [25] Alegrou-se, pois, toda a congregação de Judá, como também os sacerdotes e levitas, e toda a multidão que havia vindo de Israel; assim os estrangeiros que haviam vindo da terra de Israel, e os que habitavam em Judá. [26] E fizeram-se grandes alegrias em Jerusalém: porque desde os dias de Salomão filho de Davi rei de Israel, não havia havido coisa tal em Jerusalém. [27] Levantando-se depois os sacerdotes e levitas, bendisseram ao povo: e a voz deles foi ouvida, e sua oração chegou à habitação de seu santuário, ao céu.

31

[1] Feitas todas estas coisas, todos os de Israel que se haviam achado ali, saíram pelas cidades de Judá, e quebraram as estátuas e destruíram os bosques, e derrubaram os altos e os altares por todo Judá e Benjamim, e também em Efraim e Manassés, [2] E definiu Ezequias as repartições dos sacerdotes e dos levitas conforme a suas ordens, cada um segundo seu ofício, os sacerdotes e os levitas para o holocausto e pacíficos, para que ministrassem, para que confessassem e louvassem às portas dos acampamentos do SENHOR. [3] A contribuição do rei de sua riqueza era holocaustos a manhã e tarde, e holocaustos para os sábados, novas luas, e solenidades, como está escrito na lei do SENHOR. [4] Mandou também ao povo que habitava em Jerusalém, que dessem a porção aos sacerdotes e levitas, para que se esforçassem na lei do SENHOR. [5] E quando este edito foi divulgado, os filhos de Israel deram muitas primícias de grão, vinho, azeite, mel, e de todos os frutos da terra: trouxeram também os dízimos de

todas as coisas em abundância. ⁶ Também os filhos de Israel e de Judá, que habitavam nas cidades de Judá, deram do mesmo modo os dízimos das vacas e das ovelhas: e trouxeram os dízimos do santificado, das coisas que haviam prometido ao SENHOR seu Deus, e puseram-nos por amontoados. ⁷ No mês terceiro começaram a fundar aqueles amontoados, e no mês sétimo acabaram. ⁸ E Ezequias e os príncipes vieram a ver os amontoados, e bendisseram ao SENHOR, e a seu povo Israel. ⁹ E perguntou Ezequias aos sacerdotes e aos levitas acerca dos amontoados. ¹⁰ E respondeu-lhe Azarias, sumo sacerdote, da casa de Zadoque, e disse: Desde que começaram a trazer a oferta à casa do SENHOR, comemos e nos saciamos, e nos sobrou muito: porque o SENHOR abençoou seu povo, e restou esta abundância. ¹¹ Então mandou Ezequias que preparassem câmaras na casa do SENHOR; e prepararam-nas. ¹² E puseram as primícias e dízimos e as coisas consagradas, fielmente; e deram cargo disso a Conanias levita, o principal, e Simei seu irmão foi o segundo. ¹³ E Jeiel, Azazias, Naate, Asael, Jeremote, Jozabade, Eliel, Ismaquias, Maate, e Benaia, foram capatazes sob a mão de Conanias e de Simei seu irmão, por mandamento do rei Ezequias e de Azarias, príncipe da casa de Deus. ¹⁴ E Coré filho de Imná levita, porteiro ao oriente, tinha cargo dos donativos de Deus, e das ofertas do SENHOR que se davam, e de tudo o que se santificava. ¹⁵ E a sua mão estava Éden, Benjamim, Jesua, Semaías, Amarias, e Secanias, nas cidades dos sacerdotes, para dar com fidelidade a seus irmãos suas partes conforme a suas ordens, assim ao maior como ao menor: ¹⁶ A mais dos homens anotados por suas linhagens, de três anos acima, a todos os que entravam na casa do SENHOR, sua porção diária por seu ministério, segundo seus ofícios e classes; ¹⁷ Também aos que eram contados entre os sacerdotes pelas famílias de seus pais, e aos levitas de idade de vinte anos acima, conforme a seus ofícios e ordens; ¹⁸ Assim aos de sua geração com todos seus meninos, e suas mulheres, e seus filhos e filhas, a toda a família; porque com fidelidade se consagravam às coisas santas. ¹⁹ Do mesmo modo em ordem aos filhos de Arão, sacerdotes, que estavam nos campos de suas cidades, por todas as cidades, os homens nomeados tinham cargo de dar suas porções a todos os homens dos sacerdotes, e a toda a linhagem dos levitas. ²⁰ De esta maneira fez Ezequias em todo Judá: e executou o que era bom, correto, e verdadeiro, diante do SENHOR seu Deus. ²¹ Em tudo quanto começou no serviço da casa de Deus, e na lei e mandamentos, buscou a seu Deus, e o fez de todo coração, e foi próspero.

32

¹ Depois destas coisas e desta fidelidade, veio Senaqueribe rei dos assírios, entrou em Judá, e assentou campo contra as cidades fortes, e determinou de entrar nelas. ² Vendo, pois, Ezequias a vinda de Senaqueribe, e seu aspecto de combater a Jerusalém, ³ Teve seu conselho com seus príncipes e com seus valentes, sobre fechar as fontes das águas que estavam fora da cidade; e eles lhe apoiaram. ⁴ Juntou-se, pois, muito povo, e fecharam todas as fontes, e o ribeiro que derrama por em meio do território, dizendo: Por que devem achar os reis de Assíria muitas águas quando vierem? ⁵ Encorajou-se assim Ezequias, e edificou todos os muros caídos, e fez erguer as torres, e outro muro por de fora: fortificou também a Milo na cidade de Davi, e fez muitas espadas e paveses. ⁶ E pôs capitães de guerra sobre o povo, e os fez reunir assim na praça da porta da cidade, e falou ao coração deles, dizendo: ⁷ Esforçai-vos e confortai-vos; não temais, nem tenhais medo do rei da Assíria, nem de toda sua multidão que vem com ele; porque mais são conosco do que com ele. ⁸ Com ele está a força da carne, mas conosco está o SENHOR nosso Deus para ajudar-nos, e lutar nossas batalhas. E firmou-se o povo sobre as palavras de Ezequias rei de Judá. ⁹ Depois disto Senaqueribe rei dos assírios, estando ele sobre Laquis e com ele toda

sua potência, enviou seus servos a Jerusalém, para dizer a Ezequias rei de Judá, e a todos os de Judá que estavam em Jerusalém: ¹⁰ Assim disse Senaqueribe rei dos assírios: Em quem confiais vós para estar cercados em Jerusalém? ¹¹ Não vos engana Ezequias para entregar-vos à morte, à fome, e à sede, dizendo: o SENHOR nosso Deus nos livrará da mão do rei da Assíria? ¹² Não é Ezequias o que tirou seus altos e seus altares, e disse a Judá e a Jerusalém: Diante somente deste altar adorareis, e sobre ele queimareis incenso? ¹³ Não sabeis o que eu e meus pais fizemos a todos os povos da terra? Puderam os deuses das nações das terras livrar sua terra de minha mão? ¹⁴ Que deus havia de todos os deuses daquelas nações que destruíram meus pais, que pudesse salvar seu povo de minhas mãos? Por que poderá vosso Deus livrar-vos de minha mão? ¹⁵ Agora, pois, não vos engane Ezequias, nem vos persuada tal coisa, nem lhe creiais; que se nenhum deus de todas aquelas nações e reinos pode livrar seu povo de meus mãos, e das mãos de meus pais, quanto menos vosso Deus vos poderá livrar de minha mão? ¹⁶ E outras coisas falaram seus servos contra o Deus o SENHOR, e contra seu servo Ezequias. ¹⁷ Além de tudo isto escreveu cartas em que blasfemava ao SENHOR o Deus de Israel, e falava contra ele, dizendo: Como os deuses das nações dos países não puderam livrar seu povo de minhas mãos, tampouco o Deus de Ezequias livrará ao seu das minhas mãos. ¹⁸ E clamaram a grande voz em judaico ao povo de Jerusalém que estava nos muros, para espantá-los e pôr-lhes temor, para tomar a cidade. ¹⁹ E falaram contra o Deus de Jerusalém, como contra os deuses dos povos da terra, obra de mãos de homens. ²⁰ Mas o rei Ezequias, e o profeta Isaías filho de Amoz, oraram por isto, e clamaram ao céu. ²¹ E o SENHOR enviou um anjo, o qual feriu a todo valente e esforçado, e aos chefes e capitães no campo do rei da Assíria. Voltou-se, portanto, com vergonha de rosto a sua terra; e entrando no templo de seu deus, ali o mataram à espada os que haviam saído de suas entranhas. ²² Assim o SENHOR salvou Ezequias e os moradores de Jerusalém das mãos de Senaqueribe rei da Assíria, e das mãos de todos: e preservou-os de todas as partes. ²³ E muitos trouxeram oferta ao SENHOR a Jerusalém, e a Ezequias rei de Judá, ricos presentes; e foi muito grande diante de todas as nações depois disto. ²⁴ Naquele tempo Ezequias ficou doente de morte; e orou ao SENHOR, o qual lhe respondeu, e deu-lhe um sinal. ²⁵ Mas Ezequias não pagou conforme ao bem que lhe havia sido feito; pelo contrário, seu coração se enalteceu; por isso veio ira contra ele, e contra Judá e Jerusalém. ²⁶ Porém Ezequias, depois de haver-se orgulhado de coração, humilhou-se, ele e os moradores de Jerusalém; e não veio sobre eles a ira do SENHOR nos dias de Ezequias. ²⁷ E Ezequias teve riquezas e glória em grande maneira; e proveu-se de tesouros de prata e ouro, de pedras preciosas, de aromas, de escudos, e de todas os tipos de objetos valiosos; ²⁸ também de depósitos para as rendas do grão, do vinho, e azeite; estábulos para todo tipo de animais, e currais para os gados. ²⁹ Fez para si também cidades, e rebanhos de ovelhas e de vacas em grande quantidade; porque Deus lhe havia dado muita riqueza. ³⁰ Este Ezequias tapou os mananciais das águas de Giom da parte de cima, e as fez correr abaixo ao ocidente da cidade de Davi. E foi próspero Ezequias em tudo o que fez. ³¹ Porém no dos embaixadores dos príncipes de Babilônia, que enviaram a ele para saber do prodígio que havia acontecido naquela terra, Deus o deixou, para provar-lhe, para fazer conhecer tudo o que estava em seu coração. ³² Os demais dos feitos de Ezequias, e de suas misericórdias, eis que tudo está escrito na profecia de Isaías profeta, filho de Amoz, no livro dos reis de Judá e de Israel. ³³ E descansou Ezequias com seus pais, e sepultaram-no na parte superior dos sepulcros dos filhos de Davi, honrando-lhe em sua morte todo Judá e os de Jerusalém: e reinou em seu lugar Manassés seu filho.

33

¹ De doze anos era Manassés quando começou a reinar, e cinquenta e cinco anos reinou em Jerusalém. ² Mas fez o que era mau em olhos do SENHOR, conforme as abominações das nações que havia lançado o SENHOR diante dos filhos de Israel: ³ Porque ele reedificou os altos que Ezequias seu pai havia derrubado, e levantou altares aos baalins, e fez bosques, e adorou a todo o exército dos céus, e a ele serviu. ⁴ Edificou também altares na casa do SENHOR, da qual havia dito o SENHOR: Em Jerusalém será meu nome perpetuamente. ⁵ Edificou assim altares a todo o exército dos céus nos dois átrios da casa do SENHOR. ⁶ E passou seus filhos por fogo no vale dos filhos de Hinom; e olhava adivinhações, predições supersticiosas, e feitiçarias, e consultava médiuns e interpretadores de espíritos; ele fez muito mal aos olhos do SENHOR, para irritar-lhe. ⁷ A mais disto pôs uma imagem de fundição, que fez, na casa de Deus, da qual havia dito Deus a Davi e a Salomão seu filho: Nesta casa e em Jerusalém, a qual eu escolhi sobre todas as tribos de Israel, porei meu nome para sempre: ⁸ E nunca mais tirarei o pé de Israel da terra que eu entreguei a vossos pais, a condição que guardem e façam todas as coisas que eu lhes ei mandado, toda a lei, estatutos, e ordenanças, por meio de Moisés. ⁹ Fez, pois, Manassés desviar-se a Judá e aos moradores de Jerusalém, para fazer mais mal que as nações que o SENHOR destruiu diante dos filhos de Israel. ¹⁰ E falou o SENHOR a Manassés e a seu povo, mas eles não escutaram: ¹¹ Por isso o SENHOR trouxe contra eles os generais do exército do rei dos assírios, os quais aprisionaram com grilhões a Manassés, e acorrentado com correntes levaram-no a Babilônia. ¹² Mas logo que foi posto em angústias, orou ante o SENHOR seu Deus, humilhado grandemente na presença do Deus de seus pais. ¹³ E havendo a ele orado, foi atendido; pois que ouviu sua oração, e voltou-o a Jerusalém, a seu reino. Então conheceu Manassés que o SENHOR era Deus. ¹⁴ Depois disto edificou o muro de fora da cidade de Davi, ao ocidente de Giom, no vale, à entrada da porta do peixe, e cercou a Ofel, e levantou-o muito alto; e pôs capitães de exército em todas as cidades fortes por Judá. ¹⁵ Também tirou os deuses alheios, e o ídolo da casa do SENHOR, e todos os altares que havia edificado no monte da casa do SENHOR e em Jerusalém, e lançou-os fora da cidade. ¹⁶ Reparou logo o altar do SENHOR, e sacrificou sobre ele sacrifícios pacíficos e de louvor; e mandou a Judá que servissem ao SENHOR Deus de Israel. ¹⁷ Porém o povo ainda sacrificava nos altos, ainda que somente ao SENHOR seu Deus. ¹⁸ Os demais dos feitos de Manassés, e sua oração a seu Deus, e as palavras dos videntes que lhe falaram em nome do SENHOR o Deus de Israel, eis que tudo está escrito nos feitos dos reis de Israel. ¹⁹ Sua oração também, e como foi ouvido, todos seus pecados, e sua transgressão, os lugares de onde edificou altos e havia posto bosques e ídolos antes que se humilhasse, eis que estas coisas estão escritas nas palavras dos videntes. ²⁰ E descansou Manassés com seus pais, e sepultaram-no em sua casa: e reinou em seu lugar Amom seu filho. ²¹ De vinte e dois anos era Amom quando começou a reinar, e dois anos reinou em Jerusalém. ²² E fez o que era mau em olhos do SENHOR, como havia feito Manassés seu pai: porque a todos os ídolos que seu pai Manassés havia feito, sacrificou e serviu Amom. ²³ Mas nunca se humilhou diante do SENHOR, como se humilhou Manassés seu pai: antes aumentou o pecado. ²⁴ E conspiraram contra ele seus servos, e mataram-no em sua casa. ²⁵ Mas o povo da terra feriu a todos os que haviam conspirado contra o rei Amom; e o povo da terra pôs por rei em seu lugar a Josias seu filho.

34

¹ De oito anos era Josias quando começou a reinar, e trinta e um anos reinou em Jerusalém. ² Este fez o que era correto aos olhos do SENHOR, e andou nos caminhos de

Davi seu pai, sem desviar-se à direita nem à esquerda. ³ A os oito anos de seu reinado, sendo ainda jovem, começou a buscar ao Deus de Davi seu pai; e aos doze anos começou a limpar a Judá e a Jerusalém dos altos, bosques, esculturas, e imagens de fundição. ⁴ E derrubaram diante dele os altares dos baalins, e fez pedaços as imagens do sol, que estavam postas encima; despedaçou também os bosques, e as esculturas e estátuas de fundição, e esmigalhou-as, e dispersou o pó sobre os sepulcros dos que a elas haviam sacrificado. ⁵ Queimou ademais os ossos dos sacerdotes sobre seus altares, e limpou a Judá e a Jerusalém. ⁶ O mesmo fez nas cidades de Manassés, Efraim, e Simeão, até em Naftali, com seus lugares assolados ao redor. ⁷ E quando havia derrubado os altares e os bosques, e quebrado e esmigalhado as esculturas, e destruído todos os ídolos por toda a terra de Israel, voltou-se a Jerusalém. ⁸ Aos dezoito anos de seu reinado, depois de haver limpado a terra, e a casa, enviou a Safã filho de Azalias, e a Maaseias governador da cidade, e a Joá filho de Jeoacaz, chanceler, para que reparassem a casa do SENHOR seu Deus. ⁹ Os quais vieram a Hilquias, grande sacerdote, e deram o dinheiro que havia sido posto na casa do SENHOR, que os levitas que guardavam a porta haviam recolhido da mão de Manassés e de Efraim e de todas as restantes de Israel, e de todo Judá e Benjamim, havendo depois voltado a Jerusalém. ¹⁰ E entregaram-no em mão dos que faziam a obra, que eram capatazes na casa do SENHOR; os quais o davam aos que faziam a obra e trabalhavam na casa do SENHOR, para reparar e restaurar o templo. ¹¹ Davam também aos oficiais e pedreiros para que comprassem pedra lavrada, e madeira para as juntas, e para cobertura das casas, as quais haviam destruído os reis de Judá. ¹² E estes homens procediam com fidelidade na obra: e eram seus governadores Jaate e Obadias, levitas dos filhos de Merari; e Zacarias e Mesulão dos filhos de Coate, para que ativassem a obra; e dos levitas, todos os entendidos em instrumentos musicais. ¹³ Também supervisionavam sobre os operários, e eram capatazes dos que se ocupavam em qualquer classe de obra; e dos levitas havia escribas, governadores, e porteiros. ¹⁴ E ao tirar o dinheiro que havia sido posto na casa do SENHOR, Hilquias o sacerdote achou o livro da lei do SENHOR dada por meio de Moisés. ¹⁵ E dando conta Hilquias, disse a Safã escriba: Eu ei achado o livro da lei na casa do SENHOR. E deu Hilquias o livro a Safã. ¹⁶ E Safã o levou ao rei, e contou-lhe o negócio, dizendo: Teus servos cumpriram tudo o que lhes foi encarregado. ¹⁷ Reuniram o dinheiro que se achou na casa do SENHOR, e o entregaram em mão dos comissionados, e em mão dos que fazem a obra. ¹⁸ A mais disto, declarou Safã escriba ao rei, dizendo: O sacerdote Hilquias me deu um livro. E leu Safã nele diante do rei. ¹⁹ E logo que o rei ouviu as palavras da lei, rasgou suas vestes; ²⁰ E mandou a Hilquias e a Aicã filho de Safã, e a Abdom filho de Mica, e a Safã escriba, e a Asaías servo do rei, dizendo: ²¹ Andai, e consultai ao SENHOR de mim, e dos restantes de Israel e de Judá, acerca das palavras do livro que se achou; porque grande é o furor do SENHOR que há caído sobre nós, porquanto nossos pais não guardaram a palavra do SENHOR, para fazer conforme tudo o que está escrito neste livro. ²² Então Hilquias e os do rei foram a Hulda profetisa, mulher de Salum, filho de Tocate, filho de Harás, guarda das vestimentas, a qual morava em Jerusalém na segunda parte *da cidade* e disseram-lhe as palavras ditas. ²³ E ela respondeu: o SENHOR o Deus de Israel disse assim: Dizei ao homem que vos enviou a mim, que assim disse o SENHOR: ²⁴ Eis que eu trago mal sobre este lugar, e sobre os moradores dele, e todas as maldições que estão escritas no livro que leram diante do rei de Judá: ²⁵ Por quanto me deixaram, e sacrificaram a deuses alheios, provocando-me à ira em todas as obras de suas mãos; portanto meu furor destilará sobre este lugar, e não se apagará. ²⁶ Mas ao rei de Judá, que vos enviou a consultar ao SENHOR, assim lhe direis: o SENHOR o Deus de Israel disse assim: Porquanto ouviste as palavras do livro, ²⁷ E teu coração se enterneceu, e te humilhaste diante de Deus ao ouvir suas palavras sobre este lugar, e sobre seus moradores, e te humilhaste diante de mim, e rasgaste tuas vestes, e choraste em minha presença, eu também te ei ouvido, diz o SENHOR. ²⁸ Eis que eu te recolherei com teus pais, e serás recolhido em teus sepulcros em paz, e teus olhos não verão todo o mal que eu trago sobre este lugar, e sobre os moradores dele. E eles referiram ao rei a resposta. ²⁹ Então o rei enviou e juntou todos os anciãos de Judá e de Jerusalém. ³⁰ E subiu o rei à casa do SENHOR, e com ele todos os homens de Judá, e os moradores de Jerusalém, e os sacerdotes, e os levitas, e todo o povo desde o maior até o menor; e leu a ouvidos deles todas as palavras do livro do pacto que havia sido achado na casa do SENHOR. ³¹ E estando o rei em pé em seu lugar, fez aliança diante do SENHOR de caminhar após o SENHOR, e de guardar seus mandamentos, seus testemunhos, e seus estatutos, de todo seu coração e de toda sua alma, praticando as palavras do pacto que estavam escritas naquele livro. ³² E fez que se obrigassem a ele todos os que estavam em Jerusalém e em Benjamim: e os moradores de Jerusalém fizeram conforme ao pacto de Deus, do Deus de seus pais. ³³ E tirou Josias todas as abominações de todas as terras dos filhos de Israel, e fez a todos os que se acharam em Israel servirem ao SENHOR seu Deus. Não se desviaram de seguir o SENHOR o Deus de seus pais, todo o tempo que ele viveu.

35

¹ E Josias fez páscoa ao SENHOR em Jerusalém, e sacrificaram a páscoa aos catorze do mês primeiro. ² E pôs aos sacerdotes em seus empregos, e confirmou-os no ministério da casa do SENHOR. ³ E disse aos levitas que ensinavam a todo Israel, e que estavam dedicados ao SENHOR: Ponde a arca do santuário na casa que edificou Salomão filho de Davi, rei de Israel, para que não a carregueis mais sobre os ombros. Agora servireis ao SENHOR vosso Deus, e a seu povo Israel. ⁴ Preparai-vos segundo as famílias de vossos pais, por vossas ordens, conforme à prescrição de Davi rei de Israel, e de Salomão seu filho. ⁵ Ficai no santuário segundo a distribuição das famílias de vossos irmãos os filhos do povo, e segundo a divisão da família dos levitas. ⁶ Sacrificai logo a páscoa: e depois de santificar-vos, preparai a vossos irmãos, para que façam conforme à palavra do SENHOR dada por meio de Moisés. ⁷ E o rei Josias deu ao povo ovelhas, cordeiros, e cabritos dos rebanhos, em número de trinta mil, e três mil bois, tudo para a páscoa, para todos os que estavam presentes: isto era do patrimônio do rei. ⁸ Também seus oficiais doaram com generosidade ao povo, e aos sacerdotes e levitas. Hilquias, Zacarias e Jeiel, líderes da casa de Deus, deram aos sacerdotes para fazer a páscoa duas mil e seiscentos *, e trezentos bois. ⁹ Também Conanias, e Semaías e Natanael, seus irmãos, e Hasabias, Jeiel, e Jozabade, chefes dos levitas, deram aos levitas para os sacrifícios da páscoa cinco mil †, e quinhentos bois. ¹⁰ Prontificado assim o serviço, os sacerdotes se colocaram em seus postos, e também os levitas em suas ordens, conforme ao mandamento do rei. ¹¹ E sacrificaram a páscoa; e os sacerdotes espargiam o sangue tomado da mão dos levitas, e os levitas tiravam os couros. ¹² E tomaram do holocausto, para dar conforme as repartições pelas famílias dos do povo, a fim de que oferecessem ao SENHOR, segundo está escrito no livro de Moisés; e também tomaram dos bois. ¹³ E assaram a páscoa ao fogo segundo o rito; mas o que havia sido santificado o cozinharam em panelas, em caldeiras, e caldeirões, e repartiram-no o prontamente a todo o povo. ¹⁴ E depois prepararam para si e para os sacerdotes; porque os sacerdotes, filhos de Arão, estiveram ocupados até a noite no sacrifício dos holocaustos e das gorduras; portanto,

---

* **35:8** do gado miúdo † **35:9** do gado miúdo

os levitas prepararam para si, e para os sacerdotes filhos de Arão. ¹⁵ Também os cantores filhos de Asafe estavam em seu posto, conforme ao mandamento de Davi, de Asafe e de Hemã, e de Jedutum vidente do rei; também os porteiros estavam a cada porta; e não era necessário que se afastassem de seu ministério, porque seus irmãos, os levitas, preparavam para eles. ¹⁶ Assim foi aprontei todo o serviço do SENHOR naquele dia, para fazer a páscoa, e sacrificar os holocaustos sobre o altar do SENHOR, conforme ao mandamento do rei Josias. ¹⁷ E os filhos de Israel que se acharam ali, fizeram a páscoa naquele tempo, e a solenidade dos pães sem levedura, por sete dias. ¹⁸ Nunca tal páscoa foi feita em Israel desde os dias de Samuel o profeta; nem nenhum rei de Israel fez páscoa tal como a que fez o rei Josias, e os sacerdotes e levitas, e todo Judá e Israel, os que se acharam ali, juntamente com os moradores de Jerusalém. ¹⁹ Esta páscoa foi celebrada no ano dezoito do rei Josias. ²⁰ Depois de todas estas coisas, logo de haver Josias preparado a casa, Neco rei do Egito subiu a fazer guerra em Carquêmis junto a Eufrates; e saiu Josias contra ele. ²¹ E ele lhe enviou embaixadores, dizendo: Que temos eu e tu, rei de Judá? Eu não venho contra ti hoje, mas sim contra a casa que me faz guerra: e Deus disse que me apressasse. Deixa-te de intrometer-te com Deus, que é comigo, não te destrua. ²² Mas Josias não voltou seu rosto dele, em vez disso disfarçou-se para dar-lhe batalha, e não atendeu às palavras de Neco, que eram da boca de Deus; e veio a dar-lhe a batalha no campo de Megido. ²³ E os arqueiros atiraram ao rei Josias flechas; e disse o rei a seus servos: Tirai-me daqui, porque estou ferido gravemente. ²⁴ Então seus servos o tiraram daquele carro, e puseram-lhe em outro segundo carro que tinha, e levaram-lhe a Jerusalém, e morreu; e sepultaram-lhe nos sepulcros de seus pais. E todo Judá e Jerusalém fez luto por Josias. ²⁵ E lamentou Jeremias por Josias, e todos os cantores e cantoras recitam suas lamentações sobre Josias até hoje; e as deram por norma para lamentar em Israel, as quais estão escritas nas Lamentações. ²⁶ Os demais dos feitos de Josias, e suas piedosas obras, conforme o que está escrito na lei do SENHOR, ²⁷ E seus feitos, primeiros e últimos, eis que estão escritos no livro dos reis de Israel e de Judá.

36

¹ Então o povo da terra tomou a Jeoacaz filho de Josias, e fizeram-lhe rei em lugar de seu pai em Jerusalém. ² De vinte e três anos era Jeoacaz quando começou a reinar, e três meses reinou em Jerusalém. ³ E o rei do Egito o tirou de Jerusalém, e condenou a terra em cem talentos de prata e um de ouro. ⁴ E o rei do Egito constituiu o seu irmão Eliaquim como rei sobre Judá e Jerusalém, e mudou-lhe o nome em Jeoaquim; e Neco tomou o seu irmão Jeoacaz, e o levou ao Egito. ⁵ Quando começou a reinar Jeoaquim era de vinte e cinco anos, e reinou onze anos em Jerusalém: e fez o que era mau aos olhos do SENHOR seu Deus. ⁶ E subiu contra ele Nabucodonosor rei da Babilônia, e acorrentado com correntes o levou à Babilônia. ⁷ Também levou Nabucodonosor à Babilônia dos utensílios da casa do SENHOR, e os pôs no seu templo em Babilônia. ⁸ Os demais dos feitos de Jeoaquim, e as abominações que fez, e o que nele se achou, eis que estão escritos no livro dos reis de Israel e de Judá: e reinou em seu lugar Joaquim seu filho. ⁹ De oito anos era Joaquim quando começou a reinar, e reinou três meses e dez dias em Jerusalém: e fez o que era mau aos olhos do SENHOR. ¹⁰ Na primavera do ano, o rei Nabucodonosor mandou que o trouxessem à Babilônia, juntamente com os utensílos preciosos da casa do SENHOR; e constituiu o seu irmão Zedequias como rei sobre Judá e Jerusalém. ¹¹ De vinte e um anos era Zedequias quando começou a reinar, e onze anos reinou em Jerusalém. ¹² E fez o que era mau aos olhos do SENHOR seu Deus, e não se humilhou diante do

profeta Jeremias, que lhe falava da parte do SENHOR. [13] Rebelou-se também contra Nabucodonosor, ao qual havia jurado por Deus; e endureceu sua cerviz, e obstinou seu coração, para não voltar-se ao SENHOR o Deus de Israel. [14] E também todos os príncipes dos sacerdotes, e o povo, aumentaram a transgressão, seguindo todas as abominações das nações, e contaminando a casa do SENHOR, a qual ele havia santificado em Jerusalém. [15] E o SENHOR o Deus de seus pais enviou a eles por meio de seus mensageiros, enviando insistentemente: porque ele tinha misericórdia de seu povo, e de sua habitação. [16] Mas eles faziam escárnio dos mensageiros de Deus, e menosprezavam suas palavras, ridicularizando-se de seus profetas, até que subiu o furor do SENHOR contra seu povo, de maneira que não havia remédio. [17] Pelo qual trouxe contra eles ao rei dos caldeus, que matou à espada seus rapazes na casa de seu santuário, sem perdoar jovem, nem virgem, nem velho, nem decrépito; todos os entregou em suas mãos. [18] Também todos os vasos da casa de Deus, grandes e pequenos, os tesouros da casa do SENHOR, e os tesouros do rei e de seus príncipes, tudo o levou à Babilônia. [19] E queimaram a casa de Deus, e romperam o muro de Jerusalém, e consumiram ao fogo todos seus palácios, e destruíram todos os seus objetos valiosos. [20] Os que restaram da espada foram passados à Babilônia; e foram servos dele e de seus filhos, até que veio o reino dos persas; [21] Para que se cumprisse a palavra do SENHOR pela boca de Jeremias, até que a terra houvesse aproveitado os seus descansos sabáticos; pois durante todo o tempo de sua ruina ela descansou, até que os setenta anos fossem cumpridos. [22] Mas ao primeiro ano de Ciro rei dos persas, para que se cumprisse a palavra do SENHOR por boca de Jeremias, o SENHOR induziu o espírito de Ciro rei dos persas, o qual fez apregoar por todo seu reino, e também por escrito, dizendo: [23] Assim diz Ciro rei dos persas: o SENHOR, o Deus dos céus, me deu todos os reinos da terra; e ele me encarregou que lhe edifique casa em Jerusalém, que é em Judá. Quem houver de vós de todo seu povo, o SENHOR seu Deus seja com o tal, e suba.

Esdras

¹ No primeiro ano de Ciro rei da Pérsia, para que se cumprisse a palavra do SENHOR pela boca de Jeremias, o SENHOR despertou o espírito de Ciro rei da Pérsia, o qual mandou proclamar por todo o seu reino, e também por escrito, dizendo: ² Assim diz Ciro, rei da Pérsia: O SENHOR, Deus dos céus, me deu todos os reinos da terra; e ele me mandou que lhe edificasse uma casa em Jerusalém, que está em Judá. ³ Quem há entre vós de todo seu povo, seu Deus seja com ele, e suba a Jerusalém que está em Judá, e edifique a casa ao SENHOR Deus de Israel; ele é o Deus que *habita* em Jerusalém. ⁴ E todo aquele que tiver restado em qualquer lugar onde estiver morando, os homens de seu lugar o ajudem com prata, ouro, bens, e animais; além das doações voluntárias para a casa de Deus, que está em Jerusalém. ⁵ Então se levantaram os chefes das famílias de Judá e de Benjamim, os sacerdotes e os Levitas, e todos *aqueles* cujo espírito Deus despertou, para subirem a edificar a casa do SENHOR, que está em Jerusalém. ⁶ E todos os que estavam em seus arredores fortaleceram suas mãos com objetos de prata e de ouro, com bens e animais, e com coisas preciosas, além de tudo o que foi dado voluntariamente. ⁷ Também o rei Ciro tirou os utensílios da casa do SENHOR, que Nabucodonosor tinha trazido de Jerusalém, e posto na casa de seus deuses. ⁸ E Ciro, rei da Pérsia, tirou-os por meio do tesoureiro Mitridate, o qual os deu contados a Sesbazar, príncipe de Judá. ⁹ E esta é o seu número: trinta bacias de ouro, mil bacias de prata, vinte e nove facas, ¹⁰ Trinta taças de ouro, quatrocentas e dez taças de prata, e mil outros utensílios. ¹¹ Todos os utensílios de ouro e de prata foram cinco mil e quatrocentos. Sesbazar trouxe todos estes com os do cativeiro que subiram da Babilônia a Jerusalém.

2

¹ Estes são os filhos da província que subiram do cativeiro, dos transportados que Nabucodonosor, rei de Babilônia, tinha transportado para a Babilônia, e que voltaram a Jerusalém e a Judá, cada um para sua cidade; ² Os quais vieram com Zorobabel, Jesua, Neemias, Seraías, Reelaías, Mardoqueu, Bilsã, Mispar, Bigvai, Reum e Baaná. O registro dos homens do povo de Israel: ³ Os filhos de Parós, dois mil cento e setenta e dois; ⁴ Os filhos de Sefatias, trezentos e setenta e dois; ⁵ Os filhos de Ara, setecentos e setenta e cinco; ⁶ Os filhos de Paate-Moabe, dos descendentes de Jesua e Joabe, dois mil oitocentos e doze; ⁷ Os filhos de Elão, mil duzentos e cinquenta e quatro; ⁸ Os filhos de Zatu, novecentos e quarenta e cinco; ⁹ Os filhos de Zacai, setecentos e sessenta; ¹⁰ Os filhos de Bani, seiscentos e quarenta e dois; ¹¹ Os filhos de Bebai, seiscentos e vinte e três; ¹² Os filhos de Azgade, mil duzentos e vinte e dois; ¹³ Os filhos de Adonicão, seiscentos e sessenta e seis; ¹⁴ Os filhos de Bigvai, dois mil e cinquenta e seis; ¹⁵ Os filhos de Adim, quatrocentos e cinquenta e quatro; ¹⁶ Os filhos de Ater, de Ezequias, noventa e oito; ¹⁷ Os filhos de Bezai, trezentos e vinte e três; ¹⁸ Os filhos de Jora, cento e doze; ¹⁹ Os filhos de Hasum, duzentos e vinte e três; ²⁰ Os filhos de Gibar, noventa e cinco; ²¹ Os filhos de Belém, cento e vinte e três; ²² Os homens de Netofá, cinquenta e seis; ²³ Os homens de Anatote, cento e vinte e oito; ²⁴ Os filhos de Azmavete, quarenta e dois; ²⁵ Os filhos de Quiriate-Jearim, Quefira, e Beerote, setecentos e quarenta e três; ²⁶ Os filhos de Ramá e Geba, seiscentos e vinte e um; ²⁷ Os homens de Micmás, cento e vinte e dois; ²⁸ Os homens de Betel e Ai, duzentos e vinte e três; ²⁹ Os filhos de Nebo, cinquenta e dois; ³⁰ Os filhos de Magbis, cento e cinquenta e seis; ³¹ Os filhos do outro Elão, mil duzentos e cinquenta e quatro; ³² Os

filhos de Harim, trezentos e vinte; [33] Os filhos de Lode, Hadide, e Ono, setecentos e vinte e cinco; [34] Os filhos de de Jericó, trezentos e quarenta e cinco; [35] Os filhos de Senaá, três mil seiscentos e trinta; [36] Os sacerdotes: os filhos de Jedaías, da casa de Jesua, novecentos e setenta e três; [37] Os filhos de Imer, mil e cinquenta e dois; [38] Os filhos de Pasur, mil duzentos e quarenta e sete; [39] Os filhos de Harim, mil e dezessete. [40] Os Levitas: os filhos de Jesua e de Cadmiel, dos filhos de Hodavias, setenta e quatro. [41] Os cantores: os filhos de Asafe, cento e vinte e oito. [42] Os filhos dos porteiros: os filhos de Salum, os filhos de Ater, os filhos de Talmom, os filhos de Acube, os filhos de Hatita, os filhos de Sobai; ao todo, cento e trinta e nove. [43] Os servos do templo: * os filhos de Zia, os filhos de Hasufa, os filhos de Tabaote, [44] Os filhos de Queros, os filhos de Sia, os filhos de Padom; [45] Os filhos de Lebana, os filhos de Hagaba, os filhos de Acube; [46] Os filhos de Hagabe, os filhos de Sanlai, os filhos de Hanã; [47] Os filhos de Gidel, os filhos de Gaar, os filhos de Reaías; [48] Os filhos de Rezim, os filhos de Necoda, os filhos de Gazão; [49] Os filhos de Uzá, os filhos de Paseia, os filhos de Besai; [50] Os filhos de Asná, os filhos de Meunim, os filhos de Nefusim; [51] Os filhos de Baquebuque, os filhos de Hacufa, os filhos de Harur; [52] Os filhos de Baslute, os filhos de Meída, os filhos de Harsa; [53] Os filhos de Barcos, os filhos de Sísera, os filhos de Temá; [54] Os filhos de Nesias, os filhos de Hatifa. [55] Os filhos dos servos de Salomão: os filhos de Sotai, os filhos de Soferete, os filhos de Peruda; [56] Os filhos de Jaala, o filhos de Darcom, os filhos de Gidel; [57] Os filhos de Sefatias, os filhos de Hatil, os filhos de Poquerete-Hazebaim, os filhos de Ami. [58] Todos os servos do templo, e filhos dos servos de Salomão, trezentos e noventa e dois. [59] Também estes subiram de Tel-Melá, Tel-Harsa, Querube, Adã, e Imer, porém não puderam mostrar a família † de seus pais, nem sua linhagem, se eram de Israel: [60] Os filhos de Delaías, os filhos de Tobias, os filhos de Necoda, seiscentos e cinquenta e dois. [61] E dos filhos dos sacerdotes: os filhos de Habaías, os filhos de Coz, os filhos de Barzilai, o qual tomou mulher das filhas de Barzilai gileadita, e foi chamado pelo nome delas. [62] Estes buscaram seu registro de genealogias, mas não foi achado; por isso foram rejeitados do sacerdócio. [63] E o governador lhes mandou que não comessem das coisas sagradas, até que houvesse sacerdote com Urim e Tumim. [64] Toda esta congregação junta foi quarenta e dois mil trezentos e sessenta, [65] Sem seus servos e servas, os quais foram sete mil trezentos trinta e sete; também tinham duzentos cantores e cantoras. [66] Seus cavalos foram setecentos e trinta e seis; seus mulos, duzentos e quarenta e cinco; [67] Seus camelos, quatrocentos trinta e cinco; asnos, seis mil setecentos e vinte. [68] E *alguns* dos chefes de famílias, quando vieram à casa do SENHOR que estava em Jerusalém, deram ofertas voluntárias para a casa de Deus, para *a* reconstruírem em seu lugar. [69] Conforme sua capacidade deram ao tesouro da obra sessenta e uma mil dracmas de ouro, cinco mil libras de prata, e cem vestes sacerdotais. [70] E os sacerdotes, os Levitas, os do povo, os cantores, os porteiros e os servos do templo, habitaram em suas cidades; como também todo Israel em suas cidades.

3

[1] Tendo, pois, chegado o mês sétimo, e já estando os filhos de Israel nas cidades, o povo se ajuntou como um só homem em Jerusalém. [2] E levantaram-se Jesua, filho de Jozadaque, e seus irmãos os sacerdotes, e Zorobabel filho de Sealtiel, e seus irmãos, e edificaram o altar do Deus de Israel, para oferecerem sobre ele ofertas de queima, como está escrito na Lei de Moisés, homem de Deus. [3] E assentaram o altar sobre suas bases, porém com medo sobre si, por causa dos povos das terras; e ofereceram sobre ele ofertas de queima ao SENHOR, ofertas de queima à manhã e à tarde. [4] E

---

* **2:43** servos do templo equiv. netineus – também no restante do capítulo † **2:59** família lit. casa

celebraram a festa dos tabernáculos, como está escrito; fizeram ofertas de queima diariamente conforme a regra exigida a cada dia; 5 E depois disto, ofereceram o holocausto contínuo, assim como os as das luas novas, e todas as festas santificadas ao SENHOR, como também de qualquer um que dava oferta voluntária ao SENHOR. 6 Desde o primeiro dia do mês sétimo começaram a oferecer holocaustos ao SENHOR; porém ainda não estavam postos os fundamentos do templo do SENHOR. 7 Assim deram dinheiro aos pedreiros e carpinteiros; como também comida, bebida, e azeite aos sidônios e aos tírios, para que trazerem do Líbano madeira de cedro ao mar de Jope, conforme a autorização de Ciro, rei da Pérsia, acerca disto. 8 E no ano segundo de sua vinda à casa de Deus em Jerusalém, no mês segundo, começaram Zorobabel, filho de Sealtiel, Jesua, filho de Jozadaque, com os outros irmãos seus, os sacerdotes e os levitas, e todos os que haviam vindo do cativeiro a Jerusalém. E ordenaram aos levitas da idade de vinte anos acima, que cuidassem da casa do SENHOR. 9 Então Jesua, seus filhos e seus irmãos, Cadmiel e seus filhos, filhos de Judá, se levantaram como um só homem para supervisionarem os que faziam a obra na casa de Deus; *com* os filhos de Henadade, seus filhos e seus irmãos, levitas. 10 E quando os construtores do templo do SENHOR puseram os fundamentos, então ordenaram aos sacerdotes, já com as vestimentas e com trombetas, e aos levitas filhos de Asafe com címbalos, para louvarem ao SENHOR, conforme a ordenança de Davi, rei de Israel. 11 E cantavam em revezamento, louvando e celebrando ao SENHOR:Porque ele é bom, porque sua bondade sobre Israel dura para sempre!E todo o povo gritava com grande júbilo, louvando ao SENHOR, por causa da fundação da casa do SENHOR. 12 Porém muitos dos sacerdotes e dos levitas e dos chefes de famílias, já velhos, que haviam visto a primeira casa, quando viram a fundação desta casa, choravam em alta voz, mas muitos outros davam grandes gritos de alegria; 13 De maneira que o povo não conseguia distinguir as vozes de alegria das vozes de choro do povo; porque o povo gritava com tão grande júbilo, que se podia ouvir o som de muito longe.

4

1 Quando, pois, os adversários de Judá e de Benjamim, ouviram que os que tinham vindo do cativeiro estavam edificando o templo ao SENHOR, Deus de Israel, 2 chegaram-se a Zorobabel, e aos chefes das famílias, e lhes disseram: Deixai-nos edificar convosco, porque assim como vós, buscaremos ao vosso Deus, como também já sacrificamos a ele desde os dias de Esar-Hadom, rei da Assíria, que nos fez subir até aqui. 3 Porém Zorobabel, Jesua, e os demais chefes das famílias de Israel lhes disseram: Não nos convém edificar convosco casa a nosso Deus; mas somente nós a edificaremos ao SENHOR, Deus de Israel, como nos mandou o rei Ciro, rei da Pérsia. 4 Todavia o povo da terra desencorajava * o povo de Judá, e os perturbava, para que não edificassem. 5 E subornaram contra eles conselheiros para frustrarem sua intenção, todos os dias de Ciro rei da Pérsia, e até o reinado de Dario, rei da Pérsia. 6 E sob o reinado de Assuero, no princípio de seu reinado, escreveram uma acusação contra os moradores de Judá e de Jerusalém. 7 E nos dias de Artaxerxes, Bislão, Mitridate, Tabeel, e os demais seus companheiros, escreveram a Artaxerxes rei da Pérsia; e o escrito da carta estava feito em siríaco, e composto em siríaco. 8 Reum o comandante, e Sinsai o escrivão, escreveram uma carta contra Jerusalém ao rei Artaxerxes, conforme o seguinte: 9 Reum, o comandante, e Sinsai secretário, e os demais seus companheiros, os dinaítas, os arfasaquitas, tarpelitas, arfasitas, os arquevitas, os babilônios, susanquitas, deavitas, e elamitas; 10 E os demais povos que

---

* **4:4** desencorajava lit. enfraquecia as mãos

o grande e famoso Asnapar † transportou, e fez habitar nas cidades de Samaria, e os demais da região dalém do rio. ¹¹ Este é o teor da carta que enviaram: Ao rei Artaxerxes. De teus servos dalém do rio. ¹² Seja conhecido do rei que os judeus que subiram de ti a nós, vieram a Jerusalém; e edificam aquela cidade rebelde e má, e estão restaurando *seus* muros; e reparado *seus* fundamentos. ¹³ Seja agora conhecido do rei, que se aquela cidade for reconstruída, e os muros forem restaurados, os tributos, taxas, e impostos não serão pagos, e o patrimônio real será prejudicado. ¹⁴ Visto que somos assalariados pelo palácio, não nos convém ver a desonra do rei; por isso mandamos informar ao rei; ¹⁵ Para que se busque no livro das crônicas de teus pais; e acharás no livro das crônicas, e saberás que aquela cidade foi uma cidade rebelde, prejudicial aos reis e às províncias, e que nela desde antigamente fizeram rebeliões; por isso aquela cidade foi arruinada. ¹⁶ Por isso informamos ao rei que, se aquela cidade for reconstruída, e seus muros restaurados, a parte além do rio não será tua. ¹⁷ *Então* o rei enviou *esta* resposta a Reum, o comandante, e a Sinsai, o escrivão, e aos demais de seus companheiros que habitam em Samaria, como também aos demais da parte além do rio: Paz. ¹⁸ A carta que nos enviastes foi lida claramente diante de mim. ¹⁹ E eu dei ordem para que se buscasse; e encontraram que aquela cidade na antiguidade se levantou contra os reis, e nela houve rebelião e insurreição. ²⁰ E que houve reis poderosos em Jerusalém, dominaram toda a região além do rio; e a eles se pagava tributos, taxas e impostos. ²¹ Agora, pois, dai ordem que impeçam aqueles homens, e aquela cidade não seja reconstruída, até que seja dado mandamento de minha parte. ²² E sede cuidadosos para que não falheis nisto; por que haveria de aumentar o dano para o prejuízo real? ²³ Assim que o teor da carta do rei Artaxerxes foi lido diante de Reum, e de Sinsai o escrivão, e seus companheiros, eles foram apressadamente a Jerusalém aos judeus, e os impediram com força e violência. ²⁴ Cessou, então, a obra da casa de Deus, a qual estava em Jerusalém; e cessou até o segundo ano do reinado de Dario, rei da Pérsia.

5

¹ E o profeta Ageu, e Zacarias filho de Ido, profetas, profetizaram aos judeus que estavam em Judá e em Jerusalém, em nome do Deus de Israel, a eles. ² Então se levantaram Zorobabel, filho de Sealtiel, e Jesua, filho de Jozadaque; e começaram a reconstruir a casa de Deus que está em Jerusalém; e com eles os profetas de Deus, que os ajudavam. ³ Naquele tempo veio a eles Tatenai, capitão da região além do rio, e Setar-Bozenai e seus companheiros, e lhes perguntaram assim:Quem vos deu ordem para reconstruir esta casa, e restaurar estes muros? ⁴ Então assim lhes dissemos quais eram os nomes dos homens que reconstruíam este edifício. ⁵ Mas os olhos de seu Deus estavam sobre os anciãos dos judeus, e não os impediram, até que a causa viesse a Dario; e então responderam por carta sobre isso. ⁶ Teor da carta que Tatenai, o governador além do rio, e Setar-Bozenai, e seus companheiros os afarsaquitas, que estavam além do rio, enviaram ao rei Dario. ⁷ Enviaram-lhe uma carta, e assim estava escrito nela: Toda a paz ao rei Dario. ⁸ Seja conhecido do rei, que fomos à província de Judeia, à casa do grande Deus, a qual é edificada com grandes pedras; e a madeira é posta nas paredes, e a obra se faz apressadamente, e tem sido próspera a em suas mãos. ⁹ Então perguntamos aos anciãos, dizendo-lhes assim: Quem vos deu ordem para reconstruir esta casa, e para restaurar estes muros? ¹⁰ E também lhes perguntamos seus nomes para os informar a ti; para que pudéssemos escrever a ti os nomes dos homens que eram os seus líderes. ¹¹ E nos deram esta resposta, dizendo: Nós somos servos de Deus do céu e da terra, e reconstruímos a casa que a muitos

---

† **4:10** Asnapar trad. Alt. Assurbanipal

anos antes tinha sido construída, a qual um grande rei de Israel iniciou e terminou de construir. ¹² Mas depois que nossos pais provocaram à ira o Deus dos céus, ele os entregou nas mãos de Nabucodonosor, rei de Babilônia, o caldeu, o qual destruiu esta casa, e transportou o povo para a Babilônia. ¹³ Porém no primeiro ano de Ciro, rei da Babilônia, o rei Ciro fez um decreto para reconstruir esta casa de Deus. ¹⁴ E até os utensílios de ouro e de prata da casa de Deus, que Nabucodonosor tinha tomado do templo que estava em Jerusalém, e os tinha posto no templo da Babilônia, o rei Ciro os tirou do templo da Babilônia, e foram entregues a um chamado Sesbazar, a quem pusera por governador. ¹⁵ E disse-lhe: Toma estes utensílios, vai, e põe-os no templo que está em Jerusalém; e seja reconstruída a casa de Deus em seu lugar. ¹⁶ Então este Sesbazar veio, e pôs os fundamentos da casa de Deus, que está em Jerusalém, e desde então até agora foi reconstruída, e ainda não foi terminada. ¹⁷ Agora, pois, se for do agrado do rei, busque-se na casa dos tesouros do rei que está ali na Babilônia, se é *verdade* que rei Ciro foi feito decreto para reconstruir esta casa de Deus em Jerusalém, e seja nos enviada a vontade do rei acerca disto.

6

¹ Então o rei Dario deu ordem, e buscaram nos arquivos da tesouraria na Babilônia. ² E foi achado em Ecbatana, no palácio que está na província de Média, um livro, dentro do qual estava escrito assim: Memórial: ³ No primeiro ano do rei Ciro, o rei Ciro fez decreto acerca da casa de Deus que estava em Jerusalém, que fosse reconstruído a casa, o lugar em que sejam oferecidos sacrifícios, e que suas paredes sejam cobertas; sua altura será de sessenta côvados, e sua largura de sessenta côvados. ⁴ Com três camadas de grandes pedras, e uma camada de madeira nova e que o gasto seja dado da casa do rei. ⁵ Além disso, os utensílios de ouro e de prata da casa de Deus, que Nabucodonosor tirou do templo que estava em Jerusalém e levou a Babilônia, sejam devolvidos para irem ao templo que está em Jerusalém, a seu lugar, e sejam postos na casa de Deus. ⁶ Agora, *pois* , Tatenai, chefe dalém rio, Setar-Bozenai, e seus companheiros os afarsaquitas que estais além do rio, afastai-vos dali. ⁷ Deixai-os na obra da casa de Deus; que o governador dos judeus, e os anciãos dos judeus, edifiquem esta casa deste Deus em seu lugar. ⁸ Também por mim é promulgado decreto do que haveis de fazer com os anciãos destes judeus, para edificar a casa deste Deus: que do patrimônio do rei, dos tributos dalém do rio, sejam pagos os gastos destes homens varões, para que *a obra* não seja interrompida. ⁹ E o que for necessário, como bezerros, carneiros e cordeiros, para holocaustos ao Deus do céu, trigo, sal, vinho e azeite, conforme o que os sacerdotes que estão em Jerusalém disserem, seja lhes dado a cada um sem falta. ¹⁰ Para que ofereçam sacrifícios de aroma suave ao ao Deus dos céus, e orem pela vida do rei e de seus filhos. ¹¹ Também é dada por mim ordem, que qualquer um que mudar este decreto, um madeiro de sua casa seja derrubado, levantado, e nele seja empalado; * e sua casa se torne um amontoado por causa disso. ¹² E o Deus que fez habitar ali seu nome, derrube a todo rei e povo que estenderem sua mão para mudar ou destruir esta casa de Deus, que está em Jerusalém. Eu, Dario, fiz o decreto; apressadamente se cumpra. ¹³ Então Tatenai, o governador dalém do rio, e Setar-Bozenai, e seus companheiros, assim fizeram apressadamente, conforme o que o rei Dario havia mandado. ¹⁴ E os anciãos dos judeus iam edificando e prosperando, pela profecia do profeta Ageu, e de Zacarias filho de Ido. E edificaram, e terminaram a construção conforme o mandamento do Deus de Israel, e conforme o mandamento de Ciro e de Dario, e de Artaxerxes rei da Pérsia. ¹⁵ E esta casa foi terminada ao terceiro dia do mês de Adar, que era o

---

* **6:11** empalado trad. alt. enforcado

sexto ano do reinado do rei Dario. ¹⁶ E os filhos de Israel, os sacerdotes e os levitas, e os demais dos que vieram do cativeiro, † fizeram a consagração desta casa de Deus com alegria. ¹⁷ E ofereceram para a consagração desta casa de Deus cem novilhos, duzentos carneiros, quatrocentos cordeiros; e doze cabritos por expiação do pecado de todo Israel, segundo o número das tribos de Israel. ¹⁸ E puseram aos sacerdotes em suas divisões, e aos levitas em seus grupos, para o serviço a Deus, que está em Jerusalém, conforme o que está escrito no livro de Moisés. ¹⁹ E os que vieram do cativeiro celebraram a páscoa aos catorze do mês primeiro. ²⁰ Porque os sacerdotes e os levitas haviam se purificado juntos; todos foram limpos; e fizeram o sacrifício da páscoa por todos os que vieram do cativeiro, e por seus irmãos, os sacerdotes, e por si mesmos. ²¹ Assim os filhos de Israel que haviam voltado do cativeiro comeram, com todos os que tinham se separado da impureza das nações da terra, para buscarem ao SENHOR Deus de Israel. ²² E celebraram a festa dos pães sem fermento sete dias com alegria, porque o SENHOR os tinha alegrado, e convertido o coração do rei da Assíria a eles, para fortalecer suas mãos na obra da casa de Deus, o Deus de Israel.

7

¹ Passadas estas coisas, no reinado de Artaxerxes, rei da Pérsia, Esdras, filho de Seraías, filho de Azarias, filho de Hilquias, ² filho de Salum, filho de Zadoque, filho de Aitube, ³ filho de Amarias, filho de Azarias, filho de Meraiote, ⁴ filho de Zeraías, filho de Uzi, filho de Buqui, ⁵ filho de Abisua, filho de Fineias, filho de Eleazar, filho de Arão, o sumo sacerdote; ⁶ este Esdras subiu da Babilônia; e ele era escriba habilidoso na lei de Moisés, dada pelo SENHOR Deus de Israel; e segundo a mão do SENHOR, seu Deus, sobre ele, o rei lhe deu tudo quanto lhe pedira. ⁷ E subiram com ele a Jerusalém *alguns* dos filhos de Israel, dos sacerdotes, levitas, cantores, porteiros, e servos do templo, no sétimo ano do rei Artaxerxes. ⁸ E ele chegou a Jerusalém no mês quinto, no sétimo ano do rei. ⁹ Pois no primeiro *dia* do mês primeiro, foi o princípio da subida da Babilônia; e ao primeiro do mês quinto chegou a Jerusalém, segundo a boa mão de seu Deus sobre ele. ¹⁰ Porque Esdras tinha decidido em seu coração buscar a lei do SENHOR, e a praticar; e ensinar a Israel *seus* estatutos e juízos. ¹¹ E este é a transcrição da carta que o rei Artaxerxes deu a Esdras, sacerdote e escriba, o escriba das palavras dos mandamentos do SENHOR, e de seus estatutos sobre Israel: ¹² Artaxerxes, rei de reis, ao sacerdote Esdras, escriba da Lei de Deus do céu. *Paz* completa. ¹³ Por mim é promulgado decreto, que todo aquele em meu reino, do povo de Israel, e de seus sacerdotes e levitas, que quiser ir contigo a Jerusalém, vá. ¹⁴ Porque de parte do rei e de seus sete conselheiros tu és enviado a investigar a respeito da de Judá e de Jerusalém, conforme a lei de teu Deus que está em tua mão; ¹⁵ E a levar a prata e o ouro que o rei e seus conselheiros voluntariamente deram ao Deus de Israel, cuja habitação está em Jerusalém; ¹⁶ E também toda a prata e o ouro que achares em toda a província de Babilônia, com as ofertas voluntárias do povo e dos sacerdotes, que voluntariamente oferecerem para a casa de seu Deus que está em Jerusalém. ¹⁷ Portanto, com este dinheiro, compra novilhos, carneiros, cordeiros, com seus suas ofertas de alimento e suas ofertas de bebidas, e oferece-os sobre o altar da casa de vosso Deus, que está em Jerusalém. ¹⁸ Também o que a ti e a teus irmãos parecer bem fazerdes do restante da prata e do ouro, fazei -o conforme a vontade de vosso Deus. ¹⁹ E os utensílios que te foram entregues para o serviço da casa de teu Deus, restitui-os diante do Deus de Jerusalém. ²⁰ E o demais que for necessário para a casa de teu Deus que caiba a ti dar, tu o darás da casa dos tesouros do rei. ²¹ E por mim mesmo, o rei Artaxerxes, é dado decreto a todos os tesoureiros que estão

---

† **6:16** dos que vieram do cativeiro Lit. dos filhos do cativeiro. Também no vv. 19, 20

além do rio, que tudo quanto o sacerdote Esdras, escriba da lei do Deus dos céus, vos pedir, apressadamente lhe seja concedido; ²² Até cem talentos de prata, e até cem coros de trigo, e até cem batos de vinho, e até cem batos de azeite; e sal sem limite. ²³ Tudo o que for ordenado pelo Deus do céu, prontamente se faça para a casa do Deus do céu; pois para que teria de haver grande ira contra o reino do rei e de seus filhos? ²⁴ Também vos fazemos saber, acerca de todos os sacerdotes, levitas, cantores, porteiros, servos do templo, e trabalhadores da casa de Deus, ninguém possa lhes impor tributo, imposto, ou taxa. ²⁵ E tu, Esdras, conforme a sabedoria de teu Deus que está contigo, * põe oficiais e juízes, que julguem a todo o povo que está além do rio, a todos os que conhecem as Leis de teu Deus; e ao que não as conhecerem, tu lhes ensinará. ²⁶ E todo aquele que não cumprir a Lei de teu Deus e a lei do rei, prontamente seja julgado, ou à morte, ou à expulsão, ou à multa, ou à prisão. ²⁷ Bendito seja o SENHOR, Deus de nossos pais, que pôs tal coisa no coração do rei, para glorificar a casa do SENHOR, que está em Jerusalém; ²⁸ E sobre mim inclinou bondade diante do rei e de seus conselheiros, e de todos os príncipes poderosos do rei. Assim eu me esforcei segundo a mão do SENHOR meu Deus sobre mim, e ajuntei os líderes de Israel para subirem comigo.

8

¹ Estes, pois, são os chefes de suas famílias, com suas genealogias, dos que subiram comigo da Babilônia durante o reinando do rei Artaxerxes: ² Dos filhos de Fineias, Gérson; dos filhos de Itamar, Daniel; dos filhos de Davi, Hatus; ³ Dos filhos de Secanias e dos filhos de Parós, Zacarias, e com ele por genealogias foram contados cento e cinquenta homens; ⁴ Dos filhos de Paate-Moabe, Elioenai, filho de Zeraías, e com ele duzentos homens; ⁵ Dos filhos de Secanias, o filho de Jaaziel, e com ele trezentos homens; ⁶ Dos filhos de Adim, Ebede, filho de Jônatas, e com ele cinquenta homens; ⁷ Dos filhos de Elão, Jesaías, filho de Atalias, e com ele setenta homens; ⁸ E dos filhos de Sefatias, Zebadias, filho de Micael, e com ele oitenta homens; ⁹ Dos filhos de Joabe, Obadias, filho de Jeiel, e com ele duzentos e dezoito homens; ¹⁰ E dos filhos de Selomite, o filho de Josifias, e com ele cento e sessenta homens; ¹¹ E dos filhos de Bebai, Zacarias, filho de Bebai, e com ele vinte e oito homens; ¹² E dos filhos de Azgade, Joanã, filho de Catã, e com ele cento e dez homens; ¹³ E dos filhos de Adonicão, os últimos, cujos nomes são: Elifelete, Jeiel, e Semaías, e com eles sessenta homens; ¹⁴ E dos filhos de Bigvai, Utai e Zabude, e com eles setenta homens. ¹⁵ E ajuntei-os junto ao rio que vai a Aava, e acampamos ali três dias; então procurem entre o povo e entre os sacerdotes, não achei ali nenhum dos filhos de Levi. ¹⁶ Por isso enviei a Eliezer, Ariel, Semaías, Elnatã, Jaribe, Elnatã, Natã, Zacarias, e a Mesulão, os chefes; como também a Joiaribe e a Elnatã, os sábios. ¹⁷ E os enviei a Ido, chefe no lugar de Casifia; e lhes instruí * as palavras que deviam dizer a Ido, e a seus irmãos, os servos do templo no lugar de Casifia, para que nos trouxessem trabalhadores para a casa de nosso Deus. ¹⁸ E nos trouxeram, segundo a boa mão de nosso Deus sobre nós, um homem entendido dos filhos de Mali, filho de Levi, filho de Israel; *cujo nome era* Serebias com seus filhos e seus irmãos, dezoito; ¹⁹ E a Hasabias, e com ele a Jesaías dos filhos de Merari, seus irmãos e a seus filhos, vinte; ²⁰ E dos servos do templo, a quem Davi e os príncipes puseram para o trabalho dos Levitas, duzentos e vinte servos do templo; todos eles foram indicados por nome. ²¹ Então proclamei ali um jejum junto ao rio de Aava, para nos humilharmos diante de nosso Deus, para lhe pedirmos um caminho seguro para nós, nossos filhos, e todos os nossos bens. ²² Pois

---

* **7:25** contigo lit. em tua mão   * **8:17** instruí pus em suas bocas

tive vergonha de pedir ao rei tropas e cavaleiros para nos defenderem do inimigo no caminho; porque tínhamos falado ao rei, dizendo: A mão de nosso Deus está para o bem sobre todos os que o buscam; mas sua força e ira está sobre todos os que o abandonam. ²³ Assim jejuamos, e pedimos isto a nosso Deus; e ele atendeu a nossas orações. ²⁴ Então separei doze dos chefes dos sacerdotes, a Serebias e Hasabias, e com eles dez de seus irmãos; ²⁵ E pesei-lhes a prata, o ouro, e os utensílios, *que* eram a oferta para a casa de nosso Deus que o rei, seus conselheiros, seus príncipes, e todo os israelitas que se acharam, haviam oferecido. ²⁶ Assim pesei nas mãos deles seiscentos e cinquenta talentos de prata, e cem talentos de utensílios de prata, e cem talentos de ouro; ²⁷ E vinte bacias de ouro, de mil dracmas; e dois vasos bronze reluzente, tão preciosos como o ouro. ²⁸ E disse-lhes: Vós sois consagrados ao SENHOR, e estes utensílios são santos; como também a prata e o ouro, *que são* oferta voluntária ao SENHOR, Deus de vossos pais. ²⁹ Vigiai, e guardai *estas coisas* , até que as peseis diante dos líderes dos sacerdotes e dos levitas, e dos chefes das famílias de Israel em Jerusalém, nas câmaras da casa do SENHOR. ³⁰ Então os sacerdotes e os levitas receberam o peso da prata e do ouro e dos utensílios, para o trazerem a Jerusalém, à casa de nosso Deus. ³¹ Assim nos partimos do rio de Aava, ao *dia* doze do mês primeiro, para irmos a Jerusalém; e a mão do nosso Deus estava sobre nós, e nos livrou de mão de inimigos e dos assaltantes no caminho. ³² E chegamos a Jerusalém, e repousamos ali três dias. ³³ Ao quarto dia foram pesados a prata, o ouro, e os utensílios, na casa de nosso Deus, por meio de Meremote, filho do sacerdote Urias, e com ele Eleazar, filho de Fineias; e com eles os levitas: Jozabade, filho de Jesua, e Noadias, filho de Binui. ³⁴ Tudo foi *conferido* em número e em peso; e ao mesmo tempo o peso foi registrado. ³⁵ E os transportados, os que vieram do cativeiro, † deram como oferta de queima ao Deus de Israel doze novilhos por todos os israelitas, noventa e seis carneiros, setenta e sete cordeiros, e doze bodes como sacrifício pelo pecado; tudo *isto* como oferta de queima ao SENHOR. ³⁶ Então deram as ordens do rei aos comissários ‡ do rei, e aos governadores dalém do rio, os quais ajudaram ao povo e à casa de Deus.

9

¹ Acabadas, pois, estas coisas, os príncipes se achegaram a mim, dizendo: O povo de Israel, os sacerdotes e os levitas, não têm se separado dos povos destas terras, segundo suas abominações: dos cananeus, heteus, perizeus, jebuseus, amonitas, moabitas, egípcios, e amorreus. ² Pois tomaram de suas filhas para si e para seus filhos, e *assim* a descendência santa se misturou com os povos destas terras; e os príncipes e os oficiais foram os primeiros nesta transgressão. ³ Quando eu ouvi isto, rasguei a minha roupa e meu manto; e arranquei dos cabelos de minha cabeça e de minha barba, e me sentei atônito. ⁴ Então se juntaram a mim todos os que se tremiam pelas palavras do Deus de Israel, por causa da transgressão dos que eram do cativeiro; mas eu fiquei sentado, atônito, até o sacrifício da tarde. ⁵ E perto do sacrifício da tarde eu me levantei de minha aflição; e já tendo rasgado minha roupa e meu manto, inclinei-me de joelhos, e estendi minhas mãos ao SENHOR meu Deus, ⁶ E disse: Meu Deus, estou confuso e envergonhado de levantar a ti, meu Deus, o meu rosto; pois nossas perversidades se multiplicaram sobre nossa *cabeça* , e nossa culpa cresceu até os céus. ⁷ Desde os dias de nossos pais até o dia de hoje estamos em grande culpa; e por nossas perversidades nós, nossos reis, e nossos sacerdotes, somos entregues nas mãos dos reis das terras, à espada, ao cativeiro, ao roubo, e à vergonha de rosto, como

---

† **8:35** os que vieram do cativeiro Lit. os filhos do cativeiro   ‡ **8:36** comissários equiv. sátrapas

se vê hoje. [8] Mas agora, por um breve momento, houve favor da parte do SENHOR nosso Deus, para deixar um restante livre, e para nos dar uma estaca em seu santo lugar, a fim de iluminar nossos olhos, ó Deus nosso, e nos dar um pouco de alívio em nossa escravidão. [9] Porque somos escravos; porém em nossa escravidão nosso Deus não nos desamparou, mas, sim, inclinou sobre nós bondade diante dos reis da Pérsia, para nos dar alívio, para levantarmos a casa de nosso Deus, e restaurarmos suas ruínas, e para nos dar um muro em Judá e em Jerusalém. [10] Mas agora, ó Deus nosso, o que diremos depois disto? Porque abandonamos os teus mandamentos, [11] Os quais mandaste por meio de teus servos, os profetas, dizendo: A terra em que entrais para tomar posse é um terra imunda, por causa das imundícias dos povos daquelas terras, por suas abominações com que a encheram de um extremo ao outro de sua contaminação. [12] Agora, pois, não dareis vossas filhas aos seus filhos, nem tomareis suas filhas para vossos filhos, e nunca procurareis sua paz nem seu bem; para que vos fortaleçais, e comais o bem da terra, e a deixeis por herança a vossos filhos para sempre. [13] E depois de tudo o que nos sobreveio por causa de nossas más obras, e de nossa grande culpa, ainda que tu, Deus nosso, puniste menos do que *merecíamos* por nossas perversidades, e nos deixaste um remanescente como este; [14] Voltaremos, pois, agora, a anular teus mandamentos, e a nos aparentarmos com os povos destas abominações? Não te indignarias tu contra nós até nos consumir, até não haver resto nem remanescente? [15] Ó SENHOR, Deus de Israel, tu és justo; pois restamos como remanescente, assim como *se vê* hoje. Eis que estamos diante de ti em nossa culpa; ainda que por causa disso ninguém há que possa subsistir diante de tua presença.

10

[1] E enquanto Esdras estava orando, confessando, chorando, e prostrando-se diante da casa de Deus, ajuntou-se a ele uma multidão muito grande de israelitas, homens, mulheres, e crianças; pois o povo chorava muito. [2] Então Secanias, filho de Jeiel, dos filhos de Elão, respondeu a Esdras, dizendo: Nós temos transgredido contra nosso Deus, pois nos casamos com mulheres estrangeiras dos povos da terra; mas quanto a isto, ainda há esperança para Israel. [3] Agora, pois, façamos um pacto com o nosso Deus, de que despediremos todas as mulheres e os todos os nascidos delas, conforme o conselho do Senhor, e dos que tremem ao mandamento de nosso Deus; e faça-se conforme à lei. [4] Levanta-te, porque cabe a ti este negócio, e nós seremos contigo; esforça-te, e age. [5] Então Esdras se levantou, e fez os chefes dos sacerdotes e dos levitas, e a todo Israel, jurarem que fariam conforme essa palavra; e eles juraram. [6] E Esdras se levantou de diante da casa de Deus, e entrou na câmara de Joanã, filho de Eliasibe; e depois de chegar lá, não comeu pão nem bebeu água, porque estava entristecido pela transgressão dos que eram do cativeiro. [7] Então proclamaram em Judá e em Jerusalém a todos os que vieram do cativeiro, * que se reunissem em Jerusalém; [8] E que de todo aquele que não viesse em três dias, segundo o conselho dos príncipes e dos anciãos, fosse tomada toda a sua riqueza, e ele fosse separado da comunidade dos do cativeiro. [9] Então todos os homens de Judá e de Benjamim se reuniram em Jerusalém em três dias, aos vinte do mês, no nono mês; e todo o povo se sentou na praça da casa de Deus, tremendo por causa deste negócio, e por causa das grandes chuvas. [10] Assim o sacerdote Esdras se levantou, e lhes disse: Vós transgredistes, por terdes se casado com mulheres estrangeiras, aumentando assim a culpa de Israel. [11] Agora, pois, confessai ao SENHOR, Deus de vossos pais, e fazei a sua vontade, e separai-vos dos povos das terras, e das mulheres estrangeiras. [12] E

---

* **10:7** os que vieram do cativeiro Lit. os filhos do cativeiro. Também no v. 16

toda a congregação respondeu, dizendo em alta voz: Assim se faça, conforme a tua palavra. [13] Porém o povo é muito, e o tempo chuvoso, e não há condições de ficar fora das casas; nem esta obra é de um dia ou de dois, porque somos muitos os que transgredimos neste negócio. [14] Portanto fiquem encarregados nossos príncipes por toda a congregação; e todos os que em nossas cidades que houverem se casado com mulheres estrangeiras, venham a tempos determinados, e com eles os anciãos de cada cidade, e seus juízes, até que desviemos de nós o ardor da ira de nosso Deus por esta causa. [15] Somente Jônatas, filho de Asael, e Jazeias, filho de Ticvá, apoiados por Mesulão e o levita Sabetai, se opuseram a isso. [16] E assim fizeram os que vieram do cativeiro; e foram separados pelo sacerdote Esdras os homens, chefes de famílias, segundo a casa de seus pais, todos eles por nomes, para se sentarem ao dia primeiro do mês décimo, para investigarem este negócio. [17] E ao primeiro dia do mês primeiro, terminaram *de investigar* os homens que haviam se casado com mulheres estrangeiras. [18] E dos filhos dos sacerdotes que haviam se casado com mulheres estrangeiras, foram achados estes: dos filhos de Jesua, filho de Jozadaque, e de seus irmãos: Maaseias, Eliézer, Jaribe, e Gedalias; [19] E prometeram despedir suas mulheres e, reconhecendo sua culpa, ofereceram um carneiro do rebanho pela transgressão deles. [20] E dos filhos de Imer: Hanani e Zebadias. [21] E do filhos de Harim, Maaseias, Elias, Semaías, Jeiel, e Uzias. [22] E dos filhos de Pasur: Elioenai, Maaseias, Ismael, Natanael, Jozabade, e Elasá. [23] E dos filhos dos levitas: Jozabade, Simei, Quelaías (este é Quelita), Petaías, Judá, e Eliézer. [24] E dos cantores: Eliasibe; e dos porteiros: Salum, Telém, e Uri. [25] E dos *demais* israelitas: Dos filhos de Parós: Ramias, Jezias, Malquias, Miamim, Eleazar, e Malquias, e Benaías. [26] E dos filhos de Elão: Matanias, Zacarias, Jeiel, Abdi, Jeremote, Elias. [27] E dos filhos de Zatu: Elioenai, Eliasibe, Matanias, e Jeremote, Zabade, e Aziza. [28] E dos filhos de Bebai: Jeoanã, Hananias, Zabai, Atlai. [29] E dos filhos de Bani: Mesulão, Maluque, Adaías, Jasube, Seal, e Jeremote. [30] E dos filhos de Paate-Moabe: Adna, Quelal, Benaías, Maaseias, Matanias, Bezalel, Binui e Manassés. [31] E dos filhos de Harim: Eliézer, Issias, Malquias, Semaías, Simeão, [32] Benjamim, Maluque, e Semarias. [33] Dos filhos de Hasum: Matenai, Matatá, Zabade, Elifelete, Jeremai, Manassés, Simei. [34] Dos filhos de Bani: Maadai, Anrão, Uel, [35] Benaías, Bedias, Queluí, [36] Vanias, Meremote, Eliasibe, [37] Matanias, Matenai, e Jaasai, [38] E Bani, e Binui, Simei, [39] Selemias, Natã, Adaías, [40] Macnadbai, Sasai, Sarai, [41] Azareel, Selemias, Semarias, [42] Salum, Amarias, José. [43] E dos filhos de Nebo: Jeiel, Matitias, Zabade, Zebina, Jadai, Joel, e Benaías. [44] Todos estes haviam tomado mulheres estrangeiras; e *alguns* deles tiveram filhos com tais mulheres.

Neemias

[1] Palavras de Neemias, filho de Hacalias.E aconteceu no mês de Quisleu, no ano vigésimo, enquanto eu estava na fortaleza de Susã, [2] Veio Hanani, um de meus irmãos, ele e *alguns* homens de Judá, e perguntei-lhes pelos judeus que haviam escapado, que restaram do cativeiro, e por Jerusalém. [3] E me disseram: Os remanescentes, os que restaram do cativeiro lá na província, estão em grande miséria e desprezo; e o muro de Jerusalém está fendido, e suas portas queimadas a fogo. [4] E aconteceu que, quando eu ouvi estas palavras, sentei-me e chorei, e fiquei de luto por *alguns* dias; e jejuei e orei diante do Deus dos céus. [5] E disse: Ó SENHOR, Deus dos céus, Deus grande e temível, que guarda o pacto e a bondade aos que o amam e guardam seus mandamentos! [6] Estejam, pois, os teus ouvidos atentos, e teus olhos abertos, para ouvires a oração de teu servo, que eu oro hoje diante de ti dia e noite, pelos filhos de Israel, teus servos; e confesso os pecados dos filhos de Israel que pecamos contra ti; também eu e a casa de meu pai pecamos. [7] Agimos muito corruptamente contra ti, e não guardamos os mandamentos, nem o estatutos nem os juízos, que mandaste ao teu servo Moisés. [8] Lembra-te, pois, da palavra que mandaste a teu servo Moisés, dizendo: Se vós transgredirdes, eu vos dispersarei entre os povos; [9] Mas *se* vos converterdes a mim, e guardardes meus mandamentos, e os praticardes; então ainda que os rejeitados estejam nos confins dos céus, de lá eu os ajuntarei, e os trarei ao lugar que escolhi para fazer habitar ali o meu nome. [10] Eles são teus servos e teu povo, que resgataste com teu grande poder, e com tua mão forte. [11] Por favor, SENHOR, estejam teus ouvidos atentos à oração do teu servo, e a oração de teus servos, que desejam temer o teu nome; e, por favor, faze ter sucesso hoje a teu servo, e dá-lhe favor diante deste homem!Pois eu era copeiro do rei.

2

[1] Sucedeu, pois, no mês de Nisã, no ano vigésimo do rei Artaxerxes, que havendo vinho diante dele, tomei o vinho, e *o* dei ao rei. Porém eu nunca havia estado triste diante dele. [2] Por isso o rei me perguntou: Por que o teu rosto está triste, mesmo não estando doente? Isto não pode ser outra coisa, senão tristeza de coração. Tive então muito medo. [3] E disse ao rei: Viva o rei para sempre! Como meu rosto não estaria triste, quando a cidade, o lugar dos sepulcros de meus pais, está arruinada, e suas portas consumidas a fogo? [4] E o rei me disse: O que pedes? Então orei ao Deus dos céus, [5] E respondei ao rei: Se for do agrado do rei, e se teu servo é agradável diante de ti, *peço* que me envies a Judá, à cidade dos sepulcros de meus pais, para reconstruí-la. [6] Então o rei me disse (enquanto a rainha estava sentada junto a ele): Por quanto tempo durará tua viagem, e quando voltarás? E agradou ao rei me enviar, depois que eu lhe defini um certo tempo. [7] Disse mais ao rei: Se for do agrado do rei, sejam dadas a mim cartas para os governadores dalém do rio, para que me permitam passar em segurança até que eu chegue a Judá; [8] Como também um carta para Asafe, guarda do jardim do rei, para que me dê madeira para consertar as portas da fortaleza do templo, * para o muro da cidade, e para a casa onde entrarei.E o rei me concedeu, segundo a boa mão do SENHOR sobre mim. [9] Então vim aos governadores dalém do rio, e lhes dei as cartas do rei. E o rei enviou comigo capitães do exército e cavaleiros. [10] Quando então Sambalate, o horonita, e Tobias, o servo amonita, ouviram, desagradou-lhes muito que alguém viesse para buscar o bem aos

---

* **2:8** templo lit. casa

filhos de Israel. ¹¹ Cheguei, pois, a Jerusalém, e fiquei ali três dias. ¹² E de noite me levantei, eu e uns poucos homens comigo, e não declarei a ninguém o que Deus tinha posto em meu coração que fizesse em Jerusalém; e animal nenhum estava comigo, a não ser o o em que eu cavalgava. ¹³ E de noite saí pela porta do Vale até a fonte do Dragão e à porta do Esterco; e observei os muros de Jerusalém que estavam fendidos, e suas portas estavam consumidas a fogo. ¹⁴ E passei à porta da Fonte, e ao tanque do rei; e não houve lugar por onde o animal em que eu estava montado pudesse passar. ¹⁵ Então de noite subi pelo vale, e observei o muro; então voltei, e entrei pela porta do Vale, e assim me retornei. ¹⁶ E os oficiais não sabiam aonde eu tinha ido, nem o que tinha feito; nem mesmo aos judeus e aos sacerdotes, nem aos nobres e oficiais, nem aos demais que faziam a obra, havia eu declarado coisa alguma. ¹⁷ Então eu lhes disse: Com certeza vedes a miséria em que estamos, que Jerusalém está arruinada, e suas portas queimadas a fogo. Vinde, e reconstruamos o muro de Jerusalém, e não sejamos mais humilhados. † ¹⁸ Então lhes declarei como a mão de meu Deus havia sido boa sobre mim, e também as palavras do rei, que ele tinha me dito. Então disseram: Levantemo-nos, e edifiquemos. Assim esforçaram suas mãos para uma boa obra. ¹⁹ Porém, quando Sambalate o horonita, Tobias o servo amonita, e Gesém o árabe, ouviram *isto* ,zombaram de nós, e nos desprezaram, dizendo: O que é isto que vós fazeis? Por acaso estais vos rebelando contra o rei? ²⁰ Então lhes respondi, dizendo-lhes: O Deus dos céus é quem nos dará sucesso; e nós, servos dele, nos levantaremos e edificaremos; pois vós não tendes parte, nem direito, nem memória em Jerusalém.

3

¹ E Eliasibe, o sumo sacerdote, levantou-se com seus irmãos os sacerdotes, e edificaram a porta das Ovelhas. Eles a consagraram, e levantaram suas portas; eles a consagraram até a torre de Meá, e até a torre de Hananel. ² E ao lado dela os homens de Jericó edificaram; e ao seu lado edificou Zacur, filho de Inri. ³ E os filhos de Hassenaá edificaram a porta do Peixe; puseram-lhe vigas, e levantaram suas portas com suas fechaduras e seus ferrolhos. ⁴ E ao seu lado reparou Meremote filho de Urias, filho de Coz; e ao seu lado reparou Mesulão filho de Berequias, filho de Mesezabel; e ao seu lado reparou Zadoque filho de Baaná. ⁵ E ao seu lado os tecoítas repararam; porém os seus mais ilustres se recusaram a prestar serviço * a seu senhor. ⁶ E a porta Velha Joiada filho de Paseia, e Mesulão filho de Besodias repararam; puseram-lhe vigas, e levantaram suas portas com suas fechaduras e seus ferrolhos. ⁷ E ao seu lado repararam Melatias o gibeonita, e Jadom meronotita, homens de Gibeom e de Mispá, que está sob o domínio do governador dalém do rio. ⁸ E ao seu lado reparou Uziel filho de Haraías, um dos ourives; e ao seu lado reparou Hananias, um dos perfumistas. † Assim restauraram a Jerusalém até o muro largo. ⁹ E ao seu lado reparou Refaías filho de Hur, líder da metade da região de Jerusalém. ¹⁰ E ao seu lado reparou Jedaías filho de Harumafe, assim como em frente de sua casa; e ao seu lado reparou Hatus filho de Hasbaneias. ¹¹ Malquias filho de Harim, e Hassube filho de Paate-Moabe, repararam a outra medida, como também a torre dos Fornos. ¹² E ao seu lado reparou Salum filho de Haloés, líder da metade da região de Jerusalém; ele e suas filhas. ¹³ Hanum e os moradores de Zanoa repararam a porta do Vale. Estes a edificaram, levantaram suas portas *com* suas fechaduras e seus ferrolhos, como também mil côvados no muro, até a porta do Esterco. ¹⁴ Malquias

---

† **2:17** humilhados lit. em humilhação   * **3:5** recusaram a prestar serviço lit. não puseram seu pescoço ao serviço   † **3:8** um dos perfumistas trad. alt. filho de um perfumista

filho de Recabe, líder da região de Bete-Haquerém, reparou a porta do Esterco; ele a edificou, levantou suas portas *com* suas fechaduras e seus ferrolhos. ¹⁵ Salum filho de Col-Hozé, líder da região de Mispá, reparou a porta da Fonte; ele a edificou, a cobriu, e levantou suas portas *com* suas fechaduras e seus ferrolhos; como também o muro do tanque de Selá junto ao jardim do rei, e até as degraus que descem da cidade de Davi. ¹⁶ Depois dele reparou Neemias filho de Azbuque, líder de metade da região de Bete-Zur, até em frente dos sepulcros de Davi, e até o tanque artificial, e até a casa dos Guerreiros. ¹⁷ Depois dele repararam os levitas, Reum filho de Bani; ao seu lado reparou Hasabias, líder de metade da região de Queila, em sua região. ¹⁸ Depois dele repararam seus irmãos, Bavai filho de Henadade, líder de metade da região de Queila. ¹⁹ Ao seu lado reparou Ezer filho de Jesua, líder de Mispá, outra medida; em frente da subida à casa de armas da esquina. ²⁰ Depois dele reparou com grande fervor Baruque filho de Zabai a outra medida; desde a esquina até a porta da casa de Eliasibe, o sumo sacerdote. ²¹ Depois dele reparou Meremote filho de Urias filho de Coz a outra medida, desde a entrada da casa de Eliasibe, até o fim da casa de Eliasibe. ²² E depois dele repararam os sacerdotes, os que habitavam na vizinhança. ²³ Depois deles repararam Benjamim e Hassube, em frente da casa deles; e depois deles reparou Azarias, filho de Maaseias, filho de Ananias, perto de sua casa. ²⁴ Depois dele reparou Binui filho de Henadade, outra medida; desde a casa de Azarias até a esquina, e até o canto. ²⁵ Palal, filho de Uzai, em frente da esquina e a torre que sai da casa superior do rei, que está junto ao pátio da prisão. Depois dele, Pedaías filho de Parós. ²⁶ E os servos do templo, que habitavam em Ofel, *repararam* até em frente da porta das Águas ao oriente, e à torre alta. ²⁷ Depois os tecoítas repararam outra medida; em frente da torre grande *e* alta, até o muro de Ofel. ²⁸ Os sacerdotes repararam desde a porta dos Cavalos, cada um em frente de sua casa. ²⁹ Depois deles reparou Zadoque filho de Imer, em frente de sua casa; e depois dele reparou Semaías filho de Secanias, guarda da porta oriental. ³⁰ Depois dele reparou Hananias filho de Selemias, e Hanum, o sexto filho de Zalafe, outra medida. Depois dele reparou Mesulão, filho de Berequias, em frente de sua câmara. ³¹ Depois dele reparou Malquias um dos ourives, até a casa dos servos do templo e dos mercadores; em frente da porta da Inspeção, e até a câmara do canto. ³² E entre a câmara do canto até a porta das Ovelhas, os ourives e os mercadores repararam.

4

¹ E foi que, quando Sambalate ouviu que nós edificávamos o muro, ele se indignou muito, e escarneceu dos judeus. ² E falou diante de seus irmãos * e do exército de Samaria, dizendo: O que fazem estes fracos judeus? Será isso lhes permitido? Farão eles sacrifícios? Acabarão isso algum dia? Ressuscitarão dos amontoados de entulho as pedras que foram queimadas? ³ E com ele estava Tobias, o amonita, que disse: Ainda que edifiquem, contudo, se uma raposa vier, ela *sozinha* será capaz de derrubar seu muro de pedra. ⁴ Ouve, ó Deus nosso, que somos desprezados, e devolve a humilhação deles sobre suas cabeças; e entrega-os para o despojo, na terra do cativeiro; ⁵ E não cubras a perversidade deles, nem o pecado deles seja riscado diante de teu rosto; pois provocaram à ira diante dos construtores. ⁶ Edificamos, pois o muro, e todo o muro foi completado até metade *de* sua *altura* ; porque o coração do povo estava disposto a trabalhar. ⁷ E foi que, quando Sambalate e Tobias, e os árabes, os amonitas, e os de Asdode, ouviram que os muros de Jerusalém estavam sendo reparados, que as brechas já começavam a serem fechadas, eles ficaram muito irados. ⁸ E todos conspiraram entre si para virem guerrear contra Jerusalém, e

---

* **4:2** irmãos i.e. compatriotas

causarem confusão nela. ⁹ Porém nós oramos a nosso Deus; e pusemos guarda contra eles, dia e noite, por causa deles. ¹⁰ Então Judá disse: As forças dos carregadores se enfraqueceram, e o entulho é muito; e nós não podemos reconstruir o muro. ¹¹ Porém nossos inimigos diziam: Eles não saibam, nem vejam, até que entremos em meio deles, e os matemos; assim faremos cessar a obra. ¹² E foi que, quando os judeus que habitavam entre eles vieram, dez vezes nos disseram: Por todos os lados para que virardes, *eles estão* contra nós. ¹³ Então pus *guardas* nos lugares baixos, atrás do muro, *e* nos lugares altos; e pus ao povo por *suas* famílias com suas espadas, suas lanças, e seus arcos. ¹⁴ Depois olhei, me levantei, e disse aos nobres, aos oficiais, e aos demais do povo: Não os temais; lembrai-vos do Senhor grande e temível, e lutai por vossos irmãos, por vossos filhos e vossas filhas, por vossas mulheres e vossas casas. ¹⁵ E foi que, quando nossos inimigos ouviram falar que já sabíamos *de tudo* ,e que Deus havia frustrado o plano deles, todos voltamos ao muro, cada um à sua obra. ¹⁶ Sucedeu, porém, que desde aquele dia a metade dos meus servos trabalhava na obra, e outra metade deles tinha lanças, escudos, arcos, e couraças; e os líderes estavam por detrás de toda a casa de Judá. ¹⁷ Os que edificavam o muro, e os que traziam as cargas *e* os que carregavam, com uma mão faziam a obra, e na outra tinham armas. ¹⁸ E cada um dos construtores trazia sua espada cingida a seus lombos, e *assim* edificavam; e o que tocava a trombeta estava junto a mim. ¹⁹ E eu disse aos nobres, aos oficiais, e aos demais do povo: A obra é grande e extensa, e nós estamos separados no muro, longe uns dos outros. ²⁰ No lugar onde ouvirdes o som da trombeta, ali vos ajuntareis conosco; nosso Deus lutará por nós. ²¹ Assim trabalhávamos na obra; e a metade deles tinham lanças desde a subida do amanhecer até o surgir das estrelas. ²² Também naquele tempo eu disse ao povo: Cada um passe a noite com seu servo dentro de Jerusalém, para que de noite nos sirvam de guarda, e de dia na obra. ²³ E nem eu, nem meus irmãos, nem meus servos, nem os homens da guarda que me seguiam, nos despíamos de nossas roupas; cada um *mantinha* sua arma *até para* a água.

5

¹ Então houve um grande clamor do povo e de suas mulheres contra seus irmãos, os judeus. ² Pois havia quem dizia: Nós, nossos filhos e nossas filhas, somos muitos; por isso tomamos trigo, para que comamos e vivamos. ³ Também havia quem dizia: Colocamos em penhor nossas terras, nossas vinhas, e nossas casas, para comprarmos trigo durante a fome. ⁴ E havia quem dizia: Pedimos emprestado até para o tributo do rei *sobre* nossas terras e nossas vinhas. ⁵ Agora, pois, nossa carne é como a carne de nossos irmãos, *e* nossos filhos como seus filhos; porém eis que nós sujeitamos nossos filhos e nossas filhas por servos, e até *algumas* de nossas filhas estão subjugadas, que não estão em poder de nossas mãos, e outros têm para si nossas terras e nossas vinhas. ⁶ Quando eu ouvi seu clamor, fiquei muito irado. ⁷ Então eu meditei em meu coração, e depois briguei com os nobres e com os oficiais, dizendo-lhes: Emprestais com juros cada um a seu irmão? E convoquei contra eles uma grande reunião. ⁸ E disse-lhes: Nós resgatamos nossos irmãos judeus que haviam sido vendidos às nações, conforme o que nos era possível, e vós novamente venderíeis a vossos irmãos, ou seriam eles vendidos a nós? E ficaram calados, e não acharam o que responder. ⁹ E eu disse mais: Não é bom o que fazeis. Por acaso não andareis no temor a nosso Deus, para que não haja humilhação da parte das nações *que são* nossas inimigas? ¹⁰ Também eu, meus irmãos, e meus servos, temos lhes emprestado a juros dinheiro e grão. Abandonemos esta cobrança de juros. ¹¹ Devolvei a eles hoje mesmo suas terras, suas vinhas, seus olivais, e suas casas; e a centésima parte do dinheiro e

do trigo, do vinho e do azeite que exigis deles. ¹² Então disseram: Devolveremos, e nada lhes exigiremos; faremos assim como tu dizes. Então chamei aos sacerdotes, e lhes fiz jurar que fariam conforme esta promessa. ¹³ Também sacudi minha roupa, e disse: Assim sacuda Deus de sua casa e de seu trabalho a todo homem que não cumprir esta promessa; e assim seja sacudido e esvaziado. E toda a congregação: Amém! E louvaram ao SENHOR. E o povo fez conforme esta promessa. ¹⁴ Também desde o dia que fui nomeado governador deles na terra de Judá, desde o ano vinte até o ano trinta e dois do rei Artaxerxes, doze anos, nem eu nem meus irmãos comemos o pão do governador. ¹⁵ Mas os primeiros governadores que foram antes de mim, oprimiram ao povo, e tomaram deles pão e pelo vinho, além de quarenta siclos de prata; ainda mais, seus servos dominavam opressivamente sobre o povo; porém eu não fiz assim, por causa do temor a Deus. ¹⁶ Além disso, concentrei meus esforços na obra deste muro, e não compramos terra alguma; e todos meus servos se ajuntaram ali para a obra. ¹⁷ Também cento e cinquenta homens dos judeus, dos oficiais, e dos que vinha até nós dentre as ns nações que estão ao nosso redor, se punham à minha mesa. ¹⁸ E o que se preparava para cada dia era um boi, *e* seis ovelhas escolhidas; também preparavam aves para mim, e cada dez dias todas as variedades de muito vinho; e nem por isso exigi o pão do governador, porque a servidão deste povo era grave. ¹⁹ Lembra-te de mim para o bem, ó meu Deus; *e de* tudo o que fiz a este povo.

6

¹ Sucedeu, pois, que, quando Sambalate, Tobias, e Gesém o árabe, e os demais de nossos inimigos, ouviram que eu tinha edificado o muro, e que não havia mais brecha nele (ainda que até aquele tempo não tinha posto as portas nas entradas), ² Sambalate e Gesém mandaram dizer: Vem, e nos reunamos em alguma das aldeias no vale de Ono. Mas eles haviam pensado em fazer o mal a mim. ³ E enviei-lhes mensageiros, dizendo: Eu faço uma grande obra, por isso não posso descer; porque eu pararia a obra, para a deixar, e ir me encontrar convosco? ⁴ E mandaram a mesma mensagem a mim quatro vezes, e eu lhes respondi da mesma maneira. ⁵ Então Sambalate enviou a mim seu servo pela quinta vez, com uma carta aberta em sua mão, ⁶ Em que estava escrito: Ouve-se falar entre as nações, e Gesém * disse, que tu e os judeus pensais vos rebelar; e por isso tu edificas o muro, para que tu sejas o rei deles, conforme o que se diz. ⁷ E que puseste profetas para proclamem de ti em Jerusalém, dizendo: *Este é o rei em Judá!* Assim o rei ouvirá conforme estas palavras. Vem, pois, agora, e nos reunamos. ⁸ Porém eu mandei lhes dizer: Nada do que dizes aconteceu, mas sim és tu que inventas de tua própria mente. † ⁹ Porque todos eles procuravam nos atemorizar, dizendo: As mãos deles se enfraquecerão da obra, e ela não será feita.Esforça pois minhas mãos, *ó Deus* . ¹⁰ E quando eu vim à casa de Semaías filho de Delaías, filho de Meetabel (que estava encerrado), ele me disse: Vamos juntos à casa de Deus dentro do templo, e cerremos as portas do templo, porque virão para te matar; sim, de noite virão para te matar. ¹¹ Porém eu disse: Um homem como eu fugiria? E poderia alguém como eu entrar no templo para preservar sua vida? De maneira nenhuma entrarei. ¹² E percebi, e vi que Deus não tinha o enviado, mas sim que ele falou aquela profecia contra mim, porque Tobias e Sambalate haviam lhe subornado. ¹³ Para isto ele foi subornado, para me atemorizar, a fim de que assim eu fizesse, e pecasse; para que tivessem alguma coisa para falarem mal de mim. ¹⁴ Lembra-te, meu Deus, de Tobias e de Sambalate, conforme estas suas obras, e também da profetiza Noadia, e dos outros profetas que procuravam me atemorizar. ¹⁵ O muro foi terminado ao *dia* vinte e cinco do mês de Elul, em cinquenta e dois dias. ¹⁶ E foi que, quando todos

---

* **6:6** Gesém lit. Gasmu   † **6:8** mente lit. coração

os nossos inimigos ouviram, todas as nações ao nosso redor temeram, e abateram-se muito em seus olhos, porque reconheceram que foi nosso Deus que fizera esta obra. [17] Também naqueles dias muitas foram escritas de *alguns* dos nobres de Judá a Tobias, e as de Tobias vinham a eles. [18] Porque muitos em Judá haviam feito juramento com ele, porque ele era genro de Secanias, filho de Ara; e seu filho Joanã havia tomado a filha de Mesulão, filho de Berequias. [19] Também contavam diante de mim suas boas obras, e levavam a ele minhas palavras. E Tobias me enviava cartas para me atemorizar.

7

[1] Sucedeu, pois, que, quando o muro já havia sido edificado, e já tinha posto as portas, e sido estabelecidos os porteiros, os cantores e os Levitas, [2] Mandei o meu irmão Hanani, e Hananias, chefe do palácio de Jerusalém (porque era um homem fiel e temente a Deus, mais que muitos), [3] E disse-lhes: Não se abram as portas de Jerusalém até que o sol aqueça; e enquanto ainda estiverem presentes, fechem as portas, e *as* trancai. E ponham-se guardas dos moradores de Jerusalém, cada um em sua guarda, e cada um diante de sua casa. [4] E a cidade era espaçosa e grande, porém pouca gente havia dentro dela, e as casas *ainda* não haviam sido reconstruídas. [5] Então Deus pôs em meu coração que juntasse os nobres, os oficiais, e o povo, para que fossem registrados pela ordem de suas genealogias; e achei o livro da genealogia dos que haviam subido antes, e achei nele escrito *o seguinte* : [6] Estes são os filhos da província que subiram do cativeiro, dos que foram levados por Nabucodonosor, rei de Babilônia, e que voltaram a Jerusalém e a Judá, cada um à sua cidade; [7] Os quais vieram com Zorobabel, Jesua, Neemias, Azarias, Raamias, Naamani, Mardoqueu, Bilsã, Misperete, Bigvai, Neum, Baaná. Este é o número dos homens do povo de Israel: [8] Os filhos de Parós, dois mil cento e setenta e dois; [9] Os filhos de Sefatias, trezentos e setenta e dois; [10] Os filhos de Ara, seiscentos e cinquenta e dois; [11] Os filhos de Paate-Moabe, dos filhos de Jesua e de Joabe, dois mil oitocentos e dezoito; [12] Os filhos de Elão, mil duzentos e cinquenta e quatro; [13] Os filhos de Zatu, oitocentos e quarenta e cinco; [14] Os filhos de Zacai, setecentos e sessenta; [15] Os filhos de Binui, seiscentos e quarenta e oito; [16] Os filhos de Bebai, seiscentos e vinte e oito; [17] Os filhos de Azgade, dois mil seiscentos e vinte e dois; [18] Os filhos de Adonicão, seiscentos e sessenta e sete; [19] Os filhos de Bigvai, dois mil e sessenta e sete; [20] Os filhos de Adim, seiscentos e cinquenta e cinco; [21] Os filhos de Ater, de Ezequias, noventa e oito; [22] Os filhos de Hasum, trezentos e vinte e oito; [23] Os filhos de Bezai, trezentos e vinte e quatro; [24] Os filhos de Harife, cento e doze; [25] Os filhos de Gibeom, noventa e cinco; [26] Os homens de Belém e de Netofá, cento e oitenta e oito; [27] Os homens de Anatote, cento e vinte e oito; [28] Os homens de Bete-Azmavete, quarenta e dois; [29] Os homens de Quiriate-Jearim, Cefira e Beerote, setecentos e quarenta e três; [30] Os homens de Ramá e de Geba, seiscentos e vinte e um; [31] Os homens de Micmás, cento e vinte e dois; [32] Os homens de Betel e de Ai, cento e vinte e três; [33] Os homens da outra Nebo, cinquenta e dois; [34] Os filhos do outro Elão, mil duzentos e cinquenta e quatro; [35] Os filhos de Harim, trezentos e vinte; [36] Os filhos de Jericó, trezentos e quarenta e cinco; [37] Os filhos de Lode, de Hadide, e Ono, setecentos vinte e um; [38] Os filhos de Senaá, três mil novecentos e trinta. [39] Os sacerdotes: os filhos de Jedaías, da casa de Jesua, novecentos e setenta e três; [40] Os filhos de Imer, mil e cinquenta e dois; [41] Os filhos de Pasur, mil duzentos quarenta e sete; [42] Os filhos de Harim, mil dez e sete. [43] Os levitas: os filhos de Jesua, de Cadmiel, dos filhos de Hodeva, setenta e quatro. [44] Os cantores: os filhos de Asafe, cento e quarenta e oito. [45] Os porteiros: os filhos de Salum, os filhos de Ater, os filhos de Talmom, os filhos de Acube, os filhos

de Hatita, os filhos de Sobai, cento e trinta e oito. ⁴⁶ Os servos do templo: os filhos de Zia, os filhos de Hasufa, os filhos de Tabaote, ⁴⁷ Os filhos de Queros, os filhos de Sia, os filhos de Padom, ⁴⁸ Os filhos de Lebana, os filhos de Hagaba, os filhos de Salmai, ⁴⁹ Os filhos de Hanã, os filhos de Gidel, os filhos de Gaar, ⁵⁰ Os filhos de Reaías, os filhos de Rezim, os filhos de Necoda, ⁵¹ Os filhos de Gazão, os filhos de Uzá, os filhos de Paseia, ⁵² Os filhos de Besai, os filhos de Meunim, os filhos de Nefusesim, ⁵³ Os filhos de Baquebuque, os filhos de Hacufa, os filhos de Harur, ⁵⁴ Os filhos de Baslite, os filhos de Meída, os filhos de Harsa, ⁵⁵ Os filhos de Barcos, os filhos de Sísera, os filhos de Tamá, ⁵⁶ Os filhos de Nesias, os filhos de Hatifa. ⁵⁷ Os filhos dos servos de Salomão: os filhos de Sotai, os filhos de Soferete, os filhos de Perida, ⁵⁸ Os filhos de Jaala, os filhos de Darcom, os filhos de Gidel, ⁵⁹ Os filhos de Sefatias, os filhos de Hatil, os filhos de Poquerete-Hazebaim, os filhos de Amom. ⁶⁰ Todos os servos do templo, e filhos dos servos de Salomão, trezentos e noventa e dois. ⁶¹ Também estes subiram de Tel-Melá, Tel-Harsa, Querube, Adom, e Imer, porém não puderam mostrar a casa de seus pais, nem sua linhagem, se eram de Israel: ⁶² Os filhos de Delaías, os filhos de Tobias, os filhos de Necoda, seiscentos e quarenta e dois. ⁶³ E dos sacerdotes: os filhos de Habaías, os filhos de Coz, os filhos de Barzilai, o qual tomara mulher das filhas de Barzilai, o gileadita, e chamou-se pelo nome delas. ⁶⁴ Estes buscaram seu registro de genealogias, porém não se achou; por isso, como impuros, foram excluídos do sacerdócio. ⁶⁵ E o governador lhes disse que não comessem das coisas mais santas, até que houvesse sacerdote com Urim e Tumim. ⁶⁶ Toda esta congregação junta era quarenta e dois mil trezentos e sessenta, ⁶⁷ Exceto seus servos e suas servas, que eram sete mil trezentos e trinta e sete; e tinham duzentos e quarenta e cinco cantores e cantoras. ⁶⁸ Seus cavalos, setecentos e trinta e seis; seus mulos, duzentos e quarenta e cinco; ⁶⁹ Os camelos, quatrocentos e trinta e cinco; asnos, seis mil setecentos e vinte. ⁷⁰ E alguns dos chefes das famílias fizeram doações para a obra. O governador deu para o tesouro mil dracmas de ouro, cinquenta bacias, e quinhentas trinta vestes sacerdotais. ⁷¹ E *alguns* dos chefes das famílias deram para o tesouro da obra, vinte mil dracmas de ouro, e duas mil e duzentas libras de prata. ⁷² E o que o resto do povo deu foi vinte mil dracmas de ouro, duas mil libras de prata, e sessenta e sete vestes sacerdotais. ⁷³ E os sacerdotes, os Levitas, e os porteiros, os cantores, os do povo, os servos do templo, e todo Israel, habitaram em suas cidades.E vindo o mês sétimo, estando os filhos de Israel em suas cidades,

8

¹ E todo o povo se juntou como um só homem na praça diante da porta das Águas, e disseram ao escriba Esdras que trouxesse o livro da lei de Moisés, que o SENHOR havia mandado a Israel. ² E Esdras, o sacerdote, trouxe a lei diante da congregação, tanto de homens como de mulheres, e de todos os que tivessem entendimento para ouvir, no primeiro dia do sétimo mês. ³ E leu no *livro* diante da praça que está diante da porta das Águas, desde o amanhecer até o meio-dia, na presença de homens, mulheres e entendidos; e os ouvidos de todo o povo estavam *atentos* ao livro da lei. ⁴ E o escriba Esdras estava sobre uma plataforma de madeira, que haviam feito para aquilo; e junto a ele estavam Matitias, Sema, Anaías, Urias, Hilquias, e Maaseias, à sua direita; e a sua esquerda, Pedaías, Misael, Malquias, Hasum, Hasbadana, Zacarias, e Mesulão. ⁵ E Esdras abriu o livro perante os olhos de todo o povo, porque estava mais alto que todo o povo; e quando ele o abriu, todo o povo se pôs de pé. ⁶ Então Esdras louvou ao SENHOR, o grande Deus. E todo o povo respondeu: Amém! Amém! levantando suas mãos; e inclinaram-se, e adoraram ao SENHOR com os rostos em terra. ⁷ E Jesua, Bani, e Serebias, Jamim, Acube, Sabetai, Hodias, Maaseias, Quelita,

Azarias, Jozabade, Hanã, Pelaías, e os levitas, ensinavam ao povo a lei; e o povo estava em seu lugar. ⁸ E leram no livro da lei de Deus o declarando, e explicando o sentido, para que pudessem entender o que era lido. ⁹ E Neemias (que era o governador), e o sacerdote Esdras, escriba, e os levitas que ensinavam ao povo, disseram a todo o povo: Este dia é consagrado ao SENHOR nosso Deus; não vos entristeçais, nem choreis. Porque todo o povo chorava enquanto ouvia as palavras da lei. ¹⁰ E disse-lhes mais: Ide, comei gorduras, e bebei doçuras, e enviai porções aos que não têm preparado; porque este é um dia consagrado ao nosso Senhor; portanto não vos entristeçais, porque a alegria do SENHOR é vossa força. ¹¹ E os levitas faziam todo o povo ficar calado, dizendo: Calai-vos, que é dia santo, e não vos entristeçais. ¹² Então todo o povo foi embora para comer, beber, enviar porções, e celebrar alegremente, porque entenderam as palavras que lhes haviam ensinado. ¹³ E no dia seguinte se juntaram os líderes das famílias de todo o povo, os sacerdotes, os levitas, o e o escriba Esdras, para estudarem as palavras da lei. ¹⁴ E acharam escrito na lei que o SENHOR havia mandado por meio de Moisés, que os filhos de Israel habitassem em tendas na solenidade do mês sétimo; ¹⁵ Por isso eles anunciaram publicamente, e proclamaram por todas as suas cidades e por Jerusalém, dizendo: Saí ao monte, trazei ramos de oliveiras, e ramos de oliveiras silvestres, e ramos de murta, ramos de palmeiras, e ramos de toda árvore espessa, para fazer tendas como está escrito. ¹⁶ Saiu, pois, povo, e os trouxeram, e fizeram para si tendas, cada um sobre seu terraço, em seus pátios, nos pátios da casa de Deus, na praça da porta das Águas, e na praça da porta de Efraim. ¹⁷ E toda a congregação dos que voltaram do cativeiro fizeram tendas, e em tendas habitaram; porque os filhos de Israel, desde os dias de Josué filho de Num até aquele dia, não haviam feito assim. E houve alegria muito grande. ¹⁸ E a cada dia Esdras leu no livro da lei de Deus, desde o primeiro dia até o último; e celebraram a solenidade durante sete dias, e ao oitavo dia houve uma assembleia solene, conforme a ordenança.

9

¹ No dia vinte e quatro do mesmo mês, os filhos de Israel se reuniram em jejum, com sacos, e com terra sobre si. ² E a descendência de Israel já havia se separado de todos os estrangeiros; então puseram-se de pé, confessaram seus pecados, e as iniquidades de seus pais. ³ Pois, levantados de pé em seu lugar, leram no livro da lei de SENHOR seu Deus uma quarta parte do dia, e em *outra* quarta parte confessaram e adoraram ao SENHOR seu Deus. ⁴ E Jesua, Bani, Cadmiel, Serebias, Buni, Sebanias, Bani e Quenai, se puseram de pé na escadaria dos Levitas, e clamaram em alta voz ao SENHOR seu Deus. ⁵ E os levitas Jesua, Cadmiel, Bani, Hasbaneias, Serebias, Hodias, Sebanias e Petaías, disseram: Levantai-vos, bendizei ao SENHOR vosso Deus para todo o sempre: Bendito o teu glorioso nome, que está exaltado sobre toda bênção e louvor. ⁶ Tu és o único, SENHOR! Tu fizeste o céu, o céu dos céus, e toda o seu exército; a terra e tudo quanto nela há; os mares e tudo quanto neles há; e tu vivificas a todos; os exércitos dos céus te adoram. ⁷ Tu és, SENHOR, o Deus que escolheste a Abrão, e o tiraste de Ur dos caldeus, e puseste nele o nome Abraão; ⁸ E achaste o coração dele fiel diante de ti, e fizeste com ele o pacto para lhe dar a terra dos cananeus, dos heteus, dos amorreus, dos perizeus, dos jebuseus, e dos girgaseus, para a dares à sua descendência; * e cumpriste as tuas palavras, porque és justo. ⁹ E olhaste para a aflição de nossos pais no Egito, e ouviste o clamor deles junto ao mar Vermelho; ¹⁰ E deste sinais e maravilhas a Faraó, e a todos os seus servos, e a todo o povo de sua terra; porque sabias que os tratariam com soberba; e assim fizeste

---

* **9:8** descendência lit. semente

famoso o teu nome, tal como o é hoje. ¹¹ E dividiste o mar diante deles, e passaram por meio do mar a seco; e lançaste a seus perseguidores nas profundezas, como uma pedra em águas violentas. ¹² E com coluna de nuvem os guiaste de dia, e com coluna de fogo de noite, para os iluminares no caminho por onde haviam de ir. ¹³ E sobre o monte de Sinai desceste, e falaste com eles desde o céu; e deste-lhes regras justas, leis verdadeiras, e estatutos e mandamentos bons. ¹⁴ E ensinaste a eles teu santo sábado; e lhes mandaste preceitos e estatutos, por meio de teu servo Moisés. ¹⁵ E deste-lhes pão do céu em sua fome, e em sua sede lhes tiraste águas da pedra; e disseste a eles que entrassem para tomar posse da terra, pela qual juraste com mão erguida, que a darias a eles. ¹⁶ Porém eles, nossos pais, agiram com soberba; endureceram sua cerviz, e não deram ouvidos a teus mandamentos, ¹⁷ E recusaram *te* ouvir, e não se lembraram de tuas maravilhas que havias feito com eles; ao invés disso, endureceram sua cerviz, e em sua rebelião levantaram um líder para voltarem à sua escravidão. Porém tu, que és Deus que perdoas, clemente e misericordioso, tardio para se irar, e grande em bondade, não os desamparaste. ¹⁸ Até quando fizeram para si bezerro de fundição, e disseram: Este é teu Deus que te tirou do Egito; e cometeram grandes blasfêmias; ¹⁹ Tu, contudo, pela tua grande misericórdia não os abandonaste no deserto; a coluna de nuvem nunca se afastou deles de dia, para os guiar pelo caminho, nem a coluna de fogo de noite, para os iluminar no caminho pelo qual haviam de ir. ²⁰ E deste o teu bom Espírito para os ensinar, e não tiraste o teu maná de suas bocas, e lhes deste água em sua sede. ²¹ Assim os sustentaste por quarenta anos no deserto; de nenhuma coisa tiveram falta; suas roupas não se envelheceram, nem seus pés se incharam. ²² Também lhes deste reinos e povos, e os repartistes por cantos; assim tomaram posse da terra de Siom, a terra do rei de Hesbom, e a terra de Ogue, rei de Basã. ²³ E multiplicaste seus filhos como as estrelas do céu, e os trouxeste à terra, da qual tinhas dito a seus pais, que entrariam para tomarem posse dela. ²⁴ Assim os filhos vieram, e tomaram posse daquela terra; e abateste diante deles aos moradores do território, os cananeus, e os entregaste em suas mãos, como também a seus reis, e aos povos do território, para que fizessem deles à sua vontade. ²⁵ E tomaram cidades fortificadas e terra fértil, e tomaram posse de casas cheias de toda fartura, cisternas cavadas, vinhas e olivais, e muitas árvores frutíferas; e comeram, se fartaram, engordaram, e se deleitaram pela tua grande bondade. ²⁶ Porém eles foram desobedientes, e se rebelaram contra ti; desprezaram † tua lei, e mataram teus profetas que lhes alertavam para que convertessem a ti; assim fizeram grandes abominações. ²⁷ Por isso tu os entregaste nas mãos de seus inimigos, os quais os afligiram; e no tempo de sua angústia clamaram a ti, e tu desde os céus os ouviste; e segundo tua grande misericórdia tu lhes davas libertadores, que os salvaram da mão de seus inimigos. ²⁸ Mas assim que tinham repouso, voltavam a fazer o mal diante de ti; e tu os abandonavas nas mãos de seus inimigos, para que os dominassem. E eles se convertiam, e clamavam a ti, e tu os ouvias desde os céus; e segundo tua misericórdia muitas vezes os livraste. ²⁹ E os alertaste, para os fazer voltar à tua lei; porém eles agiram com soberba, e não deram ouvidos teus mandamentos; ao invés disso, pecaram contra teus juízos, os quais quem praticar, por causa deles viverá; e deram as costas, endureceram sua cerviz, e não deram ouvidos. ³⁰ Porém os suportaste por muitos anos, e os alertaste com teu Espírito por meio de teus profetas, mas não deram ouvidos; por isso tu os entregaste nas mãos dos povos das terras. ³¹ Mas por tua grande misericórdia não os destruíste por completo, nem os desamparaste; porque tu és Deus clemente e misericordioso. ³² Agora pois, Deus nosso, Deus grande, poderoso e temível, que guardas o pacto e a bondade, não

---

† **9:26** desprezaram lit. lançaram contra suas costas

considerares pouco toda a opressão que alcançou a nós, nossos reis, nossos príncipes, nossos sacerdotes, nossos profetas, nossos pais, e todo o teu povo, desde os dias dos reis da Assíria até o dia de hoje. ³³ Tu, porém, és justo em tudo quanto veio sobre nós; porque agiste fielmente, mas nós agimos perversamente. ³⁴ E nossos reis, nossos príncipes, nossos sacerdotes, e nossos pais, não praticaram tua lei, nem deram ouvidos a teus mandamentos e teus testemunhos, com que os alertavas. ³⁵ Porque eles, mesmo em seu reino, nos muitos bens que lhes deste, e na terra espaçosa e fértil que entregaste a deles, não te serviram, nem se converteram de suas más obras. ³⁶ Eis que hoje somos servos, na terra que havias dado a nossos pais para que comessem seus fruto e o seu bem, eis que nela somos servos. ³⁷ E sua grande renda é para os reis que puseste sobre nós por nossos pecados; e eles à sua vontade dominam sobre nossos corpos e sobre nossos animais, e estamos em grande angústia. ³⁸ A por causa de tudo isso nós fazemos *um pacto* fiel, e o escrevemos, e nossos príncipes, nossos Levitas, e nossos sacerdotes o selaram.

10

¹ E os que selaram foram: Neemias o governador, filho de Hacalias, e Zedequias, ² Seraías, Azarias, Jeremias, ³ Pasur, Amarias, Malquias, ⁴ Hatus, Sebanias, Maluque, ⁵ Harim, Meremote, Obadias, ⁶ Daniel, Ginetom, Baruque, ⁷ Mesulão, Abias, Miamim, ⁸ Maazias, Bilgai, Semaías: estes eram o sacerdote. ⁹ E os Levitas: Jesua filho de Azanias, Binui dos filhos de Henadade, Cadmiel; ¹⁰ E seus irmãos Sebanias, Hodias, Quelita, Pelaías, Hanã; ¹¹ Mica, Reobe, Hasabias, ¹² Zacur, Serebias, Sebanias, ¹³ Hodias, Bani, e Beninu. ¹⁴ Os líderes do povo: Parós, Paate-Moabe, Elão, Zatu, Bani, ¹⁵ Bani, Azgade, Bebai, ¹⁶ Adonias, Bigvai, Adim, ¹⁷ Ater, Ezequias, Azur, ¹⁸ Hodias, Hasum, Besai, ¹⁹ Harife, Anatote, Nebai, ²⁰ Magpias, Mesulão, Hezir, ²¹ Mesezabel, Zadoque, Jadua, ²² Pelatias, Hanã, Anaías, ²³ Oseias, Hananias, Hassube, ²⁴ Haoés, Pílea, Sobeque, ²⁵ Reum, Hasabna, Maaseias, ²⁶ Aías, Hanã, Anã, ²⁷ Maluque, Harim, e Baaná. ²⁸ E o resto do povo, os sacerdotes, os levitas, os porteiros, os cantores, os servos do templo, e todos os que se haviam se separado dos povos das terras para a lei de Deus, suas mulheres, seus filhos e suas filhas, e todo o que tinha compreensão *e* entendimento, ²⁹ Firmemente se juntaram a seus irmãos, os mais nobres dentre eles, e se comprometeram em um juramento sujeito a maldição, que andariam na lei de Deus, que foi dada por meio de Moisés, servo de Deus, e que guardariam e cumpririam todos os mandamentos do SENHOR nosso Senhor, e seus juízos e seus estatutos; ³⁰ E que não daríamos nossas filhas aos povos da região, nem tomaríamos suas filhas para nossos filhos. ³¹ E que, se os povos da região trouxessem para vender mercadorias e comida no dia de sábado, nada tomaríamos deles no sábado, nem em dia santo; e deixaríamos livre o sétimo ano, inclusive toda e qualquer cobrança. ³² Também pusemos preceitos sobre nós, impondo-nos a cada ano *dar* a terça parte de um siclo, para a obra da casa de nosso Deus; ³³ Para os pães da proposição, para a oferta contínua de alimentos, e para o holocausto contínuo, dos sábados, das novas luas, e das festas solenes, e para as coisas sagradas, e para os sacrifícios pelo pecado para reconciliar a Israel, e *para* toda a obra da casa de nosso Deus. ³⁴ Também lançamos as sortes entre os sacerdotes, os levitas, e o povo, acerca da oferta da lenha, que havia de se trazer à casa de nosso Deus, segundo as casas de nossos pais, em tempos determinados, a cada ano, para queimar sobre o altar do SENHOR nosso Deus, como está escrito na lei. ³⁵ E que a cada ano traríamos as primícias de nossa terra, e todos os primeiros frutos de toda árvore, para a casa de SENHOR; ³⁶ E também os primogênitos de nossos filhos e de nossas animais, como está escrito na lei; e que traríamos os primogênitos de nossas vacas e de nossas ovelhas à casa de nosso Deus,

aos sacerdotes que ministram na casa de nosso Deus; [37] E que traríamos as primícias de nossas massas, e nossas ofertas alçadas, e do fruto de toda árvore, do suco de uva e do azeite, aos sacerdotes, às câmaras da casa de nosso Deus, e os dízimos de nossa terra aos levitas; e que os levitas receberiam os dízimos em todas as cidades onde trabalhamos. [38] E que um sacerdote, filho de Arão, estaria com os levitas, quando os levitas recebessem os dízimos; e que os levitas trariam o dízimo dos dízimos à casa de nosso Deus, às câmaras da casa do tesouro. [39] Porque para aquelas câmaras os filhos de Israel, e os filhos de Levi, devem trazer a oferta de grão, de suco de uva, e de azeite; e ali estarão os vasos do santuário, como também os sacerdotes que ministram, os porteiros, e os cantores; e assim não abandonaríamos a casa de nosso Deus.

11

[1] E os líderes do povo habitaram em Jerusalém; porém os demais do povo lançaram sortes para trazerem um de dez para habitar na santa cidade de Jerusalém, e as nove partes nas outras cidades. [2] E o povo abençoou a todos os homens que voluntariamente se ofereceram para habitarem em Jerusalém. [3] E estes são os chefes da província que habitaram em Jerusalém (porém os israelitas, os sacerdotes e os levitas, os servos do templo, e os filhos dos servos de Salomão, nas cidades de Judá, habitaram cada um em sua possessão, em suas cidades). [4] Habitaram, pois, em Jerusalém , *alguns* dos filhos de Judá, e dos filhos de Benjamim. Dos filhos de Judá: Ataías, filho de Uzias, filho de Zacarias, filho de Amarias, filho de Sefatias, filho de Maalaleel, dos filhos de Perez; [5] E Maaseias filho de Baruque, filho de Col-Hozé, filho de Hazaías, filho de Adaías, filho de Joiaribe, filho de Zacarias, filho de Siloni. [6] Todos os filhos de Perez que habitaram em Jerusalém foram quatrocentos setenta e oito homens valentes. [7] E estes são os filhos de Benjamim: Salu filho de Mesulão, filho de Joede, filho de Pedaías, filho de Colaías, filho de Maaseias, filho de Itiel, filho de Jesaías. [8] E após ele, Gabai, Salai, novecentos e vinte e oito. [9] E Joel, filho de Zicri, era o supervisor deles; e Judá filho de Senua, o segundo sobre a cidade. [10] Dos sacerdotes: Jedaías filho de Joiaribe, Jaquim, [11] Seraías filho de Hilquias, filho de Mesulão, filho de Zadoque, filho de Meraiote, filho de Aitube, governador da casa de Deus, [12] E seus irmãos, que faziam a obra da casa, oitocentos vinte e dois; e Adaías filho de Jeroão, filho de Pelalias, filho de Anzi, filho de Zacarias, filho de Pasur, filho de Malquias, [13] E seus irmãos, chefes de famílias, duzentos e quarenta e dois; e Amassai filho de Azareel, filho de Azai, filho de Mesilemote, filho de Imer, [14] E seus irmãos, homens valentes, cento e vinte e oito; e o supervisor sobre eles era Zabdiel, filho de Gedolim. [15] E dos Levitas: Semaías filho de Hassube, filho de Azricão, filho de Hasabias, filho de Buni; [16] Sabetai e Jozabade, dos chefes dos Levitas, supervisores da obra de fora da casa de Deus; [17] E Matanias filho de Mica, filho de Zabdi, filho de Asafe, o chefe, o que começava a ação de graças na oração; e Baquebuquias o segundo de entre seus irmãos; e Abda filho de Samua, filho de Galal, filho de Jedutum. [18] Todos os levitas na santa cidade foram duzentos e oitenta e quatro. [19] E os porteiros, Acube, Talmom, com seus irmãos, os guardas das portas: cento e setenta e dois. [20] E o demais dos israelitas, dos sacerdotes, dos levitas, estevem em todas as cidades de Judá, cada um em sua propriedade. [21] E os servos do templo habitavam em Ofel; e Zia e Gispa governavam sobre os servos do templo. [22] E o supervisor dos levitas em Jerusalém foi Uzi, filho de Bani, filho de Hasabias, filho de Matanias, filho de Mica; dos filhos de Asafe estavam os cantores diante da obra da casa de Deus. [23] Porque tinha mandamento do rei acerca deles, e determinação acerca dos cantores para cada dia. [24] E Petaías filho de Mesezabel, dos filhos de Zerá, filho de Judá, estava à mão do rei em todo negócio do povo. [25] E quanto às aldeias em suas terras, alguns

dos filhos de Judá habitaram em Quiriate-Arba, nas suas aldeias circunvizinhas, em Dibom e suas aldeias circunvizinhas, e em Jecabzeel e suas aldeias; 26 E em Jesua, Molada, Bete-Pelete; 27 Hazar-Sual, Berseba, e em suas aldeias circunvizinhas; 28 E em Ziclague, e em Meconá, e em suas aldeias circunvizinhas; 29 E em En-Rimom, Zorá Jarmute; 30 Zanoa, Adulão, e em suas aldeias; em Laquis e suas terras; Azeca e suas aldeias circunvizinhas. E habitaram desde Berseba até o vale de Hinom. 31 E os filhos de Benjamim desde Geba *habitaram* em Micmás, Aia, e Betel e suas aldeias circunvizinhas; 32 Em Anatote, Nobe, Ananias; 33 Hazor, Ramá, Gitaim; 34 Hadide, Zeboim, Nebalate; 35 Lode, e Ono, no vale dos artífices. 36 E *alguns* dos Levitas, nos repartições de Judá e de Benjamim.

12

1 Estes são os sacerdotes e Levitas que subiram com Zorobabel filho de Sealtiel, e com Jesua: Seraías, Jeremias, Esdras, 2 Amarias, Maluque, Hatus, 3 Secanias, Reum, Meremote, 4 Ido, Ginetoi, Abias, 5 Miamim, Maadias, Bilga, 6 Semaías, e Joiaribe, Jedaías, 7 Salu, Amoque, Hilquias, Jedaías. Estes eram os chefes dos sacerdotes e seus irmãos nos dias de Jesua. 8 E os levitas foram:Jesua, Binui, Cadmiel, Serebias, Judá, e Matanias: este e seus irmãos eram responsáveis pelas ações de graças. 9 E Bacbuquias e Uni, seus irmãos, em frente deles em suas responsabilidades. 10 E Jesua gerou a Joiaquim, e Joiaquim gerou a Eliasibe e Eliasibe gerou a Joiada, 11 E Joiada gerou a Jônatas, e Jônatas gerou a Jadua. 12 E nos dias de Joiaquim os sacerdotes chefes das famílias foram: de Seraías, Meraías; de Jeremias, Hananias; 13 De Esdras, Mesulão; de Amarias, Joanã; 14 De Maluqui, Jônatas; de Sebanias, José; 15 De Harim, Adna; de Meraiote, Helcai; 16 De Ido, Zacarias; de Ginetom, Mesulão; 17 De Abias, Zicri; de Miniamim, *e* de Moadias, Piltai; 18 De Bilga, Samua; de Semaías, Jônatas; 19 De Joiaribe, Matenai; de Jedaías, Uzi; 20 De Salai, Calai; de Amoque, Éber; 21 De Hilquias, Hasabias; de Jedaías, Natanael. 22 Os Levitas nos dias de Eliasibe, de Joiada, e de Joanã e Jadua, foram escritos por chefes de famílias; como também os sacerdotes, até o reinado de Dario o persa. 23 Os filhos de Levi, chefes de famílias, foram escritos no livro das crônicas até os dias de Joanã, filho de Eliasibe. 24 E os chefes dos Levitas foram:Hasabias, Serebias, e Jesua filho de Cadmiel, e seus irmãos em frente deles, para louvarem *e* darem graças, conforme o mandamento de Davi, homem de Deus, cada um com sua responsabilidade. 25 Matanias, e Bacbuquias, Obadias, Mesulão, Talmom, Acube, eram porteiros que faziam guarda às entradas das portas. 26 Estes foram nos dias de Joiaquim, filho de Jesua, filho de Jozadaque, como também nos dias do governador Neemias, e do sacerdote Esdras, o escriba. 27 E na dedicação dos muros de Jerusalém buscaram aos Levitas de todos os lugares, para os trazerem a Jerusalém, a fim de fazerem a dedicação com alegrias, com ações de graças, e com cânticos, com címbalos, liras e harpas. 28 E assim ajuntaram os filhos dos cantores, tanto da planície ao redor de Jerusalém como das aldeias de Netofati; 29 Como também da casa de Gilgal, e dos campos de Geba, e de Azmavete; porque os cantores haviam edificado para si aldeias ao redor de Jerusalém. 30 E os sacerdotes e os levitas se purificaram, e depois purificaram ao povo, às portas, e ao muro. 31 Então eu fiz subir aos príncipes de Judá sobre o muro, e ordenei dois coros grandes que foram em procissão: um à direita sobre o muro em direção à porta do Esterco. 32 E após eles ia Hosaías, e a metade dos príncipes de Judá, 33 E Azarias, Esdras, Mesulão, 34 Judá, Benjamim, Semaías, e Jeremias; 35 E dos filhos dos sacerdotes com trombetas, Zacarias filho de Jônatas, filho de Semaías, filho de Matanias, filho de Micaías, filho de Zacur, filho de Asafe; 36 E seus irmãos Semaías, e Azareel, Milalai, Gilalai, Maai, Natanael, Judá e Hanani, com os instrumentos musicais de Davi, homem de Deus; e o escriba Esdras

ia diante deles. ³⁷ *Indo* assim para a porta da Fonte, e em frente deles, subiram pelas escadarias da cidade de Davi, pela subida do muro, desde acima da casa de Davi até a porta das Águas ao oriente. ³⁸ E o segundo coro ia do lado oposto, e eu atrás dele; e a metade do povo *ia* sobre o muro, desde a torre dos Fornos até a muralha larga; ³⁹ E desde a porta de Efraim até a porta Velha, e à porta do Peixe, e a torre de Hananeel, e a torre dos Cem, até a porta das Ovelhas; e pararam na porta da Prisão. ⁴⁰ Então ambos os coros pararam na casa de Deus; como também eu, e a metade dos oficiais comigo; ⁴¹ E os sacerdotes, Eliaquim, Maaseias, Miniamim, Micaías, Elioenai, Zacarias, e Hananias, com trombetas; ⁴² Como também Maaseias, Semaías, Eleazar, e Uzi, Joanã, Malquias, Elão, e Ezer. E os cantores cantavam alto, juntamente com o supervisor Jezraías. ⁴³ E sacrificaram naquele dia grandes sacrifícios, e alegraram-se; porque Deus os tinha alegrado muito; alegraram-se também a mulheres e as crianças; e o júbilo de Jerusalém foi ouvido até de longe. ⁴⁴ Também naquele dia foram postos homens sobre as câmaras para os tesouros, as ofertas alçadas, as primícias, e os dízimos, para juntarem nelas, dos campos das cidades, as porções da lei para os sacerdotes e os levitas; porque Judá estava alegre por causa dos sacerdotes e dos levitas que estavam servindo ali. ⁴⁵ E faziam a guarda de seu Deus, e a guarda da purificação, como também os cantores e os porteiros, conforme o mandamento de Davi e de seu filho Salomão. ⁴⁶ Porque nos dias de Davi e de Asafe, desde a antiguidade, havia chefes dos cantores, e cânticos de louvor e de ações de graças a Deus. ⁴⁷ E todo Israel nos dias de Zorobabel, e nos dias de Neemias, dava as porções dos cantores e dos porteiros, cada uma em seu dia; e consagravam *porções* aos levitas, e os levitas *as* consagravam aos filhos de Arão.

13

¹ Naquele dia se leu no livro de Moisés perante os ouvidos do povo, e foi achado nele escrito que os amonitas e os moabitas eternamente não podiam entrar na congregação de Deus; ² Porque não saíram ao encontro dos filhos de Israel com pão e água; em vez disso, contrataram a Balaão contra eles, para os amaldiçoar; ainda que nosso Deus tornou a maldição em bênção. ³ Sucedeu, pois, que, quando eles ouviram esta lei, separaram de Israel toda mistura. ⁴ E antes disto, Eliasibe, o sacerdote, sendo superintendente da câmara da casa de nosso Deus, tinha se aparentado com Tobias, ⁵ E tinha lhe preparado uma câmara grande, na qual antes se guardavam as ofertas de alimentos, o incenso, os vasos, os dízimos de grão, de vinho e de azeite, que estava ordenado *dar* aos levitas, aos cantores, e aos porteiros; como também a oferta alçada para os sacerdotes. ⁶ Porém enquanto tudo isto *acontecia* ,eu não estava em Jerusalém; porque no ano trinta e dois de Artaxerxes rei da Babilônia, eu vim ao rei; mas ao fim de *alguns* dias obtive permissão para me ausentar do rei. ⁷ E vim a Jerusalém, e entendi o mal que Eliasibe tinha feito por Tobias, preparando-lhe uma câmara nos pátios da casa de Deus. ⁸ E isso me desagradou muito; por isso lancei todas as coisas da casa de Tobias para fora da câmara; ⁹ E mandei purificar as câmaras, e trouxe de volta os utensílios da casa de Deus, com as ofertas de alimento, e o incenso. ¹⁰ Também entendi que as porções dos Levitas não estavam sendo dadas *a eles* ; e que os levitas e cantores que faziam o serviço haviam fugido cada um para seu campo. ¹¹ Então repreendi aos oficiais, e disse: Por que a casa de Deus está abandonada? Porém eu os juntei, e os restaurei em seu posto. ¹² Então todo Judá trouxe o dízimo do grão, do suco de uva e do azeite, aos depósitos. ¹³ E pus por tesoureiros sobre os depósitos ao sacerdote Selemias e ao escriba Zadoque, e dos Levitas, a Pedaías; e próximo a eles Hanã filho de Zacur, filho de Matanias; pois eram considerados fiéis, e *assim* foram encarregados de distribuírem a seus irmãos. ¹⁴ Por

isto, meu Deus, lembra-te de mim, ó Deus, e não risques minhas bondades que eu fiz na casa de meu Deus, e em seus serviços. ¹⁵ Naqueles dias vi em Judá *alguns* que pisavam nas presnas de uvas no sábado, e que traziam feixes, e carregavam asnos, como também vinho, uvas, figos, e todo tipo de carga, que traziam a Jerusalém no dia de sábado; e os adverti quanto ao dia em que vendiam alimentos. ¹⁶ Também tírios estavam nela que traziam peixe e toda mercadoria, e vendiam no sábado aos filhos de Judá, e em Jerusalém. ¹⁷ Assim repreendi aos nobres de Judá, e disse-lhes: Que mal é este que fazeis, profanando o dia de sábado? ¹⁸ Por acaso não fizeram assim vossos pais, e nosso Deus trouxe todo este mal sobre nós e sobre esta cidade? Porém vós acrescentais ainda mais ira sobre Israel profanando o sábado. ¹⁹ Sucedeu pois, que quando ia escurecendo às portas de Jerusalém antes do sábado, disse que eu mandei que se fechassem as portas, e mandei que não as abrissem até depois do sábado; e pus às portas alguns de meus servos, para que carga nenhuma entrasse no dia de sábado. ²⁰ Assim os comerciantes e vendedores de toda mercadoria passaram a noite fora de Jerusalém uma ou duas vezes. ²¹ Por isso eu lhes adverti, dizendo: Por que vos passais a noite diante do muro? Se o fizerdes outra vez, agirei com violência [*] contra vós. Desde então não vieram no sábado. ²² Também disse aos levitas que se purificassem, e viessem a guardar as portas, para santificar o dia de sábado. Nisto também, meu Deus, lembra-te de mim, e perdoa-me segundo a grandeza de tua bondade. ²³ Vi também naqueles dias judeus que tinham se casado com mulheres de asdoditas, amonitas, e moabitas, ²⁴ E seus filhos a metade falavam asdodita, e não sabiam falar judaico, mas sim a língua de outros povos. ²⁵ Por isso eu os repreendi, e os amaldiçoei, e espanquei *alguns* deles, e arranquei-lhes os cabelos, e os fiz jurar por Deus, dizendo: Não dareis vossas filhas a seus filhos, e não tomareis de suas filhas, nem para vossos filhos, nem para vós. ²⁶ Por acaso não pecou nisto Salomão, rei de Israel? Ainda que entre muitas nações não houve rei semelhante a ele, que era amado pelo seu Deus, e Deus o tinha posto por rei sobre todo Israel, *contudo* as mulheres estrangeiras o fizeram pecar. ²⁷ E aceitaríamos ouvir de vós, para fazerdes todo este mal tão grande de transgredir contra nosso Deus, casando-se com mulheres estrangeiras? ²⁸ E um dos filhos de Joiada, filho de Eliasibe o sumo sacerdote era genro de Sambalate o horonita; por isso eu o afugentei de mim. ²⁹ Lembra-te deles, meu Deus, pois contaminam o sacerdócio, como também o pacto do sacerdócio e dos levitas. ³⁰ Assim eu os limpei de todo estrangeiro, e ordenei as responsabilidades dos sacerdotes e dos levitas, cada um em sua obra; ³¹ Como também para as ofertas de lenha em tempos determinados, e para as primícias. Lembra-te de mim, meu Deus, para o bem.

---

[*] **13:21** agirei com violência lit. porei a mão

Ester

¹ E aconteceu nos dias de Assuero * (o Assuero que reinou desde a Índia até Cuxe † sobre cento e vinte e sete províncias), ² Que naqueles dias, quando o rei Assuero se sentou sobre o trono de seu reino, na fortaleza de Susã, ³ No terceiro ano de seu reinado, ele fez um banquete a todos seus príncipes e a seus servos, tendo diante dele o exército de Pérsia e da Média, os maiorais e os governadores das províncias, ⁴ Para mostrar as riquezas da glória de seu reino, e o esplendor de sua majestosa grandeza, por muitos dias: cento e oitenta dias. ⁵ E acabados aqueles dias, o rei fez um banquete a todo o povo que se achava na fortaleza de Susã, desde o maior até o menor, durante sete dias, no pátio do jardim do palácio real. ⁶ *As cortinas eram* de linho branco e azul celeste, amarradas com cordões de linho fino e púrpura, argolas de prata e colunas de mármore; os leitos eram de ouro e de prata, sobre um piso de pórfiro , mármore, madrepérola e pedras preciosas. ⁷ E dava-se de beber em taças de ouro, e as taças eram diferentes umas das outras; e havia muito vinho real, conforme a generosidade do rei. ⁸ E de acordo com a lei, a bebida era sem restrições; porque assim o rei tinha mandado a todos os oficiais de sua casa; que fizessem conforme a vontade de cada um. ⁹ Também a rainha Vasti fez banquete para as mulheres, na casa real do rei Assuero. ¹⁰ No sétimo dia, quando o coração do rei estava alegre do vinho, mandou a Meumã, Bizta, Harbona, Bigtá, Abagta, Zetar, e Carcas, sete eunucos que serviam diante do rei Assuero, ¹¹ Que trouxessem à rainha Vasti com a coroa real diante do rei, para mostrar aos povos e aos príncipes sua beleza; pois ela tinha linda aparência. ¹² Porém a rainha Vasti recusou vir à ordem do rei por meio dos eunucos; por isso o rei se enfureceu muito, e sua ira se acendeu nele. ¹³ Então o rei perguntou aos sábios que entendiam dos tempos (porque assim era o costume do rei para com todos os que sabiam a lei e o direito; ¹⁴ E os mais próximos dele eram Carsena, Setar, Adamata, Társis, Meres, Marsena, e Memucã, sete príncipes da Pérsia e da Média, que viam o rosto do rei, e se sentavam nas *posições* principais do reino) ¹⁵ O que se devia fazer segundo a lei com a rainha Vasti, por não ter cumprido a ordem do rei Assuero por meio dos eunucos. ¹⁶ Então Memucã disse na presença do rei e dos príncipes: A rainha Vasti pecou não somente contra o rei, mas também contra todos os príncipes, e contra todos os povos que há em todas as províncias do rei Assuero. ¹⁷ Pois o que a rainha fez será notícia a todas as mulheres, de modo que desprezarão seus maridos em seus olhos, quando lhes for dito: O rei Assuero mandou trazer diante de si à rainha Vasti, porém ela não veio. ¹⁸ Então neste dia as princesas da Pérsia e da Média dirão *o mesmo* a todos os príncipes do rei, quando ouvirem o que a rainha fez; e *assim* haverá muito desprezo e indignação. ¹⁹ Se for do agrado do rei, seja feito de sua parte um mandamento real, e escreva-se nas leis da Pérsia e da Média, e que não se possa revogar: que Vasti nunca mais venha diante do rei Assuero; e o reino dela seja dado a outra que seja melhor que ela. ²⁰ E quando o mandamento que o rei ordenar for ouvido em todo o seu reino (ainda que seja grande), todas as mulheres darão honra a seus maridos, desde o maior até o menor. ²¹ E esta palavra foi do agrado dos olhos do rei e dos príncipes, e o rei fez conforme o que Memucã havia dito; ²² Então enviou cartas a todas a províncias do rei, a cada província segundo sua escrita, e a cada povo segundo sua língua, que todo homem fosse senhor em sua casa, e falasse isto conforme a língua de cada povo.

---

* **1:1** Assuero equiv. Xerxes – também no restante do livro   † **1:1** Cuxe trad. alt. Etiópia

2

¹ Passadas estas coisas, e tendo já sido apaziguado o furor do rei Assuero, ele se lembrou de Vasti, e do que ela havia feito, e do que havia sido sentenciado contra ela. ² Então os servos do rei, que lhe serviam, disseram: Busquem-se ao rei moças virgens de boa aparência; ³ E o rei ponha comissários em todas as províncias de seu reino, para que juntem todas as moças virgens de boa aparência na fortaleza de Susã, na casa das mulheres, ao cuidado de Hegai, eunuco do rei, vigilante das mulheres; e sejam lhes dado seus enfeites; ⁴ E a moça que agradar aos olhos do rei, reine em lugar de Vasti.E isto foi do agrado dos olhos do rei, e ele assim fez. ⁵ Havia um homem judeu na fortaleza de Susã, cujo nome era Mardoqueu, filho de Jair, filho de Simei, filho de Quis, um homem da *linhagem* de Benjamim; ⁶ O qual tinha sido levado de Jerusalém com os cativos que foram levados com Jeconias rei de Judá, a quem Nabucodonosor, rei da Babilônia, havia levado. ⁷ E ele tinha criado a Hadassa, que é Ester, filha de seu tio, porque não tinha pai nem mãe; e ela tinha bela forma, e era linda de aparência; e como seu pai e sua mãe tinham morrido, Mardoqueu a havia tomado como sua filha. ⁸ Sucedeu pois, que quando se divulgou o mandamento do rei e seu lei, e sendo reunidas muitas moças na fortaleza de Susã, ao cuidado de Hegai, também levaram Ester para casa do rei, ao cuidado de Hegai, vigilante das mulheres. ⁹ E a moça foi do agrado de seus olhos, e alcançou favor diante dele; por isso ele se apressou em *lhe dar* seus enfeites e suas porções de alimento, dando-lhe também sete moças escolhidas da casa do rei; e ele a passou com suas moças ao melhor *lugar* da casa das mulheres. ¹⁰ Ester, porém, não declarou seu povo nem sua parentela; porque Mardoqueu tinha lhe mandado que não declarasse. ¹¹ E todo dia Mardoqueu passeava diante do pátio da casa das mulheres, para saber como Ester estava, e que estava acontecendo com ela. ¹² E quando chegava a vez de cada uma das moças para vir ao rei Assuero, ao fim de haver estado doze meses, conforme à lei acerca das mulheres (porque assim se cumpriam os dias de seus enfeites, isto é, seis meses com óleo de mirra, e seis meses com especiarias, e *outros* enfeites de mulheres), ¹³ Então assim a moça vinha ao rei; tudo quanto ela pedia se lhe dava, para vir com isso da casa das mulheres até a casa do rei. ¹⁴ Ela vinha à tarde, e pela manhã voltava à segunda casa das mulheres, ao cuidado de Saasgaz eunuco do rei, vigilante das concubinas; ela não voltava mais ao rei, a não ser se o rei a desejasse, e fosse chamada por nome. ¹⁵ Chegando, pois, a vez de Ester, filha de Abiail, tio de Mardoqueu (que e havia tinha tomado por filha), para vir ao rei, nenhuma coisa pediu a não ser o que Hegai eunuco do rei, vigilante das mulheres, havia dito; e Ester alcançava o favor aos olhos de todos quantos a viam. ¹⁶ Assim Ester foi levada ao rei Assuero a sua casa real no décimo mês, que é o mês de Tebete, no sétimo ano de seu reinado. ¹⁷ E o rei amou a Ester mais que todas as mulheres, e alcançou diante dele favor e benevolência mais que todas as virgens; e ele pôs a coroa real em sua cabeça, e a fez rainha em lugar de Vasti. ¹⁸ Então o rei fez um grande banquete a todos seus príncipes e servos, o banquete de Ester; e deu repouso às províncias, e deu presentes, conforme a generosidade do rei. ¹⁹ E quando as virgens se ajuntaram pela segunda vez, Mardoqueu estava sentado à porta do rei. ²⁰ Ester, *porém* ,não tinha declarado sua parentela nem seu povo, assim como Mardoqueu havia lhe mandado; porque Ester fazia o que Mardoqueu mandava, assim como quando ele a criava. ²¹ Naqueles dias, estando Mardoqueu sentado à porta do rei, Bigtã e Teres, dois eunucos do rei, dos guardas da porta, ficaram muito indignados, e procuravam matar * o rei Assuero. ²² E isso foi percebido por Mardoqueu; então ele avisou à rainha Ester, e Ester disse ao rei em nome de Mardoqueu. ²³ Tendo o caso sido investigado, assim foi achado; e

---

* **2:21** matar lit. pôr as mãos em

ambos foram pendurados em uma forca. E isso foi registrado nas crônicas diante do rei.

3

¹ Depois destas coisas, o rei Assuero engrandeceu a Hamã filho de Hamedata agagita, e o exaltou, e pôs seu assento acima de todos os príncipes que estavam com ele. ² E todos os servos do rei que estavam à porta do rei se inclinavam e prostravam diante de Hamã, porque assim o rei tinha mandado acerca dele; porém Mardoqueu não se inclinava nem se prostrava. ³ Então os servos do rei que estavam à porta do rei disseram a Mardoqueu: Por que transgrides o mandamento do rei? ⁴ Sucedeu, pois, que, tendo eles dito *isto* dia após dia, e ele não tendo lhes dado ouvidos, avisaram dele a Hamã, para verem se as palavras de Mardoqueu continuariam; porque ele tinha lhes declarado que era judeu. ⁵ Quando Hamã viu que Mardoqueu não se inclinava nem se prostrava diante dele, ele se encheu de furor. ⁶ Porém, tendo já sido informado do povo de Mardoqueu, ele achou pouco matar apenas Mardoqueu; então Hamã procurou destruir a todos os judeus, o povo de Mardoqueu, que havia no reino de Assuero. ⁷ No primeiro mês (que é o mês de Nisã), no décimo segundo ano do rei Assuero, foi lançada Pur, isto é, a sorte, diante de Hamã, para cada dia e para cada mês; e *a sorte indicou* o décimo segundo mês, o mês de Adar. ⁸ Então Hamã disse ao rei Assuero: Há um povo disperso e dividido entre os povos em todas as províncias de teu reino, cujas leis são diferentes das de todo o povo, e não obedecem às leis do rei; por isso não convém ao rei tolerá-los. ⁹ Se for do agrado do rei, escreva-se que sejam destruídos; e eu porei dez mil talentos de prata nas mãos dos executarem a ação, para que sejam postos na tesouraria do rei. ¹⁰ Então o rei tirou seu anel de sua mão, e o deu a Hamã filho de Hamedata agageu, inimigo dos judeus, ¹¹ E o rei disse a Hamã: Essa prata te seja dada; e também esse povo, para fazeres dele o que quiseres. * ¹² Então chamaram aos escrivães do rei no primeiro mês, no *dia* treze do mesmo, e foi escrito conforme a tudo o que Hamã mandou, aos príncipes do rei, e aos governadores que havia sobre cada província, e aos líderes de cada povo, a cada província conforme sua escrita, e a cada povo conforme sua língua; em nome do rei Assuero foi escrito, e com o anel do rei foi selado. ¹³ E foram enviadas cartas por meio de mensageiros a todas as províncias do rei, para destruírem, matarem, e exterminarem a todos os judeus, desde o menino até o velho, crianças e mulheres em um dia, no *dia* treze do décimo segundo mês (que é o mês de Adar), e para saquearem suas posses. ¹⁴ A cópia do texto foi entregue como decreto para que anunciasse em todas as províncias em público a todos os povos, para que estivessem preparados para aquele dia. ¹⁵ Assim os mensageiros, obrigados pela palavra do rei, saíram, e o decreto foi anunciado na fortaleza de Susã. E o rei e Hamã se sentaram para beber; porém a cidade de Susã estava confusa.

4

¹ Quando Mardoqueu soube de tudo quanto havia acontecido, Mordecai rasgou suas vestes, e vestiu-se de saco e de cinza, e saiu andando por meio da cidade, clamando com grande e amargo clamor. ² E chegou até diante da porta do rei, porque ninguém vestido de saco podia entrar pela porta do rei. ³ E em toda província e lugar onde a palavra do rei e seu decreto chegava, havia entre os judeus grande luto, jejum, choro, e lamentação; e muitos se deitaram em sacos e cinza. ⁴ Então as virgens de Ester e seus eunucos vieram e a informaram; então a rainha teve grande dor, e enviou roupas para vestir a Mardoqueu, e tirar o saco que estava sobre ele; porém ele não

---

* **3:11** quiseres lit. pareceres bem ao teus olhos

as aceitou. [5] Então Ester chamou a Hatá, um dos eunucos do rei, que ele tinha posto para a servir, e o mandou a Mardoqueu, para saber o que era aquilo, e por quê. [6] Assim, pois Hatá veio a Mardoqueu à praça da cidade que estava diante da porta do rei. [7] E Mardoqueu lhe contou tudo o que tinha lhe acontecido, assim como a soma de prata que Hamã havia dito que daria para a tesouraria do rei por causa dos judeus, para os destruir. [8] Também lhe deu a cópia da escritura do decreto que tinha sido publicado em Susã para que fossem destruídos, a fim de a mostrar a Ester e a ela informar, e lhe mandar que fosse ao rei para lhe pedir e suplicar diante dele em favor de seu povo. [9] Veio, pois, Hatá, e contou a Ester as palavras de Mardoqueu. [10] Então Ester respondeu a Hatá, e mandou-lhe *dizer* a Mardoqueu: [11] Todos os servos do rei e o povo das províncias do rei sabem que todo homem ou mulher que entra ao pátio interno na presença rei sem ser chamado, sua sentença é a morte, a não ser se o rei estender o cetro de ouro, para que viva; e eu nestes trinta dias não fui chamada para vir ao rei. [12] E contaram a Mardoqueu as palavras de Ester. [13] Então Mardoqueu disse que respondessem a Ester: Não penses em tua alma, que escaparás na casa do rei mais que todos os *outros* judeus; [14] Porque se te calares agora, haverá alívio e libertação para os judeus de outra parte; porém tu e a casa de teu pai perecereis. E quem sabe se foi para tempo como este que chegaste a ser rainha? * [15] Então Ester disse que respondessem a Mardoqueu: [16] Vai, e junta a todos os judeus que se acham em Susã, e jejuai por mim, e não comais nem bebais durante três dias, nem de noite nem de dia; eu e minhas virgens também assim jejuaremos; e assim virei ao rei, ainda que não seja segundo à lei; e se eu perecer, perecerei. [17] Então Mardoqueu se foi, e fez conforme tudo quanto Ester lhe mandara.

5

[1] Aconteceu, pois, que ao terceiro dia Ester se vestiu de vestes reais, e se pôs no pátio de dentro da casa do rei, de frente ao aposento do rei; e o rei estava sentado em seu trono real no aposento real, em frente da porta do aposento. [2] E foi que, quando ele viu a rainha Ester, que estava no pátio, ela alcançou favor em seus olhos; e o rei apontou para Ester o cetro de ouro que tinha em sua mão. Então Ester se aproximou, e tocou a ponta do cetro. [3] Então o rei disse: O que tens, rainha Ester? E qual é a tua petição? Até a metade do reino será dada a ti. [4] E Ester respondeu: Se for do agrado do rei, venha o rei hoje com Hamã ao banquete que lhe tenho preparado. [5] Então o rei disse: Fazei Hamã se apressar a fazer o que Ester disse. Assim o rei veio com Hamã ao banquete que Ester havia preparado. [6] O rei perguntou a Ester no banquete do vinho: Qual é a tua petição, para que te seja concedida? Qual é o teu pedido? Ainda que seja a metade do reino, será feito. [7] Então Ester respondeu, dizendo: Minha petição e minha demanda é: [8] Se tenho achado favor aos olhos do rei, e se agrada ao rei conceder minha petição e fazer cumprir o meu pedido, que o rei venha com Hamã ao banquete que lhes prepararei; e amanhã farei conforme o que o rei tem dito. [9] Então Hamã saiu naquele dia contente e alegre de coração; porém, quando viu a Mardoqueu à porta do rei, e que ele não se levantava nem se movia por ele, então Hamã se encheu de furor contra Mardoqueu. [10] Porém Hamã se conteve, e veio a sua casa, e mandou vir seus amigos, e a Zeres sua mulher. [11] E Hamã lhes contou a glória de suas riquezas, e a multidão de seus filhos, e tudo em que o rei tinha lhe engrandecido e lhe exaltado sobre os príncipes e servos do rei. [12] Hamã também disse: Até a rainha Ester a ninguém fez vir com o rei ao banquete que ela preparou, a não ser a mim; e ainda amanhã sou convidado dela juntamente com o rei. [13] Porém tudo isto não me satisfaz, enquanto eu ver o judeu Mardoqueu sentado

---

* **4:14** chegaste a ser rainha lit. chegaste a este reino

à porta do rei. ¹⁴ Então sua mulher Zeres e todos os seus amigos lhe disseram: Seja feita uma forca de cinquenta côvados de altura, e amanhã dize ao rei para que nela enforquem a Mardoqueu; e então vai alegre com o rei ao banquete. E este conselho foi do agrado de Hamã, e ele mandou fazer a forca.

6

¹ Naquela noite o rei perdeu o sono. Então ele mandou trazer o livro das memórias das crônicas: e elas foram lidas na presença do rei. ² E achou-se escrito que Mardoqueu havia denunciado Bigtã e de Teres, dois eunucos do rei, da guarda da porta, que tinham procurado matar * o rei Assuero. ³ Então o rei disse: Que honra e que condecoração se fez a Mardoqueu por isto? E os servos do rei que o serviam disseram: Nada foi feito com ele. ⁴ Então o rei disse: Quem está no pátio? (Pois Hamã tinha vindo ao pátio de fora da casa do rei, para dizer ao rei que enforcassem a Mardoqueu na forca que tinha preparado para ele). ⁵ E os servos do rei lhe responderam: Eis que Hamã está no pátio. E o rei mandou que ele entrasse. ⁶ Quando Hamã entrou, o rei lhe perguntou: Que se fará ao homem a quem rei deseja honrar? Então Hamã pensou em seu coração: A quem o rei desejará mais dar honra que a mim? ⁷ Por isso Hamã respondeu ao rei: Ao homem a quem o rei deseja honrar, ⁸ Tragam o vestido real de que o rei costuma se vestir, o cavalo em que o rei costuma cavalgar, e ponha-se a coroa real sobre sua cabeça. ⁹ E entregue-se o vestido e o cavalo na mão de um dos mais importantes príncipes do rei, e vistam a tal homem a quem o rei deseja honrar, e levem-no a cavalo pelas ruas da cidade, e proclamem diante dele: Assim se fará ao homem a quem o rei deseja honrar! ¹⁰ Então o rei disse a Hamã: Apressa-te, toma o vestido e o cavalo, como disseste, e faze assim para com o judeu Mardoqueu, que se senta à porta do rei; não omitas coisa alguma de tudo quanto disseste. ¹¹ E Hamã tomou o vestido e o cavalo, e vestiu a Mardoqueu; e o levou a cavalo pelas ruas da cidade, e proclamou diante dele: Assim se fará ao homem a quem o rei deseja honrar! ¹² Depois disto Mardoqueu voltou à porta do rei. Porém Hamã se retirou correndo para sua casa, aborrecido, e com sua cabeça coberta. ¹³ E Hamã contou a sua mulher Zeres e a todos seus amigos tudo o que tinha lhe acontecido; então seus sábios e sua mulher Zeres lhe disseram: Se Mardoqueu, diante de quem começaste a cair, é da semente dos judeus, tu não prevalecerás contra ele; ao contrário, certamente cairás diante dele. ¹⁴ Enquanto eles ainda estavam falando com ele, os eunucos do rei chegaram, apressados, para levarem Hamã ao banquete que Ester havia preparado.

7

¹ Veio, pois, o rei com Hamã para beber com a rainha Ester. ² O rei disse também a Ester no segundo dia do banquete do vinho: Qual é tua petição, rainha Ester, para que te seja concedida? Qual é o teu pedido? Ainda que seja a metade do reino, será feito. ³ Então a rainha Ester respondeu e disse: Ó rei, se tenho achado favor em teus olhos, e se for do agrado do rei, seja me dada minha vida por minha petição, e meu povo por meu pedido. ⁴ Porque estamos vendidos, eu e meu povo, para sermos destruídos, mortos e exterminados. Se *apenas* fôssemos ser vendidos como escravos e escravas, eu ficaria calada, pois tal opressão não compensaria incomodar ao rei. ⁵ Então o rei Assuero respondeu à rainha Ester: Quem é esse, e onde está esse, que se atreveu * a pensar em fazer assim? ⁶ E Ester disse: O homem opressor e inimigo é este malvado Hamã. Então Hamã se perturbou diante do rei e da rainha. ⁷ E o rei, em seu furor, se

---

* **6:2** matar lit. pôr as mãos em   * **7:5** atreveu encheu seu coração

levantou do banquete do vinho, e *foi* ao jardim do palácio; e Hamã ficou em pé para suplicar à rainha Ester por sua vida; pois entendeu que o rei já havia decidido o mal contra ele. ⁸ Quando o rei voltou do jardim do palácio ao lugar do banquete do vinho, Hamã estava caído sobre o leito em que Ester estava. Então disse o rei: Por acaso ele também queria abusar da rainha diante de mim nesta casa? Assim que esta palavra saiu da boca do rei, cobriram o rosto de Hamã. ⁹ Então Harbona, um dos eunucos que estavam na presença do rei, disse: Eis que há uma forca de cinquenta côvados de altura que Hamã fez para Mardoqueu, o qual falou para o bem do rei, junto à casa de Hamã. Então o rei disse: Enforcai-o nela. ¹⁰ Assim enforcaram a Hamã na forca que ele tinha mandado preparar para Mardoqueu; então o furor do rei se apaziguou.

8

¹ Naquele mesmo dia o rei Assuero deu à rainha Ester a casa de Hamã, inimigo dos judeus; e Mardoqueu veio diante do rei, porque Ester *lhe* declarara o que ele era dela. ² E o rei tirou o seu anel que tinha tomado de Hamã, e o deu a Mardoqueu. E Ester pôs a Mardoqueu sobre *o comando* da casa de Hamã. ³ Ester falou novamente diante do rei, e lançou-se a seus pés, chorando e suplicando-lhe que revogasse a maldade de Hamã, agagita, e seu plano que tinha tramado contra os judeus. ⁴ Então o rei apontou para Ester o cetro de ouro; e Ester se levantou, e se pôs em pé diante do rei. ⁵ E disse: Se for do agrado do rei, e se tenho achado favor diante dele, e se for correto perante o rei, e se eu lhe agrado em seus olhos, escreva-se que sejam revogadas as cartas do plano de Hamã, filho de Hamedata, agagita, que ele escreveu para destruir os judeus que estão em todas as províncias do rei. ⁶ Pois como poderei eu ver o mal que sobrevirá a meu povo? Como poderei eu ver a destruição dos meus parentes? ⁷ Então o rei Assuero respondeu à rainha Ester e ao judeu Mardoqueu: Eis que dei a Ester a casa de Hamã, e a ele enforcaram na forca, por ter tentado matar * os judeus. ⁸ Escrevei, pois, vós aos judeus como bem vos parecer † em nome do rei, e selai o com o anel do rei; porque a escritura que é selada com o anel do rei, não pode ser revogada. ⁹ Então foram chamados os escrivães do rei naquele mesmo instante, no terceiro mês (que é Sivã), ao *dia* vinte e três do mesmo; e escreveu-se conforme tudo quanto Mardoqueu mandou, aos judeus, como também aos sátrapas, aos governadores, e aos líderes das províncias, que *se estendem* da Índia até Cuxe, ‡ cento e vinte e sete províncias, a cada província segundo sua escrita, e a cada povo conforme sua língua; como também aos judeus conforme sua escrita, e conforme sua língua. ¹⁰ E escreveu-se em nome do rei Assuero, e selou-se com o anel do rei; e as cartas foram enviadas por meio dos mensageiros por correios a cavalo, que cavalgavam sobre velozes cavalos, os quais pertenciam ao rei. ¹¹ Que o rei concedia aos judeus que havia em todas a cidades, que se ajuntassem e se pusessem em defesa de suas vidas, para destruírem, matarem e exterminarem todas as tropas de povo e província que viesse contra eles, até a crianças como a mulheres, e *os* despojassem de seus bens; ¹² Em um mesmo dia, em todas as províncias do rei Assuero, no *dia* treze do décimo segundo mês, que é o mês de Adar. ¹³ A cópia da carta dada como decreto em todas as províncias foi anunciada publicamente a todos os povo, para que os judeus estivessem preparados para aquele dia, para se vingarem de seus inimigos. ¹⁴ Os mensageiros, sobre cavalos velozes, saíram apressadamente, impelidos pela ordem do rei; e o decreto também foi publicado na fortaleza de Susã. ¹⁵ Então Mardoqueu saiu de diante do rei com vestido real de azul celeste e branco, como também com uma grande coroa de ouro, e um manto de linho e púrpura; e a cidade de Susã jubilou

---

* **8:7** tentado matar lit. posto a mão em   † **8:8** vos parecer lit. parecer em vossos olhos   ‡ **8:9** Cuxe trad. alt. Etiópia

e se alegrou. ¹⁶ E para os judeus houve luz, alegria, júbilo, e honra. ¹⁷ Também em cada província e em cada cidade aonde chegava a palavra do rei e seu decreto, havia entre os judeus alegria e júbilo, banquetes e dia de prazer. E muitos dos povos da terra se tornaram como judeus, porque o temor aos judeus havia caído sobre eles.

9

¹ E no décimo segundo mês (que é o mês de Adar), no *dia* treze do mesmo, em que chegou o prazo para a palavra do rei se seu decreto serem executados, no mesmo dia em que os inimigos dos judeus esperavam vencê-los, sucedeu o contrário, porque foram os judeus que venceram aqueles que os odiavam. ² Os judeus se ajuntaram em suas cidades em todas as províncias do rei Assuero, para atacarem * os que procuravam lhes fazer mal; e ninguém pôde subsistir diante deles, porque o temor a eles tinha caído sobre todos os povos. ³ E todos os governadores das províncias, e os sátrapas, e os líderes, e os oficiais do rei, auxiliavam os judeus; porque o temor a Mardoqueu tinha caído sobre eles, ⁴ Porque Mardoqueu era grande na casa do rei, e sua fama ia por todas as províncias; pois o homem Mardoqueu havia se engrandecido. ⁵ Assim os judeus feriram a todos os seus inimigos com golpes de espada, matança, e destruição; e fizeram o que quiseram daqueles que os odiavam. ⁶ E na fortaleza de Susã os judeus mataram e destruíram quinhentos homens, ⁷ Inclusive a Parsandata, Dalfom, Aspata, ⁸ Porata, Adalia, Aridata, ⁹ Farmasta, Arisai, Aridai, e a Vaisata, ¹⁰ Os dez filhos de Hamã filho de Hamedata, inimigo dos judeus; porém não puseram suas mãos no despojo. ¹¹ No mesmo dia veio diante do rei a contagem dos mortos na fortaleza de Susã. ¹² E o rei disse à rainha Ester: Na fortaleza de Susã, os judeus mataram e destruíram a quinhentos homens, e aos dez filhos de Hamã; nas demais províncias do rei, o que teriam feito? Qual pois é tua petição, para que te seja concedida? Ou qual mais é teu pedido, para que te seja feito? ¹³ Então Ester disse: Se for do agrado do rei, conceda-se também amanhã aos judeus em Susã, que façam conforme a lei de hoje; e que enforquem na forca os dez filhos de Hamã. ¹⁴ Então o rei disse que assim se fizesse; e deu-se a ordem em Susã, e enforcaram aos dez filhos de Hamã. ¹⁵ E os judeus que estavam em Susã se ajuntaram também no *dia* catorze do mês de Adar, e mataram trezentos homens em Susã; porém não puseram suas mãos no despojo. ¹⁶ Também os demais judeus que estavam nas províncias do rei se ajuntaram e para se porem em defesa de sua vida, e terem repouso de seus inimigos; e mataram a setenta e cinco mil daqueles que os odiavam; porém não puseram suas mãos no despojo. ¹⁷ *Sucedeu isto* no *dia* treze do mês de Adar; e repousaram no *dia* catorze do mesmo, e fizeram dele um dia de banquetes e de alegria. ¹⁸ Também os judeus que estavam em Susã se ajuntaram nos *dias* treze e catorze do mesmo mês; e no *dia* quinze do mesmo repousaram, e fizeram daquele dia um dia de banquetes e de alegria. ¹⁹ Por isso os judeus das aldeias, que habitavam nas cidades se muros, fizeram o *dia* catorze do mês de Adar um dia de alegria, de banquetes, e dia de festejo; e de mandarem presentes uns aos outros. ²⁰ E Mardoqueu escreveu estas coisas, e enviou cartas a todos os judeus que havia em todas as províncias do rei Assuero, próximos e distantes, ²¹ Ordenando-lhes que comemorassem o décimo quarto *dia* do mês de Adar, e o décimo quinto do mesmo, todos os anos. ²² Como os dias em que os judeus tiveram repouso de seus inimigos; e o mês que tornou para eles de tristeza em alegria, e de luto em dia de festejo; para que os fizessem dias de banquetes e de alegria, e de mandarem presentes uns aos outros, e de doações aos pobres. ²³ E os judeus aceitaram fazer o que já tinham começado assim como o que Mardoqueu havia lhes escrito. ²⁴ Porque Hamã

---

* **9:2** atacarem lit. porem as mãos sobre

filho de Hamedata, o agagita, inimigo de todos os judeus, tinha planejado destruir todos os judeus, e lançou Pur, isto é, sorte, para os oprimir e os destruir. [25] Mas quando isto veio diante do rei, ele deu ordem por cartas, que seu plano maligno, que tramara contra os judeus, tornasse sobre sua cabeça; assim enforcaram a ele e a seus filhos na forca. [26] Por isso aqueles dias foram chamados Purim, por causa do nome Pur. Portanto, por causa de todas as palavras daquela carta; e do que testemunharam quanto a isso, e do que veio sobre eles, [27] Os judeus confirmaram e comprometeram a si mesmos e a seus descendentes, e a todos os que se fossem próximos deles, que não deixariam de comemorar estes dois dias conforme o que foi escrito deles, e conforme seu tempo determinado, todos os anos; [28] E que estes dias seriam lembrados e comemorados em todas as gerações, famílias, províncias, e cidades; e que estes dias de Purim não seriam ignorados pelos judeus, e que sua lembrança nunca teria fim entre seus descendentes. [29] Depois disto a rainha Ester, filha de Abiail, e o judeu Mardoqueu, escreveram com todo poder, para confirmarem pela segunda vez esta carta de Purim. [30] E foram enviadas cartas a todos os judeus, às cento e vinte e sete províncias do rei Assuero, com palavras de paz e de verdade, [31] Para confirmarem estes dias de Purim em seus tempos determinados, conforme o judeu Mardoqueu e a rainha Ester tinham lhes confirmado, e como eles mesmos já o confirmaram para si e para seus descendentes; acerca do jejum e de seu clamor. [32] E o mandamento de Ester confirmou estas palavras dadas acerca de Purim, e escreveu-se em um livro.

10

[1] E o rei Assuero impôs um tributo sobre a terra e *sobre* as ilhas do mar. [2] E todas as obras de seu poder e de seu valor, e a declaração da grandeza de Mardoqueu, a quem o rei engrandeceu, por acaso não estão escritas no livro das crônicas dos reis da Média e da Pérsia? [3] Pois o judeu Mardoqueu foi o segundo depois do rei Assuero, e grande entre os judeus, e agradável à multidão de seus irmãos, procurando o bem de seu povo, * e falando prosperidade para todo o seu povo.

---

* **10:3** povo lit. semente

Jó

[1] Havia um homem na terra de Uz, cujo nome era Jó; e este homem era íntegro e correto, temente a Deus, e que se afastava do mal. [2] E nasceram-lhe sete filhos e três filhas. [3] E seu patrimônio era sete mil ovelhas, três mil camelos, quinhentas juntas de bois, e quinhentas jumentas; ele também tinha muitíssimos servos, de maneira que este homem era o maior de todos do oriente. [4] E seus filhos iam nas casas uns dos outros para fazerem banquetes, cada um em seu dia; e mandavam convidar as suas três irmãs, para que comessem e bebessem com eles. [5] E acontecia que, acabando-se o revezamento dos dias de banquetes, Jó enviava e os santificava, e se levantava de madrugada para apresentar holocaustos*conforme* o número de todos eles. Pois Jó dizia: Talvez meus filhos tenham pecado, e tenham amaldiçoado a Deus em seus corações. Assim Jó fazia todos aqueles dias. [6] E em certo dia, os filhos de Deus * vieram para se apresentarem diante do SENHOR, e Satanás também veio entre eles. [7] Então o SENHOR disse a Satanás: De onde vens? E Satanás respondeu ao SENHOR, dizendo: De rodear a terra, e de passear por ela. [8] E o SENHOR disse a Satanás: Tendes visto meu servo Jó? Pois ninguém há na terra semelhante a ele, homem íntegro e correto, temente a Deus, e que se afasta de mal. [9] Então Satanás respondeu ao SENHOR, dizendo: Por acaso Jó teme a Deus em troca de nada? [10] Por acaso tu não puseste uma cerca ao redor dele, de sua casa, e de tudo quanto ele tem? Tu abençoaste o trabalho de suas mãos, e seu patrimônio † tem crescido sobre a terra. [11] Mas estende agora tua mão, e toca em tudo quanto ele tem; e *verás* se ele não te amaldiçoa em tua face. [12] E o SENHOR disse a Satanás: Eis que tudo quanto ele tem está em tua mão; somente não estendas tua mão contra ele. E Satanás saiu de diante do SENHOR. [13] E sucedeu um dia que seus filhos e filhas estavam comendo e bebendo vinho na casa de seu irmão primogênito, [14] Que veio um mensageiro a Jó, que disse: Enquanto os bois estavam arando, e as jumentas se alimentando perto deles, [15] Eis que os sabeus atacaram, e os tomaram, e feriram os servos a fio de espada; somente eu escapei para te trazer a notícia. [16] Enquanto este ainda estava falando, veio outro que disse: Fogo de Deus caiu do céu, que incendiou as ovelhas entre os servos, e os consumiu; somente eu escapei para te trazer-te a notícia. [17] Enquanto este ainda estava falando, veio outro que disse: Os caldeus formaram três tropas, e atacaram os camelos, e os tomaram, e feriram os servos a fio de espada; somente eu escapei para te trazer a notícia. [18] Enquanto este ainda estava falando, veio outro que disse: Teus filhos e tuas filhas estavam comendo e bebendo vinho em casa de seu irmão primogênito, [19] E eis que veio um grande vento do deserto, e atingiu os quatro cantos da casa, que caiu sobre os jovens, e morreram; somente eu escapei para te trazer a notícia. [20] Então Jó se levantou, rasgou sua capa, rapou sua cabeça, e caindo na terra, adorou, [21] E disse: Nu saí do ventre de minha mãe, e nu para lá voltarei. O SENHOR deu, e o SENHOR tomou; bendito seja o nome do SENHOR. [22] Em tudo isto Jó não pecou, nem atribuiu a Deus falta alguma.

2

[1] E veio outro dia em que os filhos de Deus vieram para se apresentarem diante do SENHOR, e e Satanás também veio entre eles para se apresentar diante do SENHOR. [2] Então o SENHOR disse a Satanás: De onde vens? E Satanás respondeu ao SENHOR, e dizendo: De rodear a terra, e de passear por ela. [3] E o SENHOR disse a Satanás: Tendes

---

* **1:6** filhos de Deus i.e., os anjos   † **1:10** patrimônio trad. alt. gado

visto meu servo Jó? Pois ninguém há semelhante a ele na terra, homem íntegro e correto, temente a Deus e que se afasta do mal; e que ainda mantém sua integridade, mesmo depois de teres me incitado contra ele, para o arruinar sem causa. ⁴ Então Satanás respondeu ao SENHOR, dizendo: Pele por pele, e tudo quanto o homem tem, dará por sua vida. ⁵ Mas estende agora tua mão, e toca em seus ossos e sua carne, e *verás* se ele não te amaldiçoa em tua face. ⁶ E o SENHOR disse a Satanás: Eis que ele está em tua mão; mas preserva sua vida. ⁷ Então Satanás saiu de diante do SENHOR, e feriu a Jó de chagas malignas desde a planta de seus pés até a topo de sua cabeça. ⁸ E *Jó* tomou um caco para se raspar com ele, e ficou sentado no meio da cinza. ⁹ Então sua mulher lhe disse: Ainda manténs a tua integridade? Amaldiçoa a Deus, e morre. ¹⁰ Porém ele lhe disse: Tu falas como uma tola. Receberíamos o bem de Deus, e o mal não receberíamos? Em tudo isto Jó não pecou com seus lábios. ¹¹ Quando três amigos de Jó, Elifaz temanita, Bildade suíta, e Zofar naamita, ouviram todo este mal que lhe tinha vindo sobre ele, vieram cada um de seu lugar; porque haviam combinado de juntamente virem para se condoerem dele, e o consolarem. ¹² Eles, quando levantaram seus olhos de longe, não o reconheceram; e choraram em alta voz; e cada um deles rasgou sua capa, e espalharam pó ao ar sobre suas cabeças. ¹³ Assim se sentaram com ele na terra durante sete dias e sete noites, e nenhum lhe falava palavra alguma, pois viam que a dor era muito grande.

3

¹ Depois disto Jó abriu sua boca, e amaldiçoou seu dia. ² Pois Jó respondeu, e disse: ³ Pereça o dia em que nasci, e a noite *em que* se disse: Um homem foi concebido. ⁴ Torne-se aquele dia em trevas; Deus não lhe dê atenção desde acima, nem claridade brilhe sobre ele. ⁵ Reivindiquem-no para si trevas e sombra de morte; nuvens habitem sobre ele; a escuridão do dia o espante. ⁶ Tome a escuridão aquela noite; não seja contada entre os dias do ano, nem faça parte do número dos meses. ⁷ Ah se aquela noite fosse solitária, e música de alegria não viesse a ela! ⁸ Amaldiçoem-na os que amaldiçoam o dia, os que se preparam para levantar seu pranto. ⁹ Escureçam-se as estrelas de sua manhã; espere a luz, e não venha, e as pálpebras não vejam o amanhecer; ¹⁰ Pois não fechou as portas do ventre onde eu estava, nem escondeu de meus olhos o sofrimento. ¹¹ Por que eu não morri desde a madre, ou perdi a vida ao sair do ventre? ¹² Por que joelhos me receberam? E por que seios me amamentaram? ¹³ Pois agora eu jazeria e repousaria; dormiria, e então haveria repouso para mim; ¹⁴ Com os reis e os conselheiros da terra, que edificavam para si os desertos; ¹⁵ Ou com os príncipes que tinham ouro, que enchiam suas casas de prata. ¹⁶ Ou *por que* não fui como um aborto oculto, como as crianças que nunca viram a luz? ¹⁷ Ali os maus deixam de perturbar, e ali repousam os cansados de forças. ¹⁸ Ali os prisioneiros juntamente repousam; *e* não ouvem a voz do opressor. ¹⁹ Ali estão o pequeno e o grande; e o servo livre *está* de seu senhor. ²⁰ Por que se dá luz ao sofredor, e vida aos amargos de alma, ²¹ Que esperam a morte, e ela não chega, e que a buscam mais que tesouros; ²² Que saltam de alegram e ficam contentes quando acham a sepultura? ²³ *E também* ao homem cujo caminho é oculto, e a quem Deus o encobriu? ²⁴ Pois antes do meu pão vem meu suspiro; e meus gemidos correm como águas. ²⁵ Pois aquilo eu temia tanto veio a mim, e aquilo que tinha medo me aconteceu. ²⁶ Não tenho tido descanso, nem tranquilidade, nem repouso; mas perturbação veio sobre mim.

4

¹ Então Elifaz o temanita respondeu, dizendo: ² Se tentarmos falar contigo, ficarás incomodado? Mas quem poderia deter as palavras? ³ Eis que tu ensinavas a muitos,

e fortalecias as mãos fracas; ⁴ Tuas palavras levantavam aos que tropeçavam, e fortificavas os joelhos que desfaleciam. ⁵ Mas agora *isso* que aconteceu contigo, tu te cansas; e quando *isso* te tocou, te perturbas. ⁶ Por acaso não era o teu temor *a Deus* a tua confiança, e a integridade dos teus caminhos tua esperança? ⁷ Lembra-te agora, qual foi o inocente que pereceu? E onde os corretos foram destruídos? ⁸ Como eu tenho visto, os que lavram injustiça e semeiam opressão colhem o mesmo. ⁹ Com o sopro de Deus eles perecem, e pelo vento de sua ira * são consumidos. ¹⁰ O rugido do leão, a voz do leão feroz, e os dentes dos leões jovens são quebrantados. ¹¹ O leão velho perece por falta de presa, e os filhotes da leoa se dispersam. ¹² Uma palavra me foi dita em segredo, e meu ouvidos escutaram um sussurro dela. ¹³ Em imaginações de visões noturnas, quando o sono profundo cai sobre os homens, ¹⁴ Espanto e tremor vieram sobre mim, que espantou todos os meus ossos. ¹⁵ Então um vento † passou por diante de mim, que fez arrepiar os pelos de minha carne. ¹⁶ Ele parou, mas não reconheci sua feição; uma figura estava diante de meus olhos, e ouvi uma voz quieta, *que dizia* : ¹⁷ Seria o ser humano mais justo que Deus? Seria o homem mais puro que seu Criador? ¹⁸ Visto que ele não confia em seus servos, e considera seus anjos como loucos, ¹⁹ Quanto mais naqueles que habitam em casas de lodo, cujo fundamento está no pó, e são esmagáveis como a traça! ²⁰ Desde a manhã até a tarde são despedaçados, e perecem sempre, sem que ninguém perceba. ²¹ Por acaso sua excelência não se perde com eles mesmos? Eles morrem sem sabedoria.

5

¹ Clama agora! Haverá alguém que te responda? E a qual dos santos te voltarás? ² Pois a ira acaba com o louco, e o zelo mata o tolo. ³ Eu vi ao louco lançar raízes, porém logo amaldiçoei sua habitação. ⁴ Seus filhos estarão longe da salvação; na porta são despedaçados, e não há quem os livre. ⁵ O faminto devora sua colheita, e a tira até dentre os espinhos; e o assaltante * traga sua riqueza. ⁶ Porque a aflição não procede do pó da terra, nem a opressão brota do chão. ⁷ Mas o ser humano nasce para a opressão, assim como as faíscas das brasas se levantam a voar. ⁸ Porém eu buscaria a Deus, e a ele confiaria minha causa; ⁹ *Pois* ele é o que faz coisas grandiosas e incompreensíveis, e inúmeras maravilhas. ¹⁰ Ele é o que dá a chuva sobre a face da terra, e envia águas sobre os campos. ¹¹ Ele põe os humildes em lugares altos, para que os sofredores sejam postos em segurança. ¹² Ele frustra os planos dos astutos, para que suas mãos nada consigam executar. ¹³ Ele prende aos sábios em sua própria astúcia; para que o conselho dos perversos seja derrubado. ¹⁴ De dia eles se encontram com as trevas, e ao meio-dia andam apalpando como de noite. ¹⁵ Porém livra ao necessitado da espada de suas bocas, e da mão do violento. ¹⁶ Pois ele é esperança para o necessitado, e a injustiça tapa sua boca. ¹⁷ Eis que bem-aventurado é o homem a quem Deus corrige; portanto não rejeites o castigo do Todo-Poderoso. ¹⁸ Pois ele faz a chaga, mas também põe o curativo; ele fere, mas suas mãos curam. ¹⁹ Em seis angústias ele te livrará, e em sete o mal não te tocará. ²⁰ Na fome ele te livrará da morte, e na guerra *livrará* do poder da espada. ²¹ Do açoite da língua estarás encoberto; e não temerás a destruição quando ela vier. ²² Tu rirás da destruição e da fome, e não temerás os animais da terra. ²³ Pois até com as pedras do campo terás teu pacto, e os animais do campo serão pacíficos contigo. ²⁴ E saberás que há paz em tua tenda; e visitarás tua habitação, e não falharás. † ²⁵ Também saberás que tua semente se multiplicará, e teus descendentes serão como a erva da

---

* **4:9** sua ira trad. alt. suas narinas   † **4:15** vento trad. alt. espírito   * **5:5** assaltante – obscuro trad. alt. sedento   † **5:24** falharás trad. alt. acharás coisa alguma em falta

terra. ²⁶ Na velhice virás à sepultura, como o amontoado de trigo que se recolhe a seu tempo. ²⁷ Eis que é isto o que temos constatado, e assim é; ouve-o, e pensa nisso tu para teu *bem* .

6

¹ Mas Jó respondeu, dizendo: ² Oh se pesassem justamente minha aflição, e meu tormento juntamente fosse posto em uma balança! ³ Pois na verdade seria mais pesada que a areia dos mares; por isso minhas palavras têm sido impulsivas. ⁴ Porque as flechas do Todo-Poderoso estão em mim, cujo veneno meu espírito bebe; e temores de Deus me atacam. ⁵ Por acaso o asno selvagem zurra junto à erva, ou o boi berra junto a seu pasto? ⁶ Por acaso se come o insípido sem sal? Ou há gosto na clara do ovo? ⁷ Minha alma se recusa tocar *essas coisas* ,que são para mim como comida detestável. ⁸ Ah se meu pedido fosse realizado, e se Deus *me* desse o que espero! ⁹ Que Deus me destruísse; ele soltasse sua mão, e acabasse comigo! ¹⁰ Isto ainda seria meu consolo, um alívio em meio ao tormento que não *me* poupa; pois eu não tenho escondido as palavras do Santo. ¹¹ Qual é minha força para que eu espere? E qual meu fim, para que eu prolongue minha vida? ¹² É, por acaso, a minha força a força de pedras? Minha carne é de bronze? ¹³ Tenho eu como ajudar a mim mesmo, se todo auxílio * me foi tirado? ¹⁴ Ao aflito, seus amigos deviam ser misericordiosos, mesmo se ele tivesse abandonado o temor ao Todo-Poderoso. ¹⁵ Meus irmãos foram traiçoeiros comigo, como ribeiro, como correntes de águas que transbordam, ¹⁶ Que estão escurecidas pelo gelo, e nelas se esconde a neve; ¹⁷ Que no tempo do calor se secam e, ao se aquecerem, desaparecem de seu lugar; ¹⁸ Os cursos de seus caminhos se desviam; vão se minguando, e perecem. ¹⁹ As caravanas de Temã as veem; os viajantes de Sabá esperam por elas. ²⁰ Foram envergonhados por aquilo em que confiavam; e ao chegarem ali, ficaram desapontados. ²¹ Agora, vós vos tornastes semelhantes a elas; pois vistes o terror, e temestes. ²² Por acaso eu disse: Trazei-me *algo* ? Ou: Dai presente a mim de vossa riqueza? ²³ Ou: Livrai-me da mão do opressor? Ou: Resgatai-me das mãos dos violentos? ²⁴ Ensinai-me, e eu *me* calarei; e fazei-me entender em que errei. ²⁵ Como são fortes as palavras de boa razão! Mas o que vossa repreensão reprova? ²⁶ Pretendeis repreender palavras, sendo que os argumentos do desesperado são como o vento? ²⁷ De fato vós lançaríeis *sortes* sobre o órfão, e venderíeis vosso amigo. ²⁸ Agora, pois, disponde-vos a olhar para mim; e *vede* se eu minto diante de vós. ²⁹ Mudai de opinião, pois, e não haja perversidade; mudai de opinião, pois minha justiça continua. ³⁰ Há perversidade em minha língua? Não poderia meu paladar discernir as coisas más?

7

¹ Por acaso o ser humano não tem um trabalho duro sobre a terra, e não são seus dias como os dias de um assalariado? ² Como o servo suspira pela sombra, e como o assalariado espera por seu pagamento, ³ Assim também me deram por herança meses inúteis, e me prepararam noites de sofrimento. ⁴ Quando eu me deito, pergunto: Quando me levantarei? Mas a noite se prolonga, e me canso de me virar *na cama* até o amanhecer. ⁵ Minha carne está coberta de vermes e de crostas de pó; meu pele está rachada e horrível. ⁶ Meus dias são mais rápidos que a lançadeira do tecelão, e perecem sem esperança. ⁷ Lembra-te que minha vida é um sopro; meus olhos não voltarão a ver o bem. ⁸ Os olhos dos que me veem não me verão mais; teus olhos estarão sobre mim, porém deixarei de existir. ⁹ A nuvem se esvaece, e passa; assim

---

* **6:13** auxílio obscuro

também quem desce ao Xeol * nunca voltará a subir. ¹⁰ Nunca mais voltará à sua casa, nem seu lugar o conhecerá. ¹¹ Por isso eu não calarei minha boca; falarei na angústia do meu espírito, e me queixarei na amargura de minha alma. ¹² Por acaso sou eu o mar, ou um monstro marinho, para que me ponhas guarda? ¹³ Quando eu digo: Minha cama me consolará; meu leito aliviará minhas queixa, ¹⁴ Então tu me espantas com sonhos, e me assombras com visões. ¹⁵ Por isso minha alma preferia a asfixia *e a* morte, mais que meus ossos. ¹⁶ Odeio *a minha vida* ; não viverei para sempre; deixa-me, pois que meus dias são inúteis. ¹⁷ O que é o ser humano, para que tanto o estimes, e ponhas sobre ele teu coração, ¹⁸ E o visites a cada manhã, e a cada momento o proves? ¹⁹ Até quando não me deixarás, nem me liberarás até que eu engula minha saliva? ²⁰ Se pequei, o eu que te fiz, ó Guarda dos homens? Por que me fizeste de alvo de dardos, para que eu seja pesado para mim mesmo? ²¹ E por que não perdoas minha transgressão, e tiras minha maldade? Porque agora dormirei no pó, e me buscarás de manhã, porém não mais existirei.

8

¹ Então Bildade, o suíta, respondeu, dizendo: ² Até quando falarás tais coisas, e as palavras de tua boca serão como um vento impetuoso? ³ Por acaso Deus perverteria o direito, ou o Todo-Poderoso perverteria a justiça? ⁴ Se teus filhos pecaram contra ele, ele também os entregou ao castigo por sua transgressão. * ⁵ Se tu buscares a Deus com empenho, e pedires misericórdia ao Todo-Poderoso; ⁶ Se fores puro e correto, certamente logo ele se levantará em teu favor, e restaurará a morada de tua justiça. ⁷ Ainda que teu princípio seja pequeno, o teu fim será muito grandioso. ⁸ Pois pergunta agora à geração passada, e considera o que seus pais descobriram. ⁹ Pois nós somos de ontem e nada sabemos, pois nossos dias sobre a terra são como a sombra. ¹⁰ Por acaso eles não te ensinarão, e te dirão, e falarão palavras de seu coração? ¹¹ Pode o papiro crescer sem lodo? Ou pode o junco ficar maior sem água? ¹² Estando ele ainda verde, sem ter sido cortado, ainda assim se seca antes de toda erva. ¹³ Assim são os caminhos de todos os que esquecem de Deus; e a esperança do corrupto perecerá; ¹⁴ Sua esperança será frustrada, e sua confiança será como a teia de aranha. ¹⁵ Ele se apoiará em sua casa, mas ela não ficará firme; ele se apegará a ela, mas ela não ficará de pé. ¹⁶ Ele está bem regado diante do sol, e seus ramos brotam por cima de sua horta; ¹⁷ Suas raízes se entrelaçam junto à fonte, olhando para o pedregal. ¹⁸ Se lhe arrancarem de seu lugar, este o negará, *dizendo* : Nunca te vi. ¹⁹ Eis que este é o prazer de seu caminho; e do solo outros brotarão. ²⁰ Eis que Deus não rejeita ao íntegro, nem segura pela mão aos malfeitores. ²¹ Ainda ele encherá tua boca de riso, e teus lábios de júbilo. ²² Os que te odeiam se vestirão de vergonha, e nunca mais haverá tenda de perversos.

9

¹ Mas Jó respondeu, dizendo: ² Na verdade sei que é assim; mas como pode o ser humano ser justo diante de Deus? ³ Ainda se quisesse disputar com ele, não conseguiria lhe responder uma coisa sequer em mil. ⁴ Ele é sábio de coração, e poderoso em forças. Quem se endureceu contra ele, e teve paz? ⁵ Ele transporta as montanhas sem que o saibam; e as transtorna em seu furor. ⁶ Ele remove a terra de seu lugar, e faz suas colunas tremerem. ⁷ Ele dá ordem ao sol, e ele não brilha; e sela as estrelas. ⁸ Ele é o que sozinho estende os céus, e anda sobre as alturas do mar. ⁹ Ele é o que fez a Ursa, o Órion, as Plêiades, e as constelações * do sul. ¹⁰ Ele é

---

* **7:9** Xeol é o lugar dos mortos   * **8:4** castigo por seu pecado lit. poder de sua transgressão   * **9:9** constelações lit. recâmaras

o que faz coisas grandes e incompreensíveis, e inúmeras maravilhas. ¹¹ Eis que ele passa diante de mim, sem que eu não o veja; ele passará diante de mim, sem que eu saiba. ¹² Eis que, quando ele toma, quem pode lhe impedir? Quem poderá lhe dizer: O que estás fazendo? ¹³ Deus não reverterá sua ira, e debaixo dele se encurvam os assistentes de Raabe. † ¹⁴ Como poderia eu lhe responder, e escolher minhas palavras contra ele? ¹⁵ A ele, ainda que eu fosse justo, não lhe responderia; a meu juiz pediria misericórdia. ¹⁶ Ainda que eu lhe chamasse, e ele respondesse, mesmo assim não creria que ele tivesse dado ouvidos à minha voz. ¹⁷ Pois ele tem me quebrantado com tempestade, e multiplicado minhas feridas sem causa. ¹⁸ Ele não me permite respirar; em vez disso, me farta de amarguras. ¹⁹ Quanto às forças, eis que ele é forte; e quanto ao juízo, *ele diria* : Quem me convocará? ²⁰ Ainda que eu seja justo, minha boca me condenaria; se eu fosse inocente, então ela me declararia perverso. ²¹ Mesmo se eu for inocente, não estimo minha alma; desprezo minha vida. ²² É tudo a mesma coisa; por isso digo: ele consome ao inocente e ao perverso. ²³ Quando o açoite mata de repente, ele ri do desespero dos inocentes. ²⁴ A terra está entregue nas mãos dos perversos. Ele cobre o rosto de seus juízes. Se não é ele, então quem é? ²⁵ Meus dias foram mais rápidos que um homem que corre; fugiram, e não viram o bem. ²⁶ Passaram como barcos de papiro, como a águia que se lança à comida. ²⁷ Se disser: Esquecerei minha queixa, mudarei o aspecto do meu rosto, e sorrirei, ²⁸ *Ainda* teria pavor de todas as minhas dores; *pois* sei que não me terás por inocente. ²⁹ Se eu já estou condenado, então para que eu sofreria em vão? ³⁰ Ainda que me lave com água de neve, e limpe minhas mãos com sabão, ³¹ Então me submergirias no fosso, e minhas próprias vestes me abominariam. ³² Pois ele não é homem como eu, para que eu lhe responda, e venhamos juntamente a juízo. ³³ Não há entre nós árbitro que ponha sua mão sobre nós ambos, ³⁴ Tire de sobre mim sua vara, e seu terror não me espante. ³⁵ *Então* eu falaria, e não teria medo dele. Pois não está sendo assim comigo.

10

¹ Minha alma está cansada de minha vida. Darei liberdade à minha queixa sobre mim; falarei com amargura de minha alma. ² Direi a Deus: Não me condenes; faz-me saber por que brigas comigo. ³ *Parece* -te bem que *me* oprimas, que rejeites o trabalho de tuas mãos, e favoreças * o conselho dos perversos? ⁴ Tens tu olhos de carne? Vês tu como o ser humano vê? ⁵ São teus dias como os dias do ser humano, ou teus anos como os anos do homem, ⁶ Para que investigues minha perversidade, e pesquises meu pecado? ⁷ Tu sabes que eu não sou mau; todavia ninguém há que *me* livre de tua mão. ⁸ Tuas mãos me fizeram e me formaram por completo; porém agora tu me destróis. ⁹ Por favor, lembra-te que me preparaste como o barro; e me farás voltar ao pó da terra. ¹⁰ Por acaso não me derramaste como o leite, e como o queijo me coalhaste? ¹¹ De pele e carne tu me vestiste; e de ossos e nervos tu me teceste. ¹² Vida e misericórdia me concedeste, e teu cuidado guardou meu espírito. ¹³ Porém estas coisas escondeste em teu coração; eu sei que isto esteve contigo: ¹⁴ Se eu pecar, tu me observarás, e não absolverás minha culpa. ¹⁵ Se eu for perverso, ai de mim! Mesmo se eu for justo, não levantarei minha cabeça; estou farto de desonra, e de ver minha aflição. ¹⁶ Se *minha cabeça* se exaltar, tu me caças como um leão feroz, e voltas a fazer em coisas extraordinárias contra mim. ¹⁷ Renovas tuas testemunhas contra mim, e multiplicas tua ira sobre mim; combates vêm sucessivamente contra mim. ¹⁸ Por que

---

† **9:13** assistentes de Raabe obscuro – possivelmente monstros marinhos – tradicionalmente traduzido como assistentes soberbos   * **10:3** favoreças brilhes, com o sentido de sorrias

me tiraste da madre? *Bom seria* se eu não tivesse respirado, e nenhum olho me visse! [19] Teria sido como se nunca tivesse existido, e desde o ventre *materno* seria levado à sepultura. [20] Por acaso não são poucos os meus dias? Cessa *pois* e deixa-me, para que eu tenha um pouco de alívio, [21] Antes que eu me vá para não voltar, à terra da escuridão e da sombra de morte; [22] Terra escura ao extremo, tenebrosa, sombra de morte, sem ordem alguma, onde a luz é como a escuridão.

11

[1] Então Zofar, o naamita, respondeu, dizendo: [2] Por acaso a multidão de palavras não seria respondida? E o homem falador teria razão? [3] Por acaso tuas palavras tolas faria as pessoas se calarem? E zombarias tu, e ninguém te envergonharia? [4] Pois disseste: Minha doutrina é pura, e eu sou limpo diante de teus olhos. [5] Mas na verdade, queria eu que Deus falasse, e abrisse seus lábios contra ti, [6] E te fizesse saber os segredos da sabedoria, porque o verdadeiro conhecimento tem dois lados; por isso sabe tu que Deus tem te castigado menos que *mereces* por tua perversidade. [7] Podes tu compreender os mistérios de Deus? Chegarás tu à perfeição do Todo-Poderoso? [8] *Sua sabedoria* é mais alta que os céus; que tu poderás fazer? E mais profunda que o Xeol; * que tu poderás conhecer? [9] Sua medida é mais comprida que a terra, e mais larga que o mar. [10] Se ele passar, e prender, ou se ajuntar *para o julgamento* ,quem poderá o impedir? [11] Pois ele conhece as pessoas vãs, e vê a maldade; por acaso ele não a consideraria? [12] O homem tolo se tornará entendido quando do asno selvagem nascer um humano. [13] Se tu prepararares o teu coração, e estenderes a ele tuas mãos; [14] Se alguma maldade houver em tua mão, lança-a de ti, e não deixes a injustiça habitar em tuas tendas; [15] Então levantarás teu rosto sem mácula; estarás firme, e não temerás; [16] E esquecerás teu sofrimento, *ou* lembrarás dele como de águas que já passaram; [17] E *tua* vida será mais clara que o meio-dia; ainda que haja trevas, tu serás como o amanhecer. [18] E serás confiante, porque haverá esperança; olharás em redor, *e* repousarás seguro. [19] E te deitarás, e ninguém te causará medo; e muitos suplicarão a ti. [20] Porém os olhos dos maus se enfraquecerão, e o refúgio deles perecerá; a esperança deles será a morte. †

12

[1] Porém Jó respondeu, dizendo: [2] Verdadeiramente vós sois o povo; e convosco morrerá a sabedoria. [3] Também eu tenho entendimento * como vós; e não sou inferior a vós; e quem há que não saiba coisas como essas? [4] Eu sou o motivo de riso de meus amigos, eu que invocava a Deus, e ele me respondia; o justo e íntegro serve de riso. [5] Na opinião de quem está descansado, a desgraça é desprezada, *como se* estivesse preparada aos que cujos pés escorregam. [6] As tendas dos ladrões têm descanso, e os que irritam a Deus estão seguros; os que trazem *seu* deus em suas mãos. [7] Verdadeiramente pergunta agora aos animais, que eles te ensinarão; e às aves dos céus, que elas te explicarão; [8] Ou fala com a terra, que ela te ensinará; até os peixes do mar te contarão. [9] Quem entre todas estas coisas não entende que a mão do SENHOR faz isto? [10] Em sua mão está a alma de tudo quanto vive, e o espírito † de toda carne humana. [11] Por acaso o ouvido não distingue as palavras, e o paladar prova as comidas? [12] Nos velhos está o conhecimento, e na longa idade ‡ o entendimento. [13] Com *Deus* § está a sabedoria e a força; o conselho e o entendimento lhe pertencem. [14] Eis que o que ele derruba não pode ser reconstruído; e ninguém

---

* **11:8** Xeol é o lugar dos mortos   † **11:20** a morte lit. o expirar da alma   * **12:3** entendimento lit. coração – também v. 24   † **12:10** espírito i.e. fôlego   ‡ **12:12** longa idade lit. longura de dias   § **12:13** [Deus] lit. ele

pode libertar o homem a quem ele aprisiona. ¹⁵ Eis que, *quando* ele detém as águas, elas se secam; *quando* ele as deixa sair, elas transtornam a terra. ¹⁶ Com ele está a força e a sabedoria; Seu é o que erra, e o que faz errar. ¹⁷ Ele leva os conselheiros despojados, e faz os juízes enlouquecerem. ¹⁸ Ele solta a atadura dos reis, e ata um cinto a seus lombos. ¹⁹ Ele leva os sacerdotes despojados, e transtorna os poderosos. ²⁰ Ele tira a fala daqueles a quem os outros confiam, e tira o juízo dos anciãos. ²¹ Ele derrama menosprezo sobre os príncipes, e afrouxa o cinto dos fortes. ²² Ele revela as profundezas das trevas, e traz a sombra de morte à luz. ²³ Ele multiplica as nações, e ele as destrói; ele dispersa as nações, e as reúne. ²⁴ Ele tira o entendimento dos líderes * do povo da terra, e os faz vaguear pelos desertos, sem caminho. ²⁵ Nas trevas andam apalpando, sem terem luz; e os faz cambalear como a bêbados.

13

¹ Eis que meus olhos têm visto tudo *isto* ; meus ouvidos o ouviram, e entenderam. ² Assim como vós o sabeis, eu também o sei; não sou inferior a vós. ³ Mas eu falarei com o Todo-Poderoso, e quero me defender para com Deus. ⁴ Pois na verdade vós sois inventores de mentiras; todos vós sois médicos inúteis. ⁵ Bom seria se vos calásseis por completo, pois seria sabedoria de vossa parte. ⁶ Ouvi agora meu argumento, e prestai atenção aos argumentos de meus lábios. ⁷ Por acaso falareis perversidade por Deus, e por ele falareis engano? ⁸ Fareis acepção de sua pessoa? Brigareis em defesa de Deus? ⁹ Seria bom *para vós* se ele vos investigasse? Enganareis a ele como se engana a algum homem? ¹⁰ Certamente ele vos repreenderá, se em oculto fizerdes acepção de pessoas. ¹¹ Por acaso a majestade dele não vos espantará? E o temor dele não cairá sobre sobre vós? ¹² Vossos conceitos são provérbios de cinzas; vossas defesas são como defesas de lama. ¹³ Calai-vos diante de mim, e eu falarei; e venha sobre mim o que vier. ¹⁴ Por que tiraria eu minha carne com meus dentes, e poria minha alma em minha mão? ¹⁵ Eis que, ainda que ele me mate, nele esperarei; porém defenderei meus caminhos diante dele. ¹⁶ Ele mesmo será minha salvação; pois o hipócrita não virá perante ele. ¹⁷ Ouvi com atenção minhas palavras, e com vossos ouvidos minha declaração. ¹⁸ Eis que já tenho preparado minha causa; sei que serei considerado justo. ¹⁹ Quem é o que brigará comigo? Pois então eu me calaria e morreria. * ²⁰ Somente duas coisas não faças comigo; então eu não me esconderei de teu rosto: ²¹ Afasta tua mão de sobre mim, e teu terror não me espante. ²² Chama, e eu responderei; ou eu falarei, e tu me responde. ²³ Quantas culpas e pecados eu tenho? Faze-me saber minha transgressão e meu pecado. ²⁴ Por que escondes teu rosto, e me consideras teu inimigo? ²⁵ Por acaso quebrarás a folha arrebatada *pelo vento* ? E perseguirás a palha seca? ²⁶ Por que escreves contra mim amarguras, e me fazes herdar as transgressões de minha juventude? ²⁷ Também pões meus pés no tronco, e observas todos os meus caminhos. Tu pões limites às solas dos meus pés. ²⁸ Eu † me consumo como a podridão, como uma roupa que a traça rói.

14

¹ O homem, nascido de mulher, é curto de dias, e farto de inquietação; ² Ele sai como uma flor, e é cortado; foge como a sombra, e não permanece. ³ Contudo sobre este abres teus olhos, e me trazes a juízo contigo. ⁴ Quem tirará algo puro do imundo? Ninguém. ⁵ Visto que seus dias já estão determinados, e contigo está o número de seus meses, tu lhe puseste limites, *dos quais* ele não passará. ⁶ Desvia-te dele, para que ele tenha repouso; até que, como o empregado, complete seu dia. ⁷ Porque há *ainda*

---

alguma esperança para a árvore que, se cortada, ainda se renove, e seus renovos não cessem. ⁸ Ainda que sua raiz se envelheça na terra, e seu tronco morra no solo, ⁹ Ao cheiro das águas ela brotará, e dará ramos como uma planta nova. ¹⁰ Porém o homem morre, e se abate; depois de expirar, onde ele está? ¹¹ As águas se vão do lago, e o rio se esgota, e se seca. ¹² Assim o homem se deita, e não se levanta; até que não haja mais céus, eles não despertarão, nem se erguerão de seu sono. ¹³ Ah, se tu me escondesses no Xeol, * e me ocultasses até que a tua ira passasse, se me pusesses um limite de tempo, e te lembrasses de mim! ¹⁴ Se o homem morrer, voltará a viver? Todos os dias de meu combate esperarei, até que venha minha dispensa. ¹⁵ Tu *me* chamarás, e eu te responderei; e te afeiçoarás à obra de tuas mãos. ¹⁶ Pois então tu contarias meus passos, e não ficarias vigiando meu pecado. ¹⁷ Minha transgressão estaria selada numa bolsa, e tu encobririas minhas perversidades. ¹⁸ E assim como a montanha cai e é destruída, e a rocha muda de seu lugar, ¹⁹ E a água desgasta as pedras, e as enxurradas levam o pó da terra, assim também tu fazes perecer a esperança do homem. ²⁰ Sempre prevaleces contra ele, e ele passa; tu mudas o aspecto de seu rosto, e o despedes. ²¹ Se seus filhos vierem a ter honra, ele não saberá; se forem humilhados, ele não perceberá. ²² Ele apenas sente as dores em sua própria carne, e lamenta por sua própria alma.

15

¹ Então Elifaz, o temanita, respondeu, dizendo: ² Por acaso o sábio dará como resposta vão conhecimento, e encherá seu ventre de vento oriental? ³ Repreenderá com palavras que nada servem, e com argumentos que de nada aproveitam? ⁴ Porém tu destróis o temor, e menosprezas a oração diante de Deus. ⁵ Pois tua perversidade conduz tua boca, e tu escolheste a língua dos astutos. ⁶ Tua boca te condena, e não eu; e teus lábios dão testemunho contra ti. ⁷ Por acaso foste tu o primeiro ser humano a nascer? Ou foste gerado antes dos morros? ⁸ Ouviste tu o segredo de Deus? Reténs tu *apenas* contigo a sabedoria? ⁹ O que tu sabes que nós não saibamos? *O que* tu entendes que não tenhamos *entendido* ? ¹⁰ Entre nós também há os que tenham cabelos grisalhos, também há os que são muito mais idosos que teu pai. ¹¹ Por acaso as consolações de Deus te são poucas? As mansas palavras voltadas a ti? ¹² Por que o teu coração te arrebata, e por que centelham teus olhos, ¹³ Para que vires teu espírito contra Deus, e deixes sair *tais* tais palavras de tua boca? ¹⁴ O que é o homem, para que seja puro? E o nascido de mulher, para que seja justo? ¹⁵ Eis que *Deus* não confia em seus santos, nem os céus são puros diante de seus olhos; ¹⁶ Quanto menos o homem, abominável e corrupto, que bebe a maldade como água? ¹⁷ Escuta-me; eu te mostrarei; eu te contarei o que vi. ¹⁸ (O que os sábios contaram, o que não foi encoberto por seus pais, ¹⁹ A somente os quais a terra foi dada, e estranho nenhum passou por meio deles): ²⁰ Todos os dias do perverso são sofrimento para si, o número de anos reservados ao opressor. ²¹ Ruídos de horrores estão em seus ouvidos; até na paz lhe sobrevém o assolador. ²² Ele não crê que voltará da escuridão; ao contrário, a espada o espera. ²³ Anda vagueando por comida, onde quer que ela esteja. Ele sabe que o dia das trevas está prestes a acontecer. * ²⁴ Angústia e aflição o assombram, *e* prevalecem contra ele como um rei preparado para a batalha; ²⁵ Porque ele estendeu sua mão contra Deus, e se embraveceu contra o Todo-Poderoso, ²⁶ Corre contra ele com *dureza* de pescoço, e como seus escudos grossos e levantados. ²⁷ Porque cobriu seu rosto com sua gordura, e engordou as laterais de seu corpo. ²⁸ E habitou em cidades desoladas cidades, em casas desabitadas; que estavam prestes

---

* **14:13** Xeol é o lugar dos mortos   * **15:23** prestes a acontecer lit. preparado em sua mão

a desmoronar. ²⁹ Ele não enriquecerá, nem seu patrimônio subsistirá, nem suas riquezas se estenderão pela terra. ³⁰ Não escapará das trevas; a chama secará seus ramos, e ao sopro de sua boca desparecerá. ³¹ Não confie ele na ilusão para ser enganado; pois a sua recompensa será nada. ³² Não sendo ainda seu tempo, ela se cumprirá; e seu ramo não florescerá. ³³ Sacudirá suas uvas antes de amadurecerem como a vide, e derramará sua flor como a oliveira. ³⁴ Pois a ajuntamento dos hipócritas será estéril, e fogo consumirá as tendas do suborno. ³⁵ Eles concebem a maldade, e dão à luz a perversidade; e o ventre deles prepara enganos.

16

¹ Porém Jó respondeu, dizendo: ² Ouvi muitas coisas como estas; todos vós sois consoladores miseráveis. ³ Por acaso terão fim as palavras de vento? Ou o que é que te provoca a responderes? ⁴ Também eu poderia falar como vós, se vossa alma estivesse no lugar da minha alma; eu poderia amontoar palavras contra vós, e contra vós sacudir minha cabeça. ⁵ Porém eu vos confortaria com minha boca, e a consolação de meus lábios serviria para aliviar. ⁶ Ainda que eu fale, minha dor não cessa; e se eu me calar, em que me alivio? ⁷ Na verdade agora ele me tornou exausto; tu assolaste toda a minha companhia. ⁸ Testemunha *disto é* que já me enrugaste; e minha magreza já se levanta contra mim para em meu rosto dar testemunho *contra mim* . ⁹ Sua ira me despedaça, e ele me odeia; range seus dentes contra mim; meu adversário aguça seus olhos contra mim. ¹⁰ Abrem sua boca contra mim; com desprezo esbofeteiam meu rosto, e todos se ajuntam contra mim. ¹¹ Deus me entregou ao perverso, e me fez cair nas mãos dos malignos. ¹² Tranquilo eu estava, porém ele me quebrantou; e pegou-me pelo pescoço, e me despedaçou; e fez de mim seu alvo de pontaria. ¹³ Seus flecheiros me cercaram-me, partiu meus rins, e não *me* poupou; meu fel derramou em terra. ¹⁴ Quebrantou-me de quebrantamento sobre quebrantamento; correu contra mim como um guerreiro. ¹⁵ Costurei saco sobre minha pele, e revolvi minha cabeça no pó. ¹⁶ Meu rosto está vermelho de choro, e minhas pálpebras estão escurecidas ao extremo; ¹⁷ Apesar de não haver injustiça em minhas mãos, e de minha oração ser pura. ¹⁸ Ó terra! Não cubras o meu sangue, e não haja lugar para meu clamor! ¹⁹ Eis que mesmo agora minha testemunha está nos céus, e meu defensor nas alturas. ²⁰ Meus amigos zombam de mim, *mas* meus olhos estão derramando para Deus. ²¹ Ah, se *fosse possível* defender a causa com Deus em favor do homem, como o filho do homem em favor de seu amigo! ²² Pois poucos anos restam, e seguirei o caminho *por onde* não voltarei.

17

¹ Meu espírito está arruinado, meus dias vão se extinguindo, e a sepultura já etá pronta para mim. ² Comigo há ninguém além de zombadores, e meus olhos são obrigados a ficar diante de suas provocações. ³ Concede-me, por favor, uma garantia para comigo; quem *outro* há que me dê a mão? ⁴ Pois aos corações deles tu encobriste do entendimento; portanto não os exaltarás. ⁵ Aquele que denuncia a seus amigos em proveito próprio, também os olhos de seus filhos desfalecerão. ⁶ Ele tem me posto por ditado de povos, e em meu rosto é onde eles cospem. ⁷ Por isso meus olhos se escureceram de mágoa, e todos os membros de meu corpo são como a sombra. ⁸ Os íntegros pasmarão sobre isto, e o inocente se levantará contra o hipócrita. ⁹ E o justo prosseguirá seu caminho, e o puro de mãos crescerá em força. ¹⁰ Mas, na verdade, voltai-vos todos vós, e vinde agora, pois sábio nenhum acharei entre vós. ¹¹ Meus dias se passaram, meus pensamentos foram arrancados, os desejos do meu coração. ¹² Tornaram a noite em dia; a luz se encurta por causa das trevas. ¹³ Se eu esperar, o

Xeol * será minha casa; nas trevas estenderei minha cama. ¹⁴ À cova chamo: Tu és meu pai; e aos vermes: *Sois* minha mãe e minha irmã. ¹⁵ Onde, pois, estaria agora minha esperança? Quanto à minha esperança, quem a poderá ver? ¹⁶ Será que ela descerá aos ferrolhos do Xeol? Descansaremos juntos no pó da terra?

18

¹ Então Bildade, o suíta, respondeu, dizendo: ² Quando é que dareis fim às palavras? Prestai atenção, e então falaremos. ³ Por que somos considerados animais, e tolos em vossos olhos? ⁴ Ó tu, que despedaças tua alma com tua ira; será a terra abandonada por tua causa, e será movida a rocha de seu lugar? ⁵ Na verdade, a luz dos perverso se apagará, e a faísca de seu fogo não brilhará. ⁶ A luz se escurecerá em sua tenda, e sua lâmpada sobre ele se apagará. ⁷ Os seus passos fortes serão encurtados, e seu *próprio* intento o derrubará. ⁸ Pois será lançado à rede pelos seus *próprios* pés, e sobre fios enredados andará. ⁹ Laço o pegará pelo calcanhar; a armadilha o prenderá. ¹⁰ Uma corda lhe está escondida debaixo da terra, e uma armadilha para ele está no caminho. ¹¹ Assombros o espantarão ao redor, e o farão correr por onde seus passos forem. ¹² Sua força se tornará em fome, e a perdição está pronta ao seu lado. * ¹³ Partes de sua pele serão consumidas; o primogênito da morte devorará os membros de seu corpo. ¹⁴ Será arrancado de sua tenda em que confiava, e será levado ao rei dos assombros. ¹⁵ Em sua tenda morará o que não é seu; enxofre se espalhará sobre a sua morada. ¹⁶ Por debaixo suas raízes se secarão, e por cima seus ramos serão cortados. ¹⁷ Sua memória perecerá da terra, e não terá nome pelas ruas. ¹⁸ Será lançado da luz para as trevas, e expulso será do mundo. ¹⁹ Não terá filho nem neto entre seu povo, nem sobrevivente em suas moradas. ²⁰ Os do ocidente se espantarão com o seu dia, e os do oriente ficarão horrorizados. † ²¹ Assim são as moradas do perverso, e este é o lugar *daquele que* não reconhece a Deus.

19

¹ Porém Jó respondeu dizendo: ² Até quando atormentareis minha alma, e me quebrantareis com palavras? ³ Já dez vezes me humilhastes; não tendes vergonha em me maltratar. ⁴ Mesmo se eu tiver errado, meu erro cabe apenas a mim. ⁵ Visto que vos exaltais contra mim, e contra mim usais minha desgraça, ⁶ Sabei, pois, que foi Deus que me transtornou, e *com* sua rede me cercou. ⁷ Eis que eu clamo: Violência! Porém não sou respondido; grito, porém não há justiça. ⁸ Ele entrincheirou meu caminho, de modo que não consigo passar; e pôs trevas sobre minhas veredas. ⁹ Ele me despojou de minha honra, e tirou a coroa de minha cabeça. ¹⁰ Ele me derrubou por todos os lados, e pereço; * e arrancou minha esperança como a uma árvore. ¹¹ E fez inflamar contra mim sua ira, e me considerou para consigo como a *um de* seus inimigos. ¹² Juntas vieram suas tropas; prepararam contra mim seu caminho, e se acamparam ao redor de minha tenda. ¹³ Ele afastou meus irmãos para longe de mim; e os que me conheciam agora me estranham. ¹⁴ Meus parentes *me* deixaram, e meus conhecidos se esqueceram de mim. ¹⁵ Os moradores de minha casa e minhas servas me tiveram por estranho; estrangeiro me tornei em seus olhos. ¹⁶ Chamei a meu servo, e ele não respondeu; de minha própria boca eu lhe suplicava. ¹⁷ Meu hálito é estranho à minha mulher, e sou repugnante aos filhos de minha mãe. ¹⁸ Até os meninos me desprezam; quando eu me levanto, falam contra mim. ¹⁹ Todos os meus

---

* **17:13** Xeol é o lugar dos mortos   * **18:12** Sua força de tornará em fome obscuro – trad. alt. Sua calamidade tem fome [dele]   † **18:20** os do ocidente, os do oriente lit. os que vêm antes, os que vêm depois   * **19:10** pereço lit. e me vou

amigos próximos me abominam; e *até* aqueles que eu amava se viraram contra mim. ²⁰ Meus ossos se grudaram à minha pele e à minha carne; e escapei *só* com a pele de meus dentes. ²¹ Compadecei-vos de mim, meus amigos, compadecei-vos de mim; pois a mão de Deus me tocou. ²² Por que vós me perseguis como Deus, e não vos fartais de minhas carne? ²³ Ah se minhas palavras fossem escritas! Ah se fossem escritas em um livro! ²⁴ Que com ponta de ferro e com chumbo fossem esculpidas em pedra para sempre! ²⁵ Pois eu sei que meu Redentor vive, e ao fim se levantará sobre a terra; ²⁶ E mesmo depois de consumida minha pele, então em minha carne verei a Deus; ²⁷ Ao qual eu verei para mim, e meus olhos *o* verão, e não outro. *Isto é o que* minhas entranhas † anseiam dentro de mim. ²⁸ Se disserdes: Como o perseguiremos? Pois a raiz do problema se acha em mim, ²⁹ Temei vós mesmos a espada; pois furor *há nos* castigos pela espada; para que *assim* saibais que *haverá* julgamento.

20

¹ E Zofar, o naamita, respondeu, dizendo: ² Por isso meus meus pensamentos me fazem responder; por causa da agitação dentro de mim. ³ Eu ouvi a repreensão que me envergonha; mas o espírito desde o meu entendimento responderá por mim. ⁴ Por acaso não sabes isto, *que foi* desde a antiguidade, desde que o ser humano foi posto no mundo? ⁵ Que o júbilo dos perversos é breve, e a alegria do hipócrita *dura apenas* um momento? ⁶ Ainda que sua altura subisse até o céu, e sua cabeça chegasse até as nuvens, ⁷ *Mesmo assim* com o seu excremento perecerá para sempre; os que houverem o visto, dirão: Onde ele está? ⁸ Como um sonho voará, e não será achado; e será afugentado como a visão noturna. ⁹ O olho que já o viu nunca mais o verá; nem seu lugar olhará mais para ele. ¹⁰ Seus filhos procurarão o favor dos pobres; e suas mãos devolverão a sua riqueza. ¹¹ Seus ossos estão cheios de sua juventude, que juntamente com ele se deitará no pó. ¹² Se o mal é doce em sua boca, e o esconde debaixo de sua língua; ¹³ Se o guarda para si, e não o abandona; ao contrário, o retém em sua boca. ¹⁴ Sua comida se mudará em suas entranhas, veneno de cobras será em seu interior. ¹⁵ Engoliu riquezas, porém as vomitará; Deus as tirará de seu ventre. ¹⁶ Veneno de cobras subará; língua de víbora o matará. ¹⁷ Não verá correntes, rios, *e* ribeiros de mel e de manteiga. ¹⁸ Restituirá o trabalho e não o engolirá; da riqueza de seu comério não desfrutará. ¹⁹ Pois oprimiu *e* desamparou aos pobres; roubou a casa que não edificou; ²⁰ Por não ter sentido sossego em seu ventre, nada preservará de sua tão desejada riqueza. ²¹ Nada *lhe* restou para que devorasse; por isso sua riqueza não será duradoura. ²² Estando cheio de sua fartura, *ainda* estará angustiado; todo o poder * da miséria virá sobre ele. ²³ Quando ele estiver enchendo seu vendre, Deus mandará sobre ele o ardor de sua ira, e *a* choverá sobre ele em sua comida. ²⁴ *Ainda que* fuja das armas de ferro, o arco de bronze o atravessará. ²⁵ Ele a tirará de *seu* corpo, e a ponta brilhante atingirá seu fígado; haverá sobre ele assombros. ²⁶ Todas as trevas estão reservadas para seus tesouros escondidos; um fogo não assoprado o consumirá; acabará com o que restar em sua tenda. ²⁷ Os céus revelarão sua maldade, e a terra se levantará contra ele. ²⁸ As riquezas de sua casa serão transportadas; nos dias de sua ira elas se derramarão. ²⁹ Esta é a parte que Deus dá ao homem perverso, a herança que Deus lhe prepara.

21

¹ Porém Jó respondeu, dizendo: ² Ouvi atentamente minhas palavras, e seja isto vossas consolações. ³ Suportai-me, e eu falarei; e depois de eu ter falado, *então*

---

† **19:27** entranhas lit. rins   * **20:22** poder lit. mão

zombai. ⁴ Por acaso eu me queixo de algum ser humano? Porém ainda que *assim fosse* ,por que meu espírito não se angustiaria? ⁵ Olhai-me, e espantai-vos; e ponde a mão sobre a boca. ⁶ Pois quando eu me lembro *disto* ,me assombro, e minha carne é tomada de tremor. ⁷ Por que razão os perversos vivem, envelhecem, e ainda crescem em poder? ⁸ Seus filhos progridem com eles diante de seus rostos; e seus descendentes diante de seus olhos. ⁹ Suas casas têm paz, sem temor, e a vara de Deus não está contra eles. ¹⁰ Seus touros procriam, e não falham; suas vacas geram filhotes, e não abortam. ¹¹ Suas crianças saem como um rebanho, e seus filhos saem dançando. ¹² Levantam *a voz* ao *som* de tamboril e de harpa e se alegram ao som de flauta. ¹³ Em prosperidade gastam seus dias, e em um momento * descem ao Xeol. † ¹⁴ Assim dizem a Deus: Afasta-te de nós, porque não queremos conhecer teus caminhos. ¹⁵ Quem é o Todo-Poderoso, para que o sirvamos? E de que nos aproveitará que oremos a ele? ¹⁶ Eis que sua prosperidade não se deve às mãos deles. Longe de mim esteja o conselho dos perversos! ¹⁷ Quantas vezes sucede que a lâmpada dos perversos se apaga, e sua perdição vem sobre eles, *e* Deus em sua ira *lhes* reparte dores? ¹⁸ Eles serão como palha diante do vento, como o restos de palha que o turbilhão arrebata. ¹⁹ *Vós dizeis* : Deus guarda sua violência para seus filhos. Que *Deus* pague ao próprio *perverso* ,para que o conheça. ²⁰ Seus olhos vejam sua ruína, e beba da ira do Todo-Poderoso. ²¹ Pois que interesse teria ele em sua casa depois de si, quando o número for cortado o número de seus meses? ‡ ²² Poderia alguém ensinar conhecimento a Deus, que julga *até* os que estão no alto? ²³ Alguém morre na sua força plena, estando todo tranquilo e próspero, ²⁴ Seus baldes estando cheios de leite, e o tutano de seus ossos umedecido. § ²⁵ Porém outro morre com amargura de alma, nunca tendo experimentado a prosperidade. ²⁶ Juntamente jazem no pó, e os vermes os cobrem. ²⁷ Eis que eu sei vossos pensamentos, e os mais intentos que planejais contra mim. ²⁸ Porque dizeis: Onde está a casa do príncipe?, e: Onde está tenda das moradas dos perversos? ²⁹ Por acaso não perguntastes aos que passam pelo caminho, e não conheceis seus sinais? ³⁰ Que os maus são preservados no dia da destruição, *e* são livrados no dia das fúrias? ³¹ Quem lhe denunciará seu caminho em sua face? E quem lhe pagará pelo que ele fez? ³² Finalmente ele é levado à sepultura, e no túmulo fazem vigilância. ³³ Os torrões do vale lhe são doces; e todos o seguem; e adiante dele estão inúmeros. ³⁴ Como, pois, me consolais em vão, já que vossas em vossas respostas *só* resta falsidade?

22

¹ Então Elifaz, o temanita, respondeu, dizendo: ² Por acaso o homem será de *algum* proveito a Deus? Pode ele se beneficiar de algum sábio? ³ É útil ao Todo-Poderoso que sejas justo? Ganha ele algo se os teus caminhos forem íntegros? ⁴ Acaso ele te repreende *e* vem contigo a juízo por causa da tua reverência? ⁵ *Ou* não será por causa de tua grande malícia, e de tuas maldades que não têm fim? ⁶ Porque tomaste penhor a teus irmãos sem causa, e foste tu que tiraste as roupas dos nus. ⁷ Não deste de beber água ao cansado, e negaste * o pão ao faminto. ⁸ Porém o homem poderoso teve a terra; e o homem influente habitava nela. ⁹ Às viúvas despediste vazias, e os braços dos órfãos foram quebrados. ¹⁰ Por isso que há laços ao redor de ti, e espanto repentino te perturbou; ¹¹ Ou trevas, para que não vejas; e inundação de água te cobre. ¹² Por acaso Deus não está na altura dos céus? Olha, pois, para o cume das

---

* **21:13** em um momento trad. alt. em paz † **21:13** Xeol é o lugar dos mortos ‡ **21:21** quando for cortado o número de seus meses i.e., quando morrer § **21:24** baldes estão cheios de leite obscuro – provável significado: seu corpo estando bem nutrido * **22:7** negaste lit. retiveste [contigo]

estrelas, como estão elevadas. ¹³ Porém tu dizes: O que Deus sabe? Como ele julgará por entre a escuridão? ¹⁴ As nuvens são seu esconderijo, e ele não vê; ele passeia pela abóbada do céu. ¹⁵ Por acaso deste atenção para o velho caminho que pisaram os homens injustos? ¹⁶ Tais foram cortados antes de tempo; *sobre* o fundamento deles foi derramada uma enchente. ¹⁷ Eles diziam a Deus: Afasta-te de nós! O que o Todo-Poderoso pode fazer por nós? ¹⁸ Sendo ele o que havia enchido suas casas de bens. Seja, porém, longe de mim o conselho dos perversos. ¹⁹ Os justos virão e se alegrarão; e o inocente os escarnecerá, ²⁰ *Dizendo* : Certamente nossos adversários foram destruídos, e o que sobrou deles o fogo consumiu. ²¹ Reconcilia-te, pois, com *Deus* ,e terás paz; assim o bem virá a ti. ²² Aceita, pois, a instrução † de sua boca, e põe suas palavras em teu coração. ²³ Se te converteres ao Todo-Poderoso, serás edificado; se afastares a maldade de tua tenda, ²⁴ E lançares *teu* ouro no pó, o *ouro* de Ofir junto às rochas dos ribeiros, ²⁵ Então o próprio Todo-Poderoso será teu ouro, e tua prata maciça. ²⁶ Porque então te deleitarás no Todo-Poderoso, e levantarás teu rosto a Deus. ²⁷ Orarás a ele, e ele te ouvirá; e tu *lhe* pagarás teus votos. ²⁸ Aquilo que tu determinares se cumprirá a ti, e em teus caminhos a luz brilhará. ²⁹ Quando *alguém* for abatido, e tu disseres: Haja exaltação, Então *Deus* salvará ao humilde. ‡ ³⁰ Ele libertará até ao que não é inocente, que será livrado pela pureza de tuas mãos.

23

¹ Porém Jó respondeu, dizendo: ² Até hoje minha queixa é uma amargura; a mão *de Deus* sobre mim é mais pesada que meu gemido. ³ Ah se eu soubesse como poderia achá-lo! *Então* eu me chegaria até seu trono. ⁴ Apresentaria minha causa diante dele, e encheria minha boca de argumentos. ⁵ Eu saberia as palavras que ele me responderia, e entenderia o que me diria. ⁶ Por acaso ele brigaria comigo com seu grande poder? Não, pelo contrário, ele me daria atenção. ⁷ Ali o íntegro pleitearia com ele, e eu me livraria para sempre de meu Juiz. ⁸ Eis que se eu for ao oriente, ele não está ali; *se for* ao ocidente, e não o percebo; ⁹ Se ao norte ele opera, eu não *o* vejo; se ele se esconde ao sul, não *o* enxergo. ¹⁰ Porém ele conhece meu caminho: Provar-me-á, e sairei como ouro. ¹¹ Meus pés seguiram seus passos; guardei seu caminho, e não me desviei. ¹² Nunca retirei *de mim* o preceito de seus lábios, e guardei as palavras de sua boca mais que minha porção *de comida* . ¹³ Porém se ele está decidido, quem poderá o desviar? O que sua alma quiser, isso fará. ¹⁴ Pois ele cumprirá o que está determinado para mim; ele *ainda* tem muitas coisas como estas consigo. ¹⁵ Por isso eu me perturbo em sua presença. Quando considero *isto* ,tenho medo dele. ¹⁶ Deus enfraqueceu meu coração; o Todo-Poderoso tem me perturbado. ¹⁷ Pois não estou destruído por causa das trevas, nem por causa da escuridão que encobriu meu rosto.

24

¹ Por que os tempos não são marcados pelo Todo-Poderoso? Por que os que o conhecem não veem seus dias? ² Há os que mudam os limites de lugar, roubam rebanhos, e os apascentam. ³ Levam o asno do órfão; penhoram o boi da viúva. ⁴ Desviam do caminho aos necessitados; os pobres da terra juntos se escondem. ⁵ Eis que como asnos selvagens no deserto eles saem a seu trabalho buscando insistentemente por comida; o deserto dá alimento a ele *e a seus* filhos. ⁶ No campo colhem sua forragem, e vindimam a vinha do perverso. ⁷ Passam a noite nus, por falta de roupa; sem terem coberta contra o frio. ⁸ Pelas correntes das montanhas

---

† **22:22** instrução equiv. lei ‡ **22:29** humilde lit. abaixado de olhos

são molhados e, não tendo abrigo, abraçam-se às rochas. ⁹ *Há os que* arrancam ao órfão do peito, e do pobre tomam penhor. ¹⁰ Ao nus fazem andar sem vestes, e fazem os famintos carregarem feixes. ¹¹ Entre suas paredes espremem o azeite; pisam nas prensas de uvas, e *ainda* têm sede. ¹² Desde a cidade as pessoas gemem, e as almas dos feridos clamam; Mas Deus não dá atenção ao erro. ¹³ Há os que se opõem à luz; não conhecem seus caminhos, nem permanecem em suas veredas. ¹⁴ De manhã o homicida se levanta, mata ao pobre e ao necessitado, e de noite ele age como ladrão. ¹⁵ O olho do adúltero aguarda o crepúsculo, dizendo: Olho nenhum me verá; E esconde seu rosto. ¹⁶ Nas trevas vasculham as casas, de dia eles se trancam; não conhecem a luz. ¹⁷ Porque a manhã é para todos eles como sombra de morte; pois são conhecidos dos pavores de sombra de morte. ¹⁸ Ele é ligeiro sobre a superfície das águas; maldita é sua porção sobre a terra; não se vira para o caminho das vinhas. ¹⁹ A seca e o calor desfazem as águas da neve; assim *faz* o Xeol * aos que pecaram. ²⁰ A mãe se esquecerá dele; doce será para os vermes; nunca mais haverá memória *dele* , e a perversidade será quebrada como um árvore. ²¹ Aflige à mulher estéril, *que* não dá à luz; e nenhum bem faz à viúva. ²² Mas *Deus* arranca aos poderosos com seu poder; *quando* Deus se levanta, não há vida segura. ²³ Se ele lhes dá descanso, nisso confiam; *mas* os olhos de *Deus* estão *postos* nos caminhos deles. ²⁴ São exaltados por um pouco *de tempo* ,mas *logo* desaparecem; são abatidos, encerrados como todos, e cortados como cabeças das espigas. ²⁵ Se não é assim, quem me desmentirá, ou anulará minhas palavras?

25

¹ Então Bildade, o suíta, respondeu, dizendo: ² O domínio e o temor estão com ele; ele faz paz em suas alturas. ³ Por acaso suas tropas têm número? E sobre quem não se levanta sua luz? ⁴ Como, pois, o ser humano seria justo para com Deus? E como seria puro aquele que nasce de mulher? ⁵ Eis que até a luz não tem brilho; nem as estrelas são puras diante de seus olhos. ⁶ Quanto menos o ser humano, que é uma larva, e o filho de homem, que é um verme.

26

¹ Porém Jó respondeu, dizendo: ² Como tende ajudado ao que não tem força, *e* sustentado ao braço sem vigor! ³ Como tende aconselhado ao que não tem conhecimento, e *lhe* explicaste detalhadamente a verdadeira causa! ⁴ A quem tens dito *tais* palavras? E de quem é o espírito que sai de ti? ⁵ Os mortos tremem debaixo das águas com os seus moradores. ⁶ O Xeol * está nu perante Deus † , e não há cobertura para a perdição. ⁷ Ele estende o norte sobre o vazio, suspende a terra sobre o nada. ⁸ Ele amarra as águas em suas nuvens, todavia a nuvem não se rasga debaixo dela. ⁹ Ele encobre a face de seu trono, e sobre ele estende sua nuvem. ¹⁰ Ele determinou limite à superfície das águas, até a fronteira entre a luz e as trevas. ¹¹ As colunas do céu tremem, e se espantam por sua repreensão. ¹² Ele agita o mar com seu poder, e com seu entendimento fere abate a Raabe. ¹³ Por seu Espírito ‡ adornou os céus; sua mão perfurou a serpente veloz. § ¹⁴ Eis que estas são *somente* as bordas de seus caminhos; e quão pouco é o que temos ouvido dele! Quem, pois, entenderia o trovão de seu poder?

---

* **24:19** Xeol é o lugar dos mortos   * **26:6** Xeol é o lugar dos mortos   † **26:6** Lit. perante dele   ‡ **26:13** Espírito trad. alt. sopro   § **26:13** veloz trad. alt. fugitiva

27

¹ E Jó prosseguiu em falar seu discurso, e disse: ² Vive Deus, que tirou meu direito, o Todo-Poderoso, que amargou minha alma, ³ Que enquanto meu fôlego estiver em mim, e o sopro de Deus em minhas narinas, ⁴ Meus lábios não falarão injustiça, nem minha língua pronunciará engano. ⁵ Nunca aconteça que eu diga que vós estais certos; até eu morrer * nunca tirarei de mim minha integridade. † ⁶ Eu me apegarei à minha justiça, e não a deixarei ir; meu coração não terá de que me acusar enquanto eu viver. ‡ ⁷ Seja meu inimigo como o perverso, e o que se levantar contra mim como o injusto. ⁸ Pois qual é a esperança do hipócrita quando ele for cortado, quando Deus arrancar sua alma? ⁹ Por acaso Deus ouvirá seu clamor quando a aflição vier sobre ele? ¹⁰ Ele se deleitará no Todo-Poderoso? Invocará a Deus a todo tempo? ¹¹ Eu vos ensinarei acerca da mão de Deus; não esconderei o que há com o Todo-Poderoso. ¹² Eis que todos vós tendes visto *isso* ; então por que vos deixais enganar por ilusão? ¹³ Esta é a porção do homem perverso para com Deus, a herança que os violentos receberão do Todo-Poderoso: ¹⁴ Se seus filhos se multiplicarem, serão para a espada; e seus descendentes não se fartarão de pão; ¹⁵ Os que lhe restarem, pela praga serão sepultados; e suas viúvas não chorarão. ¹⁶ Se ele amontoar prata como o pó da terra, e se preparar roupas como lama, ¹⁷ Mesmo ele tendo preparado, é o justo que se vestirá, e o inocente repartirá a prata. ¹⁸ Ele constrói sua casa como a traça, como uma barraca feita por um vigilante. ¹⁹ O rico dormirá, mas não será recolhido; ele abrirá seus olhos, e nada mais há para si. § ²⁰ Medos o tomarão como águas; um turbilhão o arrebatará de noite. ²¹ O vento oriental o levará, e ele partirá; e toma-o de seu lugar. ²² E o atacará sem o poupar, *enquanto* ele tenta fugir de seu poder. * ²³ Baterá palmas por causa dele, e desde seu lugar lhe assoviará.

28

¹ Certamente há minas para a prata, e o ouro lugar onde o derretem. ² O ferro é tirado do solo, e da pedra se funde o cobre. ³ O *homem* põe fim às trevas, e investiga em toda extremidade, as pedras que estão na escuridão e nas mais sombrias trevas. * ⁴ Abre um poço onde não há morador, lugares esquecidos por quem passa a pé; pendurados longe da humanidade, vão de um lado para o outro; ⁵ Da terra o pão procede, e por debaixo ela é transformada como que pelo fogo. ⁶ Suas pedras são o lugar da safira, e contém pó de ouro. ⁷ A ave de rapina não conhece essa vereda; os olhos do falcão † não a viram. ⁸ Os filhotes de animais ferozes nunca a pisaram, nem o feroz leão passou por ela. ⁹ O *homem* põe sua mão no rochedo, e revolve os montes desde a raiz. ¹⁰ Cortou canais pelas rochas, e seus olhos veem tudo o que é precioso. ¹¹ Ele tapa os rios desde suas nascentes, e faz o oculto sair para a luz. ¹² Porém onde se achará a sabedoria? E onde está o lugar da inteligência? ¹³ O ser humano não conhece o valor dela, nem ela é achada na terra dos viventes. ¹⁴ O abismo diz: Não está em mim; E o mar diz: Nem comigo. ¹⁵ Nem por ouro fino se pode comprar, nem se pesar em troca de prata. ¹⁶ Não pode ser avaliada com ouro de Ofir, nem com ônix precioso, nem com safira. ¹⁷ Não se pode comparar com ela o ouro, nem o cristal; nem se pode trocar por joia de ouro fino. ¹⁸ De coral nem de quartzo não se fará menção; porque o preço da sabedoria é melhor que o de rubis. ¹⁹ O topázio de Cuxe não se pode comparar com ela; nem pode ser avaliada com o puro ouro fino. ²⁰ De

---

* **27:5** morrer lit. entregue o espírito   † **27:5** nunca aconteça lit. longe de mim   ‡ **27:6** enquanto eu viver por [todos] os meus dias   § **27:19** nada mais há para si – obscuro trad. alt. ele não existirá mais   * **27:22** seu poder lit. sua mão   * **28:3** mais sombrias trevas lit. sombra de morte   † **28:7** falcão obscuro – trad. alt. abutre

onde, pois, vem a sabedoria? E onde está o lugar da inteligência? ²¹ Porque encoberta está aos olhos de todo vivente, e é oculta a toda ave do céu. ²² O perdição e a morte dizem: Com nossos ouvidos ouvimos sua fama. ²³ Deus entende o caminho dela, e ele conhece seu lugar. ²⁴ Porque ele enxerga até os confins da terra, e vê tudo *o que há* debaixo de céus. ²⁵ Quando ele deu peso ao vento, e estabeleceu medida para as águas; ²⁶ Quando ele fez lei para a chuva, e caminho para o relâmpago dos trovões, ²⁷ Então ele a viu, e relatou; preparou-a, e também a examinou. ²⁸ E disse ao homem: Eis que o temor ao Senhor é a sabedoria, e o desviar-se do mal *é* a inteligência.

29

¹ E Jó continuou a falar seu discurso, dizendo: ² Ah quem me dera que fosse como nos meses passados! Como nos dias em que Deus me guardava! ³ Quando ele fazia brilhar sua lâmpada sobre minha cabeça, e eu com sua luz caminhava pelas trevas, ⁴ Como era nos dias de minha juventude, quando a amizade de Deus estava sobre minha tenda; ⁵ Quando o Todo-Poderoso ainda estava comigo, meus filhos ao redor de mim; ⁶ Quando eu lavava meus passos com manteiga, e da rocha me corriam ribeiros de azeite! ⁷ Quando eu saía para a porta da cidade, e na praça preparava minha cadeira, ⁸ Os rapazes me viam, e abriam caminho; e os idosos se levantavam, e ficavam em pé; ⁹ Os príncipes se detinham de falar, e punham a mão sobre a sua boca; ¹⁰ A voz dos líderes se calava, e suas línguas se apegavam a céu da boca; ¹¹ O ouvido que me ouvia me considerava bem-aventurado, e o olho que me via dava bom testemunho de mim. ¹² Porque eu livrava ao pobre que clamava, e ao órfão que não tinha quem o ajudasse. ¹³ A bênção do que estava a ponto de morrer vinha sobre mim; e eu fazia o coração da viúva ter grande alegria. ¹⁴ Vestia-me de justiça, e ela me envolvia; e meu juízo era como um manto e um turbante. ¹⁵ Eu era olhos para o cego, e pés para o manco. ¹⁶ Aos necessitados eu era pai; e a causa que eu não sabia, investigava com empenho. ¹⁷ E quebrava os queixos do perverso, e de seus dentes tirava a presa. ¹⁸ E eu dizia: Em meu ninho expirarei, e multiplicarei *meus* dias como areia. ¹⁹ Minha raiz se estendia junto às águas, e o orvalho ficava de noite em meus ramos. ²⁰ Minha honra se renovava em mim, e meu arco se revigorava em minha mão. ²¹ Ouviam-me, e esperavam; e se calavam ao meu conselho. ²² Depois de minha palavra nada replicavam, e minhas razões gotejavam sobre eles. ²³ Pois esperavam por mim como pela chuva, e abriam sua boca como para a chuva tardia. ²⁴ Se eu me ria com eles, não acreditavam; e não desfaziam a luz de meu rosto. ²⁵ Eu escolhia o caminho para eles, e me sentava à cabeceira; e habitava como rei entre as tropas, como o consolador dos que choram.

30

¹ Porém agora riem de mim os mais jovens do que eu, cujos pais eu havia desdenhado até de os pôr com os cães de meu rebanho. ² De que também me serviria força de suas mãos, nos quais o vigor já pereceu? ³ Por causa da pobreza e da fome andavam sós; roem na terra seca, no lugar desolado e deserto em trevas. ⁴ Que colhiam malvas entre os arbustos, e seu alimento eram as raízes dos zimbros. ⁵ Do meio *das pessoas* eram expulsos, e gritavam contra eles, como a um ladrão. ⁶ Habitavam nos barrancos dos ribeiros secos, nos buracos da terra, e nas rochas. ⁷ Bramavam entre os arbustos, e se ajuntavam debaixo das urtigas. ⁸ Eram filhos de tolos, filhos sem nome, e expulsos de *sua* terra. ⁹ Porém agora sirvo-lhes de chacota, e sou para eles um provérbio de escárnio. ¹⁰ Eles me abominam e se afastam de mim; porém não hesitam em cuspir no meu rosto. ¹¹ Pois *Deus* desatou minha corda, e

me oprimiu; por isso tiraram *de si* todo constrangimento * perante meu rosto. ¹² À direita os jovens se levantam; empurram meus pés, e preparam contra mim seus caminhos de destruição. ¹³ Destroem meu caminho, e promovem minha miséria, sem necessitarem que alguém os ajude. ¹⁴ Eles vêm *contra mim* como que por uma brecha larga, *e* revolvem-se entre a desolação. ¹⁵ Pavores se voltam contra mim; perseguem minha honra como o vento, e como nuvem passou minha prosperidade. ¹⁶ Por isso agora minha alma se derrama em mim; dias de aflição têm me tomado. ¹⁷ De noite meus ossos se furam em mim, e meus pulsos não descansam. ¹⁸ Por grande força *de Deus* minha roupa está estragada; ele me prendeu como a gola de minha roupa. ¹⁹ Lançou-me na lama, e fiquei semelhante ao pó e à cinza. ²⁰ Clamo a ti, porém tu não me respondes; eu fico de pé, porém tu ficas *apenas* olhando para mim. ²¹ Tu te tornaste cruel para comigo; com a força de tua mão tu me atacas. ²² Levantas-me sobre o vento, *e* me fazes cavalgar *sobre ele* ; e dissolves o meu ser. ²³ Porque eu sei que me levarás à morte; e à casa determinada a todos os viventes. ²⁴ Porém não se estende a mão para quem está em ruínas, quando clamam em sua opressão? ²⁵ Por acaso eu não chorei pelo que estava em dificuldade, *e* minha alma não se angustiou pelo necessitado? † ²⁶ Quando eu esperava o bem, então veio o mal; quando eu esperava a luz, veio a escuridão. ²⁷ Minhas entranhas fervem, e não se aquietam; dias de aflição me confrontam. ²⁸ Ando escurecido, mas não pelo sol; levanto-me na congregação, e clamo por socorro. ²⁹ Tornei-me irmão dos chacais, e companheiro dos avestruzes. ‡ ³⁰ Minha pele se escureceu sobre mim, e meus ossos se inflamam de febre. ³¹ Por isso minha harpa passou a ser para lamentação, e minha flauta para vozes dos que choram.

31

¹ Eu fiz um pacto com meus olhos; como, pois, eu olharia com cobiça para a virgem? ² Pois qual é a porção *dada* por Deus acima, e a herança *dada* pelo Todo-Poderoso das alturas? ³ Por acaso a calamidade não é para o perverso, e o desastre para os que praticam injustiça? ⁴ Por acaso ele não vê meus caminhos, e conta todos os meus passos? ⁵ Se eu andei com falsidade, e se meu pé se apressou para o engano, ⁶ Pese-me ele em balanças justas, e Deus saberá minha integridade. ⁷ Se meus passos se desviaram do caminho, e meu coração seguiu meus olhos, e se algo * se apegou às minhas mãos, ⁸ Que eu semeie, e outro coma; e meus produtos sejam arrancados. ⁹ Se foi meu coração se deixou seduzir por *alguma* mulher, ou se estive espreitei à porta de meu próximo, ¹⁰ Que minha mulher moa para outro, e outros se encurvem sobre ela. ¹¹ Pois tal seria um crime vergonhoso, e delito *a ser sentenciado por* juízes. ¹² Pois seria um fogo que consumiria até à perdição, e destruiria toda a minha renda. ¹³ Se desprezei o direito de meu servo ou de minha serva quando eles reclamaram comigo, ¹⁴ Que faria eu quando Deus se levantasse? E quando ele investigasse *a causa* ,o que eu lhe responderia? ¹⁵ Aquele que me fez no ventre *materno também* não fez a ele? E não nos preparou de um mesmo *modo* na madre? ¹⁶ Se eu neguei aos pobres o que eles desejavam, ou fiz desfalecer os olhos da viúva; ¹⁷ E se comi meu alimento sozinho, e o órfão não comeu dele ¹⁸ (Porque desde a minha juventude cresceu comigo como *se eu fosse seu pai* ,e desde o ventre de minha mãe guiei *a viúva*); ¹⁹ Se eu vi alguém morrer por falta de roupa, e o necessitado sem algo que o cobrisse, ²⁰ Se sua cintura não me bendisse, quando ele se esquentava com as peles de meus cordeiros; ²¹ Se levantei minha mão contra o órfão, quando vi que seria favorecido na corte

---

* **30:11** constrangimento lit. freio   † **30:25** que estava em dificuldades lit. duro de dias   ‡ **30:29** avestruzes obscuro – trad. alt. corujas   * **31:7** algo trad. alt. alguma impureza

judicial, † ²² Que minha escápula caia do meu ombro, e meu braço se quebre de sua articulação. ²³ Porque o castigo de Deus era um assombro para mim, e eu não teria poder contra sua majestade. ²⁴ Se eu pus no ouro minha esperança, ou disse ao ouro fino: Tu és minha confiança; ²⁵ Se eu me alegrei de que minha riqueza era muita, e de que minha mão havia obtido muito; ²⁶ Se olhei para o sol quando brilhava, e à lua quando estava bela, ²⁷ E meu coração se deixou enganar em segredo, e minha boca beijou minha mão, ²⁸ Isto também seria um delito *a ser sentenciado por* juiz; porque teria negado ao Deus de cima. ²⁹ Se eu me alegrei da desgraça daquele que me odiava, e me agradei quando o mal o encontrou, ³⁰ Sendo que nem deixei minha boca pecar, desejando sua morte com maldição, ³¹ Se a gente da minha casa nunca tivesse dito: Quem não se satisfez da carne dada por ele? ³² O estrangeiro não passava a noite na rua; eu abria minhas portas ao viajante. ³³ Se encobri minhas transgressões como as pessoas *fazem* , ‡ escondendo meu delito em meu seio; ³⁴ Porque eu tinha medo da grande multidão, e o desprezo das famílias me atemorizou; então me calei, e não saí da porta: ³⁵ Quem me dera se alguém me ouvisse! Eis que minha vontade é que o Todo-Poderoso me responda, e meu adversário escrevesse um relato da acusação. ³⁶ Certamente eu o carregaria sobre meu ombro, e o poria em mim como uma coroa. ³⁷ Eu lhe diria o número de meus passos, e como um príncipe eu me chegaria a ele. ³⁸ Se minha terra clamar contra mim, e seus sulcos juntamente chorarem; ³⁹ Se comi seus frutos sem *pagar* dinheiro, ou fiz expirar a alma de seus donos; ⁴⁰ Em lugar de trigo que *me* produza cardos, e ervas daninhas no lugar da cevada. *Aqui* terminam as palavras de Jó.

32

¹ Então aqueles três homens cessaram de responder a Jó, porque ele era justo em seus olhos. ² Porém se acendeu a ira de Eliú, filho de Baraquel, buzita, da família de Rão; contra Jó se acendeu sua ira, porque justificava mais a si mesmo que a Deus. ³ Também sua ira se acendeu contra seus três amigos, porque não achavam o que responder, ainda que tinham condenado a Jó. ⁴ E Eliú tinha esperado a Jó naquela discussão, porque tinham mais idade que ele. ⁵ Porém quando Eliú viu que não havia resposta na boca daqueles três homens, sua ira se acendeu. ⁶ Por isso Eliú, filho de Baraquel, buzita, respondeu, dizendo: Eu sou jovem e vós sois idosos; por isso fiquei receoso e tive medo de vos declarar minha opinião. ⁷ Eu dizia: Os dias falem, e a multidão de anos ensine sabedoria. ⁸ Certamente há espírito no ser humano, e a inspiração do Todo-Poderoso os faz entendedores. ⁹ Não são *somente* os grandes que são sábios, nem *somente* os velhos entendem o juízo. ¹⁰ Por isso eu digo: escutai-me; também eu declararei minha opinião. ¹¹ Eis que eu aguardei vossas palavras, *e* dei ouvidos a vossas considerações, enquanto vós buscáveis argumentos. ¹² Eu prestei atenção a vós, porém eis que ninguém há de vós que possa convencer a Jó, *nem* que responda a suas palavras. ¹³ Portanto não digais: Encontramos a sabedoria; que Deus o derrote, *e* não o homem. ¹⁴ Jó não dirigiu suas palavras a mim, nem eu lhe responderei com vossos dizeres. ¹⁵ Estão pasmos, não respondem mais; faltam-lhes palavras. ¹⁶ Esperei, pois, porém *agora* não falam; porque já pararam, *e* não respondem mais. ¹⁷ Também eu responderei minha parte; também eu declararei minha opinião. ¹⁸ Porque estou cheio de palavras, e o espírito em meu ventre me obriga. ¹⁹ Eis que meu ventre é como o vinho que não tem abertura; e que está a ponto de arrebentar como odres novos. ²⁰ Falarei, para que eu me alivie; abrirei

---

† **31:21** seria favorecido na corte judicial – lit. teria ajuda na porta a porta da cidade era onde os as causas judiciais eram julgadas ‡ **31:33** as pessoas [fazem] trad. alt. Adão [fez]

meus lábios, e responderei. ²¹ Não farei eu acepção de pessoas, nem usarei de títulos lisonjeiros para com o homem. ²² Pois não sei lisonjear; *caso contrário* ,meu Criador logo me removeria.

33

¹ Portanto, Jó, ouve, por favor, meus dizeres, e dá ouvidos a todas as minhas palavras. ² Eis que já abri minha boca; minha língua já fala debaixo do meu céu da boca. ³ Meus dizeres pronunciarão a integridade do meu coração, e o puro conhecimento dos meus lábios. ⁴ O Espírito de Deus me fez, e o sopro do Todo-Poderoso me deu vida. ⁵ Se puderes, responde-me; dispõe-te perante mim, e persiste. ⁶ Eis que para Deus eu sou como tu; do barro também eu fui formado. ⁷ Eis que meu terror não te espantará, nem minha mão será pesada sobre ti. ⁸ Certamente tu disseste a meus ouvidos, e eu ouvi a voz de tuas palavras, ⁹ *Que diziam* : Eu sou limpo e sem transgressão; sou inocente, e não tenho culpa. ¹⁰ Eis que *Deus* buscou pretextos contra mim, *e* me tem por seu inimigo. ¹¹ Ele pôs meus pés no tronco, e observa todas as minhas veredas. ¹² Eis que nisto não foste justo, eu te respondo; pois Deus é maior que o ser humano. ¹³ Por que razão brigas contra ele por não dar resposta às palavras do ser humano? * ¹⁴ Contudo Deus fala uma ou duas vezes, ainda que *o ser humano* não entenda. ¹⁵ Em sonho *ou em* visão noturna, quando o sono profundo cai sobre as pessoas, *e* adormecem na cama. ¹⁶ Então o revela ao ouvido das pessoas, e os sela com advertências; ¹⁷ Para desviar ao ser humano de sua obra, e do homem a soberba. ¹⁸ Para desviar a sua alma da perdição, e sua vida de passar pela espada. ¹⁹ Também em sua cama é castigado com dores, com luta constante em seus ossos, ²⁰ De modo que sua vida detesta *até* o pão, e sua alma a comida deliciosa. ²¹ Sua carne desaparece da vista, e seus ossos, que antes não se viam, aparecem. ²² Sua alma se aproxima da cova, e sua vida dos que causam a morte. ²³ Se com ele, pois, houver algum anjo, algum intérprete; um dentre mil, para anunciar ao ser humano o que lhe é correto, ²⁴ Então *Deus* terá misericórdia dele, e *lhe* dirá: Livra-o, para que não desça à perdição; *já* achei o resgate. ²⁵ Sua carne se rejuvenescerá mais do que era na infância, *e* voltará aos dias de sua juventude. ²⁶ Ele orará a Deus, que se agradará dele; e verá sua face com júbilo, porque ele restituirá ao ser humano sua justiça. ²⁷ Ele olhará para as pessoas, e dirá: Pequei, e perverti o *que era* correto, o que de nada me aproveitou. ²⁸ *Porém* Deus livrou minha alma para que eu não passasse à cova, e *agora* minha vida vê a luz! ²⁹ Eis que Deus faz tudo isto duas *ou* três vezes com o ser humano, ³⁰ Para desviar sua alma da perdição, e o iluminar com a luz dos viventes. ³¹ Presta atenção, Jó, e ouve-me; cala-te, e eu falarei. ³² Se tiveres o que dizer, responde-me; fala, porque eu quero te justificar. ³³ E se não, escuta-me; cala-te, e eu ensinarei sabedoria.

34

¹ Eliú respondeu mais, dizendo: ² Ouvi, vós sábios, minhas palavras; e vós, inteligentes, dai-me ouvidos. ³ Porque o ouvido prova as palavras, assim como o paladar experimenta a comida. ⁴ Escolhamos para nós o que é correto, *e* conheçamos entre nós o que é bom. ⁵ Pois Jó disse: Eu sou justo, e Deus tem me tirado meu direito. ⁶ Por acaso devo eu mentir quanto ao meu direito? Minha ferida * é dolorosa mesmo que eu não tenha transgressão. ⁷ Que homem há como Jó, que bebe o escárnio como água? ⁸ E que caminha na companhia dos que praticam maldade, e anda com homens perversos? ⁹ Porque disse: De nada aproveita ao homem agradar-se em Deus.

---

* **33:13** do ser humano lit. palavras dele   * **34:6** ferida lit. flecha

† ¹⁰ Portanto vós, homens de bom-senso, escutai-me; longe de Deus esteja a maldade, e do Todo- Poderoso a perversidade! ¹¹ Porque ele paga ao ser humano *conforme* sua obra, e faz a cada um conforme o seu caminho. ¹² Certamente Deus não faz injustiça, e o Todo-Poderoso não perverte o direito. ¹³ Quem o pôs para administrar a terra? E quem dispôs a todo o mundo? ¹⁴ Se ele tomasse a decisão, ‡ e recolhesse para si seu espírito e seu fôlego, ¹⁵ Toda carne juntamente expiraria, e o ser humano se tornaria em pó. ¹⁶ Se pois há *em ti* entendimento, ouve isto: dá ouvidos ao som de minhas palavras. ¹⁷ Por acaso quem odeia a justiça poderá governar? E condenarás tu ao Poderoso Justo? ¹⁸ Pode, por acaso, o rei ser chamado de vil, *e* os príncipes de perversos? ¹⁹ *Quanto menos* a aquele que não faz acepção de pessoas de príncipes, nem valoriza mais o rico que o pobre! Pois todos são obras de suas mãos. ²⁰ Em um momento morrem; e à meia noite os povos são sacudidos, e passam; e o poderoso será tomado sem ação humana. § ²¹ Porque seus olhos estão sobre os caminhos do homem, e ele vê todos os seus passos. ²² Não há trevas nem sombra de morte em que os que praticam maldade possam se esconder. ²³ Pois ele não precisa observar tanto ao homem para que este possa entrar em juízo com Deus. ²⁴ Ele quebranta aos fortes sem *precisar de* investigação, e põe outros em seu lugar. ²⁵ Visto que ele conhece suas obras, de noite os trastorna, e ficam destroçados. ²⁶ Ele os espanca à vista pública por serem maus. ²⁷ Pois eles se desviaram de segui-lo, e não deram atenção a nenhum de seus caminhos. ²⁸ Assim fizeram com que viesse a ele o clamor do pobre, e ele ouvisse o clamor dos aflitos. ²⁹ E se ele ficar quieto, quem o condenará? Se ele esconder o rosto, quem o olhará? *Ele está* quer sobre um povo, quer sobre um único ser humano, ³⁰ Para que a pessoa hipócrita não reine, e não haja ciladas ao povo. ³¹ Por que *não tão somente* se diz: Suportei *teu castigo* não farei mais o que é errado; ³² Ensina-me o que não vejo; se fiz alguma maldade, nunca mais a farei? ³³ Será a recompensa da parte dele como tu queres, para que a recuses? És tu que escolhes, e não eu; o que tu sabes, fala. ³⁴ As pessoas de entendimento dirão comigo, e o homem sábio me ouvirá; ³⁵ Jó não fala com conhecimento, e a suas palavras falta prudência. ³⁶ Queria eu que Jó fosse provado até o fim, por causa de suas respostas comparáveis a de homens malignos. ³⁷ Pois ao seu pecado ele acrescentou rebeldia; ele bate as mãos *de forma desrespeitosa* entre nós, e multiplica suas palavras contra Deus.

35

¹ Eliú respondeu mais, dizendo: ² Pensas tu ser direito dizeres: Maior é a minha justiça do que a de Deus? ³ Porque disseste: Para que ela te serve? *Ou* : Que proveito terei dela mais que meu pecado? ⁴ Eu darei reposta a ti, e a teus amigos contigo. ⁵ Olha para os céus, e vê; e observa as nuvens, *que* são mais altas que tu. ⁶ Se tu pecares, que *mal* farás contra ele? Se tuas transgressões se multiplicarem, que *mal* lhe farás? ⁷ Se fores justo, que lhe darás? Ou o que ele receberá de tua mão? ⁸ Tua perversidade *poderia afetar* a outro homem como tu; e tua justiça *poderia ser proveitosa* a *algum* filho do homem. ⁹ *Os aflitos* clamam por causa da grande opressão; eles gritam por causa do poder * dos grandes. ¹⁰ Porém ninguém diz: Onde está Deus, meu Criador, que dá canções na noite, ¹¹ Que nos ensina mais que aos animais da terra, e nos faz sábios mais que as aves do céu? ¹² Ali clamam, porém ele não responde, por causa da arrogância dos maus. ¹³ Certamente Deus não ouvirá a súplica vazia, nem o Todo-Poderoso dará atenção a ela. ¹⁴ Quanto menos ao que disseste: que tu não o vês!

---

† **34:9** agradar-se em Deus trad. alt. ser do agrado de Deus   ‡ **34:14** tomasse a decisão lit. pusesse seu coração em si   § **34:20** ação humana lit. mão   * **35:9** poder lit. braço

Porém o juízo está diante dele; portanto espera nele. † ¹⁵ Mas agora, já que a ira dele *ainda* não está castigando, e ele não deu completa atenção à arrogância, ‡ ¹⁶ Por isso Jó abriu sua boca em vão, e multiplicou palavras sem conhecimento.

36

¹ Prosseguiu Eliú ainda, dizendo: ² Espera-me um pouco, e eu te mostrarei que ainda há palavras a favor de Deus. ³ Desde longe trarei meu conhecimento, e a meu Criador atribuirei a justiça. ⁴ Porque verdadeiramente minhas palavras não serão falsas; contigo está um que tem completo conhecimento. ⁵ Eis que Deus é grande, porém despreza ninguém; grande ele é em poder de entendimento. * ⁶ Ele não permite o perverso viver, e faz justiça aos aflitos. ⁷ Ele não tira seus olhos do justo; ao contrário, ele os faz sentar com os reis no trono, e *assim* são exaltados. ⁸ E se estiverem presos em grilhões, e detidos com cordas de aflição, ⁹ Então ele lhes faz saber as obras que fizeram, e suas transgressões, das quais se orgulharam. ¹⁰ E revela a seus ouvidos, para que sejam disciplinados; e lhes diz, para que se convertam da maldade. ¹¹ Se ouvirem, e *o* servirem, acabarão seus dias em prosperidade, e seus anos em prazeres. ¹² Porém se não ouvirem, perecerão pela espada, e morrerão sem conhecimento. ¹³ E os hipócritas de coração acumulam a ira *divina* ; e quando ele os amarrar, mesmo assim não clamam. ¹⁴ A alma deles morrerá em sua juventude, e sua vida entre os pervertidos. † ¹⁵ Ele livra o aflito de sua aflição, e na opressão ele revela a seus ouvidos. ¹⁶ Assim também ele pode te desviar da boca da angústia *para* um lugar amplo, onde não haveria aperto; para o conforto de tua mesa, cheia dos melhores alimentos. ‡ ¹⁷ Mas tu estás cheio do julgamento do perverso; o julgamento e a justiça te tomam. ¹⁸ Por causa da furor, *guarda-te* para que não sejas seduzido pela riqueza, nem que um grande suborno § te faça desviar. * ¹⁹ Pode, por acaso, a tua riqueza † te sustentar para que não tenhas aflição, mesmo com todos os esforços de *teu* poder? ²⁰ Não anseies pela noite, em que os povos são tomados de seu lugar. ²¹ Guarda-te, e não te voltes para a maldade; pois por isto que tens sido testado com miséria. ‡ ²² Eis que Deus é exaltado em seu poder; que instrutor há como ele? ²³ Quem lhe indica o seu caminho? Quem poderá lhe dizer: Cometeste maldade? ²⁴ Lembra-te de engrandeceres sua obra, a qual os seres humanos contemplam. ²⁵ Todas as pessoas a veem; o ser humano a enxerga de longe. ²⁶ Eis que Deus é grande, e nós não o compreendemos; não se pode descobrir o número de seus anos. ²⁷ Ele traz para cima as gotas das águas, que derramam a chuva de seu vapor; ²⁸ A qual as nuvens destilam, gotejando abundantemente sobre o ser humano. ²⁹ Poderá alguém entender a extensão das nuvens, *e* os estrondos de seu pavilhão? ³⁰ Eis que estende sobre ele sua luz, e cobre as profundezas § do mar. ³¹ Pois por estas coisas ele julga aos povos, e dá alimento em abundância. ³² Ele cobre as mãos com o relâmpago, e dá ordens para que atinja o alvo. ³³ O trovão anuncia sua presença; o gado também *prenuncia a tempestade* que se aproxima.

---

† **35:14** v. 14 obscuro – trad. alt. Quanto menos ao que disseste: que tu não o vês, [que] o juízo está diante dele, e [que] tu nele esperas. ‡ **35:15** v. 15 – obscuro trad. alt. Ainda mais: que a ira dele não castiga, e que ele não presta atenção à arrogância. * **36:5** entendimento lit. coração † **36:14** pervertidos provavelmente prostitutos que faziam relações sexuais em rituais idólatras ‡ **36:16** melhores alimentos lit. gordura § **36:18** suborno lit. resgate * **36:18** [cuida] para que não sejas seduzido pela riqueza – obscuro trad. alt. [Cuida] para que o furor não te induza a escarnecer † **36:19** a tua riqueza obscuro – trad. alt. o teu clamor ‡ **36:21** pois por isto que tens sido testado com miséria trad. alt. pois preferiste isto à miséria § **36:30** profundezas lit. raízes

37

¹ Disto também o meu coração treme, e salta de seu lugar. ² Ouvi atentamente o estrondo de sua voz, e o som que sai de sua boca, ³ Ao qual envia por debaixo de todos os céus; e sua luz até os confins da terra. ⁴ Depois disso brama com estrondo; troveja com sua majestosa voz; e ele não retém *seus relâmpagos* quando sua voz é ouvida. ⁵ Deus troveja maravilhosamente com sua voz; ele faz coisas tão grandes que nós não compreendemos. ⁶ Pois ele diz à neve: Cai sobre à terra; Como também à chuva: Sê chuva forte. ⁷ Ele sela as mãos de todo ser humano, para que todas as pessoas conheçam sua obra. ⁸ E os animais selvagens entram nos esconderijos, e ficam em suas tocas. ⁹ Da recâmara * vem o redemoinho, e dos *ventos* que espalham † *vem* o frio. ¹⁰ Pelo sopro de Deus se dá o gelo, e as largas águas se congelam. ¹¹ Ele também carrega de umidade as espessas nuvens, *e* por entre as nuvens ele espalha seu relâmpago. ‡ ¹² Então elas se movem ao redor segundo sua condução, para que façam quanto ele lhes manda sobre a superfície do mundo, na terra; ¹³ Seja que ou por vara de castigo, ou para sua terra, ou por bondade as faça vir. ¹⁴ Escuta isto, Jó; fica parado, e considera as maravilhas de Deus. ¹⁵ Por acaso sabes tu quando Deus dá ordem a elas, e faz brilhar o relâmpago de sua nuvem? ¹⁶ Conheces tu os equilíbrios das nuvens, as maravilhas daquele que é perfeito no conhecimento? ¹⁷ Tu, cujas vestes se aquecem quando a terra se aquieta por causa do *vento* sul, ¹⁸ acaso podes estender com ele os céus, que estão firmes como um espelho fundido? ¹⁹ Ensina-nos o que devemos dizer a ele; *pois discurso* nenhum podemos propor, por causa das *nossas* trevas. ²⁰ Seria contado a ele o que eu haveria de falar? Por acaso alguém falaria para ser devorado? § ²¹ E agora não se pode olhar para o sol, quando brilha nos céus, quando o vento passa e os limpa. ²² Do norte vem o esplendor dourado; em Deus há majestade temível. ²³ Não podemos alcançar ao Todo-Poderoso; ele é grande em poder; porém ele a ninguém oprime *em* juízo e grandeza de justiça. ²⁴ Por isso as pessoas o temem; ele não dá atenção aos que *se acham* sábios de coração.

38

¹ Então o SENHOR respondeu a Jó desde um redemoinho, e disse: ² Quem é esse que obscurece o conselho com palavras sem conhecimento? ³ Agora cinge teus lombos como homem; e eu te perguntarei, e tu me explicarás. ⁴ Onde estavas tu quando eu fundava a terra? Declara- *me* ,se tens inteligência. ⁵ Quem determinou suas medidas, se tu o sabes? Ou quem estendeu cordel sobre ela? ⁶ Sobre o que estão fundadas suas bases? Ou quem pôs sua pedra angular, ⁷ Quando as estrelas do amanhecer cantavam alegremente juntas, e todos os filhos de Deus jubilavam? ⁸ Ou *quem* encerrou o mar com portas, quando transbordou, saindo da madre, ⁹ Quando eu pus nuvens por sua vestidura, e a escuridão por sua faixa; ¹⁰ Quando eu passei sobre ele meu decreto, e *lhe* pus portas e ferrolhos, ¹¹ E disse: Até aqui virás, e não passarás adiante, e aqui será o limite para a soberba de tuas ondas? ¹² Desde os teus dias tens dado ordem à madrugada? *Ou* mostraste tu ao amanhecer o seu lugar, ¹³ Para que tomasse os confins da terra, e os perversos fossem sacudidos dela? ¹⁴ E *a terra* se transforma como barro *sob* o selo; *todas as coisas sobre ela* se apresentam como vestidos? ¹⁵ E dos perversos é desviada sua luz, e o braço erguido é quebrado. ¹⁶ Por acaso chegaste tu às fontes do mar, ou passeaste no mais profundo abismo? ¹⁷ Foram reveladas a ti as portas da morte, ou viste as portas da sombra de morte? ¹⁸ Entendeste tu as larguras da terra? Declara, se sabes tudo isto. ¹⁹ Onde está o caminho *por onde* mora a luz? E quanto

---

* **37:9** recâmara trad. alt. sul   † **37:9** [ventos] que espalham trad. alt. norte   ‡ **37:11** relâmpago lit. luz – também no resto do capítulo   § **37:20** para ser devorado obscuro – trad. alt. quando está confuso

às trevas, onde fica o seu lugar? ²⁰ Para que as tragas a seus limites, e conheças os caminhos de sua casa. ²¹ Certamente tu o sabes, pois já eras nascido, e teus dias são inúmeros! ²² Por acaso entraste tu aos depósitos * da neve, e viste os depósitos do granizo, ²³ Que eu retenho até o tempo da angústia, até o dia da batalha e da guerra? ²⁴ Onde está o caminho em que a luz † se reparte, e o vento oriental se dispersa sobre a terra? ²⁵ Quem repartiu um canal às correntezas de águas, e caminho aos relâmpagos dos trovões, ²⁶ Para chover sobre a terra *onde* havia ninguém, *sobre* o deserto, onde não há gente, ²⁷ Para fartar *a terra* deserta e desolada, e para fazer crescer aos renovos da erva. ²⁸ Por acaso a chuva tem pai? Ou quem gera as gotas do orvalho? ²⁹ De qual ventre procede o gelo? E quem gera a geada do céu? ³⁰ As águas se tornam duras como pedra, e a superfície do abismo se congela. ³¹ Podes tu atar as cadeias das Plêiades, ou desatar as cordas do Órion? ³² Podes tu trazer as constelações ‡ a seu tempo, e guiar a Ursa com seus filhos? ³³ Sabes tu as ordenanças dos céus? Ou podes tu dispor do domínio deles sobre a terra? ³⁴ Ou podes levantar tua voz até às nuvens, para que a abundância das águas te cubra? ³⁵ Podes tu mandar relâmpagos, para que saiam, e te digam: Eis-nos aqui? ³⁶ Quem pôs a sabedoria no íntimo? Ou quem deu entendimento à mente? ³⁷ Quem pode enumerar as nuvens com sabedoria? E os odres dos céus, quem pode os despejar? ³⁸ Quando o pó se endurece, e os torrões se apegam uns aos outros? ³⁹ Caçarás tu a presa para o leão? Ou saciarás a fome dos leões jovens, ⁴⁰ Quando estão agachados nas covas, *ou* estão à espreita no matagal? ⁴¹ Quem prepara aos corvos seu alimento, quando seus filhotes clamam a Deus, andando de um lado para o outro por não terem o que comer?

39

¹ Sabes tu o tempo em que as cabras montesas dão filhotes? Ou observaste tu as cervas quando em trabalho de parto? ² Contaste os meses que elas cumprem, e sabes o tempo de seu parto? ³ Quando se encurvam, produzem seus filhos, *e* lançam de si suas dores. ⁴ Seus filhos se fortalecem, crescem como o trigo; saem, e nunca mais voltam a elas. ⁵ Quem despediu livre ao asno montês? E quem ao asno selvagem soltou das ataduras? ⁶ Ao qual eu dei a terra desabitada por casa, e a terra salgada por suas moradas. ⁷ Ele zomba do tumulto da cidade; não ouve os gritos do condutor. ⁸ A extensão dos montes é seu pasto; e busca tudo o que é verde. ⁹ Por acaso o boi selvagem * quererá te servir, ou ficará junto de tua manjedoura? ¹⁰ Ou amarrarás ao boi selvagem com sua corda para o arado? Ou lavrará ele aos campos atrás de ti? ¹¹ Confiarás nele, por ser grande sua força, e deixarás que ele faça teu trabalho? ¹² Porás tua confiança nele, para que ele colha tua semente, e a junte em tua eira? ¹³ As asas da avestruz batem alegremente, mas são suas asas e penas como as da cegonha? ¹⁴ Ela deixa seus ovos na terra, e os esquenta no chão, ¹⁵ E se esquece de que pés podem os pisar, e os animais do campo *podem* os esmagar. ¹⁶ Age duramente para com seus filhos, como se não fossem seus, sem temer que seu trabalho tenha sido em vão. ¹⁷ Porque Deus a privou de sabedoria, e não lhe repartiu entendimento. ¹⁸ Porém quando se levanta para correr, † zomba do cavalo e do seu cavaleiro. ¹⁹ És tu que dás força ao cavalo, ou que vestes seu pescoço com crina? ²⁰ Podes tu o espantar como a um gafanhoto? O sopro de suas narinas é terrível. ²¹ Ele escarva a terra, alegra-se de sua força, *e* sai ao encontro das armas; ²² Ele zomba do medo, e não se espanta; nem volta para trás por causa da espada. ²³ Contra ele rangem a aljava, o

---

* **38:22** depósitos lit. tesouros † **38:24** luz trad. alt. relâmpago ‡ **38:32** constelações obscuro – hebraico Mazarote * **39:9** boi selvagem Almeida 1819: unicórnio † **39:18** levanta para correr – significado obscuro lit. levanta no alto

ferro brilhante da lança e do dardo; ²⁴ Sacudido-se com furor, ele escarva a terra; ele não fica parado ao som da trombeta. ²⁵ Ao som das trombetas diz: Eia! E desde longe cheira a batalha, o grito dos capitães, e o barulho. ²⁶ Por acaso é por tua inteligência que o gavião voa, *e* estende suas asas para o sul? ²⁷ Ou é por tua ordem que a águia voa alto e põe seu ninho na altura? ²⁸ Nas penhas ela mora e habita; no cume das penhas, e em lugares seguros. ²⁹ Desde ali espia a comida; seus olhos avistam de longe. ³⁰ Seus filhotes sugam sangue; e onde houver cadáveres, ali ela está.

40

¹ Então o SENHOR respondeu mais a Jó, dizendo: ² Por acaso quem briga contra o Todo-Poderoso pode ensiná-lo? Quem quer repreender a Deus, responda a isto. ³ Então Jó respondeu ao SENHOR, dizendo: ⁴ Eis que eu sou insignificante; o que eu te responderia? Ponho minha mão sobre minha boca. ⁵ Uma vez falei, porém não responderei; até duas vezes, porém não prosseguirei. ⁶ Então o SENHOR respondeu a Jó desde o redemoinho, dizendo: ⁷ Cinge-te agora os teus lombos como homem; eu te perguntarei, e tu me explica. ⁸ Por acaso tu anularias o meu juízo? Tu me condenarias, para te justificares? ⁹ Tens tu braço como Deus? Ou podes tu trovejar com *tua* voz como ele? ¹⁰ Orna-te, pois, de excelência e alteza; e veste-te de majestade e glória. ¹¹ Espalha os furores de tua ira; olha a todo soberbo, e abate-o. ¹² Olha a todo soberbo, e humilha-o; e esmaga aos perversos em seu lugar. ¹³ Esconde-os juntamente no pó; ata seus rostos no oculto. ¹⁴ E eu também te reconhecerei; pois tua mão direita te terá livrado. ¹⁵ Observa o beemote, [*] ao qual eu fiz contigo; ele come erva come como o boi. ¹⁶ Eis que sua força está em seus lombos, e seu poder na musculatura de seu ventre. ¹⁷ Ele torna sua cauda dura como o cedro, e os nervos de suas coxas são entretecidos. ¹⁸ Seus ossos são *como* tubos de bronze; seus membros, como barras de ferro. ¹⁹ Ele é a obra-prima dos caminhos de Deus; aquele que o fez o proveu de sua espada. [†] ²⁰ Pois os montes lhe produzem pasto; por isso todos os animais do campo ali se alegram. [‡] ²¹ Ele se deita debaixo das árvores sombrias; no esconderijo das canas e da lama. ²² As árvores sombrias o cobrem, cada uma com sua sombra; os salgueiros do ribeiro o cercam. ²³ Ainda que o rio se torne violento, ele não se apressa; confia ainda que o Jordão transborde até sua boca. ²⁴ Poderiam, por acaso, capturá-lo à vista de seus olhos, *ou* com laços furar suas narinas?

41

¹ Poderás tu pescar ao leviatã com anzol, ou abaixar sua língua com uma corda? ² Podes pôr um anzol em seu nariz, ou com um espinho furar sua queixada? ³ Fará ele súplicas a ti, *ou* falará contigo suavemente? ⁴ Fará ele pacto contigo, para que tu o tomes por escravo perpétuo? ⁵ Brincarás tu com ele como com um passarinho, ou o atarás para tuas meninas? ⁶ Os companheiros farão banquete dele? Repartirão dele entre os mercadores? ⁷ Poderás tu encher sua pele de espetos, ou sua cabeça com arpões de pescadores? ⁸ Põe tua mão sobre ele; te lembrarás da batalha, e nunca mais voltarás a fazer. ⁹ Eis que a esperança de alguém *de vencê-lo* falhará; pois, apenas ao vê-lo será derrubado. ¹⁰ Ninguém há *tão* ousado que o desperte; quem pois, *ousa* se opor a mim? ¹¹ Quem me deu primeiro, para que eu *o* recompense? Tudo o que há debaixo dos céus é meu. ¹² Eu não me calarei a respeito de seus membros, nem de *suas* forças, e da graça de sua estatura. ¹³ Quem descobrirá sua vestimenta superficial? Quem poderá penetrar sua couraça dupla? ¹⁴ Quem poderia

---

[*] **40:15** beemote obscuro   [†] **40:19** o proveu de sua espada obscuro – trad. alt. é o que pode aproximar sua espada contra ele   [‡] **40:20** alegram ou brincam

abrir as portas de seu rosto? Ao redor de seus dentes há espanto. ¹⁵ Seus fortes escudos * são excelentes; cada um fechado, como um selo apertado. ¹⁶ Um está tão próximo do outro, que vento não pode entrar entre eles. ¹⁷ Estão grudados uns aos outros; estão tão travados entre si, que não se podem separar. ¹⁸ Cada um de seus roncos faz resplandecer a luz, e seus olhos são como os cílios do amanhecer. ¹⁹ De sua boca saem tochas, faíscas de fogo saltam dela. ²⁰ De suas narinas sai fumaça, como de uma panela fervente ou de um caldeirão. ²¹ Seu fôlego acende carvões, e de sua boca sai chama. ²² A força habita em seu pescoço; diante dele salta-se de medo. ²³ As dobras de sua carne estão apegadas *entre si* ; cada uma está firme nele, e não podem ser movidas. ²⁴ Seu coração é rígido como uma pedra, rígido como a pedra de baixo de um moinho. ²⁵ Quando ele se levanta, os fortes tremem; por *seus* abalos se recuam. ²⁶ Se alguém lhe tocar com a espada, não poderá prevalecer; nem arremessar dardo, ou lança. ²⁷ Ele considera o ferro como palha, e o aço como madeira podre. ²⁸ A flecha não o faz fugir; as pedras de funda são para ele como sobras de cascas. ²⁹ Considera toda arma como sobras de cascas, e zomba do mover da lança. ³⁰ Por debaixo de si tem conchas pontiagudas; ele esmaga com suas pontas na lama. ³¹ Ele faz ferver as profundezas como a uma panela, e faz do mar como um pote de unguento. ³² Ele faz brilhar o caminho atrás de si; faz parecer ao abismo com cabelos grisalhos. ³³ Não há sobre a terra algo que se possa comparar a ele. Ele foi feito para não temer. ³⁴ Ele vê tudo que é alto; ele é rei sobre todos os filhos dos animais soberbos. †

42

¹ E Jó respondeu ao SENHOR, dizendo: ² Eu sei que tudo podes, e nenhum de teus pensamentos pode ser impedido. ³ *Tu dizes* : Quem é esse que obscurece o conselho sem conhecimento? Por isso eu falei do que não entendia; coisas que eram maravilhosas demais para mim, e eu não as conhecia. ⁴ Escuta-me, por favor, e eu falarei; eu te perguntarei, e tu me ensina. ⁵ Com os ouvidos eu ouvira falar de ti; mas agora meus olhos te veem. ⁶ Por isso *me* abomino, e me arrependo no pó e na cinza. ⁷ E sucedeu que, depois que o SENHOR acabou de falar essas palavras a Jó, o SENHOR disse a Elifaz, o temanita: Minha ira se acendeu contra ti e contra os teus dois amigos; porque não falastes de mim o que era correto, como o meu servo Jó. ⁸ Por isso tomai sete bezerros e sete carneiros, ide ao meu servo Jó, e oferecei holocaustos em vosso favor, então meu servo Jó orará por vós; pois certamente atenderei a ele para eu não vos tratar conforme a vossa insensatez; pois não falastes de mim o que era correto, como o meu servo Jó. ⁹ Então foram Elifaz, o temanita, Bildade, o suíta, e Zofar, o naamita, e fizeram como o SENHOR havia lhes dito; e o SENHOR atendeu a Jó. ¹⁰ E o SENHOR livrou Jó de seu infortúnio, enquanto ele orava pelos seus amigos; e o SENHOR acrescentou a Jó o dobro de tudo quanto ele *antes* possuía. ¹¹ Então vieram e ele todos os seus irmãos, e todas as suas irmãs, e todos os que o conheciam antes; e comeram com ele pão em sua casa, e condoeram-se dele, e o consolaram acerca de toda a calamidade * que o SENHOR tinha trazido sobre ele; e cada um deles lhe deu uma peça de dinheiro, e uma argola de ouro. ¹² E *assim* o SENHOR abençoou o último estado de Jó mais que o seu primeiro; porque teve catorze mil ovelhas, seis mil camelos, mil juntas de bois, e mil asnas. ¹³ Também teve sete filhos e três filhas. ¹⁴ E chamou o nome da uma Jemima, e o nome da segunda Quézia, e o nome da terceira Quéren-Hapuque. ¹⁵ E em toda a terra não se acharam mulheres tão belas como as filhas de Jó; e seu pai lhes deu herança entre seus irmãos. ¹⁶ E depois disto

---

* **41:15** escudos i.e., provavelmente escamas   † **41:34** filhos dos animais soberbos lit. filhos da soberba
* **42:11** calamidade lit. mal

472

Jó viveu cento e quarenta anos; e viu seus filhos, e os filhos de seus filhos, até quatro gerações. ¹⁷ Então Jó morreu, velho, e farto de dias.

Livro dos Salmos

1

¹ Bem-aventurado o homem que não anda no conselho dos maus, nem fica parado no caminho dos pecadores, nem se senta junto dos escarnecedores. ² Mas sim, que tem seu prazer na Lei do SENHOR; e medita em sua Lei de dia e de noite. ³ Porque ele será como uma árvore, plantada junto a ribeiros de águas, que dá fruto a seu *devido* tempo, e suas folhas não caem; e tudo quanto fizer prosperará. ⁴ Os maus não são assim; mas são como a palha que o vento dispersa. ⁵ Por isso os maus não subsistirão no julgamento, nem os pecadores no ajuntamento dos justos. ⁶ Porque o SENHOR conhece o caminho dos justos; porém o caminho dos maus perecerá.

2

¹ Por que as nações se rebelam, e os povos planejam em vão? ² Os reis da terra se levantam, e os governantes tomam conselhos reunidos contra o SENHOR, e contra seu Ungido, *dizendo* : ³ Rompamos as correntes deles, e lancemos fora de nós as cordas deles. ⁴ Aquele que está sentado nos céus rirá; o Senhor zombará deles. ⁵ Então ele lhes falará em sua ira; em seu furor ele os assombrará, *dizendo* : ⁶ E eu ungi a meu Rei sobre Sião, o monte de minha santidade. ⁷ E eu declararei o decreto do SENHOR: Ele me disse: Tu és meu Filho; eu hoje te gerei. ⁸ Pede-me, e eu te darei as nações *por* herança, e *por* tua propriedade os confins da terra. ⁹ Com cetro de ferro tu as quebrarás; como vaso de oleiro tu as despedaçarás; ¹⁰ Portanto agora, reis, sede prudentes; vós, juízes da terra, deixai serdes instruídos. ¹¹ Servi ao SENHOR com temor; e alegrai-vos com tremor. ¹² Beijai ao Filho, para que ele não se ire, e pereçais *no* caminho; porque em breve a ira dele se acenderá. Bem-aventurados *são* todos os que nele confiam.

3

Salmo de Davi, quando ele fugia da presença de seu filho Absalão:
¹ Ah SENHOR, como têm se multiplicado meus adversários! Muitos se levantam contra mim. ² Muitos dizem de minha alma: Não há salvação para ele em Deus. (Selá) ³ Porém tu, SENHOR, és escudo para mim; minha glória, e o que levanta minha cabeça. ⁴ Com minha voz eu clamei ao SENHOR; e ele me ouviu desde o monte de sua santidade. (Selá) ⁵ Eu me deitei, e dormi; acordei, porque o SENHOR me sustentava. ⁶ Eu não temerei *ainda que sejam* dez mil pessoas que se ponham ao redor de mim. ⁷ Levanta-te, SENHOR, salva-me, meu Deus; pois feriste os queixos de todos meus inimigos; *e* quebraste os dentes dos maus. ⁸ A salvação *vem* do SENHOR; sobre o teu povo seja tua bênção. (Selá)

4

Salmo de Davi para o regente, com instrumentos de cordas:
¹ Quando eu clamar, ouve-me, ó Deus de minha justiça; na angústia tu me alivias; tem misericórdia de mim, e ouve a minha oração. ² Filhos dos homens, até quando *tornareis* minha glória em infâmia, e amareis as coisas vãs? *Até quando* buscareis a mentira? (Selá) ³ Sabei pois, que o SENHOR separou para si aquele que é fiel; o SENHOR ouvirá, quando a ele eu clamar. ⁴ Quando estiverdes perturbados, *
não pequeis; meditai em vosso coração sobre a vossa cama, e fazei silêncio. (Selá)

---

* **4:4** perturbados ou irados

5 Sacrificai sacrifícios de justiça, e confiai no SENHOR. 6 Muitos dizem: Quem nos mostrará o bem?Levanta sobre nós, SENHOR, a luz de teu rosto. 7 Tu me deste alegria em meu coração, maior do que quando o trigo e o vinho deles se multiplicaram. 8 Eu deitarei, e dormirei em paz; porque só tu, SENHOR, me fazes descansar seguro.

5

Salmo de Davi para o regente, com instrumentos de sopro:

1 SENHOR, escuta as minhas palavras; entende aquilo que estou meditando; 2 Ouve a voz do meu clamor, meu Rei e meu Deus; porque a ti eu oro. 3 SENHOR, pela manhã ouvirás minha voz; pela manhã apresentarei *meu clamor* a ti, e ficarei esperando. 4 Porque tu não *és* Deus que tens prazer na maldade; contigo não habitará o mau. 5 Os arrogantes não ficarão de pé diante dos teus olhos; tu odeias todas os praticantes de maldade. 6 Tu destruirás aos que falam mentiras; o SENHOR abomina ao homem sanguinário e enganador. 7 Mas eu, pela grandeza de tua bondade, entrarei em tua casa; adorarei inclinado para o templo de tua santidade em temor a ti. 8 SENHOR, guia-me em tua justiça, por causa dos meus adversários; prepara diante de mim o teu caminho. 9 Porque não há verdade na boca deles; seu interior são meras destruições; a garganta deles é uma sepultura aberta; com suas línguas elogiam falsamente. 10 Declara-os culpados, ó Deus, *e* que caiam de seus próprios conselhos; expulsa-os por causa da abundância de suas transgressões, porque eles se rebelaram contra ti. 11 Mas se alegrem todos os que confiam em ti; clamai de alegria para sempre; porque tu os proteges; e fiquem contentes em ti aqueles que amam o teu nome. 12 Porque tu, SENHOR, abençoarás ao justo; como com um escudo tu o rodearás com tua bondade.

6

Salmo de Davi para o regente, com instrumentos de cordas, uma harpa de oito cordas:

1 SENHOR, não me repreendas na tua ira; e não me castigues em teu furor. 2 Tem misericórdia de mim, SENHOR; porque eu *estou* enfraquecido; cura-me, SENHOR, porque meus ossos estão afligidos. 3 Até minha alma está muito aflita; e tu, SENHOR, até quando? 4 Volta, SENHOR; livra minha alma; salva-me por tua bondade. 5 Porque na morte não há lembrança de ti; no Xeol * quem te louvará? 6 Já estou cansado do meu gemido; toda a noite eu inundo a minha cama; com minhas lágrimas molho meu leito. 7 Meus olhos estão desolados de mágoa, *e* têm se envelhecido por causa de todos os meus adversários. 8 Sai para longe de mim, todos vós praticantes de maldade; porque o SENHOR já ouviu a voz do meu choro. 9 O SENHOR tem ouvido a minha súplica; o SENHOR aceitará a minha oração. 10 Todos os meus inimigos se envergonharão e ficarão muito perturbados; voltarão para trás, *e* repentinamente se envergonharão.

7

Cântico de Davi, que cantou ao SENHOR, depois das palavras de Cuxe, descendente de Benjamim:

1 SENHOR, meu Deus, em ti confio; salva-me de todos os que me perseguem, e livra-me. 2 Para que não rasguem minha alma como um leão, sendo despedaçada sem *haver* quem a livre. 3 SENHOR, meu Deus, se eu fiz isto: se há perversidade em minhas mãos; 4 Se eu paguei *com* mal ao que tinha paz comigo (mas fiz escapar ao que me oprimia sem causa); 5 *Então* que o inimigo persiga a minha alma, e a alcance; e pise em terra a minha vida; e faça habitar minha honra no pó. (Selá) 6 Levanta-te, SENHOR, em tua ira; exalta-te pelos furores de meus opressores; e desperta para

---

* **6:5** Xeol é o lugar dos mortos

comigo; tu mandaste o juízo. ⁷ Então o ajuntamento de povos te rodeará; portanto volta a te elevar *a ti mesmo* sobre ele. ⁸ O SENHOR julgará aos povos; julga-me, SENHOR, conforme a minha justiça, e conforme a sinceridade *que há* em mim. ⁹ Que tenha fim a maldade dos maus; mas firma ao justo, tu, ó justo Deus, que provas os corações e os sentimentos. ¹⁰ Meu escudo *pertence* a Deus, que salva os corretos de coração. ¹¹ Deus é um justo juiz; e um Deus que se ira todos os dias. ¹² Ele afia a espada para aquele que não se arrepende; ele *já* armou e preparou seu arco. ¹³ E para ele *já* preparou armas mortais; suas flechas utilizará contra os perseguidores. ¹⁴ Eis que *o injusto* está com dores de perversidade; e está em trabalho de parto, e gerará mentiras. ¹⁵ Ele cavou um poço e o fez fundo; mas caiu na cova *que ele próprio* fez. ¹⁶ Seu trabalho se voltará contra sua *própria* cabeça; e sua violência descerá sobre o topo de sua cabeça. ¹⁷ Eu louvarei ao SENHOR conforme sua justiça; cantarei ao nome do SENHOR, o Altíssimo.

8

Salmo de Davi para o regente, com "Gitite":

¹ Ah DEUS, nosso Senhor, quão glorioso é o teu nome sobre toda a terra! Pois tu puseste tua majestade acima dos céus. ² Da boca das crianças, e dos que mamam, tu fundaste força, por causa de teus adversários, para fazer cessar ao inimigo e ao vingador. ³ Quando eu vejo teus céus, obra de teus dedos; a lua e as estrelas, que tu preparaste; ⁴ O que é o homem, para que tu te lembres dele? E *o que é* o filho do homem, para que o visites? ⁵ E tu o fizeste um pouco menor que os anjos; e com glória e honra tu o coroaste. ⁶ Tu o fazes ter controle sobre as obras de tuas mãos; tudo puseste debaixo de seus pés. ⁷ Ovelhas e bois, todos eles, e também os animais do campo; ⁸ As aves dos céus, e os peixes do mar; *e* os que passam pelos caminhos dos mares. ⁹ Ó DEUS, nosso Senhor! Quão glorioso é o teu nome sobre toda a terra!

9

Salmo de Davi, para o regente, em "Mute-Laben":

¹ Louvarei a *ti*, SENHOR com todo o meu coração; contarei todas as tuas maravilhas. ² Em ti eu ficarei contente e saltarei de alegria; cantarei a teu nome, ó Altíssimo. ³ Meus inimigos voltaram para trás; eles caem e perecem diante de ti. ⁴ Porque tu fizeste conforme meu direito e minha causa; tu te sentaste no teu tribunal e julgaste com justiça. ⁵ Severamente repreendeste às nações, destruíste ao perverso; tu tiraste o nome dele para sempre e eternamente. ⁶ *Ao* inimigo, as destruições já se acabaram para sempre. E tu arrasaste as cidades, *e* já pereceu sua memória *com* elas. ⁷ Mas o SENHOR se sentará *para governar* eternamente; ele já preparou seu trono para julgar. ⁸ Ele mesmo julgará ao mundo com justiça; e corretamente fará justiça aos povos. ⁹ O SENHOR será um refúgio para o aflito; um refúgio em tempos de angústia. ¹⁰ E confiarão em ti os que conhecem o teu nome; porque tu, SENHOR, nunca desamparaste aos que te buscam. ¹¹ Cantai ao SENHOR, que habita em Sião! Contai entre os povos as obras dele. ¹² Porque ele investiga os derramamentos de sangue, *e* lembra-se deles; não se esquece do clamor dos que sofrem. ¹³ Tem misericórdia de mim, SENHOR; olha para o meu sofrimento, *causado* pelos que me odeiam; tu, que me levantas *para fora* das portas da morte. ¹⁴ Para que eu conte todos os teus louvores nas portas da filha de Sião, *e* me alegre em tua salvação. ¹⁵ As nações se afundaram na cova que elas fizeram; o pé delas ficou preso na rede que esconderam. ¹⁶ O SENHOR foi conhecido *pelo* juízo que fez; o perverso foi enlaçado pelas obras

de suas *próprias* mãos. (Higaiom, Selá) ¹⁷ Os perversos irão * para o Xeol, † e todas as nações que se esquecem de Deus. ¹⁸ Porque o necessitado não será esquecido para sempre; *nem a* esperança dos oprimidos perecerá eternamente. ¹⁹ Levanta-te, SENHOR, não prevaleça o homem *contra ti* ; sejam julgadas as nações diante de ti. ²⁰ Põe medo neles, SENHOR; saibam as nações que eles são meros mortais. (Selá)

10

¹ Por que, SENHOR, tu estás longe? *Por que* tu te escondes em tempos de angústia? ² Com arrogância o perverso persegue furiosamente ao miserável; sejam presos nas ciladas que planejaram. ³ Pois o perverso se orgulha do desejo de sua alma; ele bendiz ao ganancioso, e blasfema do SENHOR. ⁴ Pela arrogância de seu rosto o perverso não se importa; Deus não existe em todos as seus pensamentos. ⁵ Em todo tempo seus caminhos atormentam; teus juízos *estão* longe do rosto dele, em grande altura; ele sopra furiosamente todos os seus adversários. ⁶ Ele diz em seu coração: Eu nunca serei abalado; porque de geração após geração nunca *sofrerei* mal algum. ⁷ Sua boca está cheia de maldição, e de enganos, e de falsidade; debaixo de sua língua há sofrimento e maldade. ⁸ Eles se sentam *postos* para as ciladas das aldeias; nos esconderijos ele mata ao inocente; seus olhos observam secretamente ao contra o pobre. ⁹ Ele arma ciladas no esconderijo, como o leão em seu covil; arma ciladas para roubar ao miserável; rouba ao miserável, trazendo-o em sua rede. ¹⁰ Ele se encolhe, se agacha, *para que* os pobres caiam em suas armadilhas. ¹¹ Ele diz em seu coração: Deus *já* se esqueceu; *já* escondeu o seu rosto, nunca mais *o* verá. ¹² Levanta-te, SENHOR Deus, ergue tua mão; não te esqueças dos miseráveis. ¹³ Por que o perverso blasfema de Deus? Ele diz eu seu coração que tu nada *lhe* exigirá. ¹⁴ Tu estás *o* vendo; porque tu olhas para o trabalho e o cansaço, para o entregar em tuas mãos; em ti o pobre põe confiança; tu és o que ajuda ao órfão. ¹⁵ Quebra tu o braço do perverso e do maligno; faz cobrança da maldade dele, *até que* tu aches nada *mais dela* . ¹⁶ O SENHOR é Rei eterno e para todo o sempre; as nações perecerão de sua terra. ¹⁷ SENHOR, tu ouviste o desejo dos humildes; tu fortalecerás os seus corações, e teus ouvidos *os* ouvirão; ¹⁸ Para fazer justiça ao órfão e ao afligido; para que o homem não mais continue a praticar o terror.

11

Salmo de Davi, para o regente:

¹ No SENHOR eu confio; como, pois, tu dizeis à minha alma: Fugi para vossa montanha, *como* um pássaro? ² Porque eis que os maus estão armando o arco; eles estão pondo suas flechas na corda, para atirarem às escuras *com elas* aos corretos de coração. ³ Se os fundamentos são destruídos, o que o justo pode fazer? ⁴ O SENHOR está em seu santo Templo, o trono do SENHOR está nos céus; seus olhos observam com atenção; suas pálpebras provam aos filhos dos homens. ⁵ O SENHOR prova ao justo; mas sua alma odeia ao perverso e ao que ama a violência. ⁶ Sobre os perversos choverá laços, fogo e enxofre; e o pagamento para seu cálice será vento tempestuoso. ⁷ Porque o SENHOR *é* justo, *e* ama as justiças; seu rosto presta atenção ao *que é* correto.

12

Salmo de Davi, para o regente, com harpa de oito cordas:

¹ Salva, SENHOR, porque os bons estão em falta; porque são poucos os fiéis dentre os filhos dos homens. ² Cada um fala falsidade ao seu próximo, *com* lábios elogiam falsamente; falam com duas intenções no coração. ³ Que o SENHOR corte a todos os

---

* **9:17** Ou: voltarão   † **9:17** Xeol é o lugar dos mortos

lábios que falam falsos elogios, *e toda* língua que fala grandes *mentiras* . ⁴ Pois dizem: Com nossa língua prevaleceremos; nossos lábios *são* nossos; que é senhor sobre nós? ⁵ O SENHOR diz: Pela opressão aos humildes, pelo gemido dos necessitados, eu agora me levantarei; porei em segurança àquele a quem ele sopra *desejando oprimir* . ⁶ As palavras do SENHOR são palavras puras, *como* prata refinada em forno de barro, purificada sete vezes. ⁷ Tu, SENHOR, os guardarás; desta geração os livrarás para sempre. ⁸ Os maus andam cercando, enquanto os mais vis dos filhos dos homens são exaltados.

13

Salmo de Davi, para o regente:
¹ Até quando, SENHOR, te esquecerás de mim? Para sempre? Até quando tu esconderás de mim o teu rosto? ² Até quando refletirei em minha alma, *tendo* tristeza em meu coração o dia todo? Até quando o meu inimigo se levantará contra mim? ³ Olha *para mim, e* ouve-me, SENHOR meu Deus; ilumina os meus olhos, para que eu não adormeça *na* morte. ⁴ Para que meu inimigo não diga: Eu o venci;e meus inimigos se alegrem, se eu vier a cair. ⁵ Mas eu confio em tua bondade; em tua salvação meu coração se alegrará; ⁶ Cantarei ao SENHOR, porque ele tem me feito muito bem.

14

Salmo de Davi, para o regente:
¹ O tolo diz em seu coração: Não há Deus.Eles têm se pervertido, fazem obras abomináveis; não há quem faça o bem. ² O SENHOR olhou desde os céus para os filhos dos homens, para ver se havia alguém prudente, que buscasse a Deus. ³ Todos se desviaram, juntamente se contaminaram; não há quem faça o bem, nem um sequer. ⁴ Será que não têm conhecimento todos os que praticam a maldade? Eles devoram a meu povo *como se* comessem pão, *e* não clamam ao SENHOR. ⁵ Ali eles se encherão de medo, porque Deus está com a geração dos justos. ⁶ Vós envergonhais os planos do humilde, mas o SENHOR é o refúgio dele. ⁷ Ah, que de Sião venha a salvação de Israel! Quando o SENHOR restaurar o seu povo de seu infortúnio, Jacó jubilará, Israel se alegrará.

15

Salmo de Davi:
¹ SENHOR, quem morará em tua tenda? Quem habitará no monte de tua santidade? ² Aquele que anda sinceramente, e pratica a justiça; e com seu coração fala a verdade; ³ *Aquele que* não murmura com sua língua; não faz mal ao seu companheiro, nem aceita insulto contra seu próximo. ⁴ Em seus olhos despreza à pessoa que é digna de reprovação, mas honra aos que temem ao SENHOR; mantém seu juramento até sob *seu próprio* prejuízo, e não muda. ⁵ *Tal pessoa* não empresta seu dinheiro com juros; nem aceita suborno contra o inocente; quem faz isto, nunca se abalará.

16

Cântico de Davi:
¹ Guarda-me, ó Deus; porque eu confio em ti. ² Tu, *minha alma* , disseste ao SENHOR: Tu és meu Senhor; minha bondade não *chega* até ti. ³ *Mas* aos santos que *estão* na terra, e *a* os ilustres, nos quais está todo o meu prazer. ⁴ As dores se multiplicarão daqueles que se apressam *para servir* a outros *deuses* ; eu não oferecerei seus sacrifícios de derramamento de sangue, e não tomarei seus nomes em meus lábios. ⁵ O SENHOR é a porção da minha herança e o meu cálice; tu sustentas a

minha sorte. ⁶ Em lugares agradáveis foram postos os limites *do meu terreno* ; sim, eu recebo uma bela propriedade. ⁷ Eu louvarei ao SENHOR, que me aconselhou; até de noite meus sentimentos me ensinam. ⁸ Ponho ao SENHOR continuamente diante de mim; porque *ele está* à minha direita; nunca serei abalado. ⁹ Por isso meu coração está contente, e minha glória se alegra; certamente minha carne habitará em segurança. ¹⁰ Porque tu não deixarás a minha alma no Xeol, * nem permitirás que teu Santo veja a degradação. † ¹¹ Tu me farás conhecer o caminho da vida; fartura de alegrias *há* em tua presença; agrados estão em tua mão direita para sempre.

17

Oração de Davi:

¹ Ouve, SENHOR, a *minha* justiça; presta atenção ao meu choro, dá ouvidos à minha oração de lábios que não enganam. ² De diante de teu rosto saia o meu julgamento; teus olhos observarão o que é justo. ³ Tu *já* provaste o meu coração, tu *me* visitaste de noite; tu me investigaste, *e* nada achaste; decidi *que* minha boca não transgredirá. ⁴ Quanto às obras dos homens, conforme a palavra de teus lábios eu me guardei dos caminhos do violento; ⁵ Guiando meu andar em teus caminhos, para que meus passos não tropecem. ⁶ Eu clamo a ti, ó Deus, porque tu me respondes; inclina teus ouvidos a mim, escuta a minha palavra. ⁷ Revela maravilhosamente tuas misericórdias, tu salvas aos que confiam *em ti* com tua mão direita daqueles se se levantam contra ti . ⁸ Guarda-me como a pupila do olho; esconde-me debaixo da sombra de tuas asas, ⁹ De diante dos perversos que me oprimem; dos meus mortais inimigos que me cercam. ¹⁰ Eles se enchem de gordura; com sua boca falam arrogantemente. ¹¹ Agora eles têm nos cercado em nossos passos; eles fixam seus olhos para *nos* derrubar ao chão. ¹² Semelhantes ao leão, que deseja nos despedaçar, e ao leãozinho, que fica em esconderijos. ¹³ Levanta-te, SENHOR, confronta-o, derruba-o; livra minha alma d *as mãos* do perverso com tua espada. ¹⁴ Dos homens com tua mão, SENHOR, dos homens que são do mundo, cuja parte está n *esta* vida, cujo ventre enches de teu secreto *tesouro* ; os filhos se fartam, e deixam sua sobra para suas crianças. ¹⁵ *Mas* eu olharei para teu rosto em justiça; serei satisfeito de tua semelhança, quando eu despertar.

18

Para o regente. Do servo do SENHOR, chamado Davi, o qual falou as palavras deste cântico ao SENHOR, no dia em que o SENHOR o livrou das mãos de todos os seus inimigos, e das mãos de Saul. Ele disse:

¹ Eu te amarei, SENHOR, *tu és* minha força. ² O SENHOR é minha rocha, e minha fortaleza, e meu libertador, meu Deus, meu rochedo, em quem confio; *é* meu escudo, e a força da minha salvação, meu alto refúgio. ³ Eu clamei ao SENHOR digno de louvor; e fiquei livre de meus inimigos. ⁴ Cordas de morte me cercaram; e riachos de maldade me encheram de medo. ⁵ Cordas do Xeol * me envolveram; laços de morte me afrontaram. ⁶ Em minha angústia, clamei ao SENHOR, e roguei a meu Deus; desde o seu Templo ele ouviu a minha voz; e o meu clamor diante de seu rosto chegou aos ouvidos dele. ⁷ Então a terra de abalou e tremeu; e os fundamentos dos montes de moveram e foram abalados, porque ele se irritou. ⁸ Fumaça subiu de seu nariz, e fogo consumidor saiu de sua boca; carvões foram acesos por ele. ⁹ Ele moveu os céus, e desceu; e as trevas *estavam* debaixo de seus pés. ¹⁰ Ele montou sobre um querubim, e fez seu voo; e voou veloz sobre as assas do vento. ¹¹ Ele pôs as trevas como seu

---

* **16:10** Xeol é o lugar dos mortos   † **16:10** Ou: deterioração, putrefação   * **18:5** Xeol é o lugar dos mortos

esconderijo; pôs a sua tenda ao redor dele; trevas das águas, nuvens dos céus. ¹² Do brilho de sua presença suas nuvens se espalharam, *e também* a saraiva, e as brasas de fogo. ¹³ E o SENHOR trovejou nos céus; e o Altíssimo soltou sua voz; saraiva e brasas de fogo *caíram*. ¹⁴ Ele mandou suas flechas, e os dispersou; e *lançou* muitos raios, e os perturbou. ¹⁵ E as profundezas das águas foram vistas, e os fundamentos do mundo foram descobertos por tua repreensão, SENHOR, pelo sopro do vento do teu nariz. ¹⁶ Desde o alto ele enviou, *e* me tomou; tirou-me de muitas águas. ¹⁷ Ele me livrou do meu forte inimigo, e daqueles que me odeiam; porque eles eram mais poderosos do que eu. ¹⁸ Eles me confrontaram no dia de minha calamidade; mas o SENHOR ficou junto de mim. ¹⁹ Ele me tirou para um lugar amplo; ele me libertou, porque se agradou de mim. ²⁰ O SENHOR me recompensou conforme a minha justiça; conforme a pureza das minhas mãos ele me retribuiu. ²¹ Porque eu guardei os caminhos do SENHOR; nem me *afastei* do meu Deus praticando o mal. ²² Porque todos os juízos dele estavam diante de mim; e não rejeitei seus estatutos para mim. ²³ Mas eu fui fiel com ele; e tomei cuidado contra minha maldade. ²⁴ Assim o SENHOR me recompensou conforme a minha justiça; conforme a pureza de minhas mãos perante seus olhos. ²⁵ Com o bondoso tu te mostras bondoso; *e* com o homem fiel tu te mostras fiel. ²⁶ Com o puro tu te mostras puro; mas com o perverso tu te mostras agressivo. ²⁷ Porque tu livras ao povo aflito, e humilhas aos olhos que se exaltam. ²⁸ Porque tu acendes minha lâmpada; o SENHOR meu Deus ilumina as minhas trevas. ²⁹ Porque contigo eu marcho *contra* um exército; e com meu Deus eu salto um muro. ³⁰ O caminho de Deus é perfeito; a palavra do SENHOR é refinada; ele *é* escudo para todos os que nele confiam. ³¹ Porque quem é Deus, a não ser o SENHOR? E quem é rocha, a não ser o nosso Deus? ³² Deus *é* o que me veste de força; e o que dá perfeição ao meu caminho. ³³ Ele faz meus pés como o das cervas; e me põe em meus lugares altos. ³⁴ Ele ensina minhas mãos para a guerra, *de modo que* um arco de bronze se quebra em meus braços. ³⁵ Também tu me deste o escudo de tua salvação, e tua mão direita me sustentou; e tua mansidão me engrandeceu. ³⁶ Tu alargaste os meus passos abaixo de mim; e meus pés não vacilaram. ³⁷ Persegui a meus inimigos, e eu os alcancei; e não voltei até os exterminá-los. ³⁸ Eu os perfurei, que não puderam mais se levantar; caíram debaixo dos meus pés. ³⁹ Porque tu me preparaste com força para a batalha; fizeste se curvarem abaixo de mim aqueles que contra mim tinham se levantado. ⁴⁰ E tu me deste a nuca de meus inimigos; destruí aos que me odiavam. ⁴¹ Eles clamaram, mas não havia quem os livrasse; *clamaram até* ao SENHOR, mas ele não lhes respondeu. ⁴² Então eu os reduzi a pó, como a poeira ao vento; eu os joguei fora como a lama das ruas. ⁴³ Tu me livraste das brigas do povo; tu me puseste como cabeça das nações; o povo que eu não conhecia me serviu. ⁴⁴ Ao *me* ouvirem, *logo* me obedeceram; estrangeiros se sujeitaram a mim. ⁴⁵ Estrangeiros se enfraqueceram; e tremeram de medo desde suas extremidades. ⁴⁶ O SENHOR vive, e bendito *seja* minha rocha; e exaltado *seja* o Deus de minha salvação; ⁴⁷ O Deus que dá minha vingança, e sujeita aos povos debaixo de mim; ⁴⁸ Aquele que me livra dos meus inimigos; tu também me exaltas sobre aqueles que se levantam contra mim; tu me livras do homem violento. ⁴⁹ Por isso, SENHOR, eu te louvarei entre as nações, e cantarei ao teu Nome; ⁵⁰ Que faz grandes as salvações de seu Rei, e pratica a bondade para com o seu ungido, com Davi, e sua semente, para sempre.

19

Salmo de Davi, para o regente:

¹ Os céus declaram a glória de Deus; e o firmamento anuncia a obra de suas mãos. ² Dia após dia ele fala; e noite após noite ele mostra sabedoria. ³ Não há língua, nem

palavras, onde não se ouça a voz deles. ⁴ Por toda a terra sai sua corda, e suas palavras até o fim do mundo; para o sol ele pôs uma tenda neles. ⁵ E ele *é* como o noivo, que sai de sua câmara; *e* se alegra como um homem valente, para correr *seu* caminho. ⁶ Desde uma extremidade dos céus *é* sua saída, e seu curso até as *outras* extremidades deles; e nada se esconde de seu calor. ⁷ A lei do SENHOR é perfeita, *e* restaura a alma; o testemunho do SENHOR é fiel, *e* da sabedoria aos simples. ⁸ Os preceitos do SENHOR são corretos, *e* alegram ao coração; o mandamento do SENHOR é puro, *e* ilumina aos olhos. ⁹ O temor ao SENHOR é limpo, *e* permanece para sempre; os juízos do SENHOR são verdade; juntamente são justos. ¹⁰ *São* mais desejáveis que ouro, mais do que muito ouro fino; e mais doces que o mel, e o licor de seus favos. ¹¹ Também por eles teu servo é advertido; por guardá-los, *há* muita recompensa. ¹² Quem pode entender *seus próprios* erros? Limpa-me dos que *me* são ocultos. ¹³ Também retém a teu servo de arrogâncias, para que elas não me controlem; então eu serei sincero, e ficarei limpo de grande transgressão. ¹⁴ Sejam agradáveis as palavras de minha boca, e o pensamento do meu coração, diante de ti, ó SENHOR, minha rocha e meu Libertador.

20

Salmo de Davi, para o regente:

¹ Que o SENHOR te responda no dia da angústia; o nome do Deus de Jacó te ponha em lugar seguro. ² Que ele envie a ti ajuda desde *seu* santuário; e desde Sião ele te sustenha. ³ Que ele se lembre de todas as tuas ofertas, e aceite os teus holocaustos. (Selá) ⁴ Que ele de a ti conforme o teu coração, e faça cumprir todo o teu propósito. ⁵ Nós alegraremos muito por tua salvação, e no nome do nosso Deus levantaremos bandeiras; que o SENHOR cumpra todos os teus pedidos. ⁶ Agora eu sei que o SENHOR salva a seu ungido; desde os céus de sua santidade ele lhe responderá, com o poder salvador de sua mão direita. ⁷ Alguns confiam em carruagens, e outros em cavalos; mas nós nos lembraremos do nome do SENHOR nosso Deus. ⁸ Eles se encurvam, e caem; mas nós nos levantamos, e ficamos em pé. ⁹ Salva *-nos* ,SENHOR! Que o Rei nos ouça no dia de nosso clamor.

21

Salmo de Davi para o regente:

¹ SENHOR, em tua força o rei se alegra; e como ele fica contente com tua salvação! ² Tu lhe deste o desejo de seu coração; e tu não negaste o pedido de seus lábios. (Selá) ³ Porque tu foste até ele com bênçãos de bens; tu puseste na cabeça dele uma coroa de ouro fino. ⁴ Ele te pediu vida, *e* tu lhe deste; muitos dias, para todo o sempre. ⁵ Grande *é* a honra dele por tua salvação; honra e majestade tu lhe concedeste. ⁶ Porque tu o pões em bênçãos para sempre; tu fazes abundante a alegria dele com tua face. ⁷ Porque o rei confia no SENHOR; e ele nunca se abalará com a bondade do Altíssimo. ⁸ Tua mão alcançará a todos o os teus inimigos; tua mão direita encontrará aos que te odeiam. ⁹ Tu os porás como que *num* forno de fogo no tempo *em que se encontrarem* em tua presença; o SENHOR em sua ira os devorará; e fogo os consumirá. ¹⁰ Tu destruirás o fruto deles de *sobre* a terra; e *também* a semente deles dos filhos dos homens. ¹¹ Porque eles quiseram o mal contra ti; planejaram uma cilada, *mas* não tiveram sucesso. ¹² Porque tu os porás em fuga; com *tuas flechas* nas cordas tu lhes apontarás no rosto. ¹³ Exalta-te, SENHOR, em tua força; cantaremos e louvaremos o teu poder.

22

Salmo de Davi para o regente, como em "cerva da manhã":

¹ Deus meu, Deus meu, por que me desamparaste? Longe *estás* de meu livramento *e* das palavras de meu gemido. ² Deus meu, eu clamo de dia, e tu não me respondes; também *clamo* de noite, e não tenho sossego. ³ Porém tu és Santo, que habitas *nos* louvores de Israel. ⁴ Nossos pais confiaram em ti; eles confiaram, e tu os livraste. ⁵ Eles clamaram a ti, e escaparam *do perigo* ; eles confiaram em ti, e não foram envergonhados. ⁶ Mas eu sou um verme, e não um homem; *sou* humilhado pelos homens, e desprezado pelo povo. ⁷ Todos os que me veem zombam de mim; abrem os lábios *e* sacodem a cabeça, *dizendo* : ⁸ Ele confiou no "SENHOR"; *agora* que ele o salve e o liberte; pois se agrada nele. ⁹ Tu és o que me tiraste do ventre; *e* o que me deu segurança, *estando eu* junto aos seios de minha mãe. ¹⁰ Eu fui lançado sobre ti desde *que saí d* o útero; desde o ventre de minha mãe tu *és* meu Deus. ¹¹ Não fiques longe de mim, porque a minha angústia está perto; pois não há quem *me* ajude. ¹² Muitos touros me cercaram; fortes de Basã me rodearam. ¹³ Abriram contra mim suas bocas, *como* leão que despedaça e ruge. ¹⁴ Eu me derramei como água, e todos os meus ossos se soltaram uns dos outros; meu coração é como cera, *e* se derreteu por entre meus órgãos. ¹⁵ Minha força se secou como um caco de barro, e minha língua está grudada no céu da boca; e tu me pões no pó da morte; ¹⁶ Porque cães ficaram ao meu redor; uma multidão de malfeitores me cercou; perfuraram minhas mãos e meus pés. ¹⁷ Eu poderia contar todos os meus ossos; eles estão *me* olhando, e prestando atenção em mim. ¹⁸ Eles repartem entre si minhas roupas; e sobre minha vestimenta eles lançam sortes. ¹⁹ Porém tu, SENHOR, não fiques longe; força minha, apressa-te para me socorrer. ²⁰ Livra minha alma da espada; *e* minha vida da violência do cão. ²¹ Salva-me da boca do leão; e responde-me dos chifres dos touros selvagens. ²² *Então* eu contarei teu nome a meus irmãos; no meio da congregação eu te louvarei. ²³ Vós que temeis ao SENHOR, louvai a ele! E vós, de toda a semente de Jacó, glorificai a ele! Prestai culto a ele, vós de toda a semente de Israel. ²⁴ Porque ele não desprezou nem abominou a aflição do aflito, nem escondeu seu rosto dele; mas sim, quando *o aflito* clamou, ele *o* ouviu. ²⁵ Meu louvor será para ti na grande congregação; eu pagarei meus juramentos perante os que o temem. ²⁶ Os humilhados comerão, e ficarão fartos; louvarão ao SENHOR aqueles que o buscam; vosso coração viverá para sempre. ²⁷ Todos os extremos da terra se lembrarão *disso* , e se converterão ao SENHOR; e todas as gerações das nações adorarão diante de ti. ²⁸ Porque o reino *pertence* ao SENHOR; e ele governa sobre as nações. ²⁹ Todos os ricos da terra comerão e adorarão, *e* perante o rosto dele se prostrarão todos os que descem ao pó, e *que* não podem manter viva sua alma. ³⁰ A descendência o servirá; ela será contada ao Senhor, para a geração *seguinte* . ³¹ Chegarão, e anunciarão a justiça dele ao povo que nascer, porque ele *assim* fez.

23

Salmo de Davi:

¹ O SENHOR é meu pastor, nada me faltará. ² Ele me faz deitar em pastos verdes, *e* me leva a águas quietas. ³ Ele restaura minha alma, *e* me guia pelos caminhos da justiça por seu nome. ⁴ Ainda que eu venha a andar pelo vale da sombra da morte, não temerei mal algum, porque tu estás comigo; tua vara e teu cajado me consolam. ⁵ Tu preparas uma mesa diante de mim à vista de meus adversários; unges a minha cabeça com azeite, meu cálice transborda. ⁶ Certamente o bem e a bondade me seguirão todos os dias de minha vida; e habitarei na casa do SENHOR por muitos e muitos dias.

24

Salmo de Davi:

¹ Ao SENHOR *pertence* a terra, e sua plenitude; o mundo, e os que nele habitam. ² Porque ele a fundou sobre os mares; e sobre os rios ele a firmou. ³ Quem subirá ao monte do SENHOR? E quem ficará de pé no lugar de sua santidade? ⁴ Aquele que é limpo de mãos, e puro de coração, que não entrega sua alma para as coisas vãs, nem jura enganosamente. ⁵ Este receberá a bênção do SENHOR, e a justiça do Deus de sua salvação. ⁶ Esta é a geração dos que o buscam, dos que procuram a tua face: *a geração de Jacó*. (Selá) ⁷ Levantai, portas, vossas cabeças; e levantai-vos vós, entradas eternas; para que entre o Rei da Glória. ⁸ Quem é o Rei da Glória? O SENHOR forte e poderoso, o SENHOR poderoso na guerra. ⁹ Levantai, portas, vossas cabeças; e levantai-vos vós, entradas eternas; para que entre o Rei da Glória. ¹⁰ Quem é este Rei da Glória? O SENHOR dos exércitos; ele é o Rei da Glória! (Selá)

25

Salmo de Davi:

¹ A ti, SENHOR, levanto minha alma. ² Meu Deus, eu confio em ti; não me deixes envergonhado, nem que meus inimigos se alegrem por me *vencerem* . ³ Certamente todos os que esperam em ti, nenhum será envergonhado; envergonhados serão os que traem sem motivo. ⁴ Tu me fazes conhecer os teus caminhos; ensina-me teus lugares onde se deve andar. ⁵ Guia-me em tua verdade, e ensina-me; porque tu és o Deus de minha salvação; eu espero por ti o dia todo. ⁶ Lembra-te, SENHOR, de tuas misericórdias e de tuas bondades; porque elas são desde a eternidade. ⁷ Não te lembres dos pecados de minha juventude e das minhas transgressões; *mas sim* , conforme tua misericórdia, lembra-te de mim por tua bondade, SENHOR. ⁸ O SENHOR é bom e correto; por isso ele ensinará o caminho aos pecadores. ⁹ Ele guiará os humildes ao *bom* juízo; e ensinará aos humildes seu caminho. ¹⁰ Todos os caminhos do SENHOR são bondade e verdade, para aqueles que guardam seu pacto e seus testemunhos. ¹¹ Pelo teu nome, SENHOR, perdoa a minha maldade, porque ela é grande. ¹² Qual é o homem que teme ao SENHOR? Ele lhe ensinará o caminho *que* deve escolher. ¹³ Sua alma habitará no bem; e sua semente *isto é, sua descendência* possuirá a terra em herança. ¹⁴ O segredo do SENHOR é para os que o temem; e ele lhes faz conhecer seu pacto. ¹⁵ Meus olhos *estão* continuamente *voltados* para o SENHOR, porque ele tirará meus pés da rede de caça. ¹⁶ Olha para mim, e mim, e tem piedade de mim, porque eu estou solitário e miserável. ¹⁷ As aflições de meu coração têm se multiplicado; tira-me de minhas angústias. ¹⁸ Presta atenção para minha miséria e meu cansativo trabalho; e tira todos os meus pecados. ¹⁹ Presta atenção a meus inimigos, porque eles estão se multiplicando; eles me odeiam com ódio violento. ²⁰ Guarda minha alma, e livra-me; não me deixes envergonhado, porque eu confio em ti. ²¹ Integridade e justiça me guardem, porque eu espero em ti. ²² Ó Deus, resgata Israel de todas as suas angústias.

26

Salmo de Davi:

¹ Faze-me justiça, SENHOR, pois eu ando em minha sinceridade; e eu confio no SENHOR, não me abalarei. ² Prova-me, SENHOR, e testa-me; examina meus sentimentos e meu coração. ³ Porque tua bondade está diante dos meus olhos; e eu ando em tua verdade. ⁴ Não me sento com homens vãos, nem converso com desonestos. ⁵ Eu odeio a reunião dos malfeitores; e não me sento com os perversos. ⁶ Lavo minhas mãos em inocência, e ando ao redor do teu altar, SENHOR; ⁷ Para que eu declare com voz de louvores, e para contar todas as tuas maravilhas. ⁸ SENHOR,

eu amo a morada de tua Casa, e o lugar onde habita a tua glória. ⁹ Não juntes minha alma com os pecadores, nem minha vida com homens sanguinários; ¹⁰ Nas mãos deles há más intenções; e sua mão direita é cheia de suborno. ¹¹ Mas eu ando em minha sinceridade; livra-me e tem piedade de mim. ¹² Meu pé está em um caminho plano; louvarei ao SENHOR nas congregações.

27

Salmo de Davi:
¹ O SENHOR é minha luz e minha salvação; a quem temerei? O SENHOR é a força da minha vida; de quem terei medo? ² Quando os maus chegaram perto de mim, meus adversários e meus inimigos contra mim, para devorarem minha carne; eles mesmos tropeçaram e caíram. ³ Ainda que um exército me cercasse, eu não temeria; ainda que uma guerra se levantasse contra mim, nisto mantenho confiança. ⁴ Pedi uma coisa ao SENHOR, *e* a ela buscarei: que eu possa morar na casa do SENHOR todos os dias de minha vida, para ver a beleza do SENHOR, e consultá-lo em seu Templo. ⁵ Porque no dia mal ele me esconderá em seu abrigo; ele me encobrirá no oculto de sua tenda; *e* me porá sobre as rochas. ⁶ E minha cabeça será exaltada acima de meus inimigos, que estão ao redor de mim; e eu sacrificarei na tenda dele sacrifícios com alta voz; cantarei e louvarei ao SENHOR. ⁷ Ouve, SENHOR, minha voz, *quando* eu clamo; tem piedade de mim, e responde-me. ⁸ Ele diz a ti, meu coração: Buscai a minha face.Eu busco a tua face, SENHOR. ⁹ Não escondas de mim a tua face, nem rejeites a teu servo com ira; tu tens sido meu socorro; não me deixes, nem me desampares, ó Deus de minha salvação. ¹⁰ Porque meu pai e minha mãe me abandonaram, mas o SENHOR me recolherá. ¹¹ Ensina-me, SENHOR, o teu caminho; e guia-me pela via correta, por causa dos meus inimigos. ¹² Não me entregues à vontade dos meus adversários, porque se levantaram contra mim falsas testemunhas, e também ao que sopra violência. ¹³ Se eu não tivesse crido que veria a bondade do SENHOR na terra dos viventes, *certamente já teria perecido* . ¹⁴ Espera no SENHOR, esforça-te, e ele fortalecerá o teu coração; espera pois ao SENHOR.

28

Salmo de Davi:
¹ A ti, SENHOR, rocha minha, eu clamo; não te silencies para comigo; para que não *aconteça de, se* tu calares quanto a mim, eu não *me torne* semelhante aos que descem à cova. ² Ouve a voz de minhas súplicas, quando eu clamar a ti, ao levantar às minhas mãos ao templo de tua santidade. ³ Não me jogues fora com os perversos, nem com os praticantes da maldade, que falam de paz com sem próximo, porém *há* o mal no coração deles. ⁴ Dá-lhes conforme as obras deles, e conforme a maldade de seus atos; dá-lhes conforme a obra das mãos deles, retribui-lhes como eles merecem. ⁵ Porque eles não dão atenção para os atos do SENHOR, nem para a obra de suas mãos; *então* ele os derrubará e não os edificará. ⁶ Bendito *seja* o SENHOR, porque ele ouviu a voz de minhas súplicas. ⁷ O SENHOR *é* a minha força e meu escudo; meu coração confiou nele, e foi socorrido; por isso meu coração salta de alegria; e com meu canto eu o louvarei. ⁸ O SENHOR *é* a força deles, e o poder das salvações de seu Ungido. ⁹ Salva a teu povo, e abençoa a tua herança; e apascenta-os, e levanta-os para sempre.

29

Salmo de Davi:
¹ Reconhecei ao SENHOR, vós filhos dos poderosos, reconhecei ao SENHOR *sua* glória e força. ² Reconhecei ao SENHOR a glória de seu nome; adorai ao SENHOR

na honra da santidade. ³ A voz do SEHOR *percorre por* sobre as águas; o Deus da glória troveja; o SENHOR *está* sobre muitas águas. ⁴ A voz do SENHOR *é* poderosa; a voz do SENHOR *é* gloriosa. ⁵ A voz do SENHOR quebra aos cedros; o SENHOR quebra aos cedros do Líbano. ⁶ Ele os faz saltar como bezerros; ao Líbano e a Sírion como a filhotes de bois selvagens. ⁷ A voz do SENHOR faz chamas de fogo se separarem. ⁸ A voz do SENHOR faz tremer o deserto; o SENHOR faz tremer o deserto de Cades. ⁹ A voz do SENHOR faz as cervas terem filhotes, e tira a cobertura das florestas; e em seu templo todos falam de *sua* glória. ¹⁰ O SENHOR se sentou sobre as muitas águas *como dilúvio* ; e o SENHOR se sentará como rei para sempre. ¹¹ O SENHOR dará força a seu povo; o SENHOR abençoará a seu povo com paz.

30

Salmo e canção de Davi para a dedicação da casa:
¹ Eu te exaltarei, SENHOR, porque tu me levantaste, e fizeste com que meus inimigos não se alegrassem por causa de mim. ² SENHOR, meu Deus; eu clamei a ti, e tu me curaste. ³ SENHOR, tu levantaste minha alma do Xeol; * preservaste-me a vida, para que eu não descesse à sepultura. ⁴ Cantai ao SENHOR, vós *que sois* santos dele, *e* celebrai a memória de sua santidade. ⁵ Porque sua ira *dura por* um momento; mas seu favor *dura por toda a* vida; o choro fica pela noite, mas a alegria *vem* pela manhã. ⁶ Eu disse em minha boa situação: Nunca serei abalado. ⁷ SENHOR, pelo teu favor, tu firmaste minha montanha; *mas quando* tu encobriste o teu rosto, fiquei perturbado. ⁸ A ti, DEUS, eu clamei; e supliquei ao SENHOR, ⁹ *Dizendo* : Que proveito *há* em meu sangue, *ou* em minha descida a cova? Por acaso o pó da terra te louvará, ou anunciará tua fidelidade? ¹⁰ Ouve *-me* , SENHOR, e tem piedade de mim; sê tu, SENHOR, o meu ajudador. ¹¹ Tu tornaste meu pranto em dança; tu desamarraste o meu saco *de lamentação* , e me envolveste de alegria. ¹² Por isso a *minha* glória cantará para ti, e não se calará; SENHOR, Deus meu, para sempre eu te louvarei.

31

Salmo de Davi, para o regente:
¹ Eu confio em ti, SENHOR; não me deixes envergonhado para sempre; livra-me por tua justiça. ² Inclina a mim os teus ouvidos, faze-me escapar depressa *do perigo* ; sê tu por minha rocha firme, por casa fortíssima, para me salvar. ³ Porque tu *és* minha rocha e minha fortaleza; guia-me e conduz-me por causa do teu nome. ⁴ Tira-me da rede que me prepararam em segredo, pois tu *és* minha força. ⁵ Em tuas mãos eu confio meu espírito; tu me resgataste, SENHOR, Deus da verdade. ⁶ Odeio os que dedicam sua atenção a coisas vãs *e* enganosas; porém eu confio no SENHOR. ⁷ Em tua bondade eu me alegrarei e ficarei cheio de alegria, porque tu viste minha situação miserável; tu reconheceste as angústias de minha alma. ⁸ E tu não me entregastes nas mãos do *meu* inimigo; tu puseste meus pés num lugar amplo. ⁹ Tem misericórdia de mim, SENHOR, porque eu estou angustiado; meus olhos, minha alma e meu ventre foram consumidos pelo sofrimento. ¹⁰ Porque minha vida foi destruída pela aflição, e meus anos pelos suspiros; minha força descaiu por minha maldade; e meus ossos se enfraqueceram. ¹¹ Por causa de todos os meus adversários eu fui humilhado até entre os meus próximos; e fui feito horrível entre os meus conhecidos; os que me veem na rua fogem de mim. ¹² No coração *deles* eu fui esquecido, como se *estivesse* morto; me tornei como um vaso destruído. ¹³ Porque ouvi a murmuração de muitos, temor *há* ao redor; juntamente tramam contra mim, planejam como matar minha alma. ¹⁴ Mas eu confio em ti, SENHOR, eu te chamo de meu Deus. ¹⁵ Meus tempos estão

---

* **30:3** Xeol é o lugar dos mortos

em tuas mãos; livra-me da mão dos meus inimigos e daqueles que me perseguem. [16] Faz brilhar o teu rosto sobre teu servo; salva-me por tua bondade. [17] SENHOR, não me deixes envergonhado, pois eu clamo a ti; que os perversos se envergonhem e se calem no Xeol. * [18] Emudeçam os lábios mentirosos, que falam coisas duras contra o justo, com arrogância e desprezo. [19] Como é grade a tua bondade, que guardaste para aqueles que te temem! Tu trabalhaste para os que confiam em ti, na presença dos filhos dos homens. [20] No esconderijo de tua presença tu os escondes das arrogâncias dos homens; em *tua* tenda tu os encobres da rivalidade das línguas. [21] Bendito *seja* o SENHOR, pois ele fez maravilhosa sua bondade para comigo, *como* uma cidade segura. [22] Eu dizia em minha aflição: Estou cortado de diante de teus olhos.Porém tu ouviste a voz de minhas súplicas quando clamei a ti. [23] Amai ao SENHOR, todos vós santos dele; o SENHOR guarda aos fiéis, e retribui abundantemente ao que usa de arrogância. [24] Sede fortes, e ele fortalecerá vosso coração, todos vós que esperais no SENHOR.

32

Instrução de Davi:
[1] Bem-aventurado aquele cuja transgressão é perdoada, cujo pecado é encoberto. [2] Bem-aventurado o homem a quem o SENHOR não considera a maldade, e em cujo espírito não há engano. [3] Enquanto fiquei calado, meus ossos ficaram cada vez mais fracos com meu gemido pelo dia todo. [4] Porque de dia e de noite tua mão pesava sobre mim; meu humor ficou seco como no verão. (Selá) [5] Eu reconheci meu pecado a ti, e não escondi minha maldade. Eu disse: Confessarei ao SENHOR minhas transgressões;E tu perdoaste a maldade do meu pecado. (Selá) [6] Por isso cada santo deve orar a ti em *todo* tempo que achar; até no transbordar de muitas águas, elas não chegarão a ele. [7] Tu *és* meu esconderijo, tu me guardas da angústia; tu me envolves de canções alegres de liberdade. (Selá) [8] Eu te instruirei, e de ensinarei o caminho que deves seguir; eu te aconselharei, e *porei* meus olhos em ti. [9] Não sejais como o cavalo *ou* como a mula, que não têm entendimento; cuja boca é presa com o cabresto e o freio, para que não cheguem a ti. [10] O perverso *terá* muitas dores, mas aquele que confia no SENHOR, a bondade o rodeará. [11] Alegrai-vos no SENHOR, e enchei de alegria vós justos, e cantai alegremente todos os corretos de coração.

33

[1] Cantai ao SENHOR, vós *que sois* justos; aos corretos convém louvar. [2] Louvai ao SENHOR com harpa; cantai a ele com alaúde *e* instrumento de dez cordas. [3] Cantai-lhe uma canção nova; tocai *instrumento* bem com alegria. [4] Porque a palavra do SENHOR é correta; e todas suas obras *são* fiéis. [5] Ele ama a justiça e o juízo; a terra está cheia da bondade do SENHOR. [6] Pala palavra do SENHOR foram feitos os céus; e todo o seu exército *foi feito* pelo sopro de sua boca. [7] Ele junta as águas do mar como se estivessem empilhadas; aos abismos ele põe como depósitos de tesouros. [8] Toda a terra, tenha temor ao SENHOR; todos os moradores do mundo prestem reverência a ele. [9] Porque ele falou, *e logo* se fez; ele mandou, *e logo* apareceu. [10] O SENHOR desfez a intenção das nações; ele destruiu os planos dos povos. [11] O conselho do SENHOR permanece para sempre; as intenções de seu coração *continuam* de geração após geração. [12] Bem-aventurada *é* a nação em que seu Deus é o SENHOR; o povo que ele escolheu para si por herança. [13] O SENHOR olha desde os céus; ele vê a todos os filhos dos homens. [14] Desde sua firme morada ele observa a todos os moradores da terra. [15] Ele forma o coração de todos eles; ele avalia todas as obras deles. [16] O rei

---

* **31:17** Xeol é o lugar dos mortos

não se salva pela grandeza de *seu* exército, nem o valente escapa do perigo pela *sua* muita força. ¹⁷ O cavalo é falho como segurança, com sua grande força não livra do perigo. ¹⁸ Eis que os olhos do SENHOR *estão* sobre aqueles que o temem, sobre os que esperam pela sua bondade. ¹⁹ Para livrar a alma deles da morte, e para os manter vivos durante a fome. ²⁰ Nossa alma espera no SENHOR; ele *é* nossa socorro e nosso escudo. ²¹ Porque nele nosso coração se alegra, porque confiamos no nome de sua santidade. ²² Que tua bondade, SENOR, esteja sobre nós, assim como nós esperamos em ti.

34

Salmo de Davi, quando ele mudou seu comportamento perante Abimeleque, que o expulsou, e ele foi embora:

¹ Louvarei ao SENHOR em todo tempo; *haverá* louvor a ele continuamente em minha boca. ² Minha alma se orgulhará no SENHOR; os humildes ouvirão, e se alegrarão. ³ Engrandecei ao SENHOR comigo, e juntos exaltemos o seu nome. ⁴ Busquei ao SENHOR. Ele me respondeu, e me livrou de todos os meus temores. ⁵ Os que olham para ele ficam visivelmente alegres, e seus rostos não são envergonhados. ⁶ Este miserável clamou, e o SENHOR ouviu; e ele o salvou de todas as suas angústias. ⁷ O anjo do SENHOR fica ao redor daqueles que o temem, e os livra. ⁸ Experimentai, e vede que o SENHOR é bom; bem-aventurado *é* o homem que confia nele. ⁹ Temei ao SENHOR vós, os seus santos; porque nada falta para aqueles que o temem. ¹⁰ Os filhos dos leões passam necessidades e têm fome; mas os que buscam ao SENHOR não têm falta de bem algum. ¹¹ Vinde, filhos, ouvi a mim; eu vos ensinarei o temor ao SENHOR. ¹² Quem é o homem que deseja vida, que ama *viver por muitos* dias, para ver o bem? ¹³ Guarda a tua língua do mal, e os teus lábios de falar falsidade. ¹⁴ Desvia-te do mal, e faze o bem; busca a paz, e segue-a. ¹⁵ Os olhos do SENHOR estão sobre os justos, e seus ouvidos *atentos* ao seu clamor. ¹⁶ A face do SENHOR está contra aqueles que fazem o mal, para tirar da terra a memória deles. ¹⁷ Os *justos* clamam, e o SENHOR os ouve. Ele os livra de todas as suas angústias. ¹⁸ O SENHOR *está* perto daqueles que estão com o coração partido, e sava os aflitos de espírito. ¹⁹ Muitas são as adversidades do justo, mas o SENHOR o livra de todas elas. ²⁰ Ele guarda todos os seus ossos; nenhum deles é quebrado. ²¹ O mal matará o perverso, e os que odeiam o justo serão condenados. ²² O SENHOR resgata a alma de seus servos, e todos os que nele confiam não receberão condenação.

35

Salmo de Davi:

¹ Disputa, SENHOR contra os meus adversários; luta contra os que lutam contra mim. ² Pega os *teus* pequeno e grande escudos, e levanta-te em meu socorro. ³ E tira a lança, e fecha *o caminho* ao encontro de meus perseguidores; dize à minha alma: Eu sou tua salvação. ⁴ Envergonhem-se, e sejam humilhados os que buscam *matar* a minha alma; tornem-se para trás, e sejam envergonhados os que planejam o mal contra mim. ⁵ Sejam como a palha perante o vento; e que o anjo do SENHOR os remova. ⁶ Que o caminho deles seja escuro e escorregadio; e o anjo do SENHOR os persiga. ⁷ Porque sem motivo eles esconderam de mim a cova de sua rede; sem motivo eles cavaram para minha alma. ⁸ Venha sobre ele a destruição sem que ele saiba *de antemão* ; e sua rede, que ele escondeu, que o prenda; que ele, assolado, caia nela. ⁹ E minha alma se alegrará no SENHOR; ela se encherá de alegria por sua salvação. ¹⁰ Todos os meus ossos dirão: SENHOR, quem *é* como tu, que livras ao miserável daquele que é mais forte do que ele, e ao miserável e necessitado, daquele que o

rouba? ¹¹ Levantam-se más testemunhas; exigem de mim *coisas* que não sei. ¹² Ele retribuem o bem com o mal, desolando a minha alma. ¹³ Mas eu, quando ficavam doentes, minha roupa *era* de saco; eu afligia a minha alma com jejuns, e minha oração voltava ao meu seio. ¹⁴ Eu agia *para com eles* como *para* um amigo *ou* irmão meu; eu andava encurvado, como que de luto pela mãe. ¹⁵ Mas quando eu vacilava, eles se alegravam e se reuniam; inimigos se reuniam sem que eu soubesse; eles me despedaçavam *em palavras* ,e não se calavam. ¹⁶ Entre os fingidos zombadores *em* festas, eles rangiam seus dentes por causa de mim. ¹⁷ Senhor, até quando tu *somente* observarás? Resgata minha alma das assolações deles; minha única *vida* dos filhos dos leões. ¹⁸ Assim eu te louvarei na grande congregação; numa grande multidão eu celebrarei a ti. ¹⁹ Não se alegrem meus inimigos por causa de mim por um mau motivo, *nem* acenem com os olhos aquele que me odeiam sem motivo. ²⁰ Porque eles não falam de paz; mas sim, planejam falsidades contra os pacíficos da terra. ²¹ E abrem suas bocas contra mim, dizendo: Ha-ha, nós vimos com nossos *próprios* olhos! ²² Tu, SENHOR, tens visto *isso* ; não fiques calado; SENHOR, não fiques longe de mim. ²³ Levanta-te e acorda para meu direito, Deus meu, e Senhor meu, para minha causa. ²⁴ Julga-me conforme a tua justiça, SENHOR meu Deus; e não deixes eles se alegrarem de mim. ²⁵ Não digam eles em seus corações: Ahá, *vencemos* , alma nossa! nem digam: Nós já o devoramos! ²⁶ Que eles se envergonhem, e sejam juntamente humilhados os que se alegram pelo meu mal; vistam-se de vergonha e confusão os que se engrandecem contra mim. ²⁷ Cantem de alegria e sejam muito contentes os que amam a minha justiça; e continuamente digam: Seja engrandecido o SENHOR, que ama o bem-estar de seu servo. ²⁸ E minha língua falará de tua justiça, louvando a ti o dia todo.

36

Salmo de Davi, servo do SENHOR, para o regente:

¹ A transgressão do perverso diz ao meu coração *que* não há temor a Deus perante seus olhos. ² Porque ele é *tão* orgulhoso diante de seus olhos *que não* achar *nem* odiar sua própria maldade. ³ As palavras da boca dele são malícia e falsidade; ele deixou de *fazer* o que é sábio e bom. ⁴ Ele planeja maldade em sua cama; fica no caminho que não é bom; não rejeita o mal. ⁵ SENHOR, tua bondade *alcança* os céus, e tua fidelidade *chega* até as mais altas nuvens. ⁶ Tua justiça é como as montanhas de Deus, teus juízos *como* um grande abismo; tu, SENHOR, guardas *a vida* dos homens e dos animais. ⁷ Como é preciosa, SENHOR, a tua bondade! Porque os filhos dos homens se abrigam à sombra de tuas asas. ⁸ Eles se fartam da comida de tua casa, e tu lhes dás de beber *do* ribeiro de teus prazeres. ⁹ Porque contigo está a fonte da vida; em tua luz vemos a luz *verdadeira* . ¹⁰ Estende tua bondade sobre os que te conhecem; e tua justiça sobre os corretos de coração. ¹¹ Não venha sobre mim o pé dos arrogantes, e que a não dos perversos não me mova. ¹² Ali cairão os que praticam a maldade; eles foram lançados, e não podem se levantar.

37

Salmo de Davi:

¹ Não te irrites com os malfeitores, nem tenhas inveja dos que praticam perversidade. ² Porque assim como a erva, eles logo serão cortados; e como a verdura eles cairão. ³ Confia no SENHOR, e faze o bem; habita a terra, e te alimentarás em segurança. * ⁴ E agrada-te no SENHOR; e ele te dará os pedidos de teu coração. ⁵ Entrega o teu caminho ao SENHOR; confia nele, e ele agirá, ⁶ e manifestará a tua

---

* **37:3** alimentarás em segurança trad. alt. alimenta-te da fidelidade

justiça como a luz, e o teu direito como o sol do meio-dia. ⁷ Descansa no SENHOR, e espera nele; não te irrites contra aquele cujo caminho prospera, *nem* com o homem que planeja maldades. ⁸ Detém a ira, abandona o furor; não te irrites de maneira alguma para fazer o mal. ⁹ Porque os malfeitores serão exterminados; mas os que esperam no SENHOR herdarão a terra. ¹⁰ E ainda um pouco, e o perverso não *mais existirá* ; e tu olharás para o lugar dele, e ele não *aparecerá* . ¹¹ Mas os mansos herdarão a terra, e se agradarão com muita paz. ¹² O perverso trama contra o justo, e range seus dentes contra ele. ¹³ O Senhor ri dele, porque vê que já vem o dia dele. ¹⁴ O perversos pegarão a espada e armarão seu arco, para abaterem ao miserável e necessitado, para matarem os corretos no caminho. ¹⁵ Mas sua espada entrará em seus corações, e seus arcos serão quebrados. ¹⁶ O pouco que o justo *tem* é melhor do que a riqueza de muitos perversos. ¹⁷ Porque os braços dos perversos serão quebrados, mas o SENHOR sustenta os justos. ¹⁸ O SENHOR conhece os dias dos corretos, e a herança deles permanecerá para sempre. ¹⁹ Eles não serão envergonhados no tempo mau, e terão fartura nos dias de fome. ²⁰ Mas os perversos perecerão, e os inimigos do SENHOR desaparecerão tal como as melhores partes dos cordeiros; eles de desfarão na fumaça. ²¹ O perverso toma emprestado, e paga de volta; mas o justo se compadece e dá. ²² Porque os que são por ele abençoados herdarão a terra; mas os que são por ele amaldiçoados serão removidos. ²³ Os passos do homem *justo* são preparados pelo SENHOR; e ele tem prazer em seu caminho. ²⁴ Quando cai, ele não fica derrubado, pois o SENHOR sustenta a sua mão. ²⁵ Eu já fui jovem, e já envelheci; mas nunca vi o justo desamparado, nem a sua semente a pedir pão. ²⁶ O dia todo ele se compadece, e empresta; e sua semente é abençoada. ²⁷ Afasta-te do mal, e faze o bem; e faça sua habitação eterna. ²⁸ Porque o SENHOR ama o juízo, e não desampara a seus santos: eles estão guardados para sempre; mas a semente dos perversos será removida. ²⁹ Os justos herdarão a terra, e para sempre nela habitarão. ³⁰ A boca do justo fala de sabedoria, e sua língua fala do *bom* juízo. ³¹ A Lei de seu Deus *está* em seu coração; seus passos não serão abalados. ³² O perverso espia ao justo, e procura matá-lo. ³³ *Mas* o SENHOR não o deixa em suas mãos; nem também o condenará, quando for julgado. ³⁴ Espera no SENHOR, guarda o seu caminho, e ele te exaltará, para herdares a terra; tu verás que os perversos serão removidos. ³⁵ Eu vi ao perverso violento crescer como a árvore verde, natural da terra. ³⁶ Porém ele já foi embora, e eis que ele não *existe mais* ; eu o procurei, e não foi achado. ³⁷ Olha ao sincero, e vê o correto; porque o fim de *tal* homem é a paz. ³⁸ Mas os transgressores serão juntamente destruídos; o fim dos perversos será eliminado. ³⁹ Porém a salvação dos justos *vem* do SENHOR, *que é* a força deles no tempo de angústia. ⁴⁰ E o SENHOR os socorrerá, e os livrará; ele os livrará dos perversos, e os salvará, porque nele confiam.

38

Salmo de Davi, para lembrança:

¹ SENHOR, não me repreendas em tua ira, e não me castigues em teu furor. ² Porque tuas flechas me atingiram, e tua mão pesou sobre mim. ³ Na minha carne nada *há que esteja* saudável, por causa de tua ira; não há paz em meus ossos por causa do meu pecado. ⁴ Porque minhas maldades ultrapassam minha cabeça; elas *são* como carga pesada demais para mim. ⁵ Minhas feridas fedem, e estão apodrecidas, por eu ter sido tão tolo. ⁶ Eu estou perturbado e abatido; ando o dia todo em sofrimento. ⁷ Porque meus lombos ardem muito, e nada há que esteja saudável em minha carne. ⁸ Estou enfraquecido e despedaçado; eu gemo pelo sofrimento do meu coração. ⁹ SENHOR, todo o meu sofrimento está diante de ti, e meu gemido não te é oculto. ¹⁰ Meu coração

dá palpitações, e minha força me deixou; e a luz dos meus olhos já não *está* comigo. ¹¹ Meus amigos e companheiros observam de longe minha calamidade; e os meus vizinhos ficam afastados. ¹² Os que procuram *matar* a minha alma *me* armam laços; e os que procuram o meu mal falam insultos e todo o dia planejam maldades. ¹³ Mas eu *estou* como o surdo, não ouço; e como o mudo, *que* não abre sua boca. ¹⁴ E eu estou como um homem que não ouve, e cuja boca não *pode responder* com repreensões. ¹⁵ Por isso, SENHOR, eu espero em ti; Senhor, meu Deus, tu me ouvirás. ¹⁶ Porque eu dizia: Não se alegrem de mim!Quando meu pé vacilou, eles se engrandeceram contra mim. ¹⁷ Porque eu estou prestes a ficar como manco, e minha dor está continuamente perante mim. ¹⁸ Por isso eu *te* conto minha maldade; estou aflito por causa do meu pecado. ¹⁹ Porém meus inimigos *estão* vivos, *e* se fortalecem; e os que me odeiam por maldade se multiplicam; ²⁰ Assim como os que retribuem o bem com o mal, eles se opõem a mim, porque eu sigo o bem. ²¹ Não me desampares, SENHOR, meu Deus, não fiques longe de mim. ²² Apressa-te ao meu socorro, SENHOR, salvação minha.

39

Salmo de Davi, para o regente, conforme "Jedutum":

¹ Eu dizia: Vigiarei os meus caminhos, para eu não pecar com minha língua; vigiarei minha boca com freio, enquanto o perverso ainda estiver em frente a mim. ² Eu fiquei calado, nada falei de bom; e minha dor se agravou. ³ Meu coração se esquentou dentro de mim, fogo se acendeu em minha meditação; *então* eu disse com minha língua: ⁴ Conta-me, SENHOR, o meu fim, e a duração dos meus dias, para que eu saiba como eu sou frágil. ⁵ Eis que a palmos tu ordenaste os meus dias, e o tempo de minha vida *é* como nada diante de ti; pois todo homem que existe *é* um nada. (Selá) ⁶ Certamente o homem anda pela aparência, certamente se inquietam em vão; ajuntam *bens* , e não sabem que *os* levará. ⁷ E agora, SENHOR, o que eu espero? Minha esperança *está* em ti. ⁸ Livra-me de todas as minhas transgressões; não me ponhas como humilhado pelo tolo. ⁹ Eu estou calado, não abrirei a minha boca, porque tu fizeste *assim* . ¹⁰ Tira teu tormento de sobre mim; estou consumido pelo golpe de tua mão. ¹¹ Ao castigares alguém com repreensões pela maldade, logo tu desfaz o que lhe agrada como traça; certamente todo homem é um nada. (Selá) ¹² Ouve a minha oração, SENHOR; e dá ouvidos ao meu clamor; não te cales de minhas lágrimas, porque eu sou *como* um peregrino para contigo; estrangeiro, como todos os meus pais. ¹³ Não prestes atenção em mim *em tua ira* , antes que eu vá, e pereça.

40

Salmo de Davi, para o regente:

¹ Esperei com esperança no SENHOR, e ele se inclinou a mim, e ouviu o meu clamor. ² Ele me tirou de uma cova de tormento, de um lamaceiro de barro; e pôs os meus pés sobre uma rocha; ele firmou meus passos. ³ E pôs em minha boca uma canção nova, um louvor para nosso Deus: muitos o verão, e temerão, e confiarão no SENHOR. ⁴ Bem-aventurado *é* o homem que põe no SENHOR sua confiança; e não dá atenção aos arrogantes e aos que caminham em direção à mentira. ⁵ Tu, SENHOR meu Deus, multiplicaste para conosco tuas maravilhas e teus planos; eles não podem ser contados em ordem diante de ti; se eu *tentasse* contá-los e falá-los, eles são muito mais do que incontáveis. ⁶ Tu não te agradaste de sacrifício e oferta; *porém* tu me furaste as orelhas; tu não pediste nem holocausto nem oferta de expiação do pecado. ⁷ Então eu disse: Eis que venho; no rolo do livro está escrito sobre mim. ⁸ Meu Deus, eu desejo fazer a tua vontade; e tua Lei está no meio dos meus sentimentos. ⁹ Eu anuncio a justiça na grande congregação; eis que não retenho meus lábios; tu,

SENHOR sabes *disso* . ¹⁰ Eu não escondo tua justiça no meio de meu coração; eu declaro tua fidelidade e tua salvação; não escondo tua bondade e tua verdade na grande congregação. ¹¹ Tu, SENHOR, não detenhas para comigo tuas misericórdias; tua bondade e tua fidelidade me guardem continuamente. ¹² Porque inúmeros males me cercaram; minhas maldades me prenderam, e eu não pude as ver; elas são muito mais do que os cabelos de minha cabeça, e meu coração me desamparou. ¹³ Seja agradável para ti, SENHOR, tu me livrares; SENHOR, apressa-te ao meu socorro. ¹⁴ Envergonhem-se, e sejam juntamente humilhados os que buscam a minha alma para a destruírem; tornem-se para trás e sejam envergonhados os que querem o meu mal. ¹⁵ Sejam eles assolados como pagamento de sua humilhação, os que dizem de mim: "Ha-ha!" ¹⁶ Fiquem contentes e se alegrem-se em ti todos aqueles que te buscam; digam continuamente os que amam tua salvação: Engrandecido seja o SENHOR! ¹⁷ E eu *estou* miserável e necessitado; *mas* o SENHOR cuida de mim; tu *és* meu socorro e meu libertador; Deus meu, não demores.

41

Salmo de Davi, para o regente:
¹ Bem-aventurado aquele que dá atenção ao miserável; o SENHOR o livrará no dia do mal. ² O SENHOR o guardará, e o manterá vivo; ele será bem-aventurado na terra; e tu não o entregarás à vontade de seus inimigos. ³ O SENHOR o sustentará no leito de enfermidade; na doença dele tu mudas toda a sua cama. ⁴ Eu disse: SENHOR, tem piedade de mim, sara a minha alma, porque eu pequei contra ti. ⁵ Meus inimigos falam mal de mim, *dizendo* : Quando ele morrerá? *Quando* o nome dele perecerá? ⁶ E se *algum deles* vem me ver, fala coisas sem valor, *e* seu coração junta maldade; ele sai, *e* fala disso. ⁷ Todos os que me odeiam murmuram juntamente de mim; contra mim eles planejam o mal para mim, *dizendo* : ⁸ Uma doença maligna está posta sobre ele; e aquele que está deitado não se levantará mais. ⁹ Até o homem *que era* meu amigo íntimo, em quem eu confiava, que comia do meu pão; grandemente levantou contra mim seu calcanhar. ¹⁰ Porém tu, SENHOR, tem piedade de mim, e levanta-me; e eu lhes darei o pagamento *que merecem* . ¹¹ Por isto eu sei que tu te agradas de mim: porque meu inimigo não se declara vencedor sobre mim; ¹² E quanto a mim, tu me sustentas em minha sinceridade; e tu me puseste diante de ti para sempre. ¹³ Bendito *seja* o SENHOR, Deus de Israel, para todo o sempre! Amém e Amém!

42

Salmo de instrução para o regente; dos filhos de Coré:
¹ Assim como a corça geme de desejo pelas correntes de águas, assim também minha alma geme de desejo por ti, Deus. ² Minha alma tem sede de Deus, do Deus vivente: Quando entrarei, e me apresentarei diante de Deus? ³ Minhas lágrimas têm sido *meu* alimento dia e noite, porque o dia todo me dizem: Onde *está* o teu Deus? ⁴ Disto eu me lembro, e derramo minha alma em mim *com choros* , porque eu ia entre a multidão, *e* com eles entrava na casa de Deus, com voz de alegria e louvor, na festa da multidão. ⁵ Minha alma, por que tu estás abatida, e te inquietas em mim? Espera em Deus; pois eu o louvarei pelas suas salvações. * ⁶ Deus meu, minha alma está abatida dentro de mim; por isso eu me lembro de ti desde a terra do Jordão, e dos hermonitas, desde o monte Mizar. ⁷ Um abismo chama *outro* abismo, ao ruído de suas cascatas; todos as tuas ondas e vagas têm passado sobre mim. ⁸ *Mas* de dia o SENHOR mandará sua misericórdia, e de noite a canção dele estará comigo; uma oração ao Deus de minha vida. ⁹ Direi a Deus, minha rocha: Por que tu te esqueces de

---

* **42:5** sua salvações lit. salvações de sua face

mim? Por que eu ando em sofrimento pela opressão do inimigo? [10] Meus adversários me afrontam com uma ferida mortal em meus ossos, ao me dizerem todo dia: Onde *está* o teu Deus? [11] Por que estás abatida, minha alma? E por que te inquietas em mim? Espera em Deus; porque eu ainda o louvarei; ele é a minha salvação † e o meu Deus.

43

[1] Faze-me justiça, ó Deus, e defende minha causa contra a nação impiedosa; livra-me do homem enganador e perverso; [2] Pois tu és o Deus de minha força. Por que tu me rejeitas? Por que ando em sofrimento pela opressão do inimigo? [3] Envia tua luz e tua verdade, para que elas me guiem, para que me levem ao monte de tua santidade e a tuas habitações; [4] E eu entre ao altar de Deus, ao Deus da minha maior alegria, e eu te louve com harpa, ó Deus, meu Deus. [5] Por que estás abatida, minha alma? E por que te inquietas em mim? Espera em Deus, porque eu ainda o louvarei; ele é a minha salvação * e o meu Deus.

44

Instrução para o regente; dos filhos de Coré:

[1] Ó Deus, com nossos ouvidos ouvimos, nossos pais nos contaram a obra que tu fizeste nos seus dias, nos dias antigos. [2] Para plantá-los, expulsaste as nações com a tua própria mão; para fazê-los crescer, afligiste os povos. * [3] Porque não conquistaram a terra pelas espadas deles, nem o braço deles os salvou; mas sim tua mão direita e o teu braço, e a luz de teu rosto; porque tu os favoreceste. [4] Deus, tu és meu Rei; ordena salvações a Jacó. [5] Por ti venceremos nossos adversários; por teu nome passaremos por cima dos que se levantam contra nós. [6] Porque minha confiança não está em meu arco; nem minha espada me salvará. [7] Pois tu nos salvaste de nossos adversários, e envergonhaste aos que nos odeiam. [8] Nós exaltamos a Deus o dia todo; e louvaremos o teu nome para sempre. (Selá) [9] Mas *agora* tu tens nos rejeitado e envergonhado; e tu não tens saído junto com nossos exércitos. [10] Tu nos fazes fugir do adversário, e aqueles que nos odeiam saqueiam *de nós* para si. [11] Tu nos entregas como ovelhas para serem comidas, e nos espalhas entre as nações. [12] Tu vendes a teu povo ao preço de nada, e não aumentas o seu valor. [13] Tu nos pões como humilhação por nossos vizinhos; como escárnio e zombaria pelos que estão ao redor de nós. [14] Tu nos pões como provérbio de escárnio entre as nações; como balançar de cabeça entre os povos; [15] Minha humilhação está o dia todo diante de mim; e a vergonha cobre o meu rosto, [16] Pela voz do adversário e do que insulta; por causa do inimigo e do vingador. [17] Tudo isto veio sobre nós; porém não nos esquecemos de ti, nem traímos o teu pacto. [18] Nosso coração não se voltou para trás, nem nossos passos se desviaram de teu caminho. [19] Tu tens nos afligido num lugar de chacais, e nos cobriste com sobra de morte. [20] Se tivéssemos esquecido do nome do nosso Deus, e estendido nossas mãos a um outro deus, [21] por acaso Deus não o descobriria? Pois ele conhece os segredos do coração. [22] Mas por causa de ti somos mortos o dia todo; somos considerados como ovelhas para o matadouro. [23] Desperta; por que estás dormindo, Senhor? Acorda, não *nos* rejeites para sempre. [24] Por que escondes tua face, e te esqueces de nossa humilhação e de nossa opressão? [25] Pois nossa alma está abatida ao pó; nosso ventre está junto à terra. [26] Levanta-te para nosso socorro; e resgata-nos por tua bondade.

---

† **42:11** minha salvação lit. salvação de minha face   * **43:5** minha salvação lit. salvação de minha face

* **44:2** para fazê-los crescer, afligiste os povos Obscuro - Trad. alt. "afligiste os povos, e os dispersaste"

45

Instrução e canção de amor, para o regente; dos filhos de Coré, conforme "os lírios":

¹ Meu coração derrama palavras boas; digo meus versos sobre o Rei; minha língua é pena de um habilidoso escriba. ² Tu és o mais belo dos filhos dos homens; graça foi derramada em teus lábios, por isso Deus te bendisse para sempre. ³ Põe tua espada ao redor de tua coxa, ó valente; *com* tua glória e tua honra. ⁴ E *em* tua glória prosperamente cavalga, sobre a palavra da verdade e da justa mansidão; e tua mão direita ensinará coisas temíveis. ⁵ Tuas flechas *são* afiadas no coração dos inimigos do Rei; povos cairão debaixo de ti. ⁶ Deus, teu trono é eterno e dura para sempre; o cetro de teu reino é cetro de equidade. ⁷ Tu amas a justiça e odeias a maldade; por isso Deus, o teu Deus te ungiu com azeite de alegria, mais que a teus companheiros. ⁸ Todos as tuas roupas *cheiram* a mirra, aloés e cássia; alegram-te desde os palácios de marfim. ⁹ Filhas de reis estão entre tuas damas de honra; e a rainha está à tua direita, *ornada* com o valioso ouro de Ofir. ¹⁰ Ouve, filha, e olha, e inclina os teus ouvidos; e esquece-te de teu povo, e da casa de teu pai. ¹¹ Então o rei desejará tua beleza; inclina-te a ele, pois ele é teu Senhor. ¹² E a filha de Tiro, os ricos dentre o povo, suplicarão teu favor com presentes. ¹³ Gloriosa é a filha do Rei dentro *do palácio* ; de fios de ouro é a sua roupa. ¹⁴ Com roupas bordadas a levarão ao Rei; as virgens atrás dela, suas companheiras, serão trazidas a ti. ¹⁵ Serão trazidas com alegria e grande satisfação; entrarão no palácio do Rei. ¹⁶ Em vez de teus pais, serão teus filhos; tu os porás por príncipes sobre toda a terra. ¹⁷ Farei memória de teu nome em toda geração após geração; por isso os povos te louvarão para todo o sempre.

46

Cântico sobre "Alamote"; para o regente, dos filhos de Coré:

¹ Deus *é* nosso refúgio e força; socorro oportuno nas angústias. ² Por isso não temeremos, ainda que a terra se mova, e ainda que as montanhas passem ao interior dos mares; ³ *Ainda que* suas águas rujam *e* se perturbem, *e* as montanhas tremam por sua braveza. (Selá) ⁴ *Há* um rio cujos ribeiros alegram a cidade de Deus, o santuário das habitações do Altíssimo. ⁵ Deus *está* no meio dela; ela não será abalada; Deus a ajudará ao romper da manhã. ⁶ As nações gritarão, os reinos se abalarão; *quando* ele levantou a sua voz, a terra se dissolveu. ⁷ O SENHOR dos exércitos *está* conosco; o Deus de Jacó *é* nosso alto refúgio. (Selá) ⁸ Vinde, observai os feitos do SENHOR, que faz assolações na terra; ⁹ Que termina as guerras até o fim da terra; ele quebra o arco e corta a lança; ele queima os carros com fogo. ¹⁰ Ficai quietos, e sabei que eu sou Deus; eu serei exaltado entre as nações; serei exaltado sobre a terra. ¹¹ O SENHOR dos exércitos *está* conosco; o Deus de Jacó *é* nosso alto refúgio. (Selá)

47

Salmo para o regente, dos filhos de Coré:

¹ Vós todos os povos, batei palmas; clamai a Deus com voz de alegria. ² Porque o SENHOR Altíssimo *é* temível, o grande Rei sobre toda a terra. ³ Ele subjugará aos povos debaixo de nós, e as nações debaixo de nossos pés. ⁴ Ele escolhe para nós nossa herança, a glória de Jacó, a quem ele amou. (Selá) ⁵ Deus sobe com gritos de alegria; o SENHOR, com voz de trombeta. ⁶ Cantai louvores a Deus, cantai; cantai louvores ao nosso Rei, cantai. ⁷ Porque Deus é o Rei de toda a terra; cantai louvores com entendimento. ⁸ Deus reina sobre as nações; Deus se senta sobre o trono de sua santidade. ⁹ Os chefes dos povos se juntaram ao povo do Deus de Abraão, porque os escudos da terra pertencem a Deus, *e* ele é muito exaltado.

48

Cântico e salmo, dos filhos de Coré:
¹ O SENHOR *é* grande e muito louvável, na cidade de nosso Deus, *no* monte de sua santidade. ² Belo de se ver e alegria de toda a terra *é* o monte de Sião, nas terras do norte; a cidade do grande Rei. ³ Deus *está* em seus palácios, *e* é conhecido como alto refúgio. ⁴ Porque eis que os reis se reuniram; eles juntamente passaram ⁵ Eles, *quando* a viram, ficaram maravilhados; assombraram-se, fugiram apressadamente. ⁶ Ali o temor os tomou, *e sentiram* dores como as de parto. ⁷ Com o vento do oriente tu quebras os navios de Társis. ⁸ Assim como nós ouvimos, também vimos na cidade do SENHOR dos exércitos, na cidade do nosso Deus; Deus a firmará para sempre. (Selá) ⁹ Deus, nós reconhecemos tua bondade no meio de teu templo. ¹⁰ Conforme o teu nome, ó Deus, assim é o louvor a ti, até os confins da terra; tua mão direita está cheia de justiça. ¹¹ Alegre-se o monte de Sião, fiquem contentes as filhas de Judá, por causa de teus juízos. ¹² Andai ao redor de Sião, e a circundai; contai suas torres. ¹³ Ponde vosso coração em seus muros de defesa, prestai atenção em seus palácios, para que conteis deles à geração seguinte. ¹⁴ Porque este Deus *é* nosso Deus para todo o sempre; ele nos acompanhará até a morte.

49

Salmo para o regente, dos filhos de Coré:
¹ Ouvi isto, vós todos os povos; dai ouvidos, todos os moradores do mundo; ² vós, povo, filhos dos homens, * tanto os ricos como os pobres. ³ Minha boca falará da sabedoria; e o pensamento do meu coração *estará cheio de* entendimento. ⁴ Inclinarei meus ouvidos a uma parábola; ao *som* da harpa declararei o meu enigma. ⁵ Por que temeria eu nos dias do mal, *quando* a maldade dos meus adversários † me cercar? ⁶ Eles confiam em seus bens, e se orgulham da abundância de suas riquezas. ⁷ Mas ninguém pode livrar o seu irmão, nem pagar a Deus o seu resgate, ⁸ porque a redenção da sua alma é caríssima, e sempre será insuficiente ⁹ para viver eternamente, e jamais ver a cova. ‡ ¹⁰ Pois se vê que os sábios morrem, que o tolo e o bruto igualmente perecem; e deixam suas riquezas a outros. ¹¹ Seu pensamento interior é que suas casas serão perpétuas, que suas moradas durarão de geração em geração;dão às terras os seus próprios nomes. ¹² Mas o ser humano, ainda que em honra, não dura para sempre; semelhante é aos animais, que perecem. ¹³ Este é o caminho dos tolos e dos seus seguidores, que se agradam de suas palavras. (Selá) ¹⁴ São como ovelhas levados ao Xeol; § a morte se alimentará deles. Os corretos os dominarão pela manhã, e sua beleza será consumida no Xeol, longe de sua morada. ¹⁵ Mas Deus resgatará a minha alma da violência * do mundo dos mortos, pois ele me tomará *consigo* . (Selá) ¹⁶ Não temas quando um homem enriquece, quando a glória de sua casa se engrandece. ¹⁷ Pois ele, quando morrer, nada levará; nem sua glória o seguirá abaixo. ¹⁸ Ainda que, em vida, tenha pronunciado a si mesmo a bênção "Louvam-te ao fazeres o bem a ti", ¹⁹ ele, porém, se juntará à geração de seus pais; nunca mais verão a luz. ²⁰ O homem em posição de honra que não tem entendimento é semelhante aos animais, que perecem.

50

Salmo de Asafe:

---

* **49:2** povo, filhos dos homens Lit. filhos de homem, filhos de homem. (com outra palavra hebraica, diferente da primeira). As duas palavras significam homem, mas em contextos diferentes. Uma trad. alt. é "tanto as pessoas comuns quanto os nobres" † **49:5** meus adversários Lit. aqueles que me armam ciladas ‡ **49:9** Isto é: a morte § **49:14** Xeol é o lugar dos mortos * **49:15** Lit. mão

¹ Deus, o SENHOR Deus fala e chama a terra, desde onde o sol nasce até onde ele se põe. ² Desde Sião, a perfeição da beleza, Deus mostra seu imenso brilho. ³ Nosso Deus virá, e não ficará calado; fogo queimará adiante dele, e ao redor dele haverá grande tormenta. ⁴ Ele chamará aos céus do alto, e à terra, para julgar a seu povo. ⁵ Ajuntai-me meus santos, que confirmam meu pacto por meio de sacrifício. ⁶ E os céus anunciarão sua justiça, pois o próprio Deus é o juiz. (Selá) ⁷ Ouve, povo meu, e eu falarei; eu darei testemunho contra ti, Israel; eu sou Deus, o teu Deus. ⁸ Eu não te repreenderei por causa de teus sacrifícios, porque teus holocaustos estão continuamente perante mim. ⁹ Não tomarei bezerro de tua casa, *nem* bodes de teus currais; ¹⁰ Porque todo animal das matas é meu, *e também* os milhares de animais selvagens das montanhas. ¹¹ Conheço todas as aves das montanhas, e as feras do campo *estão* comigo. ¹² Se eu tivesse fome, não te diria, porque meu é o mundo, e tudo o que nele há. ¹³ Comeria eu carne de touros, ou beberia sangue de bodes? ¹⁴ Oferece a Deus sacrifício de louvor, e paga ao Altíssimo os teus votos. ¹⁵ E clama a mim no dia da angústia; e eu te farei livre, e tu me glorificarás. ¹⁶ Mas Deus diz ao perverso: Para que tu recitas meus estatutos, e pões meu pacto em tua boca? ¹⁷ Pois tu odeias a repreensão, e lança minhas palavras para detrás de ti. ¹⁸ Se vês ao ladrão, tu consentes com ele; e tens tua parte com os adúlteros. ¹⁹ Com tua boca pronuncias o mal, e tua língua gera falsidades. ²⁰ Tu te sentas *e* falas contra teu irmão; contra o filho de tua mãe tu dizes ofensas. ²¹ Tu fazes estas coisas, e eu fico calado; pensavas que eu seria como tu? Eu te condenarei, e mostrarei *teus males* diante de teus olhos. ²² Entendei, pois, isto, vós que vos esqueceis de Deus; para que eu não *vos* faça em pedaços, e não haja quem *vos* livre. ²³ Quem oferece sacrifício de louvor me glorificará, e ao que cuida de seu caminho, eu lhe mostrarei a salvação de Deus.

51

Salmo de Davi, para o regente, quando o profeta Natã veio até ele, depois dele ter praticado adultério com Bate-Seba:

¹ Tem misericórdia de mim, ó Deus, conforme a tua bondade; desfaz minhas transgressões conforme a abundância de tuas misericórdias. ² Lava-me bem de minha perversidade, e purifica-me de meu pecado. ³ Porque eu reconheço minhas transgressões, e meu pecado está continuamente diante de mim. ⁴ Contra ti, somente contra ti pequei, e fiz o mal segundo teus olhos; para que estejas justo no que dizeres, e puro no que julgares. ⁵ Eis que em perversidade fui formado, e em pecado minha mãe me concebeu. ⁶ Eis que tu te agradas da verdade interior, e no oculto tu me fazes conhecer sabedoria. ⁷ Limpa-me do pecado com hissopo, e ficarei limpo; lava-me, e eu serei mais branco que a neve. ⁸ Faça-me ouvir alegria e contentamento, *e* meus ossos, que tu quebraste, se alegrarão. ⁹ Esconde tua face de meus pecados, e desfaz todas as minhas perversidades. ¹⁰ Cria em mim um coração puro, ó Deus; e renova um espírito firme em meu interior. ¹¹ Não me rejeites de tua face, e não tires teu Espírito Santo de mim. ¹² Restaura a alegria de tua salvação, e que tu me sustentes com um espírito de boa vontade. ¹³ *Então* eu ensinarei aos transgressores os teus caminhos, e os pecadores se converterão a ti. ¹⁴ Livra-me das *transgressões* por derramamento de sangue, ó Deus, Deus de minha salvação; e minha língua louvará alegremente tua justiça. ¹⁵ Abre, Senhor, os meus lábios, e minha boca anunciará louvor a ti. ¹⁶ Porque tu não te agradas de sacrifícios, pois senão eu te daria; tu não te alegras de holocaustos. ¹⁷ Os sacrifícios a Deus são um espírito quebrado *em arrependimento* ; tu não desprezarás um coração quebrado e triste. ¹⁸ Faze bem a Sião conforme tua boa vontade; edifica os muros de Jerusalém. ¹⁹ Então tu te agradarás dos sacrifícios

de justiça, dos holocaustos, e das ofertas queimadas; então oferecerão bezerros sobre teu altar.

52

Instrução de Davi, para o regente, quando Doegue, o edomita, veio, e contou a Saul, dizendo: Davi veio à casa de Aimeleque:

¹ Por que tu, homem poderoso, te orgulhas no mal? A bondade de Deus continua o dia todo. ² Tua língua planeja maldades; *é* como navalha afiada, que gera falsidades. ³ Tu amas mais o mal que o bem, *e* a mentira mais do que falar justiça. (Selá) ⁴ Tu amas todas as palavras de destruição, ó língua enganadora. ⁵ Porém Deus te derrubará para sempre; ele te tomará, e te arrancará para fora da tenda; e te eliminará de toda a terra dos viventes. (Selá) ⁶ E os justos *o* verão, e temerão; e rirão dele, *dizendo* : ⁷ Eis aqui o homem que não pôs sua força em Deus, mas *preferiu* confiar a abundância de suas riquezas, e fortaleceu em sua maldade. ⁸ Mas eu *serei* como a oliveira verde na casa de Deus; confio na bondade de Deus para todo o sempre. ⁹ Eu te louvarei para sempre, por causa do que fizeste; e terei esperança em teu nome, porque tu és bom perante teus santos.

53

Instrução de Davi, para o regente, sobre "Maalate":

¹ O tolo diz em seu coração: Não há Deus.Eles se corrompem, e cometem abominável perversidade, ninguém há que faça o bem. ² Deus olhou desde os céus para os filhos dos homens, para ver se havia alguém prudente, que buscasse a Deus. ³ Todos se desviaram, juntamente se fizeram detestáveis; ninguém há que faça o bem, nem um sequer. ⁴ Será que não tem conhecimento os praticantes de maldade, que devoram a meu povo, *como se* comessem pão? Eles não clamam a Deus. ⁵ Ali eles terão grande medo, *onde* não havia medo; porque Deus espalhou os ossos daquele que te cercava; tu os humilhaste, porque Deus os rejeitou. ⁶ Ah, que de Sião venha a salvação de Israel! Quando Deus restaurar seu povo de seu infortúnio, Jacó jubilará, Israel se alegrará.

54

Instrução de Davi, para o regente, para instrumentos de cordas, quando os zifeus vieram, e disseram a Saul: "Não está Davi escondido entre nós?":

¹ Deus, salva-me por teu nome; e faze-me justiça por teu poder. ² Deus, ouve minha oração; inclina teus ouvidos aos dizeres de minha boca; ³ Porque estranhos se levantam contra mim, e *homens* terríveis procuram *matar* a minha alma; não põem a Deus diante dos olhos deles. (Selá) ⁴ Eis que Deus é o que me socorre; o Senhor *está* com aqueles que sustentam a minha alma. ⁵ Ele retribuirá com o mal aos que me espiam *contra mim* ; tu os elimina por tua verdade. ⁶ De boa vontade eu te oferecerei sacrifícios; louvarei o teu nome, SENHOR, porque é bom. ⁷ Porque tu tens me livrado de toda angústia; e meus olhos verão *o fim* de meus inimigos.

55

Instrução de Davi, para o regente, com instrumento de cordas:

¹ Deus, inclina os teus ouvidos à minha oração; e não te escondas de minha súplica. ² Presta atenção em mim, e responde-me; clamo por meu sofrimento, e grito, ³ Por causa da voz do inimigo, *e* pela opressão do perverso; porque me preparam *suas* maldades, e com furor eles me odeiam. ⁴ Meu coração sofre dores em meu interior, e terrores de morte caíram sobre mim. ⁵ Temor e tremor vêm sobre mim, e o horror me toma por completo. ⁶ Então eu digo: Ah, quem me dera se eu tivesse asas como

uma pomba! Eu voaria, e pousaria. ⁷ Eis que eu fugiria para longe, e ficaria no deserto. (Selá) ⁸ Eu me apressaria para escapar do vento violento *e* da tempestade. ⁹ Devora-os, Senhor, divide a língua deles; porque tenho visto violência e briga na cidade. ¹⁰ Dia e noite cercam sobre seus muros; perversidade e opressão há dentro dela. ¹¹ Coisas destrutivas *estão* dentro dela; e a falsidade e o engano não sai de suas praças. ¹² Porque não *é* um inimigo o que me insulta, pois *se fosse* eu o suportaria; nem é alguém que me odeia o que se engrandece contra mim, pois *se fosse* eu me esconderia dele. ¹³ Mas és tu, homem semelhante a mim; meu guia, e meu conhecido; ¹⁴ Que juntos agradavelmente dávamos conselhos *um ao outro* ; na casa de Deus andávamos entre a multidão. ¹⁵ Que a morte os tome de surpresa, e desçam ao Xeol * vivos; porque há maldades em suas moradas, e no meio deles. † ¹⁶ Clamarei a Deus, e o SENHOR me salvará. ¹⁷ À tarde, e pela manhã, e ao meio dia, orarei e clamarei; e ele ouvirá a minha voz. ¹⁸ Ele resgatou em paz a minha alma da batalha *que havia* contra mim; porque muitos vieram para me *prejudicar* . ¹⁹ Deus ouvirá, e os humilhará, ele que governa desde os princípios dos tempos. (Selá)Porque eles não mudam *de comportamento* , nem temem a Deus. ²⁰ *Meu antigo amigo* se voltou contra os que tinham paz com ele, e violou seu pacto. ²¹ Sua boca é agradável como a manteiga, mas seu coração *deseja* a guerra; suas palavras *parecem* mais suaves que o azeite, mas são espadas prontas para o ataque. ²² Entrega *tuas preocupações* ao SENHOR, e ele te sustentará; ele não permitirá que o justo fique caído para sempre. ²³ Porém tu, SENHOR, farás com que eles desçam ao poço da perdição; os homens sanguinários e enganadores não viverão a metade de seus dias; e eu confiarei em ti.

56

Salmo "Mictão" de Davi para o regente, conforme "pombas silenciosas ao longe", quando os filisteus o prenderam em Gate:
¹ Tem misericórdia de mim, ó Deus, porque o homem procura me devorar; todo o dia ele me oprime em lutas. ² Os inimigos que me espiam querem *me* devorar todo dia; porque muitos lutam contra mim, ó Altíssimo. ³ No dia em que eu tiver medo, eu confiarei em ti. ⁴ Por causa de Deus eu louvarei sua palavra; confio em Deus, não temerei; o que pode a mera carne * fazer contra mim? ⁵ Todos os dias eles distorcem minhas palavras; todos os pensamentos deles sobre mim são para o mal. ⁶ Eles se reúnem e se escondem; eles espiam os meus passos, como que esperando a *morte* de minha alma. ⁷ Por acaso eles escaparão em *suas* maldades? Derruba com ira aos povos, ó Deus. ⁸ Tu contaste as voltas que dei por causa de meu sofrimento; põe minhas lágrimas em teu odre; não estão elas em teu livro? ⁹ No dia em que eu clamar, então meus inimigos se voltarão para trás; isto eu sei, que Deus *está* comigo. ¹⁰ Por causa de Deus eu louvarei *sua* palavra; por causa do SENHOR eu louvarei *sua* palavra. ¹¹ Em Deus eu confio, não temerei; o que o homem pode me fazer? ¹² Tuas promessas, SENHOR, estão sobre mim; oferecerei agradecimentos a ti; ¹³ Porque tu resgataste minha alma da morte, e meus pés não *deixaste* tropeçar; para *eu* andar diante de Deus na luz dos viventes.

57

Salmo "Mictão" para o regente, conforme "Altachete"; de Davi, quando fugia de diante de Saul, na caverna:
¹ Tem misericórdia de mim, ó Deus, tem misericórdia de mim; porque minha alma confia em ti, e eu me refugio sob a sombra de tuas asas, até que os *meus* problemas

---

* **55:15** Xeol é o lugar dos mortos   † **55:15** no meio deles Ou: no interior deles   * **56:4** mera carne Isto é, o ser humano

passem de mim. ² Clamarei ao Deus Altíssimo; a Deus, que cumprirá *sua obra* em mim. ³ Ele enviará desde os céus e me livrará, humilhando ao que procura me demorar. (Selá)Deus enviará sua bondade e sua verdade. ⁴ Minha alma está no meio dos leões, estou deitado *entre* brasas ardentes, filhos de homens, cujos dentes são lanças e flechas, e a língua deles são espada afiada. ⁵ Exalta-te sobre os céus, ó Deus; *esteja* tua glória sobre toda a terra. ⁶ Prepararam uma rede de armadilha para os meus passos, minha alma *estava* abatida; cavaram perante mim uma cova, *porém* eles mesmos caíram nela. (Selá) ⁷ Firme está meu coração, ó Deus; meu coração está firme; eu cantarei, e louvarei com músicas. ⁸ Desperta-te, ó glória minha! Desperta, lira e harpa; despertarei ao amanhecer. ⁹ Eu te louvarei entre os povos, Senhor; cantarei louvores a ti entre as nações. ¹⁰ Pois tua bondade é grande, *alcança* até os céus; e a tua fidelidade até as nuvens mais altas. ¹¹ Exalta-te sobre os céus, ó Deus; *esteja* tua glória sobre toda a terra.

58

Salmo "Mictão" de Davi, para o regente, conforme "Altachete":

¹ Congregação, por acaso falais verdadeiramente o que é justo? Vós, Filhos dos homens, julgais corretamente? ² Na verdade vós praticais perversidades em *vosso* coração; sobre a terra pesais a violência de vossas mãos. ³ Os perversos se desviam desde o ventre da mãe; afastam-se desde o ventre os mentirosos. ⁴ O veneno deles *é* semelhante ao veneno de serpente; são como a cobra surda, que tapa seus ouvidos, ⁵ Para não ouvirem a voz dos encantadores, do encantador sábio em encantamentos. ⁶ Deus, quebra os dentes deles em suas bocas; arranca os queixos dos filhos dos leões, SENHOR. ⁷ Que eles escorram como águas, que vão embora; quando ele armar sua flecha, sejam eles cortados em pedaços. ⁸ Como a lesma, que se desmancha, que *assim* saiam embora; como o aborto de mulher, *assim também* nunca vejam o sol. ⁹ Antes que vossas panelas sintam os espinhos, tanto vivos, como aquecidos, ele os arrebatará furiosamente. ¹⁰ O justo se alegrará ao ver a vingança; *e* lavará seus pés no sangue do perverso. ¹¹ Então o homem dirá: Certamente há recompensa para o justo; certamente há Deus, que julga na terra.

59

Salmo "Mictão" de Davi, para o regente, conforme "Altachete", quando Saul enviou pessoas para vigiarem sua casa e o matarem:

¹ Livra-me de meus inimigos, ó Deus meu; protege-me dos que se levantam contra mim. ² Livra-me dos que praticam perversidade, e salva-me dos homens sanguinários; ³ Porque eis que eles põem ciladas à minha alma; fortes se juntam contra mim; *ainda que* eu não tenha cometido transgressão nem pecado, ó SENHOR. ⁴ Eles correm sem *eu ter* culpa; desperta para me encontrar, e olha. ⁵ Tu, SENHOR, Deus dos exércitos, Deus de Israel, desperta para julgar a todas estas nações; não tenhas misericórdia de nenhum dos enganadores que praticam perversidade. (Selá) ⁶ Eles voltam ao anoitecer, latem como cães, e rodeiam a cidade. ⁷ Eis que vomitam com as bocas deles, seus lábios *são como* espadas; porque *dizem* : Quem ouve? ⁸ Porém tu, SENHOR, rirás deles; zombarás de todas as nações. ⁹ *Por causa* de sua força, eu te aguardarei; porque Deus é o meu refúgio. ¹⁰ O Deus que tem bondade para comigo me antecederá; Deus me fará ver *o fim* dos meus inimigos. ¹¹ Não os mates, para que meu povo não se esqueça; faze-os fugir de um lado para o outro pelo teu poder, e abate-os; ó Senhor, escudo nosso; ¹² *Por causa do* pecado da boca deles *e da* palavra de seus lábios; e sejam presos em sua arrogância pelas maldições e pelas mentiras que contam. ¹³ Destrói *-os* em *tua* ira; destrói *-os* para que nunca

mais existam; para que saibam que Deus governa em Jacó até os limites da terra. (Selá) [14] Eles voltam ao anoitecer, latem como cães, e rodeiam a cidade. [15] Andam de um lado para o outro por comida, e rosnam se não estiverem saciados. [16] Mas eu cantarei *sobre* tua força; e pela manhã com alegria louvarei tua bondade; porque tu tens sido meu alto refúgio e abrigo no dia da minha angústia. [17] Cantarei louvores a ti, *que és* minha força; porque Deus é o meu refúgio, ó Deus de bondade para comigo.

60

Salmo "Mictão" de Davi, de ensinamento, para o regente, conforme "Susanedute", quando lutou contra os de Arã-Naraim e Arã-Zobá, e Joabe voltou vitorioso, tendo ferido no Vale do Sal a doze mil dos de Edom:
[1] Deus, tu nos rejeitaste, e nos quebraste; tu te encheste de ira. *Por favor* , restaura-nos! * [2] Tu fizeste a terra tremer, *e* a abriste; cura suas rachaduras, porque ela está abalada. [3] Mostraste ao teu povo coisas duras; nos fizeste beber vinho perturbador. [4] Deste uma bandeira aos que te temem, para a erguerem por causa da verdade. †
(Selá) [5] Para que os teus amados sejam livrados; salva-nos com tua mão direita, e responde-nos. [6] Deus falou em seu santuário: Eu me alegrarei; repartirei a Siquém e medirei o vale de Sucote. [7] Meu *é* Gileade, e meu *é* Manassés; e Efraim *é* a força de minha cabeça; Judá *é* meu legislador. [8] Moabe *é* minha bacia de lavar; sobre Edom lançarei minha sandália; gritarei de alegria sobre a Filístia. [9] Quem me levará a uma cidade fortificada? Quem me guiará até Edom? [10] Não serás tu, ó Deus, que tinha nos rejeitado? Não saías tu, ó Deus, com nossos exércitos? [11] Dá-nos socorro para a angústia; porque a salvação de *origem* humana é inútil. [12] Com Deus faremos coisas grandiosas; e ele atropelará nossos adversários.

61

Salmo de Davi, para o regente, com instrumento de cordas:
[1] Ouve, ó Deus, o meu clamor; presta atenção à minha oração. [2] Desde o limite da terra eu clamo a ti, pelo sofrimento do meu coração; leva-me para uma rocha alta para mim. [3] Pois tu tens sido o meu refúgio *e* torre forte perante o inimigo. [4] Eu habitarei em tua tenda para sempre; tomarei refúgio *me* escondendo sob tuas asas. (Selá) [5] Pois tu, ó Deus, ouviste meus votos; tu tens *me* dado a herança dos que temem o teu nome. [6] Acrescentarás dias e mais dias ao Rei; seus anos serão como de geração em geração. [7] Ele habitará para sempre diante de Deus; prepara que *tua* bondade e fidelidade o guardem. [8] Assim cantarei ao teu nome para sempre, para eu pagar meus votos dia após dia.

62

Salmo de Davi para o regente, conforme "Jedutum":
[1] Certamente minha alma se aquieta por causa de Deus; dele *vem* minha salvação. [2] Certamente ele *é* minha rocha, minha salvação e meu refúgio; não serei muito abalado. [3] Até quando atacareis um homem? Todos vós sereis mortos; *sereis* como um parede tombada e uma cerca derrubada. [4] Eles somente tomam conselhos sobre como lançá-lo abaixo de sua alta posição; agradam-se de mentiras; falam bem com suas bocas, mas amaldiçoam em seus interiores. (Selá) [5] Tu, porém, ó minha alma, aquieta-te em Deus; porque ele *é* minha esperança. [6] Certamente ele *é* minha rocha, minha salvação *e* meu refúgio; não me abalarei. [7] Em Deus *está* minha salvação e minha glória; em Deus *está* minha força e meu refúgio. [8] Confiai, povo, nele em

---

* **60:1** restaura-nos trad. alt. volta-te para nós   † **60:4** para a eguerem por causa da verdade Obscuro. Trad. alt. "para se refugiarem dos tiros de arco"

todo o tempo; derramai vosso coração diante dele; Deus *é* nosso refúgio. (Selá) ⁹ Pois os filhos dos seres humanos são nada; os filhos do homem são mentira; pesados juntos *são mais leves* que o vazio. ¹⁰ Não confieis na opressão, nem no roubo; nem sejais inúteis; quando tiverdes bens, não ponhais *neles vosso* coração. ¹¹ Deus falou uma vez; eu ouvi duas vezes: que *de* Deus *vem* o poder. ¹² Também é tua, Senhor, a bondade; pois tu pagarás a *cada* homem conforme sua obra.

63

Salmo de Davi, quando ele estava no deserto de Judá:
¹ Deus, tu *és* meu Deus. Eu te busco ao amanhecer; minha alma tem sede de ti, minha carne muito te deseja, em terra seca, cansativa, sem águas. ² Para que eu te veja em teu santuário, para ver tua força e tua glória. ³ Porque tua bondade *é* melhor que a vida; meus lábios te louvarão. ⁴ Assim te bendirei em minha vida; por teu nome levantarei minhas mãos. ⁵ Minha alma será saciada, como que de gorduras e muita comida; e minha boca te louvará com lábios alegres, ⁶ Quando eu me lembrar de ti em minha cama; nas vigílias da noite meus pensamentos estarão em ti. ⁷ Porque tu tens sido meu socorro; e à sombra de tuas asas cantarei de alegria. ⁸ Minha alma está apegada a ti; tua mão direita me sustenta. ⁹ Porém aqueles que procuram assolar a minha alma irão para as profundezas da terra. ¹⁰ Eles serão derrubados pela força da espada; serão repartidos entre raposas. ¹¹ Mas o Rei se alegrará em Deus; todo o que por ele jurar se alegrará, porque a boca dos mentirosos será tapada.

64

Salmo de Davi, para o regente:
¹ Ouve, Deus, minha voz, em minha meditação *de súplica* ; guarda minha vida do terror do inimigo. ² Esconde-me do grupo dos malignos, e do ajuntamento dos praticantes de maldade, ³ Que afiam sua língua como *se fosse* espada; e armaram palavras amargas *como se fossem* flechas. ⁴ Para atirarem no inocente às escondidas; disparam apressadamente contra ele, e não têm medo. ⁵ Eles são ousados para *fazerem* coisas más, comentam sobre como esconder armadilhas, *e* dizem: Quem as verá? ⁶ Eles buscam por perversidades; procuram tudo o que pode ser procurado, até o interior de *cada* homem, e as profundezas do coração. ⁷ Mas Deus os atingirá com flecha de repente; e *logo* serão feridos. ⁸ E a língua deles fará com que tropecem em si mesmos; todo aquele que olhar para eles se afastará. ⁹ E todos os homens terão medo, e anunciarão a obra de Deus, e observarão cuidadosamente o que ele fez. ¹⁰ O justo se alegrará no SENHOR, e confiará nele; e todos os corretos de coração *o* glorificarão.

65

Salmo e cântico de Davi, para o regente:
¹ A ti, Deus, *pertence* a tranquilidade *e* o louvor em Sião; e a ti será pago o voto. ² Tu, que ouves as orações; toda carne virá a ti. ³ Perversidades têm me dominado, *porém* tu tiras a culpa de nossas transgressões. ⁴ Bem-aventurado *é* aquele a quem tu escolhes, e *o* fazes aproximar, para que habite em teus cômodos; seremos fartos do bem de tua casa, *na* santidade de teu templo. ⁵ Tu nos responderá de forma justa *por meio de* coisas temíveis. O Deus de nossa salvação *é* a confiança de todos os limites da terra, e dos lugares mais distantes do mar. ⁶ Ele *é* o que firma os montes com sua força, revestido de poder. ⁷ Ele é o que amansa o ruído dos mares, o ruído de suas ondas, e o tumulto dos povos. ⁸ *Até* os que habitam nos lugares mais distantes temem teus sinais; tu fazes alegres o nascer e o pôr do sol. ⁹ Tu visitas a terra, e a regas; tu

a enriqueces; o rio de Deus *está* cheio de águas; tu preparas *a terra* , e lhes dá trigo. [10] Enche seus regos de *águas* ,fazendo-as descer em suas margens; com muita chuva a amoleces, *e* abençoas o que dela brota. [11] Coroas o ano com tua bondade; e teus caminhos transbordam fartura. [12] Eles são derramados *sobre* os pastos do deserto; e os morros se revestem de alegria. [13] Os campos se revestem de rebanhos, e os vales são cobertos de trigo; e por isso se alegram e cantam.

66

Cântico e salmo para o regente:
[1] Gritai de alegria a Deus toda a terra. [2] Cantai a glória do nome dele; reconhecei a glória de seu louvor. [3] Dizei a Deus: Tu *és* temível *em* tuas obras; pela grandeza de tua força os teus inimigos se sujeitarão a ti. [4] Toda a terra te adorará, e cantará a ti; cantarão ao teu nome. (Selá) [5] Vinde, e vede os atos de Deus; a obra dele é temível aos filhos dos homens. [6] Ele fez o mar ficar seco, passaram o rio a pé; ali nos alegramos nele. [7] Ele governa com seu poder para sempre; seus olhos vigiam as nações; não se exaltem os rebeldes. (Selá) [8] Vós povos, bendizei a nosso Deus, e fazei ouvir a voz do louvor a ele, [9] Que conserva nossas almas em vida, e não permite que nossos pés se abalem. [10] Porque tu, Deus, tem nos provado; tu nos refinas como se refina a prata. [11] Tu nos levaste a uma rede; prendeste-nos em nossas cinturas. [12] Fizeste um homem cavalgar sobre nossas cabeças; passamos pelo fogo e pela água, porém tu nos tiraste para um *lugar* confortável. [13] Entrarei em tua casa com holocaustos; pagarei a ti os meus votos, [14] Que meus lábios pronunciaram, e minha boca falou, quando eu estava angustiado. [15] Eu te oferecerei holocaustos de animais gordos, com incenso de carneiros; prepararei bois com bodes. (Selá) [16] Vinde, ouvi, todos vós que temeis a Deus, e eu contarei o que ele fez à minha alma. [17] Clamei a ele com minha boca, e ele foi exaltado pela minha língua. [18] Se eu tivesse dado valor para a maldade em meu coração, o Senhor não teria *me* ouvido. [19] Mas certamente Deus *me* ouviu; ele prestou atenção à voz de minha oração. [20] Bendito seja Deus, que não ignorou minha oração, nem sua bondade *se desviou* de mim.

67

Salmo e cântico, para o regente, com instrumento de cordas:
[1] Que Deus tenha misericórdia de nós, e nos abençoe; que ele brilhe seu rosto sobre nós. (Selá) [2] Para que o teu caminho seja conhecido na terra, *e* todos as nações *conheçam* tua salvação. [3] Louvem os povos a ti, ó Deus, louvem a ti todos os povos. [4] Que as nações se alegrem e cantem de alegria, pois tu julgarás aos povos com equidade, e guiarás as nações na terra. (Selá) [5] Louvem os povos a ti, ó Deus, louvem a ti todos os povos. [6] Que a terra dê seu fruto, *e* que Deus, nosso Deus, nos abençoe. [7] Deus nos abençoará, e todos os limites da terra o temerão.

68

Salmo e canção de Davi, para o regente:
[1] Deus se levantará, *e* seus inimigos serão dispersos, e os que o odeiam fugirão de sua presença. [2] Assim como a fumaça se espalha, tu os espalharás; assim como a cera que se derrete diante do fogo, *assim também* os perversos perecerão diante de Deus. [3] Mas os justos se alegrarão, *e* saltarão de prazer perante Deus, e se encherão de alegria. [4] Cantai a Deus, cantai louvores ao seu nome; exaltai aquele que anda montado sobre as nuvens, pois EU-SOU é o seu nome; e alegrai -*vos* diante dele. [5] *Ele* é o pai dos órfãos, e juiz que defende as viúvas; Deus na habitação de sua santidade. [6] Deus que faz os solitários viverem em uma família, e liberta os prisioneiros; mas os

rebeldes habitam em terra seca. ⁷ Deus, quando tu saías perante teu povo, enquanto caminhavas pelo deserto (Selá), ⁸ A terra se abalava, e os céus se derramavam perante a presença de Deus; neste Sinai, diante da presença de Deus, o Deus de Israel. ⁹ Tu fizeste a chuva cair abundantemente, e firmaste tu herança, que estava cansada. ¹⁰ Nela o teu rebanho habitou; por tua bondade, Deus, sustentaste ao miserável. ¹¹ O Senhor falou; grande é o exército das que anunciam as boas novas. ¹² Reis de exércitos fugiam apressadamente; * e aquela que ficava em casa repartia os despojos. ¹³ Ainda que estivésseis cercados por ambos os lados, *estais protegidos* como que por asas de pomba, cobertas de prata, e suas penas revestidas de ouro. ¹⁴ Quando o Todo-Poderoso espalhou os reis, houve neve em Salmom. ¹⁵ O monte de Deus *é como* o monte de Basã; *é* um monte bem alto, *como* o monte de Basã. ¹⁶ Por que olhais com inveja, ó montes altos? A este monte Deus desejou para ser sua habitação; e o SENHOR habitará *nele* para sempre. ¹⁷ As carruagens de Deus são várias dezenas de milhares; o Senhor está entre elas, *como* em Sinai, em *seu* santuário. ¹⁸ Tu subiste ao alto, levaste cativos, recebeste bens dos homens, até dos rebeldes, para que *ali* o SENHOR Deus habitasse. ¹⁹ Bendito seja o Senhor; dia após dia ele nos carrega; Deus *é* nossa salvação. (Selá) ²⁰ Nosso Deus *é* um Deus de salvação; e com o Senhor DEUS há livramento para a morte; ²¹ Pois Deus ferirá a cabeça de seus inimigos, o topo da cabeça, onde ficam os cabelos, daquele que anda na prática de suas transgressões. ²² O Senhor disse: Eu *os* farei voltar de Basã; eu *os* farei voltar das profundezas do mar. ²³ Para que metas teu pé no sangue dos teus inimigos; e nele *também* terá uma parte a língua de cada um de teus cães. ²⁴ Viram teus caminhos, ó Deus; os caminhos de meu Deus, meu Rei, no santuário. ²⁵ Os cantores vieram adiante, depois os instrumentistas; entre eles as virgens tocadoras de tamborins. ²⁶ Bendizei a Deus nas congregações; *bendizei* ao SENHOR, desde a fonte de Israel. ²⁷ Ali *está* o pequeno Benjamim, que domina sobre eles; os chefes de Judá e a congregação deles; os chefes de Zebulom, *e* os chefes de Nafitali. ²⁸ Teu Deus ordenou tua força; fortalece, ó Deus, o que já operaste por nós. ²⁹ Ao teu templo, em Jerusalém, os Reis te trarão presentes. ³⁰ Repreende a fera das canas, a multidão de touros, juntamente com as bezerras dos povos; aos que humilham a si mesmos em *troca* de peças e prata; dissipa aos povos que gostam da guerra. ³¹ Embaixadores virão do Egito; Cuxe correrá para *estender* suas mãos a Deus. ³² Reinos da terra, cantai a Deus; cantai louvores ao Senhor. (Selá) ³³ Ele anda montado por entre os céus desde os tempos antigos; eis que sua voz fala poderosamente. ³⁴ Reconhecei o poder de Deus; sobre Israel *está* sua exaltação, e sua força *está* nas altas nuvens. ³⁵ Deus, tu és temível desde teus santuários; o Deus de Israel é o que dá força e poder ao povo. Bendito seja Deus!

69

Salmo de Davi, para o regente, conforme "os lírios":

¹ Salva-me, ó Deus, porque as águas têm entrado *e encoberto* a minha alma. ² Afundei-me em um profundo lamaçal, onde não se pode ficar em pé; entrei nas profundezas das águas, e a corrente está me levando. ³ Já estou cansado de clamar, minha garganta enrouqueceu; meus olhos desfaleceram, enquanto espero pelo meu Deus. ⁴ Os que me odeiam sem motivo são mais numerosos que os cabelos de minha cabeça; são poderosos os que procuram me arruinar, os que por falsidades se fazem meus inimigos; tive que pagar de volta aquilo que não furtei. ⁵ Tu, Deus, sabes como sou tolo; e meus pecados não estão escondidos perante ti. ⁶ Não sejam envergonhados por minha causa aqueles que te esperam, ó Senhor DEUS dos exércitos; não sejam humilhados por minha causa os que te buscam, ó Deus de Israel. ⁷ Porque por causa

---

* **68:12** Lit. fugiam, e fugiam

de ti aguentei ser insultado; a humilhação cobriu o meu rosto. ⁸ Tornei-me estranho aos meus irmãos; e desconhecido aos filhos de minha mãe; ⁹ Porque o zelo por tua casa me devorou; e os insultos dos que te insultam caíram sobre mim; ¹⁰ Minha alma chorou e jejuou; porém *mais* insultos vieram sobre mim. ¹¹ Vesti-me de saco, mas fui ridicularizado por eles num ditado. ¹² Os que se sentam à porta falam *mal* de mim; e os bebedores de álcool cantam *piadas* contra mim. ¹³ Mas eu oro a ti, SENHOR, *no* tempo aceitável. Pela grandeza de tua bondade, responde-me, ó Deus, pela fidelidade de tua salvação. ¹⁴ Livra-me do lamaçal, e não me deixes afundar; seja eu resgatado dos que me odeiam, e das profundezas das águas. ¹⁵ Não permitas que as correntes de águas me cubram, e que a profundeza não me devore, nem o poço feche sua boca sobre mim. ¹⁶ Responde-me, SENHOR; pois boa é tua bondade; olha para mim conforme tua piedade. ¹⁷ E não escondas teu rosto de teu servo; porque estou angustiado; ouve-me depressa. ¹⁸ Vem para perto de minha alma, *e* a liberta; resgata-me por causa de meus inimigos. ¹⁹ Tu conheces como me insultam, me envergonham e me humilham; diante de ti estão todos os meus adversários. ²⁰ Insultos têm quebrado meu coração, e estou fraquíssimo; e esperei compaixão, porém *houve* nenhuma; *também esperei* por pessoas que me consolassem, mas não os achei. ²¹ Deram-me fel como alimento; e em minha sede me deram vinagre para beber. ²² Torne-se a mesa diante deles como que um laço; e aquilo que *lhes* dá segurança *lhes* seja uma armadilha. ²³ Sejam escurecidos os olhos deles, para que não possam ver; e que seus quadris vacilem continuamente. ²⁴ Derrama tua indignação sobre eles; e que sejam tomados pelo ardor de tua ira. ²⁵ A habitação deles seja desolada; e que não haja morador nas tendas deles; ²⁶ Porque perseguem *aquele* a quem tu feriste, e contam histórias da dor daqueles a quem tu machucaste. ²⁷ Conta como maldade a maldade deles; e não sejam eles agraciados por tua justiça. ²⁸ Sejam riscados dos livro da vida; e não estejam eles escritos junto com os justos. ²⁹ Mas eu *estou* miserável e em dores; ó Deus, que tua salvação me proteja. ³⁰ Louvarei o nome de Deus com cântico; e o engrandecerei com agradecimentos. ³¹ Isto agradará ao SENHOR mais do que *o sacrifício* de um boi *ou* de um bezerro com chifres e unhas. ³² Os mansos verão, e se alegrarão; vós que buscais a Deus, vosso coração viverá. ³³ Porque o SENHOR ouve aos necessitados, e não despreza os prisioneiros que lhe pertencem. ³⁴ Louvem a ele os céus, a terra, os mares, e tudo que neles se move; ³⁵ Porque Deus salvará a Sião, e construirá as cidades de Judá; e habitarão ali, e a terão como posse. ³⁶ E a semente de seus servos a herdará; e os que amam o nome dele habitarão nela.

70

Memorial de Davi, para o regente:

¹ Livra-me Deus; apressa-te para me socorrer, SENHOR. ² Envergonhem-se, e sejam confundidos os que procuram *matar* a minha alma; voltem-se para trás, e sejam humilhados os que gostam de me fazer o mal. ³ Virem-se para trás por causa de sua vergonha os que dizem: "Há, há!" ⁴ Alegrem-se e fiquem contentes em ti todos aqueles que te buscam; aqueles que amam tua salvação digam continuamente: Engrandecido seja Deus! ⁵ Eu, porém, estou miserável e necessitado; ó Deus, apressa-te a mim; tu *és* meu socorro e meu libertador; não demores, SENHOR.

71

¹ Em ti, SENHOR, confio; nunca me deixes ser envergonhado. ² Resgata-me e livra-me por tua justiça; inclina a mim teus ouvidos, e salva-me. ³ Sê tu minha rocha *e minha* habitação, para continuamente eu me abrigar nela; tu tens ordenado que eu

seja salvo, porque tu *és* minha rocha forte e minha fortaleza. ⁴ Meu Deus, livra-me da dominação do perverso, das mãos do injusto e cruel; ⁵ Pois tu és minha esperança, ó Senhor DEUS; *tu és* minha confiança desde minha juventude. ⁶ Tenho me apoiado em ti desde o ventre de minha mãe; das entranhas dela me tiraste; eu louvo continuamente a ti. ⁷ Para muitos fui como prodígio, porém tu és meu forte refúgio. ⁸ Minha boca seja cheia de louvores a ti por tua glória o dia todo. ⁹ Não me rejeites no tempo da velhice; não me desampares quando minha força se acabar; ¹⁰ Porque meus inimigos falam contra mim, e os que espiam minha alma tomam conselhos juntos uns com os outros; ¹¹ Dizendo: Deus o desamparou; persegui, e o tomai, pois já não há quem o livre. ¹² Deus, não fiques longe de mim; Deus meu, apressa-te para me socorrer. ¹³ Sejam envergonhados e pereçam os adversários de minha alma; cubram-se de humilhação e confusão aqueles que procuram *fazer* mal a mim. ¹⁴ Porém eu continuamente manterei a esperança, e darei todo o louvor a ti ainda mais. ¹⁵ Minha boca contará tua justiça, *e* tua salvação o dia todo, ainda que eu não saiba sua medida. ¹⁶ Irei adiante pelos poderes do Senhor DEUS; anunciarei tua justiça, que é somente tua. ¹⁷ Deus, tu tens me ensinado desde minha juventude; e até agora conto tuas maravilhas. ¹⁸ E agora, que estou velho e de cabelos grisalhos, não me desampares, Deus; enquanto eu não tiver anunciado a força de teu braço a *esta* geração, e teu poder a todos que vierem. ¹⁹ E tua justiça, Senhor, *alcança* as alturas; porque tu tens feito grandes coisas. Quem é como tu, ó Deus? ²⁰ Tu, que me fizeste ver muitos males e aflições, voltarás a me dar vida; e voltarás a me tirar dos abismos da terra. ²¹ Tu aumentarás minha honra e voltarás para me consolar. ²² Eu também te louvarei com instrumento de cordas pela tua fidelidade, ó meu Deus; cantarei a ti com harpa, ó Santo de Israel. ²³ Meus lábios terão muita alegria, porque cantarei a ti; e também *se alegrará* a minha alma, que tu tens resgatado. ²⁴ Minha língua também falará de tua justiça o dia todo, pois já estão envergonhados e humilhados aqueles que procuram me *fazer* mal.

72

Para Salomão

¹ Deus, dá teus juízos ao rei, e tua justiça ao filho do rei. ² Ele julgará a teu povo com justiça, e a teus aflitos com juízo. ³ Os montes trarão paz ao povo, e os morros *trarão* justiça. ⁴ Ele julgará os pobres do povo, livrará os filhos do necessitado, e quebrará o opressor. ⁵ Temerão a ti enquanto durarem o sol e a luz, geração após geração. ⁶ Ele descerá como chuva sobre a *erva* cortada, como as chuvas que regam a terra. ⁷ Em seus dias o justo florescerá, e *haverá* abundância de paz, até que não *haja* mais a lua. ⁸ E ele terá domínio de mar a mar; e desde o rio até os limites da terra. ⁹ Os moradores dos desertos se inclinarão perante sua presença, e seus inimigos lamberão o pó da terra. ¹⁰ Os reis de Társis e das ilhas trarão presentes; os reis de Sabá e Seba apresentarão bens. ¹¹ E todos os reis se inclinarão a ele; todas as nações o servirão; ¹² Porque ele livrará ao necessitado que clamar, e também ao aflito que não tem quem o ajude. ¹³ Ele será piedoso para o pobre e necessitado, e salvará as almas dos necessitados. ¹⁴ Ele livrará suas almas da falsidade e da violência, e o sangue deles lhe será precioso. ¹⁵ E ele viverá; e lhe darão ouro de Sabá, e continuamente orarão por ele; o dia todo o bendirão. ¹⁶ Haverá bastante trigo na terra sobre os cumes dos montes; seu fruto brotará como o Líbano; e desde a cidade florescerão como a erva da terra. ¹⁷ Seu nome permanecerá para sempre; enquanto o sol durar, seu nome continuará; e se bendirão nele; todas as nações o chamarão de bem-aventurado. ¹⁸ Bendito *seja* o SENHOR Deus, o Deus de Israel! Somente ele faz *tais* maravilhas!

¹⁹ E bendito seja seu glorioso nome eternamente; e que sua glória encha toda a terra! Amem, e amém! ²⁰ *Aqui* terminam as orações de Davi, filho de Jessé.

73

Salmo de Asafe:
¹ Sim, certamente Deus *é* bom para Israel, para os limpos de coração. ² Eu porém, quase que meus pés se desviaram; quase nada *faltou* para meus passos escorregarem. ³ Porque eu tinha inveja dos arrogantes, quando via a prosperidade dos perversos. ⁴ Porque não há problemas para eles até sua morte, e o vigor deles continua firme. ⁵ Não são tão oprimidos como o homem comum, nem são afligidos como os outros homens; ⁶ Por isso eles são rodeados de arrogância como um colar; estão cobertos de violência como *se fosse* um vestido. ⁷ Seus olhos incham de gordura; são excessivos os desejos do coração deles. ⁸ Eles são escarnecedores e oprimem falando mal e falando arrogantemente. ⁹ Elevam suas bocas ao céu, e suas línguas andam na terra. ¹⁰ Por isso seu povo volta para cá, e as águas lhes são espremidas por completo. ¹¹ E dizem: Como Deus saberia? Será que o Altíssimo tem conhecimento *disto* ? ¹² Eis que estes *são* perversos, sempre estão confortáveis e aumentam seus bens. ¹³ *Cheguei a pensar* : Certamente purifiquei meu coração e lavei minhas mãos na inocência inutilmente, ¹⁴ Porque sou afligido o dia todo, e castigado toda manhã. ¹⁵ Se eu tivesse dito *isto* , eu falaria dessa maneira; eis que teria decepcionado a geração de teus filhos. ¹⁶ Quando tentei entender, isto me pareceu trabalhoso. ¹⁷ Até que entrei nos santuários de Deus, *e* entendi o fim de tais pessoas. ¹⁸ Certamente tu os fazes escorregarem, *e* os lança em assolações. ¹⁹ Como eles foram assolados tão repentinamente! Eles se acabaram, *e* se consumiram de medo. ²⁰ Como o sonho depois de acordar, ó Senhor, quando tu acordares desprezarás a aparência deles; ²¹ Porque meu coração tem se amargurado, e meus rins têm sentido dolorosas picadas. ²² Então me comportei como tolo, e nada sabia; tornei-me como um animal para contigo. ²³ Porém *agora estarei* continuamente contigo; tu tens segurado minha mão direita. ²⁴ Tu me guiarás com teu conselho, e depois me receberás *em* glória. ²⁵ A quem tenho no céu *além de ti* ? E *quando estou* contigo, nada há na terra que eu deseje. ²⁶ Minha carne e meu coração desfalecem; *porém* Deus *será* a rocha do meu coração e minha porção para sempre. ²⁷ Porque eis que os que ficaram longe de ti perecerão; tu destróis todo infiel a ti. ²⁸ Mas *quanto* a mim, bom me é me aproximar de Deus; ponho minha confiança no Senhor DEUS, para que eu conte todas as tuas obras.

74

Instrução de Asafe:
¹ Deus, por que nos rejeitaste para sempre? *Por que* tua ira fumega contra as ovelhas do teu pasto? ² Lembra-te do teu povo, * que tu compraste desde a antiguidade; a tribo de tua herança, que resgataste; o monte Sião, em que habitaste. ³ Percorre † as ruínas duradouras, tudo que o inimigo destruiu no santuário. ⁴ Os teus inimigos rugiram no meio de tuas assembleias; puseram por sinais de vitória os símbolos deles. ⁵ Eles eram como o que levantam machados contra os troncos das árvores. ⁶ E agora, com machados e martelos, quebraram todas as obras entalhadas. ⁷ Puseram fogo no teu santuário; profanaram *levando* ao chão o lugar onde o teu nome habita. ⁸ Disseram em seus corações: Nós os destruiremos por completo; serão queimadas todas as assembleias de Deus na terra. ⁹ Já não vemos os nossos sinais; já não há mais profeta; e ninguém entre nós sabe até quando será assim. ¹⁰ Deus, até quando

---

* **74:2** Lit. congregação   † **74:3** Lit. levanta os teus passos

o adversário insultará? O inimigo blasfemará o teu nome para sempre? [11] Por que está afastada a tua mão direita? Tira-a do teu peito! [12] Deus é o meu Rei desde a antiguidade; ele opera salvação no meio da terra. [13] Tu dividiste o mar com a tua força; quebraste as cabeças dos monstros nas águas. [14] Despedaçaste as cabeças do leviatã; e o deste como alimento ao povo do deserto. [15] Tu dividiste a fonte e o ribeiro; tu secaste os rios perenes. [16] A ti pertence o dia, a noite também é tua; tu preparaste a luz e o sol. [17] Tu estabeleceste todos os limites da terra; tu formaste o verão e o inverno. [18] Lembra-te disto: que o inimigo insultou ao SENHOR; e um povo tolo blasfemou o teu nome. [19] Não entregues a vida da tua pombinha para os animais selvagens; não te esqueças para sempre da vida dos teus pobres. [20] Olha para o *teu* pacto, porque os lugares escuros da terra estão cheios de habitações violentas. [21] Não permitas que o oprimido volte humilhado; que o aflito e o necessitado louvem o teu nome. [22] Levanta-te, Deus; luta em favor de tua causa; lembra-te do insulto que o tolo faz a ti o dia todo. [23] Não te esqueças da voz dos teus adversários; o barulho dos que se levantam contra ti sobe cada vez mais.

75

Para o regente, conforme "altachete"; salmo e cântico de Asafe:

[1] Louvamos a ti, ó Deus; louvamos, e perto *está* o teu nome; são anunciadas as tuas maravilhas. [2] O que eu recebi, no *tempo* determinado, julgarei de forma justa. [3] A terra e todos os seus moradores *são* dissolvidos; *porém* eu fortifiquei suas colunas. (Selá) [4] Eu disse aos orgulhosos: Não sejais orgulhosos!E aos perversos: Não exalteis o vosso poder! [5] Não confieis em vosso poder, * nem faleis com arrogância. [6] Porque a exaltação não vem do oriente, nem do ocidente, nem do deserto; [7] Mas sim *de* Deus, que é o Juiz; ele abate a um, e exalta a outro. [8] Porque o SENHOR *tem* um copo na mão; com vinho espumado, cheio de mistura, e ele o derramará; e os perversos da terra o beberão e sugarão até seus restos. [9] Mas eu o anunciarei para sempre; cantarei louvores ao Deus de Jacó. [10] E cortarei todas as arrogâncias dos perversos; *mas* os rostos dos justos serão exaltados.

76

Salmo e cântico de Asafe, para o regente, com instrumentos de cordas:

[1] Deus é conhecido em Judá; grande é o seu nome em Israel. [2] E em Salém está seu tabernáculo, e sua morada em Sião. [3] Ali ele quebrou as flechas do arco; o escudo, a espada, e a guerra. (Selá) [4] Tu és mais ilustre *e* glorioso que montes de presas. [5] Os ousados de coração foram despojados; dormiram seu sono; e dos homens valentes, nenhum encontrou *poder* em suas mãos. [6] Por tua repreensão, ó Deus de Jacó, carruagens e cavalos caíram no sono *da morte* . [7] Tu, terrível és tu; e quem subsistirá perante ti com tua ira? [8] Desde os céus tu anunciaste o juízo; a terra tremeu, e se aquietou, [9] Quando Deus se levantou para o julgamento, para salvar a todos os mansos da terra. (Selá) [10] Porque a ira humana serve para o teu louvor; com o restante da ira te cingirás. [11] Fazei votos, e *os* pagai ao SENHOR vosso Deus; todos os que estão ao redor dele tragam presentes ao Temível. [12] Ele cortará o espírito dos governantes; ele é temível aos reis da terra.

77

Salmo de Asafe, para o regente, conforme "Jedutum":

[1] Clamo a Deus com minha voz, minha voz a Deus; e ele inclinará seus ouvidos a mim. [2] No dia da minha angústia busquei ao Senhor; minha mão estava

---

* **75:5** Não confieis em vosso poder lit. não levanteis vosso

continuamente estendida; minha alma não se deixava consolar. ³ Eu ficava me lembrando de Deus, e gemendo; ficava pensativo, e meu espírito desfalecia. (Selá) ⁴ Tu mantiveste abertas as pálpebras dos meus olhos; eu estava perturbado, e não conseguia falar. ⁵ Eu ficava imaginando os dias antigos, e os anos passados. ⁶ De noite eu me lembrava de minha canção; meditava em meu coração; e meu espírito ficava procurando *entender* . ⁷ Será que o Senhor rejeitará para sempre? E nunca mais mostrará seu favor? ⁸ A sua bondade se acabou para sempre? Ele deu fim à *sua* promessa de geração em geração? ⁹ Deus se esqueceu de ter misericórdia? Ele encerrou suas compaixões por causa de sua ira? (Selá) ¹⁰ Então eu disse: Esta é a minha dor: os anos em que a mão do Altíssimo *agia* . ¹¹ Eu me lembrarei das obras do SENHOR; porque me lembrarei de tuas antigas maravilhas. ¹² Meditarei em todos as tuas obras, e falarei de teus feitos. ¹³ Deus, santo *é* o teu caminho; quem é deus *tão* grande como *nosso* Deus? ¹⁴ Tu *és* o Deus que faz maravilhas; tu fizeste os povos conhecerem teu poder. ¹⁵ Com *teu* braço livraste teu povo, os filhos de Jacó e de José. (Selá) ¹⁶ As águas te viram, ó Deus; as águas te viram, *e* tremeram; também os abismos foram abalados. ¹⁷ Grandes nuvens derramaram muitas águas; os céus fizeram barulho; e também tuas flechas correram de um lado ao outro. ¹⁸ O ruído de teus trovões *estava* nos ventos; relâmpagos iluminaram ao mundo; a terra se abalou e tremou. ¹⁹ Pelo mar *foi* teu caminho; e tuas veredas por muitas águas; e tuas pegadas não foram conhecidas. ²⁰ Guiaste a teu povo como a um rebanho, pela mão de Moisés e de Arão.

78

Instrução de Asafe:

¹ Povo meu, escuta minha doutrina; inclinai vossos ouvidos às palavras de minha boca. ² Abrirei minha boca em parábolas; falarei mistérios dos tempos antigos, ³ Os quais ouvimos e conhecemos, e nossos pais nos contaram. ⁴ Nós não *os* encobriremos a seus filhos, contaremos à próxima geração sobre os louvores do SENHOR, o seu poder, e suas maravilhas que ele fez. ⁵ Porque ele firmou um testemunho em Jacó, e pôs a Lei em Israel, a qual ele instruiu aos nossos pais, para que eles ensinassem a seus filhos; ⁶ Para que a geração seguinte *dela* soubesse; *e* os filhos que nascessem contassem a seus filhos; ⁷ E *assim* pusessem sua esperança em Deus; e não se esquecessem dos feitos de Deus, mas sim, que guardassem os mandamentos dele; ⁸ E não fossem como seus pais, *que foram* uma geração teimosa e rebelde; geração que não firmou seu coração, e cujo espírito não foi fiel a Deus. ⁹ Os filhos de Efraim, mesmo tendo arcos e flechas, viraram-se para trás no dia da batalha; ¹⁰ Não guardaram o pacto de Deus, e recusaram a andar conforme sua Lei. ¹¹ E se esqueceram de seus feitos, e de suas maravilhas que ele tinha lhes feito ver. ¹² Ele fez maravilhas perante seus pais na terra do Egito, *no* campo de Zoã. ¹³ Ele dividiu o mar, e os fez passarem por ele; ele fez as águas ficarem paradas como *se estivessem* amontoadas. ¹⁴ E ele os guiou com uma nuvem durante o dia, e por toda a noite com uma luz de fogo. ¹⁵ Ele partiu as rochas no deserto, e *lhes* deu de beber como que de abismos profundos. ¹⁶ Porque ele tirou correntes da rocha, e fez as águas descerem como rios. ¹⁷ E *ainda* prosseguiram em pecar contra ele, irritando ao Altíssimo no deserto. ¹⁸ E tentaram a Deus nos seus corações, pedindo comida para o desejo de suas almas. ¹⁹ E falaram contra Deus, e disseram: Poderia Deus preparar uma mesa de comida no deserto? ²⁰ Eis que ele feriu a rocha, e águas correram *dela* e ribeiros fluíram em abundância; será que ele também poderia *nos* dar pão, ou preparar carne a seu povo? ²¹ Por isso o SENHOR *os* ouviu, e se irritou; e fogo se acendeu contra Jacó, e furor também subiu contra Israel; ²² Porque eles não creram em Deus, nem

confiaram na salvação que dele vem; ²³ Mesmo assim, ele deu ordens às altas nuvens, e abriu as portas dos céus; ²⁴ E choveu sobre eles o maná, para comerem; e lhes deu trigo dos céus. ²⁵ Cada homem *daquele povo* comeu o pão dos anjos; ele lhes mandou comida para se fartarem. ²⁶ Ele fez soprar o vento do oriente nos céus, e trouxe o *vento* do sul com seu poder. ²⁷ Ele fez chover sobre eles carne como a poeira da terra; e aves de asas como a areia do mar; ²⁸ E *as* fez cair no meio de seu acampamento, ao redor de suas tendas. ²⁹ Então comeram, e fartaram-se abundantemente; e satisfez o desejo deles. ³⁰ Porem, estando eles *ainda* não satisfeitos, enquanto a comida ainda estava em suas bocas, ³¹ a ira de Deus subiu contra eles; matou os mais robustos deles e abateu os jovens de Israel. ³² Com tudo isto ainda pecaram, e não creram nas maravilhas que ele fez. ³³ Por isso gastaram seus dias em futilidades, e seus anos em terrores. ³⁴ Quando ele matava *alguns dentre* eles, então buscavam por ele, e se convertiam, e buscavam a Deus de madrugada. ³⁵ E se lembravam de que Deus era sua rocha, e que o Deus Altíssimo *era* o seu libertador. ³⁶ Porém falavam bem dele da boca para fora, e mentiam com suas línguas. ³⁷ Porque o coração deles não era comprometido para com ele, e não foram fiéis ao pacto dele. ³⁸ Porém ele, sendo misericordioso, perdoava a maldade deles, e não os destruía; e muitas vezes desviou de mostrar sua ira, e não despertou todo o seu furor; ³⁹ *Porque* se lembrou de que eles eram carne, e *como* o vento, que vai, e não volta mais. ⁴⁰ Quantas vezes o provocaram no deserto, e o maltrataram na terra desabitada! ⁴¹ Pois voltavam a tentar a Deus, e perturbavam ao Santo de Israel. ⁴² Não se lembraram de sua mão, *nem* do dia em que os livrou do adversário. ⁴³ Como quando ele fez seus sinais no Egito, e seus atos maravilhosos no campo de Zoã. ⁴⁴ E transformou seus rios e suas correntes em sangue, para que não bebessem. ⁴⁵ Enviou entre eles variedades de moscas, que os consumiu; e rãs, que os destruíram. ⁴⁶ E deu suas colheitas ao pulgão, e o trabalho deles ao gafanhoto. ⁴⁷ Com saraiva destruiu suas vinhas, e suas figueiras-bravas com granizo. ⁴⁸ E entregou seu gado à saraiva; e seus animais a brasas ardentes. ⁴⁹ Mandou entre eles o ardor de sua ira: fúria, irritação e angústia, enviando mensageiros do mal. ⁵⁰ Ele preparou o caminho de sua ira; não poupou suas almas da morte, e entregou seus animais à peste. ⁵¹ E feriu *mortalmente* a todo primogênito no Egito; as primícias nas forças nas tendas de Cam. ⁵² E levou a seu povo como a ovelhas; e os guiou pelo deserto como a um rebanho. ⁵³ Ele os conduziu em segurança, e não temeram. O mar encobriu seus inimigos. ⁵⁴ E os trouxe até os limites de sua *terra* santa, até este monte, que sua mão direita adquiriu. ⁵⁵ E expulsou as nações de diante deles, e fez com que eles repartissem as linhas de sua herança, e fez as tribos de Israel habitarem em suas tendas. ⁵⁶ Porém eles tentaram e provocaram ao Deus Altíssimo; e não guardaram os testemunhos dele. ⁵⁷ E voltaram a ser *tão* infiéis como os seus pais; desviaram-se como um arco enganoso. ⁵⁸ E provocaram a ira dele com seus altares pagãos, * e com suas imagens de escultura moveram-no de ciúmes. ⁵⁹ Deus ouviu *isto* , e se indignou; e rejeitou gravemente a Israel. ⁶⁰ Por isso ele abandonou o tabernáculo em Siló, a tenda que ele havia estabelecido como habitação entre as pessoas. ⁶¹ E entregou o *símbolo* de seu poder em cativeiro, e sua glória na mão do adversário. ⁶² E entregou seu povo à espada, e enfureceu-se contra sua herança. ⁶³ O fogo consumiu a seus rapazes, e suas virgens não tiveram músicas de casamento. ⁶⁴ Seus sacerdotes caíram à espada, e suas viúvas não lamentaram. ⁶⁵ Então o Senhor despertou como que do sono, como um homem valente que se exalta com o vinho. ⁶⁶ E feriu a seus adversários, para que recuassem, *e* lhes pôs como humilhação perpétua. ⁶⁷ Porém ele rejeitou a tenda de José, e não escolheu a

---

* **78:58** Lit. "lugares altos", isto é, altares pagãos geralmente situados em montanhas

tribo de Efraim. ⁶⁸ Mas escolheu a tribo de Judá, o monte de Sião, a quem ele amava. ⁶⁹ E edificou seu santuário como alturas; como a terra, a qual ele fundou para sempre. ⁷⁰ E ele escolheu a seu servo Davi; e o tomou dos apriscos de ovelhas. ⁷¹ Ele o tirou de cuidar das ovelhas geradoras de filhotes, para que ele apascentasse ao seu povo Jacó; e à sua herança Israel. ⁷² E ele os apascentou com um coração sincero, e os guiou com as habilidades de suas mãos.

79

Salmo de Asafe:
¹ Ó Deus, as nações invadiram a tua herança; contaminaram ao teu santo Templo; tornaram Jerusalém em amontoados de ruínas. ² Deram os cadáveres dos teus servos por comida para as aves dos céus; a carne dos teus consagrados aos animais da terra. ³ Derramaram o sangue deles como água ao redor de Jerusalém, e não havia quem os enterrasse. ⁴ Somos humilhados pelos nossos vizinhos; zombados e escarnecidos pelos que estão ao nosso redor. ⁵ Até quando, SENHOR? Ficarás tu irado para sempre? Teus ciúmes arderão como o fogo? ⁶ Derrama o teu furor sobre as nações que não te conhecem, sobre os reinos que não clamam pelo teu nome; ⁷ porque devoraram Jacó, e arruinaram suas habitações. ⁸ Não nos castigue pelas perversidades do passado; apressa-te, que as tuas misericórdias venham até nós, porque estamos muito fracos. ⁹ Socorre-nos, ó Deus da nossa salvação, para glorificar o teu nome; livra-nos, e perdoa os nossos pecados por causa do teu nome. ¹⁰ Qual é a finalidade de que as nações digam: Onde está o Deus deles?Que a vingança do sangue derramado dos teus servos seja conhecida entre as nações, diante dos nossos olhos. ¹¹ Chegue diante de ti o gemido dos prisioneiros; conforme o teu grande poder, * salva a vida dos sentenciados à morte. ¹² E retribui a nossos vizinhos em seus corpos sete vezes tanto dos insultos que te insultaram, ó Senhor. ¹³ Assim nós, o teu povo, e as ovelhas de teu pasto, te louvaremos para sempre; de geração em geração cantaremos louvores a ti.

80

Para o regente, conforme "Susanedute". Samo de Asafe:
¹ Ó Pastor de Israel, inclina teus ouvidos *a mim* ,tu que pastoreias a José como a ovelhas, que habitas entre os querubins, mostra teu brilho, ² Perante Efraim, Benjamim e Manassés, desperta o teu poder, e vem para nos salvar. ³ Restaura-nos, Deus, e faz brilhar o teu rosto; e *assim* seremos salvos. ⁴ Ó SENHOR Deus dos exércitos, até quando ficarás irritado contra a oração de teu povo? ⁵ Tu os alimentas com pão de lágrimas, e lhes faz beber lágrimas com grande medida. ⁶ Puseste-nos como a briga de nossos vizinhos, e nossos inimigos zombam *de nós* . ⁷ Restaura-nos, ó Deus dos exércitos, e faz brilhar o teu rosto; e *assim* seremos salvos. ⁸ Tu transportaste *tua* vinha do Egito, tiraste as nações, e a plantaste. ⁹ Preparaste *um lugar* para ela, e a fizeste estender suas raízes, e ela encheu a terra. ¹⁰ Os montes foram cobertos pela sombra dela, e seus ramos *se tornaram* como o dos mais fortes cedros. ¹¹ Ela espalhou seus ramos até o mar, e seus brotos até o rio. ¹² Por que *pois* quebraste seus muros, de modo que os que passam arrancam seus frutos? ¹³ O porco do campo a destruiu; os animais selvagens a devoraram. ¹⁴ Ó Deus dos exércitos, volta, te pedimos; olha desde os céus, e vê, e visita esta vinha; ¹⁵ E a videira que tua mão direita plantou; o ramo que fortificaste para ti. ¹⁶ *Ela está* queimada pelo fogo, *e* cortada; perecem pela repreensão de tua face. ¹⁷ Seja tua mão sobre o homem de tua mão direita, sobre o filho do homem a quem fortificaste para ti. ¹⁸ Assim não

---

* **79:11** Lit. braço

desviaremos de ti; guarda-nos em vida, e chamaremos o teu nome. ¹⁹ SENHOR Deus dos exércitos, restaura-nos; faz brilhar o teu rosto, e *assim* seremos salvos.

81

Salmo de Asafe, para o regente, conforme "Gitite":

¹ Cantai de alegria a Deus, *que é* nossa força; mostrai alegria ao Deus de Jacó. ² Levantai uma canção, e dai-nos o tamborim; a agradável harpa com a lira. ³ Tocai trombeta na lua nova; e na lua cheia, no dia de nossa celebração. ⁴ Porque *isto* é um estatuto em Israel, e uma ordem do Deus de Jacó. ⁵ Ele o pôs como testemunho em José, quando tinha saído contra a terra do Egito, *onde* ouvi uma língua que eu não entendia: ⁶ Tirei seus ombros de debaixo da carga; suas mãos foram livradas dos cestos. ⁷ Na angústia clamaste, e livrei-te dela; te respondi no esconderijo dos trovões; provei a ti nas águas de Meribá. (Selá) ⁸ Ouve -*me* , povo meu, e eu te darei testemunho; ó Israel, se tu me ouvisses! ⁹ Não haverá entre ti deus estranho, e não te prostrarás a um deus estrangeiro. ¹⁰ Eu sou o SENHOR teu Deus, que te fiz subir da terra do Egito; abre tua boca por completo, e eu a encherei. ¹¹ Mas meu povo não ouviu minha voz, e Israel não me quis. ¹² Por isso eu os entreguei ao desejo de seus próprios corações, e andaram conforme seus próprios conselhos. ¹³ Ah, se meu povo me ouvisse, se Israel andasse em meus caminhos! ¹⁴ Em pouco tempo eu derrotaria seus inimigos, e viraria minha mão contra seus adversários. ¹⁵ Os que odeiam ao SENHOR, a ele se submeteriam, e o tempo *da punição* deles seria eterno. ¹⁶ E ele sustentaria *Israel* com a abundância de trigo; e eu te fartaria com o mel da rocha.

82

Salmo de Asafe:

¹ Deus está na congregação dos poderosos, e julga no meio dos deuses. ² Até quando julgareis injustamente, e favoreceis a aparência dos perversos? (Selá) ³ Fazei justiça ao pobre e ao órfão; defendei o afligido e o pobre. ⁴ Livrai ao pobre e necessitado, resgatai -*o* das mãos dos perversos. ⁵ Eles nada conhecem, nem entendem; continuamente andam em trevas; abalam-se todos os fundamentos da terra. ⁶ Eu disse: Sois deuses; e todos vós sois filhos do Altíssimo. ⁷ Porém morrereis como homens, e caireis como qualquer um dos líderes. ⁸ Levanta-te, ó Deus; julga a terra, pois tu és o dono de todas as nações.

83

Cântico e Salmo de Asafe:

¹ Deus, não fiques em silêncio; não estejas indiferente, nem fiques quieto, ó Deus. ² Porque eis que teus inimigos fazem barulho, e aqueles que te odeiam levantam a cabeça. ³ Planejam astutos conselhos contra teu povo, e se reúnem para tramar contra teus preciosos. ⁴ Eles disseram: Vinde, e os destruamos, para que não sejam mais um povo, e nunca mais seja lembrado o nome de Israel. ⁵ Porque tomaram conselhos com uma só intenção; fizeram aliança contra ti: ⁶ As tendas de Edom, e dos ismaelitas, de Moabe, e dos agarenos; ⁷ De Gebal, e de Amom, e de Amaleque; dos filisteus, com os moradores de Tiro. ⁸ A Assíria também se aliou a eles; eles foram a força dos filhos de Ló. (Selá) ⁹ Faze a eles como a Midiã, como a Sísera, como a Jabim no ribeiro de Quisom, ¹⁰ *Que* pereceram em Endor; vieram a ser esterco da terra. ¹¹ Faze a eles *e* a seus nobres como a Orebe, e como Zeebe; e a todos os seus príncipes como a Zebá, e como a Zalmuna, ¹² Que disseram: Tomemos posse para nós dos terrenos de Deus. ¹³ Deus meu, faze-os como a um redemoinho, como a palhas perante o vento; ¹⁴ Como o fogo, que queima uma floresta, e como a labareda que incendeia as montanhas. ¹⁵ Persegue-os assim com tua tempestade, e assombra-os

com o teu forte vento. [16] Enche os rostos deles de vergonha, para que busquem o teu nome, SENHOR. [17] Sejam envergonhados e assombrados para sempre, e sejam humilhados, e pereçam. [18] Para que saibam que tu, (e teu nome é EU-SOU), és o Altíssimo sobre toda a terra.

84

Para o regente, com "Gitite". Salmo dos filhos de Coré:

[1] Quão agradáveis são tuas moradas, SENHOR dos exércitos! [2] Minha alma está desejosa, ao ponto de desmaiar, pelos pátios do SENHOR; meu coração e minha carne clamam ao Deus vivente. [3] Até o pardal acha casa, e a andorinha ninho para si, onde ponha filhotes perto de teus altares, ó SENHOR dos exércitos, Rei meu e Deus meu. [4] Bem-aventurados os que habitam em tua casa; eles louvam a ti continuamente. (Selá) [5] Bem-aventurados aqueles cuja força está em ti, em cujos corações estão os caminhos *corretos* . [6] Eles, ao passarem pelo Vale de Baca, fazem dele uma fonte; e a chuva o cobre de bênçãos. * [7] Eles vão de força em força; *cada um deles* comparece diante de Deus em Sião. [8] SENHOR Deus dos exércitos, escuta minha oração; inclina os teus ouvidos, ó Deus de Jacó. (Selá) [9] Olha o nosso escudo, ó Deus; e observa o rosto do teu ungido. [10] Porque melhor é um dia nos teus pátios, do que mil *fora* . Prefiro estar à porta da casa do meu Deus, a morar nas tendas dos perversos. † [11] Porque o SENHOR Deus é sol e escudo; o SENHOR concederá graça e honra; ele não negará o bem aos que andam em integridade. [12] Ó SENHOR dos exércitos, bem-aventurado é o homem que confia em ti!

85

Salmo para o regente, dos filhos de Coré:

[1] Foste favorável, ó SENHOR, à tua terra; restauraste Jacó de seu infortúnio. [2] Perdoaste a perversidade de teu povo; encobriste todos os seus pecados. (Selá) [3] Removeste toda a tua indignação; do ardor de tua ira te desviaste. [4] Restaura-nos, ó Deus de nossa salvação; e cessa tua ira de sobre nós. [5] Acaso estarás irado contra nós para sempre? Estenderás a tua ira de geração em geração? [6] Não voltará a dar-nos vida, para que o teu povo se alegre em ti? [7] Mostra-nos tua bondade, SENHOR, e dá para nós tua salvação. [8] Escutarei o que o Deus, o SENHOR, falar, pois ele falará de paz ao seu povo, e aos seus santos, contanto que não voltem à loucura. [9] Certamente sua salvação está perto daqueles que o temem, para que a glória habite em nossa terra. [10] A bondade e a verdade se encontrarão; a justiça e a paz se beijarão. [11] A verdade brotará da terra, e a justiça olhará desde os céus. [12] E o SENHOR também dará o bem; e a nossa terra dará o seu fruto. [13] A justiça irá adiante dele, e ele nos porá no caminho de seus passos.

86

Oração de Davi:

[1] Inclina teus ouvidos, SENHOR, e ouve-me, porque estou aflito e necessitado. [2] Guarda minha alma, porque eu sou dedicado *a ti* ; ó Deus, salva o teu servo, que confia em ti. [3] Tem misericórdia de mim, SENHOR, porque clamo a ti o dia todo. [4] Alegra a alma de teu servo; porque a ti, Senhor, levanto a minha alma. [5] Pois tu, Senhor, és bom, perdoador, e grande em bondade para todos os que clamam a ti. [6] Inclina, SENHOR, teus ouvidos à minha oração; e presta atenção à voz de minhas súplicas. [7] No dia de minha angústia clamarei a ti, pois tu me responderás. [8] Não

---

* **84:6** cobre de bênçãos Obscuro. Trad. alt. enche os tanques   † **84:10** Lit. tendas de perversidade

há semelhante a ti entre os deuses, ó Senhor; e nem obras como as tuas. ⁹ Todas as nações que tu fizeste virão e se prostrarão diante de ti, Senhor; e elas glorificarão o teu nome. ¹⁰ Pois tu és grande, e fazes maravilhas; somente tu és Deus. ¹¹ Ensina-me, SENHOR, o teu caminho, *e* eu andarei em tua verdade; une meu coração com o temor ao teu nome. ¹² Louvarei a ti, ó Senhor meu Deus, com todo o meu coração; e glorificarei o teu nome para sempre. ¹³ Pois grande é a tua misericórdia para comigo; e livraste minha alma das profundezas do Xeol. * ¹⁴ Ó Deus, pessoas arrogantes têm se levantado contra mim; e muitos violentos procuram *matar* a minha alma, e te desprezam. ¹⁵ Porém tu, Senhor, és Deus misericordioso e piedoso; tardio para se irar, e abundante em bondade e verdade. ¹⁶ Volta-te para mim, e tem piedade de mim; dá tua força a teu servo, e salva o filho de tua serva. ¹⁷ Faze-me um sinal de bondade, para que os que me odeiam vejam, e se envergonhem; porque tu, SENHOR, tens me ajudado e consolado.

87

Salmo e cântico, dos filhos de Coré:
¹ Seu fundamento está nos santos montes. ² O SENHOR ama os portões de Sião mais que todas as habitações de Jacó. ³ Gloriosas coisas são faladas de ti, ó cidade de Deus. (Selá) ⁴ Farei menção de Raabe e Babilônia aos que me conhecem; * eis que da Filístia, Tiro e Cuxe *se dirá* : Este é nascido ali. ⁵ E de Sião se dirá: Este e aquele outro nasceram ali. E o próprio Altíssimo a manterá firme. † ⁶ O SENHOR contará, quando escrever dos povos: Este nasceu ali. (Selá) ⁷ Assim como os cantores e instrumentistas; todas as minhas fontes estão em ti.

88

Cântico e Salmo dos filhos de Coré, para o regente, conforme "Maalate Leanote". Instrução feita por Hemã, o Ezraíta:
¹ Ó SENHOR Deus de minha salvação, dia *e* noite clamo diante de ti. ² Que minha oração chegue à tua presença; inclina os teus ouvidos ao meu clamor. ³ Porque minha alma está cheia de aflições, e minha vida se aproxima do Xeol. * ⁴ Já estou contado entre os que descem à cova; tornei-me um homem sem forças. ⁵ Abandonado entre os mortos, como os feridos de morte que jazem na sepultura, aos quais tu já não te lembra mais, e já estão cortados *para fora do poder* de tua mão. ⁶ Puseste-me na cova mais profunda, nas trevas *e* nas profundezas. ⁷ O teu furor pesa sobre mim, e *me* oprimiste com todas as tuas ondas. (Selá) ⁸ Afastaste de mim os meus conhecidos, fizeste-me abominável para com eles; estou preso, e não posso sair. ⁹ Meus olhos estão fracos por causa da opressão; clamo a ti, SENHOR, o dia todo; a ti estendo minhas mãos. ¹⁰ Farás tu milagres aos mortos? Ou mortos se levantarão, e louvarão a ti? (Selá) ¹¹ Tua bondade será contada na sepultura? Tua fidelidade na perdição? ¹² Serão conhecidas tuas maravilhas nas trevas? E tua justiça na terra do esquecimento? ¹³ Porém eu, SENHOR, clamo a ti; e minha oração vem ao teu encontro de madrugada. ¹⁴ Por que tu, SENHOR, rejeitas minha alma, e escondes tua face de mim? ¹⁵ Tenho sido afligido e estou perto da morte desde a minha juventude; tenho sofrido teus temores, e estou desesperado. ¹⁶ Os ardores de tua ira têm passado por mim; teus terrores me destroem. ¹⁷ Rodeiam-me como águas o dia todo; cercam-me juntos. ¹⁸ Afastaste de mim meu amigo e meu companheiro; meus conhecidos *estão em* trevas.

---

* **86:13** Xeol é o lugar dos mortos   * **87:4** Ou: entre os que me conhecem   † **87:5** Ou: segura   * **88:3** Xeol é o lugar dos mortos

89

Instrução de Etã Ezraíta:

¹ Cantarei das bondades do SENHOR para sempre; de geração em geração com minha boca anunciarei tua fidelidade. ² Porque eu disse: *Tua* bondade durará para sempre; confirmaste tua fidelidade até nos céus. ³ *Tu disseste* : Eu fiz um pacto com o meu escolhido, jurei a meu servo Davi. *Eu lhe disse* : ⁴ Confirmarei tua semente para sempre, e farei teu trono continuar de geração em geração. (Selá) ⁵ Que os céus louvem as tuas maravilhas, SENHOR; pois tua fidelidade *está* na congregação dos santos. ⁶ Porque quem no céu pode se comparar ao SENHOR? E quem é semelhante ao SENHOR entre os filhos dos poderosos? ⁷ Deus é terrível na assembleia dos santos, e mais temível do que todos os que estão ao seu redor. ⁸ Ó SENHOR Deus dos exércitos, quem é poderoso como tu, SENHOR? E tua fidelidade está ao redor de ti. ⁹ Tu dominas a arrogância do mar; quando suas ondas se levantam, tu as aquietas. ¹⁰ Quebraste a Raabe como que ferida de morte; com teu braço forte espalhaste os teus inimigos. ¹¹ Teus são os céus, também tua é a terra; o mundo e sua plenitude, tu os fundaste. ¹² O norte e o sul, tu os criaste; Tabor e Hermon têm muita alegria em teu nome. ¹³ Tu tens um braço poderoso; forte é tua mão, e alta está tua mão direita. ¹⁴ Justiça e juízo são a base de teu trono; bondade e verdade vão adiante de teu rosto. ¹⁵ Bem-aventurado é o povo que entende o grito de alegria; ó SENHOR, eles andarão na luz de tua face. ¹⁶ Em teu nome se alegrarão o dia todo, e em tua justiça serão exaltados. ¹⁷ Porque tu és a glória de sua força, e por tua boa vontade nosso poder é exaltado. ¹⁸ Porque ao SENHOR pertence nosso escudo; e o Santo de Israel é nosso Rei. ¹⁹ Então em visão falaste ao teu santo, e disseste: Pus o socorro sobre um valente; exaltei a um escolhido dentre o povo. ²⁰ Achei a Davi, meu servo; eu o ungi com meu óleo santo. ²¹ Com ele minha mão será firme; e também meu braço o fortalecerá. ²² O inimigo não tomará suas riquezas, nem o filho da perversidade o afligirá. ²³ Porém eu espancarei seus adversários, e ferirei aos que o odeiam. ²⁴ E minha fidelidade e minha bondade serão com ele; e em meu nome seu poder será exaltado. ²⁵ Porei a mão dele no mar, e sua mão direita nos rios. ²⁶ Ele me chamará: Tu és meu Pai, meu Deus, e a rocha da minha salvação. ²⁷ Eu também o porei como primogênito, mais alto que todos os reis da terra. ²⁸ Manterei minha bondade para com ele para sempre, e meu pacto com ele será firme. ²⁹ Conservarei sua semente para sempre, e o trono dele como os dias dos céus. ³⁰ Se seus filhos deixarem minha Lei, e não andarem em meus juízos, ³¹ Se profanarem os meus estatutos, e não guardarem os meus mandamentos, ³² Então punirei a transgressão deles com vara, e a perversidade deles com açoite, ³³ Porém nunca tirarei minha bondade dele, nem falharei em minha fidelidade. ³⁴ Não quebrarei o meu pacto, e o que saiu dos meus lábios não mudarei. ³⁵ Uma vez jurei por minha Santidade, e nunca mentirei a Davi. ³⁶ A semente dele durará para sempre, e o trono dele *será* como o sol perante mim. ³⁷ Assim como a lua, ele será confirmado para sempre; e a testemunha no céu é fiel. (Selá) ³⁸ Porém tu te rebelaste, e *o* rejeitaste; ficaste irado contra o teu Ungido. ³⁹ Anulaste o pacto do teu servo; desonraste a coroa dele *lançando-a* contra a terra. ⁴⁰ Derrubaste todos os seus muros; quebraste suas fortificações. ⁴¹ Todos os que passam pelo caminho o despojaram; ele foi humilhado por seus vizinhos. ⁴² Levantaste a mão direita de seus adversários; alegraste a todos os inimigos dele. ⁴³ Também deixaste de afiar sua espada; e não o sustentaste na batalha. ⁴⁴ Fizeste cessar sua formosura; e derrubaste seu trono à terra. ⁴⁵ Encurtaste os dias de sua cidade; cobriste-o de vergonha. (Selá) ⁴⁶ Até quando, SENHOR? Tu te esconderás para sempre? Arderá teu furor como o fogo? ⁴⁷ Lembra-te de que curta é minha vida; por que criarias em vão todos os

filhos dos homens? [48] Que homem vive, que não experimente a morte? Livrará ele a sua alma do poder do Xeol? * (Selá) [49] Senhor, onde estão as tuas bondades do passado, que juraste a Davi por tua fidelidade? [50] Lembra-te, Senhor, da humilhação de teus servos, que eu trago em meu peito, *causada* por todos e grandes povos. [51] Com *humilhação* os teus inimigos insultam, SENHOR, com a qual insultam os passos do teu ungido. [52] Bendito *seja* o SENHOR para todo o sempre. Amém, e Amém.

90

Oração de Moisés, homem de Deus:

[1] Senhor, tu tens sido nossa habitação, de geração em geração. [2] Antes que os montes surgissem, e tu produzisses a terra e o mundo, desde à eternidade até a eternidade tu és Deus. [3] Tu fazes o homem voltar ao pó, e dizes: Retornai-vos, filhos dos homens! [4] Porque mil anos aos teus olhos são como o dia de ontem, que passou, e como a vigília da noite. [5] Tu os levas como correntes de águas; são como o sono; de madrugada são como a erva que brota: [6] De madrugada floresce, e brota; à tarde é cortada, e se seca. [7] Porque perecemos com tua ira, e nos assombramos com teu furor. [8] Tu pões nossas perversidades perante ti, nosso *pecado* oculto *perante* a luz do teu rosto. [9] Porque todos os nossos dias se vão por causa de tua irritação; acabamos nossos anos como um suspiro. [10] Os dias de nossa vida *chegam até* os setenta anos; e os que são mais fortes, até os oitenta anos; e o melhor deles é canseira e opressão, porque logo é cortado, e saímos voando. [11] Quem conhece a força de tua ira? O teu furor é conforme o temor a ti. [12] Ensina *-nos* a contar nossos dias de tal maneira que alcancemos um coração sábio. [13] Retorna, SENHOR! Até quando? *Tem* compaixão para com teus servos. [14] Farta-nos de manhã com tua bondade; e nos alegraremos e seremos cheios de alegria por todos os nossos dias. [15] Alegra-nos conforme os dias *em que* tu nos afligiste, os anos *em que* vimos o mal. [16] Que tua obra apareça aos teus servos, e tua glória sobre seus filhos. [17] E que o agrado do SENHOR nosso Deus seja sobre nós; e confirma as obras de nossas mãos sobre nós; sim, a obra de nossas mãos, confirma!

91

[1] Aquele que mora no esconderijo do Altíssimo, à sombra do Todo-Poderoso habitará. [2] Direi ao SENHOR: *Tu és* meu refúgio e minha fortaleza; Deus meu, em quem confio. [3] Porque ele te livrará do laço do caçador e da peste maligna. [4] Com suas penas ele te cobrirá, e debaixo de suas asas estarás protegido; a verdade dele é escudo grande e protetor. [5] Não terás medo do terror da noite, *nem* da flecha que voa de dia; [6] *Nem* da peste que anda às escuras, *nem* da mortandade que assola ao meio-dia. [7] Cairão mil ao teu lado, e dez mil à tua direita, *mas* a ti nada alcançará. [8] Somente verás com teus olhos, e observarás o pagamento dos perversos; [9] Porque tu fizeste como morada ao SENHOR: o meu refúgio, o Altíssimo. [10] Mal nenhum te sucederá, nem praga alguma chegará à tua tenda; [11] Porque ele ordenou aos anjos quanto a ti, para que guardem todos os teus caminhos. [12] Pelas mãos te levarão, para que não tropeces teu pé em alguma pedra. [13] Tu pisarás sobre o leão e a cobra; passarás esmagando ao filho do leão e à serpente. [14] Por ele ter me amado tanto, eu também o livrarei; em alto retiro eu o porei, porque ele conhece o meu nome. [15] Ele me chamará, e eu o responderei; estarei com ele na angústia; *dela* eu o livrarei, e o honrarei. [16] Eu o satisfarei com uma longa vida * , e lhe mostrarei a minha salvação.

---

* **89:48** Xeol é o lugar dos mortos   * **91:16** longa vida Lit. longos dias

92

Salmo e cântico para o dia do Sábado:

¹ Bom é louvar ao SENHOR, e cantar louvores ao teu nome, ó Altíssimo; ² Para anunciar tua bondade pela manhã, e tua fidelidade durante as noites. ³ Com o instrumento de dez cordas, com a lira, e com música de harpa. ⁴ Porque tu, SENHOR, tens me alegrado com teus feitos; cantarei de alegria pelas obras de tuas mãos. ⁵ Ó SENHOR, como são grandes tuas obras! Muito profundos são teus pensamentos! ⁶ O homem bruto não os conhece, nem o tolo entende isto. ⁷ Quando os perversos crescem como a erva, e florescem todos os praticantes de maldade, *assim então* serão destruídos para sempre. ⁸ Mas tu és Altíssimo para sempre, SENHOR. ⁹ Porque eis que teus inimigos, SENHOR, porque eis que teus inimigos pereceram; serão dispersos todos os praticantes de maldade. ¹⁰ Porém tu exaltaste o meu poder, como que um chifre de touro selvagem; eu fui ungido com óleo fresco. ¹¹ E meus olhos verão *o fim* dos meus inimigos; meus ouvidos ouvirão *o fim* dos malfeitores que se levantam contra mim. ¹² O justo florescerá como a palma; crescerá como o cedro do Líbano. ¹³ Os *justos* estão plantados na casa do SENHOR, crescerão nos pátios do nosso Deus. ¹⁴ *Até* na velhice ainda darão fruto; serão fortes e verdes; ¹⁵ Para anunciarem que o SENHOR é correto; ele é minha rocha, e não há perversidade nele.

93

¹ O SENHOR reina. Ele está vestido de majestade; o SENHOR está vestido de poder, *com o qual* se envolveu. O mundo está firmado, não se abalará. ² Teu trono está firme desde o passado; tu *és* desde a eternidade. ³ SENHOR, os rios levantam; os rios levantam seus ruídos; os rios levantam suas ondas. ⁴ *Porém* o SENHOR nas alturas é mais forte que os ruídos de muitas águas, *mais que* as fortes ondas do mar. ⁵ Muito fiéis são teus testemunhos; a santidade embeleza tua casa, SENHOR, para sempre.

94

¹ Ó Deus das vinganças, SENHOR Deus das vinganças, mostra-te com teu brilho! ² Exalta-te, ó Juiz da terra! Retribui com punição aos arrogantes. ³ Até quando os perversos, SENHOR, até quando os perversos se alegrarão? ⁴ Eles falam *demais* , e dizem palavras soberbas; todos os que praticam a maldade se orgulham. ⁵ Eles despedaçam ao teu povo, SENHOR, e humilham a tua herança. ⁶ Eles matam a viúva e o estrangeiro, e tiram a vida dos órfãos. ⁷ E dizem: O SENHOR não vê *isso* , e o Deus de Jacó não está prestando atenção. ⁸ Entendei, ó tolos dentre o povo; e vós *que sois* loucos, quando sereis sábios? ⁹ Por acaso aquele que criou os ouvidos não ouviria? Aquele que formou os olhos não veria? ¹⁰ Aquele que disciplina as nações não castigaria? É ele o que ensina o conhecimento ao homem. ¹¹ O SENHOR conhece os pensamentos do homem, que são inúteis. ¹² Bem-aventurado é o homem a quem tu disciplinas, SENHOR, e em tua Lei o ensinas; ¹³ Para tu lhe dares descanso dos dias de aflição, até que seja cavada a cova para o perverso. ¹⁴ Pois o SENHOR não abandonará o seu povo, nem desamparará a sua herança. ¹⁵ Porque o juízo restaurará a justiça, e todos os corretos de coração o seguirão. ¹⁶ Quem se levantará em meu favor contra os malfeitores? Quem se porá em meu favor contra os praticantes de perversidade? ¹⁷ Se o SENHOR não tivesse sido meu socorro, minha alma logo teria vindo a morar no silêncio *da morte* . ¹⁸ Quando eu dizia: Meu pé está escorregando;Tua bondade, ó SENHOR, me sustentava. ¹⁹ Quando minhas preocupações se multiplicavam dentro de mim, teus consolos confortaram a minha alma. ²⁰ Por acaso teria comunhão contigo o trono da maldade, que faz leis opressivas? ²¹ Muitos se juntam contra a alma do justo, e condenam o sangue inocente. ²² Mas o SENHOR é meu alto retiro, e meu Deus

a rocha de meu refúgio. ²³ E ele fará voltar sobre eles suas próprias perversidades, e por suas maldades ele os destruirá; o SENHOR nosso Deus os destruirá.

95

¹ Vinde, cantemos alegres ao SENHOR; gritemos *de alegria* à rocha de nossa salvação. ² Cheguemos adiante de sua presença com agradecimentos; cantemos salmos a ele. ³ Porque o Senhor é o grande Deus, e maior Rei do que todos os deuses. ⁴ Na mão dele estão as profundezas da terra; e a ele pertencem os altos montes. ⁵ Dele *também* é o mar, pois ele o fez; e suas mãos formaram a *terra* seca. ⁶ Vinde, adoremos, e prostremo-nos; ajoelhemo-nos perante o SENHOR, que nos fez. ⁷ Porque ele é o nosso Deus, e nós *somos* o povo do seu pasto, e as ovelhas de sua mão. Se hoje ouvirdes a voz dele, ⁸ Não endureçais vosso coração, como em Meribá, como no dia da tentação no deserto, ⁹ Onde vossos pais me tentaram; eles me provaram, mesmo já tendo visto minha obra. ¹⁰ Por quarenta anos aguentei com desgosto d *esta* geração, e disse: Este povo se desvia em seus corações; e eles não conhecem meus caminhos. ¹¹ Por isso jurei em minha ira que eles não entrarão no meu *lugar* de descanso.

96

¹ Cantai ao SENHOR uma nova canção; cantai ao SENHOR toda a terra. ² Cantai ao SENHOR, bendizei ao seu nome; anunciai todos os dias sua salvação. ³ Contai sua glória por entre as nações, *e* suas maravilhas por entre todos os povos. ⁴ Porque o SENHOR é grande e muito digno de louvor; ele é mais temível que todos os deuses. ⁵ Porque todos os deuses dos povos são ídolos, porém o SENHOR fez os céus; ⁶ Majestade e glória há diante dele; força e beleza *há* em seu santuário. ⁷ Reconhecei ao SENHOR, ó famílias dos povos; reconhecei que ao SENHOR pertence a glória e a força. ⁸ Reconhecei ao SENHOR a glória de seu nome; trazei ofertas, e entrai nos pátios dele. ⁹ Adorai ao SENHOR na glória da santidade; temei perante sua presença toda a terra. ¹⁰ Dizei entre as nações: O SENHOR reina; o mundo está firme, e não se abalará; ele julgará aos povos de forma correta. ¹¹ Alegrem-se os céus, e enchei de alegria a terra; faça barulho o mar e sua plenitude. ¹² Saltem contentes o campo e tudo que nele há, e que todas as árvores dos bosque cantem de alegria, ¹³ Diante do SENHOR; porque ele vem; porque ele vem para julgar a terra. Ele julgará ao mundo com justiça, e aos povos com sua verdade.

97

¹ O SENHOR reina; que a terra se encha de alegria; alegrem-se as muitas ilhas. ² Nuvens e escuridão há ao redor dele; justiça e juízo são a base de seu trono. ³ Fogo vai adiante dele, que inflama seus adversários ao redor. ⁴ Seus relâmpagos iluminam o mundo; a terra os vê, e treme. ⁵ Os montes se derretem como cera na presença do SENHOR, na presença do Senhor de toda a terra. ⁶ Os céus anunciam sua justiça, e todos os povos veem sua glória. ⁷ Sejam envergonhados todos os que servem a imagens, e os que se orgulham de ídolos; prostrai-vos diante dele todos os deuses. ⁸ Sião ouviu, e se alegrou; e as filhas de Judá tiveram muita alegria, por causa de teus juízos, SENHOR; ⁹ Pois tu, SENHOR, és o Altíssimo sobre toda a terra; tu és muito mais elevado que todos os deuses. ¹⁰ Vós que amais ao SENHOR: odiai o mal; ele guarda a alma de seus santos, *e* os resgata da mão dos perversos. ¹¹ A luz é semeada para o justo, e a alegria para os corretos de coração. ¹² Vós justos, alegrai-vos no SENHOR; e agradecei em memória de sua santidade.

98

Salmo:

¹ Cantai ao SENHOR uma canção nova, porque ele fez maravilhas; sua mão direita e seu santo braço lhe fez ter a salvação. ² O SENHOR fez ser conhecida sua salvação; perante os olhos das nações ele mostrou sua justiça. ³ Ele se lembrou de sua bondade e de sua fidelidade para com a casa de Israel; todos os confins da terra viram a salvação de nosso Deus. ⁴ Gritai de alegria ao SENHOR, toda a terra; clamai, cantai alegres, e tocai salmos. ⁵ Tocai ao SENHOR com harpa; com harpa, e com a voz da música; ⁶ Com trombetas, e som de cornetas, clamai alegremente diante do Rei SENHOR. ⁷ Faça barulho o mar com sua plenitude; o mundo com os que nele habitam. ⁸ Que os rios batam palmas, que as montanhas juntamente se alegrem, ⁹ Diante do SENHOR, porque ele vem para julgar a terra; ele julgará ao mundo com justiça, e aos povos de forma correta.

99

¹ O SENHOR reina, tremam as nações; *ele é* o que se senta *entre* os querubins, mova-se a terra. ² O SENHOR é grande em Sião; ele é mais elevado que todos os povos. ³ Louvem o teu grande e temível nome, *porque* ele é santo; ⁴ Assim como também a fortaleza do Rei, que ama o juízo; tu firmaste as coisas corretas; tu fizeste juízo e justiça em Jacó. ⁵ Exaltai ao SENHOR nosso Deus, e prostrai-vos perante o suporte dos seus pés, *porque* ele é santo. ⁶ Moisés e Arão estavam entre seus sacerdotes, e Samuel entre os que chamavam o seu nome; eles clamavam ao SENHOR, e ele os respondia. ⁷ Na coluna da nuvem ele lhes falava; eles guardavam seus testemunhos e os estatutos que ele tinha lhes dado. ⁸ Ó SENHOR nosso Deus, tu os respondia; tu lhes foste Deus perdoador, ainda que vingasse as coisas que eles praticavam. ⁹ Exaltai ao SENHOR nosso Deus, e prostrai-vos perante seu santo monte; pois santo é o SENHOR nosso Deus.

100

Salmo de louvor:

¹ Gritai de alegria ao SENHOR toda a terra! ² Servi ao SENHOR com alegria; vinde com alegre canto perante sua presença. ³ Sabei que o SENHOR é Deus; foi ele, e não nós, que nos fez seu povo, e ovelhas de seu pasto. ⁴ Entrai pelas portas dele com agradecimento, por seus pátios com canto de louvor; agradecei a ele, *e* bendizei o seu nome. ⁵ Porque o SENHOR é bom, sua bondade *dura* para sempre; e a fidelidade dele *continua* de geração após geração.

101

Salmo de Davi:

¹ Cantarei sobre a bondade e o juízo; a ti, SENHOR, tocarei melodia. ² No caminho correto eu meditarei; *mas* quando virás a mim? Em sinceridade de meu coração andarei dentro de minha casa. ³ Não porei perante meus olhos obra maligna; odeio as ações dos que desviam, *tais coisas* não me tomarão. ⁴ O coração perverso se afastará de mim; não conhecerei ao mau. ⁵ Destruirei ao que fala mal de seu próximo às escondidas, e não tolerarei ao que tem olhos cobiçosos e coração arrogante. ⁶ Meus olhos *estarão* sobre os fiéis da terra, para que se sentem comigo; aquele que anda no caminho correto, esse me servirá. ⁷ Aquele que usa de engano não habitará em minha casa; aquele que fala mentiras não conseguirá ficar firme perante meus olhos. ⁸ Pelas madrugadas destruirei a todos os perversos da terra, para tirar da cidade do SENHOR todos os que praticam maldade.

102

Oração do aflito, quando ele se viu desfalecido, e derramou sua súplica diante do SENHOR:

[1] Ó SENHOR, ouve minha oração; e que meu clamor chegue a ti. [2] Não escondas de mim o teu rosto no dia da minha angústia; inclina a mim teu ouvidos; no dia em que eu clamar, apressa-te para me responder. [3] Porque os meus dias têm se desfeito como fumaça; e meus ossos se têm se queimado como *n* um forno. [4] Meu coração, tal como a erva, está tão ferido e seco, que me esqueci de comer meu pão. [5] Por causa da voz do meu gemido, meus ossos têm se grudado à minha carne. [6] Estou semelhante a uma ave no deserto, estou como uma coruja num lugar desabitado. [7] Fico alerta e estou como um pardal solitário sobre o telhado. [8] Os meus inimigos me insultam o dia todo; os que me odeiam juram *maldições* contra mim. [9] Porque estou comendo cinza como *se fosse* pão, e misturo minha bebida com lágrimas, [10] Por causa de tua irritação e tua ira; porque tu me levantaste e me derrubaste. [11] Meus dias *têm sido* como a sombra, que declina; e eu estou secando como a erva. [12] Porém tu, SENHOR, permaneces para sempre; e tua lembrança *continua* geração após geração. [13] Tu te levantarás, e terás piedade de Sião; porque chegou o tempo determinado para se apiedar dela. [14] Pois os teus servos se agradam de suas pedras, e sentem compaixão do pó de suas *ruínas* . [15] Então as nações temerão o nome do SENHOR; e todos os reis da terra *temerão* a tua glória; [16] Quando o SENHOR edificar a Sião, *e* aparecer em sua glória; [17] E der atenção à oração do desamparado, e não desprezar sua oração. [18] Isto será escrito para a geração futura; e o povo que for criado louvará ao SENHOR; [19] Porque ele olhará desde o alto de seu santuário; o SENHOR olhará desde os céus para a terra, [20] Para ouvir o gemido dos prisioneiros; para soltar aos sentenciados à morte. [21] Para eles anunciarem o nome do SENHOR em Sião, e seu louvor em Jerusalém. [22] Quando os povos se reunirem, e os reinos, para servirem ao SENHOR. [23] Ele abateu minha força no caminho; abreviou os meus dias. [24] Eu dizia: Meu Deus, não me leves no meio dos meus dias; teus anos são *eternos* ,geração após geração. [25] Desde muito antes fundaste a terra; e os céus são obra de tuas mãos. [26] Eles se destruirão, porém tu permanecerás; e todos eles como vestimentas se envelhecerão; como roupas tu os mudarás, e serão mudados. [27] Porém tu és o mesmo; e teus anos nunca se acabarão. [28] Os filhos de teus servos habitarão *seguros* ,e a semente deles será firmada perante ti.

103

Salmo de Davi:

[1] Louva ao SENHOR, ó minha alma; e que todo o meu interior *louve* ao seu santo nome. [2] Louva ao SENHOR, ó minha alma; e não te esqueças de nenhum dos benefícios dele; [3] Que perdoa todas as tuas perversidades, e te sara de todas as tuas enfermidades. [4] Que resgata tua vida da perdição; que te coroa com bondade e misericórdia. [5] Que farta tua boca de coisas boas, e tua juventude é renovada como a águia. [6] O SENHOR faz justiça e juízos a todos os oprimidos. [7] Ele fez Moisés conhecer seus caminhos, e os filhos de Israel *conhecerem* as obras dele. [8] Misericordioso e piedoso é o SENHOR, que demora para se irar, e é grande em bondade. [9] Ele não reclamará perpetuamente, nem manterá *sua ira* para sempre. [10] Ele não nos trata conforme nossos pecados, nem nos retribui conforme nossas perversidades. [11] Porque, assim como os céus estão bem mais elevados que a terra, assim também prevalece a bondade dele sobre aqueles que o temem. [12] Assim como o oriente está longe do ocidente, assim também ele tira para longe de nós nossas transgressões. [13] Assim como um pai se compadece dos filhos, assim também o

SENHOR se compadece daqueles que o temem. ¹⁴ Porque ele sabe como fomos formados; ele se lembra de que somos pó. ¹⁵ Os dias do homem são como a erva, como a flor do campo, assim ele floresce. ¹⁶ Mas quando o vento passa por ele, logo perece; e seu lugar deixa de ser conhecido. ¹⁷ Porém a bondade do SENHOR *continua* de eternidade em eternidade sobre os que o temem; e a justiça dele *está* sobre os filhos de *seus* filhos. ¹⁸ Sobre os que guardam o seu pacto dele, e sobre os que se lembram de dos mandamentos dele, para os praticarem. ¹⁹ O SENHOR firmou o seu trono nos céus, e seu reino domina sobre tudo. ²⁰ Bendizei ao SENHOR, ó anjos dele; vós, fortes valentes, que guardais sua palavra, ao ouvirem a voz de sua palavra. ²¹ Bendizei ao SENHOR todos os seus exércitos; vós que servis a ele, que fazeis o que lhe agrada. ²² Bendizei ao SENHOR todas as suas obras, em todos os lugares de seu domínio; louva, minha alma, ao SENHOR!

104

¹ Louva, minha alma, ao SENHOR; ó SENHOR meu Deus, tu és grandioso; de majestade e de glória estás vestido. ² Tu estás coberto de luz, como que uma roupa; estendes os céus como cortinas. ³ Ele, que fixou seus cômodos sobre as águas; que faz das nuvens sua carruagem; que se move sobre as asas do vento. ⁴ Que faz de seus anjos ventos, e de seus servos fogo flamejante. ⁵ Ele fundou a terra sobre suas bases; ela jamais se abalará. ⁶ Com o abismo, como um vestido, tu a cobriste; sobre os montes estavam as águas. ⁷ Elas fugiram de tua repreensão; pela voz de teu trovão elas se recolheram apressadamente. ⁸ Os montes subiram *e* os vales desceram ao lugar que tu lhes tinha fundado. ⁹ Tu *lhes* puseste um limite, que não ultrapassarão; não voltarão mais a cobrir a terra. ¹⁰ Ele envia fontes aos vales, para que corram por entre os montes. ¹¹ Elas dão de beber a todos os animais do campo; os asnos selvagens matam a sede *com elas* . ¹² Junto a elas habitam as aves dos céus, que dão *sua* voz dentre os ramos. ¹³ Ele rega os montes desde seus cômodos; a terra se farta do fruto de tuas obras. ¹⁴ Ele faz brotar a erva para os animais, e as plantas para o trabalho do homem, fazendo da terra produzir o pão, ¹⁵ E o vinho, que alegra o coração do homem, *e* faz o rosto brilhar o rosto com o azeite; com o pão, que fortalece o coração do homem. ¹⁶ As árvores do SENHOR são fartamente *nutridas* ,os cedros do Líbano, que ele plantou. ¹⁷ Onde as aves fazem ninhos, e os pinheiros são as casas para as cegonhas. ¹⁸ Os altos montes são para as cabras selvagens; as rochas, refúgio para os coelhos. ¹⁹ Ele fez a lua para *marcar* os tempos, e o sol sobre seu poente. ²⁰ Ele dá ordens à escuridão, e faz haver noite, quando saem todos os animais do mato. ²¹ Os filhos dos leões, rugindo pela presa, e para buscar de Deus sua comida. ²² Quando o sol volta a brilhar, *logo* se recolhem, e vão se deitar em suas tocas. ²³ Então o homem sai para seu trabalho e sua obra até o entardecer. ²⁴ Como são muitas as suas obras, SENHOR! Tu fizeste todas com sabedoria; a terra está cheia de teus bens. ²⁵ Este grande e vasto mar, nele há inúmeros seres, animais pequenos e grandes. ²⁶ Por ali andam os navios e o Leviatã que formastes, para que te alegrasses nele. ²⁷ Todos eles aguardam por ti, que *lhes* dês seu alimento a seu tempo *devido* . ²⁸ O que tu dás, eles recolhem; tu abres tua mão, *e* eles se fartam de coisas boas. ²⁹ *Quando* tu escondes teu rosto, eles ficam perturbados; *quando* tu tiras o fôlego deles, *logo* eles morrem, e voltam ao seu pó. ³⁰ Tu envias o teu fôlego, e logo são criados; e *assim* tu renovas a face da terra. ³¹ A glória do SENHOR será para sempre; alegre-se o SENHOR em suas obras. ³² *Quando* ele olha para a terra, *logo* ela treme; *quando* ele toca nos montes, eles soltam fumaça. ³³ Cantarei ao SENHOR em *toda* a minha vida; tocarei música ao meu Deus enquanto eu existir. ³⁴ Meus pensamentos lhe serão agradáveis; eu

me alegrarei no SENHOR. [35] Os pecadores serão consumidos da terra, e os maus não existirão mais. Bendizei, ó minha alma, ao SENHOR! Aleluia!

105

[1] Agradecei ao SENHOR, chamai o seu nome; anunciai suas obras entre os povos. [2] Cantai a ele, tocai músicas para ele; falai de todas as suas maravilhas. [3] Tende orgulho de seu santo nome; alegre-se o coração dos que buscam ao SENHOR. [4] Buscai ao SENHOR e à sua força; buscai a presença dele continuamente. [5] Lembrai-vos de suas maravilhas, que ele fez; de seus milagres, e dos juízos de sua boca. [6] Vós, *que sois da* semente de seu servo Abraão; vós, filhos de Jacó, seus escolhidos. [7] Ele é o SENHOR, nosso Deus; seus juízos *estão* em toda a terra. [8] Ele se lembra para sempre de seu pacto, da palavra que ele mandou até mil gerações; [9] O qual ele firmou com Abraão, e de seu juramento a Isaque. [10] O qual também confirmou a Jacó como estatuto, a Israel como pacto eterno. [11] Dizendo: A ti darei a terra de Canaã, a porção de vossa herança. [12] Sendo eles poucos em número; *eram* poucos, e estrangeiros nela. [13] E andaram de nação em nação, de um reino a outro povo. [14] Ele não permitiu a ninguém que os oprimisse; e por causa deles repreendeu a reis, [15] *Dizendo* : Não toqueis nos meus ungidos, e não façais mal a meus profetas. [16] E chamou a fome sobre a terra; ele interrompeu toda fonte de alimento; [17] Enviou um homem adiante deles: José, *que* foi vendido como escravo. [18] Amarraram seus pés em correntes; ele foi preso com ferros; [19] Até o tempo que sua mensagem chegou, a palavra do SENHOR provou o valor que ele tinha. [20] O rei mandou que ele fosse solto; o governante de povos o libertou. [21] Ele o pôs como senhor de sua casa, e por chefe de todos os seus bens, [22] Para dar ordens a suas autoridades, e instruir a seus anciãos. [23] Então Israel entrou no Egito; Jacó peregrinou na terra de Cam. [24] E fez seu povo crescer muito, e o fez mais poderoso que seus adversários. [25] E mudou o coração *dos outros* ,para que odiassem ao seu povo, para que tratassem mal a seus servos. [26] *Então* enviou seu servo Moisés, e a Arão, a quem tinha escolhido; [27] *Que* fizeram entre eles os sinais anunciados, e coisas sobrenaturais na terra de Cam. [28] Ele mandou trevas, e fez escurecer; e não foram rebeldes a sua palavra. [29] Ele transformou suas águas em sangue, e matou a seus peixes. [30] A terra deles produziu rãs em abundância, *até* nos quartos de seus reis. [31] Ele falou, e vieram vários bichos *e* piolhos em todos os seus limites. [32] Tornou suas chuvas em saraiva; *pôs* fogo ardente em sua terra. [33] E feriu suas vinhas e seus figueirais; e quebrou as árvores de seus territórios. [34] Ele falou, e vieram gafanhotos, e incontáveis pulgões; [35] E comeram toda a erva de sua terra; e devoraram o fruto de seus campos. [36] Também feriu a todos os primogênitos em sua terra; os primeiros de todas as suas forças. [37] E os tirou *dali* com prata e ouro; e dentre suas tribos não houve quem tropeçasse. [38] *Até* o Egito se alegrou com a saída deles, porque seu temor tinha caído sobre eles. [39] Ele estendeu uma nuvem como cobertor, e um fogo para iluminar a noite. [40] Eles pediram, e fez vir codornizes; e os fartou com pão do céu. [41] Ele abriu uma rocha, e dela saíram águas; *e* correram *como* um rio pelos lugares secos; [42] Porque se lembrou de sua santa palavra, e de seu servo Abraão. [43] Então ele tirou *dali* a seu povo com alegria; e seus eleitos com celebração. [44] E lhes deu as terras das nações; e do trabalho das nações tomaram posse; [45] Para que guardassem seus estatutos, e obedecessem a leis dele. Aleluia!

106

[1] Aleluia! Agradecei ao SENHOR, porque ele é bom, porque sua bondade *dura* para sempre. [2] Quem falará das proezas do SENHOR? *Quem* dirá louvores a ele? [3] Bem-aventurados *são* os que guardam o juízo; *e* aquele que pratica justiça em todo tempo.

4 Lembra-te de mim, SENHOR, conforme *tua* boa vontade *para com* teu povo; concede-me tua salvação. 5 Para eu ver o bem de teus escolhidos; para eu me alegrar com a alegria de teu povo; para eu ter orgulho de tua herança. 6 Pecamos com nossos pais, fizemos o mal, agimos perversamente. 7 Nossos pais no Egito não deram atenção a tuas maravilhas, nem se lembraram da abundância de tuas bondades; mas ao invés disso se rebelaram junto ao mar, perto do mar Vermelho. 8 Apesar disso ele os livrou por causa de seu nome, para que seu poder fosse conhecido. 9 E repreendeu ao mar Vermelho, e *este* se secou; e os fez caminharem pelas profundezas *do mar* ,como que pelo deserto. 10 E os livrou das mãos daquele que os odiava, e os resgatou das mãos do inimigo. 11 E as águas cobriram seus adversários; não sobrou nem um sequer deles. 12 Então creram nas palavras dele, e cantaram louvores a ele. 13 *Porém* logo se esqueceram das obras dele, e não esperaram pelo seu conselho. 14 Mas foram levados pelo mau desejo no deserto, e tentaram a Deus no lugar desabitado. 15 Então ele lhes concedeu o que pediam, porém enviou magreza a suas almas. 16 E tiveram inveja de Moisés no acampamento; *e* de Arão, o santo do SENHOR. 17 A terra se abriu, e engoliu a Datã; e encobriu ao grupo de Abirão. 18 E o fogo consumiu o seu grupo; a chama queimou os perversos. 19 Fizeram um bezerro em Horebe; e se inclinaram perante uma imagem de fundição. 20 E mudaram sua glória na figura de um boi, que come erva. 21 Esqueceram-se de Deus, o salvador deles, que tinha feito coisas grandiosas no Egito, 22 Maravilhas na terra de Cam, coisas temíveis no mar Vermelho. 23 Por isso ele disse que teria os destruído, se Moisés, seu escolhido, não tivesse se posto na fenda diante dele, para desviar sua ira, para não os destruir. 24 Eles também desprezaram a terra desejável, *e* não creram na palavra dele. 25 E ao invés disso murmuraram em suas tendas, *e* não deram ouvidos à voz do SENHOR. 26 Por isso ele levantou sua mão contra eles, *jurando* que os derrubaria no deserto; 27 E que derrubaria sua semente entre as nações; e os dispersaria pelas terras. 28 Eles também passaram a adorar Baal-Peor, e a comer sacrifícios dos mortos. 29 E o provocaram à ira com as obras deles; e *por isso* surgiu a praga entre eles. 30 Então se levantou Fineias, e interveio, e cessou aquela praga. 31 E isto lhe foi reconhecido como justiça, de geração em geração, para todo o sempre. 32 Também o irritaram muito junto às águas de Meribá; e houve mal a Moisés por causa deles; 33 Porque provocaram o seu espírito, de modo que ele falou imprudentemente com seus lábios. 34 Eles não destruíram os povos que o SENHOR tinha lhes mandado; 35 Mas ao invés disso, se misturaram com as nações, e aprenderam as obras delas; 36 E serviram a seus ídolos; e vieram a lhes ser por laço de armadilha. 37 Além disso, sacrificaram seus filhos e suas filhas a demônios, 38 E derramaram sangue inocente, o sangue de seus filhos e de suas filhas, os quais eles sacrificaram aos ídolos de Canaã; e a terra foi profanada com *este* sangue. 39 E contaminaram-se com suas obras; e se prostituíram com suas ações. 40 Por isso a ira do SENHOR se acendeu contra seu povo; e ele odiou sua propriedade. 41 E os entregou nas mãos das nações estrangeiras, e aqueles que os odiavam passaram a dominá-los. 42 E seus inimigos os oprimiram, e foram humilhados sob as mãos deles. 43 Muitas vezes ele os livrou; mas eles *voltavam a* irritá-lo com seus pensamentos, e foram abatidos pela sua perversidade. 44 Apesar disso, ele observou a angústia deles, e ouviu quando eles clamaram. 45 E ele se lembrou de seu pacto em *favor* deles, e sentiu pena conforme suas muitas bondades. 46 E fez com que todos os que os mantinham em cativeiro tivessem misericórdia deles. 47 Salva-nos, SENHOR nosso Deus, e ajunta-nos dentre as nações, para darmos graças ao teu santo nome, e termos orgulho em louvar a ti. 48 Bendito *seja* o SENHOR, Deus de Israel, desde sempre e para sempre! E todo o povo diga Amém! Aleluia!

107

¹ Agradecei ao SENHOR, porque ele é bom; porque sua bondade *dura* para sempre.
² Digam *isso* os resgatados pelo SENHOR, os quais ele resgatou das mão do adversário.
³ E os que ele ajuntou de todas as terras, do oriente e do ocidente, do norte e do sul.
⁴ Os que andaram sem rumo no deserto, por caminhos solitários; os que não acharam cidade para morarem. ⁵ Famintos e sedentos, suas almas neles desfaleciam. ⁶ Mas eles clamaram ao SENHOR em suas angústias, e ele os livrou de suas aflições. ⁷ E os levou ao caminho correto, para irem a uma cidade de moradia. ⁸ Agradeçam ao SENHOR por sua bondade, e suas maravilhas perante os filhos dos homens. ⁹ Porque ele fartou a alma sedenta, e encheu de bem a alma faminta; ¹⁰ Os que estavam sentados em trevas e sombra de morte, presos com aflição e ferro, ¹¹ Porque se rebelaram contra os mandamentos de Deus, e rejeitaram o conselho do Altíssimo. ¹² Por isso ele abateu seus corações com trabalhos cansativos; eles tropeçaram, e não houve quem os socorresse. ¹³ Porém eles clamaram ao SENHOR em suas angústias, e ele os livrou de suas aflições. ¹⁴ Ele os tirou das trevas e da sombra da morte, e quebrou suas correntes de prisão. ¹⁵ Agradeçam ao SENHOR pela sua bondade, e suas maravilhas perante os filhos dos homens. ¹⁶ Porque ele quebrou as portas de bronze, e despedaçou os ferrolhos de ferro. ¹⁷ Os tolos foram afligidos por causa de seu caminho de transgressões e por suas perversidades. ¹⁸ A alma deles perdeu o interesse por todo tipo de comida, e chegaram até às portas da morte. ¹⁹ Porém eles clamaram ao SENHOR em suas angústias, e ele os livrou de suas aflições. ²⁰ Ele enviou sua palavra, e os sarou; e ele os livrou de suas covas. ²¹ Agradeçam ao SENHOR por sua bondade, e suas maravilhas perante os filhos dos homens. ²² E sacrifiquem sacrifícios de gratidão; e anunciai as obras dele com alegria. ²³ Os que descem ao mar em navios, trabalhando em muitas águas, ²⁴ Esses veem as obras do SENHOR, e suas maravilhas nas profundezas. ²⁵ *Porque* quando ele fala, ele faz levantar tormentas de vento, que levanta suas ondas. ²⁶ Elas sobem aos céus, *e* descem aos abismos; a alma deles se derrete de angústia. ²⁷ Eles cambaleiam e vacilam como bêbados, e toda a sabedoria deles se acaba. ²⁸ Então eles clamaram ao SENHOR em suas angústias, e ele os tirou de suas aflições. ²⁹ Ele fez cessar as tormentas, e as ondas se calaram. ³⁰ Então se alegraram, porque houve calmaria; e ele os levou ao porto que queriam *chegar* . ³¹ Agradeçam ao SENHOR por sua bondade, e suas maravilhas perante os filhos dos homens; ³² E exaltem a ele na assembleia do povo, e o glorifiquem na reunião dos anciãos. ³³ Ele torna os rios em deserto, e as saídas de águas em terra seca. ³⁴ A terra frutífera em salgada, pela maldade dos que nela habitam. ³⁵ Ele torna o deserto em lagoa, e a terra seca em nascentes de águas. ³⁶ E faz aos famintos habitarem ali; e eles edificam uma cidade para morarem; ³⁷ E semeiam campos, e plantam vinhas, que produzem fruto valioso. ³⁸ E ele os abençoa, e se multiplicam muito, e o gado dele não diminui. ³⁹ Mas *quando* eles se diminuem e se abatem, por causa da opressão, mal e aflição; ⁴⁰ Ele derrama desprezo sobre os governantes, e os faz andar sem rumo pelos desertos, sem *terem* caminho. ⁴¹ Mas ao necessitado, ele levanta da opressão a um alto retiro, e faz famílias como a rebanhos. ⁴² Os corretos, ao verem, ficam alegres, e todo perverso se calará. ⁴³ Quem é sábio, que preste atenção a estas coisas, e reflita nas bondades do SENHOR.

108

Cântico e Salmo de Davi:
¹ Preparado está meu coração, ó Deus; cantarei e tocarei música *com* minha glória.
² Desperta-te, lira e harpa; eu despertarei ao amanhecer. ³ Louvarei a ti entre os povos, SENHOR, e tocarei música a ti entre as nações; ⁴ Porque tua bondade é maior que

os céus, e tua fidelidade mais alta que as nuvens. 5 Exalta-te sobre os céus, ó Deus; e tua glória sobre toda a terra; 6 Para que teus amados sejam libertados; salva -nos com tua mão direita, e responde-me. 7 Deus falou em seu santuário: Eu me alegrarei; repartirei a Siquém, e medirei ao vale de Sucote. 8 Meu é Gileade, meu é Manassés; e Efraim é a fortaleza de minha cabeça; Judá é meu legislador. 9 Moabe é minha bacia de lavar; sobre Edom lançarei meu sapato; sobre a Filístia eu triunfarei. 10 Quem me levará a uma cidade fortificada? Quem me guiará até Edom? 11 Por acaso não serás tu, ó Deus? Tu que tinha nos rejeitado, e não saías mais com nossos exércitos? 12 Dá-nos ajuda para livrarmos da angústia, porque o socorro humano é inútil. 13 Em Deus faremos proezas; e ele pisoteará nossos adversários.

109

Salmo de Davi, para o regente:

1 Ó Deus a quem eu louvo, não fiques calado. 2 Porque a boca do perverso, e a boca enganadora já se abriram contra mim; falaram de mim com língua falsa. 3 E me cercaram com palavras de ódio; e lutaram contra mim sem motivo. 4 Fizeram-se contra mim por causa de meu amor; porém eu me mantenho em oração. 5 Retribuíram o bem com o mal, e o meu amor com ódio. 6 Põe algum perverso contra ele, e que haja um acusador à sua direita. 7 Quando for julgado, que saia condenado; e que a oração dele seja considerada como pecado. 8 Sejam os dias dele poucos, e que outro tome sua atividade. 9 Sejam seus filhos órfãos, e sua mulher seja viúva. 10 E que seus filhos andem sem rumo, e mendiguem; e busquem para si longe de suas ruínas. 11 Que o credor tome tudo o que ele tem, e estranhos saqueiem seu trabalho. 12 Haja ninguém que tenha piedade dele, e haja ninguém que se compadeça de seus órfãos. 13 Sejam seus descendentes cortados de vez; e que o nome deles seja apagado da geração seguinte. 14 Que a perversidade de seus pais seja lembrada pelo SENHOR, e que o pecado de sua mãe não seja apagado. 15 Porém que tais coisas estejam sempre perante o SENHOR, e corte-se a lembrança deles da terra. 16 Porque ele não se lembrou de fazer o bem; ao invés disso, perseguiu ao homem humilde e necessitado, e ao de coração quebrado, para o matar. 17 Já que ele amou a maldição, então que ela lhe sobrevenha; e já que ele não quis a bênção, que esta se afaste dele. 18 E ele seja revestido de maldição, como se lhe fosse sua roupa, como água dentro do seu corpo, e como óleo em seus ossos. 19 Que ela seja como uma roupa com que ele se cubra, e como cinto com que ele sempre põe ao seu redor. 20 Isto seja o pagamento do SENHOR para os meus adversários, e para os que falam mal contra minha alma. 21 Porém tu, Senhor DEUS, me trata bem por causa do teu nome; por ser boa a tua misericórdia, livra-me; 22 Porque estou aflito e necessitado; e meu coração está ferido dentro de mim. 23 Eu vou como a sombra, que declina; estou sendo sacudido como um gafanhoto. 24 Meus joelhos estão fracos de tanto jejuar; minha carne está magra, sem gordura alguma. 25 E eu por eles sou humilhado; quando me veem, sacodem suas cabeças. 26 Socorre-me, SENHOR Deus meu; salva-me conforme a tua bondade; 27 Para que saibam que esta é a tua mão; e que assim tu a fizeste. 28 Maldigam eles, mas bendize tu; levantem-se eles, mas sejam envergonhados; e o teu servo se alegre. 29 Que meus adversários se vistam de vergonha, e cubram-se com sua própria humilhação, como se fosse uma capa. 30 Agradecerei grandemente ao SENHOR com minha boca, e no meio de muitos eu o louvarei; 31 Porque ele se põe à direita do necessitado, para o livrar daqueles que atacam a sua alma.

110

Salmo de Davi:

¹ O SENHOR disse a meu Senhor: Senta-te à minha direita, até que eu ponha teus inimigos por escabelo de teus pés. ² O SENHOR enviará o cetro de tua força desde Sião, *dizendo* : Domina tu no meio de teus inimigos. ³ Teu povo será voluntário no dia do teu poder; com santas honras, desde o ventre do amanhecer, tu *terás* o orvalho de tua juventude. ⁴ O SENHOR jurou, e não se arrependerá: Tu és Sacerdote eterno, segundo a ordem de Melquisedeque. ⁵ O Senhor está à tua direita; ele ferirá aos reis no dia de sua ira. ⁶ Julgará entre as nações; ele *as* encherá de corpos mortos; *e* ferirá a cabeça de uma grande terra. ⁷ Ele beberá do ribeiro no caminho, então levantará a cabeça.

111

¹ Aleluia! Louvarei ao SENHOR com todo o coração, no conselho e na congregação dos corretos. ² Grandes são as obras do SENHOR; procuradas por todos os que nelas se agradam. ³ Glória e majestade são o seu agir, e sua justiça permanece para sempre. ⁴ Ele fez memoráveis as suas maravilhas; piedoso é misericordioso é o SENHOR. ⁵ Ele deu alimento aos que o temem; ele se lembrará para sempre de seu pacto. ⁶ Ele anunciou o poder se suas obras a seu povo, dando-lhes a herança de nações *estrangeiras* . ⁷ As obras de suas mãos são verdade e juízo, e todos os seus mandamentos são fiéis. ⁸ Eles ficarão firmes para sempre, e são feitos em verdade e justiça. ⁹ Ele enviou resgate a seu povo, ordenou seu pacto para sempre; santo e temível é o seu nome. ¹⁰ O temor ao SENHOR é o princípio da sabedoria; inteligentes são todos o que isto praticam. O louvor a ele dura para sempre.

112

¹ Aleluia! Bem-aventurado é o homem que teme ao SENHOR, e que tem muito prazer em seus mandamentos. ² Sua descendência * será poderosa na terra; a geração dos corretos será bendita. ³ Em sua casa *haverá* bens e riquezas, e sua justiça permanece para sempre. ⁴ A luz brilha nas trevas para os corretos, *para quem é* piedoso, misericordioso e justo. ⁵ O homem bom é misericordioso, e empresta; ele administra suas coisas com prudência. ⁶ Certamente ele nunca se abalará; o justo será lembrado para sempre. ⁷ Ele não temerá o mau rumor; o seu coração está firme, confiante no SENHOR. ⁸ Seu firme coração não temerá, até que ele veja *o fim* de seus inimigos. ⁹ Ele distribui, e dá aos necessitados; sua justiça permanece para sempre; seu poder será exaltado em glória. ¹⁰ O perverso verá, e ficará incomodado; rangerá seus dentes, e se consumirá. O desejo dos perversos perecerá.

113

¹ Aleluia! Louvai, vós servos do SENHOR, louvai o nome do SENHOR. ² Seja o nome do SENHOR bendito, desde agora para todo o sempre. ³ Desde o nascer do sol até o poente, seja louvado o nome do SENHOR. ⁴ O SENHOR está elevado acima de todas as nações; *e* sua glória acima dos céus. ⁵ Quem é como o SENHOR nosso Deus? Ele que habita nas alturas, ⁶ Que se abaixa para ver *o que há* nos céus e na terra; ⁷ Que do levanta o pobre do pó da terra, e levanta o necessitado da sujeira; ⁸ Para fazê-lo sentar com os príncipes, com os príncipes de seu povo; ⁹ Que faz a estéril habitar em família, como alegre mãe de filhos. Aleluia!

114

¹ Quando Israel saiu do Egito, *quando* a casa de Jacó *saiu* de um povo estrangeiro, ² Judá se tornou seu santuário, *e* Israel os seus domínios. ³ O mar viu, e fugiu; e o

---

* **112:2** descendência lit. semente

Jordão recuou. ⁴ Os montes saltaram como carneiros, os morros como cordeiros. ⁵ O que houve, ó mar, que fugiste? Ó Jordão, que recuaste? ⁶ Ó montes, que saltastes como carneiros? Ó morros, como cordeiros? ⁷ Trema tu, ó terra, pela presença do Senhor, pela presença do Deus de Jacó, ⁸ Que tornou a rocha em lago de águas; ao pedregulho em fonte de águas.

115

¹ Não a nós, SENHOR; não a nós, mas a teu nome dá glória; por tua bondade, por tua fidelidade. ² Porque as nações dirão: Onde está o Deus deles? ³ Porém nosso Deus está nos céus, ele faz tudo o que lhe agrada. ⁴ Os ídolos deles são prata e ouro, obras de mãos humanas. ⁵ Têm boca, mas não falam; têm olhos, mas não veem; ⁶ Têm ouvidos, mas não ouvem; tem nariz, mas não cheiram; ⁷ Têm mãos, mas não apalpam; têm pés, mas não andam; nem falam com suas gargantas. ⁸ Tornem-se como eles os que os fazem, *e* todos os que neles confiam. ⁹ Ó Israel, confia no SENHOR; ele é sua ajuda e seu escudo. ¹⁰ Ó casa de Arão, confiai no SENHOR; ele é sua ajuda e seu escudo. ¹¹ Vós que temeis ao SENHOR, confiai no SENHOR; ele é sua ajuda e seu escudo. ¹² O SENHOR tem se lembrado de nós; ele há de abençoar; ele abençoará a casa de Israel; ele abençoará a casa de Arão. ¹³ Ele abençoará aos que temem ao SENHOR; tanto os pequenos como os grandes. ¹⁴ O SENHOR vos aumentará, vós e vossos filhos. ¹⁵ Benditos sois vós *que pertenceis* ao SENHOR, que fez os céus e a terra. ¹⁶ *Quanto* aos céus, os céus são do SENHOR; mas a terra ele deu aos filhos dos homens. ¹⁷ Os mortos não louvam ao SENHOR, nem os que descem ao silêncio. ¹⁸ Porém nós bendiremos ao SENHOR, desde agora e para sempre. Aleluia!

116

¹ Amo o SENHOR, porque ele escuta minha voz *e* minhas súplicas. ² Porque ele tem inclinado a mim seus ouvidos; por isso eu clamarei a ele em *todos* os meus dias. ³ Cordas da morte me cercaram, e angústias do Xeol * me afrontaram; encontrei opressão e aflição. ⁴ Mas clamei ao nome do SENHOR, *dizendo* : Ah SENHOR, livra minha alma! ⁵ O SENHOR é piedoso e justo; e nosso Deus é misericordioso. ⁶ O SENHOR protege os simples; eu estava com graves problemas, mas ele me livrou. ⁷ Minha alma, volta ao teu descanso, pois o SENHOR tem te tratado bem. ⁸ Porque tu, *SENHOR* ,livraste minha alma da morte, meus olhos das lágrimas, e meu pé do tropeço. ⁹ Andarei diante do SENHOR na terra dos viventes. ¹⁰ Eu cri, por isso falei; estive muito aflito. ¹¹ Eu dizia em minha pressa: Todo homem é mentiroso. ¹² O que pagarei ao SENHOR por todos os benefícios dele para mim? ¹³ Tomarei o copo da salvação, *e* chamarei o nome do SENHOR. ¹⁴ Certamente pagarei meus votos ao SENHOR, na presença de todo o seu povo. ¹⁵ Preciosa é aos olhos do SENHOR a morte de seus santos. ¹⁶ Ah SENHOR, verdadeiramente eu sou teu servo; sou teu servo, filho de tua serva; tu me soltaste das correntes que me prendiam. ¹⁷ Sacrificarei a ti sacrifício de agradecimento, e chamarei o nome do SENHOR. ¹⁸ Certamente pagarei meus votos ao SENHOR, na presença de todo o seu povo; ¹⁹ Nos pátios da casa do SENHOR, em meio de ti, ó Jerusalém. Aleluia!

117

¹ Louvai ao SENHOR, todas as nações; celebrai a ele, todos os povos. ² Porque sua bondade prevaleceu sobre nós, e a fidelidade do SENHOR *dura* para sempre. Aleluia!

---

* **116:3** Xeol é o lugar dos mortos

118

¹ Agradecei ao SENHOR, porque ele é bom; pois sua bondade *dura* para sempre. ² Diga agora Israel, que sua bondade *dura* para sempre. ³ Diga agora casa de Arão, que sua bondade *dura* para sempre. ⁴ Digam agora os que temem ao SENHOR, que sua bondade *dura* para sempre. ⁵ Na angústia clamei ao SENHOR; *e* o SENHOR me respondeu, e *me pôs* num lugar amplo. ⁶ O SENHOR está comigo, não temerei; o que poderá me fazer o homem? ⁷ O SENHOR está comigo entre os que ajudam; por isso verei *o fim* daqueles que me odeiam. ⁸ Melhor é buscar refúgio no SENHOR do que confiar no homem. ⁹ Melhor é buscar refúgio no SENHOR do que confiar em príncipes. ¹⁰ Todas as nações me cercaram; *mas foi* no nome do SENHOR que eu as despedacei. ¹¹ Cercaram-me, cercaram-me mesmo; *mas foi* no nome do SENHOR que eu as despedacei. ¹² Cercaram-me como abelhas, mas se apagaram como fogo de espinhos; *porque* foi no nome do SENHOR que eu as despedacei. ¹³ Com força me empurraste para que eu caísse; mas o SENHOR me ajudou. ¹⁴ O SENHOR é minha força e *minha* canção, porque ele tem sido minha salvação. ¹⁵ Nas tendas dos justos há voz de alegria e salvação; a mão direita do SENHOR faz proezas. ¹⁶ A mão direita do SENHOR se levanta; a mão direita do SENHOR faz proezas. ¹⁷ Eu não morrerei, mas viverei; e contarei as obras do SENHOR. ¹⁸ É verdade que o SENHOR me castigou, porém ele não me entregou à morte. ¹⁹ Abri para mim as portas da justiça; entrarei por elas *e* louvarei ao SENHOR. ²⁰ Esta é a porta do SENHOR, pela qual os justos entrarão. ²¹ Eu te louvarei porque tu me respondeste e me salvaste. ²² A pedra que os construtores rejeitaram se tornou cabeça de esquina. ²³ Pelo SENHOR isto foi feito, *e* é maravilhoso aos nossos olhos. ²⁴ Este é o dia em que o SENHOR agiu; alegremos e enchamos de alegria nele. ²⁵ Ah, SENHOR, salva-nos! Ah, SENHOR, faze-*nos* prosperar! ²⁶ Bendito aquele que vem no nome do SENHOR; nós vos bendizemos desde a casa do SENHOR. ²⁷ O SENHOR é o *verdadeiro* Deus, que nos deu luz; atai os *sacrifícios* da festa, para *levá-los* aos chifres do altar. ²⁸ Tu és meu Deus, por isso eu te louvarei. Eu te exaltarei, meu Deus. ²⁹ Agradecei ao SENHOR, porque ele é bom; pois sua bondade *dura* para sempre.

119

¹ *Álefe* :Bem-aventurados são os puros em *seus* caminhos, os que andam na lei do SENHOR. ² Bem-aventurados são os que guardam os testemunhos dele, *e* o buscam com todo o coração; ³ E não praticam perversidade, *mas* andam nos caminhos dele. ⁴ Tu mandaste que teus mandamentos fossem cuidadosamente obedecidos. ⁵ Ah! Como gostaria que meus caminhos fossem dirigidos a guardar teus estatutos! ⁶ Então não me envergonharia, quando eu observasse todos os teus mandamentos. ⁷ Louvarei a ti com um coração correto, enquanto aprendo os juízos de tua justiça. ⁸ Eu guardarei teus estatutos; não me abandones por completo. ⁹ *Bete* : Com que um rapaz purificará o seu caminho? Sendo obediente conforme a tua palavra. ¹⁰ Eu te busco como todo o meu coração; não me deixes desviar de teus mandamentos. ¹¹ Guardei a tua palavra em meu coração, para eu não pecar contra ti. ¹² Bendito *és* tu, SENHOR; ensina-me os teus estatutos. ¹³ Com meus lábios contei todos os juízos de tua boca. ¹⁴ Eu me alegro mais com o caminho de teus estatutos, do que com todas as riquezas. ¹⁵ Meditarei em teus mandamentos, e darei atenção aos teus caminhos. ¹⁶ Terei prazer em teus estatutos; não me esquecerei de tua palavra. ¹⁷ *Guímel* :Trata bem o teu servo, *para* que eu viva, e obedeça tua palavra. ¹⁸ Abre meus olhos, para que eu veja as maravilhas de tua lei. ¹⁹ Eu sou peregrino na terra, não escondas de mim os teus mandamentos. ²⁰ Minha alma está despedaçada de tanto desejar os teus

juízos em todo tempo. ²¹ Tu repreendes aos malditos arrogantes, que se desviam de teus mandamentos. ²² Tira-me de minha humilhação e desprezo, pois eu guardei teus testemunhos. ²³ Até mesmo os príncipes se sentaram, e falaram contra mim; porém o teu servo estava meditando em teus estatutos. ²⁴ Pois teus testemunhos são meus prazeres *e* meus conselheiros. ²⁵ *Dálete* :Minha alma está grudada ao pó; vivifica-me conforme tua palavra. ²⁶ Eu *te* contei os meus caminhos, e tu me respondeste; ensina-me conforme teus estatutos. ²⁷ Faze-me entender o caminho de teus preceitos, para eu falar de tuas maravilhas. ²⁸ Minha alma se derrama de tristeza; levanta-me conforme tua palavra. ²⁹ Desvia de mim o caminho de falsidade; e sê piedoso dando-me tua lei. ³⁰ Eu escolhi o caminho da fidelidade; e pus *diante de mim* os teus juízos. ³¹ Estou apegado a teus testemunhos; ó SENHOR, não me envergonhes. ³² Correrei pelo caminho de teus mandamentos, porque tu alargaste o meu coração. ³³ *Hê* :Ensina-me, SENHOR, o caminho de teus estatutos, e eu o guardarei até o fim. ³⁴ Dá-me entendimento, e eu guardarei a tua lei, e a obedecerei de todo *o meu* coração. ³⁵ Faze-me andar na trilha de teus mandamentos, porque nela tenho prazer. ³⁶ Inclina meu coração a teus testemunhos, e não à ganância. ³⁷ Desvia meus olhos para que não olhem para coisas inúteis; vivifica-me pelo teu caminho. ³⁸ Confirma tua promessa a teu servo, que tem temor a ti. ³⁹ Desvia de mim a humilhação que eu tenho medo, pois teus juízos são bons. ⁴⁰ Eis que amo os teus mandamentos; vivifica-me por tua justiça. ⁴¹ *Vau* :E venham sobre mim tuas bondades, SENHOR; *e também* a tua salvação, segundo tua promessa. ⁴² Para que eu tenha resposta ao que me insulta; pois eu confio em tua palavra. ⁴³ E nunca tires de minha boca a palavra da verdade, pois eu espero em teus juízos. ⁴⁴ Assim obedecerei a tua lei continuamente, para todo o sempre. ⁴⁵ E andarei *livremente* por longas distâncias, pois busquei teus preceitos. ⁴⁶ Também falarei de teus testemunhos perante reis, e não me envergonharei. ⁴⁷ E terei prazer em teus mandamentos, que eu amo. ⁴⁸ E levantarei as minhas mãos a teus mandamentos, que eu amo; e meditarei em teus estatutos. ⁴⁹ *Záin* :Lembra-te da palavra *dada* a teu servo, à qual mantenho esperança. ⁵⁰ Isto é meu consolo na minha aflição, porque tua promessa me vivifica. ⁵¹ Os arrogantes têm zombado de mim demasiadamente; *porém* não me desviei de tua lei. ⁵² Eu me lembrei de teus juízos muito antigos, SENHOR; e *assim* me consolei. ⁵³ Eu me enchi de ira por causa dos perversos, que abandonam tua lei. ⁵⁴ Teus estatutos foram meus cânticos no lugar de minhas peregrinações. ⁵⁵ De noite tenho me lembrado de teu nome, SENHOR; e tenho guardado tua lei. ⁵⁶ Isto eu tenho feito, porque guardo teus mandamentos. ⁵⁷ *Hete* :O SENHOR é minha porção; eu disse que guardaria tuas palavras. ⁵⁸ Busquei a tua face com todo o *meu* coração; tem piedade de mim segundo tua palavra. ⁵⁹ Eu dei atenção a meus caminhos, e dirigi meus pés a teus testemunhos. ⁶⁰ Eu me apressei, e não demorei a guardar os teus mandamentos. ⁶¹ Bandos de perversos me roubaram; *porém* não me esqueci de tua lei. ⁶² No meio da noite eu me levanto para te louvar, por causa dos juízos de tua justiça. ⁶³ Sou companheiro de todos os que te temem, e dos que guardam os teus mandamentos. ⁶⁴ A terra está cheia de tua bondade, SENHOR; ensina-me os teus estatutos. ⁶⁵ *Tete* :Tu fizeste bem a teu servo, SENHOR, conforme tua palavra. ⁶⁶ Ensina-me bom senso e conhecimento, pois tenho crido em teus mandamentos. ⁶⁷ Antes de ter sido afligido, eu andava errado; mas agora guardo tua palavra. ⁶⁸ Tu és bom, e fazes o bem; ensina-me os teus estatutos. ⁶⁹ Os arrogantes forjaram mentiras contra mim; *mas* eu com todo o *meu* coração guardo os teus mandamentos. ⁷⁰ O coração deles se incha como gordura; *mas* eu tenho prazer em tua lei. ⁷¹ Foi bom pra mim ter sido afligido, para assim eu aprender os teus estatutos. ⁷² Melhor para mim é a lei de tua boca, do que milhares de *peças* de ouro ou prata. [73] *Iode* :Tuas mãos me fizeram e me formaram; faze-me ter entendimento, para que eu aprenda teus mandamentos. [74] Os que te temem olham para mim e se alegram, porque eu mantive esperança em tua palavra. [75] Eu sei, SENHOR, que teus juízos são justos; e que tu me afligiste *por* tua fidelidade. [76] Seja agora tua bondade para me consolar, segundo a promessa *que fizeste* a teu servo. [77] Venham tuas misericórdias sobre mim, para que eu viva; pois tua lei é o meu prazer. [78] Sejam envergonhados os arrogantes, porque eles me prejudicaram com mentiras; *porém* eu medito em teus mandamentos. [79] Virem-se a mim os que te temem e conhecem os teus testemunhos. [80] Seja meu coração correto em teus estatutos, para eu não ser envergonhado. [81] *Cafe* :Minha alma desfalece por tua salvação; em tua palavra mantenho esperança. [82] Meus olhos desfaleceram por tua promessa, enquanto eu dizia: Quando tu me consolarás? [83] Porque fiquei como um odre na fumaça, *porém* não me esqueci teus testemunhos. [84] Quantos serão os dias de teu servo? Quando farás julgamento aos meus perseguidores? [85] Os arrogantes me cavaram covas, aqueles que não são conforme a tua lei. [86] Todos os teus mandamentos são verdade; com mentiras me perseguem; ajuda-me. [87] Estou quase que destruído por completo sobre a terra; porém eu não deixei teus mandamentos. [88] Vivifica-me conforme tua bondade, então guardarei o testemunho de tua boca. [89] *Lâmede* :Para sempre, SENHOR, tua palavra permanece nos céus. [90] Tua fidelidade *dura* de geração em geração; tu firmaste a terra, e *assim* ela permanece. [91] Elas continuam por tuas ordens até hoje, porque todos são teus servos. [92] Se a tua lei não fosse meu prazer, eu já teria perecido em minha aflição. [93] Nunca esquecerei de teus mandamentos, porque tu me vivificaste por eles. [94] Eu sou teu, salva-me, porque busquei teus preceitos. [95] Os perversos me esperaram, para me destruírem; *porém* eu dou atenção a teus testemunhos. [96] A toda perfeição eu vi fim; *mas* teu mandamento é extremamente grande. [97] *Mem* :Ah, como eu amo a tua lei! O dia todo eu medito nela. [98] Ela me faz mais sábio do que meus inimigos *por meio de* teus mandamentos, porque ela está sempre comigo. [99] Sou mais inteligente que todos os meus instrutores, porque medito em teus testemunhos. [100] Sou mais prudente que os anciãos, porque guardei teus mandamentos. [101] Afastei meus pés de todo mau caminho, para guardar tua palavra. [102] Não me desviei de teus juízos, porque tu me ensinaste. [103] Como são doces tuas palavras ao meu paladar! Mais que o mel em minha boca. [104] Obtenho conhecimento por meio de teus preceitos; por isso odeio todo caminho de mentira. [105] *Nun* :Tua palavra é lâmpada para meus pés e luz para meu caminho. [106] Eu jurei, e *assim* cumprirei, de guardar os juízos de tua justiça. [107] Eu estou muito aflito, SENHOR; vivifica-me conforme a tua palavra. [108] Agrada-te das ofertas voluntárias de minha boca, SENHOR; e ensina-me teus juízos. [109] Continuamente arrisco minha alma, porém não me esqueço de tua lei. [110] Os perversos me armaram um laço de armadilha, mas não me desviei de teus mandamentos. [111] Tomei teus testemunhos por herança para sempre, pois eles são a alegria de meu coração. [112] Inclinei meu coração para praticar os teus testemunhos para todo o sempre. [113] *Sâmeque* :Odeio os inconstantes, mas amo a tua lei. [114] Tu és meu refúgio e meu escudo; eu espero em tua palavra. [115] Afastai-vos de mim, malfeitores, para que eu guarde os mandamentos de meu Deus. [116] Sustenta-me conforme a tua promessa, para que eu viva; e não me faças ser humilhado em minha esperança. [117] Segura-me, e estarei protegido; então continuamente pensarei em teus estatutos. [118] Tu atropelas a todos que se desviam de teus estatutos; pois o engano deles é mentira. [119] Tu tiras a todos os perversos da terra como *se fossem* lixo; por isso eu amo teus testemunhos. [120] Meu corpo se arrepia de medo de ti; e temo os teus juízos. [121] *Áin* :Eu fiz juízo e justiça; não me abandones com os meus opressores. ¹²² Sê tu a garantia do bem de teu servo; não me deixes ser oprimido pelos arrogantes. ¹²³ Meus olhos desfaleceram *de esperar* por tua salvação, e pela palavra de tua justiça. ¹²⁴ Age para com teu servo segundo tua bondade, e ensina-me teus estatutos. ¹²⁵ Eu sou teu servo. Dá-me entendimento; então conhecerei teus testemunhos. ¹²⁶ É tempo do SENHOR agir, porque estão violando tua lei. ¹²⁷ Por isso eu amo teus mandamentos mais que o ouro, o mais fino ouro. ¹²⁸ Por isso considero corretos todos os *teus* mandamentos quanto a tudo, e odeio todo caminho de falsidade. ¹²⁹ *Pê* :Maravilhosos são teus testemunhos, por isso minha alma os guarda. ¹³⁰ A entrada de tuas palavras dá luz, dando entendimento aos simples. ¹³¹ Abri minha boca, e respirei; porque desejei teus mandamentos. ¹³² Olha-me, e tem piedade de mim; conforme *teu* costume para com os que amam o teu nome. ¹³³ Firma meus passos em tua palavra, e que nenhuma perversidade me domine. ¹³⁴ Resgata-me da opressão dos homens; então guardarei teus mandamentos. ¹³⁵ Brilha teu rosto sobre teu servo, e ensina-me teus estatutos. ¹³⁶ Ribeiros d'água descem de meus olhos, porque eles não guardam tua lei. ¹³⁷ *Tsadê* :Tu és justo, SENHOR; e corretos são teus juízos. ¹³⁸ Tu ensinaste teus testemunhos justos e muito fiéis. ¹³⁹ Meu zelo me consumiu, porque meus adversários se esqueceram de tuas palavras. ¹⁴⁰ Refinada é a tua palavra, e teu servo a ama. ¹⁴¹ Eu sou pequeno e desprezado; *porém* não me esqueço de teus mandamentos. ¹⁴² Tua justiça é justa para sempre, e tua lei é verdade. ¹⁴³ Aperto e angústia me encontraram; *ainda assim* teus mandamentos são meus prazeres. ¹⁴⁴ A justiça de teus testemunhos *dura* para sempre; dá-me entendimento, e então viverei. ¹⁴⁵ *Cofe* :Clamei com todo o *meu* coração; responde-me, SENHOR; guardarei teus estatutos. ¹⁴⁶ Clamei a ti; salva-me, e então guardarei os teus testemunhos. ¹⁴⁷ Eu me antecedi ao amanhecer, e gritei; *e* mantive esperança em tua palavra. ¹⁴⁸ Meus olhos antecederam as vigílias da noite, para meditar em tua palavra. ¹⁴⁹ Ouve minha voz, segundo tua bondade, SENHOR; vivifica-me conforme teu juízo. ¹⁵⁰ Aproximam-se *de mim* os que praticam maldade; eles estão longe de tua lei. ¹⁵¹ *Porém* tu, SENHOR, estás perto *de mim* ; e todos os teus mandamentos são verdade. ¹⁵² Desde antigamente eu soube de teus testemunhos, que tu os fundaste para sempre. ¹⁵³ *Rexe* :Olha a minha aflição, e livra-me *dela* ; pois não me esqueci de tua lei. ¹⁵⁴ Defende minha causa, e resgata-me; vivifica-me conforme tua palavra. ¹⁵⁵ A salvação está longe dos perversos, porque eles não buscam teus estatutos. ¹⁵⁶ Muitas são tuas misericórdias, SENHOR; vivifica-me conforme teus juízos. ¹⁵⁷ Muitos são meus perseguidores e meus adversários; *porém* eu não me desvio de teus testemunhos. ¹⁵⁸ Eu vi aos enganadores e os detestei, porque eles não guardam tua palavra. ¹⁵⁹ Vê, SENHOR, que eu amo teus mandamentos; vivifica-me conforme a tua bondade. ¹⁶⁰ O princípio de tua palavra é fiel, e o juízo de tua justiça *dura* para sempre. ¹⁶¹ *Xin* :Príncipes me perseguiram sem causa, mas meu coração temeu a tua palavra. ¹⁶² Eu me alegro em tua palavra, tal como alguém que encontra um grande tesouro. ¹⁶³ Odeio e abomino a falsidade; *mas* amo a tua lei. ¹⁶⁴ Louvo a ti sete vezes ao dia, por causa dos juízos de tua justiça. ¹⁶⁵ Muita paz têm aqueles que amam a tua lei; e para eles não há tropeço. ¹⁶⁶ Espero por tua salvação, SENHOR; e pratico teus mandamentos. ¹⁶⁷ Minha alma guarda teus testemunhos, e eu os amo muito. ¹⁶⁸ Eu guardo teus preceitos e teus testemunhos, porque todos os meus caminhos estão diante de ti. ¹⁶⁹ *Tau* :Chegue meu clamor perante teu rosto, SENHOR; dá-me entendimento conforme tua palavra. ¹⁷⁰ Venha minha súplica diante de ti; livra-me conforme tua promessa. ¹⁷¹ Meus lábios falarão muitos louvores, pois tu me ensinas teus estatutos. ¹⁷² Minha língua falará de tua palavra, porque todos os teus mandamentos são justiça. ¹⁷³ Que tua mão me socorra, porque escolhi *seguir* teus preceitos. ¹⁷⁴ Desejo tua salvação, SENHOR; e tua lei é o meu prazer. ¹⁷⁵ Que minha alma viva e louve a ti; e que teus juízos me socorram. ¹⁷⁶ Tenho andado sem rumo, como uma ovelha perdida; busca a teu servo, pois eu não me esqueci de teus mandamentos.

120

Cântico dos degraus:

¹ Em minha angústia clamei ao SENHOR, e ele me respondeu. ² Ó SENHOR, livra minha alma dos lábios mentirosos, da língua enganadora. ³ O que ele te dará, e o que ele fará contigo, ó língua enganadora? ⁴ Flechas afiadas de um guerreiro, com brasas de zimbro. ⁵ Ai de mim, que peregrino em Meseque, *e* habito nas tendas de Quedar! ⁶ Minha alma morou *tempo* demais com os que odeiam a paz. ⁷ Eu sou da paz; mas quando falo, eles *entram* em guerra.

121

Cântico dos degraus:

¹ Levanto meus olhos aos montes. De onde virá meu socorro? ² Meu socorro *vem* do SENHOR, que fez os céus e a terra. ³ Ele não deixará o teu pé se abalar, nem cochilará o teu guardião. ⁴ Eis que não cochilará nem dormirá o Guardião de Israel. ⁵ O SENHOR é o teu guardião; o SENHOR é a sombra à tua direita. ⁶ O sol não te ferirá durante o dia, nem a lua durante a noite. ⁷ O SENHOR te guardará de todo mal; ele guardará a tua alma. ⁸ O SENHOR guardará tua saída e tua entrada, desde agora e para sempre.

122

Cântico dos degraus, de Davi:

¹ Alegro-me com os que me dizem: Vamos à casa do SENHOR. ² Nossos pés estão *adentro* de tuas portas, ó Jerusalém. ³ Jerusalém está edificada como uma cidade bem unida; ⁴ Para onde as tribos sobem, as tribos do SENHOR, como testemunho de Israel, para agradecerem ao nome do SENHOR. ⁵ Porque ali estão as cadeiras do julgamento; as cadeiras da casa de Davi. ⁶ Orai pela paz de Jerusalém; prosperem os que te amam. ⁷ Paz haja em teus muros, e prosperidade em tuas fortalezas. ⁸ Por meus irmãos e amigos, assim falarei: Paz haja em ti. ⁹ Pela Casa do SENHOR nosso Deus, buscarei o bem para ti.

123

Cântico dos degraus:

¹ Levanto meus olhos a ti, que moras nos céus. ² Eis que, assim como os olhos dos servos *olham* para a mão de seus senhores, e os olhos da serva para a mão de sua senhora, assim também nossos olhos *olharão* para o SENHOR nosso Deus, até que ele tenha piedade de nós. ³ Tem piedade de nós, SENHOR! Tem piedade de nós; pois temos sido humilhados em excesso. ⁴ Nossa alma está cheia da zombaria dos insolentes, e da humilhação dos arrogantes.

124

Cântico dos degraus, de Davi:

¹ Diga, Israel: O que *seria de nós* se o SENHOR não estivesse conosco? ² Se o SENHOR não estivesse conosco, quando os homens se levantaram contra nós, ³ Eles teriam nos devorado vivos, quando o furor deles se acendeu contra nós. ⁴ As águas teriam nos coberto, *e* a corrente de águas teria passado por sobre nossas almas. ⁵ Águas violentas teriam passado por sobre nossas almas. ⁶ Bendito seja o SENHOR, que não

nos entregou como presa aos dentes deles. ⁷ Nossa alma escapou como um pássaro da armadilha dos caçadores; a cadeia se quebrou, e nós escapamos. ⁸ Nosso socorro está no nome do SENHOR, que fez o céu e a terra.

125

¹ Os que confiam no SENHOR são como o monte de Sião, que não se abala, *e* permanece para sempre. ² Assim como montanhas estão ao redor de Jerusalém, assim também o SENHOR está ao redor de seu povo, desde agora para sempre. ³ Porque o cetro da maldade não repousará sobre a sorte dos justos, para que os justos não estendam suas mãos à perversidade. ⁴ SENHOR, trata bem aos bons, e aos corretos em seus corações. ⁵ Mas aos que se dirigem a seus caminhos tortuosos, o SENHOR os mandará embora junto com os que praticam perversidade. Paz *seja* sobre Israel.

126

Cântico dos degraus:

¹ Quando o SENHOR restaurou Sião de seu infortúnio, estivemos como os que sonham. ² Então nossa boca se encheu de riso, e nossa língua de alegria; então diziam entre as nações: O SENHOR fez grandes coisas para estes. ³ Grandes coisas o SENHOR fez para nós; *por isso* estamos alegres. ⁴ Restaura-nos, * ó SENHOR, como as correntes de águas no sul. ⁵ Os que semeiam em lágrimas colherão com alegria. ⁶ Aquele que sai chorando com semente para semear voltará com alegria, trazendo sua colheita.

127

Cântico dos degraus, de Salomão:

¹ Se o SENHOR não estiver edificando a casa, em vão trabalham nela seus construtores; se o SENHOR não estiver guardando a cidade, em vão o guarda vigia. ² Inutilmente levantais de madrugada *e* descansais tarde, para comerdes o pão de dores; *porque* assim ele dá sono a quem ele ama. ³ Eis que os filhos são um presente do SENHOR; o fruto do ventre é uma recompensa. ⁴ Como flechas na mão do guerreiro, assim são os filhos da juventude. ⁵ Bem-aventurado é o homem que enche deles seu porta-flechas; eles não serão envergonhados, quando falarem com os inimigos à porta.

128

Cântico dos degraus:

¹ Bem-aventurado todo aquele que teme ao SENHOR, *e* anda em seus caminhos. ² Porque comerás do trabalho de tuas mãos; tu serás bem-aventurado, e bem lhe *sucederá* . ³ Tua mulher será como a videira frutífera, ao lado de tua casa; *e* teus filhos como plantas de oliveira ao redor de tua mesa. ⁴ Eis que assim é bendito o homem que teme ao SENHOR. ⁵ O SENHOR te abençoará desde Sião, e tu verás o bem de Jerusalém todos os dias de tua vida. ⁶ E verás os filhos de teus filhos, *e* a paz sobre Israel.

129

Cântico dos degraus:

¹ Diga Israel: Desde minha juventude muitas vezes me afligiram. ² Desde minha juventude, muitas vezes me afligiram, porém não prevaleceram contra mim. ³ Lavradores lavraram sobre minhas costas, fizeram compridos os seus sulcos. ⁴ O SENHOR é justo; ele cortou as cordas dos perversos. ⁵ Sejam envergonhados, e voltem

---

* **126:4** Ou: "restaura-nos do nosso infortúnio", ou ainda, "reverte o nosso cativeiro"

para trás todos os que odeiam a Sião. ⁶ Sejam como a erva dos telhados, que se seca antes que cresça. ⁷ Com que o ceifeiro não enche sua mão, nem o braço daquele que amarra os molhos. ⁸ Nem também os que passam, dizem: A bênção do SENHOR seja sobre vós; nós vos bendizemos no nome do SENHOR.

130

Cântico dos degraus:
¹ Das profundezas clamo a ti, SENHOR. ² Ouve, Senhor, a minha voz; sejam teus ouvidos atentos à voz de minhas súplicas. ³ Se tu, SENHOR, considerares todas as perversidades, quem resistirá, Senhor? ⁴ Mas contigo está o perdão, para que tu sejas temido. ⁵ Mantenho esperança no SENHOR, a minha alma espera; e persisto em sua palavra. ⁶ Minha alma *espera ansiosamente* pelo Senhor, mais que os guardas *esperam* pela manhã, *mais* que os vigilantes pelo alvorecer. ⁷ Espere, Israel, pelo SENHOR; porque com o SENHOR há bondade, e com ele muito resgate. ⁸ E ele resgatará Israel de todas as suas perversidades.

131

Cântico dos degraus, de Davi:
¹ SENHOR, meu coração não se exaltou, nem meus olhos se levantaram; nem andei em grandezas, nem em coisas maravilhosas para mim. ² Ao invés disso, eu me sosseguei e calei minha alma, tal como uma criança com sua mãe; como um bebê está minha alma comigo. ³ Ó Israel, espere no SENHOR, desde agora para sempre.

132

Cântico dos degraus:
¹ Lembra-te, SENHOR, de Davi, *e* de todas as aflições dele. ² Ele, que jurou ao SENHOR, *e* fez um voto ao Poderoso de Jacó, ³ *dizendo* : Não entrarei na tenda de minha casa, nem subirei no leito de minha cama; ⁴ Não darei sono aos meus olhos, *nem* cochilo às minhas pálpebras; ⁵ Enquanto eu não achar um lugar para o SENHOR, moradas para o Poderoso de Jacó. ⁶ Eis que ouvimos dela em Efrata, e *a* achamos nos campos de Jaar. ⁷ Entraremos em suas moradas, *e* nos prostraremos perante o escabelo de seus pés. ⁸ Levanta-te, SENHOR, a teu repouso; tu e a arca de teu poder. ⁹ Que teus sacerdotes se vistam de justiça, e teus santos gritem de alegria. ¹⁰ Por causa de Davi teu servo, não rejeites o rosto de teu ungido. ¹¹ O SENHOR jurou a Davi *com* fidelidade; dela não se desviará. *Ele disse* : Do fruto do teu ventre porei sobre o teu trono. ¹² Se teus filhos guardarem meu pacto e meus testemunhos que eu lhes ensinar, também seus filhos se sentarão sobre teu trono para sempre. ¹³ Porque o SENHOR escolheu a Sião, desejou-a para sua habitação, ¹⁴ *Dizendo* : Este é o meu repouso para sempre; aqui habitarei, pois assim desejei. ¹⁵ Abençoarei seu sustento abundantemente, *e* fartarei seus necessitados de pão. ¹⁶ E a seus sacerdotes vestirei de salvação; e seus santos gritarão de alegria abundantemente. ¹⁷ Ali farei brotar o poder de Davi; e preparei uma lâmpada para o meu ungido. ¹⁸ A seus inimigos vestirei de vergonha; mas sobre ele florescerá sua coroa.

133

Cântico dos degraus, de Davi:
¹ Vede como é bom e agradável que irmãos convivam em união! ² É como o óleo precioso sobre a cabeça, que desce pela barba, a barba de Arão; que desce pelas bordas de suas roupas. ³ É como o orvalho de Hermom, que desce sobre os montes de Sião; porque ali o SENHOR ordenou a bênção *e* a vida para sempre.

134

Cântico dos degraus:

¹ Bendizei, pois, ao SENHOR, todos vós servos do SENHOR, que prestais serviço à casa do SENHOR durante as noites. ² Levantai vossas mãos ao Santuário, e bendizei ao SENHOR. ³ Que o SENHOR, o criador do céu e da terra, te abençoe desde Sião.

135

¹ Aleluia! Louvai o nome do SENHOR; louvai -o vós, servos do SENHOR, ² Que prestais serviço na Casa do SENHOR, nos pátios da Casa do nosso Deus. ³ Louvai ao SENHOR, porque o SENHOR é bom; cantai louvores ao seu nome, porque é agradável; ⁴ Porque o SENHOR escolheu para si a Jacó, a Israel como propriedade sua; ⁵ Porque eu sei que o SENHOR é grande, e nosso Senhor está acima de todos os deuses. ⁶ O SENHOR faz tudo o que quer, nos céus, na terra, nos mares, e *em* todos os abismos. ⁷ Ele faz as nuvens subirem desde os confins da terra, faz os relâmpagos com a chuva; ele produz os ventos de seus tesouros. ⁸ Ele feriu os primogênitos do Egito, desde os homens até os animais. ⁹ Ele enviou sinais e prodígios no meio de ti, Egito; contra Faraó, e contra todos os seus servos. ¹⁰ Ele feriu muitas nações, e matou reis poderosos: ¹¹ Seom, rei dos amorreus, e Ogue, rei de Basã; e todos os reinos de Canaã. ¹² E deu a terra deles como herança; como herança a Israel, seu povo. ¹³ Ó SENHOR, teu nome *dura* para sempre; *e* tua memória, SENHOR, de geração em geração. ¹⁴ Porque o SENHOR julgará a seu povo; e terá compaixão de seus servos. ¹⁵ Os ídolos das nações *são* prata e ouro; *são* obra de mãos humanas. ¹⁶ Têm boca, mas não falam; têm olhos, mas não veem. ¹⁷ Têm ouvidos, mas não ouvem; não têm respiração em sua boca. ¹⁸ Tornem-se como eles os que os fazem, *e* todos os que confiam neles. ¹⁹ Casa de Israel, bendizei ao SENHOR! Casa de Arão, bendizei ao SENHOR! ²⁰ Casa de Levi, bendizei ao SENHOR! Vós que temeis ao SENHOR, bendizei ao SENHOR. ²¹ Bendito seja o SENHOR desde Sião, ele que habita em Jerusalém. Aleluia!

136

¹ Agradecei ao SENHOR, porque ele é bom, porque sua bondade *dura* para sempre. ² Agradecei ao Deus dos deuses, porque sua bondade *dura* para sempre. ³ Agradecei ao SENHOR dos senhores; porque sua bondade *dura* para sempre. ⁴ Ao que faz grandes maravilhas sozinho por si mesmo; porque sua bondade *dura* para sempre. ⁵ Ao que fez os céus com entendimento; porque sua bondade *dura* para sempre. ⁶ Ao que estendeu a terra sobre as águas; porque sua bondade *dura* para sempre. ⁷ Ao que fez as grandes fontes de luz; porque sua bondade *dura* para sempre. ⁸ Ao sol, para governar o dia; porque sua bondade *dura* para sempre. ⁹ À lua e as estrelas, para governarem a noite; porque sua bondade *dura* para sempre. ¹⁰ Ao que feriu aos egípcios em seus primogênitos; porque sua bondade *dura* para sempre. ¹¹ E tirou Israel do meio deles; porque sua bondade *dura* para sempre. ¹² Com mão forte, e com braço estendido; porque sua bondade *dura* para sempre. ¹³ Ao que separou o mar Vermelho em *duas* partes; porque sua bondade *dura* para sempre. ¹⁴ E fez Israel passar por meio dele; porque sua bondade *dura* para sempre. ¹⁵ E derrubou a Faraó com seu exército no mar Vermelho; porque sua bondade *dura* para sempre. ¹⁶ Ao que guiou seu povo pelo deserto; porque sua bondade *dura* para sempre. ¹⁷ Ao que feriu grandes reis; porque sua bondade *dura* para sempre. ¹⁸ E matou reis poderosos; porque sua bondade *dura* para sempre. ¹⁹ Seom; rei amorreu; porque sua bondade *dura* para sempre. ²⁰ E Ogue, rei de Basã; porque sua bondade *dura* para sempre. ²¹ E deu a terra deles como herança; porque sua bondade *dura* para sempre. ²² *Como* herança a seu servo Israel; porque sua bondade *dura* para sempre. ²³ O que em

nossa humilhação se lembrou de nós; porque sua bondade *dura* para sempre. ²⁴ E nos tirou livres de nossos adversários; porque sua bondade *dura* para sempre. ²⁵ O que dá alimento a todo *ser vivo feito de* carne; porque sua bondade *dura* para sempre. ²⁶ Agradecei ao Deus dos céus; porque sua bondade *dura* para sempre.

137

¹ Junto aos rios da Babilônia nos sentamos e choramos, enquanto nos lembramos de Sião. ² Sobre os salgueiros que há no meio dela penduramos nossas harpas. ³ Porque ali os que tinham nos capturado nos pediam letras de canções, e os que nos destruíram, que *os* alegrássemos, *dizendo* : Cantai para nós *algumas* das canções de Sião. ⁴ Como cantaríamos canções do SENHOR em terra estrangeira? ⁵ Se eu me esquecer de ti, ó Jerusalém, que minha mão direita se esqueça *de sua habilidade* . ⁶ Que minha língua grude no céu da boca se eu não me lembrar de ti, se eu não pôr Jerusalém acima de todas as minhas alegrias. ⁷ Lembra-te, SENHOR, dos filhos de Edom no dia de Jerusalém, que diziam: Arruinai *-a* ,arruinai *-a* ,até ao seus fundamentos! ⁸ Ah filha de Babilônia, que serás destruída! Bem-aventurado a quem te retribuir o que fizeste conosco. ⁹ Bem-aventurado aquele que tomar dos teus filhos, e *lançá-los* contra as pedras.

138

Salmo de Davi:
¹ Louvarei a ti com todo o meu coração; na presença dos deuses cantarei louvores a ti. ² Eu me prostrarei ao teu santo templo, e louvarei o teu nome por tua bondade e por tua verdade; porque engrandeceste tua palavra *e* teu nome acima de tudo. ³ No dia *em que* clamei, tu me respondeste; *e* me fortaleceste *com* força em minha alma. ⁴ Todos os reis da terra louvarão a ti, SENHOR, quando ouvirem as palavras de tua boca. ⁵ E cantarão sobre os caminhos do SENHOR, pois grande *é* a glória do SENHOR. ⁶ Porque *mesmo* sendo SENHOR elevado, ele presta atenção ao humilde; porém ele reconhece o arrogante de longe. ⁷ Enquanto ando no meio da angústia, tu me vivificas; tu estendes tua mão contra a ira de meus inimigos; e tua mão direita me salva. ⁸ O SENHOR fará por completo *o que ele tem* para mim; ó SENHOR, tua bondade *dura* para sempre; não abandones as obras de tuas mãos.

139

Salmo de Davi, para o regente:
¹ SENHOR, tu me examinas e me conheces. ² Tu sabes o meu sentar e o meu caminhar; de longe entendes meus pensamentos. ³ Tu cercas o meu andar e meu deitar; conheces desde antes os meus caminhos. ⁴ Mesmo não havendo *ainda* palavra *alguma* em minha língua, eis, SENHOR, que já sabes tudo. ⁵ Tu me envolves por detrás e pela frente, e pões tua mão sobre mim. ⁶ *Teu* conhecimento é maravilhoso demais para mim, tão alto que não posso *alcançá* -lo. ⁷ Para onde eu escaparia de teu Espírito? E para onde fugiria de tua presença? ⁸ Se eu subisse até os céus, lá tu *estás* ; se eu fizer meu leito no Xeol, * eis que tu *também ali estás* . ⁹ Se eu tomasse as asas do amanhecer, e morasse nas extremidades do mar, ¹⁰ Até ali tua mão me guiaria, e tua mão direita me seguraria. ¹¹ Se eu dissesse: Certamente as trevas me encobrirão; e a luz ao redor de mim *será como* a noite. ¹² Porém nem mesmo as trevas *me* esconderão de ti; ao invés disso, *pois* a noite é tão clara quanto o dia, *e aos teus olhos* as trevas são como a luz. ¹³ Porque tu és dono do meu ser, e me cobriste no ventre da minha mãe. ¹⁴ Eu te louvarei porque de um *jeito* assombroso e maravilhoso

---

* **139:8** Xeol é o lugar dos mortos

eu fui feito; maravilhosas *são* tuas obras; e minha alma sabe muito bem. ¹⁵ Meus ossos não estavam escondidos de ti quando eu fui feito em oculto, e formado como tramas de tecido nas profundezas da terra. ¹⁶ Teus olhos viram meu corpo *ainda* sem forma, e tudo estava escrito em teu livro; *até* os dias estavam determinados quando nenhum deles *ainda* havia. ¹⁷ Como são preciosos para mim os teus pensamentos, Deus! Como é grande a quantidade deles! ¹⁸ Se eu os contasse, seriam muito mais *numerosos* que a areia; *quando* acordo, ainda estou contigo. ¹⁹ Ah, Deus, tomara que mates ao perverso! E vós, homens sanguinários, afastai-vos de mim; ²⁰ Porque eles falam de ti com maldade, *e* teus inimigos *se* exaltam em vão. ²¹ Por acaso, SENHOR, eu não odiaria aos que te odeiam? E não detestaria os que se levantam contra ti? ²² Eu os odeio com ódio completo; eu os considero como inimigos. ²³ Examina-me, Deus, e conhece meu coração; prova-me, e conhece meus pensamentos. ²⁴ E vê se em mim *há algum* mau caminho; e guia-me pelo caminho eterno.

140

Salmo de Davi, para o regente:

¹ Livra-me do homem mau, SENHOR; guarda-me dos homens violentos, ² Que pensam maldades no coração; todo dia se reúnem para fazerem guerra. ³ Eles afiam suas línguas como a cobra; veneno de serpentes *há* debaixo de seus lábios. (Selá) ⁴ Guarda-me, SENHOR, das mãos do perverso; guarda-me do homens violentos, que pensam em empurrar os meus pés. ⁵ Os arrogantes me armaram ciladas e cordas; estenderam uma rede de um lado do caminho; *e* puseram laços de armadilhas para mim. (Selá) ⁶ Eu disse ao SENHOR: Tu *és* meu Deus; inclina teus ouvidos à voz de minhas súplicas, SENHOR. ⁷ Ó Senhor DEUS, força de minha salvação, cobriste minha cabeça no dia da batalha. ⁸ Não concedas ao perverso os desejos dele, SENHOR; não permitas suceder seu plano maligno, *pois senão* se exaltariam. (Selá) ⁹ Quanto à cabeça dos que me cercam, que a opressão de seus próprios lábios os cubra. ¹⁰ Caiam sobre eles brasas vivas; faça-os cair no fogo *e* em covas profundas, *para que* não se levantem mais. ¹¹ O homem de língua maligna não se firmará na terra; o mal perseguirá o homem violento até o derrubar. ¹² Eu sei que o SENHOR cumprirá a causa do aflito, o direito dos necessitados. ¹³ Certamente os justos agradecerão ao teu nome; os corretos habitarão perante teu rosto.

141

Salmo de Davi:

¹ Ó SENHOR, eu clamo a ti; apressa-te a mim; ouve minha voz, quando eu clamar a ti. ² Apresente-se minha oração *como* incenso diante de ti; *e* o levantar de minhas mãos *como* a oferta do anoitecer. ³ Põe, SENHOR, uma guarda em minha boca; vigia a abertura dos meus lábios. ⁴ Não inclines meu coração para as coisas más, para fazer o mal junto com homens que praticam maldade; e não coma eu das delícias deles. ⁵ Que o justo me faça o favor de me espancar e me repreender; *isto me será* azeite sobre a cabeça; minha cabeça não rejeitará, porque ainda orarei contra as maldades deles. ⁶ *Quando* seus juízes forem lançados contra a rocha, então ouvirão minhas palavras, porque *são* agradáveis. ⁷ Como quem lavra e fende a terra, assim nossos ossos são espalhados à entrada do Xeol. * ⁸ Porém meus olhos *estão voltados* para ti, ó Senhor DEUS; em ti confio; não desampares minha alma. ⁹ Guarda-me do perigo da armadilha que me prepararam; e dos laços da cilada dos que praticam maldade. ¹⁰ Caiam os perversos cada um em suas próprias redes, e eu passe adiante *em segurança* .

---

* **141:7** Xeol é o lugar dos mortos

142

Instrução de Davi; oração quando ele estava na caverna:
¹ Com minha voz clamo ao SENHOR; com minha voz suplico ao SENHOR. ² Diante dele derramo meu pedido; diante dele contei minha angústia. ³ Estando meu espírito angustiado em mim, tu conheceste meu percurso; no caminho em que eu andava esconderam um laço de armadilha para mim. ⁴ Eu olho à direita, e eis que não há quem me conheça; não há nenhum refúgio para mim; nem ninguém se importava com minha alma. ⁵ Eu clamo a ti, SENHOR, dizendo: Tu és meu refúgio, e minha porção na terra dos viventes. ⁶ Presta atenção aos meus gritos, porque estou muito oprimido; resgata-me daqueles que me perseguem, pois são mais fortes que eu. ⁷ Tira minha alma da prisão, para que eu louve o teu nome; os justos me rodearão, porque tu me tratarás bem.

143

Salmo de Davi:
¹ Ó SENHOR, ouve minha oração; inclina teus ouvidos às minhas súplicas; responde-me segundo tua fidelidade e tua justiça. ² E não entres em juízo com teu servo; porque nenhum ser vivo será justo diante de ti. ³ Pois o inimigo persegue minha alma, atropela na terra a minha vida; e me obriga a viver na escuridão, como os que há muito *tempo* morreram. ⁴ Por isso meu espírito se enche de angústia em mim, e meu coração está desesperado dentro de mim. ⁵ Lembro-me dos dias antigos, eu considero todos os teus feitos; medito nas obras de tuas mãos. ⁶ Levanto minhas mãos a ti; minha alma *tem sede* de ti como a terra seca. ⁷ Responde-me depressa, SENHOR; porque meu espírito está muito fraco; não escondas tua face de mim, pois eu seria semelhante aos que descem à cova. ⁸ De madrugada faze com que eu ouça tua bondade, porque em ti confio; faze-me saber o caminho que devo seguir, porque a ti levanto minha alma. ⁹ Livra-me de meus inimigos, SENHOR; *pois* em ti eu me escondo. ¹⁰ Ensina-me a fazer a tua vontade, pois tu és meu Deus; teu bom Espírito me guie por terra plana. ¹¹ Vivifica-me por teu nome, SENHOR; por tua justiça tira minha alma da angústia. ¹² E por tua bondade extermina os meus inimigos; e destrói a todos os que afligem a minha alma; pois eu sou teu servo.

144

Salmo de Davi:
¹ Bendito *seja* o SENHOR, rocha minha, que ensina minhas mãos para a batalha, e meus dedos para a guerra. ² *Ele é* minha bondade e meu castelo; meu alto refúgio, e meu libertador; *ele é* meu escudo, em quem confio; e aquele que faz meu povo se submeter a mim. ³ Ó SENHOR, o que é o homem para que lhe dês atenção? E o filho do homem, para que com ele te importes? ⁴ O homem é semelhante a um sopro; seus dias, como a sombra que passa. ⁵ Ó SENHOR, abaixa teus céus, e desce; toca os montes, e fumeguem. ⁶ Lança relâmpagos, e os dispersa; envia tuas flechas, e os derrota. ⁷ Estende tuas mãos desde o alto; livra-me, e resgata-me das muitas águas, das mãos dos filhos de estrangeiros; ⁸ Cuja boca fala coisas inúteis, e sua mão direita é a mão direita da mentira. ⁹ Ó Deus, a ti cantarei uma canção nova; com harpa e instrumento de dez cordas tocarei música a ti. ¹⁰ *Tu és* o que dás vitória aos reis, e livras a Davi, teu servo, da espada maligna. ¹¹ Livra-me e resgata-me das mãos dos filhos de estrangeiros; cuja boca fala mentiras, e sua mão direita é mão direita de falsidade. ¹² Para que nossos filhos *sejam* como plantas, que crescem em sua juventude; e nossas filhas *sejam* como esquinas entalhadas ao modo do palácio. ¹³ Nossos celeiros sejam cheios de todos os tipos de mantimentos; nosso gado seja aos

milhares, e dezenas de milhares em nossos campos. ¹⁴ Nossos bois sejam vigorosos; não haja nem assalto, nem fugas, nem gritos em nossas ruas. ¹⁵ Bem-aventurado é o povo que assim lhe *acontece* ; bem-aventurado é o povo cujo Deus é o SENHOR!

145

Cântico de Davi:
¹ Eu te exaltarei, meu Deus *e* Rei; e bendirei teu nome para todo o sempre. ² Todo dia eu te bendirei, e louvarei teu nome para todo o sempre. ³ O SENHOR é grande e muito louvável; sua grandeza é incompreensível. ⁴ Geração após geração louvará tuas obras, e anunciarão tuas proezas. ⁵ Eu falarei da honra gloriosa de tua majestade, e de teus feitos maravilhosos. ⁶ E falarão do poder de teus assombrosos feitos; e eu contarei tua grandeza. ⁷ Declararão a lembrança de tua grande bondade; e anunciarão tua justiça alegremente. ⁸ Piedoso e misericordioso é o SENHOR; ele demora para se irar, e tem grande bondade. ⁹ O SENHOR é bom para com todos; e suas misericórdias *estão* sobre todas as obras que ele fez. ¹⁰ Todas as tuas obras louvarão a ti, SENHOR; e teus santos te bendirão. ¹¹ Contarão a glória de teu reino, e falarão de teu poder. ¹² Para anunciarem aos filhos dos homens suas proezas, e a honra gloriosa de seu reino. ¹³ Teu reino é um reino eterno, e teu domínio *dura* geração após geração. ¹⁴ O SENHOR segura todos os que caem, e levanta todos os abatidos. ¹⁵ Os olhos de todos esperam por ti, e tu lhes dás seu alimento ao seu tempo. ¹⁶ Tu abres tua mão, e sacias o desejo de todo ser vivo. ¹⁷ O SENHOR *é* justo em todos os seus caminhos, e bondoso em todas as suas obras. ¹⁸ O SENHOR está perto de todos os que o chamam; de todos os que clamam a ele sinceramente. ¹⁹ Ele faz a vontade dos que o temem; e ouve o clamor deles, e os salva. ²⁰ O SENHOR protege a todos os que o amam; porém destrói a todos os perversos. ²¹ Minha boca anunciará louvores ao SENHOR; e todo *ser feito de* carne louvará seu santo nome para todo o sempre.

146

¹ Aleluia! Louva ao SENHOR, ó minha alma! ² Louvarei ao SENHOR durante *toda* a minha vida; cantarei louvores a meu Deus enquanto eu *existir* . ³ Não ponhas tua confiança em príncipes; em filhos de homens, em quem não há salvação. ⁴ O espírito dele s sai, e volta para sua terra; naquele mesmo dia seus pensamentos perecem. ⁵ Bem-aventurado aquele que *tem* o Deus de Jacó como sua ajuda, cuja esperança está no SENHOR seu Deus; ⁶ Que fez os céus e a terra, o mar, e tudo o que neles *há* ; que guarda a fidelidade para sempre. ⁷ Que faz juízo aos oprimidos, que dá pão aos famintos; o SENHOR solta aos presos. ⁸ O SENHOR abre *os olhos* dos cegos; o SENHOR levanta aos abatidos; o SENHOR ama aos justos. ⁹ O SENHOR guarda os estrangeiros; sustenta o órfão e a viúva; mas põe dificuldades ao caminho dos perversos. ¹⁰ O SENHOR reinará eternamente. Ó Sião, o teu Deus *reinará* geração após geração. Aleluia!

147

¹ Louvai ao SENHOR, porque é bom cantar louvores ao nosso Deus; porque agradável e merecido *é* o louvor. ² O SENHOR edifica a Jerusalém; *e* ajunta os dispersos de Israel. ³ Ele sara aos de coração partido, e os cura de suas dores. ⁴ Ele conta o número das estrelas; chama todas elas pelos seus nomes. ⁵ O nosso Senhor é grande e muito poderoso; seu entendimento é incomensurável. ⁶ O SENHOR levanta aos mansos; *e* abate aos perversos até a terra. ⁷ Cantai ao SENHOR em agradecimento; cantai louvores ao nosso Deus com harpa. ⁸ Ele que cobre o céu com nuvens, que

prepara chuva para a terra, que faz os montes produzirem erva; [9] Que dá ao gado seu pasto; e *também* aos filhos dos corvos, quando clamam. [10] Ele não se agrada da força do cavalo, nem se contenta com as pernas do homem. [11] O SENHOR se agrada dos que o temem, daqueles que esperam por sua bondade. [12] Louva, Jerusalém, ao SENHOR; celebra ao teu Deus, ó Sião. [13] Porque ele fortifica os ferrolhos de tuas portas; ele abençoa a teus filhos dentro de ti. [14] *Ele é* o que dá paz às tuas fronteiras; e te farta com o melhor trigo; [15] Que envia sua ordem à terra; sua palavra corre velozmente. [16] Que dá a neve como a lã; espalha a geada como a cinza. [17] Que lança seu gelo *em* pedaços; quem pode subsistir ao seu frio? [18] Ele manda sua palavra, e os faz derreter; faz soprar seu vento, *e* escorrem-se as águas. [19] Ele declara suas palavras a Jacó; e seus estatutos e seus juízos a Israel. [20] Ele não fez assim a nenhuma *outra* nação; *e* não conhecem os juízos *dele* . Louvai ao SENHOR.

148

[1] Aleluia! Louvai ao SENHOR desde os céus; louvai-o nas alturas. [2] Louvai-o todos os seus anjos; louvai-o todos os seus exércitos. [3] Louvai-o, sol e lua; louvai-o, todas as estrelas luminosas. [4] Louvai-o, céus dos céus, e as águas que *estais* sobre os céus. [5] Louvem ao nome do SENHOR; porque pela ordem dele foram criados. [6] E os firmou para todo o sempre; e deu *tal* decreto, que não será traspassado. [7] Louvai ao SENHOR *vós* da terra: os monstros marinhos, e todos os abismos; [8] O fogo e a saraiva, a neve e o vapor; o vento tempestuoso, que executa sua palavra. [9] Os montes e todos os morros; árvores frutíferas, e todos os cedros. [10] As feras, e todo o gado; répteis, e aves que tem asas. [11] Os reis da terra, e todos os povos; os príncipes, e todos os juízes da terra. [12] Os rapazes, e também as moças; os velhos com os jovens. [13] Louvem ao nome do SENHOR; pois só o nome dele é exaltado; sua majestade *está* sobre a terra e o céu. [14] E ele exaltou o poder de seu povo: o louvor de todos os seus santos, os filhos de Israel, o povo *que está* perto dele. Aleluia!

149

[1] Aleluia! Cantai ao SENHOR um cântico novo; *haja* louvor a ele na congregação dos santos. [2] Alegre-se Israel em seu Criador; os filhos de Sião se encham de alegria em seu Rei. [3] Louvem seu nome com danças; cantai louvores a ele com tamborim e harpa. [4] Porque o SENHOR se agrada de seu povo; ele ornará os mansos com salvação. [5] Saltem de prazer *seus* santos pela glória; fiquem contentes sobre suas camas. [6] Exaltações a Deus *estarão* em suas gargantas; e espada afiada *estará* em sua mão, [7] Para se vingarem das nações, e repreenderem aos povos. [8] Para prenderem a seus reis com correntes, e seus nobres com grilhões de ferro; [9] Para executarem sobre eles a sentença escrita; esta *será* a glória de todos os seus santos. Aleluia!

150

[1] Aleluia! Louvai a Deus em seu santuário; louvai-o no firmamento de seu poder. [2] Louvai-o por suas proezas; louvai-o conforme a imensidão de sua grandeza. [3] Louvai-o com com de trombeta; louvai-o com lira e harpa. [4] Louvai-o com tamborim e flauta; louvai-o com instrumentos de cordas e de sopro. [5] Louvai-o com címbalos bem sonoros; louvai-o com címbalos de sons de alegria. [6] Tudo quanto tem fôlego, louve ao SENHOR! Aleluia!

Provérbios de Salomão

¹ Provérbios de Salomão, filho de Davi, rei de Israel. ² Para conhecer a sabedoria e a instrução; para entender as palavras da prudência; ³ Para obter a instrução do entendimento; justiça, juízo e equidades; ⁴ Para dar inteligência aos simples, conhecimento e bom senso aos jovens. ⁵ O sábio ouvirá, e crescerá em conhecimento; o bom entendedor obterá sábios conselhos. ⁶ Para entender provérbios e *sua* interpretação; as palavras dos sábios, e seus enigmas. ⁷ O temor ao SENHOR *é* o principio do conhecimento; os tolos desprezam a sabedoria e a instrução. ⁸ Filho meu, ouve a instrução de teu pai; e não abandones a doutrina de tua mãe. ⁹ Porque *serão* um ornamento gracioso para tua cabeça; e colares para teu pescoço. ¹⁰ Filho meu, se os pecadores tentarem te convencer, não te deixes influenciar. ¹¹ Se disserem: Vem conosco, vamos espiar *derramamento* de sangue; preparemos uma emboscada ao inocente sem razão. ¹² Vamos tragá-los vivos, como o Xeol; * e inteiros, como os que descem à cova. ¹³ Acharemos toda espécie de coisas valiosas, encheremos nossas casas de despojos. ¹⁴ Lança tua sorte entre nós, compartilharemos todos de uma *só* bolsa. ¹⁵ Filho meu, não sigas teu caminho com eles; desvia teu pé *para longe* de onde eles passarem; ¹⁶ Porque os pés deles correm para o mal, e se apressam para derramar sangue. ¹⁷ Certamente *é* inútil se estender a rede diante da vista de todas as aves; ¹⁸ Porém estes estão esperando *o derramamento* de seu *próprio* sangue; e preparam emboscada para suas *próprias* almas. ¹⁹ Assim *são* os caminhos de todo aquele que tem ganância pelo lucro desonesto; ela tomará a alma daqueles que a tem. ²⁰ A sabedoria grita pelas ruas; nas praças ela levanta sua voz. ²¹ Ela clama nas encruzilhadas, onde *passam* muita gente; às entradas das portas, nas cidades ela diz suas mensagens: ²² Até quando, ó tolos, amareis a tolice? E vós zombadores, desejareis a zombaria? E *vós* loucos, odiareis o conhecimento? ²³ Convertei-vos à minha repreensão; eis que vos derramarei meu espírito, *e* vos farei saber minhas palavras. ²⁴ *Mas* porque eu clamei, e recusastes; estendi minha mão, e não houve quem desse atenção, ²⁵ E rejeitastes todo o meu conselho, e não quisestes minha repreensão, ²⁶ Também eu rirei em vosso sofrimento, *e* zombarei, quando vier vosso medo. ²⁷ Quando vier vosso temor como tempestade, e a causa de vosso sofrimento como ventania, quando vier sobre vós a opressão e a angústia, ²⁸ Então clamarão a mim; porém eu não responderei; de madrugada me buscarão, porém não me acharão. ²⁹ Porque odiaram o conhecimento; e escolheram não temer ao SENHOR. ³⁰ Não concordaram com meu conselho, *e* desprezaram toda a minha repreensão. ³¹ Por isso comerão do fruto do seu *próprio* caminho, e se fartarão de seus *próprios* conselhos. ³² Pois o desvio dos tolos os matará, e a confiança dos loucos os destruirá. ³³ Porém aquele que me ouvir habitará em segurança, e estará tranquilo do temor do mal.

2

¹ Filho meu, se aceitares minhas palavras, e depositares em ti meus mandamentos, ² Para fazeres teus ouvidos darem atenção à sabedoria, *e* inclinares teu coração à inteligência; ³ E se clamares à prudência, *e* à inteligência dirigires tua voz; ⁴ Se tu a buscares como a prata, e a procurares como que a tesouros escondidos, ⁵ Então entenderás o temor ao SENHOR, e acharás o conhecimento de Deus. ⁶ Porque o SENHOR dá sabedoria; de sua boca *vem* o conhecimento e o entendimento. ⁷ Ele

---

* **1:12** Xeol é o lugar dos mortos

reserva a boa sabedoria para os corretos; *ele é* escudo para os que andam em sinceridade. [8] Para guardar os caminhos do juízo; e conservar os passos de seus santos. [9] Então entenderás a justiça e o juízo, e a equidade; *e* todo bom caminho. [10] Quando a sabedoria entrar em teu coração, e o conhecimento for agradável à tua alma. [11] O bom senso te guardará, e o entendimento te preservará: [12] - Para te livrar do mau caminho, e dos homens que falam perversidades; [13] Que deixam as veredas da justiça para andarem pelos caminhos das trevas; [14] Que se alegram em fazer o mal, e se enchem de alegria com as perversidades dos maus; [15] Cujas veredas são distorcidas, e desviadas em seus percursos. [16] - Para te livrar da mulher estranha, e da pervertida, *que* lisonjeia com suas palavras; [17] Que abandona o guia de sua juventude, e se esquece do pacto de seu Deus. [18] Porque sua casa se inclina para a morte, e seus caminhos para os mortos. [19] Todos os que entrarem a ela, não voltarão mais; e não alcançarão os caminhos da vida. [20] - Para andares no caminho dos bons, e te guardares nas veredas dos justos. [21] Porque os corretos habitarão a terra; e os íntegros nela permanecerão. [22] Porém os perversos serão cortados da terra, e os infiéis serão arrancados dela.

3

[1] Filho meu, não te esqueças de minha lei; e que teu coração guarde meus mandamentos. [2] Porque te acrescentarão extensão de dias, e anos de vida e paz. [3] Que a bondade e a fidelidade não te desamparem; amarra-as junto ao teu pescoço; escreve-as na tábua de teu coração. [4] Então tu acharás graça e bom entendimento, aos olhos de Deus e dos homens. [5] Confia no SENHOR com todo o teu coração; e não te apoies em teu *próprio* entendimento. [6] Dá reconhecimento a ele em todas os teus caminhos; e ele endireitará tuas veredas. [7] Não sejas sábio aos teus *próprios* olhos; teme ao SENHOR, e afasta-te do mal. [8] Isto será remédio para teu corpo, e alívio para teus ossos. [9] Honra ao SENHOR com teus bens, e com a primeira parte de toda a tua renda. [10] E teus celeiros se encherão de fartura, e tuas prensas de uvas transbordarão de vinho novo. [11] Filho meu, não rejeites a correção do SENHOR, nem te desagrades de sua repreensão; [12] Porque o SENHOR repreende a quem ele ama, assim como o pai ao filho, *a quem* ele quer bem. [13] Bem-aventurado o homem que encontra sabedoria, e o homem que ganha conhecimento. [14] Porque seu produto é melhor que o produto da prata; e seu valor, mais do que o do ouro fino. [15] Ela é mais preciosa do que rubis; e tudo o que podes desejar não se pode comparar a ela. [16] Extensão de dias *há* em sua mão direita; em sua esquerda riquezas e honra. [17] Seus caminhos são caminhos agradáveis; e todas as suas veredas são paz. [18] Ela é uma árvore de vida para os que dela pegam; e bem-aventurados são todos os que a retêm. [19] O SENHOR com sabedoria fundou a terra; ele preparou os céus com a inteligência. [20] Com seu conhecimento se fenderam os abismos, e as nuvens gotejam orvalho. [21] Filho meu, que *estes* não se afastem de teus olhos; guarda a sabedoria e o bom-senso. [22] Porque serão vida para tua alma, e graça para teu pescoço. [23] Então andarás por teu caminho em segurança; e com teus pés não tropeçarás. [24] Quando te deitares, não terás medo; tu deitarás, e teu sono será suave. [25] Não temas o pavor repentino; nem da assolação dos perversos, quando vier. [26] Porque o SENHOR será tua esperança; e ele guardará teus pés para que não sejam presos. [27] Não detenhas o bem daqueles que possuem o direito, se tiveres em tuas mãos poder para o fazeres. [28] Não digas a teu próximo: Vai, e volta *depois* , que amanhã te darei; se tu tiveres contigo *o que ele te pede* . [29] Não planejes o mal contra teu próximo, pois ele mora tendo confiança em ti. [30] Não brigues contra alguém sem motivo, se ele não fez mal contra ti. [31] Não tenhas inveja do homem violento, nem escolhas *seguir* algum dos

caminhos dele. ³² Porque o SENHOR abomina os perversos; mas ele *guarda* o seu segredo com os justos. ³³ A maldição do SENHOR *está* na casa do perverso; porém ele abençoa a morada dos justos. ³⁴ Certamente ele zombará dos zombadores; mas dará graça aos humildes. ³⁵ Os sábios herdarão honra; porém os loucos terão sobre si confusão.

4

¹ Ouvi, filhos, a correção do pai; e prestai atenção, para que conheçais o entendimento. ² Pois eu vos dou boa doutrina; não deixeis a minha lei. ³ Porque eu era filho do meu pai; tenro, e único perante a face de minha mãe. ⁴ E ele me ensinava, e me dizia: Que teu coração retenha minhas palavras; guarda meus mandamentos, e vive. ⁵ Adquire sabedoria, adquire entendimento; *e* não te esqueças nem te desvies das palavras de minha boca. ⁶ Não a abandones, e ela te guardará; ama-a, e ela te conservará. ⁷ O principal é a sabedoria; adquire sabedoria, e acima de tudo o que adquirires, adquire entendimento. ⁸ Exalta-a, e ela te exaltará; quando tu a abraçares, ela te honrará. ⁹ Ela dará a tua cabeça um ornamento gracioso; ela te entregará uma bela coroa. ¹⁰ Ouve, filho meu, e recebe minhas palavras; e elas te acrescentarão anos de vida. ¹¹ Eu te ensino no caminho da sabedoria; *e* te faço andar pelos percursos direitos. ¹² Quando tu andares, teus passos não se estreitarão; e se tu correres, não tropeçarás. ¹³ Toma a correção para si, e não *a* largues; guarda-a, porque ela *é* tua vida. ¹⁴ Não entres pela vereda dos perversos, nem andes pelo caminho dos maus. ¹⁵ Rejeita-o! Não passes por ele; desvia-te dele, e passa longe. ¹⁶ Pois eles não dormem se não fizerem o mal; e ficam sem sono, se não fizerem tropeçar *a alguém* . ¹⁷ Porque comem pão da maldade, e bebem vinho de violências. ¹⁸ Mas o caminho dos justos é como a luz brilhante, que vai, e ilumina até o dia *ficar claro* por completo. ¹⁹ O caminho dos perversos é como a escuridão; não sabem em que tropeçam. ²⁰ Filho meu, presta atenção às minhas palavras; e ouve as minhas instruções. ²¹ Não as deixes ficarem longe de teus olhos; guarda-as no meio de teu coração. ²² Porque são vida para aqueles que as encontram; e saúde para todo o seu corpo. ²³ Acima de tudo o que se deve guardar, guarda o teu coração; porque dele *procedem* as saídas da vida. ²⁴ Afasta de ti a perversidade da boca; e põe longe de ti a corrupção dos lábios. ²⁵ Teus olhos olhem direito; tuas pálpebras estejam corretas diante de ti. ²⁶ Pondera o curso de teus pés; e todos os teus caminhos sejam bem ordenados. ²⁷ Não te desvies nem para a direita, nem para a esquerda; afasta teus pés do mal.

5

¹ Filho meu, presta atenção à minha sabedoria, inclina teus ouvidos ao meu entendimento. ² Para que guardes o bom-senso; e teus lábios conservem o conhecimento. ³ Porque os lábios da mulher pervertida gotejam mel; e sua boca é mais suave que o azeite. ⁴ Porém seu fim é mais amargo que o absinto; é afiado como a espada de dois fios. ⁵ Seus pés descem à morte; seus passos conduzem ao Xeol. * ⁶ Para que não ponderes a vereda da vida, os percursos delas são errantes, e tu não os conhecerás. ⁷ E agora, filhos, escutai-me; e não vos desvieis das palavras de minha boca. ⁸ Mantenha teu caminho longe dela; e não te aproximes da porta da casa dela. ⁹ Para que não dês tua honra a outros, nem teus anos *de vida* aos cruéis. ¹⁰ Para que estranhos não se fartem de teu poder, e teus trabalhos *não sejam* aproveitados em casa alheia; ¹¹ E gemas em teu fim, quando tua carne e teu corpo estiverem consumidos. ¹² E digas: Como eu odiei a correção, e meu coração desprezou

---

* **5:5** Xeol é o lugar dos mortos

a repreensão? ¹³ E não escutei a voz de meus ensinadores, nem ouvi a meus mestres. ¹⁴ Quase me achei em todo mal, no meio da congregação e do ajuntamento. ¹⁵ Bebe água de tua *própria* cisterna, e das correntes de teu *próprio* poço. ¹⁶ Derramar-se-iam por fora tuas fontes, *e* pelas ruas os ribeiros de águas? ¹⁷ Sejam somente para ti, e não para os estranhos contigo. ¹⁸ Seja bendito o teu manancial, e alegra-te com a mulher de tua juventude. ¹⁹ *Seja ela* uma cerva amorosa e gazela graciosa; que os seios dela te fartem em todo tempo; e anda pelo caminho do amor dela continuamente. ²⁰ E por que tu, filho meu, andarias perdido pela estranha, e abraçarias o peito da *mulher* alheia? ²¹ Pois os caminhos do homem estão perante os olhos do SENHOR; e ele pondera todos os seus percursos. ²² O perverso será preso pelas suas *próprias* perversidades; e será detido pelas cordas de seu *próprio* pecado. ²³ Ele morrerá pela falta de correção; e andará sem rumo pela grandeza de sua loucura.

6

¹ Filho meu, se ficaste fiador por teu próximo, *se* deste tua garantia ao estranho; ² *Se* tu foste capturado pelas palavras de tua *própria* boca, e te prendeste pelas palavras de tua boca, ³ Então faze isto agora, meu filho, e livra-te, pois caíste nas mãos de teu próximo; vai, humilha-te, e insiste exaustivamente ao teu próximo. ⁴ Não dês sono aos teus olhos, nem cochilo às tuas pálpebras. ⁵ Livra-te, como a corça do caçador, como o pássaro do caçador de aves. ⁶ Vai até a formiga, preguiçoso; olha para os caminhos dela, e sê sábio. ⁷ Ela, *mesmo* não tendo chefe, nem fiscal, nem dominador, ⁸ Prepara seu alimento no verão, na ceifa ajunta seu mantimento. ⁹ Ó preguiçoso, até quando estarás deitado? Quando te levantarás de teu sono? ¹⁰ Um pouco de sono, um pouco de cochilo; um pouco de descanso com as mãos cruzadas; ¹¹ Assim a pobreza virá sobre ti como um assaltante; a necessidade *chegará* a ti como um homem armado. ¹² O homem mal, o homem injusto, anda com uma boca perversa. ¹³ Ele acena com os olhos, fala com seus pés, aponta com seus dedos. ¹⁴ Perversidades há em seu coração; todo o tempo ele trama o mal; anda semeando brigas. ¹⁵ Por isso sua perdição virá repentinamente; subitamente ele será quebrado, e não haverá cura. ¹⁶ Estas seis coisas o SENHOR odeia; e sete sua alma abomina: ¹⁷ Olhos arrogantes, língua mentirosa, e mãos que derramam sangue inocente; ¹⁸ O coração que trama planos malignos, pés que se apressam a correr para o mal; ¹⁹ A falsa testemunha, que sopra mentiras; e o que semeia brigas entre irmãos. ²⁰ Filho meu, guarda o mandamento de teu pai; e não abandones a lei de tua mãe. ²¹ Amarra-os continuamente em teu coração; e pendura-os ao teu pescoço. ²² Quando caminhares, *isto* te guiará; quando deitares, *isto* te guardará; quando acordares, *isto* falará contigo. ²³ Porque o mandamento é uma lâmpada, e a lei é luz; e as repreensões para correção são o caminho da vida; ²⁴ Para te protegerem da mulher má, das lisonjas da língua da estranha. ²⁵ Não cobices a formosura dela em teu coração; nem te prenda em seus olhos. ²⁶ Porque pela mulher prostituta *chega-se a pedir* um pedaço de pão; e a mulher de *outro* homem anda à caça de uma alma preciosa. ²⁷ Por acaso pode alguém botar fogo em seu peito, sem que suas roupas se queimem? ²⁸ *Ou* alguém pode andar sobre as brasas, sem seus pés se arderem? ²⁹ Assim *será* aquele que se deitar com a mulher de seu próximo; não será considerado inocente todo aquele que a tocar. ³⁰ Não se despreza ao ladrão, quando furta para saciar sua alma, tendo fome; ³¹ Mas, *se for* achado, ele pagará sete vezes mais; ele terá que dar todos os bens de sua casa. ³² *Porém* aquele que adultera com mulher *alheia* tem falta de entendimento; quem faz *isso* destrói sua *própria* alma. ³³ Ele encontrará castigo e desgraça; e sua desonra nunca será apagada. ³⁴ Porque ciúmes *são* a fúria do marido,

e ele de maneira nenhuma terá misericórdia no dia da vingança. ³⁵ Ele não aceitará nenhum pagamento pela culpa; nem consentirá, ainda que aumentes os presentes.

7

¹ Filho meu, guarda minhas palavras; e deposita em ti meus mandamentos. ² Guarda meus mandamentos, e vive; e minha lei, como as pupilas de teus olhos. ³ Ata-os aos teus dedos; escreve-os na tábua do teu coração. ⁴ Dize à sabedoria: Tu és minha irmã; E à prudência chama de parente. ⁵ Para que te guardem da mulher alheia, da estranha, *que* lisonjeia com suas palavras. ⁶ Porque da janela de minha casa, pelas minhas grades eu olhei; ⁷ E vi entre os simples, prestei atenção entre os jovens, um rapaz que tinha falta de juízo; ⁸ Que estava passando pela rua junto a sua esquina, e seguia o caminho da casa dela; ⁹ No crepúsculo, ao entardecer do dia, no escurecer da noite e nas trevas. ¹⁰ E eis que uma mulher lhe *saiu* ao encontro, com roupas de prostituta, e astuta de coração. ¹¹ Esta era barulhenta e insubordinada; os pés dela não paravam em sua casa. ¹² De tempos em tempos ela fica fora *de casa* ,nas ruas, espreitando em todos os cantos. ¹³ Então ela o pegou, e o beijou; e com atrevimento em seu rosto, disse-lhe: ¹⁴ Sacrifícios pacíficos tenho comigo; hoje paguei meus votos. ¹⁵ Por isso saí para te encontrar; para buscar apressadamente a tua face, e te achei. ¹⁶ Já preparei minha cama com cobertas; com tecidos de linho fino do Egito. ¹⁷ Já perfumei meu leito com mirra, aloés e canela. ¹⁸ Vem *comigo* ; iremos nos embebedar de paixões até a manhã, e nos alegraremos de amores. ¹⁹ Porque *meu* marido não está em casa; ele viajou para longe. ²⁰ Ele tomou uma bolsa de dinheiro em sua mão; *e só* volta para casa no dia determinado. ²¹ Ela o convenceu com suas muitas palavras sedutoras; com a lisonja de seus lábios ela o persuadiu. ²² Ele foi logo após ela, como o boi vai ao matadouro; e como o louco ao castigo das prisões. ²³ Até que uma flecha atravesse seu fígado; como a ave que se apressa para a armadilha, e não sabe que está *armada* contra sua vida. ²⁴ Agora pois, filhos, escutai-me; e prestai atenção às palavras de minha boca. ²⁵ Que teu coração não se desvie para os caminhos dela, e não andes perdido pelas veredas dela. ²⁶ Porque ela derrubou muitos feridos; e são muitíssimos os que por ela foram mortos. ²⁷ A sua casa é caminho para o Xeol, * que desce para as câmaras da morte.

8

¹ Por acaso a sabedoria não clama, e a inteligência não solta sua voz? ² Nos lugares mais altos, junto ao caminho, nas encruzilhadas das veredas, ela se põe. ³ Ao lado das portas, à entrada da cidade; na entrada dos portões, ela grita: ⁴ Varões, eu vos clamo; *dirijo* minha voz aos filhos dos homens. ⁵ Vós que sois ingênuos, entendei a prudência; e vós que sois loucos, entendei *de* coração. ⁶ Ouvi, porque falarei coisas nobres; e abro meus lábios para a justiça. ⁷ Porque minha boca declarará a verdade; e meus lábios abominam a maldade. ⁸ Todas as coisas que digo com minha boca são justas; não há nelas coisa alguma *que seja* distorcida ou perversa. ⁹ Todas elas são corretas para aquele que as entende; e justas para os que encontram conhecimento. ¹⁰ Aceitai minha correção, e não prata; e o conhecimento mais que o ouro fino escolhido. ¹¹ Porque a sabedoria é melhor do que rubis; e todas as coisas desejáveis nem sequer podem ser comparadas a ela. ¹² Eu, a Sabedoria, moro com a Prudência; e tenho o conhecimento do conselho. ¹³ O temor ao SENHOR é odiar o mal: a soberba e a arrogância, o mal caminho e a boca perversa, eu *os* odeio. ¹⁴ A mim pertence o conselho e a verdadeira sabedoria; eu *tenho* prudência e poder. ¹⁵ Por meio de mim os reis governam, e os príncipes decretam justiça. ¹⁶ Por meio

---

* **7:27** Xeol é o lugar dos mortos

de mim os governantes dominam; e autoridades, todos os juízes justos. [17] Eu amo os que me amam; e os que me buscam intensamente me acharão. [18] Bens e honra estão comigo; *assim como* a riqueza duradoura e a justiça. [19] Meu fruto é melhor que o ouro, melhor que o ouro refinado; e meus produtos melhores que a prata escolhida. [20] Eu faço andar pelo caminho da justiça, no meio das veredas do juízo; [21] Para eu dar herança aos que me amam, e encher seus tesouros. [22] O SENHOR me adquiriu no princípio de seu caminho; desde antes de suas obras antigas. [23] Desde a eternidade eu fui ungida; desde o princípio; desde antes do surgimento da terra. [24] Quando ainda não havia abismos, eu fui gerada; quando ainda não havia fontes providas de muitas águas. [25] Antes que os montes fossem firmados; antes dos morros, eu fui gerada. [26] Quando ele ainda não tinha feito a terra, nem os campos; nem o princípio da poeira do mundo. [27] Quando preparava os céus, ali eu estava; quando ele desenhava ao redor da face do abismo. [28] Quando firmava as nuvens de cima, quando fortificava as fontes do abismo. [29] Quando colocava ao mar o seu limite, para que as águas não ultrapassassem seu mandado; quando estabelecia os fundamentos da terra. [30] Então eu estava com ele como um pupilo; e eu era seu agrado a cada dia, alegrando perante ele em todo tempo. [31] Alegrando na habitação de sua terra; e *concedendo* meus agrados aos filhos dos homens. [32] Portanto agora, filhos, ouvi-me; porque bem-aventurados serão *os que* guardarem meus caminhos. [33] Ouvi a correção, e sede sábios; e não a rejeiteis. [34] Bem-aventurado *é* o homem que me ouve; que vigia em minhas portas diariamente, que guarda as ombreiras de minhas entradas. [35] Porque aquele que me encontrar, encontrará a vida; e obterá o favor do SENHOR. [36] Mas aquele que pecar contra mim fará violência à sua *própria* alma; todos os que me odeiam amam a morte.

9

[1] A verdadeira sabedoria edificou sua casa; ela lavrou suas sete colunas. [2] Ela sacrificou seu sacrifício, misturou seu vinho, e preparou sua mesa. [3] Mandou suas servas, *e* está convidando desde os pontos mais altos da cidade, dizendo: [4] Qualquer um que for ingênuo, venha aqui.Aos que têm falta de entendimento, ela diz: [5] Vinde, comei do meu pão; e bebei do vinho que misturei. [6] Abandonai a tolice; e vivei; e andai pelo caminho da prudência. [7] Aquele que repreende ao zombador, toma desonra para si mesmo; e o que tenta corrigir ao perverso acaba sendo manchado. [8] Não repreendas ao zombador, para que ele não te odeie; repreende ao sábio, e ele te amará. [9] Ensina ao sábio, e ele será mais sábio ainda; instrui ao justo, e ele aumentará seu conhecimento. [10] O temor ao SENHOR é o princípio da sabedoria; e o conhecimento dos santos *é* a prudência. [11] Porque por mim teus dias serão multiplicados; e anos de vida a ti serão aumentados. [12] Se fores sábio, serás sábio para ti; e se fores zombador, somente tu aguentarás. [13] A mulher louca é causadora de tumultos; *ela é* tola, e não sabe coisa alguma. [14] E se senta à porta de sua casa, sobre uma cadeira, nos lugares altos da cidade; [15] Para chamar aos que passam pelo caminho, e passam por suas veredas, *dizendo* : [16] Qualquer um que for ingênuo, venha aqui! E aos que tem falta de entendimento, ela diz: [17] As águas roubadas são doces; e o pão escondido é agradável. [18] Porém não sabem que ali estão os mortos; seus convidados estão nas profundezas do Xeol. *

10

[1] Provérbios de Salomão:O filho sábio alegra ao pai; mas o filho tolo é tristeza para sua mãe. [2] Tesouros da perversidade para nada aproveitam; porém a justiça livra

---

* **9:18** Xeol é o lugar dos mortos

da morte. ³ O SENHOR não permite a alma do justo passar fome, porém arruína o interesse dos perversos. ⁴ Aquele que trabalha com mão preguiçosa empobrece; mas a mão de quem trabalha com empenho enriquece. ⁵ Aquele que ajunta no verão é filho prudente; *mas* o que dorme na ceifa é filho causador de vergonha. ⁶ Há bênçãos sobre a cabeça dos justos; mas a violência cobre a boca dos perversos. ⁷ A lembrança do justo *será* uma bênção; mas o nome dos perversos apodrecerá. ⁸ O sábio de coração aceita os mandamentos; mas o louco de lábios será derrubado. ⁹ Aquele que anda em sinceridade anda seguro; mas o que perverte seus caminhos será conhecido. ¹⁰ Aquele que pisca os olhos maliciosamente gera dores; e o louco de lábios será derrubado. ¹¹ A boca do justo é um manancial de vida; mas a boca dos perversos está coberta de violência. ¹² O ódio desperta brigas; mas o amor cobre todas as transgressões. ¹³ Nos lábios do bom entendedor se acha sabedoria, mas uma vara está às costas daquele que não tem entendimento. ¹⁴ Os sábios guardam consigo sabedoria; mas a boca do tolo *está* perto da perturbação. ¹⁵ A prosperidade do rico é a sua cidade fortificada; a pobreza dos necessitados é sua perturbação. ¹⁶ A obra do justo é para a vida; os frutos do perverso, para o pecado. ¹⁷ O caminho para a vida *é* d aquele que guarda a correção; mas aquele que abandona a repreensão anda sem rumo. ¹⁸ Aquele que esconde o ódio *tem* lábios mentirosos; e o que produz má fama é tolo. ¹⁹ Na abundância de palavras não há falta de transgressão; mas aquele que refreia seus lábios é prudente. ²⁰ A língua do justo *é como* prata escolhida; o coração dos perversos *vale* pouco. ²¹ Os lábios dos justo apascentam a muitos; mas os tolos, por falta de entendimento, morrem. ²² É a bênção do SENHOR que enriquece; e ele não lhe acrescenta dores. ²³ Para o tolo, fazer o mal é uma diversão; mas para o homem bom entendedor, *divertida é* a sabedoria. ²⁴ O temor do perverso virá sobre ele, mas o desejo dos justos será concedido. ²⁵ Assim como o vento passa, assim também o perverso não *mais* existirá; mas o justo *tem* um alicerce eterno. ²⁶ Assim como vinagre para os dentes, e como fumaça para os olhos, assim também é o preguiçoso para aqueles que o mandam. ²⁷ O temor ao SENHOR faz aumentar os dias; mas os anos dos perversos serão encurtados. ²⁸ A esperança dos justos *é* alegria; mas a expectativa dos perversos perecerá. ²⁹ O caminho do SENHOR é fortaleza para os corretos, mas ruína para os que praticam maldade. ³⁰ O justo nunca será removido, mas os perversos não habitarão a terra. ³¹ A boca do justo produz sabedoria, mas a língua perversa será cortada fora. ³² Os lábios do justo sabem o que é agradável; mas a boca dos perversos *é cheia* de perversidades.

11

¹ A balança enganosa *é* abominação ao SENHOR; mas o peso justo *é* seu prazer. ² Quando vem a arrogância, vem também a desonra; mas com os humildes *está* a sabedoria. ³ A integridade dos corretos os guia; mas a perversidade dos enganadores os destruirá. ⁴ Nenhum proveito terá a riqueza no dia da ira; mas a justiça livrará da morte. ⁵ A justiça do íntegro endireitará seu caminho; mas o perverso cairá por sua perversidade. ⁶ A justiça dos corretos os livrará; mas os transgressores serão presos em sua própria perversidade. ⁷ Quando o homem mau morre, sua expectativa morre; e a esperança de seu poder perece. ⁸ O justo é livrado da angústia; e o perverso vem em seu lugar. ⁹ O hipócrita com a boca prejudica ao seu próximo; mas os justos por meio do conhecimento são livrados. ¹⁰ No bem dos justos, a cidade se alegra muito; e quando os perversos perecem, há alegria. ¹¹ Pelo bênção dos sinceros a cidade se exalta; mas pela boca dos perversos ela se destrói. ¹² Aquele que não tem entendimento despreza a seu próximo; mas o homem bom entendedor se mantêm

calado. [13] Aquele que conta fofocas revela o segredo; mas o fiel de espírito encobre o assunto. [14] Quando não há conselhos sábios, o povo cai; mas na abundância de bons conselheiros *consiste* o livramento. [15] Certamente aquele que se tornar fiador de algum estranho passará por sofrimento; mas aquele odeia firmar compromissos *ficará* seguro. [16] A mulher graciosa guarda a honra, assim como os violentos guardam as riquezas. [17] O homem bondoso faz bem à sua alma; mas o cruel atormenta sua *própria* carne. [18] O perverso recebe falso pagamento; mas aquele que semeia justiça *terá* uma recompensa fiel. [19] Assim como a justiça *leva* para a vida; assim também aquele que segue o mal *é levado* para sua *própria* morte. [20] O SENHOR abomina os perversos de coração; porém ele se agrada que caminham com sinceridade. [21] Com certeza o mal não será absolvido; mas a semente dos justos escapará livre. [22] A mulher bela mas sem discrição é como uma joia no focinho de uma porca. [23] O desejo dos justos é somente para o bem; mas a esperança dos perversos é a fúria. [24] Há quem dá generosamente e tem cada vez mais; e há quem retém mais do que é justo e empobrece. [25] A alma generosa prosperará, e aquele que saciar * também será saciado. [26] O povo amaldiçoa ao que retém o trigo; mas bênção haverá sobre a cabeça daquele que *o* vende. [27] Aquele que com empenho busca o bem, busca favor; porém o que procura o mal, sobre ele isso lhe virá. [28] Aquele que confia em suas riquezas cairá; mas os justos florescerão como as folhas. [29] Aquele que perturba sua *própria* casa herdará vento; e o tolo será servo do sábio de coração. [30] O fruto do justo é uma árvore de vida; e o que ganha almas é sábio. [31] Ora, se o justo recebe seu pagamento na terra, quanto mais o perverso e o pecador!

12

[1] Aquele que ama a correção ama o conhecimento; mas aquele que odeia a repreensão é um bruto. [2] O homem de bem ganha o favor do SENHOR; mas ao homem de pensamentos perversos, ele o condenará. [3] O homem não prevalecerá pela perversidade; mas a raiz dos justos não será removida. [4] A mulher virtuosa é a coroa de seu marido; mas a causadora de vergonha é como uma podridão em seus ossos. [5] Os pensamentos dos justos são de bom juízo; *mas* os conselhos dos perversos são enganosos. [6] As palavras dos perversos são para espreitar *o derramamento de* sangue *de inocentes* ; mas a boca dos corretos os livrará. [7] Os perversos serão transtornados, e não existirão *mais* ; porém a casa dos justos permanecerá. [8] Cada um será elogiado conforme seu entendimento; mas o perverso de coração será desprezado. [9] Melhor é o que estima pouco a si mesmo mas tem quem o sirva, do que aquele que elogia a si mesmo, mas nem sequer tem pão. [10] O justo dá atenção à vida de seus animais; mas *até* as misericórdias dos perversos são cruéis. [11] Aquele que lavra sua terra se saciará de pão; mas o que segue *coisas* inúteis tem falta de juízo. [12] O perverso deseja armadilhas malignas; porém a raiz dos justos produzirá *seu fruto* . [13] O perverso é capturado pela transgressão de seus lábios, mas o justo sairá da angústia. [14] Cada um se sacia do bem pelo fruto de sua *própria* boca; e a recompensa das mãos do homem lhe será entregue de volta. [15] O caminho do tolo é correto aos seus *próprios* olhos; mas aquele que ouve o *bom* conselho é sábio. [16] A ira do tolo é conhecida no mesmo dia, mas o prudente ignora o insulto. [17] Aquele que fala a verdade conta a justiça; porém a testemunha falsa *conta* o engano. [18] Há *alguns* que falam *palavras* como que golpes de espada; porém a língua do sábios é *como* um remédio. [19] O lábio da verdade ficará para sempre, mas a língua da falsidade *dura* por *apenas* um momento. [20] Há engano no coração dos que tramam o mal; mas os que aconselham a paz têm alegria.

---

* **11:25** sacia lit. fornece água

21 Nenhuma adversidade sobrevirá ao justos; mas os perversos se encherão de mal. 22 Os lábios mentirosos são abomináveis ao SENHOR, mas dos que falam a verdade são seu prazer. 23 O homem prudente é discreto em conhecimento; mas o coração dos tolos proclama a loucura. 24 A mão dos que trabalham com empenho dominará, e os preguiçosos se tornarão escravos. 25 A ansiedade no coração do homem o abate; *mas* uma boa palavra o alegra. 26 O justo age cuidadosamente para com seu próximo, mas o caminho dos perversos os faz errar. 27 O preguiçoso não assa aquilo que caçou, mas a riqueza de quem trabalha com empenho *lhe é* preciosa. 28 Na vereda da justiça está a vida; e *no* caminho de seu percurso não há morte.

13

1 O filho sábio *ouve* a correção do pai; mas o zombador não escuta a repreensão. 2 Cada um comerá do bem pelo fruto de sua boca, mas a alma dos infiéis *deseja* a violência. 3 Quem toma cuidado com sua boca preserva sua alma; mas aquele que abre muito seus lábios será arruinado. 4 A alma do preguiçoso deseja, mas nada *consegue* ; porém a alma dos trabalham com empenho prosperará. 5 O justo odeia a palavra mentirosa, mas o perverso age de forma repugnante e vergonhosa. 6 A justiça guarda aquele que tem um caminho íntegro; mas a perversidade transtornará ao pecador. 7 Há *alguns* que fingem ser ricos, mesmo nada tendo; e *outros* que fingem ser pobres, mesmo tendo muitos bens. 8 O resgate da vida de cada um são suas riquezas; mas o pobre não ouve ameaças. 9 A luz dos justos se alegra, mas a lâmpada dos perversos se apagará. 10 A arrogância só produz brigas; mas com os que aceitam conselhos *está* a sabedoria. 11 A riqueza *ganha* sem esforço será perdida; mas aquele que a obtém pelas próprias mãos terá cada vez mais. 12 A esperança que demora enfraquece o coração, mas o desejo cumprido é *como* uma árvore de vida. 13 Quem despreza a *boa* palavra perecerá; mas aquele que teme ao mandamento será recompensado. 14 A doutrina do sábio é manancial de vida, para se desviar das ciladas da morte. 15 O bom entendimento alcança o favor, mas o caminho dos infiéis é áspero. 16 Todo prudente age com conhecimento, mas o tolo espalha sua loucura. 17 O mensageiro perverso cai no mal, mas o representante fiel é *como* um remédio. 18 *Haverá* pobreza e vergonha ao que rejeita a correção; mas aquele que atende à repreensão será honrado. 19 O desejo realizado agrada a alma, mas os tolos abominam se afastar do mal. 20 Quem anda com os sábios se torna sábio; mas aquele que acompanha os tolos sofrerá. 21 O mal perseguirá os pecadores, mas os justos serão recompensados com o bem. 22 O homem de bem deixará herança aos filhos de seus filhos; mas a riqueza do pecador está reservada para o justo. 23 A lavoura dos pobres *gera* muita comida; mas há *alguns* que se destroem por falta de juízo. 24 Aquele que retém sua vara odeia a seu filho; porém aquele que o ama, desde cedo o castiga. 25 O justo come até sua alma estar saciada; mas o ventre dos perversos passará por necessidade.

14

1 Toda mulher sábia edifica sua casa; porém a tola a derruba com suas mãos. 2 Aquele que anda corretamente teme ao SENHOR; mas o que se desvia de seus caminhos o despreza. 3 Na boca do tolo está a vara da arrogância, porém os lábios dos sábios os protegem. 4 Não havendo bois, o celeiro fica limpo; mas pela força do boi há uma colheita abundante. 5 A testemunha verdadeira não mentirá, mas a testemunha falsa declara mentiras. 6 O zombador busca sabedoria, mas não *acha* nenhuma; mas o conhecimento é fácil para o prudente. 7 Afasta-te do homem tolo, porque *nele* não encontrarás lábios inteligentes. 8 A sabedoria do prudente é entender seu caminho;

mas a loucura dos tolos é engano. ⁹ Os tolos zombam da culpa, mas entre os corretos está o favor. ¹⁰ O coração conhece sua *própria* amargura, e o estranho não pode partilhar sua alegria. ¹¹ A casa dos perversos será destruída, mas a tenda dos corretos florescerá. ¹² Há um caminho que *parece* correto para o homem, porém o fim dele são caminhos de morte. ¹³ Até no riso o coração terá dor, e o fim da alegria é a tristeza. ¹⁴ Quem se desvia de coração será cheio de seus próprios caminhos, porém o homem de bem *será recompensado* pelos seus. ¹⁵ O ingênuo crê em toda palavra, mas o prudente pensa cuidadosamente sobre seus passos. ¹⁶ O sábio teme, e se afasta do mal; porém o tolo se precipita e se acha seguro. ¹⁷ Quem se ira rapidamente faz loucuras, e o homem de maus pensamentos será odiado. ¹⁸ Os ingênuos herdarão a tolice, mas os prudentes serão coroados *com* o conhecimento. ¹⁹ Os maus se inclinarão perante a face dos bons, e os perversos diante das portas do justo. ²⁰ O pobre é odiado até pelo seu próximo, porém os amigos dos ricos são muitos. ²¹ Quem despreza a seu próximo, peca; mas aquele que demonstra misericórdia aos humildes *é* bem-aventurado. ²² Por acaso não andam errados os que tramam o mal? Mas *há* bondade e fidelidade para os que planejam o bem. ²³ Em todo trabalho cansativo há proveito, mas o falar dos lábios só *leva* à pobreza. ²⁴ A coroa dos sábios é a sua riqueza; a loucura dos tolos é loucura. ²⁵ A testemunha verdadeira livra almas, mas aquele que declara mentiras é enganador. ²⁶ No temor ao SENHOR *há* forte confiança; e será refúgio para seus filhos. ²⁷ O temor ao SENHOR é manancial de vida, para se desviar dos laços da morte. ²⁸ Na multidão do povo está a honra do rei, mas a falta de gente é a ruína do príncipe. ²⁹ Quem demora para se irar tem muito entendimento, mas aquele de espírito impetuoso exalta a loucura. ³⁰ O coração em paz é vida para o corpo, mas a inveja é *como* podridão nos ossos. ³¹ Quem oprime ao pobre insulta ao seu Criador; mas aquele que mostra compaixão ao necessitado o honra. ³² Por sua malícia, o perverso é excluído; porém o justo *até* em sua morte mantém a confiança. ³³ No coração do prudente repousa a sabedoria; mas ela será conhecida até entre os tolos. ³⁴ A justiça exalta a nação, mas o pecado é a desgraça dos povos. ³⁵ O rei se agrada do seu servo prudente; porém ele mostrará seu furor ao causador de vergonha.

15

¹ A resposta suave desvia o furor, mas a palavra pesada faz a ira aumentar. ² A língua dos sábios faz bom uso da sabedoria, mas a boca dos tolos derrama loucura. ³ Os olhos do SENHOR estão em todo lugar, observando os maus e os bons. ⁴ Uma língua sã é árvore de vida; mas a perversidade nela é faz o espírito em pedaços. ⁵ O tolo despreza a correção de seu pai; mas aquele que presta atenção à repreensão age com prudência. ⁶ *Na* casa dos justo há um grande tesouro; mas na renda do perverso há perturbação. ⁷ Os lábios dos sábios derramam conhecimento; mas o coração dos tolos não *age* assim. ⁸ O sacrifício dos perversos é abominável ao SENHOR, mas a oração dos justos é seu agrado. ⁹ Abominável ao SENHOR é o caminho do perverso; porém ele ama ao que segue a justiça. ¹⁰ A correção é ruim para aquele que deixa o caminho; e quem odeia a repreensão morrerá. ¹¹ O Xeol * e a perdição estão perante o SENHOR; quanto mais os corações dos filhos dos homens! ¹² O zombador não ama quem o repreende, nem se aproximará dos sábios. ¹³ O coração alegre anima o rosto, mas pela dor do coração o espírito se abate. ¹⁴ O coração prudente buscará o conhecimento, mas a boca dos tolos se alimentará de loucura. ¹⁵ Todos os dias do oprimido são maus, mas o coração alegre é *como* um banquete contínuo. ¹⁶ Melhor é o

---

* **15:11** Xeol é o lugar dos mortos

pouco tendo o temor ao SENHOR, do que um grande tesouro tendo em si inquietação. [17] Melhor é a comida de hortaliças tendo amor, do que a de boi cevado tendo em si ódio. [18] O homem que fica irritado facilmente gera brigas; mas aquele que demora para se irar apaziguará o confronto. [19] O caminho do preguiçoso é como uma cerca de espinhos; mas a vereda dos corretos é bem aplanada. [20] O filho sábio alegra ao pai, mas o homem tolo despreza a sua mãe. [21] A loucura é alegria para aquele que tem falta de prudência; mas o homem de bom entendimento andará corretamente. [22] Os planos fracassam quando não há *bom* conselho; mas com abundância de conselheiros eles se confirmam. [23] O homem se alegra com a resposta de sua boca; e como é boa a palavra a seu devido tempo! [24] Para o prudente, o caminho da vida *é* para cima, para que se afaste do Xeol, † que é para baixo. [25] O SENHOR destruirá a casa dos arrogantes, mas confirmará os limites do terreno da viúva. [26] Os pensamentos do mau são abomináveis ao SENHOR, mas ele se agrada das palavras dos puros. [27] Quem pratica a ganância perturba sua *própria* casa; mas quem odeia subornos viverá. [28] O coração do justo pensa bem naquilo que vai responder, mas a boca dos perversos derrama maldades em abundância. [29] Longe está o SENHOR dos perversos, mas ele escuta a oração dos justos. [30] A luz dos olhos alegra o coração; a boa notícia fortalece os ossos. [31] Os ouvidos que escutam a repreensão da vida habitarão entre os sábios. [32] Quem rejeita correção menospreza sua *própria* alma; mas aquele que escuta a repreensão adquire entendimento. [33] O temor ao SENHOR corrige sabiamente; e antes da honra *vem* a humildade.

16

[1] Do homem são os planejamentos do coração, mas a reposta da boca *vem* do SENHOR. [2] Todos os caminhos do homem são puros aos seus *próprios* olhos; mas o SENHOR pesa os espíritos. [3] Confia tuas obras ao SENHOR, e teus pensamentos serão firmados. [4] O SENHOR fez tudo para seu propósito; e até ao perverso para o dia do mal. [5] O SENHOR abomina todo orgulhoso de coração; certamente não ficará impune. [6] Com misericórdia e fidelidade a perversidade é reconciliada; e com o temor ao SENHOR se desvia do mal. [7] Quando os caminhos do homem são agradáveis ao SENHOR, ele faz até seus inimigos terem paz com ele. [8] Melhor é o pouco com justiça, do que a abundância de rendas com injustiça. [9] O coração do homem planeja seu caminho, mas é o SENHOR que dirige seus passos. [10] Nos lábios do rei estão palavras sublimes; sua boca não transgride quando julga. [11] O peso e a balança justos pertencem ao SENHOR; a ele pertencem todos os pesos da bolsa. [12] Os reis abominam fazer perversidade, porque com justiça é que se confirma o trono. [13] Os lábios justos são do agrado dos reis, e eles amam ao que fala palavras direitas. [14] A ira do rei é como mensageiros de morte; mas o homem sábio a apaziguará. [15] No brilho do rosto do rei há vida; e seu favor é como uma nuvem de chuva tardia. [16] Obter sabedoria é tão melhor do que o ouro! E obter sabedoria é mais excelente do que a prata. [17] A estrada dos corretos se afasta do mal; e guarda sua alma quem vigia seu caminho. [18] Antes da destruição vem a arrogância, e antes da queda vem a soberba de espírito. [19] É melhor ser humilde de espírito com os mansos, do que repartir despojos com os arrogantes. [20] Aquele que pensa prudentemente na palavra encontrará o bem; e quem confia no SENHOR é bem-aventurado. [21] O sábio de coração será chamado de prudente; e a doçura dos lábios aumentará a instrução. [22] Manancial de vida é o entendimento, para queles que o possuem; mas a instrução dos tolos é loucura. [23] O coração do sábio dá prudência à sua boca; e sobre seus lábios

---

† **15:24** Xeol é o lugar dos mortos

aumentará a instrução. ²⁴ Favo de mel são as palavras suaves: doces para a alma, e remédio para os ossos. ²⁵ Há um caminho que parece direito ao homem, porém seu fim são caminhos de morte. ²⁶ A alma do trabalhador faz ele trabalhar para si, porque sua boca o obriga. ²⁷ O homem maligno cava o mal, e em seus lábios *há* como que um fogo ardente. ²⁸ O homem perverso levanta contenda, e o difamador faz *até* grandes amigos se separarem. ²⁹ O homem violento ilude a seu próximo, e o guia por um caminho que não é bom. ³⁰ Ele fecha seus olhos para imaginar perversidades; ele aperta os lábios para praticar o mal. ³¹ Cabelos grisalhos são uma coroa de honra, *caso* se encontrem no caminho de justiça. ³² Melhor é o que demora para se irritar do que o valente; e *melhor é* aquele que domina seu espírito do que aquele que toma uma cidade. ³³ A sorte é lançada no colo, mas toda decisão pertence ao SENHOR.

17

¹ Melhor é um pedaço seco de comida com tranquilidade, do que uma casa cheia de carne com briga. ² O servo prudente dominará o filho causador de vergonha, e receberá parte da herança entre os irmãos. ³ O crisol é para a prata, e o forno para o ouro; mas o SENHOR prova os corações. ⁴ O malfeitor presta atenção ao lábio injusto; o mentiroso inclina os ouvidos à língua maligna. ⁵ Quem ridiculariza o pobre insulta o seu Criador; aquele que se alegra da calamidade não ficará impune. ⁶ A coroa dos idosos *são* os filhos de seus filhos; e a glória dos filhos são seus pais. ⁷ Não é adequado ao tolo falar com elegância; muito menos para o príncipe falar mentiras. ⁸ O presente é *como* uma pedra preciosa aos olhos de seus donos; para onde quer que se voltar, *tentará* ter algum proveito. ⁹ Quem perdoa a transgressão busca a amizade; mas quem repete o assunto afasta amigos íntimos. ¹⁰ A repreensão entra mais profundamente no prudente do que cem açoites no tolo. ¹¹ Na verdade quem é mal busca somente a rebeldia; mas o mensageiro cruel será enviado contra ele. ¹² *É melhor* ao homem encontrar uma ursa roubada *de seus filhotes* ,do que um tolo em sua loucura. ¹³ Quanto ao que devolve o mal no lugar do bem, o mal nunca se afastará de sua casa. ¹⁴ Começar uma briga é *como* deixar águas rolarem; por isso, abandona a discussão antes que haja irritação. ¹⁵ Quem absolve ao perverso e quem condena ao justo, ambos são abomináveis ao SENHOR. ¹⁶ Para que serve o dinheiro na mão do tolo, já que ele não tem interesse em obter sabedoria? ¹⁷ O amigo ama em todo tempo, e o irmão nasce para *ajudar* na angústia. ¹⁸ O homem imprudente assume compromisso, ficando como fiador de seu próximo. ¹⁹ Quem ama a briga, ama a transgressão; quem constrói alta sua porta busca ruína. ²⁰ O perverso de coração nunca encontrará o bem; e quem distorce *as palavras de* sua língua cairá no mal. ²¹ Quem gera o louco *cria* sua própria tristeza; e o pai do imprudente não se alegrará. ²² O coração alegre é um bom remédio, mas o espírito abatido faz os ossos se secarem. ²³ O perverso toma o presente do seio, para perverter os caminhos da justiça. ²⁴ A sabedoria está diante do rosto do prudente; porém os olhos do tolo *estão voltados* para os confins da terra. ²⁵ O filho tolo é tristeza para seu pai, e amargura para aquela que o gerou. ²⁶ Também não é bom punir ao justo, nem bater nos príncipes por causa da justiça. ²⁷ Quem entende o conhecimento guarda suas palavras; *e* o homem de bom entendimento *é* de espírito calmo. ²⁸ Até o tolo, quando está calado, é considerado como sábio; *e* quem fecha seus lábios, como de bom senso.

18

¹ Quem se isola busca seu *próprio* desejo; ele se volta contra toda sabedoria. ² O tolo não tem prazer no entendimento, mas sim em revelar sua *própria* opinião. ³ Na vinda do perverso, vem também o desprezo; e com a desonra *vem* a vergonha. ⁴ A

boca do homem são *como* águas profundas; e o manancial de sabedoria *como* um ribeiro transbordante. ⁵ Não é bom favorecer ao perverso para prejudicar ao justo num julgamento. ⁶ Os lábios do tolo entram em briga, e sua boca chama pancadas. ⁷ A boca do tolo é sua *própria* destruição, e seus lábios *são* armadilha para sua alma. ⁸ As palavras do fofoqueiro são como alimentos deliciosos, * que descem até o interior do ventre. ⁹ O preguiçoso em fazer sua obra é irmão do causador de prejuízo. ¹⁰ O nome do SENHOR é uma torre forte; o justo correrá até ele, e ficará seguro. ¹¹ Os bens do rico são *como* uma cidade fortificada, e como um muro alto em sua imaginação. ¹² Antes da ruína o coração humano é orgulhoso; e antes da honra *vem* a humildade. ¹³ Quem responde antes de ouvir *age* como tolo e causa vergonha para si. ¹⁴ O espírito do homem o sustentará quando doente; mas o espírito abatido, quem o levantará? ¹⁵ O coração do prudente adquire conhecimento; e o ouvido dos sábios busca conhecimento. ¹⁶ O presente do homem alarga seu caminho, e o leva perante a face dos grandes. ¹⁷ Aquele que primeiro mostra sua causa *parece ser* justo; mas *somente até* que outro venha, e o investigue. ¹⁸ O sorteio cessa disputas, e separa poderosos *de se confrontarem* . ¹⁹ O irmão ofendido *é mais difícil* que uma cidade fortificada; e as brigas são como ferrolhos de uma fortaleza. ²⁰ Do fruto da boca do homem seu ventre se fartará; dos produtos de seus lábios se saciará. ²¹ A morte e a vida estão no poder da língua; e aquele que a ama comerá do fruto dela. ²² Quem encontrou esposa, encontrou o bem; e obteve o favor do SENHOR. ²³ O pobre fala com súplicas; mas o rico responde com durezas. ²⁴ O homem *que tem* amigos pode ser prejudicado *por eles* ; porém há um amigo mais chegado que um irmão.

19

¹ Melhor é o pobre que anda em sua honestidade do que o perverso de lábios e tolo. ² E não é bom a alma sem conhecimento; e quem tem pés apressados comete erros. ³ A loucura do homem perverte seu caminho; e seu coração se ira contra o SENHOR. ⁴ A riqueza faz ganhar muitos amigos; mas ao pobre, até seu amigo o abandona. ⁵ A falsa testemunha não ficará impune; e quem fala mentiras não escapará. ⁶ Muitos suplicam perante o príncipe; e todos querem ser amigos daquele que dá presentes. ⁷ Todos os irmãos do pobre o odeiam; ainda mais seus amigos se afastam dele; ele corre atrás deles com palavras, mas eles nada lhe *respondem* . ⁸ Quem adquire entendimento ama sua alma; quem guarda a prudência encontrará o bem. ⁹ A falsa testemunha não ficará impune; e quem fala mentiras perecerá. ¹⁰ O luxo não é adequado ao tolo; muito menos ao servo dominar sobre príncipes. ¹¹ A prudência do homem retém sua ira; e sua glória é ignorar a ofensa. ¹² A fúria do rei é como o rugido de um leão; mas seu favor é como orvalho sobre a erva. ¹³ O filho tolo é uma desgraça ao seu pai; e brigas da esposa são *como* uma goteira duradoura. ¹⁴ A casa e as riquezas são a herança dos pais; porém a mulher prudente *vem* do SENHOR. ¹⁵ A preguiça faz cair num sono profundo; e a alma desocupada passará fome. ¹⁶ Quem guarda o mandamento cuida de sua alma; e quem despreza seus caminhos morrerá. ¹⁷ Quem faz misericórdia ao pobre empresta ao SENHOR; e ele lhe pagará sua recompensa. ¹⁸ Castiga a teu filho enquanto há esperança; mas não levantes tua alma para o matar. ¹⁹ Aquele que tem grande irá será punido; porque se tu o livrares, terás de fazer o mesmo de novo. ²⁰ Ouve o conselho, e recebe a disciplina; para que sejas sábio nos teus últimos *dias* . ²¹ Há muitos pensamentos no coração do homem; porém o conselho do SENHOR prevalecerá. ²² O que se deseja do homem *é* sua bondade; porém o pobre é melhor do que o homem mentiroso. ²³ O temor ao SENHOR *encaminha* para

---

* **18:8** alimentos deliciosos obscuro - trad. alt. pancadas

a vida; aquele que *o tem* habitará satisfeito, nem mal algum o visitará. ²⁴ O preguiçoso põe sua mão no prato, e nem sequer a leva de volta à boca. ²⁵ Fere ao zombador, e o ingênuo será precavido; e repreende ao prudente, e ele aprenderá conhecimento. ²⁶ Aquele que prejudica ao pai *ou* afugenta a mãe é filho causador de vergonha e de desgraça. ²⁷ Filho meu, deixa de ouvir a instrução, *então* te desviarás das palavras de conhecimento. ²⁸ A má testemunha escarnece do juízo; e a boca dos perversos engole injustiça. ²⁹ Julgamentos estão preparados para zombadores, e açoites para as costas dos tolos.

20

¹ O vinho é zombador, a bebida forte é causadora de alvoroços; e todo aquele que errar por causa deles não é sábio. ² O temor ao rei é como um rugido de leão; e quem se ira contra ele peca contra sua *própria* alma. ³ É honroso ao homem terminar a disputa; mas todo tolo nela se envolve. ⁴ O preguiçoso não lavra no inverno; *por isso* ele mendigará durante a ceifa, pois nada terá. ⁵ O conselho no coração do homem *é como* águas profundas; mas o homem prudente *consegue* tirá-lo para fora. ⁶ Muitos homens, cada um deles afirma ter bondade; porém o homem fiel, quem o encontrará? ⁷ O justo caminha em sua integridade; bem-aventurados *serão* seus filhos depois dele. ⁸ O rei, ao se sentar no trono do juízo, com seus olhos dissipa todo mal. ⁹ Quem poderá dizer: "Purifiquei meu coração; estou limpo de meu pecado"? ¹⁰ Dois pesos e duas medidas, ambos são abominação ao SENHOR. ¹¹ Até o jovem é conhecido pelas suas ações, se sua obra for pura e correta. ¹² O ouvido que ouve e o olho que vê, o SENHOR os fez ambos. ¹³ Não ames ao sono, para que não empobreças; abre teus olhos, e te fartarás de pão. ¹⁴ *Preço* ruim, *preço* ruim, diz o comprador; mas quando vai embora, então se gaba. ¹⁵ Há ouro, e muitos rubis; mas os lábios do conhecimento são joia preciosa. ¹⁶ Toma a roupa daquele que fica por fiador de estranho; toma como penhor daquele *que fica por fiador* da estranha. ¹⁷ O pão da mentira é agradável ao homem; mas depois sua boca se encherá de pedregulhos. ¹⁸ Os planos são confirmados por meio do conselho; e com conselhos prudentes faze a guerra. ¹⁹ Quem anda fofocando revela segredos; por isso não te envolvas com aquele que fala demais com seus lábios. ²⁰ Aquele que amaldiçoar a seu pai ou a sua mãe terá sua lâmpada apagada em trevas profundas. ²¹ A herança ganha apressadamente no princípio, seu fim não será abençoado. ²² Não digas: Devolverei o mal; Espera pelo SENHOR, e ele te livrará. ²³ O SENHOR abomina pesos falsificados; e balanças enganosas não são boas. ²⁴ Os passos do homem pertencem ao SENHOR; como, pois, o homem entenderá seu caminho? ²⁵ Armadilha ao homem é prometer precipitadamente algo como sagrado, e *somente depois* pensar na seriedade dos votos *que fez* . ²⁶ O rei sábio espalha os perversos, e os atropela. ²⁷ O espírito humano é uma lâmpada do SENHOR, que examina todo o interior do ventre. ²⁸ A bondade e a fidelidade protegem o rei; e com bondade seu trono é sustentado. ²⁹ A beleza dos jovens é sua força; e a honra dos velhos é *seus* cabelos brancos. ³⁰ Os golpes das feridas purificam os maus; como também as pancadas no interior do corpo.

21

¹ *Como* ribeiros de águas é o coração do rei na mão do SENHOR, ele o conduz para onde quer. ² Todo caminho do homem é correto aos seus *próprios* olhos; mas o SENHOR pesa os corações. ³ Praticar justiça e juízo é mais aceitável ao SENHOR do que sacrifício. ⁴ Olhos orgulhosos e coração arrogante: a lavoura dos perversos é pecado. ⁵ Os planos de quem trabalha com empenho somente *levam* à abundância; mas *os de* todo apressado somente à pobreza. ⁶ Trabalhar *para obter* tesouros com

língua mentirosa é algo inútil e fácil de se perder; os que *assim fazem* buscam a morte. ⁷ A violência *praticada* pelos perversos os destruirá, porque se negam a fazer o que é justo. ⁸ O caminho do homem transgressor *é* problemático; porém a obra do puro é correta. ⁹ É melhor morar num canto do terraço do que numa casa espaçosa com uma mulher briguenta. ¹⁰ A alma do perverso deseja o mal; seu próximo não lhe agrada em seus olhos. ¹¹ Castigando ao zombador, o ingênuo se torna sábio; e ensinando ao sábio, ele ganha conhecimento. ¹² O justo considera prudentemente a casa do perverso; ele transtorna os perversos para a ruína. ¹³ Quem tapa seu ouvido ao clamor do pobre, ele também clamará, mas não será ouvido. ¹⁴ O presente em segredo extingue a ira; e a dádiva no colo *acalma* o forte furor. ¹⁵ Alegria para o justo é fazer justiça; mas *isso é* pavor para os que praticam maldade. ¹⁶ O homem que se afasta do caminho do entendimento repousará no ajuntamento dos mortos. ¹⁷ Quem ama o prazer sofrerá necessidade; aquele que ama o vinho e o azeite nunca enriquecerá. ¹⁸ O resgate *em troca* do justo é o perverso; e no lugar do reto *fica* o transgressor. ¹⁹ É melhor morar em terra deserta do que com uma mulher briguenta e que se irrita facilmente. ²⁰ *Há* tesouro desejável e azeite na casa do sábio; mas o homem tolo é devorador. ²¹ Quem segue a justiça e a bondade achará vida, justiça e honra. ²² O sábio passa por cima da cidade dos fortes e derruba a fortaleza em que confiam. ²³ Quem guarda sua boca e sua língua guarda sua alma de angústias. ²⁴ "Zombador" é o nome do arrogante e orgulhoso; ele trata *os outros* com uma arrogância irritante. ²⁵ O desejo do preguiçoso o matará, porque suas mãos se recusam a trabalhar; ²⁶ Ele fica desejando suas cobiças o dia todo; mas o justo dá, e não deixa de dar. ²⁷ O sacrifício dos perversos é abominável; quanto mais quando a oferta é feita com má intenção. ²⁸ A testemunha mentirosa perecerá; porém o homem que ouve *a verdade* falará com sucesso. ²⁹ O homem perverso endurece seu rosto, mas o correto confirma o seu caminho. ³⁰ Não há sabedoria, nem entendimento, nem conselho contra o SENHOR. ³¹ O cavalo é preparado para o dia da batalha, mas a vitória *vem* do SENHOR.

22

¹ É preferível ter um *bom* nome do que muitas riquezas; e ser favorecido é melhor que a prata e o o ouro. ² O rico e o pobre se encontram; todos eles foram feitos pelo SENHOR. ³ O prudente vê o mal, e se esconde; mas os ingênuos passam e sofrem as consequências. ⁴ A recompensa da humildade *e do* temor ao SENHOR são riquezas, honra, e vida. ⁵ *Há* espinhos e ciladas no caminho do perverso; quem cuida de sua alma deve ficar longe de *tal caminho* . ⁶ Instrui ao menino em seu caminho, e até quando envelhecer, não se desviará dele. ⁷ O rico domina sobre os pobres, e quem toma emprestado é servo daquele que empresta. ⁸ Aquele que semeia perversidade colherá sofrimento; e a vara de sua ira se acabará. ⁹ Quem tem olhos bondosos será abençoado, porque deu de seu pão ao pobre. ¹⁰ Expulsa ao zombador, e a briga terminará; cessará a disputa e a vergonha. ¹¹ Quem ama a pureza do coração *fala* graciosamente com os lábios, e o rei *será* seu amigo. ¹² Os olhos do SENHOR protegem o conhecimento; porém ele transtornará as palavras do enganador. ¹³ O preguiçoso diz: Há um leão lá fora! Ele me matará nas ruas! ¹⁴ A boca da mulher pervertida é uma cova profunda; aquele contra quem o SENHOR se irar cairá nela. ¹⁵ A tolice está amarrada ao coração do menino; *mas* a vara da correção a mandará para longe dele. ¹⁶ Aquele que oprime ao pobre para proveito próprio e aquele que dá *suborno* ao rico certamente empobrecerão. ¹⁷ Inclina o teu ouvido e escuta as palavras dos sábios; dispõe teu coração ao meu conhecimento; ¹⁸ porque é agradável que as guardes dentro de ti, e estejam prontas para os teus lábios; ¹⁹ para que tua confiança esteja no

SENHOR, eu as ensino a ti hoje. ²⁰ Por acaso não te escrevi excelentes * coisas sobre o conselho e o conhecimento, ²¹ para te ensinar a certeza das palavras da verdade, para que possas responder palavras de verdade aos que te enviarem? ²² Não roubes ao pobre, porque ele é pobre; nem oprimas ao aflito junto à porta do julgamento. ²³ Porque o SENHOR defenderá a causa deles em juízo, e quanto aos que os roubam, ele lhes roubará a alma. ²⁴ Não seja companheiro de quem se irrita facilmente, nem andes com o homem furioso, ²⁵ Para que não aprendas o caminho dele, e te ponhas em armadilhas para tua alma. ²⁶ Não estejas entre os que se comprometem em acordos com as mãos, *ou* os que ficam por fiadores de dívidas. ²⁷ Se não tens como pagar, por que razão tirariam tua cama debaixo de ti? ²⁸ Não mudes os limites antigos que teus pais fizeram. ²⁹ Viste um homem habilidoso em sua obra? Perante a face dos reis ele será posto; ele não será posto diante de pessoas sem honra.

23

¹ Quando te sentares para comer com algum dominador, presta muita atenção para o que estiver diante de ti; ² E põe uma faca à tua garganta, se tiveres muito apetite. ³ Não desejes as comidas gostosas dele, porque são pão de mentiras. ⁴ Não trabalhes exaustivamente para ser rico; modera-te por meio de tua prudência. ⁵ Porás teus olhos fixos sobre aquilo que é nada? Porque certamente se fará asas, e voará ao céu como uma águia. ⁶ Não comas o pão de quem tem olho maligno, nem cobices suas comidas gostosas. ⁷ Porque ele calcula *seus gastos* consigo mesmo. Assim ele dirá: Come e bebe; Mas o coração dele não está contigo; ⁸ Vomitarias o pedaço que comeste, e perderias tuas palavras agradáveis. ⁹ Não fales aos ouvidos do tolo, porque ele desprezará a prudência de tuas palavras. ¹⁰ Não mudes os limites antigos, nem ultrapasses as propriedades dos órfãos; ¹¹ Porque o Defensor deles é poderoso; ele disputará a causa deles contra ti. ¹² Aplica teu coração à disciplina, e teus ouvidos às palavras de conhecimento. ¹³ Não retires a disciplina do jovem; quando lhe bateres com a vara, nem *por isso* morrerá. ¹⁴ Tu lhe baterás com a vara, e livrarás a sua alma do Xeol. * ¹⁵ Meu filho, se teu coração for sábio, meu coração se alegrará, e eu também. ¹⁶ Meu interior saltará de alegria quando teus lábios falarem coisas corretas. ¹⁷ Teu coração não inveje aos pecadores; porém *permanece* no temor ao SENHOR o dia todo; ¹⁸ Porque certamente há um *bom* futuro *para ti* , e tua expectativa não será cortada. ¹⁹ Ouve, filho meu, e sê sábio; e conduz teu coração no caminho *correto* . ²⁰ Não esteja entre os beberrões de vinho, *nem* entre os comilões de carne. ²¹ Porque o beberrão e o comilão empobrecerão; e a sonolência os faz vestir trapos. ²² Ouve a teu pai, que te gerou; e não desprezes a tua mãe, quando ela envelhecer. ²³ Compra a verdade, e não a vendas; *faze o mesmo com* a sabedoria, a disciplina e a prudência. ²⁴ O pai do justo muito se alegrará; aquele que gerar o sábio se encherá de alegria por causa dele. ²⁵ Teu pai e tua mãe se alegrarão; aquela te te gerou se encherá de alegria. ²⁶ Meu filho, dá para mim teu coração, e que teus olhos prestem atenção em meus caminhos. ²⁷ Porque a prostituta é *como* uma cova profunda, e a estranha *como* um poço estreito. ²⁸ Também ela fica espreitando como um ladrão, e acrescenta transgressores entre os homens. ²⁹ De quem são os ais? De quem são os sofrimentos? De quem são as lutas? De quem são as queixas? De quem são as feridas desnecessárias? De quem são os olhos vermelhos? ³⁰ São daqueles que gastam tempo junto ao vinho, daqueles que andam em busca da bebida misturada. ³¹ Não prestes atenção ao vinho quando se mostra vermelho, quando brilha no copo e escorre suavemente, ³² *Pois* seu fim é *como* mordida de cobra, e picará como uma

---

* **22:20** obuscuro - trad. alt. trinta   * **23:14** Xeol é o lugar dos mortos

víbora. ³³ Teus olhos verão *coisas* estranhas, e teu coração falará perversidades; ³⁴ E serás como o que dorme no meio do mar, e como o que dorme no topo do mastro. ³⁵ *E dirás* : Espancaram-me, mas não senti dor; bateram em mim, mas não senti; quando virei a despertar? Vou buscar mais uma *bebida* .

24

¹ Não tenhas inveja dos homens malignos, nem desejes estar com eles; ² Porque o coração deles imagina destruição, e os lábios deles falam de opressão. ³ Pela sabedoria a casa é edificada, e pelo entendimento ela fica firme; ⁴ E pelo conhecimento os cômodos se encherão de riquezas preciosas e agradáveis. ⁵ O homem sábio é poderoso; e o homem que tem conhecimento aumenta *sua* força; ⁶ Porque com conselhos prudentes farás tua guerra; e a vitória *é alcançada* pela abundância de conselheiros. ⁷ A sabedoria é alta demais para o tolo; na porta *do julgamento* ele não abre sua boca. ⁸ Quem planeja fazer o mal será chamado de vilão. ⁹ O pensamento do tolo é pecado; e o zombador é abominável aos homens. ¹⁰ *Se* te mostrares fraco no dia da angústia, como é pouca tua força! ¹¹ Livra os que estão tomados para a morte, os que estão sendo levados para serem mortos; ¹² Pois se tu disseres: Eis que não sabíamos,Por acaso aquele que pesa os corações não saberá? Aquele que guarda tua alma não conhecerá? Ele retribuirá ao homem conforme sua obra. ¹³ Come mel, meu filho, porque é bom; e o favo de mel é doce ao teu paladar. ¹⁴ Assim será o conhecimento da sabedoria para tua alma; se a encontrares haverá recompensa *para ti* ; e tua esperança não será cortada. ¹⁵ Tu, perverso, não espies a habitação do justo, nem assoles seu quarto; ¹⁶ Porque o justo cai sete vezes, e se levanta; mas os perversos tropeçam no mal. ¹⁷ Quando teu inimigo cair, não te alegres; nem teu coração fique contente quando ele tropeçar, ¹⁸ Para que não *aconteça* de o SENHOR veja, e o desagrade, e desvie dele sua ira. ¹⁹ Não te irrites com os malfeitores, nem tenhas inveja dos perversos; ²⁰ Porque o maligno não terá um bom futuro; a lâmpada dos perversos se apagará. ²¹ Meu filho, teme ao SENHOR e ao rei; e não te envolvas com os rebeldes; ²² Porque a destruição deles se levantará de repente; e quem sabe que ruína eles terão? ²³ Estes *provérbios* também são para os sábios: fazer acepção de pessoas num julgamento não é bom. ²⁴ Aquele que disser ao ímpio: Tu és justo,Os povos o amaldiçoarão, as nações o detestarão. ²⁵ Mas para aqueles que *o* repreenderem, haverá coisas boas; e sobre eles virá uma boa bênção. ²⁶ Quem responde palavras corretas é *como se* estivesse beijando com os lábios. ²⁷ Prepara o teu trabalho de fora, e deixa pronto o teu campo; então depois, edifica a tua casa. ²⁸ Não sejas testemunha contra o teu próximo sem causa; por que enganarias com teus lábios? ²⁹ Não digas: Assim como ele fez a mim, assim também farei a ele; pagarei a cada um conforme sua obra. ³⁰ Passei junto ao campo do preguiçoso, e junto à vinha do homem sem juízo; ³¹ e eis que ela estava toda cheia de espinheiros, *e* sua superfície coberta de urtigas; e o seu muro de pedras estava derrubado. ³² Quando eu vi *isso* , aprendi em meu coração, e, olhando, recebi instrução: ³³ um pouco de sono, cochilando um pouco, cruzando as mãos por um pouco de tempo, deitado, ³⁴ e assim a tua pobreza virá como um assaltante; a tua necessidade, como um homem armado.

25

¹ Estes também são provérbios de Salomão, que foram copiados pelos homens de Ezequias, rei de Judá. ² É glória de Deus encobrir alguma coisa; mas a glória dos Reis é investigá-la. ³ Para a altura dos céus, para a profundeza da terra, assim como para o coração dos reis, não há como serem investigados. ⁴ Tira as escórias da prata, e sairá um vaso para o fundidor. ⁵ Tira o perverso de diante do rei, e seu trono se

firmará com justiça. [6] Não honres a ti mesmo perante o rei, nem te ponhas no lugar dos grandes; [7] Porque é melhor que te digam: Sobe aqui;Do que te rebaixem perante a face do príncipe, a quem teus olhos viram. [8] Não sejas apressado para entrar numa disputa; senão, o que farás se no fim teu próximo te envergonhar? [9] Disputa tua causa com teu próximo, mas não reveles segredo de outra pessoa. [10] Para que não te envergonhe aquele que ouvir; pois tua má fama não pode ser desfeita. [11] A palavra dita em tempo apropriado é *como* maçãs de ouro em bandejas de prata. [12] O sábio que repreende junto a um ouvido disposto a escutar é *como* pendentes de ouro e ornamentos de ouro refinado. [13] Como frio de neve no tempo da colheita, *assim* é o mensageiro fiel para aqueles que o enviam; porque ele refresca a alma de seus senhores. [14] *Como* nuvens e ventos que não trazem chuva, *assim* é o homem que se orgulha de falsos presentes. [15] Com paciência para não se irar é que se convence um líder; e a língua suave quebra ossos. [16] Achaste mel? Come o que te for suficiente; para que não venhas a ficar cheio demais, e vomites. [17] Não exagere teus pés na casa de teu próximo, para que ele não se canse de ti, e te odeie. [18] Martelo, espada e flecha afiada é o homem que fala falso testemunho contra seu próximo. [19] Confiar num infiel no tempo de angústia é *como* um dente quebrado ou um pé sem firmeza. [20] Quem canta canções ao coração aflito é como aquele que tira a roupa num dia frio, ou como vinagre sobre salitre. [21] Se aquele que te odeia tiver fome, dá-lhe pão para comer; e se tiver sede, dá-lhe água para beber; [22] Porque *assim* amontoarás brasas sobre a cabeça dele, e o SENHOR te recompensará. [23] O vento norte traz a chuva; *assim como* a língua caluniadora *traz* a ira no rosto. [24] É melhor morar num canto do terraço do que com uma mulher briguenta numa casa espaçosa. [25] *Como* água refrescante para a alma cansada, assim são boas notícias de uma terra distante. [26] O justo que se deixa levar pelo perverso é *como* uma fonte turva e um manancial poluído. [27] Comer muito mel não é bom; assim como buscar muita glória para si. [28] O homem que não pode conter seu espírito é *como* uma cidade derrubada sem muro.

26

[1] Assim como a neve no verão, como a chuva na colheita, assim também não convém a honra para o tolo. [2] Como um pássaro a vaguear, como a andorinha a voar, assim também a maldição não virá sem causa. [3] Açoite para o cavalo, cabresto para o asno; e vara para as costas dos tolos. [4] Não respondas ao tolo conforme sua loucura; para que não te faças semelhante a ele. [5] Responde ao tolo conforme sua loucura, para que ele não seja sábio aos seus próprios olhos. [6] Quem manda mensagens pelas mãos do tolo é como quem corta os pés e bebe violência. [7] *Assim* como não funcionam as pernas do aleijado, assim também é o provérbio na boca dos tolos. [8] Dar honra ao tolo é como amarrar uma pedra numa funda. [9] Como espinho na mão do bêbado, assim é o provérbio na boca dos tolos. [10] *Como* um flecheiro que atira para todo lado, *assim* é aquele que contrata um tolo *ou* que contrata alguém que vai passando. [11] Como um cão que volta a seu vômito, *assim* é o tolo que repete sua loucura. [12] Viste algum homem sábio aos seus próprios olhos? Mais esperança há para o tolo do que para ele. [13] O preguiçoso diz: Há uma fera no caminho; há um leão nas ruas. [14] *Como* a porta se vira em torno de suas dobradiças, *assim* o preguiçoso *se vira* em sua cama. [15] O preguiçoso põe sua mão no prato, e acha cansativo demais trazê-la de volta a sua boca. [16] O preguiçoso se acha mais sábio aos próprios olhos do que sete que respondem com prudência. [17] Aquele que, enquanto está passando, *se envolve* em briga que não é sua, é *como* o que pega um cão pelas orelhas. [18] Como o louco que lança faíscas, flechas e coisas mortíferas, [19] Assim é o

homem que engana a seu próximo, e diz: Não estava eu *só* brincando? ²⁰ Sem lenha, o fogo se apaga; e sem fofoqueiro, a briga termina. ²¹ O carvão é para as brasas, e a lenha para o fogo; e o homem difamador para acender brigas. ²² As palavras do fofoqueiro são como alimentos deliciosos, * que descem ao interior do ventre. ²³ Como um vaso de fundição coberto de restos de prata, *assim* são os lábios inflamados e o coração maligno. ²⁴ Aquele que odeia dissimula em seus lábios, mas seu interior abriga o engano; ²⁵ Quando ele *te* falar agradavelmente com sua voz, não acredites nele; porque há sete abominações em seu coração; ²⁶ Cujo ódio está encoberto pelo engano; sua maldade será descoberta na congregação. ²⁷ Quem cava uma cova, nela cairá; e quem rola uma pedra, esta voltará sobre ele. ²⁸ A língua falsa odeia aos que ela atormenta; e a boca lisonjeira opera ruína.

<h2 style="text-align:center">27</h2>

¹ Não te orgulhes do dia de amanhã; porque não sabes o que o dia trará. ² Que o estranho te louve, e não tua *própria* boca; o estrangeiro, e não teus *próprios* lábios. ³ A pedra é pesada, e a areia tem *seu* peso; mas a provocação do tolo é mais pesada do que estas ambas. ⁴ O furor é cruel, e a ira impetuosa; mas quem resistirá firme perante à inveja? ⁵ Melhor é a repreensão clara do que o amor escondido. ⁶ Fiéis são as feridas *feitas* por um amigo, mas os beijos de um inimigo são enganosos. ⁷ A alma saciada rejeita * o favo de mel; mas para a alma faminta, toda coisa amarga é doce. ⁸ Como a ave, que vagueia de seu ninho, assim é o homem que anda vagueando de seu lugar. ⁹ O óleo e o perfume alegram ao coração; assim é a doçura de um amigo com um conselho sincero. ¹⁰ Não abandones o teu amigo, nem o amigo de teu pai; nem entres na casa de teu irmão no dia de tua adversidade; melhor é o vizinho que está perto do que o irmão que está longe. ¹¹ Sê sábio, meu filho, e alegra meu coração; para que eu tenha algo a responder para aquele que me desprezar. ¹² O prudente vê o mal, *e* se esconde; *mas* os ingênuos passam adiante, e sofrem as consequências. ¹³ Toma a roupa daquele que fica por fiador de estranho; toma penhor daquele *que fica por fiador* da estranha. ¹⁴ Aquele que bendiz ao seu amigo em alta voz durante a madrugada lhe será considerado como maldição. ¹⁵ A mulher briguenta é semelhante a uma goteira contínua em tempo de grande chuva; ¹⁶ Tentar contê-la é como tentar conter o vento, ou impedir que o óleo escorra de sua mão direita. ¹⁷ O ferro é afiado com ferro; assim também o homem afia o rosto de seu amigo. ¹⁸ Aquele que guarda a figueira comerá de seu fruto; e o que dá atenção ao seu senhor será honrado. ¹⁹ Assim como a água reflete o rosto, assim também o coração reflete o ser humano. ²⁰ O Xeol † e a perdição nunca estão saciados; assim também os olhos do homem nunca estão satisfeitos. ²¹ *Como* o crisol é para a prata, e o forno para o ouro, assim o homem *é provado* pelos louvores que lhe dizem. ²² Ainda que esmagues ao tolo em um pilão junto com os grãos, ainda assim sua loucura não se separaria dele. ²³ Procura conhecer a condição de tuas ovelhas; põe teu coração sobre o gado; ²⁴ porque o tesouro não *dura* para sempre; nem uma coroa *dura* de geração em geração. ²⁵ Quando a erva aparecer, e surgirem a folhagem, e se juntarem as ervas dos montes, ²⁶ Os cordeiros serão para tuas roupas, e os bodes para o preço do campo; ²⁷ E o leite das cabras será o suficiente para tua alimentação, para a alimentação de tua casa, e para o sustento de tuas servas.

<h2 style="text-align:center">28</h2>

¹ Os perversos fogem *mesmo* quando não há quem os persiga, mas os justos são

---

* **26:22** alimentos deliciosos obscuro – trad. alt. pancadas   * **27:7** lit. pisoteia   † **27:20** Xeol é o lugar dos mortos

confiantes como um leão. ² Pela rebelião numa terra, seus governantes são muitos; mas por meio de um homem prudente e conhecedor *seu governo* permanecerá. ³ O homem pobre que oprime aos necessitados é *como* uma chuva devastadora *que causa* falta de pão. ⁴ Os que abandonam a lei louvam ao perverso; porém os que guardam a lei lutarão contra eles. ⁵ Os homens maus não entendem a justiça; mas os que buscam ao SENHOR entendem tudo. ⁶ Melhor é o pobre que anda em sua honestidade do que o perverso de caminhos, ainda que seja rico. ⁷ O que guarda a lei é um filho prudente, mas o companheiro de comilões envergonha a seu pai. ⁸ Aquele que aumenta seus bens por meio de juros e lucros desonestos está juntando para o que se compadece dos pobres. ⁹ Aquele que desvia seus ouvidos de ouvir a lei, até sua oração *será* abominável. ¹⁰ Aquele que faz as pessoas corretas errarem em direção a um mau caminho, ele mesmo cairá em sua cova; mas os que não tiverem pecado herdarão o bem. ¹¹ O homem rico é sábio aos seus *próprios* olhos; mas o pobre prudente o examina. ¹² Quando os justos estão contentes, muita é a alegria; mas quando os perversos se levantam, os homens se escondem. ¹³ Quem encobre suas transgressões nunca prosperará, mas aquele que as confessa e *as* abandona alcançará misericórdia. ¹⁴ Bem-aventurado o homem que sempre mantém seu temor; mas aquele que endurece seu coração cairá no mal. ¹⁵ Leão rugidor e urso faminto é o governante perverso sobre um povo pobre. ¹⁶ O príncipe que tem falta de entendimento aumenta as opressões; mas aquele que odeia o lucro desonesto prolongará *seus* dias. ¹⁷ O homem atormentado pelo sangue de alguma alma fugirá até a cova; ninguém o detenha. ¹⁸ Aquele que anda sinceramente será salvo; mas o que se desvia em *seus* caminhos cairá de uma só vez. ¹⁹ Aquele que lavrar sua terra terá fartura de pão; mas o que segue coisas inúteis terá fartura de pobreza. ²⁰ O homem fiel *terá* muitas bênçãos; mas o que se apressa para enriquecer não ficará impune. ²¹ Fazer acepção de pessoas não é bom; porque até por um pedaço de pão o homem pode transgredir. ²² Quem tem pressa para ter riquezas é um homem de olho mau; e ele não sabe que a miséria virá sobre ele. ²³ Aquele que repreende ao homem obterá mais favor depois do que aquele que lisonjeia com a língua. ²⁴ Aquele que furta seu pai ou sua mãe e diz: Não é pecado,É companheiro do homem destruidor. ²⁵ Quem tem alma orgulhosa levanta brigas; mas aquele que confia no SENHOR prosperará. ²⁶ Aquele que confia em seu *próprio* coração é tolo; mas o que anda em sabedoria escapará *em segurança* . ²⁷ Quem dá ao pobre não terá falta; mas o que esconde seus olhos *terá* muitas maldições. ²⁸ Quando os perversos ganham poder, os homens se escondem; mas quando perecem, os justos se multiplicam.

29

¹ O homem que age com teimosia, * mesmo depois de muitas repreensões, será tão destruído que não terá mais cura. ² Quando os justos se engrandecem, o povo se alegra; mas quando o perverso domina, o povo geme. ³ O homem que ama a sabedoria alegra a seu pai; mas o companheiro de prostitutas gasta os bens. ⁴ O rei por meio da justiça firma a terra; mas o amigo de subornos a transtorna. ⁵ O homem que lisonjeia a seu próximo arma uma rede para seus pés. ⁶ Na transgressão do homem mau há uma armadilha; mas o justo se alegra e se enche de alegria. ⁷ O justo considera a causa judicial dos pobres; *mas* o perverso não entende *este* conhecimento. ⁸ Homens zombadores trazem confusão a cidade; mas os sábios desviam a ira. ⁹ O homem sábio que disputa no julgamento contra um tolo, mesmo se perturbado ou rindo, não terá descanso. ¹⁰ Homens sanguinários odeiam o honesto; mas os corretos

---

* **29:1** Lit. endurece o pescoço

procuram o seu bem. [11] O louco mostra todo o seu ímpeto; mas o sábio o mantém sob controle. [12] O governante que dá atenção a palavras mentirosas, todos os seus servos serão perversos. [13] O pobre e o enganador se encontram: o SENHOR ilumina aos olhos de ambos. [14] O rei que julga aos pobres por meio da verdade, seu trono se firmará para sempre. [15] A vara e a repreensão dão sabedoria; mas o rapaz deixado solto envergonha a sua mãe. [16] Quando os perversos se multiplicam, multiplicam-se as transgressões; mas os justos verão sua queda. [17] Castiga a teu filho, e ele te fará descansar, e dará prazeres à tua alma. [18] Não havendo visão profética, o povo fica confuso; porém o que guarda a lei, ele é bem-aventurado. [19] O servo não será corrigido por meio de palavras; porque *ainda que* entenda, mesmo assim ele não responderá *corretamente* . [20] Viste um homem precipitado em suas palavras? Mais esperança há para um tolo do que para ele. [21] Aquele que mima a seu servo desde a infância, por fim ele quererá ser *seu* filho. [22] O homem que se irrita facilmente levanta brigas; e o furioso multiplica as transgressões. [23] A arrogância do homem o abaterá; mas o humilde de espírito obterá honra. [24] Aquele que reparte com o ladrão odeia sua *própria* alma; ele ouve maldições e não *o* denuncia. [25] O temor do homem arma ciladas; mas o que confia no senhor ficará em segurança. [26] Muitos buscam a face do governante; mas o julgamento de cada um *vem* do SENHOR. [27] O justos odeiam ao homem perverso; e o injusto odeia aos que andam no caminho correto.

30

[1] Palavras de Agur, filho de Jaque, o de fala solene; *Este* homem diz a Itiel; a Itiel e a Ucal: [2] Certamente eu sou o mais bruto dos homens, e não tenho entendimento humano. [3] Não aprendi sabedoria, nem tenho conhecimento do Santo *Deus* . [4] Quem subiu ao céu, e desceu? Quem juntou os ventos com suas mãos? Quem amarrou as águas numa capa? Quem estabeleceu todos os limites da terra? Qual é o seu nome? e qual é o nome de seu filho, se tu o sabes? [5] Toda palavra de Deus é pura; é escudo para os que nele confiam. [6] Nada acrescentes às suas palavras, para que ele não te repreenda, e sejas mostrado como mentiroso. [7] Duas coisas eu te pedi; não *as* negues a mim antes que eu morra. [8] Afasta de mim a inutilidade e palavra mentirosa; *e* não me dês nem pobreza nem riqueza, mantém-me com o pão que me for necessário. [9] Para que não aconteça de eu ficar farto e *te* negar, dizendo: Quem é o SENHOR?Nem também que eu empobreça, e venha a furtar, e desonre o nome do meu Deus. [10] Não difames do servo ao seu senhor, para que ele não te amaldiçoe e fiques culpado. [11] Há gente que amaldiçoa a seu pai e não bendiz à sua mãe; [12] Há gente que é pura aos seus *próprios* olhos, mas que não foi lavada de sua imundície; [13] Há gente cujos olhos são arrogantes, e cujas sobrancelhas são levantadas; [14] Há gente cujos dentes são espadas, e cujos queixos são facas, para devorarem aos aflitos da terra aos aflitos, e aos necessitados dentre os homens. [15] A sanguessuga tem duas filhas: "Dá" e "Dá"; estas três coisas nunca se fartam, e quatro nunca dizem "É o suficiente": [16] O Xeol, * o útero estéril, a terra que não se farta de água, e o fogo que nunca diz estar satisfeito. [17] Os olhos que zombam do pai ou desprezam obedecer à mãe, os corvos do riacho os arrancarão, e os filhotes de abutre os comerão. [18] Estas três coisas me maravilham, e quatro que não entendo: [19] O caminho da águia no céu, o caminho da serpente na rocha, o caminho do navio no meio do mar, e o caminho do homem com uma moça. [20] Assim é o caminho da mulher adúltera: ela come, limpa sua boca, e diz: Não fiz mal algum. [21] Por três coisas a terra se alvoroça, e por quatro que não pode suportar: [22] Pelo servo que governa como rei; *pelo* tolo que se enche de comida; [23] Pela mulher odiada, quando se casa; e *pela* serva quando toma o lugar de sua senhora. [24] Estas

---

* **30:16** Xeol é o lugar dos mortos

quatro coisas são pequenas sobre a terra, porém muito sábias: ²⁵ As formigas não são criaturas fortes, mas no verão preparam sua comida; ²⁶ Os roedores † são um "povo" fraco, mas fazem suas casas nas rochas; ²⁷ Os gafanhotos não têm rei; mas todos saem em bandos; ²⁸ As lagartixas podem ser pegas com as mãos, e mesmo assim estão nos palácios dos reis. ²⁹ Estes três tem um bom andar, e quatro que se movem muito bem: ³⁰ O leão, forte entre os animais, que não foge de ninguém; ³¹ O galo, o bode, e o rei com seu exército. ³² Se agiste como tolo, exaltando-te, e se planejaste o mal, *põe tua* mão sobre a boca; ³³ Porque *como* o forçar do leite produz manteiga, e o forçar do nariz produz sangue, *assim também* o forçar da ira produz briga.

31

¹ Palavras do rei Lemuel, a profecia que sua mãe o ensinava. ² O que *posso te dizer* ,meu filho, ó filho do meu ventre? O que *te direi* ,filho de minhas promessas? ³ Não dês tua força às mulheres, nem teus caminhos para *coisas* que destroem reis. ⁴ Lemuel, não convém aos reis beber vinho; nem aos príncipes *desejar* bebida alcoólica. ⁵ Para não acontecer de que bebam, e se esqueçam da lei, e pervertam o direito de todos os aflitos. ⁶ Dai bebida alcoólica aos que estão a ponto de morrer, e vinho que têm amargura na alma, ⁷ Para que bebam, e se esqueçam de sua pobreza, e não se lembrem mais de sua miséria. ⁸ Abre tua boca no lugar do mudo pela causa judicial de todos os que estão morrendo. ⁹ Abre tua boca, julga corretamente, e faze justiça aos oprimidos e necessitados. ¹⁰ Mulher virtuosa, quem a encontrará? Pois seu valor é muito maior que o de rubis. ¹¹ O coração de seu marido confia nela, e ele não terá falta de bens. ¹² Ela lhe faz bem, e não o mal, todos os dias de sua vida. ¹³ Ela busca lã e linho, e com prazer trabalha com suas mãos. ¹⁴ Ela é como um navio mercante; de longe traz a sua comida. ¹⁵ Ainda de noite ela se levanta, e dá alimento a sua casa; e ordens às suas servas. ¹⁶ Ela avalia um campo, e o compra; do fruto de suas mãos planta uma vinha. ¹⁷ Ela prepara seus lombos com vigor, e fortalece seus braços. ¹⁸ Ela prova que suas mercadorias são boas, *e* sua lâmpada não se apaga de noite. ¹⁹ Ela estende suas mãos ao rolo de linha, e com suas mãos prepara os fios. ²⁰ Ela estende sua mão ao aflito, e estica os braços aos necessitados. ²¹ Ela não terá medo da neve por sua casa, pois todos os de sua casa estão agasalhados. ²² Ela faz cobertas para sua cama; de linho fino e de púrpura é o seu vestido. ²³ Seu marido é famoso às portas *da cidade* ,quando ele se senta com os anciãos da terra. ²⁴ Ela faz panos de linho fino, e os vende; e fornece cintos aos comerciantes. ²⁵ Força e glória são suas roupas, e ela sorri pelo seu futuro. ²⁶ Ela abre sua boca com sabedoria; e o ensinamento bondoso está em sua língua. ²⁷ Ela presta atenção aos rumos de sua casa, e não come pão da preguiça. ²⁸ Seus filhos se levantam e a chamam de bem-aventurada; seu marido também a elogia, *dizendo* : ²⁹ Muitas mulheres agem com virtude, mas tu és melhor que todas elas. ³⁰ A beleza é enganosa, e a formosura é passageira; *mas* a mulher que teme ao SENHOR, essa será louvada. ³¹ Dai a ela conforme o fruto de suas mãos, e que suas obras a louvem às portas *da cidade* .

---

† **30:26** roedores i.e., pequenos mamíferos também chamados de híraces

Livro do Eclesiastes ou Pregador

¹ Palavras do Pregador, filho de Davi, rei em Jerusalém. ² Futilidade das futilidades! - diz o Pregador - futilidade das futilidades! Tudo é fútil! ³ Que proveito tem o homem de todo o seu trabalho que ele trabalha abaixo do sol? ⁴ Geração vai, e geração vem; porém a terra permanece para sempre. ⁵ O sol nasce, e o sol se põe; e se apressa ao seu lugar onde nasceu. ⁶ O vento vai ao sul, e rodeia para o norte; continuamente o vento vai rodeando e voltando aos lugares onde circulou. ⁷ Todos os rios vão para o mar, e contudo o mar não se enche; ao lugar onde os ribeiros correm, para ali eles voltam a correr. ⁸ Todas *estas* coisas são *tão* cansativas, que ninguém consegue descrever; os olhos não ficam satisfeitos de ver, nem os ouvidos se enchem de ouvir. ⁹ O que foi, isso será; e o que se fez, isso será feito; de modo que nada há de novo abaixo do sol. ¹⁰ Existe algo que se possa dizer: Vê isto, que é novo?Isso já existia nos tempos passados, que foram antes de nós. ¹¹ Não há lembrança das coisas que já aconteceram; e das coisas que vão acontecer, também delas não haverá lembrança entre aqueles que vierem depois. ¹² Eu o Pregador, me tornei rei sobre Israel em Jerusalém. ¹³ E dei meu coração a investigar e pesquisar com sabedoria sobre tudo o que acontece abaixo do céu; esta cansativa ocupação Deus deu aos filhos dos homens, para que nela fossem forçados. ¹⁴ Vi todas as obras que são feitas abaixo do sol, e eis que tudo é futilidade e aflição de espírito. ¹⁵ O que é torto não pode ser endireitado; o que está em falta não pode ser contado. ¹⁶ Eu falei ao meu coração, dizendo: Eis que eu me tornei grande, e aumentei em sabedoria, sobre todos os que tinham sido antes de mim em Jerusalém; e meu coração experimentou uma abundância de sabedoria e conhecimento. ¹⁷ E dei meu coração para entender sabedoria, e para entender loucuras e tolices; e percebi que também isto era aflição. ¹⁸ Porque na muita sabedoria há muito aborrecimento, e aquele que aumenta em conhecimento aumenta em angústia.

2

¹ Disse eu em meu coração: Vamos! Eu te provarei com alegria, por isso dá atenção ao que é bom! Porém eis que isto também era futilidade. ² Eu disse ao riso: Estás doido; e à alegria: De que esta serve? ³ Decidi como experiência entregar minha carne ao vinho (guiando porém meu coração com sabedoria) e praticar a loucura, para eu ver o que era melhor aos filhos dos homens fazerem abaixo do céu durante os dias de suas vidas. ⁴ Fiz para mim obras grandiosas; construí casas para mim; plantei vinhas para mim. ⁵ Fiz para mim pomares e jardins; e plantei neles árvores de toda *espécie de* frutos. ⁶ Fiz para mim tanques de águas, para regar com eles o bosque em que se plantavam as árvores. ⁷ Adquiri escravos e escravas, e tive *escravos* nascidos em casa; também tive grande rebanho de vacas e ovelhas, mais do que todos os que houve antes de mim em Jerusalém. ⁸ Também juntei para mim prata, ouro, e tesouros de reis e de províncias; reservei para mim cantores e cantoras, e dos prazeres dos filhos dos homens: várias mulheres. ⁹ Então me engrandeci e aumentei, mais do que todos quantos houve antes de mim em Jerusalém; além disto minha sabedoria ficou comigo. ¹⁰ E tudo quanto meus olhos desejaram, eu não lhes neguei; nem privei meu coração de alegria alguma, pois meu coração se alegrou de todo o meu trabalho; e esta foi minha parte *que obtive* de todo o meu trabalho. ¹¹ E eu olhei para todas as obras que minhas mãos fizeram, como também para o trabalho ao qual me dispus a

trabalhar; e eis que tudo era fútil *como* perseguir o vento, * e que não havia proveito algum abaixo do sol. ¹² Então passei a observar a sabedoria, as loucuras e a tolice; porque o que o homem pode fazer depois do rei, que já não tenha sido feito? ¹³ Então eu vi que a sabedoria é melhor do que a tolice, assim como a luz é melhor do que as trevas. ¹⁴ Os olhos do sábio estão em sua cabeça, mas o tolo anda em trevas; então eu também entendi que o mesmo futuro acontece a todos eles. ¹⁵ Por isso eu disse em meu coração: Assim como acontece ao tolo, também acontecerá a mim; por que então eu me tornei mais sábio? Então disse em meu coração que isto também era inútil. ¹⁶ Porque não haverá lembrança para sempre, nem do sábio, nem do tolo; porque de tudo quanto agora há, nos dias futuros será esquecido; e o sábio morre assim como o tolo. ¹⁷ Por isso detestei a vida, porque a obra que é feita abaixo do sol me faz sofrer; pois tudo é fútil *como* perseguir o vento. ¹⁸ Eu também detestei todo o meu trabalho em que trabalhei abaixo do sol, porque o deixarei ao homem que virá depois de mim. ¹⁹ Pois quem sabe se ele será sábio ou tolo? Contudo ele terá controle de todo o meu trabalho em que trabalhei, e que sabiamente conduzi abaixo do sol; também isso é futilidade. ²⁰ Por isso eu fiz meu coração perder a esperança de todo o meu trabalho em que trabalhei abaixo do sol. ²¹ Porque há *um tipo de* homem que trabalha com sabedoria, conhecimento e habilidade; porém deixará tudo como herança a um *outro* homem que não trabalhou naquilo; também isto é fútil e muito desagradável. ²² Pois que *proveito* o homem tem por todo o seu trabalho e cansaço de seu coração em que ele trabalha abaixo do sol? ²³ Porque todos os seus dias são dores, e aflição *é* sua rotina; até de noite seu coração não descansa; também isto é futilidade. ²⁴ Não há nada melhor ao homem do que comer, beber, e fazer sua alma se alegrar de seu trabalho; eu também vi que isto vem da mão de Deus. ²⁵ (Pois quem *melhor* comeria ou teria pressa, a não ser eu mesmo?) ²⁶ Porque ao homem bom perante sua face, *Deus* dá sabedoria, conhecimento e alegria; porém ao pecador ele dá trabalho cansativo, para juntar e recolher, para o dar ao bom diante da sua face; também isto é fútil *como* perseguir o vento.

3

¹ Para todas as coisas há um tempo determinado, e todo propósito abaixo do céu *tem seu* tempo. ² Tempo de nascer e tempo de morrer; tempo de plantar e tempo de arrancar o que foi plantado. ³ Tempo de matar e tempo de curar; tempo de derrubar e tempo de construir. ⁴ Tempo de chorar e tempo de rir; tempo de lamentar, e tempo de saltar. ⁵ Tempo de espalhar pedras e tempo de juntar pedras; tempo de abraçar e tempo de evitar abraçar. ⁶ Tempo de buscar e tempo de perder; tempo de guardar e tempo de jogar fora. ⁷ Tempo de rasgar e tempo de costurar; tempo de ficar calado e tempo de falar. ⁸ Tempo de amar e tempo de odiar; tempo de guerra e tempo de paz. ⁹ Que proveito tem o trabalhador naquilo em que ele trabalha? ¹⁰ Tenho visto a ocupação que Deus deu aos filhos dos homens, para com ela os manter ocupados. ¹¹ Tudo ele fez belo ao seu tempo; também pôs a sensação de eternidade no coração deles, sem que o homem consiga entender a obra que Deus fez, desde o princípio até o fim. ¹² Tenho percebido que não há coisa melhor para eles do que se alegrarem e fazerem o bem em suas vidas; ¹³ E também que todo homem coma, beba e fique contente com todo o seu trabalho; *isto* é um presente de Deus. ¹⁴ Eu sei que tudo quanto Deus faz durará para sempre; a isso nada será acrescentado e nada será diminuído; e Deus faz *assim* para que haja temor perante sua presença. ¹⁵ O que tem sido agora, já foi antes; e o que vier a ser *também* já foi; Deus busca *de volta* o que foi

---

* **2:11** fútil [como] perseguir o vento trad. alt. futilidade e aflição de espírito – também vv. 17,26

passado. [16] Vi mais abaixo do sol: que no lugar do juízo havia ali perversidade; e que no lugar da justiça havia ali perversidade. [17] Eu disse em meu coração: Deus julgará ao justo e ao perverso, porque ali há tempo para todo propósito e para toda obra. [18] Eu disse em meu coração quanto aos filhos dos homens, que Deus lhes provaria, para lhes mostrar que eles são como animais. [19] Porque o que acontece aos filhos dos homens, isso mesmo também acontece aos animais; o mesmo acontece a eles *todos* ; assim como um morre, assim também morre o outro; e todos tem uma mesma respiração; e a vantagem dos homens sobre os animais é nenhuma, pois todos são fúteis. [20] Todos vão a um *mesmo* lugar; todos vieram do pó *da terra* , e todos voltarão ao pó. [21] Quem tem certeza de que o fôlego de vida dos homens sobe para cima, e que o fôlego de vida dos animais desce para debaixo da terra? [22] Por isso tenho visto que não há coisa melhor do que o homem se alegrar de suas obras, porque essa é a parte que lhe pertence; pois quem pode levá-lo a ver o que será depois de sua *morte* ?

4

[1] Depois me virei, e observei todas as opressões que são feitas abaixo do sol; e eis que *vi* as lágrimas dos oprimidos, que não tinham consolador; a força estava do lado dos seus opressores, porém eles não tinham quem os consolasse. [2] Por isso eu considerei os mortos, que já morreram, serem mais merecedores de elogios do que os vivos, que ainda vivem. [3] E melhor que estes ambos, é aquele que ainda não existe; que não viu as más obras, que são feitas abaixo do sol. [4] Também vi eu que todo o trabalho, e toda a habilidade em obras, *causa* ao homem a inveja de seu próximo; também isto é fútil *como* perseguir o vento. * [5] O tolo junta suas mãos, e come sua *própria* carne. [6] É melhor uma mão cheia *com* descanso, do que ambas as mãos cheias *com* trabalho e perseguição ao vento. † [7] Então eu me voltei, e vi uma futilidade abaixo do sol: [8] Havia um que era sozinho, sem filho, nem irmão; e seu trabalho não tem fim, nem seus olhos se fartam de riquezas; nem *diz* : Para quem estou trabalhando, e privando minha alma do que é bom? Também isso é futilidade e enfadonha ocupação. [9] Dois são melhores do que um, porque eles têm melhor recompensa por seu trabalho. [10] Porque se vierem a cair, um levanta ao seu companheiro; mas ai daquele que está só, pois caso caia, não há outro que o levante. [11] Também, se dois se deitarem juntos, eles se aquecem; mas como alguém sozinho poderá se aquecer? [12] E se alguém prevalecer contra um, dois podem resistir contra ele; porque o cordão de três dobras não se rompe tão depressa. [13] Melhor é o jovem pobre e sábio do que o rei velho e tolo, que não sabe dar ouvidos aos conselhos, [14] porque esse *jovem* pode sair até da prisão para se tornar rei, ainda que tenha nascido pobre em seu reino. [15] Vi todos os vivos, que andam abaixo do sol, estarem com o jovem, o sucessor, que ficaria em seu lugar. [16] Não havia fim todo o povo, todo o que houve antes deles; porém os que vêm depois não se alegrarão nele. Também isso é fútil *como* perseguir o vento.

5

[1] Guarda os teus passos * quando entrares na casa de Deus, e te achegues a ouvir em vez de oferecer sacrifícios de tolos, pois não sabem que fazem mal. [2] Não te precipites com tua boca, nem te apresses com teu coração, a pronunciar palavra alguma perante a face de Deus; porque Deus está nos céus, e tu estás na terra; por isso, que tuas palavras sejam poucas. [3] Pois, como os sonhos vêm das muitas ocupações,

---

* **4:4** fútil [como] perseguir o vento trad. alt. futilidade e aflição de espírito – também v. 16   † **4:6** perseguição ao vento trad. alt. aflição de espírito   * **5:1** os teus passos Lit. o teu pé

assim também o excesso de palavras vem da voz do tolo. ⁴ Quando fizeres algum voto a Deus, não demores em pagá-lo; porque ele não se agrada de tolos. Paga o voto que fizeres. ⁵ Melhor é que não faças voto, do que fazeres um voto, e não o pagares. ⁶ Não permitas que a tua boca faça a tua carne pecar; nem digas perante o mensageiro que foi um mero erro; por que provocarias a ira de Deus com a tua voz, para que ele destrua a obra de tuas mãos? ⁷ Porque, como na abundância de sonhos há futilidades, assim, também, há abundância de palavras; tu, porém, teme a Deus. ⁸ Se vires em algum território a opressão dos pobres, e a violência contra o direito e a justiça, não te surpreendas de tal caso; porque o oficial tem uma autoridade maior que o supervisiona; e acima de ambos há outros que têmautoridade ainda maior. ⁹ E o proveito da terra é para todos; até o rei se serve do campo. ¹⁰ O que amar o dinheiro nunca se saciará do dinheiro; e quem amar a riqueza, nunca *se saciará* do lucro; isso também é futilidade. ¹¹ Onde os bens se multiplicam, ali se multiplicam também os que os cosomem; e que proveito pois tem seus donos, a não ser somente ver *as riquezas* com seus próprios olhos? ¹² Doce é o sono do trabalhador, quer coma pouco, quer muito; porém a fartura do rico não o deixa dormir. ¹³ Há um mal causador de sofrimentos que vi abaixo do sol: as riquezas que seus donos guardam para seu próprio mal. ¹⁴ Porque as mesmas riquezas se perdem com negócios malsucedidos; e quando gera algum filho, nada lhe fica em sua mão. ¹⁵ Assim como ele saiu do ventre de sua mãe, nu ele voltará, indo-se como veio; e nada tomará de seu trabalho, que possa levar em sua mão. ¹⁶ De maneira que isto também é um mal causador de sofrimentos, que exatamente como veio, assim se vai; e que proveito ele teve em trabalhar para o vento? ¹⁷ Além disso, ele comeu em trevas todos os seus dias; sofreu muito, e teve enfermidades e irritações. ¹⁸ Eis o que eu vi, algo bom e belo: comer, beber, e experimentar o que é bom de todo o seu trabalho em que trabalhou abaixo do sol, durante os dias de sua vida, que Deus lhe deu; porque isto é a parte que lhe pertence. ¹⁹ E todo homem a quem Deus deu riquezas e bens, e lhe deu poder para comer delas, e tomar sua parte, e se alegrar de seu trabalho; isto é presente de Deus. ²⁰ Pois ele não se lembrará muito dos dias de sua vida, porque Deus lhe responde com alegria de seu coração.

6

¹ Há um mal que vi abaixo do sol, e é muito frequente entre os homens: ² Um homem a quem Deus deu riquezas, bens, e honra; e nada lhe falta de tudo quanto a sua alma deseja; porém Deus não lhe dá poder para dessas coisas comer; em vez disso, um estranho as come; isso é futilidade e um mal causador de sofrimento. ³ Se o homem gerar cem *filhos* , e viver muitos anos, e os dias de seus anos forem muitos, porém se sua alma não se saciar daquilo que é bom, nem tiver sepultamento, digo que ter sido abortado *teria sido* melhor para ele. ⁴ Pois veio em futilidade, e se vai em trevas; e nas trevas seu nome é encoberto. ⁵ *Alguém* que nunca tivesse visto o sol, nem *o* conhecido, teria mais descanso do que ele. ⁶ E ainda que vivesse mil anos duas vezes, e não experimentasse o que é bom, por acaso não vão todos para o mesmo lugar? ⁷ Todo o trabalho do homem é para sua boca; porém sua alma nunca se satisfaz. ⁸ Pois que vantagem tem o sábio sobre o tolo? E que *mais* tem o pobre que sabe como se comportar * diante dos vivos? ⁹ Melhor é a vista dos olhos do que o vaguear da cobiça; também isto é fútil *como* perseguir o vento. † ¹⁰ Seja o que for, seu nome já foi chamado; e *já* se sabe o que o homem é; e que não pode disputar contra aquele que é mais poderoso do que ele. ¹¹ Pois quanto mais palavras há, maior é a

---

* **6:8** Lit. andar   † **6:9** fútil [como] perseguir o vento trad. alt. futilidade e aflição de espírito

futilidade; e que proveito há *nelas* para o homem? [12] Pois quem sabe o que é bom nesta vida para o homem, durante os dias de sua vida de futilidade, os quais ele gasta como sombra? Pois quem contará ao homem o que haverá depois dele abaixo do sol?

7

[1] Melhor é uma boa reputação do que o bom óleo perfumado; e o dia da morte *é melhor* que o dia de seu nascimento [2] Melhor é ir à casa do luto do que a casa do banquete, *porque* isto é o fim de todos os homens; e os vivos tomam isto em seus corações. [3] Melhor é o sofrimento do que o riso, porque com a tristeza do rosto o coração se aperfeiçoa. [4] O coração dos sábios está na casa do luto, mas o coração dos tolos *está* na casa da alegria. [5] Melhor é ouvir a repreensão do sábio do que alguém ouvir a canção dos tolos; [6] Pois o riso dos tolos é como o ruído de espinhos debaixo de uma panela; também isto é futilidade. [7] Verdadeiramente a opressão faz até o sábio enlouquecer, e o suborno corrompe o coração. [8] Melhor é o fim das coisas do que o princípio delas; melhor é o paciente de espírito do que o arrogante de espírito. [9] Não te apresses em teu espírito para te irares, porque a ira repousa no colo dos tolos. [10] Nunca digas: Por que os dias passados foram melhores que os atuais? Pois nunca com sabedoria perguntarias isso. [11] A sabedoria é tão boa quanto uma herança; ela é um proveito para os que veem a luz do sol; [12] porque a sabedoria serve de proteção, assim como o dinheiro serve de proteção; mas a vantagem do conhecimento é que a sabedoria dá vida ao seu dono. [13] Observa a obra de Deus, pois quem poderá endireitar o que ele entortou? [14] No dia da prosperidade, alegra-te; mas no dia da adversidade, considera; pois Deus faz um em contraposição ao outro, para que o homem não consiga descobrir o que haverá depois dele. [15] Tudo *isto* vi nos meus dias de futilidade: há justo que perece em sua justiça, e há perverso que prolonga *sua vida* em sua maldade. [16] Não sejas justo demais, nem sejas sábio demais; para que destruirias a ti mesmo? [17] Não sejas perverso demais, nem sejas tolo; para que morrerias antes de teu tempo? [18] É bom que retenhas isto, e também não retires tua mão disto, pois quem teme a Deus escapa de tudo isto. [19] A sabedoria fortalece ao sábio, mais do que dez homens de autoridade que estejam na cidade. [20] Verdadeiramente não há homem justo sobre a terra, que faça o bem, e nunca peque. [21] Além disso, não dês atenção a todas as palavras que forem ditas, para que não venhas a ouvir que teu servo te amaldiçoa; [22] Pois teu coração sabe que também tu já amaldiçoaste a outros. [23] Tudo isto investiguei com sabedoria. Eu disse: Terei para mim mais sabedoria;porém ela ficava *ainda* mais longe de mim. [24] Quem pode encontrar o que está distante e tão profundo? [25] Decidi em meu coração conhecer, investigar e buscar a sabedoria e a razão; e saber o mal que há na tolice e na loucura das maluquices. [26] E eu encontrei uma coisa mais amarga que a morte: a mulher cujo coração são redes e armadilhas, e suas mãos são amarras; quem for bom perante Deus escapará dela; mas o pecador ficará preso nela. [27] Olha isto:(diz o pregador, enquanto ele procurava entender *as coisas* ,uma por uma) [28] Aquilo que minha alma tem buscado, ainda não achei; um homem entre mil eu achei; mas uma mulher entre todas estas não achei. [29] Eis que somente achei isto: que Deus fez os homens corretos, porém foram eles que buscaram muitos desejos ruins.

8

[1] Quem é semelhante ao sábio? E quem sabe a interpretação das coisas? A sabedoria do homem faz seu rosto brilhar, e a dureza de seu rosto é alterada. [2] Eu digo: obedece às ordens do rei, por causa do juramento *que fizeste* a Deus. [3] Não te apresses de sair da presença dele, nem persistas em alguma coisa má; pois tudo que

ele deseja, ele faz. ⁴ Naquilo que há a palavra do rei, ali há autoridade; e quem lhe dirá: O que estás fazendo? ⁵ Quem obedecer ao mandamento não experimentará mal algum; e o coração do sábio sabe a hora e a maneira *corretas* . ⁶ Porque para todo propósito há uma hora e uma maneira *correta* ; por isso o mal do homem é muito sobre ele: ⁷ Pois ele não sabe o que irá acontecer. Quem pode lhe avisar o que vai acontecer, e quando? ⁸ Não há homem nenhum que tenha domínio sobre o espírito, para reter ao espírito; nem *tem* domínio sobre dia da morte, nem meios de escapar d *esta* guerra; nem a perversidade livrará a seus donos. ⁹ Tudo isto vi quando fiz coração considerar toda obra que se faz abaixo do sol: há um tempo em que um homem passa a dominar *outro* homem, para sua *própria* ruína. ¹⁰ Também assim vi os perversos sepultados, e vinham, e saíam do lugar santo; e eles foram esquecidos na cidade em que assim fizeram; isso também é futilidade. ¹¹ Dado que o julgamento pela obra má não é feito imediatamente, por causa disso o coração dos filhos dos homens está cheio *de vontade* neles, para fazer o mal. ¹² Ainda que um pecador faça o mal cem vezes e *sua vida* se prolongue, mesmo assim eu sei, que as coisas boas acontecerão aos que temem a Deus, aos que temerem diante da sua face. ¹³ Porém ao perverso não sucederá o bem, e não prolongará *seus* dias, *que serão* como uma sombra, pois ele não tem temor diane de Deus. ¹⁴ Há *outra* futilidade que é feita sobre a terra: que há justos a quem acontece conforme as obras dos perversos, e há perversos a quem acontece conforme as obras dos justos. Digo que isso também é futilidade. ¹⁵ Assim elogiei a alegria, pois o homem não tem nada melhor abaixo do sol do que comer, beber e se alegrar; que isso acompanhe seu trabalho nos dias de sua vida, que Deus lhe dá abaixo do sol. ¹⁶ Enquanto entregava meu coração a entender a sabedoria, e ver a ocupação que é feita abaixo do sol (ainda que nem de dia, nem de noite, *o homem* veja sono em seus olhos), ¹⁷ Então vi toda a obra de Deus, que o homem não pode compreender a obra que é feita abaixo do sol; mesmo que o homem trabalhe para a buscar, ele não a encontrará; ainda que o sábio diga que a conhece, ele não pode compreendê *-la* .

9

¹ Por isso fiz meu coração considerar todas estas coisas, para entender com clareza tudo isto: que os justos, e os sábios, e suas obras, estão nas mãos de Deus; até o amor e o ódio, o homem nada sabe o que há à sua frente. ² Tudo *acontece* de modo semelhante a todos; o mesmo acontece ao justo e ao perverso; ao bom e ao puro, assim como ao impuro; tanto ao que sacrifica, como ao que não sacrifica; tanto ao bom, como ao pecador; ao que jura, assim como ao que teme *fazer* juramento. ³ Esta coisa má *existe* entre tudo o que é feito abaixo do sol, que a todos aconteça o mesmo; e que o coração dos filhos homens esteja cheio de maldade, e que haja loucuras em seus corações durante suas vidas, e depois *eles vão* para entre os mortos. ⁴ Porque para aquele que está junto a todos os vivos há esperança (pois melhor é um cão vivo do que um leão morto). ⁵ Porque os vivos sabem que vão morrer; mas os mortos não sabem coisa alguma, nem também tem mais recompensa; pois a lembrança deles já foi esquecida. ⁶ Até seu amor, até seu ódio, e até sua inveja já pereceu e nenhuma parte nunca mais lhes pertence, em tudo quanto se faz abaixo do sol. ⁷ Vai, come com alegria teu pão, e bebe com bom coração o teu vinho; pois Deus se agrada de tuas obras. ⁸ Em todo tempo sejam brancas as tuas roupas, e nunca falte óleo sobre tua cabeça. ⁹ Aproveite a vida com a mulher que tu amas, todos os dias da tua fútil vida, que *Deus* te deu abaixo do sol, todos os teus fúteis dias; porque esta é a parte que te pertence nesta vida e em teu trabalho no qual trabalhaste abaixo do sol. ¹⁰ Tudo quanto vier à tua mão para fazer, faze conforme as tuas forças; porque no Xeol,

* para onde vais, não há trabalho, nem planos, nem conhecimento, nem sabedoria alguma. [11] Voltei-me, e vi abaixo do sol, que a corrida não é dos velozes, nem dos guerreiros a batalha, nem dos sábios o pão, nem dos prudentes as riquezas, nem dos conhecedores o favor; mas que o tempo e a ocasião imprevista acontece a todos estes. [12] Porque também o homem não sabe seu tempo, assim como os peixes que são capturados pela maligna rede; e como os passarinhos que são presos na armadilha; assim também os filhos dos homens são pegos pelo tempo mau, quando cai de repente sobre eles. [13] Também vi esta sabedoria abaixo do sol, que considerei grande: [14] *Havia* uma pequena cidade, em que havia poucas pessoas; e veio contra ela um grande rei, e a cercou, e levantou contra ela grandes barreiras. [15] E se achou nela um homem pobre sábio, que livrou aquela cidade com sua sabedoria; porém ninguém se lembrou daquele pobre homem. [16] Então eu disse: Melhor é a sabedoria do que a força; ainda que a sabedoria do pobre tenha sido desprezada, e suas palavras não tenham sido ouvidas. [17] As palavras dos sábios devem ser ouvidas em quietude, mais do que o grito daquele que domina sobre os tolos. [18] Melhor é a sabedoria do que as armas de guerra; porém um só pecador destrói muitas coisas boas.

10

[1] *Assim como* as moscas mortas fazem cheirar mal do óleo do perfumador, *assim também* um pouco de tolice se sobrepõe à sabedoria e honra. [2] O coração do sábio *está* à sua direita; mas o coração do tolo *está* à sua esquerda. [3] E até quando o tolo vai pelo caminho, falta-lhe *bom-senso em seu* coração, e diz a todos que é ele é tolo. [4] Se o espírito de um chefe se levantar contra ti, não deixes teu lugar, porque a calma aquieta grandes ofensas. [5] Há um mal que vi abaixo do sol, um *tipo de* erro que é proveniente dos que têm autoridade: [6] Põem o tolo em cargos elevados, mas os ricos sentam em lugares baixos. [7] Vi servos a cavalo, e príncipes que andavam *a pé* como *se fossem* servos sobre a terra. [8] Quem cavar uma cova, nela cairá; e quem romper um muro, uma cobra o morderá. [9] Quem extrai pedras, por elas será ferido; e quem parte lenha, correrá perigo por ela. [10] Se o ferro está embotado, e não afiar o corte, então deve se pôr mais forças; mas a sabedoria é proveitosa para se ter sucesso. [11] Se a cobra morder sem estar encantada, então proveito nenhum tem a fala do encantador. [12] As palavras da boca do sábio são agradáveis; porém os lábios do tolo o devoram. [13] O princípio das palavras de sua boca é tolice; e o fim de sua boca *é* uma loucura ruim. [14] O tolo multiplica as palavras, *porém* ninguém sabe o que virá no futuro; e quem lhe fará saber o que será depois dele? [15] O trabalho dos tolos lhes traz cansaço, porque não sabem ir à cidade. [16] Ai de ti, ó terra cujo rei é um menino, e cujos príncipes comem pela madrugada! [17] Bem-aventurada é tu, ó terra, cujo rei é filho de nobres, e cujos príncipes comem no tempo *devido* , para se fortalecerem, e não para se embebedarem! [18] Pela muita preguiça o teto se deteriora; e pala frouxidão das mãos a casa tem goteiras. [19] Para rir se fazem banquetes, e o vinho alegra aos vivos; mas o dinheiro responde por tudo. [20] Nem mesmo em pensamento amaldiçoes ao rei, nem também no interior de teu quarto amaldiçoes ao rico, porque as aves dos céus levam o que foi falado, e os que tem asas contam o que foi dito.

11

[1] Lança teu pão sobre as águas, porque depois de muitos dias tu o encontrarás. [2] Dá uma parte a sete, e até a oito; porque não sabes que mal haverá sobre a terra. [3] Se as nuvens estiverem cheias, há chuva sobre a terra; e se a árvore cair, seja para ou sul ou seja para o norte, no lugar em que a árvore cair, ali ela ficará. [4] Quem

---

* **9:10** Xeol é o lugar dos mortos

ficar dando atenção ao vento, nunca semeará; e o que olhar para as nuvens nunca ceifará. ⁵ Assim como tu não sabes qual é o caminho do vento, *nem* como se formam os ossos *do feto* no ventre da grávida, assim também tu não sabes a obra de Deus, que faz todas as coisas. ⁶ Pela manhã semeia tua semente, e à tarde não retires tua mão; pois tu não sabes qual *tentativa* dará certo, se uma, se outra, ou se ambas *as tentativas* serão boas. ⁷ Certamente a luz é agradável, e ver o sol é bom para os olhos. ⁸ Mesmo se o homem viver muitos anos, *e* em todos eles se alegrar, ele também deve se lembrar dos dias de trevas, porque serão muitos. Tudo o que acontece é futilidade. ⁹ Alegra-te, rapaz, em tua juventude; e agrada o teu coração nos dias de tua juventude; e anda pelos caminhos do teu coração, e na vista de teus olhos; sabe, porém, que por todas estas coisas, Deus te trará a julgamento. ¹⁰ *Portanto* afasta o desagrado de teu coração, e tira de tua carne o mal; pois a adolescência e a juventude são futilidade. *

12

¹ Portanto lembra-te de teu Criador nos dias de tua juventude, antes que venham os dias ruins, e cheguem os anos, dos quais venhas a dizer: Não tenho neles contentamento; ² Antes que se escureçam o sol, a luz, a lua e as estrelas; e voltem as nuvens após a chuva. ³ No dia em que os guardas da casa tremerem, e os homens fortes se encurvarem; e cessarem os moedores, por terem diminuído, e se escurecerem os que olham pelas janelas; ⁴ E as portas da rua se fecharem, enquanto se abaixa o ruído da moedura; e se levantar a voz das aves, e todas as vozes do canto se encurvarem. ⁵ Como também *quando* temerem as coisas altas, e houver espantos no caminho; e florescer a amendoeira, e o gafanhoto se tornar pesado, e acabar o apetite; porque o homem vai para sua casa eterna, e os que choram andarão ao redor da praça; ⁶ Antes que se afrouxe a correia de prata, e de despedace a vasilha de ouro; e se quebre o vaso junto à fonte, e se despedace a roda junto ao poço. ⁷ E o pó volte à terra, assim como era; e o espírito * volte a Deus, que o deu. ⁸ Futilidade das futilidades! - diz o pregador - Tudo é futilidade. ⁹ Além do Pregador ter sido sábio, ele também ensinou conhecimento ao povo. Ele ouviu, investigou e pôs em ordem muitos provérbios. ¹⁰ O Pregador procurou achar palavras agradáveis, e escreveu coisas corretas, palavras de verdade. ¹¹ As palavras dos sábios são como aguilhões, e como pregos bem fixados *pelos* mestres das congregações, *que* foram dadas pelo único Pastor. ¹² Além destas coisas, filho meu, tem cuidado; fazer muitos livros é *algo que* não tem fim; e estudar muito cansa a carne. ¹³ De tudo o que foi ouvido, a conclusão é: teme a Deus, e guarda os mandamentos dele; porque isto é *o dever de* todo homem. † ¹⁴ Porque Deus trará a julgamento toda obra, até mesmo tudo o que está encoberto, seja bom ou mal.

Cantares de Salomão

¹ Cântico dos cânticos, que é de Salomão. ² *Ela* : Beije-me ele com os beijos de sua boca, porque teu amor é melhor do que o vinho. ³ O cheiro dos teus perfumes é agradável; teu nome é *como* perfume sendo derramado, por isso as virgens te amam. ⁴ Toma-me contigo, e corramos; traga-me o rei aos seus quartos.*Moças* : Em ti nos alegraremos e nos encheremos de alegria; nos agradaremos mais de teu amor do que do vinho;*Ela* : Elas estão certas em te amar; ⁵ Eu sou morena, porém bela, ó filhas de Jerusalém: *morena* como as tendas de Quedar, *bela* como as cortinas de Salomão. ⁶ Não fiquem me olhando por eu ser morena, pois o sol brilhou sobre mim; os filhos de minha mãe se irritaram contra mim, *e* me puseram para cuidar de vinhas; *porém* minha própria vinha, que me pertence, não cuidei. ⁷ Dize-me, amado de minha alma: onde apascentas *o teu gado* ? Onde *o* recolhes ao meio- dia? Para que ficaria eu como que coberta com um véu por entre os gados de teus colegas? * ⁸ *Ele* : Se tu, a mais bela entre as mulheres, não sabes, sai pelos rastros das ovelhas, e apascenta tuas cabras junto às tendas dos pastores. ⁹ Eu te comparo, querida, às éguas das carruagens de Faraó. ¹⁰ Agradáveis são tuas laterais da face entre os enfeites, teu pescoço entre os colares. ¹¹ Enfeites de ouro faremos para ti, com detalhes de prata. ¹² *Ela* : Enquanto o rei está sentado à sua mesa, meu nardo dá a sua fragrância. ¹³ Meu amado é para mim *como* um saquinho de mirra que passa a noite entre meus seios; ¹⁴ Meu amado é para mim *como* um ramalhete de hena nas vinhas de Engedi. ¹⁵ *Ele* : Como tu és bela, minha querida! Como tu és bela! Teus olhos são *como* pombas. ¹⁶ *Ela* : Como tu és belo, meu amado! Como *tu és* agradável! E o nosso leito se enche de folhagens. ¹⁷ As vigas de nossa casa são os cedros, e nossos caibros os ciprestes.

2

¹ Eu sou a rosa de Sarom, o lírio dos vales. ² *Ele* : Como um lírio entre os espinhos, assim é minha querida entre as moças. ³ *Ela* : Como a macieira entre as árvores do bosque, assim é o meu amado entre os rapazes; debaixo de sua sombra desejo muito sentar, e doce é o seu fruto ao meu paladar. ⁴ Ele me leva à casa do banquete, e sua bandeira sobre mim é o amor. ⁵ Sustentai-me com passas, fortalecei-me com maçãs; porque estou fraca de amor. ⁶ *Esteja* sua mão esquerda abaixo de minha cabeça, e sua direita me abraça. ⁷ Eu vos ordeno, filhas de Jerusalém: jurai pelas corças e pelas cervas do campo, que não acordeis, nem desperteis ao amor, até que ele queira. ⁸ *Esta é* a voz do meu amado: vede-o vindo, saltando sobre os montes, pulando sobre os morros. ⁹ Meu amado é semelhante ao corço, ou ao filhote de cervos; eis que está atrás de nossa parede, olhando pelas janelas, observando pelas grades. ¹⁰ Meu amado me responde, e me diz:*Ele* : Levanta-te, querida minha, minha bela, e vem. ¹¹ Porque eis que o inverno já passou; a chuva se acabou, e foi embora. ¹² As flores aparecem na terra, o tempo da cantoria chegou; e ouve-se a voz da rolinha em nossa terra. ¹³ A figueira está produzindo seus figos verdes, e as vides florescentes dão cheiro; levanta-te, querida minha, minha bela, e vem. ¹⁴ Pomba minha, que andas pelas fendas das rochas no oculto das ladeiras, mostra-me tua face, faze-me ouvir tua voz; porque tua voz é doce, e tua face agradável. ¹⁵ Tomai-nos as raposas, as raposinhas, que danificam as vinhas, porque nossas vinhas estão florescendo. ¹⁶ Meu amado é meu, e eu sou sua; ele apascenta entre os lírios. ¹⁷ Antes do dia se romper,

---
* **1:7** coberta por um véu obscuro - trad. alt. andando sem rumo

e das sombras fugirem, volta, amado meu, faze-te semelhante ao corço, ao filhote de cervos, sobre os montes de Beter.

3

¹ *Ela* :Durante as noites busquei em minha cama a quem minha alma ama; busquei-o, mas não o achei. ² Por isso me levantarei, e percorrerei a cidade, pelas ruas e pelas praças; buscarei a quem minha alma ama; busquei-o, mas não o achei. ³ Os guardas que rondavam pela cidade me encontraram. *Eu lhes perguntei* : Vistes a quem minha alma ama? ⁴ Pouco *depois* de me afastar deles, logo achei a quem minha alma ama. Eu o segurei, e não o deixei ir embora, até eu ter lhe trazido à casa de minha mãe, ao cômodo daquela que me gerou. ⁵ Eu vos ordeno, filhas de Jerusalém: jurai pelas corças e pelas cervas do campo que não acordeis nem desperteis ao amor, até que ele queira. ⁶ Quem é esta, que sobe do deserto como colunas de fumaça, perfumada com mirra, incenso, e com todo tipo de pó aromático de mercador? ⁷ Eis a cama móvel de Salomão! Sessenta guerreiros estão ao redor dela, dentre os guerreiros de Israel; ⁸ Todos eles portando espadas, habilidosos na guerra; cada um com sua espada à cintura, para *o caso de haver* um ataque repentino de noite. ⁹ O rei Salomão fez para si uma liteira de madeira do Líbano. ¹⁰ Suas colunas ele fez de prata, seu assoalho de ouro, seu assento de púrpura; por dentro coberta com *a obra do* amor das filhas de Jerusalém. ¹¹ Saí, ó filhas de Sião, e contemplai ao rei Salomão, com a coroa a qual sua mãe o coroou, no dia de seu casamento, no dia da alegria do seu coração.

4

¹ *Ele* : Como tu és bela, minha querida! Como tu és bela! Teus olhos por trás do véu são *como* pombas; teu cabelo é como um rebanho de cabras, que descem do monte Gileade. ² Teus dentes são como *ovelhas* tosquiadas, que sobem do lavatório; todas elas têm gêmeos, e nenhuma delas é estéril. ³ Teus lábios são como uma fita de escarlate, e tua boca é bonita; tuas têmporas são como pedaços de romã por detrás do véu. ⁴ Teu pescoço é como a torre de Davi, construída como fortaleza; mil escudos estão nela pendurados, todos escudos de guerreiros. ⁵ Teus dois seios são como dois filhos gêmeos da corça, que pastam entre os lírios. ⁶ Antes do dia nascer, e das sombras fugirem, irei ao monte de mirra, e ao morro do incenso. ⁷ Tu és bela, minha querida! Não há defeito algum em ti. ⁸ *Vem* comigo do Líbano, ó esposa minha, vem comigo do Líbano; desce do cume de Amaná, do cume de Senir e de Hermom, das montanhas das leoas, dos montes dos leopardos. ⁹ Tomaste meu coração, minha irmã, minha esposa; tomaste o meu coração com um de teus olhos, com um colar de teu pescoço. ¹⁰ Como são agradáveis os teus amores, minha irmã, minha esposa! São bem melhores do que o vinho; e o cheiro de teus unguentos *é melhor* que todas as especiarias. ¹¹ Favos de mel descem de teus lábios, ó esposa; mel e leite estão debaixo de tua língua; e o cheiro de teus vestidos é como o cheiro do Líbano. ¹² Jardim fechado és tu, minha irmã, minha esposa; manancial fechado, uma fonte selada. ¹³ Tuas plantas são uma horta de romãs, com frutos excelentes: hena e nardo. ¹⁴ Nardo, açafrão, cálamo e canela; com todo tipo de árvores de incenso: mirra, aloés, com todas as melhores especiarias. ¹⁵ *Tu és* uma fonte de jardins, um poço de águas vivas que corre do Líbano. ¹⁶ *Ela* : Levanta-te, vento norte! E vem, ó vento sul! Assopra em meu jardim, para que espalhem os seus aromas! Que meu amado venha a seu jardim, e coma de seus excelentes frutos.

5

¹ *Ele* : Já cheguei ao meu jardim, minha irmã, *minha* esposa; colhi minha mirra com minha especiaria; comi meu mel, bebi meu vinho com meu leite. *Autor do poema (ou os amigos dos noivos)* : Comei, amigos; bebei, ó amados, e embebedai-vos. ² *Ela* : Eu estava dormindo, mas meu coração vigiava; era a voz de meu amado, batendo: Abre-me, minha irmã, minha querida, minha pomba, minha perfeita! Porque minha cabeça está cheia de orvalho, meus cabelos das gotas da noite. ³ Já tirei minha roupa; como *voltarei* a vesti-la? Já lavei meus pés; como vou sujá-los *de novo* ? ⁴ Meu amado meteu sua mão pelo buraco *da porta* ,e meu interior se estremeceu por ele. ⁵ Eu me levantei para abrir a meu amado; minhas mãos gotejavam mirra, e meus dedos *derramaram* mirra sobre os puxadores da fechadura. ⁶ Eu abri a porta ao meu amado, porém meu amado já tinha saído e ido embora; minha alma como que saía *de si* por causa de seu falar. * Eu o busquei, mas não o achei; eu o chamei, mas ele não me respondeu. ⁷ Os guardas que rondavam pela cidade me encontraram; eles me bateram *e* me feriram; os guardas dos muros tiraram de mim o meu véu. ⁸ Eu vos ordeno, filhas de Jerusalém: jurai que, se achardes o meu amado, dizei a ele que estou doente de amor. ⁹ *Moças* : Ó, tu, mais bela entre as mulheres, como é o teu amado, a quem tu amas mais do que qualquer outro? Como é este teu amado, mais amado que qualquer outro, por quem assim nos mandas jurar? ¹⁰ *Ela* : Meu amado é radiante e rosado; ele se destaca entre dez mil. ¹¹ Sua cabeça é *como* o mais fino ouro; seus cabelos são crespos, pretos como o corvo. ¹² Seus olhos são como pombas junto às correntes de águas, lavados em leite, colocados como *joias* . ¹³ As laterais de seu rosto como um canteiro de especiarias, *como* caixas aromáticas; seus lábios são *como* lírios, que gotejam fragrante mirra. ¹⁴ Suas mãos são *como* anéis de ouro com pedras de crisólitos; seu abdome *como* o brilhante marfim, coberto de safiras. ¹⁵ Suas pernas são *como* colunas de mármore, fundadas sobre bases de ouro puro; seu aspecto é como o Líbano, precioso como os cedros. ¹⁶ Sua boca é *cheia* de doçura, e ele é desejável em todos os sentidos; assim é o meu amado; assim é o meu querido, ó filhas de Jerusalém.

6

¹ *Moças* : Para onde foi o teu amado, ó tu mais bela entre as mulheres? Para que direção se virou o teu amado, para o procurarmos contigo? ² *Ela* : Meu amado desceu ao seu jardim, aos canteiros de especiarias, para apascentar *seu rebanho* nos jardins, e para colher lírios. ³ Eu sou do meu amado, e meu amado é meu; ele apascenta entre os lírios. ⁴ *Ele* : Tu és bela, minha querida, como Tirza, agradável como Jerusalém; és formidável como bandeiras *de exércitos* . ⁵ Afasta teus olhos de mim, pois eles me deixam desconcertado. Teu cabelo é como um rebanho de cabras, que descem de Gileade. ⁶ Teus dentes são como um rebanho de ovelhas, que sobem do lavatório; todas produzem gêmeos, e não há estéril entre elas. ⁷ Como um pedaço de romã, assim são as laterais de teu rosto abaixo de teu véu. ⁸ Sessenta são as rainhas, e oitenta as concubinas; e as donzelas são inúmeras; ⁹ *Porém* uma é a minha pomba, minha perfeita, a única de sua mãe, a mais querida daquela que a gerou. As moças * a viram, e a chamaram de bem-aventurada; as rainhas e as concubinas a elogiaram. ¹⁰ Quem é esta, que aparece como o nascer do dia, bela como a lua, brilhante como o sol, formidável como bandeiras *de exércitos* ? ¹¹ Desci ao jardim das nogueiras, para ver os frutos do vale; para ver se as videiras estavam floridas, *e se* as romãzeiras brotavam. ¹² Sem eu perceber, minha alma me pôs nas carruagens de meu nobre

---

* **5:6** seu falar trad. alt. sua partida   * **6:9** moças = lit. filhas

povo. ¹³ *Moças* : Volta! Volta, Sulamita! Volta! Volta, e nós te veremos! *Ele* : Por que *quereis* ver a Sulamita, como a dança † de duas companhias? ‡

7

¹ *Ele* : Como são belos os teus pés nas sandálias, ó filha de príncipe! Os contornos de tuas coxas são como joias, *como* obra das mãos de um artesão. ² Teu umbigo é *como* uma taça redonda, que não falta bebida; teu abdome é *como* um amontoado de trigo, rodeado de lírios. ³ Teus dois seios são como dois filhos gêmeos da corça. ⁴ Teu pescoço é como uma torre de marfim; teus olhos são *como* os tanques de peixes de Hesbom, junto à porta de Bate-Rabim. Teu nariz é como a torre do Líbano, que está de frente a Damasco. ⁵ Tua cabeça sobre ti, como o *monte* Carmelo, e o trançado dos cabelos cabeça como púrpura; o rei está *como que* atado em *tuas* tranças. ⁶ Como tu és bela! Como tu és agradável, ó amor em delícias! ⁷ Esta tua estatura é semelhante à palmeira, e teus seios são *como* cachos *de uvas* . ⁸ Eu disse: Subirei à palmeira, pegarei dos seus ramos; e então teus seios serão como os cachos da videira, e a fragrância de teu nariz como o das maçãs. ⁹ E tua boca *seja* como o bom vinho; *Ela* : *Vinho* que se entra a meu amado suavemente, e faz falarem os lábios dos que dormem. ¹⁰ Eu sou do meu amado, e ele me deseja. ¹¹ Vem, amado meu! Saiamos ao campo, passemos as noites nas aldeias. ¹² Saiamos de madrugada até às vinhas, vejamos se as videiras florescem, se suas flores estão se abrindo, se as romãzeiras já estão brotando; ali te darei os meus amores. ¹³ As mandrágoras espalham seu perfume, e junto a nossas portas há todo tipo de excelentes frutos, novos e velhos; eu os guardei para ti, meu amado.

8

¹ Como gostaria que tu fosses como meu irmão, que mamava os seios de minha mãe. Quando eu te achasse na rua, eu te beijaria, e não me desprezariam. ² Eu te levaria e te traria à casa de minha mãe, aquela que me ensinou, e te daria a beber do vinho aromático, do suco de minhas romãs. ³ Esteja sua mão esquerda debaixo de minha cabeça, e sua direita me abrace. ⁴ Eu vos ordeno, filhas de Jerusalém: jurai que não acordeis, nem desperteis ao amor, até que ele queira. ⁵ *Outros* : Quem é esta, que sobe da terra desabitada, reclinada sobre seu amado? *Ela* : Debaixo de uma macieira te despertei; ali tua mãe te teve com dores; ali te deu à luz aquela que te gerou. ⁶ Põe-me como selo sobre o teu coração, como selo sobre o teu braço; porque o amor é forte como a morte, e o ciúme * é severo como o Xeol; suas brasas são brasas de fogo, labaredas intensas. † ⁷ Muitas águas não poderiam apagar este amor, nem os rios afogá-lo; ainda que alguém desse todos os bens de sua casa por este amor, certamente o desprezariam. ⁸ *Irmãos dela* : Temos uma irmã pequena, que ainda não têm seios; que faremos a esta nossa irmã, no dia que dela falarem? ⁹ Se ela for um muro, edificaremos sobre ela um palácio de prata; e se ela for uma porta, então a cercaremos com tábuas de cedro. ¹⁰ *Ela* : Eu sou um muro, e meus seios como torres; então eu era aos olhos dele, como aquela que encontra a paz. ¹¹ Salomão teve uma vinha em Baal-Hamom; ele entregou esta vinha a uns guardas, e cada um *lhe* trazia como *faturamento* de seus frutos mil *moedas* de prata. ¹² Minha vinha, que me pertence, está à minha disposição; ‡ as mil *moedas* de prata são para ti, Salomão, e duzentas para os guardas de teu fruto. ¹³ *Ele* : Ó tu que habitas nos jardins, teus colegas prestam atenção à tua voz: faze com que eu *também possa* ouvi-la. ¹⁴ *Ela* :

---

† **6:13** dança trad. alt. fileira   ‡ **6:13** duas companhias trad. alt. dois exércitos - ou transliteração Maanaim

* **8:6** Ou: paixão   † **8:6** labaredas intensas Trad. alternativa: labaredas do SENHOR   ‡ **8:12** à minha disposição = lit.. perante minha face

572

Vem depressa, meu amado! E faze-te semelhante ao corço, ao filhote de cervos, nas montanhas de ervas aromáticas!

Isaías

¹ Visão de Isaías, filho de Amoz, a qual ele viu sobre Judá e Jerusalém, nos dias de Uzias, Jotão, Acaz e Ezequias, reis de Judá. ² Ouvi, ó céus; e escutai tu, terra, porque o SENHOR está falando: Eu criei filhos, e os fiz crescerem; porém eles se rebelaram contra mim. ³ O boi conhece a seu dono, e o jumento *sabe* a manjedoura de seu possuidor; *mas* Israel não conhece, meu povo não entende. ⁴ Ai da nação pecadora, do povo cheio de perversidade, semente de malfeitores, de filhos corruptos! Abandonaram ao SENHOR, provocaram a ira ao Santo de Israel, *dele* se afastaram. ⁵ Para que seríeis espancados ainda mais? Vós vos rebelaríeis mais ainda. Toda a cabeça está enferma, e todo o coração fraco. ⁶ Desde a planta do pé até a cabeça, não há nele coisa sã. *Só há* feridas, inchaços e chagas podres, sem terem sido espremidas, feito curativos ou aliviadas com azeite. ⁷ Vossa terra é uma ruína; vossas cidades foram queimadas; vossa terra os estranhos devastaram diante de vossa presença, e está arruinada como que destruída por estranhos. ⁸ E a filha de Sião ficou como uma cabana na vinha, como um barraco no pepinal, como uma cidade cercada. ⁹ Se o SENHOR dos exércitos não tivesse nos deixado alguns sobreviventes, teríamos sido como Sodoma, seríamos semelhantes aos de Gomorra. ¹⁰ Ouvi a palavra do SENHOR, vós líderes de Sodoma! Ouvi a Lei do nosso Deus, vós povo de Gomorra!: ¹¹ Para que me *serve* tantos sacrifícios vossos?,diz o SENHOR; Já estou farto de sacrifícios de queima de carneiros, e da gordura de animais cevados. Não me alegro com o sangue de bezerros, nem com o de cordeiros ou bodes. ¹² Quando vindes a aparecer perante minha face, quem vos pediu isso de vossas mãos, de pisardes em meus pátios? ¹³ Não tragais mais ofertas inúteis; *vosso* incenso para mim é abominação; não aguento *mais* as luas novas, os sábados, e as chamadas para o povo se reunir; *todas estas* se tornaram reuniões malignas. ¹⁴ Vossas luas novas e vossas solenidades, minha alma as odeia e elas me perturbam; estou cansado de *as* suportar. ¹⁵ Por isso quando estendeis vossas mãos, escondo meus olhos de vós; até quando fazeis muitas orações, eu não *vos* ouço; *porque* vossas mãos estão cheias de sangue. ¹⁶ Lavai-vos! Purificai-vos! Tirai a maldade de vossas atitudes perante meus olhos; parai de fazer maldades. ¹⁷ Aprendei a fazer o bem; procurai o que é justo; ajudai ao oprimido; fazei justiça ao órfão; defendei a causa da viúva. ¹⁸ Vinde, então, e façamos as contas,diz o SENHOR: ainda que vossos pecados sejam como a escarlate, eles ficarão brancos como a neve; ainda que sejam vermelhos como o carmesim, eles se tornarão como a lã. ¹⁹ Se quiserdes e ouvirdes, comereis o que é bom da terra. ²⁰ Porém se recusardes e fordes rebeldes, sereis devorados pela espada;pois *foi assim que* a boca do SENHOR falou. ²¹ Como a cidade fiel se tornou uma prostituta! Ela estava cheia de juízo, justiça habitava nela; porém agora homicidas. ²² Tua prata se tornou em escórias; teu vinho se misturou com água. ²³ Teus príncipes são rebeldes, e companheiros de ladrões; cada um deles ama os subornos, e perseguem recompensas; não fazem justiça ao órfão, e não chega perante eles a causa das viúvas. ²⁴ Por isso diz o Senhor DEUS dos exércitos, o Poderoso de Israel: Ah, tomarei satisfações quanto aos meus adversários, e me vingarei de meus inimigos. ²⁵ E tornarei minha minha mão contra ti, e purificarei por completo tuas escórias; e tirarei toda a tua impureza. ²⁶ E restituirei a teus juízes, como da primeira vez, e a teus conselheiros, como no princípio; e depois disso te chamarão cidade da justiça, cidade fiel. ²⁷ Sião será resgatada por meio do juízo; e os que retornarem a ela, por meio da justiça. ²⁸ Mas para os transgressores e pecadores, serão juntamente quebrados; e os que

deixarem ao SENHOR serão consumidos. [29] Porque pelos carvalhos que cobiçastes serão confundidos; e pelos bosques que escolhestes sereis envergonhados; [30] Porque sereis como o carvalho ao qual suas folhas caem, e como o bosque que não tem água. [31] E o forte se tornará em estopa, e sua obra, em faísca; e ambos serão juntamente queimados, e não haverá quem *os* apague.

2

[1] Palavra vista por Isaías, filho de Amoz, quanto a Judá e a Jerusalém: [2] E acontecerá no últimos dias, que o monte da cada do SENHOR se firmará no cume dos montes, e se levantará por cima dos morros; e correrão em direção a ele todas as nações. [3] E muitos povos irão, e dirão: Vinde, subamos ao monte do SENHOR, à casa do Deus de Jacó, para que ele nos ensine sobre seus caminhos, e andemos em suas veredas; Porque de Sião virá a Lei, e de Jerusalém a palavra do SENHOR. [4] E ele julgará entre as nações, e repreenderá a muitos povos; e trocarão suas espadas em enxadas, e suas lanças em foices; não se levantará mais espada nação contra nação, nem aprenderão mais a fazer guerra. [5] Casa de Jacó, vinde, e andemos à luz do SENHOR. [6] Mas tu, *SENHOR* , desamparaste a teu povo, à casa de Jacó; porque se encheram *dos costumes* do oriente, e são místicos como os filisteus; e se associam a filhos de estrangeiros. [7] A terra deles está cheia de prata e de ouro, e os tesouros deles não têm fim; a terra deles está cheia de cavalos, e as carruagens deles não têm fim. [8] A terra deles também está cheia de ídolos; eles se inclinam perante as obras de suas próprias mãos, perante o que seus próprios dedos fizeram. [9] Ali as pessoas se abatem, e os homens se humilham; por isso tu não os perdoarás. [10] Entra nas rochas, e esconde-te no pó, por causa da temível presença do SENHOR, e da glória de sua majestade. [11] Os olhos arrogantes dos homens serão abatidos, e o orgulho dos homens será humilhado; e só o SENHOR será exaltado naquele dia. [12] Porque o dia do SENHOR dos exércitos será contra o soberbo e o arrogante; e contra todo de que *se acha* exaltado, para que seja abatido. [13] E contra todos os cedros do Líbano, altos e elevados; e contra todos os carvalhos de Basã. [14] E contra todos os altos montes, e contra todos os morros elevados. [15] E contra toda torre alta, e contra todo muro fortificado. [16] E contra todos os navios de Társis, e contra todas as pinturas desejadas. [17] E a soberba do homem será humilhada, e o orgulho dos homens será abatido; e só o SENHOR será exaltado naquele dia. [18] E todos os ídolos serão eliminados por completo. [19] Então entrarão nas cavernas das rochas, e nos buracos da terra, por causa da temível presença do SENHOR, e por causa de sua majestade, quando ele se levantar, para espantar a terra. [20] Naquele dia, o homem lançará seus ídolos de prata, e seus ídolos de ouro, que fizeram para se prostrarem diante deles, às toupeiras e aos morcegos. [21] E se porão nas fendas das rochas, e nas cavernas das penhas, por causa da temível presença do SENHOR, e por causa da glória de sua majestade, quando ele se levantar para espantar a terra. [22] *Portanto,* cessai de *confiar no* homem, cujo fôlego está em suas narinas; pois o que há nele que mereça se dar algum valor?

3

[1] Porque eis que o Senhor DEUS dos exércitos tirará de Jerusalém e de Judá o apoio e o sustento: * todas as fontes de comida e de água, † [2] O guerreiro, o soldado, o juiz, o profeta, o adivinho, e o ancião; [3] O chefe de cinquenta, o nobre, o conselheiro, o sábio entre os artífices, e o que tem habilidade de falar palavras. [4] E *lhes* darei garotos como seus príncipes, e rapazes dominarão sobre eles. [5] E o povo

---

* **3:1** o apoio e o sustento = lit. o bordão e o cajado † **3:1** todas as fontes de comida e de água = lit. todo o bordão de pão, e todo o bordão de água

será oprimido; um será contra o outro, e cada um contra seu próximo; o jovem se atreverá contra o ancião, e o reles contra o nobre. ⁶ Porque um homem tomará seu irmão da casa de seu pai, *e dirá* : Tu tens capa; sê nosso governante, e estejam estas ruínas debaixo de tua mão. ⁷ *Então* em tal dia ele levantará sua mão, dizendo: Não posso solucionar este problema; também em minha casa não há pão nem vestido algum; não me ponhais como governante do povo. ⁸ Porque Jerusalém tropeçou, e Judá está caído; pois sua língua e suas obras são contra o SENHOR, para irritar os seus gloriosos olhos. ⁹ A aparência de seus rostos dão testemunho contra eles, e mostram abertamente seus pecados; assim como Sodoma, não os disfarçam. Ai da alma deles, porque estão fazendo mal a si mesmos. ¹⁰ Dizei a justo, que o bem *lhe sucederá* ,que comerão do fruto de suas obras. ¹¹ Ai do perverso! O mal *lhe sucederá* ,porque lhe será feito conforme o trabalho de suas mãos. ¹² Os dominadores de meu povo são garotos, e mulheres dominam sobre ele; ah, meu povo, os que te guiam te enganam e confundem o caminho de tuas veredas. ¹³ O SENHOR se apresenta para brigar a causa judicial, e se põe para julgar aos povos. ¹⁴ O SENHOR vem a juízo contra os anciãos de seu povo, e *contra* seus líderes: Pois vós consumistes a vinha, o despojo do pobre está em vossas casas. ¹⁵ Por que vós esmagastes ao meu povo, e moestes o rosto dos pobres?,diz o Senhor DEUS dos exércitos. ¹⁶ Além disso o SENHOR diz: Dado que as filhas de Sião se exaltam, e andam com o pescoço levantado, e *procuram* seduzir com os olhos, e vão andando a passos curtos, fazendo ruídos com os ornamentos dos pés, ¹⁷ Por isso o Senhor fará chagas no topo das cabeças das filhas de Sião, e descobrirá suas partes íntimas. ‡ ¹⁸ Naquele dia o Senhor tirará *delas* os enfeites: tornozeleiras, testeiras, gargantilhas, ¹⁹ Brincos, pulseiras, véus, ²⁰ Chapéus, braceletes, cintos, bolsinhas de perfume, amuletos, ²¹ Anéis, pingentes de nariz, ²² Vestidos de festa, mantas, capas, bolsas, ²³ Transparências, saias de linho, toucas e túnicas. § ²⁴ E será que, no lugar de aromas haverá fedor; e no lugar de cinto *haverá* corda; e no lugar de cabelos cacheados *haverá* calvície, e no lugar de roupa luxuosa *haverá* roupa de saco; e queimadura no lugar de beleza. ²⁵ Teus homens cairão à espada; teus guerreiros na batalha. ²⁶ E as portas delas gemerão, e chorarão; e ela, ficando desolada, se sentará no chão.

4

¹ E sete mulheres tomarão um *mesmo* homem naquele dia, dizendo: Nós comeremos de nosso pão, e nos vestiremos de nossas roupas; *queremos* somente que teu nome seja posto sobre nós; livra-nos de nossa vergonha! ² Naquele dia o Renovo do SENHOR será belo e glorioso; e o fruto da terra de excelente valor, para os de Israel que escaparem *do perigo* . ³ E será que aquele que continuar em Sião e aquele que for deixado em Jerusalém será chamado santo; todo aquele que em Jerusalém está escrito para a vida; ⁴ Quando o Senhor lavar a imundícia das filhas de Sião, e limpar o sangue de Jerusalém do meio dela, com o espírito de juízo, e com o espírito de queima. ⁵ E o SENHOR criará sobre toda moradia do monte de Sião, e sobre seus ajuntamentos, uma nuvem de dia, e uma fumaça, e um brilho de fogo inflamado de noite; porque sobre toda glória haverá proteção. ⁶ E haverá uma tenda para sombra contra o calor do dia, e para refúgio e abrigo contra a tempestade e contra a chuva.

5

¹ Agora cantarei a meu amado o cântico de meu querido de sua vinha: meu amado tem uma vinha, em um morro fértil; ² E a cercou, e limpou das pedras, e a plantou de

---

‡ **3:17** partes íntimas obscuro – trad. alt. testas, i. e., deixá-las calvas   § **3:23** transparências trad. alt. espelhos

excelentes videiras, e edificou no meio dela uma torre; e também fundou nela uma prensa de uvas; e esperava que desse uvas boas, porém deu uvas imprestáveis. ³ E agora, ó moradores de Jerusalém, e vós homens de Judá? Julgai, eu vos peço, entre mim e minha vinha. ⁴ O que mais podia ser feito à minha vinha, que eu não tenha já feito? Se eu esperava uvas boas, como, pois, veio dar uvas imprestáveis? ⁵ Por isso agora eu vos farei saber o que farei à minha vinha: tirarei sua cerca, para que sirva de pastagem; derrubarei seu muro, para que seja pisada; ⁶ E eu a tornarei uma *terra* abandonada; não será podada, nem cavada; mas crescerão *nela* cardos e espinhos; e darei ordens às nuvens, para que não chovam chuva sobre ela. ⁷ Porque a vinha do SENHOR dos exércitos é a casa de Israel, e os homens de Judá são suas plantas agradáveis; porém ele esperava juízo, e eis aqui opressão; *ele esperava* justiça, e eis aqui clamor. ⁸ Ai dos que juntam uma casas, *e* acumulam propriedades de terra, até que não tenha sobrado mais lugar, para que somente vós fiqueis como moradores no meio da terra. ⁹ O SENHOR dos exércitos *disse* aos meus ouvidos: Verdadeiramente muitas casas se tornarão desertas, *até* as grandes e valiosas ficarão sem moradores! ¹⁰ E dez jeiras de vinha darão *apenas* um bato; e um ômer de semente dará *apenas* um efa. * ¹¹ Ai dos que se levantam cedo pela manhã, para buscarem bebida alcoólica, e continuam até a noite, *até que* o vinho os esquente. ¹² E harpas, liras, tamborins, gaitas e vinho há em seus banquetes; porém não olham para a obra do SENHOR, nem veem a obra de suas próprias mãos. ¹³ Por isso meu povo será levado cativo, porque não tem conhecimento; seus nobres terão fome, e sua multidão se secará de sede. ¹⁴ Por isso o Xeol † alargou seu avidez, e sua boca se abriu tanto que não se pode medir, e *ali* descerão a nobreza e também a multidão, em meio a barulhos e com os que festejam. ¹⁵ Então as pessoas serão rebaixadas, e os homens serão humilhados; e os olhos dos arrogantes se humilharão. ¹⁶ Mas o SENHOR dos exércitos será exaltado com juízo; e Deus, o Santo, será santificado com justiça. ¹⁷ E os cordeiros pastarão como se fosse seus próprios pastos, e os estranhos comerão *do alimento proveniente* dos lugares abandonados dos ricos. ‡ ¹⁸ Ai dos que puxam perversidade com cordas de futilidade, § e pelo pecado como que *com* cordas de carruagens! ¹⁹ E dizem: Que ele se apresse, acelere sua obra, para que a vejamos; e aproxime-se e venha o conselho do Santo de Israel, para que possamos saber. ²⁰ Ai dos que chamam o mal de bem, e o bem de mal; que trocam as trevas pela luz, e a luz pelas trevas; e trocam o amargo pelo doce, e o doce pelo amargo! ²¹ Ai dos *que se acham* sábios aos seus próprios olhos, e prudentes para si mesmos! ²² Ai dos *que se acham* corajosos para beberem vinho, e homens fortes para misturarem bebida alcoólica! ²³ *Ai d* os que inocentam o perverso por causa de suborno, e se desviam da justiça dos justos! ²⁴ Por isso, como a língua de fogo consome a estopa, e a chama queima a palha, *assim* sua raiz será como podridão, e sua flor se desfará como o pó; pois rejeitaram a Lei do SENHOR dos exércitos, e desprezaram a palavra do Santo de Israel. ²⁵ Por isso se acendeu a ira do SENHOR contra seu povo, e estendeu sua mão contra ele, e o feriu; e as montanhas tremeram, e seus cadáveres foram como lixo no meio das ruas; com tudo isto ele não retrocedeu sua ira; ao contrário, sua mão ainda está estendida. ²⁶ E ele levantará uma bandeira para as nações distantes, e lhes assoviará desde os confins da terra; e eis que virão com rapidez apressadamente. ²⁷ Não haverá entre eles cansado ou quem tropece; ninguém cochilará, nem dormirá; nem se desatará o cinto de seus lombos, nem será arrebentada a tira de seus calçados. ²⁸ Suas flechas estarão afiadas, e todos os seus arcos prontos para atirar; os cascos de seus cavalos serão comparáveis a

---

* **5:10** 1 omer = 10 efas, ou seja, a produção seria de apenas um décimo das sementes † **5:14** Xeol é o lugar dos mortos ‡ **5:17** ricos lit. gordos § **5:18** futilidade trad. alt. falsidade

rochas, e as rodas *de suas carruagens* como redemoinhos de vento. ²⁹ O rugido deles será como o de um leão feroz, e bramarão como filhotes de leão; e rugirão, e tomarão a presa, e a levarão, e não haverá quem *a* resgate. ³⁰ E bramarão contra ela naquele dia como o bramido do mar; então olharão para a terra, e eis que há trevas *e* aflição; e a luz se escurecerá em suas nuvens.

6

¹ No ano em que o rei Uzias morreu, eu vi o Senhor sentado sobre um alto e elevado trono; e as bordas de seu manto enchiam o templo. ² Serafins estavam por cima dele, cada um tinha seis asas; com duas cobriam seus rostos, com duas cobriam seus pés, e com duas voavam. ³ E clamavam uns aos outros, dizendo: Santo! Santo! Santo é o SENHOR dos exércitos! Toda a terra está cheia de sua glória! ⁴ E as molduras das portas se moviam com a voz do que clamava; e a casa se encheu de fumaça. ⁵ Então eu disse: Ai de mim, que vou perecer! Pois sou homem de lábios impuros, e moro no meio de um povo de lábios impuros, e meus olhos viram ao Rei, o SENHOR dos exércitos! ⁶ Porém um dos serafins voou até mim, trazendo em sua mão uma brasa viva, *a qual* ele tinha tirado do altar com uma tenaz. ⁷ E com ela tocou em minha boca, e disse: Eis que isto tocou em teus lábios; assim já foi afastada *de ti* tua culpa, e purificado estás de teu pecado. ⁸ Depois disso ouvi a voz do Senhor, que dizia: A quem enviarei? E quem irá por nós? Então eu disse: Eis-me aqui! Envia-me! ⁹ Então ele me disse: Vai, e diz a este povo: certamente ouvireis, mas não entendereis; certamente vereis, mas não percebereis. ¹⁰ Faze o coração deste povo se encher de gordura, e os ouvidos deles ficarem pesados, para que não vejam com seus olhos, nem ouçam com seus ouvidos, nem entendam com seus corações, *e assim* não se convertam, nem eu os cure. ¹¹ E eu disse: Até quando, Senhor?E ele respondeu: Até que as cidades sejam devastadas, *e* não fique morador algum, nem homem algum nas casas, e a terra seja devastada por completo. ¹² Porque o SENHOR removerá as pessoas *dela* ,e no meio da terra será grande o abandono. ¹³ Mas ainda a décima parte ficará nela, e voltará a ser consumida; *e* como uma grande árvore ou como o carvalho, em que depois de serem derrubados, *ainda* fica a base do tronco, *assim* a santa semente será a base dela.

7

¹ Sucedeu, pois, nos dias de Acaz, filho de Jotão, filho de Uzias, rei de Judá, que, Rezim, rei da Síria, e Peca, filho de Remalias, rei de Israel, subiram a Jerusalém para fazerem guerra contra ela; mas não conseguiram vencer a batalha contra ela. ² E avisaram à casa de Davi, dizendo: Os sírios se aliaram aos de Efraim. Então o coração dele se agitou, e também o coração de seu povo, tal como as árvores do bosque que se agitam com o vento. ³ Então o SENHOR disse a Isaías: Agora tu e teu filho Sear-Jasube, saí ao encontro de Acaz, ao final do aqueduto do tanque superior, na estrada do campo do lavandeiro. ⁴ E dize-lhe: Tem cuidado, mas fica calmo; não temas, nem desanime teu coração por causa dessas duas pontas fumegantes de lenha, por causa do ardor da ira de Rezim, dos sírios, e do filho de Remalias. ⁵ Pois o sírio teve maligno conselho contra ti, com Efraim e *com* o filho de Remalias, dizendo: ⁶ Vamos subir contra Judá, e o aflijamos, e o repartamos entre nós; e façamos reinar como rei no meio dele ao filho de Tabeal. ⁷ Assim diz o Senhor DEUS: Isso não subsistirá, nem sucederá. ⁸ Pois a cabeça da Síria é Damasco, e o cabeça de Damasco Rezim; e dentro de sessenta e cinco anos Efraim será quebrado, e não será *mais* povo. ⁹ E a cabeça de Efraim é Samaria, e o cabeça de Samaria é o filho de Remalias. Se não crerdes, não ficareis firmes. ¹⁰ E o SENHOR continuou a falar a Acaz, dizendo: ¹¹ Pede para ti um sinal do SENHOR teu Deus; pede ou de baixo, das profundezas, ou de cima,

das alturas. ¹² Mas Acaz disse: Não pedirei, nem porei teste ao SENHOR. ¹³ Então *Isaías* disse: Ouvi agora, ó casa de Davi: Achais pouco cansardes aos homens, para cansardes também *a paciência* do meu Deus? ¹⁴ Por isso o Senhor, ele mesmo, vos dará um sinal: eis que a virgem conceberá, e fará nascer um filho, e ela chamará seu nome Emanuel. * ¹⁵ Manteiga e mal ele comerá, pois saberá como rejeitar o mal e escolher o bem. ¹⁶ Mas antes que este menino saiba rejeitar o mal e escolher o bem, a terra da qual tendes pavor será desamparada de seus dois reis. ¹⁷ O SENHOR fará vir sobre ti, sobre o teu povo, e sobre a casa de teu pai, dias que nunca vieram, desde o dia em que Efraim se desviou de Judá, *quando vier* o rei da Assíria. ¹⁸ Porque acontecerá que naquele dia o SENHOR assoviará às moscas que estão na extremidade dos rios do Egito, e às abelhas que andam na terra da Assíria. ¹⁹ E virão, e todas elas pousarão nos vales desabitados, e nas fendas das rochas, e em todos os espinheiros, e em todos os arbustos. † ²⁰ Naquele dia o Senhor raspará com uma navalha alugada dalém do rio, por meio do rei da Assíria, a cabeça e os pelos dos pés; e até a barba será tirada por completo. ²¹ E acontecerá naquele dia, que alguém estará criando uma vaca jovem e duas ovelhas. ²² E será que, por causa da abundância de leite que lhe derem, ele comerá manteiga; e comerá manteiga e mel todo aquele que for deixado no meio da terra. ²³ Será também naquele dia, que todo lugar em que antes havia mil videiras *do valor* de dez mil moedas de prata, se tornará *lugar* para espinhos e para cardos. ²⁴ Que com arco e flechas ali entrarão; porque toda a terra será espinhos e cardos. ²⁵ E também todos os montes onde costumavam ser cavados com enxadas, não se irá a eles por medo dos espinhos e dos cardos; porém servirão para se enviar bois, e para que gado miúdo pise.

8

¹ Disse-me também o SENHOR: Toma para ti um grande letreiro, e escreve nele com pena *para uso* humano: Maer-Salal- Has-Baz. * ² Então tomei comigo testemunhas fiéis: o sacerdote Urias, e Zacarias filho de Jeberequias. ³ E vim até a profetisa, que concebeu e teve um filho; e o SENHOR me disse: Chama o nome dele de Maer-Salal-Has-Baz, ⁴ porque antes que o menino saiba falar "papai" ou "mamãe", as riquezas de Damasco e os despojos de Samaria serão tomados pelo rei da Assíria. ⁵ E o SENHOR continuou a a falar comigo, dizendo: ⁶ Dado que este povo rejeitou as águas de Siloé, que correm calmamente, e se alegrou com Resim e com o filho de Remalias, ⁷ Por isso eis que o Senhor fará subir sobre eles as águas do rio fortes e impetuosas: *que é* o rei da Assíria com todo o sua glória; e subirá sobre todas as suas correntes de águas, e transbordará por todas as suas margens; ⁸ E passará por Judá, e o inundará, chegando até o pescoço; e ao estender suas asas, encherá a largura de tua terra, ó Emanuel. ⁹ Ajuntai-vos, povos, e sereis quebrados; e ouvi, todos vós que sois de terras distantes; vesti vossos cintos, e sereis quebrados; preparai vossos cintos *para a batalha* ,mas sereis quebrados. ¹⁰ Reuni-vos para tomar conselho, mas ele será desfeito; falai *alguma* palavra, porém ela não se confirmará, porque Deus é conosco. ¹¹ Porque assim o SENHOR me disse com mão forte; e ele me ensinou a não andar pelo caminho deste povo, dizendo: ¹² Não chameis de conspiração a tudo quanto este povo chama de conspiração; e não temais o que eles temem, nem vos assombreis. ¹³ *Mas* ao SENHOR dos exércitos, a ele santificai; e ele seja ele vosso temor, e ele seja vosso assombro. ¹⁴ Então ele será como santuário *para vós* ; porém como pedra de ofensa, e por pedra de tropeço para as duas casas de Israel; como laço e como rede para os moradores de

---

* **7:14** Emanuel = i.e. Deus conosco   † **7:19** arbustos obscuro – trad. alt. pastos ou lugares onde o gado bebe
* **8:1** que significa "apressando-se para o despojo, acelerando-se para a presa"

Jerusalém. ¹⁵ E muitos dentre eles tropeçarão e cairão; e serão quebrados, enlaçados, e presos. ¹⁶ Liga o testemunho; sela a Lei entre meus discípulos. ¹⁷ Esperarei ao SENHOR, que esconde seus rosto da casa de Jacó; e a ele aguardarei. ¹⁸ Eis aqui, eu e os filhos que o SENHOR me deu, *somos* como sinais e como maravilhas em Israel, pelo SENHOR dos exércitos, que habita no monte de Sião. ¹⁹ E quando vos disserem: Consultai aos que se comunicam com os mortos e aos encantadores que murmuram, sussurrando entre os dentes.Por acaso não deveria o povo consultar ao seu Deus? *Perguntarão* aos mortos por causa dos vivos? ²⁰ *Respondei* : À Lei e ao testemunho!Se não falarem segundo esta palavra, não haverá amanhecer para eles. ²¹ E passarão pela *terra* ,duramente oprimidos e famintos; e será que, quando tiverem fome e ficarem enfurecidos, então amaldiçoarão ao seu rei e ao seu Deus, olhando para cima. ²² E olhando para a terra, eis aflição e trevas; *haverá* angustiante escuridão, e para as trevas serão empurrados.

9

¹ Mas não *haverá* escuridão para aquela que foi angustiada tal como nos primeiros tempos, *quando* ele afligiu a terra de Zebulom e a terra de Naftali; mas depois ele *a* honrará junto ao caminho do mar, dalém do Jordão, a Galileia das nações. ² O povo que andava em trevas viu uma grande luz; os que habitavam em terra de sombra de morte, uma luz brilhou sobre eles. ³ Tu multiplicaste a este povo, aumentaste-lhe a alegria. Eles se alegraram diante de ti como a alegria da ceifa, como quando ficam contentes ao repartir despojos; ⁴ Pois tu quebraste o jugo de sua carga, e a vara de seus ombros, o bastão daquele que opressivamente o conduzia, como no dia dos midianitas. ⁵ Quando toda a batalha daqueles que batalhavam era feita com ruído, e as roupas se revolviam em sangue, e eram queimadas *para servir* de combustível ao fogo. ⁶ Porque um menino nos nasceu, um filho nos foi dado; e o governo está sobre seus ombros; e seu nome se chama Maravilhoso, Conselheiro, Deus Forte, Pai da Eternidade, Príncipe da Paz. ⁷ À grandeza de *seu* governo e à paz não haverá fim, sobre o trono de Davi, e sobre seu reino, para o firmar e fortalecer com juízo e justiça desde agora e para sempre; o zelo do SENHOR dos exércitos fará isto. ⁸ O Senhor enviou uma palavra a Jacó, e ela caiu sobre Israel. ⁹ E todo o povo *a* saberá: Efraim, e os moradores de Samaria, em soberba e arrogância de coração, dizem: ¹⁰ Os tijolos caíram, mas construiremos de novo com pedras talhadas; as figueiras bravas foram cortadas, mas as trocaremos por cedros. ¹¹ Por isso o SENHOR levantará os adversários de Resim contra ele, e instigará seus inimigos: ¹² Pela frente *virão* os sírios, e por trás os filisteus; e devorarão a Israel com a boca aberta. Nem com tudo isto sua ira cessará, e ainda sua mão está estendida. ¹³ Porque este povo não se converteu àquele que o feriu, nem busca ao SENHOR dos exércitos. ¹⁴ Por isso o SENHOR cortará de Israel a cabeça, a cauda, o ramo e o junco de Israel em um único dia. ¹⁵ O ancião e o homem respeitado, este é a cabeça; e o profeta que ensina falsidade é a cauda. ¹⁶ Pois os guias deste povo são enganadores; e os que por eles forem guiados estão a ponto de serem destruídos. ¹⁷ Por causa disso o Senhor não terá alegria em seus rapazes, e não terá piedade de seus órfãos e de suas viúvas; porque todos eles são hipócritas e malfeitores, e toda boca fala tolices; nem com tudo isto sua ira cessará, e sua mão ainda está estendida. ¹⁸ Pois a perversidade queima como fogo, *que* consumirá cardos e espinhos, e incendiará aos emaranhados das árvores da floresta; e subirão como nuvens de fumaça. ¹⁹ Pelo furor do SENHOR dos exércitos a terra se inflamará, e o povo será como o combustível do fogo; cada um não terá piedade do outro. ²⁰ Se cortar à direita, ainda terá fome; e se comer da esquerda, ainda não se saciará; cada um comerá a carne de seu *próprio* braço.

²¹ Manassés a Efraim, e Efraim a Manassés; e eles ambos serão contra Judá; e nem com tudo isto sua ira cessará, e sua mão ainda está estendida.

10

¹ Ai dos que decretam ordenanças injustas, e dos que escribas que escrevem coisas opressivas, ² Para afastarem aos pobres de seu direito, e para tomarem o direito dos pobres de meu povo; para despojarem as viúvas, e para roubarem aos órfãos. ³ Mas que fareis no dia da visitação e da assolação, *que* virá de longe? A quem recorrereis por socorro? E onde deixareis vossa glória? ⁴ *Nada podem fazer* ,a não ser se abaterem entre os presos, e caírem entre os mortos. Com tudo isto, sua ira não cessará, e sua mão ainda está estendida. ⁵ Ai da Assíria, a vara de minha ira; porque minha indignação é pão em suas mãos. ⁶ Eu a enviarei contra um povo corrompido, e lhe darei ordem contra um povo do qual me enfureço; para que roube ao roubo, e despoje ao despojo, e para que o pisem como a lama das ruas; ⁷ Ainda que ela não pense assim, nem pretenda isso seu coração; em vez disso, *deseja* em seu coração destruir e eliminar não poucas nações. ⁸ Pois diz: Por acaso os meus generais, não são todos eles reis? ⁹ Não é Calno como Carquemis? Não é Hamate como Arpade? Não é Samaria como Damasco? ¹⁰ Assim como minha mão tomou aos reinos dos ídolos, cujas imagens eram melhores que Jerusalém e as de Samaria, ¹¹ Por acaso não farei eu a Jerusalém e a seus ídolos da mesma maneira que fiz a Samaria e a seus ídolos? ¹² Porque acontecerá que, quando o Senhor tiver acabado toda sua obra no monte de Sião em Jerusalém, então: Visitarei *para castigar* o fruto da arrogância da rei da Assíria e a pompa do orgulho de seus olhos. ¹³ Pois ele diz: Fiz *isso* com a força de minha mão e com minha sabedoria, pois sou esperto; e tirei as fronteiras dos povos, e roubei seus bens, e como guerreiro abati aos moradores. ¹⁴ E minha mão tomou as riquezas dos povos como a um ninho; e como se juntam ovos abandonados, assim eu juntei toda a terra; e não houve quem movesse asa, ou abrisse boca, ou fizesse ruído. ¹⁵ Por acaso o machado se glorificará contra aquele que com ele corta? Ou a serra se engrandecerá contra aquele que a manuseia? *Seria* como se fosse o bastão que movesse aos que o levantam, como se a vara fosse capaz de levantar, *como se ela* não *fosse apenas* madeira. ¹⁶ Por isso o Senhor DEUS dos exércitos enviará magreza entre seus gordos; e em lugar de sua glória ele inflamará um incêndio, como um incêndio de fogo. ¹⁷ E a Luz de Israel virá a ser fogo, e seu Santo, labareda, que queima e consome seus espinhos e seus cardos em um dia. ¹⁸ Também consumirá a glória de sua floresta, e de seu campo fértil, desde a alma até a carne; e será como quando um doente se definha. ¹⁹ E o resto das árvores de sua floresta será tão pouco em número, que um menino será capaz de contá-las. ²⁰ E acontecerá naquele dia, que os restantes de Israel e os que escaparam da casa de Jacó nunca mais confiarão naquele que os feriu; ao invés disso, confiarão verdadeiramente no SENHOR, o Santo de Israel. ²¹ Os restantes se converterão, os restantes de Jacó, ao Deus Forte. ²² Porque ainda que teu povo, ó Israel, seja como a areia do mar, *apenas* o restante dele se converterá; a destruição já está decretada, transbordante em justiça. ²³ Pois a destruição que foi decretada, o Senhor DEUS dos exércitos a executará no meio de toda a terra. ²⁴ Por isso assim diz o Senhor DEUS dos exércitos: Não temas, povo meu, que habita em Sião, ao assírio, quando te ferir com vara, e contra ti levantar seu bastão da maneira dos egípcios. ²⁵ Pois em breve se completará a indignação e a minha ira, para os consumir. ²⁶ Pois o SENHOR dos exércitos levantará um açoite contra ele, como a matança de Midiã junto à rocha de Orebe; e sua vara *estará* sobre o mar, a qual ele levantará da maneira *que ele fez* aos egípcios. ²⁷ E acontecerá naquele dia, que sua carga será tirada de teu ombro, e seu jugo de teu pescoço; e o jugo será despedaçado

por causa da unção. * 28 Eles, *os assírios* ,chegaram a Aiate, passaram por Migrom, em Micmás puseram seus instrumentos. 29 Passaram o vau, se abrigaram em Geba. Ramá está tremendo, Gibeá de Saul está fugindo. 30 Grita com tua voz, ó filha de Galim! Ouve, Laís! Pobre de ti, Anatote! 31 Madmena foge; os moradores de Gebim procuram refúgios. 32 Ainda hoje parará em Nobe; moverá sua mão *contra* o monte da Filha de Sião, o morro de Jerusalém. 33 Eis que o Senhor DEUS dos exércitos cortará os galhos com violência; e os de alta estatura serão cortados, e os elevados serão abatidos. 34 E cortará os emaranhados da floresta com machado de ferro; e o Líbano cairá pelo Grandioso.

11

1 E uma vara brotará do tronco cortado de Jessé; e um ramo crescerá de suas raízes. 2 E repousará sobre ele o Espírito do SENHOR: o Espírito de sabedoria e de entendimento, o Espírito de conselho e força, o Espírito de conhecimento e temor ao SENHOR. 3 E seu prazer será no temor ao SENHOR; e não julgará segundo a vista de seus olhos, nem repreenderá segundo o ouvir de seus ouvidos. 4 Mas julgará com justiça aos pobres, e repreenderá com equidade aos humildes da terra; porém ferirá a terra com a vara de sua boca, e com o espírito de seus lábios matará ao perverso. 5 E a justiça será o cinto de sua cintura; a fidelidade o cinto de seus lombos. 6 E o lobo morará com o cordeiro, e o leopardo se deitará com o cabrito; e o bezerro, o filhote de leão, e o animal cevado *andarão* juntos, e um menino pequeno os guiará. 7 A vaca e a ursa se alimentarão juntas, seus filhos *juntos* se deitarão; e o leão comerá palha como o boi. 8 A criança que ainda mama brincará sobre a toca da serpente, e a que for desmamada porá sua mão na cova da víbora. 9 Não se fará mal nem dano algum em todo o meu santo monte, porque a terra se encherá do conhecimento do SENHOR, como as águas cobrem o mar. 10 E acontecerá naquele dia, que as nações buscarão a raiz de Jessé, posta como bandeira dos povos; e seu repouso será glorioso. 11 E acontecerá naquele dia, que o Senhor voltará a pôr sua mão para adquirir de novo aos restantes de seus povo, que restarem da Assíria, do Egito, Patros, Cuxe, Elão, Sinear, Hamate, e das ilhas do mar. 12 E levantará uma bandeira entre as nações, e juntará aos desterrados de Israel, e reunirá aos dispersos de Judá desde os quatro confins da terra. 13 E a inveja de Efraim terminará, e os adversários de Judá serão cortados; Efraim não invejará a Judá, e Judá não oprimirá a Efraim. 14 Em vez disso, voarão sobre os ombros dos filisteus ao ocidente, e juntos despojarão aos do oriente; porão suas mãos *sobre* Edom e Moabe, e os filhos de Amom lhes obedecerão. 15 E o SENHOR dividirá * a porção de mar do Egito, e moverá sua mão contra o rio com a força de seu vento; e o ferirá em sete correntes, e fará com que se possa atravessá-lo com sandálias. 16 E haverá um caminho para os restantes de seu povo, que restarem da Assíria, assim como aconteceu a Israel, no dia em que subiu da terra do Egito.

12

1 E tu dirás naquele dia: Eu te agradeço, SENHOR, pois, ainda que tenhas te irado contra mim, tua ira foi removida, e tu me consolas! 2 Eis que Deus é minha salvação; *nele* confiarei, e não terei medo; porque minha força e minha canção é o SENHOR DEUS; e ele tem sido minha salvação. 3 E alegremente tirareis águas das fontes da salvação. 4 E direis naquele dia: Agradecei ao SENHOR, falai em alta voz ao seu nome; informai seus feitos entre os povos, anunciai quão exaltado é o seu nome. 5 Cantai ao SENHOR, porque ele fez coisas grandiosas; que isto seja conhecido em toda a terra.

---

* **10:27** unção obscuro – trad. alt. gordura – Almeida 1819: Ungido   * **11:15** dividirá obscuro – trad. alt. destruirá ou secará

⁶ Grita e canta de alegria, ó moradora de Sião; porque o Santo de Israel é grande no meio de ti!

13

¹ Revelação sobre a Babilônia, vista por Isaías, filho de Amoz. ² Levantai uma bandeira sobre um alto monte, levantai a voz a eles; movei a mão ao alto, para que entrem pelas portas dos príncipes. ³ Eu dei ordens aos meus santificados; também chamei aos meus guerreiros para minha ira, aos que se alegram com minha glória. ⁴ Há um ruído de tumulto sobre os montes, como o de um imenso povo; ruído de multidões de reinos de nações reunidas; o SENHOR dos exércitos está revistando um exército para a guerra. ⁵ Eles vêm de uma terra distante, desde a extremidade do céu; o SENHOR e os instrumentos de seu furor, para destruir toda *aquela* terra. ⁶ Gritai lamentando, pois o dia do SENHOR está perto; vem como assolação pelo Todo-Poderoso. ⁷ Por isso todas as mãos ficarão fracas, e o coração de todos os homens se derreterá. ⁸ E ficarão aterrorizados; serão tomados por dores e angústias; sofrerão como mulher com dores de parto; cada um terá medo de seu próximo, seus rostos serão rostos em chamas. ⁹ Eis que o dia do SENHOR vem horrendo, com furor e ira ardente, para pôr a terra em assolação, e destruir os pecadores nela. ¹⁰ Porque as estrelas dos céus e suas constelações não darão sua luz; o sol se escurecerá ao nascer, e a lua não brilhará com sua luz. ¹¹ Porque visitarei para punir sobre o mundo a maldade, e sobre os maus sua perversidade; e porei fim à arrogância dos soberbos, e abaterei o orgulho dos tiranos. ¹² Farei com que um varão seja mais raro que o ouro maciço, e um homem mais que o ouro fino de Ofir. ¹³ Por isso farei estremecer aos céus, e a terra se moverá de seu lugar, por causa do furor do SENHOR dos exércitos, e por causa de sua ardente ira. ¹⁴ E será que, como uma corça em fuga, e como uma ovelha que ninguém recolhe, cada um se voltará para seu povo, e cada um fugirá para sua terra. ¹⁵ Qualquer um que for achado, será traspassado; e qualquer um que se juntar a ele cairá pela espada. ¹⁶ E suas crianças serão despedaçadas perante seus olhos; suas casas serão saqueadas, e suas mulheres estupradas. ¹⁷ Eis que despertarei contra eles aos medos, que não se importarão com a prata, nem desejarão ouro. ¹⁸ E *com seus* arcos despedaçarão aos rapazes, e não terão piedade do fruto do ventre; o olho deles não terá compaixão das crianças. * ¹⁹ Assim será Babilônia, a joia dos reinos, a beleza e o orgulho dos caldeus, semelhante a Sodoma e Gomorra, quando Deus *as* arruinou. ²⁰ Nunca mais será habitada, nem *nela* se morará, de geração em geração; nem o árabe armará ali sua tenda, nem os pastores farão descansar ali *seus* rebanhos. ²¹ Mas os animais selvagens do deserto ali descansarão, e suas casas se encherão de animais medonhos; e ali habitarão corujas, † e bodes selvagens saltarão ali. ²² E as hienas uivarão em suas fortalezas, e chacais em seus confortáveis palácios. Pois está chegando bem perto o seu tempo, e os dias dela não se prolongarão.

14

¹ Porque o SENHOR terá piedade de Jacó, e ainda escolherá a Israel, e os porá em sua terra; e estrangeiros se juntarão a eles, e se apegarão à casa de Jacó. ² E os povos os receberão, e os levarão a seus lugares, e a casa de Israel terá posse deles como servos e servas, na terra do SENHOR; e capturarão aos que tinham lhes capturado, e dominarão sobre seus opressores. ³ E será que, no dia em que o SENHOR te der descanso de teu trabalho e de teu tormento, e da dura escravidão que te escravizaram, ⁴ Então levantarás estas palavras de escárnio contra o rei da Babilônia, e dirás: *Vede* como foi o fim do opressor, como a cidade dourada se acabou! ⁵ O SENHOR

---

* **13:18** crianças lit. Filhos   † **13:21** corujas obscuro - trad. alt. avestruzes

quebrou o bastão dos perversos, o cetro dos que dominavam, ^{6} Que feria aos povos com furor com golpes sem fim, que com ira dominava as nações, perseguindo sem compaixão. ^{7} A terra descansa, já está sossegada; gritam de prazer com alegria. ^{8} Até os pinheiros se alegram por causa de ti, e os cedros do Líbano, dizendo: Desde que caíste, ninguém mais sobe contra nós para nos cortar. ^{9} O Xeol * desde as profundezas se agitou por causa de ti, para sair ao teu encontro em tua chegada; por causa de ti ele despertou os mortos, todos os líderes da terra, e fez levantar de seus tronos todos os reis das nações. ^{10} Todos eles responderão e te dirão: Tu te enfraqueceste como nós, e te tornaste semelhante a nós. ^{11} Tua soberba foi derrubada ao Xeol, assim como o som de tuas harpas; larvas se espalharão por debaixo de ti, e vermes te cobrirão. ^{12} Como caíste do céu, ó "luminoso", filho do amanhecer! Cortado foste até a terra, tu que enfraquecias as nações! ^{13} E dizias em teu coração: Subirei ao céu; levantarei o meu trono acima das estrelas de Deus, e me sentarei no monte da congregação, nas regiões distantes do norte. ^{14} Subirei sobre as alturas das nuvens, e serei semelhante ao Altíssimo! ^{15} Porém tu serás derrubado ao Xeol, às profundezas da cova. ^{16} Os que te olharem prestarão atenção em ti, pensarão, *e dirão* : É este o homem que abalava a terra, e fazia os reinos tremerem? ^{17} Que fazia do mundo como um deserto, e arruinava suas cidades? Que nunca soltava seus prisioneiros para *suas* casas? ^{18} Todos os reis das nações, eles todos, jazem com honra, cada um em sua própria casa. † ^{19} Porém tu és lançado de tua sepultura, como um ramo repugnante, *como* as roupas dos que foram mortos, traspassados à espada; *como* os que descem às pedras da cova, como um corpo pisoteado. ^{20} Não se juntará a eles na sepultura, porque destruíste tua terra, e mataste a teu povo; a semente dos malignos não será nomeada para sempre. ^{21} Preparai a matança para seus filhos por causa da maldade de seus pais; para que não se levantem, e tomem posse da terra, e encham a face do mundo de cidades. ^{22} Porque me levantarei contra eles,diz o SENHOR dos exércitos; e cortarei para eliminar da Babilônia o nome e os restantes, o filho e o neto, diz o SENHOR. ^{23} E eu a porei como propriedade de corujas, e poças d'água; e a varrerei com a vassoura da destruição,diz o SENHOR dos exércitos. ^{24} O SENHOR dos exércitos jurou, dizendo: Com certeza acontecerá assim como pensei, e será comprido assim como determinei. ^{25} Quebrarei a Assíria em minha terra, e em minhas montanhas eu a esmagarei; para que seu jugo se afaste deles, e sua carga seja tirada de seus ombros. ^{26} Este é o plano determinado para toda a terra; e esta é a mão que está estendida sobre todas as nações. ^{27} Pois o SENHOR dos exércitos já determinou; quem invalidará? E sua mão já está estendida; quem *a* retrocederá? ^{28} No ano em que o rei Acaz morreu, houve esta revelação: ^{29} Não te alegres, ó tu, Filisteia inteira, por ter sido quebrada a vara que te feria; porque da raiz da cobra sairá uma víbora, e seu fruto será uma venenosa serpente voadora. ^{30} E os mais pobres ‡ serão apascentados, e os necessitados deitarão em segurança; porém farei tua raiz morrer de fome, e ela matará teus sobreviventes. ^{31} Uiva, ó porta! Grita, ó cidade! Tu, Filisteia inteira, estás a ser derretida; porque do norte vem fumaça, e não há solitário em seus batalhões. ^{32} Que, pois, se responderá aos mensageiros d *aquela* nação? Que o SENHOR fundou a Sião, e que nela os oprimidos de seu povo terão refúgio.

15

^{1} Revelação sobre Moabe: Certamente em uma noite é destruída Ar-Moabe; *e é* devastada; certamente em uma noite é destruída Quir-Moabe, *e é* devastada. ^{2} *Os*

---

* **14:9** Xeol é o lugar dos mortos   † **14:18** casa i.e. túmulo   ‡ **14:30** mais pobres = lit. os primogênitos dos pobres

moradores sobem ao templo, e a Dibom, aos lugares altos, para chorar; Moabe grita de lamento por Nebo e por Medeba; em todas as suas cabeças há calva, e toda barba está raspada. ³ Eles se vestem de sacos em suas ruas; em seus terraços, e em suas praças todos andam gritando de lamento, e descem chorando. ⁴ Tanto Hesbom como Eleale vão gritando, até Jaaz se ouve sua voz; por causa disso os soldados armados de Moabe gritam, a alma de cada um está abalada dentro de si. ⁵ Meu coração dá gritos por Moabe, seus fugitivos *foram* até Zoar *e* Eglate-Selisia; * pois sobem com choro pela subida de Luíte, pois no caminho de Horonaim levantam um grito de desespero. ⁶ Pois as águas de Ninrim se acabaram; pois a grama se secou, as plantas pereceram, e não há mais vegetal verde. ⁷ Por isso levarão os bens que acumularam e seus pertences ao ribeiro dos salgueiros. ⁸ Porque o pranto rodeia aos limites de Moabe; até Eglaim chega seu grito de lamento, e até Beer-Elim sua lamentação. ⁹ Pois as águas de Dimom estão cheias de sangue, porém porei em Dimom ainda outros mais: um leão aos que escaparem de Moabe, e aos sobreviventes da terra.

16

¹ Enviai os cordeiros ao dominador da terra desde Sela pelo deserto, ao monte da filha de Sião. ² Pois será que, como o pássaro vagueante, lançado do ninho, assim serão as filhas de Moabe junto aos vaus de Arnom. ³ Toma conselho, faze juízo, põe tua sombra no pino do meio dia como a noite; esconde aos exilados, *e* não exponhas os fugitivos. ⁴ Habitem entre ti teus prisioneiros, Moabe; sê tu refúgio para eles da presença do destruidor, porque o opressor terá fim, a destruição terminará, e os esmagadores serão consumidos de sobre a terra. ⁵ Porque o trono se firmará em bondade, e sobre ele no tabernáculo de Davi em verdade se sentará um que julgue, e busque o juízo, e se apresse para a justiça. ⁶ Já ouvimos a soberba de Moabe, o arrogante ao extremo; sua arrogância, soberba e furor, *mas* seus orgulhos não são *firmes* . ⁷ Por isso Moabe gritará de lamento por Moabe; todos eles gritarão de lamento; gemereis pelos fundamentos * de Quir-Haresete, pois estão quebrados. ⁸ Pois os campos de Hesbom enfraqueceram, *e também* a vinha de Sibma, os senhores das nações esmagaram suas melhores plantas, que chegavam a Jezer, *e* alcançavam o deserto; seus ramos se estendiam, e passavam até o mar. ⁹ Por isso lamentarei com pranto por Jezer, a vide de Sibma; eu te regarei com minhas lágrimas, ó Hesbom e Eleale; pois a alegria de teus frutos de verão e de tua colheita caiu. ¹⁰ E foram tirados a alegria e o prazer do campo frutífero; e nas vinhas não se canta, nem grito de alegria se faz; o pisador não pisará as uvas nas prensas; eu pus fim aos clamores de alegria. ¹¹ Por isso meus órgãos fazem ruído por Moabe como um harpa; e meu interior por Quir- Heres. ¹² E será que, quando *o povo de* Moabe se apresentar e se cansar nos lugares altos, e entrarem em seus templo para orar, nada conseguirão. ¹³ Esta é a palavra que o SENHOR falou sobre Moabe desde então. ¹⁴ Mas agora *assim* fala o SENHOR, dizendo: Dentro de três anos, (tais como anos de empregado), † então se tornará desprezível a glória de Moabe, com toda a sua grande multidão; e os restantes serão muito poucos e sem poder.

17

¹ Revelação sobre Damasco: Eis que Damasco será tirada *de tal maneira* que não será mais uma cidade, mas sim, um amontoado de ruínas. ² As cidades de Aroer serão abandonadas; serão para os rebanhos, e *ali* se deitarão, sem haver quem os espante. ³ E a fortaleza de Efraim se acabará, como também o reino de Damasco,

---

* **15:5** Eglate-Selisia trad. alt. [como] uma novilha de três anos   * **16:7** fundamentos trad. alt. bolos de passas

† **16:14** anos de empregado = i.e. anos exatos

e os restantes dos sírios; serão como a glória dos filhos de Israel,diz o SENHOR dos exércitos. ⁴ E será naquele dia, que a glória de Jacó se definhará, e a gordura de sua carne emagrecerá; ⁵ Pois será como o ceifeiro, que colhe os grãos, e com seu braço ceifa as espigas; será também como o que colhe espigas no vale de Refaim. ⁶ Porém ainda ficarão nele *algumas* sobras, como no sacudir da oliveira, dois *ou* três azeitonas *ficam* na ponta mais alta dos ramos, e quatro *ou* cinco em seus ramos frutíferos,diz o SENHOR, o Deus de Israel. ⁷ Naquele dia o homem dará atenção ao seu Criador, e seus olhos olharão ao Santo de Israel; ⁸ E não dará atenção aos altares, obra de suas *próprias* mãos, nem olharão para o que seus *próprios* dedos fizeram, nem para os mastros de Aserá, nem para os altares de incenso. ⁹ Naquele dia suas cidades fortificadas serão como plantas abandonadas e os mais altos ramos, os quais eles abandonaram por causa dos filhos de Israel. E haverá assolação, ¹⁰ Pois te esqueceste do Deus de tua salvação, e não te lembraste da rocha de tua fortaleza. Por isso, tu cultivarás belas plantas, e as cercarás de ramos estranhos. ¹¹ No dia que as plantares, tu as farás crescer, e pela manhã farás com que tua semente brote; porém a colheita será perdida * no dia de sofrimento e de dores insuportáveis. ¹² Ai da multidão dos muitos povos, que bramam como o bramido do mar; e do rugido das nações, que rugem como o rugido de águas impetuosas. ¹³ As nações rugirão, como o rugido de muitas águas, porém *Deus* as repreenderá, e elas fugirão para longe. Serão levadas a fugirem como restos de palhas nos montes diante do vento, como coisas que rolam perante um redemoinho. ¹⁴ Ao tempo da tarde eis que há pavor; *mas* antes que amanheça não há mais: Esta é a parte daqueles que nos despojam, e o futuro reservado † para aqueles que nos saqueiam.

18

¹ Ai da terra dos zumbidos de asas, que está além dos rios de Cuxe, ² Que envia embaixadores pelo mar, e em navios de junco sobre as águas, *com a ordem* : Ide, mensageiros velozes, a uma nação *de gente* alta e de pele lisa, a um povo temido desde seus territórios afora, uma nação dominadora e esmagadora, cuja terra os rios dividem. * ³ Vós todos, habitantes do mundo, e vós, moradores da terra, vede quando for levantada a bandeira *nos* montes, e ouvi quando for tocada a trombeta. ⁴ Porque assim me disse o SENHOR: Estarei quieto olhando desde minha morada, como o calor ardente da luz do sol, como a nuvem de orvalho no calor da ceifa. ⁵ Porque antes da ceifa, quando a flor já se acabou, e as uvas brotam prestes a amadurecer, então ele podará as vides com a foice e, tendo cortado os ramos, ele os tirará *dali* . ⁶ Eles serão deixados juntos para as aves dos montes, e para os animais da terra; e sobre eles as aves passarão o verão, e todos os animais da terra passarão o inverno sobre eles. ⁷ Naquele tempo, será trazido um presente ao SENHOR dos exércitos por um povo alto e de pele lisa, e um povo temível desde seus territórios afora; uma nação dominadora e esmagadora, cuja terra rios dividem, ao lugar que pertence ao nome do SENHOR dos exércitos, ao monte de Sião.

19

¹ Revelação sobre o Egito: Eis que o SENHOR vem montado numa veloz nuvem, e ele virá ao Egito; e os ídolos do Egito tremerão perante sua presença; e o coração dos egípcios se derreterá dentro de si; ² Porque instigarei egípcios contra egípcios, e cada um lutará contra seu irmão, e cada um contra seu próximo; cidade contra cidade, reino contra reino. ³ E o espírito dos egípcios se esvaziará dentro de si, e

---

* **17:11** será perdida = lit. sairá voando trad. alt. será um amontoado   † **17:14** futuro reservado lit. porção, parte reservada   * **18:2** dominadora, esmagadora incerto

destruirei seu conselho; então eles perguntarão ao ídolos, encantadores, adivinhos que consultam espíritos de mortos, e feiticeiros. ⁴ E entregarei os egípcios nas mãos de um duro senhor, e um rei rigoroso dominará sobre eles,diz o SENHOR dos exércitos. ⁵ E as águas do mar se acabarão; e o rio se esvaziará e se secará. ⁶ E os rios terão mau cheiro; os canais do Egito serão esvaziados e se secarão; as canas e os juncos murcharão. ⁷ A relva junto ao rio, * junto às margens dos rio, e todas as plantações junto ao rio se secarão, serão removidas, e se perderão. ⁸ E os pescadores gemerão e todos os que lançam anzol no rio lamentarão; e os que estendem rede sobre as águas perderão o ânimo. ⁹ E ficarão envergonhados os que trabalham com linho fino e os que tecem panos brancos. ¹⁰ Os fundamentos † serão quebrados, e os empregados sentirão aflição na alma. ¹¹ Na verdade, os príncipes de Zoã são uns tolos; o conselho dos "sábios" de Faraó se tornou imprudente. Como é que dizeis a Faraó: Sou filho de sábios, sou descendente dos antigos reis? ¹² Onde estão agora os teus sábios? Avisem-te, pois, e informem o que o SENHOR dos exércitos determinou contra o Egito. ¹³ Os príncipes de Zoã se tornaram tolos, os príncipes de Nofe estão enganados; e o Egito será levado ao erro pelos *que são* pedra de esquina de suas tribos. ¹⁴ O SENHOR derramou um espírito de confusão em seu interior, e levaram o Egito a errar em toda a sua obra, tal como o bêbado que se revolve em seu vômito. ¹⁵ E não haverá obra alguma que a cabeça ou a cauda, o ramo ou o junco, possa fazer para proveito do Egito. ¹⁶ Naquele dia os egípcios serão como mulheres; e tremerão e temerão por causa do mover da mão do SENHOR dos exércitos, que moverá contra eles. ¹⁷ E a terra de Judá será um assombro ao egípcios; todo aquele que dela lhe mencionarem, terá medo dentro de si, por causa da determinação do SENHOR dos exércitos, que determinou contra eles. ¹⁸ Naquele dia haverá cinco cidades na terra do Egito que falem a língua de Canaã e prestem juramento ao SENHOR dos exércitos; uma delas será chamada Cidade da Destruição. ¹⁹ Naquele dia haverá um altar ao SENHOR no meio do Egito, e uma coluna ao SENHOR junto a sua fronteira. ²⁰ E isso servirá como sinal e como testemunho ao SENHOR dos exércitos na terra do Egito; pois clamarão ao SENHOR por causa de seus opressores, e ele lhes mandará um salvador e defensor que os livre. ²¹ E o SENHOR se fará conhecido no Egito, e os egípcios conhecerão ao SENHOR naquele dia; e eles o servirão *com* sacrifícios e ofertas, e farão votos ao SENHOR, e *os* cumprirão. ²² E o SENHOR ferirá aos egípcios: ferirá mas *os* curará; e eles se converterão ao SENHOR, e ele aceitará suas orações, e os curará. ²³ Naquele dia haverá uma estrada do Egito à Assíria; e os assírios virão ao Egito, e os egípcios à Assíria; e os egípcios prestarão culto junto com os assírios. ²⁴ Naquele dia Israel será o terceiro entre o Egito e a Assíria, uma bênção no meio da terra; ²⁵ Porque o SENHOR dos exércitos os abençoará, dizendo: Bendito seja o meu povo do Egito, e a Assíria, obra de minhas mãos, e Israel, minha herança.

20

¹ No ano em que o general enviado por Sargom, rei da Assíria, veio a Asdode, guerreou contra Asdode, e a tomou, ² Naquele tempo o SENHOR falou por meio de Isaías, filho de Amoz, dizendo: Vai, tira a roupa de saco de teus lombos, e descalça a sandália de teus pés.E assim ele fez, andando nu e descalço. ³ Então o SENHOR disse: Assim como meu servo Isaías anda nu e descalço, *como* sinal e presságio relativo ao Egito e a Cuxe, ⁴ assim o rei da Assíria levará em cativeiro a prisioneiros do Egito e a prisioneiros de Cuxe, tanto jovens, como velhos, nus e descalços, e descobertas as nádegas, para envergonhar ao Egito. ⁵ E terão medo e vergonha por causa de Cuxe,

---

* **19:7** rio = i.e., o rio Nilo também nos demais vv. do cap. 19   † **19:10** fundamentos obscuro - trads. alts: nobres ou tecelões

em quem esperavam, e por causa do Egito, no qual se orgulhavam. ⁶ E os moradores do litoral dirão naquele dia: Vede *o que houve com* aqueles em quem esperávamos, a quem buscávamos socorro, para nos livrarmos da presença do rei da Assíria! E *agora* ,como escaparemos?

21

¹ Revelação sobre o deserto do mar:Assim como os turbilhões de vento passam pelo Negueve, assim algo vem do deserto, de uma terra temível. ² Uma visão terrível me foi informada: o enganador engana, e o destruidor destrói. Levanta-te, Elão! Faze o cerco, Média! *Pois* estou pondo fim em todos os gemidos que ela *causou* . ³ Por isso meus lombos estão cheios de sofrimento; fui tomado por dores, tais como as dores de parto; fiquei perturbado ao ouvir, e estou horrorizado de ver. ⁴ Meu coração se estremece, o terror me apavora; o anoitecer, que eu desejava, *agora* me causa medo. ⁵ Eles preparam a mesa, estendem tapetes, * comem e bebem. Levantai-vos, príncipes! Passai óleo nos escudos! ⁶ Porque assim me disse o Senhor: Vai, põe um vigilante, *e* ele diga o que estiver vendo. ⁷ Caso ele veja uma carruagem, um par de cavaleiros, pessoas montadas em asnos, *ou* pessoas montadas em camelos, ele deve prestar atenção, muita atenção. ⁸ E ele gritou *como* um leão: Senhor, na torre de vigia estou continuamente de dia; e em minha guarda me ponho durante noites inteiras. ⁹ E eis que está vindo uma carruagem de homens, um par de cavaleiros.Então ele respondeu: Caiu! Caiu a Babilônia, e todas as imagens esculpidas de seus deuses foram quebradas contra a terra. ¹⁰ Ó meu *povo* debulhado por batidas, e trigo de minha eira! O que ouvi do SENHOR dos exércitos, Deus de Israel, isso eu vos disse. ¹¹ Revelação sobre Dumá: Alguém está gritando de Seir. Guarda, o que houve de noite? Guarda, o que houve de noite? ¹² O guarda disse: Vem a manhã, e também a noite; se quereis perguntar, perguntai; voltai-vos, e vinde. ¹³ Revelação sobre a Arábia:Nos matos da Arábia passareis a noite, ó caravanas de dedanitas. ¹⁴ Saí ao encontro dos sedentos com água; os moradores da terra de Temá com seu pão encontram aos que estavam fugindo; ¹⁵ Pois fogem de diante de espadas, de diante da espada desembainhada, e diante do arco armado, e de diante do peso da guerra. ¹⁶ Porque assim me disse o Senhor: Dentro de um ano (tal como ano de empregado), será arruinada toda a glória de Quedar. ¹⁷ E os que restarem do número de flecheiros, os guerreiros dos filhos de Quedar, serão reduzidos a poucos.Pois assim disse o SENHOR, Deus de Israel.

22

¹ Revelação sobre o vale da visão:O que há contigo, agora, para que tenhas subido toda aos terraços? ² Tu cheia de barulhos, cidade tumultuada, cidade alegre! Teus mortos não morreram pela espada, nem morreram na guerra. ³ Todos os teus líderes juntamente fugiram; foram presos sem *nem usarem* o arco; todos os teus que foram achados juntamente foram amarrados, *ainda que* tenham fugido para longe. ⁴ Por isso eu disse: Desviai vossa vista de mim, *pois* chorarei amargamente; não insistais em me consolar pela destruição da filha do meu povo. ⁵ Pois foi dia de alvoroço, de atropelamento, e de confusão, proveniente do Senhor DEUS dos exércitos, no vale da visão; *dia* de muros serem derrubados, e de gritarem ao monte. ⁶ E Elão tomou a aljava, *e* houve homens em carruagens, e cavaleiros. Quir descobriu os escudos. ⁷ E foi que teus melhores vales se encheram de carruagens de guerra; e cavaleiros se puseram em posição de ataque junto ao portão. ⁸ E tiraram a cobertura de Judá; e naquele dia olhastes para as armas da casa do bosque. ⁹ E vistes as brechas

---

* **21:5** estendem tapetes obscuro – trad. alt. ficam de vigia

dos muros da cidade de Davi, que eram muitas; e ajuntastes águas no tanque de baixo. ¹⁰ Também contastes as casas de Jerusalém; e derrubastes casas para fortalecer os muros. ¹¹ Fizestes também um reservatório entre os dois muros para as águas do tanque velho; porém não destes atenção para aquele que fez estas coisas, nem olhastes para aquele que as formou * desde a antiguidade. ¹² E naquele dia o Senhor DEUS dos exércitos chamou ao choro, ao lamento, ao raspar de cabelos, e ao vestir de saco. ¹³ E eis aqui alegria e festejo, matando vacas e degolando ovelhas, comendo carne, bebendo vinho, *e dizendo* : Comamos e bebamos, porque amanhã morreremos! ¹⁴ Mas o SENHOR dos exércitos se revelou a meus ouvidos, *dizendo* : Certamente esta maldade não vos será perdoada até que morrais, diz o Senhor DEUS dos exércitos. ¹⁵ Assim disse o Senhor DEUS dos exércitos: Vai, visita este mordomo, Sebna, que administra a casa *real* , ¹⁶ *E dize-lhe* : O que é que tens aqui? Ou quem tu tens aqui, *que te dá direito* a cavares aqui tua sepultura, *como* quem cava em lugar alto sua sepultura, e talha na rocha morada para si? ¹⁷ Eis que o SENHOR te lançará fora, ó homem, † e te agarrará! ‡ ¹⁸ Certamente ele te lançará rodando, como uma bola numa terra larga e espaçosa. Ali morrerás, e ali *estarão* tuas gloriosas carruagens, *para* desonra da casa do teu senhor. ¹⁹ E te removerei de tua posição, e te arrancarei de teu assento. ²⁰ E será naquele dia, que chamarei a meu servo Eliaquim, filho de Hilquias. ²¹ E eu o vestirei com tua túnica, e porei nele o teu cinto, e entregarei teu governo nas mãos dele, e ele será como um pai aos moradores de Jerusalém e à casa de Judá. ²² E porei a chave da casa de Davi sobre seu ombro; quando ele abrir, e ninguém fechará; e quando ele fechar, ninguém abrirá. ²³ E eu o fincarei *como* a um prego em um lugar firme; e ele será um trono de honra à casa de seu pai. ²⁴ E nele pendurarão toda a honra da casa de seu pai, dos renovos e dos descendentes, todos as vasilhas menores; desde as vasilhas de taças, até todas as vasilhas de jarros. ²⁵ Naquele dia, - diz o SENHOR dos exércitos, - o prego fincado em lugar firme será tirado; e será cortado, e cairá; e a carga que nele está será cortada; porque *assim* o SENHOR disse.

23

¹ Revelação sobre Tiro:Uivai, navios de Társis, pois ela está arruinada, sem sobrar casa alguma, nem entrada *nela* . Desde a terra do Chipre * isto *lhes* foi informado. ² Calai-vos, moradores do litoral; vós mercadores de Sidom, que vos enchíeis *pelos* que atravessavam o mar. ³ E sua renda era os grãos de Sior, a colheita do Nilo, *que vinha* por muitas águas. Ela era o centro de comércio das nações. ⁴ Envergonha-te, Sidom; pois o mar falou, a fortaleza do mar disse: Eu não tive dores de parto, nem de mim nasceu criança; nunca criei meninos nem eduquei virgens. ⁵ Quando as notícias *chegarem* ao Egito, eles se angustiarão com as informações de Tiro. ⁶ Passai-vos a Társis; uivai, moradores do litoral! ⁷ É esta a vossa alegre cidade? A que existia desde os tempos antigos? Eram os pés dela que a levavam para alcançar lugares distantes? ⁸ Quem foi, pois, que determinou isto contra Tiro, a que dava coroas, que cujos mercadores eram príncipes, e cujos comerciantes eram os mais ilustres da terra? ⁹ Foi o SENHOR dos exércitos que determinou isto, para envergonhar o orgulho de sua beleza, e humilhar a todos os ilustres da terra. ¹⁰ Passa-te como o rio à tua terra, ó filha de Társis, *pois* já não há mais fortaleza. ¹¹ Ele estendeu sua mão sobre o mar, *e* abalou aos reinos; o SENHOR deu uma ordem contra Canaã, para destruir suas fortalezas. ¹² E disse: Nunca mais te encherás de alegria, ó oprimida

---

* **22:11** formou trad. alt. predeterminou   † **22:17** ó homem trad. alt. violentamente   ‡ **22:17** lit. envolverá, cobrirá   * **23:1** Chipre Ou: Quitim - também v. 12

virgem, filha de Sidom; levanta-te, passa ao Chipre; e alinda ali não terás descanso. ¹³ Olhai para a terra dos Caldeus, este que deixou de ser povo. A Assíria a fundou para os que moravam no deserto; levantaram suas fortalezas, e derrubaram seus palácios; transformou-a em ruínas. ¹⁴ Uivai, navios de Társis; porque destruída está vossa fortaleza. ¹⁵ E será naquele dia, que Tiro será esquecida por setenta anos, como dias de um rei; *mas* ao fim de setenta anos, haverá em Tiro *algo* como a canção da prostituta: ¹⁶ Toma uma harpa, rodeia a cidade, ó prostituta esquecida; toca boa música, *e* canta várias canções, para que tu sejas lembrada. ¹⁷ Pois será que, ao fim de setenta anos, o SENHOR visitará a Tiro, e voltará à sua atividade, prostituindo-se com todos os reinos do mundo que há sobre a face da terra. ¹⁸ Mas seu comércio e seus ganhos como prostituta serão consagrados ao SENHOR; não serão guardados nem depositados; mas seu comércio será para os que habitam perante o SENHOR, para que comam até se saciarem, e tenham roupas de boa qualidade.

24

¹ Eis que o SENHOR esvazia a terra, e a assola; e transtorna sua superfície, e espalha seus moradores. ² E *isso* acontecerá, tanto ao povo, como ao sacerdote; tanto ao servo, como a seu senhor; tanto à serva, como a sua senhora; tanto ao comprador, como ao vendedor; tanto a quem empresta, como ao que toma emprestado; tanto ao credor, como ao devedor. ³ A terra será esvaziada por completo, e será saqueada por completo; pois o SENHOR pronunciou esta palavra. ⁴ A terra chora *e* se murcha; o mundo enfraquece *e* se murcha; estão enfraquecidos os mais elevados do povo da terra; ⁵ Pois a terra está contaminada por causa de seus moradores; pois transgridem as leis, mudam os estatutos, *e* anulam o pacto eterno. ⁶ Pois isso, a maldição consome a terra; e os que nela habitam pagam por sua culpa; por isso serão queimados os moradores da terra, e poucos homens restarão. ⁷ O suco de uva chora, a vinha se enfraquece; todos os alegres de coração *agora* suspiram. ⁸ A alegria dos tamborins parou, acabou o ruído dos que saltavam de prazer; a alegria da harpa parou. ⁹ Não beberão vinho com canções; a bebida alcoólica será amarga aos que a beberem. ¹⁰ A cidade da confusão está quebrada; todas as casas estão fechadas; ninguém pode entrar. ¹¹ Um clamor de lamento por causa do vinho *se ouve* nas ruas; toda a alegria se escureceu; o prazer da terra sumiu. ¹² *Só* restou assolação na cidade; o portão foi feito em ruínas. ¹³ Porque assim será por entre a terra, e no meio destes povos; como quando se sacode a oliveira, *e* como as uvas que sobram depois de terminada a vindima. ¹⁴ Eles levantarão sua voz, e cantarão com alegria; por causa da glória do SENHOR, gritarão de alegria desde o mar. ¹⁵ Por isso glorificai ao SENHOR no oriente; * *e* no litoral ao nome do SENHOR, o Deus de Israel. ¹⁶ Dos confins da terra ouvimos canções *para* a glória do Justo; mas eu digo: Fraqueza minha, fraqueza minha; ai de mim! Os enganadores enganam, e com enganação os enganadores agem enganosamente. ¹⁷ Temor, cova e laço *vem* sobre ti, ó morador da terra. ¹⁸ E será que, aquele que fugir do som de temor cairá na cova; e aquele que subir da cova, o laço o prenderá; pois as janelas do alto se abrem; e os fundamentos da terra tremerão. ¹⁹ A terra será quebrada por completo; a terra será totalmente partida, e será muito abalada. ²⁰ A terra balançará como um bêbado; e será abalada como uma choupana; e sua transgressão pesará sobre ela; cairá, e nunca mais se levantará. ²¹ E será que naquele dia o SENHOR visitará *para punir* aos exércitos do alto na altura, e aos reis da terra sobre a terra. ²² E juntamente serão amontoados *como* presos numa masmorra; e serão encarcerados num cárcere; e muitos dias depois serão visitados. ²³ E a lua

---

* **24:15** oriente nos lugares da luz, i.e. onde o sol nasce

será envergonhada, e o sol humilhado, quando o SENHOR dos exércitos reinar no monte de Sião, e em Jerusalém; e então perante seus anciãos *haverá* glória.

25

¹ Ó SENHOR, tu és meu Deus; eu te exaltarei, *e* louvarei o teu nome, pois tu tens feito maravilhas, *teus* conselhos antigos, *com* fidelidade e verdade. ² Pois tu fizeste da cidade um amontoado de pedras; da cidade fortificada uma ruína; *fizeste com que* os edifícios dos estrangeiros deixassem de ser cidade, e nunca mais voltem a ser construídos. ³ Por isso, um poderoso povo te glorificará, a cidade de nações terríveis te temerá. ⁴ Pois tu foste a fortaleza do pobre, a fortaleza do necessitado, em sua angústia; refúgio contra a tempestade, *e* sombra contra o calor; porque o sopro dos violentos é como uma tempestade contra o muro. ⁵ Tal como o calor em lugar seco, assim tu abaterás o ímpeto dos estrangeiros; tal como uma espessa nuvem *diminui* o calor, assim será humilhada a canção dos violentos. ⁶ E neste monte o SENHOR dos exércitos fará para todos os povos um banquete de animais cevados, um banquete de vinhos finos; de gorduras de tutanos, e de vinhos finos, bem purificados. ⁷ E neste monte devorará o véu funerário que está sobre todos os povos, e a coberta com que todas as nações se cobrem. ⁸ Ele devorará a morte para sempre, e o Senhor DEUS enxugará as lágrimas de todos os rostos; e tirará a humilhação de seu povo de toda a terra; pois o SENHOR *assim* disse. ⁹ E naquele dia se dirá: Eis que este é o nosso Deus, em quem temos posto nossa esperança para nos salvar; este é o SENHOR, em quem esperamos; em sua salvação teremos prazer e nos alegraremos. ¹⁰ Pois a mão do SENHOR descansará neste monte; Moabe, porém, será esmagado debaixo dele, tal como se esmaga a palha no amontoado de esterco. ¹¹ E estenderão suas mãos no meio dela, tal como um nadador estende para nadar; e *o SENHOR* abaterá a arrogância deles com a habilidade * de suas mãos. ¹² E lançará abaixo as fortalezas de teus muros; ele *as* abaterá e derrubará até o chão, ao pó.

26

¹ Naquele dia, se cantará este cântico na terra de Judá: Temos uma cidade forte! *Deus lhe* pôs a salvação por muros e antemuros. ² Abri as portas, para que por elas entre a nação justa, que guarda fidelidades. ³ Tu guardarás em completa paz aquele que tem firme entendimento, pois ele confia em ti. ⁴ Confiai no SENHOR para sempre, pois no SENHOR DEUS está a rocha eterna. ⁵ Pois ele abate aos que habitam em lugares altos, a cidade elevada; certamente ele a abaixará até o chão, e a derrubará até o pó. ⁶ Pés a pisotearão; os pés dos aflitos, os passos dos pobres. ⁷ O caminho do justo é todo plano; tu *que és* reto nivelas o andar do justo. ⁸ Também no caminho dos teus juízos esperamos em ti; em teu nome e em tua lembrança está o desejo de *nossa* alma. ⁹ Com minha alma te desejei de noite, e *com* meu espírito dentro de mim te busquei de madrugada; pois quando teus juízos *estão* sobre a terra, os moradores do mundo aprendem a justiça. ¹⁰ *Ainda* que se faça favor ao perverso, nem assim ele aprende a justiça; *até* na terra dos corretos ele pratica maldade, e não dá atenção à majestade do SENHOR. ¹¹ Ó SENHOR, tua mão está levantada, mas eles não *a* veem; *porém* eles verão e serão envergonhados pelo zelo *que tens* do *teu* povo; e o fogo consumirá a teus adversários. ¹² Ó SENHOR, tu nos fornecerá paz; pois todos os nossos feitos tu fizeste por nós. ¹³ Ó SENHOR nosso Deus, outros senhores fora de ti nos dominaram; mas somente em ti, em teu nome, mantínhamos nossos pensamentos. ¹⁴ Eles estão mortos, não *voltarão* a viver; fantasmas não ressuscitarão;

---

* **25:11** habilidade obscuro

por isso tu os visitaste e os destruíste, e eliminaste toda a memória deles. ¹⁵ Tu, SENHOR, engrandeceste esta nação; engrandeceste esta nação, *e* te fizeste glorioso; alargaste os limites da terra. ¹⁶ Ó SENHOR, na aflição eles te buscaram; *quando* tu os castigaste, uma oração eles sussurraram. ¹⁷ Tal como a grávida quando chega a hora do parto, sofre e dá gritos por suas dores, assim fomos nós diante de tua presença, SENHOR. ¹⁸ Concebemos e tivemos dores, porém geramos *nada além* de vento. Não trouxemos libertação à terra, nem os moradores do mundo caíram. ¹⁹ Os teus mortos viverão, *junto com* meu cadáver, *assim* ressuscitarão; festejai e sede alegres, vós que habitais no pó! Pois o teu orvalho *é* orvalho de luz, e a terra gerará de si *seus* mortos. ²⁰ Vai, ó povo meu; entra em teus quartos, e fecha tuas portas ao redor de ti; esconde-te por um momento, até que a ira tenha passado. ²¹ Porque eis que o SENHOR sairá de seu lugar para punir a maldade dos moradores da terra sobre eles; e a terra mostrará seus sangues, e não mais cobrirá seus mortos.

27

¹ Naquele dia, o SENHOR punirá, com sua dura, grande e forte espada, ao Leviatã, a ágil serpente; ao Leviatã, a serpente tortuosa; e matará o dragão que está no mar. ² Naquele dia, cantai à preciosa vinha: ³ Eu, o SENHOR, a vigio, e a rego a cada momento; para que ninguém a invada, eu a vigiarei de noite e de dia. ⁴ *Já* não há furor em mim. Caso alguém ponha contra mim espinhos e cardos, eu lutarei contra eles em batalha, e juntos os queimarei. ⁵ Ou, se quiserem depender de minha força, então façam as pazes comigo, e sejam comigo feitas as pazes. ⁶ *Dias* virão em que Jacó lançará raízes, florescerá, e brotará Israel; e encherão superfície do mundo de frutos. ⁷ Por acaso ele o feriu, como feriu aos que o feriram? Ou ele o matou, como morreram os que o por ele foram mortos? ⁸ Com moderação * brigaste contra ela, quando a rejeitaste; *quando* a tirou com seu vento forte, no dia do vento do Oriente. ⁹ Portanto assim será perdoada a maldade de Jacó, e este será o fruto completo da remoção de seu pecado: quando tornar todas as pedras dos altares como pedras de cal despedaçadas, *e* os mastros de Aserá e os altares de incenso não ficarem mais de pé. ¹⁰ Pois a cidade fortificada *será* abandonada, o lugar de habitação deixado e desabitado como o deserto; ali os bezerros pastarão, e ali se deitarão e comerão seus ramos. ¹¹ Quando seus ramos se secarem, serão quebrados; mulheres virão, e os queimarão; pois este povo não tem entendimento. Por isso, aquele que o criou não terá compaixão dele; aquele que o formou não lhe concederá graça. ¹² E será naquele dia, que o SENHOR debulhará o trigo, desde o rio *Eufrates* até o ribeiro do Egito; porém vós, filhos de Israel, sereis colhidos um a um. ¹³ E será naquele dia, que uma grande trombeta será tocada; então os que estiverem perdidos na terra da Assíria e os que tiverem sido lançados à terra do Egito voltarão, e adorarão ao SENHOR no monte santo em Jerusalém.

28

¹ Ai da coroa de arrogância dos bêbados de Efraim, cujo belo ornamento é *como* uma flor que murcha, que está sobre a cabeça do vale fértil dos derrotados pelo vinho. ² Eis que o Senhor tem um valente e poderoso, *que vem* como tempestade de granizo, tormenta destruidora; e como tempestade de impetuosas águas que inundam; com *sua* mão ele *os* derrubará em terra. ³ A coroa de arrogância dos bêbados de Efraim será pisada sob os pés. ⁴ E o seu belo ornamento, que está sobre a cabeça do vale fértil, será como a flor que murcha; como o primeiro fruto antes do verão, que, quando alguém o vê, pega e o come. ⁵ Naquele dia o SENHOR dos exércitos será

---

* **27:8** moderação obscuro – trad. alt. exílio

por coroa gloriosa, e por bela tiara, para os restantes de seu povo; ⁶ E por espírito de juízo, para o que se senta para julgar, e por fortaleza aos que fazem a batalha recuar até a porta *da cidade* . ⁷ Mas também estes vacilam com o vinho, e com a bebida alcoólica perdem o caminho: o sacerdote e o profeta vacilam com a bebida alcoólica, foram consumidos pelo vinho; perdem o caminho pela bebida forte, andam confusos na visão, *e* tropeçam no ato de julgar; ⁸ Pois todas as *suas* mesas estão cheias de vômito; não há lugar que não haja imundície. ⁹ A quem ele ensinará o conhecimento? E a quem se explicará a mensagem? A bebês recém-desmamados de leite, tirados dos peitos? ¹⁰ Pois *tudo* tem sido mandamento sobre mandamento, mandamento sobre mandamento, regra sobre regra, regra sobre regra; um pouco aqui, um pouco ali. ¹¹ Pois por lábios estranhos e por língua estrangeira se falará a este povo; ¹² Ao qual dissera: Este é o *lugar de* descanso; dai descanso ao cansado; e este é o repouso; porém não quiseram ouvir. ¹³ Assim, pois, a palavra do SENHOR lhes será mandamento sobre mandamento, mandamento sobre mandamento, regra sobre regra, regra sobre regra; um pouco aqui, um pouco ali; para que vão, e caiam para trás, e se quebrem, e sejam enlaçados e capturados. ¹⁴ Portanto ouvi a palavra do SENHOR, vós homens escarnecedores, dominadores deste povo, que está em Jerusalém; ¹⁵ Pois dizeis: Fizemos um pacto com a morte, e com o Xeol * fizemos um acordo: quando passar a abundância de açoites, não chegará a nós; pois pusemos a mentira como nosso refúgio, e sob a falsidade nos escondemos. ¹⁶ Por isso, assim diz o Senhor DEUS: Eis que eu fundo em Sião uma pedra; uma pedra provada, pedra preciosa de esquina, firmemente fundada; quem crer, não precisará fugir às pressas. † ¹⁷ E porei o juízo como linha de medida, e a justiça como prumo; o granizo varrerá o refúgio da mentira, e as águas inundarão o esconderijo; ¹⁸ E vosso pacto com a morte se anulará, e vosso acordo com o Xeol não será cumprido; e quando a abundância de açoites passar, então por ela sereis esmagados. ¹⁹ Logo que começar a passar, ela vos tomará, porque todas as manhãs passará, de dia e de noite; e será que só de ser dada a notícia, *já* haverá aflição. ²⁰ Porque a cama será tão curta, que *ninguém* poderá se estender nela; e o cobertor tão estreito, que *ninguém* poderá se cobrir com ele. ²¹ Porque o SENHOR se levantará como no monte de Perazim, e se enfurecerá como no vale de Gibeão, para fazer sua obra, sua estranha obra; e operar seu ato, seu estranho ato. ²² Agora, pois, não escarneçais, para que vossas cordas não vos prendam com ainda mais força; pois eu ouvi do Senhor DEUS dos exércitos sobre uma destruição que já foi determinada sobre toda a terra. ²³ Inclinai os ouvidos, e ouvi minha voz; prestai atenção, e ouvi o que eu digo. ²⁴ Por acaso o lavrador lavra o dia todo para semear, *ou* fica *o dia todo* abrindo e revolvendo a sua terra? ²⁵ Quando ele já igualou sua superfície, por acaso ele não espalha endro, e derrama cominho, ou lança do melhor trigo, ou cevada escolhida, ou centeio, ‡ *cada qual* em seu lugar? § ²⁶ Pois seu Deus o ensina, instruindo sobre o que se deve fazer. ²⁷ Porque o endro não é debulhado com uma marreta pesada, nem sobre o cominho se passa por cima com uma roda de carroça; em vez disso, com uma vara se separa os grãos de endro, e com um pau os de cominho. ²⁸ O trigo é triturado, mas não é batido para sempre; ainda que seja esmagado com as rodas de sua carroça, ele não é triturado com seus cavalos. ²⁹ Até isto procede do SENHOR dos exércitos. Ele é maravilhoso em conselhos, *e* grande em sabedoria.

---

* **28:15** Xeol é o lugar dos mortos † **28:16** precisará fugir às pressas = lit. Terá pressa ‡ **28:25** centeio ou espelta, uma variedade de trigo § **28:25** melhor, escolhida obscuros

29

¹ Ai de Ariel! Ariel, a cidade *em que* Davi se acampou. Acrescentai ano a ano, completem-se as festas de sacrifícios. ² Contudo oprimirei a Ariel, e haverá pranto e tristeza; e *ela* me será como um altar de sacrifício. * ³ Pois eu me acamparei ao seu redor, e te cercarei com rampas, † e levantarei cercos contra ti. ⁴ Então serás abatida; falarás junto ao chão, e tua fala será fraca desde o pó da terra, como a de um morto, e tua fala sussurrará desde o pó da terra. ⁵ E a multidão de teus adversários ‡ será como o pó fino, e a multidão dos violentos como a palha que passa; e *isto* acontecerá de repente, em um momento. ⁶ Pelo SENHOR dos exércitos serás visitada com trovões, terremotos, e grande ruído; com impetuoso vento, tempestade, e labareda de fogo consumidor. ⁷ E tal como um sonho ou visão noturna, *assim* será a multidão de todas as nações que batalharão contra Ariel, *assim* também como todos os que lutaram contra ela e seus muros, e a oprimiram. ⁸ Será também como um faminto que sonha estar comendo, porém, ao acordar, sua alma está vazia; ou como o sedento que sonha estar bebendo, porém, ao acordar, eis que está fraco e com sede na alma; assim será toda a multidão de nações que batalharem contra o monte de Sião. ⁹ Parai, e maravilhai-vos; cegai-vos, e sede cegos! Estão bêbados, mas não de vinho; cambaleiam, mas não por bebida alcoólica. ¹⁰ Pois o SENHOR derramou sobre vós espírito de sono profundo; ele fechou vossos olhos (os profetas), e cobriu vossos cabeças (os videntes). ¹¹ E toda visão vos será como as palavras de um livro selado que, quando se dá a um letrado, dizendo: Lê isto, por favor;Esse dirá: Não posso, porque está selado. ¹² E quando se dá o livro a alguém que não saiba ler, dizendo: Lê isto, por favor; Esse dirá: Não sei ler. ¹³ Pois o Senhor disse: Visto que este povo se aproxima *de mim* com a boca, e me honram com seus lábios, porém seus corações se afastam de mim, e *fingem que* me temem por meio de mandamentos humanos que aprendem; ¹⁴ Por isso, eis que continuarei a fazer coisas espantosas com este povo; coisas espantosas e surpreendentes; porque a sabedoria de seus sábios perecerá, e a inteligência dos inteligentes se esconderá. ¹⁵ Ai dos que querem se esconder do SENHOR, encobrindo *suas* intenções; e fazem suas obras às escuras, e dizem: Quem nos vê? Quem nos conhece? ¹⁶ *Como é grande* vossa perversão! Pode, por acaso, o oleiro ser considerado igual ao barro? Pode a obra dizer de seu criador que "ele não me fez"? Ou o vaso formado dizer de seu formador: "Ele nada entende"? ¹⁷ Por acaso não *será que* ,daqui a pouco tempo, o Líbano se tornará um campo fértil? E o campo fértil será considerado uma floresta? ¹⁸ E naquele dia os surdos ouvirão as palavras do livro; e os olhos dos cegos desde a escuridão e desde as trevas as verão. ¹⁹ E os mansos terão cada vez mais alegria no SENHOR; e os necessitados entre os homens se alegrarão no Santo de Israel. ²⁰ Pois os violentos serão eliminados, e os zombadores serão consumidos; e todos os que gostam de maldade serão extintos. ²¹ Os que acusam aos homens por meio de palavras, e armam ciladas contra quem *os* repreende na porta *da cidade* ,e os que prejudicam ao justo. ²² Portanto, assim o Senhor DEUS, que libertou a Abraão, diz à casa de Jacó: Jacó não será mais envergonhado, nem seu rosto ficará pálido, ²³ Pois quando ele vir seus filhos, obra de minhas mãos, no meio de si, *então* santificarão ao meu nome; santificarão ao Santo de Jacó, e temerão ao Deus de Israel. ²⁴ E os confusos § de espírito virão a ter entendimento, e os murmuradores aprenderão doutrina.

30

¹ Ai dos filhos rebeldes!,diz o SENHOR, Eles, que tomam conselho, mas não de mim;

---

* **29:2** altar de sacrifício = i.e., Ariel † **29:3** rampas obscuro ‡ **29:5** adversários lit. estrangeiros § **29:24** confusos i.e. os que andam sem rumo

que fazem um pacto, porém sem o meu Espírito, para acrescentarem pecado sobre pecado. ² Eles, que descem ao Egito sem me perguntarem, * para se fortificarem com a força de Faraó, e confiarem estar protegidos na sombra do Egito. ³ Entretanto, a força de Faraó se tornará vossa vergonha, e a confiança na sombra do Egito *será* humilhação. ⁴ Ainda que seus príncipes estejam em Zoã, e seus embaixadores tenham chegado a Hanes, ⁵ Todos se envergonharão por causa de um povo que em nada lhes será útil, nem de ajuda, nem de proveito; mas, ao invés disso, *lhes será* vergonha e humilhação. ⁶ Revelação sobre os animais selvagens do deserto de Negueve: Por entre uma terra da aflição e da angústia, de onde *vem* o leão forte, o leão velho, a cobra e a serpente voadora, eles levam seus bens nas costas de jumentos, e seus tesouros sobre corcovas de camelos, a um povo que em nada *lhes* será útil. ⁷ Porque o Egito *os* ajudará em vão, e inutilmente. Por isso, a este eu tenho chamado: "Raabe, que nada faz". ⁸ Agora vai, *e* escreve isso numa placa na presença deles, e registra isso num livro, para que dure até o último dia, para todo o sempre. ⁹ Porque eles são um povo rebelde, são filhos mentirosos, filhos que não querem ouvir a Lei do SENHOR. ¹⁰ Que dizem aos videntes: Não tenhais visões, e aos profetas: Não nos reveleis o que é correto! Dizei coisas agradáveis para nós, revelai ilusões! ¹¹ Desviai-vos do caminho, afastai-vos da vereda! Deixai de nos fazer deparar com o Santo de Israel! ¹² Portanto, assim diz o Santo de Israel: Visto que rejeitais esta palavra, e vós confiais na opressão e no engano, e nisto vos apoiais, ¹³ por isso esta maldade vos será como uma rachadura, prestes a cair, que já encurva um alto muro, cuja queda será repentina e rápida. ¹⁴ E será quebrado como a quebra de um vaso de oleiro, tão esmigalhado que nada se preservará; não se poderá achar um caco sequer entre seus pedacinhos que sirva para transportar brasas de uma fogueira, ou tirar água de um tanque. ¹⁵ Pois assim diz o Senhor DEUS, o Santo de Israel: Com arrependimento e descanso, ficaríeis livres; com calma e confiança teríeis força; mas vós não quisestes. ¹⁶ Ao invés disso, dissestes: Não, é melhor fugirmos sobre cavalos. Cavalgaremos em rápidos cavalos! Por isso vós fugireis, mas vossos perseguidores serão *ainda mais* rápidos. ¹⁷ Ao grito de um, mil *fugirão* ,e ao grito de cinco, *todos* vós fugireis; até que sejais deixados *solitários* ,como um mastro no cume do monte, como uma bandeira num morro. ¹⁸ Por isso o SENHOR esperará para ter piedade de vós; e por isso ele se exaltará, para se compadecer de vós; pois o SENHOR é Deus de juízo; bem-aventurados todos os que nele esperam. ¹⁹ Pois o povo habitará em Sião, em Jerusalém; certamente não continuarás a chorar; ele terá piedade de ti sob a voz do teu clamor; quando a ouvir, ele te responderá. ²⁰ De fato, o Senhor vos dará pão de angústia, e água de opressão; porém teus instrutores † nunca mais se esconderão de ti; ao contrário, teus olhos verão os teus instrutores. ²¹ E quando virardes para a direita ou para a esquerda, teus ouvidos ouvirão a palavra *do que* está atrás de ti, dizendo: Este é o caminho; andai por ele. ²² E considerarás tuas esculturas recobertas de prata e tuas imagens revestidas de ouro como impuras; tu as jogarás fora como se fossem panos imundos, e dirás a cada uma delas: Fora daqui! ²³ Então ele dará chuva sobre tuas sementes que tu tiveres semeado a terra, assim como pão produzido da terra; e esta será fértil e farta; naquele dia teu gado pastará em grandes pastos. ²⁴ Os bois e os jumentos que lavram a terra comerão forragem de boa qualidade, limpa com a pá e o forcado. ²⁵ E em todo monte alto e todo morro elevado haverá ribeiros e correntes de águas, no dia da grande matança, quando as torres caírem. ²⁶ E a luz da lua será como a luz do sol, e a luz do sol será sete vezes maior, como a luz de sete dias, quando o SENHOR atar a fratura de seu povo, e curar a chaga de sua ferida.

---

* **30:2** me perguntarem = lit. perguntarem à minha boca   † **30:20** instrutores trad. alt. Instrutor, ou seja, Deus

²⁷ Eis que o nome do SENHOR vem de longe; sua ira está ardendo, e a carga é pesada; seus lábios estão cheios de ira, e sua língua está como um fogo consumidor. ²⁸ E seu sopro como um rio que inunda, chegando até o pescoço, para sacudir as nações com a peneira da inutilidade; e um freio nos queixos dos povos *os* fará andar perdidos. ²⁹ Um cântico haverá entre vós, tal como na noite em que se santifica uma festa; haverá também alegria de coração, tal como aquele que anda com uma flauta para vir ao monte do SENHOR, à Rocha de Israel. ³⁰ E o SENHOR fará com que ouçam a glória de sua voz, e com que vejam a descida de seu braço, com indignação de ira, e labareda de fogo consumidor, raios, tempestade, e pedra de granizo. ³¹ Pois com a voz do SENHOR, a Assíria será feita em pedaços; ele *a* ferirá com a vara. ³² E será que, em todos os golpes ‡ do bordão da firmeza § que o SENHOR lhe der, será *acompanhado* de tamborins e harpas; e com ataques agitados ele a atacará. ³³ Pois Tofete já está preparada desde muito tempo, e já está pronta para o rei; ele a fez profunda e larga; sua pira tem muito fogo e lenha; o sopro do SENHOR, como uma correnteza de enxofre, a acenderá.

31

¹ Ai dos que descem ao Egito em busca de ajuda, e põem sua esperança em cavalos, e confiam em carruagens, por serem muitas, e em cavaleiros, por serem fortes; e não dão atenção ao Santo de Israel, nem buscam ao SENHOR. ² Porém ele é sábio também; ele fará vir o mal, e não volta atrás em suas palavras; ele se levantará contra a casa dos malfeitores, e contra a ajuda dos que praticam perversidade. ³ Pois os egípcios não são Deus, mas sim, homens; seus cavalos são carne, e não espírito; e o SENHOR estenderá sua mão, e fará tropeçar o que ajuda, e cair o ajudado; e todos juntos serão consumidos. ⁴ Porque assim me disse o SENHOR: Tal como o leão e o filhote de leão rugem sobre sua presa, ainda que contra ele seja chamada uma multidão de pastores; ele não se espanta por suas vozes, nem se intimida por seu grande número; assim também o SENHOR dos exércitos descerá para lutar sobre o monte de Sião, e sobre o seu morro. ⁵ Tal como as aves voam *ao redor de seu ninho* ,assim o SENHOR dos exércitos protegerá Jerusalém; por sua proteção ele a livrará, e por sua passagem ele a salvará. ⁶ Convertei-vos a aquele *contra quem* os filhos de Israel se rebelaram tão profundamente. ⁷ Porque naquele dia cada um rejeitará seus ídolos de prata, e seus ídolos de ouro, que vossas mãos fizeram para vós pecardes. ⁸ E a Assíria cairá pela espada, mas não de homem; uma espada que não é humana a consumirá; e ela fugirá da espada, e seus rapazes serão submetidos a trabalhos forçados. ⁹ Sua rocha se enfraquecerá * de medo, e seus príncipes terão pavor da bandeira; *isto* diz o SENHOR, cujo fogo está em Sião, e sua fornalha em Jerusalém.

32

¹ Eis que um rei reinará com justiça, e príncipes governarão conforme o juízo. ² E *cada* homem será como um abrigo contra o vento, e refúgio contra a tempestade; como ribeiros de águas em lugares secos, como a sombra de uma grande rocha num lugar deserto. ³ E os olhos dos que vem não se ofuscarão; e os ouvidos dos que ouvem estarão atentos. ⁴ E o coração dos imprudentes entenderá o conhecimento, e a língua dos gagos estará pronta para falar com clareza. ⁵ Nunca mais o tolo será chamado de nobre, nem o avarento de generoso; ⁶ Pois o tolo fala tolices, e seu coração opera maldade, para praticar perversidade e falar enganos contra o SENHOR, para deixar vazia a alma do faminto, e fazer com que o sedento não tenha o que beber. ⁷ Os

---

‡ **30:32** golpes lit. Passagens § **30:32** bordão da firmeza trad. alt. bordão determinado * **31:9** enfraquecerá obscuro. lit. passará

instrumentos do avarento são maléficos; ele trama planos malignos para destruir aos aflitos com palavras falsas, mesmo quando o pobre fala com justiça. ⁸ Mas o nobre pensa em coisas nobres, e em coisas nobres ele permanece. ⁹ Levantai-vos, mulheres que estais em repouso, e ouvi a minha voz; ó filhas, que estais tão confiantes, dai ouvidos às minhas palavras: ¹⁰ Daqui a um ano e alguns dias, sereis perturbadas, vós, que estais tão confiantes; porque a produção de uvas não terá sucesso, e a colheita não virá. ¹¹ Tremei vós que estais em repouso, e sede perturbadas, vós que estais tão confiantes; despi-vos, e ficai nuas, e vesti vossos lombos *com roupa de saco* . ¹² Lamentai-vos batendo em vossos peitos por causa dos campos agradáveis e das vides frutíferas; ¹³ Por causa da terra do meu povo, *na qual* espinhos e cardos crescerão; e por causa das casas de alegria *na* cidade alegre. ¹⁴ Pois o palácio será abandonado, a cidade ruidosa ficará deserta; a colina * e as torres de guarda serão esvaziadas para sempre, para alegria dos jumentos selvagens, e *servirão* de pasto para o gado; ¹⁵ Até que seja derramado sobre nós o Espírito do alto; então o deserto se tornará um lugar fértil, e o lugar fértil será considerado uma floresta. ¹⁶ E o juízo habitará no deserto, e a justiça morará no campo fértil. ¹⁷ E a consequência da justiça será paz; e o produto da justiça, repouso e segurança para sempre. ¹⁸ E meu povo habitará na morada da paz, em moradias bem seguras, em tranquilos lugares de descanso. ¹⁹ (Granizo, porém, derrubará a floresta, e a cidade será abatida). ²⁰ Bem-aventurados sois vós, os que semeais sobre todas as águas; *e* deixais livres os pés do boi e do jumento.

33

¹ Ai de ti, assolador, que não foste assolado, e que enganas sem ter sido enganado! Quando terminares de assolar, tu é que serás assolado; quando terminares de enganar, então te enganarão. ² Ó SENHOR, tem misericórdia de nós! Em ti temos esperança. Que tu sejas nossa força nas madrugadas, e nossa salvação no tempo de aflição. * ³ Ao som do ruído estrondoso, fugirão; quando tu te levantas, as nações se dispersam. ⁴ Então, *nações* ,vossos despojos serão colhidos tal como os insetos colhem; tal como os gafanhotos saltam, assim saltarão. ⁵ Exaltado é o SENHOR, pois habita nas alturas; ele encheu a Sião de juízo e justiça. ⁶ Ele é a segurança de teus tempos, e a fonte de tua salvação, sabedoria e conhecimento; o temor ao SENHOR é seu tesouro. † ⁷ Eis que os embaixadores deles estão gritando de fora; os mensageiros de paz estão chorando amargamente. ⁸ As estradas estão vazias, não há quem passe pelos caminhos; o pacto foi desfeito, cidades foram desprezadas, ninguém é considerado importante. ⁹ A terra lamenta e se definha; o Líbano se envergonha e se seca; Sarom se tornou com um deserto; e Basã e Carmelo foram sacudidos, *tiradas suas folhas* . ¹⁰ Agora eu me levantarei,diz o SENHOR; agora me elevarei; agora serei exaltado. ¹¹ Concebestes palha, gerais restos de cascas; vosso sopro vos consumirá *como* o fogo. ¹² E os povos serão *como* incêndios de cal; tal como espinhos cortados, eles se queimarão no fogo. ¹³ Vós que estais longe, ouvi o que eu tenho feito; e vós que estais perto, conhecei o meu poder. ¹⁴ Os pecadores em Sião estão assombrados; o tremor tomou os perversos; *eles dizem* : Quem dentre nós pode conviver ‡ com o fogo consumidor? Quem dentre nós pode conviver com as labaredas eternas? ¹⁵ O que anda em justiça, e que fala o que é correto; que rejeita o ganho *proveniente* de opressões, que com suas mãos faz o gesto de "não" aos subornos, que tapa seus ouvidos para não ouvir sobre *crimes de* sangue, e fecha seus olhos para não ver o mal.

---

* **32:14** a colina obscuro – equiv. Ofel   * **33:2** braço lit. força   † **33:6** seu tesouro i.e., o tesouro de Sião.
‡ **33:14** pode conviver lit. habitará

¹⁶ Este morará nas alturas; fortalezas de rochas serão seu abrigo; ele será provido de pão, *e* suas águas serão garantidas. ¹⁷ Teus olhos verão o rei em sua formosura; *e* verão uma terra que *se estende* até longe. ¹⁸ Teu coração pensará sobre o assombro, dizendo: Onde está o escriba? Onde está o tesoureiro? § Onde está o que contava as torres? ¹⁹ Não verás *mais* aquele povo atrevido, povo de fala tão profunda, que não se pode compreender, de língua tão estranha, que não se pode entender. ²⁰ Olhai para Sião, a cidade de nossas solenidades; teus olhos verão Jerusalém, morada tranquila, tenda que não será derrubada, cujas estacas nunca serão arrancadas, e nenhuma de suas cordas se arrebentará. ²¹ Mas ali o SENHOR será grandioso para nós: ele será um lugar de rios *e* correntes largas; nenhum barco a remo passará por eles, nem navio grande navegará por eles. ²² Pois o SENHOR é nosso juiz; o SENHOR é nosso legislador; o SENHOR é nosso Rei, ele nos salvará. ²³ Tuas cordas se afrouxaram; não puderam manter firme o seu mastro, nem estenderam a vela; então uma grande quantidade de despojos * será repartida; *até* os aleijados tomarão despojos. ²⁴ E nenhum morador dirá: Estou enfermo; *porque* o povo que nela habitar será perdoado de *sua* perversidade.

34

¹ Vós nações, achegai-vos para ouvir; e vós povos, escutai; que a terra ouça, e tudo quanto ela contém; * o mundo, e tudo quanto ele produz. ² Pois a ira do SENHOR *está* sobre todas as nações, e *seu* furor sobre todo os exércitos delas; ele as destruirá, e as entregará à matança. ³ E seus mortos serão lançados fora, e de seus corpos sairá seu fedor; e os montes se derreterão com seu sangue. ⁴ E todo o exército do céu se desfará, e os céus se enrolarão como um rolo de pergaminho; e todo o seu exército cairá, como cai a folha da vide, como cai *o figo* da figueira. ⁵ Pois minha espada se embebedou no céu; eis que descerá sobre Edom, sobre o povo a quem condenei à destruição, para o julgamento. ⁶ A espada do SENHOR está cheia de sangue, está untada de gordura de sangue de cordeiros e de bodes, da gordura de rins de carneiros; porque o SENHOR tem sacrifício em Bozra, e grande matança na terra dos edomitas. ⁷ E os bois selvagens descerão com eles, e os bezerros com os touros; e a terra deles beberá sangue até se fartar, e seu pó da terra de gordura será untado; ⁸ Porque será o dia da vingança do SENHOR, ano de pagamentos pela briga contra Sião. ⁹ E seus ribeiros se tornarão em piche, e seu solo em enxofre; e sua terra em piche ardente. ¹⁰ Nem de noite, nem de dia se apagará, para sempre sua fumaça subirá; de geração em geração será assolada; para todo o sempre ninguém passará por ela. ¹¹ Mas o pelicano e a coruja tomarão posse dela, a ave selvagem e o corvo † nela habitarão; pois *o SENHOR* estenderá sobre ela o cordel da assolação e o prumo da ruína. ‡ ¹² Chamarão ao seus nobres ao reino, porém nenhum haverá ali; e todos os seus príncipes se tornarão coisa nenhuma. ¹³ E em seus palácios crescerão espinhos; urtigas e cardos em suas fortalezas; e será habitação de chacais *e* habitação de avestruzes. ¹⁴ E os animais do deserto se encontrarão com os lobos, e o bode berrará ao seu companheiro; os animais noturnos ali pousarão, e acharão lugar de descanso para si. ¹⁵ Ali a coruja fará seu ninho e porá *ovos*, e tirará seus filhotes, e os recolherá debaixo de sua sombra; também ali os abutres se ajuntarão uns com os outros. ¹⁶ Buscai no livro do SENHOR, e lede; nenhuma destas *criaturas* falhará, nenhuma destas faltará com sua companheira; pois de minha própria boca

§ **33:18** tesoureiro lit. O que pesava [dinheiro]?   * **33:23** uma grande quantidade de despojos lit. Uma presa de muitos despojos   * **34:1** tudo quanto ela contém lit. sua plenitude   † **34:11** Os nomes dos animais são incertos, inclusive nos versículos seguintes   ‡ **34:11** ruína lit. esvaziamento ou vazio – Almeida 1819 vaidade

ele mandou, e seu próprio Espírito as ajuntará. [17] Pois ele mesmo lhes deu terreno, § e sua mão repartiu para elas com o cordel; para sempre terão posse dela, geração após geração nela habitarão.

35

[1] O deserto e o lugar seco terão prazer disto; e o lugar desabitado se alegrará e florescerá como a rosa. * [2] Abundantemente florescerá, e também se encherá de alegria e júbilo; a glória do Líbano lhe será dada, a honra do Carmelo e de Sarom; eles verão a glória do SENHOR, a honra de nosso Deus. [3] Fortalecei as mãos fracas, e firmai os joelhos que tremem. [4] Dizei aos perturbados de coração: Fortalecei-vos! Não temais! Eis que nosso Deus virá para a vingança, aos pagamentos de Deus; ele virá e vos salvará. [5] Então os olhos dos cegos serão abertos, e os ouvidos dos surdos se abrirão. [6] Então os aleijados saltarão como cervos, e a língua dos mudos falará alegremente; porque águas arrebentarão no deserto, e ribeiros no lugar desabitado. [7] E a terra seca se tornará em lagoas, e a terra sedenta em mananciais de águas; nas habitações em que repousavam os chacais, haverá erva com canas e juncos. [8] E ali haverá uma estrada, e um caminho que se chamará caminho da santidade; o impuro não passará por ele, mas será para os *que podem* andar pelo caminho; até mesmo os tolos *que por ele passarem* não errarão. [9] Ali não haverá leão, nem animal selvagem subirá a ele, nem se achará nele; porém os redimidos *por ele* andarão. [10] E os resgatados do SENHOR voltarão, e virão a Sião com júbilo, e alegria eterna haverá sobre suas cabeças; eles terão prazer e alegria, e a tristeza e o gemido *deles* fugirão.

36

[1] E aconteceu no décimo quarto ano do rei Ezequias, que Senaqueribe, rei da Assíria, subiu contra todas as cidades fortificadas de Judá, e as tomou. [2] Então o rei da Assíria enviou a Rabsaqué, * de Laquis a Jerusalém, ao rei Ezequias, com um grande exército; e ele parou junto ao duto do tanque superior, junto ao caminho do campo do lavandeiro. [3] Então saíram ao encontro dele Eliaquim, filho de Hilquias, o administrador da casa real; Sebna, o escriba, e Joá, filho de Asafe, o cronista. [4] E *Rabsaqué* lhes disse: Dizei, pois, a Ezequias: Assim diz o grande rei, o rei da Assíria: Que confiança é essa, em que confias? [5] Eu, de fato, digo que *teus* conselhos e poder de guerra são apenas palavras vazias. Em quem, pois, confias, para te rebelares contra mim? [6] Eis que confias no Egito, aquele bastão de cana quebrada, em quem se alguém se apoiar, entrará pela mão e a perfurará; assim é Faraó, rei do Egito, para com todos os que nele confiam. [7] Porém, se me disseres: Confiamos no SENHOR, nosso Deus; Por acaso não é este aquele cujos altos e cujos altares Ezequias tirou, e disse a Judá e a Jerusalém: Perante este altar adorareis? [8] Agora, pois, submeta-te à proposta do meu senhor, o rei da Assíria; e eu te darei dois mil cavalos, se tu podes dar dois mil cavaleiros para eles. [9] Como, pois, te oporias † a um chefe dentre os menores servos do meu senhor, *apenas* confiando nas carruagens e cavaleiros do Egito? [10] Ora, subi eu sem o SENHOR contra esta terra, para destruí-la? O *próprio* SENHOR me disse: Sobe contra esta terra, e destrói-a. [11] Então Eliaquim, Sebna e Joá disseram a Rabsaqué: Pedimos que fale a teus servos em aramaico, porque nós o entendemos; e não nos fale na língua judaica, aos ouvidos do povo, que está sobre o muro. [12] Porém Rabsaqué disse: Por acaso meu senhor me mandou falar estas palavras *só* a teu senhor e a ti, e não *também* aos homens que estão sentados sobre o

---

§ **34:17** deu terreno lit. lançou sortes, i.e., definiu terreno por sorteio   * **35:1** rosa mais precisamente uma flor semelhante ao açafrão   * **36:2** Rabsaqué não um nome, mas sim um título de um alto oficial do rei da Assíria   † **36:9** oporias lit. Farias virar o rosto de

muro, que juntamente convosco comerão suas próprias fezes, e beberão sua própria urina? [13] Então Rabsaqué se pôs de pé, clamou em alta voz na língua judaica, e disse: Ouvi as palavras do grande rei, o rei da Assíria! [14] Assim diz o rei: Que Ezequias não vos engane, pois ele não poderá vos livrar. [15] Nem deixeis que Ezequias vos faça confiar no SENHOR, dizendo: Com certeza o SENHOR nos livrará; esta cidade não será entregue nas mãos do rei da Assíria. [16] Não escuteis a Ezequias; porque assim diz o rei da Assíria: fazei as pazes comigo, e saí até mim; e cada um com de sua vide, e de sua figueira, e cada um beba a água de sua *própria* cisterna; [17] Até que eu venha, e vos leve a uma terra como a vossa, terra de trigo e de suco de uva, terra de pão e de vinhas. [18] Que Ezequias não vos engane, dizendo: O SENHOR nos livrará; por acaso os deuses das nações livraram cada um sua terra das mãos do rei da Assíria? [19] Onde estão os deuses de Hamate e de Arpade? Onde estão os deuses de Sefarvaim? Por acaso eles livraram a Samaria das minhas mãos? [20] Quem são dentre todos os deuses destas terras, que livraram sua terra das minhas mãos? Como, pois, o SENHOR livrará a Jerusalém das minhas mãos? [21] Porém eles ficaram calados, e nenhuma palavra lhe responderam; porque tinham ordem do rei, dizendo: Não lhe respondereis. [22] Então Eliaquim, filho de Hilquias, o administrador da casa real, e Sebna, o escriba, e Joá filho de Asafe, o cronista, vieram a Ezequias com as roupas rasgadas, e lhe contaram as palavras de Rabsaqué.

37

[1] E aconteceu que, quando o rei Ezequias ouviu *isso*, ele rasgou suas roupas, cobriu-se de saco, e entrou na casa do SENHOR. [2] Então ele enviou Eliaquim o administrador da casa real, Sebna o escriba, e os anciãos dos sacerdotes, cobertos de sacos, ao profeta Isaías, filho de Amoz. [3] E lhe disseram: Assim diz Ezequias: Este dia é um dia de angústia, de repreensão, e de blasfêmia; pois os filhos chegaram ao parto, porém não há força para que possam nascer. [4] Talvez o SENHOR venha a ouvir as palavras de Rabsaqué, a quem seu senhor, o rei da Assíria, enviou, para afrontar ao Deus vivente; e repreenda as palavras que o SENHOR teu Deus tem ouvido. Faze, pois, oração pelos restantes, que *ainda* se encontram. [5] E os servos do rei vieram até Isaías, [6] E Isaías lhes disse: Assim direis a vosso senhor: Assim diz o SENHOR: Não temas das palavras que ouviste, com as quais os servos do rei da Assíria me blasfemaram. [7] Eis que porei nele um espírito de tal maneira que, quando ouvir um rumor, ele voltará à sua terra; e eu o derrubarei pela espada em sua *própria* terra. [8] Então Rabsaqué voltou, e achou ao rei da Assíria lutando contra Libna, pois tinha ouvido que ele *já* tinha saído de Laquis. [9] E ele, ao ouvir dizer que Tiraca, rei de Cuxe, tinha saído para fazer guerra contra ele, então, após ouvir, enviou mensageiros a Ezequias, dizendo: [10] Assim falareis a Ezequias, rei de Judá, dizendo: Que teu Deus, em quem confias, não te engane, dizendo: Jerusalém não será entregue nas mãos do rei da Assíria. [11] Eis que tens ouvido o que os reis da Assíria fizeram a todas as terras, destruindo-as por completo. E tu, escaparias? [12] Por acaso as livraram os deuses das nações as quais meus pais destruíram, tal como Gozã, Harã e Rezefe, e os filhos de Éden que estavam em Telassar? [13] Onde está o rei da Hamate, o rei de Arpade, o rei de Sefarvaim, ou Hena e Iva? [14] E Ezequias, recebendo as cartas das mãos dos mensageiros, e tendo as lido, subiu à casa do SENHOR, e Ezequias as estendeu perante o SENHOR. [15] Então Ezequias orou ao SENHOR, dizendo: [16] Ó SENHOR dos exércitos, Deus de Israel, que habitas entre os querubins; tu, só tu, és Deus de todos os reinos da terra; tu fizeste os céus e a terra. [17] Inclina teu ouvido, ó SENHOR, e ouve; abre os teus olhos, SENHOR, e olha; e ouve todas as palavras de Senaqueribe que ele enviou para afrontar o Deus vivente. [18] É verdade, SENHOR, que os reis da Assíria assolaram a todas as terras e

seus territórios, ¹⁹ E lançaram seus deuses ao fogo, porque não eram deuses, mas sim obras de mãos humanas, madeira e pedra; por isso os destruíram. ²⁰ Agora, SENHOR nosso Deus, livra-nos das mãos dele, *e* assim todos os reinos da terra saberão que tu, só tu, és o SENHOR. ²¹ Então Isaías, filho de Amós, mandou dizer a Ezequias: Assim diz o SENHOR, Deus de Israel: Quanto ao que me pediste sobre Senaqueribe, rei da Assíria, ²² Esta é a palavra que o SENHOR falou sobre ele: A virgem, a filha de Sião, te despreza, zomba de ti; a filha de Jerusalém balança a cabeça após ti. * ²³ A quem afrontaste? *De quem* blasfemaste? E contra quem levantaste a voz, e levantaste aos olhos arrogantemente? Contra o Santo de Israel! ²⁴ Por meio de teus servos afrontaste ao Senhor, e disseste: Com a minha multidão de carruagens eu subi aos cumes dos montes, aos lugares remotos do Líbano; e cortarei seus altos cedros, e seus melhores ciprestes, † e virei a seu extremo cume, ao bosque de seu campo fértil. ²⁵ Eu cavei, e bebi as águas; e com as plantas dos meus pés secarei todos os rios do Egito. ²⁶ Por acaso não ouviste que desde muito antes eu fiz isto, e deste os dias antigos o tinha planejado? Agora eu fiz isto acontecer, para que tu fosses o que destruirias as cidades fortificadas, *reduzindo-as* a amontoados de ruínas. ²⁷ Por isso os moradores delas, com as mãos impotentes, ficaram atemorizados e envergonhados; eram *como* a erva do campo, e a grama verde, o capim dos telhados e o trigo queimado antes de crescer. ²⁸ Porém eu sei o teu sentar, o teu sair, o teu entrar, e o teu furor contra mim. ²⁹ Por causa de teu furor contra mim, e teu tumulto ‡ que subiu aos meus ouvidos, por isso porei meu anzol em teu nariz, e meu freio em tua boca; e te farei voltar pelo caminho em que vieste. ³⁰ E isto será por sinal para ti, *Ezequias* : este ano se comerá daquilo que nascer de si mesmo, e no segundo ano do que daí proceder; porém no terceiro ano semeai e colhei; e plantai vinhas, e comei seus frutos. ³¹ Pois os sobreviventes da casa de Judá, o remanescente, voltará a formar raízes abaixo, e dará fruto acima. ³² Porque de Jerusalém sairá o remanescente, e do monte de Sião os que sobreviverem; o zelo do SENHOR dos exércitos fará isto. ³³ Portanto assim diz o SENHOR quanto ao rei da Assíria: Ele não entrará nesta cidade, nem lançará flecha nela; nem também virá diante dela com escudo, nem levantará cerco contra ela. ³⁴ Pelo mesmo caminho que veio, nele voltará; mas nesta cidade ele não entrará, diz o SENHOR; ³⁵ Porque eu defenderei esta cidade para a livrar, por causa de mim e por causa do meu servo Davi. ³⁶ Então o anjo do SENHOR saiu, e feriu no acampamento dos assírios cento e oitenta mil *deles* ; e levantando-se pela manhã cedo, eis que todos eram cadáveres. ³⁷ Assim Senaqueribe, rei da Assíria, partiu-se, e foi embora, voltou, e ficou em Nínive. ³⁸ E sucedeu que, enquanto ele estava prostrado na casa de seu deus Nisroque, seus filhos Adrameleque e Sarezer o feriram a espada; então eles escaparam para a terra de Ararate; e Esar-Hadom, seu filho, reinou em seu lugar.

38

¹ Naqueles dias Ezequias ficou doente, perto de morrer. E veio até ele Isaías, filho de Amoz, e lhe disse: Assim diz o SENHOR: Põe em ordem a tua casa, porque morrerás, e não viverás. ² Então Ezequias virou o seu rosto para a parede, e orou ao SENHOR, ³ E disse: Ó SENHOR, lembra-te, eu te peço, de que andei diante de ti com fidelidade e com coração íntegro, e fiz o que era agradável aos teus olhos! E Ezequias chorou com muito lamento. ⁴ Então veio a palavra do SENHOR a Isaías, dizendo: ⁵ Vai, e diz a Ezequias: Assim diz o SENHOR, o Deus de teu pai Davi: Eu ouvi tua oração, *e* vi tuas lágrimas. Eis que acrescento quinze anos aos teus dias *de vida* . ⁶ E das mãos do rei da Assíria eu livrarei a ti, e a esta cidade; e defenderei esta cidade. ⁷ E isto te será

---

* **37:22** após ti equiv. às tuas costas   † **37:24** ciprestes trad. alt. faias   ‡ **37:29** tumulto obscuro; trad. alt.: arrogância

por sinal da parte do SENHOR, de que o SENHOR cumprirá esta palavra que falou: [8] Eis que voltarei voltar a sombra dos degraus nos quais o sol desceu na escadaria de Acaz; dez degraus atrás.Assim voltou o sol dez degraus, pelos degraus que já tinha descido. [9] Escritura de Ezequias, rei de Judá, quando ficou doente, e se sarou de sua enfermidade: [10] Disse eu: No meio * da minha vida, irei às portas do Xeol; † privado estou do resto dos meus anos. [11] Eu disse: Não verei *mais* ao SENHOR, o SENHOR na terra dos viventes; não mais olharei aos homens com os que habitam o mundo. [12] Minha morada foi removida e tirada de mim, como uma tenda de pastor; enrolei minha vida como um tecelão; ele me cortará fora do tear; desde o dia até a noite tu me acabarás. [13] Fiquei esperando ‡ até a manhã; como um leão ele quebrou todos os meus ossos; desde o dia até a noite tu me acabarás. [14] Como o grou, *ou* a andorinha, assim eu fazia barulho; e gemia como uma pomba; ao alto eu levantava meus olhos. Ó SENHOR, estou oprimido! Sê tu minha segurança! [15] Que direi? Tal como ele me falou, assim fez; passarei lentamente por todos os meus anos, por causa da amargura de minha alma. [16] Ó Senhor, por estas coisas é que se vive, e em todas elas está a vida de meu espírito. Então cura-me, e deixa-me viver. [17] Eis que para meu *próprio* bem tive grande amargura; tu, porém, com amor livraste minha alma da cova do perecimento; porque lançaste para trás de ti § todos os meus pecados. [18] Porque o Xeol não te louvará, *nem* a morte te glorificará; nem esperarão em tua fidelidade os que descem a cova. [19] O vivente, o vivente, esse é o que te louvará, tal como hoje eu faço; o pai ensinará aos filhos tua fidelidade. [20] O SENHOR tem me salvado! Por isso tocaremos canções com instrumentos de cordas todos os dias de nossa vida na casa do SENHOR! [21] Pois Isaías havia dito: Tomem uma pasta de figos, e passem-na sobre a inflamação, que ele sarará. [22] Ezequias também tinha dito: Qual será o sinal de que subirei à casa do SENHOR?

39

[1] Naquele tempo, Merodaque-Baladã, filho de Baladã, rei da Babilônia, enviou *mensageiros com* cartas e um presente a Ezequias, porque tinha ouvido que ele havia ficado doente e já tinha se curado. [2] E Ezequias se alegrou com eles, e lhes mostrou a casa de teu tesouro, a prata, o ouro, as especiarias, os melhores óleos, e toda a sua casa de armas, e tudo quanto se achou em seus tesouros; coisa nenhuma houve, nem em sua casa, nem em todo o seu domínio, que Ezequias não lhes mostrasse. [3] Então o profeta Isaías veio ao rei Ezequias, e lhe disse: O que aqueles homens disseram? E de onde eles vieram a ti?E Ezequias disse: Eles vieram a mim de uma terra distante, da Babilônia. [4] E ele lhe disse: O que viram em tua casa?E Ezequias disse: Eles viram tudo quanto há em minha casa; coisa nenhuma há em meus tesouros que eu não tenha lhes mostrado. [5] Então Isaías disse a Ezequias: Ouve a palavra do SENHOR dos exércitos: [6] Eis que vem dias em que tudo quanto houver em tua casa, e que teus pais acumularam até o dia de hoje, será levado à Babilônia; nada restará, diz o SENHOR. [7] E *até* de teus filhos, que procederem de ti, e tu gerares, tomarão; e eles serão eunucos no palácio do rei da Babilônia. [8] Então Ezequias disse a Isaías: Boa é a palavra do SENHOR que falaste.Disse também: Pois haverá paz e segurança em meus dias.

40

[1] Consolai, consolai a meu povo, diz vosso Deus. [2] Falai ao coração de Jerusalém, e

---

* **38:10** meio obscuro; Almeida 1819, KJV 'cortadura', corte   † **38:10** Xeol é o lugar dos mortos   ‡ **38:13** Fiquei esperando obscuro – trad. alt. fiquei gritando   § **38:17** para trás de ti = lit. Para trás de tuas costas

proclamai a ela, que seu esforço de guerra está terminado, que sua perversidade está perdoada; porque já recebeu *punição* em dobro da mão do SENHOR por todo os seus pecados. ³ Voz do que clama no deserto: Preparai o caminho do SENHOR; endireitai na terra estéril vereda ao nosso Deus. * ⁴ Todo vale será levantado, e todo monte e morro serão abaixados; e o torto se endireitará, e o *terreno* acidentado se tornará plano. ⁵ E a glória do SENHOR se manifestará; e toda carne juntamente verá; pois *assim* falou a boca do SENHOR. ⁶ Uma voz: Clama!E ele disse: O que clamarei? Que toda carne é erva, e toda a sua bondade como as flores do campo. ⁷ A erva se seca, as flores caem, porque o Espírito do SENHOR nelas sopra; verdadeiramente o povo é erva. ⁸ A erva se seca, as flores caem; porém a palavra do nosso Deus continua firme para sempre. ⁹ Ó Sião, que anuncias boas novas, sobe até um monte alto! Ó Jerusalém, que anuncias boas novas, levanta tua voz com força; levanta-a, não temas; dize as cidades de Judá: Eis *aqui* o vosso Deus! ¹⁰ Eis que o Senhor DEUS virá com poder; e seu braço governará por ele; eis que sua retribuição *virá* com ele, e seu pagamento diante de si. ¹¹ Como pastor ele apascentará seu rebanho; em seus braços recolherá aos cordeirinhos, e os levará em seu colo; ele guiará mansamente as que tiveram filhotes. ¹² Quem mediu com seu punho as águas, e tomou a medida dos céus aos palmos? E *quem* recolheu numa caixa de medida o pó da terra, e pesou os montes com pesos, e os morros com balanças? ¹³ Quem guiou o Espírito do SENHOR? E que conselheiro o ensinou? ¹⁴ Com quem ele tomou conselho? *Quem* lhe deu entendimento, e lhe ensinou o caminho do juízo, e lhe ensinou conhecimento, e lhe mostrou o caminho do entendimento? ¹⁵ Eis que as nações *lhe* são consideradas como uma gota de balde, e como o pó miúdo das balanças; eis que ele levanta as ilhas como poeira. ¹⁶ Nem *todo* o Líbano seria suficiente para o fogo, nem seus animais bastam para um holocausto. ¹⁷ Todas as nações são como nada perante ele; menos que nada e vazio ele as considera. ¹⁸ A quem, pois, comparareis a Deus? Ou que semelhança atribuireis a ele? ¹⁹ O artífice funde a imagem, e o ourives a cobre de ouro, e cadeias de prata *lhe* funde. ²⁰ O empobrecido, que não tem o que oferecer, escolhe madeira que não se estraga, *e* busca um artífice habilidoso, para preparar uma imagem que não se mova. ²¹ Por acaso não sabeis? Por acaso não ouvis? Ou desde o princípio não vos disseram? Por acaso não tendes entendido desde os fundamentos da terra? ²² Ele é o que está sentado sobre o globo da terra, cujos moradores são *para ele* como gafanhotos; ele é o que estende os céus como uma cortina, e os estica como uma tenda, para *neles* habitar. ²³ Ele é o que torna os príncipes em nada, *e* faz juízes da terra serem como o vazio. ²⁴ Mal foram plantados, mal foram semeados, mal seu caule forma raízes na terra; e *logo* ele sopra neles, e se secam, e um vento forte os leva como palha fina. ²⁵ A quem, pois, me comparareis, que eu lhe seja semelhante?,diz o Santo. ²⁶ Levantai vossos olhos ao alto, e vede quem criou estas coisas, que faz sair numerado seu exército; e chama a todos eles pelos nomes, pela grandeza de *suas* forças, e por ser forte em poder, nenhuma *delas* faltará. ²⁷ Por que dizes, ó Jacó, e falas, ó Israel: Meu caminho está escondido do SENHOR, e meu juízo passa longe de meu Deus? ²⁸ Por acaso não sabes, nem ouviste, que o eterno Deus, o SENHOR, o criador dos confins da terra, não se cansa, nem se fatiga, e que seu entendimento é incompreensível? ²⁹ Ele dá força ao cansado, e multiplica as forças daquele que não tem vigor. ³⁰ Até os jovens se cansam e se fatigam; e os rapazes caem; ³¹ Mas os que confiam no SENHOR renovarão as forças, subirão com asas como águias; correrão, e não se cansarão; caminharão, e não se fatigarão.

---

* **40:3** clama no deserto Preparai...: trad. alt.: clama: Preparai no deserto ...

41

¹ Calai-vos perante mim, ó litorais; e os povos renovem as forças; aproximem-se, *e* então falem; juntamente nos aproximemos ao juízo. ² Quem o chamou desde o oriente, *e com* justiça o chamou ao seu pé? Ele *lhe* deu as nações perante sua face, e o fez dominar sobre reis, *e* os entregou à sua espada como o pó, como a palha fina levada por seu arco. ³ Ele os persegue, *e* passa em segurança; por um caminho *onde* com seus pés nunca tinha ido. ⁴ Quem operou e fez *isto* ,chamando as gerações desde o princípio? Eu, o SENHOR, do princípio aos últimos, eu mesmo. ⁵ Os litorais viram, e tremeram; os confins da terra tremeram; eles se aproximaram, e chegaram. ⁶ Cada um ajudou ao outro, e a seu companheiro disse: Sê forte. ⁷ E o artífice encorajou ao ourives, o que alisa com o martelo ao que bate na bigorna, dizendo da soldagem: Boa é. Então com pregos o firmou, para que não se mova. ⁸ Porém tu, ó Israel, servo meu; tu, Jacó, a quem escolhi, semente de Abraão, meu amigo; ⁹ Tu, a quem tomei desde os confins da terra, e te chamei desde seus mais extremos, e te disse: Tu és meu servo; a ti escolhi, e não te rejeitei. ¹⁰ Não temas, porque eu estou contigo; não te assombres, porque eu sou teu Deus. Eu te fortaleço, te ajudo, e te sustento com a minha mão direita de justiça. ¹¹ Eis que serão envergonhados e humilhados todos os que se indignaram contra ti; eles se tornarão como o nada; e os que brigarem contigo perecerão. ¹² *Ainda que* os procures, tu não os acharás; os que lutarem contra ti se tornarão como o nada; e os que guerrearem contra ti, como coisa nenhuma. ¹³ Porque eu, o SENHOR teu Deus, te seguro pela tua mão direita, *e* te digo: Não temas; eu te ajudo. ¹⁴ Não temas, ó verme de Jacó, povinho de Israel; eu te ajudo,diz o SENHOR e teu Redentor, o Santo de Israel. ¹⁵ Eis que eu te pus como debulhador afiado, novo, que tem dentes pontiagudos. Aos montes debulharás, e moerás; e aos morros tornarás como a palhas. ¹⁶ Tu os padejarás, e o vento os levará; e o redemoinho os espalhará; porém tu te alegrarás no SENHOR, *e* te orgulharás no Santo de Israel. ¹⁷ Os pobres e necessitados buscam águas, mas nada *acham* ; sua língua se seca de sede. Eu, o SENHOR, os ouvirei; eu, o Deus de Israel, não os desampararei. ¹⁸ Abrirei rios em lugares altos, e fontes no meio dos vales; tornarei o deserto em tanques de águas, e a terra seca em mananciais de águas. ¹⁹ Plantarei no deserto o cedro, a acácia, a murta, e a oliveira; juntamente porei na terra vazia a faia, o olmeiro e o cipreste; ²⁰ Para que vejam, saibam, reflitam, e juntamente entendam que a mão do SENHOR fez isto; e o Santo de Israel isto criou. ²¹ Apresentai vossa demanda!,diz o SENHOR. Trazei vossos argumentos!, diz o Rei de Jacó. ²² Tragam e anunciem-nos as coisas que irão acontecer; anunciai quais foram as coisas passadas, para que possamos dar atenção a elas, e saibamos o fim delas; ou dizei-nos as coisas futuras. ²³ Anunciai as coisas que ainda virão, para que saibamos que vós sois deuses; ou fazei o bem ou o mal, para que nos assombremos, e juntamente vejamos. ²⁴ Eis que vós sois nada, e vossa obra não tem valor algum; abominação é quem vos escolhe. ²⁵ Eu suscitei *a um* do norte, que virá oriente, *e* invocará meu nome; e virá sobre os príncipes como *se fossem* lama, e como o oleiro pisa o barro. ²⁶ Quem anunciou *coisa alguma* desde o princípio, para que o possamos saber, ou desde antes, para que digamos "correto é"? Porém não há quem anuncie *tal coisa* nem quem diga *coisa alguma* , nem quem ouça vossas palavras. ²⁷ *Eu sou* o primeiro *que digo* a Sião: Eis que ali estão! E a Jerusalém darei um anunciador de boas novas. ²⁸ E olhei, porém ninguém havia. Até entre estes nenhum conselheiro havia a quem eu perguntasse, e ele me respondesse algo. ²⁹ Eis que todos são falsidade, suas obras são nada. Suas obras de fundição são vento e sem valor algum. *

---

* **41:29** sem valor algum = lit. vazio, nada, vaidade

42

¹ Eis aqui meu servo, a quem sustento; meu escolhido, *em quem* minha alma se agrada. Sobre ele eu pus o meu Espírito; ele trará justiça às nações. ² Ele não gritará, nem levantará *seu clamor* ; ele não fará ouvir sua voz nas ruas. ³ A cana rachada ele não quebrará, nem apagará o pavio que fumega; com a verdade ele trará justiça. ⁴ Ele não fraquejará, nem será esmagado, até que ponha a justiça na terra; e os litorais esperarão a sua doutrina. * ⁵ Assim diz Deus, o SENHOR, que criou os céus, e os esticou; estendeu a terra, e a tudo quanto ela produz; que dá respiração ao povo que nela *habita* ,e espírito aos que nela andam. ⁶ Eu, o SENHOR, te chamei em justiça, e te tomarei pela mão. E eu te guardarei, e te darei como pacto para o povo e luz para as nações; ⁷ Para abrir os olhos cegos, para tirar da prisão os presos, *tirar* do cárcere os que habitam em trevas. ⁸ Eu, EU-SOU; este é o meu nome! Não darei a minha glória a outro, nem o meu louvor às imagens de escultura. ⁹ Eis que as coisas anteriores já aconteceram; e as novas eu *vos* anuncio; e antes que surjam, *delas* eu vos informo. ¹⁰ Cantai ao SENHOR um cântico novo, um louvor a ele desde o limite da terra; vós que navegais pelo mar, e tudo quanto nele há; vós terras do litoral e seus moradores. ¹¹ Levantem *a voz* o deserto e suas cidades, com as aldeias que Quedar habita; cantem os que habitam nas rochas, *e* gritem de alegria do cume dos montes. ¹² Deem glória ao SENHOR, e anunciem louvor a ele nas terras do litoral. ¹³ O SENHOR sairá como guerreiro, como homem de guerra despertará o *seu* zelo; ele gritará, e fará grade ruído; e dominará a seus inimigos. ¹⁴ Por muito tempo fiquei calado, quieto estive, *e* me retive; *mas agora* darei gritos como a que está de parto, suspirando e juntamente ofegando. ¹⁵ Aos montes e morros tornarei em deserto, e toda sua erva farei secar; e tornarei aos rios em ilhas, † e as lagoas secarei. ¹⁶ E guiarei aos cegos por um caminho que nunca conheceram; eu os farei caminhar pelas veredas que não conheciam; tornarei as trevas em luz perante eles, e as coisas tortas *farei* direitas; estas coisas lhes farei, e nunca os desampararei. ¹⁷ *Mas* serão conduzidos para trás e se envergonharão os que confiam em imagens de escultura, *e* dizem às imagens de fundição: Vós sois nossos deuses. ¹⁸ Surdos, ouvi; e vós cegos, olhai para que possais ver. ¹⁹ Quem é cego, senão o meu servo? Ou surdo, como o meu mensageiro, a quem envio? Quem é cego como o aliançado, ‡ e cego como o servo do SENHOR? ²⁰ Tu vês muitas coisas, porém não as guardas; mesmo abrindo os ouvidos, contudo nada ouve. ²¹ O SENHOR se agradou, por causa de sua justiça, em engrandecer *sua* lei, e em fazê -*la* gloriosa. ²² Mas *este* é um povo roubado e saqueado; todos estão enlaçados em covas, e escondidos em cárceres; são postos como despojos, e ninguém há que os resgate; estão como *objetos* de roubo, e ninguém diz "Restitui -*os* ". ²³ Quem dentre vós dá ouvidos a isto? *Quem* presta atenção e ouve o que há de ser no futuro? ²⁴ Quem entregou a Jacó como roubo, e a Israel a ladrões? Por acaso não foi o SENHOR, aquele contra quem pecamos? Pois não queriam andar em seus caminhos, e não deram ouvidos à sua lei. ²⁵ Por isso ele derramou sobre eles o furor de sua ira, e a força da guerra; e os pôs em labaredas ao redor; porém *ainda assim* não entenderam; e ele os pôs para queimar, porém *ainda assim* não puseram *nisso* o coração. §

43

¹ Porém agora assim diz o SENHOR, o teu Criador, ó Jacó, e o teu Formador, ó Israel: Não temas, porque eu te resgatei; chamei a ti por teu nome; tu és meu.

---

* **42:4** doutrina i.e., ensinamento; trad. alt. lei   † **42:15** ilhas trad. alt. terras secas   ‡ **42:19** obscuro
§ **42:25** puseram nisso o coração i.e., refletir, pensar cuidadosamente nisso, dar atenção

² Quando passares pelas águas, estarei contigo; e *ao passares* pelos rios, eles não te submergirão; quando passares pelo fogo, não te queimarás, nem a chamas arderão em ti. ³ Porque eu sou o SENHOR teu Deus, o Santo de Israel, teu Salvador; dei ao Egito, a Cuxe, e a Seba como teu resgate, em teu lugar. ⁴ Visto que foste precioso em meus olhos, *assim* foste glorificado, e eu te amei; por isso dei homens em troca de ti, e povos em troca de tua alma. ⁵ Não temas, pois estou contigo; eu trarei tua semente desde o oriente, e te ajuntarei desde o ocidente. ⁶ Direi ao norte: Dá!, E ao sul: Não retenhas! Trazei meus filhos de longe, e minhas filhas desde os confins da terra; ⁷ Todos os chamados do meu nome, e os que criei para minha gloria; eu os formei; sim, eu os fiz. ⁸ Trazei ao povo cego, que tem olhos; e aos surdos, que tem ouvidos. ⁹ Todas as nações se reúnam, e os povos se ajuntem. Quem deles isto isto anuncia, e nos faz ouvir as coisas do passado? Mostrem suas testemunhas, para que se justifiquem, e se ouça, e se diga: É verdade. ¹⁰ Vós sois minhas testemunhas (diz o SENHOR); e meu servo, a quem escolhi; para que saibais, e creiais em mim, e entendais que eu sou o próprio, e *que* antes de mim nenhum Deus se formou, e depois de minha nenhum haverá. ¹¹ Eu, eu sou o SENHOR; e fora de mim não há salvador. ¹² Eu anunciei, eu salvei, e eu fiz ouvir, e deus estrangeiro não houve entre vós, e vós sois minhas testemunhas, (diz o SENHOR), que eu sou Deus. ¹³ E desde antes de haver dia, eu o sou; e ninguém há que possa livrar das minhas mãos. Eu estou agindo, quem pode impedir? ¹⁴ Assim diz o SENHOR o teu Redentor, o Santo de Israel: Por causa de vós eu enviei *inimigos* a Babilônia, e a todos eu os fiz descerem *como* fugitivos, inclusive os Caldeus, nos navios em que se orgulhavam. ¹⁵ Eu sou o SENHOR, vosso Santo; o Criador de Israel, o vosso Rei. ¹⁶ Assim diz o SENHOR, aquele que preparou no mar um caminho, e nas águas impetuosas uma vereda; ¹⁷ Aquele que trouxe carruagens e cavalos, exército e forças; *todos* juntamente caíram, e não mais se levantaram; estão extintos, foram apagados como um pavio: ¹⁸ Não vos lembreis das coisas passadas, nem considereis as antigas; ¹⁹ Eis que farei uma coisa nova, agora surgirá; por acaso não a reconhecereis? Pois porei um caminho no deserto, *e* rios na terra vazia. ²⁰ Os animais do campo me honrarão; os chacais e os filhotes de avestruz; porque porei águas no deserto, rios na terra vazia, para dar de beber a meu povo, meu escolhido. ²¹ Este povo formei para mim, eles declararão louvor a mim. ²² Porém tu não me invocaste, ó Jacó; pois te cansaste de mim, ó Israel. ²³ Não me trouxeste o gado miúdo de teus holocaustos, nem me honraste *com* teus sacrifícios; eu não vos oprimi com ofertas, nem te cansei com incenso. ²⁴ Não me compraste com dinheiro cana aromática, nem me saciaste com a gordura de teus sacrifícios; mas me oprimiste com teus pecados, *e* me cansaste com tuas maldades. ²⁵ Eu, eu sou o que anulo tuas transgressões por causa de mim; e te teus pecados eu não me lembro. ²⁶ Faze-me lembrar, entremos em juízo juntos; mostra *teus argumentos* ,para que possas te justificar. ²⁷ Teu primeiro pai pecou; e teus intérpretes transgrediram contra mim. ²⁸ Por isso profanei os líderes do santuário, e entreguei Jacó à desgraça, e Israel à humilhação.

44

¹ Agora, pois, ouve, ó Jacó, meu servo; tu, ó Israel, a quem escolhi. ² Assim diz o SENHOR, aquele que te fez, e te formou desde o ventre, que te socorre: não temas, ó Jacó, meu servo; tu Jesurum, a quem escolhi. ³ Porque derramarei água sobre o sedento, e rios sobre a terra seca; derramarei meu Espírito sobre tua semente, e minha bênção sobre teus descendentes; ⁴ E brotarão entre a erva, como salgueiros junto a ribeiros de águas. ⁵ Um dirá: Eu sou do SENHOR; e outro se chamará pelo nome de Jacó; e um *terceiro* escreverá *em* sua mão: Eu sou do SENHOR, e tomará para

si o nome de Israel. ⁶ Assim diz o SENHOR, Rei de Israel, e seu Redentor, o SENHOR dos exércitos:Eu sou o primeiro, e sou o último; e além de mim não há Deus. ⁷ Quem, como eu, anunciará isto? Que declare e explique para mim, visto que determinei um povo eterno! Anunciem-lhes as coisas futuras, as que estão para vir! ⁸ Não vos assombreis, nem temais; por acaso eu não vos contei e anunciei com antecedência? Pois vós sois minhas testemunhas. Por acaso há outro Deus além de mim? Não há outra Rocha, não que eu conheça. ⁹ Todos os que formam imagens de escultura são nada, e as coisas que eles se agradam são de nenhum proveito; e elas mesmas são suas testemunhas: nada veem, nem entendem; por isso serão envergonhados. ¹⁰ Quem é que forma um deus e funde uma imagem de escultura que não lhe tem proveito algum? ¹¹ Eis que todos os companheiros dele serão envergonhados, pois os artífices nada são além de homens. Ajuntem-se todos, e fiquem de pé; eles se assombrarão, e juntamente serão envergonhados. ¹² O ferreiro, com a ferramenta de corte, trabalha nas brasas, e forma o ídolo com martelos; e ele o faz com a força de seu braço; ele, porém, tem fome e perde as forças, e se não beber água, desfalece. ¹³ O carpinteiro estende a linha de medir, e o desenha com um marcador; ele o confecciona com formões, e o desenha com um compasso; e o faz à semelhança de um homem, conforme a beleza humana, para habitar numa casa. ¹⁴ Ele corta para si cedros, e toma um cipreste ou um carvalho, e reserva para si das árvores da floresta; ele planta um pinheiro, e a chuva o faz crescer. ¹⁵ Então tal madeira servirá ao homem para queimar, e toma parte deles para se aquecer, e os acende, e aquece o pão; ele também faz um deus, e o adora; fabrica dela uma imagem de escultura, e se prostra diante dela. ¹⁶ Sua metade ele queima no fogo; com a outra metade como carne; prepara assado, e dele se sacia; também se esquenta, e diz: Ah! Já me aqueci! Já vi o fogo! ¹⁷ Então do resto ele faz um deus, para imagem de escultura para si; ele se ajoelha a ela, e a adora, e ora a ela, e diz: Livra-me, pois tu és meu deus. ¹⁸ Eles nada sabem, nem entendem; porque seus olhos foram encobertos para que não vejam; e seus corações, para que não entendam. ¹⁹ E nenhum deles pensa sobre isso em seu coração, e não tem conhecimento nem entendimento para dizer: A metade queimei no fogo; e aqueci pão sobre suas brasas; assei carne, e a comi; e faria eu do resto uma abominação? Prostraria eu ao que saiu de uma árvore? ²⁰ Ele se alimenta de cinzas; seu coração enganado o desviou, de modo que ele já não pode livrar a sua alma, nem dizer: Por acaso não é uma mentira o que há na minha mão direita? ²¹ Lembra-te destas coisas, ó Jacó e Israel, pois tu és meu servo; eu te formei. Meu servo és, ó Israel; eu não me esquecerei de ti. ²² Eu elimino tuas transgressões como a névoa, e teus pecados como a nuvem; volta a mim, pois eu já te resgatei. * ²³ Cantai louvores, vós céus, porque o SENHOR assim fez; gritai de alegria, vós partes baixas da terra; vós montes, fazei ruídos de júbilo, também vós bosques, e todas as árvores neles; porque o SENHOR regatou a Jacó, e glorificou a si mesmo em Israel. ²⁴ Assim diz o SENHOR, o teu redentor, aquele que te formou desde o ventre: Eu sou o SENHOR que tudo faço; que sozinho estico os céus, e que estendo a terra por mim mesmo; ²⁵ Que desfaço os sinais dos inventores de mentiras, e faço de todos aos adivinhos; que faço aos sábios retrocederem, e torno o conhecimento deles em loucura; ²⁶ Sou aquele que confirma a palavra de seu servo, e cumpre o conselho de seus mensageiros; que diz a Jerusalém: Tu serás habitada; E às cidades de Judá: Sereis reconstruídas; e eu erguerei seus lugares arruinados. ²⁷ Que diz à profundeza: Seca-te; e eu secarei teus rios. ²⁸ Que diz de Ciro: Ele é meu pastor, e cumprirá toda a minha vontade, dizendo à Jerusalém: Serás edificada; e ao Templo: Terás posto teu fundamento.

---

* **44:22** resgatar = equiv. redimir, também versículos seguintes

45

¹ Assim diz o SENHOR a seu ungido, Ciro, ao qual tomou pela sua mão direita, para abater as nações diante dele, e tirar a proteção dos lombos dos reis; para abrir diante de sua presença as portas, e as portas não se fecharão: ² Eu irei adiante de ti, e nivelarei os caminhos acidentados; quebrarei as portas de bronze, e despedaçarei os ferrolhos de ferro; ³ E te darei os tesouros das escuridões, e as riquezas escondidas; para que possas saber que eu sou o SENHOR, que *te* chama pelo teu nome, o Deus de Israel. ⁴ Em favor de meu servo Jacó e de meu escolhido Israel, eu te chamei pelo teu nome; eu te pus teu título, ainda que tu não me conhecesses. ⁵ Eu sou o SENHOR, e ninguém mais; fora de mim não há Deus; eu te revestirei, * ainda que tu não me conheças; ⁶ Para que saibam desde o oriente e desde o ocidente que fora de mim não há outro. Eu sou o SENHOR, e ninguém mais. ⁷ Eu formo a luz e crio as trevas; eu faço a paz, e crio a adversidade; eu, o SENHOR, faço todas estas coisas. ⁸ Gotejai vós, céus, de cima, e as nuvens destilem justiça; abra-se a terra, e produza-se salvação, e a justiça juntamente frutifique; eu, o SENHOR, as criei. ⁹ Ai daquele que briga com seu formador: *apenas* um caco entre outros cacos de barro! Por acaso o barro dirá ao seu formador: Que fazes? Ou tua obra: Não tem mãos? ¹⁰ Ai daquele que diz ao pai: O que é que tu geras? E à mulher: O que é que tu fazes nascer? ¹¹ Assim diz o SENHOR, o Santo de Israel, e seu formador: Perguntai-me sobre as coisas futuras; *por acaso* me dais ordens sobre os meus filhos, e sobre as obras de minhas mãos? ¹² Eu fiz a terra, e criei nela o homem; fui eu, minhas próprias mãos estenderam os céus, e dei ordens sobre todo o seu exército. ¹³ Eu o despertei em justiça, e todos os seus caminhos endireitarei; ele edificará minha cidade, e soltará meus cativos; não por preço, nem por subornos, diz o SENHOR dos exércitos. ¹⁴ Assim diz o SENHOR: O trabalho † do Egito, e o comércio dos cuxitas e dos sabeus, homens de alta estatura, passarão a ti, e serão teus; eles irão após ti, passarão acorrentados; e a ti se prostrarão, a ti suplicarão, *dizendo* : Certamente Deus está contigo, ‡ e nenhum outro Deus há. ¹⁵ Verdadeiramente tu és o Deus que se encobre; o Deus de Israel, o Salvador. ¹⁶ Serão envergonhados, e também humilhados, todos eles; juntamente irão embora com vergonha os que fabricam imagens. ¹⁷ *Mas* Israel é salvo pelo SENHOR, *com* salvação eterna; não sereis envergonhados nem humilhados para todo o sempre. ¹⁸ Porque assim diz o SENHOR, que criou os céus, o Deus que formou a terra, e a fez; ele a firmou, não a criou *para ser* vazia, *ao contrário* ,criou para que fosse habitada: Eu sou o SENHOR, e ninguém mais. ¹⁹ Não falei em oculto, *nem* em algum lugar escuro da terra; não disse à semente de Jacó: Buscai-me, em vão; eu sou o SENHOR, que fala justiça, *e* anuncio coisas corretas. ²⁰ Ajuntai-vos, e vinde; achegai-vos juntamente os que escapastes das nações. Os que carregam suas imagens de escultura de madeira, e rogam a um Deus que não pode salvar, nada conhecem. ²¹ Anunciai, e achegai-vos; e consultai juntamente em conselho; quem fez ouvir isto desde a antiguidade? *Quem* desde então tem anunciado? Por acaso não sou eu, o SENHOR? E não há outro Deus além de mim, Deus justo e Salvador; ninguém, a não ser eu *mesmo* . ²² Virai-vos a mim, e sede salvos, vós todos os limites da terra; porque eu sou Deus, e ninguém mais. ²³ Por mim mesmo tenho jurado; já saiu da minha boca palavra de justiça, e não voltará atrás: que a mim se dobrará todo joelho, e toda língua prestará juramento; ²⁴ De mim se dirá: Certamente no SENHOR há justiça e poder; Até a ele chegarão, mas serão envergonhados todos os que o odeiam. ²⁵ *Porém* no SENHOR todos *os que são da* semente de Israel serão justificados e se gloriarão.

---

* **45:5** revestirei lit. cingirei   † **45:14** trabalho i.e., [as riquezas do] trabalho, ou talvez os trabalhadores
‡ **45:14** contigo lit. em ti

46

¹ Bel se abaixa, Nebo se curva; seus ídolos são postos sobre os animais e sobre o gado; as cargas de vossos fardos são exaustivas para os *animais* já cansados. ² Juntamente se encurvam e se abaixam; não podem salvar a carga, mas eles mesmos * vão ao cativeiro. ³ Ouvi-me, ó casa de Jacó, e todo o restante da casa de Israel; vós a quem eu carreguei desde o ventre, a quem levei desde o útero. ⁴ E até *vossa* velhice eu serei o mesmo, e ainda até *à idade dos* cabelos grisalhos eu *vos* carregarei; eu *vos* fiz, e eu *vos* levarei; eu *vos* carregarei e *vos* livrarei. ⁵ A quem me considerareis semelhante, e com quem *me* igualareis, e me comparareis, para que sejamos semelhantes? ⁶ Eles gastam o ouro da bolsa, e pesam a prata com balanças; pagam ao ourives, e daquilo ele faz um deus, e se prostram e adoram. ⁷ Sobre os ombros o temam, o carregam, e o põem em seu lugar; ali ele fica, de seu lugar não se move; e se chamarem por ele, resposta nenhuma ele dá, nem o livra de sua aflição. ⁸ Lembrai-vos disto, e sede corajosos; † fazei memória disso no coração, ó transgressores! ⁹ Lembrai-vos das coisas passadas desde a antiguidade; porque eu sou Deus, e nenhum outro deus há, e ninguém há semelhante a mim, ¹⁰ Que declaro o fim desde o princípio, e desde a antiguidade as coisas que ainda não aconteceram; que digo: Minha intenção será firme, e farei toda a minha vontade. ¹¹ Que chamo a ave de rapina desde o oriente, ao homem da minha intenção desde as terras distantes; porque assim disse; e assim o cumprirei; eu *o* formei, também o farei. ¹² Ouvi-me, ó duros de coração; vós que estais longe da justiça: ¹³ Eu trago para perto minha justiça, ela não ficará longe; e minha salvação não tardará; mas porei salvação em Sião, a Israel minha glória.

47

¹ Desce, e senta-te no pó da terra, ó virgem filha da Babilônia; senta-te no chão; já não há *mais* trono, ó filha dos caldeus; pois nunca mais serás chamada de tenra e delicada. ² Toma as pedras de moer, e mói farinha; descobre o teu véu, expõe as pernas, descobre as coxas, *e* passa os rios. ³ Tua nudez será descoberta, e tua vergonha será vista; tomarei vingança, e a ninguém pouparei. ⁴ O nome de nosso Redentor é o SENHOR dos exércitos, o Santo de Israel! ⁵ Senta-te calada, e entra nas trevas, ó filha dos caldeus; porque nunca mais serás chamada de senhora dos reinos. ⁶ Tive muita ira contra meu povo; profanei minha herança, e os entreguei em tuas mãos; *porém* tu não lhes foste misericordiosa, *e até* sobre os velhos puseste teu jugo muito pesado. ⁷ E dizias: Serei senhora para sempre; Até agora não pensaste estas coisas em teu coração, nem te lembraste do fim que elas teriam. ⁸ Agora, pois, ouve isto, ó amante dos prazeres, que habitas tão segura, que dizes em teu coração: Somente eu, e ninguém mais; não ficarei viúva, nem saberei como é perder um filho. ⁹ Porém ambas estas coisas virão sobre ti, em um momento no mesmo dia: perda de filhos e viuvez; em completa totalidade virão sobre ti, por causa de tuas muitas feitiçarias, por causa da abundância de teus muitos encantamentos. ¹⁰ Pois confiaste em tua maldade, *e* disseste: Ninguém me vê.Tua sabedoria e teu conhecimento, esses te fizeram desviar, e disseste em teu coração: Somente eu, e ninguém mais. ¹¹ Então virá sobre ti um mal do qual não saberás a origem, e destruição cairá sobre ti, a qual não poderás solucionar; porque virá sobre ti de repente *tão* tempestuosa assolação, que não poderás reconhecer *com antecedência* . ¹² Fica *ainda* com teus encantamentos, e com as tuas muitas feitiçarias, em que trabalhaste desde a tua juventude; para *ver se* talvez ter algum proveito, ou quem sabe provoques algum medo. ¹³ Tu te cansaste com tantos conselhos que recebeste; * levantem-se, pois,

---

* **46:2** Lit. suas próprias almas † **46:8** sede corajosos obscuro * **47:13** com tantos conselhos que recebeste lit. com a multidão de teus conselhos

agora, os que observam o céu, os que contemplam as estrelas, os adivinhos das luas novas; e salvem-te daquilo que virá sobre ti. ¹⁴ Eis que eles serão como a palha: o fogo os queimará, não poderão livrar suas vidas do poder das chamas; *essas* não serão brasas para se aquecer, *nem* fogo para *meramente* se sentar perto. ¹⁵ Assim serão para ti aqueles com quem trabalhaste, aqueles com quem fizeste negócios desde a tua juventude. Cada um *deles* andará sem rumo em seu *próprio* caminho; ninguém te salvará.

48

¹ Ouvi isto, casa de Jacó, que vos chamais pelo nome de Israel, e saístes das águas de Judá; * que jurais pelo nome do SENHOR, e fazeis menção do Deus de Israel, *porém* não em verdade, nem em justiça. ² E até da santa cidade se chamam; e confiam no Deus de Israel; EU-SOU dos exércitos é o seu nome. ³ As coisas passadas desde antes anunciei, procederam da minha boca, e eu as declarei publicamente; rapidamente eu as fiz, e elas aconteceram. ⁴ Porque eu sabia que tu eras obstinado, † e teu pescoço era um nervo de ferro, e tua testa de bronze. ⁵ Por isso eu anunciei a ti com antecedência, *e* te declarei antes que acontecesse, para que não viesses a dizer: Meu ídolo fez estas coisas, ou minha imagem de escultura ou imagem de fundição, *foi ela que* isso ordenou. ⁶ Já tens escutado. Olha bem para tudo isto: por acaso vós não diríeis *que isto é verdade*? A partir de agora eu te faço ouvir coisas novas, ocultas, e que nunca *antes* soubeste. ⁷ Agora foram criadas, e não antes; e antes de hoje não as ouvistes; para que não viesses a dizer: Eis que eu já as sabia. ⁸ Tu não *as* ouviste, nem *as* soubeste, nem também teu ouvido havia sido aberto antes; porque eu sabia que agirias enganosamente, e que foste chamado de transgressor desde o ventre. ⁹ Por causa do meu nome adiarei a minha ira, e por louvor a mim me conterei para contigo, para que eu não venha a te eliminar. ¹⁰ Eis que eu te purifiquei, porém não como a prata; eu te escolhi na fornalha da aflição. ¹¹ Por causa de mim, por causa de mim eu o farei; pois como permitiria *meu nome* ser profanado? E minha glória não darei a outro. ¹² Ouvi-me, ó Jacó, e tu, ó Israel, por mim chamado; eu sou o mesmo; eu sou o primeiro, eu também sou o último. ¹³ Também minha mão fundou a terra, e minha mão direita estendeu os céus; ‡ quando eu os chamo, *logo* eles juntamente aparecem. ¹⁴ Ajuntai-vos, todos vós, e ouvi, quem *há* dentre eles, anunciou estas coisas? O SENHOR o amou, *e* executará sua vontade contra a Babilônia, e seu braço será *contra* os caldeus. ¹⁵ Eu, eu mesmo tenho dito; também eu já o chamei. Eu o farei vir, e ele prosperará *em* seu caminho. ¹⁶ Achegai-vos a mim, ouvi isto: não falei em oculto desde o princípio; *ao contrário* ,desde o tempo em que aquilo se fez, ali eu estava; e agora o Senhor DEUS me enviou, e seu Espírito. ¹⁷ Assim diz o SENHOR, teu Redentor, o Santo de Israel: Eu sou o SENHOR teu Deus, que te ensina o que é proveitoso, *e* te guia pelo caminho que deves andar. ¹⁸ Ah, se tu tivesses me dado ouvidos a meus mandamentos! Então tua paz teria sido como um rio, e tua justiça como as ondas do mar. ¹⁹ Também tua semente teria sido como a areia, e os que procedem do teu corpo, como suas pedrinhas, cujo nome nunca seria cortado, nem destruído de minha face. ²⁰ Saí da Babilônia, fugi dos caldeus; declarai com voz de júbilo, anunciai, *e* levai isto até o fim da terra; dizei: O SENHOR resgatou a seu servo Jacó! ²¹ E não tinham sede, *quando* ele os levava pelos desertos; fez correr para eles água da rocha; e quando ele fendia as rochas, águas manavam delas. ²² *Porém* para os perversos não haverá paz,diz o SENHOR.

---

* **48:1** saístes das águas de Judá = i.e, sois descendentes de Judá   † **48:4** obstinado i.e, teimoso – lit. duro

‡ **48:13** estendeu os céus trad. alt. mediu os céus a palmos

49

¹ Ouvi-me, terras costeiras, e escutai, vós povos de longe; o SENHOR me chamou desde o ventre, desde as entranhas de minha mãe ele fez menção do meu nome; ² E fez da minha boca como uma espada afiada, com a sombra de sua mão ele me cobriu; e me pôs como uma flecha polida, *e* me guardou em sua aljava. ³ E me disse: Tu és meu servo, Israel, por quem serei glorificado. ⁴ Porém eu disse: Inutilmente tenho trabalhado; por nada e em vão gastei minhas forças; todavia meu direito está perante o SENHOR, e minha recompensa perante meu Deus. ⁵ E agora diz o SENHOR, que me formou desde o ventre para si por servo, que trazer Jacó de volta a si; porém Israel não se deixará ajuntar; contudo, nos olhos do SENHOR serei honrado, e meu Deus será minha força. ⁶ Disse também: É pouco demais que sejas meu servo *apenas* para restaurares as tribos de Jacó e restabeleceres os sobreviventes de Israel; eu também te dei como luz das nações, para seres minha salvação até o limite da terra. ⁷ Assim diz o SENHOR, o Redentor de Israel, seu Santo, à alma desprezada, ao que a nação abomina, ao servo dos que dominam: Reis o verão e se levantarão, príncipes *também* ; e eles se prostrarão por causa do SENHOR, que é fiel, por causa do Santo de Israel, que te escolheu. ⁸ Assim diz o SENHOR: No tempo do favor eu te ouvi, e no dia da salvação eu te ajudei; e eu te guardarei, e te darei por pacto do povo, para restaurares a terra, para fazer tomar posse das propriedades assoladas; ⁹ Para que tu digas aos presos: Saí; e aos que estão em trevas: Aparecei; eles se alimentarão nos caminhos, e em todos os lugares altos haverá pasto para eles. ¹⁰ Nunca terão fome nem sede; nem o calor, nem o sol os afligirá; porque aquele que se compadece deles os guiará, e os levará mansamente a mananciais de águas. ¹¹ E farei com que todos os meus montes se tornem um caminho; e minhas estradas serão levantadas. ¹² Eis que estes virão de longe; e eis que alguns do norte, e do ocidente, e outros da terra de Sinim. ¹³ Cantai de júbilo, ó céus, e alegra-te tu, ó terra; e vós montes, gritai de alegria; porque o SENHOR consolou a seu povo, e terá compaixão de seus aflitos. ¹⁴ Mas Sião diz: O SENHOR me desamparou; e o Senhor se esqueceu de mim. ¹⁵ Pode, por acaso, uma mulher se esquecer do filho que ainda amamenta, de modo que não se compadeça do filho de seu próprio ventre? Ainda que elas se esquecessem, contudo, eu não me esquecerei de ti. ¹⁶ Eis que eu te tenho escrito nas minhas palmas de ambas as mãos; teus muros estão continuamente perante mim. ¹⁷ Teus filhos depressa virão; e teus destruidores e teus assoladores sairão de ti. ¹⁸ Levanta teus olhos ao redor e olha; todos estes que se ajuntam vêm a ti; *tão certo como* eu vivo, diz o SENHOR, que de todos estes te vestirás, como de ornamento, e vestirás deles ao *teu* redor, como uma noiva. ¹⁹ Pois *ainda que* teus desertos *sejam* lugares solitários, e tua terra *esteja* destruída, agora te verás apertada de moradores, e os que te consumiram se afastarão para longe de ti. ²⁰ Até mesmo os filhos que nascerem depois de teres perdido os primeiros * dirão aos teus ouvidos: Este lugar é muito apertado para mim! Dá-me espaço para que eu possa habitar. ²¹ E dirás em teu coração: Quem a estes me gerou? Pois eu estava sem filhos e solitária; quem, pois, *me* criou a estes? Eis que eu fui deixada sozinha; *e* estes, onde estavam? ²² Assim diz o Senhor DEUS: Eis que levantarei minha mão às nações, e erguerei minha bandeira aos povos; então trarão teus filhos nos braços, e tuas filhas serão levadas sobre os ombros. ²³ E reis serão teus tutores, e suas princesas † tuas amas; perante ti se inclinarão com o rosto em terra, e lamberão o pó de teus pés; e saberás que eu sou o SENHOR; aqueles que esperam por mim não serão envergonhados. ²⁴ Pode, por acaso, se tirar a presa de um guerreiro, ou fazer escapar os presos capturados por um justo? ²⁵ Porém assim diz o SENHOR: Sim, os

---

* **49:20** os filhos que nascerem depois de teres perdido os primeiros lit. os filhos de tua perda   † **49:23** princesas ou rainhas

presos serão tirados do valente, e a presa do tirano escapará; porque eu brigarei com os que brigam contigo, e resgatarei teus filhos. [26] E darei de comer a teus opressores sua própria carne, e com seu próprio sangue se embriagarão, como com vinho; e todos saberão que eu sou o SENHOR teu Salvador, e teu Redentor, o Poderoso de Jacó.

50

[1] Assim diz o SENHOR: Onde está a carta de divórcio de vossa mãe, com que eu a mandei embora? Ou a qual dos meus credores foi que eu vos vendi? Eis que por vossas maldades fostes vendidos, e por vossas transgressões vossa mãe foi expulsa. [2] Por que razão quando eu vim ninguém apareceu? Chamei, e ninguém respondeu. Por acaso minha mão se encurtou tanto, que já não posso resgatar? Ou não há *mais* poder em mim para livrar? Eis que com minha repreensão faço secar o mar, torno os rios em deserto, até federem seus peixes por não haver água, e morrem de sede. [3] Eu visto aos céus de negro, e ponho um saco como sua cobertura. [4] O Senhor DEUS me deu língua de instruídos, para que eu saiba falar no tempo devido uma *boa* palavra ao cansado; ele me desperta todas as manhãs, desperta o meu ouvido para que eu ouça como os instruídos. [5] O Senhor DEUS abriu os meus ouvidos, e não sou rebelde; nem me viro para trás. [6] Dei minhas costas aos que *me* feriam, e os lados do meu rosto aos que me arrancavam os pelos; não escondo minha face de humilhações e cuspidas; [7] Porque o Senhor DEUS me ajuda; portanto não me envergonho; por isso pus meu rosto como pedra muito dura; porque sei que não serei envergonhado. [8] Perto está aquele que me justifica; quem se oporá a mim? Compareçamos juntos; quem é meu adversário? Venha até mim. [9] Eis que o Senhor DEUS me ajuda; quem é que *o que* me condenará? Eis que todos eles tal como vestidos se envelhecerão, *e* a traça os comerá. [10] Quem há entre vós que tema ao SENHOR, *e* ouça a voz de seu servo? Aquele que andar em trevas, e não tiver luz nenhuma, confie no nome do SENHOR, e dependa de seu Deus. [11] Eis que todos vós que acendeis fogo, e vos envolveis com chamas, andai entre as labaredas de vosso fogo, e entre as chamas que acendestes; isto recebereis de minha mão, e em tormentos jazereis.

51

[1] Ouvi-me, vós que seguis a justiça, os que buscais ao SENHOR; olhai para a rocha *de onde* fostes cortados, e para a escavação do poço *de onde* fostes cavados. [2] Olhai para Abraão vosso pai, e para Sara que vos gerou; porque, sendo ele sozinho eu o chamei, o abençoei e o multipliquei. [3] Pois o SENHOR consolará a Sião; ele consolará a todos os seus lugares desertos, e fará a seu deserto como a Éden, e seu lugar vazio como o jardim do SENHOR; alegria e contentamento se achará nela; agradecimentos e voz de melodia. [4] Prestai atenção a mim, povo meu; e minha nação, inclinai teus ouvidos a mim; porque a Lei procederá de mim, e meu porei meu juízo como luz para os povos. [5] Perto está minha justiça, já partiu minha salvação, e meus braços julgarão aos povos; os litorais aguardarão por mim, e por meu braço esperarão. [6] Levantai vossos olhos aos céus, e olhai para a terra abaixo; porque os céus desaparecerão como fumaça, e a terra se envelhecerá como um vestido; e seus moradores semelhantemente morrerão; porém minha salvação durará para sempre, e minha justiça não será terminará. [7] Ouvi-me, vós que conheceis a justiça, vós povo em cujo coração está minha Lei; não temais a humilhação dos homens, nem vos perturbeis por seus insultos. [8] Porque a traça os roerá como um vestido; e o verme os comerá com a lã; mas minha justiça durará para sempre, e minha salvação geração após gerações. [9] Desperta-te! Desperta-te! Reveste-te de força, ó braço do SENHOR! Desperta-te como nos dias do passado, *como* nas gerações antigas; por acaso não és

tu aquele que cortaste em pedaços a Raabe, que feriste ao dragão marinho? [10] Não és tu aquele que secaste o mar, as águas do grande abismo, e que fizeste o caminho das profundezas do mar, para que passassem os redimidos? [11] Assim voltarão os regatados do SENHOR, e virão a Sião cantando; e alegria perpétua haverá sobre suas cabeças; júbilo e alegria terão; tristeza e gemido fugirão. [12] Eu, eu sou aquele que vos consola; quem és tu, para que tenhas medo do homem mortal, ou do filho do homem *que* é como grama, [13] E te esqueças do SENHOR, aquele que te fez, que estendeu os céus e fundou a terra, e temes continuamente o dia todo à fúria do opressor, como se ele estivesse pronto para destruir? Onde está *essa* fúria do opressor? [14] O preso logo será solto, e não morrerá na cova, nem seu pão lhe faltará. [15] Pois eu sou o SENHOR teu Deus, que divido o mar, e bramam suas ondas. EU-SOU dos exércitos é o seu nome. [16] E ponho minhas palavras em tua boca, e te cubro com a sombra de minha mão; para plantar os céus, e para fundar a terra, e para dizer a Sião: Tu és meu povo. [17] Desperta-te! Desperta-te! Levanta-te, ó Jerusalém, que bebeste da mão do SENHOR o cálice de seu furor; bebeste *e* sugaste os resíduos do cálice do cambaleio. [18] De todos os filhos que ela gerou, nenhum há que a guie mansamente; e de todos os filhos que ela criou, nenhum há que a segure pela mão. [19] Estas duas coisas te aconteceram; quem terá compaixão de ti? Assolação e ruína; fome e espada; por meio de quem te consolarei? [20] Os teus filhos desmaiaram, jazem nas entradas de todos os caminhos, como um antílope numa rede; cheios estão do furor do SENHOR, e da repreensão de teu Deus. [21] Portanto agora ouve isto, ó oprimida e embriagada, mas não de vinho: [22] Assim diz o teu Senhor, o SENHOR, e teu Deus, que defende a causa de seu povo: eis que eu tomo da tua mão o cálice do cambaleio, os resíduos de cálice de meu furor; nunca mais o beberás. [23] Porém eu o porei nas mãos dos que afligiram, que dizem à tua alma: Abaixa-te, e passaremos sobre *ti* ; e pões as tuas costas como chão, como caminho aos que passam.

52

[1] Desperta-te! Desperta-te! Veste-te de tua força, ó Sião! Veste-te de teus belos vestidos, ó Jerusalém, cidade Santa! Porque nunca mais entrará em ti nem incircunciso nem impuro. [2] Sacode-te do pó, levanta-te, *e* senta-te, ó Jerusalém! Solta-te das ataduras de teu pescoço, ó cativa filha de Sião. [3] Porque assim diz o SENHOR: Por nada fostes vendidos, também sem *ser por* dinheiro sereis resgatados. [4] Porque assim diz o Senhor DEUS: Meu povo em tempos passados desceu ao Egito para lá peregrinar; e a Assíria sem razão o oprimiu. [5] E agora, o que tenho *de fazer* aqui?,Diz o SENHOR, Pois meu povo foi tomado sem motivo algum; e os que dominam sobre ele uivam, * diz o SENHOR; E meu nome continuamente, durante o dia todo, é blasfemado. [6] Por isso meu povo conhecerá o meu nome, por esta causa naquele dia; porque eu mesmo sou o que digo, eis-me aqui. [7] Como são agradáveis sobre os montes os pés daquele que dá boas notícias, que anuncia a paz; que fala notícias do bem; que anuncia a salvação; do que diz a Sião: Teu Deus reina! [8] *Eis* a voz dos teus vigilantes; eles levantam a voz, juntamente gritam de alegria; porque olho a olho verão quando o SENHOR trazer de volta a Sião. [9] Gritai de alegria, jubilai juntamente, ó lugares abandonados de Jerusalém; porque o SENHOR consolou a seu povo, redimiu a Jerusalém. [10] O SENHOR expôs o seu santo braço perante os olhos de todas as nações; e todos os confins da terra verão a salvação de nosso Deus. [11] Retirai-vos! Retirai-vos! Saí daí! Não toqueis em coisa impura! Saí do meio dela! Purificai-vos vós que levais os vasos do SENHOR! [12] Pois vós não saireis apressadamente, nem

---

* **52:5** uivam obscuro – trads. alts. os fazem uivar (lamentar), ou os que dominam sobre ele fazem insultos

ireis fugindo; porque o SENHOR irá adiante de vossa face, o Deus de Israel será vossa retaguarda. ¹³ Eis que meu servo agirá prudentemente; ele será exaltado e elevado, e muito sublime. ¹⁴ Como muitos se espantaram de ti, de que a aparência dele estava tão desfigurada, mais do que qualquer outro; que seu aspecto já não *parecia* com os filhos dos homens. ¹⁵ Assim ele salpicará a muitas nações, e sobre ele os reis fecharão suas bocas; porque aquilo que nunca lhes havia sido anunciado, *isso* verão; e aquilo que nunca tinham ouvido, *disso* entenderão.

53

¹ Quem creu em nossa pregação? * E a quem se manifestou o braço do SENHOR? ² Pois foi crescendo como renovo perante ele, e como raiz de terra seca; não tinha boa aparência nem formosura; e quando olhávamos para ele, não havia *nele* boa aparência, para que o desejássemos. ³ Ele era desprezado e rejeitado entre os homens, era homem de dores, e experiente em enfermidade; ele era como alguém de quem *os outros* escondiam o rosto; era desprezado, e não lhe estimávamos. ⁴ Verdadeiramente ele tomou sobre si nossas enfermidades, e nossas dores levou sobre si; e nós o considerávamos como afligido, ferido por Deus, e oprimido. ⁵ Porém ele foi ferido por nossas transgressões, *e* esmagado por nossas perversidades; o castigo que nos traz a paz estava sobre ele, e por suas feridas fomos curados. ⁶ Todos nós andávamos sem rumo como ovelhas; cada um se desviava por seu caminho; porém o SENHOR fez vir sobre ele a perversidade de todos nós. ⁷ Ele foi oprimido e afligido, porém não abriu sua boca; tal como cordeiro ele foi levado ao matadouro, e como ovelha muda perante seus tosquiadores, assim ele não abriu sua boca. ⁸ Com opressão e julgamento ele foi removido; e quem falará de sua geração? † Porque ele foi cortado da terra dos viventes; pela transgressão do meu povo ele foi ferido. ⁹ E puseram sua sepultura com perversos, e com um rico em sua morte; pois ele nunca fez injustiça, nem houve engano em sua boca. ¹⁰ Porém agradou ao SENHOR esmagá-lo, fazendo-o ficar enfermo; quando sua alma for posta como expiação do pecado, ele verá semente, *e* prolongará os dias; e o bom prazer do SENHOR prosperará em sua mão. ¹¹ A *consequência* do trabalho de sua alma ele verá *e* se fartará; com seu conhecimento o meu servo, o justo, justificará a muitos, pois levará sobre si as perversidades deles. ¹² Por isso lhe darei a porção de muitos, e e com os poderosos ele repartirá despojo, pois derramou sua alma na morte, e foi contado com os transgressores; e levou sobre si o pecado de muitos, e intercedeu pelos transgressores.

54

¹ Canta alegremente, ó estéril, *que* não geravas; grita de prazer com alegre canto, e jubila tu que não tiveste dores de parto; pois mais são os filhos da solitária do que os filhos da casada, diz o SENHOR. ² Aumenta o espaço de tua tenda, e as cortinas de tuas habitações sejam estendidas; não o impeças; alonga tuas cordas, e fixa bem tuas estacas; ³ Porque transbordarás à direita e à esquerda; e tua semente tomará posse das nações, e farão habitar as cidades assoladas. ⁴ Não temas, pois não serás envergonhada; e não te envergonhes, pois não serás humilhada; ao contrário, te esquecerás da vergonha da tua juventude, e não te lembrarás mais da desonra de tua viuvez. ⁵ Porque teu marido é o Criador; EU-SOU dos exércitos é o seu nome; e o Santo de Israel é o teu Redentor; ele será chamado: o Deus de toda a terra. ⁶ Pois o SENHOR te chamou como mulher abandonada, e triste de espírito; como uma mulher da juventude que havia sido rejeitada, diz o teu Deus. ⁷ Por um curto

---

* **53:1** em nossa pregação trad. alt. naquilo que ouvimos † **53:8** falará de sua geração obscuro – trads. alts. "quem falará de seus descendentes?"ou "quem dentre os de sua geração refletirá sobre ele"

momento te deixei; porém com grandes misericórdias te recolherei. ⁸ Num acesso de ira escondi minha face de ti por um momento; porém com bondade eterna terei compaixão de ti, diz o SENHOR teu Redentor. ⁹ Porque isto será para mim *como* as águas de Noé, quando jurei que as águas de Noé não mais passaria sobre a terra; assim jurei, que não me irarei contra ti, nem te repreenderei. ¹⁰ Porque montes se removerão e morros se retirarão, porém minha bondade não se removerá de ti, nem o pacto de minha paz se retirará, diz o SENHOR, que tem compaixão de ti. ¹¹ Tu, oprimida, afligida por tempestade, *e* desconsolada: eis que eu porei tuas pedras com ornamentos, e te fundarei sobre safiras. ¹² E farei de rubis as tuas torres; e tuas portas de carbúnculos, e todos os teus limites com pedras preciosas. ¹³ E todos os teus filhos serão ensinados pelo SENHOR; e a paz de teus filhos será abundante. ¹⁴ Com justiça serás firmada; afasta-te da opressão, porque já não temerás; assim como também do assombro, porque este não se aproximará de ti. ¹⁵ Se alguém lutar *contra ti* ,não será por mim; quem lutar contra ti cairá por causa de ti. ¹⁶ Eis que fui eu que criei ao ferreiro que assopra as brasas no fogo, e que produz a ferramenta para sua obra; também fui eu que criei ao destruidor, para causar ruína. ¹⁷ Nenhuma ferramenta preparada contra ti terá sucesso; e toda língua que se levantar contra ti em juízo, tu a condenarás; esta é a herança dos servos do SENHOR; e a justiça deles *provém* de mim, diz o SENHOR.

55

¹ Ó todos vós que tendes sede, vinde às águas; e vós que não tendes dinheiro, vinde, comprai, e comei; vinde, comprai, sem dinheiro e sem preço, vinho e leite. ² Por que gastais dinheiro naquilo que não é pão, e vosso trabalho naquilo que não pode trazer satisfação? Ouvi-me com atenção, e comei o que é bom, e vossa alma se deleite com a gordura. ³ Inclinai vossos ouvidos, e vinde a mim; ouvi, e vossa alma viverá; porque convosco farei um pacto eterno, *tal como* as firmes bondades prometidas a Davi. ⁴ Eis que eu o dei *para ser* testemunha aos povos, *como* príncipe e governante dos povos. ⁵ Eis que chamarás a uma nação que não conheceste, e uma nação que nunca te conheceu correrá para ti, por causa do SENHOR teu Deus, o Santo de Israel; porque ele te glorificou. ⁶ Buscai ao SENHOR enquanto se pode achar; invocai-o enquanto ele está perto. ⁷ Que o perverso deixe seu caminho, e o homem maligno *deixe* seus pensamentos, e converta ao SENHOR; então dele terá compaixão; *converta* ao nosso Deus, porque ele grandemente perdoa. ⁸ Pois meus pensamentos não são vossos pensamentos, nem vossos caminhos são meus caminhos, diz o SENHOR. ⁹ Porque *tal como* os céus são mais altos que a terra, assim também meus caminhos são mais altos que vossos caminhos, e meus pensamentos *mais altos* que vossos pensamentos. ¹⁰ Porque tal como a chuva e a neve desce dos céus, e para lá não volta, mas rega a terra, e a faz produzir, brotar, e dar semente ao semeador, e pão ao que come; ¹¹ Assim também será minha palavra, que não voltará a mim vazia; ao contrário, ela fará o que me agrada, e cumprirá aquilo para que a enviei. ¹² Porque com alegria saireis, e em paz sereis guiados; os montes e os morros cantarão de alegria perante vossa presença, e todas as árvores do campo baterão palmas. ¹³ Em lugar do espinheiro crescerá o cipreste, e em lugar da urtiga crescerá a murta; e isso será para o SENHOR como um nome, como um sinal eterno, que nunca se apagará.

56

¹ Assim diz o SENHOR: Guardai o que é justo, e praticai a justiça; porque minha salvação já está perto de vir, e minha justiça de se manifestar. ² Bem-aventurado o homem que fizer isto, e o filho do homem que permanece nisto; que se guarda para

não profanar o sábado, e guarda sua mão para não cometer algum mal. ³ E não fale o filho do estrangeiro, que tiver se ligado ao SENHOR, dizendo: Certamente o SENHOR me excluiu de seu povo; nem fale o eunuco: Eis que sou uma árvore seca. ⁴ Porque assim diz o SENHOR: Aos eunucos, que guardam os meus sábados, e escolhe aquilo em que me agrado, e permanecem em meu pacto, ⁵ Eu também lhes darei em minha casa, e dentro de meus muros, lugar e nome, melhor que o de filhos e filhas; darei um nome eterno a cada um deles, que nunca se apagará. ⁶ E aos filhos dos estrangeiros, que se ligarem ao SENHOR, para o servirem, e para amarem o nome do SENHOR, e para serem seus servos, todos os que guardarem o sábado, não o profanando, e os que permanecerem em meu pacto, ⁷ Eu os levarei ao meu santo monte, e lhes farei se alegrarem em minha casa de oração; seus holocaustos e seus sacrifícios serão aceitos em meu altar; porque minha casa será chamada "Casa de oração para todos os povos". ⁸ *Assim* diz o Senhor DEUS, que junta os dispersos de Israel: Ainda *outros* mais lhe ajuntarei, além dos que já lhe foram ajuntados. ⁹ Todos vós, animais do campo, vinde comer! ¹⁰ Todos os seus vigilantes são cegos, nada sabem; todos são cães mudos, não podem latir; andam adormecidos, * estão deitados, e amam cochilar. ¹¹ E estes são cães gulosos, não conseguem se satisfazer; e eles são pastores que nada sabem entender; todos eles se viram a seus caminhos, cada um à sua ganância, *cada um* por si. ¹² *Eles dizem* : Vinde, trarei vinho, e nos encheremos de bebida alcoólica; e o dia de amanhã será como hoje, e muito melhor!

57

¹ O justo perece, e ninguém há que pense nisso em seu coração; e os bons são levados, sem que ninguém dê atenção, que o justo é levado de diante do mal. ² Ele entrará *em* paz; descansarão em suas camas aqueles que vivem * corretamente. ³ Mas chegai-vos aqui, filhos da adivinha, † descendência ‡ adúltera, e que cometeis pecados sexuais. ⁴ De quem fazeis piadas de escárnio? Contra quem alargais a boca, e colocais a língua para fora? Por acaso não sois filhos da transgressão, *e* descendentes § da falsidade? ⁵ *Não sois* vós, que vos inflamais * com os ídolos † abaixo de toda árvore verde, *e* sacrificais os filhos nos vales, ‡ abaixo das fendas dos penhascos? ⁶ Nas pedras lisas dos ribeiros está tua parte; estas, estas são aquilo que te pertence; a estas também derramas ofertas de líquidos, *e* lhe apresenta ofertas. Por acaso ficaria eu contente com estas coisas? ⁷ Sobre altos e elevados montes pões tua cama; e a eles sobes para oferecer sacrifícios. ⁸ E debaixo das portas e dos umbrais pões teus memoriais; porque a não a mim, mas a outros tu *te* descobres, e sobes, alargas tua cama, e fazes *pacto* com eles; amas a cama deles, a nudez § que tu vês. ⁹ E foste ao rei com óleo, e multiplicaste teus perfumes; e enviaste teus embaixadores para longe, e desceste até o Xeol. * ¹⁰ Em tua longa viagem te cansaste, *porém* não disseste: Não tenho mais esperança. Achaste força em tua mão, por isso não desanimaste. † ¹¹ Mas de quem tiveste receio e temeste? Por que mentiste, e não te lembraste de mim, nem pensaste em mim em teu coração? Por eu ter me calado desde muito tempo, *agora* não me temes? ¹² Eu declararei abertamente a tua justiça, e tuas obras; mas elas não te trarão proveito. ¹³ Quando tu vieres a clamar, que os ídolos que juntaste te livrem; porém o vento levará a todos eles, e um sopro os arrebatará; mas aquele que

---

* **56:10** andam adormecidos trad. alt. sonham   * **57:2** vivem lit. andam   † **57:3** adivinha ou: feiticeira, vidente   ‡ **57:3** lit. semente   § **57:4** descendentes = lit. semente   * **57:5** inflamais = i.e. praticar idolatria, possivelmente incluindo atos sexuais pecaminosos   † **57:5** com os ídolos trad. alt. junto aos carvalhos   ‡ **57:5** vale trad. alt. riachos   § **57:8** nudez obscuro – trad. alt. Onde quer que tu [a] vês – lit. mão (?)   * **57:9** Xeol é o lugar dos mortos   † **57:10** desanimaste trad. alt. enfraqueceste – lit. ficaste doente

confia em mim herdará a terra, e tomará posse do meu santo monte. ¹⁴ E será dito: Aplanai! Aplanai! Preparai o caminho! Tirai os tropeços do caminho do meu povo! ¹⁵ Porque assim diz o Alto e Sublime, que habita na eternidade, e cujo nome é santo: Na altura e no lugar santo habito; e também com o contrito e abatido espírito, para vivificar o espírito dos abatidos, e para vivificar o coração dos contritos. ¹⁶ Pois não brigarei para sempre, nem ficarei continuamente indignado; pois perderia todas as forças diante de mim o espírito, as almas que eu criei. ¹⁷ Pela maldade de sua cobiça eu me indignei, e o feri; eu me escondi, e me indignei; porém ele se rebelou seguindo o caminho de seu coração. ¹⁸ Tenho visto seus caminhos; porém eu o sararei, e o guiarei, e voltarei a dar consolo, a ele a os que por ele lamentam. ¹⁹ Eu crio os frutos dos lábios; paz, paz para os que estão longe e para os que estão perto,diz o SENHOR, e eu os sararei. ²⁰ Mas os perversos são como o mar bravo, que não pode se aquietar. ²¹ Os perversos, (diz meu Deus), não tem paz.

58

¹ Clama em alta voz, não te retenhas; levanta tua voz como trombeta; e anuncia a meu povo sua transgressão, e à casa de Jacó seus pecados. ² Porém eles me buscam diariamente, e tem prazer em conhecer os meus caminhos, como *se fossem* um povo que pratica justiça, e não abandona o juízo de seu Deus; perguntam-me pelos juízos de justiça, e tem prazer em se achegarem a Deus. ³ *Eles dizem:* Por que nós jejuamos, e tu não dás atenção a isso? *Por que* afligimos nossas almas, e tu não o reconheces? Eis que nos dia em que jejuais, continuais a buscar *apenas* aquilo que vos agrada, e sobrecarregais todos os que trabalham para vós. ⁴ Eis que jejuais para brigas e discussões, e para dardes socos de maldade; não jejueis como *fazeis* hoje, para que vossa vossa voz seja ouvida no alto. ⁵ Seria este o jejum que eu escolheria, que o homem um dia aflija sua alma, incline sua cabeça como o junco, e estenda debaixo *de si* saco e cinza? Chamarias tu a isto jejum e dia agradável ao SENHOR? ⁶ Por acaso não é este o jejum que eu escolheria: que soltes os nós de perversidade, que desfaças as amarras do jugo, e que libertes aos oprimidos, e quebres todo jugo? ⁷ Por acaso não é *também* que repartas teu pão com o faminto, e aos pobres desamparados recolhas em casa, e vendo ao nu, que o cubras, e não te escondas de tua carne? ⁸ *Quando fizeres isto* , então tua luz surgirá como o amanhecer, e tua cura logo chegará; e tua justiça irá adiante de ti; a glória do SENHOR será tua retaguarda. ⁹ Então clamarás, e o SENHOR *te* responderá; gritarás, e dirá: Eis-me aqui; se tirares do meio de ti o jugo, o estender de dedo, e o falar perversidade. ¹⁰ E se abrires tua alma ao faminto, e fartares à alma afligida; então tua luz nascerá das trevas, e tua escuridão será como o meio-dia. ¹¹ E o SENHOR te guiará continuamente, fartará a tua alma *mesmo* em grandes secas, e fortalecerá teus ossos; e tu serás como um jardim regado, como um manancial de águas, cujas águas nunca faltam. ¹² E os que de ti *procederem* edificarão os lugares antes arruinados, e levantarás os fundamentos das gerações *passadas* ; e te chamarão reparador das coisas que se romperam, e restaurador das ruas para se morar. ¹³ Se quanto ao sábado recusares * fazer tua vontade no meu santo dia, e chamares ao sábado de agradável, santificado ao SENHOR, e glorioso, e tu o honrares, não seguindo teus caminhos, *nem* buscando tua própria vontade, falando *o que não se deve* , ¹⁴ Então tu te agradarás no SENHOR, e te farei montar sobre as alturas da terra; e te darei sustento com a herança de teu pai Jacó; porque *assim* a boca do SENHOR falou.

---

* **58:13** recusares lit. desviares teus pés de

59

¹ Eis que a mão do SENHOR não está encolhida, para que não possa salvar; nem seu ouvido surdo, para não poder ouvir. ² Porém vossas perversidades fazem separação entre vós e vosso Deus; e vossos pecados encobrem o rosto dele de vós, para que não ouça. ³ Porque vossas mãos estão contaminadas de sangue, e vossos dedos de maldade; vossos lábios falam falsidade, vossa língua pronuncia perversidade. ⁴ Ninguém há que clame pela justiça, nem ninguém que defenda causa em juízo por meio da verdade; confiam naquilo que é inútil, e falam mentiras; são causadores de opressão, * e geram injustiça; ⁵ Chocam ovos de serpente, e tecem teias de aranha; quem comer de seus ovos morrerá, e sairá uma cobra venenosa se forem pisados. ⁶ Suas teias não servem para vestimentas, nem poderão se cobrir com suas obras; suas obras são obras de injustiça, e atos de violência há em suas mãos. ⁷ Seus pés correm para o mal, e se apressam para derramarem sangue inocente; seus pensamentos são pensamentos de injustiça, destruição e ruína há em suas estradas. ⁸ O caminho da paz eles não conhecem, nem há justiça em seus percursos; entortam suas veredas para si mesmos; todo aquele que anda por elas não experimentará † paz. ⁹ Por isso o juízo está longe de nós, nem a justiça nos alcança; esperamos luz , *porém* eis que há *somente* trevas; *esperamos* brilho, *porém* andamos às escuras. ¹⁰ Apalpamos as paredes como cegos, e como se não tivéssemos olhos andamos apalpando; tropeçamos ao meio-dia como se fosse noite; entre os fortes estamos como mortos. ¹¹ Todos nós bramamos como ursos, e continuamente gememos como pombas; esperamos pela justiça, e nada *acontece* ; *esperamos* pela salvação, *porem* ela está longe de nós. ¹² Pois nossas transgressões se multiplicaram diante de ti, e nossos pecados dão testemunho contra nós; pois nossas transgressões estão conosco, e conhecemos nossas perversidades, ¹³ *Tais como* : transgredir e mentir contra o SENHOR, ‡ e se desviar de seguir a nosso Deus; falar de opressão e rebelião, conceber e falar palavras de falsidade do coração. ¹⁴ Por isso que o direito retrocedeu, e a justiça ficou de longe; pois a verdade tropeçou na praça, e a correta decisão não pode entrar. ¹⁵ E a verdade se perde, e quem se desvia do mal corre o risco de ser saqueado; e o SENHOR o viu, pareceu mal em seus olhos, por não haver justiça. ¹⁶ E vendo que ninguém havia, maravilhou-se de que não houvesse intercessor algum; por isso seu próprio braço lhe trouxe a salvação, e sua própria justiça o susteve. ¹⁷ Pois ele se vestu de justiça como uma armadura, e *pôs* o capacete da salvação em sua cabeça; e vestiu-se de roupas de vingança *como* vestimenta, e cobriu-se de selo como uma capa. ¹⁸ Ele *lhes* retribuirá conforme *suas* obras: furor a seus adversários, pagamento a seus inimigos; aos litorais ele pagará de volta. ¹⁹ Então temerão o nome do SENHOR desde o ocidente, e sua glória desde o oriente; pois ele vem como uma correnteza impetuosa, empurrada pelo sopro § do SENHOR. ²⁰ E um Redentor virá a Sião, para aqueles que se arrependerem de *sua* transgressão em Jacó, diz o SENHOR. ²¹ Quanto a mim, este é meu pacto com eles,diz o SENHOR; meu Espírito que está sobre ti, e minhas palavras que pus em tua boca, não se afastarão de tua boca nem da boca de teus descendentes, * nem da boca dos descendentes de teus descendentes, diz o SENHOR, desde agora e para sempre.

60

¹ Levanta-te! Brilha! Porque já chegou a tua luz; e a glória do SENHOR já está

---

* **59:4** são causadores de opressão lit. concebem trabalho, i.e., impõem trabalho opressivo sobre outros † **59:8** experimentará = lit: conhecerá - trad. alt.: não conhece a paz ‡ **59:13** mentir contra o SENHOR trad. alt. negar ao SENHOR § **59:19** sopro trad. alt. Espírito * **59:21** descendentes lit. semente

raiando sobre ti. ² Porque eis que as trevas cobrirão a terra, e a escuridão aos povos; porém sobre ti o SENHOR virá raiando, e sua glória será vista sobre ti. ³ E as nações virão à tua luz, e os reis ao brilho que raiou a ti. ⁴ Levanta teus olhos ao redor, e vê; todos estes se ajuntaram, *e* vem a ti; teus filhos virão de longe, e tuas filhas serão criadas ao teu lado. ⁵ Então verás, e te alegrarás; * teu coração palpitará e se encherá de alegria, † porque a abundância do mar a ti se voltará, as riquezas das nações a ti chegarão. ⁶ Multidão de camelos te cobrirá; dromedários de Midiã e Efá, todos virão de Sabá; trarão ouro e incenso, e declararão louvores ao SENHOR. ⁷ Todas as ovelhas de Quedar se ajuntarão a ti; os carneiros de Nebaiote te servirão; com agrado subirão ao meu altar, e eu glorificarei a casa de minha glória. ⁸ Quem são estes que vêm voando como nuvens, e como pombas às suas janelas? ‡ ⁹ Pois as ilhas me esperarão, e primeiro os navios de Társis, para trazer teus filhos de longe, sua prata e seu ouro com eles; para o nome do SENHOR teu Deus, e para o Santo de Israel, porque ele te glorificou. ¹⁰ E filhos de estrangeiros edificarão teus muros, e seus reis te servirão; porque em minha ira eu te feri, porém em meu favor tive misericórdia de ti. ¹¹ E tuas portas estarão continuamente abertas, nem de dia nem de noite se fecharão; para que tragam a ti as riquezas das nações, e seus reis *a ti* sejam trazidos. ¹² Pois a nação e reino que não te servirem perecerão; e tais nações serão assoladas por completo. ¹³ A glória do Líbano virá a ti, a faia, o pinheiro, e o cipreste juntamente, para ornamentarem o lugar do meu santuário, e glorificarei o lugar de meus pés. ¹⁴ Também virão a ti inclinados os filhos dos que te oprimiram, e se prostrarão às pisadas de teus pés todos os que blasfemaram de ti; e te chamarão a cidade do SENHOR, a Sião do Santo de Israel. ¹⁵ Em vez de abandonada e odiada, *de tal modo* que ninguém passava *por ti* ,eu farei de ti uma excelência eterna, alegria de geração após geração. ¹⁶ E mamarás o leite das nações, e mamarás os peitos dos reis; e saberás que eu sou o SENHOR, teu Salvador e teu Redentor, o Poderoso de Jacó. ¹⁷ Em vez de bronze trarei ouro, e em vez de ferro trarei prata, e em vez de madeira bronze, e em vez de pedras ferro; e farei pacíficos teus oficiais, e justos aqueles que cobram de ti. ¹⁸ Nunca mais se ouvirá falar de violência em tua terra; *nem* ruína, nem destruição dentro de tuas fronteiras; em vez disso, a teus muros chamarás Salvação, e a tuas portas Louvor. ¹⁹ Nunca mais o sol te servirá para luz do dia, nem com *seu* brilho a lua te iluminará; mas o SENHOR será tua luz eterna, e teu Deus o teu ornamento. ²⁰ Nunca mais o teu sol irá se por, nem tua lua minguará; porque o SENHOR será tua luz eterna, e os dias de teu luto se acabarão. ²¹ E todos os de teu povo serão justos; para sempre terão posse da terra; serão renovo de minha plantação, obra de minhas mãos, para que eu seja glorificado. ²² O menor será mil, e o de menor tamanho será um povo forte; eu, o SENHOR, o farei depressa em seu *devido* tempo.

61

¹ O Espírito do Senhor DEUS está sobre mim; pois o SENHOR me ungiu, para dar boas novas aos mansos; ele me enviou para sarar * aos feridos de coração, para anunciar liberdade aos cativos, e libertação aos prisioneiros. ² Para anunciar o ano do favor do SENHOR, e o dia da vingança de nosso Deus; para consolar todos os tristes. ³ Para ordenar aos tristes de Sião, que lhes seja dado ornamento no lugar de cinza, óleo de alegria no lugar de tristeza, vestes de louvor no lugar de espírito angustiado; para que sejam chamados de carvalhos da justiça, plantação do SENHOR; para que

---

* **60:5** te alegrarás lit. resplandecerás, brilharás – trad. alt. sorrirás   † **60:5** encherá de alegria = lit. alargará
‡ **60:8** janelas trad. alt. abrigos   * **61:1** sarar lit. amarrar [ataduras] curativos aos quebrantados de coração

ele seja glorificado. ⁴ E edificarão os lugares arruinados desde os tempos antigos, restaurarão os desde antes destruídos, e renovarão as cidades arruinadas, destruídas desde muitas gerações. ⁵ E estrangeiros apascentarão vossos rebanhos, e filhos de outras nações serão vossos lavradores e vossos trabalhadores nas vinhas. ⁶ Porém vós sereis chamados sacerdotes do SENHOR; chamarão a vós de trabalhadores a serviço de nosso Deus; comereis dos bens das nações, e da riqueza † deles vós vos orgulhareis. ⁷ Em vez de vossa vergonha, *tereis* porção dobrada; e *em vez* de humilhação, terão alegria sobre sua parte; pois em sua terra terão posse do dobro, *e* terão alegria eterna. ⁸ Porque eu, o SENHOR, amo a justiça, e odeio o roubo com sacrifício de queima; e farei que sua obra seja em verdade, e farei um pacto eterno com eles. ⁹ E sua descendência ‡ será conhecida entre as nações, e seus descendentes em meio aos povos; todos quantos os virem, os reconhecerão, que são descendência abençoada pelo SENHOR. ¹⁰ Eu estou muito jubilante no SENHOR, minha alma se alegra em meu Deus; porque ele me vestiu de roupas de salvação; ele me cobriu com a capa da justiça, tal como o noivo *quando* se veste da roupa sacerdotal, e como a noiva se enfeita com suas joias. ¹¹ Porque tal como a terra produz seus renovos, e como o jardim faz brotar o que nele se semeia, assim também o Senhor DEUS fará brotar justiça e louvor diante de todas as nações.

62

¹ Por Sião eu não me calarei, e por Jerusalém não me aquietarei, enquanto sua justiça não sair como um brilho, e sua salvação como uma tocha acesa. ² E as nações verão tua justiça, e todos os reis *verão* tua glória; e te chamarão por um novo nome, que a boca do SENHOR determinará. ³ E serás coroa de glória na mão do SENHOR, e diadema real na mão de teu Deus. ⁴ Nunca mais te chamarão de abandonada, nem se referirão mais a tua terra como assolada; mas sim te chamarão de: "Nela Está Meu Prazer", * e à tua terra de "A Casada", † porque o SENHOR se agrade de ti, e tua terra se casará. ⁵ Porque *tal como* o rapaz se casa com a virgem, *assim também* teus filhos se casarão contigo; e *como* o noivo se alegra da noiva, *assim* o teu Deus se alegrará de ti. ⁶ Jerusalém, obre os teus muros eu pus guardas, que o dia todo e a noite toda continuamente não se calarão; vós que fazeis menção do SENHOR, não haja silêncio em vós; ⁷ Nem deis descanso a ele, até que ele estabeleça, até que ele ponha a Jerusalém como louvor na terra. ⁸ O SENHOR jurou por sua mão direita e pelo seu forte braço: Nunca mais darei teu trigo *como* comida a teus inimigos, nem estrangeiros beberão teu suco da uva em que trabalhaste. ⁹ Mas sim aqueles que o ajuntarem o comerão, e louvarão ao SENHOR; e os que o colherem beberão nos pátios do meu santuário. ¹⁰ Passai! Passai pelas portas! Preparai o caminho ao povo! Aplanai! Aplanai a estrada, limpai *-a* das pedras! Levantai uma bandeira aos povos! ¹¹ Eis que o SENHOR fez ouvir até a extremidade da terra: Dizei à filha de Sião: eis que tua salvação está vindo; eis que *traz* sua recompensa consigo, e seu pagamento *vem* diante dele. ¹² E os chamarão de povo santo, redimidos do SENHOR; e tu serás chamada "A Procurada, a Cidade Não Desemparada".

63

¹ Quem é este, que vem de Edom, de Bozra, com vestes salpicadas de vermelho, este ornado em sua vestimenta, que marcha com grande força? Eu, o que falo em justiça, poderoso para salvar. ² Por que tu estás de roupa vermelha, e tuas vestes como de alguém que pisa em uma prensa de uvas? ³ Eu sozinho pisei na prensa de

---

† **61:6** riqueza lit. glória   ‡ **61:9** descendência = lit. semente   * **62:4** Nela Está Meu Prazer equiv. Hefzibá
† **62:4** A Casada equiv. Beulá

uvas, e ninguém dos povos houve comigo; e os pisei em minha ira, e os esmaguei em meu furor; e o sangue deles salpicou sobre minhas roupas, e sujei toda a minha roupa. ⁴ Porque o dia da vingança estava em meu coração; e o ano de meus redimidos havia chegado. ⁵ E olhei, e não havia quem *me* ajudasse; e me espantei de que não houvesse quem *me* apoiasse; por isso meu braço me trouxe a salvação, e meu furor me apoiou. ⁶ E atropelei os povos em minha ira, e os embebedei em meu furor; e fiz descer o sangue deles até a terra. ⁷ Farei menção das bondades do SENHOR, *e* dos louvores ao SENHOR, conforme tudo quanto o SENHOR fez para nós; e do grande bem à casa de Israel, que ele tem lhes concedido segundo suas misericórdias, e segundo a abundância de suas bondades; ⁸ Pois ele dizia: Certamente eles são meu povo, são filhos que não mentirão; assim ele se tornou o Salvador deles. ⁹ Em toda a angústia deles, ele *também* se angustiou, e o anjo de sua presença os salvou; por seu amor e por sua piedade ele os redimiu; e os tomou, e os carregou *em* todos os dias antigos. ¹⁰ Porém eles foram rebeldes, e entristeceram seu Espírito Santo; por isso ele se tornou inimigo deles, *e* ele mesmo lutou contra eles. ¹¹ Contudo ele se lembrou dos dias antigos, de Moisés, *e* de seu povo. Onde está aquele que os fez subir do mar com os pastores de seu rebanho? Onde está aquele que punha no meio deles seu Espírito Santo? ¹² *Onde está* aquele que fez seu glorioso braço andar à direita de Moisés, que dividiu as águas perante a presença deles, para fazer seu nome eterno; ¹³ Que os guiou pelos abismos como cavalo no deserto, *de tal modo que* nunca tropeçaram? ¹⁴ Tal como um animal que desce aos vales, o Espírito do SENHOR lhes deu descanso; assim guiaste a teu povo, para fazeres teu nome ser glorioso. ¹⁵ Olha desde os céus, e vê desde tua santa e gloriosa habitação; onde está teu zelo e tuas forças? A comoção dos sentimentos de teu interior e de tuas misericórdias se retiveram para comigo. ¹⁶ Porém tu és nosso Pai, porque Abraão não sabe de nós, nem Israel nos conhece. Tu, SENHOR, és nosso Pai; desde os tempos antigos o teu nome é Nosso Redentor. ¹⁷ Por que, ó SENHOR, tu nos fazes andar fora de teus caminhos? Por que endureces nosso coração para que não tenhamos temor a ti? Volta, por favor a teus servos, às tribos de tua herança. ¹⁸ Por um pouco de tempo teu santo povo *a* possuiu; nossos adversários pisaram teu santuário. ¹⁹ Nós nos tornamos *como aqueles* de quem nunca dominaste, *semelhantes* aos que nunca foram chamados pelo teu nome.

64

¹ Ah, se tu rompesses os céus, *e* descesses, os montes se tremeriam de diante de tua presença, ² Tal como o fogo acende a madeira, *e* o fogo faz ferver as águas; para *assim* fazeres notório o teu nome a teus adversários, *de modo que* as nações tremessem de tua presença! ³ *Como* quando fazias coisas temíveis, as quais nunca esperávamos; quando tu descias, e os montes se tremiam diante de tua presença. ⁴ Nem desde os tempos antigos se ouviu, nem com os ouvidos se percebeu, nem olho viu outro Deus além de ti, que age *em favor* daquele que nele espera. ⁵ Tu foste ao encontro do alegre, e do que pratica justiça, *e* aos que se lembram de ti em teus caminhos. Eis que te enfureceste porque pecamos por muito tempo. Seremos salvos? ⁶ Porém todos nós somos como um imundo, e todas as nossas justiças são como roupas contaminadas; e todos nós caímos como uma folha, e nossas culpas nos levam como o vento. ⁷ E ninguém há que invoque a teu nome, que se desperte para se apegar a ti; pois tu escondeste teu rosto de nós, e nos consumiste por nossas perversidades. ⁸ Porém agora, SENHOR, tu és nosso Pai; nós somos barro, e tu és nosso oleiro; e todos nós somos obra de tuas mãos. ⁹ Não te enfureças tanto, SENHOR, nem te lembres da *nossa* perversidade para sempre; vê, olha agora, *que* todos nós somos teu povo. ¹⁰ Tuas santas cidades se tornaram um deserto; Sião se tornou um deserto; Jerusalém

está assolada. ¹¹ Nossa santa e nossa gloriosa casa, em que nossos pais te louvavam, foi queimada a fogo; e todas as coisas com que nos agradávamos se tornaram ruínas. ¹² Será que continuarás a te conter sobre estas coisas, SENHOR? Continuarás quieto, e nos oprimindo tanto?

65

¹ Fui buscado por aqueles que não perguntavam *por mim* ; fui achado por aqueles que não me buscavam; a uma nação que não se chamava pelo meu nome eu disse: Eis-me aqui! Eis-me aqui! ² Estendi minhas mãos o dia todo a um povo rebelde, que anda por um caminho que não é bom, seguindo seus próprios pensamentos. ³ Povo que me irrita perante mim continuamente, sacrificando em jardins, e queimando incenso sobre tijolos, ⁴ Sentando-se junto às sepulturas, e passando as noites em lugares secretos; comendo carne de porco, e *tendo* caldo de coisas abomináveis em suas vasilhas. ⁵ E dizem: Fica onde estás, e não te aproximes de de mim; pois sou mais santo do que tu; Estes são fumaça em minhas narinas, e fogo que arde o dia todo. ⁶ Eis que está escrito diante de mim: Não me calarei; mas eu pagarei, e lhes pagarei diretamente e por completo, * ⁷ *Por* vossas perversidades e juntamente *pelas* perversidades de vossos pais,diz o SENHOR, que com incensos perfumaram nos montes, e me provocaram nos morros; por isso eu lhes medirei de volta por completo † o pagamento de suas obras anteriores. ⁸ Assim diz o SENHOR: Tal como quando se acha suco num cacho de uvas, dizem: Não o desperdices, pois há proveito ‡ nele; assim eu farei por meus servos; não destruirei a todos. ⁹ Mas produzirei descendência § de Jacó, e de Judá um herdeiro, que seja dono de meus montes; e meus escolhidos tomarão posse *da terra* ,e meus servos ali habitarão. ¹⁰ E Sarom servirá de pasto de ovelhas, e o vale de Acor como lugar de repouso de gado, para o meu povo, que me buscou. ¹¹ Porém a vós, que vos afastais do SENHOR, vós que esqueceis do meu santo monte, que preparais mesa para *o ídolo da* sorte, e que misturais bebida para *o ídolo do* destino; ¹² Eu vos destinarei à espada, e todos vós encurvareis à matança; pois eu chamei, e vós não respondestes; falei, e não ouvistes; mas fizestes o que era mal aos meus olhos, e escolhestes aquilo de que não me agrado. ¹³ Por isso assim diz o Senhor DEUS: Eis que meus servos comerão, porém vós passareis fome; eis que meus servos beberão, porém vós tereis sede; eis que meus servos se alegrarão, porém vós vos envergonhareis. ¹⁴ Eis que meus servos cantarão de coração contente, porém vós gritareis de tristeza do coração; e uivareis pela angústia de espírito. * ¹⁵ E deixarei vosso nome a meus eleitos como maldição; e o Senhor DEUS te matará; porém ele chamará aos seus servos por outro nome. ¹⁶ Quem se bendisser na terra, se bendirá no Deus da verdade; e quem jurar na terra, jurará pelo Deus da verdade; porque serão esquecidas as angústias passadas, e porque elas estarão encobertas de diante de meus olhos. ¹⁷ Porque eis que eu crio novos céus e nova terra; e não haverá*mais* lembrança das coisas passadas, nem mais virão à mente. † ¹⁸ Porém vós ficai contentes e alegrai-vos para sempre *naquilo* que eu crio; porque eis que crio a Jerusalém uma alegria, e a seu povo um contentamento. ¹⁹ E me alegrarei de Jerusalém, e estarei muito contente com meu povo; e nunca mais se ouvirá nela voz de choro, nem voz de clamor. ²⁰ Não haverá mais ali bebês de *poucos* dias, nem velho que não cumpra seus dias; porque o jovem morrerá aos cem anos, porém o pecador de cem anos de idade será amaldiçoado. ²¹ E edificarão casas, e *as* habitarão; e

---

* **65:6** diretamente e por completo lit. no colo (ou seio) deles   † **65:7** por completo lit. no colo (ou seio) deles   ‡ **65:8** proveito lit. bênção   § **65:9** descendência lit. semente   * **65:14** angústia de espírito lit. quebrantamento de espírito   † **65:17** virão à mente lit. subirão ao coração

plantarão vinhas, e comerão o fruto delas. ²² Eles não edificarão para que outros habitem, nem plantarão para que outros comam; porque os dias de meu povo serão como os dias das árvores, ‡ e meus escolhidos usarão das obras de suas mãos até a velhice. ²³ Não trabalharão em vão, nem terão filhos para a aflição; porque são a semente dos benditos do SENHOR, e seus descendentes com eles. ²⁴ E será que, antes que clamem, eu responderei; enquanto ainda estiverem falando, eu ouvirei. ²⁵ O lobo e o cordeiro ambos se alimentarão juntos, e o leão comerá palha como o boi, e pó será a comida da serpente; nenhum mal nem dano farão em todo o meu santo monte,diz o SENHOR.

66

¹ Assim diz o SENHOR: Os céus são meu trono, e a terra o escabelo dos meus pés. Qual seria a casa que vós edificaríeis para mim? E qual seria o lugar de meu descanso? ² Pois minha mão fez todas estas coisas, e todas estas coisas passaram a existir,diz o SENHOR; mas para tal eu olharei: aquele que é pobre e abatido de espírito, e treme por minha palavra. ³ Quem mata boi fere de morte a um homem; quem sacrifica cordeiro degola a um cão; quem apresenta oferta, *oferece* sangue de proco; quem oferece incenso adora a um ídolo; também estes escolhem seus *próprios* caminhos, e sua alma tem prazer em suas abominações. ⁴ Eu, então, escolherei a punição * para eles, e farei vir sobre eles os seus temores; pois clamei, mas ninguém respondeu; falei, mas não escutaram; ao invés disso fizeram o que era mal aos meus olhos, e escolheram aquilo que não me agrada. ⁵ Ouvi a palavra do SENHOR, vós que tremeis por sua palavra; vossos irmãos, que vos odeiam, e vos expulsaram para longe por causa do meu nome, dizem: Que o SENHOR seja glorificado, para que vejamos vossa alegria; eles, porém, serão envergonhados. ⁶ Haverá uma voz de grande ruído, uma voz do Templo: é a voz do SENHOR, que dá pagamento a seus inimigos. ⁷ Antes que estivesse em trabalho de parto, ela já deu à luz; antes que viessem as dores, ela já fez sair de si um filho macho. ⁸ Quem *jamais* ouviu tal coisa? Quem viu coisa semelhante? Poderia uma terra gerar filho em um só dia? Nasceria uma nação de uma só vez? Mas logo que Sião esteve de parto, já teve o nascimento de seus filhos. ⁹ Por acaso não iniciaria eu o nascimento e não geraria?,diz o SENHOR, Geraria eu, e fecharia *o ventre materno* ?, diz o teu Deus. ¹⁰ Alegrai-vos com Jerusalém, e enchei-vos de alegria por causa dela, todos vós que a amais; alegrai-vos muito com ela, todos vós que chorastes por ela; ¹¹ Para que mameis e vos sacieis dos consoladores seios dela; para que sugueis e vos deleiteis com a abundância de sua glória. ¹² Porque assim diz o SENHOR: Eis que estenderei sobre ela a paz como um rio, e a glória das nações como um ribeiro que transborda; então mamareis; sereis levados ao colo, e sobre os joelhos vos afagarão. ¹³ Tal como alguém a quem sua mãe consola, assim também eu vos consolarei; e em Jerusalém sereis consolados. ¹⁴ E vereis; então vossos corações se alegrarão, e vossos ossos se avivarão como a erva que brota. E a mão do do SENHOR será conhecida pelos seu servos, e se enfurecerá contra seus inimigos. ¹⁵ Porque eis que o SENHOR virá com fogo, e suas carruagens como um redemoinho de vento; para transformar sua ira em furor, e sua repreensão em chamas de fogo. ¹⁶ Porque com fogo e com sua espada o SENHOR julgará toda carne; e os mortos pelo SENHOR serão muitos. ¹⁷ Os que se consagram e se purificam nos jardins para seguirem aquele † que está no meio *deles* ; os que comem carne de porco, abominações, e ratos, juntamente serão consumidos, diz o SENHOR. ¹⁸ Porque eu *conheço* suas obras e seus pensamentos. *O tempo* vem, em que juntarei todas as nações e línguas; e elas virão, e

---

‡ **65:22** dias das árvores i.e. dias duradouros   * **66:4** punição obscuro   † **66:17** aquele obscuro – trad. alt.
sacerdote ou ídolo

verão minha glória. ¹⁹ E porei nelas um sinal; e a uns que delas sobreviverem enviarei às nações: *a* Társis, Pul e Lude; *aos* flecheiros, *a* Tubal e Javã; até as terras costeiras *mais* distantes, que não ouviram minha fama, nem viram minha glória; e anunciarão minha glória entre as nações. ²⁰ E trarão a todos os vossos irmãos dentre todas as nações *como* oferta ao SENHOR, sobre cavalos, e em carruagens, liteiras, mulas e dromedários, ao meu santo monte, *a* Jerusalém, diz o SENHOR, tal como os filhos de Israel trazem ofertas em vasos limpos à casa do SENHOR. ²¹ E também tomarei a alguns deles para *serem* sacerdotes *e* para Levitas,diz o SENHOR. ²² Porque assim como os novos céus e a nova terra, que farei, estarão perante mim,diz o SENHOR, assim também estará vossa descendência ‡ e vosso nome. ²³ E será que, desde uma lua nova até a outra, e desde um sábado até o outro, todos § virão para adorar perante mim,diz o SENHOR. ²⁴ E sairão, e verão os cadáveres dos homens que se rebelaram contra mim; porque o verme deles nunca morrerá, nem seu fogo se apagará; e serão horríveis a todos.

---

‡ **66:22** descendência lit. semente   § **66:23** todos lit. toda carne – também v. 24

Jeremias

¹ Palavras de Jeremias, filho de Hilquias, *um* dos sacerdotes que estiveram em Anatote, na terra de Benjamim. ² Ao qual veio a palavra do SENHOR nos dias de Josias, filho de Amom, rei de Judá, no décimo terceiro ano de seu reinado. ³ Veio também nos dias de Jeoaquim, filho de Josias, rei de Judá, até o fim do décimo primeiro ano de Zedequias, filho de Josias, rei de Judá, até que Jerusalém foi levada cativa no quinto mês. ⁴ Veio, pois, a palavra do SENHOR a mim, dizendo: ⁵ Antes que te formasse no ventre eu te conheci, e antes que saísses do útero eu te santifiquei, te dei por profeta às nações. ⁶ E eu disse: Ah! Senhor DEUS! Eis que não sei falar, pois sou um menino. ⁷ Porém o SENHOR me disse: Não digas: sou menino; porque a todos a quem eu te enviar tu irás, e falarás tudo quanto eu te mandar. ⁸ Não temas diante deles, porque estou contigo para te livrar, diz o SENHOR. ⁹ Então o SENHOR estendeu sua mão, e tocou em minha boca. E o SENHOR me disse: Eis que tenho posto minhas palavras em tua boca. ¹⁰ Olha que eu te pus neste dia sobre nações e sobre reinos, para arrancar e para derrubar, e para destruir e para arruinar, e para edificar e para plantar. ¹¹ E a palavra do SENHOR veio a mim, dizendo: O que tu vês, Jeremias? E eu disse: Vejo uma vara de amendoeira. ¹² E disse-me o SENHOR: Viste bem; porque eu apresso minha palavra para cumpri-la. ¹³ E veio a mim palavra do SENHOR segunda vez, dizendo: O que tu vês? E eu disse: Vejo uma panela fervente; e sua face está voltada para o norte. ¹⁴ Então o SENHOR me disse: Do norte o mal será solto sobre todos os moradores desta terra. ¹⁵ Porque eis que eu convoco todas as famílias dos reinos do norte,diz o SENHOR; e virão, e cada um porá seu trono à entrada das portas de Jerusalém, e junto a todos seus muros ao redor, e em todas as cidades de Judá. ¹⁶ E pronunciarei meus juízos contra eles por causa de toda a sua maldade, pois me deixaram, e queimaram incenso a deuses estranhos, e se encurvaram a objetos de suas *próprias* mãos. ¹⁷ Tu pois, prepara tua roupa, * e te levanta-te; e fala-lhes tudo quanto eu te mandar; não tenhas medo diante deles, para que eu não te faça ter medo diante deles. ¹⁸ Porque eis que eu te ponho hoje como cidade fortificada, e como coluna de ferro, e como muro de bronze contra toda esta terra; contra os reis de Judá, seus príncipes, seus sacerdotes, e contra o povo desta terra. ¹⁹ E lutarão contra ti, mas não te vencerão; porque eu sou contigo, diz o SENHOR, para te livrar.

2

¹ E veio a mim palavra do SENHOR, dizendo: ² Vai, e clama aos ouvidos de Jerusalém, dizendo: Assim diz o SENHOR: Lembro-me de ti, da *tua* bondade que tinhas em tua juventude, * do amor do teu noivado, quando andavas após mim no deserto, em terra não semeada. ³ Israel era santidade ao SENHOR, era os primeiros de sua colheita. Todos os que o prejudicavam cometiam pecado *e* o mal † vinha sobre eles, diz o SENHOR. ⁴ Ouvi a palavra do SENHOR, ó casa de Jacó, e todas as famílias da casa de Israel. ⁵ Assim diz o SENHOR: Que maldade vossos pais acharam em mim, para terem se afastado de mim, *de modo que* seguiram coisas inúteis, e eles *mesmos* se tornarão inúteis? ⁶ Eles nem disseram: Onde está o SENHOR, que nos fez subir de terra do Egito, que nos guiou pelo deserto, por uma terra deserta e esburacada, por uma terra seca e de sombra de morte, por uma terra pela qual

---

* **1:17** prepara tua roupa lit. cinge teus lombos   * **2:2** que tinhas em tua juventude lit. da bondade de tua juventude   † **2:3** mal i.e. desastre, calamidade

ninguém passava, nem ali homem algum habitava? ⁷ E eu vos trouxe à terra de Carmelo, para que comêsseis seu fruto e seu bem; mas entrastes, e contaminastes minha terra, e fizestes minha propriedade abominável. ⁸ Os sacerdotes não disseram: Onde está o SENHOR? E os que teriam de usar a lei não me conheceram; e os líderes ‡ se rebelaram contra mim, e os profetas profetizaram em *nome de* Baal, e seguiram aquilo que não tem proveito algum ⁹ Por isso ainda brigarei em juízo convosco, diz o SENHOR, e disputarei com os filhos de vossos filhos. ¹⁰ Pois passai às ilhas do Chipre § e vede; e enviai *mensageiros* a Quedar, e prestai atenção, e vede se aconteceu alguma coisa semelhante a esta, ¹¹ Se alguma nação tenha mudado de deuses, ainda que eles não sejam deuses. Mas meu povo trocou sua glória pelo que não tem proveito algum. ¹² Espantai-vos, céus, por causa disto, e horrorizai-vos; ficai bastante desolados, diz o SENHOR. ¹³ Pois meu povo fez dois males: deixaram a mim, *que sou* fonte de água viva, para cavarem para si cisternas, cisternas rachadas, que não retêm águas. ¹⁴ Por acaso Israel é um servo? É um escravo de nascimento? Por que, *então* ,ele se tornou uma presa? ¹⁵ Os filhotes de leão bramaram sobre ele, deram sua voz; e tornaram sua terra uma assolação; suas cidades estão queimadas, sem morador; ¹⁶ Até os filhos de Nofe * e de Tafnes te quebraram o topo da cabeça. ¹⁷ Não foi tu mesmo que procuraste isto para ti, de abandonar ao SENHOR teu Deus, enquanto andavas pelo caminho? ¹⁸ Ora, o que tu tens a ver † com o caminho do Egito, para que bebas água do Nilo? E o que tens a ver com o caminho de Assíria, para que bebas água do rio *Eufrates* ? ¹⁹ A tua maldade te castigará e tuas infidelidades te repreenderão; então conhece e vê como é mal e amargo teres abandonado ao SENHOR teu Deus, e não teres tido temor a mim, diz o Senhor DEUS dos exércitos. ²⁰ Pois muito tempo atrás, eu quebrei teu jugo, e rompi tuas amarras, e tu disseste: Não servirei. Porém sobre todo morro alto e abaixo de toda árvore frondosa tu te deitavas *como* prostituta. ²¹ E eu te plantei de boa vide; ela toda era semente confiável. Como, pois, te tornaste para mim ramos de vide estranha? ²² Ainda que te laves com potassa, e passes muito sabão sobre ti, teu pecado está marcado diante de mim, diz o Senhor DEUS. ²³ Como podes dizer: Nunca me contaminei, nunca andei atrás dos baalins? Olha o teu caminho no vale; reconhece o que fizeste, ó dromedária ligeira, que anda errante seus percursos, ²⁴ jumenta selvagem acostumada ao deserto, que aspira o vento por causa do desejo da alma; de seu cio quem a deteria? Todos os que a buscarem não se cansarão; no mês dela a acharão. ²⁵ Impede que teus pés andem descalços, e tua garganta tenha sede. Porém tu disseste: Não há mais esperança; não, porque amo estranhos, e tenho que ir atrás deles. ²⁶ Tal como o ladrão se envergonha quando é pego, assim se envergonharão os da casa de Israel; eles, seus reis, seus príncipes, seus sacerdotes, e seus profetas; ²⁷ Que dizem à madeira: Tu és meu pai; e à pedra: Tu me geraste: pois viraram as costas em minha direção, e não o rosto; porém no tempo de sua angústia dizem: Levanta-te, e livra-nos. ²⁸ Onde estão os teus deuses que fizeste para ti? Eles que se levantem, se é que eles podem te livrar no tempo de tua aflição; porque, ó Judá, os teus deuses foram tantos quantos o número de tuas cidades. ²⁹ Por que discutis comigo? Todos vós transgredistes contra mim, diz o SENHOR. ³⁰ Em vão afligi vossos filhos; eles não aceitaram correção. Vossa *própria* espada matou vossos profetas como um leão destruidor. ³¹ Ó geração, considerai vós a palavra do SENHOR. Por acaso eu fui um deserto ou uma terra de escuridão a Israel? Então por que meu povo tem dito: Somos senhores; nunca mais viremos a ti? ³² Por acaso a virgem se esquece de seus enfeites, *ou* a noiva de seus adornos? Porém meu povo se esqueceu

---

‡ **2:8** lit. pastores   § **2:10** equiv. Quitim   * **2:16** trad. alt. Mênfis   † **2:18** o que tu tens a ver i.e. que proveito tens

de mim há inúmeros dias. ³³ Como enfeitas teu caminho para buscar amor! Pois até às malignas ensinaste teus caminhos. ³⁴ Até nas bordas de tuas roupas se achou o sangue das almas dos pobres inocentes; não o achaste em arrombamento, ‡ mas em todas estas coisas. ³⁵ E dizes: Sou inocente, pois certamente sua ira já se afastou de mim. Eis que eu disputarei em juízo contigo, porque disseste: Não tenho pecado. ³⁶ Por que tu te desvias tanto, mudando teus caminhos? Também serás envergonhada pelo Egito, tal como foste envergonhada pela Assíria. ³⁷ Também sairás daqui § com as mãos sobre tua cabeça; porque o SENHOR rejeitou tuas confianças, e nelas não terás sucesso.

3

¹ Dizem: Se um homem deixar sua mulher, e ela for embora dele, e se juntar a outro homem, por acaso ele voltará a ela? Não será tal terra contaminada por completo? Tu porém tem te prostituído com muitos amantes; mas volta-te a mim, diz o SENHOR. ² Levanta teus olhos aos lugares altos, e vê onde não tenhas te prostituído; tu te sentavas para eles nos caminhos, como árabe no deserto; e assim contaminaste a terra com tuas prostituições e com tua malícia. ³ Por isso as águas foram retidas, e não houve a chuva tardia; porém tu tens a testa de uma prostituta, e não aceitas ter vergonha. ⁴ Não foi agora que clamaste a mim: Meu Pai, tu és o guia de minha juventude? ⁵ Por acaso ele manterá sua ira para sempre?Ele a guardará para sempre? Eis que isto tu falas, porém tu tens feito tantas maldades quanto pudeste. ⁶ Disse-me mais o SENHOR nos dias do rei Josias: Viste o que fez a rebelde Israel? Ela foi sobre todo monte alto e debaixo de toda árvore frondosa, e ali ela se prostituiu. ⁷ E eu disse depois que ele fez tudo isto: Volta para mim; mas ela não voltou. E sua traiçoeira irmã Judá viu isto; ⁸ E eu vi, que por todas estas causas nas quais prostituiu a infiel Israel, eu a tinha mandado embora, e dado-lhe a carta de seu divórcio; porém a traiçoeira Judá sua irmã não temeu; ao contrário; ela também foi se prostituir. ⁹ E aconteceu que foi pela leviandade de sua prostituição que a terra foi contaminada, e ela adulterou com a pedra e com a madeira. ¹⁰ E mesmo com tudo isto, a traiçoeira, sua irmã Judá, não se converteu a mim de todo o seu coração, mas sim falsamente, diz o SENHOR. ¹¹ E disse-me o SENHOR: Israel mostrou-se mais justa em sua alma, mais do que a traiçoeira Judá. ¹² Vai, e proclama estas palavras ao norte, e diz: Volta-te, ó infiel Israel, diz o SENHOR; não farei cair minha ira sobre vós: pois sou misericordioso, diz o SENHOR; não guardarei a ira para sempre. ¹³ Tão somente reconhece tua maldade, pois transgrediste contra o SENHOR teu Deus, e espalhaste teus caminhos aos estrangeiros debaixo de toda árvore frondosa, e não ouviste minha voz, diz o SENHOR. ¹⁴ Convertei-vos, filhos infiéis, diz o SENHOR, pois sou vosso marido; e eu os tomarei um de uma cidade, e dois de uma família, e vos levarei a Sião; ¹⁵ E vos darei pastores conforme meu coração, que vos apascentem de conhecimento e de inteligência. ¹⁶ E será que, quando vos multiplicardes e frutificardes na terra naqueles dias, diz o SENHOR, nunca mais dirão: Arca do pacto do SENHOR; nem virá ao pensamento, nem se lembrarão dela, nem a visitarão, nem será feita novamente. ¹⁷ Naquele tempo chamarão a Jerusalém: trono do SENHOR, e todas as nações se ajuntarão a ela no nome do SENHOR em Jerusalém; e nunca mais seguirão a teimosia de seu coração maligno. ¹⁸ Naqueles tempos os da casa de Judá andarão com a casa de Israel, e virão juntamente da terra do norte à terra que eu fiz herdar a vossos pais. ¹⁹ Mas eu disse: Como te porei por filhos, e te darei a terra desejável, a rica propriedade dos exércitos das nações? E disse: tu me chamarás: Meu pai, e não

---

‡ **2:34** em arrombamento obscuro   § **2:37** daqui lit. deste, dele – trad. alt. também saíras do Egito

te desviarás de detrás de mim. ²⁰ Porém, tal como a esposa trai o seu companheiro, assim traístes contra mim, ó casa de Israel, diz o SENHOR. ²¹ Uma voz se ouve sobre os lugares altos: é o pranto das súplicas dos filhos de Israel; porque perverteram seu caminho, e se esqueceram do SENHOR seu Deus. ²² Convertei-vos, filhos rebeldes; eu sararei vossas rebeliões.Eis-nos aqui; chegamos a ti, porque tu és o SENHOR nosso Deus. ²³ Certamente *confiar* nos morros é inútil, na multidão dos montes; certamente a salvação de Israel está no SENHOR nosso Deus. ²⁴ Pois a vergonha consumiu o trabalho de nossos pais desde nossa juventude; suas ovelhas, suas vacas, seus filhos e suas filhas. ²⁵ Jazemos em nossa vergonha, e nossa humilhação nos cobre; porque pecamos contra o SENHOR nosso Deus, nós e nossos pais, desde nossa juventude até hoje; e não obedecemos * a voz do SENHOR nosso Deus.

4

¹ Se te converteres, ó Israel,diz o SENHOR, converte-te a mim; e se tirares tuas abominações de diante de mim, não andarás mais sem rumo. ² E jurarás, dizendo, Vive o SENHOR, com verdade, com juízo, e com justiça; e nele as nações se bendirão, e nele se orgulharão. ³ Porque assim diz o SENHOR aos homens de Judá e de Jerusalém: Fazei lavoura para vós, e não semeeis sobre espinhos. ⁴ Circuncidai-vos ao SENHOR, e tirai os prepúcios de vosso coração, ó homens de Judá e moradores de Jerusalém; para que minha ira não venha a sair como fogo, e se incendeie, e não haja quem apague, pela maldade de vossas obras. ⁵ Anunciai em Judá, e fazei ouvir em Jerusalém, e dizei: Tocai trombeta na terra. Clamai em alta voz, e dizei: Ajuntai-vos, e entremos nas cidades fortes. ⁶ Erguei bandeia para Sião, retirai-vos, não vos detenhais; porque eu trago um mal do norte, e grande destruição. ⁷ O leão já subiu de seu refúgio, e o destruidor de nações já se partiu; ele saiu de seu lugar para pôr tua terra em assolação; tuas cidades serão destruídas, de modo que não haja *nelas* morador. ⁸ Por isso vesti-vos de saco, lamentai e uivai; porque o ardor da ira do SENHOR não se desviou de nós. ⁹ E será naquele dia, diz o SENHOR, que o coração do rei e o coração dos príncipes desfalecerão; os sacerdotes ficarão pasmos, e os profetas se maravilharão. ¹⁰ Então eu disse: Ah, Senhor DEUS! Verdadeiramente enganaste grandemente a este povo e a Jerusalém, dizendo: Tereis paz; porém a espada chega até a alma. ¹¹ Naquele tempo se dirá a este povo e a Jerusalém: Um vento seco dos lugares altos do deserto *veio* ao caminho da filha do meu povo; não para padejar, nem para limpar; ¹² Um vento forte demais para estas coisas virá de mim; agora também eu pronunciarei juízos contra eles. ¹³ Eis que ele virá subindo como as nuvens, e suas carruagens como o redemoinho de vento; seus cavalos serão mais velozes que as águias;Ai de nós, porque somos assolados! ¹⁴ Lava teu coração da maldade para que sejas salva; ó Jerusalém! Até quando deixarás os teus meus pensamentos permanecerem em meio a ti? ¹⁵ Porque uma voz se anuncia desde Dã, e fala de calamidade desde o monte de Efraim: ¹⁶ Disto mencionai às nações: eis aqui! Proclamai contra Jerusalém: Guardas * vêm de uma terra remota, e levantam sua voz contra as cidades de Judá. ¹⁷ Como guardas dos campos, assim eles estão ao redor contra ela; pois ela se rebelou contra mim,diz o SENHOR. ¹⁸ Teu caminho e teus atos te causaram estas coisas; esta é tua maldade, tão amarga, que chega ao teu coração. ¹⁹ Ai minhas entranhas, minhas entranhas! Estou com grandes dores nas paredes do meu coração; meu coração se inquieta, não consigo me calar; porque tu, ó alma minha, ouves o som da trombeta, o clamor da guerra. ²⁰ Destruição sobre destruição se anuncia, pois toda a terra já está arruinada; de repente foram destruídas minhas

---

* **3:25** obedecemos lit. escutamos   * **4:16** i.e., soldados que fazem cercos contra cidades

tendas, num instante minhas cortinas. ²¹ Até quando verei a bandeira, *e* ouvirei a voz da trombeta? ²² De fato meu povo está louco, já não me conhecem; são filhos tolos, sem entendimento; são "sábios" para fazer o mal, mas para fazer o bem nada sabem. ²³ Vi a terra, e eis que estava sem forma e vazia; e *vi* os céus, e não tinham sua luz. ²⁴ Vi os montes, e eis que estavam tremendo; e todos os morros se sacudiam. ²⁵ Vi, e eis que nenhum homem havia; e todas as aves do céu tinham fugido. ²⁶ Vi, e eis que a terra fértil *tinha se tornado* um deserto, e todas as suas cidades foram derrubadas, por causa do † SENHOR, por causa do ardor de sua ira. ²⁷ Porque assim diz o SENHOR: Toda esta terra será assolada; porém não *a* destruirei por completo. ²⁸ Por isto a terra lamentará, e os céus acima se tornarão negros; porque *assim* falei, *assim* o propus, e não me arrependerei, nem desviarei disso. ²⁹ Do ruído dos cavaleiros e dos flecheiros, *os moradores de* todas as cidades fugirão; entrarão nos bosques, e subirão em penhascos; todas as cidades ficarão abandonadas, e não haverá nelas morador algum. ³⁰ E que farás tu, ó assolada? Ainda que te vistas de vermelho, ainda que te adornes com ornamentos de ouro, ainda que pintes teus olhos, em vão te enfeitarias; os *teus* amantes te desprezam, *e* buscarão *matar* a tua alma. ³¹ Porque ouço uma voz, como de mulher que está de parto, uma angústia como de parto de primeiro filho; é a voz da filha de Sião, que lamenta e estende suas mãos, *dizendo* : Ai de mim agora! Pois minha alma desmaia por causa dos assassinos.

5

¹ Correi pelas ruas de Jerusalém, e olhai agora, e informai-vos, e buscai em suas praças, *para ver* se achais algum homem, se há alguém que faça juízo, que busque a verdade; e eu a perdoarei. ² E ainda que digam: Vive o SENHOR; contudo juram falsamente. ³ Ah SENHOR, por acaso teus olhos não *enxergam* a verdade? Tu os feriste, mas não lhes doeu; tu os consumiste, mas não aceitaram receber correção; endureceram seus rostos mais que rocha; não quiseram se converter. ⁴ Eu porém disse: Certamente eles são pobres; enlouqueceram, pois não conhecem o caminho do SENHOR, o juízo de seu Deus. ⁵ Irei aos grandes, e falarei com eles; porque eles conhecem o caminho do SENHOR, o juízo de seu Deus.Porém eles também quebraram o jugo; *também* romperam as amarras. ⁶ Por isso um leão do bosque os ferirá; um lobo do deserto os destruirá; um leopardo vigiará sobre suas cidades; qualquer um que delas sair, será despedaçado; pois suas transgressões se multiplicaram, foram numerosas suas infidelidades. ⁷ Como te perdoaria por isto? Teus filhos me deixaram, e juram pelo que não é Deus. Eu os saciei, porém eles adulteraram, e se aglomeraram em casa de prostitutas. ⁸ *Como* cavalos bem alimentados, levantam-se pela manhã; cada um relinchava à mulher de seu próximo. ⁹ Não teria eu de fazer visitação sobre isto?diz o SENHOR. De uma nação como esta não vingaria minha alma? ¹⁰ Subi seus muros, e destruí; mas não destruais por completo. Tirai os ramos de seus muros, porque não pertencem ao SENHOR. ¹¹ Pois a casa de Israel e a casa de Judá traíram enganosamente contra mim,diz o SENHOR. ¹² Negaram ao SENHOR, e disseram: Não é ele; * não virá mal sobre nós; não veremos espada, nem fome; ¹³ e até os profetas serão *como* o vento, pois a palavra não está neles; assim acontecerá a eles mesmos. ¹⁴ Portanto assim diz o SENHOR Deus dos exércitos: Visto que falastes esta palavra, eis que tornarei minhas palavras em tua boca em fogo, e a este povo será lenha; e *o fogo* os consumirá. ¹⁵ Eis que trarei sobre vós uma nação de longe, ó casa de Israel,diz o SENHOR; uma nação forte, nação bastante antiga; uma nação cuja língua não saberás, e o que falarem não entenderás. ¹⁶ Sua aljava é como uma sepultura

---

† **4:26** por causa do lit. diante do   * **5:12** não é ele trad. alt. Ele não existe

aberta; todos eles são poderosos. ¹⁷ E comerão tua colheita e teu pão, que teus filhos e tuas filhas comeriam; comerão tuas ovelhas e tuas vacas, comerão tuas vides e tuas figueiras; e derrubarão por meio da espada tuas cidades fortes em que confias. ¹⁸ Porém naqueles dias, diz o SENHOR, não vos acabarei por completo. ¹⁹ E será que quando disserdes: Por que o SENHOR nosso Deus fez conosco todas estas coisas? Então lhes dirás: Assim como vós me abandonastes e servistes a deuses estrangeiros em vossa terra, assim também servireis a estrangeiros numa terra que não é vossa. ²⁰ Anunciai isto na casa de Jacó, e fazei com que isto se ouça em Judá, dizendo: ²¹ Ouvi agora isto, ó povo tolo e insensato, † que têm olhos e não veem, que têm ouvidos e não ouvem: ²² Por acaso não me temereis?diz o SENHOR; Não vos assombrareis perante mim, que pus a areia por limite ao mar por ordenança eterna, a qual não passará? Ainda que se levantarem suas ondas, mas elas não prevalecerão; ainda que bramem, não a passarão. ²³ Porém este povo tem coração teimoso e rebelde; viraram-se, e se foram. ²⁴ Nem sequer dizem em seu coração: Temamos agora ao SENHOR nosso Deus, que dá chuva temporã e tardia em seu tempo; os tempos estabelecidos da ceifa ele nos guarda. ²⁵ Vossas perversidades têm desviado estas coisas; e vossos pecados afastaram de vós o bem. ²⁶ Porque foram achados perversos em meu povo; eles espiavam como quem põe laços; puseram armadilhas para prenderem homens. ²⁷ Como uma gaiola cheia de pássaros, assim estão suas casas cheias de engano: assim eles se fizeram grandes e ricos. ²⁸ Eles se engordaram e ficaram lustrosos, e ultrapassaram os limites das obras do mal; não julgam causa nenhuma, *nem sequer* a causa do órfão; porém fizeram-se prósperos; nem julgam o direito dos necessitados. ²⁹ Por acaso eu não *os* puniria por causa disto? Diz o SENHOR; e de tal nação não se vingará minha alma? ³⁰ Uma coisa espantosa e horrível está sendo feita na terra: ³¹ Os profetas profetizam falsamente, e os sacerdotes exercem liderança por suas próprias mãos; e meu povo assim o quer. Mas o que fareis quando isto chegar ao fim?

6

¹ Fugi, ó filhos de Benjamim, do meio de Jerusalém; e tocai trombeta em Tecoa, e levantai um sinal de fumaça sobre Bete-Haquerém; porque do norte já se vê o desastre e grande destruição. ² Destruirei * a filha de Sião *ainda que seja* formosa e delicada. ³ A ela virão pastores com seus rebanhos; levantarão contra ela tendas ao redor; *e* cada um apascentará em seu lugar. ⁴ Preparai guerra contra ela; levantai-vos e subamos até o meio-dia! Ai de nós! que vai caindo já o dia, que as sombras da tarde já estão se estendendo. ⁵ Levantai-vos, e subamos de noite, e destruamos seus palácios. ⁶ Porque assim diz o SENHOR dos exércitos: Cortai árvores, e levantai cercos junto a Jerusalém; esta é a cidade que tem de ser punida; opressão há no meio dela. ⁷ Tal como a fonte jorra suas águas, assim também ela constantemente jorra sua malícia; violência e destruição se ouve nela; continuamente há enfermidade e feridas perante mim. ⁸ Corrige-te, Jerusalém, para que minha alma não se afaste de ti, para que eu não te torne desolada, uma terra não habitada. ⁹ Assim diz o SENHOR dos exércitos: Sacudirão por completo o restante de Israel tal como a vide; volta tua mão aos cestos como alguém que colhe uvas. ¹⁰ A quem falarei e testemunharei, para que ouçam? Eis que que seus ouvidos são incircuncisos, e não podem escutar; eis que a palavra do SENHOR lhes é coisa vergonhosa, não gostam dela. ¹¹ Por isso estou cheio dá fúria do SENHOR, *e* cansado estou de retê -*la* ; eu a derramarei sobre os meninos pelas ruas, e sobre a reunião dos jovens juntamente; porque até o marido com a

---

† **5:21** lit. sem coração   * **6:2** trad. alt. compararei a filha de Sião a uma formosa pastagem

mulher serão presos, *e* o velho com o cheio de dias. [12] E suas casas passarão a ser de outros, suas propriedades e juntamente suas mulheres; porque estenderei minha mão contra os moradores da terra, diz o SENHOR. [13] Porque desde o menor deles até o maior deles, cada um deseja com ganância; e desde o profeta até o sacerdote, todos agem com falsidade. [14] E curam a ferida † da filha de meu povo apenas superficialmente, dizendo, Paz, paz; sem que haja paz. [15] Eles se envergonham de fazerem abominação? Não, não se envergonham de maneira nenhuma, nem sequer sabem ter vergonha. Por isso cairão entre os que caem; tropeçarão quando eu os visitar, diz o SENHOR. [16] Assim diz o SENHOR: Ficai parados nos caminhos, e vede, e perguntai pelas veredas antigas, qual é o bom caminho, e andai por ele; então achareis descanso para vossa alma. Mas disseram: Não andaremos. [17] Também pus vigilantes sobre vós, que dissessem: Prestai atenção à voz da trombeta. Mas eles disseram: Não prestaremos atenção. [18] Portanto ouvi, ó nações, e saiba disto, o multidão que nelas está; [19] Ouve tu, ó terra: Eis que eu trarei mal sobre este povo: o fruto de seus pensamentos; pois não dão atenção a minhas palavras, e rejeitam a minha lei. [20] Afinal, para que vem a mim o incenso de Sabá, e a boa cana aromática de uma terra distante? Vossos holocaustosnão *me* são aceitáveis, nem vossos sacrifícios me são agradáveis. [21] Portanto assim diz o SENHOR: Eis que porei tropeços a este povo, e cairão neles juntamente os pais e os filhos; o vizinho e seu companheiro perecerão. [22] Assim diz o SENHOR: Eis que vem um povo da terra do norte; e uma grande nação se levantará dos confins da terra. [23] Eles trarão arco e lança; são cruéis, que não terão misericórdia; a voz deles rugirá como o mar, e sobre cavalo cavalgarão, como homens dispostos para a guerra contra ti, ó filha de Sião. [24] Nós ouvimos a fama deles, e nossas mãos perderam a força; fomos tomados pela angústia, *e* dor como de mulher no parto. [25] Não saiais ao campo, nem andeis pelo caminho; porque a espada do inimigo *e* o terror está ao redor. [26] Tu, filha de meu povo, veste-te de saco, e revolve-te em cinza; chora de luto *como* por um filho único, pranto de amarguras; porque logo virá sobre nós o destruidor. [27] Eu te pus por avaliador ‡ e por fortaleza entre meu povo, para que reconheças, e examines o caminho deles. [28] Todos eles são os mais teimosos rebeldes, que vivem enganando; são *duros como* cobre e ferro: todos eles são corruptos. [29] O fole já se queimou, o chumbo já se consumiu pelo fogo; em vão é feita a fundição, pois os maus não são arrancados. [30] Eles são chamados prata rejeitada, porque o SENHOR os rejeitou.

7

[1] Palavra que veio do SENHOR a Jeremias, dizendo: [2] Põe-te à porta da casa do SENHOR, e clama ali esta palavra, e dize: Ouvi palavra do SENHOR, toda Judá, vós que entrais por estas portas para adorar ao SENHOR! [3] Assim diz o SENHOR dos exércitos, Deus de Israel: Melhorai vossos caminhos e vossos atos, e eu vos farei habitar neste lugar. [4] Não confieis em palavras falsas, que dizem: Templo do SENHOR! Templo do SENHOR! Este é o templo do SENHOR! [5] Mas se verdadeiramente melhorardes vossos caminhos e vossas obras; se verdadeiramente fizerdes justiça entre o homem e seu próximo; [6] E não oprimirdes ao estrangeiro que peregrina entre vós, ao órfão, e à viúva, nem derramardes sangue inocente neste lugar, nem seguirdes deuses estrangeiros para vosso mal; [7] Eu vos farei morar neste lugar, na terra que dei a vossos pais desde os tempos antigos para sempre. [8] Eis que vós os confiais em palavras falsas, que não têm proveito algum. [9] Por acaso furtareis, matareis, e adulterareis, e jurareis falsamente, e queimareis incenso a Baal, e andareis atrás de deuses estrangeiros, a

---

† **6:14** lit. quebrantamento   ‡ **6:27** i.e., avaliador da qualidade dos metais – trad. alt. torre

quem não conheceis, ¹⁰ E *então* vireis e vos poreis perante mim nesta casa , que se chama pelo meu nome, e direis: Libertos somos, para fazer todas estas abominações? ¹¹ Por acaso esta casa, que se chama pelo meu nome, é uma caverna de assaltantes perante vossos olhos? Eis que também vi *isso* , diz o SENHOR. ¹² Porém ide agora a meu lugar, que era em Siló, onde fiz habitar meu nome no princípio; e vede o que lhe fiz pela maldade do meu povo Israel. ¹³ Portanto agora, visto que vós tendes feito todas estas obras, diz o SENHOR, e vos falei, insistindo em falar, mas não ouvistes, e eu os chamei, mas não respondestes; ¹⁴ Farei também a esta casa, que se chama pelo meu nome, em que vós confiais, e a este lugar que dei a vós e a vossos pais, tal como fiz a Siló: ¹⁵ E eu vos lançarei fora de minha presença, tal como lancei a todos os vossos irmãos, toda a geração de Efraim. ¹⁶ Por isso não ores tu por este povo, nem levantes por eles clamor nem oração, nem rogues a mim, pois eu não te ouvirei. ¹⁷ Não vês o que eles costumam fazer nas cidades de Judá e nas ruas de Jerusalém? ¹⁸ Os filhos coletam a lenha, e os pais acendem o fogo, e as mulheres amassam a massa, para fazerem bolos à rainha dos céus e dedicarem ofertas de bebidas a deuses estrangeiros, para me provocarem à ira. ¹⁹ Por acaso eles me provocam à ira?diz o SENHOR, eles não *acabam provocando mais* a si mesmos, para vergonha de seus próprios rostos? ²⁰ Por isso assim diz o Senhor DEUS: Eis que que minha ira e meu furor serão derramados sobre este lugar: sobre os homens, sobre os animais, sobre as árvores do campo, e sobre os frutos da terra; e se acenderá, e não se apagará. ²¹ Assim diz o SENHOR dos exércitos, Deus de Israel: Acrescentai os vossos holocaustos aos vossos sacrifícios, e comei carne. ²² Pois não falei a vossos pais, nem lhes mandei, no dia em que os tirei da terra do Egito, coisa alguma sobre holocaustos ou sacrifícios; ²³ porém isto lhes mandei, dizendo: Escutai a minha voz, e eu serei vosso Deus, e vós sereis meu povo; e andai em todo o caminho que eu vos mandar, para que o bem vos aconteça. ²⁴ Mas eles não ouviram, nem inclinaram seus ouvidos; ao invés disso, caminharam em *seus próprios* conselhos, na teimosia de seu coração maligno, e foram para trás, e não para frente. ²⁵ Desde o dia em que vossos pais saíram da terra do Egito até hoje, eu vos enviei a todos os meus servos os profetas, e enviando-os dia após dia. ²⁶ Mas eles não me ouviram, nem inclinaram seu ouvidos; ao invés disso, teimaram ainda mais, * e fizeram pior que seus pais. ²⁷ Por isso tu lhes dirás todas estas palavras, mas eles não te ouvirão; e tu os chamarás, mas eles não te responderão. ²⁸ Então tu lhes dirás: Esta é a nação que não escutou a voz do SENHOR seu Deus, nem aceitou correção; a verdade † pereceu, e foi cortada de suas bocas. ²⁹ Tosquia o teu cabelo, e lança-o fora, e levanta pranto sobre os lugares altos; porque o SENHOR tem rejeitado e abandonado a nação que causou sua ira. ³⁰ Porque os filhos de Judá fizeram o mal perante meus olhos, diz o SENHOR; puseram suas abominações na casa que se chama pelo meu nome, para contaminá-la. ³¹ E edificaram os altos de Tofete, que ficam no vale do filho de Hinom, para queimarem no fogo seus filhos e suas filhas, o que eu nunca mandei, nem pensei em meu coração. ³² Por isso eis que virão dias, diz o SENHOR, que não se dirá mais Tofete, nem Vale do filho de Hinom, mas sim Vale da Matança; e serão enterrados em Tofete, por não haver lugar. ³³ E os cadáveres deste povo serão para comida das aves dos céus e dos animais da terra; e ninguém os espantará. ³⁴ E farei cessar das cidades de Judá e da ruas de Jerusalém a voz de júbilo e voz de alegria, voz de noivo e voz de noiva; porque a terra se tornará desolação.

---

* **7:26** teimaram ainda mais lit. endureceram seu pescoço   † **7:28** trad. alt. fidelidade

8

¹ Naquele tempo, diz o SENHOR, tirarão os ossos dos reis de Judá, e os ossos de seus príncipes, e os ossos dos sacerdotes, e os ossos dos profetas, e os ossos dos moradores de Jerusalém, para fora de suas sepulturas; ² E os estenderão ao sol, à lua, e a todo o exército do céu, a quem amaram, e a quem serviram, e atrás de quem se foram, e a quem buscaram, e a quem se prostraram. Não serão recolhidos nem sepultados: serão por esterco sobre a superfície da terra. ³ E a morte será preferida à vida por todos os restantes que restarem desta má geração, que restarem em todos os lugares onde eu os lancei, diz o SENHOR dos exércitos. ⁴ Dize-lhes também: Assim diz o SENHOR: Por acaso os que caem não se levantam? Os que se desviam, não voltam *ao caminho*? ⁵ Então por que este povo de Jerusalém continuam se desviando permanentemente? Eles se mantêm no engano, não querem voltar. ⁶ Escutei e ouvi; não falam daquilo que é correto, ninguém há que se arrependa de sua maldade, dizendo: O que é que fiz? Cada um se virou ao seu percurso, tal como cavalo que corre com ímpeto para a batalha. ⁷ Até a cegonha no céu conhece seus tempos certos, e a rolinha, o grou e a andorinha dão atenção ao tempo de sua vinda; mas meu povo não conhece o juízo * do SENHOR. ⁸ Como, pois, dizeis: Nós somos sábios, e a lei do SENHOR está conosco? Certamente eis que a falsa pena dos escribas tem se feito em mentira. ⁹ Os sábios serão envergonhados, espantados, e presos; eis que rejeitaram a palavra do SENHOR; que sabedoria, então, eles têm? ¹⁰ Por isso darei suas mulheres a outros, *e* suas propriedades a quem as possuam: pois desde o menor até o maior, cada um se enche de avareza, desde o profeta até o sacerdote, todos agem com falsidade. ¹¹ E curam a ferida † da filha de meu povo apenas superficialmente, dizendo: Paz, paz; sem que haja paz. ¹² Por acaso eles se envergonham de terem feito abominação? Não, eles não se envergonharam; eles nem sequer sabem o que é ter vergonha; por isso cairão entre os que caírem, tropeçarão no tempo em que eu os castigar, ‡ diz o SENHOR. ¹³ Certamente eu os apanharei,diz o SENHOR. Não haverá uvas na vide, nem figos na figueira, e *até* a folha cairá; e aquilo que lhes dei passará deles. ¹⁴ Por que *ainda* estamos sentados? Ajuntai-vos, e entremos nas cidades fortes; e ali pereçamos: § pois o SENHOR nosso Deus tem nos matado, * e nos deu a beber bebida de fel, porque pecamos contra o SENHOR. ¹⁵ Esperávamos paz, mas nada de bom houve; *esperávamos* tempo de cura, e eis aqui terror. ¹⁶ Desde Dã se ouve o ronco de seus cavalos; toda a terra treme pelo som do relinchar de seus fortes; e eles vêm e devoram a terra e sua abundância, a cidade e seus moradores. ¹⁷ Porque eis que eu envio entre vós serpentes, *e* cobras venenosas, contra as quais não há encantamento; e elas vos morderão, diz o SENHOR. ¹⁸ Até meu consolo † está em tristeza; meu coração desfalece em mim. ¹⁹ Eis a voz do clamor da filha de meu povo, desde uma da terra distante: Por acaso não está o SENHOR em Sião? Não está nela o seu rei? Por que me provocaram à ira com suas imagens de escultura, com coisas estrangeiras inúteis? ²⁰ Passou a ceifa, acabou-se o verão, e nós não fomos salvos. ²¹ Quebrantado estou pelo quebrantamento da filha de meu povo; estou de luto, fui tomado pelo assombro. ²² Por acaso não há bálsamo em Gileade, ou não há ali médico? Então por que não houve cura para a filha de meu povo?

9

¹ Ah, se minha cabeça se tornasse em águas, e meus olhos em um manancial de águas! Então eu choraria dia e noite pelos mortos da filha de meu povo. ² Ah,

---

* **8:7** i.e. mandamento   † **8:11** lit. quebrantamento   ‡ **8:12** tempo em que eu os castigar lit. tempo da visitação deles   § **8:14** pereçamos trad. alt. silenciemos   * **8:14** trad. alt. feito calar   † **8:18** até meu consolo obscuro

se houvesse para mim no deserto uma hospedaria para caminhantes! Então eu deixaria o meu povo, e me afastaria deles; pois todos eles são adúlteros, são um bando de traiçoeiros. ³ Eles estendem suas línguas, como *se* lhes fossem arcos, para atirarem mentira; e se fortaleceram na terra, mas não por meio da verdade; porque se avançam de mal em mal, e não me conhecem, diz o SENHOR. ⁴ Guardai-vos cada um de seu amigo, nem em irmão algum tende confiança: porque todo irmão só faz enganar, e todo amigo anda com falsidades. ⁵ E cada um engana a seu amigo, e não falam a verdade; ensinaram sua língua a falar mentira, e agem perversamente até se cansarem. ⁶ Tua habitação é em meio ao engano; por meio do engano se negam a me conhecer,diz o SENHOR. ⁷ Portanto assim diz o SENHOR dos exércitos: Eis que que eu os fundirei, e os provarei; pois de que *outra maneira* agiria eu com a filha de meu povo? ⁸ A língua deles é uma flecha mortífera, que fala engano; com sua boca fala paz com seu próximo, mas em seu interior lhe arma ciladas. ⁹ Por acaso eu não os puniria * por estas coisas? Diz o SENHOR. Por acaso minha alma não se vingaria de tal nação? ¹⁰ Sobre os montes levantarei choro e pranto, e lamentação as moradas do deserto; porque foram desoladas até não haver quem *por ali* passe, nem *ali* se ouve bramido de gado; desde as aves do céu e até os animais da terra fugiram, e foram embora. ¹¹ E tornarei Jerusalém em amontoados *de pedras* ,para morada de chacais; e tornarei as cidades de Judá em ruínas, de modo que não haja morador. ¹² Quem é homem sábio, que entenda isto? E a quem falou a boca do SENHOR, para que possa anunciá-lo? Por que razão a terra pereceu, queimada como deserto, de modo que não há quem *nela* passe? ¹³ E disse o SENHOR: Foi porque abandonaram minha lei, que dei diante deles, nem deram ouvidos a minha voz, nem caminharam conforme a ela; ¹⁴ Ao invés disso, eles seguiram atrás da teimosia de seu coração, e atrás dos Baalins, que seus pais lhes ensinaram. ¹⁵ Por isso assim diz o SENHOR dos exércitos, Deus de Israel: Eis que a este povo eu lhes darei de comer absinto, e lhes darei de beber água de fel. ¹⁶ E os espalharei entre nações que nem eles, nem seus pais conheceram; e mandarei espada atrás deles, até que eu os acabe. ¹⁷ Assim diz o SENHOR dos exércitos: Considerai, e chamai carpideiras, que venham; e enviai as mais hábeis, que venham: ¹⁸ E se apressem, e levantem pranto sobre nós, e desfaçam-se nossos olhos em lágrimas, e nossas pálpebras se destilem em águas. ¹⁹ Porque uma voz de pranto foi ouvida de Sião: Como fomos destruídos! Nós nos tornamos muito envergonhados, por termos deixado a terra, por nossas moradas terem sido arruinadas. ²⁰ Ouvi pois, vós mulheres, a palavra do SENHOR, e vossos ouvidos recebam a palavra de sua boca; e ensinai pranto a vossas filhas, e cada uma lamentação a sua companheira. ²¹ Porque a morte subiu a nossas janelas, *e* entrou em nossos palácios; para arrancar os meninos das ruas, os rapazes das praças. ²² Fala: Assim disse o SENHOR: Os cadáveres dos homens cairão como esterco sobre a face do campo, e como espigas de cereal atrás do ceifeiro, que não há quem as recolha. ²³ Assim diz o SENHOR: Não se orgulhe o sábio em sua sabedoria, nem o valente se orgulhe em sua valentia, nem o rico se orgulhe em suas riquezas. ²⁴ Mas aquele que se orgulhar, orgulhe-se nisto: em me entender e me conhecer, que eu sou o SENHOR, que faço bondade, juízo, e justiça na terra; porque destas coisas eu me agrado,diz o SENHOR. ²⁵ Eis que vêm dias, diz o SENHOR, em que castigarei todo circunciso e todo incircunciso: ²⁶ A Egito, a Judá, a Edom, aos filhos de Amom e de Moabe, e a todos os dos cantos mais distantes, † que moram no deserto; pois todas as nações são incircuncisas; mas toda a casa de Israel é incircuncisa no coração.

---

* **9:9** puniria lit. visitaria † **9:26** os dos cantos mais distantes trad. alt. os que cortam os cantos da cabeça

10

¹ Ouvi a palavra que o SENHOR fala sobre vós, ó casa de Israel. ² Assim diz o SENHOR: Não aprendais o caminho das nações, nem vos espanteis dos sinais do céu; ainda que as nações as temam. ³ Porque as ordenanças dos povos são inúteis; pois cortam madeira do bosque, obra de mãos de artífice, com machado. ⁴ Com prata e ouro a enfeitam; com pregos e martelo a firmam, para que não se abale. ⁵ São como espantalhos numa plantação, não podem falar; têm que ser levados, pois não podem andar. Não tenhais temor deles; pois nem podem fazer o mal, nem neles há *capacidade de fazer* o bem. ⁶ Pois ninguém há semelhante a ti, SENHOR! Grande és tu, e grande é teu nome em poder! ⁷ Quem não temeria a ti, ó Rei das nações? Porque a ti pertence *o temor* ; porque entre todos os sábios das nações, e em todos seus reinos, não há semelhante a ti. ⁸ E juntamente se tornaram irracionais e tolos. Ensino inútil é o *ídolo* de madeira. ⁹ Trazem prata estendida de Társis, e ouro de Ufaz; *para* trabalho do artífice, e das mãos do fundidor; eles os vestem de azul celeste e de púrpura; todos eles são obra de *trabalhadores* habilidosos. ¹⁰ Mas o SENHOR Deus é a verdade; ele é Deus vivo e o Rei eterno; a terra treme pela sua ira, e as nações não podem suportar sua fúria. ¹¹ Assim lhes direis: Os deuses que não fizeram os céus nem a terra perecerão da terra e de debaixo deste céu. ¹² *Mas o SENHOR* é aquele que fez a terra com seu poder, que preparou o mundo com sua sabedoria, e estendeu os céus com seu entendimento. ¹³ Quando ele pronuncia sua voz, *logo* há ruído de águas no céu, e faz subir vapores dos confins da terra; faz os relâmpagos com a chuva, e faz sair o vento de seus tesouros. ¹⁴ Todo homem se tornou irracional e sem conhecimento; envergonha-se todo fundidor de imagem de escultura, pois sua imagem fundida é uma mentira, e nelas não há espírito. ¹⁵ Elas são inúteis, obras de engano; * no tempo de sua punição, † virão a perecer. ¹⁶ A Porção de Jacó não é como eles; porque ele é o Formador de tudo, e Israel é a tribo de sua herança; EU-SOU dos exércitos é o seu nome. ¹⁷ Recolhe tuas mercadorias da terra; tu que habitas em cerco, ¹⁸ Porque assim diz o SENHOR: Eis que desta vez lançarei como que por uma funda aos moradores da terra; e eu os oprimirei, de modo que sejam achados ‡ *em opressão* . ¹⁹ Ai de mim, por causa do meu quebrantamento! Minha ferida *me* causa grande dor. E eu havia dito: Isto de fato é uma enfermidade, e terei que suportá-la. ²⁰ Minha tenda está destruída, e todas as minhas cordas arrebentadas; meus filhos saíram *de perto* de mim, e nenhum deles há; ninguém há que estenda minha tenda, nem que levante minhas cortinas; ²¹ Porque os pastores se tornaram irracionais, e não buscaram ao SENHOR; por isso não agiram prudentemente, § e todo o seu rebanho se dispersou. ²² Eis que vem uma voz de aviso, e um grande tremor da terra do norte; para tornar em desolação as cidades de Judá, em morada de chacais. ²³ Eu sei, SENHOR, que não pertence ao homem o seu caminho, nem ao homem que anda a direção de seus passos. ²⁴ Corrige-me, SENHOR, porém com moderação; * não em tua ira, para que não me destruas. † ²⁵ Derrama tua ira sobre as nações que não te conhecem, e sobre os povos que não invocam o teu nome; pois devoraram a Jacó; eles o devoraram, consumiram e assolaram sua morada.

11

¹ Palavra que veio do SENHOR, a Jeremias, dizendo: ² Ouvi as palavras deste pacto, e falai aos homens de Judá, e aos moradores de Jerusalém. ³ Dize-lhes, pois: Assim diz

---

* **10:15** trad. alt. escárnio, zombaria, i.e. obras [que servem] para se escarnecer † **10:15** lit. visitação ‡ **10:18** obscuro – trad. alt. de modo que se sintam [realmente oprimidos] § **10:21** não agiram prudentemente trad. alt. não prosperaram * **10:24** moderação = lit. juízo † **10:24** destruas = lit. reduzas [a nada],i.e. aniquiles

o SENHOR, Deus de Israel: Maldito o homem que não ouvir * as palavras deste pacto, [4] Que mandei a vossos pais no dia que os tirei da terra do Egito, do forno de ferro, dizendo: Ouvi a minha voz, e as fazei conforme a tudo quanto eu vos mando; então vós sereis meu povo, e eu serei vosso Deus; [5] Para que eu confirme o juramento que fiz a vossos pais, que lhes daria uma terra em que mana leite e mel, tal como hoje.E eu respondi, e disse: Amém, SENHOR! [6] E disse-me o SENHOR: Proclama todas estas palavras nas cidades de Judá e nas ruas de Jerusalém, dizendo: Ouvi as palavras deste pacto, e praticai-as; [7] Porque insistentemente adverti a vossos pais o dia que eu os tirei da terra do Egito até o dia de hoje, repetidamente advertindo, dizendo: Ouvi minha voz. [8] Porém não ouviram, nem inclinaram seus ouvidos; ao invés disso, seguiram cada um a teimosia de seu coração maligno. Por isso trouxe sobre eles todas as palavras deste pacto, que mandei que cumprissem, mas não cumpriram. [9] E disse-me o SENHOR: Achou-se conspiração entre os homens de Judá, e entre os moradores de Jerusalém. [10] Voltaram às maldades de seus primeiros pais, que se recusaram a ouvir minhas palavras; ao invés disso, eles seguiram deuses estrangeiros, para lhes servirem; a casa de Israel e a casa de Judá violaram meu pacto, que eu tinha feito com seus pais. [11] Portanto, assim diz o SENHOR: Eis que trarei sobre eles calamidade, da qual não poderão escapar; e clamarão a mim, mas eu não os ouvirei. [12] Então as cidades de Judá e os moradores de Jerusalém irão, e clamarão aos deuses a quem queimam incensos; porém de maneira nenhuma poderão os salvar no tempo de sua calamidade. [13] Porque teus deuses foram tão numerosos quanto tuas cidades, ó Judá; e tão numerosos quanto tuas ruas, ó Jerusalém, vós pusestes altares da vergonha, altares para queimar incensos a Baal. [14] Tu, pois, não ores por este povo, nem levante por eles clamor nem oração; porque eu não ouvirei no dia em que clamarem a mim em meio a calamidade deles. [15] Que *direito* tem minha amada em minha casa, visto que muitos têm feito tão grandes abominações? Podem carnes "santificadas" te livrar, de modo que te alegras com tua maldade? † [16] O SENHOR chamava o teu nome de Oliveira verde, formosa de belos frutos. *Porém agora* ,à voz de grande tumulto, ele acendeu fogo sobre ela, e seus ramos foram quebrados. [17] Pois o SENHOR dos exércitos, que te plantou, pronunciou calamidade contra ti, por causa da maldade da casa de Israel e da casa de Judá, que fizeram entre si mesmos, para me provocarem à ira queimando ‡ incenso a Baal. [18] E o SENHOR me fez saber, e conhecer; então tu me fizeste ver suas ações. [19] E eu estava como cordeiro manso, que levam para degolar, pois não entendia que tramavam planos contra mim, dizendo: Destruamos a árvore com seu fruto, e o cortemos da terra dos viventes, e não haja mais lembrança de seu nome. [20] Mas, ó SENHOR dos exércitos, justo juiz, que provas os sentimentos e pensamentos, § veja eu tua vingança deles; porque a ti mostrei minha causa. [21] Portanto assim diz o SENHOR quanto aos homens de Anatote, que buscam *matar* tua alma, dizendo: Não profetizes em nome do SENHOR, para que não morras por meio de nossas mãos; [22] Portanto assim diz o SENHOR dos exércitos: Eis que eu os punirei; os rapazes morrerão a espada; seus filhos e suas filhas morrerão de fome; [23] E não restará sobrevivente deles, pois eu trarei calamidade sobre os homens de Anatote, *no* ano em que serão punidos. *

---

* **11:3** i.e. obedecer – também nos versos seguintes   † **11:15** Podem carnes ... maldade? obscuro – trad. alt. Podem carnes santificadas te livrar de teu mal (i.e. tua calamidade), de modo que te alegras?   ‡ **11:17** i.e. oferecendo   § **11:20** sentimentos e pensamentos lit. rins e coração   * **11:23** ano em que serão punidos lit. ano da punição deles

12

¹ Justo és tu, SENHOR, mesmo quando eu discuto * contigo; falarei, porém, de juízos contigo. Por que o caminho dos perversos prospera, e todos os que agem enganosamente têm boa vida? ² Tu os plantaste, e firmaram raízes; eles progridem, e dão fruto; tu estás perto de suas bocas, porém longe de seus sentimentos. † ³ Mas tu, SENHOR, me conheces; tu me vês, e provas o meu coração para contigo. Arranca-os como a ovelhas para o matadouro, e reserva-os para o dia da matança. ⁴ Até quando lamentará a terra, e a erva de todo o campo ficará seca? Pela maldade dos que nela habitam, os animais e as aves perecem; porque dizem: Ele não verá ele nosso fim. ⁵ Se ao correres com os que estão a pé, eles te cansam, como competirás com os cavalos? E se *somente* em terra de paz te sentes seguro, ‡ como agirás tu nos matagais junto ao Jordão? ⁶ Porque até teus irmãos e a casa de teu pai passaram a agir traiçoeiramente contra ti, até eles gritaram atrás de ti. Não creias neles, quando te falarem coisas boas. ⁷ Deixei minha casa, abandonei minha herança, entreguei a amada de minha alma nas mãos de seus inimigos. ⁸ Minha herança se tornou para mim como um leão na floresta: ela levantou sua voz contra mim; por isso que eu a odeio. ⁹ Não é minha herança para mim uma ave de rapina de muitas cores? § Não estão contra ela aves de rapina ao redor? Vinde, ajuntai-vos, todas os animais do campo, vinde para devorá-la. ¹⁰ Muitos pastores destruíram minha vinha, pisaram meu campo; tornaram meu campo desejado em um deserto devastado. ¹¹ Tornaram-no em desolação, e lamenta a mim, desolado; toda a terra está desolada, porque ninguém há que pense *nisso* no coração. ¹² Sobre todos os lugares altos do deserto vieram destruidores; porque a espada do SENHOR devora desde um extremo da terra até o outro extremo; não haverá paz para nenhuma carne. ¹³ Semearam trigo, e ceifarão espinhos; cansaram-se, mas não tiveram proveito algum. Envergonhai-vos de vossos frutos, por causa da ardente ira do SENHOR. ¹⁴ Assim diz o SENHOR quanto a todos os meus maus vizinhos, que tocam a minha herança, a qual dei por herança a meu povo Israel: Eis que eu os arrancarei de sua terra, e arrancarei a casa de Judá do meio deles. ¹⁵ E será que, depois de os arrancar, voltarei, terei compaixão deles, e os farei voltar cada um à sua herança, e cada um à sua terra. ¹⁶ E será que, se cuidadosamente aprenderem os caminhos de meu povo, para jurar em meu nome, *dizendo* : Vive o SENHOR, assim como ensinaram a meu povo a jurar por Baal; eles serão edificados em meio do meu povo. ¹⁷ Porém, se não quiserem ouvir, * arrancarei à tal nação por completo, e a destruirei, diz o SENHOR.

13

¹ Assim me disse o SENHOR: Vai, e compra para ti um cinto de linho, e o põe sobre teus lombos; e não o metas em água. ² E comprei o cinto conforme à palavra do SENHOR, e o pus sobre meus lombos. ³ E veio a mim a palavra do SENHOR pela segunda vez, dizendo: ⁴ Toma o cinto que compraste, que está sobre teus lombos, levanta-te, e vai ao Eufrates, * e ali o escondes na fenda de uma rocha. ⁵ Então eu fui, e o escondi em Eufrates, como o SENHOR tinha me mandado. ⁶ E sucedeu, que ao fim de muitos dias, o SENHOR me disse: Levanta-te, vai ao Eufrates, e toma dali

---

* **12:1** trad. alt. apresento reclamações, reivindicações, causas   † **12:2** tu estás perto... porém longe... i.e. Tu os sustenta, porém eles pouco se importam contigo. - os rins representavam as emoções, os sentimentos. Por esse motivo, muitas traduções trazem o equivalente atual "longe de seus corações"   ‡ **12:5** se [somente] em terra de paz te sentes seguro trad. alt. se [até] em terra de paz tu tropeças   § **12:9** ave de rapina de muitas cores obscuro – trads. alts.: "ave de rapina [ou] hiena", "toca de hiena"   * **12:17** i.e. obedecer   * **13:4** o rio Eufrates, ou talvez Perate, uma fonte perto de Anatote, cidade onde Jeremias morava. No hebraico os dois lugares são chamados pelo mesmo nome

o cinto que ali te mandei esconder. ⁷ Então fui ao Eufrates, cavei, e tomei o cinto do lugar de onde o havia escondido; e eis que o cinto tinha se apodrecido; para nada mais prestava. ⁸ Então veio a mim palavra do SENHOR, dizendo: ⁹ Assim diz o SENHOR: assim farei apodrecer a arrogância de Judá, e a grande arrogância de Jerusalém, ¹⁰ Este povo maligno, que recusa ouvir minhas palavras, que caminha conforme a teimosia de seu coração, e segue atrás de deuses estrangeiros para lhes servir, e para se encurvar a eles; e tal será como este cinto, que para nenhuma coisa presta. ¹¹ Porque assim como o cinto está junto aos lombos do homem, assim fiz juntar a mim toda a casa de Israel e toda a casa de Judá,diz o SENHOR, para que me fossem por povo e por nome, e por louvor e por glória; porém não *quiseram* escutar. ¹² Por isso dize-lhes esta palavra: Assim diz o SENHOR, Deus de Israel: Todo odre se encherá de vinho. E te dirão: Por acaso nós não sabemos muito bem que todo odre se encherá de vinho? ¹³ Então dize-lhes: Assim diz o SENHOR: Eis que eu encherei de embriaguez todos os moradores desta terra, e aos reis que se sentam sobre o trono de Davi, e aos sacerdotes e aos profetas, e a todos os moradores de Jerusalém; ¹⁴ E eu os despedaçarei um contra o outro, e juntamente os pais com os filhos, diz o SENHOR; não perdoarei, nem pouparei, nem terei compaixão; nada me impedirá de destruí-los. ¹⁵ Escutai e ouvi: não sejais arrogantes, pois o SENHOR falou. ¹⁶ Dai glória ao SENHOR vosso Deus, antes que ele faça escurecer, e antes que vossos pés tropecem nos montes no meio da escuridão, e espereis luz, e ele a torne em sombra de morte e cause trevas. ¹⁷ Mas se não ouvirdes isto, minha alma chorará em segredo por causa de *vossa* arrogância; e chorando amargamente, meus olhos se desfarão em lágrimas, porque o rebanho do SENHOR foi levado cativo. ¹⁸ Dize ao rei e à rainha-mãe: Humilhai-vos, sentai-vos rebaixados; porque a coroa de vossa glória já caiu de vossas cabeças. ¹⁹ As cidades do Negueve † estão fechadas, e ninguém há que *as* abra; toda Judá foi levada, ela foi levada cativa por completo. ²⁰ Levantai vossos olhos, e vede os que vêm do norte; onde está o rebanho que te foi dado, a ovelhas de tua glória? ²¹ O que dirás quando ele te punir? Pois tu os ensinaste a serem príncipes e cabeça sobre ti. Por acaso as dores não te tomarão, como uma mulher em parto? ²² E quando disseres em teu coração: Por que estas coisas me aconteceram? *A resposta é* : Foi pela grandeza de tua maldade que tuas roupas foram descobertas, e foste violentada. ‡ ²³ Pode o negro § mudar a sua pele, ou o leopardo suas manchas? Assim também podeis vós fazer o bem, sendo tão acostumados a praticar o mal? ²⁴ Portanto eu os espalharei como os restos de palha que passam com o vento do deserto. ²⁵ Isto é o que terás, a porção de tuas medidas que te reservo, * diz o SENHOR; pois tu te esqueceste de mim, e confiaste na mentira. ²⁶ Asim também eu descobrirei também tuas roupas até sobre teu rosto, e tua desonra ficará à mostra; ²⁷ Eu vi as tuas abominações: teus adultérios, teus relinchos, a maldade de tua prostituição sobre os morros no campo. Ai de ti, Jerusalém! Até quando continuarás sem te purificares?

14

¹ Palavra do SENHOR que veio a Jeremias, quanto à seca: ² Judá está de luto, e suas portas se enfraqueceram; lamentam até o chão, e o clamor de Jerusalém está a subir. ³ E os mais ilustres deles enviaram seus inferiores à água; eles vêm aos tanques, *e* não acham água; voltam com seus vasos vazios; eles se envergonham, se sentem humilhados, e cobrem suas cabeças. ⁴ Pois o chão se rachou, por não haver chuva na terra; envergonhados estão os trabalhadores, *e* cobrem suas cabeças. ⁵ E até as

---

† **13:19** i.e. as cidades do Sul de Judá ‡ **13:22** foste violentada lit. teus calcanhares sofreram violência § **13:23** negro lit. cuxita, i.e., de Cuxe, uma nação africana * **13:25** que te reservo lit. de minha parte

cervas nos campos geram filhotes, e os abandonam, pois não há erva. ⁶ E os asnos monteses se põem nos lugares altos, aspiram o vento como os chacais; seus olhos se enfraquecem, pois não há erva. ⁷ Ainda nossas maldades dão testemunho contra nós, SENHOR, age por amor de teu nome; pois nossas rebeldias se multiplicaram, contra ti pecamos. ⁸ Ó tu, esperança de Israel, Redentor seu em tempo de angústia! Por que serias tu como um peregrino na terra, e como um caminhante que *apenas* se recolhe para passar a noite? ⁹ Por que serias tu como um homem atônito, * e como um guerreiro que não pode salvar? Tu porém estás no meio de nós nós, ó SENHOR, e nós somos chamados pelo teu nome! Não nos desampares. ¹⁰ Assim diz o SENHOR quanto a este povo: Já que amaram tanto se moverem, e detiveram seus pés, por isso o SENHOR não se agrada deles; agora se lembrará da maldade deles, e punirá por causa de seus pecados. ¹¹ Disse-me mais o SENHOR: Não rogues pelo bem deste povo. ¹² Quando jejuam, não ouvirei seu clamor, e quando oferecem sacrifícios de queima e ofertas de cereais, não os aceitarei; em vez disso, eu os consumirei por meio da espada, da fome, e da pestilência. ¹³ Então eu disse: Ah, Senhor DEUS! Eis que os profetas lhes dizem: Não vereis espada, nem tereis fome; eu, porém, vos darei uma paz verdadeira neste lugar. ¹⁴ Então o SENHOR me disse: Os profetas profetizam falsidade em meu nome; eu não os enviei, nem lhes mandei, nem lhes falei; eles vos profetizam visão falsa, adivinhação, inutilidade, e engano de seus *próprios* corações. ¹⁵ Portanto assim diz o SENHOR quanto aos profetas que profetizam em meu nome, sem que eu tenha lhes enviado, que dizem "não haverá nem espada nem fome nesta terra": Com espada e com fome tais profetas serão consumidos; ¹⁶ E o povo a quem eles profetizam será lançado fora nas ruas de Jerusalém, por causa da fome e da espada; e não haverá quem os enterre, eles, suas mulheres, seus filhos, e suas filhas; e sobre eles derramarei sua maldade. ¹⁷ Portanto tu lhes dirás esta palavra: Corram meus olhos em lágrimas noite e dia, e não cessem; porque a virgem filha de meu povo está quebrada de grande quebrantamento, *de* praga muito dolorosa. ¹⁸ Se saio ao campo, eis os mortos a espada; e se entro na cidade, eis os doentes de fome; e até os profetas e os sacerdotes andam rodeando na terra, e nada sabem. ¹⁹ Rejeitaste a Judá por completo? Tua alma detesta a Sião? Por que nos feriste *de modo* que não haja cura para nós? Esperávamos paz, mas nada há de bom; *esperávamos* tempo de cura, e eis o terror! ²⁰ Ó SENHOR, reconhecemos nossa perversidade, a maldade de nossos pais; pois pecamos contra ti. ²¹ Não *nos* rejeites por amor de teu nome, nem desonres ao trono de tua glória; lembra-te, não invalides o teu pacto conosco. ²² Por acaso há entre as futilidades † das nações alguém que faz chover? Ou podem os céus dar chuvas? Não és *somente* tu, SENHOR, nosso Deus? Por isso em ti esperamos, pois tu fazes todas estas coisas.

15

¹ Disse-me, porém, o SENHOR: Ainda que Moisés e Samuel se pusessem diante de mim, minha boa vontade * não seria com este povo. Lança-os de diante de mim, e saiam. ² E será que, quando te perguntarem: Para onde sairemos? Tu lhes dirás: Assim diz o SENHOR: Os que são para a morte, para a morte; e os que são para a espada, para a espada; e os que são para a fome, para a fome; e os que são para o cativeiro, para o cativeiro. ³ Pois eu lhes darei quatro tipos de castigos, diz o SENHOR: espada para matar, cães para despedaçar, e aves do céu e animais da terra para devorar e para destruir. ⁴ E farei deles que sejam motivo de horror a todos os reinos da terra, por causa de Manassés filho de Ezequias rei de Judá, pelo que ele fez em

---

* **14:9** obscuro – trads. alts. confuso, indefeso   † **14:22** futilidades = i.e. os ídolos, os falsos deuses   * **15:1** boa vontade lit. alma

Jerusalém. ⁵ Pois quem terá compaixão de ti, ó Jerusalém? Ou quem se entristecerá por tua causa? Ou quem se desviaria para perguntar se estás bem? ⁶ Tu me deixaste, diz o SENHOR, voltaste para trás *de mim* ; por isso estenderei minha mão contra ti, e te destruirei; já estou cansado de sentir pena. ⁷ E eu os padejarei com pá até as portas da terra, *e os* deixarei sem filhos; destruirei meu povo, pois não voltaram atrás de seus caminhos. ⁸ Suas viúvas se multiplicaram mais que a areia dos mares; eu lhes trouxe sobre a mãe dos rapazes um destruidor ao meio dia; sobre ela eu fiz cair de angústia e terrores. ⁹ Enfraqueceu-se a que teve sete filhos; a sua alma perdeu o fôlego; seu sol se lhe pôs, sendo ainda de dia; envergonhou-se, e ficou humilhada; e os que dela restarem, eu os entregarei a espada diante de seus inimigos,diz o SENHOR. ¹⁰ Ai de mim, minha mãe, que me geraste homem de brigas e homem de confrontos a toda a terra! Nunca lhes emprestei a juros, nem deles emprestado; e *mesmo assim* todos eles me amaldiçoam. ¹¹ Disse o SENHOR: Certamente eu te livrarei † para o bem; certamente intervirei por ti no tempo do mal, e no tempo de angústia, por causa do inimigo. ¹² Pode, por acaso o ferro *comum* quebrar o ferro do norte, ou o bronze? ¹³ Tuas riquezas e teus tesouros darei ao despojo por preço nenhum, por todos os teus pecados, e em todos os teus limites; ¹⁴ E *te* levarei com teus inimigos a uma terra que não conheces; porque fogo se acendeu em minha ira, que arderá sobre vós. ¹⁵ Tu sabes, ó SENHOR; lembra-te de mim, visita-me, e vinga-me de meus perseguidores. Na lentidão de tua ira não me elimines; tu sabes que é por causa de ti que sofro insultos. ¹⁶ Achando-se tuas palavras, logo eu as comi; e tua palavra me foi por prazer e por alegria a meu coração; pois me chamo pelo teu nome, ó SENHOR Deus dos exércitos. ¹⁷ Não me sentei em companhia de zombadores, nem *com eles* me alegrei; por causa de tua mão, eu me sentei sozinho, pois me encheste de indignação. ¹⁸ Por que minha dor é contínua, e minha ferida intratável, que não permite cura? Por acaso serias tu para mim como uma ilusão, como águas que não se pode confiar? ¹⁹ Portanto assim diz o SENHOR: Se te converteres, eu te restaurarei, e diante de mim estarás; e se tirares o que é de precioso ao invés do vil, serás como minha boca. Convertam-se eles a ti, e tu não te convertas a eles. ²⁰ Pois eu te porei para este povo *para seres* como um forte muro de bronze; e lutarão contra ti, mas não te vencerão; pois eu estou contigo para te guardar e te livrar,diz o SENHOR. ²¹ E eu te livrarei da mão dos maus, e os resgatarei da mão dos terríveis.

16

¹ E veio a mim a palavra do SENHOR, dizendo: ² Não tomes para ti mulher, nem tenhas filhos nem filhas neste lugar. ³ Porque assim diz o SENHOR quanto aos filhos e às filhas que nascerem neste lugar, e às suas mães que os tiverem e aos pais que os gerarem nesta terra: ⁴ De dolorosas enfermidades morrerão; não serão pranteados nem sepultados; servirão de esterco sobre a face da terra; e com espada e com fome serão consumidos, e seus cadáveres servirão de alimento para as aves do céu e para os animais da terra. ⁵ Porque assim diz o SENHOR: Não entres em casa de luto, nem vás para lamentar, nem mostre compaixão deles; pois deste povo eu tirei minha paz, bondade e misericórdia, diz o SENHOR. ⁶ E nesta terra morrerão grandes e pequenos; não serão sepultados, nem pranteados, nem por eles se cortarão, ou rasparão seus cabelos; ⁷ Nem repartirão pão aos que estiverem de luto, para consolá-los de seus mortos; nem lhes darão a beber copo de consolações pelo pai ou pela mãe. ⁸ Nem também entres em casa de banquete, para te sentares com eles para comer e beber; ⁹ Porque assim diz o SENHOR dos exércitos, Deus de Israel: Eis que farei cessar neste lugar, diante de vossos olhos e em vossos dias, toda voz de prazer e toda voz

---

† **15:11** eu te livrarei obscuro

de alegria, toda voz de noivo e toda voz de noiva. ¹⁰ E será que quando anunciares a este povo todas estas palavras, eles te dirão: Por que o SENHOR falou sobre nós este mal tão grande? E que maldade é a nossa, ou que pecado é o nosso, que cometemos contra o SENHOR nosso Deus? ¹¹ Então lhes dirás: Porque vossos pais me deixaram, diz o SENHOR, e seguiram deuses estrangeiros, os serviram e a eles se prostraram; e me abandonaram, e não guardaram minha Lei; ¹² E vós fizestes pior que vossos pais; pois eis que vós caminhais cada um atrás da teimosia de seu coração maligno, sem me obedecerem. * ¹³ Por isso eu vos lançarei fora desta terra, para uma terra que nem vós nem vossos pais conhecestes; e lá servireis a deuses estrangeiros de dia e de noite, porque não terei misericórdia de vós. ¹⁴ Porém eis que vêm dias, diz o SENHOR, que não se dirá mais: Vive o SENHOR, que trouxe os filhos de Israel da terra do Egito; ¹⁵ Mas sim: Vive o SENHOR, que trouxe os filhos de Israel da terra do norte, e de todas as terras aonde ele tinha os lançado; pois eu os farei voltar à sua terra, a qual dei a seus pais. ¹⁶ Eis que enviarei muitos pescadores, diz o SENHOR, que os pescarão; e depois enviarei muitos caçadores, que os caçarão de todo monte, e de todo morro, e até das fendas das rochas. ¹⁷ Pois meus olhos estão sobre todos seus caminhos; eles não estão escondidos de mim, nem a maldade deles está oculta de diante de meus olhos. ¹⁸ Mas primeiro pagarei em dobro a iniquidade e o pecado deles, pois contaminaram minha terra com os cadáveres de suas coisas detestáveis, e encheram minha herança de suas abominações. ¹⁹ Ó SENHOR, fortaleza minha, e força minha, e meu refúgio no tempo da aflição; a ti virão nações desde os confins da terra, e dirão: Certamente o que nossos pais possuíam era mentira e inutilidade; não havia nessas coisas proveito algum. ²⁰ Pode, por acaso, o homem fazer deuses para si? Eles, porém, não são deuses. ²¹ Portanto eis que desta vez lhes farei conhecer, lhes farei conhecer minha mão e meu poder, e saberão que EU-SOU é o meu nome.

17

¹ O pecado de Judá está escrito com cinzel de ferro, com ponta de diamante; está esculpido na tábua de seu coração, e nas pontas de vossos altares; ² Enquanto seus filhos se lembram de seus altares e de seus bosques, junto às árvores verdes, sobre os altos morros. ³ Ó minha montanha no campo! Tua riqueza e todos os teus tesouros darei como despojo por causa do pecado de teus altos em todos teus limites. ⁴ Assim por causa de ti deixarás de ter a herança que eu te dei, e te farei servir a teus inimigos em uma terra que não conheces; porque acendestes fogo em minha ira, que arderá para sempre. ⁵ Assim diz o SENHOR: Maldito o homem que confia no homem, e põe sua confiança na força humana, *) e seu coração se afasta do SENHOR; ⁶ Pois será como um arbusto † no deserto, e não sente quando vier o bem; ao invés disso morará nas securas no deserto, em terra salgada e inabitável. ⁷ Bendito o homem que confia no SENHOR, cuja confiança é o SENHOR; ⁸ Porque ele será como a árvore plantada junto a águas, que estende suas raízes junto à corrente; não tem preocupação quando vier o calor, e sua folha permanece verde; e no ano de seca não se cansa, nem deixa de dar fruto. ⁹ O coração é mais enganoso que todas as coisas, e perverso; quem pode conhecê-lo? ¹⁰ Eu, o SENHOR, que examino o coração, e provo os sentimentos, para dar a cada um conforme seus caminhos, conforme o fruto de suas ações. ¹¹ *Como* a perdiz que choca *os ovos* que não pôs, *assim* é o que junta riquezas, mas não com justiça; no meio de seus dias ele deixará de tê-las, ‡ e em seu fim ele será tolo.

---

* **16:12** obedecerem lit. ouvirem * **17:5** põe sua confiança na força humana lit. põe a carne (= pessoas, seres humanos) como seu braço (=força, poder † **17:6** arbusto trad. alt. zimbro (junípero), tamargueira ‡ **17:11** ele deixará de tê-las lit. elas o deixarão

¹² Trono de glória, elevado desde o princípio, é o lugar de nosso santuário. ¹³ Ó SENHOR, esperança de Israel! Todos os que te abandonam serão envergonhados; e os que de mim se afastam, serão escritos no chão; pois abandonaram ao SENHOR, a fonte de águas vivas. ¹⁴ Sara-me, ó SENHOR, e serei sarado; salva-me, e serei salvo; pois tu és meu louvor. ¹⁵ Eis que eles me dizem: Onde está a palavra do SENHOR? Cumpra-se ela agora! § ¹⁶ Mas eu não me apressei para deixar de ser ser pastor após ti, nem desejei o dia de calamidade, tu o sabes. O que saiu de minha boca foi em tua presença. ¹⁷ Não sejas tu assombro para mim; tu és minha esperança no dia mal. ¹⁸ Envergonhem-se os que me perseguem, e eu não me envergonhe; assombre-se eles, e eu não me assombre: traze sobre eles o dia mal, e destrói-os com destruição dobrada. ¹⁹ Assim me disse o SENHOR: Vai, e põe-te à porta dos filhos do povo, pela qual entram e saem os reis de Judá, e a todas as portas de Jerusalém, ²⁰ E dize-lhes: Ouvi a palavra do SENHOR, vós reis de Judá, e todo Judá, e todos os moradores de Jerusalém que entrais por esta portas; ²¹ Assim diz o SENHOR: Guardai-vos por vossas vidas, * e não tragais carga no dia do sábado, para fazê-las entrar pelas portas de Jerusalém; ²² Nem tireis carga de vossas casas no dia do sábado, nem façais obra alguma; ao invés disso, santificai o dia do sábado, assim como mandei a vossos pais; ²³ Porém eles não deram ouvidos, nem escutaram; ao invés disso, tornaram-se teimosos, †) para não ouvirem, nem receberem correção. ²⁴ Será, pois, se vós me ouvirdes cuidadosamente, diz o SENHOR, não fazendo entrar carga pelas portas desta cidade no dia do sábado, e santificardes o dia do sábado, não fazendo nele nenhuma obra; ²⁵ Então entrarão pelas portas desta cidade reis e os príncipes que se sentem sobre o trono de Davi, *montados* em carros e em cavalos; eles e seus príncipes, e os homens de Judá, e os moradores de Jerusalém; e esta cidade será habitada para sempre. ²⁶ E *pessoas* virão das cidades de Judá, dos arredores de Jerusalém, da terra de Benjamim, dos campos, do monte, e do Negueve, trazendo holocaustos, sacrifícios, ofertas de alimento e incensos, e trazendo sacrifícios de louvor à casa do SENHOR. ²⁷ Porém se não me ouvirdes para santificardes o dia do sábado, e para não trazerdes carga nem fazê-la entrar pelas portas de Jerusalém no dia de sábado, eu acenderei fogo em suas portas, que consumirá os palácios de Jerusalém, e não se apagará.

18

¹ Palavra que veio do SENHOR a Jeremias, dizendo: ² Levanta-te, e desce à casa do oleiro; e ali te farei ouvir minhas palavras. ³ Então desci à casa do oleiro, e eis que ele estava fazendo uma obra sobre a roda. ⁴ E o vaso de barro que ele estava fazendo se quebrou na mão do oleiro; então ele voltou a fazer dele outro vaso, conforme o que ao oleiro pareceu melhor fazer. ⁵ Então veio a mim palavra do SENHOR, dizendo: ⁶ Por acaso não poderei eu fazer de vós como este oleiro, ó casa de Israel?diz o SENHOR. Eis que tal como o barro na mão do oleiro, assim sois vós em minha mão, ó casa de Israel. ⁷ Caso em algum momento eu falar contra uma nação e contra um reino, para arrancar, dissipar, e destruir, ⁸ Se tal nação se converter de sua maldade, contra a qual falei, eu mudarei de ideia quanto ao mal que tinha pensado lhe fazer. ⁹ Caso em algum momento eu falar de uma nação e de um reino, para edificar e para plantar; ¹⁰ Se ela fizer o mal diante dos meus olhos, não obedecendo à minha voz, eu mudarei de ideia quanto ao bem que tinha dito lhe fazer. ¹¹ Então agora, fala, pois, a todo homem de Judá, e aos moradores de Jerusalém, dizendo: Assim diz o SENHOR: Eis que eu determino o mal contra vós, e faço planos contra vós; convertei-vos agora, cada um de seu mau caminho, e melhorai vossos caminhos e vossas ações. ¹² Porém

---

§ **17:15** cumpra-se lit. venha   * **17:21** vidas lit. almas   † **17:23** tornaram-se teimosos lit. endureceram sua cerviz (i.e. pescoço)

dizem: Não há esperança; porque seguiremos nossas *próprias* intenções, e faremos cada um o pensamento de seu maligno coração. [13] Portanto assim diz o SENHOR: Perguntai agora entre as nações, quem tenha ouvido tal coisa. Grande horror fez a virgem de Israel. [14] Por acaso pode faltar neve nas rochas das montanhas do Líbano? Ou pode deixar de haver as águas frias que correm de terras distantes? [15] Porém meu povo se esqueceu de mim, queimando incenso à inutilidade, e fazem- lhes tropeçar em seus caminhos, *nas* veredas antigas, para que andassem por veredas de caminho não aplanado; [16] Para tornar sua terra em desolação, e em assovios perpétuos; todo aquele que passar por ela se espantará e balançará sua cabeça. [17] Tal como vento oriental, eu os espalharei diante do inimigo; eu lhes mostrarei as costas, e não o rosto, no dia de sua perdição. [18] Então disseram: Vinde, e façamos planos contra Jeremias; porque a Lei não perecerá do sacerdote, nem o conselho do sábio, nem a palavra do profeta. Vinde e o firamos com a língua, e não prestemos atenção a nenhuma de suas palavras. [19] Ó SENHOR, presta atenção a mim, e ouve a voz dos que brigam comigo. [20] Por acaso se pagará ao bem com o mal? Pois já cavaram uma cova para a minha alma! Lembra-te que me pus diante de ti para falar pelo bem deles, para desviar deles a tua ira. [21] Portanto entrega os filhos deles à fome, e derrama-os pelo poder da espada; e restem suas mulheres sem filhos e viúvas; e seus maridos sejam postos a morte, e seus rapazes sejam feridos à espada na guerra. [22] Ouçam-se gritos de suas casas, quando tu trouxeres tropas contra eles de repente; pois cavaram uma cova para me prender, e armaram laços para meus pés. [23] Mas tu, SENHOR, conheces todo o plano deles contra mim para me matar; não perdoes sua maldade, nem apagues o pecado deles de diante de tua presença, e tropecem diante de ti; faze *assim* com eles no tempo de tua ira.

19

[1] Assim diz o SENHOR: Vai, e compra uma jarra de barro de oleiro, e *toma contigo* dos anciãos do povo e dos anciãos dos sacerdotes; [2] E sai ao vale do filho de Hinom, que fica à entrada da porta oriental; e ali declara as palavras que eu te disser. [3] E dize: Ouvi a palavra do SENHOR, ó reis de Judá, e moradores de Jerusalém. Assim diz o SENHOR dos exércitos, Deus de Israel: Eis que trarei calamidade sobre este lugar, de tal modo que quem o ouvir, lhe retinirão os ouvidos. [4] Pois me abandonaram, e profanaram * este lugar, e queimaram nele incenso a outros deuses, que nunca tinham conhecido, nem eles, nem seus pais, nem os reis de Judá; e encheram este lugar com sangue de inocentes; [5] E edificaram altares a Baal, para queimarem a fogo seus filhos *como* holocaustos a Baal; coisa esta que nunca *lhes* mandei, nem falei, nem jamais pensei em meu coração. [6] Por isso eis vêm dias, diz o SENHOR, que este lugar não se chamará mais Tofete, nem Vale do filho de Hinom, mas sim Vale da Matança. [7] E tornarei vazio o conselho de Judá e de Jerusalém neste lugar; e os farei cair à espada diante de seus inimigos, e nas mãos dos que buscam *tirar* suas vidas; † e darei seus cadáveres por comida às aves do céu e aos animais da terra; [8] E farei desta cidade espanto e assovio; todo aquele que passar por ela se espantará e assoviará por causa de todas as suas pragas. [9] E farei com que comam a carne de seus filhos e a carne de suas filhas; e cada um comerá a carne de seu próximo durante o cerco e a opressão com que os seus inimigos e os que buscam *tirar* suas vidas lhes oprimirão. [10] Então quebrarás a jarra perante os olhos dos homens que tiverem ido contigo, [11] E lhes dirás: Assim diz o SENHOR dos exércitos: Assim quebrarei a este povo e a esta cidade, como quem quebra um vaso de oleiro, que não pode mais ser

---

* **19:4** profanaram lit. tornaram como estrangeiro   † **19:7** vidas lit. almas – também v. 9

restaurado; e em Tofete serão enterrados, pois não haverá *outro* lugar para enterrar. ¹² Assim farei a este lugar, diz o SENHOR, e a seus moradores, para fazer desta cidade como a Tofete. ¹³ E as casas de Jerusalém, e as casas dos reis de Judá, serão imundas tal como o lugar de Tofete; todas as casas sobre cujos telhados foi queimado incenso a todo o exército do céu, ‡ e derramaram ofertas de bebida a deuses estrangeiros. ¹⁴ Então voltou Jeremias de Tofete, onde o SENHOR tinha lhe mandado profetizar, e se pôs em pé no pátio da casa do SENHOR, e disse a todo o povo: ¹⁵ Assim diz o SENHOR dos exércitos, Deus de Israel: Eis que eu trago sobre esta cidade e sobre todas as suas vilas todo o mal § que falei contra ela; pois endureceram seu pescoço para não ouvirem minhas palavras.

20

¹ E Pasur, filho de Imer, o sacerdote, que era o principal supervisor na casa do SENHOR, ouviu a Jeremias enquanto profetizava estas palavras. ² Então Pasur feriu ao profeta Jeremias, e o pôs no tronco que ficava à porta superior de Benjamim, a qual fica na casa do SENHOR. ³ E foi no dia seguinte que Pasur tirou a Jeremias do tronco. Disse-lhe então Jeremias: O SENHOR não chama teu nome Pasur, mas sim "Terror por todos os lados". * ⁴ Porque assim diz o SENHOR: Eis que eu farei de ti um terror a ti mesmo, e a todos os teus amigos; e cairão pelo espada de seus inimigos, e teus olhos o verão; e a todo Judá entregarei na mão do rei da Babilônia, e os levará cativos a Babilônia, e os ferirá à espada. ⁵ Entregarei também toda a riqueza desta cidade, e todo seu trabalho, e todas suas coisas preciosas; e entregarei todos os tesouros dos reis de Judá nas mãos de seus inimigos, e os saquearão, e os tomarão, e os levarão a Babilônia. ⁶ E tu, Pasur, e todos os moradores de tua casa ireis ao cativeiro, e entrarás na Babilônia, e ali morrerás; e ali serás sepultado, tu, e todos os teus amigos, aos quais profetizaste falsamente. ⁷ Persuadiste-me, ó SENHOR, e eu fiquei persuadido; mais forte foste que eu, e prevaleceste; sirvo de escárnio o dia todo; cada deles zomba de mim. ⁸ Pois desde que falo, grito; eu clamo violência e destruição; pois a palavra do SENHOR tem me servido de insulto e zombaria o dia todo. ⁹ Então eu disse: Não me lembrarei dele, nem falarei mais em seu nome; porém *ela* foi em meu coração como um fogo ardente contido em meus ossos; resisti até me cansar, mas não pude. ¹⁰ Porque ouço a murmuração de muitos, temor por todos os lados: Anunciai, e anunciaremos. † Todos os meus amigos observam meu manquejar, *dizendo* : Talvez se enganará; então prevaleceremos contra ele, e nos vingaremos dele. ¹¹ Mas o SENHOR está comigo como temível guerreiro; por isso meus perseguidores tropeçarão, e não prevalecerão; eles serão muito envergonhados, por não terem agido prudentemente; *terão* humilhação perpétua, que jamais será esquecida. ¹² Tu, SENHOR dos exércitos, que examinas o justo, que vês os sentimentos e pensamentos, ‡ faz-me ver a tua vingança sobre eles; pois a ti revelei a minha causa. ¹³ Cantai ao SENHOR, louvai ao SENHOR; pois ele livra a alma do necessitado da mão dos malfeitores. ¹⁴ Maldito seja o dia em que nasci! O dia em que minha mãe me teve não seja bendito! ¹⁵ Maldito seja o homem que deu as novas a meu pai, dizendo, Um filho macho te nasceu, trazendo-lhe assim muita alegria. ¹⁶ E seja tal homem como as cidades que o SENHOR assolou sem se arrepender; e ouça gritos de manhã, e clamores ao meio dia; ¹⁷ Por ele não ter me matado no ventre, de modo que minha mãe teria sido minha sepultura, e o

---

‡ **19:13** exército do céu i.e., os astros celestes, como se fossem divindades   § **19:15** mal = i.e., calamidade, desastre   * **20:3** Terror por todos os lados = i.e., Magor-Missabibe   † **20:10** anunciaremos trad. alt. denunciaremos   ‡ **20:12** sentimentos e pensamentos = lit. rins e coração

ventre uma gravidez perpétua. ¹⁸ Para que saí do ventre? Para ver trabalho e dor, e meus dias serem gastos com vergonha?

21

¹ Palavra que veio do SENHOR a Jeremias, quando o rei Zedequias lhe enviou a Pasur filho de Malquias, e a Sofonias, sacerdote, filho de Maaseias, para que lhe dissessem: ² Pergunta agora por nós ao SENHOR; pois Nabucodonosor, rei da Babilônia, está fazendo guerra contra nós; talvez o SENHOR faça conosco segundo todas as suas maravilhas, e o mande embora de sobre nós. ³ E Jeremias lhes disse: Direis assim a Zedequias: ⁴ Assim diz o SENHOR Deus de Israel: Eis que eu virarei para trás as armas de guerra que estão em vossas mãos, com as quais lutais contra o rei da Babilônia e os Caldeus que vos têm cercado fora da muralha; e eu os juntarei no meio desta cidade. ⁵ E eu mesmo lutarei contra vós com mão estendida e com braço forte; e com ira, indignação, e grande furor. ⁶ E ferirei aos moradores desta cidade; tanto aos homens quanto aos animais; morrerão de grande pestilência. ⁷ E depois, assim diz o SENHOR, entregarei a Zedequias rei de Judá, e a seus servos, e ao povo, e aos que restarem na cidade da pestilência, da espada, e da fome, nas mãos de Nabucodonosor rei de Babilônia, nas mãos de seus inimigos, e na mão dos que buscam *tirar* suas vidas. * Ele os matará ao fio de espada; não lhes poupará, nem terá deles compaixão, nem misericórdia. ⁸ E a este povo dirás: Assim diz o SENHOR: Eis que ponho diante de vós caminho de vida e caminho de morte. ⁹ Aquele que permanecer nesta cidade, morrerá a espada, ou pela fome, ou pela pestilência; mas o que sair e se render aos Caldeus, que têm vos cercado, viverá, e terá sua vida como despojo. † ¹⁰ Porque pus meu rosto contra esta cidade para o mal, e não para o bem, diz o SENHOR; nas mãos do rei de Babilônia será entregue, e ele a queimará a fogo. ¹¹ E à casa do rei de Judá dirás: Ouvi palavra do SENHOR. ¹² Casa de Davi, assim diz o SENHOR: Julgai de manhã com justiça, e livrai a vítima de roubo da mão do opressor; para que minha ira não saia como fogo, e incendeie de modo que não haja quem apague, por causa da maldade de vossas ações. ¹³ Eis que eu *sou* contra ti, ó moradora do vale, da rocha do planalto, diz o SENHOR; *contra* vós que dizeis: Quem descerá contra nós? E quem entrará em nossas moradas? ¹⁴ Eu vos punirei conforme o fruto de vossas ações, diz o SENHOR, e acenderei fogo em seu bosque, que consumirá tudo o que estiver ao redor dela.

22

¹ Assim diz o SENHOR: Desce à casa do rei de Judá, e fala ali esta palavra, ² E dize: Ouve a palavra do SENHOR, ó rei de Judá, que te sentas sobre o trono de Davi; tu, teus servos, e teu povo, que entrais por estas portas. ³ Assim diz o SENHOR: Fazei juízo e justiça, e livrai a vítima de roubo da mão do opressor, e não oprimais, nem façais violência contra o estrangeiro, o órfão, ou à viúva, nem derrameis sangue inocente neste lugar. ⁴ Porque se verdadeiramente cumprirdes esta palavra, os reis que se sentam em lugar de Davi sobre seu trono entrarão montados sobre carruagens e sobre cavalos pelas portas desta casa; eles, e seus servos, e seu povo. ⁵ Porém se não obedecerdes * estas palavras, por mim mesmo tenho jurado, diz o SENHOR, que esta casa se tornará deserta. ⁶ Porque assim diz o SENHOR quanto à casa do rei de Judá: Tu és para mim *como* Gileade, *e* o topo do Líbano; porém certamente te tornarei em deserto, *e* cidades desabitadas. ⁷ Pois prepararei contra ti destruidores, cada um com suas armas; e cortarão teus mais valiosos cedros, e os lançarão no fogo. ⁸ E muitas

---

* **21:7** vidas lit. almas   † **21:9** terá sua vida como despojo = i.e., ganhará o direito de se manter vivo   * **22:5** obedecerdes lit. ouvirdes

nações passarão junto a esta cidade; e cada um dirá a seu companheiro: Por que o SENHOR fez isto com esta grande cidade? ⁹ E responderão: Porque deixaram o pacto do SENHOR seu Deus, e adoraram a deuses estrangeiros, e os serviram. ¹⁰ Não choreis pelo morto, nem dele vos lastimeis; mas chorai mesmo por aquele que vai embora; porque nunca mais voltará, nem verá a terra onde nasceu. ¹¹ Porque assim diz o SENHOR quanto a Salum, filho de Josias, rei de Judá, que reinava em lugar de Josias seu pai, que saiu deste lugar: Nunca mais voltará; ¹² Em vez disso, morrerá no lugar aonde o levaram cativo, e nunca mais verá esta terra. ¹³ Ai daquele que edifica sua casa com injustiça, e seus cômodos sem fazer o que é correto, que usa do serviço de seu próximo de graça, sem lhe dar o pagamento de seu trabalho! ¹⁴ Que diz: Edificarei para mim uma casa ampla, com cômodos arejados; e lhe abre janelas, e a cobre de cedro, e a pinta de vermelho. ¹⁵ Por acaso é acumulando cedro que serás rei? Por acaso teu pai não comeu e bebeu, e fez juízo e justiça, e então teve o bem? ¹⁶ Ele julgou a causa do aflito e do necessitado, e então esteve bem. Por acaso conhecer a mim não é isto?diz o SENHOR. ¹⁷ Mas teus olhos e teu coração não são *para outra coisa*, a não ser para tua ganância, para derramar sangue inocente, e para praticar opressão e violência. ¹⁸ Portanto assim diz o SENHOR quanto a Jeoaquim, filho de Josias, rei de Judá: Não lamentarão por ele, dizendo: Ai meu irmão!, ou Ai minha irmã!, Nem lamentarão por ele, dizendo: Ai senhor! Ai sua majestade! ¹⁹ Com sepultamento de asno será sepultado; arrastando e lançando *-o* longe, fora das portas de Jerusalém. ²⁰ Sobe ao Líbano, e clama, levanta tua voz em Basã, e grita desde Abarim; porque todos teus amantes † estão destruídos. ²¹ Falei contigo em tuas prosperidades; *mas* disseste: Não ouvirei. Este tem sido o teu caminho desde tua juventude, que nunca deste ouvidos ‡ à minha voz. ²² O vento apascentará a todos os teus pastores, e teus amantes irão ao cativeiro; então certamente te envergonharás e te humilharás por causa de toda a tua maldade. ²³ Tu, que habitas no Líbano, que fazes teu ninho nos cedros: como gemerás quando te vierem as dores, os sofrimentos como de mulher em parto! ²⁴ Vivo eu,diz o SENHOR, que se Conias, filho de Jeoaquim rei de Judá, fosse um anel em minha mão direita, até dali eu te arrancaria; ²⁵ E eu te entregarei na mão dos que buscam a tua vida, e na mão daqueles a quem tu temes: na mão de Nabucodonosor rei da Babilônia, e nas mão dos Caldeus. ²⁶ E lançarei a ti e a tua mãe, que te fez nascer, em uma terra estrangeira, em que não nascestes; e lá morrereis. ²⁷ Mas a terra à qual suas almas anseiam voltar, para lá nunca voltarão. ²⁸ É este homem Conias um pote quebrado, ou um vaso de quem ninguém se agrada? Por que ele e sua geração foram arremessados fora, e lançados a uma terra que não conhecem? ²⁹ Terra, terra, terra: ouve a palavra do SENHOR! ³⁰ Assim diz o SENHOR: Escrevei este homem como sem filhos, homem a quem nada prosperará nos dias de sua vida; pois nenhum homem de sua semente § prosperará em se sentar sobre o trono de Davi, e em reinar em Judá.

23

¹ Ai dos pastores que destroem e dispersam as ovelhas de meu rebanho!,Diz o SENHOR. ² Portanto assim diz o SENHOR Deus de Israel quanto aos pastores que apascentam meu povo: Vós dispersastes minhas ovelhas, e as afugentastes, e não cuidastes delas; eis que eu cuidarei contra vós pela maldade de vossas ações,diz o SENHOR. ³ E eu mesmo recolherei o restante de minhas ovelhas de todas as terras para onde as afugentei, e as farei voltar a seus apriscos; e crescerão, e se multiplicarão.

---

† **22:20** amantes trad. alt. aliados   ‡ **22:21** deste ouvidos i.e. obedeceste   § **22:30** de sua semente i.e., dentre seus descendentes

⁴ E porei sobre elas pastores que as apascentem; e nunca mais temerão, nem se assombrarão, nem haverá falta de uma sequer,diz o SENHOR. ⁵ Eis que vêm os dias,diz o SENHOR, que levantarei por Davi um justo Renovo, e sendo rei, reinará; o qual prosperará, e fará juízo e justiça na terra. ⁶ Em seus dias Judá será salvo, e Israel habitará em segurança; e este será seu nome com que o chamarão: O SENHOR é nossa justiça. ⁷ Portanto eis que vêm dias,diz o SENHOR, que não mais dirão: Vive o SENHOR, que fez subir os filhos de Israel da terra do Egito; ⁸ Mas sim: Vive o SENHOR, que fez subir e trouxe a geração * da casa de Israel da terra do norte, e de todas as terras para onde eu os afugentei; e habitarão em sua terra. ⁹ Quanto aos profetas: meu coração está quebrantado em meu interior, todos os meus ossos tremem; estou como um homem bêbado, como um homem dominado pelo vinho, por causa do SENHOR, e por causa de suas santas palavras. ¹⁰ Pois a terra está cheia de adúlteros: e por causa da maldição a terra lamenta; as cabanas do deserto se secaram; pois o percurso deles tem sido mau, e a força deles não é correta. ¹¹ Pois tanto o profeta como o sacerdote são corruptos; até em minha casa achei sua maldade,diz o SENHOR. ¹² Portanto o caminho deles lhes será como lugares escorregadios na escuridão; serão empurrados, e nele cairão; porque eu trarei mal sobre eles *no* ano de sua punição,diz o SENHOR. ¹³ Nos profetas de Samaria vi coisas desagradáveis: profetizavam por Baal, e faziam errar a meu povo Israel. ¹⁴ Mas nos profetas de Jerusalém tenho vejo coisas horríveis: cometem adultérios, e andam com falsidade, e fortalecem as mãos dos malfeitores, para que ninguém se converta de sua maldade. Para mim, todos eles são como Sodoma, e seus moradores como Gomorra. ¹⁵ Por isso, assim diz o SENHOR dos exércitos sobre os profetas: Eis que eu lhes darei de comer absinto, e lhes farei beber águas envenenadas; porque dos profetas de Jerusalém a corrupção se espalhou sobre toda a terra. ¹⁶ Assim diz o SENHOR dos exércitos: Não deis ouvidos às palavras dos profetas que profetizam para vós; eles vos iludem; † falam visão de seus próprios corações, e não da boca do SENHOR. ¹⁷ Dizem continuamente aos que me desprezam: O SENHOR diz: Tereis paz; E a qualquer um que segue a teimosia de seu *próprio* coração, dizem: Não virá mal algum sobre vós. ¹⁸ Pois quem esteve no conselho do SENHOR, e viu e ouviu sua palavra? Quem prestou atenção a sua palavra, e *a* ouviu? ¹⁹ Eis que a tempestade da ira do SENHOR já saiu; e a tempestade é violenta, que atingirá violentamente sobre a cabeça dos maus. ²⁰ Não se afastará a ira do SENHOR, enquanto não tiver executado e cumprido os pensamentos de seu coração; nos últimos dias ‡ entendereis isso claramente. ²¹ Eu não enviei aqueles profetas, porém eles foram correndo; eu não lhes falei, porém eles profetizaram. ²² Mas se eles tivessem estado em meu conselho, então teriam anunciado minhas palavras a meu povo; e teriam feito com que deixassem seu mau caminho e a maldade de suas ações. ²³ Por acaso sou eu Deus *apenas* de perto,diz o SENHOR, e não também Deus de longe? ²⁴ Pode alguém se esconder num esconderijo,diz o SENHOR, que eu não o veja? Por acaso não sou eu, diz o SENHOR, que encho os céus e a terra? ²⁵ Tenho ouvido o que aqueles profetas dizem, profetizando mentiras em meu nome, dizendo: Sonhei, sonhei. ²⁶ Até quando *será isto* no coração dos profetas que profetizam mentiras, dos que profetizam o engano de seu coração? ²⁷ Que pretendem, por meio de seus sonhos que cada um conta a seu próximo, fazer com que meu povo se esqueça de meu nome, tal como seus pais se esqueceram de meu nome por causa de Baal. ²⁸ O profeta que tiver sonho, conte o sonho; e aquele que tiver minha palavra, conte minha palavra de forma fiel. O que a palha tem a ver com o trigo?,diz o SENHOR. ²⁹ Por acaso

---

* **23:8** geração lit. semente, i.e., os descendentes † **23:16** eles vos iludem lit. eles vos fazem de vãos ‡ **23:20** últimos dias trad. alt. dias futuros

não é minha palavra como o fogo?diz o SENHOR, E como um martelo que esmigalha a pedra? ³⁰ Portanto eis que eu sou contra os profetas,diz o SENHOR, que furtam minhas palavras cada um de seu próximo. ³¹ Eis que eu sou contra os profetas,diz o SENHOR, que usam suas línguas, e declaram: *Assim* ele disse. ³² Eis que eu sou contra os que profetizam sonhos mentirosos,diz o SENHOR, e os contam, e fazem meu povo errar com suas mentiras e com suas lisonjas. E eu não os enviei, nem lhes mandei; e proveito nenhum fizeram a este povo, diz o SENHOR. ³³ E quando este povo, ou o profeta, ou o sacerdote, te peguntar, dizendo: Qual é a revelação, a carga § do SENHOR? Então tu lhes dirás: Que carga? Eu os abandonarei, diz o SENHOR. ³⁴ E quanto ao profeta, o sacerdote, ou alguém do povo, que disser: Carga do SENHOR; eu enviarei castigo sobre tal homem e sobre sua casa. ³⁵ Assim direis cada um a seu próximo, e cada um a seu irmão: O que o SENHOR respondeu?, e, O que o SENHOR falou? ³⁶ E nunca mais mencionareis a carga do SENHOR; porque a palavra de cada um lhe servirá por carga; pois pervertestes as palavras do Deus vivente, do SENHOR dos exércitos, nosso Deus. ³⁷ Assim dirás ao profeta: O que o SENHOR te respondeu? e, O que o SENHOR falou? ³⁸ Mas se disserdes: Carga do SENHOR; então por isso o assim diz o SENHOR: Porque dissestes esta palavra, Carga do SENHOR, tendo eu vos mandado, dizendo: Não digais "Carga do SENHOR", ³⁹ Portanto eis que eu esquecerei totalmente; e lançarei fora de minha presença a vós, e à cidade que dei para vós e para vossos pais; ⁴⁰ E porei sobre vós humilhação perpétua e vergonha eterna, que nunca será esquecida.

24

¹ O SENHOR me mostrou, e eis dois cestos de figos postos diante do templo do SENHOR, depois de Nabucodonosor, rei da Babilônia, haver levado cativo a Jeconias, filho de Jeoaquim, rei de Judá, e aos príncipes de Judá, e aos carpinteiros e ferreiros de Jerusalém, e os ter trazido à Babilônia. ² Um cesto *tinha* figos muito bons, como os primeiros figos a ficarem maduros; e a outra cesta tinha figos muito ruins, que não podiam ser comidos de tão ruins. ³ E disse-me o SENHOR: O que tu vês, Jeremias? eu disse: Figos: os figos bons, muito bons; e os ruins, muito ruins, que de tão ruins não podem ser comidos. ⁴ Então veio a mim palavra do SENHOR, dizendo: ⁵ Assim diz o SENHOR Deus de Israel: Tal como a estes bons figos, assim *também* conhecerei aos levados de Judá cativos, aos quais mandei embora deste lugar à terra de Caldeus, para o bem *deles* . ⁶ E porei meus olhos sobre eles para o bem, e os farei voltar a esta terra; eu os edificarei, e não os destruirei; eu os plantarei, e não os arrancarei. ⁷ E lhes darei coração para que me conheçam, que eu sou o SENHOR; e eles serão meu povo, e eu lhes serei seu Deus; porque se converterão a mim de todo seu coração. ⁸ E tal como os figos ruins, que de tão ruins não podem ser comidos, assim diz o SENHOR, assim *também* farei a Zedequias rei de Judá, e a seus príncipes, e ao resto de Jerusalém que restarem nesta terra, e aos que habitam na terra do Egito. ⁹ E os farei de motivo de horror para o mal a todos os reinos da terra; de insulto, de ditado, de ridículo, e de maldição a todos os lugares para onde eu os expulsei. ¹⁰ E enviarei entre eles espada, fome, e pestilência, até que sejam eliminados de sobre a terra que dei a eles e a seus pais.

25

¹ Palavra que veio a Jeremias quanto a todo o povo de Judá, no quarto ano de

---

§ **23:33** a revelação, a carga na realidade, as duas palavras no hebraico compõem uma só palavra. As revelações com ameaças de Deus eram chamadas literalmente de "carga" (= peso etc.). Nos próximo versículos, o uso de carga é mais apropriado que o sentido complementar de revelação

Jeoaquim, filho de Josias, rei de Judá, (o qual é o primeiro ano de Nabucodonosor rei de Babilônia); ² A qual o profeta Jeremias falou a todo o povo de Judá, e a todos os moradores de Jerusalém, dizendo: ³ Desde o ano treze de Josias, filho de Amom, rei de Judá, até este dia, isto é, há vinte e três anos, tem vindo a mim a palavra do SENHOR; e eu tenho vos falado, insistentemente vos falando; porém vós não escutastes. ⁴ E o SENHOR enviou a vós todos seus servos os profetas, insistentemente os enviando; porém vos não escutastes, nem inclinastes vossos ouvidos para escutar, ⁵ Quando diziam: Convertei-vos agora, cada um de seu mau caminho, e da maldade de vossas ações, e habitai na terra que o SENHOR deu a vós e a vossos pais para todo o sempre; ⁶ E não segui deuses estrangeiros, para os servirdes e encurvardes * a eles, nem me provoqueis à ira com a obra de vossas mãos; para que eu não vos faça mal. ⁷ Porém vós não me destes ouvidos, diz o SENHOR, para me provocardes à ira com a obra de vossas mãos, para o vosso mal. ⁸ Portanto assim diz o SENHOR dos exércitos: Visto quanto não tendes ouvido minhas palavras, ⁹ Eis que eu enviarei, e tomarei a todas as famílias do norte, diz o SENHOR, e a Nabucodonosor rei de Babilônia, meu servo, e os trarei contra esta terra, e contra seus moradores, e contra todas estas nações ao redor; e os destruirei, e os farei de espanto, assovio, e de desolações perpétuas. ¹⁰ E eliminarei dentre eles a voz de júbilo e voz de alegria, voz de noivo e voz de noiva, o ruído das pedras de moer, e a luz da lâmpada. ¹¹ E toda esta terra se tornará em desolação, e em espanto; e estas nações servirão ao rei da Babilônia *por* setenta anos. ¹² E será que, quando os setenta anos forem completados, punirei ao rei da Babilônia e àquela nação por sua maldade, diz o SENHOR, assim como a terra dos Caldeus; e a tornarei em desolações para sempre. ¹³ E trarei sobre aquela terra todas as minhas palavras que falado contra ela: tudo o que está escrito neste livro, que Jeremias profetizou contra todas as nações. ¹⁴ Porque também deles se servirão muitas nações e grandes reis; assim lhes pagarei conforme seus feitos, conforme a obra de suas mãos. ¹⁵ Porque assim me disse o SENHOR Deus de Israel: Toma de minha mão este copo de vinho do *meu* furor, e dá de beber dele a todas as nações às quais eu te envio. ¹⁶ E beberão, tremerão, e enlouquecerão, por causa da espada que eu envio entre eles. ¹⁷ E eu tomei o copo da mão do SENHOR, e dei de beber a todas as nações às quais o SENHOR tinha me enviado: ¹⁸ A Jerusalém, às cidades de Judá; e a seus reis e seus príncipes, para torná-los em desolação, em espanto, em assovio, e em maldição, tal como é hoje; ¹⁹ A Faraó rei do Egito, e a seus servos, seus príncipes, e a todo o seu povo; ²⁰ E a todas os *povos ali* misturados; e a todos os reis da terra de Uz, e a todos os reis da terra dos filisteus, e a Asquelom, Gaza, e Ecrom; e aos restantes de Asdode; ²¹ A Edom, Moabe, e aos filhos de Amom; ²² E a todos os reis de Tiro, e a todos os reis da Sidom, e aos reis dos litorais que estão além do mar; ²³ E a Dedã, e Tema, e Buz, e a todos os dos cantos mais distantes. † ²⁴ E a todos os reis de Arábia, e a todos os reis dos povos misturados que habitam no deserto; ²⁵ E a todos os reis de Zinri, e a todos os reis de Elão, e a todos os reis de Média; ²⁶ E a todos os reis do norte, e de perto e os de longe, tanto uns como os outros; e a todos os reinos da terra que estão sobre a face da terra; e o rei de Sesaque beberá depois deles. ²⁷ Pois tu lhes dirás: Assim diz o SENHOR dos exércitos, Deus de Israel: Bebei, e embriagai-vos, vomitai, caí, e não vos levanteis, por causa da espada que eu envio entre vós. ²⁸ E será que, se não querem tomar o copo de tua mão para beber, então tu lhes dirás: Assim diz o SENHOR dos exércitos: Certamente bebereis; ²⁹ Pois eis que na cidade que se chama pelo meu nome eu começo a castigar; e vós ficaríeis impunes? Não ficareis impunes, porque eu estou chamando espada contra todos os moradores da terra, diz

---

* **25:6** encurvardes = i.e., adorardes   † **25:23** os dos cantos mais distantes trad. alt. os que cortam os cantos da cabeça

o SENHOR dos exércitos. ³⁰ Tu, pois, profetizarás a eles todas estas palavras, e lhes dirás: O SENHOR bramará desde o alto, e levantará sua voz a sua santa morada; bramará intensamente sobre sua morada; dará forte grito, tal como os que pisam as uvas, contra todos os moradores da terra. ³¹ Chegará o estrondo até o extremo da terra; porque o SENHOR disputa com as nações; entrará em juízo com todos; ‡ *e* entregará os perversos à espada, diz o SENHOR. ³² Assim diz o SENHOR dos exércitos: Eis que a calamidade § sai de nação em nação, e uma grande tempestade se levantará desde os confins da terra. ³³ E os mortos pelo SENHOR naquele dia serão desde um extremo da terra até o outro extremo; não serão lamentados, nem recolhidos, nem sepultados; serão como esterco sobre a face da terra. ³⁴ Uivai, pastores, e clamai; e revolvei-vos *na cinza* , líderes do rebanho; porque já se cumpriram vossos dias para serdes mortos; e sereis dispersos e caireis como um vaso precioso. ³⁵ E não haverá meio de fuga para os pastores, nem escape para os líderes do rebanho. ³⁶ Haverá voz do grito dos pastores, e uivo dos lideres do rebanho; porque o SENHOR assolou os seus pastos. ³⁷ E as pastagens quietas serão devastadas por causa do furor da ira do SENHOR. ³⁸ Ele deixou seu abrigo tal como filhote de leão; pois assolada foi a terra deles, pelo furor do opressor, e pelo furor de sua ira.

26

¹ No princípio do reinado de Jeoaquim, filho de Josias, rei de Judá, veio esta palavra do SENHOR,dizendo: ² Assim diz o SENHOR: Põe-te no pátio da casa do SENHOR, e fala a todas as cidades de Judá, que vêm para adorar *na* casa do SENHOR, todas as palavras que te mandei que lhes falasses; não diminuas uma só palavra. ³ Pode ser que ouçam, e se convertam cada um de seu mal caminho; então eu me arrependeria do mal que pretendo lhes fazer pela maldade de suas ações. ⁴ Dize-lhes, pois: Assim diz o SENHOR: Se não me ouvirdes para andardes em minha Lei, a qual dei diante de vós, ⁵ Para dar atenção às palavras de meus servos, os profetas, que eu vos envio, insistentemente os enviando, mas não os ouvistes; ⁶ Então farei desta casa como a Siló, e tornarei esta cidade em maldição a todas as nações da terra. ⁷ E os sacerdotes, os profetas, e todo o povo, ouviram a Jeremias falar estas palavras na casa do SENHOR. ⁸ E sucedeu que, acabando Jeremias de falar tudo o que o SENHOR tinha lhe mandado falar a todo o povo, os sacerdotes e os profetas e todo o povo lhe pegaram, dizendo: Certamente morrerás; ⁹ Pois profetizaste em nome do SENHOR, dizendo: Esta casa será como Siló, e esta cidade será assolada até não restar morador.E juntou-se todo o povo contra Jeremias na casa do SENHOR. ¹⁰ E os príncipes de Judá, ao ouvirem estas coisas, subiram da casa do rei à casa do SENHOR; e sentaram-se à entrada da porta nova do SENHOR. ¹¹ Então os sacerdotes e os profetas falaram aos príncipes e a todo o povo, dizendo: Pena de morte *deve ter* este homem, pois profetizou contra esta cidade, como ouvistes com vossos *próprios* ouvidos. ¹² E Jeremias falou a todos os príncipes e a todo o povo, dizendo: O SENHOR me enviou para profetizar contra esta casa e contra esta cidade todas as palavras que ouvistes. ¹³ Agora, portanto, melhorai vossos caminhos e vossas ações, e ouvi à voz do SENHOR vosso Deus; então o SENHOR mudará de ideia quanto ao mal que falou contra vós. ¹⁴ Eu, porém, eis que estou em vossas mãos: fazei de mim como parecer melhor e mais correto aos vossos olhos. ¹⁵ Mas sabei certamente que, se vós me matardes, então trareis sangue inocente sobre vós, e sobre esta cidade, e sobre seus moradores; porque em verdade o SENHOR me enviou a vós para falar aos vossos ouvidos todas estas palavras. ¹⁶ Então os príncipes e todo o povo disseram aos sacerdotes e profetas: Este homem não é merecedor de pena de morte, porque em nome do SENHOR nosso Deus ele nos falou.

---

‡ **25:31** todos lit. toda carne   § **25:32** calamidade lit. mal

¹⁷ E se levantaram alguns dos anciãos da terra, e falaram a todo o ajuntamento do povo, dizendo: ¹⁸ Miqueias, o morastita, profetizou nos dias de Ezequias rei de Judá, e falou a todo o povo de Judá, dizendo: Assim diz o SENHOR dos exércitos: Sião será arada como campo, e Jerusalém se tornará em amontoados *de pedras* , e o monte do templo em lugares altos de mato. ¹⁹ Por acaso foi ele morto por Ezequias rei de Judá e todo Judá? Por acaso *Ezequias* não temeu ao SENHOR, e orou na presença do SENHOR, e o SENHOR mudou de ideia quanto ao mal que tinha falado contra eles? E nós, faremos pois tão grande mal contra nossas *próprias* almas? ²⁰ Houve também um homem que profetizava em nome do SENHOR: Urias, filho de Semaías de Quiriate-Jearim, o qual profetizou contra esta cidade e contra esta terra, conforme todas as palavras de Jeremias; ²¹ E quando ouviu suas palavras o rei Jeoaquim, e todos seus grandes, e todos seus príncipes, então o rei procurou matá-lo; e Urias, ao ouvir *isso* , teve medo, fugiu, e foi ao Egito; ²² Porém o rei Jeoaquim enviou *alguns* homens a Egito: Elnatã filho de Acbor, e *outros* homens com ele, ao Egito; ²³ Os quais tiraram a Urias do Egito, e o trouxeram ao rei Jeoaquim, que o feriu à espada, e lançou seu cadáver nas sepulturas do povo comum. ²⁴ Porém a mão de Aicã, filho de Safã, foi com Jeremias, para que não o entregassem nas mãos do povo para o matarem.

27

¹ No princípio do reinado de Jeoaquim ,filho de Josias, rei de Judá, veio do SENHOR esta palavra a Jeremias, dizendo: ² Assim me disse o SENHOR: Faz para ti amarras e jugos, e os põe sobre teu pescoço; ³ E envia-os ao rei de Edom, ao rei de Moabe, ao rei dos filhos de Amom, ao rei de Tiro, e ao rei de Sidom, pelas mãos dos mensageiros que vêm a Jerusalém a Zedequias, rei de Judá. ⁴ E manda-lhes que digam a seus senhores: Assim diz o SENHOR dos exércitos, Deus de Israel: Assim direis a vossos senhores: ⁵ Eu fiz a terra, o homem, e os animais que estão sobre a face da terra, com meu grande poder e com meu braço estendido, e a dou a quem for do meu agrado.
* ⁶ E agora dei todas estas terras na mão de Nabucodonosor, rei de Babilônia, meu servo, e até mesmo os animais do campo eu lhe dei, para que o sirvam. ⁷ E todas as nações servirão a ele, a seu filho, e ao filho de seu filho, até que também venha o tempo de sua própria terra; então servirá a muitas nações e grandes reis. ⁸ E será que a nação e o reino que não servir a Nabucodonosor, rei da Babilônia, e que não puser seu pescoço sob do jugo do rei de Babilônia, então com espada, com fome e com pestilência castigarei tal nação, diz o SENHOR, até que eu os consuma por meio de sua mão. ⁹ E vós não deis ouvidos a vossos profetas, nem a vossos adivinhos, nem a vossos sonhos, nem a vossos videntes, nem a vossos encantadores, que vos falam, dizendo: Não servireis ao rei da Babilônia. ¹⁰ Pois eles vos profetizam mentiras, para vos afastardes de vossa terra, e para que eu vos afugente, e pereçais. ¹¹ Mas a nação que pôr seu pescoço sob o jugo do rei da Babilônia, e o servir, a essa eu deixarei ficar em seu terra, e a cultivará, e nela habitará diz o SENHOR. ¹² E falei também a Zedequias, rei de Judá, conforme todas estas palavras, dizendo: Ponde vossos pescoços sob o jugo do rei da Babilônia, e servi a ele e a seu povo; então vivereis. ¹³ Por que morreríeis, tu e teu povo, pela espada, pela fome, pela pestilência, tal como disse o SENHOR sobre a nação que não servir ao rei da Babilônia? ¹⁴ Não escuteis as palavras dos profetas que vos falam, dizendo: Não servireis ao rei da Babilônia; pois eles vos profetizam mentiras. ¹⁵ Pois eu não os enviei, diz o SENHOR, e eles profetizam falsamente em meu nome, para que eu vos afugente, e pereçais, vós e os profetas que vos profetizam. ¹⁶ Também falei aos sacerdotes e a todo este povo, dizendo: Assim diz o SENHOR: Não escuteis as palavras de vossos profetas, que

---

* **27:5** for do meu agrado lit. for bom aos meus olhos

vos profetizam, dizendo: Eis que os vasos da casa do SENHOR voltarão da Babilônia em breve. Pois eles vos profetizam mentiras. [17] Não escuteis a eles; servi ao rei de Babilônia, e então vivereis; por que se tornaria esta cidade em deserto? [18] Porém se eles são profetas, e se a palavra do SENHOR é com eles, orem agora ao SENHOR dos exércitos, que os objetos de valor que restaram na casa do SENHOR, na casa do rei de Judá, e em Jerusalém, não vão para a Babilônia. [19] Porque assim diz o SENHOR dos exércitos quanto às colunas, ao mar, às bases, e ao restante dos objetos de valor que restaram nesta cidade, [20] Que Nabucodonosor, rei da Babilônia, não tomou, quando levou cativo de Jerusalém a Babilônia a Jeconias, filho de Jeoaquim, rei de Judá, e a todos os nobres de Judá e de Jerusalém; [21] Assim pois diz o SENHOR dos exércitos, Deus de Israel, quanto aos objetos de valor que restaram *na* casa do SENHOR, e *na* casa do rei de Judá, e *em* Jerusalém: [22] Para a Babilônia serão levados, e ali ficarão até o dia em que eu os punirei, diz o SENHOR; então depois eu os farei subir, e os restituirei a este lugar.

28

[1] E aconteceu no mesmo ano, no princípio do reinado de Zedequias, rei de Judá, no quarto ano, no quinto mês, que Hananias, filho de Azur, profeta que era de Gibeom, falou para mim na casa do SENHOR diante dos sacerdotes e de todo o povo, dizendo: [2] Assim fala o SENHOR dos exércitos, Deus de Israel, dizendo: Quebrarei o jugo do rei da Babilônia. [3] Dentro do tempo de dois anos, trarei de volta a este lugar todos os objetos de valor da casa do SENHOR, que Nabucodonosor, rei da Babilônia, tomou deste lugar para os levar à Babilônia; [4] E eu trarei de volta a este lugar a Jeconias filho de Jeoaquim, rei de Judá, e a todos os levados cativos de Judá que entraram na Babilônia, diz o SENHOR; pois quebrarei o jugo do rei da Babilônia. [5] Então o profeta Jeremias disse ao profeta Hananias, diante dos sacerdotes e diante de todo o povo que estava na casa do SENHOR. [6] Disse, pois, o profeta Jeremias: Amém! Assim o faça o SENHOR! Que o SENHOR confirme as tuas palavras, com que profetizaste; para que os objetos de valor da casa do SENHOR, e sejam trazidos de volta todos os cativos da Babilônia para este lugar. [7] Porém ouve agora esta palavra, que eu falo aos teus ouvidos e aos ouvidos de todo o povo: [8] Os profetas que foram antes de mim e antes de ti, desde os tempos antigos, profetizaram contra muitas terras e grandes reinos, guerra, aflição, e pestilência. [9] O profeta que profetizar paz, quando suceder a palavra daquele profeta, será reconhecido tal profeta, que o SENHOR verdadeiramente o enviou. [10] Então o profeta Hananias tomou o jugo do pescoço do profeta Jeremias, e o quebrou, [11] E falou Hananias diante dos olhos de todo o povo, dizendo: Assim diz o SENHOR: Desta maneira quebrarei o jugo de Nabucodonosor, rei da Babilônia, dentro do tempo de dois anos, de sobre o pescoço de todas as nações. E Jeremias saiu dali. * [12] Mas depois que o profeta Hananias quebrou o jugo do pescoço do profeta Jeremias, veio a palavra do SENHOR a Jeremias, dizendo: [13] Vai, e fala a Hananias, dizendo: Assim diz o SENHOR: Jugos de madeira quebraste, mas farás em seu lugar jugos de ferro. [14] Porque assim diz o SENHOR dos exércitos, Deus de Israel: Jugo de ferro pus sobre o pescoço de todas estas nações, para que sirvam a Nabucodonosor rei da Babilônia, e a ele servirão; e até os animais do campo eu lhe dei. [15] E disse o profeta Jeremias ao profeta Hananias: Agora ouve, Hananias: o SENHOR não te enviou, porém tu fizeste este povo confiar em mentiras. [16] Por isso assim diz o SENHOR: Eis que eu te expulso de sobre a face da terra; morrerás neste ano, porque falaste rebelião contra o SENHOR. [17] E morreu o profeta Hananias no mesmo ano, no sétimo mês.

---

* **28:11** saiu dali lit. foi em seu caminho

29

¹ Estas são as palavras da carta que o profeta Jeremias enviou de Jerusalém ao restante dos anciãos levados cativos, como também aos sacerdotes e aos profetas, e a todo o povo, que Nabucodonosor havia transportado de Jerusalém para a Babilônia, ² Depois da saída do rei Jeconias, da rainha-mãe, dos príncipes de Judá e Jerusalém, e dos carpinteiros e ferreiros de Jerusalém, ³ *Enviada* pela mão de Elasá, filho de Safã, e de Gemarias, filho de Hilquias, os quais Zedequias rei de Judá enviou a Nabucodonosor rei da Babilônia, dizendo: ⁴ Assim diz o SENHOR dos exércitos, Deus de Israel, a todos os levados cativos, os quais fiz transportar de Jerusalém à Babilônia: ⁵ Edificai casas, e *nelas* habitai; plantai hortas, e comei o fruto delas. ⁶ Tomai esposas, e gerai filhos e filhas, e tomai esposas para vossos filhos, e dai vossas filhas a homens, para que gerem filhos e filhas; e ali multiplicai-vos, e não vos diminuais. ⁷ E buscai a paz da cidade para onde eu vos levei, e orai por ela ao SENHOR; porque na paz dela vós tereis paz. ⁸ Porque assim diz o SENHOR dos exércitos, Deus de Israel: Os vossos profetas, que há entre vós, e vossos adivinhos não vos enganem; nem escutais a vossos sonhos, que vós sonhais. ⁹ Pois eles vos profetizam falsamente em meu nome; eu não os enviei, diz o SENHOR. ¹⁰ Porque assim diz o SENHOR: Certamente que, quando se cumprirem setenta anos na Babilônia, eu vos visitarei; e cumprirei sobre vós minha boa palavra, trazendo-vos de volta a este lugar. ¹¹ Porque eu sei os pensamentos que penso quanto a vós, diz o SENHOR, pensamentos de paz, e não de mal, para vos dar um futuro com esperança. ¹² Então me invocareis, e ireis, e orareis a mim, e eu vos ouvirei; ¹³ E vós me buscareis e achareis, quando me buscardes de todo o vosso coração. ¹⁴ E serei achado por vós, diz o SENHOR, e vos restauarei de vosso infortúnio, e vos ajuntarei de todas as nações, e de todos os lugares para onde eu vos lancei, diz o SENHOR; e vos farei voltar ao lugar de onde vos fiz serdes levados cativos. ¹⁵ Visto que dizeis: "O SENHOR tem nos levantado profetas na Babilônia", ¹⁶ por isso assim diz o SENHOR acerca do rei que se assenta sobre o trono de Davi, e de todo o povo que mora nesta cidade, os vossos irmãos que não saíram convosco ao cativeiro; ¹⁷ Assim diz o SENHOR dos exércitos: Eis que enviarei contra eles espada, fome, e pestilência; e farei deles como a figos podres, que de tão ruins não podem ser comidos. ¹⁸ E os perseguirei com espada, com fome e com pestilência; e os farei de horror a todos os reinos da terra, de maldição e de espanto, e de assovio e de humilhação entre todas a nações às quais eu os tiver lançado; ¹⁹ Porque não deram ouvidos às minhas palavras, diz o SENHOR, que lhes enviei por meus servos os profetas, insistindo em os enviar; próem não escutastes, diz o SENHOR. ²⁰ Vós, pois, ouvi a palavra do SENHOR, todos os do cativeiro que enviei de Jerusalém à Babilônia. ²¹ Assim diz o SENHOR dos exércitos, Deus de Israel, quanto a Acabe filho de Colaías, e quanto a Zedequias filho de Maaseias, que vos profetizam falsamente em meu nome: Eis que os entregarei na mão de Nabucodonosor rei da Babilônia, e ele os ferirá diante de vossos olhos. ²² E todos os exilados de Judá que estão na Babilônia, os usarão como objeto de maldição, dizendo: Que o SENHOR faça a ti como a Zedequias e como a Acabe, aos quais o rei de Babilônia assou no fogo; ²³ porque fizeram loucura em Israel, e cometeram adultério com as mulheres de seus próximos; e falaram falsamente em meu nome palavra que não lhes mandei; e disso eu sei, e sou testemunha, diz o SENHOR. ²⁴ E a Semaías o neelamita falarás, dizendo: ²⁵ Assim diz o SENHOR dos exércitos, Deus de Israel, dizendo: Enviaste em teu nome cartas a todo o povo que está em Jerusalém, e a Sofonias, filho do sacerdote Maaseias, e a todos os sacerdotes, dizendo: ²⁶ O SENHOR te pôs por sacerdote em lugar do sacerdote Joiada, para que sejas supervisor na casa do SENHOR sobre todo homem furioso e profetizante, para o lançares na prisão e no tronco. ²⁷ Agora, pois,

por que não repreendeste a Jeremias de Anatote, que vos profetiza? [28] Porque por isso ele nos mandou dizer na Babilônia: *O cativeiro* será duradouro; edificai casas, e *nelas* morai; plantai hortas, e comei o fruto delas. [29] E o sacerdote Sofonias leu esta carta aos ouvidos do profeta Jeremias. [30] Então veio a palavra do SENHOR a Jeremias, dizendo: [31] Manda dizer a todos os do cativeiro: Assim diz o SENHOR quanto a Semaías, o neelamita: Visto que Semaías vos profetizou, sem que eu tenha o enviado, e vos fez confiar em mentiras; [32] Portanto assim diz o SENHOR: Eis que castigarei Semaías o neelamita, e a sua descendência; * ele não terá ninguém que habite entre este povo, nem verá o bem que eu farei a meu povo, diz o SENHOR; pois ele falou rebelião contra o SENHOR.

30

[1] Palavra que veio do SENHOR a Jeremias, dizendo: [2] Assim diz o SENHOR Deus de Israel, dizendo: Escreve para ti em um livro todas as palavras que tenho te falado; [3] Porque eis que vêm dias, diz o SENHOR, em que restaurarei o meu povo, Israel e Judá, de seus infortúnios, diz o SENHOR, e os trarei de volta à terra que dei a seus pais, e a possuirão. [4] E estas são as palavras que o SENHOR falou quanto a Israel e a Judá; [5] Porque assim diz o SENHOR: Ouvimos voz de tremor; há temor, e não paz. [6] Perguntai pois, e olhai se o homem dá à luz; então por que vejo que todo homem *com* as mãos sobre seus lombos, como *se fosse* mulher de parto? E *por que* todos os rostos ficaram pálidos? [7] Ai! Pois aquele dia é tão grande, que não houve outro semelhante; é tempo de angústia para Jacó; porém será livrado dela. [8] Pois será naquele dia,diz o SENHOR dos exércitos, que eu quebrarei seu jugo de teu pescoço, e romperei tuas amarras; e estrangeiros nunca mais se servirão dele. [9] Em vez disso servirão ao SENHOR, seu Deus, e a Davi, seu rei, o qual lhes levantarei. [10] Tu pois, servo meu Jacó, não temas, diz o SENHOR, nem te espantes, ó Israel; porque eis que te salvarei de longe, e a tua descendência * da terra do seu cativeiro; e Jacó voltará, descansará e sossegará, e não haverá quem o atemorize. [11] Pois estou contigo,diz o SENHOR, para te salvar; e pois exterminarei todas as nações entre a quais te espalhei; porém eu não exterminarei, mas te castigarei com moderação, e não te deixarei impune. [12] Porque assim diz o SENHOR: Teu quebrantamento é incurável, tua ferida é grave. [13] Não há quem julgue tua causa quanto a *tua* enfermidade; não há para ti remédios que curem. [14] Todos os teus amantes se esqueceram de ti e não te buscam; pois te feri *com* ferida de inimigo, *com* castigo *como* de *alguém* cruel, por causa da grandeza de tua maldade, e da multidão de teus pecados. [15] Por que gritas por causa de teu quebrantamento? Tua dor é incurável; *pois* pela grandeza de tua maldade, *e* pela multidão de teus pecados te fiz estas coisas. [16] Porém serão devorados todos os que te devoram; e todos os teus adversários, todos eles irão ao cativeiro; e roubados serão os que te roubam, e a todos os que te despojam entregarei para que sejam despojados. [17] Mas eu te farei ter saúde, e sararei tuas feridas, diz o SENHOR; pois te chamaram de rejeitada, *dizendo* : Esta é Sião, a quem ninguém busca. [18] Assim diz o SENHOR: Eis que restaurarei as tendas de Jacó de seu infortúnio, e me compadecerei de suas moradas; e a cidade será reedificada de suas ruínas, e o templo será posto no lugar de costume. [19] E sairá deles louvor, e voz dos que estão cheios de alegria; e eu os multiplicarei, e não serão diminuídos; eu os glorificarei, e não serão menosprezados. [20] E seus filhos serão como no passado; e sua congregação será confirmada diante de mim; e punirei a todos os seus opressores. [21] E seu líder será dele, e seu governador saíra do meio dele; e eu o farei chegar perto, e ele se achegará a mim; pois quem jamais confiou em seu próprio coração para se achegar a mim? diz o SENHOR. [22] E

---

* **29:32** descendência lit. semente   * **30:10** Lit. semente

vós sereis meu povo, e eu serei vosso Deus. ²³ Eis que a tempestade do SENHOR sai *com* furor, a tempestade impetuosa, que sobre a cabeça dos ímpios cairá. ²⁴ A ardente ira do SENHOR não retrocederá enquanto não tiver feito e cumprido os pensamentos de seu coração; no fim dos dias entendereis isto.

31

¹ Naquele tempo,diz o SENHOR, eu serei o Deus de todas as famílias de Israel, e elas serão o meu povo. ² Assim diz o SENHOR: O povo dos que escaparam da espada encontrou graça no deserto; *este é* Israel, quando eu o fizer descansar. ³ O SENHOR apareceu a mim já há muito tempo, dizendo: Com amor eterno eu tenho te amado; por isso com bondade te sustento. ⁴ Novamente te edificarei, e serás edificada, ó virgem de Israel; novamente serás adornada com teus tamborins, e sairás na dança dos que se alegram. ⁵ Novamente plantarás vinhas nos montes de Samaria; os plantadores plantarão, e *delas* desfrutarão. ⁶ Pois haverá dia *em que* os vigilantes no monte de Efraim gritarão: Levantai-vos, e subamos a Sião, ao SENHOR nosso Deus! ⁷ Porque assim diz o SENHOR: Cantai por Jacó com alegria, e jubilai por causa da principal * de nações; anunciai, louvai, e dizei: Salva, SENHOR, o teu povo, o restante de Israel. ⁸ Eis que eu os trarei da terra do norte, e os juntarei desde os confins da terra, entre os quais haverá cegos e aleijados, mulheres grávidas e as que tiveram parto juntamente; em grande multidão voltarão para cá. ⁹ Virão com choro, e com suplicações os trarei; e os guiarei a ribeiros de águas, por um caminho plano, em que não tropeçarão; porque sou um pai para Israel, e Efraim é meu primogênito. ¹⁰ Ouvi a palavra do SENHOR, ó nações, e *a* anunciai nos litorais de longe, e dizei: Aquele que espalhou a Israel o juntará e o guardará, tal como um pastor ao seu gado. ¹¹ Pois o SENHOR resgatou a Jacó, o livrou da mão do mais forte que ele. ¹² E virão, e jubilarão no lugar alto de Sião, e correrão para o bem do SENHOR: ao trigo, ao suco de uva, ao azeite, e aos cordeiros e bezerros; e a alma deles será como um jardim regado, e nunca mais se enfraquecerão. † ¹³ Então a virgem se alegrará na dança, como também os jovens e os velhos juntamente; e tornarei seu pranto em alegria, e os consolarei, e os alegrarei em sua tristeza. ¹⁴ E encherei a alma dos sacerdotes de fartura, ‡ e meu povo será saciado com o meu bem, diz o SENHOR. ¹⁵ Assim diz o SENHOR: Uma voz foi ouvida em Ramá, lamentação e choro amargo: Raquel chora por seus filhos; não quer ser consolada por causa de seus filhos, pois já não existem. ¹⁶ Assim diz o SENHOR: Reprime tua voz de choro, e teus olhos de lágrimas; pois há recompensa para teu trabalho, diz o SENHOR, pois voltarão da terra do inimigo. ¹⁷ E há esperança para o teu futuro,diz o SENHOR, pois os *teus* filhos voltarão a suas *próprias* fronteiras. ¹⁸ De fato ouvi Efraim se queixar, *dizendo* : Castigaste-me, e fui castigado como um novilho não domado; converte-me e serei convertido; pois tu és o SENHOR meu Deus. § ¹⁹ Pois depois que me desviei, arrependi-me; depois que entendi, golpeei-me na coxa; envergonhei-me, e me senti humilhado, porque levei a vergonha de minha juventude. ²⁰ Por acaso não é Efraim um filho precioso para mim? Não é ele um filho do meu agrado? Pois mesmo tendo eu falado contra ele, eu me lembro dele constantemente. Por isso minhas entranhas se comovem por ele; certamente terei compaixão dele,diz o SENHOR. ²¹ Levanta para ti sinais, põe para ti marcos altos; presta atenção à vereda, ao caminho *por onde* vieste; volta-te, ó virgem de Israel, volta-te para estas tuas cidades. ²² Até quando andarás sem rumo, ó filha

---

* **31:7** principal lit. cabeça   † **31:12** enfraquecerão trad. alt. entristecerão   ‡ **31:14** fartura lit. gordura
§ **31:18** converte-me, e serei convertido trad. alt. restaura-me, e serei restaurado

rebelde? Pois o SENHOR criará uma coisa nova sobre a terra: uma fêmea cercará *
ao varão. ²³ Assim diz o SENHOR dos exércitos, Deus de Israel: Novamente dirão esta
palavra na terra de Judá e em suas cidades, quando eu os restaurar de seu infortúnio:
O SENHOR te abençoe, ó morada de justiça, ó monte santo. ²⁴ E nela habitarão Judá,
e em todas as suas cidades juntamente: os lavradores, e os que caminham com o
rebanho. ²⁵ Porque terei saciado a alma cansada, e enchido toda alma entristecida.
²⁶ (Nisto me despertei, e olhei; e meu sonho me foi agradável). ²⁷ Diz o SENHOR: Eis
que vêm dias, em que semearei a casa de Israel e a casa de Judá com semente de
homens e com semente de animais. ²⁸ E será que, como tive atenção com eles para
arrancar e para derrubar, para transtornar para destruir, e afligir, assim terei atenção
com eles para edificar e plantar,diz o SENHOR. ²⁹ Naqueles dias nunca mais dirão: Os
pais comeram uvas verdes, mas foram os dentes dos filhos que se estragaram. ³⁰ Ao
contrário, cada um morrerá por sua *própria* maldade; todo homem que comer as
uvas verdes estragará seus dentes. ³¹ Eis que vêm dias,diz o SENHOR, em que farei
um novo pacto com a casa de Jacó e a casa de Judá; ³² Não como o pacto que fiz
com seus pais, no dia em que os tomei pela mão para os tirar da terra do Egito; pois
invalidaram meu pacto, ainda que eu tenha me casado com eles,diz o SENHOR. ³³ Mas
este é o pacto que farei com a casa de Israel depois daqueles dias,diz o SENHOR: Darei
minha lei em seu interior, e a escreverei em seus corações; e eu serei o Deus deles, e
eles serão meu povo. ³⁴ E não ensinará mais ninguém a seu próximo, nem ninguém a
seu irmão, dizendo: Conhece ao SENHOR; pois todos me conhecerão, desde o menor
deles até o maior, diz o SENHOR; porque perdoarei a maldade deles, e nunca mais
me lembrarei mais de seus pecados. ³⁵ Assim diz o SENHOR, que dá o sol para a luz
do dia, *e* as ordenanças da lua e das estrelas para a luz da noite; que divide o mar,
e bramam suas ondas; EU-SOU dos exércitos é seu nome: ³⁶ Se estas ordenanças se
desviarem diante de mim,diz o SENHOR, também a semente de Israel deixará de ser
nação diante de mim para sempre. ³⁷ Assim diz o SENHOR: Se os céus acima ser
medidos, e *se podem* investigar abaixo os fundamentos da terra, então também eu
rejeitarei toda a semente de Israel por tudo quanto fizeram, diz o SENHOR. ³⁸ Diz o
SENHOR: Eis que vêm dias em que a cidade *de Jerusalém* será edificada ao SENHOR,
desde a torre de Hananeel até a porta da esquina. ³⁹ E a linha de medir sairá também
diante dela, até sobre à colina de Garebe, e virará ao redor até Goa. ⁴⁰ E todo o vale
dos cadáveres e da cinza, e todas os campos até o ribeiro de Cedrom, até a esquina
da porta dos cavalos ao oriente, serão consagrados ao SENHOR; nunca mais será
arrancada nem derrubada.

32

¹ Palavra que veio do SENHOR a Jeremias, no décimo ano de Zedequias rei de Judá,
que foi o décimo oitavo ano de Nabucodonosor. ² (Quando então o exército do rei
da Babilônia tinha cercado a Jerusalém; e o profeta Jeremias estava preso no pátio
da guarda, que estava na casa do rei de Judá, ³ Pois Zedequias rei de Judá tinha lhe
prendido, dizendo: Por que profetizas tu dizendo: Assim diz o SENHOR: "Eis que eu
entrego esta cidade na mão do rei da Babilônia, e ele a tomará, ⁴ E Zedequias rei
de Judá não escapará da mão dos caldeus; ao contrário, certamente será entregue
na mão do rei da Babilônia, e falará com ele face a face, e seus olhos verão seus
olhos, ⁵ E levará Zedequias à Babilônia, e ali ficará até que eu o visite, diz o SENHOR;
se lutardes com os Caldeus, não vencereis"?) ⁶ Disse, pois, Jeremias: A palavra do
SENHOR veio a mim, dizendo: ⁷ Eis que Hanameel, filho de Salum teu tio, está vindo
a ti para dizer: Compra para ti minha propriedade que está em Anatote; pois tu

---

* **31:22** cercará obscuro – trad. alt. rodeará, protegerá

tens o direito de resgate para comprá-la. ⁸ E veio a mim Hanameel, filho de meu tio, conforme à palavra do SENHOR, ao pátio da guarda, e me disse: Compra agora minha propriedade que está em Anatote, na terra de Benjamim; pois teu é o direito de herança, e teu é o resgate; compra -*a* para ti. Então entendi que *isto* era a palavra do SENHOR. ⁹ Assim comprei a propriedade de Hanameel, filho de meu tio, a qual está em Anatote; e pesei para ele o dinheiro: dezessete siclos de prata. ¹⁰ E assinei o documento, e o selei, e *o* fiz testemunhar a testemunhas; e pesei o dinheiro em balanças. ¹¹ Tomei logo o documento de compra selado, *que continha* os termos e condições, e a *cópia* aberta. ¹² E dei o documento de compra a Baruque, filho de Nerias, filho de Maasias, diante da vista de Hanameel *filho* de meu tio, e diante da vista das testemunhas que assinaram o documento de compra, *e* diante da vista de todos os judeus que estavam sentados no pátio da guarda. ¹³ E mandei a Baruque diante da vista deles, dizendo: ¹⁴ Assim diz o SENHOR dos exércitos, Deus de Israel: Toma estes documentos, este documento de compra, tanto o que está selado como este documento aberto, e põe-nos em um vaso de barro, para que durem muitos dias. ¹⁵ Pois assim diz o SENHOR dos exércitos, Deus de Israel: Ainda se comprarão casas, campos, e vinhas nesta terra. ¹⁶ E depois que dei o documento de compra a Baruque filho de Nerias, orei ao SENHOR, dizendo: ¹⁷ Ah Senhor DEUS! Eis que tu fizeste os céus e a terra com teu grande poder, e com teu braço estendido; não há coisa alguma que seja difícil para ti; ¹⁸ Tu, que mostras bondade a milhares, e retribuis a maldade dos pais no seio de seus filhos depois deles; o grande, poderoso Deus; EU-SOU dos exércitos é o seu nome; ¹⁹ Grande em conselho, e magnífico em feitos; pois teus olhos estão abertos sobre todos os caminhos dos filhos dos homens, para dar a cada um conforme seus caminhos, e conforme o fruto de suas obras; ²⁰ Que puseste sinais e maravilhas na terra do Egito até o dia de hoje, e em Israel, e entre os homens; e fizeste para ti um nome * tal como é este dia; ²¹ E tiraste teu povo Israel da terra do Egito com sinais e maravilhas, com mão forte e braço estendido, e com grande espanto; ²² E deste-lhes esta terra, da qual juraste a seus pais lhes dar, terra que mana leite e mel: ²³ E entraram, e tomaram posse *dela* ; porém não obedeceram à tua voz, nem andaram em tua lei; nada fizeram do que lhes mandaste fazer; por isso fizeste vir sobre eles todo este mal. ²⁴ Eis aqui os cercos! Já vieram à cidade para tomá-la; e a cidade está entregue nas mãos dos caldeus que lutam contra ela, por causa da espada, da fome e da pestilência; e o que falaste se cumpriu, e eis que tu estás vendo *isso* . ²⁵ Porém tu, ó Senhor DEUS, me disseste: Compra para ti o campo por dinheiro, e faze com que testemunhas testemunhem; mesmo estando a cidade já entregue nas mãos dos caldeus? ²⁶ Então veio a palavra do SENHOR a Jeremias, dizendo: ²⁷ Eis que eu sou o SENHOR, Deus de toda carne: Existe, por acaso, algo difícil demais para mim? ²⁸ Portanto assim diz o SENHOR: Eis que eu entrego esta cidade nas mãos dos caldeus, e na mão de Nabucodonosor rei de Babilônia, e ele a tomará; ²⁹ E os caldeus que lutam contra esta cidade entrarão, e incendiarão esta cidade com fogo, e a queimarão, juntamente com as casas sobre cujas terraços ofereceram incenso a Baal e fizeram ofertas de bebidas a deuses estrangeiros, para me provocarem à ira; ³⁰ Pois os filhos de Israel e os filhos de Judá têm feito somente o mal diante dos meus olhos desde sua juventude; porque os filhos de Israel nada têm feito, a não ser somente me provocar à ira com a obra de suas mãos,diz o SENHOR. ³¹ Pois esta cidade tem me causado minha ira e meu furor desde o dia que a edificaram até hoje, de tal maneira que eu a removerei de minha presença; ³² Por toda a maldade dos filhos de Israel e dos filhos de Judá, que têm feito para me provocarem à ira; eles, seus reis, seus príncipes, seus sacerdotes, seus profetas, os homens de Judá, e

---

* **32:20** nome i.e., renome, fama

os moradores de Jerusalém. ³³ E viraram para mim as costas, e não o rosto. Ainda que eu tenha lhes ensinado, insistindo em ensinar, contudo se recusaram a ouvir para receberem correção; ³⁴ Ao invés disso, puseram suas abominações na casa que se chama pelo meu nome, para a profanarem. ³⁵ E edificaram os altos de Baal, que ficam no vale do filho de Hinom, para fazer seus filhos e suas filhas passarem *pelo fogo* a Moloque, o que nunca lhes mandei, nem pensei em meu coração, para que fizessem tal abominação, para fazerem pecar a Judá. ³⁶ E portanto agora assim diz o SENHOR Deus de Israel, quanto a esta cidade, da qual vós dizeis: Já está entregue nas mãos do rei de Babilônia à espada, à fome, e à pestilência: ³⁷ Eis que eu os ajuntarei de todas as terras para onde eu os tiver lançado com minha ira, meu furor e grande indignação; e os farei voltar a este lugar, e os farei habitar em segurança; ³⁸ E eles serão meu povo, e eu lhes serei seu Deus. ³⁹ E lhes darei um *só* coração e um *só* caminho, para que me temam todos os dias, para o bem deles, e de seus filhos depois deles. ⁴⁰ E farei com eles um pacto eterno, que não lhes deixarei † de fazer o bem, e porei o temor a mim no coração deles, para que nunca se afastem de mim. ⁴¹ E me alegrarei com eles fazendo-lhes bem, e fielmente os plantarei nesta terra , com todo meu coração e com toda a minha alma. ⁴² Pois assim diz o SENHOR: Assim como trouxe sobre este povo todo este grande mal, assim também trarei sobre eles todo o bem que eu lhes prometo. ⁴³ E campos serão comprados nesta terra da qual vós dizeis: Está desolada, sem homens e sem animais; está entregue nas mãos dos caldeus. ⁴⁴ Campos serão comprados por dinheiro, e se assinarão documentos, e os selarão, e farão testemunhas testificarem, na terra de Benjamim, nos arredores de Jerusalém, e nas cidades de Judá; nas cidades das montanhas, e nas cidades das planícies, e nas cidades do Negueve; porque eu os restaurarei de seu infortúnio, diz o SENHOR.

33

¹ E veio a palavra do SENHOR a Jeremias pela segunda vez, estando ele ainda preso no pátio da guarda, dizendo: ² Assim diz o SENHOR que faz *isto* ; o SENHOR, que forma isto para o confirmar; EU-SOU é o seu nome: ³ Clama a mim, e eu te responderei; e te direi coisas grandes e difíceis * que tu não conheces. ⁴ Pois assim diz o SENHOR, Deus de Israel, quanto às casas desta cidade, e às casas dos reis de Judá, que foram derrubadas com as rampas de cerco e com espada: ⁵ Vieram lutar contra os caldeus, para enchê-las de cadáveres de homens, aos quais feri em minha ira e meu furor; pois escondi meu rosto desta cidade, por causa de toda a sua malícia. ⁶ Eis que eu lhes trarei saúde e cura, e os sararei; e lhes manifestarei abundância de paz e de verdade. ⁷ E restaurarei Judá de seu infortúnio, e israel de seu infortúnio, e os edificarei como no princípio. ⁸ E os purificarei de toda a sua maldade *com* que pecaram contra mim; e perdoarei todas as suas maldades *com* que pecaram contra mim, e que se rebelaram contra mim. ⁹ E *esta cidade* será para mim como nome de alegria, de louvor e de glória, entre todas as nações da terra, que ouvirem todo o bem que eu lhes faço; e se espantarão e tremerão por causa de todo o bem e de toda a paz que eu lhes darei. ¹⁰ Assim diz o SENHOR: Neste lugar, do qual dizeis que está desolado, sem homens nem animais, nas cidades de Judá e nas ruas de Jerusalém, que estão desoladas, sem homem, nem morador , nem animal, ainda se ouvirá ¹¹ Voz de júbilo e voz de alegria, voz de noivo e voz de noiva, e voz dos que dizem: Louvai ao SENHOR dos exércitos, pois o SENHOR é bom; pois sua bondade dura para sempre; *e também* dos que trazem louvor à casa do SENHOR; porque restaurarei esta terra

---

† **32:40** deixarei lit. voltarei atrás, me desviarei * **33:3** difíceis trad. alt. secretas

de seu infortúnio para o que era no princípio, diz o SENHOR. ¹² Assim diz o SENHOR dos exércitos: Neste lugar desolado, sem homem nem animal, e em todas as suas cidades, haverá novamente morada de pastores, que façam deitar o gado. ¹³ Nas cidades das montanhas, nas cidades das planícies, nas cidades do Negueve, na terra de Benjamim, e ao redor de Jerusalém e nas cidades de Judá, novamente passará o gado pelas mãos dos contadores, diz o SENHOR. ¹⁴ Eis que vêm dias, diz o SENHOR, em que eu confirmarei a boa palavra que prometi à casa de Israel e à casa de Judá. ¹⁵ Naqueles dias e naquele tempo farei brotar a Davi um Renovo de justiça; e ele fará juízo e justiça na terra. ¹⁶ Naqueles dias Judá será salvo, e Jerusalém habitará em segurança, e isto é o que a chamarão: O SENHOR é a nossa justiça. ¹⁷ Pois assim diz o SENHOR: Não faltará a Davi homem que se sente sobre o trono da casa de Israel; ¹⁸ Nem aos sacerdotes levitas faltará homem diante de mim que ofereça holocaustos, queime oferta de cereais, e faça sacrifícios todos os dias. ¹⁹ E veio a palavra do SENHOR a Jeremias, dizendo: ²⁰ Assim diz o SENHOR: Se puderdes invalidar meu pacto do dia e meu pacto da noite, de tal modo que não haja dia e noite a seu tempo, ²¹ Também se poderá invalidar meu pacto com meu servo Davi, para que não tenha filho que reine sobre seu trono, e com os levitas e sacerdotes, trabalhadores a meu serviço. ²² Assim como não se pode contar o exército do céu, nem se pode medir a areia do mar, assim também multiplicarei a descendência † de Davi meu servo, e os levitas que me servem. ²³ E veio a palavra do SENHOR a Jeremias, dizendo: ²⁴ Por acaso não tens visto o que este povo fala? Eles dizem: As duas famílias ‡ que o SENHOR havia escolhido agora ele as rejeitou. E desprezam a meu povo, como se não o considerassem mais como nação. ²⁵ Assim diz o SENHOR: Se meu pacto com o dia e a noite não durasse, se eu não tivesse estabelecido as leis do céu e a terra, ²⁶ Então também rejeitaria a descendência § de Jacó, e de Davi meu servo, para que não tomasse da sua descendência aos que governem sobre a descendência de Abraão, Isaque, e Jacó. Pois eu os restaurarei de seu infortúnio, e deles terei misericórdia.

34

¹ Palavra que veio do SENHOR a Jeremias, (quando Nabucodonosor rei da Babilônia, e todo o seu exército, e todos os reinos da terra que estavam sob o domínio de sua mão, e todos os povos, lutavam contra Jerusalém e contra todas as suas cidades), dizendo: ² Assim diz o SENHOR Deus de Israel: Vai, e fala a Zedequias rei de Judá, e dize-lhe: Assim diz o SENHOR: Eis que eu dou esta cidade na mão do rei de Babilônia, e ele a queimará no fogo; ³ E tu não escaparás de sua mão; ao contrário, certamente serás preso, e serás entregue na mão dele; e teus olhos verão os olhos do rei da Babilônia, e ele te falará face a face, e entrarás na Babilônia. ⁴ Ainda assim, ouve a palavra do SENHOR, ó Zedequias rei de Judá; assim diz o SENHOR quanto ti: Tu não morrerás à espada; ⁵ Em paz morrerás, e conforme às cerimônias de queimas por teus pais, os primeiros reis, que foram antes de ti, assim queimarão por ti, e prantearão por ti, dizendo: Ai, senhor!; pois eu disse esta palavra, diz o SENHOR. ⁶ E o profeta Jeremias falou a Zedequias, rei de Judá, todas estas palavras em Jerusalém, ⁷ Enquanto o exército do rei de Babilônia lutava contra Jerusalém e contra todas as cidades de Judá que haviam restado: contra Laquis, e contra Azeca; pois essas cidades fortificadas haviam restado dentre as cidades de Judá. ⁸ Palavra que veio do SENHOR a Jeremias, depois que o rei Zedequias fez um pacto com todo o povo em Jerusalém, para lhes proclamar liberdade; ⁹ Que cada um libertasse seu servo, e cada um sua serva, hebreu ou hebreia; de maneira que ninguém usasse dos seus irmãos judeus

---

† **33:22** descendência lit. semente – também v. 26 ‡ **33:24** famílias = i.e., as famílias (povos) de Israel e de Judá § **33:26** Lit. semente

como servos. * ¹⁰ E atenderam todos os príncipes, e todo o povo, que entraram no pacto de cada um libertar a seu servo e cada um libertar sua serva, de maneira que ninguém usasse mais deles como servos, atenderam, e os liberaram. ¹¹ Porém depois se arrependeram, e trouxeram de volta os servos e as servas que haviam libertado, e os sujeitaram para serem servos e servas. ¹² Então veio a palavra do SENHOR a Jeremias, de parte do SENHOR, dizendo: ¹³ Assim diz o SENHOR, Deus de Israel: Eu fiz um pacto com vossos pais no dia em que os tirei da terra do Egito, da casa de servos, dizendo: ¹⁴ Ao fim de sete anos libertareis cada um a seu irmão hebreu que te for vendido, e tiver servido a ti por seis anos; e o deixarás livre de ti; mas vossos pais não me ouviram, nem inclinaram seu ouvidos. ¹⁵ E recentemente † vós havíeis vos convertido, e tínheis feito o correto em meus olhos, proclamando cada um liberdade a seu próximo; e havíeis feito um pacto diante de minha presença, na casa sobre que se chama pelo meu nome: ¹⁶ Porém mudastes de ideia e profanastes o meu nome, e trouxestes de volta cada um a seu servo e cada um sua serva, os quais já havíeis libertado à vontade deles; e os sujeitastes para que sejam vossos servos e servas. ¹⁷ Portanto assim diz o SENHOR: Vós não me ouvistes em proclamar cada um liberdade a seu irmão, e cada um a seu companheiro; eis que eu vos proclamo liberdade, diz o SENHOR, para a espada, para a pestilência, e para a fome; e eu vos tornarei em motivo de espanto a todos os reinos da terra. ¹⁸ E entregarei os homens que transgrediram meu pacto, que não cumpriram as palavras do pacto que fizeram diante de mim, dividindo em duas partes o bezerro e passando entre de seus pedaços: ¹⁹ Os príncipes de Judá e os príncipes de Jerusalém, os eunucos e os sacerdotes, e todo o povo da terra, que passaram entre os pedaços do bezerro, ²⁰ Eu os entregarei na mão de seus inimigos, e na mão dos que buscam *tirar* sua vida; ‡ e seus cadáveres serão alimento para as aves do céu, e para os animais da terra. ²¹ E até a Zedequias, rei de Judá, e a seus príncipes, entregarei na mão de seus inimigos, e na mão dos que buscam *tirar* sua vida, e na mão do exército do rei da Babilônia, que se retiraram de vós. ²² Eis que eu darei ordem, diz o SENHOR, e os farei voltarem a esta cidade; e lutarão contra ela, e a tomarão, e a queimarão a fogo; e tornarei em desolação as cidades de Judá, de modo que não haja morador.

35

¹ Palavra que veio do SENHOR a Jeremias nos dias de Jeoaquim filho de Josias, rei de Judá, dizendo: ² Vai à casa dos recabitas, e fala com eles, e leva-os à casa do SENHOR, a uma das câmaras; e dá-lhes de beber vinho. ³ Tomei então a Jazanias filho de Jeremias, filho de Habazinias, e a seus irmãos, e a todos os seus filhos, e todos da casa dos recabitas; ⁴ E os levei à casa do SENHOR, à câmara dos filhos de Hanã, filho de Jigdalias, homem de Deus, a qual estava junto à câmara dos príncipes, que é acima da câmara de Maaseias filho de Salum, guarda da porta. ⁵ E pus diante dos filhos da casa dos recabitas taças e copos cheios de vinho, e disse-lhes: Bebei vinho. ⁶ Porém eles disseram: Não beberemos vinho; porque Jonadabe filho de Recabe, nosso pai, nos mandou, dizendo: Nunca bebereis vinho, nem vós nem vossos filhos; ⁷ Nem edificareis casa, nem semeareis semente, nem plantareis vinha, nem a tereis; em vez disso habitareis em tendas todos os vossos dias, para que vivais muitos dias sobre a face da terra onde vós peregrinais. ⁸ E nós temos obedecido à voz de Jonadabe, filho de Recabe, nosso pai; em tudo quanto ele nos mandou, de maneira que não bebemos vinho em todos os nossos dias, nós, nem nossas mulheres, nossos filhos, e nossas filhas; ⁹ Nem edificamos casas para nossa habitação; nem temos vinha, nem

---

* **34:9** servos = i.e., escravos também nos versículos seguintes   † **34:15** recentemente trad. alt. hoje   ‡ **34:20** vida lit. alma – também v. 21

campo, nem sementeira. ¹⁰ E habitamos em tendas, e *assim* temos obedecido e feito conforme a tudo quanto nos mandou Jonadabe nosso pai. ¹¹ Sucedeu, porém, que quando Nabucodonosor rei de Babilônia subiu a esta terra, dissemos: Vinde, e vamos a Jerusalém, por causa do exército dos caldeus e por causa do exército dos sírios; e *assim* ficamos em Jerusalém. ¹² Então veio a palavra do SENHOR a Jeremias, dizendo: ¹³ Assim diz o SENHOR dos exércitos, Deus de Israel: Vai, e dize aos homens de Judá, e aos moradores de Jerusalém: Por acaso nunca aceitareis ensino para obedecer a minhas palavras? Diz o SENHOR. ¹⁴ As palavras de Jonadabe, filho de Recabe, que mandou a seus filhos que não bebessem vinho, foram obedecidas; pois não o beberam até hoje, por terem ouvido ao mandamento de seu pai; e eu vos tenho falado, insistindo em falar, mas vós não me ouvistes. ¹⁵ E enviei a vós a todos os meus servos, os profetas, insistindo em enviá-los, para dizerem: Convertei-vos agora cada um de seu mal caminho, e fazei boas as vossas ações, e não sigais a outros deuses para lhes servi-los, e assim vivereis na terra que dei a vós e a vossos pais; porém não inclinastes vossos ouvidos, nem me obedecestes. ¹⁶ Dado que os filhos de Jonadabe, filho de Recabe, guardaram o mandamento de seu pai que lhes mandou, mas este povo não me tem obedece, ¹⁷ Portanto assim diz o SENHOR Deus dos exércitos, Deus de Israel: Eis que eu trarei sobre Judá e sobre todos os moradores de Jerusalém todo o mal que falei contra eles; pois eu lhes falei, mas não ouviram; eu os chamei, mas não responderam. ¹⁸ E disse Jeremias aos da casa dos recabitas: Assim diz o SENHOR dos exércitos, Deus de Israel: Por obedecerdes ao mandamento de Jonadabe vosso pai, e guardardes todos os seus mandamentos, e fizerdes conforme a tudo quanto ele vos mandou, ¹⁹ Portanto, assim diz o SENHOR dos exércitos, Deus de Israel: Nunca faltará homem *da descendência* de Jonadabe, filho de Recabe, que esteja diante de minha presença, todos os dias.

36

¹ Sucedeu, no quarto ano de Jeoaquim, filho de Josias, rei de Judá, que veio esta palavra do SENHOR a Jeremias, dizendo: ² Toma para ti um rolo de livro, e escreve nele todas as palavras que falei a ti sobre Israel e sobre Judá, e sobre todas as nações, desde o dia que comecei a falar a ti, desde os dias de Josias até hoje. ³ Talvez a casa de Judá ouça todo o mal que eu penso lhes fazer; para que cada um se converta de seu mau caminho; então eu perdoarei a maldade e o pecado deles. ⁴ Então Jeremias chamou a Baruque, filho de Nerias; e Baruque escreveu da boca de Jeremias, em um rolo de livro, todas as palavras que o SENHOR havia lhe falado. ⁵ E Jeremias mandou a Baruque, dizendo: Eu estou preso, não posso entrar na casa de SENHOR; ⁶ Portanto entra tu, e lê do rolo que escreveste de minha boca as palavras do SENHOR aos ouvidos do povo, na casa do SENHOR, no dia do jejum; e também as lerás aos ouvidos de todo Judá, os que vêm de suas cidades. ⁷ Talvez a oração deles chegue à presença do SENHOR, e cada um se converta de seu mau caminho; porque grande é a ira e o furor que o SENHOR tem pronunciado contra este povo. ⁸ E Baruque filho de Nerias fez conforme a tudo quanto o profeta Jeremias havia lhe mandado, lendo naquele livro as palavras do SENHOR *na* casa do SENHOR. ⁹ E aconteceu no quinto ano de Jeoaquim filho de Josias, rei de Judá, no nono mês, que proclamaram jejum diante do SENHOR, a todo o povo em Jerusalém, como também a todo o povo que vinha das cidades de Judá a Jerusalém. ¹⁰ Então Baruque leu naquele livro as palavras de Jeremias *na* casa do SENHOR, na câmara de Gemarias, filho de Safã, o escriba, no pático de cima, à entrada da porta nova da casa do SENHOR, aos ouvidos de todo o povo. ¹¹ E Miqueias, filho de Gemarias, filho de Safã, quando ouviu todas as palavras do SENHOR daquele livro, ¹² Desceu à casa do rei, à câmara do escriba; e

eis que estavam ali sentados todos os príncipes: Elisama, o escriba; Delaías filho de Semeías; Elnatã filho de Acbor; Gemarias filho de Safã; Zedequias filho de Ananias; como também a todos os príncipes. ¹³ E Miqueias lhes anunciou todas as palavras que tinha ouvido enquanto Baruque lia no livro aos ouvidos do povo. ¹⁴ Então todos os príncipes enviaram a Jeudi filho de Netanias, filho de Selemias, filho de Cusi, para que dissesse a Baruque: Toma o rolo em que leste aos ouvidos do povo, e vem. Então Baruque filho de Nerias tomou o rolo em sua mão, e veio a eles. ¹⁵ E lhe disseram: Senta-te agora, e o lê aos nossos ouvidos. E Baruque leu aos seus ouvidos. ¹⁶ E sucedeu que, quando ouviram todas aquelas palavras, cada um se voltou espantado uns aos outros, e disseram a Baruque: Sem dúvida alguma anunciaremos ao rei todas estas palavras. ¹⁷ E perguntaram a Baruque, dizendo: Conta-nos agora: como escreveste todas estas palavras? Da boca de *Jeremias*? ¹⁸ E Baruque lhes disse: Ele me ditava de sua boca todas estas palavras, e eu escrevia no livro com tinta. ¹⁹ Então disseram os príncipes a Baruque: Vai, e esconde-te, tu e Jeremias, e ninguém saiba onde estais. ²⁰ E foram ao encontro do rei no pátio, porém o rolo depositaram na câmara de Elisama, o escriba; e contaram aos ouvidos do rei todas aquelas palavras. ²¹ Então o rei enviou a Jeudi para que tomasse o rolo; e o tomou da câmara de Elisama, o escriba, e Jeudi o leu aos ouvidos do rei, e aos ouvidos de todos os príncipes que estavam junto ao rei. ²² (E o rei estava na casa de inverno, no nono mês; e havia diante dele um braseiro aceso); ²³ E sucedeu que, havendo Jeudi lido três ou quatro colunas, rasgou-o com uma lâmina de escrever, e o lançou no fogo que tinha no braseiro, até que todo o rolo se consumiu no fogo que estava no braseiro. ²⁴ E não temeram, nem rasgaram suas vestes, o rei e todos seus servos que ouviram todas estas palavras. ²⁵ E ainda que Elnatã, Delaías e Gemarias tenham rogado ao rei que não queimasse aquele rolo, mesmo assim ele se recusou a os ouvir; ²⁶ Em vez disso, o rei mandou a Jerameel filho do rei, a Seraías filho de Azriel, e a Selemias filho de Abdeel, que prendessem ao escriba Baruque e ao profeta Jeremias; mas o SENHOR havia os escondido. ²⁷ Então veio a palavra do SENHOR a Jeremias, depois do rei ter queimado o rolo, e as palavras que Baruque tinha escrito da boca de Jeremias, dizendo: ²⁸ Toma de novo outro rolo, e escreve nele todas as primeiras palavras que estavam no primeiro rolo, o qual queimou Jeoaquim, rei de Judá. ²⁹ E dirás a Jeoaquim rei de Judá: Assim diz o SENHOR: Tu queimaste este rolo, dizendo: Por que escreveste nele, dizendo: Certamente virá o rei da Babilônia, e destruirá esta terra, e fará com que não fiquem nela homens nem animais? ³⁰ Portanto assim diz o SENHOR quanto a Joaquim rei de Judá: Ele não terá quem se sente sobre o trono de Davi; e seu cadáver será lançado ao calor do dia e à geada da noite. ³¹ E punirei a ele, assim como sua semente e os seus servos, por sua perversidade; e trarei sobre eles, sobre os moradores de Jerusalém, e sobre os homens de Judá, todo o mal que tenho lhes dito mas não *quiseram* ouvir. ³² Então Jeremias tomou outro rolo, e o deu a Baruque filho de Nerias, o escriba; o qual escreveu nele da boca de Jeremias todas as palavras do livro que Jeoaquim, rei de Judá, tinha queimado a fogo; e ainda foram acrescentadas a elas muitas outras palavras semelhantes.

37

¹ E o rei Zedequias, filho de Josias, reinou em lugar de Conias filho de Jeoaquim, ao qual Nabucodonosor, rei da Babilônia, tinha constituído por rei na terra de Judá. ² Porém nem ele, nem seus servos, nem o povo da terra, deram ouvidos às palavras do SENHOR, que falou por meio do profeta Jeremias. ³ Porém o rei Zedequias mandou a Jucal filho de Selemias, e a Sofonias filho de Maaseias sacerdote, para que dissessem ao profeta Jeremias: Roga agora por nós ao SENHOR nosso Deus. ⁴ E Jeremias *tinha*

liberdade de entrar e sair entre o povo, pois não o tinham posto na casa do cárcere. ⁵ E o exército de Faraó havia saído do Egito. E os caldeus que tinham cercado a Jerusalém, ao ouvirem esta notícia, foram embora de Jerusalém. ⁶ Então veio palavra do SENHOR a Jeremias, o profeta, dizendo: ⁷ Assim diz o SENHOR Deus de Israel: Assim direis ao rei de Judá, que vos enviou a mim para me perguntar: Eis que o exército de Faraó que saiu para vosso socorro voltará a sua terra, ao Egito. ⁸ E os caldeus voltarão, e lutarão contra esta cidade; e a tomarão, e a queimarão a fogo. ⁹ Assim diz o SENHOR: Não enganeis vossas almas, dizendo: Sem dúvida os caldeus irão embora de nós; pois não irão. ¹⁰ Porque mesmo se ferísseis todo o exército dos caldeus que lutam contra vós, e restassem deles *apenas* homens feridos, ainda assim cada um se levantaria em sua tenda, e queimaria esta cidade a fogo. ¹¹ E aconteceu que, quando o exército dos caldeus havia saído de Jerusalém por causa do exército de Faraó, ¹² Jeremias saiu de Jerusalém para ir à terra de Benjamim, para ali receber sua parte no meio do povo. ¹³ Porém quando ele chegou à porta de Benjamim, estava ali um capitão dos da guarda, cujo nome era Jerias, filho de Selemias, filho de Hananias; o qual prendeu ao profeta Jeremias, dizendo: Estás te rendendo aos caldeus. ¹⁴ E disse Jeremias diz: Não é verdade; eu não estou me rendendo aos caldeus. Porém ele não lhe deu ouvidos; em vez disso, Jerias prendeu a Jeremias, e o levou aos príncipes. ¹⁵ E os príncipes se iraram muito contra Jeremias, e o feriram; e o puseram na prisão, na casa do escriba Jônatas, pois a tinham tornado em cárcere. ¹⁶ Jeremias entrou na casa da masmorra, e nas celas; e havendo Jeremias estado ali por muitos dias, ¹⁷ O rei Zedequias enviou, e mandou trazê-lo; e o rei lhe perguntou em sua casa em segredo, e disse: Há *alguma* palavra do SENHOR? E Jeremias disse: Há. E ele disse: Na mão do rei da Babilônia serás entregue. ¹⁸ Disse mais Jeremias ao rei Zedequias: Em que pequei contra ti, contra teus servos, e contra este povo, para que me pusésseis no cárcere? ¹⁹ E onde estão vossos profetas que vos profetizavam, dizendo: Não virá o rei da Babilônia contra vós, nem contra esta terra? ²⁰ Agora pois, ouve, por favor, ó rei, meu senhor: chegue, por favor, minha súplica diante de ti, e não me deixes voltar à casa do escriba Jônatas, para que eu não morra ali. ²¹ Então o rei Zedequias mandou que pusessem a Jeremias no pátio da guarda, e que lhe dessem uma porção de pão por dia, da rua dos padeiros, até todo o pão da cidade ter se acabado. Assim Jeremias ficou no pátio da guarda.

38

¹ Então Sefatias filho de Matã, Gedalias filho de Pasur, Jucal filho de Selemias, e Pasur filho de Melquias, ouviram as palavras que Jeremias falava a todo o povo, dizendo: ² Assim diz o SENHOR: Quem ficar nesta cidade morrerá pela espada, pela fome, ou pela pestilência; mas quem sair aos caldeus viverá, pois sua alma lhe será por despojo, e viverá. ³ Assim diz o SENHOR: Certamente esta cidade será entregue nas mãos do exército do rei da Babilônia, que a tomará. ⁴ E os príncipes disseram ao rei: Morra agora este homem; porque assim ele enfraquece as mãos dos homens de guerra que restaram nesta cidade, e as mãos de todo o povo, falando-lhes tais palavras; pois este homem não busca a paz deste povo, mas sim o mal. ⁵ E disse o rei Zedequias: Eis que ele está em vossas mãos; pois o rei não poderia fazer contra vós coisa alguma. ⁶ Então eles tomaram a Jeremias, e o lançaram na cisterna de Malquias filho de rei, que estava no pátio da guarda; e meteram a Jeremias com cordas. Porém na cisterna não havia água, mas sim lama; e Jeremias se atolou na lama. ⁷ E Ebede-Meleque, o cuxita, um eunuco que estava na casa do rei, tendo ouvido que haviam posto Jeremias na cisterna, e estando o rei sentado à porta de Benjamim, ⁸ Logo Ebede-Meleque saiu da casa do rei, e falou ao rei, dizendo: ⁹ Ó rei, meu senhor

o rei, estes homens fizeram o mal em tudo quanto têm feito com o profeta Jeremias, ao qual lançaram na cisterna; porque ali ele morrerá de fome, pois não há mais pão na cidade. ¹⁰ Então o rei mandou a Ebede-Meleque, o cuxita, dizendo: Toma sob tuas ordens trinta homens daqui, e tira ao profeta Jeremias da cisterna, antes que morra. ¹¹ E Ebede-Meleque tomou sob suas ordens os homens, e foi à casa do rei, ao lugar debaixo da tesouraria, e tomou dali trapos velhos rasgados, e trapos velhos gastos; e os desceu a Jeremias com cordas na cisterna. ¹² E disse Ebede-Meleque o cuxita a Jeremias: Põe agora esses trapos velhos, rasgados, e gastos abaixo das axilas de teus braços, por debaixo das cordas. E Jeremias assim fez. ¹³ E tiraram a Jeremias com as cordas, e o fizeram subir da cisterna; e Jeremias ficou no pátio da guarda. ¹⁴ Então o rei Zedequias enviou, e mandou trazer a si ao profeta Jeremias à terceira entrada que estava na casa do SENHOR. E disse o rei a Jeremias: Pergunto-te uma coisa; não me encubras nada. ¹⁵ E Jeremias disse a Zedequias: Se eu te declarar, por acaso não me matarás? E se eu te aconselhar, não me darás ouvido. ¹⁶ Então o rei Zedequias jurou a Jeremias em segredo, dizendo: Vive o SENHOR que nos fez esta alma, que não te matarei, nem te entregarei nas mãos destes homens que buscam *tirar* tua vida. *
¹⁷ Então Jeremias disse a Zedequias: Assim diz o SENHOR Deus dos exércitos, Deus de Israel: Se voluntariamente saíres aos príncipes do rei de Babilônia, então tua alma viverá, e esta cidade não será queimada a fogo; e viverás tu e tua casa; ¹⁸ Mas se não saíres aos príncipes do rei de Babilônia, então esta cidade será entregue nas mãos dos caldeus, e a queimarão a fogo; e tu não escaparás de suas mãos. ¹⁹ E disse o rei Zedequias a Jeremias: Eu temo por causa dos judeus que se renderam aos caldeus; que não venham a me entregar em suas mãos, e me maltratem. † ²⁰ E disse Jeremias: Não te entregarão. Ouve, por favor, a voz do SENHOR que eu te falo, e terás bem, e tua alma viverá. ²¹ Mas se tu não quiseres sair, esta é a palavra que o SENHOR me mostrou: ²² Eis que todas as mulheres que restaram na casa do rei de Judá serão levadas aos príncipes do rei da Babilônia; e elas mesmas dirão: Os teus amigos te enganaram, e prevaleceram contra ti; teus pés se atolaram na lama, e eles se viraram para trás. ²³ Assim todas as tuas mulheres e teus filhos serão levados aos caldeus, e tu não escaparás de suas mãos; ao contrário, pela mão do rei da Babilônia serás preso, e esta cidade será queimada a fogo. ²⁴ Então Zedequias disse a Jeremias: Ninguém saiba estas palavras, e então não morrerás. ²⁵ E se os príncipes ouvirem que eu falei contigo, vierem a ti, e te disserem: Declara-nos agora o que falaste com o rei; não nos escondas, e não te mataremos; *dize* também o que o rei te falou. ²⁶ Então tu lhes dirás: Supliquei ao rei que não me fizesse voltar a casa de Jônatas para eu não morrer ali. ²⁷ E *depois* vieram todos os príncipes a Jeremias, e lhe perguntaram; e ele lhes respondeu conforme toda as palavras que o rei tinha lhe mandado. Então lhe deixaram, pois a conversa não tinha sido ouvida. ²⁸ E Jeremias ficou no pátio da guarda até o dia em que Jerusalém foi tomada; e *ali ainda* estava quando Jerusalém foi tomada.

39

¹ No nono ano de Zedequias rei de Judá, no décimo mês, veio Nabucodonosor rei da Babilônia com todo seu exército contra Jerusalém, e a cercaram. ² E no décimo primeiro ano de Zedequias, no quarto mês, aos nove do mês, foi rompida a cidade; ³ E entraram *nela* todos os príncipes do rei de Babilônia, e se sentaram à porta do meio: Nergal-Sarezer, Sangar-Nebo, Sarsequim, Rabsáris, Nergal-sarezer, Rabmague, e todos os demais príncipes do rei da Babilônia. * ⁴ E sucedeu que, Zedequias, rei de

---

* **38:16** vida lit. alma   † **38:19** maltratem trads. alts. abusem, escarneçam   * **39:3** É possível que alguns desses não sejam nomes de pessoas, mas sim títulos

Judá, e todos os homens de guerra, quando os viram, fugiram, e saíram de noite da cidade pelo caminho do jardim do rei, pela porta entre os dois muros; e saíram pelo caminho de Arabá. † ⁵ Porém o exército dos caldeus os perseguiu, e alcançaram a Zedequias nas plancíes de Jericó; e o prenderam, e o fizeram subir a Nabucodonosor rei da Babilônia, a Ribla, na terra de Hamate; e ele sentenciou. ⁶ E o rei da Babilônia degolou os filhos de Zedequias em Ribla diante de seus olhos; o rei da Babilônia também degolou a todos os nobres de Judá. ⁷ E cegou os olhos de Zedequias, e o aprisionou com cadeias de bronze, para o levar à Babilônia. ⁸ E os caldeus queimaram a casa do rei e as casas do povo a fogo, e derrubaram os muros de Jerusalém. ⁹ E o restante do povo que tinha restado na cidade, e os que haviam a ele se rendido, com todo o resto do povo que tinha restado, Nabuzaradã, capitão da guarda, transportou-os à Babilônia ¹⁰ Porém Nabuzaradã, capitão da guarda, fez restar na terra de Judá os mais pobres do povo, que não tinham nada, e lhes deu vinhas e campos naquele tempo. ¹¹ Mas Nabucodonosor, rei da Babilônia, havia dado ordem a Nabuzaradã, capitão da guarda, quanto a Jeremias, dizendo: ¹² Toma-o, olha por ele, ‡ e não lhe faças mal algum; mas faças com ele como ele te disser. ¹³ Então enviou Nabuzaradã capitão da guarda, e Nabusasbã, Rabsaris, e Nergal-Sarezer, e Rabmague, e todos os príncipes do rei da Babilônia; ¹⁴ Enviaram, pois, e tomaram a Jeremias do pátio da guarda, e o entregaram a Gedalias filho de Aicã, filho de Safã, para que o levasse para casa; e ele ficou entre o povo. ¹⁵ E tinha vindo a palavra do SENHOR a Jeremias, enquanto ele estava preso no pátio da guarda, dizendo: ¹⁶ Vai, e fala a Ebede-Meleque o cuxita, dizendo: Assim diz o SENHOR dos exércitos, Deus de Israel: Eis que trarei minhas palavras sobre esta cidade para o mal, e não para o bem; e serão naquele dia perante tua presença. ¹⁷ Porém naquele dia eu te livrarei, diz o SENHOR, e não serás entregue nas mãos dos homens a quem tu temes. ¹⁸ Pois certamente te livrarei, e não cairás à espada, mas sim que terás tua alma como despojo, porque confiaste em mim, diz o SENHOR.

40

¹ Palavra que veio do SENHOR a Jeremias, depois que Nabuzaradã, capitão da guarda, o deixara ir de Ramá; quando o tomou, estando ele acorrentado com cadeias no meio de todos os presos de Jerusalém e de Judá que foram levados cativos à Babilônia. ² Pois o capitão da guarda tomou a Jeremias, e lhe disse: O SENHOR teu Deus falou este mal contra este lugar; ³ E o SENHOR trouxe e fez o que havia falado; porque pecastes contra o SENHOR, e não obedecestes a sua voz, por isso vos aconteceu isto. ⁴ E agora, eis que soltei hoje das cadeias que estavam sobre tuas mãos. Se *parece* bom aos teus olhos vir comigo à Babilônia, vem, e eu olharei por teu bem; * mas se te *parece* mau aos teus olhos vir comigo a Babilônia, não o faça; olha, toda a terra está diante de ti; onde *te parecer* melhor e mais correto aos teus olhos ir, para ali vai. ⁵ Mas antes de *Jeremias* ter se virado, *o capitão lhe disse mais* : Volta para Gedalias, filho de Aicã, filho de Safã, ao qual o rei da Babilônia pôs sobre todas as cidades de Judá, e habita com ele em meio do povo; ou vai aonde te *parecer* mais correto aos teus olhos ir. E deu-lhe alimento † *para o caminho* , e um presente; e o despediu. ⁶ Assim foi Jeremias a Gedalias filho de Aicã, a Mispá, e habitou com ele em meio do povo que tinha restado na terra. ⁷ E quando todos os príncipes do exércitos que estavam no campo, eles e seus homens, ouviram que o rei da Babilônia tinha posto a Gedalias filho de Aicã sobre a terra, e que tinha lhe encarregado dos

---

† **39:4** Arabá i.e., terreno plano, a planície ao redor do rio Jordão   ‡ **39:12** olha por ele i.e., cuida [bem] dele   * **40:4** olharei por teu bem lit. porei meus olhos sobre ti   † **40:5** alimento trad. alt. sustento

homens, mulheres, e crianças, e os pobres da terra, os quais não foram levados em cativeiro à Babilônia, ⁸ Vieram, pois, a Gedalias em Mispá. *Eram eles* : Ismael, filho de Netanias, Joanã e Jônatas, filhos de Careá, Seraías, filho de Tanumete, os filhos de Efai, o netofatita, e Jezanias, filho do maacatita; eles e seu homens. ⁹ E Gedalias filho de Aicã, filho de Safã, jurou a eles e a seus homens, dizendo: Não temais servir aos caldeus; habitai na terra, e servi ao rei da Babilônia, e tereis bem. ¹⁰ E eis que eu habito em Mispá, para estar diante dos caldeus que vierem a nós; e vós, colhei o vinho, os frutos do verão, e o azeite, e *os* ponde em vossos vasos, e habitai em vossas cidades que tomastes. ¹¹ E da mesma maneira todos os judeus que estavam em Moabe, e entre os filhos de Amom, e em Edom, e os que *estavam* em todas as terras, ouviram dizer que o rei da Babilônia tinha deixado alguns em Judá, e que tinha posto sobre eles a Gedalias filho de Aicã, filho de Safã. ¹² Todos estes judeus voltaram então de todas as partes para onde haviam sido lançados, e vieram à terra de Judá, a Gedalias em Mispá; e colheram vinho e muitos frutos de verão. ¹³ E Joanã filho de Careá, e todos os comandantes dos exércitos que estavam em campo, vieram a Gedalias em Mispá, ¹⁴ E lhe disseram: Com certeza tu sabes que Baalis, rei dos filhos de Amom, enviou a Ismael filho de Netanias, para te matar, não é verdade? Porém Gedalias filho de Aicã não creu neles. ¹⁵ Então Joanã filho de Careá falou a Gedalias em segredo, em Mispá, dizendo: Eu irei agora, e ferirei a Ismael filho de Netanias, e ninguém saberá; por que haveria ele de te matar, e todos os judeus que se ajuntaram a ti se dispersarem, e perecerem o restante de Judá? ¹⁶ Mas Gedalias filho de Aicã disse a Joanã filho de Careá: Não faças isto, pois o que tu dizes de Ismael é falso.

41

¹ Sucedeu, porém, no sétimo mês, que Ismael filho de Netanias, filho de Elisama, da semente real, veio com alguns capitães do rei, dez homens com ele, até Gedalias filho de Aicã em Mispá; e comeram pão juntos ali em Mispá. ² Então levantou-se Ismael filho de Netanias, e os dez homens que com ele estavam, e feriram à espada a Gedalias filho de Aicã, filho de Safã, matando assim a aquele a quem o rei da Babilônia tinha posto sobre a terra. ³ Assim também Ismael feriu a todos os judeus que estavam com ele, com Gedalias em Mispá, e aos soldados caldeus que ali se acharam. ⁴ Aconteceu, pois, no dia seguinte, depois que havia matado a Gedalias, quando ninguém sabia ainda, ⁵ Que vieram homens de Siquém, de Siló, e de Samaria, oitenta homens, tendo a barba raspada, e as roupas rasgadas, e tendo ferido seus próprios corpos; e *traziam* em suas mãos oferta de alimentos e incenso para levar à casa do SENHOR. ⁶ E Ismael filho de Netanias saiu ao encontro deles desde Mispá, chorando; e sucedeu que, quando os encontrou, disse-lhes: Vinde a Gedalias, filho de Aicã. ⁷ E sucedeu que, quando eles chegaram ao meio da cidade, Ismael filho de Netanias os degolou, e *os lançou* no meio de um poço, ele e os homens que com ele estavam. ⁸ Mas entre aqueles se acharam dez homens que disseram a Ismael: Não nos mates; porque temos tesouros escondidos no campo, de trigos, e cevada, azeite, e mel. E ele os deixou, e não os matou entre seus irmãos. ⁹ E o poço em que Ismael lançou todos os cadáveres dos homens que feriu por causa de Gedalias, era o mesmo que o rei Asa havia feito por causa de Baasa, rei de Israel. A este Ismael, filho de Netanias, encheu de mortos. ¹⁰ Depois Ismael levou cativo a todo o resto do povo que estava em Mispá; às filhas do rei, e a todo o povo que em Mispá tinha restado, o qual tinha Nabuzaradã capitão da guarda havia encarregado a Gedalias filho de Aicã. Então Ismael os levou cativos, e foi embora, para passar aos filhos de Amom. ¹¹ E quando Joanã filho de Careá, e todos os comandantes dos exércitos que estavam com ele, ouviram todo o mal que Ismael filho de Netanias tinha feito, ¹² Tomaram a

todos os homens, e foram lutar contra Ismael filho de Netanias; e o acharam junto às muitas águas que ficam em Gibeão. ¹³ E aconteceu que, quando todo o povo que estava com Ismael viu a Joanã filho de Careá, e a todos os comandantes dos exércitos que estavam com ele, alegraram-se. ¹⁴ E todo o povo que Ismael tinha levado cativo de Mispá, viraram-se, e se voltaram, e foram a Joanã filho de Careá. ¹⁵ Porém Ismael filho de Netanias escapou com oito homens diante de Joanã, e se foi aos filhos de Amom. ¹⁶ Então Joanã filho de Careá, e todos os comandantes dos exércitos que com ele estavam, tomaram todo o resto do povo que tinham trazido de volta de Ismael filho de Netanias, de Mispá, depois dele ter ferido a Gedalias filho de Aicã: homens valentes de guerra, mulheres, e crianças; e os eunucos, que tinha trazido de volta de Gibeão. ¹⁷ E foram, e habitaram em Gerute-Quimã, que é perto de Belém, a fim de saírem *dali* para entrarem no Egito, ¹⁸ Por causa dos caldeus; pois eles temiam por Ismael filho de Netanias ter ferido a Gedalias filho de Aicã, ao qual o rei de Babilônia tinha posto sobre a terra.

42

¹ Então chegaram todos os comandantes dos exércitos, e Joanã filho de Careá, e Jezanias filho de Hosaías, e todo o povo desde o menor até o maior, ² E disseram ao profeta Jeremias: Chegue, por favor, nossa suplicação diante de ti, e roga por nós ao SENHOR teu Deus, por todo este restante; pois de muitos restamos *apenas* uns poucos, como teus olhos nos veem, ³ Para que o SENHOR teu Deus nos ensine caminho por onde devemos andar, e o que temos de fazer. ⁴ E Jeremias profeta lhes disse: Eu ouvi. Eis que orarei ao SENHOR vosso Deus, conforme vossas palavras; e será que toda palavra que o SENHOR vos responder, eu vos anunciarei; não vos esconderei palavra alguma. ⁵ Então eles disseram a Jeremias: O SENHOR seja entre nós testemunha da verdade e da fidelidade, se não fizermos conforme a toda palavra com que o SENHOR teu Deus te enviar a nós. ⁶ Seja bem ou seja mal, obedeceremos à voz do SENHOR nosso Deus, ao qual te enviamos; para que, obedecendo à voz do SENHOR nosso Deus, tenhamos bem. ⁷ E aconteceu que ao fim de dez dias veio a palavra do SENHOR a Jeremias. ⁸ Então ele chamou a Joanã filho de Careá, e a todos os comandantes dos exércitos que com ele estavam, e a todo o povo desde o menor até o maior; ⁹ E disse-lhes: Assim diz o SENHOR Deus de Israel, ao qual me enviastes para que eu apresentasse vossa suplicação diante de sua presença: ¹⁰ Se ficardes nesta terra, então eu vos edificarei, e não vos destruirei; eu vos plantarei, e não vos arrancarei; pois ressentido * estou do mal que tenho vos feito. ¹¹ Não temais ao rei da Babilônia, do qual tendes medo; não o temais, diz o SENHOR, pois eu estou convosco para vos salvar e vos livrar de sua mão; ¹² E vos concederei misericórdia, de modo que ele tenha misericórdia de vós, e vos faça voltar a vossa terra. ¹³ Mas se disserdes: Não ficaremos nesta terra, desobedecendo à voz do SENHOR vosso Deus, ¹⁴ E dizendo: Não, em vez disso iremos à terra do Egito, na qual não veremos guerra, nem ouviremos som de trombeta, nem teremos fome de pão, e ali ficaremos; ¹⁵ Então assim ouvi a palavra do SENHOR, ó restantes de Judá; assim diz o SENHOR dos exércitos, Deus de Israel: Se dirigirdes vossos rostos para entrar no Egito, e irdes para peregrinar ali, ¹⁶ Será que a espada que vós temeis, ali ela vos tomará na terra do Egito, e a fome que vos deixa preocupados, ali no Egito ela vos pegará; e ali morrereis. ¹⁷ Assim será com todos os homens que dirigirem seus rostos para irem ao Egito, para ali peregrinar: morrerão pela espada, pela fome, e pela pestilência; não haverá um deles sequer que reste vivo, nem que escape do mal que eu trarei sobre eles. ¹⁸ Porque assim diz o SENHOR dos exércitos, Deus de Israel: Tal como se derramou minha ira

---

* **42:10** ressentido trad. alt. arrependido

e minha indignação sobre os moradores de Jerusalém, assim também se derramará minha indignação sobre vós, quando entrardes no Egito; e servireis de maldição e de espanto; de amaldiçoamento e de humilhação; e não vereis mais a este lugar. ¹⁹ O SENHOR já falou quanto vós, ó restantes de Judá: Não entreis no Egito; Tende certeza de que eu vos advirto hoje. ²⁰ Porque levais vossas próprias almas ao erro; pois vós me enviastes ao SENHOR vosso Deus, dizendo: Ora por nós ao SENHOR nosso Deus; e conforme a tudo quanto o SENHOR nosso Deus disser, assim nos faz saber, e o faremos. ²¹ E eu já vos fiz saber hoje, porém não destes ouvidos à voz do SENHOR vosso Deus, nem a tudo pelo que ele me enviou a vós. ²² Agora, portanto, tende certeza de que pela espada, pela fome, e pela pestilência, morrereis no lugar onde desejastes entrar para ali peregrinardes.

43

¹ E sucedeu que, quando Jeremias acabou de falar a todo o povo todas as palavras do SENHOR Deus deles, pelas quais o SENHOR Deus deles tinha o enviado a eles, ² Então Azarias filho de Hosaías, e Joanã filho de Careá, e todos os homens arrogantes disseram a Jeremias: Tu falas mentira! O SENHOR nosso Deus não te enviou para dizer: Não entreis em Egito para ali peregrinar. ³ Mas é Baruque filho de Nerias que te incita contra nós, para nos entregar nas mãos dos caldeus, para nos matar ou nos fazer transportar cativos à Babilônia. ⁴ Assim Joanã filho de Careá, e todos os comandantes dos exércitos, e todo o povo, não obedeceram à voz do SENHOR para ficarem na terra de Judá; ⁵ Em vez disse, Joanã filho de Careá, e todos os comandantes dos exércitos, tomaram a todo o restante de Judá, que tinham voltado de todas as nações para onde haviam sido lançados, para morarem na terra de Judá: ⁶ Homens, mulheres, crianças, as filhas do rei, e a toda alma que Nabuzaradã capitão da guarda tinha deixado com Gedalias filho de Aicã filho de Safã, e *também* ao profeta Jeremias, e a Baruque filho de Nerias; ⁷ E vieram à terra do Egito, porque não obedeceram à voz do SENHOR; e chegaram até Tafnes. ⁸ Então veio a palavra do SENHOR a Jeremias em Tafnes, dizendo: ⁹ Toma em tua mão pedras grandes, e as esconde entre o barro no forno que está à porta da casa de Faraó em Tafnes, diante dos olhos de homens judeus, ¹⁰ E dize-lhes: Assim diz o SENHOR dos exércitos, Deus de Israel: Eis que eu enviarei, e tomarei a Nabucodonosor rei da Babilônia, meu servo, e porei seu trono sobre estas pedras que escondi; e ele estenderá sua tenda real sobre elas. ¹¹ E ele virá, e ferirá a terra do Egito: os que *estão condenados* para a morte, à morte; os que para o cativeiro, ao cativeiro, e os que para a espada, à espada. ¹² E acenderei fogo às casas dos deuses do Egito; e ele as queimará, e os levará cativos; e ele se vestirá da terra do Egito, tal como o pastor se veste de sua capa; e ele sairá de lá em paz. ¹³ E quebrará as estátuas [*] de Bete-Semes, [†] que fica na terra do Egito, e queimará a fogo as casas dos deuses do Egito.

44

¹ Palavra que veio a Jeremias quanto a todos os judeus habitantes na terra do Egito, que moravam em Migdol, Tafnes, Nofe, e na terra de Patros, dizendo: ² Assim diz o SENHOR dos exércitos, Deus de Israel: Vós vistes todo o mal que eu trouxe sobre Jerusalém e sobre todas as cidades de Judá; e eis que hoje elas estão desoladas, e ninguém nelas habita; ³ Por causa da maldade deles, que fizeram para me irritar, indo oferecer incenso, *e* servindo a outros deuses que nunca conheceram, nem eles, nem vós, nem vossos pais. ⁴ E enviei até vós todos os meus servos, os profetas, persistindo em enviá-los, dizendo: Não façais, pois, esta coisa abominável, e eu odeio. ⁵ Porém

---

[*] **43:13** estátuas trad. alt. colunas   [†] **43:13** Bete-Semes = i.e., templo do sol

não obedeceram, nem inclinaram seus ouvidos para se converterem de sua maldade, para não oferecer incenso a outros deuses. ⁶ Por isso se derramou minha indignação e minha ira, e acendeu-se nas cidades de Judá e nas ruas de Jerusalém, e tornaram-se em desolação e em destruição tal como está hoje. ⁷ Agora pois, assim diz o SENHOR dos exércitos, Deus de Israel: Por que fazeis tão grande mal contra vossas almas, para serdes eliminados homem e mulher, criança e bebê de peito, do meio de Judá, sem que vos sobre um restante sequer; ⁸ Irritando-me com as obras de vossas mãos, oferecendo incenso a outros deuses na terra do Egito, para onde entrastes para morar; de modo que sereis eliminados, e servireis de maldição e de humilhação entre todas as nações da terra? ⁹ Por acaso já vos esquecestes das maldades de vossos pais, das maldades dos reis de Judá, das maldades de suas mulheres, e das vossas *próprias* maldades, e das maldades de vossas mulheres, que foram feitas na terra de Judá e nas ruas de Jerusalém? ¹⁰ Até hoje não se contristaram, nem temeram, nem andaram em minha lei, nem em meus estatutos que pus diante de vós e diante de vossos pais. ¹¹ Portanto assim diz o SENHOR dos exércitos, Deus de Israel: Eis que eu dirijo meu rosto a vós para o mal, e para destruir a todo Judá. ¹² E tomarei os restantes de Judá que dirigiram seus rostos para entrarem na terra do Egito para ali morar, e na terra do Egito serão todos consumidos; cairão à espada, e serão consumidos pela fome; desde o menor até o maior, pela espada e pela fome morrerão. E servirão de maldição e de espanto; de amaldiçoamento e de humilhação. ¹³ Pois castigarei aos que moram na terra do Egito, tal como castiguei a Jerusalém, com espada, fome e pestilência. ¹⁴ De maneira que, dos restantes de Judá que entraram na terra do Egito para morar ali, não haverá quem escape, nem quem reste vivo, para voltar à terra de Judá, da qual eles anseiam para voltar a habitar lá; pois não voltarão, a não ser alguns fugitivos. ¹⁵ Então todos os homens que sabiam que suas mulheres haviam oferecido incenso a outros deuses, e todas as mulheres que estavam presentes, uma grande multidão, e todo o povo que habitava na terra do Egito, em Patros, responderam a Jeremias, dizendo: ¹⁶ Quanto a palavra que tu nos falaste em nome do SENHOR, não daremos ouvidos a ti; ¹⁷ Em vez disso certamente faremos toda a palavra que saiu de nossa boca, para oferecer incenso à rainha dos céus, e para lhe apresentar ofertas de bebidas, tal como temos feito, nós e nossos pais, nossos reis e nossos príncipes, nas cidades de Judá, e nas ruas de Jerusalém, quando nos fartávamos de pão, vivíamos bem, e não víamos calamidade * alguma. ¹⁸ Mas desde que cessamos de oferecer incenso à rainha do céus, e de derramar ofertas de bebidas, tivemos falta de tudo, e fomos consumidos pela espada e pela fome. ¹⁹ E quando oferecemos incenso à rainha do céus, e lhe derramamos ofertas de bebidas, por acaso nós lhe fizemos bolos para lhe prestar culto, e lhe derramamos ofertas de bebidas, sem nossos maridos? ²⁰ Então Jeremias disse a todo o povo, aos homens e às mulheres, e a todo o povo que lhe tinha respondido isto, dizendo: ²¹ Por acaso não se lembrou o SENHOR, e não veio a sua mente o incenso que oferecestes nas cidades de Judá, e nas praças de Jerusalém, vós e vossos pais, vossos reis e vossos príncipes, e o povo da terra? ²² De tal maneira que o SENHOR não podia mais aguentar, por causa da maldade de vossas ações, por causa das abominações que fizestes; por isso vossa terra se tornou em desolação, em espanto, e em maldição, até não restar morador, tal como hoje está. ²³ Pois oferecestes incenso e pecastes contra o SENHOR, e não obedecestes à voz do SENHOR, nem andastes em seu lei, seus estatutos, e seus testemunhos; por isso veio sobre vós este mal, tal como há hoje. ²⁴ Disse mais Jeremias a todo o povo, e a todas as mulheres: Ouvi a palavra do SENHOR, todos vós de Judá, que estais na terra do Egito: ²⁵ Assim diz o SENHOR dos exércitos, Deus de Israel, dizendo: Vós e vossas mulheres

---

* **44:17** calamidade lit. mal

não somente falastes por vossas bocas, mas também com vossas mãos o cumpristes, dizendo: Certamente faremos nossos votos que fizemos, de oferecer incensos à rainha dos céus, e lhe apresentar ofertas de bebidas; Com certeza confirmastes vossos votos, e com certeza cumpristes vossos votos. ²⁶ Portanto ouvi a palavra do SENHOR, todos vós de Judá que habitais na terra do Egito: Eis que juro por meu grande nome, diz o SENHOR, que nunca mais meu nome será chamado pela boca homem algum de Judá, em toda a terra do Egito, dizendo: Vive o Senhor DEUS. ²⁷ Eis que eu os observarei para o mal, e não para o bem; e todos os homens de Judá que estão na terra do Egito serão consumidos pela espada e pela fome, até que se acabem por completo. ²⁸ E os que escaparem do espada voltarão da terra do Egito para a terra de Judá, poucos em número; e todo o restante de Judá, que entrou em Egito para ali morar, saberá qual palavra se confirmará, se a minha ou a sua. ²⁹ E isto tereis por sinal, diz o SENHOR, de que neste lugar eu vos castigo, para que saibais que certamente minhas palavras se confirmarão contra vós para o mal. ³⁰ Assim diz o SENHOR: Eis que eu entregarei ao Faraó Ofra, rei do Egito, nas mãos de seus inimigos, e nas mão dos que buscam sua morte, † assim como entreguei a Zedequias rei de Judá nas mãos de Nabucodonosor rei de Babilônia, seu inimigo, e que buscava sua morte.

45

¹ Palavra que o profeta Jeremias falou a Baruque filho de Nerias, quando ele escrevia num livro aquelas palavras da boca de Jeremias, no quinto ano de Jeoaquim filho de Josias, rei de Judá, dizendo: ² Assim diz o SENHOR Deus de Israel, quanto a ti, Baruque: ³ Tu disseste: Ai de mim agora! Pois o SENHOR me acrescentou tristeza sobre minha dor; já estou cansado de meu gemido, e não acho descanso. ⁴ Assim lhe dirás: Assim diz o SENHOR: Eis que o que edifiquei eu destruo; e o que plantei eu arranco, até toda esta terra. ⁵ E tu buscarias para ti grandezas? Não *as* busques; porque eis que eu trago o mal sobre toda carne, diz o SENHOR, mas conservarei tua vida * em todos os lugares para onde fores.

46

¹ Palavra do SENHOR que veio ao profeta Jeremias, contra as nações. ² Quanto ao Egito: contra o exército de Faraó Neco, rei do Egito, que estava junto ao rio Eufrates em Carquemis, ao qual Nabucodonosor rei da Babilônia feriu no quarto ano de Jeoaquim filho de Josias, rei de Judá. ³ Preparai os escudos maior e o menor, e vinde à guerra. ⁴ Selai os cavalos, e subi, vós os cavaleiros, e apresentai-vos com capacetes; limpai as lanças, vesti-vos de couraças. ⁵ Por que razão vejo os medrosos tornando atrás? E seus guerreiros são abatidos, e vão fugindo, sem olharem para trás; o terror está por todos os lados,diz o SENHOR. ⁶ Não fuja o ligeiro, nem escape o guerreiro; para o norte, junto à margem do rio do Eufrates, tropeçaram e caíram. ⁷ Quem é este que sobe como o Nilo, cujas águas se movem como rios? ⁸ O Egito vem subindo como o Nilo, e *suas* águas se agitam como rios, e disse: Subirei, e cobrirei a terra; destruirei a cidade, e os que nela habitam. ⁹ Subi, cavalos, e rangei, carruagens; e saiam os guerreiros; os de Cuxe e os de Pute que tomam escudo, e os de Lude que tomam e encurvam o arco. ¹⁰ Porém esse dia pertence ao Senhor DEUS dos exércitos, o dia de vingança, para ele se vingar de seus adversários; e a espada devorará, se fartará, e se embriagará do sangue deles; pois o Senhor DEUS dos exércitos tem *para si* um sacrifício na terra do norte, junto ao rio Eufrates. ¹¹ Sobe a Gileade, e toma bálsamo, ó virgem filha do Egito; em vão multiplicas os remédios, *pois* não há cura

---

† **44:30** morte lit. alma   * **45:5** conservarei tua vida lit. te darei tua vida por despojo

para ti. ¹² As nações ouviram da tua vergonha, e teu clamor encheu a terra: pois um guerreiro tropeçou contra *outro* guerreiro, e ambos juntamente caíram. ¹³ Palavra que o SENHOR falou ao profeta Jeremias quanto à vinda de Nabucodonosor, rei da Babilônia, para ferir a terra do Egito: ¹⁴ Anunciai no Egito, e declarai em Migdol; declarai também em Nofe * e em Tafnes; dizei: Firma uma posição, e prepara-te; pois a espada está para devorar o que há ao redor de ti. ¹⁵ Por que teus guerreiros foram derrubados? Não puderam ficar de pé, pois o SENHOR os empurrou. ¹⁶ Ele multiplicou os que tropeçaram; caíram cada um sobre o outro, e disseram: Levanta-te e voltemo-nos a nosso povo, e à terra de nosso nascimento, por causa da espada opressora. ¹⁷ Ali gritarão: O Faraó rei do Egito, é *apenas* um barulho; ele deixou passar o tempo determinado. ¹⁸ Vivo eu, diz o Rei, cujo nome é EU-SOU dos exércitos, que como o Tabor entre os montes, e como o Carmelo no mar, assim ele virá. ¹⁹ Faz para ti a bagagem para a ida ao cativeiro, ó moradora, filha do Egito; porque Nofe se tornará em desolação, e será devastada até não haver ali morador. ²⁰ O Egito é uma bezerra formosa; mas a mosca carniceira vem do norte. ²¹ Até seus soldados mercenários em meio dela são como bezerros cevados; porém também eles se virarão para trás, e juntamente fugirão; eles não permanecerão em postos, porque o dia de sua ruína, o tempo de sua punição, veio sobre eles. ²² Seu ruído sairá como de serpente; pois *seus inimigos* virão com poder; a ela virão com machados, como se fossem cortadores de lenha. ²³ Cortarão o seu bosque,diz o SENHOR, ainda que não possam ser contados; porque são mais que gafanhotos, não se pode enumerá- los. ²⁴ A filha do Egito será envergonhada; entregue será nas mãos do povo do norte. ²⁵ Diz o SENHOR dos exércitos, Deus de Israel: Eis que eu punirei a Amom de Nô, † a Faraó e ao Egito; a seus deuses e a seus reis; tanto a Faraó como aos que nele confiam. ²⁶ E os entregarei nas mãos dos que buscam *tirar* sua vida, ‡ e nas mãos de Nabucodonosor rei de Babilônia, e nas mãos de seus servos; porém depois será habitada como nos dias anteriores,diz o SENHOR. ²⁷ Mas tu não temas, meu servo Jacó, nem te espantes, ó Israel; porque eis que te salvarei desde *as terras* de longe, e teus descendentes § da terra de seu cativeiro. E Jacó voltará, descansará, e viverá em paz; e não haverá quem o atemorize. ²⁸ Tu, meu servo Jacó, não temas,diz o SENHOR; pois eu estou contigo; porque destruirei por completo todas as nações entre as quais eu te lancei; porem a ti não destruirei por completo, mas te castigarei com moderação, e não te deixarei impune.

47

¹ Palavra do SENHOR que veio ao profeta Jeremias sobre os filisteus, antes que Faraó ferisse a Gaza. ² Assim diz o SENHOR: Eis que águas sobem do norte, e se tornarão em correnteza transbordante, e inundarão a terra e sua plenitude, as cidades, e moradores delas; os homens gritarão, e todos os moradores da terra uivarão, ³ Ao ruído dos cascos de seus fortes *cavalos* ,o tremor de suas caruagens, e o estrondo de suas rodas; os pais não olharão para os filhos por causa da fraqueza das mãos. ⁴ Por causa do dia que vem, para arruinar a todos os filisteus, para cortar a Tiro e a Sidom todo ajudador que restar; pois o SENHOR destruirá aos filisteus, ao resto da ilha de Caftor. * ⁵ Veio calvície sobre Gaza; Ascalom e o resto de seu vale foram cortados fora. Até quando te ferirás com arranhões? ⁶ Ah, espada do SENHOR! Até quando não te aquietarás? Volta-te em tua bainha, descansa, e aquieta-te. ⁷ Como te

---

* **46:14** Nofe trad. alt. Mênfis   † **46:25** Nô trad. alt. Tebas   ‡ **46:26** vida lit. alma   § **46:27** teus descendentes lit. tua semente   * **47:4** Caftor trad. alt. Creta

aquietarias? Pois o SENHOR lhe deu mandado contra Ascalom, e contra o litoral, *e* ali ele a ordenou.

48

¹ Sobre Moabe.Assim diz o SENHOR dos exércitos, Deus de Israel: Ai de Nebo! Pois foi arruinada; envergonhada está Quiriataim, já foi tomada; Misgabe está envergonhada e espantada. ² Já não há mais exaltação em Moabe; em Hesbom tramaram o mal contra ela, *dizendo* : Vinde, e a eliminemos das nações. Também tu, Madmém, serás cortada fora; a espada irá atrás de ti. ³ *Ouve-se* uma voz de clamor de Horonaim: Ruína e grande destruição! ⁴ Moabe foi destruída; fizeram com que se ouvisse o grito de seus pequenos. ⁵ Pois na subida de Luíte subirão com grande choro; pois na descida de Horonaim os inimigos *de Moabe* ouviram clamor de destruição. ⁶ Fugi, livrai vossa vida, e sereis como um arbusto * no deserto. ⁷ Pois por causa de tua confiança confiaste em tuas obras e em teus tesouros, tu também serás tomada; e Quemos irá ao cativeiro, seus sacerdotes e juntamente seus príncipes. ⁸ Pois virá o destruidor a cada uma das cidades, e nenhuma cidade escapará; e perecerá também o vale, e será destruída a planície,pois assim diz o SENHOR. ⁹ Dai asas a Moabe, para que ele saia voando; pois suas cidades se tornarão desertas até não restar quem more nelas. ¹⁰ Maldito aquele que fizer enganosamente † a obra do SENHOR, e maldito aquele que detiver sua espada do sangue. ¹¹ Tranquilo esteve Moabe desde sua juventude, e sobre suas impurezas ‡ esteve quieto; e não foi esvaziado de vaso em vaso, nem nunca foi ao cativeiro; por isso seu sabor ficou nele, e seu cheiro não mudou. ¹² Por isso eis que vêm dias, diz o SENHOR, em que eu lhe enviarei derramadores que o derramarão; e esvaziarão seus vasos, e romperão seus jarros. ¹³ E Moabe se envergonhará de Quemos, assim como a casa de Israel se envergonhou de Betel, *que era* sua confiança. ¹⁴ Como direis: Somos guerreiros, homens valentes para a guerra? ¹⁵ Moabe é destruído, e suas cidades invadidas, e seus melhores rapazes descem ao degoladouro, diz o rei, cujo nome é EU-SOU dos exércitos. ¹⁶ Próxima está a vinda da perdição de Moabe; e seu desastre § vem com muita pressa. ¹⁷ Condoei-vos dele todos vós que estais ao seu redor, e todos vós que sabeis seu nome. Dizei: Como se quebrou a vara forte, o belo cajado! ¹⁸ Desce da *tua* glória, e senta-te no lugar seco, ó moradora, filha de Dibom; pois o destruidor de Moabe subiu contra ti, e arruinou tuas fortalezas. ¹⁹ Para-te no caminho, e olha, ó moradora de Aroer; pergunta ao que vai fugindo, e à que escapou, dize: O que aconteceu? ²⁰ *Responderão* : Moabe está envergonhado, porque foi quebrantado; uivai e gritai; anunciai em Arnom que Moabe foi destruído, ²¹ O julgamento também veio juízo sobre a terra da planície: sobre Holom, sobre Jazá, e sobre Mefate; ²² Sobre Dibom, sobre Nebo, e sobre Bete-Diblataim; ²³ Sobre Quiriataim, sobre Bete-Gamul, e sobre Bete-Meom; ²⁴ Sobre Queriote, sobre Bosra, e sobre todas as cidades da terra de Moabe, as de longe e as de perto. ²⁵ O poder de Moabe foi cortado, e seu braço quebrado,diz o SENHOR. ²⁶ Embriagai-o, pois contra o SENHOR se engrandeceu; e Moabe se revolverá sobre seu vômito, e ele também será por escárnio. * ²⁷ Pois para ti não foi Israel por escárnio? Por acaso ele foi achado entre ladrões, para que balances a cabeça quando falas dele? ²⁸ Deixai as cidades, e habitai em rochedos, ó moradores de Moabe; e sejais como a pomba que faz ninho nas brechas da boca da caverna. † ²⁹ Temos ouvido a soberba de Moabe, que é soberbo demais, assim como

---

* **48:6** arbusto trad. alt. zimbro (junípero), tamargueira † **48:10** enganosamente trad. alt. negligentemente ‡ **48:11** impurezas i.e., resíduos de vinho § **48:16** desastre lit. mal * **48:26** escárnio = i.e., ridículo, zombaria † **48:28** caverna trad. alt. penhasco

sua arrogância e seu orgulho, sua altivez e a altura de seu coração. ³⁰ Eu conheço sua insolência,diz o SENHOR; porém não será assim; suas mentiras lhe serão em vão. ³¹ Por isso eu uivarei por Moabe, e gritarei por todo Moabe; gemerão por causa dos homens de Quir-Heres. ³² Com o choro de Jazer chorarei por ti, ó vide de Sibma; teus sarmentos passaram o mar, e chegaram até o mar de Jazer; porém o destruidor veio sobre os frutos de teu verão, e sobre tua vindima. ³³ Assim foram tirados a alegria e o regozijo dos campos férteis, e da terra de Moabe: pois fiz cessar o vinho das prensas; já não pisarão uvas com júbilo; o grito não será de júbilo. ³⁴ Houve um grito desde Hesbom até Eleale e até Jaaz; deram sua voz desde Zoar até Horonaim e Eglate-Selísia; pois também as águas de Ninrim serão assoladas. ³⁵ E eu,diz o SENHOR, farei cessar de Moabe quem sacrifique no lugar alto, e quem ofereça incenso a seus deuses. ³⁶ Portanto meu coração ressoará como flautas por causa de Moab; também meu coração ressoará como flautas pelos homens de Quir-Heres; pois as riquezas que tinham acumulado se perderam; ³⁷ Pois em toda cabeça haverá calva, e toda barba será cortada; sobre todas mãos há arranhões, e sobre todos os lombos há sacos. ³⁸ Sobre todas os terraços de Moabe e em suas ruas, em todo ele haverá pranto; pois eu quebrantei a Moabe como a um vaso desagradável,diz o SENHOR. ³⁹ Como foi quebrantado! Como uivam! Como Moabe virou as costas, e se envergonhou! Assim Moabe servirá de escárnio e de espanto a todos os que estão ao seu redor. ⁴⁰ Pois assim diz o SENHOR: Eis que voará como águia, e estenderá suas asas sobre Moabe. ⁴¹ Tomadas são as cidades, e invadidas são as fortalezas; e o coração dos guerreiros de Moabe naquele dia será como o coração de mulher em dores de parto. ⁴² E Moabe será destruído de modo que deixará de ser povo, pois se engrandeceu contra o SENHOR. ⁴³ Medo, cova, e laço vem sobre ti, ó morador de Moabe,diz o SENHOR. ⁴⁴ O que fugir do medo, cairá na cova; e o que subir da cova, ficará preso do laço; porque eu trarei sobre ele, sobre Moabe, o ano de sua punição,diz o SENHOR. ⁴⁵ Os que fugiam da força, paravam à sombra de Hesbom; porém fogo saiu de Hesbom, e labareda do meio de Seom, e queimou a testa de Moabe, e o topo da cabeça dos filhos do tumulto. ⁴⁶ Ai de ti, Moabe! Pereceu o povo de Quemos; pois teus filhos foram levados cativos, e tuas filhas foram em cativeiro. ⁴⁷ Porém restaurarei Moabe de seu infortúnio nos últimos dias, diz o SENHOR. Até aqui é o julgamento de Moabe.

49

¹ Sobre os filhos de Amom.Assim diz o SENHOR: Por acaso Israel não tem filhos, nem tem herdeiro? Por que, pois, Malcã tomou posse de Gade, e seu povo habitou em suas cidades? ² Portanto eis que vêm dias,diz o SENHOR, em que farei ouvir em Rabá dos filhos de Amom clamor de guerra; e se tornará em um amontoado de ruínas, e suas vilas serão queimadas a fogo; e Israel tomará posse daqueles que tinham lhes tomado, disse o SENHOR. ³ Uiva, ó Hesbom, porque Ai é destruída; clamai, ó filhas de Rabá, vesti-vos de sacos, lamentai, e rodeai pelas cercas, porque Malcã irá em cativeiro, seus sacerdotes e juntamente seus príncipes. ⁴ Por que te orgulhas dos vales? Teu vale * se desfez, † ó filha rebelde, que confia em seus tesouros, dizendo : Quem virá contra mim? ⁵ Eis que trago medo sobre ti,diz o Senhor o SENHOR dos exércitos, de todos os que estão ao redor de ti; e sereis forçados a fugir, cada um por si, e não haverá quem consiga reunir os que andam sem rumo. ⁶ Mas depois disso restaurarei os filhos de Amom de seu infortúnio, diz o SENHOR. ⁷ Sobre Edom.Assim diz o SENHOR dos exércitos: Por acaso não há mais sabedoria em Temã? Pereceu o conselho dos prudentes? Estragou-se sua sabedoria? ⁸ Fugi, voltai-vos, escondei-vos em profundezas para habitar, ó moradores de Dedã; porque trarei

---

* **49:4** vale trad. alt. poder † **49:4** desfez lit. escorreu

sobre ele a calamidade de Esaú no tempo *em que* eu o punir. ⁹ Se recolhedores de uva viessem contra ti, por acaso não deixarão sobras? Se ladrões de noite *viessem* não te danificariam *apenas* o que achassem suficiente? ¹⁰ Mas eu despirei a Esaú, descobrirei seus esconderijos, e não poderá se esconder; será destruída sua descendência, ‡ e também seus irmãos e seus vizinhos; e deixará de existir. ¹¹ Deixa teus órfãos, eu os criarei; e em mim confiarão tuas viúvas. ¹² Pois assim diz o SENHOR: Eis que os que não estavam condenados a beberem do cálice, certamente o beberão; e ficarias tu impune por completo? Não ficarás impune, e certamente beberás. ¹³ Pois jurei por mim mesmo,diz o SENHOR, que Bozra se tornará em espanto, humilhação, deserto e maldição; e todas as suas cidades se tornarão desolações perpétuas. ¹⁴ Ouvi uma notícia do SENHOR que um mensageiro foi às nações, *para dizer* : Juntai-vos, e vinde contra ela, e levantai-vos para a guerra. ¹⁵ Porque eis te fiz pequeno entre as nações, desprezado entre os homens. ¹⁶ O terror que tu causas te enganou, assim como a arrogância de teu coração; tu que habitas nas cavernas das rochas, que tens a altura dos montes; ainda que levantes teu ninho como a águia, de lá eu te derrubarei,diz o SENHOR. ¹⁷ Assim Edom servirá de espanto; todo aquele que passar por ela se espantará, e assoviará por causa de todas as suas pragas. ¹⁸ Tal como a destruição de Sodoma e de Gomorra, e de suas cidades vizinhas,diz o SENHOR, ninguém habitará ali, nem filho de homem morará nela. ¹⁹ Eis que será como o leão que sobe da mata do Jordão contra a morada do forte; porque repentinamente o farei correr dela, e ordenarei contra ela a quem eu escolher; pois quem é semelhante a mim? E quem manda em mim? E quem é o pastor que pode subsistir diante de mim? ²⁰ Portanto ouvi o conselho do SENHOR, que ele determinou sobre Edom; e seus pensamentos, que decidiu sobre os moradores de Temã: Certamente os menores do rebanho os arrastarão; e destruirão suas moradas com eles. ²¹ A terra treme do estrondo da queda deles; e o grito de sua voz foi ouvida até no mar Vermelho. ²² Eis que como águia subirá e voará, e estenderá suas asas sobre Bozra; e o coração dos guerreiros de Edom será naquele dia como o coração de mulher em dores de parto. ²³ Sobre Damasco. Envergonharam-se Hamate e Arpade, porque ouviram más notícias; derreteram-se em mar de angústia, não podem se sossegar. ²⁴ Enfraquecida está Damasco; virou-se para fugir, e foi tomada de medo; angústia e dores a tomaram, como de mulher que está de parto. ²⁵ Como não foi abandonada a famosa cidade, a cidade de minha alegria? ²⁶ Por isso seus rapazes cairão em suas ruas, e todos os homens de guerra serão mortos naquele dia,diz o SENHOR dos exércitos. ²⁷ E acenderei fogo no muro de Damasco, que consumirá as casas de Ben-Hadade. ²⁸ Sobre Quedar e dos reinos de Hazor, os quais Nabucodonosor, rei da Babilônia, feriu.Assim diz o SENHOR: Levantai-vos, subi contra Quedar, e destruí os filhos de oriente. ²⁹ Tomarão suas tendas e seu gados; suas cortinas, e todos os seus vasos; e seus camelos, levarão para si; e lhes gritarão: O medo está ao redor. ³⁰ Fugi, afastai-vos para muito longe, buscai profundezas para habitar, ó moradores de Hazor, diz o SENHOR; porque Nabucodonosor, rei da Babilônia, tomou conselho contra vós, e pensou um plano contra vós. ³¹ Levantai-vos, subi contra uma nação tranquila, que habita em segurança,diz o SENHOR, que nem têm portas nem ferrolhos, que vivem sozinhos. ³² E seus serão camelos para presa, e a multidão de seus gados para despojo; e os espalharei por todos os lados, até os cantos mais distantes; § e por todos os lados lhes trarei sua ruína,diz o SENHOR. ³³ E Hazor se tornará uma morada de chacais, desolada para sempre; ninguém habitará ali, nem filho de homem morará nela. ³⁴ Palavra do SENHOR que veio ao profeta Jeremias, sobre Elão, no princípio

---

‡ **49:10** descendência lit. semente   § **49:32** os cantos mais distantes trad. alt. os que cortam os cantos da cabeça

do reinado de Zedequias rei de Judá, dizendo: ³⁵ Assim diz o SENHOR dos exércitos: Eis que quebrarei o arco de Elão, o principal de seu poder. ³⁶ E trarei sobre Elão os quatro ventos dos quatro cantos do céu, e os espalharei por todos estes ventos; não haverá nação para onde não venham exilados de Elão. ³⁷ E farei com que Elão tenha medo diante de seus inimigos, e diante dos que buscam *tirar* sua vida; * e trarei o mal † sobre eles, o furor de minha ira,diz o SENHOR; e mandarei a espada atrás deles, até que os acabe por completo. ³⁸ E porei meu trono em Elão, e destruirei dali o rei e os príncipes,diz o SENHOR. ³⁹ Mas será nos últimos dias, que restaurarei Elão de seu infortúnio, diz o SENHOR.

50

¹ Palavra que o SENHOR falou sobre a Babilônia, sobre a terra dos caldeus, por meio do profeta Jeremias. ² Anunciai entre as nações, declarai, e levantai bandeira; declarai, e não encubrais: dizei: Tomada é Babilônia, Bel é envergonhado, Merodaque é despedaçado; envergonhados são seus ídolos, despedaçados estão suas imagens de idolatria. ³ Pois subiu contra ela uma nação do norte, a qual tornará sua terra em desolação, e não haverá morador nela; desde os homens até os animais fugiram e se afastaram. ⁴ Naqueles dias e naquele tempo,diz o SENHOR, os filhos de Israel virão, eles e juntamente os filhos de Judá; virão andando e chorando, e buscarão ao SENHOR seu Deus. ⁵ Perguntarão por Sião, pelo caminho para onde voltarão seus rostos, *dizendo* : Vinde, e juntai-vos ao SENHOR *com* um pacto eterno, que jamais será esquecido. ⁶ Meu povo tem sido ovelhas perdidas; seus pastores as fizeram errar, pelos montes as desviaram; andaram de monte em morro, esqueceram-se de seu lugar de descanso. ⁷ Todos quantos as achavam, as comiam; e adversários diziam: Nenhuma culpa teremos, pois pecaram contra o SENHOR, a morada da justiça *contra* o SENHOR, a esperança de seus pais. ⁸ Fugi do meio da Babilônia, e saí da terra dos caldeus; e sede como os bodes adiante do rebanho. ⁹ Porque eis que eu levantarei e farei subir contra a Babilônia um ajuntamento de grandes povos da terra do norte; e se prepararão contra ela, e dali será tomada; suas flechas serão como de um habilidoso guerreiro, que não voltarão em vão. ¹⁰ E a Caldeia será objeto de saque; todos os que a saquearem serão fartos,diz o SENHOR. ¹¹ Visto que vós vos alegrastes, que vos enchestes de prazer, vós saqueadores de minha propriedade; visto que vos inchastes como bezerra gorda, e relinchastes como cavalos; ¹² *Por isso* vossa mãe será muito envergonhada, será humilhada a que vos gerou; eis que ela será a última das nações: deserto, secura, e desolação. ¹³ Por causa da ira do SENHOR não será habitada; ela, porém será totalmente desolada; qualquer um passar pela Babilônia se espantará e assoviará por causa de todas as suas pragas. ¹⁴ Preparai-vos em linha de batalha contra Babilônia ao redor, todos vós que armais arcos; atirai contra ela, não poupeis as flechas; pois ela pecou contra o SENHOR. ¹⁵ Gritai contra ela ao redor, *pois* já se rendeu; * caíram seus fundamentos, derrubados são seus muros, pois esta é vingança do SENHOR. Vingai-vos dela; fazei com ela assim como ela fez. ¹⁶ Exterminai da Babilônia o semeador, e o que usa a foice no tempo da ceifa; por causa da espada opressora, cada um se voltará ao seu povo, cada um fugirá para sua terra. ¹⁷ Israel é um cordeiro desgarrado, que leões afugentaram; o rei da Assíria foi o primeiro que o devorou; e este, Nabucodonosor rei da Babilônia, o último, que lhe quebrou os ossos. ¹⁸ Portanto assim diz o SENHOR dos exércitos, Deus de Israel: Eis que punirei ao rei de Babilônia e a sua terra assim como puni ao rei da Assíria. ¹⁹ E voltarei a trazer Israel à sua morada, no Carmelo e em Basã se alimentará; nos montes de Efraim e

---

* **49:37** vida lit. alma † **49:37** mal i.e. o desastre, a calamidade * **50:15** rendeu lit. deu sua mão

de Gileade sua alma farta será. ²⁰ Naqueles dias e naquele tempo,diz o SENHOR, a maldade de Israel será buscada, mas não *será encontrada* ; e *buscados* os pecados de Judá, mas não se acharão; porque perdoarei aos restantes que eu deixar. ²¹ Sobe contra ela, a terra de Merataim, e contra os moradores de Pecode; assola e destrói por completo atrás deles,diz o SENHOR, e faze conforme a tudo o que te mandei. ²² Há barulho de guerra na terra, e de grande destruição. ²³ Como foi cortado e quebrado o martelo de toda a terra! Como Babilônia se tornou em espanto entre as nações! ²⁴ Pus armadilha para ti, e também foste capturada, ó Babilônia, antes de tu perceberes; foste achada, e também presa, porque lutaste contra o SENHOR. ²⁵ O SENHOR abriu o teu arsenal, e tirou os instrumentos de sua ira; porque esta é a obra do Senhor DEUS dos exércitos, na terra dos caldeus. ²⁶ Vinde contra ela desde o lugar mais distante; abri seus celeiros; tornai-a em amontoados, e destruí-a por completo; que nada reste dela. ²⁷ Matai à espada todos os seus novilhos; que ela desça ao matadouro. Ai deles! Porque veio o seu dia, o tempo de sua punição. ²⁸ Eis a voz dos que fugiram e escaparam da terra de Babilônia, para anunciar em Sião a vingança do SENHOR nosso Deus, a vingança de seu templo. ²⁹ Convocai contra a Babilônia os flecheiros, todos os que armam arcos; assentai o acampamento ao redor dela; ninguém escape dela, pagai-lhe conforme sua obra; conforme tudo o que ela fez, fazei-lhe; porque agiu arrogantemente contra o SENHOR, contra o Santo de Israel. ³⁰ Portanto seus rapazes cairão em suas ruas; e todos os seus homens de guerra serão exterminados naquele dia,diz o SENHOR. ³¹ Eis que eu contra ti, ó soberbo,diz o Senhor DEUS dos exércitos; porque veio o teu dia, o tempo em que te castigarei. ³² E o soberbo tropeçará e cairá, e ninguém haverá que o levante; e acenderei fogo em suas cidades, que consumirá todos os seus arredores. ³³ Assim diz o SENHOR dos exércitos: Os filhos de Israel e os filhos de Judá juntamente foram oprimidos; e todos os que os tomaram cativos os detiveram; recusaram-se soltá-los. ³⁴ Porém o Redentor deles é forte; EU-SOU dos exércitos é o seu nome; certamente defenderá a causa deles, para dar descanso à terra, e incomodar os moradores da Babilônia. ³⁵ Espada *virá* sobre os caldeus, diz o SENHOR, e sobre os moradores da Babilônia, sobre seus príncipes, e sobre seus sábios. ³⁶ Espada *virá* sobre os adivinhos, e se tornarão tolos; espada *virá* sobre seus guerreiros, e perderão as forças. ³⁷ Espada *virá* sobre seus cavalos, sobre seus carros, e sobre todo os estrangeiros † que estão no meio dela, e serão como mulheres; espada *virá* sobre seus tesouros, e serão saqueados. ³⁸ Sequidão *virá* sobre suas águas, e se secarão; pois é terra de idolatrias, ‡ e se enlouquecem por *seus* ídolos. ³⁹ Por isso *nela* habitarão animais selvagens do deserto com hienas; habitarão também nela filhotes de avestruz; e nunca mais será habitada, nem servirá de morada geração após geração. ⁴⁰ Assim como Deus destruiu Sodoma, Gomorra e suas cidades vizinhas,diz o SENHOR, assim também não habitará ali homem, nem filho de homem a morará. ⁴¹ Eis que um povo vem do norte; e uma grande nação, e muitos reis se levantarão dos lugares distantes da terra. ⁴² Eles manejam arco e lança; são cruéis, e não terão compaixão; sua voz soará como o mar, e montarão sobre cavalos; ficarão em posição como de homem para a batalha, contra ti, ó filha da Babilônia. ⁴³ O rei da Babilônia ouviu a notícia deles, e suas mãos perderam as forças; tomado foi por angústia e dor, como mulher de parto. ⁴⁴ Eis que como leão subirá da mata do Jordão contra a morada do forte; pois repentinamente o farei correr dali. E ordenarei contra ela a quem eu escolher; pois quem é semelhante a mim? E quem manda em mim? Ou quem é o pastor que pode subsistir diante de mim? ⁴⁵ Portanto ouvi o conselho do SENHOR, que decretou contra a Babilônia; e seus

---

† **50:37** estrangeiros lit. a mistura [de povos]   ‡ **50:38** idolatrias lit. imagens de escultura

pensamentos, que ele determinou sobre a terra dos caldeus: Certamente os menores do rebanho serão arrastados, certamente destruirá sua habitação com deles. § ⁴⁶ Do ruído da tomada da Babilônia a terra tremeu, e o grito se ouviu entre as nações.

51

¹ Assim diz o SENHOR: Eis que eu levanto um vento destruidor contra a Babilônia, e contra os moradores de Lebe-Camai. * ² E enviarei padejadores à Babilônia, que a padejarão, † e esvaziarão sua terra; porque virão contra ela por todos os lados no dia da calamidade. ‡ ³ Que o flecheiro não arme o seu arco, nem deixes que ponham sua couraça; não poupeis a seus rapazes, destruí todo o seu exército. ⁴ E os mortos cairão na terra dos caldeus, e os perfurados em suas ruas. ⁵ Porque Israel e Judá não foram abandonados § por seu Deus, o SENHOR dos exércitos, ainda que sua terra foi cheia de pecado contra o Santo de Israel. ⁶ Fugi do meio de Babilônia, e livrai cada um sua alma; não pereçais por causa de sua maldade; pois é tempo de vingança do SENHOR, em que ele lhe dará o pagamento dela. ⁷ A Babilônia era um copo de ouro na mão do SENHOR, que embriagava toda a terra; de seu vinho beberam as nações; por isso as nações se enlouqueceram. ⁸ Repentinamente Babilônia caiu, e se despedaçou: uivai por ela; tomai bálsamo para sua dor, talvez sare. ⁹ Sararíamos Babilônia, porém ela não se sarou; deixai-a, e vamo-nos cada um a sua terra; pois seu julgamento chegou até o céu, e subiu até as nuvens. ¹⁰ O SENHOR trouxe à luz nossas justiças; * vinde, e contemos em Sião a obra do SENHOR nosso Deus. ¹¹ Limpai as flechas, preparai os escudos; o SENHOR levantou o espírito dos reis da Média; pois seu pensamento é contra Babilônia para destruí-la; pois esta é vingança do SENHOR, a vingança de seu templo. ¹² Levantai bandeira sobre os muros da Babilônia, reforçai a guarda, ponde vigilantes, preparai ciladas; pois assim o SENHOR tanto planejou como fez o que disse sobre os moradores de Babilônia. ¹³ Tu que habitas sobre muitas águas, rica em tesouros, chegou o teu fim, o limite de tua ganância. † ¹⁴ O SENHOR dos exércitos jurou por si mesmo, *dizendo* : Eu te encherei de homens como de gafanhotos, que darão gritos *de guerra* contra ti. ¹⁵ Ele é o que fez a terra com sua força, o que estabeleceu o mundo com sua sabedoria, e estendeu os céus com seu entendimento; ¹⁶ Quando ele dá sua voz, há um grande estrondo de águas no céu, e faz subir as nuvens desde os confins da terra; ele faz os relâmpagos com a chuva, e tira o vento de seus tesouros. ¹⁷ Todo homem tem se tornado bruto, e sem conhecimento; envergonha-se todo artífice da imagem de escultura, porque sua imagem de fundição é mentira, e não há espírito nelas. ¹⁸ Elas são inúteis, obra de enganos; no tempo de seu castigo perecerão. ¹⁹ A porção de Jacó não é como eles; pois ele é o Formador de tudo; e Israel é a vara de sua herança; EU-SOU dos exércitos é o seu nome. ²⁰ Tu és para mim um martelo, *e* armas de guerra; contigo despedaçarei nações, e contigo destruirei reinos; ²¹ Contigo despedaçarei o cavalo e seus cavaleiro, contigo despedaçarei a carruagem, e os que nela sobem; ²² Contigo despedaçarei o homem e a mulher, contigo despedaçarei o velho e o jovem, contigo despedaçarei o rapaz e a moça; ²³ Contigo despedaçarei o pastor e seu rebanho; contigo despedaçarei o lavrador e suas juntas *de bois* ; e contigo despedaçarei governadores e príncipes. ²⁴ Mas retribuirei à Babilônia e a todos os moradores da Caldeia todo a sua maldade, que fizeram em Sião diante de vossos olhos,diz o SENHOR. ²⁵ Eis que eu sou contra

---

§ **50:45** com eles trad. alt. por causa deles   * **51:1** Lebe-Camai uma outra forma de se chamar a terra dos caldeus   † **51:2** padejar lançar os grãos ao vento com uma espécie de pá, para tirar as cascas (glossário) ‡ **51:2** calamidade lit. mal   § **51:5** abandonados lit. "enviuvados"   * **51:10** nossas justiças = i.e., nossas reivindicações   † **51:13** ganância obscuro – trad. alt. vida

ti, ó monte destruidor, que destróis toda a terra,diz o SENHOR, e estenderei minha mão contra ti, e te farei rolar das rochas, e te tonarei um monte queimado. ²⁶ E não tomarão de ti pedra para esquina, nem pedra para fundamentos; porque te tornarás em assolações perpétuas,diz o SENHOR. ²⁷ Levantai bandeira na terra, tocai trombeta entre as nações, preparai nações contra ela; convocai contra ela os reinos de Ararate, Mini, e Asquenaz; ordenai contra ela capitães, fazei subir cavalos como gafanhotos eriçados. ‡ ²⁸ Preparai contra ela as nações; os reis da Média, seus capitães, e todos seus chefes, e também toda a terra em que eles governam. ²⁹ Então a terra tremerá, e se afligirá; porque todos os pensamentos do SENHOR estão firmes contra a Babilônia, para tornar a terra de Babilônia em desolação, de modo que não haja morador *nela* . ³⁰ Os guerreiros de Babilônia pararam de lutar, ficaram-se nas fortalezas; faltou-lhes sua força, tornaram-se como mulheres; incendiaram-se suas casas, quebraram-se seus ferrolhos. ³¹ Corredor se encontrará com corredor, mensageiro se encontrará com mensageiro, para anunciar ao rei de Babilônia que sua cidade é tomada por todas os lados; ³² E os vaus foram tomados, os canaviais foram queimados a fogo, e os homens de guerra foram assombrados. ³³ Pois assim diz o SENHOR dos exércitos, Deus de Israel: A filha de Babilônia é como uma eira; já é tempo de trilhá-la; daqui a pouco lhe virá o tempo da ceifa. ³⁴ Comeu-me, esmagou-me Nabucodonosor rei de Babilônia; tornou-me como um vaso vazio, tragou-me como um chacal, seu ventre se encheu do que eu tinha de melhor, e me lançou fora. ³⁵ A violência feita contra mim e minha carne *venha* sobre a Babilônia, dirá a moradora de Sião; e meu sangue sobre os moradores da Caldeia, dirá Jerusalém. ³⁶ Portanto assim diz o SENHOR: Eis que eu defenderei a tua causa, e vingarei por ti; secarei seu mar, e farei que seu manancial fique seco. ³⁷ E Babilônia se tornará em amontoados, em morada de chacais, espanto e assovio, sem morador algum. ³⁸ Juntamente rugirão como leões; como filhotes de leões bramarão. ³⁹ Quando estiverem esquentados, eu lhes porei seus banquetes, e farei com que se embriaguem, para que se alegrem, e durmam um sono eterno, e não despertem,diz o SENHOR. ⁴⁰ Eu os levarei abaixo como cordeiros ao matadouro, como carneiros e bodes. ⁴¹ Como foi capturada Sesaque, e tomada a que era o louvor de toda a terra! Como Babilônia se tornou em espanto entre as nações! ⁴² O mar subiu sobre a Babilônia; pela multidão de suas ondas foi coberta. ⁴³ Suas cidades se tornaram desoladas, uma terra seca e deserta, terra que ninguém habita, nem filho de homem passa por ela. ⁴⁴ E punirei a Bel na Babilônia, e tirarei de sua boca o que tragou; e nunca mais as nações virão a ele; e o muro da Babilônia cairá. ⁴⁵ Saí do meio dela, ó povo meu, e livrai cada um sua alma do ardor da ira do SENHOR. ⁴⁶ E para que vosso coração não perca as forças, e tenhais medo por causa das notícias que forem ouvidas pela terra; pois em um ano virá notícias, e depois em outro ano mais notícias; e haverá violência na terra, dominador sobre dominador. ⁴⁷ Portanto eis que vêm dias em que punirei as imagens de escultura da Babilônia, e toda a sua terra será envergonhada, e todos seus mortos cairão no meio dela. ⁴⁸ E os céus, a terra, e tudo quanto neles há, cantarão vitória sobre a Babilônia; porque do norte virão destruidores contra ela,diz o SENHOR. ⁴⁹ Pois Babilônia cairá por causa dos mortos de Israel, assim como por causa da Babilônia caíram mortos de toda a terra. ⁵⁰ Vós que escapastes do espada, ide embora, não pareis; lembrai-vos do SENHOR até longe, e Jerusalém venha à vossa mente. § ⁵¹ *Direis, porém* : Estamos envergonhados, porque ouvimos a humilhação; a vergonha cobriu nossos rostos, porque vieram estrangeiros contra os santuários da casa do SENHOR. ⁵² Portanto eis que vêm dias,diz o SENHOR, em que punirei suas imagens de escultura, e em toda a sua terra gemerão os feridos.

---

‡ **51:27** eriçados obscuro   § **51:50** mente lit. coração

⁵³ Mesmo se a Babilônia subisse ao céu e se fortificasse no alto seu poder, ainda assim de mim virão destruidores contra ela,diz o SENHOR. ⁵⁴ *Ouve-se* som de gritos da Babilônia, e grande quebrantamento da terra dos caldeus! ⁵⁵ Pois o SENHOR destrói a Babilônia, e eliminará dela *seu* grande ruído; e suas ondas bramarão, como muitas águas será o ruído da voz deles: ⁵⁶ Pois o destruidor vem contra ela, contra Babilônia; seus guerreiros serão presos, o arco deles será quebrado; porque o SENHOR, Deus de retribuições, certamente dará a pagamento. ⁵⁷ E embriagarei a seus príncipes e seus sábios, a seus governadores, seus chefes e seus guerreiros; e dormirão sonho perpétuo, e não despertarão, diz o Rei, cujo nome é EU-SOU dos exércitos. ⁵⁸ Assim diz o SENHOR dos exércitos: Os largos muros da Babilônia serão derrubado por completo, e suas altas portas serão incendiadas a fogo; os povos trabalharão para nada, as nações para o fogo, e se cansarão. ⁵⁹ Palavra que o profeta Jeremias enviou a Seraías, filho de Nerias, filho de Maasias, quando ele foi com Zedequias rei de Judá para a Babilônia, no quarto ano de seu reinado. E Seraías era o camareiro-chefe. ⁶⁰ Escreveu, pois, Jeremias em um livro todo o mal que viria sobre a Babilônia, todas estas palavras que estavam escritas contra a Babilônia. ⁶¹ E Jeremias disse a Seraías: Quando chegares à Babilônia, tu deves ler e dizer todas estas palavras, ⁶² Então dirás: Ó SENHOR, tu falaste sobre este lugar, que o cortarias fora, até não ficar nele morador, nem homem nem animal, e que se tornaria em desolação perpétua. ⁶³ E será que, quando acabares de ler este livro, tu o atarás a uma pedra, e o lançarás no meio do Eufrates, ⁶⁴ E dirás: Assim Babilônia será afundada, e não se levantará da calamidade * que eu trago sobre ela; e se cansarão. Até aqui são as palavras de Jeremias.

52

¹ Zedequias era de idade de vinte e um anos quando começou a reinar, e reinou onze anos em Jerusalém. Sua mãe se chamava Hamutal, filha de Jeremias, de Libna. ² E ele fez o que era mal aos olhos do SENHOR, conforme tudo o que Jeoaquim fizera. ³ E por isso a ira do SENHOR foi contra Jerusalém e Judá, até que ele os expulsou de sua presença; assim Zedequias se rebelou contra o rei da Babilônia. ⁴ E aconteceu no nono ano de seu reinado, no decimo mês, aos dez dias do mês, que veio Nabucodonosor rei da Babilônia, ele e todo seu exército, contra Jerusalém, e contra ela montaram um acampamento, e ao redor por todos os lados levantaram cercos contra ela. ⁵ Assim a cidade esteve cercada até o décimo primeiro ano do rei Zedequias. ⁶ No quarto mês, aos nove do mês, quando a fome havia dominado a cidade, até não haver pão para o povo da terra; ⁷ Então a cidade foi arrombada, e todos os homens de guerra fugiram, e saíram da cidade de noite, pelo caminho de porta de entre os dois muros, que era perto do jardim do rei, e foram-se pelo caminho de Arabá, * enquanto os caldeus estavam ao redor da cidade. ⁸ Porém o exército dos caldeus perseguiu o rei, e alcançaram a Zedequias nas planícies de Jericó; e todo o seu exército se dispersou dele. ⁹ Então prenderam ao rei, e fizeram-lhe vir ao rei de Babilônia, a Ribla na terra de Hamate, onde pronunciou sentença contra ele. ¹⁰ E o rei da Babilônia degolou os filhos de Zedequias diante de seus olhos; e também degolou a todos os príncipes de Judá em Ribla. ¹¹ Mas Zedequias porém cegou os olhos, e o acorrentou com grilhões de bronze; e o rei da Babilônia o levou à Babilônia, e o pôs na casa do cárcere até o dia de sua morte. ¹² E no quinto mês, aos dez do mês (que era o décimo nono ano do reinado de Nabucodonosor, rei de Babilônia), Nebuzaradã, capitão da guarda, que servia diante do rei de Babilônia, veio a Jerusalém; ¹³ E queimou a casa do SENHOR, a casa do rei, e todas as casas

---

* **51:64** calamidade lit. mal * **52:7** Arabá i.e., terreno plano, a planície ao redor do rio Jordão

de Jerusalém; e queimou com fogo todo grande edifício. ¹⁴ E todo o exército dos caldeus que estava com o capitão da guarda derrubou todos os muros que estavam ao redor de Jerusalém. ¹⁵ E Nebuzaradã, capitão da guarda, levou presos os pobres do povo, e ao demais do povo, que restaram na cidade, e os rebeldes que se haviam se rendido ao rei de Babilônia, e todo o resto dos artesãos. ¹⁶ Mas Nebuzaradã, capitão da guarda, deixou dos mais pobres daquela terra para serem cultivadores de vinhas e lavradores. ¹⁷ E os caldeus quebraram as colunas de bronze que estavam na casa do SENHOR, as bases, e o mar de bronze que estavam na casa do SENHOR, e levaram todo o bronze à Babilônia. ¹⁸ Tomaram também os caldeirões, as pás, os cortadores de pavios, as bacias, os pratos, e todos os vasos de bronze com que faziam o serviço *no templo* ; ¹⁹ E o capitão da guarda tomou os copos, os incensários, as bacias, as panelas, os castiçais, os pratos, e vasos de ofertas de líquidos: tudo o que era de ouro ou de prata. ²⁰ As duas colunas, o mar, e os doze bois de bronze que estavam debaixo das bases, que o rei Salomão tinha feito na casa do SENHOR. não se podia pesar o bronze de todos estes vasos. ²¹ Quanto às colunas, a altura de cada coluna era de dezoito côvados, e um fio de doze côvados a rodeava; e sua espessura era de quatro dedos, *e* era oca. ²² E *tinha* sobre si um capitel de bronze, e a altura do capitel era de cinco côvados, com uma rede e romãs ao redor do capitel, tudo de bronze; e semelhante a esta era o da segunda coluna, com *suas* romãs. ²³ E havia noventa e seis romãs em cada lado; ao todo elas eram cem sobre a rede ao redor. ²⁴ O capitão da guarda também tomou a Seraías o sacerdote principal, e a Sofonias o segundo sacerdote, e três guardas da porta. ²⁵ E da cidade tomou a um eunuco que era comandante sobre os homens de guerra, e a sete homens que serviam na presença do rei, que se acharam na cidade; e também ao principal escrivão do exército, que registrava o povo da terra para a guerra; e a sessenta homens do povo da terra, que se acharam no meio da cidade. ²⁶ Então Nebuzaradã, capitão da guarda, os tomou, e os levou ao rei de Babilônia, a Ribla. ²⁷ E o rei de Babilônia os feriu e os matou em Ribla na terra de Hamate. Assim Judá foi levado cativo de sua terra. ²⁸ Este é o povo que Nabucodonosor levou cativo; no sétimo ano, três mil e vinte e três judeus: ²⁹ No décimo oitavo ano Nabucodonosor, levou cativas de Jerusalém oitocentas e trinta e duas pessoas; ³⁰ No vigésimo terceiro ano de Nabucodonosor, Nebuzaradã capitão da guarda levou cativas setecentas e quarenta e cinco pessoas dos judeus; no total foram quatro mil e seiscentas pessoas. ³¹ Sucedeu, pois, no trigésimo sétimo ano de cativeiro de Joaquim rei de Judá, no décimo segundo mês, aos vinte e cinco do mês, que Evil-Merodaque, rei da Babilônia, no *primeiro* ano de seu reinado, concedeu perdão a † Joaquim rei de Judá, e o tirou da casa de prisão; ³² E falou com ele benignamente; e pôs sua cadeira com mais honra ‡ do que as cadeiras dos reis que estavam com ele em Babilônia. ³³ E mudou-lhe também as roupas de sua prisão, e continuamente comeu pão diante dele, todos os dias de sua vida. ³⁴ E continuamente foi-lhe dada provisão pelo rei da Babilônia, uma porção diária, até o dia de sua morte, por todos os dias de sua vida.

---

† **52:31** concedeu perdão a lit. levantou a cabeça de   ‡ **52:32** com mais honra lit. acima de, sobre

Lamentações de Jeremias

¹ Como se senta solitária a cidade que era tão populosa! A grande entre as nações tornou-se como viúva, a senhora de províncias passou a ser escrava. ² Amargamente chora na noite, suas lágrimas em seu rosto; entre todos os seus amantes não há quem a console; todos os seus amigos a traíram, inimigos se tornaram. ³ Judá foi ao cativeiro com aflição e grande servidão; ela habita entre as nações, mas não acha descanso; todos os seus perseguidores a alcançam em meio ao aperto. * ⁴ Os caminhos de Sião estão em pranto, pois ninguém vem aos festivais; todas as suas portas estão desertas, seus sacerdotes gemem, suas virgens se afligem, e ela sofre de amargura. ⁵ Seus oponentes estão no comando, seus inimigos prosperam; pois o SENHOR a afligiu por causa das suas muitas transgressões; suas crianças foram em cativeiro adiante do adversário. ⁶ Partiu-se toda a beleza da filha de Sião; seus líderes estão como cervos, não acham pasto algum; eles andam fracos, fugindo do perseguidor. ⁷ Nos dias da sua aflição, e de suas andanças perdidas, Jerusalém lembra-se de todas as suas preciosidades, que tinha nos tempos antigos; quando seu povo caiu na mão do adversário, não houve quem a ajudasse; os adversários a viram, e zombaram da sua queda. ⁸ Jerusalém pecou gravemente; por isso ela se tornou impura; † todos os que a honravam a desprezam, porque viram a sua nudez; ela geme, e se vira para trás. ⁹ Sua imundície estava até nas roupas; ‡ nunca se importou com o seu futuro § ; por isso caiu espantosamente, sem ter quem a consolasse. Olha, SENHOR, a minha aflição, porque o inimigo está engrandecido. ¹⁰ O adversário tomou todas as suas coisas de valor; ela viu as nações entrarem no seu templo * - aquelas que proibiste de entrarem na tua congregação. ¹¹ Todo o seu povo anda suspirando em busca de pão; trocaram todas os seus bens por comida a fim de sobreviverem. † Olha, SENHOR, e vê que estou desprezada. ¹² Todos vós que estais passando, não vos *importais* ? Olhai, e vede se há dor como a minha, que me foi imposta, que o SENHOR me afligiu no dia da sua ira ardente. ¹³ Desde o alto ele enviou fogo em meus ossos, o qual os dominou; ele estendeu uma rede a meus pés, fez-me voltar para trás; tornou-me assolada, sofrendo dores o dia todo. ¹⁴ O jugo de minhas transgressões está amarrado por sua mão, elas estão ligadas, postas sobre o meu pescoço; ele abateu minhas forças. O Senhor me entregou nas suas mãos daqueles contra quem não posso me levantar. ¹⁵ O Senhor derrotou todos os meus fortes em meio de mim; convocou contra mim um ajuntamento para quebrar os meus rapazes; o Senhor tem pisado a virgem filha de Judá como *se fosse* em uma prensa de uvas. ¹⁶ Por estas coisas que eu choro; meus olhos, de meus olhos correm águas; pois afastou-se de mim consolador que daria descanso à minha alma: meus filhos estão desolados, porque o inimigo prevaleceu. ¹⁷ Sião estendeu suas mãos, não há quem a console; o SENHOR deu ordens contra Jacó, para que seus inimigos o cercassem: Jerusalém se tornou imunda entre eles. ¹⁸ O SENHOR é justo; eu que me rebelei contra sua boca. Ouvi, pois, todos os povos, e vede minha dor; minhas virgens e meus rapazes foram em cativeiro. ¹⁹ Clamei a meus amantes, porém eles me enganaram; meus sacerdotes e meus anciãos pereceram na cidade; pois buscam comida para si tentarem sobreviver. ‡) ²⁰ Olha, SENHOR, que estou angustiada; tormentam-se minhas entranhas, meu coração está transtornado

---

* **1:3** Trad. alt. angústia   † **1:8** impura obscuro; trad. alt. ela se tornou objeto de zombaria   ‡ **1:9** Lit. "Sua imundície estava em suas saias"   § **1:9** Lit. "fim", isto, é, suas consequências   * **1:10** o templo dela   † **1:11** sobreviverem lit. restaurarem a alma (ou vida)   ‡ **1:19** tentarem sobreviver lit. restaurarem a alma (ou vida)

em meio de mim, pois gravemente me rebelei; de fora desfilhou -*me* a espada, de dentro está como a morte. ²¹ Eles me ouvem gemendo, *porém* não tenho consolador. Todos meus inimigos, quando ouvem minha aflição § se alegram, pois tu o fizeste. Quando tu trouxeres o dia que anunciaste, eles serão como eu. ²² Toda a maldade deles venha diante de ti, e faze com eles assim como fizeste comigo por causa de todas as minhas transgressões; pois meus gemidos são muitos, e meu coração está desfalecido.

2

¹ Como o Senhor cobriu a filha de Sião com sua ira! Ele derrubou a formosura de Israel do céu à terra, e não se lembrou do estrado de seus pés no dia de sua ira. ² O Senhor, destruiu sem compaixão todas as moradas de Jacó; derrubou em seu furor as fortalezas da filha de Judá, desonrou o reino e seus príncipes. ³ Cortou no furor de sua ira todo o poder * de Israel; tirou sua mão direita de diante do inimigo; e se acendeu contra Jacó como labareda de fogo que consome ao redor. ⁴ Armou seu arco como inimigo, pôs sua mão direita como adversário, e matou todas as coisas agradáveis à vista; derramou sua indignação como fogo na tenda da filha de Sião. ⁵ O Senhor tornou-se como inimigo, destruiu a Israel; destruiu todos os seus palácios, arruinou as suas fortalezas; e multiplicou na filha de Judá a lamentação e a tristeza. ⁶ E com violência arrancou sua tenda, como *se fosse* de uma horta, destruiu o lugar de sua congregação; o SENHOR fez esquecer em Sião as solenidades e os sábados, E tem lançado no furor de sua ira rei e sacerdote. ⁷ O Senhor rejeitou seu altar, detestou seu santuário, entregou na mão do inimigo os muros de seus palácios; levantaram gritaria na casa do SENHOR como em dia de festa. ⁸ O SENHOR determinou destruir o muro da filha de Sião; estendeu o cordel, não deteve sua mão de destruir; tornou em lamento o antemuro e o muro; juntamente foram destruídos. ⁹ Suas portas foram lançadas por terra, destruiu e quebrou seus ferrolhos; sua rei e seus príncipes estão entre as nações onde não há a Lei; nem seus profetas acham visão alguma do SENHOR. ¹⁰ Sentados na terra *e* calados estão os anciãos da filha de Sião; lançaram pó sobre suas cabeças, vestiram-se de saco; as virgens de Jerusalém baixaram suas cabeças à terra. ¹¹ Meus olhos se consumiram de lágrimas, atormentam-se minhas entranhas; meu fígado se derramou por terra por causa do quebrantamento da filha de meu povo, porque crianças e bebês de mama desfalecem pelas ruas da cidade. ¹² Eles dizem às suas mães: Onde está o trigo e o vinho?, enquanto desfalecem como feridos pelas ruas da cidade, derramando suas almas no colo de suas mães. ¹³ Que testemunho te trarei, ou a quem te compararei, ó filha de Jerusalém? A quem te assemelharei para te consolar, ó virgem, filha de Sião? Pois teu quebrantamento é tão grande quanto o mar; quem te curará? ¹⁴ Teus profetas previram para ti futilidades e enganos; e não expuseram tua maldade para evitar teu cativeiro; † em vez disso te predisseram profecias mentirosas e ilusórias. ¹⁵ Todos os que passam pelo caminho, batem palmas *para zombar* de ti; assoviaram, e moveram suas cabeças por causa da filha de Jerusalém, dizendo: É esta a cidade que diziam ser a perfeita beleza, a alegria de toda a terra? ¹⁶ Todos os teus inimigos abrem suas bocas contra ti, assoviam, e rangem os dentes; dizem: Nós *a* devoramos; pois este é o dia que esperávamos; nós o achamos, *e* o vimos. ¹⁷ O SENHOR fez o que tinha determinado; cumpriu sua palavra que ele havia mandado desde os dias antigos; destruiu sem ter compaixão; e alegrou o inimigo sobre ti, e levantou o poder ‡ de teus adversários. ¹⁸ O coração deles clamou ao Senhor. Ó muralha da filha de Sião, derrama lágrimas como um ribeiro

---

§ **1:21** minha aflição lit. meu mal   * **2:3** poder lit. chifre   † **2:14** evitar teu cativeiro Ou: consertar o teu destino   ‡ **2:17** poder lit. chifre

dia e noite; não te dês descanso, nem cessem as meninas de teus olhos. ¹⁹ Levanta-te, grita de noite, no começo das vigílias; derrama teu coração como águas diante da presença do Senhor; levanta tuas mãos a ele pela vida de tuas criancinhas, que desfalecem de fome nas entradas de todas as ruas. ²⁰ Olha, SENHOR, e considera a quem fizeste de tal modo; por acaso as mulheres comerão do seu *próprio* fruto, as criancinhas que carregam nos braços? Por acaso serão o sacerdote e o profeta mortos no santuário do Senhor? ²¹ Jovens e velhos jazem por *pelas* ruas; minhas virgens e meus rapazes caíram à espada; tu *os* mataste no dia de tua ira, degolaste sem ter compaixão. ²² Convocaste meus temores ao redor, como se fosse um dia solene; não houve quem escapasse no dia do ira do SENHOR, nem que restasse vivo; aos que criei e sustentei, meu inimigo os consumiu.

3

¹ Eu sou o homem que viu a aflição pela vara de seu furor. ² Guiou-me e levou-me a trevas, e não à luz. ³ Com certeza se virou contra mim, revirou sua mão o dia todo. ⁴ Fez envelhecer minha carne e minha pele, quebrou meus ossos. ⁵ Edificou contra mim, e cercou *-me* de fel e de trabalho. ⁶ Fez-me habitar em lugares escuros, como os que já morrera há muito tempo. ⁷ Cercou-me por todos lados, e não posso sair; tornou pesados os meus grilhões. ⁸ Até quando clamo e dou vozes, fechou *os ouvidos* à minha oração. ⁹ Cercou meus caminhos com pedras lavradas, retorceu as minhas veredas. ¹⁰ Foi para mim como um urso que espia, como um leão escondido. ¹¹ Desviou meus caminhos, e fez-me em pedaços; deixou-me desolado. ¹² Armou seu arco, e me pôs como alvo para a flecha. ¹³ Fez entrar em meus rins as flechas de sua aljava. ¹⁴ Servi de escárnio a todo o meu povo, de canção ridícula deles o dia todo. ¹⁵ Fartou-me de amarguras, embebedou-me de absinto. ¹⁶ Quebrou os meus dentes com cascalho, cobriu-me de cinzas. ¹⁷ E afastou minha alma da paz, fez-me esquecer da boa vida. * ¹⁸ Então eu disse: Pereceram minha força e minha esperança no SENHOR. ¹⁹ Lembra-te da minha aflição e do meu sofrimento, do absinto e do fel. ²⁰ Minha alma se lembra e se abate em mim. ²¹ Disto me recordarei na minha mente, por isso terei esperança: ²² É pelas bondades do SENHOR que não somos consumidos, porque suas misericórdias não têm fim. ²³ Elas são novas a cada manhã; grande é a tua fidelidade. ²⁴ O SENHOR é minha porção, diz a minha alma; portanto nele esperarei. ²⁵ Bom é o SENHOR para os que nele esperam, para a alma que o busca. ²⁶ É bom esperar e tranquilo aguardar a salvação do SENHOR. ²⁷ É bom ao homem levar o jugo em sua juventude. ²⁸ Sente-se só, e fique quieto; pois ele o pôs sobre si. ²⁹ Ponha sua boca no pó; talvez haja esperança. ³⁰ Dê a face ao que o ferir; farte-se de insultos. ³¹ Pois o Senhor não rejeitará para sempre: ³² Mesmo que cause aflição, ele também se compadecerá segundo a grandeza de suas misericórdias. ³³ Pois não é sua vontade † afligir nem entristecer os filhos dos homens. ³⁴ Esmagar debaixo de seus pés a todos os prisioneiros da terra, ³⁵ Perverter o direito do homem diante da presença do Altíssimo, ³⁶ Prejudicar ao homem em sua causa: o Senhor não aprova ‡) *tais coisas* . ³⁷ Quem é que pode fazer suceder *algo* que diz, se o Senhor não tiver mandado? ³⁸ Por acaso da boca do Altíssimo não sai tanto a maldição como a bênção? § ³⁹ Por que o homem vivente se queixa da punição de seus próprios pecados? ⁴⁰ Examinemos nossos caminhos, investiguemos, e nos voltemos ao SENHOR. ⁴¹ Levantemos nossos corações e as mãos a Deus nos

---

* **3:17** boa vida lit. bem   † **3:33** não é sua vontade lit. não é de seu coração   ‡ **3:36** aprova lit. vê (semelhante ao sentido da expressão "ver com bons olhos"   § **3:38** tanto a maldição como a bênção lit. tanto o mal como o bem

céus, ^{42} *Dizendo:* Nós transgredimos e fomos rebeldes; tu não perdoaste. ^{43} Cobriste-te de ira, e nos perseguiste; mataste sem teres compaixão. ^{44} Cobriste-te de nuvens, para que *nossa* oração não passasse. ^{45} Tu nos tornaste como escória e rejeito no meio dos povos. ^{46} Todos os nossos inimigos abriram sua boca contra nós. ^{47} Medo e cova vieram sobre nós, devastação e destruição. * ^{48} Rios de águas correm de meus olhos, por causa da destruição da filha de meu povo. ^{49} Meus olhos destilam, e não cessam; não haverá descanso, ^{50} Até que o SENHOR preste atenção, e veja desde os céus. ^{51} Meus olhos afligem minha alma, por causa de todas as filhas de minha cidade. ^{52} Sem motivo meus inimigos me caçam como a um passarinho. ^{53} Tentaram tirar minha vida na masmorra, e lançaram pedras sobre mim. ^{54} As águas inundaram sobre minha cabeça; eu disse: É o meu fim. ^{55} Invoquei o teu nome, SENHOR, desde a cova profunda. ^{56} Ouviste minha voz: não escondas o teu ouvido ao meu suspiro, ao meu clamor. ^{57} Tu te achegaste no dia em que te invoquei; disseste: Não temas. ^{58} Defendeste, Senhor, as causas de minha alma; redimiste minha vida. ^{59} Viste, SENHOR, a maldade que me fizeram; julga minha causa. ^{60} Viste toda a vingança deles, todos os seus pensamentos contra mim. ^{61} Ouvido os seus insultos, ó SENHOR, todos os seus pensamentos contra mim; ^{62} As coisas ditas pelos que se levantam contra mim, e seu planos contra mim o dia todo. ^{63} Olha para tudo quanto eles fazem; † com canções zombam de mim. ‡ ^{64} Retribui-lhes, SENHOR, conforme a obra de suas mãos. ^{65} Dá-lhes angústia § de coração, tua maldição a eles. ^{66} Persegue-os com ira, e destrua-os de debaixo dos céus do SENHOR.

4

^{1} Como se escureceu o ouro! Como mudou o bom e fino ouro! As pedras do Santuário estão espalhadas pelas esquinas de todas as ruas. ^{2} Os preciosos filhos de Sião, estimados como o ouro puro, como *agora* são considerados como vasos de barro, obra das mãos de oleiro! ^{3} Até os chacais dão o peito para amamentar a seus filhotes; *porém* a filha de meu povo se tornou cruel, como os avestruzes no deserto. ^{4} Por causa da sede a língua da criança de peito se grudou a seu céu da boca; os meninos pedem pão, e ninguém há lhes reparta. ^{5} Os que comiam das melhores iguarias, *agora* desfalecem nas ruas; os que se criaram em carmesim abraçam o lixo. ^{6} Pois maior é o castigo * da filha de meu povo do que o *do* pecado de Sodoma, Que foi transtornada em um momento, e não assentaram sobre ela companhias. ^{7} Seus nazireus † eram mais alvos que a neve, mais brancos que o leite. Seus corpos eram mais avermelhados que rubis, *e* mais polidos que a safira; ^{8} *Mas agora* sua aparência se escureceu mais que o carvão; não são mais reconhecidos nas ruas; sua pele está apegada a seus ossos, ficou seca como um pau. ^{9} Mais felizes foram os mortos pela espada do que os mortos pela fome; porque estes se abatem traspassados pela *falta* dos frutos do campo. ^{10} As mãos das mulheres compassivas cozeram a seus filhos; serviram-lhes de comida na destruição da filha de meu povo. ^{11} O SENHOR cumpriu o seu furor, derramou o ardor de sua ira; e acendeu fogo em Sião, que consumiu seus fundamentos. ^{12} Nem os reis da terra, nem todos os que habitam no mundo, criam que o adversário e o inimigo entraria pelas portas de Jerusalém. ^{13} *Assim* foi por causa dos pecados de seus profetas, por causa das maldades de seus sacerdotes, que derramaram o sangue dos justos em meio dela. ^{14} Titubearam *como* cegos nas

---

* **3:47** destruição lit. quebrantamento – também v. 48   † **3:63** tudo quanto eles fazem lit. o sentar e o levantar deles   ‡ **3:63** com canções zombam de mim lit. eu sou a canção deles   § **3:65** angústia obscuro – trad. alt. teimosia ou loucura   * **4:6** castigo lit. a maldade. Às vezes a mesma palavra servia para significar o pecado ou sua punição   † **4:7** nazireus i.e. consagrados – trad. alt. nobres

ruas, andaram contaminados de sangue, de maneira que ninguém podia tocar suas vestes. ¹⁵ Gritavam-lhes: Afastai-vos, imundos! Afastai-vos, afastai-vos, não toqueis. Quando fugiram e andaram sem rumo, foi dito entre as nações: Aqui não morarão. ¹⁶ A face do SENHOR os dispersou, não os olhará mais: não respeitaram a face dos sacerdotes, nem tiveram compaixão dos velhos. ¹⁷ Quanto a nós, desfaleceram-se nossos olhos *esperando* por socorro para nós; aguardávamos atentamente uma nação que não podia salvar. ¹⁸ Caçaram nossos passos, de modo que não podíamos andar por nossas ruas; achegou-se o nosso fim, nossos dias se completaram, pois nosso fim veio. ¹⁹ Nossos perseguidores foram mais velozes que as águias do céu; sobre os montes nos perseguiram, no deserto armaram ciladas para nós. ²⁰ O fôlego de nossas narinas, o ungido do SENHOR, ‡ do qual dizíamos: Abaixo de sua sombra teremos vida entre as nações; foi preso em suas covas. ²¹ Goza-te e alegra-te, filha de Edom, que habitas na terra de Uz: porém o cálice também passará por ti; tu te embriagarás, e te desnudarás. ²² Cumpriu-se o castigo por tua maldade, ó filha de Sião; nunca mais te levará em cativeiro. Ele punirá tua maldade, ó filha de Edom; revelará § os teus pecados.

5

¹ Lembra-te, SENHOR, do que tem nos acontecido; presta atenção e olha nossa humilhação. ² Nossa herança passou a ser de estrangeiros, nossas casas de forasteiros. ³ Órfãos somos sem pai, nossas mães são como viúvas. ⁴ Bebemos nossa água por dinheiro; nossa lenha temos que pagar. ⁵ Perseguição sofremos sobre nossos pescoços; estamos cansados, mas não temos descanso. ⁶ Nós nos rendemos * aos egípcios e aos assírios para nos saciarmos de pão. ⁷ Nossos pais pecaram, e não existem mais; porém nós levamos seus castigos. ⁸ Servos passaram a nos dominar; ninguém há que *nos* livre de suas mãos. ⁹ Com risco de vida trazemos nosso pão, por causa da espada do deserto. ¹⁰ Nossa pele se tornou negra como um forno, por causa do ardor da fome. ¹¹ Abusaram das mulheres em Sião, das virgens nas cidades de Judá. ¹² Os príncipes foram enforcados por sua mãos; não respeitaram as faces dos velhos. ¹³ Levaram os rapazes para moer, e os moços caíram debaixo da lenha *que carregavam* . ¹⁴ Os anciãos deixaram de *se sentarem* junto as portas, os rapazes de suas canções. ¹⁵ Acabou a alegria de nosso coração; nossa dança se tornou em luto. ¹⁶ Caiu a coroa de nossa cabeça; ai agora de nós, porque pecamos. ¹⁷ Por isso nosso coração ficou fraco, por isso nossos olhos escureceram; ¹⁸ Por causa do monte de Sião, que está desolado; raposas andam nele. ¹⁹ Tu, SENHOR, permanecerás para sempre; *e* teu trono de geração após geração. ²⁰ Por que te esquecerias de nós para sempre e nos abandonarias por tanto tempo? ²¹ Converte-nos, SENHOR, a ti, e seremos convertidos; renova o nossos dias como antes; ²² A não ser que tenhas nos rejeitado totalmente, e estejas enfurecido contra nós ao extremo.

---

‡ **4:20** ungido do SENHOR i.e., o rei de Judá   § **4:22** revelará = i.e., descobrirá, deixará à mostra o que estava coberto   * **5:6** rendemos lit. demos a mão

Ezequiel

¹ E sucedeu que, aos trinta anos, no quarto *mês* , aos cinco do mês, estando eu em meio dos exilados, junto ao rio Quebar, os céus se abriram, e vi visões de Deus. ² Aos cinco do mês, que foi no quinto ano do cativeiro do rei Joaquim, ³ verdadeiramente veio a palavra do SENHOR ao sacerdote Ezequiel, filho de Buzi, na terra dos caldeus, junto ao rio Quebar; e ali a mão do SENHOR esteve sobre ele. ⁴ Então olhei, e eis que um vento tempestuoso vinha do norte, uma grande nuvem, e um fogo incandescente, e ao seu redor um resplendor, e no meio do fogo uma coisa que parecia como de âmbar, ⁵ E no meio dela havia a semelhança de quatro animais; e esta era sua aparência; eles tinham semelhança humana. ⁶ E cada um tinha quatro rostos, e cada um quatro asas. ⁷ E suas pernas eram retas, e a planta de seus pés como a planta de pé de bezerro; e reluziam como o bronze polido. ⁸ E *tinham* mãos humanas debaixo de suas asas, em seus quatro lados; *assim* os quatro *tinham* seus rostos e suas asas. ⁹ Suas asas se juntavam umas às outras. Não viravam quando se moviam; cada um andava na direção de seu rosto. ¹⁰ E a aparência de seus rostos era *como* rosto de homem; e rosto de leão à direita nos quatro; e à esquerda rosto de boi nos quatro; também havia nos quatro um rosto de águia; ¹¹ *Assim* eram seus rostos. E suas asas estavam estendidas por cima, cada um duas, as quais se juntavam; e as outras duas cobriam seus corpos. ¹² E cada um se movia na direção de seu rosto; para onde o espírito se dirigia, eles iam; não viravam quando se moviam. ¹³ Quanto à semelhança dos animais, sua aparência era como pedaços de carvão acesos, como aparência de tochas acesas; o fogo se movia entre os animais; e brilhava intensamente, e do fogo saíam relâmpagos. ¹⁴ E os animais corriam e voltavam, à semelhança de relâmpagos. ¹⁵ E enquanto eu estava vendo os animais, eis que uma roda estava na terra junto aos animais, junto a seus quatro rostos. ¹⁶ E a aparência das rodas, e sua feitura, era como da cor do berilo; e as quatro tinham uma mesma semelhança; sua aparência e sua obra era como se uma roda estivesse no meio de *outra* roda. ¹⁷ Quando andavam, moviam-se sobre seus quatro lados; não viravam quando se moviam. ¹⁸ E seus aros eram altos e espantosos; e seus aros estavam cheios de olhos ao redor das quatro *rodas* . ¹⁹ E quando os animais andavam, as rodas andavam junto a eles: e quando os animais se levantavam da terra, levantavam-se *também* as rodas. ²⁰ Para onde o espírito queria ir, iam, para onde era o espírito ia; e as rodas *também* se levantavam com eles, pois o espírito dos animais estava nas rodas. ²¹ Quando eles andavam, elas andavam; e quando eles paravam, elas paravam; e quando se levantavam da terra, as rodas se levantavam com eles; pois o espírito dos animais estava nas rodas. ²² E sobre as cabeças dos animais havia algo semelhante a um firmamento, * da cor de um cristal espantoso, estendido acima sobre suas cabeças. ²³ E debaixo do firmamento estavam suas asas deles estendidas uma à outra; a cada um tinha duas, e outras duas com que cobriam seus corpos. ²⁴ E ouvi o ruído de suas asas quando se moviam, como o som de muitas águas, como a voz do Onipotente, o ruído de uma multidão, como o som de um exército. Quando paravam, abaixavam suas asas. ²⁵ E quando se paravam e abaixavam suas asas, ouvia-se uma voz de cima do firmamento que estava sobre suas cabeças. ²⁶ E acima do firmamento que estava sobre suas cabeças, havia a figura de um trono, que parecia com a pedra de safira; e sobre a figura do trono havia uma semelhança que parecia com um homem sentado acima dele. ²⁷ E

---

* **1:22** firmamento trad. alt. cúpula

vi o que parecia com o bronze polido, com a aparência de fogo ao seu redor do lado de dentro, da aparência de sua cintura † para cima; e de sua cintura para baixo, vi que parecia como fogo, e havia um resplendor ao redor dele; 28 Tal como a aparência do arco celeste, que surge nas nuvens em dia de chuva, assim era o aparência do resplendor ao redor. Esta foi a visão da semelhança da glória do SENHOR. E quando eu a vi, caí sobre meu rosto, e ouvi voz de um que falava.

2

1 E Disse-me: Filho do homem, fica de pé, e falarei contigo. 2 Então entrou em mim o Espírito enquanto falava comigo, e fez-me ficar de pé, e ouvi àquele que estava falando comigo. 3 E disse-me: Filho do homem, eu te envio aos filhos de Israel, às nações rebeldes que se rebelaram contra mim; eles e seus pais têm transgredido contra mim até este dia de hoje. 4 Pois são filhos duros de rosto e obstinados de coração; eu te envio a eles; e tu lhes dirás: Assim diz o Senhor DEUS. 5 E eles, quer ouçam, quer deixem *de ouvir* ,(pois são uma casa rebelde) mesmo assim saberão que houve profeta entre eles. 6 E tu, filho do homem, não os temas, nem temas suas palavras, ainda que estejas entre sarças e espinheiros, e tu habites com escorpiões; não temas suas palavras, nem te espantes pela presença deles, ainda que sejam uma casa rebelde. 7 Tu falarás minhas palavras, quer ouçam, quer deixem *de ouvir* ; pois são rebeldes. 8 Porém tu, filho do homem, ouve o que eu te falo; não sejas rebelde como a casa rebelde; abre a tua boca, e come o que eu te dou. 9 Então eu vi e eis que uma mão foi estendida para mim, e eis que nela havia um rolo de livro. 10 E o estendeu diante de mim, e estava escrito pela frente, e por detrás: e nele estavam escritas lamentações, suspiros, e ais.

3

1 Depois me disse: Filho do homem, come o que achares; come este rolo, vai, e fala à casa de Israel. 2 Então abri minha boca, e me fez comer aquele rolo. 3 E disse-me: Filho do homem, faze com que teu ventre coma, e enche tuas entranhas deste rolo que eu te dou. Então o comi, e foi em minha boca doce como o mel. 4 E disse-me: Filho do homem, vai, entra na casa de Israel, e fala-lhes com minhas palavras. 5 Pois tu não és enviado a um povo de fala estranha nem de língua difícil, mas sim à casa de Israel. 6 Nem a muitos povos de fala estranha nem de língua difícil, cujas palavras não podes entender; se eu a eles te enviasse, eles te dariam ouvidos. 7 Porém a casa de Israel não quererá te ouvir, pois não querem ouvir a mim; pois toda a casa de Israel é obstinada de testa e dura de coração. 8 Eis que eu fiz teu rosto forte contra os rostos deles, e tua testa forte contra a testa deles. 9 Fiz tua testa como o diamante, mais forte que a pederneira; não os temas, nem te espantes da presença deles, ainda que sejam uma casa rebelde. 10 Disse-me mais: Filho do homem, toma em teu coração todas a minhas palavras que te falarei, e ouve com os teus ouvidos. 11 Então vai, e chega aos do cativos, aos filhos de teu povo, e tu lhes falarás e lhes dirás: Assim diz o Senhor DEUS; quer ouçam, quer deixem de ouvir. 12 Então o Espírito me levantou, e ouvi detrás de mim uma voz de grande estrondo, *que dizia* : Bendita seja a glória do SENHOR desde o seu lugar. 13 *Ouvi* também o som das asas dos animais, que tocavam umas às outras, e o som das rodas em frente deles, e som de grande estrondo. 14 Assim o Espírito me levantou, e me tomou; e fui com amargura, pela indignação * de meu espírito; mas a mão do SENHOR era forte sobre mim. 15 E vim aos do cativeiro, a Tel-Abibe, que moravam junto ao rio de Quebar, e eu morava onde eles moravam; e ali permaneci sete dias atônito entre eles. 16 E aconteceu que, ao fim de sete dias, veio

---

† **1:27** sua cintura lit. seus lombos   * **3:14** Lit. ardor, calor

a mim a palavra do SENHOR, dizendo: [17] Filho do homem, eu te pus por vigia sobre a casa de Israel; portanto tu ouvirás a palavra de minha boca, e os alertarás de minha parte. [18] Quando eu disser ao perverso: 'Certamente morrerás', e tu não o alertares, nem falares para alertar ao perverso acerca do seu caminho perverso, a fim de o conservar em vida, aquele perverso morrerá na sua maldade, porém demandarei o sangue dele da tua mão. [19] Mas se tu alertares ao perverso, e ele não se converter de sua perversidade, e de seu perverso caminho, ele morrerá por sua maldade, e tu terás livrado tua alma. [20] Semelhantemente, quando o justo se desviar de sua justiça, e fizer maldade, e eu puser *algum* tropeço diante dele, ele morrerá, porque tu não o alertaste; por seu pecado morrerá, e suas justiças que havia feito não serão lembradas; mas demandarei o sangue dele da tua mão. [21] Porém se tu alertares ao justo, para que o justo não peque, e ele não pecar, certamente viverá, porque foi alertado; e tu terás livrado tua alma. [22] E a mão do SENHOR estava ali sobre mim; e disse-me: Levanta-te, e sai ao vale; e ali falarei contigo. [23] Então eu me levantei, e saí ao vale; e eis que a glória do SENHOR estava ali, como a glória que vi junto ao rio de Quebar; e caí sobre meu rosto. [24] Então o Espírito entrou em mim, e fez-me ficar de pé; e falou comigo, e disse-me: Entra, e fecha-te dentro de tua casa. [25] Pois tu, ó filho do homem, eis que porão cordas sobre ti, e com elas te amarrarão, por isso não sairás entre eles. [26] E farei com que tua língua se apegue ao teu céu da boca, e ficarás mudo, e não lhes servirás de repreensor; pois são uma casa rebelde [27] Mas quando eu falar contigo, abrirei a tua boca, e lhes dirás: Assim diz o Senhor DEUS; quem ouvir, ouça; e quem deixar *de ouvir* ,deixe; pois são uma casa rebelde.

4

[1] E tu, filho do homem, toma para ti um tijolo, põe-o diante de ti, e desenha sobre ele a cidade de Jerusalém; [2] E põe um cerco contra ela, e edifica contra ela uma fortaleza, e levanta uma rampa contra ela; e põe acampamentos contra ela, e ordena contra ela aríetes ao redor. [3] E tu, toma para ti uma assadeira de ferro, e põe-a como muro de ferro entre ti e a cidade; e endireita tua face contra ela, e assim será cercada, e a cercarás. Isto será um sinal para a casa de Israel. [4] E tu deita sobre teu lado esquerdo, e põe sobre ele a maldade da casa de Israel; *conforme* o número de dias que deitares sobre ele, levarás suas maldades. [5] Pois eu te dei os anos da maldade deles conforme o número de dias: trezentos e noventa dias; e tu levarás a maldade da casa de Israel. [6] E quando completardes estes, voltarás a deitar sobre teu lado direito, e levarás a maldade da casa de Judá por quarenta dias; dei para ti um dia para cada ano. [7] Portanto dirigirás teu rosto ao cerco de Jerusalém firmarás teu rosto, e *manterás* teu braço descoberto; e profetizarás contra ela. [8] E eis que porei sobre ti cordas, e não te virarás de teu lado ao para o outro, enquanto não houveres completado os dias de teu cerco. [9] E tu, toma para ti trigo, cevada, favas, lentilhas, milho miúdo, e aveia, e põe-os em uma vasilha, e faz para ti pão deles, *conforme* o número de dias que dormires sobre teu lado; trezentos e noventa dias comerás disso. [10] E a comida que comerás será do peso de vinte siclos cada dia; de tempo em tempo a comerás. [11] Também beberás a água por medida: a sexta parte de um him; de tempo em tempo beberás. [12] E a comerás como *se fosse* pão de cevada; e a cozerás com as fezes que saem do homem, diante dos olhos deles. [13] E disse o SENHOR: Assim os filhos de Israel comerão seu pão imundo entre as nações, para onde eu os lançarei. [14] Então eu disse: Ah Senhor DEUS! Eis que minha alma não foi contaminada; porque nunca comi coisa morta nem despedaçada, desde minha juventude até agora, nem nunca entrou em minha boca carne imunda. [15] E ele me disse: Eis que te dou fezes de vacas em lugar dos fezes humanas; e prepararás teu pão com elas. [16] Então me disse:

Filho do homem, eis que destruirei o sustento do pão em Jerusalém, e comerão o pão por peso, e com angústia; e beberão a água por medida, e com espanto. * ¹⁷ Para que lhes falte o pão e o água, e se espantem uns aos outros, e se consumam em suas maldades.

5

¹ E tu, filho do homem, toma para ti uma espada afiada *que te sirva como* navalha de barbeiro; toma, e faze-a passar por tua cabeça e por tua barba; depois toma para ti um peso de balança, e reparte *os cabelos* . ² Uma terceira parte queimarás com fogo no meio da cidade, quando se completarem os dias do cerco; então tomarás *outra* terceira parte, ferindo com espada ao redor dela; e a *outra* terceira parte espalharás ao vento; pois eu desembainharei a espada atrás deles. ³ Tomarás também dali alguns poucos *cabelos* , e os atarás nas bordas *de* tua *roupa* . ⁴ E tomarás outra vez deles, e os lançarás no meio do fogo, e com fogo os queimarás; dali sairá um fogo contra toda a casa de Israel. ⁵ Assim diz o Senhor DEUS: Esta é Jerusalém, a qual eu pus no meio das nações, e das terras ao redor dela. ⁶ Porém ela se rebelou contra meus juízos mais que as nações, e contra meus estatutos mais que as terras que estão ao redor dela; pois rejeitaram meus juízos, e não andaram conforme meus estatutos. ⁷ Portanto assim diz o Senhor DEUS: Por haverdes vos rebelado mais que as nações que estão ao redor de vós, não haverdes andado em meus estatutos, nem obedecido minhas leis, nem sequer conforme as leis das nações que estão ao redor de vós, ⁸ Por isso assim diz o Senhor DEUS: Eis que eu, eu mesmo, estou contra ti; e farei julgamentos no meio de ti diante dos olhos das nações. ⁹ E farei em ti o que nunca fiz, nem jamais farei coisa semelhante, por causa da todas as tuas abominações. ¹⁰ Por isso os pais comerão aos filhos no meio de ti, e os filhos comerão a seus pais; e farei em ti julgamentos, e espalharei a todos os ventos todos os teus sobreviventes. * ¹¹ Portanto, vivo eu,diz o Senhor DEUS, (por teres profanado meu santuário com todas as tuas coisas detestáveis, e com todas as tuas abominações), que certamente eu também te quebrantarei; meu olho não perdoará, nem terei eu misericórdia. ¹² A terceira parte de ti morrerá de pestilência, e será consumida de fome no meio de ti; a *outra* terceira parte cairá à espada ao redor de ti; e *outra* terceira parte espalharei a todos os ventos, e atrás deles desembainharei a espada. ¹³ Assim se cumprirá minha ira, e farei repousar meu furor neles, e me consolarei; e saberão que eu, o SENHOR, tenho falado em meu zelo, quando tiver cumprido meu furor neles. ¹⁴ E te tonarei em desolação e em humilhação entre as nações que estão ao redor de ti, diante dos olhos de todos os que passarem por perto. ¹⁵ E a humilhação e a infâmia servirão de lição e espanto às nações que estão ao redor de ti, quando eu executar em ti julgamentos com ira e com furor, e com enfurecidos castigos. Eu, o SENHOR, falei. ¹⁶ Quando eu enviar contra eles as más flechas da fome, que servirão para destruição, as quais eu mandarei para vos destruir, então aumentarei a fome sobre vós, e destruirei vosso sustento de pão. † ¹⁷ E enviarei sobre vós a fome, e animais ruins, que vos deixarão sem filhos; e a pestilência e o sangue passarão por ti; e trarei a espada sobre ti. Eu, o SENHOR, falei.

6

¹ E veio a mim a palavra do SENHOR, dizendo: ² Filho do homem, põe teu rosto direcionado aos montes de Israel, e profetiza contra eles. ³ E digas: Montes de Israel, ouvi palavra do Senhor DEUS; assim diz o Senhor DEUS aos montes e aos morros, aos

---

* **4:16** destruirei o sustento de pão lit. quebrarei o cajado de pão   * **5:10** teus sobreviventes lit. teu restante

† **5:16** destruirei vosso sustento de pão lit. quebrarei vosso cajado de pão

ribeiros e aos vales: Eis que eu, eu mesmo, trarei a espada sobre vós, e destruirei vossos altos. ⁴ E vossos altares serão arruinados, e vossas imagens do sol serão quebradas; e derrubarei vossos mortos diante de vossos ídolos. ⁵ E porei os cadáveres dos filhos de Israel diante de seus ídolos; e espalharei vossos ossos ao redor de vossos altares. ⁶ Em todas as vossas habitações as cidades serão destruídas, e os altos serão arruinados, para que vossos altares sejam destruídos e arruinados; e vossos ídolos se quebrem, e deixem de existir; e vossas imagens do sol sejam cortadas, e desfeitas vossas obras. ⁷ E os mortos cairão no meio de vós; e sabereis que eu sou o SENHOR. ⁸ Porém deixarei um restante, para que tenhais *alguns* que escapem da espada entre as nações, quando fordes dispersos pelas terras. ⁹ Então os que escaparem de vós se lembrarão de mim entre as nações para onde forem levados em cativeiro; *lembrarão de* como eu me quebrantei por causa de seu coração infiel, * que se desviou de mim, e por causa de seus olhos, que se prostituíram atrás seus ídolos; e terão nojo de si mesmos, por causa das maldades que fizeram em todas as suas abominações. ¹⁰ E saberão que eu sou o SENHOR; não foi em vão que falei que lhes faria este mal. ¹¹ Assim diz o Senhor DEUS: Bate com tua mão, e pisa com teu pé, e dize: Ai de todas as malignas abominações da casa de Israel! Pois cairão pela espada, pela fome, e pela pestilência. ¹² O que estiver longe morrerá de pestilência; e o que estiver perto cairá a espada; e o que restar e for cercado morrerá de fome; assim cumprirei meu furor contra eles. ¹³ Então sabereis que eu sou o SENHOR, quando seus mortos estiverem em meio de seus ídolos, ao redor de seus altares, em todo morro alto, em todos os cumes dos montes, debaixo de toda árvore verde, e debaixo de todo carvalho espesso, lugares onde ofereciam incenso de cheiro suave a todos os seus ídolos. ¹⁴ Pois estenderei minha mão sobre eles, e tornarei a terra em desolação e vazio, mais que o deserto *da região* de Dibla, em todas as suas habitações; e saberão que eu sou o SENHOR.

7

¹ Depois a palavra do SENHOR veio a mim, dizendo: ² E tu, filho do homem, assim diz o Senhor DEUS à terra de Israel: É o fim, o fim vem sobre os quatro cantos da terra. ³ Agora *veio* o fim sobre ti; pois enviarei minha ira sobre ti, e te julgarei conforme teus caminhos; e trarei sobre ti todas as tuas abominações. ⁴ E meu olho não te poupará, nem terei compaixão; ao invés disso trarei teus caminhos sobre ti, e tuas abominações estarão no meio de ti; e sabereis que eu sou o SENHOR. ⁵ Assim diz o Senhor DEUS: Uma calamidade, * eis que vem uma calamidade incomparável. † ⁶ Vem o fim, o fim vem; despertou-se contra ti; eis que vem. ⁷ A manhã vem para ti, ó morador da terra; o tempo vem, chegado é o dia *em que haverá* desespero, e não gritos de alegria sobre os montes. ⁸ Agora logo derramarei meu furor sobre ti, cumprirei minha ira contra ti; e te julgarei conforme teus caminhos; e porei sobre ti todas as tuas abominações. ⁹ E meu olho não poupará, nem terei compaixão; trarei sobre ti conforme teus caminhos, e no meio de ti estarão tuas abominações; e sabereis que eu, o SENHOR, sou o que firo. ¹⁰ Eis aqui o dia, eis que vem; a manhã já saiu; já floresceu a vara, a soberba já gerou brotos. ¹¹ A violência se levantou em vara de maldade; nada *restará* deles, nem de sua multidão, nem de sua riqueza, ‡ nem de seu prestígio. § ¹² O tempo veio, achegou-se o dia; o comprador não se alegre, nem o vendedor entristeça; porque a ira está sobre toda sua multidão. ¹³ Pois o vendedor não voltará ao que foi vendido, enquanto estiverem vivos; porque

---

* **6:9** infiel a mesma palavra também era utilizada para pecados sexuais em geral, como a prostituição e o adultério   * **7:5** calamidade lit. mal   † **7:5** incomparável lit. única   ‡ **7:11** riqueza obscuro   § **7:11** prestígio obscuro

a visão sobre toda sua multidão não será cancelada; e por causa de sua iniquidade, ninguém poderá preservar sua vida. ¹⁴ Já tocaram trombeta, e prepararam tudo; porém ninguém vai à batalha, pois minha ira está sobre toda sua multidão. ¹⁵ Por fora a espada, por dentro a pestilência e a fome; o que estiver no campo morrerá à espada; e o que estiver na cidade, a fome e a pestilência o consumirão. ¹⁶ E os sobreviventes que deles escaparem * estarão pelos montes como pombas dos vales, todos gemendo, cada um por sua maldade. ¹⁷ Todas mãos serão fracas, e todos joelhos serão frouxos como águas. ¹⁸ E se vestirão de saco, e o tremor os cobrirá; em todos os rostos haverá vergonha, e todas as suas cabeças serão raspadas. ¹⁹ Lançarão sua prata pelas ruas, e seu ouro será como algo imundo; nem sua prata nem seu ouro poderá livrá-los no dia do furor do SENHOR; não saciarão suas almas, nem encherão suas entranhas; pois isto é o tropeço de sua maldade. ²⁰ E tornaram a glória de seu ornamento em orgulho, e nela fizeram nela imagens de suas abominações e de suas coisas detestáveis; por isso eu a tornarei em coisa imunda para eles; ²¹ E a entregarei em mãos de estrangeiros para ser saqueada, e aos perversos da terra para servir de despojo; e a profanarão. ²² E desviarei meu rosto deles, e profanarão meu lugar secreto; pois nele entrarão destruidores, e o profanarão. ²³ Faze correntes, † porque a terra está cheia de julgamentos de sangues, e a cidade está cheia de violência. ²⁴ Por isso farei vir os mais malignos das nações, que tomarão posse de suas casas; e farei cessar a arrogância dos poderosos, ‡ e seus santuários serão profanados. ²⁵ A aflição § está vindo; e buscarão a paz, porém não haverá. ²⁶ Virá desastre sobre desastre, e haverá rumor sobre rumor; então buscarão visão de profeta; porém a Lei perecerá do sacerdote, e também o conselho dos anciãos. ²⁷ O rei lamentará, e o príncipe se vestirá de assolamento, e as mãos do povo da terra serão atemorizadas; conforme seu caminho farei com eles, e com os seus juízos os julgarei; e saberão que eu sou o SENHOR.

8

¹ E sucedeu no sexto ano, no sexto *mês* , aos cinco do mês, estando eu sentado em minha casa, e os anciãos de Judá estavam sentados diante de mim, que ali a mão do Senhor DEUS caiu sobre mim . ² E olhei, e eis uma semelhança, com aparência de fogo; desde a aparência de sua cintura para baixo, era fogo; e desde sua cintura para cima, com a aparência de um resplendor, como a cor de âmbar. ³ E estendeu a forma de uma mão, e tomou-me pelos cabelos de minha cabeça; e o espírito me levantou entre a terra e o céu, e me trouxe a Jerusalém em visões de Deus, até a entrada da porta de dentro que está voltada ao norte, onde estava o lugar da imagem do ciúme, que provoca ciúme. ⁴ E eis que a a glória do Deus de Israel estava ali, conforme a visão que eu tinha visto no vale. ⁵ E disse-me: Filho do homem, levanta agora teus olhos para o norte. E levantei meus olhos para o norte, e eis que a imagem do ciúme estava ao lado norte, junto à porta do altar, na entrada. ⁶ Então me disse: Filho do homem, vês tu o que eles estão fazendo? As grandes abominações que a casa de Israel faz aqui, para me afastar de meu santuário? Porém ainda voltarás a ver abominações maiores. ⁷ E levou-me à porta do pátio; então olhei, e eis que havia um buraco na parede. ⁸ E disse-me: Filho do homem, cava agora naquela parede. E cavei na parede, e eis que havia uma porta. ⁹ Então me disse: Entra, e vê as malignas abominações que eles fazem aqui. ¹⁰ E entrei, e olhei, e eis toda figura de répteis, e animais abomináveis, e todos os ídolos da casa de Israel, que estavam

---

* **7:16** sobreviventes que deles escaparem lit. os escapados que deles escaparem   † **7:23** correntes obscuro
‡ **7:24** poderosos trad. alt. fortes   § **7:25** aflição obscuro – trad. alt. destruição

pintados na parede ao redor. ¹¹ E diante deles estavam setenta homens dos anciãos da casa de Israel, com Jazanias filho de Safã, que estava no meio deles, cada um com seu incensário em sua mão; e uma espessa nuvem de perfume subia. ¹² Então me disse: Filho do homem, viste as coisas que os anciãos da casa de Israel fazem nas trevas, cada um em suas câmaras pintadas? Pois eles dizem: O SENHOR não nos vê; o SENHOR abandonou a terra. ¹³ E disse-me: Ainda voltarás a ver abominações maiores que estes fazem. ¹⁴ E me levou à entrada da porta da casa do SENHOR, que está ao lado norte; e eis ali mulheres que estavam sentadas, chorando a Tamuz. ¹⁵ Então me disse: Viste *isto* , filho do homem? Ainda voltarás a ver abominações maiores que estas. ¹⁶ E ele me levou ao pátio de dentro da casa do SENHOR; e eis que estavam à entrada do templo do SENHOR, entre o pórtico e o altar, cerca de vinte e cinco homens, com suas costas voltadas ao templo do SENHOR e seus rostos ao oriente, e eles se prostravam ao oriente, para o sol. ¹⁷ Então me disse: Viste *isto* ,filho do homem? Por acaso é pouco para a casa de Judá fazer as abominações que fazem aqui? Pois eles têm enchido a terra de violência, e voltam a irritar-me, porque eis que põem o ramo em suas narinas. ¹⁸ Por isso eu também os tratarei com furor; meu olho não poupará, nem terei compaixão; e ainda que gritem em meus ouvidos com alta voz, mesmo assim não os ouvirei.

9

¹ Então ele gritou em meus ouvidos com alta voz, dizendo: Fazei chegar os encarregados de punir a cidade, e cada com sua armas destruidoras em sua mão. ² E eis que seis homens vinham do caminho da porta alta, que está voltada para o norte, e cada um trazia em sua mão sua arma destruidora. E entre eles havia um homem vestido de linho, com um estojo de escrivão em sua cintura; e entraram, e se puseram junto ao altar de bronze. ³ E a glória do Deus de Israel levantou-se do querubim sobre o qual estava, até a entrada da casa; e chamou ao homem vestido de linho, que tinha o estojo de escrivão à sua cintura, ⁴ E o SENHOR lhe disse: Passa por meio da cidade, por meio de Jerusalém; e põe uma sinal na testa dos homens que suspiram e que gemem por causa de todas as abominações que se cometem no meio dela. ⁵ E aos outros disse a meus ouvidos: Passai pela cidade depois dele, e feri; vossos olhos não poupem, nem tenhais compaixão. ⁶ Matai velhos, rapazes e virgens, meninos e mulheres, até os acabardes por completo; porém não chegueis a toda pessoa sobre a qual houver o sinal; e começai desde meu santuário. Então começaram desde os anciãos que estavam diante do templo. ⁷ E disse-lhes: Contaminai a casa, e enchei os pátios de mortos; saí. Então saíram, e feriram na cidade. ⁸ E aconteceu que, havendo os ferido, e eu ficando de resto, caí sobre meu rosto, clamei, e disse: Ah, Senhor DEUS! Por acaso destruirás todo o restante de Israel, derramando tua ira sobre Jerusalém? ⁹ Então me disse: A maldade da casa de Israel e de Judá é extremamente grande; e a terra se encheu de sangues, e a cidade se encheu de perversidade; pois dizem: O SENHOR abandonou a terra, e o SENHOR não vê. ¹⁰ Por isso quanto a mim, meu olho não poupará, nem terei compaixão; retribuirei o caminho deles sobre suas cabeças. ¹¹ E eis que o homem vestido de linho, que tinha o estojo na cintura, trouxe resposta, dizendo: Fiz conforme o que me mandaste.

10

¹ Então olhei, e eis que sobre o firmamento que estava sobre a cabeça dos querubins, havia como uma pedra de safira, com a aparência de um trono, que apareceu sobre eles. ² E falou ao homem vestido de linho, dizendo: Entra por entre as rodas debaixo dos querubins e enche tuas mãos de brasas acesas dentre os querubins,

e as espalha sobre a cidade. E entrou diante de meus olhos. ³ E os querubins estavam à direita da casa quando aquele homem entrou; e a nuvem encheu o pátio de dentro. ⁴ Então a glória do SENHOR se levantou de sobre o querubim para a entrada da casa; e a casa se encheu de uma nuvem, e o pátio se encheu do resplendor da glória do SENHOR. ⁵ E o som das asas dos querubins era ouvido até o pátio de fora, como a voz do Deus Todo-Poderoso quando fala. ⁶ E sucedeu que, quando ele mandou ao homem vestido de linho, dizendo: Toma fogo dentre as rodas, dentre os querubins, então ele entrou, e ficou junto às rodas. ⁷ E um querubim estendeu sua mão dentre os querubins ao fogo que estava entre os querubins, e tomou-o, e o deu nas mãos do que estava vestido de linho; o qual o tomou, e saiu. ⁸ E apareceu nos querubins a forma de uma mão humana debaixo de suas asas. ⁹ Então olhei, e eis que quatro rodas estavam junto aos querubins, uma roda junto a um querubim, e outra roda junto ao outro querubim; e o aparência das rodas era como o de pedra de berilo. ¹⁰ Quanto à aparência delas, as quatro tinham uma mesma forma, como se estivesse uma roda no meio da outra. ¹¹ Quando se moviam, movimentavam-se sobre seus quatro lados; não se viravam quando moviam, mas para o lugar aonde se voltava a cabeça, iam atrás; nem se viravam quando moviam. ¹² E toda o seu corpo, suas costas, suas mãos, suas asas, e as rodas, estavam cheias de olhos ao redor; os quatro tinham suas rodas. ¹³ Quanto às rodas, eu ouvi que foram chamadas de "roda giratória". ¹⁴ E cada um tinha quatro rostos: o primeiro rosto era de querubim; o segundo rosto, de homem; o terceiro rosto, de leão; e o quarto rosto, de águia. ¹⁵ E os querubins se levantaram; este é o mesmo ser que vi no rio de Quebar. ¹⁶ E quando os querubins se moviam, as rodas se moviam junto com eles; e quando os querubins levantavam suas asas para se levantarem da terra, as rodas também não se viravam de junto a eles. ¹⁷ Quando eles paravam, elas paravam; e quando eles se levantavam, elas levantavam com eles: porque o espírito dos seres estava nelas. ¹⁸ Então a glória do SENHOR saiu de sobre a entrada da casa, e se pôs sobre os querubins. ¹⁹ E os querubins levantaram suas asas, e subiram da terra diante de meus olhos, quando saíram; e as rodas estavam ao lado deles; e pararam à entrada da porta oriental da casa do SENHOR, e a glória do Deus de Israel estava por cima deles. ²⁰ Estes são os seres que vi debaixo do Deus de Israel no rio de Quebar; e notei que eram querubins. ²¹ Cada um tinha quatro rostos, e cada um quatro asas; e havia semelhança de mãos humanas debaixo de seus asas. ²² E a semelhança de seus rostos era a dos rostos que vi junto ao rio de Quebar, suas aparências, e eles mesmos; cada um se movia na direção de seu rosto.

11

¹ Então o Espírito me levantou, e me trouxe à porta oriental da Casa do SENHOR, que está voltada para o oriente; e eis que estavam à entrada da porta vinte e cinco homens; e no meio deles vi a Jazanias filho de Azur, e a Pelatias filho de Benaías, príncipes do povo. ² E disse-me: Filho do homem, estes são os homens que tramam perversidade, e dão mau conselho nesta cidade; ³ Os quais dizem: Não está perto *o tempo* de edificar casas; esta *cidade* é a caldeira, e nós a carne. ⁴ Por isso profetiza contra eles; profetiza, ó filho do homem. ⁵ E caiu sobre mim o Espírito do SENHOR, e disse-me: Dize: Assim diz o SENHOR: Assim vós dizeis, ó casa de Israel; porque eu sei todas as coisas que sobem a vosso espírito. ⁶ Multiplicastes vossos mortos nesta cidade, e enchestes suas ruas de mortos. ⁷ Portanto, assim diz o Senhor DEUS: Vossos mortos que deitastes no meio dela, esses são a carne, e ela é a caldeira; porém eu vos tirarei do meio dela. ⁸ Temestes a espada, e a espada trarei sobre vós, diz o Senhor DEUS. ⁹ E vos tirarei do meio dela, e vos entregarei nas mãos de estrangeiros; e eu farei julgamentos entre vós. ¹⁰ Pela espada caireis; na fronteira de Israel vos julgarei,

e sabereis que eu sou o SENHOR. [11] Esta *cidade* não vos servirá de caldeira, nem sereis vós a carne no meio dela; na fronteira de Israel eu vos julgarei. [12] E sabereis que eu sou o SENHOR; pois vós não andastes em meus estatutos, nem fizestes meus juízos; em vez disso fizestes conforme os juízos das nações que estão ao redor de vós. [13] E aconteceu que, enquanto eu estava profetizando, Pelatias filho de Benaías faleceu. Então caí sobre meu rosto, clamei com alta voz, e disse: Ah, Senhor DEUS! Consumirás tu o resto de Israel? [14] Então veio a mim a palavra do SENHOR, dizendo: [15] Filho do homem, teus irmãos, são teus irmãos, os homens de teu parentesco e toda a casa de Israel, ela toda são a quem os moradores de Jerusalém disseram: Afastai-vos do SENHOR; a terra é dada a nós em possessão. [16] Por isso dize: Assim diz o Senhor DEUS: Ainda que os tenha lançado longe entre as nações, e tenha os dispersado pelas terras, contudo por um pouco *tempo* eu lhes serei por santuário nas terras para onde vieram. [17] Por isso dize: Assim diz o Senhor DEUS: Eu vos ajuntarei dos povos, e vos recolherei das terras as quais fostes dispersos, e vos darei a terra de Israel. [18] E virão para lá, e tirarão dela todas suas coisas detestáveis e todas as suas abominações. [19] E lhes darei um mesmo coração, e um espírito novo darei em suas entranhas; e tirarei o coração de pedra de sua carne, e lhes darei coração de carne; [20] Para que andem em meus estatutos e guardem meus juízos e os pratiquem; e eles serão meu povo, e eu serei seu Deus. [21] Mas quanto a *aqueles* cujo coração anda conforme o desejo de suas coisas detestáveis e de suas abominações, eu retribuirei seu caminho sobre suas cabeças, diz o Senhor DEUS. [22] Depois os querubins levantaram suas asas, e as rodas ao lado deles; e a glória do Deus de Israel estava por cima deles. [23] E a glória do SENHOR subiu do meio da cidade, e se pôs sobre o monte que está ao oriente da cidade. [24] Depois o Espírito me levantou, e levou-me à Caldeia, aos do cativeiro, em visão do Espírito de Deus. E a visão que vi foi embora acima de mim. [25] E falei aos do cativeiro todas as palavras do SENHOR que ele havia me mostrado.

12

[1] E veio a mim a palavra do SENHOR, dizendo: [2] Filho do homem, tu habitas em meio de uma casa rebelde, os quais têm olhos para ver mas não veem, têm ouvidos para ouvir, mas não ouvem; pois eles são uma casa rebelde. [3] Portanto tu, filho do homem, prepara-te bagagem de partida, e parte-te de dia diante dos olhos deles; e tu partirás de teu lugar para outro lugar diante dos olhos deles; pode ser que vejam, ainda que eles sejam uma casa rebelde. [4] Assim tirarás tuas bagagem, como bagagem de partida, durante dia diante de seus olhos; então tu sairás à tarde diante de seu olhos, como quem sai para se partirem. [5] Diante de seus olhos cava *um buraco* na parede, e tira por ele *a bagagem* . [6] Diante de seus olhos os levarás sobre teus ombros, ao anoitecer os tirarás; cobrirás teu rosto, para que não vejas a terra; pois eu fiz de ti por sinal à casa de Israel. [7] E eu fiz assim como me foi mandado; tirei minha bagagem de dia, como bagagem de partida, e à tarde cavei *um buraco* na parede com a mão; tirei-os de noite, *e* os levei sobre os ombros diante dos olhos deles. [8] E veio a mim a palavra do SENHOR pela manhã, dizendo: [9] Filho do homem, por acaso a casa de Israel, aquela casa rebelde, não te perguntou: O que estás fazendo? [10] Dize-lhes: Assim diz o Senhor DEUS: esta revelação é para o príncipe em Jerusalém, e para toda a casa de Israel que está em meio dela. [11] Dize: Eu sou vosso sinal; tal como eu fiz, assim se fará a eles; serão removidos; irão em cativeiro. [12] E o príncipe que está entre eles, levará nos ombros *sua bagagem* de noite, e sairá; na parede cavarão *uma abertura* para saírem por ela; cobrirá seu rosto para não ver com *seus* olhos a terra. [13] Também estenderei minha rede sobre ele, e ele será preso em meu laço, e eu o levarei à Babilônia, à terra de caldeus; porém ele não a verá, ainda que morrerá ali. [14] E a todos os que estiverem

ao redor dele para ajudá-lo, e a todas as suas tropas espalharei a todos os ventos, e desembainharei espada atrás deles. [15] Assim saberão que eu sou o SENHOR, quando eu os espalhar entre as nações, e os dispersar pelas terras. [16] Porém deixarei alguns poucos sobreviventes da espada, da fome, e da pestilência, para que contem todas as suas abominações entre as nações para onde forem; e saberão que eu sou o SENHOR. [17] Então veio a mim a palavra do SENHOR, dizendo: [18] Filho do homem, come teu pão com tremor, e bebe tua água com estremecimento e com ansiedade; [19] E dize ao povo da terra: Assim diz o Senhor DEUS sobre os moradores de Jerusalém, e sobre a terra de Israel: Comerão seu pão com ansiedade, e com espanto beberão sua água; porque sua terra será desolada de seu conteúdo, por causa da violência de todos os que nela habitam. [20] E as cidades habitadas serão desoladas, e a terra se tornará em deserto; e sabereis que eu sou o SENHOR. [21] E veio a mim a palavra do SENHOR, dizendo: [22] Filho do homem, que ditado é este que vós tendes vós terra de Israel, que diz: Os dias se prolongarão, e toda visão perecerá? [23] Portanto dize-lhes: Assim diz o Senhor DEUS: Farei cessar este ditado, e não usarão mais esta frase em Israel. Ao invés disso, dize-lhes: Os dias chegaram, e o cumprimento de toda visão. [24] Porque não haverá mais uma visão falsa sequer, nem haverá adivinhação lisonjeira no meio da casa de Israel. [25] Pois eu, o SENHOR, falarei; a palavra que eu falar se cumprirá; não se prolongará mais; porque em vossos dias, ó casa rebelde, falarei a palavra e a cumprirei, diz o Senhor DEUS. [26] Também veio a mim palavra do SENHOR, dizendo: [27] Filho do homem, eis que os da casa de Israel dizem: A visão que este vê é para muitos dias, e ele profetiza para tempos distantes. [28] Por isso dize-lhes: Assim diz o Senhor DEUS: Nenhuma das minhas palavras se prolongará mais; e palavra que eu falei se cumprirá, diz o Senhor DEUS.

13

[1] E veio a mim a palavra do SENHOR, dizendo: [2] Filho do homem, profetiza contra os profetas de Israel que profetizam; e dize aos que profetizam de seu *próprio* coração: Ouvi a palavra do SENHOR. [3] Assim diz o Senhor DEUS: Ai dos profetas tolos, que andam atrás de seu *próprio* espírito, e que nada viram! [4] Teus profetas são como raposas nos desertos, ó Israel. [5] Não subistes às brechas, nem restaurastes o muro para a casa de Israel, para estardes na batalha no dia do SENHOR. [6] Eles veem falsidade e adivinhação de mentira. Falam: O SENHOR disse, mas o SENHOR não os enviou; e *ainda* esperam * que a palavra se cumpra. [7] Por acaso não vedes visão falsa, e não falais adivinhação de mentira, quando dizeis, O SENHOR disse, sem que eu tenha falado? [8] Portanto assim diz o Senhor DEUS: Dado que falais falsidade e vedes mentira, portanto eis que eu sou contra vós, diz o Senhor DEUS. [9] E minha mão será contra os profetas que veem falsidade, e adivinham mentira; não estarão na congregação do meu povo, nem estarão inscritos no livro da casa de Israel, nem voltarão para a terra de Israel; e sabereis que eu sou o Senhor DEUS. [10] Portanto, por andarem enganando a meu povo, dizendo: Paz, sem que houvesse paz, e *quando* um edifica uma parede, eis que eles a rebocam com cal solta; [11] Dize aos que rebocam com cal solta, que cairá; haverá uma grande pancada de chuva, e vós ó grandes pedras de granizo, caireis, e um vento tempestuoso *a* fenderá. [12] E eis que, quando a parede tiver caído, não vos dirão: Onde está a reboco com que rebocastes? [13] Por isso assim diz o Senhor DEUS: Farei com que rompa um vento tempestuoso em meu furor e haverá uma grande pancada de chuva em minha ira, e grande pedras de granizo em indignação, para destruir. [14] E derrubarei a parede que vós rebocastes com cal solta, e a lançarei em terra, e seu fundamento ficará descoberto; assim cairá,

---

* **13:6** [ainda] esperam trad. alt. dão esperança de

e perecereis no meio dela; e sabereis que eu sou o SENHOR. ¹⁵ Assim cumprirei meu furor contra a parede, e contra os que a rebocaram com lodo solto; e vos direi: Já não há a parede, nem os que a rebocavam, ¹⁶ Os profetas de Israel que profetizam sobre Jerusalém, e veem para ela visão de paz, sem que haja paz,diz o Senhor DEUS. ¹⁷ E tu, filho do homem, dirige teu rosto às filhas de teu povo que profetizam de seu *próprio* coração, e profetiza contra elas, ¹⁸ E dize: Assim diz o Senhor DEUS: Ai daquelas que costuram almofadas † para todos os pulsos, e fazem lenços sobre as cabeças de todos os tamanhos para caçarem as almas! Por acaso caçareis as almas de meu povo, e guardareis a vossas *próprias* almas em vida? ¹⁹ Vós me profanastes para com meu povo por punhados de cevada e por pedaços de pão, matando as almas que não deviam morrer, e mantendo em vida as almas que não deviam viver, mentindo a meu povo, que escuta a mentira. ²⁰ Por isso assim diz o Senhor DEUS: Eis que eu contra vossas almofadas, com que caçais as almas como *se fossem* pássaros; eu as arrancarei de vossos braços, e soltarei as almas, as almas que caçais como pássaros. ²¹ E rasgarei vossos lenços, e livrarei meu povo de vossas mãos, e não mais estarão em vossas mãos para serem caçadas; e sabereis que eu sou o SENHOR. ²² Pois com mentira entristecestes o coração do justo, ao qual eu não lhe causei dor, e fortalecestes as mãos do perverso, para que não se desviasse de seu mau caminho para se manter vivo; ²³ Portanto não mais vereis falsidade, nem mais adivinhareis adivinhação. Mas livrarei meu povo de vossas mãos, e sabereis que eu sou o SENHOR.

14

¹ E vieram a mim *alguns* dos anciãos de Israel, e se sentaram diante de mim. ² Então veio a mim a palavra do SENHOR, dizendo: ³ Filho do homem, estes levantaram ídolos em seus corações e puseram o tropeço de sua maldade diante de seus rostos. Por acaso devo eu deixar que me consultem? ⁴ Portanto fala com eles, e dize-lhes: Assim diz o Senhor DEUS: Qualquer homem da casa de Israel que levantar a seus ídolos em seu coração, e puser o tropeço de sua maldade diante de seu rosto, e vier ao profeta, eu, o SENHOR responderei ao que vier conforme a multidão de seus ídolos. ⁵ Para eu tomar a casa de Israel em seus corações, pois todos se tornaram estranhos de mim por causa de seus ídolos. ⁶ Portanto dize à casa de Israel: Assim diz o Senhor DEUS: Convertei-vos, virai-vos de costas a vossos ídolos, e desviai vossos rostos de todas as vossas abominações. ⁷ Porque qualquer homem da casa de Israel, e dos estrangeiros que moram em Israel, que houver deixado de me seguir, e levantar seus ídolos em seu coração, e puser diante de seu rosto o tropeço de sua maldade, e vier ao profeta para me consultar por meio dele, eu, o SENHOR, lhe responderei por mim mesmo. ⁸ E porei meu rosto contra tal homem, e farei com que ele seja um sinal e um ditado, e o cortarei do meio do meu povo; e sabereis que eu sou o SENHOR. ⁹ E se o profeta se enganar e falar alguma palavra, eu o SENHOR enganei ao tal profeta; e estenderei minha mão contra ele, e eu o destruirei do meio de meu povo Israel. ¹⁰ E levarão sua maldade; tal como a maldade do que pergunta, assim será a maldade do profeta; ¹¹ Para que a casa de Israel não mais se desvie de me seguir, nem se contaminem mais com todas as seus transgressões; e então serão meu povo, e eu serei seu Deus, diz o Senhor DEUS. ¹² E veio a mim a palavra do SENHOR, dizendo: ¹³ Filho do homem, quando uma terra pecar contra mim, rebelando-se gravemente, então estenderei minha mão contra ela, quebrarei o sustento de pão dela, mandarei nela fome, e cortarei dela homens e animais; ¹⁴ E ainda que estivessem no meio dela estes três homens, Noé, Daniel, e Jó, eles por sua justiça livrariam *somente* suas almas,diz o Senhor DEUS.

---

† **13:18** almofadas objetos semelhantes a almofadas que serviam de amuletos. Também v. 20

¹⁵ E se eu fizer passar os animais perigosos pela terra, e eles a despojarem, e ela for tão assolada que ninguém possa passar por ela por causa dos animais, ¹⁶ e estes três homens estivessem no meio dela, vivo eu, diz o Senhor DEUS, que não livrariam nem filhos nem filhas; somente eles ficariam livres, e a terra seria assolada. ¹⁷ Ou *se* eu trouxer a espada sobre a tal terra, e disser: Espada, passa pela terra; e eu exterminar dela homens e animais, ¹⁸ Ainda que estes três homens estivessem nela, vivo eu,diz o Senhor DEUS, que não livrariam filhos nem filhas; somente eles ficariam livres. ¹⁹ Ou *se* eu mandar pestilência sobre tal terra, e derramar meu furor sobre ela com sangue, para exterminar dela homens e animais, ²⁰ Ainda que Noé, Daniel, e Jó estivessem no meio dela, vivo eu,diz o Senhor DEUS, que não livrariam filho nem filha; eles por sua justiça livrariam suas *próprias* almas. ²¹ Porque assim diz o Senhor DEUS: Quanto mais se eu enviar meus quatro calamitosos * julgamentos, espada, fome, animais perigosos, e pestilência, contra Jerusalém, para exterminar dela homens e animais! ²² Porém eis que restarão nela *alguns* sobreviventes, filhos e filhas, que serão transportados. Eis que eles chegarão até vós, e vereis seu caminho e seus feitos; e ficareis consolados do mal que eu trouxe sobre Jerusalém, de tudo que trouxe sobre ela. ²³ E eles vos consolarão quando virdes seu caminho e seus feitos; e sabereis que não sem razão que fiz tudo quanto fiz nela,diz o Senhor DEUS.

15

¹ E veio a mim a palavra do SENHOR, dizendo: ² Filho do homem, em que é a madeira da videira é melhor que toda madeira? *Ou* o que é o sarmento entre as madeiras do bosque? ³ Por acaso tomam dele madeira para fazer alguma obra? Toma-se dele alguma estaca para pendurar nela algum vaso? ⁴ Eis que é posto no fogo para ser consumido; suas duas pontas o fogo consome, e seu meio fica queimado. Por acaso serviria para alguma obra? ⁵ Eis que quando estava inteiro não se fazia *dele* obra; menos ainda depois de consumido pelo fogo, tendo se queimado, servir para obra alguma. ⁶ Portanto assim diz o Senhor DEUS: Tal como a madeira da videira entre as madeiras do bosque, a qual entreguei ao fogo para que seja consumida, assim entregarei os moradores de Jerusalém. ⁷ Pois porei meu rosto contra eles; ainda que tenham saído do fogo, o fogo os consumirá; e sabereis que eu sou o SENHOR, quando tiver posto meu rosto contra eles. ⁸ E tonarei a terra em desolação, pois transgrediram gravemente,diz o Senhor DEUS.

16

¹ E veio a mim a palavra do SENHOR, dizendo: ² Filho do homem, notifica a Jerusalém suas abominações, ³ E dize: Assim diz o Senhor DEUS a Jerusalém: Tua origem e teu nascimento *procedem* da terra de Canaã; teu pai era amorreu, e tua mãe Heteia. ⁴ E quanto a teu nascimento, no dia que nasceste não foi cortado o teu umbigo, nem foste lavada com água para ficares limpa; nem foste esfregada com sal, nem foste envolvida em faixas. ⁵ Não houve olho algum que se compadecesse de ti, para te fazer algo disto, tendo misericórdia; ao invés disso, foste lançada sobre a face do campo, por nojo de tua alma, no dia em que nasceste. ⁶ E quando passei junto a ti, vi-te suja em teu sangue, e te disse em teu sangue: Vive; e te disse em teu sangue: Vive. ⁷ Eu te multipliquei como o broto do campo, e cresceste, e engrandeceste; e chegaste à grande formosura; * os seios te cresceram, e teu pelo cresceu; porém estavas nua e descoberta. ⁸ E quando passei junto a ti, e te vi, e eis que teu tempo era tempo de amores; e estendi meu manto sobre ti, e cobri tua nudez; e prestei juramento a ti, e

---

* **14:21** calamitosos lit. maus   * **16:7** formosura lit. joia – trad. alt. chegaste à idade de se usar joias

entrei em pacto contigo, e foste minha diz o Senhor DEUS. [9] Então te lavei com água, e te enxaguei de teu sangue, e te ungi com óleo; [10] E te vesti de bordado, calcei-te com couro, † cingi-te de linho fino, e te cobri de seda. [11] E te adornei com ornamentos, e pus braceletes em teus braços, e colar em teu pescoço; [12] E pus joias pendente em teu nariz, argolas em tuas orelhas, e uma linda coroa em tua cabeça. [13] E foste adornada de ouro e de prata, e teu vestido foi linho fino, e seda, e bordado; comeste farinha fina, mel, e azeite; foste muito formosa, e prosperaste até ser rainha. [14] A tua fama percorreu entre as nações por causa da tua beleza; porque era perfeita, por causa da minha glória que eu havia posto sobre ti, diz o Senhor DEUS. [15] Porém confiaste na tua beleza, e te prostituíste por causa da tua fama, e derramaste tuas prostituições a todo que passava, para que fosse dele. [16] E tomaste de teus vestidos, fizeste altares de diversas cores, e te prostituíste sobre eles: coisa semelhante não virá, nem será assim. [17] Tomaste também os vasos de teu ornamento, que eu te dei de meu ouro e de minha prata, e fizeste para ti imagens de homens, e te prostituíste com elas. [18] E tomaste teus vestidos bordados, e as cobriste; e puseste meu óleo e meu perfume diante delas. [19] E o meu pão também que eu te dei, a farinha fina, o azeite, e o mel, com que eu te sustentava, puseste diante delas, como cheiro suave; e assim foi, diz o Senhor DEUS. [20] Além disto, tomaste teus filhos e tuas filhas, que havias gerado para mim, e os sacrificaste a elas para que fossem consumidas. Por acaso são poucas as tuas prostituições? [21] E mataste meus filhos, e os entregastes a elas para que passassem pelo *fogo* . [22] E em todas as tuas abominações e tuas prostituições, não te lembraste dos dias de tua juventude, quando estavas nua e descoberta, quando estavas suja em teu sangue. [23] E sucedeu que, depois de toda tua maldade (Ai, ai de ti! diz o Senhor DEUS), [24] Edificaste para ti uma câmara, ‡ e fizeste para ti altares em todas as ruas: [25] Em cada canto de caminho edificaste teu altar, fizeste abominável tua formosura, e abriste tuas pernas a todo que passava; e *assim* multiplicaste tuas prostituições. [26] E te prostituíste com os filhos do Egito, teus vizinhos, grandemente promíscuos; § e multiplicaste tuas prostituições, para me provocar à ira. [27] Por isso eis que estendi minha mão sobre ti, e diminuí tua provisão; e te entreguei à vontade das que te odeiam, as filhas dos filisteus, as quais se envergonhavam de teu caminho pecaminoso. [28] Também te prostituíste com os filhos da Assíria, por seres insaciável; e te prostituindo com eles, nem ainda te fartaste. [29] Ao invés disso multiplicaste tuas prostituições na terra de Canaã até a Caldeia; e nem ainda com isso com isto te fartaste. [30] Como está fraco o teu coração, diz o Senhor DEUS, tendo tu feito todas estas coisas, obras de uma poderosa prostituta, [31] Edificando tu tuas câmaras ao canto de cada caminho, e fazendo teus altares em cada rua; e nem sequer foste como a prostituta, *pois* desprezaste o pagamento, [32] *Mas foste* como uma mulher adúltera, que em lugar de seu marido recebe a estranhos. [33] Todas as prostitutas são pagas; mas tu deste teus pagamentos a todos os teus amantes; e lhes deste presentes, para que viessem a ti dos lugares ao redor, por causa de tuas prostituições. [34] Assim acontece contigo o contrário das mulheres que se prostituem, porque ninguém te buscou para prostituir; pois quando pagas ao invés de receber pagamento, tu tens sido o contrário *das outras* . [35] Portanto, ó prostituta, ouve a palavra do SENHOR. [36] Assim diz o Senhor DEUS: Visto que se derramou teu dinheiro, * e tuas vergonhas foram descobertas por tuas prostituições com teus amantes, como também com todos os ídolos de tuas abominações, e no sangue de teus filhos, os quais lhes deste; [37] Por isso eis que ajuntarei todos os teus amantes com os quais tiveste prazer, e também

---

† **16:10** couro obscuro   ‡ **16:24** câmara obscuro   § **16:26** grandemente promíscuos lit. de grandes carnes
* **16:36** teu dinheiro obscuro – trad. alt. tua promiscuidade

todos os que amaste, com todos quantos tu odiaste; e os ajuntarei contra ti ao redor, e descobrirei tua nudez diante deles, para que vejam toda a tua nudez. [38] E eu te julgarei pelas leis das adúlteras, e das que derramam sangue; e te entregarei ao sangue do furor e do ciúme. [39] E te entregarei na mão deles; e eles destruirão tua câmara, derrubarão teus altares, e te despirão de teus vestidos; e tomarão as joias de teu ornamento, e te deixarão nua e descoberta. [40] Então farão subir contra ti uma multidão, e te apedrejarão com pedras, e te atravessarão com suas espadas. [41] E queimarão tuas casas a fogo, e executarão julgamentos contra ti, diante dos olhos de muitas mulheres; e te farei cessar de ser prostituta, nem darás mais pagamento. [42] Assim farei descansar meu furor sobre ti, meu ciúme se afastará de ti; eu me aquietarei, e não mais me indignarei. [43] Porque não te lembraste dos dias de tua juventude, e me provocaste à ira com tudo isto, por isso eis que também eu tornarei o teu caminho sobre *tua* cabeça, diz o Senhor DEUS; por acaso não cometeste tu tal promiscuidade além de todas as tuas abominações? [44] Eis que todo aquele que usa de provérbios fará provérbio sobre ti, dizendo: Tal mãe, tal filha. [45] Tu és filha de tua mãe, que tinha nojo de seu marido e de seus filhos; e tu és irmã de tuas irmãs, que tinham nojo de seus maridos e de seus filhos; vossa mãe foi Heteia, e vosso pai amorreu. [46] E tua irmã maior é Samaria, ela e suas filhas, a qual habita à tua esquerda; e tua irmã menor que tu é Sodoma com suas filhas, a qual habita à tua direita. [47] Porém não andaste em seus caminhos, nem fizeste conforme suas abominações; mas em vez disso, como se fosse muito pouco, tu te corrompeste ainda mais que elas em todos os teus caminhos. [48] Vivo eu, diz o Senhor DEUS, que tua irmã Sodoma e suas filhas não fizeram tanto como fizeste tu e tuas filhas. [49] Eis que esta foi a maldade de tua irmã Sodoma: ela e suas filhas tiveram soberba, fartura de pão, e abundância de conforto; porém nunca ajudaram a mão do pobre e do necessitado. [50] E se tornaram arrogantes, e fizeram abominação diante de mim, por isso eu as tirei quando vi *isto* . † [51] Também Samaria não cometeu sequer a metade de teus pecados; e tu multiplicaste tuas abominações mais que elas, e fizeste tuas irmãs parecerem justas em comparação a todas as tuas abominações que fizeste. [52] Tu também, leva tua vergonha, tu que julgaste em favor de tuas irmãs por meio de teus pecados, que fizeste mais abomináveis que elas; mais justas são que tu; envergonha-te, pois, tu também, e leva tua vergonha, pois justificaste a tuas irmãs. [53] Eu, pois, os restaurarei de seu infortúnio, os cativos de Sodoma e de suas filhas, e os cativos de Samaria e de suas filhas, e os cativos do teu cativeiro entre elas, [54] Para que leves tua vergonha, e sejas envergonhada por tudo que fizeste, dando-lhes tu consolo. [55] Enquanto tuas irmãs, Sodoma com suas filhas e Samaria com suas filhas, voltarão ao seu primeiro estado; também tu e tuas filhas voltareis a vosso primeiro estado. [56] Não foi tua irmã Sodoma mencionada em tua boca no tempo de tuas soberbas, [57] Antes que tua maldade fosse descoberta? Semelhantemente *agora é teu* tempo de humilhação pelas filhas de Síria e de todos que estavam ao redor dela, e as filhas dos filisteus ao redor, que te desprezam. [58] Tu levarás *a punição por* tua perversidade e tuas abominações, diz o SENHOR. [59] Porque assim diz o Senhor DEUS: Eu farei contigo conforme tu fizeste, que desprezaste o juramento, quebrando o pacto. [60] Contudo eu me lembrarei do meu pacto contigo nos dias de tua juventude, e estabelecerei contigo um pacto eterno. [61] Então te lembrarás de teus caminhos, e te envergonharás, quando receberes a tuas irmãs maiores que tu com as menores que tu, pois eu as darei a ti por filhas, porém não por teu pacto. [62] E estabelecerei meu pacto contigo, e saberás que eu sou o SENHOR; [63] Para que te lembres *disso* , e te envergonhes, e nunca mais abras a boca por causa de tua vergonha, quando eu me reconciliar contigo de tudo

---

† **16:50** quando vi isto trad. alt. como tu podes ver

quanto fizeste, diz o Senhor DEUS.

17

¹ E veio a mim a palavra do SENHOR, dizendo: ² Filho do homem, propõe um enigma, e fala uma parábola à casa de Israel. ³ E dize: Assim diz o Senhor DEUS: Uma grande águia, de grandes asas e de comprida plumagem, cheia de penas de várias cores, veio ao Líbano, e tomou o mais alto ramo de um cedro. ⁴ Arrancou o topo de seus renovos, e o trouxe à terra de comércio; na cidade de mercadores ela o pôs. ⁵ E tomou da semente da terra, e a lançou em um campo fértil; tomando-a, plantou-a junto a grandes águas, como *se fosse* um salgueiro. ⁶ E brotou, e tornou-se uma videira larga, *porém* de baixa estatura; seus ramos olhavam para ela, e suas raízes estavam debaixo dela; e tornou-se uma videira, que produzia ramos e brotava renovos. ⁷ E houve outra grande águia, de grandes asas e cheia de penas; e eis que esta videira juntou suas raízes para perto dela, e estendeu seus ramos para ela desde o lugar onde estava plantada, para que fosse regada. ⁸ Em uma boa terra, junto a muitas águas ela estava plantada, para produzir ramos e dar fruto, para que fosse uma videira excelente. ⁹ Dize: Assim diz o Senhor DEUS: Por acaso *a videira* terá sucesso? Não arrancará *a águia* suas raízes, e cortará seu fruto, e se secará? Todas as folhas que dela brotavam se secarão; e nem *é necessário* um braço grande, nem muita gente, para a arrancar desde suas raízes. ¹⁰ Mas eis que, *mesmo* estando plantada, terá ela sucesso? Por acaso, quando o vento oriental a tocar, ela não se secará por completo? Nos canteiros de seus renovos se secará. ¹¹ Então veio a mim a palavra do SENHOR, dizendo: ¹² Dize agora à casa rebelde: Por acaso não sabeis o que significam estas coisas? Dize-lhes: Eis que o rei da Babilônia veio a Jerusalém, tomou o teu rei e seus príncipes, e os levou consigo à Babilônia. ¹³ E tomou *um* da família *real, fez pacto com ele, fazendo-lhe prestar juramento; e tomou os poderosos da terra *consigo* , ¹⁴ Para que o reino ficasse humilhado, e não se levantasse; mas podendo continuar a existir se guardasse seu pacto. ¹⁵ Porém rebelou-se contra ele, enviando seus mensageiros ao Egito, para que lhe dessem cavalos e muita gente. Por acaso terá sucesso, ou escapará aquele que faz tais coisas? Poderá quebrar o pacto, e *ainda assim* escapar? ¹⁶ Vivo eu, diz o Senhor DEUS, que morrerá em meio da Babilônia, no lugar do rei que o fez reinar, cujo juramento desprezou, e cujo pacto quebrou. ¹⁷ E Faraó não lhe fará coisa alguma nem com grande exército, nem com muita multidão na batalha, quando levantarem cerco e edificarem fortificações para destruírem muitas vidas. ¹⁸ Porque desprezou o juramento, quebrando o pacto; e eis que havia firmado compromisso; havendo pois feito todas todas estas coisas, não escapará. † ¹⁹ Por isso assim diz o Senhor DEUS: Vivo eu, que meu juramento que ele desprezou, e meu pacto que ele quebrou, isto retribuirei sobre sua cabeça. ²⁰ E estenderei sobre ele minha rede, e ficará preso em minha malha; e eu o levarei à Babilônia, e ali entrarei em juízo contra ele, por sua rebeldia com que se rebelou contra mim. ²¹ E todos os seus fugitivos com todas as suas tropas cairão à espada, e os que restarem serão dispersos a todos os ventos; e sabereis que fui eu, o SENHOR, que falei. ²² Assim diz o Senhor DEUS: Também eu tomarei do topo daquele alto cedro, e o plantarei; do mais alto de seus renovos cortarei o *mais* tenro, e eu o plantarei sobre um monte alto e sublime; ²³ No monte alto de Israel o plantarei, e produzirá ramos, dará fruto, e se tronará um cedro excelente; e habitarão debaixo dele todas as aves, todos os que voam; e na sombra de seus ramos habitarão. ²⁴ Assim todas os árvores do campo saberão que eu, o SENHOR, rebaixei a árvore alta, levantei a árvore baixa, sequei a árvore verde, e tornei verde a árvore seca. Eu, o SENHOR, falei, e farei.

---

* **17:13** família lit. semente   † **17:18** feito compromisso lit. dado a mão

18

[1] E veio a mim a palavra do SENHOR, dizendo: [2] O que vós pensais, vós que dizeis este provérbio sobre a terra de Israel, dizendo: Os pais comeram uvas verdes, mas foram os dentes dos filhos que se estragaram? [3] Vivo eu,diz o Senhor DEUS, que nunca mais direis este provérbio em Israel. [4] Eis que todas as almas são minhas; tanto a alma do pai como alma do filho são minhas; a alma que pecar, essa morrerá. [5] Se um homem for justo, e fizer juízo e justiça; [6] Não comer sobre os montes, nem levantar seus olhos para os ídolos da casa de Israel, nem contaminar a mulher de seu próximo, nem se achegar à mulher menstruada, [7] E a ninguém oprimir; devolver ao devedor o seu penhor, não cometer roubo, der de seu pão ao faminto, e cobrir com roupa ao nu; [8] Não emprestar a juros, nem receber lucros; e desviar sua mão da injustiça, e fizer juízo entre dois homens com base na verdade; [9] E andar em meus estatutos, e guardar meus juízos, para agir com base na verdade, este justo certamente viverá,diz o Senhor DEUS. [10] E se ele gerar um filho ladrão, derramador de sangue, que fizer a seu irmão alguma destas coisas; [11] (Ainda que *o pai* não faça tais coisas): como comer sobre os montes, contaminar a mulher de seu próximo, [12] Oprimir o pobre e o necessitado, cometer roubos, não devolver o penhor, levantar seus olhos para os ídolos, praticar abominação, [13] Emprestar a juros, e receber lucro. Por acaso viveria? Não viverá. Ele fez todas estas abominações; certamente morrerá; o seu sangue será sobre ele. [14] E eis que se, *por sua vez* ele gerar um filho, que vir todos os pecados que seu pai fez, e olhar para não fazer conforme a eles, [15] Não comer sobre os montes, nem levantar seus olhos para os ídolos da casa de Israel; nem contaminar a mulher de seu próximo; [16] Nem oprimir a ninguém; nem retiver o penhor, nem cometer roubos; der de seu pão ao faminto, e cobrir com roupa ao nu; [17] Desviar sua mão de *fazer mal a* o pobre, não receber juros nem lucro; e praticar meus juízos, e andar em meus estatutos, este não morrerá pela maldade de seu pai; certamente viverá. [18] Seu pai, dado que fez opressão, roubou os bens do irmão, e fez o que não era bom no meio de seu povo, eis que morrerá por sua maldade. [19] Porém dizeis: Por que o filho não será punido pela maldade do pai? Porque o filho fez juízo e justiça, guardou todas o meus estatutos, e as praticou, certamente viverá. [20] A alma que pecar, essa morrerá; o filho não será punido pela maldade do pai, nem o pai será punido pela maldade do filho; a justiça do justo será sobre ele, e a perversidade do perverso será sobre ele. [21] Mas se o perverso se converter de todos os seus pecados que cometeu, e *passar a* guardar todos os meus estatutos, e fizer juízo e justiça, certamente viverá; não morrerá. [22] Todas as suas transgressões que cometeu não lhe serão lembradas; por sua justiça que praticou, viverá. [23] Por acaso eu prefiro * a morte do ímpio?,diz o Senhor DEUS, E não que ele se converta de seus caminhos, e viva? [24] Mas se o justo se desviar de sua justiça, e *passar a* praticar maldade, e fizer conforme a todas as abominações que o perverso faz, por acaso ele viveria? Todas as suas justiças que praticou não serão lembradas; por sua transgressão com que transgrediu, e por seu pecado com que pecou, por causa deles † morrerá. [25] Porém dizeis: O caminho do Senhor não é justo. Ouvi agora, ó casa de Israel: por acaso o meu caminho não é justo? *Ou* não são os vossos caminhos que são injustos? [26] Se o justo de desviar de sua justiça, e *passar a* praticar maldade, ele morrerá por ela; pela maldade que cometeu, morrerá. [27] Porém se o perverso se desviar de sua perversidade que cometeu, e *passar a* praticar juízo e justiça, esse conservará sua alma em vida; [28] Porque observou, e se converteu de todas as suas transgressões que cometera, certamente viverá, não morrerá. [29] Contudo a casa de

---

* **18:23** prefiro = lit. me agrado   † **18:24** por causa deles lit. neles

Israel diz: O caminho do Senhor não é justo. Por acaso os meus caminhos não são justos, ó casa de Israel? *Ou* não são vossos caminhos que são injustos? ³⁰ Portanto eu vos julgarei a cada um conforme seus *próprios* caminhos, ó casa de Israel,diz o Senhor DEUS. Convertei-vos e desviai-vos de todas as vossas transgressões; e assim a maldade não será vossa queda. ‡ ³¹ Lançai fora de vós todas as vossas transgressões com que transgredistes, e fazei para vós um novo coração e um novo espírito. Pois por que tendes que morrer, ó casa de Israel? ³² Porque eu não me agrado da morte do que morre,diz o Senhor DEUS; convertei-vos, pois, e vivereis.

19

¹ E tu, levanta uma lamentação sobre os príncipes de Israel. ² E dize: Quem foi tua mãe? Uma leoa deitada entre os leões; entre os leõezinhos ela criou seus filhotes. ³ E fez crescer um de seus filhotes, que veio a ser um leãozinho; e ele aprendeu a caçar presa, e a devorar homens. ⁴ E as nações ouviram dele; ele foi preso na cova delas, e o trouxeram com ganchos à terra do Egito. ⁵ E quando ela viu que havia esperado *muito* , e que sua esperança era perdida, tomou outro de seus filhotes, e o pôs por leãozinho. ⁶ E ele andou entre os leões; tornou-se um leãozinho, aprendeu a caçar presa, e devorou homens. ⁷ E conheceu suas viúvas, e destruiu suas cidades; e a terra e tudo que ela continha * foram devastadas à voz de seu bramido. ⁸ Então foram contra sobre ele as nações das províncias de seu ao redor; estenderam sobre ele sua rede, e ele foi preso na cova delas. ⁹ E o puseram em cárcere com ganchos, e o levaram ao rei da Babilônia; meteram-no em fortalezas, para que sua voz não fosse mais ouvida nos montes de Israel. ¹⁰ Tua mãe era como uma videira em teu sangue, plantada junto às águas; que frutificava e era cheia de ramos, por causa das muitas águas. ¹¹ E ela tinha varas fortes para cetros de senhores; e sua estatura se levantava por encima entre os ramos; e sua altura podia ser vista com a multidão de seus ramos. ¹² Porém foi arrancada com furor, derrubada na terra, e vento oriental secou seu fruto; suas fortes varas foram quebradas, e se secaram; o fogo as consumiu. ¹³ E agora está plantada no deserto, em terra seca e sedenta. ¹⁴ E saiu fogo da uma vara de seus ramos, que consumido seu fruto; de modo que nela não há mais vara forte, cetro para senhorear.Esta é a lamentação, e para lamentação servirá.

20

¹ E aconteceu no sétimo ano, no quinto *mês* , aos dez do mês, que vieram alguns dos anciãos de Israel para consultarem ao SENHOR, e se assentaram diante de mim. ² Então veio a mim palavra do SENHOR, dizendo: ³ Filho do homem, fala aos anciãos de Israel, e dize-lhes: Assim diz o Senhor DEUS: Viestes vós para me consultar? Vivo eu, que eu não deixarei ser consultado por vós, diz o Senhor DEUS. ⁴ Por acaso tu os julgarias, julgarias tu, ó filho do homem? Notifica-lhes as abominações de seus pais; ⁵ E dize-lhes: Assim diz o Senhor DEUS: No dia em que escolhi a Israel, fiz juramento * para a descendência † da casa de Jacó, e me tornei conhecido por eles na terra do Egito, e fiz juramento para eles, dizendo: Eu sou o SENHOR vosso Deus; ⁶ Naquele dia eu lhes fiz juramento de que os tiraria da terra do Egito para uma terra que eu já tinha observado para eles, que corre leite e mel, a qual é a mais bela de todas as terras; ⁷ Então eu lhes disse: Cada um lance fora as abominações de seus olhos, e não vos contamineis com os ídolos do Egito. Eu sou o SENHOR vosso Deus. ⁸ Porém eles se rebelaram contra mim, e não quiseram me ouvir; não lançaram fora

---

‡ **18:30** não será vossa queda lit. não vos servirá de tropeço * **19:7** a terra e tudo que ela continha lit. a terra e sua plenitude * **20:5** fiz juramento = lit. levantei minha mão também v. 6 † **20:5** descendência = lit. semente

as abominações de seus olhos, nem deixaram os ídolos do Egito; por isso disse que derramaria meu furor sobre eles, para cumprir meu ira contra eles no meio da terra do Egito. ⁹ Porém fiz por favor a meu nome, para que não fosse profanado diante olhos das nações no meio das quais estavam, pelas quais eu fui conhecido diante dos olhos delas, ao tirá-los da terra do Egito. ¹⁰ Por isso eu os tirei da terra do Egito, e os levei ao deserto; ¹¹ E lhes dei meus estatutos, e lhes declarei meus juízos, os quais se o homem os fizer, por eles viverá. ¹² E também lhes dei meus sábados para que servissem de sinal entre mim e eles, para que soubessem que eu sou o SENHOR, que os santifico. ¹³ Mas a casa de Israel se rebelou contra mim no deserto: não andaram em meus estatutos, rejeitaram meus juízos, os quais se o homem os fizer, por eles viverá; e profanaram grandemente meus sábados. Então eu disse que derramaria meu furor sobre eles no deserto, para os consumir. ¹⁴ Porém fiz por favor a meu nome, para que não fosse profanado diante dos olhos das nações, diante de cujos olhos os tirei. ¹⁵ Contudo eu lhes jurei ‡ no deserto de que não os traria para a terra que havia lhes dado, que corre leite e mel, a qual é a mais bela de todas as terras; ¹⁶ Porque rejeitaram meus juízos, não andaram em meus estatutos, e profanaram meus sábados; porque seus corações seguiam seus ídolos. ¹⁷ Porém meu olho os poupou, não os destruindo, nem os consumindo no deserto; ¹⁸ Em vez disso, eu disse a seus filhos no deserto: Não andeis nos estatutos de vossos pais, nem guardeis seus juízos, nem vos contamineis com seus ídolos. ¹⁹ Eu sou o SENHOR vosso Deus; andai em meus estatutos, guardai meus juízos, e os praticai; ²⁰ E santificai meus sábados, e sirvam de sinal entre mim e vós, para que saibais que eu sou o SENHOR, vosso Deus. ²¹ Mas os filhos se rebelaram contra mim; não andaram em meus estatutos, nem guardaram meus juízos fazê-los, os quais se o homem os cumprir, por eles viverá; e profanaram meus sábados. Então eu disse que derramaria meu furor sobre eles, para cumprir minha ira contra eles no deserto. ²² Porém contive minha mão, e fiz por favor a meu nome, para que não fosse profanado diante dos olhos das nações, diante de cujos olhos os tirei. ²³ E também lhes jurei no deserto que os espalharia entre as nações, e que os dispersaria pelas terras; ²⁴ Porque não praticaram meus juízos, rejeitaram meus estatutos, profanaram meus sábados, e seus olhos seguiram os ídolos de seus pais. ²⁵ Por isso eu também lhes dei estatutos que não eram bons, e juízos pelos quais não viveriam; ²⁶ E os contaminei em suas ofertas, em que faziam passar pelo fogo todo primogênito, para eu os assolar, a fim de que soubessem que eu sou o SENHOR. ²⁷ Portanto, filho do homem, fala à casa de Israel, e dize-lhes: Assim diz o Senhor DEUS: Até nisto vossos pais me afrontaram quando transgrediram contra mim. ²⁸ Porque quando eu os trouxe para a terra da qual eu tinha jurado § que lhes daria, então olharam para todo morro alto e para toda árvore espessa, e ali sacrificaram suas sacrifícios, e ali deram suas ofertas irritantes, e ali derramaram suas ofertas de bebidas. ²⁹ E eu lhes disse: Que alto é esse para onde vós vais? E seu nome foi chamado Bamá até o dia de hoje. * ³⁰ Por isso dize à casa de Israel: Assim diz o Senhor DEUS: Por acaso *não* vos contaminais assim como vossos pais, e vos prostituís segundo suas abominações? ³¹ Quando ofereceis vossas ofertas, e fazeis passar vossos filhos pelo fogo, vós estais contaminados com todos os vossos ídolos até hoje. E deixaria eu ser consultado por vós, ó casa de Israel? Vivo eu, diz o Senhor DEUS, que não deixarei ser consultado por vós. ³² E o que vós tendes pensado de maneira nenhuma sucederá. Pois vós dizeis: Seremos como as nações, como as famílias das terras, servindo à madeira e à pedra. † ³³ Vivo eu, diz o Senhor

---

‡ **20:15** jurei lit. levantei minha mão – também v. 23　　§ **20:28** jurado lit. levantado minha mão　　* **20:29** Bamá significa "alto"　　† **20:32** os que vós tendes pensado = lit. o que subiu ao vosso espírito

DEUS, que reinarei sobre vós com mão forte, braço estendido, e ira derramada; ³⁴ E vos tirarei dentre os povos, e vos ajuntarei das terras em que estais espalhados, com mão forte, braço estendido, e ira derramada; ³⁵ E eu vos levarei ao deserto de povos, e ali entrarei em juízo convosco face a face, ³⁶ Tal como entrei em juízo com vossos pais no deserto da terra do Egito, assim entrarei em juízo convosco, diz o Senhor DEUS. ³⁷ E vos farei passar debaixo da vara, e vos levarei em vínculo do pacto; ³⁸ E separarei dentre vós os rebeldes, e os que se transgrediram contra mim; da terra de suas peregrinações eu os tirarei, mas à terra de Israel não voltarão; e sabereis que eu sou o SENHOR. ³⁹ E quanto a vós, ó casa de Israel, assim diz o Senhor DEUS: Ide, servi cada um a seus ídolos, e depois, se não quereis me ouvir; mas não profaneis mais meu santo nome com vossas ofertas, e com vossos ídolos. ⁴⁰ Porque em meu santo monte, no monte alto de Israel, diz o Senhor DEUS, ali me servirá toda a casa de Israel, ela toda, naquela terra; ali eu os aceitarei, e ali demandarei vossas ofertas, e as primícias de vossas dádivas, com todas as vossas coisas santas. ⁴¹ Com cheiro suave vos aceitarei, quando eu vos tirar dentre os povos, e vos ajuntar das terras em que estais espalhados; e serei santificado em vós diante dos olhos das nações. ⁴² E sabereis que eu sou o SENHOR, quando eu vos trouxer de volta à terra de Israel, à terra da qual jurei ‡ que daria a vossos pais. ⁴³ E ali vos lembrareis de vossos caminhos e de todos os vossos atos em que vos contaminastes; e tereis nojo de vós mesmos, por causa de todos os vossos pecados que tendes cometido. ⁴⁴ E sabereis que eu sou o SENHOR, quando fizer convosco por favor a meu nome, não conforme vossos maus caminhos, nem conforme vossos atos corruptos, ó casa de Israel, diz o Senhor DEUS. ⁴⁵ E veio a mim palavra do SENHOR, dizendo: ⁴⁶ Filho do homem, dirige teu rosto em direção ao sul, derrama *tua palavra* ao sul, e profetiza contra o bosque do campo do sul. ⁴⁷ E dize ao bosque do sul: Ouve a palavra do SENHOR! Assim diz o Senhor DEUS: Eis que eu acenderei em ti um fogo, que consumirá em ti toda árvore verde, e toda árvore seca; a chama do fogo não se apagará, e com ela serão queimados todos os rostos, desde o sul até o norte. ⁴⁸ E toda carne verá § que eu, o SENHOR, o acendi; não se apagará. ⁴⁹ Então eu disse: Ah, Senhor DEUS! Eles dizem de mim: Por acaso não é este um inventor de parábolas?

21

¹ E veio a mim a palavra do SENHOR, dizendo: ² Filho do homem, dirige teu rosto contra Jerusalém, pronuncia * contra os santuários, e profetiza contra a terra de Israel; ³ E dize à terra de Israel: Assim diz o SENHOR: Eis que eu *sou* contra ti, e tirarei minha espada de sua bainha, e exterminarei de ti o justo e o perverso. ⁴ E dado que exterminarei de ti ao justo e o perverso, por isso minha espada sairá de sua bainha contra todos, † desde o sul ‡ até o norte. ⁵ E todos saberão que eu, o SENHOR, tirei minha espada de sua bainha; ela nunca mais voltará. ⁶ Porém tu, filho do homem, suspira com quebrantamento de lombos, e com amargura; suspira diante dos olhos deles. ⁷ E será que, quando te disserem: Por que tu suspiras? Então dirás: Por causa da notícia que vêm; e todo coração se dissolverá, todas as mãos se enfraquecerão, todo espírito se angustiará, e todos joelhos se desfarão em águas; eis que já vem, e ela se cumprirá, diz o Senhor DEUS ⁸ E veio a mim a palavra do SENHOR, dizendo: ⁹ Filho do homem, profetiza, e dize: Assim diz o Senhor DEUS: Dize: A espada, a espada está afiada, e também polida; ¹⁰ Para degolar matança está afiada, para reluzir como relâmpago está polida. Por acaso nos alegraremos? A vara

---

‡ **20:42** jurei lit. levantei minha mão   § **20:48** toda carne verá = i.e., todos verão   * **21:2** pronuncia lit. goteja, derrama [palavras]   † **21:4** todos = lit. toda carne também v. 5   ‡ **21:4** sul = ou Negueve

§ de meu filho despreza toda árvore. * ¹¹ E ele a deu para polir, para usar dela com a mão; esta espada está afiada, e esta polida está, para a entregar na mão do matador. ¹² Grita e uiva, ó filho do homem; porque esta será contra meu povo, será contra todos os príncipes de Israel. Entregues à de espada são os do meu povo; portanto bate na coxa. ¹³ Pois tem que haver provação. E o que seria se a vara que despreza não mais existir?diz o Senhor DEUS. † ¹⁴ Por isso tu, filho do homem, profetiza, e bate uma mão com outra; por que a espada se dobrará até a terceira vez, a espada dos que forem mortos; esta é espada da grande matança que os cercará, ¹⁵ Para que os corações desmaiem, e os tropeços se multipliquem; eu pus a ponta da espada contra todas as suas portas. Ah! Ela feita foi para reluzir, e preparada está para degolar. ¹⁶ *Ó espada* , move-te; vira-te à direita, prepara-te, vira-te à esquerda, para onde quer que tua face te apontar. ¹⁷ E também eu baterei minhas mãos uma com a outra, e farei descansar minha ira. Eu, o SENHOR, falei. ¹⁸ E veio a mim a palavra de SENHOR, dizendo: ¹⁹ E tu, filho do homem, propõe para ti dois caminhos por onde venha a espada do rei da Babilônia; ambos procederão de uma mesma terra; e põe um marco num lugar, põe um marco no começo do caminho da cidade. ²⁰ Propõe um caminho, por onde venha a espada contra Rabá dos filhos de Amom, e contra Judá, contra a fortificada Jerusalém. ²¹ Porque o rei de Babilônia parará em uma encruzilhada, no começo de dois caminhos, para usar de adivinhação; ele sacudiu flechas, consultou ídolos, olhou o fígado. ²² A adivinhação será para a direita, sobre Jerusalém, para ordenar capitães, para abrir a boca à matança, para levantar a voz em grito, para pôr aríetes contra as portas, para levantar cercos, e edificar fortificações. ²³ E isto será como uma adivinhação falsa aos olhos daqueles que com juramentos firmaram compromisso com eles; porém ele se lembrará da maldade, para que sejam presos. ²⁴ Portanto, assim diz o Senhor DEUS: Dado que fizestes relembrar vossas maldades, manifestando vossas rebeliões, e revelando vossos pecados em todas vossos atos; por teres feito relembrar, sereis presos com a mão. ²⁵ E tu, profano e perverso príncipe de Israel, cujo dia do tempo do fim da maldade virá, ²⁶ Assim diz o Senhor DEUS: Tira o turbante, tira a coroa; esta não será a mesma; ao humilde exaltarei, e ao exaltado humilharei. ²⁷ Ruína! Ruína! Ruína a farei; e ela não será *restaurada* , até que venha aquele a quem lhe pertence por direito, e *a ele* a darei. ²⁸ E tu, filho do homem, profetiza, e dize: Assim diz o Senhor DEUS sobre os filhos de Amom, e sua humilhação; Dize pois: A espada, a espada está desembainhada, polida para a matança, para destruir, para reluzir como relâmpago, ²⁹ Enquanto te profetizam falsidade, enquanto te adivinham mentira; para te porem sobre os pescoços dos perversos condenados à morte, cujo dia virá no tempo do fim da maldade. ³⁰ Torna *tua espada* à sua bainha! No lugar onde foste criado, na terra de teu nascimento eu te julgarei. ³¹ E derramarei sobre ti minha ira; assoprarei contra ti o fogo do meu furor, e te entregarei na mão de homens violentos, ‡ habilidosos em destruir. ³² Para o fogo tu serás combustível; teu sangue estará no meio da terra; não haverá memória de ti; porque eu, o SENHOR, falei.

22

¹ E veio a mim a palavra do SENHOR, dizendo: ² E tu, filho do homem, Por acaso julgarás tu, por acaso julgarás tu a cidade derramadora de sanguinária? Notifica-lhe, pois, todas as suas abominações. ³ E dize: Assim disse o Senhor DEUS: Cidade que derrama sangue no meio de si, para que venha seu tempo, e que faz ídolos contra si mesma para se contaminar. ⁴ Fizeste-te culpada com teu sangue que derramaste, e

---

§ **21:10** vara ou cetro – também v. 13 * **21:10** A vara do meu filho despreza toda árvore obscuro † **21:13** todo o v. 13 obscuro ‡ **21:31** violentos lit. inflamados

te contaminaste com teus ídolos que fizeste; e fizeste aproximar teus dias, e chegado a teus anos; por isso te entreguei por humilhação às nações, e por escárnio a todas as terras. ⁵ As que estão perto e as que estão longe de ti escarnecerão de ti, *que és* imunda de nome, e cheia de inquietação. ⁶ Eis que os príncipes de Israel, cada um conforme seu poder, estiveram em ti para derramarem sangue. ⁷ Desprezaram ao pai e à mãe em ti; trataram ao estrangeiro com opressão no meio de ti; oprimiram ao órfão e à viúva em ti. ⁸ Desprezaste minhas coisas santas, e profanaste meus sábados. ⁹ Caluniadores houve em ti, para derramarem sangue; e comeram sobre os montes * em ti; praticaram lascívia no meio de ti. ¹⁰ Descobriram a nudez do pai †) em ti; abusaram da contaminada por menstruação em ti. ¹¹ E um cometeu abominação com a mulher de seu próximo; e outro contaminou lascivamente sua nora; e outro abusou de sua irmã, filha de seu pai. ¹² Suborno receberam em ti para derramarem sangue; juros e lucro tomaste, e exploraste gananciosamente o teu próximo, oprimindo-o; ‡ e esqueceste de mim, diz o Senhor DEUS. ¹³ Mais eis que bati minhas mãos por causa de tua ganância que cometeste, e por causa de teu sangue, que houve no meio de ti. ¹⁴ Conseguirá, por acaso, ficar firme teu coração? Serão fortes tuas mãos nos dias em que eu agir contra ti? Eu, o SENHOR, falei, e farei. ¹⁵ E eu te dispersarei pelas nações, e te espalharei pelas terras; e acabarei de ti tua imundícia. ¹⁶ Assim serás profanada em ti aos olhos das nações, e saberás que eu sou o SENHOR. ¹⁷ E veio a mim a palavra do SENHOR, dizendo: ¹⁸ Filho do homem, a casa de Israel se tornou para mim em escórias; todos eles são cobre, estanho, ferro, e chumbo, no meio do forno; eles se tornaram escórias de prata. ¹⁹ Portanto assim diz o Senhor DEUS: Dado que todos vós vos tornastes em escórias, por isso eis que eu vos ajuntarei no meio de Jerusalém. ²⁰ Como se ajunta prata, bronze, ferro, chumbo e estanho no meio do forno, para soprar fogo sobre eles para fundir, assim vos ajuntarei em minha ira e em meu furor, e *ali* vos deixarei, e vos fundirei. ²¹ Eu vos reunirei, e soprarei sobre vós no fogo de meu furor, e no meio dela sereis fundidos. ²² Como se funde a prata no meio do forno, assim sereis fundidos no meio dela; e sabereis que eu, o SENHOR, derramei meu furor sobre vós. ²³ E veio a mim a palavra do SENHOR, dizendo: ²⁴ Filho do homem, diz a ela: Tu não és uma terra limpa, nem molhada de chuva no dia da indignação. ²⁵ Há uma conspiração de seus profetas no meio dela, como um leão que brame, que arrebata a presa; devoraram almas, tomam bens e coisas preciosas, aumentam suas viúvas no meio dela. ²⁶ Seus sacerdotes violentam minha lei, e profanam minhas coisas sagradas; não fazem diferença entre o santo e o profano, nem distinguem o impuro do puro; e escondem seus olhos de meus sábados. Assim eu sou profanado no meio deles. ²⁷ Seus príncipes no meio dela são como lobos que arrebatam presa para derramarem sangue, para destruírem almas, para obterem lucro desonesto. ²⁸ E seus profetas os rebocam com cal solta, profetizando-lhes falsidade, e adivinhando-lhes mentira, dizendo: Assim diz o Senhor DEUS; sem que o SENHOR tenha falado. ²⁹ O povo da terra faz graves extorsões, e pratica roubos; fazem violência ao aflito e necessitado, e oprimem sem motivo ao estrangeiro. ³⁰ E busquei dentre eles um homem que tapasse o muro, e que se pusesse na brecha diante de mim pela terra, para que eu não a destruísse; porém a ninguém achei. ³¹ Por isso derramarei sobre eles minha indignação; com o fogo de minha ira os consumirei; retribuirei o caminho deles sobre suas *próprias* cabeças, diz o Senhor DEUS. §

---

* **22:9** comeram sobre os montes i.e. comeram em rituais dedicados a ídolos   † **22:10** Descobriram a nudez do pai i.e. fizeram ato sexual com as esposas de seus próprios pais (Levítico 18:8   ‡ **22:12** oprimindo-o trad. alt. usando de violência com ele   § **22:31** derramarei, consumirei, retribuirei trad. alt. derramei, consumi, retribuí

23

¹ E veio a mim a palavra do SENHOR, dizendo: ² Filho do homem, houve duas mulheres, filhas de uma *mesma* mãe, ³ Estas se prostituíram no Egito; em suas juventudes se prostituíram. Ali foram apertados os seus peitos, e ali foram apalpados os seios de sua virgindade. ⁴ E seus nomes eram: Oolá, a maior, e Oolibá sua irmã; e elas foram minhas, e tiveram filhos e filhas. Estes eram seus nomes: Samaria é Oolá, e Jerusalém Oolibá. ⁵ E Oolá prostituiu-se, mesmo sendo minha; e apaixonou-se por seus amantes, os assírios seus vizinhos, ⁶ Vestidos de azul, governadores e príncipes, todos rapazes cobiçáveis, cavaleiros que andavam a cavalo. ⁷ Assim ela cometeu suas prostituições com eles, os quais eram os mais apreciados dos filhos da Assíria, e com todos aqueles por quem ela se apaixonou; contaminou-se com todos os ídolos deles. ⁸ E não deixou suas fornicações *que trouxe* do Egito; pois com ela se deitaram em sua juventude, e eles apalparam os seios de sua virgindade, e derramaram sua prostituição sobre ela. ⁹ Por isso a entreguei na mão de seus amantes, na mão dos filhos da Assíria, por quem tinha se apaixonado. ¹⁰ Eles descobriram sua nudez, tomaram seus filhos e suas filhas, e a mataram à espada; e veio a ser famosa entre as mulheres, pois fizeram julgamentos contra ela. *ˌ ¹¹ Sua irmã Oolibá viu isso, porém corrompeu sua paixão mais que ela; e suas prostituições foram mais numerosas † que as prostituições de sua irmã. ¹² Apaixonou-se pelos filhos da Assíria, pelos governadores e príncipes, seus vizinhos, vestidos com luxo, ‡ cavaleiros que andavam a cavalo, todos eles rapazes cobiçáveis. ¹³ E vi que ela estava contaminada; ambas tinham um *mesmo* caminho. ¹⁴ E ela aumentou suas prostituições; pois viu homens pintados na parede, as imagens de caldeus pintadas de vermelho, ¹⁵ Vestidos com cintos ao redor de seus lombos, e enormes turbantes em suas cabeças, tendo todos eles aparência de capitães, à semelhança dos filhos da Babilônia, nascidos na terra da Caldeia. ¹⁶ E apaixonou-se deles logo que seus olhos os viram, e enviou-lhes mensageiros à Caldeia. ¹⁷ Então os filhos da Babilônia vieram até ela à cama dos amores, e a contaminaram com suas prostituições; e ela também se contaminou com eles; então sua alma desgostou deles. ¹⁸ Assim ela expôs suas prostituições, e expôs sua nudez; então minha alma desgostou dela, assim como já tinha desgostado de sua irmã. ¹⁹ Porém ela multiplicou suas prostituições, relembrando-se dos dias de sua juventude, nos quais havia se prostituído na terra do Egito. ²⁰ E apaixonou-se por seus amantes, cuja carne é como carne de asnos, e cujo fluxo é como fluxo de cavalos. ²¹ Assim relembraste a obscenidade de tua juventude, quando os egípcios apalpavam teus peitos, por causa dos seios de tua juventude. ²² Portanto, Oolibá, assim diz o Senhor DEUS: Eis que eu levantarei contra ti os teus amantes, dos quais tua alma desgostou, e eu os trarei contra ti ao redor: ²³ Os filhos da Babilônia, e todos os caldeus, Pecode, Soa, e Coa, todos os filhos da Assíria com eles; rapazes cobiçáveis, governadores e príncipes todos eles, capitães e líderes, todos os que andam a cavalo. ²⁴ E virão sobre ti *com* armamentos, § carruagens, carretas, e com ajuntamento de povos. Escudos grandes e pequenos, e capacetes serão postos contra ti ao redor; e eu os designarei para que façam o julgamento, * e eles te julgarão conforme seus julgamentos. ²⁵ E porei meu zelo contra ti, e te tratarão com furor; tirarão teu nariz e tuas orelhas, e o que restar de ti cairá a espada. Eles tomarão teus filhos e tuas filhas, e o que restar de ti será consumido pelo fogo. ²⁶ Também te despirão de tuas vestes, e tomarão as tuas belas joias. ²⁷ Assim farei cessar de ti tua

---

* **23:10** contra ela lit. sobre ela † **23:11** mais numerosas trad. alt. piores ‡ **23:12** com luxo trad. alt. com [armadura] completa § **23:24** armamentos obscuro * **23:24** designarei para que façam o julgamento lit. darei o julgamento diante deles

obscenidade e tua prostituição da terra do Egito; e não levantarás mais teus olhos a eles, nem te lembrarás mais do Egito. ²⁸ Porque assim diz o Senhor DEUS: Eis que eu te entregarei nas mãos daqueles a quem tu odeias, nas mãos daqueles dos quais tua alma se desgostou; ²⁹ Eles te tratarão com ódio, e tomarão todo *o ganho* de teu trabalho, e te deixarão nua e despida; e será exposta a nudez de tuas prostituições, tua obscenidade, e tuas promiscuidades. ³⁰ Estas coisas serão feitas contigo porque te prostituíste atrás das nações, com as quais te contaminaste com seus ídolos. ³¹ Tu andaste no caminho de tua irmã; por isso darei o cálice dela em tua mão. ³² Assim diz o Senhor DEUS: Tu beberás cálice fundo e largo de tua irmã; tu serás motivo de riso e escárnio, pois ele cabe muito. ³³ De embriaguez e de dor tu serás cheia; o cálice de tua irmã Samaria é cálice de medo e de desolação. ³⁴ Tu, pois, o beberás, o esvaziarás, e quebrarás seus cacos; e arrancarás teus peitos; porque eu falei,diz o Senhor DEUS. ³⁵ Portanto assim diz o Senhor DEUS: Dado que te esqueceste de mim, e me lançaste por trás de tuas costas, por isso, leva tu também *as consequências de* tua obscenidade e *de* tuas prostituições. ³⁶ E disse-me o SENHOR: Filho do homem, julgarás tu a Oolá, e a Oolibá, e lhes denunciarás suas abominações? ³⁷ Pois elas cometeram adultério, e há sangue em suas mãos, e com seus ídolos cometeram adultério; e até a seus filhos que me haviam gerado fizeram passar pelo fogo, para *os* consumir. ³⁸ Ainda isto me fizeram: contaminaram meu santuário naquele mesmo dia, e profanaram meus sábados; ³⁹ Pois havendo sacrificado seus filhos a seus ídolos, vieram ao meu santuário no mesmo dia para profaná-lo; e eis que assim fizeram em meio da minha casa. ⁴⁰ E além disto, mandaram avisar a homens que viriam de longe, aos quais havia sido enviado mensageiro. E eis que vieram; e por causa deles te lavaste, pintaste os teus olhos, e te enfeitaste de joias; ⁴¹ E te sentaste sobre uma cama luxuosa; diante da qual foi preparada uma mesa, e puseste sobre ela meu perfume e meu óleo. ⁴² E *ouviu-se* nela voz de multidão alegre; e junto dos homens ordinários, foram trazidos os beberrões † do deserto; e puseram braceletes em suas mãos, e belas coroas sobre suas cabeças. ⁴³ Então eu disse à envelhecida *em* adultérios: Agora eles se prostituirão com ela, assim como ela *faz* . ⁴⁴ E se deitaram com ela como quem se deita com mulher prostituta; assim se deitaram com Oolá e com Oolibá, mulheres indecentes. ‡ ⁴⁵ Por isso homens justos as julgarão pela lei que pune as adúlteras, e pela lei que pune as que derramam sangue; pois são adúlteras, e há sangue há nas mãos delas. ⁴⁶ Porque assim diz o Senhor DEUS: Farei subir uma multidão contra elas, e as entregarei a terror e ao saque; ⁴⁷ E a multidão as apedrejará com pedras, e as cortarão com suas espadas; matarão seus filhos e suas filhas, e queimarão com fogo suas casas. ⁴⁸ Assim acabarei com a obscenidade da terra, para que todas as mulheres aprendam a não fazer conforme vossa obscenidade. ⁴⁹ E porão sobre vós *a culpa por* vossa obscenidade, e levareis os pecados de vossos ídolos; e sabereis que eu sou o Senhor DEUS.

24

¹ No nono ano, no décimo mês, aos dez do mês, veio a mim a palavra do SENHOR, dizendo: ² Filho do homem, escreve para ti o nome deste dia, hoje mesmo; *porque* o rei da Babilônia chegou a Jerusalém hoje mesmo. ³ E fala uma parábola à casa rebelde, e dize-lhes: Assim diz o Senhor DEUS: Põe uma panela, põe *-a* ,e também deita água dentro dela; ⁴ Ajunta seus pedaços *de carne* nela; todos bons pedaços, pernas e espáduas; enche-a dos melhores ossos. ⁵ Toma do melhor do rebanho, e acende também os ossos debaixo dela; faze-a ferver bem; e assim seus ossos serão

---

† **23:42** beberrões trad. alt. sabeus, o nome de um povo do deserto   ‡ **23:44** deitar-se com lit. entrar a

cozidos dentro dela. ⁶ Portanto assim diz o Senhor DEUS: Ai da cidade sanguinária, cuja sujeira * está nela, e cuja sujeira não saiu dela! Tira dela pedaço por pedaço, não caia sorte sobre ela. † ⁷ Porque seu sangue está em meio dela; sobre uma pedra exposta ela o pôs; não o derramou sobre a terra, para que fosse coberto com pó. ⁸ Para que eu faça subir a ira, para me vingar, eu pus seu sangue sobre a pedra exposta, para que não seja coberta. ⁹ Portanto assim diz o Senhor DEUS: Ai da cidade sanguinária! Também eu farei uma grande fogueira, ¹⁰ Amontoa lenha, acende o fogo, consome a carne, e a tempera com especiarias; e sejam queimados os ossos; ¹¹ Depois põe *a panela* vazia sobre suas brasas, para que se esquente, e seu cobre queime, ‡ e se funda sua imundícia no meio dela, e se consuma sua sujeira. ¹² De trabalhos § ela *me* cansou, e sua muita sujeira não saiu dela. Sua sujeira *irá* para o fogo. ¹³ Em tua imundícia há obscenidade, porque eu te purifiquei, porém tu não te purificaste; não mais serás purificada de tua imundícia, enquanto eu não fizer repousar minha ira sobre ti. ¹⁴ Eu, o SENHOR, falei; virá a acontecer, e o farei. Não me tonarei atrás, não pouparei, nem me arrependerei; conforme teus caminhos e teus atos te julgarão, diz o Senhor DEUS. ¹⁵ E veio a mim a palavra do SENHOR, dizendo: ¹⁶ Filho do homem, eis que com um golpe tirarei de ti o desejo de teus olhos; não lamentes, nem chores, nem escorram de ti lágrimas. ¹⁷ Geme em silêncio, não faças luto pelos mortos; ata teu turbante sobre ti, e põe teus sapatos em teus pés; e não te cubras os lábios, nem comas pão de homens. ¹⁸ E falei ao povo pela manhã, e minha mulher morreu à tarde; e pela manhã fiz como me fora mandado. ¹⁹ E o povo me disse: Por acaso não nos farás saber o que *significam* para nós estas coisas que tu estás fazendo? ²⁰ Então eu lhes disse: A palavra do SENHOR veio a mim, dizendo: ²¹ Dize à casa de Israel: Assim diz o Senhor DEUS: Eis que eu profanarei meu santuário, a orgulho de vossa fortaleza, o desejo de vossos olhos, e o agrado de vossas almas; e vossos filhos e vossas filhas que deixastes cairão a espada. ²² E fareis como eu fiz: não cobrireis vossos lábios, nem comereis pão de homens; ²³ E vossos turbantes estarão sobre vossas cabeças, e vossos sapatos em vossos pés; não lamentareis nem chorareis, em vez disso vos consumireis por causa de vossas maldades, e gemereis uns com outros. ²⁴ Assim Ezequiel vos será por sinal; conforme tudo o que ele fez, vós fareis. Quando isto acontecer, então sabereis que eu sou o Senhor DEUS. ²⁵ E tu, filho do homem, por acaso não será no dia que eu lhes tirar sua fortaleza, o seu belo orgulho, o desejo de seus olhos, e o agrado de suas almas, seus filhos e suas filhas, ²⁶ Que no mesmo dia um que tiver escapado virá a ti para trazer as notícias aos teus ouvidos? ²⁷ Naquele dia tua boca se abrirá para falar com o escapado, e falarás, e não ficarás mais calado; e tu lhes serás por sinal, e saberão que eu sou o SENHOR.

25

¹ E veio a mim a palavra do SENHOR, dizendo: ² Filho do homem, dirige tua face contra os filhos de Amom, e profetiza sobre eles. ³ E diz aos filhos de Amom: Ouvi a palavra do Senhor DEUS; assim diz o Senhor DEUS: Dado que disseste: Ha, ha! Acerca de meu santuário quando foi profanado, e acerca da terra de Israel quando foi desolada, e acerca da casa de Judá quando foram ao cativeiro, ⁴ Por isso, eis que eu te entregarei como possessão aos filhos do oriente, e estabelecerão suas acampamentos em ti, e porão suas tendas em ti; eles comerão teus frutos e beberão teu leite. ⁵ E tornarei a Rabá em estábulo de camelos, e os filhos de Amom em curral de ovelhas; e sabereis que eu sou o SENHOR. ⁶ Porque assim diz o Senhor DEUS: Dado que bateste

---

* **24:6** sujeira trad. alt. ferrugem – também no resto do capítulo † **24:6** não caia sorte sobre ela= i.e. não haja escolha de qual pedaço tirar ‡ **24:11** cobre queime trad. alt. cobre fique incandescente § **24:12** trabalhos obscuro

palmas, e bateste o pés, e te alegraste na alma em todo teu desprezo sobre a terra de Israel, ⁷ Por isso, eis que eu estenderei minha mão contra ti, e te entregarei às nações para seres saqueada; e eu te cortarei dentre os povos, e te destruirei dentre as terras; eu te eliminarei, e saberás que eu sou o SENHOR. ⁸ Assim diz o Senhor DEUS: Visto que Moabe e Seir dizem: Eis que a casa de Judá é como todas as nações, ⁹ Por isso, eis que abrirei a lateral de Moabe desde as cidades, desde suas cidades que estão em suas fronteiras, as melhores terras: Bete-Jesimote, e Baal-Meom, e até Quiriataim; ¹⁰ Serão para os filhos do oriente, com *a terra* dos filhos de Amom; e a entregarei por possessão, para que não haja lembrança dos filhos de Amom entre as nações. ¹¹ Também farei julgamentos em Moabe; e saberão que eu sou o SENHOR. ¹² Assim diz o Senhor DEUS: Dado que Edom se vingou contra a casa de Judá, e se tornaram extremamente culpados ao se vingarem deles; ¹³ Por isso assim diz o Senhor DEUS: Eu também estenderei minha mão contra *a terra de* Edom: exterminarei dela homens e animais, e a tornarei desolada; desde Temã e Dedã cairão à espada. ¹⁴ E me vingarei contra Edom pela mão do meu povo Israel; e farão em Edom segundo minha ira, e conhecerão minha vingança, diz o Senhor DEUS. ¹⁵ Assim diz o Senhor DEUS: Dado que os filisteus agiram com vingança, quando se vingaram com desprezo na alma, destruindo por hostilidades antigas, ¹⁶ Por isso assim diz o Senhor DEUS: Eis que eu estendo minha mão contra os filisteus, e exterminarei os queretitas, e destruirei o resto da costa do mar. ¹⁷ E farei neles grandes vinganças, com castigos de furor; e saberão que eu sou o SENHOR, quando me vingar deles.

26

¹ E sucedeu no décimo primeiro ano, no primeiro *dia* do mês, que veio a mim a palavra do SENHOR, dizendo: ² Filho do homem, dado que Tiro falou sobre Jerusalém: Ha, ha!, quebrada está a porta das nações; ela se virou para mim; eu me encherei *de riquezas ,agora* que ela está assolada; ³ Por isso, assim diz o Senhor DEUS: Eis que eu sou contra ti, ó Tiro; e farei subir contra ti muitas nações, tal como o mar faz subir suas ondas. ⁴ E demolirão os muros de Tiro, e derrubarão suas torres; varrerei dela seu pó, e a deixarei como uma rocha exposta. ⁵ Servirá para estender redes no meio do mar, porque *assim* eu falei,diz o Senhor DEUS; e será saqueada pelas nações. ⁶ E suas filhas que estiverem no campo * serão mortas à espada; e saberão que eu sou o SENHOR. ⁷ Porque assim diz o Senhor DEUS: Eis que desde o norte eu trarei contra Tiro a Nabucodonosor, rei da Babilônia, rei de reis, com cavalos, carruagens, cavaleiros, tropas, e muito povo. ⁸ Tuas filhas no campo ele matará à espada; e porá contra ti fortalezas, fará cerco contra ti, e levantará escudos contra ti. ⁹ E fará aríetes baterem contra teus muros, e derrubará tuas torres com suas espadas. ¹⁰ Com a multidão de seus cavalos o pó deles te cobrirá; teus muros tremerão com o estrondo dos cavaleiros, das rodas, e das carruagens, quando ele entrar por tuas portas como quem entra por uma cidade em ruínas. ¹¹ Com as unhas de seus cavalos pisará todas as tuas ruas; matará teu povo à espada, e as colunas de tua fortaleza cairão por terra. ¹² E roubarão tuas riquezas, e saquearão tuas mercadorias; derrubarão teus muros, e arruinarão tuas preciosas casas; e lançarão tuas pedras, tua madeira e teu pó no meio das águas. ¹³ E farei cessar o ruído de tuas canções, e o som de tuas harpas não será mais ouvido. ¹⁴ E te farei como uma rocha exposta; servirás para estender redes; e nunca mais serás reconstruída; porque eu, o SENHOR falei,diz o Senhor DEUS. ¹⁵ Assim diz o Senhor DEUS a Tiro: Por acaso não se estremecerão as ilhas † com o estrondo de tua queda, quando os feridos gemerem, quando houver grande

---

* **26:6** campo trad. alt. continente – também v. 8   † **26:15** ilhas trad. alt. as terras costeiras – também v. 15

matança no meio de ti? [16] Então todos os príncipes do mar descerão de seus tronos, tirarão de si seus mantos, e despirão suas roupas bordadas; com tremores se vestirão, sobre a terra se sentarão, e estremecerão em todo momento, e ficarão espantados por causa de ti. [17] E levantarão lamentação por causa de ti, e te dirão: Como pereceste tu, povoada dos mares, famosa cidade, que foi forte no mar; ela e seus moradores, que punham seu espanto a todos os moradores dela? [18] Agora as terras costeiras se estremecerão no dia de tua queda; e as ilhas que estão no mar se espantarão com o teu fim. ‡ [19] Porque assim diz o Senhor DEUS: Quando eu te tornar uma cidade desolada, como as cidades que não se habitam; quando eu fizer subir sobre ti um abismo, e muitas águas te cobrirem, [20] Então eu te farei descer com os que descem à cova, junto dos povos do passado; e te porei nas profundezas da terra, como os lugares desertos antigos, com os que descem à cova, para que não sejas habitada; então darei glória § na terra dos viventes. [21] Eu te tonarei em espanto, e não mais existirás; e ainda que te busquem, nunca mais serás achada,diz o Senhor DEUS.

27

[1] E veio a mim a palavra do SENHOR, dizendo: [2] Tu, pois, filho do homem, levanta uma lamentação sobre Tiro. [3] E dize a Tiro, que habita nas entradas do mar, e faz comércio com dos povos em muitas terras costeiras: Assim diz o Senhor DEUS: Ó Tiro, tu dizes: Eu sou perfeita em beleza. [4] Teus limites estão no coração dos mares; os que te edificaram aperfeiçoaram a tua beleza. [5] Fabricaram todos os teus conveses com faias de Senir; trouxeram cedros do Líbano para fazerem mastros para ti. [6] Fizeram teus remos *com* carvalhos de Basã; fizeram teus bancos com ciprestes das ilhas do Chipre, * unidos com marfim. [7] Linho bordado do Egito era tua cortina, para te servir de vela; de azul e púrpura das ilhas de Elisá era teu toldo. [8] Os moradores de Sidom e de Arvade eram teus remadores; teus sábios, ó Tiro, *que* estavam em ti, eles foram teus pilotos. [9] Os anciãos de Gebal e seus sábios eram em ti os que reparavam tuas fendas; todos os navios do mar e seus marinheiros delas foram em ti para negociar tuas mercadorias. [10] Persas e lídios, e os de Pute, eram em teu exército teus soldados; escudos e capacetes penduraram em ti; eles te deram tua pompa. [11] Os filhos de Arvade e teu exército estavam sobre teus muros ao redor, e os gamaditas em tuas torres; penduravam seus escudos sobre teus muros ao redor; eles aperfeiçoavam tua beleza. [12] Társis negociava contigo, por causa da abundância de todas as variedades de riquezas; com prata, ferro, estanho, e chumbo, negociavam *em* tuas feiras. [13] Javã, Tubal, e Meseque eram teus mercadores; com almas humanas e com vasos de metal, fizeram negócios contigo. [14] Da casa de Togarma traziam cavalos, cavaleiros e mulos, para tuas feiras. [15] Os filhos de Dedã eram teus mercadores; muitas ilhas eram o comércio sob teu controle; † chifres de marfim e madeira de ébano te deram como presente. [16] A Síria negociava contigo por causa da abundância de tuas obras; turquesas, púrpura, materiais bordados, linhos finos, corais, e rubis, traziam em tuas feiras. [17] Eles, Judá e a terra de Israel, eram teus mercadores; com trigo de Minite, e panague, ‡ mel, e azeite, e resina, fizeram negócios contigo. [18] Damasco negociava contigo, por causa da abundância de tuas obras, pela abundância de todas as variedades de bens; com vinho de Helbom, e lã branca. [19] Também Dã e Javã de Uzal comercializavam em tuas feiras; ferro lavrado, cássia, e cana aromática havia em teu comércio. [20] Dedã negociava contigo, com panos preciosos para carros. [21] A Arábia, e todos os príncipes de Quedar, eles

---

‡ **26:18** fim lit. saída, passada   § **26:20** darei glória obscuro   * **27:6** Chipre lit. Quitim   † **27:15** sob teu controle lit. de tua mão   ‡ **27:17** panague obscuro – talvez algum tipo de alimento

eram mercadores sob teu controle; com cordeiros, carneiros, e bodes; nestas coisas negociavam contigo. ²² Os mercadores de Sabá e de Raamá eram teus mercadores; com toda especiaria importante, toda pedra preciosa, e ouro, comercializavam em tuas feiras. ²³ Harã, Cané, e Éden, os mercadores de Sabá, da Assíria, e Quilmade negociavam contigo. ²⁴ Estes negociavam contigo em toda variedade de mercadorias: com tecidos azuis, com bordados, e com caixas de roupas preciosas, amarradas com cordões, e *postos* em cedro, em teu comércio. ²⁵ Os navios de Társis transportavam os artigos do teu negócio; e te encheste, e te tornaste muito pesada no meio dos mares. ²⁶ Teus remadores te trouxeram a muitas águas; o vento oriental te quebrou no meio dos mares. ²⁷ Tuas riquezas, tuas feiras, teu negócio, teus marinheiros, teus pilotos; os que reparavam tuas fendas, teus comerciantes, e todos teus soldados que há em ti, com toda a tua companhia que está no meio de ti, cairão no meio dos mares, no dia de tua queda. ²⁸ Ao estrondo das vozes de teus marinheiros tremerão os arredores. ²⁹ E todos os que usam remo; marinheiros, e todos os pilotos do mar descerão de seus navios, e pararão na terra: ³⁰ E farão ouvir sua voz sobre ti; gritarão amargamente, lançarão pó sobre suas cabeças, e se revolverão na cinza. ³¹ E se farão calvos por causa de ti, se vestirão de sacos, e chorarão por ti com amargura da alma, com amarga lamentação. ³² E levantarão lamentação sobre em seu pranto, e lamentarão sobre ti dizendo: Quem foi como Tiro, como a *que agora está* silenciada no meio do mar? ³³ Quando tuas mercadorias vinham dos mares, fartaste muitos povos; enriqueceste os reis da terra com a abundância de tuas riquezas e de teus negócios. ³⁴ Agora foste quebrada dos mares, nas profundezas das águas; caíram teu negócio e toda a tua companhia no meio de ti. ³⁵ Todos os moradores dos litorais foram espantados por causa de ti, e seus reis ficaram horrorizados; seus rostos se conturbaram. ³⁶ Os mercadores nos povos assoviam por causa de ti; tu te tornaste em motivo de espanto, e nunca mais voltarás a existir.

28

¹ E veio a mim a palavra do SENHOR, dizendo: ² Filho do homem, dize ao príncipe de Tiro: Assim diz o Senhor DEUS: Dado que teu coração se exalta, e dizes: Eu sou um deus; no trono de de Deus me sento no meio dos mares (sendo tu homem e não Deus); e consideras teu coração como coração de Deus; ³ (Eis que tu és mais sábio que Daniel; não há segredo algum que possa se esconder de ti; * ⁴ Com tua sabedoria e teu entendimento obtiveste riquezas, e adquiriste ouro e prata em teus tesouros; ⁵ Com a tua grande sabedoria aumentaste tuas riquezas em teu comércio; e por causa de tuas riquezas teu coração tem se exaltado). † ⁶ Portanto assim diz o Senhor DEUS: Dado que consideras teu coração como coração *se fosse* de Deus, ⁷ Por isso eis que eu trarei sobre ti estrangeiros, os mais violentos das nações, os quais desembainharão suas espadas contra a beleza de tua sabedoria, e contaminarão o teu resplendor. ⁸ À cova te farão descer, e morrerás da morte dos que morrem no meio dos mares. ⁹ Por acaso dirás: Eu sou Deus, diante de teu matador? Tu és homem, e não Deus, nas mãos de quem te matar. ¹⁰ De morte de incircuncisos morrerás, pela mão de estrangeiros; porque *assim* eu falei, diz o Senhor DEUS. ¹¹ E veio a mim a palavra do SENHOR, dizendo: ¹² Filho do homem, levanta uma lamentação sobre o rei de Tiro, e dize-lhe: Assim diz o Senhor DEUS: Tu eras o carimbo da perfeição, ‡ cheio de sabedoria, e perfeito em formosura. ¹³ Estiveste no Éden, o jardim de Deus; toda pedra preciosa era tua cobertura; sárdio, topázio, diamante, turquesa, ônix, jaspe, safira, carbúnculo, e esmeralda; e *de* ouro era a obra de tuas molduras e de

---

* **28:3** Deus descreve o príncipe de Tiro com sarcasmo   † **28:5** exaltado = i.e. tornado arrogante lit. levantado   ‡ **28:12** obscuro

teus engastes em ti; no dia em que foste criado estavam preparados. § ¹⁴ Tu eras querubim ungido, cobridor; * e eu te estabeleci, no santo monte de Deus estavas; no meio de pedras de fogo tu andavas. ¹⁵ Íntegro eras em teus caminhos, desde o dia em que foste criado, até que se achou maldade em ti. ¹⁶ Pela abundância de teu comércio encheram o meio de ti de violência; por isso eu te expulsei como profanado do monte de Deus, e te farei perecer, ó querubim cobridor, do meio das pedras de fogo. ¹⁷ Teu coração se exaltou por causa de tua formosura, corrompeste tua sabedoria por causa de teu resplendor; eu te lancei por terra; diante dos reis eu te pus, para que olhem para ti. ¹⁸ Por causa da multidão de tuas maldades e da perversidade de teu comércio, profanaste teus santuários; por isso eu fiz sair um fogo do meio de ti, o qual te consumiu; e te tornei em cinza sobre a terra, diante dos olhos de todos quantos te veem. ¹⁹ Todos os que te conhecem entre os povos estão espantados por causa de ti; em grande horror te tornaste, e nunca mais voltarás a existir. ²⁰ E veio a mim a palavra do SENHOR, dizendo: ²¹ Filho do homem, dirige teu rosto contra Sidom, e profetiza contra ela; ²² E dize: Assim diz o Senhor DEUS: Eis que eu sou contra ti, ó Sidom, e serei glorificado no meio de ti; e saberão que eu sou o SENHOR, quando nela fizer juízos, e nela me santificar. ²³ Pois enviarei a ela pestilência e sangue em suas ruas; e mortos cairão no meio dela pela espada que está contra ela ao redor; e saberão que eu sou o SENHOR. ²⁴ E a casa de Israel nunca mais terá espinho que a fira, nem abrolho que cause dor, de todos os que desprezam ao redor deles; e saberão que eu sou o Senhor DEUS. ²⁵ Assim diz o Senhor DEUS: Quando eu ajuntar a casa de Israel dos povos entre os quais estão dispersos, e eu me santificar entre eles diante dos olhos das nações, então habitarão em sua terra, que dei a meu servo Jacó. ²⁶ E habitarão nela em segurança, edificarão casas, e plantarão vinhas; e habitarão em segurança, quando eu fizer juízos contra todos os que os desprezam ao redor deles; e saberão que eu sou o SENHOR, o Deus deles.

29

¹ No décimo ano, no décimo mês, aos doze do mês, veio a mim a palavra do SENHOR, dizendo: ² Filho do homem, dirige teu rosto contra Faraó, rei do Egito; e profetiza contra ele e contra todo o Egito. ³ Fala, e dize: Assim diz o Senhor DEUS: Eis que eu sou contra ti, Faraó rei do Egito, o grande dragão que jaz no meio de seus rios, que diz: Meu rio é meu, eu o fiz para mim. ⁴ Porém eu porei anzóis em teus queixos, e apegarei os peixes de teus rios a tuas escamas, e te tirarei do meio de teus rios, e todos os peixes de teus rios se apegarão a tuas escamas. ⁵ E te deixarei no deserto, a ti e a todos os peixes de teus rios; sobre a face do campo aberto cairás; não serás recolhido, nem ajuntado; para os animais da terra e para as aves do céu te dei por alimento. ⁶ E todos os moradores do Egito saberão que eu sou o SENHOR, pois foram um bordão de cana para a casa de Israel. ⁷ Quando eles te tomaram pela mão, te quebraste, e lhes rompeste todo os ombros; e quando se recostaram a ti, te quebraste, e lhes fizeste instáveis todos os lombos. ⁸ Portanto, assim diz o Senhor o Senhor: Eis que eu trarei contra ti espada, e destruirei de ti homens e animais. ⁹ E a terra do Egito se tornará desolada e deserta; e saberão que eu sou o SENHOR; porque ela disse: O rio é meu, eu o fiz. ¹⁰ Portanto eis que eu sou contra ti, e contra teus rios; e tornarei a terra do Egito em desertas e assoladas solidões, desde Migdol e Sevene, até o limite de Cuxe. * ¹¹ Não passará por ela pé de homem, nem pata de animal passará por ela; nem será habitada por quarenta anos. ¹² Porque tornarei a

---

§ **28:13** molduras, engastes obscuro – tradicionalmente tamborins e flautas   * **28:14** cobridor obscuro – talvez guardião   * **29:10** Cuxe tradicionalmente Etiópia

terra do Egito em desolação, em meio a terras desoladas; e suas cidades no meio das cidades desertas ficarão desoladas por quarenta anos; e espalharei os egípcios entre as nações, e os dispersarei pelas terras. ¹³ Porém assim diz o Senhor DEUS: Ao fim de quarenta anos ajuntarei os egípcios dos povos entre os quais forem espalhados; ¹⁴ E restaurarei o Egito de seu infortúnio, e os trarei de volta à terra de Patros, à terra de seu nascimento; e ali serão um reino inferior. ¹⁵ Será mais inferior que os *outros* reinos; e nunca mais se erguerá sobre as nações; porque eu os diminuirei, para que não dominem as nações. ¹⁶ E não será mais motivo de confiança para a casa de Israel, para fazê-la lembrar de *sua* maldade, quando olharam para eles; e saberão que eu sou o Senhor DEUS. ¹⁷ E sucedeu no ano vinte e sete, no primeiro *mês* ,no primeiro *dia* do mês, que veio a mim a palavra do SENHOR, dizendo: ¹⁸ Filho do homem, Nabucodonosor rei da Babilônia mobilizou seu exército para uma grande campanha contra Tiro. Toda cabeça se tornou calva, e todo ombro se despelou; porém não houve ganho para ele nem para seu exército pela campanha que executou contra ela. ¹⁹ Portanto assim diz o Senhor DEUS: Eis que eu darei a Nabucodonosor, rei da Babilônia, a terra do Egito; e ele levará sua riqueza, tomará seus despojos, e saqueará sua presa, e *isto* será o ganho para seu exército. ²⁰ Como pagamento por seu trabalho que executou contra ela, eu lhe dei a terra do Egito; porque trabalharam por mim,diz o Senhor DEUS. ²¹ Naquele dia farei crescer o poder † da casa de Israel, e te darei abertura de boca no meio deles; e saberão que eu sou o SENHOR.

30

¹ E veio a mim a palavra do SENHOR, dizendo: ² Filho do homem, profetiza, e dize: Assim diz o Senhor DEUS: Gritai: Ai daquele dia! ³ Porque perto está o dia, perto está o dia do Senhor; dia de nuvens; será o tempo das nações. ⁴ E a espada virá ao Egito, e haverá grande dor em Cuxe, * quando caírem os mortos no Egito; e tomarão sua multidão, † e serão destruídos seus fundamentos. ⁵ Cuxe, Pute, Lude, e todo o povo misturado, ‡ e Cube, e os filhos da terra do pacto cairão com eles à espada. ⁶ Assim diz o SENHOR: Também cairão os que sustentam ao Egito, e a soberba de sua força irá abaixo; desde Migdol e Sevene cairão nele à espada, diz o Senhor DEUS. ⁷ E serão assolados no meio das terras assoladas, e suas cidades estarão no meio das cidades desertas. ⁸ E saberão que eu sou o SENHOR, quando puser fogo ao Egito, e forem destruídos todos os que o ajudavam. ⁹ Naquele dia sairão de diante de mim mensageiros em navios, para espantarem a confiante Cuxe, e haverá grandes dores neles, como no dia do Egito; porque eis que está vindo. ¹⁰ Assim diz o Senhor DEUS: Farei cessar a multidão do Egito pela mão de Nabucodonosor, rei da Babilônia. ¹¹ Ele, e com ele seu povo, os mais terríveis das nações, serão trazidos para destruir a terra; e desembainharão suas espadas contra o Egito, e encherão a terra de mortos. ¹² E secarei os rios, entregarei a terra em mãos de malignos, e destruirei a terra e tudo o que ela contém pela mão de estrangeiros; eu, o SENHOR falei. ¹³ Assim diz o Senhor DEUS: Também destruirei aos ídolos, e darei fim às imagens idolátricas de Mênfis; não haverá mais príncipe da terra do Egito, e porei medo na terra do Egito. ¹⁴ E desolarei a Patros, porei fogo a Zoã, e farei juízos em Nô. ¹⁵ E derramarei minha ira sobre Pelúsio, § a fortaleza do Egito, e exterminarei a multidão de Nô. ¹⁶ E porei fogo ao Egito; Pelúsio terá grande dor, Nô será destroçada, e Mênfis terá angústias contínuas. ¹⁷ Os rapazes de Áven e de Pibesete cairão à espada; e elas irão em cativeiro. ¹⁸ E em Tafnes o dia se escurecerá, quando eu quebrar ali o jugo do

---

† **29:21** poder lit. chifre * **30:4** Cuxe tradicionalmente Etiópia – também nos demais versículos † **30:4** multidão trad. alt. riqueza ‡ **30:5** povo misturado talvez Arábia § **30:15** Pelúsio tradicionalmente Sim

Egito, e nela cessar a soberba de sua força; uma nuvem a cobrirá, e suas filhas irão em cativeiro. ¹⁹ Pois farei julgamentos no Egito, e saberão que eu sou o SENHOR. ²⁰ E sucedeu no décimo primeiro ano, no primeiro *mês* , aos sete do mês, que veio a mim a palavra do SENHOR, dizendo: ²¹ Filho do homem, quebrei o braço de Faraó, rei do Egito; e eis que não será enfaixado com remédios, nem lhe porão faixa para o envolver, a fim de curá-lo para que possa segurar espada. ²² Portanto, assim diz o Senhor DEUS: Eis que sou contra Faraó, rei do Egito, e quebrarei seus braços, tanto o forte como o quebrado; e farei cair a espada de sua mão. ²³ E espalharei os egípcios entre as nações, e os dispersarei pelas terras. ²⁴ E fortalecerei os braços do rei da Babilônia, e porei minha espada em sua mão; porém quebrarei os braços de Faraó, e diante dele gemerá com gemidos de ferido de morte. ²⁵ Fortalecerei, pois, os braços do rei de Babilônia, enquanto que os braços de Faraó cairão; e saberão que eu sou o SENHOR, quando eu tiver posto minha espada na mão do rei da Babilônia, e ele a estender sobre a terra do Egito. ²⁶ E espalharei os egípcios entre as nações, e os dispersarei pelas terras; assim saberão que eu sou o SENHOR.

31

¹ E sucedeu, no décimo primeiro ano, no terceiro *mês* , ao primeiro *dia* do mês, que veio a mim a palavra do SENHOR, dizendo: ² Filho do homem, diz a Faraó, rei do Egito, e à sua multidão: A quem és semelhante na tua grandeza? ³ Eis que a Assíria era um cedro do Líbano, de belos ramos, com grande sombra de sua folhagem, e de alta estatura; seu topo estava entre ramos espessos. ⁴ As águas o nutriam, as profundezas o faziam crescer; correntes corriam ao redor de onde estava plantada, e enviava seus ribeiros a todas as árvores do campo. ⁵ Por isso sua altura se elevou acima de todas as árvores do campo; seus galhos se multiplicaram, e seus ramos se alongavam, por causa das muitas águas enviadas. ⁶ Todas as aves do céus faziam ninhos em seus galhos, e todos os animais do campo geravam debaixo de seus ramos; e todos os grandes povos habitavam à sua sombra. ⁷ Assim era ele, belo em sua grandeza, na extensão de seus ramos; porque sua raiz estava junto a muitas águas. ⁸ Os cedros não o encobriram no jardim de Deus; as faias não igualavam os seus galhos, nem os plátanos eram semelhantes a seus ramos; nenhuma árvore no jardim de Deus se assemelhava a ele em sua beleza. ⁹ Eu o fiz belo com a multidão de seus ramos; e todas as árvores do Éden, que estavam no jardim de Deus, tiveram inveja dele. ¹⁰ Portanto, assim diz o Senhor DEUS: Visto que te elevaste em estatura, e seu topo se elevou no meio de ramos espessos, e seu coração se exaltou na sua altura, ¹¹ Por isso eu o entreguei na mão do mais poderoso das nações, para que o tratasse como merece; pela sua perversidade eu o lancei fora. ¹² Estrangeiros da mais terrivel das nações o cortaram e o deixaram; seus ramos caíram sobre os montes e por todos os vales, e seus galhos foram quebrados por todas as correntes de águas da terra; e todos os povos da terra se retiraram de sua sombra, e o deixaram. ¹³ Todas as aves do céu habitaram sobre sua ruína, e todos os animais do campo se ficaram sobre seus ramos; ¹⁴ Para que todas as árvores próximas das águas não se elevem na sua estatura, nem levantem o seu topo no meio dos ramos espessos, e que todas as que bebem águas não confiem em si mesmas por sua altura; porque todas estão entregues à morte, até debaixo da terra, no meio dos filhos dos homens, com os que vão para a cova. ¹⁵ Assim diz o Senhor DEUS: No dia em que ele desceu ao Xeol, * eu fiz que houvesse luto, fiz cobrir as profundezas por sua causa; detive suas correntes, e as muitas águas foram retidas; cobri o Líbano de trevas por causa dele, e por sua causa todas as árvores do campo definharam. ¹⁶ Do estrondo de sua queda eu fiz

---

* **31:15** Xeol é o lugar dos mortos

tremer as nações, quando o fiz descer ao Xeol com os que descem à cova; e todas as árvores de Éden, as preferidas e melhores do Líbano, todas as que bebem águas, consolaram-se debaixo da terra. [17] Também desceram com ele ao Xeol, com os mortos à espada, e os que foram seus apoiadores, † os que habitavam à sua sombra no meio das nações. [18] Quem se assemelha a ti em glória e em grandeza entre as árvores do Éden? Porém serás derrubado com as árvores do Éden para debaixo da terra; jazerás entre os incircuncisos, com os mortos à espada. Este é Faraó e toda a sua multidão, diz o Senhor DEUS.

32

[1] E sucedeu no décimo segundo ano, no décimo segundo mês, no primeiro *dia* do mês, que veio a mim a palavra do SENHOR, dizendo: [2] Filho do homem, levanta uma lamentação sobre Faraó, rei do Egito, e dize-lhe: Tu te comparavas a um jovem leão *entre* as nações, porém tu eras como um monstro marinho nos mares, que te contorcias em teus rios, e turbavas as águas com teus pés, e enlameavas seus rios. [3] Assim diz o Senhor DEUS: Portanto estenderei sobre ti minha rede com ajuntamento de muitos povos, e te puxarão para cima em minha rede. [4] Então te deixarei em terra, não campo aberto eu te lançarei; e farei que com que fiquem sobre ti todas as aves do céu, e fartarei de ti os animais de toda a terra. [5] E porei tua carne sobre os montes, e encherei os vales com tua altura. [6] E regarei com teu sangue a terra onde nadas, até os montes; e as correntes se encherão de ti. [7] E quando eu te extinguir, cobrirei os céus, e farei escurecer suas estrelas; cobrirei o sol cobrirei com nuvem, e a lua não fará brilhar sua luz. [8] Todas os luminares de luz no céu escurecerei sobre ti, e trarei trevas sobre tua terra,diz o Senhor DEUS. [9] E perturbarei o coração de muitos povos, quando levarei a tua destruição entre as nações, a terras que tu não conheceste. [10] E farei com que muitos povos fiquem espantados por causa de ti, e seus reis se encham de medo por causa de ti, quando eu mover minha espada diante de seus rostos; e todos se estremecerão, cada um em sua alma, em todo momento, no dia de tua queda. [11] Porque assim diz o Senhor DEUS: A espada do rei da Babilônia virá sobre ti. [12] Farei cair tua multidão com as espadas dos guerreiros, todos eles são os mais terríveis das nações; e destruirão a soberba do Egito, e toda sua multidão será destruída. [13] E destruirei todas os seus animais de sobre as muitas águas; nem mais as turbará pé de homem, nem unha de animais as turbarão. [14] Então farei suas águas se assentarem, e farei seus rios fluírem como azeite,diz o Senhor DEUS. [15] Quando eu tornar a terra do Egito em desolação, e a terra for desolada de tudo que ela tem, * quando eu ferir a todos os que nela moram, então saberão que eu sou o SENHOR. [16] Esta é a lamentação que lamentarão; as filhas das nações a lamentarão; por causa do Egito e de toda a sua multidão a lamentarão,diz o Senhor DEUS. [17] E sucedeu no décimo segundo ano, aos quinze do mês, que veio a mim a palavra do SENHOR, dizendo: [18] Filho do homem, pranteia sobre a multidão do Egito, e faze-a descer, a ela e às vilas das nações pomposas, nas profundezas da terra, com os que descem à cova: [19] Por acaso és tu mais belo que os outros? Desce, e deita-te com os incircuncisos. [20] Entre os mortos à espada cairão; para a espada está entregue; arrastai a ela † e a toda a sua multidão. [21] Do meio do Xeol ‡ os mais poderosos dos guerreiros, com os seus ajudadores, lhe falarão: Desceram; os incircuncisos jazeram, mortos à espada. [22] Ali está a Assíria com toda a sua companhia; em redor dele estão os seus sepulcros; todos eles foram mortos, que caíram pela espada. [23] Seus sepulcros foram postos do

---

† **31:17** seus apoiadores Lit. seu braço   * **32:15** tudo que ela tem lit. sua plenitude   † **32:20** arrastai a ela i.e., arrastai a nação do Egito   ‡ **32:21** Xeol é o lugar dos mortos

lado da cova, e sua companhia está ao redor de seu sepulcro; todos eles foram mortos, caídos pela espada, e causaram terror na terra dos viventes. ²⁴ Ali está Elão com toda a sua multidão ao redor de seu sepulcro; todos eles foram mortos, caídos pela espada, os quais desceram incircuncisos às profundezas da terra, os quais causaram terror deles na terra dos viventes, porém levaram sua vergonha com os que desceram à cova. ²⁵ No meio dos mortos lhe puseram uma cama com toda a sua multidão; ao redor dele estão seus sepulcros: todos eles são incircuncisos, mortos pela espada, porque o terror deles se espalhou pela terra dos viventes, porém levaram sua vergonha com os que descem à cova; no meio dos mortos foi posto. ²⁶ Ali está Meseque e Tubal, com toda a sua multidão; ao redor dele estão seus sepulcros; todos eles são incircuncisos, mortos pela espada, porque causaram terror deles na terra dos viventes. ²⁷ Porém não jazerão com os guerreiros que caíram dos incircuncisos, os quais desceram ao Xeol com suas armas de guerra, e puseram suas espadas debaixo de suas cabeças; mas suas maldades estarão sobre seus ossos, porque foram o terror dos guerreiros na terra dos viventes. ²⁸ Também tu serás quebrado no meio dos incircuncisos, e jazerás com os mortos à espada. ²⁹ Ali está Edom, seus reis e todos os seus príncipes, os quais com sua força foram postos com os mortos à espada; estes jazem com os incircuncisos, e com os que desceram à cova. ³⁰ Ali estão os príncipes do norte, todos eles, e todos os sidônios, que desceram com os mortos, que foram envergonhados pelo terror de seu poder, e jazem incircuncisos com os mortos à espada, e levam sua vergonha com os que desceram à cova. ³¹ Faraó os verá, e se consolará com toda a sua multidão; Faraó com todo seu exército, mortos à espada,diz o Senhor DEUS. ³² Porque eu causei meu terror na terra dos viventes; por isso jazerá no meio dos incircuncisos, com os mortos a espada, Faraó e toda a sua multidão,diz o Senhor DEUS.

33

¹ E veio a mim a palavra do SENHOR, dizendo: ² Filho do homem, fala aos filhos de teu povo, e dize-lhes: Quando eu trouxer espada sobre a terra, e o povo da terra tomar um homem de seu próprio território, * e puser como seu vigilante, ³ E ele vir que a espada está vindo sobre a terra, e tocar trombeta, e alertar ao povo; ⁴ Se alguém ouvir o som da trombeta, e não der atenção ao alerta, quando a espada vier, e o tomar, seu sangue será sobre sua própria cabeça. † ⁵ Ouviu o som da trombeta, e não deu atenção ao alerta; seu sangue será sobre ele; mas o que der atenção ao alerta salvará sua vida. ⁶ Porém se o vigilante vir que a espada está vindo, e não tocar a trombeta, e o povo não for alertado, e a espada vier, e tomar alguém do *povo* ,por causa de sua maldade foi tomado, mas exigirei seu sangue da mão do vigilante. ‡ ⁷ A ti, pois, filho do homem, eu te pus como vigilante para casa de Israel; por isso ouvirás a palavra de minha boca, e os alerta de minha parte. ⁸ Quando eu disser ao perverso: Ó perverso, certamente morrerás; se tu não falares para o perverso se dissuadir de seu caminho, o perverso morrerá por sua maldade, mas exigirei o sangue dele de tua mão. ⁹ Mas quando tu alertares ao perverso de seu caminho, para que dele se converta, e ele não se converter de seu caminho, ele morrerá em sua maldade, porém tu livraste tua alma. ¹⁰ Portanto tu, filho do homem, dize à casa de Israel: Assim vós tendes falado: Nossas transgressões e nossos pecados estão sobre nós, e por causa deles estamos desfalecendo; como então viveremos? ¹¹ Dize-lhes: Vivo eu, diz o Senhor DEUS, que não tenho prazer na morte do perverso, mas sim em que o perverso se converta de seu caminho, e viva. Convertei-vos! Convertei-vos de vossos caminhos;

---

* **33:2** seu próprio território lit. suas fronteiras   † **33:4** seu sangue será sobre sua própria cabeça i.e., ele será responsável pela sua própria morte   ‡ **33:6** exigirei o sangue da mão do vigilante i.e. considerarei o vigilante responsável pela morte do outro

por que razão morrereis, ó casa de Israel? ¹² Portanto tu, filho do homem, dize aos filhos de teu povo: A justiça do justo não o livrará no dia em que ele transgredir; e quanto à perversidade do perverso não o fará cair no dia em que ele se converter de sua perversidade; e o justo não poderá viver por sua *justiça* , no dia que pecar. ¹³ Quando eu ao justo: Certamente viverá, e ele, confiante em sua justiça, passar a praticar perversidade, todas suas justiças não serão lembradas, mas na perversidade que fez, por ela morrerá. ¹⁴ E quando eu disser ao perverso: Certamente morrerás; se ele se converter de seu pecado, e praticar juízo e justiça, ¹⁵ Se o perverso restituir o penhor, devolver o que tiver roubado, e caminhar nos estatutos da vida, não fazendo maldade, certamente viverá; não morrerá. ¹⁶ Nenhum de seus pecados que tinha cometido lhe será lembrado; praticou juízo e justiça; certamente viverá. ¹⁷ Porém os filhos de teu povo dizem: Não é correto o caminho do Senhor; é o caminho deles que não é correto. ¹⁸ Se o justo se desviar de sua justiça, e fizer perversidade, por causa dela morrerá. ¹⁹ E se o perverso se converter de sua perversidade, e passar a praticar juízo e justiça, por causa deles viverá. ²⁰ Porém dizeis: Não é correto o caminho do Senhor. Eu vos julgarei a cada um conforme seus *próprios* caminhos, ó casa de Israel. ²¹ E aconteceu no décimo segundo ano de nosso cativeiro, no décimo *mês* , aos cinco do mês, que veio a mim um que havia escapado de Jerusalém, dizendo: A cidade já foi ferida. ²² Ora, a mão do SENHOR estivera sobre mim à tarde, antes que o escapado viesse, e abrira minha boca, até que chegou a mim pela manhã; e minha boca se abriu, e nunca mais fiquei mudo. ²³ Então veio a mim a palavra do SENHOR, dizendo: ²⁴ Filho do homem, os moradores destes lugares arruinados na terra de Israel, falando o seguinte: Abraão era um só, e tomou posse da terra; porém nós somos muitos; esta terra nos foi dada por herança. ²⁵ Portanto dize-lhes: Assim diz o Senhor DEUS: Comeis com sangue, levantais vossos olhos a vossos ídolos, e derramais sangue; e possuireis a terra? ²⁶ Confiais em vossas espadas, cometeis abominação, e contaminais cada um a mulher de seu próximo; e possuireis a terra? ²⁷ Tu lhes dirás assim: Assim diz o Senhor DEUS: Vivo eu, que os que estiverem em lugares arruinados cairão à espada, e ao que estiver sobre a face do campo entregarei às feras, para que o devorem; e os que estão em fortalezas e em cavernas morrerão de pestilência. ²⁸ Porque tornarei a terra em desolação e ruínas, e a soberba de sua força cessará; e os montes de Israel serão desolados de tal maneira que ninguém passe *por eles* . ²⁹ Então saberão que eu sou o SENHOR, quando eu tornar a terra em desolação e ruínas, por causa de todas as suas abominações que fizeram. ³⁰ E tu, ó filho do homem, os filhos de teu povo falam de ti junto às paredes e às portas das casas, e um fala com o outro, cada um com seu irmão, dizendo: Vinde, pois, e ouvi que palavra vem do SENHOR. ³¹ E eles vem a ti, como o povo costuma vir, e se sentam diante de ti *como se fosse* meu povo, e ouvem tuas palavras, mas não as praticam; em vez disso lisonjeiam com suas bocas, *porém* seus corações buscam o interesse próprio. ³² E eis que tu és para eles como um cantor de amores, de bela voz e que canta bem; então ouvem tuas palavras, mas não as praticam. ³³ Porém quando isso vier a acontecer (eis que virá) saberão que houve profeta no meio deles.

34

¹ E veio a mim a palavra do SENHOR, dizendo: ² Filho do homem, profetiza contra os pastores de Israel; profetiza, e dize-lhes, aos pastores: Assim diz o Senhor DEUS: Ai dos pastores de Israel, que se apascentam a si mesmos! Por acaso não devem os pastores apascentarem as ovelhas? ³ Comeis a gordura, e vos vestis da lã; degolais o cevado, *porém* não apascentais as ovelhas. ⁴ Não fortaleceis as fracas, nem curais a doente; não pondes curativo na que está ferida; não trazeis de volta a desgarrada,

e a perdida não buscais; porém dominais sobre elas com rigor e dureza. ⁵ Assim se espalharam, porque não há pastor; e se tornaram alimento para toda fera do campo, porque se espalharam. ⁶ Minhas ovelhas andaram sem rumo por todos os montes, e em todo morro alto; minhas ovelhas foram espalhadas por toda a face da terra, e ninguém há que as procure, ninguém que as busque. ⁷ Por isso, ó pastores, ouvi a palavra do SENHOR: ⁸ Vivo eu, diz o Senhor DEUS, que dado que minhas ovelhas foram *entregues* ao saque, e minhas ovelhas serviram de alimento para toda fera do campo, por não haver pastor; e meus pastores não procuram minhas ovelhas, ao invés disso apascentaram a si mesmos, e não apascentam minhas ovelhas, ⁹ Por isso, ó pastores, ouvi a palavra do SENHOR: ¹⁰ Assim diz o Senhor DEUS: Eis que eu sou contra os pastores; exigirei deles minhas ovelhas, e farei com que cessem de apascentar as ovelhas; e os pastores não apascentarão mais a si mesmos; pois eu livrarei minhas ovelhas da boca deles, e elas não *mais* lhes servirão de alimento. * ¹¹ Porque assim diz o Senhor DEUS: Eis que eu, eu mesmo, procurarei minhas ovelhas, e as buscarei. ¹² Assim como o pastor busca seu rebanho no dia em que está em meio de suas ovelhas espalhadas, assim buscarei minhas ovelhas, e as livrarei de todos os lugares por onde foram espalhadas, no dia de nuvem e de escuridão. ¹³ E eu as tirarei dos povos, e as ajuntarei das terras; eu as trarei para sua terra, e as apascentarei nos montes de Israel, junto às correntes de águas, e em todas as habitações daquela terra. ¹⁴ Em bons pastos eu as apascentarei, e nos altos montes de Israel será sua pastagem; † ali se deitarão em boa pastagem, e em prósperos pastos serão apascentadas sobre os montes de Israel. ¹⁵ Eu apascentarei minhas ovelhas, e eu farei elas se deitarem *em segurança* , diz o Senhor DEUS. ¹⁶ Eu buscarei a perdida, e trarei de volta a desgarrada; porei curativo na que estiver ferida, e fortalecerei a enferma; mas a gorda e a forte destruirei. Eu as apascentarei com julgamento. ¹⁷ E quanto a vós, ovelhas minhas, assim diz o Senhor DEUS: Eis que eu julgarei entre ovelha e ovelha, entre carneiros e bodes. ¹⁸ Por acaso não vos basta que comais o bom pasto, para terdes que pisotear com vossos pés o resto de vossos pastos? E não vos basta as águas limpas, para sujardes o resto *das águas* com vossos pés? ¹⁹ Minhas ovelhas terão de comer o que foi pisoteado por vossos pés, e beber o que foi sujo por vossos pés. ‡ ²⁰ Por isso assim lhes diz o Senhor DEUS: Eis que eu, eu mesmo, julgarei entre a ovelha gorda e a ovelha magra, ²¹ Porque empurrais com o lado e com o ombro, e com vossos chifres chifrais todas as fracas, até que as espalhais para fora. ²² Portanto eu salvarei minhas ovelhas, para que nunca mais sirvam de saque; e julgarei entre ovelha e ovelha. ²³ E levantarei sobre elas um pastor, e ele as apascentará: a meu servo Davi; ele as apascentará, e ele será o pastor delas. ²⁴ Eu, o SENHOR serei o Deus delas, e meu servo Davi será príncipe no meio delas. Eu, o SENHOR, falei. ²⁵ E farei com elas um pacto de paz, e farei cessar os maus animais da terra; e habitarão no deserto em segurança, e dormirão nos bosques. ²⁶ E farei com que elas e os lugares ao redor de meu monte sejam bênção; e farei descer a chuva em seu tempo; chuvas de bênção serão. ²⁷ E as árvores do campo darão seu fruto, e a terra dará seu produto, e estarão em segurança sobre sua terra; e saberão que eu sou o SENHOR, quando quebrar as varas de seu jugo, e as livrar da mão dos que se servem delas. ²⁸ E não *mais* servirão de presa às nações, nem as feras da terra as devorarão; pois habitarão em segurança, e não haverá quem *as* espante; ²⁹ E lhes despertarei uma plantação de renome, e não mais serão consumidos de fome na terra, nem serão mais envergonhadas pelas nações. ³⁰ Assim saberão que eu, o

---

* **34:10** deles exigirei minhas ovelhas lit. exigirei da mão deles minhas ovelhas † **34:14** pastagem trad. alt. aprisco ‡ **34:19** trad. alt. Minhas ovelhas terão de comer o que foi (...) por vossos pés?

SENHOR, seu Deus, estou com elas, e elas são o meu povo, a casa de Israel, diz o Senhor DEUS. [31] E vós, ovelhas minhas, sois ovelhas humanas do meu pasto; eu sou vosso Deus, diz o Senhor DEUS.

35

[1] E veio a mim a palavra do SENHOR, dizendo: [2] Filho do homem, dirige teu rosto contra o monte de Seir, e profetiza contra ele, [3] E dize-lhe: Assim diz o Senhor DEUS: Eis que eu sou contra ti, ó monte de Seir; estenderei minha mão contra ti, e te tornarei em desolação e devastação. * [4] Tornarei as tuas cidades em ruínas, e tu serás desolado; e saberás que eu sou o SENHOR. [5] Porque tiveste inimizade perpétua, e fizeste os filhos de Israel serem dispersos pelo poder da espada no tempo de sua aflição, no tempo do castigo final. † [6] Por isso, vivo eu, diz o Senhor DEUS, que eu te preparei para o sangue, e o sangue te perseguirá; dado que não odiaste o sangue, o sangue te perseguirá. [7] E tornarei o monte de Seir em extrema desolação, e exterminarei quem passar *por ele* , e quem voltar *por ele* . [8] E encherei seus montes de seus mortos; em teus morros, em teus vales, e em todas as tuas correntes de águas, cairão os mortos à espada. [9] Eu te tornarei em desolações perpétuas, e tuas cidades nunca mais serão habitadas; assim sabereis que eu sou o SENHOR. [10] Dado que disseste: As duas nações, as duas terras serão minhas, e delas tomaremos posse, ainda que o SENHOR ali estivesse; [11] Por isso, vivo eu, diz o Senhor DEUS, que agirei conforme tua ira e conforme tua inveja com que agiste, por causa de teu ódio contra eles; e serei conhecido por entre eles, quando eu te julgar. [12] E saberás que eu, o SENHOR, ouvi todas as tuas blasfêmias que disseste contra os montes de Israel, dizendo: Já estão destruídos; já nos foram entregues para que os devoremos. [13] Assim vos engradecestes contra mim com vossa boca, e multiplicastes vossas palavras contra mim. Eu ouvi. [14] Assim diz o Senhor DEUS: Enquanto toda a terra se alegrará, eu te tornarei em desolação. [15] Tal como te alegraste sobre a herança da casa de Israel, porque foi desolada, assim eu também farei a ti; o monte de Seir, e todo o Edom se tornarão em desolação; e saberão que eu sou o SENHOR.

36

[1] E tu, filho do homem, profetiza ao os montes de Israel, e dize: Ó montes de Israel, ouvi a palavra do SENHOR. [2] Assim diz o Senhor DEUS: Dado que o inimigo disse sobre vós: Ha, ha! Até os antigos lugares altos se tornaram propriedade nossa! [3] Portanto profetiza, e dize: Assim diz o Senhor DEUS: Por isso, por terem vos desolado e devorado desde o redor, para que fôsseis possuídos pelo resto das nações, e fostes trazidos aos lábios dos fofoqueiros, à infâmia do povo, [4] Por isso, ó montes de Israel, ouvi a palavra do Senhor DEUS: assim diz o Senhor DEUS aos montes e aos morros, às correntes e aos vales, às ruínas, aos lugares devastados, e às cidades abandonadas, que foram saqueadas e escarnecidas pelo resto das nações que há ao redor. [5] Por isso assim diz o Senhor DEUS: Certamente no fogo do meu zelo falei contra o resto das nações, e contra todo Edom, que se apropriaram de minha terra por herança, com alegria de todo coração, com desprezo na alma, para que fosse saqueada. [6] Portanto profetiza sobre a terra de Israel, e dize aos montes, aos morros, às correntes, e aos vales: Assim diz o Senhor DEUS: Eis que falei em meu zelo e em meu furor, porque levastes sobre vós a humilhação das nações. [7] Por isso assim diz o Senhor DEUS: Eu prometo * que as nações que estão ao redor de vós levarão sua humilhação sobre si mesmas. [8] Porém vós, ó montes de Israel, produzireis vossos ramos, e dareis vosso

---

* **35:3** devastação trad. alt. espanto † **35:5** castigo final lit. da maldade final * **36:7** prometo lit. levantei minha mão

fruto a meu povo Israel; porque logo virão. [9] Porque eis que estou convosco; e me voltarei a vós, e sereis lavrados e semeados. [10] E farei multiplicar homens sobre vós, a toda a casa de Israel, a ela toda; e as cidades serão habitadas, e as ruínas serão reedificadas. [11] E multiplicarei homens e animais sobre vós; e se multiplicarão, e crescerão; e vos farei habitar como no passado, e vos farei melhor que em vossos princípios; e sabereis que eu sou o SENHOR. [12] E farei andar homens sobre vós: o meu povo Israel; e eles te possuirão, e tu lhes serás sua herança, e nunca mais exterminarás seus filhos. [13] Assim diz o Senhor DEUS: Dado que dizem de vós: Tu és devoradora de homens, e exterminadora dos filhos de teu povo, [14] Por isso, não devorarás mais homens, e nem mais exterminarás os filhos de teus povos, diz o Senhor DEUS. [15] E nunca mais te deixarei ouvir a vergonha dos povos, e nunca mais levarás sobre ti a humilhação das nações, nem mais exterminarás os filhos de teu povo, diz o Senhor DEUS. [16] E veio a mim a palavra do SENHOR, dizendo: [17] Filho do homem, quando a casa de Israel morava em sua terra, eles a contaminaram com seus caminhos e com suas ações; o caminho deles diante de mim foi como imundície de menstruada. [18] Por isso derramei minha ira sobre eles, por causa do sangue que derramaram sobre a terra, e por causa de seus ídolos com que a contaminaram. [19] E os dispersei pelas nações, e foram espalhados pelas terras; eu os julguei conforme seus caminhos e conforme seus atos. [20] E quando chegaram às nações para onde foram, profanaram meu santo nome, pois deles se dizia: Estes são povo do SENHOR, e da terra dele saíram. [21] Porém eu os poupei em favor a meu santo nome, o qual a casa de Israel profanou entre as nações para onde foram. [22] Portanto dize à casa de Israel: Assim diz o Senhor DEUS: Eu não faço *isso* por vós, ó casa de Israel, mas sim por causa de meu santo nome, o qual vós profanastes entre as nações para onde fostes. [23] Pois santificarei meu grande nome, que foi profanado entre as nações, o qual vós profanastes no meio delas; e as nações saberão que eu sou o SENHOR, diz o Senhor DEUS, quando eu for santificado em vós, diante de olhos delas. [24] Porque eu vos tomarei das nações, e vos ajuntarei de todas as terras, e vos trarei para vossa própria terra. [25] Então aspergirei água pura sobre vós, e sereis purificados; eu vos purificarei de todas vossas imundícies, e de todos os vossos ídolos. [26] E vos darei um novo coração, e porei um novo espírito dentro de vós; e tirarei de vossa carne o coração de pedra, e vos darei um coração de carne. [27] E porei meu Espírito dentro de vós, e farei com que andeis em meus estatutos, guardeis meus juízos, e *os* pratiqueis. [28] E habitareis na terra que dei a vossos pais; e vós sereis meu povo, e eu serei vosso Deus. [29] E eu vos livrarei de todas as vossas imundícies; e chamarei ao trigo, e o multiplicarei, e não vos darei fome. [30] Também multiplicarei o fruto dos árvores, e o produto do campo, para que nunca mais recebais a humilhação da fome entre as nações. [31] Então vos lembrareis de vossos maus caminhos, e de vossos atos que não foram bons; e tereis nojo de vós mesmos por vossas maldades, e por vossas abominações. [32] Não faço *isto* por vós, diz o Senhor DEUS, notório vos seja; envergonhai-vos e humilhai-vos de vossos caminhos, ó casa de Israel. [33] Assim diz o Senhor DEUS: No dia que vos purificar de todas as vossas maldades, então farei as cidades serem habitadas, e as ruínas serão reedificadas. [34] E a terra assolada será lavrada, em lugar de ser assolada diante dos olhos de todos os que passavam; [35] E dirão: Esta terra que era assolada ficou como o jardim do Éden; e as cidades abandonadas, assoladas e arruinadas estão fortalecidas *e* habitadas. [36] Então as nações que restarem ao vosso redor saberão que eu, o SENHOR, reedifico as *cidades* destruídas, e replanto as assoladas; eu, o SENHOR, falei e farei. [37] Assim diz o Senhor DEUS: Ainda permitirei serei buscado pela casa de Israel para lhes fazer isto: eu os multiplicarei de pessoas como a ovelhas. [38] Tal como as ovelhas santificadas, como as ovelhas de Jerusalém em suas solenidades, assim também as cidades desertas serão cheias de rebanhos de pessoas; e saberão que eu sou o SENHOR.

37

¹ A mão do SENHOR veio sobre mim, e me tirou por meio do Espírito do SENHOR, e me pôs no meio de um vale que estava cheio de ossos. ² E me fez passar perto deles ao redor; e eis que havia muitos sobre a face do vale, e eis que estavam sequíssimos. ³ E perguntou-me: Filho do homem, por acaso viverão estes ossos? E eu respondi: Senhor DEUS, tu *o* sabes. ⁴ Então disse-me: Profetiza sobre estes ossos, e dize-lhes: Ossos secos, ouvi a palavra do SENHOR. ⁵ Assim diz o Senhor DEUS a estes ossos: Eis que eu farei entrar espírito em vós, e vivereis. ⁶ E porei nervos * sobre vós, farei subir carne sobre vós, cobrirei de pele sobre vós, porei espírito em vós, e vivereis; e sabereis que eu sou o SENHOR. ⁷ Então profetizei como havia me sido mandado; e houve um ruído enquanto eu profetizava, e eis *que se fez* um tremor, e os ossos se aproximaram, cada osso a seu osso. ⁸ E olhei, e eis que *havia* nervos sobre eles, e a carne subiu, e a pele cobriu por cima deles; porém não havia espírito neles. ⁹ Então me disse: Profetiza ao espírito, † profetiza, ó filho do homem, e dize ao espírito: Assim diz o Senhor DEUS: Vem dos quatro ventos, ó espírito, e sopra sobre estes mortos, para que vivam. ¹⁰ E profetizei como havia me sido mandado; então o espírito entrou neles, e viveram, e se puseram de pé, um exército extremamente grande. ¹¹ Então me disse: Filho do homem, estes ossos são toda a casa de Israel. Eis que eles dizem: Nossos ossos se secaram, e nossa esperança pereceu; fomos exterminados. ¹² Portanto profetiza, e dize-lhes: Assim diz o Senhor DEUS: Eis que eu abrirei vossos sepulturas, ó povo meu, e vos farei subir de vossas sepulturas, e vos trarei à terra de Israel. ¹³ E sabereis que eu sou o SENHOR, quando eu abrir vossas sepulturas, e vos fizer subir de vossas sepulturas, ó povo meu. ¹⁴ E porei meu espírito em vós, e vivereis, e vos porei em vossa terra; e sabereis que eu, o SENHOR, falei e fiz, diz o SENHOR. ¹⁵ E veio a mim a palavra do SENHOR, dizendo: ¹⁶ Tu, pois, ó filho do homem, toma para ti agora uma vara de madeira, e escreve nela: A Judá, e aos filhos de Israel, seus companheiros. Toma para ti depois outra vara de madeira, e escreve nela: A José, vara de Efraim, e a toda a casa de Israel, seus companheiros. ¹⁷ E junta-as um à outra, para que sejam um para ti como uma só vara de madeira; e serão uma em tua mão. ¹⁸ E quando te falarem os filhos de teu povo, dizendo: Por acaso não nos explicarás que tu *queres dizer* com isso? ¹⁹ *Então* tu lhes dirás: Assim diz o Senhor DEUS: Eis que eu tomo a vara de José que esteve na mão de Efraim, e das tribos de Israel seus companheiros, e os juntarei com ele à vara de Judá, e as farei uma só vara, e serão uma minha mão. ²⁰ E as varas sobre as quais houverdes escrito estarão em tua mão diante dos olhos deles; ²¹ Dize-lhes, pois: Assim diz o Senhor DEUS: Eis que eu tomarei os filhos de Israel dentre as nações para onde foram, e os ajuntarei desde os arredores e os trarei à sua *própria* terra; ²² E deles farei uma nação na terra, nos montes de Israel; e um único rei será rei deles todos; e nunca mais serão duas nações, nem nunca mais serão divididos em dois reinos; ²³ E nunca mais se contaminarão com seus ídolos, nem com suas abominações, nem com qualquer de suas transgressões; e os livrarei de todas as suas habitações em que pecaram, e os purificarei; assim eles serão meu povo, e eu serei o Deus deles. ²⁴ E meu servo Davi será rei sobre eles, e todos eles terão um *só* pastor; e andarão em meus juízos, guardarão meus estatutos, e os praticarão. ²⁵ E habitarão na terra que dei a meu servo Jacó, na qual vossos pais habitaram; e nela habitarão eles, seus filhos, e os filhos de seus filhos para sempre;

---

* **37:6** nervos trad. alt. tendões   † **37:9** espírito trad. alt. vento – a mesma palavra no hebraico significava espírito, vento, ou fôlego

e meu servo Davi será o príncipe deles eternamente. [26] E farei com eles um pacto de paz; será um pacto perpétuo com eles; e os porei, e os multiplicarei, e porei meu santuário no meio deles para sempre. [27] E com eles estará meu tabernáculo; serei o Deus deles, e ele serão meu povo. [28] E as nações saberão que eu, o SENHOR, santifico a Israel, quando meu santuário estiver no meio deles para sempre.

38

[1] E veio a mim a palavra do SENHOR, dizendo: [2] Filho do homem, dirige teu rosto contra Gogue, da terra de Magogue, príncipe-chefe de Meseque e Tubal, e profetiza contra ele. [3] E dize: Assim diz o Senhor DEUS: Eis que eu sou contra ti, ó Gogue, príncipe-chefe de Meseque e de Tubal. [4] E eu te farei virar, e porei anzóis em tuas queixos, e te levarei com todo o teu exército, cavalos e cavaleiros, todos eles vestidos com armadura completa, uma grande multidão com escudos pequenos e grandes, todos eles manejando espada; [5] Persas, cuxitas, * e os de Pute com eles; todos eles *com* escudo e capacete; [6] Gômer, e todas as suas tropas; a casa de Togarma, dos lados do norte, e todas as suas tropas; muitos povos contigo. [7] Prepara-te, e apronta-te, tu, e toda as tuas multidões que se juntaram a ti, e sê tu guardião delas. [8] Depois de muitos dias serás tu visitado; ao fim de anos virás à terra que foi restaurada da espada, ajuntada de muitos povos, aos montes de Israel, que sempre serviram de assolação; mas aquele *povo* foi trazido das nações, e todos eles habitarão em segurança. [9] Então tu subirás, virás como uma tempestade devastadora; serás como nuvem para cobrir a terra, tu, todas as tuas tropas, e muitos povos contigo. [10] Assim diz o Senhor DEUS: E será naquele dia, que subirão palavras em teu coração, e pensarás mau pensamento; [11] E dirás: Subirei contra terra das aldeias sem muros, virei contra os que estão em repouso, que habitam em segurança, todos eles habitam sem muros, não têm ferrolhos nem portas; [12] Para tomar despojo e para saquear presa; para virar tua mão contra as terras desertas *que agora* estão habitadas, e contra o povo que foi ajuntado das nações, que é dono de gados e de posses, que mora no meio da terra. [13] Seba, Dedã, os mercadores de Társis, e todos seus filhotes de leões te dirão: Por acaso vens para tomar despojos? Reuniste tua multidão para saquear presa, para lavar prata e ouro, para tomar gados e posses, para tomar grandes despojos? [14] Portanto profetiza, ó filho do homem, e dize a Gogue: Assim diz o Senhor DEUS: Por acaso naquele dia, quando meu povo Israel habitar em segurança, tu não o reconhecerás? [15] Virás, pois, de teu lugar, das regiões do norte, tu e muitos povos contigo, todos eles a cavalo, uma grande reunião, e imenso exército; [16] E subirás contra meu povo Israel como uma nuvem para cobrir a terra; *isto* será no fim dos dias; então eu te trarei contra minha terra, para que as nações me conheçam, quando eu houver me santificado em ti, ó Gogue, diante de seus olhos. [17] Assim diz o Senhor DEUS: Não és tu aquele de quem eu disse nos tempos passados, por meio dos meus servos, os profetas de Israel, que naqueles dias profetizaram *vários* anos que eu te traria contra eles? [18] Porém será naquele tempo, quando Gogue vier contra a terra de Israel, diz o Senhor DEUS, que minha fúria subirá ao meu rosto. [19] Porque falei em meu zelo, no fogo de minha ira, que naquele dia haverá grande tremor sobre a terra de Israel; [20] *De tal maneira* que diante de mim tremerão os peixes do mar, as aves do céu, os animais do campo, todos os répteis andam se arrastando sobre a terra, e todos os seres humanos que estão sobre a face da terra; e os montes serão derrubados, os precipícios cairão, e todos os muros cairão por terra. [21] Pois chamarei contra ele a espada em todos os meus montes, diz o Senhor DEUS; a espada de cada um será contra seu irmão. [22] E disputarei contra ele com pestilência e com sangue; e farei haver uma grande

---

* **38:5** cuxitas trad. alt. etíopes

pancada de chuva, grandes pedras de granizo, fogo e enxofre sobre ele, sobre suas tropas, e sobre os muitos povos que estiverem com ele. ²³ Assim me engrandecerei e me santificarei, e serei conhecido em olhos de muitas nações; e saberão que eu sou o SENHOR.

39

¹ Tu pois, ó filho do homem, profetiza contra Gogue, e dize: Assim diz o Senhor DEUS: Eis que eu sou contra ti, ó Gogue, príncipe-chefe de Meseque e Tubal; ² Eu te virarei, te arrastarei, * te farei subir das regiões do norte, e te trarei sobre os montes de Israel; ³ Tirarei teu arco de tua mão esquerda, e farei cair tuas flechas de tua mão direita. ⁴ Nos montes de Israel cairás tu, todas tuas tropas, e os povos que estão contigo; eu te dei como alimento para toda ave e todo pássaro de asas, e aos animais do campo. ⁵ Sobre a face do campo cairás; porque *assim* eu falei, diz o Senhor DEUS. ⁶ E enviarei fogo em Magogue, e sobre os que habitam em segurança nas terras costeiras; e saberão que eu sou o SENHOR. ⁷ E farei notório meu santo nome no meio de meu povo Israel, e nunca mais deixarei profanar meu santo nome; e as nações saberão que eu sou o SENHOR, o Santo em Israel. ⁸ Eis que *isto* vem e acontecerá, diz o Senhor DEUS; este é o dia do qual tenho falado. ⁹ E os moradores das cidades de Israel sairão, e acenderão fogo e queimarão armas, escudos grandes e pequenos, arcos, flechas, bastões de mão, e lanças; e as queimarão no fogo por sete anos. ¹⁰ E não trarão lenha do campo, nem *a* cortarão dos bosques; em vez disso, queimarão as armas no fogo; e tomarão daqueles que deles tomaram, despojarão aos que os despojaram, diz o Senhor DEUS. ¹¹ E será naquele tempo, que ali darei a Gogue um lugar de sepultura em Israel, o vale dos que passam ao oriente do mar, e este será um obstáculo aos que passarem; e ali sepultarão a Gogue e a toda sua multidão; e o chamarão de "o vale da multidão de Gogue". ¹² E durante sete meses a casa de Israel os enterrará para purificar a terra. ¹³ Pois todo o povo do país † os enterrará, e será notório para eles o dia *em que* eu for glorificado, diz o Senhor DEUS. ¹⁴ E separarão homens para que continuamente percorram a terra *de Israel*, e enterrem aos passantes que restaram sobre a face da terra, para que purifiquem; ao fim de sete meses completarão a busca. ¹⁵ E os que passam pela terra, caso passem e vejam *algum* osso humano, levantará junto a ele um marco, até que os coveiros o enterrem no vale da multidão de Gogue. ¹⁶ E também o nome da cidade será Hamoná; assim purificarão a terra. ‡ ¹⁷ Tu, pois, ó filho do homem, assim diz o Senhor DEUS; Dize às aves, a todos os pássaros, e a todos os animais do campo: Ajuntai-vos, e vinde; reuni-vos de todas partes ao meu sacrifício § que eu sacrifiquei por vós, um sacrifício grande nos montes de Israel; comei carne, e bebei sangue. ¹⁸ Comereis carne de guerreiros, e bebereis sangue de príncipes da terra; de carneiros, de cordeiros, de bodes, e de bezerros, todos eles cevados de Basã. ¹⁹ E comereis gordura até vos fartardes, e bebereis sangue até vos embebedardes, do meu sacrifício que eu sacrifiquei por vós. ²⁰ E vos fartareis à minha mesa, de cavalos, de cavaleiros, de guerreiros, e de todos os homens de guerra, diz o Senhor DEUS. ²¹ E porei minha glória entre as nações; e todas as nações verão meu julgamento que fiz, e minha mão que pus sobre elas. ²² E daquele dia em diante a casa de Israel saberá que eu sou o SENHOR seu Deus. ²³ E as nações saberão que os da casa de Israel foram levados ao cativeiro por sua *própria* maldade, porque se rebelaram contra mim; então escondi meu rosto deles, e os entreguei na mão de seus adversários, e todos caíram à espada. ²⁴ Conforme a imundície deles e conforme suas rebeliões eu fiz com eles; e deles escondi meu

---

* **39:2** arrastarei obscuro † **39:13** país lit. terra ‡ **39:16** Hamoná significa multidão § **39:17** sacrifício trad. alt. matança

rosto. ²⁵ Portanto assim diz o Senhor DEUS: Agora restaurarei Jacó de seu infortúnio, terei misericórdia de toda a casa de Israel, e zelarei por meu santo nome. ²⁶ Quando eles tiverem levado sobre si sua vergonha, e toda sua rebeldia com que se rebelaram contra mim, quando habitarem seguros em sua terra, e não houver quem os espante; ²⁷ Quando eu trouxé-los de volta dos povos, e os juntar das terras de seus inimigos, e for eu santificado neles diante dos olhos de muitas nações. ²⁸ Então saberão que eu sou o SENHOR seu Deus, porque eu os fiz serem levados em cativeiro entre as nações, e os ajuntarei de volta em sua terra, sem deixar mais nenhum deles lá. ²⁹ Nem esconderei mais deles meu rosto; pois derramarei * meu Espírito sobre a casa de Israel, diz o Senhor DEUS.

40

¹ No vigésimo quinto ano de nosso cativeiro, no princípio do ano, aos dez do mês, aos catorze anos depois que a cidade foi ferida, naquele mesmo dia veio sobre mim a mão do SENHOR, e me levou para lá. ² Em visões de Deus me levou à terra de Israel, e me pôs sobre um monte muito alto, sobre o qual havia como um edifício de uma cidade ao sul. ³ E havendo me levado ali, eis um homem cuja aparência era como a aparência de bronze, e *tinha* um cordel de linho em sua mão, e uma cana de medir; e ele estava em pé à porta. ⁴ E aquele homem me falou: Filho do homem, olha com teus olhos, ouve com teus ouvidos, e põe teu coração em tudo quanto eu te mostrar, pois foste trazido aqui para que eu te mostrasse. Anuncia, pois, à casa de Israel tudo o que vires. ⁵ E eis, um muro fora do templo * ao redor; e na mão daquele homem uma cana de medir de seis côvados, *cada côvado* de um côvado e um palmo; e mediu a largura do edifício de uma cana, e a altura, de outra cana. ⁶ Então ele veio à porta que estava voltada para o oriente, subiu por seus degraus, e mediu o umbral da porta de uma cana de largura, e o outro umbral de outra cana de largura. ⁷ E *cada* câmara tinha uma cana de comprimento, e uma cana de largo; e entre as câmaras eram cinco côvados; e o umbral da porta junto ao pórtico da porta por dentro, uma cana. ⁸ Também mediu o pórtico da porta por dentro, uma cana. ⁹ Então mediu o pórtico da porta, de oito côvados, e seus pilares de dois côvados; e o pórtico da porta por dentro. ¹⁰ E as câmaras pequenas da porta do oriente eram três de um lado e três do outro; todas as três de uma mesma medida; também os pilares de um lado e do outro *tinham* uma mesma medida. ¹¹ E mediu a largura da entrada da porta, de dez côvados; o comprimento do portal era de treze côvados. ¹² E o espaço de diante das câmaras pequenas era de um côvado de um lado, e de um côvado do outro lado; e cada câmara tinha seis côvados de um lado, e seis côvados do outro. ¹³ Então mediu a porta desde o teto da uma câmara pequena até o teto da outra, vinte e cinco côvados de largura, porta contra porta. ¹⁴ Também fez *medição com* os pilares de sessenta côvados, o pilar do pátio ao redor da porta. ¹⁵ E desde a dianteira da porta de entrada até a dianteira do pórtico da porta interior havia cinquenta côvados. ¹⁶ Havia também janelas estreitas nas câmaras pequenas, e em seus pilares por dentro ao redor da porta, e assim também nos pórticos; e as janelas estavam ao redor por dentro; e em *cada* poste havia palmeiras. ¹⁷ Então me levou ao átrio exterior, e eis que havia *nele* câmaras, e um pavimento feito no pátio ao redor; trinta câmaras havia naquele pavimento. ¹⁸ E o pavimento ao lado das portas era equivalente ao comprimento das portas (*este era* o pavimento inferior). ¹⁹ E mediu a largura desde a dianteira da porta inferior até a dianteira do pátio interior pelo lado de fora: cem côvados pelo oriente e pelo norte. ²⁰ E quanto à porta que estava voltada para o norte no átrio exterior,

---

* **39:29** pois derramarei trad. alt. quando eu derramar   * **40:5** templo lit. casa

mediu seu comprimento e sua largura. ²¹ E suas câmaras pequenas eram três de um lado, e três de outro; e seus pilares e seus pórticos eram da mesma medida da primeira porta: cinquenta côvados era seu comprimento, e a largura era de vinte e cinco côvados. ²² E suas janelas, e seu pórtico, e suas palmeiras, eram da medida da porta que estava voltada para o oriente; e subiam a ela por sete degraus; e seus alpendres eram diante deles. ²³ E havia uma porta do pátio interior que ficava em frente da porta ao norte; e assim também *outra* ao oriente; e mediu de porta a porta cem côvados. ²⁴ Então me levou em direção ao sul, e eis que havia uma porta para o sul; e mediu seus pilares e seu pórtico, conforme a estas medidas. ²⁵ E também tinha janelas, assim com havia janelas no seu pórtico em redor; e o comprimento era de cinquenta côvados, e a largura de vinte e cinco côvados. ²⁶ E suas subidas eram de sete degraus, com seu pórtico diante deles; e tinha palmeiras de um lado e do outro em seus pilares. ²⁷ Também havia uma porta no pátio interior voltada para o sul; e mediu de porta a porta para o sul, cem côvados. ²⁸ Então ele me levou ao pátio interior pela porta do sul; e mediu a porta do sul conforme a estas medidas. ²⁹ E suas câmaras pequenas, e seus pilares e seu pórtico eram conforme a estas medidas; e também tinham janelas ao redor de seus alpendres; o comprimento era de cinquenta côvados, e de a largura de vinte e cinco côvados. ³⁰ E o pórtico em redor era de vinte e cinco côvados de comprimento e cinco côvados de largura. ³¹ E seu pórtico estava no pátio externo, com palmeiras em seus pilares; e suas subidas eram de oito degraus. ³² Depois me levou ao pátio interior, para o oriente, e mediu a porta conforme a estas medidas; ³³ Assim como suas câmaras pequenas, seus pilares, e seu pórtico, conforme a estas medidas; e também tinha suas janelas ao redor de seu pórtico; o comprimento era de cinquenta côvados, e a largura de vinte e cinco côvados. ³⁴ E seu pórtico estava no pátio externo, com palmeiras em seus postes de um lado e do outro; e suas subidas eram de oito degraus. ³⁵ Então me levou à porta do norte, e mediu conforme a estas medidas; ³⁶ Suas câmaras pequenas, seus pilares, e seus arcos, também tinham janelas ao redor; o comprimento era de cinquenta côvados, e a largura de vinte e cinco côvados. ³⁷ E seus pilares estavam no pátio exterior, com palmeiras em seus pilares de um lado e do outro; e suas subidas eram de oito degraus. ³⁸ E sua câmara e sua porta estavam junto dos pilares das portas, onde lavavam o holocausto. ³⁹ E no pórtico da porta havia duas mesas da um lado, e outras duas do outro, para nelas degolar o holocausto, o sacrifício pelo pecado, e o *sacrifício* pela culpa. ⁴⁰ E ao lado de fora da subida para a entrada da porta do norte havia duas mesas; e do outro lado que estava no pórtico da porta, havia duas mesas. ⁴¹ Quatro mesas de um lado, e quatro mesas do outro lado, junto à porta; oito mesas, sobre as quais degolavam. ⁴² E as quatro mesas para o holocausto eram de pedras lavradas, de um côvado e meio de comprimento, e um côvado e meio de largura, e um côvado de altura; sobre elas eram postos os instrumentos com que degolavam a oferta de queima e o sacrifício. ⁴³ E havia ganchos de um palmo, dispostos por dentro ao redor; e sobre as mesas a carne da oferta. ⁴⁴ E de fora da porta interior estavam as câmaras dos cantores no pátio de dentro que era do lado da porta do norte; as quais estavam voltadas para o sul; uma estava ao lado da porta do oriente que estava voltada para o norte. ⁴⁵ E me falou: Esta câmara que está voltada para o sul é para os sacerdotes que têm a guarda do templo. ⁴⁶ Mas a câmara que está voltada para o norte é para os sacerdotes que têm a guarda do altar; estes são os filhos de Zadoque, dentre os filhos de Levi os que se achegam ao SENHOR, para o servir. ⁴⁷ E mediu o pátio, cem côvados de comprimento, e cem côvados de largura, quadrado; e o altar estava diante do templo. ⁴⁸ Então ele me levou ao pórtico do templo, e mediu *cada* pilar do pórtico, cinco côvados de um lado, e cinco côvados do outro; e a largura da porta *era* três côvados de um lado, e três côvados do outro. ⁴⁹ O comprimento do pórtico era vinte côvados, e a largura onze côvados; e era com degraus, pelos quais se subia; e havia colunas junto aos pilares, uma de um lado, e outra do outro.

41

¹ Então ele me levou ao templo e mediu os pilares, seis côvados a largura de um lado, e seis côvados do outro, que era a largura da tenda. ² E a largura da entrada era de dez côvados; e os lados da entrada, de cinco côvados de um lado, e cinco do outro. Também mediu seu comprimento de quarenta côvados, e a largura de vinte côvados. ³ Então entrou, e mediu o pilar da entrada de dois côvados, e a entrada de seis côvados; e a largura da entrada de sete côvados. ⁴ Também mediu seu comprimento, de vinte côvados, e a largura de vinte côvados, diante do templo; e me disse: Este é o Santo dos Santos. * ⁵ Depois mediu a parede do templo, de seis côvados; e quatro côvados era a largura das câmaras que ficavam de lado ao redor do templo. ⁶ E as câmaras laterais eram em três andares câmara sobre câmara, e havia trinta para cada andar; e havia apoios na parede ao redor do templo, sobre os quais as câmaras se apoiavam, pois não se apoiavam na parede do templo. ⁷ E havia maior largura nas câmaras laterais mais para cima, pois o entorno do templo subia de andar em andar ao redor do templo; por isso o templo era mais largo acima; e se subia da câmara baixa se subia à alta pela do meio. ⁸ E olhei para a altura da casa ao redor; os fundamentos das câmaras laterais eram de uma cana inteira de seis côvados maiores de tamanho. ⁹ A largura da parede das câmaras externas era de cinco côvados, e o espaço que restava era o lugar das câmaras laterais que eram junto ao templo. ¹⁰ E entre as câmaras havia a largura de vinte côvados ao redor do templo por todos os lados. ¹¹ E as entradas de cada câmara *estavam voltadas* para o espaço vazio; uma entrada para o norte, e outra entrada para o sul; e a largura do espaço vazio era de cinco côvados ao redor. ¹² E o edifício que estava diante do lugar separado ao lado do ocidente era da largura de setenta côvados; e a parede do edifício era de cinco côvados de largura ao redor, e seu comprimento era de noventa côvados. ¹³ E mediu o templo, cem côvados de comprimento; e o lugar separado, e o edifício, e suas paredes, de comprimento de cem côvados; ¹⁴ E a largura da dianteira do templo, e do lugar separado ao oriente, era de cem côvados. ¹⁵ Também mediu o comprimento do edifício que estava diante do lugar separado que estava detrás dele, e suas galerias de um lado e do outro eram de cem côvados, com o templo interno, e o pórtico do pátio. ¹⁶ Os umbrais, e as janelas estreitas, e as galerias ao redor dos três andares, de frente ao umbral, estavam cobertas de madeira ao redor, desde o chão até as janelas; e as janelas estavam cobertas, ¹⁷ Até o que havia acima da porta, e até o templo interior e exterior, e até toda a parede em redor, por dentro e por fora, *tudo* por medida. ¹⁸ E era feita com querubins e palmeiras, de maneira que *cada* palmeira ficava entre um querubim e outro; e cada querubim tinha dois rostos: ¹⁹ Um rosto de homem voltado para palmeira da uma lado, e um rosto de leão voltado para a palmeira do outro lado, *assim era* por todo o templo ao redor. ²⁰ Desde o chão até encima da entrada foram feitos os querubins e as palmeiras, e também por toda a parede do templo. ²¹ Os umbrais do templo eram quadrados; e a dianteira do santuário tinha a aparência como a da outra. ²² O altar de madeira era de três côvados de altura, e seu comprimento de dois côvados; e seus cantos, seu comprimento, e suas laterais eram de madeira. E ele me falou: Esta é a mesa que está diante do SENHOR. ²³ E o templo e o santuário, *ambos* tinham duas portas. ²⁴ E em cada portada havia duas divisões que podiam se virar; duas divisões em uma porta,

---

* **41:4** Santo dos Santos i.e., o lugar mais sagrado do templo

e duas na outra. [25] E nelas, nas portas do templo, foram feitos querubins e palmeiras, assim como estavam feitos nas paredes; e havia uma viga espessa de madeira na dianteira do pórtico por fora. [26] E havia janelas estreitas e palmeiras de um lado e do outro, pelas laterais do pórtico, assim como nas câmaras laterais do templo, e nas vigas espessas.

42

[1] Depois disto ele me fez sair para o pátio externo, para o lado norte, e me levou às câmaras que estavam de frente ao lugar vazio, e que estavam de frente ao edifício *voltado* para o norte. [2] Pela frente à entrada do norte o comprimento era de cem côvados, e a largura era de cinquenta côvados. [3] Em frente dos vinte *côvados* que tinha no átrio de dentro, e em frente do solado que tinha o pátio exterior, havia galerias de frente umas às outras em três andares. [4] E diante das câmaras havia um corredor de dez côvados de largura, do lado de dentro, com um caminho de um côvado; e suas entradas para o norte. [5] E as câmaras de cima eram mais estreitas, pois as galerias eram mais altas que as outras, *isto é* , que as de baixo, e que as do andar do meio. [6] Porque elas estavam em três *andares* , porém não tinham colunas como as colunas dos pátios; por isso eram mais estreitas que as de baixo e as do meio, desde o chão. [7] E o muro que estava por fora de frente às câmaras, voltado para o pátio exterior diante das câmaras, tinha cinquenta côvados de comprimento. [8] Porque o comprimento das câmaras do pátio de fora era de cinquenta côvados; e eis que de frente ao templo havia cem côvados. [9] E debaixo destas câmaras estava a entrada do oriente, para entrar nelas do pátio de fora. [10] Na largura do muro do pátio ao oriente, diante do lugar vazio, e diante do edifício, havia câmaras. [11] E o caminho que havia diante delas era semelhante ao das câmaras que estavam ao norte, conforme seu comprimento, assim como sua largura; e todas as suas saídas eram conforme suas formas e conforme suas entradas. [12] E conforme as entradas das câmaras que estavam para o sul, havia *também* uma entrada no princípio do caminho, do caminho diante do muro direito para o oriente, quando se entra por elas. [13] Então ele me disse: As câmaras do norte e as câmaras do sul, que estão diante do lugar vazio, elas são câmaras santas, nas quais os sacerdotes que se achegam ao SENHOR comerão as coisas mais santas; ali porão as coisas mais santas, e as ofertas de alimento, e a expiação pelo pecado e a pela culpa; pois o lugar é santo. [14] Quando os sacerdotes entrarem, não sairão do lugar santo para o pátio de fora; em vez disso, ali deixarão suas vestes com que tenham ministrado, porque são santas; e se vestirão com outras vestes, e *assim* se achegarão ao que é do povo. [15] E quando acabou de medir o templo interno, ele me tirou pelo caminho da porta que estava voltada para o oriente, e o mediu em redor. [16] Mediu o lado oriental com a cana de medir, quinhentas canas da cana de medir em redor. [17] Mediu ao lado do norte, quinhentas canas da cana de medir em redor. [18] Mediu ao lado do sul, quinhentas canas da cana de medir. [19] Rodeou ao lado do ocidente, *e* mediu quinhentas canas da cana de medir. [20] Aos quatro lados o mediu; *e* havia um muro ao redor com quinhentas canas de comprimento, e quinhentas canas de largura, para fazer separação entre o santo e o profano.

43

[1] Então ele me levou-me à porta; a porta que está voltada para oriente; [2] E eis que a glória do Deus de Israel vinha desde o caminho do oriente; e seu som era como o som de muitas águas, e a terra resplandeceu por causa de sua glória. [3] E a aparência da visão que vi era como a visão que eu tinha visto quando vim para destruir a

cidade; e as visões eram como a visão que vi junto ao rio de Quebar; e caí sobre meu rosto. ⁴ E a glória do SENHOR entrou no templo *pelo* caminho da porta que estava voltada para o oriente. ⁵ Então o Espírito me ergueu, e me levou ao pátio interno; e eis que a glória do SENHOR encheu o templo. ⁶ E ouvi um que falava comigo desde o templo; e um homem estava em pé junto a mim. ⁷ E disse-me: Filho do homem, este é o lugar de meu trono, e o lugar das plantas de meus pés, onde habitarei no meio dos filhos de Israel para sempre; e a nação de Israel * nunca mais contaminará meu santo nome, *nem* eles, nem seus reis, com suas prostituições, e com seus cadáveres de seus reis em seus altos. ⁸ Quando colocavam o umbral deles junto a meu umbral, e o batente deles junto a meu batente, e era uma parede entre mim e eles; e contaminaram meu santo nome com suas abominações que fizeram; por isso eu os consumi em minha ira. ⁹ Agora lançaram longe de mim sua prostituição e os cadáveres de seus reis; e habitarei no meio deles para sempre. ¹⁰ Tu, filho do homem, mostra à nação de Israel este templo, para que se envergonhem de suas maldades, e tenham a medida do modelo *do templo* . ¹¹ E se eles se envergonharem de tudo quanto fizeram, faze-lhes saber a forma da casa, e seu modelo, e suas saídas e suas entradas, e todas as suas formas, e todas os seus estatutos, e todas as suas formas, e todas as suas leis; e escreve diante de seus olhos, para que guardem toda a sua forma e todos os seus estatutos, e os façam. ¹² Esta é a lei do templo: sobre o cume do monte, todo o seu contorno em redor será santíssimo. Eis que esta é a lei do templo. ¹³ E estas são as medidas do altar em côvados (o côvado é de um côvado e um palmo). A base, de um côvado *de altura* e de um côvado de largura; e o contorno de sua borda ao redor, de um palmo. Este será o fundamento do altar. ¹⁴ E desde a base *de sobre* o chão até a aresta inferior, dois côvados, e a largura de um côvado; e desde a aresta menor até a aresta maior, quatro côvados, e a largura de um côvado. ¹⁵ E a fornalha do altar, de quatro côvados, e da fornalha do altar para cima havia quatro pontas. † ¹⁶ E o altar tinha doze *côvados* de comprimento e doze de largura, quadrado em seus quatro lados. ¹⁷ E a aresta, de catorze *côvados* de comprimento e catorze de largura em seus quatro lados; e o contorno ao redor dela era de meio côvado, e a base dela de um côvado em redor; e seus degraus estavam voltados para o oriente. ¹⁸ E ele me disse-me: Filho do homem, assim diz o Senhor DEUS: Estes são os estatutos do altar, no dia em que ele for feito, para sobre ele oferecer holocausto, e para espargir sangue sobre ele. ¹⁹ E aos sacerdotes Levitas que são da descendência ‡ de Zadoque, que se achegam a mim, diz o Senhor DEUS, para me servirem, tu darás um bezerro, filho de vaca, para expiação pelo pecado. ²⁰ E tomarás de seu sangue, e porás nas pontas *do altar* , e nas quatro esquinas da aresta, e no contorno ao redor; assim o limparás e o expiarás. ²¹ Então tomarás o bezerro da expiação pelo pecado, e o queimarão no lugar *específico* do templo, fora do santuário. ²² E no segundo dia oferecerás um bode macho sem defeito, para expiação pelo pecado; e purificarão § o altar como o purificaram com o bezerro. ²³ Quando tu acabares de expiar, oferecerás um bezerro sem defeito, filhote de vaca , e um carneiro sem defeito do rebanho; ²⁴ E tu os oferecerás diante do SENHOR; e os sacerdotes lançarão sal sobre eles, e os oferecerão como holocausto ao SENHOR. ²⁵ Por sete dias prepararás um bode macho em cada dia de purificação; também prepararão um bezerro filhote de vaca, e um carneiro do rebanho, *todos* sem defeito. ²⁶ Por sete dias expiarão o altar, e *o* purificarão; e eles o consagrarão. ²⁷ E quando eles acabarem estes dias será ao oitavo dia; e dali em adiante, os sacerdotes prepararão sobre o altar vossos

---

* **43:7** nação de Israel – lit. casa de Israel também no resto do capítulo † **43:15** pontas lit. chifres ‡ **43:19** descendência lit. semente § **43:22** purificar equiv. expiar – também no resto do capítulo

sacrifícios de queima e vossas ofertas de gratidão; e eu vos aceitarei, diz o Senhor DEUS.

44

¹ Então ele me fez voltar ao caminho da porta de fora do santuário, a qual estava voltada para o oriente; e ela estava fechada. ² E o SENHOR me disse: Esta porta estará fechada; não se abrirá, nem ninguém entrará por ela, porque o SENHOR Deus de Israel entrou por ela; por isso estará fechada. ³ O príncipe; *somente* o príncipe, ele se sentará nela, para comer pão diante do SENHOR; pelo caminho do pórtico da porta entrará, e pelo mesmo caminho sairá. ⁴ Depois me levou pelo caminho da porta do norte, diante da casa; e olhei, e eis que a glória do SENHOR havia enchido a casa do SENHOR; então caí sobre meu rosto. ⁵ E o SENHOR me disse: Filho do homem, presta atenção, * olha com teus olhos, e ouve com teus ouvidos tudo quanto eu falar contigo sobre todas os estatutos da casa do SENHOR, e todas as suas leis; e presta atenção na entrada da casa, e em todas as saídas do santuário. ⁶ E dize aos rebeldes, à casa de Israel: Assim diz o Senhor DEUS: Já basta de todas as vossas abominações, ó casa de Israel! ⁷ Pois trouxestes estrangeiros, incircuncisos de coração e incircuncisos de carne, para estarem em meu santuário, para profanarem minha casa; pois oferecestes meu pão, a gordura e o sangue; e invalidaram meu pacto, por causa de todas as vossas abominações. ⁸ E não mantivestes a ordem de minhas coisas sagradas; em vez disso pusestes por vós mesmos guardas *estrangeiros* para minha ordem em meu santuário. ⁹ Assim diz o Senhor DEUS: Nenhum estrangeiro, incircunciso de coração e incircunciso de carne, entrará em meu santuário, dentre todos os estrangeiros que estão entre os filhos de Israel. ¹⁰ Mas os Levitas que se afastaram para longe de mim, que se desviaram de mim para seguirem seus ídolos, quando Israel se desviou, esses levarão sobre si sua maldade. ¹¹ Contudo serão trabalhadores em meu santuário, *como* porteiros às portas da casa, e servirão na casa; eles degolarão o holocausto e o sacrifício para o povo, e estarão diante deles para os servirem. ¹² Pois os serviram diante de seus ídolos, e foram tropeço de maldade para a casa de Israel; por isso jurei de mão levantada contra eles, diz o Senhor DEUS, que levarão sua iniquidade. ¹³ E não se achegarão a mim para serem meus sacerdotes, nem se achegarão a nenhuma de minhas coisas sagradas; às coisas santíssimas; em vez disso levarão sobre si sua vergonha e suas abominações que fizeram. ¹⁴ Portanto os porei por guardas da ordem da casa, em todo o seu serviço, e em tudo o que houver de se fazer nela. ¹⁵ Mas os sacerdotes Levitas, filhos de Zadoque, que guardaram a guarda de meu santuário quando os filhos de Israel se desviaram de mim, eles se achegarão a mim para me servirem; e estarão diante de mim para me oferecerem a gordura e o sangue, diz o Senhor DEUS. ¹⁶ Eles entrarão em meu santuário, e eles se achegarão à minha mesa para me servirem; e guardarão minha ordem. ¹⁷ E será que, quando entrarem pelas portas do pátio interno, se vestirão de vestes de linho; não haverá sobre eles lã, quando servirem nas portas do pátio interno, e no interior. ¹⁸ Turbantes de linho estarão em suas cabeças, e calções de linho sobre seus lombos; não se vestirão *com algo que lhes cause* suor. ¹⁹ E quando eles saírem ao pátio de fora, ao pátio de fora ao povo, despirão suas vestes com que eles prestaram serviço, as deixarão nas câmaras do santuário, e se vestirão de outras vestes, para que não santifiquem ao povo com suas vestes. ²⁰ E não raparão sua cabeça, nem deixarão crescer o cabelo; mas sim apararão o *cabelo* de suas cabeças. ²¹ E nenhum dos sacerdotes beberá vinho quando forem entrar no pátio interno. ²² Não tomarão por mulheres nem viúva, nem divorciada, mas sim tomarão virgens da descendência † da casa de Israel, ou viúva

---

* **44:5** presta atenção lit. põe teu coração   † **44:22** descendência lit. semente

que for viúva de sacerdote. ²³ E ensinarão meu povo *a fazer diferença* entre o santo e o profano, e lhes farão saber *a diferença* entre o impuro e o puro. ²⁴ E na disputa judicial eles estarão para julgar; conforme meus juízos o julgarão; e guardarão minhas leis e meus estatutos em todas as minhas solenidades, e santificarão meus sábados. ²⁵ E não chegarão perto de pessoa alguma morta para se contaminarem; apenas pelo pai, mãe, filho, filha, irmão, ou irmã que não tenha tido marido, é que poderão se contaminar. ²⁶ E depois de sua purificação lhe contarão sete dias. ²⁷ E no dia que ele entrar no lugar santo, no pátio interno, para prestar serviço no lugar santo, oferecerá sua expiação pelo pecado, diz o Senhor DEUS. ²⁸ E *isto* lhes será por herança: eu serei sua herança; por isso não lhes dareis propriedade *de terra* em Israel; eu sou a propriedade deles. ²⁹ Comerão a oferta de alimentos e o sacrifícios pelo pecado e pela culpa; e toda coisa dedicada em Israel pertencerá a eles. ³⁰ E as primícias de todos os primeiros frutos de tudo, e toda oferta de tudo o que se oferecer de todas as vossas ofertas, pertencerá aos sacerdotes; dareis também as primícias de todas vossas massas ao sacerdote, para que faça repousar a bênção em tua casa. ³¹ Os sacerdotes não poderão comer coisa alguma morta por si mesma ou despedaçada, tanto de aves como de animais.

45

¹ E quando repartirdes por sortes a terra em herança, proporcionareis uma oferta ao SENHOR: um lugar santo na terra; o comprimento será de vinte e cinco mil canas, e a largura de dez mil; este será santificado em todo o seu contorno ao redor. ² Deste *terreno* serão para o santuário quinhentas *canas* de comprimento, e quinhentas de largura, em quadrado ao redor; terá cinquenta côvados ao redor para seus espaços abertos. ³ E desta medida medirás o comprimento de vinte e cinco mil *côvados* ,e a largura de dez mil; e ali estará o santuário, *e* o lugar santíssimo. ⁴ Este será o lugar santo da terra. Eles será para os sacerdotes que trabalham no santuário, que se achegam para servir ao SENHOR; e lhes servirá de lugar para casas, e de lugar santo para o santuário. ⁵ E os levitas trabalhadores do templo terão como propriedade *uma área de* vinte e cinco mil *côvados* de comprimento, e dez mil de largura, com vinte câmaras. ⁶ E *para* propriedade da cidade dareis cinco mil *canas* de largura e vinte e cinco mil de comprimento, em frente da oferta para o santuário; *esta* será para toda a casa de Israel. ⁷ E o príncipe terá *sua parte* de um lado e do outro da oferta ao santuário e da propriedade da cidade, diante da oferta para o santuário, e diante da propriedade da cidade, desde o canto ocidental para o ocidente, e desde o canto oriental para o oriente; e será o comprimento, em frente de uma das partes, desde o limite ocidental até o limite oriental. ⁸ Esta terra será sua propriedade em Israel, e meus príncipes nunca mais oprimirão a meu povo; ao invés disso entregarão a terra para a casa de Israel, conforme suas tribos. ⁹ Assim diz o Senhor DEUS: Já basta, ó príncipes de Israel! Acabai a violência e a assolação; fazei juízo e justiça; tirai vossas imposições de meu povo, diz o Senhor DEUS. ¹⁰ Tereis balanças justas, efa justo, e bato justo. ¹¹ O efa e o bato serão de uma mesma medida; que o bato contenha a décima parte de um ômer, e o efa a décima parte de um ômer; a medida deles será conforme o ômer. ¹² E o siclo *será* de vinte geras: vinte siclos, mais vinte e cinco siclos, mais quinze siclos, vos serão uma mina. ¹³ Esta será a oferta que oferecereis: a sexta parte de um efa de ômer do trigo; também dareis a sexta parte de um efa de ômer da cevada. ¹⁴ E quanto ao estatuto do azeite, *oferecereis* um bato de azeite, (o bato que é a décima parte de um coro, *que* é um ômer de dez batos; porque dez batos são um ômer). ¹⁵ E uma cordeira de cada duzentas do rebanho, da terra mais regada de Israel, para oferta de alimento, para holocausto e para oferta de gratidão, a fim

de fazer expiação por eles, diz o Senhor DEUS. ¹⁶ Todo o povo desta terra terá que dar esta oferta para o príncipe de Israel. ¹⁷ E o príncipe terá que dar os holocaustos, as ofertas de alimento, e as ofertas de bebidas, nas solenidades, nas luas novas, nos sábados, e em todas as festas da casa de Israel; ele fará a expiação pelo pecado, a oferta de alimento, o holocausto, e as ofertas de gratidão, para fazer expiação pela casa de Israel. ¹⁸ Assim diz o Senhor DEUS: Ao primeiro *mês* , ao primeiro *dia* do mês, tomarás um bezerro sem defeito filho de vaca, e purificarás o santuário. ¹⁹ E o sacerdote tomará do sangue do sacrifício pela expiação, e porá *dele* sobre os umbrais da casa, e sobre as quatro pontas da aresta do altar, e sobre os umbrais da porta do pátio interno. ²⁰ Assim também farás no sétimo *dia* do mês pelos que pecaram sem intenção ou por ignorância; assim expiarás a casa. ²¹ No primeiro *mês* , aos catorze dias do mês, tereis a páscoa, festa de sete dias; será comido pão sem fermento. ²² E no mesmo dia o príncipe preparará por si e por todo o povo desta terra um bezerro de expiação pelo pecado. ²³ E nos sete dias da festa ele preparará um holocausto ao SENHOR: sete bezerros e sete carneiros sem defeito, cada dia dos sete dias; e um bode como expiação pelo pecado a cada dia. ²⁴ Também preparará uma oferta de alimento: um efa para cada bezerro, e um efa para cada carneiro; e um him de azeite para cada efa. ²⁵ No sétimo *mês* , aos quinze dias do mês, na festa, ele fará o mesmo *todos* os sete dias, quanto ao sacrifício pela expiação, ao holocausto, à oferta de alimento, e ao azeite.

46

¹ Assim diz o Senhor DEUS: A porta do pátio de dentro que está voltada para oriente ficará fechada durante os seis dias de trabalho, porém no dia do sábado será aberta; também no dia de lua nova será aberta. ² E o príncipe entrará *pelo* caminho do pórtico da porta de fora, e estará em pé junto ao umbral da porta, enquanto os sacerdotes prepararão o seu holocausto e suas ofertas de gratidão; e ele ficará adorando * junto ao umbral da porta, e depois sairá; porém a porta não será fechada até o anoitecer. ³ E o povo da terra ficará prostrado diante do SENHOR junto à entrada da *mesma* porta, nos sábados e nas luas novas,. ⁴ E o holocausto que o príncipe oferecerá ao SENHOR no dia do sábado será seis cordeiros sem defeito e um carneiro sem defeito. ⁵ E a oferta de alimento será um efa para cada carneiro; e para cada cordeiro um presente será o quanto ele puder dar, † e um him de azeite para *cada* efa. ⁶ Mas no dia da nova lua será um bezerro sem mancha, seis cordeiros, e um carneiro, que deverão ser sem defeito. ⁷ E preparará *por* oferta de alimento um efa para o bezerro, e um efa para o carneiro; mas para os cordeiros, conforme o quanto puder; e um him de azeite para cada efa. ⁸ E quando o príncipe entrar, ele entrará pelo caminho do pórtico da porta, e sairá pelo mesmo caminho. ⁹ Mas quando o povo da terra vier para diante do SENHOR nas solenidades, aquele que entrar pelo caminho da porta do norte para adorar sairá pelo caminho da porta do sul; e aquele que entrar pelo caminho da porta do sul sairá pelo caminho da porta do norte; não voltará pelo caminho da porta por onde entrou, mas sairá pela *que estiver* à frente. ¹⁰ E o príncipe entrará no meio deles quando eles entrarem, e quando eles saírem, sairão *juntos* . ¹¹ E nas festas e nas solenidades será a oferta de alimento um efa para cada bezerro, e um efa para cada carneiro; mas para os cordeiros, conforme o que ele puder dar; e um him de azeite para cada efa. ¹² E quando o príncipe fizer uma oferta voluntária de queima, ou ofertas de gratidão *como* oferta voluntária ao SENHOR, então lhe abrirão a porta que está voltada para o oriente; e ele fará seu

---

* **46:2** ficará adorando lit. ficará prostrado – também no v. seguinte　　† **46:5** o quanto ele puder dar lit. o presente de sua mão

holocausto e suas ofertas de gratidão assim como fizer no dia do sábado; depois sairá, e fecharão a porta depois dele sair. [13] E a cada dia prepararás um cordeiro sem defeito de um ano sem defeito como holocausto ao SENHOR; todas as manhãs o prepararás. [14] E juntamente com ele todas as manhãs prepararás uma oferta de alimento, a sexta parte de um efa, e a terça parte de um him de azeite para misturar com a boa farinha; *será* uma oferta de alimento para o SENHOR, continuamente, por estatuto perpétuo. [15] Assim prepararão o cordeiro e a oferta de alimento, todas as manhãs, em holocausto contínuo. [16] Assim diz o Senhor DEUS: Quando o príncipe der de presente *algo* de sua herança a algum de seus filhos, isto pertencerá a seus filhos; será propriedade deles por herança. [17] Porém se ele der de presente *algo* de sua herança a alguém de seus servos, pertencerá a ele até o ano da liberdade; ‡ então voltará ao príncipe, porque sua herança é de seus filhos; eles a herdarão. [18] E o príncipe não tomará nada da herança do povo, para os destituir da propriedade deles; de sua propriedade particular ele deixará de herança para seus filhos, para que meu povo não seja disperso, cada um de sua propriedade. [19] Depois disto ele me trouxe pela entrada que estava ao lado da porta, às câmaras santas dos sacerdotes, as quais estavam voltadas para o norte; e havia ali um lugar no final, para o ocidente. [20] E me disse: Este é o lugar onde os sacerdotes cozerão o sacrifício pela culpa e o pelo pecado; ali cozerão a oferta de alimento, para não *a* trazerem ao pátio de fora para santificar ao povo. [21] Então ele me levou ao pátio de fora, e me fez passar pelos quatro cantos do pátio; e eis que em cada canto do pátio havia outro pátio. [22] Nos quatro cantos do pátio havia *outros* pátios fechados § de quarenta côvados de comprimento, e trinta de largura; estes quatro cantos tinham uma mesma medida. [23] E havia uma parede ao redor deles, ao redor dos quatro; e lugares de cozinhar abaixo ao redor das paredes. [24] E me disse: Estas são as cozinhas, onde os trabalhadores da casa cozerão o sacrifício do povo.

47

[1] Depois disto ele me fez voltar à entrada da casa; e eis que águas saíam de debaixo do umbral da casa para o oriente, pois a fachada da casa estava para o oriente; e as águas desciam de debaixo, desde o lado direito da casa, do lado sul do altar. [2] E ele me tirou *pelo* caminho da porta do norte, e me fez rodear pelo caminho de fora, até a porta externa, pelo caminho voltado ao oriente; e eis que águas corriam do lado direito. [3] E quando aquele homem saiu para o oriente, tinha em sua mão um cordel de medir; ele mediu mil côvados, e me fez passar pelas águas, que *chegavam* aos tornozelos. [4] E mediu mil *côvados* , e me fez passar pelas águas, que *chegavam* aos joelhos. Mediu *mais* mil, e me fez passar pelas águas, que *chegavam* à cintura. * [5] E mediu *mais* mil, e já era um rio que eu não podia passar, porque as águas eram tão profundas que o rio não se podia atravessar a pé, somente a nado. [6] Então me disse: "Viste *isto* , filho do homem?" Depois ele me levou e trouxe-me de volta à margem do rio. [7] Quando voltei, eis que na margem do rio havia muitíssimas árvores, de um lado e do outro. [8] Então me disse: "Estas águas saem para a região do oriente, descem à planície, e entram no mar; e quando chegarem ao mar, tornarão saudáveis as águas. [9] E será que toda alma vivente que se move por onde quer que estes rio passar, viverá; e haverá muitíssimos peixes por ali terem passado estas águas, e ficarão saudáveis; e tudo viverá por onde quer que este este rio passar. [10] Será também que pescadores estarão junto a ele; desde En-Gedi até En-Eglaim haverá *lugares para* se estender redes; seus peixes serão segundo suas espécies, como os peixes do grande

---

‡ **46:17** ano da liberdade i.e., o ano do jubileu   § **46:22** fechados obscuro   * **47:4** Ou: aos lombos

mar, em muitíssima quantidade. ¹¹ Porém seus charcos e seus pântanos não ficarão saudáveis; estarão salgados. ¹² E junto do rio, em suas margens de um lado e do outro, crescerá toda árvore de comer; sua folha nunca cairá, nem seu fruto faltará; em *todos os* seus meses produzirá frutos, porque suas águas saem do santuário; e seu fruto servirá de alimento, e sua folha de remédio." ¹³ Assim diz o Senhor DEUS: "Este é o limite em que tomareis a terra em herança segundo as doze tribos de Israel: José *terá* duas partes. ¹⁴ E a herdareis igualmente, um como o outro; *terra* a qual jurei de mão levantada que daria aos vossos pais; portanto esta terra será a vossa herança. ¹⁵ E este será o limite da terra para o lado norte: desde o mar Grande, a caminho de Hetlom, e indo por Lebo-Hamate até Zedade; ¹⁶ Berota, Sibraim (que está entre o limite de Damasco e o limite de Hamate); Hazer-Haticom, que está junto ao limite de Haurã. ¹⁷ E o limite será do mar *até* Haser-Enom, ao limite de Damasco ao norte, e ao limite de Hamate; *este será* o lado norte. ¹⁸ Ao lado do oriente, passando entre Haurã e Damasco, e entre Gileade e a terra de Israel, junto ao Jordão; medireis desde o limite até do mar do oriente; *este será* o lado do oriente. ¹⁹ E ao lado sul, ao sul, será desde Tamar até as águas de Meribá-Cades, indo ao longo do ribeiro até o grande mar; e *este será* o lado sul, ao sul. ²⁰ E o lado do ocidente será o grande mar, desde o limite até Lebo-Hamate; este será o lado do ocidente. ²¹ Repartireis, pois, esta terra entre vós, segundo as tribos de Israel. ²² E será que a sorteareis em herança para vós, e para os estrangeiros que peregrinam entre vós, que tiverem gerado filhos entre vós; e vos serão como nativos entre os filhos de Israel; repartirão herança convosco, entre as tribos de Israel. ²³ E será que na tribo onde o estrangeiro peregrinar, ali *lhe* dareis sua herança", diz o Senhor DEUS.

48

¹ E estes são os nomes das tribos: Desde o extremo norte, do lado do caminho de Hetlom, vindo para Hamate, Hazar-Enom, ao limite de Damasco, para o norte, ao lado de Hamate; sendo seus extremos do oriente e do ocidente: esta é a porção de Dã. * ² Junto ao limite de Dã, desde o extremo oriente até o extremo ocidente: esta é a porção de Aser. ³ Junto ao limite de Aser, desde o extremo oriente até o extremo ocidente: esta é a porção de Naftali. ⁴ Junto ao limite de Naftali, desde o extremo oriente até o extremo ocidente: esta é a porção de Manassés. ⁵ Junto ao limite de Manassés, desde o extremo oriente até o extremo ocidente: esta é a porção de Efraim. ⁶ Junto ao limite de Efraim, desde o extremo oriente até o extremo ocidente: esta é a porção de Rúben. ⁷ Junto ao limite de Rúben, desde o extremo oriente até o extremo ocidente: esta é a porção de Judá. ⁸ E junto ao limite de Judá, desde o lado do oriente até o lado do ocidente, será a oferta que reservareis, de vinte e cinco mil *canas* de largura, e de comprimento, como uma das *demais* partes, desde o lado do oriente até o lado do ocidente; e o santuário estará no meio dela. ⁹ A oferta que reservareis ao SENHOR será de vinte e cinco mil *canas* de comprimento e dez mil de largura. ¹⁰ E ali será a oferta santa dos sacerdotes, de vinte e cinco mil *canas* ao norte, dez mil de largura ao ocidente, dez mil de largura ao oriente, e de vinte e cinco mil de comprimento ao sul; e o santuário do SENHOR estará no meio dela. ¹¹ Será para os sacerdotes santificados dos filhos de Zadoque, que guardaram minha ordem, que não se desviaram quando os filhos de Israel se desviaram, como se desviaram os *outros* levitas. ¹² Eles terão uma oferta da oferta da terra, a parte santíssima, junto ao limite dos levitas. ¹³ E o Levitas terão na vizinhança do limite dos sacerdotes vinte e cinco mil *canas* de comprimento e de dez mil de largura; todo o comprimento será vinte e cinco mil, e a largura dez mil. ¹⁴ Não venderão disto, nem trocarão, nem transferirão

---

* **48:1** esta é a porção de Dã lit. Dã, uma [porção] – semelhantemente nos nomes das outras tribos

as primícias da terra, pois é coisa consagrada ao SENHOR. [15] E as cinco mil *canas* de largura que restam das vinte e cinco mil, serão de uso comum para a cidade, para habitação e arredores; e a cidade estará no meio delas. [16] E estas serão suas medidas: o lado norte quatro mil e quinhentas *canas* , o lado sul quatro mil e quinhentas, o lado do oriente quatro mil e quinhentas, e o lado do ocidente quatro mil e quinhentas. [17] E o arrebaldes da cidade serão ao norte de duzentas e cinquenta *canas* , ao sul de duzentas e cinquenta, ao oriente de duzentas e cinquenta, e ao ocidente de duzentas e cinquenta. [18] E quanto ao que restar do comprimento, na vizinhança da oferta santa, será dez mil *canas* ao oriente e dez mil ao ocidente, que será vizinho à oferta santa; sua produção será alimento dos trabalhadores da cidade. [19] E os trabalhadores da cidade, de todas as tribos de Israel, trabalharão nela. [20] Toda a oferta será de vinte e cinco mil *canas* por vinte e cinco mil, em quadrado; reservareis a oferta santa, com a propriedade da cidade. [21] E o que restar será para o príncipe, de um lado e do outro da oferta santa, e da propriedade da cidade, desde a distância de vinte e cinco mil *canas* da oferta, até o extremo oriente, e ao ocidente desde a distância de vinte e cinco mil *canas* da oferta até o extremo ocidente, na vizinhança das porções *das tribos* , será para o príncipe; e a oferta santa, e o santuário da casa será no meio dela. [22] E desde a propriedade dos Levitas, e desde a propriedade da cidade, *será* no meio daquilo que pertencerá ao príncipe. Entre o limite de Judá e o limite de Benjamim será para o príncipe. [23] E quanto às demais tribos: desde o extremo oriente até o extremo ocidente: esta é a porção de Benjamim. [24] E junto ao limite de Benjamim, desde o extremo oriente até o extremo ocidente: esta é a porção de Simeão. [25] E junto ao limite de Simeão, desde o extremo oriente até o extremo ocidente: esta é a porção de Issacar. [26] E junto ao limite de Issacar, desde o extremo oriente até o extremo ocidente: esta é a porção de Zebulom. [27] E junto ao limite de Zebulom, desde o extremo oriente até o extremo ocidente: esta é a porção de Gade. [28] E junto ao limite de Gade, ao sul, no lado sul, será o limite desde Tamar até as águas das inimizades de Cades, junto ao ribeiro, até o grande mar. [29] Esta é a terra que repartireis em herança às tribos de Israel, e estas são suas porções,diz o Senhor DEUS. [30] E estas são as saídas da cidade: no lado norte quatro mil e quinhentos *côvados* de medida. [31] E as portas da cidade serão conforme os nomes das tribos de Israel; três portas ao norte: uma porta de Rúben, uma porta de Judá, *e* uma porta de Levi. [32] E ao lado do oriente quatro mil e quinhentos *côvados* , e três portas: uma porta de José, uma porta de Benjamim, *e* uma porta de Dã. [33] E ao lado sul quatro mil e quinhentos *côvados* de medida, e três portas: uma porta de Simeão, uma porta de Issacar, *e* uma porta de Zebulom. [34] E ao lado do ocidente quatro mil e quinhentos *côvados* ,*e* suas três portas: uma porta de Gade, uma porta de Aser, *e* uma porta de Naftali. [35] Ao redor terá dezoito mil *côvados* . E o nome da cidade desde *aquele* dia será: O SENHOR Está Ali. †

---

† **48:35** O SENHOR Está Ali hebraico: YHWH-Samá

Daniel

¹ No ano terceiro do reinado de Jeoaquim, rei de Judá, Nabucodonosor, rei da Babilônia, veio a Jerusalém, e a cercou. ² E o Senhor entregou em suas mãos a Jeoaquim, rei de Judá, e uma parte dos vasos * da casa de Deus, e os trouxe à terra de Sinar, para a casa de seu deus; e pôs os vasos na casa do tesouro de seu deus. ³ E o rei disse a Aspenaz, chefe de seus eunucos, que trouxesse *alguns* dos filhos de Israel, da família real, e dos príncipes, ⁴ Rapazes em quem não houvesse defeito físico algum, de boa aparência, entendidos em toda sabedoria, sábios em conhecimento, de boa inteligência, e que tivessem habilidade em prestar assistência no palácio do rei; e que os ensinassem as letras e a língua dos caldeus. ⁵ E o rei lhes determinou uma porção diária de alimento, da comida do rei, e do vinho que bebia; e que *assim* fossem tratados por três anos, para que ao fim eles estivessem diante do rei. ⁶ E foram entre eles, dos filhos de Judá, Daniel, Ananias, Misael e Azarias, ⁷ Aos quais o chefe dos eunucos pôs *outros* nomes: a Daniel, Beltessazar; a Ananias, Sadraque; a Misael, Mesaque; e a Azarias, Abednego. ⁸ E Daniel propôs em seu coração de não se contaminar com a porção diária de alimento da comida do rei, nem no vinho que ele bebia; então pediu ao chefe dos eunucos para não se contaminar. ⁹ (Pois Deus concedeu a Daniel o agrado e o favor do chefe dos eunucos.) ¹⁰ E disse o chefe dos eunucos a Daniel: Tenho medo de meu senhor o rei, que determinou vossa comida e vossa bebida; pois, e se ele perceber que vossos rostos estão com pior aparência que os dos rapazes que são semelhantes a vós? Assim poríeis minha cabeça em risco diante do rei. ¹¹ Então disse Daniel a Melsar, a quem o chefe dos eunucos havia ordenado sobre Daniel, Ananias, Misael, e Azarias: ¹² Faze um teste, eu te peço, com teus servos por dez dias, e dê-nos legumes para comer, e água para beber. ¹³ Então se vejam diante de ti nossos rostos, e os rostos dos rapazes que comem da porção de alimento da comida do rei; e faze com teus servos conforme o que vires. ¹⁴ E ele consentiu-lhes nisto, e fez teste com eles por dez dias. ¹⁵ E ao fim dos dez dias foi visto que eles estavam com rostos de melhor aparência e mais bem nutridos que os outros rapazes que comiam da porção de alimento do rei. ¹⁶ Foi assim que Melsar lhes tirou a porção de alimento deles, e o vinho que deviam beber, e continuou a lhes dar legumes. ¹⁷ Quanto a estes quatro rapazes, Deus lhes deu conhecimento e inteligência em todas as letras e sabedoria; Daniel, porém, teve entendimento em toda visão e sonhos. ¹⁸ E quando terminaram os dias dos quais o rei tinha dito que os trouxessem, o chefe dos eunucos os trouxe diante de Nabucodonosor. ¹⁹ E o rei falou com eles, e entre todos eles não foi achado *alguém* como Daniel, Ananias, Misael, e Azarias; e assim se tornaram assistentes diante do rei. ²⁰ E em todo negócio de sabedoria *e* inteligência que o rei lhes demandou, achou-os dez vezes melhores que todos os magos e astrólogos que havia em todo o seu reino. ²¹ E Daniel esteve até o primeiro ano do rei Ciro.

2

¹ E no segundo ano do reinado de Nabucodonosor, sonhou Nabucodonosor sonhos, e seu espírito se perturbou, de modo que perdeu o sono. ² E o rei mandou chamar magos, astrólogos, encantadores, e sábios dos caldeus, para que explicassem ao rei seus sonhos. Eles vieram, e se apresentaram diante do rei. ³ E o rei lhes disse: Sonhei um sonho, e meu espírito está perturbado para saber o sonho. ⁴ Então os

---

* **1:2** vasos trad. alt. utensílios

caldeus falaram ao rei em língua aramaica: Ó rei, vive para sempre vive! Dize o sonho a teus servos, e mostraremos a interpretação. [5] Então o rei respondeu aos caldeus, e disse: Minha decisão é firme: se não me mostrardes o sonho e sua interpretação, sereis despedaçados, e vossas casas se tornarão em monturos. [6] Mas se mostrardes o sonho e sua interpretação, recebereis de mim presentes, recompensas e grande honra; portanto, mostrai-me o sonho e sua interpretação. [7] Responderam pela segunda vez, e disseram: Diga o rei o sonho a seus servos, e mostraremos sua interpretação. [8] O rei respondeu, e disse: Eu bem sei que vós quereis ganhar tempo; porque sabeis que minha decisão é firme. [9] Pois se não me mostrardes o sonho, haverá uma única sentença para vós. Pois preparastes uma resposta mentirosa e perversa para dizer diante de mim, até que o tempo se mude; portanto, dizei-me o sonho, para que eu tenha certeza de que podeis me mostrar sua interpretação. [10] Os caldeus responderam diante do rei, e disseram: Ninguém há sobre a terra que possa mostrar a palavra do rei; pois nenhum rei, príncipe, nem governante, jamais exigiu coisa semelhante a algum mago, astrólogo, ou caldeu. [11] Pois a coisa que o rei exige é tão difícil que não há quem a possa revelar diante do rei, a não ser os deuses, cuja morada não é entre a raça humana. * [12] Por isso o rei se irou muito e se enfureceu; então mandou matar a todos os sábios da Babilônia. [13] E publicou-se o decreto, e os sábios foram condenados à morte; e buscaram a Daniel e a seus companheiros para serem mortos. [14] Então Daniel falou de forma cautelosa e prudente a Arioque, capitão dos da guarda do rei, que tinha saído para matar os sábios de Babilônia. [15] Ele respondeu e disse a Arioque, capitão do rei: Por que houve este mandamento do rei tão repentinamente? Então Arioque explicou o ocorrido a Daniel. [16] E Daniel entrou, e pediu ao rei que lhe desse tempo para que ele mostrasse a interpretação ao rei. [17] Então Daniel foi para sua casa, e contou o ocorrido a Ananias, Misael, e Azarias, seus companheiros, [18] Para que pedissem misericórdia do Deus do céu sobre este mistério, e que Daniel e seus companheiros não perecessem juntamente com os demais sábios da Babilônia. [19] Então o mistério foi revelado a Daniel em visão de noite; então Daniel louvou ao Deus do céu. [20] Daniel falou, e disse: Bendito seja o nome de Deus para todo o sempre! Porque a ele pertence a sabedoria e o poder. [21] E ele é o que muda os tempos e as estações; ele tira os reis, e confirma os reis; ele é o que dá a sabedoria aos sábios, e a conhecimento aos entendidos; [22] Ele revela o profundo e o escondido; conhece o que está nas trevas, e a luz mora com ele. [23] A ti, ó Deus de meus pais, te agradeço e louvo, pois tu me deste sabedoria e poder, e agora me fizeste saber o que te pedimos; porque tu nos fizeste saber o assunto do rei. [24] Depois disto Daniel veio a Arioque, ao qual o rei tinha constituído para matar os sábios da Babilônia; ele veio, e disse-lhe assim: Não mates os sábios da Babilônia; leva-me diante do rei, que eu mostrarei ao rei a interpretação. [25] Então Arioque levou depressa a Daniel diante do rei, e disse-lhe assim: Achei um homem dos do cativos de Judá, o qual mostrará ao rei a interpretação. [26] Respondeu o rei, e disse a Daniel (cujo nome era Beltessazar): Podes tu me explicar o sonho que vi, e sua interpretação? [27] Daniel respondeu diante do rei, e disse: O mistério que o rei demanda, nem sábios, nem astrólogos, nem magos, nem adivinhos podem explicar ao rei; [28] Mas há um Deus nos céus, o qual revela os mistérios; ele, pois, fez saber ao rei Nabucodonosor o que haverá de acontecer no fim dos dias. Teu sonho, e as visões de tua cabeça sobre tua cama, são o seguinte: [29] Enquanto tu, ó rei, estava em tua cama, vieram teus pensamentos saber o irá acontecer no futuro; pois aquele que revela os mistérios te mostrou o que haverá de acontecer. [30] E a mim foi revelado este mistério, não porque em mim há mais sabedoria que em todos os viventes, mas

---

* **2:11** raça humana lit. carne

sim para que eu explique a interpretação ao rei, e assim entendas os pensamentos de teu coração. ³¹ Tu, ó rei, estavas vendo, e eis uma grande estátua. Esta estátua, que era muito grande, e tinha um esplendor excelente, estava em pé diante de ti; e sua aparência era terrível. ³² A cabeça da estátua era de ouro puro; seus peito e seus braços, de prata; seu ventre e suas coxas, de bronze; ³³ Suas pernas de ferro; seus pés, em parte de ferro, e em parte de barro. ³⁴ Estavas tu vendo, até que uma pedra foi cortada sem *auxílio de* mãos, a qual feriu a estátua em seus pés de ferro e de barro, e os esmigalhou. ³⁵ Então foi juntamente esmigalhado o ferro, o barro, o bronze, a prata e o ouro, e se tornaram como o pó das eiras de verão; e o vento os levou, e nunca se achou algum lugar para eles. Mas a pedra que feriu a estátua, se tornou um grande monte, que encheu toda a terra. ³⁶ Este é o sonho; a interpretação dele também diremos diante do rei. ³⁷ Tu, ó rei, és rei de reis; pois o Deus do céu te deu o reino, poder, força, e majestade. ³⁸ E onde quer que habitam filhos de homens, animais do campo, e aves do céu, ele os entregou em tuas mãos, e fez com que tivesses domínio sobre tudo; tu és a cabeça de ouro. ³⁹ E depois de ti se levantará outro reino inferior ao; e outro terceiro reino de bronze, o qual dominará toda a terra. ⁴⁰ E o quarto reino será forte como o ferro; e tal como o ferro esmigalha e despedaça tudo, e tal como o ferro que quebra todas estas coisas, assim também ele esmigalhará e quebrará. ⁴¹ E o que viste dos pés e dos dedos, em parte de barro de oleiro, e em parte de ferro, isso será um o reino dividido; mas haverá nele *algo* da força do ferro, conforme o que viste o ferro misturado com o barro mole. ⁴² E os dedos dos pés em parte de ferro, e em parte de barro, são que em parte o reino será forte, e em parte será frágil. ⁴³ Quanto ao que viste, o ferro misturado com barro mole, misturar-se-ão com semente humana, mas não se ligarão um ao outro, como o ferro não se mistura com o barro. ⁴⁴ Mas nos dias destes reis, o Deus do céu levantará um reino que nunca será destruído; e este reino não será deixado para outro povo; ao contrário, esmigalhará e consumirá todos estes reinos, e *tal reino* permanecerá para sempre. ⁴⁵ Por isso viste que do monte foi cortada uma pedra sem *auxílio de* mãos, a qual esmigalhou o ferro, o bronze, o barro, a prata, e o ouro. O grande Deus mostrou ao rei o que irá acontecer no futuro. O sonho é verdadeiro, e sua interpretação é fiel. ⁴⁶ Então o rei Nabucodonosor caiu com o rosto ao chão, prostrou-se diante de Daniel, e mandou que lhe sacrificassem oferta de alimento e incensos. ⁴⁷ O rei respondeu a Daniel, e disse: Certamente vosso Deus é o Deus dos deuses, o Senhor dos reis, e o revelador dos mistérios, pois pudeste revelar este mistério. ⁴⁸ Então o rei engrandeceu a Daniel, e lhe deu muitos e grandes presentes, e o pôs por governador de toda a província da Babilônia, e por príncipe dos governadores sobre todos os sábios de Babilônia. ⁴⁹ E Daniel pediu do rei, e ele pôs sobre os negócios da província de Babilônia a Sadraque, Mesaque, e Abednego; porém Daniel *ficou* na corte † do rei.

3

¹ O rei Nabucodonosor fez uma estátua de ouro, cuja altura era de sessenta côvados, sua largura de seis côvados; ergueu-a no campo de Dura, na província da Babilônia. ² E o rei Nabucodonosor mandou juntar os sátrapas, os prefeitos e governadores, os juízes, tesoureiros, conselheiros, os oficiais, e a todos os líderes das províncias, para que viessem à consagração da estátua que o rei Nabucodonosor havia erguido. ³ Então se reuniram os sátrapas, os prefeitos e governadores, os juízes, tesoureiros, conselheiros, os oficiais, e todos os líderes das províncias, para a consagração da estátua que o rei Nabucodonosor havia erguido; e estavam em pé diante da estátua que Nabucodonosor havia erguido. ⁴ E o arauto proclamava em alta voz: Manda-se

---

† **2:49** corte lit. porta

a vós, ó povos, nações, e línguas, ⁵ Que quando ouvirdes o som da trombeta, do pífano, da cítara, da harpa, do saltério, da flauta, e de todo instrumento musical, vos prostrareis e adorareis a estátua de ouro que o rei Nabucodonosor ergueu. ⁶ E qualquer um que não se prostrar e *a* adorar, na mesma hora será lançado dentro de uma fornalha de fogo ardente. ⁷ Por isso no mesmo instante em todos os povos ouviram o som da trombeta, do pífano, da cítara, da harpa, do saltério, da flauta, e de todo instrumento musical, todos os povos, nações, e línguas se prostraram, e adoraram a estátua de ouro que o rei Nabucodonosor havia erguido. ⁸ Por isso no mesmo instante *alguns* homens caldeus se chegaram, e acusaram dos judeus. ⁹ Eles falaram ao rei Nabucodonosor: Ó rei, vive para sempre! ¹⁰ Tu, ó rei, fizeste um decreto que todo aquele que ouvisse o som da trombeta, do pífano, do da cítara, da harpa, do saltério, da flauta, e de todo instrumento musical, se prostrasse e adorasse a estátua de ouro; ¹¹ E qualquer um que não se prostrasse e adorasse, fosse lançado dentro de uma fornalha de fogo ardente ¹² Há uns homens judeus, os quais constituíste sobre os negócios da província da Babilônia; Sadraque, Mesaque, e Abednego; estes homens, ó rei, não te respeitaram; não servem a teus deuses, nem adoram a estátua de ouro que tu ergueste. ¹³ Então Nabucodonosor com ira e furor, mandou trazer a Sadraque, Mesaque, e Abednego. Então trouxeram estes homens diante do rei. ¹⁴ Nabucodonosor lhes disse: É verdade, Sadraque, Mesaque, e Abednego, que vós não servis a meus deuses, nem adorais a estátua de ouro que ergui? ¹⁵ Agora pois, se estais prontos, quando ouvirdes o som da trombeta, do pífano, da cítara, da harpa, do saltério, da flauta, e de todo instrumento musical, prostrai-vos e adorai a estátua que eu fiz. Porém se não a adorardes, na mesma hora sereis lançados dentro da fornalha de fogo ardente; e quem é o Deus que vos livrará de minhas mãos? ¹⁶ Sadraque, Mesaque, e Abednego responderam ao rei Nabucodonosor: Não necessitamos de responder sobre este negócio. ¹⁷ Eis que nosso Deus a quem servimos pode nos livrar da fornalha de fogo ardente; e ele nos livrará de tua mão, ó rei. ¹⁸ E se não, sabe tu, ó rei, que não serviremos a teus deuses, nem adoraremos a estátua que ergueste. ¹⁹ Então Nabucodonosor se encheu de furor, e o aspecto de seu rosto se mudou contra Sadraque, Mesaque, e Abednego. Então ele falou, e mandou que o forno fosse aceso sete vezes mais do que costumava se acender. ²⁰ E mandou aos homens mais fortes que havia em seu exército, que atassem a Sadraque, Mesaque, e Abednego, para lançá-los na fornalha de fogo ardente. ²¹ Então estes homens foram atados com suas capas, suas calças, seus turbantes, e suas vestes, e foram lançados dentro da fornalha de fogo ardente. ²² E visto que a palavra do rei era urgente, e a fornalha estava muitíssimo quente, a chama do fogo matou aqueles homens que tinham levantado a Sadraque, Mesaque, e Abednego. ²³ E estes três homens, Sadraque, Mesaque, e Abednego, caíram atados dentro da fornalha de fogo ardente. ²⁴ Então o rei Nabucodonosor se espantou, e se levantou depressa, então perguntou aos seus conselheiros: Não lançamos três homens atados dentro do fogo? Eles responderam ao rei: É verdade, ó rei. ²⁵ Ele disse mais: Eis que vejo quatro homens soltos andando no meio do fogo, e não há neles dano algum; e a aparência do quarto é semelhante a um filho de deuses. * ²⁶ Então Nabucodonosor se aproximou da porta da fornalha de fogo ardente, e falou: Sadraque, Mesaque, e Abednego, servos do Deus altíssimo, saí e vinde! Então Sadraque, Mesaque, e Abednego saíram do meio do fogo. ²⁷ E juntaram-se os sátrapas, os prefeitos, os governadores, e os conselheiros do rei, para olharem estes homens, como o fogo não havia causado efeito algum em seus

---

* **3:25** filho de deuses ou "ser divino". Nas línguas bíblicas (no caso, o aramaico), o termo literalmente traduzido por "filho" tem sentido mais amplo que no português.

corpos, nem o cabelo de seus cabeças fora queimado, nem suas capas se mudaram, nem cheiro de fogo passara por eles. ²⁸ Nabucodonosor falou: Bendito seja o Deus de Sadraque, Mesaque, e Abednego, que enviou seu anjo, e livrou seus servos, que confiaram nele; pois violaram o mandamento do rei, e entregaram seus corpos para que servissem nem adorassem *algum* outro deus, a não ser o seu Deus. ²⁹ Portanto eu faço um decreto, que todo povo, nação, e língua, que disser blasfêmia contra o Deus de Sadraque, Mesaque, e Abednego, seja despedaçado, e sua casa seja se torne um amontoado de entulhos; pois não há outro deus que possa livrar como este. ³⁰ Então o rei fez com que Sadraque, Mesaque, e Abednego fossem prósperos na província da Babilônia.

4

¹ O rei Nabucodonosor, a todos os povos, nações, e línguas, que moram em toda a terra: paz vos seja multiplicada; ² Pareceu-me bem fazer conhecidos os sinais e maravilhas que o Deus altíssimo fez comigo. ³ Como são grandes os seus sinais, e como são poderosas as suas maravilhas! O reino dele é um reino eterno, e seu domínio de geração em geração. ⁴ Eu, Nabucodonosor, estava tranquilo em minha casa, e próspero * em meu palácio. ⁵ Eu vi um sonho que me espantou; e as imaginações em minha cama e as visões da minha cabeça me perturbaram. ⁶ Por isso eu fiz um decreto para que trouxessem diante de mim todos os sábios da Babilônia, para que me fizessem saber a interpretação do sonho. ⁷ Então vieram magos, astrólogos, caldeus, e adivinhos; e eu disse o sonho diante deles, mas não conseguiram me mostrar sua interpretação. ⁸ Porém por fim veio diante de mim Daniel, cujo nome é Beltessazar, segundo o nome de meu deus; e em *Daniel* há o espírito dos deuses santos. Então eu disse o sonho diante dele: ⁹ Beltessazar, príncipe dos magos, de quem eu sei que há em ti espírito dos deuses santos, e que nenhum mistério é difícil para ti, dize-me as visões de meu sonho que eu vi, e sua interpretação. ¹⁰ Estas foram as visões de minha cabeça em minha cama: eu estava vendo, e eis uma árvore grande em altura, no meio da terra. ¹¹ Esta árvore crescia, e se fortalecia; sua altura chegava até o céu, e podia ser vista até dos confins de toda a terra. ¹² Sua folhagem era bela, seu fruto abundante, e havia nela alimento para todos. Debaixo dela os animais do campo achavam sombra, em seus ramos as aves do céu faziam morada, e todos os seres † se alimentavam dela. ¹³ Eu estava vendo nas visões de minha cabeça em minha cama, e eis que um vigilante e santo descia do céu. ¹⁴ Ele gritava fortemente e dizia assim: Cortai a árvore, e podai seus ramos; derrubai sua folhagem, e dispersai seu fruto; fujam os animais debaixo dela, e as aves de seus ramos. ¹⁵ Porém deixai o tronco *com* suas raízes na terra, e com correntes de ferro e de bronze na erva do campo; e seja molhado com o orvalho do céu, e sua parte seja com os animais na grama da terra. ¹⁶ Seu coração seja mudado, para que não seja coração de homem, e seja-lhe dado um coração de animal; e passem sobre ele sete tempos. ¹⁷ Esta sentença é por decreto dos vigilantes, esta exigência pela palavra dos santos; para que os viventes saibam que o Altíssimo tem o domínio dos reinos humanos, e ele os dá a quem ele quer, e constitui sobre eles até o mais inferior dos seres humanos. ¹⁸ Este foi o sonho que eu, o rei Nabucodonosor, vi. Tu, pois, Beltessazar, dize a interpretação, porque todos os sábios do meu reino não puderam me revelar sua interpretação; mas tu podes, porque há em ti o espírito dos deuses santos. ¹⁹ Então Daniel, cujo nome era Beltessazar, ficou atônito por um certo tempo, e seus pensamentos o espantavam. O rei falou: Beltessazar, não fiques espantado com o sonho nem com sua interpretação. Beltessazar respondeu: Meu senhor, que o

---

* **4:4** próspero lit. florescente   † **4:12** todos os seres lit. toda carne

sonho seja para os que te odeiam, e sua interpretação para teus inimigos. ^{20} A árvore que viste, que crescera e se fizera forte, cuja altura chegava até o céu, e podia ser vista por toda a terra, ^{21} Cuja folhagem era formosa, seu fruto abundante, e em que havia alimento para todos; debaixo da qual moravam os animais do campo, e em seus ramos habitavam as aves do céu, ^{22} Ela és tu, ó rei, que cresceste, e te fizeste forte; pois tua grandeza cresceu, e chegou até o céu; e teu domínio até o fim da terra. ^{23} E quanto ao que o rei viu, um vigilante e santo que descia do céu, e dizia: Cortai a árvore e destruí-a; mas o tronco *com* suas raízes deixai na terra, com correntes de ferro e de bronze na erva do campo; e seja molhado do orvalho do céu, e sua parte seja com os animais do campo, até que passem sobre ele sete tempos, ^{24} Esta é a interpretação, ó rei; esta é a sentença do Altíssimo, que virá sobre o rei, meu senhor: ^{25} Expulsar-te-ão dentre os homens, e tua morada será com os animais do campo; serás alimentado com erva como aos bois, e serás molhado com orvalho do céu; e sete tempos passarão sobre ti, até que entendas que o Altíssimo tem o domínio sobre os reinos humanos, e ele os dá a quem ele quer. ^{26} E quanto ao que foi dito, que deixassem o tronco *com* das raízes da árvore, significa que teu reino se te será restabelecido, depois que tiveres entendido que o céu reina. ^{27} Portanto, ó rei, aceita meu conselho, e desfaze teus pecados por meio da justiça, e tuas maldades por meio da misericórdia para com os pobres; para que talvez haja uma prolongamento de tua paz. ^{28} Tudo isso veio sobre o rei Nabucodonosor; ^{29} *Pois* ao fim de doze meses, enquanto passeava sobre o palácio real da Babilônia, ^{30} O rei falou: Não é esta a grande Babilônia, que eu edifiquei para ser a capital ‡ do reino, com a força de meu poder, e para a glória de minha majestade? ^{31} Enquanto a palavra ainda estava na boca do rei, uma voz caiu do céu: A ti se diz, ó rei Nabucodonosor: perdeste o teu reino, ^{32} E te expulsarão dentre os homens. Tua morada será com os animais do campo, e com erva serás alimentado, como os bois; e sete tempos passarão sobre ti, até que entendas que o Altíssimo tem o domínio dos reinos dos homens, e ele os dá a quem ele quer. ^{33} Na mesma hora a palavra se cumpriu sobre Nabucodonosor, e foi lançado dentre os homens. Ele passou a comer erva como os bois, e seu corpo foi molhado com o orvalho do céu, até que seu pelo cresceu como *as penas* da águia, e suas unhas como *as garras* das aves. ^{34} Mas ao fim daqueles dias, eu, Nabucodonosor levantei meus olhos ao céu, e meu entendimento voltou a mim; então eu bendisse ao Altíssimo, e louvei e glorifiquei ao que vive para sempre, cujo domínio é eterno, e seu reino de geração em geração. ^{35} E todos os moradores da terra são contados como nada; e ele faz no exército do céu, e nos habitantes da terra segundo sua vontade; ninguém há que possa deter § sua mão, e lhe dizer: Que fazes? ^{36} No mesmo tempo meu entendimento voltou a mim, e a dignidade do meu reino, minha majestade e meu resplendor voltaram a mim; e meus conselheiros e meus grandes me buscaram; e eu fui restabelecido em meu reino, e maior glória me foi acrescentada. ^{37} Agora eu, Nabucodonosor louvo, exalto e glorifico ao Rei do céu, porque todas as suas obras são verdade, e seus caminhos juízo; e ele pode humilhar aos que andam com arrogância.

5

^{1} O rei Belsazar fez um grande banquete a mil de seus maiorais, e bebeu vinho diante destes mil. ^{2} Tendo Belsazar experimentado o vinho, mandou trazer os vasos de ouro e de prata que seu pai Nabucodonosor tirara do templo de Jerusalém, para que bebessem com eles o rei e seus maiorais, suas mulheres e suas concubinas. ^{3} Então trouxeram os vasos de ouro que foram tirados do templo da casa de Deus, que estava em Jerusalém; e beberam com eles o rei e seus maiorais, suas mulheres

---

‡ **4:30** capital lit. casa   § **4:35** deter trad. alt. golpear

e suas concubinas. ⁴ Beberam vinho, e louvaram aos deuses de ouro e de prata, de bronze, de ferro, de madeira, e de pedra. ⁵ Naquela mesma hora saíram dedos de uma mão de homem, e escreveram diante do castiçal na caiadura da parede do palácio real, e o rei viu parte da mão que estava escrevendo. ⁶ Então o semblante do rei se mudou, e seus pensamentos o perturbaram; as juntas de seus lombos se desataram, e seus joelhos se bateram um com o outro. ⁷ O rei clamou em alta voz que trouxessem astrólogos, caldeus, e adivinhos. O rei falou, e disse aos sábios da Babilônia: Qualquer um que ler esta escritura, e me mostrar sua interpretação, será vestido de púrpura, terá uma corrente de ouro a seu pescoço, e será o terceiro líder no reino. ⁸ Então vieram todos os sábios do rei, mas não puderam ler a escritura, nem fazer saber ao rei sua interpretação. ⁹ Então o rei Belsazar ficou muito perturbado, e se mudou seu semblante; seus maiorais estavam perturbados. ¹⁰ A rainha, por causa das palavras do rei e de seus maiorais, entrou na casa do banquete. A rainha disse: Ó rei, vive para sempre! Não te perturbem teus pensamentos, nem se mude teu semblante. ¹¹ Em teu reino há um homem no qual mora o espírito dos deuses santos; e nos dias de teu pai se achou nele luz, inteligência e sabedoria, como a sabedoria dos deuses; e teu pai, o rei Nabucodonosor (o rei, teu pai), o constituiu por príncipe sobre os magos, os astrólogos, os caldeus e os adivinhadores. ¹² Pois nele foi achado um espírito extraordinário, conhecimento, e entendimento, interpretando sonhos, resolvendo enigmas, e desfazendo dúvidas. Ele é Daniel, a quem o rei pôs por nome Beltessazar. Chame-se agora a Daniel, e ele mostrará a interpretação. ¹³ Então Daniel foi trazido diante do rei. E o rei disse a Daniel: És tu aquele Daniel dos cativos * de Judá, que meu pai trouxe de Judá? ¹⁴ Pois tenho ouvido de ti que o espírito dos deuses está em ti, e que em ti se acha luz, entendimento e extraordinária sabedoria. ¹⁵ E agora foram trazidos diante de mim sábios e astrólogos, para que lessem esta escritura, e me fizessem saber sua interpretação; mas eles não puderam mostrar a interpretação destas palavras. ¹⁶ Eu, porém, tenho ouvido sobre ti que podes dar interpretações, e solucionar dúvidas. Agora, se puderes puderes ler esta escritura, e fazer-me saber sua interpretação, serás vestido de púrpura, corrente de ouro terás em teu pescoço, e serás o terceiro líder no reino. ¹⁷ Então Daniel respondeu, e disse diante do rei: Fiquem contigo tuas dádivas, e dá teus presentes a outro; contudo lerei a escritura ao rei, e lhe farei saber a interpretação. ¹⁸ Quanto a ti, ó rei, o Deus Altíssimo deu a teu pai Nabucodonosor o reino, a grandeza, a glória, e a majestade; ¹⁹ E pela grandeza que ele lhe deu, todos os povos, nações, e línguas tremiam e temiam diante dele. Ele matava a quem queria, e concedia vida a quem queria; ele engrandecia a quem queria, e abatia a quem queria. ²⁰ Mas quando seu coração se exaltou, e seu espírito se endureceu em soberba, ele foi deposto do trono de seu reino, e a glória lhe foi tirada. ²¹ E foi expulso dentre os filhos dos homens; e sua mente † se tornou semelhante à dos animais, e com asnos selvagens foi sua morada. Foi alimentado com erva tal como os bois, e seu corpo foi molhado com o orvalho do céu, até que entendeu que o Deus altíssimo tem o domínio sobre os reinos humanos, e constitui sobre eles a quem ele quer. ²² E tu, Belsazar, filho dele, não humilhaste teu coração, mesmo sabendo de tudo isto; ²³ Em vez disso exaltaste a ti mesmo contra o Senhor do céu; pois trouxeram diante de ti os vasos de sua casa, e tu, teus maiorais, tuas mulheres e tuas concubinas, bebestes vinho neles; além disto, louvaste a deuses de prata, ouro, bronze, de ferro, madeira e pedra, que não veem, nem ouvem, nem têm conhecimento algum; porém ao Deus em cuja mão está tua vida e todos os teus caminhos, a ele não glorificaste; ²⁴ Então dele foi enviada aquela parte da mão que

---

* **5:13** cativos lit. filhos do cativeiro   † **5:21** mente lit. coração

esculpiu esta escritura. ²⁵ E esta é a escritura que foi escrita: MENE, MENE, TEQUEL, PARSIM. ²⁶ Esta é a interpretação daquilo: MENE: Contou Deus o teu reino, e o acabou. ²⁷ TEQUEL: Pesado foste na balança, e foste achado em falta. ²⁸ PERES: Dividido foi teu reino, e entregue aos a medos e aos persas. ²⁹ Então Belsazar deu ordens, e vestiram a Daniel de púrpura, *puseram* uma corrente de ouro em seu pescoço, e anunciaram que ele seria o terceiro líder no reino. ³⁰ Naquela mesma noite Belsazar, rei dos caldeus, foi morto. ³¹ E Dario, o medo, tomou o reino, sendo da idade de sessenta e dois anos.

6

¹ Pareceu bem a Dario constituir sobre o reino cento vinte governadores que estivessem em todo o reino. ² E sobre eles três supervisores, dos quais Daniel era um, a quem estes governadores deviam prestar contas, para que o rei não sofresse dano. ³ Então o mesmo Daniel era superior a estes governadores e supervisores, porque nele havia um espírito extraordinário; por isso o rei pensava em constituí-lo sobre todo o reino. ⁴ Então os supervisores e governadores procuravam achar alguma acusação contra Daniel a respeito do reino; mas não conseguiram achar acusação ou falta alguma, porque ele era fiel, e nenhum erro nem falta foi achada nele. ⁵ Então esses homens disseram: Não acharemos acusação alguma contra este Daniel, a não ser se a acharmos contra ele na lei de seu Deus. ⁶ Então esses supervisores e governadores foram juntos ao rei, e lhe disseram assim: Ó rei Dario, vive para sempre! ⁷ Todos os supervisores do reino, os prefeitos, governadores, conselheiros e capitães, concordaram em sugerir a promulgação de um decreto real, e estabelecer um estatuto forte, que qualquer um que, no intervalo de trinta dias, fizer alguma petição a qualquer deus ou humano, a não ser a ti, ó rei, seja lançado na cova dos leões. ⁸ Agora, ó rei, confirma o decreto, e assina a escritura, para que não se mude, conforme à lei dos medos e dos persas, que não se pode revogar. ⁹ Por esta causa o rei Dario assinou o decreto por escrito. ¹⁰ E Daniel, quando soube que a escritura estava assinada, entrou em sua casa, e com as janelas de seu quarto abertas, voltadas para Jerusalém, punha-se de joelhos três vezes ao dia, e orava, e confessava diante de seu Deus, assim como costumava fazer antes. ¹¹ Então aqueles homens se juntaram, e encontraram Daniel orando e suplicando diante de seu Deus. ¹² Então se aproximaram e falaram diante do rei acerca do decreto real: Por acaso não assinaste o decreto que todo aquele que pedir a qualquer deus ou humano no intervalo de trinta dias, a não ser a ti, ó rei, seja lançado na cova dos leões? O rei respondeu: Esta palavra é certa, conforme a lei dos medos e dos persas, que não se pode revogar. ¹³ Então disseram diante do rei: Daniel, que é um dos cativos * de Judá, não respeitou a ti, ó rei, nem ao decreto que assinaste; em vez disso três vezes ao dia ele faz sua oração. ¹⁴ Quando o rei ouviu isso, pesou-lhe muito, e tentou pensar em como livrar Daniel; e até o pôr do sol trabalhou para livrá-lo. ¹⁵ Então aqueles homens foram juntos ao rei, e disseram ao rei: Sabe, ó rei, que é a lei dos medos e dos persas, que nenhum decreto um ordenança que o rei estabeleceu pode ser mudada. ¹⁶ Então o rei mandou trazerem a Daniel, e *o* lançaram na cova dos leões. E o rei falou a Daniel: O teu Deus, a quem tu serves continuamente, ele te livre. ¹⁷ E foi trazida uma pedra, e foi posta sobre a abertura da cova, a qual o rei selou com seu anel, e com o anel de seus grandes, para que a sentença acerca de Daniel não fosse mudada. ¹⁸ Então o rei foi a seu palácio, e passou a noite em jejum; não permitiu que lhe trouxessem instrumentos musicais diante de si, e ele perdeu o sono. † ¹⁹ Então o

---

* **6:13** cativos lit. filhos do cativeiro   † **6:18** perdeu o sono lit. o sono fugiu dele

rei se levantou pela manhã cedo, e foi depressa à cova dos leões. ²⁰ E chegando perto da cova, chamou a Daniel com voz triste; e o rei falou a Daniel: Daniel, servo do Deus vivente! O teus Deus, a quem tu continuamente serves, pôde te livrar dos leões? ²¹ Então Daniel falou ao rei: Ó rei, vive para sempre! ²² Meu Deus enviou seu anjo, que fechou a boca dos leões, para que não me fizessem dano; porque diante dele se achou inocência em mim; e também contra ti, ó rei, não cometi delito algum. ²³ Então o rei se alegrou muito por causa dele, e mandou tirar a Daniel da cova; assim Daniel foi tirado da cova, e nenhum dano se achou nele, pois havia confiado em seu Deus. ²⁴ Então o rei mandou trazerem aqueles homens que tinham acusado a Daniel, e foram lançados na cova dos leões, eles, seus filhos, e suas mulheres; e nem sequer haviam chegado ao fundo da cova, quando os leões os tomaram, e quebraram todos os seus ossos. ²⁵ Então o rei Dario escreveu a todos os povos, nações, e línguas, que moram em toda a terra: Paz vos seja multiplicada. ²⁶ De minha parte é feito um decreto, que em todo o domínio de meu reino, *todos* tremam e temam a presença do Deus de Daniel; porque ele é o Deus vivente, que permanece para sempre; seu reino não se pode destruir, e seu domínio *dura* até o fim. ²⁷ Ele resgata e livra, e faz sinais e maravilhas no céu e na terra; ele livrou a Daniel do poder dos leões. ²⁸ E este Daniel foi próspero no reino de Dario, e no reinado de Ciro, o persa.

7

¹ No primeiro ano de Belsazar, rei da Babilônia, Daniel viu um sonho, e visões de sua cabeça em sua cama; logo escreveu o sonho, *e* anotou o resumo das coisas. ² Daniel disse: Eu estava vendo em minha visão de noite, e eis que os quatro ventos do céu atormentavam o grande mar. ³ E quatro grandes animais subiam do mar, diferentes um do outro. ⁴ O primeiro era como leão, e tinha asas de águia. Eu estava olhando, até que suas asas lhe foram arrancadas; e foi levantado da terra; e posto de pé como um ser humano, e foi lhe dado um coração humano. ⁵ E eis outra segundo animal, semelhante a um urso, a qual se levantou por um lado, e tinha em sua boca três costelas entre seus dentes; e foi lhe dito assim: Levanta-te, devora muita carne. ⁶ Depois disto eu estava olhando, e eis outro, semelhante a um leopardo, e tinha quatro asas de ave em suas costas; este animal também tinha quatro cabeças; e foi lhe dado domínio. ⁷ Depois disto eu estava olhando nas visões da noite, e eis o quarta besta, terrível e espantoso, e muito forte. Ele tinha grandes dentes de ferro; devorava e quebrava em pedaços, e as sobras pisava com seus pés: e era diferente de todos os animais que foram antes dele; e tinha dez chifres. ⁸ Enquanto eu estava observando os chifres, eis que outro chifre pequeno subia entre eles, e três dos primeiros chifres foram arrancados de diante dele; e eis que neste chifre havia olhos como olhos humanos, e uma boca que falava coisas arrogantes. * ⁹ Eu estive olhando até que foram postos tronos, e um Ancião de dias se sentou; sua veste era branca como a neve, e o cabelo de sua cabeça como lã limpa; seu trono era chamas de fogo, e suas rodas fogo ardente. ¹⁰ Um rio de fogo manava e saía de diante dele; milhares de milhares lhe serviam, e milhões de milhões estavam de pé diante dele: o julgamento começou, † e os livros foram abertos. ¹¹ Então eu estive olhando por causa da voz das palavras arrogantes que o chifre falava; estive olhando, até que mataram o animal, e seu corpo foi destruído, e entregue para ser queimado no fogo. ¹² E quanto aos outros animais, seu domínio foi tirado; porém lhes fora dada prolongação de vida até um certo tempo. ¹³ Eu estava vendo em minhas visões de noite, e eis que estava vindo nas nuvens do céu como um filho do homem; e ele chegou

---

* **7:8** arrogantes lit. grandes – também v. 11 e 20   † **7:10** começou lit. se assentou

até o Ancião de dias, e o fizeram chegar diante dele. [14] E foi lhe dado domínio, honra, e reino, de modo que todos os povos, nações e línguas lhe serviram; seu domínio é um domínio eterno, que não passará, e seu reino não será destruído. [15] Quanto a mim, Daniel, meu espírito foi perturbado dentro do corpo, e as visões de minha cabeça me espantaram. [16] Cheguei-me a um dos que estavam em pé, e lhe perguntei a verdade acerca de tudo isto. E ele me disse, e me fez saber a interpretação das coisas. [17] Estas grandes animais, que são quatro, são quatro reis, que se levantarão da terra. [18] Mas os santos do Altíssimo receberão o reino; e possuirão o reino para todo o sempre, eternamente. [19] Então tive desejo de saber a verdade acerca do quarto animal, que era tão diferente de todos os outros, muito terrível, que tinha dentes de ferro, e unhas de bronze, que devorava, quebrava em pedaços, e as sobras pisava com seus pés; [20] Assim como dos dez chifres que estavam em sua cabeça, e do outro que havia subido, de diante do qual três tinham caído; daquele chifre que tinha olhos, e boca que falava coisas arrogantes, e cuja aparência era maior que a de seus companheiros. [21] Eu estava vendo que este chifre fazia guerra contra os santos, e os vencia, [22] Até que veio o Ancião de dias, e o juízo foi dado em favor dos santos do Altíssimo; e veio o tempo que os santos possuíram o reino. [23] Ele disse assim: O quarto animal será um quarto reino na terra, o qual será diferente de todos os reinos; e devorará toda a terra, e a pisará, e a quebrará em pedaços. [24] E os dez chifres *significam* que daquele reino se levantarão dez reis; e após deles se levantará outro, o qual será diferente dos primeiros, e humilhará a três reis. [25] E falará palavras contra o Altíssimo, e destruirá os santos do Altíssimo; e pensará em mudar os tempos e a lei; e serão entregues em sua mão por um tempo, e tempos, e metade de um tempo. [26] Porém o julgamento começará, e tirarão seu domínio, para que seja destruído e aniquilado até o fim; [27] E o reino, o domínio, e a majestade dos reinos debaixo de todo o céu, será dado ao povo dos santos do Altíssimo; seu reino será um reino eterno, e todos os domínios lhe servirão e obedecerão. [28] Até aqui foi o fim do relato. Quanto a mim, Daniel, meus pensamentos me espantavam muito, e mudou-se meu semblante em mim; mas guardei o relato em meu coração.

8

[1] No terceiro ano do reinado do rei Belsazar, apareceu uma visão a mim, Daniel, depois daquela que tinha me aparecido no princípio. [2] E vi em uma visão, (e aconteceu quando vi, que eu estava na fortaleza de Susã, que é na província de Elão) vi pois em uma visão, enquanto eu estava junto ao rio Ulai. [3] E levantei meus olhos, e vi, e eis um carneiro que estava diante do rio, o qual tinha dois chifres; e os dois chifres eram altos, porém um era mais alto que o outro; e o mais alto subiu por último. [4] Vi que o carneiro dava golpes com os chifres para o ocidente, para o norte, e para o sul; nenhum dos animais podia lhe resistir, nem havia quem se livrasse de seu poder; * e fazia conforme sua vontade, e se engrandecia. [5] E enquanto eu estava considerando, eis um bode que vinha do ocidente sobre a face de toda a terra, e ele não tocava a terra; e aquele bode tinha um chifre muito visível entre seus olhos; [6] E ele veio até o carneiro que tinha os dois chifres, o qual eu havia visto que estava diante do rio, e correu contra ele com o ímpeto de sua força. [7] E o vi chegar junto ao carneiro, e irritou-se contra ele, feriu o carneiro, e quebrou seus dois chifres, pois não havia no carneiro força para resistir-lhe; então o derrubou por terra, e o pisou; não houve quem livrasse o carneiro de seu poder. [8] E o bode se engrandeceu muito; porém, quando estava em sua *maior* força, aquele grande chifre foi quebrado, e em seu lugar subiram *outros* quatro muito visíveis, na direção dos quatro ventos do céu.

---

* **8:4** poder lit. mão – também v. 7

⁹ E de um deles saiu um chifre pequeno, o qual cresceu muito ao sul, ao oriente, e à *terra* formosa. ¹⁰ E engrandeceu-se até o exército do céu; e lançou por terra a *alguns* do exército e das estrelas, e as pisou. ¹¹ Engrandeceu-se até contra o príncipe do exército, e por ele foi tirado o contínuo *sacrifício* , e o lugar de seu santuário foi derrubado. ¹² E por causa da transgressão, o exército *lhe* foi entregue, assim como o contínuo *sacrifício* ; e lançou a verdade em terra, e teve sucesso naquilo que fez. ¹³ Depois ouvi um santo que falava; e outro santo disse ao que falava: Até quando *durará* a visão do contínuo *sacrifício* , e da transgressão assoladora, de modo que o santuário e o exército são entregues para serem pisoteados? ¹⁴ E ele me disse: Até duas mil e trezentas tardes e manhãs; e o santuário será purificado. ¹⁵ E aconteceu que, tendo eu, Daniel visto a visão, e buscando entendê-la, eis que *alguém* semelhante a um homem se pôs diante de mim. ¹⁶ E ouvi uma voz de homem entre as *margens* de Ulai, que gritou e disse: Gabriel, explica a visão a este. ¹⁷ Então ele veio para perto de onde eu estava; e quando ele veio, me assombrei, e caí sobre meu rosto. Porém ele me disse: Entende, filho do homem; porque esta visão será para o tempo do fim. ¹⁸ E enquanto ele estava falando comigo, adormeci sobre meu rosto em terra; então ele me tocou, e fez ficar de pé. ¹⁹ E disse: Eis que eu te farei saber o que irá acontecer no fim da ira; pois será no tempo certo, o fim. ²⁰ Aquele carneiro que viste com dois chifres, são os reis da Média e da Pérsia. ²¹ Porém o bode peludo é o rei da Grécia; e o chifre grande que tinha entre seus olhos é o primeiro rei. ²² E quanto a ter sido quebrado, e terem surgido quatro em seu lugar, *significa* que quatro reinos surgirão daquela nação, mas não com a força dele. ²³ E ao fim do império deles, quando os transgressores se acabarem, se levantará um rei de rosto feroz, e entendido em astúcias. ²⁴ E sua força ganhará vigor, mas não com sua própria força; e destruirá terrivelmente, e terá sucesso naquilo que fizer; e destruirá os fortes e o povo dos santos. ²⁵ E com sua inteligência fará prosperar o engano em seu poder; † e em seu coração se engrandecerá, e com tranquilidade destruirá a muitos; e se levantará contra o Príncipe dos príncipes, porém sem mão será quebrantado. ‡ ²⁶ E a visão da tarde e a manhã que foi dita é verdadeira; tu, porém guarda em segredo § a visão, porque é para muitos dias. ²⁷ E eu, Daniel, enfraqueci, e fiquei doente por *alguns* dias; depois me levantei, e tratei dos negócios do do rei; porém continuei espantado acerca da visão, e não havia quem a entendesse.

9

¹ No ano primeiro de Dario, filho de Assuero, da nação dos medos, o qual foi posto por rei sobre o reino dos caldeus; ² No primeiro ano de seu reinado, eu, Daniel, entendi pelos livros o número de anos, dos quais o SENHOR falara ao profeta Jeremias, que havia de acabar a assolação de Jerusalém, era setenta anos. ³ Então dirigi meu rosto ao Senhor Deus, para *o* buscar com oração e rogos, em jejum, saco, e cinza. ⁴ E orei ao SENHOR meu Deus, e declarei, dizendo: Ó Senhor, Deus grande e temível, que guarda o pacto e a misericórdia com os que o amam e guardam seus mandamentos; ⁵ Nós pecamos, cometemos maldade; agimos perversamente, e fomos rebeldes, por termos nos desviado de teus mandamentos e de teus juízos. ⁶ Não demos ouvido a teus servos, os profetas, que em teu nome falaram a nossos reis, nossos príncipes, nossos pais, e a todo o povo da terra. ⁷ A ti, Senhor, pertence a justiça, mas a nós a vergonha de rosto, tal como hoje *estamos* ,todo homem de Judá, os moradores de Jerusalém, e todo Israel, os de perto e os de longe, em todas as terras para onde

---

† **8:25** poder lit. mão ‡ **8:25** sem mão será quebrantado i.e., será destruído, mas não pela força humana

§ **8:26** guarda em segredo trad. alt. sela

os tens lançado por causa de sua transgressão com que transgrediram contra ti. [8] Ó SENHOR, a nós *pertence* a vergonha de rosto, a nossos reis, nossos príncipes, e nossos pais; porque contra ti pecamos. [9] Ao SENHOR nosso Deus, pertence a misericórdia e os perdões, ainda que contra ele tenhamos nos rebelado; [10] E não obedecemos à voz do SENHOR nosso Deus, para andar em suas leis, as quais ele nos deu por meio de seus servos os profetas. [11] E todo Israel transgrediu tua lei, desviando-se para não ouvir tua voz; por isso a maldição, e o juramento que está escrito na lei de Moisés, servo de Deus, foram derramados sobre nós; porque contra ele pecamos. [12] E ele confirmou sua palavra que falou sobre nós, e sobre nossos juízes que nos julgavam, trazendo sobre nós tão grande mal, * que nunca havia sido feito debaixo do céu como o que foi feito em Jerusalém. [13] Assim como está escrito na Lei de Moisés, todo aquele mal veio sobre nós; contudo não suplicamos à face do SENHOR nosso Deus, para nos convertermos de nossas maldades, e entender a tua verdade. [14] O SENHOR vigiou sobre o mal, e o trouxe sobre nós; porque justo é o SENHOR nosso Deus em todas suas obras que fez; pois não obedecemos a sua voz. [15] Agora pois, ó Senhor nosso Deus, que tiraste teu povo da terra do Egito com mão poderosa, e fizeste famoso o teu nome até hoje; temos pecado, agimos com maldade. [16] Ó Senhor, segundo todas tuas justiças, desvie agora tua ira e teu furor de sobre a tua cidade Jerusalém, teu santo monte; pois por causa de nossos pecados, e pela maldades de nossos pais, Jerusalém e teu povo foram humilhados por todos os que estão ao nosso redor. [17] Agora pois, ó Deus nosso, ouve a oração de teu servo, e suas súplicas, e faze que teu rosto resplandeça sobre teu santuário assolado, por causa do Senhor. [18] Inclina, ó Deus meu, teus ouvidos, e ouve; abre teus olhos, e olha para nossas assolações, e para a cidade que é chamada pelo teu nome; pois não apresentamos nossas súplicas diante de ti *confiando* em nossas justiças, mas sim em tuas muitas misericórdias. [19] Ouve, Senhor; ó Senhor, perdoa; presta atenção, Senhor, e faze sem demora, por causa de ti mesmo, Deus meu; pois a tua cidade e teu povo são chamados pelo teu nome. [20] Enquanto eu ainda estava falando e orando, e confessando meu pecado e o pecado de meu povo Israel, e apresentando minha súplica diante do SENHOR meu Deus, pelo monte santo de meu Deus; [21] Estava eu falando em oração, e aquele varão Gabriel, ao qual eu tinha visto em visão antes, veio voando apressadamente, e me tocou cerca da hora do sacrifício da tarde. [22] E *me* explicou, e falou comigo, dizendo: Daniel, agora saí para te fazer entender o sentido. [23] No princípio de tuas súplicas a palavra saiu, e eu vim para te declarar, pois tu és muito querido. Considera, pois a palavra, e entende a visão. [24] Setenta semanas estão determinadas sobre teu povo e sobre tua santa cidade, para acabar a transgressão, para encerrar o pecado, para expiar a maldade, e para trazer a justiça eterna; para selar a visão e a profecia, e para ungir o Santo dos santos [25] Sabe pois e entendas: desde a saída da palavra para restaurar e edificar a Jerusalém até o Messias, o Príncipe, haverá sete semanas, e sessenta e duas semanas; voltará a ser construída com praças e muro, porém em tempos angustiosos. [26] E depois das sessenta e duas semanas o Messias será exterminado, e nada terá para si; e o povo do príncipe que virá destruirá à cidade e o santuário; o fim dela será com inundação, e até o fim da guerra estão determinadas assolações. [27] E firmará um pacto com muitos por uma semana; e na metade da semana fará cessar o sacrifício e a oferta de alimentos; depois sobre a asa das abominações será o assolador, e isto até que seja derramado o fim determinado sobre o assolador.

10

[1] No terceiro ano de Ciro rei da Pérsia, foi revelada uma palavra a Daniel, cujo

---

* **9:12** mal i.e., calamidade, desastre

nome era chamado Beltessazar; e a palavra é verdadeira, e sobre uma grande guerra; e ele entendeu a palavra, e teve entendimento da visão. ² Naqueles dias eu, Daniel, me entristeci durante três semanas completas. ³ Não comi alimento agradável, nem carne nem vinho entrou em minha boca, nem me untei com unguento, até que se completassem três semanas. ⁴ E aos vinte e quatro dias do primeiro mês, estava eu na margem do grande rio Tigre; * ⁵ Então levantei meus olhos, e olhei, e eis um homem vestido de linho, e cingidos seus lombos de ouro fino de Ufaz; ⁶ E seu corpo era como berilo, seu rosto parecia um relâmpago; seus olhos eram como tochas de fogo, e seus braços e seus pés como de cor de bronze polido; e a voz de suas palavras era como a voz de uma multidão. ⁷ E somente eu, Daniel, vi aquela visão, e os homens que estavam comigo não a viram; porém caiu sobre eles um grande temor, de tal modo que fugiram e se esconderam. ⁸ Fiquei, pois, eu só, e vi esta grande visão, e não ficou em mim força alguma; antes minha boa aparência se tornou em palidez, sem reter força alguma. ⁹ Porém ouvi a voz de suas palavras; e enquanto ouvia a voz de suas palavras, eu caí em profundo sono sobre meu rosto, com meu rosto em terra. ¹⁰ E eis que uma mão me tocou, e fez que eu me movesse sobre meus joelhos, e sobre as palmas de minhas mãos. ¹¹ E disse-me: Daniel, homem muito querido, entende as palavras que falarei contigo, e levanta-te sobre teus pés; porque agora sou enviado a ti. E enquanto ele falava comigo esta palavra, eu estava tremendo. ¹² E ele me disse: Não temas, Daniel; porque desde o primeiro dia em que deste teu coração a entender, e a te afligir na presença de teu Deus, foram ouvidas tuas palavras; e foi por causa de tuas palavras que eu vim. ¹³ Mas o príncipe do reino da Pérsia se pôs contra mim por vinte e um dias; e eis que Miguel, um dos principais chefes, veio para me ajudar, e eu fiquei ali com os reis da Pérsia. ¹⁴ Agora vim para te fazer entender o que irá acontecer a teu povo nos últimos dias; porque a visão ainda é para *muitos* dias; ¹⁵ E tendo ele falado comigo estas palavras, abaixei meu rosto em terra, e emudeci. ¹⁶ E eis que *alguém* semelhante aos filhos dos homens tocou meus lábios. Então abri minha boca, e falei, e disse ao que estava diante de mim: Meu senhor, por causa da visão minhas dores se tornam sobre mim, sem que eu retenha força alguma. ¹⁷ Como pode, pois, o servo de meu senhor falar com este meu senhor? Pois desde agora não resta força em mim, e não me ficou fôlego. ¹⁸ E *aquele* que parecia com um homem me tocou outra vez, e me confortou; ¹⁹ E disse: Não temas, homem querido, paz seja contigo; sê forte! Sê forte! E tendo ele falado comigo, fortaleci-me, e disse: Fale meu senhor, pois tu me fortaleceste. ²⁰ E ele disse: Sabes por que vim ti? Pois agora voltarei para lutar contra o príncipe da Pérsia; e quando eu sair, eis que virá o príncipe da Grécia. ²¹ Porém eu te declararei o que está escrito na escritura de verdade; e ninguém há que se esforce comigo contra eles, a não ser Miguel, vosso príncipe.

11

¹ E eu, no primeiro ano de Dario o medo, estive para confortá-lo e fortalecê-lo. ² E agora eu te declararei a verdade. Eis que ainda haverá três reis na Pérsia, e o quarto acumulará mais riquezas que todos; e fortificando-se com suas riquezas, despertará a todos contra o reino da Grécia. ³ Depois se levantará um rei poderoso, que reinará com grande domínio, e fará conforme sua vontade. ⁴ Mas quando ele estiver erguido, seu reino será quebrantado, e repartido nos quatro ventos do céu; porém não a seus descendentes, nem conforme seu domínio com que ele reinou; porque seu reino será arrancado, e será para outros fora destes. ⁵ E o rei do sul se fortalecerá; mas um de seus príncipes se fortalecerá mais que ele, e reinará; e seus domínio será um grande

---

* **10:4** Tigre trad. alt. Hidéquel

domínio. ⁶ Mas ao fim de *alguns* anos eles se aliarão, e a filha do rei do sul virá ao rei do norte para fazer os acordos. Porém ela não poderá * reter a força de seu poder; por isso nem ele, nem seu poder persistirá; porque ela será entregue, e os que a tiverem trazido, e seu pai, e ao que a fortalecia naqueles tempos. ⁷ Mas do renovo de suas raízes um se levantará em seu lugar; e virá com exército, e entrará na fortaleza do rei do norte, e agirá contra eles, e prevalecerá. ⁸ E até seus deuses com seus príncipes, com seus vasos preciosos de prata e de ouro, levará cativos ao Egito; e por *alguns* anos ele deixará de atacar o rei do norte; ⁹ O qual virá ao reino o rei do sul, e voltará para sua terra. ¹⁰ Porém os filhos dele se agitarão *para a guerra* ,e ajuntarão uma multidão de grandes exércitos; e certamente avançará, inundará, e passará; e quando voltar, se agitará *em guerra* até sua fortaleza. ¹¹ Então o rei do sul se enfurecerá, e sairá, e lutará contra ele, o rei do norte; e mobiliza uma grande multidão, porém toda aquela multidão será entregue em sua mão. ¹² Quando for perdida aquele multidão, seu coração se exaltará; e ainda que derrube muitos milhares; contudo não prevalecerá. ¹³ E o rei do norte voltará, e porá em campo uma multidão maior que a primeira, e a fim do tempo de *alguns* anos avançará com grande exército e com muitos suprimentos. ¹⁴ E naqueles tempos muitos se levantarão contra o rei do sul; e filhos dos violentos de teu povo se levantarão para confirmar a visão, e cairão. ¹⁵ Então o rei do norte virá, e levantará cerco, e tomará a cidade forte; e os poderes † do sul não poderão subsistir, nem os melhores de seu povo, nem haverá força que possa subsistir. ¹⁶ E o que virá contra ele fará sua própria vontade, e não haverá quem possa subsistir diante dele; ele estará na terra gloriosa, e o poder de destruir estará em sua mão. ¹⁷ Ele decidirá ‡ vir com o poder de todo seu reino; e os corretos com ele, e *assim* fará; e lhe dará uma filha de mulheres para destruir *o reino* ; mas ela não terá sucesso, nem será para proveito dele. ¹⁸ Depois virará seu rosto para as terras costeiras, e tomará muitas; mas um príncipe fará cessar sua humilhação por ele, e ainda fará tornar sobre ele sua humilhação. ¹⁹ Então virará seu rosto para as fortalezas de sua terra; mas tropeçará e cairá, e não será mais achado. ²⁰ E em seu lugar se levantará um que fará passar um cobrador de impostos para glória real; mas em poucos dias será quebrantado, não por causa de ira nem de batalha. ²¹ Depois se levantará em seu lugar um ser desprezível, ao qual não darão a honra real; mas virá durante a quietude, e tomará o reino por meio de enganos. ²² E exércitos em grande volume § serão repelidos diante dele, e serão quebrantados; assim como também o príncipe do pacto. * ²³ E depois de fizerem acordos com ele, ele usará engano, e subirá; será fortalecido *mesmo* com pouca gente. ²⁴ Quando houver tranquilidade nas mais prósperas *regiões* da província, ele virá e fará o que nunca fizeram seus pais, nem os pais de seus pais; ele repartirá presa, despojos, e riquezas entre os seus; e voltará seus pensamentos contra as fortalezas; porém *somente* por um tempo. ²⁵ E despertará sua forças e sua coragem † contra o rei do sul, com grande exército; e o rei do sul se agitará para a guerra com grande e muito poderoso exército; mas não prevalecerá, porque tramarão planos contra ele. ²⁶ Até os que comerem de sua comida o destruirão; e seu exército será repelido, ‡ e muitos cairão mortos. ²⁷ E o coração destes dois reis será para fazer mal, e em uma mesma mesa falarão mentiras; mas isto não terá sucesso, pois ainda *haverá* o fim no tempo determinado. ²⁸ E voltará para sua terra com grande riqueza, e seu coração será contra o pacto santo; e ele fará *o que decidir* , e voltará a sua terra. ²⁹ A certo tempo voltará a vir ao sul; mas a

---

última *vinda* não será como a primeira. [30] Porque navios de Quitim virão contra ele, de modo que ele se entristecerá, voltará, e se indignará contra o pacto santo, e ele fará *o que decidir* ; pois quando voltar, ele dará atenção aos que tiverem abandonado o pacto santo. [31] E tropas § virão da parte dele, e profanarão o santuário e a fortaleza; tirarão o contínuo *sacrifício* , e porão uma abominação assoladora. [32] E com lisonjas ele perverterá aos violadores do pacto; mas o povo que conhece a seu Deus com força resistirá. [33] E os entendidos do povo ensinarão a muitos; porém cairão à espada e a fogo, por meio de cativeiro e de despojo, por *muitos* dias. [34] E quando eles caírem, serão ajudados por um pequeno socorro; contudo muitos se aliarão a eles através de enganos. [35] E alguns dos sábios cairão para serem refinados, purificados e limpos, até o tempo do fim; porque *isto* ainda será para o tempo determinado. [36] E o rei fará a sua vontade; e se exaltará, e se engrandecerá sobre todo deus; ele falará coisas arrogantes contra o Deus dos deuses, e será próspero, até que a ira se complete; pois o que está determinado será feito. [37] Ele não respeitará os deuses de seus pais, nem para o preferido das mulheres; nem respeitará deus algum, pois se engrandecerá sobre todos. [38] Mas em seu lugar honrará ao deus das fortalezas, um deus que seus pais nem sequer conheceram; ele o honrará com ouro, prata, pedras preciosas, e com coisas de grande valor. [39] E ele atacará * fortes fortalezas com o deus estrangeiro; aos que o reconhecerem, ele aumentará a honra; e ele os fará terem domínio sobre muitos, e repartirá a terra por preço. [40] E no tempo do fim o rei do sul lutará contra ele; e o rei do norte levantará como tempestade contra ele, com carruagens, cavaleiros, e muitos navios; e entrará pelas terras, arruinará como se fosse inundação, e passará. [41] E virá à terra gloriosa, e muitos *povos* cairão; mas estes escaparão de sua mão: Edom, Moabe, e os líderes dos filhos de Amom. [42] E estenderá sua mão a *outras* terras, e a terra do Egito não escapará. [43] E se apoderará dos tesouros de ouro e prata, e de todas as coisas valiosas do Egito, os líbios e os cuxitas † o seguirão. ‡ [44] Porém notícias do oriente e do norte o espantarão; e ele sairá com grande furor para destruir e matar muitos. [45] E armará a tendas de seu palácio entre os mares, no glorioso monte santo; mas ele virá a seu fim, e não haverá quem o ajude.

12

[1] E naquele tempo se levantará Miguel, o grande príncipe que está a favor dos filhos de teu povo; e será tempo de angústia tal que nunca houve desde que as nações surgiram até aquele tempo; mas naquele tempo o teu povo será livrado, todo aquele os que se achar escrito no livro. [2] E muitos dos que dormem no pó da terra ressuscitarão, uns para a vida eterna, e outros para a vergonha e o desprezo eterno. [3] E os sábios brilharão como o resplendor do céu; e os que conduzem muitos à justiça *brilharão* como as estrelas, para todo o sempre. [4] Porém tu, Daniel, guarda em segredo estas palavras e sela o livro até o tempo do fim; muitos correrão de um lado para o outro, e o conhecimento se multiplicará. [5] Então eu, Daniel, olhei, e eis outros dois que estavam de pé, um à margem do rio, e o outro à outra margem do rio. [6] E ele disse ao homem vestido de linho, que estava sobre as águas do rio: Quando será o fim destas maravilhas? [7] E ouvi o homem vestido de linho, que estava sobre as águas do rio, e levantou sua mão direita e sua esquerda ao céu, e jurou por aquele que vive eternamente; que será depois de um tempo, tempos, e a metade *de um tempo* . Quando acabarem de despedaçar o poder * do povo santo, todas estas coisas serão cumpridas. [8] E eu ouvi, mas não entendi. Por isso eu disse: Meu senhor, o que será o cumprimento

---

§ **11:31** tropas lit. braços * **11:39** atacará lit. agirá [contra] † **11:43** cuxitas trad. alt. etíopes ‡ **11:43** seguirão i.e., se submeterão * **12:7** poder lit. mão

destas coisas? ⁹ E ele disse: Caminha, Daniel, pois estas palavras estão guardadas em segredo e seladas até o tempo do fim. ¹⁰ Muitos serão purificados, limpos, e refinados; porém os maus agirão malignamente, e nenhum dos maus entenderá, porém os sábios entenderão. ¹¹ E desde o tempo em que o contínuo *sacrifício* for tirado, e posta a abominação assoladora, haverá mil duzentos e noventa dias. ¹² Bem-aventurado o que esperar, e chegar até mil trezentos e trinta e cinco dias. ¹³ Tu, porém, caminha até o fim; porque repousarás, e ressuscitarás em tua herança no fim dos dias.

Oseias

¹ A palavra do SENHOR que veio a Oseias, filho de Beeri, nos dias de Uzias, Jotão, Acaz, e Ezequias, reis de Judá, e nos dias de Joeroboão, filho de Joás, rei de Israel. ² O princípio da palavra do SENHOR por Oseias.Disse, pois, o SENHOR a Oseias: Vai, toma para ti uma mulher de prostituição, e filhos de prostituições; porque a terra * se prostitui munto, afastando-se do SENHOR. ³ Então ele foi, e tomou a Gômer, filha de Diblaim, a qual concebeu, e lhe deu à luz um filho. ⁴ E o SENHOR lhe disse: Chama o nome dele de Jezreel; porque daqui a pouco farei punição pelo sangue de Jezreel sobre a casa de Jeú, e farei cessar o reino da casa de Israel. ⁵ E será que naquele dia quebrarei o arco de Israel no vale de Jezreel. ⁶ E ela voltou a conceber, e deu à luz uma filha. Então *o SENHOR* lhe disse: Chama o nome dela de Não-Amada, † porque não mais amarei a casa de Israel para os perdoar. ‡ ⁷ Mas a casa de Judá amarei, e os salvarei pelo SENHOR seu Deus; e não os salvarei por arco, nem por espada, nem por batalha, nem por cavalos, nem por cavaleiros. ⁸ E depois de haver desmamado a Não-Amada, ela concebeu e deu à luz um filho. ⁹ E *o SENHOR* disse: Chama o nome dele de Não-Meu-Povo; § porque vós não sois meu povo, por isso eu não serei vosso *Deus* . ¹⁰ Todavia o número dos filhos de Israel será como a areia do mar, que não se pode medir nem contar. E acontecerá que, onde foi-lhes dito: Vós não sois meu povo, lhes será dito: Vós sois filhos do Deus vivo. ¹¹ E os filhos de Judá e de Israel serão reunidos em um, e levantarão para si uma única cabeça, * e subirão da terra; pois o dia de Jezreel será grande.

2

¹ Dizei a vossos irmãos: Meu Povo, e vossas irmãs: Amada. ² Repreendei vossa mãe, repreendei; porque ela não é minha mulher, nem eu seu marido; que tire suas prostituições diante de si, e seus adultérios dentre seus peitos; ³ Para não acontecer que eu a deixe nua, e a ponha como no dia em que nasceu, e a faça como um deserto, e a deixe como terra seca, e a mate de sede. ⁴ E não terei compaixão de seus filhos, porque são filhos de prostituições. ⁵ Pois sua mãe se prostituiu; a que os concebeu age de forma vergonhosa; porque disse: Irei atrás meus amantes, que dão meu pão e minha água, minha lã e meu linho, meu azeite e minha bebida. ⁶ Portanto eis que cercarei teu caminho com espinhos, e levantarei uma parede de sebe, de modo que ela não poderá achar suas veredas. ⁷ E ela correrá atrás de seus amantes, mas não os alcançará; ela os buscará, mas não os achará. Então dirá: Irei, e me voltarei ao meu primeiro marido; porque era melhor para mim então do que agora. ⁸ E ela não reconhecia que era eu que lhe dava o trigo, o vinho, e o azeite, e lhe multiplicava a prata e o ouro que usavam para Baal. ⁹ Portanto tomarei de volta meu trigo a seu tempo, e meu vinho à sua estação, e tirarei minha lã e meu linho que servia para cobrir sua nudez. ¹⁰ E agora deixarei exposta sua loucura diante dos olhos de seus amantes, e ninguém a livrará de minha mão. ¹¹ E farei cessar toda a sua alegria, suas festas, suas novas luas e seus sábados, e todas as suas festividades. ¹² Devastarei suas vides e suas figueiras, das quais diz: Estas são meu salário, que meus amantes me deram. Eu as reduzirei a uma matagal, e os animais do campo as comerão. ¹³ Eu a castigarei pelos dias em que ela queimava incensos a Baal, e se adornava de seus

---

* **1:2** terra i.e., o povo   † **1:6** Não-Amada orig. Lo-Ruama   ‡ **1:6** para os perdoar trad. alt., pois os removerei   § **1:9** Não-Meu-Povo orig. Lo-Ami   * **1:11** uma única cabeça i.e., um único líder

pendentes e de suas joias, e seguia seus amantes, tendo se esquecido de mim, diz o SENHOR. ¹⁴ Portanto, eis que eu a atrairei, e a levarei ao deserto, e falarei ao seu coração. ¹⁵ E dali lhe darei suas vinhas, e o vale de Acor por porta de esperança; e ali ela cantará como nos tempos de sua juventude, como no dia em que subiu da terra do Egito. ¹⁶ E será naquele dia, diz o SENHOR, me chamarás de meu marido, e não mais me chamarás de meu Baal. * ¹⁷ Porque tirarei de sua boca os nomes dos baalins, e nunca mais serão lembrados por seus nomes. ¹⁸ E naquele dia farei por eles uma aliança com os animais do campo, as aves do céu, e os répteis da terra; e quebrarei o arco, a espada, e a batalha da terra, e os farei deitar em segurança. ¹⁹ E te farei minha esposa para sempre; eu te farei minha esposa em justiça, juízo, bondade e misericórdias. ²⁰ E te farei minha esposa em fidelidade, e tu conhecerás ao SENHOR. ²¹ E será que naquele tempo responderei,diz o SENHOR, eu responderei ao céu, e ele responderá à terra; ²² E a terra responderá ao trigo, ao vinho, e ao azeite; e eles responderão a Jezreel. ²³ E eu a semearei para mim na terra; amarei a Não-Amada; e direi a Não-Meu-Povo: Tu és meu povo; e ele dirá: *Tu és* meu Deus.

3

¹ E disse-me o SENHOR: Vai, ama a mulher amada por *seu* companheiro, apesar de ser adúltera, assim como SENHOR ama os filhos de Israel, que dão atenção a outros deuses, e amam os bolos de uvas *dedicados aos ídolos* . ² Então eu a comprei para mim por quinze peças de prata, e um ômer e meio de cevada; ³ E disse a ela: Tu viverás comigo por muitos dias; não te prostituirás, nem serás de outro homem; nem e eu *esperarei* por ti. ⁴ Porque os filhos de Israel viverão muitos dias sem rei e sem príncipe; sem sacrifício e sem estátua; sem éfode e sem ídolo. ⁵ Depois os filhos de Israel voltarão e buscarão ao SENHOR seu Deus, e a Davi seu rei; e temendo virão ao SENHOR e à sua bondade no fim dos dias.

4

¹ Ouvi a palavra do SENHOR, ó filhos de Israel; porque o SENHOR briga com os moradores da terra; porque não há fidelidade, nem misericórdia, nem conhecimento de Deus na terra. ² Perjúrio, mentira, matança, roubo e adultério prevalecem; derramamentos de sangue se acumulam. * ³ Por isso a terra lamentará, e qualquer um que morar nela desfalecerá, com os animais do campo e as aves do céu; e até os peixes do mar morrerão. ⁴ Porém ninguém brigue nem repreenda a alguém, porque teu povo é como os que brigam com o sacerdote. ⁵ Por isso cairás de dia, e o profeta cairá contigo de noite; e destruirei tua mãe. ⁶ Meu povo é destruído por falta de conhecimento. Porque tu rejeitaste o conhecimento, eu também te rejeitei do meu sacerdócio; e visto que te esqueceste a lei de teu Deus, também eu me esquecerei de teus filhos. ⁷ Quanto mais eles se multiplicaram, mais pecaram contra mim; tornarei sua honra em vergonha. ⁸ *Os sacerdotes* comem do pecado de meu povo, e desejam a maldade das pessoas. † ⁹ Portanto tal como o povo, assim será com o sacerdote; e punirei contra ele seus caminhos, e lhe retribuirei conforme seus atos. ¹⁰ E comerão, mas não se fartarão; eles se prostituirão, mas não se multiplicarão, porque abandonaram ao SENHOR, ¹¹ Para buscarem a prostituição, o vinho, e o mosto, que tiram o entendimento. ‡ ¹² Meu povo consulta a seu pedaço de madeira, e seu bastão lhes dá resposta, porque o espírito de prostituições o engana,

---

* **2:16** Baal no hebraico há um duplo sentido, significando tanto o deus estrangeiro Baal, quanto à forma que as mulheres chamavam seus maridos de "meu senhor"   * **4:2** derramamentos de sangue se acumulam lit. sangues tocam sangues   † **4:8** desejam a maldade das pessoas lit. levantam sua alma pela maldade deles ‡ **4:11** entendimento lit. coração

para se prostituírem contra o Deus deles. ¹³ Sobre os topos dos montes sacrificam, e queimam incenso sobre os morros, debaixo de carvalhos, álamos, e olmeiros que tenham boa sombra; por isso vossas filhas se prostituem, e vossas noras cometem adultério. ¹⁴ Eu não punirei vossas filhas que se prostituem, nem vossas noras que cometem adultério; porque os próprios homens se juntam com as mulheres promíscuas, e fazem sacrifícios com as prostitutas de ritos idólatras; de fato, o povo sem entendimento se arruína. ¹⁵ Se tu, Israel, queres te prostituir, *ao menos* não faças Judá culpado. Não venhais a Gilgal, nem subais a Bete-Áven; nem jureis: Vive o SENHOR. ¹⁶ Porque Israel se rebelou como bezerra teimosa; agora o SENHOR os apascentará como a um cordeiro num campo extenso. ¹⁷ Efraim se associou a ídolos; deixa-o. ¹⁸ Quando sua bebida se acaba, eles se voltam à prostituição; seus líderes amam a vergonha. ¹⁹ Um vento os atou em suas asas, e se envergonharão por causa de seus sacrifícios.

5

¹ Ouvi isto, ó sacerdotes, prestai atenção, ó casa de Israel; escutai, ó casa do rei; porque contra vós é este julgamento; pois tendes sido um laço em Mispá, e uma rede estendida sobre Tabor. ² Os rebeldes têm se aprofundado na matança, mas eu repreenderei a todos eles. ³ Eu conheço a Efraim, e Israel não está oculto para mim; pois agora, ó Efraim, te prostituis, *e* Israel está contaminado. ⁴ Seus atos não lhe permitem se converterem a seu Deus, porque o espírito de prostituições está no meio deles, e não conhecem ao SENHOR. ⁵ E a soberba de Israel dará testemunho contra ele. Israel e Efraim cairão em sua maldade, e Judá cairá juntamente com eles. ⁶ Com suas ovelhas e com suas vacas irão buscar o SENHOR, mas não o encontrarão; ele se retirou deles. ⁷ Agiram traiçoeiramente contra o SENHOR, porque geraram filhos estrangeiros; agora a lua nova os consumirá com suas propriedades. ⁸ Tocai a corneta em Gibeá, a trombeta em Ramá; gritai em Bete-Áven; atrás de ti, ó Benjamim. ⁹ Efraim será desolado no dia do castigo; nas tribos de Israel eu fiz saber o que certamente *acontecerá* . ¹⁰ Os príncipes de Judá são como os mudam os limites; derramarei como água meu furor sobre eles. ¹¹ Efraim é oprimido, e quebrantado no julgamento, porque quis seguir regras inúteis. * ¹² Por isso eu serei como traça a Efraim, e como podridão à casa de Judá. ¹³ Quando Efraim viu sua enfermidade, e Judá a sua ferida, então Efraim subiu à Assíria, e procurou o grande rei; porém ele não poderá vos sarar, nem curar vossa ferida. ¹⁴ Porque eu serei como leão a Efraim, e como leão jovem à casa de Judá; eu mesmo a despedaçarei, e irei embora; eu a levarei, e não haverá quem a livre. ¹⁵ Irei, *e* voltarei a meu lugar, até que se reconheçam culpados, e busquem minha face. Em sua angústia, eles me buscarão ansiosamente.

6

¹ Vinde, e voltemo-nos ao SENHOR; porque ele despedaçou, mas nos curará; ele feriu, mas nos porá curativo. ² Depois de dois dias ele nos dará vida; ao terceiro dia nos ressuscitará, e diante dele viveremos. ³ Conheçamos, e prossigamos em conhecer ao SENHOR; sua vinda está preparada como o nascer do sol; ele virá a nós como a chuva, como a chuva da primavera, que rega a terra. ⁴ Que farei a ti, ó Efraim? Que farei a ti, ó Judá? Vossa bondade é como a neblina da manhã, como o orvalho da madrugada, que logo desaparece. ⁵ Por isso eu os cortei com os profetas; pelas palavras de minha boca os matei; e teus juízos sairão como a luz. ⁶ Pois eu quero misericórdia, e não sacrifício; e conhecimento de Deus mais do que holocaustos.

---

* **5:11** regras inúteis obscuro

⁷ Porém eles, assim como Adão, transgrediram o pacto; ali agiram traiçoeiramente contra mim. ⁸ Gileade é a cidade dos que praticam a injustiça; manchada está de sangue. ⁹ Tal como um bando de assaltantes à espera de um homem, assim é o grupo de sacerdotes; matam no caminho para Siquém; eles praticam abominações. ¹⁰ Na casa de Israel tenho visto coisa detestável; ali Efraim se prostitui, Israel se contamina. ¹¹ Também para ti, ó Judá, há uma ceifa, quando eu restaurar o meu povo de seu infortúnio.

7

¹ Ainda que eu esteja *disposto* a curar Israel, expostas estão a perversidade de Efraim e as maldades de Samaria, porque praticam a falsidade; o ladrão vem, e o bando de assaltantes despoja do lado de fora. ² E nem percebem em seus corações eu me lembro de toda a maldade deles; agora seus atos os cercam; diante de mim estão. ³ Com sua maldade alegram ao rei, e com suas mentiras aos príncipes. ⁴ Todos eles cometem adultério; semelhantes são ao forno aceso pelo padeiro, que deixa de atiçar depois da massa estar feita, até que esteja levedada. ⁵ No dia do nosso rei, os príncipes ficam doentes pelo calor do vinho; ele estende sua mão com os zombadores. ⁶ Porque preparam seus corações para suas ciladas como a um forno; toda a noite seu padeiro * dorme, pela manhã arde como fogo flamejante. ⁷ Todos eles se aquecem como um forno, e devoraram os seus juízes; todos os seus reis caem; ninguém há entre eles que clame a mim. ⁸ Efraim se mistura com os povos; Efraim é um bolo que não foi virado. ⁹ Estrangeiros devoram sua riqueza, sem que ele perceba; e até o cabelo grisalho se espalha por ele, e ele não percebeu. ¹⁰ A soberba de Israel dá testemunho contra ele, porém não se convertem ao SENHOR seu Deus, nem o buscam, apesar de tudo isto. ¹¹ E foi Efraim como pomba imprudente, sem inteligência; chamam ao Egito, vão à Assíria. ¹² Quando forem, estenderei minha rede sobre eles; eu os farei cair como as aves do céu. Eu os castigarei conforme o que se tem ouvido quando eles se reúnem. ¹³ Ai deles, porque se afastaram de mim; destruição sobre eles, porque se rebelaram contra mim; eu os livraria, porém falam mentiras contra mim. ¹⁴ E não clamam a mim com seus corações quando gemem sobre suas camas; eles se reúnem para o trigo e o vinho, *porém* de mim se afastam. ¹⁵ Eu os treinei, *e* fortalecei seus braços, porém pensam o mal contra mim. ¹⁶ Eles se voltam, *mas* não para o Altíssimo. Eles são como um arco defeituoso; † seus príncipes caem à espada por causa da insolência de suas línguas; por isso serão escarnecidos na terra do Egito.

8

¹ *Põe* a trombeta em tua boca. *O inimigo vem* como uma águia contra a casa do SENHOR, porque violaram meu pacto, e transgrediram minha lei. ² *Então* clamarão a mim: Deus meu, nós, Israel, te conhecemos. ³ Israel rejeitou o bem; o inimigo o perseguirá. ⁴ Eles fizeram reis, mas não de mim; constituíram príncipes, porém sem que eu soubesse; de sua prata e de seu ouro fizeram ídolos para si, para que sejam exterminados. ⁵ O teu bezerro foi rejeitado, ó Samaria; minha ira está acesa contra eles; até quando não suportarão a pureza? ⁶ Porque isso procede de Israel, um artífice o fez; isso não é Deus; por isso o bezerro de Samaria será desfeito em pedaços. ⁷ Porque semearam vento, colherão tempestade; não haverá colheita, nem a produção dará farinha; mesmo se a der, estrangeiros a tragarão. ⁸ Israel é tragado; agora são como um vaso que ninguém dá valor entre as nações. ⁹ Porque eles subiram à Assíria, *como* um jumento selvagem solitário; Efraim se vendeu aos amantes. ¹⁰ Ainda que

---

* **7:6** seu padeiro obscuro – trad. alt. sua fúria   † **7:16** defeituoso lit. enganoso

tenham se vendido às nações, agora eu as ajuntarei; e começarão a ser reduzidos pela opressão do rei de príncipes. ¹¹ Porque Efraim multiplicou os altares para pecar, os altares feitos para cometer pecado. ¹² Eu lhe escrevi as grandezas de minha lei, * mas foram consideradas coisa estranha. ¹³ Quanto aos sacrifícios de ofertas a mim, eles sacrificam a carne, e a comem; porém o SENHOR não os aceita. Agora ele se lembrará de sua perversidade, e punirá seus pecados; eles voltarão ao Egito. ¹⁴ Porque Israel se esqueceu de seu Criador, e edificou templos; Judá multiplicou cidades fortificadas; porém mandarei fogo em suas cidades, que consumirá seus palácios.

9

¹ Não te alegres tanto, ó Israel, como os *outros* povos, pois tu te prostituis, afastando-te de teu Deus; tu amas o salário de prostituta em todas as eiras de trigo. ² A eira e a prensa de uvas não os manterão; e o vinho novo lhes faltará. ³ Não permanecerão na terra do SENHOR; em vez disso, Efraim voltará ao Egito, e na Assíria comerão coisa imunda. ⁴ Não derramarão ofertas de bebida ao SENHOR, nem seus sacrifícios lhe serão agradáveis; *seu pão* será para eles como pão de lamento; todos os que comerem dele, serão imundos; porque o pão deles será para saciar sua própria fome, e não virá para a casa do SENHOR. ⁵ Que fareis no dia solene, no dia festa do SENHOR? ⁶ Porque eis que eles vão embora por causa da destruição; o Egito os recolherá, Mênfis os sepultará; urtigas herdarão sua prata, espinhos *crescerão* em suas tendas. ⁷ Chegaram os dias da punição, chegaram os dias da retribuição; os israelitas saberão; o profeta é *considerado* louco, o homem espiritual *é visto como* tolo, por causa da grandeza de tua maldade e do grande ódio. ⁸ O profeta é um guarda de Efraim para meu Deus; *mas para ele há* laços de caçador em todos os seus caminhos, e ódio na casa de seu Deus. ⁹ Corromperam-se profundamente, como nos dias de Gibeá: *Deus* se lembrará de suas perversidades, seus pecados punirá. ¹⁰ Eu achei a Israel como uvas no deserto; eu vi a vossos pais como a primeira fruta da figueira em seu princípio. *Porém* eles foram a Baal-Peor, dedicaram-se a esta vergonha, e se tornaram tão abomináveis quanto aquilo que amaram. ¹¹ A glória de Efraim voará como ave; não haverá nascimento, nem gravidez, nem concepção. ¹² Ainda que venham a criar seus filhos, contudo eu os privarei deles, de modo que reste nenhum. Ai deles quando deles eu me afastar! ¹³ Vi que Efraim era como Tiro, plantada num lugar agradável; mas Efraim trará seus filhos ao matador. ¹⁴ Dá-lhes, SENHOR, o que lhes darás? Dá-lhes ventre que aborte, e seios sem leite. ¹⁵ Por causa de toda a sua malícia em Gilgal, ali eu os odiei; por causa da malícia de suas obras eu os expulsarei de minha casa; eu não mais os amarei; todos os seus príncipes são rebeldes. ¹⁶ Efraim foi ferido, sua raiz se secou, não darão fruto; e que ainda que gerem, eu matarei os desejáveis *frutos* de seu ventre. ¹⁷ Meu Deus os rejeitará porque não o ouviram; e andarão sem rumo entre as nações.

10

¹ Israel era uma vinha fértil, que dava frutos para si mesma; quanto mais se multiplicavam seus frutos, mais multiplicou altares, quanto mais a sua terra prosperava, mais adornaram suas colunas pagãs. ² O coração deles está dividido, agora serão culpados; ele quebrará seus altares e destruirá suas colunas pagãs. ³ Pois dirão agora: Não temos rei porque não tivemos temor ao SENHOR; mas o que um rei faria por nós? ⁴ Falaram palavras jurando falsamente ao fazerem pactos; por isso que a disputa judicial brota como erva venenosa nos sulcos dos campos. ⁵ Os moradores

---

* **8:12** as grandezas de minha lei trad. alt. a minha lei em milhares de detalhes

de Samaria estarão atemorizados por causa do bezerro Bete-Áven; pois seu povo por causa dele lamentará, e seus sacerdotes, que nele se alegravam, *lamentarão* por sua glória, que se foi dele. ⁶ Além disso, ele será levado à Assíria como presente ao grande rei; Efraim receberá vergonha, Israel será envergonhado por causa de seu conselho. * ⁷ O rei de Samaria será eliminado como um graveto † sobre a superfície das águas. ⁸ E os altos cultuais de Áven, o pecado de Israel, serão destruídos; espinhos e cardos crescerão sobre seus altares. E dirão aos montes: Cobri-nos; e aos morros: Caí sobre nós. ⁹ Desde os dias de Gibeá tu tens cometido pecado, ó Israel; ali continuaram; por acaso a guerra em Gibeá não alcançou os filhos da perversidade? ¹⁰ Quando eu quiser, eu os castigarei; e povos se reunirão contra eles, para que sejam presos por causa de sua dupla transgressão. ¹¹ Efraim é uma bezerra domada, que amava trilhar; mas eu porei *um jugo* sobre seu belo pescoço; farei com que Efraim seja montado; Judá lavrará, Jacó fará sulcos na terra. ¹² Semeai para vós justiça, colhei para vós bondade; lavrai para vós lavoura; porque é o tempo de buscar ao SENHOR, até que ele venha, e faça chover justiça sobre vós. ¹³ Lavrastes maldade, colhestes perversidade; comestes o fruto de mentira; porque confiaste em teu caminho, na multidão de teus guerreiros. ¹⁴ Portanto entre teu povo se levantará tumulto, e todas as tuas fortalezas serão destruídas, assim como Salmã destruiu a Bete-Arbel no dia da batalha; ali a mãe foram despedaçada com *seus* filhos. ¹⁵ Assim Betel fará convosco, por causa de vossa grande malícia; ao amanhecer o rei de Israel será exterminado.

11

¹ Quando Israel era menino, eu o amei, e do Egito chamei a meu filho. ² Quanto mais os chamavam, mais eles se afastavam de sua presença; sacrificavam aos Baalins, e ofereciam incenso às imagens de escultura. ³ Eu, todavia, ensinei Efraim a andar, tomando-os pelos seus braços; porém não reconheceram que eu os curava. ⁴ Com cordas humanas eu os puxei, com cordas de amor; e fui para eles como os que levantam o jugo de sobre suas cabeças, * e lhes dei alimento. ⁵ *Israel* não voltará à terra do Egito, † mas o assírio será seu rei, porque recusam se converter. ⁶ E a espada moverá sobre suas cidades; destruirá os ferrolhos de seus portões, e acabará com seus planos. ⁷ Porém meu povo insiste ‡ em se desviar de mim; ainda que chamem ao Altíssimo, ninguém de fato o exalta. ⁸ Como posso te abandonar, ó Efraim? Como posso te entregar, ó Israel? Como posso fazer de ti como Admá, *ou* te tornar como a Zeboim? Meu coração se comove dentro de mim, todas as minhas compaixões estão acesas. ⁹ Não executarei o furor de minha ira, não voltarei a destruir Efraim; porque eu sou Deus, e não homem, o Santo no meio de ti; e não entrarei na cidade. § ¹⁰ Ao SENHOR seguirão; ele rugirá como leão; quando ele rugir os filhos virão tremendo desde o ocidente. ¹¹ Tremendo virão do Egito como um pássaro, e da terra da Assíria como uma pomba; e eu os farei habitar em suas casas, diz o SENHOR. ¹² Efraim me cercou com mentira, e a casa de Israel com engano; mas Judá ainda andava com Deus, e era é fiel ao Santo. * †

12

¹ Efraim se alimenta de vento, e persegue o vento oriental o dia todo; multiplica a mentira e a destruição; e fazem aliança com a Assíria, e azeite se leva ao Egito.

---

* **10:6** conselho obscuro – trad. alt. ídolo   † **10:7** graveto obscuro – trad. alt. espuma   * **11:4** cabeças lit. queixos   † **11:5** não voltará à terra do Egito trad. alt. Por acaso Israel não voltará ao Egito? E a Assíria... ‡ **11:7** insiste lit. está apegado   § **11:9** na cidade obscuro – trad. alt. com furor   * **11:12** ao Santo – obscuro trad. alt. aos santos   † **11:12** Oseias 12:1 no hebraico

² O SENHOR também tem uma briga judicial com Judá, e punirá Jacó conforme seus caminhos; ele lhe retribuirá conforme seus atos. ³ No ventre *da mãe* pegou pelo calcanhar de seu irmão, e em sua força * lutou com Deus. ⁴ Lutou com o anjo, e prevaleceu; chorou, e lhe suplicou; *em* Betel o achou, e ali falou conosco. ⁵ O próprio SENHOR, Deus dos exércitos; o SENHOR é seu memorial. ⁶ Tu pois, converte-te a teu Deus; guarda tu a misericórdia e a justiça, e espera em teu Deus continuamente. ⁷ O mercador tem balança enganosa em sua mão, pois ama oprimir. ⁸ E Efraim diz: Certamente eu sou rico; tenho obtido para mim muitos bens; *em* todo o meu trabalho ninguém pode achar em mim perversidade que seja pecado. ⁹ Porém eu sou o SENHOR teu Deus, desde a terra do Egito; eu ainda te farei morar em tendas, como nos dias solenes. ¹⁰ E falei aos profetas, e eu multipliquei a visão profética; e por meio dos profetas propus parábolas. ¹¹ Visto que Gileade é injusta, certamente *seus moradores* são inúteis. Em Gilgal sacrificam bois, e até seus altares são como amontoados *de pedras* nos sulcos dos campos. ¹² Mas Jacó fugiu à terra de Arã, e Israel serviu em troca de uma mulher, e por uma mulher apascentou *ovelhas* . ¹³ Mas o SENHOR por um profeta fez subir a Israel do Egito, e por um profeta foi preservado. ¹⁴ *Porém* Efraim o ofendeu amargamente; por isso deixará *a culpa de* seus sangues sobre ele, e seu Senhor lhe retribuirá sua desonra.

13

¹ Quando Efraim falava, havia tremor; ele era exaltado em Israel; mas se tornou culpado por causa de Baal, e morreu. ² Agora pecam cada vez mais, e de sua prata fizeram para si uma imagem de fundição, ídolos segundo seu entendimento, todos eles obra de artesãos; acerca dos quais dizem: As pessoas que sacrificam beijam bezerros! ³ Por isso serão como a névoa da manhã, como o orvalho da madrugada que passa; como a palha que o vento leva da eira, e como a fumaça que sai da chaminé. ⁴ Porém eu sou o SENHOR teu Deus, desde a terra do Egito; portanto não conhecerás a Deus algum a não ser a mim, porque não há Salvador além de mim. ⁵ Eu te conheci no deserto, na terra seca. ⁶ Depois se fartaram em seus pastos; quando ficaram fartos, seus corações se exaltaram; por isso se esqueceram de mim. ⁷ Por isso eu serei para eles como leão; como leopardo os espiarei no caminho. ⁸ Como ursa de quem tomaram os filhotes os encontrarei, e rasgareis os peitorais de seu coração; e ali os devorarei como leão; os animais do campo os despedaçarão. ⁹ Estás perdido, ó Israel, porque é em mim que está tua ajuda. ¹⁰ Onde está agora o teu rei, para que te proteja em todas as tuas cidades? E teus juízes, dos quais disseste: Dá-me um rei e príncipes? ¹¹ Eu te dei um rei em minha ira, e *o* tirei em meu furor. ¹² A maldade de Efraim está registrada; seu pecado está guardado. ¹³ Dores de parto lhe virão; ele é um filho insensato, pois não deveria permanecer dentro na hora do parto. ¹⁴ Eu os resgatarei do poder do Xeol * e os livrarei da morte. † Onde estão, Ó morte, tuas pestilências? Onde está, ó Xeol, tua perdição? A compaixão será escondida de meus olhos. ¹⁵ Ainda que ele frutifique entre os irmãos, virá o vento oriental, vento do SENHOR, subindo do deserto, e sua fonte se secará, sua nascente se secará; ele saqueará o tesouro de tudo o que for precioso. ¹⁶ Samaria levará sua culpa, ‡ porque se rebelou contra o seu Deus. Cairão a espada; suas crianças serão despedaçadas, e suas grávidas terão seus ventres abertos. §

---

* **12:3** sua força i.e., na idade adulta   * **13:14** Xeol é o lugar dos mortos   † **13:14** Trad. alt. Eu os resgatarei do poder do Xeol e os livrarei da morte?   ‡ **13:16** levará sua culpa trad. alt. será devastada   § **13:16** 14:1 em hebraico

14

¹ Converte-te, ó Israel, ao SENHOR teu Deus; pois caíste por tua maldade. ² Tomai convosco palavras, e convertei-vos ao SENHOR; dizei-lhe: Tira toda a maldade, e aceita o que é bom; então ofereceremos nossos lábios como bezerros. ³ Os assírios não nos salvarão; não cavalgaremos sobre cavalos, e nunca mais chamaremos à obra de nossas mãos de nossos deuses; porque em ti o órfão alcançará misericórdia. ⁴ Eu curarei sua rebelião, eu os amarei voluntariamente, porque minha ira terá se afastado deles. ⁵ Eu serei a Israel como o orvalho; ele florescerá como lírio, e estenderá suas raízes como o *cedro do* Líbano. ⁶ Seus ramos se estenderão; sua beleza como a da oliveira, e sua fragrância como o *cedro do* Líbano. ⁷ Voltarão, e habitarão abaixo de sua sombra: serão vivificados *como* o trigo, e florescerão como a videira; sua fama será como o vinho do Líbano. ⁸ Ó Efraim, o que mais eu tenho a ver com os ídolos? Eu o responderei, e dele cuidarei; serei a ele como a faia * verde; de mim vem † o teu fruto. ⁹ Quem é sábio entenda estas coisas, e o prudente as reconheça; porque os caminhos do SENHOR são retos, e os justos andarão neles; mas os transgressores neles cairão.

---

* **14:8** faia trad. alt. cipreste, pinheiro † **14:8** vem lit. é achado

Joel

¹ Palavra do SENHOR que veio a Joel, filho de Petuel. ² Ouvi isto, anciãos, e escutai, todos os moradores desta terra. Por acaso isto aconteceu em vossos dias, ou nos dias dos vossos pais? ³ Contai disso aos vossos filhos, e vossos filhos aos seus filhos, e seus filhos à outra geração. ⁴ O que restou do gafanhoto cortador o gafanhoto comedor comeu; e o que restou do gafanhoto comedor o gafanhoto devorador comeu, e o que restou do gafanhoto devorador o gafanhoto destruidor comeu. * ⁵ Despertai, vós bêbados, e chorai; gemei todos vós que bebeis vinho, por causa do suco de uva, porque foi tirado de vossa boca. ⁶ Porque uma nação subiu sobre minha terra, poderosa e sem número; seus dentes são dentes de leão, e têm presas de leoa. ⁷ Assolou minha videira, e devastou minha figueira; desnudou-a por completo e a derrubou; seus ramos ficaram brancos. ⁸ Chora tu como a virgem vestida de saco por causa do marido de sua juventude. ⁹ As ofertas de cereais e de bebidas se acabaram da casa do SENHOR; os sacerdotes, servos do SENHOR, estão de luto. ¹⁰ O campo foi assolado, a terra está de luto; porque o trigo foi destruído, o suco de uva se secou, o azeite está em falta. ¹¹ Envergonhai-vos, trabalhadores; gemei, plantadores de vinhas, pelo trigo e pela a cevada; porque a colheita do campo pereceu. ¹² A vide se secou, a figueira definhou, assim como a romeira, a palmeira, e a macieira; todas as árvores do campo secaram; por isso a alegria se secou entre os filhos dos homens. ¹³ Cingi-vos e lamentai, sacerdotes; gemei, ministros do altar; vinde e deitai em sacos, trabalhadores de meu Deus; porque as ofertas de alimentos e de bebidas foram tiradas da casa de vosso Deus. ¹⁴ Santificai um jejum; convocai uma reunião solene; congregai os anciãos e todos os moradores desta terra na casa do SENHOR vosso Deus, e clamai ao SENHOR. ¹⁵ Ai daquele dia! Porque perto está o dia do SENHOR, e virá do Todo-Poderoso como destruição. ¹⁶ Por acaso não foi tirado o alimento de diante de nossos olhos, a alegria e o prazer da casa de nosso Deus? ¹⁷ As sementes se apodreceram debaixo de seus torrões, os celeiros foram assolados, os depósitos foram derrubados; porque o trigo se secou. ¹⁸ Como geme o gado! As manadas dos vacas estão confusas, porque não têm pasto! Os rebanhos das ovelhas estão desolados. ¹⁹ A ti, ó SENHOR, eu clamo; porque o fogo consumiu os pastos do deserto, e chama incendiou todas as árvores do campo. ²⁰ Até os animais do campo clamam a ti, porque os rios de águas se secaram, e o fogo consumiu os pastos do deserto.

2

¹ Tocai a trombeta em Sião, e alertai em alta voz no meu santo monte; perturbem-se todos os moradores desta terra; porque o dia do SENHOR vem, porque perto está. ² Dia de trevas e de escuridão, dia de nuvens e densas trevas, como a madrugada espalhada sobre os montes; um povo grande e poderoso, como nunca houve desde a antiguidade, nem depois dele jamais haverá, de geração em geração. ³ Diante dele o fogo consome, e atrás dele a chama arde; a terra adiante dele é como o jardim do Éden, mas atrás dele como deserto devastado; nada há que dele possa escapar. ⁴ Sua aparência é como a aparência de cavalos, e correrão como cavaleiros. ⁵ Saltarão como estrondo de carruagens sobre as topos dos montes, como som de chama de fogo

---

* **1:4** os significados dos gafanhotos é obscuro, podendo ser tipos diferentes de gafanhotos, gafanhotos em diferentes idades, ou até espécies diferentes de insetos. Podem ainda ser sinônimos

que consome a palha, como povo poderoso, em posição de combate. ⁶ Diante dele os povos se angustiarão, todos os rostos se afligirão. * ⁷ Como guerreiros correrão, como homens de guerra subirão a muralha; e cada um irá em seus caminhos, e não torcerão suas veredas. ⁸ Nenhum apertará ao outro; irão cada um em seu percurso; irrompem sem desfazerem suas fileiras. ⁹ Irão pela cidade, correrão pela muralha, subirão nas casas, entrarão pelas janelas como ladrão. ¹⁰ A terra se abala diante deles, o céu se estremece; o sol e a lua se escurecem, e as estrelas retiram seu brilho. ¹¹ E o SENHOR levanta sua voz diante de seu exército; porque suas tropas são muito grandes; porque forte é aquele que cumpre sua palavra; porque o dia do SENHOR é grande, e muito terrível; quem poderá o suportar? ¹² Por isso agora o SENHOR diz: Convertei-vos a mim com todo o vosso coração, com jejum, choro e pranto. ¹³ Rasgai vosso coração, e não vossas vestes.Convertei-vos ao SENHOR vosso Deus, porque ele é piedoso e misericordioso, que demora para se irar, e é grande em bondade, e que se arrepende de castigar. † ¹⁴ Quem sabe talvez ele volte atrás e se arrependa, e deixe após si uma bênção, uma oferta de alimento de de bebida ao SENHOR vosso Deus? ¹⁵ Tocai a trombeta em Sião, santificai um jejum, convocai uma reunião solene. ¹⁶ Reuni o povo, santificai a congregação, juntai os anciãos, reuni as crianças e os que mamam; saia o noivo de seu cômodo, e a noiva de seu quarto. ¹⁷ Os sacerdotes, trabalhadores do SENHOR, chorem entre o pórtico e o altar, e digam: Poupa a teu povo, SENHOR, e não entregues tua herança à humilhação, para que as nações a dominem. Por que entre os povos diriam: Onde está o Deus deles? ¹⁸ Então o SENHOR terá zelo por sua terra, e poupará a seu povo. ¹⁹ E o SENHOR responderá e dirá a seu povo: Eis que eu vos envio pão, suco de uva, e azeite, e deles sereis saciados; e nunca mais vos entregarei à humilhação entre as nações. ²⁰ E afastarei de vós o *exército* do norte, e o lançarei na terra seca e deserta; sua frente será para o mar oriental, e sua retaguarda para o mar ocidental, e exalará seu mau cheiro; subirá sua podridão, porque fez grandes coisas. ²¹ Não temas, ó terra; alegra-te e encha-te de alegria, porque o SENHOR tem feito grandes coisas. ²² Não temais, vós animais do campo; porque os pastos do deserto voltarão a ficar verdes, porque as árvores darão seu fruto, a figueira e a videira mostrarão seu vigor. ²³ E vós, filhos de Sião, alegrai-vos e enchei-vos de alegria no SENHOR vosso Deus; porque ele vos dará a primeira chuva com justiça, e fará descer sobre vós as primeiras e últimas chuvas do ano, assim como era antes. ²⁴ E as eiras se encherão de trigo, e as prensas transbordarão de suco de uva e azeite. ²⁵ Assim vos restituirei dos anos em que comeram o cortador, o comedor, o devorador e o destruidor, o meu grande exército que enviei contra vós. ²⁶ E comereis abundantemente até vos saciar; e louvareis o nome do SENHOR vosso Deus, que fez maravilhas convosco; e nunca mais meu povo será envergonhado. ²⁷ E sabereis que eu estou no meio de Israel, e que eu sou o SENHOR vosso Deus, e não há outro; e meu povo nunca mais será envergonhado. ²⁸ E será depois que derramarei meu Espírito sobre toda carne; ‡ e vossos filhos e vossas filhas profetizarão; vossos velhos terão sonhos, e vossos jovens terão visões. ²⁹ E também sobre os servos e sobre as servas, naqueles dias derramarei o meu Espírito. ³⁰ E mostrarei maravilhas no céu e na terra; sangue, fogo, e colunas de fumaça. ³¹ O sol se tornará em trevas, e a lua em sangue, antes que venha o grande e temível dia do SENHOR. ³² E será que todo aquele que invocar o nome do SENHOR será salvo; porque no monte de Sião e em Jerusalém haverá livramento, assim como o SENHOR disse, entre os que restarem, aos quais o SENHOR chamar.

---

* **2:6** afligirão obscuro † **2:13** arrepende de castigar lit. arrepende do mal ‡ **2:28** toda carne i.e., toda variedade de gente

3

¹ Porque eis que naqueles dias e naquele tempo eu restaurarei Judá e Jerusalém de seu infortúnio. ² Então ajuntarei todas as nações, e as farei descer ao vale de Josafá; e ali entrarei em juízo com elas por causa do meu povo, e de minha herança Israel, aos quais dispersaram entre as nações, e repartiram minha terra; ³ E lançaram sortes sobre meu povo, e deram os rapazes em troca de prostitutas, e venderam as moças em troca de vinho para beberem. ⁴ Além disso, o que tendes a ver comigo vós, Tiro e Sidom, e todas as regiões da Filístia? Quereis vos vingar de mim? E se quereis vos vingar de mim, apressadamente eu vos retribuirei o pagamento sobre vossa cabeça. ⁵ Pois levastes minha prata e meu ouro, e minhas coisas valiosas e boas pusestes em vossos templos, ⁶ E vendestes os filhos de Judá e os filhos de Jerusalém aos filhos dos gregos, para os distanciar de sua pátria. * ⁷ Eis que eu os levantarei do lugar para onde os vendestes, e retribuirei vosso pagamento sobre vossa cabeça. ⁸ E venderei vossos filhos e vossas filhas na mão dos filhos de Judá, e eles os venderão aos sabeus, uma nação distante; porque o SENHOR falou. ⁹ Proclamai isto entre as nações, convocai uma guerra; despertai aos guerreiros, acheguem-se, venham todos os homens de guerra. ¹⁰ Fazei espadas de vossas enxadas, e lanças de vossas foices; diga o fraco: Sou forte. ¹¹ Ajuntai-vos e vinde, todas as nações ao redor, e reuni-vos. (Ó SENHOR, faze vir ali os teus fortes!) ¹² Levantem-se as nações, e subam ao vale de Josafá; porque ali eu me sentarei para julgar todas as nações ao redor. ¹³ Lançai a foice, porque a colheita já está madura. Vinde, descei; porque a prensa de uvas está cheia, os tanques transbordam; porque a maldade deles é grande. ¹⁴ Multidões! Multidões no vale da decisão! Porque perto está o dia do SENHOR no vale da decisão. ¹⁵ O sol e a lua se escurecerão, e as estrelas recolherão seu brilho. ¹⁶ E o SENHOR bramará desde Sião, e dará sua voz desde Jerusalém, e os céus e a terra tremerão; mas o SENHOR será o refúgio de seu povo, e a fortaleza dos filhos de Israel. ¹⁷ Então sabereis que eu sou o SENHOR vosso Deus, que habito em Sião, o meu santo monte; e Jerusalém será santa, e estrangeiros não mais passarão mais por ela. ¹⁸ E será naquele tempo, que os montes destilarão suco de uva, e os morros fluirão leite, e por todos os ribeiros de Judá correrão águas; e sairá uma fonte da casa do SENHOR, que regará o vale de Sitim. ¹⁹ O Egito será uma assolação, e Edom se tornará um deserto assolado, por causa da violência que fizeram aos filhos de Judá, em cuja terra derramaram sangue inocente. ²⁰ Mas Judá permanecerá para sempre, e Jerusalém de geração em geração. ²¹ E purificarei o sangue † que não tinha purificado; e o SENHOR habitará em Sião.

---

* **3:6** de sua pátria lit. de suas fronteiras   † **3:21** purificarei o sangue i.e., perdoarei a culpa

Amós

¹ As palavras de Amós, que estava entre os pastores de Tecoa, as quais ele viu sobre Israel nos dias de Uzias rei de Judá, e nos dias de Jeroboão, filho de Joás, rei de Israel, dois anos antes do terremoto. ² E disse: O SENHOR bramará desde Sião, e dará sua voz desde Jerusalém; e as habitações dos pastores se prantearão, e o topo do Carmelo se secará. ³ Assim diz o SENHOR: Por três transgressões de Damasco, e pela quarta, não desviarei *seu castigo* ; porque trilharam a Gileade com trilhos de ferro. ⁴ Por isso meterei fogo na casa de Hazael, que consumirá os palácios de Ben-Hadade. ⁵ E quebrarei o ferrolho de Damasco, e exterminarei o morador do vale de Áven, e o dono do cetro de de Bete-Éden; e o povo da Síria será levado em cativeiro a Quir, diz o SENHOR. ⁶ Assim diz o SENHOR: Por três transgressões de Gaza, e pela quarta, não desviarei *seu castigo* ; pois levaram a todos do povo em cativeiro, para os entregar a Edom. ⁷ Por isso meterei fogo no muro de Gaza, que consumirá seus palácios. ⁸ E exterminarei o morador de Asdode, e o dono do cetro de Asquelom; e tornarei minha mão contra Ecrom, e o resto dos filisteus perecerá, diz o Senhor DEUS. ⁹ Assim diz o SENHOR: Por três transgressões de Tiro, e pela quarta, não desviarei *seu castigo* ; porque entregaram todo o povo em cativeiro a Edom, e não se lembraram do pacto de irmãos. ¹⁰ Por isso meterei fogo no muro de Tiro, que consumirá seus palácios. ¹¹ Assim diz o SENHOR: Por três transgressões de Edom, e pela quarta, não desviarei *seu castigo* ; porque perseguiu seu irmão à espada, e extinguiu suas misericórdias; e sua ira *o* despedaçou continuamente, e mantém sua indignação eternamente. ¹² Por isso meterei fogo em Temã, que consumirá os palácios de Bosra. ¹³ Assim diz o SENHOR: Por três transgressões dos filhos de Amom, e pelo quarta, não desviarei *seu castigo* ; porque rasgaram o ventre das grávidas de Gileade, para expandirem seus territórios. * ¹⁴ Por isso acenderei fogo no muro de Rabá, que consumirá seus palácios com grito no dia de batalha, com tempestade no dia do vento forte. ¹⁵ E seu rei irá ao cativeiro, e junto dele seus príncipes, diz o SENHOR.

2

¹ Assim diz o SENHOR: Por três transgressões de Moabe, e pela quarta, não desviarei *seu castigo* ; porque queimou os ossos do rei de Edom até os tornar em cal. ² Por isso meterei fogo em Moabe, que consumirá os palácios de Queriote; e Moabe morrerá em tumulto, com grito e som de trombeta. ³ E exterminarei o juiz do meio dele, e matarei a todos seus príncipes com ele,diz o SENHOR. ⁴ Assim diz o SENHOR: Por três transgressões de Judá, e pela quarta, não desviarei *seu castigo* ; porque rejeitaram a lei do SENHOR, e não guardaram seus estatutos; e foram enganados por suas mentiras, as quais seus pais seguiam. ⁵ Por isso meterei fogo em Judá, que consumirá os palácios de Jerusalém. ⁶ Assim diz o SENHOR: Por três transgressões de Israel, e pela quarta, não desviarei *seu castigo* ; porque vendem o justo em troca de dinheiro, e o pobre por um par de sapatos; ⁷ Eles pisam a cabeça dos pobres no pó da terra, e distorcem o caminho dos humildes; um homem e seu pai vão a uma *mesma* moça, para profanarem o meu santo nome. ⁸ E se deitam junto a qualquer altar com roupas tomadas em penhor, e bebem vinho tomado como multa * da casa de seus deuses. ⁹ Eu, pelo contrário, destruí diante deles os amorreus, cuja altura era como a altura dos cedros, e eram fortes como carvalhos; e destruí seu fruto acima, e suas

---

* **1:13** territórios lit. limites   * **2:8** vinho tomado como multa lit. vinho dos multados

raízes abaixo. ¹⁰ Também vos fiz a vós subir da terra do Egito, e por quarenta anos vos conduzi pelo deserto, para que possuísseis a terra dos amorreus. ¹¹ E levantei *alguns* de vossos filhos para profetas, e de vossos rapazes para que fossem nazireus. Não é isto assim, filhos de Israel?Diz o SENHOR, ¹² Mas aos nazireus destes de beber vinho; e aos profetas mandastes, dizendo: Não profetizeis. ¹³ Pois eis que eu vos esmagarei † em vosso lugar, tal como uma carroça cheia de feixes esmaga; ¹⁴ De modo que o veloz não conseguirá escapar, nem o forte conseguirá usar de sua força, nem o guerreiro livrará sua vida; ‡ ¹⁵ E o que maneja o arco não subsistirá, nem o veloz de pés se livrará, nem o que monta em cavalo livrará sua vida. ¹⁶ O mais corajoso entre os guerreiros fugirá nu naquele dia, diz o SENHOR.

3

¹ Ouvi esta palavra que o SENHOR fala contra vós, ó filhos de Israel, contra toda família que eu fiz subir da terra do Egito: ² Somente reconheci a vós mesmos de todas as famílias da terra; por isso punirei contra vós todas as vossas injustiças. ³ Por acaso irão dois juntos, se não estiverem de acordo? ⁴ Rugirá o leão no bosque se não houver presa? Dará o leãozinho seu som desde sua cova, se nada tiver capturado? ⁵ Cairá o ave no laço na terra, se não houver armadilha para ela? Se levantará o laço da terra, se nada houver prendido? ⁶ Tocará a trombeta na cidade, e o povo não se estremecerá? Haverá alguma calamidade * na cidade que o SENHOR não tenha feito? ⁷ Certamente o Senhor DEUS não fará coisa alguma sem ter revelado seu segredo a seus servos os profetas. ⁸ Quando o leão ruge, quem não temerá? Quando o Senhor DEUS fala, quem não profetizará? ⁹ Anunciai nos palácios de Asdode e nos palácios da terra do Egito, e dizei: Reuni-vos sobre os montes de Samaria, e vede os grandes tumultos no meio dela, e as opressões no meio dela. ¹⁰ E não sabem fazer o que é correto, diz o SENHOR; em seus palácios acumulam bens *obtidos* por violência e destruição. ¹¹ Portanto o Senhor DEUS diz assim: Um inimigo! Ele está ao redor da terra, e derrubará de ti a tua fortaleza, e teus palácios serão saqueados. ¹² Assim diz o SENHOR: Tal como o pastor livra da boca do leão duas pernas ou a ponta de uma orelha, assim os filhos de Israel que moram em Samaria serão livrados, com um canto da cama, e um pedaço do leito. ¹³ Ouvi e testemunhai contra a casa † de Jacó, diz o SENHOR Deus dos exércitos; ¹⁴ Que no dia em que eu punir as transgressões de Israel sobre ele, também farei punição sobre os altares de Betel; e as pontas do altar serão cortadas, e cairão por terra. ¹⁵ E ferirei a casa do inverno com a casa do verão, e as casas de marfim se acabarão; e muitas casas terão fim,diz o SENHOR.

4

¹ Ouvi esta palavra, vós vacas de Basã, que estais no monte de Samaria; que oprimis os pobres, que quebrantais os necessitados, que dizeis a seus senhores: Trazei nossa bebida. ² O Senhor DEUS jurou por sua santidade: Eis que vêm dias sobre vós em que vos levarão em ganchos, e a vossos descendentes em anzóis de pesca. ³ E saireis pelas brechas cada uma atrás da outra, e sereis lançadas para Harmom, * diz o SENHOR. ⁴ Ide a Betel, e transgredi; em Gilgal aumentai as transgressões, e de manhã trazei vossos sacrifícios, vossos dízimos ao terceiro dia. ⁵ E oferecei sacrifício de louvores com lêvedo, e anunciai ofertas voluntárias; pois é assim que quereis, ó filhos de Israel,diz o Senhor DEUS. ⁶ Eu também vos dei bocas vazias † em todas vossas cidades, e falta de pão em todos os vossos lugares, contudo não vos convertestes a mim,diz

---

† **2:13** esmagar obscuro – trad. alt. estorvar, imobilizar   ‡ **2:14** vida lit. alma – também no v. 15   * **3:6** calamidade lit. mal   † **3:13** casa i.e., família   * **4:3** Harmom obscuro   † **4:6** bocas vazias = lit. dentes limpos i.e. fome

o SENHOR. [7] Além disso eu vos retive a chuva três meses antes da colheita; e fiz chover sobre uma cidade, e sobre outra cidade não fiz chover; sobre um campo choveu; mas o outro campo sobre o qual não choveu, se secou; [8] De modo que *os moradores de* duas ou três cidades perambulavam até uma cidade para beberem água, mas não se saciavam; contudo não vos convertestes a mim,diz o SENHOR. [9] Eu vos feri com ferrugem e doenças nas plantas; a multidão de vossos jardins e vossas vinhas, vossas figueiras e vossas oliveiras o gafanhoto comeu; contudo não vos convertestes a mim,diz o SENHOR. [10] Enviei entre vós a pestilência, à maneira do Egito; matei à espada vossos rapazes, e deixei que capturassem vossos cavalos; e fiz subir o mau cheiro de vossos exércitos até vossas narinas; contudo não vos convertestes a mim,diz o SENHOR. [11] Transtornei a alguns dentre vós, como quando Deus transtornou a Sodoma e a Gomorra, e fostes como tição escapado do fogo; contudo não vos convertestes a mim, diz o SENHOR. [12] Portanto assim farei a ti, ó Israel; e visto que te farei isto, ó Israel, prepara-te para te encontrares com teu Deus. [13] Porque eis que ele é que forma os montes, cria o vento, e informa seu pensamento ao ser humano; ele é o que torna a manhã em trevas, e pisa sobre as alturas da terra; EU-SOU, o Deus dos exércitos, é o seu nome.

5

[1] Ouvi esta palavra que eu levanto sobre vós, uma lamentação, ó casa de Israel. [2] A virgem Israel caiu, não poderá mais se levantar; abandonada está sobre sua terra, ninguém há que a levante. [3] Porque assim diz o Senhor DEUS: A cidade que enviou mil *soldados* sobrará com cem; e a que enviou cem sobrará com dez, na casa de Israel. [4] Porque assim diz o SENHOR à casa de Israel: Buscai-me, e vivereis; [5] Porém não busqueis a Betel nem venhais a Gilgal, nem passeis a Berseba; porque Gilgal será levada em cativeiro, e Betel será reduzida a nada. [6] Buscai ao SENHOR, e vivereis; para que não aconteça que surja como fogo à casa de José, e a consuma, sem haver em Betel quem o apague. [7] Vós perverteis o juízo em absinto, e abandonam a justiça no chão. [8] Ele é o que fez as Plêiades e o Órion, e torna as trevas em manhã, e faz escurecer o dia em noite; ele chama as águas do mar, e as derrama sobre a face da terra; EU-SOU é o seu nome. [9] Ele causa súbita destruição * sobre o forte, e torna em ruínas a fortaleza. [10] Na porta da cidade eles odeiam ao que repreende, e abominam ao que fala com justiça. † [11] Portanto, visto que pisoteais ao pobre e tomais dele um carga de trigo; assim edificastes casas de pedras lavradas, mas não habitareis nelas; plantastes belas vinhas, mas não bebereis o vinho delas. [12] Pois sei que vossas transgressões são muitas e vossos pecados são grandes; afligis o justo, e recebeis suborno, e negam o direito dos necessitados na porta da cidade. [13] Por isso o prudente em tal tempo fica calado, porque é um tempo mau. [14] Buscai o bem, e não o mal, para que vivais; e assim o SENHOR Deus dos exércitos estará convosco, como dizeis. [15] Odiai o mal, amai o bem, e praticai justiça na porta da cidade; talvez o SENHOR Deus dos exércitos tenha piedade do restante *do povo* de José. [16] Portanto assim diz o SENHOR Deus dos exércitos, o Senhor: Em todas as praças haverá pranto, e em todas as ruas dirão: Ai! ai! E chamarão o lavrador ao choro, e os que sabem prantear ao lamento. [17] E em todas as vinhas haverá pranto, porque passarei por meio de ti,diz o SENHOR. [18] Ai dos que desejam o dia do SENHOR! Para que quereis este dia do SENHOR? Será trevas, e não luz. [19] Será como se alguém fugisse do leão, e o urso se encontrasse com ele; ou como se entrasse em alguma casa e apoiasse sua mão à parede, e fosse picado por uma cobra. [20] Por acaso não será o dia do SENHOR

---

* **5:9** causa súbita destruição obscuro   † **5:10** a porta da cidade era onde as causas judiciais eram resolvidas

trevas e não luz, uma escuridão sem claridade alguma? [21] Eu odeio, desprezo vossas solenidades, e não aguento vossas reuniões religiosas. [22] Ainda que me ofereçais holocaustos e vossas ofertas de alimentos, não os aceitarei; nem darei atenção a vossas ofertas de gratidão de vossos animais cevados. [23] Afasta de mim os teus muitos cânticos; também não ouvirei as melodias de teus instrumentos. [24] Em vez disso, corra o juízo como as águas, e a justiça como um ribeiro impetuoso. [25] Por acaso vós oferecestes a mim sacrifícios e ofertas de alimento no deserto durante os quarenta anos, ó casa de Israel? [26] Em vez disso, levastes as imagens de vosso rei Sicute, e de Quium, a estrela de vossos deus, que fizestes para vós mesmos. [27] Portanto eu vos levarei cativos, para além de Damasco, diz o SENHOR, cujo nome é Deus dos exércitos.

6

[1] Ai dos que estão tranquilos em Sião, e dos que se sentem seguros no monte de Samaria, que são os príncipes da principal das nações, aos quais o povo * de Israel vem! [2] Passai a Calné, e vede; e dali ide à grande Hamate; depois descei a Gate dos filisteus; por acaso são aqueles reinos melhores que estes, ou seu território maior que vosso território? [3] Vós que pensais estar distante o dia mau, e aproximais o assento da violência; [4] Eles se deitam em camas de marfim, e se estendem sobre seus leitos; comem os cordeiros do rebanho, e os bezerros de em meio do curral; [5] Cantam ao som da harpa, e inventam para si instrumentos musicais, como Davi; [6] Bebem vinho em tigelas, e se ungem com o óleo mais valioso; mas não se afligem pela ruína de José. [7] Por isso agora serão os primeiros a serem levados presos ao cativeiro, e o banquete dos que vivem no conforto se acabará. [8] O Senhor DEUS jurou por si mesmo; † o SENHOR Deus dos exércitos diz: Eu abomino a arrogância de Jacó, e odeio seus palácios; por isso entregarei a cidade e tudo que ela tem *ao inimigo* . [9] E acontecerá que, se dez homens restarem em uma casa, mesmo eles morrerão. [10] E quando seu parente vier para queimar *os cadáveres* ,para tirar os ossos de casa, então dirá ao que estiver dentro da da casa: Há ainda alguém contigo? E ele responderá: Não. Então aquele dirá: Cala-te! Não menciones o nome do SENHOR. [11] Porque eis que o SENHOR mandará, e ferirá a casa maior com quebrantamento, e a casa menor com despedaçamento. [12] Por acaso correm os cavalos pelos rochedos? Pode-se arar *ali* com bois? Porém vós pervertestes o juízo em veneno, e o fruto da justiça no amargo absinto. [13] Vós que vos alegrais por nada, que dizeis: Não conquistamos Carnaim ‡ por nossa própria força? [14] Diz o SENHOR Deus dos exércitos: Pois eis que eu levantarei contra vós, ó casa de Israel, uma nação que vos oprimirá desde a entrada de Hamate até o ribeiro de Arabá.

7

[1] Assim o Senhor DEUS me fez ver: eis que ele formava gafanhotos, no começo do crescimento da plantação tardia; e eis que era a plantação tardia, depois da colheita do rei. [2] E aconteceu que, quando eles terminaram de comer a plantação da terra, eu disse: Senhor DEUS, perdoa, por favor; como Jacó poderá sobreviver? * Pois é pequeno. [3] *Então* o SENHOR se arrependeu disso: Isto não acontecerá,disse o SENHOR. [4] Assim o Senhor DEUS me fez ver: eis que o Senhor DEUS pretendeu executar juízo com fogo; e consumiu um grande abismo, assim como consumiu uma parte da terra. [5] Então eu disse: Senhor DEUS, cessa, por favor; como Jacó poderá

---

* **6:1** povo lit. casa　　† **6:8** por si mesmo lit. por sua alma　　‡ **6:13** Carnaim o nome de uma cidade. O nome da cidade significa "chifres", que eram um símbolo de poder, de força　　* **7:2** sobreviver lit. ficar de pé, subsistir – também no restante do capítulo

sobreviver? Pois é pequeno. ⁶ *E* o SENHOR se arrependeu disso: Isto também não acontecerá, disse o Senhor DEUS. ⁷ Assim ele me fez ver: Eis que o Senhor estava sobre um muro que havia sido feito conforme o prumo, e havia um prumo em sua mão. ⁸ E o SENHOR me disse: O que vês, Amós? E eu disse: Um prumo. Então o Senhor disse: Eis que eu porei um prumo no meio de meu povo Israel; não mais o tolerarei. ⁹ E os altos de idolatria de Isaque serão arruinados, e os santuários de Israel serão arruinados; e me levantarei com espada contra a casa de Jeroboão. ¹⁰ Então Amazias, o sacerdote de Betel, mandou mensagem a Jeroboão, rei de Israel, dizendo: Amós tem conspirado contra ti no meio da casa de Israel; esta terra não poderá suportar todas as suas palavras. ¹¹ Porque assim diz Amós: Jeroboão morrerá a espada, e Israel certamente será levado de sua terra em cativeiro. ¹² Depois Amazias disse a Amós: Vidente, vai embora, e foge para a terra de Judá, e ali come o teu pão, e ali profetiza; ¹³ Porém não profetizes mais em Betel, porque ali estão o santuário do rei, e o palácio real. ¹⁴ Então Amós respondeu a Amazias: Eu não era profeta, nem filho de profeta; mas eu era criador de gado, e colhedor de frutos de sicômoros. † ¹⁵ Porém o SENHOR me tomou do trabalho com o gado, e o SENHOR me disse: Vai, e profetiza a meu povo Israel. ¹⁶ Agora pois, ouve a palavra do SENHOR. Tu dizes: Não profetizes contra Israel, nem fales contra a casa de Isaque. ¹⁷ Por isso, assim diz o SENHOR: Tua mulher se prostituirá na cidade, teus filhos e tuas filhas cairão à espada, e tua terra será repartida; tu morrerás em uma terra impura, e Israel será levado cativo de sua terra.

8

¹ Assim o SENHOR me fez ver: eis um cesto com frutos de verão. ² E ele disse: O que vês, Amós? E eu disse: Um cesto com frutos de verão. Então o SENHOR me disse: Chegou o fim sobre meu povo Israel; não mais o tolerarei. ³ E os cânticos do templo serão gemidos naquele dia,diz o Senhor DEUS; os cadáveres serão muitos, em todo lugar serão lançados. Silêncio! ⁴ Ouvi isto, vós que tragais os necessitados, e arruinais os pobres da terra, ⁵ Dizendo: Quando passará a lua nova, para vendermos o alimento? E o sábado, para abrirmos os depósitos de trigo, e diminuirmos a medida, aumentarmos o preço, e fraudarmos com balanças enganosas, ⁶ Para comprarmos os pobres por dinheiro, e os necessitados por um par de sapatos, e venderemos os refugos do trigo? ⁷ O SENHOR jurou pela glória de Jacó: Eu nunca me esquecerei das obras deles. ⁸ A terra não se abalará por causa disto, e todo habitante dela não chorará? Certamente ela se levantará como um rio, se agitará, e se afundará como o rio do Egito. ⁹ E será naquele dia,diz o Senhor DEUS, que farei o sol se pôr ao meio-dia, e escurecerei a terra no dia claro. ¹⁰ E tornarei vossas festas em luto, e todas as vossas canções em pranto; e farei com que todos se vistam de saco, e se façam calvas sobre todas as cabeças; e farei com que haja luto como de um filho único, e seu fim será como um dia amargo. ¹¹ Eis que vêm dias,diz o Senhor DEUS, nos quais enviarei fome à terra; fome não de pão, nem sede de água, mas sim de ouvir as palavras do SENHOR. ¹² E irão sem rumo de mar a mar, do norte até o oriente; correrão de um lado para o outro em busca da palavra do SENHOR, mas não a encontrarão. ¹³ Naquele tempo as belas virgens e os rapazes desmaiarão de sede. ¹⁴ Quanto aos que juram pelo pecado de Samaria, e dizem: Vive o teu deus de Dã; e: Vive o caminho de Berseba; esses cairão, e nunca mais se levantarão.

9

¹ Vi o Senhor que estava sobre o altar, e disse: Fere o topo das colunas, para que

---

† **7:14** sicômoro árvore semelhante à figueira

se estremeçam os umbrais; despedaça-os sobre as cabeça de todos; e os últimos deles matarei à espada; não haverá entre eles que fuja, nem quem se livre. ² Ainda que cavassem até o Xeol, * dali minha mão os tirará; e se subissem até o céu, dali os farei descer. ³ E se se escondessem no topo do Carmelo, ali eu os buscaria e os tomaria; e ainda que se escondessem de diante de meus olhos no fundo do mar, até ali mandia uma serpente para os morder. ⁴ E se forem levados em cativeiro diante de seus inimigos, ali mandarei a espada que os matará; e porei meus olhos sobre eles para o mal, e não para o bem. ⁵ Pois o Senhor DEUS dos exércitos é o que toca a terra, e ela se derrete, e choram todos os que nela moram; ela toda subirá como um rio, e se afundará como o rio do Egito. ⁶ Ele edificou suas câmaras no céu, e fundou seu alicerce † sobre a terra; ele chama as águas do mar e as derrama sobre a terra. EU-SOU é o seu nome. ⁷ Vós, filhos de Israel, por acaso não sois para mim como os filhos de Etíopes? Diz o SENHOR. Por acaso eu não fiz subir a Israel desde a terra do Egito, assim como os filisteus desde Caftor, e os sírios desde Quir? ⁸ Eis que os olhos do Senhor DEUS estão contra este reino pecador, e eu o exterminarei da face da terra; mas não exterminarei por completo a casa de Jacó, diz o SENHOR. ⁹ Porque eis que dou ordem para que a casa de Israel seja cirandada entre todas as nações, assim como *o grão* é cirandado na peneira, e nenhum grão cairá na terra. ¹⁰ Morrerão à espada todos os pecadores de meu povo, que dizem: O mal não chegará a nós, nem nos encontrará. ¹¹ Naquele dia voltarei a levantar a caída tenda de Davi; fecharei seus brechas, repararei suas ruínas, e a reconstruirei como nos dias antigos, ¹² Para que tomem posse do restante de Edom, e todas as nações que se chamam pelo meu nome, diz o SENHOR, que faz isto. ¹³ Eis que vêm dias, diz o SENHOR, em que o que ara alcançará ao que colhe, e o que pisa as uvas ao que leva a semente; e os montes destilarão suco de uva, e todos os morros se derreterão. ¹⁴ E restaurarei meu povo Isarael de seu infortúnio; então reconstruirão as cidades assoladas, e nelas habitarão; e plantarão vinhas, e beberão o vinho delas; e farão jardins, e comerão o fruto deles. ¹⁵ Pois eu os plantarei em sua terra, e nunca mais serão arrancados de sua terra, que eu lhes dei, diz o SENHOR, teu Deus.

---

* **9:2** Xeol é o lugar dos mortos   † **9:6** alicerce obscuro

Obadias

¹ Visão de Obadias. Assim diz o Senhor DEUS quanto a Edom: Temos ouvido notícias do SENHOR, e mensageiro foi enviado entre as nações; levantai-vos, e nos levantaremos em batalha contra ela. ² Eis que eu te faço pequeno entre as nações; tu és muito desprezado. ³ A arrogância de teu coração te enganou, tu que habitas nas fendas das rochas, em teu alta morada; que dizes em teu coração: Quem me derrubará ao chão? ⁴ Se te elevares como a águia, e se puseres teu ninho entre as estrelas, dali eu te derrubarei,diz o SENHOR. ⁵ Se ladrões viessem a ti, ou assaltantes de noite, não furtariam *apenas* o que lhes bastasse? Se vindimadores viessem a ti, por acaso eles não deixariam algumas sobras? *Porém tu* , como estás arrasado! ⁶ Como Esaú foi saqueado! Como seus tesouros foram tomados! ⁷ Todos os teus aliados te moveram até as fronteiras; os que têm acordo de paz contigo te enganaram, prevaleceram contra ti; *os que comem* do teu pão porão armadilha para ti, (nele não há entendimento). ⁸ Não será naquele dia,diz o SENHOR, que farei perecer os sábios de Edom, e o entendimento da montanha de Esaú? ⁹ E teus guerreiros, ó Temã, ficarão atemorizados; para que cada um da montanha de Esaú seja exterminado pela matança. ¹⁰ Por causa da violência feita a teu irmão Jacó, a vergonha te cobrirá; e serás exterminado para sempre. ¹¹ No dia em que estavas diante *dele* , no dia em que estrangeiros levavam cativo seu exército, e estranhos entravam por suas portas e repartiam a posse de Jerusalém, tu também eras como um deles. ¹² Pois tu não devias olhar com prazer para o dia de teu irmão, o dia em que ele foi exilado; não devias te alegrar dos filhos de Judá no dia da ruína deles, nem falar com arrogância * no dia da angústia; ¹³ Nem devias ter entrado pela porta de meu povo no dia de sua calamidade; não devias ter olhado seu mal no dia de sua calamidade, nem ter roubado seus bens no dia de sua calamidade. ¹⁴ Nem devias ter ficado parado nas encruzilhadas, para exterminar os que dela escapassem; nem devias ter entregue os sobreviventes no dia da angústia. ¹⁵ Porque perto está o dia do SENHOR sobre todas as nações; como tu fizeste, assim se fará a ti; o pagamento devido voltará sobre tua cabeça. ¹⁶ Pois tal como vós bebestes no meu santo monte, assim também todas as nações beberão continuamente; beberão, e engolirão, e serão como se nunca tivessem existido. ¹⁷ Mas no monte de Sião haverá livramento, e ele voltará a ser santo; e a casa de Jacó tomará posse de suas propriedades. ¹⁸ E a casa de Jacó será fogo, a casa de José será chama, e os da casa de Esaú serão palha; e se incendiarão contra eles, e os consumirão, de modo que não haverá sobrevivente na casa de Esaú, porque o SENHOR falou. ¹⁹ E os do Negueve possuirão a montanha de Esaú, e os da planície † *tomarão posse da terra dos* filisteus; possuirão também os campos de Efraim, e os campos de Samaria; e Benjamim *tomará posse de* Gileade. ²⁰ E os cativos deste exército dos filhos de Israel *possuirão* o que era dos cananeus até Sarepta; ‡ e os cativos de Jerusalém, que estão em Sefarade, possuirão as cidades do Negueve. ²¹ E salvadores se levantarão no monte de Sião, para julgarem ao monte de Esaú; e o reino pertencerá ao SENHOR.

---

* **1:12** falar com arrogância lit. alargar a tua boca   † **1:19** planície hebraico Sefelá   ‡ **1:20** Sarepta trad. alt. Zarefate

Jonas

¹ E veio a palavra do SENHOR a Jonas, filho de Amitai, dizendo: ² Levanta-te, vai à grande cidade de Nínive, e prega contra ela; porque sua maldade subiu diante de mim. ³ Porém Jonas se levantou para fugir da presença do SENHOR a Társis, e desceu a Jope; e achou um navio que partia para Társis. Então pagou sua passagem e entrou nele, para ir com eles a Társis *a fim de se distanciar* do SENHOR. ⁴ Mas o SENHOR fez levantar um grande vento no mar; e fez-se uma tempestade tão grande no mar, que o navio estava a ponto de se quebrar. ⁵ Então os marinheiros tiveram medo, e cada um clamava a seu deus; e lançaram no mar os objetos que havia no navio, para com eles diminuir o peso. Jonas, porém, havia descido ao interior do navio, e se pôs a dormir profundamente. ⁶ E o capitão do navio se aproximou dele, e lhe disse: Que há contigo, dorminhoco? Levanta-te, e clama a teu deus; talvez ele se lembre de nós, para que não pereçamos. ⁷ E disseram cada um a seu companheiro: Vinde, e lancemos sortes, para sabermos por causa de quem este mal *veio* sobre nós. Então lançaram sortes, e a sorte caiu sobre Jonas. ⁸ Então eles lhe disseram: Conta-nos, por favor, por que nos este mal nos *veio* . Qual é a tua profissão, e de onde vens? Qual é a tua terra, e de que povo és? ⁹ E ele lhes respondeu: Sou hebreu, e temo ao SENHOR, o Deus dos céu, que fez o mar e a terra. ¹⁰ Então aqueles homens tiveram um grande medo, e lhe disseram: Por que fizeste isto? Pois aqueles homens sabiam que ele estava fugindo do SENHOR, porque ele já havia lhes dito. ¹¹ Então lhe disseram: O que faremos contigo, para que o mar se nos aquiete?Porque o mar cada vez mais se embravecia. ¹² E ele lhes respondeu: Tomai-me, e lançai-me ao mar, e o mar se vos aquietará; porque eu sei que foi por minha causa que esta grande tempestade *veio* sobre vós. ¹³ Mas os homens se esforçavam para remar, tentando voltar à terra firme; porém não conseguiam, porque o mar cada vez mais se embravecia sobre eles. ¹⁴ Então clamaram ao SENHOR, e disseram: Ó SENHOR, nós te pedimos para não perecermos por causa da alma deste homem, nem ponhas sangue inocente sobre nós; porque, tu, SENHOR, fizeste como te agradou. ¹⁵ Então tomaram a Jonas, e o lançaram ao mar; e o mar se aquietou de seu furor. ¹⁶ Por isso aqueles homens temeram ao SENHOR *com* grande temor; e ofereceram sacrifício ao SENHOR, e prometeram votos. ¹⁷ Mas o SENHOR havia preparado um grande peixe para que tragasse a Jonas; e Jonas esteve três dias e três noites no ventre do peixe.

2

¹ E Jonas orou ao SENHOR seu Deus, desde as entranhas do peixe, ² E disse: Clamei da minha angústia ao SENHOR, e ele me respondeu; do ventre do Xeol * gritei, *e* tu ouviste minha voz. ³ Pois tu me lançaste no profundo, no meio dos mares, e a correnteza me cercou; todas as tuas ondas e tuas vagas passaram sobre mim. ⁴ E eu disse: Lançado estou de diante de teus olhos; porém voltarei a ver o teu santo templo. † ⁵ As águas me cercaram até a alma, o abismo me rodeou; as algas se enrolaram à minha cabeça. ⁶ Desci aos fundamentos dos montes; a terra trancou suas fechaduras a mim para sempre; porém tu tiraste minha vida da destruição, ó SENHOR meu Deus. ⁷ Quando minha alma desfalecia em mim, eu me lembrei do SENHOR; e minha oração chegou a ti em teu santo templo. ⁸ Os que dão atenção a coisas inúteis e ilusórias abandonam sua própria misericórdia. ⁹ Mas eu porém sacrificarei a ti com voz de

---

* **2:2** Xeol é o lugar dos mortos † **2:4** porém voltarei ... templo trad. alt. como voltarei a ver o teu santo templo?

gratidão; pagarei o que prometi. A salvação *vem* do SENHOR. ¹⁰ E o SENHOR falou ao peixe, e este vomitou a Jonas em terra firme.

3

¹ E a palavra do SENHOR veio pela segunda vez a Jonas, dizendo: ² Levanta-te, e vai à grande cidade de Nínive, e prega contra ela a pregação que eu te falo. ³ Então Jonas se levantou, e foi a Nínive, conforme a palavra do SENHOR. E Nínive era cidade extremamente grande, de três dias de caminho. ⁴ E Jonas começou a entrar pela cidade, caminho de um dia, e pregava dizendo: Daqui a quarenta dias Nínive será destruída. ⁵ E os homens de Nínive creram em Deus; e convocaram um jejum, e se vestiram de sacos, desde o maior até o menor deles. ⁶ Pois quando esta palavra chegou ao rei de Nínive, ele se levantou de seu trono, e lançou de si sua roupa, e cobriu-se de saco, e se sentou em cinzas. ⁷ E convocou e anunciou em Nínive, por mandado do rei e de seus maiorais, dizendo: Nem pessoas nem animais, nem bois nem ovelhas, provem coisa alguma, nem se lhes dê alimento, nem bebam água; ⁸ E que as pessoas e os animais se cubram de saco, e clamem fortemente a Deus; e convertam- se cada um de seu mau caminho, e da violência que está em suas mãos. ⁹ Quem sabe Deus mude de ideia e se arrependa, e se afaste do ardor de sua ira, para não perecermos? ¹⁰ E Deus viu a atitude deles, que se converteram de seu mau caminho; então Deus se arrependeu do mal que tinha dito que lhes faria, e não o fez.

4

¹ Mas Jonas se desgostou muito, e se encheu de ira. ² E orou ao SENHOR, e disse: Ah, SENHOR, não foi isto o que eu dizia enquanto ainda estava em minha terra? Por isso me preveni fugindo a Társis; porque sabia eu que tu és Deus gracioso e misericordioso, que demoras a te irar, tens grande misericórdia, e te arrependes do mal. ³ Agora pois, ó SENHOR, peço-te que me mates, porque é melhor para mim morrer do que viver. ⁴ E o SENHOR lhe disse: É correta * essa tua ira? ⁵ E Jonas saiu da cidade, e se sentou ao oriente da cidade, e fez para si ali uma barraca, e se sentou debaixo dela à sombra, até ver o que seria da cidade. ⁶ E o SENHOR Deus preparou uma planta, e a fez crescer sobre Jonas para que fizesse sombra sobre sua cabeça, e lhe aliviasse de seu mal-estar; e Jonas se alegrou grandemente por causa da planta. ⁷ Mas Deus preparou uma lagarta no dia seguinte ao amanhecer, a qual feriu a planta, e ela se secou. ⁸ E aconteceu que, ao levantar do sol, Deus preparou um quente vento oriental; e o sol feriu a Jonas na cabeça, de modo que ele se desmaiava, e desejava a morte, dizendo: Melhor é para mim morrer do que viver. ⁹ Então Deus disse a Jonas: É correta † a tua ira pela planta?E ele respondeu: É correto eu me irar ‡ até a morte. ¹⁰ E o SENHOR disse: Tu tiveste pena da planta, na qual não trabalhaste, nem tu a fizeste crescer, que em uma noite nasceu, e em outra noite pereceu; ¹¹ E não teria eu pena de Nínive, aquela grande cidade onde há mais de cem e vinte mil pessoas que não sabem a diferença entre sua mão direita e a esquerda, e muitos animais?

---

* **4:4** correta trad. alt. tanta † **4:9** correta trad. alt. tanta ‡ **4:9** É correto eu me irar trad. alt. Estou muito irado

Miqueias

¹ Palavra do SENHOR que veio a Miqueias, o morastita, nos dias de Jotão, Acaz, *e* Ezequias, reis de Judá; que ele viu sobre Samaria e Jerusalém. ² Ouvi vós todos os povos; presta atenção tu, ó terra, e tudo o que nela há; pois o Senhor DEUS será testemunha contra vós, o Senhor desde seu santo templo. ³ Porque eis que SENHOR está saindo de seu lugar, e descerá, e pisará os lugares altos da terra. ⁴ E os montes debaixo dele se derreterão, e os vales se fenderão como a cera diante do fogo, como as águas se derramam por um precipício. ⁵ Tudo isto é por causa da transgressão de Jacó e dos pecados da casa de Israel. Qual é a transgressão de Jacó? Não é Samaria? E quais são os altos * de Judá? Não é Jerusalém? ⁶ Por isso tornarei a Samaria em amontoado de pedras no campo, em plantação de vinhas; e derrubarei suas pedras no vale, e descobrirei seus fundamentos. ⁷ E todas suas imagens de escultura serão esmigalhadas, e todos seus salários de prostituta serão queimados com fogo, e destruirei todos os seus ídolos; porque do salário de prostituta os ajuntou, e para salário de prostituta voltarão. ⁸ Portanto lamentarei e uivarei, e andarei descalço e nu; farei uivos como de chacais, e lamentos como de filhotes de avestruzes. † ⁹ Porque suas feridas são incuráveis, que já chegaram até Judá; *isto* já chegou até a porta do meu povo, até Jerusalém. ¹⁰ Não anunciai *isto* em Gate, nem choreis tanto; revolve-te no pó em Bete-Le-Afra. ¹¹ Passa-te com vergonha descoberta, ó moradora de Safir; a moradora de Zaanã não sai; pranto há em Bete-Ezel; seu apoio foi tomado de vós. ‡ ¹² Porque a moradora de Marote anseiam à espera do bem; pois um mal desceu do SENHOR até a porta de Jerusalém. ¹³ Liga os cavalos à carruagem, ó moradora de Laquis (ela é o princípio do pecado à filha de Sião), porque em ti foram achadas as transgressões de Israel. ¹⁴ Portanto, tu darás presentes de despedida a Moresete-Gate; as casas de Aczibe serão enganosas aos reis de Israel. ¹⁵ Ainda trarei a ti um conquistador, ó moradora de Maressa; a glória de Israel virá até Adulão. ¹⁶ Faz em ti calva, e rapa-te por causa dos filhos a quem gostavas; § aumenta tua calva como a águia; porque foram levados de ti em cativeiro.

2

¹ Ai dos que planejam injustiça, e dos que tramam o mal em suas camas! Quando vem a manhã o efetuam, porque têm o poder em suas mãos. ² E cobiçam campos, e os roubam; cobiçam casas, e as tomam; oprimem ao homem e a sua casa, ao homem e a sua propriedade. ³ Portanto, assim diz o SENHOR: Eis que eu planejo um mal * contra esta família, da qual não conseguireis livrar vossos pescoços, nem andareis erguidos; porque o tempo será mau. ⁴ Naquele tempo surgirá um provérbio sobre vós, e se lamentará um pranto de lamentação, dizendo: Fomos arruinados por completo; trocada foi a porção de meu povo. Como fomos saqueados! Nossos campos foram repartidos, passados a outros. ⁵ Portanto a ninguém terás que delimite a propriedade de terra † por meio de sortes na congregação do SENHOR. ⁶ Não profetizeis! Falam eles. Não lhes profetizarão, *mas* a vergonha não se desviará deles. ⁷ Por acaso se dirá, ó casa de Jacó: O espírito do SENHOR perdeu a paciência? ‡

---

* **1:5** altos i.e. lugares altos onde se praticava idolatria   † **1:8** avestruzes obscuro – trad. alt. corujas   ‡ **1:11** seu apoio foi tomado de vós obscuro   § **1:16** filhos a quem gostavas lit. filhos de deus deleites   * **2:3** mal i.e., calamidade   † **2:5** delimite a propriedade de terra lit. estenda a corda [de medir]   ‡ **2:7** perdeu a paciência lit. encurtou

São estas as suas obras? Por acaso minhas palavras não fazem bem ao que age §
corretamente? ⁸ Mas recentemente meu povo se levantou como inimigo; tomastes
da roupa a capa daqueles que passavam confiantes, voltando da batalha. ⁹ Vós
expulsais as mulheres de meu povo de suas queridas casas; de suas crianças tirastes
minha glória para sempre. ¹⁰ Levantai-vos, e ide embora, porque esta *terra* não
serve mais para descanso; pois está contaminada, ela se destruirá, com grande
destruição. ¹¹ Se houver alguém que siga o vento, e fale mentiras e falsidade, dizendo:
Eu te profetizarei vinho e de bebida alcoólica, este tal será o profeta deste povo.
¹² Certamente eu te ajuntarei por completo, ó Jacó; reunirei o restante de Israel; eu
o porei junto, como ovelhas de Bosra, como rebanho no meio de seu curral farão
estrondo de *multidão de* pessoas. ¹³ Aquele que rompe *obstáculos* subirá adiante
deles; eles romperão, e passarão pela porta, e sairão por ela; e seu rei irá adiante
deles, e o SENHOR estará em sua dianteira. *

3

¹ E eu disse: Ouvi agora, vós líderes * de Jacó, e governantes da casa de Israel;
por acaso não é vossa responsabilidade saber o que é justo? ² Vós odiais o bem e
amais o mal; vós roubais a pele dos outros, e a carne de seus ossos; ³ Vós sois os que
comeis a carne de meu povo, e lhes tirais sua pele, e lhes quebrais seus ossos; e os
despedaçais como para a panela, como carne dentro do caldeirão. ⁴ Então clamareis
ao SENHOR, mas ele não vos responderá; ao invés disso esconderá sua face diante
de vós naquele tempo, pois praticastes maus atos. † ⁵ Assim diz o SENHOR contra
os profetas que fazem o meu povo errar, que quando recebem comida ‡ proclamam
paz, mas declaram guerra contra quem não lhes dá de comer; ⁶ Portanto se vos fará
noite por causa da profecia, e trevas por causa da adivinhação; e o sol se porá sobre
estes profetas, e o dia se escurecerá sobre eles. ⁷ E os videntes se envergonharão, e
os adivinhos serão humilhados; todos cobrirão o lábio, porque não haverá resposta
de Deus. ⁸ Porém eu estou cheio do poder do Espírito do SENHOR, e de juízo, e de
força, para anunciar a Jacó sua transgressão, e a Israel seu pecado. ⁹ Ouvi agora isto,
vós líderes da casa de Jacó, e governantes da casa de Israel, que abominais a justiça,
e perverteis tudo o que é justo; ¹⁰ Vós edificais a Sião com sangue, e a Jerusalém com
injustiça; ¹¹ Seus líderes julgam por suborno, seus sacerdotes ensinam por salário, e
seus profetas adivinham por dinheiro; e se apoiam no SENHOR dizendo: Por acaso o
SENHOR não está entre nós? Nenhum mal virá sobre nós. ¹² Portanto por causa de
vós Sião será arada como campo, e Jerusalém se tornará um amontoado de pedras,
e o monte do templo § como os lugares altos de um bosque.

4

¹ Mas acontecerá nos últimos dias que o monte da casa do SENHOR será firmado
no cume de montes, e será mais elevado que os morros; e os povos correrão a ele.
² E muitas nações virão e dirão: Vinde, e subamos ao monte do SENHOR, à casa do
Deus de Jacó; e ele nos ensinará seus caminhos, e nós andaremos em suas veredas;
porque a lei * virá de Sião, e a palavra do SENHOR de Jerusalém. ³ E ele julgará
entre muitos povos, e corrigirá poderosas nações até muito longe; e adaptarão suas
espadas para enxadas, e suas lanças para foices; nação não erguerá espada contra
nação, nem mais aprenderão a *fazer* guerra. ⁴ E cada um se sentará debaixo de sua

---

§ **2:7** age lit. anda   * **2:13** dianteira cabeça   * **3:1** líderes lit. cabeças – também no v. 9   † **3:4** no
original há uma mudança de vós para eles na frase, mas ainda se referindo aos líderes e governadores do v. 1
‡ **3:5** recebem comida lit. mastigam com os dentes   § **3:12** templo lit. casa   * **4:2** lei trad. alt. instrução

videira e debaixo de sua figueira, e não haverá quem lhes cause medo; porque a boca do SENHOR dos exércitos assim falou. ⁵ Pois todos os povos andam cada um no nome de seus deuses; nós, porém, andaremos no nome do SENHOR nosso Deus para todo o sempre. ⁶ Naquele dia,diz o SENHOR, reunirei a que mancava, e ajuntarei a que havia sido expulsa, e a que eu tinha maltratado. ⁷ E farei da que mancava um *povo* restante, da que havia sido expulsa uma nação poderosa; e o SENHOR reinará sobre eles no monte de Sião desde agora para sempre. ⁸ E tu, ó torre de vigilância do rebanho, tu fortaleza da filha de Sião, virá a ti o primeiro domínio; o reino chegará à filha de Jerusalém. ⁹ Agora por que gritas tanto? Não há rei em ti? Pereceu teu conselheiro, para que tenhas sido tomada por dores como as de parto? ¹⁰ Sofre dores e contorce-te, ó filha de Sião, como mulher em trabalho de parto; porque agora sairás da cidade, e morarás no campo, e virás até a Babilônia; *porém* ali tu serás livrada, ali o SENHOR te redimirá † da mão de teus inimigos. ¹¹ Mas agora muitas nações se reuniram contra ti, e dizem: Seja profanada, e nossos olhos vejam a desgraça de Sião. ¹² Mas elas não sabem os pensamentos do SENHOR, nem entendem seu conselho; de que ele as ajuntou como a feixes para a eira. ¹³ Levanta-te e trilha, ó filha de Sião, porque tornarei teu chifre de ferro, e tuas unhas de bronze, e esmiuçarás muitos povos; e consagrarás ao SENHOR seus ganhos, e seus bens ao Senhor de toda a terra.

5

¹ Agora ajunta-te em tropas, ó filha de tropas; fazem cerco ao nosso redor; ferirão ao juiz de Israel com vara no rosto. ² Porém tu, Belém Efrata, *ainda que* sejas pequena entre as famílias de Judá, de ti me sairá o que será governador em Israel; e suas saídas são desde o princípio, desde os dias antigos. ³ Por isso ele os entregará até o tempo em que a que estiver de parto der à luz; então o resto de seus irmãos voltarão a estar com os filhos de Israel. ⁴ E eles se levantará, e governará com a força do SENHOR, com a grandeza do nome do SENHOR seu Deus; e eles habitarão *seguros* ,porque agora ele será engrandecido até os confins da terra. ⁵ E este será nossa paz; quando a Assíria vier a nossa terra, e quando pisar nossos palácios, então levantaremos contra ela sete pastores, e oito príncipes dentre os homens; ⁶ E dominarão a terra da Assíria pela espada, e a terra de Ninrode em suas entradas; assim ele *nos* livrará do assírios, quando vierem contra nossa terra e invadirem nossas fronteiras. ⁷ E o restante de Jacó estará no meio de muitos povos, como o orvalho do SENHOR, como gotas sobre a erva, que não esperam ao homem, nem aguardam os filhos de homens. ⁸ E o restante de Jacó estará entre as nações, no meio de muitos povos, como o leão entre os animais do bosque, como o leão jovem entre os rebanhos de ovelhas, o qual quando passa, atropela e despedaça, de modo que ninguém há que possa livrar. ⁹ Tua mão se erguerá sobre teus adversários, e todos os teus inimigos serão exterminados. ¹⁰ E será naquele dia,diz o SENHOR, que destruirei teus cavalos do meio de ti, e acabarei com tuas carruagens. ¹¹ Também destruirei as cidades da tua terra, e derrubarei todas as tuas fortalezas. ¹² Também destruirei as feitiçarias de tua mão, e não terás mais adivinhadores. ¹³ Também destruirei as tuas imagens de escultura e tuas colunas de idolatria do meio de ti, e nunca mais te encurvarás diante da obra de tuas mãos; ¹⁴ Também arrancarei teus bosques do meio de ti, e arruinarei tuas cidades. ¹⁵ E com ira e com furor farei vingança das nações que não *me* deram ouvidos.

6

¹ Ouvi agora o que o SENHOR diz: Levanta-te, briga com os montes, e ouçam os morros a tua voz. ² Ouvi vós, montes, e vós, fortes fundamentos da terra, a briga

---

† **4:10** redimirá i.e., resgatará

do SENHOR; porque o SENHOR tem uma briga judicial com seu povo, e disputará judicialmente com Israel. ³ Ó povo meu, o que eu tenho feito a ti? Em que eu te incomodei? Responde-me. ⁴ Pois eu te fiz subir da terra do Egito, e da casa de escravidão eu te livrei; e enviei diante de ti a Moisés, Arão, e Miriã. ⁵ Ó povo meu, lembra-te agora do Balaque, rei de Moabe, planejou, e do que Balaão, filho de Beor, lhe respondeu, *e do que aconteceu* desde Sitim até Gilgal, para que conheças as justiças do SENHOR. ⁶ Com que me encontrarei com o SENHOR, *e* adorarei ao alto Deus? Virei diante ele com holocaustos, com bezerros de um ano? ⁷ O SENHOR se agradará de milhares de carneiros, *ou* de dez mil ribeiros de azeite? Darei meu primogênito por minha transgressão, o fruto de meu ventre pelo pecado de minha alma? ⁸ Ele já declarou a ti, ó ser humano, o que é bom; e que mais o SENHOR pede de ti, a não ser fazer o que é justo, amar a bondade, e andar humildemente com teu Deus? ⁹ A voz do SENHOR clama à cidade (e sábio é temer o teu nome): Ouvi a vara, e a quem a estabeleceu. ¹⁰ Não há ainda na casa do perverso riquezas da perversidade, e medida * enganosamente menor, o que é abominável? ¹¹ Posso eu tolerar *quem tem* balanças falsas e bolsa de pesos enganosos? ¹² Pois seus ricos estão cheios de violência, e seus moradores falaram mentiras, e suas línguas são enganosas em suas bocas. ¹³ Por isso eu também *te* enfraquecerei, ferindo-te e assolando-te por teus pecados. ¹⁴ Tu comerás, mas não te saciarás; e fome haverá no meio de ti; tu pegarás, mas não levarás *contigo* ; e o que levares, eu *o* entregarei à espada. ¹⁵ Tu semearás, mas não colherás; pisarás azeitonas, mas não te ungirás com óleo; *pisarás* uvas, mas não beberás vinho. ¹⁶ Pois são os mandamentos de Onri, e todas as obras da casa de Acabe, que são obedecidos; e vós praticais † seus conselhos. Por isso eu te tornarei desolada, e teus moradores serão motivo de assovio. Assim levareis a humilhação de meu povo.

7

¹ Ai de mim! Porque sou como quando os frutos do verão são colhidos, como quando são tiradas as sobras das uvas da vindima, de modo que não resta cacho de uvas para comer; minha alma deseja frutos. ² Já pereceu o misericordioso da terra, e não há quem seja justo entre os seres humanos; todos armam ciladas em busca de sangue; cada um arma rede de caça a seu irmão. ³ Suas mãos são habilidosas em fazer o mal; o príncipe dá ordens e o juiz julga por propina; e o grande fala o mau desejo de sua alma, e colaboram com ele. ⁴ O melhor dentre eles é como o espinho; o mais justo é como o espinheiro. O dia de teus vigilantes, teu castigo, vem; agora será sua confusão. ⁵ Não creiais em amigo, nem confieis em príncipe; guardas as portas de tua boca daquela que dorme ao teu lado. ⁶ Porque o filho despreza o pai, a filha se levanta contra sua mãe, a nora contra sua sogra; e os inimigos do homem são os de sua própria casa. ⁷ Eu, porém, observarei ao SENHOR, esperarei ao Deus de minha salvação; meu Deus me ouvirá. ⁸ Ó minha inimiga, não te alegres de mim; pois ainda que tenha caído, eu me levantarei; ainda que eu esteja assentado em trevas, o SENHOR será minha luz. ⁹ Suportarei a ira do SENHOR, porque pequei contra ele; *suportarei* até que ele julgue minha causa e execute meu direito; ele me trará para a luz; eu verei sua justiça. ¹⁰ E minha inimiga verá *isso* ,e a vergonha a cobrirá; ela que me dizia: Onde está o SENHOR teu Deus? Meus olhos a verão; agora ela será pisada como a lama das ruas. ¹¹ No dia em que teus muros forem reconstruídos, naquele dia as fronteiras se ampliarão para longe. ¹² Naquele dia virão a ti da Assíria até as cidades fortes, * das cidades fortes até o rio, e de mar a mar, e de monte a

---

* **6:10** medida = hebraico: efa   † **6:16** praticais lit. andais   * **7:12** cidades fortes trad. alt. cidades do Egito

monte. ¹³ Porém esta terra será desolada por causa de seus moradores, por causa do fruto de suas obras. ¹⁴ Apascenta teu povo com teu cajado, o rebanho de tua herança, que mora só no bosque, no meio do campo fértil; que se alimentem em Basã e Gileade, como nos dias antigos. ¹⁵ Eu lhes farei ver maravilhas, como nos dias em que saíste da terra do Egito. ¹⁶ As nações verão, e se envergonharão de todo o seu poder; porão a mão sobre a boca, ensurdecerão seus ouvidos. ¹⁷ Lamberão o pó como a serpente; como os répteis da terra sairão tremendo de seus esconderijos; eles ficarão apavorados com o SENHOR nosso Deus, e temerão a ti. ¹⁸ Quem é Deus como tu, que perdoa a maldade, e ignora a transgressão do restante de sua herança? Ele não retém para sempre sua ira, porque ele tem prazer na bondade. ¹⁹ Ele voltará a ter misericórdia de nós; ele esmagará nossas maldades. Tu lançarás os pecados deles nas profundezas do mar. ²⁰ Tu concederás a Jacó a fidelidade, e a Abraão a bondade, que juraste a nossos pais desde os dias antigos.

Naum

¹ Revelação sobre Nínive. Livro da visão de Naum o elcosita. ² O SENHOR é Deus zeloso e vingador; o SENHOR é vingador e furioso; o SENHOR se vinga de seus adversários, e que guarda *ira* contra seus inimigos. ³ O SENHOR é tardio para se irar, porém grande em poder; e não terá *ao culpado* por inocente. O SENHOR caminha entre a tempestade e o turbilhão, e as nuvens são o pó de seus pés. ⁴ Ele repreende o mar, e o faz secar; e deixa secos todos os rios. Basã e o Carmelo se definham, e a flor do Líbano murcha. ⁵ Os montes tremem diante dele, e os morros se derretem; e a terra se abala em sua presença, e o mundo, e todos os que nele habitam. ⁶ Quem pode subsistir diante de seu furor? E quem pode persistir diante do ardor de sua ira? Seu furor se derrama como fogo, e as rochas se partem diante dele. ⁷ O SENHOR é bom, é fortaleza no dia da angústia; ele conhece os que nele confiam. ⁸ Mas com inundação impetuosa ele acabará com Nínive, * e perseguirá seus inimigos até às trevas. ⁹ O que vós tramais contra o SENHOR, ele mesmo destruirá; a angústia não se levantará duas vezes. ¹⁰ Mesmo estando entretecidos como espinhos, e embriagados como beberrões, eles serão consumidos como a palha seca. ¹¹ De ti saiu um que trama o mal contra o SENHOR, um conselheiro maligno. ¹² Assim diz o SENHOR: Ainda que sejam prósperos, e muitos em número, mesmo assim eles serão exterminados, e passarão. † Eu te afligi, *Judá* , porém não te afligirei mais. ¹³ Mas agora quebrarei seu jugo ‡ de sobre ti, e romperei tuas amarras. ¹⁴ Porém contra ti, *assírio* , o SENHOR mandou que nunca mais seja gerado § alguém de teu nome; da casa de teu deus arrancarei as imagens de escultura e de fundição. Farei para ti um sepulcro, porque tu és desprezível. * ¹⁵ Eis que sobre os montes estão os pés daquele que anuncia boas novas, do que faz ouvir a paz. Celebra tuas festas, Judá; cumpre os teus votos, porque nunca mais o maligno passará por ti; ele foi exterminado por completo.

2

¹ O despedaçador está subindo contra ti; guarda a fortaleza, olha para o caminho, prepara os lombos, junta o poder de tuas forças. ² Porque o SENHOR restituirá a glória de Jacó, como a glória de Israel, ainda que saqueadores tenham os saqueado, e destruído os seus ramos de videira. ³ Os escudos de seus guerreiros são vermelhos, os homens valentes andam vestidos de escarlate; as carruagens brilham no dia em que são preparadas, as lanças se sacodem. ⁴ As carruagens se movem furiosamente pelas ruas, percorrem as vias; sua aparência é como tochas, correm como relâmpagos. ⁵ Seus nobres são convocados, porém tropeçam enquanto marcham; eles se apressam ao seu muro, e a proteção é preparada. ⁶ As comportas dos rios são abertas, e o palácio é arruinado. ⁷ Está decretado: ela será levada cativa, e suas criadas a acompanharão com voz de pombas, batendo seus peitos. ⁸ Nínive é como um antigo tanque, cujas águas estão fugindo. *Dizem* : Parai, parai; porém ninguém sequer olha para trás. ⁹ Saqueai prata, saqueai ouro; não há fim das riquezas e do luxo, de todo tipo de objetos valiosos. ¹⁰ Ela está esvaziada, devastada e arruinada; os corações desmaiam, os joelhos tremem, os lombos doem, e os rostos deles todos ficam abatidos. ¹¹ Onde está a morada dos leões, e o lugar onde os leões jovens se alimentavam, onde o

---

* **1:8** Nínive lit. seu lugar   † **1:12** passarão lit. passará – ou um singular com um sentido coletivo, ou se refere a um indivíduo, como o rei da Assíria   ‡ **1:13** seu jugo i.e. o jugo da Assíria   § **1:14** gerado lit. semeado
* **1:14** contra ti, assírio i.e., contra Nínive, a Assíria, ou o seu rei

leão, a leoa, e os filhotes de leão passeavam, e não havia quem os espantasse? ¹² O leão caçava o suficiente para seus filhotes, e estrangulava para as suas leoas, e enchia suas cavernas de presa, e suas moradas de coisas capturadas. ¹³ Eis que eu sou contra ti,diz o SENHOR dos exércitos. Queimarei as tuas carruagens em fumaça, e espada consumirá teus jovens leões; exterminarei a tua presa da terra, e nunca mais a voz de teus mensageiros será ouvida.

3

¹ Ai da cidade sanguinária, toda cheia de mentiras e de saques; o roubo não cessa. ² *Ali há* o som de açoite, e o estrondo do mover de rodas; os cavalos atropelam, e as carruagens vão se sacudindo. ³ O cavaleiro ataca, a espada brilha, e a lança resplandece; e *ali haverá* muitos mortos, e multidão de cadáveres; haverá corpos sem fim, e tropeçarão nos corpos mortos. ⁴ Por causa da multidão das prostituições da prostituta muito charmosa, mestra de feitiçarias, que vende os povos com suas prostituições, e as famílias com suas feitiçarias. ⁵ Eis que estou contra ti,diz o SENHOR dos exércitos, e descobrirei tuas saias sobre tua face, e mostrarei tua nudez às nações, tua vergonha aos reinos. ⁶ E lançarei sobre ti coisas abomináveis, e te envergonharei, e te tornarei em ridículo público. ⁷ E será que todos os que te virem fugirão de ti, e dirão: Nínive está destruída; quem terá compaixão dela? Onde buscarei para ti consoladores? ⁸ És tu melhor que Nô-Amom, * que estava situada entre os rios, cercada de águas, cuja fortificação era o mar, e o rio como muralha? ⁹ Cuxe e Egito era sua fortaleza sem limites; Pute e Líbia estavam para tua ajuda. ¹⁰ Porém ela foi levada em cativeiro; também suas crianças foram despedaçadas nas esquinas de todas as ruas; e sobre seus nobres lançaram sortes, e todos seus maiorais foram aprisionados com grilhões. ¹¹ Tu também estarás bêbada, *e* te esconderás; tu também buscarás fortaleza por causa do inimigo. ¹² Todas as tuas fortalezas são *como* figueiras com os primeiros figos, que ao serem sacudidas, caem na boca de quem quer comer. ¹³ Eis que teu exército será como mulheres no meio de ti; as portas de tua terra se abrirão a teus inimigos; fogo consumirá teus ferrolhos. ¹⁴ Reserva † para ti água para o cerco, fortifica as tuas fortalezas; entra na lama, pisa o barro, conserta o forno. ¹⁵ Ali o fogo te consumirá, a espada te cortará, te consumirá como o inseto devorador. Multiplica-te como o inseto devorador; multiplica-te como o gafanhoto. ¹⁶ Multiplicaste teus mercadores mais que as estrelas do céu; o inseto devorador estende as asas, e sai voando. ¹⁷ Teus oficiais são como gafanhotos, e teus capitães ‡ como enxames de gafanhotos que pousam em nas paredes nos dias de frio; quando o sol se levanta eles voam, de modo que não se pode saber seu lugar onde estiveram. ¹⁸ Teus pastores cochilam, ó rei da Assíria, teus nobres descansam; teu povo se espalhou pelos montes, e ninguém o ajuntará. ¹⁹ Não há cura para tua ferida; tua chaga é fatal; todos os que ouviram tua fama baterão palmas por causa de ti, pois sobre quem tua maldade não passou continuamente?

---

* **3:8** Nô-Amom trad. alt. Tebas   † **3:14** Reserva lit. tira   ‡ **3:17** capitães trad. alt. escribas

Habacuque

¹ Revelação que o profeta Habacuque viu. ² Até quando, SENHOR, eu clamarei, e tu não ouvirás? *Até quando* gritarei a ti: Violência!, e tu não salvarás? ³ Por que me fazes ver a injustiça, e vês a opressão? Pois assolação e violência estão em frente de mim, há brigas, e disputas se levantam. ⁴ Por isso que a lei é enfraquecida, e o juízo nunca se cumpre: porque o perverso cerca o justo, por o juízo é distorcido. ⁵ Vede entre as nações, e prestai atenção, e espantai-vos, * espantai-vos; porque uma obra será feita em vossos dias, que quando for contada, não acreditareis. ⁶ Porque eis que eu levanto os caldeus, uma nação amarga e veloz, que caminha pelas larguras da terra para tomar posse de moradas que não são suas. ⁷ Ela é espantosa é e terrível; que impõe seu próprio julgamento e sua própria honra. ⁸ E seus cavalos são mais rápidos que os leopardos, e mais ferozes que lobos de tarde; e seus cavaleiros avançam; seus cavaleiros virão de longe, e voarão como águias que se apressam para devorar. ⁹ Todos eles vêm para *fazer* violência; seus rostos estão orientados; † e juntarão cativos como areia. ¹⁰ E escarnecerão dos reis, e zombarão dos príncipes; rirão de todas as fortalezas, porque amontoarão terra, e as tomarão. ¹¹ Logo mudarão, e passarão adiante como o vento; porém culpado será quem confiar na força de seu deus. ¹² Não és tu desde o princípio, ó SENHOR, meu Deus, meu Santo? Não morreremos. Ó SENHOR, tu os puseste para *executar* o julgamento; e tu, ó Rocha, os estabeleceste para castigar. ¹³ Teus olhos são puros demais para veres o mal, e não podes observar a opressão; ora, por que olharias aos enganadores, e calarias quando o perverso devora ao mais justo que ele? ¹⁴ Tornarias as pessoas como como os peixes do mar, como répteis que não têm quem os governe? ¹⁵ Ele tira a todos com anzol, em sua malha os ajunta, e os colhe em seu rede; por isso ele se alegra e tem prazer. ¹⁶ Por isso ele faz sacrifícios à sua malha, e oferece incensos à sua rede; porque com elas enriqueceu sua porção, e engordou sua comida. ¹⁷ Continuará ele, pois, a esvaziar a sua malha, e a matar as nações continuamente sem ter compaixão?

2

¹ Sobre o meu posto de guarda estarei, e sobre a fortaleza ficarei e vigiarei, para ver o que ele me falará, e o que eu responderei à minha queixa. ² Então o SENHOR me respondeu, e disse: Escreve a visão, e a põe claramente em tábuas, para que mesmo quem esteja correndo consiga ler. ³ Pois a visão ainda é para um tempo determinado, mas ao fim ela dará testemunho, e não mentirá; se tardar, espera, porque virá; não se atrasará. ⁴ Eis que o soberbo não tem a alma correta em si; mas o justo viverá por sua fé. * ⁵ Pois também o vinho é enganador, *é como* um homem arrogante, que não fica quieto em casa; sua avidez se alarga como o Xeol, † e se assemelha à morte, que não se farta; e ajunta para si todas as nações, e reúne para si todos os povos. ⁶ Por acaso todos estes não levantarão um insulto e provérbios de zombaria contra ele? E dirão: Ai daquele que acumula o que não era seu, e daquele de se enriquece por meio de extorsão! Até quando? ⁷ Por acaso não se levantarão de repente seus credores, e se despertarão os que te fazem tremer? Tu serás despojado por eles. ⁸ Visto que tu despojaste muitas nações, todos os povos restantes te despojarão; por causa do sangue das pessoas, e da violência contra a terra, as cidades e todos os

---

* **1:5** espantai-vos i.e., maravilhai-vos, pasmai-vos   † **1:9** orientados obscuro   * **2:4** fé trad. alt. fidelidade

† **2:5** Xeol é o lugar dos mortos

seus moradores. ⁹ Ai daquele que obtém *riquezas* para sua casa por meios malignos, para pôr no alto seu ninho, para tentar se livrar do poder da calamidade. ¹⁰ Tramaste plano vergonhoso para tua casa, exterminaste muitos povos, e pecaste contra tua vida. ¹¹ Porque a pedra clamará desde a parede, e a trave desde a estrutura de madeiras lhe responderá. ¹² Ai daquele que edifica a cidade com sangues, e do que estabelece a vila com perversidade! ¹³ Eis que isto não vem da parte do SENHOR dos exércitos, que os povos trabalham para o fogo, e as nações se cansam em vão? ¹⁴ Porque a terra se encherá de conhecimento da glória do SENHOR, como as águas cobrem o mar. ¹⁵ Ai daquele que dá bebidas a seu próximo, tu que embebedas com teu furor, para que possas vê-los nus. ¹⁶ Tu te encherás de vergonha no lugar de honra; bebe tu também, e descobre o prepúcio; o cálice da mão direita do SENHOR voltará sobre ti, e haverá vergonha sobre a tua glória. ¹⁷ Porque a violência cometida contra o Líbano te cobrirá, e a destruição dos animais selvagens o assombrará; por causa dos sangues das pessoas, e da violência contra a terra, as cidades, e todos os seus moradores. ¹⁸ Que proveito há na imagem de escultura, que seu formador a esculpiu? E na imagem de fundição, que ensina mentiras? Quem a formou nela confia, tendo feito ídolos mudos. ¹⁹ Ai daquele que diz ao pedaço de madeira: Desperta-te; e à pedra muda: Levanta-te! Poderá essa coisa ensinar? Eis que está coberta de ouro e prata, mas não há dentro dela espírito algum. ²⁰ Porém o SENHOR está em seu santo templo; que toda a terra se cale diante dele.

3

¹ Oração do profeta Habacuque, conforme "Siguionote". ² Ó SENHOR, ouvido tenho tua fama; temi, Ó SENHOR, a tua obra; renova-a no meio dos anos; faze-a conhecida no meio dos anos; na ira lembra-te da misericórdia. ³ Deus veio de Temã, o Santo do monte de Parã (Selá). Sua glória cobriu os céus, e a terra se encheu de seu louvor. ⁴ E houve resplendor como o da luz; raios brilhantes saíam de sua mão; e ali sua força estava escondida. ⁵ A praga ia adiante dele, e a pestilência seguia seus pés. ⁶ Ele parou, e sacudiu a terra; ele olhou, e abalou as nações; e os montes antigos foram despedaçados, os morros antigos caíram. Seus caminhos são eternos. ⁷ Vi as tendas de Cusã em aflição; as cortinas da terra de Midiã tremeram. ⁸ Por acaso o SENHOR se irritou contra os rios? Foi tua ira contra os ribeiros? Foi tua ira contra o mar, quando cavalgaste sobre teus cavalos, e tuas carruagens de vitória? ⁹ Teu arco foi descoberto, as flechas foram preparadas pela *tua* palavra (Selá). Fendeste a terra com rios. ¹⁰ Os montes te viram, e tiveram dores; a inundação das águas passou. O abismo deu sua voz, e levantou suas mãos ao alto. ¹¹ O sol e a lua pararam em suas moradas; à luz de tuas flechas passaram, com o resplendor de tua lança relampejante. ¹² Com indignação marchaste pela terra, com ira trilhaste as nações. ¹³ Saíste para a salvar o teu povo, para salvar o teu ungido. Feriste o líder * da casa do ímpio, descobrindo-o dos pés ao pescoço. (Selá) ¹⁴ Perfuraste com suas próprias lanças os líderes † de suas tropas, que vieram impetuosamente para me dispersarem. A alegria deles era como a de devorarem os pobres às escondidas. ¹⁵ Pisaste pelo mar com teus cavalos, pela turbulência de grandes águas. ¹⁶ Quando eu ouvi, meu ventre se perturbou; por causa do ruído meus lábios tremeram; podridão veio em meus ossos, e em meu lugar me perturbei; descansarei até o dia da angústia, quando virá contra o povo que nos ataca. ¹⁷ Ainda que a figueira não floresça, nem haja fruto nas vides, e falte o produto da oliveira, os campos não produzam alimento, as ovelhas sejam arrebatadas, e não haja vacas nos currais, ¹⁸ Mesmo assim eu me alegrarei no SENHOR, terei prazer no

---

* **3:13** líder lit. cabeça   † **3:14** líderes lit. cabeças

Deus de minha salvação. [19] DEUS, o Senhor, é minha fortaleza; ele fará meus pés como os das corças, e me fará andar sobre meus lugares altos.(Para o regente, com instrumentos de cordas).

Sofonias

¹ Palavra do SENHOR que veio a Sofonias filho de Cuxi, filho de Gedalias, filho de Amarias, filho de Ezequias, nos dias de Josias filho de Amom, rei de Judá. ² Destruirei tudo de sobre a face da terra,diz o SENHOR. ³ Destruirei as pessoas e os animais; destruirei as aves do céu, e os peixes do mar, e as pedras de tropeço com os perversos; e exterminarei os seres humanos de sobre a face da terra,diz o SENHOR. ⁴ E estenderei minha mão contra Judá, e contra todos os moradores de Jerusalém; e exterminarei deste lugar o restante de Baal, *e* o nome dos idólatras * com os sacerdotes; ⁵ E os que se encurvam sobre os terraços ao exército do céu; e aos que se encurvam jurando pelo SENHOR, mas também jurando por Milcom; ⁶ E aos que dão as costas ao SENHOR, aos que não buscam ao SENHOR, nem perguntam por ele. ⁷ Cala-te na presença do Senhor DEUS, porque o dia do SENHOR está perto; porque o SENHOR tem preparado um sacrifício, *e* santificou a seus convidados. ⁸ E será que, no dia do sacrifício do SENHOR, punirei os príncipes, os filhos do rei, e todos os que vestem roupas estrangeiras. ⁹ Também punirei naquele dia todos os que saltam sobre o umbral, os que enchem as casas de seus senhores de *produtos de* violência e de engano. ¹⁰ E naquele dia,diz o SENHOR, haverá voz de clamor desde a porta dos peixes, lamentação desde a segunda parte *da cidade* ,e grande quebrantamento desde os morros. ¹¹ Lamentai, vós moradores do vale, porque todo o povo mercador está destruído; todos os que pesavam dinheiro são exterminados. ¹² E será naquele tempo, que farei busca em Jerusalém com lâmpadas, e punirei os homens que estão acomodados como sedimentos de vinho, † os quais dizem em seu coração: O SENHOR nem fará bem nem mal. ¹³ Por isso a riqueza deles será despojada, e suas casas serão arruinadas; edificarão casas, mas não habitarão nelas; e plantarão vinhas, mas não beberão seu vinho. ¹⁴ Perto está o grande dia do SENHOR; perto está, e com muita pressa se aproxima; a voz do Dia do SENHOR; ali o guerreiro gritará amargamente. ¹⁵ Aquele dia será dia de fúria; dia de angústia e de aflição, dia de devastação e de ruína; dia de trevas e de escuridão, dia de nuvens e de espessa obscuridade. ¹⁶ Dia de trombeta e de alarme contra as cidades forte e contra as torres as altas. ¹⁷ E angustiarei as pessoas, que andarão como cegas, porque pecaram contra o SENHOR; e o sangue delas será derramado como pó, e sua carne será como esterco. ¹⁸ Nem sua prata nem seu ouro poderá os livrar no dia do furor do SENHOR; pois toda esta terra será consumida pelo fogo de seu zelo; porque ele certamente fará destruição repentina com todos os moradores da terra.

2

¹ Ajuntai-vos, ajuntai-vos, ó nação desagradável, ² Antes que o decreto se concretize, e o dia se passe como a palha; antes que o ardor da ira do SENHOR venha sobre vós, antes que o dia da ira do SENHOR venha sobre vós. ³ Buscai ao SENHOR todos vós mansos da terra, que praticam seu juízo; buscai justiça, buscai mansidão; talvez sejais preservados * no dia da ira do SENHOR. ⁴ Porque Gaza será desamparada, e Asquelom desolada; Asdode será expelida ao meio dia, e Ecrom será arrancada. ⁵ Ai dos que moram à margem do mar, da nação dos quereteus! A palavra do SENHOR é contra vós, ó Canaã, terra dos filisteus; e eu vos destruirei, até que não haja morador.

---

* **1:4** idólatras – heb. quemarins obscuro   † **1:12** acomodados como sedimentos de vinho lit. assentados sobre os seus sedimentos   * **2:3** preservados lit. escondidos

⁶ E a margem do mar se tornará pastagens, com abrigos † de pastores, e currais de rebanhos. ⁷ E aquela região será para o restante da casa de Judá, para que nela apascentem; ao anoitecer se deitarão nas casas de Asquelom, porque o SENHOR, seu Deus, os visitará, e os restaurará de seu infortúnio. ⁸ Eu ouvi os escárnios de Moabe, e os insultos dos filhos de Amom com que escarneceram a meu povo, e se engrandeceram contra suas fronteiras. ⁹ Portanto vivo eu,diz o SENHOR dos exércitos, Deus de Israel, que Moabe será como Sodoma, e os filhos de Amom como Gomorra; campo de urtigas, e mina de sal, e desolação perpétua; o restante de meu povo os saqueará, e o restante de minha nação tomará posse daquilo que era deles. ¹⁰ Isto terão por sua soberba, porque escarneceram e se engrandeceram contra o povo do SENHOR dos exércitos. ¹¹ O SENHOR será terrível contra eles, porque ele consumirá a todos os deuses da terra; e cada um desde seu lugar o adorará, todas as regiões costeiras das nações. ¹² Também vós cuxitas sereis mortos pela minha espada. ¹³ E ele estenderá sua mão contra o norte, e destruirá a Assíria, e tornará Nínive em desolação e em secura como deserto. ¹⁴ E no meio dela os rebanhos de gado se deitarão, todas os animais das nações; também o corvo a coruja passarão a noite em seus pilares; sua voz se ouvirá nas janelas; assolação será nos umbrais, porque sua estrutura de cedro estará descoberta. ¹⁵ Esta é a cidade alegre que habita segura, que diz em seu coração: Nenhuma outra há como eu sou. Como ela se tornará em desolação, *em* repouso de animais! Qualquer um que passar perto dela assoviará *e* sacudirá sua mão.

3

¹ Ai da suja * e contaminada, da cidade opressora! ² Ela não ouve a voz, nem aceita o castigo; não confia no SENHOR, não se achega a seu Deus. ³ Seus príncipes no meio dela são leões que rugem; seus juízes são lobos da noite que nada deixam para a manhã *seguinte* . ⁴ Seus profetas são levianos, homens enganadores; seus sacerdotes profanam o santuário, *e* violentam a lei. ⁵ O SENHOR é justo em meio dela, não faz perversidade; de manhã ele tira seu juízo à luz, nunca falha; mas o injusto não conhece a vergonha. ⁶ Exterminei as nações; suas muralhas estão arruinadas, suas ruas estão desertas, de maneira que ninguém passe por elas; suas cidades estão desoladas de maneira que ninguém restou, nenhum morador sequer. ⁷ Eu dizia: Certamente me temerás, aceitarás a correção; para que assim sua morada não seja destruída *por* tudo aquilo que eu havia determinado sobre ela. Porém eles se levantaram de manhã e corromperam todos os seus atos. ⁸ Portanto esperai em mim,diz o SENHOR, pelo dia em que me levantarei para o despojo; porque minha determinação é ajuntar as nações, reunir os reinos, para derramar sobre eles minha indignação, todo o ardor de minha ira; pois toda a terra será consumida pelo o fogo do meu zelo. ⁹ Então certamente darei lábio puro aos povos, para que todos invoquem o nome do SENHOR, para que lhe sirvam em unidade. † ¹⁰ Dalém dos rios de Cuxe, meus adoradores, a filha de meus dispersos, me trarão oferta. ¹¹ Naquele dia não serás envergonhada por nenhum de teus atos com que transgrediste contra mim; porque então tirarei do meio de ti os que se alegram por tua soberba, e nunca mais te exaltarás por causa do meu monte santo. ¹² Mas farei restar no meio de ti um povo humilde e pobre; e eles confiarão no nome do SENHOR. ¹³ O restante de Israel não cometerá perversidade, nem falarão mentiras, nem se achará em suas bocas língua enganosa; em vez disso eles serão apascentados e se deitarão, e não haverá quem os espante. ¹⁴ Canta alegremente, ó filha de Sião; grita de alegria, ó Israel;

---

† **2:6** abrigos obscuro – trads. alts. poços, cavernas   * **3:1** suja trad. alt. rebelde   † **3:9** unidade lit. com um único ombro

alegra-te e anima-te de todo coração, ó filha de Jerusalém. ¹⁵ O SENHOR afastou os julgamentos contra ti, exterminou teu inimigo; o SENHOR, Rei de Israel, está no meio de ti; nunca mais verás mal algum. ¹⁶ Naquele dia se dirá a Jerusalém: Não temas, Sião, não se enfraqueçam tuas mãos. ¹⁷ O SENHOR está no meio de ti, guerreiro que salva; ele terá prazer em ti com alegria; ele *te* aquietará em seu amor, se encherá de alegria por causa de ti com júbilo. ¹⁸ Ajuntarei aos que se entristecem *de saudade* das reuniões solenes; eles eram teus; para eles a humilhação dela era uma peso. ¹⁹ Eis que naquele tempo acabarei com todos os teus opressores; e salvarei a manca, e ajuntarei a expulsa; e os tornarei louvor e renome em toda terra em que foram envergonhados. ²⁰ Naquele tempo eu vos trarei de volta, naquele tempo eu vos ajuntarei; pois vos tornarei renome e louvor entre todos os povos da terra, quando eu vos resutaurar de vosso infortúnio diante de vossos olhos, diz o SENHOR.

Ageu

¹ No segundo ano segundo do rei Dario, no sexto mês, no primeiro dia do mês, veio a palavra do SENHOR, por meio do profeta Ageu, a Zorobabel filho de Sealtiel, governador de Judá, e a Josué filho de Jeozadaque, sumo sacerdote, dizendo: ² Assim fala o SENHOR dos exércitos: Este povo diz: O tempo não chegou, o tempo da casa do SENHOR ser reconstruída. ³ Veio, pois, a palavra do SENHOR por meio do profeta Ageu, dizendo: ⁴ Por acaso é para vós tempo de morar em vossas casas com telhado, e esta casa ficar deserta? ⁵ Pois assim diz o SENHOR dos exércitos: Considerai * vossos caminhos. ⁶ Semeais muito, mas colheis pouco; comeis, mas não vos fartais; bebeis, mas não vos satisfazeis; vós vos vestis, mas não vos aqueceis; e o assalariado recebe seu salário em bolsa furada. ⁷ Assim diz o SENHOR dos exércitos: Considerai vossos caminhos. ⁸ Subi vós à montanha, trazei madeira, e reconstruí a casa; e dela me agradarei, e serei glorificado,diz o SENHOR. ⁹ Esperastes por muito, e alcançastes pouco; e quando o trouxestes para casa, eu soprei nisso. Por que isto?,diz o SENHOR dos exércitos. Porque minha casa está deserta, e cada um de vós corre para sua própria casa. ¹⁰ Por isso que os céus detêm o orvalho de vós, e a terra detém seus frutos. ¹¹ E chamei a seca sobre a terra, sobre os montes, sobre o trigo, sobre o suco de uva, sobre o azeite, e sobre tudo o que a terra produz, e sobre os homens sobre e os animais, e sobre todo trabalho manual. ¹² Então Zorobabel filho de Sealtiel, Josué filho de Jeozadaque, sumo sacerdote, e todo o resto do povo, ouviram a voz do SENHOR seu Deus, e as palavras do profeta Ageu, como o SENHOR Deus deles havia o enviado; e o povo temeu diante do SENHOR. ¹³ Então Ageu, mensageiro do SENHOR, falou mensagem do SENHOR ao povo, dizendo: Eu estou convosco, diz o SENHOR. ¹⁴ E o SENHOR despertou o espírito de Zorobabel, filho de Sealtiel, governador de Judá, e o espírito de Josué filho de Jeozadaque, sumo sacerdote, e o espírito de todo o resto do povo; e vieram e começaram a obra na casa do SENHOR dos exércitos, Deus deles, ¹⁵ No vigésimo quarto dia do sexto mês, no segundo ano do rei Dario.

2

¹ No sétimo mês, no vigésimo primeiro *dia* mês, veio a palavra do SENHOR por meio do profeta Ageu, dizendo: ² Fala agora a Zorobabel filho de Sealtiel, governador de Judá, e a Josué filho de Jeozadaque, sumo sacerdote, e ao resto do povo, dizendo: ³ Quem restou dentre vós que tenha visto esta casa em sua primeira glória? E como a vedes agora? Não é esta como nada diante de vossos olhos? ⁴ Agora, pois, esforça-te, Zorobabel, diz o SENHOR; esforça-te também Josué, filho de Jeozadaque, sumo sacerdote; e esforça-te, todo o povo da terra, diz o SENHOR, e trabalhai; porque eu estou convosco, diz o SENHOR dos exércitos. ⁵ Conforme o pacto que estabeleci convosco quando saístes do Egito, assim meu Espírito está em meio de vós; não temais. ⁶ Porque assim diz o SENHOR dos exércitos: Ainda uma vez, daqui a pouco, eu farei tremer os céus e a terra, o mar e a terra seca; ⁷ E farei tremer a todas as nações, e virá as coisas preciosas de todas as nações; e encherei esta casa de glória, diz o SENHOR dos exércitos. ⁸ Minha é a prata, e meu é o ouro, diz o SENHOR dos exércitos. ⁹ A glória desta última casa será maior que a da primeira, diz o SENHOR dos exércitos; e neste lugar darei paz, diz o SENHOR dos exércitos. ¹⁰ Ao vigésimo quarto *dia* do nono mês, no segundo ano de Dario, veio a palavra do SENHOR por mão do profeta Ageu, dizendo: ¹¹ Assim diz o SENHOR dos exércitos: Pergunta agora

---

* **1:5** Considerai lit. ponde vossos corações – também v. 7

aos sacerdotes acerca da lei, dizendo: ¹² Se alguém levar carnes santas na borda de sua veste, e com sua borda tocar o pão, a comida, o vinho, o azeite, ou qualquer *outra* comida, por acaso isso será santificado?E os sacerdotes responderam: Não. ¹³ E Ageu disse: Se um impuro por causa de um corpo morto tocar alguma destas coisas, ela será impura? E os sacerdotes responderam: Impura será. ¹⁴ Então Ageu respondeu: Assim é este povo, esta nação, diante de mim, diz o SENHOR; e assim é toda obra de suas mãos; e todo o que ali oferecem é impuro. ¹⁵ Agora pois, considerai * desde este dia em diante, antes que se ponha pedra sobre pedra no templo do SENHOR, ¹⁶ Antes que fossem estas coisas, vinham ao amontoado de grãos *buscar* vinte *medidas* , conseguiam*apenas* dez; vinham à prensa de uvas para tirar dali cinquenta *vasos* mas ali havia*somente* vinte. ¹⁷ Eu vos feri com ferrugem, mofo, e granizo em toda obra de vossas mãos; mas não vos *convertestes* a mim,diz o SENHOR. ¹⁸ Considerai, pois, isto, desde este dia em diante, desde o dia vigésimo quatro *dia* do nono mês, desde o dia em o fundamento do templo do SENHOR foi posto; considerai. ¹⁹ Ainda há semente no celeiro? A videira, a figueira, a romeira, e oliveira ainda não têm dado frutos; mas a partir de hoje eu *vos* abençoarei. ²⁰ E a palavra do SENHOR veio pela segunda vez a Ageu, ao vigésimo quarto *dia* do mês, dizendo: ²¹ Fala a Zorobabel, governador de Judá, dizendo: Eu farei tremer os céus e a terra; ²² E transtornarei o trono dos reinos, e destruirei a força dos reinos das nações; e transtornarei as carruagens, e os que nelas se sentam; e os cavalos e os que neles montam cairão, cada um pela espada de seu irmão. ²³ Naquele dia, diz o SENHOR dos exércitos, eu te tomarei, Zorobabel, filho de Sealtiel, servo meu, diz o SENHOR, e te porei como anel de selar; porque eu te escolhi, diz o SENHOR dos exércitos.

---

* **2:15** considerai lit. ponde vosso coração – também no v. 18

Zacarias

¹ No oitavo mês do segundo ano de Dario, a palavra do SENHOR veio ao profeta Zacarias, filho de Berequias, filho de Ido, dizendo: ² O SENHOR se irou muito contra vossos pais. * ³ Portanto dize-lhes: Assim diz o SENHOR dos exércitos: Voltai-vos a mim, diz o SENHOR dos exércitos, e eu me voltarei a vós, diz o SENHOR dos exércitos. ⁴ E não sejais como vossos pais, aos quais os profetas antigos clamavam, dizendo: Assim diz o SENHOR dos exércitos: Convertei-vos de vossos maus caminhos e de vossos maus atos; porém não escutaram, nem me deram ouvidos, diz o SENHOR. ⁵ Onde estão vossos pais? E os profetas, vivem eles para sempre? ⁶ Porém quanto às minhas palavras e meus estatutos que havia mandado a meus servos os profetas, não alcançaram a vossos pais? Assim eles, arrependendo-se, diziam: Tal como o SENHOR dos exércitos planejou fazer segundo nossos caminhos e nossos antos, assim ele fez conosco. ⁷ No vigésimo quarto dia do décimo primeiro mês (que é o mês de Sebate), no ano segundo de Dario, a palavra do SENHOR veio ao profeta Zacarias, filho de Berequias, filho de Ido, dizendo: ⁸ Vi de noite, e eis um homem montado sobre um cavalo vermelho, parado entre as murtas que estavam num vale profundo; e atrás dele estavam cavalos vermelhos, castanhos, e brancos. ⁹ E eu disse: Meu senhor, o que são estes? E o anjo que falava comigo me disse: Eu te mostrarei o que estes são. ¹⁰ Então o homem que estava entre os murtas respondeu, dizendo: Estes são os que o SENHOR enviou para andarem pela terra. ¹¹ E eles responderam ao anjo do SENHOR que estava entre os murtas, e disseram: Nós já andamos pela terra, e eis que toda a terra está tranquila e quieta. ¹² Então o anjo do SENHOR disse: Ó SENHOR dos exércitos, até quando não terás compaixão de Jerusalém e das cidades de Judá, contra as quais ficaste irado estes setenta anos? ¹³ E o SENHOR respondeu ao anjo que falava comigo palavras boas, palavras de consolo. ¹⁴ E o anjo que falava comigo me disse: Fala em voz alta, dizendo: Assim diz o SENHOR dos exércitos: Tenho grande zelo por Jerusalém e por Sião; ¹⁵ E tenho muito grande ira contra as nações tranquilas; porque eu estava pouco irado, porém elas pioraram o mal. ¹⁶ Portanto assim diz o SENHOR: Eu me voltarei a Jerusalém com misericórdia; minha casa será reconstruída nela, diz o SENHOR dos exércitos, e a corda de medir será estendida sobre Jerusalém. ¹⁷ Fala em voz alta mais, dizendo: Assim diz o SENHOR dos exércitos: Minhas cidades novamente transbordarão de prosperidade; porque o SENHOR novamente consolará a Sião, e novamente escolherá a Jerusalém. ¹⁸ Depois levantei meus olhos, e olhei, e eis que havia quatro chifres. ¹⁹ E perguntei ao anjo que falava comigo: O que são estes? E ele me disse: Estes são os chifres que dissiparam Judá, a Israel, e Jerusalém. ²⁰ E o SENHOR me mostrou quatro ferreiros. ²¹ Então eu disse: O que estes vêm a fazer? E ele falou, dizendo: Estes são os chifres que dispersaram Judá, de modo que ninguém levantava sua cabeça. Estes *ferreiros* vieram para derrubar os chifres das nações, que levantaram *seus* chifres contra a terra de Judá para dispersá-la.

2

¹ Voltei a levantar meus olhos, e olhei, e eis um homem que tinha em sua mão uma corda de medir. ² E eu perguntei: Para onde vais? E ele me respondeu: Vou medir a Jerusalém, para ver quanta é sua largura e quanto é o seu comprimento. ³ E eis que o anjo que falava comigo saiu, e outro anjo veio ao seu encontro, ⁴ E disse-lhe: Corre, fala a este rapaz, dizendo: Jerusalém será habitada sem muros por causa da multidão

---

* **1:2** pais = i.e., ancestrais

de pessoas e de animais que estarão no meio dela. ⁵ E eu, diz o SENHOR, serei seu muro de fogo ao redor, e serei *sua* glória no meio dela. ⁶ Ei! Ei! Fugi agora da terra do norte, diz o SENHOR, Porque eu vos espalhei pelos quatro ventos dos céu, diz o SENHOR. ⁷ Ei Sião! Escapa-te tu, que habitas com a filha da Babilônia. ⁸ Porque assim diz o SENHOR dos exércitos: Foi por causa da glória que ele me enviou às nações que vos despojaram; porque quem vos toca, toca a menina de seu olho. ⁹ Pois eis que levantarei minha mão contra eles, e serão saqueados por seus *próprios* servos, e sabereis que o SENHOR dos exércitos me enviou. ¹⁰ Canta e alegra-te, ó filha de Sião; porque eis que venho, e habitarei no meio de ti, diz o SENHOR. ¹¹ E naquele dia muitas nações se ajuntarão ao SENHOR, e serão meu povo, e habitarei no meio de ti; e saberás que o SENHOR dos exércitos me enviou a ti. ¹² E o SENHOR herdará a Judá como sua propriedade na terra santa, e novamente escolherá a Jerusalém. ¹³ Calem-se todos * diante do SENHOR, porque ele se levantou de sua santa morada.

3

¹ Depois ele me mostrou o sumo sacerdote Josué, que estava diante do anjo do SENHOR; e Satanás * estava à sua direita para o acusar. ² Mas o SENHOR disse a Satanás: O SENHOR te repreenda, Satanás; o SENHOR, que escolheu a Jerusalém, te repreenda. Não é este *homem* um tição tirado do fogo? ³ E Josué estava vestido com roupas impuras enquanto estava diante do anjo. ⁴ Então *o anjo* falou aos que estavam diante de dele, dizendo: Tirai dele essas roupas impuras. E a ele disse: Eis que tirei de ti tua perversidade, e te vestirei de roupas refinadas. ⁵ Depois disse: Ponham um turbante limpo sobre sua cabeça. E puseram um turbante limpo sobre sua cabeça, e puseram-lhe roupas, enquanto o anjo do SENHOR estava *junto* . ⁶ E o anjo do SENHOR exortou a Josué, dizendo: ⁷ Assim diz o SENHOR dos exércitos: Se andares em meus caminhos, e guardares minha ordenança, também tu julgarás minha casa e guardarás meus pátios; e te darei passagem entre os que *aqui* estão. ⁸ Ouvi, pois, Josué sumo sacerdote, tu, e teus colegas que se sentam diante de ti; porque são um sinal; pois eis que eu trarei a meu servo, o Renovo. ⁹ Porque eis que, quanto à pedra que pus diante de Josué, sobre esta pedra há sete olhos; † eis que gravarei nela uma inscrição, diz o SENHOR dos exércitos, e tirarei a injustiça desta terra em um dia. ¹⁰ Naquele dia, diz o SENHOR dos exércitos, cada um de vós convidará a seu próximo para debaixo da videira, e para debaixo da figueira.

4

¹ E o anjo que falava comigo voltou e me despertou, tal como se desperta um homem de seu sono. ² E ele me disse: O que vês? E eu respondi: Eis que vejo um castiçal de ouro maciço, com um recipiente de azeite sobre seu topo, e sete lâmpadas sobre ele; e cada uma das sete lâmpadas tinha um tubo em seu topo; ³ E duas oliveiras junto a ele, uma à direita do recipiente, e uma à esquerda. ⁴ E eu perguntei ao anjo que falava comigo, dizendo: Meu senhor, o que é isto? ⁵ E o anjo que falava comigo respondeu dizendo: Tu não sabes que é isto? E eu disse: Não, meu senhor. ⁶ E ele falou comigo, dizendo: Esta é palavra do SENHOR a Zorobabel, que diz: Não *se fará* por força, nem por violência, mas sim por meu espírito, diz o SENHOR dos exércitos. ⁷ Quem és tu, montanha grande? Diante de Zorobabel se tornarás em planície; ele trará a pedra angular com gritos de: Graça! graça seja! ⁸ E palavra do SENHOR veio a mim, dizendo: ⁹ As mãos de Zorobabel fundaram esta casa; também suas mãos a completarão, para que saibais que o SENHOR dos exércitos me enviou até vós.

---

* **2:13** todos lit. toda carne   * **3:1** Satanás trad. alt. o adversário   † **3:9** olhos trad. alt. facetas

¹⁰ Pois quem despreza o dia das pequenas coisas? Pois esses sete se alegrarão ao verem o prumo na mão de Zorobabel (esses são os olhos do SENHOR, que percorrem toda a terra). ¹¹ E eu respondi, perguntando: O que são as duas oliveiras à direita e à esquerda do castiçal? ¹² E também lhe perguntei: O que são aqueles dois ramos de oliveiras que estão de lado dos dois tubos de ouro que derramam *azeite* dourado? ¹³ E ele falou comigo, dizendo: Tu não sabes o que é isto? E eu disse: Não, meu senhor. ¹⁴ Então ele disse: Estes são os dois ungidos * que estão diante do Senhor de toda a terra.

5

¹ E outra vez levantei meus olhos, e olhei, e eis um rolo que voava. ² E ele me perguntou: O que vês? E eu disse: Vejo um rolo que voa, cujo comprimento é de vinte, e sua largura de dez côvados. ³ Então me disse: Esta é a maldição que sairá por toda a face da terra, porque qualquer um que furtar (conforme está de um lado do *rolo*) será removido; e todo aquele que jura *falsamente* , (conforme está do outro lado do *rolo*) será removido. ⁴ Eu a mando,diz o SENHOR dos exércitos, para que venha à casa do ladrão, e à casa do que jura falsamente pelo meu nome; e fique no meio de sua casa, e a destrua com suas colunas e suas pedras. ⁵ E o anjo que falava comigo veio e me disse: Levanta agora teus olhos, e vê o que é que está chegando. ⁶ E eu perguntei: O que é isto? E ele disse: Isto é um cesto de medir * que está saindo.E disse mais: Este é o olho deles em toda a terra. ⁷ E eis que uma tampa de chumbo foi levantada, e uma mulher estava sentada no meio do cesto. ⁸ E ele disse: Esta é a Perversidade. E a lançou dentro do cesto, e lançou o peso de chumbo em sua abertura. ⁹ E levantei meus olhos, e vi, e eis que duas mulheres saíram, e havia vento sob suas asas (pois tinham asas como de cegonha), e levantaram o cesto entre a terra e o céu. ¹⁰ Então eu disse ao anjo que falava comigo: Para onde elas estão levando o cesto? ¹¹ E ele me respondeu: Para lhe edificarem uma casa na terra de Sinar e, quando estiver pronta, e seja posto em sua base.

6

¹ E outra vez levantei meus olhos, e vi, e eis que quatro carruagens saíram dentre dois montes, e estes montes eram montes de bronze. ² Na primeira carruagem havia cavalos vermelhos, e na segunda carruagem cavalos pretos, ³ E na terceira carruagem cavalos brancos, e na quarto carruagem cavalos malhados. E *os cavalos* eram fortes. ⁴ E perguntei ao anjo que falava comigo: O que é isto, meu senhor? ⁵ E o anjo me respondeu: Estes são os quatro espíritos dos céus, que saem de onde estavam diante do Senhor de toda a terra. * ⁶ A *carruagem* em que estão os cavalos pretos vai para a terra do norte; os brancos vão atrás deles, e os malhados vão para a terra do sul. ⁷ E os fortes *cavalos* saíram, e procuraram ir a andarem pela terra. E ele disse: Ide, andai pela terra. E eles andaram pela terra. ⁸ E ele me chamou, e falou comigo, dizendo: Eis que aqueles que foram para a terra do norte fizeram descansar meu Espírito na terra do norte. ⁹ E a palavra do SENHOR veio a mim, dizendo: ¹⁰ Toma dos que foram levados cativos: Heldai, e de Tobias, e de Jedaías, que voltaram da Babilônia; e naquele mesmo dia vem, e entra na casa de Josias, filho de Sofonias; ¹¹ Toma prata e ouro, e faze coroas, e põe sobre a cabeça do sumo sacerdote Josué, filho de Jeozadaque; ¹² E fala com ele, dizendo: Assim diz o SENHOR dos exércitos: Eis aqui o homem cujo nome é Renovo; ele brotará de seu lugar, e edificará o templo do SENHOR; ¹³ Ele mesmo edificará o templo do SENHOR, e levará sobre si majestade; e

---

* **4:14** ungidos lit. filhos do azeite novo   * **5:6** cesto de medir trad. alt. efa   * **6:5** espíritos -trad. alt. ventos

se sentará e dominará em seu trono, e será sacerdote em seu trono; e haverá conselho de paz entre ambos. ¹⁴ E as coroas serão para Helem, Tobias, e Jedaías, e Hem, filho de Sofonias, como memorial no templo do SENHOR. ¹⁵ E os que estão longe virão e participarão da construção do templo do SENHOR, e vós sabereis que o SENHOR dos exércitos me enviou a vós. Isto acontecerá se verdadeiramente ouvirdes à voz do SENHOR vosso Deus.

7

¹ Aconteceu, pois, no quarto ano do rei Dario, que a palavra do SENHOR veio a Zacarias no quarto *dia* do nono mês, *que é* Quisleu, ² Quando os de Betel enviaram Sarezer e Regém-Meleque e seus homens, para suplicarem o favor do SENHOR, ³ E para dizerem aos sacerdotes que estavam na casa do SENHOR dos exércitos e aos profetas o seguinte: Devemos chorar e jejuar no quinto mês, como já temos feito há tantos anos? ⁴ Então a palavra do SENHOR dos exércitos veio a mim, dizendo: ⁵ Fala a todo o povo desta terra, e aos sacerdotes, dizendo: Quando jejuastes e chorastes no quinto e no sétimo *mês* durante estes setenta anos, por acaso jejuastes verdadeiramente para mim? ⁶ E quando comeis e bebeis, não foi para vós que comeis e bebeis? ⁷ Não são estas as palavras que o SENHOR pregou por meio dos antigos profetas, quando Jerusalém estava habitada e tranquila, com suas cidades ao seu redor, e o Sul e a campina * eram habitadas? † ⁸ E a palavra do SENHOR veio a Zacarias, dizendo: ⁹ Assim falou o SENHOR dos exércitos, dizendo: Julgai juízo verdadeiro, e praticai piedade e misericórdia cada um com seu irmão; ¹⁰ Não oprimais à viúva, nem ao órfão, nem ao estrangeiro, nem ao pobre; e ninguém planeje o mal em seu coração contra seu irmão. ¹¹ Porém não quiseram prestar atenção; ao invés disso deram as costas e taparam suas orelhas para não ouvirem. ¹² E fizeram seus corações duros como diamante, para não ouvirem a Lei nem as palavras que o SENHOR dos exércitos enviou por seu Espírito através dos antigos profetas; por isso veio grande ira da parte do SENHOR dos exércitos. ¹³ Por causa disso, tal como eles não ouviram quando eu clamei, assim também quando eles clamaram eu não ouvi, diz o SENHOR dos exércitos; ¹⁴ E eu os espalhei com turbilhão entre todas as nações, que eles não conheciam, e a terra foi assolada atrás deles, de maneira que ninguém passava por ela, nem voltava; porque tornaram a terra desejada em ruínas.

8

¹ Depois veio a palavra do SENHOR dos exércitos, dizendo: ² Assim diz o SENHOR dos exércitos: Tenho grande zelo por Sião, e com grande furor zelo por ela. ³ Assim diz o SENHOR: Eu voltarei a Sião, e habitarei no meio de Jerusalém. E Jerusalém será chamada Cidade da Verdade, e o monte do SENHOR dos exércitos, Monte Santo. ⁴ Assim diz o SENHOR dos exércitos: Novamente idosos e idosas se sentarão nas praças de Jerusalém, e cada um terá seu bordão em sua mão, por causa da abundância de dias. ⁵ E as ruas da cidade se encherão de meninos e meninas, brincando em suas ruas. ⁶ Assim diz o SENHOR dos exércitos: Se isto era extraordinário demais aos olhos do restante do povo naqueles dias, seria também extraordinário demais aos meus olhos? Diz o SENHOR dos exércitos. ⁷ Assim disse o SENHOR dos exércitos: Eis que salvarei o meu povo da terra do oriente, e da terra do ocidente. ⁸ Eu os trarei, e habitarão no meio de Jerusalém; e eles serão meu povo, e eu serei o Deus deles em verdade e em justiça. ⁹ Assim diz o SENHOR dos exércitos: Sejam fortes vossas mãos, vós que nestes dias ouvistes estas palavras da boca dos profetas que estiveram no dia em que foi posto o fundamento da casa do SENHOR

---

* **7:7** campina hebraico: Sefelá   † **7:7** sul hebraico: Negueve

dos exércitos, para que o templo fosse edificado. [10] Porque antes daqueles dias não houve salário para homem, nem salário para animal, e o que entrava e o que saía não tinha paz por causa do inimigo, porque eu mandei a todos, cada um contra seu próximo. [11] Mas agora com o resto deste povo não farei como nos dias passados, diz o SENHOR dos exércitos. [12] Porque a semente será próspera, a vide dará seu fruto, a terra dará seu produto, e os céus darão seu orvalho; e farei o resto deste povo herdar tudo isto. [13] E será, ó casa de Judá e casa de Israel, que, assim como fostes maldição entre as nações, assim também eu vos salvarei, e sereis bênção. Não temais, fortaleçam-se vossas mãos. [14] Porque assim diz o SENHOR dos exércitos: Assim como eu pensei vos fazer o mal quando vossos pais me provocaram à ira, diz o SENHOR dos exércitos, e não me arrependi; [15] Assim também voltei a pensar em fazer o bem a Jerusalém e à casa de Judá nestes dias; não temais. [16] Estas são as coisas que deveis fazer: falai verdade cada qual com seu próximo; julgai em vossas portas verdade e juízo de paz: [17] E ninguém planeje o mal em seu coração contra seu próximo, nem ameis o juramento falso; porque eu odeio todas estas coisas, diz o SENHOR [18] E a palavra do SENHOR dos exércitos veio a mim, dizendo: [19] Assim diz o SENHOR dos exércitos: O jejum do quarto, do quinto, do sétimo, e do décimo mês, se voltarão à casa de Judá serão para prazer e alegria, e para festividades solenes. Amai, pois, a verdade e a paz. [20] Assim diz o SENHOR dos exércitos: Ainda será que povos e moradores de muitas cidades virão, [21] E irão os moradores de uma *cidade* à outra, dizendo: Vamos suplicar o favor do SENHOR, e buscar ao SENHOR dos exércitos. Eu também irei. [22] Assim muitos povos e poderosas nações virão para buscar ao SENHOR dos exércitos em Jerusalém, e suplicar o favor do SENHOR. [23] Assim diz o SENHOR dos exércitos: Naqueles dias será que dez homens de todas as línguas das nações, pegarão na orla da veste de um judeu, dizendo: Iremos convosco, porque temos ouvido que Deus está convosco.

9

[1] Revelação da palavra do SENHOR contra terra de Hadraque e de Damasco, seu repouso; porque os olhos da humanidade e de todas as tribos de Israel *estão voltados* ao SENHOR. [2] E também *contra* Hamate que faz fronteira com ela; Tiro e Sidom, ainda que seja muito sábia. [3] Tiro edificou para si fortalezas, e amontoou prata como pó da terra, e ouro como lama das ruas. [4] Eis que o Senhor a desapossará, e no mar ferirá sua fortaleza, e ela será consumida pelo fogo. [5] Asquelom verá, e temerá; Gaza também, e terá grande dor; assim como Ecrom, pois aquilo em que confiavam se envergonhará; o rei de Gaza perecerá, e Asquelom não será habitada. [6] E um povo misturado habitará em Asdode, e eu acabarei com a arrogância dos filisteus; [7] E tirarei seu sangue de sua boca, e suas abominações dentre seus dentes; porém os que restarem serão para nosso Deus, e serão como príncipes em Judá; e Ecrom será como o jebuseu. [8] E me acamparei ao redor de minha casa *contra* o exército *inimigo* ,para que não passe nem volte; para que o opressor não passe mais por eles; porque agora eu vi com meus olhos. [9] Alegra-te muito, ó filha de Sião; dá vozes de júbilo, ó filha de Jerusalém; eis que teu rei virá a ti, justo e salvador, humilde, e montado sobre um asno, sobre um jumentinho, filho de jumenta. [10] E destruirei as carruagens de Efraim, e os cavalos de Jerusalém; os arcos de guerra também serão quebrados; e ele falará paz às nações; e seu domínio será de mar a mar, e desde o rio até os confins da terra. [11] Quanto a ti, pelo sangue de teu pacto, eu libertei teus prisioneiros da cova em que não havia água. [12] Voltai-vos à fortaleza, ó prisioneiros que tendes esperança; hoje também vos anuncio que vos recompensarei em dobro. [13] Pois encurvarei a

Judá para mim como arco, porei a Efraim como flecha; * e despertarei teus filhos, ó Sião, contra teus filhos, ó Grécia; e farei de ti, *Sião* , como espada de guerreiro. ¹⁴ E o SENHOR será visto acima deles, e sua flecha sairá como relâmpago; o Senhor DEUS tocará trombeta, e irá como os turbilhões do sul. ¹⁵ O SENHOR dos exércitos os protegerá, e eles consumirão, e sujeitarão *com* pedras da funda; também beberão e farão gritarias como *bêbados de* vinho; e se encherão como a bacia de sacrifício, ou como os cantos do altar. ¹⁶ E o SENHOR, Deus deles, os salvará naquele dia como o rebanho de seu povo; porque serão como pedras de coroa, erguidas na terra dele. ¹⁷ Pois como será grande sua prosperidade, e tamanha sua beleza! O trigo fortalecerá † os rapazes, e o suco de uva as virgens.

10

¹ Pedi, vós, ao SENHOR chuva no tempo da chuva tardia; o SENHOR faz relâmpagos, e lhes dará chuva abundante, e erva no campo a cada um. ² Pois os ídolos falam ilusão, e os adivinhos veem falsidade, e falado sonhos ilusórios; com ilusão consolam; por isso eles foram embora como ovelhas, humilhadas, porque não havia pastor. ³ Minha ira se acendeu contra os pastores, e castigarei os bodes; mas o SENHOR dos exércitos visitará seu rebanho, a casa de Judá, e fará com que sejam como seu cavalo de honra na batalha. ⁴ De ele *sairá* a pedra angular, a estaca, e o arco da guerra; dele juntamente sairá todo dominador. ⁵ E serão como guerreiros que pisam *o inimigo* na lama das ruas na batalha; e lutarão, porque o SENHOR estará com eles; e envergonharão aos que montam em cavalos. ⁶ E eu fortalecerei a casa de Judá, e salvarei a casa de José; e voltarei a estabelecê-los, porque me compadeci deles; e serão como se eu não tivesse os rejeitado, porque eu sou o SENHOR, Deus deles, que os ouvirei. ⁷ E Efraim será como guerreiro, e seu coração se alegrará como de vinho; seus filhos verão, e ficarão contentes; seus corações se alegrarão no SENHOR. ⁸ Eu assoviarei a eles, e os ajuntarei, porque eu os resgatarei; e serão muitos assim como eram muitos *no passado* . ⁹ E eu os semearei entre os povos, e se lembrarão de mim em lugares remotos; e viverão com seus filhos, e voltarão. ¹⁰ Eu os trarei de volta da terra do Egito, e os recolherei da Assíria; e os trarei à terra de Gileade e do Líbano, mas não será *espaço* suficiente para eles. ¹¹ Ele passará pela mar da aflição, ferirá as ondas do mar, e todas as profundezas do rio se secarão; e a arrogância dos assírios será derrubada, e o cetro do Egito será tomado. ¹² E eu os fortificarei no SENHOR, e andarão em seu nome, diz o SENHOR.

11

¹ Abre tuas portas, ó Líbano, para que o fogo consuma teus cedros. ² Lamenta, ó cipreste, porque o cedro caiu, porque os maiorais foram destruídos. Lamentai, ó carvalhos de Basã, porque o forte bosque foi derrubado. ³ *Ouve-se* voz de lamentação de pastores, porque sua glória foi destruída; *ouve-se* voz dos bramidos de leões jovens, porque a arrogância do Jordão foi destruída. ⁴ Assim diz o SENHOR meu Deus: Apascenta as ovelhas da matança, ⁵ Cujos compradores as matam, e ninguém os considera culpados; e os que as vendem dizem: Bendito seja o SENHOR, porque estou rico; nem seus pastores se compadecem delas. ⁶ Certamente não mais pouparei os moradores da terra,diz o SENHOR; mas eis que eu entregarei os homens, cada um na mão de seu próximo, e em mão de seu rei; e despedaçarão esta terra, e eu não *os* livrarei de suas mãos. ⁷ Então eu apascentei as ovelhas da matança, as pobres do rebanho. E tomei para mim duas varas; a uma chamei Agrado e à outra chamei União; e apascentei as ovelhas. ⁸ E acabei com três pastores em um mês, pois minha alma

---

* **9:13** porei a Efraim como flecha lit. encherei a Efraim   † **9:17** fortalecerá lit. florescerá

estava impaciente com eles, e também a almas deles me odiavam. [9] E eu disse: Não vos apascentarei; a que morrer, morra; e a que se perder, se perca; e as que restarem, que uma devore a carne da outra. [10] E peguei minha vara Agrado, e a quebrei, para desfazer meu pacto que tinha estabelecido com todos os povos. [11] Assim foi desfeito naquele dia, e assim as pobres do rebanho que me observavam reconheceram que isto era palavra do SENHOR. [12] Pois eu havia lhes dito: Se vos parece bem aos vossos olhos, dai-me meu salário; e se não, deixai-o. E pesaram meu salário: trinta *moedas* de prata. [13] O SENHOR, pois, me disse: Lança-as ao oleiro, este belo preço que me avaliaram.E tomei as trinta *moedas* de prata, e as lancei na casa do SENHOR ao oleiro. [14] Então quebrei logo minha segunda vara União, rompendo a fraternidade entre Judá e Israel. [15] E o SENHOR me disse mais: Toma ainda para ti os instrumentos de um pastor insensato; [16] Porque eis que eu levantarei um pastor na terra, que não cuidará das perdidas, não buscará a pequena, não tratará de curar a que estiver machucada, nem apascentará a sã; em vez disso, ele comerá a carne da que estiver gorda, e quebrará suas unhas. [17] Ai do pastor inútil, que desampara o rebanho! Espada *virá* contra seu braço, e contra seu olho direito; seu braço se secará por completo, e seu olho direito será obscurecido.

12

[1] Revelação da palavra do SENHOR sobre Israel: O SENHOR, que estende o céu, e funda a terra, e forma o espírito do ser humano em seu interior, diz: [2] Eis que eu farei de Jerusalém um copo de cambalear a todos os povos de ao redor; e também será sobre Judá, durante o cerco contra Jerusalém. [3] E será naquele dia, que farei de Jerusalém uma pedra pesada a todos os povos; todos os que a carregarem serão seriamente feridos, ainda que todas as nações da terra se ajuntarão contra ela. [4] Naquele dia,diz o SENHOR, ferirei com espanto a todo cavalo, e com loucura ao cavaleiro; mas sobre a casa de Judá abrirei meus olhos, e a todo cavalo dos povos ferirei com cegueira. [5] Então os líderes de Judá dirão em seu coração: Os moradores de Jerusalém serão minha força no SENHOR dos exércitos seu Deus. [6] Naquele dia farei dos líderes de Judá como um braseiro de fogo debaixo da lenha, e como tocha de fogo debaixo de gravetos; e consumirão todos os povos ao redor à direita e à esquerda; e Jerusalém continuará habitada em seu lugar, em Jerusalém. [7] E o SENHOR salvará primeiramente as tendas de Judá, para que a glória da casa de Davi e a glória dos moradores de Jerusalém não se exaltem sobre Judá. [8] Naquele dia o SENHOR defenderá os moradores de Jerusalém; e o que mais fraco dentre eles, naquele dia será como Davi; e a casa de Davi será como Deus, como o anjo do SENHOR diante deles. [9] E será naquele dia que eu buscarei destruir todas as nações que vierem contra Jerusalém; [10] Porém sobre a casa de Davi e sobre os moradores de Jerusalém derramarei o Espírito de graça e de orações; e olharão a mim, a quem traspassaram; e farão pranto sobre ele, como pranto *da morte* de filho único; e chorarão amargamente por causa dele, tal como se chora pelo primogênito. [11] Naquele dia haverá grande pranto em Jerusalém, como o pranto de Hadade-Rimom no vale de Megido. [12] E a terra prateará, cada família por si só; a família da casa de Davi por si, e suas mulheres por si; a família da casa de Natã por si, e suas mulheres por si; [13] A família da casa de Levi por si, e suas mulheres por si; a família de Simei por si, e suas mulheres por si; [14] Todos as demais famílias, cada família por si, e suas mulheres por si.

13

[1] Naquele dia haverá uma fonte aberta para a casa de Davi e para os moradores de Jerusalém, contra o pecado e a impureza. [2] E será naquele dia,diz o SENHOR dos

exércitos, que eliminarei da terra os nomes dos ídolos, de modo nunca mais serão lembrados; e também eliminarei da terra os profetas e o espírito impuro. ³ E será que, quando alguém vier a profetizar, seu pai e sua mãe que o geraram lhe dirão: Não viverás, porque tens falado mentira no nome do SENHOR; e seu pai e sua mãe que o geraram o traspassarão quando profetizar. ⁴ E será naquele dia, que os profetas se envergonharão, cada um de sua visão, quando profetizarem; e nunca mais se vestirão de manto de pelos para mentir ⁵ Em vez disso, dirá: Não sou profeta; sou lavrador da terra, porque fui feito servo de um homem desde minha juventude. ⁶ E se lhe perguntarem: Que feridas são estas em tuas mãos? Ele responderá: Com elas fui ferido na casa de meus amigos. ⁷ Desperta-te, ó espada, contra o pastor e contra o homem que é companheiro,diz o SENHOR dos exércitos. Fere ao pastor, e as ovelhas se dispersarão; e voltarei minha mão sobre os pequenos. ⁸ E será em toda a terra,diz o SENHOR, que as duas partes serão exterminadas nela, e perecerão; mas a terceira parte restará nela. ⁹ E porei esta terceira parte no fogo, e a refinarei como se refina a prata; e eu os provarei como se prova o ouro. Eles invocarão o meu nome, e eu lhes ouvirei; direi: São meu povo; e eles dirão: O SENHOR é meu Deus.

14

¹ Eis que vem o dia do SENHOR, e teus despojos serão repartidos no meio de ti. ² Porque eu ajuntarei todas as nações em batalha contra Jerusalém; e a cidade será tomada, as casas serão saqueadas, e as mulheres forçadas; e a metade da cidade irá em cativeiro, mas o restante do povo não será exterminado da cidade. ³ Então o SENHOR virá, e lutará contra essas nações, como ele lutou no dia da batalha. ⁴ E naquele dia seus pés estarão sobre o monte das Oliveiras, que está em frente de Jerusalém ao oriente; e o monte das Oliveiras se fenderá por meio para oriente e para o ocidente, fazendo um vale muito grande; e metade do monte se moverá ao norte, e a *outra* metade ao sul. ⁵ Então fugireis *pelo* vale dos montes (porque o vale dos montes chegará até Azal); e fugireis como fugistes por causa do terremoto nos dias de Uzias, rei de Judá; então o SENHOR meu Deus virá, e todos os santos contigo. ⁶ E será naquele dias, que não haverá luz clara, nem espessa escuridão. * ⁷ E será um dia que, o SENHOR sabe como, não será dia nem noite; mas acontecerá no tempo do anoitecer haverá luz. ⁸ Naquele dia também acontecerá, que de Jerusalém correrão águas vivas, a metade delas para o mar oriental, e a outra ao mar ocidental, tanto no verão como no inverno. ⁹ E o SENHOR será rei sobre toda a terra. Naquele dia o SENHOR será um, e seu nome um. ¹⁰ E toda esta terra se tornará como planície desde Geba até Rimom, ao sul de Jerusalém; porém esta será elevada, e habitada em seu lugar, desde a porta de Benjamim até o lugar da primeira porta, até a porta da esquina; e desde a torre de Hananel até as prensas de uvas do rei. ¹¹ E habitarão nela, e nunca mais haverá maldição *sobre ela* ; porque Jerusalém habitará em segurança. ¹² E esta será a praga com que o SENHOR ferirá a todos os povos que guerrearam contra Jerusalém: a carne deles se apodrecerá estando eles sobre seus pés, seus olhos se apodrecerão em suas órbitas, e sua língua se lhes apodrecerá em sua boca. ¹³ Naquele dia também acontecerá que haverá grande tumulto do SENHOR entre eles; por isso cada um pegará na mão de seu próximo, e sua mão se levantará contra a mão de seu próximo. ¹⁴ E Judá também lutará em Jerusalém. E a riqueza de todas as nações de ao redor será ajuntada: ouro, prata, e roupas, em grande abundância. ¹⁵ Assim também como esta praga, será a praga para os cavalos, os jumentos, os camelos, os asnos, e todos os animais que estiverem naqueles acampamentos. ¹⁶ E será que, todos os que restarem de todas as nações que vieram contra Jerusalém

---

* **14:6** não haverá luz clara, nem espessa escuridão obscuro

subirão de ano em ano para adorarem ao rei, o SENHOR dos exércitos, e a celebrarem a festa dos tabernáculos. ¹⁷ E acontecerá que, se alguma das famílias da terra não subir a Jerusalém para adorar ao rei, o SENHOR dos exércitos, não virá chuva sobre eles. ¹⁸ E se a família do Egito não subir, e não vier, não virá *chuva* sobre eles; virá a praga com que o SENHOR ferirá as nações que não subirem para celebrar a festa dos tabernáculos. ¹⁹ Esta será a *punição pelo* pecado do Egito, e *pelo* pecado de todas as nações que não subirem para celebrar a festa dos tabernáculos. ²⁰ Naquele tempo sobre as sinos dos cavalos estará: CONSAGRADO AO SENHOR; e as panelas na casa do SENHOR serão como as bacias diante do altar. ²¹ E todas as panelas em Jerusalém e em Judá serão consagradas ao SENHOR dos exércitos, de modo que todos os que sacrificarem, virão e delas tomarão, e nelas cozerão; e naquele dia não haverá mais cananeu † algum na casa do SENHOR dos exércitos.

---

† **14:21** cananeu trad. alt. comerciante

Malaquias

¹ Revelação da palavra do SENHOR a Israel, por meio de Malaquias. ² Eu vos tenho amado,diz o SENHOR; mas vos dizeis: Em que nos amaste? Não era Esaú irmão de Jacó?, diz o SENHOR, todavia amei a Jacó, ³ E odiei a Esaú; e tornei seus montes em desolação, e sua herança para os chacais do deserto. ⁴ Ainda que Edom diga: Fomos devastados, mas voltaremos a edificar as ruínas; assim diz o SENHOR dos exércitos: Eles edificarão, e eu destruirei; e serão chamados de "território da perversidade" e "povo contra quem o SENHOR está irado para sempre". ⁵ E vossos olhos verão, e direis: Seja o SENHOR engrandecido até além do território de Israel! ⁶ O filho honra ao pai, e o servo a seu senhor; se pois sou eu pai, onde está minha honra? E se sou senhor, onde está o temor a mim?,diz o SENHOR dos exércitos a vós, sacerdotes, que desprezais o meu nome. Mas vós dizeis: Em que temos desprezado o teu nome? ⁷ Quando trazeis sobre meu altar pão contaminado. E dizeis: Em que te contaminamos? Quando dizeis: A mesa do SENHOR é desprezível. ⁸ E quando trazeis *animal* cego para o sacrifício, isso não é mal? E quando trazeis o aleijado ou o enfermo, isso não é mal? Apresenta isso a teu governador; por acaso ele se agradará de ti, ou ele te aceitará? diz o SENHOR dos exércitos. ⁹ Agora pois, suplicai o favor de Deus que ele tenha compaixão de nós; será, por acaso, que com isto que tendes feito por vossas mãos, ele vos aceitará?,diz o SENHOR dos exércitos. ¹⁰ Quem, pois, há de vós que feche as portas? Pelo menos assim vós não acenderíeis o fogo de meu altar em vão! Eu não tenho prazer em vós,diz o SENHOR dos exércitos, e não me agrado da oferta de vossas mãos. ¹¹ Pois desde o oriente até o ocidente o meu nome será grande entre as nações; e em todo lugar se oferecerá a meu nome incenso e oferta pura; porque meu nome será grande entre as nações,diz o SENHOR dos exércitos. ¹² Mas vós o profanais quando dizeis: A mesa do SENHOR está contaminada; e seu produto, o alimento, é desprezível. ¹³ Além disso, dizeis: É cansativo demais! E o desprezais, diz o SENHOR dos exércitos; vós trazeis o roubado, o aleijado, e o enfermo, e trazeis a oferta. Por acaso aceitaria isso de vossas mãos?, diz o SENHOR. ¹⁴ Maldito seja o mentiroso, que tem macho em seu rebanho, e promete, mas sacrifica o defeituoso ao SENHOR; pois eu sou o Grande Rei,diz o SENHOR dos exércitos, e meu nome é temível entre as nações.

2

¹ Agora pois, ó sacerdotes, este mandamento é para vós. ² Se não *o* ouvirdes, e se não guardardes no coração de dar glória a meu nome,diz o SENHOR dos exércitos, enviarei maldição sobre vós, e amaldiçoarei vossas bênçãos. Aliás, eu já as tenho amaldiçoado, porque não tendes guardado *isso* no vosso coração. ³ Eis que eu repreenderei a vossa descendência, * e espalharei lixo † sobre os vossos rostos, o lixo de vossas festas, e com ele sereis removidos. ⁴ Então sabereis que eu vos enviei este mandamento, para que meu pacto seja com Levi,diz o SENHOR dos exércitos. ⁵ Meu pacto foi com ele de vida e de paz, as quais eu lhe dei para haver temor; e ele me temeu, e teve medo diante de meu nome. ⁶ A lei de verdade estava em sua boca, e não se achou injustiça em seus lábios; ele andava comigo em paz e em justiça, e converteu a muitos da maldade. ⁷ Porque os lábios do sacerdote devem guardar o conhecimento, e de sua boca devem buscar a lei; porque ele é mensageiro do SENHOR dos exércitos. ⁸ Mas vós vos desviastes do caminho; fizestes tropeçar a muitos na lei;

---

* **2:3** descendência Lit. semente † **2:3** lixo fezes ou vísceras animais

corrompestes o pacto de Levi,diz o SENHOR dos exércitos. ⁹ Por isso eu também vos tornei desprezíveis e indignos diante de todo o povo, visto que não guardais meus caminhos, e na lei fazeis acepção de pessoas. ¹⁰ Não temos todos um *mesmo* Pai? Não foi um *mesmo* Deus que nos criou? Por que, *então* , traímos cada um a seu irmão, profanando o pacto de nossos pais? ¹¹ Judá tem agido com traição, e abominação se comete em Israel e em Jerusalém; porque Judá profana o santuário do SENHOR, o qual ele ama, e se casou com filha de deus estranho. ¹² O SENHOR removerá das tendas de Jacó ao homem que fizer isto, ao que vela, e ao que responde, e ao que traz oferta ao SENHOR dos exércitos. ¹³ Também fazeis esta segunda coisa: cobris o altar do SENHOR de lágrimas, de pranto, e de gemidos; por isso ele não dará mais atenção à oferta, nem a aceitará com prazer de vossa mão. ¹⁴ Vós dizeis: Por que razão? Porque o SENHOR foi testemunha entre ti e a mulher de tua juventude, contra a qual tu tens traído, sendo ela a tua companheira, e a mulher de teu pacto. ¹⁵ E não fez ele somente um ainda que lhe sobre o espírito? E por que um? Para buscar uma descendência ‡ de Deus. Guardai-vos pois em vosso espírito, e ninguém de vós seja infiel à mulher de vossa juventude. § ¹⁶ Porque o SENHOR Deus de Israel diz que ele odeia o divórcio, e *quem* cobre a sua roupa de violência, diz o SENHOR dos exércitos. Guardai-vos pois em vosso espírito, e não sejais infiéis. ¹⁷ Cansais ao SENHOR com vossas palavras. E ainda dizeis: Em que nós *o* cansamos? Quando dizeis: Qualquer um que faz o mal é bom aos olhos ao SENHOR, que se agrada deles; ou: Onde está o Deus do juízo?

3

¹ Eis que eu enviarei o meu mensageiro, que preparará o caminho adiante de mim; e de repente virá a seu templo o Senhor a quem vós buscais, o mensageiro do pacto a quem vós desejais. Eis que ele vem,diz o SENHOR dos exércitos. ² Mas quem poderá suportar o dia de sua vinda? Quem conseguirá ficar de pé quando ele aparecer? Porque ele será como fogo do ourives, e como o sabão de lavandeiros. ³ E ele se sentará como refinador e purificador da prata; pois ele limpará os filhos de Levi, e os refinará como o ouro e como a prata; então trarão ao SENHOR oferta com justiça. ⁴ E a oferta de Judá e de Jerusalém será suave ao SENHOR, como nos dias antigos, e como nos anos passados. ⁵ E eu me achegarei a vós para o julgamento; e prontamente serei testemunha contra os feiticeiros e adúlteros, e contra os que juram falsamente, e os que oprimem o empregado em seu salário, a viúva, e o órfão, e pervertem *o direito* do estrangeiro, e não me temem,diz o SENHOR dos exércitos. ⁶ Porque eu o SENHOR, não me mudo; por isso que vós, filhos de Jacó, não sois consumidos. ⁷ Desde os dias de vossos pais vos desviastes de minhas leis, e não as guardastes. Voltai-vos a mim, e eu me voltarei a vós,diz o SENHOR dos exércitos. Mas vós dizeis: Em que temos de voltar? ⁸ Pode o ser humano roubar a Deus? Vós, pois, me roubais. Mas vós dizeis: Em que te roubamos? Nos dízimos e nas ofertas. ⁹ Com maldição sois amaldiçoados porque vós me roubais, toda a nação. ¹⁰ Trazei todos os dízimos à casa do tesouro, para que haja alimento em minha casa; e provai-me nisto, diz o SENHOR dos exércitos, se não vos abrir as janelas dos céu, e derramar sobre vós bênção transbordante. ¹¹ E por causa de vós repreenderei ao devorador, para não corrompa vosso fruto da terra; e vossa vide no campo não será estéril,diz o SENHOR dos exércitos. ¹² E todas as nações vos chamarão bem-aventurados; porque vós sereis terra agradável,diz o SENHOR dos exércitos. ¹³ Vossas palavras têm sido duras contra mim,diz o SENHOR. Mas vós dizeis: O que temos falado contra ti? ¹⁴ Vós dizeis: É

---

‡ **2:15** lit. semente   § **2:15** E não fez ele ... sobre o espírito obscuro – trad. alt. Ninguém em que reste de seu Espírito faz isto

inútil servir a Deus; pois que proveito *temos tido* em guardarmos seus mandamentos e andarmos lamentando diante do SENHOR dos exércitos? ¹⁵ Chamemos de sortudos os soberbos, pois os que praticam perversidade prosperam; mesmo tentando a Deus, eles escapam. ¹⁶ Então aqueles que temeram ao SENHOR falaram cada um a seu próximo, e o SENHOR prestou atenção e ouviu; e foi escrito um livro de memória diante dele para os que temem ao SENHOR, e para os que se honraram o seu nome. ¹⁷ E eles serão minha propriedade especial no dia que eu preparo,diz o SENHOR dos exércitos; e os pouparei como o homem que poupa a seu filho que lhe serve. ¹⁸ Então voltareis a ver a diferença entre o justo e o perverso, entre o que serve a Deus e o que não lhe serve.

4

¹ Porque eis que aquele dia vem ardendo como forno; todos os soberbos e todos os que praticam perversidade serão *como a* palha; e o dia que está por vir os queimará, diz o SENHOR dos exércitos, de maneira que não lhes deixará nem raiz nem ramo. ² Mas para vós, que temeis o meu nome, o Sol da justiça nascerá, trazendo cura em suas asas; e saireis, e saltareis de alegria como bezerros do curral. ³ E pisareis os perversos, porque serão cinza debaixo das plantas dos vossos pés, no dia que eu preparo, diz o SENHOR dos exércitos. ⁴ Lembrai-vos da lei de meu servo Moisés, que lhe mandei em Horebe estatutos e regras para todo Israel. ⁵ Eis que eu vos envio o profeta Elias, antes que venha o grande e temível dia do SENHOR. ⁶ Ele converterá o coração dos pais aos filhos, e o coração dos filhos aos pais; para que eu não venha e fira a terra com maldição.